FONO YAYINLARI: Ambarlı, Beysan Sitesi, Birlik Cad. No: 32 Avcılar 34310 İSTANBUL
Tel: 0212 422 77 60 (pbx) Faks: 0212 422 45 62
E-posta: acikogretim@fono.com.tr www. fono.com.tr

ALMANCA
MODERN SÖZLÜK

ALMANCA - TÜRKÇE
TÜRKÇE - ALMANCA

FONO YAYINLARI: 192

MODERN SÖZLÜKLER DİZİSİ

Kapak Tasarımı : Hüseyin BİLİŞİK
Sayfa Düzeni : Demir Kadirhan TÜRET
Dizgi : M. Aydan TAŞKIRAN
Kapak Baskı : Begüm Ofset
Baskı : Ayhan Matbaa
Basım Tarihi : Ocak 2008

ISBN: 975-471-000-7
9 789754 710007

FONO ÖZEL EĞİTİM KURUMLARI SAN.
Ve TİC. LTD. ŞTİ.
Ambarlı Beysan Sitesi Birlik Cad. No:32 Avcılar-İstanbul
Tel: 0212 422 77 60 Faks: 0212 422 29 01
www.fono.com.tr
fono@fono.com.tr

HAZIRLAYANLAR

Zafer ULUSOY
M. AYDAN TAŞKIRAN

ÖNSÖZ

Elinizdeki MODERN SÖZLÜK, titizlikle hazırlanmış ve bu alanda ülkemizde az bulunacak bir kaynaktır.

Yaklaşık 90.000 sözcük içeren bu sözlükte, Almanca isimlerin artikel ve okunuşları da en uygun biçimde verilmiştir. Günlük kullanımda karşılaşılabilecek her tür sözcüğün yer aldığı bu sözlük, yeni hazırlanmış olması nedeniyle de son derece günceldir.

Almanca-Türkçe ve Türkçe-Almanca olarak iki bölümde hazırlanmış ve her iki bölümde de zengin karşılıklarla okura daha fazla seçenek imkanı verilmiştir.

Sözlüğümüzün son bölümünde Alman dilinde önemli bir yer tutan düzensiz eylem (fiil) çekimlerine ve ayrıca ülke, milliyet ve konuştukları dillere yer verilmiştir.

Alman dilinde yapılan dil reformu ve son değişiklikler göz önünde tutularak hazırlanmış olan bu eserden, her zaman en iyi şekilde yararlanabilirsiniz.

FONO

SÖZLÜĞÜN KULLANIMI

* Okunuşlarda koyu bir tonla verilen **ı** ve **h** harfleri Türkçede olduğundan farklı okunur. Bu seslerin nasıl çıkarılacağı konusunda bilgiler aşağıda verilmiştir:

*/**ı**/* : Türkçedeki */a/* ile */ı/* ya da */e/* ile */ı/* arasında bir ses olan bu sesi çıkarmak için ağız normal */ı/* sesini vermek için olduğundan biraz daha fazla açılır. (Genellikle **re** ile başlayan ya da **en**, **er** ile biten sözcüklerde bu hecelerdeki **e**'ler */**ı**/* sesini verir.

Örn.: **gehen** */'ge:**ı**n/* **Lehrer** */'le:r**ı**r/*

*/**h**/* : Bu harf iki farklı şekilde okunur.
a) Dil ve damak */k/* sesini çıkarmak üzere birleştirilip arada çok az bir boşluk bırakılarak */h/* sesi çıkarılırsa bu ses elde edilmiş olur. Bu sesi *a, o, ve u* ünlüleri ve *au* ikiz ünlüsünden sonra gelen *ch* grubu verir.

Örn.: **auch** */au**h**/*, **suchen** */'zu:**hı**n/*
Buch */bu:**h**/*, **Kuchen** */'ku:**hı**n/*

b) Dil ucunu alt dişlerin dişetleriyle birleştiği yere doğru kuvvetlice bastırarak */ş/* sesi çıkarmaya çalışılırsa bu ses elde edilmiş olur. Bu */h/* sesi *hindi*, *hikmet* ve *hile* sözcüklerindeki */h/*'ler gibidir ve yukarıda belirtilen *a*, *o*, *u*, ve *au* harflerinin dışında kalan harflerden sonra gelen *ch* grubunda bulunur.

Örn.: **ich** */i**h**/*, **manche** */'man**hı**/*
reich */ray**h**/*, **Mädchen** */'me:t**hı**n/*

NOT : Okunuşlarda verilen üst üste iki nokta (:), bu işaretten önce gelen sesli harfin biraz uzatılacağını gösterir..

Örn.: **Vater** */'fa:t**ı**r/*, **erklären** */er'kle:r**ı**n/*

KISALTMALAR / ABKÜRZUNGEN

adl	Pronomen	*adıl (zamir)*
anat	Anatomie	*anatomi*
arg	Slang	*argo*
ask	militärisch	*askerlik*
ba•	Konjunktion	*bağlaç*
be	Adverb	*belirteç (zarf)*
bili•	Informatik	*bilişim*
bitk	Botanik	*bitkibilim*
biy	Biologie	*biyoloji*
co•	Geographie	*coğrafya*
den	nautisch, Seefahrt	*denizcilik*
dilb	Grammatik	*dilbilgisi*
din	Religion	*din*
ed	Literatur	*edebiyat*
elek	Elektrizität	*elektrik*
esk	veraltet	*eski*
fel	Philosophie	*felsefe*
fiz	Physik	*fizik*
fot	Photographie	*fotoğrafçılık*
gökb	Astronomie	*gökbilim*
hav	Luftfahrt	*havacılık*
hayb	Zoologie	*hayvanbilim, zooloji*
hek	Medizin	*tıp*
hkr	abschätzig	*hakaret*
huk	Rechtswesen	*hukuk*
ilg	Präposition	*ilgeç (edat)*
isk	Kartenspiel	*iskambil*
kıs	Abkürzung	*kısaltma*
kim	Chemie	*kimya*
kon	umgangssprachlich	*konuşma dili*
mad	Bergbau	*madencilik*
mat	Mathematik	*matematik*
mec	übertragen	*mecaz*
metr	Meteorologie	*meteoroloji*
mim	Architektur	*mimarlık*
müz	Musik	*müzik*
mv	Modalverb	*yardımcı eylem*
oto	Kraftfahrzeuge	*otomobil*
pol	Politik	*politika*
ruhb	Psychologie	*ruhbilim, psikoloji*
s	Adjektiv	*sıfat*
sin	Film	*sinema*
sp	Sport	*spor*
tar	Geschichte	*tarih*
tek	Technik	*teknik*
tic	Handel	*ticaret*
tiy	Theater	*tiyatro*
tnz	ohne Artikel	*tanımlıksız*
ünl	Interjektion	*ünlem*

etw	etwas	*bir şey*
f	Femininum	*dişil* (***die***)
jd	jemand	*biri*
jdm	jemandem	*birine*
jdn	jemanden	*birini*
jds	jemandes	*birinin*
m	Maskulinum	*eril* (***der***)
n	Neutrum	*nötr, yansız* (***das***)
pl	Plural	*çoğul*
trvi	trennbares intransitives Verb	*ayrılabilen geçişsiz eylem*
trvr	trennbares reflexives Verb	*ayrılabilen dönüşlü eylem*
trvt	trennbares transitives Verb	*ayrılabilen geçişli eylem*
vi	intransitives Verb	*geçişsiz eylem*
vr	reflexives Verb	*dönüşlü eylem*
vt	transitives Verb	*geçişli eylem*

A

Aal /a:l/ *m* yılanbalığı
aalen /'a:lın/ *vr* sere serpe uzanmak, serilip serpilmek, uzanmak
aalglatt /'a:l'glat/ *s* ele gelmez, kaygan, kıvrak
Aas /a:s/ *n* leş, hayvan ölüsü
ab /ap/ *s* (zaman olarak) -den/-dan itibaren; (tren, otobüs gibi araçların hareket tarifelerinde) kalkış; -den/-dan uzak; ötede; eksik, kopuk, düşük ***ab heutei*** bugünden itibaren ***ab sein*** ayrılmak, kopmak, düşmek ***ab und zu*** arada sırada, bazen ***auf und ab*** bir aşağı bir yukarı ***vom ersten April ab*** bir nisandan itibaren ***von jetzt ab*** bundan böyle
abändern /'apendırn/ *trvt* (bir kısmını) değiştirmek, tadil etmek; başkalaştırmak; tahrif etmek; düzeltmek, tashih etmek
Abänderung /'apendırung/ *f* tadilat, değişiklik
abarbeiten /'aparbaytın/ *trvt* (ödev) çalışıp bitirmek, tamamlamak; (ceza) çalışarak ödemek ***eine Schuld abarbeiten*** (borcunu) çalışarak ödemek ***Rohmaterial abarbeiten*** hammaddeyi işlemek ***sich abarbeiten*** ölesiye çalışmak, çalışmaktan ölüp bitmek, çok çabalamak; gece gündüz çalışmak
Abart /'apa:rt/ *f* çeşit; değişiklik; bir başka çeşit
abartig /'apa:rtih/ *s* anormal, kuraldışı, doğal olmayan; sapkın
Abbau /'apbau/ *m* personel azaltma, işten çıkartma; işletme, işletilme; (makine) sökme, demontaj; *kim* indirgeme
abbaubar /'apbauba:r/ *s* işletilebilir, işletmeye elverişli
abbauen /'apbauın/ *trvt* (personel) işten çıkarmak, vazifeden almak; (fiyat) azaltmak, indirmek; eksiltmek; (makine) sökmek, demonte etmek; (çadır, kulübe) sökmek, toplamak; (inşaat) yapı iskelesini sökmek; *kim* indirgemek; *vi* takatten düşmek, güçsüz kalmak ***Maschine abbauen*** makineyi demonte etmek ***Vorurteile abbauen*** önyargıyı kaldırmak
abbeizen /'apbaytsın/ *trvt tek* asitle yakmak, asitle muamele etmek
abbekommen /'apbıkomın/ *trvt* (bir parçasını) almak; hissesini almak, payına düşeni almak; (dayak, tokat) yemek; çözmek, sökmek; maruz kalmak, uğramak ***nichts abbekommen*** *kon* avucunu yalamak, eli boş kalmak
abberufen /'apbıru:fın/ *trvt* (birisini) görevinden geri çağırmak; görevini değiştirmek; azletmek; rahmetli olmak; tanrı yanına çağrılmak ***einen Beamten abberufen*** (bir) memuru azletmek ***einen Gesandten abberufen*** elçiyi geri çağırmak, azletmek ***jdn abberufen*** (birisini) geri çağırmak
Abberufung /'apbıru:fung/ *f* azletme, görevden alma, azil
abbestellen /'apbıştelın/ *trvt* siparişi geri almak, iptal etmek; rezervasyonu iptal etmek; (gazete, dergi) aboneliğini iptal etmek
Abbestellung /'apbıştelung/ *f* (rezervasyon, sipariş) iptal etme
abbezahlen /'apbıtsa:lın/ *trvt* (bir miktarın) tamamını geri ödemek; taksitle ödemek; düzenli olarak ödemek
abbiegen /'apbi:gın/ *trvt* eğmek, bükmek, başka yöne çevirmek; devamlılığını durdurmak; oluşabilecek kötü bir sonucu engellemek; *vi* (trafik) yolunu değiştirmek, yönünü değiştirmek; yoldan sapmak
Abbild /'apbilt/ *n* kopya, suret; resim; benzerlik; numune, örnek
abbilden /'apbildın/ *trvt* resmini çıkarmak; kopyasını çıkarmak; kopya etmek; şeklini göstermek; (birisinin) portresini yapmak
Abbildung /'apbildung/ *f* resim, suret, kopya; illüstrasyon; kalıp ***mit Abbildung*** *kon* resimli ***mit Abbildungen versehen*** resimli, resimlendirilmiş
abbinden /'apbindın/ *trvt* ayırmak, kaldırmak; (kravat, düğme) çözmek; *hek* sıkıca bağlamak, tampon yapmak; (çorba, vs.) koyulaştırmak
Abbitte /'apbitı/ *f* özür, mazeret; af dileme, özür dileme ***Abbitte tun*** özür dilemek
abblasen /'apbla:zın/ *trvt* (toz, köpük) üfleyerek uzaklaştırmak; (gaz, buhar) püskürtmek, salıvermek; (bir işi) yerine getirmemek; emri geri almak ***etw abblasen*** (bir şeyin) tozunu üflemek
abblättern /'apbletırn/ *trvi* parça parça

olmak, pul pul olmak; kavlamak, kalkmak ***sich abblättern*** pul pul dökülmek; yapraklarını dökmek

abblenden /'apblendın/ *trvt* karartma yapmak, (ışığı) örtü vs. ile kapatarak sızmasını önlemek; diyaframı daraltmak; *vi oto* kısaları yakmak

Abblendlicht /'apblendliht/ *n oto* kısa huzmeli far

abblitzen /'apblitsın/ *trvi* başarılı olamamak, başaramamak; atlatılmak, ekilmek ***jdn abblitzen lassen*** (birisinin) arkadaşlık teklifini reddetmek; baştan savmak; reddetmek, geri çevirmek

abblocken /'apblokın/ *trvt* mâni olmak, engel olmak, önlemek; savuşturmak, defetmek

abbrausen /'apbrauzın/ *trvt* duş yaptırmak ***sich abbrausen*** duş yapmak; hızla gitmek, ayrılmak, hareket etmek

abbrechen /'apbrehın/ *trvt* kırmak, koparmak; (eğitim, tatil, iş) yarıda bırakmak, yarıda kesmek; (duvar vs.) yıkmak; toplamak, (çadır, bina) toplamak, kaldırmak, yıkmak, sökmek; *vi* kesilmek, kopmak; (söz) kısa kesmek; (kalem, bıçak) kırılmak, kopmak ***Beziehungen abbrechen*** ilişkiyi kesmek, ilişkiyi koparmak ***Blumen abbrechen*** çiçek koparmak ***das Studium abbrechen*** üniversite öğrenimini yarıda kesmek ***ein Haus abbrechen*** (bir) evi yıkmak ***eine Brücke abbrechen*** (bir) köprüyü kaldırmak ***Rede abbrechen*** konuşmayı kesmek

abbremsen /'apbremzın/ *trvt oto* frenlemek, fren yapmak; yavaşlatmak, hızını azaltmak

abbrennen /'apbrenın/ *trvt* ateşe vermek, yakarak yok etmek; *vi* (ev, işyeri) tamamen yanmak, kül olmak

abbringen /'apbringın/ *trvt* (birisini bir huyundan, bir şeyden) vazgeçirmek, (fikrinden) caydırmak, aklını çelmek; (kararından) döndürmek; ayırmak, (doğru yoldan) çıkarmak; (konudan) saptırmak ***jdn von seinen Wege abbrechen*** (birisini) fikrinden caydırmak ***sich nicht abbringen lassen*** bildiğinden caymamak, şaşmamak

abbröckeln /'apbrökıln/ *trvi* parçalanmak, parçalara ayrılmak; un ufak olmak; çözülmek; (fiyat) yavaş yavaş düşmek, değerini kaybetmek

Abbruch /'apbruh/ *m* kırma, kırılma, yıkma, yıkılma; (iş) kesilme, durulma, kesat gitme; zarar ***Abbruch der Beziehungen*** ilişkilerin kesilmesi ***Abbruch tun*** (birisine) zarar vermek, mağdur etmek; (bir şeyin) kıymetini düşürmek ***jdn Abbruch tun*** (birisine) zarar vermek ***sich einen Abbruch tun*** kendine kötülük etmek

abbuchen /'apbu:hın/ *trvt* hesaptan çekmek; otomatik ödeme talimatıyla hesaptan para çekmek

Abbuchung /'apbu:hung/ *f* hesaptan düşme, hesaptan indirme; hesaptan düşülen miktar/tutar

abbürsten /'apbürstın/ *trvt* fırçalamak, fırçalayarak çıkarmak, fırçalayarak temizlemek; azarlamak

abchecken /'abçekın/ *trvt* kontrol etmek, gözden geçirmek, denetlemek, sınamak, çek etmek

Abc-Schütze /a:be:'tse:şütsı/ *m* ilköğretim birinci sınıf öğrencisi; okuma çağındaki çocuk

ABC-Waffen /a:be:'tse:vafın/ *pl ask* NBC silahları, nükleer-biyolojik-kimyasal silahlar

abdämpfen /'apdempfın/ *trvt* (buharlı tren, buharla çalışan alet) buharı kesmek; sesini kısmak

abdanken /'apdankın/ *trvt* istifa etmek, işi bırakmak, işten ayrılmak, çekilmek

Abdankung /'apdankung/ *f* istifa, işten ayrılma; terhis ***zur Abdankung zwingen*** istifaya zorlamak; tahttan indirmek

abdecken /'apdekın/ *trvt* kapağını açmak, örtüsünü kaldırmak, üstünü açmak; (hayvan) derisini yüzmek; sofrayı toplamak ***den Tisch abdecken*** sofrayı kaldırmak; masanın örtüsünü açmak ***ein Haus abdecken*** bir evin çatısını/damını kaldırmak ***eine Schuld abdecken*** bir borcu ödemek, borcu ödeyerek kapamak ***Tiere abdecken*** (hayvan) derisini yüzmek

Abdecker /'apdekır/ *m* hayvan leşlerini veya kadavralarını ortadan kaldıran kimse

Abdeckung /'apdekung/ *f* markaj; duvar saçağı; *den* küpeşte

abdichten /'apdihtın/ *trvt* sıkıştırmak; vidalamak, contalamak; (hava, su) geçirmez hale getirmek, sızdırmaz yapmak; izole etmek

Abdichtung /'apdihtung/ *f* sıkıştırma, izole etme; vidalama, contalama
abdrängen /'apdrengın/ *trvt* (birisini bir şeyden) uzaklaştırmak, püskürtmek, atmak, ayırmak
abdrehen /'apdre:ın/ *trvt* (elektrik, gaz, akım) kapamak; çevirerek çıkarmak; *tek* çevirmek, tornalamak; *vi* (gemi, uçak) rotasını değiştirmek; *oto* stop ettirmek, durdurmak ***einen Film abdrehen*** bir film çevirmek ***Schrauben abdrehen*** vidayı çevirmek, çevirerek çıkarmak ***sich abdrehen*** vazgeçmek, caymak; yüz çevirmek
abdriften /'apdriftın/ *trvt* başka yöne aktarmak
Abdruck /'apdruk/ *m* basım; parmak izi, tokat izi; damga, kopya, suret
abdrucken /'apdrukın/ *trvt* basmak, yayımlamak; kopya etmek, kopyalamak, aynısını çıkarmak
abdrücken /'apdrükın/ *trvt* bastırmak; tampon yapmak; *vi* (silah) tetiği çekmek, ateşlemek ***sich abdrücken*** itmek, iterek uzaklaştırmak; iz bırakmak
abebben /'apebın/ *trvi* (ses, ilgi, su baskını vs.) azalmak, dinmek, hızı azalmak, etkisini kaybetmek
Abend /'a:bınt/ *m* akşam ***Abend des Lebens*** yaşamın sonbaharı, yaşamın son günleri ***Abend für Abend*** her akşam ***am Abend*** akşamleyin ***am Abend vorher*** evvelki akşam ***den Tag vor dem Abend loben*** dereyi görmeden paçaları sıvamak ***der heilige Abend*** Noel gecesi (24 Aralık) ***heute Abend*** bu(gün) akşam ***letzten Abend*** dün akşam ***Freitag Abend*** cuma akşamı
Abendbrot /'a:bıntbro:t/ *n* akşam yemeği
Abenddämmerung /'a:bıntdemırung/ *f* alacakaranlık
abendelang /'a:bındılang/ *s* sayısız akşamlar boyunca
Abendessen /'a:bıntesın/ *n* akşam yemeği
abendfüllend /'a:bıntfülınt/ *s* akşam boyunca, gece boyunca, tüm akşamı kapsayacak şekilde
Abendgebet /'a:bıntgıbe:t/ *n* akşam namazı
Abendkasse /'a:bıntkası/ *n* akşam seansından elde edilen gelir
Abendkleid /'a:bıntklayt/ *n* gece elbisesi, tuvalet
Abendkurs /'a:bıntkurs/ *m* akşam kursu
Abendland /'a:bıntlant/ *n* batı, Avrupa
abendlich /'a:bıntlih/ *s* akşama özgü; akşamki
Abendmahl /'a:bıntma:l/ *m* kudas, Evharistya
Abendrot /'a:bıntro:t/ *n* gün batımı, akşam kızıllığı
abends /'a:bınts/ *be* akşamları
Abendschule /'a:bıntşu:lı/ *f* akşam okulu, gece okulu
Abendstern /'a:bıntştern/ *m gökb* Çobanyıldızı, Akşamyıldızı
Abendvorstellung /'a:bıntfo:rştelung/ *f tiy* akşam gösterimi, suare
Abendzeitung /'a:bınttsaytung/ *f* akşam gazetesi
Abenteuer /'a:bıntoyır/ *n* macera, serüven; (birisiyle) kısa süreli bir seksüel ilişki ***auf Abenteuer ausgehen*** macera peşinde koşmak ***ein Abenteuer bestehen*** bir macera yaşamak
abenteuerlich /'a:bıntoyırlih/ *s* maceralı, tehlikeli
Abenteuerlust /'a:bıntoyırlust/ *f* maceraperestlik
abenteuerlustig /'a:bıntoyırlustih/ *s* maceraperest
Abenteuerroman /'a:bıntoyırroma:n/ *m* macera romanı
Abenteuerspielplatz /'a:bıntoyırşpi:lplats/ *m* (macera) oyun alanı
Abenteurer /'a:bıntoyrır/ *m* maceracı, maceraperest
aber /'a:bır/ *bağ* ama, fakat, ancak; bununla beraber; oysa, meğer ***aber dennoch*** buna rağmen, bununla beraber ***aber doch!*** hay hay! ***aber ja!*** şüphesiz!, tabi! ***aber nein!*** Hayır!, Yo! ***aber und abermals*** defalarca, tekrar tekrar ***nun aber*** halbuki, şimdi ***ohne wenn und aber*** kayıtsız şartsız, sorgusuz sualsiz
Aberglaube /'a:bırglaubı/ *m* batıl inanç, hurafe
abergläubisch /'a:bırgloybiş/ *s* batıl; batıl inançlı, hurafeperest
aberkennen /'aperkenın/ *trvt* (mahkeme kararı ile birisini bir şeyden) menetmek; yoksun etmek, mahrum etmek; inkâr etmek, reddetmek ***jdm etw aberkennen*** (birisini) mahkeme kararıyla bir haktan mahrum etmek
Aberkennung /'aperkenung/ *f* haktan

yoksun kılma, mahrum etme; menetme, yasaklama ***Aberkennung der bürgerlichen Ehrenrechte*** kamu hizmetlerinden men, kamu siyasi haklardan ıskat; medeni haklardan ıskat
abermalig /'a:bırma:lih/ *s* tekrar, yine, gene, mükerrer
abermals /'a:bırma:ls/ *be* yeniden, tekrar, gene, bir daha
aberwitzig /'a:bırvitsih/ *s* anlaşılmaz, akıl ermez
abfahren /'apfa:rın/ *trvt* (bir şeyi bir araçla) nakletmek, taşımak; (taşıt) çiğneyip geçmek, kesip koparmak; *vi* (araç) hareket etmek, gitmek, kalkmak; *sp* depar atmak ***abfahren lassen*** reddetmek, geri çevirmek; bir araçla bir yeri baştan sona dolaşmak ***auf etw abfahren*** (bir şeyden) hoşlanmak, bayılmak ***auf jdn abfahren*** (bir kimseye) bayılmak, hoşlanmak
Abfahrt /'apfa:rt/ *f* hareket, kalkış, gidiş; depar
Abfahrtslauf /'apfa:rtslauf/ *m* depar, şos
Abfahrtszeit /'apfa:rtstsayt/ *f* kalkış saati, hareket saati
Abfall /'apfal/ *m* çöp; süprüntü, kırpıntı; atık; hırdavat; (maden) mucur; (yemek) artık, kırıntı; isyan; yozlaşma ***Abfall von einem Amt*** bir görevden ayrılmak ***Abfall zum Feind*** *kon* düşman tarafına geçmek
Abfallbeseitigung /'apfalbızaytigung/ *f* atık çöpleri giderme
Abfalleimer /'apfalaymır/ *m* çöp kovası
abfallen /'apfalın/ *trvi* düşmek; dökülmek; terk etmek, ayrılmak, çıkmak; çözülmek; pul pul dökülmek ***Blätter fallen ab*** yapraklar dökülüyor ***von jdm abfallen*** (birisini) terk etmek; yukarıdan aşağıya yuvarlanmak
abfällig /'apfelih/ *s* aşağılayıcı, küçümseyici, hor gören
Abfallprodukt /'apfalprodukt/ *n* artık ürün
Abfallverwertung /'apfalferve:rtung/ *f* atık değerlendirme, artıkları yeniden değerlendirme, çöpleri yeniden değerlendirme
abfangen /'apfangın/ *trvt* yakalamak, ele geçirmek, tevkif etmek; (birinin) amacına ulaşmasını engellemek; kontrol altına almak ***die Briefe abfangen*** mektupları alıkoymak
abfärben /'apferbın/ *trvi* boyası çıkmak, rengi atmak; (birisinin, bir şeyin) tesirinde kalmak
abfassen /'apfasın/ *trvt* yazmak, kaleme almak; düzenlemek, tanzim etmek, derlemek
abfaulen /'apfaulın/ *trvi* çürüyüp dökülmek
abfedern /'apfe:dırn/ *trvt* tüylerini yolmak, koparmak
abfeiern /'apfayırn/ *trvt kon* fazla çalışma karşılığı fazla tatil elde etmek, tatil karşılığı mesai yapmak
abfertigen /'apfertigın/ *trvt* işlemlerini yapmak (havaalanında) bilet kontrolü (check-in) yapmak, pasaport kontrolü yapmak; müşteriyle ilgilenmek ***kurz abfertigen*** başından savmak, ilgilenmemek
Abfertigung /'apfertigung/ *f* yollama, sevk; muamele
abfeuern /'apfoyırn/ *trvt ask* ateş etmek, (silahını) ateşlemek; silahı boşaltmak, tetik düşürmek
abfinden /'apfindın/ *trvt* zararını ödemek, tazminat vermek; gönlünü yapmak, memnun etmek ***sich abfinden*** (birisiyle) uzlaşmak, geçinmek, anlaşmak; katlanmak; kanaat etmek; alışmak; razı olmak ***sich mit etw abbinden*** (bir şeyi) kabullenmek, razı olmak
Abfindung /'apfindung/ *f* tazminat, zararını ödeme
abflachen /'apflahın/ *trvt* düzleştirmek, yassılaştırmak; *vi* düzleşmek, yassılaşmak ***sich abflachen*** yassılaşmak, düzleşmek
abflauen /'apflauın/ *trvi* (rüzgâr, ses, acı) dinmek, azalmak, yatışmak, hafiflemek
abfliegen /'apfli:gın/ *trvi* (uçak) uçup gitmek, havalanmak, kalkmak; (yolcu) uçmak
abfließen /'apfli:sın/ *trvi* akıp gitmek, geçip gitmek; (para, sermaye) yurtdışına gitmek ***nicht abfließen*** irkilmek ***der See fließt ins Meer ab*** göl denize akıyor
Abflug /'apflu:k/ *m* (uçak) hareket, uçuş, kalkış
Abfluss /'apflus/ *m* akma, akış; kanal, oluk; boşalma, deşarj
Abfolge /'apfolgı/ *f* sıra, dizi, silsile
abfordern /'apfordırn/ *trvt* (birisinden) (bir şey) talep etmek, istemek
Abfrage /'apfra:gı/ *f* bilgi istek karakteri

abfragen /'apfra:gın/ *trvt vi* soruşturmak, bilgi edinmek; sorarak bilgi almak, konuşturmak, söyletmek, anlattırmak
abfrieren /'apfri:rın/ *trvt* (soğuk nedeniyle) vücudun bir bölümü tutulmak; *trvi* (bitki) donmak
Abfuhr /'apfu:r/ *f* (araba ile) taşıma, nakil, sevk; ret, tersleme; hezimet ***jdm eine Abfuhr erteilen*** (birisini) başından savmak, sepetlemek
abführen /'apfü:rın/ *trvt* götürmek, sevk etmek; ödemek; müshil etkisi yapmak; yoldan saptırmak; konudan uzaklaşmak ***eine Schuld abführen*** bir borcu ödemek ***vom Thema abführen*** konudan uzaklaştırmak ***vom Wege abführen*** yoldan saptırmak
Abführmittel /'apfü:rmitıl/ *n hek* müshil, müshil ilacı, laksatif
Abfülldatum /'apfülda:tum/ *n* şişeleme tarihi, dolum tarihi, paketleme tarihi
abfüllen /'apfülın/ *trvt* (in etw) (fıçı veya şişeye) sıvı doldurmak; şişelemek; boşaltmak; *kon* (birisini) sarhoş etmek
Abfüllung /'apfülung/ *f* boşaltma; doldurma
Abgabe /'apga:bı/ *f* teslim; vergi; resim, harç; satış; havale; *tic* poliçe; teslim yeri; *sp* pas; oy verme
abgabenfrei /'apga:bınfray/ *s* vergiden muaf, vergisiz
abgabenpflichtig /'apga:bınpflihtih/ *s* vergiye tabi, mükellef
Abgabetermin /'apga:bıtermi:n/ *m* ödeme zamanı, ödeme tarihi
Abgang /'apgang/ *m* (okuldan) çıkma, ayrılış, terk; gidiş, hareket; *tiy* çıkış; *hek* akıntı, taş düşürme, kanama; satış, sürüm; (mal) azalma, eksilme, fire; tahliye edilme; (sıvı) sızıntı, akıntı; düşük; ölüm, vefat ***Abgang von der Schule*** okulu terk etmek, çıkış almak
Abgangszeugnis /'apgangstsoyknis/ *n* tasdikname; bitirme belgesi
Abgas /'apga:s/ *n tek* çürük gaz, atık gaz
abgasarm /'apga:sarm/ *s oto* az emisyonlu, egzozu az
abgearbeitet /'apgıarbaytıt/ *s* çalışmaktan bitap düşmüş, yorgun
abgeben /'apge:bın/ *trvt* teslim etmek, vermek; (görev) vazgeçmek; terk etmek, bırakmak; *sp* kaybetmek; oy kullanmak; hüküm vermek; ateş etmek; açıklamada bulunmak; aracılık etmek; *tic* çek vermek; *tic* vergi ödemek; (sorumluluğu) üzerinden atmak ***die Hoffnungen abgeben*** umudunu yitirmek ***eine Urteil abgeben*** hüküm vermek, karar vermek ***einen Schuss abgeben*** (bir el) silah atmak ***seine Rechte abgeben*** haklarından vazgeçmek ***seine Stimme abgeben*** oy vermek ***sich abgeben mit etw*** (bir şeyle) uğraşmak, meşgul olmak ***sich abgeben mit jdm*** (birisiyle) iyi ilişki/dostluk kuramamak ***Waren abgeben*** mallarını satmak, varını yoğunu satmak
abgebrannt /'apgıbrant/ *s* evi yanmış; çaresiz kalmış; yanmış, kavrulmuş
abgebrüht /'apgıbrü:t/ *s* haşlanmış; yüzsüz, vurdumduymaz; kaşarlanmış, kaşarlı; pişkin
abgedroschen /'apgıdroşın/ *s* eskimiş, yıpranmış; adi, bayağı, tatsız; beylik, basmakalıp, klişe ***eine abgedroschene Ausrede*** sıradan bahane, sudan bahane
abgegriffen /'apgıgrifın/ *s* aşınmış, yıpranmış, eskimiş, basmakalıp, silik
abgehackt /'apgıhakt/ *s* (lisan) çat pat, (konuşma) kesik, kesik; ağır dilli
abgehärmt /'apgıhe:rmt/ *s* (endişe ve tasa dolu) yüz ifadesi, endişeli görünüm
abgehärtet /'apgıhertıt/ *s* dayanıklı, alışık
abgehen /'apge:ın/ *trvi* (okul) ayrılmak, terk etmek; hareket etmek, ayrılmak, gitmek; (mal) satılmak, iyi gitmek; (düğme) çıkmak, kopmak; *hek* düşük yapmak; eksik olmak, noksan olmak; (yol) kollara ayrılmak; uzaklaşmak; istifa etmek; (fikir) caymak, fikrini değiştirmek; bitmek, neticelenmek, sonuçlanmak; (birisinin) yokluğunu hissetmek; ölmek, vefat etmek; yolunu şaşırmak; fiyatı indirilmek; çözülmek; *trvt* (hat) adımlamak, adım adım ölçmek; kontrol etmek ***von der Bühne abgehen*** sahneden ayrılmak; sahneyi terk etmek ***von der Universität abgehen*** üniversiteyi terk etmek
abgekartet /'apgıkartıt/ *s* danışıklı dövüşlü, şikeli ***abgekartetes Spiel*** *sp* şikeli maç, danışıklı dövüş
abgeklärt /'apgıkle:rt/ *s* (sıvı) berraklaşmış, süzülmüş; (kişi) temkinli, ağırbaşlı; (karar) makul
Abgeklärtheit /'apgıkle:rthayt/ *f* olgunluk
abgelegen /'apgıle:gın/ *s* uzak, ırak, ücra;

tenha; (semt) sapa, kenar, banliyö ***ein abgelegener Ort*** tenha bir yer, ıssız bir yer

abgeneigt /'apgınaykt/ *s* düşman, aleyhtar, isteksiz; sevmeyen; *coğ* hafif meyilli ***abgeneigt sein*** isteksiz olmak ***etw abgeneigt sein*** bir şeyden hoşlanmamak

abgenutzt /'apgınutst/ *s* aşınmış, yıpranmış; silik, köhne, cıcığı çıkmış

Abgeordnete(r) /'apgıordnıtı(r)/ mf *pol* milletvekili, mebus; delege; mümessil

Abgeordnetenhaus /'apgıordnıtınhaus/ *n* parlamento; (Türkiye'de) Türkiye Büyük Millet Meclisi

abgepackt /'apgıpakt/ *s* paketlenmiş

Abgesandte(r) /'apgızantı(r)/ fm *pol* delege, elçi, sefir; haberci, ulak; kasıt; müşahit, gözlemci

abgeschieden /'apgışi:dın/ *s* ayrılmış, uzak; tenha; merhum, rahmetli, ölü

abgeschlagen /'apgışla:gın/ *s* yorgun, bitkin, bitap; *sp* galip ***abgeschlagenen Eindruck machen*** bitkinmiş gibi görünmek

abgeschlossen /'apgışlosın/ *s* (iş) bitmek; bitirilmiş; ayrılmış, tecrit edilmiş; (kendi içinde) tamamen ***abgeschlossenes Konto*** *tic* kapatılmış hesap, kesilmiş hesap

abgeschmackt /'apgışmakt/ *s* (sohbet, yemek) tatsız, tuzsuz; (fikir) saçma sapan, mantıksız; münasebetsiz

abgesehen /'apgıze:ın/ *s* (von) (-den, -dan) başka, dışında, haricinde; bir yana ***abgesehen davon*** bundan başka ***es abgesehen haben*** kastetmek, amaçlamak

abgespannt /'apgışpant/ *s* yorgun, bitkin, takatsiz, dermansız ***abgespannt sein*** kafası karışmak

abgestanden /'apgıştandın/ *s* (hava, koku, su, vs.) bayat, bozuk, dura dura bozulmuş ***abgestandene Blume*** durarak solmuş çiçek ***abgestandenes Konnossement*** *tic* geçkin konşimento

abgestimmt /'apgıştimt/ *s* *müz* akort edilmiş, sesi ayarlanmış ***abgestimmtes Konto*** *tic* mutabakata varılmış hesap

abgestorben /'apgıştorbın/ *s* ölmüş, ölü; (yaprak, ağaç vs.) kurumuş, kuru; uyuşuk; hissiz, duygusuz

abgestumpft /'apgıştumpft/ *s* körelmiş, küt, kütleştirilmiş; keskin olmayan ***abgestumpfte Kante*** küt kenar, kör taraf

abgewinnen /'apgıvinın/ *s* (birisinden bir şey) kazanmak, almak, elde etmek; (bir şeyden) hoşlanmak ***jdm etw abgewinnen*** (birisinden bir şey) elde etmek

abgewöhnen /'apgıvö:nın/ *s* (birisini) alışkanlığından vazgeçirmek ***sich abgewöhnen*** (bir) alışkanlıktan vazgeçmek

abgießen /'apgi:sın/ *trvt* (sıvıyı) kaptan kaba aktarmak; kalıbını almak; dökmek, boşaltmak

Abglanz /'apglants/ *m* (ışık) yansıma, yansı, ziya; (ses) yankılanma; yankı, akis

abgleiten /'apglaytın/ *trvi* kaymak; kayarak düşmek; *tic* (borsa, döviz kuru) yavaş yavaş düşmek ***vom Rechten abgleichen*** doğru yoldan sapmak, doğru yoldan çıkmak

Abgott /'apgot/ *m* çok sevilen, çok değer verilen; put, ilah ***jdn Abgott machen*** (birisini) ilahlaştırmak, tanrılaştırmak

abgöttisch /'apgötiş/ *s* taparcasına; put gibi ***abgöttisch lieben*** taparcasına sevmek, tapmak

abgrasen /'apgra:zın/ *trvt* (hayvan) otlamak; (bir şeyi) köşe bucak aramak

abgrenzen /'apgrentsın/ *trvt* sınır çizmek, sınırlandırmak; tahdit etmek; belirlemek; tayin etmek; tarif etmek; (kişi, nesne) birbirinden ayırmak

Abgrenzung /'apgrentsung/ *f* sınır(lama), ayırma; sınırlanış, ayrılış

Abgrund /'apgrunt/ *m* uçurum, çok derin çukurluk; sonsuz derinlik, dipsizlik; (fikirler arasında) uçurum, büyük fark ***in den Abgrund stürzen*** uçuruma yuvarlanmak

abgründig /'apgründih/ *s* çok derin; gizemli, esrarengiz

Abguss /'apgus/ *m* (alçı, vs.) kalıp; (dökümhane) döküm; (sıvı) dökülen sıvı ***Abguss gießen*** kalıba dökmek

abhaben /'apha:bın/ *trvt* (bir şeyden bir parçayı) almak; (şapka, gözlük) çıkarmak

abhacken /'aphakın/ *trvt* balta ile kesmek, baltalamak

abhaken /'apha:kın/ *trvt* asılı şeyi indirmek, çengelden çıkarmak; (yaşanmış kötü bir olayı) aklından silmek, unutmak; işaret koymak, işaretlemek

abhalten /'aphaltın/ *trvt* (birisini bir şeyden) alıkoymak, engellemek, mâni olmak; yapmak, düzenlemek; (gemi) karadan açıkta kalmak, kıyıdan ayrılmak; (toplantı, kurs, ders) yapmak, oluşmasını sağlamak ***eine Versammlung abhalten*** bir toplantı yapmak ***jdn abhalten etw zu tun*** (birisinin bir şey yapmasına) engel olmak ***jdn von etw abhalten*** (birisini bir şeyden) menetmek ***jdn von der Arbeit abhalten*** (birisinin) işine mani olmak

abhandeln /'ap**h**andıln/ *trvt* (konu) görüşmek, ele almak, müzakere etmek, tartışmak; pazarlık etmek ***jdm etw abhandeln*** (bir şeyi birisinden) pazarlık ederek almak

Abhandlung /'ap**h**andlung/ *f* araştırma, inceleme; yazı, makale

Abhang /'ap**h**ang/ *m* bayır, yamaç; iniş, meyil

abhängen /'ap**h**engın/ *trvt* yerinden indirmek, çengelden çıkarmak; (birisini) atlatmak; *vi* (bir şeye, birine) bağlı olmak, tâbi olmak; (et) bayatlamak; bağlantıyı kesmek ***abhängen von etw*** (bir şeye) bağlı olmak ***etw abhängen*** (bir şeyi) çengelden indirmek ***jdn abhängen*** (birisini) atlatmak

abhängig /'ap**h**engi**h**/ *s* (birisine, bir şeye) bağımlı, tâbi; bağlı ***abhängiger Satz*** *dilb* bağımlı cümle ***abhängig machen von etw*** (bir şeye) şart koşmak, şart ileri sürmek ***Alters abhängig*** yaşa bağlı ***Wetter abhängig*** havaya bağlı

Abhängigkeit /'ap**h**engi**h**kayt/ *f* bağımlılık, bağlı olma, tâbi olma

abhärmen /'ap**h**e:rmın/ *trvr* kendini başka birisi için telef etmek; (birisinin) başının etini yemek

abhärten /'ap**h**ertın/ *trvi* sağlamlaştırmak, dayanıklılığını artırmak; (vücut) dayanıklılığını artırmak, direncini artırmak ***sich gegen etwas abhärten*** alışmak, dayanıklılığı artmak, vücudun direnci artmak, hastalığa karşı dirençli olmak

Abhärtung /'ap**h**ertung/ *f* sertleşme, katılaşma; sertleştirme, katılaştırma

abhauen /'ap**h**auın/ *trvt* (balta ile) kesmek, budamak; *vi* sıvışmak, ortadan kaybolmak, kirişi kırmak, tüymek; defolmak ***Hau ab!*** defol!, kaybol!

abheben /'ap**h**e:bın/ *trvi* (bir şeyi bir yerden) kaldırmak, çekip almak; *trvt* (banka hesabından) para çekmek; *vi* (uçak) kalkmak; kendini beğenmek ***von der Bank Geld abheben*** bankadan para çekmek ***sich abheben*** iyice belirmek; (başka bir şeyden/kişiden) farklı olmak

abheften /'ap**h**eftın/ *trvt* (mektup, fatura, vs.) dosyalamak, klasörlemek

abheilen /'ap**h**aylın/ *trvi* şifa bulmak, iyileşmek; tamamen iyileşmek

abhelfen /'ap**h**elfın/ *trvi* (hastalığa, vs.) çare bulmak

abhetzen /'ap**h**etsın/ *trvt* (atı, avı) koşturarak yormak; aceleye getirmek ***sich abhetzen*** koşarak yorulmak, kendini yormak

Abhilfe /'ap**h**ilfı/ *f* (endişe, tasa gibi olumsuzluklara karşı) çare, derman, deva ***Abhilfe leisten*** (bir şeye) çare bulmak ***Abhilfe schaffen*** çare bulmak, deva bulmak ***auf Abhilfe sinnen*** çare aramak, deva aramak

abhold /'ap**h**olt/ *s* muhalif, düşman, aleyhtar ***abhold sein*** (birisine, bir şeye) iyi gözle bakmamak, müsait olmamak; (birisini, bir şeyi) çekememek

abholen /'ap**h**o:lın/ *trvt* (bilet, ekmek, vs.) gidip almak, alıp getirmek; alıp götürmek; (yolcuyu istasyonda, garda) karşılamak, almak; toplamak

abholzen /'ap**h**oltsın/ *trvt* (orman, koru) tüm ağaçlarını kesmek

Abholzung /'ap**h**oltsung/ *f* orman açma

abhorchen /'ap**h**orhın/ *trvt* *hek* (steteskop ile birisinin) vücudunu dinlemek; *kon* gizlice dinlemek

abhören /'ap**h**ö:rın/ *trvt* (birisinin) bilgisini yoklamak, söyletmek, anlattırmak; *hek* (steteskop ile) vücudunu dinlemek; (telefon, konuşma) gizlice dinlemek, kulak misafiri olmak

Abitur /abi'tu:r/ *n* lise bitirme sınavı, mezuniyet sınavı

Abiturient /abitu'ryent/ *m* lise mezunu

abkämmen /'apkemın/ *trvt* aramak, taramak; köşe bucak aramak

abkanten /'apkantın/ *trvt* sivriliğini almak, köşelerini yontmak, sivriliğini gidermek

abkanzeln /'apkantsıln/ *trvt* (birisini) fırçalamak, azarlamak, paylamak; süslemek; donatmak

abkapseln /'apkapzıln/ *trvr* içine kapanmak, inzivaya çekilmek; kendini çevresinden veya arkadaşlarından izole etmek

abkassieren /'abkasi:rın/ *trvt vi* (birisinden) para tahsil etmek

abkaufen /'apkaufın/ *trvt* (birisinden bir şey) satın almak; (birisine bir şey için) güvenmek, inanmak
Abkehr /'apke:r/ *f* yüz çevirme; ayrılma; (daha önceki fikirlerini veya alışkanlıklarını) terk etme
abkehren /'apke:rın/ *trvt* (birisine, bir şeye) yüz çevirmek; süpürmek ***von etw abkehren*** (inançtan, düşünceden) vazgeçmek ***sich abkehren von*** başka tarafa dönmek; *vi* (fikir veya alışkanlıktan) vazgeçmek, bırakmak ***sich von jdm abkehren*** (birisine) yüz çevirmek
Abklatsch /'apklaç/ *m* kopya, suret; klişe, basmakalıp; imitasyon
abklemmen /'apklemın/ *trvt* (tel ile) sıkıca bağlamak
abklingen /'apklingın/ *trvi* (ses, gürültü) yavaş yavaş azalmak, giderek azalmak; (ateş, hastalık) ağır ağır iyiye gitmek
abklopfen /'apklopfın/ *trvt* vurup düşürmek; (halı, kilim) vura vura tozunu almak; *hek* (parmakla yavaşça vurarak) muayene etmek
abknallen /'apknalın/ *trvt* (bir hayvanı) acımasızca öldürmek, insafsızca öldürmek
abknicken /'apknikın/ *trvt* (bükerek) eğmek, kırmak; (cadde, sokak) sapmak, dönmek
abknöpfen /'apknöpfın/ *trvt* para sızdırmak; hile yoluyla elde etmek; (birisinden bir şey) koparmak; düğmeleri çözerek çıkarmak ***jdm etw abknöpfen*** (birisinden) hile ile (bir şey) elde etmek
abkochen /'apkohın/ *trvt* (süt, su, tıbbi alet) kaynatarak mikroplarından arıtmak; *hek* sterilize etmek; pişirmek, kaynatmak
abkommandieren /'apkomandi:rın/ *trvt* (birisini bir yere) atamak, tayin etmek; görev için bir yere göndermek
Abkommen /'apkomın/ *n* (ülkelerarası, kurumlar arası) uzlaşma, anlaşma, konvansiyon, pakt ***Abkommen über Kinderrechte*** Çocuk Hakları Sözleşmesi ***ein Abkommen treffen*** anlaşmaya varmak
abkömmlich /'apkömlih/ *s* başka bir işi yapabilmesi için uygun olan; kullanılabilir, yararlanılabilir ***abkömmlich sein*** vakti olmak, zamanı olmak
Abkömmling /'apkömling/ *m* evlat; torun, altsoy
abkoppeln /'apkopıln/ *trvt* (iki şey arasındaki) bağı çözmek
abkratzen /'apkratsın/ *trvt* (bir şeyi bir şeyden) kazıyarak çıkarmak; kazıyarak temizlemek; *vi* (ist) *kon* gebermek, nalları dikmek, kuyruğu titretmek, tahtalı köyü boylamak
abkühlen /'apkü:lın/ *trvt* soğutmak, serinletmek; hafifletmek, gevşetmek; *trvi* (çay, çorba, su) soğumak, ılımak ***sich abkühlen*** soğumak, serinlemek
Abkühlung /'apkü:lung/ *f* serinletme, soğutma
Abkunft /'apkunft/ *f* asıl, köken, menşe; aile, soy sop ***von vornehmer Abkunft*** asil; soylu, kökeni soyluya bağlı
abkürzen /'apkürtsın/ *trvt* kısaltmak; (iki yer arasında) kısa bir yol bulmak; (konuşma, anlaşma) süre olarak kısaltmak ***den Weg abkürzen*** kestirmeden gitmek ***ein Gespräch abkürzen*** konuşmayı kısa kesmek ***eine Rede abkürzen*** konuşmayı kısa kesmek ***einen Besuch abkürzen*** bir ziyareti kısa kesmek
Abkürzung /'apkürtsung/ *f* kısaltma, kestirme
Abkürzungsverzeichnis /'apkürtsungsfertsayhnis/ *n* kısaltmalar listesi
abladen /'apla:dın/ *trvt* boşaltmak, tahliye etmek, yükünü indirmek; dert yanmak, derdini anlatmak; sorumluluğunu başkasına atmak
Ablage /'apla:gı/ *f* (büroda mektup, evrak vs. için ayrılmış) çekmece, göz; vestiyer, gardırop; depo, ambar
ablagern /'apla:gırn/ *trvt* depo etmek, depolamak; bayatlamak; *vi* (şarap, et) bekleterek dinlendirmek ***sich ablagern*** tortu bırakmak
Ablagerung /'apla:gırung/ *f* (bir şeyi bir yere) koyma, depolama; *coğ* çökelme
ablassen /'aplasın/ *trvt* (sıvı bir şeyi kaptan) boşaltmak; bağırıp çağırarak veya küfrederek rahatlamak; (fiyat) indirim yapmak; *trvi* (ist) ısrar etmemek, vazgeçmek ***von etw ablassen*** (bir şeyden) vazgeçmek, caymak ***Wasser von Brunnen ablassen*** suyu havuzdan boşaltmak
Ablauf /'aplauf/ *m* akma, akış; seyir, gidiş; (süre) bitme, geçme; *sp* start; *den* kızaktan suya inme ***Ablauf der Frist*** bitim, sürenin bitimi ***Ablauf der Warte-***

zeit bekleme müddeti bitimi ***nach Ablauf einer Woche*** bir hafta geçtikten sonra ***natürlicher Ablauf*** doğal akış, tabii durum

ablaufen /'aplaufın/ *trvi* akmak, geçmek, cereyan etmek; (gemi) suya indirmek; (süresi) bitmek, dolmak; *tic* vadesi gelmek; *trvt* aşındırmak, eskitmek; dolaşmak; geride bırakmak; peşinden koşmak ***alles ist gut abgelaufen*** her şey yolundaydı ***jdn ablaufen lassen*** (birisinin isteğine) kulak asmamak ***sich ablaufen*** koşmaktan yorgun düşmek, bitap düşmek ***Zeit ist abgelaufen!*** süre bitti!, vakit doldu! ***Wasser läuft ab!*** su sızıyor!

Ablaut /'aplaut/ *m dilb* kökteki seslinin değişmesi

ablecken /'aplekın/ *trvt* (etw von etw) bir şeyi yalayarak temizlemek

ablegen /'aple:gın/ *trvi* soyunmak; elbisenin bir bölümünü çıkarmak; (gemi, vapur) sahilden hareket etmek; *trvt* (yere) koymak/bırakmak; hesap vermek; sınava girmek; (kötü alışkanlıklarını) terk etmek, bırakmak, vazgeçmek; (bir şeyi saklamak amacıyla) dosyalamak, klasöre geçirmek; yemin etmek; tanıklık etmek; şahadette bulunmak; ifade vermek ***ein Geständnis ablegen*** itirafta bulunmak ***einen Eid ablegen*** yemin etmek ***Rechenschaft ablegen*** hesap vermek

Ableger /'aple:gır/ *m bitk* toprağa daldırılan dal; daldırma; şube

ablehnen /'aple:nın/ *trvt* (davet, hediye, teklif) reddetmek, kabul etmemek, geri çevirmek; refüze etmek; mazeret beyan etmek ***es ablehnen etw zu tun*** bir şeyi yapmayı reddetmek

Ablehnung /'aple:nung/ *f* ret, geri çevirme ***Ablehnung der Verantwortung*** sorumluluğu reddetme ***Ablehnung des Richters*** *huk* yargıcın reddi; hâkimin reddi

ableisten /'aplaystın/ *trvt* (askerlik, memuriyet) görevini doldurmak, görevini tamamlamak; yemin etmek ***Militärdienst ableisten*** askerlik görevini tamamlamak

ableiten /'aplaytın/ *trvt* (sıvı, gaz) yönünü değiştirmek, başka yöne kanalize etmek; *mat* türetmek; sonuç çıkarmak ***sich ableiten von etwas*** (bir şeyden) çıkmak, gelmek; (sözcük) türetmek; türetilmek ***abgeleitetes Wort*** *dilb* türev, türetilmiş sözcük

Ableitung /'aplaytung/ *f* türetme; türev; sonuç çıkarma; süzülme, çekilme; drenaj

ablenken /'aplenkın/ *trvt* yolundan çevirmek, yönünü değiştirmek, saptırmak; konuyu değiştirmek; *vi* avutmak, oyalamak ***den Feind ablenken*** düşmanı oyalamak ***sich ablenken*** oyalanmak

Ablenkung /'aplenkung/ *f* eğlenme, oyalanma ***Ablenkung suchen*** değişiklik aramak

Ablenkungsmanöver /'aplenkungsmanö:vır/ *n ask* oyalama hareketi, şaşırtma manevrası

ablesen /'aple:zın/ *trvi* okumak; kâğıttan okumak, yüzünden okumak; gizlice okuyarak kopya etmek; yüzünden okumak; yüzünden/suratından belli olmak; yüzünden akmak; (ekrandan, listeden) bakarak okumak; ayıklamak ***von den Augen ablesen*** gözlerinden okumak ***vom Gesicht ablesen*** yüzünden okumak

ableugnen /'aploygnın/ *trvt* inkâr etmek, kabul etmemek, yadsımak, reddetmek, geri çevirmek; tekzip etmek, yalanlamak

ablichten /'aplihtın/ *trvt* resim çekmek, fotoğraf çekmek; fotokopisini çekmek

Ablichtung /'aplihtung/ *f* fotokopi

abliefern /'apli:fırn/ *trvt* ısmarlanan bir şeyi göndermek; vermek, teslim etmek

Ablieferung /'apli:fırung/ *f* teslim, verme, götürüp verme ***bei Ablieferung zahlen*** teslimat sırasında ödemek

ablösen /'aplö:zın/ *trvt* ayırmak, çözmek; (deriyi) soymak, kaldırmak; nöbet değiştirmek; geri vermek; (birinin) işini/görevini devralmak; (borcu, senedi) ödemek ***Haut ablösen*** derisini soymak ***sich ablösen*** ayrılmak; karşılıklı değişmek, takas etmek

Ablösesumme /'aplö:zızumı/ *f sp* bonservis bedeli

Ablösung /'aplö:zung/ *f* serbest bırakma, ayırma; ipoteğini kaldırmak; (bedelini ödeyerek) kurtarma; (mektup) alma; nöbet değiştirme, münavebe

Ablösungssumme /'aplö:zungszumı/ *f* verilecek bedel

Abluft /'apluft/ *f* atık hava; dışarı verilen

hava

abmachen /'apmahın/ *trvt* serbest bırakmak; çözmek; indirmek; çıkarmak, almak; kararlaştırmak; (birisi ile) uzlaşmak, karara varmak; (sebze, meyve) toplamak, dalından indirmek; halletmek, yoluna koymak; sona erdirmek ***etw mit jdm abmachen*** (bir şeyi birisiyle) kararlaştırmak

Abmachung /'apmahung/ *f* uzlaşma, anlaşma, uyuşma; sonuçlandırma, sonuca varma ***eine Abmachung brechen*** pazarlığı bozmak; anlaşmayı bozmak ***eine Abmachung treffen*** karara varmak, sonuca varmak

abmagern /'apma:gırn/ *trvi* zayıflamak, kilo kaybetmek, kilo vermek; vücuttan düşmek, (vücut olarak) bozulmak, kötülemek ***zum Gerippe abmagern*** iskeleti çıkmak, bir deri bir kemik kalmak

Abmagerung /'apma:gırung/ *f* zayıflama, kilo verme

Abmagerungskur /'apma:gırungsku:r/ *f* rejim, zayıflama rejimi ***Abmagerungskur machen*** rejim yapmak, diyet yapmak

abmahnen /'apma:nın/ *trvt* ihtar etmek, uyarmak ***jdn von etw abmahnen*** (birisine bir şeyden) vazgeçmesini tavsiye etmek

Abmahnung /'apma:nung/ *f* ihtar, ikaz, uyarı

abmalen /'apma:lın/ *trvt* portresini yapmak, resmini yapmak, (bir) resmi kopya etmek ***nach Vorlage abmalen*** resmin aynısını yapmak, resmin kopyasını çıkarmak; taklit etmek

Abmarsch /'apmarş/ *m* yürüyüş, yürüyüşe başlama; yola çıkma, hareket; *ask* yürüyüşe geçme, harekete geçme

abmarschieren /'apmarşi:rın/ *trvi* yürüyerek yola çıkmak, hareket etmek; yürüyerek uzaklaşmak

abmelden /'apmeldın/ *trvt* (daha önceden kararlaştırılmış) emri bozmak, siparişi bozmak, ziyareti bozmak, geri almak; yapılan çağrıya gelemeyeceğini bildirmek; (polise) adresinden ayrılacağını bildirmek; (okul) öğrencinin ayrılacağını bildirmek; (spor) bertaraf etmek, uzaklaştırmak; (bir listeden) ismini sildirmek; veda etmek ***jdn bei der Polizei abmelden*** ikametgah (oturum) değişikliğini yabancılar polisine bildirmek ***sich abmelden*** ayrılacağını bildirmek; (otel, pansiyon, vs.) ayrılmak

Abmeldung /'apmeldung/ *f* ayrılacağını bildirme, terk edeceğini bildirme

abmessen /'apmesın/ *trvt* ölçmek, tartmak; ölçü aleti ile ölçmek; adımlamak, metrelemek; *kon* (sözünü) tartmak; ölçülü hareket etmek; (başkasına) intibak ettirmek, kafasına dank ettirmek; pergelle ölçmek

Abmessung /'apmesung/ *f* ölçü, çap, ebat, boyut; ölçme, tartma

abmildern /'apmildırn/ *trvt* etkisini azaltmak, yumuşatmak

abmontieren /'apmonti:rın/ *trvt* sökmek, demonte etmek, demontaj yapmak

ABM-Stelle /a:be:'emştelı/ *f* geçici sözleşmeli iş, mevsimlik iş, sezonluk iş

abmühen /'apmü:ın/ *trvr* kendine sıkıntı veya zahmet etmek, kendini yormak, güçlük/sıkıntı çekmek; didinmek, (bir şeyi başarabilmek için) çırpınmak ***sich vergeblich abmühen*** boşuna uğraşmak, nafile çabalamak

abmurksen /'apmurksın/ *trvt kon* öldürmek, gebertmek; kıtır kıtır kesmek

abnabeln /'apna:bıln/ *trvt* (çocuğun) göbeğini kesmek ***sich abnabeln*** bir yakınından ayrılmak

abnagen /'apna:gın/ *trvt* kemirmek

Abnäher /'apne:ır/ *m* (dikiş) pens, kasıntı dikişi

Abnahme /'apna:mı/ *f* kaldırma, kaldırılma; *hek* kesme, kesilme; azalış, azalma, eksilme; alma, eksilme, çıkarma, indirme; kayıp; *tic* sürüm, satış, piyasa; teslim alma, kabul ***Abnahme der Kaufsache*** satılan malın teslimi ***Abnahme des Eides*** *huk* yemin ettirme

abnehmbar /'apne:mba:r/ *s tek* sökülür, kaldırılabilir

abnehmen /'apne:mın/ *trvt* kaldırmak, (şapka) çıkarmak; (bir şeyi) indirmek, sökmek; (sorumluluğu) üzerine almak; (bir şeyi) almak, kabul etmek; (birini) yemin ettirmek, söz almak; *tic* mal satın almak; teslim almak, tesellüm ettirmek; (meyve, sebze) toplamak, hasat etmek; birisine fazla ödetmek; (işi) başkasının yerine yapmak; resmini almak, fotoğrafını almak; (para) sızdırmak, koparmak; inanmak; *huk* çözmek, refetmek; geçit resmi kabul etmek; (örgü) ilmiklerini azaltmak; endişeden kurtarmak; *trvi* zayıflamak, kilo kaybetmek; (ay) küçülmek; (gün) kısalmak; azalmak, eksilmek ***die Maske abnehmen*** *kon* maskesini indirmek ***jdm die Arbeit abnehmen*** (birisinin) işini üstlenmek ***jdm ein Eid abnehmen*** (birisine) yemin ettirmek ***jdm Geld abnehmen*** (birisinden) para almak ***jdm Waffen abnehmen*** (birisinin) silahlarını almak, silahını gasp etmek

Abnehmer /'apne:mır/ *m* alıcı, müşteri; yataklık eden; abonman

Abneigung /'apnaygung/ *f* antipati, isteksizlik, hoşlanmama, nefret, ikrah, iğrençlik ***Abneigung einflößen*** tiksinti vermek ***eine Abneigung haben (gegen)*** çekememek, ikrah etmek

abnorm /ab'norm/ *s* anormal, doğal olmayan, kaidesiz, kurala aykırı, alışılmadık ***abnormales Kind*** anormal çocuk

Abnormität /apnormi'te:t/ *f* anormallik, olağandışılık, kurala aykırılık, yozlaşma, bozulma; ucube, hilkat garibesi

abnötigen /'apnö:tigın/ *trvt* (birisinden) zorla almak, (bir kimseyi bir şeyi vermeye) zorlamak, terke zorlamak ***jdm etw abnötigen*** (birisine bir şeyi) mecbur etmek

abnutzen /'apnutsın/ *trvt* aşındırmak, kullanarak eskitmek, yıpratmak ***sich abnutzen*** aşınmak, yıpranmak, eskimek

Abnutzung /'apnutsung/ *f* aşınma, aşındırma, yıpranma, eskime ***Abnutzung durch Gebrauch*** kullanma sonucu aşınma, yıpranma

Abnutzungserscheinung /'apnutsungserşaynung/ *f hek* aşınma

A-Bombe /'a:bombı/ *f ask* atom bombası

Abonnement /abonı'man/ *n* abone olma, abone

Abonnent /abo'nent/ *m* abone, abone yazılan kimse

abonnieren /abo'ni:rın/ *vt* abone olmak; (auf) bir şeye abone olmak ***auf eine Zeitung abonnieren*** bir gazeteye abone olmak

abordnen /'apordnın/ *trvt* milletvekili çıkarmak, parlamentoya mebus göndermek; birisini bir görevle yollamak, yetki vererek göndermek; bir işe tayin etmek

Abordnung /'apordnung/ *f* delegasyon, heyet, murahhaslık, temsilciler heyeti, temsilciler topluluğu

Abort /ab'ort/ *m* tuvalet, ayakyolu, hela, yüznumara, apteshane; *hek* çocuk düşürme

abpacken /'appakın/ *trvt* küçük küçük miktarlar halinde paketlemek

abpassen /'appasın/ *trvt* uydurmak; *kon* gözetmek, kollamak; *kon* beklemek, acele etmemek; (birisinin) yolunu beklemek; *tek* tesviyelemek; tertiplemek ***die Gelegenheit abpassen*** uygun zamanı kollamak, fırsatını kollamak

abpfeifen /'appfayfın/ *trvt sp* (hakem) düdük çalarak oyunu durdurmak veya oyuna ara vermek

Abpfiff /'appfif/ *m sp* (müsabaka) bitiş düdüğü

abpflücken /'appflükın/ *trvt* (sebze, meyve, çiçek) toplamak, koparmak

abplagen /'appla:gın/ *trvr* eziyet çekmek, zahmet çekmek, yorulmak, rahatsız olmak

abprallen /'appralın/ *trvi* zıplamak, (bir yere çarptıktan sonra) sekmek, sıçramak, çarparak geri fırlamak; (birisine) tesir etmemek ***vom Torpfosten abprallen*** *sp* direkten dönmek

abpumpen /'appumpın/ *trvt* tulumbayla boşaltmak

abputzen /'apputsın/ *trvt* temizlemek, süpürerek temizlemek, fırçalamak; (burnunu) silmek, ovalamak; (evi) sıvamak, (evi) boyayarak/badana ederek temizlemek

abquälen /'apkve:lın/ *trvr* kederlenmek, üzülmek; eziyet çekmek, ıstırap çekmek

abrackern /'aprakırn/ *trvr* canını dişine takmak, zahmet çekmek, yorulmak

abrasieren /'aprazi:rın/ *trvt* tıraş etmek, tıraşlamak; fırtına nedeniyle yerle bir olmak ***wie abrasiert*** *kon* bomboş, gereksiz söz, tıraş

abraten /'apra:tın/ *trvt* (birisine bir işi yapmaması için) tavsiyede bulunmak; *vi* (birisini bir şeyden) vazgeçirmek ***jdn von etw abraten*** (birisine bir şeyi) yapmamasını öğütlemek

abräumen /'aproymın/ *trvt* kaldırmak, boşaltmak; (moloz, enkaz) kaldırmak, taşımak ***den Tisch abräumen*** sofrayı toplamak

abreagieren /'apreagi:rın/ *trvr* hırsı geçmek, hırsı dinmek

abrechnen /'aprehnın/ *trvt* hesaptan indirmek, hesaptan düşürmek; hesaplaşmak; denkleştirmek, denk duruma getirmek ***etw von etw abrechnen*** (bir hesabı bir şeyden) düşmek ***mit jdm abrechnen*** intikam almak, birisiyle hesaplaşmak

Abrechnung /'aprehnung/ *f* hesaplaşma; tenzilat, fiyatta indirme; nota; *tic* bilanço; *tic* tasfiye; intikam ***die Abrechnung halten*** hesaplaşmak, hesabını görmek, defterini dürmek ***der Tag der Abrechnung*** hesaplaşma günü, intikam vakti

Abrechnungstermin /'aprehnugstermi:n/ *m tic* ödeme günü; tasfiye günü

Abrechnungszeitraum /'aprehnungstsaytraum/ *f tic* hesap dönemi; muhasebe dönemi

Abrede /'apre:dı/ *f* anlaşma, sözleşme, uzlaşma ***eine Abrede treffen*** uyuşmak, anlaşmak, uzlaşmak ***in Abrede stellen*** itiraz etmek, tartışma konusu yapmak

abregen /'apre:gın/ *trvr* durulmak, dinmek, dinginleşmek, sakinlemek; müsterih olmak, yumuşamak ***Reg dich ab!*** Sakin ol!

abreiben /'apraybın/ *trvt* (leke, pas) ovmak, ovalamak, (lekeyi) sürterek çıkarmak; ovarak temizlemek, ovarak aşındırmak; cilalamak, parlatmak; kurulamak; (birisine) masaj yapmak; dövmek, dayak atmak ***sich abreiben*** kurulanmak, aşınmak

Abreibung /'apraybung/ *f* ovma, ovuşturma; tekdir; *kon* dayak, azar

Abreise /'aprayzı/ *f* gidiş, hareket, yola koyulma, yola çıkma, harekete geçme

abreisen /'aprayzın/ *trvi* gitmek, yola koyulmak, yola çıkmak, hareket etmek, seyahate çıkmak, seyahate başlamak

abreißen /'apraysın/ *trvt* koparmak; (ev) yıkmak, sökmek, devirmek; (elbise) eskitmek; krokisini çizmek, taslağını yapmak; *trvi* kopmak, sökülmek; kesilmek, ayrılmak ***das Haus abreißen*** ev yıkmak ***das Telefongespräch reißt ab*** telefon konuşması yarıda kesiliyor

Abreißkalender /'aprayskalendır/ *m* yapraklı takvim, duvar takvimi

abrichten /'aprihtın/ *trvt* yoluna koymak, işleri tıkırına sokmak, düzenlemek; (hayvanı) eğitmek, terbiye etmek, yetiştirmek; dresaj yapmak; *tek* planya etmek, düzlemek

Abrieb /'apri:p/ *m* (sürtünme nedeniyle oluşan) aşınma, yıpranma

abriegeln /'apri:gıln/ *trvt ask* sürgülemek, sürgüleyerek kapatmak; etrafta kuş uçurmamak; (şehri, bir yeri) kordon altına almak, çepeçevre sarmak

abringen /'apringın/ *trvt* zorla elde etmek, güçlükle elde etmek, koparmak ***jdm ein Geständnis abringen*** itiraf ettirmek ***sich etw abringen*** gözden çıkarmak

Abriss /'apris/ *m* yıkılış; kopma, ayrılma; kroki, plan, taslak; icmal, tarihçe; inceleme, araştırma; özet

abrollen /'aprolın/ *trvt* (dürülmüş veya sarılmış bir şeyi) açmak, yaymak, sermek; (eşya) nakletmek, yollamak; *vi* aşağı yuvarlanmak; (tren) hareket etmek; (zaman) akıp geçmek ***sich abrollen*** birbirini takip etmek; gözler önünde vuku bulmak

abrücken /'aprükın/ *trvt* (masa, sıra, vs) itmek, itelemek, iterek bulunduğu yerden uzaklaştırmak; geriye çekmek; *vi* ayrılmak, çekilmek; *ask* hareket etmek, yürüyüşe geçmek; geri dönmek, geri gelmek ***sich von jdm abrücken*** birisinden uzaklaşmak, ayrılmak, artık onunla ilişiğini kesmek ***von jdm abrücken*** (birisine) cephe almak, karşı olmak

Abruf /'apru:f/ *m tic* azar azar gönderilmek suretiyle bir malın sevkini isteme; ödemeye davet ***auf Abruf*** vaki talep üzerine ***auf Abruf tätig*** eğreti durmak

abrufen /'apru:fın/ *trvt* (mal) gönderilmesini talep etmek; (aracın) hareketini bağırarak bildirmek; (para) bankadan çekmek; tedavülden kaldırmak; (birisini) geri çağırmak; bilgi merkezinden bilgi almak

abrunden /'aprundın/ *trvt* yuvarlak bir şekil vermek, yuvarlatmak, yuvarlaklaştırmak; (rakam, hesap) yuvarlamak; (söz, nutuk) toparlamak, tamamlamak ***Zahlen abrunden*** bir sayının küsuratlarını atmak

abrupt /ap'rupt/ *s* kestirme, kesik, kopuk; aniden, birden bire, ansızın; *kon* selamsız sabahsız

abrüsten /'aprüstın/ *trvt* teçhizatı kaldırmak; *ask* silahsızlandırmak; ayırmak; *tek* yapı iskeletlerini sökmek

Abrüstung /'aprüstung/ *f* silahsızlanma, silahları azaltma; *tek* yapı iskelesinin sökülmesi

Abrüstungskonferenz

/'aprüstungskonferents/ *f* silahsızlanma konferansı

abrutschen /'aprutşın/ *trvi* kaymak; hareket etmek, gitmek; eskisinden daha kötü olmak; *ruhb* kötüleşmek, fena olmak, zıvanadan çıkmak; (uçak) yana kayarak düşmek; itibarını kaybetmek

Absage /'apza:gı/ *f* red, menfi cevap, kabul etmeme, geri çevirme, olumsuz cevap; (siparişi) iptal etme; emrin iptali, aksi emir ***eine Absage erteilen*** reddetmek, ret cevabı vermek

absagen /'apza:gın/ *trvt* reddetmek, red cevabı vermek; daha önceden kararlaştırılmış bir ziyarete veya toplantıya gelemeyeceğini bildirmek, iptalini bildirmek; vazgeçmek; tövbe etmek; özür dilemek; ilk verilen emri iptal eden yeni bir emir vermek ***die Versammlung wird abgesagt*** toplantı iptal ediliyor

absägen /'apze:gın/ *trvt* bıçkı veya testereyle kesmek, ayırmak; *kon* (birisini) işten çıkarmak, işten kovmak, azletmek

absahnen /'apza:nın/ *trvt* sütün kaymağını almak; *kon* beleşçilik yapmak, (bedavadan) otlanmak

Absatz /'apzats/ *m* ayakkabı ökçesi, topuk; (yazı) paragraf, fıkra, bent; merdivendeki düz sahanlık; *coğ* vadi tabanı; mola verme, ara verme, teneffüs yapma; tortu, telve; *tic* sürüm, satış ***Absatz von Waren*** malların sürümü ***guten Absatz finden*** kolaylıkla satılmak, peynir ekmek gibi satılmak

Absatzflaute /'apzatsflautı/ *f tic* piyasa durgunluğu, piyasada hareketsizlik, işlerin kesat olması

Absatzgebiet /'apzatsgıbi:t/ *n* satış bölgesi

Absatzkrise /'apzatskri:zı/ *f* satış durgunluğu

Absatzmarkt /'apzatsmarkt/ *m* bir malın piyasası, malın pazarı

absaugen /'apzaugın/ *trvt* (tozu) emmek, emerek çekmek; elektrikli süpürgeyle emdirerek temizlemek; *tek* hava çekmek

abschaben /'apşa:bın/ *trvt* üst kısmını kazımak, üstünü kazıyarak veya yontarak temizlemek ***sich abschaben*** aşınmak, eskimek, havı dökülmek; tiftiklenmek

abschaffen /'apşafın/ *trvt* lağvetmek, feshetmek, bertaraf etmek, kaldırmak; ıslah etmek; işten çıkarmak; (araç) artık kullanmamak ***die Vorurteile abschaffen*** önyargıları kaldırmak

Abschaffung /'apşafung/ *f* feshetme, lağvetme, kaldırma, yasaklama; vazgeçme

abschalten /'apşaltın/ *trvt* elektriği kesmek; *kon* kulak vermemek, artık dinlememek, kulak asmamak ***sich abschalten*** düşünceyi bırakıp başka bir şeye konsantre olmak

abschätzen /'apşetsın/ *trvt* tahmin etmek, kestirmek, takdir etmek; değer biçmek, değerlendirmek

abschätzig /'apşetsih/ *s* hor bakan, küçümseyen, hor gören, küçümseyici

Abschaum /'apşaum/ *m* köpük; *tek* maden cürufu; *kon* ayaktakımı, yüzkarası ***Abschaum der Menschheit*** insanlığın yüzkarası

abscheiden /'apşaydın/ *trvt* ayırmak, bölmek; *vi* vefat etmek, ölmek; ayrılıp gitmek

Abscheu /'apşoy/ mf tiksinme, iğrenme, nefret, istikrah ***Abscheu vor etw/jdm haben*** (birisinden/bir şeyden) nefret etmek ***jds Abscheu hervorrufen*** birisini tiksindirmek

abscheulich /ap'şoylih/ *s* çirkin, iğrenç, berbat, rezil, fena, kötü

Abscheulichkeit /'apşoylihkayt/ *f* çirkinlik, iğrençlik, berbatlık, rezillik, kötülük

abschicken /'apşikın/ *trvt* yollamak, göndermek; *ask* ifraz etmek

abschieben /'apşi:bın/ *trvt* ite ite uzaklaştırmak, iterek uzaklaştırmak; (ülkeden) sürmek, sınırdışı etmek; (suçu) başkasının üzerine yıkmak; isnat etmek; sorumluluğu üstünden atmak; *trvi kon* gitmek, savuşmak, uzaklaşmak

Abschiebung /'apşi:bung/ *f* sınırdışı etme; uzaklaştırma, iteleme

Abschied /'apşi:t/ *m* veda, ayrılma, ayrılış; istifa, işten çekilme; *ask* tekaütlük; *kon* ölüm, vefat ***Abschied nehmen von jdm*** birisine veda etmek ***einen Abschied machen*** birisine veda etmeye gitmek ***jdm den Abschied geben*** (birisini) emekliye ayırmak ***seinen Abschied erhalten*** emekliye ayrılmak ***seinen Abschied nehmen*** istifa etmek

Abschiedsbrief /'apşi:tsbri:f/ *m* veda mektubu

Abschiedsfeier /'apşi:tsfayır/ *f* veda gösterisi, veda toplantısı

Abschiedsgesuch /'apşi:tsgızu:h/ *n* istifa dilekçesi
abschießen /'apşi:sın/ *trvt* atış yapmak, ateş etmek; atıp vurmak; (uçak, kuş) ateş ederek vurup öldürmek/düşürmek; *kon* (bir işi) başarmak; *vi* aşağı düşmek, yuvarlanmak; rengi atmak, solmak, (kumaş, örtü) salmak ***den Vogel abschießen*** *mec* turnayı gözünden vurmak ***jdn abschießen*** (birisini) işinden atmak
abschinden /'apşindın/ *trvt* (hayvan) derisini yüzmek; çok yormak, yorgunluktan gebertmek ***sich abschinden*** kan kusmak
abschirmen /'apşirmın/ *trvt* (ışığı) karartmak; korumak
Abschirmung /'apşirmung/ *f* elektriksel arızalara karşı korunma
abschlachten /'apşlahtın/ *trvt* (hayvanı) kesmek, boğazlamak; vahşice katletmek; katliam yapmak
Abschlag /'apşla:k/ *m* fiyatın inmesi, indirim, tenzilat; kesilmiş ağaç yığıntısı; taksit, taksitle ödeme; *sp* sıçrama; *sp* kaleci vuruşu; su yolu, kanal; (duvarla ayrılmış) bölme ***auf Abschlag zahlen*** taksit taksit ödemek, taksitle ödemek ***auf Abschlag kaufen*** taksitle satın almak
abschlagen /'apşla:gın/ *trvt* (ağaç) vurarak kesmek, vurup kesmek; (baş) kesip koparmak; vurarak yıkmak; (daveti, ricayı) reddetmek, kabul etmemek, geri çevirmek; *ask* defetmek, püskürtmek, geri sürmek; su dökmek, işemek; (yelkeni) aşağı almak; *trvi* fiyatı inmek ***den Baum abschlagen*** ağacı kesmek ***Obst abschlagen*** ağaçtan aşağı meyve düşürmek
abschlägig /'apşlegih/ *s* olumsuz, menfi; reddeden, reddedici
Abschlagszahlung /'apşla:kstsa:lung/ *f* taksit; *tic* akont; avans
abschleifen /'apşlayfın/ *trvt* bileyerek gidermek; zımpara taşına vurmak; yuvarlatmak; parlatmak; pürüzlerini gidermek; yumuşatmak; aşındırmak ***sich abschleifen*** aşınmak; yontulmak; incelmek; yumuşamak
Abschleppdienst /'apşlepdi:nst/ *m oto* kurtarma servisi
abschleppen /'apşlepın/ *trvt* aracı başka bir araç vasıtasıyla çekip götürmek; (birisini, bir şeyi) sürükleyerek alıp götürmek ***sich abschleppen*** (bir şeyi taşıyarak) kendini yormak, yorulmak
Abschleppstange /'apşlepştangı/ *f* (araba) çekme çubuğu
Abschleppwagen /'apşlepva:gın/ *m oto* çekici (araç), araç kurtarıcı, kurtarma aracı
abschließen /'apşli:sın/ *trvt* kilitlemek, kapamak; bitirmek, sona erdirmek, son vermek; tamamlamak, neticelendirmek; sıkıştırmak; (buharı) kesmek; (anlaşma) akdetmek; (hesabı) kapamak; bahse girmek ***sich abschließen*** kilitlenmek, kapanmak ***die Rechnung abschließen*** hesabı kapamak ***eine Wette abschließen*** bahse girmek, iddiaya tutuşmak ***einen Vertrag abschließen*** sözleşme yapmak, mukavele yapmak ***mit jdm abschließen*** birisi ile ilişkiyi kesmek ***sich von der Außenwelt abschließen*** dünya işleri ile ilgisini çekmek, inzivaya çekilmek
abschließend /'apşli:sınt/ *be* (bir konuyu, şeyi) bitirirken, sona erdirirken
Abschluss /'apşlus/ *m* son, sonuç, hitam, netice, bitme; akit; *tek* kapak; satış; *tic* yıllık bilanço; satış sözleşmesi ***Abschluss der Bücher*** *tic* muhasebe defterlerinin kapanması ***Abschluss einer Rechnung*** bir hesabın kapanması ***nach Abschluss der Prüfung*** sınav bittikten sonra ***seinen Abschluss finden*** sonuçlanmak, neticelenmek ***zum Abschluss bringen*** bitirmek, tamamlamak, sonuna getirmek ***zum Abschluss kommen*** sonuna gelmek, bitirmek
abschmecken /'apşmekın/ *trvt* (yemek, içki) tadına bakmak, çeşnisine bakmak
abschmieren /'apşmi:rın/ *trvt* (oto, tekerlek) yağlamak; *kon* kopya etmek; *kon* dövmek; *vi* (uçak) yere düşmek
abschminken /'apşminkın/ *trvt* makyajı silmek, temizlemek
abschmirgeln /'apşmirgıln/ *trvt* zımparalamak
abschnallen /'apşnalın/ *trvt* (düğme, toka, vs.) çözmek, açarak indirmek
abschneiden /'apşnaydın/ *trvt* kesip koparmak, kesmek, kesip ayırmak; *kon* kesmek, ayırmak; aniden son vermek; (sözünü) kesmek ***gut abschneiden*** iyi bir sonuca ulaşmak ***schlecht ab-***

schneiden kötü bir sonuca ulaşmak ***sich Fingernägel abschneiden*** tırnak kesmek

Abschnitt /'apşnit/ *m* parça, dilim; kesim; kupon, değerli kâğıt; kesilmiş parça; arazi kesimi; (kitap) bölüm; dipkoçanı; paragraf, bölüm, fıkra; daire parçası; küpur, banknot; *ask* kesim, mıntıka, bölge

abschnüren /'apşnü:rın/ *trvt* (iple) sımsıkı bağlamak, sıkıca bağlamak; (sınır) ayırmak; mani olmak; fazlaca sıkıştırmak; *ask* tecrit etmek, irtibatını kesmek ***ein Glied abschnüren*** bir organı sıkıca sarmalamak, sararak boğmak

abschöpfen /'apşöpfın/ *trvt* yağını almak, kaymağını almak, köpüğünü almak

Abschöpfung /'apföpfung/ *f tic* (para) tedavülden çekme, azaltma

Abschottung /'apşotung/ *f eko* koru(n)ma

abschrauben /'apşraubın/ *trvt* vidasını sökmek; çevirip kaldırmak

abschrecken /'apşrekın/ *trvt* korkutmak, korku vermek; (birisini) korkutarak bir şeyden vazgeçirmek; yıldırmak, gözdağı vermek; (metale) su vermek; (yemeğe) soğuk su katmak, dökmek ***den Stahl abschrecken*** çeliğe su vermek ***jdm etw abschrecken*** korkutarak birisinden bir şey elde etmek

abschreckend /'apşrekınt/ *s* korkutucu; soğuk yüzlü; nefret uyandırıcı ***abschreckende Wirkung*** caydırıcı etki

Abschreckung /'apşrekung/ *f* korkutma, gözdağı, yıldırma

Abschreckungsmittel /'apşrekungsmitıl/ *n* korkutma vasıtası, korkutucu nesne

abschreiben /'apşraybın/ *trvt* kopya etmek, bakarak yazmak, suretini çıkarmak; (hesaptan) düşmek, indirmek; (yazarak) red cevabı vermek, reddetmek; temize çekmek; gözden çıkarmak; geçersiz kılmak ***sich abschreiben*** (kalem) yazarak tükenmek, aşınmak

Abschreibung /'apşraybung/ *f tic* amortisman; mahsup, mahsup etme; yazma, kaydetme

Abschrift /'apşrift/ *f* kopya, suret, ikinci nüsha ***beglaubigte Abschrift*** onaylı kopya, tasdikli suret ***für die Richtigkeit der Abschrift!*** *huk* aslına uygundur! ***sich eine Abschrift machen*** suret çıkarmak

abschürfen /'apşürfın/ *trvt* (deri) sıyırmak, soymak, temizlemek, berelemek ***sich abschürfen*** (sürtünerek, çarparak) sıyrılmak, sıyrılarak yaralanmak

Abschürfung /'apşürfung/ *f* sıyrık, bere

Abschuss /'apşus/ *m* (silah) atış, atım; (ateş ederek) vurup düşürme

abschüssig /'apşüsih/ *s* dik, inişli, şevli, dik eğimli

Abschussrampe /'apşusrampı/ *f* füze fırlatma rampası

abschütteln /'apşütıln/ *trvt* sallayarak düşürmek, silkerek düşürmek; silkmek, sarsmak, sallamak, silkip atmak; kurtulmak; uykudan silkinmek; uykusunu açmak; gam ve kederi dağıtmak ***das Joch abschütteln*** boyunduruktan kurtulmak

abschwächen /'apşvehın/ *trvt* hafifletmek, gevşetmek, azaltmak, zayıflatmak ***sich abschwächen*** azalmak, hafiflemek, gevşemek

Abschwächung /'apşvehung/ *f* zayıflama, hafifleme, dermansız hale gelme

abschweifen /'apşvayfın/ *trvi* yoldan uzaklaşmak; (konuşurken) konu dışına çıkmak; istidat etmek; testere ile kesmek; (boya) ipliği sudan geçirmek, kaynatmak ***vom Thema abschweifen*** (belirli) konudan uzaklaşmak

abschwellen /'apşvelın/ *trvt* küçülmek, azalmak, erimek, hafiflemek

abschwören /'apşvö:rın/ *trvt* tövbe etmek, vazgeçmek; imandan çıkmak; yeminle inkâr etmek; yemin edip vazgeçmek; yemin etmek, ant içmek ***abgeschworener Feind*** en büyük düşman, baş düşman, can düşmanı

Abschwung /'apşvung/ *m* yaylanarak sıçrama, yaylanarak atlama

absehbar /'apze:ba:r/ *s* görülebilen, bilinebilen; anlaşılabilen ***die Folgen sind nicht absehbar*** sonuçları önceden bilmek mümkün değildir ***in absehbarer Zeit*** yakın bir zamanda

absehen /'apze:ın/ *trvt* (sonunu) gözle görmek, kestirmek, sonunu görmek; gözlerine bakıp maksadını öğrenmek; hesaba katmamak, sarfınazar etmek, nazarı itibara almamak ***abgesehen von ...*** ... dışında, ... haricinde ***das Ende von etw absehen*** (bir şeyin) sonunu kestirmek, tahmin etmek ***jdm etw absehen*** birisinden bir şey öğrenmek ***von etw absehen*** (planlanan, ayarlanan

şeyi) uygulamamak, yürütmemek
abseilen /'apzaylın/ *trvt* (dağcıyı) halatla indirmek ***sich abseilen*** halatla sarkmak
Abseits /'apzayts/ *n sp* (futbol) ofsayt ***Abseits stehen*** *sp* (futbol) ofsayta düşmek; bir olaya seyirci kalmak ***im Abseits stehen*** *sp* (futbol) ofsaytta olmak ***ins Abseits geraten*** *sp* (futbol) ofsayta düşmek; gözden düşmek
abseits /'apzayts/ *s* yan tarafında, ötesinde; uzakta, uzak; *tiy* yana doğru konuşma ***abseits vom Wege*** yolun dışında ***sich abseits halten*** uzakta kalmak, uzak kalmak
absenden /'apzendın/ *trvt* göndermek, yollamak; yola koymak, sevk etmek
Absender /'apzendır/ *m* gönderen, gönderici
Absendung /'apzendung/ *f* gönderme, gönderi
absenken /'apzenkın/ *trvt* (bitki) daldırmak, daldırma yapmak; *mad* dikeyleme kuyu açmak, derinleştirmek ***sich absenken*** meyilli olmak, bayır aşağı inmek
Absenz /ap'zents/ *f* yokluk, yerinde bulunmama, ademi mevcudiyet
abservieren /'apzervi:rın/ *trvt* (masayı) kaldırmak; azletmek, işinden çıkarmak; çalmak, araklamak
absetzbar /'apzetsba:r/ *s* azledilebilir, işten çıkarılabilir; *tic* (vergi, hesap) düşülebilir; *tic* satılabilir
absetzen /'apzetsın/ *trvt* yere indirmek, aşağı indirmek; (mal) satmak, piyasaya sürmek; (personeli) işten çıkarmak, azletmek; tahttan indirmek; *kim* silkelemek; *kim* çökeltmek; ıskonto etmek, hesaptan düşmek; yazı yazmaya ara vermek; tabetmek, basmak; uzaklaştırmak, ayırmak; listeden veya repertuvardan çıkarmak; ara vermek, kesmek, durmak; *ask* tüfeği bırakmak, yere indirmek; karadan ayrılmak; satırbaşı yapmak; konuşmasına devam etmemek; (bebek) sütten kesmek, memeden kesmek; *tic* (paranın) değerini düşürmek; tertip etmek, düzenlemek ***etw von etw absetzen*** iptal etmek, çıkarmak ***jdn irgendwo absetzen*** (birisini bir yere) bırakmak ***sich absetzen*** *ask* düşmandan ayrılmak; posalamak, çökelmek; uzaklaşmak; kendini belli etmek, göze çarpmak ***ohne abzusetzen*** bir çırpıda; bir solukta
Absetzung /'apzetsung/ *f* azletme, işten çıkarma; tahttan indirme, azil
absichern /'apzihırn/ *trvt* korumak, himaye etmek, hamilik etmek
Absicht /'apziht/ *f* maksat, niyet, kasıt, meram, istek, hedef, erek, gaye, amaç, murat, fikir, plan, dava; garaz ***Absicht zu etw haben*** bir şeye niyeti olmak ***böse Absicht*** kötü niyet ***eine Absicht hegen*** niyet beslemek ***eine Absicht verfolgen*** maksat gütmek ***mit Absicht*** kasten ***mit jdm ernste Absicht haben*** (birisiyle) ciddi olmak, evlenme niyetinde olmak ***mit voller Absicht*** maksatlı, kasıtlı ***etw ohne Absicht tun*** (bir şeyi) kasıtsız yapmak ***ernste Absichten haben*** niyeti ciddi olmak; evlenme niyetinde olmak
absichtlich /'apzihtlih/ *s* kasti, kasten, kasıtlı, bile bile, isteyerek, maksatlı; mahsus, bile bile
Absichtserklärung /'apzihtserkle:rung/ *f* niyet bildirimi, niyet mektubu
absinken /'apzinkın/ *trvt* (gemi) yavaşça suya gömülmek; aşağı düşmek; (uçak) irtifa kaybetmek; heyelan olmak; soysuzlaşmak, cinsi bozulmak; yozlaşmak
Absinth /ap'zint/ *m* vermuttan yapılan bir içki
absitzen /'apzitsın/ *trvi* (hayvandan) yere inmek; (bisiklet, koltuk) inmek; (birisinden) uzakta oturmak; *trvt* (cezasını) doldurmak, çekmek, geçirmek; (okulu) bitirmek ***Strafe absitzen*** hapiste yatarak ceza çekmek
absolut /apzo'lu:t/ *s* mutlak, mutlaka; kesin, salt, kayıtsız, şartsız; kesinlikle, behemahal, kesin olarak; tamamen, tamamıyla ***absolut nicht*** asla, katiyen, hiç ***absolute Mehrheit*** mutlak çoğunluk, salt çoğunluk ***absolute Monarchie*** mutlak monarşi ***der absolute Nullpunkt*** en düşük sıcaklık -273.16℃ ***absolute Rechte*** mutlak haklar ***absoluter Wert*** mutlak değer
Absolutheit /apzo'lu:thayt/ *f* kesinlik
Absolution /apzolu'tsyo:n/ *f* günah çıkarma, günahların affı; absolüsyon
Absolutismus /apzolu'tismus/ *m* mutlakiyet, saltçılık; absolütizm
absolutistisch /apzolu'tistiş/ *s* zorbaca, zorbalıkla; mutlakiyetle ilgili
Absolvent /apzol'vent/ *m* bir okulu biti-

ren/mezun olan öğrenci
absolvieren /apzol'vi:rın/ *vt* (okulu) bitirmek, başarıyla bitirmek; ikmal etmek; bağışlamak, affetmek ***das Studium absolvieren*** yüksek öğrenimini tamamlamak
absonderlich /ap'zondırli**h**/ *s* tuhaf, garip, acayip, alışılmamış, alışılmadık; ayrı, özel
Absonderlichkeit /ap'zondırli**h**kayt/ *f* acayiplik, garabet; işin tuhafı; tuhaflık
absondern /'apzondırn/ *trvt* ayırmak, uzaklaştırmak; *hek* ifraz etmek; tecrit etmek ***sich absondern*** ayrılmak, elâlem içine çıkmamak, bir köşeye çekilmek ***sich von etw absondern*** inzivaya çekilmek, (bir şeyden) kendini uzak tutmak ***sich von jdm absondern*** (birisinden) kendini çekmek
Absonderung /'apzondırung/ *f* ayrılık; *hek* ifraz, salgı, ifrazat; ayırma, ayırım, yalnız başına bırakma
absorbieren /apzor'bi:rın/ *vt* emmek, soğurmak, absorbe etmek; (aklını) meşgul etmek, (zihnini) işgal etmek
Absorption /apzorp'tsyo:n/ *f* emme, emilme; soğurma, soğrulma
abspalten /'apşpaltın/ *trvt* ayırmak ***sich abspalten*** ayrılmak, bölünmek
abspecken /'apşpekın/ *trvi* kon. zayıflamak; *mec* (şirket vb) küçültmek
abspeichern /'apşpay**h**ırn/ *trvt biliş* kaydetmek
abspeisen /'apşpayzın/ *trvt kon* ağzına bir parmak bal çalmak, güzel laflarla kandırmak ***jdn abspeisen*** (birisini) boş vaatlerle atlatmak ***sich mit etw abspeisen lassen*** bir şeye razı olmak, yetinmek
abspenstig /'apşpensti**h**/ : ***abspenstig machen*** caymasına sebep olmak; ayartmak; soğutmak ***jdn abspenstig machen*** (birisini) ayartmak
absperren /'apşperın/ *trvt* kilitlemek, set çekmek, mani olmak; (gaz, elektrik) kesmek; (su şebekesini) bağlamak; ablukaya almak, kordon altına almak; tecrit etmek; (yol, sınır) kapamak ***sich absperren*** kapanmak, kendini kapatmak; ayrılmak, ayrı kalmak ***sich von der Welt absperren*** inzivaya çekilmek
Absperrung /'apşperung/ *f* set, engel; su bendi; trafiği kesme, durdurma; ayırma
abspielen /'apşpi:lın/ *trvt* (kaset, plak) dinletmek, bıkıncaya kadar dinlemek; (enstrüman) notaya bakarak çalmak; oynayarak veya çalarak eskitmek; *sp* pas vermek; (kumar) fazla oynayarak kaybetmek ***sich abspielen*** olmak, cereyan etmek, vuku bulmak; geçmek; oynayarak veya çalınarak eskimek
absplittern /'apşplitırn/ *trvt* parçalayarak ayırmak; *ask* tecrit etmek; *vi* parçalanmak, kopmak; küçük parçalara ayrılmak; pul pul olmak ***sich absplittern*** ayrılmak, küçük parçalara ayrılmak; tecerrüt etmek
Absprache /'apşpra:**h**ı/ *f* uzlaşma, uyuşma, anlaşma; danışma ***eine Absprache treffen*** ağız birliği etmek, söz birliği etmek
absprachegemäß /'apşpra:**h**agıme:s/ *be* kararlaştırıldığı üzere\gibi
absprechen /'apşpre**h**ın/ *trvt* danışmak; tertip etmek, tertiplemek; pişirmek; (bir konuda) söz kesmek; *huk* tabiiyetten ihraç etmek; reddetmek, kabul etmemek, tanımamak ***das Recht absprechen*** haklarından yoksun bırakmak ***ein absprechendes Urteil*** küçümseyen bir yargı ***etw absprechen*** bir şeyi reddetmek, inkâr etmek; tanımamak, saymamak ***mit jdm etw absprechen*** (birisiyle bir konuda) sözleşmek
abspringen /'apşpringın/ *trvi* (bir yerden) aşağı atlamak, sıçramak; (giden araçtan) inmek; (yere vurarak) zıplamak; çözülmek, kopmak; ayrılmak, vazgeçmek, caymak; (konuşmada) konu dışına çıkmak ***von der Partei abspringen*** aniden partiden ayrılmak
abspritzen /'apşpritsın/ *trvt* çiçeğe su serpmek; *tek* boya sürmek; *vi* (hızla) ayrılıp gitmek
Absprung /'apşprung/ *m* sıçrayış, sıçrama, fırlayış, fırlama, (aşağıya) atlama
abspülen /'apşpü:lın/ *trvt* (bulaşık) çalkalamak, yıkamak, suyla temizlemek; durulamak ***den Mund abspülen*** ağzını çalkamak ***das Geschirr abspülen*** bulaşıkları yıkamak
abspulen /'apşpu:lın/ *trvt* sağmak; bobini/makarayı boşaltmak; elemek
abstammen /'apştamın/ *trvi* neşet etmek, bir soydan gelmek, ... neslinden gelmek ***von etw abstammen*** (bir şeyden) kaynaklanmak ***von jdm abstammen*** (birisinin) soyundan gelmek

Abstammung /'apştamung/ *f* menşe, nesep, neşet; kök, esas, asıl, soy, kan; *dilb* iştikak ***von vornehmer Abstammung*** asil, soylu
Abstammungsurkunde /'apştamungsu:rkundı/ *f* doğum belgesi
Abstand /'apştant/ *m* aralık, mesafe, açıklık, uzaklık; vazgeçme; fark; ara, fasıla; *tek* dekalaj; *ask* mesafe alma, mesafe kazanma ***Abstand halten*** *oto* mesafe bırakmak, uzaktan takip etmek ***Abstand zwischen zwei Punkten*** iki nokta arasındaki mesafe ***Abstand nehmen von etw*** bir şeyden vazgeçmek, feragat etmek, caymak, sarfınazar etmek ***Abstand nehmen etw zu tun*** bir şeyi yapmaktan kaçınmak ***mit Abstand der Beste*** açık farkla en iyi, açıkça en iyi ***von jdm Abstand nehmen*** (birisinden) uzaklaşmak; vazgeçmek
Abstandszahlung /'apştantstsa:lung/ *f* hava parası; vazgeçme tazminatı
abstatten /'apştatın/ *trvt* teşekkürlerini sunmak; (birisini) ziyaret etmek; tebrik etmek ***eine Schuld abstatten*** borcunu ödemek ***einen Besuch abstatten*** ziyaret etmek, ziyarette bulunmak
abstauben /'apştaubın/ *trvt* tozunu almak, tozunu silmek; (birisini) yermek, ayıplamak, azarlamak, fırça atmak; bedavaya gelmek
abstechen /'apştehın/ *trvt* (hayvan) kesmek; düşmanının avantajını yok etmek; düşmanı yenmek; *tek* (fırından) erimiş madeni çekmek; *vi* değişiklik göstermek; belirginleşmek; karşıt olmak, tezat teşkil etmek; ayrı olmak; uymamak, denk gelmemek ***von etw abstechen*** (bir şeye) uymamak; göze batmak, sırıtmak
Abstecher /'apştehır/ *m* bir gezi sırasında hesapta olmayan ekstra küçük gezinti ***einen Abstecher machen*** seyahat esnasında kısa gezinti yapmak
abstecken /'apştekın/ *trvt* iğnelerle kıyafetin uygun şeklini belirlemek/prova etmek; kazık veya çivi ile sınırlamak, ölçmek
abstehen /'apşte:ın/ *trvi* açıkta durmak, uzakta durmak, belli bir mesafede durmak; ayrı durmak; (et, süt) bayatlamak, bozulmak; caymak, vazgeçmek; (çiçek) solmak ***von etw abstehen*** (bir şeyden) uzak durmak, vazgeçmek ***sich abstehen*** ayakta durmaktan yorulmak
abstehend /'apşte:ınt/ *be* (göz) çekik; (kulak) kepçe
Absteige /'apştaygı/ *f kon* adi otel
absteigen /'apştaygın/ *trvi* (hayvan veya araçtan) aşağıya inmek; (otel) konaklamak; itibardan düşmek; *sp* kümeden düşmek
Absteiger /'apştaygır/ *m sp* küme düşen takım, lig sonuncusu
abstellen /'apştelın/ *trvt* indirmek, yere koymak; (gaz, ışık) kesmek; (radyo, TV) kapamak; *oto* park etmek; (makine) durdurmak; (yanlış anlaşılmayı) bertaraf etmek
Abstellgleis /'apştelglays/ *n* (demiryolu) manevra için kullanılan yan hat
abstempeln /'apştempıln/ *trvt* damga vurmak, markalamak, marka koymak, pul yapıştırmak; damgalamak; (damgalayarak) iptal etmek ***etw abstempeln*** (bir şeyi) damgalamak, damga basmak
absterben /'apşterbın/ *trvt* yavaş yavaş ölmek, yok olmak; kurumak; nesli tükenmek; (organ) yavaş yavaş duyarlılığını kaybetmek, hissizleşmek
Abstieg /'apşti:k/ *m* iniş; (bir şeye) düşkünlük, meyil; *kon* çökme, düşüş; *sp* kümeden düşme
abstillen /'apştilın/ *trvt* (çocuğu) sütten kesmek, memeden kesmek
abstimmen /'apştimın/ *trvi* oy vermek, rey vermek; uydurmak; (renk) benzetmek; (birbiri arasında) tertip etmek, koordine etmek; (birisiyle) uzlaşmak, hemfikir olmak; (bir şeyi) oylamaya koymak; *trvt* (ses) akort etmek, ayarlamak ***abstimmen lassen*** oylamak ***abstimmendes Konto*** *tic* kabul edilmiş hesap ***etw auf etw abstimmen*** (bir şeyi bir şeye) uydurmak
Abstimmung /'apştimung/ *f* oy verme, oylama; gizli oy; uydurma; koordinasyon; mutabakat sağlama ***geheime Abstimmung*** gizli oy
abstinent /apsti'nent/ *s* alkol düşmanı, yeşilaycı, içki kullanmaz
Abstinenz /apsti'nents/ *f* içki kullanmama, perhiz
Abstinenzler /apsti'nentslır/ *m* içki düşmanı, yeşilaycı
abstoppen /'apştopın/ *trvt* durdurmak; *oto* süratini azaltmak; *sp* kronometre ile tespit etmek; *vi* durmak, stop etmek

Abstoß /'apşto:s/ *m* vurma, çarpma; *sp* kale(ci) atışı

abstoßen /'apşto:sın/ *trvt* iterek uzaklaştırmak, ayırmak; *fiz* itelemek, uzaklaştırmak, defetmek; (his) büyük etki bırakmak; tiksindirmek; nefret etmek; (borç) ödeyerek kurtulmak; (çocuk) memeden kesmek; (mal) ucuza satmak; (su) su geçirtmemek, su işletmemek; kırmak, koparmak; (duvardan) kazımak; zedelemek, zarar vermek; *sp* topu kaleden atmak; *trvi* (gemi) karadan ayrılmak; avara etmek; kalkmak ***sich die Hörner abstoßen*** *mec* burnu sürtmek, aklı başına gelmek, ders almak

abstoßend /'apşto:sınt/ *s* pis; çirkin, suratsız; antipatik; (surat) uğursuz; (kişi) meymenetsiz, soğuk nevale; (yiyecek) tatsız tuzsuz, yavan; (şey) tiksindirici, iğrenç

abstottern /'apştotırn/ *trvt* taksitle ödemek

abstrahieren /apstra'hi:rın/ *vt* tecrit etmek, soyutlamak; ayırt etmek; genelleştirmek

abstrakt /ap'strakt/ *s* soyut, abstre ***abstrakte Forderung*** soyut alacak ***abstrakte Intelligenz*** soyut zeka ***abstrakte Kunst*** soyutçuluk, abstraksyonizm ***abstraktes Theater*** soyut tiyatro

Abstraktion /apstrak'tsyo:n/ *f* soyutlama, tecrit, abstraksyon

abstreifen /'apstrayfın/ *trvi* (yılan) derisini değiştirmek; *trvt* (hayvan) derisini yüzmek; (üzerinden) çıkarmak, sıyırmak; kazıyarak temizlemek; (eldiven, çorap) çıkarmak; (sigara) silkelemek; (taneli sebze, meyve) tanelemek, koparmak; *tek* sıyırmak; (ayak) silmek ***Fell abstreifen*** derisini yüzmek

Abstreifer /'apştrayfır/ *m* paspas; (otel veya evlerin önünde bulunan) ayakkabı altını çamurdan temizleme demiri

abstreiten /'apştraytın/ *trvt huk* itirazda bulunmak; inkâr etmek; kabul etmemek, doğru olmadığını savunmak, reddetmek

Abstrich /'apştrih/ *m* azaltma; kesinti; *hek* çekerek çıkartılan parça veya ifrazat; *tek* döküm cürufu

abstufen /'apştu:fın/ *trvt* kademe kademe düzenlemek, form vererek yontmak; (merdiven basamakları gibi şekil vererek) yontmak/yapmak; nüanslamak ***sich abstufen*** derecelenmek, kademelenmek

Abstufung /'apştu:fung/ *f* kademe kademe çıkma, kademe teşkili; nüans, ince fark

abstumpfen /'apştumpfın/ *trvt* kütleştirmek, körleştirmek, keskinliğini gidermek; hafifletmek, gevşetmek; *vi* körleşmek, kütleşmek; hissizlenmek, duygusuz hale gelmek; katılaşmak; gevşemek, hafiflemek ***sich abstumpfen*** duygusuzlaşmak, körelmek

Abstumpfung /'apştumpfung/ *f* kütleşme, körleşme, hissizleşme; hafifleme, gevşeme

Absturz /'apşturts/ *m* düşüş, uçuş; uçurum, sarp iniş, dik bayır ***zum Absturz bringen*** düşürmek

abstürzen /'apştürtsın/ *trvi* yuvarlanmak, yuvarlanarak düşmek; (uçak) düşmek; dik inmek, sarp bayırı inmek

abstützen /'apştütsın/ *trvt tek* desteklemek, payanda vurmak, payandalamak

absuchen /'apzu:hın/ *trvt* (her yanı) arayıp taramak, iyice aramak, karış karış aramak; bitlerini ayıklamak

absurd /ap'zurt/ *s* absürt, anlamsız, manasız, saçma, abes ***absurdes Theater*** absürt tiyatro

Absurdität /apzurdi'te:t/ *f* (mantık olarak) olmazlık; emri münteni; münasebetsizlik, manasızlık, anlamsızlık

Abszess /aps'tses/ *m hek* cerahatli şişlik, apse, çıban, huraç

Abszisse /aps'tsisı/ *f* yatay eksen, apsis

Abt /apt/ *kıs* "Abteilung" bölüm; *m* başpapaz; baba, şeyh; mürşit

abtasten /'aptastın/ *trvt* yoklamak, yoklayarak muayene etmek; (radyo, TV) kanal aramak

abtauchen /'aptauhın/ *trvi* dalmak; *kon mec.* ortalıktan yok olmak, izini kaybettirmek

abtauen /'aptauın/ *trvi* (kar, buz) erimek, çözülmek; *trvt* erimek

abtauschen /'aptauşın/ *trvt* (dama, satranç) kesişmek, kırışmak

Abtei /ap'tay/ *f* manastır ve ona ait mülkler; başpapaz tarafından idare edilen manastıra ait bölge

Abteil /ap'tayl/ *n* (tren) kompartıman; dolap çekmecesi, dolap gözü ***Abteil halt!*** *ask* kıt'a dur! ***Abteil marsch!*** *ask* kıt'a marş!

abteilen /'aptaylın/ *trvt* bölmek, taksim

etmek, ayırmak, paylaştırmak
Abteilung /ap'taylung/ *f* kısım, şube, bölüm, daire, seksiyon, servis, dal, branş; (mağaza) reyon; *coğ* oluşuk; *ask* birlik, kıta, müfreze, grup; ekip, takım, grup
Abteilungsleiter /ap'taylungslaytır/ *m* şube amiri, departman amiri
Äbtissin /ep'tisin/ *f* kadın manastırının başrahibesi
abtragen /'aptra:gın/ *trvt* taşımak, alıp götürmek; kaldırmak; yıkmak; (tepe, duvar) alçaltmak; (elbise) eskitmek; borç ödemek; kazanç sağlamak, kazanç vermek; sofrayı kaldırmak ***abgetragene Bücher*** eski kitaplar ***Gebäude abtragen*** binayı yıkmak; binayı düzlemek, tesviye etmek ***Kleide abtragen*** elbiseyi aşındırmak, giyerek eskitmek ***sich abtragen*** (ağaç) ihtiyarlamak, kocamak, artık meyve vermemek; (elbise) aşınmak; canı çıkmak, çok yıpranmak
abträglich /'aptre:klih/ *s* mahzurlu, zararlı
Abtragung /'aptra:gung/ *f* toprağı düzleştirme, tesviye etme; *tic* ödeme, borcunu ödeme; (ev, bina) yıkma
Abtransport /'aptransport/ *m ask* asker sevkiyatı, kıta nakliyatı
abtransportieren /'aptransporti:rın/ *trvt* nakletmek, götürmek
abtreiben /'aptraybın/ *trvt* (su, akıntı) sürükleyip götürmek; kovalamak, uzaklaştırmak, baştan savmak, defetmek; çocuk aldırmak; ormanı açmak; (dehliz, galeri) açmak; *hek* kurt düşürmek; (hayvan) güderek aşağı götürmek; *vi* (gemi) rotasından ayırmak ***ein Kind abtreiben*** çocuk düşürmek, kürtaj yapmak
Abtreibung /'aptraybung/ *f* uzaklaştırma; *hek* çocuk düşürme, çocuk aldırtma ***eine Abtreibung vornehmen*** *hek* çocuk düşürmek ***eine Abtreibung vornehmen lassen*** *hek* çocuk aldırmak
Abtreibungspille /'aptraybungspilı/ *f hek* düşük hapı
abtrennen /'aptrenın/ *trvt* ayırmak, sökerek ayırmak; tecrit etmek; kesmek ***sich abtrennen*** ayrılmak
Abtrennung /'aptrenung/ *f* ayırma, tefrik
abtreten /'aptre:tın/ *trvt* basmak, çiğnemek, basarak eskitmek; bozmak; çamurunu silmek; *huk* devir ve temlik etmek; (yurdunu) terk etmek, bırakmak; istifa etmek, görevinden çekilmek; *ask* sıradan ayrılmak; *tiy* sahneden ayrılmak; *vi* ayrılmak, çekilmek, çıkmak ***jdm etwas abtreten*** birisinin lehine vazgeçmek, feragat etmek
Abtreter /'aptre:tır/ *m* paspas
Abtretung /'aptre:tung/ *f huk* devir ve temlik; terk ve feragat; ülke topraklarının bir kısmını başka ülkeye bırakma ***Abtretung der Forderung*** *tic* alacağın devir ve temliki
Abtritt /'aptrit/ *m* istifa, çekilme, ayrılma; (sahneden) çıkma; *kon* tuvalet
abtrocknen /'aptroknın/ *trvt* kurutmak, kurulamak; *vi* kurumak ***das Geschirr abtrocknen*** (bulaşık) kapları kurulamak
abtropfen /'aptropfın/ *trvi* damlamak, damlaya damlaya akmak
abtrotzen /'aptrotsın/ *trvt* (jdm etw) inatla direnerek arzu edilen şeyi elde etmek ***jdm etw abtrotzen*** (birisinin direncine karşın) elde etmek
abtrünnig /'aptrünih/ *s* dönek, sadakatsiz, sözünden dönen; inancından/dininden dönen; asi ***abtrünnig werden*** (din, inanç) dönmek, ayrılmak
Abtrünnigkeit /'aptrünihkayt/ *f* dönme, sözünden ayrılma; inancından dönme
abtun /'abtu:n/ *trvt* (huy, alışkanlık) bir tarafa bırakmak, atmak; (elbise, kıyafet) çıkarmak; (hayvan) öldürmek; bitirmek; *tic* (bir malı) elden çıkarmak ***eine Gewohnheit abtun*** alışkanlığı bırakmak, alışkanlığından vazgeçmek
abtupfen /'aptupfın/ *trvt* tampon yapmak, tamponlamak
aburteilen /'apurtaylın/ *trvt huk* mahkûm etmek; (birisini) olumsuz tenkit etmek
abverlangen /'apferlangın/ *trvt* talep etmek, istemek; (verilen bir şeyi) geri istemek ***jdm etw abverlangen*** (birisinden bir şey) istemek, talep etmek
abwägen /'apve:gın/ *trvt* (söz) tartmak, hesap etmek; *kon* eni konu düşünmek; (aletle) ölçmek, ölçüp biçmek ***seine Worte abwägen*** sözlerini tartıp biçmek
abwählen /'apve:lın/ *trvt* (oylayarak) birisini görevden almak
abwälzen /'apve:ltsın/ *trvt* (suç, sorumluluk) başkasına yüklemek, üstünden atmak; başkasının sırtına yüklemek; kavanço etmek ***die Schuld auf jdn abwälzen*** suçu başkasının üzerine atmak
abwandeln /'apvandıln/ *trvt* tadil etmek, değiştirmek; *dilb* (fiil, isim) çekmek
abwandern /'apvandırn/ *trvi* göç etmek;

bırakıp gitmek, uzaklaşmak; yaya gitmek

Abwanderung /'apvandırung/ *f* göç ***Abwanderung des Kapitals*** paranın/sermayenin başka kişiye geçmesi ***Abwanderung von Fachkräften*** beyin göçü

Abwandlung /'apvandlung/ *f* tadil, değiştirme; *dilb* çekim

abwarten /'apvartın/ *trvt* (bir şeyin) sonunu beklemek; (zaman, fırsat) kollamak, gözetmek, beklemek ***abwarten und Tee trinken*** sabırla beklemek

abwärts /'apverts/ *s* aşağı, aşağıya doğru; baş aşağı ***abwärts führen*** felakete sürüklemek ***abwärts gehen*** aşağı gitmek, inmek; işleri bozulmak; fenalaşmak

Abwärtstrend /'apvertstrent/ *m* düşme eğilimi

Abwasch /'apvaş/ *m* bulaşık kap; bulaşıkları yıkama

abwaschbar /'apvaşba:r/ *s* yıkanabilir

abwaschen /'apvaşın/ *trvt* yıkamak, bulaşık yıkamak, yıkayıp temizlemek; *hek* lavaj yapmak

Abwasser /'apvasır/ *n* atık su, kirli su, pis su, kullanılmış su; lağım suyu; *tek* (türbinden geçmiş) su, atık su

abwechseln /'apveksıln/ *trvi* değiştirmek, münavebe yapmak; bir işte değişe değişe sıra ile çalışmak; nöbetleşmek, nöbetleşe çalışmak; değişmek; (bir şeyi) değiştirmek

abwechselnd /'apveksılnt/ *be* nöbetleşe, sıra ile; değişe değişe; *s* zaman zaman olan, ara ara değişen

Abwechslung /'apvekslung/ *f* değişiklik, münavebe; çeşitlilik, çeşitleme; tekdüzeliği giderme ***zur Abwechslung*** değişiklik olsun diye

abwechslungsreich /'apvekslungsrayh/ *s* çeşitli, canlı; çeşit açısından zengin

Abweg /'apve:k/ *m* sapa yol; yanlış yol; yoldan sapma ***auf Abwege führen*** kötü yola düşürmek ***auf Abwege geraten*** kötü yola düşmek

abwegig /'apve:gih/ *s* hatalı, garip, yanlış, gerçekdışı; *hek* sapık

Abwehr /'apve:r/ *f* savunma, müdafaa, karşı koyma, korunma, mukavemet; *ask* savunma; (tehlikeyi) önleme; *sp* defans, müdafaa

abwehren /'apve:rın/ *trvt* (düşmanı) savuşturmak, defetmek, geri püskürtmek; reddetmek; önlemek; (tehlikeyi) uzak tutmak; *trvi* (jdm etw) (birisini) korumak, önlemek ***den Feind abwehren*** düşmanı püskürtmek, kovmak ***eine Gefahr abwehren*** tehlikeyi savuşturmak

Abwehrmechanismus /'apve:rmehanismus/ *m* savunma mekanizması

Abwehrreaktion /'apve:rreaktsyo:n/ *f* savunma tepkisi

Abwehrspieler /'apve:rşpi:lır/ *m sp* savunma oyuncusu, defans oyuncusu, bek

abweichen /'apvayhın/ *trvt* ıslatarak ayırmak, suya sokarak çözmek; *trvi* ayrılmak, uzaklaşmak, sapmak; (başkasından) değişik olmak, farklı olmak; doğru yoldan ayrılmak, hak yolundan ayrılmak; geleneklerden ayrılmak; (su ile temas ederek) ayrılmak, ıslanarak ayrılmak ***von der Regel abweichen*** kuraldışı olmak, kurala aykırı olmak ***vom rechten Wege abweichen*** doğru yoldan uzaklaşmak

Abweichler /'apvayhlır/ *m pol* aykırı ses, farklı düşünen

Abweichung /'apvayhung/ *f* ayrılma, ayrılık, aykırılık, yanlış yola gitme; sapma; farklılık, başkalık; fark

abweisen /'apvayzın/ *trvt* reddetmek, kabul etmemek; baştan savmak; *ask* püskürtmek, geri savmak ***eine Bitte abweisen*** bir ricayı/isteği reddetmek ***einen Angriff abweisen*** bir saldırıyı defetmek ***jdn abweisen*** (birisini) başından savmak

abweisend /'apvayzınt/ *be* ters cevap; (surat) asık, gülmez; (kişi) soğuk, aksi ***abweisende Antwort*** red cevabı, kabul etmeme cevabı ***abweisende Haltung*** yüz vermeme ***sich abweisend verhalten*** yüz vermemek; *kon* pas vermemek

Abweisung /'apvayzung/ *f huk* davanın reddi, reddi dava; kabul etmeme, red ***Abweisung der Klage*** *huk* davanın reddi

abwenden /'apvendın/ *trvt* çevirmek, döndürmek; (bakış, göz) ayırmak, kaçırmak; (tehlikenin) önüne geçmek, mani olmak; (birisini) tehlikeden korumak ***abwendig machen*** (birisini) ayartmak ***eine Gefahr abwenden*** bir tehlikenin önüne geçmek, tehlikeyi savuşturmak

sich abwenden von jdm arka çevirmek, sırt dönmek ***sich abwenden von etw*** caymak, bırakmak, vazgeçmek
abwerben /'apverbın/ *trvt* (müşteriyi) ayartmak
abwerfen /'apverfın/ *trvt* fırlatmak, aşağı atmak; (attan) aşağı atmak; (bir şeyden) kurtulmak; kâr bırakmak, gelir bırakmak; *vi* (deri) değiştirmek ***Fesseln abwerfen*** zinciri kırmak, boyunduruğu kırmak ***Gewinn abwerfen*** kazanç sağlamak, kâr getirmek
abwerten /'apve:rtın/ *trvt* kıymetten düşürmek, değerini düşürmek; (para) devalüe etmek
abwertend /'apve:rtınt/ *s* aşağılayıcı, küçümseyici ***abwertende Kritik*** yıkıcı eleştiri, kırıcı eleştiri
Abwertung /'apve:rtung/ *f* paranın değerinin düşürülmesi, devalüasyon
abwesend /'apve:zınt/ *s* namevcut, (olması gereken bir yerde) hazır bulunmayan, var olmayan; dalgın
Abwesenheit /'apve:zınhayt/ *f* namevcutluk, (olunması gereken bir yerde) hazır bulunmama, var olmama ***in seiner Abwesenheit*** kendi yokken; *huk* gıyaben, gıyabında ***jdn in Abwesenheit urteilen*** *huk* gıyabında yargılamak
abwickeln /'apvikıln/ *trvt* yaymak; (dürülmüş bir şeyi) açmak; *tek* rodasını açmak; (işi) halletmek, çözmek; *tic* tasfiye etmek; maslahat görmek ***sich abwickeln*** (ilişki) cereyan etmek
Abwicklung /'apviklung/ *f* yayma, açma; (dürülmüş bir şeyi) açma; (işi) halletme, çözme; *tic* tasfiye etme
abwiegen /'apvi:gın/ *trvt* tartmak, bir kısmını tartmak
abwimmeln /'apvimıln/ *trvt* atlatmak, baştan savmak, defetmek; *kon* sepetlemek; nazikçe kabul etmemek
Abwind /'apvind/ *m* dinen rüzgâr, sakinleşen rüzgâr
abwinken /'apvinkın/ *trvi* (işaretle) reddetmek, kabul etmeyişini belli etmek
abwirtschaften /'apvirtşaftın/ *trvt tic* iflas etmek, yok olmak, mahvolmak; iyi idare edememek; iflas ettirmek
abwischen /'apvişın/ *trvt* silmek, silerek temizlemek, tozunu almak; kurutmak
abwracken /'apvrakın/ *trvt* (eskimiş gemiyi) parçalamak
Abwurf /'apvurf/ *m* atma, düşürme; *tic* kazanç, gelir; *sp* kalecinin topu elle atması
abwürgen /'abvürgın/ *trvt* (birisini) boğmak; (motor) durdurmak, boğmak
abzahlen /'aptsa:lın/ *trvt* ödemek, tediye etmek; (borcu) taksitle ödemek, azar azar ödemek; (borcuna) mahsuben vermek
abzählen /'aptse:lın/ *trvt* saymak; çıkarmak; *mat* çıkarmak, çıkarma işlemi yapmak ***abzählen!*** *ask* sağdan say! ***an den Fingern abzählen*** parmakla saymak
Abzahlung /'aptsa:lung/ *f* taksitle ödeme, taksit taksit ödeme, azar azar ödeme ***auf Abzahlung kaufen*** taksitle satın almak
abzapfen /'aptsapfın/ *trvt* (sıvı) çekmek, çıkarmak, boşaltmak; fıçıyı boşaltmak; *hek* damardan kan almak ***jdm das Geld abzapfen*** (birisinden) para sızdırmak
abzäumen /'aptsoymın/ *trvt* (atın) gemini çözmek
Abzeichen /'aptsayhın/ *n* işaret, marka, alamet, belirti; nişan, rozet; (hayvanda) işaret, benek
abzeichnen /'aptsayhnın/ *trvt* resmi kopya ederek yapmak; (evrak) paraf etmek ***sich abzeichnen*** iyicene belirmek; zıtlık teşkil etmek
Abziehbild /'aptsi:bilt/ *n* yapıştırma resim, çıkartma resim
abziehen /'aptsi:ın/ *trvt* çekip çıkarmak; *mat* çıkarmak; (fiyat) indirmek, ıskonto etmek, tenzil etmek; (örtü, çarşaf) kaldırmak; tutuklamak, tevkif etmek; usturayı kayışlamak; (deri) yüzmek, soymak; (anahtar) deliğinden çıkarmak; teksir etmek, prova örneği basmak; (fıçıdan) sıvı çekmek; imbikten geçirmek; (silah) ateşlemek, tetiği çekmek; (şapka) çıkarmak; (şişeden mantar) çekip çıkarmak; gösteriş yapmak, hava atmak; imbikten geçirmek; *trvi* çekip gitmek, uzaklaşmak, ayrılıp gitmek; (duman) çıkmak; (su) akmak; *kon* avucunu yalamak ***die Haut abziehen*** derisini yüzmek ***eine Schau abziehen*** *mec* numara yapmak, rol yapmak ***Messer abziehen*** bıçak bilemek ***sich abziehen*** çekip gitmek, ortadan kaybolmak ***von jdm die Hand abziehen*** (birisinden) desteğini çekmek ***von Preis abziehen***

hesaptan düşmek
abzielen /'aptsi:lın/ *trvt* (auf) kastetmek; hedef tutmak, amaç edinmek; gaye edinmek; (bir şeye) göz dikmek; nişan almak ***auf etw abzielen*** (bir şeyi) hedeflemek, amaçlamak
Abzug /'aptsu:k/ *m* hareket, gidiş, çıkma; ıskonto, tenzil; dara; dekont; (paradan, maaştan) kesinti; suret, nüsha, kopya; *ask* çekilme, ricat; (duman) çıkış yolu, baca; (silah) tetik; *fot* kopya; suyun döküldüğü yer, savak ***in Abzug bringen*** hesaba katmamak ***ohne Abzug*** (maaş) net, kesintisiz
abzüglich /'aptsü:klih/ *s* çıkarılmak üzere; çıktıktan sonra
abzugsfähig /'aptsu:ksfe:ih/ *s* indirilebilir, düşürülebilir
abzupfen /'aptsupfın/ *trvt* tutup koparmak, tutup çekmek, tutup çıkarmak
abzweigen /'aptsvaygın/ *trvt* ayırmak; *kon* (etw für sich) cebe atmak, cebellezi etmek, çaktırmadan cebe atmak; *vi* ayrılmak ***sich abzweigen*** şubelere ayrılmak, dallara ayrılmak, kollara ayrılmak
Abzweigung /'aptsvaygung/ *f* ayırma, ayrılma; kollara ayrılma, dallanma, çatallanma; yol ayrımı; (tren) şube hattı; *elek* derivasyon
abzwicken /'aptsvikın/ *trvt* kerpetenle ayırmak/kesmek; *kon* (birisinden) para sızdırmak ***jdm etw abzwicken*** (birisinden bir şey) almak, koparmak
Accessoires /akse'swa:rs/ *pl* (teksil) aksesuar
Ach /ah/ *n* zorluk, sıkıntı ***mit einem Ach*** bir ah çekerek ***mit Ach und Weh*** bin bir güçlükle, bin bir ıstırapla ***mit Ach und Krach*** zorlukla, zar zor, güç bela
ach /ah/ *ünl* ah!, ha!, vay!, yazık! ***ach ja!*** ha! evet! evet öyle ***ach nein!*** yok canım!, öyle değil! ***ach so?*** ya?, öyle mi? ***ach so!*** aha!, demek öyle! anlıyorum! ***ach und Krach*** zar zor, güç bela ***ach was!*** ne diyorsun! bak sen! ***ach wie schön!*** ne güzel! ***ach wo!*** nerede!, ne gezer!
Achat /a'ha:t/ *m* akik, akik taşı; Süleyman taşı
Achillesferse /a'hilısferzı/ *f* tırnak yeri; zayıf nokta, bamteli; kan alınacak yer
Achillessehne /a'hilısze:nı/ *f anat* aşil tendonu
Achse /'aksı/ *f* dingil, aks; eksen, mihver; mil ***auf der Achse sein*** yolda olmak, gezide olmak ***per Achse*** tekerlekli vasıta ile ***sich auf eigener Achse drehen*** kendi ekseni etrafında dönmek
Achsel /'aksıl/ *f* omuz; koltuk ***etw auf die leichte Achsel nehmen*** hafife almak, önemsememek ***jdn über die Achsel ansehen*** birisine tepeden bakmak, birisini küçümsemek ***mit den Achseln zucken*** omuz silkmek
Achselhöhle /'aksılhö:lı/ *f* koltuk altı
Achselzucken /'aksıltsukın/ *n* omuz silkme
Achsenbruch /'aksınbruh/ *m* dingil kırılması
Acht /aht/ *f* sekiz sayısı, sekiz rakamı; *isk* sekizli; sınırdışı etme, sürgün, aforoz etme; dikkat, ilgi; teyakkuz; *sp* figür ***Acht geben*** dikkate almak ***Acht haben (auf)*** (birisine, bir şeye) dikkat etmek, göz kulak olmak ***etw außer Acht lassen*** dikkat etmemek ***in Acht nehmen*** çok dikkat etmek, ihtimam göstermek; dikkate almak ***sich in Acht nehmen*** temkinli davranmak, ihtiyatlı davranmak ***sich vor etw in Acht nehmen*** sakınmak, korunmak, çekinmek
acht /aht/ *s* sekiz
achtbar /'ahtba:r/ *s* takdire şayan, saygıdeğer; muhterem, sayın
Achtbarkeit /'ahtba:rkayt/ *f* saygıdeğerlik, muhteremlik
achte(r,s) /'ahtı(r,s)/ *s* sekizinci
Achteck /'ahtek/ *n mat* sekizgen
achteckig /'ahtekih/ *s* sekizköşeli, sekizgen
Achtel /'ahtıl/ *n* sekizde bir; *müz* sekizlik, kroş
Achtelfinale /'ahtılfina:lı/ *n sp* sekizde bir final, yarı çeyrek final
achten /'ahtın/ *vt* takdir etmek, hürmet etmek, saymak, saygı göstermek, değer vermek, adam yerine koymak; önem vermek, ehemmiyet göstermek, kıymet vermek; (kanun) tanımak, riayet etmek, uymak; (auf) dikkat etmek, itina etmek; (für) saymak, telakki etmek; hor görmek ***auf das Kind achten*** çocuğa göz kulak olmak, bakmak ***auf etw achten*** (bir şeye) dikkat etmek ***auf jdn achten*** (birisini) gözlemek ***auf jds Worte achten*** (birisinin sözlerine) kulak vermek, iyice dinlemek ***das Gesetz achten*** yasalara uymak, kanuna riayet

etmek ***für nichts achten*** hiçe saymak
ächten /'ehtın/ *vt* aforozlamak; kanundışı kalmak; sınırdışı etmek ***jdn ächten*** (birisini) dışlamak; aforoz etmek
Achter /'ahtır/ *m* (spor) sekiz kürekli bot
Achterbahn /'ahtırba:n/ *f* çift kayışla çalışan dağ treni; (lunaparktaki) eğlence treni; Rus dağı
Achterdeck /'ahtırdek/ *n den* kıç güverte
achtfach /'ahtfah/ *s* sekiz kat, sekiz kere; sekiz kopya olarak
achtlos /'ahtlo:s/ *s* dikkatsiz, lakayt, itinasız; pervasız
Achtlosigkeit /'ahtlo:zihkayt/ *f* dikkatsizlik, lakaytlık, ilgisizlik; pervasızlık
achtsam /'ahtza:m/ *s* dikkatli, ilgili, uyanık, gözü açık
Achtsamkeit /'ahtza:mkayt/ *f* dikkat, itina, uyanıklık, dikkatlilik
Achtstundentag /aht'ştundınta:k/ *m* sekiz saatlik mesai günü
Achtung /'ahtung/ *f* dikkat; saygı, itibar, değer, kıymet; hürmet, takdir; (vor) riayet ***Achtung!*** Dikkat! ***Achtung auf etw haben*** bir şeye dikkat etmek ***Achtung Schleudergefahr!*** Dikkat, kaygan zemin!
Ächtung /'ehtung/ *f* aforozlanma; kanundışı kılma
Achtungserfolg /'ahtungserfolk/ *m* manevi başarı
achtzehn /'ahtse:n/ *s* on sekiz
achtzig /'ahtsih/ *s* seksen
Achtziger /'ahtsigır/ *m* seksen-doksan yaşları arasındaki erkek, seksenlik
ächzen /'ehtsın/ *vi* inlemek, sızlanmak; (über) şikâyet etmek, sızlamak; ahlamak, uflamak
Acker /'akır/ *m* tarla; bir buçuk dönümlük arazi parçası
Ackerbau /'akırbau/ *m* ziraat, tarım ***Ackerbau treiben*** çiftçilik etmek
Ackerboden /'akırbo:dın/ *m* çiftçiliğe elverişli toprak, ziraate elverişli toprak; ekilebilir toprak
Ackerland /'akırlant/ *n* ekime elverişli toprak, ziraate elverişli toprak
ackern /'akırn/ *vt* çiftçilik etmek, çift sürmek, ekip biçmek, ziraat etmek; *kon* ağır iş yapmak, güç iş yapmak
Adamsapfel /'a:damsapfıl/ *m* âdemelması, gırtlak çıkıntısı
Adapter /a'daptır/ *m elek* adaptör; uyum sağlayıcı
adaptieren /adap'ti:rın/ *vt* uydurmak, uyarlamak; *biy* uyarlamak, örtüşmek; *ed* adaptasyon yapmak
adäquat /ade'kva:t/ *s* uygun, mutabık; muadil, eşdeğer
addieren /a'di:rın/ *vt mat* toplamak, yekûn etmek; ilave etmek
Addition /adi'tsyo:n/ *f* toplama
Ade /a'de:/ *s* hoşça kal, Allaha ısmarladık!, güle güle; eyvallah ***Ade sagen*** elveda demek
Adel /'a:dıl/ *m* aristokrasi, asalet, asilzadelik, asillik, soyluluk; soylular, asilzadeler, aristokratlar ***in den Adel erheben*** asilleştirmek; asalet unvanı vermek
adeln /'a:dıln/ *vt* (birisine) asalet unvanını vermek, (birisini) asiller sınıfına sokmak; asilleştirmek
Adept /a'dept/ *m* simyacı, değersiz madeni altına çevirebilen kimse; ilimsel sırları iyi bilen
Ader /'a:dır/ *f* damar; atardamar; huy, mizaç, tabiat, damar; kabiliyet, yetenek; maden damarı; yeraltı yolu; *elek* kablolarda elektrik nakleden kısım ***zur Ader lassen*** *hek* kan almak ***poetische Ader*** şairlik damarı
Aderlass /'a:dırlas/ *m* hacamat, kan alma, kan verme
Adhäsion /athe'zyo:n/ *f* yapışma, bitişme; aderans, adhezyon
Adjektiv /'atyekti:f/ *n dilb* sıfat ***abgeleitetes Adjektiv*** *dilb* türemiş sıfat ***determinierendes Adjektiv*** *dilb* belirtme sıfatı ***interrogatives Adjektiv*** *dilb* soru sıfatı
adjektivisch /'atyekti:viş/ *s dilb* sıfat gibi, sıfata ilişkin ***adjektivische Fügung*** *dilb* sıfat tamlaması ***adjektivisch verwenden*** *dilb* sıfat olarak kullanmak
Adjutant /atyu:'tant/ *m ask* emir subayı, yaver ***erster Adjutant*** *ask* başyaver
Adler /'a:dlır/ *m hayb* kartal ***mit Adleraugen*** keskin gözlü, kartal gözlü
adlig /'a:dlih/ *s* soylu, asilzade, beyzade, kibar
Adlige(r) /'a:dligı(r)/ *f/m* soylu, asil, asilzade, asilzade sınıfından
Administration /atministra'tsyo:n/ *f* (yer olarak) yönetim, idarehane, idare
administrativ /atministra'ti:f/ *s* idari, sivil, mülki, yönetim ile ilgili
Admiral /atmi'ra:l/ *m* amiral, koramiral; *hayb* alaca renkli gündüz kelebeği
Admiralität /atmirali'te:t/ *f ask* amirallik

adoptieren /adop'ti:rın/ *vt* (birisini) evlat edinmek, evlatlığa kabul etmek; benimsemek, sahip çıkmak; kendine mal etmek
Adoption /adop'tsyo:n/ *f* evlat edinme
Adoptiveltern /adop'ti:feltırn/ *pl* evlat edinmiş karı koca
Adoptivkind /adop'ti:fkint/ *n* evlatlık, kanunen evlat edinilen çocuk, manevi evlat
Adoptivvater /adop'ti:ffa:tır/ *m* babalık, manevi baba, ahretlik baba
Adrenalin /adrena'li:n/ *n biy* adrenalin
Adressant /adre'sant/ *m* gönderen, gönderici, mektubu yazan
Adressat /adre'sa:t/ *m* kendisine gönderilen; adres sahibi; alacak olan, alıcı
Adresse /a'dresı/ *f* adres ***falsche Adresse*** yanlış adres
adressieren /adre'si:rın/ *vt* adres yazmak, adres koymak; adresine yazmak, adresine yollamak ***den Brief adressieren*** mektubu adrese göndermek ***einen Brief adressieren*** mektuba adres yazmak
adrett /a'dret/ *s* şirin; güzel; yakışıklı
Advent /at'vent/ *m* Noelden önceki dört pazar; küçük perhiz
Adverb /at'verp/ *n dilb* belirteç, zarf ***Adverb des Ortes*** *dilb* yer belirteci ***modales Adverb*** *dilb* nitelik belirteci, nitelik zarfı ***temporales Adverb*** *dilb* zaman belirteci, zaman zarfı
adverbial /atver'bya:l/ *s dilb* belirteç olarak, zarf olarak ***adverbiale Bestimmung*** *dilb* belirteç grupları, zarf grupları
Advokat /atvo'ka:t/ *m* avukat, dava vekili
Aerodynamik /e:rodü'na:mik/ *f* aerodinamik
aerodynamisch /e:rodü'na:miş/ *s* aerodinamik
Affäre /a'fe:rı/ *f* mesele, iş, hadise, vaka, olay; tatsız, nahoş olay; aşk ilişkisi ***sich aus der Affäre ziehen*** işin içinden sıyrılmak
Affe /'afı/ *m hayb* maymun; sırt çantası; *kon* taklitçi; *kon* aptal, avanak; *kon* züppe, çıtkırıldım, kendini beğenmiş; *kon* sarhoşluk; gülünç; çılgın ***einen Affen haben*** *kon* çakırkeyf olmak ***eingebildeter Affe!*** züppe!
Affekt /a'fekt/ *m* şiddetli heyecan, ani heyecan ***affektes Benehmen*** işve ***im Affekt handeln*** heyecanlı davranmak
Affekthandlung /a'fekthandlung/ *f huk* fevri hareket
affektiert /afek'ti:rt/ *s* sahte, yapmacık; nazlı, işveli
affektiv /afek'ti:f/ *s* hissi, duygusal, kalbi, tesirli, etkili, dokunaklı
Affektivität /afektivi'te:t/ *f* çoşku, heyecan
affenartig /'afına:rtih/ *s* maymun gibi, maymuna benzer, maymunu andıran ***mit affenartiger Geschwindigkeit*** çok çabuk, yıldırım gibi, hızır gibi
Affenbrotbaum /'afınbro:tbaum/ *m bitk* maymun ekmeği ağacı
Affenhitze /'afınhitsı/ *f metr* cehennem sıcağı, çöl sıcağı
Affentheater /'afıntea:tır/ *n kon* maskaralık
affig /'afih/ *s* yapmacık, gülünç; budala, kendini beğenmiş
Affinität /afini'te:t/ *f kim* afinite, ilgi; dünürlük, sıhri akrabalık
affirmativ /afirma'ti:f/ *s* olumlu ***affirmativer Satz*** *dilb* olumlu cümle
Afghane /af'ga:nı/ *m* Afgan, Afganlı; *hayb* Afgan tazısı
afghanisch /af'ga:niş/ *s* Afganistanla ilgili, Afgan; Afganca
Afghanistan /af'ga:nista:n/ *tnz* Afganistan
Afrika /'afrika/ *tnz* Afrika
Afrikaner /afri'ka:nır/ *m* Güney Afrika'da doğan, beyaz derili kimse; Afrikalı
afrikanisch /afri'ka:niş/ *s* afrikan; Afrikanca; Afrika ile ilgili
Afroamerikaner /'afroamerika:nır/ *m* siyah Afrika kökenli Amerikalı
After /'a:ftır/ *m hek* makat, kıç, anüs; sahte; ikinci elden
Ägäis /e'geis/ *f* Ege, Ege Denizi
Agenda /a'genda/ *f* bloknot, ajanda defteri
Agent /a'gent/ *m* acenta; temsilci; ajan, muhbir, casus
Agentur /agen'tu:r/ *f* ajans; acenta, temsilcilik; *tic* ticari temsilcilik
Aggregat /agre'ga:t/ *n* agregat, katışmaç; takım, topluluk; *tek* grup
Aggregatzustand /agre'ga:ttsu:ştant/ *m fiz* maddenin hali
Aggression /agre'syo:n/ *f* tecavüz, saldırma, saldırış
aggressiv /agre'si:f/ *s* saldırgan, agresif; sataşkan; *be* saldırganca ***aggressiv werden*** saldırgan olmak, agresif olmak ***aggressives Verhalten*** agresif davra-

nışlar, tecavüzkâr davranışlar
Aggressivität /agresifi'te:t/ *f* saldırganlık, agresiflik
Aggressor /a'gresor/ *m* saldırgan, taarruzcu, mütecaviz
agieren /a'gi:rın/ *vt* rol yapmak; hareket etmek
agil /a'gi:l/ *s* çevik, atik, atak; hamarat, becerikli; faal
Agilität /agi:li'te:t/ *f* çeviklik, atiklik, ataklık; hamaratlık, beceriklilik; faaliyet
Agitation /agita'tsyo:n/ *f* kışkırtma, ajitasyon, tahrik etme; propaganda
Agitator /agi'ta:tor/ *m* kışkırtıcı, tahrikçi, ajite edici; propagandacı
agitatorisch /agita'to:riş/ *s* tahrik edici, ajite edici
Agonie /ago'ni:/ *f* can çekişme; ölüm kalım savaşı; agoni ***in Agonie liegen*** can çekişmek
Agoraphobie /agorafo'bi:/ *f ruhb* agorafobi, meydan korkusu, alan korkusu
Agrarland /a'gra:rlant/ *n* tarım ülkesi, tarıma elverişli toprak
Agrarpolitik /a'gra:rpoliti:k/ *f* tarım politikası
Agrarreform /a'gra:rreform/ *f* tarım reformu, zirai reform
Agrikultur /agri:kul'tu:r/ *f* tarım, ziraat
Ägypten /e'güptın/ *tnz* Mısır (ülke)
Ägypter /e'güptır/ *m* Mısırlı
ägyptisch /e'güptiş/ *s* Mısır'a ait, Mısır'la ilgili, Mısır
Ägyptologe/Ägyptologin /egüpto'lo:gı/egüpto'lo:gin/ *m/f* Eski Mısır uygarlığını inceleyen kimse
Ägyptologie /egüptolo'gi:/ *f* ejiptoloji, eski Mısır dil, tarih, sanat ve kültürünün incelenmesi
ah /a:/ *ünl* (şaşırma ünlemi) ah!, ya!, vay!, hah!, bak!; (anlama ünlemi) okey!, anladım!, hah işte!, tamam!
Äh /e:/ *ünl* ee, şey; öö, ü
aha /a'**h**a/ *ünl* ha(h), şimdi anladım
Aha-Erlebnis /a'**h**a:erle:pnis/ *n* birdenbire kavrama
ahnden /'a:ndın/ *vt* cezalandırmak; intikam almak, hıncını almak
Ahne /'a:nı/ *f* nine; atalar, dedeler, nineler
ähneln /'e:nıln/ *vt* benzemek, andırmak
ahnen /'a:nın/ *vt* tahmin etmek, sanmak; önceden hissetmek, önceden kestirmek, içine doğmak, hissetmek; şüphelenmek; farz etmek
ähnlich /'e:nli**h**/ *s* benzer, benzeş, uygun; akran ***jdm ähnlich sehen*** benzemek, andırmak ***und ähnliches*** ve buna benzer, ve benzeri
Ähnlichkeit /'e:nli**h**kayt/ *f* benzerlik, benzeyiş, afinite
Ahnung /'a:nung/ *f* önsezi, önceden seziş, biliş; sezgi, seziş; fikir, tasavvur, ide; kuşku, şüphe; haber, bilgi ***keine Ahnung haben*** hiçbir fikri olmamak, habersiz olmak
ahnungslos /'a:nungslo:s/ *s* habersiz, bihaber, hiçbir şeyin farkında olmayan
Ahnungslosigkeit /'a:nungslozi**h**kayt/ *f* bihaberlik, habersizlik, bilgisizlik
ahnungsvoll /'a:nungsfol/ *s* haberli, bilgili, anlayışlı, önsezişli, önceden sezen, öngörüşlü
Ahorn /'a:**h**orn/ *m bitk* akçaağaç, kırmızı isfendan ağacı
Ähre /'e:rı/ *f bitk* başak ***Ähren lesen*** başak toplamak
Aids /eidz/ *n hek* AIDS
Aidshilfe /'eidz**h**ilfı/ *f* AIDS'lilere yardım
aidskrank /'eidzkrank/ *s* AIDS hastası, AIDS'li
Aidskranke(r) /'eidzkrankı(r)/ *m/f* AIDS hastası, Aidsli
Aidstest /'eidztest/ *m* AIDS testi
Airbag /'e:rbek/ *m oto* hava yastığı, airbag
Airbus /'e:rbus/ *m* kısa uçuş uçağı; bir uçak markası
Akademie /akade'mi:/ *f* akademi, bilim kurulu; yüksek okul ***Akademie der Schönen Künste*** Güzel Sanatlar Akademisi
Akademiker /aka'de:mikır/ *m* akademisyen, akademi üyesi, akademici; yüksek öğrenim görmüş kişi
akademisch /aka'de:miş/ *s* akademik, bilimsel, yüksek öğrenimle ilgili; *kon* göreneklere sıkı bağlı, fanatik ***akademische Ausbildung*** yüksek öğrenim ***akademische Freiheit*** öğretim özgürlüğü, eğitim özgürlüğü ***akademische Intelligenz*** akademik zekâ ***akademische Vorbereitung*** akademik hazırlık ***akademisches Schuljahr*** öğretim yılı
akklimatisieren /aklimati'zi:rın/ *vr* yeni bir muhite/çevreye/iklime alışmak
Akklimatisierung /aklimati'zi:rung/ *f* havaya alışma
Akkord /a'kort/ *m müz* akort, ahenk,

uyum, düzen; uyuşma, uzlaşma, anlaşma; *tic* götürü, parça başı, iş başı ***im Akkord arbeiten*** götürü çalışmak, parça başı çalışmak ***Akkord abschließen*** uzlaşmak, anlaşmak, mutabık kalmak

Akkordarbeit /a'kortarbayt/ *f* parça başı iş, götürü iş

Akkordarbeiter /a'kortarbaytır/ *m* parça başı çalışan, götürü çalışan; taşeron

Akkordeon /a'kordeon/ *n müz* akordeon

Akkordlohn /a'kortlo:n/ *m* götürü ücret, parça başı ücret

akkreditieren /akredi'ti:rın/ *vt* akredite etmek; kredi vermek, kredi açmak; (banka) havale etmek; (elçi) tayin etmek, yetki vermek

Akkreditiv /akredı'ti:f/ *n* itimatname, Itimat mektubu, kredi mektubu, akreditif ***unwiderrufliches Akkreditif*** *huk* tic. gayri kabili rücu akreditif

Akku /'aku/ *m* akü

Akkumulation /akumula'tsyo:n/ *f* toplama, birleştirme; yığılma

akkumulieren /akumu'li:rın/ *vt* akümüle etmek, biriktirmek, toplamak; yoğunlaştırmak; *tek* elektrik toplamak

akkurat /aku'ra:t/ *s* dikkatli, titiz, itinalı, ihtimamlı; tam, yeteri kadar; sıhhatli ***akkurater Mensch*** dikkatli kişi, titiz kişi

Akkusativ /'akuzati:f/ *m dilb* ismin i-hali, belirtme durumu, akuzatif

Akne /'aknı/ *f hek* akne, sivilce

Akribie /akri'bi:/ *f* büyük özen, büyük itina; titizlik; sıhhat

akribisch /ak'ri:biş/ *s* itinalı, özenli, titizce; dikkatli

Akrobat /akro'ba:t/ *m* akrobat, cambaz

Akrobatik /akro'ba:tik/ *f* akrobasi, cambazlık

akrobatisch /akro'ba:tiş/ *s* akrobatik

Akronym /akro'nü:m/ *n* birkaç sözcüğün baş harflerinin bir araya getirilmesiyle oluşan kelime

Akt /akt/ *m tiy* perde; akt, eylem, fiil; hareket, iş; (resim) çıplak, nü; dosya; cinsel ilişki; *tic* senet ***Akt der Brutalität*** hunharca hareket

Akte /'aktı/ *f* dosya, evrak; belge, senet; tahrir, yazı ***etw zu den Akten legen*** dosyalamak, dosyaya koymak

aktenkundig /'aktınkundih/ *s* kayıtlara geçmiş

Aktenmappe /'aktınmapı/ *f* evrak çantası, cüzdan

Aktennotiz /'aktınnoti:ts/ *f* dosya notu

Aktenschrank /'aktınşrank/ *m* dosya dolabı, evrak dolabı

Aktentasche /'aktıntaşı/ *f* evrak çantası

Aktenzeichen /'aktıntsayhın/ *n* evrak numarası, dosya numarası; paraf

Akteur /ak'tö:r/ *m* aktör, erkek oyuncu

Aktie /'aktsyı/ *f* hisse senedi, tahvil, aksiyon

Aktienausgabe /'aktsyınausga:bı/ *f tic* hisse senedi çıkarma

Aktienbörse /'aktsyınbörzı/ *f tic* hisse senetleri borsası

Aktiengesellschaft /'aktsyıngızelşaft/ *f tic* anonim şirket

Aktienindex /'aktsyınindeks/ *m tic* hisse senedi endeksi

Aktienkapital /'aktsyınkapita:l/ *n tic* hissedarlar sermayesi; esas sermaye; hisse senetli sermaye; hisse sermayesi

Aktienkurs /'aktsyınkurs/ *m tic* hisse senedi fiyatı

Aktienmarkt /'aktsyınmarkt/ *m tic* hisse senetleri piyasası; menkul kıymetler piyasası

Aktienpaket /'aktsyınpake:t/ *n tic* hisse senetleri paketi

Aktion /ak'tsyo:n/ *f* hareket, fiil, eylem, faaliyet, iş; aksiyon; girişim, teşebbüs; *ask* askeri harekât ***eine Aktion starten*** faaliyette bulunmak, eylemde bulunmak, girişimde bulunmak ***in Aktion treten*** faaliyete sokmak, faaliyete başlamak

Aktionär /aktsyo'ne:r/ *m* aksiyoner, hissedar, hisse sahibi

Aktionsradius /ak'tsyo:nsra:dyus/ *m* menzil, erim; etki alanı, tesir alanı; (uçak, gemi) en uzak erişim mesafesi

aktiv /ak'ti:f/ *s* aktif, faal, çalışkan, müteşebbis, hareketli; fiilen, fiili, etken; *ask* muvazzaf, daimi; *dilb* etken, aktif; militan; *tic* kârlı ***aktiv sein*** aktif olmak; etkin olmak; etkimek; *ask* faal hizmette olmak ***aktive Handelsbilanz*** kârlı, kazançlı bilanço ***aktive Bestechung*** rüşvet verme ***aktive Obligation*** aktif tahvil ***aktive Schule*** etkin okul ***aktiver Teilhaber*** faal ortak, çalışan ortak ***aktiver Unterricht*** etkin öğretim

Aktiva /ak'ti:va/ *pl tic* aktif, alacak

aktivieren /akti'vi:rın/ *vt* aktifleştirmek, etkinleştirmek ***aktivierte Aufwendungen*** *tic* aktifleştirilmiş giderler

Aktivierung /akti'vi:rung/ *f* aktifleştirme ***aktivierungspflichtiger Aufwand*** sermaye giderleri
Aktivist /akti'vist/ *m* militan, eylemci
Aktivität /aktivi'te:t/ *f* faaliyet, etkinlik, hareketlilik, aktivite ***Aktivitätenmethode*** etkinlik yöntemi
Aktivposten /ak'ti:fpostın/ *m* eko aktif kalemi
Aktivsaldo /ak'ti:fzaldo/ *m tic* alacak bakiyesi; alacaklı hesap
aktualisieren /aktuali'zi:rın/ *vt* güncelleştirmek, aktüalize etmek
Aktualisierung /aktuali'zi:rung/ *f* gerçekleşme; gerçekleştirme
Aktualität /aktuali'te:t/ *f* aktüalite, günün işi, günün olayı, günlük durum, güncellik
aktuell /aktu'el/ *s* aktüel, şimdiki, günlük, güncel, güncel durumla ilgili; fiilen ***aktüell werden*** aktüelleşmek, aktüel olmak
Akupunktur /akupunk'tu:r/ *f hek* akupunktur
Akustik /a'kustik/ *f* akustik bilimi, ses bilgisi; sesin iyi duyulması/yayılması
akustisch /a'kustiş/ *s* akustik, akustik ile ilgili, sesle ilgili ***akustisches Lehrmittel*** işitsel öğretim aracı
akut /a'ku:t/ *s* aniden, ansızın ortaya çıkan; *hek* akut, kalıcı ***akute Krankheit*** *hek* birdenbire ortaya çıkan ve hızla gelişen hastalık
Akzent /ak'tsent/ *m* vurgu; şive, ses uyumu, ses ahengi; aksan işareti
akzentuieren /aktsentu'i:rın/ *vt* vurgulamak, vurgu koymak; ifade etmek
Akzept /ak'tsept/ *n* kabul; *tic* senedin kabulü; kabul edilmiş senet
akzeptabel /aktsep'ta:bıl/ *s* kabul edilebilir, kabule değer
Akzeptanz /aktsep'tants/ *f* kabul; akseptans (yazısı)
akzeptieren /aktsep'ti:rın/ *vt* kabul etmek, onaylamak, imza etmek ***akzeptierende Bank*** *tic* kabul bankası ***akzeptierter Wechsel*** *tic* kabul edilmiş poliçe
Alabaster /ala'bastır/ *m* kaymaktaşı, su mermeri, beyaz mermer
Alarm /a'larm/ *m* alarm, hazır ol, silahbaşı, tehlike işareti ***Alarm blasen*** alarm borusu çalmak
Alarmanlage /a'larmanla:gı/ *f* alarm teçhizatı
alarmbereit /a'larmbırayt/ *s* hazır bekleyen, hazırda
alarmieren /alar'mi:rın/ *vt* alarm vermek, tehlike haberi vermek; haber vermek; telaşa düşürmek, korkutmak
Alarmsignal /a'larmzigna:l/ *n* tehlike işareti, alarm işareti; *ask* silahbaşı işareti
Alarmstufe /a'larmstu:fı/ *f* alarm derecesi
Alarmzustand /a'larmtsu:ştant/ *m* alarm durumu, tehlike durumu
Albaner /al'ba:nır/ *m* Arnavut
Albanien /al'ba:nyın/ *tnz* Arnavutluk
albanisch /al'ba:niş/ *s* Arnavutça, Arnavutluk'a ait, Arnavutluk'la ilgili
Albatros /'albatros/ *m hayb* albatros
albern /'albırn/ *vi* çocukça hareketler yapmak; aptallık etmek, budalalık etmek; *s* budala, ahmak, aptal, bön, avanak, enayi; tuzsuz; *kon* çocuk gibi; avare, işsiz güçsüz; münasebetsiz ***alberne Witze*** aptalca espri
Albernheit /'albırn**h**ayt/ *f* ahmaklık, aptallık, budalalık; münasebetsizlik; saçma sapan şey
Albino /al'bi:no/ *m hek* albinos, albinos hastası (derisi ve saçları beyaz)
Album /'album/ *n* albüm
Alchimist /al**h**i'mist/ *m* alşimist, simyacı, simyager
Alemanne /ala'manı/ *m* German soyundan gelen bir kimse, Alaman
Algebra /'algebra:/ *f* cebir
algebraisch /alge'bra:iş/ *s* cebri, cebirle ilgili, cebire ilişkin ***algebraische Gleichung*** cebir denklemi
Algen /'algın/ *pl bitk* su yosunu, deniz yosunu; denizotu
Algerien /al'ge:ryın/ *tnz* Cezayir
Algerier /al'ge:ryır/ *m* Cezayirli
algerisch /al'ge:riş/ *s* Cezayir'e ait, Cezayir işi
alias /'alyas/ *be* öteki adı, nam-ı diğer, diğer ad
Alibi /'a:libi:/ *n* olay yerinden başka yerde bulunma, ispatı gaybubet; alibi ***sein Alibi nachweisen*** *huk* suçun işlendiği anda suç yerinde olmadığını ispat etmek
Alimente /ali'mentı/ *pl* nafaka ***Alimente zahlen*** nafaka vermek
Alkali /al'ka:li/ *n kim* alkali, kalevi
alkalisch /al'ka:liş/ *s* alkalik, kalevi
Alkohol /'alko**h**o:l/ *m kim* alkol, ispirto ***reiner Alkohol*** saf alkol

alkoholfrei /'alkoho:lfray/ *s* alkolsüz ***alkoholfreie Getränke*** alkolsüz içkiler
Alkoholiker /alko'ho:likır/ *m* alkolik, içki düşkünü, ayyaş
alkoholisch /alko'ho:liş/ *s* alkollü, alkolle ilgili
alkoholisieren /alkoholi'zi:rın/ *vt* alkollemek, alkolle karıştırmak; *kon* sarhoş etmek
Alkoholspiegel /'alkoho:lşpi:gıl/ *m* kandaki alkol miktarı
Alkoholvergiftung /'alkoho:lfergiftung/ *f* içkiden zehirlenme, alkol zehirlenmesi
All /al/ *n gökb* evren; kâinat, kozmos; tüm var olanlar
allabendlich /al'a:bıntlih/ *s* her akşam, her akşamki
alle /'alı/ *adl* her, bütün, hepsi; bitkin
alledem /alı'de:m/ *bağ* tüm bunlara rağmen, her şeye rağmen
Allee /a'le:/ *f* bulvar, iki tarafı ağaçlı yol, çok geniş cadde
Allegorie /alego'ri:/ *f* mecaz, timsal, alegori; (polis) timsali resim
allegorisch /ale'go:riş/ *s* mecazi, timsali, temsili, alegorik, mecaz yolu ile, allegretto
allein /a'layn/ *be* yalnızca, yalnız, tek, *tek* başına; ayrı ***allein dastehen*** kimsesiz olmak ***allein sein*** baş başa kalmak, yalnız kalmak ***ganz allein*** yalnız başına, kendi kendine ***jdn allein lassen*** (birisini) *tek* başına/yalnız bırakmak ***alles allein machen müssen*** işi Allaha kalmak
Alleinerbe /a'laynerbı/ *f huk* münferit mirasçı
Alleingang /a'layngang/ *m* : ***im Alleingang*** *tek* başına, yalnız başına
Alleinherrschaft /a'laynherşaft/ *f* mutlak hükümdarlık, saltçılık, mutlakiyetçilik
Alleinherrscher /a'laynherşır/ *m* diktatör, mutlak hükümdar
alleinig /a'laynih/ *s* yalnız, *tek* başına, münhasır; biricik, yegâne, tek; sırf; fakat, ama, lakin, mamafih; şu var ki
Alleinsein /a'laynzayn/ *n* yalnızlık
Alleinunterhalter /a'laynuntırhaltır/ *m* bir topluluğu *tek* başına eğlendiren
Alleinverkaufsrecht /a'laynferkaufsreht/ *m tek* yetkili satıcı olma hakkı
Alleinvertreter /a'laynfertre:tır/ *m tek* yetkili, *tek* temsilci
Alleinvertretung /a'laynfertre:tung/ *f* münhasır temsilcilik
Alleinvertrieb /a'laynfertri:p/ *m* kendi malını kendi dağıtma
allemal /alı'ma:l/ *be* her zaman, her vakit, her defa, daima; çekinmeden, teklifsizce, rahatlıkla ***ein für allemal*** ilk ve son olarak
allenfalls /'alın'fals/ *be* olsa olsa; gerektiğinde, lüzumu halinde, gerekirse, icabında; belki
allenthalben /'alınt'halbın/ *be* her tarafta, her yerde; her duruma göre
allerbeste /'alır'bestı/ *s* en iyi
allerdings /alır'dings/ *be* işin doğrusu; öyleyse, o halde, o vakit, elbette, pek tabii, şüphesiz, kesinlikle evet
Allergie /alır'gi:/ *f hek* alerji
Allergiker /a'lergikır/ *m* alerji hastalığı olan
allergisch /a'lergiş/ *s* alerjik
allerhand /'alır'hant/ *s* çeşitli, çeşit çeşit, her türlü; *kon* bir hayli, oldukça
Allerheiligen /alır'hayligın/ *pl din* aziz yortusu (katolik inancı)
allerhöchstens /'alır'hö:hstıns/ *be* olsa olsa
Allerlei /'alır'lay/ *n* çeşitlilik; türlü yemeği
allerlei /'alır'lay/ *s* çeşitli, çeşit çeşit, her türlü
allerliebst /'alır'li:pst/ *s* çok sevimli, çok şirin, çok güzel, harika; rahat; *kon* fena
Allerseelen /alır'ze:lın/ *n* ölmüşleri anma günü
allerseits /alır'zayts/ *be* her bir yandan, dört bir yandan, her taraftan, her tarafa, herkesi, herkesle, bütün dünyaca ***Guten Tag allerseits!*** Herkese merhaba!
Allerwerteste /alır've:rtıstı/ *m kon* popo, kıç
alles /'alıs/ *be* hep, her şey ***alles in allem*** hepsi bir arada
allesamt /'alı'zamt/ *be* hepsi, hepsi birden, hepsi bir arada, cümlesi, tümü
Allesfresser /'alısfresır/ *m hayb* omnivor
Alleskleber /'alaskle:bır/ *m* her şeyi yapıştırıcı, tutkal
Allgegenwart /al'ge:gınvart/ *f* Allahın her yerde oluşu; her yerdelik
allgegenwärtig /al'ge:gınvertih/ *be* her yerde olan
allgemein /algı'mayn/ *s* umumi, genel, herkese ait, kamu; halk; kesin olmayan, tam belli olmayan ***allgemein anerkannt*** genel kabul görmüş ***allgemein***

auffallen herkesin gözüne çarpmak ***allgemein gültiger Preis*** *tic* cari fiyat ***allgemeine Aufsicht*** genel denetim, genel kontrol ***allgemeine Betriebskosten*** genel işletme giderleri ***allgemeine Bildung*** genel kültür ***allgemeine Fähigkeit*** genel yetenek ***allgemeine Fähigkeitsprüfung*** genel yetenek sınavı ***allgemeine Gesetze*** genel kanunlar, umumi kanunlar ***allgemeine Gewalt*** mutlak güç, mutlak kudret ***allgemeine Grammatik*** *dilb* genel dilbilgisi ***allgemeine Hypothek*** genel ipotek ***allgemeine Kosten*** genel imalat maliyetleri ***allgemeine Leistung*** genel başarı ***allgemeine Lohnerhöhung*** genel ücret artışı ***allgemeine Schulpflicht*** zorunlu eğitim, mecburi eğitim ***allgemeine Versicherung*** genel sigorta ***allgemeine Verwaltungskosten*** genel yönetim giderleri ***allgemeine Wahl*** genel seçim ***allgemeine Ziele*** genel amaçlar ***allgemeiner Fonds*** *tic* genel fon ***allgemeiner Straferlass*** *huk* genel af, umumi af ***allgemeines Hauptbuch*** *tic* defteri kebir ***allgemeines Recht*** *huk* genel hukuk ***allgemeines Wahlrecht*** *huk* genel seçim hakkı, genel oy hakkı ***im Allgemeinen*** ekseriya, genellikle, çoğunlukla, umumiyetle, genel olarak

Allgemeinarzt /algı'maynartst/ *m* pratisyen hekim

Allgemeinbefinden /algı'maynbıfindın/ *n* (sağlık) genel durum, dış görünüm

Allgemeinbildung /algı'maynbildung/ *f* genel kültür, genel bilgi; genel eğitim

allgemeingültig /algı'mayngültih/ *s* genel olarak geçerli, her zaman veya her yerde geçerli olan

Allgemeingültigkeit /algı'mayngültihkayt/ *f* genellik; genel; geçerlilik, geçerlik

Allgemeinheit /algı'maynhayt/ *f* umumiyet, bir şeyin tamamı, bir şeyin bütünü, genellik; halk

Allgemeinmedizin /algı'maynmeditsi:n/ *f hek* genel tıp

Allgemeinwohl /algı'maynvo:l/ *n* kamu refahı

Allheilmittel /al'haylmitıl/ *n* her derda deva

Allianz /al'yants/ *f* ittifak, ittihat; birlik

Alligator /ali'ga:tor/ *m hayb* aligator

alliiert /ali'i:rt/ *s* müttefik

Alliierte(r) /ali'i:rtı(r)/ *f/m* müttefik

alljährlich /al'ye:rlih/ *s* yıllık, her yıl, her sene

allmächtig /al'mehtih/ *s* her şeye kadir

allmählich /al'me:lih/ *s* yavaş yavaş, gittikçe, gitgide, zaman geçtikçe, azar azar, kademe kademe; *be* tedrici

allmonatlich /al'mo:natlih/ *s* her ay, aylık

allnächtlich /al'nehtlih/ *be* her gece

allseits /'alzayts/ *be* her bir yandan, dört bir yandan, her taraftan, herkesi, bütün dünyaca

Alltag /'alta:k/ *m* işgünü; sıradan bir gün, olağan bir gün; günlük yaşam

alltäglich /al'te:klih/ *s* gündelik, her günkü

Alltäglichkeit /al'te:klihkayt/ *f* adilik, banalite, sıradanlık

alltags /'alta:ks/ *be* iş günlerinde, çalışma günlerinde

Alltagssprache /'alta:ksşpra:hı/ *f* günlük dil, gündelik dil, günlük hayatta kullanılan dil

allumfassend /alum'fasınt/ *be* her şeyi içeren, geniş kapsamlı

Allüre /a'lü:rı/ *f* (atın) yürüyüş tarzı, yürüyüş stili

allwissend /'al'visınt/ *s* her şeyi bilir, her şeyi bilen

allwöchentlich /al'vöhıntlih/ *be* her hafta, haftalık

allzu /'altsu/ *be* pek, çok, fazlasıyla, ziyadesiyle ***allzu spät*** çok geç ***allzu sehr*** pek ziyade, oldukça fazla ***allzu sehr vertrauen*** kendine fazla güvenen ***allzu viel*** pek ziyade, oldukça fazla

Alm /alm/ *f* dağlardaki otlak, dağlık otlak; yayla

Almanach /'almanah/ *m* almanak, yıllık

Almosen /'almo:zın/ *n* sadaka; fitre

Almosenempfänger /'almo:zınempfengır/ *m* sadaka\fitre verilen kimse

Aloe /'a:loe/ *f bitk* sarısabır, ödağacı, aloe

Alpdrücken /'alpdrükın/ *n* korkulu rüya, kâbus, karabasan

Alpen /'alpın/ *pl coğ* Alp dağları, Alpler

Alpenglühen /'alpınglü:ın/ *n* dağların kızarması, dağların kızıllaşması

Alpenrose /'alpınro:zı/ *f bitk* alpgülü, ağu ağacı

Alpenveilchen /'alpınfaylhın/ *n bitk* tavşankulağı, siklamen

Alpenvorland /alpın'vo:rlant/ *n* Alplere yakın bölgeler

Alphabet /alfa'be:t/ *n* alfabe, abece, elif-

ba
alphabetisch /alfa'be:tiş/ *s* alfabetik, abecesel, alfabetik harf sırasına göre
alpin /al'pi:n/ *s coğ* Alplara ait, Alplara dair
Alpinist/Alpinistin /alpi'nist/alpi'nistin/ *m/f* dağcı, alpinist
Alptraum /'alptraum/ *m* kâbus, karabasan
als /als/ *ilg* (zaman) olduğu zaman, -ken, -iken; ... olarak, ... sıfatıyla; gibi, tıpkı, aynı; (sıfat çekiminde) -den, -dan ***als auch*** hem ... hem de ... ***als Beispiel*** örnek olarak, örneğin ***als Freund*** arkadaş olarak ***als ob*** sanki, güya; -mış gibi ***als Recht beanspruchen*** *huk* hak talep etmek ***als Richter einsetzen*** *huk* hâkim olarak tayin etmek ***als Teilhaber aufnehmen*** *tic* ortaklığa kabul etmek ***als Vorschuss*** avans olarak ***als Zeuge vor Gericht erscheinen*** *huk* şahit olarak mahkemede hazır bulunmak
alsbald /als'bald/ *be* hemen, derhal, şipşak
alsdann /als'dan/ *be* ondan sonra, bundan sonra
also /'alzo/ *be* böylece, şu halde, sonuç olarak; yani, demek ki; öyleyse, o halde, binaenaleyh ***also sei es!*** öyle olsun!, peki! ***also wie gesagt*** söylendiği gibi, dendiği gibi ***na also!*** işte bak!, gördün mü!, anladın mı!
Alt /alt/ *m müz* alto
alt /alt/ *s* yaşlı, ihtiyar, kocamış, kart; eski, kadim; bayat; demode, modası geçmiş; kullanılmış; eskisi gibi; (sayı ile birlikte) yaş belirtir; *kon* tanınmış, tanıdık, bildik ***Alt und Jung*** büyüklü küçüklü, irili ufaklı ***Alt und Schwach*** çökük, bitik ***alt kaufen*** ikinci elden satın almak, kullanılmış olarak satın almak ***alt werden*** ihtiyarlamak, yaşlanmak; bayatlamak; eskimek ***alte Zivilisationen*** eski medeniyetler ***alter Kracher*** moruk; *kon* pinpon ***alter Mann*** yaşlı adam ***alter Sünder*** kaşarlanmış suçlu ***altes Brot*** bayat ekmek ***altes Testament*** Tevrat ***ein altes Märchen*** eski bir masal ***ein altes Buch*** eski bir kitap ***fünf Jahre alt*** beş yaşında ***ganz alt*** çok eski, epeski
Altar /al'ta:r/ *m* kurban yeri, sunak; (Hıristiyan kilisesinde) masa ***Altar führen*** dini nikâh kıymak
altbacken /'altbakın/ *s* bayat
Altbau /'altbau/ *m* eski bina (apartman)
Altbauwohnung /'altbauvo:nung/ *f* eski bir apartmanda bulunan daire
altbekannt /'altbı'kant/ *be* (kişi) tanınmış, maruf, bildik, bilinen
altbewährt /'altbı've:rt/ *be* emektar, tecrübeli; yaşlı kurt; *kon* kaşarlanmış
Alte(r) /'altı(r)/ *f/m* ihtiyar, yaşlı, moruk; *kon* anne, baba ***meine Alte*** *kon* karım ***mein Alter*** *kon* kocam
altehrwürdig /'alt'e:rvürdih/ *s* yaşlı ve saygın
alteingesessen /'alt'ayngızesın/ *be* süregelen, oturmuş, yerleşik ***alteingesessener Politiker*** yaşlı kurt politikacılar
Alteisen /'altayzın/ *n* hurda demir
Altenpfleger /'altınpfle:gır/ *m* yaşlı insanlara hizmet veren hastabakıcı
Alter /'altır/ *n* yaş, yaşlılık; eskilik, kıdem ***dem Alter nach*** yaşça ***hohes Alter*** ileri yaş, ihtiyarlık ***in meinem Alter*** benim yaşımda ***nach dem Alter*** kıdem sırasıyla ***von gesetztem Alter*** yaşlı başlı, yaşını başını almış ***von mittlerem Alter*** orta yaşlı
älter /'eltır/ *s* daha yaşlı, yaşça daha büyük; yaşlıca ***älterer Bruder*** ağabey ***ältere Schwester*** abla ***die älteren Kinder*** büyük çocuklar
altern /'altırn/ *vi* ihtiyarlamak, yaşlanmak, kocamak, kartlaşmak, tohuma kaçmak
alternativ /altırna'ti:f/ *s* değişik, değişik olarak, alternatif, iki seçenekli; başka, diğer ***alternative Kosten*** *tic* alternatif maliyet
Alternative /altırna'ti:fı/ *f* alternatif, iki şıktan birini seçme, seçenek; ikinci imkân, zıt imkân ***alternative Energie*** alternatif enerji ***Alternative stellen*** alternatif sunmak, seçenek sunmak
Altersgrenze /'altırsgrentsı/ *f* yaş haddi, emeklilik yaşı
Altersgruppe /'altırsgrupı/ *f* yaş grubu
Altersheim /'altırshaym/ *n* yaşlılar yurdu, kimsesizler yurdu
Altersklasse /'altırsklası/ *f* yaş grubu, yaşıt olanlar, akranlar, aynı yaşta olanlar
Altersrente /'altırsrentı/ *f* emekli aylığı, tekaüt maaşı; emeklilik
altersschwach /'altırsşvah/ *s* elden ayaktan kesilmiş, eli ayağı tutmaz olmuş; bunak
Altersschwäche /'altırsşvehı/ *f* çökme, ihtiyarlama; bunaklık
Altersunterschied /'altırsuntırşi:t/ *m* yaş

farkı
Altersversorgung /'altırsferzorgung/ *f* yaşlılık maaşı
Altertum /'altırtu:m/ *n* eski çağ, eski zaman; ilkçağ, antikite ***klassisches Altertum*** antik çağ
Altertümer /'altırtü:mır/ *pl* eski eserler; antikiteler
altertümlich /'altırtümlih/ *s* eski çağa ait, eski tarzda; eski moda, modası geçmiş, demode
Altertumsforscher /'altırtu:msforşır/ *m* arkeolog
Altertumskunde /'altırtu:mskundı/ *f* arkeoloji
Älteste(r) /'eltıstı(r)/ *f/m* en yaşlı\büyük olan
Altglas /'altgla:s/ *n tek* hurda cam
Altglascontainer /'altgla:skonteynır/ *m* şişe kumbarası
altgriechisch /'altgri:hiş/ *s* eski Yunanca, klasik Yunanca
althergebracht /alt'he:rgıbraht/ *s* ananevi, geleneksel, eski
altjüngferlich /alt'yungfırlih/ *s* kocamış kızlar gibi, evde kalmış kız gibi
altklug /'altklu:k/ *s* büyümüş de küçülmüş, çok bilmiş, yaşına göre oldukça akıllı
ältlich /'eltlih/ *s* yaşı biraz geçkince, yaşlıca, yaşlanmaya başlamış
Altmaterial /'altmaterya:l/ *n* hurda, hırdavat
Altmeister /'altmaystır/ *m* üstat, usta
Altmetall /'altmetal/ *n* hurda metal
altmodisch /'altmo:diş/ *s* modası geçmiş, demode, eski moda; külüstür
Altöl /'altö:l/ *n* kullanılmış motor yağı
Altpapier /'altpapi:r/ *n* eski kâğıt, hurda kâğıt
altruistisch /altru'istiş/ *s* altrüist, özgeci
Altstadt /'altştat/ *f* şehrin eski semti, eski kısmı, eski şehir
Altstadtsanierung /'altştatzani:rung/ *f* kentsel yenileme
Altsteinzeit /'altştayntsayt/ *f* eski taş devri, yontma taş devri; paleolitik çağ
altsteinzeitlich /'altstayntsaytlih/ *s* paleolitik, eski taş devrine ait
Altstimme /'altştimı/ *f müz* alto
Altwarenhändler /'altva:rınhendlır/ *m* eskici, hırdavatçı, hurdacı
Altweibergeschwätz /alt'vaybırgışvets/ *m* kocakarı lakırdısı
Altweibersommer /alt'vaybırzomır/ *m* pastırma yazı; şeytan örümceği
Alufolie /'alufo:lyı/ *f* aliminyum folyo
Aluminium /alu'mi:nyum/ *n kim* alüminyum
am /am/ *kıs* "an dem" ***am 2. Februar*** 2 şubatta ***am höchsten*** en yüksek ***am Körper tragen*** giymek; takmak ***am Main*** Main nehri kenarında ***am Rhein*** Ren nehri kıyısında ***am Sterben*** ölmek üzere, ölümün eşiğinde ***am Tage nach Ostern*** Paskalya ertesi ***am Tisch*** masanın kenarında ***am Ufer*** kıyıda; karada; *den* karaya oturmuş ***am Vormittag*** öğleden önce ***am wichtigsten*** en önemli, en önemlisi
Amalgam /amal'ga:m/ *n* cıvanın başka madenle birleşmesi, amalgam; *kim* alaşım
Amalgamfüllung /amal'ga:mfülung/ *f hek* amalgamlı diş dolgusu
Amateur /ama'tö:r/ *m* amatör, meraklı, hevesli
Amateurfilm /ama'tö:rfilm/ *m* amatör film
Amazonas /ama'tso:nas/ *m coğ* Amazon nehri
Amazone /ama'tso:nı/ *f* amazon, savaşçı kadın; binici kadın; iri yapılı kadın sporcu; *hayb* bir papağan cinsi
Ambiente /ambi'entı/ *n* ortam, hava, atmosfer
Ambition /ambi'tsyo:n/ *f* hırs, ihtiras, gayret
ambitioniert /ambitsyo'ni:rt/ *s* hırslı, ihtiraslı, gayretli
ambivalent /ambiva'lent/ *s* belirsiz, muğlak
Ambivalenz /ambiva'lents/ *f* kararsızlık
Amboss /'ambos/ *m* örs; *anat* (kulak) örskemiği; (silah) fişeğin ön kısmı
ambulant /ambu'lant/ *s* gezgin, gezici, seyyar; ayakta ***ambulante Behandlung*** *hek* ayakta tedavi ***ambulanter Patient*** ayakta tedavi edilen hasta ***ambulantes Gewerbe*** fahişelik, orospuluk
Ambulanz /ambu'lants/ *f* ayakta tedavi; ayakta tedavi aracı, ambülans, cankurtaran; *ask* seyyar hastane
Ameise /'a:mayzı/ *f hayb* karınca; (lunapark) atlıkarınca
Ameisenbär /'a:mayzınbe:r/ *m hayb* karınca yiyen
Ameisenhaufen /'a:mayzınhaufın/ *m* karınca yuvası

Ameisensäure /'a:mayzınzoyrı/ *f kim* karınca asidi, asit formik

Amen /'a:mın/ *n* (din) amin ***Amen in der Kirche*** hiç şüphesiz, tartışmasız ***zu ja und Amen sagen*** her şeye evet demek, her şeyi onaylamak

Amerika /a'me:rika/ *tnz* Amerika, Yenidünya; Amerika Birleşik Devletleri, ABD

Amerikaner /ameri'ka:nır/ *m* Birleşik Amerikalı, Amerikalı; bir cins pasta

amerikanisch /ameri'ka:niş/ *s* Amerikaya ait; amerikan, Amerikanca ***amerikanisches Journal*** *tic* Amerikan usulü yevmiye defteri

amerikanisieren /amerikani'zi:rın/ *vt* amerikalılaştırmak ***sich amerikanisieren*** amerikalılaşmak

Amethyst /ame'tüst/ *m mad* menekşe renkli kuvars

Ami /'ami/ *m kon* Amerikalı

Aminosäure /a'mi:nozoyrı/ *f kim* aminoasit

Amme /'amı/ *f* sütnine, sütana; dadı; (zenci) karadadı

Ammenmärchen /'amenme:rhın/ *n* kocakarı masalı

Ammoniak /'amonyak/ *n kim* amonyak, nişadır ruhu

Amnesie /amne'zi:/ *f hek* bellek yitimi, hafıza yitimi, amnezi

Amnestie /amnes'ti:/ *f* af, ceza indirimi

Amöbe /a'mö:bı/ *f hayb* amip, *tek* hücreli hayvan

Amokläufer /'amokloyfır/ *m* çılgın, cinnet geçiren, amok koşucusu

amoralisch /'amora:liş/ *s* amoral, töredışı

amortisieren /amorti'zi:rın/ *vt* ödemek, amorti etmek ***amortisierte Anleihen*** *tic* ödenmiş tahviller

Ampel /'ampıl/ *f* asma lamba; asma çiçeklik; trafik ışığı, trafik lambası

Ampere /am'pe:r/ *n fiz* amper

Amperestunde /am'pe:rştundı/ *f elek* ampersaat

Amphibie /am'fi:byı/ *f* amfibi, hem suda hem karada yaşayan canlı, iki yaşayışlı

amphibisch /am'fi:biş/ *s* amfibik

Amphitheater /am'fi:tea:tır/ *n* amfiteatr, yarım daire şeklinde ve basamaklı tiyatro

Ampulle /am'pulı/ *f hek* ampul, tüp

Amputation /amputats'yo:n/ *f hek* bir organın kesilmesi, ampütasyon

amputieren /ampu'ti:rın/ *vt hek* bir organı kesmek, ampütasyon yapmak

Amsel /'amzıl/ *f hayb* karatavuk

Amt /amt/ *n* görev, memuriyet, makam, mevki; vazife, görev, iş, hizmet; resmi makam, resmi daire; kaymakamlık, kaza, ilçe; büro, daire, kalem ***Amt des Patriarchen*** Patriklik ***Amt führen*** memuriyette bulunmak ***Amt für Unterricht und Ausbildung*** Talim ve Terbiye Kurulu Başkanlığı ***Amt niederlegen*** istifa etmek ***aus dem Amt ausschneiden*** memuriyet görevinden istifa etmek ***jdm im Amt folgen*** halef selef olmak, makamı devralmak ***von Amts wegen*** resmen

amtieren /am'ti:rın/ *vi* görev yapmak, memuriyette olmak, hizmet vermek; işbaşında bulunmak

amtlich /'amtlih/ *s* resmi; *be* resmen ***amtliche Abfertigung*** resmi muamele ***amtliche Beglaubigung*** resmi tasdik, resmi onay ***amtliche Bescheinigung*** resmi belge ***amtliche Bestätigung*** resmi tasdik ***amtliche Erklärung*** ifade, beyan; demeç; anlatım, deyiş ***amtliche Liquidation*** *tic* resmi tasfiye ***amtliche Stelle*** resmi daire ***amtliche Verordnung*** yasa; kural; düzen ***amtlicher Börsenkurs*** borsa rayici ***amtlicher Sachverständiger*** mahkemece tayin edilmiş bilirkişi ***amtlicher Wechselkurs*** resmi döviz kuru ***amtliches Schreiben*** resmi yazı ***amtliches Siegel*** resmi mühür

Amtsantritt /'amtsantrit/ *m* göreve başlama, vazifeye başlama

Amtsarzt /'amtsartst/ *m* sağlık dairesi müdürü

Amtsbezirk /'amtsbıtsirk/ *m* kaymakamlık, kaza dairesi

Amtsblatt /'amtsblat/ *n* resmi gazete

Amtsdeutsch /'amtsdoyç/ *n* resmi dil Almanca

Amtseid /'amtsayt/ *m* resmi göreve başlama yemini

Amtsenthebung /'amtsenthe:bung/ *f* memuriyetten uzaklaştırma

Amtsgeheimnis /'amtsgıhaymnis/ *n* devlet sırrı; işyeri sırrı, görev sırrı

Amtsgericht /'amtsgıriht/ *n huk* sulh mahkemesi

Amtshandlung /'amtshandlung/ *f* tasarruf

Amtsinhaber /'amtsinha:bır/ *m* (görevinde) asil; makam sahibi

Amtsrichter /'amtsrihtır/ *m huk* sulh hâkimi
Amtsschimmel /'amtsşimıl/ *m* bürokrasi; kırtasiyecilik
Amtszeit /'amtstsayt/ *f* memuriyet zamanı, görev zamanı
Amulett /amu'let/ *n* muska; pazubant, kolçak; nazarlık
amüsant /amü'zant/ *s* eğlenceli, hoş vakit geçirten; alaylı
Amüsement /amüs'man/ *n* eğlence, hoşça vakit geçirme
amüsieren /amü'zi:rın/ *vt* eğlendirmek, neşelendirmek, keyiflendirmek ***sich amüsieren*** eğlenmek, neşelenmek, keyiflenmek
an /an/ *ilg* (temas etmeden) yanına, yakınına, kenarına, -a, -e, -ye, -ya; yanında, yakınında, kenarında, -de,-da; takriben, aşağı yukarı; (bir şeyle) meşgul;... sebebiyle; (sıfatlarla birlikte) bakımından, açısından; (zaman belirtirken) -de, -da; bir kişiye aitlik gösterir ***an Bord bringen*** gemiyle mal göndermek ***an das Fenster*** pencerenin yanına ***an Deck*** güvertenin altında/üstünde ***an dem Abend*** akşamleyin ***an dem Fenster*** pencerenin yanında ***an dem Morgen*** sabahleyin ***an der Spitze stehen*** önde gelmek, lider durumda bulunmak; başta olmak ***an die 10 Euro*** yaklaşık 10 Euro ***an die Arbeit!*** işbaşına! ***an die Tausend*** bin kadar ***an die Tür gehen*** kapıya gitmek ***an diesem Ort*** bu yerde ***an Land gehen*** *den* karaya çıkmak ***an Ostern*** Paskalya zamanı ***an und für sich*** aslında ***an Zahl übertreffen*** sayıca fazla olmak, sayıca üstün olmak ***an Zahlung statt*** ödeme yerine geçmek üzere ***das gehört dir*** bu sana ait ***das Licht ist an*** ışık açık ***ich studiere an der Universität*** üniversitede okuyorum ***Lehrer an der Volksschule*** ilkokulda öğretmen ***von ... an*** -den başlayarak, -den itibaren
Anachronismus /anakro'nismus/ *m* anakronizm, tarihsel yanılgı; çağa aykırılık
anachronistisch /anakro'nistiş/ *s* anakronik, (ait olduğu) zamana uymayan
Anagramm /ana'gram/ *n* sözcükteki harflerin yerlerinin değiştirilmesi ile yeni sözcük bulmaca
anal /a'na:l/ *s ruhb* anal; *hek* rektal
analog /ana'lo:k/ *s* andıran, benzer, benzeyen, andıran, mümasil; aynı
Analogie /analo'gi:/ *f* benzerlik, benzetme, benzeşim, örnekseme, analoji, uyma; kıyas, nispet, oran
Analogiebildung /analo'gi:bildung/ *f* kıyas
Analphabet /'analfabe:t/ *m* okuryazar olmayan, okuma yazma bilmeyen, ümmi
Analphabetismus /'analfabe:tismus/ *m* okuma yazma bilmemezlik
Analyse /ana'lü:zı/ *f* analiz, tahlil, çözümleme, ayırma
analysieren /analü'zi:rın/ *vt* analiz etmek, tahlil etmek, çözümlemek, ayırmak
Analysis /a'na:lüzis/ *f* analitik geometri
Analytiker /ana'lü:tikır/ *m* analiz yapan, tahlil yapan, çözümlemeci; analizci; analitikçi
analytisch /ana'lü:tiş/ *s* analitik, tahlili, çözümsel, çözümleyici, ayırıcı ***analytische Frage*** çözümsel soru ***analytische Geometrie*** analitik geometri ***analytische Methode*** çözümsel yöntem ***analytische Sprache*** çözümleyici dil ***analytische Untersuchung*** çözümsel inceleme, çözümsel araştırma ***analytisches Theater*** çözümsel tiyatro
Anämie /ane'mi:/ *f hek* kansızlık, anemi
Ananas /'ananas/ *f bitk* ananas
Anarchie /anar'hi:/ *f* anarşi, başsızlık; kanunsuzluk, kargaşa
Anarchist /anar'hist/ *m* anarşist
anarchistisch /anar'histiş/ *s* anarşist, anarşistçe, kanunsuz, kanunsuzca
Anästhesie /ane:ste'zi:/ *f hek* anestezi, uyuşturma; uyuşukluk; his yitimi, duyum yitimi
Anästhesist /ane:ste'zist/ *m hek* anestezist, anestezi uzmanı, anestezi yapan hekim
Anatolien /ana'to:lyın/ *tnz* Anadolu
Anatolier /ana'to:lyır/ *m* Anadolulu
anatolisch /ana'to:liş/ *s* Anadolu ile ilgili, Anadolu'ya özgü, Anadolu'ya ait, Anadolu ***Anatolisches Nachrichtenagentur*** Anadolu Haber Ajansı ***anatolisches Märchen*** Anadolu masalı ***anatolisches Ufer*** Anadolu yakası
Anatomie /anato'mi:/ *f* anatomi, canlıların vücut yapısını inceleyen bilim dalı; *kon* yapı, durum, inceleme ***Anatomie eines Filmes*** bir filmin anatomisi
anatomisch /ana'to:miş/ *s* anatomik

anbahnen /'anba:nın/ *trvt* yol açmak; yol göstermek; hazırlamak ***sich anbahnen*** yavaş yavaş başlamak; inkişaf etmek, gelişme göstermek
Anbahnung /'anba:nung/ *f* yol açma, yol gösterme; hazırlama
anbändeln /'anbendıln/ *trvt* kur yapmak, (birisinin) peşine takılmak, *kon* askıntı olmak; flört etmek; hır çıkarmak
Anbau /'anbau/ *m* tarım, ziraat, ekme, sürme, dikme; *mim* ek inşaat, ilave bina
anbauen /'anbauın/ *trvt* ekip biçmek, ziraat etmek, yetiştirmek; geliştirmek, bakmak; *mim* ek bina yapmak; bitişik olarak birbirine bağlamak ***eine Wissenschaft anbauen*** bir bilim alanını geliştirmek
Anbaufläche /'anbauflehı/ *f* ziraate uygun satıh, tarla
Anbaumöbel /'anbaumö:bıl/ *pl* modüler mobilya, sökülüp takılabilen ve her parçası her yere uyan mobilya
Anbeginn /'anbıgin/ *m* başlangıç
anbehalten /'anbıhaltın/ *trvt* (kıyafeti) üzerinden çıkarmamak
anbei /an'bay/ *be* bağlı olarak, ilişik olarak, birlikte, ekli
anbeißen /'anbaysın/ *trvi* (balık) oltaya takılmak, yemlemek, takılmak, kanmak; *trvt* ısırıp koparmak, (ısırıp) yemeğe başlamak
anbelangen /'anbılangın/ *trvt* ilgilendirmek ***was mich anbelangt*** bana gelince
anberaumen /'anbıraumın/ *trvt* tespit etmek, tayin etmek; süre/zaman vermek, vakit tanımak
anbeten /'anbe:tın/ *trvt* tapmak, tapınmak; *kon* taparcasına sevmek
Anbetracht /'anbıtraht/ : ***in Anbetracht*** ... bakımından, ... dolayısıyla, ... sebebiyle
Anbetung /'anbe:tung/ *f* tapma, tapış, tapınç; ibadet; secde; *kon* çok sevme
anbiedern /'anbi:dırn/ *trvr* (birisine) sokulmak, yanaşmak; laubali davranmak
anbieten /'anbi:tın/ *trvt* (birisine) sunmak, takdim etmek, ikram etmek; teklif etmek, teklif sunmak; (birisini bir şeyle) tehdit etmek ***sich anbieten*** hizmete hazır olmak, amade olmak; uygun olmak
Anbieter /'anbi:tır/ *m tic* teklif eden; pey süren
anbinden /'anbindın/ *trvt* (sıkıca) bağlamak, sarmak, sarmalamak; *vi kon* hır çıkarmaya konu aramak ***den Hund anbinden*** köpeği bağlamak
Anblick /'anblik/ *m* bakış, nazar, görüş; manzara, görünüm; çehre ***beim ersten Anblick*** bir bakışta, ilk bakışta, ilk görüşte
anblicken /'anblikın/ *trvt* bakmak, göz atmak
anblinken /'anblinkın/ *trvt oto* sinyal vermek
anbohren /'anbo:rın/ *trvt* (burgu, matkap) delmeye başlamak, delik açmaya başlamak; burgulamak, delik açmak; *kon* (birisinden) borç para istemek, para sızdırmak; *kon* çaktırmadan laf almak, öğrenmeye çalışmak
anbraten /'anbra:tın/ *trvt* (et) hafifçe kızartmak
anbrechen /'anbrehın/ *trvt* kırmak, bir parçasını kırmak, koparmak; harcamaya başlamak; (paketi) açmak; (yemeği) yemeye başlamak; *vi* başlamak; kendini göstermek; (gün) ağarmak, sabah olmak; karanlık basmak, gece olmak; (kıyamet) kopmak ***der Tag bricht an*** gün ağarıyor
anbrennen /'anbrenın/ *trvi* tutuşmak, ateş almak, yanmaya başlamak; (yemek) dibi tutmak; *trvt* yakmak, tutuşturmak, ateşlemek
anbringen /'anbringın/ *trvt* harcamak, sarf etmek; takmak, geçirmek, yerine geçirmek; sürükleyip getirmek; (elbise) giymek; satmak, elden çıkarmak; (kız) evlendirmek, başgöz etmek; (birisini bir işe, bir yere) yerleştirmek; sunmak, arz etmek, ifade etmek, söylemek; ortaya fikir atmak, konu açmak; *huk* mahkemeye vermek, dava etmek ***angebracht sein*** uymak, yerinde olmak, yakışmak, iyi durmak ***gut angebracht*** uygun, tam yerinde ***bei Gericht angeben*** mahkemeye vermek ***ein Gesuch anbringen*** dilekçe vermek
Anbruch /'anbruh/ *m* başlangıç, başlama; gün doğuşu, doğuş; gün batışı, batış; (kapak) açma; kokmaya başlama, bozulmaya başlama ***Anbruch der Nacht*** gün batımı
anbrüllen /'anbrülın/ *trvt* (hayvan) kükremek; bağırıp çağırmak, haykırmak ***jdn anbrüllen*** (birisine) bağırıp çağırmak, hiddetle bağırmak

anbrummen /'anbrumın/ *trvt* homurdanmak, söylenmek
Anchovis /an'şo:vis/ *m* ançüez
Andacht /'andaht/ *f* (kısa süreli) dalgınlık; dua, ibadet ***Andacht halten*** ibadet etmek, dua etmek
andächtig /'andehtih/ *s* dalmış, kendinden geçmiş; dikkatli, saygılı; huşu içinde ***andächtig zuhören*** dikkatle dinlemek
andachtsvoll /'andahtsfol/ *be* dalmış, kendinden geçmiş; dikkatli, saygılı
Andalusien /anda'lu:zyın/ *tnz* Endülüs
andauern /'andauırn/ *trvt* sürmek, süregelmek; sürüp gitmek; devam etmek ***die Hitze dauert an*** sıcaklar durmadan devam ediyor
andauernd /'andauırnt/ *s* sürekli, devamlı, mütemadi; *fiz* sönümsüz; *be* mütemadiyen, durmadan, boyuna
Anden /'andın/ *pl coğ* And dağları, Andlar
Andenken /'andenkın/ *n* hatıra, anı; hatıralık, yadigâr, süvenir ***bei jdm in gutem Andenken stehen*** (birisinde) iyi anı bırakmak ***im Andenken bringen*** hatırlatmak, anımsatmak ***zum Andenken an die Reise*** tatil anısı olarak
andere(r,s) /'andırı(r,s)/ *s* diğer, başka, öbür, öteki; muhtelif, değişik, farklı ***alle anderen*** ötekilerin hepsi ***alles andere*** başka her şey ***am anderen Tage*** ertesi gün ***andere Kinder*** diğer çocuklar ***anderen Sinnes werden*** fikrini değiştirmek, caymak ***der andere*** öteki, ötekisi, diğeri ***die anderen*** ötekiler, diğerleri ***ein anderer*** bir başkası ***ein anderes Mal*** başka bir zaman ***ein Tag um den anderen*** gün aşırı, iki günde bir ***eins nach dem anderen*** birbiri ardına, peşi sıra ***etwas anderes*** değişik bir şey ***in anderer Form*** bir başka şekilde ***kein anderer*** başka hiç kimse ***niemand anders*** başka kimse değil ***unter anderem*** bu meyanda, bunların arasında ***vor allem anderen*** en başta
andererseits /'andırırzayts/ *be* diğer taraftan
andermal /'andırma:l/ *be* başka defa, başka sefer
ändern /'endırn/ *vt* değiştirmek, başkalaştırmak; düzeltmek, tadil etmek ***sich ändern*** değişmek ***die Zeiten haben sich geändert*** zaman değişti ***sich zum Positiven ändern*** olumlu olarak değişmek
andernfalls /'andırnfals/ *be* yoksa, aksi takdirde
anders /'andırs/ *be* başka surette, başkaca, başka türlü, yeni bir tarzda, yeni bir surette ***anders aussehen*** farklı görünmek ***irgendwo anders*** başka bir yerde ***jdn anders*** başka biri ***nicht anders*** - den başka değil ***wem anders?*** başka kime? ***wer anders?*** başka kim? ***wo anders?*** başka nerede?
andersartig /'andırsa:rtih/ *be* ayrı, farklı, değişik
Andersartigkeit /'andırsa:rtihkayt/ *f* ayrılık, farklılık, değişiklik
andersdenkend /'andırsdenkınt/ *be* değişik fikir sahibi
Andersdenkende(r) /'andırsdenkındı(r)/ *m/f* farklı düşünen
andersfarbig /'andırsfa:rbih/ *be* başka renkte, değişik renkte, farklı renkte
andersgläubig /'andırsgloybih/ *s* farklı dinden
andersherum /'andırsherum/ *be* başka istikamete, farklı yöne
anderswo /'andırsvo:/ *be* başka yerde
anderthalb /'andırthalp/ *s* bir buçuk
Änderung /'endırung/ *f* değişme, değişim, tadil; düzeltme; değişiklik, tadilat ***eine Änderung treffen*** bir değişiklik yapmak
anderweitig /'andırvaytih/ *s* başka taraftan, başka tarafta; *be* başkaca, sonradan
andeuten /'andoytın/ *trvt* işaretle anlatmak, ima etmek, hissettirmek, sezdirmek, göstermek, belli etmek
Andeutung /'andoytung/ *f* gösterme, işaret; kinaye, ima, sezdirme, belli etme ***Andeutung machen*** ima etmek; kinaye yapmak
andeutungsweise /'andoytungsvayzı/ *be* ima yoluyla; belli belirsiz
andichten /'andihtın/ *trvt* haksız yere birisini suçlamak, isnat etmek, yüklemek; (birisi için) yazmak
Andrang /'andrang/ *m* kalabalık, izdiham, sıkışıklık; hücum etme; rağbet, talep, istek
andrehen /'andre:ın/ *trvt* çevirmek, döndürmek; (gaz, elektrik, musluk) açmak; (ışık) açmak, yakmak; (motor) harekete geçirmek; (vida) çevirmek, sıkıştırmak; *kon* kakalamak, yutturmak ***jdm etw andrehen*** (birisine bir şeyi) yutturmak
androhen /'andro:ın/ *trvi* (birisini bir şey-

le) tehdit etmek, korkutmak, yıldırmak
Androhung /'andro:ung/ *f* tehdit, gözdağı; ihtar; *huk* uyarma
anecken /'anekın/ *trvi* (bir yere) çarpmak; küskünlüğe sebep olmak
aneignen /'anaygnın/ *trvr* sahip çıkmak, benimsemek, kendine mal etmek, *kon* üstüne yatmak; kabullenmek; ilhak etmek, yutmak; (alışkanlık) edinmek; (dil) öğrenmek; (bilgi) kazanmak, elde etmek; iktisap etmek
Aneignung /'anaygnung/ *f* benimseme, sahip çıkma, kendine mal edinme, *kon* üstüne yatma
aneinander /anay'nandır/ *be* birbirine yakın, birbirine bağlı, birbiri yanında, sıkışık
Anekdote /anek'do:tı/ *f* anekdot, fıkra, latife
anekeln /'ane:kıln/ *trvt* tiksindirmek, iğrendirmek, mideyi bulandırmak; nefret uyandırmak, kinlendirmek; usandırmak
Anerbieten /'anerbi:tın/ *n* teklif, öneri, takdim
anerkannt /'anerkant/ *s* meşhur, tanınmış, beğenilen
anerkanntermaßen /anerkantır'ma:sın/ *be* herkesçe kabul edildiği gibi
anerkennen /'anerkenın/ *trvt* tanımak; onamak, tasvip etmek; okeylemek, tasdik etmek; övmek; takdir etmek; beğenmek; *huk* ikrar etmek ***anerkennend sprechen von*** övgüyle bahsetmek ***eine Schuld anerkennen*** borcu kabul etmek
anerkennenswert /'anerkenınsve:rt/ *s* takdire şayan, takdire layık, övgüye değer
Anerkennung /'anerkenung/ *f* tanıma, kabul etme; takdir, övgü ***Anerkennung de facto*** fiili tanınma ***Anerkennung der Staaten*** devletlerin tanınması ***Anerkennung der Vaterschaft*** babalığın tanınması
anfachen /'anfa**h**ın/ *trvt* (ateş) üflemek, üfleyerek yakmak, yellemek, körüklemek; *kon* tahrik etmek, provoke etmek, kışkırtmak
anfahren /'anfa:rın/ *trvi* taşıt aracı ile gelmek; (araç) harekete geçmek; (bir şeye) çarpmak, toslamak; (araç ile) getirmek, nakletmek, götürmek, taşımak; sunmak, takdim etmek; *tek* işletmek; kaba davranmak, azarlamak; (gemiden) karaya çıkmak; *mad* kuyuya inmek
Anfahrt /'anfa:rt/ *f* yanaşma; (amaç) yaklaşma; (araç) giriş yolu ***Anfahrt frei!*** giriş serbest! ***Anfahrt verboten!*** giriş yasak! ***Anfahrt freihalten!*** girişi açık bırakın!
Anfall /'anfal/ *m* hücum, saldırı, tecavüz; suikast; (hastalık) tutulma, nöbet, bunalım; ani heyecan; kazanç; (yıkılmak üzere olan) yapı, bina ***Anfall der Erbschaft*** *huk* mirasın intikali
anfallen /'anfalın/ *trvt* saldırmak, tecavüz etmek, üzerine atlamak; (hastalık) tutmak, yakalamak; suikast yapmak; *vi* (miras) intikal etmek; (iş) ortaya çıkmak
anfällig /'anfeli**h**/ *s* *hek* hastalığa yatkın; dispoze
Anfälligkeit /'anfeli**h**kayt/ *f* *hek* dispozisyon
Anfang /'anfang/ *m* baş, başlangıç; ipucu, belirti ***am Anfang*** başlangıçta, başında, başta ***Anfang Februar*** şubat başında ***Anfang der Verjährung*** *huk* zaman aşımı başlangıcı ***Anfang des Geschäftsjahres*** dönem başı ***Anfang des Jahres*** yılın başlangıcı; yılbaşı ***Anfang des Monats*** ayın başı ***den Anfang machen*** ilk adımı atmak, işin başından tutmak ***von Anfang an*** ta en baştan beri ***von Anfang bis Ende*** baştan sona, baştan başa
anfangen /'anfangın/ *trvt* başlamak, girişmek, teşebbüs etmek ***ein neues Leben anfangen*** yepyeni bir hayata başlamak ***mit etw anfangen*** bir işe başlamak, bir işe girişmek
Anfänger /'anfengır/ *m* acemi, yeni başlayan, tecrübesiz
anfänglich /'anfengli**h**/ *s* ilk, asli, ilkel; *be* ilk olarak, en önce
anfangs /'anfangs/ *be* evvela, başlangıçta, ilk önce, ilkin, önceleri
Anfangsbuchstabe /'anfangsbu:**h**şta:bı/ *f* ilk harf
Anfangsgehalt /'anfangsgı**h**alt/ *n* işe başlama maaşı\aylığı
anfassen /'anfasın/ *trvt* el sürmek; ellemek; ilişmek; tutmak, ele almak; davranmak, hareket etmek, muamele etmek; yardım etmek, el atmak ***sich anfassen*** el ele tutuşmak
anfauchen /'anfau**h**ın/ *trvt* (kedi) tıslamak; bağırıp çağırmak, bas bas bağırmak, azarlamak
anfechtbar /'anfe**h**tba:r/ *s* kesin olmayan

kat'i olmayan, tartışma götürebilen, karşı çıkılabilen
Anfechtbarkeit /'anfe**h**tba:rkayt/ *f* bozulabilme, karşı çıkılabilme; *huk* temyiz
anfechten /'anfe**h**tın/ *trvt* reddetmek, kabul etmemek, tanımamak; itirazda bulunmak, itiraz etmek; azdırmak, yoldan çıkarmak, yolunu şaşırtmak ***die Behauptung anfechten*** iddiaya karşı çıkmak ***ein Urteil anfechten*** *huk* karara itiraz etmek
Anfechtung /'anfe**h**tung/ *f* itiraz, ret, karşı çıkma, inkâr ***Anfechtung der Ehelichkeit*** *huk* nesebin reddi ***Anfechtung der Ehelichkeit des Kindes*** *huk* çocuğun nesebinin reddi
anfeinden /'anfayndın/ *trvt* düşmanlık etmek, aleyhinde bulunmak; hücum etmek
Anfeindung /'anfayndung/ *f* düşmanlık, husumet; taciz
anfertigen /'anfertigın/ *trvt* yapmak, imal etmek, üretmek, meydana getirmek; kaleme almak
Anfertigung /'anfertigung/ *f* yapma, imal, üretme; redaksiyon
anfeuchten /'anfoy**h**tın/ *trvt* nemlendirmek, nemletmek, ıslatmak, rutubetlendirmek; *tek* tavlamak
anfeuern /'anfoyırn/ *trvt* yakmak, tutuşturmak, ateşlemek; *kon* cesaretlendirmek, yüreklendirmek; kışkırtmak, provoke etmek, tahrik etmek
Anfeuerung /'anfoyırung/ *f* cesaretlendirme, yüreklendirme
anflehen /'anfle:ın/ *trvt* yalvarmak, yakarmak; dilenmek; yokluğa düşmek
Anflug /'anflu:k/ *m* (uçak) uçarak yaklaşma, yere inme; uçuşa başlama, havalanma; hafif iz, gölge; toz tabakası; *bitk* uçan tohumlardan ortaya çıkan bitkiler; *ruhb* geçici ruhi durum
anfordern /'anfordırn/ *trvt* talep etmek, istemek
Anforderung /'anfordırung/ *f* talep, istek; sipariş
Anfrage /'anfra:gı/ *f* sorgu, sual; müracaat, başvuru; *pol* soru önergesi
anfragen /'anfra:gın/ *trvi* bilgi istemek
anfreunden /'anfroyndın/ *trvr* dost olmak, dostluk kurmak, ahbap olmak, arkadaş olmak; (bir şeye) alışmak
anfügen /'anfü:gın/ *trvt* eklemek, katmak, ilave etmek, ek yapmak; ulamak ***anfügende Sprachen*** bitişimli diller; bağlantılı diller; bitişken diller
anfühlen /'anfü:lın/ *trvt* dokunmak, elle dokunmak, elle temas etmek; *kon* hissetmek, çakmak, anlamak ***sich anfühlen*** hissini vermek; ele gelmek
Anfuhr /'anfu:r/ *f* (araçla) sevk, nakil, yaklaşma, geliş ***Anfuhr und Abfuhr*** gelişgidiş
anführen /'anfü:rın/ *trvt* yönetmek, idare etmek, sevk ve idare etmek; kumandanlık etmek, kumanda etmek, başında bulunmak; aldatmak, kandırmak, faka bastırmak; anmak; tanık olarak göstermek; alıntı yapmak, iktibas etmek; alay etmek, kızdırmak
Anführer /'anfü:rır/ *m* önder, komutan, kumandan, baş; elebaşı, reis
Anführungszeichen /'anfü:rungstsay**h**ın/ *n* tırnak işareti
Angabe /'anga:bı/ *f* ifade, beyan, açıklama; talimat, emir; iddia, sav, ileri sürme; *sp* servis (tenis); *tek* endikasyon; *kon* böbürlenme, tafra ***Angabe der Vermögensgegenstände*** *huk* mal beyanı, mal bildirimi
angeben /'ange:bın/ *trvt* bildirmek, haber vermek, söylemek, malumat vermek; vermek; beyan etmek; izahatte bulunmak; beyan etmek, deklare etmek; tayin etmek; yol göstermek; hava atmak, caka satmak; ihbar etmek; (bir şeye) değer biçmek, kıymet takdir etmek; *müz* ses vermek; *tic* vermek; *trvi* atıp tutmak, palavra sıkmak, kafadan atmak; *sp* servis yapmak (tenis) ***Grund angeben*** sebep göstermek ***sich angeben*** kendini -mış gibi göstermek
Angeber /'ange:bır/ *m* muhbir, ihbarcı, ihbar eden; hava atan, gösterişçi; *kon* palavracı
Angeberei /ange:bı'ray/ *f* muhbirlik, ihbarcılık; *kon* palavra, atıp tutma
angeberisch /'ange:bıriş/ *s* fiyakalı, afilli, havalı; palavracı, atıp tutan; tahrik edici
Angebetete(r) /'angıbe:tıtı(r)/ *m/f* uzaktan sevilen sevgili; maşuk
angeblich /'ange:pli**h**/ *s* sözde, iddia edildiğine göre, sahte; diye, denen, denilen; güya, sanki
angeboren /'angıbo:rın/ *be* doğuştan, yaratılıştan, doğuşta mevcut; anadan doğma
Angebot /'angıbo:t/ *n* teklif, öneri; *tic* indi-

rim; satışa sunma, arz ***letztes Angebot*** son söz ***schriftliches Angebot*** yazılı teklif, teklif mektubu

Angebotspreis /'angıbo:tsprays/ *m tic* satış için talep edilen fiyat

angebracht /'angıbraht/ *s* yerinde, isabetli, uygun, münasip, elverişli ***schlecht angebracht*** yersiz, vakitsiz, uygun olmayan

angebrannt /'angıbrant/ *s* yanık, yanmış, tutuşmuş ***angebrannt riechen*** yanık kokmak, is kokmak

angebrochen /'angıbrohın/ *s* kullanılmaya başlanmış, zedelenmiş

angebunden /'angıbundın/ *s* bağlı

Angedenken /'angıdenkın/ *n* hatıra, anı; yadigâr

angegeben /'angıge:bın/ *s* ifade edilmiş

angegossen /'angıgosın/ *s mec* cuk oturtulmuş, iyi tutturulmuş, tam uymuş ***wie angegossen*** kalıp gibi, cuk diye oturmuş

angegriffen /'angıgrifın/ *s* saldırıya uğramış, tecavüze uğramış; *kon* yorgun, hastalıklı, rahatsız, bitkin, sarsılmış

angeheiratet /'angıhayra:tıt/ *s* evlenerek akraba olunmuş, aileye sonradan katılmış; (miras) evlenme yoluyla elde edilmiş

angeheitert /'angıhaytırt/ *s kon* hafif sarhoş, çakırkeyf

angehen /'ange:ın/ *trvi* (gösteri, okul, ders) başlamak; (ateş) yanmak; (bitki) tutmak; (radyo, TV) çalmak; çürümeye başlamak, bozulmaya başlamak; fena olmamak; uygun olmak, mümkün olmak; zararsız olmak; ağırlaşmak; caiz olmak, uygun olmak; mümkün olmak; *trvt* ele almak; (birisine, bir şeye karşı) savaşmak; alakadar olmak, ilgili olmak; başvurmak, müracaat etmek; teşebbüs etmek, el atmak; mücadele etmek; cephe almak; (um) rica etmek, istemek, dilemek ***es geht an!*** idare eder!, fena değil! ***es geht dich nicht an!*** seni ilgilendirmez! ***jdn angehen*** (birisinin) üzerine yürümek ***was mich angeht!*** bana gelince!

angehend /'ange:ınt/ *s* gelişmekte olan; yeni başlamış, yeni başlayan ***angehender Lehrer*** yakında öğretmen olacak kişi, öğretmen adayı

angehören /'angıhö:rın/ *trvi* (birine, bir şeye) ait olmak, mensup olmak, (birinin) malı olmak; (dernek) üyesi olmak

Angehörige(r) /'angıhö:rigı(r)/ *f/m* aile efradından olan, bir topluluğun mensubu olan, bir derneğin üyesi olan; uyruk, vatandaş; aza üye, mensup

angeklagt /'angıkla:kt/ *be* sanık olma, zanlı olma

Angeklagte(r) /'angıkla:ktı(r)/ *f/m* zanlı, sanık, davalı, töhmetli, davalanan; suçlanmış, suçlu sanılan

angeknackst /'angıknakst/ *s* zedelenmiş, hafifçe yıpranmış

angekränkelt /'angıkrenkılt/ *s* rahatsız, eskisi gibi sağlıklı olmayan, sıhhati bozulmuş

Angel /'angıl/ *f* olta; (kapı) reze, menteşe; merkez, istinat noktası; kapan, fak, tuzak; (aletin) sapa gömülen kısmı ***aus den Angeln heben*** (bir şeyi) kökünden değiştirmek, temelinden değiştirmek ***Zwischen Tür und Angel*** giderayak, ayaküstü

angelegen /'angıle:gın/ *s* mühim, önemli; cana yakın; komşu ***sich etw angelegen sein lassen*** (bir şeyi) çok önemli olarak görmek; boynunun borcu olmak

Angelegenheit /'angıle:gınhayt/ *f* iş, olay, hadise, şey, nesne; problem, mesele, sorun, dava; husus

angelegentlich /'angıle:gıntlih/ *s* önemli, mühim; *be* hararetle, önemle, ehemmiyetle

Angelhaken /'angılha:kın/ *m* zoka; olta iğnesi; sınara

angeln //'angıln/ *vt* oltayla balık tutmak; elde etmek istemek; *kon* koca aramak; *kon* ağına düşürmek ***Fische angeln*** olta ile balık avlamak ***nach etw angeln*** (bir şeyi) aramak

Angeln /'angıln/ *n* olta ile balık avı, oltayla balık avlama

Angelpunkt /'angılpunkt/ *m* mihver; dönme merkezi, dayak noktası; işin temeli, esas nokta

Angelrute /'angılru:tı/ *f* olta kamışı, olta sopası

Angelsachse /'angılzaksı/ *m* Anglosakson

angelsächsisch /'angılzeksiş/ *s* Anglosakson, Anglosaksonca, Anglosakson'a ait

Angelschein /'angılşayn/ *m* balık avlama izni, balık tutma izni

angemessen /'angımesın/ *s* uygun, mü

nasip; makul; mütenasip ***angemessene Frist*** uygun süre, uygun müddet ***angemessener Preis*** uygun fiyat, uygun değer ***angemessener Unterhalt*** uygun nafaka

Angemessenheit /'angımesınhayt/ *f* yetenek; ehliyet, yeterlilik, ehil olma; elverişlilik

angenehm /'angıne:m/ *s* hoş, latif, güzel, rahat, makbul; sevimli, hoş, tatlı ***angenehm verbringen*** hoş vakit geçirmek ***angenehme Charakter*** iyi huy, iyi karakter ***angenehme Ruhe!*** İyi uykular! ***sehr angenehm!*** memnun oldum! ***sich bei jdm angenehm machen*** (birisine) kendini beğendirmek

angenommen /'angınomın/ *s* farazi, varsayılan, varsayımsal, hipotetik ***angenommene Quote*** varsayılan nispet, varsayılan oran ***angenommener Name*** takma ad, lakap ***angenommenes Kind*** evlatlık çocuk

angeregt /'angıre:kt/ *s* neşeli, canlı; ilgi çekici ***angeregte Stimmung*** samimi bir ortam ***angeregtes Gespräch*** ilgi çekici konuşma ***sich angeregt unterhalten*** neşe içinde muhabbet etmek

angeschlagen /'angışla:gın/ *s* sakatlanmış; (boks) kroke, bayılacak duruma gelmiş; yıpranmış; *kon* bitkin, yorgun, bitap

angesehen /'angıze:ın/ *s* hatırı sayılır, hatırlı, itibarlı, saygın; muteber, geçerli; ünlü, tanınmış; haysiyet sahibi; makam mevki sahibi ***angesehener Mann*** saygın adam

Angesicht /'angıziht/ *n* çehre, yüz, sima; manzara, görünüm, görünüş ***von Angesicht zu Angesicht*** yüzyüze ***im Angesicht Gottes*** Tanrı huzurunda

angesichts /'angızihts/ *be* (durum) karşısında; göre, oranla, nazaran ***angesichts der Katastrophe*** felaket karşısında

angespannt /'angışpant/ *s* kritik, nazik (durum); gergin; (işine) sadık, müdavim, devamlı; *be* gayretle ***angespannt sein*** merakla beklemek, meraklı olmak ***angespannte Atmosphäre*** gergin ortam

angestammt /'angıştamt/ *s* irsi, kalıtımsal, soydan gelen; geleneksel, ananevi; yerli

Angestellte(r) /'angışteltı(r)/ *m/f* memur, maaşla çalışan kişi; müstahdem, hizmetli; komi

angestrengt /'angıştrengt/ *s* yorgun, yorulmuş

angetan /'angıta:n/ *s* : ***angetan sein von jdm*** bir şeyi çok beğenmek, (bir şeyden) çok etkilenmek; (bir şeyden) büyülenmek, çok duygulanmak; yerinde, uygun, uymuş; (elbise) giyinmiş, sırtında, üzerinde

angetrunken /'angıtrunkın/ *s* çakırkeyif, kafası kıyak ***angetrunken sein*** çakırkeyf olmak

angewandt /'angıvant/ *s* uygulamalı ***angewandte Fächer*** uygulamalı dersler ***angewandte Forschung*** uygulamalı araştırma ***angewandte Linguistik*** uygulamalı dilbilim ***angewandte Mathematik*** uygulamalı matematik ***angewandte Psychologie*** uygulamalı psikoloji

angewiesen /'angıvi:zın/ *s* bağımlı ***angewiesen sein auf*** (birisine, bir şeye) bağlı olmak, bağımlı olmak, tâbi olmak; (birisine, bir şeye) muhtaç olmak

angewöhnen /'angıvö:nın/ *trvt* alıştırmak ***jdm etwas angewöhnen*** (birisini bir şeye) alıştırmak ***sich angewöhnen*** alışmak ***sich etwas angewöhnen*** huy edinmek, âdet çıkarmak

Angewohnheit /'angıvo:nhayt/ *f* âdet, alışkanlık, huy edinme

Angina /ang'gi:na/ *f hek* anjin, bademcik iltihabı ***Angina Pectoris*** *hek* kalp yetmezliği

angleichen /'anglayhın/ *trvt* benzetmek; tatbik etmek, uygulamak; intibak ettirmek, uydurmak, uygun hale getirmek ***sich angleichen*** uymak

Angleichung /'anglayhung/ *f* tatbik, benzetme, benzetiş, uygulama, intibak; ayarlama; değiştirme; asimilasyon, özümleme

Angler /'anglır/ *m* olta ile balık tutan kişi, olta balıkçısı

angliedern /'angli:dırn/ *trvt* ilhak etmek, bağlamak

Angliederung /'angli:dırung/ *f* ilhak, iltihak, bağlama

anglikanisch /anggli'ka:niş/ *s* Anglikan, Anglikan ile ilgili; Anglikan mezhebine mensup

Anglist/Anglistin /an'glist/ang'glistin/ *m/f* İngiliz dili ve edebiyatı uzmanı

Anglistik /ang'glistik/ *f* İngiliz dili ve ede-

biyatı bilgisi, İngiliz filolojisi
Angloamerikaner /'anggloamerika:nır/ *m* İngiliz asıllı Amerikalı
anglophil /anglo'fi:l/ *s* anglofil, İngiliz dostu
Angorakatze /ang'go:rakatsı/ *f hayb* Ankara kedisi
Angorawolle /ang'go:ravolı/ *f* moher, tiftik
angreifen /'angrayfın/ *trvt* saldırmak, taarruz etmek, hücum etmek, tecavüz etmek; (birisinin) üzerine atlamak, çullanmak; (bir şeyi) tutmak, yakalamak, almak; sataşmak, musallat olmak; el sürmek, dokunmak; (bir şeye) teşebbüs etmek, girişmek, başlamak; etki etmek; sarsmak, dokunmak, yaramamak, harap etmek; (bir şeye) el koymak, yağmalamak; (duygusal) tesir etmek, etki etmek ***die Nerven angreifen*** sinirlerine dokunmak ***jdn angreifen*** (birisine) saldırmak ***Vorräte angreifen*** stok yapılmış mallara el koymak
Angreifer /'angrayfır/ *m* saldırgan, taarruzcu, mütecaviz, saldırıcı
angrenzen /'angrentsın/ *trvi* sınırı ortak olmak, sınırdaş olmak, bitişik olmak; dibinde bulunmak
angrenzend /'angrentsınt/ *s* bitişik, sınırdaş, komşu, yanı başında
Angriff /'angrif/ *m* taarruz, saldırı, hücum, tecavüz; hamle, atılım; işe başlama; baskın; müessir fiil ***Angriff auf die Persönlichkeit*** *huk* kişiliğe saldırı, kişilik haklarına saldırı ***in Angriff nehmen*** işe başlamak ***zum Angriff blasen*** *ask* hücum borusu çalmak ***zum Angriff übergehen*** *ask* saldırıya geçmek
Angriffskrieg /'angrifskri:k/ *m ask* saldırı harbi, taarruz harbi
angriffslustig /'angrifslustih/ *s* takılgan, didişken, yaramaz
Angriffspunkt /'angrifspunkt/ *m fiz* etki noktası, uygulama noktası, tesir noktası
Angst /angst/ *f* endişe, korku, kaygı, tasa; vesvese; üzüntü, ürküntü; sıkıntı, ıstırap ***Angst bekommen*** korkuya kapılmak ***Angst haben*** korkmak, endişe etmek ***Angst haben um jdn*** (birisini) merak etmek, endişe duymak ***Angst um eigenes Leben haben*** hayatından endişe duymak, hayatından korkmak ***in Angst sein*** korkmak, korku içinde olmak ***in Angst geraten*** endişeye düşmek ***in Angst und Bange sein*** korku ve kaygı içinde olmak ***jdm Angst machen*** (birisini) korkutmak ***nur keinen Angst!*** korkma! ***um etw Angst haben*** (bir şey için) korkmak ***vor etw Angst haben*** (bir şeyden) korkmak ***vor jdm Angst haben*** (birisinden) korkmak
Angstgefühl /'angstgıfü:l/ *n* bunalma, sıkıntılanma hissi
Angstgegner /'angstge:gnır/ *m* ürkütücü rakip
Angsthase /'angstha:zı/ *m kon* tavşan yürekli, korkak, tabansız
ängstigen /'engstigın/ *vt* korkutmak, endişeye düşürmek, endişeye vermek, ıstırap vermek, acı vermek ***sich ängstigen*** korkmak, endişeye düşmek; (bir şeyi) merak etmek
ängstlich /'engstlih/ *s* korkak, ürkek, endişeli, yüreksiz, tabansız, çekingen; kaygılı, rahatsız; kuşkulu; meraklı; kederli, ıstıraplı, acılı; utangaç, mahcup; titiz
Ängstlichkeit /'engstlihkayt/ *f* ürkeklik, korkaklık, çekingenlik; haddinden fazla titizlik
Angstschweiß /'angstşvays/ *m* korku teri ***kalter Angstschweiß*** ecel teri, soğuk ter
angstvoll /'angstfol/ *s* korkulu, endişeli, meraklı; *be* korkuyla, endişeyle
angurten /'angurtın/ *trvt* kemer bağlamak; kemer ile bağlamak ***sich angurten*** emniyet kemerini bağlamak
anhaben /'anha:bın/ *trvt* (kıyafet) giymiş olmak, taşımak, üzerinde olmak ***er kann mir nichts anhaben*** bana zarar veremez ***jdm etw anhaben*** (birisine) kötülük yapmak
anhalten /'anhaltın/ *trvt* durdurmak; tutmak, tevkif etmek; tembih etmek, teşvik etmek; zaptetmek, müsadere etmek; ıkınmak; *trvi* durmak; ara vermek, teneffüs vermek; stop etmek; (kıza) talip olmak ***Atem anhalten*** nefesini tutmak ***Halten Sie an!*** durun! ***sich an etw anhalten*** (bir şeye, birisine) bağlı kalmak, dayanmak ***um etw anhalten*** talip olmak; istemek
anhaltend /'anhaltınt/ *s* sürekli, devamlı, mütemadiyen, hep, daima ***anhaltender Regen*** sürekli yağmur, aralıksız yağmur, sağanak yağmur
Anhalter /'anhaltır/ *m* otostopçu ***per Anhalter fahren*** otostop yaparak gitmek

Anhaltspunkt /'an**h**altspunkt/ *m* ipucu, belirti, emare, iz
anhand /an'**h**ant/ *be* vasıtasıyla; bir şeye istinaden
Anhang /'an**h**ang/ *m* ekleme, ek; ilave, ulama; maiyet; taraftar; takım, kişi, zümre; tümleme, tamlama; *kon* (ailede) dost, yakın
anhängen /'an**h**egın/ *trvt* (bir yere) asmak, takmak; (takarak) bağlamak; ilave etmek, eklemek, ulamak; (suç) yöneltmek, isnat etmek; (telefon) yerine koymak, kapamak; (elbise) büyük gelmek, üzerinden dökülmek; (hastalığı) yaymak, başkasına geçirmek ***etw an etw anhängen*** (bir şeyi bir şeye) asmak ***sich etw anhängen*** yerine asmak; takınmak ***sich anhängen an etw*** (bir şeye) asılmak
Anhänger /'an**h**engır/ *m* taraftar, üye, mensup; yandaş, mürit; partizan; (metal) kulp, halka; (araç) römork, treyler; (elbise) askı; etiket, yafta, tabela ***Anhänger einer Mannschaft*** bir takıma mensup taraftar
Anhängerkupplung /'an**h**engırkuplung/ *f* çekme kancası
Anhängerschaft /'an**h**engırşaft/ *f* taraftarlık, partizanlık
anhänglich /'an**h**engli**h**/ *s* bağlı, sadık, vefakâr
Anhänglichkeit /'an**h**engli**h**kayt/ *f* bağlılık, sadakat, vefakârlık
Anhängsel /'an**h**engsıl/ *n* ek, ilave, ulama; küçük süs eşyası, takı; önemsiz kişi
anhauchen /'an**h**au**h**ın/ *trvt* üflemek, üfürmek, hohlamak, nefeslemek; azarlamak, paylamak; (fikir) aşılamak, telkin etmek ***angehaucht sein*** (bir şeyden) bir miktar sahip olmak
anhauen /'an**h**auın/ *trvt* kesmeye başlamak; *kon* laf atmak
anhäufen /'an**h**oyfın/ *trvt* biriktirmek, yığmak, istif etmek, toplamak ***sich anhäufen*** birikmek, yığılmak, yığışmak, toplanmak
Anhäufung /'an**h**oyfung/ *f* yığılma, toplanma, kümelenme, birikme; (sürekli) yineleme, tekrarlama ***Anhäufung der Gewalttaten*** şiddetin çoğalması ***Anhäufung von Kosten*** giderlerin çoğalması, masrafların artması ***Anhäufung von Schulden*** borçların birikmesi
anheben /'an**h**e:bın/ *trvt* (bir şeyi) yukarı kaldırmak, yükseltmek; (bir şeyi) yapmaya başlamak
anheften /'an**h**eftın/ *trvt* bağlamak, iliştirmek, iğnelemek, takmak, (bir şeyle) tutturmak; yapıştırmak
anheimelnd /'an**h**aymılnt/ *s* rahat, huzurlu
anheizen /'an**h**aytsın/ *trvt* yakmaya başlamak, tutuşturmaya başlamak, ısıtmaya başlamak; *tek* kızdırmak
anherrschen /'an**h**erşın/ *trvt* (birisini) paylamak, azarlamak, çıkışmak, bağırmak
anheuern /'an**h**oyırn/ *trvt* gemide çalışmak için tayfa yazmak; *vi* kendini tayfa yazdırmak
Anhieb /'an**h**i:p/ *m* : ***auf Anhieb*** *kon* ilk etapta, ilk hamlede, ilk teşebbüste, ilk ağızda
anhimmeln /'an**h**imıln/ *trvt* (birisine) hayran hayran bakmak, taparcasına bakmak
Anhöhe /'an**h**ö:ı/ *f coğ* tepe, yükseklik, sırt, tümsek; yokuş, çıkış, dik bayır
anhören /'an**h**ö:rın/ *trvt* (söylenene) kulak vermek, dinlemek, kulak asmak; (birisini) sesinden tanımak, anlamak; kulak misafiri olmak; alınmak, üzerine almak ***sich gut anhören*** kulağa hoş gelmek ***sich schlecht anhören*** makbul bir şey olmamak
Anhörung /'an**h**ö:rung/ *f huk* istima
Anilin /ani'li:n/ *n kim* anilin
Anilinfarbe /ani'li:nfarbı/ *f* anilin boyası
animalisch /ani'ma:liş/ *s* hayvancasına, hayvan gibi, hayvani; canlı, yaratık; *kon* dürtüsel, hayvani
Animateur /anima'tö:r/ *m* animasyoncu, gösteri yapan
Animation /anima'tsyo:n/ *n* animasyon, gösteri, neşelendirme, canlandırma
Animierdame /ani'mi:rda:mı/ *f* konsomasyon yapan kadın, konsomatris ***als Animierdame arbeiten*** konsomatrislik yapmak
animieren /ani'mi:rın/ *vt* neşelendirmek, canlandırmak, teşvik etmek, içini kıpırdatmak
Animosität /animozi'te:t/ *f* kincilik, garezcilik, husumet
Anion /'anyo:n/ *n kim* anyon, negatif iyon, asit iyon
Anis /a'ni:s/ *m* anason

Anisschnaps /'a:nisşnaps/ *m* rakı
ankämpfen /'ankempfın/ *trvt vi* (gegen) (bir şeye karşı) mücadele etmek, savaşmak ***gegen etw ankämpfen*** (bir şeye karşı) savaşmak ***gegen jdn ankämpfen*** (birisine karşı) savaşmak
Ankauf /'ankauf/ *m* satın alma
ankaufen /'ankaufın/ *trvt* satın almak ***sich ankaufen*** arazi/ev satın alıp yerleşmek
Ankaufspreis /'ankaufsprays/ *m* maliyet bedeli, maliyet fiyatı
Anker /'ankır/ *m den* çapa, gemi demiri; (saat) maşa; (tren yolunda) ayırıcı demir; mıknatıs demiri; dinamo bobini; armatür ***Anker auf!*** *den* vira demir!, demir al! ***Anker lichten*** *den* demir almak ***Anker werfen*** *den* demir atmak, demirlemek ***vor Anker gehen*** demir atmak ***vor Anker liegen*** (gemi) demirli olmak, demir atmış olmak ***Werft Anker!*** Fonda demir!, demir at!
Ankerboje /'ankırbo:yı/ *f* demir şamandırası
Ankerkette /'ankırketı/ *f den* demir zincir
ankern /'agkırn/ *vi den* demir atmak, demirlemek; *vt* gemiyi bağlamak
Ankerplatz /'agkırplats/ *m* gemi yatağı, demirleme yeri
anketten /'anketın/ *trvt* zincirlemek, zincirle bağlamak, zincire vurmak
Anklage /'ankla:gı/ *f* itham, iddia; suçlama, suç isnat etme; şikâyet; *huk* dava açma ***Anklage erheben*** *huk* dava açmak
Anklagebank /'ankla:gıbank/ *f huk* sanık sandalyesi
anklagen /'ankla:gın/ *trvt* suçlandırmak, itham etmek; *huk* birinin aleyhine dava açmak ***sich anklagen*** kendini suçlamak, suçu kendinde bulmak
Ankläger /'ankle:gır/ *m huk* davacı, dava açan ***der öffentliche Ankläger*** savcı
Anklageschrift /'anklagışrift/ *n huk* yazılı iddianame
Anklang /'anklang/ *m* anımsama, hatırlama, hayal meyal hatırlama; ahenk, uyum, harmoni; *kon* beğenilme, rağbette olma ***bei jdm Anklang finden*** beğenilmek, kabul görmek, revaçta olmak
ankleben /'ankle:bın/ *trvi* yapışmak; *trvt* yapıştırmak, (kâğıt, vs.) asmak
Ankleidekabine /'anklaydıkabi:nı/ *f* soyunma odası, giyinme odası
ankleiden /'anklaydın/ *trvt* giydirmek, giymek ***sich ankleiden*** giyinmek
anklicken /'anklikın/ *trvt biliş* tıklatmak, tıklamak
anklingen /'anklingın/ *trvi* seslenmek, işitilmek; (an) andırmak, hatırlatmak
anklopfen /'anklopfın/ *trvi* kapıyı çalmak, kapıyı vurmak; (birisine) başvurmak, fikrini almak, yoklamak; *hek* parmakla vurarak muayene etmek ***bei jdm anklopfen*** (birisinden) yardım istemek, yardım dilemek
anknabbern /'anknabırn/ *trvt* (kemirerek) yemek, kemirmek
anknacksen /'anknaksın/ *trvt* zedelemek, örselemek
anknüpfen /'anknüpfın/ *trvt* düğümlemek, bağlamak; bağlantı kurmak, bağ kurmak; (konuşmaya) başlamak; sözü bir yere getirmek; (birisiyle) irtibat kurmak, irtibata geçmek ***Beziehung anknüpfen*** ilişki kurmak, ilişkiye girmek
Anknüpfungspunkt /'anknüpfungspunkt/ *m* bağlantı noktası, irtibat noktası
ankommen /'ankomın/ *trvi* (bir yere) gelmek, varmak, ulaşmak; (vaktinde) gelmek, yetişmek; yaklaşmak; (iyi veya kötü) karşılanmak; (auf) (birisine, bir şeye) bağlı olmak; (gegen) rekabet etmek; önemli olmak, önemle rol oynamak; beğenilmek, tutmak; iş bulmak, bir yere kapağı atmak; *trvt* ağır gelmek, zor gelmek; öğrendirmek; uykusu gelmek, uyku basmak; tereddüt etmek, şüphelendirmek; aklına esmek; (bir şeyin) arzusuna kapılmak ***auf etw ankommen*** (bir şeye) bağlı olmak ***auf etw ankommen lassen*** işi oluruna bırakmak ***es darauf ankommen lassen*** işi oluruna bırakmak ***es kommt auf ihn an*** ona bağlı ***es kommt darauf an*** belli olmaz, bilinmez ***gegen etw ankommen*** bir şeyi halletmek, bir şey ile başa çıkmak ***gegen jdn ankommen*** birisi ile başa çıkmak ***gut ankommen*** beğenilmek, hoşa gitmek ***rechtzeitig ankommen*** tam vaktinde gelmek, zamanında gelmek; yetişmek
Ankömmling /'ankömling/ *m* yeni gelen; yeni doğmuş (bebek)
ankönnen /'ankönın/ *trvt* (gegen) (bir şeye karşı bir şeyi) yapabilmek
ankoppeln /'ankopıln/ *trvt* bağlamak, sarmak
ankratzen /'ankratsın/ *trvt* tırmalayarak

zarar vermek
ankreiden /'ankraydın/ *trvt* hesabına yazmak, hesabına borç yazmak; içerlemek, için için kızmak ***angekreidet sein*** epeyce borcu olmak, borç içinde yüzmek
ankreuzen /'ankroytsın/ *trvt* işaretlemek, işaret koymak; rüzgâra karşı gitmek/yol almak
ankündigen /'ankündigın/ *trvt* haber vermek, önceden bildirmek; işaret etmek; tebliğ etmek; açıklamak, beyan etmek ***sich ankündigen*** (kendinin) geleceğini bildirmek; olabileceğini sezmek ***einen Besuch ankündigen*** ziyareti önceden bildirmek ***etw ankundigen*** (bir şeyi) bildirmek, duyurmak, haber vermek
Ankündigung /'ankündigung/ *f* bildiri, tebliğ
Ankunft /'ankunft/ *f* varış, geliş; teşrif ***gleich bei der Ankunft*** gelir gelmez
Ankunftszeit /'ankunftstsayt/ *f* varış zamanı, geliş zamanı
ankurbeln /'ankurbıln/ *trvt* (motoru) harekete geçirmek; teşvik etmek; *tic* (piyasayı) canlandırmak
Ankurbelung /'ankurbılung/ *f* (motoru) işletme; harekete geçirme
anlächeln /'anlehıln/ *trvt* (birisine) gülümseyerek bakmak, sırıtarak bakmak
anlachen /'anlahın/ *trvt* yüzüne gülmek, gülerek bakmak, bakıp gülmek; (gökyüzü) parıldamak; (bakarak) iştah açmak ***sich jdn anlachen*** *kon* flört etmek
Anlage /'anla:gı/ *f* sermaye, anamal; *eko* yatırım; tesis, kuruluş; taslak, plan; yetenek, kabiliyet; koyma; eğilim, meyil, istibdat; tohum; ilk belirti, taslak
Anlageberater /'anla:gıbıra:tır/ *m* yatırım danışmanı
Anlagepapiere /'anla:gıpapi:rı/ *pl* yatırım senetleri
Anlass /'anlas/ *m* fırsat; olay; bahane; sebep, vesile; münasebet ***Anlass geben*** yol açmak, fırsat vermek ***aus Anlass*** dolayısıyla, sebebiyle, münasebetiyle ***aus diesem Anlass*** bu vesile ile, bu sebeple ***ohne allen Anlass*** hiçbir sebep yokken, yok yere ***zu diesem Anlass*** bu vesileyle ***zum Anlass nehmen*** (bir şeyi) vesile etmek
anlassen /'anlasın/ *trvt* (motor, cihaz) çalıştırmaya başlamak, harekete geçirmek; *kon* kıyafetini çıkarmamak; *kon* (radyo, ışık) kapamamak; *mad* eritilecek olan madeni ısıtmak ***den Stahl anlassen*** çeliğe su vermek
Anlasser /'anlasır/ *m* (motor, cihaz) harekete geçirici, starter; *oto* marş; işletme düzeni
anlasten /'anlastın/ *trvt* suç yüklemek, suç atmak, suçlamak
Anlauf /'anlauf/ *m* hamle, hız; hücum; koşu; (makine) çalışmaya başlaması ***Anlauf nehmen*** hız almak; gerilmek ***im ersten Anlauf*** ilk hamlede, ilk hızda
anlaufen /'anlaufın/ *trvi sp* koşmaya başlamak; (motor) işlemeye başlamak; morarmak, kızarmak; donup kalmak; parlaklığını kaybetmek; (gözlük, cam) buğulanmak; (metal) rengi atmak; başlamak; (gegen) (bir şeye) karşı durmak, hücum etmek ***angelaufen kommen*** koşa koşa gelmek, koşar adımlarla gelmek ***angelaufene Steuern*** tahakkuk eden vergiler ***bläulich anlaufen*** morarmak ***gegen etw anlaufen*** (bir şeye) direnmek, dayanmak
Anlaufstelle /'anlaufştelı/ *f* ilk başvurulacak yer
Anlaufzeit /'anlauftsayt/ *f* (bir şeyin) hazırlanma süresi
anlegen /'anle:gın/ *trvt* (bir şeyi bir yere) koymak; yapmak, kurmak, inşa etmek; (para) yatırmak; yatırım yapmak; (kanal) açmak, inşa etmek; (elbise) giymek; (bebek) emzirmek; ateşlemek; (sobaya, fırına) ateş vermek; (silah) nişan almak, yöneltmek; (plan) hazırlamak, organize etmek; (hayvan) zincirlemek, bağlamak; (yara) pansuman yapmak, sarmak; (ziynet) takmak; yapıştırmak; zincire vurmak; donanmak, donatılmak; *ask* nişan almak ***Gewehr anlegen*** *ask* nişan almak ***Hand anlegen*** yardım amacıyla el uzatmak, yardım etmek ***Handschellen anlegen*** kelepçe takmak, kelepçelemek ***Ohren anlegen*** (köpek) kulaklarını kısmak ***Siegel anlegen*** mühürlemek, mühür basmak ***Verband anlegen*** bandajlamak, bandajla sarmak
Anlegeplatz /'anle:gıplats/ *m den* iskele
Anleger /'anle:gır/ *m* verici; *tek* kâğıt yükleyici; (banka) mudi, yatırımcı
Anlegestelle /'anle:gıştelı/ *f den* iskele
anlehnen /'anle:nın/ *trvt* (bir yere, şeye) dayamak, yaslamak; (kapı) aralamak

die Tür anlehnen kapıyı yarı kapamak ***sich anlehnen*** (bir şeye, yere) dayanmak, yaslanmak

Anlehnung /'anle:nung/ *f* destek, yardım, ikmal; taklit etme; (başkasına) dayanma, bağlı olma ***in Anlehnung (an)*** taklit ederek; dayanarak

anlehnungsbedürftig /'anle:nungsbıdürftih/ *s* (ruhsal) korunmaya muhtaç

Anleihe /'anlayı/ *f* borç alma, ödünç alma; alıntı yapma, iktibas; (başkasından bir şey) alma, alıp kullanma ***Anleihe aufnehmen*** *tic* borçlanma akdetmek, borçlanmak

anleimen /'anlaymın/ *trvt* tutkallamak, tutkal sürmek ***anleimende Sprachen*** *dilb* bitişimli diller; bitişken diller

anleiten /'anlaytın/ *trvt* teşvik etmek, yönetmek, sevk ve idare etmek; rehberlik etmek, öncülük etmek; akıl öğretmek, yol göstermek ***jdm zu etw anleiten*** (birisini bir şeye) yönlendirmek, teşvik etmek

Anleitung /'anlaytung/ *f* kılavuzluk, yol gösterme, sevk ve idare etme, öğretme

anlernen /'anlernın/ *trvt* öğretmek, ders vermek, belletmek, talim ve tedris etmek ***jdn anlernen*** (birisine) talimat vermek ***jdn zu etw anlernen*** (birişine bir şey) öğretmek

Anliegen /'anli:gın/ *n* istek, rica, dilek, talep; bitişiklik, komşuluk

anliegen /'anli:gın/ *trvi* bitişik olmak, komşu olmak, yanaşık olmak; önemi olmak; (elbise) tam uymak; (yazıya) eklenmiş bulunmak; *trvt den* (bir yöne) yol almak

anliegend /'anli:gınt/ *s* bitişik, komşu, yanaşık; (kıyafet) iyi oturmuş, tam oturmuş; ilişik

Anlieger /'anli:gır/ *m* aynı güzergâh üzerinde oturan, ikamet eden, kapı komşusu

Anliegerstaat /'anli:gırşta:t/ *m pol* ... kıyısı devletleri

Anliegerverkehr /'anli:gırferke:r/ *m* sokak sakinleri trafiği

anlocken /'anlokın/ *trvt* cezbetmek, çekmek, baştan çıkarmak; yem dökmek

anlügen /'anlü:gın/ *trvt* (gözünün içine baka baka) yalan söylemek; (birisini) aldatmak ***jdn anlügen*** (birisine) yalan söylemek

anmachen /'anmahın/ *trvt* bağlamak, raptetmek, tespit etmek; (ateş) yakmak; (ışık) açmak; (çerçeve) asmak; karıştırmak, katmak; tahrik etmek ***das Bild anmachen*** resmi asmak ***es macht mich an*** hoşuma gidiyor ***Zucker anmachen*** şeker katmak ***jdn anmachen*** birisini etkilemeye çalışmak; asılmak

anmahnen /'anma:nın/ *trvt* (bir şeyi) hatırlatmak

anmalen /'anma:lın/ *trvt* boyamak ***sich anmalen*** makyaj yapmak, yüzünü boyamak

Anmarsch /'anmarş/ *m* ilerleyiş, yaklaşma; (ev ve işyeri arasındaki) gidiş geliş yolu ***im Anmarsch sein*** yürüyüş

anmaßen /'anma:sın/ *trvt* (haksız yere) hak talepte bulunmak, hak iddia etmek; kalkışmak, yeltenmek; (aşırı ve aykırı) talep ve istekte bulunmak ***sich anmaßen etw zu tun*** (bir şeyi) yapmaya girişmek, kalkışmak; cüret etmek ***sich etw anmaßen*** (bir şeyi) haksız yere iddia etmek ***was maßt du dir an?*** bu ne cüret!

anmaßend /'anma:sınt/ *s* azametli, kibirli, kurumlu

Anmaßung /'anma:sung/ *f* haksız istek, haksız talep; zorla elde etme, gasp

Anmeldeformular /'anmeldıformula:r/ *n* beyanname; kayıt ve bildirim formu, başvuru formu

Anmeldefrist /'anmeldıfrist/ *f* bildirme süresi, kayıt süresi, başvuru süresi

Anmeldegebühr /'anmeldıgıbü:r/ *f* kayıt harcı, başvuru harcı, kaydiye

anmelden /'anmeldın/ *trvt* haber vermek, ihbar etmek, bildirmek; tescil ettirmek; adını yazdırmak; beyan etmek ***Konkurz anmelden*** *tic* konkordato ilan etmek, iflasını ilan etmek ***sich anmelden*** randevu almak; (polise) bildirimde bulunmak

Anmeldepflicht /'anmildıpflıht/ *f* ikametini polise bildirme zorunluluğu

anmeldepflichtig /'anmeldıpflıhtih/ *s* beyana tabi

Anmeldung /'anmeldung/ *f* ilan, ihbar, beyan; haber verme, adını yazdırma; kayıt; (polise) ikamet bildirimi

anmerken /'anmerkın/ *trvt* eklemek, ilave etmek, katmak; not etmek; işaretlemek, işaret koymak; sezmek, suratından anlamak; öğrenmek ***sich nicht anmerken lassen*** belli etmemek, *kon* çaktırma-

mak

Anmerkung /'anmerkung/ *f* not, dipnot; fikrini kısaca bildirme

Anmut /'anmu:t/ *f* şirinlik, zarafet, sevimlilik, cilve; şive; işve ve naz

anmuten /'anmu:tın/ *trvt* gibi gelmek; garipsemek, garibine gitmek

anmutig /'anmu:tih/ *s* şirin, zarif, edalı, sevimli, cilveli

annageln /'anna:gıln/ *trvt* çivilemek, mıhlamak; çivi çakmak

annähen /'anne:ın/ *trvt* dikerek tutturmak, dikmek

annähern /'anne:ırn/ *trvt* yaklaştırmak, yakınlaştırmak, yanaştırmak; *den* yelkeni sıkıca bağlamak ***sich annähern*** yaklaşmak, yakınlaşmak

annähernd /'anne:ırnt/ *s* yaklaşık, tahmini, takribi; *be* yaklaşık olarak, tahminen; üç aşağı beş yukarı

Annäherung /'anne:ırung/ *f* yaklaşma, sokulma, yakınlaşma; anlaşma, uzlaşma; arkadaş olma, ahbap olma; üç aşağı beş yukarı aynı olma

Annäherungsversuch /'anne:ırungsferzu:h/ *m* uzlaşma politikası

annäherungsweise /'anne:ırungsvayzı/ *be* takriben, aşağı yukarı, yaklaşık

Annahme /'anna:mı/ *f* kabul, teslim, tasdik, onay; alma; olumlu cevap; faraziye, farz, varsayım, hipotez; kuruntu, kurgu; umut, ümit; evlatlığa kabul ***Annahme an Kindes statt*** evlat edinme ***Annahme der Erbschaft*** *huk* mirasın kabulü ***Annahme des Vorschlags*** teklifin kabul edilmesi ***Annahme von Wechseln*** *pl tic* akseptans

Annahmestelle /'anna:mıştelı/ *f* kabul yeri, kabul gişesi, tesellüm yeri

Annahmeverweigerung /'anna:mıfervaygırung/ *f* ademi kabul

Annalen /a'na:lın/ *pl* (bilgi veren) yıllık, almanak

annehmbar /'anne:mba:r/ *s* kabul edilebilir, kabule değer, uygun, akla yatkın, elverişli; hoş, şirin ***annehmbarer Preis*** ehven fiyat, uygun fiyat

annehmen /'anne:mın/ *trvt* almak, kabul etmek; uygun bulmak; benimsemek, kendine mal etmek; (alışkanlık) edinmek, huy edinmek; sanmak, tahmin etmek; izini sürmek, peşine düşmek ***Farbe annehmen*** *tek* boya çekmek ***sich jds annehmen*** (birisini) kollamak, kayırmak

annehmlich /'anne:mlih/ *s* kabul edilebilir, kabule değer, uygun, akla yatkın, elverişli; hoş, şirin

Annehmlichkeit /'anne:mlihkayt/ *f* kabul edilebilirlik, uygunluk, akla yatkınlık, hoşluk, iyilik, güzellik

annektieren /anek'ti:rın/ *vt* ilhak etmek, ele geçirmek

Annexion /aneks'yo:n/ *f* ilhak

Annonce /a'no:nsı/ *f* gazete ilanı, duyuru

annoncieren /ano'si:rın/ *vt* ilan etmek

annullieren /anu'li:rın/ *vt* iptal etmek, feshetmek; bozmak; hükümsüz kılmak

Annullierung /anu'li:rung/ *f* iptal etme, feshetme, hükümsüz kılma, geçersiz kılma

Anode /a'no:dı/ *f fiz* anot, pozitif elektrot

anöden /'anö:dın/ *trvt* canını sıkmak rahatsız etmek, taciz etmek, sıkıntı vermek

anomal /ano'ma:l/ *s* anormal, normal olmayan; sapık; düzgün olmayan

Anomalie /anoma'li:/ *f* anormallik, aykırılık, sapıklık

anonym /ano'nü:m/ *s* adsız, isimsiz, imzasız, anonim; yazarı bilinmeyen ***anonymer Brief*** imzasız mektup ***anonymes Konto*** isimsiz hesap

Anonymität /anonü:mi'te:t/ *f* adsızlık, isimsizlik, anonimlik

Anorak /'anorak/ *m* anorak, su ve rüzgâr geçirmeyen ceket

anordnen /'anordnın/ *trvt* sıralamak, düzene koymak, tasnif etmek, boy boy dizmek; tayin etmek, tespit etmek; tertiplemek, düzenlemek, ayarlamak; emretmek, talimat vermek

Anordnung /'anordnung/ *f* sıra, tasnif, tertip, tayin; talimat, yönerge; düzen, nizam; kararname; *tiy* rol dağıtma

anorganisch /'anorganiş/ *s* anorganik, organik olmayan; cansız

anormal /'anorma:l/ *s* anormal, normal olmayan; sapık; düzgün olmayan

anpacken /'anpakın/ *trvt* yakalamak, tutmak, kavramak, ele almak; işe başlamak, işe koyulmak ***mit anpacken*** yardımda bulunmak, yardımcı olmak, yardım etmek

anpassen /'anpasın/ *trvi* (bir şeyi bir şeye) uydurmak, uyarlamak, uygun hale getirmek; denemek, tecrübe etmek; (kıyafet) prova etmek ***sich anpassen*** uymak, uyarlanmak; ayak uydurmak

Anpassung /'anpasung/ *f* uyma, intibak, uyarlama; uygun olma, uygun gelme

anpassungsfähig /'anpasungsfe:i**h**/ *s* uyabilir, uyma kabiliyetli

Anpassungsfähigkeit /'anpasungsfe:i**h**kayt/ *f* uyabilirlik; uyum yeteneği, adaptasyon yeteneği

anpeilen /'anpaylın/ *trvt* (yönünü) kestirmek, tayin etmek

anpfeifen /'anpfayfın/ *trvi sp* başlama düdüğü çalmak; *kon* azarlamak, fırçalamak

Anpfiff /'anpfif/ *m sp* başlama düdüğünün çalınması; *kon* azar, fırça

anpflanzen /'anpflantsın/ *trvt* (ağaç) dikmek, (bitki, çiçek) yetiştirmek

Anpflanzung /'anpflantsung/ *f* (ağaç) dikme, (bitki, çiçek) yetiştirme; küçük yeşillikli park

anpirschen /'anpirşın/ *trvr* gizlice yaklaşmak, çaktırmadan sokulmak

anpöbeln /'anpöbıln/ *trvt* sataşmak, tecavüz etmek, tahrik etmek

anprallen /'anpralın/ *trvi* (bir şeye) çarpmak, vurmak, (bir şeyle) çarpışmak

anprangern /'anprangırn/ *trvt* (birisini) teşhir direğine bağlamak, teşhir etmek

anpreisen /'anprayzın/ *trvt* tavsiye etmek, övmek, öve öve bitirememek, göklere çıkarmak

Anprobe /'anpro:bı/ *f* prova, deneme, giyip bakma

anprobieren /'anprobi:rın/ *trvt* (kıyafeti) prova yapmak; denemek, tecrübe etmek

Anrainer /'anrainır/ *m* hudut komşusu, sınır komşusu

Anraten /'anra:tın/ *n* öneri, tavsiye, salık ***auf Anraten*** öneri üzerine

anraten /'anra:tın/ *trvt* önemle tavsiyede bulunmak, tavsiye etmek, tembih etmek

anrechnen /'anre**h**nın/ *trvt* hesaba geçirmek, hesaplamak, alacak hanesine geçirmek, mahsup etmek; değer biçmek; (hesaptan) düşmek

Anrechnung /'anre**h**nung/ *f* hesaba geçirme, hesaba kaydetme, mahsup ***zur Anrechnung bringen*** hesaba geçirmek

Anrecht /'anre**h**t/ *n* hak, hak sahibi olma; istihkak; abone; (kira) peşin ödeme

Anrede /'anre:dı/ *f* hitap, nutuk, söylev

anreden /'anre:dın/ *trvt* (birisine) hitap etmek ***mit "du" anreden*** "sen" diye hitap etmek ***mit "Sie" anreden*** "siz" diye hitap etmek ***jdn anreden*** (birisine) hitap etmek, seslenmek

anregen /'anre:gın/ *trvt* (birisini) teşvik etmek, tahrik etmek, harekete getirmek, hırslandırmak; (bir şey) uyarıcı olmak; alakalandırmak, ilgilendirmek; teklif etmek; tavsiye etmek ***jdn zu etw anregen*** (birisini bir şeye) özendirmek

anregend /'anre:gınt/ *s* enteresan; cezbedici, ilgi uyandırıcı; *hek* analeptik

Anregung /'anre:gung/ *f* teşvik, tahrik ***in Anregung bringen*** (fikir) ortaya atmak

anreichern /'anray**h**ırn/ *trvt* zenginleştirmek, iyileştirmek; çoğaltmak

Anreicherung /'anray**h**arung/ *f* zenginleştirme, iyileştirme, artırma, çoğaltma

Anreise /'anrayzı/ *f* varış, varma; seyahat, yolculuk

anreisen /'anrayzın/ *trvt* (seyahat aracı ile giderek) varmak, ulaşmak

anreißen /'anraysın/ *trvt* (bir ucunu) koparmak; yırtık açmak; (yavaşça) çekmek; (paket, kutu) açmak; (motor) harekete geçirmek; (kibrit) yakmak; kullanmaya başlamak; çığırtkanlık yapmak; *kon* borç para koparmak

Anreiz /'anrayts/ *m* çekme, cezbetme; tahrik, kışkırtma, teşvik

anrempeln /'anrempıln/ *trvt* (birisini) itmek, (birisine) çarpmak, omuz atmak; hakaret etmek, sövmek

anrennen /'anrenın/ *trvi* (birisinin, bir şeyin) üzerine atılmak; (koşarak) hızla çarpmak; *ask* hücum etmek ***angerannt kommen*** koşarak gelmek ***anrennen an etw*** (bir şeye) çarpmak

Anrichte /'anri**h**tı/ *f* büfe, dresuvar, üstünde yemek hazırlanan masa

anrichten /'anri**h**tın/ *trvi* sofraya koymak; denk getirmek, uydurmak; (cihaz) kurmak; halt yemek, aptallık yapmak ***das Gerät anrichten*** cihazı kurmak, aleti kurmak ***Schaden anrichten*** zarar vermek

anrüchig /'anrü:**h**i**h**/ *s* bednam, kötü isimli, adı çıkmış, kötü şöhret sahibi; kuşkulu, şüpheli

Anrüchigkeit /'anrü**h**i**h**kayt/ *f* kötü isim, kötü şöhret, kötü nam

anrücken /'anrükın/ *trvt* ileri itmek, itelemek, yaklaştırmak; *vi* yanaşmak, yak-

laşmak
Anruf /'anru:f/ *m* çağırma, çağırış, seslenme; davet; telefon etme, telefon ***ohne Anruf*** *ask* sorgusuz sualsiz
Anrufbeantworter /'anru:fbıantvortır/ *m* telesekreter
anrufen /'anru:fın/ *trvt* bağırmak, çağırmak, seslenmek; yardım istemek; telefon etmek ***ins Gericht anrufen*** *huk* mahkemeye başvurmak ***um Hilfe anrufen*** yardım talebinde bulunmak
Anrufer /'anru:fır/ *m* başvuran; telefon eden
Anrufung /'anru:fung/ *f* yardım isteği
anrühren /'anrü:rın/ *trvt* ellemek, el sürmek, dokunmak, ilişmek; (yumurta) çalkalamak; (yemek) karıştırmak; (boya) katmak; suda eritmek
ans /ans/ *kıs* "an das"
Ansage /'anza:gı/ *f* anons, tebliğ, ilan; dikte
ansagen /'anza:gın/ *trvt* ilan etmek, tebliğ etmek, bildirmek, anons etmek ***sich ansagen*** geleceğini bildirmek
Ansager /'anza:gır/ *m* spiker, sunucu, konuşmacı
ansammeln /'anzamıln/ *trvt* biriktirmek, toplamak, yığmak; *ask* yığınak yapmak ***sich ansammeln*** birikmek, toplanmak, yığılmak
Ansammlung /'anzamlung/ *f* yığın, yığıntı, toplanma, yığılma, birikme, küme, sürü; kalabalık
ansässig /'anzesih/ *s* oturan, sakin, mukim, yerleşmiş; *kon* evli barklı ***ansässig sein*** ikamet etmek, oturmak ***ansässig werden*** (bir yere) yerleşmek, yurt edinmek
Ansatz /'anzats/ *m* ek, eklenti; ek parçası, ilave; atılım, başlangıç, ilk adım, atılım, hamle; (sigara) ağızlık; *mat* tertip; çıkıntı, göbek; (bitki) sürgün, filiz; saç dibi; meyil, eğilim; *tek* çapak ***Ansatz nehmen*** başlamak
Ansatzpunkt /'anzatspunkt/ *m* başlangıç noktası, hareket noktası
ansaufen /'anzaufın/ *trvr* sarhoş olmak, kafayı bulmak
ansaugen /'anzaugın/ *trvt* emmek, içine çekmek ***sich ansaugen*** emerek yapışmak
anschaffen /'anşafın/ *trvt* tedarik etmek, sağlamak, satın almak ***sich eine Katze anschaffen*** bir kedi almak, bir kedi edinmek ***sich Kinder anschaffen*** çocuk yapmak
Anschaffung /'anşafung/ *f* satın alma, tedarik, sağlama, edinme; *tic* ödeme
Anschaffungskosten /'anşafungskostın/ *pl* tedarik giderleri, temin giderleri
Anschaffungspreis /'anşafungsprays/ *m* maliyet fiyatı
anschalten /'anşaltın/ *trvt* (ışık, gaz) açmak; (motor, araç) harekete geçirmek
anschauen /'anşauın/ *trvt* (dikkatle) bakmak, seyretmek; *hek* muayene etmek
anschaulich /'anşaulih/ *s* açık, sarih, aşikâr; kolay anlaşılır, açık; somut
Anschauung /'anşauung/ *f* seyretme, seyre dalma; fikir, görüş, rey, mütalaa; somut, canlı
Anschauungsunterricht /'anşauungsuntırriht/ *m* somut malzemeyle yapılan ders
Anschein /'anşayn/ *m* görünüş, görünüm ***dem Anschein nach*** görünüşe göre, görünüşe bakılırsa ***den Anschein haben*** gibi görünmek ***sich den Anschein geben*** -mış süsü vermek, -mış gibi yapmak
anscheinend /'anşaynınt/ *be* görünen, zahir; apaçık
anschicken /'anşikın/ *trvr* bir şeyi yapmaya koyulmak, yapmaya başlamak
anschieben /'anşi:bın/ *trvt* (araç) itmek, sürüklemek, yürütmek; biraz itmek; (masa) itelemek, yaklaştırmak, yanaştırmak
anschießen /'anşi:sın/ *trvt* (kurşunla) yaralamak; ateş ederek eğlenmek; billurlaşmak; *kon* saldırmak; eleştirmek; *vi kon* hızla gelmek ***angeschossen kommen*** çarçabuk gelmek, yıldırım gibi gelmek
Anschlag /'anşla:k/ *m* duvar ilanı, afiş; vurma, çarpma; suikast; gizli darbe; ses verme, ses çıkarma; (silah) atışa hazır durum; takdir, tahmin, göz kararı; (örgüde) ilk ilmik; tuşlama, tuşlayış; baskın, tecavüz; (ev) gelir gider hesabı; *tek* tespit, ergo ***Anschlag einer Glocke*** çanın çalması ***Rechnung in Anschlag bringen*** hesaba kaydetmek, hesaba geçirmek
Anschlagbrett /'anşla:kbret/ *n* ilan tahtası
anschlagen /'anşla:gın/ *trvt* vurmak, çarpmak; vurarak çakmak, çivilemek, mıhlamak; yapıştırmak; zedelemek, ör-

selemek; delmek, dilek açmak; silahını doğrultmak, nişan almak; tuşlamak, tuşa dokunmak; dokunmak; çınlatmak; havlamak; (fıçı, varil) boşaltmak; değer biçmek; bildirmek; *trvi* kök salmak, kök tutmak; (istenen sonucu) elde etmek ***etw an etw anschlagen*** (bir şeyi bir şeye) vurmak, çakmak, çivilemek ***Tasten anschlagen*** tuşlara vurmak, tuşlara basmak

anschleichen /'anşlayhın/ *trvi* gizlice yaklaşmak, yavaşça yaklaşmak; *trvt* gizli gizli sürünerek gelmek ***sich anschleichen*** gizli gizli yaklaşmak, yavaşça sokulmak

anschließen /'anşli:sın/ *trvt* bağlamak, birleştirmek; bitiştirmek, tutturmak; eklemek; (derneğe) katılmak, üye olmak; (zaman) uyuşmak, denk gelmek; (kıyafet) vücuda oturmak, tam gelmek; *pol* iltihak etmek ***sich anschließen*** bitişmek; katılmak

anschließend /'anşli:sınt/ *s* bitişik, yapışık

Anschluss /'anşlus/ *m* birleşme, bitişme, katılma, ittifak; temas, bağlantı, irtibat, bağıntı; (eklenen) parça; *pol* iltihak; *tek* koneksiyon, elektrifikasyon; (tren) şube hattı; (tren) aktarma treni; *kon* tanışıklık, bağlantı ***Anschluss an jdm haben*** (birisi ile) temasta bulunmak ***Anschluss haben an*** ... ile bağlantısı olmak ***Anschluss finden*** dostluk kurmak ***den Anschluss verfehlen*** bağlantı trenini kaçırma, aktarma trenini kaçırma ***den Anschluss verpaßen*** *mec* kaçırmak ***im Anschluss daran*** buna ilaveten

Anschlussflug /'anflusflu:k/ *m* aktarmalı uçuş

anschmiegen /'anşmi:gın/ *trvt* şekle sokmak; kalıba uygun eğmek ***sich anschmiegen*** (birisinin) koynuna girmek; (kıyafet) tam oturmak; sığınmak; (birisini) okşamak

anschmiegsam /'anşmi:kzam/ *s* uysal, yumuşak; sokulgan

anschnallen /'anşnalın/ *trvt* takmak, tokalamak; bağlanmak ***sich anschnallen*** *oto* emniyet kemerini bağlamak

anschneiden /'anşnaydın/ *trvt* kesmeye başlamak, bir parça kesmek; konu açmak, bahis açmak; kemirmek

anschrauben /'anşraubın/ *trvt* vidalamak, vida ile bağlamak, vida ile tespit etmek

anschreiben /'anşraybın/ *trvt* (tahta, duvar) yazmak, üzerine yazmak (birisine) yazmak; not etmek; hesaba geçirmek, borç yazmak ***anschreiben lassen*** veresiye almak, hesaba yazdırarak almak ***auf etw anschreiben*** (bir şeyin üzerine) not almak ***jdn anschreiben*** (birisine) mektup yazmak

anschreien /'anşrayın/ *trvt* yüzüne karşı bağırmak, kızarak bağırmak

Anschrift /'anşrift/ *f* adres

anschuldigen /'anşuldigın/ *trvt* suçlamak, itham etmek

Anschuldigung /'anşuldigung/ *f* suçlama; itham etme; *huk* cürüm ***Anschuldigung der Lüge*** tekzip

anschwärzen /'anşvertsın/ *trvt* karartmak; karalamak, siyaha boyamak; *kon* leke sürmek, kara çalmak; iftira atmak ***jdn bei jdm anschwärzen*** (birisini birisine) kötülemek

anschweißen /'anşvaysın/ *trvt tek* üzerine kaynak yapmak; (av hayvanını) yaralamak

anschwellen /'anşvelın/ *trvi* kabarmak, şişmek; yükselmek; artmak, fazlalaşmak; şiddetlenmek; (nehir) azmak

anschwemmen /'anşvemın/ *trvt* karaya atmak, sürüklemek; tortu bırakmak; yığmak ***angeschwemmt werden*** (denizden) sahile vurmak

Anschwemmung /'anşvemung/ *f* alüvyon; (kum) sahilde birikmesi

anschwindeln /'anşvindıln/ *trvt* yalan söylemek, aldatmak

Ansehen /'anze:ın/ *n* bakma, gözden geçirme; itibar, saygınlık; görünüş, sima; tavır; süs; nam, ad, san; kıymet ***Ansehen genießen*** saygı görmek, itibar görmek ***an Ansehen verlieren*** gözden düşmek, itibarını kaybetmek; *kon* karizmayı çizdirmek ***von Ansehen kennen*** görmüşlüğü olmak

ansehen /'anze:ın/ *trvt* bakmak, seyretmek; gözden geçirmek; göz önünde tutmak; farkına varmak, telakki etmek, anlamak, kavramak; zannetmek, sanmak; yüzünden okumak, yüzünden anlamak; ... gibi görünmek ***jdn ansehen*** (birisine) bakmak ***sich etw ansehen*** seyretmek, dolaşmak

ansehnlich /'anze:nlih/ *s* mühim, büyük, saygıdeğer; kayda değer; iri yarı, azametli, heybetli; kılık kıyafeti düzgün;

oturaklı
Ansehnlichkeit /'anze:nli**h**kayt/ *f* güzellik
anseilen /'anzaylın/ *trvt* (iple) bağlamak
ansetzen /'anzetsın/ *trvt* (bir şeyi bir yere) yerleştirmek, koymak; ilave etmek, eklemek; yağ bağlamak, yağlanmak, şişmanlamak; (ağaç, vs.) yapraklanmak, filiz vermek; (bir şeyi) kullanmaya başlamak; tespit etmek, tayin etmek; farz etmek, tahmin etmek, sanmak; yapıştırmak; dayamak, koymak; kıymet biçmek, takdir etmek; (bir şeye) kalkışmak, başlamak; *ask* bir hedefe yöneltmek; tomurcuklanmak; dal budak vermek; (yemek) ateşe koymak; (yiyecek) hazırlamak; *vi bitk* meyve verir hale gelmek ***angesetzter Steuerwert*** vergi matrahı, oran ***Fett ansetzen*** yağ bağlamak, yağlanmak, şişmanlamak ***sich ansetzen*** dibi tutmak, yapışmak ***zu etw ansetzen*** (bir şeyi) yapmaya hazırlanmak ***zum Angriff ansetzen*** saldırmak, saldırıya geçmek
Ansicht /'anzi**h**t/ *f* manzara, görüntü, panorama; tablo; görüş, kanı; düşünce, fikir, ide; oy, hüküm ***meiner Ansicht nach*** benim görüşüme göre, benim fikrime göre, bana göre ***zur Ansicht*** örnek olarak
Ansichtskarte /'anzi**h**tskartı/ *f* kartpostal, tebrik kartı
Ansichtssache /'anzi**h**tszа**h**ı/ *f* bakış meselesi, görüş meselesi
ansiedeln /'anzi:dıln/ *trvt* (bir yere) yerleştirmek, iskân etmek; göçmen olarak yerleştirmek ***sich ansiedeln*** (bir yere) göçmen olarak yerleşmek
Ansiedlung /'anzi:dlung/ *f* yerleşme, iskân; yerleştirme; sömürge; yerleşim yeri
Ansinnen /'anzinın/ *n* (gücendirici bir) teklifte bulunma
anspannen /'anşpanın/ *trvt* (at) arabaya koşmak; germek; kurmak; toplamak; yoğunlaştırmak; (şartları) zorlamak ***die Kräfte anspannen*** gücünü toplamak
Anspannung /'anşpanung/ *f* çabalama, çaba harcama; kuvvet toplama
anspielen /'anşpi:lın/ *trvt* çalmaya başlamak; ima etmek, demek istemek, kinayeli konuşmak; *vi* (iskambilde) ilk oynamak, oyunu açmak ***auf etw anspielen*** ima etmek
Anspielung /'anşpi:lung/ *f* ima; kinaye; imalı söz; kinayeli söz; işaret etme ***mit feiner Anspielung*** nükteli, kinayeli
anspitzen /'anşpitsın/ *trvt* (kalem) açmak, sivriltmek; *kon* tahrik etmek
Ansporn /'anşporn/ *m* tahrik, dürtme, teşvik etme
anspornen /'anşpornın/ *trvt* (at) mahmuzlamak, dürtmek; *kon* tahrik etmek, özendirmek, teşvik etmek
ansprechen /'anşpre**h**ın/ *trvt* (birisine) hitap etmek, laf atmak, söz yöneltmek; nitelemek; hoşa gitmek; ... olarak saymak; bilgi istemek, malumat istemek; *trvi* ses vermek; aksiseda yapmak; tepkimek, tepki vermek ***jdn ansprechen*** (birisinin) hoşuna gitmek ***jdn um etw ansprechen*** (birisinden bir şey) rica etmek
ansprechend /'anşpre**h**ınt/ *s* etkili, hoş; cazip, güzelce ***nicht ansprechend*** sevimsiz, kötü
Ansprechpartner /'anşpre**h**partnır/ *m* muhatap
anspringen /'anşpringın/ *trvt* (birisinin) üzerine atılmak; saldırmak; *trvi* (motor) çalışmaya başlamak; *sp* sıçrayarak koşmaya başlamak
anspritzen /'anşpritsın/ *trvt* (su) serpmek, püskürtmek; (çamur) sıçratmak
Anspruch /'anşpru**h**/ *m* istek, arzu, talep; yetki, hak, selahiyet; dava; iddia ***Anspruch auf Unterhalt*** *huk* nafaka hakkı ***Anspruch aus Besitzentziehung*** *huk* ref'iyet hakkı ***Anspruch aus Vermächtnis*** *huk* vasiyetnameden doğan hak ***Anspruch erheben auf*** üzerinde hak iddia etmek ***Anspruch haben auf*** üzerinde hakkı olmak ***Ansprüche fallenlassen*** *huk* talebinden vazgeçmek ***auf etw Anspruch haben*** bir şeye hakkı olmak ***für sich in Anspruch nehmen*** (bir şeyi) kendine mal etmek ***Hilfe in Anspruch nehmen*** yardım talebinde bulunmak, yardım istemek ***hohe Ansprüche stellen*** çok titiz olmak, aşırı titiz olmak ***in Anspruch nehmen*** talep etmek, istemek; meşgul etmek
anspruchslos /'anşpru**h**slo:s/ *s* gösterişsiz, alçakgönüllü, sade, iddiasız ***anspruchlos sein*** kanaat etmek, yetinmek ***anspruchlos leben*** otlanmak
Anspruchslosigkeit /'anşpru**h**slo:zi**h**kayt/ *f* gösterişsizlik, kanaatkârlık, iddiasızlık
anspruchsvoll /'anşpru**h**sfol/ *s* gösterişli,

iddialı; kibirli; kanaatkâr olmayan
anspucken /'anşpukın/ *trvt* yüzüne tükürmek, suratına tükürmek
anstacheln /'anştahıln/ *trvt* dürtmek, harekete getirmek; tahrik etmek; kışkırtmak; gayrete getirmek
Anstalt /'anştalt/ *f* kuruluş, kurum, müessese; tertip, tertibat; *hek* senatoryum, akıl hastanesi; darülaceze, düşkünler yurdu; öksüzler yurdu; ıslahevi ***Anstalt des öffentlichen Rechts*** kamu kurumu ***Anstalten treffen*** başlamak
Anstand /'anştant/ *m* uygunluk, denklik, münasebetlilik; erdem; adabımuaşeret, oturup kalkma, yeme içme, görgü; itiraz, karşı durma ***Anstand verletzen*** görgüsüzlük etmek
anständig /'anştendih/ *s* iyi eğitilmiş; uygun, münasip, iffetli, namuslu; uslu, terbiyeli; insaniyetli, adam gibi; mazbut; nezih; dikkatli, itinalı; temiz süt emmiş, helal süt emmiş; adamakıllı ***anständig behandeln*** iyi davranmak ***anständiger Preis*** uygun fiyat, ehven fiyat
Anständigkeit /'anştendihkayt/ *f* şeref ve haysiyet; uygun olma, münasiplik; namusluluk, usluluk
anstandshalber /'anştantshalbır/ *s* nezaketen
anstandslos /'anştantslo:s/ *s* kolayca, zahmetsiz; tereddütsüz
anstarren /'anştarın/ *trvt* dik dik bakmak, gözünü dikerek bakmak ***jdm verwundert anstarren*** hayran hayran bakakalmak
anstatt /an'ştat/ *ilg* yerine, yerinde ***anstatt dass*** -cak yerde, -cek yerde
anstauben /'anştaubın/ *trvi* tozlanmak, toz içinde kalmak
anstauen /'anştauın/ *trvt* (kap içine) su biriktirmek ***sich anstauen*** yığılmak, kümelenmek, toplanmak, birikmek
anstechen /'anştehın/ *trvt* delmek, delici bir şey batırmak, delerek açmak; *kon* dürtüp harekete geçirmek
anstecken /'anştekın/ *trvt hek* (hastalık) bulaştırmak, geçirmek, yaymak, sirayet ettirmek; iliştirmek, iğnelemek; (ateş) tutuşturmak, yakmak; (takı) takmak; (sigara) yakmak; (ışık) açmak
ansteckend /'anştekınt/ *s hek* bulaşıcı, sari, intani, salgın ***ansteckende Krankheiten*** bulaşıcı hastalıklar
Anstecknadel /'anştekna:dıl/ *f* takı, broş
Ansteckung /'anştekung/ *f hek* enfeksiyon, geçme, bulaşma, sirayet ***Schutz vor Ansteckung*** bağışıklık, koruma, immunite
Ansteckungsgefahr /'anştekungsgıfa:r/ *f* bulaşıcılık, bulaşma tehlikesi
anstehen /'anşte:ın/ *trvi* kuyruğa girmek, sıraya girmek; sırada durmak, sıraya dizilmek; sürmek, devam etmek; uymak, uygun olmak, yakışmak; sakınca görmek; *huk* gün belirlemek; (borç) açık olmak, ödenmemiş olmak ***etw anstehen lassen*** (bir şeyi) geciktirmek
ansteigen /'anştaygın/ *trvi* (yol, fiyat) yükselmek, yukarıya doğru çıkmak; sıklaşmak, çoğalmak; artmak
anstelle /an'ştelı/ *ilg* yerine, yerinde
anstellen /'anştelın/ *trvt* bir göreve/işe yerleştirmek, istihdam etmek; (bir şeyi bir yere) dayamak, yaslamak; iş vermek; *tic* teklif etmek; (motor) harekete geçirmek; (radyo, ışık) açmak; suç işlemek; davranmak ***angestellt sein*** (işyerinde sözleşmeli personel olmak ***sich anstellen*** sıraya dizilmek, kuyruk olmak ***sich dumm anstellen*** salaklık etmek, *kon* eşeklik etmek ***stell dich nicht so an!*** nazlanma!
Anstellung /'anştelung/ *f* işe kabul etme, vazifeye kabul etme; istihdam; vazife, makam; görev, memuriyet ***eine Anstellung finden*** bir iş bulmak
ansteuern /'anştoyırn/ *trvt den* rota çizmek; bir hedefe doğru yöneltmek
Anstieg /'anşti:k/ *m* bayır, yokuş; artış, yükselme; çıkış
anstieren /'anşti:rın/ *trvt kon* alık alık bakmak, bön bön bakmak; öküz gibi bakmak
anstiften /'anştiftın/ *trvt* (kötülüğe) sebep olmak, tahrik etmek; vücuda getirmek, hasıl olmak; (birisini) ayartmak; (bir işi) yapmak, (bir şeyi) meydana getirmek ***etw anstiften*** kötü bir şey yapmak, *kon* bir halt yemek ***jdn zu etw anstiften*** (birisine) kötü bir şey yaptırmak
Anstifter /'anştiftır/ *m* tahrikçi, sebep olan, müsebbip, önayak olan, kışkırtıcı
Anstiftung /'anştiftung/ *f* sebep olma, kışkırtma, tahrik
anstimmen /'anştimın/ *trvt* şarkı söylemeye başlamak; çalgı çalmaya başlamak; kahkaha atmak
Anstoß /'anşto:s/ *m sp* başlama vuruşu;

dargınlık, küskünlük, kızgınlık; sebep, tahrik, teşvik; tereddüt; çarpma; harekete geçirme ***Anstoß erregen*** dargınlığa sebep olmak, küskünlüğe sebep olmak ***den Anstoß geben*** sebep olmak, sebebiyet vermek ***ohne Anstoß*** kolaylıkla; bir şeye çarpmadan, engelle karşılaşmadan ***anstößige Witze*** müstehcen fıkralar, belden aşağı fıkralar ***Stein des Anstoßes*** engel, mani

anstoßen /'anşto:sın/ *trvt* kakmak, itmek, dürtmek; zedelemek, yaralamak; heveslendirmek, tahrik etmek; *vi* (konuşurken) pelteklemek; kadeh tokuşturmak; çarpmak ***Gläser anstoßen*** kadeh tokuşturmak

anstößig /'anştö:sih/ *s* yakışıksız; müstehcen, ahlaka aykırı

Anstößigkeit /'anştö:sihkayt/ *f* kabalık, nezaketsizlik; yakışıksızlık; müstehcenlik; rezalet, kepazelik

anstrahlen /'anştra:lın/ *trvt* sevinçten gözleri parlamak; aydınlatmak, ışıtmak

anstreben /'anştre:bın/ *trvt* (bir şeyi) elde etmeğe çalışmak, elde etme arzusunda olmak, çabalamak

anstreichen /'anştrayhın/ *trvt* badanalamak, boyamak; sıvamak, sürmek; not etmek; işaret koymak; *kon* acısını çıkarmak, gününü göstermek

anstrengen /'anştrengın/ *trvt tek* germek, zorlamak; yormak; sarf etmek; *huk* dava açmak ***alle seine Kräfte anstrengen*** var gücünü toplamak ***sich anstrengen*** çalışmak, gayret etmek; zorlanmak

anstrengend /'anştrengınt/ *s* yorucu, meşakkatli, zahmetli

Anstrengung /'anştrengung/ *f* gayret, çaba, çalışma; sıkıntı, zahmet, meşakkat ***mit Anstrengung*** zar zor, güç bela, güçlükle

Anstrich /'anştrih/ *m* boya, badana; görünüş; süs

Ansturm /'anşturm/ *m* hücum, taarruz, saldırış; yığışma, kalabalık

anstürmen /'anştürmın/ *trvi* saldırmak, üzerine yürümek, atılmak, hücum etmek ***gegen etw anstürmen*** (bir şeye) hücum etmek

Antarktis /ant'arktis/ *f coğ* Antarktik bölge, Güney kutbu çevresindeki bölge; Antarktika

Anteil /'antayl/ *m* pay, hisse; alaka, ilgi; iştirak ***Anteil am Erbe*** miras hissesi ***Anteil nehmen an*** acıyı paylaşma; ilgilenmek, yakınlık göstermek ***einen Anteil festsetzen*** pay biçmek

anteilig /'antaylih/ *s* şüyulu, hisseli

Anteilnahme /'antaylna:mı/ *f* alaka, ilgi; ilgilenme, katılma; sempati; taziye

Antenne /an'tenı/ *f* anten; *hayb* duyarga, anten

Anthrazit /antra'tsit/ *m* antrasit, dumansız maden kömürü, antrasit kömürü

anthrazitfarben /antra'tsitfarbın/ *s* antrasit rengi; karaya çalar gri

Anthropologe /antropo'lo:gı/ *m* antropolog

Anthropologie /antropolo'gi:/ *f* antropoloji, insanbilimi

anthropologisch /antropo'lo:giş/ *s* antropolojik

Antialkoholiker /antialko'ho:likır/ *m* alkol düşmanı, içki düşmanı, yeşilaycı

antiautoritär /antiautori'te:r/ *s* otoritesiz; otoriteye göre

Antibabypille /anti'be:bipilı/ *f hek* hamileliği önleyici hap

Antibiotikum /anti'byo:tikum/ *n hek* antibiyotik

antibiotisch /anti'byo:tiş/ *s hek* antibiyotik

Antiblockiersystem /antiblo'ki:rzüste:m/ *n oto* antiblokaj sistemi

Antifaschist/Antifaschistin /antifa'şist/antifa'şistin/ *m/f* antifaşist, faşizm karşıtı

antik /an'ti:k/ *s* antik, eski, antika

Antike /an'ti:kı/ *f* antikite, antik çağ ***antikes Theater*** antik tiyatro

Antikörper /'antikörpır/ *m hek* antikor

Antilope /anti'lo:pı/ *f hayb* antilop

Antipathie /antipa'ti:/ *f* antipati, hoşlanmama, soğukluk duygusu, nefret duygusu

antippen /'antipın/ *trvt* parmakla dokunmak, (parmakla) hafifçe vurmak; (daktilo, klavye) tuşlarına vurarak yazmak

Antiquariat /antikva'rya:t/ *n* sahaflık; antikacılık

antiquiert /anti'kvi:rt/ *s* eskimiş, eski püskü, köhne

Antiquitäten /antikvi'te:tın/ *pl* antikiteler

Antiquitätenhändler /antikvi'te:tınhendlır/ *m* antikacı

Antiquitätensammler /antikvi'te:tınzamlır/ *m* antika meraklısı, antika eşya toplayan/biriktiren kişi

Antisemit/Antisemitin /antize'mi:t/antize'mi:tin/ *m/f* antisemit, Yahudi düşmanı

antisemitisch /antize'mi:tiş/ *s* Yahudi düşmanlığı ile ilgili

Antisemitismus /antizemi'tismus/ *m* antisemitizm, Yahudi düşmanlığı

Antisepsis /anti'zepsis/ *f hek* antisepsi

antiseptisch /anti'zeptiş/ *s* antiseptik, mikrop öldürücü, mikrop kırıcı

Antlitz /'antlits/ *n* yüz, çehre, sima

Antrag /'antra:k/ *m* öneri, önerge; dilekçe, arzuhal; talep, istek, arzu; teklif; *huk* şikâyet, iddia ***Antrag auf mündliche Verhandlung*** *huk* duruşma talebi ***Antrag bearbeiten*** başvuruyu işleme koymak ***Antrag stellen*** dilekçe vermek, başvuruda bulunmak ***einen Antrag stellen*** bir teklifte bulunmak, bir öneride bulunmak

Antragsformular /'antra:ksformula:r/ *n* dilekçe formu

Antragsteller /'antra:kştelır/ *m* öneri sahibi, teklif sahibi, öneren, teklif eden; başvuran; dilekçe sahibi

antreffen /'antrefın/ *trvt* rastgelmek, tesadüf etmek, denk gelmek

antreiben /'antraybın/ trvt/trvi sıraya girmek, dizilmek; hızlandırmak, acele ettirmek; itmek, dürtmek; *kon* özendirmek, teşvik etmek; işe koşmak; (motor) harekete geçirmek

antreten /'antre:tın/ *trvi* işe başlamak, memuriyete girmek, hizmete girmek, başlamak; sıraya girmek, dizilmek; *ask* taarruza geçmek; (istekte bulunmak amacıyla) birisine yaklaşmak; seyahate çıkmak; delil göstermek; adım atmaya başlamak; (idareyi) ele almak ***eine Erbschaft antreten*** mirasa konmak ***eine Stelle antreten*** bir göreve başlamak ***sich antreten*** sıraya geçmek, sıraya dizilmek

Antrieb /'antri:p/ *m* teşvik, tahrik, uyarma; harekete geçirici güç; dürtü, güdü; inisiyatif, teşebbüs ***aus eigenem Antrieb*** kendi isteğiyle, kendi rızasıyla

Antriebskraft /'antri:pskraft/ *m* işletme gücü; dürtü

Antriebswelle /'antri:psvelı/ *f* işletme mili, harekete geçirme mili

Antritt /'antrit/ *m* (işe) giriş, başlama; seyahate çıkış; sıralanma; başlangıç; (merdiven) ilk basamak; podyum; mirasa konma

Antrittsbesuch /'antritsbızu:h/ *m* ilk ziyaret

Antrittsrede /'antritsre:dı/ *f* açılış konuşması; göreve başlama nedeniyle yapılan konuşma

antun /'antu:n/ *trvt* etmek; hürmet göstermek; (birisine) kötülük yapmak; (elbise) giymek; cezbetmek; acı vermek ***jdm Ehre antun*** (birisine) saygı göstermek, hürmet etmek ***jdm etw antun*** birisine bir şey yapmak ***jdm Leid antun*** (birisine) acı vermek, acı çektirmek ***sich etw antun*** *kon* hayatına kastetmek ***sich Zwang antun*** kendini zorlamak

Antwort /'antvort/ *f* cevap, karşılık, karşılık verme, cevap verme

antworten /'antvortın/ *vt* cevap vermek, cevaplandırmak, karşılık vermek; ses vermek, seslenmek ***mit "ja" antworten*** olumlu cevap vermek ***mit "nein" antworten*** olumsuz cevap vermek

Antwortschreiben /'antvortşraybın/ *n* cevap yazısı, cevap mektubu

anvertrauen /'anfertrauın/ *trvt* (birisine) inanmak, güvenmek; sırrını açmak, açılmak; teslim etmek, emanet bırakmak ***anvertrauen bekommen*** emanet almak ***anvertrautes Gut*** emanet; vedia ***Geheimnis anvertrauen*** sırrını açmak ***jdm etw anvertrauen*** bir şeyi birisine emanet etmek ***sich jdm anvertrauen*** içini dökmek, açılmak

anvisieren /'anvizi:rın/ *trvt* nişan almak

anwachsen /'anvaksın/ *trvi* kök salmak; gelişip büyümek; artmak, çoğalmak; birleşmek

Anwalt /'anvalt/ *m* avukat, dava vekili; temsilci; sözcü

Anwaltsbüro /'anvaltsbüro:/ *n* avukat bürosu

Anwaltskammer /'anvaltskamır/ *f* baro, avukatlar barosu

Anwandlung /'anvandlung/ *f* kapris; heves, arzu, gelip geçici istek

Anwärter /'anvertır/ *m* aday, namzet; müracaatçı; *huk* iddia sahibi ***Anwärter sein auf*** (bir şeye) aday olmak, namzet olmak

anweisen /'anvayzın/ *trvt* emretmek, talimat vermek, direktif vermek; (para) havale etmek; maaş bağlamak; yer göstermek; (önceden) ayırmak, (adına) tahsis etmek ***angewiesen sein*** (bir şeye) muhtaç olmak, bağlı olmak

Anweisung /'anvayzunq/ *f* emir, talimat, direktif; (para) havale; açıklama, tarife; tembih

anwendbar /'anventba:r/ *s* kullanışlı ***anwendbares Recht*** ilgili yasa

anwenden /'anvendın/ *trvt* tatbik etmek, uygulamak; kullanmak, sarf etmek ***angewandter Unterricht*** uygulamalı ders

Anwender /'anvendır/ *m biliş* kullanıcı

Anwendung /'anvendung/ *f* tatbik, kullanma, uygulama ***Anwendung des Gesetzes*** kanunun uygulanması ***zur Anwendung bringen*** uygulamaya koymak, tatbik etmek

anwerben /'anverbın/ *trvi* iş vermek; angaje etmek; askere almak

Anwesen /'anve:zın/ *n* emlak, mülk, arazi, çiftlik

anwesend /'anve:zınt/ *s* mevcut, hazır

Anwesenheit /'anve:zınhayt/ *f* mevcut olma, mevcudiyet, bulunma, hazır olma, var olma

anwidern /'anvi:dırn/ *trvt* öğrendirmek, tiksindirmek; (birisini) bıktırmak, usandırmak

Anwohner /'anvo:nır/ *m* komşu, yakın oturan, bitişikte bulunan

Anzahl /'antsa:l/ *f* miktar, adet, sayı; birkaç

anzahlen /'antsa:lın/ *trvt* kaparo vermek; bir miktar vermek, bir kısmını ödemek, ilk taksidi vermek; pey vermek, avans vermek

Anzahlung /'antsa:lung/ *f* kaparo, pey, ön ödeme, ilk ödeme ***Anzahlungen von Kunden*** müşterilerden alınan avanslar

anzapfen /'antsapfın/ *trvt* (fıçı) delmek, delerek akıtmak, delik açmak; para koparmak; *kon* (kaçak olarak) elektrik çekmek; (kaçak olarak) başkasının telefonu dinlemek

Anzeichen /'antsayhın/ *n* işaret, alamet, belirti, iz, im, delil, emare; araz, belirti

anzeichnen /'antsayhnın/ *trvt* işaret koymak; resim yapmak; markalamak; not etmek, kaydetmek

Anzeige /'antsaygı/ *f* ihbar, bildiri, şikâyet; gazete ilanı; bilgi, haber; işaret, delalet; *hek* belirti, iz ***Anzeige erstatten*** ihbarda bulunmak, şikayette bulunmak

anzeigen /'antsaygın/ *trvt* ihbarda bulunmak, ihbar etmek; şikâyette bulunmak; göstermek, dalalet etmek; haber vermek, bildirmek; ilan etmek ***sich anzeigen*** varlığını bildirmek, bildirmek

anzetteln /'antsetıln/ *trvt* hazırlamak, tertiplemek; (dokunacak olan kumaşın ipini) tezgâha koymak ***Intrigen anzetteln*** *mec* dolap çevirmek, dümen çevirmek

anziehen /'antsi:ın/ *trvt* (birisini kendine) cezbetmek, çekmek; (kıyafet) giydirmek; (birisine bir şey) giydirmek; çekimlemek; (vida) sıkıştırmak; gererek çekmek; (kendine) dert edinmek, alınmak; *tek* salmastra kutusunu sıkıştırmak; iktibas etmek; *vi* koyulaşmak; güçlenmek; sertleşmek; kokusunu almak; başlamak; (fiyat) yükselmek, fırlamak; (tren) hareket etmek; yaklaşmak ***an etw anziehen*** (bir şeyi) sıkıştırmak; çekmek ***gut angezogen*** üstü başı düzgün, iyi kılıklı, iyi giyimli ***jdn anziehen*** (birisini) cezbetmek, çekmek ***sich anziehen*** giyinmek

anziehend /'antsi:ınt/ *s* çekici, cezbedici; cazip; sempatik, sevimli; enteresan, ilginç; büyülü

Anziehung /'antsi:ung/ *f* çekme, çekim, cezp, cezbetme, cazibe; sempati

Anziehungskraft /'antsi:ungskraft/ *f* cazibe, alım; yerçekimi; *fiz* çekme kuvveti

Anzug /'antsu:k/ *m* erkek elbisesi; kılık kıyafet, giyim eşyası, üst baş; yaklaşma; (bir yere) yerleşme; göçme; *ask* üniforma; (satranç) ilk taşı sürme ***im Anzug sein*** yaklaşmak

anzüglich /'antsü:klih/ *s* kinayeli, imalı; dokundurmalı; iki anlamlı; üstü kapalı; acı, sert; saldırgan

Anzüglichkeit /'antsü:klihkayt/ *f* kinaye, ima; dokundurma; kırıcı söz

anzünden /'antsündın/ *trvt* (bir şeyi) yakmak, tutuşturmak; (çakmağı) çakmak ***Zigarette anzünden*** sigarayı yakmak

anzweifeln /'antsvayfıln/ *trvt* (bir şeyden) şüphelenmek, tereddütlenmek; şüpheli saymak

Aorta /a'orta/ *f* aort, büyük atardamar

Apache/Apachin /a'paçı/a'paçin/ *m/f* apaçi, apaş

apart /a'part/ *s* hususi, özel, ayrı, mahsus, değişik, çekici

Apathie /apa'ti:/ *f* duygusuzluk, alakasızlık, umursamazlık, hissizlik, kayıtsızlık, apati

apathisch /a'pa:tiş/ *s* duygusuz, alakasız,

umursamaz, hissiz, kayıtsız, lakayt
Aperitif /aperi'ti:f/ *m* iştah açıcı, aperitif
Apfel /'apfıl/ *m bitk* elma; (yuvarlak) cisim; at gübresi
Apfelbaum /'apfılbaum/ *m* elma ağacı
Apfelmus /'apfılmu:s/ *n* elma marmeladı
Apfelsaft /'apfılzaft/ *m* elma suyu
Apfelsine /apfıl'zi:nı/ *f bitk* portakal
Apfelstrudel /'apfılştru:dıl/ *m* elmalı ştrudel
Apfelwein /'apfılvayn/ *m* elma şarabı
Aphorismus /afo'rismus/ *m* vecize, özdeyiş, aforizma
Apokalypse /apoka'lüpsı/ *f* apokalips; dehşet, felaket
apokalyptisch /apoka'lüptiş/ *s* apokaliptik; dehşet verici, felaket getirici
Apostel /a'postıl/ *m* havari; öncü, temsilci
Apostroph /apo'stro:f/ *m dilb* apostrof; kesme işareti
apostrophieren /apostro'fi:rın/ *vt* apostrof koymak, kesmek; iltifat etmek
Apotheke /apo'te:kı/ *f* eczane ***Apotheke mit Nachtdienst*** gece nöbetçi eczane
apothekenpflichtig /apo'te:kınpflihtih/ *s* yalnız eczanede satılabilen (ilaç)
Apotheker /apo'te:kır/ *m* eczacı
Apparat /apa'ra:t/ *m* cihaz, alet, araç, gereç, aparat, aygıt; *kon* karışık mekanizma ***am Apparat*** (telefonda) ben ... ***am Apparat bleiben*** (telefon) hatta kalmak
Apparatur /apara'tu:r/ *f* tertibat, tesisat, teçhizat
Appartement /apart'man/ *n* apartman dairesi; apartman
Appell /a'pel/ *m* çağrı, seslenme, çağırma, davet; *ask* yoklama; ikaz, ihtar; ilan; beyanname ***Appell abhalten*** *ask* yoklama yapmak
appellieren /ape'li:rın/ *vt* başvurmak, müracaat etmek; davet etmek
Appetit /ape'ti:t/ *m* iştah ***Appetit bekommen*** iştahı açılmak, iştahlanmak ***Guten Appetit!*** Afiyet olsun!
appetitanregend /ape'ti:tanre:gınt/ *s* iştah açıcı
appetitlich /ape'ti:tlih/ *s* iştah açıcı; *kon* çekici, arzu uyandırıcı
Appetitlosigkeit /ape'ti:tlo:zihkayt/ *f* iştahsızlık
Appetitzügler /ape'ti:ttsü:klır/ *m* iştah kesici
Applaus /a'plaus/ *m* alkış, el çırpma
approbiert /apro'bi:rt/ *s* diplomalı
Aprikose /apri'ko:zı/ *f bitk* kayısı, zerdali
April /a'pril/ *m* (ay) nisan
Aprilwetter /a'prilvetır/ *n* değişken hava, kararsız hava
apropos /apro'po:/ *be* yeri gelmişken, sırası gelmişken; yanı başında
Apsis /'apsis/ *f* pervaz, saçak
Aquamarin /akvama'ri:n/ *m mad* akvamaren, açık yeşil renkli değerli taş
Aquaplaning /akva'pla:ning/ *n* (ıslak zeminde) kayma
Aquarell /akva'rel/ *n* akvarel, sulu boya resmi
Aquarellfarbe /akva'relfarbı/ *f* suluboya
Aquarium /a'kva:ryum/ *n* akvaryum
Äquator /e'kva:tor/ *m* ekvator
äquatorial /ekvator'ya:l/ *s* ekvatoral
Äquivalent /ekviva'lent/ *n* bedel, karşılık
äquivalent /ekviva'lent/ *s* eşdeğer, benzer, muadil, denk
Ara /'a:ra/ *m hayb* Güney Amerika'ya özgü bir cins papağan, ara
Ära /'e:ra/ *f* çağ, devir
Araber /'arabır/ *m* Arap; arap atı
Arabeske /ara'beskı/ *f* arabesk; kıvrım
Arabien /a'ra:byın/ *tnz* Arabistan
arabisch /a'ra:biş/ *s* Arap, Arapla ilgili ***arabische Schrift*** Arap yazısı
Arbeit /'arbayt/ *f* (mesleki) iş, görev, hizmet, vazife, çalışma; zahmet, sıkıntı; alışveriş, meşgale; emek; yapıt, eser; *fiz* erg (güç, kuvvet ve mesafe ile elde edilen ölçü birimi); mayalanma, kabarma ***in Arbeit stehen*** çalışıyor olmak ***harte Arbeit*** ağır iş, zor iş
arbeiten /'arbaytın/ *vt* çalışmak, uğraşmak; (an) bir şey üzerinde çalışmak, bir konu hakkında çalışmak; (bei jdn) birisinin yanında çalışmak; (para) faiz getirmek; (makine) işlemek, çalışmak ***an etw arbeiten*** (bir şeyle) meşgul olmak
Arbeiter /'arbaytır/ *m* işçi, çalışan, emekçi, amele, ırgat
Arbeiterbewegung /'arbaytırbıve:gung/ *f* işçi hareketi
Arbeiterschaft /'arbaytırşaft/ *f* işçi(ler) sınıfı
Arbeitgeber /'arbaytge:bır/ *m* işveren, patron
Arbeitgeberverband /arbayt'ge:bırferbant/ *m* işveren birliği; işveren sendikası
Arbeitnehmer /'arbaytne:mır/ *m* işçi, çalı-

şan
Arbeitsamt /'arbaytsamt/ *n* iş ve işçi bulma kurumu
Arbeitsbeschaffung /'arbaytsbışafung/ *f* iş bulma; işsizlik sorununa karşı alınan tedbir
Arbeitsbeschaffungsmaßnahme /arbaytsbı'şafungsma:sna:mı/ *f* istihdam yaratma önlemi
Arbeitsgang /'arbaytsgang/ *m* iş safhası, iş gidişatı; iş sahası
Arbeitsgemeinschaft /'arbaytsgımaynşaft/ *f* işbirliği, çalışma grubu; kooperatif
Arbeitsgericht /'arbaytsgırih**t**/ *n* iş mahkemesi
Arbeitsgruppe /'arbaytsgrupı/ *f* iş grubu, çalışma grubu
Arbeitskampf /'arbaytskampf/ *m* iş anlaşmazlığı
Arbeitskraft /'arbaytskraft/ *f* çalışma gücü, işgücü; eleman, personel
Arbeitslager /'arbaytsla:gır/ *n* iş kampı
arbeitslos /'arbaytslo:s/ *s* işsiz
Arbeitslose(r) /'arbaytslo:zı(r)/ *m/f* işsiz
Arbeitslosengeld /'arbaytslo:zıngelt/ *n* işsizlik parası
Arbeitslosenhilfe /'arbaytslo:zın**h**ilfı/ *f* işsizlik yardımı
Arbeitslosenversicherung /'arbaytslo:zınferzi**h**ırung/ *f* işsizlik sigortası
Arbeitslosigkeit /'arbaytslo:zi**h**kayt/ *f* işsizlik
Arbeitsmarkt /'arbaytsmarkt/ *m* iş(çi) piyasası
Arbeitsplatz /'arbaytsplats/ *m* işyeri
Arbeitsschutz /'arbaytsşuts/ *m* iş güvenliği
Arbeitsspeicher /'arbaytsşpay**h**ır/ *m biliş* çalışma alanı, bellek
Arbeitsstelle /'arbaytsştelı/ *f* işyeri
Arbeitssuche /'arbaytszu:**h**ı/ *f* iş arama
Arbeitstag /'arbaytsta:k/ *m* iş günü, çalışma günü
Arbeitsteilung /'arbaytstaylung/ *f* işbölümü, iş tevziatı, iş paylaştırma
arbeitsunfähig /'arbaytsunfe:i**h**/ *s* sakat, iş göremez, malul
Arbeitszeit /'arbaytstsayt/ *f* iş zamanı, çalışma saatleri, iş müddeti
Arbeitszimmer /'arbaytstsimır/ *n* çalışma odası
archaisch /ar'**h**a:iş/ *s* arkayik, ilk çağa ait, ilk zamana ait
Archäologe /ar**h**eo'lo:gı/ *m* arkeolog
archäologisch /ar**h**eo'lo:giş/ *s* arkeolojik
Arche /'ar**h**ı/ *f* (sandık gibi) nehir kayığı ***Arche Noahs*** Nuh'un gemisi
Archipel /ar**h**i'pe:l/ *m* arşipel, takımada
Architekt/Architektin /ar**h**i'tekt/ar**h**i'tektin/ *m/f* mimar
Architektur /ar**h**itek'tu:r/ *f* mimarlık, yapı sanatı; yapı stili, yapı tarzı
Archiv /ar'**h**i:f/ *n* arşiv; evrak; evrakların düzenlenmesi; evrakların saklandığı yer, arşiv
Arena /a're:na/ *f* arena, savaş alanı, yarışma alanı
arg /arg/ *s* kötü, fena, berbat, rezil; büyük, azametli, pek, kuvvetli; ciddi, vahim, ağır ***arger Fehler*** ağır hata, büyük hata
Argentinien /argın'ti:nyın/ *tnz* Arjantin
argentinisch /argen'ti:niş/ *s* Arjantinli, Arjantin'le ilgili, Arjantin'e ait
Ärger /'ergır/ *m* kızgınlık, dargınlık; hiddet, öfke; birine kızma, hiddet; can sıkıcı olay
ärgerlich /'ergırli**h**/ *s* kızgın, kırgın, dargın; öfkeli, hiddetli, kızmış; canı sıkkın; hoşa gitmeyen
ärgern /'ergırn/ *vt* kızdırmak, sinirlendirmek, öfkelendirmek, darıltmak, hiddetlendirmek, çileden çıkarmak ***sich ärgern*** kızmak, sinirlenmek, öfkelenmek, darılmak ***sich über etw ärgern*** (bir şeye) kızmak, sinirlenmek ***sich über jdn ärgern*** (birisine) kızmak, sinirlenmek
Ärgernis /'ergırnis/ *n* kızgınlık, kırgınlık; rezalet, skandal, rezillik; can sıkıcı durum, üzücü durum
Arglist /'arglist/ *f* düzenbazlık, hilekârlık, üçkâğıtçılık; ardniyet, kötü niyet
arglistig /'arglisti**h**/ *s* hilekâr, üçkâğıtçı, düzenbaz; kötü niyetli, ardniyetli ***arglistige Täuschung*** hile, desise, dolap, dümen
arglos /'arglo:s/ *s* saf, avanak, çabuk kanan, temiz kalpli; hilesiz, saf, temiz; kötü niyet beslemeden, ardniyet gütmeden
Arglosigkeit /'arglo:zi**h**kayt/ *f* saflık, iyi niyetlilik; temiz kalplilik
Argument /argu'ment/ *n* kanıt, delil, ispat, ipucu, belge, argüman
Argumentation /argumenta'tsyo:n/ *f* delil gösterme, kanıt gösterme, belge sunma
argumentieren /argumen'ti:rın/ *vt* delil

göstermek, kanıt göstermek, belge sunmak; tartışmak

Argwohn /'arkvo:n/ *m* kuşku, şüphe, zan, evham, vesvese, işkil, güvensizlik ***mit Argwohn betrachten*** (bir şeyden) şüphelenmek ***Argwohn erregen*** (birisini) kuşkulandırmak ***Argwohn schöpfen*** şüphelenmek, şüpheye düşmek

argwöhnen /'arkvö:nın/ *vt* kuşku duymak, kuşkulanmak, şüphe duymak, işkillenmek

argwöhnisch /'arkvö:niş/ *s* kuşkulu, şüpheli, evhamlı, vesveseli, işkilli; alıngan, kuşkucu, şüpheci, evhamlı, güvensiz

Arie /'a:ryı/ *f müz* arya

Aristokrat /aristo'kra:t/ *m* asil, soylu, aristokrat; kibar insan, görmüş geçirmiş insan

Aristokratie /aristokra'ti:/ *f* asilzadeler sınıfı, soylular sınıfı, aristokrasi, üst tabaka; soylu

Arithmetik /arit'me:tik/ *f* aritmetik, hesap bilgisi, sayı bilgisi

arithmetisch /arit'me:tiş/ *s* aritmetik ***arithmetische Reihe*** aritmetik dizi, aritmetik sıra ***arithmetisches Mittel*** aritmetik ortalama

Arkade /ar'ka:dı/ *f* sıra kemerler, arkat; kavis

Arktis /'arktis/ *f* arktis, kuzey kutup bölgesi

arktisch /'arktiş/ *s* arktiş, kuzey kutbu ile ilgili

Arm /arm/ *m* kol; yan taraf, yan kol; şube, branş; (nehir) dal, kol; (elbise) kol ***Arm in Arm*** kol kola ***Arm in Arm gehen*** kol kola gitmek ***jdn auf den Arm nehmen*** *kon* birisiyle kafa bulmak, birisiyle alay etmek

arm /arm/ *s* fakir, yoksul; zavallı, biçare; gariban; züğürt, donsuz, beş parasız; az, kıt ***arm an Geist*** zekâ yoksulu ***arme Mutter*** zavallı anne ***der arme Sünder*** ölüme mahkûm kimse

Armaturenbrett /arma'tu:rınbret/ *n* alet tablosu, teçhizat tablosu

Armband /'armbant/ *n* bilezik

Armbanduhr /'armbantu:r/ *f* kol saati

Armbrust /'armbrust/ *f* zemberekli ok yayı, tatar yayı

Arme(r) /'armı(r)/ *m/f* yoksul, fakir; zavallı, gariban, biçare ***die Armen*** yoksullar, fakirler

Armee /ar'me:/ *f ask* ordu; yığın, kalabalık; çok sayıda

Ärmel /'ermıl/ *m* elbise kolu, kol; yen ***aus den Ärmel schütten*** (bir şeyi) kolayca yapmak, zorlanmadan yapmak

Ärmelkanal /'ermılkana:l/ *m* Manş denizi

Armenien /ar'me:nyın/ *tnz* Ermenistan

Armenier /ar'me:nyır/ *m* Ermeni, Ermenistanlı

armenisch /ar'me:niş/ *s* Ermeni, Ermeni'ye ait, Ermeni'ye özgü

Armenviertel /'armınfirtıl/ *n* kenar mahalle, banliyö

armieren /ar'mi:rın/ *vt* donatmak; teçhiz etmek, tahkim etmek; *ask* savaş durumuna getirmek; beton kullanmak

Armlehne /'armle:nı/ *f* dirseklik

Armleuchter /'armloy**h**tır/ *m* kollu şamdan; *hkr* geri zekâlı herif; kıt; perişan; çelimsiz, zayıf

ärmlich /'ermli**h**/ *s* muhtaç; fakir durumda; sefillik içinde

armselig /'armze:li**h**/ *s* zavallı, garip; biçare; sefil, düşkün; perişan; *hkr* alçak, adi

Armseligkeit /'armze:li**h**kayt/ *f* sefalet; perişanlık; acınacak durum; *hkr* alçaklık, adilik

Armut /'armu:t/ *f* fakirlik, yoksulluk, fukaralık; zavallılık; parasızlık, meteliksizlik ***geistige Armut*** zekâ fukaralığı

Armutszeugnis /'armu:tstsoygnis/ *n* fakirlik kâğıdı, fakirlik ilmühaberi

Arnika /'arnika/ *f bitk* arnika, öküzgözü

Aroma /a'ro:ma/ *n* güzel koku, ıtır, aroma, rayiha

aromatisch /aro'ma:tiş/ *s* güzel kokulu, ıtırlı, aromatik, rayihalı

Arrangement /aranj'man/ *n* hazırlama, tertip, düzenleme, terkip; anlaşma, uzlaşma; *müz* aranjman

arrangieren /aranj'ji:rın/ *vt* düzenlemek, tertip etmek, tanzim etmek; aranje etmek ***sich arrangieren*** uzlaşmak, anlaşmak

Arrest /a'rest/ *m* tevkif, tutuklama, hapis; *huk* ihtiyatı haciz; *ask* hücre hapsi; (okul) dışarı çıkma yasağı ***Arrest bei Wasser und Brot*** katıksız hapis

arrogant /aro'gant/ *s* küstah, kibirli

Arroganz /aro'gants/ *f* küstahlık, kibir; azamet, büyüklük

Arsch /arş/ *m* dip; kıç, arka; göt, kaba et; *kon* popo, paket, küfe, toto, kâse ***jdn in den Arsch kriechen*** *mec* (birisine yağcılık etmek, yaltaklanmak ***leck mich am Arsch*** *mec* sen benim kıçımı yala

Arsen /ar'ze:n/ *n kim* arsenik; zırnık

Arsenal /arze'na:l/ *n ask* mühimmat deposu, silahhane

Art /a:rt/ *f* usul, biçim, tarz, suret; çeşit çeşit, cins cins; nitelik, mahiyet; üslup; yaradılış, karakter; *biy* tür, cins; soy, ırk, kök; vasıf, nitelik; maliyet; takım, çeşit; benzer; gelenek, âdet; şekil, biçim; örnek, model ***Art und Weise*** tarz, biçim, usul; üslup ***auf diese Art*** böylelikle, bu tarzda, bu suretle ***aller Art*** her türlü ***eine Art von Frucht*** bir cins meyve ***es ist nicht meine Art*** bu benim tarzım değil ***Häuser aller Art*** her türlü ev

Artenschutz /'a:rtınşuts/ *m* nesli tükenmekte olan canlıları korumaya alma

Arterie /ar'te:ryı/ *f anat* atardamar, şiryan

arteriell /arte'ryel/ *s anat* atardamarla ilgili

Arterienverkalkung /ar'te:ryanferkalkung/ *f hek* atardamar sertleşmesi, arterioskleroz

Arteriosklerose /arteryoskle'ro:zı/ *f hek* atardamar sertleşmesi, arterioskleroz

Arthrose /ar'tro:zı/ *f hek* artroz

artig /'artih/ *s* akıllı, uslu, terbiyeli, efendi, laf dinleyen; kibar, nazik; sevimli, hoş, cana yakın; benzer, gibi

Artigkeit /'artihkayt/ *f* akıllılık, usluluk, terbiyelilik, laf dinleme; kibarlık, güler yüzlülük, nezaket; iltifat, kompliman

Artikel /ar'tikıl/ *m dilb* tanımlık, tanım edatı, artikel, ismin cinsiyetini belirten sözcük; madde, fıkra; (eşya) mal, çeşit, tip; (yazı) makale ***bestimmter Artikel*** *dilb* belirli artikel ***unbestimmter Artikel*** belirsiz artikel

Artikulation /artikula'tsyo:n/ *f* telaffuz, sesletim, hecelem; (ses) boğumlanma, eklemlenme; *anat* eklem; *hek* diş kilitlenmesi; *müz* sesin birleşmesi ve ayrılması

artikulieren /artiku'li:rın/ *vt* telaffuz etmek, sesletmek, hecelemek; *dilb* boğumlanmak, eklemlenmek; *hek* diş kilitlenmek ***sich gut artikulieren*** iyi konuşmak, iyi laf yapmak

Artillerie /artilı'ri:/ *f ask* topçu, topçu sınıfı ***zur Artillerie kommen*** *ask* topçuya ayrılmak, topçu olmak ***schwere Artillerie*** *ask* ağır topçu

Artischocke /arti'şokı/ *f bitk* enginar

Artist /ar'tist/ *m* artist, cambaz; konusunda usta

artistisch /ar'tistiş/ *s* artistik; sanatla ilgili, sanatsal

Arznei /a:rts'nay/ *f* ilaç, em, deva, derman, çare

Arzneimittel /a:rts'naymitıl/ *n* ilaç; tıbbi ecza

Arzneipflanze /a:rts'naypflantsı/ *f* şifalı bitki; ilaç yapımında kullanılan bitki

Arzt /artst/ *m* hekim, doktor, tabip ***praktischer Arzt*** pratisyen hekim ***zum Arzt gehen*** doktora gitmek

Ärztin /'e:rtstin/ *f* kadın doktor, kadın hekim, hekime

ärztlich /'e:rtstlih/ *s* tıbbi ***ärztlich untersucht werden*** doktor tarafından muayene edilmek ***ärztliche Behandlung*** tıbbi tedavi ***ärztliche Untersuchung*** tıbbi muayene ***ärztlicher Befund*** *hek* tıbbi teşhis ***ärztliches Attest*** doktor raporu, sağlık raporu

Arztpraxis /'artstpraksis/ *f* tababet, hekimlik

Asbest /as'best/ *m mad* asbest, ateşe dayanan madde, kayalifi, amyant

aschblond /'aşblont/ *s* kül sarısı, açık sarışın

Asche /'aşı/ *f* kül; *mad* taşlaşmış toprak ***in Asche legen*** küle çevirmek, kül etmek, yakmak ***sich mit Aschen bedecken*** küllenmek

Äsche /'eşı/ *f hayb* gölgebalığı

Aschenbecher /'aşınbehır/ *m* sigara tablası, kül tablası, küllük

Aschenputtel /'aşınputıl/ *n* külkedisi; Sinderella

Aschermittwoch /aşır'mitvoh/ *m* (karnavalda) perhiz çarşambası

aschfahl /'aş'fa:l/ *s* kül rengi; küllü

aseptisch /a'zeptiş/ *s* aseptik, mikropsuz, steril

Aserbaidschan /azerbai'dşa:n/ *n* Azerbaycan

Asiat /azi'a:t/ *m* Asyalı

asiatisch /azi'a:tiş/ *s* Asya ile ilgili, Asya'ya özgü, Asyalı

Asien /'a:zyın/ *tnz* Asya kıtası

Askese /as'ke:zı/ *f* dervişlik, çilekeşlik; dünyadan elini eteğini çekme

Asket /as'ke:t/ *m* dervişlik eden, çilekeşlik eden, münzevi

asketisch /as'ke:tiş/ *s* dervişlik/çilekeşlik/münzevilik ile ilgili

asozial /'a:zotsya:l/ *s* toplum düşmanı,

topluma karşıt, asosyal; toplum yaşamına aykırı
Aspekt /a'spekt/ *m* görünüm, görünüş, manzara, görünen taraf; *dilb* karmaşık fiil, fiilinin görünüşü; *gökb* gezegenlerin birbirine karşı olan durumu
Asphalt /as'falt/ *m* asfalt
asphaltieren /asfal'ti:rın/ *vt* asfaltlamak
Aspirant/Aspirantin /aspi'rant/aspi'rantin/ *m/f* aday, namzet
Aspirin /aspi'ri:n/ *n* aspirin
Assimilation /asimila'tsyo:n/ *f* intibak, uyma, benzetme; özümseme, gıda emilimi; asimilasyon, başka bir ulusa katılıp kaynama; benzeşme, temsil; *dilb* iki sesin benzeşmesi
assimilieren /asimi'li:rın/ *vt* özümlemek, emmek; temsil etmek; *dilb* benzeştirmek; uydurmak, intibak ettirmek; asimile etmek; benzetmek
Assistent /asis'tent/ *m* asistan, yardımcı, muavin
Assistenzarzt/Assistenzärztin /asis'tentsartst/asis'tentse:rtstin/ *m/f* asistan hekim, yardımcı hekim, stajyer hekim
assistieren /asis'ti:rın/ *vt* asiste etmek, yardımcılık etmek, asistanlık etmek
Assoziation /asotsya'tsyo:n/ *f* çağrışım; ortaklık; *gökb* oymak
assoziieren /asotsi'i:rın/ *vt* ortak etmek, birleştirmek; yakınlaştırmak, komşulaştırmak
Assyrer /a'sü:rır/ *m* Asurlu
assyrisch /a'sü:riş/ *s* Asurlu, Asur'a özgü, Asur'la ilgili, Asur; Asurca ***das Assyrische Reich*** Asur imparatorluğu
Ast /ast/ *m* dal, büyük ağaç dalı; budak; şube, dal, kol, bölüm; kambur ***einen Ast haben*** kamburu olmak
Aster /'astır/ *f bitk* yıldızçiçeği
Ästhet/Ästhetin /es'te:t/es'te:tin/ *m/f* estetikçi
ästhetisch /es'te:tiş/ *s* estetikle ilgili, estetik
Asthma /'astma/ *n hek* astım, nefes darlığı, göğüs darlığı
Asthmaanfall /'astmaanfal/ *m hek* astım krizi
asthmatisch /ast'ma:tiş/ *s hek* astımlı, tıknefes
Astrologie /astrolo'gi:/ *f* astroloji; yıldız falı, müneccimlik
astrologisch /astro'lo:giş/ *s* astrolojik; müneccimlikle ilgili
Astronaut /astro'naut/ *m* astronot, kozmonot, uzay adamı
Astronautik /astro'nautik/ *f* astronotik
Astronom /astro'no:m/ *m* astronomi bilgini, gökbilimci, astronom
Astronomie /astrono'mi:/ *f* gökbilimi, astronomi
astronomisch /astro'no:miş/ *s* astronomik, gökbilimsel ***astronomische Preise*** astronomik fiyat, fahiş fiyat
Asyl /a'zü:l/ *n* sığınacak yer, sığınak, barınak; yurt, vatan ***um Asyl bitten*** sığınma hakkı istemek, iltica istemek
Asylant /azü'lant/ *m* sığınmacı, ilticacı
Asylantrag /a'zü:lantra:k/ *m* iltica dilekçesi
Asylbewerber /a'zü:lbıverbır/ *m* iltica dilekçesi sahibi, *kon* ilticacı
Asylrecht /a'zü:lreht/ *n* sığınma hakkı, iltica hakkı
asymmetrisch /'azüme:triş/ *s* asimetrik, simetrik olmayan, bakışımsız
Aszendent /astsen'dent/ *m huk* usül
Atelier /atıl'ye:/ *n* atelye, imalathane, tezgâh
Atem /'a:tım/ *m* nefes, solunum, soluk, teneffüs; *kon* esinti, hava ***Atem holen*** nefes almak, soluk almak ***außer Atem*** nefes nefese, soluk soluğa ***den Atem anhalten*** nefesini tutmak ***in einem Atem*** bir nefeste, bir solukta, bir çırpıda ***tief Atem holen*** derinden nefes almak ***zu Atem kommen*** nefes almak, ferahlamak, oh çekmek
atemberaubend /'a:tımbıraubınt/ *s* soluk kesici, çok heyecanlı, baş döndürücü
Atembeschwerden /'a:tımbışve:rdın/ *pl hek* göğüs darlığı, nefes darlığı
atemlos /'a:tımlo:s/ *s* nefessiz, cansız; nefesi kesilmiş bir durumda
Atemnot /'a:tımno:t/ *f* nefes darlığı, nefes tıkanıklığı; astım
Atempause /'a:tımpauzı/ *f* istirahat, mola, ara, teneffüs; soluklanma
Atemwege /'a:tımve:gı/ *pl hek* solunum yolları, nefes yolları
Atemzug /'a:tımtsu:k/ *m* nefes alma, bir nefes ***letzter Atemzug*** son nefes
Atheismus /ate'ismus/ *m* ateizm, tanrıtanımazlık, tanrısızlık
Atheist/Atheistin /ate'ist/ate'istin/ *m/f* ateist, tanrıtanımaz
atheistisch /ate'istiş/ *s* ateist, tanrısız

Äther /'e:tır/ *m* gökyüzü, hava, (hava) esir tabakası; *kim* eter, lokmanruhu
ätherisch /e'te:riş/ *s* çok güzel; zarif, ince; hassas, duygulu, nazik; semavi, göksel; *kim* uçucu ***ätherische Öle*** *kim* uçucu yağlar
Äthiopien /e'tio:pyın/ *tnz* Etiyopya
Äthiopier /e'tyo:pyır/ *m* Etiyopyalı
äthiopisch /e'tyo:piş/ *s* Etiyopya, Etiyopyalı
Athlet /at'le:t/ *m* gücü kuvveti yerinde adam; *sp* atlet
Athletik /at'le:tik/ *f* atletizm
athletisch /at'le:tiş/ *s* güçlü kuvvetli; kaslı; adaleli; atletik yapılı
Äthylalkohol /e'tü:lalkoho:l/ *m kim* etilalkol
Atlantik /at'lantik/ *m* Atlantik okyanusu, Atlantik denizi
atlantisch /at'lantiş/ *s* Atlantik ***atlantischer Ozean*** Atlantik Okyanusu
Atlas /'atlas/ *m coğ* atlas, coğrafya atlası, yer haritaları topluluğu; *hek* atlas kemiği; atlas ipeği, saten; *hayb* atlas kelebeği
atmen /'a:tmın/ *vi* nefes almak, teneffüs etmek, soluk almak, solunmak; soluk alıp vermek; soluklanmak; üflemek; *vt* saçmak, yaymak ***Tief atmen*** derin derin nefes almak
Atmosphäre /atmos'fe:rı/ *f* atmosfer, havaküre; *tek* atmosfer; *kon* ortam, çevre, atmosfer, hava ***freundschaftliche Atmosphäre*** arkadaşça ortam, dostane ortam
atmosphärisch /atmos'fe:riş/ *s* atmosferik, atmosferle ilgili ***atmosphärischer Druck*** *fiz* atmosfer basıncı
Atmung /'a:tmung/ *f* solunum, teneffüs
Atoll /a'tol/ *n* mercanada, atol
Atom /a'to:m/ *n kim* Atom; zerre, küçük parça
atomar /ato'ma:r/ *s* atomik, nükleer, atomla ilgili
Atombombe /a'to:mbombı/ *f* atom bombası, nükleer bomba
Atomenergie /a'to:menergi:/ *f* atom enerjisi
Atomforschung /a'to:mforşung/ *f* atom araştırmaları
Atomgegner /a'to:mge:gnır/ *m* atom santrali karşıtı
Atomkern /a'to:mkern/ *m* atom çekirdeği
Atomkraft /a'to:mkraft/ *f* atom enerjisi, nükleer enerji
Atomkraftwerk /a'to:mkraftverk/ *n* atom reaktörü, nükleer reaktör
Atomkrieg /a'to:mkri:k/ *m* nükleer savaş, atom savaşı
Atomreaktor /a'to:mreaktor/ *m* atom reaktörü, nükleer reaktör
Atomtest /a'to:mtest/ *m* atom testi
Atomwaffe /a'to:mvafı/ *f* atom silahı, nükleer silah
Atomzeitalter /a'to:mtsaytaltır/ *n* atom çağı
Attacke /a'takı/ *f* hücum, taarruz; süvari hücumu; tecavüz; *hek* nöbet
Attentat /atın'ta:t/ *n* suikast, öldürme teşebbüsü
Attentäter /atın'te:tır/ *m* suikastçı
Attest /a'test/ *n* sağlık raporu, tıbbi rapor; belge; tasdikname
attestieren /ates'ti:rın/ *vt* sağlık raporu vermek; onaylamak, tasdik etmek; belge vermek
Attraktion /atrak'tsyo:n/ *f* atraksiyon; en ilgi çekici hareket, en önemli hareket; cazibe, çekme ***touristische Attraktion*** turistik yer
attraktiv /atrak'ti:f/ *s* cazip, çekici, cezbedici
Attrappe /a'trapı/ *f* yanıltmaca, aldatmaca, yutturmaca, taklit; *kon* tuzak; kapan
Attribut /atri'bu:t/ *n dilb* niteleme sıfatı, belirtme sıfatı; alamet; vasıf; ayırıcı özellik; sembol, işaret
ätzen /'etsın/ *vt* tahrip etmek, aşındırmak; asitle yakmak; ateşle dağlamak; *hek* katerize etmek, dağlamak; asitlendirmek, kezzaplamak
ätzend /'etsınt/ *s kim* aşındırıcı, yakıcı; *kon* sıkıcı, iğrenç, bıktırıcı, korkunç
au /au/ *ünl* ah!, vah!, ay!, vay!, of!, aman!
Aubergine /ober'ji:nı/ *f bitk* patlıcan
auch /auh/ *bağ* de, da, dahi, keza, hakeza; hatta, bile ***auch das noch!*** bir bu eksikti! ***auch immer*** her nereye, her nerede ***auch wenn*** bile olsa, ise de ***nicht nur ... sondern auch ...*** yalnız ... değil aynı zamanda ... ***oder auch*** veyahut da ***sogar er auch*** hatta o bile ***sowohl ... als auch*** hem ... hem de ... ***und auch*** bir de ***was auch immer*** ne olursa olsun ***wer auch immer*** kim olursa olsun ***wenn es auch so ist*** öyleyse de ***wie dem auch sei*** ne olursa olsun
Audienz /au'dyents/ *f* huzura kabul, gö-

rüşme, kabul ***Audienz beim Präsidenten*** başkanın huzuruna çıkmak ***eine Audienz erteilen*** huzuruna kabul etmek

audiovisuell /audyovizu'el/ *s* görsel işitsel, audiovizuyel ***audiovisuelle Ausbildung*** görsel-işitsel eğitim

auf /auf/ *ilg* üzerinde, üstünde; üzerine, üstüne; -de, -da, -a, -e, -ya, -ye, -e doğru; sırasında, esnasında; peş peşe; (dükkan, radyo, ışık, vs.) açık; harekete geçme; *dilb* ayrılan fiillerde ön takı ***auf!*** ayağa kalk!, kalk! ***auf dass*** ta ki, amacıyla; -sın diye ***auf dein Wohl!*** şerefine!, sağlığına! ***auf dem Laufenden*** güncel ***auf dem Tisch*** masanın üstünde ***auf den neuesten Stand bringen*** güncelleştirmek ***auf den Tisch*** masanın üstüne ***auf Deutsch*** Almanca olarak ***auf einmal*** aniden, birden bire, ansızın ***auf Entschädigung klagen*** *huk* tazminat davası açmak ***auf halbem Weg*** yarı yolda; ortada ***auf halbmast setzen*** bayrağı yarıya indirmek ***auf kurze Zeit*** kısa bir süre için ***auf Lebenszeit*** kaydı hayat şartıyla ***auf mich zu*** benden yana, bana doğru ***auf sein*** açık olmak; uyumamak, yatmamak ***auf sein Recht verzichten*** hakkından feragat etmek ***auf Strand setzen*** *den* (gemi) karaya oturtmak ***auf und ab*** bir aşağı bir yukarı; ara sıra ***auf und davon gehen*** kaçmak, tüymek, sıvışmak ***auf verlangen*** talep üzerine, istendiğinde ***auf Wiedersehen*** Allahaısmarladık; güle güle ***auf zehn Uhr*** saat 10'da ***Steh auf!*** ayağa kalk!

aufarbeiten /'aufarbaytın/ *trvt* (elbise) onarmak; tamamlamak, bitirmek; kullanıp bitirmek ***sich aufarbeiten*** çok çalışarak işinde yükselmek, notu yükselmek

aufatmen /'aufa:tmın/ *trvi kon* derin bir nefes almak, oh çekmek, sıkıntıdan/tasadan kurtulmak, yüreğine su serpilmek

aufbacken /'aufbakın/ *trvt* fırında tekrar pişirmek

aufbahren /'aufba:rın/ *trvt* tabuta koymak, tabutta yüzünü göstermek; katafalka koymak

Aufbahrung /'aufba:rung/ *f* cenazeyi katafalka koyma

Aufbau /'aufbau/ *m* kurma, kuruluş; organizasyon; inşa etme; yapı, bina, tesis, kuruluş; teşkil, teşekkül; *oto* şasi, karoseri; üst kısım; *tiy* dekor; kalkınma, yeniden yapma; *tek* montaj; kompozisyon; *den* üst güverte kamaraları

aufbauen /'aufbauın/ *trvt* kurmak, tanzim etmek; yapmak, inşa etmek; yükseltmek; (ev) kat çıkmak; teşkil etmek, tertip etmek; *tek* montaj yapmak, monte etmek; planlaştırmak; imar etmek ***sich aufbauen*** (auf) (bir şeye) dayanmak; (vor jdm) diklenmek, kafa tutmak, posta koymak, kendini geliştirmek

aufbauschen /'aufbauşın/ *trvt* şişirtmek, kabartmak; mübalağa yapmak, abartmak, 3'ü 5 yapmak; (durduk yerde) iş çıkarmak

aufbegehren /'aufbıge:rın/ *trvi* isyan etmek, ayaklanmak; sinirlenmek; karşı gelmek; kafa tutmak; söylenmek

aufbekommen /'aufbıkomın/ *trvt* açmayı başarmak; görev almak

aufbereiten /'aufbıraytın/ *trvt* hazırlamak, hazır hale getirmek; işlemek

Aufbereitung /'aufbıraytung/ *f* hazırlama, hazır hale getirme; işleme

aufbessern /'aufbesırn/ *trvt* düzeltmek, iyileştirmek, ıslah etmek; (maaş, fiyat) artırmak, yükseltmek, çoğaltmak; terfi etmek

aufbewahren /'aufbıva:rın/ *trvt* saklamak, (bir yere) kaldırmak, itina ile saklamak; hatıra olarak saklamak; emanet bırakmak

Aufbewahrung /'aufbıva:rung/ *f* saklama, kaldırma; emanet

aufbieten /'aufbi:tın/ *trvt ask* silah altına almak; davet etmek; resmen ilan etmek, resmen bildirmek; askıya çıkarmak; sarf etmek, harcamak, kullanmak; toplamak ***Soldaten aufbieten*** asker göndermek

aufbinden /'aufbindın/ *trvt* (düğüm) çözmek; demet yapmak, yukarıya doğru bağlamak; *kon* kandırmak, aldatmak, yutturmak

aufblähen /'aufble:ın/ *trvt* şişirmek, kabartmak ***sich aufblähen*** şişmek, kabarmak; *kon* hava atmak

aufblasbar /'aufblasbar/ *s* şişirme, şişirilebilir

aufblasen /'aufbla:zın/ *trvt* üfürerek şişirmek, üfürmek, üflemek; *ask* boru çalarak kaldırmak ***aufgeblasene Frau*** kibirli kadın ***sich aufblasen*** şişmek, kabarmak; *kon* hava atmak

aufbleiben /'aufblaybın/ *trvi* sabahlamak, uyanık kalmak; (kapı) açık kalmak ***lange aufbleiben*** geç vakte kadar uyanık kalmak

aufblenden /'aufblendın/ *trvt oto* farları açmak, farları yakmak

aufblicken /'aufblikın/ *trvi* (başını kaldırarak) yukarıya doğru bakmak; *kon* saygı duymak

aufblitzen /'aufblitsın/ *trvi* birdenbire parlamak, çakmak, yanmak; (aniden) aklına gelmek, kafası çakmak

aufblühen /'aufblü:ın/ *trvi* (çiçek) açılmak, gelişmek; sivrilmek; (etraf) şenlenmek

aufbrauchen /'aufbrau**h**ın/ *trvt* sarf etmek, tüketmek, kullanarak/yiyerek bitirmek

aufbrausen /'aufbrauzın/ *trvi* kızmak, hiddetlenmek, öfkelenmek; galeyana gelmek, coşmak, dolduruşa gelmek; kaynamak

aufbrechen /'aufbre**h**ın/ *trvt* kırarak açmak, kırmak, parçalamak; zorlamak; (hayvan) karnını yarmak; tarla açmak; *trvi* (çiçek, vs) açılmak; (yara, sivilce) patlamak, fışkırmak; yola koyulmak ***sich aufbrechen*** patlamak; açılmak

aufbringen /'aufbringın/ *trvt* açmayı başarmak; meydana getirmek, ortaya çıkarmak; bir araya getirmek; uydurmak; icat etmek; temin etmek, tedarik etmek; (asker) toplamak; müsadere etmek, taciz etmek; bulmak, sağlamak, temin etmek; kızdırmak, sinirlendirmek; lanse etmek; büyütmek, yetiştirmek ***ein Gerücht aufbringen*** laf çıkarmak, dedikodu yaymak ***eine Mode aufbringen*** moda açmak, moda yaratmak ***Geld aufbringen*** para bulmak ***Verständnis für etw aufbringen*** bir şeyi anlayabilmek

Aufbruch /'aufbru**h**/ *m* hareket etme, ayrılma, yola koyulma; kalkınma, gelişme; (av hayvanı) bağırsakları

aufbrühen /'aufbrü:ın/ *trvt* kaynar su katarak hazırlamak

aufdecken /'aufdekın/ *trvt* (bir şeyin) örtüsünü kaldırmak, örtüsünü örtmek; üstüne koymak; yaymak; keşfetmek, bulmak, ortaya çıkarmak; sofrayı hazırlamak ***ein Geheimnis aufdecken*** bir sırrı ortaya çıkarmak

aufdrängen /'aufdrengın/ *trvt* zorla kabul ettirmek, zorlayarak sunmak ***sich aufdrängen*** (birisine) takılmak, asılmak, sulanmak; içine doğmak; kuşkuya düşmek

aufdrehen /'aufdre:ın/ *trvt* çevirerek açmak, (musluk, ip, kol) açmak; (saat) kurmak; gaz vermek; (vida) gevşetmek; *vi den* rotayı rüzgâra doğru çevirmek; keyiflenmek, neşelenmek

aufdringlich /'aufdringli**h**/ *s* sırnaşık, sulu, cıvık, gayri ciddi; küstah; sıkıcı, rahatsızlık verici ***aufdringlich werden*** yılışmak

Aufdringlichkeit /'aufdringli**h**kayt/ *f* yılışıklık, cıvıklık, sululuk, gayri ciddilik; küstahlık; sıkıcılık

Aufdruck /'aufdruk/ *m* başlık, antet; basma, tab; basma yazı, metin; (pul) sürşarj

aufeinander /aufayn'andır/ *be* birbiri üstüne, birbiri ardına; üst üste, ardı ardına

Aufenthalt /'aufent**h**alt/ *m* oturma, ikamet; durma, dinlenme, mola verme, duraklama; rötar, gecikme, intika ***Aufenthalt nehmen*** ikamet etmek, oturmak ***ohne Aufenthalt*** duraklamaksızın, durmaksızın

Aufenthaltsgenehmigung /'aufent**h**altsgıne:migung/ *f* oturum izni, oturma izni, ikamet izni

Aufenthaltsort /'aufent**h**altsort/ *m* ikametgâh, oturulan yer

Aufenthaltsraum /'aufent**h**altsraum/ *m* lokal, dinlenme yeri

auferlegen /'auferle:gın/ *trvt* (birisine) zorla kabul ettirmek, yüklemek; vergi salmak; cezaya çarptırmak; *huk* mükellef tutmak, sorumlu saymak ***Strafe auferlegen*** ceza vermek ***Verpflichtung auferlegen*** sorumluluk yüklemek

Auferstehung /'auferşte:ung/ *f* yeniden dirilme, hortlama; reenkarnasyon

aufessen /'aufesın/ *trvt* hepsini yemek, yiyip bitirmek, tabağı silip süpürmek; sömürmek; tırpanlamak; haklamak, paklamak

auffahren /'auffa:rın/ *trvt* taşıt ile toprak taşımak; masaya dizmek; terslemek; dökmek; *ask* topları yerine dizmek; *vi* göğe çıkmak, yükseğe çıkmak; öfkelenmek; hiddetlenmek, içi içine sığmamak; silkinmek; yerinden fırlamak, havaya sıçramak; (gemi) karaya oturmak; (araç) çarpmak, çarpışmak; *ask* mevziye yerleştirmek; sıçrayarak u-

yanmak
Auffahrt /'auffa:rt/ *f* rampa yukarı çıkan yol, yokuş yukarı çıkan yol, rampa; yukarı doğru çıkış; göğe çıkış, miraç; havalanma; giriş yolu
Auffahrunfall /'auffa:runfal/ *m oto* arkadan çarpma
auffallen /'auffalın/ *trvi* gözüne çarpmak, dikkatini çekmek; (bir şeyin) üzerine düşmek; (ışık) düşmek, çarpmak
auffallend /'auffalent/ *s* göze çarpan, gösterişli, göze batan, dikkati çeken, tuhaf, acayip, garip
auffällig /'auffeli**h**/ *s* göze çarpan, gösterişli, göze batan, dikkati çeken, tuhaf, acayip, garip
Auffälligkeit /'auffeli**h**kayt/ *f* göze çarpma, göze batma, dikkati çekme, alışılmamışlık
auffangen /'auffangın/ *trvt* tutmak, yakalamak; ele geçirmek; savuşturmak, uzaklaştırmak, defetmek; biriktirmek; ele geçirmek, zaptetmek; *kon* göğsünü siper etmek
Auffanglager /'auffangla:gır/ *m* toplama kampı
auffassen /'auffasın/ *trvt* anlamak, kavramak; telakki etmek, saymak; sıraya dizmek; almak, tutmak
Auffassung /'auffasung/ *f* anlayış, kavrayış; görüş, fikir, kanı, ide; mantalite, zihniyet; düşünce farkı
Auffassungsgabe /'auffasugsga:bı/ *f* anlama yeteneği, kavrama yeteneği, idrak melekesi
auffinden /'auffindın/ *trvt* arayıp bulmak, kaybolmuş bir şeyi bulmak
auffordern /'auffordırn/ *trvt* davet etmek; *ask* celp etmek; ihtar etmek; emretmek; talep etmek, istemek; (dansa) kaldırmak, davet etmek ***jdn zum Tanz auffordern*** birisini dansa kaldırmak
Aufforderung /'auffordırung/ *f* davet, çağrı; emir; talep, istek; ihtar
aufforsten /'aufforstın/ *trvt* ağaçlandırmak, yeniden orman haline getirmek, ağaçsız bir yere fidan dikmek
Aufforstung /'aufforstung/ *f* ağaçlandırma, fidan dikme
auffressen /'auffresın/ *trvt* (hayvan) yiyip bitirmek, hepsini yiyip bitirmek; içten içe kendini yemek; *kon* çok işi olmak
auffrischen /'auffrişın/ *trvt* yenilemek, tazelemek; canlandırmak, güçlendirmek, kuvvetlendirmek; serinletmek
aufführen /'auffü:rın/ *trvt* yapmak; inşa etmek, (duvar) örmek, kurmak; (şahit) göstermek; (piyes) temsil etmek, sahneye koymak, oynamak; hesaba kaydetmek, hesaba geçirmek; (toprak) yığmak; *müz* çalmak, icra etmek ***sich aufführen*** davranmak, hareket etmek ***sich unverschämt aufführen*** utanmazca davranmak ***Theaterstück aufführen*** tiyatro oyununu sahneye koymak
Aufführung /'auffü:rung/ *f* oyun; seans, temsil; davranış
auffüllen /'auffülın/ *trvt* eklemek, tamamlamak; (şişe, vs) doldurmak; (çukur) doldurmak, doldurarak kapatmak
Aufgabe /'aufga:bı/ *f* vazife, ödev, görev; problem, mesele; maksat, gaye, hedef; postalama, postaya verme; istifa, terk, feragat; bırakma, vazgeçme; *sp* pes etme ***Aufgabe des Besitzes*** *huk* zilyetliğin terki ***Aufgabe eines Rechtes*** vazgeçme, feragat ***Aufgabe vollbringen*** üstesinden gelmek; başarmak, alt etmek; yerine getirmek, ifa etmek ***Aufgabe zuweisen*** atamak, tayin etmek; tahsis etmek, bütçe ayırmak ***sich etw zur Aufgabe machen*** (bir şeyi) görev edinmek
Aufgabenbereich /'aufga:bınbıray**h**/ *m* görev sahası, görev alanı
Aufgabengebiet /'aufga:bıngıbi:t/ *n* görev yeri, vazife yeri
Aufgang /'aufgang/ *m* çıkış merdiveni, yukarıya götüren yol, çıkış, yükseliş; doğma, doğuş, ortaya çıkma; doğu; yasak avlanma
aufgeben /'aufge:bın/ *trvt* yollamak, sevk etmek; postalamak, postaya vermek; sipariş etmek; ilan vermek; teslim etmek, emanet etmek; vazgeçmek, bırakmak, terk etmek; iş yüklemek, iş vermek; (iş) istifa etmek, çekilmek, ayrılmak, bırakmak; yaşama ümidi kalmamak; umudu kesmek; el çekmek; yarı yolda bırakmak; *sp* pes etmek; caymak; peşini bırakmak; *ask* mevziyi terk etmek; *tek* (fırına) kömür atmak, doldurmak ***die Hoffnung aufgeben*** ümidini kırmak ***jdm eine Aufgabe aufgeben*** (birisine) görev vermek
aufgeblasen /'aufgıbla:zın/ *s* kendini beğenmiş, kibirli; burnu büyük; tafracı; ap-

tal, aptalca; fodul; gergin, kabarık, kabarmış
Aufgeblasenheit /'aufgıbla:zınhayt/ *f* kibirlilik, kasıntılı olma
Aufgebot /'aufgıbo:t/ *n huk* resmen ilan etme; duyurma, bildirme, ilan etme; askıya çıkarma; *ask* silah altına çağırma; (spor) kadro, aday kadro
aufgebracht /'aufgıbraht/ *s* sinirli, kızgın, hiddetli, öfkeli; gasp edilmiş, ele geçirilmiş
aufgedonnert /'aufgıdonırt/ *s* zevksiz giyinmiş, takıp takıştırarak giyinmiş; süslü püslü; cafcaflı; allı pullu
aufgedreht /'aufgıdre:t/ *s* heyecanlı, neşeli
aufgedunsen /'aufgıdunzın/ *s* kabarmış, şişkin, kabarık
aufgehen /'aufge:ın/ *trvi* (çiçek, yara, vs.) açmak, açılmak; (güneş) doğmak, yükselmek; kabarmak; çözülmek; dağılmak; sökülmek, açılmak; (buz) erimek, çözülmek; (saç) dağılmak; anlamaya başlamak, dank etmek; (hesap) tamam gelmek, denk gelmek; *mat* kesirsiz bölünmek, tam bölünmek; (süre) sürmek; (av) başlamak; tamamen yanmak, yanıp kül olmak; içine karışıp gitmek, içinde yok olmak ***die Sonne geht auf*** güneş doğuyor ***in Flammen aufgehen*** alev alev yanmak
aufgeklärt /'aufgıkle:rt/ *s* alim, aydın, bilgili; modern, çağdaş; aydınlanmış, öğrenmiş, eğitimli; peşin fikirli olmayan
aufgelegt /'aufgıle:kt/ *s* şen, neşeli, şen şakrak, keyifli; bırakılmış, (bir yere) konmuş; ortada, meydanda, açıkta ***gut aufgelegt sein*** neşeli olmak, keyfi yerinde olmak ***schlecht aufgelegt sein*** neşesiz olmak, keyfi kaçmış olmak ***zu etw aufgelegt sein*** hevesli olmak, istekli olmak
aufgeräumt /'aufgıroymt/ *s* tertipli, düzenli, derli toplu; neşeli, keyifli ***aufgeräumt sein*** keyifli olmak, neşeli olmak
aufgeregt /'aufgıre:kt/ *s* heyecanlı, istekli; telaşlı, aceleci, sabırsız; asabi, sinirli
Aufgeregtheit /'aufgıre:kthayt/ *f* heyecan, istek; telaş
aufgeschlossen /'aufgışlosın/ *s* girgin, girişken; açık görüşlü, ileri görüşlü; samimi, yakın, içten; kolay ulaşılabilir; hislerini döken
Aufgeschlossenheit /'aufgışlosınhayt/ *f* açık fikirlilik
aufgeschmissen /'aufgışmisın/ *s kon* çaresiz, biçare; harap, duman, bitmiş
aufgeweckt /'aufgıvekt/ *s* zeki, uyanık, gözüaçık; keyifli, neşeli; çevik, atik; (uyku) uyandırılmış, kaldırılmış
aufgießen /'aufgi:sın/ *trvt* üzerine dökmek, akıtmak; (çay) dem almak, demlemek
aufgreifen /'aufgrayfın/ *trvt* (birisini) ele geçirmek, tutmak, yakalamak; (söz) kavramak, anlamak, kapmak; benimsemek ***jdn aufgreifen*** (birisini) yakalamak
aufgrund /auf'grunt/ *ilg* dolayısıyla, yüzünden; binaen; sebebiyle, nedeniyle
aufhaben /'aufha:bın/ *trvt* işi olmak, dersi olmak; (şapka) başında olmak, takılı olmak; (dükkan) açmak; hepsini yiyerek bitirmek ***viel aufhaben*** yapacak çok işi olmak
aufhalten /'aufhaltın/ *trvt* engellemek, alıkoymak, durdurmak, mani olmak, tutmak; açık tutmak, açık bırakmak; geciktirmek; işgal etmek, meşgul etmek; avuç açmak ***jdn von seiner Arbeit aufhalten*** (birisini) işinden alıkoymak ***sich aufhalten*** bulunmak, kalmak; eğlenmek; ikamet etmek, oturmak; kızmak, tekdir etmek
aufhängen /'aufhengın/ *trvt* (ipe, vb) asmak, takmak, geçirmek; (adam) asmak; çengele geçirmek, çengele takmak ***etw an etw aufhängen*** (bir şeyi bir şeye) asmak ***sich aufhängen*** asılmak; kendini asmak
Aufhänger /'aufhengır/ *m* askı; ipucu
aufheben /'aufhe:bın/ *trvt* (yukarı) kaldırmak, (yerden) kaldırmak, havaya kaldırmak; ayağa kaldırmak, ayağa kalkmasına yardımcı olmak; feshetmek, iptal etmek; saklamak, kaldırmak; (oturum) bitirmek, iptal etmek; *mad* madeni bitirmek
Aufhebung /'aufhe:bung/ *f* kaldırılma, iptal, lağv; toplama, kaldırma; *huk* bozma, iptal, nakız ***Aufhebung der Ehe*** evliliğin iptali ***Aufhebung der Hypothek*** *tic* ipoteğin kaldırılması ***Aufhebung der Pfändung*** *tic* hacizin iptali ***Aufhebung eines Beschlusses*** (karar) iptal, bozma ***Aufhebung des Gesetzes*** *huk* yasanın yürürlükten kaldırılması ***Aufhebung des Konkurses*** *tic* iflasın kaldı-

rılması

aufheitern /'aufhaytırn/ *trvt* güldürmek, neşelendirmek, keyiflendirmek ***sich aufheitern*** ferahlamak, keyiflenmek, neşelenmek, içi açılmak; (hava) açılmak

Aufheiterung /'aufhaytırung/ *f* neşelenme, içi açılma; (hava) açılma

aufhelfen /'aufhelfın/ *trvi* (ayağa kalkmasına) yardım etmek ***jdm aufhelfen*** (birisine) yardım etmek

aufhellen /'aufhelın/ *trvt* (olay) çözmek, aydınlatmak; (renk) açmak; ışık vermek ***sich aufhellen*** açılmak, aydınlanmak, berraklaşmak

aufhetzen /'aufhetsın/ *trvt* tahrik etmek, kışkırtmak; fitnelemek, dolduruşa getirmek

aufholen /'aufho:lın/ *trvt den* yelken açmak, brasya etmek; yukarı çekmek; bayrağı göndere çekmek; *sp* rakibe yetişmek; *vi* yükselmek

aufhorchen /'aufhorhın/ *trvi* dikkatle dinlemek, kulak kesilmek

aufhören /'aufhö:rın/ *trvi* bitmek, tükenmek, sonu gelmek; (yağmur) dinmek, kesilmek; (acı) geçmek, kaybolmak; susmak, ara vermek; ortadan kalkmak, yok olmak ***aufhören lassen*** sona erdirmek, bitirmek

aufkaufen /'aufkaufın/ *trvt* toptan satın almak

aufklappen /'aufklapın/ *trvt* yukarı kaldırmak, (hareket ettirerek) açmak

aufklären /'aufkle:rın/ *trvt* (olayı, sorunu) aydınlatmak, açıklamak, çözmek; bilgi vermek, malumat vermek; *ask* keşif yapmak ***sich aufklären*** açılmak; anlaşılmak

Aufklärer /'aufkle:rır/ *m* kâşif; *ask* keşif kolu; keşif uçağı

Aufklärung /'aufkle:rung/ *f* aydınlatma, açıklama; aydınlanma; ortaya çıkarma, keşfetme

aufkleben /'aufkle:bın/ *trvt* üzerine yapıştırmak, üstüne yapıştırmak

Aufkleber /'aufkle:bır/ *m* çıkartma

aufkochen /'aufkohın/ *trvt* azıcık kaynatmak, haşlamak; *trvi* kaynamak, pişmek, fokurdamak

Aufkommen /'aufkomın/ *n* iyileşme; meydana gelme, hasıl olma; gelir; vergi

aufkommen /'aufkomın/ *trvi* ayağa kalkmak; gelişmek, iyileşmek, büyümek, yükselmek; karşı koymak; boy ölçüşmek; birden ortaya çıkmak; doğmak, meydana gelmek, zuhur etmek; yetişmek; yayılmak; (birisine) kefil olmak; ödemek, masrafları karşılamak; *sp* üstün olmak, galip olmak ***gegen Schwierigkeiten aufkommen*** güçlüklere karşı koymak ***für jdn aufkommen*** birisinin sorumluluğunu üstlenmek, kefil olmak ***für etw aufkommen*** bir şeyin sorumluluğunu üstlenmek

aufladen /'aufla:dın/ *trvt* (eşya) yüklemek; sorumluluk yüklemek; (akü) doldurmak

Auflage /'aufla:gı/ *f* vergi, harç, resim; (kitabın) bir defada yapılan baskısı, baskı; *huk* yükümlülük; *tek* dayanak, mesnet, istinat; üst tabaka; kaplama; süsleme; garnitür; vergi tarhı; (orman) yıllık büyüme

auflauern /'auflauırn/ *trvt* gözetlemek, gözlemek; pusu kurmak, pusuya yatmak, pusuda beklemek

Auflauf /'auflauf/ *m* izdiham, kalabalık toplanma; ayaklanma, isyan; koşuşma, koşuşturma; sufle, hamur tatlısı; birikme, yığılma; *mad* galeri

aufleben /'aufle:bın/ *trvi* (tekrar) canlanmak, dirilmek; (çevre) cıvıldamak, hareketlenmek

auflegen /'aufle:gın/ *trvt* yerleştirmek; üzerine koymak, üstüne koymak; (telefon) kapamak; (kitap) basmak, tabetmek, neşretmek, yayımlamak; (kol) dayamak; eyerlemek; (vergi) salmak, tarh etmek; cezaya çarptırmak; ihraç etmek; makyaj yapmak; (iskambil) tüm kâğıtları açmak; tazelemek; direnmek, karşı koymak ***das Telefon auflegen*** telefonu kapatmak ***sich auflegen*** bir yere dayanmak

auflehnen /'aufle:nın/ *trvt* dayamak, desteklemek, istinat ettirmek ***sich auflehnen*** dayanmak, destek vermek, istinat etmek; ayaklanmak, isyan etmek; ayağa kalkmak

Auflehnung /'aufle:nung/ *f* itiraz etme, isyan etme, karşı gelme, karşı koyma

auflesen /'aufle:zın/ *trvt* derlemek, toplamak; elde etmek, ele geçirmek, bulmak; *hek* (hastalık) yayılmak

aufleuchten /'aufloyhtın/ *trvt* ateş çıkarmak; aniden parlamak, ışık saçmak

auflisten /'auflistın/ *trvt* sıralamak, listesini çıkarmak

auflockern /'auflokırn/ *trvt* gevşetmek, çözmek; (toprak) yumuşatmak, (tüy) kabartmak; hareket ve canlılık vermek; (gelenek) kuralları gevşetmek

Auflockerung /'auflokırung/ *f* gevşetme, çözme, (toprak) yumuşatma, kabartma

auflodern /'auflo:dırn/ *trvi* alevlenmek, parıldamak; (aniden) oluşmak, ortaya çıkmak

auflösen /'auflö:zın/ *trvt* (sorun, olay) çözmek, açmak; ezmek, parçalamak; sökmek; (suda) eritmek; (anlaşma) feshetmek, lağvetmek; *ask* terhis etmek; (oturum) dağıtmak, bitirmek; *kim* eritmek, çözmek ***auflösende Bedingung*** *huk* infisahi şart ***sich auflösen*** açılmak, çözülmek; erimek

Auflösung /'auflö:sung/ *f* çözme, açma; (bulmaca, problem) bulma; parçalara ayırma; ayrışıklık; çözüm, çözülüm; *ask* bozgunluk ***Auflösung des Vereins*** derneğin feshedilmesi ***Auflösung des Parlaments*** parlamentonun feshi ***Auflösung einer Partei*** bir partinin feshedilmesi ***Auflösung einer Partnerschaft*** bir ortaklığın feshi

aufmachen /'aufmahın/ *trvt* (kapı, kitap, raf, dükkân, vs) açmak; takmak, monte etmek; asmak; düzeltmek, düzene sokmak; tanzim etmek; süslemek; kurmak, tesis etmek ***die Augen aufmachen*** gözünü açmak ***Mach das Fenster auf!*** pencereyi aç! ***sich aufmachen*** yola koyulmak, yola çıkmak; başlamak

Aufmachung /'aufmahung/ *f* süs, şatafat; kılık kıyafet, üst baş; gösteriş, hava; *tic* sergileme

aufmarschieren /'aufmarşi:rın/ *trvi ask* yığınak yapmak, yayılmak; resmi geçit yapmak; *ask* kol halinde yürümek ***aufmarschieren lassen*** yerleştirmek; *ask* konuşlandırmak

aufmerksam /'aufmerkza:m/ *s* nazik, kibar; dikkatli ***jdn auf etw aufmerksam machen*** (birisinin) dikkatini çekmek

Aufmerksamkeit /'aufmerkza:mkayt/ *f* dikkat; ikram; iltifat; itina; riayet, uyma

aufmöbeln /'aufmöbıln/ *trvt* hareketlendirmek, canlandırmak

aufmuntern /'aufmuntırn/ *trvt* teşvik etmek, cesaret vermek; şenlendirmek, neşelendirmek; canlandırmak; gayrete getirmek, heveslendirmek

Aufmunterung /'aufmuntırung/ *f* teşvik etme, cesaret verme; şenlendirme, neşelendirme

aufmüpfig /'aufmüpfih/ *s kon* küstah, isyankâr

Aufnahme /'aufna:mı/ *f* kabul; kabul salonu, kabul yeri; kayıt ve kabul; filme alma, resim, film, foto; banda kaydetme, kayda alma; rağbet, revaç, kabul; karşılık, mukabele; delil sunma; tutanak, zabıt, protokol; *ask* himaye; ele alma, başlama; anlayış, kavrayış, izan; iyileşme, gelişme; iyi karşılanma; yazılma, kaydolma; bir işe başlama, sürdürme; borçlanma, ödünç alma; tepki; haritasını çıkarma ***Aufnahme eines Protokolls*** bir protokolün tanzimi ***Aufnahme in einen Verein*** bir derneğe kabul

Aufnahmebedingungen /'aufna:mıbıdingungın/ *pl* kayıt şartları

aufnahmefähig /'aufna:mıfe:ih/ *s* dirayetli, kabiliyetli

Aufnahmefähigkeit /'aufna:mıfe:ihkayt/ *f* dirayet, yetenek

Aufnahmegebühr /'aufna:mıgıbü:r/ *n* kayıt ücreti, kayıt harcı

Aufnahmeleiter /'aufna:mılaytır/ *m sin* set amiri

Aufnahmeprüfung /'aufna:mıprüfung/ *f* giriş sınavı

aufnehmen /'aufne:mın/ *trvt* kabul etmek, kayıt etmek; (birisini) karşılamak; iyi karşılamak, ağırlamak; (üye) kabul etmek, yazmak; fotoğrafını çekmek; (banda) kaydetmek; filme almak; (kayıt defterine, listeye) yazmak; (para) ödünç almak; yeniden başlamak; düzenlemek, tanzim etmek; gelişmek; varsaymak, kabullenmek; kaleme almak, yazıya dökmek; yerden kaldırmak; yukarıya çekmek; eklemek, ilave etmek; kurmak, tesis etmek; ölçmek; işe koyulmak; *den* yol almak; kollarını açmak; ithal etmek; tartışmaya girmek; *den* rotayı okumak ***Arbeit aufnehmen*** işe başlamak ***Bild aufnehmen*** fotoğraf çekmek, filme almak ***Geldanleihe aufnehmen*** borç almak; kredi almak ***ein Protokoll aufnehmen*** zabıt tutmak; protokol yapmak ***jdn gut aufnehmen*** (birisini) iyi misafir etmek, iyi karşılamak ***sich mit jdm aufnehmen*** (birisi ile) boy ölçüşmek ***von Boden aufnehmen*** yerden kaldırmak

aufopfern /'aufopfırn/ *trvt* feda etmek, kurban etmek, gözden çıkarmak ***sich aufopfern*** kendini feda etmek; kurban olmak

aufpassen /'aufpasın/ *trvt* dikkat etmek, iyi bakmak; canla başla dinlemek; gözcülük etmek; gözetmek; *tek* uydurmak ***aufgepasst!*** dikkat! ***Pass auf!*** dikkat et!

Aufpasser /'aufpasır/ *m* gözcü, bekçi; casus, hafiye

aufpeitschen /'aufpayçın/ *trvt* (at) kamçılamak; tahrik etmek, kamçılamak

Aufprall /'aufpral/ *m* çarpma, sekme; tesadüf

aufprallen /'aufpralın/ *trvi* (bir şeye) hızla çarpmak, şiddetle çarpmak; *ask* (mermi) yerden sekmek

Aufpreis /'aufprays/ *m* zam, katma, ekleme

aufpumpen /'aufpumpın/ *trvt* kabartmak, şişirmek, hava pompalamak, hava basmak, hava vermek

aufputschen /'aufpuçın/ *trvt* kışkırtmak, tahrik etmek, damarına basmak; harekete geçirmek; üçkâğıt yapmak, fesat karıştırmak

Aufputschmittel /'aufpuçmitıl/ *n hek* uyarıcı

aufraffen /'aufrafın/ *trvt* çarçabuk yukarıya doğru kaldırmak, yerden kaldırmak; yukarı doğru sıvamak; alelacele yerden toplamak ***sich aufraffen*** kuvvetini toplamak ***sich zu etw aufraffen*** bir şeye kalkışmak

aufräumen /'aufroymın/ *trvt* (ortalığı) toparlamak, toplamak, düzene sokmak; çekidüzen vermek; tahliye etmek, kaldırmak; ortadan kaldırmak, bitirmek; tasfiye etmek; ayıklamak; alıp götürmek

aufrecht /'aufre**h**t/ *s* dik, ayakta, doğru; *kon* sadık, dürüst, namuslu, doğru, içten; cesur, cesaretli

aufrechterhalten /'aufre**h**ter**h**altın/ *trvt* sürdürmek, devam ettirmek; korumak

Aufrechterhaltung /'aufre**h**ter**h**altung/ *f* koruma, sürdürme, ikame

aufregen /'aufre:gın/ *trvt* telaşlandırmak, heyecanlandırmak, velveleye vermek; tahrik etmek; yerinden oynatmak ***sich aufregen*** telaşlanmak, heyecanlanmak, sinirlenmek, harekete geçmek ***sich über etw aufregen*** bir şey için telaş etmek; bir şeye sinirlenmek

aufregend /'aufre:gınt/ *s* heyecanlı; maceralı, olaylı, ilginç; dramatik

Aufregung /'aufre:gung/ *f* heyecan, telaş; öfke, sinir, kızgınlık ***in Aufregung geraten*** telaşlanmak

aufreiben /'aufraybın/ *trvt* (cildi) ovuşturarak yara etmek; harap etmek, yıpratmak; (yeri) ıslak bezle/süngerle silmek; tamamen ezmek; *kon* yok etmek; *ask* imha etmek; *tek* (deliği) raymalamak ***jdn aufreiben*** (birisini) yıpratmak ***sich aufreiben*** yorulmak

aufreibend /'aufraybınt/ *s* yıpratıcı

aufreihen /'aufrayın/ *trvt* sıralamak, dizmek, sıraya geçirmek; (ipliğe, tele) geçirmek

aufreizend /'aufraytsınt/ *s* tahrik edici; kışkırtıcı; baştan çıkarıcı; uyarıcı

aufrichten /'aufri**h**tın/ *trvt* doğrultmak, ayağa kaldırmak; dikmek, dik etmek; kurmak, inşa etmek, tesis etmek; cesaretlendirmek; *den* ıskaçaya oturtmak; *kon* teselli etmek ***sich aufrichten*** ayağa kalkmak, doğrulmak, dik durmak; cesaretlenmek; *kon* teselli bulmak

aufrichtig /'aufri**h**ti**h**/ *s* içten, candan, samimi, doğru, namuslu, gönlü açık; sadık; bonkör, eli açık ***aufrichtige Überzeugung*** vicdani kanaat, vicdanının sesi ***aufrichtiger Wunsch*** en içten dilekler

Aufrichtigkeit /'aufri**h**ti**h**kayt/ *f* içtenlik, candanlık, samimiyet, doğruluk, namusluluk; sadakat; bonkörlük

aufrücken /'aufrükın/ *trvi* (rütbe, derece, kademe) yükselmek, terfi etmek; (birisine) yanaşmak; (oturup) sıkışmak; *ask* ilerlemek

Aufruf /'aufru:f/ *m* çağrı, davet, bildiri; *ask* celp; iptal; tedavülden kaldırma; bağırma, çağırma, haykırma; beyanname; açık ilan ***amtlicher Aufruf*** resmi çağrı, resmi tebligat ***Aufruf von Banknoten*** kâğıt paranın tedavülden kaldırılması

aufrufen /'aufru:fın/ *trvt* çağırmak, davet etmek; *ask* celp etmek; (mahkeme) tanık çağırmak; tebliğ etmek, ilan etmek; (okul) derse kaldırmak; bir araya toplamak; tedavülden kaldırmak

Aufruhr /'aufru:r/ *m* arbede, karmaşa, karışıklık, kargaşalık; isyan, başkaldırı, ihtilal, ayaklanma; feveran, galeyan; heyecan

aufrührerisch /'aufrü:rıriş/ *s* asiyane, kış-

kırtıcı
aufrunden /'aufrundın/ *trvt* yuvarlaklaştırmak
aufrüsten /'aufrüstın/ *trvt ask* hızla silahlanmak; *mim* inşaat iskelesi kurmak
Aufrüstung /'aufrüstung/ *f ask* silahlanma; *mim* inşaat iskelesi kurma
aufsässig /'aufzesih/ *s* inatçı, dik kafalı; itaatsiz; düşman, hasım ***aufsässig sein*** kafa tutmak, posta koymak
Aufsatz /'aufzats/ *m* kompozisyon, tahrir; makale, yazı, (gazete) köşe yazısı; saçak, korniş, başlık, levha; baca çıkıntısı tepesi; *ask* nişangâh; inşa; süs, ziynet; (at) gerdanlık ***Aufsatz schreiben*** (okul) kompozisyon yazmak
aufschauen /'aufşauın/ *trvt* (başını kaldırarak) yukarı bakmak, kafayı kaldırmak; hayran hayran bakmak; hayran kalmak; saygı duymak ***zu jdm aufschauen*** (birisine) hayran olmak
aufscheuchen /'aufşoyhın/ *trvt* korkutmak, ürkütmek, tedirgin etmek; harekete geçirmek
aufschieben /'aufşi:bın/ *trvt* itmek, iterek açmak, itelemek, (ileri) sürmek, sürerek açmak; ertelemek, tehir etmek, ileri bir tarihe bırakmak; (namaz) kazaya bırakmak; geciktirmek, rafa kaldırmak ***aufschiebende Bedingung*** *huk* taliki şart ***aufschiebende Einrede*** *huk* taliki itiraz
Aufschlag /'aufşla:k/ *m* vuruş, (bir yere) çarpış, çarpma; düşme, azalma; zam, artış, ikramiye; *sp* servis; sekme; *ask* vuruş, düşüş, isabet; müsademe; (kitap, vs) açma; *tek* argaç, arış; (kol veya omuzdaki) rütbe; (kol, paça) kıvrım, sıyırma
aufschlagen /'aufşla:gın/ *trvt* (peçe, örtü) kaldırmak; (kol, paça) kıvırmak, sıvamak; (kitap, dosya) açmak, çevirmek; (yatak, sofra) kurmak, hazırlamak; (göz) açmak, yukarı kaldırmak; (ayakkabı) kalıba koymak, genişletmek; (fiyat) yükseltmek, zam yapmak; *den* palanga donatmak; devirmek, çevirmek; dikmek, kurmak, tesis etmek, inşa etmek; (vurarak) tespit etmek, sabitlemek; *kon* kahkahalarla gülmek; *trvi* düşmek, düşerek yere çarpmak; (mermi, vs.) sekmek; (mal) pahalılaşmak, fiyatı yükselmek; fiyatını artırmak, zam yapmak; (bir şeye bir şeyle) vurmak ***das Zelt aufschlagen*** çadır kurmak ***die Augen aufschlagen*** gözlerini açmak ***ein Buch aufschlagen*** bir kitabı açmak ***ein Hufeisen aufschlagen*** (at) nallamak, nal vurmak ***sich aufschlagen*** düşüp yaralanmak
aufschließen /'aufşli:sın/ *trvt* (kapı, pencere, vs.) açmak; işler hale getirmek; anlatmak, ifade etmek; *sp* ilerlemek, gelişme katetmek; *kim* kuvvetli asitlerle eritmek; *mad* ocak açmak; *vi ask* yanaşmak, boşlukları doldurmak ***sich jdm aufschließen*** (birisine) içini dökmek, derdini anlatmak, açılmak ***rechts aufschließen!*** sağa yanaş! ***links aufschließen!*** sola yanaş!
Aufschluss /'aufşlus/ *m* bilgi, malumat, izahat, açıklama, aydınlatma; (toprak) işlenecek hale getirme; *kim* kuvvetli asitlerle çözme; *coğ* taş oluşumu ***Aufschluss erhalten*** (birisi, bir şey hakkında) bilgi edinmek ***Aufschluss geben*** (birisi hakkında) bilgi vermek ***sich Aufschluss verschaffen*** (birisi, bir şey hakkında) bilgi toplamak
aufschnappen /'aufşnapın/ *trvt* yakalamak, kapmak, tutmak, ele geçirmek; ağzından laf almak; *kon* (istemeden) kulak misafiri olmak; *trvi* açılıvermek, açılmak
aufschneiden /'aufşnaydın/ *trvt* keserek açmak, kesip açmak; dilim dilim kesmek, (keserek) parçalara bölmek; bıçakla açmak; *trvi* palavra sıkmak, uydurmak, yalan söylemek, atıp tutmak
Aufschneider /'aufşnaydır/ *m* yalancı, palavracı, abartıcı
Aufschnitt /'aufşnit/ *m* soğuk et; (sucuk, salam, sosis) dilim
aufschrauben /'aufşraubın/ *trvt* vidalamak; vidasını çıkarmak; çevirerek açmak; çevirerek kapatmak; yukarıya çekmek
Aufschrei /'aufşray/ *m* çığlık, haykırış, bağırma, çağırma, nara, feryat; sesleniş
aufschreiben /'aufşraybın/ *trvt* (yazarak) kaydetmek, not etmek, not tutmak; marke etmek, markelemek; *hek* reçete yazmak, ilaç yazmak; (polis) kimliğini tespit etmek
aufschreien /'aufşrayın/ *trvi* çığlık koparmak, feryadı basmak, haykırmak, bağırmak
Aufschrift /'aufşrift/ *f* adres; yazı, metin,

makale; başlık; levha, tabela; etiket

Aufschub /'aufşu:p/ *m* erteleme, tehir etme, ileri bir tarihe bırakma; süre, zaman, müddet, vade ***Aufschub gewähren*** süre vermek ***Aufschub der Vollstreckung*** icranın ertelenmesi ***Aufschub der Zahlungsfrist*** ödeme gününün ertelenmesi ***ohne Aufschub*** hemen, bugünden tezi yok

Aufschwung /'aufşvung/ *m* gelişme, yükselme, kalkınma; hız alma; iyiye gidiş; coşma, heyecanlanma; coşkunluk, ruhsal coşku

Aufsehen /'aufze:ın/ *n* heyecan, ilgi; hayret; etki; sansasyon ***Aufsehen erregen*** heyecan uyandırmak, (birisini) etkilemek; sansasyon uyandırmak

aufsehen /'aufze:ın/ *trvt* yukarı doğru bakmak, gözlerini kaldırıp bakmak; takdir etmek, saygı duymak

Aufseher /'aufze:ır/ *m* gözcü, gözetmen, bekçi, kollayıcı; gardiyan

aufsetzen /'aufzetsın/ *trvt* üzerine koymak; yerine koymak, yerine yerleştirmek, yerli yerine koymak, oturtmak; yazmak, kaleme almak, kâğıda dökmek; (şapka, gözlük) takmak; cesaretini kırmak; müsveddesini çıkarmak; (ateşe, ocağa) koymak; hesap çıkarmak; (üzerini) boyamak; kafa tutmak, karşı gelmek, diklenmek; yamalamak; (uçak) yere indirmek; (gemi) karaya çekmek; (ayak) yere koymak; (yatakta) doğrultmak; (inşaat) kat çıkmak; taçlandırmak; *trvi* (uçak) yere inmek; boynuzu çıkmak ***sich aufsetzen*** ata binmek; (yatakta) doğrulmak; (kendini) doğrultmak, dik etmek ***sich gegen jdn aufsetzen*** kaba davranmak, sert davranmak, kırıcı davranmak

Aufsicht /'aufzi**h**t/ *f* kontrol, denetim; gözcülük, bekçilik, nezaret, eşlik; teftiş, muayene; *mat* dik bakış, yukarıdan bakış ***unter polizeiliche Aufsicht stellen*** göz hapsine almak, göz hapsinde tutmak

Aufsichtsbehörde /'aufzi**h**tsbı**h**ördı/ *f* kontrol mercii

Aufsichtspflicht /'aufzi**h**tspfli**h**t/ *f* denetim yükümlülüğü, gözetim yükümlülüğü

Aufsichtsrat /'aufzi**h**tsra:t/ *m* denetleme kurulu, denetim kurulu; teftiş kurulu; yönetim kurulu

aufsitzen /'aufzitsın/ *trvi* oturur durumda olmak, dik durmak, dik oturmak, doğrulmak; (gemi) karaya oturmak; (at, araba) binmek; *kon* faka basmak, tuzağa düşmek, kanmak, aldanmak, yutmak; (horoz) tünemek; yatmamak ***aufgesessen!*** *ask* at bin! ***jdm aufsitzen lassen*** (birisini) faka bastırmak, aldatmak, tongaya bastırmak

aufspalten /'aufşpaltın/ *trvt* yarmak, açmak; bölmek, ayırmak, pay etmek, taksim etmek

aufspannen /'aufşpanın/ *trvt* sermek, yaymak; gererek açmak; gererek tutturmak; *den* yelkenleri fora etmek

aufsparen /'aufşpa:rın/ *trvt* ayırarak saklamak, (sonra kullanmak/yemek üzere) saklamak; idareli kullanmak; esirgemek

aufsperren /'aufşperın/ *trvt* (ardına kadar) açmak; (kilit) açmak

aufspielen /'aufşpi:lın/ *trvt* çalgı çalmak, müzik aleti çalmak, müzik yapmak; *sp* oynamak, oyun çıkarmak ***sich aufspielen*** bilgiçlik taslamak; hava atmak, kendini olduğundan farklı göstermek; paralamak; numara yapmak ***sich als etw aufspielen*** ... gibi geçinmek, taslamak

aufspringen /'aufşpringın/ *trvi* ayağa fırlamak, sıçramak, yukarı doğru sıçramak; (sevinçten) havalara uçmak; (kapı) aniden açılmak; patlamak, çatlamak; açılmak; (araçtan) atlamak

aufspüren /'aufşpü:rın/ *trvt* (araya araya) izini bulmak; izlemek, takip etmek; keşfetmek, bulmak, meydana çıkarmak

Aufstand /'aufştant/ *m* isyan, ayaklanma, ihtilal, kargaşa; kıyam ***den Aufstand niederwerfen*** isyanı/ayaklanmayı bastırmak

aufständisch /'aufştendiş/ *s* isyancı, asi, ihtilalci

aufstehen /'aufşte:ın/ *trvi* ayağa kalkmak; (yattığı, oturduğu yerden) kalkmak; ayaklanmak; kıyam etmek; hastalıktan kurtulmak; açık durmak

aufsteigen /'aufştaygın/ *trvi* yükselmek, çıkmak; yukarı çıkmak, yüksek bir yere çıkmak; (at, araç) binmek; terfi etmek, yükselmek; yokuş tırmanmak; (uçak) havalanmak; aklına gelmek; his oluşmak

Aufsteiger /'aufştaygır/ *m* terfi eden kişi, yükselen kişi; *sp* bir üst klasmana çıkan ekip/takım

aufstellen /'aufştelın/ *trvt* koymak, yerleştirmek; kaldırıp dikmek, dikmek; kurmak, düzenlemek; *kon* ortaya koymak, ileri atmak, ileri sürmek; *ask* mevzilemek; *sp* maça sokmak; arka arkaya sıralamak, sıralamak; (delil) göstermek; adaylığını koymak; (alet) takmak, monte etmek; (fatura) düzenlemek; (örnek) vermek, göstermek ***als Kandidat aufstellen*** aday olarak göstermek ***ein Heer aufstellen*** ordu kurmak ***Behauptung aufstellen*** iddia ileri sürmek ***sich aufstellen*** dikilmek; sıralanmak, dizilmek

Aufstellung /'aufştelung/ *f* düzenleme; liste, dizin, tablo, şema; (tren, uçak) tarife; montaj; *ask* tertip; adaylığını koyma; bilanço düzenleme ***Aufstellung des Zeugen*** *huk* şahit gösterme

Aufstieg /'aufşti:k/ *m* yukarı çıkış, çıkış; yukarı çıkan yol, dağa çıkan yol; yokuş, bayır; kalkınma, gelişme, yükselme; (uçak) havalanma; terfi, kademe yükselme ***sozialer Aufstieg*** sosyal gelişme ***beruflicher Aufstieg*** meslekte yükselme, terfi

aufstoßen /'aufşto:sın/ *trvt* (kapı) itmek, itip açmak; (toz) havaya kaldırmak, havalandırmak, yerinden oynatmak; (bir şeyi) yere vurmak; (bir şeyin) üzerine çarpmak; *vi* olmak, vuku bulmak; oturmak; bir yere çarpmak; geğirmek; midesi ekşimek; göze batmak; pişman olmak ***sich aufstoßen*** kabarmak, köpürmek; (içki) mayalanmak

aufstrebend /'aufştre:bınt/ *be* gelişmekte olan, gelişen, yükselmekte olan, yükselen

aufstützen /'aufştütsın/ *trvt* (bir şeyi bir yere doğru) yaslamak, dayamak; (destek vererek) doğrultmak, dikleştirmek, düzeltmek ***sich aufstützen*** yaslamak, dayanmak

aufsuchen /'aufzu:hın/ *trvt* ziyaret etmek, görmeye gitmek; aramak; doktora gitmek ***sich Rat aufsuchen*** fikir danışmak, akıl danışmak

auftakeln /'aufta:kıln/ *trvt* süsleyip püslemek, bezemek; *den* armayı çekmek, teçhiz etmek ***sich auftakeln*** süslenmek

Auftakt /'auftakt/ *m* giriş, başlangıç, baş; *müz* anakruz, baştaki eksik ölçü

auftanken /'auftankın/ *trvt* (arabaya) benzin doldurmak, depoyu doldurmak

auftauchen /'auftauhın/ *trvi* suyun üstüne çıkmak, yüze çıkmak; ortaya çıkmak, meydana çıkmak; görünür duruma gelmek; (bir şeyin) üstüne gelmek; (sormadan) girişmek, dalmak; şüphe uyandırmak; (birisinin) yoluna çıkmak

auftauen /'auftauın/ *trvt* eritmek, ergitmek; *trvi* erimek, ergimek; *kon* canlanmak, hareketlenmek

aufteilen /'auftaylın/ *trvt* bölüştürmek, pay etmek, taksim etmek, bölmek

Aufteilung /'auftaylung/ *f* bölme; bölüştürme, üleştirme, paylaştırma, taksim etme; taksim

auftischen /'auftişın/ *trvt* sofraya getirmek, sofraya koymak, masaya getirmek, sofrayı kurmak; *kon* söylemek, anlatmak, laf taşımak; kandırmak, yutturmak ***Lügen auftischen*** atmasyon yapmak, uydurma şeyler anlatmak

Auftrag /'auftra:k/ *m* emir, vazife, görev, özel emir; ödev; *tic* teklif, öneri, sipariş; *huk* vekâlet; borç, mükellefiyet; (cila, boya) kat, tabaka, sürme ***Auftrag bekommen*** görev almak ***Auftrag erteilen*** sipariş vermek, ısmarlamak ***im Auftrag von ...*** ... adına, ... namına

auftragen /'auftra:gın/ *trvt* sofraya getirmek, masaya getirmek; sofrayı kurmak; (elbise) giyerek eskitmek, yıpratmak; (boya, cila) sürmek, vurmak, çalmak; emir vermek; (iş) havale etmek; büyütmek, mübalağa etmek; *trvi* şiş göstermek, kalın göstermek, şişman göstermek ***dick auftragen*** mübalağa etmek, abartmak ***jdm etw auftragen*** (birisine) talimat vermek, direktif vermek

Auftraggeber /'auftra:kge:bır/ *m* amir, emir veren, emredici; işveren; *huk* müvekkil; *tic* siparişi veren

Auftragnehmer /'auftra:kne:mır/ *m* vekil; görevlendirilen; siparişi alan

Auftragsbestätigung /'auftra:ksbıştetigung/ *f* sipariş teyidi

auftreiben /'auftraybın/ *trvt kon* arayarak bulmak, ortaya çıkarmak; kabartmak, şişirmek; genişletmek; ürkütmek, korkutmak; (toz) kaldırmak; (bitki) yetiştirmek

auftrennen /'auftrenın/ *trvt* (dikili şeyi) sökmek; çözmek ***sich auftrennen*** sökülmek; çözülmek

Auftreten /'auftre:tın/ *n* çıkma, çıkış; gidişat, durum

auftreten /'auftre:tın/ *trvi* basmak, ayağını yere basmak, ayağını yere koymak; basarak açmak; meydana çıkmak, ortaya çıkmak; hareket etmek, davranmak; oluşmak, vuku bulmak; sorun çıkmak, pürüz çıkmak; (koku) yayılmak; kendinden emin olmak; ağırbaşlı davranmak; çıkagelmek; sahneye çıkmak; *trvt* (kapı) tekmelemek, tekmeleyerek açmak ***auf der Bühne auftreten*** sahneye çıkmak ***gegen jdn auftreten*** (birisine) karşı çıkmak

Auftrieb /'auftri:p/ *m* neşe, canlılık, hareket; teşvik, özendirme; *fiz* yukarıya doğru basınç, itme; (sürü) yaylaya çıkma; satılığa çıkarılmış hayvan ***Auftrieb geben*** teşvik etmek

Auftritt /'auftrit/ *m* çekişme, tartışma, kavga, hır, niza; heyecanlı olay; podyum; basamak; *tiy* sahne; sahneye çıkma

auftrumpfen /'auftrumpfın/ *trvi* (kendini) üstün görmek; kazanacağı inancıyla iddiaya girmek; *isk* koz oynamak

auftun /'auftu:n/ *trvt* (kapı, pencere, ağız) açmak; (iş) kurmak; temin etmek, elde etmek; *vi* (kapı, pencere, ağız) açılmak; (iş) kurulmak

aufwachen /'aufva**h**ın/ *trvi* (uykudan) uyanmak

aufwachsen /'aufvaksın/ *trvi* büyümek, gelişmek, yetişmek; hasıl olmak

Aufwand /'aufvant/ *m* harcama, masraf, sarf, harç; zahmet, külfet; lüks, israf, ihtişam; yaşam tarzı; bol kullanma

Aufwandsentschädigung /'aufvantsentşe:digung/ *f* ödenek, masrafların karşılanması; temsil ücreti

aufwärmen /'aufvermın/ *trvt* (yemek) yeniden ısıtmak, tekrar ısıtmak; tekrar konu etmek; *sp* (vücudu) ısıtmak ***sich aufwärmen*** ısınmak

aufwärts /'aufverts/ *be* yukarı doğru, yukarıya doğru, yukarı, yukarıda; akıntı yukarı ***aufwärts gehen*** (ülke, iş) gelişmek, yükselmek, kalkınmak

Aufwärtsentwicklung /'aufvertsentviklung/ *f* kalkınma, gelişme, ilerleme

aufwecken /'aufvekın/ *trvt* uykudan uyandırmak, uykudan kaldırmak, uyandırmak; neşelendirmek, keyiflendirmek, canlandırmak

aufweichen /'aufvay**h**ın/ *trvt* yumuşatmak; *vi* yumuşamak

aufweisen /'aufvayzın/ *trvt* sunmak, arz etmek, göstermek; sahip olmak, malik olmak

aufwenden /'aufvendın/ *trvt* (çaba) harcamak, sarf etmek; (para) harcamak

aufwendig /'aufvendi**h**/ *s* masraflı

Aufwendung /'aufvendung/ *f* harcama, sarf etme, masraf

aufwerten /'aufvertın/ *trvt* (para değerini) tekrar kıymetlendirmek, revalüe etmek; *kon* değerini/itibarını artırmak

Aufwertung /'aufve:rtung/ *f* revalüasyon

aufwiegeln /'aufvi:gıln/ *trvt* kışkırtmak, tahrik etmek, isyan ettirmek

Aufwiegelung /'aufvi:gılung/ *f* kışkırtı, tahrik

Aufwind /'aufvint/ *m* (yükselen) hava cereyanı

aufwirbeln /'aufvirbıln/ *trvt* döndüre döndüre yükseltmek, döndürerek yükseltmek; tozutmak, toza vermek; *vi* döne döne yükselmek, dönerek yükselmek ***Staub aufwirbeln*** toz çıkarmak, toza boğmak

aufwischen /'aufvişın/ *trvt* (bezle) silmek, temizlemek

aufwühlen /'aufvü:lın/ *trvt* toprağı kazmak; kazarak altüst etmek; (deniz) dalgalandırmak ***jdn aufwühlen*** (birisini) heyecanlandırmak

aufzählen /'auftse:lın/ *trvt* birer birer saymak, teker teker saymak

Aufzählung /'auftse:lung/ *f* zikir

aufzehren /'auftse:rın/ *trvt* yiyerek hepsini bitirmek; sarf etmek; (servet, para) tüketmek, yok etmek, bitirmek

aufzeichnen /'auftsay**h**nın/ *trvt* kaydetmek, not etmek, not tutmak, yazmak; (üzerine) resim yapmak, çizmek

Aufzeichnung /'auftsay**h**nung/ *f* kayıt, not; resim, resmetme; yayınlama

aufzeigen /'auftsaygın/ *trvt* sunmak, arzetmek; göstermek; tanıtmak; ispat etmek; hatasını ortaya çıkarmak

aufziehen /'auftsi:ın/ *trvt* çekmek, yukarı çekmek, çekip atmak; takmak, mandallamak; alttan almak; şiddete başvurmak; (bayrak) çekmek; (perde) açmak; (çocuk, hayvan) büyütmek, eğitmek; alaya almak, kafa bulmak; (kıyafet) çözmek; teşkil etmek, tanzim etmek, düzenlemek; (şişe) mantarını çekip çıkarmak; (saat) kurmak; (saz, keman) telini germek; üzerine yapıştırmak; *trvi* (fırtına) çıkmak, yaklaşmak; (yıldız) gözükmek; (bulut) dolaşmak; *ask* nöbete çıkmak ***Flagge aufziehen*** bayrak çekmek

Aufzucht /'auftsuht/ *f* yetiştirme

Aufzug /'auftsu:k/ *m* asansör; vinç, bocurgat; kortej, alay; geçit resmi, geçiş, yürüyüş; defile; kılık kıyafet, üst baş; *tiy* perde

aufzwingen /'auftsvingın/ *trvt* (birisine bir şeyi) zorla kabul ettirmek, zorlamak ***sich aufzwingen*** içine doğmak; (ayağa kalkmak için) kendini zorlamak

Augapfel /'aukapfıl/ *m* göz yuvarlağı; *kon* gözbebeği, değer verilen, çok değerli ***wie seinen Augapfel hüten*** gözü gibi sakınmak, gözü gibi bakmak

Auge /'augı/ *n* göz; bakış, nazar; parlaklık, ışıltı; iğne deliği, delik; benek, nokta; ilmik, düğüm, bağ; alçak basınç alanı merkezi; *bitk* tomurcuk, aşı; *den* anele deliği ***Auge um Auge, Zahn um Zahn*** göze göz dişe diş ***Augen offenhalten*** gözünü dört açmak ***Augen geradeaus!*** *ask* ileri bak! ***Augen links!*** *ask* sola bak! ***Augen rechts!*** *ask* sağa bak! ***aus den Augen verlieren*** gözden kaybetmek ***ein Auge haben für etw*** bir şeyden iyi anlamak ***ein Auge zudrücken*** göz yummak, görmezlikten gelmek ***einem die Auge öffnen*** (birisini) uyarmak, ikaz etmek; gözünü açmak ***einem vor Augen kommen*** (birisine) rastlamak, rastgelmek, karşısına çıkmak ***ganz Auge sein*** göz kesilmek ***große Augen machen*** gözlerini fal taşı gibi açmak ***gute Augen haben*** gözleri iyi görmek ***im Augen behalten*** gözden uzak tutmamak ***in die Augen schauen*** gözlerinin içine bakmak ***in meinen Augen null*** benim gözümde sıfır ***ins Auge fallen*** göze çarpmak ***ins Auge fassen*** göze almak ***kein Augen lassen von*** gözlerini bir şeyden ayırmamak ***mit bloßem Auge*** gözlüksüz; çıplak gözle ***schlechte Augen haben*** gözleri iyi görmemek ***seinen Augen nicht trauen*** gözlerine inanamamak ***sich etw vor Augen halten*** (bir şeyi) göz önünde bulundurmak ***unter vier Augen*** baş başa ***vor aller Augen*** göz göre göre ***vor Augen stehen*** göz önünde bulunmak ***vor meinen Augen*** gözlerimin önünde

Augenarzt /'augınartst/ *m* göz doktoru, oftalmolog

Augenblick /'augınblik/ *m* an, lahza; çok kısa bir süre; belirli bir an ***einen Augenblick bitte!*** biraz bekleyin lütfen!, bir dakika lütfen! ***für den Augenblick*** şimdilik ***im Augenblick*** derhal, hemen, şimdi ***im ersten Augenblick*** bir bakışta, ilk bakışta ***im letzten Augenblick*** son anda, son dakikada ***im richtigen Augenblick*** tam vaktinde ***in diesem Augenblick*** şimdi, şu sıra, şu anda; tam o sırada ***jeden Augenblick*** pek yakında, hemen; an *be* an

augenblicklich /'augınbliklih/ *s* hemen, derhal, bir an önce, acilen, şimdi, şu anda, halihazırda, halen; geçici ***augenblickliche Lage*** şu anki durum, şimdiki durum

Augenbraue /'augınbrauı/ *f* kaş; ebru

Augenbrauenstift /'augınbrauınştift/ *m* kaş kalemi

augenfällig /'augınfelih/ *s* belli, göze çarpan, bariz, açık, açıkça görünen

Augenfarbe /'augınfarbı/ *f* göz rengi

Augenheilkunde /'augınhaylkundı/ *f hek* göz hekimliği, oftalmoloji

Augenkrankheit /'augınkrankhayt/ *f* göz hastalığı; trahom

Augenlicht /'augınliht/ *n* görme yetisi, görüm, göz nuru ***Augenlicht verlieren*** kör olmak, görememek

Augenlid /'augınli:t/ *n* gözkapağı

Augenmaß /'augınma:s/ *n* göz kararı ***nach Augenmaß*** göz kararıyla

Augenmerk /'augınmerk/ *n* dikkat, nazarı dikkat

Augenringe /'augınringı/ *pl* gözaltındaki morluklar, gözaltındaki halkalar

Augenschein /'augınşayn/ *m* görünüş, görünüm, manzara ***Augenschein nehmen*** keşif ve denetim yapmak

augenscheinlich /'augınşaynlih/ *s* görünüşe göre; açık, bariz, ortada

Augenwimper /'augınvimpır/ *f* kirpik

Augenwinkel /'augınvinkıl/ *m* göz ucu; göz pınarı

Augenwischerei /'augınvişıray/ *f* aldatma, kandırma, hile, dolap

Augenzeuge /'augıntsoygı/ *m* görgü tanığı

Augenzwinkern /'augıntsvinkırn/ *n* göz kırpma

August /au'gust/ *m* ağustos; Ogüst

Auktion /auk'tsyo:n/ *f* açık artırma ile satış, müzayede ile satış
Auktionator /auktsyo'na:tor/ *m* mezatçı, mezat ile satış yapan görevli
Aula /'aula/ *f* toplantı salonu, konferans salonu; (üniversite) ders salonu, amfi
Au-pair-Mädchen /o'pe:rme:thın/ *n* çocuk bakıcısı kız
aus /aus/ *ilg* bir yerden çıkma, ayrılma, gitme anlamı alır -den, -dan; -den yapılmış, -dan yapılmış; -den dolayı, -dan dolayı; -den gelen, -dan gelen, -den çıkan, -dan çıkan; *be* bitti, tamam, son, geçti; *sp* aut, hariç; fiillerle birlikte kullanıldığında eylemi olumsuz hale getirir; kapamak; sona erme, bitme, tükenme; baştan başa, tamamen ***aus!*** bitti!, paydos!, tamam! ***aus dem Gefängnis entkommen*** hapisten kaçmak, hapishaneden firar etmek ***aus dem Gleichgewicht bringen*** dengesini bozmak ***aus dem Verein ausschließen*** dernekten atmak, dernekten ihraç etmek ***aus diesem Grunde*** bu sebepten, bu yüzden, bu nedenle ***aus Holz*** tahtadan, tahtadan yapılma ***aus Istanbul*** İstanbul'dan; İstanbullu ***aus- und eingehen*** gidip gelmek ***aus zweiter Hand*** (mal) ikinci elden, elden düşme ***die Suppe ist aus*** çorba bitti, kalmadı ***es ist aus*** bitti, tamam, hepsi bu ***ins Aus schlagen*** topu auta atmak ***von Grund aus*** tamamen, tamamıyla, hepsi ***von mir aus*** bana göre hava hoş
Aus /aus/ *n sp* (futbol) avut; (basketbol) hariç
ausarbeiten /'ausarbaytın/ *trvt* (yazı) yazmak, kaleme almak; sona erdirmek, son şeklini vermek, bitirmek; düzeltmek, şekil vermek; hazırlamak; ıslah etmek ***sich ausarbeiten*** kuvvet harcamak, çaba göstermek
Ausarbeitung /'ausarbaytung/ *f* (yazı) yazma, kaleme alma; (evrak) tanzim etme, düzenleme
ausarten /'ausartın/ *trvi* yozlaşmak, soysuzlaşmak, dejenere olmak; cinsi bozulmak, şekil değiştirmek; kötüleşmek, kötüye doğru gitmek
ausatmen /'ausa:tmın/ *trvt* nefes vermek, soluk vermek, nefes çıkarmak; son nefesini vermek
ausbaden /'ausba:dın/ *trvt* ceremesini çekmek, acısını çekmek; başkasının suçunun cezasını çekmek; *kon* elinde patlamak, kabak başında patlamak ***etw ausbaden müssen*** ceremesini çekme, sonucuna katlanmak
ausbaggern /'ausbagırn/ *trvt tek* ekskavatör ile taramak, tarayıp temizlemek
Ausbau /'ausbau/ *m* bitirme, tamamlama; geliştirme, ilerleme, aşama kaydetme; (motor, vs) indirme; genişleme, büyüme; cumba, çıkıntı; *ask* inşa, tahkim; *tek* demontaj, sökme, sökülme; *mim* tadilat
ausbauen /'ausbauın/ *trvt* tamamlamak, bitirmek, sona erdirmek; eksiksiz olarak yapmak, plana tam uygun olarak yapmak; genişletmek, büyütmek; *mim* kat çıkmak, kat eklemek; geliştirmek, derinleştirmek; çıkarmak, indirmek; *tek* demonte etmek, sökmek ***eine Beziehung ausbauen*** ilişkiyi ilerletmek
ausbessern /'ausbesırn/ *trvt* onarmak, tamir etmek, düzeltmek; yamalamak, yama yapmak; restore etmek; düzeltmek, tashih etmek
ausbeulen /'ausboylın/ *trvt* yamultmak, eğri büğrü yapmak; (kıyafet) çuval gibi yapmak
Ausbeute /'ausboytı/ *f* ürün, mahsul, hâsılat; kâr, irat, getiri, kazanç, nema, temettü; randıman
ausbeuten /'ausboytın/ *trvt* işletmek, kullanmak, faydalanmak; (birisini) sömürmek, *kon* kanını emmek
Ausbeuter /'ausboytır/ *m* işletici, kullanıcı; sömürücü, *kon* kan emici, avantacı
Ausbeutung /'ausboytung/ *f* işletme, kullanma, faydalanma; sömürme, *kon* kan emicilik, avantacılık
ausbilden /'ausbildın/ *trvt* şekil vermek, biçim vermek; teşkil etmek; eğitmek, öğretmek; geliştirmek, düzeltmek; mükemmelleştirmek
Ausbildung /'ausbildung/ *f* yetiştirme; talim terbiye; teşkil, teşekkül, biçimlendirme; tahsil, öğrenim, eğitim; gelişme; kültür; ihtisas, staj
ausblasen /'ausbla:zın/ *trvt* üflemek, püflemek; üfleyip boşaltmak, üfleyip söndürmek ***die Kerzen ausblasen*** mumları üfleyerek söndürmek
ausbleiben /'ausblaybın/ *trvi* gelmemek, ortada görünmemek, gözükmemek, mevcut bulunmamak, namevcut olmak
ausbleichen /'ausblayhın/ *trvi* rengi at-

mak, ağarmak, solmak, sararıp solmak; *trvt* rengini ağartmak, ağartmak, soldurmak, sararıp soldurmak; lekesini çıkarmak

Ausblick /'ausblik/ *m* manzara, görünüm; uzağa bakma; geleceği görme

ausbooten /'ausbo:tın/ *trvt* (sandal ile) karaya çıkarmak; işten çıkarmak, işten atmak; (misafire) gelmemesini söylemek

ausborgen /'ausborgın/ *trvt* ödünç vermek, veresiye vermek ***sich ausborgen*** ödünç almak

ausbrechen /'ausbrehın/ *trvt* kırıp almak, kırmak, koparıp almak, koparmak; (diş) çekip çıkarmak; kusmak; budamak; etkisiz hale getirmek; *trvi* kopmak, kırılmak; firar etmek, kaçmak, kaçıp kurtulmak; (aniden) oluşmak, baş göstermek, ortaya çıkmak; (hastalık) ortaya çıkmak, yayılmak; hıçkıra hıçkıra ağlamaya başlamak; görünmek, vuku bulmak; (volkan) ateş püskürtmek, lav çıkarmak; çığlık atmak, patırtıya vermek; yangın çıkmak; panik çıkmak, kargaşa çıkmak; birdenbire kopmak, birdenbire oluşmak; (fırtına) aniden kopmak ***aus dem Gefängnis ausbrechen*** hapishaneden kaçmak ***in Gelächter ausbrechen*** kahkahayı basmak, kahkahayı koyuvermek ***in Tränen ausbrechen*** gözyaşlarına boğulmak, hüngür hüngür ağlamak

Ausbrecher /'ausbrehır/ *m* firari, kaçak, kaçkın

ausbreiten /'ausbraytın/ *trvt* açmak, sermek, yaymak; büyütmek, genişletmek, esnetmek; germek; takdim etmek, arz etmek, sunmak ***Arme ausbreiten*** kolları açmak ***sich ausbreiten*** açılmak, serilmek, yayılmak; büyümek, genişlemek; dağılmak; bulaşmak, yayılmak

Ausbreitung /'ausbraytung/ *f* açılma, yayılma; genişleme, büyüme; artma; genişleme sahası, büyüme sahası ***Ausbreitung der Krankheit*** hastalığın yayılması, hastalığın genişlemesi

Ausbruch /'ausbruh/ *m* firar, kaçma, kaçıp kurtulma; patlak verme, (aniden) oluşma; (hastalık, kaba kuvvet) artma, çoğalma, kuvvetlenme; (yanardağ) patlama, püskürme; *ask* taarruz hareketi; (şarap, yağ) ilk mahsul ***zum Ausbruch kommen*** baş göstermek, çıkmak; başlamak, oluşmak

Ausbruchsversuch /'ausbruhsferzu:h/ *m* kaçmaya teşebbüs, firara teşebbüs

ausbrüten /'ausbrü:tın/ *trvt* kuluçkaya yatmak; kuluçka çıkarmak, yavrulamak; iyice düşünmek; *kon* hile planlamak

Ausbuchtung /'ausbuhtung/ *f* (yay şeklinde) girinti, çıkıntı, kabartı

ausbürgern /'ausbürgırn/ *trvt* vatandaşlıktan çıkarmak, tabiiyetten atmak, ıskat etmek

ausbürsten /'ausbürstın/ *trvt* fırçalamak, fırçalayarak temizlemek; süpürmek, tozunu almak

Ausdauer /'ausdauır/ *f* sabır, sebat, dayanma gücü, dayanıklılık, ısrar; tahammül, metanet; karar, devam

ausdauernd /'ausdauırnt/ *s* sabırlı, sebatlı, dayanıklı, ısrarcı; metin, mukavim; *sp* nefesi kuvvetli

ausdehnen /'ausde:nın/ *trvt* genişletmek, yaymak; uzatmak, açmak, esnetmek; (süre) uzatmak; genelleştirmek ***sich ausdehnen*** uzamak, genişlemek, açılmak, yayılmak, büyümek, esnemek; *fiz* genleşmek

Ausdehnung /'ausde:nung/ *f* genişlik, yaygınlık; genişleme, esneme; aralık; boyut; mesafe; (süre) uzama, intıka; *fiz* genleşme

ausdenken /'ausdenkın/ *trvt* düşünmek, tasavvur etmek ***sich etw ausdenken*** tasavvur etmek

ausdiskutieren /'ausdiskuti:rın/ *trvt* tüm detayları görüşmek, derinlemesine görüşmek

ausdörren /'ausdörın/ *trvi* kurumak; *trvt* kurutmak

Ausdruck /'ausdruk/ *m* ifade, anlatım, deyiş, beyan; söz, tabir, deyim, laf, kelime, terim; sembol; canlılık; (basılmış) metin, yazı; karakteristik; *müz* ifade ***ein derber Ausdruck*** kaba bir ifade, kaba bir anlatım ***zum Ausdruck bringen*** ifade etmek, dile getirmek, söylemek

ausdrücken /'ausdrükın/ *trvt* anlatmak, ifade etmek; sıkmak; sıkıp içini boşaltmak; (sigara) söndürmek ***sich ausdrücken*** fikrini açıklamak, düşüncesini beyan etmek, ifade etmek

ausdrücklich /'ausdrüklih/ *s* açık, açıkça, açık seçik; kesin, kat'i ***ausdrückliche Garantie*** açık garanti

ausdruckslos /'ausdrukslo:s/ *s* anlamsız,

manasız, boş, ehemmiyetsiz ***ausdrucksloses Gesicht*** anlamsız yüz, anlamsız yüz ifadesi
Ausdrucksmittel /'ausdruksmitıl/ *n* ifade aracı, söz
ausdrucksvoll /'ausdruksfol/ *s* anlamlı, manalı, canlı ***ausdrucksvolles Gesicht*** anlamlı yüz, anlamlı yüz ifadesi
Ausdrucksweise /'ausdruksvayzı/ *f* ifade tarzı, anlatım tarzı, üslup ***korrekte Ausdrucksweise*** düzgün bir anlatım tarzı, ifade
Ausdünstung /'ausdünstung/ *f* buhar, buğu; pis koku; buharlaşma; koku yayma; terleme
auseinander /ausayn'andır/ *s* bölünmüş, birbirinden ayrı, bölünmüş, parça parça, ayrı ayrı
Auseinandersetzung /ausayn'andırzetsung/ *f* açıklama, beyan, izah, izahat; tartışma, fikir teatisi; *huk* paylaşım, tasfiye
auserlesen /'auserle:zın/ *s* seçkin, seçme, seçilmi, güzide
ausfahren /'ausfa:rın/ *trvi* (araç) hareket etmek, kalkmak, ayrılmak, yola koyulmak; (araçla) gezmeye gitmek, seyahate çıkmak; *trvt* (araçla) gezmeye götürmek, bir yere götürmek; (araçla) dağıtım yapmak; (araç) çok hızlı sürmek
Ausfahrt /'ausfa:rt/ *f* (araçla) hareket, kalkma, gitme, ayrılma, kalkış; (araçla) gezintiye çıkma, dolaşma, bir yere gitme; araç çıkış yeri; (otobandan) çıkış
Ausfall /'ausfal/ *m* azlık, eksiklik; zarar, kayıp, eksilme; olmama, yapılmama; (saç) dökülme; çalışmama, arıza; ürün, mahsul; netice, sonuç; hamle, atak; hakaret; *kim* çökelti; *ask* çıkış hareketi; *sp* (eskrim) hücum, hamle; *dilb* hece düşmesi, harf düşmesi ***Ausfall der Haare*** saç dökülmesi
ausfallen /'ausfalın/ *trvi* sonuç vermek, sonuçlanmak; olmamak, yapılmamak; (makine) işlememek, çalışmamak ***gegen jdn ausfallen*** (birisine) saldırmak, hücum etmek
ausfallend /'ausfalınt/ *s* saldırgan; tahrikkâr; kırıcı, zedeleyici, aşağılayıcı ***ausfallende Worte*** kırıcı sözler, acı sözler
ausfällig /'ausfelih/ *s* saldırgan; tahrikkâr; kırıcı, zedeleyici, aşağılayıcı
Ausfallstraße /'ausfalştra:sı/ *f* şehirden çıkış karayolu
ausfechten /'ausfehtın/ *trvt* mücadeleyi bırakmamak, pes etmemek, sonuç alana kadar mücadele etmek
ausfertigen /'ausfertigın/ *trvt* düzenlemek, tanzim etmek; hazırlamak; teslim etmek
Ausfertigung /'ausfertigung/ *f* düzenleme, tanzim etme, hazırlama; nüsha, suret; teslim; yazma, yazılma ***in doppelten Ausfertigung*** iki nüsha olarak
ausfindig /'ausfindih/ : ***ausfindig machen*** keşfetmek; arayıp bulmak; meydana çıkarmak
ausfließen /'ausfli:sın/ *trvi* akıp gitmek, boşa akmak; dışarı akmak; dökülmek; sızmak; (kaptan) boşalmak
ausflippen /'ausflipın/ *trvi kon* kendinden geçmek; aklını kaybetmek
Ausflug /'ausflu:k/ *m* gezinti, piknik, dolaşma, gezme, kaçamak; çıkış, kaçış ***Ausflug machen*** gezinti yapmak, kaçamak yapmak
Ausflügler /'ausflü:klır/ *m* gezici, gezmeci; gezintiye çıkan
Ausflugsort /'ausflu:ksort/ *m* gezinti yeri, seyir yeri, teras
Ausfluss /'ausflus/ *m* akıntı; netice, sonuç; etki, tesir; delik, ağız, akış yeri; (nehir) delta; akıp gitme, akıp boşalma; *hek* akıntı, cerahat, ifraz; *tek* akış
ausformen /'ausformın/ *trvt* biçim vermek, şekil vermek, forma sokmak
ausformulieren /'ausformuli:rın/ *trvt* detaylarıyla anlatmak, ayrıntılı anlatmak, tafsilatlı anlatmak
ausfragen /'ausfra:gın/ *trvt* soruşturmak, sorarak öğrenmek; sorguya çekmek
ausfressen /'ausfre:sın/ *trvt* (yem) yiyip bitirmek; kötülük yapmak; *kon* halt işlemek, kabahat işlemek; *kim* aşındırmak
Ausfuhr /'ausfu:r/ *f* eksport, ihracat, dışsatım, yurtdışına satış ***ausgeführte Waren*** ihraç edilmiş mallar
ausführen /'ausfü:rın/ *trvt* (birisini) dolaştırmak, gezdirmek, dışarı çıkarmak; ihraç etmek, dışsatım yapmak; inşa etmek, kurmak, tesis etmek; yapmak, yerine getirmek; tatbik etmek, uygulamak; (kanun) yürütmek, uygulamak; ortaya koymak; (emir) yerine getirmek, uymak; (bir şeyi) tamamlamak
Ausfuhrgenehmigung /'ausfu:rgıne:migung/ *f eko* ihraç izni

ausführlich /'ausfü:rlih/ *s* ayrıntılı, etraflı, açıklamalı, tafsilatlı, derin, eni konu; geniş kapsamlı
Ausführlichkeit /aus'fü:rlihkayt/ *f* genişlik, detay ***in aller Ausführlichkeit*** tüm detayıyla
Ausführung /'ausfü:rung/ *f* gerçekleştirme, yapma; uygulamaya koyma, uygulama; izah, açıklama; tahakkuk ettirme; teşkil, teşekkül; icra, ifaz, yerine getirme; yürütme; işleyiş, uygulayış, yapış ***in erstklassiger Ausführung*** mükemmel şekilde ***zur Ausführung bringen*** gerçekleştirmek, uygulamak
Ausfuhrverbot /'ausfu:rferbo:t/ *n* ihraç yasağı
ausfüllen /'ausfülın/ *trvt* doldurmak, tam doldurmak; (form) doldurmak, yazmak; vakit doldurmak; işgal etmek ***mit etw ausfüllen*** tıkamak, bir şeyle doldurmak ***Formular ausfüllen*** form doldurmak
Ausgabe /'ausga:bı/ *f* masraf; gider, harcama, sarfiyat; dağıtma, taksim; ödeme, tediye; satış yeri; dağıtım yeri; teslimat yeri; (gazete, dergi) baskı, bası, tab, nüsha; tebliğ, ilan; edisyon, yayımlama
Ausgang /'ausgang/ *m* çıkış, çıkış yeri, çıkış kapısı; sokağa çıkma; (otobandan) çıkış sapağı; son, bitim, hitam, nihayet; netice, sonuç; son kısım ***Ausgang haben*** izinli olmak ***guter Ausgang*** mutlu son
ausgangs /'ausgangs/ *be* (bir şeyin) sonunda, sonuç olarak ***ausgangs eines Filmes*** filmin bitimi
Ausgangsbasis /'ausgangsba:zis/ *f* başlangıç noktası, yola çıkış noktası
ausgeben /'ausge:bın/ *trvt* (para) harcamak; sarf etmek; tedavüle çıkarmak; dağıtmak, bölüştürmek, taksim etmek, pay etmek, paylaştırmak; ilan etmek, tebliğ etmek; teslim etmek; ikram etmek; randımanlı olmak; *vi* vermek, çoğalmak ***Almosen ausgeben*** sadaka dağıtmak, sadaka vermek ***ausgegebene Aktien*** *tic* ihraç edilmiş hisse senetleri ***ausgegebenes Kapital*** çıkarılmış sermaye ***sich ausgeben*** tüm gücünü harcamak; küçülmek; tüm parasını harcamak; kendini farklı göstermek ***Spielkarten ausgeben*** *isk* kâğıtları dağıtmak ***Zeitung ausgeben*** (evlere) gazete dağıtmak
ausgebucht /'ausgıbu:ht/ *s* bütün yerler satılmış, kapalı gişe
ausgedehnt /'ausgıde:nt/ *s* büyük, geniş, engin; fazla, çok, oldukça, hatırı sayılır
ausgedient /'ausgıdi:nt/ *s* emekliye ayrılmış; eskimiş; kullanılmaz hale gelmiş; *ask* çürüğe çıkmış
ausgedörrt /'ausgıdört/ *s* kurumuş; susamış
ausgefallen /'ausgıfalın/ *s* garip, acayip, tuhaf, eğri büğrü ***ausgefallene Idee*** ilginç fikir
ausgefeilt /'ausgıfaylt/ *s* inceden inceye hazırlanmış
ausgefranst /'ausgıfranst/ *s* (kumaş) etrafı saçaklı dokunmuş
ausgeglichen /'ausgıglihın/ *s* uyumlu, harmonik, düzenli, dengeli, oranlı; soğukkanlı; *sp* denk ***ausgeglichenes Budget*** *tic* denk bütçe
Ausgeglichenheit /'ausgıglihınhayt/ *f* soğukkanlılık, itidal
ausgehen /'ausge:ın/ *trvi* (evden) dışarı çıkmak, sokağa çıkmak; bitmek, tükenmek, sona ermek; ilan edilmek; yayınlanmak, neşredilmek; (saç) dökülmek; (renk) atmak, solmak; (ışık) sönmek; (sabır) tükenmek, bitmek, kalmamak; (bir şeyden) başlamak, hareket etmek, yola çıkmak; kaybolmak, silinmek, yok olmak; sönmek ***auf etw ausgehen*** hedef almak, amaçlamak ***das Licht geht aus*** ışık sönüyor ***davon ausgehen*** (bir şeyden) hareket etmek, başlamak ***Geduld ausgehen*** sabrı tükenmek ***gut ausgehen*** iyiye varmak ***leer ausgehen*** *mec* eli boş çıkmak ***übel ausgehen*** kötüye gitmek
ausgehungert /'ausgıhungırt/ *s* açlıktan gebermiş, çok aç
ausgeklügelt /'ausgıklü:gılt/ *s* akıllıca tasarlanmış
ausgelassen /'ausgılasın/ *s* şamatacı, patırtıcı; çok neşeli, keyfi yerinde ***ausgelassen sein*** içi içine sığmamak
ausgelastet /'ausgılastıt/ *s* tam kapasiteyle çalışan
ausgelaugt /'ausgılaukt/ *s kon* posası çıkmış, bitkin
ausgeleiert /'ausgılayırt/ *s* aşınmış, yıpranmış, yalama olmuş, gevşemiş
ausgemacht /'ausgımaht/ *s* kararlaştırılmış, anlaşılmış, sözleşilmiş; danışıklı, anlaşmalı, şike; tam; tepeden tırnağa

ausgemacht! tamam!, peki!, okey! anlaştık!, söz! ***ausgemachte Sache*** şike, danışıklı dövüş ***ausgemachter Lügner*** sıkı yalancı

ausgenommen /'ausgınomın/ *be* -den başka, -dan başka; hariç olmak üzere; müstesna, hariç; *s* boş ***Anwesende sind ausgenommen*** hazır bulunanlar hariç

ausgeprägt /'ausgıpre:kt/ *s* açık, ortada, aşikar, meydanda; belirmiş; karakteristik, göze çarpan, tipik; (surat) keskin, sert

ausgepumpt /'ausgıpumpt/ *s* tamtakır, boş, boşalmış; bitap, tükenmiş, güçsüz

ausgerechnet /'ausgıre**h**nıt/ *be* olmayacak, aksilik; özellikle; bir bu eksikti, aksi şeytan

ausgeschlossen /'ausgışlosın/ *s* mümkün değil, imkânı yok, olamaz, imkânsız; (oyundan) atılmış, çıkartılmış

ausgesprochen /'ausgışpro**h**ın/ *s* söylenmiş, açıklanmış, denmiş, ifade edilmiş; bilhassa, özellikle, çok; müthiş

ausgestorben /'ausgıştorbın/ *s* nesli tükenmiş, yok olmuş

ausgewachsen /'ausgıvaksın/ *s* olgunlaşmış, yetişmiş, büyümüş, gelişmiş; reşit, ergen

ausgewogen /'ausgıvo:gın/ *s* uyumlu, ahenkli

ausgezeichnet /'ausgıtsay**h**nıt/ *s* harika, mükemmel, olağanüstü, nefis, kusursuz, fevkalade, müthiş, klas, üstün; birinci sınıf, bir numara; mümtaz; (yemek) enfes, nefis ***ausgezeichnet!*** bravo!, aferin!

ausgiebig /'ausgi:bi**h**/ *s* bol bol, zengin; cömert, eli bol, eli açık; verimli; geniş, uzun, büyük ***ausgiebig schlafen*** iyi uyumak

ausgießen /'ausgi:sın/ *trvt* (su) akıtmak, dökmek; (kap) boşaltmak, dökerek boşaltmak; (ateş) söndürmek; (kaba akıtarak) doldurmak

Ausgleich /'ausglay**h**/ *m* denkleştirme, eşitleme; tesviye, düzeltme; uyuşma, uzlaşma; ödün, taviz; tazminat, telafi; rövanş; misilleme; takas; *dilb* ahenk, uyum; *sp* beraberlik, yenişememe; *tic* hesap mutabakatı

ausgleichen /'ausglay**h**ın/ *trvt* denkleştirmek, eşitlemek, düzeltmek, hal yoluna koymak; halletmek, sorunu gidermek; *tic* ödemek, hesabı kapatmak; tazmin etmek, telafi etmek; açığı kapamak; tasalamak; ayar etmek; arasını bulmak ***Schaden ausgleichen*** zararı tazmin etmek ***sich mit jdm ausgleichen*** (birisiyle) uzlaşmak, anlaşmak

Ausgleichstreffer /'ausglay**h**strefır/ *m* beraberlik golü, beraberlik puanı

ausgraben /'ausgra:bın/ *trvt* kazmak, eşmek; (arkeolojik) kazı yapmak; *kon* eski defterleri açmak

Ausgrabung /'ausgra:bung/ *f* kazı, hafriyat; (arkeolojik) kazı; *kon* eski defterleri açma ***archäologische Ausgrabung*** arkeolojik kazı

ausgrenzen /'ausgrentsın/ *trvt* dışlamak

Ausguss /'ausgus/ *m* dökme, akıtma; kalıba dökme; evye; kap ağzı, akma yeri; *tek* tahliye deliği

aushalten /'aus**h**altın/ *trvt* tahammül etmek, katlanmak, dayanmak, çekmek; sabır sebat etmek; karşı koymak; (birisini) beslemek, doyurmak, yedirip içirmek, bakmak; (birisini) terk etmemek; *müz* sesi uzatmak; *trvi* (bir yerde) durmak, kalmak ***ausgehaltene Frau*** metres, kapatma (kadın) ***etw nicht aushalten können*** yüzü tutmamak ***jdn aushalten*** (birisine) bakmak

aushandeln /'aus**h**andıln/ *trvt* pazarlık etmek; tartışarak sonuca varmak

aushändigen /'aus**h**endigın/ *trvt* teslim etmek, eline vermek

Aushang /'aus**h**ang/ *m* vitrin, camekân; ilan, duyuru, tebliğ; ilan levhası, afiş, askı; (mağazada) teşhir edilen mal

aushängen /'aus**h**engın/ *trvt* askıya çıkarmak, duyurmak; vitrine koymak, teşhir etmek; askıdan çıkarmak, çengelden çıkarmak; (kapı) rezesinden çıkarmak; *vi* bildirilmek, ilan edilmek, beliğ edilme; vitrine konmak, teşhir edilmek

Aushängeschild /'aus**h**engışilt/ *n* tabela, levha

ausharren /'aus**h**arın/ *trvi* katlanmak, dayanmak, tahammül etmek; sabretmek, sebat etmek; (vaktini) kollamak

ausheben /'aus**h**e:bın/ *trvt* sökmek, söküp çıkarmak; kazmak, oymak; çıkarmak; (kapı) rezesinden çıkarmak; (kuş, yumurta) yuvasından almak; (kötülük yuvalarını) dağıtmak; *ask* baskın yaparak yakalamak, ele geçirmek; *ask* silah altına almak

aushecken /'aus**h**ekın/ *trvt* (plan) kurmak, tasarlamak ***Komplott aushecken*** komplo kurmak
ausheilen /'aus**h**aylın/ *trvt* (hastalık) iyi etmek; *trvi* (hastalık) iyileşmek
aushelfen /'aus**h**elfın/ *trvi* (birisine) yardım etmek; yardımda bulunmak
Aushilfe /'aus**h**ilfı/ *f* geçici çare, geçici tedbir; geçici yardım; geçici çalışma; (birisine vekâlet ederek) çalışma
Aushilfskraft /'aus**h**ilfskraft/ *f kon* vekil, takviye güç, yedek güç, geçici işçi
aushilfsweise /'aus**h**ilfsvayzı/ *be* geçici olarak, muvakkaten, şimdilik
aushöhlen /'aus**h**ö:lın/ *trvt* içini oymak, kazmak; çukurlaştırmak; kazarak derinleştirmek; kemirmek, aşındırmak; harap etmek; güvenini sarsmak
aushorchen /'aus**h**or**h**ın/ *trvt* (birisinin) ağzını aramak, sorgu sual etmek
aushungern /'aus**h**ungırn/ *trvt* aç bırakmak; aç bırakarak direncini kırmak
auskennen /'auskenın/ *trvr* her şeyiyle bilmek, tüm bilgilere sahip olmak, ne var ne yok her şeyi bilmek; yol yordam bilmek ***sich in etw auskennen*** çok bilgi sahibi olmak
ausklammern /'ausklamırn/ *trvt* bir tarafa bırakmak, bir yana bırakmak
Ausklang /'ausklang/ *m* nihayet, son, hitam; *müz* son ses; kapanış, bitiş
ausklingen /'ausklingın/ *trvt* sesin tınlaması bitmek; *kon* sona ermek, bitmek
ausklügeln /'ausklü:gıln/ *trvt* kafa yorarak halletmek, iyice düşünerek çözmek; kılı kırk yararak keşfetmek, bulmak
ausknipsen /'ausknipsın/ *trvt* (ışık) kapatmak
auskochen /'ausko**h**ın/ *trvt* (haşlayarak, kaynatarak) suyunu çıkarmak; kaynatıp temizlemek; (temizlemek amacıyla) kaynatmak; *hek* (kaynatarak) sterilize etmek; *trvi* kaynayıp taşmak; kaynayarak buharlaşmak
Auskommen /'auskomın/ *n* geçim, iaşe; bir arada yaşama, iyi geçinme, iyi anlaşma
auskommen /'auskomın/ *trvi* yetmek, yetişmek, kâfi gelmek; zar zor idare etmek; kimseye muhtaç olmamak; (bir şeyle) geçinmek, (bir şeye) katlanmak; denk getirmek, *kon* iki yakayı bir araya getirmek; (birisiyle) iyi geçinmek ***mit etw auskommen*** yetmek, kâfi gelmek; geçinmek ***mit jdm auskommen*** birisiyle geçinmek, anlaşmak, uyuşmak
auskosten /'auskostın/ *trvt* tadını çıkarmak, keyfini sürmek, zevkini çıkarmak
auskundschaften /'auskuntşaftın/ *trvt* gözlemek, araştırmak; bilgi toplamak, malumat toplamak; haber almak; kolaçan etmek; *ask* keşif yapmak, keşfetmek
Auskunft /'auskunft/ *f* bilgi, istihbarat, enformasyon, malumat ***Auskunft einholen*** bilgi toplamak, malumat toplamak ***Auskunft geben*** bilgi vermek, malumat vermek ***jdm Auskunft erteilen*** bilgi vermek
Auskunftsstelle /'auskunftsştelı/ *f* danışma, danışma yeri
auskuppeln /'auskupıln/ *trvt* (motor) kavramayı kesmek; (araç) birbirinden ayırmak
auskurieren /'auskuri:rın/ *trvt* (tamamen) iyileştirmek, tedavi etmek, sağlığına kavuşturmak
auslachen /'ausla**h**ın/ *trvt* (birisiyle) alay etmek; (birisine) gülmek ***sich auslachen*** gülmekten kırılmak, gülmekten katılmak
ausladen /'ausla:dın/ *trvt* boşaltmak, (eşya) indirmek, tahliye etmek; (karaya) indirmek, çıkarmak; iptal etmek; *trvi* çıkıntı oluşmak, çıkıntı yapmak
ausladend /'ausla:dınt/ *s* çıkıntılı, cumbalı; geniş yapılı
Auslage /'ausla:gı/ *f* teşhir etme, sergileme, yayma; sergi, teşhir; vitrin, camekân; masraf, masraflar, harcama, ödeme; *sp* (eskrim) ilk hamle
auslagern /'ausla:gırn/ *trvt* (eşyanın muhafaza edildiği yeri) değiştirmek; (savaş sırasında) sığınağa koymak
Ausland /'auslant/ *n* yabancı ülkeler, yurtdışı; yabancılar ***im Ausland*** yurtdışında, dışarda ***ins Ausland*** yurtdışına ***ins Ausland fahren*** yurtdışına gitmek
Ausländer /'auslendır/ *m* yabancı, ecnebi
Ausländerbehörde /'auslendırbı**h**ördı/ *f* yabancılar dairesi
ausländerfeindlich /'auslendırfayntli**h**/ *s* yabancı düşmanı, yabancıları sevmeyen
Ausländerfeindlichkeit /'auslendırfayntli**h**kayt/ *f* yabancı düşmanlığı
ausländisch /'auslendiş/ *s* yabancı, ec-

nebi ***ausländische Bank*** yabancı banka ***ausländische Devisen*** yabancı ülke parası, döviz ***ausländische Firma*** yabancı firma ***ausländische Gesellschaften*** *pl* yabancı şirketler; yabancı ortaklıklar ***ausländische Kapitalgesellschaft*** yabancı şirket ***ausländische Staaten*** yabancı ülkeler ***ausländische Währung*** döviz, yabancı ülke parası ***ausländische Wertpapiere*** yabancı menkul kıymetler ***ausländische Zahlungsmittel*** yabancı para, döviz ***ausländischer Arbeitnehmer*** yabancı işçi ***ausländischer Lehrer*** yabancı öğretmen ***ausländischer Schüler*** yabancı öğrenci

Auslandsaufenthalt /'auslantsaufenthalt/ *m* yurtdışında ikamet

Auslandsreise /'auslantsrayzı/ *f* yurtdışı seyahati

Auslandsverschuldung /'auslantsferşuldung/ *f tic* yurtdışı borçlanma

auslassen /'auslasın/ *trvt* (bir şeyi) bilmeden yapmamak, sehven yapmamak; (bir şeyi) açık bırakmak, atlamak, es geçmek; (buhar, su) çıkarmak, bırakmak; (elbise) genişletmek; (yağ) eritmek; belli etmek, açık vermek; (birisini) rahat bırakmak; (duygularını) belli etmek ***Fett auslassen*** yağı eritmek ***sich über etw auslassen*** (bir konu hakkındaki) düşüncelerini söylemek, duygularını belirtmek ***sich auslassen über etw*** detaylı anlatmak

auslasten /'auslastın/ *trvt* (bir şeyin gücünü) son noktasına kadar kullanmak, sonuna kadar istifade etmek

Auslastung /'auslastung/ *f* (tam) yararlanma, kapasiteyi kullanma

Auslauf /'auslauf/ *m* çıkış, harekete geçme; akma, dökülme; (nehir) ağız; *sp* çizgi gerisi; netice, son; harekete geçme, çıkış (koşularda); (gemi) limandan çıkış ***freier Auslauf*** hareket izni, çıkış serbestisi

auslaufen /'auslaufın/ *trvi* (fıçı, kap) boşalmak, akmak, sızmak; bitmek, sona ermek; hareket etmek; (gemi) limandan çıkmak, denize açılmak; (dağ) sıradağ teşkil etmek; (etrafa) saçılmak, dökülmek; *trvt* (ayakkabı) genişlemek, açmak ***sich auslaufen*** aşınmak, yalama olmak; açılmak, genişlemek; gereğince iyi hareket etmek

auslaugen /'auslaugın/ *trvt* küllü su ile yıkamak, asitli su ile yıkamak; *kim* eriterek boşaltmak; tüketmek, yıpratmak

ausleben /'ausle:bın/ *trvr* hayatın tadını çıkarmak, yaşamaktan zevk almak ***sich in etw ausleben*** (bir şeyde) ortaya çıkmak, görülmek

ausleeren /'ausle:rın/ *trvt* boşaltmak; *kon* içini boşaltmak, içini dökmek, derdini açmak

auslegen /'ausle:gın/ *trvt* (mal) sermek, açmak, yaymak, sergilemek, teşhir etmek; (yer) döşemek; (hesaba mahsuben) para vermek; yorumlamak, açıklamak, tefsir etmek; (her şeyi) toplamak, toparlamak; (ağ atarak) tuzak kurmak; yemlemek; *kon* şişmanlamak, semirmek ***den Traum auslegen*** rüyayı yorumlamak ***die Geschichte auslegen*** hikâyeyi yorumlamak ***sich auslegen*** öne doğru eğilmek

Auslegung /'ausle:gung/ *f* yorumlama, tefsir etme ***Auslegung des Gesetzes*** yasanın yorumu

ausleihen /'auslayın/ *trvt* ödünç vermek, borç vermek, eğreti olarak vermek, geçici olarak vermek, geri almak üzere vermek ***auf Zinsen ausleihen*** faizle ödünç vermek, faizle borç para vermek ***sich ausleihen*** ödünç almak, borç almak

Auslese /'ausle:zı/ *f* seçme, ayıklama, (iyisini) ayırma; seçkin, kalite, elit, ekstra, 1. sınıf; mümtaz; (en iyi üzümden yapılma) şarap

auslesen /'ausle:zın/ *trvt* seçmek, ayıklamak, (iyisini) ayırmak; (kitap, vs.) okuyup bitirmek

ausliefern /'ausli:fırn/ *trvt* teslim etmek, tesellüm etmek, vermek; göndermek, postalamak; iade etmek ***jdm ausgeliefert sein*** (birisinin) eline düşmek ***etw ausgeliefert sein*** elinde kalmış olmak

Auslieferung /'ausli:fırung/ *f* teslim etme, tesellüm etme, verme; gönderme ***Auslieferung von Verbrechern*** suçluların iadesi

auslöffeln /'auslöfıln/ *trvt* kaşıklamak, kaşıklayıp bitirmek; *kon* (hatanın) acısını çekmek

auslöschen /'auslöşın/ *trvt* (ateş) söndürmek; (yangın) bastırmak; (yazı) silmek; (mürekkep) kurulamak; *vi* sönmek, geçmek ***sich auslöschen*** sönmek

auslösen /'auslö:zın/ *trvt* ayırmak, ayırarak çıkarmak; sebebiyet vermek, neden olmak; (başkasının) parasını ödemek; (rehin, esir) kurtarmak; *tek* avaraya almak; (makine) hareket ettirmek, harekete geçirmek; *fot* deklanşöre basmak

auslosen /'auslo:zın/ *trvt* kura çekmek, kura çekerek belirlemek; (bir şeyi ödül olarak) piyangoya koymak

Auslöser /'auslö:zır/ *m* harekete geçirici kol; *fot* deklanşör; uyarıcı

ausloten /'auslo:tın/ *trvt den* iskandil etmek; iyice araştırmak, soruşturmak; sondalamak

auslüften /'auslüftın/ *trvt* havalandırmak, hava vermek, hava basmak ***sich auslüften*** *vi* havalanmak, hava almak

ausmachen /'ausmahın/ *trvt* (ışık, gaz, radyo, vs.) kapatmak, söndürmek; anlaşmak, sözleşmek, kararlaştırmak; halletmek, bitirmek; bulmak, keşfetmek, sonuca bağlamak, teşhis etmek; (bir şey) ifade etmek, önemi olmak; (av hayvanını) bulmak; *trvi* önemli bir yer tutmak, önemli bir rol oynamak ***Das macht nicht aus!*** önemi yok! ***den Preis ausmachen*** fiyatını belirlemek, fiyatını kararlaştırmak ***Macht nichts aus!*** takma kafana!, boşver!

ausmalen /'ausma:lın/ *trvt* resim yapmak, tablo yapmak; (resmi/tabloyu) yapıp bitirmek; (resim) renk vermek, boyamak, renk katmak; tasvir etmek; *kon* tanımlamak, anlatmak, betimlemek; mübalağa yaparak anlatmak, büyütmek ***sich ausmalen*** hayal etmek, tasavvur etmek, gözünde canlandırmak

Ausmaß /'ausma:s/ *n* ölçü, oran, boyut, büyüklük, kıyas; boyut, mesafe; miktar; genişlik; (silah) çap ***in großem Ausmaß*** büyük çapta, büyük miktarda ***in geringem Ausmaß*** küçük çapta, küçük oranda

ausmerzen /'ausmertsın/ *trvt* (kötüsünü) ayırmak, tasfiye etmek; (adını) listeden çıkarmak, yazıdan çıkarmak, silmek; (bir yerden) ayırmak; istisal etmek

ausmessen /'ausmesın/ *trvt* ölçmek, ölçüsünü almak; adımlamak, adımlayarak ölçmek; taşıma kuvvetini ölçmek

ausmisten /'ausmistın/ *trvt* (ahır) gübreleri temizlemek; (ortalığı) derleyip toparlamak

Ausnahme /'ausna:mı/ *f* istisna, kuraldışı; hariç tutma, ayrı tutma ***alle ohne Ausnahme*** hep beraber, istisnasız ***eine Ausnahme bilden*** istisna oluşturmak ***eine Ausnahme machen*** müstesna tutmak ***mit Ausnahme von*** hariç olmak üzere

Ausnahmefall /'ausna:mıfal/ *m* olağanüstü hal, olağanüstü durum

Ausnahmezustand /'ausna:mıtsuştant/ *m* olağanüstü hal, sıkıyönetim, örfi idare

ausnahmslos /'ausna:mslo:s/ *s* istisnasız, ayırmaksızın

ausnahmsweise /'ausna:msvayzı/ *be* istisna olarak, istisnai olarak, bir defaya mahsus, istisnaen, bu seferlik

ausnehmen /'ausne:mın/ *trvt* ayrı tutmak, hariç tutmak, istisna etmek; çıkarmak, içinden çekmek, içinden çıkarmak; (içini boşaltıp) temizlemek; (parasını) almak, yolmak, ütmek; *kon* sorguya çekmek ***sich ausnehmen*** görünmek, gibi görünmek, izlenimi bırakmak ***sich gut ausnehmen*** iyi izlenim bırakmak ***sich schlecht ausnehmen*** kötü izlenim bırakmak

ausnüchtern /'ausnühtırn/ *trvt* ayıltmak, kendine getirmek ***sich ausnüchtern*** ayılmak, kendine gelmek

ausnützen /'ausnütsın/ *trvt* (bir şeyden iyicene) faydalanmak, istifade etmek; (bir şeyi) fırsat bilmek, fırsattan istifade etmek; sömürmek, iliğini emmek; istismar etmek, suistimal etmek; kendi çıkarı için kullanmak

Ausnützung /'ausnütsung/ *f* faydalanma, istifade etme; fırsat bilme, fırsattan istifade etme; istismar etme, suistimal etme; kendi çıkarı için kullanma; sömürme, kanını emme

auspacken /'auspakın/ *trvt* (paket, bağ) açmak; (içindeki şeyi) çıkarmak; *vi* açıklamak, ifşa etmek, detaylarıyla anlatmak

ausparken /'ausparkın/ *trvt* aracı park yerinden çıkarmak

auspeitschen /'auspayçın/ *trvt* kırbaçla dövmek, kırbaçlamak, kamçılamak ***ausgepeischt werden*** kırbaç yemek, kamçı yemek

ausplaudern /'ausplaudırn/ *trvt* (herkese) duyurmak, yaymak, açıklamak, ifşa etmek; boşboğazlık etmek, laf yumurtlamak; dile laf vermek ***nichts ausplaudern*** ağzı sıkı ***sich ausplaudern*** durmadan konuşmak, çene çalmak

ausplündern /'ausplündırn/ *trvt* yağmalamak, yağma etmek, talan etmek; nesi var nesi yok almak, soyup soğana çevirmek, dımdızlak ortada bırakmak

auspolstern /'auspolstırn/ *trvt* (yün gibi şeylerle bir yeri) doldurmak

ausprägen /'auspre:gın/ *trvt* madeni para basmak; resmini paraya basmak; şekillendirmek, şekil vermek ***sich ausprägen*** belli olmak, ortaya çıkmak, meydana çıkmak; şekillenmek, biçimlenmek

Ausprägung /'auspre:gung/ *f* şekilli, belirli, belli; açık belirti

auspressen /'auspresın/ *trvt* sıkmak, sıkıp suyunu/yağını çıkarmak; (şantajla) para sızdırmak; zorla almak; (birisini) sıkıştırmak, zorlamak

ausprobieren /'ausprobi:rın/ *trvt* sınamak, denemek, tecrübe etmek, prova etmek; deneyerek tespit etmek; uygulamak, tatbik etmek

Auspuff /'auspuf/ *m* atık; *oto* egzost; *tek* eşapman

Auspuffrohr /'auspufro:r/ *n* atık gaz çıkış borusu, çürük gaz çıkış borusu

auspumpen /'auspumpın/ *trvt* (tulumba) ile çekmek, (tulumba ile) boşaltmak; (birisini) yıpratmak, tüketmek; takatini bitirmek; *hek* lavman yapmak

ausquartieren /'auskvarti:rın/ *trvt* (birisini) oturduğu yerden çıkarmak; *ask* konaklama yerini değiştirmek

ausquetschen /'auskveçın/ *trvt* sıkmak, sıkıp suyunu/yağını çıkarmak; *kon* ağzından laf almaya çalışmak

ausradieren /'ausradi:rın/ *trvt* kazımak, silmek; *kon* yok etmek

ausrangieren /'ausrangji:rın/ *trvt* çürüğe çıkarmak, açığa almak, hizmet dışı yapmak; *sp* kadrodışı bırakmak; (tren) vagonları ayırmak

ausrasieren /'ausrazi:rın/ *trvt* (kıllarını) tıraş etmek; tıraş ederek şekil vermek

ausrasten /'ausrastın/ *trvt* bağlantısını ayırmak

ausrauben /'ausraubın/ *trvt* yağmalamak, yağma etmek, soymak, soyup soğana çevirmek

ausräumen /'ausroymın/ *trvt* tahliye etmek, boşaltmak; ortadan kaldırmak; bertaraf etmek; gidermek, uzaklaştırmak; düzeltmek; *kon* lağımı temizlemek; (eşya) yerinden kaldırarak temizlemek; (şüphe, endişe, korku) yenmek, ortadan kaldırmak

ausrechnen /'ausre**h**nın/ *trvt* hepsini hesaplamak, tamamını hesap etmek, hesaplayarak sonucu bulmak; saymak; tahmin etmek ***sich ausrechnen*** gözönünde bulundurmak

Ausrede /'ausre:dı/ *f* bahane, kaçamak; kaçamaklı söz, mazeret, kulp, özür; yalan ***eine Ausrede finden*** bahane bulmak, mazeret bulmak

ausreden /'ausre:dın/ *trvi* sözünü bitirmek; vazgeçirmek, caydırmak ***sich ausreden*** dilediğince konuşmak; konuşup anlaşmak; serbestçe konuşmak; içini dökmek, derdini anlatmak; kaçamak yapmak; suçu başkasına atmak

ausreichen /'ausray**h**ın/ *trvi* yetmek, kâfi gelmek, yetişmek ***nicht ausreichen*** yetmemek, kâfi gelmemek

ausreichend /'ausray**h**ınt/ *s* yeterli, kâfi, yeter derecede; (okul) geçer not

Ausreise /'ausrayzı/ *f* gidiş, çıkış; yurtdışına çıkma ***bei der Ausreise*** ülkeden ayrılırken

ausreisen /'ausrayzın/ *trvt* yurtdışına çıkmak

Ausreisevisum /'ausrayzıvi:zum/ *n* yurtdışına çıkış vizesi

ausreißen /'ausraysın/ *trvt kon* (bir şeyi) çekip almak, sökmek, söküp atmak; *vi kon* kaçmak, sıvışmak, tüymek; (dikiş) sökülmek, yırtılmak; kaçmak, tüymek

Ausreißer /'ausraysır/ *m kon* kaçak

ausreiten /'ausraytın/ *trvi* atla gezmek, atla gezinti yapmak; *trvt* atla gelmek

ausrenken /'ausrenkın/ *trvt* yerinden kıpırdatmak, yerinden oynatmak; *hek* (kemik) çıkmak

ausrichten /'ausri**h**tın/ *trvt* düzeltmek, doğrultmak; düzenlemek, tertip etmek, yapmak; yoluna koymak; (emir) yerine getirmek, uygulamak; ulaştırmak, bildirmek, haber vermek; elde etmek, sağlamak; başarmak, muvaffak olmak; (yemek) hazırlamak; *ask* hizaya getirmek; *mad* maden aramak; (av) izini sürmek ***ein Fest ausrichten*** eğlence tertip etmek ***eine Versammlung ausrichten*** toplantı tertip etmek ***einen Gruß ausrichten*** selam söylemek ***sich ausrichten*** dizilmek

Ausrichtung /'ausri**h**tung/ *f* düzeltme, doğrultma; tertip etme, düzenleme; haber; iş; yönelme; yöneltme, doğrultma; (emir) uyma, ifa, yerine getirme; *ask* hizaya getirme; *mad* damar arama; oryantasyon
ausrotten /'ausrotın/ *trvt* yoketmek, imha etmek, mahvetmek, yakıp yıkmak; kökünü kurutmak; en dipten budamak; (ot) söküp atmak
Ausrottung /'ausrotung/ *f* yok etme, imha etme, mahvetme, yakıp yıkma; kökünü kurutma; (ot) söküp atma
Ausruf /'ausru:f/ *m* haykırış, haykırma, bağırış, bağırma, çağırış, çağırma; ses, nida, ünlem; resmi ilan; duyurma, ilan etme; tebliğ, neşir, yayınlama
ausrufen /'ausru:fın/ *trvt* bağırmak, çağırmak, haykırmak; şaşkınlık içinde seslenmek; resmen ilan etmek, duyurmak; tebliğ etmek; neşretmek, yayınlamak
Ausrufungszeichen /'ausru:fungstsay**h**ın/ *n dilb* ünlem işareti
ausruhen /'ausru:ın/ *trvi* dinlenmek, istirahat etmek; *trvt* dinlendirmek, istirahat ettirmek ***sich ausruhen*** dinlenmek, istirahat etmek; kafasını dinlemek
ausrüsten /'ausrüstın/ *trvt* donatmak, teçhiz etmek; silahlandırmak ***ein Heer ausrüsten*** orduyu silahlandırmak ***sich ausrüsten*** donanmak, silahlanıp hazırlanmak ***gut ausgerüstet*** tedarikli, tam teçhizatlı
Ausrüster /'ausrüstır/ *m* işleten; donatan, teçhiz eden
Ausrüstung /'ausrüstung/ *f* teçhizat, donanım, silahlandırma; *tek* apre, kumaşlara sertlik verme
ausrutschen /'ausruçın/ *trvi* kaymak, ayağı kayarak düşmek; kayarak aşağıya doğru düşmek; *kon* ufak hata yapmak
Aussaat /'ausza:t/ *f* tohum saçma, ekin ekme; ekim; tohum
aussäen /'ausze:ın/ *trvt* tohum saçmak, ekin ekmek; tohumlamak
Aussage /'ausza:gı/ *f* söz, beyan, ifade, bildirim; bilgi, haber, malumat; önem, ehemmiyet; (yazılı) rapor; *huk* ifade ***Aussage bestätigen*** ifadeyi tasdik etmek, ifadeyi onaylamak, ifadeyi kabul etmek ***Aussage verweigern*** ifade vermeyi reddetmek ***bei einer Aussage bleiben*** ifadesine bağlı kalmak
aussagen /'ausza:gın/ *trvt* beyan etmek, açıklamak, ifade etmek; bilgi vermek, söylemek; *huk* tanıklık etmek
Aussatz /'aussats/ *m hek* cüzam; lepra
aussätzig /'auszetsi**h**/ *s hek* cüzamlı; lepra
ausschaben /'ausşa:bın/ *trvt* kazımak, çukur açmak; *hek* kürtaj yapmak
ausschachten /'ausşa**h**tın/ *trvt* kazmak; eşelemek; çukur açmak, hafriyat yapmak
ausschalten /'ausşaltın/ *trvt* dahil etmemek, hariç tutmak; dikkate almamak, yok saymak; uzaklaştırmak, bertaraf etmek, ıskarta etmek; kendi haline bırakmak; (elektrik) devreyi kesmek, cereyanı kesmek, akımı kesmek; (radyo) kapamak; *trvi* tasfiye edilmek
Ausschank /'ausşank/ *m* alkollü içki satma, alkollü içki satma ruhsatı; alkollü içki satan yer; ayaküstü içki içilen meyhane
Ausschau /'ausşau/ *f* göz atarak arama, bakışlarla arama, göz ile araştırma
ausschauen /'ausşauın/ *trvi* (birisini) bakışlarla araştırmak; (birisine) bakmak; gözükmek, görünmek; kolay görünmek ***wie schaut es aus?*** işler nasıl?, nasıl gidiyor?
ausscheiden /'ausşaydın/ *trvt* ayırmak; birbirinden ayırmak; *kim* tecrit etmek; *biy* ifraz etmek; *hek* taş düşürmek; *sp* elemek; *vi* (iş) ayrılmak, istifa etmek, çekilmek; *sp* elenmek; ilişiği kesilmek ***Nierensteine ausscheiden*** *hek* böbrek taşı dökmek
Ausscheidung /'ausşaydung/ *f* ayırma; tecrit, çıkarma; *hek* ifrazat; *sp* eleminasyon
Ausscheidungskampf /'ausşaydungskampf/ *m sp* eleme maçı, seçme yarışması
ausscheren /'ausşe:rın/ *trvt* halatı çıkarmak; *trvi* (araç) rotasından çıkmak, yolundan çıkmak
ausschimpfen /'ausşimpfın/ *trvt* küfür etmek, hakaret etmek, sövüp saymak; çıkışmak, paylamak
ausschlachten /'ausşla**h**tın/ *trvt* (hayvan) parçalamak, parçalara ayırmak; istismar etmek, kendi çıkarları için kullanmak; (eski araç) işe yarar parçaları

sökmek
ausschlafen /'ausşla:fın/ *trvi* (vaktini) uyuyarak geçirmek; yeteri kadar uyumak; *kon* geç kalkmak ***sich ausschlafen*** uykusunu almak
Ausschlag /'ausşla:k/ *m* (pusula, terazi) sapma, şaşma; kati etki; salınım; (duvar) terleme; *hek* (saç, deri) döküntü; sivilce, çıban ***Ausschlag geben*** kati tesir yapmak, sonucu belirtmek; kararını etkilemek
ausschlagen /'ausşla:gın/ *trvt* döverek kovmak, vurarak sürmek; (diş) kırmak; reddetmek, kabul etmemek; (çekiçle vurarak) şekil vermek, biçim vermek; (bir yeri bir şey ile) kaplamak, süslemek; geri püskürtmek, savuşturmak; *sp* auta atmak, dışarı atmak; *trvi* (hayvan) çifte atmak, tepmek; *kon* olmak, vuku bulmak, sonuç vermek; (bitki) çiçek vermek, tomurcuklanmak, çiçek açmak; (gösterge) hareket etmek, yerinden oynamak, sapmak; (bir işi) bitirmek, sona erdirmek; başına bela olmak; (duvar) nemlenmek, rutubetlenmek; debelenmek ***gut ausschlagen*** iyi sonuç vermek ***schlecht ausschlagen*** kötü sonuç vermek
ausschlaggebend /'ausşla:kge:bınt/ *s* baskın, etki yapıcı, etkileyici; tesirli; en önemli, çok önemli ***ausschlaggebend sein*** yürürlükte olmak, geçerli olmak; hüküm sürmek
ausschließen /'ausşli:sın/ *trvt* reddetmek, kabul etmemek; (birisini) kapıda bırakmak, kapıda bekletmek; hesaba katmamak, hesaba dahil etmemek, istisna etmek; ihraç etmek, dışlamak; *sp* diskalifiye etmek; boykot etmek ***gegen Gefahr ausschließen*** tehlikeye karşı gerekli önlemleri almak ***Möglichkeit ausschließen*** olasılığı zayıf görmek ***sich ausschließen*** iştirak etmemek, katılmamak
ausschließlich /'ausşli:slih/ *s* sadece, yalnız, münhasıran, sırf; hariç olmak üzere, hariç tutulmak üzere; sınırlanmış ***ausschließliches Recht*** *huk* inhisari hak
Ausschließlichkeit /'ausşli:slihkayt/ *f* istisnasızlık
ausschlürfen /'ausşlürfın/ *trvt* höpürdete höpürdete içmek; tadını alarak yemek, şapırdatarak yemek
Ausschluss /'ausşlus/ *m* red; dışlama, hariç bırakma; üyelikten çıkarma; (bir yere katılmayı) yasaklama; ihraç; *sp* diskalifiye, boykot; olmayış ***Ausschluss der Gütergemeinschaft*** mal ortaklığının kaldırılması ***Ausschluss der Öffentlichkeit*** kapalı oturum ***unter Ausschluss von etw*** hariç olmak üzere, hariç olması kaydıyla
ausschmücken /'ausşmükın/ *trvt* süslemek, bezemek; dekore etmek, donatmak; mübalağa etmek, büyütmek ***sich ausschmücken*** süslenmek, süslenip püslenmek
ausschneiden /'ausşnaydın/ *trvt* kesip çıkarmak, kesip almak, oyup çıkarmak; (ağaç) budamak; (kıyafet) yakasını açmak; (keserek) şekil vermek, biçim vermek; *hek* kazımak, kesip atmak
Ausschnitt /'ausşnit/ *m* kısım, kesim, biçim, bölüm; kesme, biçme; gazete küpuru; budama; dekolte; oyma; fragman, kısa tanıtım, parça; sektör ***ein tiefer Ausschnitt*** (elbisede) oldukça açık dekolte
ausschöpfen /'ausföpfın/ *trvt* tüketmek; incelemek; (su) boşaltmak, (su) çekmek; detaylarına varana kadar incelemek ***alle Mittel ausschöpfen*** tüm olasılıkları harcamak ***aus dem Brunnen Wasser ausschöpfen*** kuyudan su çıkarmak
ausschreiben /'ausşraybın/ *trvt* (yazıyı, mektubu) yazıp bitirmek; kaydını silmek; (kısaltma yapmadan) yazmak; (form) doldurmak; kopya etmek; (fatura) çıkarmak, yazmak; ilan etmek, duyurmak; yayınlamak, neşretmek; (çek) yazmak, imzalamak; yarışmaya koymak; tayin etmek, atamak; (vergi) salmak, tarh etmek; (ödül, bedel) koymak, belirlemek ***eine Stelle ausschreiben*** eleman alımını ilanen duyurmak ***sich ausschreiben*** (yazmaya) alıştırmak
Ausschreibung /'ausşraybung/ *f* ihaleye çıkarma; yarışmayı ilan etme
Ausschreitung /'ausşraytung/ *f* zorbalık; taşkınlık; tecavüz; kepazelik, rezillik
Ausschuss /'ausşus/ *m* komite, heyet, komisyon, kurul; ıskarta mal, defolu mal; namlu ağzı ***Ausschuss für auswärtige Angelegenheiten*** *pol* dış ilişkiler komisyonu
ausschütteln /'ausşütıln/ *trvt* sallamak;

silkelemek; silkmek
ausschütten /'ausşütın/ *trvt* akıtmak, dökmek; boşaltmak; faiz yürütmek, nemalandırmak; (ağzına kadar) doldurmak; içini dökmek, açılmak; tamamlamak, doldurmak ***sein Herz ausschütten*** derdini açmak ***sich vor Lachen ausschütten*** *kon* gülmekten gebermek ***sich ausschütten*** gülmekten katılmak
Ausschüttung /'ausşütung/ *f* dökme, akıtma; kâr payı dağıtımı
ausschwärmen /'ausşvermın/ *trvi* (arı) kovandan çıkmak, oğul yapmak; *kon* gezmeye çıkmak, kaçamak yapmak; *ask* yanaşık düzenden dağınık düzene geçmek
ausschweifend /'ausşvayfınt/ *s* başıboş, düzensiz, intizamsız; hovarda, çapkın; uygunsuz, ahlaka aykırı
Ausschweifung /'ausşvayfung/ *f* kavisli kesme; sefahat, zevke düşkünlük; yoldan çıkma, sapıtma
ausschwitzen /'ausşvitsın/ *trvt* terlemek, ter atarak çıkarmak; sızmak, sızıntı yapmak; ter atarak hastalıktan kurtulmak
Aussehen /'ausze:ın/ *n* görünüm, görünüş, dış görünüş; yüz, surat, çehre; kılık kıyafet; manzara; eda, tavır
aussehen /'ausze:ın/ *trvi* görünmek; gibi görünmek; benzemek, andırmak; gözleriyle araştırmak ***Sie sehen gut aus*** iyi görünüyorsunuz, harika görünüyorsunuz
außen /'ausın/ *be* dışarda, dışında, haricen, haricinde; dış, hariç; *sp* dış, dışta; yabancı ülke ***im Außen*** dışarıda ***von außen her*** dışardan ***nach außen hin*** dışarıya, dışarıya doğru, haricen
Außendienst /'ausındi:nst/ *m* dış hizmet, harici görev
Außenhandel /'ausınhandıl/ *m* dış ticaret
Außenhandelsbilanz /'ausınhandılsbilants/ *f tic* dış ödemeler dengesi
Außenminister /'ausınministır/ *m* Dışişleri Bakanı
Außenministerium /'ausınministe:ryum/ *n* Dışişleri Bakanlığı
Außenpolitik /'ausınpoliti:k/ *f pol* dış politika, hariciye politikası
Außenseiter /'ausınzaytır/ *m* amatör; yalnız; (atyarışı) favori olmayan
Außenspiegel /'ausınşpi:gıl/ *m oto* ayna
Außenstände /'ausınştendı/ *pl tic* tahsil edilmemiş alacaklar; ödenmemiş borç
Außenwand /'ausınvant/ *f* dış duvar
Außenwirtschaft /'ausınvirtşaft/ *f* dış ekonomi
außer /'ausır/ *ilg* -den başka, -dan başka; -ın dışında, -ın haricinde, ... hariç, -siz, -sız; eğer -mazsa, eğer -mezse ***außer Atem*** nefes nefese, soluk soluğa ***außer dass*** şöyle dursun, meğer ***außer Dienst*** görev dışı, çalışmaz; emekli ***außer Fassung*** kendinden geçmiş ***außer Gefahr sein*** tehlikeden uzak olmak ***außer Haus*** dışarıda, evin dışında ***außer Kraft sein*** geçerliliğini yitirmek; yürürlükten kalkmış olmak ***außer Landes*** yurtdışı ***außer sich*** kendinde değil, kendinden geçmiş ***außer Umlauf setzen*** tedavülden kaldırmak ***außer wenn*** eğer öyle değilse ***außer Zweifel*** kuşkudan uzak, kuşkusuz, şüphesiz
außerdem /'ausırde:m/ *be* bundan başka, ayrıca, kaldı ki; buna ilaveten; bir de
Äußere /'oysırı/ *n* dış görünüş; dış tarafı, dışarısı; kılık kıyafet; dış yüzey; ecnebi, yabancı; dış ülke
äußere / oysırı/ *s* dış, dış taraf
außerehelich /'ausıre:ılih/ *s* gayri meşru, evlilikdışı, nameşru ***außereheliches Kind*** gayri meşru çocuk, veledi zina, nameşru
außergerichtlich /'ausırgırihtlih/ *s* mahkeme dışı, gayri adli ***außergerichtliche Handlungen*** gayri adli muameleler
außergewöhnlich /'ausırgıvö:nlih/ *s* olağanüstü, fevkalade; istisnai; müstesna ***außergewöhnliche Umstände*** olağanüstü haller
außerhalb /'ausırhalp/ *ilg* hariç; haricinde, dışında ***außerhalb der Arbeitszeit*** mesai dışı, mesai harici ***außerhalb des Planes*** plan dışında kalan
außerirdisch /'ausırirdiş/ *s* yeryüzü dışı(nda bulunan)
äußerlich /'oysırlih/ *s* dıştan, yüzeysel; zahiri; *hek* haricen
Äußerlichkeit /'oysırlihkayt/ *f* formalite, önemli olmayan; dış görünüş
äußern /'oysırn/ *trvt* söylemek, ifade etmek, bildirmek, açıklamak, beyan etmek; belli etmek ***sich äußern*** açığa vurmak, kendini göstermek, kendini belli etmek; maksadını ortaya koymak; fikrini söylemek; hüküm vermek, karar

vermek; mütalaa etmek
außerordentlich /'ausırordıntlih/ *s* harika, harikulade, mükemmel, olağanüstü; hayret verici; dikkate değer ***außerordentliche Aufwendungen*** olağanüstü giderler ***außerordentliche Generalversammlung*** olağanüstü genel kurul
äußerst /'oysırst/ *be* son, nihai; olağanüstü, son derece, çok, pek çok; sonuncu ***sein äußerstes tun*** elinden geleni yapmak, gücü yettiğince yapmak ***äußerster Preis*** en ucuz fiyat, en uygun fiyat
außerstande /ausır'ştandı/ *s* güç yetmez, ulaşılamaz, elde edilemez ***außerstande zu etw sein*** (bir şeyi) yapacak durumda olmamak
äußerstenfalls /'oysırstınfals/ *be* gerekirse, icap ederse, lüzumu halinde
Äußerung /'oysırung/ *f* ifade, beyanat; fikir, görüş
aussetzen /'auszetsın/ *trvt* (birisini) eleştirmek, paylamak, azarlamak; terk etmek; tayin etmek; ortaya koymak; vaat etmek; (birisini) eleştirmek, kusurlu bulmak, hatalı bulmak; kararlaştırmak; ara vermek, tehir etmek, tatil etmek, mola vermek; tahsis etmek, ayırmak; geciktirmek; *ask* (karaya) asker çıkarmak; vasiyet ederek bırakmak; (hayvan) salıvermek, serbest bırakmak; *trvi* kesilmek, dinmek, durmak; yapmaya devam etmemek; (motor) çalışmamak ***an jdm aussetzen*** birisinde kusur bulmak ***an etw aussetzen*** bir şeyde kusur bulmak ***ohne auszusetzen*** aralıksız, bitmek tükenmek bilmeden ***sich einer Sache aussetzen*** kendini bir şeye maruz bırakmak
Aussicht /'auszi**h**t/ *f* görünüm, manzara, görünüş; umut, ümit, şans, olasılık, ihtimal ***Aussicht auf Erholung*** (hastalık) iyileşme ümidi ***gute Aussichten haben*** gerçekleştirme ihtimali yüksek olmak ***in Aussicht nehmen*** planlamak, tasarlamak ***in Aussicht stellen*** imkân dahilinde görmek, umut vermek
aussichtslos /'auszi**h**tslo:s/ *s* umutsuz, şanssız; olması mümkün değilmiş gibi görünen
Aussichtslosigkeit /'auszi**h**tslo:zi**h**kayt/ *f* umutsuzluk, şanssızlık
Aussichtspunkt /'auszi**h**tspunkt/ *m* bakış noktası, bakış açısı
aussichtsreich /'auszi**h**tsray**h**/ *s* gelecek vaadeden, umut vaadeden, elverişli
aussieben /'auszi:bın/ *trvt* elemek, elekten geçirmek, kalburdan geçirmek; tasfiye etmek, çıkarmak
aussiedeln /'auszi:dıln/ *trvt* (birisini) başka bir yerde ikamet ettirmek
Aussiedler /'auszi:dlır/ *m* göçmen
aussöhnen /'auszö:nın/ *trvt* uzlaştırmak, barıştırmak, aralarını yapmak ***sich aussöhnen*** uzlaşmak, barışmak
Aussöhnung /'auszö:nung/ *f* barış(tır)ma, uzlaşma
aussondern /'auszondırn/ *trvt* ayıklamak, ayırmak; seçip almak, beğenerek ayırmak; *hek* ifraz etmek, salgılamak
aussortieren /'auszorti:rın/ *trvt* ayıklamak, ayırmak; seçip almak, beğenerek almak
ausspannen /'ausşpanın/ *trvt* açmak, sermek, yaymak; (atın koşumunu) çözmek, çıkarmak; germek; (kolları) uzatmak; *kon* (kız) tavlamak; *vi* kafayı dinlendirmek; dinlenmek, istirahat etmek, mola vermek
aussparen /'ausşpa:rın/ *trvt* (bir bölümünü) boş bırakmak, yer bırakmak; ihmal etmek, es geçmek, atlamak; *tek* oyuk bırakmak
Aussparung /'ausşpa:rung/ *f mim* boş yer bırakma; *tek* oyuk
ausspeien /'ausşpayın/ *trvt* tükürmek; (yanardağ) püskürmek, dışarı atmak
aussperren /'ausşperın/ *trvt* (birisini) kapıdan içeri almamak; kapıyı üstüne kapamak; evden çıkarmak; lokavt ilan etmek ***Arbeiter aussperren*** lokavt ilan etmek
Aussperrung /'ausşperung/ *f* lokavt, işçilere kapıyı gösterme ***Aussperrung von Arbeitern*** lokavt
ausspielen /'ausşpi:lın/ *trvt isk* kâğıt atmak, kâğıt oynamak; *isk* sırası gelip oynamak; arayı kızıştırmak; son şansını oynamak; çekilişe koymak, piyangoya koymak; *trvi* oynamayı bitirmek, çalgı çalmayı bitirmek; (müzik aletini) çala çala eskitmek; (alet) aşınmak, eskimek ***jdn gegen jdn ausspielen*** (birisini) başka birisine karşı kullanmak ***wer spielt aus?*** *isk* sıra kimde?, el kimde?, kim oynuyor?
ausspionieren /'ausşpioni:rın/ *trvt* casusluk yaparak öğrenmek, casusluk yap-

mak; keşfetmek, ortaya çıkarmak; (etrafı) kolaçan etmek, kontrol etmek

Aussprache /'ausşpra:hı/ *f* sesletim, söyleniş, telaffuz, söyleyiş; fikir belirtme, görüş, müzakere

aussprechen /'ausşprehın/ *trvt* sesletmek, söylemek, telaffuz etmek; fikir bildirmek, görüşlerini bildirmek, ifade etmek, beyan etmek; sözlerini bitirmek; karar vermek, hüküm vermek ***sich aussprechen*** (bir konu hakkında) fikir beyan etmek, düşüncesini söylemek; tavsiye etmek; müzakerede bulunmak

Ausspruch /'ausşpruh/ *m* (kısa) vecize, söz, deyiş, laf; hikmet; espri; atasözü ***ein Ausspruch von Atatürk*** Atatürk'ün bir sözü

ausspucken /'ausşpukın/ *trvt* tükürmek, balgam çıkarmak; *kon* para vermek, paraları toka etmek, parayı sökülmek ***Geld ausspucken*** para ödemek

Ausstand /'ausştant/ *m* grev, iş bırakma; *tic* alacaklar ***im Ausstand sein*** grevde olmak ***in den Ausstand treten*** greve başlamak, greve gitmek

ausstanzen /'ausştantsın/ *trvt* zımbalamak

ausstatten /'ausştatın/ *trvt* süslemek, donatmak, teçhiz etmek; (ev, işyeri) tefriş etmek, döşemek; ihsan etmek, bahşetmek; başlık parası vermek; çeyiz vermek ***das Zimmer ausstatten*** odayı dekore etmek

Ausstattung /'ausştatung/ *f* teçhizat, donatım, donanım; çeyiz, başlık parası; mobilya, mefruşat; dekor; kılık kıyafet

ausstechen /'ausştehın/ *trvt* oymak, kazmak; kazarak çıkarmak, oyarak çıkarmak; (birisini) yenmek, alt etmek, madara etmek; gözlerini oymak; *ask* attan düşürmek ***jdn ausstechen*** *trvt* (birisinin) ayağını kaydırmak, birisini işinden etmek

ausstecken /'ausştekın/ *trvt* dışarı bırakmak, dışarı koymak; (bayrak) açmak

ausstehen /'ausşte:ın/ *trvt* sabretmek, dayanmak, çekmek, tahammül etmek, katlanmak; *vi* (para) alacağı olmak; eksik olmak, noksan olmak; belirsiz olmak, muallakta bulunmak; (mal) teşhir edilmiş olmak, sergilenmiş olmak

aussteigen /'ausştaygın/ *trvi* (araçtan) inmek, aşağı inmek, çıkmak; (paraşütle) atlamak; *sp* (boks) abondone etmek, yere indirmek

Aussteiger /'ausştaygır/ *m* kendi toplumunun dışında yaşamayı seçen

ausstellen /'ausştelın/ *trvt* teşhir etmek, sergilemek; sergiye koymak, yaymak; lokavt ilan etmek; yazarak hazırlamak; *ask* görevli dikmek ***jdn etw ausstellen*** (birisinin) yanlışını göstermek

Aussteller /'ausştelır/ *m* sergi sahibi, sergileyen, teşhir eden; imza sahibi, düzenleyen, onaylayan

Ausstellung /'ausştelung/ *f* sergi, teşhir, sergileme; onay; (belge) tanzim etme, düzenleme, imza; lokavt; itiraz ***Ausstellung eines Wechsels*** *tic* poliçenin onayı

Ausstellungsdatum /'ausştelungsda:tum/ *n* düzenlenme tarihi

aussterben /'ausşterbın/ *trvi* nesli tükenmek, soyu kurumak; yok olmak, ortadan kalkmak; ıssız kalmak, boş kalmak; tenhalaşmak, nüfusu azalmak

Aussteuer /'ausştoyır/ *f* çeyiz, başlık parası; cihaz, alet

Ausstieg /'ausşti:k/ *m* çıkış yeri, (araç) iniş yeri

ausstopfen /'ausştopfın/ *trvt* (bir yeri yün vs. ile) doldurmak, döşemek; (hayvan) içini doldurmak

ausstoßen /'ausşto:sın/ *trvt* ihraç etmek, kaydını silmek, atmak, çıkarmak; defetmek, dışarı atmak, sepetlemek; üretmek, imal etmek

ausstrahlen /'ausştra:lın/ *trvt* ışın yaymak, ışın salmak, şua salmak; ışımak; yaymak, neşretmek ***Wärme ausstrahlen*** ısı yaymak

Ausstrahlung /'ausştra:lung/ *f fiz* ışın yayma, ışıma; radyasyon; yayın, neşriyat; cazibe, çekicilik, etki

ausstrecken /'ausştrekın/ *trvt* (el) uzatmak; germek; (bir işe) el atmak ***sich ausstrecken*** uzanmak, yayılmak

ausstreuen /'ausştroyın/ *trvt* (ortalığa) yaymak, saçmak, serpmek, atmak; (haber) yaymak; (tohum) atmak ***Samen ausstreuen*** tohum serpmek, tohum saçmak

ausströmen /'ausştrö:mın/ *trvi* fışkırmak, akmak, dökülmek; (buhar, su, gaz) dışarı taşmak; (gaz) uçmak, buharlaşmak; *trvt* dökmek, fışkırtmak, akıtmak

aussuchen /'auszu:hın/ *trvt* seçmek,

ayırmak, beğenerek ayırmak, seçip ayırmak; elleyerek yoklamak, ellemek

Austausch /'austauş/ *m* değiş-tokuş, değiştirme, takas, mübadele

austauschbar /'austauşba:r/ *s* değiştirilebilir, takas edilebilir

austauschen /'austauşın/ *trvt* takas etmek, değiş tokuş etmek; karşılıklı mektuplaşmak; karşılıklı haberleşmek

Austauschmotor /'austauşmo:tor/ *m* yeni motor (eskisinin yerine konan)

austeilen /'austaylın/ *trvt* dağıtmak, bölüştürmek, paylaştırmak; (emir, unvan) vermek

Auster /'austır/ *f hayb* istiridye

austoben /'austo:bın/ *trvr* hayatın tadını çıkarmak, yaşamanın zevkine varmak; çılgınca yaşamak; yatışmak, sükûnet bulmak

austragen /'austra:gın/ *trvt* dağıtmak, vermek; yerine teslim etmek; neticelendirmek, karara bağlamak; yaymak, neşretmek; (anne) dokuz ay karnında taşımak; hesaptan düşmek; (elbise) eskiyene kadar giymek; *sp* maç yapmak ***Streit austragen*** kavgayı sona erdirmek

Austragungsort /'austra:gungsort/ *m sp* karşılaşma yeri, müsabaka yeri

Australien /au'stra:lyın/ *tnz* Avustralya

Australier /au'stra:lyır/ *m* Avustralyalı

australisch /au'stra:liş/ *s* Avustralya'ya ilişkin, Avustralyalılara ait

austreiben /'austraybın/ *trvt* uzaklaştırmak, defetmek; ihraç etmek, kovmak; (sürü) otlatmak; (büyü) yapmak; (birisini bir şeyden) vazgeçirmek

austreten /'austre:tın/ *trvi* istifa etmek, ayrılmak, çıkmak; (su) taşmak, dışarı akmak; (su) sızmak; tuvalete gitmek, dışarı çıkmak; *trvt* (ateş) ayağıyla söndürmek; (ayakkabı) giymekten açılmak; (merdiven) aşındırmak; (çocukluk çağından) çıkmak

austricksen /'austriksın/ *trvt kon* hileyle çözmek

austrinken /'austrinkın/ *trvt* içip bitirmek, içerek bitirmek, (bardağı) boşaltmak

Austritt /'austrit/ *m* ayrılma, istifa etme; çıkış, dışarı çıkma; (su) taşma, akma; tuvalet; cumba ***Austritt erklären*** istifa etmek

austrocknen /'austroknın/ *trvt* kurutmak; *vi* kurumak; körlenmek

Austrocknung /'austroknung/ *f* kurutma; kuruluk

austüfteln /'austüftıln/ *trvt* araya araya/araştıra araştıra karışık meseleleri çözmek

ausüben /'ausü:bın/ *trvt* yapmak, etmek, icra etmek, uygulamak, işlemek; kullanmak, uygulamak; intikam almak ***ausübende Gewalt*** icra kuvveti ***ausübende Kraft*** yürütme gücü ***ausübender Arzt*** pratisyen hekim ***Gewalt ausüben*** zor kullanmak, kuvvet kullanmak ***Rache ausüben*** intikam almak, hıncını almak

Ausübung /'ausü:bung/ *f* yapma, icra, icra etme, uygulama; kullanma

Ausverkauf /'ausferkauf/ *m* tasfiye satışı, genel tasfiye, likidasyon; bakiye

ausverkauft /'ausferkauft/ *be* hepsi satılmış, boş yer kalmamış, kapalı gişe, bilet kalmamış ***ausverkauft!*** hepsi satıldı!; (sinema, tiyatro) yer yok!

Auswahl /'ausva:l/ *f* seçme; beğenme, ayırma; tercih; seçene ***Auswahl und Befähigungsprüfung*** seçme ve yeterlik sınavı ***eine Auswahl treffen*** seçmek ***große Auswahl*** türlü türlü, çeşit çeşit, cins cins ***in reicher Auswahl*** her çeşitte, her cinste

auswählen /'ausve:lın/ *trvt* seçmek, ayırmak; beğenmek, tercih etmek

Auswanderer /'ausvandırır/ *m* göçmen, muhacir

auswandern /'ausvandırn/ *trvi* göçmek, göç etmek, yurdunu terk etmek

Auswanderung /'ausvandırung/ *f* göç, göç etme, terk; göçmenlik; hicret

auswärtig /'ausvertih/ *s* ecnebi, yabancı, dışa ait; dış, harici; (okulda) yatısız ***auswärtiges Amt*** dışişleri, Dışişleri Bakanlığı ***auswärtige Angelegenheiten*** dışişleri, hariciye ***auswärtige Beziehungen*** dış ilişkiler ***auswärtige Schuld*** *tic* dış borç ***auswärtige Verträge*** dış anlaşmalar

auswärts /'ausverts/ *be* dışarıya, dışarıya doğru; dışta, dışarıda, hariçte; banliyö, kenar mahalle ***auswärts essen*** yemeği dışarıda yemek

Auswärtsspiel /'ausvertsşpi:l/ *n sp* deplasman maçı

auswechselbar /'ausveksılba:r/ *s* değiştirilebilir

auswechseln /'ausveksıln/ *trvt* değiştirmek, değiş tokuş yapmak, takas etmek; yenilemek

Ausweg /'ausve:k/ *m* çare, çıkar yol; hal çaresi; çıkış ***einen Ausweg finden*** bir çıkar yolunu bulmak, çaresini bulmak

ausweglos /'ausve:klo:s/ *s* umutsuz, ümitsiz; çaresiz

Ausweglosigkeit /'ausve:klo:zi**h**kayt/ *f* çaresizlik

ausweichen /'ausvay**h**ın/ *trvi* yol vermek, (yol vermek amacıyla) kenara çekilmek; (bir şeyden) çekinmek, sakınmak; sebep aramak, bahane aramak; *ask* geri çekilmek ***einer Gefahr ausweichen*** tehlikeden kurtulmak ***nach links ausweichen*** sola sapmak

ausweichend /'ausvay**h**ınt/ *s* baştan savma, üstü kapalı, meseleye değinmeksizin ***ausweichend antworten*** kaçamak cevap vermek ***ausweichende Antwort*** kaçamak cevap

Ausweichmanöver /'ausvay**h**manö:vır/ *n* *oto* tehlikeden kaçma manevrası

Ausweichmöglichkeit /'ausvay**h**mö:kli**h**kayt/ *f* seçenek (zorunlu bir durum için)

ausweinen /'ausvaynın/ *trvt* ağlayarak açılmak, ağlayarak ferahlamak; ağlamayı bitirmek; çok ağlamak ***sich ausweinen*** çok fazla gözyaşı dökmek

Ausweis /'ausvays/ *m* belge, kimlik, hüviyet belgesi, nüfus cüzdanı, kimlik kâğıdı, vesika, varaka, teskere, pasaport; delil; senet; banka yazısı; liste, cetvel; cüzdan; doküman

ausweisen /'ausvayzın/ *trvt* belgelemek, ispat etmek, ispatlamak; sınırdışı etmek; kovmak, işten atmak, yol vermek, sepetlemek; ihraç etmek, atmak ***aus dem Lande ausweisen*** sınırdışı etmek ***sich ausweisen*** kimliğini belgelemek, ispat etmek

Ausweiskontrolle /'ausvayskontrolı/ *f* kimlik kontrolü

Ausweisung /'ausvayzung/ *f* kovma, sınırdışı etme; kovulma; kimliğini belgeleme; ikamet yasağı ***Ausweisung von Ausländern*** yabancıların ülkeden çıkarılması

ausweiten /'ausvaytın/ *trvt* genişletmek, bollaştırmak, büyütmek, açmak ***sich ausweiten*** genişlemek, bollaşmak

Ausweitung /'ausvaytung/ *f* genişletme, bollaştırma, büyütme genişleme; yayılma ***Ausweitung der Krankheit*** hastalık yayılması

auswendig /'ausvendi**h**/ *s* ezbere, ezberden; dışında ***auswendig lernen*** ezberlemek ***auswendig sagen*** ezbere okumak, ezbere söylemek ***auswendig spielen*** *müz* notasız çalmak, ezbere çalmak ***auswendig wissen*** ezbere bilmek

auswerten /'ausve:rtın/ *trvt* değerlendirmek, kıymetlendirmek; faydalanmak, istifade etmek; tatbik etmek, uygulamak

Auswertung /'ausve:rtung/ *f* değerlendirme, kıymetlendirme; faydalanma; uygulama

auswirken /'ausvirkın/ *trvt* (hamur) yoğurmak; (birisine bir şey) sağlamak; elde etmek ***sich auswirken*** etkisini göstermek, etki yapmak

Auswirkung /'ausvirkung/ *f* sonuç, netice; etki, tesir

auswischen /'auswişın/ *trvt* (yazı) silmek; gözlerini ovuşturmak; kötülük yapmak; tokat çakmak; (bardak) silmek; *kon* hinlik yapmak, şeytanlık yapmak; *vi* kaçıp kurtulmak ***jdm eins auswischen*** birisine kötülük yapmak; *mec* kafese koymak, kafeslemek, kandırmak

Auswuchs /'ausvu:ks/ *m hek* ur, şiş, tümör; siğil, sivilce; kambur; suistimal; erken gelişme; taşkınlık, ifrat

auszahlen /'austsa:lın/ *trvt* ödemek, parasını vermek, tediye etmek; ücretini ödemek, alacağını ödemek ***jdn auszahlen*** (birisinin) hakkını ödemek, hakkını vermek ***sich auszahlen*** zahmete değmek, çektiği sıkıntının karşılığını almak

Auszahlung /'austsa:lung/ *f* ödeme, tediye; (para) sayma ***Auszahlung von Unterhalt*** nafaka ödemesi

auszehren /'austse:rın/ *trvt* güçten kuvvetten düşürmek, zayıflatmak, dermansız kılmak; direncini kırmak; sıhhatini kemirmek; varını yoğunu emmek, iliğini kurutmak ***sich auszehren*** takatsiz kalmak, bitkin düşmek

auszeichnen /'austsay**h**nın/ *trvt* fiyatını belirtmek, etiket takmak; (birisine) nişan takmak, rütbe takmak, paye vermek; para ile ödüllendirmek, taltif etmek; iltifat etmek, övmek; (baskı) koyu renk basarak belirgin hale getirmek; (birisine) değer vermek, önem vermek ***sich***

auszeichnen (yaşıtları arasında) kendini göstermek, öne çıkmak, sivrilmek
Auszeichnung /'austsayhnung/ *f* takdir etme, övme; mükâfatlandırma; takdir, taltif; (nişan, rütbe) takma; iltifat; iltimas; etiket takma; (baskı) koyu renk basarak belli etme; kendini gösterme, sivrilme
ausziehbar /'austsi:ba:r/ *s* uzatılabilir; çekip çıkartılabilir; içinden alınabilir; iç içe geçen
ausziehen /'austsi:ın/ *trvt* (kıyafet) çıkarmak, soymak; uzatmak, büyütmek, genişletmek; (tel) haddeden geçirmek, uzatmak; (diş) çekmek; *ask* askerlikten çıkarmak, uzaklaştırmak; sızdırmak; germek, açmak; (renk) soldurmak; (birisinin) her şeyini almak; (yazıdan) kopya etmek, çıkarmak; *fot* kopyasını çekmek; *kim* ayırt etmek, ayırmak; *trvi* evden çıkmak, evi boşaltmak, taşınmak; *ask* sefere çıkmak; dışarı çıkmak; (renk) solmak ***das Kleid ausziehen*** elbiseyi çıkarmak ***sich ausziehen*** soyunmak
Ausziehtisch /'austsi:tiş/ *m* çekip uzayabilen masa, açılır kapanır masa
Auszubildende(r) /'austsubildındı(r)/ *f/m* çırak
Auszug /'austsu:k/ *m* taşınma, göç, göç etme; yola çıkma, yola koyulma, ayrılma; hesap çıkarma; özet çıkarma; hesap özeti, ekstre; (tahıl) en iyi cins, ekstra
auszugsweise /'austsu:ksvayze/ *be* kısaca, özet olarak, kısacası
autark /au'tark/ *s* (parasal açıdan) kendi kendine yeten, ekonomik özgürlüğünü kazanmış; müstakil, bağımsız
authentisch /au'tentiş/ *s* güvenilir, doğru, gerçek, gerçeği yansıtan, sahih
autistisch /au'tistiş/ *s ruhb* otistik, içekapanık ***autistisches Kind*** otistik çocuk, içe kapanık çocuk
Auto /'auto/ *n* oto, otomobil, araba ***Auto fahren*** araba kullanmak, sürmek
Autobahn /'autoba:n/ *f* otoyol, otoban
Autobahndreieck /'autoba:ndrayek/ *n* otoyol üçgeni
Autobahngebühr /'autoba:ngıbü:r/ *n* otoyol ücreti, otoban ücreti
Autobahnkreuz /'autoba:nkroyts/ *n* otoyol kavşağı (dört yönlü)
Autobahnraststätte /'autoba:nrastştetı/ *f* otoyol dinlenme tesisi
Autobombe /'autobombı/ *f oto* bombası
Autobus /'autobus/ *m* otobüs
Autodidakt /autodi'dakt/ *m* otodidakt, kendi kendine öğrenmiş
Autodiebstahl /'autodi:pşta:l/ *m* araba hırsızlığı
Autofahrer /'autofa:rır/ *m* şoför, arabayı kullanan kişi
autofrei /'autofray/ *s* araç trafiğine kapalı ***autofreie Zone*** araç trafiğine kapalı alan
autogen /auto'ge:n/ *s* otojen
Autogramm /auto'gram/ *n* kendi imzası, otogram
Autogrammjäger /auto'gramye:gır/ *m* ünlü kişilerin imzalarını toplamaya meraklı kişi
Autohändler /'autohendlır/ *m* otomobil tüccarı, *oto* galericisi
Autokino /'autoki:no/ *n* araba sineması, araba içinde film seyredilebilen sinema
Automat /auto'ma:t/ *m* otomat, kendi kendine çalışan makine
Automatik /auto'ma:tik/ *f* otomatik
Automation /automa'tsyo:n/ *f* otomasyon
automatisch /auto'ma:tiş/ *s* otomatik, kendi kendine çalışan; *be* otomatikman, kendi kendine ***automatische Kontrolle*** otomatik kontrol, otomatik denetim ***automatische Tür*** otomatik kapı
Automatisierung /automati'zi:rung/ *f* otomatizasyon
Automechaniker /'automeha:nikır/ *m* otomekanikçi
autonom /auto'no:m/ *s* otonom, özerk, muhtar; bağımsız ***autonomer Tarif*** genel tarife
Autonomie /autono'mi:/ *f* otonomi, özerklik, muhtariyet; kendi kendini yönetme
Autonummer /'autonumır/ *f* plaka numarası; araç numarası
Autopsie /autop'si:/ *f hek* otopsi; müşahede; inceleme, gözlem
Autor /'autor/ *m* yazar, muharrir, eser sahibi
Autoradio /'autora:dyo/ *n oto* radyosu, araba teybi
Autoreifen /'autorayfın/ *m* araba lastiği
Autorennen /'autorenın/ *n* otomobil yarışı
autorisieren /autori'zi:rın/ *vt* yetki vermek, selahiyet vermek; *huk* vekil etmek
autoritär /autori'te:r/ *s* otoriter, sınırsız iktidar sahibi, otoriteli
Autorität /autori'te:t/ *f* otorite, yetki, sulta, selahiyet, kudret, nüfuz; bilgin, otorite

B

Autoschlüssel /'autoşlüsıl/ *m* araba anahtarı
Autotelefon /'autotelefo:n/ *n* araç telefonu
Autounfall /'autounfal/ *m* otomobil kazası
Autowaschanlage /'autovaşanla:gı/ *f* araba yıkama (tesisi)
Autowerkstatt /'autoverkştat/ *f oto* tamirhanesi
Avance /a'vonsı/ *f* avans ***Avancen machen*** avans vermek; *kon* kırıtmak, kuyruk sallamak
avantgardistisch /avangar'distiş/ *s* avangart, öncü
Ave-Maria /'avema'ri:a/ *n din* bir katolik duası
Avocado /avo'kado/ *f bitk* avokado
Axt /akst/ *f* balta; kerki; hilti
Azalee /atsa'le:ı/ *f bitk* açalya, Amerikan hanımeli, azalya
Azoren /a'tso:rın/ *pl* Asor adaları; Asorlar
Azteke /ats'te:kı/ *m* aztek; yerli Meksikalı

B

Baby /'be:bi/ *n* bebek, süt çocuğu ***ein Baby bekommen*** bir çocuk dünyaya getirmek ***ein Baby erwarten*** bebek beklemek
Babylon /'ba:bülon/ *n* Babil
babylonisch /ba:bü'lo:niş/ *s* Babilonyalarla ilgili, Babil ile ilgili, Babilce ***Babylonischer Turm*** Babil kulesi
Babynahrung /'be:bina:rung/ *f* bebek maması
Babysitter /'be:bisitır/ *m* (profesyonel) çocuk bakıcısı
Bach /ba**h**/ *m* dere, çay, akarsu; *den* geri, art
Bachforelle /'ba**h**forelı/ *f hayb* tatlı su alabalığı
Bachstelze /'ba**h**şteltsı/ *f hayb* peygamberkuşu
Backblech /'bakble**h**/ *n* tepsi
Backbord /'bakbort/ *n den* sol taraf, iskele
Backe /'bakı/ *f* yanak; tutacak sap; (at) sağrı; kaba et, arka taraf
backen /'bakın/ *vt* pişirmek, kızartmak; (meyve) kurutmak; *vi* pişmek, kızarmak; yapışmak ***frisch gebacken*** yeni, taze, yeni pişmiş
Backenbart /'bakınba:rt/ *m* (yüzde) favori
Backenzahn /'bakıntsa:n/ *m anat* azıdişi
Bäcker /'bekır/ *m* fırıncı, ekmekçi, ekmek ve benzeri şeyleri pişiren ve satan
Bäckerei /beka'ray/ *f* fırın, ekmek fırını, ekmek satan yer; ekmekçilik
Backfisch /'bakfiş/ *m kon* yeni ergenlik çağına girmiş genç kız; kızartılmış balık; kızaracak balık
Backhefe /'bak**h**e:fı/ *f* kek mayası
Backobst /'bako:pst/ *n* meyve kurusu; fırında pişirilmiş meyve; güneşte kızartılmış meyve
Backofen /'bako:fın/ *m* fırın; *kon* çok sıcak yer
Backpulver /'bakpulfır/ *n* kabartma tozu
Backstein /'bakştayn/ *m* tuğla
Backwaren /'bakva:rın/ *pl* hamur işi; börek çörek
Bad /ba:t/ *n* banyo; hamam; yıkanma, banyo yapma, yıkanma; suya girme; (film) banyo etme, yıkama; plaj ***Bad abschwächen*** *tek* banyoyu zayıflatmak ***Bad beschicken*** banyoyu hazırlamak ***Bad nehmen*** banyo almak, banyo yapmak, yıkanmak ***ein kaltes Bad nehmen*** soğuk bir banyo yapmak
Badeanstalt /'ba:dıanştalt/ *f* hamam, umumi banyo
Badeanzug /'ba:dıantsu:k/ *m* (erkek) mayo
Badehose /'ba:dı**h**o:zı/ *f* erkek mayosu
Badekappe /'ba:dıkapı/ *f* (yüzerken takılan) lastik başlık
Bademantel /'ba:dımantıl/ *m* bornoz
Bademeister /'ba:dımaystır/ *m* hamamcıbaşı; yüzme öğreticisi
baden /'ba:dın/ *vi* yıkanmak, banyo yapmak; suya girmek; *vt* yıkamak
Badeort /'ba:dıort/ *m* kaplıca, ılıca
Badesaison /'ba:dızezon/ *f* yüzme sezonu
Badetuch /'ba:dıtu:**h**/ *n* banyo havlusu
Badewanne /'ba:dıvanı/ *f* banyo küveti, duş teknesi
Badezimmer /'ba:dıtsimır/ *n* banyo, banyo odası
baff /baf/ *ünl* şaşkınlık ifade eden ünlem ***ich bin baff*** şaştım, hayret ettim
Bagatelle /baga'telı/ *f* önemli olmayan, küçük şey, önemsiz şey, ufak tefek, kolay iş; *müz* bagatel
bagatellisieren /bagateli'zi:rın/ *vt* küçümsemek, önemsememek

Bagatellsache /baga'telzahı/ *f* önemsiz ve kaçak olay, adi olay, sıradan olay
Bagger /'bagır/ *m* ekskavatör, tarak makinesi, tarama makinesi, tırmık
baggern /'bagırn/ *vt* taramak, ekskavatörle temizlemek
Baggerschaufel /'bagırşaufıl/ *f* tarak kepçesi, tarama kepçesi
Baggersee /'bagırze:/ *m* (suni) gölet
Baguette /ba'get/ *f* değerli taş kesim şekli; fransız ekmeği
Bahn /ba:n/ *f* demiryolu; hat, yol; pist; tren; parkur, güzergâh; *den* rota, iz; seyir; çığır, devir; değirmi, pano; kumaş genişliği; yörünge; aletlerin çalışır tarafı ***Bahn frei!*** açılın!, savulun!, çekilin! yolu boşaltın! ***Bahn wirken*** yol açmak, neden olmak, sebep olmak ***freie Bahn haben*** *kon* meydanı boş bulmak ***sich Bahn brechen*** kendine yol açmak
Bahnbeamte(r)/Bahnbeamtin /'ba:nbıamtı(r)/'ba:nbıamtin/ *m/f* demiryolu görevlisi
bahnbrechend /'ba:nbrehınt/ *s* önderlik eden, çığır açan, devir açan, yol gösteren
Bahndamm /'ba:ndam/ *m* demiryolu seddi
bahnen /'ba:nın/ *vt* yol açmak; yolu düzeltmek ***jdm den Weg bahnen*** (birisine) imkân yaratmak, olanak sağlamak, fırsat yaratmak
Bahnhof /'ba:nho:f/ *m* istasyon, tren istasyonu, gar, tren garı
Bahnhofshalle /'ba:nho:fshalı/ *f* tren istasyonu salonu
Bahnlinie /'ba:nli:nyı/ *f* tren hattı, trenin izlediği yol, tren rotası
Bahnsteig /'ba:nştayk/ *m* peron, biniş yeri
Bahntransport /'ba:ntransport/ *m* demiryolu ile yapılan nakliyat, demiryolu nakliyatı
Bahnübergang /'ba:nübırgang/ *f* hemzemin geçit
Bahnunterführung /'ba:nuntırfü:rung/ *f* demiryolunda altgeçit
Bahre /'ba:rı/ *f* sedye, hasta ve cenaze taşıyan teskere
Baiser /be'ze:/ *m* (yemek) beze
Baisse /'be:sı/ *f* (borsa) fiyat düşüklüğü; tenezzül
Bake /'ba:kı/ *f den* şamandıra, kayalık ve sığ yerleri gösteren işaret; dem ihtar tabelası; yola dikilen kazık
Bakterie /bak'te:ryı/ *f biy* bakteri, mikrop
bakteriell /bakte'ryel/ *s* bakteriyel
Bakteriologe /bakteryo'lo:gı/ *m* bakteriyolog, bakteriyolog hekim
bakteriologisch /bakteryo'lo:giş/ *s* bakteriyolojik
Balance /ba'lans/ *f* denge, muvazene, balans; bilanço, mizan
balancieren /balan'si:rın/ *vt/vi* denge kurmak, dengede tutmak; *tic* denkleştirmek
bald /balt/ *be* yakında, biraz sonra, birazdan; az kalsın; hemen, çabuk, şimdi; kolay; bazan ***bald ... bald ...*** bazen ... bazen ... ***bald darauf*** az sonra, biraz sonra ***bis bald!*** görüşmek üzere ***das ist bald gesagt*** söylemesi kolay, demesi kolay ***sehr bald*** çok kısa bir zamanda ***so bald wie möglich*** olabildiği kadar çabuk
baldig /'baldih/ *s* yakın, tez; çabuk, acil, hemen; yakında ***auf baldiges Wiedersehen!*** yakında görüşürüz! ***baldige Genesung!*** acil şifalar!
baldmöglichst /'baltmö:klihst/ *be* acilen, en erken zamanda, en kısa zamanda
Baldrian /'baldria:n/ *m bitk* kediotu, valeryan
Balg1 /balk/ *m/n* afacan, yaramaz çocuk
Balg2 /balk/ *m* deri, post, pösteki
Balg3 /balk/ *m* körük
balgen /'balgın/ *vr* (birisiyle) itişip kakışmak, dalaşmak
Balkan /'balka:n/ *tnz* Balkanlar; Balkan dağları
Balkanisierung /balkani'zi:rung/ *f* asayiş bozulması, sükûnetin bozulması, karışıklık hali
Balkanländer /'balkanlendır/ *pl* Balkanlar
Balken /'balkın/ *m* kiriş, kalas, direk; armada orta şerit; beyindeki iki bölüm arasındaki doku
Balkenwaage /'balkınva:gı/ *f* kollu terazi
Balkon /bal'kon/ *m* balkon
Ball /bal/ *m* top; bilya; bilardo topu; yuvarlak cisim; balo ***Ball spielen*** top oynamak ***den Ball stoppen*** *sp* (futbol) topu kesmek ***den Ball ins Netz setzen*** *sp* (futbol) topu ağlara göndermek, gol atmak ***mit dem Ball spielen*** top oynamak
Ballade /bal'la:dı/ *f müz* balat, dramatik masal
Ballast /'balast/ *m* (balon) safra, ağırlık;

B

işe yaramaz şey, gereksiz şey; fazlalık ***Ballast abwerfen*** (balon) safra atmak

Ballaststoffe /'balastştofı/ *pl hek* selüloz

Ballen /'balın/ *m* balya, denk, toplanmış yük; topak ***ein Ballen Papier*** bir top kâğıt

ballen /'balın/ *vt* yumak yapmak, top haline getirmek, yuvarlak bir hale getirmek; avuç yummak; (hamur) top haline getirmek; kartopu yapmak ***die Faust ballen*** yumruğunu sıkmak ***sich ballen*** *rv* toplanmak, topaklaşmak, topaklanmak; (kar) tutmak; büzülmek; yumak olmak

Ballett /ba'let/ *n* bale, dans gösterisi; bale grubu

Ballkleid /'balklayt/ *n* balo elbisesi, balo kıyafeti

Ballon /ba'lon/ *m* balon; *kim* balon, yuvarlak şişe; damacana

Ballspiel /'balşpi:l/ *n* top oyunu

Ballungsgebiet /'balungsgıbi:t/ *n* göç yerleşim merkezi

Balsam /'balza:m/ *m* pelesenk, balsam; merhem, krem; baharat; *kon* şifa, çare, ilaç

Balte /'baltı/ *m* Baltık bölgesinden olan kimse, Baltıklı

Baltikum /'baltikum/ *n* Baltık bölgesi

baltisch /'baltiş/ *s* Baltık; Baltık ülkeleriyle ilgili ***baltisches Meer*** Baltık denizi

Balustrade /balus'tra:dı/ *f* (merdiven) tırabzan; korkuluk, parmaklık

balzen /'baltsın/ *vi hayb* (kuş) çiftleşmek, kızışma zamanı yaşamak

Bambus /'bambus/ *m bitk* bambu, bambu ağacı, Hintkamışı

banal /ba'na:l/ *s* banal, adi, bayağı, sıradan, müptezel ***eine banale Ausrede*** sudan bahane

Banalität /banali'te:t/ *f* banallık, adilik, bayağılık, sıradanlık, müptezellik, banalite

Banane /ba'na:nı/ *f bitk* muz

Bananenbaum /ba'na:nınbaum/ *m bitk* muz ağacı

Bananenstecker /ba'na:nınştekır/ *m elek* banan fiş

Banause /ba'nauzı/ *m* zevksiz kişi; basit insan; sanattan anlamayan kişi

Band /bant/ *f müz* caz müziği orkestrası; *m* cilt, bant, kitap cildi; ciltli seri kitaplardan her biri; *n* bağ, bağlantı, rabıta; (teyp) bant; şerit, kurdela, kordon; ip, kaytan; çember, kenet; düğüm, boğum; sargı; *tek* bağlantı; zincir; pervaz, kenar; (kapı) menteşe, reze; *hek* bağ; orkestra, grup ***am laufenden Band*** durmaksızın, aralıksız ***auf Band aufnehmen*** banda almak, banda kaydetmek ***außer Rand und Band geraten*** darmadağın olmak ***etw auf Band aufnehmen*** banda almak, banda kaydetmek ***laufendes Band*** döner bant, yürüyen şerit

Bandage /ban'da:jı/ *f* bandaj, sargı, bağ, pansuman

bandagieren /banda'ji:rın/ *vt* bandajlamak, bağlamak, sarmak, pansuman yapmak, sargı sarmak

Bandbreite /'bantbraytı/ *f* seçenek bolluğu; seçenek yelpazesi

Bande /'bandı/ *f* takım, tayfa, ekip, grup, sürü, çete; haydut topluluğu; gezici kumpanya; şebeke; dans orkestrası; (bilardo) bant, kenar

Bänderriss /'bendırris/ *m hek* bağ kopması

bändigen /'bendigın/ *vt* (hayvan) zaptetmek, gemlemek; (hayvan) eğitmek, terbiye etmek ***jdn bändigen*** (birisini) durdurmak, frenlemek

Bandit /ban'di:t/ *m* eşkıya, haydut, şaki, korsan

Bandmaß /'bantma:s/ *n* şeritmetre; mezura

Bandscheibe /'bantşaybı/ *f anat* (vücutta) disk

Bandscheibenvorfall /'bandşaybınfo:rfal/ *m* disk kayması

Bandwurm /'bantvurm/ *m hayb* tenya, şerit, barsak solucanı

bange /'bangı/ *s* ürkek, korkak, çekingen, cesaretsiz ***mir ist bange*** korkuyorum ***in banger Sorge sein*** endişeli olmak, korku içinde olmak ***bange machen*** korkutmak, ürkütmek ***jdm wird es bange*** korkmak

bangen /'bangın/ *vi* (vor) (bir şeyden) korkmak, ürkmek, endişe duymak; (um) (üzerine titremek, gözü gibi bakmak; (nach) canı çekmek, istemek ***bangen um etw*** (bir şey için) korkmak ***bangen vor etw*** (bir şeyden) korkmak ***sich nach jdm bangen*** (birisini, bir şeyi) çok özlemek, yanıp tutuşmak

Bank /bank/ *f* (okul) sıra, (park) bank, kanepe, peyke; küme, yığın; (hayvan) sürü; *den* sığ yer; (dükkan) tezgâh, banko; banka; *isk* banko, pot, kasa ***alle durch***

die Bank hepsi, tamamı ***Bank an Bank Kredit*** bankalararası kredi ***Bank für Entwicklung der Industrie*** Sınai Kalkınma Bankası ***Bank zu Bank Ausleihungen*** bankalararası borçlanma ***Bank zu Bank Kredit*** bankalararası kredi

Bankangestellte(r) /'bankangışteltı(r)/ *m/f* banka memuru, banka görevlisi

Bankanweisung /'bankanvayzung/ *f* banka havalesi, çek

Bankautomat /'bankautoma:t/ *f* banka otomatı, banka ATM cihazı

Bankdirektor /'bankdirektor/ *m* banka müdürü

Bankfiliale /'bankfilya:lı/ *f* banka şubesi

Bankgeheimnis /'bankgıhaymnis/ *n* banka(cılık) sırrı

Bankguthaben /'bankgu:tha:bın/ *n* bankadaki aktif hesap

Bankier /bank'ye:/ *m* banker, bankacı; büyük sermaye sahibi

Bankkauffrau /'bankkauffrau/ *f* bankacı, banka memuru (kadın)

Bankkaufmann /'bankkaufman/ *m* bankacı, banka memuru (erkek)

Bankkonto /'bankkonto/ *n* banka hesabı

Bankkunde /'bankkundı/ *m* banka müşterisi, mudi

Bankleitzahl /'banklayttsa:l/ *f* banka şube kod numarası

Banknote /'bankno:tı/ *f* banknot, kâğıt para

Bankraub /'bankraup/ *m* banka soygunu

Bankräuber /'bankroybır/ *m* banka soyguncusu, banka hırsızı

bankrott /bank'ot/ *s* iflas etmiş, müflis, batkın

Bankrott /bank'rot/ *m* iflas, batkı, batkınlık; müflis ***Bankrott erklären*** *tic* iflasını ilan etmek ***Bankrott machen*** iflas etmek ***Bankrott werden*** batmak, iflas etmek ***für Bankrott erklären*** iflasa karar vermek

Bankscheck /'bankşek/ *f* banka çeki

Bankschließfach /'bankşli:sfah/ *n* banka kasası

Banküberfall /'bankübırfal/ *m* banka soygunu

Bankverbindung /'bankferbindung/ *f* banka hesabı

Bankwesen /'bankve:zın/ *n* bankacılık

Bann /ban/ *m* ihraç, tart, sınırdışı etme; aforoz; sürgün; sihir, sihir kuvveti, afsun; cazibe ***in den Bann tun*** aforoz etmek ***jdn in Bann halten*** (birisini) büyülemek

bannen /'banın/ *vt* (birisini) büyülemek, tesir altına almak, etkilemek, kendine bağlamak; bağlamak, hareketsiz hale getirmek; (tehlike, kötülük) bertaraf etmek, savuşturmak, uzaklaştırmak; aforoz etmek

Banner /'banır/ *m* büyücü, üfürükçü; *n* bayrak, sancak, âlem; flama

Baptist/Baptistin /bap'tist/bap'tistin/ *m/f* baptist, sadece büyüklerin vaftiz edildiği bir Hıristiyan tarikatına ait kimse

Bar /ba:r/ *f* bar, müzikli içki içilen yer

bar /ba:r/ *s* nakit para, peşin para; çıplak, açık, yalın; hakiki, sırf, aşikâr; *be* nakden, nakit olarak ***aller Gerechtigkeit bar*** insafsız, merhametsiz ***bar bezahlen*** nakit ödemek, peşin ödemek ***bar gegen Güter*** mal karşılığı ödeme ***bar gegen Nachnahme*** teslimat sırasında ödeme ***barer Unsinn*** saçma sapan, abuk subuk ***bares Geld*** nakit para ***etw in bar bezahlen*** peşin ödemek ***in bar*** peşin

Bär /be:r/ *m hayb* ayı ***der große Bär*** *gökb* Büyükayı ***der kleine Bär*** *gökb* Küçükayı ***jdm einen Bären aufbilden*** (birisini) aldatmak ***ungeleckter Bär*** şehir kırosu, orman kibarı

Baracke /ba'rakı/ *f* baraka, derme çatma kulübe

Barbar /bar'bar/ *m* barbar, acımasız, insafsız, gaddar

Barbarei /barba'ray/ *f* barbarlık, acımasızlık, insafsızlık, gaddarlık; ilkellik

barbarisch /bar'ba:riş/ *s* barbar, acımasız, insafsız, gaddar

barbusig /'ba:rbu:zih/ *s* göğüsleri açık

barfuß /'barfu:s/ *s* yalınayak, çıplak ayak

Bargeld /'ba:rgelt/ *n* nakit para, peşin para; hazır para

bargeldlos /'ba:rgeltlo:s/ *s* nakit olmayan; virman yoluyla

Bargeldverkehr /'ba:rgeltferke:r/ *m* nakit muamele, peşin para ile yapılan işlem

Barhocker /'ba:rhokır/ *m* tabure, oturak

Bariton /'bariton/ *m müz* bariton, bir erkek sesi; nefesli bir müzik aleti, bariton

Barium /'ba:ryum/ *n kim* baryum

Barkasse /bar'kası/ *f tic* eldeki para; *tic* nakit kasası; *den* küçük vapur, küçük gemi; kurtarma sandalı, tahliye sandalı, cankurtaran sandalı

B

Barkauf /'ba:rkauf/ *m* peşin alış; peşin satış; peşin para ile yapılan ticaret
Barkeeper /'ba:rki:pır/ *m* barmen
Barmann /'ba:rman/ *m* barmen
barmherzig /barm'hertsih/ *s* merhametli, şefkatli, şefik; yardımsever, hayırsever
Barmherzigkeit /barm'hertsihkayt/ *f* merhamet, şefkat, acıma; yardımseverlik, hayırseverlik
Barmixer /'barmiksır/ *m* barmen
Barock /ba'rok/ *n/m* Barok sanatı; Barok çağı
barock /ba'rok/ *s* barok, barokla ilgili; biçimsiz, çarpuk çurpuk, eğri büğrü; *kon* cafcaflı
Barockkunst /ba'rokkunst/ *f* barok sanatı
Barometer /baro'me:tır/ *n* barometre, basınçölçer
Baron /ba'ro:n/ *m* baron
Barren /'barın/ *m* (altın, gümüş) külçe; *sp* barparalel, paralel
Barriere /bar'ye:rı/ *f* bariyer, parmaklık, engel, set, mania
Barrikade /bari'ka:dı/ *f* barikat, siper ***auf die Barrikade gehen*** protesto etmek
Barsch /barş/ *m hayb* levrek (balığı)
barsch /barş/ *s* kaba, sert, aksi, ters, haşin; çok kızgın; ekşimtırak
Barschaft /'ba:rşaft/ *f* nakit para
Barscheck /'ba:rşek/ *m* nakit çek, günlük çek
Bart /'ba:rt/ *m* sakal, bıyık, favori; midye kökü, istiridye kökü; (kedi, köpek) bıyık; anahtar dili ***sich einen Bart stehen lassen*** sakal bırakmak ***jdm um den Bart gehen*** suyuna gitmek, nabza göre şerbet vermek
Barthaar /'ba:rtha:r/ *n* sakal kılı, bıyık kılı
bärtig /'be:rtih/ *s* sakallı; kıllı
bartlos /'ba:rtlo:s/ *s* sakalsız; tüysüz, köse
Bartwuchs /'ba:rtvu:ks/ *m* sakal çıkması, kıllanma ***schwacher Bartwuchs*** köselik, tüysüzlük
Barvermögen /'ba:rfermö:gın/ *n* nakit çek; kasadaki pul vs. gibi mevcutlar
Barzahlung /'ba:rtsa:lung/ *f* nakit ödeme, peşin ödeme; peşin para ***Barzahlung bei der Bestellung*** sipariş esnasında peşin ödeme
Basalt /ba'zalt/ *m mad* bazalt, kara mermer
Basar /ba'za:r/ *m* pazar, çarşı, satış yeri, alışveriş yeri; satış mağazası; hayır amaçlı satış ***Bedeckter Basar*** Kapalıçarşı ***Großer Basar*** (İstanbul) Kapalıçarşı, büyük çarşı
Base /'ba:zı/ *f* kuzin, teyze kızı, amca kızı, dayı kızı; kadın akraba; *kim* baz, esas, asıl; *kim* baz
basieren /ba'zi:rın/ *vi* (auf) (bir şeye) dayanmak, istinat etmek; (bir şeyden) ileri gelmek, oluşmak
Basilikum /ba'zi:likum/ *n bitk* fesleğen, reyhan
Basis /'ba:zis/ *f* asıl, temel, esas, baz; *ask* üs; *mat* taban, kaide, baz; *mim* sütun kaidesi, kaide; asal sayı; *dilb* sözcük tabanı, sözcük kökü
basisch /'ba:ziş/ *s kim* bazal, bazik, temel, alkali ***basische Farbstoffe*** *kim* bazik boyarmaddeler ***basisches Bleiacetat*** *kim* bazik kurşun asetat ***basisches Bleichromat*** *kim* bazik kurşun kromat ***basisches Bleikarbonat*** *kim* bazik kurşun karbonat ***basisches Ion*** *kim* bazik iyon
Basisdemokratie /'ba:zisdemokrati:/ *f* katılımcı demokrasi
Baske/Baskin /'baskı/'baskin/ *m/f* (İspanya'da yaşayan bir halk) Bask
Baskenmütze /'baskınmütsı/ *f* bere, bir cins başlık
Basketball /'baskıtbal/ *m sp* basketbol, sepettopu
baskisch /'baskiş/ *s* Basklarla ilgili; Baskça, Bask dili
Baß /bas/ *müz* basso, en kalın ses; kontrbas; kontrbasçı
Bassin /ba'se:n/ *n* havuz
Bassist/Bassistin /ba'sist/ba'sistin/ *m/f müz* basso, bassocu; en kalın sesi çıkaran
Bast /bast/ *m* ağaç kabuğu, kitabiye; elyaf, lif; kenevir tiftiği; geyik boynuzu dairesi
Bastard /'bastart/ *m* gayri meşru çocuk, veledizina; melez, karışık, kırma; (küfür) gâvurun dölü, kahpenin dölü
basteln /'bastıln/ *vt* ufak tefek elişleri yapmak
Bastler /'bastlır/ *m* ufak tefek elişleri yapan kişi
Batik /'ba:tik/ mf batik, bir cins boyama tarzı
Batist /ba'tist/ *m* patiska, basma
Batterie /batı'ri:/ *f ask* batarya; *elek* batarya, akü; musluk bataryası ***Batterie***

aufladen bataryayı şarj etmek, aküyü doldurmak
Batzen /'batsın/ *m* eski Alman madeni parası; metelik; miktar, yığın, sürü, çok; mürekkep lekesi
Bau /bau/ *m* inşaat, yapı, bina, inşa; imal; struktur, yapı; yapı tarzı, bünye, teşekkül; kuruluş, sistem; (hayvan) in, yuva; *mad* maden işletmesi; (vücut) yapı; ziraat, tarım; *ask* hapis, oda hapsi
Bauarbeiter /'bauarbaytır/ *m* inşaat işçisi, amele; rençper
Bauch /bau**h**/ *m* karın, göbek, batın; şişkinlik; (bir şeyin) karın kısmı; kuşak, sargı ***sich den Bauch vollschlagen*** *mec* işkembeyi doldurmak, çok yemek
Bauchfellentzündung /'bau**h**felentsündung/ *f hek* peritonit
bauchig /'bau**h**i**h**/ *s* koca karınlı, şişgöbek; şiş, kabarık
Bauchlandung /'bau**h**landung/ *f hav* (uçak) gövde üstü iniş
Bauchmuskel /'bau**h**muskıl/ *m anat* karın kası
Bauchnabel /'bau**h**na:bıl/ *m* göbek
Bauchredner /'bau**h**re:dnır/ *m* vantrolog, karnından konuşan
Bauchschmerzen /'bau**h**şmertsın/ *pl hek* karın ağrısı
Bauchspeicheldrüse /'bau**h**şpay**h**ıldrü:zı/ *f anat* pankreas ***Entzündung der Bauchspeicheldrüse*** *hek* pankreas iltihaplanması, pankreatit
Bauchtanz /'bau**h**tants/ *m* göbek dansı
Bauchweh /'bau**h**ve:/ *n hek* karın ağrısı
bauen /'bauın/ *vt* yapı yapmak, inşa etmek; dikmek, kurmak; (duvar) örmek; (bitki) ekmek, yetiştirmek; (bir şeye) dayanmak, istinat etmek; üretmek, imal etmek; *kon* yapmak ***auf etw bauen*** (bir şeye) güvenmek ***auf jdn bauen*** (birisine) güvenmek, itimat etmek ***schön gebaut*** güzel yapılı, artist gibi
Bauer /'bauır/ *m* çiftçi, köylü; *isk* vale, bacak, oğlan; (satranç) piyon; *kon* kaba saba herif, kıro; *n* kafes, kuşane
Bäuerin /'boyırin/ *f* köylü kadın
bäuerlich /'boyırli**h**/ *s* köye ait, köyle ilgili, köylü
Bauernbrot /'bauırnbro:t/ *n* köy ekmeği
Bauernfänger /'bauırnfengır/ *m* hilebaz, sahtekâr, hileci, aldatıcı, kerizci
Bauernhaus /'bauırn**h**aus/ *n* çiftlik evi
Bauernhof /'bauırn**h**o:f/ *m* çiftlik
baufällig /'baufeli**h**/ *s* harap, virane, yıkık, yıkılması an meselesi
Baufälligkeit /'baufeli**h**kayt/ *f* haraplık, viranelik, yıkılması yakın olma
Baufirma /'baufirma/ *f* inşaat şirketi
Baugenehmigung /'baugıne:migung/ *f* inşaat ruhsatı
Baugerüst /'baugırüst/ *n* inşaat iskelesi, yapı iskelesi
Baugewerbe /'baugıverbı/ *n* inşaatçılık, inşaatçılık işi, yapı işi
Bauherr /'bau**h**er/ *m* inşaat sahibi, yapı sahibi
Bauholz /'bau**h**olts/ *n* inşaat kerestesi, yapı kerestesi
Bauindustrie /'bauindustri:/ *f* inşaat endüstrisi, yapı sanayii
Bauingenieur /'bauinjenyö:r/ *m* inşaat mühendisi
Baukasten /'baukastın/ *m* inşaat kutusu; (oyuncak) kurma kutusu
Baukosten /'baukostın/ *pl* inşaat giderleri, yapı giderleri, inşaat masrafları, inşaat harcamaları
Baukunst /'baukunst/ *f* mimari, mimarlık
baulich /'bauli**h**/ *s* yapısal
Baum /baum/ *m bitk* ağaç; *tek* dingil, mihver; *oto* ok, dingil; (tekstil) kumaş sarılan silindir ağaç; tahta direk ***Baum beschneiden*** ağaç budamak
Baumaterial /'baumaterya:l/ *n* inşaat malzemesi, yapı malzemesi
baumeln /'baumıln/ *vi* asılı durarak sallanmak; *vt* sallamak ***am Galgen baumeln*** darağacında sallanmak
Baumkrone /'baumkro:nı/ *f* ağaç tepesi
Baumrinde /'baumrindı/ *f* ağaç kabuğu
Baumschule /'baumşu:lı/ *f* fidanlık
Baumstamm /'baumştam/ *m* ağaç gövdesi
Baumsterben /'baumşterbın/ *n* asitli yağmurdan ağaçların ölmesi
Baumstumpf /'baumştumpf/ *m* ağaç kütüğü, çotuk
Baumwolle /'baumvalı/ *f* pamuk
Bauplan /'baupla:n/ *m* inşaat planı, yapı planı
Bauplatz /'bauplats/ *m* inşaat yeri, yapı yeri, şantiye; inşaat arsası, inşaat parseli
Bausch /bauş/ *m* şişme, kabarma; buruşturulmuş kâğıt, buruşturulmuş kumaş; vatka; *hek* tampon ***in Bausch und Bogen*** toptan, götürü

B

Bausparkasse /'bauşparkası/ *f* yapı tasarruf sandığı
Bausparvertrag /'bauşpa:rfertra:k/ *m* inşaat tasarrufu mukavelesi
Baustein /'bauştayn/ *m* yapı taşı, temel taşı
Baustelle /'bauştelı/ *f* inşaat yeri, yapı yeri, şantiye; inşaat arsası, inşaat parseli
Baustil /'bauşti:l/ *m* mimari üslup, yapı tarzı
Bautrupp /'bautrup/ *m* tüm inşaat işçileri
Bauunternehmer /'bauuntırne:mır/ *m* inşaat müteahhidi
Bauweise /'bauvayzı/ *f* yapı tarzı, inşa tarzı, inşaat tarzı
Bauwerk /'bauverk/ *n* yapı, bina
Bauxit /bau'ksit/ *m mad* boksit, alüminyumtaşı
Bayer /'bayır/ *m* Bavyeralı
bayerisch /'bayıriş/ *s* Bavyeralı, Bavyera'ya ait; Bavyeraca
Bayern /'bayırn/ *tnz* (Almanya'da) Bavyera eyaleti
Bazillus /ba'tsilus/ *m* basil
beabsichtigen /bı'apzihtigın/ *vt* niyet etmek, tasarlamak, istemek; kastetmek; düşüncesinde bulunmak; hedeflemek, gütmek ***etw beabsichtigen*** (bir şeyi) amaçlamak
beachten /bı'ahtın/ *vt* (bir şeye) dikkat etmek, nazarı dikkate almak; hesaba katmak; (bir şeye) riayet etmek, uymak; göz önünde bulundurmak
beachtenswert /bı'ahtınsve:rt/ *s* dikkate değer, önemli, mühim, kaydadeğer
beachtlich /bı'ahtlih/ *s* önemli, mühim, oldukça büyük
Beachtung /bı'ahtung/ *f* nazarı dikkat, dikkate alma, sayma
Beamte(r)/Beamtin /bı'amtı(r)/bı'amtin/ *m/f* memur
beängstigend /bı'engstigınt/ *s* korkutucu, ürkütücü, endişe verici
beanspruchen /bı'anşpruhın/ *vt* istemek, talep etmek; hak iddia etmek; meşgul etmek, fazla çalıştırmak; zorlamak
beanstanden /bı'anştandın/ *vt* sakıncalı bulmak, kusurlu bulmak; kuşkusunu bildirmek, karar verememek; itiraz etmek; *tic* kabul etmemek, reddetmek ***etw beanstanden*** (bir şeyde) kusur bulmak ***jdn beanstanden*** (birisini) cezalandırmak
Beanstandung /bı'anştandung/ *f* itiraz; kusur bulma
beantragen /bı'antra:gın/ *vt* teklif etmek, önermek; dilemek; *huk* önermek; (dilekçe yazarak) istemek, önermek
beantworten /bı'antvortın/ *vt* cevap vermek, cevaplandırmak
bearbeiten /bı'arbaytın/ *vt* (bir konuyu) tetkik etmek, üzerinde çalışmak, araştırmak; işlemek, şekil vermek; düzenlemek, tertip etmek; yazmak, kaleme almak; hazırlamak; toprağı sürmek; tekmelemek, tekme atmak; yumruklamak; dövmek, sopa atmak; yeniden gözden geçirmek, tashih etmek; (birisini) razı etmek, kendine çekmek; *müz* çalmak, orkestra ile çalmak; *tiy* uyarlamak, düzenlemek ***Buch bearbeiten*** kitap düzenlemek ***jdn bearbeiten*** (birisini) razı etmek ***Theaterstück bearbeiten*** tiyatro oyunu uyarlamak
Bearbeitung /bı'arbaytung/ *f müz* aranjman; *tiy* uyarlama; işleme; gözden geçirme
Bearbeitungsgebühr /bı'arbaytungsgıbü:r/ *f* işlem ücreti, servis ücreti
beatmen /bı'a:tmın/ *vt* (birisine) suni teneffüs yaptırmak
Beatmung /bı'a:tmung/ *f* solunum, teneffüs
beaufsichtigen /bı'aufzihtigın/ *vt* bakmak, gözetlemek; nezaret etmek, beklemek; kontrol etmek ***den Kindern beaufsichtigen*** çocuklara göz kulak olmak
beauftragen /bı'auftra:gın/ *vt* (mit) (birisini bir şeyle) görevlendirmek, vazifelendirmek; yetkili kılmak; (birisine bir şeyi) ısmarlamak, havale etmek; *huk* yetkili kılmak
Beauftragte(r) /bı'auftra:ktı(r)/ *f/m* vekil, görevlendirilen, yetkili kılınan, görevli, temsilci, iş havale edilen, mutemet; komisyoncu ***beauftragter Richter*** naip
bebauen /bı'bauın/ *vt* (toprağı, tarlayı) işlemek, çift sürmek, ekip biçmek; (bina) inşa etmek, yapmak
Bebauung /bı'bauung/ *f* (toprağı, araziyi, tarlayı) işleme, ekip biçme, ziraat yapma; (bina) kurma, yapma, inşa etme
Bebauungsplan /bı'bauungsplan/ *m* iskân projesi, yapı projesi
Beben /'be:bın/ *n* yerb deprem, zelzele, yersarsıntısı

beben /'be:bın/ *vi* titremek, sarsılmak; salınmak ***beben um jdn etw*** (birisi için) korkmak, (bir şey için) korkmak ***die Erde bebt*** deprem oluyor

Becher /'be**h**ır/ *m* bardak, kupa, kadeh; *bitk* yüksük, kudeyh

bechern /'be**h**ırn/ *vi* kafayı çekmek

Becken /'bekın/ *n* leğen, çukur kap, yassı geniş kap; lenger; tekne; lavabo, küvet; havuz, su tankı; *coğ* havza; *hek* kalça kemiği, leğen kemiği; *müz* zil

Beckenbruch /'bekınbru**h**/ *m hek* kalça kırığı

bedacht /bı'da**h**t/ *s* düşünceli, temkinli, endişe sahibi; dikkatli, mukayyet; süslenmiş, donatılmış; *huk* vasiyet edilen ***auf etw bedacht sein*** (bir şeyi) göze almak

bedächtig /bı'de**h**ti**h**/ *s* tedbirli, temkinli, dikkatli, ihtiyatlı; yavaş

bedanken /bı'dankın/ *vr* teşekkür etmek ***sich bei jdm für etw bedanken*** (birisine bir şeyden dolayı) teşekkür etmek

Bedarf /bı'darf/ *m* ihtiyaç, lüzum, gereksinme, hacet, zaruret; gereksinim, malzeme, levazım, sarf ***Bedarf an etw haben*** ihtiyacı olmak ***bei Bedarf*** gerekirse, ihtiyaç durumunda, gerektiğinde ***den Bedarf decken*** ihtiyacı karşılamak ***je nach Bedarf*** talebe göre, ihtiyaca göre ***nach etw Bedarf haben*** (bir şeye) gereksinim duymak, ihtiyaç duymak ***im Bedarfsfalle*** gerektiğinde, gerektiği zaman, lüzumu halinde

bedauerlich /bı'dauırli**h**/ *s* müessif, acınacak, elim, üzülmeye değer

bedauerlicherweise /bıdauırli**h**ar'vayzı/ *be* maalesef, ne yazık ki

Bedauern /bı'dauırn/ *n* üzüntü, üzülme, teessür, acıma, esef; esef duyma

bedauern /bı'dauırn/ *vt* üzülmek, teessüf etmek, acınmak, esef etmek; (birisine) acımak, merhamet etmek ***etw bedauern*** (bir şeye) üzülmek ***jdn bedauern*** (birisine) üzülmek

bedauernswert /bı'dauırnsve:rt/ *s* zavallı, biçare, acınacak

bedecken /bı'dekın/ *vt* örtmek, kapamak, gizlemek, kaplamak; muhafaza etmek, korumak; (toprak, tarla) üzerini kapamak; topraklamak

bedenken /bı'denkın/ *vt* düşünmek, dikkate almak; muhakeme etmek, üzerinde durmak; tartmak; hesaba katmak, nazarı itibara almak ***jdn bedenken*** (birisini) düşünmek ***sich bedenken*** düşünüp taşınmak; caymak, vazgeçmek, fikrini değiştirmek; tereddüt etmek; aklına bir fikir gelmek

bedenkenlos /bı'denkınlo:s/ *s* düşüncesiz, insafsız, körü körüne, aldırmadan

bedenklich /bı'denkli**h**/ *s* düşünceli, insaflı; nazik; mütereddit; vahim, tehlikeli; kuşku uyandırıcı, düşündürücü ***bedenkliche Situation*** şüphe uyandırıcı durum

Bedenkzeit /bı'denktsayt/ *f* karar süresi, düşünme süresi, karara varmak için tanınan süre

bedeuten /bı'doytın/ *vt* manasında olmak, anlamında olmak, anlamına gelmek, manasına gelmek; ifade etmek, demek; önemli olmak; göstermek, işaret etmek; anlatmak, bildirmek, ima etmek; içermek, anlam taşımak ***was bedeutet das?*** ne demek bu?; bu ne anlama geliyor?

bedeutend /bı'doytınt/ *s* mühim, önemli, ehemmiyetli; büyük; hatırı sayılır; etkili, nüfuzlu, ünlü; *be* önemli derecede, oldukça, çok

bedeutsam /bı'doytzam/ *s* anlamlı, manalı; önemli, mühim; mutena

Bedeutsamkeit /bı'doytzamkayt/ *f* anlamlılık, önemlilik

Bedeutung /bı'doytung/ *f* anlam, mana; önem; ehemmiyet, değer; ağırlık, büyüklük; itibar ***an Bedeutung verlieren*** önemini kaybetmek, değerini yitirmek ***Bedeutung beimessen*** önem vermek, ehemmiyet vermek ***Bedeutung der Handbewegung*** el işareti anlamı ***bildliche Bedeutung*** mecazi anlam ***von Bedeutung sein*** gerekli olmak, önemli olmak, mühim olmak

bedeutungslos /bı'doytungslo:s/ *s* anlamsız, manasız, boş; değersiz, ehemmiyetsiz

Bedeutungslosigkeit /bı'doytungslo:zi**h**kayt/ *f* anlamsızlık, manasızlık; önemsizlik, ehemmiyetsizlik

bedeutungsvoll /bı'doytungsfol/ *s* anlamlı, manalı; önemli, ehemmiyetli

bedienen /bı'di:nın/ *vt* (birisine) hizmet etmek, hizmet görmek; (garson) servis yapmak, masaya bakmak; (alet) kullanmak, işlemek; *isk* aynı cins kâğıdı oynamak ***sich bedienen*** faydalanmak,

B

istifade etmek; kullanmak ***bedienen Sie sich!*** buyurun! ***jdn bedienen*** (birisine) hizmet etmek ***sich einer Sache bedienen*** (bir şeyi) kullanmak ***Wer bedient hier?*** buraya kim bakıyor?

Bedienung /bı'di:nung/ *f* hizmet; hizmetçilik; servis, sunu; *ask* hizmet erleri; garson ***Bedienung ist inbegriffen*** garsoniye dahil, servis dahil

Bedienungsanleitung /bı'di:nungsanlaytung/ *f* kullanım kılavuzu

bedingen /bı'dingın/ *vt* (bir şeyin olması için) gerekli olmak, şart olmak; gerektirmek, icap etmek, icap ettirmek; (bir şeye) yol açmak; kararlaştırmak

bedingt /bı'dingkt/ *s* şartlı, şarta bağlı; nispi, göreceli; izafi, relatif; tâbi; sınırlı ***bedingte Forderung*** şartlı alacak ***bedingte Haftentlassung*** *huk* şartlı salıverme, şartlı tahliye ***bedingte Kredit*** şartlı kredi ***bedingte Umwandlung*** *fiz* koşullu sapma ***bedingter Reflex*** şartlı reflex ***bedingter Verkauf*** şartlı satış ***bedingtes Urteil*** şartlı karar

Bedingung /bı'dingung/ *f* şart, koşul, kayıt; durum, şartlar, şerait ***Bedingung stellen*** şart koşmak, şart ileri sürmek ***unter dieser Bedingung*** bu şartla, bu koşulda

bedingungslos /bı'dingungslo:s/ *s* kayıtsız, şartsız, koşulsuz, kayıtsız şartsız

bedrängen /bı'drengın/ *vt* sıkıntı vermek, sıkmak; (birisine) baskı yapmak, (birisini) sıkıştırmak; (birisini) rahatsız etmek, taciz etmek, musallat olmak; göz açtırmamak, aman dedirtmemek; zulmetmek; *sp* rakibi zorlamak ***in bedrängter Lage*** zor durumda ***in bedrängter Lage sein*** zor durumda olmak, sıkışık olmak

Bedrängnis /bı'drengnis/ *f* sıkıntı, çaresizlik, zor durum ***in Bedrängnis kommen*** sıkılmak

bedrohen /bı'dro:ın/ *vt* (birisini) tehdit etmek, gözdağı vermek, diş göstermek, gözünü korkutmak; yıldırmak ***jdn mit etw bedrohen*** (birisini bir şeyle) tehdit etmek

bedrohlich /bı'dro:li**h**/ *s* tehlikeli, endişe verici; tehditkâr, tehdit eden

Bedrohung /bı'dro:ung/ *f* tehdit, korkutma; *huk* ikrah; tehdit etme

bedrucken /bı'drukın/ *vt fot* bas. basmak, tabetmek

bedrücken /bı'drükın/ *vt* sıkıntı vermek; sıkıştırmak, baskı yapmak, tazyik etmek; işkence etmek; bunaltmak; *kon* üzmek, sıkmak

Beduine /bedu'i:nı/ *m* bedevi, göçebe

bedürfen /bı'dürfın/ *vi* gerekli olmak, lazım olmak, lüzumlu olmak; (bir şeye) ihtiyacı olmak, gereksinimi olmak

Bedürfnis /bı'dürfnis/ *n* gereksinme, gereksinim, ihtiyaç, lüzum; zorunluluk ***Bedürfnis nach etw haben*** bir şeye ihtiyacı olmak

bedürfnislos /bı'dürfnislo:s/ *s* kanaatkâr

bedürftig /bı'dürfti**h**/ *s* muhtaç, fakir, yoksul, ihtiyaç sahibi

Bedürftigkeit /bı'dürfti**h**kayt/ *f* muhtaçlık, fakirlik, yoksulluk; ihtiyaç

Beefsteak /'bi:fşteik/ *n* biftek

beeilen /bı'aylın/ *vr* acele etmek, çabuk olmak ***Beeil dich!*** *kon* çabuk ol!, acele et! ***Beeilung!*** *ünl* kon. Çabuk ol!, Acele!

beeindrucken /bı'ayndrukın/ *vt* tesir etmek, mütehassıs etmek; etki uyandırmak, intiba bırakmak; kendini saydırmak ***sich beeindrucken lassen*** müteessir olmak, tesir altında kalmak, etki altında kalmak

beeinflussen /bı'aynflusın/ *vt* (birisini) tesir altında bulundurmak, etki altında bırakmak; (bir şeye) tesir etmek ***jdn beeinflussen*** (birisini) etkilemek

Beeinflussung /bı'aynflusung/ *f* tesir, etki; nüfuz

beeinträchtigen /bı'ayntre**h**tigın/ *vt* ihlal etmek, zedelemek; (bir şeyin) değerini azaltmak, küçültmek

Beeinträchtigung /bı'ayntre**h**tigung/ *f* ihlal etme; zarar verme, küçültme; *huk* hürriyete tecavüz ***Beinträchtigung der Rechte*** hakların engellenmesi

beenden /bı'endın/ *vt* bitirmek, son vermek, sona erdirmek, nihayetlendirmek, neticelendirmek; kısa kesmek; tamamlamak

Beendigung /bı'endigung/ *f* bitirme, son verme, sona erdirme; kısa kesme; tamamlama ***Beendigung des Besitzes*** *huk* zilyetliğin bitmesi

beengen /bı'engın/ *vt* daraltmak, sıkmak, darlaştırmak, sıkıştırmak

Beengtheit /bı'engt**h**ayt/ *f* sıkıntı verme; sıkışma; sıkıştırma

beerben /bı'erbın/ *vt* (birisinden) miras almak, mirasa konmak

beerdigen /bı'e:rdigın/ *vt* gömmek, toprağa vermek, defnetmek
Beerdigung /bı'e:rdigung/ *f* gömme, toprağa verme, defin, defnetme
Beere /'be:rı/ *f* (üzüm, çilek, dut gibi meyvelerin) tanesi, meyve tanesi
Beet /'be:t/ *n* sebze/meyve/çiçek yatağı, tarh; tarla bölmesi, bostan bölmesi
befähigen /bı'fe:igın/ *vt* (birisini) vekil kılmak, ehil kılmak; *huk* vekil tayin etmek
Befähigung /bı'fe:igung/ *f* ehliyet, yeterlik; kabiliyet, yetenek, yetke
befahrbar /bı'fa:rba:r/ *s* trafiğe elverişli, trafiğe müsait, araç geçmesine uygun; düz
befahren /bı'fa:rın/ *vt* (bir araçla) üzerinden geçmek, yoldan geçmek; *den* sefer yapmak ***einen Schacht befahren*** *mad* maden kuyusuna inmek ***befahrenes Volk*** *den* tecrübeli denizci halk ***befahrene Straße*** işlek yol, işlek cadde
Befall /bı'fal/ *m* (bitki) hastalık sarması, zararlı hayvanların istilasına uğraması
befallen /bı'falın/ *vt* başına gelmek, hasıl olmak; tutulmak, yakalanmak; karabasan çökmek ***vom Fieber befallen sein*** ateşlenmek, nöbete tutulmak ***von einer Krankheit befallen sein*** bir hastalığa yakalanmak ***von Käfern befallen werden*** böceklenmek
befangen /bı'fangın/ *s* ürkek, korkak, cesaretsiz; taraflı, yanlı, (bir tarafa) bağlı, serbest olmayan; taraftar; peşin hükümlü ***befangen machen*** şaşırtmak ***befangen sein*** sıkılmak ***befangener Schiedsrichter*** taraflı hakem
Befangenheit /bı'fangınhayt/ *f* mahcubiyet, utangaçlık, sıkılganlık; taraflılık
befassen /be'fasın/ *vt* el sürmek, elle yoklamak, elle tutmak ***sich befassen*** (bir şeyle) meşgul olmak, uğraşmak ***sich mit etw befassen*** (bir şeyle) uğraşmak
Befehl /bı'fe:l/ *m* emir, hüküm, ferman, komut; komuta, kumanda ***auf Befehl von ...*** -ın emriyle ***den Befehl haben*** *ask* komuta etmek ***mündlicher Befehl*** sözlü emir ***schriftlicher Befehl*** yazılı emir ***unter dem Befehl*** emri altında ***zu Befehl!*** emredersiniz!, baş üstüne!
befehlen /bı'fe:lın/ *vt* emretmek, emir vermek, buyurmak, emir buyurmak; kumanda etmek, komuta etmek
Befehlsempfänger /bı'fe:lsempfengır/ *m* emir kulu
Befehlshaber /bı'fe:lsha:bır/ *m ask* komutan, kumandan
befehlshaberisch /bı'fe:lsha:bıriş/ *s* amirane
Befehlsverweigerung /bı'fe:lsfervaygırung/ *f* emre itaatsizlik
befestigen /bı'festigın/ *vt* bağlamak, tespit etmek, raptetmek, kontrol altına almak; mıhlamak, (yerine) çakmak; pekiştirmek, sağlamlaştırmak; teyit etmek, doğrulamak; *den* mandallamak; *ask* tahkim etmek ***die Freundschaft befestigen*** dostluğu güçlendirmek ***etw an etw befestigen*** (bir şeyi bir şeye) bağlamak, tutturmak
Befestigung /bı'festigung/ *f* asmalık, askılık; bağlantı, bağ; sağlamlaştırma, pekiştirme; takviye; *ask* istihkâm
befeuchten /bı'foyhtın/ *vt* ıslatmak, nemlendirmek, rutubetlendirmek, suya batırmak
Befinden /bı'findın/ *n* fikir, düşünce; karar, hüküm; oy, rey; sağlık durumu; icap, durum ***je nach Befinden*** duruma göre
befinden /bı'findın/ *vt* uygun görmek; karar vermek, hükmetmek ***für gut befinden*** uygun görmek; iyi bulmak ***für schuldig befinden*** suçlu bulmak ***sich befinden*** bulunmak, olmak
befindlich /bı'fintlih/ *s* olan, bulunan, mevcut
beflaggen /bı'flagın/ *vt* (her tarafı) bayrakla donatmak
beflecken /bı'flekın/ *vt* kirletmek, pisletmek, batırmak, leke yapmak; *mec* (birisine) leke sürmek, (birisini) lekelemek
beflissen /bı'flisın/ *s* gayretli, çabalı, canla başla çalışan
Beflissenheit /bı'flisınhayt/ *f* gayret, çaba
beflügeln /bı'flü:gıln/ *vt* hızlandırmak, çabuklaştırmak; heveslendirmek, canlandırmak, iştahını kabartmak ***seine Schritte beflügeln*** adımlarını sıklaştırmak
befolgen /bı'folgın/ *vt* uymak, (söz) dinlemek, riayet etmek; yerine getirmek, ifa etmek; (birisinden) örnek almak, (birisini) taklit etmek; (kanun) riayet etmek, uymak ***das Gesetz befolgen*** yasaya uymak, kanuna riayet etmek ***einen Rat befolgen*** bir tavsiyeye uymak ***jds Beispiel befolgen*** (birisini) örnek olarak almak

B

Beförderer /bı'födırır/ *m* nakliyeci, taşıma firması, taşımacı
befördern /bı'fördırn/ *vt* nakletmek, göndermek, yollamak, sevk etmek; terfi ettirmek, üst dereceye çıkarmak; korumak, himaye etmek; geliştirmek, ilerletmek; kolaylaştırmak
Beförderung /bı'fördırung/ *f* nakil, gönderme, yollama, sevk etme; terfi ettirme; koruma; geliştirme; kolaylaştırma
Beförderungsmittel /bı'fördırungsmitıl/ *n* nakil vasıtası, nakil aracı, taşıt, araç, vasıta
befragen /bı'fra:gın/ *vt* (birisine bir şey) sormak, sual etmek; (bir şey hakkında) bilgi istemek, soruşturmak; danışmak, fikrini sormak, görüşünü almak; sorguya çekmek, sorgulamak; bilgi istemek
Befragung /bı'fra:gung/ *f* sorma, soruşturma, bilgi edinme; fikir alma
befreien /bı'frayın/ *vt* (birisini bir şeyden) kurtarmak; azat etmek; (bir şeyden) muaf tutmak; affetmek; (kurul) ibra etmek ***sich befreien*** kurtulmak
Befreier /bı'frayır/ *m* kurtarıcı
Befreiung /bı'frayung/ *f* kurtuluş, kurtarma; azat etme; muafiyet ***Befreiung von der Verpflichtung*** sorumluluktan muaf tutma
befremden /bı'fremdın/ *vt* şaşırtmak, hayret uyandırmak, hayretler içinde bırakmak; yadırgamak
befremdlich /bı'fremtlih/ *s* tuhaf, garip, acayip, şaşılacak; yadırganan ***befremdlich finden*** tuhafına gitmek, garipsemek
befreunden /bı'froyndın/ *vt* yakınlaştırmak, dost etmek, arkadaş etmek ***sich befreunden*** dost olmak, arkadaş olmak; yakınlaşmak ***sich mit jdm befreunden*** (birisiyle) dost olmak
befreundet /bı'froyndıt/ *s* dost, ahbap, arkadaş; dostluk ***befreundet sein*** samimi olmak, canciğer dost olmak, senli benli olmak
befrieden /bı'fri:dın/ *vt* barış kurmak, sulh tesis etmek; sükûnete kavuşturmak
befriedigen /bı'fri:digın/ *vt* (birisini) memnun etmek, hoşnut etmek; (birisini) razı etmek; teskin etmek, yatıştırmak; borcunu ödemek; yerine getirmek, icra etmek; hevesini almak; isteklerini yerine getirip hoşnut kılmak, doyurmak, tatmin etmek ***sich befriedigen*** mastürbasyon yapmak, kendi kendini tatmin etmek
befriedigend /bı'fri:digınt/ *s* yeterli, kâfi; tatminkâr; memnuniyet verici; uygun, müsait; (okulda not) geçer, yeterli
Befriedigung /bı'fri:digung/ *f* hoşnutluk, memnuniyet; teskin etme, yatıştırma; doygunluk, tatmin
befristen /bı'fristın/ *vt* süre tayin etmek, süresini belirlemek
befristet /bı'fristıt/ *s* vadeli, süreli; mahdut ***befristete Einlage*** *tic* vadeli mevduat ***kurz befristet*** kısa vadeli, kısa süreli
befruchten /bı'fruhtın/ *vt* tohumlamak, döllemek; verimli hale getirmek, mahsuldar kılmak; canlandırmak, teşvik etmek, *mec* gaza getirmek; geliştirmek, ilerletmek ***das Ei befruchten*** yumurtayı döllemek ***sich befruchten*** (bitki) çiftleşmek
Befruchtung /bı'fruhtung/ *f* tohumlanma, döllenme; mahsuldar hale getirme, verimli hale getirme ***künstliche Befruchtung*** suni dölle(n)me ***natürliche Befruchtung*** doğal tohumlanma
Befugnis /bı'fu:knis/ *f* yetki; ruhsat, müsaade; hak; *huk* yetki, selahiyet ***jdn Befugnisse einräumen*** (birisini) yetkili kılmak ***seine Befugnisse überschreiten*** yetkisini aşmak, selahiyetini aşmak
befugt /bı'fu:kt/ *s* yetkili, ehil; ruhsat sahibi ***dazu nicht befugt sein*** (bir şey için) yetkili olmamak
Befund /bı'funt/ *m* vaziyet, durum, hal, mevcut durum; bulgu, sonuç; *hek* rapor
befürchten /bı'fürhtın/ *vt* (bir şeyden) endişe etmek, tereddüt duymak; korkmak ***etw befürchten*** (bir şeyden) korkmak ***nichts zu befürchten!*** korkacak bir şey yok!
Befürchtung /bı'fürhtung/ *f* korku, endişe, tasa, kaygı
befürworten /bı'fü:rvortın/ *vt* (bir şeyin) lehinde olmak; uygun bulmak, tavsiye etmek, önermek; desteklemek
Befürworter /bı'fü:rvortır/ *m* savunucu, taraftar, yandaş
begabt /bı'ga:pt/ *s* kabiliyetli, mahir; yetenekli, kudretli, istidatlı; faziletli, dirayetli ***besonders begabt*** üstün yetenekli
Begabte(r) /bı'ga:ptı(r)/ *m/f* kabiliyetli, mahir, yetenekli, kudretli, istidatlı; faziletli, dirayetli
Begabung /bı'ga:bung/ *f* kabiliyet, maharet, yetenek, kudret, istidat; fazilet, dira-

yet

Begängnis /bı'gengnis/ *n* cenaze merasimi

begatten /bı'gatın/ *vt* (hayvan) döllemek, tohumlamak ***sich begatten*** (hayvan) çiftleşmek, birleşmek

Begattung /bı'gatung/ *f* dölleme, tohumlama

begeben /bı'ge:bın/ *vt tic* ciro etmek, ıskonto etmek; tedavüle çıkarmak; senet kırdırmak; (mal) satmak

Begebenheit /bı'ge:bınhayt/ *f* hadise, olay, vaka, vakıa

begegnen /bı'ge:gnın/ *vi* rastlamak, karşılamak, tesadüf etmek; (bir şeye) uğramak, başına gelmek, maruz kalmak; önlemek, mani olmak; çare bulmak, çözmek; mevcut olmak, bulunmak ***Blicke begegnen sich*** göz göze gelmek ***dem Feinde begegnen*** düşmanın karşısına dikilmek ***einer Sache begegnen*** (bir şeye) önlem almak ***jdm begegnen*** (birisine) rastlamak ***jdm freundlich begegnen*** (birisine) dostça davranmak ***sich begegnen*** rastlaşmak, karşılaşmak; (birbirine) uymak

Begegnung /bı'ge:gnung/ *f* rastlama, karşılaşma; tesadüf, rastlantı; davranış, karşılama; *sp* maç, karşılaşma; temas, görüşme; *ask* çatışma, müsadere

begehen /bı'ge:ın/ *vt* (yol üstünde) yürümek; yolu kontrol etmek amacıyla üzerinde gitmek; (bayram, özel gün) kutlamak, tebrik etmek; pot kırmak; (kabahat) yapmak, işlemek ***eine Dummheit begehen*** aptallık etmek ***eine Feier begehen*** tören yapmak ***einen Fehler begehen*** bir hata yapmak ***Straftat begehen*** suç işlemek

begehren /bı'ge:rın/ *vt* istemek, dilemek, arzu etmek; iştahlanmak, imrenmek, canı çekmek; (bir şeye) göz dikmek, (bir şeyde) gözü olmak; (çok özleyerek) istemek, canı çekmek ***etw begehren*** bir şeye sahip olmayı istemek ***sehr begehrt sein*** çok talep görmek, rağbet görmek

begehrenswert /bı'ge:rınsve:rt/ *s* istemeye değer, arzu etmeye değer

Begehrlichkeit /bı'ge:rlihkayt/ *f* hırs, açgözlülük, doymama; çapkınlık

begehrt /bı'ge:rt/ *s* rağbet gören, revaçta ***begehrt sein*** rağbet görmek, istenmek

begeistern /bı'gaystırn/ *vt* heyecana getirmek, coşturmak, heyecanlandırmak; sürüklemek ***jdn begeistern*** (birisini) etkilemek ***sich begeistern*** heyecana gelmek, coşmak, heyecanlanmak; sürüklenmek

begeistert /bı'gaystırt/ *s* coşkulu, heyecanlı; coşkun, coşku dolu ***begeistert sein*** çok hoşlanmış olmak

Begeisterung /bı'gaystırung/ *f* coşkun, heyecan, ateş, ihtiras, şevk; hamle, atılım; esin, ilham ***in Begeisterung geraten*** ateşlenmek, coşmak

Begierde /bı'gi:rdı/ *f* arzu, heves, istek; tutku, ihtiras; hırs

begierig /bı'gi:rih/ *s* arzulu, hevesli, istekli; düşkün, meraklı; açgözlü

begießen /bı'gi:sın/ *vt* üzerine su serpmek, sulamak, su dökmek; ıslatmak; *mec* kutlamak, (içerek) ıslatmak ***etw begießen*** (bir şeyi) içki içerek kutlamak ***mit Wasser begießen*** sulamak

Beginn /bı'gin/ *m* başlangıç, baş ***Beginn der Ausführung*** icra başlangıcı ***Beginn der Frühling*** ilkbahar başlangıcı

beginnen /bı'ginın/ *vt/vi* başlamak; (işe) girişmek, (bir şeye) teşebbüs etmek

beglaubigen /bı'glaubigın/ *vt* tasdik etmek, onaylamak; tescil etmek; (pasaport) vize etmek; belgelemek, belgeye bağlamak

Beglaubigung /bı'glaubigung/ *f* tasdik, onay; tescil; vize; belgeye bağlama

begleichen /bı'glayhın/ *vt* ödemek, borcu kapatmak, hesabı kapamak ***sein Schuld begleichen*** borcunu ödemek

Begleichung /bı'glayhung/ *f* ödeme, borcu kapatma, hesabı ödeme

begleiten /bı'glaytın/ *vt* eşlik etmek, refakat etmek, birlikte gitmek; (yolcu) uğurlamak, geçirmek; takip etmek, izlemek; *müz* eşlik etmek, birlikte söylemek ***begleitet von ...*** -nın eşliğinde, -nın refakatinde

Begleiter /bı'glaytır/ *m* refakatçi, eşlik eden, birlikte giden; kavalye; hademe; *ask* koruma, muhafız er

Begleiterscheinung /bı'glaytırşaynung/ *f* belirti, emare

Begleitschreiben /bı'glaytşraybın/ *n tic* fatura ile birlikte gönderilen mektup, ek mektup

Begleitung /bı'glaytung/ *f* refakat, eşlik etme, birlikte gitme; *ask* maiyet; *müz* eşlik ***in Begleitung von*** eşliğinde, refakatinde ***ohne Begleitung der Frau*** karısız ***ohne Begleitung des Mannes*** kocasız

beglückwünschen /bı'glükvünşın/ *vt* (birisini bir şey için) tebrik etmek, kutlamak

begnadet /bı'gna:dıt/ *s* yetenekli, kabiliyetli, mevhibeli

begnadigen /bı'gna:digın/ *vt* (birisinin) cezasını affetmek, suçunu bağışlamak, kusurunu bağışlamak; *huk* affetmek, cezasını indirmek

Begnadigung /bı'gna:digung/ *f* af; bağışlama, affetme

begnügen /bı'gnü:gın/ *vr* (mit) (bir şeyle) yetinmek, kanaat etmek; razı olmak, kifayet etmek ***sich mit etw begnügen*** (bir şeyle) yetinmek

begraben /bı'gra:bın/ *vt* gömmek, toprağa vermek, defnetmek; (alışkanlık) terk etmek, vazgeçmek; (umut, vs.) kaybetmek, yitirmek ***den Toden begraben*** ölüyü gömmek

Begräbnis /bı'grepnis/ *n* gömme, toprağa verme, defin; cenaze alayı; mezar, kabir

begradigen /bı'gra:digın/ *vt* (yol, ırmak, vs) doğrultmak, yönlendirmek; rektifiye etmek

begreifen /bı'grayfın/ *vt* kavramak, anlamak, idrak etmek; kafası basmak, kafası almak; elle tutmak, elle kavramak ***in sich begreifen*** içine almak, içermek, dahil olmak

begreiflich /bı'grayflih/ *s* anlaşılabilir, kavranılabilir, idrak edilebilir ***jdm etw begreiflich machen*** açıklamak, kafasına sokmak

begrenzen /bı'grentsın/ *vt* sınırlandırmak, sınırlarını çizmek, sınırlamak; *mec* daraltmak ***die Freiheit begrenzen*** özgürlüğü kısıtlamak

Begrenzung /bı'grentsung/ *f* sınırlama, sınırlandırma, sınır koyma

Begriff /bı'grif/ *m* kavram, terim; fikir, düşünce, ide; idrak, anlayış; görüş; düşünme, tasarlama, tasavvur ***ein klarer Begriff*** çok açık bir kavram ***im Begriff sein zu*** -mek üzere olmak ***nach unseren Begriffen*** bize göre ***schwer von Begriff*** kalın kafalı, anlayışı kıt ***über alle Begriffe*** son derece, fevkalade

begrifflich /bı'griflih/ *s* farazi, misalen; sanal, gerçek olmayan; soyut

begriffsstutzig /bı'grifsştutsih/ *s* kalın kafalı, zor anlayan, anlayışı ağır

begründen /bı'gründın/ *vt* neden göstermek, sebep göstermek, sebep bildirmek, kanıt göstermek; bir temele dayamak, bir konuya temel teşkil etmek, esas teşkil etmek; *kon* kurmak

Begründer /bı'gründır/ *m* kurucu

begründet /bı'gründıt/ *s* gerekçeli, haklı, sebepli, mazeretli

Begründung /bı'gründung/ *f* esas teşkil etme; sebep bildirme, neden ileri sürme; sağlam temele dayama

begrüßen /bı'grü:sın/ *vt* selam vermek, selamlamak; karşılamak, hoş geldiniz demek; uygun görmek, tasvip etmek, onaylamak; alkışlamak

begrüßenswert /bı'grü:sınsve:rt/ *s* memnuniyet verici

Begrüßung /bı'grü:sung/ *f* selamlama, karşılama

begünstigen /bı'günstigın/ *vt* korumak, himaye etmek, kayırmak; yardım etmek, teşvik etmek; tercih etmek, üstün tutmak; iltimas geçmek, kayırmak

Begünstigung /bı'günstigung/ *f* koruma, himaye etme, destekleme, teşvik; kayırma; *huk* yataklık

begutachten /bı'gu:tahtın/ *vt* (bir şey hakkında) fikrini bildirmek, düşüncesini beyan etmek, oyunu belli etmek; (bilirkişi olarak) rapor vermek ***begutachten lassen*** rapor talep etmek

begütert /bı'gü:tırt/ *s* zengin, varlıklı, varsıl, han hamam sahibi, büyük servet sahibi, mal mülk sahibi

behaart /bı'ha:rt/ *s* tüylü, kıllı

Behaarung /bı'ha:rung/ *f* saç, tüy, kıllar

behäbig /bı'he:bih/ *s* rahatına düşkün, keyfine düşkün; huzur içinde; zengin, tuzu kuru

Behäbigkeit /bı'he:bihkayt/ *f* rahatına düşkün olma, keyfine düşkün olma

behaftet /bı'haftıt/ *s* (bir şeye) girmiş, tutulmuş, yakalanmış; (hastalık) tutulmuş, yakalanmış; kusurlu, hatalı, ayıplı ***mit etw behaftet sein*** bir şeye tutulmak ***mit Schulden behaftet*** borca batmış, borç içinde yüzen ***mit Fehlern behaftet*** yanlışlarla dolu, yalan yanlış

Behagen /bı'ha:gın/ *n* huzur, haz, zevk; rahat, keyif; memnunluk ***nach Behagen leben*** zevk aldığı biçimde yaşamak

behaglich /bı'ha:klih/ *s* rahat, hoş, latif;

elverişli; ferahlatıcı, huzurlu; (eşya) kullanışlı, rahat; *be* refah içinde, bolluk içinde, huzur içinde, dertsiz tasasız; (eşya) konforlu

Behaglichkeit /bı'**h**a:kli**h**kayt/ *f* rahat ve huzur, refah, saadet; hoşluk, güzellik; varlık; konfor

behalten /bı'**h**altın/ *vt* hatırda tutmak, akılda tutmak, hatırdan çıkarmamak; (yanında) alıkoymak, saklamak; muhafaza etmek; (birisini) anmak, yad etmek; gözden kaçırmamak; *mat* eldesi olmak, elde tutmak; kıymetini korumak; bulundurmak ***etw im Auge behalten*** (bir şeyi) göz önünde bulundurmak ***im Gedächtnis behalten*** akılda tutmak ***Behalten Sie den Rest!*** (bahşiş) Üstü kalsın!

Behälter /bı'**h**eltır/ *m* kap, mahfaza, hazne, su deposu, rezervuar

behandeln /bı'**h**andıln/ *vt* (birisine karşı) muamelede bulunmak, davranmak; tedavi etmek; karşılamak, ağırlamak; kullanmak; (dikkatle) idare etmek; (konu) ele almak, incelemek, tetkik etmek; hor kullanmak, zedelemek; nezaket göstermek; (derste) okutmak; işlem yapmak, işleme koymak ***jdn als Freund behandeln*** (birisine) dostane davranmak ***jdn als Feind behandeln*** (birisine) düşman gibi davranmak

Behandlung /bı'**h**andlung/ *f* davranış, davranma; işlem, muamele; yazış; konu, bahis; tedavi etme; ağırlama; yapma, eyleme ***psychiatrische Behandlung*** *hek* psikiyatrik tedavi

behängen /bı'**h**engın/ *vt* örtmek, germek; (bir şeyi) asmak, asılı tutmak ***sich behängen*** süslenmek

beharren /bı'**h**arın/ *vi* sebat etmek; ısrarcı olmak, direnmek, fikrinden caymamak; tutturmak, inat etmek ***auf etw beharren*** (bir şeyde) ısrarcı olmak ***bei etw beharren*** ısrarla direnmek

beharrlich /bı'**h**arli**h**/ *s* ısrarlı, sabırlı, direnen, metanetli, metin; *be* inatla, ısrarla, sabit fikirle

Beharrlichkeit /bı'**h**arli**h**kayt/ *f* sebat, karar, inat; ısrar, diretme

behaupten /bı'**h**auptın/ *vt* iddia etmek, (doğruluğunda) ısrar etmek; (başarıyla) savunmak; söylemek, ileri sürmek ***behaupten aussagen*** teyit etmek, onaylamak, doğrulamak ***sich behaupten*** dayanmak, tutunmak, yerini korumak, mukavemet etmek; idame etmek

Behauptung /bı'**h**auptung/ *f* iddia, tez, sav; önerme, ileri sürme; iddia; elde tutma, koruma ***Behauptung widerlegen*** *huk* yapılan iddianın aksini belgelemek ***Behauptung zurücknehmen*** sözünü geri almak

Behausung /bı'**h**auzung/ *f* konut, mesken, ev, ikametgâh

beheben /bı'**h**e:bın/ *vt* yok etmek, ortadan kaldırmak, bertaraf etmek; düzlemek, tesviye etmek; düzeltmek; (bankadan) para çekmek; (para) almak, tahsil etmek ***einen Defekt beheben*** arızayı gidermek

beheimatet /bı'**h**ayma:tıt/ *be* mukim, sakin, oturan, ikamet eden; doğumlu, doğma; aslen, asıllı ***in Antalya beheimatet*** aslen Antalyalı, Antalya doğumlu

beheizbar /bı'**h**aytsba:r/ *s* ısıtmalı

beheizen /bı'**h**aytsın/ *vt* (bir yeri) ısıtmak; (ateş, fırın, ocak) yakmak

Beheizung /bı'**h**aytsung/ *f* ısıtma

Behelf /bı'**h**elf/ *m* geçici çare, geçici tedbir, geçici derman; geçici, iğreti; *huk* itiraz

behelfen /bı'**h**elfın/ *vr* (bir şey için) çare bulmak; işin içinden sıyrılmak; bir dertten kurtulmak, başının çaresine bakmak; idare etmek, oluruna bırakmak; sıkıntı ve darlık içinde yaşamak; kanaat etmek

behelfsmäßig /bı'**h**elfsme:si**h**/ *s* muvakkat, geçici, iğreti

behelfsweise /bı'**h**elfsvayzı/ *be* muvakkaten, geçici olarak, iğreti olarak

behelligen /bı'**h**eligın/ *vt* (birisini) taciz etmek, rahatsız etmek, canını sıkmak

Behendigkeit /bı'**h**endi**h**kayt/ *f* atiklik, ataklık, çeviklik, çabukluk; beceriklilik, ustalık; elastikiyet; hızlılık, serilik

beherbergen /bı'**h**erbergın/ *vt* (birisini) evde ağırlamak, misafir etmek, yatıya alıkoymak; barındırmak; içermek, ihtiva etmek; kapsamak; yer vermek

beherrschen /bı'**h**erşın/ *vt* hükmetmek, tahakküm altında bulundurmak, buyruğu altında bulundurmak; hükümet etmek; (lisan) iyi bilmek, vakıf olmak, (bir şeyden) anlamak; egemen olmak, dizginlemek, zaptetmek; *ask* hâkim olmak ***Fremdsprache beherrschen*** yabancı dil bilmek ***sich beherrschen*** kendine hâkim olmak, nefsine hâkim olmak

Beherrschtheit /bı'herşthayt/ *f* kendine hâkim olma, nefsine hâkim olma

Beherrschung /bı'herşung/ *f* biliş; hükmetme, hükmü altında tutma; kendine hâkim olma

beherzigen /bı'hertsigın/ *vt* (bir şeye) sıkı sıkıya sarılmak; (nasihati dinleyip) uygun şekilde hareket etmek; uymak, riayet etmek

beherzt /bı'hertst/ *s* yiğit, korkusuz, cesur, cesaretli, yürekli; gözü kara, gözü pek

Beherztheit /bı'hertsthayt/ *f* yiğitlik, cesaret, yüreklilik, cesurluk

behilflich /bı'hilflih/ *s* yardıma hazır, yardımcı ***jdm behilflich sein*** (birisine) yardımda bulunmak, yardım etmek; kolaylık göstermek

behindern /bı'hindırn/ *vt* mani olmak, engel olmak, zorluk çıkarmak, sorun çıkarmak; durdurmak, alıkoymak; zorlaştırmak, güçleştirmek; *sp* (rakibi) engellemek ***etw behindern*** (bir şeyi) engellemek ***jdn behindern*** (birisini) engellemek

behindert /bı'hindırt/ *s* engelli; özürlü

Behinderte(r) /bı'hindırtı(r)/ *f/m* (zihinsel veya bedensel) özürlü, engelli ***behinderte Kinder*** özürlü çocuklar

Behinderung /bı'hindırung/ *f* mani olma, engel olma, zorluk çıkarma; alıkoyma, durdurma; engel, mani, handikap

Behörde /bı'hö:rdı/ *f* resmi daire, resmi makam; devlet kapısı; otorite

behördlich /bı'hö:rtlih/ *s* resmi, idari; devletçe, hükümetçe

behüten /bı'hü:tın/ *vt* esirgemek; (birisini bir şeyden) korumak ***behüt dich Gott!*** Allaha emanet ol! ***behüte!*** Allah göstermesin!, Allah korusun! asla, kesinlikle ***jdn vor etw behüten*** (birisini bir şeyden) korumak

behutsam /bı'hu:tza:m/ *s* ihtiyatlı, dikkatli, itinalı; yavaş yavaş, usulca; ölçülü, sakıngan; temkinli

Behutsamkeit /bı'hu:tza:mkayt/ *f* ihtiyatlı olma, dikkatli olma; ölçülü olma, sakınganlık

Behütung /bı'hü:tung/ *f* koruma; korunma

bei /bay/ *ilg* (yer olarak) -de, -da, yakınında, civarında; (birisinin) yanında, refakatinde; (zaman olarak) esnasında, sırasında, -ken; bu şartlar altında, bu durumda; (sayı) yaklaşık, aşağı yukarı ***bei alledem*** buna rağmen ***bei der Arbeit sein*** işte olmak, işyerinde olmak ***bei der Post*** postanenin yanında, postane tarafında ***bei einer Firma arbeiten*** bir firmada çalışmak ***bei diesen Umständen*** bu şartlar karşısında ***bei dieser Gelegenheit*** bu vesileyle ***bei Geld sein*** parası olmak ***bei Gott*** vallahi billahi ***bei hellem Tage*** güpegündüz ***bei hundert*** yaklaşık yüz, yüz kadar ***bei Laune sein*** keyifli olmak, neşeli olmak ***bei Nacht*** geceleyin ***bei Nebel*** siste ***bei Regen*** yağmurda; yağmur yağarsa ***bei sich*** kendi kendine ***bei sich haben*** yanında olmak, üzerinde olmak ***bei sich sein*** kendinde olmak ***bei Sicht*** görüldüğünde; ibrazında ***bei Sicht zahlbar*** *tic* ibrazında ödenebilir ***bei Tag*** gündüz vakti, gündüzün ***bei Tagesanbruch*** gün doğmasıyla ***bei Tisch*** sofrada, sofra başında ***bei Unfall*** kaza halinde ***bei Verstande sein*** aklı başında olmak ***bei weitem*** epeyden beri ***bei weitem nicht*** uzaktan yakından ilgisi yok, kel alaka ***beim Essen*** yemekte ***beim Fahren*** araba kullanırken ***beim Friseur*** kuaförde ***beim Militär*** askerde

beibehalten /'baybıhaltın/ *trvt* alıkoymak, muhafaza etmek, sürdürmek

Beibehaltung /'baybıhaltung/ *f* alıkoyma, muhafaza etme, sürdürme

Beiboot /'baybo:t/ *n* filika, cankurtaran sandalı

beibringen /'baybringın/ *trvt* beraberinde getirmek, birlikte getirmek; şahit göstermek; yenmek, mağlubiyete uğratmak, bozguna uğratmak; bulmak, tedarik etmek, temin etmek; (birisine bir şeyi) öğretmek; (haberi) alıştıra alıştıra söylemek; telkin etmek; kafasına sokmak, öğretmek

Beichte /'bayhtı/ *f* günah çıkartma, konfezyon; itiraf, itiraf etme ***Beichte ablegen*** günah çıkarmak

beichten /'bayhtın/ *vt/vi* günah çıkarmak, itiraf etmek; tövbe etmek

Beichtstuhl /'bayhtştu:l/ *m* günah çıkartılan yer, günah çıkarma kürsüsü

Beichtvater /'bayhtfa:tır/ *m* günah çıkaran papaz

beide /'baydı/ *be* her iki, her ikisi, ikisi ***alle beide*** her ikisi ***alles beide*** onların ikisi ***beide Brüder*** her iki kardeş ***die ersten***

B

beiden ilk ikisi ***einer von beiden*** ikisinden biri ***keiner von beiden*** ikisi de değil ***meine beiden Brüder*** her iki erkek kardeşim ***wir beide*** biz ikimiz

beiderlei /'baydırlay/ *be* iki cins, iki cinsten, her iki cinsten

beiderseitig /'baydırzaytih/ *be* karşılıklı, her iki taraftan; her ikisine de; her iki tarafa ait; karşılıklı ***beiderseitiger Nutzen*** karşılıklı menfaat

beiderseits /'baydır'zayts/ *be* karşılıklı olarak, her iki tarafta; her iki taraftan ***beiderseits des Bosphorus*** Boğaziçi'nin her iki tarafında

beidhändig /'baythendih/ *s* sağlı sollu; iki eli hünerli; *kon* mahir, hamarat

beieinander /bayayn'andır/ *be* beraber, birlikte, bir arada; yan yana ***beieinander haben*** aklı başında olmak; biriktirmiş olmak; dalgınlığına gelmek ***beieinander sein*** bir arada bulunmak

Beifahrer /'bayfa:rır/ *m* muavin; (araçta) birlikte seyahat eden kişi; yol arkadaşı, seyahat arkadaşı

Beifall /'bayfal/ *m* takdir, uygun bulma, beğenme; alkışlama, alkış ***Beifall finden*** rağbet görmek, beğenilmek; alkışlanmak

beifällig /'bayfelih/ *s* uygun, müsait; beğenerek; alkışlayarak ***beifällig aufnehmen*** takdir etmek; alkışlamak

beifügen /'bayfü:gın/ *trvt* iliştirmek, eklemek, ilave etmek, katmak

Beigabe /'bayga:bı/ *f* ek, ilave, katkı

Beige /be:ş/ *n* bej renk

beige /be:ş/ *s* bej (renk), krem (renk); (yün) doğal renk

beigeben /'bayge:bın/ *trvt* ilave etmek, eklemek, katmak; yanına vermek, terfik etmek; *kon* aşağıdan almak, alttan almak ***klein beigeben*** tükürdüğünü yalamak; *isk* küçük kâğıt oynamak

Beigeschmack /'baygışmak/ *m* (esas tadın yanındaki) çeşni tat; hoşa gitmeyen taraf

Beihilfe /'bayhilfı/ *f* yardım, destek, para yardımı, tahsisat; sübvansiyon; *huk* yataklık etme ***Beihilfe bei einer Straftat*** suça iştirak, suça katılma

beikommen /'baykomın/ *trvi* aklından geçmek; yaklaşmak ***einer Sache beikommen*** (bir şeye) çare bulmak

Beil /bayl/ *n* balta, keser

Beilage /'bayla:gı/ *f* ilave, ek, eklenen şey, iliştirilen parça; sandviçin içine katılan ek yiyecekler, garnitür ***Beilage einer Zeitung*** bir gazetenin eki, ilavesi ***Döner mit Beilage 5 Euro*** garnitürlü döner 5 Euro

beiläufig /'bayloyfih/ *s* tali, yan, yardımcı; yanı başında; *be* söz arasında, sırası gelmişken

beilegen /'bayle:gın/ *trvt* eklemek, iliştirmek, ilave etmek, katmak; barıştırmak; yatıştırmak, sakinleştirmek; (birisine bir şey) yüklemek, isnat etmek; tevcih etmek; önem vermek ***einen Namen beilegen*** lakap takmak

beileibe /bay'laybı/ : ***beileibe nicht!*** Allah göstermesin; katiyen!, asla!

Beileid /'baylayt/ *n* taziye, baş sağlığı ***sein Beileid aussprechen*** taziyetlerini bildirmek, başsağlığı dilemek

beiliegen /'bayli:gın/ *trvi* ekli olmak, ilişikte olmak, ekli olmak; cinsel ilişkide bulunmak; *den* yelkenleri faça etmek

beiliegend /'bayli:gınt/ *s* ekli, ilişik, ilaveli, katkılı

beim /baym/ *kıs* "bei dem"

beimessen /'baymesın/ *trvt* (suç) isnat etmek, yüklemek, atmak; önem vermek, önemsemek; dayandırmak; inanmak

beimischen /'baymişın/ *trvt* eklemek, katmak, ilave etmek; karıştırmak

Bein /bayn/ *n anat* bacak; (masa) ayak; kemik ***auf den Beinen sein*** ayakta olmak ***auf die Beine stellen*** ayağa kaldırmak ***die Beine übereinander schlagen*** bacak bacak üstüne atmak ***jdm Beine machen*** (birisini) harekete geçirmek ***wieder auf die Beine kommen*** iyileşmek, tekrar ayağa kalkmak

beinahe /bay'na:ı/ *be* aşağı yukarı, hemen hemen, takriben, üç aşağı beş yukarı; neredeyse, az kalsın, az daha

Beiname /'bayna:mı/ *m* takma ad, lakap, san; şöhret

Beinbruch /'baynbruh/ *m hek* bacak kırılması, ayak kırılması

beinhalten /bı'inhaltın/ *trvt* kapsamak, içermek, muhteva etmek, ihtiva etmek; manaya gelmek

Beinprothese /'baynprote:zı/ *f* takma bacak, protez bacak

beipflichten /'baypflihtın/ *trvi* onaylamak, tasvip etmek; (birisinin) görüşünü uygun bulmak; taraf tutmak, hak vermek ***jdm beipflichten*** (birisinin) görüşlerini onay-

B

lamak

Beirat /'bayrat/ *m* kurul, konsey; meclis, şûra; danışman, müşavir; mahkeme üyesi; danışma kurulu ***wissenschaftlicher Beirat*** bilimsel danışma kurulu

beirren /bı'irın/ *vt* (birisini) yanıltmak, şaşırtmak, mütereddit kılmak ***sich nicht beirren lassen*** bildiğinden şaşmamak

beisammen /bay'zamın/ *be* bir arada, beraber, birlikte

Beisammensein /bay'zamınzayn/ *n* toplantı; eğlence; düğün

beisammensitzen /bay'zamınzitsın/ *trvi* beraber oturmak, yan yana oturmak

Beischlaf /'bayşla:f/ *m* cinsel ilişki, sevişme, seks, cima

Beisein /'bayzayn/ *n* varlık, mevcudiyet, varoluş ***im Beisein*** huzurunda, önünde ***im Beisein von ...*** -nun huzurunda ***ohne Beisein*** gıyabında

beiseite /bay'zaytı/ *be* bir yana, bir tarafa; kendi kendine; ayrıca ***etw beiseite legen*** biriktirmek; bir kenara koymak ***Spaß beiseite!*** şaka bir yana! ***beiseite gehen*** kenara çekilmek

Beisetzung /'bayzetsung/ *f* (ölüyü yakıp külleri) toprağa verme, gömme, defin ***feierliche Beisetzung*** cenaze merasimi, cenaze töreni

Beispiel /'bayşpi:l/ *n* örnek, misal; numune; ders, ibret; temsil ***Beispiel sein*** örnek teşkil etmek ***ein Beispiel anführen*** örnek vermek, misal vermek ***ein gutes Beispiel*** iyi bir örnek ***jdm Beispiel geben*** (birisine) örnek olmak, örnek teşkil etmek ***sich an jdm Beispiel nehmen*** örnek almak ***zum Beispiel*** örneğin, sözgelimi, mesela

beispielhaft /'bayşpi:lhaft/ *s* örnek olacak değerde, numunelik

beispiellos /'bayşpi:llo:s/ *s* eşsiz, eşsiz emsalsiz, eşi benzeri yok, örneği yok; eşi görülmedik, duyulmadık

beispielsweise /'bayşpi:lsvayzı/ *be* örnek olarak, misal olarak, mesela

beißen /'baysın/ *vt* ısırmak; (sakız) çiğnemek; (duman veya gaz) gözlerini yakmak, burnunu yakmak; (böcek) sokmak, ısırmak; (yılan) sokmak; (köpek, kedi) ısırmak; (renk) sırıtmak, uyuşmamak ***ins Gras beißen*** *mec* ölmek ***sich beißen*** (renk) uyuşmak

beißend /'baysınt/ *s* ısırıcı, ısırgan, ısıran; yakıcı; sokan, sokucu; keskin

Beißzange /'baystsangı/ *f* kerpeten, kıskaç

Beistand /'bayştant/ *m* yardım; imdat; *huk* dava vekil, avukat; yardımcı; koruma, himaye; *huk* kayyum ***Beistand leisten*** destek olmak, desteklemek

Beistandspakt /'bayştantspakt/ *m* yardım paktı

beistehen /'bayşte:ın/ *trvi* (birisine) yardım etmek, destek olmak; (birisinin) tarafını tutmak, savunmak

beisteuern /'bayştoyırn/ *trvt* (iş için) yardımda bulunmak, yardım etmek; (parasal) yardımcı olmak, katkıda bulunmak

Beitrag /'baytra:k/ *m* aidat, ödenti, katkı payı; hisse, pay; iştirak; bilimsel yazı

beitragen /'baytra:gın/ *trvt* yardım etmek, katkıda bulunmak; (alacağını) almak, tahsil etmek; teşvik etmek; geliştirmek, ilerletmek ***zur Gesundheit beitragen*** sağlık için faydalı olmak

beitreten /'baytre:tın/ *trvi* (derneğe, klübe) üye olmak, girmek, katılmak; (görüş) katılmak, paylaşmak

Beitritt /'baytrit/ *m* (derneğe) üye olma, girme, katılma; (görüş) katılma, paylaşma

Beiwagen /'bayva:gın/ *m* römork; (motosiklet) yan araba, sepet

Beiwerk /'bayverk/ *n* detay, teferruat, ayrıntı; eklenti, takı; garnitür; aksesuar, süs; masraf, harcama, sarf; donatım

beiwohnen /'bayvo:nın/ *trvi* hazır bulunmak, tanık olmak; (kadınla) cinsel ilişkide bulunmak

Beize /'baytsı/ *f* aşındırıcı madde, yakıcı madde; aşındırma; salamura; salça; *tek* tahta boyası; (eğitimli) doğan kuşu

beizeiten /bay'tsaytın/ *be* vaktiyle, bir zamanlar; erkenden, sabahın köründe

beizen /'baytsın/ *vt* aşındırmak, yakmak; *tek* tahta boyasıyle boyamak; (eğitimli) doğan kuşu ile avlanmak

bejahen /bı'ya:ın/ *vt* evet demek, olumlu cevap vermek, kabul etmek, onaylamak

bejahrt /bı'ya:rt/ *s* ihtiyar, yaşlı, yaşı ilerlemiş, yıllanmış; *kon* kocamış

bejammern /bı'yamırn/ *vt* (bir şeye) acımak, üzüntü duymak, tasalanmak; esef etmek

bejubeln /bı'yu:bıln/ *vt* alkışlamak; sevinçle karşılamak; sevinç çığlıkları atmak

bekämpfen /bı'kempfın/ *vt* (mit etw) (bir

B

şeyle) mücadele etmek, savaşmak; (bir şeyi) alt etmeye çalışmak, yenmeye çalışmak; *ask* hücum etmek ***erfolgreich bekämpfen*** yenmek, mağlup etmek ***etw bekämpfen*** (bir şeyle) mücadele etmek ***jdn bekämpfen*** (birisiyle) mücadele etmek

Bekämpfung /bı'kempfung/ *f* mücadele etme, savaşma; yenmeye çalışma

bekannt /bı'kant/ *s* (herkes tarafından) tanınan, bilinen; ünlü, bildik, tanınmış; maruf; alışmış olma, alışık olmak ***bekannt sein*** meşhur olmak, tanınmış olmak; alışmış olmak ***bekannt sein mit jdm*** birisi ile tanışmış olmak ***das ist mir bekannt*** bunu biliyorum ***durch etw bekannt werden*** bir şeyden dolayı meşhur olmak ***einander bekannt machen*** birbirlerini tanıştırmak ***es kommt mir bekannt vor*** bildik gibi görünüyor, aşina görünüyor ***jedermann bekannt*** herkesçe bilinen, malum olduğu gibi ***mit jdm bekannt sein*** birisini tanımak

Bekannte(r) /bı'kantı(r)/ mf dost, ahbap; tanıdık, bildik ***ein Bekannter*** bir tanıdık

Bekanntenkreis /bı'kantınkrays/ *n* tanışma, tanışıklık, aşinalık; bilgi; tanıdık çevre

Bekanntgabe /bı'kantga:bı/ *f* (resim) duyuru, ilan; bildiri, tebliğ

Bekanntheit /bı'kanthayt/ *f* ün, nam, şöhret

bekanntlich /bı'kantlih/ *be* bilindiği gibi

Bekanntmachung /bı'kantmahung/ *f* (resmi) duyuru, ilan, açıklama; beyanname; ihbarname; bildiri; afiş

Bekanntschaft /bı'kantşaft/ *f* tanışma, tanışıklık; tanıma, bilme; alışık olma olma; tanıdık çevre, tanıdıklar; bilgi, malumat

bekehren /bı'ke:rın/ *vt* (din, inanış) (birisini) çevirmek, döndürmek, değiştirmek; (birisine) kendi fikrini kabul ettirmek ***sich bekehren*** kendi fikrini değiştirme; uslanmak, akıllanmak

Bekehrung /bı'ke:rung/ *f* din değiştirme, inanç değiştirme; değişim

bekennen /bı'kenın/ *vt* (kabahat, suç, ayıp) kabul etmek, kabul ve itiraf etmek; *tic* tasdik etmek, teyit etmek; şahitlik yapmak; açıklamak; *isk* aynı cinsten kâğıt oynamak; niyetini belli etmek ***sich bekennen*** (birisine) inanmak, tarafında olmak; (başka bir dine) inanmak ***sich als schuldig bekennen*** suçunu kabul etmek

Bekenntnis /bı'kentnis/ *n* iman, inanma; günah çıkarma; itiraf, itirafname; kelime-i şahadet; itiraf ve kabul etme

beklagen /bı'kla:gın/ *vt* acımak, için için üzülmek, teessüf etmek; (ölü, hasta için) ağlamak ***sich beklagen*** (bei jdm, über jdn) (birisini birisine) şikâyet etmek; yakınmak, sızlanmak

beklagenswert /bı'kla:gınswe:rt/ *s* üzücü, kaygı verici; elim, acınacak, zavallı, müessif

Beklagte(r) /bı'kla:ktı(r)/ *f/m huk* sanık, davalı; suçlu; borçlu

beklatschen /bı'klaçın/ *vt* alkışlamak; (birisine) iftira etmek; dedikodu yapmak, arkasından konuşmak

bekleben /bı'kle:bın/ *vt* yapıştırmak, üzerine yapıştırmak, üstüne yapıştırmak ***etw mit Bilder bekleben*** bir şeyin üzerine resim yapıştırmak ***Zettel bekleben*** etiket yapıştırmak

bekleckern /bı'klekırn/ *vt* lekelemek, kirletmek ***sich bekleckern*** lekelenmek, üstü başı pislenmek

bekleiden /bı'klaydın/ *vt* giydirmek; örtmek; üzerine geçirmek, kaplamak; donatmak, süslemek; (makam) işgal etmek, oturmak ***sich bekleiden*** giyinmek, örtünmek

Bekleidung /bı'klaydung/ *f* elbise, giysi, kıyafet, giyecek; örtü, kaplama; süs; giyme, giydirme

Bekleidungsindustrie /bı'klaydungsindustri:/ *f* giyim sanayii

Bekleidungsstück /bı'klaydugsştük/ *n* giyecek eşya, kıyafet; elbisenin bir parçası

beklemmend /bı'klemınt/ *s* can sıkıcı, sıkıcı, sıkıntılı

Beklemmung /bı'klemung/ *f* sıkıntı, üzüntü, tasa, acı, keder, elem; *hek* nefes darlığı

beklommen /be'klomın/ *s* can sıkıcı, sıkıcı, sıkıntılı ***beklommen sein*** sıkıntılı olmak; sıkılmak ***es ist hier so beklommen*** burası çok sıkıcı ***sich beklommen fühlen*** içi sıkılmak, ruhu sıkılmak

Beklommenheit /bı'klomınhayt/ *f* sıkıntı, üzüntü, tasa, acı, keder, elem; *hek* nefes darlığı

bekommen /bı'komın/ *vt* almak; elde etmek, almayı başarmak; *kon* sahip olmak, edinmek; fark etmek, görmek ***Angst bekommen*** korkuya kapılmak ***Arbeit bekommen*** iş bulmak ***Besuch bekommen*** ziyaretçisi gelmek; misafiri gelmek ***Durst bekommen*** susamak ***einen Bauch bekommen*** göbek bağlamak ***einen Brief bekommen*** bir mektup almak ***Erlaubnis bekommen*** izin almak ***es bekommt mir gut*** bana iyi geliyor, yarıyor ***gut bekommen*** yaramak, iyi gelmek ***Junge bekommen*** (hayvan) yavrulamak ***Kind bekommen*** çocuğu olmak ***Kur ist ihm gut bekommen*** kür ona iyi geldi, yaradı ***schlecht bekommen*** dokunmak ***Schnupfen bekommen*** nezle olmak ***Was bekommen Sie?*** ne arzu etmiştiniz? ***Wohl bekomm's*** afiyet olsun; sıhhatler olsun!; şerefinize!; geçmiş olsun! ***Zähne bekommen*** diş çıkarmak ***Zug bekommen*** trene yetişmek

bekömmlich /bı'kömlih/ *s* yararlı, sağlığa faydalı, şifalı; elde edilebilir ***nicht bekömmlich*** dokunaklı

Bekömmlichkeit /bı'kömlihkayt/ *f* yararlılık

beköstigen /bı'köstigın/ *vt* (birisine) yemek vermek, yedirip içirmek, beslemek

bekräftigen /bı'kreftigın/ *vt* doğrulamak, teyit etmek; güçlendirmek, pekiştirmek, kuvvetlendirmek; temin etmek; takviye etmek

Bekräftigung /bı'kreftigung/ *f* doğrulama, teyit; güçlendirme, pekiştirme

bekreuzigen /bı'kroytsigın/ *vr* haç çıkarmak, istavroz çıkarmak

bekriegen /bı'kri:gın/ *vt* (birisine, bir şeye karşı) savaşmak, mücadele etmek, harp etmek

bekritteln /bı'kritıln/ *vt* (birisini) eleştirmek, kabahat bulmak; kınamak, kabahat bulmak

bekritzeln /bı'kritsıln/ *vt* (amaçsızca) karalamak, çizmek, çiziktirmek, gelişigüzel çizgiler çizmek

bekümmern /bı'kümırn/ *vt* (birisini) üzmek, üzüntü vermek, üzüntüye boğmak, müteessir etmek; keyfini kaçırmak ***sich bekümmern*** (um) müdahale etmek; meşgul olmak; aldırmamak; (über) endişelenmek

Bekümmernis /bı'kümırnis/ *f* keder, tasa, endişe

bekunden /bı'kundın/ *vt* bildirmek, ifade etmek, beyan etmek; ortaya koymak, göstermek; (açıkça) söylemek; meydana çıkarmak, ortaya çıkarmak; *huk* ifade vermek ***sich bekunden*** kendini göstermek, kendini belli etmek

belächeln /bı'lehıln/ *vt* tebessüm etmek, gülümsemek

beladen /bı'la:dın/ *vt* yüklemek, yük vurmak; *mec* çok çalıştırmak, fazla iş vermek ***einen Lastkraftwagen beladen*** bir kamyonu yüklemek

Belag /bı'la:k/ *m* ince tahta kaplama; katık; (dil) pas; tartar, kefeki; katık

belagern /bı'la:gırn/ *vt* kuşatmak, sarmak

Belagerung /bı'la:gırung/ *f* kuşatma, sarma, etrafını çevirme ***Belagerung aufheben*** kuşatmayı kaldırmak

Belang /bı'lang/ *m* önem, ehemmiyet; konu, husus; çıkar ***nichts von Belang*** önemsiz, kaydadeğer bir şey değil ***persönliche Belange*** şahsi menfaatler ***von Belang*** mühim, önemli

belangen /bı'langın/ *vt huk* (birisini) dava etmek, sorumlu tutmak; ilgisi olmak, alakası olmak; ait olmak

belanglos /bı'langlo:s/ *s* önemsiz, ehemmiyetsiz; *mec* beş para etmez insan

Belanglosigkeit /bı'langlo:zihkayt/ *f* değeri olmama, önemi olmama; ehemmiyetsizlik, önemsizlik

belassen /bı'lasın/ *vt* yetinmek, kanaat etmek; bırakmak

belastbar /bı'lastba:r/ *s* yük veya sıkıntı kaldırır; *tek* dayanıklı; *mec* dayanıklı

Belastbarkeit /bı'lastba:rkayt/ *f* dayanıklılık; *tek* yükleme kapasitesi

belasten /bı'lastın/ *vt* (birisine) yüklemek, sıkıntı vermek; endişeye boğmak; borç altına sokmak, borçlandırmak; suçlamak, suç isnat etmek; *huk* aleyhinde şahitlik yapmak ***sich belasten*** borca girmek; kendini suçlu çıkarmak

belastend /bı'lastınt/ *s* suçlayıcı; sıkıntı verici ***belastende Aussagen machen*** *huk* aleyhinde ifade vermek

belästigen /bı'lestigın/ *vt* (birisine) sataşmak, musallat olmak; başını ağrıtmak, huzurunu kaçırmak, canını sıkmak; *mec* (birisine) kancayı takmak; (kadına) sarkıntılık etmek, askıntı olmak

Belästigung /bı'lestigung/ *f* sataşma, rahatsız etme, taciz etme, huzurunu ka-

çırma; askıntı olma
Belastung /bı'lastung/ *f* yük, ağırlık; *tic* borç; *huk* yükümlülük, suçlayıcı kanıt; *hek* irsi hastalık
Belastungszeuge /bı'lastungstsoygı/ *f huk* amme şahidi
belauern /bı'lauırn/ *vt* gözetlemek, pusuda beklemek
belaufen /bı'laufın/ *vt* (bir yeri) baştan sona dolaşmak, teftiş etmek, gezmek; (domuz) çiftleşmek ***sich belaufen*** (hesap, miktar) tutmak, etmek, erişmek; baliğ olmak
belauschen /bı'lauşın/ *vt* kulak misafiri olmak; gizli gizli dinlemek, casusluk yapmak
beleben /bı'le:bın/ *vt* canlandırmak, hayat vermek, diriltmek; teşvik etmek, tahrik etmek ***sich beleben*** dirilmek, canlanmak; gayrete gelmek; işlek olmak; (olay, oyun) renklenmek
belebt /bı'le:pt/ *s* canlı, hayatta, yaşayan; (kişi) hareketli, dinç, zinde; (cadde) işlek, kalabalık, hareketli, canlı ***belebte Straße*** işlek cadde
Belebung /bı'le:bung/ *f* canlandırma, hareketlendirme; canlı hale getirme, hareketli hale getirme; işlek hale getirme
Beleg /bı'le:k/ *m* belge, delil; ispat, kanıt; alındı, makbuz; örnek, misal; senet
belegbar /bı'le:kba:r/ *s* ispatlanabilir, kanıtlanabilir
belegen /bı'le:gın/ *vt* (bir şeyle) örtmek, kaplamak, kapamak; yer ayırtmak, rezerve etmek; (konaklama amacıyla) kullanmak; (bir yere) kaydolmak, kayıt yaptırmak; cezalandırmak, cezaya çarptırmak; (hayvan) çiftleşmek; belgelemek, ispatlamak, kanıtlamak; (kayık, sandal) kıyıya bağlamak; *ask* bombalamak, ateş altına almak; el koymak; vergi salmak; *den* volta etmek ***ein Seminar belegen*** seminere katılmak ***einen Platz belegen*** bir yeri işgal etmek, yer tutmak ***jdn mit Strafe belegen*** (birisine) ceza vermek
Belegschaft /bı'le:kşaft/ *f* (işyerinde) çalışanlar, personel, kadro
Belegung /bı'le:gung/ *f* teçhiz etme, donatma
belehren /bı'le:rın/ *vt* (über etw) (birisini) aydınlatmak; bilgi vermek, malumat vermek, izahat vermek; öğretmek, anlatmak ***sich belehren lassen*** laf anlamak, söz dinlemek
Belehrung /bı'le:rung/ *f* öğretme, eğitme; öğretim; ibret, ders; söz, nasihat, öğüt, talimat
beleibt /bı'laypt/ *s* iri, iri yarı, şişman, cüsseli, dev gibi, *mec* ayı gibi ***beleibt werden*** şişmanlamak, göbek bağlamak
Beleibtheit /bı'laypt**h**ayt/ *f* irilik, iri yarılık, şişmanlık
beleidigen /bı'laydigın/ *vt* (birisine) sövmek, hakaret etmek; kırmak, incitmek, rencide etmek; alındırmak, gücendirmek, kalbini kırmak; (gözüne) batmak; kulağını tırmalamak
Beleidigung /bı'laydigung/ *f* küfür, sövme, hakaret etme, incitme, kırma, aşağılama; *mec* sıçıp sıvama
belesen /bı'le:zın/ *s* çok okumuş, bilgili
Belesenheit /bı'le:zın**h**ayt/ *f* çok okumuşluk, bilgililik
beleuchten /bı'loy**h**tın/ *vt* aydınlatmak, ışık vermek, ışıklandırmak; açıklamak, bilgi vermek, (konuya) ışık tutmak; (cami) kandil yakmak
Beleuchter /bı'loy**h**tır/ *m* (sahnede) ışıkçı
Beleuchtung /bı'loy**h**tung/ *f* aydınlatma, ışıklandırma; ışık dağılımı, ışık dağıtma
Belgien /'belgyın/ *tnz* Belçika
Belgier /'belgyır/ *m* Belçikalı
belgisch /'belgiş/ *s* Belçika ile ilgili, Belçika'ya özgü, Belçikalı
Belgrad /'belgra:d/ *tnz* Belgrad (şehri)
belichten /bı'li**h**tın/ *vi* ışımak, ışık vermek; *vt* ışıtmak, aydınlatmak; *fot* poza vermek; filmi ışığa tutmak
Belichtungsmesser /bı'li**h**tungsmesır/ *m fot* ışıkölçer, pozometre
Belichtungszeit /bı'li**h**tungstsayt/ *f fot* poza süresi, ışıklama süresi
Belieben /bı'li:bın/ *n* keyif; istek, arzu; heves, meyil, eğilim ***nach Belieben*** istenilen miktarda, istenildiği zaman
beliebig /bı'li:bi**h**/ *s* herhangi bir, gelişigüzel; keyfi, istenildiği kadar
beliebt /bı'li:pt/ *s* (herkesçe) sevilen, sayılan, aranılan; dillerdu dolaşan, efsanevi, destan; makbul, geçerli; popüler, revaç gören ***beliebt sein*** rağbet görmek; sevilmek; popüler olmak, aranmak ***sich bei jdm beliebt machen*** (birisine) kendini sevdirmek; (birisinin) gönlünü almak
Beliebtheit /bı'li:pt**h**ayt/ *f* sevilme, aranma; rağbet görme, itibar görme; revaç,

B

popülarite
beliefern /bı'li:fırn/ *vt* (mal) göndermek, teslim etmek; erzak vermek, yiyecek vermek
bellen /'belın/ *vi* (köpek) havlamak, ulumak, ürümek; *kon* öksürmek ***ich belle*** *kon* kötü öksürüyorum
Belletrist /bele'trist/ *m* edebiyatçı, edip, yazar
Belletristik /bele'tristik/ *f* edebiyat, yazın, edebi eser
belletristisch /bele'tristiş/ *s* edebi, yazınsal, edebiyatla ilgili
belohnen /bı'lo:nın/ *vt* (birisini) ödüllendirmek, mükâfatlandırmak, karşılığını vermek ***jdn belohnen*** (birisini) ödüllendirmek ***mit Undank belohnen*** iyiliğe karşı kötülük yapmak
Belohnung /bı'lo:nung/ *f* ödül, mükâfat; prim, ikramiye ***Belohnung aufsetzen*** mükâfat takdir etmek
belüften /bı'lüftın/ *vt* havalandırmak, hava aldırmak
Belüftung /bı'lüftung/ *f* havalandırma
belügen /bı'lü:gın/ *vt* yalan söylemek, kandırmak, aldatmak
belustigen /bı'lustigın/ *vt* neşelendirmek, eğlendirmek, keyiflendirmek, güldürmek, mutlandırmak, şaka yapmak ***sich belustigen*** neşelenmek, eğlenmek, keyiflenmek, gülmek, mutlanmak; alay etmek ***sich über etw belustigen*** (bir şeye) gülmek ***sich über jdn belustigen*** (birisiyle) alay etmek
Belustigung /bı'lustigung/ *f* eğlence, neşe, keyif; şaka; alay
bemächtigen /bı'mehtigın/ *vr* zaptetmek, yakalamak; emri altına almak, boyunduruğu altına almak; ele geçirmek, yakalamak ***sich einer Sache bemächtigen*** (bir şeyi) zorla ele geçirmek, gasp etmek; zaptetmek
bemalen /bı'ma:lın/ *vt* boyamak, her yeri boyamak; resmetmek ***sich bemalen*** makyaj yapmak
Bemalung /bı'ma:lung/ *f* boyama
bemängeln /bı'mengıln/ *vt* (birisini, bir şeyi) eleştirmek, tenkit etmek, kusurlu bulmak, yermek; ayıplamak
bemannt /bı'mant/ *s* insanlı (uzay aracı)
bemerkbar /bı'merkba:r/ *s* görülebilir, hissedilebilir, fark edilebilir; göze çarpan, görülmesi mümkün, seçilmesi mümkün, fark edilmesi mümkün ***sich bemerkbar machen*** kendini hissettirmek; kendini göstermek, ortaya çıkmak, baş göstermek, huzursuzluk belirmek; (salgın hastalık) nüksetmek, yayılmak
bemerken /bı'merkın/ *vt* görmek, fark etmek, farkına varmak, gözlemek; söylemek, ifade etmek, beyan etmek, buyurmak; duymak; seçmek ***etw bemerken*** farkına varmak, fark etmek
bemerkenswert /bı'merkensve:rt/ *s* kaydadeğer, dikkate şayan, dikkat etmeye değer, önemli, mühim; hatırı sayılır
Bemerkung /bı'merkung/ *f* not, kayıt, dipnot, kısa ifade, görüş; fikir beyanı; ihtar, tembih; söz
bemessen /bı'mesın/ *vt* ölçmek; payını ayırmak, payına düşeni vermek; süre vermek
bemitleiden /bı'mitlaydın/ *vt* (birisine) acımak, merhamet etmek
bemitleidenswert /bı'mitlaydınsve:rt/ *s* acınacak, zavallı
bemittelt /bı'mitalt/ *s* zengin, paralı, hali vakti yerinde, durumu iyi, ensesi kalın, tuzu kuru, mal mülk sahibi, varlıklı, varsıl ***bemittelt sein*** eli bol olmak, cömert olmak
bemühen /bı'mü:ın/ *vt* rahatsız etmek; yormak; zahmete sokmak; istifade etmek ***jdn bemühen*** (birisine) zahmet vermek
Bemühung /bı'mü:ung/ *f* çaba, gayret, zahmet; uğraşma; girişim, teşebbüs; itina, özen, dikkat, ihtimam
bemuttern /bı'mutırn/ *vt* (birisine) analık etmek ***jdn bemuttern*** (birisine) annelik yapmak
benachbart /bı'nahbart/ *s* bitişik, komşu; yakın, yakınında ***benachbart sein*** komşu olmak
benachrichtigen /bı'na:hrihtigın/ *vt* (birisini bir şeyden) haberdar etmek; (birisine) bilgi vermek, malumat vermek; haberdar etmek; (resmen) ilan etmek ***jdn von etw benachrichtigen*** (birisini bir şeyden) haberdar etmek
Benachrichtigung /bı'na:hrihtigung/ *f* haber, bilgi, ilan, ihtar; haber verme; ihbarname, tebliğ ***Benachrichtigung der Besteuerung*** verginin tebliği, verginin tebliğ edilmesi
benachteiligen /bı'na:htayligın/ *vt* (birisini) zarar ve ziyana sokmak; (birisine)

haksızlık etmek; (birisinin) hakkına tecavüz etmek; halel getirmek ***jdn benachteiligen*** (birisine) zarar vermek

Benachteiligung /bı'na:**h**tayligung/ *f* zarar ve ziyana sokma; haksızlık etme, halel getirme; mağdur etme

benebeln /bı'ne:bıln/ *vt* akıl dağıtmak; (birisini) sarhoş etmek; *kon* ortalığı bulandırmak

benebelt /bı'ne:bılt/ *s* çakırkeyif, kafası kıyak, sarhoş

Benediktiner /benedik'ti:nır/ *m* Benedikten rahibi/rahibesi; Benedikten likörü; bir cins konyak

Benehmen /bı'ne:mın/ *n* tutum, tavır, davranış, hareket; gidiş geliş; terbiye, edep, görgü ***gutes Benehmen*** nezaket ***schlechtes Benehmen*** terbiyesizlik

benehmen /bı'ne:mın/ *vt* (birisini bir şeyden) mahrum etmek; (birisinin) soluğunu kesmek; cesaretini kırmak; ümidini kesmek ***jdn etw benehmen*** (birisinin bir şeyini) gidermek ***sich benehmen*** davranmak, hareket etmek

beneiden /bı'naydın/ *vt* (birisine, bir şeye) imrenmek, gıpta etmek; kıskanmak, çekememek

beneidenswert /bı'naydınsve:rt/ *s* imrenilecek, imrenilmeye değer, gıpta edilmeye değer; iyi, âlâ, çok güzel; talihli, şanslı; mesut, bahtiyar

Beneluxstaaten /'beneluksşta:tın/ *pl* Benelüks ülkeleri (Belçika, Hollanda, Lüksemburg)

benennen /bı'nenın/ *vt* adlandırmak, isimlendirmek; isim vermek, ad takmak; söylemek, zikretmek, anmak; şahit göstermek; tayin etmek, tespit etmek ***benannte Bank*** yetkili banka ***benannte Zahl*** *mat* somut sayı ***Zeit und Ort benennen*** zaman ve yer tespit etmek

Benennung /bı'nenung/ *f* ad verme, isim verme; ad, isim; tayin, tespit; beyan ***Benennung des Vormundes*** *huk* vasi tayini

benetzen /bı'netsın/ *vt* ıslatmak, nemlendirmek

Bengale/Bengalin /beng'ga:le/beng'ga:lin/ *m/f* Bengalli

bengalisch /beng'ga:liş/ *s* Bengalli, Bengal'e ait, Bengal'e özgü

Bengel /'bengıl/ *m* afacan çocuk, yumurcak, haylaz, yaramaz, sevimli; çocuk, delikanlı; *kon* sopa, değnek

benommen /bı'nomın/ *s* sersem, ambale, mahmur, uyuşuk, durgun; (kafa) dumanlı; *mec* nikotini patlamamış

Benommenheit /bı'nomın**h**ayt/ *f* uyuşukluk, kendine gelememe, rehavet, durgunluk; mahmurluk, kendine gelememe; baş dönmesi

benoten /bı'no:tın/ *vt* notlandırmak, not vermek

benötigen /bı'nö:tigın/ *vt* ihtiyaç duymak, gereksinim duymak, ihtiyacı olmak, muhtaç olmak; icap ettirmek, gerektirmek

Benotung /bı'no:tung/ *f* not verme, notlandırma

benutzbar /bı'nutsba:r/ *s* emre hazır; kullanılabilir; hazırda mevcut

benutzen /bı'nutsın/ *vt* kullanmak; faydalanmak; (araç) ile gitmek

Benutzer /bı'nutsır/ *m* kullanıcı

benutzerfreundlich /bı'nutsarfroyntli**h**/ *s* kullanması kolay

Benutzung /bı'nutsung/ *f* kullanma; yararlanma ***zur öffentlichen Benutzung*** halka açık, halkın kullanımına açık

Benutzungsgebühr /bı'nutsungsgıbü:r/ *f* geçiş ücreti, kullanım ücreti

Benzin /ben'tsi:n/ *n* benzin

Benzinkanister /ben'tsi:nkanistır/ *m* benzin bidonu

Benzinpreis /ben'tsi:nprays/ *m* benzin fiyatı

Benzintank /ben'tsi:ntank/ *m* benzin deposu

Benzinverbrauch /ben'tsi:nferbrau**h**/ *n* benzin harcaması, benzin yakma, benzin sarfiyatı

Benzol /ben'tso:l/ *n kim* benzol

beobachten /bı'o:ba**h**tın/ *vt* gözlemek, gözetlemek, gözlemde bulunmak, bakmak; fark etmek, farkına varmak; (gelişmeleri) takip etmek; uymak, yerine getirmek; dikkat etmek; *ask* gözetlemek; *gökb* rasat etmek; (polis) nezarete almak, gözlem altında tutmak ***Pflichten beobachten*** görevlerini ifa etmek

Beobachter /bı'o:ba**h**tır/ *m* seyirci; gözlemci, müşahit; tanık; muhabir; *gökb* rasat; *ask* gözcü, gözetleyici

Beobachtung /bı'o:ba**h**tung/ *f* gözetleme, gözlem; müşahade; saptama, belirleme; gözcülük, nezaret; riayet; rasat etme ***unter Beobachtung stellen*** müşahade altına almak

B

Beobachtungsgabe /bı'o:bahtungsga:bı/ *f* gözlem yeteneği
bepflanzen /bı'pflantsın/ *vt* (bitki, tahıl) ekmek, dikmek, ekip biçmek; ağaçlandırmak
Bepflanzung /bı'pflantsung/ *f* (bitki, ekin) ekme, dikme, ekip biçme; ağaçlandırma
bequem /bı'kve:m/ *s* rahat, konforlu, kullanışlı, kolay; zahmetsiz, eziyetsiz; müsait, elverişli; hoş; (elbise) rahat, bol; münasip; tembel, rahatına düşkün, miskin, uyuşuk ***bequeme Arbeit*** kolay iş ***bequemer Stuhl*** rahat sandalye ***eine bequeme Lösung*** kolay bir çözüm ***es bequem haben*** rahat olmak ***es sich bequem machen*** rahatına bakmak ***sich zu etw bequemen*** (bir şeyi) istemeden yapmak
bequemen /bı'kve:mın/ *vr* (zu etw) bir şeyi yapmak zorunda olmak
Bequemlichkeit /bı'kve:mlihkayt/ *f* kolaylık, rahatlık, konforluluk; zahmetsizlik, külfetsizlik; refah; tembellik, boş vermişlik; konforu sağlayan donanım
beraten /bı'ra:tın/ *vt* (birisine) öğüt vermek, nasihat vermek, akıl hocalığı yapmak ***sich beraten*** görüşmek ***sich beraten mit jdm*** (birisiyle) istişare etmek, tartışmak, müzakere etmek ***über etw beraten*** (bir şey hakkında) açıklama yapmak
Berater /bı'ra:tır/ *m* danışman, müşavir; akıl hocası
beratschlagen /bı'ra:tşla:gın/ *vi* danışmak, tartışmak, fikir teatisinde bulunmak, istişare etmek, görüşmek
Beratung /bı'ra:tung/ *f* danışma; müzakere, görüşme, tartışma, istişarede bulunma; danışma yeri; konferans; *hek* konsültasyon
berauben /bı'raubın/ *vt* (birisini) soymak; yağma etmek, yağmalamak; (birisinden bir şeyi) gasp etmek; zorla almak; mahrum bırakmak ***Atem beraubend*** nefes kesici, çok heyecanlı ***jdn berauben*** (birisini) soymak
berauschen /bı'rauşın/ *vt* (birisini) mest etmek, coşturmak; sarhoş etmek; *kon* heyecana sokmak ***sich berauschen*** mest olmak, coşmak; sarhoş olmak; heyecan duymak ***berauschende Mittel*** uyuşturucu maddeler, narkotik maddeler
Berber /'berbır/ *m* (Kuzeybatı Afrika) Berber halkından; Berber halısı
berechenbar /bı'rehınba:r/ *s* (önceden) hesap edilebilir, tahmin edilebilir; hesaplı
berechnen /bı'rehnın/ *vt* hesap etmek, hesaplayarak bulmak; tahmin etmek, tahmini hesap etmek; zimmetine geçirmek, kendi hesabına geçirmek; fiyatlandırmak; *tic* borç kaydetmek; hesaplı hareket etmek
berechnend /bı'rehnınt/ *s* kendi çıkarlarını düşünen, çıkarcı, menfaatçi ***berechnende Frau*** kendi çıkarlarını düşünen kadın
Berechnung /bı'rehnung/ *f* hesap; takdir, tahmin; değer bilme; kıymet takdir etme; hesabını yapma; çıkarcılık, menfaatçilik
berechtigen /bı'rehtigın/ *vt* yetki vermek, selahiyet sahibi yapmak, hak sahibi kılmak; ümitlendirmek ***jdn berechtigen etw zu tun*** (birisine bir şeyi yapması için) yetki vermek
berechtigt /bı'rehtiht/ *s* hak sahibi, hakkı olan, haklı; yetkili, selahiyetli; *huk* müstahik ***berechtigt sein*** yetkili olmak ***berechtigte Unterschrift*** yetkili imza
Berechtigung /bı'rehtigung/ *f* yetki, selahiyet; izin, ruhsat; hak, imtiyaz; meşruiyet; mezuniyet
beredsam /bı're:tza:m/ *s* güzel konuşan, belagatli; *kon* canlı
Beredsamkeit /bı're:tza:mkayt/ *f* güzel konuşma, belagat, hitabet
beredt /bı're:t/ *s* güzel konuşan, belagatlı; canlı
Bereich /bı'rayh/ *m* alan, saha, mıntıka, bölge; erim, menzil; çevre, muhit, yöre; *ask* tesir alanı ***im Bereich des Sports*** spor alanında
bereichern /bı'rayhırn/ *vt* (birisini) zengin etmek, zenginleştirmek; (bilgi) artırmak ***sich bereichern*** zenginleşmek ***sich bereichern an etw*** zenginleşmek, zengin olmak, köşeyi dönmek
Bereicherung /bı'rayharung/ *f* zenginleşme, köşeyi dönme; kazanç, kâr, yarar; fayda, çıkar
Bereifung /bı'rayfung/ *f* lastik takma; (arabadaki) lastikler; bandaj
bereinigen /bı'raynigın/ *vt* (sorun) bertaraf etmek, uzaklaştırmak, kaldırmak; tesviye etmek, düzeltmek; pürüzü yok etmek; (hesap) ödemek; tasfiye etmek;

açıklığa kavuşturmak, düzene koymak
Bereinigung /bı'raynigung/ *f* düzenleme, düzene koyma; hal çaresine bakma, çözümleme; (hesap) ödeme; tasfiye etme; likidasyon
bereisen /bı'rayzın/ *vt* gezinti yapmak, dolaşmak, gezinmek, gezmek; ziyaret etmek ***die genaue Welt bereisen*** tüm dünyayı gezip görmek ***die Kunden bereisen*** müşterilerin ayağına giderek onları ziyaret etmek
bereit /bı'rayt/ *s* hazır, amade; razı; niyetli, meyilli ***gerne bereit*** dünden razı ***sich bereit erklären*** istekli olduğunu bildirmek ***sich bereit halten*** hazır durmak, hazır beklemek ***sich zu etw bereit machen*** (bir şeye) hazırlanmak, (bir şey için) hazırlanmak ***zu etw bereit sein*** bir şey için hazır olmak
bereiten /bı'raytın/ *vt* hazırlamak; sebebiyet vermek, neden olmak, yol açmak; (yemek) hazırlamak, pişirmek; *sp* hezimete uğratmak; ata binmek, atla gezinti yapmak, atla dolaşmak; (atı) eğitmek, terbiye etmek ***Ärger bereiten*** sinirlendirmek ***Ende bereiten*** bitirmek, sona erdirmek ***Freude bereiten*** sevindirmek ***Häute bereiten*** tabaklanmak, soyulmak ***Kummer bereiten*** kederlendirmek ***Schwierigkeiten bereiten*** sorun çıkarmak, zorluk çıkarmak
bereithalten /bı'raythaltın/ *trvt* hazır bulundurmak, temin etmiş olmak ***sich bereithalten*** hazır durmak
bereitlegen /bı'raytle:gın/ *trvt* hazırlamak
bereitliegen /bı'raytli:gın/ *trvt* hazır bulunmak
bereitmachen /bı'raytmahın/ *trvt* hazırlamak, tamamlamak ***sich bereitmachen*** hazırlanmak
bereits /bı'rayts/ *be* daha şimdiden, çoktan; önceden, evvelden; o zamandan; henüz; bile; zaten; aşağı yukarı, hemen hemen
Bereitschaft /bı'raytşaft/ *f* hazır olma, hazırlık; temayül; rıza; *ask* hazırlık emri; (polis) hazır kuvvet ***in Bereitschaft halten*** hazırda bulundurmak, hazır bulundurmak ***in Bereitschaft sein*** hazır olmak
Bereitschaftsarzt /bı'raytşaftsartst/ *m* nöbetçi hekim
Bereitschaftsdienst /bı'raytşaftsdi:nst/ *m* nöbetçilik
bereitstehen /bı'raytşte:ın/ *trvt* hazır bulunmak
bereitstellen /bı'raytştelın/ *trvt* hazır etmek, hazır hale getirmek, hazırlamak
bereitwillig /bı'raytvilih/ *s* hazır, istekli, gönüllü, yapmaya hazır
Bereitwilligkeit /bı'raytvilihkayt/ *f* iyi niyet, yapmaya hazır olma; rıza, muvafakat
bereuen /bı'royın/ *vt* pişman olmak, yerinmek, üzüntü duymak; kafasını duvardan duvara vurmak ***etw bereuen*** (bir şeye) pişman olmak
Berg /berk/ *m* dağ; tepe; küme, yığın; *mec* çok iş ***Berge versetzen*** dağları devirmek ***ein Berg von Büchern*** dağ gibi yığılmış kitaplar ***goldene Berge versprechen*** *mec* (olmayacak) vaatlerde bulunmak ***in die Berge gehen*** (eşkıya) dağa çıkmak, dağlara kaçmak ***über Berg und Tal*** dere tepe aşarak
bergab /berk'ap/ *be* yokuş aşağı, bayır aşağı, tepe aşağı ***bergab gehen*** yokuş inmek ***es geht bergab*** *kon* işler sarpa sarıyor
Bergamotte /berga'mot/ *f* *bitk* bir cins armut; bergamot
Bergamottöl /berga'motö:l/ *n* bergamot yağı
Bergarbeiter /'berkarbaytır/ *m* madenci, maden işçisi
bergauf /berk'auf/ *be* yokuş yukarı ***bergauf steigen*** yokuş yukarı gitmek, yokuş çıkmak
Bergbahn /'berkba:n/ *f* dağ treni, teleferik
Bergbau /'berkbau/ *m* madencilik, maden işletmesi, maden işletmeciliği
bergen /'bergın/ *vt* (birisini bir tehlikeden) kurtarmak; emniyet altına almak; (su) çıkarmak; *den* yelken bağlamak, yelkenleri indirmek; ihtiva etmek, içermek; gizlemek, saklamak ***sich bergen*** saklanmak
Bergführer /'berkfü:rır/ *m* dağ rehberi, dağ kılavuzu
Berggipfel /'berkgipfıl/ *m* doruk, zirve
bergig /'bergih/ *s* dağlık; engebeli, inişli çıkışlı
Bergkette /'berkketı/ *f* dağ silsilesi, sıradağ
Bergkristall /'berkkristal/ *m* *mad* saf kuvars, neceftaşı
Bergmann /'berkman/ *m* madenci, maden işçisi

Bergpredigt /'berkpre:diht/ *f* Hz İsa'nın bir vaazı, dağ vaazı
Bergsteigen /'berkştaygın/ *n* dağcılık, alpinizm, alpçılık
Bergsteiger /'berkştaygır/ *m* dağcı, alpinist
Bergung /'bergung/ *f* kurtarma; yardım; *den* batma tehlikesindeki gemiyi kurtarıp kıyıya getirme
Bergwacht /'berkvaht/ *f* dağ kurtarma ekibi
Bergwand /'berkvant/ *f* yamaç
Bergwanderung /'berkvandırung/ *f* dağ gezintisi, dağda gezinti
Bergwerk /'berkverk/ *n* maden ocağı
Bericht /bı'riht/ *m* rapor, haber; anlatı, izahat, bilgi, malumat ***Bericht erstatten*** rapor vermek ***Bericht vorschlagen*** inha etmek ***kurzer Bericht*** icmal, özet ***wirtschaftlicher Bericht*** bülten
berichten /bı'rihtın/ *vt* (bir şey hakkında) bilgi vermek, malumat vermek, izahat vermek; haber vermek, bildirmek; rivayet etmek, anlatmak
Berichterstatter /bı'rihterştatır/ *m* raportör; röportajcı; muhabir
Berichterstattung /bı'rihterştatung/ *f* rapor, izahat; raportörlük; röportajcılık; haber verme
berichtigen /bı'rihtigın/ *vt* yanlışı düzeltmek, düzeltmek, tashih etmek; tanzim etmek, tertip etmek; *tek* rektifiye etmek, ayarlamak; doğrultmak, doğrulamak
Berichtigung /bı'rihtigung/ *f* düzeltme; *huk* tashih, ıslah
Berieselung /bı'ri:zelung/ *f* sulama; etki altında bırakma
berlinern /ber'li:nırn/ *vi* Berlin lehçesi ile konuşmak
Bermudas /ber'mu:das/ *pl* bermuda şort
Bernstein /'bernştayn/ *m mad* kehribar
bersten /'berstın/ *vi mec* patlamak, çatlamak, yarılmak; *kon* tıklım tıklım dolu olmak ***vor Lachen bersten*** gülmekten çatlamak ***zum Bersten voll*** tıklım tıklım dolu
berüchtigt /bı'rühtiht/ *s* kötü şöhret sahibi, fena şöhret sahibi, bednam, adı kötüye çıkmış
berücksichtigen /bı'rükzihtigın/ *vt* (bir şeyi) dikkate almak, nazarı dikkate almak, hesaba katmak, göz önünde tutmak; değer vermek, önem vermek ***jdn berücksichtigen*** (birisine) değer vermek ***nicht berücksichtigen*** hiçe saymak, yok saymak
Berücksichtigung /bı'rükzihtigung/ *f* dikkate alma, nazarı dikkate alma, hesaba katma, göz önünde tutma; değer verme, önem verme ***unter Berücksichtigung von etw*** (bir şeyi) hesaba katarak
Beruf /bı'ru:f/ *m* meslek, iş, iş güç; meşguliyet; eğilim ***Beruf ausüben*** (mesleğini) uygulamak, yapmak ***Berufs- und technische Ausbildung*** mesleki ve teknik eğitim ***freier Beruf*** serbest meslek
beruflich /bı'ru:flih/ *s* mesleki; meslek itibarıyla, meslek gereğince ***berufliche Tätigkeiten*** mesleki faaliyetler
Berufsanfänger /bı'ru:fsanfengır/ *m* mesleğe yeni başlayan
Berufsausbildung /bı'ru:fsausbildung/ *f* mesleki eğitim
berufsbegleitend /bı'ru:fsbıglaytınt/ *s* mesleki, mesleğe ilişkin ***berufsbegleitende Ausbildung*** hizmetçi eğitim
Berufsberatung /bı'ru:fsbıra:tung/ *f* meslek seçimi danışmanlığı, mesleki danışmanlık
Berufserfahrung /bı'ru:fserfa:rung/ *f* meslek deneyimi, mesleki deneyim
Berufskleidung /bı'ru:fsklaydung/ *f* iş elbisesi, tulum
Berufskrankheit /bı'ru:fskrankhayt/ *f* meslek hastalığı, mesleki hastalık
Berufsleben /bı'ru:fsle:bın/ *n* meslek hayatı, mesleki hayat
Berufsrisiko /bı'ru:fsri:ziko/ *f* iş riski, iş tehlikesi, mesleki tehlike, mesleki riziko
Berufsschule /bı'ru:fsşu:lı/ *f* meslek okulu, sanat okulu
Berufssoldat /bı'ru:fszolda:t/ *m* profesyonel asker
berufstätig /bı'ru:fste:tih/ *s* meslek sahibi, iş sahibi, iş güç sahibi
Berufstätigkeit /bı'ru:fste:tihkayt/ *f* iş görebilirlik
Berufsverbot /bı'ru:fsferbo:t/ *n* meslekten men (cezası)
Berufsverkehr /bı'ru:fsferke:r/ *m* iş trafiği
Berufung /bı'ru:fung/ *f* (bir işe) çağrılma; çağrı, davet, çağırma; (resmi) celp, çağrı; (bir iş için) içten eğilim duyma; *huk* temyiz etme ***Berufung einlegen*** *huk* davayı temyiz etmek ***Nacht der Berufung*** berat gecesi ***unter Berufung auf*** delil göstermek, şahit göstermek ***unter***

Berufung auf die Tatsachen gerçeklere dayanarak
Berufungsverfahren /bı'ru:fungsferfa:rın/ *n huk* temyiz usulü
beruhen /bı'ru:ın/ *vi* (auf) (bir şeye) dayanmak, istinat etmek; (bir şeye) bağlı olmak, (bir şeyden) ileri gelmek, sebeplenmek ***auf etw beruhen*** dayanmak, istinat etmek ***etw auf sich beruhen lassen*** vazgeçmek, bırakmak
beruhigen /bı'ru:igın/ *vt* yatıştırmak, sakinleştirmek, teskin etmek; teselli etmek ***sich beruhigen*** sakinleşmek, teskin olmak, yatışmak
beruhigend /bı'ru:igınt/ *s* yatıştırıcı, sakinleştirici, teskin edici; teselli edici
Beruhigung /bı'ru:igung/ *f* yatıştırma, sakinleştirme, teskin etme; teselli etme ***zur Beruhigung des Gewissens*** vicdanı rahatlatmak için
Beruhigungsmittel /bı'ru:igugsmitıl/ *n hek* sakinleştirici ilaç, teskin edici ilaç, yatıştırıcı ilaç; *kon* rahatlatıcı haber, bilgi
berühmt /bı'rü:mt/ *s* ünlü, tanınmış, meşhur, şöhretli, şanlı, saygın, tanıdık, bilinen, ad yapmış; unutulmaz
Berühmtheit /bı'rü:mthayt/ *f* ün, tanınma, şöhret, şan, tanınma, bilinme; ünlü kişi
berühren /bı'rü:rın/ *vt* (bir şeye) dokunmak, ellemek, değmek, ilişmek; değinmek, zikretmek; etki etmek, etkilemek; ilgilendirmek; yanından geçmek ***das berührt mich*** bu beni ilgilendirir ***ein Thema berühren*** bir konuya değinmek ***sich berühren*** bitişmek, birleşmek
Berührung /bı'rü:rung/ *f* dokunma, değme, temas; *kon* bir araya getirme ***in Berührung treten*** temasa geçmek, ilişkiye geçmek
besagen /bı'za:gın/ *vt* anlamında olmak, anlamına gelmek, demeye gelmek; ifade etmek, bildirmek ***das besagt nichts*** bu hiçbir şey göstermez
besagt /bı'za:kt/ *s* anılan, adı geçen, sözü geçen ***die besagte Frau*** adı geçen kadın, anılan kadın
besänftigen /bı'zenftigın/ *vt* (sinirli birisini) yatıştırmak, yumuşatmak, teskin etmek; (birisinin) gönlünü almak ***sich besänftigen*** yumuşamak, yatışmak, mülayimleşmek
Besatzung /bı'zatsung/ *f* (gemi, uçak) mürettebat; *den* tayfa; *ask* garnizon; *ask* işgal kuvvetleri
Besatzungsmacht /bı'zatsungsmaht/ *f* işgal kuvvetleri; işgalci devlet
beschädigen /bı'şe:digın/ *vt* zarara uğratmak, hasara uğratmak, zarara sokmak, tahrip etmek, (bir şeyi) bozmak; zedelemek, hırpalamak; yaralamak, sakatlamak
Beschädigung /bı'şe:digung/ *f* zarar, ziyan; hasar; ziyan verme, hasara uğratma, tahrip etme
beschaffen /bı'şafın/ *s* öyle, belirli bir durumda ve özellikte; *vt* sağlamak, temin etmek, tedarik etmek, sağlayıp getirmek; üretmek; *s* vasıflı, ehil
Beschaffenheit /bı'şafınhayt/ *f* özellik, nitelik; tabiat, yaradılış, mizaç; yapı, bünye; doğal hali
beschäftigen /bı'şeftigın/ *vt* meşgul etmek, çalıştırmak, uğraştırmak; iş vermek, yormak; işgal etmek ***sich beschäftigen*** meşgul olmak, çalışmak, uğraşmak; yorulmak
Beschäftigung /bı'feştigung/ *f* iş güç, iş, meşguliyet, uğraşı, çalışma; görev, vazife ***keine Beschäftigung haben*** işsiz olmak, boşta gezmek, *mec* kaldırım mühendisliği yapmak
beschämen /bı'şe:mın/ *vt* utandırmak, mahcup etmek, yüzünü kızartmak; şaşırtmak
beschämend /bı'şe:mınt/ *s* utandırıcı, yüz kızartıcı
beschatten /bı'şatın/ *vt* gölgelendirmek, gölge etmek; gölgeye getirmek, güneşten korumak; (birisini) takip etmek, gölge gibi takip etmek, izlemek; *sp* (futbol) marke etmek, adam adama oynamak
beschaulich /bı'şaulih/ *s* rahat rahat, keyifli, dalgın dalgın
Beschaulichkeit /bı'şaulihkayt/ *f* rahat yaşama, keyif içinde yaşama, huzur ve sükûnet içinde olma
Bescheid /bı'şayt/ *m* bilgi, haber, enformasyon; cevap, yanıt; (resmi) karar, *huk* hüküm, mahkeme kararı, ilam ***Bescheid wissen*** haberi olmak, bilgisi olmak ***bis auf weiteren Bescheid*** ikinci bir emre kadar ***jdm Bescheid geben*** bilgi vermek, haber göndermek ***jdm Bescheid sagen*** haber vermek, haber göndermek
bescheiden /bı'şaydın/ *s* alçakgönüllü, mütevazi, sade, gösterişsiz, gözü tok;

B

saygılı, terbiyeli, edepli; kanaatkâr, idareli, tasarruflu; naçiz, âcizane; (fiyat) uygun, münasip; *vt* bilgi vermek, haber vermek; (birisini) yanına çağırmak, davet etmek; vermek, ihsan etmek; alnında yazılı olmak, kısmet olmak ***abschlägig bescheiden*** reddetmek, geri çevirmek ***bescheiden leben*** iyi kötü geçinmek ***sich bescheiden*** yetinmek ***sich bescheiden mit etw*** kanaat etmek, yetinmek; *mec* ayağını yorganına göre uzatmak ***sich bescheiden auf etw*** (bir şeyden) vazgeçmek

Bescheidenheit /bı'şaydınhayt/ *f* alçakgönüllülük, tevazu, sadelik, kanaatkârlık; kibirsizlik; sadelik, gösterişsizlik

bescheinigen /bı'şaynigın/ *vt* onaylamak, tasdik etmek; (yazılı olarak) belge vermek, belgelemek

Bescheinigung /bı'şaynigung/ *f* (yazılı) onay, belgeleme; vesika, belge, sertifika, rapor, makbuz, senet ***Bescheinigung ausstellen*** belge tanzim etmek

beschenken /bı'şenkın/ *vt* (birisine) hediye vermek, armağan vermek; (birisine bir şeyi) hediye etmek ***jdn mit etw beschenken*** (birisini) bir armağanla sevindirmek

Bescherung /bı'şe:rung/ *f* hediye dağıtma, hediye verme, armağan verme; Noel hediyesi ***eine schöne Bescherung!*** *mec* öp babanın elini!, buyur burdan yak!

bescheuert /bı'şoyırt/ *s* budala, ahmak, aptal, ebleh, geri zekâlı; deli, aklını yitirmiş

beschichten /bı'şihtın/ *vt* (bir şeyin üzerine) bir tabaka halinde sürmek

beschießen /bı'şi:sın/ *vt* (silahla) ateş etmek, ateş altına almak; (kumaşla) duvarı kaplamak

Beschießung /bı'şi:sung/ *f* (silahla) ateş etme, hedefe ateş etme

Beschilderung /bı'şildırung/ *f* tabela ile gösterme, levha ile gösterme

beschimpfen /bı'şimpfın/ *vt* (birisine) küfür etmek, sövmek, sövüp saymak, *mec* sıçıp sıvamak, kalaylamak; (birisini) aşağılamak, rezil etmek; (birisine) hakaret etmek

Beschimpfung /bı'şimpfung/ *f* hakaret, sövme, küfür, aşağılama

beschirmen /bı'şirmın/ *vt* (birisini, bir şeyi) koruması altına almak, himayesi altına almak, korumak; (birisini) müdafaa etmek, savunmak

beschlafen /bı'şla:fın/ *vt kon* (kararını) ertesi güne bırakmak, geceleyin düşünmek, istihareye yatmak; *kon* kadınla cinsel ilişkiye girmek, bir kadınla yatmak

Beschlag /bı'şla:k/ *m* (bir şeye takılan) demir, madeni nesne; at nalı; buğu, buğulanma; küf; detay, ayrıntı; hak iddia etme; *huk* haciz, el koyma; *den* ambargo; (geyik) çiftleşme ***mit Beschlag belegen*** *huk* haczetmek, el koymak; *den* ambargo koymak

beschlagen /bı'şla:gın/ *s* buğulu; rutubetli, terlemiş; küflü; (at) nallı; *vt* (bir şeyle) süslemek, donatmak, teçhiz etmek; (at) nallamak; *den* yelkenleri bağlamak, saravela etmek; rendelemek, yontmak; *vi* buzlanmak, buğulanmak, puslanmak; (duvar) rutubetlenmek, terlemek; (yiyecek) küflenmek; (hayvan) çiftleşmek ***in etw beschlagen sein*** (bir konuyu) oldukça iyi bilmek, iyi anlamak ***mit Eisen beschlagen*** demirle kaplamak ***Pferd beschlagen*** atı nallamak

Beschlagnahme /bı'şla:kna:mı/ *f huk* haciz, el koyma ***Beschlagnahme des Grundstücks*** gayri menkul haczi

beschlagnahmen /bı'şla:kna:mın/ *trvt huk* haczetmek, el koymak; (gazete) toplatmak; *den* ambargo koymak

beschleunigen /bı'şloynigın/ *vt* hızlandırmak, çabuklaştırmak, süratlendirmek; adımları sıklaştırmak ***beschleunigende Kraft*** hızlandırıcı kuvvet ***sich beschleunigen*** hızlanmak, çabuklaşmak, süratlenmek; adımlarını sıklaştırmak

Beschleunigung /bı'şloynigung/ *f* çabuklaştırma, hızlandırma, süratlendirme; acillik, tezlik

beschließen /bı'şli:sın/ *vt* karar vermek, karalaştırmak, karara varmak; bitirmek, nihayetlendirmek, sona erdirmek; oy vermek; *huk* karar vermek ***sein Leben beschließen*** ölmek

beschlossen /bı'şlosın/ *s* kararlaştırılmış

Beschluss /bı'şlus/ *m* karar, hüküm; yargılama, muhakeme; oy, rey; son, nihayet, sonuç, hitam ***Beschluss fassen*** karar vermek, karara varmak ***Beschluss über Gemeinnützigkeit*** kamu yararı, kamu yararına

beschmieren /bı'şmi:rın/ *vt* (üzerine) sürmek, (üzerini) sıvamak; kirletmek, pisletmek, batırmak; (kâğıt) karalamak; yağlamak
beschmutzen /bı'şmutsın/ *vt* pisletmek, kirletmek, batırmak; lekelemek ***sich beschmutzen*** altına etmek, altına kaçırmak; üzerini kirletmek
Beschmutzung /bı'şmutsung/ *f* pisletme, kirletme; lekeleme
beschönigen /bı'şö:nigın/ *vt* (bir şeyi) olduğundan daha güzel göstermek, maskelemek; ayıbını örtmek; *kon* allayıp pullayıp kakalamak
beschränken /bı'şrenkın/ *vt* sınırlamak, sınırlandırmak, tahdit etmek; (ölçü, vs) daraltmak, azaltmak, kısmak, indirmek; çevrelemek ***jdm seine Rechte beschränken*** (birisinin) tüm haklarını kısıtlamak ***sich beschränken auf etw*** yetinmek, kanaat etmek; yalnız kalmak
beschränkt /bı'şrenkt/ *s* sınırlanmış, sınırlı, mahdut; az, kıt; dar; (oda) küçük, dar, sıkış tıkış; noksan, az; dar kafalı, mankafa, dangalak ***beschränkt haftender Teilhaber*** *tic* sınırlı sorumlu ortak ***beschränkte Gütergemeinschaft*** sınırlı ortaklık ***beschränkte Haftung*** sınırlı sorumluluk ***beschränktes Giro*** *tic* sınırlı ciro
Beschränktheit /bı'şrenkthayt/ *f* azlık, kıtlık; (zaman) darlık, yetmemezlik; (oda) darlık, sıkışıklık; (para) azlık
Beschränkung /bı'şrenkung/ *f* kısıntı, sınırlama, kısma, daraltma, tahdidat ***Beschränkung der Rechte*** *huk* hakların sınırlandırılması
beschreiben /bı'şraybın/ *vt* betimlemek, tasvir etmek; tarif etmek, tanımlamak; (kâğıt üzerine) yazmak; resmetmek, çizmek
Beschreibung /bı'şraybung/ *f* betim, tasvir, tarif; betimleme, tanımlama; eşkâl bildirme, özelliklerini anlatma
beschriften /bı'şriftın/ *vt* üzerine yazmak, üstüne yazmak ***etw beschriften*** (bir şeyin üzerineyazmak
Beschriftung /bı'şriftung/ *f* kitabe, yazıt, yazı
beschuldigen /bı'şuldigın/ *vt* (birisini) suçlamak, (bir şeyi) suçlamak, (birisine) suç yüklemek; suç atmak; iftira etmek ***jdn beschuldigen*** (birisini) suçlamak ***sich gegenseitig beschuldigen*** suçu birbirinin üzerine atmak
Beschuldigung /bı'şuldigung/ *f* suçlandırma, suçlama; iftira
Beschuss /bı'şus/ *m ask* deneme atışı; *ask* ateş etme, ateş altına alma
beschützen /bı'şütsın/ *vt* (birisini) korumak, himaye altına almak, kol kanat germek; esirgemek; iltimas etmek; savunmak, müdafaa etmek
Beschützer /bı'şütsır/ *m* koruyucu, savunucu, hami; sp.(futbol) müdafi, defans oyuncusu
Beschwerde /bı'şve:rdı/ *f* yük, ağırlık; eziyet, zorluk, meşakkat, külfet; acı, keder, azap, sıkıntı; ağrı, sızı, sancı; huzursuzluk, keyifsizlik; dava, şikâyet ***Beschwerde einlegen*** *huk* şikâyetçi olmak, şikâyet etmek, şikâyette bulunmak ***Beschwerde führen*** *huk* dava açmak
beschweren /bı'şve:rın/ *vt* ağırlık vermek, ağırlaştırmak; (mideye) oturmak, dokunmak; ağırlık vermek; zahmet vermek, rahatsız etmek ***jdn beschweren*** (birisine) sıkıntı vermek ***sich beschweren*** şikâyet etmek, şikâyetçi olmak ***sich für etw beschweren*** (bir şeyden) şikâyetçi olmak
beschwerlich /bı'şve:rlih/ *s* sıkıntılı, eziyetli, zahmetli, yorucu; rahatsız edici, sıkıntılı; müşkül, zor, güç ***beschwerlich fallen*** sıkıntı vermek, zahmet vermek
beschwichtigen /bı'şvihtigın/ *vt* (birisini) sakinleştirmek, yatıştırmak, teskin etmek
beschwingt /bı'şvingt/ *s* neşeli, uçarcasına keyifli, kanatlanmış gibi ***beschwingte Melodien*** neşeli melodiler ***mit beschwingten Schritten*** uçarcasına, kanatlanmış gibi
beschwipst /bı'şvipst/ *s* çakırkeyif, kafası bulutlu
beschwören /bı'şvö:rın/ *vt* yalvarmak, yakarmak, yalvarıp yakarmak; yemin ederek onaylamak, yemin içerek tasdiklemek; ruh çağırmak ***etw beschwören*** bir şeyin üzerine yemin etmek ***Geister beschwören*** ruh çağırmak ***jdn beschwören*** (birisine) yalvarmak
beseitigen /bı'zaytigın/ *vt* (belayı, sorunu) defetmek, uzaklaştırmak, gidermek, yok etmek, ortadan kaldırmak; *kon* öldürmek; *tic* tasfiye etmek
Beseitigung /bı'zaytigung/ *f* defetme,

B

uzaklaştırma, giderme, yok etme, ortadan kaldırma; *tic* tasfiye

Besen /'be:zın/ *m* süpürge, çalı süpürgesi, çingene süpürgesi; *mec* cadaloz karı; duvar fırçası ***neue Besen kehren gut*** yeni süpürge iyi süpürür

besessen /bı'zesın/ *s* etki altında kalmış, etkilenmiş; ecinni, cinli; *kon* gerzek, kaçık; düşkün, tutkun, müptela; kudurmuşçasına, deli gibi ***ganz besessen sein*** sabit fikre kapılmak ***vom Teufel besessen sein*** cin çarpmış ***von etw besessen sein*** (bir şeye) kapılmış olmak ***sich wie besessen benehmen*** kudurmuş gibi davranmak

Besessenheit /bı'zesınhayt/ *f* düşkünlük, tiryakilik; delilik, manyaklık; çarpıklık; tutku, kendini kaptırma; (cin) çarpılma

besetzen /bı'zetsın/ *vt ask* zaptetmek, işgal etmek; süslemek, donatmak, teçhiz etmek; üzerine koymak; *tiy* rol dağıtmak, rolleri paylaştırmak; (elbise) süs takmak, süslemek; işgal etmek, meşgul etmek; *den* tayfalandırmak ***das Land besetzen*** *ask* ülkeyi işgal etmek

besetzt /bı'zetst/ *s* meşgul; (oda, tuvalet) dolu; dolmuş, boş yer yok ***besetztes Gebiet*** işgal edilen yer

Besetztzeichen /bı'zetsttsayhın/ *n* (telefon) meşgul sesi, meşgul sinyali

Besetzung /bı'zetsung/ *f* işgal; *tiy* rol dağıtımı

besichtigen /bı'zihtigın/ *vt* (bir şeye) bakmak; gezmek, dolaşmak, seyretmek; ziyaret etmek; incelemek; denetlemek, yoklamak ***als Sachverständiger besichtigen*** bilirkişi olarak denetlemek ***das Museum besichtigen*** müzeyi ziyaret etmek

Besichtigung /bı'zihtigung/ *f* gezme, görme, dolaşma; ziyaret; inceleme, denetleme; *tic* teslimat sırasında kontrol etme ***Besichtigung an Ort und Stelle*** *huk* olay yerinde keşif

besiedeln /bı'zi:dıln/ *vt* (insan) yerleştirmek, (birisini bir yere) yerleştirmek, iskân etmek ***dicht besiedelt*** kalabalık yerleşimli ***dünn besiedelt*** tenha yerleşimli

besiegeln /bı'zi:gıln/ *vt* mühürlemek, mühür basmak; (bir yeri) mühürleyerek kapatmak; onaylamak, okeylemek; kaderini belli etmek; takviye etmek, güçlendirmek

besiegen /bı'zi:gın/ *vt* (birisini) yenmek; *sp* galip gelmek; *kon* (hastalığı) yenmek, atlatmak ***besiegt werden*** yenilmek, pes etmek ***eine Krankheit besiegen*** bir hastalığı yenmek

Besiegte(r) /bı'zi:ktı(r)/ *f/m* mağlup, yenilen

besinnen /bı'zinın/ *vr* (sakince düşünerek) bir karara varmak, düşünmek; hatırlamak, aklına gelmek, anımsamak; caymak, fikir değiştirmek ***ohne sich zu besinnen*** hiç düşünmeden; tereddütsüz ***sich anders besinnen*** fikrini değiştirmek ***sich auf etw besinnen*** (bir şeyi) hatırlamak ***sich auf jdn besinnen*** (birisini) hatırlamak

besinnlich /bı'zinlih/ *s* düşünceyle dolu, düşünceli

Besinnung /bı'zinung/ *f* bilinç, şuur ***bei Besinnung sein*** aklı başında olmak ***Besinnung verlieren*** şuurunu kaybetmek ***zur Besinnung bringen*** (birisini) kendine getirmek ***zur Besinnung kommen*** ayılmak, aklı başına gelmek

besinnungslos /bı'zinungslo:s/ *s* bilinçsiz, şuurunu yitirmiş; baygın; *mec* çok heyecanlı

Besitz /bı'zits/ *m* mal, mülk, mülkiyet, varlık, mal varlığı; iyelik, sahiplik; tasarruf; *huk* zilyetlik ***in Besitz nehmen*** sahip olmak

besitzen /bı'zitsın/ *vt* sahip olmak, malik olmak; mal sahibi olmak; elde tutmak; (bir yeri) işgal altında bulundurmak; *huk* zilyet bulunmak

Besitzer /bı'zitsır/ *m* sahip, malik, mal sahibi; *tic* senet veya çek hamili; *huk* zilyet

Besitztum /bı'zitstu:m/ *n* malikâne; mal, mülk, mülkiyet, varlık, mal varlığı; iyelik, sahiplik; tasarruf; *huk* zilyet

Besitzung /bı'zitsung/ *f* büyük arazi, çiftlik

besoffen /bı'zofın/ *s mec* zilzurna sarhoş, kafası kıyak, zom

Besoldung /bı'zoldung/ *f* ödeme, ücret; aylık, maaş, haftalık, yevmiye

besondere(r,s) /bı'zondırı(r,s)/ *s* özel, hususi, şahsi, zati, mahsus; ayrı; seçme, seçkin; nadir, eşi bulunmaz; fevkalade ***besondere Fähigkeiten*** özel yetenekler ***besondere Umstände*** *pl* özel durumlar, istisnai haller ***besondere Havarie*** özel avarya

Besonderheit /bı'zondırhayt/ *f* özellik, hususiyet; tuhaflık, gariplik

besonders /bı'zondırs/ *be* özel olarak, hususi olarak; hele, özellikle, bilhassa, ziyadesiyle; kendine özgü, değişik; çok, oldukça ***besonders gut!*** oldukça iyi, son derece iyi ***nicht besonders!*** pek o kadar değil, eh işte, şöyle böyle, idare eder ***besonders gekreuzter Scheck*** *tic* özel çizgili çek

besonnen /bı'zonın/ *s* tedbirli, temkinli, ihtiyatlı, ölçülü; ileriyi gören; *vt* (güneş) aydınlatmak

Besonnenheit /bı'zonınhayt/ *f* ihtiyat, tedbir, basiret, temkin; ağırbaşlılık

besorgen /bı'zorgın/ *vt* temin etmek, sağlamak, tedarik etmek; dikkat etmek, bakmak, gözetmek; satın almak; yerine getirmek, ifa etmek, yapmak; endişe etmek, korkmak, ürkmek; özenmek; üstesinden gelmek; öcünü almak ***einen Kranken besorgen*** bir hastaya bakmak

Besorgnis /bı'zorknis/ *f* endişe, korku, kaygı, tasa; itina, özen, ihtimam; bakma ***Besorgnis erregend*** endişe verici, korkutucu, tasalandırıcı, kaygı verici ***kein Grund zur Besorgnis!*** endişe etmeye gerek yok!

besorgt /bı'zorkt/ *s* endişeli, korkan, düşünceli; huzursuz, rahatsız; tasalı, kaygılı ***besorgt sein um etw*** (bir şeye) dikkat etmek, özen göstermek

Besorgung /bı'zorgung/ *f* sağlama, temin etme, tedarik, bulma, getirme; satın alma; çözme ***Besorgungen machen*** alışveriş yapmak

bespannen /bı'şpanın/ *vt* (hayvan) arabaya koşmak; (örtü) örtmek, yaymak, sermek; (kiriş, yay, tel) takmak

bespitzeln /bı'şpitsıln/ *vt* (birisini) gizli gizli gözetlemek; muhbirlik etmek, ajanlık yapmak

besprechen /bı'şprehın/ *vt* (mit) (birisine) danışmak, akıl sormak, fikir sormak; (birisiyle) karşılıklı konuşmak; tartışmak, görüşmek; (kitap) eleştirmek; banda kaydetmek; üfürükçülük yapmak, büyücülük yapmak ***etw besprechen*** (bir şey) konuşmak, görüşmek, tartışmak ***sich besprechen*** görüşmek, tartışmak; akıl danışmak, fikir danışmak

Besprechung /bı'şprehung/ *f* tartışma, konuşma, mülakat, müzakere; danışma, akıl sorma, fikir alma, istişare; (kitap hakkında) eleştiri yapma

bespritzen /bı'şpritsın/ *vt* (üzerine) su serpmek, ıslatmak, su dökmek, sulamak; (üzerine) pislik sıçratmak

bessern /'besırn/ *vt* iyileştirmek; yoluna koymak, düzeltmek; geliştirmek, ilerletmek ***bessernde und sichernde Maßregeln*** güvenlik tedbirleri, emniyet tedbirleri ***sich bessern*** iyileşmek

Besserung /'besırung/ *f* iyileşme, ıslah ***gute Besserung!*** geçmiş olsun!

Besserwisser /'besırvisır/ *m kon* ukala; bilgiç; bilgiçlik taslayan

Bestand /bı'ştant/ *m* devam, istikrar, devamlılık; stok, mevcut; vücut, mevcudiyet, varlık; meşçere; (orman) faydalanabilecek ağaçlar ***aktiv Bestand*** mal varlığı ***Bestand haben*** dayanıklı olmak ***Bestände aufnehmen*** *tic* sayım yapmak; *tic* sayım yapmak ***das ist von Bestand*** bu böyle kalır ***eiserner Bestand*** demirbaş mevcudu ***von Bestand sein*** dayanıklı olmak

beständig /bı'ştendih/ *s* dayanıklı; devamlı, sürekli, daimi, süre gelen, sürüp giden; vefalı; sabırlı, sebatlı; sabit, değişmez; durağan, dingin; *be* daima, boyuna, hep, mütemadiyen ***beständig machen*** dayanıklı yapmak, mukavemetli kılmak ***Wasser beständig*** suya dayanıklı

Beständigkeit /bı'ştendihkayt/ *f* devam, devamlılık, dayanma, dayanıklılık; sebat, sabır; süre; vefa; sonsuzluk, bozulmazlık

Bestandsaufnahme /bı'stantsaufna:mı/ *f* demirbaş eşyayı sayma, mevcudu belirleme; envanter tespiti

Bestandteil /bı'ştanttayl/ *m* parça, bölüm; bir bütünün parçası; ayrılmaz parça

bestärken /bı'şterkın/ *vt* (birisine) güç vermek, metanet vermek; arka çıkmak; moral vermek; (birisini) desteklemek, cesaretlendirmek, kuvvetlendirmek; takviye etmek

bestätigen /bı'şte:tigın/ *vt* onaylamak, tasdik etmek; doğrulamak, doğru olduğunu bildirmek, teyit etmek; *tic* alındığını bildirmek; kuvvetlendirmek, pekiştirmek; ispat etmek; şahadet etmek; gerçekleştirmek; tahakkuk ettirmek ***bestätigende Bank*** teyit bankası ***bestätigter Saldo*** *tic* onaylanmış bakiye, onaylanmış hesap ***bestätigtes Akreditiv*** *tic* kabul edilmiş akreditif, teyitli akreditif

B

sich bestätigen doğrulamak, doğru çıkmak; gerçekleşmek
Bestätigung /bı'şte:tigung/ *f* onay, tasdik, doğrulama, teyit; sertifika, belge, vesika ***Bestätigung des Jahresabschlusses*** *tic* yıllık mali verilerin onaylanması
bestatten /bı'ştatın/ *vt* (ölüyü törenle) gömmek, defnetmek, toprağa vermek; (cesedi) yakmak, suya bırakmak
Bestattung /bı'ştatung/ *f* (ölüyü) gömme, defnetme, toprağa verme
Bestattungsinstitut /bı'ştatungsinstitu:t/ *n* cenaze işleri servisi, cenaze servisi
bestäuben /bı'ştoybın/ *vt* (çiçek) döllemek; (su) serpiştirmek; (bir şeyin üzerine) toz serpmek; pudralamak
Bestäubung /bı'ştoybung/ *f* tozlaşma
bestaunen /bı'ştaunın/ *vt* hayretler içinde bakmak, şaşkınlıkla bakmak
beste(r,s) /'bestı(r,s)/ *s* en iyi, en mükemmel ***am besten*** en iyisi ***am besten gehst du gleich!*** hemen gitsen iyi olur ***auf dem besten Wege*** en iyi yolda ***der erste Beste*** rasgele ***etwas zum Besten geben*** *mec* hikâye anlatmak, yalan söylemek ***im besten Alter*** en güzel yaşta ***jdn zum Besten haben*** alay etmek, kafa bulmak ***meine beste Frau*** çok sevgili karıcığım ***sein Bestes tun*** elinden gelenin en iyisini yapmak ***zu jds Besten*** birilerinin çıkarı için
bestechen /bı'ştehın/ *vt* rüşvet vermek, rüşvet vererek kandırmak, rüşvetle iş görmek; para yedirmek; *vi* iyi bir intiba bırakmak
bestechlich /bı'ştehlih/ *s* rüşvet alan, rüşvetle iş gördürmesi kolay
Bestechlichkeit /bı'ştehlihkayt/ *f* rüşvet alma; rüşvet almaya yatkınlık; yiyicilik, rüşvetçilik
Bestechung /bı'ştehung/ *f* rüşvet alma, rüşvet verme ***unter Bestechung*** rüşvet vererek, rüşvet alarak
Besteck /bı'ştek/ *n* sofra takımı, çatal-bıçak ve kaşıktan müteşekkil sofra takımı; *hek* tıbbi alet kutusu; *den* rota tayin noktası
bestehen /bı'şte:ın/ *vi* var olmak, mevcut olmak, bulunmak; (sınav vs) başarmak, üstesinden gelmek; yenmek, galip gelmek; kurulu olmak, müteşekkil olmak; dayanıklı olmak, sebatlı olmak; inat etmek, tutturmak, ayak diremek; sürmek, devam etmek; kalmak ***bestehen auf*** üstelemek, ısrar etmek ***bestehen aus*** müteşekkil olmak, -den olmak ***es besteht kein Zweifel*** hiç kuşkusuz, hiç şüphesiz
bestehlen /bı'şte:lın/ *vt* (birisinden bir şey) çalmak, aşırmak
besteigen /bı'ştaygın/ *vt* (at, araç) binmek; (dağ) tırmanmak; (bir şeyin) üzerine çıkmak; tahta oturmak, tahta çıkmak ***Berg besteigen*** dağa çıkmak, dağa tırmanmak
Besteigung /bı'ştaygung/ *f* (araç, at) binme; (dağ) çıkma; tırmanma; tahta çıkma
bestellen /bı'ştelın/ *vt* ısmarlamak, sipariş etmek, sipariş vermek; (taksi) çağırmak; (elbise) ısmarlamak; düzene koymak, yoluna koymak; rezervasyon yaptırmak, yer ayırtmak; (siparişini) söylemek; iletmek, aktarmak; (gazete) abone olmak; randevu vermek; bir göreve atamak; (tarla) ekip biçmek ***Feld bestellen*** tarlayı ekip biçmek ***Grüße bestellen*** selam yollamak, selam göndermek ***zu sich bestellen*** ayağına çağırmak
Bestelliste /bı'ştellistı/ *f tic* sipariş listesi
Bestellnummer /bı'ştelnumır/ *f* sipariş numarası
Bestellschein /bı'ştelşayn/ *m* sipariş mektubu, sipariş yazısı
Bestellung /bı'ştelung/ *f* ısmarlama, sipariş etme, sipariş verme, sipariş; haber; (gazete, mektup) dağıtma; ziraat ***Bestellung zurückziehen*** verilen siparişi iptal etmek
bestenfalls /'bestın'fals/ *be* olsa olsa, en iyi şartlarda
bestens /'bestıns/ *be* olabildiğince, en iyi şartlar altında, en iyi şekilde, mükemmel
besteuern /bı'ştoyırn/ *vt* vergi koymak, vergi almak, vergi salmak, vergi tarhetmek ***besteuert werden*** vergiye tabi olmak
Besteuerung /bı'ştoyırung/ *f* vergi alma, vergi koyma
bestialisch /besty'a:liş/ *s* vahşice, zalimce, hayvanca, canavarca
Bestialität /bestyali'te:t/ *f* vahşilik, vahşet, hayvanlık, canavarlık
Bestie /'bestyı/ *f* canavar, vahşi hayvan; *mec* canavar ruhlu insan
bestimmbar /bı'ştimba:r/ *s* belirlenebilir
bestimmen /bı'ştimın/ *vt* (bir şeyi) sapta-

mak, belirlemek, tespit etmek; tayin etmek; yol açmak, sebebiyet vermek; tanımlamak, adlandırmak, tarif etmek; (kanun) emretmek, kararları vermek; değer biçmek; tahsis etmek, ayırmak; kandırmak; razı etmek; etki yapmak; (fiyat) takdir etmek, tayin etmek ***sich bestimmen lassen*** kapılmak; razı olmak

bestimmt /bı'ştimt/ *s* belirli, kesin; kararlı; *be* kesinlikle, mutlaka, muhakkak, kesin olarak; yakinen ***bestimmte Gleichung*** belirli muadele ***bestimmte Lebensdauer*** ömürde kalan süre, belirli ömür ***bestimmte Tage*** belirli günler, sayılı günler ***bestimmte Vergangenheit*** *dilb* belirli geçmiş zaman ***ganz bestimmt*** muhakkak, kesin olarak, mutlaka ***bestimmter Artikel*** *dilb* belirli artikel ***bestimmtes Integral*** belirli entegral ***unbestimmter Artikel*** *dilb* belirsiz artikel

Bestimmtheit /bı'ştimthayt/ *f* kesinlik, katiyet; emniyet; belirlilik

Bestimmung /bı'ştimung/ *f* kader, talih; kararname, emir, hüküm; tarif, tayin; madde, şart; kayıt; amaç, maksat, erek, gaye; tüzük, talimat, yönetmelik, yönerge; emir, direktif; kader, kısmet; belli etme, açıklama; kullanım amacı ***Bestimmung des Gesetzes*** *huk* kanun hükmü

Bestimmungshafen /bı'ştimugsha:fın/ *m* varış limanı

Bestimmungsort /bı'ştimungsort/ *m* gidecek yer, gidecek adres; *ask* menzil

Bestleistung /'bestlaystung/ *f* en yüksek verim, üstün başarı; rekor

bestmöglich /'bestmö:klih/ *s* mümkün olabildiğince iyi, mümkün olan, olabildiğince iyi

bestrafen /bı'ştra:fın/ *vt* cezalandırmak; uslandırmak ***bestraft werden*** cezalandırılmak

Bestrafung /bı'ştra:fung/ *f* cezalandırma, ceza verme, ceza

bestrahlen /bı'ştra:lın/ *vt* aydınlatmak, ışık yaymak; *hek* ışınla tedavi etmek

Bestrahlung /bı'ştra:lung/ *f* ışınlandırma, ışın yayma; *hek* ışınla tedavi, radyoterapi

Bestreben /bı'ştre:bın/ *n* çaba, gayret, uğraş

Bestrebung /bı'ştre:bung/ *f* çaba, gayret, uğraş; teşebbüs; dikkat, özen, ihtimam; meyil

bestreichen /bı'ştrayhın/ *vt* (bir şeyin) üzerine (bir şey) sürmek; sürünerek geçmek; boya sürmek; tutkallamak, zamklamak; *ask* topa tutmak

bestreiken /bı'ştraykın/ *vt* grev yapmak

bestreiten /bı'ştraytın/ *vt* doğruluğunu kabul etmemek, inkâr etmek, reddetmek, aksini iddia etmek, itiraz etmek; ödemek, parasını vermek, karşılamak; finanse etmek; (bir şeye karşı) savaşmak, mücadele etmek; hayatını kazanmak, geçimini temin etmek

bestreuen /bı'ştroyın/ *vt* (tohum) serpmek; üzerine saçmak, üzerine ekmek, üzerine serpmek; (hamura) un dökmek; (yoluna) çiçekler döşemek

Bestseller /'bestzelır/ *m* en çok satılan kitap

bestürmen /bı'ştürmın/ *vt* etrafını sarmak, kuşatmak; *ask* hücum etmek, saldırmak; (birisini) taciz etmek, musallat olmak ***jdn mit Fragen bestürmen*** (birisini) soru bombardımanına tutmak

bestürzt /bı'ştürtst/ *s* şaşkın, şaşkınlıktan dili tutulmuş

Bestürzung /bı'ştürtsung/ *f* telaş, şaşkınlık

Bestzeit /'besttsayt/ *f* (zamanlı sporlarda) rekor süre

Besuch /bı'zu:h/ *m* ziyaret, teşrif; misafirlik; misafirler, ziyaretçiler; (okul) devam, düzenli gelme; gezme, dolaşma, gezinti; *hek* vizite ***auf Besuch sein*** misafirlikte olmak ***Besuch haben*** misafiri olmak ***Besuch machen bei jdm*** birisini ziyaret etmek ***zu Besuch*** misafir olarak

besuchen /bı'zu:hın/ *vt* ziyaret etmek, ziyarette bulunmak, gidip görmek, misafirliğe gitmek; teşrif etmek, şereflendirmek; (okula) devam etmek; (konser, gösteri) gitmek; (kurs, eğitim) takip etmek; *hek* vizite yapmak ***Ausstellung besuchen*** sergiye gitmek ***Besuchen Sie bald wieder!*** tekrar buyrun!, yine bekleriz! ***die Schule besuchen*** okula gitmek ***jdn besuchen*** (birisini) ziyaret etmek ***Ort besuchen*** bir yeri gezmek, bir yeri ziyaret etmek

Besucher /bı'zu:hır/ *m* ziyaretçi, misafir, konuk; müdavim; devamlı müşteri; seyirci

Besuchserlaubnis /bı'zu:hse:rlaupnis/ *f* ziyaret izni

B

Besuchszeit /bı'zu:hstsayt/ *f hek* ziyaret/muayene(hane) saatleri

betagt /bı'ta:kt/ *s* eski, yaşlanmış; kocamış, ihtiyarlamış; *tic* vadesi gelmiş, günü gelmiş; (içki) yıllanmış ***betagter Wechsel*** vadesi gelmiş senet, süresi dolmuş senet

betanken /bı'tankın/ *vt* (aracın deposuna) benzin doldurmak

betasten /bı'tastın/ *vt* ellemek, elle dokunmak; elle yoklamak; el sürmek; sık sık eline almak

betätigen /bı'te:tigın/ *vt* işletmek, çalıştırmak, harekete geçirmek; gerçekleştirmek; ispat etmek, göstermek; ibraz etmek ***den Schalter betätigen*** şalteri açmak ***sich betätigen*** çalışmak, uğraşmak, çabalamak, bir işle meşgul olmak ***sich als ... betätigen*** .... olarak çalışmak ***sich politisch betätigen*** politikayla uğraşmak ***sich sportlich betätigen*** sporla uğraşmak

Betätigung /bı'te:tigung/ *f* çalışma, iş yapma, faaliyet, etkinlik; bilfiil iştirak

Betätigungsfeld /bı'te:tigungsfelt/ *n* etkinlik alanı

betäuben /bı'toybın/ *vt* bayıltmak, bilincini kaybettirmek; uyuşturmak, sersemletmek; *hek* anestezi etmek

Betäubung /bı'toybung/ *f* uyuşturma, bayıltma, sersemletme; baygınlık, sersemleme; *hek* narkoz

Betäubungsmittel /bı'toybungsmitıl/ *n* uyuşturucu madde, narkotik madde

beteiligen /bı'tayligın/ *vt* (birisini bir şeye) iştirak ettirmek, katılmasını sağlamak; *tic* ortak etmek ***sich beteiligen*** (bir şeye) katılmak, ortak olmak; tartışmaya girmek; müdahale etmek

Beteiligte(r) /bı'taylihtı(r)/ mf ortak, iştirakçi; hak sahibi; katılımcı, katılan

Beteiligung /bı'tayligung/ *f* katılma, iştirak etme; *tic* ortak olma, ortaklık ***Beteiligung des Dritten*** *huk* feri müdahale

beten /'be:tın/ *vi* namaz kılmak; dua etmek; ibadette bulunmak, ibadet etmek; Allaha dua etmek ***für jdn beten*** (birisi için) dua etmek

beteuern /bı'toyırn/ *vt* iddia etmek; yemin etmek; güvence vermek; temin etmek; doğruluğunu ispatlayabilmek için yemin etmek

Beteuerung /bı'toyırung/ *f* yemin, ant; iddia

betiteln /bı'ti:tıln/ *vt* (birisine) unvan vermek, rütbe vermek; (birisine) unvanıyla seslenmek, rütbesiyle seslenmek; (kitap, film) ad koymak; başlık koymak

Beton /be'ton/ *m* beton

Betonbau /be'tonbau/ *m* betonarme inşaat

betonen /bı'to:nın/ *vt* (konuşurken) vurgulamak; vurgu koymak; *kon* belirtmek, üzerinde durmak, bahse konu yapmak ***betont vor Vokalen*** *dilb* belirli artikel, belirli Artikel ***betonte Silbe*** *dilb* vurgulu telaffuz

betonieren /beto'ni:rın/ *vt* betonlamak, betonarme yapmak, beton döşemek; örtmek

Betonmischer /be'tonmişır/ *m* beton karıştırıcısı, baton karıştırma makinesi

Betonung /bı'to:nung/ *f* vurgu, aksan; önem verme, değer verme, ehemmiyet verme

Betracht /bı'traht/ *m* düşünce, dikkate alma ***außer Betracht lassen*** hesaba katmamak, göz ardı etmek ***etw außer Betracht lassen*** göz ardı etmek, hesaba katmamak, dahil etmemek ***etw in Betracht ziehen*** hesaba katmak, dikkate almak, dahil etmek ***in Betracht kommen*** hesaba katmak, söz konusu olmak ***in Betracht ziehen*** dikkate almak

betrachten /bı'trahtın/ *vt* dikkatle bakmak, incelemek; kabul etmek, olarak saymak; bakmak, incelemek; *gökb* rasat etmek ***etw betrachten*** (bir şeyi) seyretmek

Betrachter /bı'trahtır/ *m* dikkatle bakan, inceleyen, gözlemci; seyirci

beträchtlich /bı'trehtlih/ *s* önemli, mühim; büyük, külliyetli; bir hayli; hatırı sayılır; epeyce, çok fazla, oldukça fazla

Betrachtung /bı'trahtung/ *f* inceleme, dikkatle bakma, tetkik etme; *gökb* rasat etme; tetkik, inceleme; bilimsel yazı

Betrachtungsweise /bı'trahtungsvayzı/ *f* görüş tarzı, düşünüş biçimi

Betrag /bı'tra:k/ *m* toplam, yekûn, tutar, meblağ; hesap, miktar

Betragen /bı'tra:gın/ *n* davranış, tutum, tavır, hal ***schlechtes Betragen*** fena hareket, terbiyesizlik

betragen /bı'tra:gın/ *vt* tutmak, etmek, bulmak, varmak ***sich betragen*** davranmak, muamelede bulunmak

betrauen /bı'trauın/ *vt* (birisine) güvenerek görev vermek; vazifelendirmek, görevlendirmek, tevdi etmek, yöneltmek; uhdesine geçirmek
betrauern /bı'trauırn/ *vt* yassını tutmak, matemini tutmak; rahmet okumak
Betreff /bı'tref/ *m* içerik, konu, husus ***in Betreff*** hakkında, hususunda, konusunda
betreffen /bı'trefın/ *vt* ilgilendirmek, ait olmak, ilgisi olmak; rast gelmek; suçüstü yakalanmak; başına gelmek, uğramak, maruz kalmak; hayrete düşürmek, şaşırtmak ***das betrifft mich*** beni ilgilendirir ***was mich betrifft*** bence, bana göre
betreffend /bı'trefınt/ *s* hakkında, dair, ilişkin, ilgili, ait; ilişik; söz konusu, anılan, adı geçen
Betreffende(r) /bı'trefındı(r)/ *f/m* adı geçen, söz konusu olan, ilgili, bahse konu olan, anılan, belirtilen ***die betreffende Behörde*** ilgili makam, yetkili makam
betreffs /bı'trefs/ *ilg* hususunda, hakkında, konusunda, dair, üzerinde, üzerine
betreiben /bı'traybın/ *vt* (bir şeyle) meşgul olmak, uğraşmak, (bir şey) yapmak, etmek, gütmek; izlemek, takip etmek; işlemek; (kararlılıkla) bir işi yürütmek ***Handel betreiben*** ticaret yapmak
Betreiber /bı'traybır/ *m eko* işletmeci; işletici; çalıştıran
Betreten /bı'tre:tın/ *n* üzerine yürüme; basma, çiğneme ***Betreten verboten!*** girmek yasaktır! ***Betreten des Rasens verboten*** çimlere basmak yasaktır
betreten /bı'tre:tın/ *s* şaşkın, mahcup, zor durumda, süklüm püklüm; *mec* suçüstü yakalanmış; *vt* (bir şeyin, konunun) üzerine gitmek, üzerine yürümek; ayak basmak, çiğnemek, girmek; *ask* ele geçirmek; (polis) yakalamak ***betritt mein Büro nicht wieder!*** bir daha işyerime ayak basma!
Betretenheit /bı'tre:tınhayt/ *f* şaşkınlık; mahcubiyet
betreuen /bı'troyın/ *vt* (çocuk, evcil hayvan) dikkat ederek bakmak, özenle bakmak, özen göstermek; (iş) yürütmek, çekip çevirmek
Betreuer /bı'troyır/ *m* (çocuk) bakıcı; danışman, menajer
Betreuung /bı'troyung/ *f* özenle bakım, dikkatle bakım, ilgilenme, ihtimam gösterme ***Betreuungs- und Forschungszentrum*** danışmanlık merkezi, rehberlik ve araştırma merkezi
Betrieb /bı'tri:p/ *m* işletme, fabrika, atölye, ticarethane, işyeri, firma, müessese; hizmet, servis; sevk ve idare, icra; çalışma, faaliyet; hareket, canlılık; cümbüş, şenlik ***den Betrieb einstellen*** işi tatil etmek ***aus dem Betrieb nehmen*** hizmetten almak ***außer Betrieb*** işlemez halde, çalışmaz durumda, devre dışı, bozuk ***außer Betrieb sein*** hizmet dışı olmak, çalışmamak ***außer Betrieb setzen*** durdurmak ***in Betrieb*** işler halde, çalışır halde ***in Betrieb sein*** faaliyette bulunmak ***in Betrieb setzen*** işler hale getirmek ***in Betrieb stehen*** işlemek ***hier ist Betrieb!*** ne kalabalık ama!
betrieblich /bı'tri:plih/ *s* faal, işlevsel ***betriebliche Leistung*** işlevsel başarı ***betriebliche Verfahrensuntersuchung*** yöneylem araştırması ***betrieblicher Geldumlauf*** nakit akışı, nakit dolaşımı ***betriebliches Abrechnungswesen*** *tic* işletme muhasebesi
betriebsam /bı'tri:pza:m/ *s* faal, çalışkan, gayretli, aktif ***betriebsame Frau*** hamarat kadın
Betriebsangehörige(r) /bı'tri:psangıhö:rigı(r)/ *f/m* personel, çalışanlar
Betriebsanleitung /bı'tri:psanlaytung/ *f* (bir makinenin/aletin) kullanma kılavuzu, çalıştırma kılavuzu
Betriebsausflug /bı'tri:psausflu:k/ *m* personel gezisi
betriebsbereit /bı'tri:psbırayt/ *s* işler durumda, çalışabilir durumda
Betriebsdauer /bı'tri:psdauır/ *f* işletme süresi, işletme müddeti
Betriebsführung /bı'tri:psfü:rung/ *f* işletmenin sevk ve idaresi
betriebsintern /bı'tri:psintern/ *s* işletme içi
Betriebsklima /bı'tri:pskli:ma/ *n* çalışma ortamı, çalışanlar arasındaki ilişkiler
Betriebskosten /bı'tri:pskostın/ *pl* işletme masrafları, işletme giderleri
Betriebsrat /bı'tri:psra:t/ *m* çalışanları temsil eden kurul, işçi temsilciliği
betriebssicher /bı'tri:pszihır/ *be* iş tehlikelerine ve arızalarına karşı güvenilirlik durumu, emniyetli
Betriebsspannung /bı'tri:psşpanung/ *f* iş-

B

letme voltajı
Betriebsstörung /bı'tri:psştö:rung/ *f* arıza
Betriebssystem /bı'tri:pszüste:m/ *n* işletim sistemi, işletim dizgesi
Betriebsunfall /bı'tri:psunfal/ *m* iş kazası
Betriebswirt /bı'tri:psvirt/ *m* işletmeci, işletme uzmanı
Betriebswirtschaft /bı'tri:psvirtşaft/ *f* işletmecilik
Betriebswirtschaftslehre /bı'tri:psvirşaftsle:rı/ *f* işletmecilik bilimi
betrinken /bı'trinkın/ *vr* sarhoş olmak, kafayı bulmak
betroffen /bı'trafın/ *s* ilgili, alakadar, alakalı; kazazede, felaketzede; şaşkın; sarsılmış, üzgün; müptela, tutkun ***betroffen sein*** şaşıp kalmak ***sich betroffen fühlen*** alınmak ***von etw betroffen sein*** bir şeye uğramak, maruz kalmak ***von etw betroffen werden*** bir şeye uğramak, maruz kalmak
Betroffenheit /bı'trofınhayt/ *f* şaşkınlık, hayret
betrübt /bı'trü:pt/ *s* kederli, üzgün, mahzun, müteessir
Betrug /bı'tru:k/ *m* hilekârlık, dolandırıcılık, sahtekârlık, iyi niyeti suistimal etme; iğfal; aldatma; dolap, düzen; sadakatsizlik
betrügen /bı'trü:gın/ *vt* aldatmak, kandırmak; dolandırmak, hile yapmak; iyi niyetini suistumal etmek; iğfal etmek; ihanet etmek, sadakatsizlik etmek ***sich betrügen*** kendini kandırmak, boş hayallere kapılmak ***sich betrügen lassen*** aldanmak, kanmak
Betrüger /bı'trü:gır/ *m* hilekâr, dolandırıcı, aldatıcı, hokkabaz, üçkâğıtçı
betrügerisch /bı'trü:gıriş/ *s* kandırıcı, aldatıcı, hileli; *be* hile ile, üç kâğıtla, aldatarak, dolandırıcılıkla ***betrügerische Übertragung*** *tic* hileli devir ve temlik ***betrügerischer Bankrott*** *tic* huk. hileli iflas; dolaylı iflas
betrunken /bı'trunkın/ *s* sarhoş, kafası kıyak ***betrunken machen*** *kon* mest etmek, sarhoş etmek, *mec* başını döndürmek ***total betrunken*** zom olmuş, fitil gibi
Betrunkene(r) /bı'trunkını(r)/ *f/m* sarhoş, kafayı bulmuş
Bett /bet/ *n* yatak, döşek; karyola; (nehir) yatak; yatak takımı; (hayvan) yatılacak yer, in; (tren, gemi) kuşet; (makine) yatak; *mad* tabaka ***das Bett hüten*** (hastalık nedeniyle) yataktan çıkmamak ***ein Bett aufstellen*** yatak kurmak, döşek kurmak ***ins Bett gehen*** yatmak, yatağa girmek ***ins Bett machen*** yatağı ıslatmak, yatarken altına yapmak ***nicht zu Bett gehen*** sabahlamak, hiç yatmamak ***zu Bett bringen*** yatırmak
Bettbezug /'betbıtsu:k/ *m* yatak takımı
Bettdecke /'betdekı/ *f* yorgan; battaniye; yatak örtüsü; yatak takımı
bettelarm /'betıl'arm/ *s* çok fakir, çok yoksul, muhtaç
Bettelmönch /'betılmönh/ *m* dilenci rahipler tarikatının üyesi
betteln /'betıln/ *vt* dilenmek, sadaka dilenmek, el açmak, avuç açmak; yalvarmak ***betteln gehen*** dilenmeye gitmek, dilencilik etmek
bettlägerig /'betle:gırih/ *s* yatalak
Bettlaken /'betla:kın/ *n* çarşaf
Bettlektüre /'betlektü:rı/ *f* uykudan önce okunacak hafif kitap vs
Bettler /'betlır/ *m* dilenci, fakir; yüzsüz kişi, sıkılmaz kişi
Bettnässer /'betnesır/ *m* yatağını ıslatan çocuk; *mec* sidikli
Bettruhe /'betru:ı/ *f* hastalık yüzünden yatma; yatak istirahati
Bettschwere /'betşve:rı/ *f* uyku bastırması, uykunun gelmesinden dolayı ağırlık çökmesi
Bettvorleger /'betfo:rle:gır/ *m* yatağın yanına serilen küçük halı, kilim
Bettwäsche /'betveşı/ *f* nevresim, yatak takımı ***Bettwäsche wechseln*** çarşaf değiştirmek
Bettzeug /'bettsoyk/ *n* nevresim, yatak takımı
betucht /bı'tu:ht/ *s* zengin, varlıklı, varsıl; güvenilir kişi
beugen /'boygın/ *vt* eğmek, bükmek, kıvırmak; (odun) kırmak; (yasa) ihlal etmek; (birisine) boyun eğmek; *dilb* çekmek ***das Recht beugen*** yasalara karşı gelmek ***den Kopf beugen*** başını eğmek ***sich beugen*** boyun eğmek; eğilmek, bükülmek
Beule /'boylı/ *f* çıkıntı, tümsek; yamrılık, yumruluk; *hek* şiş, kabartı
beunruhigen /bı'unru:igın/ *vt* rahatsız etmek, huzurunu kaçırmak; tedirgin etmek, endişe uyandırmak ***sich beunruhigen*** rahatsız olmak, telaşa kapılmak;

tahrik etmek, sinirlendirmek; *ask* taciz etmek

beunruhigend /bı'unru:igınt/ *s* endişe verici, kaygı verici, huzursuz edici

beurkunden /bı'u:rkundın/ *vt* belgelemek, belgeyle ispat etmek; onaylamak, tasdik etmek, tasdik ederek teyit etmek

Beurkundung /bı'u:rkundung/ *f* belgeleme, tasdik

beurlauben /bı'u:rlaubın/ *vt* (birisine) izin vermek, müsaade etmek; *tic* geçici olarak işten çıkarmak, zorunlu izne çıkarmak; izinli saymak; *ask* terhis etmek ***sich beurlauben*** izin istemek; vedalaşmak ***sich beurlauben lassen*** izin almak

Beurlaubung /bı'u:rlaubung/ *f* izin; izin verme; izin isteme

beurteilen /bı'urtaylın/ *vt* karar ermek, hüküm vermek; (kitap) eleştirmek; tenkit etmek; kıyas etmek, kıyaslamak; fikir yürütmek ***Buch beurteilen*** kitap eleştirisi yapmak

Beurteilung /bı'urtaylung/ *f* hüküm verme, karar verme; eleştiri, fikrini açıklama; fikir, kanı; rey, oy; sicil ***Beurteilung der Arbeit*** iş değerlendirmesi

Beute /'boytı/ *f* ganimet, vurgun; yağma; (av) yakalanan hayvanlar; *kon* kurban

Beutel /'boytıl/ *m* kese, torba; para kesesi; (keseli hayvanlarda) kese, karın torbası ***für jeden Beutel*** her keseye uygun ***in den Beutel greifen*** kesenin ağzını açmak

beuteln /'boytıln/ *vt* sarsmak, sallamak, silkmek, silkelemek; elemek, elekten geçirmek; *kon* para koparmak, para sızdırmak; *vi* kırışmak, buruşmak ***sich beuteln*** (giysi) torbalanmak

bevölkern /bı'fölkırn/ *vt* (bir yeri) iskân etmek, insan yerleştirmek, iskâna açmak, meskûn kılmak; doldurmak ***ein Land bevölkern*** bir yere ahali yerleştirmek ***sich bevölkern*** nüfusu artmak; meskûn kılınmak; dolmak

Bevölkerung /bı'fölkırung/ *f* halk, ahali; nüfus

Bevölkerungsdichte /bı'fölkırungsdihtı/ *f* nüfus yoğunluğu

Bevölkerungsexplosion /bı'fölkırungseksplozyo:n/ *f* nüfus patlaması, hızlı nüfus artışı

Bevölkerungsrückgang /bı'fölkırungsrükgang/ *m* nüfus artışında gerileme

Bevölkerungsschicht /bı'fölkırungsşiht/ *f* toplum kesimi

Bevölkerungswachstum /bı'fölkırungsvakstu:m/ *n* nüfus artışı

bevollmächtigen /bı'folmehtigın/ *vt* (birisine) yetki vermek, selahiyet vermek; (birisini) yetkili kılmak, selahiyettar kılmak; *huk* (birisini) vekil tayin etmek

Bevollmächtigte(r) /bı'folmehtihtı(r)/ *f/m* yetkili kişi, selahiyetli kişi, vekil; yetkili temsilci

Bevollmächtigung /bı'folmehtigung/ *f* yetki verme, yetki verilme

bevor /bı'fo:r/ *ilg* -meden önce, -madan önce, -den evvel, -dan evvel ***bevor du wegfährst*** sen gitmeden önce

bevormunden /bı'fo:rmundın/ *trvt* (birisine) vasilik etmek, (birisini) vesayet altına almak; *mec* başına kâhya kesilmek

Bevormundung /bı'fo:rmundung/ *f* vasilik, vesayet

bevorstehen /bı'fo:rşte:ın/ *trvi* (kısa bir zamanda) ortaya çıkmak, meydana gelmek; (bir olayın) arefesinde olmak; gelip çatmak, kapıya dayanmak

bevorzugen /bı'fo:rtsu:gın/ *trvt* (bir şeyi bir şeye) tercih etmek; (birisini birisine) tercih etmek; imtiyaz vermek

Bevorzugung /bı'fo:rtsu:gung/ *f* tercih, üstün tutma

bewachen /bı'vahın/ *vt* göz altında bulundurmak, nezaret etmek, muhafaza etmek; bekçilik etmek; gardiyanlık etmek; gözetlemek

Bewacher /bı'vahır/ *m* bekçi; gardiyan; gözcü, gözetleyici

bewachsen /bı'vaksın/ *s* örtülü, kaplı, bürünmüş; *vt* dal veya yapraklarla örtmek, kaplamak

Bewachung /bı'vahung/ *f* gözaltında tutma, gözetleme, bekleme

bewaffnen /bı'vafnın/ *vt* silahlandırmak, donatmak, silahla teçhiz etmek ***sich bewaffnen*** silahlanmak

Bewaffnete(r) /bı'vafnıtı(r)/ *f/m* silahlanmış, silahlı kişi

Bewaffnung /bı'vafnung/ *f* silahlanma; silahlar ***atomare Bewaffnung*** atom silahları

bewahren /bı'va:rın/ *vt* (birini, bir şeyi) korumak, esirgemek; saklamak, muhafaza etmek ***Gott bewahre dich!*** Allah seni korusun! ***Gott bewahre mich davon!***

B

Allah yazdıysa bozsun! ***jdn vor etw bewahren*** (birisini bir şeyden) korumak ***sich bewahren*** sakınmak

bewähren /bı've:rın/ *vr* kendini göstermek, yeteneklerini göstermek; kendinin değerli olduğunu kanıtlamak, kendinin doğru olduğunu kanıtlamak

bewahrheiten /bı'va:rhaytın/ *vt* gerçekleştirmek; sağlamlaştırmak ***sich bewahrheiten*** doğru olduğunun ortaya çıkması, doğruluğu meydana çıkmak; gerçekleşmek, sağlamlaşmak

bewährt /bı've:rt/ *s* emektar; değerli; vefakâr

Bewahrung /bı'va:rung/ *f* koruma; gözetleme; muhafaza etme, saklama

Bewährung /bı've:rung/ *f* kendini kanıtlama; yararlılık; değerlilik ***Strafe auf Bewährung setzen*** *huk* cezayı tecil etmek

Bewährungsfrist /bı've:rungsfrist/ *f huk* şartlı ceza tecili, ceza ertelemesi

Bewährungshelfer /bı've:rungshelfır/ *m* hükümlü gözetmeni

Bewährungsprobe /bı've:rungspro:bı/ *f* tecrübe, deneme

bewältigen /bı'veltigın/ *vt* yenmek; galip gelmek, üstesinden gelmek; başarmak, becermek; başa çıkmak, hakkından gelmek; hükmü altına almak ***eine Arbeit bewältigen*** bir işin üstesinden gelmek

Bewältigung /bı'veltigung/ *f* yenme, galip gelme; hakkından gelme, üstesinden gelme, başarma, becerme

bewandert /bı'vandırt/ *s* bilgi sahibi, bilgili, uzman; görmüş geçirmiş ***bewandert sein in etw*** (bir şey hakkında) bilgi sahibi olmak, bilgisi olmak, aşina olmak ***schlecht bewandert*** işten anlamayan, bilgisiz

bewässern /bı'vesırn/ *vt* sulamak

Bewässerung /bı'vesırung/ *f* sulama

Bewässerungsanlage /bı'vesırungsanla:gı/ *f* sulama tesisatı, sulama tertibatı

bewegen /bı've:gın/ *vt* (bir şeyi yerinden) kımıldatmak, kıpırdatmak, hareket ettirmek, yerinden oynatmak; (birisini) etkilemek, tesir etmek; (birisini) meşgul etmek, oyalamak; heyecanlandırmak; (birisini) harekete geçirmek, teşvik etmek ***bewegende Kraft*** harekete geçirici kuvvet, hareket ettirici kuvvet ***jdn zu etw bewegen*** (birisini bir şeye) teşvik etmek ***sich bewegen*** kıpırdanmak, kımıldanmak, (yerinden) oynamak; *kon* düşüp kalkmak; (bir yere) gitmek, gezmeye gitmek ***sich bewegen lassen*** (bir şeyi yapmaya) razı olmak

bewegend /bı've:gınt/ *s mec* etkileyici

Beweggrund /bı've:kgrunt/ *m* sebep, neden, gerekçe

beweglich /bı've:klih/ *s* hareketli, devingen, oynak; menkul, taşınır; atik, atak, çevik; tesirli, etkili, dokunaklı, acıklı; *tek* girişli çıkışlı; (sıvı) akışkan ***bewegliche Güter*** taşınır eşya, taşınabilir eşya ***bewegliche Feste*** belirli bir tarihe bağlı olmayan bayramlar (kurban bayramı, şeker bayramı gibi) ***bewegliche Frau*** hamarat kadın ***bewegliche Sachen*** menkul mallar ***beweglicher Keil*** *tek* oynak kama ***bewegliches Gut*** şahsi eşya, kişisel mülk

Beweglichkeit /bı've:klihkayt/ *f* hareketlilik, canlılık, oynaklık, devingenlik; elastikiyet; çabuk kavrama

bewegt /bı've:kt/ *s* hareketli, canlı, oynak, devingen, sakin olmayan; (yaşam) maceralı, olaylı, heyecanlı; üzüntülü, dokunaklı, acındırıcı; (süreç) karmaşık, olaylarla dolu ***der bewegte See*** dalgalı deniz, çalkantılı deniz ***bewegtes Leben*** hareketli hayat, renkli hayat ***ein bewegtes Leben*** hareketli bir yaşam

Bewegung /bı've:gung/ *f* hareket etme, yer değiştirme, devim; heyecan; jest; el kol hareketi; spor, eğitim, talim, terbiye; gezme, dolaşma ***Bewegung setzen*** harekete geçmek ***dauernde Bewegung*** devridaim ***in Bewegung befindlich*** *fiz* hareketli, devingen ***in Bewegung bringen*** hareket ettirmek ***in Bewegung setzen*** harekete geçirmek ***sich in Bewegung setzen*** harekete geçmek ***sich Bewegung machen*** spor yapmak, eğitim yapmak ***soziale Bewegungen*** sosyal hareketler ***viel Bewegung machen*** çok hareket etmek

Bewegungsfreiheit /bı've:gungsfrayhayt/ *f* hareket etme özgürlüğü, serbest dolaşabilme özgürlüğü, özgürce hareket edebilme

bewegungslos /bı've:gungslo:s/ *s* hareketsiz, durağan

bewegungsunfähig /bı've:gungsunfe:ih/ *s* uyuşuk; hareket edemeyen, hareket

edemeyecek halde, hareket gücü ve yeteneği olmayan
beweihräuchern /bı'vayroyhırn/ *vt* günlük ile tütsülemek; *mec* yağ çekmek, övmek
beweinen /bı'vaynın/ *vt* (birisi için) ağlamak, yas tutarak ağlamak; (birisine) acımak, üzülmek; rahmet okumak
Beweis /bı'vays/ *m huk* kanıt, delil, ispat; belge, vesika, varaka; işaret, gösterge, belirti, iz, alamet; *huk* ekspertiz; *huk* olay mahallinde keşif ***Beweis der Erfüllung*** *huk* ifanın ispatı ***Beweis durch Augenschein*** olay yeri keşfi ***Beweis führen*** delil göstermek, delil sunmak ***Beweise liefern*** delilleri sunmak, delilleri ibraz etmek ***Beweise vorlegen*** delil göstermek, kanıt göstermek ***gesicherter Beweis*** sabit deliller
Beweisaufnahme /bı'vaysaufna:mı/ *f huk* delillerin belirlenmesi
beweisbar /bı'vaysba:r/ *s* ispat edilebilir, kanıtlanabilir
Beweisbarkeit /bı'vaysba:rkayt/ *f* ispat olunabilme, kanıtlanabilme
beweisen /bı'vayzın/ *vt* ispat etmek, ispatlamak, kanıtlamak; göstermek, ortaya koymak; delalet etmek ***jdm seine Achtung beweisen*** (birisine) hürmet göstermek ***seinen Mut beweisen*** cesaretini ispat etmek
Beweisführung /bı'vaysfü:rung/ *f* delil gösterme, kanıt gösterme; ispat, kanıtlama
beweiskräftig /bı'vayskreftih/ *s* inandırıcı, ikna edici
Beweismittel /bı'vaysmitıl/ *n* ispata yarayan belge; sübut delil; ispat vasıtası, kanıtlama aracı
Beweisstück /bı'vaysştük/ *n* ispata yarayan belge, sübut delil; ispat vasıtası, kanıtlama aracı
bewenden /bı'vendın/ *vi* : ***etw dabei bewenden*** yetinmek ***es bei etw bewenden lassen*** (bir şeyle) yetinmek, kanaat etmek
bewerben /bı'verbın/ *vr* (um etw) (bir şeye) talip olmak, istemek; (iş) başvurmak; yarışmak, rekabet etmek; (bir kıza) talip olmak, istemek; adaylığını koymak, namzetliğini bildirmek ***sich um ein Amt bewerben*** bir göreve atanmak için başvurmak ***sich um etw bewerben*** (bir şey için) başvurmak
Bewerber /bı'verbır/ *m* istekli, talip; dilekçe sahibi, müracaatçı; aday, namzet
Bewerbung /bı'verbung/ *f* talep, istek; adaylık, namzetlik
Bewerbungsschreiben /bı'verbungsşraybın/ *n* başvuru dilekçesi
Bewerbungsunterlagen /bı'verbungsuntırla:gın/ *pl* başvuru belgeleri
bewerfen /bı'verfın/ *vt* (üzerin, üstüne) atmak; (ata ata bir şeyin) üzerini örtmek ***mit Erde bewerfen*** toprak atmak ***mit Schmutz bewerfen*** çamur sıçratmak ***jdn mit Steinen bewerfen*** (birisini) taşlamak, taş atmak
bewerkstelligen /bı'verkşteligın/ *vt* yapmak, sağlamak, becermek, başarmak; yerine getirmek; meydana çıkarmak, ortaya çıkarmak
bewerten /bı've:rtın/ *vt* değerlendirmek, değer biçmek, kıymet takdir etmek; fiyatlandırmak; (okul) not vermek; kote etmek; derecelendirmek ***etw hoch bewerten*** (bir şeyi) değerli saymak
Bewertung /bı've:rtung/ *f* değerlendirme, değer biçme, takdir etme
bewilligen /bı'viligın/ *vt* (birisine bir şeyi) vermek, bahşetmek, ihsan etmek; uygun görmek, kabul etmek, onaylamak; izin vermek; maaş bağlamak; muvafakat etmek, rıza göstermek ***bewilligte Gelder*** tahsisat, ödenekler
Bewilligung /bı'viligung/ *f* verme, bahşetme; uygun görme, kabul etme, onama; izin verme; maaş bağlama; muvafakat etme
bewirken /bı'virkın/ *vt* (bir şeye) neden olmak, sebep olmak, sebebiyet vermek, yol açmak; meydana getirmek, yapmak
bewirten /bı'virtın/ *vt* (misafir) ağırlamak, yedirip içirmek, yiyecek ikram etmek; misafir etmek
bewirtschaften /bı'virtşaftın/ *vt* yönetmek, idare etmek, işletmek; düzene sokmak; (devletçe) dağıtmak
Bewirtschaftung /bı'virtşaftung/ *f* idare etme, yönetme, işletme
Bewirtung /bı'virtung/ *f* (ikram edilen) yiyecek içecekler, ikram; ağırlama, misafirperverlik, konukseverlik
bewohnbar /bı'vo:nba:r/ *s* içinde oturulabilir, ikamet edilebilir; konut olmaya uygun
bewohnen /bı'vo:nın/ *vt* ikamet etmek,

oturmak

Bewohner /bı'vo:nır/ *m* mukim, oturan, ikamet eden, sakin

bewölken /bı'völkın/ *vr* bulutlanmak, (hava) bulutlarla kaplanmak; surat asmak, kaşlarını çatmak, somurtmak; gölgelemek

bewölkt /bı'völkt/ *s* bulutlu; asık suratlı; endişeli

Bewölkung /bı'völkung/ *f* bulutlanma, havanın kapanması; bulutlar

Bewölkungszunahme /bı'völkungstsu:na:mı/ *f* bulutlanma

Bewunderer /bı'vundırır/ *m* hayran, hayran olan, çok beğenen kimse

bewundern /bı'vundırn/ *vt* hayran olmak, çok beğenmek; hayret etmek ***jdn bewundern*** (birisine) hayran olmak ***etw bewundern*** (bir şeye) hayran olmak

bewundernswert /bı'vundırnsve:rt/ *s* takdire şayan, takdire değer

Bewunderung /bı'vundırung/ *f* hayranlık, çok beğenme; hayret ***Bewunderung erregen*** hayranlık uyandırmak

bewusst /bı'vust/ *s* bilinçli

bewusstlos /bı'vustlos/ *s* bilinçsiz, şuursuz, kendinden geçmiş

bezahlen /bı'tsa:lın/ *vt* ödemek, tediye etmek; borcunu ödemek; para vermek; (cezasını) ödemek, (suçun bedelini) ödemek; tazmin etmek; *kon* yemek ısmarlamak ***jdn bezahlen*** (birisine) ödeme yapmak

Bezahlung /bı'tsa:lung/ *f* ödeme, tediye; ücret, bedel ***Bezahlung gegen Dokumente*** belge karşılığı ödeme

bezähmen /bı'tse:mın/ *vt* zaptetmek; egemen olmak; boyunduruğu altına almak; (hayvan) eğitmek, terbiye etmek ***sich bezähmen*** kendini tutmak; nefsini hâkim olmak

bezaubern /bı'tsaubırn/ *vt* büyülemek, sihirlemek; tutkun etmek, etkilemek; göz kamaştırmak ***ein bazauberndes Mädchen*** etkileyici bir kız, büyüleyici bir kız

bezaubernd /bı'tsaubırnt/ *s* göz alıcı, büyüleyici, sihirleyici; *mec* ateşli, cilveli

bezeichnen /bı'tsayhnın/ *vt* işaretlemek, işaret etmek, nişan koymak, göstermek; damgalamak, markalamak; isimlendirmek, adlandırmak; nitelendirmek; belirtmek, delalet etmek ***eine bezeichnete Straße*** işaretleri konmuş bir cadde

bezeichnend /bı'tsayhnınt/ *be* ayırt edici özellik, karakteristik, tipik; manalı, anlamlı

Bezeichnung /bı'tsayhnung/ *f* sembol, simge, işaret, marka, etiket; söz, laf, tabir; isim, ad; tavsif

bezeigen /bı'tsaygın/ *vt* göstermek; (dileklerini) sunmak, ifade etmek, arz etmek ***sich dankbar bezeigen*** şükran borcunu ödemek

bezeugen /bı'tsoygın/ *vt* tanıklık etmek, tanıklık yapmak, şahadet etmek; belgelemek, ispatlamak; tevsik etmek, belgelemek; belli etmek; onaylamak, tasdik etmek; doğrulamak ***Mut bezeugen*** cesaret göstermek

bezichtigen /bı'tsihtigın/ *vt* (birisine) suç atmak, suç yüklemek; (birisini bir şeyle) suçlamak; iftira atmak

beziehen /bı'tsi:ın/ *vt* (bir şeyin üzerine bir şey) örtmek, kaplamak, üzerine geçirmek; taşınmak; (para) almak, sızdırmak; abone olmak; ilişkili görmek, bağlamak; çarşaf örtmek; satın almak(yastık) kaplamak; nöbete girmek; (üniversite) girmek; *ask* işgal etmek; tatbik etmek, uygulamak ***ein Haus beziehen*** eve taşınmak ***etw mit etw beziehen*** (bir şeyin üzerine bir şey) geçirmek ***sich beziehen*** ilgili olmak, ilişkili olmak; (hava) bulutlanmak

Bezieher /bı'tsi:ır/ *m* abonman, abone; *tic* keşideci

Beziehung /bı'tsi:ung/ *f* ilişki, bağlantı, alaka, münasebet; bağıntı, görelik, bakım; bağlılık ***Beziehungen abbrechen*** (birisiyle) selamı sabahı kesmek ***Beziehungen aufnehmen*** ilişki kurmak ***Beziehungen haben*** ilişkisi olmak ***Beziehungen zur Öffentlichkeit*** halkla ilişkiler ***in dieser Beziehung*** bu bakımdan, bu açıdan ***in jeder Beziehung*** her bakımdan, her açıdan ***in keiner Beziehung*** hiçbir surette ***intime Beziehungen mit jdm haben*** (birisi ile) cinsel ilişkide bulunmak

Beziehungskiste /bı'tsi:ungskistı/ *f kon* mec. abw ilişki

beziehungsweise /bı'tsi:ungsvayzı/ *be* daha doğrusu, kısacası, yani, yahut

beziffern /bı'tsifırn/ *vt* rakam koymak, numaralamak

Bezirk /bı'tsirk/ *m* ilçe, kaza, kaymakamlık; bucak, nahiye; il, şehir, vilayet, kent;

semt, çevre, muhit, mahalle; saha, alan, mahal, yer, bölge; sektör, alan; dolay, etraf; bölge, mıntıka

Bezirksgericht /bı'tsirksgırih**t**/ *n* bölge mahkemesi; eyalet mahkemesi

bezirzen /bı'tsirtsın/ *vt* baştan çıkarmak, etkilemek; büyülemek; yüzüne gülerek başka bir şey elde etmek

Bezug /bı'tsu:k/ *m* (yatak) örtü, çarşaf, yüz; gelir, rant; maaş, aylık, ücret; ilgi, ilişki, alaka, bağ, bağıntı; satın alınma; teslim, tesellüm; *müz* tel ***an jdn Bezug haben*** (birisini) ilgilendirmek ***in Bezug auf*** hakkında, hususunda, dair ***in Bezug setzen*** (iki şey, konu) arasında ilişki kurmak ***Bezug nehmen auf*** dayanmak, istinat etmek ***mit Bezug auf*** üzerine, hakkında ***Zahlung bei Bezug*** teslimde ödemeli, ücreti alıcı tarafından ***Bezug auf jdn haben*** (birisi ile) ilgili olmak

bezüglich /bı'tsü:kli**h**/ *s* hakkında, üzerine, ait, ilişkin, ilgili, dair ***bezügliches Fürwort*** *dilb* ilgi zamiri, ilgi adılı

Bezugnahme /bı'tsu:kna:mı/ *f* dayanma, istinat, yüklem ***mit Bezugnahme auf*** istinaden, dayanarak

Bezugsperson /bı'tsu:ksperzo:n/ *m ruhb* ana-baba

Bezugsrecht /bı'tsu:ksre**h**t/ *n huk* rüçhan hakkı

Bezugsschein /bı'tsu:ksşayn/ *m* kart; vesika, karne

bezuschussen /bı'tsu:şusın/ *vt* sübvanse etmek, maddi destekte bulunmak; tahsisat çıkarmak, tahsisat bağlamak

bezwecken /bı'tsvekın/ *vt* amacı olmak, hedef tutmak, amaçlamak, kastetmek, istemek

bezweifeln /bı'tsvayfıln/ *vt* şüphe etmek, şüpheyle karşılamak; inanmamak ***etw bezweifeln*** (bir şeyi) şüpheli karşılamak

bezwingen /bı'tsvingın/ *vt* yenmek, galip gelmek, mağlup etmek, alt etmek; egemen olmak; boyunduruğu altına almak, emri altına almak; zaptetmek, zorlamak ***den Feind bezwingen*** düşmanı yenmek ***sich bezwingen*** kendine hâkim olmak, nefsine hâkim olmak

Bezwinger /bı'tsvingır/ *m* galip, yenen, fatih

Biathlon /'bi:atlon/ *n sp* kayakta bir spor dalı

bibbern /'bibırn/ *vi* titremek, tir tir titremek ***bibbern vor etw*** (bir şeyden) korkmak

Bibel /'bi:bıl/ *f* Kitab-ı Mukaddes, Tevrat ve İncil, eski ahit ve yeni ahit

bibelfest /'bi:bılfest/ *s* İncilin parçalarını ezbere bilen

Biber /'bi:bır/ *m hayb* kunduz; (kumaş) pazen

Bibliothek /biblio'te:k/ *f* kitaplık, kütüphane, bibliyotek; (evde) kitap odası, kitaplık; (dolapta) kitap rafı

Bibliothekar /bibliote'ka:r/ *m* kütüphaneci

biblisch /'bi:bliş/ *s* Tevrat ve İncil ile ilgili, Kitabı Mukaddes ile ilgili ***das biblische Alter*** *kon* yaş olarak çok, çok yaşlı

Bidet /bi'de:/ *n* bide, tuvalette taharet klozeti

bieder /'bi:dır/ *s* mert, namuslu, kalbi temiz; teklifsiz, kaba; iyi niyetli, saf

Biederkeit /'bi:dırkayt/ *f* temiz kalplilik; alçakgönüllülük; namusluluk; iyi niyetlilik, saflık

Biedermann /'bi:dırman/ *m* temiz kalpli, saf; namuslu adam; iyi niyetli adam; safdil

Biedermeier /'bi:dırmayır/ n(Almanya'da 19. yy) sanat akımı

biegen /'bi:gın/ *vt* bükmek, eğmek, eğriltmek, kıvırmak; *vi kon* köşeyi dönmek, voleyi vurmak ***sich biegen*** bükülmek, eğilmek, eğrilmek, kıvrılmak; acıdan iki büklüm olmak; gülmekten katılmak ***um die Ecke biegen*** *kon* köşeyi dönmek

biegsam /'bi:kza:m/ *s* bükülgen; kolay bükülebilir, kolay eğilebilir, kolay eğrilebilir, kolay kıvrılabilir; yumuşak, elastiki; (kemik) oynak, oynar; (kişi) mülayim, yumuşak; *kon* hemen boyun eğen

Biegsamkeit /'bi:kza:mkayt/ *f* esneklik; bükülgenlik

Biegung /'bi:gung/ *f* bükülüm, eğrilik; dönemeç, kıvrım, viraj, büküm; dolambaç, dirsek; *dilb* çekim

Biene /'bi:nı/ *f hayb* arı; *mec* genç kız ***fleißig wie eine Biene*** arı gibi çalışkan

Bienenhonig /'bi:nın**ho**:ni**h**/ *m* bal, arı balı

Bienenkönigin /'bi:nınkö:nigin/ *f hayb* kraliçe arı; arıbeyi

Bienenschwarm /'bi:nınşvarm/ *m hayb* arı sürüsü, arı oğulu

Bienenstich /'bi:nınşti**h**/ *m* arı sokması, arı ısırması; bir cins pasta

Bienenstock /'bi:nınştok/ *m* arı kovanı

B

Bier /bi:r/ *n* bira
Bierbrauer /'bi:rbrauır/ *m* bira fabrikatörü
Bierdeckel /'bi:rdekıl/ *m* bira bardağı altlığı
Bierflasche /'bi:rflaşı/ *f* bira şişesi
Biergarten /'bi:rgartın/ *m* bahçeli birahane
Bierglas /'bi:rgla:s/ *n* bira bardağı
Bierkasten /'bi:rkastın/ *m* bira kasası
Bierkrug /'bi:rkru:k/ *m* ağzı kapaklı ve camdan yapılma bira sürahisi
Bierzelt /'bi:rtselt/ *n* bira çadırı, bira satımı amacıyla festival gibi yerlerde kurulan bira satış çadırı
Biest /'bi:st/ *n* canavar; *kon* (küfür) itoğlu, adi herif, canavar; *kon* sinsi şey, içten pazarlıklı
bieten /'bi:tın/ *vt* önermek, sunmak, teklif etmek, arz etmek, takdim etmek, vermek; 'açık artırmada) pey sürmek, artırmak; vaadetmek; *isk* deklare etmek, konuşmak ***die Hand bieten*** elini uzatmak ***die Stirn bieten*** karşı gelmek ***einen guten Morgen bieten*** iyi sabahlar dilemek ***sich bieten*** (fırsat) sırası gelmek, denk düşmek, ayağına gelmek ***sich etw bieten lassen*** göz yummak, görmezlikten gelmek ***jdm die Spitze bieten*** (birisine) karşı koymak, dayanmak, direnmek
Bigamie /bi:ga'mi:/ *f* çifte evlilik, iki karılılık, iki kadınla evlilik
bigott /bi'gat/ *s* sofu, kaba sofu, yobaz, mutaassıp
Bikini /bi'ki:ni/ *m* bikini, iki parçalı mayo
Bilanz /bi'lants/ *f tic* bilanço ***Bilanz in Staffelform*** *tic* aktif ve pasif bilançosu ***Bilanz ziehen*** bilanço çıkarmak
bilanzieren /bilan'tsi:rın/ *vt tic* bilanço çıkarmak
Bild /bilt/ *n* resim; tablo; suret; tasvir, şekil; sembol, simge; fikir, ide, görüş, düşünce, düşünüş; bakış, nazar; manzara, görünüm, görünüş; heykel; hoş bir şey, güzel bir şey; surat, figür; hayal, görüntü; *tiy* sahne; hatıra ***Bild des Grauens*** korkunç manzara ***von etw ein Bild geben*** bir şeyi tasvir etmek ***im Bilde sein über etw*** haberi olmak, bilgi sahibi olmak ***ins Bild setzen*** haberdar etmek, bilgi vermek ***von etw sich ein Bild machen*** (bir şeyi) tahmin etmek
Bildband /'biltbant/ *m* albüm, fotoğraf albümü
bilden /'bildın/ *vt* biçim vermek, şekillendirmek; teşkil etmek, teşekkül ettirmek; bilgi vermek, haberdar etmek; eğitmek; örgütlendirmek, teşkilatlandırmak; oluşturmak, yapmak; olmak ***einen Satz bilden*** cümle kurmak ***jdn bilden*** (birisini) eğitmek ***nach einem Muster bilden*** bir modele bakarak yapmak ***sich bilden*** oluşmak, meydana gelmek; bilgi edinmek, aydınlanmak, fikir sahibi olmak; gelişmek ***sich eine Meinung bilden*** fikir edinmek
Bilderbuch /'bildırbu:h/ *n* resimli kitap ***wie im Bilderbuch*** çok nefis, çok güzel
Bilderrahmen /'bildırra:mın/ *m* resim çerçevesi
Bilderrätsel /'bildırre:tsıl/ *n* resimli bulmaca
Bildfläche /'biltflehı/ *f* ekran; görüş alanı, bakış alanı; resim yapılan yüzey; *sin* perde ***auf der Bildfläche erscheinen*** ortaya çıkmak, görünmek ***von der Bildfläche verschwinden*** sıvışmak, tüymek, ortadan kaybolmak
Bildhauer /'bilthauır/ *m* heykeltıraş
Bildhauerkunst /'bilthauırkunst/ *f* heykel sanatı
bildhübsch /'bilthüpş/ *s kon* resim gibi güzel, çok güzel, nefis; *kon* huri, ay parçası
bildlich /'biltlih/ *s* tasviri, temsili, mecazi ***bildliche Bedeutung*** mecazi anlam ***bildliche Darstellung*** mecazi anlatım ***bildlicher Ausdruck*** mecazlı bir anlatım, tasviri bir ifade
Bildnis /'bildnis/ *n* portre; resim, şekil, tasvir
Bildröhre /'biltrö:rı/ *f* televizyon görüntü tüpü
Bildschärfe /'biltşerfı/ *f* resim netliği, resmin keskinliği
Bildschirm /'biltşirm/ *m* televizyon ekranı, görüntü ekranı
Bildschirmtext /'biltşirmtekst/ *n* elektronik ortamda depolanmış görüntü ve grafiklerin TV'de yayınlanabilir durumda olması, yayına getirilmesi
Bildstörung /'biltştö:rung/ *f* (TV) görüntü bozukluğu
Bildtelefon /'bilttelefo:n/ *n* görüntülü telefon
Bildung /'bildung/ *f* teşekkül, oluşuk; tesis, bünye, yapı, altyapı; talim ve terbiye, tahsil, eğitim, irfan; kültür, öğreti;

adabımuaşeret, bir insanın planlı fikri (manevi) şekillenmesi, oluşumu, kültür, eğitim, bilgi, irfan

Bildungslücke /'bildungslükı/ *f* eğitim eksikliği

Bildungspolitik /'bildungspoliti:k/ *f* eğitim politikası

Bildungsstand /'bildungsştant/ *m* eğitim durumu

Bildungsurlaub /'bildungsu:rlaup/ *m* eğitim amaçlı tatil

Bildungswesen /'bildungsve:zın/ *n* eğitimbilim, eğitbilim, talim ve terbiye

Bildunterschrift /'biltuntırşrift/ *f* manşet, lejant

Billard /'bilyart/ *n sp* bilardo ***Billard spielen*** bilardo oynamak

Billiarde /bil'yardı/ *f* bilyar, bin bilyon

billig /'bili**h**/ *s* ucuz, (fiyat) ehven, uygun; elverişli, makul, uygun, mutedil; insaflı, hakkaniyetli; tasarruflu, idareli; boş, anlamsız, değersiz, boş ***billig erstehen*** ucuza almak, ucuza getirmek ***billiger werden*** ucuzlamak ***billiges ermessen*** makul ölçü ***billiges Geld*** *tic* ucuz para ***ein billiges Verlangen*** haklı bir istek, yerinde bir talep ***eine billige Ausrede*** *mec* sudan bahane

billigen /'biligın/ *vt* haklı bulmak, doğru bulmak, uygun görmek; kabul etmek, razı olmak, rıza göstermek; onaylamak, tasdik etmek

Billigung /'biligung/ *f* uygun bulma, kabul etme; onay, tasdik, teyit; rıza, muvafakat

Billigware /'bili**h**va:rı/ *f* ucuz mal

Billion /bil'yo:n/ *f* bilyon, bir milyon milyon

binär /bi'ne:r/ *s mat* ikili, iki birimden oluşan ***binär codiert dezimal*** ikili kodlu onlu ***binär codierte Darstellung*** ikili kodlu yazım ***binär gesetzte Dezimalschreibweise*** ikili kodlu onlu yazım ***binär verschlüsselte Dezimalziffer*** ikili kodlu onlu sayı ***binärcode für Dezimalziffern*** ikili kodlu onlu kod ***binäre Opposition*** ikili karşıtlık ***binäres Verschieben*** mantıksal kaydırma

Binärzahl /bi'ne:rtsa:l/ *f* ikili sayı

Binde /'bindı/ *f* sargı, bandaj, pansuman; bağ, bant; ince şerit; pazubant, kolluk, kolçak; kuşak, bel sargısı; kravat, boyunbağı

Bindegewebe /'bindıgıve:bı/ *n* bağdokusu

Bindehaut /'bindı**h**aut/ *f* (göz) konjonktif doku

Bindehautentzündung /'bindı**h**autenttsündung/ *f hek* konjonktivit, konjonktivite

Bindemittel /'bindımitıl/ *n* bağlayıcı; yapıştırıcı; tutturucu; (un, nişasta, yumurta gibi) koyulaştırıcı madde, kıvam verici madde; tutkal; çimento, harç

binden /'bindın/ *vt* sarmak, bağlamak, bağ yapmak; cilt yapmak; kelepçelemek, zincire vurmak, zincirlemek; yapıştırmak; çemberlemek; (çiçek) demetlemek; *müz* bağlamak, liyezon yapmak; *ask* tespit etmek ***Buch binden*** (kitap) ciltlemek ***sich binden*** bağlanmak; nişanlanmak/evlenmek

Bindestrich /'bindıştri**h**/ *m dilb* tire, birleştirme çizgisi, kısa çizgi

Bindewort /'bindıwort/ *n dilb* bağlaç

Bindfaden /'bindfa:dın/ *m* sicim, ip, kınnap ***es regnet Bindfäden*** *kon* sicim gibi yağmur yağıyor

Bindung /'bindung/ *f* bağ; bağlantı; bağlanma, bağlama; bağlılık; taahhüt, mecburiyet; *müz* liyezon; *ask* tespit; *kim* bağ, bağlantı; *kon* yakın ilişki

binnen /'binın/ *s* (zaman), esnasında, sırasında, içersinde, -iken ***binnen einer Woche*** bir hafta içinde ***binnen kurzem*** az sonra, birazdan

Binnengewässer /'binıngıvesır/ *pl* iç sular, ülkenin sahip olduğu akarsu ve göller

Binnenhafen /'binın**h**a:fın/ *m* iç liman

Binnenhandel /'binın**h**andıl/ *m* iç ticaret

Binnenmarkt /'binınmarkt/ *m* iç piyasa, dahili piyasa

Binse /'binzı/ *f* hasır, saz, kamış ***in die Binsen gehen*** *kon* kaybolmak, ortadan yokolmak

Binsenweisheit /'binzınvays**h**ayt/ *f* herkesçe malum, herkesin bildiği

Biochemie /bio**h**e'mi:/ *f* biyokimya

Biochemiker /bio'**h**e:mikır/ *m* biyokimyacı

biochemisch /bio'**h**e:miş/ *s* biyokimyasal

Biogas /'bi:oga:s/ *n* biyogaz

Biologe /bio'lo:gı/ *m* biyolog

Biologie /biolo'gi:/ *f* biyoloji

biologisch /bio'lo:giş/ *s* biyolojik; doğal maddelerden yapılma ***biologische Abwasserreinigung*** biyolojik olarak atıksuların arıtılması ***biologische Waffen*** *ask* biyolojik silahlar ***biologischer***

Abbau biyolojik bozunma

Biomasse /'bi:oması/ *f biy* biyokütle

Biomüll /'bi:omül/ *m* biyolojik atık, organik atık, organik çöp

Biophysik /bi:ofü'zi:k/ *f* biyofizik

Biorhythmus /'bi:orütmus/ *m* biyoritm

Biosphäre /bio'sfe:rı/ *f* biyosfer

Biotop /bio'to:p/ *m biy* biyotop

Birke /'birkı/ *f bitk* akkayın ağacı, huş ağacı

Birkenholz /'birkınholts/ *n* kayın ağacı kerestesi

Birnbaum /'birnbaum/ *m bitk* armut ağacı

Birne /'birnı/ *f bitk* armut, armut ağacı; *elek* ampul; *kon* baş, kafa

birnenförmig /'birnınförmih/ *s* armut biçiminde

bis /bis/ *ilg* -e kadar, -e dek, -e değin, - ila -, -ceye kadar, -caya kadar ; *ünl* müz. tekrar!, yine!, gene! ***bis Abend*** akşama kadar ***bis auf einen*** biri hariç hepsi ***bis auf weitere Order*** ikinci bir emre kadar ***bis auf weiteres*** yeni bir emre kadar ***bis Datio*** bugüne kadar, bugüne değin ***bis er kommt*** o gelinceye kadar ***bis in die Nacht hinein*** gece geç vakte kadar ***bis jetzt*** şimdiye kadar ***bis Köln*** Köln'e kadar ***bis Montag*** pazartesiye kadar ***bis vor 2 Monaten*** iki ay öncesine kadar ***bis wann?*** ne zamana kadar? ***bis wo?*** nereye kadar? ***bis zu mir*** bana kadar ***bis zum frühen Morgen*** ta sabaha kadar ***bis zum Tode*** ölene dek ***bis 50 Euro*** 50 Euroya kadar ***bis 9 Uhr*** saat 9'a kadar ***drei bis vier*** üç dört arası ***von ... bis ...*** -den -ya kadar ***von Kopf bis Fuß*** tepeden tırnağa kadar ***von 3 bis 5 Tagen*** 3 ila 5 gün zarfında

Bisamratte /'bi:zamratı/ *f hayb* misk faresi, maskeret

Bischof /'bişof/ *m* piskopos, despot, metropolit; şaraptan yapılan bir cins içki

bischöflich /'bişöflih/ *s* piskoposa ait, piskoposa özgü ***bischöfliche Residenz*** piskoposhane, piskoposevi

Bischofssitz /'bişofszits/ *m* piskoposa ait ruhani bölgenin merkezi

Bisexualität /'bi:zeksualite:t/ *f biy* iki cinsiyetlilik, çift cinsiyetlilik

bisexuell /'bi:zeksuel/ *s biy* çift cinsiyetli, erkek ve dişi cinsel organı taşıyan; hem erkeklerle hem de kadınlarla cinsel ilişki kuran, biseksüel

bisher /bis'he:r/ *be* şimdiye kadar, buraya kadar, bugüne kadar; eskiden olduğu gibi

bisherig /bis'he:rih/ *s* şimdiye kadarki

Biskuit /bis'kvit/ *n* bisküvi

Biskuitteig /bis'kvittayk/ *m* bisküvi hamuru

bislang /bis'lang/ *be* şimdiye kadar, buraya kadar, bugüne kadar

Bison /'bi:zon/ *m hayb* bizon, amerikan bizonu, hörgüçlü yabani öküz

Biss /bis/ *m* ısırma, sokma; ısırık, ısırılan yer, sokuş; ısırık yarası, sokma yarası; *hek* üst dişlerle alt dişlerin uyumu ***der Biss des Gewissens*** vicdan azabı

Bisschen /'bishın/ *n* küçük parça, az bir miktar ***ein Bisschen*** azıcık, biraz ***ein ganz klein Bisschen*** çok küçük bir parça ***nicht ein Bisschen*** hiç ***noch ein Bisschen*** birazcık daha

Bissen /'bisın/ *m* lokma; yemek parçası; atıştırma ***ein fetter Bissen*** *mec* yağlı lokma, yağlı müşteri ***der letzte Bissen*** son parça

bissig /'bisih/ *s* (hayvan) ısıran, ısırgan; saldırgan, azgın; kavgacı, hırçın; (söz) batıcı, iğneleyici, kinayeli ***bissige Frau*** mahalle karısı, hırçın kadın ***bissiger Hund*** ısırgan köpek

Bissigkeit /'bisihkayt/ *f* ısırıcılık; saldırganlık; hırçınlılık, kavgacılık; batıcı alaylama

bisweilen /bis'vaylın/ *be* ara sıra, arada bir, bazan, zaman zaman, vakit vakit

Bit /bit/ *n biliş* iki değer arasında seçim yapan bilgi; bit, ikil

Bitte /'bitı/ *f* rica, istek, dilek; yalvarma, yakarma, istirham ***eine Bitte an jdn richten*** (birisinden bir şeyi) rica etmek ***eine Bitte erfüllen*** bir ricayı yerine getirmek ***eine Bitte zurückweisen*** bir ricayı geri çevirmek ***ich habe eine Bitte*** bir ricam var

bitte /'bitı/ *be* lütfen, rica ederim; buyrun; bir şey değil ***bitte herein!*** buyrun, içeri girin ***bitte schön!*** buyrun; rica ederim ***bitte sehr!*** buyrun! ***ja bitte!*** buyrun! ***na bitte!*** gördün mü!, bak!

bitten /'bitın/ *vt* rica etmek, dilemek, istemek; yardım istemek, ricada bulunmak; (birisini) çağırmak, davet etmek; (okul) söz istemek, el kaldırmak ***bitten und betteln*** yalvarıp yakarmak; *mec* salya sümük yalvarmak ***bittendes Wort*** ricakâr ***jdn um etw bitten*** (birisinden

B

bir şey) rica etmek ***sich bitten lassen*** nazlanmak, naz yapmak

bitter /'bitır/ *s* acı, zehir gibi; dokunaklı, acı, etkili; sert, keskin; acıtan, acıtıcı, ağrı verici; *be* çok ***bitter bereuen*** dizini dövmek; pişman olmak ***bitter Schokolade*** bitter çikolata, acı çikolata ***bitter werden*** ağır sözler söylemeye başlamak ***bittere Erfahrung*** acı deneyim ***bittere Kälte*** şiddetli soğuklar ***bittere Not*** büyük kıtlık ***bittere Orange*** *bitk* turunç ***bittere Tränen*** acı gözyaşları ***bittere Schicksal*** acı kader ***bittere Worte*** acı sözler

bitterernst /bitır'ernst/ *s* çok ciddi, durumu vahim

bitterkalt /bitır'kalt/ *s* dondurucu soğuk, çok soğuk

Bitterkeit /'bitırkayt/ *f* acılık; acı dolu, kırgınlıkla dolu

bitterlich /'bitırlih/ *s* acımsı, acımtırak ***bitterlich weinen*** acıyla ağlamak, acı acı ağlamak

Bitternis /'bitırnis/ *f* acılık; acı dolu, kırgınlıkla dolu

Bittgesuch /'bitgızu:h/ *n* dilekçe, arzuhal

Bittsteller /'bitştelır/ *m* dilekçe sahibi, arzuhal sahibi; dilekçi, müstedi

bitzeln /'bitsıln/ *vt* küçük küçük doğramak

bizarr /bi'tsar/ *s* garip, tuhaf, şaşırtıcı

Bizeps /'bi:tseps/ *m anat* üst kol kası, biseps

blähen /'ble:ın/ *vt/vi* şişirmek, kabartmak; *hek* gaz çıkartmak ***sich blähen*** şişmek, kabarmak; *mec* böbürlenmek, şişinmek

blamabel /bla'ma:bıl/ *s* utandırıcı, mahcup edici, mahcup eden

Blamage /bla'ma:jı/ *f* rezalet; ayıp, gülünç durum; rezil olma, gülünç duruma düşme

blamieren /bla'mi:rın/ *vt* (birisini) rezil etmek, gülünç duruma düşürmek, kepaze etmek; utandırmak, küçük düşürmek; *mec* karizmasını çizmek ***sich blamieren*** pot kırmak, *mec* çam devirmek; rezil olmak

blanchieren /blanşi:rın/ *vt* (bir şeyi) kaynar suya atmak, kaynar suya daldırmak, haşlamak

blank /blank/ *s* parlak, parlayan, parlayıcı; temiz, saf; (para) çil; çıplak, açıkta, sergisiz, örtüsüz; yalın; parasız pulsuz, meteliksiz; aşınmış, eskimiş ***blank putzen*** tertemiz yapmak ***blanke Erde*** açık arazi ***blanke Worte*** boş sözler ***blanker Draht*** çıplak tel ***blanke Waffen*** ateşsiz silahlar ***blanker Wahnsinn*** saçma sapan

blanko /'blanko/ *s* doldurulmamış belge, boş kâğıt ***blanko Trassierung*** *tic* açık keşide

Blankoscheck /'blankoşek/ *m tic* açık çek

Blankounterschrift /'blankountırşrift/ *f* açığa imza

Blankovollmacht /'blankofolmaht/ *f* açık vekâlet, genel vekâlet; tam yetki

Blase /'bla:zı/ *f* kabarcık, hava kabarcığı; *anat* sidiktorbası; öd kesesi; *kim* imbik; kovuk, oyuk; *kon* serseri takımı

Blasebalg /'bla:zıbalk/ *m* körük

blasen /'bla:zın/ *vi* üflemek, üfürmek; *vt* üfleyerek şekil vermek; üfleyerek ses çıkarmak; *mec* oral seks yapmak, saksofon çekmek ***der Wind bläst*** rüzgâr esiyor

Blasenentzündung /'bla:zınentsündung/ *f hek* mesane iltihabı, sistit

Bläser /'ble:zır/ *m müz* nefesli alet çalan; (camcılık) üfürücü, şişirici; *mad* grizu patlaması

blasiert /bla'zi:rt/ *s* züppe, burnu havada, kendini beğenmiş; doygun

Blasinstrument /'bla:sinstrument/ *n müz* nefesli müzik aleti

Blaskapelle /'bla:skapelı/ *f müz* üflemeli çalgı çalan müzik grubu

Blasphemie /blasfe'mi:/ *f* Allaha küfretme, kutsal şeylere küfretme

blass /blas/ *s* solgun, soluk, sapsarı, beti benzi atmış (kişi) ***blass werden*** sararmak, beti benzi atmak ***immer blasser werden*** sararıp solmak

Blässe /'blesı/ *f* solgunluk, sararma, beti benzi sararma; renk uçukluğu; renksizlik, özelliksizlik

Blatt /blat/ *n* (kâğıt) sayfa; *bitk* yaprak; gazete, dergi; *mad* evrak, belge, varaka; *isk* kâğıt; (kesici alette) düz taraf, keser taraf; (silah) namlu; (kürek) pala ***Blätter bekommen*** (ağaç) yapraklanmak ***dürres Blatt*** *müz* gazel ***ein Blatt Papier*** bir sayfa kâğıt ***kein Blatt vor den Mund nehmen*** lafını esirgememek, sözünü esirgememek ***vom Blatt singen*** yüzünden okumak, suratından anlamak ***vom Blatt spielen*** *müz* notaya bakarak çalmak

blättern /'bletırn/ *vi* sayfaları karıştırmak;

B

vt tek tek koymak, teker teker koymak; birer birer saymak ***es blättert*** pul pul dökülüyor; yaprak yaprak ayrılıyor, tabaka tabaka ayrılıyor ***sich blättern*** pul pul dökülmek, yaprak yaprak dökülmek
Blätterteig /'bletırtayk/ *m* yufka
Blattwerk /'blatverk/ *n* ağaç yaprağı
Blau /blau/ *n* (renk) mavi; mavilik; çivit ***Blau des Himmels*** gökyüzünün maviliği ***ins Blaue hinein*** rasgele, gelişigüzel ***ins Blaue fahren*** (bir hedef belirlemeden) yola çıkmak
blau /blau/ *s* mavi; *kon* sarhoş, kafayı bulmuş; (yüz) mor ***blau machen*** işten kaçmak, işten kaytarmak ***blau sein*** *kon* sarhoş olmak ***blau werden*** *kon* sarhoş olmak ***blaue Bohne*** *ask* mermi ***blaue Jungs*** gemiciler ***blaue Perle*** nazar boncuğu, mavi boncuk ***blauer Dunst*** hayal görme ***blauer Fleck*** morartı, morarmış yer ***blauer Korund*** *mad* safir ***blaues Augen*** mavi göz; *kon* morarmış göz ***das blaue Auto*** mavi araba ***der blaue Planet*** mavi gezegen, yer yüzü ***ein blaues Wunder erleben*** çok şaşırmak ***vor Kälte ganz blau werden*** soğuktan morarmak
blauäugig /'blauoygih/ *s* mavi gözlü; avanak, saf
Blaubeere /'blaube:rı/ *f bitk* yabanmersini
Blauhelm /'blauhelm/ *m* (BM) Barış Gücü askeri
Blaukraut /'blaukraut/ *n bitk* kırmızı lahana
bläulich /'bloylih/ *s* mavimsi, maviye kaçan, mavimtırak, maviyi andıran; *kon* yaralanmış
Blaulicht /'blauliht/ *n* mavi ışık; siren lambası; *hek* kısa dalga ışık
blaumachen /'blaumahın/ *trvi kon* işten kaytarmak, (yalan mazeretle) işten kaçmak
Blaumeise /'blaumayzı/ *f hayb* mavi baştankara; dağ isketesi
Blaupause /'blaupauzı/ *f* mavi kopya
Blausäure /'blauzoyrı/ *f kim* asit hidrosiyanik
Blazer /'bleizı/ *m* blazer ceket; açık renkli spor tarz ceket
Blech /bleh/ *n* teneke, sac, madeni levha; *müz* madeni müzik aletleri; *kon* boş laf, saçma, lakırdı, zırva, safsata ***auf Blech hauen*** böbürlenmek ***Blech reden*** zırvalamak, saçmalamak, saçma sapan konuşmak
Blechdose /'blehdo:zı/ *f* teneke kutu
blechen /'blehın/ *vt/vi* (para) ödemek, vermek, tediye etmek; *mec* paraları uçlanmak, parayı bayılmak
Blechlawine /'blehlavi:nı/ *pl* trafikte ard arda dizilmiş arabalar
Blechschaden /'blehşa:dın/ *m* (kazada) maddi hasar, ziyan
Blei /blay/ *m hayb* çapakbalığı, karagöz balığı; *n mad* kurşun; *ask* kurşun, mermi; *kon* kurşun kalem; *kon* ağırlık hissi; iskandil
Bleibe /'blaybı/ *f* mesken, ikametgâh; konaklayacak yer, misafirhane
bleiben /'blaybın/ *vi* kalmak, durmak; (geriye) artmak, artakalmak; yatıya kalmak; (otel) kalmak, yatmak; geç kalmak, gecikmek; şehit düşmek; ısrar etmek ***bleiben an etw*** devam etmek, sürmek, süregelmek ***das bleibt unter uns!*** aramızda kalsın! ***Es bleibt dabei!*** sözüm söz! ***treu bleiben*** sadık kalmak
bleich /'blayh/ *s* (renk, yüz) soluk, uçuk, sararmış, solmuş, kül gibi ***bleich werden*** sararmak, rengi atmak, beti benzi solmak
bleichen /'blayhın/ *vt* (çamaşır) ağartmak, beyazlatmak; *vi* ağarmak, beyazlamak, rengi kaçmak
Bleichmittel /'blayhmitıl/ *n tek* ağartma maddesi
bleifrei /'blayfray/ *s* kurşunsuz; *kon* kurşunsuz benzin
bleihaltig /'blayhaltih/ *s* kurşunlu, kurşun içeren
Bleistift /'blayştift/ *m* kurşunkalem
Bleistiftspitzer /'blayştiftşpitsır/ *m* kalemtıraş, kalem açacağı
Blende /'blendı/ *f* (göz) iris; *fot* diyafram; güneşlik; *ask* siperlik; mazgal; at gözlüğü; *den* lombaz deliği
blenden /'blendın/ *vt* göz kamaştırmak, köreltmek, kör etmek; *kon* hayran bırakmak, gözlerini kamaştırmak; göz boyamak, fena yanları yok etmek; kör etmek, gözlerini çıkarmak; (büyü) göz bağlamak; (renk) koyulaştırmak; donuklaştırmak
blendend /'blendınt/ *s* göz alıcı, göz kamaştırıcı, parlak; çok güzel, müthiş ***blendende Frau*** göz kamaştırıcı kadın; çok güzel kadın ***blendende Zähne*** pırıl pırıl parlayan dişler ***blendendes Licht***

göz kamaştırıcı ışık

Blick /blik/ *m* bakış, nazar; görünüm, görünüş, manzara; göz ifadesi; gamze; nazar, göz değme, kemgöz ***auf den ersten Blick*** ilk bakışta, bir bakışta, hemen ***Blick werfen*** göz atmak, gözden geçirmek ***Blicke tauschen*** bakışmak, *mec* kesişmek ***böser Blick*** kem göz ***einen Blick werfen auf jdm*** göz atmak, bakış fırlatmak, bakmak ***keinen Blick haben*** dikkate almamak, önem vermemek, nazarı dikkate almamak ***Liebe auf den ersten Blick*** ilk görüşte âşık olmak ***sprechende Blicke*** konuşan gözler, anlamlı gözler

blicken /'blikın/ *vi* bakmak, göz atmak; gözünü dikerek bakmak; gözlerle ifade etmek, bakışlarla anlatmak; görünmek; bakışmak ***in die Zukunft blicken*** geleceği görmek ***sich blicken lassen*** kendini göstermek, görünmek ***zur Erde blicken*** (utancından) yere bakmak

Blickfang /'blikfang/ *m* dikkat çekici şey, göze batan şey

Blickfeld /'blikfelt/ *n* görüş alanı, görüş sahası; *kon* (konu) odak nokta

Blickpunkt /'blikpunkt/ *m* bakış açısı

Blickwinkel /'blikvinkıl/ *m* görüş açısı, bakış açısı

blind /blint/ *s* kör, âmâ, görme özürlü; *mec* dünyadan bihaber; (ayna) donuk, mat; *ask* kurusıkı ***blind sein gegen etw*** ilgisiz olmak, lakayt olmak ***blinde Gasse*** çıkmaz sokak ***blinde Tür*** sahte kapı ***blinder Lärm*** kuru gürültü ***blinder Passagier*** kaçak yolcu, biletsiz yolcu

Blinddarm /'blintdarm/ *m anat* körbarsak, apandis

Blinddarmentzündung /'blintdarmentsündung/ *f hek* körbarsak iltihabı, apandisit

Blinddarmoperation /'blintdarmoperatsyo:n/ *f hek* apandisit ameliyatı

Blinde(r) /'blindı(r)/ *m/f* kör, âmâ, görme özürlü, gözleri görmeyen

Blindenhund /'blindınhunt/ *m* körlere eşlik eden köpek

Blindenschrift /'blindınşrift/ *f* körler alfabesi

Blindgänger /'blintgengır/ *m* serseri, mermi, serseri mayın; patlamamış top mermisi; *mec* işe yaramaz adam, beş para etmez adam

Blindheit /'blinthayt/ *f* körlük, âmâlık; göz karası

Blindschleiche /'blintşlayhı/ *f hayb* babaköş

blindwütig /'blintvü:tih/ *s* körükörüne; çok kızgın, öfkesi burnunda

blinken /'blinkın/ *vi* pırıldamak, parıldamak, parlamak; göz kırpmak; *ask* pırıldakla haberleşmek

Blinker /'blinkır/ *m* sinyal lambası; (yanıp sönen) ikaz lambası; olta yemi; *ask* pırıldakla işaret veren, pırıldakçı

Blinklicht /'blinkliht/ *n oto* sinyal ışığı, sinyal lambası

blinzeln /'blintsıln/ *vi* göz kırpmak

Blitz /blits/ *m* şimşek, yıldırım; aşırı sürat; aşırılık belirten sözcük; (fikir) aniden bulma, çakma ***vom Blitz getroffen*** yıldırım çarpmış ***wie ein Blitz*** şimşek gibi, yıldırım gibi; şimşek hızıyla

Blitzableiter /'blitsaplaytır/ *m* paratoner, yıldırımsavar

Blitzaktion /'blitsaktsyo:n/ *f* ani hareket

blitzartig /'blitsartih/ *s* yıldırım gibi, şimşek gibi, hemencecik

blitzblank /'blitsblank/ *s* tertemiz, pırıl pırıl

blitzen /'blitsın/ *vi* (şimşek) çakmak, (yıldırım) düşmek; parıldamak, parlamak, pırıldamak; *fot* flaş kullanmak ***es blitzt*** şimşek çakıyor ***es blitzt und donnert*** şimşek çakıyor ve gök gürlüyor

Blitzgerät /'blitsgıre:t/ *n* flaş

Blitzkrieg /'blitskri:k/ *m* yıldırım savaşı, çabuk biten savaş

Blitzlicht /'blrtsliht/ *n fot* flaş

Blitzschlag /'blitsşla:k/ *m* yıldırım çarpması

blitzschnell /'blitsşnel/ *s* çarçabuk, hemencecik, şimşek hızıyla, şimşek gibi ***blittschnell reagieren*** aniden reaksiyon göstermek

Block /blak/ *m* blok, küme, yığın, kütle; grup, ittifak, blok; bloknot, not defteri; kalıp sabun; (orman) tomruk, kütük; *den* palanga, makaralı palanga; *mad* dökme, dökülmüş kitle

Blockade /blo'ka:dı/ *f ask* abluka, kuşatma, sarma; *hek* bazı duyumların yitimi ***Blockade durchbrechen*** ablukayı yarmak

Blockflöte /'blokflö:tı/ *f müz* blok flüt

blockfrei /'blokfray/ *s* bağlantısız, bir ittifaka veya bloğa girmemiş ülke

Blockhaus /'blokhaus/ *n* kütükten yapılma ev

blockieren /blo'ki:rın/ *vt* bloke etmek, abluka etmek, abluka altına almak; (para) bloke etmek; (tren) seferi durdurmak; engellemek

Blockschrift /'blokşrift/ *f* (matbaacılıkta) büyük harf

blöd /blö:t/ *s* aptal, ahmak, salak, avanak, gerzek, alık, ebleh, enayi, budala; utangaç, ürkek, çekingen; *kon* hoş olmayan, aptalca; saçma sapan, çocukça, budalaca; can sıkıcı; *hek* bunak ***blöder Kerl!*** sersem! ***blöder Quatsch*** saçma sapan, deli saçması

Blödheit /'blö:thayt/ *f* aptallık, salaklık, enayilik, budalalık; bunaklık; densizlik, münasebetsizlik

Blödsinn /'blö:tzin/ *m* saçmalık; *hek* ahmaklık; anlamsızlık; ahmaklık, budalalık

blödsinnig /'blö:tzinih/ *s* saçma; anlamsız, ahmak, budala

Blödsinnigkeit /'blö:tzinihkayt/ *f* anlamsızlık, manasızlık

blöken /'blö:kın/ *vi* (hayvan) böğürmek, bağırmak; (koyun) melemek

blond /blont/ *s* sarı; sarı saçlı, sarışın; az kızarmış ekmek; (bira) açık renkli ***hellblonde Frau*** açık sarı saçlı kadın ***dunkelblonde Haare*** kumral saç

Blonde(r) /'blondı(r)/ *m/f* sarışın

blondieren /blon'di:rın/ *vt* (saç) sarıya boyamak

Blondine /blon'di:nı/ *f* sarışın kadın

bloß /blo:s/ *s* çıplak, üryan, açık, yalın; ama, sadece; sakın; *be* ancak, bile, yalnız ***bloße Drohung*** kuru sıkı ***bloße Worte*** lafta kalmış sözler ***lass das bloß!*** bunu sakın yapma! ***mit bloßem Auge*** gözlüksüz, çıplak gözle ***mit bloßen Augen erkennbar*** çıplak gözle görülebilen ***mit bloßen Füßen*** yalınayak, çıplakayak ***mit der bloßen Hand*** el ile ***sei bloß ruhig!*** sakin ol!

Blöße /'blö:sı/ *f* çıplaklık, üryanlık, açıklık, yalınlık; (orman) açıklık, seyreklik; zayıf taraf ***sich eine Blöße geben*** zayıf tarafını göstermek

bloßlegen /'blo:sle:gın/ *trvt* (birisini) soymak, çırılçıplak hale getirmek; (meseleyi) tüm çıplaklığıyla ortaya koymak; (toprak) kazmak

bloßstellen /'blo:sştelın/ *trvt* (birisini) rezil etmek, kepaze etmek; itibarını ayaklar altına almak, *mec* (birisinin) karizmasını çizmek ***sich bloßstellen*** kendini küçük düşürmek, *kon* karizmayı çizdirmek

Bloßstellung /'blo:sştelung/ *f* (birisini) rezil etme, küçük düşürme

Bluff /blöf/ *m* blöf, kandırmaca; gösteriş, rol; *sp* şike

blühen /'blü:ın/ *vi* çiçek açmak, çiçeklenmek, çiçek vermek; *kon* gelişmek, büyümek ***der Handel blüht*** ticaret büyüyor ***Blume blüht*** çiçek açıyor

blühend /'blü:ınt/ *s* çiçek açmış, çiçeklenmiş, çiçekli; gelişen, büyüyen; canlı, parlak; (insan) genç; saçma, boş laf ***blühendes Land*** gelişmekte olan ülke ***blühendes Mädchen*** gelişen genç kız

Blume /'blu:mı/ *f bitk* çiçek; (bira, şarap) köpük; (hayvan) kuyruk ucu; (şarap) güzel koku; (et) kuşgömü ***durch die Blume sprechen*** *kon* kinayeli konuşmak ***rote Blume*** kırmızı çiçek

Blumenbeet /'blu:mınbe:t/ *n bitk* çiçek tarhı, çiçek ekimi için ayrılmış yer

Blumengeschäft /'blu:mıngışeft/ *n* çiçekçi, çiçekçi dükkânı, çiçek satışı yapan işyeri

Blumenhändler /'blu:mınhendlır/ *m* çiçekçi, çiçek satıcısı

Blumenkasten /'blu:mınkastın/ *m* balkonda çiçek büyütmeye yarayan çiçek kabı

Blumenkohl /'blu:mınko:l/ *m bitk* karnabahar

Blumenstrauß /'blu:mınştraus/ *m* çiçek demeti, çiçek buketi

Blumentopf /'blu:mıntopf/ *m* çiçek saksısı

blumig /'blu:mih/ *s* çiçekli, çiçeklerle kaplı; (konuşma) mecazlı, mecazi; (şarap) nefis kokulu

Bluse /'blu:zı/ *f* bluz; (doktor, hemşire, öğretmen) gömlek, önlük; denizci giysisi üstü; *ask* askeri ceket

Blut /blu:t/ *n* kan, dem; soy, nesil, ırk soy sop; mizaç, yapı, karakter, huy; kızıllık ***Bande des Blutes*** kan bağı, kan bağları ***blaues Blut*** soyluluk, asalet ***Blut entnehmen*** *hek* kan almak ***Blut lecken*** (bir şeyin) tadını almak, tadına varmak ***Blut sehen*** çok sinirlenmek ***Blut übertragen*** *hek* kan aktarmak, transfüzyon yapmak ***Blut und Wasser schwitzen*** çok korkmak ***Blut vergießen*** adam öldürmek, kan dökmek ***böses Blut machen*** kızdırmak, sinirlendirmek ***das Blut der Abendsonne*** akşam güneşi kızıllığı ***heißes Blut*** ateşli, sıcakkanlı ***heißes Blut haben*** *kon* canı tez olmak; sıcakkanlı olmak ***kaltes Blut bewahren*** *kon* soğukkanlılığını korumak ***Ruhig Blut!*** sakin ol! ***sich Blut abzapfen lassen*** *hek* kan aldırmak ***zum Bluten bringen*** kanatmak, kan akıtmak; *kon* çok para ödemek

blutarm /'blu:tarm/ *s hek* kansız, anemik; *mec* meteliksiz, beş parasız, yolsuz

Blutbad /'blu:tba:t/ *n* ortalığı kan götürme, katliam, çok adam öldürülmesi, kırım

Blutbahn /'blu:tba:n/ *f* kan dolaşımı, kan devridaimi

Blutdruck /'blu:tdruk/ *m hek* kan basıncı, tansiyon ***Blutdruck messen*** *hek* tansiyonunu ölçmek ***erhöhter Blutdruck*** *hek* tansiyon yüksekliği, hipertansiyon ***zu geringer Blutdurck*** *hek* tansiyon düşüklüğü, hipotansiyon

blutdürstig /'blu:tdürsti**h**/ *s* kana susamış, öldürme hırsı dolu, hunhar

Blüte /'blü:tı/ *f bitk* çiçek; en parlak dönem, altın çağ; seçkin, güzide; çiçek açma, çiçeklenme; en iyisi, en güzeli; sahte kâğıt para; *hek* çıban, kabarcık, sivilce; gençlik, delikanlılık; varlık, zenginlik, refah ***in der Blüte des Lebens*** yaşamın en verimli çağı

Blutegel /'blu:te:gıl/ *m hayb* sülük

bluten /'blu:tın/ *vi hek* kanamak, kan akmak, kan gelmek, kan kaybetmek; *kon* sızmak; *kon* fazla para ödemek ***an der Lippe bluten*** dudağı kanamak ***Beton blutet*** beton su bırakıyor

Blütenblatt /'blü:tınblat/ *n* taçyaprağı

Blütenstaub /'blü:tınştaup/ *m bitk* çiçek tohumu, polen

Bluter /'blu:tır/ *m hek* hemofili hastası

Bluterguss /'blu:tergus/ *m* kan çürüğü

Blütezeit /'blü:tıtsayt/ *f* çiçek açma dönemi, çiçeklenme zamanı; *kon* en parlak dönem, altın çağ

Blutgefäß /'blu:tgıfe:s/ *n anat* damar, kan damarı

Blutgerinnsel /'blu:tgırinzıl/ *n* kan pıhtısı

Blutgruppe /'blu:tgrupı/ *f biy* kan grubu

Bluthochdruck /'blu:t**h**o:**h**druk/ *m hek* yüksek kan basıncı

Bluthund /'blu:t**h**unt/ *m hayb* (kısa tüylü) zağar, av köpeği; *mec* kana susamış biri

blutig /'blu:ti**h**/ *s* kanlı, kana bulanmış, kan lekeli; *kon* tam, gerçek ***blutiger Riss*** sıyrık, hafif yara ***ein blutiger Jäger*** tam anlamıyla acemi bir avcı

blutjung /blu:t'yung/ *s mec* genç, gencecik, çok genç, gepgenç

Blutlache /'blu:tla:**h**ı/ *f* kan birikintisi

Blutprobe /'blu:tpro:bı/ *f hek* kan tahlili

Blutrache /'blu:tra**h**ı/ *f* kan davası ***Blutrache suchen*** kan davası gütmek

Blutschande /'blu:tşandı/ *f* aile içi veya çok yakın akrabalarla cinsel ilişki, ensest

Blutspender /'blu:tşpendır/ *m hek* kan verici, kan bağışlayıcı

Blutspur /'blu:tşpu:r/ *f* kan izi

Bluttransfusion /'blu:ttransfuzyo:n/ *f hek* kan nakli, transfüzyon

Blutung /'blu:tung/ *f hek* kanama, hemoroji

Blutuntersuchung /'blu:tuntırzu:**h**ung/ *f hek* kan tahlili, kan muayenesi

Blutvergießen /'blu:tfergi:sın/ *n* katliam, kırım, kan dökme

Blutvergiftung /'blu:tfergiftung/ *f hek* kan zehirlenmesi, septisemi

Blutwurst /'blu:tvurst/ *f* kan sucuğu

Blutzucker /'blu:ttsukır/ *m hek* kandaki şeker, kan şekeri

Bö /bö:/ *f* bora

Boa /'bo:a/ *f hayb* boa yılanı; kürk, boa kürkü

Bob /bob/ *m sp* dümenli kızak, bobsley

Bock /bok/ *m hayb* (boynuzlu) erkek hayvan, teke, koç; *sp* (jimnastik) beygir; sehpa, ayaklık, yüksek tabure; *kon* hata, yanlış; (at arabası) sürücünün oturduğu yer; *hayb* ağaç böceği; süs koç başı; *mec* zampara; *kon* beceriksiz herif; inatçı, dik kafalı; *n mec* yüksek alkollü bira ***Bock machen*** ayakları üzerinde durup (belden yukarı) eğilerek atlama beygiri durumu almak, eğilmek ***Bock schießen*** *mec* hata yapmak, yanlışlık yapmak ***einen Bock schießen*** bir hata yapmak

Böckchen /'bök**h**ın/ *n hayb* oğlak, küçük antilop

bocken /'bokın/ *vi* inat etmek, inatçılık etmek; (at) şahlanmak, şaha kalkmak; (hayvan) toslamak, kafa atmak; (hayvan) kızışmak; (motor) doğru çalışmamak; *kon* cinsel ilişkide bulunmak

Bockshorn /'boks**h**orn/ *n* keçi boynuzu

Bockspringen /'bokşpringın/ *n sp* (jimnastik) beygirden atlama; (oyun) birdir-

bir oynama
Boden /'bo:dın/ *m* zemin, yer, toprak, yüzey; döşeme, parke; arazi, toprak, tarla; esas, temel, asıl, önemli; tavan arası; dip; *den* ambar ***auf den Boden kommen*** dibini bulmak, *mec* şişeyi devirmek ***auf dem Boden sitzen*** zemin katta oturmak ***den Boden bearbeiten*** inşa etmek ***Fruchtbarer Boden*** verimli arazi, verimli toprak ***Grund und Boden*** mal mülk ***sich zu Boden werfen*** yere kapanmak; *sp* (kaleci) uçmak, plonjon yapmak ***vom Boden aufheben*** yerden kaldırmak ***zu Boden fallen*** yere düşmek ***zu Boden gehen*** *sp* (boks) yere düşmek, kroke olmak ***zu Boden werfen*** yere fırlatmak, yere sermek
Bodenbelag /'bo:dınbıla:k/ *m* yolluk, ince uzun halı; yaygı; yer döşemesi
Bodenerosion /'bo:dınerozyo:n/ *f* yüzey erozyonu
bodenlos /'bo:dınlo:s/ *s* dipsiz, sonsuz, uçsuz bucaksız; çok büyük, olağanüstü büyük; hesapsız kitapsız, hadsiz hesapsız ***bodenlose Frechheit*** büyük terbiyesizlik
Bodenpersonal /'bo:dınperzona:l/ *n hav* (uçak, havaalanı) yer ekibi
Bodensatz /'bo:dınzats/ *m* kahve telvesi; *kim* posa; çökelek
Bodenschätze /'bo:dınşetsı/ *pl* yeraltı servetleri, yeraltı kaynakları ***historische Bodenschätze*** arkeolojik kalıntılar
Bodensee /'bo:dınze:/ *m* Bodensee gölü, Konstanz gölü
bodenständig /'bo:dınştendi**h**/ *s* yerli halk, toprağa bağlı
Bodenturnen /'bo:dınturnın/ *n sp* yer jimnastiği
Bodybuilding /'bodibilding/ *n* vücut geliştirme, spor yaparak vücudu forma sokma, badibilding
Bogen /'bo:gın/ *m* eğrilik, bükülme, eğilme; kıvrım, büklüm, dirsek; yay; *mim* kemer; kubbe; *mat* eğri; *ask* tak; *müz* çalgı yayı; *müz* nota üzerine konan işaret; (matbaa) forma ***den Bogen spannen*** yayı germek ***einen Bogen machen*** kavis yapmak; *mec* yan çizmek, caymak ***mit dem Bogen schießen*** yay ile ok atmak
Bogengang /'bo:gıngang/ *m* kemeraltı, kemer yolu; arkad
Bogenlampe /'bo:gınlampı/ *f* ark lambası
Bogenschießen /'bo:gınşi:sın/ *n sp* okçuluk
Böhme /'bö:mı/ *m* Bohemya bölgesinden, Bohemyalı
Böhmen /'bö:mın/ *tnz* Bohemya
böhmisch /'bö:miş/ *s* Bohemya ile igili; Bohemyalı; *kon* anlaşılması zor
Bohne /'bo:nı/ *f bitk* fasulye, barbunya fasulyesi, bakla, börülce; (kahve) çekirdek, tane; küçükbaş hayvan gübresi ***blaue Bohnen*** *kon* tüfek kurşunu ***dicke Bohnen*** *bitk* bakla ***nicht Bohnenwert*** işe yaramaz, beş para etmez ***grüne Bohnen*** *bitk* taze fasulye, yeşil fasulye ***Nicht die Bohne!*** ne münasebet! ***weiße Bohnen*** kuru fasulye
Bohnenkaffee /'bo:nınkafe:/ *m* halis kahve; nefis kahve; çekirdek kahveden yapılma kahve
Bohnenstange /'bo:nınştangı/ *f* fasulye sırığı; *mec* sırık gibi uzun
Bohnenstroh /'bo:nınştro:/ *n bitk* bakla samanı ***grob wie Bohnenstroh*** *mec* kaba herif, yontulmamış
bohnern /'bo:nırn/ *vt* (yer) cilalamak; silmek, ovalamak
Bohnerwachs /'bo:nervaks/ *n* yer cilası, cila mumu
bohren /'bo:rın/ *vt* delmek, burgulamak; sondaj yapmak, kuyu açmak; delik açmak, çukur açmak, tünel açmak; *kon* acı vermek, işkence etmek, eziyet vermek; kafasını meşgul etmek; incitmek, alındırmak, gücendirmek; *kon* (birisini) sıkıştırmak, üzerine varmak ***nach Erdöl bohren*** petrol aramak ***Tunnel bohren*** tünel açmak
Bohrer /'bo:rır/ *m* matkap, burgu; delik açan kimse, delen, sondajcı
Bohrinsel /'bo:rinzıl/ *f* petrol kulesi
Bohrloch /'bo:rlo**h**/ *n* açılmış delik; sondaj kuyusu
Bohrmaschine /'bo:rmaşi:nı/ *f tek* delme makinesi; *hek* (diş) diş oyma aleti
Bohrturm /'bo:rturm/ *m* petrol sondaj kulesi
Bohrung /'bo:rung/ *f* delik açma, delme; sondaj; açılmış delik; oyuk, çukur; çap
böig /'bö:y**h**/ *s metr* rüzgârlı, fırtınalı ***böiges Wetter*** fırtınalı deniz ***böiger Wind*** şiddetli rüzgâr
Boiler /'boylır/ *m* şofben
Boje /'bo:yı/ *f den* duba, şamandıra, deniz

nişanı

Bolivianer /boli'vya:nır/ *m* Bolivyalı

bolivianisch /boli'vya:niş/ *s* Bolivya ile ilgili, Bolivyan, Bolivyalı

Bolivien /bo'li:vyın/ *tnz* Bolivya

Bollwerk /'bolverk/ *n ask* tam donanımlı toprak tesis; bastiyon

Bolzen /'boltsın/ *m* cıvata, somunlu vida, bulon; tapa, kama, dübel; menteşe çivisi; ok; *den* lokma; düşey kiriş; (eskiden) ütü içine konan kızgın demir parça; *sp* (futbol) faullü oynama

bolzengerade /boltsıngı'ra:dı/ *s* dümdüz, direkt, dosdoğru

Bombardement /bombarda'man/ *n* bombardıman, bombalama

bombardieren /bombar'di:rın/ *vt* bombardıman etmek, bombalamak, topa tutmak ***jdn mit Fragen bombardieren*** (birisini) soru bombardımanına tutmak

Bombardierung /bombar'di:rung/ *f* bombardıman, bombalama ***Bombardierung aus der See*** *ask* deniz bombardımanı

Bombe /'bombı/ *f* bomba; *sp* (futbol) hızlı şut; top şeklinde dondurma; donmuş lav parçası; *kon* atom bombası ***Bombe abwerfen*** bomba atmak ***mit Bomben belegen*** *ask* bombalamak ***wie eine Bombe*** bomba gibi

Bombenangriff /'bombınangrif/ *m* bombalama saldırısı

Bombenanschlag /'bombınanşla:k/ *m* bombalı suikast

Bombenattentat /'bombınatenta:t/ *n* bombalı suikast

Bombendrohung /'bombındro:ung/ *f* bomba tehdidi

Bombenerfolg /'bombıner'falk/ *m* parlak başarı, büyük başarı, zafer

Bombengeschäft /'bombıngışeft/ *n* büyük satış başarısı

bombensicher /bombın'zihır/ *s* bombardımana karşı dayanıklı, güvenli; *kon* kesin, şüphe götürmez

Bombenterror /'bombınteror/ *m* bombalı terör; *mec* amacına ulaşabilmek için her şeyi yapabilme

Bomber /'bombır/ *m ask* bombardıman uçağı

Bon /bon/ *m* fiş, kasa fişi, bono

Bonbon /bon'bon/ *m* bonbon, şekerleme

Bonität /bo:ni'te:t/ *f* işe yararlılık, değerlilik; sağlamlık, dayanıklılık; *tic* ödeme kabiliyeti

Bonsai /'bonzai/ *m* kök ve dallarının kesilmesi suretiyle küçük bırakılan süs ağacı

Bonus /'bo:nus/ *m* ikramiye, bonus; devlet tarafından yapılan sübvansiyon

Bonze /'bontsı/ *m* Budist rahip; *kon* dar kafalı; *kon* dar kafalı ve kibirli partizan bürokrat

Boom /bu:m/ *m tic* ani ekonomik canlanma, ani piyasa canlanması

boomen /'bu:mın/ *vi tic* piyasada ani bir canlanma yaşamak

Boot /bo:t/ *m* bot, çizme; *n* kayık, sandal; filika ***großes Boot*** mavna

Bord1 /bort/ *n* raf; kenar

Bord2 /bort/ *m* gemi bordası ***an Bord*** gemide, uçakta ***etw über Bord werfen*** bir şeyden vazgeçmek

Bordcomputer /'bortkompyu:tır/ *m* taşıt bilgisayarı

Bordell /bor'del/ *n* genelev, kerhane, randevu evi

Bordfunk /'bortfunk/ *m* gemi telsizi; gemiler arası telsiz trafiği

Bordkante /'bortkantı/ *f* bordür, kaldırım taşı

Bordkarte /'bortkartı/ *f* uçağa biniş kartı, bording kartı

Bordstein /'bortştayn/ *m* kaldırım taşı

borgen /'borgın/ *vt* (birisine) veresiye vermek; ödünç vermek, borç vermek; (birisinden) ödünç almak, borç almak

Borke /'borkı/ *f* ağaç kabuğu; yara kabuğu; *hek* ruhya

Borkenkäfer /'borkınke:fır/ *m hayb* kabukböceği, ağaç kabuklarını kemiren böcek

borniert /bor'ni:rt/ *s* dar kafalı, kavrayışı kıt; kendini beğenmiş

Borniertheit /bor'ni:rthayt/ *f* dar kafalılık, kavrayış kıtlığı

Borsäure /'bo:rzoyrı/ *f kim* asit borik

Börse /'börzı/ *f tic* borsa; borsa binası; para kesesi ***an der Börse spekulieren*** borsada oynamak

Börsenbericht /'börzınbıriht/ *m tic* bursa bülteni, borsa raporu

Börsenhandel /'börzınhandıl/ *m* borsacılık

Börsenkrach /'börzınkrah/ *m* borsa düşüşü, borsada düşüş

Börsenkurs /'börzınkurs/ *m tic* borsa kuru, borsa rayici, borsa değeri

B

Börsenmakler /'börzınma:klır/ *m* borsa simsarı, borsa aracısı, borsacı
Börsennotierung /'börzınnoti:rung/ *f* borsa kuru bildirimi, borsa endeksi bildirimi
Börsenspekulant /'börzınşpekulant/ *m tic* borsa spekülasyoncusu
Borste /'borstı/ *f* kıl, sert domuz kılı; *mec* kıl herif
Borstentier /'borstınti:r/ *n kon* domuz
borstig /'borstih/ *s* kıllı, sert kıllı; saçı başı dağınık, saç baş darmadağın; perişan, darmadağınık; asık suratlı, inatçı; *kon* kaba
Borte /'bortı/ *f* şerit, kaytan, tiriz, kordela; sırma şerit, rütbe şeridi
bösartig /'bö:sartih/ *s* huysuz, geçimsiz, sinsi; kötü huylu, kötü niyetli, kötülük eden; *hek* kötü huylu, habis ***bösartige Geschwülste*** *hek* habis ur ***bösartige Krankheit*** *hek* tehlikeli hastalık
Bösartigkeit /'bö:sartihkayt/ *f* huysuzluk, geçimsizlik, sinsilik; kötülük, fenalık
Böschung /'böşung/ *f* eğim, eğiklik, şev; (yol) iniş, bayır; yamaç; (eğimli yerde) destekli düz duvar
Böse /'bö:zı/ *m* şeytan, iblis
böse /'bö:zı/ *s* fena, kötü, berbat; uğursuz, meşum; kızgın, küskün, dargın; epeyce, büyük; kaka ***böse Erfahrung*** kötü deneyim ***böse werden*** kızmak ***böser Geist*** kötü ruh ***böser Glaube*** kötü niyet, ardniyet ***böser Wille*** kötü niyet, ardniyet
Bösewicht /'bö:zıviht/ *m* kötü adam, fena adam
boshaft /'bo:shaft/ *s* sinsi, hain, kötülükçü, kinci; muzip; şeytanca ***boshafte Kritik*** yıkıcı eleştiri ***boshaftiges Weib*** yedi başlı yılan
Bosheit /'bo:shayt/ *f* hainlik, huysuzluk, sinsilik; kincilik; muziplik
Bosnier /'boznyır/ *m* Boşnak
bosnisch /'bozniş/ *s* Bosna ile ilgili; Boşnakça; Bosna
böswillig /'bö:svilih/ *s* kötü niyetli, fenalık düşünen; kötü kalpli, fesat kalpli ***böswillige Absicht*** kötü niyet ***böswillige Verlassung*** kötü niyetli terk etme
Böswilligkeit /'bö:svilihkayt/ *f* kötü niyet, fena düşünce; kötülükçülük
Botanik /bo'ta:nik/ *f* botanik, bitkibilim
Botaniker /bo'ta:nikır/ *m* botanikçi, bitkibilimci
botanisch /bo'ta:niş/ *s* botanik ***botanischer Garten*** botanik bahçesi
Bote /'bo:tı/ *m* haberci, ulak; kurye, postacı; ofisboy, getir götür işleri yapan yardımcı; odacı, çırak; müjdeci, muştucu ***Boten des Frühlings*** ilkbahar müjdecisi
Botengang /'bo:tıngang/ *m* habercilik
Botschaft /'bo:tşaft/ *f* haber, ileti, mesaj, bildiri; büyükelçilik, sefaret; büyükelçilik binası, sefaret binası; devlet başkanının mesajı ***eine Botschaft bekommen*** bir haber almak ***eine Botschaft senden*** bir haber göndermek ***Türkische Botschaft*** Türk büyükelçiliği
Botschafter /'bo:tşaftır/ *m* büyükelçi, sefir
Bottich /'botih/ *m* tekne; büyük fıçı, varil
Bouillon /bul'yon/ *f* et suyu, tavuksuyu; bulyon; *hek* bakteri kültürü sıvısı
Boulevardblatt /bula'va:rblat/ *n* bulvar gazetesi, magazin gazetesi
Boulevardzeitung /bula'va:rtsaytung/ *f* bulvar gazetesi, magazin gazetesi
Boutique /bu'ti:k/ *f* butik, son moda kıyafetler satan küçük mağaza
Bowle /'bo:lı/ *f* büyük kâse, billur kâse; porselen kap, cam kap; (içki) bol, sebil; şarap, meyve, baharat ve şeker ve alkollü içki karışımı ile yapılan bir içki
Box /boks/ *f* (at) ahır, bölme; (araba yarışı) pistin yanlarındaki bakım bölmeleri; çekmece; kutu; *fot* fotoğraf makinesi
boxen /'boksın/ *vi sp* boks yapmak, boksörlük yapmak; itmek, dürtmek; savaşmak, mücadele etmek; *vt* (birisini) yumruklayarak dövmek ***sich mit jdm boxen*** (birisiyle) dövüşmek
Boxer /'boksır/ *m sp* boksör; *hayb* bir cins köpek
Boxermotor /'boksırmo:tor/ *m tek* karşılıklı silindirli motor
Boxhandschuh /'bokshantşu:/ *m sp* boksör eldiveni, boks eldiveni
Boxkampf /'bokskampf/ *m sp* boks maçı
Boykott /boy'kot/ *m* boykot, protesto
boykottieren /boyko'ti:rın/ *vt* boykot etmek, protesto etmek
brach /bra:h/ *s* boş tarla, sürülmemiş tarla; kıraç tarla; nadaslık
brachliegen /'bra:hli:gın/ *vi* (toprak) nadasa bırakılmış olmak, dinlendirilmek üzere ekilmemiş olmak ***brachliegendes Geld*** *tic* atıl para
Brackwasser /'brakvasır/ *n* (nehir deniz karışımının başladığı yerlerde olan) yarı

tuzlu su, acı su, acımtırak su; (Hint inanışı) bütün varlığın temeli
Branche /'branşı/ *f* branş, uzmanlık alanı, kol, bölüm, dal, alan ***Branche wählen*** branş seçmek
Branchenkenntnis /'branşınkentnis/ *f* branş bilgisi, alan bilgisi
Branchenverzeichnis /'branşınfertsayhnis/ *n* branşlara göre ayrılmış adres rehberi
Brand /brant/ *m* yangın, yanma; (tuğla, kireç) yanma, pişme; yakıt; sıcak damga; (ormanda yangın sonucu) kel alan; güneş yakması, güneş yanığı; susuzluk, susama; *hek* kangren, çürüme; aşk ateşi, aşk acısıyla yanma; yangından sıçrayan tahta parça ***in Brand geraten*** tutuşmak, alev almak, ateş almak ***in Brand stecken*** tutuşturmak, ateşe vermek ***in Brand stehen*** yanmak, ateşler içinde yanmak ***den Brand löschen*** ateşi söndürmek, yangını söndürmek; hararetini gidermek
brandaktuell /brantaktu'el/ *s* çok güncel, (olay, bilgi, vs.) çok yeni; *kon* sıcağı sıcağına
Brandanschlag /'brantanşla:k/ *m* ateşe verme, kundaklama
Brandblase /'brantbla:zı/ *f* yanık kabarcığı, yanık sonucu oluşmuş kabarcık
brandeilig /brant'aylih/ *s kon* acil, çok acele, ivedi
Brandmal /'brantma:l/ *n* deriye vurulan sıcak damga, dağ; yanık izi, yanık lekesi; *mec* namus lekesi
brandmarken /'brantmarkın/ *vt* dağlamak; *kon* (birisine) leke sürmek
brandneu /brant'noy/ *s kon* yepyeni, gıcır gıcır
Brandsalbe /'brantzalbı/ *f* yanık kremi; güneş yanığı kremi
Brandschaden /'brantşa:dın/ *m* yangında oluşan hasar
Brandstifter /'brantştiftır/ *m* kundakçı, kasten yangın çıkaran
Brandstiftung /'brantştiftung/ *f* kundaklama, kasten yangın çıkarma
Brandung /'brandung/ *f* dalgaların kayalara veya kıyıya çarparak kırılması
Brandursache /'brantu:rzahı/ *f* yangın sebebi
Brandwunde /'brandvundı/ *f* yanık izi, yanık lekesi, yanık yarası
Brandzeichen /'branttsayhın/ *n* büyükbaş hayvanlara vurulan damga
Branntwein /'brantvayn/ *m* konyak
Brasilianer /brazil'ya:nır/ *m* Brezilyalı
brasilianisch /brazil'ya:niş/ *s* Brezilya ile ilgili; Brezilyalı
Brasilien /bra'zi:lyın/ *tnz* Brezilya
Brasse /'brası/ *f den* serenkolu, brasa; *hayb* çapak balığı, karagöz balığı, sazan balığı
Bratapfel /'bra:tapfıl/ *m* kızartılmış elma
Braten /'bra:tın/ *n* kızartma, tava; rosto; kebap; *kon* çekici, lezzetli ***ein fetter Braten*** *kon* kârlı, kazançlı
braten /'bra:tın/ *vt* kızartmak, kızartarak pişirmek; *vi* kızarmak, pişmek; güneş altında yanmak ***Fisch braten*** balık kızartmak ***Fleisch braten*** et kızartmak ***in Butter braten*** tereyağında kızartmak ***in der Pfanne braten*** tavada kızartmak ***in der Sonne braten*** güneş banyosu yapmak, yanmak ***Kartoffeln braten*** patates kızartmak ***knusprig braten*** gevrek kızartmak
Bratenfett /'bra:tınfet/ *n* etin kızartılmasıyla arta kalan yağı
Bratensoße /'bra:tınzo:sı/ *f* kızartma sosu
Bratfisch /'bra:tfiş/ *m* balık kızartması
Brathuhn /'bra:thu:n/ *n* kızarmış tavuk, kızarmış piliç, tavuk kızartması, piliç kızartması
Bratkartoffeln /'bra:tkartofıln/ *pl* patates kızartması, kızarmış patates
Bratpfanne /'bra:tpfanı/ *f* tava, kızartma tavası
Bratrost /'bra:trost/ *m* ızgara
Bratsche /'bra:çı/ *f müz* alto, viyola, kaba sesli keman
Bratspieß /'bra:tşpi:s/ *m* kebap şişi, ızgara şişi
Bratwurst /'bra:tvurst/ *f* kızartılıp yenen sucuk, kızartmalık sucuk
Brauch /'brauh/ *m* örf, adet, gelenek, görenek, teamül, töre, konvansiyon ***das ist Brauch bei uns*** bu bizde âdettir ***außer Brauch kommen*** kullanılmamak, artık kullanılmamak
brauchbar /'brauhba:r/ *s* işe yarar, yararlanılabilir, faydalı; kullanılabilir; kabiliyetli, ehil
Brauchbarkeit /'brauhba:rkayt/ *f* işe yarama, faydalı olma; kullanılabilme
brauchen /'brauhın/ *vt* ihtiyacı olmak, gerekli olmak, gereksinim duymak, muhtaç olmak, lazım olmak; kullanmak, ya-

B

rarlanmak, faydalanmak, istifade etmek; (zu) zorunda olmak, mecbur olmak ***das brauche ich nicht*** buna ihtiyacım yok ***das braucht es nicht*** buna gerek yok, bunun lüzumu yok

Brauchtum /'brau**h**tu:m/ *n* gelenek ve görenekler, âdet ve gelenekler, anane

Brauchwasser /'brau**h**vasır/ *n* (içilemeyen) kullanım suyu

Braue /'brauı/ *f* kaş, ebru

brauen /'brauın/ *vt* bira yapmak, bira imal etmek, bira üretmek; (içecek) hazırlamak; (fena bir şey) yapmak, hazırlamak; *vi* dalgalanmak; buhar çıkarmak

Brauerei /brauı'ray/ *f* bira yapma, biracılık sektörü; bira fabrikası, bira imalathanesi

Brauhaus /'brau**h**aus/ *n* bira fabrikası, bira üretim yeri

Braun /braun/ *n* (masalda) ayı; esmer; güneş yanığı

braun /braun/ *s* kahverengi, esmer, yanık renkli; (at) doru; (saç) kestane rengi ***braun und blau*** mosmor ***braun braten*** (yiyecek) kızartmak, kızartma yapmak ***braun werden*** esmerleşmek; güneşte yanmak ***braune Augen*** kahverengi gözler ***brauner Bär*** *hayb* bozayı

Bräune /'broynı/ *f* esmerlik, esmer renk, koyu renk; *bitk* bir hastalık; *hek* anjin; *hek* kuşpalazı, difteri

bräunen /'broynın/ *vt* karartmak, esmerletmek; yakmak; kızartmak, kavurmak; *vi* kararmak, esmerleşmek, yanmak; kızarmak, kavrulmak ***sich bräunen*** güneşlenmek, güneş banyosu yapmak

Braunkohle /'braunko:lı/ *f mad* linyit kömürü

Brause /'brauzı/ *f* süzgeçli bahçe kovası, çiçek sulama kovası; gazoz; duş; duş spiralinin süzgeçli ağız kısmı

brausen /'brauzın/ *vi* kaynamak, köpürmek, fokurdamak; gürlemek, patırdamak; (rüzgâr, deniz) uğuldamak, inlemek; (su) çağlamak; *mec* sabırsızlanmak; duş yapmak; *kon* acele etmek, koşuşturmak; *kim* köpürmek

Braut /braut/ *f* (düğün günü) gelin; nişanlı kız

Brautführer /'brautfü:rır/ *m* sağdıç, düğünde geline eşlik eden erkek

Bräutigam /'broytigam/ *m* (erkek) nişanlı; (düğün günü) güvey

Brautjungfer /'brautyungfır/ *f* nedime, düğünde geline eşlik eden genç kız

Brautkleid /'brautklayt/ *n* gelinlik, gelin elbisesi

Brautpaar /'brautpa:r/ *n* nişanlılar; (düğün günü) gelin ile güvey; yeni evliler

brav /bra:f/ *s* uslu, terbiyeli; akıllı; iyi; namuslu, iffetli; cesur, yiğit; dürüst, mert

bravo /'bra:vo/ *ünl* bravo!, aferin! yaşa! harika!

Bravour /bra'vu:r/ *f* yiğitlik, cesaret; üstün başarı, mükemmellik; ustalık, maharetlilik, beceriklilik; *müz* virtüozite, bravur

bravourös /bravu'rö:s/ *s* ustalık isteyen

Brechbohne /'bre**h**bo:nı/ *f bitk* taze fasulye, yeşil fasulye

Brechdurchfall /'bre**h**dur**h**fal/ *m hek* kolera, ishalli ve kusmalı hastalık

Brecheisen /'bre**h**ayzın/ *n tek* kaldıraç

brechen /'bre**h**ın/ *vt* kırmak, ikiye bölmek, parçalamak; (düşmanı) yenmek, zafer kazanmak; ihanet etmek, verilen sözleri tutmamak; (evlilik) aldatmak; (kumaş) ezmek, dövmek; (meyve, çiçek, ot) toplamak, demetlemek; (renk) açmak; (kâğıt) katlamak; (ışık, sinyal, dalga) kırmak, yönünü saptırmak; *mad* taşocağından taş çıkarmak; yasalara aykırı hareketlerde bulunmak; *kon* kusmak; *vi* kırılmak, parçalanmak; ilişiğini kesmek, artık görüşmemek; kopmak, ayrılmak; yığılıp kalmak, çöküp kalmak; (göz) feri gitmek, donuklaşmak; aniden önüne çıkmak; yolunu kesmek; *hek* kusmak ***Blockade brechen*** ablukayı yarmak ***den Streik brechen*** grev kırmak, grev kırıcılığı yapmak ***die Ehe brechen*** zina yapmak ***die Treue brechen*** sadakati bozmak, bağlılığı kırmak ***Rekord brechen*** rekor kırmak ***sich brechen*** (dalga, ışık) çarparak dönmek; kırılmak, ikiye bölünmek, çatlamak; kolunu kırmak ***voll brechend*** ful, dolu, ağzına kadar dolu, dopdolu

Brechmittel /'bre**h**mitıl/ *n hek* kusturucu ilaç

Brechreiz /'bre**h**rayts/ *m hek* bulantı, mide bulantısı

Brechstange /'bre**h**ştangı/ *f tek* kaldıraç, manivela

Brei /bray/ *m* lapa, pelte, bulamaç; püre, ezme; marmelat; kâğıt hamuru; *hek* macun ***jdn zu Brei schlagen*** (birisini döverek) pestilini çıkarmak

breiig /'brayi**h**/ *s* lapa gibi, pelte gibi, macun gibi; vıcık vıcık, yapışkan gibi

breit /brayt/ *s* geniş, enli; ferah, bol; (ayak, burun) yassı; bol; şekilsiz ***breite Aussprache*** sesletim sırasında ünlü harfin uzatılması ***breiter Markt*** *tic* geniş piyasa ***breiter Vokal*** *dilb* geniş ünlü ***ein langes und breites*** detaylı, etraflı, eni konu ***fünf Meter breit*** beş metre genişliğinde ***sich breit machen*** yan gelip yatmak

breitbeinig /'braytbaynih/ *s* ayrık bacaklı

Breite /'braytı/ *f* en, genişlik; *kon* kendini beğenmiş; (elbise) bolluk, genişlik; *coğ* enlem; *mec* laf bolluğu ***in die Breite gehen*** detaylarıyla konuşmak; şişmanlamak

Breitengrad /'braytıngra:t/ *m coğ* enlem

Breitensport /'braytınşport/ *m* halkın büyük bir çoğunluğunun yaptığı spor

breittreten /'brayttre:tın/ *trvt* ayrıntılı olarak anlatmak, detaylarıyla anlatmak

Breitwandfilm /'braytvantfilm/ *m* sinemaskop film

Bremsbacke /'bremsbakı/ *f oto* frenin tekerleğe baskı yapan hareketli kısmı

Bremsbelag /'bremsbıla:k/ *m oto* fren balatası

Bremse /'bremzı/ *f oto* fren; (at) burunsalık, yavaşa; *hayb* sığır sineği, at sineği ***die Bremse versagen*** frenler tutmamak

bremsen /'bremzın/ *vt* frenlemek, fren yapmak, freni sıkıştırmak; *kon* yavaşlatmak, ağırlaştırmak; *kon* (birisinin) konuşmasını engellemek, susturmak; *vi* fren yaparak durmak ***plötzlich bremsen*** birdenbire fren yapmak, aniden fren yapmak

Bremsflüssigkeit /'bremsflüsihkayt/ *f* fren yağı

Bremsklotz /'bremsklots/ *m* fren takozu, fren balatası

Bremslicht /'bremsliht/ *f oto* stop lambası, fren lambası

Bremspedal /'bremspıda:l/ *n oto* fren pedalı

Bremsscheibe /'bremsşaybı/ *f oto* fren kasnağı

Bremsspur /'bremsşpu:r/ *f oto* fren izi, (frenden sonra yerde kalan) tekerlek izi

Bremsung /'bremzung/ *f* yatıştırma

Bremsweg /'bremsve:k/ *m* fren mesafesi, aracın fren yaptıktan sonra duruncaya kadar aldığı mesafe

brennbar /'brenba:r/ *s* yanıcı, yanar, tutuşabilen, yanabilen

Brennbarkeit /'brenba:rkayt/ *f* yanma, tutuşma

brennen /'brenın/ *vi* yanmak, tutuşmak, alev almak; acımak, ağrımak, sızlamak, acı vermek; özlemek, özlemden yanıp tutuşmak; (ışık) yanmak, ışık saçmak; *vt* yakmak, tutuşturmak; imbikten geçirmek, damıtmak; yakmak, dağlamak; acıtmak, sızı vermek, ıstırap vermek; sabırsızlanmak; pişirmek, ızgara yapmak; *hek* koterize etmek ***auf etw brennen*** (bir şeyi) çok özlemek, özlemiyle yanıp tutuşmak ***das Licht brennen lassen*** ışığı açık bırakmak ***es brennt!*** yangın var! ***mir brennen meine Augen*** gözlerim yanıyor ***sich brennen*** yanmak; bir yerini yakmak ***vor Ungeduld brennen*** sabırsızlanmak

Brenner /'brenır/ *m* imbikçi; *tek* brülör, meme

Brennessel /'brennesıl/ *f bitk* ısırganotu

Brennglas /'brengla:s/ *f* büyüteç; mercek

Brennholz /'brenholts/ *n* yakacak odun

Brennmaterial /'brenmaterya:l/ *n* yakıt; yakacak

Brennpunkt /'brenpunkt/ *m* odak, mihrak; merkez

Brennspiritus /'brenşpi:ritus/ *m* yakılacak ispirto

Brennstoff /'brenştof/ *m* yakıt, yakacak

Brennweite /'brenvaytı/ *f fiz* odak noktası, fokus

brenzlig /'brentslih/ *s* yanık kokan, is kokan; şüphe uyandıran, *mec* yanık kokusu verici; vahim, tehlikeli ***brenzlig riechen*** yanık kokmak ***brenzlige Situation*** tehlikeli bir durum ***brenzliger Geruch*** yanık kokusu

Bresche /'breşı/ *f ask* gedik, delik, geçit, rahne

Brett /'bret/ *n* tahta; kalas; (okul) karatahta; tabla, tepsi; raf; etajer; tramplen; *elek* dağıtım tablosu; satranç tahtası, dama tahtası; *müz* çalgı aletinin tahtadan sapı ***die Brette betreten*** sahneye çıkmak ***schwarzes Brett*** karatahta

Bretterboden /'bretırbo:dın/ *m* ahşap yer kaplaması, tahta yer kaplaması

Bretterzaun /'bretırtsaun/ *m* tahta perde, tahta çit

Brettspiel /'bretşpi:l/ *n* tavla oyunu, dama oyunu, satranç oyunu

Brezel /'bre:tsıl/ *f* 8 şeklinde susamsız simit, brezel

Brief /bri:f/ *m* mektup, name, yazı; belge, vesika; senet; *tic* bono, poliçe ***blauer Brief*** ihtarname ***Brief diktieren*** mektup dikte ettirmek, mektup yazdırmak ***Brief frankieren*** mektuba pul yapıştırmak ***Briefe wechseln*** mektuplaşmak ***einfacher Brief*** adi mektup ***eingeschriebener Brief*** taahhütlü mektup ***mit jdm Briefe wechseln*** (birisiyle) mektuplaşmak ***offener Brief*** açık mektup

Briefbeschwerer /'bri:fbışve:rır/ *m* baskılık, prespaye

Briefblock /'bri:fblok/ *m* mektup kâğıdı bloğu

Briefbogen /'bri:fbo:gın/ *m* mektup kâğıdı

Briefbombe /'bri:fbombı/ *f* bombalı mektup

Briefeinwurf /'bri:faynvurf/ *m* posta kutusundaki zarfı atmaya yarayan delik

Briefgeheimnis /'bri:fgıhaymnis/ *n* mektupların başkaları tarafından açılamamazlığı, mektupların gizliliği

Briefing /'bri:fing/ *n* kısaca bilgilendirme, kısa bilgi, bilgi alışverişi, brifing

Briefkasten /'bri:fkastın/ *m* posta kutusu; okuyucu mektupları

Briefkastenfirma /'bri:fkastınfirma/ *f tic* hayali şirket, naylon şirket, paravan şirket

Briefkopf /'bri:fkopf/ *m* mektup başlığı

brieflich /'bri:flih/ *s* mektuplu, mektup yoluyla, yazışmalı ***brieflicher Verkehr*** mektuplaşma, mektuplaşarak yazışma

Briefmarke /'bri:fmarkı/ *f* posta pulu, mektup pulu

Brieföffner /'bri:föfnır/ *m* mektup açacağı

Briefpapier /'bri:fpapi:r/ *n* mektup kâğıdı

Briefporto /'bri:fporto/ *n* mektup ücreti, postalama ücreti

Brieftasche /'bri:ftaşı/ *f* cüzdan, para çantası

Brieftaube /'bri:ftaubı/ *f* posta güvercini

Briefträger /'bri:ftre:gır/ *m* postacı, mektup dağıtıcısı

Briefumschlag /'bri:fumşla:k/ *m* mektup zarfı

Briefwahl /'bri:fva:l/ *f* mektupla seçim

Briefwechsel /'bri:fveksıl/ *m* mektuplaşma, yazışma

Brikett /bri'ket/ *n* briket, briket kömürü

Brillant /bril'yant/ *m* pırlanta; (matbaa) iki punto

brillant /bril'yant/ *s* parlak; çok güzel, mükemmel, harika; yakışıklı

Brillantine /brilyan'ti:nı/ *f* briyantin, kokulu saç kremi

Brillanz /bril'yants/ *f* parlaklık; mükemmellik; yakışıklılık; *müz* bravur

Brille /'brilı/ *f* gözlük; camekân; (alafranga tuvalette) oturma yeri ***Brille tragen*** gözlük takmak, gözlük kullanmak

Brillenetui /'brilınetvi:/ *f* gözlük kabı

Brillengestell /'brilıngıştel/ *n* gözlük çerçevesi

Brillenglas /'brilıngla:s/ *n* gözlük camı

Brillenschlange /'brilınşlangı/ *f hayb* gözlüklü yılan, kobra; *mec* gözlüklü kadın, gözlük takan kadın

brillieren /bril'yi:rın/ *vi* parlatmak; hünerini göstermek, becerisini göstermek

bringen /'bringın/ *vt* götürmek; getirmek; neşretmek, yayınlamak, yayımlamak; nakletmek; sevk etmek; eşlik etmek, refakat etmek; (film, gösteri) göstermek; başarmak ***an sich bringen*** ele geçirmek ***auf den Markt bringen*** pazara getirmek ***das bringt nichts!*** boşuna!, faydası yok! ***es mit sich bringen*** sebebiyet vermek, neden olmak ***es an sich bringen*** (bir şeye) sahip çıkmak; (olaya) el koymak ***etw hinter sich bringen*** becermek, başarmak, üstesinden gelmek ***in Gefahr bringen*** tehlikeye atmak ***jdm Glück bringen*** (birisine) şans getirmek ***jdn irgendwohin bringen*** (birisine bir yere kadar) refakat etmek ***jdn um etw bringen*** (birisini bir şeyden) mahrum etmek ***jdn wieder zu sich bringen*** (birisini) ayıltmak, kendine getirmek ***jdn auf eine Idee bringen*** (birisine) bir fikir vermek, akıl vermek ***jdn dazu bringen etw zu tun*** (birisine bir şeyi) yaptırmak ***jdn vor Gericht bringen*** (birisini) mahkemeye vermek ***mit sich bringen*** sebep olmak, neden olmak

brisant /bri'zant/ *s* patlayıcı; tahrip edici, parçalayıcı; güncel, aktüel

Brisanz /bri'zants/ *f* tahrip gücü, tahrip etkisi; flaş haber, şaşırtıcı aktüel olay

Brise /'bri:zı/ *f den* hafif rüzgâr, yelken rüzgârı; esinti, meltem

Brite/Britin /'bri:tı/'bri:tin/ *m/f* Britanyalı, İngiliz

britisch /'bri:tiş/ *s* Britanya'ya özgü, İngiltere'ye özgü, Britanya ile ilgili, İngiltere ile ilgili; İngiliz, Britan ***Britische Inseln*** *tnz* (İngiltere, İskoçya, İrlanda, Shetland ve Orkney ülkelerinin üzerinde bulunduğu) Britanya adaları

bröckeln /'brökıln/ *vt* ufalamak, parçalamak, ufak parçalara ayırmak; unufak etmek; *vi* ufalanmak, unufak olmak, parçalara ayrılmak ***sich bröckeln*** ufalanmak

Brocken /'brokın/ *m* kırıntı, kırpıntı; (koparılmış) ufak parça, ufalanmış parça; lokma; birkaç parça, *tek* tük; *mec* irikıyım adam

brodeln /'bro:dıln/ *vi* fokurdamak, fokur fokur kaynamak, kaynamak; *kon* (toplumda huzursuzluk) kaynamak

Brokat /bro'ka:t/ *m* sırma işlemeli ipek kumaş, diba; lame kumaş

Brokkoli /'brokoli/ *pl bitk* Brüksel lahanası, brokoli

Brom /bro:m/ *n kim* brom

Brombeere /'brombe:rı/ *f bitk* böğürtlen, dikendutu

bronchial /bron'**h**ya:l/ *s hek* bronşlara ilişkin, bronşik

Bronchie /'bron**h**iı/ *f hek* bronş, soluk borusu

Bronchitis /bron'**h**i:tis/ *f hek* soluk borusu iltihabı, bronşit

Bronze /'bronsı/ *f mad* bronz, tunç; bronz sanat eseri

Bronzezeit /'bronsıtsayt/ *f* bronz çağı

Brosche /'broşı/ *f* broş

Broschüre /bro'şü:rı/ *f* broşür, küçük kitap, tanıtma kitapçığı

Brösel /'brö:zıl/ mn kırıntı, ufantı

bröseln /'brö:zıln/ *vt* ufalamak, kırıntı haline getirmek; *vi* ufalanmak, kırıntı haline gelmek

Brot /bro:t/ *n* ekmek; bir bütün ekmek; geçim, ekmek kavgası, maişet, kazanç ***altgebackenes Brot*** bayat ekmek ***bei Wasser und Brot*** katıksız ***belegtes Brot*** sandviç ekmeği ***Brot backen*** ekmek pişirmek ***für ein Stück Brot arbeiten*** karın tokluğuna çalışmak ***in jds Brot stehen*** başka birisinin yanında çalışmak ***schwarzes Brot*** esmer ekmek ***sein Brot verdienen*** geçimini temin etmek, ekmeğini kazanmak ***weißes Brot*** beyaz ekmek ***wie das tägliche Brot*** yemek içmek kadar önemli

Brotaufstrich /'bro:taufştri**h**/ *m* (tereyağ, reçel, vs. gibi) ekmeğin üzerine sürülen yiyecek

Brötchen /'brö:t**h**ın/ *n* küçük ekmek ***belegtes Brötchen*** sandviç

Brötchengeber /'brö:t**h**ıngı:bır/ *m kon* velinimet, işveren

Broterwerb /'bro:terverp/ *m* ekmek kapısı

Brotkorb /'bro:tkorp/ *m* ekmek sepeti, ekmeklik

Brotkruste /'bro:tkrustı/ *f* ekmeğin kabuğu

Brotlaib /'bro:tlaip/ *m* bütün ekmek, somun ekmek

brotlos /'bro:tlo:s/ *s* ekmeksiz; işsiz, geliri olmayan ***brotlose Arbeit*** para getirmeyen iş

Bruch /bru**h**/ *m* kırma, kırılma; parçalanma; bozma, bozulma; (süt) kesilme; büklüm; bükülme yeri; yarık, çatlak; kırıntı; *mat* kesir; *hek* kırık; *hek* fıtık; *ask* gedik; *mad* taşocağı; (peynir yapımında kullanılan kesilmiş) süt; *tic* ıskarta mal ***echter Bruch*** *mat* basit kesir ***gemeiner Bruch*** *mat* bayağı kesir ***gemischter Bruch*** *mat* bileşik kesir ***Brüche beseitigen*** *mat* paydaları atmak ***Brüche gleichnamig machen*** *mat* paydaları eşitlemek ***in die Brüche gehen*** kırılmak, bozulmak ***zu Bruch gehen*** göçmek

bruchfest /'bru**h**fest/ *s* kırılmaz, kırılmaya karşı dayanıklı

brüchig /'brü**h**i**h**/ *s* kırılgan, çabuk kırılır; gevrek; (ses) çatlak; bozuk moral; çürük; *mad* çapaklı

Bruchlandung /'bru**h**landung/ *f hav* (uçak) kötü iniş, arızalı iniş

bruchrechnen /'bru**h**re**h**nın/ *trvt* (çekimsiz fiil) kesir hesabı yapmak

Bruchrechnung /'bru**h**re**h**nung/ *f mat* kesir hesabı

Bruchschaden /'bru**h**şa:dın/ *m tic* kırılma sebebiyle oluşan hasar, ziyan; *hek* fıtık

bruchsicher /'bru**h**zi**h**ır/ *s* kırılmaya karşı önlem alınmış, kırılmaya karşı emniyetli

Bruchstelle /'bru**h**ştelı/ *f* kırık yeri

Bruchstrich /'bru**h**ştri**h**/ *m mat* kesir çizgisi, pay ile payda arasına çizilen çizgi

Bruchstück /'bru**h**ştük/ *n* parça, kırıntı, ufantı, kırılmış parça; bütünün bir parçası; bitmemiş sanat eseri

bruchstückhaft /'bru**h**ştük**h**aft/ *s* parçalar halinde, parça parça

Bruchteil /'bru**h**tayl/ *m mat* kesir; kısım; küçük parça

B

Brücke /'brükı/ *f* köprü; *den* kaptan köprüsü; *hek* diş köprüsü; *sp* (güreş) köprü; *mec* bağ, ilişki, bağlantı; küçük halı, seccade, yolluk; *isk* briç; *den* iskele ***Bosphorus Brücke*** (İstanbul) Boğaz Köprüsü, Boğaziçi köprüsü ***als Brücke dienen*** *mec* köprü vazifesi görmek, aracılık etmek, arayı bulmak ***eine Brücke schlagen*** köprü kurmak ***schwimmende Brücke*** yüzer köprü

Brückenbau /'brükınbau/ *m* köprü inşaatı, köprü inşası

Brückengeländer /'brükıngılendır/ *m* köprü korkuluğu

Brückenpfeiler /'brükınpfaylır/ *m* köprü ayağı

Bruder /'bru:dır/ *m* erkek kardeş, birader; rahip, papaz, keşiş; arkadaş, yoldaş; *mec* meslektaş; *kon* herif, adam; aynı derneğe, klübe üye ***Bruder des Vaters*** amca ***Bruder der Mutter*** dayı

brüderlich /'brü:dırlih/ *s* kardeşçe, kardeşçesine, kardeş gibi ***brüderliche Liebe*** kardeş gibi sevgi, kardeşlik ***brüderlicher Anteil*** kardeş payı

Brüderlichkeit /'brü:dırlihkayt/ *f* kardeşlik; kardeşlik duygusu

Brüderschaft /'brü:dırşaft/ *f* yakın arkadaşlık, kardeşlik ***Brüderschaft trinken*** (birbirine) "sen" diye hitap etmek, kardeşliğin (dostluğun) şerefine içmek

Brühe /'brü:ı/ *f* sulu öz, usare; salça, sos; et suyu, yemek suyu; salamura; (bitkileri böceklerden korumak için) ilaçlı su; *kon* kötü durum, fena durum, berbat durum; *kon* tatsız içecek, bulaşık suyu, imamın aptes suyu

Brühwürfel /'brü:vürfıl/ *m* çorba tableti

brüllen /'brülın/ *vi* bağırıp çağırmak, bağırmak, haykırmak, bas bas bağırmak; nara atmak; (hayvan) böğürmek ***vor Dummheit brüllen*** *kon* aptal olmak ***vor Lachen brüllen*** gülmekten kırılmak

Brummbär /'brumbe:r/ *m kon* somurtkan adam, homurdanan insan

brummen /'brumın/ *vi* homurdanmak, mırıldanmak; vızıldamak; azarlamak, paylamak, kızmak; çınlamak, tınlamak; *kon* hapis yatmak ***mir brummt der Kopf*** başım çatlıyor, başım zonkluyor

brummig /'brumih/ *s* somurtkan; huysuz; canı sıkkın, öfkeli; homurdanan

brünett /brü'net/ *s* kahverengi saçlı; esmer, esmer tenli

Brunft /brunft/ *f* (hayvan) çiftleşme isteği, kızma, kızgınlık; (hayvan) çiftleşme zamanı, kızgınlık dönemi

Brunnen /'brunın/ *m* çeşme, şadırvan; kuyu; pınar, kaynak; memba, fıskiye; kaplıca suyu; maden suyu; kaplıca, içmeler; artezyen; *mec* iftira, çamur atma, karalama

Brunnenkresse /'brunınkresı/ *f bitk* suteresi

Brunst /'brunst/ *f* (hayvan) çiftleşme isteği, kızma, kızgınlık; (hayvan) çiftleşme zamanı, kızgınlık dönemi

brüsk /'brüsk/ *s* kaba, haşin, sert, şiddetli, nezaketsiz

brüskieren /brüs'ki:rın/ *vt* (birisine) kaba davranmak, sert davranmak, şiddet göstermek; *kon* meydan okumak

Brüssel /'brüsıl/ *tnz* Brüksel kenti

Brust /brust/ *f* göğüs, sine, bağır, koyun; (kadın) meme, göğüs; *ask* istihkâm siperi ***an die Brust ziehen*** bağrına basmak ***Brust geben*** meme vermek ***einem Kind Brüste geben*** bir çocuğu emzirmek ***sich in die Brust werfen*** göğsünü gere gere dolanmak, göğsünü germek

Brustbein /'brustbayn/ *n anat* göğüs kemiği; (tavuk) lades kemiği

brüsten /'brüstın/ *vr* böbürlenmek, kurumlanmak, övünmek ***sich mit etw brüsten*** (bir şeyle) övünmek

Brustkasten /'brustkastın/ *n anat* göğüs kafesi

Brustkorb /'brustkorp/ *n anat* göğüs kafesi

Brustkrebs /'brustkre:ps/ *m hek* göğüs kanseri

Brustschwimmen /'brustşvimın/ *n* kurbağalama

Brusttasche /'brusttaşı/ *f* koyun cebi, (ceket) iç cep

Brüstung /'brüstung/ *f* (merdiven) tırabzan, korkulu; parmaklık; *den* küpeşte; *ask* omuz siperi

Brustwarze /'brustvartsı/ *f* meme başı, meme ucu

Brut /bru:t/ *f hayb* kuluçka; yumurtadan çıkan hayvanlar; *hayb* civcivler; *mec* soysuz, cibiliyetsiz; yontulmamış mücevher

brutal /bru'ta:l/ *s* vahşice, hayvani, vicdansızca, alçakça, acımasızca

Brutalität /brutali'te:t/ *f* vahşilik, hayvanlık, vicdansızlık, alçaklık, acımasızlık

Brutapparat /'bru:tapara:t/ *m* kuluçka makinesi

brüten /'brü:tın/ *vt/vi* kuluçkaya yatmak; *kon* düşünceye dalmak; içten içe kuruntulanmak; düşünüp taşınmak ***über etw brüten*** kafa yormak

Brüter /'brü:tır/ *m fiz* atom reaktörü, nükleer reaktör

Brutkasten /'bru:tkastın/ *m* kuluçka makinesi

brutto /'bruto/ *be tic* brüt, kesintilerle birlikte, darası ile birlikte

Bruttoeinkommen /'brutoaynkomın/ *n* brüt gelir

Bruttoertrag /'brutoertra:k/ *m* brüt verim, gayri safi gelir

Bruttogewicht /'brutogıviht/ *n* brüt ağırlık, darası ile birlikte ağırlık, darası çıkartılmamış haliyle ağırlık

Bruttogewinn /'brutogıvin/ *m* brüt kâr ***Bruttogewinn und Bruttoverlust*** brüt kâr ve zarar

Bruttolohn /'brutolo:n/ *m* brüt ücret, brüt maaş

Bruttosozialprodukt /'brutozo'tsya:lprodukt/ *n* gayri safi milli hâsıla

Bub /bu:b/ *m* erkek çocuğu, oğlan, delikanlı; erkek sevgili; *kon* çırak, ayakçı

Bubenstreich /'bu:bınştrayh/ *m* yaramazlık, haylazlık, haşarılık; çapkınlık; *mec* alçaklık

Bubi /'bu:bi/ *m* küçük erkek evlat, küçük erkek çocuk, erkek yavru; (seslenme) yavrum!, küçük!

Buch /bu:h/ *n* kitap; defter; hesap defteri; 25 tabakadan oluşan kâğıt destesi; 250 yaprak; (yazıda) bölüm, kısım; *isk* bir deste oyun kâğıdı ***Buch der Bücher*** Kitabı Mukaddes ***Buch führen*** (muhasebe) defter tutmak ***das goldene Buch*** ziyaretçi defteri ***wie ein Buch reden*** aralıksız konuşmak

Buchbinder /'bu:hbindır/ *m* mücellit, ciltçi

Buchdruck /'bu:hdruk/ *m* matbaacılık, baskıcılık, baskı

Buchdruckerei /bu:hdrukı'ray/ *f* matbaa, basımevi; matbaacılık; tipografi

Buche /'bu:hı/ *f bitk* kayın ağacı

Bucheinband /'bu:haynbant/ *m* kitap cildi, cilt

buchen /'bu:hın/ *s* kayın ağacından, kayından, kayın ağcından yapılma; *vt tic* deftere işlemek, hesaba geçirmek, hesaba kaydetmek; yer ayırtmak, rezervasyon yaptırmak, sipariş etmek; (başarı) elde etmek, kazanmak ***ein Tisch buchen*** bir masa ayırtmak

Bücherei /bü:hı'ray/ *f* kütüphane; kitaplık; kitapçı, kitabevi

Büchernarr /'bü:hırnar/ *m* bibliyoman, kitap manyağı

Bücherregal /'bü:hırrega:l/ *n* kitaplık; kitap rafı; etajer

Bücherschrank /'bü:hırşrank/ *m* kitaplık, kitap dolabı

Buchfink /'bu:hfink/ *m hayb* ispinoz kuşu

Buchführung /'bu:hfü:rung/ *f tic* defter tutma, muhasebe; defter tutma usulü ***doppelte Buchführung*** *tic* çift girişli muhasebe

Buchhalter /'bu:hhaltır/ *m tic* muhasebeci, defter tutan ***buchhalterische Übersicht*** muhasebe tablosu ***buchhalterische Verantwortung*** muhasebeci sorumluluğu

Buchhaltung /'bu:hhaltung/ *f tic* muhasebe, defter tutma; (işyerinde) muhasebe bölümü

Buchhandel /'bu:hhandıl/ *m* kitapçılık, kitap basımı ve yayımcılığı

Buchhändler /'bu:hhendlır/ *m* kitapçı, kitap satıcısı; sahaf

Buchhandlung /'bu:hhandlung/ *f* kitabevi, kütüphane

Buchladen /'bu:hla:dın/ *m* kitapçı dükkânı

Buchmesse /'bu:hmesı/ *f* kitap fuarı ***Frankfurter Buchmesse*** Frankfurt kitap fuarı

Buchsbaum /'bu:ksbaum/ *m bitk* şimşirağacı

Büchse /'büksı/ *f* küçük kutu, teneke kutu; tüfek, filinta

Buchse /'buksı/ *f tek* fiş yuvası, kovan, manşon, duy, priz

Büchsenöffner /'büksınöfnır/ *m* konserve açacağı

Buchstabe /'bu:hşta:bı/ *m* harf ***auf den Buchstaben genau*** tamı tamına, harfi harfine ***deutsche Buchstabe*** Alman alfabesi ***großer Buchstabe*** büyük harf, majüskül ***in Buchstaben*** yazı ile, yazarak ***kleiner Buchstabe*** küçük harf, minüskül

buchstabieren /bu:hşta'bi:rın/ *vt* harf harf söylemek; hecelemek, heceleyerek

okumak; *mec* zor okumak
buchstäblich /'bu:hşteplih/ *s* aynen, harfi harfine, metne sadık kalarak; tam manasıyla, hakikaten ***buchstäblich übersetzen*** metne sadık kalarak çeviri yapmak
Bucht /buht/ *f coğ* körfez, koy; küçük liman; (ip) halka, ilmik; (cadde) park yeri; *den* bordo kavsi; *den* bölme; *kon* sığınacak yer, sığınma yeri; ahır
Buchtitel /'bu:hti:tıl/ *m* kitap başlığı, kitap adı
Buchumschlag /'bu:humşla:k/ *m* kitap kapağı, kuver
Buchung /'bu:hung/ *f tic* deftere kaydetme, deftere geçirme; sipariş; rezervasyon
Buckel /'bukıl/ *m* tümsek, kambur; hörgüç; kabarıklık; sırt, arka; *hek* kambur; madeni kabartma süsü; saç tokası ***Buckel haben*** dert çekmek, çile çekmek ***den Buckel vollkriegen*** dayak yemek ***einen Buckel bekommen*** kamburu çıkmak ***sich einen Buckel lachen*** gülmekten iki büklüm olmak
bücken /'bükın/ *vr* (öne) eğilmek, bükülmek
bucklig /'buklih/ *s hek* kambur; *kon* engebeli
Bückling /'bükling/ *m* eğilme, bükülme; reverans; füme uskumru, tütsülenmiş ringa balığı ***Bückling machen*** (birisinin önünde) eğilmek, reverans yapmak
Buddhismus /bu'dismus/ *m* Budizm
Buddhist/Buddhistin /bu'dist/bu'distin/ *m/f* Budist
buddhistisch /bu'distiş/ *s* Budist, Budizm ile ilgili
Bude /'bu:dı/ *f* baraka, kulübe; küçük oda, hücre; tahtadan yapılma satış yeri; *kon* pansiyon, oda
Budget /bü'ce:/ *n* bütçe
Büffel /'büfıl/ *m hayb* manda, camız; bizon; kısa ceket; *mec* hödük herif, yontulmamış ayı ***wahrer Büffel*** *mec* öküz herif
büffeln /'büfıln/ *vi mec* ineklemek, çok ders çalışmak
Bug /bu:k/ *m den* pruva, gemi başı, burun; (uçak) burun, baş taraf; (hayvan) omuz tarafı; eğik destek
Bügel /'bü:gıl/ *m* (elbise) askı; üzengi; yay şeklinde parça; kulp; krampon; gözlük köprüsü
Bügelbrett /'bü:gılbret/ *n* ütü masası, ütü sehpası, ütü tahtası
Bügeleisen /'bü:gılayzın/ *n* ütü
Bügelfalte /'bü:gılfaltı/ *f* ütü izi, ütü çizgisi
bügelfrei /'bü:gılfray/ *s* ütü istemeyen, ütü gerektirmeyen
bügeln /'bü:gıln/ *vt* ütülemek, ütü yapmak
Buggy /'bagi/ *m* baston araba
bugsieren /buk'si:rın/ *vt den* (gemi) yedeğe almak, yedek çekmek; (birisini) yönetmek, yönlendirmek
Buhmann /'bu:man/ *m* şamar oğlanı
Bühne /'bü:nı/ *f* (tiyatro) sahnesi; (ders) kürsü; (manken) podyum; tribün, kerevet ***auf die Bühne bringen*** *tiy* sahneye koymak, sahnelemek ***zur Bühne gehen*** artist olmak, sahne sanatçısı olmak
Bühnenbild /'bü:nınbilt/ *n tiy* mizansen
Bühnenbildner /'bü:nınbiltnır/ *m tiy* dekoratör
bühnenreif /'bü:nınrayf/ *s tiy* sahnede oynanabilir, sahneye elverişli
Buhruf /'bu:ru:f/ *m* yuh sesi
Bukarest /'bukarest/ *tnz* Bükreş
Bulette /bu'letı/ *f* köfte
Bulgare/Bulgarin /bul'ga:rı/bul'ga:rin/ *m/f* Bulgar
Bulgarien /bul'ga:ryın/ *tnz* Bulgaristan
bulgarisch /bul'ga:riş/ *s* Bulgaristan ile ilgili
Bullauge /'bulaugı/ *n den* lomboz; (gemi) yuvarlak kamara penceresi
Bulldogge /'buldogı/ *f hayb* buldog köpeği
Bulldozer /'buldo:zır/ *m* buldozer
Bulle /'bulı/ *m hayb* boğa; erkek hayvan; iri kıyım adam; *mec* polis, aynasız; *ask* görev yerinde amir kişi; *f* Papa fermanı; mühür; mühürlü evrak, belge; mühür muhafazası ***päpstliche Bulle*** Papa'nın fermanı ***kaiserliche Bullen*** imparator fermanı
bullig /'bulih/ *s* iri kıyım adam, iri yarı adam; (sıcak) şakıcı, kavurucu
Bumerang /'bu:mırang/ *m* bumerang, Avustralya'ya özgü bir silah
Bummel /'bumıl/ *f* püskül, ponpon; *m kon* gezinti, gezinme, dolaşma, dolanma, boş boş dolaşma ***auf den Bummel gehen*** gezmeye çıkmak, dolaşmaya çıkmak
bummeln /'bumıln/ *vi* avarelik yapmak, boş boş dolanmak; gezinmek, vitrinlere bakmak, ağır ağır dolaşmak; gecikmek;

(işyerinde) dalga geçmek
Bummelstreik /'bumılştrayk/ *f* iş yavaşlatma eylemi; *m* iş yavaşlatma eylemi
Bummelzug /'bumıltsu:k/ *m* dilenci treni, her istasyonda duran tren
Bums /bums/ *m kon* darbe, vuruş; gürültülü eğlence; *mec* cinsel ilişki
bumsen /'bumzın/ *vi kon* ses çıkartarak çarpmak, ses çıkartarak vurmak; gürültü çıkararak düşmek, çarpmak; *mec* cinsel ilişkide bulunmak
Bund /bunt/ *n* demet, deste, top, yığın; *m* birleşme, birlik, ittifak; bağ, rabıta; uçkur, kemer, kenar; konfederasyon; pakt; kangal, dizi; kılış başlığı, baston başlığı; *tek* mil çemberi ***der Bund für das Leben*** evlilik bağı kurmak ***einen Bund eingehen*** birleşmek ***einen Bund schließen*** birlik kurmak, birleşmek, ittifak etmek ***im Bunde mit ...*** ... ile birlikte, ... ile beraber
Bündchen /'bünthın/ *n* (elbise kolunda) lastik
Bündel /'bündıl/ *n* demet, deste, top, yığın; bohça, denk, bağ, çıkın; tomar
Bundesbahn /'bundısba:n/ *f* Federal Almanya Demir Yolları
Bundesbank /'bundısbank/ *f* Federal Almanya Merkez Bankası
Bundesbürger /'bundısbürgır/ *m* Alman vatandaşı
bundesdeutsch /'bundısdoyç/ *s* Federal Alman
Bundesgebiet /'bundısgıbi:t/ *n* Federal Almanya arazisi
Bundesgerichtshof /'bundısgırihtsho:f/ *m* Almanya'da en üst mahkeme
Bundeskanzler /'bundıskantslır/ *m* Federal Almanya Cumhuriyeti'nde başbakan; şansölye
Bundeskriminalamt /bundıskrimi'na:lamt/ *n* Federal Kriminal Dairesi
Bundesland /'bundıslant/ *n* Federe Devlet, eyalet
Bundesliga /'bundısli:ga/ *f sp* Federal Almanya Ligi
Bundesminister /'bundısministır/ *m* Federal Devlet Bakanı
Bundesministerium /'bundısministe:ryum/ *n* Federal Bakanlık ***Bundesministerium der Justiz*** Federal Adalet Bakanlığı
Bundespost /'bundıspost/ *f* Federal Posta (idaresi)
Bundespräsident /'bundısprezident/ *m* Federal Cumhurbaşkanı
Bundesrat /'bundısra:t/ *m* Eyalet Temsilciler Meclisi
Bundesregierung /'bundısregi:rung/ *f* Federal Hükümet
Bundesrepublik /'bundısrepubli:k/ *f* Federal Devlet ***Bundesrepublik Deutschland*** Almanya Federal Cumhuriyeti ***Bundesrepublik Österreich*** Avusturya Federal Cumhuriyeti
Bundesstaat /'bundısşta:t/ *m* konfederasyon; Federe Devlet, Federal Devlet
Bundesstraße /'bundısştra:sı/ *f* Federal Almanya Cumhuriyeti devlet karayolu
Bundestag /'bundısta:k/ *m* Federal Parlamento, Federal Meclis
Bundestrainer /'bundastremır/ *m* federal bir devletin ulusal takımını çalıştıran antrenör
Bundesverfassungsgericht /bundısfer'fasungsgırıht/ *n huk* Federal Anayasa Mahkemesi
Bundesversammlung /'bundısferzamlung/ *f* Federal Meclis
Bundeswehr /'bundısve:r/ *f* Federal Almanya Silahlı Kuvvetleri
bundesweit /'bundısvayt/ *s* tüm federal eyaletleri kapsayan
bündig /'bündih/ *s huk* yasal, geçerli, bağlayıcı; inandırıcı, geçerli; kısa, özlü ***kurz und bündig*** açık ve net; kesin
Bündnis /'büntnis/ *n* ittifak, anlaşma, birleşme, pakt
Bündnisvertrag /'büntnisfertra:k/ *m* ittifak anlaşması
Bungalow /'bunggalo/ *m* bungalov, *tek* katlı yazlık ev
Bunker /'bunkır/ *m* (evlerde) kömürlük, kömür deposu; (gemi) kömür ambarı; depo, ambar, silo; *ask* hapis cezası; *ask* siper, sığınak, barınak
bunt /bunt/ *s* renkli, alaca bulaca, rengârenk; karışık, türlü türlü ***bunte Musik*** karma müzik
Buntheit /'bunthayt/ *f* renklilik, rengârenklilik, alaca bulacalık; elvan; değişiklik
Buntspecht /'buntşpeht/ *m hayb* alaca ağaçkakan
Buntstift /'buntştift/ *m* renkli kurşunkalem
Buntwäsche /'buntveşı/ *f* renkli çamaşır
Bürde /'bürdı/ *f* yük, ağırlık; *sp* sıklet; *kon* keder, acı

B

Burg /burk/ *f* kale, hisar, burç; *kon* sığınak

bürgen /'bürgın/ *vi* kefil olmak ***bürgen für jdn*** (birisine) kefil olmak ***bürgen für etw*** (bir şeyi) garanti etmek, teminat etmek; (bir şeye) kefil olmak

Bürger /'bürgır/ *m* şehirli, kentli, hemşeri; vatandaş, yurttaş, halk; burjuva, orta sınıf; uyruk, tebaa

Bürgerinitiative /'bürgırinitsyati:vı/ *f* vatandaş girişimi

Bürgerkrieg /'bürgırkri:k/ *m* iç savaş, kardeş kavgası

bürgerlich /'bürgırlih/ *s* sivil, mülki; orta sınıf halka mensup, orta halli; medeni, şehirli ***bürgerlich gekleidet*** sade giyinmiş ***bürgerliche Ehe*** medeni evlilik ***bürgerliche Ehrenrechte*** *pl huk* siyasi haklar ***bürgerliche Früchte*** medeni kazançlar ***bürgerliche Küche*** geleneksel yemekler ***bürgerliche Rechte*** medeni haklar, vatandaşlık hakları ***bürgerlicher Tod*** manevi ölüm ***bürgerliches Gesetzbuch*** medeni kanun, yurttaşlar yasası ***bürgerliches Recht*** *huk* medeni hukuk

Bürgermeister /'bürgırmaystır/ *m* belediye başkanı; muhtar

bürgernah /'bürgırna:/ *s* halkçı ***bürgernahe Politik*** halkçı politika

Bürgerrecht /'bürgırreht/ *n* vatandaşlık hakları, yurttaşlık hakları ***jdm das Bürgerrecht verleihen*** (birisine) vatandaşlık hakkı vermek

Bürgerschaft /'bürgırşaft/ *f* şehir halkı; devletin vatandaşları

Bürgersteig /'bürgırştayk/ *m* yaya kaldırımı, tretuvar

Bürgertum /'bürgırtu:m/ *n* burjuvazi, orta sınıf, orta tabaka

Bürgschaft /'bürkşaft/ *f* kefalet; güvence, teminat, garanti ***Bürgschaft leisten*** kefil olmak

Büro /bü'ro:/ *n* büro, ofis, yazıhane; kalem, sekreterlik; daire; büro çalışanları, personel

Büroangestellte(r) /bü'ro:angışteltı(r)/ *m/f* yazıcı, katip, yazman, büro memuru

Büroarbeit /bü'ro:arbayt/ *f* büro işi

Bürobedarf /bü'ro:bıdarf/ *m* büro malzemeleri, kırtasiye malzemeleri

Bürohaus /bü'ro:haus/ *n* han, büyük iş merkezi

Bürohengst /bü'ro:hengst/ *m kon* büro şefi

Bürokauffrau /bü'ro:kauffrau/ *f* ticaret uzmanı bayan büro elemanı

Bürokaufmann /bü'ro:kaufman/ *m* ticaret uzmanı büro elemanı

Büroklammer /bü'ro:klamır/ *m* ataç, raptiye

Bürokrat /büro'kra:t/ *m* bürokrat; kırtasiyeci

Bürokratie /bürokra'ti:/ *f* bürokrasi; kırtasiyecilik

bürokratisch /büro'kra:tiş/ *s* bürokratik; kırtasi

Büromaschine /bü'ro:maşi:nı/ *f* büroda kullanılan hesaplama ve yazma makineleri

Büromaterial /bü'ro:materya:l/ *n* büro malzemesi

Büromöbel /bü'ro:mö:bıl/ *pl* büro mobilyası

Büroschluss /bü'ro:şlus/ *m* mesai bitiş saati, mesai bitimi

Bursche /'burşı/ *m* oğlan, delikanlı, genç; uşak, hizmetli; çırak; *mec* toy delikanlı, acemi erkek; *ask* emir eri; (üniversite) öğrenci derneği üyesi ***alter Bursche!*** Azizim! ***Du, toller Bursche!*** seni gidi seni!

Burschenschaft /'burşınşaft/ *f* Üniversite öğrencileri derneği

burschikos /burşi'ko:s/ *s* erkeksi kadın, erkek Fatma

Bürste /'bürstı/ *f* fırça; *kon* dik saç

bürsten /'bürstın/ *vt* fırçalamak, fırçalayarak temizlemek; *mec* cinsel ilişkiye girmek

Bus /bus/ *m* otobüs ***Bus hält!*** (otobüs) duracak! ***den Bus verpassen*** otobüsü kaçırmak ***in den Bus einsteigen*** otobüse binmek

Busbahnhof /'busba:nho:f/ *m* otogar

Busch /buş/ *m* küçük orman, çalılık, fundalık, makilik; (tropikal bölgede) sık orman, balta girmemiş orman ***sich in die Büsche schlagen*** sıvışmak, arazi olmak, ortadan kaybolmak

Büschel /'büşıl/ *n* (saç) tutam, perçem, kâkül; demet, deste; püskül; tuğ, tepelik; salkım; askı; *mat* bir noktada kesişen doğru parçaları; *bitk* demet şeklindeki bitkiler

Buschmann /'buşman/ *m* (Güney Afrika'da bir yerli soyu) Buşman

Busen /'bu:zın/ *m anat* kadın göğsü, ka-

dın memesi, *mec* balkon; kadın koynu; bağır, koyun, sine; duygu, kalp, yürek
Busfahrer /'busfa:rır/ *m* otobüs şoförü
Bushaltestelle /'bushaltıştelı/ *f* otobüs durağı
Bussard /'busart/ *m hayb* kızılşahin
büßen /'bü:sın/ *vt/vi* cezasını çekmek; tövbe etmek; kefarette bulunmak; parayla tazmin etmek; hevesini almak, arzusunu gidermek; (bir şeyin) sıkıntısını çekmek, günahın bedelini ödemek ***etw schwer zu büßen haben*** belasını bulmak, burnundan fitil fitil gelmek ***für etw büßen*** (bir şeyin) cezasını çekmek
Bußgeld /'bu:sgelt/ *n* para cezası
Bußgeldbescheid /'bu:sgeltbışayt/ *m* para cezası kararı
Buß-und Bettag /'bu:sunt 'be:tta:k/ *m* (protestan) tövbe ve dua günü
Büste /'bü:stı/ *f* (sanat eseri) büst; kadın göğsü, kadın memesi; cansız manken
Büstenhalter /'bü:stınhaltır/ *m* sutyen
Busunternehmen /'busuntırne:mın/ *n* otobüs işletmeciliği
Butan /bu'ta:n/ *n kim* bütan
Butter /'butır/ *f* tereyağı ***alles in Butter*** *mec* her şey güllük gülistanlık ***Brot mit Butter bestreichen*** ekmeğin üzerine tereyağı sürmek
Butterblume /'butırblu:mı/ *f bitk* sunergisi; düğünçiçeği; aslanağzı; aynısafa; hindiba çiçeği; yuvarlak hasır şapka
Butterbrot /'butırbro:t/ *n* tereyağlı ekmek, üzerine tereyağı sürülü ekmek ***für Butterbrot*** karın tokluğuna
Butterdose /'butırdo:zı/ *f* tereyağı kabı
Buttermilch /'butırmilh/ *f* tereyağı alınmış süt, kaymağı alınmış süt
Buttersäure /'butırzoyrı/ *f kim* butirik asit
Byte /bait/ *n biliş* bayt ***Byte zu 8 Bit*** *biliş* 8 bitlik bayt
Byzantiner /bütsan'ti:nır/ *m* Bizanslı; *mec* dalkavuk
byzantinisch /bütsan'ti:niş/ *s* Bizans (ile ilgili); *kon* dalkavukça
Byzanz /bü'tsants/ *tnz* Bizans

C

Cadmium /'katmium/ *n kim* kadmiyum
Cafeteria /kafete'ri:a/ *f* kafeterya, lokanta, ayaküstü yenilip içilen yer
Callgirl /'ko:lgö:l/ *n* telekız, telefonla çağrılan fahişe
Camcorder /'kemko:dı/ *m* elektronik film kamerası
Camembert /kaman'be:r/ *m* (Fransa) bir cins yumuşak peynir
campen /'kempın/ *vi* kamp yapmak, kamp kurmak, kamping yapmak
Camper /'kempır/ *m* kampçı, boş vakitlerini kamp yaparak geçiren kişi
Camping /'kemping/ *n* kamping, kamp ***zum Camping gehen*** kampa gitmek, kamping yapmaya gitmek
Campingbus /'kempingbus/ *m* karavan, kamp otobüsü
Campingplatz /'kempingplats/ *m* kamp yeri, kamp alanı, kamping yeri
Cannabis /'kanabis/ *m* haşhaş, esrar, marihuana
Cappuccino /kapu'tşi:no/ *m* kapuçino, bir cins kremalı ve köpüklü kahve
Carbonat /karbo'na:t/ *n kim* karbonat
Cartoon /kar'tu:n/ mn karikatür, esprili çizgi resim
Cashewnuss /'keşunus/ *f bitk* akaju cevizi
CB-Funk /tse:'be:funk/ *m* amatör el telsizi
CD /tse'de:/ *f* CD, kompakt disk
CD-Spieler /tse'de:şpi:lır/ *m* CD çalar
CD-Brenner /tse'debrenır/ *m* CD yazıcı
CD-ROM-Laufwerk /tse'deromlaufverk/ *n* CD-ROM sürücü
Cellist /tşe'list/ *m müz* viyolonselist, viyolonselci, çellist
Cello /'tşelo:/ *n müz* çello, viyolonsel
Cellophan /tselo'fa:n/ *n* selofan, karton üzerine parlak film kaplama
Celsius /'tselzyus/ *n* santigrat
Cembalo /'tşembalo/ *n müz* çembalo, klavsen, tuşlu bir müzik aleti
Chalet /şa'le:/ *n* şale
Chamäleon /ka'me:lyon/ *n hayb* bukalemun
Champagner /şam'panyır/ *m* şampanya, köpüklü şarap
Champignon /'şampinon/ *m bitk* mantar
Chance /'şansı/ *f* şans, fırsat, talih, kader ***Chance bieten*** şans vermek ***die Chance verpassen*** fırsatı kaçırmak
Chancengleichheit /'şansınglayhhayt/ *f* şans eşitliği, fırsat eşitliği
Chaos /'ka:os/ *n* kaos, karmaşa, kargaşa, karmakarışıklık
Charakter /ka'raktır/ *m* karakter, huy, tabiat, seciye; özellik, hususiyet, alamet;

C

kişinin karakteristik özellikleri, karakterli bir adam; yazı, el yazısı; ahlak, vasıf, mahiyet, içerik; unvan, sıfat ***einen guten Charakter haben*** iyi karakterli olmak ***von guten Charakter*** iyi karakterli ***von schlechten Charakter*** kötü karakterli

Charaktereigenschaft /ka'raktıraygınşaft/ *f* tabiat; karakteristik özellik ***gute Charaktereigenschaft*** iyi huy, fazilet ***schlechte Charaktereigenschaft*** kötü huy

charakterfest /ka'raktırfest/ *s* karakteri sağlam, sağlam karakterli, karakter sahibi

charakterisieren /karaktıri'zi:rın/ *vt* karakterize etmek; nitelemek, tanımlamak, vasıflandırmak; tarif etmek

Charakteristik /karaktı'ristik/ *f* karakteristik; tasvir, temsil, tarif

charakteristisch /karaktır'istiş/ *s* karakteristik, ayırıcı; tipik; öz, özgü, mahsus, has

charakterlos /ka'raktırlo:s/ *s* karaktersiz; soysuz, kanı bozuk; özelliksiz, niteliksiz, vasıfsız; renksiz, kararsız

Charakterlosigkeit /ka'raktırlo:zi**h**kayt/ *f* karaktersizlik; soysuzluk; özelliksizlik, niteliksizlik

Charakterschwäche /ka'raktırşve**h**ı/ *f* karakter zayıflığı, karakteristik zayıflık

Charakterstärke /ka'raktırşterkı/ *f* karakter sağlamlığı

Charakterzug /ka'raktırtsu:k/ *m* ayırıcı özellik, nitelik

Charisma /ka:'risma/ *n* karizma

charismatisch /karis'ma:tiş/ *s* karizmatik

Charme /'şarm/ *m* alım, cazibe, cazibe; etkileme, cezbetme; şirinlik, sevimlilik, tatlılık; naz, işve, eda, cilve

Charmeur /şar'me:r/ *m* karizmatik adam, cezbedici adam, alımlı adam

Charta /'karta/ *f* şart, esas; temel kural, esas kural; anayasa belgesi ***Charta der Vereinten Nationen*** Birleşmiş Milletler Ana Sözleşmesi

Charterflug /'tşartırflu:k/ *m* çartır uçuş, kiralık uçakla yolculuk

Charterflugzeug /'tşartırflu:ktsoyk/ *n* çartır uçak, kiralanmış uçak

Chartermaschine /'tşartırmaşi:nı/ *f* çarter uçağı

chartern /'tşartırn/ *vt* (uçak, gemi) kiralamak

Chauffeur /şo'fö:r/ *m* şoför, taksi sürücüsü

Chauvinismus /şovi'nismus/ *m* şovenlik, şovenizm, körükörüne milliyetçilik ***männlicher Chauvinismus*** erkeklerin kadınlara karşı üstün olması iddiası

Chauvinist /şovi'nist/ *m* şoven, şovenist, aşırı milliyetçi

Chef /şef/ *m* şef, başkan, baş, amir, müdür, reis; patron, iş sahibi, işadamı; yönetici ***zum Chef gehen*** şefe çıkmak, idareye çıkmak; yukarı çıkmak

Chefarzt /'şefartst/ *m hek* başhekim, baştabip

Chefetage /'şefeta:jı/ *f* işyerinde şefin bulunduğu kat, idare katı

Chefredakteur/Chefredakteurin /'şefredaktö:r/'şefredaktö:rin/ *m/f* başyazar

Chefsekretärin /'şefzekrete:rin/ *f* başsekreter

Chemie /**h**e'mi:/ *f* kimya ***analytische Chemie*** *kim* analitik kimya

Chemiefaser /**h**e'mi:fa:zır/ *m* suni iplik, suni lif, yapay iplik; kimya lifi

Chemikalie /**h**emi'ka:lyı/ *f* kimyasal madde

Chemiker /'**h**e:mikır/ *m* kimyager, kimyacı

chemisch /'**h**e:miş/ *s* kimyasal, kimyevi, şimik; *be* kimya vasıtasıyla, kimyaca ***chemisch rein*** kimyaca saf, kimyevi saf ***chemische Änderung*** kimyasal değişim ***chemische Analyse*** kimyasal çözümleme, kimyasal analiz ***chemische Eigenschaften*** kimyasal özellikler ***chemische Elemente*** kimyasal element ***chemische Energie*** kimyasal enerji ***chemische Erzeugnisse*** kimyevi ürünler ***chemische Forschung*** kimyasal araştırma ***chemische Funktion*** kimyasal fonksiyon ***chemische Gleichung*** kimya denklemi ***chemische Industrie*** kimya sanayii ***chemische Kontrolle*** kimyasal kontrol ***chemische Reaktion*** kimyasal reaksiyon, kimyasal tepkime ***chemische Reinigung*** kuru temizleme ***chemische Stoffe*** kimyasal maddeler, kimyevi maddeler ***chemische Technik*** kimyasal teknik ***chemische Technologie*** kimya teknolojisi ***chemische Untersuchung*** kimyasal muayene ***chemische Verbindung*** kimyasal bileşik ***chemisches Symbol*** kimyasal sembol, kimyasal simge ***che-***

mische Zeichen kimya simgesi
chemotherapeutisch /'**h**e:mote:rapoytiş/ *s* kemoterapik
Chemotherapie /'**h**e:mote:rapi:/ *f hek* kemoterapi, ışın tedavisi
Chiffre /'şifrı/ *f* şifre; simge, işaret, rümuz
chiffrieren /şif'ri:rın/ *vt* şifrelemek, şifreli yazmak, şifre ile yazmak; şifreye çevirmek
Chile /'tşi:le/ *tnz* Şili
Chilene /tşi'le:nı/ *m* Şilili
chilenisch /tşi'le:niş/ *s* Şili (ile ilgili)
Chili /'tşi:li/ *m* kırmızıbiber
Chimäre /**h**i'me:rı/ *f* kuruntu, vesvese, hayal; sanı, sanrı
China /'**h**i:na/ *tnz* Çin
Chinarinde /'**h**i:narindı/ *f bitk* kınakına
Chinese /**h**i'ne:zı/ *m* Çinli erkek
chinesisch /**h**i'ne:ziş/ *s* Çin (ile ilgili) ***Chinesische Mauer*** Çin seddi
Chinin /**h**i'ni:n/ *n kim* kinin
Chip /tşip/ *n* çip; pul, fiş
Chipkarte /'tşipkartı/ *f* çip kartı
Chirurg /**h**i'rurg/ *m* cerrah, operatör, şirurg
Chirurgie /**h**irur'gi:/ *f* cerrahlık, operatörlük; cerrahi, şirürji; *hek* (hastanede) cerrahi bölümü
chirurgisch /**h**i'rurgiş/ *s* cerrahi, şirurjik ***chirurgischer Eingriff*** *hek* cerrahi müdahale
Chlor /klo:r/ *n kim* klor
chloren /'klo:rın/ *vt* klorlamak
chlorhaltig /'klo:r**h**altı**h**/ *s* klorlu, klor ihtiva eden, içinde klor bulunan
Chloroform /klo:ro'form/ *n* kloroform
chloroformieren /klorofor'mi:rın/ *vt* kloroform koklatarak bayıltmak, kloroformla bayıltmak
Cholera /'ko:lıra/ *f hek* kolera ***von der Cholera befallen werden*** koleraya tutulmak, kolera hastalığına yakalanmak
Choleraepidemie /'ko:lıraepide'mi:/ *f hek* kolera salgını
Choleriker /ko'le:rikır/ *m* asabi, çabuk öfkelenen, hırçın, çabuk kızan
Cholesterin /kolıstı'ri:n/ *n biy* kolesterol
Cholesterinspiegel /kolıstı'ri:nşpi:gıl/ *n* kandaki kolesterol miktarı
Chor /ko:r/ *m müz* koro; çoksesli şarkı; *mim* mihrap; (kilise) en önemli kısım ***im Chor*** koro halinde; hep birlikte
Choral /ko'ra:l/ *m* koral, kilise ilahisi
Chorleiter /'ko:rlaytır/ *m müz* koro şefi
Christ /krist/ *m* Hıristiyan, İsevi; *tnz* Christus, İsa Peygamber
Christbaum /'kristbaum/ *m* Noel ağacı
Christdemokrat/Christdemokratin /'kristdemokra:t/'kristdemokra:tin/ *m/f* Hıristiyan demokrat
Christenheit /'kristın**h**ayt/ *f* Hıristiyanlık, Hıristiyanlık dünyası
Christentum /'kristıntu:m/ *n* Hıristiyanlık, Hıristiyanlık dini
Christkind /'kristkint/ *n* yeni doğan İsa
christlich /'kristli**h**/ *s* Hıristiyan, İsevi ***christliche Zeitmessung*** miladi takvim
Christus /'kristus/ *tnz* Hz İsa, İsa Peygamber ***nach Christus*** İsa'dan sonra, milattan sonra ***vor Christus*** İsa'dan önce, milattan önce
Chrom /kro:m/ *n kim* krom
Chromatik /kro'ma:tik/ *f müz* kromatik; *fiz* kromatik; renklenen
Chromosom /kromo'so:m/ *n anat* kromozom
Chronik /'kro:nik/ *f* kronik, vakayiname, olayları zaman sırasına göre anlatan eser
chronisch /'kro:niş/ *s hek* kronik, müzmin, müzmin hastalık, süreğen ***chronisch werden*** *hek* müzminleşmek, kronikleşmek ***chronische Krankheit*** kronik hastalık, müzmin hastalık
chronologisch /krono'lo:giş/ *s* kronolojik, zamansal oluşumuna göre sıralanmış ***chronologisches Alter*** takvim yaşı
circa /'tsirka/ *be* aşağı yukarı, tahminen, üç aşağı beş yukarı, yaklaşık
Claqueur /kla'kö:r/ *m* para ile tutulmuş alkışçı, şakşakçı, klakör
clean /kli:n/ : ***clean sein*** uyuşturucu alışkanlığını bırakmış olmak
Clip /klip/ *m* klips
Clique /'klikı/ *f* hizip, ayrımcılık, klik; kayırma
Cliquenwirtschaft /'klikınvirtşaft/ *f* hizipçilik, ayrımcılık; kayırmacılık
Clou /klu:/ *m* zirve, tepe nokta, en yüksek nokta; en mühim olay, en mühim şey
Clown /klaun/ *m* palyaço, soytarı
Coach /koutş/ *m sp* antrenör, koç
coachen /'koutşın/ *vt* antrenörlük yapmak, (birisini) antrene etmek
Cockpit /'kokpit/ *n* kokpit, (uçak) pilot kabini
Cocktail /'kokteil/ *m* kokteyl, çeşitli içeceklerin karıştırılmasıyla elde edilen

içecek
Cocktailparty /'kokteilpa:rti/ *f* kokteyl eğlencesi, kokteyl partisi
Code /ko:d/ *m* kod, anahtar sözcük ***Code civil*** Fransız medeni kanunu
Collage /ko'la:jı/ *f* kolaj, parçalardan oluşan resim
Comic /'komik/ *m* çizgi resimli roman
Compactdisc /kom'paktdisk/ *m biliş* CD (çalar)
Computer /kom'pyu:tır/ *m* kompüter, bilgisayar
computergesteuert /kom'pyu:tırgıştoyırt/ *s* bilgisayarla çalışan, bilgisayarlı, bilgisayarla yönetilen
computergestützt /kom'pyu:tırgıştütst/ *s* bilgisayar destekli, bilgisayar donanımlı
Computergrafik /kom'pyu:tırgra:fik/ *f* bilgisayarlı grafik
Computerspiel /kom'pyu:tırşpi:l/ *n* bilgisayar oyunu
Container /kon'teinır/ *m* konteynır, oldukça büyük kap
Copyright /'kopirait/ *n* telif hakkı, eser hakkı
Cortison /korti'zo:n/ *n* kortizon
Couch /koutş/ *f* divan, kanepe, şezlong
Couchgarnitur /'koutfgarnitu:r/ *f* koltuk takımı
Couchtisch /'koutştiş/ *m* sehpa
Countdown /'kountdaun/ *m* sıfıra dek geri sayım; arife, önceki gün; *mec* okey, yeşil ışık, onay; başlama işareti
Coup /ku:/ *m* darbe
Coupé /ku'pe:/ *n* iki kapılı spor araba, kupe
Coupon /ku:'pon/ *m* kupon
Cousin/Cousine /ku'ze/ku'zi:nı/ *m/f* kuzen, kuzin
Couturier /kutü'rye:/ *m* bayan berberi, bayan saç kesicisi
Crack /krek/ *n* kokain içerikli sentetik uyuşturucu
Cracker /'krekır/ *m* kraker, gevrek hamur işi
Creme /'kre:mı/ *f* krem; krema; macun; kaymak; seçme, güzide; *s* krem rengi, bej
Curry /'köri/ mn köri, Hint usulü baharat harmanı
Cursor /'kö:rsor/ *m* kursor, imleç, ışıklı gösterge
Cutter /'kutır/ *m tiy* sin.kurgucu, montör, montajcı

D

da /da:/ *ilg* çünkü, yüzünden, sebebiyle; *be* (yer bildiriminde) orada, burada, şurada; (zaman bildiriminde) o anda, o sırada, bu sırada; (sebep bildiriminde) çünkü, zira, için, ... yüzünden, -den, -dan; bu durumda, bu şartlar altında, o vakit, bu durum karşısında; tut!, yakala!, al!; bu, şu, o ***Da kommt mein Vater!*** İşte babam geliyor! ***da und dort*** orada burada ***Sieh da!*** bak!, gör bak!, gördün mü! ***von da ab*** oradan başlayarak; ondan sonra ***von da an*** o zamandan bu yana
dabei /da'bay/ *be* yanında, bitişiğinde, yakınında, dibinde; ayrıca, üstelik, bundan başka, bir de; o esnada, bu sırada, bu arada; ama, fakat, ancak, bununla birlikte, bununla beraber; (zaman) şimdi, bu sırada; buna rağmen, buna mukabil; katılan, iştirak eden ***es ist nichts dabei*** zararı yok; ayıp değil ***ganz dabei*** çok yakınında ***ich bin dabei*** katılıyorum!, tamam!, kabul! ***was ist denn dabei?*** n'olur ki?, ne çıkar?
dabeibleiben /da'bayblaybın/ *trvt* (bir şeye) devam etmek; orada kalmak, orada bulunmak, ayrılmamak, bırakıp gitmemek
dabeihaben /da'bayha:bın/ *trvt* yanında taşımak, yanında bulundurmak; (birisini bir şeye) katılmasını sağlamak, iştirak ettirmek
dabeistehen /da'bayşte:ın/ *trvt* yanında durmak
dableiben /'da:blaybın/ *trvt* ayrılmamak, kalmak
Dach /dah/ *n* çatı, dam; emniyet, muhafaza, koruma ***aufs Dach bekommen*** zılgıtı yemek, paparayı yemek, azar işitmek ***Dach haben*** ev sahibi olmak ***jdm aufs Dach steigen*** (birisini) paylamak, azarlamak; sorumlu tutmak; tehdit etmek ***kein Dach über dem Kopf haben*** yeri yurdu olmamak, evsiz barksız olmak ***unter Dach sein*** emniyette olmak ***unter Dach und Fach bringen*** (bir şeyi) bitirmek, tamamlamak
Dachboden /'dahbo:dın/ *m* tavan arası, çatı odası; çatı altı

Dachdecker /'dahdekır/ *m* çatı kaplamacısı, çatı aktarıcısı, dam aktarıcı
Dachfenster /'dahfenstır/ *n* tavan arası penceresi, çatı katı penceresi; aydınlık, ışıklık
Dachgeschoss /'dahgışos/ *n* tavan arası, çatı arası
Dachgesellschaft /'dahgızelşaft/ *f* *tic* holding, büyük kuruluş
Dachorganisation /'dahorganizatsyo:n/ *f* en üst; örgüt
Dachpappe /'dahpapı/ *f* (dam kaplamaya kullanılan) katranlı mukavva
Dachrinne /'dahrinı/ *f* çatı oluğu, dam oluğu, çatı deresi
Dachs /'daks/ *m* *hayb* porsuk; (genç) tecrübesiz, acemi
Dachschaden /'dahşa:dın/ *m* *kon* ruhsal bozukluk, kafada tahtası eksik olma; dam hasarı, çatı hasarı
Dachstuhl /'dahştu:l/ *m* çatı gövdesi
Dachverband /'dahferbant/ *m* federasyon; çatı örgütü
Dachziegel /'dahtsi:gıl/ *m* kiremit ***flacher Dachziegel*** Avrupa kiremidi ***gewellter Dachziegel*** Belçika kiremidi
Dackel /'dakıl/ *m* *hayb* alçak boylu bir cins av köpeği
Dadaismus /dada'ismus/ *m* dadaizm
dadaistisch /dada'istiş/ *s* dadaist
dadurch /'da:durh/ *be* (yer bildiriminde) buradan, şuradan, oradan; (sebep bildiriminde) bu sebepten dolayı, böylelikle, dolayıdır ki; bu sayede, bu suretle, bu yolla ***dadurch dass*** sayesinde
dafür /da'fü:r/ *be* bunun için, onun için, bu yüzden; onun yerine, bunun yerine; buna karşılık, buna mukabil; lehte, lehine, yararına; bu konuda, bu hususta; nihayet, sonunda; bu fiyata ***dafür und dagegen*** lehte ve aleyhte ***ich kann nichts dafür*** kabahat bende değil, suç bende değil
Dafürhalten /da'fü:rhaltın/ *n* : ***nach meinem Dafürhalten*** bana kalırsa, bence, benim fikrime göre
dagegen /da'ge:gın/ *be* buna karşı; oranla, nispetle; karşılığında, buna karşılık; mamafih, bununla birlikte; fakat, ise ***dagegen kann man nichts tun*** buna karşı bir şey yapılamaz ***dagegen sein*** buna muhalefet etmek, bunun karşısında olmak ***dagegen sprechen*** karşı konuşmak, aleyhte konuşmak ***dagegen stimmen*** aleyhine oy kullanmak ***ich bin dagegen*** ben buna karşıyım ***ich habe nichts dagegen*** buna diyeceğim yok
dagegenhalten /da'ge:gınhaltın/ *trvt* karşılaştırmak, oranlamak, mukayese etmek, kıyaslamak; cevap vermek, karşılık vermek, mukabelede bulunmak
dagegensetzen /da'ge:gınzetsın/ *trvr* karşı koymak
daheim /da'haym/ *be* evde, ülkede, yurtta, memlekette ***bei uns daheim*** benim ülkemde
Daheim /da'haym/ *n* aile ocağı, ev, yuva, yurt, vatan, memleket ***kein Daheim haben*** evsiz barksız olmak, yersiz yurtsuz olmak ***Daheim Gebliebene*** evde kalmış
daher /da'he:r/ *be* (yer bildiriminde) oradan, o yerden, o taraftan; (sebep bildiriminde) bundan dolayı, ondan dolayı, bunun yüzünden, onun yüzünden, bu sebeple, bu nedenle; (sesleniş) buraya gel!, buraya! ***bis daher*** oraya kadar
daherkommen /da'he:rkomın/ *trvt* yaklaşmak, yanaşmak; ortaya çıkmak, hasıl olmak, görünmek
daherreden /da'he:rre:dın/ *trvt* düşünmeden konuşmak, akılsızca konuşmak; boş boş konuşmak
dahin /da'hin/ *be* oraya, o tarafa doğru, oraya doğru; ileriye, ileriye doğru ***bis dahin*** o zamana dek, o ana dek
dahindämmern /da'hindemırn/ *trvi* şuuru yerinde olmamak, dalmak; uyuklamak, dalıp gitmek; sersemlemek
dahingegen /dahin'ge:gın/ *be* buna karşılık
dahingestellt /da'hingıştelt/ *s* karara bağlanmamış, sonuca bağlanmamış, iyice araştırılıp incelenmemiş ***dahin gestellt sein lassen*** hakkında karar vermek
dahinleben /da'hinle:bın/ *trvi* yokluk içinde yaşamak; har vurup harman savurmak, gününü gün etmek
dahinraffen /da'hinrafın/ *trvt* (hastalık) öldürmek, öbür dünyaya götürmek; kırmak, yok etmek
dahinschwinden /da'hinşwindın/ *trvi* kaybolmak, yok olmak, erimek
dahinsiechen /da'hinzi:hın/ *trvi* zayıflamak, erimek
dahinter /da'hintır/ *be* arkasında, gerisin-

D

D

de, arka tarafında, geri tarafında; arkasına, gerisine ***es ist nichts dahinter!*** önemi yok!, kıymeti yok! ***dahinterher sein*** (bir şeyin) peşini bırakmamak, iyice bakmak, dikkatle incelemek, dikkatle bakmak

Dahlie /'da:lyı/ *f bitk* yıldız çiçeği, dalya çiçeği

Dalai-Lama /'da:lai'la:ma/ *m* dalay lama

dalassen /'da:lasın/ *trvt* geri bırakmak, arkada bırakmak; saklaması amacıyla bırakmak; gittiğini haber vermek

daliegen /'da:li:gın/ *vi* olduğu yerde yatmak, olduğu yerde bulunmak

Dalmatiner /dalma'ti:nır/ *m* Dalmaçyalı; *hayb* Dalmaçyalı cinsi köpek; Dalmaçya şarabı

damalig /'da:malih/ *be* o zamanki, o günkü, geçen, eski ***damalige Situation*** o zamanki durum ***der damalige Lehrer*** o zamanki öğretmen

damals /'da:mals/ *be* o zaman, o vakit ***schon damals*** daha o zaman ***gleich damals*** daha o zaman

Dame /'da:mı/ *f* kadın, bayan, hanım, hanımefendi; dam; dama oyunu; *isk* dam, kız; (satranç) şah ***für Damen*** kadınlara ait, kadınlara mahsus, kadınlara özel ***Dame spielen*** dama oynamak ***meine Dame!*** hanımefendi! ***meine Damen und Herren!*** bayanlar ve baylar! ***zur Dame werden*** (dama) dama olmak; (satranç) vezir olmak ***die Dame vorschieben*** dama taşını sürmek, dama taşını oynamak

Damenbekanntschaft /'da:mınbıkantşaft/ *f* bayanla ilişkide olma

Damenbinde /'da:mınbindı/ *f* kadın bağı, kadın pedi, hijyenik ped, âdet bağı

Dameneinzel /'da:mınayntsıl/ *n sp* (tenis) *tek* bayanlar

Damenfahrrad /'da:mınfa:ra:t/ *n* kız bisikleti

Damenfriseur /'da:mınfrizö:r/ *m* kadın berberi

damenhaft /'da:mınhaft/ *s* kibarca, hanımsı; kadına özgü

Damespiel /'da:mışpi:l/ *n* dama oyunu

damit /da'mit/ *be* bununla, onunla, şununla; böylece, bu suretle; *ilg* ... için, -sın diye, ... amacıyla, ... nedeniyle

dämlich /'de:mlih/ *s* aptal, budala, ahmak, ebleh, gerzek, avanak

Damm /dam/ *m* su seddi, set, bent, baraj; dalgakıran; rıhtım; apış arası; doldurulmuş yol; yol kaldırımı; *kon* engel, mani, mania, set ***auf dem Damm sein*** sağlığı yerinde olmak ***einen Damm errichten*** set çekmek, engel olmak

dämmen /'demın/ *vt* set çekmek, durdurmak; engel olmak, mani olmak, durdurmak; frenlemek; sakinleştirmek, teskin etmek ***Zahnschmerzen dämmen*** diş ağrısını gidermek

Dämmerlicht /'demırliht/ *n* yarı karanlık, loş, alacakaranlık; şafak

dämmern /'demırn/ *vi* hayal kurmak; uyku sersemi olmak ***es dämmert*** (sabah) ortalık ağarıyor, gün doğuyor; (akşam) ortalık kararıyor, gün batıyor

Dämmerschlaf /'demırşla:f/ *m* yarı uyuklama, bir gözü açık uyuklama; *hek* yarı baygınlık

Dämmerung /'demırung/ *f* şafak, tan, seher, gün ağarması; akşam karanlığı, gün batması, alacakaranlık, gurup

Dämmerzustand /'demırtsu:ştant/ *m hek* şuur bulanıklığı, bilinç bulanıklığı; sarhoşluktan ne yaptığını bilememe

Dämmung /'demung/ *f tek* yalıtım, izolasyon

Damoklesschwert /'da:moklesşve:rt/ *n* Damokles'in kılıcı, sürekli tehlike simgesi

Dämon /'de:man/ *m* kötü ruh, cin, iblis, şeytan; (insan) içindeki şeytan ***von seinem Dämon getrieben*** içindeki şeytanın harekete geçirmesiyle

dämonisch /de'mo:niş/ *s* şeytanca, şeytani, şeytan gibi; dev gibi; insanüstü güce sahip

Dampf /dampf/ *m* buhar, buğu; *den* istim; *kon* korku ***Dampf ablassen*** sinirlenmek, kızmak, kızgınlığını göstermek ***Dampf hoch!*** *den* Fayrap! ***Dampf haben vor jdm*** (birisinden) korkmak ***Dampf haben vor etw*** bir şeyden korkmak ***du musst mehr Dampf dahinter machen*** *mec* işi hızlandırmalısın, işi çabuklaştırmalısın ***jdm Dampf machen*** (birisini) teşvik etmek, *mec* gaza getirmek ***unter Dampf*** istim üstünde

Dampfbad /'dampfba:t/ *n* buhar banyosu; hamam, banyo, sauna

dampfen /'dampfın/ *vi* buhar çıkarmak, duman çıkarmak, buhar yaymak, duman yaymak, *den* islim salıvermek;

dumanı tütmek; *kon* hareket etmek
dämpfen /'dempfın/ *vt* (et) buğuda pişirmek, buğulayarak pişirmek; (ses) kısmak, azaltmak; *tek* sıcak buharla işlemek, buharla çalışmak; ıslak bezle ütülemek; yatıştırmak, sakinleştirmek, teskin etmek ***mit gedämpfter Stimme*** kısık sesle, alçak sesle
Dampfer /'dampfır/ *m* vapur, gemi ***langsamer Dampfer*** her limana uğrayan gemi, dilenci gemisi
Dämpfer /'dempfır/ *m* piyano yastığı; *müz* enstrümanların sesini azaltma düzeneği; (yemek) buğulama aleti/kabı
Dampfheizung /'dampf**h**aytsung/ *f* buharlı kalorifer, buharlı ısıtma tertibatı
Dampfkessel /'dampfkesıl/ *m* buhar kazanı, islim kazanı
Dampfkochtopf /'dampfko**h**topf/ *m* düdüklü tencere
Dampfmaschine /'dampfmaşi:nı/ *f* buhar makinesi, islim makinesi
Dampfschiff /'dampfşif/ *n den* vapur, buharlı gemi
Dämpfung /'dempfung/ *f* sakinleştirme, yatıştırma; hafifletme
Dampfwalze /'dampfvaltsı/ *f* buharlı silindir, islimli silindir
danach /da'na:**h**/ *be* ondan sonra, bundan sonra; ona göre, buna göre; sonra, sonradan, daha sonra; sonraları, bilahare ***bald danach*** az sonra, biraz sonra
Däne/Dänin /'de:nı/'de:nin/ *m/f* Danimarkalı
daneben /da'ne:bın/ *be* onun yanına, bunun yanına, onun yanında, bunun yanında; aynı zamanda, bundan başka, bir de; buna göre, buna oranla, buna nispetle; yanlış; ıska
danebenbenehmen /da'ne:bınbıne:mın/ *trvr kon* uygunsuz bir harekette bulunmak, yakışıksız bir biçimde davranmak
danebengehen /da'ne:bınge:ın/ *trvi* yanında yürümek; başarısız olmak, başarısızlığa uğramak; isabet ettirememek, hedefi şaşırmak
danebenhauen /da'ne:bın**h**auın/ *trvi* yanılmak, yanılgıya düşmek; yanlış cevap vermek; hedefi tutturamamak, isabet ettirememek
danebentreffen /da'ne:bıntrefın/ *trvi* isabet etmemek; isabet ettirememek
Dänemark /'de:nımark/ *tnz* Danimarka
dänisch /'de:niş/ *s* Danimarka (ile ilgili)
dank /dagk/ *be* sayesinde ***dank deiner Hilfe*** senin yardımın saysinde, senin sayende
Dank /dank/ *m* teşekkür, şükran, şükran duygusu; memnun olma, memnuniyet; övme, takdir etme ***Gott sei Dank*** Allah-'a şükür, Tanrıya şükür ***jdm Dank schuldig sein*** müteşekkir olmak, teşekkür borcu olmak ***jdm Dank sagen*** (birisine) teşekkür etmek ***schönen Dank*** çok teşekkürler ***Tausend Dank*** binlerce teşekkür ***vielen Dank*** çok teşekkürler ***zum Dank verpflichtet sein*** minnettar olmak
dankbar /'dankba:r/ *s* müteşekkir, teşekkür borçlu; sevindirici, hoşa giden; faydalı, yararlı, verimli
Dankbarkeit /'dankba:rkayt/ *f* minnettarlık, şükran duygusu, şükran; kadirşinaslık
danke /'dankı/ *ünl* teşekkürler, mersi, teşekkür ederim, sağ ol ***danke schön!*** teşekkür ederim! ***ja, danke*** evet, teşekkür ederim; isterim ***nein, danke*** hayır, teşekkür ederim; istemem
danken /'dankın/ *vi* teşekkür etmek; teşekkürlerle reddetmek ***jdm für etw danken*** (birisine bir şeyden dolayı) teşekkür etmek ***danke schön!*** teşekkür ederim! ***na, ich danke!*** eksik olsun!, istemem! ***nichts zu danken*** estağfurullah, bir şey değil, teşekküre değmez
dankenswert /'dankınsve:rt/ *s* teşekküre değer, takdire layık, teşekküre layık; yararlı
Dankeschön /'dankışö:n/ *n* teşekkür
Danksagung /'dankza:gung/ *f* teşekkür etme, şükranlarını sunma, teşekkür
Dankschreiben /'dankşraybın/ *n* teşekkür yazısı, teşekkürname, mektupla teşekkür etme
dann /dan/ *be* o zaman, o vakit; o halde, öyleyse, bu takdirde, böyle olunca; ondan sonra, bundan sonra, bunun üzerine; bundan başka, ondan başka, bir de; üstelik ***dann und wann*** ara sıra, bazan
daran /da'ran/ *be* yakınında, bitişiğinde
darangeben /da'range:bın/ *trvt* (bir şeye) eklemek, katmak, dökmek; feda etmek
darangehen /da'range:ın/ *trvt* (bir şeye) başlamak, yapmak üzere koyulmak
daranhalten /da'ran**h**altın/ *trvr* çalışmak, gayret göstermek; acele etmek, çabuk

davranmak
daranmachen /da'ranmahın/ *trvr* başlamak; çalışmaya başlamak, işe koyulmak, işe girişmek
daransetzen /da'ranzetsın/ *trvt* (bir şeyi) tehlikeye atmak, riske etmek; (bir amaç uğruna) sarf etmek, kullanmak ***sich daransetzen*** başlamak, koyulmak
darauf /da'rauf/ *be* (yer) bunun üzerine, onun üzerine, şunun üzerine; bunun üstünde, onun üstünde, şunun üstünde, bunun üzerinde, şunun üzerinde, onun üzerinde; (zaman) bundan sonra, ondan sonra, sonradan ***am Tag darauf*** ertesi gün, bir gün sonra ***bald darauf*** hemen arkasından, hemen peşinden ***Datum darauf setzen*** tarih atmak ***die Tage darauf*** sonraki günler, takibeden günler ***ein Monat darauf kam er*** bundan bir ay sonra geldi ***gleich darauf*** hemen akabinde
daraufhin /darauf'hin/ *be* buna doğru, ona doğru; (zaman) bundan sonra, bunu müteakip, akabinde; bu bakımdan, şu bakımdan, bu açıdan, şu açıdan
daraus /da'raus/ *be* bundan, ondan, -den, -dan ***daraus macht man ...*** bundan ... yapılır ***daraus wird nichts!*** bundan bir şey çıkmaz
darbieten /'da:rbi:tın/ *trvt* sunmak, takdim etmek, arz etmek; temsil etmek, oynamak, icra etmek, sahneye koymak, sunmak; *müz* çalmak; (sinema, tiyatro) göstermek ***sich darbieten*** ortaya çıkmak, meydana çıkmak; görünmek, hasıl olmak
Darbietung /'da:rbi:tung/ *f* gösteri; *tiy* oyun
darbringen /'da:rbringın/ *trvt* sunmak, arz etmek; armağan etmek; feda etmek ***Opfer darbringen*** kurban kesmek
Dardanellen /darda'nelın/ *pl* Çanakkale boğazı
darein /da'rayn/ *be* onun içine, bunun içine, şunun içine, içine ***sich darein ergeben*** teslim olmak
dareinfinden /da'raynfindın/ *trvr* uymak, durumu kabullenmek, olduğu gibi kabul etmek
dareinreden /da'raynre:dın/ *trvi* lafa karışmak, işine karışmak
darin /da'rin/ *be* içinde,onun içinde, bunun içinde; onun içine, bunun içine; bu konuda, bu hususta
darlegen /'da:rle:gın/ *trvt* ortaya koymak, meydana koymak; açıklamak, izah etmek, anlatmak, bildirmek; göstermek; sunmak, arz etmek, delalet etmek; demek istemek, ifade etmek
Darlegung /'da:rle:gung/ *f* açıklama, izah, beyan
Darlehen /'da:rle:ın/ *n tic* ödünç, ikraz, avans ***als Darlehen*** ödünç olarak, avans olarak ***Darlehen aufnehmen*** ödünç almak ***Darlehen geben*** ödünç vermek
Darm /darm/ *m* bağırsak; (sucuk) bumbar, zar ***den Darm entleeren*** bağırsakları boşaltmak, *hek* lavaj yapmak
Darmflora /'darmflo:ra/ *f hek* kolibasili; bağırsak mikrobu
Darmgrippe /'darmgripı/ *f hek* barsak gribi
Darminfektion /'darminfektsyo:n/ *f hek* bağırsak enfeksiyonu
Darmverschluss /'darmferşlus/ *m hek* bağırsak düğümlenmesi, ileus
Darmverstopfung /'darmferştopfung/ *f hek* kabız, peklik
darreichen /'da:rrayhın/ *trvt* arz etmek, sunmak; uzatmak, vermek
darstellbar /'da:rştelba:r/ *s tiy* gösterime sunulabilir, oynanabilir, gösterilebilir; tanımlanabilir, açıklanabilir
darstellen /'da:rştelın/ *trvt* göstermek, (bakışlara) sunmak; *tiy* oynamak, sunmak, canlandırmak, temsil etmek; tanımlamak, ifade etmek; oluşturmak; *kim* elde etmek, istihsal etmek ***darstellende Geometrie*** tasarı geometrisi ***darstellende Künste*** gösteri sanatı ***sich darstellen*** kendini göstermek
Darsteller /'da:rştelır/ *m* oyuncu, artist, aktör, aktris; tiyatro oyuncusu, opera sanatçısı
Darstellung /'da:rştelung/ *f* temsil; gösterme, sunma, sunu; tasvir, tanımlama; canlandırma, temsil etme ***grafische Darstellung*** grafik gösteri, grafikle canlandırma
darüber /da'rü:bır/ *be* üzerinde; üzerine; bu sırada, bu esnada; *mec* hakkında, üzerin(d)e, konusunda; daha fazla
darum /da'rum/ *be* etrafında, çevresinde; etrafına, çevresine; onun için, bunun için, bu yüzden, bundan dolayı, ondan dolayı; buna rağmen ***du weißt darum*** bunu biliyorsun, bu konu hakkında bil-

gin var ***es handelt sich darum*** söz konusu olan şey şudur
darunter /da'runtır/ *be* onun altında, onun altına; arasına, arasında; içlerinde; (para) daha az, daha ucuza ***darunter hervor*** altından ***was verstehen Sie darunter?*** bundan ne anlıyorsunuz?
darwinistisch /darvi'nistiş/ *s* Darvinizmle ilgili, Darvinistçe
das /das/ yansız (nötr) sayılan sayılan adlardan önce kullanılan artikel, belirli tanımlık; *adl* (işaret zamiri) bu, şu, o; (ilgi zamiri) ki o, ki bu ***das heißt*** yani, demek ki ***all das*** tüm bunlar
Dasein /'da:zayn/ *n* yaşam, hayat; varlık, mevcudiyet ***ein trauriges Dasein*** acıklı bir yaşam ***ins Dasein rufen*** yaratmak
Daseinsberechtigung /'da:zaynsbırehtigung/ *f* yaşama hakkı, varlık gerekçesi
dasitzen /'da:zitsın/ *trvi* bir yerde oturur olmak; *mec* tembellik etmek
dasjenige /'dasye:nigı/ *adl* bu, şu
dass /das/ *bağ* ki, öyle ki; da, de; için, diye ***so dass*** öyle ki
dasselbe /das'ztelbı/ *be* aynı, benzer, eş
dastehen /'da:şte:ın/ *trvi* orada durmak, orada olmak, orada bulunmak; ayakta durmak, ayakta dikilmek; şaşkın olmak, şaşakalmak ***er stand da!*** şaşıp kaldı! ***gut dastehen*** iyi gitmek, yolunda olmak
Datei /da'tay/ *f* data, bilgi
Daten /'da:tın/ *pl* tarihler; bilgiler, veriler, datalar, belirtiler, işaretler
Datenautobahn /'da:tınautoba:n/ *f* internet
Datenbank /'da:tınbank/ *f* veri bankası, data bankası, bilgi bankası
Datenerfassung /'da:tınerfasung/ *f* veri toplama
Datenfernübertragung /da:tın'fernü:bırtra:gung/ *f* veri iletişimi, veri aktarımı
Datennetz /'da:tınnets/ *n* veri ağı
Datenschutz /'da:tınşuts/ *m* bilgilerin korunması, bilgilerin saklanması
Datenträger /'da:tıntregır/ *m biliş* veri ortamı
Datenübertragung /'da:tınü:bırtra:gung/ *f* veri iletişim
Datenverarbeitung /'da:tınferarbaytung/ *f* bilgi işlem, elektronik işlem ***elektronische Datenverarbeitung*** elektronik bilgi işlem
Datenzentrale /'da:tıntsentra:lı/ *f* veri bankası
datieren /da'ti:rın/ *vt* tarih atmak, tarih koymak, tarihlemek; *vi* ... tarihli olmak; ... ile başlamak
Datierung /da'ti:rung/ *f* tarih atma, tarih koyma, tarihleme; tarihini belirleme
Dativ /'da:ti:f/ *m dilb* ismin e-hali, yönelme durumu
dato /'da:to:/ *be tic* bugün ***bis dato*** bugüne kadar
Dattel /'datıl/ *f bitk* hurma
Dattelpalme /'datılpalmı/ *f bitk* hurma ağacı
Datum /'da:tum/ *n* tarih; ayın günü ***das heutige Datum*** bugünkü tarih ***welches Datum haben wir heute?*** bugün ayın kaçı?
Datumsangabe /'da:tumsanga:bı/ *f* tarih (belirtilmesi)
Datumsgrenze /'da:tumsgrenzı/ *f* tarih sınırı
Datumsstempel /'da:tumsştempıl/ *m* tarih kaşesi, tarih damgası
Dauer /'dauır/ *f* süre, müddet, devam; uzun zaman, uzun süre; devam, beka, devamlı olma, dayanıklı olma ***auf die Dauer*** uzun süreli ***auf die Dauer von drei Wochen*** üç hafta süreyle ***Dauer der Freundschaft*** arkadaşlığın süresi ***es war nur von kurzer Dauer*** uzun sürmedi ***von Dauer sein*** dayanıklı olmak; sürekli olmak
Dauerarbeitslose(r) /'dauırarbaytslo:zı(r)/ *m/f* uzun süredir işsiz olan
Dauerarbeitslosigkeit /'dauırarbaytslo:zihkayt/ *f* sürekli işsizlik
Dauerauftrag /'dauırauftrak/ *m* (banka ile) sürekli yapılan ödemelerin belirlenmesi, otomatik ödeme talimatı, vadelere yayılmış ödemelerin belirtilmesi; sürekli yetki
Dauerbrenner /'dauırbrenır/ *m* uzun süre yanan soba, sürekli fırın
dauerhaft /'dauırhaft/ *s* sağlam, dayanıklı, sürekli; metanetli, dayanıklı; payidar, ilelebet ***dauerhaftes Frieden*** uzun süreli barış
Dauerkarte /'dauırkartı/ *f* abonman kartı
Dauerlauf /'dauırlauf/ *m sp* uzun süreli koşu, maraton; dayanıklılık koşusu
dauern /'dauırn/ *vi* sürmek, süregelmek, devam etmek; değişmeden sürmek; (zaman) sürmek, devam etmek; *vt* üz-

mek, koymak ***lange dauern*** uzun süre sürmek, uzun süre devam etmek ***wie lange dauert der Film?*** film ne kadar sürüyor?

D

dauernd /'dauırnt/ *s* sürekli, daimi, aralıksız, kesintisiz; durmadan ***eine dauernde Gefahr*** sürekli bir tehlike ***dauernde Stellung*** sürekli iş ***dauernder Wohnsitz*** daimi ikametgâh

Dauerregen /'dauırre:gın/ *n* aralıksız yağmur, sürekli yağmur

Dauerwelle /'dauırvelı/ *f* (saç) perma

Dauerwurst /'dauırvurst/ *f* dayanıklı sucuk/sosis

Dauerzustand /'dauırtsu:ştant/ *m* daimlik, süreklilik, sürme, devam; karar

Däumchen /'doymhın/ *n* parmak çocuk

Daumen /'daumın/ *m* başparmak; *tek* mil dirseği, tırnak, mandal ***den Daumen drehen*** *mec* boş boş oturmak ***den Daumen darauf drücken*** bir işi parmağına dolamak ***den Daumen rühren*** para çıkarmak ***jdm die Daumen halten*** (birisine) şans dilemek

Daumenlutscher /'daumınluçır/ *m* sürekli başparmağını emen çocuk

Daune /'daunı/ *f* kuştüyü, pufla

Daunenbett /'daunınbet/ *n* kuştüyü yatak

Daunenjacke /'daunınyakı/ *f* kuştüyü mont

Daunenkissen /'daunınkisın/ *n* kuştüyü yastık

davon /da'fon/ *be* ondan, bundan, ondan dolayı, bundan dolayı; hakkında, üzerine ***auf und davon gehen*** kaçmak, tüymek, sıvışmak ***was habe ich davon?*** bundan bana ne?; bunun bana bir faydası dokunur mu? ***Weg davon!*** çekil!, yıkıl!; dokunma!

davongehen /da'fonge:ın/ *trvi* ayrılıp gitmek

davonkommen /da'fonkomın/ *trvi* (tehlikeden) kurtulmak, sıyrılmak; atlatmak, geçiştirmek

davonlaufen /da'fonlaufın/ *trvi* firar etmek, kaçmak; (fiyat) fırlamak, artmak

davonmachen /da'fonmahın/ *trvr* kaçmak, tüymek, sıvışmak; kaçıp gitmek

davontragen /da'fontra:gın/ *trvi* hastalık kapmak, hastalık bulaşmak; alıp götürmek; yaralanmak ***Krankheit davontragen*** hastalanmak

davor /da'fo:r/ *be* onun önünde, bunun önünde, şunun önünde, onun önüne, şunun önüne, bunun önüne, önüne; ondan, bundan ***Hüte dich davor!*** sakın yapma!, sakın ha!

dazu /da'tsu:/ *be* ona, buna; bu amaçla, onun için, bunun için; bundan başka, ondan başka; buna ek olarak, ilaveten ***dazu kommt, dass ...*** bu yetmezmiş gibi ..., bir de ... ***noch dazu*** üstüne üstlük ***und dazu noch*** ve üstelik, ve ayrıca ***was sagst du dazu?*** buna ne dersin?

dazugeben /da'tsu:ge:bın/ *trvt* (yemeğe) eklemek, katmak, dökmek

dazugehören /da'tsu:gıhö:rın/ *trvt* ona dahil olmak, oraya mensup olmak, (birisine) ait olmak, (bir şeye) mensup olmak

dazugehörig /da'tsu:gıhö:rih/ *be* ait, mensup, ilgili

dazukommen /da'tsu:komın/ *trvi* katılmak; yaklaşmak, gelmek; üstelemek

dazulernen /da'tsu:lernın/ *trvi* (yeni bir şey daha) öğrenmek, bilgisini artırmak

dazurechnen /da'tsu:rehnın/ *trvt* eklemek, ilave etmek; hesaba katmak

dazutun /da'tsu:tu:n/ *trvt* yardım etmek; karışmak, müdahale etmek

dazwischen /da'tsvişın/ *be* arasında, aralarında; arasına, aralarına; (süre) bu arada, bu esnada

dazwischenkommen /da'tsvişınkomın/ *trvi* araya girmek, karışmak, müdahale etmek; aniden çıkmak, ansızın çıkmak ***wenn nichts dazwischenkommt*** eğer bir aksilik olmazsa

dazwischenreden /da'tsvişınre:dın/ *trvi* söze karışmak, söze dalmak, laf arasına girmek

dazwischenrufen /da'tsvişınru:fın/ *trvi* sözünü kesmek

dazwischentreten /da'tsvişıntre:tın/ *trvt* (bir şeye) karışmak, müdahale etmek; araya girmek

dealen /'di:lın/ *vt* alışveriş yapmak; yasadışı uyuşturucu işi yapmak, uyuşturucu kaçakçılığı yapmak

Debakel /de'ba:kıl/ *n* yıkılış, çöküş, yokolma; *sp* hezimet, yenilme ***Debakel erleiden*** başarısızlığa uğramak

Debatte /de'batı/ *f* konuşma, görüşme, tartışma, müzakere ***die Debatte eröffnen*** görüşmeyi açmak, tartışmayı başlatmak

debattieren /deba'ti:rın/ *vi/vt* konuşmak, tartışmak, görüşmek, müzakere etmek

debil /de'bi:l/ *s hek* zihinsel özürlü; *kon* ahmak, aptal
Debüt /de'bü:/ *n* ilk olarak sahneye çıkma, ilk olarak halk önüne çıkma
Debütant /debü:'tant/ *m* ilk defa sahneye çıkan, ilk defa halk önüne çıkan
debütieren /debü'ti:rın/ *vi* ilk defa sahneye çıkmak, ilk defa halk önüne çıkmak
dechiffrieren /deşi'fri:rın/ *vt* deşifre etmek, şifreyi çözmek
Dechiffrierung /deşi'fri:rung/ *f* deşifre, şifreyi çözme
Deck /dek/ *n* güverte, gemi güvertesi; iki katlı otobüslerde üst kat; (kat kat olan şeylerde) üst
Deckadresse /'dekadresı/ *f* postrestant adres, gizli adres
Deckblatt /'dekblat/ *n* puro kılıf yaprağı; *bitk* çiçek yaprağı
Decke /'dekı/ *f* örtü, yorgan, battaniye, yatak örtüsü; masa örtüsü, sehpa örtüsü; kılıf; çarşaf; tavan; (kitap) cilt, kap; *oto* lastik dış kaplaması; (av hayvanı) post ***an die Decke gehen*** çok öfkelenmek, köpürmek ***unter einer Decke stecken*** danışıklı dövüşmek, şike yapmak, anlaşmış olmak ***sich nach der Decke strecken*** *kon* ayağını yorgana göre uzatmak
Deckel /'dekıl/ *m* kapak; (kitap) kap, cilt kapağı
decken /'dekın/ *vt* örtmek, kaplamak; çatıyı örtmek; damı aktarmak; saklamak, kamufle etmek, gizlemek; örtbas etmek; *sp* marke etmek, (adam) tutmak; (sofrayı) kurmak, (sofrayı) hazırlamak; (ihtiyacını) sağlamak, gidermek; *ask* himaye etmek, korumak ***sich decken*** kendini emniyete almak ***sich mit etw decken*** uygun gelmek, denk gelmek; aynı olmak, benzemek
Deckenbeleuchtung /'dekınbıloy**h**tung/ *f* tavan aydınlatma sistemi
Deckmantel /'dekmantıl/ *m* bahane, sebep, maske, sözde sebep ***unter dem Deckmantel von ...*** ... maskesi altında, ... bahanesiyle
Deckname /'dekna:mı/ *m* takma ad, lakap, nikneym
Deckoffizier /'dekofitsi:r/ *m den* gedikli deniz subayı
Deckung /'dekung/ *f* örtü, örten, kaplayan; emniyet, koruma, himaye; *mat* uygulama, tatbik; *ask* siper; *tic* teminat, karşılık; *sp* (futbol) savunma, alan savunması, yer tutma ***in Deckung gehen*** *ask* siper altına girmek ***ohne Deckung*** *tic* karşılıksız ***volle Deckung!*** *ask* tam siper! ***zur Deckung bringen*** uygulamak, tatbik etmek
deckungsgleich /'dekungsglay**h**/ *s* matm *mec* çakışan
Decoder /de'ko:dır/ *m* dekoder, şifre çözücü
decodieren /deko'di:rın/ *vt* şifrelemek, görüntüyü şifreli vermek
Defekt /de'fekt/ *m* arıza, bozukluk, kusur, eksiklik, noksanlık ***geistiger Defekt*** duygusal eksiklik
defekt /de'fekt/ *s* defolu, kusurlu, bozuk, arızalı, hatalı, ayıplı, eksik, noksan
defensiv /defen'zi:f/ *s* defansif, savunmaya yönelik, müdafaaya yönelik
Defensive /defen'zivı/ *f* defans, savunma, müdafaa; defansif
definierbar /defi'ni:rba:r/ *s* ayırt edilebilir; açıklanabilir, tarif edilebilir
definieren /defi'ni:rın/ *vt* tanımlamak, tarif etmek, belirlemek; sınırlamak, tahdit etmek
Definition /defini'tsyo:n/ *f* tanımlama, belirleme; tanım, tarif
definitiv /defini'ti:f/ *s* kesin, kat'i, son, nihai
Defizit /'de:fitsit/ *n* (hesap) açık, noksan, eksik; fire, kayıp ***Defizit aufweisen*** (kasa) açık vermek ***Defizit haben*** açık vermek
Deformation /deforma'tsyo:n/ *f* deformasyon, şekil değişikliği, biçim değişikliği; şekilsizlik, biçimsizlik; *hek* yapı bozukluğu, deformasyon
deformieren /defor'mi:rın/ *vt* şeklini değiştirmek, biçimini değiştirmek; biçimsizleştirmek, şeklini bozmak, deforme etmek
deftig /'defti**h**/ *s* kuvvetli, besleyici; *kon* kaba saba, dangul dungul
Deftigkeit /'defti**h**kayt/ *f* kuvvetlilik, besleyicilik
Degen /'de:gın/ *m* kılıç; kahraman, yiğit, efe
Degeneration /degenera'tsyo:n/ *f* dejenerasyon, dejenere olma, bozulma, soysuzlaşma
degenerieren /degenı'ri:rın/ *vt* dejenere etmek, dejenereleşmek; yozlaşmak; soysuzlaşmak

D

degradieren /degra'di:rın/ *vt* rütbesini indirmek, rütbesini almak, tenzili rütbe etmek; *kon* (birisini) küçültmek, alçaltmak
dehnbar /'de:nba:r/ *s* genişleyebilen, uzayabilen, gerilebilen; esnek, elastiki; çok anlamlı, çok anlama gelen; belirsiz, müphem
Dehnbarkeit /'de:nba:rkayt/ *f* genişleme yeteneği, gerilme kabiliyeti; elastikiyet, esneklik; belirsizlik, müphemlik
dehnen /'de:nın/ *vt* çekip uzatmak, genişletmek; germek, açmak, yaymak; *mad* döverek şekil vermek; (konuşma) uzatarak konuşmak ***sich dehnen*** genişlemek, esnemek, uzamak, yayılmak, gerinmek
Dehnung /'de:nung/ *f* genişleme, uzama; *dilb* uzatma; genişletme, germe
Deich /day**h**/ *m* (nehir, deniz) set, bent
Deichbruch /'day**h**bru**h**/ *m* set/bent yapmaya müsait toprak
Deichsel /'dayksıl/ *f* araba oku
deichseln /'dayksıln/ *vt kon* (zor bir şeyi) başarmak, becermek, üstesinden gelmek; *mec* kıvırmak
dein /dayn/ *adl* senin
deinerseits /'daynırzayts/ *adl* senin tarafından, senden
deinesgleichen /'daynıs'glay**h**ın/ *adl* senin gibiler
deinetwegen /'daynıtve:gın/ *be* senin yüzünden, senden dolayı, senin uğruna
deinige /'daynigı/ *adl* seninki, senin, senin olan
Dekade /de'ka:dı/ *f* onluk; on günlük süre, on haftalık süre, on aylık süre, on yıllık süre
dekadent /deka'dent/ *s* (kültürel açıdan) çökmüş, gerilemiş, bozulmuş, düşmüş, dejenere olmuş
Dekadenz /deka'dents/ *f* (kültür açısından) çöküş, gerileme, bozulma, düşme, dejenere olma
Dekan /de'ka:n/ *m* dekan; kilise cemaati başkanı, başpapaz
deklamieren /dekla'mi:rın/ *vt* güzel konuşmak, güzel okumak
Deklaration /deklara'tsyo:n/ *f* bildirge, deklarasyon; *tic* beyanname, bildirim
deklarieren /dekla'ri:rın/ *vt* (gümrük, vergi) bildirmek, beyan etmek, deklare etmek ***deklarierter Wert*** bildirilen değer, açıklanan değer
deklassieren /dekla'si:rın/ *vt* alt sınıfa indirmek, alt gruba indirmek; *sp* küme düşürmek
Deklination /deklina'tsyo:n/ *f dilb* (isim, sıfat, vs.) çekim, çekme, çekimleme; *fiz* sapma; *gökb* sapma, yükselme
deklinieren /dekli'ni:rın/ *vt dilb* çekmek, çekimlemek
Dekontamination /dekontamina'tsyo:n/ *f* radyoaktif maddeleri uzaklaştırma, radyoaktivitesini giderme
dekontaminieren /dekontami'ni:rın/ *vt* zehirsiz\radyasyonsuz hale getirmek
Dekor /de'ko:r/ *mn* süs, motif, dekor; *tiy* sahne süslemesi, sahne dekoru
Dekorateur /dekora'tö:r/ *m* dekoratör, düzenlemeci, süslemeci; *tiy* sahne düzenleyicisi; vitrin düzenlemecisi
Dekoration /dekora'tsyo:n/ *f* dekorasyon, düzenleme, süsleme; *tiy* sahne dekoru; vitrin düzenlemesi
dekorativ /dekora'ti:f/ *s* dekoratif, süsleyen, güzelleştiren
dekorieren /deko'ri:rın/ *vt* dekore etmek, süslemek, tezyin etmek; (birisine) madalya takmak, nişan vermek, taltif etmek
Dekret /de'kre:t/ *n* kararname, genelge, yönerge; emir; ferman, buyruk ***Dekret erlassen*** kararname hazırlamak, kararname çıkarmak
Delegation /delega'tsyo:n/ *f* delegasyon, heyet, kurul; delegeler kurulu, temsilciler heyeti; *huk* yetki devretme
delegieren /dele'gi:rın/ *vt* delege yollamak; temsilci tayin etmek, temsilci atamak; *huk* yetki devretmek ***etw delegieren*** (işi) başkasına yüklemek
Delegierte(r) /dele'gi:rtı(r)/ *f/m* delege, temsilci, elçi, mümessil
delikat /delt'ka:t/ *s* nazik, ince; duygulu; lezzetli, leziz, nefis; nazik
Delikatesse /delika'tesı/ *f* lezzetli yiyecek, nefis yiyecek, tadı harika yiyecek; nezaket, ince duygu
Delikatessengeschäft /delika'tesıngışeft/ *n* şarküteri, lezzetli yiyecekler satan yer
Delikt /de'likt/ *n huk* suç, cürüm; ceza gerektiren eylem
Delinquent /delin'kvent/ *m* suçlu
delirieren /deli'ri:rın/ *vt* saçmalamak, delicesine konuşmak; sayıklamak
Delirium /de'li:rium/ *n* sayıklama, hezeyan, hecir; halüsinasyon görme

deliziös /deli'tsyö:s/ *s* çok lezzetli, leziz, enfes, nefis, harika tadı olan
Delkredere /del'kredırı/ *n tic* komisyoncu kefaleti, aracının kefil olması; dükruvar
Delle /'delı/ *f* derinlik, biraz derinlik, hafif derinlik, hafif çukurluk; *coğ* çukurluk, çökelti
Delphin /del'fi:n/ *m hayb* yunus, yunus balığı, delfin; *gökb* delfin
Delta /'delta/ *n coğ* delta, ağız, çatalağzı; Yunan alfabesinde bir harf
dem /de:m/ artikel; işaret zamiri; das artikelinin e-halindeki durumu ***dem ist so*** bu böyledir
Demagoge /dema'go:gı/ *m* demagog, halkı kışkırtan kişi; ağzı iyi laf yapan kişi
Demagogie /demago'gi:/ *f* demagoji, kışkırtma; iyi laf yapma
demagogisch /dema'go:giş/ *s* demagojik, halkı kışkırtıcı ***demagogische Reden*** demagojik konuşmalar, kışkırtıcı konuşmalar
Demarkationslinie /demarka'tsyo:nsli:nyı/ *f* sınır hattı, sınır çizgisi
demaskieren /demas'ki:rın/ *vt* (birinin) maskesini çıkartmak, maskesini indirmek; foyasını ortaya çıkarmak, gerçek niyetini ortaya çıkarmak, maskesini indirmek, gerçek yüzünü göstermek
Demaskierung /demas'ki:rung/ *f* maskesini çıkarma; foyasını çıkarma, gerçek yüzünü ortaya çıkarma
Dementi /de'menti/ *n* tekzip, düzeltme; tekzip etme, yalanlama ***Dementi schreiben*** tekzip yazısı yazma
dementieren /demen'ti:rın/ *vt* tekzip etmek, düzeltmek, yalanlamak
dementsprechend /'de:ment'şprehınt/ *s* buna uygun; uyarınca, mucibince, gereğince
demgegenüber /'de:mge:gın'ü:bır/ *be* buna karşılık, buna karşı, oysaki, halbuki
demgemäß /'de:mgıme:s/ *be* buna göre, bu durumda, o halde, şu halde, bu yüzden, bundan dolayı
demilitarisieren /demilitari'zi:rın/ *vt* askeri güçleri azaltmak; askerden arındırmak
demnach /'de:mnah/ *be* buna göre, bundan dolayı, bu yüzden, bu sebeple, bu nedenle; öyleyse; demek ki, yani, o halde
demnächst /'de:mne:hst/ *be* yakında, yakınlarda, kısa zaman içinde; bunun üzerine; peşi sıra, takiben
Demo /'demo/ *f* gösteri, sunu, demo; gösteri yürüyüşü
demobilisieren /demobili'zi:rın/ *vt* seferberliği kaldırmak, savaş durumunu sona erdirmek; terhis etmek
Demokrat /demo'kra:t/ *m* demokrat, demokrasi taraftarı
Demokratie /demokra'ti:/ *f* demokrasi, halkın egemenliği; demokratlık
demokratisch /demo'kra:tiş/ *s* demokratik ***als demokratisch bekämpfen*** demokratik olarak mücadele etmek ***demokratische Aufsicht*** demokratik idare, demokratik yönetim ***demokratische Ausbildung*** demokratik eğitim ***demokratische Bekämpfungen*** demokratik mücadeleler ***demokratische Verwaltung*** demokratik idare ***Demokratische Partei*** Demokratik Parti ***demokratische Rechte*** demokratik haklar ***demokratischer Unterricht*** demokratik öğretim
demokratisieren /demokrati'zi:rın/ *vt* demokratlaştırmak, halkın egemenliğini sağlamak
Demokratisierung /demokrati'zi:rung/ *f* demokratikleştirme, halkı egemen kılma
demolieren /demo'li:rın/ *vt* tahrip etmek, yıkmak, bozmak, kırıp geçirmek, kırmak; hırpalamak
Demolierung /demo'li:rung/ *f* tahrip etme, yıkma, bozma, kırma; hırpalama
Demonstration /demonstra'tsyo:n/ *f* gösteri yürüyüşü, gösteri, nümayiş, miting; ispat; kanıtlarla gösterme, açıklama; *ask* tatbikat, gösteri
Demonstrationsrecht /demonstra'tsyo:nsreht/ *n* gösteri yürüyüşü hakkı
Demonstrationsverbot /demonstra'tsyo:nsferbo:t/ *n* gösteri yasağı
demonstrativ /demonstra'ti:f/ *s* kışkırtarak, meydan okuyarak; açıkça gösteren
Demonstrativpronomen /demonstra'ti:fprono:mın/ *n dilb* işaret zamiri, gösterme adılı
demonstrieren /demon'stri:rın/ *vt* ispatlamak, açıkça belgelemek, örneklerle kanıtlamak; *vi* gösteri yapmak, gösteri tertiplemek, gösteriye katılmak, yürüyüşe katılmak

D

D

Demontage /demon'ta:jı/ *f* demontaj, sökme, parçalama, parçalarına ayırma
demontieren /demon'ti:rın/ *vt* demonte etmek, sökmek, parçalamak, parçalarına ayırmak
demoralisieren /demorali'zi:rın/ *vt* demoralize etmek, ahlakını bozmak; (birisinin) moralini bozmak, cesaretini kırmak
Demoralisierung /demorali'zi:rung/ *f* moralini bozma, demoralize etme
Demoskopie /demosko'pi:/ *f* kamuoyu araştırması, kamuoyu yoklaması, demoskopi
demoskopisch /demos'ko:piş/ *s* demoskopik, kamuoyu araştırması uyarınca, kamuoyu yoklamasına göre
Demut /'de:mu:t/ *f* alçakgönüllülük, tevazu
demütig /'de:mü:tih/ *s* alçakgönüllü, mütevazi
demütigen /'de:mü:tigın/ *vt* (birisini) aşağılamak, küçültmek, utanç verici duruma düşürmek ***sich demütigen*** (birisini) aşağılamak, küçültmek; (birisine) boyun eğmek
Demütigung /'de:mü:tigung/ *f* aşağılama, kibirini kırma, onurunu kırma, haysiyetini kırma, utandırma
demzufolge /'de:mtsu'folgı/ *be* buna göre, bu duruma göre, buna nazaran
den /de:n/ *adl* der artikelinin i-hali; çoğul die artikelinin e-hali
denaturieren /denatu'ri:rın/ *vt* doğallığını bozmak, denatürize etmek; yenilmez hale getirmek, içilmez hale getirmek; mahiyetini değiştirmek ***denaturierter Alkohol*** içilmez alkol
Dendrit /den'drıt/ *m hek* dendrit, sinir hücreleri dalı; *mad* taşların üstünde bulunan bitkisel şekil ve izler
Denkanstoß /'denkanşto:s/ *m* fikir çatışması, görüş ayrılığı; fikir mücadelesi
Denkart /'denka:rt/ *f* zihniyet, düşünüş tarzı, düşünce biçimi, kafa, mantalite; anlayış biçimi
denkbar /'denkba:r/ *s* düşünülebilen, düşünülebilir, kavranabilir; mümkün, akla gelebilir
Denken /'denkın/ *n* düşünme; muhakeme, kavrama; zihniyet, mantalite, kafa yapısı, görüş
denken /'denkın/ *vt/vi* düşünmek, düşünüp taşınmak, derin derin düşünmek; sanmak, zannetmek, inanmak; hayal etmek; muhakeme etmek; tasarlamak, niyet etmek; kastetmek, niyetinde olmak ***an jdn denken*** (birisini) düşünmek, hatırlamak ***an etw Bestimmtes denken*** niyet tutmak ***an etw denken*** (bir şeyi) düşünmek, hatırlamak, aklına getirmek ***Denk mal an!*** düşün bir kere!; ne diyorsun! ***denke daran!*** bunu aklından çıkarma!, bunu unutma! ***denken lassen an etw*** bir şeyi hatırlatmak, bir şeyi anımsatmak ***Denkste!*** karavana!, ıska! ***nicht daran zu denken!*** ne münasebet! ***sich etw denken*** tasavvur etmek, hayal etmek, gözünün önüne getirmek
Denker /'denkır/ *m* düşünür, filozof, düşünce adamı, fikir adamı
Denkerstirn /'denkırştirn/ *f kon* yüksek alın
Denkfähigkeit /'denkfe:ihkayt/ *f* anlık, mantıklı düşünme yeteneği; muhakeme, müdrike, entelekt
denkfaul /'denkfaul/ *s* düşünmeye üşenen, düşüncesiz
Denkfehler /'denkfe:lır/ *m* mantık hatası, düşünce yanılması
Denkmal /'denkma:l/ *n* abide, anıt; eskiden kalma sanat eseri; kalıcı tarihi veya sanatsal eser
Denkmalschutz /'denkma:lşuts/ *m* eski eserleri koruma, antik eserleri koruma
Denkpause /'denkpauzı/ *f* düşünme veya karara varma için görüşmeye ara verme
Denkschrift /'denkşrift/ *f* muhtıra; ölünün arkasından yazılan yazı
Denkstein /'denkştayn/ *m* anıttaşı
Denkvermögen /'denkfermö:gın/ *n* düşünme yeteneği, muhakeme kabiliyeti
Denkweise /'denkvayzı/ *f* düşünüş tarzı, düşünce biçimi
denkwürdig /'denkvürdih/ *s* hatırlamaya değer, anılmaya değer, önemli
Denkwürdigkeit /'denkvürdihkayt/ *f* önemli olay, unutulmayacak olay, hatıralardan silinmeyecek olay; hatıralar
Denkzettel /'denktsetıl/ *m* not, pusula; muhtıra; kulağına küpe; ders, ceza ***jdm einen Denkzettel verpassen*** (birine) unutamayacağı bir ders vermek, dersini vermek
denn /den/ *bağ* çünkü, zira; o halde, öyleyse; o zaman, bunun üzerine, o vakit; -den dolayı, -dan dolayı; sanki; soru ve-

ya istek cümlelerinde anlam kuvvetlendirici ***also denn*** öyleyse, o halde ***was denn!*** ne var! ***was ist denn los?*** ne oluyor? ***Was weiß denn ich?*** nereden bileyim ki?, ne bileyim ki?

dennoch /'denoh/ *bağ* bununla birlikte, bununla beraber; buna rağmen, mamafih

Dentallabor /den'ta:llabo:r/ *n* diş laboratuvarı

Denunziant /denun'tsyant/ *m* ajan, muhbir, jurnalci, gammaz

Denunziation /denuntsya'tsyo:n/ *f* ajanlık, muhbirlik, jurnalcilik; ihbar, jurnal

denunzieren /denun'tsi:rın/ *vt* ihbar etmek, gammazlamak, muhbirlik etmek; *mec* iftira atmak, leke sürmek

Deodorant /deodo'rant/ *n* deodoran, deo, koltukaltı spreyi

Depesche /de'peşı/ *f* telgraf; acele mektup; telsiz

deplaziert /'deplatsi:rt/ *s* yerinde olmayan, yersiz, boş, anlamsız ***deplaziertes Wort*** uygun olmayan söz, yerinde olmayan söz

Deponie /depo'ni:/ *f* (çöp, atık, vs) boşaltma yeri, dökme yeri

deponieren /depo'ni:rın/ *vt* saklamak üzere vermek, emanete vermek; yeddi emine bırakmak; (banka) para yatırmak

Deportation /deporta'tsyo:n/ *f* sürgüne gönderme, sürgün, ülkeden çıkarma, sınırdışı etme

deportieren /depor'ti:rın/ *vt* sürgüne göndermek, sürgüne yollamak, sürmek, ülkeden çıkarmak, sınırdışı etmek

Depot /de'po:/ *n* depo, ardiye, ambar, arşiv, antrepo; depozito, depozit, emanet, rehin

Depp /dep/ *m* aptal, avanak, ahmak, mankafa

Depression /depres'yo:n/ *f* depresyon, ruhsal çöküntü, karamsarlık, moralsizlik, umutsuzluk; buhran; *tic* durgunluk, fiyat düşmesi; *coğ* deniz seviyesinden aşağı düşme; düşük basınç

depressiv /deprı'si:f/ *s* depresif, karamsar, moralsiz, ümitsiz, ruhsal çöküntülü

deprimieren /depri'mi:rın/ *vt* umutsuzluğa düşürmek, cesaretini kırmak, ümitsizlendirmek

deprimierend /depri'mi:rınt/ *s* moral bozucu

deprimiert /depri'mi:rt/ *s* umudunu kaybetmiş, umutsuz, ümitsiz, cesareti kırılmış

der /de:r/ *dilb* eril cinsi gösteren belirli artikel; (işaret zamiri) dieser; bu, şu; (ilgi zamiri) ki o, ki bu ***der und der*** falan filan, falan fişmekan

derart /'de:ra:rt/ *be* öyle, böyle, şöyle; bu kadar, o kadar; böylelikle, bu şekilde

derartig /'de:ra:rtih/ *s* böyle, öyle, şöyle; bu gibi, bunun gibi; bu kabil

derb /derp/ *s* dayanıklı, sağlam, metin; dinç, kuvvetli, kuvveti yerinde; kocaman, iri yarı, iri kıyım; keskin, sert; kaba; haşin, gaddar; patavatsız, amiyane, küt diye, gamsız ***derber Scherz*** *mec* eşek şakası

Derbheit /'derphayt/ *f* kabalık, patavatsızlık; sağlamlık, dinçlik, kuvvetlilik; dayanıklılık, metanet

deren /'de:rın/ *adl* die'nin tamlayan durumu; çoğul die'nin tamlayan durumu; işaret zamiri die'nin (tekil veya çoğul) tamlayan durumu

derentwillen /de:rant'vilın/ *ilg* bu nedenle, bu sebepten, bu yüzden, bundan dolayı ***um derentwillen*** *be* onun yüzünden, onun için

dergleichen /de:r'glayhın/ *ilg* böyle, buna benzer, bu gibi, bunun gibi, bu türden ***und dergleichen*** ve buna benzer

Derivat /deri'va:t/ *n kim* türev; *dilb* türemiş sözcük, türetilmiş sözcük

derjenige /'de:rye:nigı/ *adl* o ki

Dermatologe /dermato'lo:gı/ *m* cilt doktoru, deri doktoru, dermatolog, dermatologist

dermatologisch /dermato'lo:giş/ *s hek* dermatolojik, derisel, cildi

derselbe /de:r'zelbı/ *adl* aynısı, kendisi, bizzat kendisi; söz konusu olan ***genau derselbe*** tam saynısı, tıpkısı

derzeit /'de:rtsayt/ *be* şimdi; o zaman, o vakit

derzeitig /'de:rtsaytih/ *s* şimdiki, şu durumda; o zamanki ***der derzeitige Lehrer*** şimdiki öğretmen

des /des/ *dilb* der ve das artikellerinin tamlama durumu

Deserteur /dezer'tö:r/ *m ask* asker kaçağı; kaçak, kaçkın, firari

desertieren /dezer'ti:rın/ *vi ask* askerden kaçmak; firar etmek, kaçmak

desgleichen /des'glayhın/ *be* aynı şekilde, aynı suretle, aynen, keza

D

deshalb /'deshalp/ *ilg* onun için, bunun için, bundan dolayı, bu yüzden, bu sebepten dolayı
Design /di'zain/ *n* dizayn; örnek, çizim; gösterim
Designer /di'zainır/ *m* dizayncı, (mobilya, yerleşim, vs.) biçim verici, şekil verici
Designerdroge /di'zainırdro:gı/ *f* yapay uyuşturucu
desillusionieren /desiluzyo:'ni:rın/ *vt* hayal kırıklığına uğratmak; (birisini) hayallerinden kurtarmak, gerçeğe döndürmek
Desinfektion /desinfek'tsyo:n/ *f* dezenfeksiyon, dezenfekte etme, mikroplardan arındırma
Desinfektionsmittel /desinfek'tsyo:nsmitıl/ *n* dezenfektan madde, dezenfekte eden madde
desinfizieren /desinfi'tsi:rın/ *vt* dezenfekte etmek, mikroplardan arındırmak
Desinformation /desinforma'tsyo:n/ *f* bilerek yanlış haber yayma, tahrikçilik, asparagas haber çıkarma
Desinteresse /'desintıresı/ *n* ilgisizlik, alakasızlık, vurdumduymazlık, lakaytlık, meraksızlık
desinteressiert /'desintıresi:rt/ *s* birisine veya bir şeye karşı ilgisiz, umursamaz
desolat /deso'la:t/ *s* ıssız, tenha; ümitsiz, umutsuz; acıklı, trajik; feci, kötü ***desolater Zustand*** vahim durum
Despot /des'po:t/ *m* despot, zorba; *mec* zalim, kaba, acımasız, hoyrat
despotisch /des'po:tiş/ *s* despotça, zalimane, gaddarca, acımasızca
dessen /'desın/ *adl* der ve das artikellerinin tamlama durumu; onun, bunun; ki onun, ki ondan
dessentwegen /'desınt've:gın/ *be* onun yüzünden, bunun yüzünden, ondan dolayı, bundan dolayı, onun için
dessentwillen /'desınt'vilın/ *be* onun yüzünden, bunun yüzünden, ondan dolayı, bundan dolayı, onun için
Dessert /de'se:r/ *n* yemek arkasından yenen tatlı veya meyve; soğukluk, üstlük, çerez
Dessin /de'se:/ *n* desen, çizim; plan, taslak; resim; numune, örnek
Dessous /de'su:/ *n* bayan iç çamaşırı, kadın iç giysisi
Destillat /desti'la:t/ *n* damıtık, damıtılmış ürün
destillieren /desti'li:rın/ *vt kim* damıtmak, imbikten geçirmek
desto /'desto/ *bağ* o kadar, o derece, o nispette ***desto besser*** daha iyi ***desto schlimmer*** daha kötü ***je ... desto ...*** ne kadar ... o kadar ... ***je mehr desto mehr*** ne kadar çok ... o kadar çok ...
destruktiv /destruk'ti:f/ *s* yıkıcı, yok edici, tahripkâr, bozucu
deswegen /'desve:gın/ *bağ* onun için, bunun için, bundan dolayı, bu yüzden, bu nedenle
Detail /de'tai/ *n* ayrıntı, ayrıntılar, detay; tafsilat; *tic* perakende ***ins Detail gehen*** detaylarına girmek, ayrıntıya girmek
detailliert /de:tai'yi:rt/ *s* detaylı, ayrıntılı, tafsilatlı
Detektiv /detek'ti:f/ *m* detektif, polis hafiyesi
Detektivbüro /detek'ti:fbüro:/ *n* detektif bürosu
Detektivroman /detek'ti:froma:n/ *m* polis romanı
Detektor /de'tektor/ *m* dedektör, elektrik dalgalarını düzene koyan cihaz; düşman uçak veya füzesini elektronik olarak arayıp bulan cihaz; radyoaktif maddeleri bulan cihaz
Determinante /determi'nantı/ *f mat* determinant, belirleyici/tayinsel unsur
Detonation /detona'tsyo:n/ *f* kimyasal veya nükleer patlama, nükleer reaksiyon, infilak
detonieren /deto'ni:rın/ *vi müz* detone etmek, ses perdesini şaşırmak; patlamak, infilak etmek
deuten /'doytın/ *vt* açıklamak, yorumlamak, anlam çıkarmaya çalışmak; tabir etmek, tasvir etmek; göstermek; işaret etmek ***auf etw deuten*** (bir şeyi) işaret etmek, belirtmek ***auf jdn deuten*** (birisini) parmakla işaret ederek göstermek ***etw übel deuten*** kötüye çekmek, farklı anlama çekmek
deutlich /'doytlih/ *s* açık, kolay anlaşılabilir, kolay ayırt edilebilir, belli, belirgin, sarih, (yazı) okunaklı ***deutliche Handschrift*** tam okunaklı el yazısı ***jdm etw deutlich machen*** (birisine bir şeyi) açıkça anlatmak, detaylarıyla anlatmak ***klar und deutlich*** apaçık, ortada, besbelli ***deutlich werden aus etw*** (bir şeyden) anlaşılmak, belli olmak ***nicht recht deutlich*** tam belli olmayan, belli

belirsiz

Deutlichkeit /'doytlihkayt/ *f* açıklık, kolay anlaşılma, kolay ayırt edilebilme; okunaklılık; netlik

deutsch /doyç/ *s* Alman; Almanya ile ilgili, Almanlarla ilgili; Almanca ***auf deutsch*** Almanca ***auf gut deutsch*** anlaşılır şekilde Almanca ***deutsch sprechen*** Almanca konuşmak ***Deutsche Bundesbahn (DB)*** Alman Demir Yolları ***Deutsche Bundespost (DBP)*** Almanya Posta İdaresi ***Deutsche Grammatik*** Almanca dilbilgisi ***Deutsche Industrie Normen (DIN)*** Alman Endüstri Normları ***Deutsche Mark (DM)*** Alman Markı ***Deutsche Staatsangehörige*** Alman vatandaşı ***Deutsche Staatsangehörigkeit*** Alman tabiiyeti ***Deutsche Demokratische Republik (DDR)*** Demokratik Almanya Cumhuriyeti ***Deutscher Gewerkschaftsbund (DGB)*** Alman Sendikalar Birliği ***Deutsches Roteskreuz (DRK)*** Alman Kızılhaçı ***die deutsche Schweiz*** İsviçre'nin Almanca konuşulan bölgesi ***die deutsche Sprache*** Alman dili ***jdm Deutsch lehren*** (birisine) Almanca öğretmek

Deutsch /doyç/ *n* Alman dili, Almanca; Alman

Deutschamerikaner /'doyçamenka:nır/ *m* Alman asıllı Amerikalı

Deutsche(r) /'doyçı(r)/ *f/m* (soy) Alman, Alman vatandaşı

Deutschland /'doyçlant/ *tnz* Almanya

Deutschlehrer /'doyçle:rır/ *m* Almanca öğretmeni

deutschschweizerisch /'doyçşvaytsıriş/ *s* İsviçre'nin Almanca konuşan bölgesi ile ilgili

deutschsprachig /'doyçşpra:hih/ *s* Almanca konuşan; Almanca yazılı; Almancanın konuşulduğu

Deutschtum /'doyçtum/ *n* Almanlık; Almanlara özgü; Alman zihniyeti

Deutschtümelei /doyçtü:mı'lay/ *f* aşırı Alman milliyetçiliği

Deutschunterricht /'doyçuntırriht/ *m* (okulda) Almanca dersi

Deutung /'doytung/ *f* yorumlama, açıklama; izah, yorum, tefsir; (rüya) tabir; yorumlama, mana verme

Devise /de'vi:zı/ *f* döviz; parola; yaşam felsefesi, hayat felsefesi

Devisen /de'vi:zın/ *f* döviz, yabancı para

Devisenbewirtschaftung /de'vi:zınbıvirtşaftung/ *f* döviz kontrolü, kambiyo kontrolü

Devisenbörse /de'vi:zınbö:rzı/ *f* döviz borsası

Devisengeschäft /de'vi:zıngışeft/ *n* kambiyo işlemi

Devisenhandel /de'vi:zınhandıl/ *m* döviz alışverişi

Devisenkurs /de'vi:zınkurs/ *m* döviz kuru

Devisenmarkt /de'vi:zınmarkt/ *m* döviz piyasası, kambiyo

Devisenschmuggel /de'vi:zınşmugıl/ *m* döviz kaçakçılığı

Devisenverkehr /de'vi:zınferke:r/ *m* döviz alışverişi

devot /de'vo:t/ *s* yaltakçı, dalkavuk; sofu

Dextrose /deks'tro:zı/ *f* dekstroz, glukoz

Dezember /de'tsembır/ *m* aralık ayı

dezent /de'tsent/ *s* terbiyeli, edepli, temiz, eli yüzü düzgün, kibar; hassas; ince, narin, zarif; hafif, ağır ve şatafatlı olmayan, rahatsız etmeyen ***dezente Musik*** hafif müzik ***dezentes Sprechen*** kibar konuşma

dezentralisieren /detsentrali'zi:rın/ *vt* desantralize etmek, yetki paylaşmak

Dezentralisierung /detsentrali'zi:rung/ *f* desentralize etme, yetki paylaşımı

Dezernat /detser'na:t/ *n* yetki alanı, görev alanı

Dezibel /detsi'bel/ *n fiz* desibel

dezidiert /detsi'di:rt/ *s* kararlaştırılmış, kesinleşmiş

dezimal /detsi'ma:l/ *s* desimal, desimal sistemle ilgili, ondalık

Dezimalbruch /detsi'ma:lbruh/ *m mat* ondalık kesir

Dezimalstelle /detsi'ma:lştelı/ *f* onlu rakam

Dezimalsystem /detsi'ma:lzüste:m/ *n* desimal sistemi, ondalık sistem, metre sistemi

Dezimeter /detsi'me:tır/ *n* desimetre, metrenin onda biri

dezimieren /detsi'mi:rın/ *vt* budamak, tırpanlamak; *mec* (karşı tarafa) ağır kayıplar verdirmek; (ortalama) on kişiden birini yok etmek ***sich dezimieren*** nesli tükenmek, azalmak, yavaş yavaş ortadan kaybolmaya yüz tutmak

Dezimierung /detsi'mi:rung/ *f* budama, tırpanlama; *mec* ağır kayıp verdirme, ağır kayba uğratma

D

D

Dia /'di:a/ *n* diya, slayt
Diabetes /dia'be:tıs/ *m hek* diyabet, şeker hastalığı
Diabetiker /dia'be:tikır/ *m* diyabet hastası, şeker hastası
diabolisch /dia'bo:liş/ *s* şeytani, şeytan gibi, şeytana özgü, iblisce, iblisane
Diadem /dia'de:m/ *n* alın bağı; alın çemberi, alınlık, diyadem
Diagnose /dia'gno:zı/ *f hek* diyagnoz, (hastalık) teşhis, tanı ***Diagnose stellen*** hastalığa teşhis koymak
diagnostisch /dia'gnostiş/ *s hek* diyagnostik, tanısal ***diagnostische Technik*** tanısal teknik, diyagnostik teknik
diagnostizieren /diagnosti'tsi:rın/ *vt hek* teşhis koymak, tanı koymak, teşhis etmek
diagonal /diago'na:l/ *s* diyagonal, çapraz, çaprazlama; köşegen, verev ***diagonal Lesen*** hızlı okuma ***diagonale Linie*** diyagonal hat, diyagonal çizgi
Diagonale /diago'na:lı/ *f mat* köşegen, kutur, diyagonal
Diagramm /dia'gram/ *n mat bitk* diyagram
Diakon /dia'ko:n/ *m* diyakoz, (katolik kilise) aşağı kademede papaz; (protestan kilise) kilise görevlisi
Diakonie /diako'ni:/ *f* (kilise) sosyal işler
Dialekt /dia'lekt/ *m* diyalekt, lehçe, ağız, şive
dialektal /dialek'ta:l/ *s* diyalekt, lehçe ile ilgili, ağız ile ilgili
dialektfrei /dia'lektfray/ *s* şivesiz
Dialektik /dia'lektik/ *f* diyalektik, eytişim
dialektisch /dia'lektiş/ *s* diyalektik, eytişimsel; diyalektikle ilgili, lehçeye ait ***dialektische Methode*** diyalektik metod, eytişsel metod ***dialektischer Materialismus*** diyalektik materyalizm
Dialog /dia'lo:k/ *m* diyalog, iki kişi arasında konuşma, iki kişi arasında geçen konuşma
dialogfähig /dia'lo:kfe:ih/ *s* etkileşimli
Dialyse /dia'lü:zı/ *f hek* diyaliz; *kim* eriyiklerden madde ayrıştırma, diyaliz
Diamant /dia'mant/ *m* elmas; (camcı) elmas, elmas kalem; *mec* çok değerli, çok parlak; (baskı) dört punto ***schwarze Diamanten*** *mec* kara elmas, taşkömürü
diametral /diame'tra:l/ *s* tam karşıt, taban tabana zıt, tamamen zıt ***diametral entgegengesetz*** taban tabana zıt, tamamen zıt; tam ters
Diaphragma /dia'fragma/ *n hek* diyafram kası; burun delikleri arasındaki duvar; *fiz* diyafram
Diapositiv /dia'poziti:f/ *n* diyapozitif, diya, slayt, şeffaf resim, saydam resim
Diät /di'e:t/ *f* perhiz, diyet, rejim ***Diät halten*** perhiz yapmak ***ich halte Diät*** perhiz yapıyorum, rejim yapıyorum
Diäten /di'e:tın/ *pl* harcırah; günlük, yevmiye; hakkı huzur
diätetisch /die'te:tiş/ *s* perhiz ile ilgili, rejimle ilgili, diyetetik
Diätkost /di'e:tkost/ *f* perhiz yemeği, rejim yemeği, diyet yemeği
dich /dih/ *adl* seni ***ohne dich*** sensiz
dicht /diht/ *s* sık, sıkı; sızdırmaz, geçirmez; *fiz* yoğun, kesif, katı; yan yana, çok yakın duran; (saç) gür, çok ***dicht an*** yanında ***dicht bei*** yakınında ***dicht bei der Post*** postanenin bitişiğinde ***dicht beieinander sitzen*** dip dibe oturmak, diz dize oturmak ***dicht dabei*** yanıbaşında ***dicht halten*** ağzı sıkı olmak, sır saklamak ***dichte Masse*** yoğun kütle ***dichter Nebel*** yoğun sis ***dichter Wald*** sık ağaçlıklı orman
Dichte /'dihtı/ *f* sıklık, sıkılık; sıkışıklık; *fiz* yoğunluk, kesafet; sızdırmazlık ***dichtes Verkehr*** yoğun trafik
dichten /'dihtın/ *vt* sızdırmaz hale getirmek; sıkılaştırmak; yoğunlaştırmak; kalafatlamak; *tek* contalamak, salmastra sarmak; (şiir) bestelemek, yazmak; (türkü) yakmak; *kon* uydurmak
Dichter /'dihtır/ *m* şair, ozan; yazar, edip, muharrir
dichterisch /'dihtariş/ *s* şairane ***dichterisches Sprechen*** şairane konuşma
dichthalten /'dihthaltın/ *trvt* sır saklamak, ağzı sıkı olmak
Dichtkunst /'dihtkunst/ *f* şiir sanatı, şairlik; edebiyat sanatı
dichtmachen /'dihtmahın/ *trvt* kapatmak, bitirmek, tamamlamak; sonuca bağlamak, sonuçlandırmak
Dichtung /'dihtung/ *f tek* conta, salmastra, kalafat; şiir, manzume, manzum eser; *kon* uydurma, yalan, hikâye, maval, atmasyon
Dichtungsring /'dihtungsring/ *n tek* salmastra bileziği
dick /dik/ *s* kalın, iri, hacimli; (sıvı) koyu,

pek; (kumaş) tok; koyulaşmış pıhtılaşmış; şişman, tombul; cüsseli, iri kıyım, iri yarı; besili, semiz; *mec* belalı ***dick werden*** şişmanlamak ***dicke Backe*** tombul yanak ***dicke Freundschaft*** sıkı dostluk ***dicker Mensch*** şişman adam, göbekli adam ***dickes Fell haben*** dik kafalı olmak ***dickes Geld*** zenginlik, paranın çokluğu ***dickes Portmonee haben*** *mec* cüzdanı şişkin olmak ***dick wie ein Fass!*** fıçı gibi şişman! ***ein dickes Fell haben*** vurdumduymaz olmak, gamsız olmak ***ich habe es dick*** *kon* bıktım, bıktım usandım ***sich dick und rund essen*** tıka basa yemek, ne var ne yok silip süpürmek, çatlayana kadar yemek

Dickdarm /'dikdarm/ *m anat* kalınbağırsak

Dicke /'dikı/ *f* kalınlık; şişmanlık; koyuluk ***ein dicker Mann*** şişman bir adam

Dicke(r) /'dikı(r)/ *m/f* şiman kimse

dickfellig /'dikfelih/ *s* vurdumduymaz, aymaz; kaşarlanmış; yüzsüzleşmiş; suratına tükürsen yarabbi şükür diyen

dickflüssig /'dikflü:sih/ *s* koyu, ağda gibi, macun gibi ***dickflüssig werden*** koyulaşmak, ağda gibi olmak, macun gibi olmak

Dickhäuter /'dikhoytır/ *m esk* kalın derili; *mec* duygusuz, hissiz

Dickicht /'dikiht/ *n* çalılık, fundalık; sık ormanlık; maki

Dickkopf /'dikkopf/ *m hayb* tatlı su kefali; *mec* inatçı, dik kafalı, keçi inatlı

dicklich /'diklih/ *s* tombul, tombulca, tosun gibi

Dickmilch /'dikmilh/ *f* koyulaşmış süt; kesilmiş süt

didaktisch /di'daktiş/ *s* didaktik, öğretici, öğretsel

die /di:/ *dilb* belirli (dişil) artikel, isimlerin çoğul artikeli; (işaret zamiri) bu, şu, bunlar, şunlar; (ilgi zamiri) ki o, ki bu, ki onlar, ki bunlar

Dieb /di:p/ *m* hırsız; yankesici, kapkaççı, arakçı, araklayıcı ***den Dieb ergreifen*** hırsızı yakalamak ***den Dieb festhalten*** hırsızı yakalamak

Dieberei /di:bı'ray/ *f* hırsızlık, yankesicilik, kapkaççılık

Diebesbeute /'di:bısboytı/ *f* çalıntı mal

Diebesgut /'di:bısgu:t/ *n* hırsızlık malı, çalıntı mal ***Diebesgut hehlen*** hırsızlık malını saklamak

diebisch /'di:biş/ *s* hırsız gibi, hırsızca; gizlice, çaktırmadan, el altından; çok, pek ***diebische Freundschaft*** eski dostluk, köklü dostluk

Diebstahl /'di:pşta:l/ *m* hırsızlık, yankesicilik, kapkaççılık ***Diebstahl aufdecken*** hırsızlığı meydana çıkarmak ***Diebstahl begehen*** hırsızlık yapmak ***literarischer Diebstahl*** çalıntı eser, intihal

Diebstahlversicherung /'di:pşta:lferzihırung/ *f* hırsızlık sigortası, hırsızlığa karşı yapılan sigorta

Diele /'di:lı/ *f* tahta, ince tahta; döşeme tahtası, döşeme; dehliz, sofa; hol, antre; lokal, eğlence yeri ***Dielen legen*** yeri tahtayla kaplamak

dienen /'di:nın/ *vi* (birisine, bir şeye) hizmet etmek, hizmette bulunmak; (birisinin) yanında çalışmak, hizmette bulunmak; askerlik yapmak; olarak kullanılmak, görevini görmek; faydası dokunmak, yaramak, iyi gelmek; yardım etmek; Allah'a ibadet etmek ***dem Staat dienen*** devlete hizmet etmek ***jdm dienen*** (birisine) hizmette bulunmak ***Womit kann ich dienen?*** Nasıl yardımcı olabilirim? ***zu etw dienen*** bir işe yaramak

Diener /'di:nır/ *m* hizmetçi, uşak; besleme, yanaşma; hademe, kapıcı, odacı; köle, bende; görevli memur; kendini bir şeye adayan, vakfeden; reverans, eğilme ***als Diener tätig sein*** hizmetçilik etmek

Dienerschaft /'di:nırşaft/ *pl* hizmetçiler, hademeler; hizmetçi olarak çalışanların hepsi

dienlich /'di:nlih/ *s* yararlı, faydalı, elverişli, yarar; işgörür ***zu etw dienlich sein*** bir işe yaramak, bir şeye yaramak

Dienst /'di:nst/ *m* hizmet, servis; işe yarama; görev, hizmet, vazife, iş; ibadet; iyilik, yardım; himmet, hatır ***außer Dienst*** emekli; işe yaramaz; hizmet dışı; *sp* kadrodışı ***der öffentliche Dienst*** kamu hizmeti ***Dienst antreten*** göreve başlamak, memuriyete başlamak ***Dienst haben*** nöbetçi olmak; görevde olmak ***Dienst nach Vorschrift*** yasaların gerektirdiğini yapmak ***gute Dienste*** dostane girişim ***jdm einen Dienst leisten*** (birisine) hizmette bulunmak ***im Dienst sein*** görev başında olmak ***im***

D

D

politischen Dienst sein diplomatik görevde bulunmak ***in Dienst nehmen*** çalıştırmak, hizmete almak, istihdam etmek ***in Dienst gestellt werden*** hizmete girmek ***in Dienst treten*** askerliğini yapmak
Dienstag /'di:nsta:k/ *m* salı, salı günü ***an diesem Dienstag*** bu salı günü ***an jedem Dienstag*** her salı günü
dienstags /'di:nsta:ks/ *be* salıları, her salı, her salı günü, salı günleri
Dienstalter /'di:nstaltır/ *n* kıdem, hizmet süresi, çalışma süresi
Dienstälteste(r) /'di:nsteltıstı(r)/ *f/m* en eski, duvayen
Dienstantritt /'di:nstantrit/ *m* göreve başlama; işe giriş
Dienstausweis /'di:nstausvays/ *m* görev kimliği
dienstbeflissen /'di:nstbıflisın/ *s* çok çalışkan, çok gayret gösteren
dienstbereit /'di:nstbırayt/ *s* hizmete hazır, hizmete amade; hatırşinas; (eczane) nöbetçi
Dienstbote /'di:nstbo:tı/ *m* hizmetçi, (evde) yardımcı, hizmetkâr
diensteifrig /'di:nstayfri**h**/ *s* gayretli, çalışkan, vazifeşinas
dienstfrei /'di:nstfray/ *s* serbest, iş yapması zorunlu olmayan, işten muaf ***dienstfreier Tag*** izin günü, boş gün
Dienstgeheimnis /'di:nstgı**h**aymnis/ *n* görev sırrı, iş sırrı
Dienstgrad /'di:nstgra:t/ *m* rütbe, kıdem, derece ***militärische Dienstgräde*** askeri rütbeler
Dienstleistung /'di:nstlaystung/ *f* hizmet, iş görme
dienstlich /'di:nstli**h**/ *s* hizmetle ilgili, görevle ilgili; resmi, resmen
Dienstreise /'di:nstrayzı/ *f* resmi görev gezisi; işle ilgili seyahat, iş gezisi
Dienstschluss /'di:nstşlus/ *m* paydos, mesai bitimi
Dienststelle /'di:nstştelı/ *f* işyeri, daire, büro, ofis, yönetim yeri
diensttauglich /'di:nsttaugli**h**/ *s ask* askerlik yapabilir, göreve uygun; hizmete elverişli
Dienstweg /'di:nstvek/ *m* silsile, hiyerarşi, makam sırası; resmi kanallar; tercihli yol, servis yolu
Dienstwohnung /'di:nstvo:nung/ *f* lojman
dies /di:z/ *s* bu
diesbezüglich /'di:zbıtsü:kli**h**/ *s* bununla ilgili, buna dair, bu konuda, bu hususta
diese(r,s) /di:zı(r,s)/ *s* bu; *adl* bu; bunlar
dieselbe /di:'zelbı/ *adl* aynı
Dieselmotor /'di:zılmo:tor/ *m* dizel motoru
Dieselöl /'di:zılö:l/ *n* dizel yağı
diesig /'di:zi**h**/ *s* (hava) sisli, kapalı, bulanık, puslu
diesjährig /'di:sye:ri**h**/ *s* bu yılki, bu seneki
diesmal /di:bma:l/ *be* bu defa, bu kez
diesseitig /'di:szayti**h**/ *s* bu taraftaki, beri taraftaki, berideki
diesseits /'di:szayts/ *adl* bu tarafta, beride, beri tarafta
Diesseits /'di:szayts/ *n* bu dünya, bu taraf ***Diesseits und Jenseits*** dünya ve ahret ***im Diesseits und im Jenseits*** her iki cihanda
Dietrich /'di:tri**h**/ *m* çilingir anahtarı, maymuncuk, hırsız anahtarı
diffamieren /difa'mi:rın/ *vt* iftira atmak, karalamak; aleyhinde söz söylemek, arkasından konuşmak ***jdn diffamieren*** (birisine) iftira atmak
Diffamierung /difa'mi:rung/ *f* iftira, karalama, çamur atma; aleyhte söz söyleme, arkasından konuşma
Differenz /difı'rents/ *f* fark, ayrım; *mat* ayrım; *kon* uygunsuzluk; anlaşmazlık, ihtilaf, uyuşmazlık, nifak
differenzieren /difıren'tsi:rın/ *vt* ayırt etmek; değişiklik yapmak; derecelemek, bölümlemek; *mat* diferansiyelini bulmak, farkını bulmak
differieren /difı'ri:rın/ *vi* farklılık göstermek, ayrım göstermek; farklı olmak, birbirini tutmamak
diffus /di'fu:s/ (ışık, ışın) yaygın; belirsiz, müphem; dağınık
digital /digi'ta:l/ *s* dijital, rakamsal, sayısal ***digital darstellen*** sayısallaştırmak ***digitale Datenverarbeitungsanlage*** sayısal bilgisayar ***digitales Integriergerät*** artımlı bilgisayar
digitalisieren /digitali'zi:rın/ *vt* sayısallaştırmak
Digitalrechner /digi'ta:lre**h**nır/ *m* dijital hesap makinesi; sayısal bilgisayar
Digitaluhr /digi'ta:lu:r/ *f* dijital saat, rakamlı saat
Diktat /dik'ta:t/ *n* dikte, söylenenin yazılması; kat'i emir
Diktator /dik'ta:tor/ *m* diktatör

diktatorisch /dikta'to:riş/ *s* diktatör gibi; diktatörce; diktatörlüğe ait
Diktatur /dikta'tu:r/ *f* diktatörlük, dikta rejimi
diktieren /dik'ti:rın/ *vt* (birisine bir şeyi) dikte ettirmek, söyleyerek yazdırmak; zorla kabul ettirmek
Diktiergerät /dik'ti:rgıre:t/ *n* dikte aracı, konuşulan ve yazılanları kaydetme aracı
Dilemma /di'lema/ *n* ikilem, sürünceme, iki şey arasında zor karar verme
Dilettant /dile'tant/ *m* acemi, amatör, hevesli, meraklı
dilettantisch /dile'tantiş/ *s* acemice, amatörce; bilgisiz
Dill /dil/ *m bitk* dereotu, tereotu
Dimension /dimen'zyo:n/ *f mat* boyut; buut; genişlik, büyüklük
Ding /ding/ *n* şey, bir şey, nesne; konu, husus; iş, sorun, mesele, problem; *kon* kız çocuğu; ıvır, değersiz şey; *esk* halk mahkemesi ***Das ist ja ein Ding!*** Vay canına! ***ein Ding drehen*** *kon* bir dolap çevirmek ***ein hübsches Ding*** nefis bir kız ***Verdammtes Ding!*** hay nalet şey!; eşşoğlu! ***vor allen Dingen*** her şeyden önce
dingfest /'dingfest/ *s* : ***jdn dingfest machen*** (birisini) tutuklamak
dinglich /'dinglih/ *s* ayni; somut, nesnel; gayri zati ***dingliche Einigung*** ayni sözleşme ***dingliche Haftung*** ayni sorumluluk ***dingliche Klage*** *huk* ayni dava ***dingliche Rechte*** *pl huk* ayni haklar ***dingliche Sicherheit*** ayni teminat ***dinglicher Anspruch*** *huk* ayni dava ***dinglicher Arrest*** *huk* ihtiyati haciz ***dinglicher Besitz*** mülkiyet, mal etme ***dinglicher Sicherheitsarrest*** *huk* ihtiyati haciz ***dinglicher Vertrag*** ayni sözleşme ***dingliches Rechtsverhältnis*** *huk* ayni ilişki
Dingsbums /'dingsbums/ nmf *kon* falanca, falanca şey
Dingsda /'dingsda:/ *m* şey, falan
Dinkel /'dinkıl/ *m bitk* kızıl buğday, delice buğday; kaplıca
Dinosaurier /dino'zauriır/ *m hayb* dinozor
Diode /di'o:dı/ *f* diyot
Dioxin /diok'sin/ *n kim* dioksin
Diphtherie /diftı'ri:/ *f hek* difteri, kuşpalazı
Diphthong /dif'tong/ *m dilb* diftong, ikili ünlü, iki sesli
Diplom /di'plo:m/ *n* diploma, bitirme belgesi, sertifika
Diplomand/Diplomandin /diplo'mant/diplo'mandin/ *m/f* diploma almaya aday
Diplomarbeit /di'plo:marbayt/ *f* mezuniyet tezi
Diplomat /diplo'ma:t/ *m* diplomat, dışişleri bakanlığında yüksek görevli; *mec* becerikli kişi
Diplomatie /diploma'ti:/ *f* diplomasi; sefirler, diplomatlar
diplomatisch /diplo'ma:tiş/ *s* diplomatik, diplomatça; diplomasiye ait, diplomasi ile ilgili; *mec* temkinli, ihtiyatlı ***auf diplomatischem Wege*** diplomasi yoluyla ***diplomatische Beziehungen*** diplomatik ilişkiler ***diplomatische Exemtion*** diplomatik dokunulmazlık ***diplomatische Vertreter*** diplomatik temsilci ***diplomatischer Landesverrat*** casusluk, ajanlık ***diplomatisches Korps*** kordiplomatik ***diplomatisches Verhalten*** politikacılık, siyasetçilik ***diplomatisches Zeremoniell*** diplomatik seremoni, diplomatik protokol
Diplomingenieur /di'plo:minjenyö:r/ *m* yüksek mühendis
Diplomkaufmann /di'plo:mkaufman/ *m* yüksek ticaret okulu mezunu tüccar
Diplomphysiker /di'plo:mfü:zikır/ *m* yüksek fizikçi
dir /di:r/ "du"nun yönelme hali; sana, kendine ***bei dir*** senin yanında ***mit dir*** seninle, seninle beraber
direkt /di'rekt/ *s* direkt, doğru; *be* doğrudan doğruya; dolaysız, aracısız, vasıtasız; kesin, kat'i ***direkte Arbitrage*** *tic* basit arbitraj ***direkte Kosten*** *tic* dolaysız maliyet ***direkte Methode*** doğru yöntem ***direkte Polarisation*** direkt polarizasyon ***direkte Rede*** *dilb* dolaysız söz ***direkte Steuer*** aracısız vergi, vasıtasız vergi ***direkte Verbindung*** aktarmasız, direk bağlantı ***direkter Kurs*** *tic* direk kambiyo ***direkter Zug*** aktarmasız tren ***direkter Zugriff*** doğrudan erişim, direkt erişim ***direktes Fliegen*** (uçak) aktarmasız uçuş ***direktes Flugzeug*** aktarmasız uçak, direk uçan uçak ***direktes Objekt*** *dilb* nesne, dolaysız tümleç
Direktflug /di'rektflu:k/ *m* direkt uçuş, aktarmasız uçuş

Direktion /direk'tsyo:n/ *f* yönetim; idare; direktörlük, müdürlük, yönetmenlik; yön, istikamet ***Direktion für Nationale Erziehung*** Milli Eğitim Müdürlüğü

D

Direktive /direk'ti:vı/ *f* direktif, talimat
Direktmandat /di'rektmanda:t/ *n* seçilme hakkı; seçilmiş milletvekilinin vekilliği
Direktor /di'rektor/ *m* direktör, müdür, yönetici, idareci
Direktorat /direkto'ra:t/ *n* direktörlük, müdürlük, yönetim, idare
Direktorium /direk'to:ryum/ *n* idare heyeti, direktörler heyeti, yönetim kurulu
Direktübertragung /di'rektübırtra:gung/ *f* (TV) canlı yayın, naklen yayın
Direktverkauf /di'rektferkauf/ *m* aracısız satış, direkt satış
Dirigent /diri'gent/ *m müz* orkestra şefi
Dirigentenstab /diri'gentınşta:p/ *m* orkestra şefi idare çubuğu
dirigieren /diri'gi:rın/ *vt* (orkestra, koro) yönetmek, idare etmek; sevk ve idare etmek
dirigistisch /diri'gistiş/ *s* (ekonomide) devletçilik sistemiyle
Dirne /'dirnı/ *f* fahişe, orospu, telekız; *esk* hizmetçi kadın; *esk* köylü kız
Disagio /diz'a:co/ *n tic* dizacyo, tahvil veya değerli kâğıtların reel ve rayiç değerleri arasındaki fark
Disharmonie /disharmo'ni:/ *f müz* ahenksizlık, akordsuzluk, uyumsuzluk; *kon* uyuşmazlık, anlaşmazlık, ihtilaf
disharmonisch /'disharmo:niş/ *s* ahenksiz, akordsuz, uyumsuz, bozuk sesli; *kon* uyumsuz, ahenksiz
Diskette /dis'ketı/ *f* disket, bilgisayar disketi
Diskettenlaufwerk /dis'ketınlaufverk/ *n* disket sürücü
Diskjockey /'diskcoki/ *m* diskjokey, DJ
Disko /'disko/ *f* disko, diskotek
Diskont /dis'kont/ *m tic* ıskonto, indirim, tenzilat, kırma
diskontieren /diskon'ti:rın/ *vt tic* fiyat indirmek, ıskonto etmek, kırdırmak; fiyat indirerek satın almak
diskontinuierlich /diskontinu'i:rlih/ *s* fasılalı, aralıklı; devamlı olmayan
Diskontinuität /diskontinui'te:t/ *f* kesintililik
Diskontsatz /dis'kontzats/ *m* resmi makamlarca belirlenmiş indirim oranı; indirim oranı, ıskonto oranı indirimli fiyat
Diskothek /disko'te:k/ *f* diskotek, disko; plak/kaset/CD koleksiyonu
Diskrepanz /diskre'pants/ *f* oransızlık, nispetsizlik; çelişki, ayrılık, uyuşmazlık, tutmazlık, denk gelmeme; yanlış hareket
diskret /dis'kre:t/ *s* ağzı sıkı, ketum, sır saklayan; gizli, mahrem, diskret; *mat* ayrı ayrı parçalardan oluşan, bağımsız; göze çarpmayan; dikkatli, ihtiyatlı ***diskrete Darstellung*** ayrık gösterim, kesikli gösterim ***diskrete Daten*** ayrık veri, kesikli veri
Diskretion /diskre'tsyo:n/ *f* gizlilik, mahremiyet; ağız sıkılığı, ketumiyet, sır saklama; dikkat, ihtiyat; riayet; gösterişsizlik
diskriminieren /diskrimi'ni:rın/ *vt* farklı davranmak, fark gözetmek, ayırım gözetmek, farklı muamele etmek; (birisinin) haklarını çiğnemek; karalamak, aşağılamak; suçlamak
Diskriminierung /diskrimi'ni:rung/ *f* farklı davranma, fark gözetme, ayrım gözetme, farklı muamele etme
Diskurs /dis'kurs/ *m* görüşme, konuşma, fikir alışverişi, fikir teatisi; hararetli tartışma, münakaşa, ağız dalaşı
Diskus /'diskus/ *m sp* disk
Diskussion /diskus'yo:n/ *f* tartışma, görüşme, müzakere, münakaşa, münazara; hararetli tartışma, ağız dalaşı
Diskussionsleiter /diskus'yo:nslaytır/ *m* tartışma yöneticisi, açıkoturum yöneticisi
Diskussionsteilnehmer /diskus'yo:nstaylne:mır/ *m* açıkoturum katılımcısı, açıkoturum konuşmacısı
Diskussionsthema /diskus'yo:nste:ma:/ *n* tartışma konusu
diskutabel /disku'ta:bıl/ *s* tartışılabilir, görüşülebilir; kabul edilebilir
diskutieren /disku'ti:rın/ *vt/vi* (bir konuyu) tartışmak, görüşmek, söyleşmek, görüş alışverişinde bulunmak, fikir teatisinde bulunmak; (bir konudan) bahsetmek
Display /'disple:/ *n* malın etkili bir şekilde reklamını yapma
disponieren /dispo'ni:rın/ *vi* düzenlemek, sıralamak, tertip etmek; tasarruf etmek; kullanım yetkisi olmak
Disposition /dispozi'tsyo:n/ *f* plan, bölümleme; tertip, tanzim; *hek* eğilim; işten el çektirme; ruhsal durum; bedensel du-

rum; heves, eğilim ***zur Disposition stellen*** geçici olarak işten el çektirmek
Dispositionskredit /dispozi'tsyo:nskredi:t/ *m* eko ferdi ihtiyaç kredisi
disproportioniert /disproportsyo'ni:rt/ *s* orantısız, oransız, nispetsiz
Disput /dis'pu:t/ *m* tartışma, münakaşa; ağız kavgası, ağız dalaşı ***wissenschaftlicher Disput*** bilimsel tartışma
Disqualifikation /diskvalifika'tsyo:n/ *f sp* diskalifiye etme, yarış dışı etme, oyun harici etme, oyundan atma
disqualifizieren /diskvalifi'tsi:rın/ *vt sp* (birisini) diskalifiye etmek, yarış dışı etmek, oyundan atmak
Dissertation /diserta'tsyo:n/ *f* doktora, doktora tezi; bilimsel eser
Dissident /disi'dent/ *m* resmen tanınan dinsel topluluklardan birine ait olmayan; *pol* muhalif
dissonant /diso'nant/ *s müz* disonan, uyumsuz, akordsuz
Dissonanz /diso'nants/ *f müz* uyumsuzluk, ahenksizlik, akordsuzluk; *kon* uyumsuzluk, geçimsizlik
Distanz /dis'tants/ *f* mesafe, ara, aralık, uzaklık; *sp* parkur; *sp* mesafe; *sp* (boks) raunt sayısı
distanzieren /distan'tsi:rın/ *vt sp* arayı açmak, geride bırakmak, önde gitmek ***sich distanzieren*** (bir şeye) karışmamak, uzak durmak
distanziert /distan'tsi:rt/ *s* mesafeli, uzak, ırak
Distel /'distıl/ *f bitk* devedikeni; şevketotu
distinguiert /disting'gi:rt/ *s* seçme, seçkin; kibar, zarif, nazik
Distrikt /'distrikt/ *m* ilçe, kaza, kaymakamlık; saha, mıntıka, alan, daire
Disziplin /distsi'pli:n/ *f* disiplin; sıkıdüzen, zaptırapt; bilim dalı, bilim alanı, bilim şubesi; (kayak, koşu, eskrim) *sp* yarışma, disiplin ***Disziplin halten*** disiplini sağlamak, disiplini temin etmek
disziplinarisch /distsipli'na:riş/ *s* disiplinle ilgili; sert, şiddetli, sıkı
Disziplinarverfahren /distsi'plina:rferfa:rın/ *n* disiplin soruşturması, disiplin kovuşturması
disziplinieren /distsipli'ni:rın/ *vt* disipline etmek, disiplin altına almak
diszipliniert /distsipli'ni:rt/ *s* disiplinli, kontrol altında
disziplinlos /distsi'pli:nlo:s/ *s* disiplinsiz, başıboş
Disziplinlosigkeit /distsi'pli:nlo:zihkayt/ *f* disiplinsizlik, başıbozukluk
Diva /'di:va/ *f* ünlü kadın yıldız, tanınmış kadın sanatçı
divergieren /diver'gi:rın/ *vi mat* uzaklaşmak, ıraksamak; aykırılaşmak, aykırı olmak, sapmak
divers /di'vers/ *s* farklı, çeşitli; muhtelif, bir sürü, çeşitli, çok ***diverse Fonds*** muhtelif fonlar
Dividende /divi'dendı/ *f tic* kazanç, kâr payı, temettü, temettü hissesi
Dividendenausschüttung /divi'dendınausşü:tung/ *f tic* kazanç dağıtımı, temettü dağıtımı, kâr payı dağıtımı
dividieren /divi'di:rın/ *vt mat* bölmek; bölmek, taksim etmek, pay etmek
Division /divi'zyo:n/ *f mat* bölme; taksim; *ask* tümen; *ask* gemi mürettebatı bölüğü
Divisionskommandeur /divi'zyo:nskomandö:r/ *m ask* tümen komutanı, tümgeneral
D-Mark /'de:mark/ *f esk* Federal Almanya Markı
Dobermann /'do:bırman/ *m hayb* Doberman, Doberman cinsi köpek
doch /doh/ *bağ* bununla beraber, mamafih; gene de, buna rağmen; gerçekten; ama, fakat; keşke; evet, tabii, tabiatıyla, hay hay; değil mi! ***also doch!*** gene de oldu! ***Es ist doch wahr!*** Öyledir!, Doğrudur! ***Ja doch!*** Evet! evet! ***Komm doch!*** Gel artık! ***Komm doch mit!*** Sen de gel! ***Käme er doch!*** Keşke gelse! ***Komm doch mal her!*** Gelsene buraya! ***Nein doch!*** Hayır! ***Nicht doch!*** Yapma be!
Docht /doht/ *m* fitil, lamba fitili
Dock /dok/ *n den* tersane, tersane havuzu, dok, havuz
Dockarbeiter /'dokarbaytır/ *m* tersane işçisi
Dogge /'dogı/ *f hayb* dok, dok cinsi köpek; (İngiliz) buldok köpeği; (Danimarka) danuva köpeği
Dogma /'dogma/ *n* dogma, inak; tartışılmayan öğreti
Dogmatiker /dog'ma:tikır/ *m* dogmacı, bir öğretinin temsilcisi, öğretileri körü körüne savunan kişi

D

D

dogmatisch /dog'ma:tiş/ *s* dogmatik, dogmaya bağlı; olduğu gibi kabul edilen, inaksal
Dogmatismus /dogma'tismus/ *m* dogmacılık, inakçılık, dogmalara sıkıca bağlanma; eleştiriden uzak düşünce tarzı
Dohle /'do:lı/ *f hayb* alakarga; *mec* siyah renkli kadın şapkası
Doktor /'doktor/ *m* (akademik) doktor; hekim, doktor ***seinen Doktor machen*** *kon* doktorasını yapmak
Doktorand/Doktorandin /dokto'rant/dokto'randin/ *m/f* doktora adayı, doktora sınavına girmeye hazırlanan kişi
Doktorarbeit /'doktorarbayt/ *f* doktora tezi
Doktorexamen /'doktoreksa:mın/ *n* doktor sınavı
Doktorgrad /'doktorgra:t/ *m* doktorluk unvanı, doktorluk payesi
Doktortitel /'doktortitıl/ *m* doktor unvanı ***den Doktortitel erhalten*** doktor unvanı almak
Doktorwürde /'doktorvürdı/ *f* doktor unvanı
Doktrin /dok'tri:n/ *f* doktrin, öğreti, düstur, nazariye, kuram, meslek; cümle, manzume; mezhep; çığır, devir; kuram
doktrinär /doktri'ne:r/ *s* doktriner, doktrinci, bir fikre bağlı; önyargılı
Dokument /doku'ment/ *n* belge, doküman; senet; delil, kanıt; vesika, belge ***Dokument auf der Rückseite beschreiben*** *tic* ciro etmek ***Dokumente gegen Zahlung*** belge karşılığı ödeme, ibraz karşılığı ödeme
Dokumentarfilm /dokumen'ta:rfilm/ *m* doküman film, dokümentar film
dokumentarisch /dokumen'ta:riş/ *s* dokümentar, belgeye dayanan, belgesel ***dokumentarisch beweisen*** belgelerle ispat etmek ***dokumentarisch nachweisen*** belgelerle ispatlamak ***dokumentarische Forschung*** belgeli araştırma
Dokumentation /dokumenta'tsyo:n/ *f* dokümantasyon; bilgi ve belge toplayarak daha sonra kullanma
dokumentieren /dokumen'ti:rın/ *vt* belgelerle ispat etmek, belgelerle kanıtlamak; belgelendirmek, belgelere dayamak ***sich dokumentieren*** belirmek, meydana çıkmak
Dolch /dolh/ *m* kama, hançer
Dollar /'dolar/ *m* Dolar, Amerikan Doları
dolmetschen /'dolmeçın/ *vt/vi* tercümanlık yapmak, çevirmenlik yapmak; tercüme etmek, çevirmek
Dolmetscher /'dolmeçır/ *m* tercüman, çevirmen
Dom /do:m/ *m* (piskoposluğun) esas kilisesi, büyük kilise, katedral; şehrin büyük kilisesi; *mim* büyük kubbe; *coğ* geniş tepe
Domäne /do'me:nı/ *f* devlete ait arazi; beylik arazi; mülk; emlak; *esk* derebeyliğe ait arazi; alan, saha, yer; *mec* çalışma sahası
Domestikation /domestika'tsyo:n/ *f* (vahşi hayvan) evcilleştirme, ehlileştirme, eğitme; yabani bitkileri kültür bitkisi haline getirme, bitkileri ehlileştirme
domestizieren /domesti'tsi:rın/ *vt* (vahşi hayvan) evcilleştirmek, ehlileştirmek, eğitmek; yabani bitkileri kültür bitkisi haline getirmek, bitkileri ehlileştirmek
Domina /'do:mina/ *f* manastırın veya vakfın kadın idarecisi
dominant /domi'nant/ *s* hâkim olan, baskın olan, üstün olan, dominant
Dominanz /domi'nants/ *f* üstünlük, hâkimiyet; *biy* baskın; hâkim olan taraf
dominieren /domi'ni:rın/ *vi* hâkim olmak, üstün olmak; hüküm sürmek, hükmetmek
Dominikaner /domini'ka:nır/ *m* Dominik Cumhuriyeti vatandaşı; Dominiker rahibi
Domino /'do:mino/ *m* maskeli pelerin giyinmiş kişi; *n* domino, domino oyunu; maskeli pelerin
Dominostein /'do:minoştayn/ *m* domino taşı
Domizil /domi'tsi:l/ *n* ikametgâh, oturulan yer; ödeme yeri, ödeme noktası
Dompteur/Dompteuse /domp'tö:r/domp'tö:zı/ *m/f* hayvan terbiyecisi, dontör
Donau /'do:nau/ *f* Tuna, Tuna nehri
Donner /'donır/ *m metr* gök gürlemesi, gök gürültüsü; yıldırım, şimşek; gümbürtü, gürültü ***Donner noch mal!*** (küfür) Hay Allah belanı versin! ***wie vom Donner gerührt*** yıldırım çarpmışçasına, yıldırım çarpmış gibi
donnern /'donırn/ *vi* gök gürlemek; gümbürdemek, gürlemek; kapıyı çarpmak; *kon* küfretmek, sıçıp sıvamak, ağzına

geleni söylemek
Donnerschlag /'donırşla:k/ *m* çok şiddetli ama kısa gök gürültüsü
Donnerstag /'donırsta:k/ *m* perşembe, perşembe günü ***Donnerstag Abend*** perşembe akşamı ***an jedem Donnerstag*** her perşembe, her perşembe günü
donnerstags /'donırsta:ks/ *s* perşembeleri, perşembe günleri
Donnerwetter /'donırvetır/ *n* şiddetli fırtına; *kon* öfke dolu haykırma, öfkeyle bağırma ***zum Donnerwetter!*** Allah kahretsin!
doof /do:f/ *s kon* aptal; can sıkıcı; hoş olmayan, nahoş
dopen /'do:pın/ *vt* doping yapmak; performans artırıcı ilaç kullanmak
Doping /'do:ping/ *n* doping, performans artırıcı ilaç kullanımı
Dopingkontrolle /'do:pingkontrolı/ *f* doping kontrolü
Doppel /'dopıl/ *n* suret, eş, kopya, ikinci nüsha; *sp* (tenis) çift, ikişer kişilik takım oyunu ***gemischtes Doppel*** *sp* karışık çiftler oyunu
Doppelagent/Doppelagentin /'dopılagent/'dapılagentin/ *m/f* iki ülke adına çalışan ajan
Doppelbett /'dopılbet/ *n* çift kişilik yatak
Doppeldecker /'dopıldekır/ *m* üst üste çifter kanatlı uçak; iki katlı otobüs
doppeldeutig /'dopıldoytih/ *s* iki anlamlı, çift anlamlı; ikircil
Doppeldeutigkeit /'dopıldoytihkayt/ *f* iki anlamlılık, çift anlamlılık
Doppelfenster /'dopılfenstır/ *n* çift cam, çift pencere
Doppelgänger /'dopılgengır/ *m* dublör, başkasına tıpatıp benzeyen kimse
Doppelkinn /'dopılkin/ *n* çifte gerdan, katmerli çene
Doppelname /'dopılna:mı/ *m* çifte soyadı
Doppelpunkt /'dopılpunkt/ *m* iki nokta üst üste ":"
doppelsinnig /'dopılzinih/ *s* çift anlamlı, iki anlamlı, başka anlamlı
Doppelstecker /'dopılştekır/ *m* çift fiş, ikili fiş
doppelt /'dopılt/ *s* çift, çifte, iki tane; iki türlü ***doppelt sehen*** çift görmek ***doppelte Genauigkeit*** çifte duyarlık ***doppelte Polarisation*** çift polarizasyon ***doppelte Umsetzung*** çifte bozunma ***doppeltes Buchführungsprinzip*** çift girişli muhasebe ilkesi ***doppeltes Gewinde*** *tek* çift diş ***in doppelter Ausführung*** iki nüsha olarak
Doppelverdiener /'dopılferdi:nır/ *m* iki ayrı gelir sahibi kişi, çifte gelir sahibi; ayrı ayrı gelir sahibi eşlerden her biri
Doppelzentner /'dopıltsentnır/ *m* yüz kilogram
Doppelzimmer /'doıaltstmır/ *n* (otel) iki yataklı oda
doppelzüngig /'dopıltsüngih/ *s* iki dilli, duruma göre farklı konuşan kişi
Dorf /dorf/ *n* köy
Dorfbewohner /'dorfbıvo:nır/ *m* köylü
Dorn /dorn/ *m* diken; *tek* matkap; zımba, delgeç, delgi
dornig /'dornih/ *s* dikenli; zahmetli, yorucu, meşakkatli
dörren /'dörın/ *vt* kurutmak; fırınlamak, kavurmak
Dörrfleisch /'dörflayş/ *n* kurutulmuş et, kavurma
Dörrgemüse /'dörgımü:zı/ *f* kurutulmuş sebze
Dörrobst /'döro:pst/ *n* kuru meyve, meyve kurusu, kurutulmuş meyve; kuruyemiş
Dorsch /dorş/ *m hayb* (bir cins) morina balığı
dort /dort/ *be* orada, orda ***dort liegt es*** işte orada duruyor ***von dort*** oradan
dorther /'dorthe:r/ *adl* oradan, o taraftan
dorthin /'dorthin/ *adl* oraya; o tarafa
dortig /'dortih/ *s* oradaki; o tarafta bulunan; oralı, o memleketli
Dose /'do:zı/ *f* (yuvarlak) kutu, tabaka; doz, tertip; kutu içecek
dösen /'dö:zın/ *vi* içi geçmek, uyuklamak; biraz dalmak; pineklemek; *mec* (birisiyle) dalga geçmek, kafa bulmak
Dosenmilch /'do:zınmilh/ *f* kutu süt
Dosenöffner /'do:zınöfnır/ *m* konserve açacağı, kutu açacağı
dosieren /do'zi:rın/ *vt* (ilaç vs.) dozunu ayarlamak, dozunu tayin etmek
Dosierung /do'zi:rung/ *f* bir seferde alınması gereken ilaç miktarı, doz, dozaj
Dosis /'do:zis/ *f* doz, dozaj, bir seferde alınması gereken ilaç miktarı; terkip
dotieren /do'ti:rın/ *vt* (bir şey) bağışlamak, hibe etmek, vakfetmek; bağışta bulunmak
Dotierung /do'ti:rung/ *f* bağışlama, hibe etme, vakfetme

D

Dotter /'dotır/ *n* yumurta sarısı; *bitk* ketencik ***mit zwei Dottern*** çift sarılı (yumurta)
Double /du:bl/ *n* çift, duble; *tiy* yedek oyuncu, dublör
Dozent /do'tsent/ *m* doçent, üniversitede öğretim üyesi
dozieren /do'tsi:rın/ *vi* doçentlik etmek, doçentlik yapmak; *vt* okutmak; ders vermek
Drache /'drahı/ *m* ejderha, dragon; *gökb* Ejderha; *esk* Viking gemisi
Drachen /'drahın/ *m* uçurtma; *mec* cadı kadın, cadaloz karı, hırçın kadın
Drachenfliegen /'drahınfli:gın/ *n* planörcülük, üçgen kanatlı aletle uçuş, delta uçuşu
Dragee /dra'je:/ *n* draje
Draht /dra:t/ *m* tel; demirden yapılma tel; *kon* telefon, telgraf; *mec* para ***auf Draht sein*** dinç olmak, sağlığı yerinde olmak
Drahtbürste /'dra:tbürstı/ *f* tel fırça
Drahtgeflecht /'dra:tgıfleht/ *n* tel kafes; tel örgüsü
drahtig /'dra:tih/ *s* tel gibi, tele benzer; (vücut) adaleli, güçlü, kaslı
drahtlos /'dra:tlo:s/ *s* telsiz, kablosuzs ***drahtlose Telegrafie*** telsiz telgraf
Drahtseilakt /'dra:tzaylakt/ *m* ip cambazlığı
Drahtseilbahn /'dra:tzaylba:n/ *f* teleferik; füniküler; *elek* havai hat
Drahtzange /'dra:ttsangı/ *f* tel kıskaç, kargaburun, tel pensi
Drahtzaun /'dra:ttsaun/ *m* tel örgü
Drahtzieher /'dra:ttsi:ır/ *m* tel yapımcısı; tel çeken; *mec* kışkırtıcı kişi, azmettirici kişi, tahrikçi
Drainage /dre'na:jı/ *f* drenaj, akaçlama
drall /dral/ *s* güçlü kuvvetli; gürbüz, dolgun, etli butlu; *mec* (kız) bıngıl bıngıl, balıketli, bıldırcın gibi, eti budu yerinde ***draller Gang*** emin adım, sağlam adım
Drama /'dra:ma/ *n tiy* dram, drama; tiyatro oyunu, temsil, piyes; karmaşık olay
Dramatik /dra'ma:tik/ *f tiy* dram edebiyatı, sahne edebiyatı; *mec* gerilimli
Dramatiker /dra'ma:tikır/ *m* dramacı, dram yazarı; dramatist
dramatisch /dra'ma:tiş/ *s tiy* dramla ilgili; *tiy* dram türünde; dramatik, acınası ***dramatische Literatur*** dram edebiyatı ***dramatische Methode*** *tiy* oyunsal yöntem ***dramatisches Spiel*** *tiy* dramatik oyun
dramatisieren /dramati'zi:rın/ *vt tiy* dram haline sokmak, dramatize etmek; *tiy* tiyatro oyunu haline getirmek; *kon* abartmak
Dramaturg /drama'turk/ *m tiy* edebi sorumlu, dramaturg
Dramaturgie /dramatur'gi:/ *f tiy* tiyatro bilgisi; sahne bilgisi, dramaturji
dramaturgisch /drama'turgiş/ *s tiy* dramaturjik
dran /dran/ *be kon* ona, bunda; ondan, bundan; yanında, yakınında, bitişiğinde ***du bist dran*** sıra sende, sıra senin
Drang /drang/ *m* sıkıştırma, basınç, tazyik; arzu, heves, büyük arzu, şiddetli arzu; teşvik, tahrik; dürtü, güdü, saik, sevk; sıkıntı; acil, ivedi ***Drang haben*** sıkışmak ***Drang zum Essen*** yemek yeme arzusu ***Drang zur Freiheit*** özgürlük arzusu
drängeln /'drengıln/ *vi* itişip kakışmak; ite kaka ilerlemek; aceleye getirmek, aradan yutturmaya çalışmak; ısrarla talep etmek
drängen /'drengın/ *vt* sıkmak, sıkıştırmak, tazyik etmek; sıkboğaz etmek, ensesine yapışmak; sıklaştırmak; birbirine yaklaştırmak; itelemek, itmek; üzmek, eziyet etmek, sıkıntı vermek; (birisini) sıkıştırmak; *vi* (vakit) daralmak, sıkışmak; *sp* (futbol) (rakibi) zorlamak ***auf etw drängen*** (bir şeyde) ısrar etmek ***sich drängen*** peş peşe gelmek, ardı ardına gelmek, üşüşmek; itişip kakışmak ***zu etw drängen*** gerektirmek, icap ettirmek
Drangsal /'drangza:l/ *f* zulüm, işkence; eziyet, sıkıntı, zahmet, azap, meşakkat
drangsalieren /drangza'li:rın/ *vt* (birisine) eziyet etmek, sıkıntı vermek, zahmet çektirmek, işkence çektirmek; (birisini) tartaklamak, yıpratmak
drankommen /'drankomın/ *vt* nöbet beklemek
drastisch /'drastiş/ *s* çok etkili, çabuk etkileyici; kaba, kaba saba; sezilir, hissedilir, fark edilir ***drastische Maßnahmen*** etkili tedbirler ***ein drastischer Film*** çok etkileyici bir film
drauf /drauf/ *adl* üstünde, üstüne, üzerinde, üzerine; bunun üzerine, bundan sonra, bir de, sonradan; *ünl* haydi!, hadi! ***gut drauf sein*** keyfi yerinde olmak
Draufgänger /'draufgengır/ *m* (kişi) atıl-

gan, gözüpek, girişken; cüretkâr, yiğit, cesur; *mec* çapkın
draufgängerisch /'draufgengıriş/ *s* atılgan, atak, acar; gözüpek, cüretkâr; çapkın
draufgehen /'draufge:ın/ *trvi kon* ölmek, yok olmak, kaybolmak; harcanmak, sarf edilmek; (para) erimek, yok olmak, arıya gitmek; ölmek, canı çıkmak, gebermek
drauflos /drauf'lo:s/ *be* (bir şeye) karşı, doğru; hesaplamadan, düşünmeden; *ünl* haydi! ***drauflosgehen*** düşünmeden girişmek, hesap kitap yapmadan girişmek
drauflosreden /drauf'lo:sre:dın/ *trvt* düşüncesizce konuşmak, düşünmeden konuşmak, tartmadan konuşmak
draufmachen /'draufmahın/ *trvi* eğlenmek, iyice eğlenmek
draufzahlen /'drauftsa:lın/ *trvt* ek olarak ödemek, ilaveten ödemek
draußen /'drausın/ *be* dışarda, açıkta; yurtdışında, hariçte; açık havada, açıkta ***nach draußen*** dışarıya ***von draußen*** dışarıdan
Drechsler /'drekslır/ *m* tornacı, çıkrıkçı
Dreck /drek/ *m* pislik; çamur; kir; hayvan tersi; *mec* değersiz şey, döküntü, hırdavat, ıskarta ***jdn in den Dreck ziehen*** *mec* (birisini) kötülemek, karalamak ***im Dreck sitzen*** yokluk içinde olmak, fakir olmak ***mit Dreck bewerfen*** *mec* çamur atmak, bok atmak, iftira atmak, lekelemek ***voll Dreck und Speck*** *kon* çok pis
dreckig /'drekih/ *s* pis, kirli, çamurlu, mundar; boklu; fena, kötü, berbat, rezil; adi, düzenbaz, hilekâr ***dreckig lachen*** *mec* pis pis sırıtmak ***dreckig werden*** pislenmek, kirlenmek, üstü başı batmak
Drecksack /'drekzak/ *m* (küfür) pis herif!
Drecksarbeit /'dreksarbayt/ *f* pis iş, kötü iş
Dreckskerl /'drekskerl/ *m hkr* pislik herif, bok herif
Drehachse /'dre:aksı/ *f* dönme ekseni
Dreharbeiten /'dre:arbaytın/ *pl* film çevirme, film çekimleri
drehbar /'dre:ba:r/ *s* döndürülebilir, döndürülebilen; döner, dönen; torna edilmeye uygun
Drehbuch /'dre:bu:h/ *n* senaryo, film senaryosu
Drehbuchautor/Drehbuchautorin /'dre:bu:hautor/'dre:bu:hautorin/ *m/f* senarist, senaryocu
drehen /'dre:ın/ *vt* döndürmek; çevirmek; (sigara) sarmak, külah yapmak; torna etmek; (saç, tel) örmek, bükmek; gezinti yapmak, dolanmak; *mec* okulu kırmak, okulu asmak; sözü ters çevirmek; hilekârlık yapmak, numara yapmak, dolap çevirmek ***an etw drehen*** (bir şeyi) kurcalamak ***einen Film drehen*** film çevirmek ***jdm den Rücken drehen*** (birisine) sırt çevirmek ***sich drehen*** dönmek; devretmek; konu olmak, mevzubahis olmak; caymak, vazgeçmek, dönmek; geri dönmek; yön değiştirmek ***sich drehen und winden*** acıdan kıvranmak ***sich eine Zigarette drehen*** kendine bir sigara sarmak
Drehknopf /'dre:knopf/ *m* (radyo) açma kapama düğmesi
Drehkreuz /'dre:kroyts/ *n* turnike, dolap
Drehmaschine /'dre:maşi:nı/ *f* döner makine
Drehmoment /'dre:moment/ *n* dönme anı, dönüş zamanı
Drehscheibe /'dre:şaybı/ *f* (trenyolu) döndürme levhası, köprüsü; (çömlekçi) döner tezgâh
Drehstrom /'dre:ştro:m/ *m elek* alternatif akım; trifaze cereyan
Drehtür /'dre:ty:r/ *f* döner kapı
Drehung /'dre:ung/ *f* dönme, deveran, devir, tur
Drehwurm /'dre:vurm/ *m* (hayvan) delibaş hastalığına yol açan kurtçuk ***den Drehwurm haben*** baş dönmesi olmak ***den Drehwurm bekommen*** başı dönmek
Drehzahl /'dre:tsa:l/ *f* dönme sayısı, devir sayısı
Drehzahlmesser /'dre:tsa:lmesır/ *m* takometre; sayaç
drei /dray/ *s* üç; (zar) se ***drei mal drei*** üç kere üç ***Es ist drei Uhr*** Saat üç
dreidimensional /'draydimenzyona:l/ *s* üçboyutlu ***dreidimensionales Mittel*** üçboyutlu araç
Dreieck /'drayek/ *n geom* üçgen
dreieckig /'drayekih/ *s* üçgen şeklinde, üç köşeli
Dreiecksverhältnis /'drayeksferheltnis/ *n* üç kişi arasındaki aşk ilişkisi
Dreieinigkeit /dray'aynihkayt/ *f* üçleme; *din* üç birlik (öğretisi) ***die heilige Drei-***

D

einigkeit (baba, oğul ve kutsal ruhtan oluşan) kutsal üçlü
dreifach /'drayfa**h**/ *s* üç kat, üç katı, üç misli; üçerli
Dreifaltigkeit /dray'falti**h**kayt/ *f din* ekanimi selase ***die heilige Dreifaltigkeit*** (baba, oğul ve kutsal ruhtan oluşan) kutsal üçlü
Dreifuß /'drayfu:s/ *m* (sac) üç ayak; üç ayaklı sehpa; üç ayaklı kunduracı demiri
Dreikäsehoch /dray'ke:zı**h**o:**h**/ *m kon* bacaksız, bastıbacak, bücür, yerdenbitme
Dreiklang /'drayklang/ *m müz* üç sesli akort
dreimal /'drayma:l/ *be* üç defa, üç kere, üç kez, üç sefer
dreimalig /'drayma:li**h**/ *s* üç defa tekrarlanan, üç kere yinelenen
Dreimeilenzone /dray'maylıntso:nı/ *f* karasu, üç deniz mili tutarındaki kara sahası
Dreirad /'drayra:t/ *n* (bisiklet, araç) üç tekerlekli; triportır
Dreisatz /'drayzats/ *m mat* üç bilinmeyenli denklem
Dreisprung /'drayşprung/ *m sp* (atletizm) üç adım atlama, üç adım uzun atlama
dreißig /'draysi**h**/ *s* otuz ***je dreißig*** otuzar
dreist /drayst/ *s* küstah, saygısız, pervasız, vurdumduymaz; atak, cüretkâr; pişkin, *mec* kaşarlanmış; saygısız; laubali, *mec* cıvık, *mec* sulu; kendini beğenmiş; sırnaşık, yapışkan
Dreistigkeit /'draystigkayt/ *f* küstahlık, pervasızlık, saygısızlık; ataklık, cüretkârlık; pişkinlik; saygısızlık; laubalilik; sululuk; kendini beğenmişlik; sırnaşıklık
dreiteilig /'draytayli**h**/ *s* üç kısımdan oluşan, üç kısımlı, üç taraflı; üç parçalı, üç bölümlü
dreiviertel /'drayfirtıl/ *s* dörtte üç, üç çeyrek
dreizehn /'draytse:n/ *s* on üç
dreschen /'dreşın/ *vt* harman dövmek ***leeres Stroh dreschen*** *mec* gereksiz şeylerle uğraşmak; abuk subuk konuşmak
Dress /dres/ *m* kıyafet, elbise; spor kıyafeti
dressieren /dre'si:rın/ *vt* hayvan terbiye etmek, hayvan eğitmek, hayvan yetiştirmek; dresaj yapmak
Dressing /'dresing/ *n* salata sosu
Dressur /dre'su:r/ *f* hayvan terbiye etme, hayvan eğitme, hayvan yetiştirme; dresaj
dribbeln /'dribıln/ *vi sp* (futbol) çalım atmak, çalım yapmak, (basketbol) dripling yapmak
driften /'driftın/ *vt* önüne katmak, sürmek, atmak, defetmek; harekete getirmek, hareketlendirmek
drillen /'drilın/ *vt ask* eğitime tabi tutmak, talime tabi tutmak; erleri talim ettirmek; hızla döndürmek, hızla çevirmek; cırcır delgi ile delmek; (iplik, tel) bükmek, kıvırmak; sıra ile tohumlamak, sıra ile tohum ekmek; sıkıntı vermek, eziyet etmek
Drillinge /'drilingı/ *pl* üçüzler ***Drillinge zur Welt bringen*** üçüz doğurmak
drin /drin/ *be* içinde
dringen /'dringın/ *vi* girmek, nüfuz etmek, işlemek, arasından geçip girmek ***auf etw dringen*** bir şeyde ısrar etmek ***aus etw dringen*** dışına çıkmak ***in etw dringen*** içine girmek, nüfuz etmek ***in jdn dringen*** (birisini) sıkıştırmak, zora koymak, ısrar etmek, üstelemek
dringend /'dringınt/ *s* acil, acele, ivedi; çok önemli; mecburi, elzem, zorunlu; sıkışık ***dringend bitten*** hasseten rica etmek, önemle rica etmek ***dringende Gefahr*** büyük tehlike ***dringende Notwendigkeit*** mecburiyet, kesin gereklilik ***dringender Verdacht*** ağır şüphe
dringlich /'dringli**h**/ *s* acil, acele, ivedi; çok önemli; mecburi, elzem, zorunlu; sıkışık
Dringlichkeit /'dringli**h**kayt/ *f* aciliyet, ivedilik, önemlilik; mecburiyet, zorunluluk; sıkışıklık
drinnen /'drinın/ *be* içinde, içerde
dritte(r,s) /'dritı(r,s)/ *s* üçüncü, üçüncü olarak ***dritte Person*** üçüncü kişi ***dritte Person Plural*** *dilb* üçüncü çoğul şahıs ***dritte Person Singular*** *dilb* üçüncü tekil şahıs ***dritte Stelle*** *sp* üçüncülük ***der dritte Student*** üçüncü öğrenci ***der lachende Dritte*** iki kişinin tartışmasını fırsat bilip durumdan faydalanan üçüncü kişi ***die dritte Welt*** üçüncü dünya ***zum Dritten*** üçüncüsü, üçüncü olarak
Drittel /'dritıl/ *n* üçte bir, üçün biri
drittens /'dritıns/ *be* üçüncü olarak; üçüncüsü; üçüncü derecede
Droge /'dro:gı/ *f* ilaç üretiminde kullanılan

tıbbi ecza; uyuşturucu
drogenabhängig /'dro:gınaphengih/ *s* ilaca bağımlı, ilaca alışkın, uyuşturucuya bağımlı
Drogenabhängigkeit /'dro:gınaphengihkayt/ *f* ilaç bağımlılığı, ilaç alışkanlığı; uyuşturucu bağımlılığı
Drogenhändler /'dro:gınhendlır/ *m* uyuşturucu satıcısı
Drogenkonsum /'dro:gınkonzu:m/ *m* uyuşturucu kullanımı
drogensüchtig /'dro:gınzühtih/ *s* uyuşturucu bağımlısı
Drogenszene /'dro:gınstse:nı/ *f* uyuşturucu piyasası, uyuşturucu kullanılan çevre
Drogerie /dro:gı'ri:/ *f* drogeri, eczane; ecza deposu
Drohbrief /'dro:bri:f/ *m* tehdit mektubu
drohen /'dro:ın/ *vi* (birisini) tehdit etmek, korkutmak ***jdm mit etw drohen*** (birisini bir şey ile) tehdit etmek
Drohne /'dro:nı/ *f hayb* erkek arı; *mec* otlakçı, parazit, başkasının sırtından geçinen, avantacı
dröhnen /'drö:nın/ *vi* gürlemek, gümbürdemek; tangırdamak, tangır tungur etmek; çınlamak; (yeryüzü) sarsılmak, sallanmak, zelzele olmak ***mir dröhnt mein Kopf*** başım uğulduyor
Drohung /'dro:ung/ *f* tehdit; gözdağı; korkutma ***leere Drohung*** boş tehdit
drollig /'drolih/ *s* eğlenceli, güldürücü, komik
Dromedar /dromı'dar/ *n hayb tek* hörgüçlü deve, hecin devesi
Droschke /'droşkı/ *f* fayton, at arabası; kiralık taksi
Drossel /'drosıl/ *f hayb* ardıçkuşu; (hayvan) gırtlak, nefes borusu; *tek* borudan geçen gaz veya sıvının yoğunluğunu ayarlayan düzenek
drosseln /'drosıln/ *vt* gırtlağını sıkmak, boğmak; *tek* akımı kısmak, akımı azaltmak; (bir şeyi) azaltmak, kısmak
drüben /'drü:bın/ *be* öte tarafta, ötede, karşı tarafta, öbür tarafta, diğer tarafta
Druck /druk/ *m* baskı, basınç, tazyik; sıkma, sıkıştırma; (matbaa) basım; *tek* basınç; yük, ağırlık; *sp* siklet ***alte Drucke*** eski baskı eserler ***Druck des Feindes*** düşman baskısı ***Druck- und Saugpumpe*** emme basma tulumba ***einen Druck auf jdn ausüben*** (birisinin üzerinde) baskı yapmak, baskı kurmak ***großer Druck*** büyük punto ***im Druck sein*** sıkıntıda olmak ***in Druck geben*** (kitap) baskıya vermek, baskıya vermek, tabettirmek ***jdm unter Druck setzen*** (birisine) baskı yapmak ***kleiner Druck*** küçük punto
Druckabfall /'drukapfal/ *m* basınç düşmesi, basınç azalması
Druckanstieg /'drukanşti:k/ *m* basınç yükselmesi
Druckausgleich /'drukausglayh/ *m* basınç denkleşmesi
Druckbogen /'drukbo:gın/ *m* (kitap) forma; (defter) orta
Druckbuchstabe /'drukbuhşta:bı/ *f* bas matbaa harfi
Drückeberger /'drükıbergır/ *m* işten kaytaran, işten kaçan; sorumluluktan kaçan
drucken /'drukın/ *vt* (kitap, vs.) basmak, tabetmek ***drucken lassen*** baskıya vermek; tabettirmek
drücken /'drükın/ *vt* sıkmak; sıkıştırmak; basmak; (fiyat) düşürmek, azaltmak, indirmek; sıkıntı vermek; (uçak) aşağıya doğru indirmek, alçaltmak; *sp* (halter) koparmak; kucaklamak, bağrına basmak; ezmek, yassılaştırmak ***auf einen Kopf drücken*** bir düğmeye basmak ***jdm etw in die Hand drücken*** birisinin eline bir şey sıkıştırmak ***jdm die Hand drücken*** (birisinin) elini sıkmak ***mir drückt der Schuh*** ayakkabım sıkıyor ***sich vor etw drücken*** *kon* ortalıktan kaybolmak, işten kaytarmak; kaçmak, yan çizmek
drückend /'drükınt/ *s* (hava) sıkıcı, boğucu, ağır, bunaltıcı ***drückende Hitze*** boğucu sıcak, bunaltıcı sıcak
Drücker /'drükır/ *m* kapı mandalı, horoz; pencere kilidi; *elek* açma kapama düğmesi; (silah) tetik; gazete veya dergiye abone toplayan pazarlamacı ***auf den letzten Drücker*** son anda
Drucker /'drukır/ *m* matbaacı, baskıcı, kitap basan, basımcı
Druckerei /drukı'ray/ *f* matbaa, basımevi; baskı işleri yapan işyeri
Druckerschwärze /'drukırşvertsı/ *f* siyah matbaa mürekkebi
Druckfehler /'drukfe:lır/ *m* dizgi hatası, mürettip hatası; baskı hatası
druckfertig /'drukfertih/ *s* baskıya hazır
Druckknopf /'drukknopf/ *m* çıtçıt, birbirine geçen düğme; *elek* açma kapama

düğmesi
Druckluft /'drukluft/ *f* basınçlı hava, sıkıştırılmış hava
Druckmittel /'drukmitıl/ *n mec* zorlama aracı, baskı aracı
druckreif /'drukrayf/ *s* baskıya hazır; yayımlanmaya uygun
Drucksache /'drukzahı/ *f* (posta) matbua, basılı evrak
Druckschrift /'drukşrift/ *f* matbua; basılmış eser; matbaa harfi
Druckverband /'drukferbant/ *m* (yarada) kanı kesmek amacıyla sıkıca yapılan bandaj, baskılı bandaj
Druckwelle /'drukvelı/ *f* süpersonik hızla hareket eden hava akımı; *tek* basınç mili
Drumherum /drumhe'rum/ *n* ayrıntı, detay
drunter /druntır/ *be* aşağı tarafında, aşağısında; altında, alt tarafında
Drüse /'drü:zı/ *f hek* bez, beze, gudde
Dschungel /'cungıl/ *m/n/f* bataklıklı sık orman; otlarla örtülü geniş ormanlık alan, cangıl
du /du:/ *adl* sen ***mit jdm auf du und du stehen*** birisi ile senli benli olmak, samimi olmak ***zu jdm du sagen*** birisine sen diye hitap etmek
Dualismus /dua'lismus/ *m* ikicilik, ikilik, düalizm
Dübel /'dü:bıl/ *m* dübel, çivi yuvası, vida yuvası; tıkaç
dubios /dubi'o:s/ *s* şüpheli iş, karanlık iş; kuşku uyandırıcı, kesin olmayan; güvenilmez ***dubiose Debitoren*** *tic* tahsili şüpheli alacaklar ***dubiose Forderungen*** tahsili şüpheli alacaklar ***dubioses Papier*** değeri şüpheli kâğıt
ducken /'dukın/ *vt* (birisinin) başını eğmek; korkudan sindirmek, yıldırmak, susturmak; dersini vermek, ağzının payını vermek ***sich ducken*** eğilmek, başını eğmek, sinmek, büzülmek, itaat etmek
Duckmäuser /'dukmoyzır/ *m* sinsi, hilekâr; ikiyüzlü, riyakâr
Dudelsack /'du:dılzak/ *m müz* gayda
Duell /du'el/ *n* düello ***jdn zum Duell herausfordern*** (birisini) düelloya davet etmek
duellieren /due'li:rın/ *vr* düello etmek, vuruşmak, kozlarını paylaşmak
Duett /du'et/ *n* düet, iki kişi tarafından karşılıklı söylenen şarkı
Duft /duft/ *m* güzel koku, parfüm, ıtır, aroma, rayiha; kırağı, çiğ
duften /'duftın/ *vi* güzel kokmak, güzel koku yaymak; *kon* pis kokmak, kötü kokmak ***es duftet hier nach Blumen*** burası çok güzel çiçek kokuyor
duftig /'duftih/ *s mec* (kumaş) incecik, tül gibi, hafif
Duftnote /'duftno:tı/ *f* koku
Duftstoff /'duftştof/ *m* güzel kokulu madde, parfüm yapım maddesi; parfüm
Duftwolke /'duftvolkı/ *f* çok ağır parfüm kokusu
dulden /'duldın/ *vi* ıstırap çekmek, acı çekmek, acıya katlanmak; sabretmek, katlanmak, dayanmak; *vt* (birisine) göz yummak, müsamahalı davranmak; (bir şeye) izin vermek
duldsam /'duldzam/ *s* müsamahakâr, hoşgörülü, toleranslı; içi geniş, mezhebi geniş
Duldsamkeit /'duldzamkayt/ *f* müsamaha, hoşgörü, tolerans; mezhep genişliği; sabırlılık
Duldung /'duldung/ *f* müsamaha, hoşgörü, tolerans; mezhep genişliği; sabırlılık
dumm /dum/ *s* aptal, ahmak, budala, enayi, şaşkın, geri zekâlı, alık, mankafa, kalın kafalı; akıldışı, akıl almaz; can sıkıcı, sinir bozucu; düşüncesiz; cahil; acemi, toy; hımbıl, safdil; kafasız, beyinsiz; andaval; şaşkın, sersem; dikkatsiz, özensiz ***Bist du dumm?*** sen aptal mısın? ***das wird mir zu dumm*** artık bu iş beni sıkıyor ***dumm und dämlich*** defalarca ***dummer Gedanke*** saçma fikir, boş fikir ***dummer Junge*** delikanlı; yeni yetme, toy ***dummer Kerl!*** eşek herif!, geri zekâlı! ***jdn für dumm verkaufen*** (birisini) enayi yerine koymak, aptal yerine koymak ***sich dumm stellen*** aptal numarası yapmak
dummdreist /'dumdrayst/ *s* utanmaz arlanmaz, hayasız edepsiz, sırnaşık, aptal küstah
dummerweise /'dumırvayzı/ *be* aptalca, budalaca
Dummheit /'dumhayt/ *f* aptallık, ahmaklık, budalalık, enayilik, eblehlik, alıklık, geri zekâlılık, mankafalılık; acemilik, toyluk; akılsızlık, düşüncesizlik; akılsızca hareket etme, düşüncesizce hareket etme ***eine Dummheit machen*** düşün-

cesizlik yapmak
Dummkopf /'dumkopf/ *m hkr* aptal kafalı, mankafa, beyinsiz, eşek kafalı
dümmlich /'dümli**h**/ *s* aptalca, budalaca, beyinsizce, düşüncesizce
Dummy /'dami/ *m* test amaçlı kullanılan cansız manken
dumpf /dumpf/ *s* (ses) boğuk, kısık; karışık, karmaşık, anlaşılmaz, belirsiz, karanlık; sıkıcı, can sıkıcı, boğucu, bunaltıcı; nemli, küflü; küf kokulu ***dumpfe Gefühle*** karmaşık hisler ***dumpfer Schlag*** *sp* sert vuruş
Düne /'dü:nı/ *f coğ* kumlu, kumul
Dung /dung/ *m* gübre, fışkı
Düngemittel /'düngımitıl/ *n* gübre, fışkı
düngen /'düngın/ *vt* gübrelemek
Dünger /'düngır/ *m* gübre, fışkı
Düngung /'düngung/ *f* gübreleme, fışkılama
Dünkel /'dünkıl/ *m* kendini beğenmişlik, gurur, kibir; tavır, tafra
Dunkel /'dunkıl/ *n* karanlık, karartı
dunkel /'dunkıl/ *s* karanlık, kuytu, ışıksız; (renk) koyu; sıkıntılı, can sıkıcı; hüzünlendirici, hüzün verici; bilinmeyen, şüpheli, meçhul, karanlık, belirsiz; şüpheli, çözülmesi zor; (bira) siyah; esmer, koyu; (ses) kalın ***dunkler Raum*** *fot* karanlık oda ***eine dunkle Vergangenheit*** karanlık bir geçmiş ***es wird dunkel*** ortalık kararıyor, akşam oluyor ***dunkel werden*** kararmak, karanlık basmak ***dunkle Geschäfte machen*** karanlık işler çevirmek ***im Dunkeln*** karanlıkta
dunkelblau /'dunkılblau/ *s* lacivert
dunkelgrün /'dunkılgrü:n/ *s* koyu yeşil
dunkelhaarig /'dunkıl**h**a:ri**h**/ *s* esmer, koyu renk saçlı
dünkelhaft /'dünkıl**h**aft/ *s* kendini beğenmiş, kibirli, gururlu; tafralı, edalı
dunkelhäutig /'dunkıl**h**oyti**h**/ *s* esmer tenli, esmer derili
Dunkelheit /'dunkıl**h**ayt/ *f* karanlık; *mec* belirsizlik, belirginsizlik, bulanıklık
Dunkelkammer /'dunkılkamır/ *f fot* karanlık oda
dunkelrot /'dunkılro:t/ *s* koyu kırmızı, kıpkırmızı
Dunkelziffer /'dunkıltsifır/ *f* sayısı bilinmeyen, sayısız
dünn /dün/ *s* ince; narin, zarif; (vücut) zayıf, ince; koyu olmayan, cıvık, sulu; (saç) seyrek, nadir; (kıyafet) hafif, ince, yazlık; *kon* kaçma, sıvışma, yok olma ***dünn bevölkert*** nüfusu az ***dünn werden*** incelmek ***dünner Tee*** hafif çay, açık çay ***dünnes Haar*** seyrek saç ***sich dünne machen*** sıvışmak, ortadan kaybolmak, kaçmak
Dünndarm /'dündarm/ *m* ince bağırsak
dünnflüssig /'dünflüsi**h**/ *s* çok ince, sulu, akışkan; cıvık
Dunst /dunst/ *m* buhar; buğu; hafif sis, hafif duman; havada uçuşabilen her şey; (av) küçük saçma ***in Dunst aufgehen*** mahvolmak ***keinen Dunst haben*** *kon* hiçbir şeyden haberi olmamak
Dunstabzugshaube /'dunstaptsu:ks**h**aubı/ *f* davlumbaz
dünsten /'dünstın/ *vt* (yemek) hafif ateşte pişirmek, buğuda pişirmek; *tek* buharlaştırmak
dunstig /'dunsti**h**/ *s* dumanlı, buharlı, buğulu, sisli; (hava) kapalı, puslu
Dunstkreis /'dunstkrays/ *m coğ* atmosfer; *mec* çevre, alan
Duplikat /dupli'ka:t/ *n* kopya, suret, duplikat; (belge) ikinci nüsha
Dur /du:r/ *n müz* majör
durch /dur**h**/ *ilg* arasından geçerek, -den, -dan; bir baştan diğer başa, boyunca; eliyle, vasıtasıyla, aracılığıyla, yardımıyla; yüzünden, dolayı, sebebiyle, sayesinde; tarafından; süresince, esnasında, sırasında; en dibine kadar; sonuna kadar; arasından, ortasından, içinden; (saat) geçmek; *kon* yumuşak, kıvamlı; (yemek) pişmiş ***das Jahr durch*** tüm yıl boyunca ***den Sommer durch*** yazın ***durch Bank bestätigter Scheck*** *tic* provizyonlu çek ***durch Eid bekräftigen*** yemin ederek doğrulamak ***durch List*** hile ile ***durch rechtliche Mittel*** kanuni yollara başvurarak ***durch und durch*** baştan başa, tamamen ***durch Urkunden beweisen*** belgelerle ispatlamak ***ich bin durch*** *kon* sınıfı geçtim
durcharbeiten /'dur**h**arbaytın/ *trvt* (bir şeyi) iyice çalışmak, aralıksız çalışmak; (bir şeyi) baştan sona tetkik etmek, incelemek; işi bitirmek ***sich durcharbeiten durch etw*** tüm engelleri aşmak, kalabalıktan ite kaka geçmek
durchatmen /'dur**h**a:tmın/ *trvi* derin nefes alıp vermek
durchaus /dur**h**'aus/ *be* tamamen, tamamiyle, büsbütün, bütünüyle; baştan

sona; kesin, mutlaka, kat'i; her halde, her şartlar altında ***durchaus nicht*** asla, hiçbir surette

durchbiegen /'dur**h**bi:gın/ *trvt* olabildiğince bükmek, olabildiğince eğmek ***sich durchbiegen*** bel vermek, eğilmek

durchblättern /'dur**h**bletırn/ *trvt* (kitabın) sayfalarını birer birer çevirmek, sayfalarını karıştırmak, sayfalarına göz atmak

Durchblick /'dur**h**blik/ *m* manzara, görünüm; etrafı görmeye uygun açık yer; anlama, kavrama

durchblicken /'dur**h**blikın/ *trvt* (bir şeyin) arasından bakmak; (pencereden vs) bakmak; anlamak, kavramak; *mec* gözlerinden okumak ***etw durchblicken lassen*** ima etmek, sezdirmek, çıtlatmak

Durchblutung /dur**h**'blu:tung/ *f* kan dolaşımı

Durchblutungsstörung /dur**h**'blu:tungsştö:rung/ *f hek* dolaşım bozukluğu

durchbohren /dur**h**'bo:rın/ *trvt vi* delik açmak; zımbalamak; *mec* kalbini kırmak, kalbini parçalamak; *trvt* delmek, delip geçmek

durchboxen /'dur**h**boksın/ *trvt* zorlukları yenmek, zorlukları aşıp başarı elde etmek

durchbraten /'dur**h**bra:tın/ *trvt* iyice kızarmak, nar gibi kızartmak ***gut durchgebraten*** nar gibi kızarmış

durchbrechen /'dur**h**bre**h**ın/ *trvt* ikiye ayırmak, ikiye bölmek, ortasından ikiye kırmak; yol açmak, geçit açmak; *vi* ortaya çıkmak, oluşmak, (çiçek) açmak, zuhur etmek; *ask* gedik açmak; kırılmak; batmak

durchbrennen /'dur**h**brenın/ *trvi* (ampul, sigorta) yanmak, geçmek, akkor haline gelmek; yanık oluşmak; (kömür) kor gibi yanmak; çalıp kaçmak; kaçmak, sıvışmak; *trvt* yakarak delmek, yakarak kesmek ***Sicherung ist durchgebrannt*** sigorta atmış

durchbringen /'dur**h**bringın/ *trvt* (birisini, bir şeyi bir yerden) geçirmek; sınıfı geçirmek, sınavı kazandırmak; (para) yiyip bitirmek, sarf etmek; (vakit) geçirmek; (hastayı hastalığından) kurtarmak; *mec* bitirmek, sona erdirmek ***sich durchbringen*** geçinmek, hayatını kazanmak, ekmek parasını kazanmak ***ein Gesetz durchbringen*** kanunu meclisten geçirmek

Durchbruch /'dur**h**bru**h**/ *m* açılan delik, açılan gedik, yarma, geçit, yol; taşma; kırılma; (diş) çıkma; (yeni bir) çığır açma, devrim yapma ***zum Durchbruch kommen*** baş göstermek, ortaya çıkmak

durchdenken /dur**h**'denkın/ *trvt* iyice düşünmek, düşünüp taşınmak

durchdrängen /'dur**h**drengın/ *trvt* ite kaka geçirmek, zorla geçirmek, yararak geçirmek ***sich durchdrängen*** ite kaka kendine yol açmak

durchdrehen /'dur**h**dre:ın/ *trvt* döndürmek, (bir şeyin) arasından geçirmek; (et) kıyma makinesinden geçirmek; (çamaşır) merdaneden geçirmek; *trvi* sinirleri bozulmak, aklını oynatmak, kafayı bozmak, *mec* kafayı yemek

durchdringen /dur**h**'dringın/ *trvi* zorla kendine yol açmak; (sıvı) sızmak, yavaş yavaş dışarı akmak; kulağına çalınmak, haber duymak; iyi işitmek; *ask* gedik açmak; (fikrini) kabul ettirmek, söz geçirmek; sonradan takdir edilmek, övülmek; *trvt* (içine) işlemek, girmek, yayılmak, nüfuz etmek; arasından geçmek, öte yana geçmek; başa çıkmak

durcheinander /dur**h**ayn'andır/ *be* karmakarışık, karmaşık, altüst, harman çorman, çorba gibi; düzensiz; ayrım gözetmeksizin; şaşkın ***alles durcheinander*** her şey karmakarışık

Durcheinander /dur**h**ayn'andır/ *n* düzensizlik; kargaşalık, karmaşa, karmakarışıklık

durchfahren /dur**h**'fa:rın/ *trvi* (tünel, vs.) içinden geçerek gitmek, içinden geçmek; hiç durmadan gitmek, transit geçmek; *vt* (araç ile) bir başından öbür başına gitmek, baştan sona gitmek

Durchfahrt /'dur**h**fa:rt/ *f* geçit, geçme, geçilecek yer, geçit; transit, geçiş ***Durchfahrt verboten!*** geçmek yasaktır!

Durchfall /'dur**h**fal/ *m hek* ishal; *mec* başarısızlık; fiyasko; kaybetme, başarısızlığa uğrama ***Durchfall haben*** *hek* ishal olmak

durchfallen /'dur**h**falın/ *trvt* delikten düşmek, aralıktan düşmek; (sınav) başarılı olamamak; (seçim, oylama) kaybetmek; sınıfta kalmak

durchfechten /'dur**h**fe**h**tın/ *trvt* sonuç alıncaya kadar mücadele etmek; başarmak, yenmek; *mec* fikrini kabul ettirmek ***sich durchfechten*** geçimini dilenerek sağlamak

durchfinden /'durhfindın/ *trvr* yolunu bulmak, güzergâhını belirlemek

durchfließen /'durhfli:sın/ *trvi* (su) arasından sızmak, arasından geçmek

durchfluten /durh'flutın/ *trvt* (bir şeyi) tamamen doldurmak; *vi* hızla akmak, hızla akıp gitmek

durchforsten /durh'forstın/ *vt* (planlı olarak) ağaçları kesmek, fazla ağaçları kesmek; eni konu araştırmak

durchfragen /'durhfra:gın/ *trvt* herkese sormak, sorup soruşturmak ***sich durchfragen*** sora sora bulmak

Durchfuhr /'durhfu:r/ *f* geçiş, geçme; transit geçiş

durchführbar /'durhfürba:r/ *s* yapılabilir, uygulanabilir, gerçekleştirilebilir

durchführen /'durhfü:rın/ *trvt* (bir yerin) arasından geçirmek, içinden geçirmek; yapmak, uygulamak yapıp bitirmek, yaparak sona erdirmek; tertip etmek, düzenlemek ***das Gesetz durchführen*** kanunu uygulamak

Durchführung /'durhfü:rung/ *f* yapma, uygulama, icra, tatbik; tertip, organizasyon; tatbikat, uygulama

Durchgang /'durhgang/ *m* geçme, geçiş; zamanaşımı; geçit, geçiş yeri; koridor; pasaj; evre, safha; transit; *ruhb* içine işleme, sarsma ***Durchgang verboten!*** geçilmez!, geçmek yasaktır!

durchgängig /'durhgengih/ *s* genel, umumi; genellikle

Durchgangsbahnhof /'durhgangsba:nho:f/ *m* yandan yanaşılan tren istasyonu

Durchgangslager /'durhgangsla:gır/ *n* transit kampı

Durchgangsstadium /'durhgansşta:dyum/ *n* intibak süresi, geçiş evresi

Durchgangsverkehr /'durhgangsferke:r/ *m* kesintisiz trafik

durchgeben /'durhge:bın/ *trvt* (birisine bir aradan bir şey) uzatmak; yayınlamak, neşretmek; bildirmek

durchgehen /'durhge:ın/ *trvi* bir ucundan girip öbür ucundan çıkmak, bir taraftan girip öbür taraftan çıkmak; bir alanı baştan sona katetmek; (öneri, yasa) kabul edilmek, onaylanmak; durmadan geçmek, direkt geçmek; (at) gemi azıya almak, ürkmek; (su) geçmek, sızmak, işlemek; kaçmak, firar etmek; (ayakkabı) delinmek; (engelle karşılaşmadan) geçmek; *trvt* incelemek, tetkik etmek, gözden geçirmek; (bir konu hakkında) görüşmek, konuşmak, tartışma yapmak ***jdm etw durchgehen lassen*** müsamaha etmek, göz yummak, görmezlikten gelmek ***mit jdm durchgehen*** kocaya kaçmak

durchgehend /'durhge:ınt/ *s* (araç) aktarmasız, durmadan, transit; daimi, sürekli, mütemadi, deliksiz; istisnasız ***durchgehender Zug*** ekspres tren

durchgeistigt /durh'gaystigt/ *s* (tamamen) ruh dolu

durchgreifen /'durhgrayfın/ *trvi* (elini bir şeyin) arasından geçirmek; *mec* katı tedbirler almak, sert önlemler almak

durchhalten /'durhhaltın/ *trvi* sonuna kadar dayanmak, sonuna kadar sabretmek

durchhelfen /'durhhelfın/ *trvi* (birisine) işi başarmasında yardımcı olmak; (sınıfı geçmesine) yardımcı olmak ***sich durchhelfen*** çare bulmak; idare etmek, sevk etmek

durchkämpfen /'durhkempfın/ *trvi* sürekli savaşmak ***sich durchkämpfen*** hayatın güçlükleriyle mücadele etmek

durchkommen /'durhkomın/ *trvi* arasından geçmek, arasından geçebilmek; bir yerden geçebilmek; (tehlike) atlatmak, geçirmek; (sınav vs) kazanmak, geçmek; (hastalık) iyileşmek, kendine gelmek; başarılı olmak, başarmak; (okul) sınıfı geçmek; geçimini temin etmek; (güneş) yüzünü göstermek; seçilmek, kazanmak; (haber) yayınlanmak, duyurulmak ***durch etw durchkommen*** başarmak, üstesinden gelmek ***mit etw nicht durchkommen können*** (birisine) mazeretini yutturamamak, inandıramamak

durchkreuzen /'durhkroytsın/ *trvt* üzerini çarpı işareti ile çizerek iptal etmek; *trvt* gezinmek, gezinip dolaşmak; (planını) bozmak, baltalamak

Durchlass /'durhlaş/ *m* (bir şeyi) geçirme; geçit; delik, menfez, geçiş yeri; küçük kapı

durchlassen /'durhlasın/ *trvt* (birisinin) geçmesine izin vermek, müsaade et-

mek, geçirmek; (birisine) göz yummak, müsamaha etmek
durchlässig /'durhlesih/ *s* geçirgen, geçirimli
Durchlässigkeit /'durhlesihkayt/ *f* geçirgenlik
durchlaufen /durh'laufın/ *trvi* dört bir yanı gezmek, her tarafı gezmek; katetmek; (arasından) koşarak geçmek; (sıvı) süzgeçten geçmek, filtre edilmek; *trvt* (ayakkabı) kullanarak eskitmek; yürümekten yaralanmak; *vi* (okula) devam etmek; (mesafe) katetmek, aşmak; (bir yeri) koşa koşa geçmek
durchleben /durh'le:bın/ *trvt* yaşamak, görüp geçirmek, her şeyi yaşayıp görmek; idrak etmek, kavramak
durchlesen /'durhle:zın/ *trvt* (yazı, kitap, gazete) baştan sona okumak, her tarafını okumak; sayfalara göz atmak, karıştırmak ***ganz durchlesen*** tamamını okumak
durchleuchten /durh'loyhtın/ *trvt* arasından ışıldamak, aradan parlamak; iyice aydınlatmak; arasından ışık geçirmek; *hek* röntgen filmini çekmek; *mec* araştırmak, incelemek
durchlüften /'durhlüftın/ *trvt* iyice havalandırmak, her tarafı havalandırmak
durchmachen /'durhmahın/ *trvt* tamamlamak, bitirmek, sona erdirmek; (oturuma, konuşmaya) kısa süre ara vermek; başından olaylar geçmek, çekmek ***bis in die Nacht durchmachen*** gece geç saatlere kadar eğlenmek ***Hausaufgaben durchmachen*** ödevini yapıp bitirmek ***Schule durchmachen*** okulu bitirmek
Durchmesser /'durhmesır/ *m mat* çap
durchnässen /durh'nesın/ *trvt* iyice ıslatmak, sırılsıklam etmek
durchpausen /'durhpauzın/ *trvt* kopyasını çıkarmak
durchqueren /durh'kve:rın/ *trvt* içinden geçip gitmek; üzerinden geçip gitmek; ortasından geçip gitmek
Durchreise /'durhrayzı/ *f* geçme, geçiş, gezi sırasında bir yerden geçiş ***auf der Durchreise ...*** ...-den geçerken
durchringen /'durhringın/ *trvr* (içi istemediği halde) karara varmak
Durchsage /'durhza:gı/ *f* anons, duyuru, bildiri, duyurma, mesaj; kamuoyuna duyurma
durchsägen /'durhze:gın/ *trvt* (testereyle) ortasından ikiye kesmek
durchschauen /'durhşauın/ *trvi* (bir şeyin) arasından bakmak, arasından bakarak görmek; (birisinin) gizli amacını öğrenmek, ardniyetini öğrenmek
durchşchlafen /'durhşla:fın/ *trvi* deliksiz uyumak, deliksiz uyku çekmek, hiç uyanmadan uyumak; *trvt* (bir vakti) uyuyarak geçirmek
Durchschlag /'durhşla:k/ *m* kopya, suret, nüsha; elek, kalbur, süzgeç, kevgir, filtre kâğıdı; çelik kalem, delme kalemi; *ask* delme, delip geçme; delik, gedik; yol, geçit; *elek* sigorta atması
durchschlagen /durh'şla:gın/ *trvi* içeriye geçmek, içine geçmek, araya geçmek, nüfuz etmek; (sıvı, boya, vs.) altına geçmek, altına geçirmek; (mermi) delip geçmek; etkisini göstermek, etkisi olmak; (matbaa) kötü basmak; *elek* sigorta atmak; *trvt* delmek, delik açmak; kırarak delmek; (bir şeyin arasandan başka bir şeyi) geçirmek ***sich kümmerlich durchschlagen*** geçimini zorlukla temin etmek
Durchschlagpapier /'durhşla:kpapi:r/ *n* ince kâğıt, pelür kâğıdı, kopya kâğıdı
Durchschlagskraft /'durhşla:kskraft/ *f ask* (mermi) delme gücü; *kon* müesseriyet, etkilenme, etkililik
durchschneiden /'durhşnaydın/ *trvt* keserek ikiye ayırmak, keserek ikiye biçmek; (bağlı olan bir şeyi) ayırmak, serbest bırakmak; *trvi* (bir yerin) ortasından geçmek, arasından geçmek; içini sızlatmak, acı vermek
Durchschnitt /'durhşnit/ *m* ortalama, vasati; orta, vasat; ikiye ayırma, ortasından ikiye bölme; *tek* kesit, profil; *mat* çap ***im Durchschnitt*** ortalama olarak ***über dem Durchschnitt*** vasatın üzerinde ***unter dem Durchschnitt*** vasatın altında
durchschnittlich /'durhşnitlih/ *s* ortalama olarak, vasati olarak; vasati, ortalama ***durchschnittliche Leistung*** ortalama verim ***durchschnittliche Nutzungsdauer*** ortalama kullanma süresi ***durchschnittliche Stückkosten*** ortalama birim fiyat ***durchschnittlicher Wert*** ortalama değer ***durchschnittlicher Zuckergehalt*** ortalama şeker içeriği ***durchschnittliches Einkommen***

ortalama gelir
Durchschnittsalter /'durhşnitsaltır/ *n* yaş ortalaması
Durchschnittsbürger /'durhşnitsbürgır/ *m* ortalama bir vatandaş, sade bir vatandaş
Durchschnittseinkommen /'durhşnitsaynkomın/ *n* ortalama gelir
Durchschnittsgeschwindigkeit /'durhşnitsgışvindihkayt/ *f oto* ortalama hız
Durchschnittswert /'durhşnitsve:rt/ *m* ortalama değer
durchsehen /'durhze:ın/ *trvi* incelemek, göz gezdirmek; kontrol etmek, denetlemek; *trvt* iyice bakmak, derinlemesine bakmak; *kon* anlamak, çakmak; (baskı) prova baskılarına bakmak
durchsetzen /'durhzetsın/ *trvt* (bir şeyi) zorla yaptırmak; sözünü dinletmek, lafı geçmek; diş geçirmek; isteğini zorla kabul ettirmek ***sich durchsetzen*** başarmak; tuttuğunu koparmak; değerini göstermek; *trvt* (bir şeye başka bir şey) karıştırmak, içine başka şeyler katmak
Durchsetzungsvermögen /'durhzetsungsfermö:gın/ *n* yaptırım kabiliyeti, yaptırım yeteneği
Durchsicht /'durhziht/ *f* tetkik, gözden geçirme, denetleme, yoklama; aradan görünen manzara, görünüş; tashih, düzeltme, revizyon, yenileme
durchsichtig /'durhzihtih/ *s* saydam, transparan, şeffaf; berrak, duru; açık; narin, ince; kolayca anlaşılabilen
durchsickern /'durhzikırn/ *trvi* (sıvı) arasından geçmek, sızmak; *mec* yayılmak, dağılmak, duyulmak
durchsieben /'durhzi:bın/ *trvt* elekten geçirmek, kalburdan geçirmek, kevgirden geçirmek, elemek
durchstehen /'durhşte:ın/ *trvt* (dert, hastalık, vs.) çekmek, geçirmek, atlatmak; *trvi* (kayak) kayarken ayakta kalmak
durchstellen /'durhştelın/ *trvt* (telefonu) aktarmak, başkasına bağlamak; (telefon) yönlendirmek
durchstöbern /durh'ştö:bırn/ *trvt* araştırmak, incelemek; araştırmak için her yeri arayıp taramak
durchstreichen /'durhştrayhın/ *trvt* (geçersiz kılmak amacıyla) çizmek, silmek, karalamak; (borç) silmek; elekten geçirmek, elemek; (bir yerin) içinden geçmek, içinden geçerek dolaşmak
durchstreifen /durh'ştrayfın/ *trvt* amaçsızca dolaşmak, boş boş dolaşmak; (bir yerin) içinden geçmek
durchsuchen /durh'zu:hın/ *trvt* tepeden tırnağa aramak, iyice aramak; iyice araştırmak; (üstünü başını, ceplerini, çantasını) kontrol etmek, aramak
Durchsuchung /durh'zu:hung/ *f* muayene, araştırma, yoklama, arama
Durchsuchungsbefehl /durh'zu:hungsbıfe:l/ *m* arama emri
durchtrieben /durh'tri:bın/ *s* kurnaz, uyanık, açıkgöz, hilekâr
Durchtriebenheit /durh'tri:bınhayt/ *f* kurnazlık, uyanıklık, açıkgözlük, hilekârlık
durchwachen /durh'wahın/ *trvt* geceyi uyumadan geçirmek, ayakta geçirmek
Durchwahl /'durhva:l/ *f* (telefon) otomatik arama
durchweg /'durhve:k/ *be* hepsi, tamamı, istisnasız hepsi; genellikle, umumiyetle; tamamıyla; hep, daima; her yerde
durchweichen /'durhvayhın/ *trvi* ıslanarak iyice yumuşamak; *trvt* ıslatarak yumuşatmak
durchwühlen /durh'vü:lın/ *trvt* (her tarafı karıştırarak) aceleyle bir şey aramak; *trvt* (acı, şüphe) içini kemirmek; her tarafı eşmek; (etrafı) birbirine katmak, dağıtmak ***sich durchwühlen*** eşinerek kendine yol açmak
durchzählen /'durhtse:lın/ *trvt* teker teker saymak, birer birer saymak; hepsini saymak
durchziehen /'durhtsi:ın/ *trvt* (bir şeyi bir yerden çekerek) ortasından geçirmek; payanda vurmak; kiriş koymak; *vi* (bir yerden) geçmek, geçip gitmek; çizgi çekmek; yol açmak; *trvt* (bir yeri) baştan başa gezmek, baştan sona dolaşmak; süslemek; (bir şey) katmak, eklemek ***Linie durchziehen*** hat çekmek; çizgi çekmek ***sich durchziehen*** nem kapmak, nemlenmek
Durchzug /'durhtsu:k/ *m* (bir yerden yürüyerek) geçme, geçiş; yürüyerek geçme; (bir şeyi bir şeyin arasından) geçirme, çekme; hava akımı; *ask* geçiş, geçme; uçkur
dürfen /'dürfın/ *mv* (bir şeyi yapmaya) izinli olmak, mezun olmak, yetkili olmak; -ebilmek, -abilmek; mümkün olmak, imkânı olmak, imkân dahilinde olmak ***das***

D

darf nicht geschehen bu olmamalı ***das dürfen Sie mir glauben*** bana inanabilirsiniz ***darf ich ... ?*** ... -abilir miyim? ***Darf ich Sie etwas fragen?*** Size bir şey sorabilir miyim? ***es darf geraucht werden*** sigara içebilirsiniz ***etw dürfen*** izinli olmak, yetkili olmak ***ich darf nicht*** izin almadım ***was darf es sein?*** sizin için ne yapabilirim? ***wenn ich bitten darf!*** rica ederim!, buyurun!

dürftig /'dürftih/ *s* az, eksik, noksan, yetmeyen; yoksul, muhtaç, fakir; acınacak, biçare, zavallı

dürr /dür/ *s* kuru; (toprak) kurak, verimsiz, kısır, çorak; kupkuru; çelimsiz, zayıf, sıska, cılız; kaba, nezaketsiz, odun gibi ***dürrer Sommer*** kurak yaz

Dürre /'dürı/ *f* kuraklık, kuruluk, çoraklık, susuzluk; verimsizlik, kısırlık; zayıflık, cılızlık, sıskalık

Durst /durst/ *m* susama, su ihtiyacı; susuzluk; hararet; *mec* arzu, istek, heves; şiddetli arzu, şiddetli heves ***den Durst löschen*** susuzluğunu gidermek ***Durst haben*** susamak ***brennenden Durst haben*** hararet basmak ***ich habe Durst*** susadım

dürsten /'dürstın/ *vi* susamak, susuzluktan yanmak, harareti olmak; *mec* (bir şeyi) şiddetle istemek ***nach Blut dürsten*** kana susamak

durstig /'durstih/ *s* susamış, susak; susuz; kuru; *mec* hırslı ***durstig sein*** susamak, hararet basmak ***ich bin durstig*** susadım

Dusche /'du:şı/ *f* duş ***eine kalte Dusche*** *mec* hayal kırıcı şey, şok ***eine kalte Dusche nehmen*** soğuk bir duş almak

duschen /'du:şın/ *vi* duş almak, duş yapmak ***sich duschen*** duşa girmek, duş yapmak

Duschgel /'du:şge:l/ *n* duş jölesi

Duschkabine /'du:şkabi:nı/ *f* duş kabini

Duschvorhang /'du:şfo:rhang/ *m* duş perdesi

Düse /'dü:zı/ *f* ağız, meme, üfleç; kanal

Dusel /'du:zıl/ *m* uyku sersemliği; sersemlik; uyuşukluk; sarhoşluk; mahmurluk; şans, talih ***Dusel haben*** şansı yaver gitmek

Düsenflugzeug /'dü:zınflu:ktsoyk/ *n* jet uçağı

düster /'dü:stır/ *s* karanlık, bulanık; kasvetli, hüzünlü, sıkıntılı

Dutzend /'dutsınt/ *n* düzine ***in Dutzenden*** düzinelerce ***fünf Euro das Dutzend*** düzinesi beş Euro

Dynamik /dü'na:mik/ *f fiz* dinamik, devimbilim, mekanik fiziğin bir konusu; itici güç, harekete geçirici güç; dinamizm; *müz* ses değişimi bilgisi

dynamisch /dü'na:miş/ *s fiz* dinamik, etken, etkileyici; canlı; içi hareketli olan ***dynamische Bilanz*** dinamik bilanço ***dynamische Elektrizität*** dinamik elektrik ***dynamische Induktion*** dinamik endüksiyon ***dynamischer Speicher*** dinamik bellek

Dynamit /düna'mi:t/ *n* dinamit

Dynamo /dü'na:mo/ *m* dinamo, elektrik elde eden makine

Dynastie /dünas'ti:/ *f* hanedan, hükümdar sülalesi, hükümdar soyu

dynastisch /dü'nastiş/ *s* hanedan ile ilgili

D-Zug /'de:tsu:k/ *m* ekspres tren, hızlı tren

E

Ebbe /'ebı/ *f coğ* cezir hareketi, alçalma, inme, git, suların çekildiği dönem; *mec* (herhangi bir şeyde) azalma, eksikliğinin duyulması; *mec* parasızlık, paranın suyunu çekmesi ***Ebbe und Flut*** meddücezir, gelgit, kabarma-alçalma ***Es ist Ebbe*** sular çekiliyor ***Es ist Ebbe bei mir*** param suyunu çekti, param bitti

eben /'e:bın/ *s* düz, yassı, her yeri aynı düzeyde; dümdüz, engebesiz, muntazam, yükselti ve çukuru olmayan; *mat* düzlemsel; *be* tıpkı, tam, tamamıyla, aynı, aynen; işte, şu anda, şimdi; az evvel, demin, demincek, az önce; gibi; hemen hemen, ucu ucuna, zar zor, güç bela; hemencecik, çabuk, çabucak; pekâlâ ***eben deswegen*** sırf bu yüzden ***eben erst*** az evvel, daha demin ***ebene Geometrie*** *mat* düzlem geometrisi ***ebene Kurve*** *mat* düz eğri ***ebenes Gelände*** *coğ* düz arazi ***nicht eben*** pek öyle değil ***dann eben nicht!*** madem öyle! ***eben, eben!*** aynen!, tamamen hemfikirim! ***eben kam er*** tam o sırada geldi ***er war eben hier*** daha demin buradaydı

Ebenbild /'e:bınbilt/ *n* resim, portre, model, benzer, tasvir; nüsha, örnek; tam benzeri, son derece benzeyen kimse, tıpkısı, hık demiş burnundan düşmüş ***Ich bin das Ebenbild meines Vaters*** tıpkı babama benziyorum

ebenbürtig /'e:bınbürtih/ *s* eşdeğerde, aynı değerde, aynı düzeyde; boy ölçüşebilecek durumda; aynı sosyal gruptan, aynı sosyal sınıftan

Ebenbürtigkeit /'e:bınbürtihkayt/ *f* eşdeğerlilik, aynı değerde olma, denklik; eşitlik

ebendeshalb /e:bın'deshalp/ *bağ* işte bu yüzden, tam bu yüzden

Ebene /'e:bını/ *f coğ* ova, yayla, plato, düzlük; *mat* düzlem; *kon* alan, saha, ilgi alanı; seviye, düzey ***auf gleicher Ebene*** aynı düzeyde ***auf höchster Ebene*** en üst düzeyde ***Geometrie der Ebene*** *mat* düzlem geometrisi

ebenerdig /'e:bıne:rdih/ *be* düzayak, sokakla aynı hizada; zemin katında

ebenfalls /'e:bınfals/ *be* aynen, aynı şekilde; keza, dahi ***danke, ebenfalls!*** teşekkür ederim, ben de ... dilerim

Ebenholz /'e:bınholts/ *n* abanoz

Ebenmaß /'e:bınma:s/ *n* uygunluk, düzenlilik; oran, simetri; uyum, ahenk

ebenmäßig /'e:bınme:sih/ *s* uygun, düzgün, dengeli; oranlı, simetrik; biçimli, uyumlu

ebenso /'e:bınzo:/ *be* aynı suretle, aynı şekilde, aynı ölçüde; keza, aynı, aynen ***ebenso wie*** ne kadar ... ise o kadar ...; hem ... hem de ...

ebensogut /'e:bınzogu:t/ *be* pek âlâ, aynı şekilde, pekâlâ

Eber /'e:bır/ *m hayb* erkek domuz, yaban domuzu

Eberesche /'e:bıreşı/ *f bitk* yabani üvez ağacı

ebnen /'e:bnın/ *vt* düzlemek, düz hale getirmek, düzleştirmek; düzeltmek ***jdm den Weg ebnen*** *mec* (birisinin) ilerlemesini sağlamak, gelişmesini sağlamak

Echo /'eho/ *n* yankı, akis, aksiseda, eko; revaç, rağbet; rıza, muvafakat; *mec* fikir taklitçisi ***Echo auf etw*** toplumsal reaksiyon

echoen /'ehoın/ *vi* yankılanmak, aksiseda yapmak, eko yapmak, yankı vermek

Echolot /'eholo:t/ *n den* sesli iskandil, ses dalgaları gönderilmesi suretiyle uzaklık ve derinlik ölçen alet

Echse /'eksı/ *f hayb* keler

echt /eht/ *s* gerçek, hakiki, sahi, sahici; *kon* essahtan, harbi; tabii, doğal, natürel; saf, halis, katışıksız, arı; dayanıklı, sağlam; *kim* solmaz, sararmaz, renk atmaz; tipik, karakteristik; *hayb* safkan; *mat* tam; *kon* çok, oldukça ***echt!*** gerçekten!, sahi mi! ***echt schön!*** çok güzel! ***echte Adresse*** gerçek adres ***echte Farben*** has boya, solmayan boyalar, bozulmayan renkler ***echte Freundschaft*** sıkı arkadaşlık ***echte Perle*** gerçek inci ***echte Unterschrift*** gerçek imza ***echte Vermögen*** *tic* gerçek varlıklar ***echter Freund*** gerçek arkadaş, harbi arkadaş ***echter Schäferhund*** safkan çobanköpeği ***echtes Gold*** saf altın

Echtheit /'ehthayt/ *f* gerçeklik, sahicilik, doğruluk; tabiilik; sahte olmama; saflık, halislik, katışıksızlık, doğallık; sağlamlık, dayanıklılık

Eckball /'ekbal/ *m sp* (futbol) korner, köşe atışı, köşe vuruşu

Eckbank /'ekbank/ *f* köşeli bank

Eckdaten /'ekda:tın/ *pl* ana\temel veriler

Ecke /'ekı/ *f* köşe, kenar, (yol) kavşak; ev dizileri birleşme noktası; bölge, mıntıka, arazi; *sp* (futbol) korner, köşe atışı, köşe vuruşu; *mat* köşe, açı ***in die Ecke drängen*** (birisini) köşeye sıkıştırmak ***jdn um die Ecke bringen*** *kon* (birisini) öldürmek ***um die Ecke bringen*** (para) saçıp savurmak, har vurup harman savurmak ***um die Ecke gehen*** *kon* köşeyi dönmek, voleyi vurmak ***von allen Ecken und Enden*** her bir yandan

eckig /'ekih/ *s* köşeli; (yol) kavisli, kavşaklı; *mec* beceriksiz, elinden iş gelmez; *mec* hödük, yarma, odun, kalas gibi; kırıcı, kalp kırıcı ***eckiger Tisch*** dörtköşe masa ***eckiger Charakter*** kalp kırıcı, kaba karakterli ***eckiges Benehmen*** kaba davranış

Eckpfeiler /'ekpfaylır/ *m mim* köşe direği; *mec* mesnet, dayanak, ilke, esas, temel

Eckstein /'ekştayn/ *m* köşe taşı (duvarda); *mec* mesnet, dayanak, ilke, esas, temel; *isk* karo

Eckzahn /'ektsa:n/ *m* köpek dişi

Ecuador /ekva'do:r/ *n* Ekvator

edel /'e:dıl/ *s* asil, soylu, asilzade, necip; değerli, kıymetli; mükemmel, nefis; yardımsever; ulu, yüce; kibar, nazik; âlicenap, kerim; (hayvan) safkan, cins ***edle Teile*** hayati organlar ***edler Hund*** cins köpek ***edler Schmuck*** değerli mücev-

E

her ***edler Spender*** hayırsever ***edler Wein*** nefis şarap ***edles Metall*** asal metal

Edelgas /'e:dılga:s/ *n kim* soy gaz

Edelmann /'e:dılman/ *m* asilzade, soylu kişi; *mec* iyi kalpli kişi, düşünceli kişi

Edelmetall /'e:dılmetal/ *n* soy metal

edelmütig /'e:dılmü:tih/ *s* âlicenap, iyiliksever, düşünceli, ulu

Edelstahl /'e:dılşta:l/ *m* paslanmaz çelik

Edelstein /'e:dılştayn/ *m* değerli taş, kıymetli taş, cevher, mücevher

Edelweiß /'e:dılvays/ *n bitk* aslan pençesi

Eden /'e:dın/ *n* cennet; *mec* cennet gibi güzel yer

edieren /e'di:rın/ *vt* (kitap, müzik eseri) yayımlamak, neşretmek, yayınlamak

Edikt /e'dikt/ *n* ferman, emirname, buyrultu

Edition /edi'tsyo:n/ *f* basım, neşir, yayım, edisyon

EDV /e:de:'fau/ *kıs* "elektronische Datenverarbeitung" elektronik bilgi işlem

Efeu /'e:foy/ *m bitk* sarmaşık

Effekt /e'fekt/ *m* etki, tesir, efekt; sonuç, netice ***Effekt machen*** tesirli olmak, etkili olmak, efektif olmak

Effekten /e'fektın/ *pl tic* (tahvil, bono, vs.) değerli kâğıtlar; taşınabilen mal, eşya; *kon* bagaj, el bagajı ***persönliche Effekten*** özel eşyalar, şahsi eşyalar

Effektenbörse /e'fektınbörzı/ *f tic* menkul kıymetler borsası

Effektenhandel /e'fektınhandıl/ *m tic* menkul değerler ticareti

Effekthascherei /efekthaşı'ray/ *f* göze girme hevesi, göze girmek için etkileme işi

effektiv /efek'ti:f/ *s* hakiki, gerçek, fiili, etkili, efektif ***effektiver Gewinn*** net kâr ***effektiver Wechselkurs*** *tic* efektif döviz kuru ***effektiver Zins*** *tic* efektif faiz oranı

Effektivität /efektivi'te:t/ *f* etkililik, verimlilik, efektivite

effektvoll /e'fektfol/ *s* etkili, tesirli, etkileyici

Effet /e'fe:/ *n sp* (bilardo ve futbol) topa verilen falso, topun giderken yön değiştirmesi ***Effet geben*** (topa) falso vermek, topun giderken yönünü değiştirtmek

effizient /efi'tsyent/ *e* etkili, tesirli

Effizienz /efi'tsyents/ *f* etkililik, tesirlilik

egal /e'ga:l/ *s* eşit, aynı şekilde, aynı durumda; *kon* farksız, önemsiz ***egal!*** fark etmez! ***das ist mir egal*** benim için fark etmez, bana göre hava hoş

egalisieren /ega:li'zi:rın/ *vt sp* eşitlemek, beraberliği sağlamak; (rekor) egale etmek, eski rekoru yakalamak

egalitär /egali'te:r/ *s* eşitlikçi, eşitliği amaçlayan, eşitliği sağlayıcı

Ego /'e:go/ *n ruhb* ben

Egoismus /ego'ismus/ *m* bencilik, egoistlik, egoizm, çıkarcılık, menfaatperestlik

Egoist /ego'ist/ *m* bencil, kendi çıkarlarını düşünen, egoist, çıkarcı, menfaatperest

egoistisch /ego'istiş/ *s* bencil, egoist

egozentrisch /ego'tsentriş/ *s* benmerkezci, egosantrik; kendi benliğini her şeyin merkezi sayan

eh /e:/ *be* eskiden, evvelden, önceleri ***seit eh und je*** hep, daima, her zaman

Ehe /'e:ı/ *f* evlilik, evlenme, izdivaç, nikâh; *mec* ayak bağı ***außer der Ehe geboren*** evlilikdışı doğmuş ***die Ehe auflösen*** boşanmak, ayrılmak ***die Ehe brechen*** zina yapmak, eşini aldatmak ***die Ehe scheiden*** boşanarak evliliğe son vermek ***die Ehe schließen*** evlenmek ***in wilder Ehe leben*** nikâhsız yaşamak, evlenmeden birlikte yaşamak ***jds Ehe zerstören*** (birisinin) yuvasını bozmak ***Kinder aus erster Ehe*** birinci evliliğinden olma çocuklar ***zur Ehe nehmen*** nikâhı altına almak

ehe /'e:ı/ *ilg* -meden önce, -madan önce ***ehe dass*** -madan, -meden; zaten ***ehe wir gehen*** biz gitmeden önce

Eheberatung /'e:ıbıra:tung/ *f* evlilik hakkında bir uzmana danışma

Ehebett /'e:ıbet/ *n* gelin yatağı, zifaf yatağı

Ehebrecher /'e:ıbrehır/ *m* zina yapan, zinacı, eşini aldatan

Ehebruch /'e:ıbruh/ *m* zina, eşini aldatma, sadakati bozma, eşlerden birinin başkasıyla cinsel ilişki kurması ***Ehebruch begehen*** zina yapmak

Ehefrau /'e:ıfrau/ *f* karı, eş, zevce, refika, hatun, hanım, aile; evli kadın

Ehegatte /'e:ıgatı/ *m* koca, eş, bey, efendi; evli erkek

Ehegattin /'e:ıgatin/ *f* karı, eş, zevce, refika, hatun, hanım, aile; evli kadın

ehelich /'e:ılih/ *s* evlilik (ile ilgili); evlilikten

doğan, evlilikten kaynaklanan ***ehelich zusammenleben*** bir yastığa baş koymak ***eheliche Abstammung*** sahih nesep; salih nesep ***eheliche Gemeinschaft*** *huk* karı-koca birliği ***eheliche Lebensgemeinschaft*** evlilik birliği ***eheliche Pflichten*** evlilik görevleri, karılık/kocalık görevi ***eheliche Rechte*** evlilik hakları ***eheliche Treue*** eşlerin birbirine olan iffet borcu, sadakat yükümlülüğü ***eheliche Verbindung*** evlilik birliği ***ehelicher Güterstand*** *huk* karı kocaya ait malların idaresi usulü ***eheliches Güterrecht*** *huk* karı kocaya ait malların münasebetini düzenleyen kanun ***eheliches Kind*** meşru çocuk, nesebi belli çocuk, evlilikten doğma çocuk

ehelichen /'e:ılihın/ *vt* (kadınla) evlenmek, nikâhı altına almak; (kız) kocaya varmak; evlenmek

ehemalig /'e:ıma:lih/ *s* evvelki, önceki, eski, geçen, diğer, sabık

ehemals /'e:ıma:ls/ *be* evvelden, eskiden, önceleri, vaktiyle, bir zamanlar

Ehemann /'e:ıman/ *m* koca, eş, bey, efendi; evli erkek

Ehepaar /'e:ıpa:r/ *n* karı koca, evli çift, gelin damat ***das junge Ehepaar*** genç evliler, yeni evliler

Ehepartner /'e:ıpartnır/ *m* (erkek) eş, partner, evli çiftten biri

eher /'e:ır/ *be* daha önce, daha erken, daha evvel; daha çok, -maktan çok, -mekten çok; daha ziyade, daha çok ***eher kommen*** erken gelmek, daha önce gelmek ***je eher je lieber*** ne kadar erken olursa o kadar iyi olur

Ehering /'e:ıring/ *m* nikâh yüzüğü, evlilik yüzüğü, alyans

Ehescheidung /'e:ışaydung/ *f* boşanma, ayrılma

Eheschließung /'e:ışli:sung/ *f* evlenme, evlendirme, evlenme akdi, nikâh

eheste(r,s) /'e:ıstı(r,s)/ be ***am ehesten*** en büyük olasılıkla, en kolayı

ehestens /'e:ıstıns/ *be* en erken, en çabuk, ilk fırsatta, olabildiğince çabuk, en kısa zamanda

Ehevertrag /'e:ıfertra:k/ *m* evlilik akdi; eşler arasında mallar konusunda yapılan sözleşme

Ehrabschneider /'e:rapşnaydır/ *m* iftiracı, namusa dil uzatan, namus ve şerefe dokunan

ehrbar /'e:rba:r/ *s* muhterem, saygıdeğer; değerli; şerefli, haysiyetli, onurlu; dürüst; ağırbaşlı; namuslu, iffetli, edepli, saygıdeğer

Ehrbarkeit /'e:rba:rkayt/ *f* namusluluk, dürüstlük; saygıdeğerlik; haysiyetlilik, onurluluk

Ehrbegriff /'e:rbıgrif/ *m* namus anlayışı, namus kavramı

Ehre /'e:rı/ *f* saygınlık, şeref, haysiyet, onur; ahlak, namus; şeref duygusu; *kon* (kız) bekâret; izzetinefis ***auf Ehre!*** namusum üzerine!, şerefim üzerine! ***auf Ehre und Gewissen*** namus ve şeref üzerine ***auf seine Ehre achten*** namusuna halel getirmemek ***etw in Ehren halten*** (bir şeye) değer vermek ***jdm die Ehre abschneiden*** (birisine) iftirada bulunmak ***jdm die letzte Ehre erweisen*** (birisinin) cenaze törenine katılmak ***jdm Ehre machen*** (birisinin) yüzünü ağartmak ***jdn mit militärischen Ehren empfangen*** (birisini) askeri törenle karşılamak ***jdn um seine Ehre bringen*** (birisinin) adına leke getirmek ***jdn wieder zu Ehre bringen*** (birisinin) itibarını iade etmek ***mit allen Ehren bestehen*** üstün başarıyla tamamlamak ***zu Ehren von ...*** ... şerefine

ehren /'e:rın/ *vt* (birisine) saygı göstermek, hürmet etmek; şeref vermek; hatırını saymak; taltif etmek, onurlandırmak, övmek; ikramda bulunmak ***jdn ehren*** (birisine) saygı göstermek ***sehr geehrte Damen und Herren!*** saygıdeğer bayanlar ve baylar!

ehrenamtlich /'e:rınamtlih/ *s* onursal olarak, fahri olarak ***ehrenamtlicher Richter*** fahri hâkim

Ehrenbürger /'e:rınbürgır/ *m* fahri hemşehri

Ehrengast /'e:rıngast/ *m* onur konuğu, şeref misafiri

ehrenhaft /'e:rınhaft/ *s* şerefli, haysiyetli, onurlu; namuslu, dürüst, temiz, iffetli; alnı ak

Ehrenhaftigkeit /'e:rınhaftihkayt/ *f* şeref, haysiyet, onur; namusluluk, dürüstlük, temizlik, iffetlilik

Ehrenkodex /'e:rınko:deks/ *m* tören, karşılama ve kutlamalar için geçerli sosyal kurallar

Ehrenmal /'e:rınma:l/ *n* şeref anıtı, onur anıtı; anıtkabir; şehitler anıtı

Ehrenmitglied /'e:rınmitgli:t/ *n* onursal üye, fahri üye
Ehrenrettung /'e:rınretung/ *f* haysiyetini koruma, kişisel hakaretlere karşı savunma
ehrenrührig /'e:rınrü:rih/ *s* onur kırıcı, şeref düşürücü, küçültücü, yüz kızartıcı; namus lekeleyici
Ehrenrunde /'e:rınrundı/ *f sp* şeref turu, şampiyonluk turu
Ehrensache /'e:rınzahı/ *f* onur meselesi, şeref meselesi, haysiyet meselesi; düello; *kon* doğal görev, tabii görev
Ehrentribüne /'e:rıntribü:nı/ *f* şeref tribünü
Ehrenurkunde /'e:rınu:rkundı/ *f* kişiye veya kuruma devlet tarafından verilen teşekkür veya takdir yazısı
ehrenvoll /'e:rınfol/ *s* şerefli, onurlu, haysiyetli, şanlı, şeref veren, anlı şanlı ***ehrenvolle Aufgabe*** onur verici görev
ehrenwert /'e:rınve:rt/ *s* saygıdeğer, saygın, muhterem, şerefli
Ehrenwort /'e:rınvort/ *n* namus sözü, şeref sözü ***Ehrenwort geben*** şeref sözü vermek ***mein Ehrenwort!*** namusum üzerine söz veriyorum!
ehrerbietig /'e:rerbi:tih/ *s* saygılı, saygı gösteren, hürmetkâr ***jdn ehrerbietig grüßen*** (birisini) saygıyla selamlamak
Ehrerbietung /'e:rerbi:tung/ *f* saygı duyma, saygı gösterme
Ehrfurcht /'e:rfurht/ *f* derin saygı, derin hürmet ***Ehrfurcht haben vor jdm*** (birisine) hürmet etmek
ehrfürchtig /'e:rfürhtih/ *s* derin saygıyla, saygılı
Ehrgeiz /'e:rgayts/ *m* mevki hırsı, mevki ihtirası, makam hırsı; ilerleme hırsı
ehrgeizig /'e:rgaytsih/ *s* hırslı; ikbalperest
ehrlich /'e:rlih/ *s* namuslu, şerefli, onurlu, haysiyetli; samimi, içten, açık; saf, temiz; *be* safiyane; açıkça; içten, gönülden ***ehrlich gesagt!*** doğrusu! ***ehrlich sprechen*** açıksözlülükle konuşmak
Ehrlichkeit /'e:rlihkayt/ *f* namusluluk, şereflilik; doğruluk, dürüstlük; iyi niyetlilik, temiz kalplilik
ehrlos /'e:rlo:s/ *s* haysiyetsiz, onursuz, şerefsiz
Ehrlosigkeit /'e:rlo:zihkayt/ *f* haysiyetsizlik, onursuzluk, şerefsizlik, rezillik, kepazelik
Ehrung /'e:rung/ *f* törenle anma, törenle anılma; saygı gösterilme
ehrvergessen /'e:rfergesın/ *s* namussuz, şerefini düşünmeyen, haysiyetini düşünmeyen
ehrwürdig /'e:rvürdih/ *s* saygıdeğer, saygın, saygı uyandıran
Ei /ay/ *n* yumurta; testis, haya, erbezi, taşak ***Eier legen*** yumurtlamak ***gekochtes Ei*** pişmiş yumurta ***hartgekochtes Ei*** katı yumurta, çok pişmiş yumurta ***rohes Ei*** çiğ yumurta ***weichgekochtes Ei*** az pişmiş yumurta, rafadan yumurta ***wie auf Eiern gehen*** çekinerek yürümek
Eibe /'aybı/ *f bitk* porsukağacı
Eiche /'ayhı/ *f bitk* meşe
Eichel /'ayhıl/ *f bitk* palamut, pelit; *isk* sinek, ispati, trefl; *hek* penis ucu; *hek* klitorisin uç tarafı
Eichelhäher /'ayhalhe:ır/ *m hayb* alakarga, kestane kargası
eichen /'ayhın/ *s* meşe, meşeden, meşe ağacından yapılma; *vt* tartı aletini veya ayar cihazlarını kontrol ederek damgalamak ***auf etw geeicht sein*** *mec* (bir şeyden) iyi anlamak
Eichenholz /'ayhınholts/ *n* meşe odunu
Eichhörnchen /'ayhhörnhın/ *n hayb* sincap
Eichung /'ayhung/ *f* tartı ve ölçü aletlerini kontrol edip damgalama, ayar etme, ayarlama
Eid /ayt/ *m* yemin, ant ***Eid ablegen*** yemin etmek, ant içmek ***Eid ableisten*** yemin etmek ***Eid abnehmen*** yemin ettirmek ***Eid des Hippokrates*** *hek* Hipokrat yemini ***Eid verweigern*** yeminden imtina etmek ***Erklärung an Eides statt*** yemin yerine geçen kesin ve açık ifade ***etw unter Eid aussagen*** yeminli ifade vermek ***jdm einen Eid abnehmen*** (birisine) yemin ettirmek ***seinen Eid brechen*** yeminini bozmak ***unter Eid*** yeminle, yemin ederek ***unter Eid vor Gericht aussagen*** *huk* mahkemede yeminli ifade vermek
Eidbruch /'aytbruh/ *m* yemini bozma
eidbrüchig /'aytbrühih/ *s* yemin bozucu ***eidbrüchig werden*** yemini bozmak
Eidechse /'aydeksı/ *f hayb* kertenkele
Eidesformel /'aydısformıl/ *f huk* matbu yemin metni
Eidgenossenschaft /'aytgınosınşaft/ *f* İsviçre Konfederasyonu

eidgenössisch /'aytgınösiş/ *s* İsviçre Konfederasyonuna ait
eidlich /'aytlih/ *s* yeminle; yeminli ***eidlich bestätigen*** yeminle tasdik etmek ***eidlich erhärten*** yemin ederek doğrulamak
Eidotter /'aydotır/ *n* yumurta sarısı
Eierbecher /'ayırbehır/ *m* yumurtalık, rafadan yumurta koyma kabı
Eierlikör /'ayırlikö:r/ *m* yumurta likörü
eiern /'ayırn/ *vi* (tekerlek) yalpalamak, dengesiz dönmek; *mec* badi badi yürümek
Eierschale /'ayırşa:lı/ *f* yumurta kabuğu
Eierspeise /'ayırşpayzı/ *f* yumurtadan yapılma yemekler
Eierstock /'ayırştok/ *m hek* yumurtalık, ovaryum
Eieruhr /'ayıru:r/ *f* yumurta pişirme saati, kum saati
Eifer /'ayfır/ *m* gayret, çaba; istek, şevk, arzu; coşku, heyecan ***fehlender Eifer*** gevşeme, şevk kırılması ***in Eifer geraten*** heyecana kapılmak ***mit größtem Eifer*** canla başla, büyük bir şevkle
Eiferer /'ayfarır/ *m* (din, politika) fanatik, şiddetli savunucu, mutaassıp
eifern /'ayfırn/ *vi* (bir şeyi) elde etmeye çalışmak; (bir şeye) aşırı ilgi göstermek ***eifern nach etw*** gayret etmek, çalışıp çabalamak ***eifern gegen jdn*** (bir şeye) şiddetle karşı koymak
Eifersucht /'ayfırzuht/ *f* kıskançlık
eifersüchtig /'ayfırzühtih/ *s* kıskanç ***eifersüchtig sein auf jdn*** (birisini) kıskanmak ***jdn eifersüchtig machen*** (birisini) kıskandırmak ***eifersüchtig wachen über jdn*** (birisini birisinden) kıskanmak
eiförmig /'ayförmih/ *s* oval, yumurta gibi, yumurta biçiminde
eifrig /'ayfrih/ *s* gayretli, hararetli, çaba gösteren, istekli, arzulu, hevesli, şevkli; ateşli, hırslı ***eifrig arbeiten*** şevkle çalışmak, istekli çalışmak ***ein eifriger Arbeiter*** şevkle çalışan bir işçi
Eigelb /'aygelp/ *n* yumurta sarısı
eigen /'aygın/ *s* kendi; şahsi, hususi, özel, zati, mahsus; titiz; acayip, garip, tuhaf, bir hoş; kendine has, kendine özgü, şahsına özel; ayrı, hususi ***auf eigene Faust*** kendi kendine ***auf eigene Kosten*** tüm masrafı kendisi tarafından karşılanmak üzere ***aus eigenem Entschluss*** kendi kararıyla ***eigene Mittel*** özkaynaklar ***eigene Note*** özellik, hususiyet ***eigener Mängel*** *tic* malların bozulma riski ***eigener Wechsel*** *tic* bono, emre muharrir senet ***ein eigenes Zimmer haben*** kendi odası olmak ***ein Kind als eigen annehmen*** bir çocuğu evlatlığına almak ***in eigener Person*** şahsen, bizzat ***meine eigene Tochter*** benim öz kızım ***sich etwas zu eigen machen*** benimsemek, kendine mal etmek
Eigenart /'aygına:rt/ *f* özellik, hususiyet; karakteristik özellik, orijinallik; tik
eigenartig /'aygına:rtih/ *s* hususi, kendine özgü, kendine has, özel, farklı, başkasına benzemeyen; acayip, garip, tuhaf
Eigenbedarf /'aygınbıdarf/ *m* özel ihtiyaç, şahsi ihtiyaç
Eigenbrötler /'aygınbrö:tlır/ *m* kalender, garibin teki, cins, eksantrik, münzevi; başına buyruk
Eigenfinanzierung /'aygınfinantsi:rung/ *f* kendi parasıyla finanse etme, kendi imkânlarıyla karşılama; iç borçlanma
Eigengewicht /'aygıngıviht/ *n* kendi ağırlığı, izafi ağırlık
eigenhändig /'aygınhendih/ *s* kendi eliyle, bizzat, elleriyle; kendi el yazısı ile ***eigenhändige Unterschrift*** kendi eliyle attığı imzası ***den Formular eigenhändig abgeben*** formu elden vermek
Eigenheim /'aygınhaym/ *n* kendi evi
Eigenheit /'aygınhayt/ *f* özellik, tipik özellik, kendine has özellik, karakteristik özellik; tuhaflık, gariplik, cinslik; şive, ağız
Eigeninitiative /'aygınınitsyati:vı/ *f* kendi inisiyatifiyle
Eigenkapital /'aygınkapita:l/ *n* (bizzat konan) sermaye; özsermaye; esas değer, net değer; net varlık; özkaynaklar
eigenmächtig /'aygınmehtih/ *s* resen, kendi başına, kendi bildiğince, keyfi; izin almadan, izinsiz; başına buyruk, keyfi ***eigenmächtiges Handeln*** keyfi davranış
Eigenmächtigkeit /'aygınmehtihkayt/ *f* keyfilik; kendi bildiğini okuma
Eigenname /'aygınna:mı/ *m dilb* özel isim, özel ad; (şahıs ve ülke) *tek* varlığı olan isim
Eigennutz /'aygınnuts/ *m* şahsi çıkarlar, hususi menfaatler; kendi çıkarını düşünme, çıkar peşinde koşma

E

eigennützig /'aygınnütsi**h**/ *s* menfaatçi, çıkarcı ***eigennütziger Freund*** iyi gün dostu
eigens /'aygıns/ *be* ayrıca; sadece, yalnız; özellikle, hasseten; bilhassa, hele; kasten, mahsus, bilerek
Eigenschaft /'aygınşaft/ *f* özellik, nitelik, vasıf, ayırıcı özellik, ayırıcı belirti; *kon* sıfat, görev, ad
Eigenschaftswort /'aygınşaftsvort/ *n dilb* sıfat
Eigensinn /'aygınzin/ *m* inat, inatçılık, dik başlılık, dik kafalılık, direnme, ayak diretme
eigensinnig /'aygınzini**h**/ *s* inatçı, dik başlı, dik kafalı, ayak direten ***eigensinnig werden*** inadı tutmak, inat etmek
eigenständig /'aygınştendi**h**/ *s* bağımsız, özgür
Eigenständigkeit /'aygınştendi**h**kayt/ *f* bağımsızlık; benlik
Eigensucht /'aygınzu**h**t/ *f* bencillik, çıkarcılık
eigentlich /'aygıntli**h**/ *s* asıl, esas, gerçek, doğru; *be* aslında, esasında, doğruyu söylemek gerekirse, hattızatında, esas itibariyle, gerçekte, aslına bakarsak; asıl, ilk, orijin ***eigentliche Aufgabe*** birinci vazife, esas vazife ***eigentliche Bedeutung*** asıl anlam, gerçek anlam ***eigentliche Frage*** asıl problem, esas mesele ***eigentlicher Wunsch*** esas istek, asıl istek ***eigentliches Ziel*** asıl maksat, esas niyet
Eigentor /'aygınto:r/ *n sp* (futbol) kendi kalesine atılan gol ***Eigentor schießen*** *sp* kendi kalesine gol atmak
Eigentum /'aygıntu:m/ *n* mal, mülk; gayri menkul mal, taşınmaz mal; *huk* mülkiyet ***bewegliches Eigentum*** menkul kıymet, taşınır mal ***Eigentum an beweglichen Sachen*** menkul mülkiyeti ***Eigentum an Grundstücken*** gayri menkul mülkiyeti ***unbewegliches Eigentum*** gayri menkul mal, taşınmaz mal
Eigentümer /'aygıntü:mır/ *m* mal sahibi, mülk sahibi
eigentümlich /'aygıntü:mli**h**/ *s* has, özgü, mahsus; hususi, özel; tuhaf, acayip, garip, cins ***eigentümlicher Person*** acayip adam
eigentümlicherweise /'aygıntü:mli**h**ırvayzı/ *be* işin garibi, işin tuhaf yanı, işin garip tarafı, garip bir şekilde
Eigentümlichkeit /'aygıntü:mli**h**kayt/ *f* kendine haslık, kendine özgülük; özellik, hususiyet; hususilik, karakteristik özellik; acayiplik, gariplik
Eigentumsdelikt /'aygıntu:msdelikt/ *n huk* mal veya mülke yapılan tecavüz
Eigentumsrecht /'aygıntu:msre**h**t/ *n huk* mülkiyet hakkı; malikiyet; (yayın) telif hakkı
Eigentumsvorbehalt /'aygıntu:msforbı**h**alt/ *m huk* mülkiyeti muhafaza kaydı
Eigentumswohnung /'aygıntu:msvo:nung/ *f huk* kat mülkiyeti
eigenverantwortlich /'aygınferantvortli**h**/ *s* kendi sorumluluğu
Eigenverantwortung /'aygınferantvortung/ *f* bireysel sorumluluk
Eigenverbrauch /'aygınferbrau**h**/ *m* kendi kullanımı, kendi tüketimi, şahsi kullanım
eigenwillig /'aygınvili**h**/ *s* inatçı, dik başlı, dik kafalı; çetin ceviz; başına buyruk, kafasına göre takılan
Eigenwilligkeit /'aygınvili**h**kayt/ *f* inatçılık, dik başlılık, dik kafalılık; başına buyrukluk
eignen /'aygnın/ *vi* (birisine) has olmak, karakteristik olmak ***sich eignen*** elverişli olmak, uygun olmak, uymak; uygun düşmek; (bir şey için) gerekli özellikleri taşımak ***sich für etw eignen*** (bir şey için) uygun olmak
Eigner /'aygnır/ *m* sahip, mal sahibi
Eignung /'aygnung/ *f* uygun olma, elverişli olma; işe yarama; yetenekli olma; kabiliyet ***Eignung für etw*** (bir şey için) uygun olma ***Eignung zu etw*** (bir şeye) meyili olma, yeteneği olma
Eignungsprüfung /'aygnungsprü:fung/ *f* yeterlik sınavı, yeterlilik sınavı; yetenek sınavı
Eiklar /'aykla:r/ *n* yumurta akı
Eilbote /'aylbo:tı/ *m* ulak, kurye, hızlı özel ulak
Eilbrief /'aylbri:f/ *m* ekspres mektup, APS mektup
Eile /'aylı/ *f* acele, ivedi, çabuk, hızlı; hız, sürat ***Eile haben*** acelesi olmak ***Eile mit Weile*** acele giden ecele gider; acele işe şeytan karışır ***es hat keine Eile*** acelesi yok ***ich habe Eile*** acelem var ***in aller***

Eile hemencecik, çarçabuk ***zur Eile antrieben*** iki ayağını bir pabuca sokmak
Eileiter /'aylaytır/ *m hek* yumurta kanalı
eilen /'aylın/ *vi* acele etmek, çabuk olmak; koşmak, acele gitmek, acilen gitmek ***Eilt!*** Acele! ***etw eilt*** acil, ivedi ***jdm zur Hilfe eilen*** (birisinin) yardımına koşmak ***mit eilenden Fußes*** hızlı adımlarla, koşaradımla ***sich eilen*** ivmek, acele etmek
eilends /'aylınts/ *be* alelacele, hemen, çabuk, çabucak, çarçabuk, ivedi, ivedilikle, acil, acilen
Eilgut /'aylgu:t/ *n* ekspres gönderilen eşya, acele gidecek eşya
eilig /'aylih/ *s* acele, hızlı, acil, ivedi, ivedilikle; tez, çabuk, hemen ***es eilig haben*** acelesi olmak ***ich habe es Eile*** acelem var
Eiltempo /'ayltempo/ *n* çok hızlı tempo, hızlı tempo
Eilzug /'ayltsu:k/ *m* ekspres tren, ara istasyonlarda durmayan tren
Eilzustellung /'ayltsu:ştelung/ *f* özel ulak, ekspres
Eimer /'aymır/ *m* kova, bakraç, gerdel, helke ***es ist im Eimer*** *kon* iş yattı
eimerweise /'aymırvayzı/ *s* kova ile, kova içinde
ein /ayn/ *be* içeri, içeriye; art bir, herhangi bir; herkes, insan, herhangi biri; (sayı) bir, tek ***das kostet ein Euro*** fiyatı bir Eurodur ***der eine*** biri ***ein Drittel*** üçte bir ***ein Kilo*** bir kilo ***ein Mann*** bir adam ***ein Paar*** birkaç tane, bir çift ***ein und derselbe*** aynı ***ein Viertel*** dörtte bir, çeyrek ***eine Frau*** bir kadın ***einen heben*** *kon* (içki) *tek* atmak, bir kadeh içmek ***einer meiner Freunde*** arkadaşlarımdan biri ***einer von euch*** içinizden biri ***einer von vielen*** birçok kişiden herhangi biri ***es ist ein Uhr*** saat bir ***in einem Fort*** hiç durmadan, aralıksız ***mit jdm einer Meinung sein*** (birisi ile) aynı fikirde olmak ***nach einer Stunde*** bir saat sonra ***sich einen genehmigen*** *kon* (içki) bir kadeh atmak
Einakter /'aynaktır/ *m tiy* (oyun) bir perdelik; skeç
einander /ayn'andır/ *be* birbiri, karşılıklı
einarbeiten /'aynarbaytın/ *trvt* (birisini bir iş için) vakıf kılmak, (birisine bir işi) öğretmek; ilave etmek, eklemek ***sich einarbeiten*** bilgi sahibi olmak; işin içine girmek; kendini bir işe alıştırmak
einarmig /'aynarmih/ *s* kek kollu, çolak
einäschern /'ayneşırn/ *trvt* yakmak, yakıp kül haline getirmek; (ceset) yakmak
Einäscherung /'ayneşırung/ *f* (ceset) yakma
einatmen /'ayna:tmın/ *trvi* nefes almak, soluk almak, teneffüs etmek, içine hava çekmek
einäugig /'aynoygih/ *s tek* gözlü
Einbahnstraße /'aynba:nştra:sı/ *f tek* yönlü yol, *tek* yönlü cadde
einbalsamieren /'aynbalzami:rın/ *trvt* (ölü) tahnit etmek, bozulmaması için ilaçlamak
Einband /'aynbant/ *m* cilt, kitap cildi
Einbau /'aynbau/ *m* içine yerleştirme, içine takma, sonradan ekleme, tamamlama; *mim* içdüzen, dahili tesisat; montaj
einbauen /'aynbauın/ *trvt mim* içine yerleştirmek, içine takmak, monte etmek, gömme yapmak; eklemek, ilave etmek, katmak ***ein eingebauter Schrank*** gömme dolap ***in etw einbauen*** içine yerleştirmek
Einbauküche /'aynbaukühı/ *f* hazır mutfak
Einbaumöbel /'aynbaumö:bıl/ *pl* gömme eşya; yerli eşya
einbehalten /'aynbıhaltın/ *trvt* alıkoymak, geri vermemek, elde tutmak; tutuklamak, tevkif etmek ***einbehaltene Steuer*** *tic* stopaj vergisi
einberufen /'aynbıru:fın/ *trvt* toplantıya çağırmak; göreve çağırmak; *ask* silah altına almak; *ask* celp etmek ***das Parlament einberufen*** parlamentoyu toplamak
Einberufung /'aynbıru:fung/ *f* davet, çağrı; *ask* celpname ***Einberufung des Parlaments*** *siy* parlamentonun toplantıya çağrılması ***Einberufung einer Versammlung*** toplantıya davet
einbetten /'aynbetın/ *trvt* (birisini) yatırmak
einbeziehen /'aynbıtsi:ın/ *trvt* (bir şeyi) hesaba katmak, eklemek, dahil etmek, içine almak
einbiegen /'aynbi:gın/ *trvt* eğmek, içe doğru bükmek; *vi* kıvrılmak, bükülmek, sapmak ***biegen Sie hier rechts ein*** buradan sağa sapınız
einbilden /'aynbildın/ *vr* hayal kurmak, düş kurmak, tahayyül etmek; kuruntuya

E

kapılmak; kendini bir şey sanmak, kurumlanmak; mağrur olmak ***auf etw einbilden*** (bir şeyle) gururlanmak, iftihar etmek ***sich viel einbilden*** kendini çok beğenmek, kendini bir halt sanmak

Einbildung /'aynbildung/ *f* hayal, düş; kuruntu, vehim; övünme, kendini beğenme

Einbildungskraft /'aynbildungskraft/ *f* hayal gücü, fantezi, imgelem

einbinden /'aynbindın/ *trvt* (kitap) ciltlemek; kaplamak; (bir şeyin) içine sarıp bağlamak

einblenden /'aynblendın/ *trvt* (film, bant) montaj yapmak, iki kaydı birbirine eklemek

einbleuen /'aynbloyın/ *trvt* (birisine bir şeyi) zorla öğretmek, güç bela öğretmek; kafasına sokmak; tembih etmek, ihtar etmek

Einblick /'aynblik/ *m* bakış, nazar; bilgi edinme, vukuf

einbrechen /'aynbre**h**ın/ *trvt* kapıyı zorlayarak açmak, camı kırıp içeri girmek, kırarak açmak; *trvi* zorla girmek, hırsızlık amacıyla girmek; istila etmek; (haber vermeden) ziyarete gitmek; (karanlık, gece, soğuk) basmak, bastırmak; (duvar, tavan vs) çökmek; yenilmek, yenilgiye uğramak; (bir şeyin içine bir şey) düşmek; *ask* cepheyi yarmak, düşmanın içine girmek; (ülke) istila etmek

Einbrecher /'aynbre**h**ır/ *m* (bir yere zorlama ile giren) hırsız

einbringen /'aynbringın/ *trvt* içeri getirmek, içeri sokmak; (hesaba) katmak, dahil etmek; ürün kaldırmak, mahsulü kaldırmak; (kâr) getirmek; yanında getirmek, beraberinde getirmek; (kanun tasarısı, taslak) meclise sunmak; telafi etmek; *ask* esir almak ***das eingebrachte Gut*** *huk* kadının babasının evinden getirdiği mal, çeyiz ***die Ernte einbringen*** ürünü hasat etmek ***Gewinn einbringen*** kazanç sağlamak ***sich in etw einbringen*** elinden geleni yapmak

Einbruch /'aynbru**h**/ *m* ev soyma, ev hırsızlığı yapma; kapıyı kırarak içeri girme; (gece, karanlık) çökme, bastırma; başlama; (su) içeri girme, sızma; çökme, yıkılma; *kon* hezimet, ağır yenilgi; *kon* ani değişiklik; *tek* orta lağım ***Einbruch der Nacht*** gecenin bastırması

einbruchsicher /'aynbru**h**zi**h**ır/ *s* hırsızlığa karşı emniyetli

einbürgern /'aynbürgırn/ *trvt* (birisini) vatandaşlığa almak, vatandaşlığa kabul etmek; *bitk* hayb. canlıyı iklime alıştırmak ***sich einbürgern*** yerleşmek, teamül etmek

Einbürgerung /'aynbürgırung/ *f* vatandaşlığa alma, vatandaşlığa kabul etme; yerleşme, teamül

einbüßen /'aynbü:sın/ *trvt* kaybı olmak, zarara girmek, zarara uğramak, hasara uğramak ***Ruf einbüßen*** şöhretini kaybetmek

einchecken /'ayntşekın/ *trvt* hizmet etmek, işlem yapmak; gidecek şeyi hazırlamak; hazır hale getirmek, işlemlerini tamamlamak

eincremen /'aynkre:mın/ *trvt* (el, ayak vs.) krem sürmek; boya sürmek, cila sürmek ***sich eincremen*** kremlenmek, krem sürünmek

eindämmen /'ayndemın/ *trvt* bent yapmak, set yapmak, set çekmek; *mec* (bir sorunu) önlemek, defetmek, uzaklaştırmak

eindecken /'ayndekın/ *trvt* (üzerini) örtmek, üzerine bir şey örtmek ***das Haus eindecken*** (evin çatısını) kapamak, kaplamak, örtmek ***jdn mit etw eindecken*** (birisini bir şeye) boğmak ***sich mit etw eindecken*** temin etmek, tedarik etmek; ihtiyacını gidermek, ihtiyaçlarını karşılamak

eindeutig /'ayndoyti**h**/ *s* açık, sarih, net, yanlış anlaşılmaya fırsat vermeyen, anlamlı ***die Antwort war eindeutig*** cevap açıktı, cevap netti ***Eindeutige Niederlage*** *sp* hezimet

Eindeutigkeit /'ayndoyti**h**kayt/ *f* açıklık, sarihlik, netlik; anlamlılık

eindeutschen /'ayndoyçın/ *trvt* Almanlaştırmak; (bir yabancı sözcüğü) Almancalaştırmak; Almancaya çevirmek

eindimensional /'ayndimenzyona:l/ *s tek* boyutlu

eindringen /'ayndringın/ *trvi* kapıyı zorlamak, zorla içeri girmek, zorla girmeye çalışmak ***in etw eindringen*** zorla bir yere girmek ***auf jdn eindringen*** (birisine) saldırmak, tehdit etmek; *ask* istila etmek ***mit Worten auf jdn eindringen*** (birisini) kandırmaya çalışmak

eindringlich /'ayndringli**h**/ *s* etkili, tesirli; şiddetli, keskin; acınaklı, dokunaklı ***ein-***

dringliche Worte etkileyici sözler

Eindringlichkeit /'ayndringlihkayt/ *f* etkililik, tesirlilik; keskinlik; şiddetlilik; dokunaklılık

Eindringling /'ayndringling/ *m* zorla giren, haneye tecavüzcü; asalak, otlakçı; *ask* istilacı, tecavüzkâr

Eindruck /'ayndruk/ *m* etki, iz, tesir; duygu, duygulanma, his, izlenim, intiba; eser, nişan, belirti, alamet; görünüm; (tekstil) kumaş üzerine baskı ***Eindruck machen auf jdn*** (birisine) etki etmek, tesir etmek, izlenim bırakmak ***Eindruck machen auf etw*** (bir şeyin) üzerinde iz bırakmak ***einen guten Eindruck machen*** iyi bir izlenim bırakmak ***einen schlechten Eindruck machen*** kötü bir izlenim bırakmak

eindrücken /'ayndrükın/ *trvt* (bir şey) ezerek içine sıkmak, basarak içine sokmak, basarak çökme yaptırmak; ezerek kırmak, basarak kırmak; (at) mahmuzlamak; (cam) kırmak ***sich eindrücken*** iz bırakmak

eindrucksvoll /'ayndruksfol/ *s* çok etkili, tesirli, iz bırakıcı

eine(r,s) /'ayna/ tnm "die" artikelinin belirsiz hali

einebnen /'ayne:bnın/ *trvt* düzleştirmek, düzeltmek, düz hale getirmek, tesfiye etmek; *mec* eşitlemek, eşit hale getirmek

eineiig /'aynayih/ *s tek* yumurtadan olan, aynı yumurtadan çıkan; *hek* homozigot ***eineiige Zwillinge*** *tek* yumurta ikizleri

eineinhalb /aynayn'halp/ *s* bir buçuk ***es hat eineinhalb Stunden gedauert*** bir buçuk saat sürdü ***eineinhalb Liter Wasser*** bir buçuk litre su

einengen /'aynengın/ *trvt* daraltmak, darlaştırmak; *mec* kısmak, azaltmak, sınırlamak ***die Rechte einengen*** haklarını kısıtlamak

Einerlei /'aynarlay/ *n* tekdüzelik, monotonluk, yeknesaklık

einerlei /aynar'lay/ *s* önemsiz, değersiz; tekdüze, monoton, yeknesak; aynı, aynı türden; hep aynı, hep benzer ***es ist mir einerlei*** benim için fark etmez ***immer nur einerleie Arbeit*** hep aynı iş

einerseits /'aynarzayts/ *be* bir yandan, bir taraftan, bir açıdan, bir bakımdan

einfach /'aynfah/ *s* kolay, basit, anlaşılır, anlaşılması kolay; bayağı, sıradan, adi; sade, yalın, gösterişsiz, mütevazi; alçakgönüllü, kibirsiz, iddiasız; mutlak, salt; bir defa, bir defalık; idareli, kısıtlamalı, ekonomik; münferit, tek; *be* sadece, yalnız, düz; tam manasıyla ***einfache Arbitrage*** basit arbitraj ***einfache Beschwerde*** adi itiraz, basit itiraz ***einfache Buchführung*** *tic* basit defter tutma yöntemi ***einfache Bürgschaft*** adi garanti ***einfache Fahrt*** *tek* gidiş ***einfache Gesellschaft*** *tic* adi şirket, adi ortaklık ***einfache Kommanditgesellschaft*** *tic* adi komandit şirket ***einfache Konkursforderung*** *tic* adi alacak, adi iflastan dolayı alacak ***einfache Lebensweise*** sıradan bir yaşam tarzı ***einfache Lösung*** basit çözüm ***einfache Stimmenmehrheit*** mutlak oy çoğunluğu, salt oy çoğunluğu ***einfacher Bankrott*** *tic* taksiratlı iflas ***einfacher Bürge*** adi kefil ***einfacher Diebstahl*** adi hırsızlık, basit hırsızlık ***einfacher Durchschnitt*** basit ortalama ***einfacher Konkurs*** *huk* tic. adi iflas ***einfacher Kreditbrief*** basit akreditif ***einfacher Satz*** *dilb* basit cümle ***einfacher Soldat*** er, nefer, rütbesiz asker ***einfacher Wechsel*** *tic* adi senet ***einfacher Zins*** *tic* basit faiz ***einfacher Zucker*** basit şeker, adi şeker ***einfaches Gewinde*** *tek* diş ***einfaches Inkasso*** belgesiz tahsil ***einfaches Journal*** *tic* basit yevmiye defteri ***einfaches Tempus*** *dilb* yalın zaman ***ganz einfach*** çok kolay, çok basit, *mec* çocuk oyuncağı ***ganz einfach zu verstehen*** anlaşılması çok kolay

Einfachheit /'aynfahhayt/ *f* kolaylık, basitlik, anlaşılırlık; sadelik, basitlik, adilik; gösterişsizlik

einfädeln /'aynfe:dıln/ *trvt* iğneye ipliği geçirmek; (plan, tuzak) kurmak, düzenlemek, tasarlamak, planlamak ***sich einfädeln*** aracı trafiğe sokmak

einfahren /'aynfa:rın/ *trvt* taşıt aracı ile getirmek, taşıt aracı ile götürmek; (aracı) bir yere vurmak, çarpmak; (araç) motoru alıştırmak, rodaj yapmak; (ürün) kaldırıp götürmek; *trvi* (taşıt aracı ile) bir yere girmek, bir yere gitmek; *mad* kuyuya inmek ***der Zug fuhr in den Bahnhof ein*** tren istasyona girdi

Einfahrt /'aynfa:rt/ *f* giriş, (taşıtın bir yere) girmesi; giriş yeri ***Einfahrt frei!*** (araçla) giriş serbest! ***Einfahrt freihalten*** giriş kapısına park etmemek, boş bırakmak ***keine Einfahrt!*** girilmez!

Einfall /'aynfal/ *m* (aniden akla gelen) fikir, düşünce, ide, buluş; *ask* akın, istila, baskın, saldırı; (ışık) düşme, vurma; yıkılma, çökme

E

einfallen /'aynfalın/ *trvi* (aniden) aklına gelmek, hatırlamak; yıkılmak, çökmek, yerle bir olmak, harap olmak; (ışık) düşmek, vurmak; *ask* istila etmek, saldırmak, baskın yapmak; içine çökmek, içine gömülmek; (tavuk, civciv) konmak ***etw einfallen lassen*** iyi bir fikri olmak ***in die Rede einfallen*** söze karışmak, başkasının sözünü kesmek ***sich etw einfallen lassen*** çözüm bulmak ***was fällt Ihnen ein?*** siz ne karışıyorsunuz?

einfallslos /'aynfalslo:s/ *s* (ani gelen) fikirlerden yoksun, düşüncesiz, fikirsiz

Einfallslosigkeit /'aynfalslo:zi**h**kayt/ *f* parlak fikirlerden yoksunluk

einfallsreich /'aynfalsray**h**/ *s* güzel buluşları olan, icatçı, iyi buluşları olan

Einfallsreichtum /'aynfalsray**h**tu:m/ *m* buluş zenginliği, iyi buluşlarda bulunma

Einfalt /'aynfalt/ *f* saflık, aptallık, avanaklık; sadelik, basitlik; suçsuzluk, masumluk; temiz kalplilik, iyi yüreklilik; avanak adam, enayi adam

einfältig /'aynfelti**h**/ *s* saf, aptal, budala, enayi; aklı kıt, kafası basmaz; temiz kalpli, iyi kalpli; saçma, abes

Einfaltspinsel /'aynfaltspinzıl/ *m kon* budala, odun gibi herif, tahta kafa

Einfamilienhaus /'aynfami:lyın**h**aus/ *n* bir ailenin oturabileceği ev

einfangen /'aynfangın/ *trvt* (tekrar) yakalamak, tutmak, ele geçirmek, tevkif etmek, tutuklamak; *mec* (çevre olaylarını) tasvir etmek

einfärben /'aynferbın/ *trvt* boyamak; rengini uydurmak, rengini tutturmak

einfarbig /'aynfarbi**h**/ *s tek* renkli, düz renkli

einfassen /'aynfasın/ *trvt* (bir şeyin) etrafını çevirmek, çevrelemek, kuşatmak; (bir şeyin) kenarını süslemek, çevirmek ***in etw einfassen in etw*** (bir şeyin) içine doldurmak, sokmak ***mit etw einfassen*** (bir şey ile) kenarını çevirmek, (etrafına) çit çekmek

Einfassung /'aynfasung/ *f* (bir şeyin) etrafını çevirme, kenarını çevirme, çevresini çevirme; çerçeve; kenar süsü, oya; çit; korniş; baca başı

einfetten /'aynfetın/ *trvt* yağlamak, yağlayarak kayganlaştırmak; yağ sürmek; *tek* greslemek

einfinden /'aynfindın/ *trvr* sözleşilen yerde hazır bulunmak, bir yerde bulunmak, bin yerde hazır bulunmak, bir yere gelmek, bir yere gitmek

einflechten /'aynfle**h**tın/ *trvt* içine katmak, içine ilave etmek, içine karıştırmak, örerken arasına karıştırmak; parantez açmak; *mec* serpiştirmek

einfliegen /'aynfli:gın/ *trvi* uçarak gelmek, uçup gelmek; *ask* hava akını yapmak, hava saldırısı yapmak; *trvt* deneme uçuşu yapmak, eğitim uçuşu yapmak; havayoluyla nakletmek

einfließen /'aynfli:sın/ *trvi* içine akmak, içine dökülmek, içine sızmak ***etw mit fließen lassen*** içine dökmek, içine akıtmak; lafın arasında sokuşturmak; karıştırmak, ilave etmek, eklemek

einflößen /'aynflö:sın/ *trvt* : ***jdm etw einflößen*** (birisine bir şey) içirmek; (birisinin) aklına (bir şey) koymak, sokmak ***jdn Angst einflößen*** (birisini) korkutmak ***jdn Mut einflößen*** (birisini) cesaretlendirmek ***Abscheu einflößen*** tiksindirmek ***Bewunderung einflößen*** hayranlık uyandırmak ***jdm Furcht einflößen*** *mec* (birisini) korkutmak ***Vertrauen einflößen*** güven uyandırmak ***Achtung einflößen*** güven uyandırmak

Einflugschneise /'aynflu:kşnayzı/ *f* hava sahasına giriş ve iniş için belirlenmiş uçuş rotası

Einfluss /'aynflus/ *m* etki, tesir; nüfuz; otorite, yetki, yetke; içine akma; (nehir, dere) dökülme yeri, ağız ***Einfluss auf jdn ausüben*** (birisine) sözünü geçirmek, sözünü dinletmek ***Einfluss haben auf jdn*** (birisine karşı) nüfuzu olmak ***Einfluss habend*** etkili, tesirli ***auf etw Einfluss haben*** (birisinin bir şeyi yapmasında) tesiri olmak, rolü olmak, payı olmak

Einflussnahme /'aynflusna:mı/ *f* etkileme

einflüstern /'aynflüstırn/ *trvt* (birisinin) kulağına fısıldamak, kulağına yavaşça söylemek; (birisinin) aklına (bir şey) koymak, sokmak, kışkırtmak; *tiy* sufle etmek ***auf jdn einflüstern*** (birisini) kandırmaya çalışmak

Einflüsterung /'aynflüstırung/ *f* kışkırtma;

vesvese

einfordern /'aynfordırn/ *trvt* (bir şeyin) ödenmesini istemek, ödeme yapılmasını istemek, tediyesini istemek

einförmig /'aynförmih/ *s* aynı biçimde, monoton, tekdüze, yeknesak, can sıkıcı

Einfriedung /'aynfri:dung/ *f* çit, duvar; ağıl

einfrieren /'aynfri:rın/ *trvi* etrafı buz tutmak, etrafı buzla kaplanmak; donmak; *mec* kullanılmaz hale gelmek; (kredi, para, alacak) dondurmak, durdurmak; *trvt* (gıda) dondurmak, dondurarak saklamak ***Beziehungen einfrieren*** *pol* ilişkileri dondurmak ***die Preise einfrieren*** *tic* fiyatları dondurmak

einfügen /'aynfü:gın/ *trvt* katmak, eklemek, ilave etmek, içine sokmak ***sich in etw einfügen*** (bir şeye) ayak uydurmak, uymak; (bir şeye) kendini alıştırmak

einfühlen /'aynfü:lın/ *trvr* (kendini) başkasının yerine koymak; (olayları) yaşayarak görmek

einfühlsam /'aynfü:lza:m/ *s* kendini başkasının yerine koyabilen

Einfühlungsvermögen /'aynfü:lungsfermö:gın/ *n* duyarlık, seziş inceliği

Einfuhr /'aynfu:r/ *f tic* ithalat, dışalım; ithal

Einfuhrbeschränkung /'aynfu:rbışrenkung/ *f tic* ithalat sınırlaması, ithalat tahdidi

einführen /'aynfü:rın/ *trvt tic* ithal etmek, ithalatını yapmak; içine sokmak, içine takmak; (iğneye ipliği) takmak; (birisini birisine) tanıtmak, sunmak, takdim etmek; genel bilgiler vermek, genel bilgileri öğretmek; (işyerine) alıştırmak, adapte etmek; (birisini) işe sokmak, işe yerleştirmek; (bir şeyi) yaymak; (bir şeyi) alışkanlık haline getirmek ***als ... eingeführt*** ... olarak tanınır, bilinir ***jdn in etw einführen*** (birisini bir yere) sokmak, yerleştirmek ***sich einführen*** (kendini) tanıtmak

Einfuhrerklärung /'aynfu:rerkle:rung/ *f* ithalat bildirimi

Einfuhrgenehmigung /'aynfu:rgıne:migung/ *f* ithal izni, ithal müsaadesi

Einführung /'aynfü:rung/ *f* tanıtma, yayma; alıştırma; giriş; (kitap) önsöz, giriş, sunu; tavsiye yazısı

Einführungspreis /'aynfü:rungsprays/ *m* *tic* tanıtım fiyatı, reklam fiyatı

Einfuhrverbot /'aynfu:rferbo:t/ *n* ithal yasağı

Einfuhrzoll /'aynfu:rtsol/ *m* ithal gümrüğü, ithal resmi, ithalat vergisi

einfüllen /'aynfülın/ *trvt* (bir şeyin içine bir şey) doldurmak, dökmek ***etw in ein Gefäß einfüllen*** (bir şeyi) bir kaba doldurmak

Eingabe /'aynga:bı/ *f* dilekçe, istida; sunu, sunma; sunuş; arzuhal; (ilaç vs.) verme; *tek* verme, içine sokma ***eine Eingabe an eine Behörde machen*** bir makama bir dilekçe vermek

Eingang /'ayngang/ *m* giriş, giriş yeri, kapı; ağız, antre; (konuşma, yazı) giriş, başlangıç; (posta) alma; (posta) varma, ulaşma; *tic* mal, para; *tic* havale; (dernek, vs.) girme, kabul edilme; *hek* delik, ağız, aralık ***Eingang buchen*** *tic* giriş kaydı yapmak ***Eingang verboten!*** girmek yasaktır!

eingängig /'ayngengih/ *s* akılda tutulabilir, hatırda tutulabilir; anlaşılır, kavranabilir

eingangs /'ayngangs/ *be* başlangıçta, girişte, başta

Eingangshalle /'ayngangshalı/ *f* dehliz; girişte bulunan genişçe yer

Eingangsstempel /'ayngangsştempıl/ *m* giriş damgası

Eingangstür /'ayngangstü:r/ *f* giriş kapısı

eingeben /'aynge:bın/ *trvt* vermek, içirmek; (makama) sunmak, vermek; *tek* içine sokmak ***jdm eine Medizin eingeben*** (birisine) ilaç vermek, ilaç içirmek ***eine Bittschrift eingeben*** bir dilekçe sunmak

eingebildet /'ayngıbildıt/ *s* hayali, tasviri, düşünsel, sanal; gururlu, kendini beğenmiş, kibirli, burnu havada ***der eingebildete Kranke*** hastalık hastası ***eingebildet sein*** kendini beğenmek; kuruntu olmak, hayali olmak

Eingeborene(r) /'ayngıbo:rını(r)/ *f/m* (halk) yerli

Eingebung /'aynge:bung/ *f* esin, ilham; (aniden akla gelen) fikir; vahiy

eingedenk /'ayngıdenk/ *s* : ***einer Sache eingedenk sein*** (bir şeyi sürekli) hatırlamak, aklından hiç çıkarmamak

eingefallen /'ayngıfalın/ *s* çökük, batık, çukur; zayıflamış, incelmiş ***eingefallene Augen*** *pl* çökmüş gözler

E

eingefleischt /'ayngıflayşt/ *s* yerleşmiş, kökleşmiş, iyice yer etmiş; koyu, ıslah olmaz, adam olmaz ***eine eingefleischte Gewohnheit*** yer etmiş bir alışkanlık

eingehen /'aynge:ın/ *trvi* (bir şeyin) içine girmek; (posta, para) gelmek, ulaşmak; (bitki) kurumak, solmak; son bulmak, bitmek; (hayvan) ölmek, gebermek; (gazete) çıkarmak, neşretmek; (firma) batmak, iflas etmek; (kumaş) çekmek, kısalmak; anlamak, kavramak, dank etmek; *kon* (bir şeyden) zarar görmek, cezalandırılmak; *kim* birleşmek ***auf Einzelheiten eingehen*** incelemek, araştırmak ***auf etw eingehen*** (bir şey ile) ilgilenmek, meşgul olmak ***auf jdn eingehen*** (birisiyle) ilgilenmek ***Beziehungen eingehen*** ilişki kurmak ***darauf gehe ich nicht ein!*** bu işe girmem! ***eine Ehe eingehen*** (birisiyle) evlenmek ***eingehen lassen*** bırakmak, terk etmek, vazgeçmek ***mit jdm einen Vertrag eingehen*** bir sözleşme imzalamak ***Risiko eingehen*** rizikoyu göze almak ***Wette eingehen*** iddiaya girmek

eingehend /'aynge:ınt/ *s* esaslı, tafsilatlı, detaylı, etraflı; *be* etraflıca, inceden inceye, uzun uzadıya, enine boyuna ***eingehend untersuchen*** etraflıca araştırmak ***sich eingehend mit einer Sache beschäftigen*** bir konuyla derinlemesine meşgul olmak

eingekeilt /'ayngıkaylt/ *s* (kalabalıktan) sıkışmış bir durumda, ezilmiş bir durumda

eingenommen /'ayngınomın/ *s* önyargılı ***gegen jdn eingenommen sein*** (birisine karşı) önyargılı olmak ***für jdn eingenommen sein*** taraf olmak, taraf tutmak, birisinden yana olmak ***von sich eingenommen sein*** kibirli olmak

Eingeständnis /'ayngışte:ntnis/ *n* itiraf, ikrar

eingestehen /'ayngışte:ın/ *trvt* itiraf etmek; doğru olduğunu kabul etmek

eingetragen /'ayngıtra:gın/ *s* kaydedilmiş, onaylanmış, tescil edilmiş, tescilli ***eingetragene Obligation*** *tic* isme yazılı tahvil ***eingetragener Verein*** sicile kayıtlı dernek ***eingetragenes Warenzeichen*** tescil edilmiş marka

Eingeweide /'ayngıvaydı/ *pl* iç organlar; *kon* kalp, gönül, bağır, sine

Eingeweihte(r) /'ayngıvaytı(r)/ *f/m* sırdaş, dert ortağı, sır küpü; (teknik veya bilimsel alanda) uzman

eingewöhnen /'ayngıvö:nın/ *trvt* adapte etmek, yeni ortama alıştırmak ***sich eingewöhnen*** (bir şeye) alışmak yeni bir duruma alışmak, adapte olmak ***sich in Klima eingewöhnen*** iklime alışmak

Eingewöhnung /'ayngıvö:nung/ *f* alışma, alışma devresi, adaptasyon, geçiş ***die Eingewöhnung in einen neuen Arbeitsplatz*** yeni bir işyerine alışma

eingießen /'ayngi:sın/ *trvt* (bir şeyin) içine dökmek, içine akıtmak, doldurmak

eingipsen /'ayngipsın/ *trvt* alçıya almak, alçıya koymak, alçı içine almak ***den gebrochenen Arm eingipsen*** kırık kolu alçıya almak

eingleisig /'aynglayzih/ *s tek* tek hatlı ***eingleisige Bahnstrecke*** *tek* hatlı demiryolu bölümü

eingraben /'ayngrabın/ *trvt* gömmek, toprağa gömmek; (para, define) yer altında saklamak; (bir şeyinüzerini oymak, kazmak, yontmak ***sich etw ins Gedächtnis eingraben*** *mec* hafızasına yerleştirmek ***sich eingraben*** (hayvan) toprak altında yuva yapmak; *ask* siper kazarak içine girmek

eingravieren /'ayngravi:rın/ *trvt* kazmak, oymak, grave etmek

eingreifen /'ayngrayfın/ *trvt* (bir şeye) el atmak, müdahale etmek, karışmak, girişmek; *tek* birbirine geçmek; *ask* harekâta başlamak ***in jds Rechte eingreifen*** (birisinin) haklarına tecavüz etmek ***nicht eingreifen bei etw*** (bir şeye) müdahale etmemek, karışmamak, seyirci kalmak

Eingriff /'ayngrif/ *m* sataşma, karışma, el atma, müdahale, tecavüz; *hek* cerrahi müdahale ***Eingriff in die persönliche Rechte*** kişisel haklara müdahale

einhaken /'aynha:kın/ *trvt* kopçalamak, çengellemek, iliştirmek, (halkayı bir deliğe geçirerek) takmak; *kon* lafa karışmak, araya girmek ***sich bei jdm einhaken*** (birisinin) koluna girmek

Einhalt /'aynhalt/ *m* durdurma, engelleme, mani olma ***Einhalt gebieten*** sözünü kesmek, konuşmasını durdurmak

einhalten /'aynhaltın/ *trvi esk* sona ermek, bitmek; durmak; *trvt* (bir şeye) uymak, riayet etmek; (kurs, okul) takip etmek, izlemek; (para) söz verdiği gibi gününde ödemek, sözünü tutmak; (dini kurallara) uymak; dakik olmak; sözünde durmak ***mit etw einhalten*** (bir şeye) son vermek, durdurmak ***eine Verabredung einhalten*** randevuya tam vaktinde gelmek

Einhaltung /'aynhaltung/ *f* uyma, riayet etme; yerine getirme, ifa etme

einhämmern /'aynhemırn/ *trvt* (madeni) çekiçlemek, dövmek ***auf jdn einhämmern*** (birisine) musallat olmak; (birisine) sıkıntı vermek ***jdm etw einhämmern*** (birisinin) kafasına sokmak, beynine sokmak, *mec* kafasına girmek

einhändig /'aynhendih/ *s tek* elli, çolak; *tek* el ile

einhängen /'aynhengın/ *trvt* (telefonu) kapatmak; (bir şeyi) yerine asmak; (içine) asmak, (yerine) asmak; (kapı) rezelerini yerine geçirmek ***einhängter Heizkörper*** asılı radyatör ***den Hörer des Telefons einhängen*** ahizeyi yerine koymak ***jdm einhängen*** (birinin) koluna girmek ***sich bei jdm einhängen*** (birisinin) koluna girmek

einheften /'aynheftın/ *trvt* (elbise) teğellemek; birbirine bağlamak

einheimisch /'aynhaymiş/ *s* yerli, oralı, doğma büyüme oralı; (mal) yerli, yöresel, o yöreye ait, yerel; *bitk* o yöreye özgü, sadece o yörede yetişen ***einheimische Obsten*** yerli sebzeler

Einheimische(r) /'aynhaymişı(r)/ *f/m* yerli, bir yörenin yerlisi, oralı

Einheit /'aynhayt/ *f* birlik, beraberlik, vahdet; eşitlik, denklik; *ask* birlik, ünite; bütünlük ***mathematische Einheit*** *mat* eşitlik

einheitlich /'aynhaytlih/ *s* (birbirine) uygun; (birbirinin) aynısı; *tek* elden; tekdüzen; yeknesak, monoton; birlikte, müşterek; koordine; yekpare, *tek* parça ***einheitliche Auffassung*** görüş birliği, fikir birliği ***einheitliche Buchführung*** *tic* tekdüzen muhasebe ***einheitliche Leitung*** *tek* elden idare ***einheitlicher Satz*** *tek* fiyat, sabit fiyat

Einheitlichkeit /'aynhaytlihkayt/ *f* koordinasyon, birlik, beraberlik; birbirinin aynı olma

einheizen /'aynhaytsın/ *trvi* soba yakmak, etrafı ısıtmak; ateş yakmak; *mec* birisini sıkıştırmak; canlandırmak, harekete geçirmek ***jdm einheizen*** (birine) baskı yapmak

einhellig /'aynhelih/ *s* müttefik; *be* oybirliği ile, ittifakla ***einhelliger Beschluss*** oybirliğiyle alınmış karar

Einhelligkeit /'aynhelihkayt/ *f* oybirliği

einhergehen /ayn'he:rge:ın/ *trvi* (bela, kötülük, olay) oldukça yaklaşmak, etrafta dolaşmak ***mit etw einhergehen*** (bir başka şey ile birlikte) ortaya çıkmak, görünmek; (hastalık) başka belirti vererek kendini göstermek

einholen /'aynho:lın/ *trvt* (birisini) karşılamak; (birisinin) arkasından yetişmek, (birisine) yetişerek eşlik etmek; elde etmek, toplamak; telafi etmek, gidermek; alışveriş yapmak, bir şeyler satın almak; (bilgi vs) almak; (bayrak, yelken) indirmek; *den* halat çekmek; (Arapça) sollamak, önüne geçmek ***Auskunft einholen*** bilgi toplamak ***für etw Erlaubnisgenehmigung einholen*** (bir şeyi yapmak için) izin almak ***Nachrichten einholen*** haber toplamak

Einhorn /'aynhorn/ *n hayb* alnında bir tane uzun boynuzu olan efsanevi hayvan

einhüllen /'aynhülın/ *trvt* (bir şeye) sarmak, içine sarmak; paket yapmak; kefenlemek; *mec* saklamak, gizlemek ***in etw einhüllen*** gizlemek ***sich einhüllen*** (birisine veya bir şeye) sarılmak

einhundert /'aynhundırt/ *s* (sayı) yüz

einig /'aynih/ *s* (incilde) tek, bir, yegâne, biricik; birleştirilmiş, beraber; aynı fikirde, aynı düşüncede, uzlaşmış, hemfikir ***in etw einig sein*** (bir şey üzerinde) anlaşmış olmak, hemfikir olmak, uzlaşmış olmak ***mit jdm einig sein*** (birisi ile) aynı fikirde olmak, hemfikir olmak ***sich einig werden*** mutabık olmak, anlaşmaya varmak, uyuşmak; *tic* pazarlık etmek

einige /'aynıgı/ *be* bazı, birkaç; biraz, bir iki; müteaddit; aşağı yukarı, yaklaşık, takriben; bazıları, birçokları ***einige Bäume*** birkaç ağaç ***einige der schönsten Karten*** güzel kartlardan bazıları ***einige Hundert*** birkaç yüz ***einige Schritte*** birkaç adım ***einiges Geld*** biraz para, bir miktar para ***in einigen Tagen*** birkaç gün içinde ***nach einigen Stunden*** birkaç saat sonra ***nach einiger Zeit*** az sonra, biraz sonra, bir süre sonra ***vor einigen Tagen*** birkaç gün önce

E

einigeln /'ayni:gıln/ *trvr* inzivaya çekilmek, dünya nimetlerinden elini eteğini çekmek; *ask* daire gibi savunma mevzilerine çekilmek
einigen /'aynigın/ *trvt* birleştirmek, tevhid etmek; barıştırmak, uzlaştırmak; ara bulmak, aralarını bulmak ***sich einigen*** uzlaşmak, anlaşmak; birleşmek; barışmak
einigermaßen /aynigır'ma:sın/ *be* kısmen, bir miktar; bir dereceye kadar, bir yere kadar; oldukça, epey
Einigkeit /'aynihkayt/ *f* birlik, beraberlik; ittifak, uyuşma, uyum; oybirliği
Einigung /'aynigung/ *f* uzlaşma, anlaşma; birleşme ***eine Einigung erzielen*** uzlaşmak, anlaşmak, uyuşmak; anlaşmaya varmak
Einigungsvertrag /'aynigungsfertra:k/ *m* Doğu Almanya'nın Batı Almanya'ya katılma anlaşması, birleşme anlaşması
einimpfen /'aynimpfın/ *trvt* aşılamak, telkin etmek; inandırmak, itikat ettirmek; belleğine kazımak ***jdm etw einimpfen*** (birisine bir şeyi) aşılamak, telkin etmek
einjagen /'aynya:gın/ *trvt* (birisini) korkutmak ***jdm Angst einjagen*** (birisini) korkutmak
einjährig /'aynye:rig/ *s* bir yaşında; bir yıllık, bir senelik; bir yıl süren, bir yıl süreli
einkalkulieren /'aynkalkuli:rın/ *trvt kon* (bir şeyi) hesaba katmak, dahil etmek, göz önünde bulundurmak ***Eventualitäten einkalkulieren*** ileriyi düşünmek, geleceği hesaba katmak
einkassieren /'aynkasi:rın/ *trvt tic* (para) tahsil etmek, almak, toplamak; kasaya koymak; *mec* yakalamak, tutuklamak, tevkif etmek
Einkauf /'aynkauf/ *m* satın alma, tedarik; satın alınan şey, mal ***Einkäufe machen*** alış veriş yapmak
einkaufen /'aynkaufın/ *trvi* alış veriş yapmak; *trvt* (bir şey) satın almak ***Brot kaufen*** ekmek satın almak ***einkaufen gehen*** alış verişe çıkmak, alışverişe gitmek ***jdn einkaufen*** profesyonel bir sporcuyu bonservisi ile satın almak ***ohne Geld einkaufen*** *kon* (dükkândan bir şey) aşırmak, çalmak, araklamak ***sich einkaufen*** (kendisi için bir yer) satın almak
Einkäufer /'aynkoyfır/ *m tic* satın alma memuru, satın alıcı
Einkaufsbummel /'aynkaufsbumıl/ *m* alışveriş için uygun fırsat, rahat alışveriş
Einkaufsnetz /'aynkaufsnets/ *n* alışveriş filesi, pazar filesi
Einkaufspreis /'aynkaufsprays/ *m tic* alış fiyatı, satın alma fiyatı, maliyet fiyatı
Einkaufstasche /'aynkaufstaşı/ *f* alış veriş çantası
Einkaufswagen /'aynkaufsva:gın/ *m* alışveriş arabası, büyük mağazalarda bulunan alışveriş amaçlı tekerlekli alışveriş sepeti
Einkaufszentrum /'aynkaufstsentrum/ *n* alış veriş merkezi, büyük alışveriş mağazası
einkehren /'aynke:rın/ *trvi* (yeme içme amacıyla) bir yere girmek; konaklamak, mola vermek, dinlenmek; (birisine) misafir olmak, konuk olmak; gecelemek, geceyi geçirmek; (başına bir iş) gelmek ***bei jdm einkehren*** (birisine) misafir olarak gitmek ***in einem Hotel einkehren*** dinlenmek amacıyla bir otele gitmek
Einkerbung /'aynkerbung/ *f* kertik açma, çentik açma, kertik, çentik; *ask* (silah) gez; dantel
einkesseln /'aynkesıln/ *trvt* (av hayvanı) çember içine almak, kıstırmak; *ask* (düşmanı) çember altına almak, sarmak, kuşatmak
einklagen /'aynkla:gın/ *trvt huk* (borcun ödenmesi için) dava açmak
einklammern /'aynklamırn/ *trvt* parantez içine almak, ayraç içine almak
Einklang /'aynklang/ *m* uyum, ahenk, harmoni, uyuşma; *müz* ses uyumu, ahenk ***im Einklang mit etw stehen*** (bir şeye) uymak ***in Einklang bringen*** uyumlu hale getirmek, bağdaştırmak
einkleben /'aynkle:bın/ *trvt* (bir şeyin) içine yapıştırmak ***Bilder in den Bücherschrank einkleben*** kitap dolabının içine resimler yapıştırmak
einklemmen /'aynklemın/ *trvt* sıkıştırmak, sıkmak; (köpek) kuyruğunu sıkıştırmak
einklinken /'aynklinkın/ *trvt* (pencere, kapı) kapatmak; *vi* kapanmak
einknicken /'aynknikın/ *trvt* kırmak, bükmek, burmak, eğmek; *trvi* kırılmak, bükülmek; tökezlemek, dengesini kaybetmek, sendelemek; *mec* boyun eğmek
Einkommen /'aynkomın/ *n* gelir, irat ***Ein-***

kommens- und Körperschaftssteuer *tic* gelir ve kurumlar vergisi ***ein sicheres Einkommen haben*** garantili geliri olmak, sabit geliri olmak

einkommensschwach /'aynkomınsşvah/ *s* gelir düzeyi düşük, az gelirli

Einkommenssteuer /'aynkomınsştoyır/ *f* gelir vergisi, kazanç vergisi

Einkommenssteuererklärung /'aynkomınsştoyırerkle:rung/ *f* gelir vergisi beyannamesi, gelir vergisi bildirimi

einkreisen /'aynkrayzın/ *trvt* (bir şeyin) etrafını çevirmek, çember içine almak, etrafını sarmak; kuşatmak; ihata etmek ***eine Gemeinde einkreisen*** (bir belde-yi) ilçe sınırlarına dahil etmek

Einkreisung /'aynkrayzung/ *f ask* çember içine alma, kuşatma

Einkünfte /'aynkünftı/ *pl* gelir, irat; hâsıla ***Einkünfte aus Nachlass*** gayri menkul geliri ***Einkünfte aus Wertpapiere*** menkul değerlerden elde edilen gelir ***hohe Einkünfte*** yüksek gelir

einkuppeln /'aynkupıln/ *trvt tek* (birbirine) bağlamak, bitiştirmek, sabitlemek

einladen /'aynla:dın/ *trvt* (birisini) davet etmek, çağırmak, misafir olarak çağırmak; yüklemek, içine doldurmak; *tek* şarj etmek, yüklemek ***eingeladen sein*** davetli olmak ***in den Lastwagen einladen*** kamyona yüklemek ***jdn ins Kino einladen*** (birisini) sinemaya götürmek ***jdn zum Essen einladen*** (birisini) yemeğe davet etmek

Einladung /'aynla:dung/ *f* davet etme, çağırma; davetiye ***an jdn eine Einladung schicken*** (birisine) bir davetiye göndermek ***Einladung annehmen*** daveti kabul etmek, (birisinin) davetini kabul etmek ***Einladung verschicken*** davetiye göndermek ***schriftliche Einladung*** yazılı davet, davet yazısı, davetiye

Einlage /'aynla:gı/ *f* aidat, bağış; depozito; katkı, katık, ilave, ek; içine konan şey; içine katma, ekleme; (mektup, yazı) eki, ekindeki; (çekilip çıkartılabilen) iç kısım, çekmece rafı, dolap gözü; (yemek) katılan et, sebze, vs.; (ayakkabı) ek tabanı; (puro) içteki tütün; (elbise) iç astarı, astar, tela; (bir yere yatırılan) para; *hek* (diş) geçici dolgu; *tic* (yatırılan) pay, hisse; destek; *tiy* ara piyes; *müz* enterlüt

einlagern /'aynla:gırn/ *trvt* (eşyayı) depoya koymak, depolamak, depoda saklamak; (dayanıklı gıda) mahzene koymak, ambara koymak, depoya koymak, stok etmek

Einlass /'aynlas/ *m* giriş; kapı ***kein Einlass!*** girilmez! ***Einlass um 17 Uhr*** (kapı) saat 17'de açılacak

einlassen /'aynlasın/ *trvt* içeri almak, içeri kabul etmek; içine geçirmek, içine yerleştirmek; (su) içine akıtmak, içine sızdırmak; (duvara) gömme yapmak, gömmek; *den* ıskaçaya oturtmak ***eingelassene Küche*** gömme mutfak ***etw in etw einlassen*** (bir şeyi başka bir şeyin içine) doldurmak ***jdn einlassen*** (birisinin) içeri girmesine müsaade etmek ***sich einlassen auf etw*** (bir işe) girişmek, kalkışmak; (bir şeye) karışmak, girişmek ***sich mit jdm einlassen*** (birisiyle) tartışmak, münakaşa etmek; münasebete girişmek ***Wasser in das Glas einlassen*** bardağa su doldurmak

Einlauf /'aynlauf/ *m* giriş, içeriye girme; varma, gelme; (mektup vs.) gelen posta; (gemi) varış, geliş; *hek* lavman, şırınga

einlaufen /'aynlaufın/ *trvi* girmek, içine girmek; (haber, bilgi) gelmek, varmak; (kumaş) daralmak, çekmek, kısalmak; (su) akmak; (araç) gelmek, (limana, gara) girmek; *trvt* (gide gele) eşiğini aşındırmak; (ayakkabı) (çok kullanmaktan) ayağının şeklini almak, eskimek ***der Zug ist im Hauptbahnhof eingelaufen*** tren ana gara girdi ***sich einlaufen*** *sp* ısınmak; (makine) açılmak, düzene girmek, iyi çalışır hale gelmek

einleben /'aynle:bın/ *trvr* (bir yere, bir şeye) alışmak, adapte olmak

einlegen /'aynle:gın/ *trvt* (bir şeyin içine bir şey) koymak, içine koymak; salamura yapmak, turşu kurmak; kakma yapmak, kakmak; (para) yatırmak; ara vermek, mola vermek; (mektuba/yazıya) iliştirmek, eklemek; veto etmek, protesto etmek; (sobaya) odun/kömür atmak; *huk* reddetmek ***Berufung einlegen*** *huk* davayı temyiz etmek ***den Gang einlegen*** *oto* vitese takmak ***Ehre einlegen*** onur kazanmak, şeref kazanmak ***einen Film in die Kamera einlegen*** fotoğraf makinesine (kameraya) bir film koymak ***eingelegte***

Arbeit kakma işi, kakma ***gegen etw Beschwerde einlegen*** şikâyetçi olmak, şikâyet etmek ***Haare einlegen*** saçları sarmak ***Pause einlegen*** ara vermek, mola vermek

einleiten /'aynlaytın/ *trvt* (bir şeyi) hazırlamak; (bir işe) girişmek, kalkışmak; (söz, konu) başlamak, açmak; müzakereye girişmek; (yeni bir) çığır açmak; (kitap) giriş yazmak, önsöz yazmak ***juristische Schritte einlegen*** *huk* hukuki işlemleri başlatmak

Einleitung /'aynlaytung/ *f* (kitap) giriş, önsöz; başlangıç; peşrev, uvertür ***Einleitung eines Strafverfahrens gegen Beamte*** *huk* memurun muhakematı usulü

einlesen /'aynle:zın/ *trvt* bilg. bilgisayara bilgi aktarmak ***Daten einlesen*** bilgi yüklemek, bilgi depolamak ***sich einlesen*** alışkanlık kazanmak ***sich in ein Buch einlesen*** okuyarak bir kitaba alışmak

einleuchten /'aynloy**h**tın/ *trvi* (birinin) aklına girmek, kafasını karıştırmak; mantığı kestirmek, mantığına sığmak; aşikâr olmak, besbelli olmak, açık olmak

einleuchtend /'aynloy**h**tınt/ *s* aşikâr, besbelli, açık, ortada; inandırıcı, yeterli

einliefern /'aynli:fırn/ *trvt* (gönderiyi) teslim etmek; (hastayı) hastaneye yatırmak

Einlieferung /'aynli:fırung/ *f* teslim etme, tesellüm; (kaçak) teslim etme

einlösen /'aynlö:sın/ *trvt* paraya çevirmek, bozdurmak; rehinden kurtarmak; bedelini ödemek; (ipotek, haciz) ödeyerek çözmek; sözünü tutmak, yerine getirmek ***ein Scheck einlösen*** *tic* çeki bozdurmak

einmachen /'aynma**h**ın/ *trvt* reçel yapmak; turşu kurmak; marmelat hazırlamak; konserve yapmak

einmal /'aynma:l/ *be* bir kere, bir kez, bir defa, bir sefer; günün birinde, bir gün, günlerden bir gün; eskiden, vaktiyle, bir zamanlar, o zamanlar; (masal) bir varmış bir yokmuş; bir misli daha ***auf einmal*** birden bire, ansızın, aniden ***denk nur einmal!*** düşün bir kere! ***es ist nun einmal!*** elden ne gelir; durum ortada ***es war einmal, es war keinmal*** bir varmış bir yokmuş ***nicht einmal*** bile değil ***noch einmal*** yine, bir daha, tekrar, bir daha ***nur einmal*** sadece bir kere, yalnız bir kere

Einmaleins /'aynma:layns/ *n* çarpım tablosu, kerat cetveli

einmalig /'aynma:li**h**/ *s* bir defalık, bir kerelik; tek, biricik, yegâne; benzersiz, eşsiz, emsalsiz; olağanüstü ***einmalige Gelegenheit*** bulunmaz fırsat ***einmalige Rückzahlung*** *tic* defaten geri ödeme

Einmarsch /'aynmarş/ *m* yürüyüş, giriş; *ask* giriş

einmarschieren /'aynmarşi:rın/ *trvi ask* (bir yeri) işgal etmek, girmek

einmieten /'aynmi:tın/ *trvt* (oda) kiralamak; (tahıl, ürün) kuyuya indirerek saklamak

einmischen /'aynmişın/ *trvt* içine katmak, içine karıştırmak, içine eklemek; birleştirmek ***sich einmischen*** karışmak, *mec* maydonoz olmak, *kon* burnunu sokmak ***sich in etw einmischen*** (bir olaya, konuya, konuşmaya) karışmak; *mec* her şeye maydonoz olmak, burnunu sokmak ***sich nicht einmischen*** (olaya) seyirci kalmak, karışmamak, müdahale etmemek

Einmischung /'aynmişung/ *f* karışma, müdahale, girişme

einmotten /'aynmotın/ *trvt* (kıyafet) naftalinlemek, naftalinleyerek kaldırmak

Einmündung /'aynmündung/ *f* (ırmak, nehir) ağız, döküldüğü yer; (sokak, cadde) çıktığı yer

einmütig /'aynmü:ti**h**/ *s* birleşik, birlikte, hep beraber, hep bir ağızdan; müttefik

Einmütigkeit /'aynmü:ti**h**kayt/ *f* birlik, beraberlik; müttefiklik; oybirliği; fikir birliği

einnähen /'aynne:ın/ *trvt* (bir şeyin) içine dikmek, içine dikerek eklemek, ek yapmak; (kıyafet) daraltmak

Einnahme /'aynna:mı/ *f* gelir, kâr, kazanç, hâsılat; işgal, ele geçirme, fetih; (ilaç vs.) alma, yeme ***Einnahme der Mahlzeiten*** yemek yeme

einnehmen /'aynne:mın/ *trvt* içine almak, almak; (ilaç, hap) almak, yutmak; (yemek) yemek, almak; (para, vergi) almak, toplamak; (birisinin) yerini almak, yerine geçmek; *ask* zaptetmek, işgal etmek ***für jdn einnehmen*** (birisinin) lehinde olmak ***gegen jdn einnehmen*** (birisinin) aleyhinde olmak ***jdn gegen jdn einnehmen*** (birisini birisinden) soğutmak, uzaklaştırmak ***Medizin einnehmen*** ilaç almak Abendessen ***Mittagessen einnehmen*** öğle yemeği yemek ***Platz einnehmen*** oturmak, yerini almak

einnicken /'aynnikın/ *trvi* uyuklamak, kısa bir süre uyumak; içi geçmek, dalmak

einnisten /'aynnistın/ *trvr* (bir yerde) yerleşmek, oturmak, yuva kurmak

Einöde /'aynö:dı/ *f* ıssız yer, tenha yer; çöl, vaha, sahra

einölen /'aynö:lın/ *trvt* yağlamak ***Motor einölen*** motoru yağlamak ***sich einölen*** yağlanmak

einordnen /'aynordnın/ *trvt* düzenlemek, tanzim etmek; (her şeyi) yerine koymak; sınıflandırmak; sıralamak, dizmek; (evrak, mektup) dosyalamak; *oto* şeride girmek ***sich einordnen*** bir topluluğa uymak; nizama girmek

einpacken /'aynpakın/ *trvt* paketlemek, paket yapmak, ambalaj yapmak, ambalajlamak; denk yapmak, bohçalamak, çıkınlamak; sarmak; *trvi* başarısızlığa uğramak, bozguna uğramak ***in Papier einpacken*** kâğıtla paket yapmak, kâğıda sarmak ***sich warm einpacken*** sımsıkı giyinmek

einparken /'aynparkın/ *trvt* park etmek, park yapmak

Einparteiensystem /aynpar'tayınzüste:m/ *n tek* partili sistem

einpferchen /'aynpferhın/ *trvt* (hayvanı) ağıla kapamak, ağıla sokmak, mandıraya kapamak, ağıllandırmak; *mec* (birisini bir yere) sıkıştırmak, tıkmak

einpflanzen /'aynpflantsın/ *trvt* bitk. (ağaç, çiçek, bitki) dikmek, büyütmek; *hek* organ nakli yapmak, transplantasyon yapmak

einplanen /'aynpla:nın/ *trvt* plana katmak, planın içine almak, hesaba katmak, dahil etmek, dikkate almak

einprägen /'aynpre:gın/ *trvt* (bir şeyin üzerinde) iz bırakmak, damga bırakmak; (bir şeyin üzerine) kazımak, bastırmak ***jdm etw einprägen*** ihtar etmek; telkinde bulunmak, tavsiyede bulunmak; ezberletmek ***sich einprägen*** (üzerinde, içinde) derin iz bırakmak, sarsmak, içine dert olmak, koymak; ezberlemek ***sich etw einprägen*** (bir şeyi) aklında tutmak

einrahmen /'aynra:mın/ *trvt* (bir şeyi) çerçevelemek, çerçeve içine almak, çerçeveye koymak; *mec* çevresini sarmak, etrafını sarmak ***ein Bild einrahmen*** bir resmi çerçevelemek

einräumen /'aynroymın/ *trvt* (eşya) yerleştirmek, toparlamak, düzenlemek, düzene koymak, yerli yerine koymak; (oda) teşrif etmek, tanzim etmek; (başkasına) bırakmak, devretmek; kabul etmek, kabullenmek ***ein Zimmer einräumen*** bir odayı döşemek ***etw einräumen*** (bir şeyi) kabul etmek ***Bücher einräumen*** kitapları yerleştirmek ***Rechte einräumen*** hakkını vermek ***seinen Fehler einräumen*** hatasını kabul etmek

einreiben /'aynraybın/ *trvt* ovmak, ovalamak, friksiyon yapmak, yedirmek ***etw mit etw einreiben*** (bir şeyi bir şeyle) ovmak, ovalamak

einreichen /'aynrayhın/ *trvt* vermek, sunmak, arz etmek; *huk* dava açmak ***seine Entlassung einreichen*** istifasını vermek, istifasını arz etmek ***eine Klage einreichen*** *huk* dava açmak ***Beschwerde einreichen*** şikâyet dilekçesi vermek ***Rente einreichen*** emekliliğini vermek

einreihig /'aynrayhih/ *s* (elbise) *tek* sıra düğmeli, *tek* sıralı

Einreise /'aynrayzı/ *f* (ülkeye) giriş, ülkeye giriş

einreisen /'aynrayzın/ *trvi* (ülkeye) girmek, giriş yapmak

einreißen /'aynraysın/ *trvt* (yapı) temelinden yıkmak, yıkmak; (bir şeyin) kenarını yırtmak, kenarından yırtmak; *vi* kenarından yırtılmak; yayılmak, genelleşmek ***bei jdm einreißen*** alışkanlık yapmak, alışkanlık haline gelmek

einrenken /'aynrenkın/ *trvt* (çıkık kol, kemik) yerine koymak, yerine yerleştirmek; *mec* (bir şeyi) yoluna koymak, düzenlemek, düzeltmek ***ausgerenkte Schulter*** çıkık omuz ***sich etw einrenken*** *kon* (ilişki) tekrar düzelmek

einrichten /'aynrihtın/ *trvt* döşemek; kurmak, tesis etmek, inşa etmek; düzenlemek; yapmak; mümkün kılmak; başarmak; *mat* karma kesiri bileşik kesir haline getirmek ***das Leben gut einrichten*** yaşamı iyi planlamak ***neue Grünanlagen einrichten*** yeni yeşil alanlar tesis etmek ***jdn einrichten*** *kon*

E

(birisini) yeni işine alıştırmak, adapte etmek ***sich auf etw einrichten*** (bir şeye) hazırlıklı olmak ***sich mit etw einrichten*** işini idare etmek ***sich einrichten*** evini düzenlemek, evini döşeyip yerleşmek

Einrichtung /'aynri**h**tung/ *f* kurma, kuruluş, kurum; düzenleme; döşeme, mobilya; donatma, tanzim etme; tek, mekanizma, alet; tesisat; müştemilat ***soziale Einrichtung*** sosyal kuruluş

einrühren /'aynrü:rın/ *trvt* içine koyarak karıştırmak, içinde eritmek; harç yapmak; *mec* (birisine) tuzak hazırlamak, oyun oynamak

eins /ayns/ *s* bir, 1; *be* aynı, eşit, denk, bir ***das ist mir eins*** bence hepsi aynı ***es steht eins zu eins*** *sp* durum bir bir ***eins nach dem anderen!*** birer birer!, teker teker! ***eins sein*** birlik olmak ***eins trinken*** (içki) *tek* atmak ***eins um andere*** birer birer; nöbetleşe, değişe değişe ***eins werden*** bütünlük teşkil etmek, birleşmek ***jdm eins auswischen*** (birisine) oyun yapmak, dümen yapmak

einsam /'aynza:m/ *be* yalnız, *tek* başına, ayrı; terk edilmiş, münzevi; *s* ıssız, tenha, kuytu, sessiz, gözden ırak ***einsames Leben*** yalnız hayat ***ich bin einsam*** yalnızım

Einsamkeit /'aynza:mkayt/ *f* yalnızlık, ayrılık; inziva; ıssızlık, tenhalık

einsammeln /'aynzamıln/ *trvt* toplamak, devşirmek, bir yere yığmak

Einsatz /'aynzats/ *m* ek, ilave, parça; (makine, alet) içine konup çıkartılabilen parça; (elbise) jile; (masa) ilave tahta; kullanma; istihdam, yerleştirme; banko, miza; depozito; *müz* giriş; (oyunda) bahis; *ask* muharebeye sokma ***500 Euro Einsatz bezahlen*** 500 Euro kaparo ödemek ***Einsatz des Computers*** bilgisayar kullanma ***militärischer Einsatz*** askeri operasyon ***mit dem Einsatz seiner ganzen Persönlichkeit*** cansiperane ***unter Einsatz des Lebens*** hayatını tehlikeye atarak

einsatzbereit /'aynzatsbırayt/ *s* harekete hazır, çalışmaya hazır; yardıma hazır

Einsatzbereitschaft /'aynzatsbıraytşaft/ *f* kendini feda etme arzusu; *ask* faaliyete geçme hazırlığı

Einsatzleiter /'aynzatslaytır/ *m* ekip başkanı, tim kumandanı

einschalten /'aynşaltın/ *trvt* (araya) katmak, eklemek, sokmak, ilave etmek; (radyo, TV, vs.) açmak, çalıştırmak; *elek* cereyan vermek, açmak; (lamba, ışık) açmak; (vites) takmak, geçirmek ***das Licht einschalten*** ışığı açmak ***das Radio einschalten*** radyoyu açmak ***den Gang einschalten*** vites değiştirmek ***sich einschalten*** karışmak, müdahale etmek, araya girmek

Einschaltquote /'aynşaltkvo:tı/ *f* (TV) reyting, izlenme oranı

einschätzen /'aynşetsın/ *trvt* tahmin etmek, kestirmek; değerlendirmek; (vergi) biçmek, tekdir etmek

Einschätzung /'aynşetsung/ *f* tahmin, kestirme; değerlendirme; vergilendirme

einschenken /'aynşenkın/ *trvt* (sıvıyı) bardağa doldurmak, kadehe doldurmak, fincana doldurmak ***etw einschenken*** içecek bir şey ikram etmek ***jdm reinen Wein einschenken*** *mec* (birisine) gerçeği bütün çıplaklığıyla anlatmak

einschieben /'aynşi:bın/ *trvt* içine sokmak; (arasına) sokmak, koymak, yerleştirmek; (ekmek) fırına vermek, fırına atmak; eklemek, katmak; *mec* (para) cebe atmak, cebellezi etmek ***jdn einschieben*** (birisini) araya sokmak, araya almak

einschlafen /'aynşla:fın/ *trvi* uykuya dalmak; (el, ayak) uyuşmak; *mec* gevşemek ***etw einschlafen lassen*** (bir işin) arasını soğutmak; *mec* uyutmak ***friedlich einschlafen*** huzur içinde ölmek, acı çekmeden ölmek

einschläfern /'aynşle:fırn/ *trvt* (birisini) uyutmak, uyuması için yatırmak; (hayvan) kesmek için ilaçla uyutmak

Einschlag /'aynşla:k/ *m* vuruş yeri, düşüş yeri; *mec* ek, ilave; infilak, patlama; (pantolon, etek) içe bastırılan kumaş parçası, kıvırma kumaşı; dikiş payı; çekme payı; teks atkı, argaç; planlı ağaç kesimi; kesilmiş ağaçlar; görünüm biçimi, özellik ***Einschlag des Blitzes*** yıldırım düşmesi

einschlagen /'aynşla:gın/ *trvt* (çivi) çakmak, mıhlamak; parçalamak; (yol) tutmak; bükmek, kıvırmak, katlamak; (elbise) kısaltmak; daraltmak; (kitap) kaplamak, kap geçirmek; (bir şeyin içine) sarmak, bürümek; (bitki) dikmek; *trvi* el sıkışarak anlaşmak, uyuşmak; (yıldırım) düşmek, isabet etmek; beğenilmek, revaçta olmak, gözde olmak; başarılı olmak ***auf jdn einschlagen*** (birisini) dövmek, pataklamak ***das Lenkrad einschlagen*** direksiyonu çevirmek ***der Blitz hat eingeschlagen*** yıldırım düştü ***in jds Hand einschlagen*** (birisi ile) anlaşarak el sıkışmak

einschlägig /'aynşle:gih/ *s* ilgili, alakalı, müteallik

einschleichen /'aynşlayhın/ *trvr* gizlice sokulmak, gizlice yaklaşmak, gizlice yanaşmak; yanlışlık olmak, hata olmak ***in jds Vertrauen einschleichen*** (birisinin) güvenini kazanmak

einschleppen /'aynşlepın/ *trvt* (gemi) römorkörle çekerek limana sokmak, römorkörle çekmek; ülkeye hastalık getirmek, yaymak

einschleusen /'aynşloyzın/ *trvt* (gemi) havuz kanallarından geçirmek; (kaçak birisini veya bir şeyi) gizlice ülkeye sokmak

einschließen /'aynşli:sın/ *trvt* (birisini, bir şeyi bir yere) kilitlemek, kapatmak; dolamak, sarmak; hesaba katmak, hesaba dahil etmek; *ask* kuşatmak, çember içine almak ***in einen Brief einschließen*** bir mektuba iliştirmek, eklemek ***Kaffee ist nicht eingeschlossen*** kahve hesaba dahil değil ***sich einschließen*** (bir yere) kilitlenmek, kapanmak

einschließlich /'aynşli:slih/ *be* dahil, ile, birlikte; dahil olduğu halde, ile birlikte ***einschließlich aller Unkosten*** tüm giderler dahil

einschmeicheln /'aynşmayhıln/ *trvr* yağcılık yapmak, yaltaklanmak, el etek öpmek

einschmieren /'aynşmi:rın/ *trvt* yağ sürmek, yağlamak, yağa batırmak; yağ lekesi yapmak, yağ ile lekelemek

einschneiden /'aynşnaydın/ *trvt* kesmek; kertmek, çentiklemek; (adını) kazımak; *hek* neşter ile kesmek; diş diş kesmek ***tief ins Herz einschneiden*** (olay, acı) içine işlemek, çok dokunmak, içten sarsmak

einschneidend /'aynşnaydınt/ *s mec* kesin, esaslı, kökten, radikal ***einschneidende Maßnahmen*** etkili tedbirler

Einschnitt /'aynşnit/ *m* kesik, yarık; kertik, çentik; (yol) oyuk, yarık; dönüm noktası, bam teli

einschränken /'aynşrenkın/ *trvt* kısıtlamak, tahdit etmek, sınırlamak; kısmak, azaltmak; indirmek, daraltmak; tadil etmek, onarmak ***sich einschränken*** ekonomik davranmak, iktisatlı harcamak, masraflarını kısmak

Einschränkung /'aynşrenkung/ *f* şart, koşul, kayıt ***ohne Einschränkung*** kayıtsız şartsız, sorgusuz sualsiz

Einschreibebrief /'aynşraybıbri:f/ *m* taahhütlü mektup

Einschreiben /'aynşraybın/ *n* taahhütlü posta gönderisi

einschreiben /'aynşraybın/ *trvt* kaydetmek, kayda almak, yazmak, listeye sokmak, listeye almak ***Einschreiben mit Rückschein*** (posta) iadeli taahhütlü ***sich einschreiben*** ismini yazmak ***sich einschreiben lassen*** (bir yere) kayıt almak, yazılmak

Einschreibung /'aynşraybung/ *f* kayıt, kayıt olma, yazılma; yazılı fiyat teklifi

einschreiten /'aynşraytın/ *trvi* girişimde bulunmak, önlem almak; müdahale etmek, karışmak, burnunu sokmak; *huk* dava açmak ***streng gegen jdn einschreiten*** (birisine) sert davranmak

einschrumpfen /'aynşrumpfın/ *trvi* büzülmek, buruşmak, çekilmek; *kon* daralmak

einschüchtern /'aynşühtırn/ *trvt* (birisini) korkutmak, ürkütmek; cesaretini kırmak; *kon* yumruk göstermek, diş göstermek ***sich einschüchtern lassen*** yılmak, gözü korkmak

Einschüchterung /'aynşühtırung/ *f* gözdağı

Einschulung /'aynşu:lung/ *f* (çocuğu) okula yazdırma, okula kaydetme, okula gönderme

Einsehen /'aynze:ın/ *n* anlayış, hoşgörü ***Einsehen haben*** anlayış göstermek ***mit etw Einsehen haben*** kavramak, anlamak

einsehen /'aynze:ın/ *trvt* anlamak, kavramak, bellemek, idrak etmek; incelemek, araştırmak; (bir yeri) gözlemek, gözetlemek, gözden geçirmek, göz gezdirmek ***in etw einsehen*** (bir şeyin) içine bakmak

einseifen /'aynzayfın/ *trvt* sabunlamak, sabunla yıkamak; *mec* (birisini) kandırmak, aldatmak ***jdn einseifen*** (birisini) kandırmak, aldatmak ***sich einseifen***

sabunlanmak ***sich das Gesicht einseifen*** (tıraş amacıyla) yüzünü sabunlamak

einseitig /'aynzaytih/ *s tek* taraflı; *tek* cepheli, *tek* taraflı; sınırlı; (düşünce) bir taraf tutan, *tek* yanlı ***einseitig ausgebildet*** sadece *tek* bir alanda eğitim almış olan ***einseitig bindender Vertrag*** *tek* taraflı sözleşme ***einseitige Erklärung*** *tek* taraflı beyan, *tek* taraflı açıklama ***einseitige Kopfschmerzen*** *hek* yarım baş ağrısı ***einseitige Lungenentzündung*** *hek tek* taraflı zatürree ***einseitiger Vertrag*** *tek* taraflı sözleşme, *tek* taraflı akit

Einseitigkeit /'aynzaytihkayt/ *f tek* taraflılık; dar görüşlülük, *tek* taraflı olma; taraf tutma, taraftar olma

einsenden /'aynzendın/ *trvt* göndermek, yollamak; postalamak

Einsender /'aynzendır/ *m* (kişi) gönderici, gönderen, yollayan

Einsendung /'aynzendung/ *f* gönderme, yollama, sevk etme; postalama; gönderi, gönderilen şey

Einser /'aynzır/ *m kon* "bir" sayısı, 1; (Almanya) (okulda not) pekiyi, en iyi; en yüksek not

einsetzen /'aynzetsın/ *trvt* içine koymak, (makine) içine takmak, içine geçirmek, içine yerleştirmek; *bitk* dikmek; takmak; (kumarda) para koymak, para sürmek; kurmak, inşa etmek, tesis etmek; tayin etmek, atamak, yerleştirmek; *ask* harekete geçirmek; (hesaba) dahil etmek, katmak; *trvi* başlamak, olmak ***Bäume einsetzen*** *bitk* ağaç dikmek ***der Sommer hat eingesetzt*** yaz geldi ***Fensterscheiben einsetzen*** pencereye cam takmak ***jdn zu Erben einsetzen*** (birisini) vâris tayin etmek ***jdn in ein Amt einsetzen*** (birisini) göreve atamak ***sein Leben einsetzen*** hayatını tehlikeye sokmak, hayatını riske etmek ***seine ganze Kräfte einsetzen*** olanca gücüyle çalışmak ***sich für etw einsetzen*** gerçekleşmesi için çaba harcamak ***sich für jdn einsetzen*** (birisini) tutmak, kollamak, kayırmak; iltifat etmek

Einsetzung /'aynzetsung/ *f* yerleştirme, içine koyma, yerleştirme; atama, tayin, işe sokma

Einsicht /'aynziht/ *f* idrak, kavrama; (bir şeyi) anlama, anlayış; inceleme, araştırma ***zur Einsichtnahme*** araştırılmak üzere, tetkik edilmek üzere

einsichtig /'aynzihtih/ *s* anlayışlı, zeki, kavrama yeteneği olan; kolay anlaşılır, açık, sarih

Einsichtnahme /'aynzihtna:mı/ *f* tetkik, inceleme, araştırma

einsichtsvoll /'aynzihtsfol/ *s* anlayışlı, zeki, akıllı; aklı başında

Einsiedler /'aynzi:dlır/ *m* keşiş; inzivaya çekilmiş, dünyayı terk etmiş

einsilbig /'aynsilbih/ *s dilb tek* heceli; *mec* suskun, az konuşan ***einsilbige Sprachen*** *dilb* tekseslemli diller

Einsilbigkeit /'aynzilbihkayt/ *f tek* hecelilik; suskunluk

einsortieren /'aynzorti:rın/ *trvt* (film, evrak, vs.) düzenlemek, ayırmak, sıraya koymak, sınıflandırmak

einsparen /'aynşpa:rın/ *trvt* (para) biriktirmek; artırmak, tasarruf etmek; (vakit) kazanmak; (işyerinde) kadroyu boş tutmak ***Energie einsparen*** enerji tasarrufu yapmak ***Geld einsparen*** para biriktirmek

Einsparung /'aynşpa:rung/ *f* tasarruf, artırma, biriktirme; artırılan para

einsperren /'aynşperın/ *trvt* (birisini, bir yere) kilitlemek, kapatmak; tutuklamak, hapse atmak, deliğe tıkmak, kodese atmak; (kuş) kafese koymak; (tavuk) kümese koymak ***eingesperrt sein*** bir yerde kilitli olmak, bir yerde kapalı kalmak ***sich einsperren*** kapanmak, tıkılmak

einsprachig /'aynşpra:hih/ *s tek* dilde, *tek* dilli ***einsprachiges Wörterbuch*** *tek* dilli sözlük

einspringen /'aynşpringın/ *trvt* girinti oluşturmak; (birisinin) yerine geçmek; (birisen) yardımcı olmak, yardım etmek; *trvi* iş görmek, yapmak ***auf jdn einspringen*** (birisinin) üzerine atılmak ***für jdn einspringen*** (birisinin yerine) işi yapmak, iş görmek ***einspringender Winkel*** *mat* iç açı

einspritzen /'aynşpritsın/ *trvt* (iğne) şırınga yapmak, enjekte etmek, zerk etmek; *hek* iğne yapmak; (çamaşır) üstüne su serpmek; (çamur) sıçratmak, pisletmek

Einspruch /'aynşpruh/ *m* veto, itiraz; protesto; red ***Einspruch erheben*** itiraz etmek ***Einspruch gegen Eheschließung*** evlenmeye itiraz ***Einspruch zu-***

rückweisen *huk* itirazı reddetmek ***gegen etw Einspruch erheben*** (bir şeye karşı) itirazda bulunmak, itiraz etmek; tanımamak, reddetmek

Einspruchsfrist /'aynşpru**h**sfrist/ *f huk* itiraz süresi

einspurig /'aynşpu:ri**h**/ *s* (demiryolu) *tek* hatlı, *tek* şeritli

einst /'aynst/ *ilg* evvelce, eskiden, vaktiyle, vakti zamanında, bir zamanlar, önceleri; gelecekte, yakın zamanda, günün birinde, ilerde ***dort stand einst eine Schule*** orada eskiden bir okul vardı ***wenn wir uns einst wiedersehen*** eğer gelecekte tekrar görüşürsek

einstampfen /'aynştampfın/ *trvt* (bir şeyle) vurmak, ezmek, sıkıştırmak; bir kapta ezmek; (bir şeyi) yok etmek, parçalamak; (atık kâğıtları) makine ile hurda haline getirmek

Einstand /'aynştant/ *m* açılış merasimi, başlama töreni; işe koyulma, işe girişme; *sp* (tenis) beraberlik ***Einstand geben*** açılış daveti vermek

einstauben /'aynştaubın/ *trvi* tozlanmak; *trvt* tozlamak, pudralamak

einstecken /'aynştekın/ *trvt* (içine) batırmak, sokmak, geçirmek; (para) kazanmak; mağlubiyete uğramak, yenilmek; sineye çekmek, sindirmek; hapse atmak, kodese tıkmak; (kılıç) kınına sokmak ***Beleidigung einstecken*** hakareti içine atmak, hakareti yutmak ***etw in die Tasche einstecken*** (bir şeyi) cebe atmak ***auf jdn einstecken*** (birisini) bıçaklamak

einsteigen /'aynştaygın/ *trvi* (taşıt aracına) binmek; (hırsız) tırmanarak eve girmek; *kon* bir işe katılmak ***Einsteigen, bitte!*** lütfen bininiz! ***ins Geschäft einsteigen*** ticarete atılmak

Einsteiger /'aynştaygır/ *m kon* acemi, toy; yeni başlayan; (araca) binen kişi; ticarete yeni atılan

einstellbar /'aynştelba:r/ *s* ayar edilebilir, ayarlanabilir

einstellen /'aynştelın/ *trvt* yerleştirmek, içine koymak, içine yerleştirmek; (cihaz, makineayarlamak, ayar etmek; *oto* garaja koymak; (mal) depoya koymak, ambara koymak, depolamak; (iş) bitirmek, sona erdirmek, durdurmak; (kitap, evrak) rafa koymak, dolaba koymak; *ask* ateşi kesmek; grev yapmak; (bir şeyi) bir noktaya yönlendirmek; *sp* rekoru egale etmek; *fot* mihraka getirmek ***das Radio einstellen*** radyoyu ayarlamak ***Feuer einstellen*** *ask* ateşi kesmek ***jdn einstellen*** (birisini) işe koymak, işe yerleştirmek

Einstellung /'aynştelung/ *f tek* ayar, ayarlama, ayar etme; işe alma, işe yerleştirme; zihniyet, görüş, düşünce biçimi, mantalite, kafa; ruh hali; davranış, durum; *huk* düşme; *huk* durma, durdurma ***Einstellung des gerichtlichen Verfahrens*** *huk* davanın düşmesi ***Einstellung des Strafverfahrens*** *huk* muhakemenin men'i kararı ***politische Einstellung*** politik düşünce

Einstieg /'aynşti:k/ *m* (taşıt aracına) binme, girme, biniş; (araç) giriş kapısı

einstig /'aynsti**h**/ *s* önceki, evvelki, eski; rahmetli, merhum; müstakbel, gelecekteki ***mein einstiger Freundin*** eski kız arkadaşım

einstimmig /'aynştimi**h**/ *s müz tek* sesli, (uyum içinde) çok sesli; oybirliği, fikir birliği, hemfikir olma; *be* müttefiken, oybirliğiyle, ittifakla; bir ağızdan, *tek* bir vücut olarak ***einstimmig beschließen*** oybirliği ile karar vermek

Einstimmigkeit /'aynştimi**h**kayt/ *f* oy birliği

einstmals /'aynstma:ls/ *be* evvelden, eskiden, önceden, önceleri, zamanında, vakti zamanında, bir zamanlar; gelecekte, yakın zamanda, ileride, bir süre sonra

einstöckig /'aynştöki**h**/ *s* (yapı) *tek* katlı

einströmen /'aynştrö:mın/ *trvi* şiddetle içine akmak, hızla içine akmak

einstudieren /'aynştudi:rın/ *trvt* ezberlemek, çalışıp yutmak; (sınava, derse) çok iyi çalışmak, ineklemek ***etw einstudieren*** yapa yapa öğrenmek ***eine Rolle einstudieren*** bir rolü ezberlemek ***jdn etw einstudieren*** (birisine) alıştırma yapa yapa öğretmek, çalıştırmak

einstufen /'aynştu:fın/ *trvt* sınıflandırmak, klasifize etmek; derecelendirmek, kıymetlendirmek; (maaş) kademelendirmek, baremlendirmek

einstufig /'aynştu:fi**h**/ *s tek* basamaklı, *tek* kademeli

Einstufung /'aynftu:fung/ *f* sınıflandırma; derecelendirme

einstürmen /'aynştürmın/ *trvi* sinirle saldırmak, öfkeyle üzerine atılmak, hırsla saldırmak ***auf jdn einstürmen*** *mec* (birisine) musallat olmak, rahatsız etmek ***mit Fragen einstürmen*** soru bombardımanına tutmak, soru yağdırmak

Einsturz /'aynşturts/ *m* yıkılma, çökme; göçük ***dem Einsturz nahe*** yıkılması an meselesi, yıkılacakmış gibi ***zum Einsturz bringen*** yıkmak, çöktürmek

einstürzen /'aynştürtsın/ *trvi* yıkılmak, çökmek; harabeye dönmek; (duvar) göçmek ***auf jdn einstürzen*** (birisinin) başından (bir şey) geçmek

einstweilig /'aynstvaylih/ *be* geçici, muvakkat ***einstweilige Anordnung*** geçici düzenleme ***einstweilige Maßregeln*** geçici tedbirler ***einstweilige Verfügung*** *huk* ihtiyati tedbir ***einsweiliger Bescheid*** muvakkat karar, geçici karar

eintauschen /'ayntauşın/ *trvt* değiş tokuş etmek, (bir şeyi bir şey ile) değiştirmek, takas etmek, trampa etmek ***etw gegen etw eintauschen*** (bir şeyi bir şeyle) takas etmek

eintausend /'ayntauzınt/ *s* bin, 1000

einteilen /'ayntaylın/ *trvt* taksim etmek, bölmek, kısımlara ayırmak; sınıflandırmak, sınıflara ayırmak; tasnif etmek, ayırmak; dağıtmak, tevzi etmek ***in Klassen einteilen*** sınıflandırmak, sınıflara ayırmak ***seine Zeit gut einteilen*** zamanını iyi kullanmak, vaktini iyi değerlendirmek

Einteilung /'ayntaylung/ *f* bölme, taksim etme; sınıflandırma; kısımlara ayırma

eintönig /'ayntö:nih/ *s* monoton, *tek* düze, aynı, yeknesak; can sıkıcı, usandırıcı

Eintönigkeit /'ayntö:nihkayt/ *f* monotonluk, *tek* düzelik, yeknesaklık; can sıkıcı şey, usandırıcı şey

Eintopf /'ayntopf/ *m* türlü (yemeği)

Eintracht /'ayntraht/ *f* geçim, anlaşma, sulh; barış, birlik, anlaşma, ittifak ***in Eintracht leben*** barış içinde yaşamak

einträchtig /'ayntrehtih/ *s* geçimli, barışık, düzenli, ahenkli, uyumlu ***mit jdm einträchtig zusammenleben*** (birisiyle) iyi geçinerek birlikte yaşamak

Eintrag /'ayntra:k/ *m* kayıt, kaydolma, yazılma; onay, tescil; zarar, ziyan, kayıp, halel getirme; (dokumacılık) mekik ipliği, atkı ***das tut mir Eintrag*** bu bana zarar verir

eintragen /'ayntra:gın/ *trvt* kaydetmek, yazmak; deftere geçirmek, kütüğe geçirmek, listeye geçirmek; (yarar, kâr vs) sağlamak, getirmek ***Gewinn eintragen*** kazanç getirmek ***Linien eintragen*** çizgi çizmek ***Schaden eintragen*** zarar getirmek ***sich eintragen*** adını yazmak, ismini yazmak

einträglich /'ayntre:klih/ *s* kârlı, kazançlı, kâr getirici; verimli, randımanlı; elverişli, uygun ***einträgliche Tätigkeit*** yararlı iş ***ein einträgliches Verkauf*** kazançlı bir satış

Einträglichkeit /'ayntre:klihkayt/ *f* kârlılık, kazançlılık; verimlilik; uygunluk, elverişlilik

Eintragung /'ayntra:gung/ *f* kaydolma; kaydetme, yazma, listeye geçirme, kütüğe geçirme; (kütük, defter) kayıt, not, dipnot ***eine Eintragung vornehmen*** kayıt tutmak, kayda almak

eintreffen /'ayntrefın/ *trvi* gelmek, varmak, ulaşmak; vuku bulmak, hasıl olmak, meydana gelmek; gerçekleşmek, oluşmak

eintreiben /'ayntraybın/ *trvt* (vergi) tahsil etmek, toplamak; (para) almak, toplamak, tahsil etmek; (çivi) çakmak; (inek, sığır) ahıra götürmek, ağıla götürmek ***Geld eintreiben*** para tahsil etmek ***Steuer eintreiben*** vergi toplamak

eintreten /'ayntre:tın/ *trvi* içeriye girmek; dahil olmak, katılmak; girişmek; (bir işe) başlamak, girmek; oluşmak, meydana gelmek, vuku bulmak, hasıl olmak; üye yazılmak; (hava) birden bastırmak; (ses) kesilmek, çıkmamak; yaşına girmek, yaşına basmak; *trvt* (ayakla) ezerek yere sokmak, tekmeleyerek çökertmek, tekmeleyerek çiğnemek ***für jdn eintreten*** (birisinin) tarafını tutmak, taraftar olmak ***in etw eintreten*** (bir yere) girmek, yazılmak, kaydolmak ***sich etw eintreten*** (bir şeyi) ayağına batırmak ***Treten Sie ein!*** girin! ***in Verhandlungen eintreten*** görüşmelere başlamak

Eintritt /'ayntrit/ *m* içeri girme, giriş, duhul, ayak basma; katılma; üyelik, üye olma; işe başlama; başlama, başlangıç; vuku, oluş; giriş parası, duhuliye ücreti ***Eintritt frei!*** giriş serbest, giriş ücretsiz ***Eintritt verboten!*** girilmez!, girmek yasaktır!

Eintrittsgeld /'ayntritsgelt/ *n* giriş ücreti

Eintrittskarte /'ayntritskartı/ *f* giriş bileti,

giriş kartı
einüben /'aynü:bın/ *trvt* öğreninceye dek çalışmak, (konu) üzerinde çok çalışmak ***etw einüben*** (bir şeyi) iyice öğrenene kadar çalışmak ***jdm etw einüben*** (birisine, bir şeyi) adamakıllı öğretmek; çalıştırmak
einverleiben /'aynferlaybın/ *trvt* eklemek, katmak, ulamak, ilave etmek; *ask* ilhak etmek; yemek, içmek; *mec* aşırmak, çalmak ***sich einverleiben*** içine karışmak; asimile olmak ***sich etw einverleiben*** (yiyecek veya içeceği) mideye indirmek, yemek/içmek
Einvernehmen /'aynferne:mın/ *n* (birisini) sorguya çekme, sorgulama; anlaşma, uyuşma, razı olma ***das gute Einvernehmen wiederherstellen*** aralarını bulmak, aralarını yapmak ***in gutem Einvernehmen*** iyilikle, dostlukla ***im Einvernehmen mit*** iyi anlaşma halinde, dostlukla ***mangelndes Einvernehmen*** uyuşmazlık, anlaşamamazlık ***sich mit jdm gut Einvernehmen*** (birisi ile) iyi anlaşmak
einvernehmlich /'aynferne:mlih/ *s* sorgulayarak, sorguya çekerek; uyuşarak, anlaşmalı
einverstanden /'aynferştandın/ *s* kabul olunmuş, kabul edilmiş ***einverstanden!*** kabul!, okey! tamam! ***mit etw einverstanden sein*** (bir şeyi) kabul etmek, onaylamak, okeylemek
Einverständnis /'aynferştentnis/ *n* anlaşma, uyuşma; rıza, muvafakat ***in gegenseitigem Einverständnis*** karşılıklı rıza ile, karşılıklı anlaşma ile ***im Einverständnis mit jdm*** (birisiyle) anlaşarak ***mit Einverständnis*** onayıyla, rızasıyla ***Einverständnis sein*** mutabık olmak, anlaşmak
Einwand /'aynvant/ *m* itiraz ***Einwand erheben*** itiraz etmek ***Einwand zurückweisen*** itirazı reddetmek ***Einwände machen*** itiraz etmek, karşı çıkmak
Einwanderer /'aynvandırır/ *m* göçmen, muhacir
einwandern /'aynvandırn/ *trvi* (başka bir ülkeye) yerleşmek, göçmek
Einwanderung /'aynvandarung/ *f* göçme, hicret
einwandfrei /'aynvantfray/ *s* kesin, şüphe götürmez, su götürmez; itiraz kabul etmez, itiraz götürmez; eksiksiz, kusursuz, mükemmel; (davranış) harika, olağanüstü ***einwandfreier Wechsel*** *tic* eksiz poliçe
einwärts /'aynverts/ *be* içeriye doğru, içe doğru, iç tarafa doğru
Einwegflasche /'aynve:kflaşı/ *f* geri dönüşümsüz şişe, depozitosuz şişe
einweichen /'aynvayhın/ *trvt* suya bastırmak, suya yatırmak; ıslatmak; yumuşatmak
einweihen /'aynvayın/ *trvt* açılış töreni yapmak, açılış merasimi düzenlemek, (bir şeyi) kullanıma açmak, hizmete sunmak; (bir şeyi) ilk olarak kullanmak, ilk defa kullanmak ***jdn in etw einweihen*** (birisini bir konu hakkında) bilgi sahibi kılmak
Einweihung /'aynvayung/ *f* açılış merasimi; açılış merasimi yapma; hizmete sunma, açma; (bir şeyi) ilk olarak kullanma
einweisen /'aynvayzın/ *trvt* bir işe yerleştirmek, bir vazifeye yerleştirmek; (bir taşıt aracını/uçağı) işaretlerle veya bildirerek bir yöne yönlendirmek/yöneltmek; (birisini bir yere) göndermek
Einweisung /'aynvayzung/ *f* (taşıt aracını, uçağı) bir yöne yönlendirme, yöneltme, sevk etme; işe yerleştirme; gönderme
einwenden /'aynvendın/ *trvt* itiraz etmek, karşı koymak ***gegen eine Sache einwenden*** (bir şeye) itiraz etmek, karşı koymak ***etw einwenden*** bahane göstermek, sebep göstermek
einwerfen /'aynverfın/ *trvt* (bir şeyi) içine atmak, ortasına atmak; otomata para atmak; (mektup) kutuya atmak; itiraz etmek, karşı koymak; (cam) taşa atarak kırmak; (konuşurken) araya laf sokmak, söz katmak; *sp* (futbol) topu oyuna sokmak, topu ortalamak; *sp* (basketbol) topu potaya sokmak ***den Brief in den Briefkasten einwerfen*** mektubu posta kutusuna atmak
einwickeln /'aynvikıln/ *trvt* sarmalamak, içine sarmak ***in Papier einwickeln*** (bir şeyi) kâğıda sarmak; *kon* (birisini) aldatmak, kandırmak ***jdn einwickeln*** *kon* (birisini) kandırarak istediklerini yaptırmak
Einwickelpapier /'aynvikılpapi:r/ *n* paket kâğıdı
einwilligen /'aynviligın/ *trvt* (bir şeye) rıza göstermek, onaylamak, muvafakat et-

mek, okeylemek
Einwilligung /'aynviligung/ *f* rıza, onay, kabul, okey; razı olma, onama
einwirken /'aynvirkın/ *trvi* (dokuma yaparken) içine katmak ***auf jdn einwirken*** (birisine) etki etmek, tesir etmek ***auf etw einwirken*** (bir şeye) etki etmek, tesir etmek
Einwirkung /'aynvirkung/ *f* tesir, etki, nüfuz
Einwohner /'aynvo:nır/ *m* (bir yerde) mukim, sakin, oturan, ikamet eden; kiracı
Einwohnermeldeamt /aynvo:nır'meldıamt/ *n* nüfus dairesi, nüfus memurluğu, nüfus idaresi
Einwohnerschaft /'aynvo:nırşaft/ *f* halk, ahali, nüfus; nüfus sayısı
Einwohnerzahl /'aynvo:nırtsa:l/ *f* nüfus
Einwurf /'aynvurf/ *m* itiraz, karşı koyma; delik; (posta kutusu) mektup atma deliği; (bir otomatik makinede) para atma deliği; *sp* (futbol) taç, taç atışı; *sp* (basketbol) potaya sokma, sayı; araya sıkıştırılan laf, söz
einzahlen /'ayntsa:lın/ *trvt* (para) ödemek; kasaya para ödemek; para yatırmak
Einzahlung /'ayntsa:lung/ *f* (para) ödeme, yatırma, tediye; tahsilat ***Einzahlung machen*** ödemede bulunmak
Einzahlungsbeleg /'ayntsa:lungsbıle:k/ *m* ödeme makbuzu, ödeme fişi
einzäunen /'ayntsoynın/ *trvt* (bir şeyin veya yerin) etrafını çitle çevirmek, etrafına çit çekmek
einzeichnen /'ayntsay**h**nın/ *trvt* içine çizmek, içine resmetmek ***sich einzeichnen*** adını yazmak, ismini yazmak ***sich in eine Liste einzeichnen*** (bir yere) kaydolmak, girmek, yazılmak
einzeilig /'ayntsayli**h**/ *s tek* satırlık, *tek* satırlı, *tek* satırdan oluşan
Einzelfall /'ayntsılfal/ *m* münferit olay, münferit hadise, ayrı bir olay
Einzelgänger /'ayntsılgengır/ *m tek* başına yaşayan insan; *tek* başına dolaşan hayvan
Einzelhaft /'ayntsıl**h**aft/ *f* hücre hapsi, hücre cezası
Einzelhandel /'ayntsıl**h**andıl/ *m* perakendecilik, perakende satış
Einzelhändler /'ayntsıl**h**endlır/ *m* perakendeci, perakende satış yapan satıcı
Einzelheit /'ayntsıl**h**ayt/ *f* ayrıntı, detay; teferruat, tafsilat ***in allen Einzelheiten*** tüm detayıyla, tüm ayrıntılarıyla
Einzelkämpfer /'ayntsılkempfır/ *m* yakın dövüşçü; *tek* başına savaşan özel asker
Einzelkind /'ayntsılkint/ *n tek* evlat, ailenin *tek* çocuğu
Einzeller /'ayntselır/ *m biy hayb tek* hücreli hayvan; *bitk tek* hücreli bitki
einzeln /'ayntsıln/ *s* yalnız, *tek* başına, yapayalnız, münferit; özel, hususi; teker teker, *tek* tek, tane tane; şahsi, ferdi, kişisel; bazı, birkaç ***jeder Einzeln*** her kişi, her birey, her fert, *tek* tek ***im Einzelnen*** detaylı olarak, tafsilatlı olarak ***ins Einzelne gehen*** ayrıntılara girmek, detaylara girmek
Einzelne(r) /'ayntsılnı(r)/ *f/m* birey
Einzelstück /'ayntsılştük/ *n tek* parça, ayrı parça; yedek parça
Einzelzimmer /'ayntsıltsimır/ *n* (otel) *tek* yataklı oda; kendine ait oda, kişisel oda
einziehen /'ayntsi:ın/ *trvt* içeriye çekmek, geri çekmek; içeriye sokmak, (bir yere) sokmak; indirmek, aşağı indirmek; *ask* silah altına almak; (hava) içine çekmek, emmek; (para) toplamak, tahsil etmek; (mal, para) el koymak; (gazete) toplatmak, el koymak; taşınmak, (eve) girmek; gelmek; (bilgi) toplamak, haber almak, malumat edinmek; (vergi) toplamak; (para) tedavülden kaldırmak; (baskı) satırı içeri almak; duvar çekmek, set çekmek; *trvi* (bir eve) taşınmak, geçmek; (sıvı) içine emmek, içine geçmek; *ask* (bir yere) girmek ***den Faden in eine Nadel einziehen*** ipliği iğneye geçirmek ***eine Wand in ein Zimmer einziehen*** bir odanın arasına duvar çekmek ***Information einziehen*** bilgi toplamak
einzig /'ayntsi**h**/ *s* biricik, bir tek, eşsiz, yegâne; yalnız, sırf, sadece, salt; harika, mükemmel ***das ist einziger!*** bu harika!, bu mükemmel! ***ein einziges Mal*** yalnızca bir kere ***einzig und allein*** sadece, yalnızca
einzigartig /'ayntsi**h**arti**h**/ *s* eşsiz, benzersiz, harika, mükemmel; eşi benzeri görülmedik
Einzigartigkeit /'ayntsi**h**arti**h**kayt/ *f* eşi benzeri olmama
Einzug /'ayntsu:k/ *m* girme, giriş, duhul; törenle girme; (eve) taşınma, girme; *tic* (para, vergi) toplama, alma; (matbaa)

satırı içeri alma
einzwängen /'ayntsvengın/ *trvt* sıka sıka içine sokmak, sıkarak içine sokmak, içine sıkıştırarak sokmak
Eis /ays/ *n* buz, don; dondurma ***auf Eis legen*** *mec* bir kenara bırakmak, üzerinde çalışmamak ***aufs Eis gehen*** buz pateni yapmak ***es hat sich Eis gebildet*** buz tutmuş ***etw aufs Eis legen*** *mec* bir konuyu ele almamak ***sich mit Eis bedecken*** buzlanmak, buz kaplamak ***wie Eis sein*** *mec* taş yürekli olmak, acımasız olmak, duygusuz olmak
Eisbär /'aysbe:r/ *m hayb* kutup ayısı, beyaz ayı
Eisbecher /'aysbehır/ *m* dondurma külahı
Eisbein /'aysbayn/ *n* domuz paçası yemeği
Eisberg /'aysberk/ *m coğ* aysberg, buzdağı
Eisbrecher /'aysbrehır/ *m den* buzkıran, buzları kırarak yol açan gemi; köprü ayaklarında buzlanmayı önleyen sistem
Eischnee /'ayşne:/ *m* çırpılmış yumurta beyazı
Eiscreme /'ayskre:m/ *f* dondurma
Eisdecke /'aysdekı/ *f* bir sıvının en üstünde oluşan buz tabakası
Eisdiele /'aysdi:lı/ *f* dondurmacı, dondurma salonu
Eisen /'ayzın/ *n kim* demir; *sp* golf sopası; *pl* zincirler ***durch das Eisen sterben*** kılıç veya bıçakla öldürülmek ***Eisen führend*** *s* demir cevheri içeren ***Eisenverarbeitende Industrie*** demir endüstrisi ***etw zum alten Eisen werfen*** (bir şeyi) ıskartaya çıkarmak, çürüğe ayırmak ***gegen Blutarmut Eisen nehmen*** kansızlık için demir hapı almak ***heißes Eisen*** hararetli konu ***in Eisen schlagen*** *kon* demire vurmak ***Not bricht Eisen*** (atasözü) mecbur kalan her şeyi yapar
Eisenbahn /'ayzınba:n/ *f* demir yolu; tren ***mit der Eisenbahn*** trenle ***mit der Eisenbahn fahren*** trenle seyahat yapmak, trenle yolculuk yapmak ***es ist höchste Eisenbahn!*** *kon* zamanı geçiyor!, vakit daraldı!
Eisenbahnnetz /'ayzınba:nnets/ *n* demiryolu şebekesi, demiryolu ağı
Eisenbahnschaffner /'ayzınba:nşafnır/ *m* kondüktör, demiryolu biletçisi
Eisenbahnwagen /'ayzınba:nva:gın/ *m* vagon, katar
Eisenblech /'ayzınbleh/ *n* demir sac, demir levha, teneke
Eisenerz /'ayzınerts/ *n mad* demir cevheri
eisenhaltig /'ayzınhaltih/ *s* demirli, demir içeren
Eisenhandlung /'ayzınhandlung/ *f* demir işleri satışı yapan dükkân
Eisenhütte /'ayzınhütı/ *f* dökümhane, demirhane; maden ergitme ocağı
Eisenindustrie /'ayzınindustri:/ *f* demir endüstrisi
Eisenmangel /'ayzınmangıl/ *m hek* demir yetersizligi
Eisenstange /'ayzınştangı/ *f* demir çubuk
Eisenwaren /'ayzınva:rın/ *pl* demir hırdavat; demirden yapılma nesne
Eisenzeit /'ayzıntsayt/ *f* demir çağı, demir devri
eisern /'ayzırn/ *s* demir; demirden yapılmış, demirden mamul; *mec* sert, sağlam, çelik gibi ***das eiserne Kreuz*** (Almanya) demir haç savaş nişanı ***der eiserne Vorhang*** *pol* Demirperde ***die eiserne Hochzeit*** evliliğin 65. yıldönümü ***die eiserne Lunge*** *hek* çelik ciğer ***eisern bleiben*** kararından vazgeçmemek ***eisern schweigen*** sus pus oturmak ***eiserner Fleiß*** canla başla çalışma ***eiserner Wille*** çelik irade ***mit eiserner Faust*** *mec* acımasızca ***mit eiserner Stirn lügen*** *mec* utanmazca yalan söylemek
Eisfach /'aysfah/ *f* buzluk
eisfrei /'aysfray/ *s* buzsuz; buz tutmayan
eisgekühlt /'aysgıkü:lt/ *s* buzlu, buzdolabında soğutulmuş
Eisglätte /'aysgletı/ *f* buzlanma
Eishockey /'ayshoki/ *n sp* buz hokeyi
eisig /'ayzih/ *s* buz gibi soğuk, çok soğuk, dondurucu soğuk; *mec* itici, soğuk ***eisige Kälte*** dondurucu soğuklar
Eiskaffee /'ayskafe:/ *m* dondurmalı kahve, kafe glase
eiskalt /'ayskalt/ *s* buz gibi soğuk, çok soğuk; *mec* duygusuz, katı, acımasız
Eiskunstlauf /'ayskunstlauf/ *m* artistik patinaj, paten ile buz üzerinde yapılan sportif dans
Eiskunstläufer /'ayskunstloyfır/ *m* artistik patinajcı
Eislauf /'ayslauf/ *m* buz pateni, buz pateni ile kayma
Eismeer /'aysme:r/ *n coğ* Buz denizi, An-

E

tarktik Okyanusu
Eispickel /'ayspikıl/ *m sp* (dağa tırmanışta kullanılan) buz kazması
Eisprung /'ayşprung/ *m hek* döllenmeye hazır yumurtanın yumurtalıktan çıkması
Eisrevue /'aysrevü:/ *f sp* buz revüsü
Eisschnellauf /'ayşşnellauf/ *m* paten ile buz üzerinde kayma yarışı
Eisscholle /'ayssşolı/ *f* buz kütlesi
Eisschrank /'ayssşrank/ *m esk* içine buz kalıbı yerleştirilen soğutucu, buzluk; buzdolabı
Eistanz /'aystants/ *f* buz üzerinde dans; artistik patinaj
Eisvogel /'aysfo:gıl/ *m hayb* iskele kuşu, emircik; bir cins siyah kelebek
Eiswürfel /'aysvürfıl/ *m* (içeceklere atılan) buz parçaları
Eiszapfen /'aystsapfın/ *m* saçak buzu, sarkık buz
Eiszeit /'aystsayt/ *f* buzul çağı, buzul devri
eiszeitlich /'aystsaytlih/ *s* buzul çağı (ile ilgili)
eitel /'aytıl/ *s* kendini beğenmiş, kurumlu, kibirli; mağrur, hodpesent; süs düşkünü, süs meraklısı; *kon* boş, değersiz, beş para etmez; *esk* halis, saf, arı; koket, cilvekâr; batıl, abes; geçici, fani, ölümlü ***eitles Gold*** som altın, saf altın
Eitelkeit /'aytılkayt/ *f* kendini beğenmişlik; kurum; boşluk, hiçlik, fanilik
Eiter /'aytır/ *m hek* irin, cerahat
eitern /'aytırn/ *vi hek* cerahatlanmak, cerahat toplamak, cerahat bağlamak, irinlenmek, apselenmek
eitrig /'aytrih/ *s hek* cerahatli, iltihaplı, irinli, apseli
Eiweiß /'ayvays/ *n* yumurta akı, yumurta beyazı; *kim* albümin, protein
Eiweißbedarf /'ayvaysbıdarf/ *m* protein ihtiyacı
Eiweißgehalt /'ayvaysgıhalt/ *m* albümin içeriği
eiweißhaltig /'ayvayshaltih/ *s* albüminli, proteinli
Eiweißmangel /'ayvaysmangıl/ *m* protein eksikliği
Eizelle /'aytselı/ *f anat* yumurtacık; dişinin çıkardığı üreme hücresi
Ejakulation /eyakula'tsyo:n/ *f* sperm akıtma, meni akıtma
Ekel /'e:kıl/ *m* iğrenme, tiksinti, nefret; bulantı, mide bulantısı, kusma durumu; *n kon* iğrenç herif, rezil herif ***Ekel empfinden*** iğrenmek, nefret etmek ***Ekel erregen*** nefret uyandırmak ***mit Ekel*** tiksinerek, iğrenerek
ekelhaft /'e:kılhaft/ *s* iğrendirici, tiksindirici; nefret uyandırıcı
ekeln /'e:kıln/ *vr* iğrenmek, tiksinmek, nefret etmek, *mec* midesi bulanmak ***sich vor etw/jdm ekeln*** (bir şeyden/birinden) iğrenmek, tiksinmek, nefret duymak ***das ekelt mich!*** beni iğrendiriyor!
Eklat /e'kla:/ *m* ihtişam, parlaklık, göz alıcılık, şaşaa, görkem, gösterişlilik; rezalet, skandal; sansasyon; patlama; infilak sesi; patırtı, gürültü, şamata
eklatant /ekla'tant/ *s* şaşaalı, görkemli, parlak, gösterişli; sansasyonel, heyecan uyandırıcı; açık, aşikâr, ayan beyan, apaçık, açık seçik; şamatalı, gürültülü
eklig /'e:klih/ *s* iğrendirici, tiksindirici; nahoş
Ekstase /ek'sta:zı/ *f* cezbe, kendinden geçme, esrime, vecit ***in Ekstase geraten*** cezbelenmek, kendinden geçmek
ekstatisch /ek'sta:tiş/ *s* kendinden geçmiş, cezbe halinde
Ekzem /ek'tse:m/ *n hek* egzama, mayasıl
Elan /e'la:n/ *m* atılış, hamle, hız, savlet; canlılık, coşku, heyecan
elastisch /e'lastiş/ *s* elastiki, esnek; yumuşak; (kişi) uzlaşmacı, esnek ***elastisch sein*** esnemek ***elastische Flüssigkeit*** esnek sıvı ***elastische Kraft*** esneme kuvveti ***elastische Kupplung*** esnek kavrama ***elastische Linie*** esneme çizgisi ***elastisches Potential*** esneme potansiyeli
Elastizität /elastitsi'te:t/ *f* elastikiyet, esneklik
Elbe /'elbı/ *f* Elbe nehri
Elch /elh/ *m hayb* geniş boynuzlu kuzey geyiği, şemal geyiği
Elefant /ele'fant/ *m hayb* fil; *mec* yarma, iri kıyım, dağdeviren, hantal
elegant /ele'gant/ *s* şık, modern, modaya uygun; zarif, zarafetli, ince, narin, latif; *kon* sülün gibi ***eine elegante Lösung*** nazik bir çözüm ***sich elegant kleiden*** güzel giyinmek, modaya uygun giyinmek
Eleganz /ele'gants/ *f* şıklık, modernlik; zarafet, incelik, letafet
elektrifizieren /elektrifi'tsi:rın/ *vt* elektrikle

çalışır duruma getirmek, elektrikleştirmek
Elektrifizierung /elektrifi'tsi:rung/ *f* elektriklendirme, elektrikleştirme, elektrifikasyon
Elektrik /e'lektrik/ *f* elektrik
Elektriker /e'lektrikır/ *m* elektrikçi
elektrisch /e'lektriş/ *s* elektrikli, elektrik, elektriksel ***elektrisch angetrieben*** elektrikle tahrik ***elektrisch beheizt*** elektro ısıtmalı ***elektrisch betrieben*** elektrikle işleyen, elektrikle çalışan ***elektrisch laden*** elektriklendirmek ***elektrische Arbeit*** elektrik işi ***elektrische Asche*** elektrik külü ***elektrische Ausrüstung*** elektrik teçhizatı, elektrik donanımı ***elektrische Bahn*** elektrikli tren ***elektrische Batterie*** elektrik bataryası ***elektrische Beleuchtung*** elektrikle aydınlatma ***elektrische Einheit*** elektrik birimi ***elektrische Eisenbahn*** elektrikli tren ***elektrische Energie*** elektrik enerjisi ***elektrische Entladung*** elektrik boşalması ***elektrische Erregung*** elektrouyarım ***elektrische Glocke*** elektrikli zil ***elektrische Heizung*** elektrikli ısıtma ***elektrische Installation*** elektrik tesisatı ***elektrische Klingel*** elektrikli zil ***elektrische Kochkontrolle*** elektrikle pişirme kontrolü ***elektrische Kraft*** elektrik kuvveti ***elektrische Ladung*** elektrik yükü ***elektrische Lampe*** elektrik lambası ***elektrische Leitfähigkeit*** elektrik iletkenliği ***elektrische Leitung*** elektrik iletimi, cereyan nakil hattı ***elektrische Lokomotive*** elektrikli lokomotif ***elektrische Maschine*** elektrikli makine ***elektrische Maßeinheit*** elektrik ölçü birimi ***elektrische Maßmethode*** elektrikli ölçme yöntemi ***elektrische Schwingung*** elektriksel iletişim ***elektrische Sicherung*** elektrik sigortası ***elektrische Uhr*** elektrikli saat ***elektrischer Antrieb*** elektrikli tahrik ***elektrischer Effekt*** elektriksel etki, elektriksel olay ***elektrischer Isolierstoff*** elektroyalıtkan, elektrik yalıtkan madde ***elektrischer Kondensator*** elektrikli kondensatör ***elektrischer Kran*** elektrikli vinç ***elektrischer Ofen*** elektrik ocağı ***elektrischer Strom*** elektrik akımı ***elektrischer Stuhl*** (idam için) elektrikli sandalye ***elektrischer Unfall*** elektrikli aletler nedeniyle oluşan kaza ***elektrischer Widerstand*** elektrik direnci ***elektrischer Zaun*** elektrikli çit, elektrik verilmiş çit ***elektrischer Zug*** elektrikli tren ***elektrisches Automobil*** elektrikli otomobil ***elektrisches Feld*** elektrikli alan, elektrikli saha ***elektrisches Messgerät*** elektrikli ölçme aleti ***elektrisches Musikinstrument*** elektrikli müzik aleti ***elektrisches Signal*** elektrikli sinyal
Elektrizität /elektritsi'te:t/ *f* elektrik
Elektrizitätswerk /elektritsi'te:tsverk/ *n* elektrik santralı
Elektroauto /e'lektroauto/ *n* elektrik motoru ile çalışan otomobil
Elektrode /elek'tro:dı/ *f* elektrot
Elektrofahrzeug /e'lektrofa:rtsoyk/ *n* elektrikli araç, akümülatör ile çalışan araç
Elektrogerät /e'lektrogıre:t/ *n* elektrikli alet, elektrikle çalışan alet
Elektroherd /e'lektrohe:rt/ *m* elektrikli mutfak fırını, elektrik ocağı
Elektroinstallateur /e'lektroinstalatö:r/ *m* elektrik aletleri üreticisi
Elektrokardiogramm /elektroka:rdio'gram/ *n hek* elektrokardiyogram, EKG, kalp kasından çıkan elektrik akımının kaydı
Elektrolyse /elektro'lü:zı/ *f* elektroliz, elektrikle ayrışım
Elektromotor /'elektromo:tor/ *m* elektrik enerjisini mekanik enerjiye çeviren makine, elektromotor
Elektron /elek'tro:n/ *n* elektron, negatif yüklü temel tanecik
Elektronenmikroskop /elek'tro:nınmikrosko:p/ *m hek* elektron mikroskobu
Elektronik /elek'tro:nik/ *f* elektronik, atom tekniği, serbest elektronları konu alan bilim dalı
elektronisch /elek'tro:niş/ *s* elektronik, elektron temeline dayanan ***elektronische Fernsehkamera*** elektronik TV kamerası ***elektronische Musik*** elektronik müzik, elektronik cihazlarla yapılan müzik ***elektronische Datenverarbeitung (EDV)*** elektronik bilgi-işlem ***elektronische Datenverarbeitungsanlage*** elektronik bilgi-işlem merkezi ***elektronische Mailing*** E-mail, elektronik posta ***elektronische Zahlkarte*** hafızalı kart, akıllı kart

Elektrorasierer /e'lektrorazi:rır/ *m* elektrikli tıraş makinesi
Elektroschock /e'lektroşok/ *m hek* elektroşok, beyinden kısa süreli yüksek elektrik akımı geçirerek hastayı iyileştirme yöntemi
Elektrotechnik /e'lektrotehnik/ *f* elektroteknik, elektriğin üretimi ve kullanımı, elektrikli araçların yapımı bilgisi
Elektrotechniker /e'lektrotehnikır/ *m* elektroteknikçi, elektroteknik mühendisi
elektrotechnisch /e'lektrotehniş/ *s* elektroteknik
Element /ele'ment/ *n* unsur, öğe; temel, bir şeyin temeli, temel kavramı; bölüm, parça; kişi
elementar /elemen'ta:r/ *s* temel, esaslı; ilk; sade, basit ***elementare Allgebra*** cebir ***elementare Bewegung*** basit hareket ***elementare Bedürfnisse des Menschen*** insanın temel gereksinimleri ***elementare Lebensbedürfnisse*** zorunlu ihtiyaç maddeleri
Elend /'e:lent/ *n* açlık, sefalet, yoksulluk; sıkıntı, mahrumiyet ***im größten Elend leben*** çok zor durumda olmak ***wie ein Häufschen Elend da stehen*** *kon* çok üzgün, yıkık bir durumda olmak
elend /'e:lent/ *s* sefil, hazin, yoksul; hasta; mutsuz, bedbaht; alçak, adi; cılız, zayıf ***einen elenden Hunger haben*** çok aç olmak ***elend aussehen*** ölü gibi görünmek ***elend werden*** kötülemek, kurumak, zayıflamak ***sich elend fühlen*** kendini kötü hissetmek
Elendsviertel /'e:lentsfirtıl/ *n* kenar mahalle, banliyö
elf /elf/ *s* on bir
Elfe /'elfı/ *f* peri
Elfenbein /'elfınbayn/ *n hayb* fildişi
Elfenbeinturm /'elfınbaynturm/ *m* : ***im Elfenbeinturm sitzen*** toplumdan uzak olmak, toplumun gerçeklerinden uzak yaşamak
Elfmeter /elf'me:tır/ *m sp* (futbol) penaltı ***den Elfmeter verschießen*** *sp* penaltıyı kaçırmak ***den Elfmeter verwandeln*** *sp* penaltı atışını gole çevirmek
eliminieren /elimi'ni:rın/ *vt* ayırmak, elemek; *sp* rakibini yenmek, elemek; ortadan kaldırmak ***die Fehler eliminieren*** yanlışları ortadan kaldırmak ***eleminiriende Suche*** ikili arama ***jdn eliminieren*** (birisini) ortadan kaldırmak, öldürmek
elitär /eli'te:r/ *s* seçkin; seçkinler sınıfına ait
Elite /e'li:tı/ *f* seçkin, güzide, kalburüstü, seçme, elit
Ellbogen /'elbo:gın/ *m anat* dirsek
Ellbogenfreiheit /'elbo:gınfrayhayt/ *f* bireyin gereksinim duyduğu özgürlük
Elle /'elı/ *f* dirsek kemiği; *esk* arşın, endaze, 55-85 cm'lik eski ölçü birimi ***alles mit gleicher Elle messen*** farklı şeyleri aynı değer yargısıyla değerlendirmek, elma ile armudu toplamak
Ellenbogen /'elınbo:gen/ *m* dirsek
Eloquenz /elo'kvents/ *f* iyi konuşma yeteneği, hitabet yeteneği
Elsass /'elzas/ *n* Alsace, Alsas
Elsässer /'elzesır/ mf Alsaslı
elsässisch /'elzesiş/ *s* Alsas; Alsasça; Alsaslı
Elster /'elstır/ *f hayb* saksağan ***eine diebische Elster*** *kon* eli uzun kişi ***geschwatzig wie ein Elster sein*** çenesi düşük olan, sürekli palavra atan
elterlich /'eltırlih/ *s* ebeveyne ait, ebeveyne mahsus ***elterliche Gewalt*** *huk* velayet ***elterliche Liebe*** ana-baba sevgisi; çocuk sevgisi ***elterliche Pflichten*** ebeveynlik görevleri ***elterliche Sorge*** *huk* velayet ***elterlicher Gewaltinhaber*** veli
Eltern /'eltırn/ *pl* ana baba, ebeveyn, veliler ***nicht von schlechten Eltern*** kd oldukça iyi, oldukça güçlü
Elternabend /'eltırna:bınt/ *m* (okul) veli toplantısı
Elternbeirat /'eltırnbayra:t/ *m* (okul) veli temsilciliği, okul aile birliği
Elternhaus /'eltırnhaus/ *n* baba evi, baba ocağı; aile ocağı
Elternteil /'eltırntayl/ *m* ana ve babadan biri, ebeveynlerden birisi
Email /e'ma:y/ *n* mine, emaye
E-Mail /'i:meil/ *f* elektronik posta, e-posta, e-mail ***E-mail senden*** e-mail göndermek ***E-mail schreiben*** e-mail yazmak
E-Mail-Adresse /'i:meiladresı/ *f* elektronik posta adresi, e-posta adresi, e-mail adresi
Emanze /e'mantsı/ *f* kadın haklarını aşırı savunan, dişiliği ön plana çıkmayan kadın; erkek Fatma
Emanzipation /emantsipa'tsyo:n/ *f* eşit haklar, hukuki eşitlik; bağımsız ve hak-

larına sahip olma; kadın-erkek eşitliği ***die Emanzipation der Frauen*** kadınların bağımsız ve erkeklerle eşit olması
emanzipatorisch /'emantsipa'to:riş/ *s* özgürleşmeci
emanzipieren /emantsi'pi:rın/ *vt* yetkin kılmak, özgür kılmak; aynı haklara sahip kılmak; kadınları erkeklerle eşit kılmak, haklarını vermek ***sich emanzipieren*** haklarını aramak, yetkin olmak
emanzipiert /emantsi'pi:rt/ *s* bağımsız, özgür, erkeklerle eşit haklara sahip kadın; serbest
Embargo /em'bargo/ *n* ambargo ***eine Ware mit einem Embargo belegen*** bir mala ambargo koymak
Embryo /'embrüo/ *m hek anat* cenin, embriyon, oğulcuk
Emigrant /emi'grant/ *m* göçmen, muhacir; mülteci, sığınmacı
Emigration /emigra'tsyo:n/ *f* göç; göçme, göç etme; iltica, sığınma
emigrieren /emi'gri:rın/ *vi* göç etmek; iltica etmek, sığınmak
eminent /emi'nent/ *s* olağanüstü, fevkalade, son derece ***ein eminent großes Problem*** son derece büyük bir sorun
Eminenz /emi'nents/ *f* aziz, büyük, katolik kilisesinde kardinallere hitap şekli ***graue Eminenz*** perde arkasında duran gizli güç, siyasi nüfuz sahibi kişi
Emir /'e:mir/ *m* emir, Arap prensi
Emission /emis'yo:n/ *f* (baca, egzos) zararlı madde yayımı, çıkarımı; *eko* piyasaya tahvil, para sürme, emisyon; *fiz* kim. yayma, salma
Emotion /emo'tsyo:n/ *f* heyecan, duygu
emotional /emotsyo'na:l/ *s* duygusal, hissi
Empfang /em'pfang/ *m* karşılama, resmi kabul; *tic* malı teslim alma; *huk* ahzukabz; postayı teslim alma; (radyo) yayın alma; resepsiyon, kabul ***den Empfang bestätigen*** alındığını taahhüt etme ***einen Empfang geben*** resepsiyon vermek ***in Empfang nehmen*** teslim almak; (radyo, televizyon) yayını dinleme, alma, çekme, alabilme
empfangen /em'pfangın/ *vt* almak; kabul etmek; karşılamak; malı teslim almak; gebe kalmak; posta almak; (radyo, televizyon) yayını dinlemek, almak
Empfänger /em'pfengır/ *m* (posta) alıcı; *tic* malın alıcısı, teslim alan; (radyo, TV) alıcı cihaz; *ask* emir alan ***Porto bezahlt Empfänger*** posta ücreti alıcıya ait
empfänglich /em'pfenglih/ *s* yatkın, hassas; *hek* dispoze ***sie ist empfänglich für schöne Worte*** o bayan güzel sözleri sever
Empfänglichkeit /em'pfenglihkayt/ *f* yatkınlık, almaya yatkın olma; *ruhb* duyguluk; *hek* döllenebilirlik, hamile olmaya elverişlilik
Empfängnis /em'pfengnis/ *f hek* gebe kalma, hamile kalma
empfängnisverhütend /em'pfengnisferhü:tınt/ *s* gebelik önleyici
Empfängnisverhütung /em'pfengnisferhü:tung/ *f hek* doğum kontrolü, gebeliği önleme
empfangsberechtigt /em'pfangsbırehtiht/ *s* almaya yetkili kişi
Empfangsbestätigung /em'pfangsbışte:tigung/ *f* alındı belgesi, alındı taahhütü
Empfangsdame /em'pfangsda:mı/ *f* resepsiyon görevlisi bayan
empfehlen /em'pfe:lın/ *vt* önermek, tavsiye etmek ***es empfiehlt sich*** öneriye değer, uygundur ***ich empfehle mich Ihnen*** *esk* size saygılarımı sunarım ***empfehlen Sie mich Herrn Müller*** Bay Müller'e saygılarımı iletiniz ***sich empfehlen*** saygılarını sunmak; gitmek, veda etmek, kaçmak, sıvışmak, tüymek
empfehlenswert /em'pfe:lınsve:rt/ *s* tavsiyeye değer, uygun, referans edilebilir
Empfehlung /em'pfe:lung/ *f* öneri, tavsiye, referans; saygı, hürmet ***mit besten Empfehlungen*** *esk* saygılarımla, hürmetlerimle
Empfehlungsschreiben /em'pfe:lungsşraybın/ *n* tavsiyename, bonservis
empfinden /em'pfindın/ *vt* duymak, hissetmek ***als geschmacklos empfinden*** tatsız bulmak ***ein empfindender Mensch*** duygulu bir insan ***tief empfunden*** candan
empfindlich /em'pfintlih/ *s* hassas, duygulu, hisli, içli; alıngan; çıtkırıldım, *kon* osuruktan nem kapan; nazik, zarif, ince; şiddetli, keskin ***empfindlich sein*** kolay incinmek ***ein empfindlicher Mensch*** hassas bir insan, alıngan bir insan; nazik ***eine empfindliche Stelle*** nazik bir

E

taraf; şiddetli, oldukça çok ***empfindliche Kälte*** şiddetli soğuk ***empfindliche Verluste*** önemli kayıplar, büyük kayıplar ***empfindlicher Schaden*** önemli zarar

Empfindlichkeit /em'pfintli**h**kayt/ *f* hassasiyet, hassaslık; alınganlık; hırçınlık

E

empfindsam /em'pfintza:m/ *s* duygulu, duygusal, hassas; çıtkırıldım

Empfindsamkeit /em'pfintza:mkayt/ *f* duygululuk, hassaslık

Empfindung /em'pfindung/ *f* his, duygu; hissetme, algılama, duyum

empirisch /em'pi:riş/ *s* görgül, gerçeklere dayanan, araştırmalarla ispatlanmış ***empirisches Wissen*** araştırmalarla elde edilen bilgi

empor /em'po:r/ *be* yukarı, yukarıya

empören /em'pö:rın/ *vi* kızdırmak, hiddetlendirmek; ayaklandırmak; gücendirmek, darıltmak ***sich über etw/jdn empören*** (bir şeye) (birisine) kızmak, hiddetlenmek ***sich gegen jdn empören*** (birisine karşı) isyan etmek ***sich empören*** kızmak, darılmak

empörend /em'pö:rınt/ *s* kızdırıcı, hiddetlendirici; ayıp, aşağılık, iğrenç, rezil

emporkommen /em'po:rkomın/ *trvi* ilerlemek, sivrilmek, yükselmek; yetişmek; olmak, meydana gelmek

Emporkömmling /em'po:rkömling/ *m* sonradan görme, türedi; *mec* yerden bitme

emporragen /em'po:ra:gın/ *trvi* yükselmek

empört /em'pö:rt/ *s* öfkelenmiş, kızgın

Empörung /em'pö:rung/ *f* öfke, hiddet; isyan, ayaklanma; ihtilal; nefret ***Empörung hervorrufen*** nefret uyandırmak, tiksinti uyandırmak ***in Empörung geraten*** ayaklanmak, tepki göstermek

emsig /'emzi**h**/ *s* çalışkan, gayretli, faal, etkin, aktif; yorulmaz ***emsig schreiben*** bir şeyler yazıp durmak

Emu /'e:mu/ *m hayb* bir cins devekuşu

Emulsion /emul'zyo:n/ *f kim* emülsiyon, sıvı asıltı, birbiri ile çözülmeyen sıvılar karışımı; *fot* ışığa hassaslık

Endabrechnung /'endapre**h**nung/ *f* kesin hesap, nihai hesap

Ende /'endı/ *n* son, bitiş, hitam, nihayet; (tepe) uç, çatal; ölüm, vefat; sonuç, netice; gaye, hedef, amaç; *den* çıma, palamar ***alles hat ein Ende*** her şeyin bir sonu var ***am anderen Ende der Stadt*** şehrin öbür tarafında ***am Ende*** sonunda, nihayet ***am Ende des Lebens*** yaşamın son günlerinde ***am Ende sein*** tükenmiş, bitmiş, perişan, yıkık (durumda) olmak ***(zu) Ende Januar*** ocak sonunda, ocak (ayı) sonu; son, ölüm ***ein Ende machen*** kısa kesmek, son vermek ***ein Ende nehmen*** son bulmak ***ein Ende finden*** sona ermek, bitmek, son bulmak ***ein trauriges Ende finden*** hazin şekilde son bulmak; feci bir ölüme uğramak ***einen Brief zu Ende lesen*** bir mektubu sonuna kadar okumak ***einer Sache ein Ende machen*** (bir şeye) son vermek ***Ende der Schicht*** vardiya sonu, vardiya bitimi ***Ende des Geschäftsjahres*** dönem sonu ***es geht mit ihm zu Ende*** sonu geliyor, yakında ölecek ***letzten Endes*** nihayet, sonunda ***nicht zu Ende führen können*** gerisini getirememek, arkasını getirememek ***von einem Ende zum anderen*** baştan sona ***zu Ende bringen*** bitirmek, sonuna getirmek, sona erdirmek ***zu Ende gehen*** bitmek; vadesi gelmek, sayılı günleri kalmak ***zu Ende kommen mit etw*** (bir şeyi) bitirebilmek ***zu Ende sein*** sonu gelmiş olmak, sona ermek

enden /'endın/ *vt/vi* bitmek, sona ermek, son bulmak, hitam bulmak; (yağış) durmak, kesilmek; ölmek ***das Wort endet auf A*** kelime A harfiyle bitiyor

Endergebnis /'enderge:pnis/ *n* kesin sonuç, nihai sonuç, kati netice

endgültig /'entgülti**h**/ *s* kesin, kati; sonsuza dek, ebediyen ***endgültige Entscheidung*** kesin karar, kati karar ***endgültige Form*** nihai şekil ***endgültige Rechtskraft*** *huk* kesin hüküm ***endgültige Sicherheit*** kati teminat, kesin teminat ***endgültiges Urteil*** *huk* kati hüküm, nihai hüküm

Endgültigkeit /'entgülti**h**kayt/ *f* kesinlik, katilik; ebediyet

Endhaltestelle /'ent**h**altıştelı/ *f* son durak

Endivie /en'di:vyı/ *f bitk* hindiba; kıvırcık marul

Endlagerung /'entla:gırung/ *f* (kimyasal atık vs.) depolama; depo

endlich /'entli**h**/ *s* sonu olan, muayyen; *be* çok şükür!, nihayet!; kati, kesin; sonlu, nihai

endlos /'entlo:s/ *s* sonsuz, ebedi; namütenahi, bitmez tükenmez; uçsuz bucaksız, ucu bucağı yok; engin

Endphase /'entfa:zı/ *f* son evre, son aşama

Endpunkt /'entpunkt/ *m* son, son nokta; çıkmaz, çözümsüzlük

Endrunde /'entrundı/ *f sp* final, son tur

Endspiel /'entşpi:l/ *n sp* final karşılaşması, final maçı

Endstation /'entştatsyo:n/ *f* son durak, son istasyon, varış; son aşama, son safha

Endung /'endung/ *f* bitim, sona erme; *dilb* ek, takı, çekim eki

Endverbraucher /'entferbrauhır/ *m* tüketici

Energie /ener'gi:/ *f fiz* enerji, erke; azim, gayret, kuvvet, enerji, kudret

Energiebedarf /ener'gi:bıdarf/ *m* enerji gereksinimi, enerji ihtiyacı

Energiebündel /ener'gi:bündıl/ *n mec* çok enerjik kimse

Energiequelle /ener'gi:kvelı/ *f* enerji kaynağı

Energieverbrauch /ener'gi:ferbrauh/ *m* enerji kullanımı, enerji tüketimi

Energieversorgung /ener'gi:ferzorgung/ *f* enerji sağlama, enerji üretme

Energiewirtschaft /ener'gi:virtşaft/ *f* enerji ekonomisi, enerji üretimi

energisch /e'nergiş/ *s* enerjik, çalışkan; şiddetli; kararlı, azimli ***energisch protestieren*** şiddetle protesto etmek ***energisch vorgehen*** ağır basmak ***sehr energisch sein*** tuttuğunu koparmak, taşın suyunu çıkarmak

eng /eng/ *s* dar, ensiz; sıkı; samimi, sıkı fıkı; yapışık; sınırlı, mahdut; yakın ***eng befreundet*** yakın dost ***eng befreundet sein*** yakın dost olmak ***eng sitzen*** sık oturmak; dar ***zu eng sein*** (ayakkabı, vs.) dar gelmek, sıkı olmak ***enge Beziehung*** yakın dostluk, dostane ilişki ***enge Freundschaft*** yakın arkadaşlık, sıkı arkadaşlık, canciğer arkadaşlık ***enger Hosen*** dar paçalı pantolon ***enger Kamm*** sık tarak ***enger machen*** daraltmak ***enger Vokal*** *dilb* dar ünlü ***enger werden*** daralmak ***enges Kleid*** dar elbise ***im engersten Familienkreis*** yakın akrabalarla birlikte ***in engerem Sinne*** daha somut şekilde

Engagement /angıj'man/ *n* işe alma, angaje etme, angajman; taahhüt; iş verme; üstlenme, sorumluluk yüklenme; yükümlülük; garanti verme; inanarak uğraşma, baş koyma; dansa davet etme

engagieren /annga'ji:rın/ *vt* angaje etmek; yükümlülük altına almak ***jdn engagieren*** (birisini) işe almak ***sich für etw engagieren*** (bir şey ile) uğraşmak, (bir şeye) baş koymak; dansa kaldırmak ***sich engagieren*** taahhüt altına girmek

engagiert /annga'ji:rt/ *s* angaje; yakın ilgi gösteren

Enge /'engı/ *f coğ* dar geçit; *coğ* (deniz) boğaz; darlık, sıkılık; sıklık; sıkıntı, daralma; daraltı ***jdn in die Enge treiben*** (birisini) zor duruma düşürmek, sıkıştırmak

Engel /'engıl/ *m* melek, peri ***die Engel im Himmel singen hören*** *kon* ani ve çok şiddetli sancıya tutulmak ***mein Engel!*** kuzum! meleğim! ***schön wie ein Engel*** melek kadar güzel

Engelsgeduld /'engılsgıdult/ *f* sabır ***eine Engelsgeduld mit jdm haben*** (birisine karşı) çok sabırlı olmak

Engelszungen /'engılstsungın/ *f* sabır ***mit Engelszungen zu jdm reden*** (birisine) çok sabırlı ve sakin bir şekilde anlatmak, inandırmaya uğraşmak

Engelwurz /'engılvurts/ *f bitk* anjelika, melekotu

engherzig /'enghertsih/ *s* dar, dar kafalı, dar görüşlü, kıt görüşlü; acımasız, kalpsiz

Engherzigkeit /'enghertsihkayt/ *f* dar kafalı; acımasız, kalpsiz

England /'englant/ *tnz* İngiltere

Engländer /eng'lendır/ *m* İngiliz; *tek* İngiliz anahtarı

Englisch /'engliş/ *n* İngilizce

englisch /'engliş/ *s* İngiliz'lere veya İngiltere'ye ait; ingiliz; İngilizce ***englische Kirche*** Anglikan kilisesi ***englische Königin*** İngiliz Kraliçesi ***englische Krankheit*** *hek* raşitizm ***englische Sprache*** İngilizce ***englischer Härtegrad*** *tek* İngiliz sertlik derecesi ***englischer Walzer*** İngiliz valsi

engmaschig /'engmaşih/ *s* (kumaş) ince ve sık dokulu; dar aralıklı ***engmaschiges Gitter*** sık gözlü kafes

Engpass /'engpas/ *m coğ* boğaz, geçit; sıkıntı, darlık, sıkıntılı dönem, darboğaz; *tek* ensiz geçme, dar geçme

E

engstirnig /'engştirni**h**/ *s mec* dar kafalı, dar görüşlü
Engstirnigkeit /'engştirni**h**kayt/ *f* dar kafalılık, dar görüşlülük
Enkel /'enkıl/ *m* (erkek) torun; gelecek nesiller
Enkelin /'enkılin/ *f* (kız) torun
Enkelkind /'enkılkind/ *n* torun
enorm /e'norm/ *s* aşırı; anormal; çok büyük; muazzam, harika, fevkalade
Ensemble /an'sanbl/ *n müz* ses uygunluğu; koro; tiyatro veya ses topluluğu, orkestra; heyet topluluğu, temsil heyeti; takım, grup, trup
entarten /ent'artın/ *vi* cinsi bozulmak; nesli bozulmak; yozlaşmak, soysuzlaşmak, dejenere olmak
entäußern /ent'oysırn/ *vr* vazgeçmek, devretmek, feragat etmek ***sich in einer Sache entäußern*** (bir şeyden) vazgeçmek; bırakmak, devretmek
entbehren /ent'be:rın/ *vt* mahrum olmak, yoksun olmak; yokluğunu hissetmek, aramak ***etw in einer Sache entbehren*** (bir şeyden) mahrum olmak ***etw entbehren können*** (bir şeye) gereksinim duymamak, ihtiyaç duymamak; vazgeçebilmek ***etw nicht entbehren können*** bir ihtiyacı olmak, vazgeçememek
entbehrlich /ent'be:rli**h**/ *s* lüzumsuz, fuzuli, gereksiz, fazla; zorunlu olmayan
Entbehrlichkeit /ent'be:rli**h**kayt/ *f* lüzumsuzluk, fazlalık
Entbehrung /ent'be:rung/ *f* yoksunluk, mahrumiyet, yokluk
entbinden /ent'bindın/ *vt* kurtarmak; doğurtmak; affetmek; muaf tutmak, istisna tutmak; *vi* doğurmak ***von einer Verpflichtung entbinden*** bir yükümlülükten kurtarmak ***eine Frau entbinden*** bir kadına doğum yaptırmak, doğurtmak ***von einem Kind entbunden werden*** çocuk doğurmak
Entbindung /ent'bindung/ *f* ibra; muaf tutma; kurtarma; doğum yapma, doğurma, doğum
Entbindungsstation /ent'bindungsştatsyo:n/ *f* doğum servisi
entblößen /ent'blö:sın/ *vt* açmak, örtüsünü kaldırmak; şapkasını çıkarmak, başını açmak; soymak; ortaya çıkarmak; mahrum etmek, yoksun bırakmak; (kılış) kınından çıkarmak ***jdn von etw entblößen*** (birisini bir şeyden) mahrum etmek, yoksun bırakmak ***sich entblößen*** soyunmak; (bir şeyden) kendini mahrum etmek ***einer Sache entblößt*** mahrum, yoksun
entbrennen /ent'brenın/ *vi* çıkmak, başlamak, baş göstermek, vuku bulmak; (kavga) kızışmak ***ein Krieg ist entbrannt*** savaş çıktı; (aşk, nefret, hiddet vs.den) yanıp tutuşmak ***in Liebe zu jdm entbrennen*** (birisinin) aşkıyla yanıp tutuşmak ***in Zorn entbrennen*** hiddetten yanıp tutuşmak, kudurmak
entdecken /ent'dekın/ *vt* keşfetmek, bulmak, icat etmek; (birisine bir şeyi) açmak; ortaya çıkarmak, meydana çıkarmak ***sich jdm entdecken*** (birisine) açılmak, içini dökmek
Entdecker /ent'dekır/ *m* kâşif, keşfeden, bulan, icatçı
Entdeckung /ent'dekung/ *f* keşif, keşfetme, buluş, bulma, icat etme
Entdeckungsreise /ent'dekungsrayzı/ *f* keşif gezisi
Ente /'entı/ *f hayb* ördek; uydurma, yalan, yalan haber; *hek* çiş ördeği ***wie eine Ente watscheln*** badi badi yürümek
entehren /ent'e:rın/ *vt* namusunu lekelemek, namusuna halel getirmek; şerefini düşürmek; ırzına geçmek ***sich entehren*** rezil olmak, kepaze olmak, *kon* karizmayı çizdirmek
enteignen /ent'aygnın/ *vt* kamulaştırmak, istimlak etmek; kendine mal etmek
Enteignung /ent'aygnung/ *f* istimlak, kamulaştırma; kendine mal etme ***Enteignung von Grundeigentum*** istimlak; kamulaştırma
enterben /ent'erbın/ *vt* mirastan mahrum kılmak, mirasından yoksun bırakmak
Enterich /'entıri**h**/ *m hayb* erkek ördek
entfachen /ent'fa**h**ın/ *vi* alevlendirmek, canlandırmak; tahrik etmek; ateşlemek
entfallen /ent'falın/ *vi* düşmek; hatırdan çıkarmak; hatırlayamamak; hissesine düşmek, payına düşmek ***jdm entfallen*** (birisinden bir şey) düşmek ***mir ist der Knopf entfallen*** düğmem düştü ***sein Name ist mir entfallen*** ismini unuttum, adını unuttum, ismi hatırıma gelmiyor; payına düşmek ***davon entfällt 500 Euro auf dich*** oradan payına 500 Euro düşüyor
entfalten /ent'faltın/ *vt* (sarılı bir şeyi) açmak, çözmek, yaymak, sermek; geliş-

tirmek ***sich entfalten*** gelişmek, serpilmek; kendini geliştirmek; açılmak
entfärben /ent'ferbın/ *vt* boyasını çıkarmak, rengini soldurmak, boyasını gidermek ***sich entfärben*** boyası çıkmak, rengi solmak
Entfärber /ent'ferbır/ *m* renk giderici
entfernen /ent'fernın/ *vt* uzaklaştırmak; gidermek, (leke, boya) çıkarmak; bertaraf etmek, gidermek; ekarte etmek ***sich entfernen*** uzaklaşmak, açılmak, ayrılıp gitmek
entfernt /ent'fernt/ *s* uzak, ırak ***entfernte Möglichkeit*** uzak bir ihtimal ***entfernter Verwandter*** uzaktan akraba, uzak akraba ***die Stadt ist 5 km von hier entfernt*** şehir buradan 5 km uzak(lık)tadır ***weit entfernt!*** şöyle dursun!
Entfernung /ent'fernung/ *f* ihraç; tart; uzaklık, mesafe, ara; uzaklaşma, ayrılma; ortadan kaldırılma, ortadan kaldırma ***Entfernung auf dem Amt*** görevden uzaklaştırma, görevden ihraç etme ***auf nahe Entfernung*** yakında
entfesseln /ent'fesıln/ *vt* çözmek; (zincirlerden, zorluklardan, problemlerden) kurtarmak ***etw entfesseln*** (bir şeye) sebep olmak, neden olmak
entflammbar /ent'flamba:r/ *s* *tek* tutuşkan, alevlenir, alev alabilir
entflammen /ent'flamın/ *vt* *tek* yakmak, tutuşturmak, ateşe vermek; tahrik etmek, gaza getirmek; (tartışma) alevlendirmek; *vi* alev almak, tutuşmak; abayı yakmak
entfliehen /ent'fli:ın/ *vi* (birisinden, bir şeyden) kaçmak; firar etmek
entfremden /ent'fremdın/ *vt* yabancılaştırmak; birbirinden soğutmak, nifak sokmak ***jdn jdm entfremden*** (birisini birisine) yabancılaştırmak ***sich einander entfremden*** araları açılmak, birbirinden soğumak ***sich entfremden*** yabancılaşmak
Entfremdung /ent'fremdung/ *f* yabancılaşma, yabancılaştırılma; soğukluk
entführen /ent'fü:rın/ *vt* (birisini) kaçırmak, zorla kaçırmak; gasp etmek, zorla almak; (kız) kaçırmak
Entführer /ent'fü:rır/ *m* kaçıran kişi, kaçırıcı, gaspçı
Entführung /ent'fü:rung/ *f* kaçırma; kaçırılma
entgegen /ent'ge:gın/ *ilg* (bir şeye) karşı, (yasaya) karşı, aykırı; aksine, zıt olarak; muhalif ***entgegen sein*** karşısında olmak ***Richtung dem Ziel entgegen*** hedefe doğru ***dem Gesetz entgegen*** yasalara aykırı olarak, kanuna karşı
entgegenblicken /ent'ge:gınblikın/ *trvt* (birisine) bakmak, göz atmak
entgegengehen /ent'ge:gınge:ın/ *trvi* karşılamak, karşılamaya gitmek; (tehlike) göğüs germek; bitmek; (bir şeye doğru) gitmek, yaklaşmak; *mec* ölmek üzere olmak ***einer Sache entgegengehen*** (bir şeye) yaklaşmak, doğru yönelmek
entgegengesetzt /ent'ge:gıngızetst/ *s* karşı, karşıt, aykırı, aksi, muhalefet, çatışık; çelişik ***auf der entgegengesetzten Seite*** karşı tarafta, diğer tarafta ***einer Sache entgegengesetzt sein*** (bir şeye) karşı olmak ***entgegengesetzte Richtung*** karşı yön ***entgegengesetzter Ansicht sein*** karşı fikirde olmak ***genau entgegengesetzt denken*** tam tersini düşünmek ***ich bin entgegengesetzter Meinung*** karşı fikirdeyim; aksini düşünüyorum
entgegenhalten /ent'ge:gınhaltın/ *trvt* itiraz etmek, karşı koymak; mukayese etmek, karşılaştırmak ***jdm etw entgegenhalten*** (birisine bir şeyi) uzatmak; itiraz etmek ***ständig Argumente entgegenhalten*** (bir şeye) sürekli itiraz etmek
Entgegenkommen /ent'ge:gınkomın/ *n* kolaylık gösterme, yakınlık gösterme; uyma; iltifat, teveccüh ***Entgegenkommen zeigen*** yumuşak davranmak
entgegenkommen /ent'ge:gınkomın/ *trvi* karşılaşmak, rast gelmek, rastlaşmak, isabet etmek, karşısına çıkmak; (birisini) karşılamak; (birisine) bir konuda kolaylık göstermek, kıyak yapmak; iltifat etmek
entgegennehmen /ent'ge:gınne:mın/ *trvt* teslim almak, almak, kabul etmek
entgegensehen /ent'ge:gınze:ın/ *trvi* (birisine) bakmak; (yolunu) gözlemek; intizar etmek ***etw entgegensehen*** (bir şeyi) beklemek
entgegensetzen /ent'ge:gınzetsın/ *trvt* karşı koymak, direnmek; itiraz etmek; mukabele etmek
entgegentreten /ent'ge:gıntre:tın/ *trvi* karşı gelmek, karşı koymak, karşı durmak; düşmanca davranmak; göğüs

E

germek; rast gelmek; reddetmek
entgegenwirken /ent'ge:gınvirkın/ *trvt* muhalefet etmek, karşı çalışmak
entgegnen /ent'ge:gnın/ *vt* cevap vermek, yanıtlamak; mukabele etmek
Entgegnung /ent'ge:gnung/ *f* cevap, yanıt, karşılık
entgehen /ent'ge:ın/ *vi* kaçmak, (bir şeyden) kurtulmak, atlatmak; kaybetmek, yitirmek; gözünden kaçmak, gözüne çarpmamak; farkına varmamak ***dieses Geschäft ist uns entgangen*** bu işi kaçırdık ***sich etw entgehen lassen*** (bir şeyi, fırsatı) kaçırmak, farkına varamamak ***dieser Fehler ist mir entgangen*** bu hata gözümden kaçtı ***ihm entgeht nichts*** ondan hiçbir şey kaçmaz
entgeistert /ent'gaystırt/ *s* şaşırmış, şaşmış, şaşkın, afallamış ***entgeistert sein*** şaşa kalmak, dona kalmak
Entgelt /ent'gelt/ *n* karşılık, ücret; bedel, değer; masraf; tazminat; mükâfat, ödül ***gegen Entgeld*** para ile
entgleisen /ent'glayzın/ *vi* (tren) raydan çıkmak; *mec* (insan) yoldan çıkmak, yanlış yollara sapmak; *kon* pot kırmak ***entgleisen lassen*** raydan çıkarmak
Entgleisung /ent'glayzung/ *f* (tren) raydan çıkma; *mec* (insan) yoldan çıkma, sapıtma; dil sürçmesi ***eine Entgleisung begehen*** *mec* pot kırmak
enthaaren /ent'ha:rın/ *vt* tüylerini almak, tüylerini yolmak; saçlarını yolmak; ağda yapmak
Enthaarungsmittel /ent'ha:rungsmitıl/ *n* tüy giderici madde, tüy giderme maddesi, ağda ***Enthaarungsmittel auftragen*** ağda sürmek, ağda yapıştırmak
enthalten /ent'haltın/ *vt* kapsamak, içinde bulundurmak, ihtiva etmek, içermek, kapsamak ***in etwas enthalten sein*** (bir şeye) dahil olmak, (bir şeyin) içinde bulunmak ***sich einer Sache enthalten*** (bir şeyden) kaçınmak, sakınmak, çekinmek, korunmak ***sich einer Sache nicht enthalten können*** kendini alamamak ***sich dem Leben enthalten*** inzivaya çekilmek ***sich der Abstimmung enthalten*** oylamada çekimser kalmak, tarafsız kalmak ***sich enthalten*** çekinmek, kazınmak, sakınmak
enthaltsam /ent'haltza:m/ *s* kanaatkâr, ölçülü, mütevazi (yaşayan); yaşam zevklerinden uzak; yeşilaycı
Enthaltsamkeit /ent'haltza:mkayt/ *f* mütevazi yaşama, az şeyle yetinme; perhiz; inziva
Enthaltung /ent'haltung/ *f* kaçınma, çekinme, geri durma; mahrum kılma ***Enthaltung aus dem Amt*** azil, el çektirme, görevden alma
enthärten /ent'hertın/ *vt* yumuşatmak, sertliğini gidermek; yumuşamak
Enthärter /ent'hertır/ *m* yumuşatıcı, sertlik giderici
enthaupten /ent'hauptın/ *vt* boynunu vurmak, başını kesmek
entheben /ent'he:bın/ *vt* kurtarmak, çare olmak; el çektirmek; muaf tutmak ***einer Sache enthoben sein*** bir şeyden kurtulmak, kurtulmuş olmak ***einen Beamten seines Amtes entheben*** bir memura işten el çektirmek
enthüllen /ent'hülın/ *vt* (saklı veya gizli olan bir şeyi) açmak, açığa çıkarmak; açıklamak, ifşa etmek; kabını çıkarmak, örtüsünü çıkarmak; hatasını ortaya çıkarmak, yanlışını çıkarmak ***sich enthüllen*** foyası ortaya çıkmak
Enthüllung /ent'hülung/ *f* ifşa; açığa çıkarma, açma; açılış
Enthusiasmus /entu'zyasmus/ *m* zevke getirme, heyecan verme; coşkunluk; heves, istek, büyük ilgi
enthusiastisch /entu'zyastiş/ *s* heyecanlı, coşkulu, coşkun, ateşli
entjungfern /ent'yungfırn/ *vi* bakireliğini almak, bekâretini bozmak, kızlığını bozmak
entkalken /ent'kalkın/ *vt* (su) kirecini almak, kireçten arındırmak
entkernen /ent'kernın/ *vt* (meyve vs.) çekirdeğini çıkarmak, çekirdekten arındırmak
entkleiden /ent'klaydın/ *vt* soymak, elbisesini çıkarmak; striptiz yapmak; mahrum bırakmak ***jmdn. einer Sache entkleiden*** (birisini bir şeyden) yoksun bırakmak, mahrum etmek ***sich entkleiden*** soyunmak, üzerindekilerini çıkarmak
entkoffeiniert /entkofei'ni:rt/ *s* (kahve) kafeinden arındırılmış, kafeini alınmış
Entkommen /ent'komın/ *n* kaçma; kaçınma, sakınma
entkommen /ent'komın/ *vi* kurtulmak, kaçmak, tüymek, sıvışmak ***sie ist entkommen*** o kaçıp kurtuldu

entkorken /ent'korkın/ *vt* (şişe) tıpasını çıkarmak, mantarını çıkarmak
entkräften /ent'kreftın/ *vt* kuvvetten düşürmek, zayıflatmak, gücünü kırmak; (iddia vs.) çürütmek, geçersiz kılmak, aksini ispat etmek
Entkräftung /ent'kreftung/ *f hek* asteni; kuvvetten düşürülme; kuvvetten düşme; kuvvetsizlik; (iddia, kanıt vs.) çürütme, geçersiz kılma
entladen /ent'la:dın/ *vt* (enerji, su, vs.) boşaltmak, tahliye etmek, yük indirmek ***sich entladen*** (elektrik, gerilim vs.) boşalmak, deşarj olmak
Entladung /ent'la:dung/ *f* (yük) indirme, boşaltma, tahliye; (elektrik, akım, gerilim) boşaltılma, deşarj olma ***zur Entladung bringen*** boşaltmak, tahliye etmek
entlang /ent'lang/ *ilg* boyunca; yönünde; yönünden, açısından ***der Grenze entlang*** sınır boyunca ***der Straße entlang*** cadde boyunca ***gehen Sie hier entlang*** *kon* buradan gidiniz
entlanggehen /ent'langge:ın/ *trvi* boyunca gitmek; yönünde gitmek
entlarven /ent'larfın/ *vt* ortaya çıkarmak, çözmek, deşifre etmek, maskesini düşürmek ***sich selbst entlarven*** açık vermek, foya vermek, renk vermek
Entlarvung /ent'larfung/ *f* deşifre etme, maskesini düşürme, foyasını ortaya çıkarma
entlassen /ent'lasın/ *vt* serbest bırakmak, salıvermek, (hastaneden) taburcu etmek, izin vermek, (askerden) terhis etmek; işten çıkarmak, işten el çektirmek, azletmek; tahliye etmek; *ask* çürüğe çıkarmak; kaydını silmek
Entlassung /ent'lasung/ *f* serbest bırakma, serbest bırakılma; terhis etme, taburcu etme; işten çıkarılma, işten çıkarma, işten el çektirme, kovma; yol verme; yükümlülükten kurtarma ***Ansuchen zum Entlassung*** *huk* tahliye talebi ***Entlassung vom Militär*** terhis
entlasten /ent'lastın/ *vt* aklamak, beraat ettirmek; yükünü almak, yükünü hafifletmek, yardım etmek; *tic* borcunu silmek, borcunu azaltmak; *tic* ibra etmek ***sich entlasten*** kendini temize çıkarmak
Entlastung /ent'lastung/ *f* aklama, beraat; hafifletilme, hafifletme; yardım; sorumluluktan kurtarma ***Entlastung des Vormunds*** *huk* vasinin ibrası
Entlastungszeuge /ent'lastungstsoygı/ *m huk* sanığı aklayan şahit, savunma şahidi
entleeren /ent'le:rın/ *vt* boşaltmak; tahliye etmek; dökmek ***sich entleeren*** boşalmak
Entleerung /ent'le:rung/ *f* boşaltma; boşaltılma; boşalma; tahliye; vidanj
entlegen /ent'le:gın/ *s* uzak, sapa, tenha, ıssız ***ganz entlegen*** ücra, ıssız
entlocken /ent'lokın/ *vt* ağzından söz almak; (bir şeyi) yaptırmak, söyletmek
entlohnen /ent'lo:nın/ *vt* parasını ödemek, ücretini ödemek, maaşını ödemek, hakkını para ile vermek
Entlohnung /ent'lo:nung/ *f* ücret ödeme, para ödeme
Entlüftung /ent'lüftung/ *f* havalandırma
entmachten /ent'mahtın/ *vt* iktidardan indirmek, nüfuzunu kırmak
Entmachtung /ent'mahtung/ *f* iktidardan indirme
entmilitarisieren /entmilitari'zi:rın/ *vt* askerden arındırmak
entmündigen /ent'mündigın/ *vt huk* hacir altına almak; karar verme yetisini kısıtlamak, elinden almak
Entmündigung /ent'mündigung/ *f huk* hacir altına alınma; kısıtlanma; kısıtlılık
entmutigen /ent'mu:tigın/ *vt* cesaretini kırmak, yıldırmak ***sich entmutigen lassen*** cesareti kırılmak, yılmak
entmutigend /ent'mu:tigınt/ *s* cesaret kırıcı
Entnahme /ent'na:mı/ *f* (bir şeyden) alma, alınma, çıkarma, çıkarılma
entnehmen /ent'ne:mın/ *vt* çıkarmak, elde etmek, almak; sonuç çıkarmak; mana çıkarmak, anlam çıkarmak; iktibas etmek ***etw aus etw entnehmen*** (bir şeyden bir şeyi) çıkarmak, almak ***sich entnehmen lassen*** anlaşılmak ***Blut entnehmen*** *hek* kan almak
entpuppen /ent'pupın/ *vr* kozadan çıkmak; *mec* foyası ortaya çıkmak ***sich als etwas entpuppen*** belli olmak, görülmek, meydana çıkmak
enträtseln /ent're:tsıln/ *vt* (bir sırrı) çözmek, anlamak; anlam çıkarmak
entrichten /ent'rihtın/ *vt* (para, vergi, ücret) ödemek; tediye etmek; iyi dileklerini sunmak, teşekkürlerini iletmek
entrinnen /ent'rinın/ *vi* kurtulmak
entrollen /ent'rolın/ *vi* yuvarlanarak git-

E

E

mek; hareket etmek; *vt* açmak, sermek ***sich entrollen*** açılmak, serilmek

Entropie /entro'pi:/ *f ruhb* entropi

entrücken /ent'rükın/ *vt* alıp götürmek, uzaklaştırmak, kaldırmak

entrüsten /ent'rüstın/ *vt* kızdırmak, öfkelendirmek, hiddetlendirmek ***sich über etw/jdn entrüsten*** bir şeye kızmak; birisine kızmak ***sich entrüsten*** öfkelenmek, *mec* zıvanadan çıkmak

Entrüstung /ent'rüstung/ *f* öfke, hiddet, infial

entschädigen /ent'şe:digın/ *vt* zarar ve ziyanı tazmin etmek, tazminat vermek ***jdn für seine Dienste entschädigen*** (birisini) yaptığı hizmetlerden dolayı ödüllendirmek

Entschädigung /ent'şe:digung/ *f* ödeme, tazmin etme, zararı karşılama; tazminat ***Entschädigung verlangen*** tazminat istemek

entschärfen /ent'ferfın/ *vt* (bomba, mayın) etkisiz hale getirmek; (ortamı) yatıştırmak

entscheiden /ent'şaydın/ *vt* karar vermek, hüküm vermek; karara bağlamak; belirlemek; bir şeyde etkili olmak; tesirli olmak, etkili olmak; ağır basmak ***über etw entscheiden*** (bir şey hakkında) karar vermek ***sich gegen jdn/etw entscheiden*** (bir şey/birisi) aleyhinde karar vermek ***sich für jdn/etw entscheiden*** (bir şey/birisi) lehinde karar vermek ***es wird sich entscheiden*** belli olacak ***sich entscheiden*** kararlaşmak; belli olmak

entscheidend /ent'şaydınt/ *be* kesin, kati; önemli; etkili, yerinde; *hek* kritik, vahim ***entscheidende Wendung*** yıkım, katastrof ***entscheidender Entschluss*** kesin karar, nihai karar ***entscheidender Faktor*** belirleyici faktör, belirleyici etmen ***entscheidender Sieg*** önemli zafer, büyük başarı ***im entscheidenden Augenblick*** tam vaktinde

Entscheidung /ent'şaydung/ *f huk* karar, hüküm; kesin sonuç ***eine Entscheidung treffen*** karar vermek, karara varmak ***Entscheidung fällen*** karar vermek ***Entscheidung treffen*** karara varmak ***die Entscheidung ist gefallen*** karar verildi

Entscheidungsfreiheit /ent'şaydungsfrayhayt/ *f huk* karar verme özgürlüğü, karar verme hürriyeti

entschieden /ent'şi:dın/ *s* kararlı; kesin; enerjik; tam anlamıyla

Entschiedenheit /ent'şi:dınhayt/ *f* kararlılık; kat'iyet, kesinlik; azim

entschließen /ent'şli:sın/ *vr* karar vermek, karar kılmak ***sich zu etw entschließen*** (bir şeye) karar vermek, bir şey hakkında karar kılmak ***sich anders entschließen*** kararını değiştirmek

Entschließung /ent'şli:sung/ *f* (resmi) karar verme; (resmi) karar

entschlossen /ent'şlosın/ *s* kararlı, azimli ***kurz entschlossen*** azimkârlıkla ***entschlossen zu etw sein*** bir şeye kararlı olmak; azimli olmak

Entschlossenheit /ent'şlosınhayt/ *f* kararlılık, azimkârlık; azim, sebat

Entschluss /ent'şlus/ *m* karar ***einen Entschluss fassen*** karar vermek, karar kılmak ***zu einem Entschluss kommen*** karar vermek ***mein Entschluss ist gefasst*** kararımı verdim

Entschlusskraft /ent'şluskraft/ *f* azim

entschuldigen /ent'şuldigın/ *vt* affetmek, bağışlamak, kusura bakmamak ***sich bei jdm entschuldigen*** (birisinden) özür dilemek ***entschuldigen Sie!*** affedersiniz! ***sich entschuldigen*** özür dilemek, affını dilemek ***sich entschuldigen lassen*** mazeretini bildirmek

Entschuldigung /ent'şuldigung/ *f* af; özür, mazeret ***Entschuldigung!*** affedersiniz!, pardon!, özür dilerim! ***als Entschuldigung vorbringen*** mazeret ileri sürmek ***jdn um Entschuldigung bitten*** (birisinden) özür dilemek, bağışlanmasını talep etmek ***um Entschuldigung bitten*** özür dilemek, af dilemek

entsenden /ent'zendın/ *vt* yollamak, göndermek

Entsetzen /ent'zetsın/ *n* korku, dehşet ***in Entsetzen geraten*** telaşa kapılmak, telaşlanmak

entsetzen /ent'zetsın/ *vt* azletmek; ürkütmek, korkutmak; kurtarmak; (geçici) işten el çektirmek ***jdn des Amtes entsetzen*** (birisine) işten el çektirmek ***sich entsetzen*** ürkmek, korkmak ***eine Festung entsetzen*** bir kaleyi kuşatmadan kurtarmak

entsetzlich /ent'zetslih/ *s* dehşetli, korkunç, feci; büyük miktarda, haddinden fazla

entsetzt /ent'zetst/ *be* korkmuş, dehşete düşmüş ***entsetzt sein*** dehşet içinde olmak
entseuchen /ent'zoyhın/ *vt* dezenfekte etmek
entsinnen /ent'zinın/ *vr* hatırlamak, anımsamak, düşünmek, aklına gelmek
entsorgen /ent'zargın/ *vt* çöp toplamak ve yok etmek
Entsorgung /ent'zargung/ *f tic* tasfiye
entspannen /ent'şpanın/ *vt* gevşetmek, rahatlatmak, sinirlerini yatıştırmak ***sich entspannen*** istirahat etmek, kafasını dinlemek; gerginliğini gidermek
Entspannung /ent'şpanung/ *f* gevşeme, rahatlama; dinlenme, eğlenme; detant
Entspannungspolitik /ent'şpanungspoliti:k/ *f* detant politikası
entsprechen /ent'şprehın/ *vt* uygun olmak, uymak; etmek, tekabül etmek, denk düşmek; benzemek; başarılı olmak; karşılamak; benzemek; arzularını yerine getirmek ***Das entspricht nicht den Tatsachen*** gerçeklere uygun değil ***jdms Wünschen entsprechen*** (birisinin) arzularına uygun olmak; arzularını yerine getirmek
entsprechend /ent'şprehınt/ *be* kıyasla; layıkıyla; *ilg* göre; *s* uygun, denk, muadil; benzer; münasip, yakışık alır; (ücret) dolgun, şişkin ***auf der Gegenseite entsprechend*** karşılıklı, mukabil ***den Umständen entsprechend*** (bozuk) duruma uygun olarak ***seinem Wunsche entsprechend*** arzusuna göre, isteğine göre, arzusuna göre
Entsprechung /ent'şprehung/ *f* karşılık
entspringen /ent'şpringın/ *vi* (bir yerden) kaçmak; (akarsu) çıkmak, kaynaklanmak; oluşmak ***aus dem Gefängnis entspringen*** hapishaneden kaçmak
entstammen /ent'ştamın/ *vi* soyundan gelmek, -den gelmek, -dan gelmek, kökü -den gelmek; mensup olmak ***einer Dynastie entstammen*** bir hanedana mensup olmak ***einer Sache entstammen*** bir şeyden alınmış olmak
entstehen /ent'şte:ın/ *vi* oluşmak, meydana gelmek, çıkmak, vuku bulmak, ortaya çıkmak, husule gelmek ***entstehen aus*** meydana gelmek, yaratmak; icat etmek ***entstehen lassen*** oluşturmak, yaratmak; doğurmak
Entstehung /ent'şte:ung/ *f* meydana gelme, oluş, oluşma, teşekkül etme; menşe, asıl
entstellen /ent'ştelın/ *vt* değiştirmek, takas etmek; (metin, belge) tahrif etmek ***die Wahrheit entstellen*** gerçeği çarpıtmak ***das Gesicht entstellen*** yüzünü değiştirmek, çirkinleştirmek
entstören /ent'ştö:rın/ *vt* parazitlerini gidermek, parazitlerini dökmek
enttäuschen /ent'toyşın/ *vt* hayal kırıklığına uğratmak
enttäuscht /ent'toyşt/ *be* küskün; üzgün; ümitsiz; bezgin ***enttäuscht sein*** hayal kırıklığına uğramak, umduğunu bulamamak; beğenmemek, hoşuna gitmemek ***enttäuscht werden*** hayal kırıklığına uğramak
Enttäuschung /ent'toyşung/ *f* hayal kırıklığı ***eine Enttäuschung erleben*** hayal kırıklığına uğramak
entthronen /ent'tro:nın/ *vt* tahttan indirmek
entvölkern /ent'fölkırn/ *vt* nüfusu yok etmek, bir yerde oturan insanları sürmek, bir yeri insanlardan arındırmak ***sich entvölkern*** nüfusu azalmak
entwachsen /ent'vaksın/ *vi* (bir yerden) oluşmak, büyümek, çıkmak, yetişmek; yaşı geçmek, eskimek ***der Erde entwachsen*** topraktan yetişmek; fazla büyümek
entwaffnen /ent'vafnın/ *vt* silahsızlandırmak, silahını elinden almak; güçsüz kılmak; kozlarını elinden almak ***sich entwaffnen*** silahsızlanmak
entwarnen /ent'varnın/ *vi* tehlikenin geçmiş olduğunu düdükle bildirmek
Entwarnung /ent'varnung/ *f ask* tehlike geçti işareti
entwässern /ent'vesırn/ *vt* suyunu boşaltmak, suyunu almak; kurutmak
Entwässerung /ent'vesırung/ *f* suyunu boşaltma, suyun boşaltılması; drenaj, kurutma
entweichen /ent'vayhın/ *vi* kaçmak, sıvışmak, tüymek; çıkmak; sızmak
entweihen /ent'vayın/ *vt* kutsallığını bozmak, kutsallığını gidermek
Entweihung /ent'vayung/ *f* ibadeti bozma; kutsallığı bozma
entwenden /ent'vendın/ *vt* çalmak, izinsiz almak, habersiz almak; kapıp kaçmak, çalıp kaçmak
entwerfen /ent'verfın/ *vt* tasarlamak,

E

planlamak, kurmak; (plan) karalamak, müsvedde yapmak; hazırlamak; tanzim etmek; kompoze etmek; çizmek, resmetmek; (kanun) hazırlamak ***einen Design entwerfen*** bir dizayn tasarlamak ***einen Vertrag entwerfen*** bir anlaşmayı tanzim etmek

E

entwerten /ent'vertın/ *vt tic* (para) devalüe etmek; kıymetten düşürmek, değersiz kılmak, kıymetsizlendirmek, değersizlendirmek; (pul) iptal etmek; (bilet, jeton vs.) harcamak ***der Fahrgast hat den Fahrschein entwertet*** yolcu bileti kullandı

Entwertung /ent'vertung/ *f tic* devalüasyon; kıymetten düşürme, kıymetsizlendirme, değersizlendirme; iptal

entwickeln /ent'vikıln/ *vt* geliştirmek, ilerletmek; *fot* yıkamak, banyo etmek; *ask* yaymak; izah etmek, açıklamak; cesaretini göstermek ***einen Plan entwickeln*** bir plan geliştirmek ***Mut entwickeln*** cesaret göstermek ***sich entwickeln*** gelişmek, inkişaf etmek; oluşmak; *ask* yayılmak; büyümek, yetişmek; olmak, meydana gelmek

Entwickler /ent'viklır/ *m fot* film banyo maddesi

Entwicklung /ent'viklung/ *f* gelişme, ilerleme; oluşum, oluş; evrim, gelişim, geliştirme; kalkınma; *fot* yıkama, yıkanma; evrim; büyüme, yetişme ***Entwicklung zur Vollkommenheit*** olgunlaşma, mükemmelleşme; oluşma; fotoğraf basma, tabetme ***zur Entwicklung bringen*** geliştirmek, ilerletmek

entwicklungsfähig /ent'viklungsfe:ih/ *s* geliştirilebilen, geliştirilebilir

Entwicklungshelfer /ent'viklungshelfır/ *m* gelişmekte olan ülkelere yardım hizmeti sunan görevli

Entwicklungshilfe /ent'viklungshilfı/ *f* gelişmekte olan ülkelere yapılan kalkınma yardımı

Entwicklungsjahre /ent'viklungsya:rı/ *pl* ergenlik çağı, gelişme çağı

Entwicklungsland /ent'viklungslant/ *n* gelişmekte olan ülke

Entwicklungsstufe /ent'viklungsştu:fı/ *f* gelişim evresi, oluşum evresi

entwinden /ent'vindın/ *vt* elinden almak, elinden kapmak ***jdm etw entwinden*** (bir şeyi) (birisinin) zorla elinden almak

entwirren /ent'virın/ *vt* ayırmak, çözüp düzeltmek; yoluna koymak, düzene sokmak

entwischen /ent'vişın/ *vi* sıvışmak, savuşmak, kaçmak, tüymek

entwöhnen /ent'vö:nın/ *vt* vazgeçirmek, (alışkanlığı) bıraktırmak; (sütten) kesmek ***jdn einer Sache entwöhnen*** (birisini) bir alışkanlığından vazgeçirmek ***das Kind entwöhnen*** çocuğu sütten kesmek ***sich entwöhnen*** bir alışkanlığı, bırakmak, bağımlılığı bırakmak ***sich das Rauchen entwöhnen*** sigarayı bırakmak

entwürdigend /ent'vürdigınt/ *s* alçaltıcı, küçültücü, küçük düşürücü

Entwurf /ent'vurf/ *m* tasarı, taslak, tasarım, proje, plan, eskiz, karalama; maket, kroki ***Entwurf eines Gesetzes*** kanun tasarısı ***roher Entwurf*** kabataslak

entwurzeln /ent'vurtsıln/ *vt* kökünden sökmek, kökünden çıkarmak, kökünden koparmak; özelliklerini yok etmek

Entwurzelung /ent'vurtsılung/ *f* kökünden çıkarma, uzaklaştırma; kökünden çıkarılma, uzaklaştırılma

entziehen /ent'tsi:ın/ *vt* çıkarmak, bulmak, elde etmek, sonuç çıkarmak, varmak; alıkoymak, elinden almak; mahrum bırakmak ***einer Sache etwas entziehen*** (bir şeyden bir şey) çıkarmak ***jdm etw entziehen*** (birisini bir şeyden) mahrum etmek ***sich entziehen*** kaçınmak, geri çekilmek, uzaklaşmak

Entziehungskur /ent'tsi:ungsku:r/ *f* madde bağımlılığı tedavisi

entziffern /ent'tsifırn/ *vt* şifreyi çözmek, deşifre etmek; okumak ***eine Schrift nicht entziffern können*** (okunaksız) bir yazıyı okuyamamak

Entzücken /ent'tsükın/ *n* sevinç, haz ***in Entzünden geraten*** büyük sevinç duymak

entzücken /ent'tsükın/ *vt* kendinden geçirmek, memnun etmek, hayran bırakmak ***von etwas entzückt sein*** (bir şeye) hayran olmak, hayran kalmak; (olumlu) etkilenmiş olmak, bayılmak

entzückend /ent'tsükınt/ *s* harika, hoş, nefis, müthiş, enfes

entzückt /ent'tsükt/ *s* tutkun, tutulmuş ***entzückt sein*** tutulmak, bayılmak

Entzug /ent'tsu:k/ *m* çıkarma, çıkarılma, ıskat; yokluğunu çekme, mahrumiyet

Alkoholentzug bir alkoliğin alkolsüzlük çekmesi
entzündbar /ent'tsündba:r/ *s* patlayıcı, yanıcı; çabuk tutuşabilir, çabuk yanabilir; *mec* heyecanlı, ateşli
entzünden /ent'tsündın/ *vt* yakmak; tutuşturmak; alevlendirmek; *mec* tahrik etmek, coşturmak ***sich entzünden*** yanmak; tutuşmak; alevlenmek; *hek* iltihaplanmak; (deri) kızarmak
Entzündung /ent'tsündung/ *f hek* iltihap, iltihaplanma; *tek* yakma, yanma; tutuşturma, tutuşturulma; alevlenme; *hek* iltihap, yangı
entzündungshemmend /ent'tsündungs**h**emınt/ *s hek* iltihap giderici
entzwei /ent'tsvay/ *be* iki parça; parça parça; kırık; bozuk
entzweien /ent'tsvayın/ *vt kon* aralarını açmak, açılmasına sebep olmak ***sich entzweien*** araları açılmak, bozuşmak
entzweigehen /ent'tsvayge:ın/ *trvi* kırılmak, parçalanmak, iki parça olmak
Entzweiung /ent'tsvayung/ *f* aralarının açılması, ihtilaf, nifak
Enzian /'entsyan/ *m bitk* yılanotu, centiyana
Enzyklopädie /entsüklope'di:/ *f* ansiklopedi
Enzym /en'tsü:m/ *n hek* enzim, ferment
Epidemie /epide'mi:/ *f hek* salgın hastalık, epidemi
epidemisch /epi'de:miş/ *s hek* salgın halde hastalık, salgın
Epik /'e:pik/ *f tiy* epik
Epilepsie /epilep'zi:/ *f hek* sara, sara nöbeti
epileptisch /epi'leptiş/ *s hek* saralı; sara ile ilgili ***epileptische Anfälle haben*** sarası tutmak ***epileptischer Anfall*** sara nöbeti, sara krizi
Epilog /epi'lo:k/ *m* son söz
episch /'epiş/ *s tiy* epik, destansı ***episches Theater*** *tiy* epik tiyatro
Episode /epi'zo:dı/ *f* geçici olay; ikincil, epizot; fıkra, kıssa
epochal /epo'**h**a:l/ *s* yeni çığır açan, yeni çağ açan; sansasyonel; hayret uyandırıcı; önemli, mühim
Epoche /e'po**h**ı/ *f* devir, çağ, çığır, zaman ***eine neue Epoche einleiten*** yeni bir çığır açmak
Epos /'epos/ *n* destan, epope
er /e:r/ *adl* (eril) o ***ein Er und eine Sie*** bir erkek bir kadın
Erachten /er'a**h**tın/ *n* fikir, düşünce, ide ***meines Erachtens*** fikrime göre, düşünceme göre, bana göre, bence
erachten /er'a**h**tın/ *vt* görmek, düşünmek; sanmak; telaki etmek, addetmek ***etw für notwendig erachten*** (bir şeyi) gerekli görmek
erahnen /er'a:nın/ *vt* önceden sezmek, içine doğmak
erarbeiten /er'arbaytın/ *vt* çalışarak elde etmek, çalışarak kazanmak ***erarbeitetes Einkommen*** çalışarak elde edilmiş gelir
Erbarmen /er'barmın/ *n* merhamet, acıma ***das Erbarmen Gottes*** Allahın rahmeti, rahmet ***Erbarmen!*** insaf!
erbarmen /er'barmın/ *vr* acımak, merhamet etmek ***sich jds erbarmen*** (birisine) acımak, merhamet etmek ***Gott erbarme sich seiner*** Allah rahmet eylesin
erbarmenswert /er'barmınsve:rt/ *s* acınacak, acınası, zavallı, elim
erbärmlich /er'bermli**h**/ *s* acınacak durumda, sefil vaziyette; kötü, fena, berbat, alçak; pısırık, uyuşuk; kıtıpiyos
erbarmungslos /er'barmungslo:s/ *s* acımasız, vicdansız, merhametsiz, katı, taş kalpli
erbauen /er'bauın/ *vt* kurmak, inşa etmek, tesis etmek, donatmak ***nicht erbaut sein von etw*** (bir şeyden) pek hoşnut olmamak, beğenmemek, memnun kalmamak ***sich an etw erbauen*** (bir şey ile) inancını güçlendirmek; (bir şeyden) zevk almak
Erbauer /er'bauır/ *m* inşa eden, inşacı, kurucu
erbaulich /er'bauli**h**/ *s* yücelten, sevindiren; memnuniyet verici
Erbauung /er'bauung/ *f* inşa etme, inşa edilme, tesis etme, tesis edilme, kurma, yapma, yapılma
erbberechtigt /'erpbıre**h**ti**h**t/ *s huk* mirasçı, mirasa hakkı olan, vasi
Erbe /'erbı/ *m* mirasçı, vâris; *n* miras, bırakıt, tereke, kalıt ***Erbe ernennen*** *huk* mirasçı tayin etmek ***gesetzlicher Erbe*** kanuni mirasçı, yasal mirasçı
erbeben /er'be:bın/ *vi* titremek; sarsılmak, silkinmek
erben /'erbın/ *vt* miras kalmak, miras almak, vâris olmak; *biy* soya çekmek,

E

benzemek, kalıtımsal olarak gelmek ***seine Klugheit hat er von seinem Vater geerbt*** zekâsını babasından aldı, zekâsı babasına çekmiş

erbeuten /er'boytın/ *vt* ele geçirmek, zaptetmek; avlamak; ganimet olarak almak, zorla almak

E

Erbfolge /'erpfolgı/ *f* mirasçı, miras almaya hak sahibi; veraset sırası

Erbgut /'erpgu:t/ *n hek* gen, kalıtım; miras, bırakıt

erbieten /er'bi:tın/ *vr* hazır olduğunu bildirmek, hazır olduğunu söylemek

Erbin /'erbin/ *f* bayan mirasçı, bayan miras hak sahibi

erbitten /er'bitın/ *vt* rica etmek, dilemek, talep etmek

erbittern /er'bitırn/ *vt* kızdırmak, sinirlendirmek, öfkelendirmek ***aufs höchste erbittern*** çıldırtmak, kudurtmak, çileden çıkarmak ***sich erbitten lassen*** (birisinin bir isteğini) yerine getirmek

erbittert /er'bitırt/ *s* kızgın, öfkeli, sinirli, asabi ***erbitterter Kampf*** dişe diş mücadele, kıran kırana mücadele

Erbitterung /er'bitırung/ *f* öfke; şiddet; sinir

Erbkrankheit /'erpkrankhayt/ *f hek* kalıtımsal hastalık, kalıtım hastalığı, soydan gelen hastalık

erblassen /er'blasın/ *vi* sararmak, solmak; rengi atmak, rengi bozulmak ***er erblasste vor Wut*** öfkeden rengi atmıştı

Erblasser /'erplasır/ *m* miras bırakan kişi; mal vasiyet eden; vasiyetçi

erblich /'erplih/ *s hek* kalıtımsal, irsi, soydan gelen

Erblichkeit /'erplihkayt/ *f* kalıtım, irsiyet, soya çekim

erblinden /er'blindın/ *vi* kör olmak, görememek

Erblindung /er'blindung/ *f* kör olma

Erbmasse /'erpması/ *f* tereke, miras; genotip

Erbrechen /er'brehın/ *n hek* kusma, istifra etme, çıkarma

erbrechen /er'brehın/ *vt* (zorla) açmak ***sich erbrechen*** *hek* kusmak, istifra etmek, çıkarmak

Erbrecht /'erpreht/ *n huk* veraset hukuku; defter tutma

Erbschaft /'erpşaft/ *f huk* miras, veraset; mirasçı, vasi; irs ***eine Erbschaft machen*** mirasa konmak; *mec* miras yemek ***Erbschaft abweisen*** mirası reddetmek ***durch Erbschaft auf jdn übergehen*** mirasla birisine geçmek

Erbschaftssteuer /'erpşaftsştoyır/ *f huk* veraset vergisi, intikal vergisi

Erbse /'erpsı/ *f bitk* bezelye; *bitk* nohut ***grüne Erbsen*** *bitk* taze bezelye

Erbstück /'erpştük/ *n huk* miras, bırakıt; evladiyelik

Erbsünde /'erpzündı/ *f* (katolik inancına göre) insanın doğasında olan günahkârlık eğilimi, günaha girme dürtüsü

Erbteil /'erptayl/ *n huk* miras payı, miras hissesi, mirasta kendisine düşen pay ***Erbteil abschichten*** mirası hisselere ayırmak

Erdachse /'e:rtaksı/ *f coğ* yeryüzü ekseni, dünya ekseni

Erdanziehungskraft /'e:rtantsi:ungskraft/ *f* yerçekimi

Erdatmosphäre /'e:rtatmosfe:rı/ *f* dünya atmosferi

Erdbeben /'e:rtbe:bın/ *n* yerb deprem, yersarsıntısı

Erdbeere /'e:rtbe:rı/ *f bitk* çilek

Erdboden /'e:rtbo:dın/ *m* yer, zemin, satıh, yüzey; yeryüzü; toprak ***dem Erdboden gleich machen*** yerle bir etmek, dümdüz etmek

Erde /'e:rdı/ *f coğ* toprak, zemin, yer; dünya, yeryüzü, yerküre, yer yuvarlağı; çamur ***die Erde lockern*** toprağı eşelemek, toprağı kabartmak ***zur Erde fallen*** yere düşmek ***unter der Erde*** yeraltında; maden ocağında, toprak altında; göçük altında ***auf der Erde*** bu dünyada, yeryüzünde

erden /'e:rdın/ *vt elek* topraklamak, toprağa bağlamak

erdenklich /er'denklih/ *s* tasavvur edilebilen, tahayyül edilebilen, akla gelebilecek ***sich alle erdenkliche Mühe geben*** elinden geleni yapmak, elinden geleni ardına koymamak

Erdgas /'e:rtga:s/ *n* doğalgaz

Erdgeschoss /'e:rtgışos/ *n* zemin katı, giriş katı, bodrum katı, alt kat

erdichten /er'dihtın/ *vt* uydurmak, kafadan atmak

erdig /'e:rdih/ *s* topraklı; toprak gibi

Erdkruste /'e:rtkrustı/ *f* yerkabuğu, litosfer

Erdkugel /'e:rtku:gıl/ *f* yerküre, dünya, yeryüzü

Erdkunde /'e:rtkundı/ *f coğ* yer bilimi, coğrafya
Erdnuss /'e:rtnus/ *f* fıstık, yer fıstığı
Erdoberfläche /'e:rto:bırflehı/ *f* dünya yüzeyi, yeryüzü sathı, yerküre
Erdöl /'e:rtö:l/ *n* madeni yağ, ham petrol, doğal petrol, işlenmemiş petrol
Erdreich /'e:rtrayh/ *n* toprak; dünya, yeryüzü
erdrosseln /er'drosıln/ *vt* boğmak, boğarak öldürmek
erdrücken /er'drükın/ *vt* ezmek, sıkıştırmak; bunaltmak, sıkmak ***die erdrückende Mehrheit*** ezici çoğunluk
Erdrutsch /'e:rtruç/ *m coğ* toprak kayması, heyelan
Erdteil /'e:rttayl/ *m coğ* kıta, anakara
erdulden /er'duldın/ *vt* sabretmek, çekmek, dayanmak, katlanmak, tahammül etmek
Erdumkreisung /'e:rtumkrayzung/ *f* (uydu) dünya yörüngesinde dönme, yörüngeye girme
Erdung /'e:rdung/ *f elek* topraklama
ereifern /er'ayfırn/ *vr* sinirlenmek, öfkelenmek, hiddetlenmek; heyecana gelmek, heyecanlanmak; merak etmek
ereignen /er'aygnın/ *vr* olmak, meydana gelmek, vuku bulmak, oluşmak, husul olmak
Ereignis /er'aygnis/ *n* olay, hadise, vaka, vakıa
ereilen /er'aylın/ *vt* yetişmek, ardından koşmak, ardından gelmek, arkasından gelerek yakalamak
Erektion /erek'tsyo:n/ *f hek* ereksiyon, penisin sertleşmesi
Eremit /ere'mi:t/ *m* münzevi, inzivaya çekilmiş, terki dünya etmiş
ererbt /er'erpt/ *be* babadan kalma
erfahren /er'fa:rın/ *s* deneyimli, tecrübeli, görmüş geçirmiş; mahir, usta, becerikli; *vt* öğrenmek, haber almak, haberdar olmak, bilgi sahibi olmak; tecrübe etmek; anlamak; geçirmek, görmek, tatmak ***Böses erfahren*** kötülüğe uğramak ***in etwas erfahren sein*** (bir şeyde) tecrübeli olmak, deneyimli olmak ***Leid erfahren*** keder çekmek, dert çekmek, tasa çekmek
Erfahrung /er'fa:rung/ *f* deney, deneyim, tecrübe, bilgi, birikim; tasarruf; alışkanlık; görgü ***aus Erfahrung*** tecrübeyle, deneyimle ***Erfahrung in etw*** (bir şeyde) deneyim, tecrübe ***Erfahrungen sammeln*** *kon* kaşarlanmak ***schlechte Erfahrungen machen*** kötü deneyimler edinmek ***in Erfahrung bringen*** bilgi sahibi olmak, öğrenmek, haber almak, farkına varmak
Erfahrungsaustausch /er'fa:rungsaustauş/ *m* tecrübe alışverişi, deneme örneği
erfahrungsgemäß /er'fa:rungsgıme:s/ *be* edinilen deneyimlere göre, tecrübelere göre
erfassen /er'fasın/ *vt* tutmak, yakalamak, kavramak; anlamak, kavramak, idrak etmek, farkına varmak; uygulamak ***erfassen mit etw*** (bir şeye) tabi tutmak ***den günstigen Augenblick erfassen*** fırsat kollamak ***Begeisterung erfasste mich*** beni heyecan aldı
Erfassung /er'fasung/ *f* anlama, kavrama, idrak; anlanma, kavranma, idrak edilme; tâbi tutulma ***Erfassung von Kosten*** sorumluluk muhasebesi
erfinden /er'findın/ *vt* icat etmek, bulmak; uydurmak, kafadan sallamak
Erfinder /er'findır/ *m* mucit, icat eden, icatçı, türetici
erfinderisch /er'findıriş/ *s* yaratıcı, türetici; tedbirli ***Not macht erfinderisch*** *kon* zorluk (insanı) yaratıcı kılar
Erfindung /er'findung/ *f* buluş, icat, türetme; uydurma, hayal mahsulü ***wilde Erfindung*** hayal mahsulü
Erfolg /er'folk/ *m* başarı, kazanç, zafer; sonuç, netice; verim, semere; tesir, etki ***Erfolg haben*** başarılı olmak, zafer kazanmak, başarmak ***glänzender Erfolg*** parlak başarı ***Guten Erfolg!*** başarılar! ***keinen Erfolg haben*** başarılı olamamak, başarı gösterememek
erfolgen /er'folgın/ *vi* olmak, meydana gelmek, vuku bulmak; yapılmak, sonuç vermek, meyve vermek
erfolglos /er'folklo:s/ *s* başarısız; sonuçsuz, neticesiz; *be* boşuna, beyhude, nafile
Erfolglosigkeit /er'folklo:zihkayt/ *f* başarısızlık; akamet, beyhudelik
erfolgreich /er'folkrayh/ *s* başarılı, muvaffak; verimli; *be* başarıyla ***erfolgreich durchführen*** başarmak, muvaffak olmak ***erfolgreiches Erledigen*** beceri
Erfolgsautor/Erfolgsautorin /er'folksautor/er'folksautorin/ *m/f* başarılı

E

yazar
Erfolgserlebnis /er'folkserle:pnis/ *n* başarılı sonuç
erforderlich /er'fordırlih/ *s* gerekli, gereken, icap eden, lazım, lüzumlu ***erforderlich sein*** gerekli olmak, lüzumlu olmak, lazım olmak, gerekmek ***erforderlich machen*** gerektirmek ***erforderlich werden*** gerekli olmak ***soweit erforderlich*** gereği kadar, lüzumu kadar ***wie erforderlich*** gereğince, gereği gibi
erfordern /er'fordırn/ *vt* gerektirmek, icap ettirmek, lazım olmak ***die Arbeit erforderte viel Kraft*** iş çok güç gerektirdi ***das erfordert viel Zeit*** bu çok zaman ister
Erfordernis /er'fordırnis/ *n* gerek, gereklilik, lüzum, icap, şart
erforschen /er'forşın/ *vt* araştırmak, incelemek, soruşturmak, tetkik etmek, detaylarını incelemek
Erforschung /er'forşung/ *f* araştırma, inceleme, tetkik
erfragen /er'fra:gın/ *vt* sorarak öğrenmek, sora sora öğrenmek, sorup öğrenmek
erfreuen /er'froyın/ *vt* sevindirmek, memnun etmek; gönlünü hoş etmek; yüzünü güldürmek; eğlendirmek; gönül almak ***sich an etw erfreuen*** (bir şeyden) zevk almak ***sich einer Sache erfreuen*** (bir şeyden) hoşlanmak ***ich bin sehr erfreut Sie zu sehen*** sizi gördüğüme çok sevindim ***sich guter Gesundheit erfreuen*** sağlığı yerinde olmak
erfreulich /er'froylih/ *s* sevindirici, sevinçli; memnuniyet verici; iç açıcı ***eine erfreuliche Nachricht*** sevindirici bir haber, müjde
erfreulicherweise /er'froylihırvayzı/ *be* çok şükür, iyi ki, bereket, Allah'tan ***erfreulicherweise blieb der Regen aus*** çok şükür yağmur yağmadı
erfreut /er'froyt/ *s* memnun, hoşnut; neşeli, şen ***sehr erfreut!*** memnun oldum!
erfrieren /er'fri:rın/ *vi* soğuktan ölmek, donmak ***ich bin ganz erfroren*** çok üşüdüm ***sich die Ohren erfroren*** kulakları donmak
Erfrierung /er'fri:rung/ *f* donma
erfrischen /er'frişın/ *vt* serinletmek; canlandırmak ***sich erfrischen*** serinlemek; (serinlemek için) soğuk bir şey içmek
erfrischend /er'frişınt/ *s* serinletici; canlandırıcı
Erfrischung /er'frişung/ *f* serinletme, serinlenme; canlandırma; soğuk içki, meşrubat
erfüllen /er'fülın/ *vt* doldurmak, tamamen doldurmak; ifa etmek, yerine getirmek; uymak; ödemek ***die Voraussetzungen erfüllen*** şartları yerine getirmek ***seinen Zweck erfüllen*** amacına uymak ***sich erfüllen*** yerine gelmek, olmak; rüyası çıkmak
erfüllt /er'fült/ *be* yapılmış, yerine getirilmiş ***erfüllt sein*** (bir şeyle) dolu olmak ***erfüllte Verpflichtungen*** yerine getirilmiş sorumluluklar ***von etw erfüllt sein*** (bir şey ile) dolu olmak
Erfüllung /er'fülung/ *f* yerine getirme; yerine gelme; uygunluk ***in Erfüllung gehen*** gerçekleşmek, olmak, yerine gelmek
Erfüllungsort /er'fülungsort/ *m* ifa yeri, yerine getirildiği yer; (form, vs) doldurulma yeri, keşide yeri
ergänzen /er'gentsın/ *vt* tamamlamak, bütünlemek, ikmal etmek; düzeltmek ***einen Text ergänzen*** metni düzeltmek
Ergänzung /er'gentsung/ *f dilb* tümleç; tamamlama; tamamlanma; ek, ilave; tamir, onarım; düzeltme
ergeben /er'ge:bın/ *be* sadık, sadakatli, vefalı, bağlı; itaatli; müptela, düşkün; *vt* vermek; göstermek, ispat etmek, meydana çıkarmak; baliğ olmak ***ergebenst bitten*** rica etmek ***sich ergeben*** teslim olmak; meydana çıkmak, ortaya çıkıp anlaşılmak; boyun eğmek ***sich einer Sache ergeben*** kendini bir şeye adamak ***sich aus etw ergeben*** (bir şeyden) çıkmak, sonucu olmak ***hieraus ergibt sich, dass es so ist*** bundan, böyle olduğu belli oluyor ***es hat sich ein Hindernis ergeben*** engel çıktı ***jdm ergeben*** (birisine) sadık
Ergebenheit /er'ge:bınhayt/ *f* sadakat, bağlılık, vefa; tevekkül ***Ergebenheit in etwas*** teslimiyet ***Ergebenheit in den Willen Gottes*** tevekkül
Ergebnis /er'ge:pnis/ *n* sonuç, netice; akıbet; mahsul, ürün, semere, verim; tesir, etki; *sp* sonuç; *sp* (sayı, gol, puan) adedi; toplam, tutar, yekûn; bakiye; *mat* çarpım ***ein Ergebnis zeitigen*** neticelendirmek ***zu einem Ergebnis führen*** sonuç vermek ***zu keinem Ergebnis geben*** kötü sonuç vermek

ergebnislos /er'ge:pnislo:s/ *s* sonuçsuz, neticesiz; başarısız; verimsiz, semeresiz

ergehen /er'ge:ın/ *vi* çıkmak, yayınlamak ***ergehen lassen*** çıkarmak, yayımlamak ***etw über sich ergehen lassen*** (bir şeye) katlanmak, tahammül etmek ***sich ergehen*** dolaşmak, gezinmek; dert yanmak; küfretmek

ergiebig /er'gi:bi**h**/ *s* verimli; yemiş veren; bereketli; kârlı, faydalı

Ergiebigkeit /er'gi:bi**h**kayt/ *f* verim, verimlilik; bereketlilik; faydalılık

ergießen /er'gi:sın/ *vi* Dökmek, akıtmak ***sich ergießen*** dökülmek; yayılmak; yağmak; şiddetle üzerine akmak

ergötzen /er'götsın/ *vt* neşelendirmek, sevindirmek; eğlendirmek, oyalamak ***sich ergötzen*** eğlenmek, neşelenmek ***sich an etwas ergötzen*** (bir şeyle) eğlenmek, (bir şeyden) hoşlanmak

ergrauen /er'grauın/ *vi* ağarmak; (saç) kır düşmek

ergreifen /er'grayfın/ *vt* tutmak, kavramak, kapmak; yakalamak, ele geçirmek; (meslek) seçmek; önlem almak; etkilemek, duygulandırmak; *ask* silahlara sarılmak; söze girişmek ***jmdn beim Arm ergreifen*** kolundan tutmak ***einen Beruf ergreifen*** bir mesleği seçmek; iş tutmak ***Besitz ergreifen*** sahiplenmek ***im Gemüt ergreifen*** duygulandırmak, duygulanmak

ergreifend /er'grayfınt/ *s* etkileyici, duygulandırıcı, dokunaklı

Ergreifung /er'grayfung/ *f* tutulma; yakalanma; el koyma, gasp etme

Ergriffenheit /er'grifın**h**ayt/ *f* etkilenme, sarsılma, duygulanma

ergründen /er'gründın/ *vt* ortaya çıkarmak, keşfetmek; anlamak; aslını araştırmak

erhaben /er'**h**a:bın/ *be* kabarık; kabartma; tümsekli, çıkıntılı; yüksek, yüce, ulu; dışbükey, konveks; heybetli, azametli ***erhabene Arbeit*** kabartma iş ***ein erhabener Anblick*** heybetli bir görünüş ***über etwas erhaben sein*** (bir şeyin) üstünde olmak

erhalten /er'**h**altın/ *vt* almak, teslim almak; elde etmek, sağlamak; kazanmak, nail olmak; olanak sağlamak, fırsat vermek, imkân vermek; saklamak; bakmak, korumak ***gut erhalten sein*** bozulmamış olmak; yaşlanmamış olmak; iyi bir halde bulunmak ***Gott erhalte ihn seinen Kindern!*** Allah seni çocuklarına bağışlasın! ***sich etwas erhalten*** (bir şeyin) devamını sağlamak; almak, teslim almak ***er hat seine Lektion erhalten*** o dersini aldı ***jdm erhalten bleiben*** payına düşmek; elinde kalmak ***sich erhalten*** kalmak

erhältlich /er'**h**eltli**h**/ *s* alınabilen, alınabilir; satın alınabilir ***die Eintrittskarten sind frei erhältlich*** giriş kartları ücretsiz alınabilir

Erhaltung /er'**h**altung/ *f* koruma, muhafaza etme; bakma, besleme; saklama ***Erhaltung der Energie*** enerjinin korunması

erhängen /er'**h**engın/ *vt* asmak, idam etmek ***sich erhängen*** kendini asmak

erhärten /er'**h**ertın/ *vt* doğrulamak, onamak, tasdik etmek; sertleştirmek, katılaştırmak; pekiştirmek, güçlendirmek ***sich erhärten*** sertleşmek; katılaşmak

erhaschen /er'**h**aşın/ *vt* kapmak, tutmak, ele geçirmek, yakalamak; kaldırmak ***in den Himmel erhaschen*** göklere çıkarmak

erheben /er'**h**e:bın/ *vt huk* dava açmak; *huk* haczetmek; tahsil etmek; kaldırmak, yükseltmek; göklere çıkarmak, övmek; (ses) yükseltmek ***Ansprüche erheben*** hak iddia etmek ***ins Quadrat erheben*** *mat* kareye yükseltmek ***sich erheben*** ayağa kalkmak; ayaklanmak, isyan etmek; (uçak) havalanmak; fırtına kopmak ***sich über etw erheben*** (bir şeyi) aşmak, üstüne çıkmak; (bir şeyden) kurtulmak ***sich über jdn erheben*** (birisine) üstün gelmek; kendini birinden üstün görmek, tepeden bakmak

erhebend /er'**h**e:bınt/ *s* heyecan veren, heyecan verici

erheblich /er'**h**e:pli**h**/ *s* büyük, çok önemli; oldukça, hayli, epeyce, hatırı sayılır; ciddi, vahim ***erheblich beschädigen*** önemli hasara uğratmak ***erheblich kleiner*** oldukça küçük ***erheblicher Schaden*** ağır hasar ***erheblicher Zweifel*** şiddetli şüphe

Erhebung /er'**h**e:bung/ *f* istatistik; delil tespiti; soruşturma, araştırma, tahkikat; sayım; kaldırma, çıkarma; *coğ* yükselti, tepe, sırt; ayaklanma ***Erhebung der Berufe*** meslek araştırması ***Erhebung***

E

und Übernahme tahsilat ve teslim alma ***Erhebungen anstellen*** soruşturma açmak

erheitern /er'haytırn/ *vt* neşelendirmek, çakırkeyif yapmak, demlendirmek, eğlendirmek ***sich erheitern*** neşelenmek, eğlenmek

E

Erheiterung /er'haytırung/ *f* neşelendirme, çakırkeyif yapma, demlendirme, eğlendirme; şenlik, eğlence

erhellen /er'helın/ *vt* açıklamak, izah etmek; aydınlatmak, ışıklandırmak; (renk) açmak; *vi* anlaşılmak ***hieraus erhellt ...*** bundan ... anlaşılıyor ki ***sich erhellen*** aydınlanmak

erhitzen /er'hitsın/ *vt* ısıtmak, ısındırmak; kızdırmak; coşturmak; *kon* galeyana gelmek ***sich erhitzen*** ısınmak; kızmak; coşmak ***die Stimmung erhitzt sich*** ortalık kızışıyor

Erhitzung /er'hitsung/ *f* ısıtma, ısındırma; kızdırma; kızma

erhoffen /er'hofın/ *vt* ummak, ümit etmek, beklemek ***erhoffen lassen*** vaadetmek

erhöhen /er'hö:ın/ *vt* yükseltmek; terfi ettirmek; (sayı) çoğaltmak, artırmak, fazlalaştırmak; *müz* yarım ton inceltmek; zam yapmak; fiyatı artırmak ***sich erhöhen*** yükselmek; artmak, çoğalmak; çıkmak ***die Zahl der Verletzten erhöht sich auf 100*** yaralı sayısı 100'e yükseliyor

Erhöhung /er'hö:ung/ *f* artırma; yükselme; artma; çıkma; *coğ* yükselti, sırt, tepe; kambur ***eine Erhöhung bilden*** çıkıntı teşkil etmek

erholen /er'ho:lın/ *vr* dinlenmek, istirahat etmek; iyileşmek, şifa bulmak; kendini toparlamak; *tic* (fiyat) yeniden yükselmek ***sich von einer Krankheit erholen*** bir hastalıktan iyileşmek, şifa bulmak; *tic* (piyasa, borsa) düzelmek, yükselmek

Erholung /er'ho:lung/ *f* istirahat, dinlenme; iyileşme, şifa; nakahet; *hek* rehabilitasyon ***zur Erholung*** zevk için

erholungsbedürftig /er'ho:lungsbıdürftih/ *be* dinlenmesi gereken, dinlenme gereksinimi olan

Erholungsgebiet /er'ho:lungsgıbi:t/ *n* tatil bölgesi, tatil köyü, sayfiye yeri

Erholungspause /er'ho:lungspauzı/ *f* teneffüs

Erholungsurlaub /er'ho:lungsurlaup/ *m* (hastalık) istirahat izni; dinlenme amaçlı tatil

erhören /er'hö:rın/ *vt* yerine getirmek, ifa etmek, uygulamak, uymak ***eine Bitte erhören*** bir ricayı yerine getirmek ***jdn erhören*** (birisini) kabul etmek

erinnerlich /er'inırlih/ *s* hatırda bulunan, akılda kalan ***es ist mir erinnerlich*** hatırımda, aklımda

erinnern /er'inırn/ *vt* hatırlatmak, anımsatmak; andırmak ***jdn an etw erinnern*** (birisine) (bir şeyi) hatırlatmak ***an jdn erinnern*** (birisini) andırmak ***sich an etw erinnern*** (bir şeyi) hatırlamak ***sich an jdn erinnern*** (birisini) hatırlamak

Erinnerung /er'inırung/ *f* anı, hatıra, yadigâr; anımsama; (yazılı) ihtar, ikaz; bellek, zihin, an; hatırlatma

Erinnerungsstück /er'inırungsştük/ *n* hatıra, anı, yadigâr

Erinnerungsvermögen /er'inırungsfermö:gın/ *n* bellek, hafıza, anlık

erkalten /er'kaltın/ *vi* soğumak; sönmek, bitmek

erkälten /er'keltın/ *vt* soğutmak ***sich erkälten*** üşümek, üşütmek, soğuk almak, soğuktan donmak

Erkältung /er'keltung/ *f* soğuk algınlığı, üşütme; üşüme, soğuk alma ***sich eine Erkältung zuziehen*** soğuk almak, üşütmek

erkämpfen /er'kempfın/ *vt* zorlukla almak; güçlükle elde etmek, uğraşarak elde etmek, mücadele ederek elde etmek; *ask* cebren almak

erkaufen /er'kaufın/ *vt* rüşvetle almak, elde etmek; (bir şey) pahasına elde etmek ***etw mit etw erkaufen*** (bir şeyi) (bir şey) pahasına almak

erkennbar /er'kenba:r/ *s* tanınabilir; görülebilir; teşhis edilebilir

erkennen /er'kenın/ *vt* anlamak, görmek, bilmek, idrak etmek; farkına varmak, fark etmek; tanımak, teşhis etmek; *tic* hesaba alacak kaydetmek ***jdn an seine Stimme erkennen*** (birisini) sesinden tanımak ***etw zu erkennen geben*** (bir şeyi) hissettirmek ***seine Rechte erkennen*** *huk* haklarını tanımak, haklarını vermek ***auf Todes Strafe erkennen*** (birisinin) idamına karar vermek ***jdn für einen Betrag erkennen*** bir tutarı birisinin hesabına kaydetmek ***zu erkennen***

geben ima ederek bildirmek, sezdirmek

erkenntlich /er'kentli**h**/ *s* müteşekkir, teşekküre şayan ***sich erkenntlich zeigen*** iyilikle karşılık vermek

Erkenntnis /er'kentnis/ *f* bilgi, malumat; anlayış, idrak, izan; ilam; *huk* karar, hüküm ***Erkenntnis kommen*** farkına varmak ***zur Erkenntnis einer Sache gelangen*** (bir şeyi) anlamak

Erker /'erkır/ *m mim* balkon, cumba; çıkıntı

erklärbar /er'kle:rba:r/ *s* açıklanabilir, izah edilebilir; anlaşılabiliri

erklären /er'kle:rın/ *vt* açıklamak, izah etmek; belirtmek, beyan etmek; ilan etmek; aydınlatmak; yorumlamak, tefsir etmek; *ask* harp ilan etmek ***seine Liebe erklären*** aşkını ilan etmek ***Krieg erklären*** *ask* savaş ilan etmek ***sich für/gegen etw erklären*** (bir şeye) taraf ya da karşıt olduğunu açıklamak ***jdn. für einen Betrüger erklären*** (birisini) hırsız ilan etmek ***die Sitzung für eröffnet erklären*** oturumun başladığını bildirmek

erklärlich /er'kle:rli**h**/ *s* anlaşılır, izah edilebilir

erklärt /er'kle:rt/ *s* kesin, kati; açık, bariz, net ***erklärter Wert*** açıklanan değer

Erklärung /er'kle:rung/ *f* açıklama; beyan, ilan; izahat, izah, izah etme; beyanname; yorum, tefsir ***eine Erklärung abgeben*** bir açıklamada bulunmak; deklarasyon yapmak ***Erklärung der Menschenrechte*** İnsan Hakları Beyannamesi ***schriftliche Erklärung*** beyanname; ifade

erklimmen /er'klimın/ *vt* tırmanmak ***die Anhöhe erklimmen*** yokuş çıkmak

erklingen /er'klingın/ *vi* işitilmek; çınlamak, tınlamak

erkranken /er'krankın/ *vi* hastalanmak, hasta düşmek, rahatsızlanmak ***an etw erkranken*** bir hastalığa yakalanmak ***recht schwer erkrankt sein*** yatak döşek hasta yatmak

Erkrankung /er'krankung/ *f* hastalık; hastalanma, hasta düşme

erkunden /er'kundın/ *vt* sorarak araştırmak, keşfetmek; araştırma yapmak, incelemek, tetkik etmek; *ask* keşif yapmak

erkundigen /er'kundigın/ *vr* bilgi edinmek, bilgi almak; araştırıp soruşturmak; danışmak, akıl sormak ***sich nach etw/jdm erkundigen*** (bir şey)/(birisi) hakkında bilgi edinmek

Erkundigung /er'kundigung/ *f* bilgi edinme, haber alma; sual, soru; soruşturma, anket ***über etwas Erkundigungen einziehen*** (bir şeyi) sormak, (bir şey) hakkında bilgi almak

erlahmen /er'la:mın/ *vi* gevşemek, yorgun düşmek; gayretten kesilmek; yorulmak; kesilmek, azalmak

erlangen /er'langın/ *vt* elde etmek, almak, kazanmak, edinmek; almak, eline geçirmek; hevesini almak

Erlass /er'las/ *m* vazgeçme, bırakma, feragat; *huk* af; temize çıkma; emir, tamim, kararname; borç affı; genelge, kararname; ibra; muafiyet; ıskonto, indirim ***Erlass der Forderung*** alacağın ibrası ***Erlass des Gesetzes*** kanunun yayınlanması

erlassen /er'lasın/ *vt* affetmek; ibra etmek; yayınlamak, neşretmek, çıkarmak; borcunu silmek; ibra etmek ***jdm eine Schuld erlassen*** (birisinin) borcunu silmek ***Gesetze erlassen*** *huk* kanun çıkarmak

erlauben /er'laubın/ *vt* izin vermek, müsaade etmek, onay vermek ***erlauben Sie!*** affedersiniz!; müsaadenizle! ***sich etwas erlauben*** felekten (bir şey) çalmak, (bir şeye) cesaret etmek ***wie kannst du dir sowas erlauben?*** bu ne cüret? ***sich erlauben*** cüret etmek, cesaret etmek, göze almak

Erlaubnis /er'laupnis/ *f* izin, müsaade; lisans; ruhsat ***Erlaubnis einholen*** müsaade almak, izin almak ***ihrer gütigen Erlaubnis!*** müsaadenizle!

erläutern /er'loytırn/ *vt* açıklamak, izah etmek; yorumlamak, tefsir etmek; incelemek, analiz etmek

Erläuterung /er'loytırung/ *f* açıklama, izah; tefsir, yorum; analiz

Erle /'erlı/ *f bitk* kızılağaç

erleben /er'le:bın/ *vt* görmek, yaşamak; idrak etmek, anlamak; maruz kalmak, uğramak; tatmak, geçirmek, yaşamak ***Schlimmes erleben*** kötülük görmek, kötü şeyler yaşamak ***das achtzigste Jahr erleben*** sekseninci yaşını yaşamak

Erlebnis /er'le:pnis/ *n* (yaşanılan, görülen) olaylar, yaşantı, hadise; macera;

tecrübe ***meine Erlebnisse in Afrika*** Afrika'da gördüklerim

erledigen /er'le:digın/ *vt* sonuçlandırmak, tamamlamak, neticelendirmek, bitirmek; yerine getirmek, yapmak, ifa etmek; (mesele) çözmek, halletmek, bertaraf etmek, ortadan kaldırmak; alışveriş yapmak ***eine schöne Zeit erleben*** harika vakit geçirmek ***nicht mehr erleben*** göremeden gitmek, gözü açık gitmek ***sich erledigen*** sonuçlanmak, neticelenmek, sonuca varmak

erledigt /er'le:di**h**t/ *be* (mesele) halledilmiş, çözülmüş; (görev) yerine getirilmiş; harap, bitkin; açık, boş, münhal ***er ist erledigt*** bitti, mahvoldu ***erledigt!*** halloldu, bitirildi!

Erledigung /er'le:digung/ *f* sonuçlandırma, neticelendirme, bitirme; *tic* borcun tasfiyesi, borcun kapatılması

erlegen /er'le:gın/ *vt* (av) öldürmek; (para) yatırmak, ödemek

erleichtern /er'lay**h**tırn/ *vt* hafifletmek; kolaylaştırmak; dolandırmak; aşırmak

erleichtert /er'lay**h**tart/ *s* müsterih, içi ferahlamış ***sich erleichtert fühlen*** içi ferahlamak, içi serinlemek; müsterih olmak

Erleichterung /er'lay**h**tarung/ *f* hafifletme; kolaylaştırılma; kolaylık ***Erleichterung verspüren*** rahatlamak ***Erleichterungen gewähren*** kolaylık göstermek ***über etw Erleichterung empfinden*** (bir şeyden) dolayı memnun olmak

erleiden /er'laydın/ *vt* acı çekmek, kötü (bir şey) yaşamak, başından kötü (bir şey) geçmek, başına gelmek, katlanmak; zarar görmek; *ask* zayiat vermek ***eine Niederlage erleiden*** yenilgiye uğramak

erlernbar /er'lernba:r/ *s* öğrenilebilir

erlernen /er'lernın/ *vt* (yaparak, çalışarak) öğrenmek

erlesen /er'le:zın/ *be* seçkin, gözde, seçme; nefis; zarif

erleuchten /er'loy**h**tın/ *vt* aydınlatmak; açıklık kazandırmak

erliegen /er'li:gın/ *vt* nefsine yenilmek, mağlup olmak; ölmek ***der Krankheit erliegen*** hastalık yüzünden ölmek ***zum erliegen bringen*** bir işi kösteklemėk

Erlös /er'lö:s/ *m tic* ciro, bedel; hâsılat, kazanç, gelir

erlöschen /er'löşın/ *vt* (ateş, ışık, duygu) sönmek; (süre) bitmek; (mukavele, sigorta vs.) hükmü kalmamak, hükümsüz olmak, sona ermek; *s* sönük, sönmüş; dingin ***halb erlöschen sein*** bitmeye yüz tutmak, sönmeye yüz tutmak ***zum erlöschen bringen*** (his) söndürmek

erlösen /er'lö:sın/ *vt* kurtarmak; *tic* ciro yapmak

Erlöser /er'lö:zır/ *m* kurtarıcı; Hz İsa, Mesih

Erlösung /er'lö:zung/ *f* serbest bırakma, özgür bırakma; kurtuluş

ermächtigen /er'me**h**tigın/ *vt* yetki vermek, yetkilendirmek, yetkin kılmak; izin vermek; *huk* vekâlet vermek ***jdn zu etw ermächtigen*** (birisini) (bir şeye) yetkilendirmek ***ermächtigt sein*** yetkin olmak

Ermächtigung /er'me**h**tigung/ *f* yetkili kılma, yetki verme; yetki; izin; vekâlet, salahiyet; yetki belgesi ***jdm die Ermächtigung zu etw erteilen*** (birisine) (bir şey) yetkisi vermek

ermahnen /er'ma:nın/ *vt* ihtar etmek, ikaz etmek, uyarmak, tembih etmek ***jdn. ermahnen etw zu tun*** (birisini) (bir şey) yapması için ihtar etmek

Ermahnung /er'ma:nung/ *f* ihtar, uyarı; öğüt, nasihat; dikkatini çekme

ermangeln /er'mangıln/ *vt* malik olmamak, sahip olmamak; muhtaç olmak, düşkün olmak ***nicht ermangeln etw zu tun*** (bir şeyi) yapmakta kusur etmemek

ermäßigen /er'me:sigın/ *vt* indirim yapmak, (fiyat) indirmek, tenzil etmek

Ermäßigung /er'me:sigung/ *f* fiyat indirimi, tenzilat, tenzil, indirme ***Ermäßigung gewähren*** (fiyat) indirim yapmak

ermatten /er'matın/ *vt* yormak; *vi* yorulmak; gevşemek

Ermessen /er'mesın/ *n* takdir; takdir hakkı, takdir yetkisi; fikir, rey ***ich überlasse es Ihrem Ermessen*** onu takdirinize bırakıyorum ***meinem Ermessen nach*** fikrime göre ***nach freiem Ermessen*** nasıl istenirse, keyfine göre

ermessen /er'mesın/ *vt* (değer) biçmek, takdir etmek; ölçmek; göz önünde bulundurmak; anlamak

Ermessensspielraum /er'mesansşpi:lraum/ *m* takdir payı

ermitteln /er'mitıln/ *vt* (polis, savcı) soruşturma yapmak; meydana çıkarmak, keşfetmek, bulmak; tespit etmek ***gegen***

jdn ermitteln (birisini) soruşturmak
Ermittlung /er'mitlung/ *f* (polis, savcı) soruşturma; meydana çıkarma, bulma; tespit; tahkikat
Ermittlungsverfahren /er'mitlungsferfa:rın/ *n huk* hazırlık soruşturması
ermöglichen /er'mö:klihın/ *vt* olanak sağlamak, fırsat vermek; mümkün kılmak
ermorden /er'mordın/ *vt* öldürmek, katletmek ***sich ermorden*** kendini öldürmek, intihar etmek
Ermordung /er'mordung/ *f* öldürülme, öldürme; katletme, katledilme
ermüden /er'mü:dın/ *vt* yormak; *vi* yorulmak
ermüdend /er'mü:dınt/ *s* yorucu; can sıkıcı
Ermüdung /er'mü:dung/ *f* yorulma, gevşeme; yorgunluk, gevşeklik ***geistige Ermüdung*** ruhsal yorgunluk, ruhsal çöküntü
ermuntern /er'muntırn/ *vt* uyandırmak, isteklendirmek, teşvik etmek; dürtmek, tahrik etmek; coşturmak, canlandırmak
ermutigen /er'mu:tigın/ *vt* cesaretlendirmek, teşvik etmek, yüreklendirmek; gayret vermek, *kon* gaz vermek
ernähren /er'ne:rın/ *vt* beslemek, geçindirmek ***sich ernähren*** beslenmek; geçinmek
Ernährung /er'ne:rung/ *f* beslenme, iaşe, gıda; besleme; besleyici
Ernährungsweise /er'ne:rungsvayzı/ *f* beslenme biçimi
ernennen /er'nenın/ *vt* tayin etmek, atamak ***jdn zum Minister ernennen*** (birisini) bakanlığa atamak
Ernennung /er'nenung/ *f* tayin, atama ***Ernennung zum Kommandanten*** komutanlığa atama
erneuern /er'noyırn/ *vt* yenilemek, yenileştirmek, tazelemek; yinelemek, tekrar etmek; onarmak, tamir etmek, restore etmek ***seinen Dank erneuern*** teşekkürlerini yinelemek ***sich erneuern*** yenilenmek, yenileşmek; tekrar edilmek
Erneuerung /er'noyırung/ *f* revizyon, yenileme; onarma; yineleme; *biy* rejenerasyon
erneuerungsbedürftig /er'noyırungsbıdürftih/ *s* tamire muhtaç, yenilenmeye muhtaç ***erneuerungsbedürftig sein*** miadı dolmuş olmak
erneut /er'noyt/ *s* yeni; taze; yeniden, tekrar, bir daha
erniedrigen /er'ni:drigın/ *vt* alçaltmak, tenzil etmek; gururunu kırmak, küçük düşürmek, haysiyetten düşürmek; *müz* bemollemek ***sich erniedrigen*** alçalmak; kendini küçük düşürmek
erniedrigend /er'ni:drigınt/ *s* aşağılayıcı
Erniedrigung /er'ni:drigung/ *f* alçaltılma, alçaltma, küçük düşürülme, küçük düşürme; hakaret; *müz* bemolleme
Ernst /ernst/ *m* ciddiyet, ciddilik; vahamet; ağırbaşlılık, vakar ***im Ernst*** ciddiyetle ***im Ernst!*** ciddi mi! ***in vollem Ernst*** tüm ciddiyetiyle ***Ernst machen*** eyleme geçmek ***es im Ernst meinen*** ciddi söylemek ***es nicht im Ernst meinen*** yalancıktan söylemek ***das ist mein Ernst*** çok ciddiyim ***das ist nicht Ihr Ernst*** şaka ediyorsunuz ***der Ernst des Lebens*** hayatın zorlukları ***es wird Ernst*** durum ciddileşiyor
ernst /ernst/ *s* ciddi; vahim; resmi; ağırbaşlı; vakarlı; temkinli; sert, şiddetli ***eine ernste Angelegenheit*** şaka kaldırmaz bir iş ***einen ernsten Ton anschlagen*** tüm ciddiliğini takınmak ***etw ernst nehmen*** (bir şeyi) ciddiye almak ***etw nicht ernst nehmen*** ciddiye almamak ***etw ernst meinen*** ciddi söylemek, ciddi olmak
Ernstfall /'ernstfal/ *m* ciddi; vahim ***im Ernstfall*** ciddi durumda, acil durumda; *ask* savaş durumunda
ernsthaft /'ernsthaft/ *s* ciddi; cidden
Ernsthaftigkeit /'ernsthaftihkayt/ *f* ciddiyet; vahamet
ernstlich /'ernstlih/ *s* ciddi, vahim; cidden ***ernstlich erkrankt*** ciddi bir hastalığa tutulmuş
Ernte /'erntı/ *n* hasat, mahsul, ürün; çalışmanın sonucu
Erntedankfest /erntı'dankfest/ *n* (29 eylül) hasat şenliği, hasat festivali
ernten /'erntın/ *vt* hasat etmek; ürün toplamak, biçmek toplamak, (teşekkür, takdir) kazanmak almak
Erntezeit /'erntıtsayt/ *f* hasat zamanı, hasat mevsimi
ernüchtern /er'nühtırn/ *vt* ayıltmak, sarhoşluğunu gidermek, kendine getirmek; hayallerini yıkmak
Ernüchterung /er'nühtırung/ *f* sarhoşluğun geçmesi; hayal kırıklığı

E

Eroberer /er'o:bırır/ *m* fetheden, fatih ***Mehmet der Eroberer*** Fatih Sultan Mehmet
erobern /er'o:bırn/ *vt* almak, zaptetmek, fethetmek; kazanmak
Eroberung /er'o:bırung/ *f* alma, zaptetme, fetih ***erobertes Gebiet*** zaptedilmiş bölge
eröffnen /er'öfnın/ *vt* açmak; bildirmek, tebliğ etmek ***sich eröffnen*** açılmak, tecelli etmek; fikrini açılmak
Eröffnung /er'öfnung/ *f* açılma; (toplantı vs) açılış; başlatma, başlangıç; bildiri, tebliğ ***Eröffnung eines Urteils*** *huk* hüküm ilanı
erörtern /er'örtırn/ *vt* görüşmek; tartışmak, müzakere etmek, münakaşa etmek
Erörterung /er'örtırung/ *f* görüşme, münakaşa, tartışma, müzakere ***zu Erörterungen Anlass geben*** tartışmalara sebep olmak
Erosion /ero'zyo:n/ *f* toprak kayması, erozyon
Erotik /e'ro:tik/ *f* erotik; erotizm; şehvet
erotisch /e'ro:tiş/ *s* erotik
erpicht /er'piht/ *s* şiddetle, çokça, fazlaca; düşkün, haris ***auf Trinken erpicht*** içmeye düşkün
erpressen /er'presın/ *vt* şantaj yapmak, şantaj yaparak almak; haraca kesmek; gözdağı vermek; baskı altında tutmak ***jdm etw erpressen*** (birisinden) şantajla (bir şey) elde etmek
Erpresser /er'presır/ *m* şantajcı
erpresserisch /er'presıriş/ *s* tehditkâr, şantaj yaparak
Erpressung /er'presung/ *f* gözdağı, şantaj; şantaj yapma
erproben /er'pro:bın/ *vt* sınamak, denemek, uygulamak; tatbik etmek, tecrübe etmek
erprobt /er'pro:pt/ *be* denenmiş, tatbik edilmiş ***erprobter Freund*** kara gün dostu
Erprobung /er'pro:bung/ *f* deneme, tecrübe edilme
erraten /er'ra:tın/ *vt* sezmek; tahmin etmek; çözmek, keşfetmek
errechnen /er'rehnın/ *vt* hesaplamak, hesaplayıp bulmak
erregbar /er're:kba:r/ *s* sinirli, asabi, çabuk kızan; cinsel uyarılara duyarlı; hassas; hırçın; *hek* emotif ***leicht erregbar*** fişek gibi
Erregbarkeit /er're:kba:rkayt/ *f* (cinsel) uyarılma yetisi, uyarılganlık; çabuk heyecanlanma; sinirlilik, asabiyet; duyarlılık; *hek* emosyon
erregen /er're:gın/ *vt* (duygu) uyandırmak, tahrik etmek; (cinsel) uyarmak; sebep olmak; sebebiyet vermek, mucip olmak; azdırmak ***sich erregen*** heyecanlanmak
Erreger /er're:gır/ *m* devindirici, devitken, harekete geçirici; *hek* virüs
Erregung /er're:gung/ *f* kızdırma; yapma, sebep olma; heyecan, telaş; taşkınlık, kızgınlık; *hek* ajitasyon, eksitasyon; (cinsel) uyarım ***in furchtbarer Erregung*** burnundan solur durumda olma ***in Erregung geraten*** ateş basmak; heyecanlanmak
erreichbar /er'rayhba:r/ *s* erişilebilir, ulaşılabilir; kolay bulunur, elde edilebilir ***erreichbar sein*** ele gelmek, kavranabilir olmak ***leicht erreichbar*** ulaşılması kolay, varılması kolay
erreichen /er'rayhın/ *vt* varmak, ulaşmak, erişmek, yetişmek; ele geçirmek, elde etmek; emeline kavuşmak, maksadına kavuşmak ***ein Ergebnis erreichen*** bir sonuca varmak ***sein Ziel erreichen*** muradına ermek ***etw erreichen*** (bir şey) başarmak, başarı elde etmek ***nichts erreichen*** hiçbir şey elde edememek, başaramamak ***jdn erreichen*** (birisine) yetişmek; (birisine) ulaşmak ***das Ende erreichen*** sona ermek ***das sechzigste Lebensjahr erreichen*** altmışıncı yaşına ermek ***den höchsten Grad erreichen*** son dereceyi bulmak; *ask* en üst rütbeye ulaşmak
errichten /er'rihtın/ *vt* yapmak, yerine getirmek; inşa etmek; (direk) dikmek; (bina, kurum, firma) kurmak; (mukavele) imzalamak, yapmak ***Denkmäler errichten*** anıt yapmak
Errichtung /er'rihtung/ *f* kurma, kuruluş; yapma, tanzim; dikme
erringen /er'ringın/ *vt* didinerek elde etmek, zorlukla kazanmak
erröten /er'rö:tın/ *vi* yüzü kızarmak, pancar kesilmek, kıpkırmızı olmak; ateş basmak, alı al moru mor olmak; kızıllaşmak
Errungenschaft /er'rungınşaft/ *f* kazanım, elde edilen şey; ilerleme; *huk* (evli-

likte) ortak kazanım

Ersatz /er'zats/ *m* yedek; tazmin, tazminat, bedel; telafi; ikame; ödün; *ask* ihtiyat ***als Ersatz*** buna karşılık ***Ersatz beantragen*** tazminat talep etmek ***Ersatz für Nichtvermögensschaden*** manevi tazminat ***Ersatz für Sachschaden*** maddi tazminat ***Ersatz leisten*** (zararı) tazmin etmek ***Ersatz von Verwendungen*** masrafların tazmini

Ersatzanspruch /er'zatsanşpru**h**/ *m huk* tazminat hakkı; tazminat talebi

Ersatzbank /er'zatsbank/ *f sp* yedek oyuncular

Ersatzbefriedigung /er'zatsbıfri:digung/ *f* tazmin etme, tazmin, karşılama

Ersatzdienst /er'zatsdi:nst/ *m* askerlik yerine yapılan mesleki hizmet

Ersatzmann /er'zatsman/ *m* yedek kişi; *sp* yedek oyuncu

Ersatzreifen /er'zatsrayfın/ *m* yedek lastik, stepne

Ersatzteil /er'zatstayl/ *m* yedek parça

ersäufen /er'zoyfın/ *vt kon* (suda) boğmak

erschaffen /er'şafın/ *vt* yaratmak, oluşturmak

Erschaffung /er'şafung/ *f* yaratma; yaradılış ***seit Erschaffung der Welt*** ta dünya kurulduğundan beri

erscheinen /er'şaynın/ *vi* görünmek, gözükmek, tezahür etmek; belirmek; çıkmak; (kitap) piyasaya çıkmak, yayımlanmak, neşredilmek; hazır bulunmak; mahkeme huzuruna çıkmak ***erscheinen lassen*** çıkarmak, neşretmek ***vor Gericht erscheinen*** mahkeme huzuruna çıkmak ***zur Gerichtsverhandlung erscheinen*** duruşmaya gelmek ***nützlich erscheinen*** faydalı görülmek

Erscheinung /er'şaynung/ *f* görünüm, görünüş, kılık; hadise, olay, fenomen; hayalet, cin; hazır bulunma; araz, semptom ***in Erscheinung treten*** görülmek, ortaya çıkmak

erschießen /er'şi:sın/ *vt* (silahla) vurarak öldürmek, kurşunlayarak öldürmek; *ask* kurşuna dizmek ***erschossen sein*** hayret etmek; yorgun olmak; çare bulamamak ***sich erschießen*** kendine kurşun sıkarak intihar etmek

Erschießung /er'şi:sung/ *f* kurşunla öldürme, vurma, vurulma; kurşuna dizme, kurşuna dizilme

erschlaffen /er'şlafın/ *vi* gevşemek; güçten düşmek, dizlerinin bağı çözülmek; *vt* gevşetmek

erschlagen /er'şla:gın/ *vi* (bir şey ile/darbeyle) vurarak öldürmek; (yıldırım) çarparak öldürmek; *s kon* bitkin, yorgun ***erschlagen sein*** yorgunluktan gebermiş olmak

erschließen /er'şli:sın/ *vt* açmak; yol açmak; sonuç çıkarmak; tanıtmak ***etw aus etw erschließen*** (bir şeyi) (bir şeyden) anlamak, çıkarabilmek ***sich erschließen*** açılmak

Erschließung /er'şli:sung/ *f* açılma, açma; işletmeye açma

erschöpfen /er'şöpfın/ *vt* yormak, kuvvetten düşürmek, halsiz bırakmak; tüketmek, bitirmek ***sich erschöpfen*** tükenmek, bitmek ***sich in etw erschöpfen*** (bir şeyde) abartıya kaçmak

erschöpft /er'şöpft/ *s* yorgun, yorulmuş, kuvvetten düşmüş, tükenmiş, bitkin, bitap, dermansız, takatsız ***erschöpfender Bericht*** detaylı rapor ***meine Geduld ist erschöpft!*** sabrım tükendi!

Erschöpfung /er'şöpfung/ *f* yorgunluk; yorma, kuvvetten düşme; tükenme, tüketme; abartı

erschrecken /er'şrekın/ *vt* korkutmak, ürkütmek, yıldırmak; *vi* korkmak, ürkmek, yılmak ***sich erschrecken*** korkmak, ürkmek ***sich nicht erschrecken lassen*** yüreği dayanmamak ***vor dem Hund erschrecken*** köpekten korkmak

erschreckend /er'şrekınt/ *s* korkutucu, ürkütücü

erschüttern /er'şütırn/ *vi* sarsılmak; *vt* sarsmak ***jdn erschüttern*** (birisini) sarsmak, moralini bozmak

erschütternd /er'şütırnt/ *s* acıklı, hüzünlü, acı

Erschütterung /er'şütırung/ *f* sarsılma, sarsıntı; keder, acı, hüzün; teessür

erschweren /er'şve:rın/ *vt* ağırlaşmak; zorlaşmak, güçleşmek ***erschwerende Umstände*** *huk* (suç) ağırlaştırıcı sebepler

erschwingen /er'şvingın/ *vt* satın alabilmek; ödemek, tediye etmek; para tedarik etmek ***einen Betrag erschwingen können*** bir tutarı verebilmek

erschwinglich /er'şvingli**h**/ *s* satın alınabilir, uygun, verilebilecek

ersehen /er'ze:ın/ *vt* (bir şeyden) sonuç

çıkarmak ***etw aus etw ersehen*** (bir şeyi) (bir şeyden) anlamak, öğrenmek ***zu ersehen sein*** anlaşılmak, görülmek

ersehnen /er'ze:nın/ *vt* dört gözle beklemek; candan arzulamak

ersetzbar /er'zetsba:r/ *s* telafi edilebilir, karşılanabilir

E

ersetzen /er'zetsın/ *vt* yerini tutmak, yerine başkasını koymak; karşılamak, tazminat vermek; tebdil etmek, değiştirmek ***etw durch etw anderes ersetzen*** (bir şeyin) yerine başka bir şey getirmek, telafi etmek ***er ist schwer zu ersetzen*** yerinin doldurulması zor ***Schäden ersetzen*** hasarı telafi etmek ***etw ersetzt bekommen*** (bir şey) için tazminat almak

ersichtlich /er'zihtlih/ *s* belli, açık, aşikar; anlaşılır ***ersichtlich aus etw sein*** (bir şeyden) anlaşılmak ***ohne ersichtlichen Grund*** durup dururken, hiç sebebi yokken

ersinnen /er'zinın/ *vt* uydurmak, atmak; icat etmek, bulmak

ersparen /er'şpa:rın/ *vt* biriktirmek, tasarruf etmek; esirgemek ***Geld ersparen*** para biriktirmek ***jdm etw ersparen*** (birisini) (bir şeyden) kurtarmak ***sich etw ersparen*** (bir şeyden) kurtulmak ***das wird uns nicht erspart bleiben*** bundan kurtulamayacağız, başımıza gelecek

Ersparnis /er'şpa:rnis/ *f* birikim, tasarruf

erst /e:rst/ *s* birinci, ilk; *be* önce, önceleri, başlangıçta; ilk önce, her şeyden evvel; ancak ***erst als*** ancak, -dan sonra ***erst gestern*** daha dün ***erst recht*** daha ziyade ***erst später fällig*** müeccel ***jetzt erst*** ancak şimdi ***nun erst recht*** mahsus; oranla, nispetle ***wenn ich erst hinkäme*** bir defa oraya gelsem, gelebilsem ***erste Geschäft an einem Tag*** siftah, ilk iş ***erste Hilfe*** ilkyardım ***erste Liebe*** ilk aşk ***erste Person*** birinci şahıs ***am ersten Januar*** bir ocakta ***aus erster Hand*** birinci elden, ilk sahibinden ***fürs erste*** başlangıç olarak, muvakkaten ***zum ersten Mal*** ilk defa olarak

erstarren /er'ştarın/ *vi* donmak, katılaşmak; dona kalmak, taş kesilmek

Erstarrung /er'ştarung/ *f* donma, katılaşma, katılanma

erstatten /er'ştatın/ *vt* izin vermek, müsaade etmek; geri vermek; bedelini ödemek; tazmin etmek, karşılamak ***jdm etw erstatten*** (birisine) (bir şey) vermek, tazmin etmek ***Anzeige erstatten*** ilan vermek; ihbarda bulunmak ***Bericht erstatten*** rapor vermek, haber vermek, haber yazmak

Erstattung /er'ştatung/ *f* tazmin etme; verme, iade; karşılama

Erstaufführung /'e:rstauffü:rung/ *f tiy* ilk temsil, gala

Erstaunen /er'ştaunın/ *n* şaşma, hayret etme; hayret ***in Erstaunen geraten*** şaşkınlığa kapılmak ***in Erstaunen setzen*** şaşırtmak, hayrete düşürmek

erstaunen /er'ştaunın/ *vi* şaşmak, hayret etmek; *vt* hayrete düşürmek, şaşırtmak ***erstaunt sein*** hayret etmek, hayrete düşmek ***sich erstaunen*** hayret etmek, hayrete düşmek

erstaunlich /er'ştaunlih/ *s* hayret verici, şaşılacak; garip, acayip; görülmedik, duyulmadık ***erstaunlich groß*** fevkalade büyük, şaşılacak büyüklükte

Erstausgabe /'e:rstausga:bı/ *f* (matbaa) birinci baskı, ilk bası

erste(r,s) /'e:rstı(r,s)/ *s* birinci, ilk ***erste Hilfe*** ilkyardım ***erster des Monats*** ayın biri, ayın birinci günü ***mit der ersten Post*** ilk posta ile ***der erst beste*** en iyilerden ilki ***zum erstenmal*** ilk defa olarak ***das Erste, was er sah*** gördüğü ilk şey ***von erster Qualität*** en iyi kalite ***als erster kommen*** birinci gelmek, birinci olarak gelmek

erstechen /er'ştehın/ *vt* bıçaklamak, bıçaklayarak öldürmek

erstehen /er'şte:ın/ *vt* (zorlukla) satın almak; ucuza mal etmek; *vi* ortaya çıkmak, görünmek; yeniden yapılmak; (ölü) dirilmek ***als Helfer erstehen*** koltuk çıkmak, arka çıkmak ***aus dem Nichts erstehen*** yoktan var olmak

ersteigen /er'ştaygın/ *vt* (bir şey üzerine) çıkmak, tırmanmak ***einen Berg ersteigen*** bir dağa tırmanmak

ersteigern /er'ştaygırn/ *vt* açık artırma yoluyla satın almak

erstellen /er'ştelın/ *vt* üretmek, imal etmek; (plan) hazırlamak; (şart, kural) koymak, belirlemek, tayin etmek; tanzim etmek

Erstellung /er'ştelung/ *f* üretme, imal etme; hazırlama; tayin etme, koyma, belirleme

erstens /'e:rstıns/ *be* birinci, önce, evvela, ilkin, ilk önce
Erstgeborene(r) /'e:rstgıbo:rını(r)/ *f/m* ilk doğan çocuk
ersticken /er'ştikın/ *vi* boğulmak; bunalmak, nefes alamamak; *vt* boğmak, boğarak öldürmek; (ateş) söndürmek ***Aufstände ersticken*** ayaklanmaları bastırmak ***etw im Keime ersticken*** (bir şeye) başlamadan engellemek ***erstickende Gase*** boğucu (öldürücü) gazlar
erstklassig /'e:rstklasih/ *s* birinci sınıf, en iyi; harika, ekstra; baş; *tic* birinci kalite ***erstklassige Bedienung*** birinci sınıf servis ***erstklassiger Wechsel*** *tic* sağlam senet ***erstklassiges Papier*** *tic* sağlam senet; kıymetli evrak ***erstklassiges Spiel*** *sp* (futbol) kaliteli bir maç
Erstkommunion /'e:rstkamunyon/ *f din* komünyon
erstmals /'e:rstma:ls/ *s* ilk olarak
erstreben /er'ştre:bın/ *vt* amaç edinmek, (bir şey) için çabalamak, uğraşmak; (bir şeyi) elde etmeye çalışmak; canı çekmek ***das erstrebte Ziel*** amaç, gaye, erek
erstrebenswert /er'ştre:bınsvert/ *s* çabalamaya, amaç edinmeye değer
erstrecken /er'ştrekın/ *vt* uzatmak ***seine Tätigkeit auf etw erstrecken*** çalışma alanını genişletmek, (bir şeyi) kendi alanına dahil etmek ***sich erstrecken*** uzanmak, yayılmak, kapsamak; sürmek ***sich auf etw erstrecken*** (bir şeyi) kapsamak, (bir şeye dek) uzanmak
erstürmen /er'ştürmın/ *vt ask* hücumla zaptetmek; zorlamak, almak
Erstürmung /er'ştürmung/ *f* hücumla alma, elde etme, zorlanma, alınma
Ersuchen /er'zu:hın/ *n* rica; rica etme; başvurma; dilekçe, müracaat; talep, istek ***auf Ersuchen*** talep üzerine ***auf jds Ersuchen*** (birisinin) isteği üzerine
ersuchen /er'zu:hın/ *vt* rica etmek, dilemek, istemek, ricada bulunmak
ertappen /er'tapın/ *vt* yakalamak; suçüstü yakalamak ***auf frischer Tat ertappen*** suçüstü yakalamak ***sich ertappen lassen*** paçayı ele vermek
erteilen /er'taylın/ *vt* vermek; izin vermek, müsaade etmek; ders vermek ***Befehl erteilen*** emir vermek ***jdm eine Lektion erteilen*** (birisine) dersini vermek
ertönen /er'tö:nın/ *vi* işitilmek, tınlamak, çınlamak ***laut ertönen*** tınlamak
Ertrag /er'tra:k/ *m* gelir, getiri, kâr; hâsılat, kazanç; bedel, eder; mahsul; randıman, verim
ertragen /er'tra:gın/ *vt* tahammül etmek, dayanmak, çekmek, katlanmak ***nicht zu ertragen*** tahammül edilecek gibi değil, dayanılacak gibi değil
erträglich /er'tre:klih/ *s* çekilir, dayanılır, katlanılır
ertragreich /er'tra:krayh/ *s* verimli; randımanlı; kârlı
Ertragslage /er'tra:ksla:gı/ *f* kâr durumu
ertränken /er'trenkın/ *vt* (suda) boğmak ***die Sorgen ertränken*** dertleri içkiyle unutmak ***sich ertränken*** suya atlayarak intihar etmek
erträumen /er'troymın/ *vt* hayalini kurmak, hayal etmek, tasavvur etmek ***sich etw erträumen*** hayal etmek
ertrinken /er'trinkın/ *vi* (suda) boğulmak ***in Geld ertrinken*** paraya boğulmak, parası çok olmak
erübrigen /er'ü:brigın/ *vt* biriktirmek, tasarruf etmek; (zaman) ayırmak ***es erübrigt sich, das zu tun*** bunu yapmak gereksizdir ***das erübrigt sich*** buna gerek yok ***sich erübrigen*** gereksiz olmak, ihtiyaç kalmamak
Eruption /erup'tsyo:n/ *f* (volkan) püskürme, dökme, patlama, intifa; kusma
erwachen /er'vahın/ *vi* uyanmak; aklı başına gelmek, gözünü açmak; ayılmak ***erwachen lassen*** ayıltmak; uyandırmak ***vom Tode erwachen*** öldükten sonra tekrar dirilmek
erwachsen /er'vaksın/ *s* büyük, gelişkin, yetişkin, reşit, ergen, kâmil; *vi* büyümek, gelişmek, oluşmak ***erwachsen sein*** buluğa ermiş olmak ***erwachsener Student*** yetişkin öğrenci
Erwachsene(r) /er'vaksanı(r)/ *f/m* yetişkin, büyük, reşit
Erwachsenenbildung /er'vaksınınbildung/ *f* yetişkin eğitimi
erwägen /er've:gın/ *vt* düşünmek; incelemek, tetkik etmek; tartıp biçmek; göze almak
Erwägung /er've:gung/ *f* düşünce, fikir, ide; tetkik ***in Erwägung ziehen*** düşünmek; göz önüne almak ***nicht in Erwägung ziehen*** nazarı dikkate almamak
erwähnen /er've:nın/ *vt* değinmek; zik-

E

retmek, anmak, yad etmek; mevzubahis etmek, söz konusu etmek ***oben erwähnt*** yukarda sözü geçen, yukarda adı geçen
erwähnenswert /er've:nınsve:rt/ *s* söz etmeye değer
Erwähnung /er've:nung/ *f* bahis, konu, zikir; söz etme, konu olma, anma, zikretme
erwärmen /er'vermın/ *vt* ısıtmak; ateşe tutmak ***sich erwärmen*** ısınmak ***sich für etwas erwärmen*** (bir şey) ile ilgilenmek, hoşuna gitmek
Erwärmung /er'vermung/ *f* ısıtma; ısınma
erwarten /er'va:rtın/ *vt* beklemek, ummak; yoluna bakmak ***er kann es kaum erwarten*** sabırsız ***es ist zu erwarten*** bu beklenen bir şey
Erwartung /er'vartung/ *f* beklenti; beklenme; ümit ***Erwartungen erfüllen*** varlık göstermek ***zu großen Erwartungen berechtigen*** çok ümit vermek ***in seinen Erwartungen getäuscht werden*** hayal kırıklığına uğramak
erwartungsvoll /er'vartungsfol/ *s* beklentisi olan; meraklı, merakla; sabırsızlıkla; umutlu, umutla
erwecken /er'vekın/ *vt* uyandırmak; diriltmek; sebep olmak ***vom Tode erwecken*** anıları canlandırmak ***Mitleid erwecken*** acıma duygusu uyandırmak
erwehren /er've:rın/ *vr* defetmek, sakınmak, uzak durmak ***sich des Lachens nicht erwehren können*** kendini gülmekten alamamak
erweichen /er'vayhın/ *vt* yumuşatmak ***sich erweichen*** yumuşamak ***jdns Herz erweichen*** (birisinin) yüreğini yumuşatmak ***sich durch jdn's Bitten erweichen lassen*** (birisinin) ricaları karşısında yumuşamak
erweisen /er'vayzın/ *vt* göstermek, ispat etmek, belgelemek ***Achtung erweisen*** saygı göstermek ***jdm einen Dienst erweisen*** (birisine) hizmet etmek ***sich erweisen*** ispat edilmek; görülmek, belli olmak ***es erweist sich, dass es so ist*** böyle olduğu gözüküyor ***sich als wahr erweisen*** gerçekleşmek, gerçek olduğu belli olmak ***sich dankbar erweisen*** minnettarlığını göstermek
erweitern /er'vaytırn/ *vt* genişletmek; artırmak, yükseltmek ***seine Macht erweitern*** nüfuzunu artırmak, gücünü artırmak ***sich erweitern*** genişlemek; açılmak; artmak
erweitert /er'vaytırt/ *s* geniş; genişletilmiş
Erweiterung /er'vaytırung/ *f* genişletilme; genişleme; artırılma; artma; yayılım
Erwerb /er'verp/ *m* kazanç, edinim, iktisap; meslek; satın alma; elde etme; geçim, maişet ***Erwerb in der Erbschaft*** *huk* mirasın iktisabı ***Erwerb durch Kauf*** satın alma yoluyla elde etme ***Erwerb durch Schenkung*** bağış (hediye) yoluyla elde etme ***er geht einem Erwerb nach*** işi var
erwerben /er'verbın/ *vt* kazanmak, elde etmek, edinmek; iktisap etmek, ele geçirmek; satın almak ***(käuflich) erwerben*** satın almak
erwerbsfähig /er'verpsfe:ih/ *s* çalışabilir, çalışabilen, çalışma yeteneği olan (kişi)
Erwerbsfähigkeit /er'verpsfe:ihkayt/ *f* (insan) çalışabilirlik, çalışabilir durumda olma
erwerbslos /er'verpslo:s/ *s* işsiz
erwerbstätig /er'verpste:tih/ *s* çalışan, iş sahibi
erwerbsunfähig /er'verpsunfe:ih/ *s* malul, sakat, çalışamaz, iş göremez
Erwerbsunfähigkeit /er'verpsunfe:ihkayt/ *f* maluliyet, iş görememezlik
erwidern /er'vi:dırn/ *vt* cevap vermek; karşılık vermek, mukabele etmek, mukabelede bulunmak; iadei ziyarette bulunmak ***auf etwas erwidern*** (bir şeye) karşılık vermek ***das Feuer erwidern*** *ask* ateşe karşılık vermek ***einen Besuch erwidern*** karşı ziyarette bulunmak, iadei ziyaret etmek ***einen Gruß erwidern*** selama karşılık vermek
Erwiderung /er'vi:dırung/ *f* cevap; karşılık
erwirken /er'virkın/ *vt* sağlamak, etmek, temin etmek
erwirtschaften /er'virtşaftın/ *vt* kazanmak, elde etmek
erwischen /er'vişın/ *vt* yakalamak, ele geçirmek, suçüstü yakalamak; kapmak ***etw erwischt jdn*** (birisinin) başına (bir şey) gelmesi ***sich erwischen lassen*** yakayı ele vermek, kıstırılmak
erwünschen /er'vünşın/ *vt* arzu etmek, arzulamak
erwünscht /er'vünşt/ *be* istenilen, beğenilen, hoşa giden; makbule geçen, makbul ***erwünscht sein*** makbule geçmek
erwürgen /er'vürgın/ *vt* boğarak öldür-

mek, boğmak

Erz /erts/ *n mad* maden filizi; bronz, tunç; koyu; baş

erzählen /er'tse:lın/ *vt* anlatmak, (sözlü) aktarmak, nakletmek; bahsetmek; hikâye etmek; *kon* yalan yutturmak; *tiy* öykülemek ***Geschichten erzählen*** hikâye anlatmak ***man erzählt sich*** deniliyor ki ***ein Märchen erzählen*** bir masal anlatmak

Erzähler /er'tse:lır/ *m* anlatan, (sözlü) aktaran; *tiy* öykücü, hikâyeci

erzählerisch /er'tse:lıriş/ *s* hikâyemsi (anlatım)

Erzählung /er'tse:lung/ *f* anlatım, anlatı; anlatma; hikâye, fıkra

Erzbischof /'ertsbişof/ *m* başpiskopos; metropolit

erzeugen /er'tsoygın/ *vt* üretmek, imal etmek, meydana getirmek; (çocuk) doğurmak; (his) uyandırmak

Erzeugerland /er'tsoygırlant/ *n* üretici ülke, üreten ülke

Erzeugnis /er'tsoyknis/ *n* ürün, mahsul, mamul, imalat; eser, yapıt ***türkisches Erzeugnis*** Türk malı

Erzfeind /'ertsfaynt/ *m* ezeli düşman, amansız düşman; ezeli rakip

Erzgauner /'ertsgaunır/ *m* hilebaz; hinoğlu hin

erziehen /er'tsi:ın/ *vt* eğitmek, terbiye etmek, yetiştirmek; öğretmek ***gut erzogen*** terbiyeli ***schlecht erzogen*** terbiyesiz, şımarık

Erzieher /er'tsi:ır/ *m* eğitmen, eğitici, eğiten; pedagog

erzieherisch /er'tsi:ıriş/ *s* eğitimsel, eğitbilimsel, pedagojik; eğitimle ilgili

Erziehung /er'tsi:ung/ *f* eğitim, terbiye ***Erziehung betreffend*** eğitimsel ***körperliche Erziehung*** beden eğitimi ***gemeinsame Erziehung*** toplu eğitim ***von guter Erziehung*** iyi eğitimli

Erziehungsgeld /er'tsi:ungsgelt/ *n* (Almanya) (doğumdan sonra 24 ay süreyle verilen) çocuk bakım parası

erzielen /er'tsi:lın/ *vt* amacına ulaşmak, elde etmek, sağlamak, temin etmek; kazanmak; *sp* (futbol) gol atmak ***Einigung über etw Erzielen*** bir konuda anlaşmaya varmak ***Tor erzielen*** gol atmak

erzkonservativ /'ertskonzervati:f/ *s* koyu tutucu

erzwingen /er'tsvingın/ *vt* zorlamak, zorlayarak yaptırmak, mecbur etmek

es /es/ *adl* (nötr) o; onu ***es gibt*** var ***es gibt nicht*** yok ***es regnet*** yağmur yağıyor ***Ich bin es!*** benim! ***sind Sie es?*** (o) siz misiniz? ***heute ist es schön*** bugün hava güzel

Esche /'eşı/ *f bitk* dişbudak ağacı

Esel /'e:zıl/ *m hayb* eşek, merkep; *kon* aptal, budala ***Alter Esel !*** eşek herif ***du bist ein Esel*** eşek herifsin ***ein Esel im Quadrat!*** eşşoğlu eşek

Eselsbrücke /'e:zılsbrükı/ *f* hafıza desteği

Eselsohr /'e:zılso:r/ *n kon* bir kitap sayfasının kıvrılmış köşesi; eşek kulağı

Eskalation /eskala'tsyo:n/ *f* kontrolden çıkma, tırmanma, çığırından çıkma

eskalieren /eska'li:rın/ *vi* (olay) tırmanmak, büyümek

Eskapade /eska'pa:dı/ *f* (ahlaka aykırı) yanlış davranış, gaf; kaçamak ilişki; (at) yanlış adım; muziplik, yaramazlık

Eskimo /'eskimo/ *m* Eskimo

Eskorte /es'kortı/ *f* koruyucu, koruma, eskort; refakat; konvoy

Esoterik /ezo'te:rik/ *f* gizbilim

esoterisch /ezo'te:riş/ *s* belirli bir çevre tarafından anlaşılabilen

Espe /'espı/ *f bitk* telli kavak; kavak yaprakları

Espenlaub /'espınlaup/ *n bitk* titrek kavak yaprağı ***wie Espenlaub zittern*** *mec* tir tir titremek

Esperanto /espı'ranto/ *n* esperanto

Espresso /es'preso/ *m* koyu İtalyan kahvesi, espresso

Essay /'ese:/ *n* (edebiyat) deneme; yazı, makale

Essayist/Essayistin /ese'ist/ese'istin/ *m/f* deneme yazarı

Esse /'esı/ *f* baca; ocak, demirci ocağı; *kon* silindir şapka

Essen /'esın/ *n* yemek, aş; (ramazan) iftar, sahur; *ask* karavana; ziyafet ***ein Essen geben*** ziyafet vermek ***vor dem Essen*** yemekten önce ***nach dem Essen*** yemekten sonra

essen /'esın/ *vt* yemek yemek ***etw gern essen*** bir yemeği sevmek, severek yemek ***essen und trinken*** yiyip içmek ***viel essen*** çok yemek ***jdm etw zu essen geben*** (birisine) yemek vermek ***sich satt essen*** çatlayıncaya kadar yemek ***zu Mittag essen*** öğle yemeği

E

yemek ***zu Abend essen*** akşam yemeği yemek
essentiell /esen'tsyel/ *s hek* esansiyel
Essenz /e'sents/ *f kim* konsantre, öz; esans, hulasa
Essig /'esih/ *m* sirke ***in Essig einlegen*** sirkeye yatırmak, salamuraya yatırmak ***damit ist es Essig*** bu iş suya düştü
Essiggurke /'esihgurkı/ *f* hıyar turşusu, kornişon
Essigsäure /'esihzoyrı/ *f kim* asit asetik, sirke asidi
Este /'estı/ *m* Estonyalı
Ester /'estır/ *m kim* ester
Estland /'estlant/ *n* Estonya
Estragon /'estragon/ *m bitk* tarhun, taren
Estrich /'estrih/ *m* zemin, yer, döşeme
etablieren /eta'bli:rın/ *vt* kurmak, tesis etmek, yerleştirmek ***sich etablieren*** yerleşmek; iş kurmak; kendini kabul ettirmek
Etage /e'ta:jı/ *f* kat, bina katı, daire
Etagenheizung /e'ta:jınhaytsung/ *f* kat kaloriferi
Etagenwohnung /e'ta:jınvo:nung/ *f* apartman; apartman dairesi
Etappe /e'tapı/ *f* etap, aşama, merhale; spor tur, bölüm; *ask* menzil
etappenweise /e'tapınvayzı/ *s* aşama aşama, etap etap ***etappenweise vorgehen*** merhale merhale ilerlemek
Etat /e'ta:/ *m* bütçe, devlet bütçesi; varlık, servet, mali güç
etatmäßig /e'ta:me:sih/ *s* planlı, bütçeye göre ***etatmäßige Beamte*** kadrolu memurlar
etepetete /e:tıpe'te:tı/ *s* mızmız, fazla titiz, kılı kırk yaran
Ethik /'e:tik/ *f* etik, ahlak, ahlak felsefesi; ahlakbilim; törebilim
ethisch /'e:tiş/ *s* ahlaki; etikle ilgili; töresel ***ethische Entwicklung*** ahlaki gelişim
ethnisch /'e:tniş/ *s* etnik, kavimle ilgili; milli, ırksal ***ethnisches Problem*** etnik problem, etnik sorun
Ethnologe/Ethnologin /etno'lo:gı/etno'lo:gin/ *m/f* etnolog
Ethnologie /etnolo'gi:/ *f* etnoloji
ethnologisch /etno'lo:giş/ *s* etnolojik
Etikett /eti'ket/ *n* etiket, yafta
Etikette /eti'ketı/ *f* protokol, merasim, teşrifat; görgü kuralı ***gegen die Etikette verstoßen*** pot kırmak
etikettieren /etike'ti:rın/ *vt* etiketlemek, etiket yapıştırmak
etliche /'etlihı/ *adl* birçok, birkaç, bazı ***etliche Tage*** birkaç gün ***etliche Leute*** birçok insan ***etliche Male*** bazı kere; birçok defa ***etliche dreißig*** otuzdan fazla ***etliche Mal*** *adl* birkaç kere
Etui /e'tvi:/ *n* kılıf, kap, muhafaza, kutu
etwa /'etva/ *be* hemen hemen, aşağı yukarı, takriben, kadar, yaklaşık olarak; acaba, şayet; sakın; yoksa ***etwa vor einer Woche*** yaklaşık bir hafta evvel ***etwa 50 Euro*** yaklaşık elli Euro ***ist es etwa nicht so?*** acaba bu böyle değil midir? ***nicht etwa*** hiç
etwaig /'etvaih/ *be* olası, muhtemel, beklenen ***etwaige Probleme*** olası sorunlar
etwas /'etvas/ *be* bir şey; biraz; bir miktar, bir parça ***so etwas*** böyle bir şey ***daraus wird etwas werden*** bu olacak; bu proje olumlu sonuç verecek ***aus diesem Jüngling wird etwas werden*** bu genç, adam olacak ***in etwas*** şöyle veya böyle ***nein, so etwas*** olur şey değil ***etwas Geld*** biraz para ***gibt es etwas Neues?*** yeni bir şey var mı? ***etwas schwierig*** biraz zor ***etwas mehr*** az daha ***etwas größer*** biraz daha büyük
Etymologie /etümolo'gi:/ *f* etimoloji, sözcüklerin kökenini araştıran bilim, kökenbilim
EU-Bürger/in /eubürgır/in/ *f* AB vatandaşı, AB yurttaşı
euch /oyh/ *adl* sizi, size, sizleri, sizlere
euer /'oyır/ *adl* sizin
EU-Gipfel /eugipfıl/ *m* AB zirvesi
Eukalyptus /oyka'lüptus/ *m bitk* ökaliptus
EU-Kommission /eukomisyo:n/ *f* AB komisyonu
Eule /'oylı/ *f hayb* baykuş ***Eulen nach Athen tragen*** fuzuli iş yapmak
Eulenspiegel /'oylınşpi:gıl/ *m* şakacı kişi; bir (Alman) masal kahramanı
EU-Mitgliedsland /eumitgli:dslant/ *f* AB üyesi (ülke)
Eunuch /oy'nu:h/ *m* harem ağası; hadım
Euphemismus /oyfe'mismus/ *m* kötü bir şeyi değiştirerek ifade etme, örtmece
Euphorie /oyfo'ri:/ *f* aşırı coşku, coşkunluk
euphorisch /oy'fo:riş/ *s* coşkun, heyecanlı
eure(r,s) /'oyrı(r,s)/ *adl* sizin
eurerseits /'oyrerzayts/ *be* sizden, sizin tarafınızdan; sizin yüzünüzden

euresgleichen /'oyrısglayhın/ *be* sizin gibiler
euretwegen /'oyrıtve:gın/ *be* hatırınız için; sizin yüzünüzden
Euro /'oyro/ *m* Avrupa Birliği'nin ortak para birimi, Avro, Euro, öro
Eurocheque /oy'ro:şek/ *m* euroçek
Europa /oy'ro:pa/ *f* Avrupa
Europäer/in /oyro'pe:ır/in/ *m* Avrupalı, batılı
Europafrage /oy'ro:pafra:gı/ *f* Avrupa sorunu
europäisch /oyro'pe:iş/ *s* Avrupalı; Avrupa'ya ait ***die Europäischen Länder*** Avrupa Ülkeleri ***Europäische Gemeinschaft*** AB, Avrupa Birliği ***europäische Gerichtshof*** Avrupa Adalet Divanı ***europäische Lebensweise*** Avrupai yaşam tarzı ***Europäische Union*** Ortak Pazar; Avrupa Birliği ***europäische Währungseinheit*** Avrupa para birimi ***Europäisches Währungssystem*** Avrupa Para Birliği ***Europäische Wirtschaftsgemeinschaft*** AET, Avrupa Ekonomik Topluluğu ***Europäische Zollunion*** Avrupa Gümrük Birliği ***europäisches Ufer*** (İstanbul) Avrupa yakası ***europäische Waren einführen*** Avrupa'dan mal getirtmek ***europäischer Art*** alafranga
Europameister/in /oy'ro:pamaystır/in/ *f* Avrupa şampiyonusa
Europameisterschaft /oy'ro:pamaystırşaft/ *f* Avrupa şampiyonası
Europaparlament /oy'ro:paparlament/ *n* Avrupa Parlamentosu
Europarat /oy'ro:para:t/ *m* Avrupa Konseyi
Europokal /oy'ro:papoka:l/ *m sp* Avrupa Kupası
Europawahlen /oy'ro:pava:lın/ *pl* Avrupa seçimleri
europaweit /oyro:pa'vayt/ *s* Avrupa çapında; tüm Avrupa'da
Euroscheck /'oyroşek/ *m* euroçek
Euter /'oytır/ *n* (sığır, koyun) meme
Euthanasie /oytana'zi:/ *f* kendi isteğiyle acısız ölüm, ötanazi; nazi katliamı
evakuieren /evaku'i:rın/ *vt* boşaltmak, tahliye etmek
Evakuierung /evaku'i:rung/ *f* boşaltma, tahliye
evangelisch /evan'ge:liş/ *s* Protestan
Evangelium /evan'ge:lyum/ *n din* İncil
Evastochter /'e:fastohtır/ *f* Havva kızı
Eventualität /eventuali'te:t/ *f* olasılık, ihtimal ***für alle Evantualität*** her ihtimale karşı ***sich gegen jede Eventualität sichern*** kendini her ihtimale hazırlamak
eventuell /eventu'el/ *s* olası, muhtemel; belki; *be* icabında, gerektiğinde; aksi takdirde
evident /evi'dent/ *s* belli, açık, ortada, apaçık, aşikâr, bariz, ayan beyan
Evidenz /evi'dents/ *f* bellilik, apaçıklık
Evolution /evolu'tsyo:n/ *f* evrim, gelişme, gelişim
ewig /'e:vih/ *s* sonsuz, ebedi; sürekli, mütemadi, devamlı; değişmeyen; ölmez; *be* ebediyen ***auf ewig*** ilelebet, sürekli ***das ewige Leben*** ahiret ***ewig schade!*** çok yazık! ***ewig lange!*** sittin sene! ***ewige Liebe*** sonsuz aşk ***ewiger Friede*** ebedi sükûnet (ölüm) ***immer und ewig*** ilelebet ***die ewige Stadt*** Roma, Roma kenti ***seit ewigen Zeiten*** ezelden beri
Ewigkeit /'e:vihkayt/ *f* sonsuzluk, ebediyet; ezel, öncesizlik ***von Ewigkeit her*** ezelden beri ***bis in alle Ewigkeit*** ebediye ilelebet ***in die Ewigkeit eingehen*** ebediyete göçmek ***von Ewigkeit zu Ewigkeit*** ezelden ebede ***wir haben einander eine Ewigkeit nicht gesehen*** çoktan beri görüşemedik
exakt /e'ksakt/ *s* eksiksiz, tamam; tam; doğru; itina ile yapılmış; hassas; özenli ***eine exakte Übersetzung*** eksiksiz bir çeviri ***ein exakter Beweis*** tam bir kanıt ***es ist exakt zehn Uhr*** saat tam on
Exaktheit /e'ksakthayt/ *f* doğruluk; mükemmeliyet; itina, özen, dikkat; hassasiyet; titizlik
Examen /e'ksa:mın/ *n* sınav, imtihan ***mündliches Examen*** sözlü sınav ***schriftliches Examen*** yazılı sınav ***das Examen bestehen*** sınavı başarmak ***ein Examen ablegen*** sınav vermek ***im Examen durchfallan*** sınavda çakmak
Exekutive /ekseku'ti:vı/ *f huk* icra kuvveti, yürütme yetkisi
Exempel /e'ksempıl/ *n* örnek, misal; ibret; *mat* problem ***ein Exempel statuieren*** ibret dersi vermek
Exemplar /eksem'pla:r/ *n* nüsha, tane; örnek, numune; suret, kopya
exemplarisch /eksem'pla:riş/ *s* örnek, örnek almaya değer; ibret, ders ***exempla-***

E

risch bestrafen ibreti âlem olsun diye cezalandırmak

exerzieren /ekser'tsi:rın/ *vt ask* eğitim yapmak, talim yapmak, yaptırmak; alıştırma yapmak

Exerzierplatz /ekser'tsi:rplats/ *m ask* eğitim sahası, talimhane; poligon

Exhibitionist /ekshibitsyo'nist/ *m* teşhirci

Exil /e'ksi:l/ *n* sürgün; sürgün yeri ***im Exil leben*** sürgünde yaşamak ***ins Exil gehen*** sürgüne gitmek ***ins Exil schicken*** sürgüne göndermek

Exilregierung /e'ksi:lregi:rung/ *f* sürgün hükümeti

existent /eksis'tent/ *s* gerçek, hakiki, var olan, somut

Existentialismus /eksistentsya'lismus/ *m* varoluşçuluk felsefesi

Existenz /eksis'tents/ *f* varlık, var oluş, mevcudiyet; hayat; hakikat, gerçek; kişi, insan; *tic* geçinme; piyasada tutunma; nafaka ***eine Existenz gründen*** bir girişimde bulunmak, iş hayatına (serbest girişimci olarak) atılmak ***gesicherte Existenz haben*** maddi durumu iyi olmak ***gescheiterte Existenz*** hayatta başarılı olamamak

Existenzberechtigung /eksis'tentsbırehtigung/ *f* yaşama hakkı

Existenzminimum /eksis'tentsminimum/ *n* asgari geçim düzeyi

existieren /eksis'ti:rın/ *vi* var olmak, mevcut olmak; yaşamak, geçinmek; *tic* piyasada tutunmak

exklusiv /eksklu'zi:f/ *s* hariç bırakan ***exklusiver Kreis*** belli kişilerin girebildiği yer

Exklusivität /ekskluzivi'te:t/ *f* kendi çevresinden olmayanlardan çekinme, onları dışlama

Exklusivvertrag /eksklu'zi:ffertrak/ *m* özel anlaşma, başka bir yerle çalışmama anlaşması

Exkommunikation /ekskomunika'tsyo:n/ *f* kiliseden aforoz etme, aforoz edilme

exkommunizieren /ekskomuni'tsi:rın/ *vt* aforoz etmek, aforozlamak

Exkurs /eks'kurs/ *m* ara söz, saplama; ek araştırma; zeyil

Exkursion /ekskur'syo:n/ *f* inceleme, araştırma gezisi

exmatrikulieren /eksmatriku'li:rın/ *vt* üniversiteden kayıt silmek

exotisch /e'kso:tiş/ *s* egzotik, yabancı, alışılmamış ***exotische Früchte*** egzotik meyveler ***exotischer Film*** egzotik film

expandieren /ekspan'di:rın/ *vi tic* büyümek, genişlemek, yayılmak

Expansion /ekspan'zyo:n/ *f* genişleme, yayılma; *fiz* genleşme

expansiv /ekspan'zi:f/ *s* genişleyici, genişleyen, yayılan

expedieren /ekspe'di:rın/ *vt* yollamak, göndermek, sevk etmek

Expedition /ekspedi'tsyo:n/ *f* taşıma, sevk, nakil; araştırma gezisi; *ask* sefer, harekât

Experiment /eksperi'ment/ *n* deneme, tecrübe; deney

experimentell /eksperimen'tel/ *s* deneysel, tecrübi, eksperimental ***experimentelle Pädagogik*** deneysel eğitim ***experimentelle Psychologie*** deneysel psikoloji ***experimentelle Untersuchung*** deneysel araştırma ***experimenteller Beweis*** deneysel ispat

experimentieren /eksperimen'ti:rın/ *vi* deneme yapmak; deney yapmak

Experte /eks'pertı/ *m* eksper, bilirkişi, uzman

Expertise /eksper'ti:zı/ *f* eksper raporu, bilirkişi raporu, ekspertiz

explodieren /eksplo'di:rın/ *vi* patlamak, infilak etmek; havaya uçmak; *kon* öfkeden kudurmak, tepesi atmak

Explosion /eksplo'zyo:n/ *f* patlama, infilak, dış patlama

explosiv /eksplo'zi:f/ *s* patlayıcı; *kon* (insan) çabuk parlayan

Exponat /ekspo'na:t/ *n* sergilenen parça

Export /eks'port/ *m* eksport, ihracat, dışsatım

Exporteur /ekspor'tö:r/ *m* ihracatçı

Exportgeschäft /eks'portgışeft/ *n* ihracatçılık

exportieren /ekspor'ti:rın/ *vt* ihracat yapmak, ihraç etmek

Exportwirtschaft /eks'portvirtşaft/ *f* ihracatçılık

Expressionismus /ekspresyo'nismus/ *m* ekspresyonizm, dışavurumculuk

expressionistisch /ekspresyo'nistiş/ *s* ekspresyonist, dışavurumcu

expressiv /ekspre'si:f/ *s* anlatımsal

extern /eks'tern/ *s* dış, harici ***externer Schüler*** yatısız öğrenci

extra /'ekstra/ *be* isteyerek, bilerek, mahsus, kasten; *s* ekstra, özel, hususi; ayrı;

(otel) ekstra
Extrablatt /'ekstrablat/ *n* (gazete) özel baskı
Extrakt /eks'trakt/ *m* özet; *kim* konsantre, ekstrakt, özüt
extravagant /ekstrava'gant/ *s* alışılmamış, farklı, tuhaf; harikulade, fevkalade; deli
Extravaganz /'ekstravagants/ *f* alışılmamışlık, farklılık, tuhaflık; fevkaladelik; delilik
Extrawurst /'ekstravurst/ *f* özel muamele, hususi işlem; istisna
Extrem /eks'tre:m/ *n* abartma, aşırılık, ölçüsüzlük; en uç ***in ein Extrem verfallen*** ifrata düşmek ***ins Extrem treiben*** iyice azıtmak
extrem /eks'tre:m/ *s* aşırı, ekstrem, radikal
Extremismus /ekstre'mismus/ *m* radikallik, aşırılık
Extremist /ekstre'mist/ *m* radikal kişi, aşırı uçta olan, aşırılık yanlısı
extremistisch /ekstre'mistiş/ *s* aşırı, radikal
Extremität /ekstremi'te:t/ *f* kol ve bacak
extrovertiert /ekstrover'ti:rt/ *s* dışadönük
exzellent /ekstse'lent/ *s* harika, fevkalade, mükemmel, nefis; birinci kalite, birinci sınıf
Exzellenz /ekstse'lents/ *f* harika olma, mükemmellik; Ekselans
exzentrisch /eks'tsentriş/ *s* eksantrik, değişik, garip, tuhaf; dış merkezli ***exzentrische Bewegung*** eksantrik hareket
Exzess /eks'tses/ *m* taşkınlık, kendinden geçecek kadar taşkın olma, ifrat; tecavüz

F

Fabel /'fa:bıl/ *f* (alegorik) hikâye, masal, kıssa; yalan, masal, uydurma
fabelhaft /'fa:bılhaft/ *s* harika, şahane, olağanüstü; efsanevi ***fabelhaftes Mädchen*** hanım hanım kız; güzel kız
fabeln /'fa:bıln/ *vi* masal anlatmak; saçmalamak, hikâye okumak
Fabrik /fa'bri:k/ *f* fabrika, imalathane, üretimhane
Fabrikant /fabri'kant/ *m* fabrikatör, büyük sanayi patronu
Fabrikarbeit /fab'ri:karbayt/ *f* fabrika ürünü, fabrikasyon; fabrika işi
Fabrikat /fabri'ka:t/ *n* fabrika malı, ürün, sanayi ürünü, imalat
Fabrikation /fabrika'tsyo:n/ *f* fabrikada yapılma, fabrika ürünü, fabrikasyon
Fabrikationsfehler /fabrika'tsyo:nsfe:lır/ *m* fabrikasyon hatası
Fabrikgelände /fa'bri:kgılendı/ *f* fabrika sahası, fabrika alanı
Fabrikhalle /fa'bri:khalı/ *f* (fabrikada) imalat sahası
Fabrikmarke /fa'bri:kmarkı/ *f* marka, fabrikasyon markası
fabrikmäßig /fa'bri:kme:sih/ *s* sürekli ve özensiz iş, fabrikasyon
fabrizieren /fabri'tsi:rın/ *vt* (fabrikada) üretmek, yapmak, imal etmek
Facette /fa'setı/ *f* façeta, perdahlı yüzey, plaka
Fach /fah/ *n* kısım, bölüm; bilim dalı, ders, branş; uzmanlık alanı; meslek kolu; göz, çekmece ***ein Mann von Fach*** uzman
Facharbeiter /'faharbaytır/ *m* (bir branşta) uzman işçi, kalifiye işçi
Facharzt /'fahartst/ *m* uzman doktor, uzman hekim ***Facharzt für Hautkrankheiten*** deri hastalıkları uzman doktoru
Fachausbildung /'fahausbildung/ *f* (bir dalda) meslek eğitimi, ihtisas eğitimi
Fachausdruck /'fahausdruk/ *m* (bir bilim ya ada uzmanlık dalına ait) terminoloji, terim; bilim dili
Fachbereich /'fahbırayh/ *m* (üniversitede) bölüm, alan; uzmanlık alanı
Fachbuch /'fahbu:h/ *n* meslek kitabı
Fächer /'fehır/ *m* yelpaze
Fachfrau /'fahfrau/ *f* (bayan) uzman, mütehassıs
Fachgebiet /'fahgıbi:t/ *n* uzmanlık dalı, meslek dalı, meslek alanı; bilim dalı
Fachgeschäft /'fahgışeft/ *n* sadece belirli bir mal satan dükkân
Fachhandel /'fahhandıl/ *m* belirli bir konuda yapılan ticaret
Fachhochschule /'fahho:hşu:lı/ *f* meslek yüksek okulu
fachkundig /'fahkundih/ *s* uzman, mütehassıs
fachlich /'fahlih/ *s* uzmanlık hakkında, mesleki ***fachlicher Ausdruck*** terim, kavram
Fachliteratur /'fahlitıratu:r/ *f* bir meslek ya da bilim dalıyla ilgili tüm yayınlar

Fachmann /'fa**h**man/ *m* uzman, mütehassıs; eksper
fachmännisch /'fa**h**meniş/ *s* uzman olarak, ustaca ***fachmännischer Rat*** uzman tavsiyesi
Fachrichtung /'fa**h**ri**h**tung/ *f* branş; bilimdalı
Fachschaft /'fa**h**şaft/ *f* üniversitede öğrenci temsilciliği

F

Fachschule /'fa**h**şu:lı/ *f* meslek okulu
fachsimpeln /'fa**h**zimpıln/ *vi kon* (birisiyle) uzun süre bir meslek konusunda (o mesleğe ait dille) konuşmak
Fachsprache /'fa**h**şpra:**h**ı/ *f* bir meslek ya da bilim dalına ait terminoloji
Fachwerkhaus /'fa**h**verk**h**aus/ *n* ahşap karkas ev
Fachzeitschrift /'fa**h**tsaytşrift/ *f* meslek dergisi, mesleki dergi
Fackel /'fakıl/ *f* meşale; el feneri, el lambası
fade /'fa:dı/ *s* yavan, tatsız tuzsuz, ot gibi, saman gibi
Faden /'fa:dın/ *m* iplik; tire; kulaç; ince tel ***den Faden verlieren*** konuşurken bağlantıyı, konuyu şaşırmak ***der rote Faden*** ana konu, ana motif ***an einem dünnen Faden hängen*** pamuk ipliğine bağlı olmak ***die Fäden fest in der Hand haben*** dizginleri elinde bulundurmak ***keinen guten Faden an jdm lassen*** (birisi) hakkında çok kötü konuşmak
fadenscheinig /'fa:dınşayni**h**/ *s* lime lime, eski püskü, eskimiş, yıpranmış giysi, kumaş; doğru olmadığı hemen belli olan söz ***fadenscheinig werden*** yıpranmak, canı çıkmak ***fadenscheiniger Grund*** sudan sebep, sudan bahane
Fagott /fa'got/ *n müz* fagot
fähig /'fe:i**h**/ *s* yetenekli; yatkın, yeterli, ehil, hünerli; muktedir, kudretli; kafalı ***fähig sein zu etw*** (bir şey) yapabilecek durumda olmak, (bir şeye) yeteneği olmak ***er ist zu allem fähig*** ondan her kötülük beklenir
Fähigkeit /'fe:i**h**kayt/ *f* yararlık; kabiliyet, yetenek; yeterlik, ehliyet; iktidar, kudret; hüner, maharet
fahl /fa:l/ *s* solgun, soluk; donuk, mat; rengi atmış, sararmış
fahnden /'fa:ndın/ *vt* köşe bucak aramak; araştırmak ***nach etw fahnden*** (bir şeyi) aramak ***nach jdm fahnden*** (birisini) aramak
Fahndung /'fa:ndung/ *f* arama, araştırma
Fahndungsliste /'fa:ndungslistı/ *f* arananlar listesi
Fahne /'fa:nı/ *f* bayrak, sancak; *kon* ağızdaki içki kokusu ***eine Fahne haben*** leş gibi içki kokmak ***zu den Fahnen rufen*** seferber etmek ***die Fahne hissen*** bayrak çekmek ***die Fahne auf Halbmast setzen*** bayrağı yarıya indirmek ***die Fahne nach dem Wind drehen*** duruma göre fikir değiştirmek ***mit fliegenden Fahnen zu jdm übergehen*** aniden fikir değiştirerek başka tarafa geçmek ***etw auf die Fahnen schreiben*** bir yola baş koymak ***unter der Fahne stehen*** *ask* silah altında olmak
Fahnenflucht /'fa:nınflu**h**t/ *f* askerden kaçma; *kon* firar, kaçma ***Fahnenflucht begehen*** askerden kaçmak
Fahrbahn /'fa:rba:n/ *f* otoyol
fahrbereit /'fa:rbırayt/ *s* harekete hazır
Fähre /'fe:rı/ *f* feribot, arabalı vapur
Fahreigenschaften /'fa:raygınşaftın/ *pl* sürüş özellikleri (arabanın)
fahren /'fa:rın/ *vi* (taşıtla) gitmek, yolculuk etmek; hareket halinde olmak; sıçramak, fırlamak; *vt* araçla taşımak, nakletmek; araba sürmek ***auf Grund fahren*** karaya oturmak ***aus dem Hafen fahren*** limandan çıkmak ***gegen Himmel fahren*** miraca çıkmak; uruc etmek ***mit dem Auto fahren*** arabayla gitmek ***mit dem Zug fahren*** trenle gitmek ***mit der Bahn fahren*** trenle gitmek ***mit der Hand fahren über*** eliyle okşamak ***über den Fluss fahren*** nehri aşmak ***rechts fahren!*** sağdan gidin! ***links fahren!*** soldan gidin! ***mit etw über etw fahren*** (bir şeyi bir şeyle) silmek
Fahrer /'fa:rır/ *m* sürücü, şoför; makinist; vatman
Fahrerflucht /'fa:rırflu**h**t/ *f* arabayla kaza yapıp kaçma
Fahrersitz /'fa:rırzits/ *m* şoför koltuğu
Fahrgast /'fa:rgast/ *m* (bir taşıtta bulunan) yolcu
Fahrgeld /'fa:rgelt/ *n* yol parası, bilet parası
Fahrgestell /'fa:rgıştel/ *n* şasi; (uçak) iniş takımı
fahrig /'fa:ri**h**/ *s* sinirli
Fahrkarte /'fa:rkartı/ *f* yolcu bileti, bilet ***Fahrkarte lösen*** bilet almak

Fahrkartenautomat /'fa:rkartınautoma:t/ *m* bilet otomatı, otomatik bilet makinesi
Fahrkartenschalter /'fa:rkartınşaltır/ *m* bilet gişesi
Fahrkosten /'fa:rkostın/ *f* yol masrafı
fahrlässig /'fa:rlesih/ *s* ihmalci, dikkatsiz ***fahrlässige Streifen*** *pl huk* taksirli suçlar ***fahrlässige Tötung*** taammüden adam öldürme
Fahrlässigkeit /'fa:rlesihkayt/ *f* ihmal, dikkatsizlik; kusur
Fahrlehrer /'fa:rle:rır/ *m* sürücü kursu öğretmeni, direksiyon öğretmeni
Fahrplan /'fa:rpla:n/ *m* (taşıt) tarife, hareket planı
fahrplanmäßig /'fa:rpla:nme:sih/ *s* gecikmesiz, tarifeye uygun olarak
Fahrpreis /'fa:rprays/ *m* yol ücreti, bilet ücreti
Fahrprüfung /'fa:rprü:fung/ *f* ehliyet sınavı, sürücü belgesi sınavı
Fahrrad /'fa:ra:t/ *n* bisiklet
Fahrradreifen /'fa:ra:trayfın/ *m* bisiklet lastiği
Fahrschein /'fa:rfayn/ *m* (taşıt) bilet
Fahrschule /'fa:rşu:lı/ *f* sürücü kursu, şoför okulu
Fahrschüler /'fa:rşü:lır/ *m* sürücü adayı, sürücü okulu öğrencisi
Fahrspur /'fa:rşpu:r/ *f* (trafik) şerit
Fahrstuhl /'fa:rştu:l/ *m* asansör; tekerlekli sandalye
Fahrt /fa:rt/ *f* gidiş, hareket; taşıtla gitme; yolculuk, seyahat, sefer; *den* rota, seyrüsefer ***Fahrt aufnehmen*** yol almak ***Fahrt ins Blaue*** hedefi belirsiz (sürpriz) seyahat ***Fahrt vermindern!*** *den* ağır yol! ***volle Fahrt!*** *den* tam yol! ***in Fahrt befindlich*** (araç) ilerlemekte olan, seyir halinde olan ***in Fahrt kommen*** hızlanmak; heyecanlanmak ***in voller Fahrt*** öfkeli, heyecanlı ***das Schiff befindet sich auf der Fahrt*** gemi seyir halindedir
Fährte /'fe:rtı/ *f* iz, yol
Fahrtrichtung /'fa:rtrihtung/ *f* gidiş yönü ***die Fahrtrichtung ändern*** *den* dümen kırmak ***vorgeschriebene Fahrtrichtung*** mecburi istikamet
fahrtüchtig /'fa:rtühtih/ *s* (taşıt) trafiğe çıkabilir; (kişi) araç kullanabilir
Fahrverbot /'fa:rferbo:t/ *n huk* trafikten men cezası, sürücü belgesinin alınması; taşıt trafiğine yasak
Fahrwasser /'fa:rvasır/ *n* dümensuyu, gemi yolu ***in jdms Fahrwasser schwimmen*** (birisinin) dümensuyunda gitmek, (birisinin) etkisi altında bulunmak
Fahrweg /'fa:rve:k/ *m* araba yolu
Fahrwerk /'fa:rverk/ *n* (uçak) alt düzenek
Fahrzeug /'fa:rtsoyk/ *n* taşıt, taşıt aracı
Fahrzeugbrief /'fa:rtsoykbri:f/ *m* taşıt ruhsatnamesi
Fahrzeughalter /'fa:rtsoykhaltır/ *m* taşıt sahibi, araç sahibi
fair /fe:r/ *s sp* centilmence; güzel, hoş; doğru
Fairness /'fe:rnes/ *f* centilmenlik, sportif centilmenlik
Fäkalien /fe'ka:lyın/ *pl* dışkı
faktisch /'faktiş/ *s* gerçek, esas, hakiki; *be* fiilen, gerçekten
Faktor /'faktor/ *m* faktör, etken, etmen; bir firma temsilcisi; matbaacı; sebep; *mat* çarpan
Fakultät /fakul'te:t/ *f* fakülte
Fall /fal/ *m* düşme, düşüş; konu, mesele; durum, vaziyet; çağlayan; *huk* dava; olay; olasılık, ihtimal; *dilb* hal; şelale, çağlayan; yaprak dökümü; *den* kandilisa ***auf alle Fälle*** mutlaka, her durumda ***auf Knall und Fall*** birdenbire, ani ***auf jeden Fall*** mutlaka, her durumda, her halde ***auf keinen Fall*** asla, hiçbir şekilde ***das ist nicht der Fall*** böyle değildir ***der Fall der Blätter*** yaprakların dökülmesi ***der Fall der Festung*** kalenin düşmesi, düşmana geçmesi ***für alle Fälle*** ne olursa olsun ***gesetzt den Fall!*** diyelim ki!, farz edelim ki! ***im äußersten Falle*** başka çare kalmazsa ***im schlimmsten Fall*** en kötü ihtimalle, en çok, çok çok ***in diesem Fall*** o halde, bu takdirde ***von Fall zu Fall entscheiden*** duruma göre karar vermek ***zu Fall bringen*** düşürmek, mahvetmek ***zu Fall kommen*** düşmek
Falle /'falı/ *f* kapan, tuzak, fak; kapı mandalı; kilit dili ***Falle stellen*** tuzak kurmak ***in die Falle gehen*** tuzağa düşmek, kapana tutulmak ***in die Falle locken*** tuzağa çekmek, tuzağa düşürmek
fallen /'falın/ *vi* düşmek; sukut etmek; *ask* şehit düşmek; rastlamak, tesadüf etmek; (yağmur) düşmek; (yaprak) düşmek; (fiyat) düşmek, ucuzlamak; *tiy* perde inmek; (miras) kalmak, düşmek

auf die Knie fallen diz çökmek ***aus allen Himmeln fallen*** büyük hayal kırıklığına uğramak ***die Festung ist gefallen*** kale düştü ***das Barometer fällt*** barometre düşüyors ***durch Erbschaft an jdn fallen*** verasetle birisine geçmek ***ein Wort fallen lassen*** bir söz söylemek ***einen Anspruch fallen lassen*** bir haktan, talepten vazgeçmek ***fallen lassen*** düşürmek ***gefallene Frau*** *esk* düşkün, ahlaksız kadın ***im Krieg fallen*** savaşta şehit düşmek, şehit olmak ***in eine Kategorie fallen*** bir sınıfa ait olmak ***jdm ins Wort fallen*** birisinin sözünü kesmek ***mit der Tür ins Haus fallen*** pot kırmak, küt diye söylemek, lafını esirgememek

F

fällen /'felın/ *vt* (ağaç) kesmek; (hayvan) öldürmek; *kim* çökeltmek; karar vermek ***das Bajonett fällen*** süngüye davranmak ***ein Urteil fällen*** karar vermek, hüküm vermek ***eine Linie fällen*** çizgi çizmek

fällig /'feli**h**/ *s* vadesi gelmiş, müeccel ***fällig sein*** vadesi gelmek, gerekli olmak, yapılması gerekmek ***fällig werden*** vadesi gelmek ***fällige Schuld*** vadesi gelmiş borç ***fällige Zinsen*** vadesi gelmiş faiz ***fälliger Wechsel*** vadesi gelmiş senet ***die Miete ist fällig*** kiranın zamanı geldi, kira vakti geldi

Fälligkeit /'feli**h**kayt/ *f* vade, ödeme zamanı, ödeme sırası; muacceliyet

Fälligkeitsdatum /'feli**h**kaytsda:tum/ *n* ödeme tarihi, vade tarihi

Fallobst /'falo:pst/ *n* ağaçtan düşen meyve

falls /fals/ *ilg* eğer, takdirde; şayet ***falls erforderlich*** gereğince, gerektiğinde ***falls er kommt*** geldiği takdirde

Fallschirm /'falşirm/ *m* paraşüt

Fallschirmspringer /'falşirmşpringır/ *m* paraşütçü

Falltür /'faltü:r/ *f* kapak, kapak biçiminde kapı; mahzen kapağı

Fallwind /'falvint/ *m metr* anafor rüzgârı

falsch /falş/ *s* yanlış, hatalı; sahte, suni; kalp; yalan; takma; düzme; sadakatsiz; hain ***ein falscher Zeuge*** yalancı bir şahit ***eine falsche Nachricht*** yalan (uydurma) bir haber ***falsch auffassen*** yanlış anlamak ***falsch aussprechen*** yanlış telaffuz etmek ***falsch berichten*** yanlış bilgi vermek ***falsch beurteilen*** *huk* yanlış hüküm vermek, hatalı karar vermek ***falsch gehen*** (saat) yanlış gitmek ***falsch unterrichten*** yanlış anlatmak, yanlış öğretmek ***falsche Angabe*** yalan beyan ***falsche Anschuldigung*** iftira, suç atma, karalama ***falsche Aussage*** *huk* yanlış beyan ***falsche Darstellung*** yalan beyan ***falsche Haare*** peruk, takma saç; *mec* yalan ***falsche Liebe*** sahte sevgi; suni, yapay, takma ***falsche Tränen*** sahte gözyaşları, *mec* timsah gözyaşları ***falsche Unterschrift*** sahte imza ***falsche Verdächtigung*** haksız suçlama, haksız itham ***falscher Bart*** takma sakal ***falscher Eid*** yalan yemin ***falscher Scheck*** sahte çek ***falscher Ton*** *müz* falso ***falscher Zeuge*** yalancı şahit ***falsches Geld*** sahte para, kalp para ***falsches Zeugnis*** yalancı tanıklık, yalancı şahitlik ***sich an die falsche Adresse wenden*** yanlış kapıyı çalmak; sahte

Falschaussage /'falşausza:gı/ *f huk* asılsız beyan

fälschen /'felşın/ *vt* taklit etmek, sahtesini yapmak; tahrif etmek; sahte para basmak ***Banknoten fälschen*** sahte para basmak

Fälscher /'felşır/ *m* sahtekâr; kalpazan; hilekâr; düzmeci

Falschgeld /'falşgelt/ *n* sahte para, kalp para ***Falschgeld in Umlauf bringen*** sahte para sürmek

Falschheit /'falş**h**ayt/ *f* ikiyüzlülük, riyakârlık, sahtelik; hainlik; yalan

fälschlich /'felşli**h**/ *be* yanlışlıkla, yanlış yere, sehven

Falschmeldung /'falşmeldung/ *f* doğruları yansıtmayan haber

Falschspieler /'falşşpi:lır/ *m* dolandırıcı

Fälschung /'felşung/ *f* sahte, taklit; sahtecilik, sahtekârlık; tahrif

faltbar /'faltba:r/ *s* katlanır, katlanılabilir

Faltblatt /'faltblat/ *n* broşür

Falte /'faltı/ *f* yüzdeki kırışıklıklar, yaşlılık kırışıklığı; kırışık, buruşuk, kat, kıvrım, büklüm, pli; *yerb* kat, katman ***Falten bilden*** büzülmek ***in Falten legen*** katlamak ***in Falten ziehen*** kaşlarını çatmak

falten /'faltın/ *vt* katlamak, bükmek; buruşturmak; (elleri) kavuşturmak ***die Hände falten*** elleri göğüsünde kavuşturmak ***die Stirn falten*** alnını çatmak

sich falten katlanmak, bükülmek
faltig /'faltih/ *s* kırışık, buruşuk, plise
Falz /falts/ *m* kıvrım; kertik, yiv
falzen /'faltsın/ *vt* tahtaya kertik açmak; bükmek, kırmak
familiär /famil'ye:r/ *s* ailevi; samimi, teklifsiz ***sich zu familiär benehmen*** yüzgöz olmak
Familie /fa'mi:lyı/ *f* aile, familya; soy, asıl; ev ***aus guter Familie*** iyi bir aileden gelme ***in der Familie*** ailece ***mit der ganzen Familie*** ailecek, evcek ***vierköpfige Familie*** dört kişilik aile
Familienbetrieb /fa'mi:lyınbıtri:p/ *m tic* aile işletmesi
Familiengrab /fa'mi:lyıngra:p/ *n* aile mezarlığı, aile kabristanı
Familienleben /fa'mi:lyınle:bın/ *n* aile hayatı
Familienname /fa'mi:lyanna:mı/ *m* soyadı
Familienoberhaupt /fa'mi:lyıno:bırhaupt/ *n* aile reisi
Familienpackung /fa'mi:lyınpakung/ *f* aile boyu (ambalaj)
Familienplanung /fa'mi:lyınpla:nung/ *f* aile planlaması
Familienstand /fa'mi:lyınştant/ *m* medeni durum
Familienzusammenführung /fa'mi:lyıntsuzamınfü:rung/ *f* aile birleşimi
famos /fa'mo:s/ *s* harika, mükemmel, enfes, nefis
Fan /fan/ *m* taraftar, hayran, tutkun, hastası
Fanatiker /fa'na:tikır/ *m* bağnaz, softa, yobaz, mutaassıp, koyu sofu; *sp* fanatik taraftar
fanatisch /fa'na:tiş/ *s* (bir şey) körü körüne savunan, aşırı
Fanatismus /fana'tismus/ *m* fanatizm, aşırılık, bağnazlık, körü körüne tutkunluk
Fanfare /fan'fa:rı/ *f müz* fanfar, boru
Fang /fang/ *m* tutma, yakalama; tuzak, kapan; (yırtıcı hayvan) pençe, diş
fangen /'fangın/ *vt* yakalamak, tutmak; avlamak ***sich fangen*** yakalanmak, tutulmak
Fänger /'fengır/ *m* avcı
Fangfrage /'fangfra:gı/ *f* tuzak soru
Fangopackung /'fangopakung/ *f hek* yakı
Fangzahn /'fangtsa:n/ *m* (yabani domuz) sivri diş
Fanklub /'fenklup/ *m* fan kulüp
Farbband /'farpbant/ *m* daktilo şeridi
Farbe /'farbı/ *f* boya; renk ***Farbe bekennen*** fikrini açıkça söyleyip savunmak; *isk* aynı cins kâğıt oynamak ***die Farbe verlieren*** rengi atmak, solmak
farbecht /'farpeht/ *s* renk vermez, solmaz
Färbemittel /'ferbımitıl/ *n* boya maddesi
färben /'ferbın/ *vt* boyamak; renk vermek ***in grün färben*** yeşile boyamak ***sich färben*** boyanmak, renklenmek; boyası çıkmak, renk atmak
farbenblind /'farbınblint/ *s* renkkörü
farbenfreudig /'farbınfroydih/ *s* rengârenk, çok renkli
farbenfroh /'farbınfro:/ *s* renkli, rengârenk
Farbenspiel /'farbınşpi:l/ *n* ışık oyunları; çeşit çeşit renkler
Farbfernsehen /'farpfernze:ın/ *n* renkli televizyon
Farbfernseher /'farpfernze:ır/ *m* renkli televizyon
Farbfilm /'farpfilm/ *m* renkli film
Farbfoto /'farpfo:to:/ *n* renkli fotoğraf
farbig /'farbih/ *s* renkli; siyahi, beyaz ırktan olmayan
Farbkasten /'farpkastın/ *m* boya kutusu
Farbkopierer /'farpkopi:rır/ *m* renkli fotokopi makinesi
farblos /'farplo:s/ *s* renksiz; donuk, solgun, mat
Farbstift /'farpştift/ *m* boya kalemi
Farbstoff /'farpştof/ *m* boya, boya maddesi, boyar madde
Farbton /'farpto:n/ *m* renk tonu
Färbung /'ferbung/ *f* boyama, renk verme; renk
Farce /fars/ *f tiy* komik oyun; maskaralık; (yemek) dolma
Farn /farn/ *m bitk* eğreltiotu
Farnkraut /'farnkraut/ *n bitk* eğreltiotu
Fasan /fa'za:n/ *m hayb* sülün
Faschismus /fa'şismus/ *m* faşizm
faschistisch /fa'şistiş/ *s* faşist, faşistçe; faşizm ile ilgili
Faselei /fa:zı'lay/ *f* laf, saçma sapan
faseln /'fa:zıln/ *vi* saçma sapan söylemek, abuk subuk konuşmak, zırvalamak; aklı karışık olmak
Faser /'fa:zır/ *f* lif, elyaf; sinir; tel; damar
faserig /'fa:zırih/ *s* lifli, lif lif; sinirli, tel tel
Fass /fas/ *n* fıçı, varil ***Bier vom Fass*** fıçı birası
Fassade /fa'sa:dı/ *f mim* fasat, ön taraf,

F

F

cephe; gösteriş

Fassbier /'fasbi:r/ *n* fıçı birası

fassen /'fasın/ *vt* tutmak, almak; yakalamak, ele geçirmek; takmak; çerçevelemek; bir yere yerleşmek; anlamak, kavramak; içine almak; ifade etmek; formüle etmek; oturtmak ***an der Hand fassen*** elinden tutmak ***einen Plan fassen*** bir proje yaratmak ***Mut fassen*** cesaretlenmek, cesarete gelmek ***den Entschluss zu etw fassen*** (bir şeye) karar vermek ***den Vorsatz zu etw fassen*** (bir şeye) niyet etmek ***Hoffnung fassen*** ümitlenmek ***irgendwo Fuß fassen*** (bir yere) ayak basmak ***ein Bild in einen Rahmen fassen*** bir resmi çerçevelemek ***in Worte fassen*** sözlerle ifade etmek ***kurz fassen*** uzatmamak, kısaca söylemek ***nicht fassen können*** aklı almamak, kafası basmamak ***nicht zu fassen*** inanılmaz; anlaşılmaz ***sich in Geduld fassen*** sabretmek ***sich fassen*** kendini toparlamak ***sich kurz fassen*** kısa kesmek ***Fass!*** Tut!, Yakala!

Fasson /fa'son/ *f* biçim, şekil; model, kesim; tarz

Fassung /'fasung/ *f* şekil; takma; çerçeve; yuva, duy; ifade, kavram; idrak, anlayış; metin; sükûnet ***außer Fassung sein*** şaşırmak ***aus der Fassung kommen*** şaşırmak ***aus der Fassung bringen*** şaşırtmak ***die Fassung verlieren*** aptallaşmak, afallamak; sağını solunu bilememek

fassungslos /'fasungslo:s/ *s* şaşkın

Fassungslosigkeit /'fasugslo:zi**h**kayt/ *f* şaşkınlık

Fassungsvermögen /'fasungsfermö:gın/ *n* anlama yeteneği, havsala; kapasite, sığa

fast /fast/ *be* hemen hemen, neredeyse, takriben, yaklaşık; tam; yakın

fasten /'fastın/ *vi* oruç tutmak; (dinsel) perhiz etmek

Fastenzeit /'fastıntsayt/ *f* (Hıristiyanlıkta) büyük perhiz

Fastnacht /'fastna**h**t/ *f* (Hıristiyanlıkta) büyük perhizin bitimi, karnaval başlangıcı

Faszination /fastsina'tsyo:n/ *f* sihir, büyü; büyüle(n)me

faszinieren /fastsi'ni:rın/ *vt* büyülemek, hayran bırakmak

fatal /fa'ta:l/ *s* kötü, fena; uğursuz ***ein fataler Zustand*** kötü bir durum

Fatalismus /fata'lismus/ *m* tevekkül, kadercilik, yazgıcılık

fauchen /'fau**h**ın/ *vi* (kedi) tıslamak; (ejderha) ateş püskürmek

faul /faul/ *s* çürük; kokmuş; bozuk; *kon* gereksiz, boş; tembel, uyuşuk, miskin; ihmalci ***eine faule Sache*** şüpheli bir durum ***faule Ausrede*** sudan bahane ***faule Redensarten*** boş laf ***fauler Witz*** eşek şakası ***fauler Zustand*** kötü hal

faulen /'faulın/ *vi* çürümek, bozulmak

faulenzen /'faulentsın/ *vi* tembellik etmek, tembel tembel durmak; hiçbir şey yapmamak; avarelik etmek

Faulenzer /'faulentsır/ *m* tembel, haylaz

Faulheit /'faul**h**ayt/ *f* tembellik, haylazlık; avarelik

faulig /'fauli**h**/ *s* çürük; çürümeye yüz tutmuş

Fäulnis /'foylnis/ *f* çürüme; çürüklük ***in Fäulnis übergehen*** çürümeye başlamak

Faulpelz /'faulpelts/ *m kon* tembel, miskin; mıymıntı, sünepe

Fauna /'fauna/ *f* (masalsı) hayvan; (yöresel) hayvan; bir bölgedeki hayvan varlığı, fauna

Faust /faust/ *f* yumruk; bilek kuvveti ***die Fäuste ballen*** yumruk sıkmak ***eine Faust machen*** yumruğunu sıkmak ***mit der Faust auf den Tisch schlagen*** yumruğunu masaya vurmak

Fäustchen /'foyst**h**ın/ *n* : ***sich ins Fäustchen lachen*** bıyık altından gülmek

faustdick /'faust'dik/ *s* yumruk kalınlığında; kesik

Fausthandschuh /'faust**h**andşu:/ *m* yarım eldiven, parmaksız eldiven, kolçak

Fäustling /'foystling/ *m* yarım eldiven; yumruk kadar taş

Faustregel /'faustre:gıl/ *f* basit kural, kolayca bilinen kural

Faustschlag /'faustşla:k/ *m* yumruk darbesi ***jdm einen Faustschlag geben*** (birisine) yumruk vurmak

favorisieren /favori'zi:rın/ *vt* favori göstermek; korumak, himaye etmek, kayırmak

Favorit /favo'ri:t/ *m* sevilen, beğenilen, gözde; ümit veren, bir yarışma ya da karşılaşmada en çok şans tanınan, favori ***als Favorit gelten*** favori gösterilmek

Fax /faks/ *n* faks
Faxen /'faksın/ *f* soytarılık
faxen /'faksın/ *vt* fakslamak
Faxgerät /'faksgıre:t/ *n* faks (cihazı)
Fayence /fa'yans/ *f* fayans, çini
Fazit /'fa:tsit/ *n* sonuç, netice; yekûn ***Fazit ziehen*** sonuç çıkarmak, muhasebe yapmak
Februar /'fe:bruar/ *m* şubat (ayı)
Fechten /'fehtın/ *n sp* eskrim
fechten /'fehtın/ *vi sp* eskrim yapmak; kılıçla vuruşmak; savaşmak, mücadele etmek; dilencilik yapmak
Fechter /'fehtır/ *m sp* eskrimci
Feder /'fe:dır/ *f* tüy; kalem; yay; *oto* süspansiyon ***Federn bekommen*** tüylenmek ***in den Federn liegen*** yatakta yatmak ***mit fliegender Feder schreiben*** *mec* çalakalem yazmak ***zur Feder greifen*** kaleme sarılmak
Federball /'fe:dırbal/ *m sp* badminton
federführend /'fe:dırfü:rınt/ *s* yetkili; lider
Federgewicht /'fe:dırgıviht/ *n sp* tüy sıklet
Federhalter /'fe:dırhaltır/ *m* kalem sapı
federleicht /'fe:dır'layht/ *s* (tüy gibi) hafif
Federmesser /'fe:dırmesır/ *n* kalemtıraş, çakı
federn /'fe:dırn/ *vi* tüy dökmek; esnemek, elastiki olmak; yaylanmak ***sich federn*** (kuş) tüy dökmek
Federung /'fe:dırung/ *f* (otomobil) süspansiyon, amortisör; yay tertibatı, esneme
Federvieh /'fe:dırfi:/ *n hayb* kümes hayvanları, kanatlılar
Federzeichnung /'fe:dırtsayhnung/ *f* karakalem resim
Fee /fe:/ *f* peri
Fegefeuer /'fe:gıfoyır/ *n* araf, cennet cehennem arasındaki yer
fegen /'fe:gın/ *vt* süpürmek; temizlemek; büyük hızla gitmek, silip süpürmek; *vi* hızla geçip gitmek ***leer fegen*** silip süpürmek, bomboş etmek
Fehde /'fe:dı/ *f* düşmanlık, adavet, husumet; kavga, münakaşa
fehl /fe:l/ *s* yanlış, yerinde olmayan ***fehl am Platz sein*** yersiz olmak ***ohne fehl*** kusursuz
fehlbar /'fe:lba:r/ *s* yanılabilir
Fehlbesetzung /'fe:lbızetsung/ *f* rolünde yetersiz oyuncu
Fehlbetrag /'fe:lbıtra:k/ *m* (kasa, bütçe) açık; eksiklik; fire
Fehldiagnose /'fe:ldiagno:zı/ *f hek* yanlış teşhis
fehlen /'fe:lın/ *vi* eksik olmak; isabet ettirememek; yanılmak; bulunmamak, mevcut olmamak, hazır bulunmamak ***an mir soll es nicht fehlen*** elimden geleni yapacağım ***das fehlte gerade noch!*** bir bu eksikti! ***du fehlst mir*** seni özlüyorum ***es an nichts fehlen lassen*** hiçbir şeyi eksik etmemek ***es fehlt nicht an Wasser*** su eksik değil ***es fehlt uns an Geld*** paramız yoktur ***gegen etw fehlen*** (bir şeye) aykırı bir harekette bulunmak ***was fehlt Ihnen?*** neyiniz var? ***weit gefehlt!*** yanlış!; karavana!; böyle değil!
Fehlentscheidung /'fe:lentşaydung/ *f* hatalı karar
Fehlentwicklung /'fe:lentviklung/ *f* istenmeyen gelişme, arzulanmayan gelişme
Fehler /'fe:lır/ *m* hata, yanlışlık, yanılgı; kusur, defo, ayıp; kabahat, suç; noksanlık, eksiklik; pürüz, sorun ***Fehler haben*** kusurlu olmak, hatalı olmak ***Fehler machen*** hata etmek, yanlış yapmak ***Fehler über Fehler begehen*** hata üstüne hata yapmak
fehlerfrei /'fe:lırfray/ *s* hatasız, yanlışsız; kusursuz, defosuz
fehlerhaft /'fe:lırhaft/ *s* hatalı, noksan, yanlış; defolu, ayıplı
fehlerlos /'fe:lırlo:s/ *s* hatasız, yanlışsız
Fehlgeburt /'fe:lgıburt/ *f hek* düşük; erken doğum
Fehlgriff /'fe:lgrif/ *m* yanılgı, hata; yanlış iş yapma
Fehlinvestition /'fe:linvestitsyo:n/ *f tic* hatalı (yere yapılan) yatırım
Fehlkonstruktion /'fe:lkonstruktsyo:n/ *f* hatalı tasarım; hatalı yapım; yapım hatası
Fehlschlag /'fe:lşla:k/ *m* başarısızlık; baltayı taşa vurma
fehlschlagen /'fe:lşla:gın/ *vi* boşa gitmek, isabet etmemek; başarısız olmak
Fehlschuss /'fe:lşus/ *m* hatalı atış, karavana atma; yanlış karar
Fehlstart /'fe:lştart/ *m sp* hatalı çıkış
fehltreten /'fe:ltre:tın/ *vi* tökezlenmek, yanlış adım atmak; hatalı davranmak
Fehltritt /'fe:ltrit/ *m* yanlış adım; tökezlenme; kusur ***einen Fehltritt tun*** kusur yapmak, hata etmek
Fehlurteil /'fe:lurtayl/ *m* yanlış hüküm, ha-

talı hüküm
Fehlzündung /'fe:ltsündung/ *f tek* yanlış tutuşma
Feier /'fayır/ *f* tören, merasim, kutlama; ayin
Feierabend /'fayıra:bınt/ *m* paydos ***Feierabend machen*** paydos etmek ***jetzt ist aber Feierabend!*** artık yeter!

F

feierlich /'fayırlih/ *s* törensel; törenle yapılan, törenli; resmi, törenli, merasimli ***feierlich begehen*** törenle kutlamak
Feierlichkeit /'fayırlihkayt/ *f* tören, kutlama
feiern /'fayırn/ *vt* tören yapmak, kutlamak, merasim yapmak; *vi* tatil yapmak, çalışmamak ***etw feiern*** (bir şeyi) kutlamak ***jdn feiern*** (birisinin) şerefine tören yapmak ***Krank feiern*** *kon* hastalık nedeniyle çalışmamak
Feiertag /'fayırta:k/ *m* resmi tatil günü; bayram günü ***Gesegnete Feiertage!*** Bayramınız kutlu olsun!
feig /fayk/ *s* korkak, yüreksiz, cesaretsiz, ödlek; namert, alçak, kalleş
Feige /'faygı/ *f bitk* incir
Feigenblatt /'faygınblat/ *n* incir yaprağı; *kon* edep yerini kapamaya yarar küçük örtü, kumaş vs.
Feigheit /'faykhayt/ *f* korkaklık, ödleklik; kalleşlik
Feigling /'faykling/ *m* korkak, ödlek; alçak
feilbieten /'faylbi:tın/ *trvt* satışa sunmak, satılığa çıkarmak
Feile /'faylı/ *f* eğe, törpü
feilen /'faylın/ *vt* eğelemek, törpülemek; *kon* (bir işi) düzeltmek, tashih etmek
feilschen /'faylşın/ *vi* pazarlık etmek ***feilschen um etw*** (bir şey için) pazarlık yapmak
fein /fayn/ *s* ince; nazik, narin; zarif; kibar, terbiyeli; şık, zarif; kaliteli, fevkalade; zeki ***feiner Kamm*** sık dişli tarak, sıkı tarak ***feiner Wechsel*** kıymetli evrak ***sich fein machen*** süslenmek
Feind /faynt/ *m* düşman, hısım, hasım; aleyhtar
feindlich /'fayntlih/ *s* düşmanca, hasmane; saldırgan ***feindliche Kräfte*** *ask* düşman kuvvetleri ***feindliches Verhalten*** düşmanca hareket
Feindschaft /'fayntşaft/ *f* düşmanlık, husumet
feindselig /'fayntze:lih/ *s* düşmanca ***feindselige Haltung*** düşmanca hareket
Feindseligkeit /'fayntze:lihkayt/ *f* düşmanlık, husumet
Feineinstellung /'fayneinştelung/ *f tek* ince ayar
feinfühlig /'faynfü:lih/ *s* duygulu, ince ruhlu, hassas, nazik
Feingefühl /'fayngıfü:l/ *n* duygululuk, ince ruhluluk
Feinheit /'faynhayt/ *f* incelik; nezaket, zarafet; (değerli maden) ayar
Feinkost /'faynkost/ *f* lezzetli yiyecek
feinmaschig /'faynmafih/ *s* sık ilmekli
Feinmechanik /'faynmeha:nik/ *f* hassas aletler yapımcılığı; hassas aletlerin çalışma sistemi
Feinmechaniker /'faynmeha:nikır/ *m* (saat, fotoğraf makinesi vb.) hassas aletler ustası
Feinschmecker /'faynşmekır/ *m* ağzının tadını bilen, gurme
feinsinnig /'faynzinih/ *s* ince düşünceli, ince ruhlu
feist /fayst/ *s* semiz, yağlı, tavlı; şişman, tombul ***feist werden*** semirmek; şişmanlamak
Feld /felt/ *n* tarla; saha; alan, sahra, kır; meydan; sahne; ev; şube, dal, alan ***auf freiem Feld*** Allah'ın dağında; *ask* sefer; *ask* savaş alanı ***elektromagnetisches Feld*** elektromagnetik alan ***Felder bestellen*** tarla açmak ***im weiten Feld*** şüpheli; çok uzakta ***ins Feld ziehen*** sefere başlamak ***das Feld behaupten*** savaş alanına hâkim olmak ***das Feld räumen*** meydanı terk etmek, çekilmek ***aus dem Felde schlagen*** kaçırmak, kaçmaya zorlamak; yenmek, galip gelmek
Feldarbeit /'feltarbayt/ *f* tarım, ziraat
Feldbett /'feltbet/ *n* portatif yatak
Feldblume /'feltblu:mı/ *f bitk* yaban çiçeği, kır çiçeği
Feldflasche /'feltflaşı/ *f ask* matara
Feldherr /'feldher/ *m ask* general; başkumandan
Feldmarschall /'feltmarşal/ *m ask* mareşal
Feldmaus /'feltmaus/ *f hayb* tarla faresi
Feldmesser /'feltmesır/ *m* arazi ölçen; arazi mühendisi
Feldsalat /'feltzala:t/ *m bitk* Frenk salatası; kuzu gevreği
Feldspat /'feltşpa:t/ *m mad* feldispat

Feldstecher /'feltştehır/ *m* dürbün
Feldwebel /'feltve:bıl/ *m ask* başçavuş, gedikli üstçavuş
Feldweg /'feltve:k/ *m* tarla yolu, patika
Feldzug /'felttsu:k/ *m ask* sefer; seferberlik
Felge /'felgı/ *f* jant
Fell /fel/ *n* deri; post, kürk
Fels /fels/ *m* kaya
Felsblock /'felsblok/ *m* kaya parçası
Felsen /'felzın/ *m* kaya
felsenfest /'felzınfest/ *s* sarsılmaz, sağlam, taş gibi, kaya gibi
Felsenküste /'felzınküstı/ *f* kayalık kıyı; *coğ* yalıyar
felsig /'felzih/ *s* kayalık, sarp
Felsspalte /'felsşpaltı/ *f* kaya yarığı
Felswand /'felsvant/ *f* sarp kaya
feminin /femi'ni:n/ *s* dişi, dişil; kadınsı, kadıncıl; kadınca
Feminismus /femi'nismus/ *m* feminizm
Feministin /femi'nistin/ *f* feminist
feministisch /femi'nistiş/ *s* feminist
Fenchel /'fenhıl/ *m bitk* rezene
Fenster /'fenstır/ *n* pencere; cam; camekân, vitrin ***zum Fenster hinauswerfen*** *kon* har vurup harman savurmak
Fensterbank /'fenstırbank/ *f* pencerenin alt kısmı
Fensterbrett /'fenstırbret/ *n* pencere çıkıntısı
Fensterflügel /'fenstırflü:gıl/ *m* pencere kanadı
Fensterglas /'fenstırgla:s/ *n* pencere camı
Fensterkitt /'fenstırkit/ *m* camcı macunu
Fensterladen /'fenstırla:dın/ *m* kepenk; panjur
Fensterputzer /'fenstırputsır/ *m* pencere temizleyicisi
Fensterrahmen /'fenstırra:mın/ *m* pencere çerçevesi, çıta
Fensterscheibe /'fenstırşaybı/ *f* pencere camı
Fenstersims /'fenstırzims/ *m* pencere çıkıntısı, pencere denizliği
Ferien /'fe:ryın/ *pl* tatil ***Ferien haben*** tatil yapmak ***in die Ferien fahren*** tatile çıkmak
Ferienort /'fe:ryınort/ *m* tatil yeri
Ferienwohnung /'fe:ryınvo:nung/ *f* tatil evi, yazlık
Ferkel /'ferkıl/ *n hayb* domuz yavrusu
fern /fern/ *s* uzak, ırak ***fern von etw*** (bir şeyden) uzak ***fern von hier*** buradan çok uzak ***der ferne Osten*** Uzakdoğu ***von fern*** uzaktan
Fernbedienung /'fernbıdi:nung/ *f* uzaktan kumanda
fernbleiben /'fernblaybın/ *trvi* uzak kalmak; uzak durmak ***der Versammlung fernbleiben*** toplantıya gelmemek
Ferne /'fernı/ *f* uzaklık ***in der Ferne*** uzakta ***aus der Ferne*** uzaktan
ferner /'fernır/ *s* başka; bundan sonraki; ayrıca
Fernfahrer /'fernfa:rır/ *m* uzun yol şoförü
ferngelenkt /'ferngılenkt/ *s* güdümlü; uzaktan kumandalı
Ferngespräch /'ferngışpre:h/ *n* şehirlerarası telefon görüşmesi
ferngesteuert /'ferngıştoyırt/ *s* uzaktan kumandalı
Fernglas /'ferngla:s/ *n* dürbün
Fernheizung /'fernhaytsung/ *f* merkezi kalorifer sistemi
Fernkurs /'fernkurs/ *m* açık öğretim kursu
Fernlenkung /'fernlenkung/ *f* uzaktan kumanda
Fernlicht /'fernliht/ *n oto* uzun hüzmeli far, uzun farlar
Fernmeldeamt /'fernmeldıamt/ *n* telefon idaresi
fernmündlich /'fernmüntlih/ *s* telefonla, telefonik
Fernost /'fern'ost/ *m* Uzakdoğu
fernöstlich /'fernöstlih/ *s* Uzakdoğu
Fernrohr /'fernro:r/ *n* dürbün; teleskop
Fernschreiber /'fernşraybır/ *m* teleks
Fernsehansager /'fernze:anza:gır/ *m* televizyon spikeri
Fernsehen /'fernze:ın/ *n* televizyon cihazı ***durch Fernsehen übertragen*** televizyonda yayınlamak, naklen yayınlama ***im Fernsehen*** televizyonda
fernsehen /'fernze:ın/ *trvt* televizyon izlemek
Fernseher /'fernze:ır/ *m* televizyon; televizyon seyircisi
Fernsehfilm /'fernze:film/ *m* televizyon filmi
Fernsehgerät /'fernze:gıre:t/ *n* televizyon
Fernsehprogramm /'fernze:program/ *n* televizyon programı; televizyon kanalı
Fernsehschirm /'fernze:şirm/ *m* televizyon ekranı
Fernsehspiel /'fernze:şpi:l/ *n* televizyon oyunu

F

Fernsprechamt /'fernşprehamt/ *n* telefon santralı
Fernsteuerung /'fernştoyırung/ *f* uzaktan kumanda
Fernverkehr /'fernferke:r/ *m* (taşıt aracı) uzak sefer, uzun yol
Fernziel /'ferntsi:l/ *n* esas hedef; uzun vadedeki ana hedef
Ferse /'ferzı/ *f* topuk, ökçe ***jdm auf den Fersen sein*** (birisini) takip etmek, peşini bırakmamak
fertig /'fertih/ *s* hazır, bitmiş; tamam; *kon* yorgun ***er ist fertig*** bitti, mahvoldu ***etw fertig bringen*** (bir şey) başarmak ***fertig sein*** hazır olmak ***fertig mit jdm sein*** (birisiyle) tüm ilişkilerini kesmek ***ist fertig?*** tamam mı? ***mit den Nerven fertig sein*** sinirleri harap olmak ***mit einer Arbeit fertig werden*** bir işi bitirmek ***mit etw fertig werden*** hakkından gelmek, başa çıkmak ***mit jdm fertig werden*** (birisine) üstün gelmek ***sich fertig machen*** hazırlanmak
Fertiggericht /'fertihgıriht/ *n* hazır yemek
Fertighaus /'fertihhaus/ *n* prefabrike ev
Fertigkeit /'fertihkayt/ *f* beceri, kabiliyet; el yatkınlığı
Fertigprodukt /'fertihprodukt/ *n* mamul
Fertigstellung /'fertihştelung/ *f* bitirme, tamamlama; hazırlama
Fertigung /'fertigung/ *f* yapım, üretim; işleme, yapma, imal, imalat; fabrikasyon; onay, tasdik
Fertigware /'fertihwa:rı/ *f* hazır ürün, hazır mal
fesch /feş/ *s* şık, zarif, elegan
Fessel /'fesıl/ *f* zincir, pranga, köstek; baskı, boyunduruk; kelepçe; toynak; ayak bileği ***in Fesseln legen*** zincire vurmak; boyunduruk altına almak
fesseln /'fesıln/ *vt* zincire vurmak; boyunduruk altına almak; büyülemek, cezbetmek ***die Aufmerksamkeit fesseln*** dikkati çekmek ***ans Bett gefesselt*** yatak esiri, yatağa bağlı ***durch Reiz fesseln*** cezbetmek
fesselnd /'fesılnt/ *s* cazip, cazibeli; enteresan; büyüleyici ***mit fesselnden Händen*** elleri kelepçeli olarak
Fest /fest/ *n* bayram, şenlik, eğlence; festival, parti ***Fest feiern*** bayram etmek ***Fest im Freiem*** açık hava partisi
fest /fest/ *s* (yiyecek) katı; (sıvı) sert, katı, koyu; tok; sıkı, sağlam, kuvvetli; dayanıklı; sabit; sürekli, daimi, devamlı, gedikli; kati, kesin, sarsılmaz; (uyku) derin, deliksiz ***fest!*** yürü!, atıl! ***fest abmachen*** *kon* sağlam kazığa bağlamak ***fest an etw glauben*** bir şeye tam olarak inanmak ***fest schlafen*** derin derin uyumak ***fest versprechen*** kesin olarak söz vermek ***fest verschlossen*** sıkı sıkı kapalı ***feste Aktiven*** *tic* sabit varlıklar ***feste Anstellung*** sürekli iş ***feste Lösung*** *kim* katı çözelti ***fester Kauf*** kesin alış ***fester Preis*** sabit fiyat ***fester Schuh*** sağlam ayakkabı ***fester Wechselkurs*** sabit döviz kuru ***fester Wille*** sarsılmaz irade ***fester Wohnsitz*** sürekli ikamet yeri ***festes Angebot*** kesin öneri ***festes Kapital*** sabit sermaye ***gegen etw fest sein*** (bir şeye karşı) dayanıklı olmak ***sich etw fest vornehmen*** kesin olarak niyetlenmek ***zu etw fest entschlossen sein*** (bir şeye) kesin kararlı olmak
Festakt /'festakt/ *m* kutlama töreni
festbinden /'festbindın/ *trvt* bağlamak, sıkıca bağlamak, sımsıkı bağlamak
Festessen /'festesın/ *n* ziyafet, şölen yemeği ***ein Festessen geben*** ziyafet vermek
festfahren /'festfa:rın/ *trvr* (gemi) karaya oturmak; batmak, gömülmek; çıkmaza girmek ***die Verhandlungen sind festgefahren*** görüşmeler çıkmaza girdi ***im Schlamm festfahren*** çamura batmak
Festhalle /'festhalı/ *f* gösteri salonu, tören salonu
festhalten /'festhaltın/ *trvt* tutmak, yakalamak; alıkoymak; lafa tutmak; yazıya dökmek; *trvi* (bir şeyde) ısrar etmek, bırakmamak ***an etw festhalten*** (bir şeyden) ayrılmamak, vazgeçmemek ***sich festhalten*** tutunmak
festigen /'festigın/ *vt* kuvvetlendirmek, pekiştirmek, güçlendirmek, takviye etmek ***sich festigen*** güçlenmek, kuvvetlenmek, sağlamlaşmak
Festiger /'festigır/ *m* saç spreyi
Festigkeit /'festihkayt/ *f* sağlamlık, dayanıklılık, mukavemet; kesinlik, katilik; katılık, sertlik
Festival /'festival/ *n* festival, şenlik
festkleben /'festkle:bın/ *trvt* sıkıca yapıştırmak; *trvi* yapışıp kalmak
Festland /'festlant/ *n coğ* kara, anakara, kıta; *mad* sert toprak
festlegen /'festle:gın/ *trvt* kararlaştırmak;

tespit etmek; tayin etmek; karar vermek; (para) yatırmak ***festlegendes Kapital*** *tic* sabit sermaye ***sich auf etw festlegen*** (bir şeyi) taahhüt etmek ***sich festlegen*** taahhüt altına girmek

festlich /'festlih/ *s* eğlenceli; tantanalı, şamatalı; bayrama uygun, bayrama yarışır ***festliche Stimmung*** şenlikli, şenlik havasında

festmachen /'festmahın/ *trvt* sıkılaştırmak, sıkıca bağlamak; sıkıca iliştirmek, eklemek; tutturmak; *den* palamarlamak

Festmahl /'festma:l/ *f* şölen yemeği, bayram yemeği

festnageln /'festna:gıln/ *trvt* çivilemek, çivileyerek tutturmak ***wie festgenagelt sitzen*** *mec* çivilenmiş gibi oturmak

Festnahme /'festna:mı/ *f* tutuklama, tevkif; yakalama, tutma

festnehmen /'festne:mın/ *trvt* tutuklamak, yakalamak, tevkif etmek

Festplatte /'festplatı/ *f biliş* harddisk

festsetzen /'festzetsın/ *trvi* belirlemek, kararlaştırmak, tespit etmek; hapsetmek; yakalamak ***am festgesetzten Tag*** günü gününe ***jdn festsetzen*** (birisini) hapsetmek ***sich festsetzen*** yerleşmek, yapışmak, kalmak; (koku) sinmek; *ask* tutunmak

Festsetzung /'festzetsung/ *f* kararlaştırma, belirleme, tayin etme; yakalama, tutma; hapis; yerleşme

festsitzen /'festzitsın/ *trvi* sabit olmak; yoluna devam edememek; (gemi) karaya oturmak

feststehen /'festşte:ın/ *trvi* belli olmak; sabit olmak; emin olmak

feststellen /'festştelın/ *trvt* tespit etmek, sıkıştırmak, sabitlemek; anlamak, keşfetmek, bulmak; tayin etmek; sağlamlaştırmak

Feststellung /'festştelung/ *f* tespit; tayin; gözlem ***Feststellung der Mutterschaft*** *huk* analığın tespiti

Festtag /'festta:k/ *m* bayram günü, tatil günü; şenlik günü, festival günü

Festung /'festung/ *f* kale, hisar; müstahkem mevkii

festverzinslich /'festfertsinslih/ *s eko* sabit faizli

Festzug /'festsu:k/ *m* tören alayı, kortej

Fetisch /'fe:tiş/ *m* fetiş, totem

Fett /fet/ *n* yağ, içyağı; *tek* gres

fett /fet/ *s* yağlı; şişman, şişko, tombul; semiz, besili; verimli; (baskı) siyah ***fett werden*** semirmek; şişmanlamak

Fettansatz /'fetanzats/ *m* (vücutta) yağlanma, yağ toplanması

fettarm /'fetarm/ *s* az yağlı; yağsız

fetten /'fetın/ *vt* yağlamak, yağ sürmek; *vi* yağlı iz bırakmak

Fettfleck /'fetflek/ *m* yağ lekesi

Fettgewebe /'fetgıve:bı/ *n biy* yağdoku

fettig /'fetih/ *s* yağlı ***ganz fettig*** çok yağlı

Fettnäpfchen /'fetnepfhın/ *n* : ***ins Fettnäpfchen treten*** *mec* çam devirmek, pot kırmak

Fettschicht /'fetşiht/ *f* yağ tabakası

Fettstift /'fetştift/ *m* yağlı kalem

Fetzen /'fetsın/ *m* bez parçası, paçavra, çaput ***ein Fetzen Papier*** kâğıt paçavrası ***in Fetzen*** paramparça; salkım saçak ***in Fetzen gehen*** lime lime olmak ***in Fetzen gekleidet*** pejmürde (giyimli) ***in Fetzen reißen*** parça parça etmek

feucht /foyht/ *s* nemli, rutubetli; yaş, ıslak ***feucht machen*** nemlendirmek, ıslatmak ***feucht werden*** nemlenmek, rutubetlenmek

Feuchtbiotop /'foyhtbioto:p/ *n* sulak alan

Feuchtigkeit /'foyhtihkayt/ *f* nem, nemlilik, rutubet; yaşlılık, ıslaklık

Feuer /'foyır/ *n* ateş; yangın; coşkunluk, hararet, gayret; parıltı ***Feuer!*** *ask* ateş! ***Feuer anlegen*** yangın çıkarmak ***Feuer fangen*** ateş almak, tutuşmak; *kon* âşık olmak ***Feuer geben*** *ask* (silah) tetiği çekmek ***Feuer legen*** yangın çıkarmak ***Feuer machen*** ateş yakmak ***Feuer und Flamme sein für etw*** (bir şey için) can atmak ***für jdn durchs Feuer gehen*** (sevdiği birisi için) kendini feda etmek, (sevdiği birisi hatırına) her şeyi yapmak ***für jdn/etw Feuer und Flamme sein*** (birisine) (bir şeye) bayılmak, çok hoşlanmak, yanıp tutuşmak ***ins Feuer werfen*** *mec* ateşe atmak ***jdm Feuer geben*** (birisinin) sigarasını yakmak ***mit dem Feuer spielen*** ateşle oynamak, barutla oynamak ***Öl ins Feuer gießen*** *kon* yangına körükle gitmek

Feueralarm /'foyırala:rm/ *m* yangın alarmı; yangın ihbarı

feuerbeständig /'foyırbıştendih/ *s* ateşe dayanır, ateşe dayanıklı; yanmaz

Feuerbestattung /'foyırbıştatung/ *f* ölülerin yakılması

Feuereifer /'foyırayfır/ *m* (hararetli, ateşli)

gayret
feuergefährlich /'foyırgıfe:rlih/ *s* çabuk alev alabilen, yanma tehlikesi olan; yanar, yanıcı ***nicht feuergefährlich*** yanmaz
Feuerleiter /'foyırlaytır/ *f* yangın merdiveni
Feuerlöscher /'foyırlöşır/ *m* yangın söndürme aygıtı
Feuermelder /'foyırmeldır/ *m* yangın habercisi, yangın alarm sistemi
feuern /'foyırn/ *vt* ateş yakmak; ateş etmek; *kon* işten atmak, işten çıkarmak; fırlatıp atmak ***mit etw feuern*** (yakıt, kömür vs. ile) ısınmak, yakmak ***auf jdn feuern*** (birisine) silahla ateş etmek
Feuerprobe /'foyırpro:bı/ *f* ateş denemesi ***die Feuerprobe bestehen*** kendini kanıtlamak; temize çıkmak
feuersicher /'foyırzihır/ *s* yanmaz; yangına karşı güvenli
Feuerspritze /'foyırşpritsı/ *f* yangın hortumu
Feuerstein /'foyırştayn/ *m* çakmak taşı
Feuerstelle /'foyırştelı/ *f* yangın yeri; yanan kısım; ocak
Feuertod /'foyırto:t/ *m* yangında ölme, yanarak ölme; yangında ölen
Feuerwehr /'foyırve:r/ *f* itfaiye
Feuerwehrmann /'foyırve:rman/ *m* itfaiyeci, itfaiye eri
Feuerwerk /'foyırverk/ *n* havai fişek, donanma fişeği
Feuerzeug /'foyırtsoyk/ *n* çakmak
feurig /'foyrih/ *s* heyecanlı, coşkun, ateşli; ateşli
Fiasko /'fyasko/ *n* fiyasko, büyük başarısızlık
Fibel /'fi:bıl/ *f* alfabe kitabı; (bir şeyin) alfabesi; elbise kopçası
Fichte /'fihtı/ *f bitk* çam, çam ağacı, ladin ağacı
fidel /fi'de:l/ *s* şen, neşeli, keyifli; mutlu
Fieber /'fi:bır/ *n hek* (vücut) ateş, hararet ***Fieber haben*** ateşi olmak ***das Fieber messen*** *hek* hararetini ölçmek, ateşini ölçmek
fieberfrei /'fi:bırfray/ *s hek* ateşsiz
fieberhaft /'fi:bırhaft/ *s hek* ateşli; hummalı ***fieberhafte Tätigkeit*** hummalı faaliyet
fieberkrank /'fi:bırkrank/ *s* ateşli hasta, hummalı
fiebern /'fi:bırn/ *vi* (hasta) ateşi olmak, ateşi çıkmak; heyecanlı olmak, telaşlı olmak ***nach jdm fiebern*** (birisini) şiddetle arzu etmek, arzulamak
Fieberthermometer /'fi:bırtermome:tır/ *n* ateşölçer, termometre, derece
fiebrig /'fi:brih/ *s* ateşli, hummalı
fies /fi:s/ *s* (insan) aşağılık, adi, iğrenç
Figur /fi'gu:r/ *f* figür, resim, şekil; endam; heykel; (satranç) taş
figurativ /figura'ti:f/ *s* değişmeceli, değişken
Fiktion /fik'tsyo:n/ *f* kurgu, uydurma; varsayım, faraziye, fiksiyon; *ruhb* kuruntu, hayal ***gesetzliche Fiktion*** *huk* kanuni faraziye
fiktiv /fik'ti:f/ *s* uydurma, hayali, farazi, varsayımsal ***fiktive Aktiva*** *tic* gerçek değeri olmayan varlık ***fiktive Dividende*** *tic* gayri hakiki temettü ***fiktiver Gewinn*** *tic* fiktiv kâr, enflasyon kârı ***fiktiver Wert*** *huk* farazi değer
Filet /fi'le:/ *n* fileto, bonfile; file
Filiale /fil'ya:lı/ *f* şube
Filialleiter /fil'ya:llaytır/ *m* şube müdürü
Filigranarbeit /fili'gra:narbayt/ *f* filigran; tel süs
Film /film/ *m* film; ince tabaka ***einen Film einlegen*** makineye film takmak ***Film drehen*** film çevirmek
Filmatelier /'filmatılye:/ *n* stüdyo, film stüdyosu
Filmbranche /'filmbra:nşı/ *f* sinema branşı, sinemacılık
Filmemacher /'filmımahır/ *m* rejisör, film yapımcısı; (film) senaryo yazarı
filmen /'filmın/ *vt* film çevirmek, filme almak, çekim yapmak
Filmfestspiele /'filmfestşpi:lı/ *pl* film festivali
Filmindustrie /'filmindustri:/ *f* sinema sanayii, sinema endüstrisi
filmisch /'filmiş/ *s* filmsel, sinemasal
Filmkamera /'filmkamıra/ *f* kamera
Filmproduzent /'filmprodutsent/ *m* film yapımcısı
Filmschauspieler /'filmşauşpi:lır/ *m* sinema oyuncusu, sinema sanatçısı
Filter /'filtır/ *m* süzgeç, filtre, süzek
filtern /'filtırn/ *vt* süzmek, süzgeçten geçirmek, filtrelemek
Filterpapier /'filtırpapi:r/ *n* süzgeç kâğıdı, filtre kâğıdı
Filterung /'filtırung/ *f* filtreleme, süzme
Filterzigarette /'filtırtsigaretı/ *f* filtreli siga-

ra

Filz /filts/ *m* keçe; (kalın) kıl; aba; kalpak; *esk* kon. cimri

filzig /'filtsih/ *s* keçeli; cimri

Filzlaus /'filtslaus/ *f hayb* kasık biti, am biti

Filzstift /'filtsştift/ *m* keçeli kalem

Finale /fi'na:lı/ *n* final, son, bitiş, bitim

Finalist/Finalistin /fina'list/fina'listin/ *m/f sp* finalist, finale kalan

Finanzamt /fi'nantsamt/ *n* maliye, defterdarlık, mal müdürlüğü

Finanzbeamte/Finanzbeamtin /fi'nantsbıamtı/fi'nantsbıamtin/ *m/f* maliye memuru

Finanzbuchhaltung /fi'nantsbu:hhaltung/ *f* finansal muhasebe; mali muhasebe; genel muhasebe

Finanzen /fi'nantsın/ *f tic* maliye; bütçe; finans; parasal durum

Finanzhoheit /fi'nantsho:hayt/ *f* finansal özgürlük, mali bağımsızlık

finanziell /finan'tsyel/ *s tic* parasal, mali, finansal ***finanzielle Hilfe*** parasal yardım, mali yardım ***finanzielle Quelle*** mali kaynak, finansal kaynak ***finanzielle Vermittler*** para simsarı, para aracısı ***finanzielle Verpflichtungen*** *pl* parasal yükümlülükler ***finanzieller Aufbau*** mali yapı, finansal yapı

Finanzier /finan'tsye:/ *m tic* sermayedar; banker; maliyeci

finanzieren /finan'tsi:rın/ *vt* finanse etmek, (parasal) olanaklı kılmak

Finanzierung /finan'tsi:rung/ *f* finanse etme, sermaye sağlama, finansman; para temini

finanzkräftig /fi'nantskreftih/ *s* alım gücü olan, paralı

Finanzkrise /fi'nantskri:zı/ *f* ekonomik kriz, mali buhran

Finanzlage /fi'nantsla:gı/ *f tic* parasal durum, mali durum

Finanzminister /fi'nantsministır/ *m* Maliye Bakanı

Finanzpolitik /fi'nantspoliti:k/ *f tic* mali politika, ekonomi politikası, para politikası

Finanzverwaltung /fi'nantsfervaltung/ *f* mali idare

Finanzwesen /fi'nantsve:zın/ *n* maliye, mali sistem; finans, finanslama; para temini; parasal yönetim

Findelkind /'findılkint/ *n* sokağa terk edilmiş çocuk

finden /'findın/ *vt* bulmak; icat etmek; kavuşmak; uyuşmak; tesadüf etmek, rast gelmek ***das wird sich finden*** bu mesele halledilecek ***den Tod finden*** ölmek ***einander finden*** birbirini bulmak ***etw gut finden*** (bir şeyi) iyi bulmak ***sich finden*** buluşmak; bulunmak; kendini toparlamak ***sich in etw finden*** (bir şeye) uymak ***sich nicht in etw finden können*** (bir şeye) razı gelememek; katlanamamak ***sich zu jdm finden*** (birisine) katılmak ***was findest du an ihm?*** onda ne buluyorsun?

Finder /'findır/ *m* bulan, bulucu; mucit; komisyoncu

Finderlohn /'findırlo:n/ *m* (kayıp bir şeyi) bulana verilen ödül

findig /'findih/ *s* becerikli, kabiliyetli; zeki

Finger /'fingır/ *m* parmak ***am Finger lutschen*** parmağını emmek ***an den Fingern abzählen*** parmak hesabı yapmak ***den Finger heben*** parmak kaldırmak ***der kleine Finger*** küçük parmak, serçe parmağı ***die Finger bei etw im Spiel haben*** bir işte parmağı olmak ***die Finger von etw lassen*** vazgeçmek, caymak ***etw im kleinen Finger haben*** (bir şeye) tümüyle hâkim olmak ***jdm auf die Finger klopfen*** (birisine) haddini bildirmek ***jdm auf die Finger sehen*** (birisini) sıkı kontrol altında bulundurmak ***jdm durch die Finger sehen*** (birisinin) hareketlerine göz yummak ***jdn auf die Finger klopfen*** (birisini) ihtar etmek, uyarmak ***jdn auf die Finger sehen*** (birisini) gözaltında bulundurmak ***keine Finger krumm machen*** kılını bile kıpırdatmamak ***keinen Finger rühren*** parmağını bile kıpırdatmamak ***kleine Finger*** küçük parmak ***Lass die Finger davon!*** bu işten parmağını çek! ***mit zwei Fingern nehmen*** çimdiklemek; *mec* yanak almak ***sich die Finger an etw verbrennen*** (bir şeyden) canı yanmak, başına iş açılmak ***sich etw aus den Fingern saugen*** (bir şeyi) uydurmak

Fingerabdruck /'fingırapdruk/ *m* parmak izi

fingerbreit /'fingırbrayt/ *s* parmak kalınlığında, parmak genişliğinde

Fingerfertigkeit /'figırfertihkayt/ *f* el çabukluğu, beceri, maharet, ustalık

Fingerhut /'fingırhu:t/ *m* dikiş yüzüğü; *bitk*

F

yüksükotu
Fingerkuppe /'fingırkupı/ *f* parmakucu
Fingernagel /'fingırna:gıl/ *m* tırnak, el tırnağı
Fingerspitze /'fingırşpitsı/ *f* parmak ucu
Fingerspitzengefühl /'fingırşpitsangıfü:l/ *n* duyarlık, sezgi ***Fingerspitzengefühl haben*** duyarlı olmak, sezgili olmak
Fingerzeig /'fingırtsayk/ *m* işaret, ima
fingieren /fing'gi:rın/ *vt* uydurmak, yalandan göstermek

F

Fink /fink/ *m hayb* ispinoz, ispinoz kuşu
Finne1 /'finı/ *m* Finlandiyalı
Finne2 /'finı/ *f* sivilce, kabarcık
Finne3 /'finı/ *f* balinanın sırt yüzgeci
finnisch /'finiş/ *s* Finlandiya'ya ait, Finli; Fince, Fin dili ***finnische Sprache*** Fin dili
Finnland /'finlant/ *tnz* Finlandiya
Finnwal /'finva:l/ *m hayb* Fin balinası
finster /'finstır/ *s* karanlık; (yüz, bakış) karanlık, kötü, vahşi, asık suratlı ***Finster wie die Nacht*** çok kara, kapkara ***im Finstern*** karanlıkta
Finsternis /'finstırnis/ *f* karanlık; belirsizlik
Firlefanz /'firlafants/ *m esk* kon. boş, değersiz, fuzuli; maskaralık, soytarılık ***Firlefanz treiben*** boş şeylerle uğraşmak
Firma /'firma/ *f* firma, şirket, müessese, kurum, kuruluş, ticarethane ***die Firma sanieren*** şirketi kurtarmak
Firmament /firma'ment/ *n* gök, gökyüzü; felek
firmen /'firmın/ *vt* (katolik) takdis etmek, kutsamak
Firmeninhaber/Firmeninhaberin /'firmıninha:bır/'firmıninha:bırin/ *m/f* firma sahibi
Firmenname /'firmınna:mı/ *m* şirket adı, ticaret unvanı
Firmenregister /'firmınregistır/ *n huk* (şirketin) ticaret sicil kaydı
Firmenschild /'firmınşilt/ *n* tabela
Firmenstempel /'firmınştempıl/ *m* firma mühürü
Firmenwagen /'firmınva:gın/ *m* firma arabası
Firmung /'firmung/ *f* (katolik) takdis edilme
Fisch /fiş/ *m hayb* balık ***faule Fische*** sudan sebepler ***stumm wie ein Fisch*** dut yemiş bülbül gibi ***weder Fisch noch Fleisch*** ne tam ne yarım; ne kokar ne bulaşır
fischen /'fişın/ *vi* balık tutmak, balık avlamak; sudan çıkarmak ***etw aus dem Wasser fischen*** *vt* (bir şeyi) sudan kurtarmak, çıkarmak ***im Trüben fischen*** karışıklıktan faydalanarak çıkar sağlamak ***nach etw fischen*** (bir şeyi) aramak
Fischer /'fişır/ *m* balıkçı
Fischerdorf /'fişırdorf/ *n* balıkçı köyü
Fischerei /fişı'ray/ *f* balıkçılık
Fischgericht /'fişgırih**t**/ *n* balık yemeği
Fischgeschäft /'fişgışeft/ *n* balıkçı, balıkçı dükkânı
Fischgräte /'fişgre:tı/ *f* balık kılçığı
Fischkutter /'fifkutır/ *m* trata, torbalı balık ağı
Fischlaich /'fişlaih/ *m* balık yumurtası
Fischotter /'fişotır/ *m hayb* su samuru
Fischsterben /'fişşterbın/ *n* balık telefatı
Fischvergiftung /'fişfergiftung/ *f* balık zehirlenmesi, balıktan zehirlenme
fiskalisch /fis'ka:liş/ *s* mali; devlet gelirleri ile ilgili; beylik, basmakalıp
Fiskus /'fiskus/ *m* (devlet) hazinesi, hazine; maliye ***etw am Fiskus vorbei gehen lassen*** kaçak iş yapmak, vergi kaçırmak
fit /fit/ *s sp* formda, sağlığı yerinde, fit
Fitness /'fitnes/ *f* fizik kondisyon
Fitnesscenter /'fitnıssentır/ *n* fitnes kulübü, bedeni formda tutmaya özgü jimnastik salonu
Fittich /'fitih/ *m* kanat ***jdn unter seine Fittiche nehmen*** (birisini) kanatları altına almak
fix /fiks/ *s* sabit, değişmez, fiks; *kon* (kişi) çabuk, eli yatkın, mahir; çevik, atak ***fix und fertig*** tastamam ***fix und fertig sein*** *kon* bitkin olmak; bitirmiş olmak ***fixe Abzüge*** sabit kesintiler ***fixe Aufwendungen*** *pl* sabit giderler ***fixe Idee*** sabit fikir, idefiks, saplantı ***fixe Kosten*** sabit giderler; sabit maliyet ***fixe Rendite*** sabit verim ***fixe Steuer*** sabit vergi ***fixes Einkommen*** sabit gelir ***sich fix und fertig anziehen*** süslenip püslenmek, giyinip kuşanmak
fixen /'fiksın/ *vi* bono satmak; damara eroin şırınga etmek
Fixer /'fiksır/ *m* borsa oyuncusu; uyuşturucu bağımlısı, damardan uyuşturucu şırınga eden kimse
fixieren /fik'si:rın/ *vt* tutturmak, sabitleştirmek; belirlemek, tespit etmek, tayin

etmek; zabıt tutmak ***jdn fixieren*** (birisine) gözlerini dikmek

Fixkosten /'fikskostın/ *pl* sabit giderler; sabit maliyet

Fixstern /'fiksştern/ *m gökb* sabit yıldız

Fixum /'fiksum/ *n* maktu maaş; temel sabit gelir

Fjord /fyort/ *m coğ* buzul körfezi, fiyort

FKK-Strand /efka:'ka:ştrant/ *m* çıplaklar plajı

flach /flah/ *s* düz, yassı, yamyassı; basık; sığ; yayvan; basit, sıradan; vasat ***das flache Land*** kır ***die flache Hand*** avuç, elin iç kısmı ***die flache Klinge*** kılıcın tersi ***flacher Korb*** işporta tezgâhı ***flacher Stein*** kaydırak ***flacher Teller*** düz tabak, servis tabağı ***sich flach auf den Boden legen*** (boylu boyunca) yere uzanmak

Flachdach /'flahdah/ *n* düz dam

Fläche /'flehı/ *f* satıh, yüz, yüzey; alan, saha; pano; *coğ* düzlük; *geo* düzlem

Flächenbrand /'flehınbrant/ *m* geniş kapsamlı yangın

flächendeckend /'flehındekınt/ *s* geniş kapsamlı

Flächeninhalt /'flehınınhalt/ *m* yüz ölçümü, satıh

Flächenmaß /'flehınma:s/ *n* yüzey ölçüsü, satıh ölçüsü

Flachküste /'flahküstı/ *f coğ* düz sahil, alçak sahil

Flachland /'flahlant/ *n* düz arazi, düzlük, ova, ovalık

Flachs /flaks/ *m* keten; saçma, anlamsız söz

flackern /'flakırn/ *vi* (çıtır çıtır) yanmak, titreyerek yanmak; (bayrak) dalgalanmak; titremek, sarsılmak

Fladen /'fla:dın/ *m* pide, lavaş pide; lahmacun; çörek; tezek

Fladenbrot /'fla:dınbro:t/ *n* pide

Flagge /'flagı/ *f* bayrak; *den* bandıra, sancak ***die Flagge streichen*** *den* sancağı indirmek; *mec* yelkenleri suya indirmek; teslim olmak ***ein Schiff unter türkischer Flagge*** Türk bandıralı bir gemi ***Flagge zeigen*** fikrini söylemek, rengini belli etmek ***unter falscher Flagge fahren*** başka kimlikle yaşamak

Flaggenmast /'flagınmast/ *m* bayrak direği

Flaggschiff /'flagşif/ *n den* amiral gemisi

Flair /fle:r/ *n* atmosfer, ortam, hava ***er hat künstlerisches Flair*** sanatçı bir havası var

Flakon /fla'kon/ *n* küçük şişe, (küçük) parfüm şişesi

flambieren /flam'bi:rın/ *vt* (yemeği) alkol dökerek alevlendirmek

Flame /'fla:mı/ *f* Flaman

Flamingo /fla'minggo/ *m hayb* flamingo, flamankuşu

flämisch /'fle:miş/ *s* Flamanca ***flämische Sprache*** Flaman dili

Flamme /'flamı/ *f* alev, yalaz, şule; *kon* sevgili; sevgi, aşk ***Feuer und Flamme sein*** can atmak, içi gitmek ***für jdn Feuer und Flamme sein*** (birisi) için yanıp tutuşmak ***in Flammen setzen*** ateşe vermek, kundaklamak ***in Flammen stehen*** alevler içinde bulunmak

Flammenmeer /'flamınme:r/ *n* ateş deryası

Flammenwerfer /'flamınverfır/ *m* alev makinesi

Flanell /fla'nel/ *m* flanel, yünlü kumaş, fanila

Flanke /'flankı/ *f* yan, kenar, kanat, cenah; (hayvan) böğür; *sp* (futbol) orta, kale önüne atılan pas; *sp* (jimnastik) kasadan atlama

Flasche /'flaşı/ *f* şişe; biberon; *tek* makara, palanga; *kon* budala, salak, sersem ***mit der Flasche ernähren*** biberonla beslemek

Flaschenhals /'flaşınhals/ *m* şişe boynu

Flaschenöffner /'flaşınöfnır/ *m* şişe açacağı, açacak

Flaschenpfand /'flaşınpfant/ *n* şişe depozitosu

Flaschenzug /'flaşıntsu:k/ *m biliş* flaşdisk

Flashdisk /'flaşdisk/ *f* bilg. flaşdisk

flatterhaft /'flatırhaft/ *s* uçarı, hercai; sebatsız; çapkın, hafif

Flatterhaftigkeit /'flatırhaftihkayt/ *f* uçarılık, hercailik; sebatsızlık, çapkınlık, hafiflik

flau /flau/ *s* sıkıcı, yoz; isteksiz; bitap, yorgun, dermansız; (rüzgâr) hafif; *tic* (iş, piyasa) durgun; *kon* karnı aç; *fot* flu, mat ***sich flau fühlen*** kendini iyi hissetmemek, nahoşluk hissetmek

Flaum /flaum/ *m* ince tüy, hav; ayva tüyü, şeftali tüyü

flaumig /'flaumih/ *s* ince tüylü

flauschig /'flauşih/ *s* ince tüylü, havlı

Flausen /'flauzın/ *pl* bahane, sudan ba-

F

hane
Flaute /'flautı/ *f tic* ticari durgunluk, kesatlık; rüzgârın kesilmesi, dinginlik
Flechte /'flehtı/ *f bitk* liken, kır yosunu; saç örgüsü; *hek* mayasıl, egzama
flechten /'flehtın/ *vt* (saç, çiçek, hasır, sepet) örmek
Fleck /flek/ *m* leke; hayvan derisinde tüyler arasında küçük yer; nokta, benek; yama, ek; kusur, ayıp ***blauer Fleck*** (deride) çürük, morluk, bere ***etw nicht vom Fleck kriegen (können)*** (bir şeyi) yerinden kımıldatamamak ***Fleck bekommen*** lekelenmek; yama ***Flecken bekommen*** lekelenmek ***Flecken machen*** leke bırakmak ***nicht vom Fleck gehen*** yerinden kımıldamamak ***nicht vom Fleck kommen*** *kon* (görevinde) ilerlememek, ilerleyememek ***vom Fleck bringen*** yerinden oynatmak ***vom Fleck weg*** hemen, çarçabuk
Fleckfieber /'flekfi:bır/ *n hek* tifüs, lekeli humma
fleckig /'flekih/ *s* benekli; lekeli, kirli ***fleckig werden*** lekelenmek
Fledermaus /'fle:darmaus/ *f hayb* yarasa
Flegel /'fle:gıl/ *m* (kişi) kaba, terbiyesiz, hödük, yontulmamış; (tarım) döven
flegelhaft /'fle:gılhaft/ *s* terbiyesiz, kaba, görgüsüz; terbiyesizce, kabaca ***sich flegelhaft benehmen*** terbiyesizlik etmek
Flegeljahre /'fle:gılya:rı/ *pl* ergenlikteki haylazlık çağı
flehen /'fle:ın/ *vi* yalvarmak, yakarmak, aman dilemek ***um Gnade flehen*** aman dilemek ***zu jdm flehen*** (birisine) yalvarmak
flehentlich /'fle:ıntlih/ *s* yalvararak; yalvarıcı; *be* yalvarıp yakararak ***flehentlich bitten*** yalvarıp yakarmak
Fleisch /flayş/ *n* et ***Fleisch ansetzen*** şişmanlamak ***Fleisch ohne Fett*** yağsız et ***gekochtes Fleisch*** söğüş et ***vom Fleisch fallen*** zayıflamak
Fleischbrühe /'flayşbrü:ı/ *f* et suyu
Fleischer /'flayşır/ *m* kasap
Fleischfresser /'flayşfresır/ *m* etobur (hayvanlar)
fleischlich /'flayşlih/ *s* maddesel, cismani; şehvetli; cinsi
Fleischvergiftung /'flayşfergiftung/ *f* etten zehirlenme
Fleischwaren /'flayşva:rın/ *pl* et mamulleri
Fleischwolf /'flayşvolf/ *m* kıyma makinesi
Fleiß /flays/ *m* çalışkanlık, gayret, emek, çaba; hamaratlık; özen, itina ***allen Fleiß anwenden*** elinden geleni yapmak ***mit Fleiß tun*** severek, canla başla yapmak
fleißig /'flaysih/ *s* çalışkan, gayretli, hamarat ***etw fleißig tun*** (bir şeyi) gayretle yapmak
fletschen /'fletşın/ *vt* (bir şeyi) göstermek, ortaya çıkarmak; dişlerini göstermek ***die Zähne fletschen*** dişlerini göstermek
flexibel /flek'si:bıl/ *s* esnek, eğilir, bükülür; bükülgen; hareketli, fleksibel; (kişi) her şeye/her yere ayak uydurabilen ***flexibler Wechselkurs*** *tic* dalgalı döviz kuru, serbest döviz kuru ***flexibles Budget*** esnek bütçe, hareketli bütçe
Flexibilität /fleksibili'te:t/ *f* esneklik, bükülgenlik, hareketlilik
Flicken /'flikın/ *m* yama, parça; onarım, yapma ***einen Flicken aufsetzen*** yama vurmak
flicken /'flikın/ *vt* yamalamak, yama yapmak; onarmak, tamir etmek
Flickwerk /'flikverk/ *n* yamalama; yamacılık
Flieder /'fli:dır/ *m bitk* leylak
Fliege /'fli:gı/ *f hayb* sinek; papyon kıravat ***die Fliege machen*** *kon* kaçmak, sıvışmak, tüymek ***keiner Fliege etw zuleide tun*** *kon* bir karıncayı bile incitmemek ***spanische Fliege*** *hayb* kuduz böceği ***wie die Fliegen umfallen*** sapır sapır düşüp ölmek, sapır sapır dökülmek
fliegen /'fli:gın/ *vi* uçmak; (bayrak) dalgalanmak; kovulmak; *vt* uçurmak; (uçak) kullanmak ***Alle Vögel fliegen*** (çocuk oyunu) uçtu uçtu *kim* uçtu ***auf etw fliegen*** *mec* (bir şeye) deli olmak, bayılmak ***auf jdn fliegen*** *mec* (birisine) bayılmak, deli olmak ***ich fliege nach Frankfurt*** Frankfurt'a uçuyorum ***in die Luft fliegen*** patlamak, havaya uçmak, infilak etmek ***jdm um den Hals fliegen*** (birisinin) boynuna atılmak
Fliegenfänger /'fli:gınfengır/ *m* tutkallı sinek kâğıdı
Fliegenfenster /'fli:gınfenstır/ *n* sineklikli pencere
Fliegengewicht /'fli:gıngıveht/ *n sp* sinek siklet

Fliegenklappe /'fli:gınklapı/ *f* sineklik, sinek öldürme aleti
Fliegenpilz /'fli:gınpilts/ *m bitk* zehirli mantar
Flieger /'fli:gır/ *m ask* havacı, pilot; *kon* uçak
Fliegerabwehr /'fli:gırabve:r/ *f ask* uçaksavar topçusu
Fliegeralarm /'fli:gıralarm/ *m ask* hava alarmı, uçak alarmı
Fliegerhorst /'fli:gırhorst/ *m ask* havaalanı, havalimanı
fliehen /'fli:ın/ *vi* kaçmak, tüymek, sıvışmak; firar etmek; *vt* (bir şeyden) çekinmek ***aus etw fliehen*** (bir yerden) kaçmak ***vor etw fliehen*** (bir şeyden) kaçmak ***vor jdm fliehen*** (birisinden) kaçmak ***zu jdm fliehen*** (birisine) iltica etmek
Fliehkraft /'fli:kraft/ *f fiz* merkezkaç kuvveti
Fliese /'fli:zı/ *f* çini, fayans ***Fliesen legen*** çini döşemek, fayans döşemek
fliesen /'fli:zın/ *vt* fayans döşemek
Fließband /'fli:sbant/ *n* (fabrika) bant, sürekli iş şeridi
Fließbandarbeiter /'fli:sbantarbaytır/ *m* bant işçisi
fließen /'fli:sın/ *vi* akmak; (olay) oluşmak, gelişmek, cereyan etmek ***aus etw fließen*** (bir şeyin) sonucu olmak, (bir şeyden) *den* gelmek ***ins Meer fließen*** denize akmak ***Tränen fließen*** gözyaşı dökmek
fließend /'fli:sınt/ *s* akan, akıcı, akar; kesintisiz; düzgün; açık; (dil) akıcı ***fließend sprechen*** akıcı olarak konuşmak ***fließendes Wasser*** akarsu
flimmern /'flimırn/ *vi* parıldamak, pırıldamak; kararmak; (görüntü, ışık) gidip gelmek, yanıp sönmek; (kalp) çarpıntı yapmak, düzensiz atmak ***es flimmert mir vor den Augen*** gözüm kararıyor
flink /flink/ *s* çevik, atik, kıvrak; çabuk; becerikli, hamarat ***eine flinke Zunge haben*** *kon* esk. hazırcevap olmak
Flinkheit /'flinkhayt/ *f* çeviklik, atiklik, kıvraklık; çabukluk; beceriklilik, hamaratlık
Flinte /'flintı/ *f esk* çakmaklı tüfek; av tüfeği, filinta ***die Flinte ins Korn werfen*** umudunu kesmek, vazgeçmek
Flirt /flirt/ *m* flört, âşıktaşlık
flirten /'flirtın/ *vi* flört etmek, (karşı cinsle) cilveleşmek; kur yapmak
Flittchen /'flithın/ *n* hafif kadın, şıllık, fingirdek
Flitter /'flitır/ *m* (parıltılı) pul, süs pulu
Flitterwochen /'flitırvohın/ *f* balayı
flitzen /'flitsın/ *vi* fırlamak, hızla gitmek
Flocke /'flokı/ *f* (kar, pamuk) tane, tutam
Floh /flo:/ *m hayb* pire ***Flöhe bekommen*** pirelenmek ***jdm einen Floh ins Ohr setzen*** (birisini) pirelendirmek; olmayacak vaatte bulunmak
Flohmarkt /'flo:markt/ *m* bit pazarı
Flop /flap/ *m kon* başarısız girişim; aldanma
Florentiner /floren'ti:nır/ *m* Floransalı; bir cins hasır kadın şapkası
Florenz /flo'rents/ *tnz* (İtalya) Floransa (şehri)
Florett /flo'ret/ *n sp* eskrim kılıcı, flore
florieren /flo'ri:rın/ *vi* gelişmek, büyümek ***die Baubranche floriert*** inşaat sektörü gelişiyor
Florist /flo'rist/ *m* çiçekçi; çiçek ressamı
Floskel /'floskıl/ *f* süslü püslü fakat boş söz ***sich in den Floskeln ergehen*** *kon* edebiyat yapmak; (laf, söz) parçalamak
Floss /flo:s/ *n* sal, lastik sandal
Flosse /'flosı/ *f hayb* yüzgeç, balık kanadı; *kon* el, kol
Flöte /'flö:tı/ *f müz* flüt, ney
flöten /'flö:tın/ *vi müz* flüt çalmak, ney çalmak; (bir şeyi) tatlı sözlerle sözlemek; (kuş) ötmek ***Flöten gehen*** kaybolmak, yitmek
Flötist/Flötistin /flö:'tist/flö:'tistin/ *m/f müz* flütçü, neyzen
flott /flot/ *s kon* hızlı, çabuk, çevik, tez; becerikli; neşeli, keyifli, canlı; şık, modaya uygun; hoppa, hafifmeşrep; yüzer ***flott leben*** hovardalık etmek, gününü gün etmek ***flott marschieren*** hızlı yürümek ***flott sein*** (gemi) yüzer durumda olmak; *mec* (kişi) becerikli olmak, eli çabuk olmak
Flotte /'flotı/ *f ask* filo, donanma; *tek* banyo
Flottenstützpunkt /'flotınstütspunkt/ *m ask* deniz üssü
Fluch /flu:h/ *m* lanet, telin, beddua, küfür, sövme; uğursuzluk ***Fluch über euch!*** lanet olsun size!, Allah belanızı versin! ***grober Fluch*** okkalı küfür
fluchen /'flu:hın/ *vi* küfür etmek, sövmek; lanetlemek, lanet okumak, beddua etmek

Flucht /fluht/ *f* kaçma, firar; dizi, sıra; bozgun; panik ***auf der Flucht sein*** kaçmakta olmak, firarda olmak ***die Flucht ergreifen*** kaçmak ***in die Flucht schlagen*** kaçırmak, kovmak
fluchtartig /'fluhtartih/ *s* kaçarcasına; çabucak, hızla, çarçabuk
flüchten /'flühtın/ *vi* kaçmak, kaçıp kurtulmak ***vor etw flüchten*** (bir şeyden) kaçmak ***sich flüchten*** (kaçarak) sığınmak, iltica etmek
Fluchthelfer /'fluhthelfır/ *m* firar edene yardımcı olan kişi
flüchtig /'flühtih/ *s* kaçak, kaçkın, firari; *kim* uçucu; hızlı; süreksiz, devamsız, geçici; kısa; kısaca; yüzeysel, az ***flüchtige Blicke*** kaçamak bakışlar ***flüchtige Neigung*** geçici heves ***flüchtige Säure*** *kim* uçucu asit ***ich kenne sie flüchtig*** onu uzaktan tanırım
Flüchtigkeit /'flühtihkayt/ *f* yüzeysellik; devamsızlık, süreksizlik; kısalık
Flüchtigkeitsfehler /'flühtihkaytsfe:lır/ *m* dikkatsizlik hatası
Flüchtling /'flühtling/ *m* sığınmacı, mülteci; kaçak, kaçkın, firari
Flüchtlingslager /'flühtlingsla:gır/ *m* mülteci kampı
Fluchtversuch /'fluhtferzu:h/ *m* kaçış denemesi, kaçma teşebbüsü, firar teşebbüsü ***er wurde beim Fluchtversuch getötet*** kaçarken öldürüldü
Fluchtweg /'fluhtve:k/ *m* kaçağın izlediği yol; imdat çıkışı
Flug /flu:k/ *m* uçuş, uçma; (hayvan) sürü ***der Flug der Zeit*** vaktin geçmesi ***im Flug vergehen*** (vakit) çabuk geçmek
Flugabwehr /'flu:kapve:r/ *f* hava saldırısına karşı savunma
Flugbahn /'flu:kba:n/ *f* uçuş rotası; yörünge
Flugbegleiter /'flu:kbıglaytır/ *m* kabin görevlisi
Flugblatt /'flu:kblat/ *n* el ilanı; uçaktan atılan propaganda amaçlı ilan
Flugdauer /'flu:kdauır/ *f* uçuş süresi
Flügel /'flü:gıl/ *m* kanat; *müz* kuyruklu piyano; *tek* pervane; (yapı) yan, cephe; *ask* kanat; *sp* kanat; *hek* yan, kanat ***die Flügel hängen lassen*** *mec* umudu kırılmış olmak ***mit den Flügeln schlagen*** (kuş) kanat çırpmak
Flügelschraube /'flü:gılşraubı/ *f* kelebek vida
Flügeltür /'flü:gıltü:r/ *f* iki kanatlı kapı
Fluggast /'flu:kgast/ *m* uçak yolcusu
flügge /'flügı/ *s* (kuş) uçabilir duruma gelmiş; reşit olmuş (genç) ***flügge werden*** (kuş) kanatlanmak; (genç) reşit olmak, evlilik çağına gelmek
Fluggesellschaft /'flu:kgızelşaft/ *f* uçak şirketi
Flughafen /'flu:kha:fın/ *m* havaalanı, havalimanı
Flughöhe /'flu:khö:ı/ *f* uçuş yüksekliği
Fluglinie /'flu:kli:nyı/ *f* havayolu; uçuş rotası
Fluglotse /'flu:klo:tsı/ *m* (havaalanında) uçuş kontrol görevlisi
Flugplan /'flu:kpla:n/ *m* uçuş tarifesi
Flugplatz /'flu:kplats/ *m* (küçük) havaalanı
Flugreise /'flu:krayzı/ *f* uçak yolculuğu
Flugschrift /'flu:kşrift/ *n* el ilanı, uçaktan atılan ilan
Flugsicherung /'flu:kzihırung/ *f* uçuş emniyeti, uçuş güvenlik (birimi, sistemi)
Flugverbindung /'flu:kverbindung/ *f* uçak bağlantısı, aktarma
Flugverkehr /'flu:kverke:r/ *m* hava trafiği
Flugwesen /'flu:kve:zın/ *n* havacılık
Flugzeug /'flu:ktsoyk/ *n* uçak, tayyare ***Flugzeug abschießen*** uçak düşürmek
Flugzeugabsturz /'flu:ktsoykapşturts/ *m* uçak düşmesi
Flugzeugbau /'flu:ktsoykbau/ *m* uçak inşaatı
Flugzeugentführer /'flu:ktsoykentfü:rır/ *m* uçak korsanı, uçak kaçırıcısı
Flugzeugentführung /'flu:ktsoykentfü:rung/ *f* uçak kaçırma, uçak kaçırılma
Flugzeugträger /'flu:ktsoyktre:gır/ *m ask* uçak gemisi
Fluktuation /fluktua'tsyo:n/ *f* dalgalanma; dalgalama; akış; işçi alıp çıkarma
fluktuieren /fluktu'i:rın/ *vi* dalgalanmak, inip çıkmak; *tic* (piyasa) istikrarsız olmak; değişmek, gidip gelmek, kararsız olmak; göçebe yaşamak
Flunder /'flundır/ *m hayb* pisibalığı
Flunkerei /flunkı'ray/ *f kon* gırgır geçme, palavra atma, hikâye uydurma
flunkern /'flunkırn/ *vi* palavra atmak, hikâye uydurmak
Fluor /'flu:or/ *n kim* flüor
Flur1 /flu:r/ *m* koridor
Flur2 /flu:r/ açık alanlar, çayırlar, otlaklar,

tarlalar; arazi ***allein auf weiter Flur*** yapayalnız
Flurbereinigung /'flu:rbıraynigung/ *f* dağınık haldeki arazi parçalarının birleştirilmesi
Fluss /flus/ *m coğ* nehir, ırmak; akıntı, cereyan; akma, akış ***im Fluss sein*** devam etmek, sürmek ***in Fluss bringen*** harekete geçirmek, ilerletmek; (metal) eritmek ***in Fluss kommen*** olmak, harekete geçmek; (metal) erimeye başlamak
Flussarm /'flusarm/ *m* (nehir) ırmak kolu
Flussbett /'flusbet/ *n* nehir yatağı, ırmak yatağı
flüssig /'flüsi**h**/ *s* sıvı, akar, akıcı, akışkan, mayi, likit; (yol) işlek ***flüssig werden*** erimek, ergimek, sıvılaşmak ***flüssige Mittel*** *tic* nakit kaynaklar, eldeki varlıklar; nakit kaynaklar ***flüssiger Brennstoff*** akaryakıt ***nicht flüssig sein*** *kon* parası olmamak
Flüssiggas /'flüsi**h**ga:s/ *n* sıvı gaz, sıvılaştırılmış gaz
Flüssigkeit /'flüsi**h**kayt/ *f* sıvı madde, akıcı madde, mayi, likit; *tic* likidite, nakit para
Flusslauf /'fluslauf/ *m* akarsu; nehir akışı
Flussmündung /'flusmündung/ *f* nehir ağzı
Flusspferd /'fluspfe:rt/ *n hayb* suaygırı, hipopotam
flüstern /'flüstırn/ *vi* fısıldamak, fısır fısır konuşmak ***jdm etw flüstern*** *kon* (birisine) çıkışmak
Flut /flu:t/ *f coğ* suların kabarması, yükselmesi, met; sel, taşkın, su baskını; çokluk, bolluk; akın, yağma; kalabalık ***eine Flut von Fragen*** soru yağmuru ***Flut und Ebbe*** met ve cezir olayı (gelgit olayı)
fluten /'flu:tın/ *vt* (deniz, su) kabarmak, yükselmek; *vi* (su, sel) taşmak, basmak; (su) akın etmek ***irgendwohin fluten*** (bir yere) akın etmek, üşüşmek, yığılmak
Flutkatastrophe /'flu:tkatastro:fı/ *f* sel felaketi
Flutlicht /'flu:tli**h**t/ *n* projektör ışığı; projektörle aydınlatma; ışık huzmesi
Flutwelle /'flu:tvelı/ *f* (deprem veya fırtına dolayısıyla) ani ve dev dalga, tsunami; suların ani kabarması
Föderalismus /födıra'lismus/ *m* federalizm, birleşik devletler sistemi, eyaletler sistemi
Föderation /födıra'tsyo:n/ *f* federasyon, devletler topluluğu, eyaletler topluluğu; (çeşitli) kuruluşlar topluluğu
föderativ /födıra'ti:f/ *s* federal
Fohlen /'fo:lın/ *n hayb* tay, at yavrusu
Föhn /fö:n/ *m metr* kıble rüzgârı, lodos; saç kurutma makinesi, fön
Fokus /'fo:kus/ *m fiz* (mercek vs.) odak noktası; odak, kaynak, fokus
Folge /'folgı/ *f* sonuç, netice, akıbet, arka; devam; sıra, dizi, seri, silsile, devam; tesir, netice ***an den Folgen des Unfalles sterben*** uğradığı kaza yüzünden ölmek ***die Folgen bedenken*** sonunu düşünmek ***die Folgen ziehen aus*** sonuç çıkarmak ***einem Befehl Folge leisten*** bir emre itaat etmek, emri yerine getirmek ***einer Sache Folge leisten*** uymak, icabet etmek ***etw zur Folge haben*** (bir şeye) sebep olmak, ... ile sonuçlanmak ***in der Folge*** bundan sonra, ondan sonra
Folgekosten /'folgıkastın/ *pl* munzam masraflar
folgen /'folgın/ *vi* takip etmek, peşi sıra gitmek; eşlik etmek, refakat etmek; uymak, itaat etmek, riayet etmek; yerine geçmek ***auf jdn folgen*** (birisini) takip etmek, yerine geçmek, yerini almak, halef olmak ***aus etw folgen*** (bir şeyin) neticesi olmak; anlaşılmak ***den Verkehrsregeln folgen*** trafik kurallarına uymak ***einer Mode folgen*** bir modaya uymak ***jdm folgen*** (birisini) takip etmek, (birisinin) peşinden gitmek, arkasından gitmek ***wie folgt*** aşağıda belirtildiği gibi
folgend /'folgınt/ *s* takip eden; aşağıdaki, şu; ertesi ***das Folgende*** aşağıdaki ***der folgende Tag*** ertesi gün
folgendermaßen /'folgındır'ma:sın/ *be* şöyle ki; aşağıdaki gibi; şu suretle
folgenreich /'folgınray**h**/ *s* vahim; önemli sonuçlar doğuran, birçok şeye neden olan
folgenschwer /'folgınşve:r/ *s* kötü sonuçları olan; vahim
folgerichtig /'folgıri**h**ti**h**/ *s* planlı; mantıklı, mantıki; tutarlı; *be* ona göre, gereğince, mucibince
Folgerichtigkeit /'folgıri**h**ti**h**kayt/ *f* planlılık; mantıklılık; tutarlık
folgern /'folgırn/ *vt* bir sonuca varmak,

F

sonuç olarak algılamak, netice çıkarmak
Folgerung /'folgırung/ *f* sonuç, netice ***eine Folgerung aus etw ziehen*** (bir şeyden) bir sonuç çıkarmak
folgewidrig /'folgıvidrih/ *s* tutarsız, uyumsuz, mantıksız; plansız
Folgezeit /'folgıtsayt/ *f* gelecek (zaman); sonra gelen zaman ***in der Folgezeit*** ondan sonra
folglich /'folklih/ *bağ* bu sebepten, bundan dolayı, bu yüzden
folgsam /'folkza:m/ *s* itaatli, söz dinler, uysal ***folgsames Pferd*** uysal at
Folgsamkeit /'folkza:mkayt/ *f* uyma, itaat etme; itaat
Folie /'fo:lyı/ *f* ince kâğıt, levha, varak, folyo; sır ***mit Folie belegen*** sırlamak
Folklore /'folklo:rı/ *f* folklor; bir kültüre özgü sanatsal öğeler; halk bilimi
folkloristisch /folklo'ristiş/ *s* folklorik; halk bilimsel
Folter /'foltır/ *f* işkence ***jdn auf die Folter spannen*** (birisini) meraktan çatlatmak; işkenceye tabi tutmak
Folterkammer /'foltırkamır/ *f* işkence odası
foltern /'foltırn/ *vt* işkence yapmak, işkence etmek; azap vermek; eziyet etmek
Folterung /'foltırung/ *f* işkence; işkence yapma
Fön /fö:n/ *m* fön, saç kurutma makinesi
Fond /fon/ *m* esas, temel; fon, arka plan, arka taraf, zemin; arabanın arka koltuk kısmı
Fonds /fon/ *m* fon, para, akçe; (bir şey için) ayrılmış para, tahsis edilmiş para; ödenek, tahsisat; devlet tahvili; sermaye
fönen /'fö:nın/ *vt* saçı kurutma makinesiyle kurutmak, fön çekmek
foppen /'fopın/ *vt kon* birisi ile dalga geçmek, takılmak, alay etmek
forcieren /for'si:rın/ *vt kon* hızlandırmak, gaz vermek; çabuklaştırmak; zorlamak
Förderanlage /'fördıranla:gı/ *f* taşıma tesisatı, nakil tesisatı, sevk tesisatı
Förderband /'fördırbant/ *n* (fabrika, havaalanı vs.) taşıma bandı
Förderer /'fördırır/ *m* taşıyan, sevk eden; destekleyen, elinden tutan; hami, koruyucu
förderlich /'fördırlih/ *s* uygun, yararlı, elverişli, münasip ***etw ist jdm Förderlich*** (birisine) uygun, yararlı, faydalı
Fördermenge /'fördırmengı/ *f* taşınan miktar
fordern /'fordırn/ *vt* talep etmek, istemek; düelloya davet etmek ***der Unfall forderte drei Opfer*** kaza üç kurban aldı ***die Bank fordert den Kredit zurück*** banka kredinin geri (ödenmesini) talep ediyor ***zum Duell fordern*** düelloya davet etmek
fördern /'fördırn/ *vt* teşvik etmek, desteklemek, yardım etmek; mümkün kılmak; ilerletmek; kolaylaştırmak; himaye etmek, korumak; *mad* yeraltından çıkarmak; *kon* artırmak, güçlendirmek ***die Gesundheit fördern*** sağlığa yararlı olmak ***die Verdauung fördern*** hazmı kolaylaştırmak
Förderung /'fördırung/ *f* gelir; üretim; yardım; taşıma, sevk; ilerletme, kolaylaştırma; himaye, teşvik; *mad* işletme, çıkarma
Forderung /'fordırung/ *f* talep; çağrı, davet; *huk* alacak, hak ***eine Forderung geltend machen*** *huk* alacak davası açmak ***Forderung stellen*** talepte bulunmak
Forelle /fo'relı/ *f hayb* alabalık
Form /form/ *f* şekil, biçim, tarz, form; model, kalıp; tarz, biçim, stil; usul, âdet; (beden) form ***aus der Form kommen*** biçimini kaybetmek; *sp* formda olmamak ***die Form der Materie*** maddenin şekli, biçimi ***die Form verlieren*** formunu kaybetmek; biçimi bozulmak, deforme olmak ***feste Formen annehmen*** gerçekleşmek, oluşmaya başlamak ***Form gewinnen*** form tutmak; biçimlenmek, şekillenmek ***in aller Form*** resmen ***in eine Form bringen*** bir şekle sokmak, kalıba sokmak ***in entsprechender Form*** usulüne uygun ***in Form sein*** formda olmak ***in Form von ...*** ... şeklinde ***in gehöriger Form*** uygun şekilde
formal /for'ma:l/ *s* usule uygun; biçimsel; şekli; *be* şeklen, sadece kâğıt üzerinde (olan) ***formale Grammatik*** biçimsel dilbilgisi ***formale Logik*** biçimsel mantık ***formale Sprache*** kullanım dili, biçimsel dil
Formaldehyd /'formaldıhü:d/ *m kim* formaldehit
Formalität /formali'te:t/ *f* formalite, resmi

işlem

Format /for'ma:t/ *n* norm, boyut, format, şekil, biçim; çap; (şahsiyet) büyüklük, çap ***ein Mann von Format*** seçkin kişi, üstün kişi ***ein Spieler von internationalem Format*** uluslararası çapta bir sporcu

formatieren /forma'ti:rın/ *vt biliş* bir disketi bilgisayarda okunacak şekilde yüklemek, kaydetmek

Formation /forma'tsyo:n/ *f* oluşum; meydana getirme, şekillendirme; formasyon; birlik, nizam, şekil; düzenleme; yerb yer bilimleri; *ask* birlik ***militärische Formation*** askeri düzen

formbar /'formba:r/ *s* (madde, materyal) şekle sokulabilir, şekil verilebilir; (çocuk) eğitilebilir, eğitime yatkın

Formbeständigkeit /'formbıştendihkayt/ *f* biçim bozulmazlığı

Formblatt /'formblat/ *n* form, formüler, çizelge

Formel /'formıl/ *f kim* mat. formül; deyim, kalıp, ifade; düstur ***in kurzer Formel bringen*** kısaca ifade etmek, formüle etmek; (araba yarışı) formula

formelhaft /'formılhaft/ *s* çok kullanılan, kalıplaşmış, monoton ***formelhafte Redensart*** deyim, deyiş

formell /for'mel/ *s* şekli, biçimsel; görgü kurallarına uygun; resmi, resmen; sadece görünüşte olan; *kon* (kişi) fazla kuralcı, sıkıcı ***formelle Buchprüfung*** fiziki denetim; maddi denetim; kayıt denetimi ***formelle Erziehung*** örgün eğitim ***formelle Rechtskraft*** kesin hüküm

formen /'formın/ *vt* şekil vermek, biçim vermek, şekle sokmak, biçimlendirmek ***etw formt jdn*** (akım, moda, yaşanılan bir olay vs.) (birisini olumlu yönde) etkilemesi, yönlendirmesi ***etw zu etw formen*** (bir şeyi) bir biçime sokmak ***jdn formen*** *kon* (birisini) eğitmek, etkilemek, adam etmek ***nach einem Modell formen*** modele göre biçim vermek, kalıplamak ***schön geformt*** biçimli ***sich formen*** oluşmak, meydana gelmek; şekle girmek

Formfehler /'formfe:lır/ *m huk* usul hatası; şekilde hata; usule aykırılık; gaf, pot

formieren /for'mi:rın/ *vt* kurmak; şekil vermek, biçim vermek; teşkil etmek ***eine Mannschaft formieren*** takım kurmak; dizmek ***sich formieren*** dizilmek

förmlich /'förmlih/ *s* resmi; şekli; adeta, sanki; tamamen; teklifli, (görgü) kurallara bağlı

Förmlichkeit /'förmlihkayt/ *f* resmi formalite; resmiyet, protokol

formlos /'formlo:s/ *s* şekilsiz, amorf, biçimsiz; belirli bir kurala, biçime bağlı olmayan, resmi olmayan; teklifsiz, saygısız ***formloser Vertrag*** isteğe bağlı anlaşma

Formlosigkeit /'formlo:zihkayt/ *f* biçimsizlik; teklifsizlik, laubalilik

Formsache /'formzahı/ *f* önemsiz olan, bürokratik olan

formschön /'formşö:n/ *s* güzel biçimli, güzel şekilli

Formular /formu'la:r/ *n* form

formulieren /formu'li:rın/ *vt* dile getirmek, formüle etmek, formülleştirmek, (anlaşılır tarzda) söylemek

Formulierung /formu'li:rung/ *f* ifade, anlatım; düzenleme, formüle etme, (açık bir dille) anlatma

formvollendet /'formfolendıt/ *s* kusursuz, noksansız; hatasız

forsch /forş/ *s* kat'i; şiddetli; enerjik, atılgan, girişken, cesaretli

forschen /'forşın/ *vt* incelemek, araştırmak, soruşturmak; inceleme yapmak ***nach jdm forschen*** birisini aramak

Forscher /'forşır/ *m* araştırmacı, araştırıcı, kâşif

Forschung /'forşung/ *f* araştırma, inceleme, tetkik ***Forschung und Entwicklung*** araştırma ve geliştirme

Forschungsauftrag /'forşungsauftra:k/ *m* araştırma görevi

Forschungsinstitut /'forşungsinstitu:t/ *n* araştırma enstitüsü

Forschungszentrum /'forşungstsentrum/ *n* araştırma merkezi

Forst /forst/ *m* orman, koru

Förster /'förstır/ *m* (orman) korucusu, orman bakım memuru

Forstwirtschaft /'forstvirtşaft/ *f* ormancılık, orman işletmeciliği

fort /fort/ *s* gitmiş, ayrılmış; kaybolmuş; devam ***er ist fort*** gitti, ayrıldı ***fort mit dir!*** defol! ***fort mit Schaden*** *kon* zararın neresinden dönersen kâr ***fort und fort*** sürekli, devamlı, mütemadiyen, ha bire ***ich muss hier fort*** buradan gitmeliyim, uzaklaşmalıyım ***mein Buch ist fort*** kitabım kayboldu

Fortbestand /'fortbıştant/ *m* devam, devam etme, sürme; varolma; baki kalma, beka; (bir şeyin) devamı, kalıntı
fortbestehen /'fortbışte:ın/ *trvi* sürmek, (var olmaya) devam etmek, baki kalmak
Fortbewegung /'fortbıve:gung/ *f* ileri doğru hareket
fortbilden /'fortbildın/ *trvt* eğitimini artırmak, ilerletmek ***sich fortbilden*** bilgisini artırmak, kendini geliştirmek
Fortbildung /'fortbildung/ *f* eğitim, bilgi artırımı; geliştirme eğitimi, ileri eğitim; hizmetiçi eğitim ***berufliche Fortbildung*** mesleki ilerleme, mesleki gelişim
Fortdauer /'fortdauır/ *f* devam, devam etme, sürme, sürek
fortdauern /'fortdauırn/ *trvi* devam etmek, sürmek
fortentwickeln /'fortentvikıln/ *trvt* gelişmesini devam ettirmek, gelişmesini sürdürmek ***sich fortentwickeln*** gelişmeye devam etmek
fortfahren /'fortfa:rın/ *trvi* hareket etmek; devam etmek; *trvt* araçla taşımak, araçla götürmek ***mit etw fortfahren*** (bir şeye) devam etmek
fortführen /'fortfü:rın/ *trvt* devam ettirmek, sürdürmek
Fortgang /'fortgang/ *m* ayrılma; devam; ilerleme, aşama (kaydetme)
fortgehen /'fortge:ın/ *trvi* gitmek, ayrılmak; devam etmek, sürmek, sürüp gitmek
fortgeschritten /'fortgışritın/ *s* ilerlemiş, ileri düzeyde ***eine fortgeschrittene Krankheit*** ilerlemiş bir hastalık ***die Fortgeschrittenen*** aşama kaydetmiş olanlar, ileri düzeye gelmiş olanlar
fortgesetzt /'fortgızetst/ *s* sürekli, ardıl, birbirini takip eden, müteselsil; *be* mütemadiyen, daima
fortjagen /'fortya:gın/ *trvt* (hayvan) kovmak; (kişi) kovmak, kapıdışarı etmek; *vi* (at) koşturarak götürmek
fortkommen /'fortkomın/ *trvi* ayrılmak; kaçmak; kaybolmak; geçinmek; ilerlemek, başarılı olmak; (bitki, hayvan) olmak, yetişmek
fortlaufen /'fortlaufın/ *trvi* kaçmak; sürmek, devam etmek
fortlaufend /'fortlaufınt/ *s* ardışık, birbirini izleyen; *be* mütemadiyen, sürekli, hiç durmadan ***fortlaufende Tadel*** sürekli azarlama, sürekli aşağılama
fortpflanzen /'fortpflantsın/ *trvt* üretmek, çoğaltmak; *fiz* yaymak, neşretmek ***sich fortpflanzen*** çoğalmak, üremek; *fiz* yayılmak; bulaşmak, sirayet etmek
Fortpflanzung /'fortpflantsung/ *f* üreme, çoğalma; yayılma
fortreißen /'fortraysın/ *trvt* koparmak; (sel, fırtına) alıp götürmek, sürüklemek; coşturmak, heyecanlandırmak ***sich fortreisen lassen*** kapılmak, kendini kaptırmak
fortschaffen /'fortşafın/ *trvt* ortadan kaldırmak, götürmek, elden çıkarmak
fortschreiten /'fortşraytın/ *trvi* ilerlemek, gelişmek, terakki etmek; (vakit) geçmek; çoğalmak
fortschreitend /'fortşraytınt/ *s* ilerleyen, artan
Fortschritt /'fortşrit/ *m* aşama, ilerleme ***Fortschritte machen*** ilerlemek, aşama kaydetmek
fortschrittlich /'fortşritlih/ *s* ilerici; gelişken; artan oranlı
fortsetzen /'fortzetsın/ *trvt* devam etmek, sürdürmek; (okul) sıra arkadaşından ayırmak ***sich fortsetzen*** arkası gelmek, sürmek
Fortsetzung /'fortzetsung/ *f* devam, sürdürme ***Fortsetzung folgt*** devamı var; sürecek
Fortsetzungsroman /'fortzetsungsroma:n/ *m* tefrika roman
fortwährend /'fortve:rınt/ *s* devamlı, sürekli, daimi; *be* mütemadiyen, daima
Forum /'fo:rum/ *n* forum, tartışma, platform; makam; çevre, muhit; antik Roma'da pazar yeri; meydan, alan ***ein Forum über etw*** (bir şey) konusunda açık tartışma, toplantı ***vor dem Forum der Geschichte*** tarih huzurunda
Fossil /fo'si:l/ *n* fosil ***Fossil werden*** fosilleşmek
fossil /fo'si:l/ *s* eski devirlere ait, fosil
Foto /'fo:to/ *n* fotoğraf, foto, resim
Fotoalbum /fo:to:album/ *n* fotoğraf albümü
Fotoapparat /'fo:to:apara:t/ *m* fotoğraf çekme makinesi
fotogen /fo:to'ge:n/ *s* fotojenik
Fotograf /fo:to'gra:f/ *m* fotoğrafçı; fotoğraf sanatçısı
Fotografie /'fo:togra'fi:/ *f* fotoğraf; foto, resim
fotografieren /fo:togra'fi:rın/ vt/vi *fot* fo-

F

toğraf çekmek ***jdn fotografieren*** *fot* (birisinin) fotoğrafını çekmek
Fotokopie /fo:toko'pi:/ *f* fotokopi
fotokopieren /fo:toko'pi:rın/ *vt* fotokopisini çıkarmak, fotokopisini çekmek, tıpkıbasımını yapmak
Fotokopierer /fo:toko'pi:rır/ *m* fotokopisini çeken
Fotomodell /'fo:tomodel/ *n* fotomodel
Fotomontage /'fo:tomonta:jı/ *f* fotomontaj
Fötus /'fö:tus/ *m biy* cenin, dölüt, embriyo
Foul /foul/ *n sp* faul, engelleme
foulen /foulın/ *vi sp* faul yapmak, engellemek
Foyer /fo'ye:/ *n* fuaye
Fracht /fra**h**t/ *f* yük, kargo; navlun, nakliye ücreti, taşıma bedeli; mal bedeli
Frachtbrief /'fra**h**tbri:f/ *m* nakliye senedi, taşıma senedi, yük senedi; irsaliye; *den* konşimento
Frachtdampfer /'fra**h**tdampfır/ *m* yük vapuru, şilep
Frachter /'fra**h**tır/ *m* yük gemisi, şilep; nakliyeci, nakliyatçı
frachtfrei /'fra**h**tfray/ *s* navlunsuz, nakil ücretinden muaf ***frachtfrei bis*** navlun ödenmiştir
Frachtführer /'fra**h**tfü:rır/ *m* nakliyeci, taşıyıcı, taşıyan, nakleden
Frachtgut /'fra**h**tgu:t/ *n* yük, yük eşyası, kargo
Frachtraum /'fra**h**traum/ *m* yük indirme bindirme yeri, yüklük
Frachtschiff /'fra**h**tşif/ *n* yük gemisi, nakliye gemisi, kargo gemisi, şilep
Frack /frak/ *m* frak
Frage /'fra:gı/ *f* soru, sual; sorun, problem, mesele; şüphe ***außer Frage sein*** söz konusu olmamak; şüphe götürmez olmak ***die Frage beantworten*** soruyu cevaplandırmak ***das ist die Frage*** işte sorun bu ***das ist keine Frage*** bu sorun değil; hiç şüphe yok, şüphesiz ***das ist eine Frage der Zeit*** bu, zaman meselesidir ***eine Frage stellen*** bir soru sormak, soru yöneltmek ***Frage und Antwort Methode*** soru ve cevap yöntemi ***in Frage kommen*** söz konusu olmak ***in Frage stehen*** şüpheli olmak ***in Frage stehend*** adı geçen, söz konusu ***in Frage stellen*** tehlikeye düşürmek ***in Frage ziehen*** şüphe etmek ***jdm eine Frage stellen*** (birisine) bir soru yöneltmek ***nicht in Frage kommen*** söz konusu olmamak ***ohne Frage*** şüphesiz, kuşkusuz
Fragebogen /'fra:gıbo:gın/ *m* anket, sormaca; soru kâğıdı; soru listesi
fragen /'fra:gın/ *vi* sormak, soru yöneltmek ***es fragt sich*** şüphelidir ***gefragt sein*** rağbet görmek ***jdn nach etw fragen*** (birisine bir şey) sormak ***jdn um Rat fragen*** (birisine) fikir danışmak ***jemand fragt nach Ihnen*** (birisi) sizi soruyor ***sich fragen*** merak etmek, kendi kendine sormak ***wenn ich fragen darf!*** sorması ayıp!
fragend /'fra:gınt/ *s* istifhamlı, soran
Fragesatz /'fra:gızats/ *m dilb* soru cümlesi
Fragestellung /'fra:gıştelung/ *f* sorulan soru
Fragezeichen /'fra:gıtsay**h**ın/ *n* soru işareti
fragil /fra'gi:l/ *s* ince narin, zarif
fraglich /'fra:kli**h**/ *s* merak konusu; şüpheli; kesin olmayan, müphem; söz konusu
fraglos /'fra:klo:s/ *s* şüphesiz, şüphe götürmez
Fragment /frak'ment/ *n* parça, fragman ***die Fragmente eines archäologischen Fundes*** arkeolojik bir buluntunun parçaları
fragwürdig /'fra:kvürdi**h**/ *s* kuşkulu, kuşku uyandıran, şüpheli, şüphe uyandıran
Fraktion /frak'tsyo:n/ *f* politik grup, fraksiyon; parti temsilcileri, parti gurubu
Fraktionsvorsitzende(r) /frak'tsyo:nsfo:rzitsındı(r)/ *f/m pol* meclis grup başkanı
Fraktur /frak'tu:r/ *f hek* kırık; (Almanya'da) kırık köşeli harflerden oluşan yazı tipi, fraktur ***mit jdm Fraktur reden*** (kırıcı olsa da) açık konuşmak, açıkça fikrini söylemek
Franke /'frankı/ *m* bir germen kavmi, Frank; Frenk, Avrupalı
frankieren /fran'ki:rın/ *vt* postalama ücretini vermek; mektubu pullamak ***den Brief frankieren*** mektubun posta parasını vermek, mektuba pul yapıştırmak
fränkisch /'frenkiş/ *s* Frank (kavmi ile ilgili)
Frankreich /'frankray**h**/ *tnz* Fransa
Franse /'franzı/ *f* saçak, püskül; (saç) kâkül
Franzose /fran'tso:zı/ *m* Fransız
Französin /fran'tsö:zin/ *f* Fransız (bayan)

F

Französisch /fran'tsö:ziş/ *n* Fransızca; *kon* erkek cinsel organının ağızla tahrik edilmesi

französisch /fran'tsö:ziş/ *s* Fransız ***die französische Revolution*** Fransız İhtilali

Fräse /'fre:zı/ *f* frese aleti

fräsen /'fre:zın/ *vt* freze etmek, kesmek

Fraß /fras/ *m* yem; *kon* zıkkım; *hek* rem, kemik çürümesi

Fratze /'fratsı/ *f* çirkin yüz, şeytani yüz, iğrenç yüz ***eine Fratze ziehen*** *kon* yüzünü ekşitmek, somurtmak ***Fratzen schneiden*** sırıtmak

Frau /frau/ *f* kadın, bayan, hanım; eş, karı; avrat ***biedere Frau*** kadıncağız ***Frau Meier!*** bayan Meier! ***meine Frau*** benim karım ***sich eine Frau nehmen*** karı almak

Frauenarzt /'frauınartst/ *m* kadın doktoru, jinekolog

Frauenbeauftragte(r) /'frauınbıauftra:gtı(r)/ *f/m* kadın (sorunları) görevlisi

Frauenbewegung /'frauınbıve:gung/ *f* feminizm, kadın hakları hareketi

frauenfeindlich /'frauınfayntlih/ *s* kadın karşıtı; kadın aleyhine

Frauenhaus /'frauınhaus/ *n* (şiddete maruz kalan) kadınlar evi, kadın sığınma yurdu; *esk* genelev

Frauenklinik /'frauınkli:nik/ *f* kadın kliniği

Frauenrechtlerin /'frauınrehtlırin/ *f* feminist kadın

Frauenzeitschrift /'frauıntsaytşrift/ *f* kadın dergisi

Fräulein /'froylayn/ *n* genç bayan, evlenmemiş bayan; küçükhanım, matmazel ***gnädiges Fräulein!*** saygıdeğer hanımefendi!

fraulich /'fraulih/ *s* kadınca, kadınsı, kadına özgü

frech /freh/ *s* küstah, utanmaz, yüzsüz, arlanmaz; göze batan; pervasız, gözü pek, korkusuz; kendini bilmez ***eine freche Kleidung*** göze batan giysi; atak, gözü kara ***frech lachen*** pis pis sırıtmak ***frech werden*** küstahlaşmak ***frech wie ein Rohrspatz*** oldukça küstah

Frechheit /'frehhayt/ *f* arsızlık, yüzsüzlük, küstahlık; şımarıklık; cüretkârlık

Fregatte /fre'gatı/ *f ask* firkateyn

frei /fray/ *s* serbest, boş; hür; özgür, bağımsız; müstakil; muaf; münhal; tutulmamış; -sız, -siz; bedava, ücretsiz; açık, engelsiz; çıplak, müstehcen, açık saçık; açıksözlü, samimi ***Angehörige freier Berufe*** serbest meslek erbabı ***auf freien Fuß setzen*** serbest bırakmak, salıvermek ***Eintritt frei*** giriş serbest, giriş ücretsiz ***etw frei zeichnen*** cetvel kullanmadan çizmek; akıldan çizmek ***ich bin frei*** boşum, serbestim, işim yok ***im Freien*** açık havada ***frei Bahn*** *tic* trende teslim ***frei an Bord*** *tic* gemide teslim ***frei Haus*** eve teslim ***frei heraus*** sakınmadan, çekinmeden ***frei Lager*** *tic* depoda teslim ***frei Lastkraftwagen*** *tic* kamyonda teslim ***frei nehmen*** (işyerinden) izin almak ***frei Schiff*** *tic* gemide teslim ***frei schwebender Kurs*** dalgalı döviz kuru, serbest döviz kuru ***frei Waggon*** *tic* trende teslim ***frei von Abgaben*** vergilerden muaf ***frei von Verantwortung*** sorumluluktan muaf ***freie Arbeit*** serbest iş, serbest çalışma ***freie Devisen*** serbest döviz ***freie Energie*** *tek* serbest enerji ***freie Form*** bağımsız biçim ***freie Lesung*** serbest okuma ***freie Rede*** irticalen konuşma, metinsiz konuşma ***freie Säure*** *kim* serbest asit ***freie Sicht*** görüş engeli olmayan, engelsiz görüş, açık görüş ***freie Stelle*** eleman açığı olan işyeri, açık iş ***freie Wirtschaft*** liberal ekonomi, serbest ekonomi ***freie Wohnung*** boş ev ***freie Zeit*** boş vakit ***freier Grundbesitz*** mülk, emlak ***freier Himmel*** açık hava ***freier Kurs*** *tic* serbest kur ***freier Markt*** *tic* serbest piyasa ***freier Mitarbeiter*** ücretli çalışan, parça başı çalışan ***freier Preis*** serbest fiyat ***freier Vokal*** *dilb* engelsiz ünlü ***freies Feld*** kırlık alan ***freies Gelände*** (boş) açık arazi ***freies Spiel*** serbest oyun ***freies Umlaufvermögen*** *tic* net işletme sermayesi ***freies Weltmeer*** açık deniz ***sein freier Herr sein*** başına buyruk olmak ***Taxi ist frei*** taksi boş, taksi serbest ***von Problemen frei*** problemsiz, sorunsuz

Freibad /'frayba:t/ *n* açık yüzme havuzu

freibekommen /'fraybıkomın/ *trvt* kurtarmak, özgür yapmak; *trvi* (işyerinden) izin almak, izinli olmak ***etw freibekommen*** (sıkışmış, takılmış bir şeyi) çıkarmak, kurtarmak

freiberuflich /'fraybıru:flih/ *s* serbest çalışan

Freibetrag /'fraybıtra:k/ *m* vergiden muaf (tutar)

freibleibend /'frayblaybınt/ *be* (söz, karar) bağlayıcı olmayan

Freidenker /'fraydenkır/ *m* özgür düşünceli, liberal; (kişi) bir dine ve felsefeye bağlı olmayan

Freifrau /'frayfrau/ *f* barones

Freigabe /'frayga:bı/ *f* serbest bırakma; tahliye; deblokaj

freigeben /'frayge:bın/ *trvt* serbest bırakmak, tahliye etmek; kamuya/kullanıma açmak; (resmi kurum) tatil etmek ***den Jagd freigeben*** av (mevsimini) açmak ***jdm freigeben*** (birisine) izin vermek

freihaben /'frayha:bın/ *trvi* izinli olmak

freihalten /'frayhaltın/ *trvt* masraflarını ödemek, hesabını ödemek ***Ausfahrt freihalten!*** çıkış yolunu boş bırakın!, önünü kapatmayın! ***etw freihalten*** (bir şey) serbest bulundurmak

Freihandel /'frayhandıl/ *m* serbest ticaret

Freihandelszone /'frayhandılstso:nı/ *f* serbest ticaret bölgesi

freihändig /'frayhendig/ *s* ellerini kullanmadan ***freihändiger Verkauf*** direkt satış; pazarlıklı satış

Freiheit /'frayhayt/ *f* özgürlük, hürriyet, serbestlik; bağımsızlık; *huk* muafiyet, ayrıcalık; imtiyaz ***Freiheit der Meere*** açık denizlerin serbestliği ***in Freiheit setzen*** serbest bırakmak, salıvermek ***jdn der Freiheit berauben*** (birisinin) özgürlüğünü kısıtlamak, elinden almak ***sich Freiheit nehmen etw zu tun*** (bir şey) yapmaya cesaret etmek

Freiheitsberaubung /'frayhaytsbıraubung/ *f* özgürlüğün kısıtlanması, hürriyete gasp

Freiheitsbewegung /'frayhaytsbıve:gung/ *f* bağımsızlık hareketi

Freiheitsentzug /'frayhaytsentsu:k/ *m* *huk* özgürlük kısıtlaması

Freiheitskampf /'frayhaytskampf/ *m* İstiklal Savaşı

freiheitsliebend /'frayhaytsli:bınt/ *s* liberal, özgürlükçü

Freiheitsstatue /'frayhaytsşta:tuı/ *f* (Amerika) Özgürlük Heykeli

Freiheitsstrafe /'frayhaytsştrafı/ *f* *huk* hapis cezası

Freiherr /'frayher/ *m* baron

Freikarte /'fraykartı/ *f* serbest giriş bileti, parasız bilet

Freikörperkultur /'fraykörpırkultu:r/ *f* çıplaklık kültürü, nüdizm

freilassen /'fraylasın/ *trvt* serbest bırakmak, tahliye etmek; boş (açık) tutmak

Freilassung /'fraylasung/ *f* serbest bırakma, tahliye; boş tutma, açık tutma

freilegen /'frayle:gın/ *trvt* kazarak açmak, kazıyla çıkarmak; yer açmak

Freilegung /'frayle:gung/ *f* kazarak açma, çıkarma

freilich /'fraylih/ *s* elbette, şüphesiz, tabii ki

Freilichtbühne /'fraylihtbü:nı/ *f* açık hava sahnesi

freimachen /'fraymahın/ *trvt* azat etmek; kurtarmak; açmak; (mektup) pul yapıştırmak, ücretini ödemek; çıkarmak; *kon* izinde olmak, izin kullanmak ***machen Sie den Oberkörper frei!*** giysinizin üstünü çıkarın ***machen Sie den Weg frei*** yolu açın, yol verin ***sich freimachen*** soyunmak; (iş, okul) izin almak

freimütig /'fraymü:tih/ *s* doğru, dobra, açık sözlü

Freimütigkeit /'fraymü:tihkayt/ *f* doğruluk, dobralık, açıksözlülük

freischaffend /'frayşafınt/ *s* serbest çalışan

freisprechen /'frayşprehın/ *trvt* *huk* beraatine karar vermek, aklamak ***freigesprochen werden*** aklanmak, beraat etmek

Freispruch /'frayşpruh/ *m* *huk* beraat, aklama; beraat kararı

freistehen /'frayşte:ın/ *trvi* (ev) boş olmak, kiralık (veya satılık) olmak; (birisinin) seçimine bırakılmış olmak ***es steht ihnen frei!*** size kalmış!

freistellen /'frayştelın/ *trvt* kararına bırakmak, seçimine bırakmak; muaf tutmak ***jdn von etw freistellen*** (birisini bir şeyden) muaf tutmak

Freistellung /'frayştelung/ *f* muafiyet; bağışıklık

Freistoß /'frayşto:s/ *m* *sp* (futbol) frikik atışı, serbest vuruş

Freitag /'frayta:k/ *m* cuma (günü)

freitags /'frayta:ks/ *be* cuma günleri

Freitod /'frayto:t/ *m* intihar ***den Freitod wählen*** intihar etmek

freiwillig /'frayvilih/ *s* kendi isteğiyle, isteğe bağlı, ihtiyari; gönüllü olarak ***freiwil-***

F

lige Strandung den (gemiyi) isteyerek karaya oturtma ***freiwillige Versicherung*** isteğe bağlı sigorta
Freiwillige(r) /'frayviligı(r)/ *f/m* gönüllü
Freiwilligkeit /'frayvilihkayt/ *f* isteğe bağlı olma
Freizeichen /'fraytsayhın/ *n* çevir sesi, çevir sinyali
Freizeit /'fraytsayt/ *f* paydos, boş zaman, serbest zaman, boş vakit
Freizeitbeschäftigung /'fraytsaytsbışeftigung/ *f* boş zaman uğraşı(sı)
freizügig /'fraytsü:gih/ *s* hareket serbestliği; eli açık, cömert; hoşgörülü, tolerans sahibi
Freizügigkeit /'fraytsü:gihkayt/ *f huk* serbest dolaşım ve ikamet hakkı; serbest seyahat hakkı; cömert olma; hoşgörülü olma
fremd /fremt/ *s* yabancı, el, elâlem; ecnebi; alışılmamış; bilinmeyen, tanınmayan; başkasına ait ***fremdes Gut*** başkasının malı ***Hass ist mir fremd*** nefret bana yabancı ***mit fremder Hilfe*** koltuk değneği yardımıyla ***ohne fremde Hilfe*** *tek* başına, yardım almadan ***vollkommen fremd*** yedi göbek yabancı
fremdartig /'fremta:rtih/ *s* garip, alışılmamış; yabancı gelen (şey)
Fremdartigkeit /'fremta:rtihkayt/ *f* gariplik, tuhaflık, alışılmamış olma
Fremde(r) /'fremdı(r)/ *f/m* yabancı, ecnebi
Fremdenführer /'fremdınfü:rır/ *m* turist rehberi
Fremdenheim /'fremdınhaym/ *n* pansiyon, otel-pansiyon
Fremdenlegion /'fremdınlegyo:n/ *f* yabancılar lejyonu
Fremdenverkehr /'fremdınferke:r/ *m* turizm
Fremdenzimmer /'fremdıntsimır/ *n* kiralık oda, kiralık pansiyon odası; misafir odası
Fremdfinanzierung /'fremtfinantsi:rung/ *f* dış finansman, dış mali kaynak
fremdgehen /'fremtge:ın/ *trvi kon* eşini aldatmak
Fremdherrschaft /'fremtherşaft/ *f* yabancı işgali, yabancı egemenliği
Fremdkapital /'fremtkapita:l/ *n tic* ödünç alınan sermaye; yabancı kaynak, yabancı sermaye
Fremdkörper /'fremtkörpır/ *m hek* yabancı madde
fremdländisch /'fremtlendiş/ *s* yabancı, yabancı ülkeye ait
Fremdsprache /'fremtşpra:hı/ *f* yabancı dil ***Fremdsprachenhochschule*** Yabancı Diller Yüksek Okulu
fremdsprachig /'fremtşpra:hih/ *s* yabancı dilde
Fremdwort /'fremtvort/ *n* yabancı sözcük
Fremdwörterbuch /'fremtvörtırbu:h/ *n* yabancı kelimeler sözlüğü
frenetisch /fre'ne:tiş/ *s* hararetli, şiddetli; çılgın, azgın, kuduruk; çok büyük
Frequenz /fre'kvents/ *f fiz* frekans; kalabalık, yoğunluk, sıklık; gidiş geliş; trafik, seyrüsefer ***starke Frequenz eines Ortes*** bir yerin kalabalığı
Frequenzbereich /fre'kventsbırayh/ *m* frekans alanı
Fresko /'fresko/ *n* fresk, duvar suluboyası
Fressen /'fresın/ *n* yem; yemek
fressen /'fresın/ *vt* (hayvan) yemek, yem yemek; *kon* (hayvan gibi) yemek, zıkkımlanmak; (asit vs.) aşındırmak, yemek; *kon* (otomobil için) yakıt harcamak, (yakıt) yutmak; (dert, keder) (için için) yemek; aşındırmak
Freude /'froydı/ *f* sevinç, neşe; hoşnutluk, memnuniyet; haz, zevk ***an etw Freude haben*** (bir şeyden) zevk almak ***es war mir eine große Freude*** çok memnun oldum ***jdm Freude bereiten*** sevindirmek ***jdm Freude machen*** (birisini) sevindirmek ***mit Freuden*** seve seve, severek ***sich vor Freude sein*** bayram etmek ***vor Freude*** sevinçten
Freudenfest /'froydınfest/ *n* eğlence, şenlik, bayram şenliği
Freudenhaus /'froydınhaus/ *n kon* genelev, randevu evi
Freudentaumel /'froydıntaumıl/ *m* sevinç çığlığı
freudig /'froydih/ *s* neşeli; sevinçli; sevinç verici
freudlos /'froytlo:s/ *s* neşesiz, tatsız; mutsuz; sıkıcı
Freudlosigkeit /'froytlo:zihkayt/ *f* tatsızlık; mutsuzluk; sıkıcı olma; sıkıntılı olma
freuen /'froyın/ *vt* sevindirmek, mutlu etmek ***es freut mich sehr*** çok memnun oldum ***sich über etw freuen*** olan bir şeyden dolayı sevinmek ***sich auf etw freuen*** olacak bir şeye sevinmek ***sich freuen*** sevinmek, mutlu olmak

Freund /froynt/ *m* dost, arkadaş, ahbap; (bir şeyi) seven, tutan, hoşlanan; yandaş, taraftar ***dicker Freund*** samimi dost, sıkı fıkı dost ***ein Freund der Musik sein*** müzik seven birisi olmak ***ein Freund von etw sein*** bir şeyi sevmek ***Freund des Fußballs*** futbol meraklısı ***Freund des Bräutigams*** sağdıç ***Freund in der Not*** kara gün dostu ***gute Freunde werden*** iyi dost olmak, kaynaşmak ***sich Freunde schaffen*** dost edinmek, çevre edinmek

Freundin /'froyndin/ *f* kız arkadaş, çıkılan kız, *kon* manita

freundlich /'froyntli**h**/ *s* dostça, dostane, nazik; sevimli, sempatik; sıcak, nazik; latif, hoş ***das ist sehr freundlich von Ihnen*** çok naziksiniz ***freundlich begrüßen*** içten selamlamak; iltifat etmek ***freundliche Grüße*** içten selamlar ***freundliche Worte*** tatlı dil ***freundliches Gesicht*** güler yüz ***jdn freundlich behandeln*** (birisine) dostça davranmak

Freundlichkeit /'froyntli**h**kayt/ *f* dostça davranış, dostane tavır; dostluk; naziklik

Freundschaft /'froyntşaft/ *f* dostluk, arkadaşlık, ahbaplık ***alte Freundschaft*** eski dostluk ***mit jdm Freundschaft schließen*** (birisiyle) dostluk kurmak, arkadaş olmak

freundschaftlich /'froyntşaftli**h**/ *s* dostane, dostça, arkadaşça, ahbapça; komşuluk ***freundschaftlich zusammenleben*** dostça yaşamak ***freundschaftliche Beziehungen*** dostane ilişkiler ***freundschaftliche Unterhaltung*** muhabbet, arkadaşça konuşma

Freundschaftsdienst /'froyntşaftsdi:nst/ *m* arkadaşlık yardımı, arkadaşlık yükümlülüğü ***Freundschaftsdienst erweisen*** dostluk göstermek

Freundschaftsvertrag /'froyntşaftsfertra:k/ *m* dostluk anlaşması

Frevel /'fre:fıl/ *m* cürüm, affedilmez suç; tanrıya hakaret; günah

frevelhaft /'fre:fıl**h**aft/ *s* alçakça, korkunç, kötü

Frevler /'fre:flır/ *m* cani; *kon* dinsiz imansız

Frieden /'fri:dın/ *m* barış; sulh; huzur, sükûnet, rahat; iyi geçinim; *ask* hazar ***Frieden schließen*** barış yapmak ***Frieden stiften*** arabuluculuk yapmak ***jdn in Frieden lassen*** *kon* (birisini) rahat bırakmak, sataşmamak ***Lass mich in Frieden!*** beni rahat bırak! ***mit jdm in Frieden leben*** (birisi ile) barış içinde yaşamak ***Ruhe in Frieden!*** Nur içinde yat! ***zum ewigen Frieden eingehen*** hakkın rahmetine kavuşmak

Friedensbedingungen /'fri:dınsbıdingungın/ *pl* barış koşulları, barış şartları

Friedensbewegung /'fri:dınsbıve:gung/ *f* barış hareketi; pasifizm

Friedensbruch /'fri:dınsbru**h**/ *m* barış ihlali

Friedenskonferenz /'fri:dınskonferents/ *f* barış konferansı

Friedensnobelpreis /fri:dınsno'belprays/ *m* Nobel Barış Ödülü

Friedenspolitik /'fri:dınspoliti:k/ *f* barış politikası, sulh politikası, barışçılık

Friedensschluss /'fri:dınsşlus/ *m* barış anlaşması, sulh akdi

Friedensverhandlungen /'fri:dınsfer**h**andlungın/ *pl* barış görüşmeleri

Friedensvertrag /'fri:dınsfertra:k/ *m* barış mukavelesi; barış antlaşması

friedfertig /'fri:dferti**h**/ *s* barışsever, barışçı; uysal, yumuşak başlı

Friedfertigkeit /'fri:dfterti**h**kayt/ *f* barışseverlik; uysallık

Friedhof /'fri:d**h**o:f/ *m* mezarlık, kabristan, *mec* tahtalıköy

friedlich /'fri:dli**h**/ *s* barışçı, kavgasız; uysal, yumuşak huylu; sakin; huzurlu ***auf friedlichem Wege*** barışçı yoldan, barışçı yolla ***friedlich schlafen*** huzur içinde uyumak ***friedliche Lösung*** barışçıl çözüm

frieren /'fri:rın/ *vi* üşümek, titremek, soğuktan gebermek; donmak ***es friert*** (hava) don yapıyor ***ich friere*** üşüyorum, donuyorum ***mich friert*** üşüyorum

Fries /fri:s/ *m mim* pervaz, süs kuşağı

Friesland /'fri:slant/ *n* Frizon ülkesi

frigide /fri'gi:dı/ *s* frijit, cinselliğe ilgisi olmayan kadın, cinsel yönden tahrik ve tatmin olamayan kadın

Frigidität /frigidi'te:t/ *f hek* cinsel isteksizlik, cinsel soğukluk, frijitlik

Frikadelle /frika'delı/ *f* köfte

Frikassee /frika'se:/ *n* bir çeşit yahni yemeği

frisch /friş/ *s* taze; temiz; yeni; zinde; serin; körpe, yeşil; günlük; neşeli, canlı, istekli; dinç, zinde ***frisch gestrichen!*** boyalı!, yeni boyanmış! ***frisch und gesund aussehend*** kanlı canlı ***frisch zu!*** ha gayret! ***frische Farben*** canlı renkler ***frische Ideen*** yeni fikirler ***frische Luft*** temiz hava ***frische Tat*** *huk* cürmü meşhut ***frische Wäsche*** temiz çamaşır ***frischer Wind*** serin rüzgâr ***frisches Brot*** taze ekmek ***ganz frisch*** çok taze, dumanı üstünde, taptaze ***ich fühle mich frisch*** kendimi zinde hissediyorum

F

Frische /'frişı/ *f* tazelik; yenilik; serinlik
Friseur /fri'zö:r/ *m* (erkek) berber, kuaför
Friseursalon /fri'zö:rzalon/ *m* kuaför salonu
Friseuse /fri'zö:zı/ *f* (kadın) berber
frisieren /fri'zi:rın/ *vt* saçını tarayıp düzeltmek; gerçekleri maskelemek, saptırmak; *kon* (motorlu araç) motoru güçlendirmek ***sich frisieren*** saçını toplamak
Frist /frist/ *f* süre, müddet, vade, mühlet; ecel ***die Frist verlängern*** süreyi uzatmak ***die Frist versäumen*** süreyi aşmak ***eine Frist einräumen*** süre vermek, mühlet vermek ***Frist bestimmen*** süre belirlemek ***Frist einhalten*** verilen süreye uymak ***Frist setzen*** mühlet koymak, zaman sınırlaması koymak ***Frist stellen*** süre belirlemek
fristen /'fristın/ *vt* zamanını doldurmak; ertelemek, tehir etmek; kıt kanaat geçinmek ***sein Leben fristen*** güçlük içinde yaşamak
fristgerecht /'fristgıreht/ *s* vadesinde, verilen sürede, süresinde; *huk* süresi dolduğu için
fristlos /'fristlo:s/ *s* süresiz; hemen, derhal ***fristlose Kündigung*** *huk* bildirimsiz işten çıkarma
Frisur /fri'zu:r/ *f* saç şekli, saç stili
fritieren /fri'ti:rın/ *vt* kızgın yağda kızartmak
frivol /fri'vo:l/ *s* açık saçık, muzır; ahlaksız; uçarı, havai, hoppa
Frivolität /frivoli'te:t/ *f* (hareket, söz) açık saçık olma
froh /fro:/ *s* sevinçli, memnun; hoş; mutlu, keyifli ***einer Sache froh werden*** (bir şeyden) zevk almak ***froh stimmen*** iç açmak ***frohe Botschaft*** müjde, mutlu haber; eğlenceli ***frohes Fest!*** Bayramınız kutlu olsun! ***frohes Gesicht*** mutlu yüz ifadesi ***ich wünsche Ihnen ein frohes Fest*** bayramınız kutlu olsun, bayramınızı kutlarım ***über etw froh sein*** (bir şeyden) memnun olma
fröhlich /'frö:lih/ *s* keyifli, neşeli, şen, mutlu, sevinçli ***einen fröhlichen Tag erleben*** felekten bir gün çalmak ***Fröhliche Weihnachten!*** Mutlu Noeller!
Fröhlichkeit /'frö:lihkayt/ *f* keyif, neşe, sevinç; gönül ferahlığı
frohlocken /fro'lokın/ *vi esk* sevinmek, sevinç göstermek, sevinç çığlığı atmak; *mec* kıçına kına yakmak
Frohnatur /'fro:natu:r/ *f* şen tabiatlı (kimse)
Frohsinn /'fro:zin/ *m* neşelilik, neşeli olma, sevinçlilik
fromm /from/ *s* dindar, dini bütün, inançlı; *kon* yobaz, kara sofu; (hayvan) sakin, uysal ***frommer Tat*** sevap ***fromme Werke*** hayrat; işlenmiş sevaplar ***fromme Werke tun*** sevap işlemek ***frommer Wunsch*** yerine getirilemez bir arzu
Frömmelei /fröma'lay/ *f* yobazlık, sahte dindarlık
frömmeln /'frömıln/ *vi* din sömürüsü yapmak, din ticareti yapmak, yobazlık yapmak
Frömmigkeit /'frömihkayt/ *f* dindarlık, dini bütünlük; takva; sofuluk
Fronarbeit /'fro:narbayt/ *f* angarya iş
Fronleichnam /fro:n'layhna:m/ *m* katolik yortusu
Front /front/ *f* ön taraf, cephe; (bina) ön cephe; *ask* cephe; hava dalgası; siyasi cephe, kamp, taraf ***an der Front*** *ask* cephede ***die Fronten haben sich verhärtet*** taraflar sertleşti ***gegen jdn Front machen*** (birisine) karşı cephe almak
Frontabschnitt /'frontapşnit/ *m ask* cephe bölgesi
frontal /fron'ta:l/ *s* karşılıklı; cepheden, karşıdan
Frontalzusammenstoß /fron'ta:ltsuzamınşto:s/ *m oto* önden çarpışma
Frontantrieb /'frontantri:p/ *m oto* önden çekiş
Frontlinie /'frontli:nyı/ *f ask* cephe hattı
Frosch /froş/ *m* oyunbozan; şahmerdan; *hayb* kurbağa ***ein Frosch im Hals ha-***

ben sesi kısılmak, sesi kısık olmak ***sei kein Frosch bitte!*** oyunbozanlık etme lütfen!

Froschperspektive /'froşperspekti:vı/ *f* : ***etw aus der Froschperspektive sehen*** *mec* dar kafalı olmak

Frost /frost/ *m* şiddetli soğuk, don

frostbeständig /'frostbıştendi**h**/ *s* dona dayanıklı

frösteln /'fröstıln/ *vi* donmak, soğuktan titremek ***es fröstelt*** (hava) don yapıyor

frostig /'frosti**h**/ *s* (dondurucu) soğuk; buzlu; (kişilik) soğuk nevale ***eine frostige Begrüßung*** soğuk bir selamlama

Frostschutzmittel /'frostşutsmitıl/ *n tek* antifiriz, donmayı önleyici madde

Frottee /fro'te:/ mn havlu kumaşı

frottieren /fro'ti:rın/ *vt* (havlu ile) kurulamak; keselemek; ovmak, masaj yapmak; *tek* ovmak ***sich frottieren*** keselenmek; (havlu ile) kurulanmak

Frucht /fru**h**t/ *f* meyve, yemiş; mahsul; semere, ürün, verim, randıman; netice, sonuç ***die Früchte der Bemühungen*** uğraşıların semeresi ***Früchte bringen*** mahsul vermek, meyve vermek ***verbotene Frucht*** (İncil) yasak meyve

fruchtbar /'fru**h**tba:r/ *s* verimli; doğurgan; (sanatçı, bilim adamı) üretken ***fruchtbar machen*** verimli hale getirmek ***fruchtbarer Regen*** faydalı yağmur

Fruchtbarkeit /'fru**h**tba:rkayt/ *f* verimlilik; doğurganlık; üretkenlik

Fruchtblatt /'fru**h**tblat/ *n bitk* meyveyaprak

Fruchtfleisch /'fru**h**tflayş/ *n* meyvenin etli olan kısmı, meyvenin yenen kısmı

fruchtig /'fru**h**ti**h**/ *s* meyve tadında; meyvemsi

Fruchtsaft /'fru**h**tzaft/ *m* meyve suyu; şurup, şerbet

Fruchtwasser /'fru**h**tvasır/ *n hek* embriyonun içinde bulunduğu sıvı, cenin suyu

früh /frü:/ *s* erken; vaktinden evvel; vakitsiz, zamansız; sabahleyin; (sebze, meyve) turfanda ***am frühen Morgen*** sabah erkenden ***früh aufstehen*** erken kalkmak ***früh morgens*** sabah erkenden ***frühe Kindheit*** bebeklik, çocukluk ***gestern früh*** dün sabah ***heute früh*** bu sabah ***von früh bis spät*** sabahtan akşama kadar ***zu früh*** vaktinden önce ***zu früh zur Welt kommen*** erken doğmak

Frühaufsteher /'frü:aufşte:ır/ *m* sabahları erken kalkan kimse

Frühe /'frü:ı/ *f* sabah, fecir, şafak; gün ağarması ***in aller Frühe*** erkenden ***in der Frühe*** sabahleyin

früher /'frü:ır/ *s* daha erken; ondan önce; evvelce; eskiden, önceleri; evvelki, önceki, sabık, geçmiş ***eine Woche früher*** bir hafta önce ***früher oder später*** er veya geç ***früher war das Leben schöner*** yaşam eskiden daha güzeldi ***im Vergleich zu früher*** eskisine oranla ***in früheren Zeiten*** evvelden, eskiden ***je früher desto besser*** ne kadar erken ise o kadar iyidir ***wie früher*** eskisi gibi

Früherkennung /'frü:erkenung/ *f hek* erken teşhis

frühestens /'frü:ıstıns/ *adl* en erken ***er kommt frühestens um 8 Uhr*** en erken 8'de gelir

Frühgeburt /'frü:gıburt/ *n hek* erken doğum

Frühgeschichte /'frü:gışi**h**tı/ *f* ilk çağ

Frühjahr /'frü:ya:r/ *n* ilkbahar

Frühling /'frü:ling/ *m* ilkbahar

Frühlingsrolle /'frü:lingsrolı/ *f* Çin usulü sebzeli börek

frühmorgens /frü:'morgıns/ *s* erkenden, şafakla beraber

frühreif /'frü:rayf/ *s* (sebze, meyve) turfanda; *kon* büyümüş de küçülmüş

Frührentner /'frü:rentnır/ *m* erken emekli

Frühschicht /'frü:şi**h**t/ *f* sabah vardiyası

Frühstadium /'frü:şta:dyum/ *n* ilk safha, ilk evre

Frühstück /'frü:ştük/ *n* kahvaltı ***beim Frühstück*** kahvaltı esnasında, kahvaltıda ***zum Frühstück*** kahvaltıda ***zum Frühstück einladen*** kahvaltıya davet etmek

frühstücken /'frü:ştükın/ *vi* kahvaltı etmek, kahvaltı yapmak

Frühwarnsystem /'frü:varnzüste:m/ *n ask* erken uyarı sistemi

frühzeitig /'frü:tsayti**h**/ *s* erken; erkenden; vakitsiz; vaktinden önce

Frust /frust/ *m* mutsuzluk, moral bozukluğu, öfke

Frustration /frustra'tsyo:n/ *f* moral bozukluğu; moralini bozma, mutsuz etme; hayal kırıklığı, düş kırıklığı

frustrieren /frus'tri:rın/ *vt* moralini bozmak; depresyona sokmak; kızdırmak; hayal kırıklığına uğratmak; önlemek,

F

engellemek

Fuchs /fuks/ *m hayb* tilki; *kon* (tilki gibi) kurnaz; doru renkli at; üniversite birinci sömestre öğrencisi ***ein alter Fuchs*** *mec* eski kurt, yaşlı kurt

fuchsrot /'fuksro:t/ *s* (tilki kürkü rengi) kızıl

Fuchsschwanz /'fuksşvants/ *m* tilki kuyruğu; (kalın gövdeli) bir çeşit testere; *bitk* kadife çiçeği

F

Fuchtel /'fu**h**tıl/ *f* kontrol, yönetme, idare ***unter jds Fuchtel stehen*** (birisinin) hegemonyası altında yaşamak, (birisinin) etkisi altında olmak

fuchteln /'fu**h**tıln/ *vi kon* (bir şeyi) havada sallamak ***mit Armen fuchteln*** ellerini kollarını sallamak ***mit etw fuchteln*** bir şeyi havada sallamak

Fuge /'fu:gı/ *f* ek yeri, aralık; kavşak ***aus den Fugen gehen*** dağılmak; bozulmak, çığrından çıkmak

fügen /'fü:gın/ *vt* eklemek, bağlamak; iliştirmek; tamamlamak; monte etmek ***sich einer Sache fügen*** (bir şeye) uymak ***sich fügen*** itaat etmek, boyun eğmek, söz dinlemek

fügsam /'fü:kza:m/ *s* uysal, itaatli, yumuşak başlı

Fügung /'fü:gung/ *f* kader, alın yazısı

fühlbar /'fü:lba:r/ *s* hissedilebilir, fark edilebilir ***eine fühlbare Verbesserung*** hissedilir bir düzelme ***sich fühlbar machen*** kendini hissettirmek

fühlen /'fü:lın/ *vt* duymak, hissetmek; sezmek, sezinlemek; el değdirmek, elle dokunmak ***etw zu fühlen bekommen*** tadına bakmak ***ich fühlte den kommenden Streit*** kavga olacağını sezinlemiştim ***jdm den Puls fühlen*** (birisinin) nabzına bakmak ***mit jdm fühlen*** (birisinin) duygularına katılmak, (birisinin) duygularını paylaşmak ***mit den Händen fühlen*** el yordamıyla, dokunarak hissetmek; elle dokunmak ***sich fremd fühlen*** yabancılık çekmek, kendini yabancı hissetmek ***sich glücklich fühlen*** kendini mutlu hissetmek ***sich verletzt fühlen*** gücenmek, alınmak ***wie fühlen Sie sich?*** nasılsınız, kendinizi nasıl hissediyorsunuz?

Fühler /'fü:lır/ *m hayb* duyarga, anten

Fühlung /'fü:lung/ *f* ilişki, kontak, temas ***die Fühlung mit jdm verlieren*** (birisi) ile teması kaybetmek ***Fühlung aufnehmen*** temasa geçmek, kontak kurmak ***mit jdm in Fühlung stehen*** (birisi) ile ilişkide olmak, (birisi) ile temasta bulunmak ***mit jdm Fühlung nehmen*** (birisi) ile temasa girmek

führen /'fü:rın/ *vt* sevk etmek, idare etmek, yönetmek, yol göstermek; önderlik etmek, kumanda etmek; getirmek; götürmek, sürmek; taşımak, nakletmek; mal satmak; (dil) kullanmak; *sp* birinci olmak, önde olmak; (hayat) sürdürmek, yaşamak; gezdirmek, dolaştırmak; ispat etmek; (muhasebe) defter tutmak, kaydetmek; *ask* harp etmek ***Buch führen*** muhasebe defteri tutmak ***das führt zu nichts*** (bir şey) getirmez, bunun faydası yok ***die Korrespondenz führen*** yazışma yapmak ***die Straße führt zum Bahnhof*** cadde istasyona çıkar ***ein Amt führen*** bir makamı yönetmek ***ein Gespräch führen*** bir görüşme yapmak ***ein glückliches Leben führen*** mutlu bir yaşam sürmek ***ein Prozess führen*** mahkemeye vermek ***eine Mauer um den Garten führen*** bahçeyi duvarla çevirmek ***Fahrzeug führen*** taşıt kullanmak (sürmek) ***jdn führen*** (birisine) yol göstermek ***mit bei sich führen*** taşımak, yanında bulundurmak ***sich gut führen*** iyi davranmak, güler yüz göstermek ***sich führen*** davranmak, tavır göstermek, hareket etmek ***Titel führen*** unvan taşımak ***wozu soll das führen?*** sonu ne olacak? ***zu etw führen*** (bir şeye) sebep olmak, (bir şeye) yol açmak

Führer /'fü:rır/ *m* sürücü, şoför; makinist; vatman; pilot; kılavuz, rehber, mihmandar; yönetici, idareci; lider, önder, reis, baş; *ask* komutan; *sp* kaptan ***Führer sein*** lider olmak, baş olmak

führerlos /'fü:rırlo:s/ *s* başsız, idarecisiz

Führerschein /'fü:rırşayn/ *m* sürücü belgesi, ehliyet

Führerscheinentzug /'fü:rırşaynentsu:k/ *m* ehliyete el konması

Fuhrpark /'fu:rpark/ *m* (firmaya ait) tüm taşıtlar, arabalar; araba parkı

Führung /'fü:rung/ *f* yönetim; sevk, sevk ve idare; kılavuzluk, rehberlik, mihmandarlık, önderlik; kumanda, önderlik; güdüm; idare; getirme, götürme; taşıma, nakil; kullanma; taşıma; satma; yapma, yerine getirme; tutma; temin; sürme; yatak, kızak; davranış, hal, tavır; *ask* ko-

mutanlık, komuta; *tek* yatak, kızak; *pol* iktidar, iktidar mevkii ***gute Führung*** iyi niyetlilik ***in Führung gehen*** *sp* öne geçmek
Führungskraft /'fü:rungskraft/ *f* eko yönetici eleman
Führungsstil /'fü:rungsşti:l/ *m* yönetim tarzı
Führungszeugnis /'fü:rungstsoyknis/ *n* (polis ya da savcılıktan) iyi hal belgesi, temiz kâğıdı
Fuhrunternehmen /'fu:runtırne:mın/ *n* taşımacılık firması, nakliye şirketi
Fuhrwerk /'fu:rverk/ *n* atlı (yük) arabası
Fülle /'fülı/ *f* bolluk, çokluk; dolgunluk, yoğunluk; tıknazlık, kilolu olma ***eine Fülle von ...*** bir sürü, birçok ... ***etw in Hülle und Fülle haben*** (bir şeye) çok bol miktarda sahip olmak
füllen /'fülın/ *vt* doldurmak; şişirmek; dolma yapmak ***etw in etw füllen*** (bir şeyi) (bir şeye) doldurmak ***mit etw füllen*** (bir şeyle) doldurmak ***sich füllen*** dolmak
Füllfederhalter /'fülfe:dırhaltır/ *m* dolmakalem
Füllmaterial /'fülmaterya:l/ *n* dolgu malzemesi; doldurma; dolma yemeği içi
Füllung /'fülung/ *f* doldurma; dolma, dolgu; (yemek) dolma harcı; pano; *hek* (diş) dolgu; *ask* barut hakkı
fulminant /fulmi'nant/ *s* parlak; olağanüstü; ateşli; cafcaflı, debdebeli
fummeln /'fumıln/ *vi kon* kurcalamak, (orasını burasını) karıştırmak, ellemek ***mit jdm fummeln*** sevişmek, okşaşmak
Fund /funt/ *m* buluntu, bulunmuş şey; *huk* lukata ***archäologische Funde*** arkeolojik buluntular ***einen Fund machen*** (bir şey) bulmak
Fundament /funda'ment/ *n mim* temel, kaide; esas, temel, kök ***Fundament legen*** temel atmak
fundamental /fundamen'ta:l/ *s* temelden, kökten, asıl, esas, önemli, ciddi ***fundamentale Rechte*** *huk* temel haklar, kişilik hakları
Fundamentalist /fundamenta'list/ *m* kökten dinci, fundamentalist
Fundbüro /'funtbüro:/ *n* kayıp eşya bürosu
Fundgrube /'funtgru:bı/ *f* kaynak; maden yatağı
fundiert /fun'di:rt/ *s* esaslı, mükemmel; temeli olan, dayanağı olan, sağlam ***fundierte Kentnisse*** esaslı bilgi ***fundierte Schuld*** *tic* uzun vadeli borç
fündig /'fündih/ : ***fündig werden*** bulmak
Fundort /'fundart/ *m* (bir şeyin) bulunduğu yer, buluntu yeri
Fundus /'fundus/ *m tiy* donanım, dekor, kostüm; *kon* (sahip olunan) tüm deneyim, bilgi; elde olan olanak; mevcut; esas; *tic* sermaye, fon
fünf /fünf/ *s* beş
Fünfeck /'fünfek/ *n mat* beşgen, pentagon
fünftens /'fünftıns/ *be* beşinci olarak
fünfzehn /'fünftse:n/ *s* on beş
fünfzig /'fünftsih/ *s* elli
Fünfziger /'fünftsigır/ *m* ellilik
fungieren /fug'gi:rın/ *vi* görev yapmak ***als etw fungieren*** (bir şey) sıfatıyla görev yapmak, hareket etmek
Funk /funk/ *m* telsiz; telsiz telgraf; radyo
Funkanlage /'funkanla:gı/ *f* telsiz istasyonu
Funke /'funkı/ *m* kıvılcım; çakım, çakın ***Funken sprühen*** kıvılcım saçmak
funkeln /'funkıln/ *vi* parıldamak, pırıldamak, ışıldamak
funken /'funkın/ *vt* telsizle bildirmek; (telsiz, radyo vs.) yayın yapmak; *vi* ateş çıkarmak, kıvılcım çıkarmak ***es hat (zwischen den Beiden) gefunkt*** (birbirlerine) âşık oldular
Funker /'funkır/ *m* telsizci
Funkgerät /'funkgıre:t/ *n* telsiz, telsiz aleti
Funkspruch /'funkşpruh/ *m* radyo ile duyurulan haber, bilgi
Funkstille /'funkştilı/ *f* telsiz susması
Funkstreife /'funkştrayfı/ *f* telsizli devriye arabası
Funktaxi /'funktaksi/ *n* telsizli taksi
Funktion /funk'tsyo:n/ *f* işlev, fonksiyon, görev, iş, vazife; rol; memuriyet; mevki; *mat* fonksiyon
Funktionär /funktsyo'ne:r/ *m* görevli; memur; *pol* parti yetkilisi
funktionell /funktsyo'nel/ *s* işlevsel, fonksiyonel ***funktionelle Erziehung*** fonksiyonel eğitim, işlevsel eğitim ***funktionelle Gruppe*** fonksiyonel grup, işlevsel grup ***funktionelle Linguistik*** işlevsel dilbilim ***funktionelle Operation*** mantıksal işlem ***funktioneller Entwurf*** fonksiyonel tasarım, işlevsel dizayn ***funktionelles Programm*** işlevsel program

F

funktionieren /funktyo'ni:rın/ *vi* görevini yapmak; (alet, makine) işlemek, çalışmak; (plan) tutmak, yürümek ***es funktioniert nicht!*** (cihaz) bozuk!, çalışmıyor! ***gut funktionieren*** (cihaz) tıkır tıkır çalışmak

funktionstüchtig /funk'tsyo:nstü**h**ti**h**/ *s* çalışır durumda, bozuk olmayan

F

Funkturm /'funkturm/ *m* yayın kulesi; alıcı kule, verici kule

Funkverkehr /'funkferke:r/ *m* telsiz iletişimi, telsiz haberleşmesi

für /fü:r/ *ilg* için; lehine; taraftar ***für alle Zeit*** daima, ebediyen, hiç durmadan ***für dich*** senin için, senin natırın için ***für erklären*** *huk* hükümsüz kılmak ***für erste*** şimdilik, evvela ***für etw sein*** (bir şeye) taraftar olmak ***für etw stimmen*** lehte oy kullanmak ***für Geld*** para karşılığında, para için ***für immer*** daima, ebediyen, temelli, sürekli ***für jdn sein*** (birisinin) tarafında olmak, (birisini) tutmak ***für mich*** benim için, benim hatırım için ***für rechtsgültig erklären*** geçerli kılmak ***für sich*** kendi kendine ***Für und Wider*** lehte ve aleyhte ***für uns*** bizim için, bizim hatırımız için ***Jahr für Jahr*** yıldan yıla ***Schritt für Schritt*** adım adım ***Stück für Stück*** birer birer ***Telefon für dich!*** telefon sana! ***was für ein*** nasıl; ne

Fürbitte /'fü:rbitı/ *f* dua, dilek; başkası için ricada bulunma ***für jdn Fürbitte einlegen*** (birisi) için dua etmek

Furche /'furhı/ *f* (tarla) evlek; (yüz) kırışıklık; sütun yivi; araç izi; *hek* mizabe

Furcht /furht/ *f* korku, ürküntü, endişe, tasa, kaygı, merak; perva ***aus Furcht vor ...*** ... korkusuyla ***in Furcht sein*** korkmak, korkuya kapılmak ***in Furcht versetzen*** korkutmak ***Furcht vor Strafe*** ceza alma korkusu ***ohne Furcht*** korkusuzca; pervasızca

furchtbar /'furhtba:r/ *s* korkunç, feci, dehşetli; acıklı; ziyadesiyle, son derece ***furchtbare Hitze*** aşırı sıcaklar

fürchten /'fürhtın/ *vt* korkmak, ürkmek, endişe etmek ***sich fürchten*** korku duymak ***sich vor jdm fürchten*** (birisinden) korkmak

fürchterlich /'fürhtırlih/ *s* korkunç, feci; çok büyük, kocaman

furchtlos /'furhtlo:s/ *s* korkusuz; cesur, yürekli, korku bilmez, yılmaz; pervasız

furchtsam /'furhtza:m/ *s* korkak, ödlek, tabansız, ürkek

füreinander /fü:ray'nandır/ *bağ* biri diğeri için

Furie /'fu:ryı/ *f* intikam; (mitoloji) intikam tanrıçası, intikam meleği; *kon* cadaloz kadın

furios /fu'ryo:s/ *s* öfkeli, hiddetli

Furnierholz /fur'ni:rholts/ *n* kaplama kerestesi, kontrplak tahta

Furore /fu'ro:rı/ *f* olay, sansasyon ***Furore machen*** olay yaratmak

Fürsorge /'fü:rzorgı/ *f* yardım, sosyal yardım; bakım, hizmet; bakma, üzerine titreme ***soziale Fürsorge*** sosyal yardım

Fürsorgeamt /'fü:rzorgıamt/ *n* sosyal yardım memuru

fürsorglich /'fü:rzorglih/ *s* merhametli, dikkatli, şefkatli

Fürsprache /'fü:rşpra:hı/ *f* dua, dilek; lehte konuşma

Fürsprecher /'fü:rşprehır/ *m* lehte olan (kişi), şefaatçi; sözcü

Fürst /fürst/ *m* soylu; hükümdar, prens, derebeyi, bey

Fürstentum /'fürstıntu:m/ *n* prenslik, beylik, derebeylik

fürstlich /'fürstlih/ *s* prense ait; prense layık; asil, kibar

Furunkel /fu'runkıl/ *m hek* kan çıbanı

Fürwort /'fü:rvort/ *n dilb* zamir, adıl

Fusion /fu'zyo:n/ *f tic* (şirket) birleşme; *fiz* kaynaşma, füzyon; *biy* (hücreler) iç içe geçme

fusionieren /fuzyo'ni:rın/ *vt* (şirket) birleştirmek; kaynaşmak ***sich fusionieren*** birleşmek

Fuß /fu:s/ *m* ayak; (dağ) etek; (inşaat) dip, temel, taban; *den* topuk ***auf eigenen Füßen stehen*** kimseye muhtaç olmamak ***auf freien Fuß setzen*** serbest bırakmak, tahliye etmek, salıvermek ***auf großem Fuß leben*** bol keseden yaşamak, çok para harcamak ***auf gutem Fuß stehen*** araları iyi olmak ***das hat Hand und Fuß*** bu akla çok yakın, mantıklı ***den Fuß setzen auf etw*** (bir şeye) ayak basmak ***festen Fuß fassen*** *kon* dikiş tutturmak ***Fuß fassen*** yerleşmek ***jdm auf dem Fuße folgen*** (birisini) yakından takip etmek ***jdm zu Füßen fallen*** (birisinin) ayaklarına kapanmak ***mit Füßen treten*** çiğnemek, ayaklar altına almak ***stehenden Fußes***

derhal, hemen ***von Kopf bis zu den Füßen*** tepeden tırnağa ***zu Fuß (gehen)*** yaya (gitmek)
Fußabstreifer /'fu:sapştrayfır/ *m* kapı paspası
Fußball /'fu:sbal/ *m sp* futbol; futbol topu ***Fußball spielen*** *sp* futbol oynamak
Fußballfeld /'fu:sbalfelt/ *n sp* futbol sahası
Fußballmannschaft /'fu:sbalmanşaft/ *f sp* futbol takımı
Fußballspiel /'fu:sbalşpi:l/ *n sp* futbol oyunu; futbol maçı
Fußballspieler/Fußballspielerin /'fu:sbalşpi:lır/in/ *m/f sp* futbolcu, futbol oyuncusu
Fußboden /'fu:sbo:dın/ *m* döşeme, yer, taban
Fussel /'fusıl/ *m* (giysiye takılmış) iplik parçası, tüy vs.
Fußgänger /'fu:sgengır/ *m* yaya; *ask* piyade
Fußgängerampel /'fu:sgengırampıl/ *f* ışıklı yaya geçidi
Fußgängerzone /'fu:sgengırtso:nı/ *f* (araca kapalı) yaya bölgesi
Fußgelenk /'fu:sgılenk/ *n* ayak bileği, ayak mafsalı
Fußmarsch /'fu:smarş/ *m* yürüyüş
Fußnote /'fu:sno:tı/ *f* dipnot, haşiye
Fußpflege /'fu:spfle:gı/ *f* ayak bakımı, pedikür
Fußpilz /'fu:spilts/ *m hek* ayak mantarı
Fußsohle /'fu:szo:lı/ *f* ayak tabanı
Fußspur /'fu:sşpu:r/ *f* ayak izi
Fußtritt /'fu:strit/ *m* tekme, tepik; ayaklık ***einen Fußtritt bekommen*** tekme yemek ***einen Fußtritt versetzen*** tekme atmak ***jdm Fußtritte geben*** (birisine) tekme atmak
Fußvolk /'fu:sfolk/ *n esk* piyade askeri; sokaktaki adam, halk
Fußweg /'fu:sve:k/ *m* patika, patika yol; yaya yolu
Futter /'futır/ *n* yem, hayvan yemi; (giysi) astar, iç kaplama; *tek* iç kaplama
Futteral /'futıra:l/ *n* zarf, kılıf, kın, kutu, kap
füttern /'fütırn/ *vt* (hayvan) yem vermek, beslemek; (bebek) mama vermek; (giysi) astarlamak; *tek* içini kaplamak ***ein Computer füttern*** *biliş* bilgisayara data yüklemek ***ein Kleid füttern*** bir giysiyi astarlamak
Futterneid /'futırnayd/ *m* hayvanın yemini koruması, kıskanması; *kon* çekememezlik, haset
Fütterung /'fütırung/ *f* (hayvan) yemleme, yem verme, besleme; astarlama
Futur /fu'tu:r/ *n dilb* gelecek zaman
futuristisch /futu'rtstiş/ *s* fütürist

G

Gabe /'ga:bı/ *f* armağan, hediye; bahşiş; hibe, bağış, ihsan; nimet; yetenek, kabiliyet; Allah vergisi; (ilaç) doz
Gabel /'ga:bıl/ *m* çatal; yaba, diren ***bei Gabel und Messer*** çatal bıçak
Gabelstapler /'ga:bılşta:plır/ *m* forklift, istif arabası
Gabelung /'ga:bılung/ *f* (yol, nehir) ayrım, çatallanma, çatallaşma
gaffen /'gafın/ *vi* (ağzını açıp şaşkın şaşkın) bakmak; bir kaza yerini merakla seyretmek
Gaffer /'gafır/ *m* (şaşkın şaşkın) bakan; bir kaza yerini merakla seyreden
Gag /gag/ *m* espri, esprili söz; sürpriz
Gage /'ga:jı/ *f* (sanatçı) ücret, yevmiye; aylık, maaş
gähnen /'ge:nın/ *vi* esnemek; (yarık vs.) açılmak
galant /ga'lant/ *s* (kadınlara karşı) kibar, nazik; kibarca, nazikâne ***galantes Abenteuer*** aşk macerası
Galavorstellung /'ga:lafo:rştelung/ *f* gala, gala gösterimi
Galeere /ga'le:rı/ *f den* kadırga
Galerie /gale'ri:/ *f* galeri, sergi salonu; geçit, koridor; *den* balkon; (cami) şerefe ***eine ganze Galerie von etw haben*** *kon* (bir şeyden) bir sürü bulundurmak, sahip olmak
Galgen /'galgın/ *m* darağacı, idam sehpası ***an den Galgen kommen*** asılmak ***jdn an den Galgen bringen*** (birisini) astırmak
Galgenfrist /'galgınfrist/ *f* son mühlet; (kötü bir şey) gerçekleşmeden önceki süre
Galgenhumor /'galgınhumo:r/ *m* zoraki espri
Galgenvogel /'galgınfo:gıl/ *m kon* cani; *kon* afacan, yaramaz
Galle /'galı/ *f hek* safra, öd, öd suyu ***die Galle hochkommen*** *kon* öfkeden kö-

pürmek
Gallenblase /'galınbla:zı/ *f hek* safra kesesi; sanat eseri sergi salonu
Gallenleiden /'galınlaydın/ *n hek* safra kesesi hastalığı
Gallenstein /'galınştayn/ *m hek* safra kesesi taşı
gallertartig /'galerta:rtih/ *s* jelatinimsi, jelatin gibi
Galopp /ga'lop/ *m* dörtnal; çok hızlı, çabucak; *müz* galop ***das Pferd in Galopp setzen*** atı dörtnala koşturmak ***Galopp reiten*** (at) dörtnala koşturmak ***im Galopp*** dörtnala; *kon* çarçabuk, hemencecik
galoppieren /galop'pi:rın/ *vi* (atla) dörtnala gitmek; galop dansı etmek ***galoppierende Inflation*** hiperenflasyon
Galvanisation /galvaniza'tsyo:n/ *f* galvanizleme
galvanisieren /galvani'zi:rın/ *vt* galvanizlemek
Gammler /'gamlır/ *m kon* işsiz, evsiz barksız; aylak; haylaz
gang /gang/ : ***gang und gäbe*** sıradan, alelade, mutat
Gang /gang/ *f* çete; *m* gidiş, yürüyüş, hareket; (olay) oluş, gelişim, cereyan etme; (iş) yürüme; (alet, makine) çalışma, işleme; izleme; koridor, geçit, yol, kanal; gidişat; süreç, oluşum; (yemek) çeşit; (vida) yuva; *oto* vites; *mad* maden damarı; *sp* (boks) raunt ***einen Gang einschalten*** *oto* vitese takmak ***im Gange sein*** olmak, cereyan etmek ***in Gang bringen*** işletmek ***in Gang kommen*** harekete geçmek ***in Gang sein*** işler halde olmak; cereyan etmek ***in Gang setzen*** harekete geçirmek; (makine, alet) çalıştırmak ***in vollem Gang*** son hızla, tam hızıyla ***schnellere Gang anschlagen*** yürüyüşünü hızlandırmak
Gangart /'ganga:rt/ *f* yürüyüş şekli, yürüyüş tarzı; gidiş tarzı; davranış şekli, muamele
gangbar /'gangba:r/ *s* geçilir, gidilir, geçit veren (dağ, yol vs); (mal) satılabilir; (para) geçer, rayiçte
Gängelband /'gengılbant/ *n* (bebek) yürüteç ***jdn am Gängelband haben*** (birisini) idare etmek
gängeln /'gengıln/ *vt* çocuk gibi idare etmek, tahakküm altında tutmak
gängig /'gengih/ *s* yaygın, alışılagelmiş; sık bulunan; (mal) piyasada bulunan; geçerli, mutat
Gangschaltung /'gangşaltung/ *f tek* şanzuman; vites kolu
Gangster /'gengstır/ *m* gangster
Ganove /ga'no:vı/ *f* gangster; hırsız, dolandırıcı
Gans /gans/ *f hayb* kaz ***dumme Gans!*** *kon* ahmak, aptal kadın
Gänseblümchen /'genzıblü:mhın/ *n bitk* kır papatyası
Gänsebraten /'genzıbra:tın/ *m* kaz (eti) kızartması
Gänsefüßchen /'genzıfü:shın/ *pl kon* tırnak (işareti)
Gänsehaut /'genzıhaut/ *f* kaz derisi ***Gänsehaut bekommen*** tüyleri diken diken olmak
Gänseleberpastete /'genzıle:bırpaste:tı/ *f* kaz ciğeri ezmesi
Gänsemarsch /'genzımarş/ *m* arka arkaya, sıra ile ***im Gänsemarsch*** *ask* kol nizamında
Gänserich /'genzırih/ *m hayb* erkek kaz
Gänseschmalz /'genzışmalts/ *n* kazyağı
ganz /gants/ *s* tüm, bütün; tamam, tam, eksiksiz, tekmil; tipik; iyi; bütün; sağlam; *be* tamamen, tamamıyla, büsbütün; oldukça, pek, çok ***das Buch ist ganz*** kitap tam, eksiksiz ***das ganze Jahr*** tüm yıl boyunca ***das ganze Land*** bütün ülke, tüm ülke ***das ganze Volk*** tüm halk ***ein ganzes Brot*** bir bütün ekmek ***ganze Zahl*** *mat* tamsayı ***ganzes Leben*** tüm hayat (boyunca) ***ich hatte (es) ganz vergessen*** (onu) tamamen unutmuştum ***ganz anders*** bambaşka ***ganz genau*** tamı tamına ***ganz gut*** oldukça iyi ***ganz leer*** bomboş ***ganz nass*** sırılsıklam ***ganz richtig*** peki, tamam, pekâlâ ***ganz Soldat*** tamamıyla (bir) asker ***ganz und gar*** tamamen, tümüyle; tıpatıp ***ganz und gar nicht*** asla, katiyen ***ganz voll*** dopdolu ***ganz wenig*** çok az, pek az ***im Ganzen*** hepsini; toptan ***im Großen und Ganzen*** tümü göze alındığında ***nicht ganze zwei Kilo*** 2 kilodan biraz az ***von ganzem Herzen*** candan, (tamamen) kalpten, içten
Ganzheit /'gantshayt/ *f* bütünlük, bölünmezlik; tümlük
ganzheitlich /'gantshaytlih/ *s* bütünsel; *be* bütün olarak
ganzjährig /'gantsye:rih/ *s* (tüm) yıl boyu,

yıl boyunca; tam yıl ***das Hotel ist ganzjährig offen*** otel yıl boyu açık

gänzlich /'gentslih/ *s* tam; tamamen; büsbütün, külliyen

ganztägig /'gantste:gih/ *s* gün boyu, bütün gün, gece gündüz ***ganztägige Arbeitszeit*** tüm gün çalışma süresi, (sekiz saatlik) günlük çalışma süresi ***Krankenhaus ist ganztägig offen*** hastane 24 saat açık

Ganztagsschule /'gantsta:ksşu:lı/ *f* tam günlük okul; ikili öğretim

gar /ga:r/ *be* çok, pek; gayet, son derece; hatta, bile; hiç; *s* olmuş, kıvama gelmiş ***gar manche*** nice ***gar nicht*** hiç, hiç değil ***gar nichts*** hiçbir şey ***ich will gar nichts*** hiçbir şey istemiyorum

Garage /ga'ra:jı/ *f* garaj

Garantie /garan'ti:/ *f* güvence, garanti, kefalet, teminat

garantieren /garan'ti:rın/ *vt* garanti vermek, garanti etmek, ((bir şeye) kefalet etmek, teminat vermek

Garaus /'ga:raus/ *m* öldürme, yok etme ***jdm den Garaus machen*** *kon* (birisini) öldürmek ***jdns Hoffnungen den Garaus machen*** (birisinin) umutlarını kırmak

Garbe /'garbı/ *f* demet, ekin demeti; *fiz* (ışık) huzmesi ***in Garben binden*** demetlemek, demet yapmak

Garde /'gardı/ *f ask* muhafız alayı

Garderobe /gardı'ro:bı/ *f* vestiyer, gardırop; portmanto; (tüm) elbiseler, kıyafetler, kostümler, giysiler ***in der Gardrobe ablegen*** gardroba koymak

Garderobenschrank /gardı'ro:bınşrank/ *m* elbise dolabı

Gardine /gar'di:nı/ *f* tül perde, tüllü perde ***Schwedische Gardinen*** *kon* cezaevi, hapishane

Gardinenpredigt /gar'di:nınpre:digt/ *f* azar, kızma, pay ***jdm Gardinenpredigt halten*** *kon* (birisini) fena halde azarlamak

Gardinenstange /gar'di:nınştangı/ *f* korniş

Gardist /gar'dist/ *m ask* muhafız askeri, muhafız

garen /'ga:rın/ *vt* (iyice) pişirmek

gären /'ge:rın/ *vt* mayalamak, fermente etmek; *vi* sirkeleşmek, bozulmak; mayalanmak; kaynamak ***der Wein ist zu Essig gegoren*** şarap (bozulup) sirkeleşti ***es gärt*** huzursuzluk var ***gären lassen*** mayalandırmak

Garn /garn/ *m* iplik, tire; ağ; maval, masal; *kon* tuzak ***ins Garn gehen*** tuzağa düşmek

Garnele /gar'ne:lı/ *f hayb* karides

garnieren /gar'ni:rın/ *vt* donatmak, süslemek, çeşnilendirmek

Garnison /garni'zo:n/ *f ask* garnizon

Garnitur /garni'tu:r/ *f* takım; süs, süsleme, garnitür ***die erste Garnitur*** (eleman, takım) en iyi, en iyisi

G

garstig /'garstih/ *s* çirkin, iğrenç; fena, kötü; edepsiz, terbiyesiz; (çocuk) yaramaz

Garten /'gartın/ *m* bahçe; bostan

Gartenarbeit /'gartınarbayt/ *f* bahçe işi; bahçecilik

Gartenbau /'gartınbau/ *m* bahçıvanlık, bahçecilik

Gartenfest /'gartınfest/ *n* gardenparti, bahçede verilen eğlence partisi

Gartenzaun /'gartıntsaun/ *m* çit; bahçe parmaklığı

Gärtner /'gertnır/ *m* bahçıvan

Gärtnerei /gertnı'ray/ *f* bahçe işi, bahçıvanlık; (profesyonel) çiçek yetiştirme çiftliği

Gärung /'ge:rung/ *f* mayalama; mayalanma; *kim* fermantasyon; ekşime; huzursuzluk, hoşnutsuzluk, karışıklık

Gas /ga:s/ *n* gaz ***Gas geben*** *oto* gaz vermek; *kon* hızlandırmak ***Gas wegnehmen*** *oto* gazı kesmek

Gasflasche /'ga:sflaşı/ *f* gaz tüpü

gasförmig /'ga:sförmih/ *s* gaz halinde

Gasgemisch /'ga:sgımiş/ *m* gaz karışımı

Gashahn /'ga:sha:n/ *m* gaz musluğu, gaz vanası

Gasheizung /'ga:shaytsung/ *f* gazla ısınma ısıtma; gaz kaloriferi

Gasherd /'ga:she:rt/ *m* gaz fırını, gaz ocağı

Gaskocher /'ga:skohır/ *m* gaz ocağı

Gasmaske /'ga:smaskı/ *f* gaz maskesi

Gaspedal /'ga:speda:l/ *n* gaz pedalı

Gasse /'gası/ *f* sokak, yol; geçit; *ask* gedik, geçit ***sich eine Gasse bahnen*** kalabalıkta kendine yol açmak

Gassenhauer /'gasınhauır/ *m* sokak türküsü

Gassenjunge /'gasınyungı/ *m* sokak çocuğu

Gast /gast/ *m* konuk, misafir; ziyaretçi; davetli; (otel, lokanta) müşteri ***als Gast***

misafir olarak ***bei jdm zu Gast sein*** (birisine) konuk olmak ***Gäste empfangen*** konuk ağırlamak, misafir kabul etmek ***jdn als Gast behalten*** (birisini) misafir etmek ***jds Gast sein*** (birisine) konuk olmak, misafir olmak

Gastarbeiter /'gastarbaytır/ *m* konuk işçi; yabancı işçi

Gastdozent/Gastdozentin /'gastdotsent/'gastdotsentin/ *m/f* misafir öğretim üyesi, konuk öğretim üyesi

G

Gästehaus /'gestıhaus/ *n* misafirhane

Gästezimmer /'gestıtsimır/ *n* misafir odası; (köy) konuk odası, misafirhane

gastfreundlich /'gastfroyntlih/ *s* konuksever, misafirperver

Gastfreundschaft /'gastfroyntşaft/ *f* konukseverlik, misafirperverlik

Gastgeber /'gıstge:bır/ *m* ev sahibi, konuk ağırlayan

Gasthaus /'gasthaus/ *n* lokanta; otel

Gasthof /'gastho:f/ *m* konaklama tesisi, küçük otel; lokanta

Gasthörer /'gasthö:rır/ *m* (üniversite) konuk öğrenci, dinleyici öğrenci

gastieren /gas'ti:rın/ *vi* (sanatçı) bir yerde turnede bulunmak; misafir oyuncu olarak oynatmak

gastlich /'gastlih/ *s* konuğun rahat ettiği, konuksever (yer, kişi)

Gastlichkeit /'gastlihkayt/ *f* konukseverlik, misafirperverlik

Gastritis /gas'tri:tis/ *f hek* gastrit, mide zarı iltihabı

Gastronomie /gastrono'mi:/ *f* yemek pişirme sanatı

gastronomisch /gastro'no:miş/ *s* yiyip içmekle ilgili, midesel

Gastspiel /'gastşpi:l/ *n* misafir oyuncunun sahneye çıkması; *sp* deplasman maçı

Gaststätte /'gastştetı/ *f* lokanta, restoran; birahane

Gaststättengewerbe /'gastştetıngıverbı/ *n* otel ve lokanta işletmeciliği

Gaststube /'gastştu:bı/ *f* salon

Gastwirt /'gastvirt/ *m* lokantacı; otelci

Gastwirtschaft /'gastvirtşaft/ *f* lokanta; otel; birahane

Gasvergiftung /'ga:sfergiftung/ *f* gaz zehirlenmesi, gazdan zehirlenme

Gaswerk /'ga:sverk/ *n* gaz fabrikası, gazhane

Gaszähler /'ga:stse:lır/ *m* gaz sayacı

Gatte /'gatı/ *m* (erkek) eş, koca ***die Gatten*** karı-koca

Gattin /'gatin/ *f* (kadın) eş, karı

Gattung /'gatung/ *f* cins, tür, nevi; sınıf

Gattungsname /'gatungsna:mı/ *m dilb* cins isim; cins adı, tür adı

Gaukler /'gauklır/ *m* hokkabaz

Gaul /gaul/ *m hayb* beygir; yaşlı at, bakımsız at

Gaumen /'gaumın/ *m* damak; tad, lezzet

Gauner /'gaunır/ *m* dolandırıcı, hileci, düzenbaz; kalpazan; hergele

Gazelle /ga'tselı/ *f hayb* ceylan, ahu

Gebäck /gı'bek/ *n* hamur işi yiyecek; kurabiye, çörek

Gebälk /gı'belk/ *n* çatı kirişi; taban kirişi; karkas

Gebärde /gı'be:rdı/ *f* el kol hareketleri, jest; davranış, tavır

gebärden /gı'be:rdın/ *vr* davranmak, hareket etmek

gebären /gı'be:rın/ *vt* doğurmak, dünyaya getirmek

Gebärmutter /gı'be:rmutır/ *f hek* rahim, dölyatağı, uterus

Gebäude /gı'boydı/ *n* bina, yapı; konak; saray

Gebäudekomplex /gı'boydıkompleks/ *f* kompleks, yapı kompleksi

geben /'ge:bın/ *vt* vermek, tevdi etmek; teslim etmek; bağışlamak, armağan etmek, ihsan etmek; *kon* (ders) vermek; (hesap) etmek, tutmak ***der Lehrer gibt Englisch*** öğretmen İngilizce (dersi) veriyor ***es gibt*** var ***es gibt nicht*** yok ***es jdm geben*** (birisine) göstermek, dersini vermek ***etw gibt sich wieder*** (bir şey) tekrar düzelir, hallolur ***etw von sich geben*** ses vermek, ses çıkarmak ***keinen Laut von sich geben*** ses çıkarmak ***sich geben*** davranmak; yatışmak, hafiflemek; (kasrt) dağıtmak ***sich vornehmlich geben*** kendini kibar göstermek ***sich zu erkennen geben*** kendini tanıtmak ***viel auf etw geben*** (bir şeye) değer vermek ***was es nicht alles gibt*** *kon* vay canına, neler oluyor ***was gibt's?*** ne var? ***was gibt's Neues?*** ne var ne yok?

Gebet /gı'be:t/ *n* dua; namaz ***das Gebet verrichten*** dua etmek; namaz kılmak ***zum Gebet rufen*** namaza çağırmak, ezan okumak

Gebetbuch /gı'be:tsbu:h/ *n* dua kitabı, kutsal kitap

Gebetsteppich /gı'be:tstepih/ *m* namaz seccadesi, seccade, namazlık
Gebiet /gı'bi:t/ *n* arazi, bölge, mıntıka; arazi, toprak; diyar, ülke; civar, çevre; mıntıka, havali, bölge; saha, alan, dal; menzil; vadi; *coğ* havza
gebieten /gı'bi:tın/ *vt* emretmek, buyurmak; gerektirmek, icap ettirmek; *vi* hâkim olmak, hükmetmek ***seinen Gefühlen gebieten*** hislerine sahip olmak; gerektirmek ***über etw gebieten*** (bir şeye) sahip olmak
Gebieter /gı'bi:tır/ *m* hükümdar, hâkim, efendi
gebieterisch /gı'bi:tıriş/ *s* kati ve amirimsi, amirane ***gebieterische Notwendigkeit*** çaresizlik, mecburiyet
Gebietsanspruch /gı'bi:tsanşpruh/ *m huk* toprak mutalebesi
Gebilde /gı'bildı/ *n* eser, ürün; şekil, biçim, yapı; oluşuk, teşekkül ***Gebilde der Phantasie*** hayal mahsulü
gebildet /gı'bildıt/ *s* tahsilli, okumuş, eğitimli, kültürlü ***recht gebildet*** iyi eğitim görmüş
Gebinde /gı'bindı/ *n* dizi, çile, demet; fıçı
Gebirge /gı'birgı/ *n* sıradağ, dağ, dağ silsilesi
Gebirgsjäger /gı'birgsye:gır/ *m ask* dağ avcısı
Gebirgskette /gı'birgsketı/ *f coğ* sıradağlar, dağ sırası
Gebiss /gı'bis/ *n* dişler; takma dişler; (at) gem ***falsches Gebiss*** takma diş; (at) gem
Gebläse /gı'ble:zı/ *n* körük; (otomobilde) havalandırma; vantilatör, üfleç
geblümt /gı'blü:mt/ *s* çiçek desenli
gebogen /gı'bo:gın/ *s* bükülmüş, eğrilmiş, kıvrılmış
geboren /gı'bo:rın/ *s* doğan, doğmuş; doğuştan ***ein geborener Sportler*** doğuştan sporcu ***er ist ein geborener Künstler*** o doğuştan sanatçıdır ***geboren werden*** doğmak, dünyaya gelmek ***geborene Fräulein Bunde*** kızlık soyadı Bunde
geborgen /gı'borgın/ *s* güvenli, emin, emniyetli; şefkatli, şefkat bulan; esen ***ich fühle mich geborgen*** kendimi güvenli hissediyorum
Geborgenheit /gı'borgınhayt/ *f* güven, emniyet; şefkat; esenlik
Gebot /gı'bo:t/ *n* emir, kural, buyruk; kanun, yasa; öneri, teklif ***jdm zu Gebote stehen*** (birisinin) emri altında bulunmak
gebraten /gı'bra:tın/ *s* kızarmış, kızartılmış
Gebräu /gı'broy/ *n* kötü içecek
Gebrauch /gı'brauh/ *m* kullanma, kullanım; gelenek, âdet, örf; teamül ***außer Gebrauch*** kullanım dışı ***äußerlich zu Gebrauch*** *hek* haricen kullanılır ***Gebrauch machen*** kullanmak, yararlanmak ***in Gebrauch*** kullanılmakta olan ***in Gebrauch kommen*** gelenek haline gelmek, âdet olmak ***von etw Gebrauch machen*** (bir şeyi) kullanmak, (bir şeyden) faydalanmak
gebrauchen /gı'brauhın/ *vt* kullanmak, sarf etmek; istifade etmek ***etw gut gebrauchen können*** *kon* işine yaramak; ihtiyacı olmak
gebräuchlich /gı'broyhlih/ *s* alışılmış, süregelen, mutat; teamülen ***allgemein gebräuchlich*** harcıalem
Gebrauchsanweisung /gı'brauhsanvayzung/ *f* kullanma talimatı, kullanma kılavuzu
Gebrauchsartikel /gı'brauhsarti:kıl/ *m* tüketim malı
gebrauchsfertig /gı'brauhsfertih/ *s* kullanıma hazır
Gebrauchsgegenstand /gı'brauhsge:gınştant/ *m* her gün kullanılan şey
gebraucht /gı'brauht/ *s* kullanılmış, elden düşme, eski; ikinci el ***gebrauchte Kleider*** elden düşme elbise
Gebrauchtwagen /gı'brauhtva:gın/ *m* kullanılmış araba, ikinci el araba
Gebrechen /gı'brehın/ *n* sakatlık, engelli olma; kusur, özür; bitkinlik, zafiyet; hastalık
gebrechlich /gı'brehlih/ *s* sakat; halsiz, zayıf; kusurlu; eksik; hastalıklı
gebrochen /gı'brohın/ *s* kırık, kırılmış ***gebrochene Linie*** zikzaklı çizgi, kırık çizgi ***gebrochener Akkord*** *müz* bozuk akort ***gebrochener Lichtstrahl*** *fiz* kırılmış ışık ***gebrochenes Türkisch*** bozuk Türkçe
Gebrüder /gı'brü:dır/ *f* biraderler, (erkek) kardeşler
Gebrüll /gı'brül/ *n kon* böğürme, bağırma, kükreme, yaygara
Gebühr /gı'bü:r/ *f* harç, resmi ücret; resim; vergi; gereklik, icap ***nach Gebühr***

gereği gibi ***über Gebühr*** haddinden fazla
gebührend /gı'bü:rınt/ *s* gereken, icap eden; müstahak, layık
Gebührenerhöhung /gı'bü:rınerhö:ung/ *f* harçlara zam
gebührenfrei /gı'bü:rınfray/ *s* harçsız, ücretsiz; vergiden muaf, resimden muaf; masrafsız
Gebührenordnung /gı'bü:rınordnung/ *f huk* ücret yönetmeliği, harç tarifesi
gebührenpflichtig /gı'bü:rınpflihtih/ *s* ücretli, ücrete tabi; harca tabi, vergiye tabi ***gebührenpflichtige Autobahn*** paralı otoyol ***gebührenpflichtige Brücke*** paralı köprü
gebunden /gı'bundın/ *be* bağlı, bağlanmış, tutturulmuş; yeminli; ağzı mühürlü; (kitap) ciltli, ciltlenmiş; evli, nişanlı ***gebundene Form*** bağımlı biçim ***gebundene Wärme*** iç sıcaklık
Geburt /gı'burt/ *f* doğum; doğma, doğurma, doğuş, ortaya çıkış; aile, asıl, menşe, ırk, soy, nesil ***schwere Geburt*** güç doğum ***von Geburt an*** doğuştan
Geburtenkontrolle /gı'burtınkontrolı/ *f* doğum kontrolü
Geburtenregelung /gı'burtınre:gılung/ *f* doğum kontrolü
Geburtenrückgang /gı'burtınrükgang/ *m* doğum oranmda azalma
geburtenschwach /gı'burtınşvah/ *s* alçak doğum oranlı
geburtenstark /gı'burtınştark/ *s* yüksek doğum oranlı
Geburtenüberschuss /gı'burtınü:bırşus/ *m* doğum artışı, doğum fazlalığı
Geburtenziffer /gı'burtıntsifır/ *f* doğum oranı
gebürtig /gı'bürtih/ *s* doğuştan; doğma, doğumlu ***er ist gebürtiger Berliner*** doğuştan Berlin'lidir
Geburtsanzeige /gı'burtsantsaygı/ *f* doğum ilanı; doğumun nüfus dairesine bildirilmesi
Geburtsdatum /'gıburtsda:tum/ *n* doğum tarihi
Geburtsfehler /gı'burtsfe:lır/ *m* anadan sakat doğma, doğuştan sakatlık
Geburtshelfer /gı'burtshelfır/ *m* doğumda yardımcı olan erkek tabip vs
Geburtshilfe /'gıburtshilfı/ *f* ebelik
Geburtsjahr /gı'burtsya:r/ *n* doğum yılı
Geburtsort /gı'burtsort/ *m* doğum yeri
Geburtstag /gı'burtsta:k/ *m* doğum günü
Geburtstagsfeier /gı'burtsta:ksfayır/ *f* doğum günü kutlaması, yaş günü partisi
Geburtstagskind /gı'burtsta:kskint/ *n* doğum günü olan kişi
Geburtsurkunde /gı'burtsu:rkundı/ *f* doğum belgesi; nüfus kaydı
Gebüsch /gı'büş/ *n bitk* çalılık, fundalık
Gedächtnis /gı'dehtnis/ *n* hafıza; hatıra, bellek; zihin, hatır, anlık; anı, hatıra ***aus dem Gedächtnis*** ezbere, akıldan; anı, hatıra ***dem Gedächtnis entschwinden*** hatırdan çıkmak ***Gedächtnis für etw*** (bir şeyi) akılda tutma yeteneği ***im Gedächtnis bleiben*** hatırda kalmak ***ins Gedächtnis rufen*** aklına getirmek, hatırlatmak ***jdm etw ins Gedächtnis rufen*** (birisine) (bir şeyi) hatırlatmak ***zum Gedächtnis von ...*** ... hatırası olarak
Gedächtnisfeier /gı'dehtnisfayır/ *f* anma töreni
Gedächtnislücke /gı'dehtnislükı/ *f* (hafızada) kopukluk
Gedächtnisschwund /gı'dehtnisşvunt/ *m* hafıza kaybı, bellek yitimi
Gedächtnisstütze /gı'dehtnisştütsı/ *f* bellek yardımı
Gedanke /gı'dankı/ *f* düşünce, akıl; fikir, ide; kapris; tasarım; mütalaa ***alle seine Gedanken*** aklı fikri ***auf bösen Gedanken bringen*** aklına kötü şeyler getirmek ***auf einen Gedanken kommen*** aklına esmek ***ich bin in Gedanken bei dir*** düşüncelerim seninledir ***in der gleichen Gedanke sein*** aynı fikirde olmak ***in Gedanken*** hayalde, hayali ***in Gedanken an etw*** (bir şeyi) düşünerek ***in Gedanken versinken*** düşüncelere dalmak ***jdn auf einen Gedanken bringen*** (birisine) bir fikir vermek, düşünceye sevk etmek ***sich über etw Gedanken machen*** (bir şey) hakkında düşünmek
Gedankenaustausch /gı'dankınaustauş/ *m* fikir alışverişi, görüş alışverişi
Gedankenfreiheit /gı'dankınfrayhayt/ *f* düşünce özgürlüğü, düşünce hürriyeti
Gedankengang /gı'dankıngang/ *m* fikir silsilesi
gedankenlos /gı'dankınlo:s/ *s* düşüncesiz
Gedankenlosigkeit /gı'dankınlo:zihkayt/ *f* fikirsizlik; düşüncesizlik
Gedankensprung /gı'dankınşprung/ *m* fikirden fikre atlama

Gedankenstrich /gı'dankınştrih/ *m* uzun çizgi
Gedankenübertragung /gı'dankınü:bırtra:gung/ *f* telepati
gedankenverloren /gı'dankınferlo:rın/ *be* derin düşüncelere dalmış
gedankenvoll /gı'dankınfol/ *s* düşünceli
gedanklich /gı'danklih/ *s* düşüncesel
Gedärm /gı'derm/ *n anat* bağırsaklar
Gedeck /gı'dek/ *n* sofra takımı; menü; servis
gedeihen /gı'dayın/ *vi* olmak, gelişmek, büyümek; ilerlemek
gedenken /gı'denkın/ *vi* düşünmek, hatırlamak, anmak; yapma niyetinde olmak; zikretmek; dilinden düşürmemek ***gedenken an etw*** bir şeyi düşünmek ***gedenken an jdn*** birisini düşünmek
Gedenkfeier /gı'denkfayır/ *f* anma töreni
Gedenkstätte /gı'denkştetı/ *f* anma yeri
Gedenktafel /gı'denkta:fıl/ *f* anı levhası
Gedicht /gı'diht/ *n ed* şiir, manzume ***Gedicht schreiben*** şiir yazmak ***Gedicht vortragen*** şiir söylemek
Gedichtsammlung /gı'dihtzamlung/ *f* şiir derlemesi, şiir seçkisi, şiir antolojisi
gediegen /gı'di:gın/ *s* saf, katıksız; güvenilir, dürüst (insan); esaslı (bilgi); sağlam; garip, tuhaf, acayip
Gediegenheit /gı'di:gınhayt/ *f* saflık, katıksızlık; güvenilirlik; esaslılık
Gedränge /gı'drengı/ *n* kalabalık, izdiham, mahşer; sıkıntı, darlık, zorluk ***ein furchbares Gedränge*** ana baba günü, mahşeri kalabalık ***ins Gedränge kommen*** sıkıntıya düşmek, zor duruma düşmek
Gedrängel /gı'drengıl/ *n kon* itiş kakış
gedrängt /gı'drengt/ *s* sıkışık; veciz, özlü, anlamlı ***gedrängt voll*** dopdolu ***gedrängtes Wort*** özlü söz, veciz söz
gedrungen /gı'drungın/ *s* tıknaz, bodur, basık, güdük
Geduld /gı'dult/ *f* sabır, tahammül; tevekkül, müsamaha; sebat; işi oluruna bırakma ***die Geduld verlieren*** sabrını yitirmek ***Geduld beweisen*** *kon* bağrına taş basmak ***Geduld bringt Rosen*** *mec* sabrın sonu selamettir, sabreden derviş muradına ermiş ***Geduld haben*** sabırlı olmak, sabretmek ***Geduld in Person*** sabır taşı
geduldig /gı'duldih/ *s* sabırlı; hoşgörülü, uysal; müsamahakâr
Geduldsfaden /gı'dultsfa:dın/ *m* sabır
Geduldsprobe /gı'dultspro:bı/ *f* sabır deneyi
Geduldsspiel /gı'dultsşpi:l/ *n* kafa oyunu
gedunsen /gı'dunzın/ *s* kabarık, şişmiş, şişkin
geehrt /gı'e:rt/ *s* itibarlı, saygıdeğer, hatırı sayılır ***Sehr geehrte Damen und Herren!*** Sayın Baylar Bayanlar! ***Sehr geehrte Frau!*** Sayın Bayan! ***Sehr geehrter Herr!*** Sayın Bay!
geeignet /gı'aygnıt/ *s* elverişli, yararlı; uygun, münasip, müsait; kabiliyetli ***das Buch ist nicht geeignet für Kinder*** bu kitap çocuklar için elverişli değildir ***geeignet für etw*** (bir şeye elverişli) ***geeignet für jdn sein*** (birisine) yararlı olmak ***gut geeignet*** tam uygun ***in geeigneter Form*** münasip bir şekilde ***nicht geeignet sein zu etw*** (bir şeye) elverişli olmamak
Gefahr /gı'fa:r/ *f* tehlike; risk, riziko ***auf die Gefahr hin*** tehlikesine karşı ***auf eigene Gefahr*** tehlikeyi göze alarak ***auf meine Gefahr*** sorumluluk bana ait olmak üzere ***außer Gefahr*** tehlike dışı ***der Gefahr entrinnen*** tehlikeyi atlatmak ***einer Gefahr aussetzen*** tehlikeye atmak ***Gefahr laufen*** riske girmek ***Gefahr laufen zu*** tehlikesine uğramak ***in Gefahr*** tehlikede ***in Gefahr geraten*** tehlikeye düşmek ***in Gefahr schweben*** tehlikede olmak
gefährden /gı'fe:rdın/ *vt* tehlikeye atmak, tehlikeye sokmak, riske etmek
Gefahrenquelle /gı'fa:rınkvelı/ *f* tehlike kaynağı
Gefahrenzone /gı'fa:rıntso:nı/ *f* tehlike bölgesi
Gefahrenzulage /gı'fa:rıntsu:la:gı/ *f* riziko tazminatı, iş tehlikesi tazminatı
gefährlich /gı'fe:rlih/ *s* tehlikeli; vahim, ciddi; kritik, önemli
Gefährlichkeit /gı'fe:rlihkayt/ *f* tehlike; tehlikeli olma; vahamet
gefahrlos /gı'fa:rlo:s/ *s* tehlikesiz; risksiz
Gefährt /gı'fe:rt/ *n* araba, taşıt, vasıta, araç
Gefährte /gı'fe:rtı/ *m* arkadaş, yoldaş; eş, partner
Gefälle /gı'felı/ *n* meyil, eğim, iniş; seviye farkı; düşme yüksekliği
Gefallen /gı'falın/ *n* zevk, haz; hoşlanma, beğenme; *m* iyilik, kıyak; irade ***an etw***

G

Gefallen finden (bir şey) hoşlanmak, beğenmek ***Gefallen tun*** iyilik yapmak ***Ihnen zu Gefallen!*** Sizin hatırınız için! ***jdm zu Gefallen reden*** (birisine) dalkavukluk etmek ***nach Gefallen handeln*** canı istediği gibi hareket etmek

gefallen /gı'falın/ *vi* hoşuna gitmek; beğenilmek, hoş gelmek ***das gefällt mir*** bu hoşuma gidiyor; bundan hoşlanıyorum ***sich etw gefallen lassen*** (bir şeye) boyun eğmek, katlanmak ***sich in etw gefallen*** (bir şeyden) zevk almak

G

gefällig /gı'felih/ *s* zarif, kibar; hoş, latif; *kon* (kız) oynak ***gefällige Musik*** kulağa hoş gelen müzik ***was ist Ihnen gefällig*** ne arzu edersiniz?, ne emredersiniz?

Gefälligkeit /gı'felihkayt/ *f* lütufkârlık, hatırşinaslık; hatır; muamele; güzellik; zarafet, nezaket ***aus Gefälligkeit*** hatır için, hatıra binaen ***etw aus Gefälligkeit tun*** iyilik olarak yapmak

gefälligst /gı'felikst/ *be* lütfen

Gefangenenbefreiung /gı'fangınınbıfrayung/ *f* esir kurtarma

Gefangenenlager /gı'fangınınla:gır/ *n* esir kampı

Gefangenschaft /gı'fangınşaft/ *f* tutsaklık, esaret ***in Gefangenschaft geraten*** esir düşmek, esir olmak

Gefängnis /gı'fengnis/ *n* hapishane, cezaevi; hapis ***Gefängnis bekommen*** hüküm giymek, hapis giymek ***im Gefängnis sitzen*** hapis yatmak, cezaevinde yatmak ***ins Gefängnis werfen*** kodese tıkmak, hapse atmak

Gefängnisstrafe /gı'fengnisştra:fı/ *f huk* hapis cezası

Gefängniswärter /gı'fengnisvertır/ *m* gardiyan

Gefängniszelle /gı'fengnistselı/ *f* hapishane hücresi

Gefäß /gı'fe:s/ *n* kap; *hek* damar

Gefäßchirurgie /gı'fe:shirurgi:/ *f* damar cerrahisi

Gefäßerweiterung /gı'fe:servaytırung/ *f hek* vazodilatasyon, damar genişlemesi

Gefecht /gı'feht/ *n ask* (silahlı) çatışma, muharebe, çarpışma ***außer Gefecht setzen*** safdışı bırakmak, etkisiz hale getirmek

gefeit /gı'fayt/ *s* güvenli, emniyette

Gefieder /gı'fi:dır/ *n* (kuş, tavuk) tüyler

gefiedert /gı'fi:dırt/ *s* tüylü (hayvan)

Geflecht /gı'fleht/ *n* örgü; çelenk; dal, sap

gefleckt /gı'flekt/ *s* benekli, lekeli; alacalı

Geflimmer /gı'flimır/ *n* parıldama, pırıldama

geflissentlich /gı'flisıntlih/ *s* gayretli; gayretle; *be* kasten, bilerek

Geflügel /gı'flü:gıl/ *n hayb* kümes hayvanları

Geflügelsalat /gı'flü:gılzala:t/ *m* tavuk salatası

Geflüster /gı'flüstır/ *n* fısıltı; fısıltıyla konuşma

Gefolge /gı'folgı/ *n* maiyet; maiyetteki kişiler; heyet ***etw im Gefolge haben*** (bir şeyi) beraberinde getirmek, (bir şeye) sebep olmak

Gefolgschaft /gı'folkşaft/ *f* maiyet, maiyetteki kişiler; personel; sadakat; boyun eğme

Gefolgsmann /gı'folksman/ *m esk* yandaş, taraftar

gefragt /gı'fra:kt/ *s* rağbet gören, aranan, sorulan

Gefreite(r) /gı'fraytı(r)/ *m/f ask* onbaşı

gefrieren /gı'fri:rın/ *vi* donmak

Gefrierfach /gı'fri:rfah/ *n* buz kutusu, soğutucu

Gefrierfleisch /gı'fri:rflayş/ *n* dondurulmuş et

gefriergetrocknet /gı'fri:rgıtroknıt/ *s* şoklamayla kurutulmuş

Gefrierpunkt /gı'fri:rpunkt/ *m fiz* donma noktası, donma derecesi

Gefrierschrank /gı'fri:rşrank/ *m* buzluk

Gefrierschutzmittel /gı'fri:rşutsmitıl/ *n* antifriz, donma önleyici

Gefriertruhe /gı'fri:rtru:ı/ *f* derin dondurucu

Gefüge /gı'fü:gı/ *n* örgü; yapı; sistem, oluşum; bünye; *yerb* doku

gefügig /gı'fü:gih/ *s* uysal; itaatli; uslu, akıllı

Gefügigkeit /gı'fü:gihkayt/ *f* uysallık; itaatkârlık

Gefühl /gı'fü:l/ *n* his, duygu; hassasiyet, duyarlık; anlayış, izan; duyum, duyma; tahassüs ***ein Gefühl haben*** anlamak

gefühllos /gı'fü:llo:s/ *s* hissiz, duygusuz, merhametsiz, acımasız; *mec* taş yürekli

Gefühllosigkeit /gı'fü:llo:zihkayt/ *f* hissizlik, duygusuzluk

gefühlsbetont /gı'fü:lsbıto:nt/ *s* duygusal, etkileyici

Gefühlsduselei /gıfü:lsduzı'lay/ *f* duygusallık

gefühlsmäßig /gı'fü:lsme:sih/ *be* duygusal, hissi
Gefühlssache /gı'fü:lszahı/ *f* duygusal durum, duygu meselesi
gefühlvoll /gı'fü:lfol/ *s* hassas, duygulu; şefkatli, sevecen; romantik
gegebenenfalls /gı'ge:bınınfals/ *s* gerekirse, gerektiğinde; durumunda
Gegebenheit /gı'ge:bınhayt/ *f* ortam; gerçek, hakikat
gegen /'ge:gın/ *ilg* -ya doğru, -ye doğru; karşı, aleyhine, aleyhte; muhalif; aykırı; (bir şey) karşılığında, mukabilinde; pahasına; oranla, nisbetle ***gegen Abend*** akşamüstü, akşama doğru ***gegen alle Risiken*** tüm rizikolara karşı ***gegen bar*** peşin ***gegen das Gesetz*** yasaya aykırı ***gegen etw sein*** muhalif olmak, karşı olmak ***gegen Geld*** para karşılığında ***gegen mich*** bana karşı, aleyhimde ***gegen Mittag*** öğlene doğru ***gegen Morgen*** sabaha karşı ***gegen Süden*** güneye doğru ***gegen 10 (Uhr)*** (saat) 10 sularında
Gegenangebot /'ge:gınangıbo:t/ *n* karşı teklif
Gegenangriff /'ge:gınangrif/ *m* karşı saldırı; *sp* (futbol) kontraatak
Gegenanzeige /'ge:gınantsaygı/ *f hek* kontrendikasyon
Gegenargument /'ge:gınargument/ *n* karşı gerekçe
Gegenbesuch /'ge:gınbızu:h/ *m* iadei ziyaret
Gegenbeweis /'ge:gınbıvays/ *m huk* karşı delil
Gegend /'ge:gınt/ *f* yer, semt, taraf, bölge, mıntıka; yöre, dolay, çevre, civar; yön, cihet, istikamet; mahalle ***eine schöne Gegend*** güzel bir yer ***in der Gegend von Ankara*** Ankara civarında ***in dieser Gegend*** bu etrafta, buralarda
Gegendarstellung /'ge:gındarştelung/ *f* karşı beyan; tekzip
Gegendemonstration /'ge:gındemonstratsyo:n/ *f* karşı yürüyüş, karşı gösteri
gegeneinander /'ge:gınaynandır/ *adl* birbirine karşı
Gegenfahrbahn /'ge:gınfa:rba:n/ *f* karşı yönden gelen taşıtlara ait yol
Gegenfrage /'ge:gınfra:gı/ *f* karşı soru, soruya soru ile yanıt verme
Gegengewicht /'ge:gıngıviht/ *n fiz* karşıt ağırlık
Gegengift /'ge:gıngift/ *n* panzehir
Gegenkandidat /'ge:gınkandida:t/ *m* karşı aday, rakip aday
gegenläufig /'ge:gınloyfih/ *s* tersine hareket eden, ters dönen
Gegenleistung /'ge:gınlaystung/ *f* karşılık; bedel; ödün ***als Gegenleistung*** karşılık olarak, buna karşın
Gegenliebe /'ge:gınli:bı/ *f* karşılıklı sevgi ***keine Gegenliebe finden*** sevgisine karşılık bulamamak
Gegenmaßnahme /'ge:gınmasna:mı/ *f* karşı önlem, karşı tedbir ***Gegenmaßnahmen ergreifen*** karşı tedbirler almak
Gegenmittel /'ge:gınmitıl/ *n* çare; panzehir; ilaç
Gegenprobe /'ge:gınpro:bı/ *f* hesap kontrolü, hesap sağlaması
Gegensatz /'ge:gınzats/ *m* karşı, karşıt, tezat, zıt; karşıtlık, zıtlık ***im Gegensatz*** aksine, tersine ***im Gegensatz zu etw stehen*** (bir şeye) aykırı olmak, (bir şeye) uymamak ***im Gegensatz zu jdm stehen*** (birisinin) aleyhinde olmak
gegensätzlich /'ge:gınzetslih/ *s* aksine; tersine, zıddına; (birbirine) zıt olan; (birbirine) karşıt olan
gegenseitig /'ge:gınzaytih/ *s* karşılıklı ***gegensetig abhängen*** karşılıklı dayanışmak ***gegenseitige Verträglichkeit*** uyumluluk ***gegenseitiger Kontrakt*** ikili anlaşma, ikili mukavele ***gegenseitiger Vertrag*** karşılıklı akit, karşılıklı anlaşma ***gegenseitiges Interesse*** karşılıklı menfaat ***sich gegenseitig helfen*** yardımlaşmak
Gegenseitigkeit /'ge:gınzartihkayt/ *f* karşılıklılık ***auf Gegenseitigkeit beruhen*** karşılıklı olmak
Gegenspieler /'ge:gınşpi:lır/ *m sp* rakip oyuncu; karşıt, muhalif
Gegenstand /'ge:gınştant/ *m* madde, şey, nesne; eşya; konu, mesele, mevzu; iş; mal; obje ***den Gegenstand der Unterhaltung bilden*** söz konusu olmak, gündeme gelmek
gegenständlich /'ge:gınştentlih/ *s* söz konusu olan; şu anki; maddi, nesnel, somut, cisimsel
gegenstandslos /'ge:gınştantslo:s/ *s* boş, anlamsız, mantıksız, temelsiz, asılsız; soyut
Gegenstimme /'ge:gınştimı/ *f* karşı oy,

aleyhte oy, red oyu

Gegenstück /'ge:gınştük/ *n* eş, tek; denk; karşılık

Gegenteil /'ge:gıntayl/ *n* karşı, karşıt, zıt, ters, aksi ***im Gegenteil*** tam tersi, tam aksi; bilakis

gegenteilig /'ge:gıntaylih/ *s* aksi, tersi ***im gegenteiligen Fall*** aksi takdirde

gegenüber /ge:gın'ü:bır/ *ilg* karşı; karşısında; karşısına; (kişi) yüz yüze; oranla, kıyasla ***einander gegenüber*** karşı karşıya ***gegenüber mir*** benim karşımda ***mir gegenüber*** bana karşı

Gegenüber /ge:gın'ü:bır/ *n* karşı komşu

gegenüberliegen /ge:gın'ü:bırli:gın/ *trvi* karşıda olmak; karşısında olmak

gegenüberliegend /ge:gın'ü:bırli:gınt/ *s* karşıdaki

gegenüberstehen /ge:gın'ü:bırşte:ın/ *trvi* karşısında durmak; karşı karşıya durmak; göz göze gelmek, yüz yüze gelmek

gegenüberstellen /ge:gın'ü:bırştelın/ *trvt* karşısına koymak; yüzleştirmek; mukayese etmek

Gegenüberstellung /ge:gın'ü:bırştelung/ *f* yüzleştirme; mukayese

Gegenverkehr /'ge:gınferke:r/ *m* karşı yönden gelen trafik

Gegenvorschlag /'ge:gınfo:rşla:k/ *m* karşı teklif

Gegenwart /'ge:gınvart/ *f dilb* şimdiki zaman; şu an, şimdi; (orada) bulunma, (orada) olma ***in seiner Gegenwart*** onun yanında, huzurunda

gegenwärtig /'ge:gınvertih/ *be* şu anki, şimdiki, halihazırdaki; hazır bulunma, orada olma; hatırda olma ***das ist mir nicht gegenwärtig*** hatırımda değil ***die gegenwärtige Lage*** şu anki durum ***gegenwärtiger Netto-Wert*** şu anki değeri, bugünkü değeri

Gegenwehr /'ge:gınve:r/ *f* (karşı) savunma, müdafaa

Gegenwert /'ge:gınvert/ *m* karşılık, değer, bedel; *tic* piyasa değeri

Gegenwind /'ge:gınvint/ *m* karşı rüzgâr, karşı esinti

gegenzeichnen /'ge:gıntsayhnın/ *trvt* mukabil imza atmak

Gegenzug /'ge:gıntsu:k/ *m* karşı hamle; karşı tren

Gegner /'ge:gnır/ *m* rakip, hasım; karşıt, aleyhtar, muhalif; *ask* düşman; *huk* karşı taraf, hasım

gegnerisch /'ge:gnıriş/ *s* rakip (kimse, taraf); karşı (taraf) ***gegnerische Parteien*** rakipler, hasımlar ***gegnerisches Tor*** *sp* (futbol) rakip kale

Gegnerschaft /'ge:gnırşaft/ *f* karşıtlık, aleyhtarlık; rakipler, muhalifler; muhalefet

Gegröle /gı'grö:lı/ *n* bağırma, haykırış, nara

Gehabe /gı'ha:bı/ *n* kasılma, böbürlenme, kendine hava verme

gehaben /gı'ha:bın/ *vr* hareket etmek, davranmak ***Gehab dich wohl!*** Esen kal! Kendine dikkat et!

Gehalt /gı'halt/ *n* aylık, maaş, ücret; hizmet karşılığı ödenen ücret; *m* içindekiler, içerik, muhteviyat, kapsam; *kim* miktar, oran, nicelik; (altın) ayar

gehaltlos /gı'haltlo:s/ *s* değersiz, önemsiz, hafif, boş; içeriksiz

Gehaltlosigkeit /gı'haltlo:zihkayt/ *f* değersizlik, önemsizlik; içeriksizlik

Gehaltsempfänger /gı'haltsempfengır/ *m* maaş alan kişi

Gehaltserhöhung /gı'haltserhö:ung/ *f* aylık artırımı, maaş zammı, maaş artışı

Gehaltsgruppe /gı'haltsgrupı/ *f* bordro grubu

Gehaltszulage /gı'haltstsu:la:gı/ *f* maaş zammı, ücret artırımı, maaşa ek zam

gehässig /gı'hesih/ *s* kindar, kinci, kin dolu, garazkâr ***gegen jdn gehässig sein*** (birisine karşı) kin dolu olmak ***gehässiges Wort*** kin dolu söz

Gehässigkeit /gı'hesihkayt/ *f* kindarlık; kin, garaz

Gehäuse /gı'hoyzı/ *n* kutu, mahfaza, kap, kılıf; gövde; kabuk; zarf; (böcek vs.) kabuk

gehbehindert /'ge:bıhindırt/ *s* yürüme özürlü

Gehege /gı'he:gı/ *n* çitle çevrili ağıl, otlak ***jdm ins Gehege kommen*** (birisinin) işini bozmak, işine karışmak

geheim /gı'haym/ *s* gizli, saklı; mahrem; gizlice ***geheime Kräfte*** gizli güçler ***geheime Polizei*** gizli polis ***geheime Sitzung*** *huk* pol. gizli oturum, gizli celse ***geheime Wahl*** gizli oy kullanma, gizli seçim ***geheimer Nachrichtendienst*** istihbarat teşkilatı, istihbarat servisi ***geheimes Wahlrecht*** *huk* gizli oy kullanım hakkı

Geheimabkommen /gı'**h**aymapkomın/ *n* gizli anlaşma
Geheimagent /gı'**h**aymagent/ *m* gizli ajan
Geheimbund /gı'**h**aymbunt/ *m* gizli örgüt, gizli cemiyet
Geheimdienst /gı'**h**aymdi:nst/ *m* (devlet) haber alma servisi, gizli istihbarat servisi
Geheimfach /gı'**h**aymfa**h**/ *n* gizli çekmece
Geheimhaltung /gı'**h**aym**h**altung/ *f* gizleme, gizli tutma
Geheimnis /gı'**h**aymnis/ *n* sır, giz, gizem ***kein Geheimnis machen*** (bir şeyini) saklamamak ***öffentliches Geheimnis*** herkesin bildiği sır
Geheimniskrämer /gı'**h**aymniskre:mır/ *m* (bir şeyi) bilip de gizliyormuş gibi yapan kimse; sır küpü
geheimnisvoll /gı'**h**aymnisfol/ *s* gizemli, esrarlı, esrarengiz; mistik ***auf geheimnisvolle Art verschwinden*** *kon* sırra kadem basmak
Geheimnummer /gı'**h**aymnumır/ *f* rehberde yayınlanmayan numara
Geheimpolizei /gı'**h**aympoli'tsay/ *f* gizli polis, istihbarat
Geheimratsecken /gı'**h**aymratsekın/ *f* önden dökülmüş saç, alın kısmı açılmış saç
Geheimrezept /gı'**h**aymretsept/ *n* kimsenin bilmediği bir çözüm; gizli reçete; gizli formül
Geheiß /gı'**h**ays/ *n esk* emir, buyruk, sözlü verilen talimat ***auf jds Geheiß*** *esk* (birisinin) emriyle
gehemmt /gı'**h**emt/ *s* tutuk, çekingen; engelli
gehen /'ge:ın/ *vi* yürümek; gitmek; (araç) hareket etmek, ayrılmak, kalkmak; (makine vs.) işlemek; uymak; sığmak; (rüzgâr) esmek; (hamur) kabarmak ***an die Arbeit gehen*** işe gitmek, işe koyulmak ***auf etw gehen*** (bir şeye) (doğru) gitmek, yaklaşmak ***das geht nicht*** olmaz, mümkün değil ***das geht über meine Kräfte*** gücüm yetmiyor ***die Geschäfte gehen gut*** işler iyi gidiyor ***durch die Stadt gehen*** şehirden geçmek ***es geht!*** idare eder!, şöyle böyle! ***es geht um etw*** (bir şey) söz konusu ***es geht um Leben und Tod*** hayat memat meselesi ***es geht um unsere Gesundheit*** sağlığımız söz konusu; sağlığımız tehlikede ***gehen nach ...*** (pencere, kapı) -ya açılmak, -ya bakmak ***gehen vor etw*** (bir şeyden) önce gelmek, öncelikli olmak ***in sich gehen*** içine kapanmak; düşünmek ***jdn gehen lassen*** (birisini) (rahat) bırakmak ***mir geht es gut*** iyiyim ***mit jdm gehen*** (birisi) ile çıkmak, flört etmek ***sich gehen lassen*** kendini bırakmak ***über etw gehen*** (bir şeyi) aşmak ***vor sich gehen*** olmak, vuku bulmak ***wie geht es dir?*** nasılsın? ***zu jdm gehen*** yanına gitmek ***zu weit gehen*** çok olmak, fazla ileri gitmek, artırmak, ölçüyü aşmak, aşırı gitmek
geheuer /gı'**h**oyır/ *s* tekin ***nicht geheuer*** tekin değil, şüpheli
Gehilfe/Gehilfin /gı'**h**ilfı/gı'**h**ilfin/ *m/f* yardımcı; muavin; çırak; asistan; kalfa; yamak; yaver
Gehirn /gı'**h**irn/ *n hek* beyin, dimağ; *anat* ansefal
Gehirnblutung /gı'**h**irnblu:tung/ *f hek* beyin kanaması
Gehirnerschütterung /gı'**h**irnerşü:tırung/ *f hek* beyin sarsıntısı
Gehirnschlag /gı'**h**irnşla:k/ *m hek* beyin sektesi
Gehirntumor /gı'**h**irntu:mor/ *m* beyin tümörü, beyin uru
Gehirnwäsche /gı'**h**irnveşı/ *f kon* beyin yıkama
Gehölz /gı'**h**ölts/ *n* ağaçlık, fidanlık
Gehör /gı'**h**ö:r/ *n* işitme duygusu, işitim; kulak ***das Gehör verlieren*** sağır olmak ***jdm Gehör schenken*** (birisini) dinlemek, kulak vermek ***Gehör finden*** dinlenmek, ciddiye alınmak ***musikalisches Gehör*** müzik kulağı ***nach dem Gehör*** *kon* kulaktan dolma; *müz* notasız ***sich Gehör verschaffen*** kendini dinletmek
gehorchen /gı'**h**or**h**ın/ *vi* söz dinlemek, itaat etmek; boyun eğmek, baş eğmek
gehören /gı'**h**ö:rın/ *vi* ait olmak, malı olmak; gerekmek, lüzum etmek ***das gehört nicht hierher*** bu, yerinde değildir ***es gehört mir*** bana ait, benim ***es gehört sich*** gerekmek, uymak, yakışık almak ***sich gehören*** uygun olmak, yakışık almak ***Sie gehören ins Bett*** yatmanız lazım ***zu etw gehören*** (bir şeye) ait olmak, (bir şeyin) parçası olmak
Gehörfehler /gı'**h**ö:rfe:lır/ *m. hek* işitme kaybı

Gehörgang /gı'**h**ö:rgang/ *m anat* kulak yolu
gehörlos /gı'**h**ö:rlo:s/ *s* sağır, işitmeyen, duymaz
Gehörlose(r) /gı'**h**ö:rlo:zı(r)/ *f/m* işitme özürlü
Gehörlosigkeit /gı'**h**ö:rlo:zi**h**kayt/ *f* sağırlık, işitmemezlik
Gehorsam /gı'**h**o:rza:m/ *m* söz dinleme, itaat ***Gehorsam leisten*** itaat etmek
gehorsam /gı'**h**o:rza:m/ *s* söz dinleyen, itaatli; uslu, akıllı; mülayim, yumuşak başlı
Gehsteig /'ge:ştayk/ *m* kaldırım, yaya kaldırımı, tretuvar
Gehweg /'ge:ve:k/ *m* yaya yolu
Geier /'gayır/ *m hayb* akbaba
Geige /'gaygı/ *f müz* keman, viyolon ***die erste Geige spielen*** *kon* dediği yapılır, sözü geçer olmak; başrolü oynamak ***Geige spielen*** keman çalmak
geigen /'gaygın/ *vi müz* keman çalmak
Geigenbogen /'gaygınbo:gın/ *m müz* keman yayı
Geigenkasten /'gaygınkastın/ *m müz* keman kutusu
Geiger /'gaygır/ *m müz* kemancı, kemanist, kemani
Geigerzähler /'gaygırtse:lır/ *m* Geiger sayacı
geil /gayl/ *s* (yemek) bol yağlı; (insan) cinsel isteği uyanmış, şehvetli; *kon* harika, süper
Geisel /'gayzıl/ *f* rehine, tutsak
Geiseldrama /'gayzıldra:ma/ *n* rehin alma olayı
Geiselnahme /'gayzılna:mı/ *f* rehine alma
Geiselnehmer /'gayzılne:mır/ *m* rehineci
Geißel /'gaysıl/ *f hek* epidemi, salgın hastalık; kamçı, kırbaç
geißeln /'gaysıln/ *vt* azarlamak, şiddetle eleştirmek; kamçılamak, kırbaçlamak ***etw geißelt*** bir epidemik hastalık vs. yayılması
Geist /gayst/ *m* zihin, akıl, zeka, an; ruh, cin, peri, hayalet, hortlak; espri; *kim* ruh ***den Geist aufgeben*** *kon* ölmek ***die bösen Geister*** iyi saatte olsunlar ***Geist des Gesetzes*** kanunun ruhu ***von Geistern bewohnt*** tekin değil
Geisterbahn /'gaystırba:n/ *f* korku tüneli
Geisterbeschwörung /'gaystırbışvö:rung/ *f* ruh çağırma
Geistererscheinung /'gaystırerşaynung/ *f* hayal, hayalet; ruhun görülmesi
Geisterfahrer /'gaystırfa:rır/ *m* otoyolda yanlış şeritte (ters yönde) giden sürücü
geistesabwesend /'gaystısapve:zınt/ *s* dalgın; kendinde olmayan; aklı başka yerde olan
Geistesabwesenheit /'gaystısapve:zın**h**ayt/ *f* dalgınlık; kendinde olmama; aklı başka yerde olma
Geistesblitz /'gaystısblits/ *m* aniden akla gelen fikir
Geistesgegenwart /'gaystısge:gınvart/ *f* kendinde olma; olaya hâkim olma; hazırcevaplık
geistesgegenwärtig /'gaystısge:gınverti**h**/ *be* soğukkanlı; uyanık; cevval
geistesgestört /'gaystısgıştö:rt/ *s* akıl hastası, kafadan rahatsız
geisteskrank /'gaystıskrank/ *s* deli, kafadan çatlak ***Anstalt für Geisteskranke*** akıl hastanesi
Geisteskranke(r) /'gaystıskrankı(r)/ *m/f* akıl hastası, ruh hastası
Geisteskrankheit /'gaystıskrank**h**ayt/ *f* akıl hastalığı, ruh hastalığı
Geisteswissenschaften /'gaystısvisınşaftın/ *pl* manevi bilimler
Geisteszustand /'gaystıstsu:ştant/ *m* ruh hali, haleti ruhiye, akli denge
geistig /'gaysti**h**/ *s* akli, düşünsel, zihinsel, ruhsal, ruhani, manevi; alkollü ***geistig arbeiten*** zihinsel olarak çalışmak, fikir çalışması yapmak ***geistig behindert*** zihinsel özürlü ***geistig zurückgeblieben*** geri zekalı, gelişmemiş ***geistige Aktivität*** zihinsel etkinlik, zihinsel faaliyet ***geistige Beschaffenheit*** ruhsal yaradılış ***geistige Entwicklung*** zihinsel gelişim ***geistige Fähigkeit*** yeti, yetenek, zihinsel beceri ***geistige Getränke*** alkollü içecekler ***geistige Reife*** zihinsel olgunluk ***geistiger Verfall*** zihinsel çöküntü, depresyon ***geistiges Eigentum*** telif hakkı ***geistiges Gepäck*** dağarcık ***geistiges Niveau*** zihinsel düzey
geistlich /'gaystli**h**/ *s* ruhani, dini, dinsel ***geistliches Oberhaupt*** dini lider, ruhani lider
Geistliche(r) /'gaystli**h**ı(r)/ *m* ruhani, din adamı; (islam) hoca, imam, müftü; (hristiyan) papaz, rahip, keşiş
Geistlichkeit /'gaystli**h**kayt/ *f* rahipler, din adamları, ruhban heyeti

G

geistlos /'gaystlo:s/ *s* anlamsız; sıkıcı, yavan, zevksiz, tatsız tuzsuz; aptal
geistreich /'gaystrayh/ *s* (insan) dolu, bilgili, zeki, akıllı; (söz) anlamlı
geistvoll /'gaystfol/ *s* zeki, akıllı
Geiz /gayts/ *m* hasislik, cimrilik, pintilik; çingenelik; açgözlülük; *bitk* filiz
Geizhals /'gaytshals/ *m* cimri, pinti
geizig /'gaytsih/ *s* cimri, pinti
Geizkragen /'gaytskra:gın/ *m* cimri, eli sıkı, pinti; hasis; tamahkâr, açgözlü
Gejammer /gı'yamır/ *n* inilti; mızmızlanma, şikâyetlenme; feryat figan
Gekicher /gı'kihır/ *n* kıkırdama, kıkırdanma
Geklimper /gı'klimpır/ *n* zımbırtı
geknickt /gı'knikt/ *s* üzgün
Gekreische /gı'krayşı/ *n* bağırış; gürültü
Gekritzel /gı'kritsıl/ *n* karalama; karmakarışık yazı
gekünstelt /gı'künstılt/ *s* yapay, suni; sahte, yapmacık
Gel /ge:l/ *n* jel, pelte
Gelächter /gı'lehtır/ *n* gülme; gülüş; kahkaha
geladen /gı'la:dın/ *s* (silah) dolu; (kişi) kızgın, sinirli
Gelage /gı'la:gı/ *n* ziyafet, içkili âlem
gelähmt /gı'le:mt/ *s* kötürüm, felçli
Gelände /gı'lendı/ *n* arazi, arsa, toprak
Geländelauf /gı'lendılauf/ *m sp* kır koşusu, kros
Geländer /gı'lendır/ *n* parmaklık, korkuluk, tırabzan; *den* küpeşte
gelangen /gı'lagın/ *vi* varmak, yetişmek, ulaşmak, ermek ***an das Ziel gelangen*** amacına ulaşmak ***in jds Hände gelangen*** (birisinin) eline geçmek ***zu Geld gelangen*** para bulmak ***zu einem Ergebnis gelangen*** (bir) sonuca varmak ***zum Abschluss gelangen*** sonuçlanmak
gelangweilt /gı'langvaylt/ *s* canı sıkkın, sıkkın
gelassen /gı'lasın/ *s* sakin, sükûnetli, soğukkanlı, serinkanlı; ölçülü
Gelassenheit /gı'lasınhayt/ *f* sakinlik, sükûnetli olma, soğukkanlılık, itidal
Gelatine /jela'ti:nı/ *f* jelatin
geläufig /gı'loyfih/ *s* yaygın, bilinen, malum, sık sık rastlanan; *be* kolaylıkla, kolayca; akıcı ***das ist mir geläufig*** bundan haberim var ***geläufige Bedeutung*** geçerli anlam
Geläufigkeit /gı'loyfihkayt/ *f* kolaylık; akıcılık; yaygınlık; alışkanlık
gelaunt /gı'launt/ *s* mizaçlı, huylu ***gut gelaunt*** keyifli, neşeli ***schlecht gelaunt*** keyifsiz, neşesiz
gelb /gelp/ *s* sarı ***gelb werden*** sararmak ***gelbe Rasse*** sarı ırk
Gelbfieber /'gelpfi:bır/ *n hek* sarı humma
gelblich /'gelplih/ *s* sarımsı, sarımtrak, sarıca, sarıya kaçan
Gelbsucht /'gelpzuht/ *f hek* sarılık, hepatit
Geld /gelt/ *n* para, akçe, pul; nakit; *kon* mangır, papel, arpa ***auf Zinsen Geld geben*** faiz karşılığı borç para vermek ***bares Geld*** nakit para ***etw zu Geld machen*** (bir şeyi) paraya çevirmek ***Geld haben*** parası olmak ***Geld in der Zirkulation*** tedavüldeki para, dolaşımdaki para, piyasadaki para ***Geld regiert die Welt*** *kon* para her kapıyı açar ***Geld sparen*** para biriktirmek ***Geld und Gut*** mal mülk ***Geld verlieren*** para kaybetmek ***ins Geld laufen*** çok para tutmak ***nicht für Geld und gute Worte*** asla, katiyen ***um Geld spielen*** parasına oynamak, kumar oynamak ***viel Geld verdienen*** çok para kazanmak ***zu Geld kommen*** eli para görmek, paralanmak
Geldangelegenheit /'geltangıle:gınhayt/ *f* parasal mesele, parasal sorun
Geldanlage /'geltanla:gı/ *f tic* yatırılan para; para yatırma, yatırım, investman
Geldautomat /'geltautoma:t/ *m* bankamatik, bankomat, para (çekme) otomatı, ATM
Geldbetrag /'geltbıtra:k/ *m* tutar, para tutarı, para miktarı ***Geldbetrag ohne Bruchteile*** küsursuz tutar, yuvarlaklaştırılmış tutar
Geldbeutel /'geltboytıl/ *m* para kesesi
Geldbörse /'geltbörzı/ *f* cüzdan, para cüzdanı, para kesesi
Geldbuße /'geltbu:sı/ *f* para cezası
Geldentwertung /'geltentvertung/ *f* enflasyon, paranın değer kaybetmesi
Geldgeber /'geltge:bır/ *m* para veren; borç veren; finansör
geldgierig /'geltgi:rih/ *s* paragöz
Geldinstitut /'geltinstitu:t/ *n* mali kuruluş, mali müessese
Geldmarkt /'geltmarkt/ *m* para piyasası
Geldmenge /'geltmengı/ *f* para arzı, para sunumu

Geldpolitik /'geltpoliti:k/ *f* para politikası
Geldquelle /'geltkvelı/ *f* para kaynağı, finansman kaynağı
Geldschein /'geltşayn/ *m* kâğıt para, banknot
Geldschrank /'geltşrank/ *m* para kasası
Geldstrafe /'geltştra:fı/ *f* para cezası
Geldstück /'geltştük/ *n* madeni para
Geldumlauf /'geltumlauf/ *m* piyasada dönen para; para tedavülü; tedavüldeki para
Geldwäsche /'geltveşı/ *f* kara para aklama
Geldwechsel /'geltveksıl/ *m* kambiyo, para bozdurma
Gelee /je'le:/ *n* jöle, pelte
gelegen /gı'le:gın/ *s* yakın olan, bulunan; uygun, münasip, yerinde; değerli, önemli ***am Wald gelegen*** ormana yakın olan ***daran ist mir viel gelegen*** buna çok önem veriyorum ***es kommt mir gelegen*** benim işime gelir ***sehr gelegenes Angebot*** cazip bir teklif
Gelegenheit /gı'le:gınhayt/ *f* fırsat, vesile, şans, olanak; tesadüf ***bei dieser Gelegenheit*** bu vesile ile, bu münasebetle ***bei jeder Gelegenheit*** her fırsatta ***bei passender Gelegenheit*** uygun bir fırsatta ***die Gelegenheit ergreifen*** fırsatı değerlendirmek ***die Gelegenheit verpassen*** fırsatı kaçırmak ***Gelegenheit geben*** fırsat vermek
Gelegenheitsarbeit /gı'le:gınhaytsarbayt/ *f* geçici iş
Gelegenheitsarbeiter /gı'le:gınhaytsarbaytır/ *m* geçici işçi
Gelegenheitskauf /gı'le:gınhaytskauf/ *m* kelepir, kelepir olarak satın alma, okazyon
gelegentlich /gı'le:gıntlih/ *s* ara sıra, bazen; nadir, nadiren
gelehrig /gı'le:rih/ *s* zeki; uslu; anlayışlı
Gelehrsamkeit /gı'le:rzamkayt/ *f* zekilik; bilgili olma
gelehrt /gı'le:rt/ *s* bilgili ***gelehrter Arbeiter*** kalifiye işçi, usta işçi
Gelehrte(r) /gı'le:rtı(r)/ *m/f* bilgin, bilim adamı; bilge
Gelehrtheit /gı'le:rthayt/ *f* zekilik; bilgili olma
Geleit /gı'layt/ *n* eşlik, refakat, eskort, koruma ekibi; uğurlama ***jdm das letzte Geleit geben*** (cenaze) son yolculuğuna uğurlamak
geleiten /gı'laytın/ *vt* eşlik etmek, refakat etmek
Geleitschutz /gı'laytşuts/ *m* koruma, himaye
Geleitzug /gı'layttsu:k/ *m* filo, konvoy; refakat ***im Geleitzug fahren*** konvoy halinde gitmek
Gelenk /gı'lenk/ *n anat* eklem, mafsal; (kapı, pencere) menteşe, reze; zincir halkası
gelenkig /gı'lenkih/ *s* kıvrak, çevik; esnek; bükülgen
Gelenkkapsel /gı'lenkkapsıl/ *f anat* eklem kapsülü
Gelenkrheumatismus /gı'lenkroymatismus/ *m hek* eklem romatizması, kulunç
gelernt /gı'lernt/ *s* vasıflı, kalifiye; nitelikli ***gelernter Arbeiter*** vasıflı işçi, kalifiye işçi
Geliebte(r) /gı'li:ptı(r)/ *f/m* sevgili, yavuklu, âşık
gelinde /gı'lindı/ *s* hafif, yumuşak, hoş; (hava) ılıman, mutedil, limonata gibi ***gelinde gesagt*** en hafif bir deyişle
Gelingen /gı'lingın/ *n* başarı, muvaffakiyet; garip, tuhaf; komik; acayip
gelingen /gı'lingın/ *vi* başarmak, başarabilmek; rast gelmek ***es ist mir gelungen*** başardım
gellen /'gelın/ *vi* çınlamak, kulakları tırmalamak; keskin (tiz) bir ses çıkarmak
gellend /'gelınt/ *s* (ses) keskin, acı, tırmalayıcı
geloben /gı'lo:bın/ *vt* yeminle söz vermek; adamak; ahdetmek
Gelöbnis /gı'lö:bnis/ *n* yemin, ant, vaad; adak; tövbe
gelockt /gı'lokt/ *s* kıvırcık, bukleli
gelöst /gı'lö:st/ *s* erimiş, çözünmüş ***gelöste Substanzen*** çözünmüş maddeler ***gelöster Sauerstoff*** çözünmüş oksijen
gelten /'geltın/ *vi* geçmek, geçerli olmak; *huk* meri olmak; takdir edilmek, sözü geçmek; değmek; (bir şeye) yönelik olmak; (bir şey) sayılmak; ... olarak tanınmak, ... olarak bilinmek ***als etw gelten*** sayılmak, addedilmek ***das gilt nicht*** bu sayılmaz ***der Gruß galt dir*** selam sanaydı, senin içindi ***der Mann gilt als sehr gefährlich*** adam çok tehlikeli olarak tanınır ***der Verbot gilt auch für Kinder*** yasak çocuklar için de geçerlidir ***etw gelten lassen*** (bir şeyi)

kabul etmek ***für etw gelten*** sayılmak, addedilmek ***meine Bestrebung galt dem Erfolg*** çabalarım başarı içindi ***sich geltend machen*** baş göstermek; ihtiyaç duymak ***Was gilt die Wette!*** (bahis) Nesine!

geltend /'geltınt/ *be* geçerli, yürürlükte ***etw geltend machen*** iddia etmek, ileri sürmek; yürürlüğe koymak

Geltung /'geltung/ *f* kıymet, değer, geçerlik, geçerlilik; rayiç; itibar; *huk* meriyet ***dem Gesetz Geltung verschaffen*** yasayı yürürlüğe koydurtmak ***in Geltung stehen*** geçerli olmak ***seine Geltung verlieren*** hükmünü kaybetmek, geçerliliğini yitirmek ***sich Geltung verschaffen*** kendini saydırmak ***zur Geltung bringen*** olumlu yönde etkilemek ***zur Geltung kommen*** kıymetlenmek, sayılmak

Geltungsbedürfnis /'geltungsbıdürfnis/ *n* kendini gösterme isteği

Geltungsbereich /'geltungsbırayh/ *m* geçerlilik alanı, yürürlük sahası

Gelübde /gı'lüpdı/ *n* yemin, and; adak ***ein Gelübde ablegen*** adamak, vaadetmek

gelungen /gı'lungın/ *s* başarılı

Gelüste /gı'lüstı/ *n* arzu, heves; şehvet; aşerme

gemächlich /gı'me:hlih/ *s* yavaş; rahat rahat; *be* sükûnetle

Gemächlichkeit /gı'me:hlihkayt/ *f* yavaşlık; huzur, rahatlık

Gemahl/Gemahlin /gı'ma:l/gı'ma:lin/ *m/f* eş

Gemälde /gı'me:ldı/ *n* tablo, resim; tasvir

gemäß /gı'me:s/ *ilg* uyarınca, göre, -ya istinaden, ... gereğince, uygun olarak; *be* uygun, münasip ***einer Sache gemäß*** (bir şey)e uygun; (bir şeye) göre ***gemäß Strafrecht*** *huk* ceza hukuku uyarınca

gemäßigt /gı'me:siht/ *s* ılımlı; (hava) ılıman ***gemäßigter Politiker*** ılımlı politikacı

Gemäuer /gı'moyır/ *n* duvarlar, surlar

gemein /gı'mayn/ *s* genel, umumi; sıradan, alelade, adi; olağan, alışılagelmiş; ortak, müşterek, umumi; (kişi) adi, bayağı, alçak; vicdansız; terbiyesiz, edepsiz; hain; karaktersiz ***das gemeine Volk*** sıradan halk ***etw gemein haben mit*** (ile) ortak bir yanı olmak ***gemeiner Kerl!*** pis herif! ***gemeiner Nutzer*** amme menfaatleri, kamu yararı ***gemeiner Soldat*** er, nefer ***sich gemein machen*** alçalmak

Gemeinde /gı'mayndı/ *f* topluluk; belediye; köy; cemaat; komün

Gemeindeordnung /gı'mayndıordnung/ *f* belediye mevzuatı

Gemeinderat /gı'mayndıra:t/ *m* belediye meclisi; belediye meclisi azası

Gemeindesteuer /gı'mayndıştoyır/ *f* belediye vergisi

Gemeindeverwaltung /gı'mayndıfervaltung/ *f* belediye

gemeingefährlich /gı'mayngıfe:rlih/ *s* kamu için tehlike oluşturan, toplum için tehlikeli ***gemeingefährliche Straftaten*** toplum için tehlikeli suçlar

Gemeingut /gı'mayngu:t/ *n* kamu malı

Gemeinheit /gı'maynhayt/ *f* alçaklık, adilik, bayağılık; seviyesizlik; vicdansızlık; terbiyesizlik

gemeinhin /gı'maynhin/ *be* genellikle, genelde, ekseriyetle, umumiyetle

Gemeinkosten /gı'maynkostın/ *pl* dolaylı maliyet; genel giderler

gemeinnützig /gı'maynnütsih/ *s* kamu yararına, kamuya hizmet eden ***gemeinnütziger Verein*** kamu yararına çalışan dernek

Gemeinplatz /gı'maynplats/ *m* beylik söz, basmakalıp söz

gemeinsam /gı'maynza:m/ *s* beraber, ortak; *be* müşterek, ortaklaşa; topluca, hep beraber ***gemeinsame Kosten*** ortak maliyet ***gemeinsame Planung*** ortak planlama, birlikte planlama ***Gemeinsamer Markt*** Ortak Pazar ***gemeinsamer Unterricht*** grup öğretimi; ortak ders ***gemeinsamer Vertrag*** ortak anlaşma, müşterek akit ***gemeinsamer Wunsch*** gönül birliği ***gemeinsames Konto*** (banka) ortak hesap, müşterek hesap

Gemeinsamkeit /gı'maynza:mkayt/ *f* ortaklık, beraberlik; ortak yönler, benzer huy, özellik, zevk vs.

Gemeinschaft /gı'maynşaft/ *f* beraberlik; birlik, topluluk

Gemeinwesen /gı'maynve:zın/ *n* belde, köy

Gemeinwohl /gı'maynvo:l/ *n* kamu yararı, kamu çıkarına uygun, amme menfaati

Gemenge /gı'mengı/ *n* karışım, alaşım; karışıklık, karambol; itiş kakış

gemessen /gı'mesın/ *s* ölçülü; ciddi, ağırbaşlı, vakur; sakin, sükûnetli; temkinli; kati, kesin

Gemessenheit /gı'mesınhayt/ *f* ölçülü olma; ciddiyet

Gemetzel /gı'metsıl/ *n* katliam, kırım

gemischt /gı'mişt/ *s* karışık, karma, muhtelif; (havuz, hamam, okul, vs.) kadın erkek karışık ***gemischter Salat*** karışık salata ***gemischtes Konto*** *tic* karma hesap Gemischtwaren *pl* bakkaliye malları

G

Gemurmel /gı'murmıl/ *n* mırıltı, homurtu; şırıltı

Gemüse /gı'mü:zı/ *n* sebze, zerzevat ***junges Gemüse*** taze sebze

Gemüsebeet /gı'mü:zıbe:t/ *n* sebze tarhı

Gemüsegarten /gı'mü:zıgırtın/ *m* sebze bahçesi, bostan

Gemüsesuppe /gı'mü:zızupı/ *f* sebze çorbası

gemustert /gı'mustırt/ *be* desenli

Gemüt /gı'mü:t/ *n* kalp, duygu; huy, yaradılış, tabiat, mizaç; ruhsal durum, ruh, can; his, hissiyat ***die Gemüter*** ruhlar ***ein gutes Gemüt haben*** iyi kalpli olmak

gemütlich /gı'mü:tlih/ *s* rahat; sıcacık; iyi huylu, samimi; hoş, sempatik; huzurlu; zevkli ***es sich gemütlich machen*** keyfine bakmak ***gemütlich plaudern*** hoş beş etmek, muhabbet etmek ***gemütlich rauchen*** sigara tellendirmek ***gemütliches Beisammensein*** keyifli toplantı ***sich gemütlich fühlen*** rahat olmak, kendini rahat hissetmek

Gemütlichkeit /gı'mü:tlihkayt/ *f* rahat, huzur, konfor; rahatlık; samimiyet

Gemütsart /gı'mü:tsa:rt/ *f* tabiat, mizaç, karakter

gemütskrank /gı'mü:tskrank/ *s* karasevdaya tutulmuş, melankolik

Gemütsruhe /gı'mü:tsru:ı/ *f* sükûnet, huzurluluk

Gen /ge:n/ *n biy* kalıtım, gen

genau /gı'nau/ *s* tam, eksiksiz; kesin; doğru; titiz; özenle, itina ile; detaylı olarak, etraflıca; derinlemesine, inceden inceye; esaslı bir surette ***etw genau nehmen*** titiz olmak; önem vermek ***genau am 8 Uhr*** tam saat sekizde ***genau gleich*** tıpkı, aynı ***genau passen*** tamamen uymak ***genau überlegen*** düşünüp taşınmak ***genau wie das*** tıpkı bunun gibi ***genau wie früher*** tıpkı eskisi gibi ***genau wissen (kennen)*** gayet iyi bilmek ***genau zehn Tage*** tam on gün ***genau zielen*** iyi nişan almak ***genaue Angaben*** (bir şey veya birisi hakkında) tam veriler ***genaue Anschrift*** açık adres ***genaue Menge*** kesin miktar ***genaue Überlegung*** enine boyuna düşünme ***genaue Untersuchung*** esaslı inceleme ***genauer Bericht*** detaylı rapor, kapsamlı rapor

Genauigkeit /gı'nauihkayt/ *f* kesinlik, doğruluk; özen, itina; titizlik ***mit Genauigkeit*** kesinlikle, kesin bir şekilde

genauso /gı'nauzo:/ *be* aynen, öyle ***genauso gut*** o kadar iyi

Genbank /'ge:nbank/ *f* gen bankası

genehmigen /gı'ne:migın/ *vt* izin vermek, icazet vermek, müsaade etmek; onaylamak, tasdik etmek; kabul etmek, rıza göstermek ***sich etw genehmigen*** *kon* istediğini yiyip içmek

Genehmigung /gı'ne:migung/ *f* izin, icazet, müsaade; onama, onay, onaylama; tasdik; ruhsat; lisans; permi ***die Genehmigung erteilen*** izin vermek, müsaade etmek ***etw ohne Genehmigung tun*** izinsiz bir şey yapmak

geneigt /gı'naygt/ *s* eğik, eğimli, yatık; eğilimli, düşkün, müptela; hazır, amade ***einer Sache geneigt sein*** (bir şeye) eğilimli olmak ***geneigt sein etw zu tun*** (bir şey) yapmaya eğilimli olmak ***jdm geneigt sein*** (birisine) eğilim göstermek; (birisinden) hoşlanmak

General /genı'ra:l/ *m ask* general, *kon* paşa ***General der Infanterie*** *ask* piyade korgenerali

Generalamnestie /genı'ra:lamnesti:/ *f* genel af

Generalbevollmächtigte(r) /genı'ra:lbıfolmehtihtı(r)/ *m* tam yetkili (kişi); umumi vekil

Generaldirektor /genı'ra:ldirektor/ *m* genel müdür

Generalinspekteur /genı'ra:linspektö:r/ *m ask* genelkurmay başkanı; genel denetimci, baş müfettiş, genel müfettiş

generalisieren /genırali'zi:rın/ *vt* genellemek

Generalkonsulat /genı'ra:lkonzula:t/ *n* başkonsolosluk

Generalleutnant /genı'ra:lloytnınt/ *m ask* korgeneral

Generalmajor /genı'ra:lmayor/ *m ask*

tümgeneral
Generalprobe /genı'ra:lpro:bı/ *f* genel prova
Generalsrang /genı'ra:lsrang/ *m* general rütbesi
Generalstab /gena'ra:lşta:p/ *m ask* genelkurmay
Generalstreik /genı'ra:lştrayk/ *m* genel grev
Generalüberholung /genı'ra:lü:bırho:lung/ *f* genel kontrol
Generalversammlung /genı'ra:lferzamlung/ *f* genel heyet; genel toplantı, genel kurul
Generalvertretung /genı'ra:lfertre:tung/ *f* yetkili temsilcilik
Generalvollmacht /genı'ra:lfolmaht/ *f* tam yetki; *huk* umumi vekâletname, genel vekâletname
Generation /genıra'tsyo:n/ *f* kuşak, jenerasyon, nesil, göbek, soy
Generationswechsel /genıra'tsyo:nsveksıl/ *m biy* nesil değişimi
Generator /genı'ra:tor/ *m* jeneratör, üreteç
generell /genı'rel/ *s* genel, umumi
generös /genı'rö:s/ *s* cömert, eli açık; cömertçe
Genese /ge'ne:zı/ *f* oluş, oluşum, teşekkül
genesen /gı'ne:zın/ *vi* (hastalık) iyi olmak, iyileşmek, şifa bulmak ***eines Kindes genesen*** *esk* (çocuk) doğurmak
Genesung /gı'ne:zung/ *f* şifa, iyileşme, kurtulma; nekahet, rehabilitasyon
Genetik /ge'ne:tik/ *f* genetik bilimi, kalıtım bilimi
genetisch /gı'ne:tiş/ *s* kalıtımsal, genetik ***genetisch bedingte Eigenschaften*** kalıtımsal özellikler ***genetische Krankheiten*** genetik hastalıklar ***genetische Psychologie*** genetik psikoloji, genetik ruhbilim
Genforschung /'ge:nforşung/ *f* genetik araştırmalar
genial /gen'ya:l/ *s* dâhiyane, dâhice, dahi
Genialität /genyali'te:t/ *f* deha, dâhilik
Genick /gı'nik/ *n* ense, boyun ***das Genick brechen*** boynunu kırmak; hayatını mahvetmek
Genie /je'ni:/ *n* dahi, deha
genieren /je'ni:rın/ *vt* rahatsız etmek, sıkmak, taciz etmek ***genieren Sie sich nicht!*** çekinmeyin!, sıkılmayın! ***sich genieren*** utanmak, sıkılmak
genießbar /gı'ni:sba:r/ *s* yenilebilir; içilebilir; hazmedilebilir; (kişi) çekilebilir, katlanılabilir ***er ist nicht genießbar*** *kon* o dostane biri değil
Genießbarkeit /gı'ni:sba:rkayt/ *f* yenebilir şey, yenen şey
genießen /gı'ni:sın/ *vt* tadını çıkarmak; (yemek, içki) yemek, içmek; faydalanmak, istifade etmek; eğitim görmek ***Achtung genießen*** saygı görmek ***Bildung genießen*** eğitim almak ***Erziehung genießen*** terbiye görmek ***nicht zu genießen*** *kon* yenilir yutulur gibi değil ***Vorrechte genießen*** imtiyaz sahibi olmak
Genießer /gı'ni:sır/ *m* ehlikeyif; midesine düşkün
Genitalien /geni'ta:lyın/ *f hek* cinsel organlar, üreme organları
Genitiv /'ge:nitif/ *m dilb* tamlayan durumu, ismin -in hali
Genmanipulation /'ge:nmanipulatsyo:n/ *f* gen manipülasyonu
genormt /gı'normt/ *s* standart
Genosse /gı'nosı/ *m* yoldaş; arkadaş; suç ortağı
Genossenschaft /gı'nosınşaft/ *f* kooperatif
Genozid /geno'tsi:t/ *n* soykırım, jenosit; öldürme, yoketme
Genre /'janrı/ *n* form ve tarz açısından benzeşik eser, janr
Gentechnik /'ge:ntehnik/ *f* gen teknolojisinin uygulanımı
gentechnisch /'ge:ntehniş/ *s* gen teknolojisi ile ilgili
Gentechnologie /'ge:ntehnologi:/ *f biy* canlıların genetiğini yapay olarak değiştirme, gen teknolojisi
genug /gı'nu:k/ *s* yeterli, kâfi ***damit nicht genug!*** bununla kalsa! ***genug!*** yeter!; *den* abosa!, basta! ***genug davon!*** yeter artık! ***genug Geld*** yeterli miktarda para ***Ich habe genug davon*** artık bıktım ***Ich kann sie nicht genug sehen*** onu görmeye doyamıyorum
Genüge /gı'nü:gı/ *f* yeter, yeterlik, kifayet ***einer Sache etw zur Genüge leisten*** (bir şeyin) gereğini yapmak; yeterince dikkate almak ***zur Genüge*** yeter derecede, yeterince
genügen /gı'nü:gın/ *vi* yetmek, yeterli olmak, kâfi gelmek ***einer Aufgabe ge-***

G

nügen bir görevi gereğince yerine getirmek ***es genügt!*** *kon* yeter!, yeterli! ***sich mit etw genügen lassen*** (bir şey) ile yetinmek

genügend /gı'nü:gınt/ *s* yeterince, yeteri kadar, kâfi

genügsam /gı'nü:kza:m/ *s* az ile yetinen, kanaatkâr; mutedil

Genügsamkeit /gı'nü:kza:mkayt/ *f* kanaatkârlık, tokgözlülük

Genugtuung /gı'nu:ktu:ung/ *f* tazmin etme, tazminat; manevi tazminat; hoşnutluk, memnuniyet ***Genugtuung geben*** tazminat vermek ***Genugtuung leisten*** tazminat vermek ***Genugtuung verlangen*** tazminat talep etmek ***über etw Genugtuung empfinden*** (bir şeyden) dolayı memnuniyet hissetmek

G

Genus /'ge:nus/ *n* cins; *dilb* sözcüklerin cinsi

Genuss /gı'nus/ *m* zevk, haz; yeme içme, ağız tadı ***an etw Genuss finden*** (bir şeyden) hoşlanmak, zevk almak ***der Genuss von etw*** (bir şeyi) yeme içme ***ein wahrer Genuss*** sonsuz zevk ***mit größtem Genuss essen*** parmaklarını yemek

Genussmittel /gı'nusmitıl/ *n* keyif verici madde, uyarıcı madde ***Tabak ist ein Genussmittel*** tütün keyif verici bir maddedir

geöffnet /gı'öfnıt/ *s* açık ***der Laden ist geöffnet*** dükkân açık

Geograph /geo'gra:f/ *m* coğrafya bilimcisi, coğrafyacı

geographisch /geo'gra:fiş/ *s* coğrafi ***geographische Breite*** *coğ* enlem ***geographische Lage*** *coğ* coğrafi konum ***geographische Länge*** *coğ* boylam

Geologe /geo'lo:gı/ *m* jeolog, yerbilimci

Geologie /geolo'gi:/ *f* jeoloji, yerbilim

geologisch /geo'lo:giş/ *s* jeolojik, yerbilimle ilgili

Geometrie /geome'tri:/ *f* geometri ***darstellende Geometrie*** tasarı geometrisi ***höhere Geometrie*** yüksek geometri

geometrisch /geo'me:triş/ *s* geometrik; geometriye ait ***geometrische Reihe*** geometrik dizin

Geophysik /geofü'zi:k/ *f* jeofizik

geopolitisch /geopo'li:tiş/ *s* jeopolitik (açıdan)

Georgien /ge'orgyın/ *tnz* Gürcistan

Gepäck /gı'pek/ *n* bagaj, yük, eşya; yolcu eşyası; *ask* ağırlık

Gepäckabfertigung /gı'pekapfertigung/ *f* bagaj muamelesi

Gepäckannahme /gı'pekanna:mı/ *f* bagaj alım, bagaj teslim

Gepäckaufbewahrung /gı'pekaufbıva:rung/ *f* bagaj emanet gişesi

Gepäckausgabe /gı'pekausga:bı/ *f* bagaj ve eşya gişesi

Gepäckkontrolle /gı'pekkontrolı/ *f* bagaj kontrolü

Gepäckschalter /gı'pekşaltır/ *m* bagaj ve eşya gişesi

Gepäckschein /gı'pekşayn/ *m* bagaj etiketi

Gepäckstück /gı'pekştük/ *n* eşya

Gepäckträger /gı'pektre:gır/ *m* hamal; (bisiklet) sepet

Gepard /ge'part/ *m hayb* pars

gepflegt /gı'pfle:kt/ *s* bakımlı, düzenli, temiz

Gepflogenheit /gı'pflo:gınhayt/ *f kon* âdet, gelenek, görenek

Geplapper /gı'plapır/ *n kon* gevezelik; lakırdı

Geplauder /gı'plaudır/ *n kon* dedikodu (etme), lakırdı; sohbet, muhabbet

Gepolter /gı'poltır/ *n kon* patırtı kütürtü; bağırıp çağırma, sayıp sövme

gerade /gı'ra:dı/ *s* doğru, düz; açık sözlü, doğru, dürüst, dobra; dik; kestirme, direk, doğrudan doğruya; şimdi, şu anda; *be* tam, tamamıyla, direkt, tesadüfen; çekinmeden ***es reicht gerade noch*** ancak yeter ***gerade als ...*** tam... iken ***gerade deshalb*** tam bu yüzden ***gerade eben noch*** demincek, az evvel ***gerade Gegenteil*** tam aksi, tam tersi ***gerade in diesem Augenblick*** der demez, hemencecik ***gerade neben*** tam yanında ***gerade noch*** ancak ***gerade oder ungerade?*** *tek* mi çift mi? ***gerade Zahlen*** çift sayılar ***gerade zur rechten Zeit*** tam vaktinde ***nun gerade!*** inadına! ***sich gerade halten*** dik durmak ***warum gerade ich?*** neden ben? ***wie es gerade kommt*** gelişigüzel

Gerade /gı'ra:dı/ *f mat* doğru, düz çizgi; *sp* (boks) direkt

geradeaus /gıra:dı'aus/ *s* dosdoğru, doğruca ***geradeaus fahren*** dosdoğru gitmek

geradewegs /gı'ra:dıve:ks/ *be* doğruca
geradezu /gı'ra:dıtsu:/ *s* adeta, sanki; açıkça, düpedüz; samimi, dobra dobra; sanki, adeta
geradlinig /gı'ra:tli:nih/ *s mat* düz çizgili, düz hatlı, doğrusal; *tek* düz hareketli ***geradlinige Bewegung*** düz hareket
Geradlinigkeit /gı'ra:tli:nihkayt/ *f* düz olma, çizgi şeklinde
Gerangel /gı'rangıl/ *n kon* kapışma, itişme
Geranie /gı'ra:nyı/ *f bitk* sardunya
Gerassel /gı'rasıl/ *n* hışırtı, huşurtu; gürültü, patırtı
Gerät /gı're:t/ *n* alet, alet edevat, takım, cihaz, makine
geraten /gı'ra:tın/ *vi* düşmek, gelmek, girmek, kapılmak; olmak; uğramak, maruz kalmak; rastlamak, çatmak; *be* yerinde, uygun ***an jdn geraten*** (birisine) rastlamak, denk gelmek ***außer sich geraten*** kendinden geçmek ***gegen etw geraten*** (bir şeye) çarpmak ***gut geraten*** başarıyla sonuçlanmak ***in eine Lage geraten*** bir duruma düşmek ***in einen Zustand geraten*** bir hale düşmek ***in Schwierigkeiten geraten*** zorluklara uğramak ***in Streit geraten*** kavgaya girişmek ***in Verzweiflung geraten*** ümitsizliğe kapılmak ***ins Stocken geraten*** durmak, tıkanmak; aksamak ***jdm etw geraten*** (bir şeyi) becermek, başarmak ***nach jdm Geraten*** (birisine) çekmek ***nichts geriet ihm*** hiçbir şeyi beceremedi ***schlecht geraten*** başarısızlıkla sonuçlanmak
Geräteturnen /gı're:tıturnın/ *n sp* aletli jimnastik
Geratewohl /gı'ra:tıvo:l/ *n* şans, baht, talih, kısmet ***aufs Geratewohl!*** şansına!, ne çıkarsa bahtına!; gelişigüzel
Geräumigkeit /gı'roymihkayt/ *f* geniş olma, genişlik; ferahlık
Geräusch /gı'royş'/ *n* ses, gürültü, patırtı, şamata
geräuscharm /gı'royşarm/ *s* az gürültülü
Geräuschkulisse /gı'royşkulisı/ *f* arka plandaki ses
geräuschlos /gı'royşlo:s/ *s* sessiz, gürültüsüz
Geräuschlosigkeit /gı'royşlo:zihkayt/ *f* sessizlik, gürültüsüzlük
geräuschvoll /gı'royşfol/ *s* gürültülü, patırtılı, şamatalı; (yemek) şapur şupur; (içecek) höpürtülü
gerben /'gerbın/ *vt* (deri) tabaklamak; (çelik) su vermek; *kon* (birisini) pataklamak
gerecht /gı'reht/ *s* adil, adaletli; haklı; doğru, dürüst; meşru, yasal ***ein gerechter Mann*** adil bir adam ***eine gerechte Sache*** meşru bir dava ***eine gerechte Strafe*** yerinde bir ceza ***gerecht verteilen*** adil olarak paylaştırmak ***gerechter Himmel!*** insaf! ***gerechter Preis*** adil fiyat
gerechtfertigt /gı'rehtfertiht/ *s* hukuken haklı, kanunen haklı
Gerechtigkeit /gı'rehtihkayt/ *f* adalet; hak, haklılık; doğruluk, dürüstlük
Gerede /gı're:dı/ *n* söylenti, dedikodu; laf, lakırdı; şayia, söylenti, rivayet ***ins Gerede bringen*** dedikodu konusu etmek ***ins Gerede kommen*** dile düşmek, dedikodu konusu olmak
geregelt /gı're:gılt/ *s* düzenli; düzenlenmiş
gereizt /gı'raytst/ *s* hiddetli, sinirli, öfkeli ***gereizt antworten*** sinirli sinirli cevap vermek
Gereiztheit /gı'raytsthayt/ *f* hiddet, infial, kızgınlık, öfke
Gericht /gı'riht/ *n huk* mahkeme; adliye; yargı; mahkeme salonu; yemek, porsiyon ***das Jüngste Gericht*** kıyamet günü ***das Letzte Gericht*** mahşer ***ein leckeres Gericht*** lezzetli bir yemek ***Gericht anrufen*** mahkemeye başvurmak ***Gerichte für bürgerliche Rechtsstreitigkeiten*** hukuk mahkemeleri ***ordentliche Gerichte*** adliye mahkemeleri ***vor Gericht*** mahkemede, yargı huzurunda, mahkeme huzurunda ***vor Gericht gehen*** mahkemeye müracaat etmek ***zu Gericht sitzen*** muhakeme etmek, yargılamak
gerichtlich /gı'rihtlih/ *s* adli; mahkemece, mahkemelik ***gerichtlich belangen*** dava etmek ***gerichtlich bestätigen*** mahkemece tasdik etmek ***gerichtlich einschreiten*** dava açmak ***gerichtlich entscheiden*** (adli) hüküm vermek, karar vermek ***gerichtlich untersuchen*** adli olarak tahkikat yapmak ***gerichtlich vereidigt*** mahkemece yeminli ***gerichtlich verfolgen*** adli olarak takibat yapmak ***gerichtliche Anordnung*** mahkeme emri ***gerichtliche Handlung*** yargı işlemi ***gerichtliche Ladung*** mahkeme

G

celp emri, celpname ***gerichtliche Liquidation*** adli tasfiye, adli likiditasyon ***gerichtliche Medizin*** adli tıp ***gerichtliche Schritte tun*** mahkemeye başvurmak ***gerichtliche Testamentbestätigung*** vasiyetnameyi hukuki olarak onaylamak ***gerichtliche Untersuchung*** adli tahkikat, soruşturma ***gerichtliche Verfolgung*** adli takibat ***gerichtlicher Augenschein*** olay yerinde yapılan adli keşif ***gerichtlicher Befehl*** *huk* ilam, mahkeme emri ***gerichtlicher Beschluss*** mahkeme kararı ***gerichtliches Urteil*** mahkeme kararı

Gerichtsbarkeit /gı'rihtsba:rkayt/ *f* yargı; yargı yetkisi

Gerichtsbeschluss /gı'rihtsbışlus/ *m* mahkeme ara kararı, mahkeme kararı

Gerichtsgebäude /gı'rihtsgıboydı/ *n* adliye sarayı

Gerichtshof /gı'rihtsho:f/ *m* mahkeme; mahkeme heyeti

Gerichtskosten /gı'rihtskostın/ *f huk* mahkeme masrafları, mahkeme giderleri

Gerichtsmedizin /gı'rihtsmeditsi:n/ *f* adli tıp ***gerichtsmedizinische Untersuchung*** adli tıp araştırması ***gerichtsmedizinischer Befund*** adli tıp raporu

Gerichtssaal /gı'rihtsza:l/ *m* duruşma salonu, mahkeme salonu

Gerichtsstand /gı'rihtsştant/ *m huk* yetkili (görevli) mahkeme, mahkeme mercii

Gerichtsverfahren /gı'rihtsferfa:rın/ *n huk* muhakeme usulü

Gerichtsverhandlung /gı'rihtsferhandlung/ *f huk* duruşma, celse, oturum ***Gerichtsverhandlung beiwohnen*** mahkemede hazır bulunmak

Gerichtsvollzieher /gı'rihtsfoltsi:ır/ *m huk* icra memuru, icracı; mübaşir

gering /gı'ring/ *s* az; cüzi, küçük, ufak, ufak tefek; kıt; önemsiz, ehemmiyetsiz; değersiz, kıymetsiz; kifayetsiz; bayağı, adi, alçak; kısa ***es besteht nicht der geringste Zweifel*** hiç şüphe yok ***in geringer Zahl*** az miktarda, küçük miktarda ***gering gerechnet*** en basit hesapla; su içinde ***geringe Entfernung*** kısa mesafe ***geringe Integration*** küçük çapta tümleşme ***geringe Strafe*** *huk* hafif ceza ***nicht im geringsten*** asla, hiç ***von geringer Bedeutung*** önemsiz; değersiz

geringfügig /gı'ringfü:gih/ *s* az, cüzi, küçük, ufak, ufak tefek; önemsiz, değersiz

Geringfügigkeit /gı'ringfü:gihkayt/ *f* azlık; küçüklük; önemsizlik, değersizlik

geringschätzig /gı'rigşetsih/ *s* küçümser, aşağılayıcı

Geringschätzung /gı'ringşetsung/ *f* küçümseme, hor görme, değer vermeme

gerinnen /gı'rinın/ *vi* pıhtılaşmak; (süt) kesilmek; koyulaşmak, katılaşmak

Gerinnsel /gı'rinzıl/ *n* pıhtı; sızıntı

Gerinnung /gı'rinung/ *f* pıhtılaşma, pıhtılanma

Gerippe /gı'ripı/ *n kon* iskelet; *den* (gemi) kaburga

gerippt /gı'ript/ *s* kaburgalı; *bitk* damarlı

gerissen /gı'risın/ *be* kırık, kopuk ***gerissen sein*** zorlukları aşmak

Germane/Germanin /ger'ma:nı/ger'ma:nin/ *m/f* Cermen, German

germanisch /ger'ma:niş/ *s* Cermen dili, Germanca; Cermen'lere ait

Germanist/Germanistin /germa'nist/germa'nistin/ *m/f* Alman dili ve edebiyatı uzmanı

Germanistik /germa'nistik/ *f* Alman Dili ve Edebiyatı, Alman Filolojisi

germanistisch /germa'nistiş/ *s* Alman dili ve edebiyatıyla ilgili

gern /gern/ *be* seve seve, severek, isteyerek, memnuniyetle; sık sık, ekseriya ***etw gern tun*** (bir şeyi) yapmaktan zevk almak ***gern geschehen!*** bir şey değil! ***gern gewährt*** helalinden ***gern haben*** sevmek, beğenmek ***gern mögen*** sevmek, hoşlanmak ***jdn gern haben*** (birisini) sevmek, beğenmek ***sehr gern!*** baş üstüne!

geröstet /gı'röstıt/ *s* kızartılmış, kavrulmuş

Gerste /'gerstı/ *f bitk* arpa

Gerstenkorn /'gerstınkorn/ *n bitk* arpa tanesi; *hek* arpacık, itdirseği

Gerte /'gertı/ *f* ince dal, çubuk, çomak; kamçı

gertenschlank /'gertın'şlank/ *s* ince ve uzun; narin

Geruch /gı'ruh/ *m* koku, güzel koku, ıtır, rayiha; *kon* şöhret ***in gutem Geruch stehen*** iyi görülmek, iyi ün yapmak ***unangenehmer Geruch*** kötü koku, istenmeyen koku

G

geruchlos /gı'ruhlo:s/ *s* kokusuz
Geruchlosigkeit /gı'ruhlo:zihkayt/ *f* kokusuzluk
Geruchssinn /gı'ruhszin/ *m* koklama duyusu, koku alma duyusu
Gerücht /gı'rüht/ *n* söylenti, rivayet, şayia, dedikodu
gerüchtweise /gı'rühtvayzı/ *be* rivayete göre
gerührt /gı'rü:rt/ *s* üzülmüş, müteessir; duygulanmış
geruhsam /gı'ru:za:m/ *be* huzur dolu ***geruhsame Nacht!*** hayırlı geceler!
Gerümpel /gı'rümpıl/ *n kon* (eşya) pılı pırtı, ıvır zıvır, bok püsür, eski mobilyalar
Gerundium /ge'rund/ *n dilb* ulaç, adeylem
Gerüst /gı'rüst/ *n* (inşaat) iskele; yapı, iskelet; taslak, eskiz ***Gerüst anbringen*** iskele kurmak
Gerüstbau /gı'rüstbau/ *m* iskele yapısı
gesalzen /gı'zaltsın/ *s* tuzlu, tuzlanmış; (fiyat) tuzlu, pahalı; (mektup, yanıt) kaba, küstahça
gesamt /gı'zamt/ *s* tüm, bütün; tekmil, cümle, umumi; toplam; topyekün
Gesamtansicht /gı'zamtanziht/ *f* genel görünüm, panoramik görünüm
Gesamtausgabe /gı'zamtausga:bı/ *f* tüm yayınlar; tüm eserler, külliyat
Gesamtbetrag /gı'zamtbıtra:k/ *m* yekûn, toplam, toplam tutar
gesamtdeutsch /gı'zamtdoyç/ *s* tüm Almanlarla ilgili
Gesamteindruck /gı'zamtayndruk/ *m* genel intiba, genel izlenim; genel görünüm
Gesamtheit /gı'zamthayt/ *f* hepsi; herkes; kamu, toplum; topluluk
Gesandte(r)/Gesandtin /gı'zantı(r)/gı'zantin/ *m/f* elçi
Gesandtschaft /gı'zantşaft/ *f* elçilik, sefaret; elçilik, sefarethane
Gesang /gı'zang/ *m müz* şan, icra; (kuş) ötme, şakıma; şarkı, fasıl
Gesangbuch /gı'zangbu:h/ *n* ilahi kitabı
Gesangverein /gı'zangfırayn/ *m* koro birliği
Gesäß /gı'ze:s/ *n* kalça, kıç, göt, popo, makat; *kon* küfe, mabat, paket
Gesäßtasche /gı'ze:staşı/ *f* pantolonun arka cebi
gesättigt /gı'zetiht/ *s tic* (piyasa) doymuş; *kim* doymuş, ayrışmaz ***gesättigte Lösung*** doymuş çözelti
Geschäft /gı'şeft/ *n* iş, ticaret; işyeri, işletme, ticarethane, mağaza, dükkân, firma, atölye, fabrika; işlem, muamele, meşguliyet; alışveriş, ticaret; aptes, defi hacet ***ein Geschäft abschließen*** iş yapmak, ticaret yapmak ***ein Geschäft eröffnen*** işyeri açmak, dükkân açmak ***Geschäft führen*** idare etmek, yönetmek ***Geschäfte machen*** iş yapmak, ticaret yapmak; çıkar sağlamak ***großes Geschäft*** *kon* büyük aptes ***Gute Geschäfte!*** Hayırlı işler! ***in ein Geschäft einsteigen*** (ticari) bir işe girişmek ***sein Geschäft verstehen*** işini çok iyi yapmak; işinin erbabı olmak ***sein Geschäft verrichten*** *kon* kaka yapmak, kakasını yapmak
Geschäftemacher /gı'şeftımahır/ *m* sürekli para peşinde koşan kişi, fırsatçı, çıkarcı
geschäftig /gı'şeftih/ *s* çok meşgul, işi başından aşkın; faal, çalışkan
Geschäftigkeit /gı'şeftihkayt/ *f* faal olma, çalışkanlık; işgüzarlık
geschäftlich /gı'şeştlih/ *s* iş ile ilgili, ticari; resmi, formal ***er ist geschäftlich unterwegs*** o iş icabı yolda, iş gezisinde ***geschäftliche Tätigkeit*** şirket faaliyeti, işyeri faaliyeti
Geschäftsabschluss /gı'şeftsapşlus/ *m* alışveriş anlaşması
Geschäftsauflösung /gı'şeftsauflö:zung/ *f* işyeri tasfiyesi
Geschäftsbedingungen /gı'şeftsbıdingungın/ *f* ticari şartlar, iş şartları, mukavele koşulları, nizamname
Geschäftsbericht /gı'şeftsbıriht/ *m* bülten, iş raporu
Geschäftsfähigkeit /gı'şeftsfe:ihkayt/ *f* medeni hakları kullanma ehliyeti, akli dengesi yerinde olma
Geschäftsfrau /gı'şeftsfrau/ *f* iş kadını
Geschäftsführer /gı'şeftsfü:rır/ *m* müdür, direktör, yönetici
Geschäftsführung /gı'şeftsfü:rung/ *f* yönetim, idare; yönetme, idare etme
Geschäftsinhaber /gı'şeftsinha:bır/ *m* iş sahibi; ortak
Geschäftsjahr /gı'şeftsya:r/ *n* iş yılı; mali dönem, mali yıl; faaliyet yılı; hesap yılı
Geschäftsleitung /gı'şeftslaytung/ *f* işletme yönetimi, işletme idaresi, iş yönetimi, iş idaresi
Geschäftsmann /gı'şeftsman/ *m* işadamı, tüccar

G

Geschäftspartner /gı'şeftspartnır/ *m* iş ortağı
Geschäftsreise /gı'şeftsrayzı/ *f* iş gezisi, iş seyahati
geschäftsschädigend /gı'şeftsşe:digınt/ *s* işe zararlı
Geschäftsschluss /gı'şeftsşlus/ *m* paydos zamanı
Geschäftsstelle /gı'şeftsştelı/ *f* (parti, dernek) büro, danışma bürosu, halkla ilişkiler bürosu
G
geschäftstüchtig /gı'şeftstühtih/ *s* çalışkan, iş bitirici, işten anlayan
geschäftsunfähig /gı'şeftsunfe:ih/ *s* medeni haklarını kullanmaya yetkin olmayan
Geschäftsverbindung /gı'şeftsferbindung/ *f* iş ilişkisi, ticari ilişki
Geschäftsviertel /gı'şeftsfi:rtıl/ *n* alışveriş merkezi, alışveriş yeri
Geschäftszeit /gı'şeftstsayt/ *f* (işyeri, mağaza) açık olduğu zaman, çalışma saatleri, mesai saatleri
Geschäftszweig /gı'şeftstsvayg/ *n* şube, temsilcilik; ticari branş
Geschehen /gı'şe:ın/ *n kon* olay, vaka, hadise
geschehen /gı'şe:ın/ *vi* olmak, olup bitmek, vuku bulmak, gerçekleşmek ***ein Wunder ist geschehen*** bir mucize oldu ***es ist ihm nichts geschehen*** ona bir şey olmadı ***etw geschehen lassen*** (bir şeye) izin vermek, mani olmamak ***gerne geschehen!*** *kon* benim için bir zevkti ***geschehe was da wolle!*** ne olursa olsun! ***was geschehen ist, ist geschehen*** olan oldu ***was ist geschehen?*** ne oldu?
Geschehnis /gı'şe:nis/ *n* hadise, olay, vuku
gescheit /gı'şayt/ *s* akıllı, zeki; yerinde, doğru; doğru dürüst, adamakıllı ***gescheiter Einfall*** iyi fikir ***Sei doch gescheit!*** aklına başına devşir!
Geschenk /gı'şenk/ *n* armağan, hediye ***jdm ein Geschenk mchen*** (birisine) bir hediye sunmak
Geschenkartikel /gı'şenkartikıl/ *m* hediyelik eşya; hediyelik eşya dükkânı
Geschenkpackung /gı'şenkpakung/ *f* hediye paketi
Geschenkpapier /gı'şenkpapi:r/ *n* ambalaj kâğıdı
Geschichte /gı'şihtı/ *f* tarih (bilimi); hikâye; mesele, olay ***die ganze Geschichte*** *kon* tümü, hepsi ***eine Geschichte erzählen*** hikâye anlatmak ***etw gehört der Geschichte an*** (bir şeyin) ortadan kalkması ***Geschichte des Altertums*** ilkçağ tarihi ***Geschichte des Mittelalters*** ortaçağ tarihi ***mach keine Geschichten!*** zahmet etme!
geschichtlich /gı'şihtlih/ *s* tarihi, tarihsel
Geschichtsbuch /gı'şihtsbu:h/ *n* tarih kitabı
Geschichtsschreiber /gı'şihtsşraybır/ *m* tarihçi, tarih yazarı
Geschick /gı'şik/ *n* yetenek, beceri, maharet; ustalık, hüner, el becerisi; kader, yazgı, alınyazısı; talih, kısmet ***widriges Geschick*** aksi tesadüf
Geschicklichkeit /gı'şiklihkayt/ *f* beceri, maharet, hüner; kader, alınyazısı, yazgı
geschickt /gı'şikt/ *s* becerikli, hünerli, kabiliyetli, mahir; başarılı; tecrübeli, marifetli; *be* ustalıkla
geschieden /gı'şi:dın/ *s* boşanmış
Geschirr /gı'şir/ *n* kap, tabak çanak, çanak çömlek; mutfak takımı; (at) koşum ***das Geschirr abräumen*** sofrayı kaldırmak ***das Geschirr spülen*** bulaşıkları yıkamak
Geschirrspülmaschine /gı'şirşpü:lmaşi:nı/ *f* bulaşık (yıkama) makinesi
Geschlecht /gı'şleht/ *n* cins, cinsiyet; soy, sop; eşey; *dilb* cins; aile; kuşak, nesil, göbek; sülale, soy sop
geschlechtlich /gı'şle:htlih/ *s* cinsi, cinsel ***geschlechtlich verkehren*** cinsel ilişkide bulunmak
Geschlechtsakt /gı'şlehtsakt/ *m huk* cinsel ilişki, çiftleşme
Geschlechtskrankheit /gı'şlehtskrankhayt/ *f hek* cinsel hastalık, zührevi hastalık
Geschlechtsleben /gı'şlehtsle:bın/ *n* cinsel yaşam, seks hayatı
Geschlechtsorgan /gı'şlehtsorga:n/ *n* cinsel organ, cinsel uzuv
geschlechtsreif /gı'şlehtsrayf/ *s* ergen, erin, cinsel erginliğe ulaşmış
geschlechtsspezifisch /gı'şlehtsşpetsi:fiş/ *s* (belli bir) cinsiyete özgü
Geschlechtsteil /gı'şlehtstayl/ *pl* cinsel organ, üreme organı
Geschlechtstrieb /gı'şlehtstri:p/ *m* cinsel

dürtü

Geschlechtsumwandlung /gı'şle:**h**tsumvandlung/ *f* cinsiyet değiştirme

Geschlechtsverkehr /gı'şle**h**tsferke:r/ *m* cinsel ilişki, cinsi münasebet

Geschlechtswort /gı'şle**h**tsvort/ *n dilb* artikel, tanımlık

geschliffen /gı'şlifın/ *s* perdahlanmış, cilalı

geschlossen /gı'şlosın/ *s* kapalı; yakın, birbirine yakın; birlikte ***geschlossenes Meer*** kapalı deniz, iç deniz

Geschlossenheit /gı'şlosın**h**ayt/ *f* bütünlük; birlik, beraberlik

Geschmack /gı'şmak/ *m* tat, lezzet, çeşni; zevk, beğeni ***an etw Geschmack finden*** (bir şeyden) hoşlanmaya başlamak ***auf den Geschmack kommen*** tadını almak, hoşuna gitmek ***das ist nach meinem Geschmack*** bu hoşuma gidiyor ***die Geschmäcker sind verschieden*** *kon* zevkler ve renkler tartışılmaz ***er hat guten Geschmack*** o zevk sahibidir ***Geschmack finden an etw*** bir şeyden hoşlanmak, tat almak ***Geschmack haben*** zevk sahibi olmak ***Geschmack verleihen*** tatlandırmak ***nach jds Geschmack*** zevkine göre, ağzına layık

geschmacklos /gı'şmaklo:s/ *s* zevksiz; tatsız; lezzetsiz, tatsız tuzsuz, saman gibi, yavan

Geschmacklosigkeit /gı'şmaklo:zi**h**kayt/ *f* tatsızlık, zevksizlik; lezzetsizlik

Geschmacksrichtung /gı'şmaksri**h**tung/ *f* zevk, keyif

Geschmackssache /gı'şmakszahı/ *f* zevk meselesi

Geschmackssinn /gı'şmakszin/ *m* tat duyusu

geschmackvoll /gı'şmakfol/ *s* zevkli, zevk sahibi; hoş; *be* zevkle

geschmeidig /gı'şmaydi**h**/ *s* yumuşak, hoş, ahenkli ***geschmeidig tanzen*** kıvırtarak oynamak

Geschmeidigkeit /gı'şmaydi**h**kayt/ *f* yumuşaklık, ahenklilik

Geschöpf /gı'şöpf/ *n* canlı; yaratık, mahluk

Geschoss /gı'şos/ *n* (silahtan atılan) mermi, gülle; (yapı) kat

Geschrei /gı'şray/ *n* haykırış, bağırış, bağırma; bağırış, çağırış, şamata, nara

Geschütz /gı'şüts/ *n ask* top ***schweres Geschütz auffahren*** *mec* sert bir dil kullanmak

geschützt /gı'şütst/ *s* korunmuş; korunaklı

Geschwader /gı'şwa:dır/ *n ask* deniz filosu; *ask* hava alayı; *den* filo

Geschwafel /gı'şva:fıl/ *n* saçma sapan konuşma, boş boş konuşma

Geschwätz /gı'şvets/ *n kon* laf, gevezelik, boş lakırdı, dedikodu

geschwätzig /gı'şvetsi**h**/ *s* geveze; dedikoducu; çaçaron; laf ebesi

geschweige /gı'şvaygı/ *s* bir yana, şöyle dursun ***geschweige denn!*** nerede kaldı ki!

geschwind /gı'şvint/ *s* süratli, hızlı; çabuk, tez, seri, hızlı; *müz* canlı

Geschwindigkeit /gı'şvindi**h**kayt/ *f* hız, sürat, çabukluk ***die Geschwindigket erhöhen*** hız yükseltmek ***die Geschwindigkeit herabsetzen*** hız azaltmak

Geschwindigkeitsbegrenzung /gı'şvindi**h**kaytsbıgrentsung/ *f* azami sürat, hız sınırı

Geschwindigkeitsüberschreitung /gı'şvindi**h**kaytsü:bırşraytung/ *f* aşırı hız, hız sınırını aşma

Geschwister /gı'şvistır/ *f* kardeş, kardeşler ***hast du Geschwister?*** kardeşin var mı?

geschwisterlich /gı'şvistırli**h**/ *s* kardeşçe

geschwollen /gı'şvolın/ *s* şişmiş; *kon* abartılı; kasıntı ***vom Weinen geschwollene Augen*** ağlamaktan şişmiş gözler

Geschworene(r) /gı'şvo:rını(r)/ *f/m* (ABD) yeminli mahkeme jürisi üyesi, jüri

Geschwulst /gı'şvulst/ *f hek* kist, tümör, ur, fungus; şiş, şişkinlik; *bitk* turgor

Geschwür /gı'şvü:r/ *n hek* ülser; yara, kabarcık

Geselle/Gesellin /gı'zelı/gı'zelin/ *m/f* arkadaş, yoldaş, kalfa

Gesellenprüfung /gı'zelınprü:fung/ *f* kalfalık sınavı

gesellig /gı'zeli**h**/ *s* dostsever, neşeli, hoş meşrep, dışa dönük, sosyal; birlikte, ortak ***die Bienen leben gesellig*** arılar birlik halinde yaşarlar ***geselliges Leben*** sosyal hayat

Gesellschaft /gı'zelşaft/ *f* topluluk, toplum, cemiyet, cemaat; *tic* şirket, kurum,

G

kuruluş, ortaklık; meclis, parti, dernek; cemiyet, birlik; toplantı, eğlence; müsamere ***die bürgerliche Gesellschaft*** orta tabaka ahalisi ***eine Gesellschaft geben*** eğlence partisi vermek ***eine Gesellschaft gründen*** şirket kurmak ***geschlossene Gesellschaft*** özel toplantı ***Gesellschaft mit beschränkter Haftung (GmbH)*** limited şirket ***gute Gesellschaft*** seçkin bir tabaka ***in Gesellschaft sein*** insan içinde olmak, yalnız olmamak ***jdm Gesellschaft leisten*** (birisini) yalnız bırakmamak, (birisine) eşlik etmek

G

Gesellschafter /gı'zelşaftır/ *m* arkadaş, dost; *tic* ortak, hissedar ***stiller Gesellschafter*** yönetime değil de sadece kâra ortak kişi

gesellschaftlich /gı'zelşaftli**h**/ *s* toplumsal, sosyal, içtimai ***gesellschaftliche Veranstaltung*** dernek, meclis ***gesellschaftliches Leben*** sosyal yaşam

Gesellschaftskritik /gı'zelşaftskriti:k/ *f* toplum eleştirisi

Gesellschaftsschicht /gı'zelşaftsşi**h**t/ *f* sosyal tabaka

Gesellschaftsspiel /gı'zelşaftsşpi:l/ *n* grup oyunu, sosyete oyunu

Gesellschaftssystem /gı'zelşaftszüste:m/ *n* toplum sistemi

Gesellschaftsvertrag /gı'zelşaftsfertra:k/ *m huk* ortaklık mukavelesi; şirket mukavelesi, şirket sözleşmesi

Gesetz /gı'zets/ *n* yasa, kanun; yönetmelik, tüzük; kural, kaide, şart, usul; (islam) şeriat ***das Gesetz anwenden*** kanunu uygulamak ***das Gesetz befolgen*** kanuna riayet etmek ***das Gesetz durchbrechen*** yasaları çiğnemek ***das Gesetz ergehen lassen*** yasa çıkarmak, kanun çıkarmak ***das Gesetz erlassen*** kanun çıkarmak ***das Gesetz üben*** kanunu tatbik etmek ***das Gesetz überschreiten*** kanunu çiğnemek ***das Gesetz übertreten*** yasayı çiğnemek ***das Gesetz verabschieden*** yasa çıkarmak ***ein Gesetz verabschieden*** bir yasayı (mecliste) kabul etmek ***ein Gesetz aufheben*** bir yasayı yürürlükten kaldırmak ***gegen das Gesetz verstoßen*** kanuna karşı gelmek ***Gesetze geben*** yasa koymak

Gesetzbuch /gı'zetsbu:**h**/ *n huk* kanun kitabı, kanunname

Gesetzentwurf /gı'zetsentvurf/ *m huk* yasa tasarısı, kanun tasarısı ***Gesetzentwurf einbringen*** kanun teklifi sunmak

gesetzgebend /gı'zetsge:bınt/ *s huk* yasama, teşrii ***gesetzgebende Körperschaft*** yasama organı ***gesetzgebende Versammlung*** yasama kurulu

Gesetzgeber /gı'zetsge:bır/ *m* yasa koyucu, kanun koyucu, kanun yapan

Gesetzgebung /gı'zetsge:bung/ *f huk* yürürlükteki yasa; kanun koyma (yetkisi); yasa çıkarma

gesetzlich /gı'zetsli**h**/ *s* yasal, kanuni; meşru; *be* kanunen, yasal olarak ***gesetzlich bestimmende Arbeitszeit*** yasal olarak düzenlenmiş çalışma saatleri ***gesetzliche Bestimmungen*** kanuni mevzuatlar ***gesetzliche Erben*** yasal mirasçılar ***gesetzliche Feiertage*** kanuni tatil günleri ***gesetzliche Frist*** yasal süre ***gesetzliche Hypothek*** kanuni ipotek ***gesetzliche Schuld*** kanuni yükümlülük ***gesetzliche Unterstützung*** yasal yardım ***gesetzliche Vorschriften*** yasal koşullar ***gesetzlicher Vertreter*** kanuni temsilci, yasal temsilci ***gesetzlicher Zins*** yasal faiz ***gesetzlicher Zinsfuß*** yasal faiz oranı ***gesetzliches Alter*** *huk* kanuni yaş, kanun yaşı ***gesetzliches Zahlungsmittel*** yasal para, ulusal para

Gesetzlichkeit /gı'zetsli**h**kayt/ *f huk* yasaya uygunluk, yasal oluş; yasallık, meşruiyet

gesetzlos /gı'zetslo:s/ *s* kanunsuz

gesetzmäßig /gı'zetsme:si**h**/ *s* yasal, yasal yönden; yasaya uygun; yasaya, kanuna tabi

gesetzt /gı'zetst/ *s* oturaklı, ağırbaşlı, sakin, ciddi, temkinli; mütevazi, akıllı uslu ***von gesetzem Alter*** yaşını başını almış

gesetzwidrig /gı'zetsvi:dri**h**/ *s huk* yasaya aykırı, kanuna aykırı, gayri meşru

Gesicht /gı'zi**h**t/ *n* yüz, çehre, sima, surat; görünüm, çehre ***das Gesicht der Stadt*** şehrin görünümü, çehresi ***das Gesicht verlieren*** saygınlığını yitirmek ***ein anderes Gesicht aufstecken*** tavrını değiştirmek ***ein saures Gesicht zeigen*** yüzünü ekşitmek ***einer Sache ins Gesicht schlagen*** (bir şeye) aykırı olmak ***Gesichter schneiden*** somurtmak; sırıtmak ***gut zu Gesicht stehen*** yakışmak ***ins Gesicht lachen*** yüzüne gülmek ***ins Gesicht schlagen*** suratına çarpmak ***ins Gesicht schleudern*** (kabahat, suç) yüzüne vurmak ***jdm aus dem Gesicht geschnitten sein*** tıpatıp (birisine) benzemek ***jdn aus dem Gesicht verlieren*** (birisini) gözden kaybetmek ***jdn zu Gesicht bekommen*** (birisi) ile karşılaşmak ***langes Gesicht machen*** somurtmak, yüzünü asmak ***sein wahres Gesicht zeigen*** gerçek yüzünü göstermek ***über das ganze Gesicht strahlen*** mutluluğu yüzünden okunmak

Gesichtsausdruck /gı'zi**h**tsausdruk/ *m* sima, yüzün aldığı tavır, şekil

Gesichtscreme /gı'zi**h**tskre:m/ *f* yüz kremi

Gesichtsfarbe /gı'zi**h**tsfa:rbı/ *f* beniz, yüz rengi

Gesichtskreis /gı'zi**h**tskrays/ *m* ufuk, görüş alanı, görüş açısı

Gesichtsmaske /gı'zi**h**tsmaskı/ *f* (kozmetik) yüz kremi

Gesichtspunkt /gı'zi**h**tspunkt/ *m* görüş açısı, bakış açısı

Gesichtswasser /gı'zi**h**tsvasır/ *n* yüz losyonu

Gesichtszüge /gı'zi**h**tstsü:gı/ *f* yüz hatları

Gesinde /gı'zindı/ *n esk* (çiftlikte) hizmetçiler, uşaklar

Gesindel /gı'zindıl/ *n* serseri, ayaktakımı

Gesinnung /gı'zinung/ *f* zihniyet, fikir, düşünce, mantalite; tavır; karakter, saciye

Gesinnungswechsel /gı'zinungsveksıl/ *m* fikir değiştirme

gesittet /gı'zitıt/ *s* ahlaklı, dürüst, terbiyeli, edepli; medeni

gespalten /gı'şpaltın/ *be* bölünmüş, parçalanmış ***gespaltene Persönlichkeit*** *hek* şizofrenik kişilik; bölünmüş kişilik

Gespann /gı'şpan/ *n* (arabaya koşulmuş birden fazla) at, çift koşum; koşum hayvanı; birbiriyle sıkı ilişkide olan iki kişi ***ein gutes Gespann bilden*** birbirleriyle iyi anlaşmak, uyum içinde olmak

gespannt /gı'şpant/ *s* meraklı, merak verici; gergin, gerilmiş; *be* dikkatle ***auf etw gespannt sein*** (bir şeyi) merakla beklemek ***gespannt zuhören*** dikkatle dinlemek, dikkat kesilmek ***gespannte Aufmerksamkeit*** sıkı dikkat ***gespannte Lage*** gergin durum, gergin ortam ***ich bin gespannt*** merak ediyorum, merakla bekliyorum ***mit gespannter Aufmerksamkeit*** büyük bir dikkatle

Gespenst /gı'şpenst/ *n* hayalet, hortlak, cin; tehdit, tehlike, felaket ***das Gespenst des Erdbebens*** deprem tehdidi; deprem felaketi ***Gespenster sehen*** kuşkuya düşmek

gespenstisch /gı'şpenstiş/ *s* hayalet gibi; korkunç; hayali

gesperrt /gı'şpert/ *be* sınırlı; koşullu, şartlı

Gespinst /gı'şpinst/ *n* çok ince dokunmuş kumaş; bükülmüş iplik; *hayb* krizalit; tırtıl yuvası

Gespött /gı'şpöt/ *n* gülünç olma, alay konusu; alay, istihza ***sich zum Gespött machen*** gülünç olmak, alay konusu olmak ***zum Gespött werden*** maskara olmak

Gespräch /gı'şpre:**h**/ *n* konuşma; görüşme, diyalog; sohbet, müzakere, tartışma, teati, temas ***allgemeines Gespräch sein*** dillere destan olmak, herkesin dilinde olmak ***das Gespräch auf etw bringen*** (bir şeyden) söz açmak ***Gespräch führen*** görüşmek; konuşmak ***ins Gespräch kommen*** konuşmaya girmek; görüşmelere başlamak ***sich ins Gespräch mischen*** söze girmek, lafa karışmak

gesprächig /gı'şpre:hi**h**/ *s* konuşkan; geveze

Gesprächigkeit /gı'şpre:hi**h**kayt/ *f* konuşkanlık; gevezelik

Gesprächspartner /gı'şpre:**h**spartnır/ *m* konuşulan kişi, muhatap

Gesprächsstoff /gı'fpre**h**sştof/ *m* görüşme konusu, konuşma konusu

Gesprächsthema /gı'şpre:**h**ste:ma/ *n* görüşme konusu, söz konusu, bahis konusu

Gespür /gı'şpü:r/ *n* algılama, algılama yetisi, hissetme yetisi ***ein Gespür für etw haben*** (bir şeyi) algılayabilme (hissetme) yetisine sahip olmak

Gestalt /gı'ştalt/ *f* şekil, biçim, durum, form; dış görünüş, endam; silüet; boy; şahsiyet, şahıs, sima; ünlü birisi; (roman) kahraman ***die Gestalt Atatürk's*** Atatürk'ün şahsiyeti ***Gestalt annehmen*** şekil almak ***von großer Gestalt*** iri yapılı, uzun boylu

gestalten /gı'ştaltın/ *vt* yaratmak, biçim vermek, form vermek, teşkil etmek, şekillendirmek; örgütlemek, teşkilatlandırmak; geliştirmek ***sich gestalten*** şekillenmek, biçim almak

gestalterisch /gı'ştaltıriş/ *s* (sanatsal) yaratıcılık ***eine gestalterische Person*** yaratıcı yeteneği olan bir kişi

Gestaltung /gı'ştaltung/ *f* biçimlendirme, şekillendirme, yaratma; düzenleme; görünüş

Gestammel /gı'ştamıl/ *n* kekeleme; kem küm etme, ık mık etme

geständig /gı'ştendih/ *s* : ***geständig sein*** suçunu itiraf etmiş olmak

G

Geständnis /gı'ştentnis/ *n* itiraf, ikrar ***Geständnis ablegen*** itiraf etmek, itirafta bulunmak ***Geständnis und Eid*** ikrar ve yemin

Gestank /gı'ştank/ *m* kötü koku, pis koku

gestatten /gı'ştatın/ *vt* izin vermek, müsaade etmek ***gestatten Sie!*** müsaadenizle!

Geste /'gestı/ *f* jest, (bir şey anlatırken yapılan) el kol hareketleri

gestehen /gı'şte:ın/ *vt* itiraf etmek, ikrar etmek; tasdik etmek, onamak ***offen gestehen*** doğrusunu söylemek gerekirse

Gestein /gı'ştayn/ *n* yerb taş, taşlar; kaya, külte

Gesteinsart /gı'ştaynsa:rt/ *f* yerb taş cinsi, taş çeşidi

Gestell /gı'ştel/ *n* çerçeve, düzen; raf; ayaklık, sehpa; somya; *tek* şasi, düzen; iskelet; ayaklık

gestern /'gestırn/ *s* dün ***gestern Abend*** dün akşam ***gestern Morgen*** dün sabah ***von gestern*** *kon* eskimiş, modası geçmiş

Gestik /'gestik/ *f* jest, el kol hareketleri ***Gestik und Mimik*** jest ve mimikler

Gestikulation /gestikula'tsyo:n/ *f* el kol işaretleriyle anlatımı kuvvetlendirme; (konuşurken yapılan) jestler, hareket ve işaretler

gestikulieren /gestiku'li:rın/ *vi* (dikkat çekmek için) el kol hareketi ve işaretler yapmak, jestler yapmak

Gestirn /gı'ştirn/ *n anat* alın; *kon* yıldızlar, gezegenler

gestohlen /gı'şto:lın/ *be* çalıntı, çalınmış ***gestohlene Sache*** çalıntı mal

gestreift /gı'ştrayft/ *s* çizgili, çubuklu

gestrig /'gestrig/ *s* dünkü; eskimiş; eskiye ait; eski moda ***die gestrige Zeitung*** dünkü gazete

Gestrüpp /gı'ştrüp/ *n* çalılık, fundalık, çalı çırpı

Gestüt /gı'ştü:t/ *n* hara, at üretme çiftliği; depo

Gesuch /gı'zu:h/ *n* dilekçe, istida, arzuhal; (resmi) rica ***Gesuch eingeben*** dilekçe vermek ***Gesuch stellen*** dilekçe sunmak

gesund /gı'zunt/ *s* sağlıklı, sağlam, sıhhatli, esen, salim; iyi, şifalı; (hava) temiz; (uyku) derin, deliksiz, mışıl mışıl ***bleiben Sie gesund!*** esen kalın! ***der gesunde Menschenverstand*** sağduyu ***gesund machen*** iyileştirmek ***gesund sein*** sağlıklı olmak ***gesund werden*** iyileşmek ***gesund und munter*** çivi gibi, çakı gibi ***gesund und wohlbehalten*** sağ salim ***vollkommen gesund sein*** tamamen sıhhatli olmak ***wieder gesund werden*** sağlığına kavuşmak, hastalıktan kurtulmak

gesunden /gı'zundın/ *vi* iyileşmek, şifa bulmak

Gesundheit /gı'zunthayt/ *f* sağlık, sıhhat, esenlik, can sağlığı; sağlamlık ***auf Ihre Gesundheit*** (içki içerken) şerefe!, sağlığınıza! ***bei guter Gesundheit sein*** sağlığı yerinde olmak ***Gesundheit!*** çok yaşa!

gesundheitlich /gı'zunthaytlih/ *s* sağlık bakımından, sağlık açısından, sıhhi ***die gesundheitliche Verfassung*** sağlık durumu ***wie geht es Ihnen gesundheitlich?*** sağlığınız nasıl?

Gesundheitsamt /gı'zunthaytsamt/ *n* sağlık müdürlüğü, sağlık dairesi

Gesundheitsapostel /gı'zunthaytsapostıl/ *m* sağlık konusunda çok titiz olup, başkalarını da bu konuda eleştiren kişi

Gesundheitspflege /gı'zunthaytspfle:gı/ *f* sağlığı koruma, sağlık bakımı

Gesundheitsreform /gı'zunthaytsreform/ *f* sağlık reformu

gesundheitsschädlich /gı'zunthaytsşe:dlih/ *s* sağlığa zararlı, gayri sıhhi

Gesundheitszustand /gı'zunthaytstsuştant/ *m* sağlık durumu

gesundstoßen /gı'zuntşto:sın/ *trvr* (bir işten) çok kazanç sağlamak

Getöse /gı'tö:zı/ *n* gürültü, patırtı; şamata; velvele ***mit lautem Getöse*** gümbedek

getragen /gı'tra:gın/ *s* giyilmiş giysi, kullanılmış ayakkabı

Getränk /gı'trenk/ *n* içecek, meşrubat; içki; *hek* ilaç ***alkoholische Getränke*** alkollü içkiler ***fades Getränk*** tatsız içecek, *mec* bulaşık suyu

Getränkeautomat /gı'trenkı:automa:t/ *m* içecek otomatı

getrauen /gı'trauın/ *vr* (yapmaya) cesaret etmek

Getreide /gı'traydı/ *n* tahıl, hububat, zahire ***das Getreide mähen*** ekin biçmek

Getreideanbau /gı'traydıanbau/ *m* tahıl ekimi, tahıl ziraatı

getrennt /gı'trent/ *s* ayrı ***getrennt leben*** ayrı yaşamak

Getrenntschreibung /gı'trentşraybung/ *f* kelimeleri ayrı yazma

getreu /gı'troy/ *s* aslına uygun, aslına sadık; sadık, sadakatli, vefalı

Getriebe /gı'tri:bı/ *n* mekanizma, düzen; *oto* şanzıman; hareket, faaliyet, canlılık

getrost /gı'tro:st/ *s* güvenle; korkmadan; içi rahat, sakin ***getrost sterben*** huzur içinde ölmek

Getue /gı'tu:ı/ *n* yapmacık tavır, kendine paye biçme; cilveleşme ***bloßes Getue*** yapmacık kibarlık ***viel Getue um jdn machen*** aşırı şekilde (birisinin) üzerine düşmek

Getümmel /gı'tümıl/ *n* izdiham, kalabalık; şamata, patırtı gürültü; kargaşa

Geviert /gı'fi:rt/ *n* dörtgen, kare

Gewächs /gı'veks/ *n bitk* bitki; ot; ürün, mahsul; *hek* yumru, şiş, tümör

gewachsen /gı'vaksın/ *be* yetişmiş, yetişkin, büyümüş ***einer Sache gewachsen sein*** (bir şeyi) becerebilmek ***gewachsen sein*** (birisinin) dengi olmak, (birisi) ile baş edebilmek

Gewächshaus /gı'vekshaus/ *n* sera, limonluk

gewagt /gı'va:kt/ *s* cesaretli, gözü kara; edebe aykırı, açık saçık ***eine gewagte Handlung*** cesaretli bir girişim; toplumun tepkisini çekebilecek ***ein gewagter Film*** (açık saçık) (cüretkâr) bir film

gewählt /gı've:lt/ *s* seçkin, seçme, güzide; seçilmiş ***gewählter Präsident*** seçilmiş cumhurbaşkanı

Gewähr /gı've:r/ *f* sorumluluk, garanti, teminat ***die Gewähr übernehmen für etw*** sorumluluğunu almak ***Gewähr bieten*** kefil olmak; garanti etmek ***keine Gewähr übernehmen für etw*** sorumluluk kabul etmemek ***ohne Gewähr*** garanti verilmez

gewähren /gı've:rın/ *vt* vermek, bahşetmek, bağışlamak; yerine getirmek; helal etmek; müsaade etmek; garanti etmek; tanımak ***Frist gewähren*** süre vermek ***jdm den Wunsch gewähren*** (birisinin) dileğini yerine getirmek ***jdm Schutz gewähren*** (birisini) korumak, koruma altına almak ***jdn gewähren lassen*** (birisini) rahat bırakmak, engel olmamak

gewährleisten /gı've:rlaystın/ *vt* sağlamak; garanti vermek, garanti etmek

Gewahrsam /gı'va:rza:m/ *m* himaye, koruma, muhafaza; emanet; *n* tutukluluk, hapis ***etw in Gewahrsam halten*** (bir şeyi) muhafaza etmek ***etw in Gewahrsam nehmen*** (bir şeyi) himayesi altıa almak ***jdn in Gewahrsam halten*** (birisini) tutuklu bulundurmak ***jdn in Gewahrsam nehmen*** (birisini) hapsetmek; tutuklamak ***polizeilicher Gewahrsam*** nezarethane, polis gözetimi

Gewährsmann /gı've:rsman/ *m* garantör; mutemet; yetkili, bilirkişi; bilgi veren, bilgi kaynağı

Gewalt /gı'valt/ *f* kaba kuvvet, şiddet, zor, cebir; güç; nüfuz, kuvvet, kudret, iktidar; selahiyet, yetki, otorite; velayet; yaptırım gücü; hâkimiyet ***die Gewalt über etw verlieren*** (bir şeyin) kontrolünü elden kaçırmak ***es regnet mit aller Gewalt*** bardaktan boşanırcasına yağmur yağıyor ***gegen jdn Gewalt anwenden*** (birisine) zor kullanmak ***gesetzgebende Gewalt*** *huk* yasama yetkisi ***Gewalt anwenden*** zor kullanmak ***Gewalt erleiden*** şiddete maruz kalmak ***höhere Gewalt*** *huk* mücbir (zorlayıcı) sebep ***jdm die Gewalt antun*** (birisini) zorlamak; ırzına geçmek ***jdn in seine Gewalt bekommen*** (birisini) yakalamak ***mit Gewalt*** zorla, kaba kuvvetle, cebren ***mit aller Gewalt*** mutlaka, ne pahasına olursa olsun ***mit sanfter Gewalt*** tatlı sert bir şekilde ***sich in der Gewalt haben*** kendine hâkim olmak ***über etw Gewalt haben*** nüfuz altında bulundurmak

Gewaltanwendung /gı'valtanvendung/ *f* zor kullanma

Gewaltenteilung /gı'valtıntaylung/ *f huk* (anayasal yasama, yürütme vs. gibi) kuvvetler ayrımı

Gewaltherrschaft /gı'valtherşaft/ *f* diktatörlük
gewaltig /gı'valtih/ *s* kuvvetli, kudretli; kocaman, ipiri; *be* çok, pek ***sich gewaltig irren*** fena yanılmak
Gewaltlosigkeit /gı'valtlo:zihkayt/ *f* güçsüzlük; şiddete dayalı olmama
gewaltsam /gı'valtza:m/ *s* zorlu, cebri, şiddetli; *be* zorla, zor kullanarak, cebren; *kon* zar zor, güç bela ***einen gewaltsamen Tod finden*** öldürülmek; kazaya kurban gitmek ***gewaltsam entführen*** zorla kaçırmak ***gewaltsam vorgehen*** zor kullanmak, şiddet kullanmak ***gewaltsam wegnehmen*** zorla almak ***gewaltsame Unsucht*** zorla ırza geçme
gewalttätig /gı'valttetih/ *s* zorba, cani, kaba kuvvet kullanan
Gewalttätigkeit /gı'valtte:tihkayt/ *f* zorbalık, zorbalık eylemi, kaba kuvvetle suç işleme
Gewaltverbrecher /gı'valtferbrehır/ *m* zorba, cani
Gewaltverzicht /gı'valtfertsiht/ *m* şiddet kullanımından vazgeçme; saldırmazlık
Gewand /gı'vant/ *n* kostüm, tuvalet; elbise
gewandt /gı'vant/ *s* becerikli, işini bilen, mahir; çevik; yumuşak, kolay eğilir ***zu mir gewandt*** bana dönerek
Gewandtheit /gı'vanthayt/ *f* beceriklilik, işini bilme, mahir olma; çevik olma
Gewäsch /gı'veş/ *n kon* dedikodu, gevezelik
Gewässer /gı'vesır/ *n* (deniz, nehir) su, kara suları
Gewebe /gı've:bı/ *n* dokuma, kumaş, örgü; *biy* doku; *bitk* doku; örümcek ağı
Gewehr /gı've:r/ *n ask* tüfek ***an die Gewehre!*** tüfek başına!, silah başına! ***das Gewehr laden*** tüfeği doldurmak ***das Gewehr entladen*** tüfeği boşaltmak ***das Gewehr versagt*** tutukluk yapıyor ***Gewehr ab!*** tüfek çıkar! ***Gewehr über!*** tüfek omza! ***setzt die Gewehre zusammen!*** tüfek çat!
Gewehrlauf /gı've:rlauf/ *m* tüfek namlusu
Geweih /gı'vay/ *n* geyik boynuzu
Gewerbe /gı'verbı/ *n* esnaflık, sanat, zanaat; sanayi; meslek; sektör, branş, iş kolu
Gewerbebetrieb /gı'verbıbıtri:p/ *m* küçük sanayi işletmesi
Gewerbegebiet /gı'verbıgıbi:t/ *n* (şehrin) iş ve sanayi bölgesi
Gewerbeschein /gı'verbışayn/ *m* sanat belgesi
Gewerbesteuer /gı'verbıştoyır/ *f* sanayi vergisi, endüstriyel vergi
Gewerbetreibende(r) /gı'verbıtraybındı(r)/ *f/m* zanaatçı; esnaf
gewerblich /gı'verblih/ *s* mesleki; kâr amaçlı; sınai, endüstriyel ***gewerbliche Berufsausbildung*** mesleki eğitim, endüstri eğitimi ***gewerblicher Betrieb*** sanayi müessesesi
Gewerkschaft /gı'verkşaft/ *f* sendika; işçi sendikası; maden ocağı işletmeciliği
Gewerkschaftler /gı'verkşaftlır/ *m* sendikacı, sendika üyesi
gewerkschaftlich /gı'verkşaftlih/ *s* sendikal, sendika ile ilgili ***sich gewerkschaftlich organisieren*** sendikalaşmak
Gewerkschaftsbund /gı'verkşaftsbunt/ *m* sendikalar birliği
Gewicht /gı'viht/ *n* ağırlık, sıklet; önem; gramaj ***an etw Gewicht legen*** (bir şeye) önem vermek, ağırlık vermek ***an Gewicht verlieren*** fire vermek; ehemmiyetini kaybetmek ***Gewicht beilegen*** önem vermek ***ins Gewicht fallen*** önemli olmak ***nach Gewicht*** tartı ile
Gewichtheben /gı'vihthe:bın/ *n* halter sporu, halter kaldırma
Gewichtheber /gı'vihthe:bır/ *m sp* halterci
gewichtig /gı'vihtih/ *s* önemli; ağır; *kon* şişman, kilolu; ciddi ***ein gewichtiger Punkt*** önemli bir nokta
Gewichtsklasse /gı'vihtsklası/ *f sp* sıklet
gewillt /gı'vilt/ *s* : ***gewillt sein, etw zu tun*** (bir şeyi) yapmak niyetinde olmak
Gewimmel /gı'vimıl/ *n* kalabalık, izdiham; *kon* (böcek, kurt) birbirine girme, kaynama
Gewimmer /gı'vimır/ *n* inleme
Gewinde /gı'vindı/ *n tek* vida dişi, diş; (çiçek) çelenk, hevenk
Gewinn /gı'vin/ *m* kâr, kazanç; randıman, verim; kazanım, gelir; prim; temettü ***aus etw Gewinn schlagen*** (bir şeyden) kâr etmek ***einen großen Gewinn erzielen*** *mec* voleyi vurmak, parsayı toplamak, vurgunu vurmak ***etw mit Gewinn verkaufen*** kârlı satmak ***Gewinn bringen*** kâr getirmek ***Gewinn erzielen*** gelir ka-

zanmak ***Gewinn machen*** kâr sağlamak, kâr etmek ***Gewinn nach Abzug von Steuern*** vergi ödendikten sonraki net gelir ***Gewinn pro Aktie*** *tic* hisse başına düşen kâr ***Gewinn und Verlust*** kâr ve zarar ***Gewinn ziehen aus etw*** istifade etmek, yararlanmak ***ohne Gewinn verkaufen*** sermayesine satmak, kârsız satmak

Gewinnausschüttung /gı'vinausşütung/ *f* kâr dağıtımı, kâr payı dağıtımı, temettü dağıtımı

Gewinnbeteiligung /gı'vinbıtayligung/ *f tic* kâr ortaklığı, kazanç ortaklığı; kârdan pay alma

Gewinnchance /gı'vinşansı/ *f* kazanma fırsatı

gewinnen /gı'vinın/ *vt* kazanmak, elde etmek; yarar sağlamak; (ürün) almak; (maden) çıkarmak; *vi* (şans oyunu) kazanmak; güzelleşmek ***an Bedeutung gewinnen*** önem kazanmak; güzelleşmek ***Boden gewinnen*** yerleşmek, ilerlemek ***den Anschein gewinnen*** görünmek ***den Prozess gewinnen*** *huk* mahkemeyi kazanmak, davayı kazanmak ***einen Ort gewinnen*** bir yere yetişmek ***etw aus etw gewinnen*** (bir şeyden bir şey) elde etmek ***jdn für etw gewinnen*** (birisini) ilgilendirmek ***jdn für sich gewinnen*** (birisini) kazanmak ***jdn zum Freund gewinnen*** (birisini) dost edinmek ***Lotto gewinnen*** loto tutturmak

gewinnend /gı'vinınt/ *be* alımlı, cazip

Gewinner /gı'vinır/ *m* kazanan; *sp* galip; (atyarışı) ganyan

Gewinnquote /gı'vinkvo:tı/ *f* kâr oranı, kâr marjı

Gewinnspanne /gı'vinşpanı/ *f tic* kâr marjı

Gewinnzahl /gı'vintsa:l/ *f* kazanan numara

Gewirr /gı'vir/ *n* (kablo, tel, ses) karmaşa, karman çorman olma, karışıklık, dağınıklık; labirent

gewiss /gı'vis/ *s* emin, muhakkak, elbette, tabii, şüphesiz; kesin, aynen; bazı ***aber gewiss!*** elbette! ***deine Treue ist mir gewiss*** sadakatinden şüphem yok ***ein gewisser Ort*** *kon* tuvalet, hela, yüznumara ***eine gewisse Zeit*** bir süre, bir müddet ***etw für gewiss halten*** (bir şeye) kesin gözüyle bakmak ***ganz gewiss!*** muhakkak! ***gewiss!*** tabii!, kesin!, aynen! ***gewiss nicht!*** asla!, kat'iyen! ***gewisse Personen*** bazı kişiler ***in gewissem Maße*** bir yere kadar, bir dereceye kadar

Gewissen /gı'visın/ *n* vicdan ***auf Ehre und Gewissen*** namus ve vicdan üzerine ***ein gutes Gewissen haben*** içi rahat olmak ***ein reines Gewissen haben*** masum olmak ***ein schlechtes Gewissen haben*** vicdan azabı duymak ***etw auf dem Gewissen haben*** (bir şeyin) sebebi olmak ***Gewissen zeigen*** merhamet göstermek ***ins Gewissen reden*** vicdanına seslenmek ***mit gutem Gewissen*** gönül rahatlığı ile ***nach bestem Wissen und Gewissen*** vicdanen ***sich ein Gewissen aus etw machen*** (bir şeyden) çekinmek

gewissenhaft /gı'visınhaft/ *s* özenli, titiz; insaflı, vicdanlı ***ein gewissenhafter Mitarbeiter*** özenli bir çalışan ***gewissenhaft arbeiten*** özenle çalışmak

Gewissenhaftigkeit /gı'visınhaftihkayt/ *f* özenlilik, titizlik; vicdanlılık

gewissenlos /gı'visınlo:s/ *s* vicdansız, insafsız

Gewissenlosigkeit /gı'visınlo:zihkayt/ *f* vicdansızlık, insafsızlık

Gewissensbisse /gı'visınsbisı/ *pl* vicdan azabı ***Gewissensbisse haben*** vicdan azabı çekmek

Gewissensfrage /gı'visınsfra:gı/ *f* vicdan meselesi

Gewissenskonflikt /gı'visınskonflikt/ *m* vicdanı ile çatışma

gewissermaßen /gı'visırma:sın/ *s* sanki, adeta; bir parça, bir nebze; oldukça, hemen hemen

Gewitter /gı'vitır/ *n metr* a, bora; *kon* kavga, nizah, gürültü ***in ein Gewitter kommen*** fırtınaya yakalanmak

Gewitterwolke /gı'vitırvolkı/ *f metr* fırtına bulutu

gewittrig /gı'vitrih/ *s metr* fırtınalı

gewogen /gı'vo:gın/ *be* lütufkâr ***jdm gewogen sein*** (birisine) yakınlık göstermek

gewöhnen /gı'vö:nın/ *vt* alıştırmak; *vi* alışmak, âdet edinmek ***an etw gewöhnt*** bir şeye alışık ***jdn an etw gewöhnen*** (birisini bir şeye) alıştırmak ***sich an etw gewöhnen*** bir şeye alışmak ***sich gewöhnen*** alışmak

G

Gewohnheit /gı'vo:nhayt/ *f* alışkanlık; âdet, gelenek, örf ve âdet, anane; teamül ***aus Gewohnheit*** alışkanlıktan ***eine Gewohnheit annehmen*** kendine âdet edinmek ***sich etw zur Gewohnheit machen*** (bir şeyi) âdet haline getirmek ***zur Gewohnheit werden*** alışkanlık halini almak

gewohnheitsmäßig /gı'vo:nhaytsmesih/ *be* alışılagelmiş, bilindiği gibi, sıradan

Gewohnheitsmensch /gı'vo:nhaytsmenş/ *m kon* alışkanlıklarından vazgeçmeyen kişi

Gewohnheitsrecht /gı'vo:nhaytsreht/ *n huk* örf ve âdet hukuku, geleneksel olarak toplumda yerleşmiş hak

gewöhnlich /gı'vö:nlih/ *s* alışılagelmiş, adi, sıradan, her zamanki gibi; sık sık; olağan, mutat; sıradan, alelade, vasat; (kişi) adi, bayağı; *be* âdet üzere; ekseriya ***gewöhnliche Gesellschaft*** *tic* adi şirket ***gewöhnlicher Brief*** adi mektup ***gewöhnlicher Konkurs*** *tic* adi iflas ***gewöhnlicher Mensch*** adi herif, aşağılık adam ***wie gewöhnlich*** alışıldığı gibi, bilindiği gibi

Gewöhnlichkeit /gı'vö:nlihkayt/ *f* adilik, bayağılık; kabalık

gewohnt /gı'vo:nt/ *s* alışılmış; her zamanki; alışık, alışkan; bir şeyi yapmaya alışkın ***etw gewohnt sein*** alışkın olmak ***etw gewohnt werden*** (bir şeye) alışmak ***ich bin es gewohnt*** alışığım ***wie gewohnt*** her zamanki gibi

Gewöhnung /gı'vö:nung/ *f* alışkanlık; alıştırma; alışma; yatkınlık

Gewölbe /gı'völbı/ *n mim* kemerli tavan, kemer, kubbe, tonos; mahzen; zindan

Gewühl /gı'vü:l/ *n* karmaşa, kalabalık, izdiham

Gewürzgurke /gı'vürtsgurkı/ *f bitk* salamura hıyar, hıyar turşusu, kornişon

Gewürznelke /gı'vürtsnelkı/ *f bitk* karanfil kurusu, kuru karanfil

Geysir /gıi'zi:r/ *m* gayzer, (yerden fıskiye gibi fışkıran) sıcak su kaynağı

gezackt /gı'tsakt/ *s* dişli, uçlu

Gezappel /gı'tsapıl/ *n kon* tepinme, tepiniş; çırpınma, çırpınış

Gezeiten /gı'tsaytın/ *pl* gelgit, met-cezir

gezielt /gı'tsi:lt/ *be* özellikle

geziert /gı'tsi:rt/ *s* yapmacık, yapmacık tavırlı; nazlı

Gezwitscher /gı'tsvitşır/ *n* kuş cıvıltısı, cıvıltı, ötüşme

gezwungen /gı'tsvungın/ *s* zorunlu; zorla, istemeden; zoraki ***gezwungen lächeln*** zoraki gül(ümse)mek ***gezwungenes Benehmen*** yapmacık davranış ***sich gezwungen sehen*** yapmak zorunda olmak

gezwungenermaßen /gı'tsvungınırma:sın/ *s* ister istemez, istemeden olsa da, kerhen, mecburen, zorla

Ghana /'ga:na/ *tnz* Gana

Gibbon /'gibon/ *m hayb* jibon

Gibraltar /gi'braltar/ *tnz* Cebelitarık

Gicht /giht/ *f hek* gut, damla hastalığı, gut hastalığı; *mad* kömür yüksek fırını ağzı

Giebel /'gi:bıl/ *m mim* çatı tepesi, fronton

Gier /gi:r/ *f* aşırı arzu, hırs, açgözlülük, tamahkârlık; şehvet ***Gier nach Reichtum*** zenginlik hırsı; şehvet ***voller Gier*** aç kurt gibi

gierig /'gi:rih/ *s* hırslı, haris, açgözlü; şehvetli ***gierig essen*** şapur şupur yemek, yemeğe saldırmak ***gierig sein*** arzulu olmak

gießen /'gi:sın/ *vt* (su, sıvı, erimiş metal) dökmek; (kalıp) dökmek; (çiçek) su vermek, sulamak ***die Blumen gießen*** çiçekleri sulamak ***es gießt*** *kon* bardaktan boşanırcasına yağmur yağıyor

Gießerei /gi:sı'ray/ *f* dökümhane; dökümcülük

Gießkanne /'gi:skanı/ *f* çiçek sulama ibriği, çiçek sulama kovası

Gift /gift/ *n* zehir, ağı; hiddet, öfke; zarar, zararlı şey ***darauf können Sie Gift nehmen*** buna emin olabilirsiniz ***Gift nehmen*** kendini zehirlemek ***Gift und Galle speien*** hiddetten ateş püskürmek

Giftgas /'giftga:s/ *n* zehirli gaz

giftig /'giftih/ *s* zehirli; (insan) nefret dolu, öfkeli

Giftmord /'giftmort/ *m* zehirleme

Giftmüll /'giftmül/ *m* zehirli atık

Giftschlange /'giftşlangı/ *f hayb* zehirli yılan

Giftzahn /'gifttsa:n/ *m* (yılan) zehirli diş, zehir dişi

Gigant /gi'gant/ *m* dev; çok büyük, devasa

gigantisch /gi'gantiş/ *s* çok büyük, devasa; muazzam ***ein gigantisches Erfolg*** çok büyük bir başarı

Gin /cin/ *m* (içki) cin ***gespritzter Gin*** cin-

fiz
Ginseng /'ginzeng/ *m bitk* aralya, ginseng
Ginster /'ginstır/ *m bitk* katır tırnağı
Gipfel /'gipfıl/ *m* tepe, zirve, doruk; üst düzey devlet adamları buluşması; (olay, hadise) had safha, doruk
Gipfelkonferenz /'gipfılkonferents/ *f* zirve konferansı, güçlü ülkelerin devlet adamlarının katıldığı toplantı
gipfeln /'gipfıln/ *vi* son raddesine gelmek, bıçak kemiğe dayanmak
Gipfeltreffen /'gipfıltrefın/ *n* zirve toplantısı, en üst düzeydeki devlet adamlarının buluşması
Gips /'gips/ *m* alçı ***in Gips legen*** alçıya almak
Gipsbein /'gipsbayn/ *n kon* alçılı bacak
Gipsverband /'gipsferbant/ *m* alçı sargı
Giraffe /gi'rafı/ *f hayb* zürafa
Girlande /gir'landı/ *f* girlant, çelenk, hevenk
Giro /'ji:ro/ *n tic* ciro
Girokonto /'ji:rokonto/ *n tic* cari hesap
girren /'girın/ *vi* (kuş) ötmek; kumru gibi kıkırdamak
Gischt /gişt/ *m* köpük; dalga köpüğü
Gitarre /gi'tarı/ *f müz* gitar; bağlama; cura ***elektrische Gitarre*** elektrogitar
Gitarrist /gita'rist/ *m* gitarist
Gitter /'gitır/ *n* parmaklık; kafes; ızgara; çit; tırabzan, korkuluk ***hinter Gitter kommen*** *kon* hapse düşmek ***hinter Gitter sein*** *kon* hapiste olmak
Gitterbett /'gitırbet/ *n* (çocuk için) parmaklıklı yatak
Glacéhandschuh /gla'se:**h**antşu:/ *m* güderi eldiven
Gladiator /gla'dya:tor/ *m* gladyatör
Gladiole /glad'yo:lı/ *f* glayöl, kuzgun kılıcı
Glanz /glants/ *m* parlaklık, parıltı; cila, perdah; görkem, debdebe, ihtişam; şahanelik, harikalık; parlak dönem ***den Glanz verlieren*** (kişi) donup kalmak, rengi atmak ***mit Glanz bestehen*** (sınav) büyük başarıyla vermek ***mit Glanz und Gloria untergehen*** ağır bir yenilgi almak
glänzen /'glentsın/ *vi* parlamak; parıldamak; (insan) beğenilmek, göze batmak; *vt* parlatmak, cilalamak
glänzend /'glentsınt/ *s* parlak; olağanüstü, harika, süper, enfes; kusursuz ***ein glänzender Künstler*** harika bir sanatçı ***glänzende Idee*** parlak fikir ***mir geht es glänzend*** çok iyiyim, kendimi çok iyi hissediyorum mit glänzenden Augen dreinsehen (etrafa) fıldır fıldır gözlerle bakmak
Glanzleistung /'glantslaystung/ *f* parlak başarı, üstün başarı
Glanzpapier /'glantspapi:r/ *n* parlak kâğıt, kuşe kâğıt
Glanzzeit /'glantstsayt/ *f* parlak dönem, altın çağı
Glas /gla:s/ *n* cam, sırça; bardak, kadeh ***das Glas erheben auf jdn*** (birisinin şerefine) kadeh kaldırmak ***ein Glas Wasser*** bir bardak su ***ein Glas Wein*** bir kadeh şarap
Glaser /'gla:zır/ *m* camcı
gläsern /'gle:zırn/ *s* camdan, camdan yapılmış
Glasfaser /'gla:sfa:zır/ *f* cam elyafı
Glasfiber /'gla:sfi:bır/ *f* cam elyafı
Glasflasche /'gla:sflaşı/ *f* cam şişe
glasieren /gla'zi:rın/ *vt* (porselen vs.) cilalamak, minelemek; (pasta) üzerini krema ile kaplamak; (hamur işi) şerbet dökmek
glasig /'gla:zi**h**/ *s* camsı, cama benzer ***glasige Augen*** donuk gözler, sönük gözler
glasklar /'gla:skla:r/ *s* apaçık, belli, ayan beyan, ortada
Glasperle /'gla:sperlı/ *f* camdan boncuk
Glasscheibe /'gla:sşaybı/ *f* vitrin camı; cam levha
Glasur /gla'zu:r/ *f* sır, mine, cila; pasta üzerindeki krema
Glaswolle /'gla:svalı/ *f* cam pamuğu
glatt /glat/ *s* düz, düzgün, pürüzsüz; kaygan, kaypak; açık, belli, düpedüz; cilalı, parlak; tüysüz, kılsız; kolay; direkt, doğrudan doğruya, dolaysız; tamamen; (deniz) dalgasız, sakin; buruşuksuz, kırışıksız ***ein glatter Typ*** *kon* yağcı, yapmacık bir kişi ***etw glatt heraussagen*** (bir şeyi) açıkça söylemek ***glatt anliegen*** (elbise) vücuda iyi oturmak ***glatt heraussagen*** lafını esirgememek ***glatte Lüge*** düpedüz yalan ***glatte Verleumdung*** kuru iftira ***glatte Worte*** tatlı sözler ***glatte Zunge*** tatlı dil ***glatter Verlauf*** pürüzsüzlük, düpdüzgünlük ***glattes Akkreditiv*** *tic* basit akreditif ***glattes Haar*** düz saç
Glätte /'gletı/ *f* düzlük; kayganlık; (kişilik) açıklık

Glatteis /'glatays/ *n* don, donmuş kırağı ***jdn aufs Glatteis führen*** (birisini) kandırmak, yalanını yutturmak ***sich aufs Glatteis begeben*** zor duruma düşmek

glätten /'gletın/ *vt* düzlemek, düzeltmek, düzgünleştirmek; cilalamak; pürüzleri gidermek; yanlış anlaşılmaları ortadan kaldırmak

Glatze /'glatsı/ *f* (baş) açıklık, kellik; dazlak kafa, kel ***eine Glatze bekommen*** kel olmak

G

Glatzkopf /'glatskopf/ *m* dazlak, dazlak kafalı

glatzköpfig /'glatsköpfi**h**/ *s* kel kafalı, dazlak kafalı, keltoş, dımdızlak

glauben /'glaubın/ *vt/vi* inanmak, güvenmek, itimat etmek; iman etmek, itikat etmek; sanmak, zannetmek, tahmin etmek ***an eine Person glauben*** (birisine) inanmak, güvenmek ***an etw glauben*** (bir şeye) inanmak ***an Gott glauben*** Allah'a inanmak ***daran glauben müssen*** (bir şeye) katlanmak zorunda kalmak ***ich glaube ja!*** öyle sanıyorum! ***jdm glauben*** (birisinin) sözüne inanmak ***jdn tot glauben*** (birisinin) öldüğünü zannetmek ***kaum zu glauben!*** inanılacak gibi değil! ***wer's glaubt, wird selig!*** *kon* inanmıyorum!

Glaubensbekenntnis /'glaubınsbıkentnis/ *n* bir dine ait oluş, bir mezhebe ait oluş; dini gereksinim, (islam) kelime-i şahadet

Glaubensfreiheit /'glaubınsfray**h**ayt/ *f* inanç özgürlüğü, din hürriyeti

Glaubensgemeinschaft /'glaubınsgımaynşaft/ *f* (dini) cemaat

Glaubenskrieg /'glaubınskri:k/ *m* cihat, mezhep savaşı, din savaşı

glaubhaft /'glaup**h**aft/ *s* inandırıcı, ikna edici; inanılacak, inanılabilir; inanılası

Glaubhaftigkeit /'glaup**h**afti**h**kayt/ *f* inanılırlık, güvenilirlik, doğruluk

gläubig /'gloybi**h**/ *s* inanan; dindar; (islam) mümin

Gläubige(r) /'gloybigı(r)/ *f/m* inanan, mümin, dindar

Gläubiger /'gloybigır/ *m tic* alacaklı

glaubwürdig /'glaupvürdi**h**/ *s* inanılır, güvenilir; inandırıcı ***glaubwürdiger Grund*** inandırıcı sebep

Glaubwürdigkeit /'glaupvürdi**h**kayt/ *f* inanılırlık, güvenilirlik; inandırıcı olma

gleich /glay**h**/ *s* eşit, benzer, müsavi; aynı, özdeş; birazdan; başlangıçtan beri; *be* çabuk, hemen, derhal; nerede ise; ise de ***am gleichen Tage*** aynı gün, günü gününe ***auf gleiche Weise*** aynı şekilde, aynen; benzer, hemen hemen aynı ***bis gleich*** biraz sonra görüşmek üzere ***das gleiche Lied*** aynı nakarat ***der/die/das Gleiche*** aynısı, benzeri ***die gleiche Punktzahl erreichen*** *sp* berabere kalmak, yenişememek ***es ist mir gleich*** *kon* benim için fark etmez ***gleich als ob*** sanki ***gleich groß*** aynı boyda ***gleich morgen*** yarından tezi yok ***gleich nach dem Feierabend*** paydostan hemen sonra ***gleiche Einstellung*** kafadarlık, kafa denkliği ***gleiche Situation*** benzer durum ***ich gehe gleich*** birazdan gideceğim ***ziemlich das Gleiche*** üç aşağı beş yukarı aynı ***zu gleichen Teile*** yarı yarıya ***zu gleicher Zeit*** aynı zamanda, aynı anda ***2 mal 2 gleich 4*** 2 kere 2 eşittir 4

gleichartig /'glay**h**a:rti**h**/ *s* aynı tarzda, aynı şekilde; türdeş

gleichberechtigt /'glay**h**bıre**h**ti**h**t/ *s* eşit haklara sahip, aynı haklara sahip

Gleichberechtigung /'glay**h**bıre**h**tigung/ *f* hak eşitliği, eşit haklar

gleichen /'glay**h**ın/ *vi* benzemek, andırmak

gleichermaßen /'glay**h**ırma:sın/ *be* aynı şekilde; aynı suretle

gleichfalls /'glay**h**fals/ *s* (selama karşılık verirken) sana da!, size de! bilmukabele; keza; aynı zamanda, aynı şekilde ***danke gleichfalls!*** bilmukabele! ***schönes Wochenende! - danke gleichfalls!*** iyi haftasonları - teşekkür ederim, size de!

gleichfarbig /'glay**h**farbi**h**/ *s* aynı renkte

gleichförmig /'glay**h**förmi**h**/ *s* aynı formda, aynı şekilde, aynı ***gleichförmige Bewegung*** eşit hareket ***gleichförmige Geschwindigkeit*** eşit hız

gleichgeschlechtlich /'glay**h**gışle**h**tli**h**/ *s* aynı cinsiyete sahip, hemcins

Gleichgewicht /'glay**h**gıvi**h**t/ *n* denge, muvazene ***das Gleichgewicht halten*** dengeyi korumak ***das ökologische Gleichgewicht*** ekolojik denge ***einer Sache das Gleichgewicht halten*** (bir şeyin) dengi olmak ***ins Gleichgewicht bringen*** dengelemek ***ins Gleichgewicht kommen*** denkleşmek, denk hale

gelmek ***politisches Gleichgewicht*** siyasi denge
Gleichgewichtsstörung /'glay**h**gıvi**h**tsştö:rung/ *f* denge bozukluğu
gleichgültig /'glay**h**gülti**h**/ *s* aldırmaz, kayıtsız, ilgisiz; önemsiz, ehemmiyetsiz ***das ist mir gleichgültig*** bu beni ilgilendirmiyor; bence önemi yok, benim için fark etmez
Gleichgültigkeit /'glay**h**gülti**h**kayt/ *f* ihmal, aldırmazlık, kayıtsızlık, ilgisizlik; önemsiz olma
Gleichheit /'glay**hh**ayt/ *f* eşitlik; benzerlik, tıpatıp benzeme
Gleichheitsprinzip /'glay**hh**aytsprintsi:p/ *n* eşitlik ilkesi, eşitlik prensibi
Gleichklang /'glay**h**klang/ *m* ahenk, harmoni
gleichkommen /'glay**h**komın/ *trvi* eşit olmak, eşdeğer olmak; başa baş gelmek
gleichlaufend /'glay**h**laufınd/ *s* paralel; birlikte çalışır, eşgüdümlü
gleichmäßig /'glay**h**me:si**h**/ *s* eşit şekilde, eşit ölçüde, aynı şekilde; dengeli, düzgün; *be* seyyanen
Gleichmäßigkeit /'glay**h**me:si**h**kayt/ *f* eşit şekilde olma; denge, dengelilik; düzgün olma, düzgünlük
Gleichmut /'glay**h**mu:t/ *m* sakinlik, sükûnetli olma, soğukkanlılık, itidal
gleichmütig /'glay**h**mü:ti**h**/ *s* sakin, sükûnetli, itidalli; *be* istifini bozmadan ***gleichmütig hinnehmen*** hafiften almak
gleichnamig /'glay**h**na:mi**h**/ *s* aynı isimde; adaş; *mat* eşit paydalı kesirler ***nach dem gleichnamigen Roman*** aynı adlı romandan
Gleichnis /'glay**h**nis/ *n* benzetme; karşılaştırma, mukayese
gleichrangig /'glay**h**rangi**h**/ *s ask* aynı rütbeye sahip olan; önem derecesi aynı olan
gleichsam /'glay**h**zam/ *s* güya; adeta; sanki
gleichschalten /'glay**h**şaltın/ *trvt* (dernek, parti) *tek* bir ideolojiye zorlamak; koordine etmek
Gleichschritt /'glay**h**şrit/ *m ask* uygun adım ***im Gleichschritt gehen*** uygun adım gitmek
gleichsetzen /'glay**h**zetsın/ *trvt* eşit görmek, aynı kefeye koymak, eşit saymak; eşit haklar vermek
Gleichstellung /'glay**h**ştelung/ *f* eşitleme; eşitlik; parite; eşgüdüm, koordinasyon; hukuki eşitlik
Gleichstrom /'glay**h**ştro:m/ *m elek* doğru akım
Gleichung /'glay**h**ung/ *f mat* denklem
gleichwertig /'glay**h**verti**h**/ *s* denk, eşdeğer, eşit değerde ***gleichwertig mit etw*** ((bir şey ile) aynı değerde
Gleichwertigkeit /'glay**h**ve:rti**h**kayt/ *f* aynı değerde oluş; denklik, eşdeğerlik
gleichwohl /glay**h**'vo:l/ *bağ* yine de, ancak; aynı zamanda, bununla beraber
gleichzeitig /'glay**h**tsayti**h**/ *be* aynı zamanda olan, eşzamanlı, simultane ***gleichzeitig sein*** aynı zamanda olmak, eşzamanlı olmak ***gleichzeitige Übersetzung*** simultane tercüme
Gleis /glays/ *n* ray, demiryolu; peron ***aus dem richtigen Gleis geraten werden*** doğru yoldan çıkmak ***etw wieder ins rechte Gleis bringen*** bir hatayı düzeltmek; tekrar yoluna koymak
gleiten /'glaytın/ *vi* kaymak; (kuş, uçurtma) süzülmek, kanat çırpmadan uçmak; (planör) motorsuz olarak uçmak, süzülmek; (kayık) suda yüzmek; (araba) patinaj yapmak ***aus den Händen gleiten*** elden gitmek ***etw gleitet über etw*** (bir şeyin) hafifçe bir satıh üzerinde kayması ***gleitender Wechselkurs*** *tic* dalgalı döviz kuru, serbest döviz kuru
gleitend /'glaytınt/ *s tek* girişli çıkışlı
Gleitzeit /'glayttsayt/ *f* zamanı çalışan tarafından belirlenen çalışma saatleri sistemi
Gletscher /'gleçır/ *m* buzul, glasye
Gletscherspalte /'gleçırşpaltı/ *f* buzullardaki yarık, buzul yarığı
Glied /gli:t/ *n* uzuv, üye, organ; aza; *ask* sıra, saf; (zincir) bakla, halka; göbek, nesil; *mec* penis ***Glied einer Kette*** (zincir) halka ***in den Gliedern Schreck liegen*** korku kanına işlemek ***sein Glied nicht rühren können*** kımıldayamamak
gliedern /'gli:dırn/ *vt* parçalara ayırmak, bölümlere ayırmak, kısımlara ayırmak; düzenlemek, plana koymak ***gut gegliedert*** derli toplu ***sich gliedern*** (kendi arasında) bölümlere, kısımlara ayrılmak
Gliederung /'gli:dırung/ *f* parçalara ayırma; klasifikasyon; parça, kısım, bölüm; düzenleme, planlama

G

Gliedmaßen /'gli:tma:sın/ *f anat* (kol ve bacaklar) uzuvlar, üyeler, organlar, ekstremiteler ***männliche Gliedmaßen*** erkeklik organı ***weibliche Gliedmaßen*** kadın cinsiyet organı

glimmen /'glimın/ *vi* tütmek; için için yanmak, alevsiz yanmak; parıldamak

glimpflich /'glimpfli**h**/ *s* insaflı, yumuşak; kolayca, yolunda, tıkırında ***glimpflich davonkommen*** ucuz kurtulmak, ucuz atlatmak ***glimpflich laufen*** kolay geçmek, yolunda gitmek

glitschig /'gliçi**h**/ *s* (nesne) kaygan, kaypak; vıcık vıcık

glitzern /'glitsırn/ *vt* parlamak, parıldamak, ışıldamak

glitzernd /'glitsırnt/ *s* pırıl pırıl, parıl parıl, ışıl ışıl

global /glo'ba:l/ *s* global, evrensel; blok halinde; toptan olarak

Globus /'glo:bus/ *m* yerküre

Glocke /'glokı/ *f* çan, zil, çıngırak; fanus; (etek) kloş ***etw an die große Glocke hängen*** bir sırrı herkese yaymak

Glockenblume /'glokınblu:mı/ *f bitk* çançiçeği, boruçiçeği; yüksükotu

Glockenschlag /'glakanşla:k/ *m* çan sesi; saatin saatbaşı çalması ***mit dem Glockenschlag kommen*** tam zamanında gelmek

Glockenspiel /'glokınşpi:l/ *n* (büyük) çalgılı saat; *müz* birçok metal parçasından oluşan bir çeşit vurmalı çalgı

Glockenturm /'glokınturm/ *m* çan kulesi

Glöckner /'glöknır/ *m* zangoç, çancı

glorifizieren /glorifi'tsi:rın/ *vt* yüceltmek; ulu kılmak ***jdn als Held glorifizieren*** (birisini) kahraman ilan etmek

Glossar /glo'sa:r/ *n* (kitap arkasında) lügatçe, küçük sözlük

Glosse /'glosı/ *f* yorum, açıklama; (TV, gazete) hicivsel yorum, alaysı yazı; dipnot, haşiye

glotzen /'glotsın/ *vi* bön bön bakmak; rahatsız edici şekilde bakmak

Glück /glük/ *n* mutluluk, saadet, bahtiyarlık; şans, talih, baht; refah; kısmet; başarı; uğur; bereket ***auf gut Glück*** gelişigüzel, rasgele, şansa ***er hat Glück gehabt*** (bir şeyi) ucuz atlattı ***Glück wünschen*** mutluluk dilemek; şans dilemek ***Glück auf!*** başarılar! ***Glück bringen*** şans getirmek ***Glück haben*** şanslı olmak ***Glück haben*** şanslı olmak ***jdm zu etw Glück wünschen*** (birisini) (bir şey için) kutlamak ***kein Glück haben*** şansı olmamak ***sein Glück versuchen*** şansını denemek ***viel Glück!*** bol şans(lar)! ***vom Glück begünstigt*** şanslı, talihli

Glucke /'glukı/ *f hayb* kuluçka tavuk

glücken /'glükın/ *vi* istediği gibi olmak; başarmak; rast gelmek ***es glückt ihm*** istediği gibi oluyor; başarıyor

gluckern /'glukırn/ *vi* (su) gluk gluk ses çıkararak akmak

glücklich /'glükli**h**/ *s* mutlu; şanslı, talihli, kısmeti açık; mutlu, mesut, bahtiyar; başarılı; uğurlu, bereketli; mübarek ***bis über die Ohren glücklich sein*** mutluluktan uçmak ***glücklich davonkommen*** ucuz kurtulmak ***glücklich machen*** mutlu etmek ***glücklich und zufrieden leben*** mutluluk içinde yaşamak ***glückliche Tage erleben*** gün görmek ***glücklicher Gewinner*** talihli

glücklicherweise /glükli**h**ır'vayzı/ *be* çok şükür, bereket versin ki, iyi ki

Glücksbringer /'glüksbringır/ *m* uğur getiren, şans getiren, tılsım, maskot

glückselig /glük'ze:li**h**/ *s* çok mutlu, mutluluktan uçan, mesut, bahtiyar

Glückseligkeit /glük'ze:li**h**kayt/ *f* adeta mutluluktan uçma

glucksen /'gluksın/ *vi* gluk gluk sesleri çıkararak akmak; içinden gülmek

Glücksfall /'glüksfal/ *m* şans, şanslı bir durum, şans eseri; *kon* düşeş, bal; şanslı rastlantı

Glückskind /'glükskint/ *n* şanslı kişi, şansı hep yaver giden

Glückspilz /'glükspilts/ *m kon* sürekli şansı yaver giden kimse

Glückssache /'glükza**h**ı/ *f* şans meselesi ***das ist Glückssache*** bu bir şans meselesidir

Glücksspiel /'glüksşpi:l/ *n* talih oyunu, kumar

glückstrahlend /'glükştra:lınt/ *s* mutluluk saçan, mutluluğu yüzünden okunan

Glückwunsch /'glükvunş/ *m* kutlama, tebrik ***herzliche Glückwünsche!*** tebrikler!, kutlarım! ***seine Glückwünsche aussprechen*** tebrik etmek, kutlamak

Glühbirne /'glü:birnı/ *f* ampul, elektrik lambası

glühen /'glü:ın/ *vi* akkor haline gelmek, kızmak; kızarmak, kıpkırmızı olmak; bir duyguyu yoğun bir şekilde yaşamak; yanıp tutuşmak; *vt* kızdırmak, akkor haline getirmek ***vor Begeisterung glühen*** mutluluktan heyecan içinde olmak ***vor Wut glühen*** hiddetten köpürmek

glühend /'glü:ınt/ *s* kızgın; kor halinde; yanar, ateşli; coşkun, hararetli, ateşli ***glühend heiß*** kıpkırmızı olmuş; kızgın, heyecandan kıpkırmızı olmuş

Glühwein /'glü:vayn/ *m* sıcak şarap

Glühwürmchen /'glü:vürmhın/ *n hayb* ateşböceği

Glukose /glu'ko:zı/ *f kim* glikoz

Glut /glu:t/ *f* şiddetli sıcak; kor; ateşlilik

Glykose /glü'ko:zı/ *f kim* glikoz

Glyzerin /glütsı'ri:n/ *n kim* gliserin

Gnade /'gna:dı/ *f* merhamet, bağışlama; lütuf, teveccüh, kerem; rahmet; tenezzül ***die Gnade haben, etw zu tun*** (bir şey) yapmak lütfunda bulunmak ***Gnade finden*** merhamet görmek, iyilik görmek ***Gnade Gottes*** Tanrının lütfu, tanrının rahmeti ***in die Gnade Gottes eingehen*** hakkın rahmetine kavuşmak ***ohne Gnade*** acımasızca, merhametsizce ***sich auf Gnade und Ungnade ergeben*** kayıtsız şartsız teslim olmak ***um Gnade bitten*** merhamet dilemek; özür dilemek

Gnadenfrist /'gna:dınfrist/ *f* idamdan önce verilen son mühlet; son ihtar

Gnadengesuch /'gna:dıngızu:h/ *n* af dilekçesi, af müracaatı, af talebi

gnadenlos /'gna:dınlo:s/ *s* merhametsiz, acımasız

gnädig /'gne:dih/ *s* iyi kalpli, merhametli, affeden; (Allah) rahim, kerim; (alaysı) lütufkâr ***gnädig davonkommen*** ucuz kurtulmak ***gnädige Frau!*** hanımefendi!, sayın bayan! ***gnädiges Fräulein*** küçük hanım

Gnom /gno:m/ *m* cüce, bodur; kötü cin

Gnu /gnu:/ *n hayb* gnu

Gobelin /gobı'le:n/ *m* goblen, goblen halısı

Gold /golt/ *n* altın ***Gold öffnet jede Tür*** altın her kapıyı açar

Goldbarren /'goltbarın/ *m* altın külçesi

golden /'goldın/ *s* altın, altından (yapılmış); altın sarısı, altın renginde; sırmalı; yaldızlı ***ein goldenes Herz haben*** altın kalpli olmak ***goldene Armbanduhr*** altın kol saati ***goldene Hochzeit*** ellinci evlilik yıldönümü ***goldenes Horn*** Haliç

Goldfisch /'goltfiş/ *m hayb* kırmızı süs balığı, kavanoz balığı; *kon* evlenme çağındaki kız

Goldgehalt /'goltgıhalt/ *m* altın ayarı

Goldgräber /'goltgre:bır/ *m* altın arayıcısı

Goldgrube /'goltgru:bı/ *f* altın madeni; çok para getiren iş

goldig /'goldih/ *s* (çocuk, hayvan) tatlı, hoş, sevimli; nur topu

Goldmedaille /'goltmedalyı/ *f* altın madalya

Goldmine /'goltmi:nı/ *f* altın madeni

Goldmünze /'goltmüntsı/ *f* altın sikke

Goldpreis /'goltprays/ *m* altın fiyatı

Goldreserve /'goltrezervı/ *f* altın rezervi

goldrichtig /'golt'rihtih/ *s* çok doğru; tam yerinde

Goldschmied /'goltşmi:t/ *m* altın işleme ustası, kuyumcu

Goldwaage /'goltva:gı/ *f* altın terazisi ***jedes Wort auf die Goldwaage legen*** söylediklerine dikkat etmek; her söyleneni ciddiye almak ***seine Worte auf die Goldwaage legen müssen*** (karşıdakinin alınganlığı yüzünden) sözlerini tartmak zorunda olmak; ne söylediğine çok dikkat etmek zorunda olmak

Goldwährung /'goltve:rung/ *f* altınla ödeme; altın piyasası; altın standardı

Golf1 /golf/ *n sp* golf.

Golf2 /golf/ *m* coğr. körfez

Golfplatz /'golfplats/ *m sp* golf sahası

Golfschläger /'golfşle:gır/ *m sp* golf sopası

Golfstrom /'golfştro:m/ *m coğ* Golfstrim, (Avrupa kıtasının batısındaki) sıcak akıntı

Gondel /'gondıl/ *f* gondol; (teleferik, vinç, balon vs.) kabin, sepet

gönnen /'gönın/ *vt* çok görmemek, kıskanmamak, gözü olmamak; esirgememek; vermek, izin vermek ***jdm Ruhe gönnen*** (birisini) rahat bırakmak ***sich Ruhe gönnen*** dinlenmek ***sich etw gönnen*** kendi kendini sevindirmek

Gönner /'gönır/ *m* başkalarına yardım eden, himaye eden kimse, hami, koruyucu, kayırıcı

gönnerhaft /'gönırhaft/ *s* küçümserce, lütfedercesine, ders verircesine

Gorilla /go'rila/ *m hayb* goril; koruma, fedai

Gosse /'gosı/ *f* pis su oluğu, çirkef yolu; (sosyolojik açıdan) bataklık, batakhane;

G

ahlaki çöküntü; orospuluk, puştluk ***in der Gosse landen*** batağa düşmek

gotisch /'go:tiş/ *s* Gotik ***gotische Schrift*** Gotik yazı

Gott /got/ *m* ilah, tanrı, mabut; Tanrı, Allah, Cenabı Hak, Yaradan, Halik ***Ahmet, Gott hat ihn selig*** rahmetli Ahmet ***bei Gott*** vallahi! ***da sei Gott vor!*** Allah göstermesin ***dein Wort in Gottes Ohr!*** *kon* Allah duysun, inşallah ***die Mutter Gottes*** Meryem Ana ***du lieber Gott!*** aman Allahım! ***Gott befohlen!*** Allaha emanet! ***Gott bewahre!*** Allah korusun!, Allah saklasın! ***Gottes Sohn*** İsa Peygamber ***Gott hat ihn selig*** rahmetli ***Gott sei Dank!*** hamdolsun!, çok şükür! ***Gott sei mein Zeuge!*** Allah şahidim olsun! ***Gott und die Welt kennen*** birçok kişi tanımak ***Grüß Gott!*** selam!, merhaba! ***mein Gott!*** ya Rabbim!, ya Rab! ***mit Gottes Hilfe*** Allah'ın yardımıyla, Allah'ın izniyle ***so Gott will*** inşallah ***Straf ihn Gott!*** Allah belasını versin, Allah cezasını versin! ***um Gottes willen!*** Allah aşkına! ***wenn Gott es will!*** Allah bilir! ***wie Gott sie (ihn) beschaffen hatte*** anadan doğma, çırılçıplak

Götterspeise /'götırşpayzı/ *f* çok lezzetli yemek

Gottesdienst /'gotısdi:nst/ *m* ibadet; ayin

gottesfürchtig /'gotısfürhtih/ *s* Tanrı'dan korkan, Allah'tan korkan

Gottesgabe /'gotısga:bı/ *f* Tanrı vergisi, Allah vergisi, nimet

gotteslästerlich /'gotıslestırlih/ *s* : ***gotteslästerlich fluchen*** tanrıya küfretmek, sövüp saymak

Gotteslästerung /'gotıslestırung/ *f* dine küfür, Allah'a küfür

Gottheit /'gothayt/ *f* Tanrı; put, ilah

Göttin /'götin/ *f* tanrıça, ilahe

göttlich /'götlih/ *s* Tanrısal, Tanrıya ait; dini, ilahi; harika, mükemmel, şahane ***göttliche Hilfe*** nusret ***göttliches Gebot*** fariza ***göttliches Recht*** dini hukuk, ilahi hukuk

gottlos /'gotlo:s/ *s* dinsiz, imansız, kâfir; ateist

Götze /'götsı/ *m* put, sanem; çok önem verilen şey ***die Götzen der modernen Gesellschaft*** modern toplumun taptığı şeyler

Götzendienst /'götsındi:nst/ *m* putperestlik

Gourmet /gur'me:/ *m* yemekten anlayan, iyi yemeği seven, gurme

Gouverneur /guver'nö:r/ *m* vali

Grab /gra:p/ *n* mezar, kabir ***ins Grab bringen*** (birisinin) başını yemek ***schweigen wie ein Grab*** bir ölü gibi sır saklamak ***sein eigenes Grab graben*** kendi mezarını kendi elleriyle kazmak ***sich im Grab umdrehen*** mezarda kemikleri sızlamak ***zu Grabe tragen*** defnetmek

Grabbeigabe /'gra:pbayga:bı/ *f* ölü gömülürken yanına bırakılan eşyalar

Graben /'gra:bın/ *m* hendek; ark, su yolu; farklılık, uçurum; *ask* siper ***der Graben zwischen uns*** aramızdaki uçurum

graben /'gra:bın/ *vt* kazmak, eşmek; saplamak; oymak, hakketmek ***sich in etw graben*** (bir şeyin) içine saplanmak

Grabesstille /'gra:bısştilı/ *f* ölüm sessizliği

Grabmal /'gra:pma:l/ *n* anıt mezar; türbe

Grabrede /'gra:pre:dı/ *f* ölü gömülürken yapılan konuşma

Grabstätte /'gra:pştetı/ *f* mezarlık, kabristan

Grabstein /'gra:pştayn/ *m* mezar taşı

Grabung /'gra:bung/ *f* kazı, hafriyat ***archäologische Grabung*** arkeolojik kazı

Grad /gra:t/ *m* (ısı, açı) *fiz* derece; had, safha; basamak, aşama, merhale; *ask* rütbe; derece ***Grad Celcius*** santigrad, Celcius derecesi ***im höchsten Grad*** son derece ***in gewissem Grad*** bir derecede ***Winkel von 90 Grad*** 90 derecelik açı

Gradmesser /'gra:tmesır/ *m* indikatör, mikyas

graduell /gradu'el/ *s* azar azar, yavaş, yavaş, derece derece; derecesel, rütbesel; önemsel ***gradueller Unterschied*** derece farkı

graduiert /gradu'i:rt/ *s* akademik kariyer sahibi; üniversite diplomalı

Graf /gra:f/ *m* kont

Graffiti /gra'fiti/ *f* duvar yazısı

Gräfin /'gre:fin/ *f* kontes

Grafschaft /'gra:fşaft/ *f* kontluk

Gram /gra:m/ *m* keder, gam, elem, acı

grämen /'gre:mın/ *vt* *esk* üzmek, kederlendirmek, gam çektirmek ***sich grämen*** kederlenmek, gam çekmek, içi kan ağlamak

Gramm /gram/ *n* (ağırlık birimi) gram

Grammatik /gra'matik/ *f* *dilb* gramer, dilbilgisi

grammatisch /gra'matiş/ *s* gramatik, dilbilgisel, gramerle ilgili; dilbilgisine göre, dilbilgisi açısından

Granat /gra'na:t/ *m* *yerb* grena, Süleymantaşı

Granate /gra'na:tı/ *f* *ask* mermi, (küçük) bomba, roket; obüs

Granatwerfer /gra'na:tverfır/ *m* *ask* roketatar, bomba atar, obüs

grandios /grandi'o:s/ *s* muhteşem, muazzam, fevkalade, mükemmel

Granit /gra'ni:t/ *m* *yerb* granit ***auf Granit beißen*** sert kayaya çarpmak, güçlükle karşılaşmak

Grapefruit /'greipfru:t/ *f* *bitk* greyfurt

Graphik /'gra:fik/ *f* grafik

Graphiker /'gra:fikır/ *m* grafiker

graphisch /'gra:fiş/ *s* grafik ***graphische Darstellung*** grafik gösterimi

graphologisch /grafo'lo:giş/ *s* grafolojik

Gras /gra:s/ *n* *bitk* ot; *bitk* çim, çimen; *kon* uyuşturucu esrar, marihuana ***das Gras wachsen hören*** *kon* ne olacağını kestirmek ***Gras mähen*** çim biçmek ***über etw Gras wachsen lassen*** (kötü bir şeyi) unutmak için zaman geçmesini beklemek

grasen /'gra:zın/ *vi* (hayvan) otlamak ***grasen lassen*** (hayvan) otlatmak

Grasfläche /'gra:sflehı/ *f* otluk, mera

Grashalm /'gra:shalm/ *m* ot sapı

grassieren /gra'si:rın/ *vi* (hastalık) yayılmak; kırıp geçirmek, kasıp kavurmak

Grat /gra:t/ *m* (dağ) sırt, bayır; (dam) sivri tepe

Gräte /'gre:tı/ *f* kılçık, balık kılçığı

Gratifikation /gratifika'tsyo:n/ *f* mükâfat, (zam) ikramiye; tazminat

gratis /'gra:tis/ *s* parasız, beleş, bedava; *hek* gratis

Gratisprobe /'gra:tispro:bı/ *f* parasız örnek, eşantiyon

Gratisvorstellung /'gra:tisfo:rştelung/ *f* *tiy* ücretsiz gösterim

grätschen /'gre:tşın/ *vt* apış açmak

Gratulant /gratu'lant/ *m* kutlayan, tebrik eden

Gratulation /gratula'tsyo:n/ *f* iyi dilek, tebrik, kutlama

gratulieren /gratu'li:rın/ *vt* tebrik etmek, kutlamak; iyi dileklerini sunmak ***gratuliere!*** tebrikler!

Gratwanderung /'gra:tvandırung/ *f* *mec* denge oyunu

grau /grau/ *s* gri, kül renkli, kül renginde; (saç) kır; sıkıcı, monoton; eskiden, fi tarihinde ***grau werden*** (saç) kırlaşmak; yaşlanmak ***graue Haare bekommen*** saçları ağarmak ***grauer Alltag*** monoton günlük yaşam ***in graue Vorzeiten*** eskiden, fi tarihinde

Grauen /'grauın/ *n* korku; dehşet ***ein Bild des Grauens bieten*** dehşet vermek ***Grauen erregen*** korku yaratmak, dehşet uyandırmak

grauen /'grauın/ *vi* ağarmak; (gün) ağarmak ***es graut vor etw*** bir şeyden korkmak ***es graut vor jdm*** birisinden korkmak *vi* ağarmak; (gün) ağarmak ***es graut vor etw*** bir şeyden korkmak ***es graut vor jdm*** birisinden korkmak

grauenhaft /'grauınhaft/ *s* feci, korkunç, dehşet verici

grauenvoll /'grauınfol/ *s* feci, korkunç, dehşet verici

Graugans /'graugans/ *f* *hayb* yabani kaz

grauhaarig /'grauha:rih/ *s* kır saçlı, kırbaş

Graupe /'graupı/ *f* *bitk* kabaca ezilmiş arpa

grausam /'grauza:m/ *s* zalim, acımasız; feci, azap verici ***eine grausame Strafe*** feci bir ceza, acımasızca verilmiş ceza ***grausam behandeln*** zulmetmek, acı çektirmek

Grausamkeit /'grauza:mkayt/ *f* acımasızlık, zalimlik, zulüm; hunharlık

grausen /'grauzın/ *vr* korkmak, tiksinmek ***sich grausen vor etw*** (bir şeyden) korkmak

grausig /'grauzih/ *s* korkunç, korku verici, tüyler ürpertici

gravieren /gra'vi:rın/ *vt* oymak; kazımak, kazıyarak yazmak, kazıyarak resim yapmak, kazıyarak süslemek, gravür yapmak, hakketmek

gravierend /gra'vi:rınt/ *s* şiddetli ***gravierende Grunde*** *huk* ağırlaştırıcı sebepler ***gravierender Fehler*** büyük hata

Gravitation /gravita'tsyo:n/ *f* *fiz* çekim, yer çekimi

gravitätisch /gravi'te:tiş/ *s* ağır, ciddi, oturaklı

Gravur /gra'vu:r/ *n* gravür

Grazie /'gra:tsyı/ *f* zarafet, zariflik; cilve, işve; şirinlik; güzel, güzel kadın ***drei Grazien*** (mitolojideki) üç güzeller

graziös /gra'tsyö:s/ *s* zarif, hoş; işveli, cil-

G

veli
greifbar /'grayfba:r/ *s* yakın olan; tutulabilir; somut; *tic* piyasada bulanabilir ***greifbare Aktiven*** maddi varlıklar ***greifbare Erfolge*** somut başarılar
greifen /'grayfın/ *vt* tutmak, yakalamak; kavramak ***an etw greifen*** (bir şeye) dokunmak ***aus der Luft gegriffen*** yalan, uydurma ***hoch gegriffen*** (rakam) abartılı, fazla yüksek ***in die Saiten greifen*** *kon* enstrüman çalmak ***in die Tasche greifen*** elini cebine atmak, masraf yapmak ***ineinander greifen*** birbirine geçmek ***jdm an die Ehre greifen*** (birisinin) haysiyetine dokunmak ***jdm unter die Arme greifen*** (birisine) yardım etmek ***nach etw greifen*** elini (bir şeye) uzatmak ***Platz greifen*** yayılmak ***um sich greifen*** yayılmak ***zu etw greifen*** başvurmak ***zur Waffe greifen*** silaha davranmak
Greis /grays/ *m* yaşlı adam, ihtiyar
greisenhaft /'grayzınhaft/ *s* kocamış, ihtiyarlamış, yaşlanmış
grell /grel/ *s* (ses, ışık) tiz, keskin, şiddetli; parlak, göz kamaştırıcı
Gremium /'gre:myum/ *n* komite, heyet, encümen, kurul, organ; şirket; grup
Grenzbereich /'grentsbırayh/ *m mec* ortak alan (iki konu arasında)
Grenzbezirk /'grentsbıtsirk/ *m* sınır sahası, hudut mıntıkası
Grenze /'gri:ntsı/ *f* sınır, hudut; limit, marj; hat ***bis zu einer Grenze*** bir yere kadar, bir dereceye kadar ***die äußerste Grenze*** had, uç sınır, son nokta ***die Grenze überschreiten*** sınırı aşmak, hududu geçmek ***eine Grenze ziehen*** (bir şeye) sınır koymak ***Grenzen setzen*** sınır koymak, sınırlamak ***jdn in seine Grenzen verweisen*** (birisine) haddini bildirmek
grenzen /'grentsın/ *vi* sınırdaş olmak ***das grenzt an Wahnsinn*** bu deliliğe yakın (bir şey)
grenzenlos /'grentsınlo:s/ *s* sınırsız, sonsuz; hesapsız; uçsuz bucaksız
Grenzenlosigkeit /'grentsınlo:zihkayt/ *f* sınırsızlık, hudutsuzluk, sonsuzluk; sınır tanımama
Grenzfall /'grentsfal/ *m* sınır durum
Grenzübergang /'grentsübırgang/ *m* sınırı geçme yeri
grenzüberschreitend /'grentsü:bırşraytınt/ *s* ülkelerarası, uluslararası; sınır ötesi
Grenzverkehr /'grentsferke:r/ *m* sınır trafiği, sınırlarda giriş çıkış işlemleri trafiği
Grenzwert /'grentsve:rt/ *m* had, limit, tahdit
Grieche/Griechin /'gri:hı/'gri:hin/ *m/f* Yunan, Yunanlı, Helen, Grek, Rum ***die alten Griechen*** Eski Yunanlılar
Griechenland /'gri:hınlant/ *tnz* Yunanistan
griechisch /'gri:hiş/ *s* Yunan; Yunanistan'a ait; Yunan kültürüne ait
grienen /'gri:nın/ *vt* sırıtmak
griesgrämig /'gri:sgre:mih/ *s* geçimsiz, aksi yaradılışlı, sinirli, ters
Grieß /gri:s/ *m* irmik, bulgur; tanecik; *hek* (böbrek, idrar) kum
Grießbrei /'gri:sbray/ *m* irmik lapası
Griff /grif/ *m* tutamak, tutacak, sap, kulp, kabza; tutma, kavrama; el atma; kapma; hamle, hareket ***der Griff zu etw*** kötü (bir şey) kullanmak ***der Griff zur Droge*** uyuşturucu kullanmak ***einen guten Griff getan haben*** yerinde bir seçim yapmış olmak ***etw im Griff haben*** (bir şeye) tamamıyla hâkim olmak ***etw in den Griff bekommen*** kontrol altına almak; üstesinden gelebilmek ***mit eisernem Griff*** sapasağlam tutma
griffbereit /'grifbırayt/ *s* kolayca bulunan, yakında, hazır, uzakta olmayan
griffig /'grifih/ *s* ele iyi oturan, tutması kolay; kaygan olmayan; saplı, tutamaklı; (lastik vs) iyi kavrama özelliği olan; (parola, şifre) akılda kolay tutulabilen
Grill /gril/ *m* ızgara, cızbız, gril
grillen /'grilın/ *vt* ızgara yapmak ***gegrilltes Hühnchen*** ızgara piliç
Grillfest /'grilfest/ *n* ızgara partisi
Grimasse /gri'ması/ *f* buruşuk surat, yüz ekşitme ***Grimassen schneiden*** ((birisini güldürmek için) yüzünü çarpıtarak şaklabanlık yapmak
grimmig /'grimih/ *s* hiddetli, öfkeli; kin duygularına sahip; *kon* korkunç, vahşi görünüşlü ***grimmige Kälte*** şiddetli soğuk ***ein grimmiges Gesicht machen*** kin dolu bakmak, hiddetle bakmak
Grinsen /'grinzın/ *n* sırıtma, alaycı gülüş
grinsen /'grinzın/ *vi* sırıtmak
Grippe /'gripı/ *f hek* grip, grip hastalığı ***Grippe haben*** grip olmak ***Grippe krank*** gribe tutulmuş, gripli ***Grippe***

verhütend grip önleyici, antigripal

Grippevirus /'gripıvi:rus/ *n hek* grip virüsü

Grippewelle /'gripıvelı/ *f* grip dalgası

grob /gro:p/ *s* kaba; nezaketsiz, yontulmamış, hödük, yarma; ağır; aşırı; iri taneli; sert, katı ***aus dem gröbsten heraus sein*** işin en güç tarafını atlatmış olmak ***grob gemahlen*** (kahve, un) iri çekilmiş ***grob sein*** kaba olmak; kaba davranmak ***grobe Arbeit*** kaba iş ***grobe Fahrlässigkeit*** ağır kusur ***grobe Schätzung*** kabaca tahmin ***grobe Stimme*** kalın ses ***grober Ausdruck*** kaba söz ***grober Fehler*** ağır hata, büyük hata ***grober Scherz*** eşek şakası ***grober Schnitzer*** çok büyük hata

Grobheit /'gro:p**h**ayt/ *f* kabalık, terbiyesizlik, edepsizlik, nezaketsizlik

Grobian /'gro:bia:n/ *m kon* kaba adam, hödük, hıyarağası; odun herif

grobmaschig /'gro:pmaşi**h**/ *s* iri gözlü

grobschlächtig /'gro:pşle**h**ti**h**/ *s* kaba saba (adam)

Groll /gral/ *m* nefret, haset, kin, garaz ***Groll hegen*** kin beslemek, garaz beslemek ***heimlicher Groll*** gizli nefret

grollen /'grolın/ *vi* kin tutmak, kin beslemek; gümbürdemek, gürlemek

Grönland /'grö:nlant/ *n* Grönland

Gros /gro:/ *n* çoğunluk, büyük kısım, kısmi; *mat* on iki düzine ***das Gros der Bevölkerung*** toplumun büyük bir kısmı

Groschen /'grışın/ *m esk* Avusturya'da en küçük para; *kon* on fenik; metelik, para ***bei jdm fällt der Groschen*** (birisinde) jeton düştü, söyleneni anladı ***er hat keinen Groschen*** beş parası yok

groß /gro:s/ *s* büyük, koca; kocaman, muazzam; iri; geniş; (insan) uzun boylu, iri yarı; ulu, yüce; yeterince, pek; gereği gibi; gösterişli; *kon* (ev) saray yavrusu; (soğuk) şiddetli; (elbise, ayakkabı) bol; *be* pek, çok ***der größte Teil davon*** en büyük kısmı ***die Großen*** büyükbaşlar, ileri gelenler, kodamanlar ***etw auf groß schalten*** (bir şeyi) artırmak, hızlandırmak, fazlalaştırmak ***etw groß schreiben*** önem vermek ***im Großen*** toptan ***im Großen und Ganzen*** genel olarak, genellikle ***groß machen müssen*** (çocuk) kakası gelmek ***Groß und Klein*** irili ufaklı ***große Chinesische Mauer*** Çin seddi ***große Höhe*** yüksek irtifa ***große National Versammlung*** Büyük Millet Meclisi ***Große Türkische Nationalversammlung*** Türkiye Büyük Millet Meclisi ***Großer Gott!*** Ulu Tanrı! ***größer machen*** büyütmek ***größer werden*** büyümek ***ich habe großen Hunger*** çok açım ***so groß wie ...*** ... kadar büyük ***wie groß?*** ne kadar büyük?, büyüklüğü ne? ***wie groß sind Sie?*** boyunuz ne kadar?, boyunuz kaç?

Großaktionär /'gro:saktsyone:r/ *m* baş hissedar

großartig /'gro:sa:rti**h**/ *s* fevkalade, harika, muhteşem

Großartigkeit /'gro:sa:rti**h**kayt/ *f* harika olma; ihtişam

Großaufnahme /'gro:saufna:mı/ *f fot* zumlu çekim; yakın plan, ön plan

Großauftrag /'gro:sauftra:k/ *m eko* büyük ölçekli sipariş

Großbetrieb /'gro:sbıtri:p/ *n* büyük işletme

Großbritannien /gro:sbri'tanyın/ *tnz* Büyük Britanya

Großbuchstabe /'gro:sbu:**h**şta:bı/ *m* büyük harf, majiskül

Größe /'grö:sı/ *f* (elbise) beden, büyüklük; irilik; boy; boylu olma; *mat* nicelik; şahsiyet; büyüklük, yücelik; ebat; şap; hacim; (ayakkabı) numara ***Größe zeigen*** büyüklük göstermek ***in verschiedener Größe*** boy boy

Großeinkauf /'gro:saynkauf/ *m* toptan satın alma

Großeltern /'gro:seltırn/ *f* büyükanne-büyükbaba; büyük ebeveyn

Größenordnung /'grö:sınortnung/ *f* mukayese ölçüsü; boyut

großenteils /'gro:sıntayls/ *be* büyük bir kısmı; çoğunlukla, genellikle, genelde

Größenwahn /'grö:sınva:n/ *m* büyüklük hastalığı, megalomani

Großgrundbesitzer /'gro:sgruntbızitsır/ *m* büyük mülk sahibi

Großhandel /'gro:s**h**andıl/ *m* toptancılık

Großhändler /'gro:s**h**e:ndlır/ *m* toptancı

Großherzigkeit /'gro:s**h**ertsi**h**kayt/ *f* iyi kalplilik, asil ruhlu olma, kalender olma; toleranslı; cömertlik

Großherzog /'gro:s**h**ertso:k/ *m* grandük

Großherzogin /'gro:s**h**ertso:gin/ *f* grandüşes

Großhirn /'gro:s**h**irn/ *n* beyin, dimağ

Großindustrie /'gro:sindustri:/ *f* ağır sanayi

Großmacht /'gro:smaht/ *f* süper devlet, büyük devlet, dünya devleti
Großmaul /'gro:smaul/ *n kon* palavracı, kasıntı
großmütig /'gro:smü:tih/ *s* hoşgörülü, dostane, olgun
Großmutter /'gro:smutır/ *f* büyükanne
Großraumbüro /'gro:sraumbüro:/ *n* geniş mekanlı bölmesiz büro
Großraumflugzeug /'gro:sraumflu:ktsoyk/ *n* büyük uçak, jumbojet
Großrechner /'gro:srehnır/ *m* bilgisayar merkezi
Großstadt /'gro:sştat/ *f* büyükşehir, metropol
Großtante /'gro:stantı/ *f* büyük hala; büyük teyze
größtenteils /'grö:stıntayls/ *s* çoğu, en büyük kısmı, ekserisi
großtun /'gro:stu:n/ *trvi kon* hava atmak, böbürlenmek
Großvater /'gro:sfa:tır/ *m* büyükbaba, dede
großziehen /'gro:stsi:ın/ *trvt* (çocuk) büyütmek, yetiştirmek
großzügig /'gro:stsü:gih/ *s* geniş; kapsamlı; eli açık, cömert
Großzügigkeit /'gro:stsü:gihkayt/ *f* cömertlik
grotesk /gro'tesk/ *s* acayip, tuhaf, garip
Grotte /'grotı/ *f* kovuk, oyuk, in, mağara
Grübchen /'grü:bhın/ *n* gamze
Grube /'gru:bı/ *f* çukur, hendek; oyuk, boşluk; *mad* maden ocağı; mezar ***in die Grube fahren*** ölmek; madene girmek
Grübelei /grü:bı'lay/ *f* derin düşünme; şüphe, işkil
grübeln /'grü:bıln/ *vi* derin düşünmek, düşünüp taşınmak
Grubenarbeiter /'gru:bınarbaytır/ *m mad* maden işçisi; kazı işçisi
Grubenunglück /'gru:bınunglük/ *n* maden kazası
Gruft /gruft/ *f* türbe, kabir; mezar odası; mezar
grün /grü:n/ *s* yeşil; taze; (meyve) ham ***das Grün*** yeşillik ***das ist der Selbe in grün*** *kon* değişen bir şey yok ***die Grünen*** Yeşiller ***grün und blau schlagen*** (birisini) adamakıllı dövmek ***grün werden*** yeşermek ***grüne Mandeln*** *bitk* çağla badem ***grüner Junge*** toy çocuk; acemi ***grünes Holz*** yaş odun ***grünes Licht*** *mec* yeşil ışık, onay ***grünes Licht geben*** *mec* yeşil ışık yakmak, onay vermek ***grünes Obst*** ham meyve
Grünanlage /'grü:nanla:gı/ *f* park, yeşillikli park
Grund /grunt/ *m* sebep, neden, gerekçe; dip, zemin; mülk, toprak, arazi; arsa, emlak; temel, esas; fon; *coğ* vadi; telve; delil, ispat ***auf den Grund gehen*** (sorun) temeline inmek, derinlemesine araştırmak ***auf den Grund leeren*** (içki) fondip yapmak, dibine kadar içmek ***auf Grund geraten*** (gemi) karaya oturmak ***auf Grund von*** sebebiyle, nedeniyle, binaen ***aus diesem Grund*** bu sebeple, bu nedenden dolayı ***aus welchem Grund auch immer*** her ne sebeple olursa olsun, her ne olursa olsun ***dazu besteht kein Grund*** buna sebep yok ***den Grund zu etw legen*** temelini atmak ***einer Sache auf den Grund gehen*** (bir şeyi) iyice araştırmak ***Grund geben zu etw*** (bir şeye) sebebiyet vermek, neden olmak ***im Grunde genommen*** aslında, esasen; genelde, genellikle ***ohne Grund*** sebepsiz, nedensiz ***von Grund auf*** toptan, temelden, esaslı olarak
Grundbegriff /'gruntbıgrif/ *m* temel kavram, esas anlam
Grundbesitz /'gruntbızits/ *m* mülk, arazi, emlak, gayri menkul
Grundeigentum /'gruntaygıntu:m/ *n* mülk, arazi, emlak, gayri menkul
gründen /'gründın/ *vt* kurmak, tesis etmek; dayandırmak, istinat ettirmek ***eine Familie gründen*** yuva kurmak; ev açmak ***einen Verein gründen*** bir dernek/kulüp kurmak ***etw auf etw gründen*** bir şeyi bir şeye istinat ettirmek ***gründen auf*** dayandırmak ***sich auf etw gründen*** bir şeye dayanmak ***sich gründen*** dayanmak
Gründer /'gründır/ *m* kurucu, müessis
grundfalsch /'grunt'falş/ *s* temelden yanlış, çok yanlış
Grundfläche /'gruntflehı/ *f* zemin, temel, taban, kaide, alt satıh, kaide sathı; arsa
Grundgedanke /'gruntgıdankı/ *m* asıl amaç; esas fikir
Grundgesetz /'gruntgızets/ *n huk* anayasa
grundieren /grun'di:rın/ *vi* ilk kat boya sürmek; astar boya sürmek

Grundierung /grun'di:rung/ *f* zeminleme
Grundlage /'gruntla:gı/ *f* esas, temel, dayanak; prensip, ilke
grundlegend /'gruntle:gınt/ *be* temelli, esaslı
gründlich /'grüntlih/ *s* iyice, esaslı; temelli; detaylı, tafsilatlı, geniş açıklamalı; (insan) özenli, titiz, dikkatli, çalışkan; *be* inceden inceye, derinden derine, iyiden iyiye, adamakıllı ***es ist gründlich geforscht worden*** adamakıllı incelendi, araştırıldı
Gründlichkeit /'grüntlihkayt/ *f* özenli olma, titizlik, çalışkanlık, dikkat, ciddiyet
grundlos /'gruntlo:s/ *s* asılsız, temelsiz; sebepsiz; çok derin, dipsiz; boş yere, yok yere, haksız yere
Grundrecht /'gruntreht/ *n* temel hak
Grundriss /'gruntris/ *m* kesit, plan, şema; özet, ana hat
Grundsatz /'gruntzats/ *m* ilke, prensip, düstur
grundsätzlich /'gruntzetslih/ *s* esaslı; *be* prensip olarak, esas olarak; tamamen
Grundschule /'gruntşu:lı/ *f* ilkokul
Grundstein /'gruntştayn/ *m* temel taşı ***den Grundstein legen*** temel atmak
Grundsteuer /'gruntştoyır/ *n* emlak vergisi, arazi vergisi
Grundstück /'gruntştük/ *n* arsa, arazi; parsel
Gründung /'gründung/ *f* kurma, kuruluş, tesis, işletme ***Gründung einer Firma*** bir şirketin kuruluşu
Gründungsmitglied /'gründungsmitgli:t/ *n* kurucu üye
Grundwortschatz /'gruntvortşats/ *m* temel sözcük bilgisi
Grünfläche /'grü:nflehı/ *f* çimenlik
Grünschnabel /'grü:nşna:bıl/ *m kon* toy, acemi çaylak, tecrübesiz, çaylak
grunzen /'gruntsın/ *vi* (hayvan) böğürmek; homurdanmak
Gruppe /'grupı/ *f* grup, küme, öbek; topluluk; kurul, heyet; *ask* manga ***in Gruppen*** grup grup; takım takım; gruplar halinde
Gruppentherapie /'grupınterapi:/ *f hek* grup terapisi
gruppieren /gru'pi:rın/ *vt* gruplara ayırmak, gruplandırmak ***sich gruppieren*** gruplara ayrılmak, gruplaşmak
Gruselfilm /'gru:zılfilm/ *m* korku filmi
Gruselgeschichte /'gru:zılgışihtı/ *f* korkutucu hikâye
gruselig /'gru:zılih/ *s* korkunç, korku veren, ürküntü veren
Gruß /gru:s/ *m* selam; selamlama ***Gruß ausrichten*** selam söylemek ***Grüße senden*** selam göndermek ***herzliche Grüße*** içten selamlar ***ohne Gruß*** selamsız sabahsız ***viele Grüße von mir*** benden çok selam
grüßen /'grü:sın/ *vt* selamlamak, selam vermek ***jdn grüßen lassen*** (birisine) selam göndermek
Grütze /'grütsı/ *f bitk* ince bulgur, ince ezilmiş tahıl ***er hat nicht viel Grütze*** *kon* o akılsızdır
Guatemala /guate'ma:la/ *tnz* Guatemala
gucken /'gukın/ *vi* bakmak ***böse gucken*** *kon* kötü kötü bakmak, hiddetle bakmak
Gulasch /'gulaş/ *n* gulaş
gültig /'gültih/ *s* geçerli; (para) rayiç; (yasa, kanun) yürürlükte olan, meri; yasal, kanuni; *tic* cari
Gültigkeit /'gültihkayt/ *f* geçerli olma, geçerlilik; (yasa, kanun) yürürlük
Gummi /'gumi/ *m* lastik; silgi; kauçuk; yapışkan, zamk; *kon* kaput, prezervatif
Gummiball /'gumibal/ *m* lastik top
Gummiband /'gumibant/ *n* lastik şerit
Gummibärchen /'gumibe:rhın/ *n* ayı biçiminde lastik kıvamında şekerleme
Gummibaum /'gumibaum/ *m bitk* kauçuk ağacı, okaliptus
Gummihandschuh /'gumihantşu:/ *f* lastik eldiven
Gummistiefel /'gumişti:fıl/ *m* lastik çizme
Gunst /gunst/ *f* güler yüz, iltifat, lütuf, teveccüh; avantaj, kazanım ***bei jdm in Gunst stehen*** (birisinin) hoşuna gitmek; (birisinden) iyilik görmek ***in Gunst stehen*** gözde olmak ***jdm Gunst erweisen*** (birisine) güler yüz göstermek
günstig /'günstih/ *s* uygun, müsait, elverişli; ucuz; kârlı ***auf eine günstige Gelegenheit warten*** fırsat beklemek, fırsat kollamak ***günstig deuten*** hayra yormak ***günstige Abweichung*** lehine fark ***günstiges Angebot*** kârlı (uygun) teklif ***im günstigen Falle*** olsa olsa ***sich günstig treffen*** isabet olmak ***zu günstigem Preis*** dolgun ücretle
Günstling /'günstling/ *m* gözde, çatkın
Gurgel /'gurgıl/ *f* boğaz, gırtlak ***jdm an die Gurgel springen*** (birisinin) boğazına sarılmak (saldırmak); sövüp saymak

sein Geld durch die Gurgel jagen *kon* parasını (içkiye, eğlenceye) çarçur etmek

gurgeln /'gurgıln/ *vi* gargara yapmak

Gurke /'gurkı/ *f bitk* hıyar, salatalık, badem; *kon* burun ***saure Gurken*** hıyar turşusu

Gurt /gurt/ *m* kuşak, kemer, kayış, uçkur; kolan; *mim* çıkıntılı kuşak

Gürtel /'gürtıl/ *m* kuşak, kemer, uçkur, kayış; *coğ* bölge, havza ***den Gürtel enger schnallen*** *mec* kemerleri sıkmak ***einen Gürtel tragen*** kemer takmak

G

Gürtellinie /'gürtılli:nyı/ *f* bel bölgesi ***unterhalb der Gürtellinie*** belden aşağı (fıkra, hikâye)

Guss /gus/ *m* dökme; (metal) dökme, döküm; (yağmur) sağanak ***aus einem Guss*** *tek* parça, yekpare

Gusseisen /'gusayzın/ *n* dökme demir

Gut /gu:t/ *n* mal, mülk; servet; varlık; çiftlik; *tic* mal; malzeme; *den* gemi arması ***geistige Güter*** manevi değerler ***Güter und Dienstleistungen*** mal ve hizmetler ***mein ganzes Gut*** tüm servetim

gut /gu:t/ *s* iyi; güzel; hoş; (yemek) güzel, lezzetli; faydalı, yararlı, kazançlı ***alles Gut!*** esen kal! ***also gut!*** tamam!, peki! ***auf gut Deutsch!*** işin doğrusu bu! ***es geht ihm gut*** o iyi, sağlığı yerinde ***es gut haben*** rahatı yerinde olmak; tuzu kuru olmak ***es ist gut!*** yetişir!, kâfi!, tamam! ***es jdm gut tun*** (birisine) iyi gelmek, yaramak ***es sich gut gehen lassen*** keyfi yerinde olmak ***für gut halten*** uygun görmek, olur vermek ***gut daran tun*** iyi etmek ***gut für die Gesundheit*** sağlığa yararlı ***gut zu etw sein*** (bir şeye) yaramak ***gute drei Stunden*** enaz üç saat ***gute eine Woche*** enaz bir hafta ***Guten Abend!*** iyi akşamlar! ***Guten Morgen!*** günaydın! ***Guten Tag!*** iyi günler! ***guter Freund*** iyi dost, ahbap ***guter Glaube*** iyi niyet, hüsnüniyet ***guter Kunde*** iyi müşteri, yağlı müşteri ***guter Leiter*** iyi iletken, has iletken ***guter Wille*** hüsnüniyet, iyi niyet ***Gutes sprechen*** (birisi hakkında) iyi konuşmak ***im Guten*** iyilikle, dostlukla ***jdm guten Tag wünschen*** (birisini) selamlamak ***jdm Gutes tun*** (birisine) iyilik etmek ***lass es gut sein!*** yeter! ***mach's gut!*** hoşça kal! ***so gut wie ...*** hemen hemen, neredeyse ***zu guter Stunde*** tam vaktinde ***zu jdm gut sein*** (birisine) iyi davranmak

Gutachten /'gu:tahtın/ *n* rapor, ekspertiz; fikir, rey; görüş, düşünce; bilirkişi incelemesi

Gutachter /'gu:tahtır/ *m* uzman, bilirkişi, ekspertör

gutartig /'gu:ta:rtih/ *s* iyi kalpli; *hek* (tümör) iyi huylu, selim ***gutartiger Tumor*** *hek* iyi huylu ur

Gutartigkeit /'gu:ta:rtihkayt/ *f* iyi kalplilik; *hek* (tümör) iyi huylu olma

gutbürgerlich /'gu:tbürgırlih/ *s* orta halli, ortadirek

Gutdünken /'gu:tdünkın/ *n* görüş, takdir, kanaat, seçim, fikir ***nach Gutdünken*** dilediği gibi

Güte /'gü:tı/ *f* iyilik, iyi kalplilik; insaniyet; iyilik, güzellik; mürüvvet; kalite, kaliteli olma; inayet ***du, meine Güte!*** aman Allahım! ***in Güte*** güzellikle

Güterbahnhof /'gü:tırba:nho:f/ *m* yük istasyonu

Gütergemeinschaft /'gü:tırgımaynşaft/ *f huk* karı ve koca arasmdaki mal ortaklığı

Güterstand /'gü:tırştant/ *m* evlilikteki mal durumu

Gütertrennung /'gü:tırtre:nung/ *f huk* (karı koca arasındaki) mal ortaklığının mukaveleyle kalkması; mal ayrımı mukavelesi; karı koca arasındaki mal ortaklığının kalkması

Güterverkehr /'gü:tırferke:r/ *m* yük taşımacılığı

Güterwagen /'gü:tırva:gın/ *m* yük vagonu

Güterzug /'gü:tırtsu:k/ *m* yük treni

gutgläubig /'gu:tgloybih/ *s* iyi niyetli; saf, her şeye çabucak kanan

Gutgläubigkeit /'gu:tgloybihkayt/ *f* kolay inanırlık, saflık

Guthaben /'gu:tha:bın/ *n tic* alacak, matlup, banka hesabındaki para

gutheißen /'gu:thaysın/ *trvt* beğenmek, tasvip etmek, desteklemek, hoş karşılamak

gutherzig /'gu:thertsih/ *s* iyi kalpli, yufka yürekli

gütig /'gü:tih/ *s* dostça, dostane, iyilikle; iyi kalpli, sevecen, müşfik; yardımsever, hayırsever ***gütig aussehend*** iyi görünümlü; nur yüzlü

gütlich /'gü:tlih/ *s* dostça, dostane ***auf gütlichem Wege*** *huk* sulhen ***sich an etw gütlich tun*** (bir şeyden) zevk al-

mak

gutmütig /'gu:tmü:tih/ *s* uysal; iyi kalpli, karınca ezmez; yumuşak yüzlü, mülayim

Gutmütigkeit /'gu:tmü:tihkayt/ *f* uysallık; iyi kalplilik

Gutschein /'gu:tşayn/ *m* bono; alacak senedi; alındı; makbuz

gutschreiben /'gu:tşraybın/ *trvt* alacağına kaydetmek; banka hesabına geçirmek; kredilendirmek

Gutschrift /'gu:tşrift/ *f tic* banka teminat belgesi; alacak yazma, alacağına geçirme

Gutsherr /'gu:tsher/ *m* büyük çiftlik sahibi

Gutshof /'gu:tsho:f/ *m* çiftlik

gutwillig /'gu:tvilih/ *s* iyi kalpli, iyi niyetli; *be* kendi isteğiyle, kendi rızasıyla ***etw gutwillig tun*** (bir şeyi) itiraz etmeden yapmak

Gymnasiallehrer /gümna'zya:lle:rır/ *m* lise öğretmeni

Gymnasiast/Gymnasiastin /gümna:zy'ast/gümna:zy'astin/ *m/f* lise öğrencisi, liseli

Gymnasium /güm'na:zyum/ *n* lise

Gymnastik /güm'nastik/ *f* beden eğitimi, kültür fizik, jimnastik

gymnastisch /güm'nastiş/ *s* jimnastik

Gynäkologe/Gynäkologin /güneko'lo:gı/güneko'lo:gin/ *m/f* jinekolog, kadın hastalıkları hekimi

gynäkologisch /güneko'lo:giş/ *s* jinekolojik, kadın doğumla ilgili ***gynäkologische Krankheit*** jinekolojik hastalık, kadın doğum hastalığı ***gynäkologische Station*** (hastanede) jinekoloji servisi

H

Haar /ha:r/ *n* saç; tüy; kıl; hav ***aufs Haar ganz genau*** tıpa tıp benzemek ***die Haare schneiden lassen*** saçlarını kestirmek ***die Haare verlieren*** saçı dökülmek ***die Haaren herbeiziehen*** saçlarından sürüklemek ***einander in die Haare geraten*** kavgaya tutuşmak ***falsches Haar*** takma saç, peruk ***Haare auf den Zähnen haben*** geçimsiz olmak ***Haare lassen (müssen)*** zarara uğramak ***Haare spalten*** kılı kırk yarmak ***kein gutes Haar an jdm lassen*** (birisini) kötülemek ***lange Haare kurzer Sinn*** saçı uzun aklı kısa ***niemandem ein Haar krümmen*** hiç kimseye dokunmamak ***sich die Haare raufen*** saçını başını yolmak ***sich in den Haaren liegen*** kavga etmek ***um ein Haar*** az kalsın, kıl payı

Haarausfall /'ha:rausfal/ *m hek* saçkıran; saç dökülmesi

Haarbürste /'ha:rbürstı/ *f* saç fırçası

Haaresbreite /'ha:rısbraytı/ *f* kıl payı ***um Haaresbreite*** kıl payı, az kalsın

Haarfarbe /'ha:rfarbı/ *f* saç rengi

haarfein /'ha:rfayn/ *s* kıl gibi ince; son derece ince

haargenau /'ha:rgı'nau/ *be* tıpatıp, tastamam

haarig /'ha:rih/ *s* saçlı; kıllı, tüylü, tüy tüy; *mec* kötü, fena; *be* oldukça, pek, çok

Haarklammer /'ha:rklamır/ *f* saç tokası

haarklein /'ha:r'klayn/ *s* ayrıntılı şekilde, tafsilatlı, detaylı ***haarklein berichten*** ayrıntılı şekilde bildirmek

Haarnadelkurve /'ha:rna:dılkurvı/ *f* keskin viraj

Haarpflege /'ha:rpfle:gı/ *f* saç bakımı

haarscharf /'ha:rşarf/ *s* çok keskin; son derece ince; kıl payı, çok yakından

Haarschnitt /'ha:rşnit/ *m* saç tıraşı; saç biçimi, saç modeli

Haarspalterei /ha:rşpaltı'ray/ *f* kılı kırk yarma; pireyi deve yapma ***Haarspalterei treiben*** kılı kırk yarmak

Haarspange /'ha:rşpangı/ *f* saç tokası

Haarspray /'ha:rsprei/ *m* saç spreyi

haarsträubend /'ha:rştroybınt/ *s* tüyler ürpertici

Haartrockner /'ha:rtroknır/ *m* saç kurutma makinesi

Haarwuchs /'ha:rvu:ks/ *m* saçlar; saç büyümesi

Habe /'ha:bı/ *f* mal, mülk, varlık, servet ***bewegliche Habe*** taşınır mal, menkul kıymet ***unbewegliche Habe*** taşınmaz mal, gayri menkul

Haben /'ha:bın/ *n tic* banka hesabındaki birikim, matlup, alacak

haben /'ha:bın/ *vt* sahip olmak, malik olmak, haiz olmak, muktedir olmak; bir sorunu olmak ***Angst haben*** korkmak, korkusu olmak ***da haben wir es!*** işte gördün mü! ***das hat nichts zu sagen!*** ziyanı yok! ***dieses Haus ist zu haben*** bu ev satılık ***etw an sich haben*** hoş olmak, ilginç olmak ***etw gegen jdn ha-***

H

ben (birisinden) hoşlanmamak ***etw nicht haben wollen*** (bir şeyi) istememek ***etw von etw haben*** (bir şeyden) faydalanmak ***hab dich nicht so!*** haydi nazlanma! ***ich habe Geld*** param var ***ich habe zu arbeiten*** çalışmak zorundayım ***nichts auf sich haben*** önemsiz olmak ***sich haben*** büyüklük taslamak; nazlanmak; tavır takınmak ***unter sich haben*** komutası altında bulundurmak, emri altında bulundurmak ***was hast du denn?*** neyin var? ***zu haben sein*** elde edilebilir olmak; bekar olmak; satılık olmak ***zu tun haben mit ...*** ... ile ilişkisi olmak

H

Habgier /'**h**a:pgi:r/ *f* sahip olma hırsı, açgözlülük, gözü doymazlık, tamahkârlık

habgierig /'**h**a:pgi:ri**h**/ *s* haris, açgözlü, paragöz ***habgierig sein*** sinekten yağ çıkarmak

habhaft /'**h**a:p**h**aft/ *be* elinde tutma, sahip olma ***einer Sache habhaft werden*** (bir şeyi) ele geçirmek ***jmds habhaft werden*** (birisini) yakalamak

Habicht /'**h**a:bi**h**t/ *m hayb* doğan, atmaca

Habseligkeiten /'**h**a:pze:li**h**kaytın/ *f* mal, mülk, eşya; pılı pırtı

Habsucht /'**h**a:pzu**h**t/ *f* açgözlülük, doymazlık; sahip olma hırsı

habsüchtig /'**h**a:pzü**h**ti**h**/ *s* haris, açgözlü

Hachse /'**h**aksı/ *f* (hayvan) paça

Hacke /'**h**akı/ *f* balta, çapa, tırmık, kazma; (ayak, ayakkabı) topuk, ökçe ***Hacke und Schaufel*** kazma kürek

hacken /'**h**akın/ *vt* çapalamak; kesmek; kazmak; yarmak; (et) kıymak; (kuş) gagalamak

Hacker /'**h**akır/ *m biliş* internet üzerinden başka bilgisayar sistemlerine giren kişi, hekır

Hackfleisch /'**h**akflayş/ *n* kıyma, kıyılmış et

Hackordnung /'**h**akordnung/ *f* hiyerarşi

hadern /'**h**a:dırn/ *vt* kavga etmek, çekişmek

Hafen /'**h**a:fın/ *m* liman; sığınılacak yer, sığınak

Hafenamt /'**h**a:fınamt/ *n* liman müdürlüğü, liman idaresi

Hafenanlagen /'**h**a:fınanla:gın/ *f* liman tesisleri; dok

Hafenarbeiter /'**h**a:fınarbaytır/ *m* liman işçisi; dok işçisi

Hafenrundfahrt /'**h**a:fınruntfa:rt/ *f* liman turu

Hafenstadt /'**h**a:fınştat/ *f* liman şehri

Hafenviertel /'**h**a:fınfirtıl/ *n* tersane semti

Hafer /'**h**a:fır/ *m bitk* yulaf

Haferbrei /'**h**a:fırbray/ *f* yulaf lapası

Haft /**h**aft/ *f* hapis, tevkif; tutma, tutuklama; tutukluluk, mahpusluk ***aus der Haft entlassen*** tutukluyu serbest bırakmak ***in Haft halten*** tutuklamak, nezaret altında tutmak ***in Haft nehmen*** tevkif etmek, tutuklamak

Haftanstalt /'**h**aftanştalt/ *f* hapishane, cezaevi, tutukevi

haftbar /'**h**aftba:r/ *s* sorumlu, mesul, mükellef

Haftbefehl /'**h**aftbıfe:l/ *m huk* tutuklama emri ***Haftbefehl erlassen*** tutuklama emri çıkarmak

haften /'**h**aftın/ *vi* yapışmak; garanti etmek, kefil olmak; yükümlü olmak, mesul olmak ***haften für jdn*** (birisinden) sorumlu olmak ***im Gedächtnis haften*** hatırda kalmak

Haftentlassung /'**h**aftentlasung/ *f* tahliye, salıverme, serbest bırakma ***Haftentlassung gegen Sicherheitslegung*** *huk* kefaletle tahliye

Häftling /'**h**eftling/ *m* mahkûm, mahpus

Haftpflicht /'**h**aftpfli**h**t/ *f* sorumluluk, yükümlülük, mesuliyet

Haftpflichtversicherung /'**h**aftpfli**h**tferzi**h**ırung/ *f* zorunlu trafik kaza sigortası, mali mesuliyet sigortası; üçüncü şahıs sigortası

Haftschalen /'**h**aftşa:lın/ *pl* kontaktlens

Haftstrafe /'**h**aftştra:fı/ *f* hapis cezası

Haftung /'**h**aftung/ *f* mesuliyet, sorumluluk; sorumlu olma; kefil olma, güvence verme; garanti; mükellefiyet ***Haftung übernehmen*** sorumluluğu yüklenmek, mesuliyeti üzerine almak

Hagebutte /'**h**a:gıbutı/ *f bitk* yabangülü meyvesi, kuşburnu

Hagel /'**h**a:gıl/ *m* (yağış) dolu

Hagelkorn /'**h**a:gılkorn/ *n* dolu tanesi

hageln /'**h**a:gıln/ *vi* dolu yağmak ***es hagelt*** dolu yağıyor ***es hagelte nach Lob*** övgü yağmuru vardı, övgülerin arkası kesilmedi

Hagelschaden /'**h**a:gılşa:dın/ *m* dolu tahribatı

Hagelschauer /'**h**a:gılşauır/ *m* şiddetli dolu yağışı

Hagelschlag /'**h**a:gılşla:k/ *m* dolu hasarı;

dolu fırtınası
hager /'ha:gır/ *s* zayıf, cılız, çelimsiz, sıska
Hahn /ha:n/ *m hayb* horoz; vana, musluk ***der Hahn im Korb sein*** gözbebeği olmak
Hähnchen /'he:nhın/ *n* (yemeklik) tavuk, piliç
Hahnenkampf /'ha:nınkampf/ *m* horoz dövüşü ***Hahnenkämpfe veranstalten*** horoz dövüştürmek
Hai /hai/ *m hayb* köpekbalığı
Hain /hain/ *m* koru, ormancık
häkeln /'he:kıln/ *vi* tığ ile örmek, tığ ile iş işlemek; *kon* iğnelemek, kinaye etmek ***sich häkeln*** birbiriyle şakadan takılmak
Häkelnadel /'hekılna:dıl/ *f* çengelli iğne, tığ
Haken /'ha:kın/ *m* elbise askısı; çengel, kanca; erkek kopça; *sp* (boks) kroşe ***die Sache hat einen Haken*** işin güç tarafı var, bir pürüz var
Hakenkreuz /'ha:kınkroyts/ *n* gamalı haç, svastika
halb /halp/ *s* yarı, yarım; (sayı) buçuk; ani ***auf dem halben Weg*** yarıyolda ***ein halbes Dutzend*** yarım düzine ***eine halbe Stunde*** yarım saat ***es ist halb zehn*** saat dokuz buçuk ***etw halb wissen*** yarım yamalak bilmek ***halb eins*** (saat) yarım, on iki buçuk ***halb soviel*** yarısı kadar ***halb und halb*** yarı yarıya, fifti fifti ***halbe Kraft!*** *den* yarım yol! ***halber Ton*** *müz* yarım ses ***mit halbem Ohr zuhören*** yarım yamalak dinlemek ***zum halben Preis*** yarı fiyatına
Halbbruder /'halpbru:dır/ *m* üvey erkek kardeş
halbdunkel /'halpdunkıl/ *s* loş, yarı karanlık
halbfertig /'halpfertih/ *be* yarı mamul; yüzüstü
Halbfinale /'halpfina:lı/ *n sp* yarı final
halbgar /'halpga:r/ *s* yarı pişmiş
halbherzig /'halphertsih/ *s* yarım yamalak; istemeden, gönülsüz
halbieren /hal'bi:rın/ *vt* ikiye bölmek
Halbinsel /'halpinzıl/ *f coğ* yarımada
Halbjahr /'halpya:r/ *n* yarım sene; (okul) sömestr
halbjährlich /'halpye:rlih/ *s* yarım senelik, yarım yılda bir
Halbkreis /'halpkrays/ *m mat* yarım daire
Halbkugel /'halpku:gıl/ *f coğ* yarı küre, yarımküre
halblaut /'halplaut/ *s* yavaş sesle; *be* yarı sesli; istemeden, yarım sesle
Halbleiter /'halplaytır/ *m elek* yarı iletken
halbmast /'halpmast/ *s* yarıya inmiş bayrak
Halbmond /'halpmo:nt/ *m* yarım ay, hilal ***Grüner Halbmond*** Yeşilay ***Roter Halbmond*** Kızılay
halbpart /'halppart/ *adl* yarı yarıya
Halbpension /'halppensyo:n/ *f* (otel) yarım pansiyon
Halbschlaf /'halpşla:f/ *m* yarı uyku, tavşan uykusu
Halbschwester /'halpşvestır/ *f* sadece ana veya baba bir olan kız kardeş
halbtags /'halpta:ks/ *be* yarım günde bir
Halbtagsbeschäftigung /'halpta:ksbışeftigung/ *f* yarım günlük iş
Halbwaise /'halpvaizı/ *f* yarı yetim, yarı öksüz
halbwegs /'halpve:ks/ *s* yarı yolda; hemen hemen, oldukça, aşağı yukarı
Halbwertszeit /'halpve:rtstsayt/ *f fiz* (atom) yarılama müddeti
halbwüchsig /'halpvü:ksih/ *s* tam büyümemiş, erinleşmemiş
Halbzeit /'halptsayt/ *f sp* devre, yarı devre, devre arası ***erste Halbzeit*** birinci devre ***zweite Halbzeit*** ikinci devre
Halde /'haldı/ *f* bayır, iniş, şev; tepe; yığın
Hälfte /'helftı/ *f* yarı, yarısı ***Hälfte des Weges*** yolun yarısı ***um die Hälfte mehr*** bir buçuk katı ***zur Hälfte*** yarı yarıya; yarısına kadar
Halfter /'halftır/ *m* yular; tabancalık, kuburluk
Halle /'halı/ *f* hol, salon; dehliz; (uçak) hangar; (otel) lobi; hal; *sp* kapalı spor salonu
hallen /'halın/ *vi* ötmek; tınlamak, çınlamak, yansımak, aksetmek; aksettirmek
Hallenbad /'halınba:t/ *n* kapalı yüzme havuzu
Hallenfußball /'halınfu:sbal/ *m* salon futbolu
hallo /'halo:/ *ünl* alo!; hey!; merhaba!
Halluzination /halutsina'tsyo:n/ *f* sanrı, hayal, halüsinasyon
Halm /halm/ *m* (bitki) sap, gövde; sürgün
Halogenlampe /halo'ge:nlampı/ *f* iyotlu lamba
Halogenscheinwerfer /halo'ge:nşaynverfır/ *m oto* halojen far

Hals /'hals/ *m* boyun, boğaz, gırtlak, gerdan; (şişe) boğaz ***aus vollem Hals*** cıyak cıyak, avaz avaz ***aus vollem Hals schreien*** avazı çıktığı kadar bağırmak ***barfuß bis zum Hals*** çır(ıl)çıplak, cıscıbıldak ***bis an den Hals in Schulden stecken*** gırtlağa kadar borçlu olmak ***etw in den falschen Hals bekommen*** yanlış anlamak ***Hals über Kopf*** tepetaklak; *kon* aceleyle, alelacele ***Hals und Beinbruch!*** bol şanslar! ***Halse stecken bleiben*** boğazında kalmak; burnundan gelmek ***im Hals stecken bleiben*** boğazında kalmak ***jdm um den Hals fallen*** (birisinin) boynuna sarılmak ***sich etw vom Halse schaffen*** (bir şeyden) kurtulmak ***sich jdn vom Halse schaffen*** (birisini) başından savmak

Halsabschneider /'halsabşnaydır/ *m* tefeci; pahalıcı

Halsband /'halsbant/ *n* gerdanlık; (köpek) tasma ***Halsband anlegen*** tasma takmak

halsbrecherisch /'halsbrehıriş/ *s* tehlikeli, riskli

Halskette /'halsketı/ *f* zincir, kolye, gerdanlık

Hals-Nasen-Ohren-Arzt /'hals'na:zın'o:rınartst/ *m* kulak-burun-boğaz hekimi

Halsschlagader /'halsşla:ka:dır/ *f* şah damarı

Halsschmerzen /'halsşmertsın/ *pl hek* boğaz ağrısı ***Halsschmerzen haben*** *hek* boğazı ağrımak

halsstarrig /'halsştarih/ *s* inatçı, dik kafalı

Halstuch /'halstu:h/ *n* boyunbağı, kaşkol, atkı

Halswirbel /'halsvirbıl/ *m* boyun kemiği, omurganın boyun kısmı

Halt /halt/ *m* durma; durak; duraklama, mola; destek; dayanak; metanet ***den Halt verlieren*** kaymak; kontrolü kaybetmek; morali çok bozulmak ***jdm einer Sache Halt gebieten*** (birisine) destek olmak, tutunacak dal olmak ***Halt machen*** *trvi* durmak; ara vermek ***nicht Halt machen vor etw*** (bir şeyden) korkmamak, çekinmemek

halt /halt/ *ünl* dur!, bir dakika!, bekle!; kâfi!, yeter!; (eşek) çüş!

haltbar /'haltba:r/ *s* dayanıklı, sağlam; (renk) atmaz ***haltbare Güter*** dayanıklı mallar

Haltbarkeit /'haltba:rkayt/ *f* dayanıklılık, sağlamlık, mukavemet

Haltbarkeitsdatum /'haltba:rkaytsda:tum/ *n* (tüketim malı) son kullanım tarihi

halten /'haltın/ *vt* tutmak; (hayvan) beslemek; muhafaza etmek; uymak, riayet etmek; yerine getirmek, ifa etmek; bakmak; sürdürmek; *ask* müdafaa etmek

Haltestelle /'haltıştelı/ *f* durak; istasyon

Halteverbot /'haltıferbo:t/ *n* (trafik) durma yasağı

haltlos /'haltlo:s/ *s* sebatsız; karaktersiz; asılsız; çürük

Haltlosigkeit /'haltlo:zihkayt/ *f* sebatsızlık; karaktersizlik; asılsızlık

Haltung /'haltung/ *f* duruş; durum, hal, vaziyet; tavır ***eine Haltung einnehmen*** bir tavır göstermek

Halunke /ha'lunkı/ *m* serseri, dolandırıcı, üçkâğıtçı; (çocuk) afacan, yumurcak

Hamburger /'hamburgır/ *m* hamburger; (kişi) Hamburglu

hämisch /'he:miş/ *s* kötü, hain; kötü niyetli; başkasının felaketine sevinen ***hämisch lachen*** pis pis sırıtmak

Hammel /'hamıl/ *m hayb* koyun; *mec* eşek kafalı

Hammelsprung /'hamılşprung/ *m pol* mecliste bir oy verme sistemi

Hammer /'hamır/ *m* çekiç; *sp* çekiç; *hek* (kulak) çekiç kemiği ***unter den Hammer kommen*** artırmaya konulmak; (haraç mezat) satılmak

Hammerhai /'hamırhai/ *m hayb* çekiç balığı

hämmern /'hemırn/ *vi* çekiçlemek, çekiçle dövmek, *hek* (kalp) çarpmak; (kapı) vurmak, çalmak

Hammerwerfen /'hamırverfın/ *n sp* çekiç atma

Hämoglobin /hemoglo'bi:n/ *n hek* hemoglobin

Hampelmann /'hampılman/ *m* kukla; kişiliksiz, başkalarının dediğini yapan kişi

Hamster /'hamstır/ *m hayb* dağ faresi, hamster

Hand /hant/ *f* el; el ayası; avuç; *sp* (futbol) hentbol, el ile topa temas etme ***alle Hände voll zu tun haben*** çok meşgul olmak ***an Hand von*** aracılığıyla, sayesinde ***auf der Hand liegen*** besbelli olmak ***auf etw die Hand legen*** el koy-

H

mak, meseleye el atmak ***auf Händen tragen*** özenle bakmak, el üstünde tutmak ***aus der Hand geben*** elden çıkarmak ***aus erster Hand*** ilk elden, doğrudan, yetkili elden ***aus zweiter Hand*** ikinci elden ***bei der Hand sein*** elinde hazır olmak ***das liegt auf der Hand!*** hesap ortada! ***die öffentliche Hand*** kamu ***eine glückliche Hand haben*** şanslı olmak ***eine offene Hand haben*** cömert olmak, eli açık olmak ***er hat seine Hand im Spiel*** bu işte onun parmağı var ***flache Hand*** al ayası ***freie Hand haben*** istediğini yapmakta serbest olmak ***Hand an sich legen*** canına kıymak, intihar etmek ***Hand aufs Herz!*** elini vicdanına koy! ***Hand in Hand*** el ele ***Hand in Hand arbeiten*** elbirliğiyle çalışmak, işbirliği yapmak ***Hand in Hand gehen*** el ele gitmek ***Hand legen an etw/jdn*** el koymak; tecavüz etmek ***Hand legen an sich*** intihar etmek ***Hände hoch!*** eller yukarı! ***Hände weg!*** elini çek! ***hohle Hand*** avuç ***in die Hand nehmen*** ele almak, girişmek ***in die Hände klatschen*** el çırpmak, alkışlamak ***jdm die Hand drücken*** (birisinin) elini sıkmak ***jdm die Hand geben*** (birisinin) elini sıkmak ***jdm flink von der Hand gehen*** (mesele) hallolmak ***jdm in die Hände geraten*** (birisinin) eline düşmek ***jdn an der Hand halten*** (birisini) elinden tutmak ***jds rechte Hand sein*** (birisinin) sağ kolu olmak ***nicht aus der Hand lassen*** elinden bırakmamak ***seine Hand abziehen von etw*** (bir şeyden) elini çekmek ***seine Hand im Spiel haben*** *mec* bir işte parmağı olmak ***sich gegenseitig die Hand drücken*** tokalaşmak ***weder Hand noch Fuß haben*** *kon* başı sonu belli olmamak ***zur Hand*** hazır, mevcut, elde bulunan

Handarbeit /'**h**antarbayt/ *f* elişi

Handarbeiter /'**h**antarbaytır/ *m* el işçisi

Handball /'**h**antbal/ *m* hentbol topu; hentbol oyunu

Handbetrieb /'**h**antbıtri:p/ *m* el ile işletme

Handbewegung /'**h**antbıve:gung/ *f* el hareketi

Handbreit /'**h**antbrayt/ *f* karış

Handbremse /'**h**antbremzı/ *f oto* el freni

Handbuch /'**h**antbu:**h**/ *n* el kitabı; kullanım kılavuzu

Handcreme /'**h**antkre:m/ *f* el kremi

Händedruck /'**h**endıdruk/ *m* el sıkma, el sıkışma, toka

Handel /'**h**andıl/ *m* ticaret; alışveriş; muamele; kavga; pazarlık; dava, mesele; iş, işletme ***Handel treiben*** ticaret yapmak ***Handel und Gewerbe*** sanayi ve ticaret ***Handel und Wandel*** *kon* alışveriş ***Handel mit etw*** (bir şeyin) ticareti ***im Handel*** piyasada ***mit jdm Handel suchen*** kavga aramak

handeln /'**h**andıln/ *vi* hareket etmek, harekete geçmek, davranmak; pazarlık etmek; ticaret yapmak, alıp satmak, ticaretle uğraşmak ***gehandelt werden*** muamele görmek ***gut an jdm handeln*** (birisine) karşı iyi davranmak ***handeln von*** ile ilgili olmak ***hier handelt es sich um etw*** burada (bir şey) söz konusu ***mit etw handeln*** (bir şeyin) ticaretini yapmak ***mit sich handeln lassen*** anlaşmaya açık olmak ***nicht richtig handeln*** yanlış yolda gitmek ***sich handeln um*** söz konusu olmak ***von etwas handeln*** (bir şeyden) bahsetmek ***wir müssen handeln*** harekete geçmeliyiz

Handelsabkommen /'**h**andılsapkomın/ *n* ticaret anlaşması

Handelsbeziehungen /'**h**andılsbıtsi:ungın/ *pl* ticari ilişkiler

Handelsbilanz /'**h**andılsbilants/ *f* ticaret bilançosu

Handelsembargo /'**h**andılsembargo/ *n* ticari ambargo

Handelsflotte /'**h**andılsflotı/ *f* ticaret filosu, ticari gemilerin tümü

Handelsgericht /'**h**andılsgırı**h**t/ *n huk* ticaret mahkemesi

Handelskammer /'**h**andılskamır/ *f* ticaret odası

Handelskorrespondenz /'**h**andılskorıspondents/ *f* ticari yazışma

Handelspolitik /'**h**andılspoliti:k/ *f* ticaret politikası

Handelsregister /'**h**andılsregistır/ *n* ticari sicil

Handelsschiff /'**h**andılsşif/ *n* ticari gemi, şilep

Handelsspanne /'**h**andılsşpanı/ *f* brüt kâr; kâr marjı, kâr oranı

handelsüblich /'**h**andılsü:pli**h**/ *s* piyasada satılan, piyasada bulunan (mal); *tic* ticarette alışılagelmiş

Handelsvertrag /'**h**andılsfertra:k/ *m* ticari

H

anlaşma, ticaret mukavelesi
Handelsvertreter /'handılsfertre:tır/ *m* acente, ticari temsilci, ticari mümessil
Handelsvolumen /'handılsvolu:mın/ *n* ticaret hacmi, işlem hacmi
händeringend /'hendartgınt/ *be* yalvar yakar; çaresizlik içinde
Händeschütteln /'hendışütıln/ *n* toka, tokalaşma
Handfertigkeit /'hantfertihkayt/ *f* beceri, hüner; el becerisi; beceriklilik
handfest /'hantfest/ *s* elle tutulur, somut; kuvvetli, güçlü, sağlam
Handfeuerlöscher /'hantfoyırlöşır/ *m* yangın söndürme aleti
Handfeuerwaffe /'hantfoyırvafı/ *f ask* hafif silah
Handfläche /'hantflehı/ *f* avuç içi, el ayası
handgearbeitet /'hantgıarbaytıt/ *s* el işi, elde yapılmış
Handgelenk /'hantgılenk/ *n* (el) bilek
Handgemenge /'hantgımengı/ *n* boğuşma, itişip kakışma, dövüşme, dalaş
Handgepäck /'hantgıpek/ *n* el bagajı, el eşyası
Handgranate /'hantgrana:tı/ *f ask* el bombası
Handgriff /'hantgrif/ *m* hamle, elle yapılan hareket; tutamak, kulp, sap
handhaben /'hantha:bın/ *trvt* el ile kullanmak, icra etmek; uygulamak, tatbik etmek
Handhabung /'hantha:bung/ *f* el ile kullanış, el ile idare, manevra; uygulama
Handikap /'hendikep/ *n* engel, mania, handikap; sakatlık; elverişsiz durum
Handkoffer /'hantkofır/ *m* valiz, seyahat çantası
Handkuss /'hantkus/ *m* el öpme ***etw mit Handkuss nehmen*** (bir şey) severek/memnuniyetle almak, kabul etmek
Handlanger /'hantlangır/ *m* yardımcı, çırak; yardakçı; işbirlikçi
Händler /'hendlır/ *m* satıcı, tüccar, tacir, (bir şeyin) ticaretini yapan kişi
handlich /'hantlih/ *s* kullanışlı, kullanımı kolay, pratik; ele kolay oturan, ele gelen
Handlung /'handlung/ *f* davranış, eylem, fiil, hareket, tavır, amel; iş, ticaret, alışveriş; dükkân, mağaza, ticarethane ***feindselige Handlung*** düşmanca davranış, düşmanca tavır ***gerichtliche Handlung*** *huk* hukuki muamele ***strafbare Handlung*** *huk* ceza gerektiren eylem; suç unsuru
Handlungsbevollmächtigte(r) /'handlunsbıfolmehtihtı(r)/ *f/m* ticari vekil
handlungsfähig /'handlungsfe:ih/ *s huk* yasal haklarını kullanabilecek durumda (kişi)
Handlungsfähigkeit /'handlungsfe:ihkayt/ *f huk* yasal haklarını kullanabilecek durumda olma; *huk* kanuni ehliyet
Handlungsspielraum /'handlungsşpi:lraum/ *m* hareket alanı; inisiyatif
Handlungsweise /'handlungsvayzı/ *f* davranış tarzı, hareket tarzı; (bir konuyu) ele alma biçimi
Handrücken /'hantrükın/ *m* elin tersi
Handschellen /'hantşelın/ *pl* kelepçe
Handschrift /'hantşrift/ *f* el yazısı; (sanatta) üslup
handschriftlich /'hantşriftlih/ *s* el yazısıyla, elle yazılan
Handschuh /'hantşu:/ *m* eldiven
Handschuhfach /'hantşu:fah/ *n oto* torpido gözü
Handspiegel /'hantşpi:gıl/ *m* el aynası
Handtasche /'hanttaşı/ *f* el çantası, evrak çantası
Handteller /'hanttelır/ *m* avuç içi, el ayası
Handtuch /'hanttu:h/ *n* havlu ***das Handtuch werfen*** (zor olduğu için bir şeyden) vazgeçmek, pes etmek
Handtuchhalter /'hanttu:hhaltır/ *m* havlu asacağı, havluluk
Handumdrehen /'hantumdre:ın/ *n kon* çabucak, hemencecik, ivedilikle ***im Handumdrehen*** kaşla göz arasında, iki arada bir derede, göz açıp kapayıncaya kadar
Handvoll /'hantfol/ *f* avuç dolusu
Handwagen /'hantva:gın/ *m* el arabası
Handwerk /'hantverk/ *n* elişi, zanaat, sanat, elle yapılan iş, işçilik ***jdm das Handwerk legen*** (birisinin) zararlı faaliyetlerini engellemek
Handwerker /'hantverkır/ *m* el işçisi, zanaatçı, sanatçı; küçük esnaf
Handwerkskammer /'hantverkskamır/ *f* zanaat esnafı odası
Handy /'hendi:/ *n* cep telefonu ***Handy mit Kamera*** kameralı cep telefonu
Handzeichen /'hanttzayhın/ *n* el işareti; parmak basarak atılan imza ***per Hand-***

zeichen abstimmen el işaretiyle oylamak

Handzettel /'**h**anttsetıl/ *m* el ilanı; tanıtıcı belge

Hanf /**h**anf/ *m bitk* kenevir, kendir; haşhaş tohumu ***afrikanischer Hanf*** *bitk* çirişotu ***indischer Hanf*** *bitk* Hint keneviri

Hang /**h**ang/ *m coğ* yamaç, sırt; bayır, iniş; (olumsuz ve kötü şeylere) eğilim, yatkınlık, temayül

Hängebrücke /'**h**engıbrükı/ *f* asma köprü

Hängematte /'**h**egımatı/ *f* hamak

hängen /'**h**engın/ *vt* asmak, takmak; ipe çekmek; *vi* asılı olmak, asılı bulunmak; sarkmak ***an den Galgen hängen*** asmak, ipe çekmek ***an den Herrchen hängen*** (hayvan) sahiplerine bağlı olmak ***an etw hängen*** (bir şeye) düşkün olmak ***an jdn hängen*** (birisine) bağlı olmak ***gehängt werden*** ipe gelmek ***sein Herz an jdn hängen*** kalbini (birisine) bağlamak ***sich an jdn hängen*** (birisine) yapışmak

Hängeschrank /'**h**engışrank/ *m* asma dolap

hänseln /'**h**enzıln/ *vt* alay etmek, takılmak, dalga geçmek

Hansestadt /'**h**anzıştat/ *f* Hansa şehri

Hanswurst /'**h**ansvurst/ *m* soytarı, palyaço; *kon* geri zekalı, salak

Hantel /'**h**antıl/ *f sp* halter, gülle

hantieren /**h**an'ti:rın/ *vi* kullanmak, (bir şey ile) iş yapmak, meşgul olmak ***mit etw hantieren*** kullanmak, idare etmek

hapern /'**h**a:pırn/ *vi* aksamak, eksik olmak, yeterli olmamak ***es hapert an etw*** (bir şey) aksıyor; (bir şey) yeterli değil

Happen /'**h**apın/ *m kon* parça, lokma

Harddisk /'**h**a:rddisk/ *f biliş* sabit disk, iç bellek

Hardware /'**h**a:rdwe:r/ *f biliş* donanım

Harfe /'**h**arfı/ *f müz* harp, arp

Harke /'**h**arkı/ *f* tırmık, bahçıvan tarağı ***jdm eine Harke zeigen*** *kon* Hanya'yı Konya'yı göstermek

harmlos /'**h**armlo:s/ *s* zararsız, tehlikesiz; kimseye zararı dokunmayan; (film, kitap) ahlaki değerlere aykırı olmayan; *hek* iyi huylu, selim

Harmlosigkeit /'**h**armlo:zi**h**kayt/ *f* zararsızlık; saflık

Harmonie /**h**armo'ni:/ *f* uyum, ahenk, harmoni; barış ***Harmonie der Farben*** renk uyumu, renklerin uyumu

harmonieren /**h**armo'ni:rın/ *vi* ahenkli olmak, uyum içinde olmak, uymak; iyi geçinmek ***mit etw harmonieren*** (bir şeye) uymak, uyum içinde olmak ***mit jdm harmonieren*** (birisi) ile uyum içinde olmak, iyi anlaşmak

harmonisch /**h**ar'mo:niş/ *s* uyumlu, ahenkli, harmonik

harmonisieren /**h**armoni'zi:rın/ *vt* uyumlu hale getirmek; *müz* armonize etmek

Harmonium /**h**ar'monyum/ *n kim* harmonyum

Harn /**h**arn/ *m* sidik, idrar ***den Harn lassen*** idrarını yapmak

Harnblase /'**h**arnbla:zı/ *f anat* sidiktorbası, mesane

Harnröhre /'**h**arnrö:rı/ *f hek* idrar yolu, üretra

Harnsäure /'**h**arnzoyrı/ *f kim* ürik asit, asit ürik

Harpune /**h**ar'pu:nı/ *f* zıpkın

harren /'**h**arın/ *vi* (bir şeyi) beklemek

harsch /**h**arş/ *s* kaba, sert

hart /**h**art/ *s* sert, katı; şiddetli, keskin; zor, güç, ağır, çetin; incitici, acı; (kişi) katı, acımasız, merhametsiz, katı yürekli, haşin; sağlam, dayanıklı; incitici ***hart werden*** sertleşmek, katılaşmak; duygusuz olmak ***hart machen*** sertleştirmek ***hart sein gegen jdn*** (birisine karşı) sert davranmak, acımasız davranmak ***harte Arbitrage*** *tic* katı arbitraj ***harte Währung*** madeni para; nakit para ***harte Zeiten*** zor durumdaki zamanlar ***härter Griff*** sert tutum ***hartes Holz*** sert ağaç ***hartes Korn*** sert tane ***hartes Wasser*** sert su

Härte /'**h**ertı/ *f* sertlik; şiddet, çetinlik; acımasızlık; zarara uğratma

Härtefall /'**h**ertıfal/ *m* ağır mağduriyet

hartherzig /'**h**art**h**ertsi**h**/ *s* katı yürekli, merhametsiz

Hartherzigkeit /'**h**art**h**ertsi**h**kayt/ *f* katı yüreklilik, merhametsizlik

hartköpfig /'**h**artköpfi**h**/ *s* inatçı, dik kafalı

hartnäckig /'**h**artneki**h**/ *s* inatçı, dik kafalı ***hartnäckige Flecken*** çıkarılması zor lekeler, inatçı lekeler

Hartnäckigkeit /'**h**artneki**h**kayt/ *f* inat; inatçılık

Härtung /'**h**ertung/ *f* sertleştirme, sertleştirilme

Harz /**h**arts/ *n* reçine, çamsakızı

Hasardeur /**h**azar'dö:r/ *m* kumarbaz

Hasardspiel /ha'zartşpi:l/ *n* kumar oyunu
haschen /'haşın/ *vt* yakalamak, tutmak; *vi kon* esrar içmek, esrar çekmek ***nach etw haschen*** (bir şeyi) elde etmeye çalışmak ***nach jdm haschen*** (birisini) yakalamaya çalışmak
Haschisch /'haşiş/ *n* haşhaş; *kon* (uyuşturucu) esrar
Hase /'ha:zı/ *m hayb* tavşan ***alte Hase*** *kon* yaşlı kurt, eski kulağı kesiklerden ***da liegt der Hase im Pfeffer!*** *kon* işte işin güçlüğü burada yatıyor! ***mein Name ist Hase*** *kon* hiçbir suçum yok, hiç haberim yok

H

Haselnuss /'ha:zılnus/ *f bitk* fındık ***geschälte Haselnuss*** fındık içi
Haselnussstrauch /'ha:zılnusştrauh/ *m bitk* fındık ağacı
Hasenfuß /'ha:zanfu:s/ *m kon* ürkek, korkak
Hasenscharte /'ha:zınşartı/ *f hek* tavşan dudağı, (doğuştan olan) dudaktaki yarık
Hass /has/ *m* nefret; kin, garaz, hınç, *mec* yara, kuyruk acısı ***gegen jdn Hass empfinden*** (birisinden) nefret etmek ***von Hass erfüllt*** nefret duymak
hassen /'hasın/ *vt* nefret etmek; kin bağlamak, kin beslemek
hassenswert /'hasınsve:rt/ *s* nefret edilesi, nefrete layık
Hässlichkeit /'heslihkayt/ *f* çirkinlik
Hast /hast/ *f* acele, telaş ***in Hast*** aceleyle, telaşla
hasten /'hastın/ *vi* acele etmek, elini çabuk tutmak ***irgendwohin hasten*** acele acele bir yere koşuşturmak
hastig /'hastih/ *s* aceleli, telaşlı; *be* alelacele, aceleyle
Hastigkeit /'hastihkayt/ *f* acele, ivedi
hätscheln /'heçıln/ *vt* okşamak; şımartmak, yüz vermek
Haube /'haubı/ *f* bone, başörtüsü, hotoz, tepelik; (motor) kapak; örtü; takke; (kuş) sorguç, ibik ***unter die Haube kommen*** (kadın) evlenmek ***unter die Haube bringen*** (kadını) evlendirmek, başgöz etmek
Hauch /hauh/ *m* soluk, nefes; hohlama; esinti, hafif rüzgâr; eser (miktarda), çok hafif (derecede) ***ein Hauch von Parfüm*** hafif bir parfüm kokusu
hauchdünn /'hauhdün/ *s* incecik, çok ince, zar gibi
hauchen /'hauhın/ *vi* hohlamak ***auf das Brillenglass hauchen*** gözlük camına hohlamak ***jdm Kuss auf die Wange hauchen*** (birisinin) yanağına öpücük kondurmak ***etw hauchen*** utana sıkıla söylemek
Haudegen /'haude:gın/ *m* çift taraflı kılıç, hançer; *mec* (kişi) eski tüfek, deneyimli ihtiyar, yaşlı kurt
hauen /'hauın/ *vt kon* dövmek, vurmak, pataklamak; (ağaç) kesmek; (odun) yarmak; oymak; çapalamak; delik açmak ***auf jdn hauen*** (birisine) vurmak ***die Bücher auf den Tisch hauen*** kitapları masaya vurmak ***etw in Stein hauen*** (bir şeyin) taştan heykelini yapmak ***etw irgendwohin hauen*** *kon* (bir şeyi bir yere) atmak, fırlatmak; vurmak, kaldırıp vurmak ***in Stücke hauen*** parça parça etmek ***irgendwohin hauen*** *kon* düşmek, çarpmak ***jdn hauen*** (birisini) dövmek, pataklamak ***jdm übers Ohr hauen*** (birisini) dolandırmak, kandırmak ***Löcher hauen*** delik açmak ***mit dem Fuß auf die Wand hauen*** ayağını duvara çarpmak ***sich aufs Bett hauen*** kendini yatağa atmak, kafayı vurup yatmak ***sich (gegenseitig) hauen*** *kon* dövüşmek, birbirini pataklamak ***sich irgendwohin hauen*** kendini bir yere atmak ***sich hauen*** dövüşmek ***um sich hauen*** çırpınmak
Haufen /'haufın/ *m* yığın, küme, kütle; sürü; *kon* pek çok, yığınla ***auf einen Haufen*** *kon* toplu halde, bir arada, kitle halinde ***ein Haufen Geld*** *kon* yığınla para, çok para ***etw über den Haufen werfen*** *kon* bir plandan (çok çabuk) vazgeçmek ***jdn über den Haufen rennen*** (birisine) çarpıp düşürmek ***jdn über den Haufen schießen*** (birisini silahla) vurmak, kurşunlamak
häufen /'hoyfın/ *vt* yığmak, istif etmek; toplamak ***Erde häufen auf etw*** (bir şeyin üstüne) toprak örtmek ***sich häufen*** yığılmak, birikmek, toplanmak; çoğalmak, sıklaşmak
haufenweise /'haufınvayzı/ *s* yığınla, bir sürü, küme küme
häufig /'hoyfih/ *s* genellikle; sık sık (olan); sık sık bulunan; *be* çok defa, çoğu kere ***häufiger werden*** sıklaşmak, artmak, sık sık meydana gelmek
Häufigkeit /'hoyfihkayt/ *f* sık sık (olma); sık sık bulunma, sıklık

Häufung /'**h**oyfung/ *f* yığılma; yığışma; sıklaşma, sıklaştırılma

Haupt /**h**aupt/ *n kon* baş, kafa, kelle; lider, şef, reis; baş, ana; asıl, esas, başlıca; ilk; en önemli ***Haupt der Familie*** aile reisi ***mit Stolz erhobenem Haupt*** başı gururla dimdik bir şekilde

hauptamtlich /'**h**auptamtli**h**/ *s* ücret karşılığı, profesyonel olarak

Hauptanschluss /'**h**auptanşlus/ *m* (telefon) ana bağlantı hattı

Hauptbahnhof /'**h**auptba:n**h**o:f/ *m* merkez garı, ana gar, merkez tren istasyonu

hauptberuflich /'**h**auptbıru:fli**h**/ *s* asıl meslek olarak, profesyonel olarak, meslekî

Hauptdarsteller /'**h**auptdarştelır/ *m* başrol oyuncusu

Haupteingang /'**h**auptayngang/ *f* ana giriş, ana kapı

Hauptfach /'**h**auptfa**h**/ *n* (üniversite) ana bölüm, ihtisas dalı

Hauptfigur /'**h**auptfigu:r/ *f* (film, roman, tiyatro) en önemli karakterlerden birisi

Hauptgebäude /'**h**auptgıboydı/ *n* ana bina, merkez bina

Hauptgericht /'**h**auptgıri**h**t/ *n* ana menü, ana yemek

Hauptgeschäftszeit /'**h**auptgışeftstsayt/ *f* iş ve alışveriş saatleri, işyerlerinin açık olduğu saatler

Hauptgewinn /'**h**auptgıvin/ *m* (piyango) büyük ikramiye

Hauptgrund /'**h**auptgrunt/ *m* temel neden

Häuptling /'**h**oyptling/ *m* kabile reisi; elebaşı, çete reisi

Hauptmann /'**h**auptman/ *m ask* yüzbaşı

Hauptquartier /'**h**auptkvarti:r/ *n ask* merkez karargâh

Hauptrolle /'**h**auptrolı/ *f* (sinema, tiyatro) başrol

Hauptsache /'**h**auptza**h**ı/ *f* en önemli şey, en önemli nokta, esas ***in der Hauptsache*** her şeyden evvel

hauptsächlich /'**h**auptze**h**li**h**/ *s* başlıca, temel, esas, ana; *be* esasen

Hauptsaison /'**h**auptsezon/ *f* (turizmde) ana sezon, yüksek sezon, yaz sezonu

Hauptsatz /'**h**auptzats/ *m dilb* ana cümle, ana tümce

Hauptschlagader /'**h**auptşla:ka:dır/ *f hek* aort, şahdamarı

Hauptschule /'**h**auptşu:lı/ *f* (Almanya) 5. ve 9. sınıflar arası eğitim veren orta derece okul

Hauptstadt /'**h**auptştat/ *f* başkent, başşehir

hauptstädtisch /'**h**auptştetiş/ *s* başkentle ilgili, başkente ait; hükümetle ilgili, ülke yönetimine ait

Hauptstraße /'**h**auptştra:sı/ *f* ana yol, ana cadde

Hauptverhandlung /'**h**auptfer**h**andlung/ *f* esas duruşma

Hauptverkehrszeit /'**h**auptferke:rstsayt/ *f* trafiğin yoğun olduğu saat

Hauptversammlung /'**h**auptferzamlung/ *f* genel kurul, genel kurul toplantısı; umumi heyet

Hauptverwaltung /'**h**auptfervaltung/ *f* idare merkezi

Hauptwohnsitz /'**h**auptvo:nzits/ *m* asıl ikamet, sürekli ikamet yeri

Hauptwort /'**h**auptvort/ *n dilb* isim, ad

Haus /**h**aus/ *n* ev, yuva, ocak; bina; *kon* aile; salon, işyeri; meclis, parlamento ***altes Haus!*** *kon* eski dost!, eski arkadaş! ***aus dem Haus werfen*** evden atmak, kapıdışarı etmek ***das Haus hüten*** evde kalmak, bir yere gitmemek ***das Haus verlassen*** dışarı çıkmak, sokağa çıkmak ***ein Haus mieten*** kiralık bir ev tutmak ***Haus und Hof*** ev bark ***ich bin hier zu Hause*** buralıyım ***in etw zu Hause sein*** *kon* (bir şeyden) çok iyi anlamak ***ins Haus stehen*** (olay, mesele) kapıya dayanmak ***nach Hause*** eve ***sich zu Hause fühlen*** kendini evinde gibi hissetmek ***von Haus aus*** *kon* esasen, baştan beri ***zu Hause*** evde

Hausangestellte(r) /'**h**ausangıştel tı(r)/ *f/m* (bayan) hizmetli, hizmetçi kadın

Hausarbeit /'**h**ausarbayt/ *f* ev işleri; ev ödevi; (üniversite) evde hazırlanan seminer çalışması

Hausarrest /'**h**ausarest/ *m huk* (evinde) göz hapsi

Hausarzt /'**h**ausartst/ *m* ev doktoru, aile doktoru

hausbacken /'**h**ausbakın/ *s* sade, gösterişsiz

Hausbesetzer /'**h**ausbızetsır/ *m* (konut politikasını protesto için) boş bir evi işgal eden kişi

Hausbesetzung /'**h**ausbızetsung/ *f* bina işgali

Hausbesitzer /'**h**ausbızitsır/ *m* ev sahibi

H

Hausbewohner /'**h**ausbıvo:nır/ *m* evde oturan, ev sakini
Häuschen /'**h**oys**h**ın/ *n* evcik, küçük ev; kulübe; *kon* tuvalet, hela ***völlig aus dem Häuschen sein*** *kon* (sevinçten) ne yapacağını bilememek
Hausdurchsuchung /'**h**ausdur**h**zu:**h**ung/ *f huk* (polisçe yapılan) ev arama, evin aranması
hausen /'**h**auzın/ *vi* oturmak, ikamet etmek; yıkıp dökmek; dağıtmak, tahribat yapmak; tasarruf etmek ***in einer Bruchbude hausen*** bir viranede oturmak
Häuserblock /'**h**oyzırblok/ *m* ada, parsel, blok
Häuserreihe /'**h**oyzırrayı/ *f* ev dizisi
Hausflur /'**h**ausflu:r/ *m* koridor, hol; apartman merdiven boşluğu
Hausfrau /'**h**ausfrau/ *f* ev kadını, ev hanımı; ev sahibesi
Hausfriedensbruch /'**h**ausfri:dınsbru**h**/ *m huk* haneye tecavüz, meskene tecavüz
Hausgebrauch /'**h**ausgıbrau**h**/ *m* evde kullanılmak üzere; sadece kendi kullanımı için
hausgemacht /'**h**ausgıma**h**t/ *be* evde yapılmış, evde pişirilmiş ***hausgemachte Marmelade*** evde yapılmış reçel
Haushalt /'**h**aus**h**alt/ *m* ev idaresi, bütçe; ev işleri; ev eşyaları, eve ait olan her şey; aile, evde yaşayan kişiler, ev sakinleri; *tic* bütçe; *hek* denge, işlev; *biy* denge ***in gemeinsamen Haushalt leben*** birlikte yaşamak
haushalten /'**h**aus**h**altın/ *trvi* idare etmek, tasarruf etmek; evi idare etmek ***mit etw haushalten*** (bir şeyi) esirgemek
Haushälterin /'**h**aus**h**eltırin/ *f* hizmetçi kadın
Haushaltsdebatte /'**h**aus**h**altsdebatı/ *f* bütçe görüşmesi, bütçe müzakeresi
Haushaltsdefizit /'**h**aus**h**altsde:fizit/ *n* bütçe açığı
Haushaltsführung /'**h**aus**h**altsfü:rung/ *f* ev işleri idaresi
Haushaltsgerät /'**h**aus**h**altsgıre:t/ *n* (elektrikli) ev aleti
Haushaltsmittel /'**h**aus**h**altsmitıl/ *f* yıllık bütçe payı, bütçeye ayrılmış pay, tahsisat
Haushaltswaren /'**h**aus**h**altsva:rın/ *pl* ev eşyaları, mutfak eşyaları
Hausherr/Hausherrin /'**h**aus**h**er/'**h**aus**h**erin/ *m/f* ev sahibi; aile reisi; (yemek, parti) davet veren kişi
hausieren /**h**au'zi:rın/ *vi* seyyar satıcılık yapmak, kapı kapı dolaşarak mal satmak; (bir şey) dilden dile yaymak ***hausieren gehen*** seyyar satıcılık yapmak
Hausierer /**h**au'zi:rır/ *m* seyyar satıcı, kapı kapı dolaşıp mal satan kimse
häuslich /**h**oysli**h**/ *s* evde olan, evde yapılan; eve ait; evde bulunan; evcimen, evde durmayı seven ***eine häusliche Frau*** becerikli bir ev kadını; idareli bir kadın ***häusliches Leben*** ev yaşamı, ev hayatı ***sich irgendwo häuslich niederlassen*** bir yerde yerleşmek
Häuslichkeit /'**h**oysli**h**kayt/ *f* ev hayatı, aile hayatı; evcimenlik, evde durmayı sevme
Hausmädchen /'**h**ausmed**h**ın/ *n* hizmetçi kız
Hausmannskost /'**h**ausmanskost/ *f* ev yapımı yemek
Hausmeister /'**h**ausmaystır/ *m* kapıcı, bina görevlisi
Hausnummer /'**h**ausnumır/ *f* ev numarası, bina numarası, adres numarası
Hausordnung /'**h**ausordnung/ *f* (işyeri, okul, otelde kuralları içeren) bina yönetmeliği, mesken yönetmeliği
Hausratversicherung /'**h**ausra:tferzi**h**ırung/ *f* ev eşyası sigortası
Hausschlüssel /'**h**ausşlüsıl/ *m* ev anahtarı
Hausschuh /'**h**ausşu:/ *m* terlik
Haustier /'**h**austi:r/ *n* ev hayvanı, evcil hayvan
Haustür /'**h**austü:r/ *f* ev kapısı
Hausverbot /'**h**ausferbo:t/ *m huk* (ev, hane, mekân) giriş yasağı
Hausverwaltung /'**h**ausfervaltung/ *f* bina yönetimi
Haut /**h**aut/ *f* deri, cilt; kabuk, zar; post; (yoğurt, süt üzerinde) tabaka, zar; kaplama, dış satıh, dış yüzey ***auf der faulen Haut liegen*** tembellik yapmak ***aus der Haut fahren*** hiddetlenmek ***bis auf die Haut durchnässt werden*** iliklerine kadar ıslanmak ***ehrliche Haut*** dürüst kimse ***etw geht jdm unter die Haut*** birisini çok etkileme ***mit Haut und Haar*** tamamen, etiyle kemiğiyle ***mit heiler Haut davonkommen*** sağ sağlim kurtulmak ***nicht aus seiner Haut raus***

können kendini değiştirememek ***nur Haut und Knochen*** bir deri bir kemik ***nur noch Haut und Knochen*** bir deri bir kemik ***seine Haut teuer verkaufen*** postu pahalıya satmak ***seine Haut zu Markte tragen*** kendini tehlikeye atmak; fahişelik yapmak, etini satmak ***sich in seiner Haut nicht wohl fühlen*** hayatından hoşnut olmamak ***sich seiner Haut wehren*** kendini var gücüyle savunmak

Hautabschürfung /'**h**autapşürfung/ *f hek* sıyrık, sıyrıntı

Hautarzt /'**h**autartst/ *m hek* deri uzmanı, cilt doktoru, cildiyeci, dermatolog

Hautausschlag /'**h**autausşla:k/ *m hek* deride kabartı, kızarıklık, egzama

Haute-Couture /'o:tku'tü:r/ *f* modacılık

häuten /'**h**oytın/ *vt* (hayvan) derisini yüzmek; (meyve) kabuğunu soymak ***sich häuten*** deri değiştirmek, kabuk değiştirmek; (yılan) gömlek değiştirmek

hauteng /'**h**auteng/ *s* dapdar, daracık

Hautfarbe /'**h**autfarbı/ *f* ten rengi, deri rengi, cilt rengi

Hautkrankheit /'**h**autkrank**h**ayt/ *f hek* deri hastalığı, cilt hastalığı, dermatoz

Hautkrebs /'**h**autkre:ps/ *m hek* cilt kanseri, deri kanseri

hautnah /'**h**autna:/ *s* çok yakından, yakinen ***das Geschehen habe ich hautnah erlebt*** olanları yakinen yaşadım

Hautpflege /'**h**autpfle:gı/ *f* cilt bakımı

Havarie /**h**ava'ri:/ *f* (gemi, uçak) kazaya uğrama sonucu oluşan hasar, avarya

H-Bombe /'**h**a:bombı/ *f* hidrojen bombası

Hebamme /'**h**e:bamı/ *f* ebe

Hebebühne /'**h**e:bıbü:nı/ *f* kriko, kaldırma tezgâhı

Hebel /'**h**e:bıl/ *m tek* (açma, kapama) kol; kaldıraç, manivela; levye ***alle Hebel in Bewegung setzen*** her çareye başvurmak ***am längeren Hebel sitzen*** ((birisine karşı) avantajlı olmak, daha çok olanaklara sahip olmak

Hebelwirkung /'**h**e:bılvirkung/ *f fiz* kaldıraç etkisi, kaldıraç işlevi

heben /'**h**e:bın/ *vt* (yukarı doğru) kaldırmak; yükseltmek, ilerletmek, artırmak; su yüzeyine çıkarmak ***aus dem Wasser heben*** sudan çıkarmak ***aus der Erde heben*** topraktan çıkarmak ***die Stimmung heben*** morali, keyfi artırmak ***sich heben*** kalkmak, yükselmek, yerinden doğrulmak; canlanmak, artmak, ilerlemek

Hebräer /**h**e'bre:ır/ *m* İbrani, Musevi, Yahudi

hebräisch /**h**e'bre:iş/ *s* İbrani; İbranice, İbrani dili

Hebräisch /**h**e'bre:iş/ *n* İbranice

Hebung /'**h**e:bung/ *f* kaldırma; çıkarma; artırma, yükseltme, ilerleme, ilerletme; *dilb* vurgulu hece

Hecht /**h**eht/ *m hayb* turnabalığı ***ein toller Hecht*** *kon* müthiş erkek, hoş erkek

hechten /'**h**ehtın/ *vi sp* (futbol) plonjon yapmak; *sp* (yüzme) balıklama atlamak, balıklama atlayış yapmak

Hechtsprung /'**h**ehtşprung/ *m sp* balıklama atlayış, balıklama atlama

Heck /**h**ek/ *n oto* arka, arka tarafı; (uçak) kuyruk; *den* (gemi) pupa, kıç; çit, parmaklık

Heckantrieb /'**h**ekantri:p/ *m oto* arkadan çekişli

Hecke /'**h**ekı/ *f* çit, çalı; *hayb* kuluçka süresi

Heckenrose /'**h**ekınro:zı/ *f bitk* yabani gül, yabangülü, çalıgülü

Heckenschütze /'**h**ekınşütsı/ *m* çeteci, gerilla, saklandığı siperden ateş eden

Heckklappe /'**h**ekklapı/ *f* bagaj kapağı

Heckmotor /'**h**ekmo:tor/ *m* arka motor; motorun arkada bulunması

Heckscheibe /'**h**ekşaybı/ *f oto* arka cam, arka pencere

Heer /**h**e:r/ *n ask* kara kuvvetleri; ordu; kalabalık, kitle, sürü

Heerführer /'**h**e:rfü:rır/ *m ask* ordu komutanı

Hefe /'**h**e:fı/ *f* maya; (halk) alt tabaka

Hefeteig /'**h**e:fıtayk/ *m* ekşi hamur

Heft /**h**eft/ *n* defter; (dergi) fasikül, nüsha; broşür; cüz; (bıçak) sap, kulp; (kılıç) kabza ***das Heft in der Hand haben*** duruma hâkim olmak

heften /'**h**eftın/ *vt* bağlamak, eklemek, iliştirmek; tutturmak, tespit etmek; dikmek, teğellemek; (kitap) ciltlemek ***seine Augen auf etw heften*** gözlerini dikmek ***sich an jds Fersen heften*** (birisini) takip etmek ***sich heften*** bağlanmak, yapışmak, dikilmek

Hefter /'**h**eftır/ *m* dosya

heftig /'**h**efti**h**/ *s* şiddetli, kuvvetli, sert; şiddetle; ateşli, hararetli; (soğuk) keskin ***heftig werden*** şiddetlenmek; sinirli,

H

kızgın ***heftiger Schmerz*** can çekişme; büyük heyecan
Heftklammer /'**h**eftklamır/ *f* ataş; raptiye
Heftpflaster /'**h**eftpflastır/ *n* yara bandı
Hegemonie /**h**egemo'ni:/ *f pol* güç, nüfuz, üstünlük, hegemonya
hegen /'**h**e:gın/ *vt* korumak, bakmak; (hayvan) beslemek; (duygu) beslemek ***Hass gegen jdn hegen*** (birisine karşı) kin beslemek
Hehl /**h**e:l/ *n/m* duygu, his
Hehler /'**h**e:lır/ *m huk* yataklık eden kimse; çalıntı mal alan ve satan kimse
Hehlerei /**h**e:la'ray/ *f huk* yataklık; çalıntı mal bulundurma/alma/satma
Heide1 /'**h**aydı/ *m* dinsiz, kâfir, putperest
Heide2 /'**h**aydı/ *f* çalılık, fundalık
Heidelbeere /'**h**aydılbe:rı/ *f bitk* yaban mersini
Heidenangst /**h**aydın'angst/ *f* dehşetli korku
Heidentum /'**h**aydıntum/ *n* putperestlik, (din) batıllık, batıl olma, paganizm
heidnisch /'**h**aydniş/ *s* putperestçe, batıl
heikel /'**h**aykıl/ *s* (sorun, olay, konu) güç, kritik, karışık, nazik; (yemek) zor beğenen, titiz, müşkülpesent
Heil /**h**ayl/ *n* şifa, sağlık, selamet; mutluluk; (din) günahlardan arınma ***Heil bringend*** hayırlı; şifalı ***sein Heil in der Flucht suchen*** çareyi kaçmakta bulmak ***sein Heil versuchen*** şansını denemek
heil /**h**ayl/ *s* sağ, sağ salim; sağlam
Heiland /'**h**aylant/ *tnz* Hz İsa; kurtarıcı, Mesih
Heilanstalt /'**h**aylanştalt/ *f* sağlık kuruluşu; senatoryum; tımarhane
heilbar /'**h**aylba:r/ *s* iyileşebilir, tedavi edilebilir
Heilbarkeit /'**h**aylba:rkayt/ *f* tedavi edilebilirlik
heilen /'**h**aylın/ *vt* iyileştirmek, tedavi etmek; *vi* (yara) iyileşmek, kapanmak, düzelmek ***geheilt werden*** tedavi edilmek, şifa bulmak
Heilgymnastik /'**h**aylgümnastik/ *f* fizik tedavi
heilig /'**h**ayli**h**/ *s* kutsal, aziz, mukaddes, kutlu; *kon* büyük, müthiş ***das Heilige Land*** kutsal topraklar, Filistin ***einen heiligen Schrecken bekommen*** büyük korkuya kapılmak ***heilig halten*** takdis etmek ***heilige Maria*** aziz Meryem ana ***heilige Schrift*** Kitabı Mukaddes ***heiliger Abend*** Noel arifesi ***heiliger Stuhl*** Papalık ***heliger Vater*** Papa ***heiliges Grab*** Hz İsa'nın Kudüs'teki mezarı ***jdm ist nichts heilig*** hiçbir şeye saygısı olmamak
Heiligabend /**h**ayli**h**'a:bınt/ *m* 24 Aralık, Hz İsa`nın doğum günü, noel arefesi
Heilige(r) /'**h**ayligı(r)/ *m/f* aziz, azize
Heiligenbild /'**h**ayligınbilt/ *n* dinsel betimleme, tasvir
Heiligenschein /'**h**ayligınşayn/ *m* (azizlerin başında) hale, ayla
Heiligtum /'**h**ayligtu:m/ *n* (tapınak, kilise, cami) kutsal yer, kutsal mekân; kutsal değerler
Heilkraft /'**h**aylkraft/ *f* şifa gücü, şifa yeteneği, iyileştirici kuvvet
heilkräftig /'**h**aylkreftı**h**/ *s* şifalı, iyileştirici, iyileştirme gücü olan
Heilkunde /'**h**aylkundı/ *f hek* tedavi; tababet, hekimlik
heillos /'**h**ayllo:s/ *s* tedavisi olmayan; vahim; berbat, kötü
Heilmittel /'**h**aylmitıl/ *n* ilaç; çare, deva, em, derman
Heilpflanze /'**h**aylpflantsı/ *f* şifalı bitki
Heilpraktiker /'**h**aylpraktikır/ *m* diplomasız doktor; doğal yöntem ve maddelerle tedavi eden kişi
Heilquelle /'**h**aylkvelı/ *f* kaplıca, ılıca, kaynarca
Heilsarmee /'**h**aylsarme:/ *f* selamet ordusu
Heilung /'**h**aylung/ *f* tedavi, kur; iyileşme, şifa
Heilverfahren /'**h**aylferfa:rın/ *n* tedavi yöntemi, tedavi şekli
heim /**h**aym/ *adl* eve, memleketine ***ich gehe heim*** eve gidiyorum
Heim /**h**aym/ *n* ev, bark, ocak; aile ocağı; pansiyon; yurt ***sich ein Heim schaffen*** yuva kurmak
Heimarbeit /'**h**aymarbayt/ *f* para kazanmak amacıyla evde yapılan iş
Heimat /'**h**aymat/ *f* anavatan, anayurt, memleket, (birisi) doğup büyüdüğü yer ***Heimat anmutend*** vatanı anımsatan
Heimatkunde /'**h**aymatkundı/ *f* yurttaşlık bilgisi, yurt bilgisi
heimatlich /'**h**aymatli**h**/ *s* memlekete ait, memleketi anımsatan; milli, vatani, ulusal ***meine heimatlichen Berge*** memleketimin dağları

heimatlos /'**h**aymatlo:s/ *s* vatansız, hiçbir ülkenin vatandaşlığına sahip olmayan; yurtsuz, tabiiyetsiz; evsiz barksız, sığınaksız, barınaksız
Heimatstadt /'**h**aymatştat/ *f* -in memleketi olan şehir
Heimatvertriebene(r) /'**h**aymatfertri:bını(r)/ *f/m* yurdundan kovulmuş göçmen
heimbegleiten /'**h**aymbıglaytın/ *trvt* evine kadar eşlik etmek
heimbringen /'**h**aymbringın/ *trvt* eve getirmek, evine kadar götürmek
Heimchen /'**h**aym**h**ın/ *n hayb* hamamböceği, cırcırböceği
Heimfahrt /'**h**aymfa:rt/ *f* eve dönüş; memlekete dönüş, yurda dönüş
heimgehen /'**h**aymge:ın/ *trvi* eve gitmek; ölmek, vefat etmek
heimisch /'**h**aymiş/ *s* yerli, yerel, bölgesel, yöreye özgü; ailevi, ailesel ***heimisch werden*** kök salmak, (bir ülkeye) yerleşmek ***sich heimisch fühlen*** kendini kendi evinde hissetmek, yabancılık çekmemek
Heimkehr /'**h**aymke:r/ *f* eve dönüş, yurda dönüş
heimkehren /'**h**aymke:rın/ *trvi* eve dönmek, yurda dönmek
Heimkehrer /'**h**aymke:rır/ *m* savaştan yurduna, vatanına geri dönen asker
Heimkind /'**h**aymkint/ *n* yurtta yetişen çocuk
Heimleiter /'**h**aymlaytır/ *m* yurt müdürü
heimleuchten /'**h**aymloy**h**tın/ *trvt* göndermek, *kon* sepetlemek
heimlich /'**h**aymli**h**/ *s* gizli, saklı; rahat, konforlu; *be* gizlice, saklı, belli etmeden, gizliden gizliye
Heimlichkeit /'**h**aymli**h**kayt/ *f* gizlilik, saklılık; sır; rahatlık
Heimlichtuer /'**h**aymli**h**tu:ır/ *m* kapalı kutu
Heimspiel /'**h**aymşpi:l/ *n sp* (bir takımın) kendi sahasında oynadığı karşılaşma
Heimsuchung /'**h**aymzu:**h**ung/ *f* felaket, bela, musibet
Heimtücke /'**h**aymtükı/ *f* hıyanet, sinsilik
Heimweg /'**h**aymve:k/ *m* dönüş (yolu) ***auf dem Heimweg*** dönüşte, eve dönerken
Heimweh /'**h**aymve:/ *n* sıla özlemi; yurt özlemi, vatan özlemi ***Heimweh haben*** sıla özlemi duymak; yurdunu özlemek
Heimwerker /'**h**aymverkır/ *m* evinde tamirat işlerini kendi yapan kimse
heimzahlen /'**h**aymtsa:lın/ *trvt* intikam almak, öcünü almak, hıncını çıkarmak
Heinzelmännchen /'**h**ayntsılmen**h**ın/ *n* masal cücesi
Heirat /'**h**ayra:t/ *f* evlenme, izdivaç
heiraten /'**h**ayra:tın/ *vt* evlenmek, dünya evine girmek; (kız) kocaya varmak; (erkek) kız almak ***jdn heiraten*** birisi ile evlenmek ***nach Amerika heiraten*** (Amerikalı'yla) evlenip Amerika'ya yerleşmek
Heiratsantrag /'**h**ayra:tsantra:k/ *m* evlenme teklifi ***Heiratsantrag bekommen*** evlenme teklifi almak ***Heiratsantrag machen*** evlenme teklif etmek
Heiratsanzeige /'**h**ayra:tsantsaygı/ *f* evlenme ilanı
heiratsfähig /'**h**ayratsfe:i**h**/ *s huk* evlenme yaşı gelmiş, hukuki olarak evlenme yetisine sahip olma, evlenmeye ehil ***im heiratsfähigen Alter sein*** evlenebilecek yaşta olmak, reşit olmak
Heiratsschwindler /'**h**ayra:tsşvindlır/ *m* (parası için) evlenme sözü vererek kandıran, dolandıran kişi
Heiratsurkunde /'**h**ayra:tsu:rkundı/ *f* evlilik cüzdanı, evlilik belgesi
Heiratsvermittlung /'**h**ayra:tsfermitlung/ *f* çöpçatanlık
heiser /'**h**ayzır/ *s* kısık, boğuk ses ***heiser werden*** (ses) kısılmak
Heiserkeit /'**h**ayzırkayt/ *f* (ses) kısıklık; boğukluk
heiß /**h**ays/ *s* sıcak, kaynar, kızgın; (duygu, tartışma) hararetli; *kon* harika, süper, müthiş, nefis; (kişilik) candan, içten, samimi ***es ist heiß*** *kon* hava sıcak ***heiß werden*** kızışmak ***heiße Diffusion*** sıcak difüzyon ***heiße Quelle*** ılıca, kaplıca, kaynarca ***heißes Geld*** nakit para, *mec* sıcak para ***kochend heiß*** kaynar (sıcaklıkta) ***mir ist heiß*** (sıcaktan) bunalıyorum ***sehr heiß*** ateş gibi
heißblütig /'**h**aysblüti**h**/ *s* ateşli, sıcakkanlı
heißen /'**h**aysın/ *vt esk* adlandırmak, isimlendirmek, denilmek; emretmek; *vi* adı olmak, adında olmak; denmek, anlamına gelmek ***das heißt!*** demek ki!, yani! ***etw willkommen heißen*** bir şeyi beğenmek, hoş karşılamak, kabul etmek ***was heißt das?*** bu ne demek? ***wie heißt das auf Türkisch?*** buna Türkçe'de ne denir? ***wie heißen Sie?***

adınız nedir?
Heißhunger /'**h**ays**h**ungır/ *m* şiddetli açlık
Heißluft /'**h**aysluft/ *f* sıcak hava, kızgın hava
heiter /'**h**aytır/ *s* neşeli, keyifli, şen, sevinçli; güler yüzlü; (hava) açık, bulutsuz, berrak
Heiterkeit /'**h**aytırkayt/ *f* neşe, keyif, sevinç; ferahlık
heizbar /'**h**aytsba:r/ *s* ısıtılabilir
heizen /'**h**aytsın/ *vi* ısıtmak; *tek* ateşlemek; (soba) yakmak
Heizkessel /'**h**aytskesıl/ *m* kalorifer kazanı; ateşleme kazanı
Heizkissen /'**h**aytskisın/ *n* elektrikli minder
Heizkörper /'**h**aytskörpır/ *m* (kalorifer) ısıtıcı, radyatör
Heizkosten /'**h**aytskostın/ *pl* ısıtma masrafları, kalorifer masrafları
Heizkraftwerk /'**h**aytskraftverk/ *n* termoelektrik santralı
Heizöl /'**h**aytsö:l/ *n* sıvı yakıt, fuel oil
Heizung /'**h**aytsung/ *f* kalorifer; ısıtma; ateşleme
Hektar /'**h**ektar/ mn hektar
Hektik /'**h**ektik/ *f* kargaşa, karışıklık; telaş; *esk* ateşli humma
hektisch /'**h**ektiş/ *s* telaşlı, kargaşa içinde; *esk* veremli
Hektoliter /'**h**ektoli:tır/ *n* hektolitre, 100 litre
Held /**h**elt/ *m* kahraman, yiğit, efe; (hikaye, konu, roman) kahraman ***den Helden spielen*** gereksiz yere kendini tehlikeye atmak; kendini cesaretliymiş gibi göstermek ***Held des Tages*** günün kahramanı ***in etw kein Held sein*** bir şeyden pek anlamamak, bir şeyde pek başarılı olamamak
heldenhaft /'**h**eldın**h**aft/ *s* kahramanca, gözüpek
heldenmütig /'**h**eldınmü:ti**h**/ *s* kahramanca
Heldentat /'**h**eldınta:t/ *f* kahramanlık; kahramanca yapılan eylem
Heldentod /'**h**eldınto:t/ *m* şehitlik, şahadet ***den Heldentod sterben*** şehit düşmek
Heldentum /'**h**eldıntum/ *n* kahramanlık
helfen /'**h**elfın/ *vi* yardım etmek, yardımcı olmak, yardımda bulunmak; *mec* arka çıkmak, koltuk çıkmak; yararı olmak, faydası olmak; faydalı olmak, kâr etmek; (ilaç) iyi gelmek; kolaylaştırmak ***das hilft nichts*** bu bir şey getirmez, bunun faydası yok ***das Medikament hat geholfen*** ilaç iyi geldi ***es hilft nichts*** bunun yararı olmaz, faydasız ***jdm aus etw helfen*** birisini bir şeyden kurtarmak ***sich (zu) helfen wissen*** kendi başının çaresine bakmak; çare bulmak ***sich nicht mehr zu helfen wissen*** çaresiz kalmak ***zu helfen wissen*** *kon* işini bilmek
Helfer /'**h**elfır/ *m* yardımcı; muavin; yamak; çırak
Helfershelfer /'**h**elfırs**h**elfır/ *m* suça iştirak eden, suçluya yardımcı olan
Helikopter /**h**eli'koptır/ *m* helikopter
Helium /'**h**e:lium/ *n kim* helyum
hell /**h**el/ *s* aydınlık, parlak; ışıklı; (renk) açık; (saç) sarı; berrak; akıllı, uyanık; (tın, eko) yüksek; (ses) ince, tiz; saydam; çok, çok yoğun, çok büyük ***am hellen Tage*** güpegündüz ***helle Freude*** büyük sevinç ***ein heller Kopf*** *kon* zeki, uyanık ***es wird hell*** ortalık aydınlanıyor ***in hellen Flammen stehen*** alev alev yanmak, alevlenmek ***in hellen Haufen*** akın akın
hellblau /'**h**elblau/ *s* gökmavisi, açık mavi
Heller /'**h**elır/ *m* metelik, mangır, para; *esk* 1900'lü yıllarda tedavülde olan en küçük Alman para birimi ***auf Pfennig und Heller*** kuruşu kuruşuna ***keinen Heller haben*** kuruşu bile olmamak, beş parası olmamak ***keinen roten Heller wert*** *kon* beş para etmez
hellhörig /'**h**el**h**ö:ri**h**/ *s* (şüphe yüzünden) dikkatli; (duvar) ses geçiren; keskin kulaklı
Helligkeit /'**h**eli**h**kayt/ *f* parlaklık; ışıklı olma, ışık oranı
Hellseher /'**h**elze:ır/ *m* kâhin, falcı
hellseherisch /'**h**elze:ıriş/ *s* kâhince
hellsichtig /'**h**elzi**h**ti**h**/ *s* sağduyulu, basiretli
hellwach /'**h**el'va**h**/ *s* tamamen uyanık, yorgun olmayan
Helm /**h**elm/ *m ask* miğfer; kask, başlık; *den* dümen yekesi
Hemd /**h**emt/ *n* gömlek ***nass bis aufs Hemd*** *kon* sırılsıklam, iliklerine kadar ıslanmış ***sein letztes Hemd hergeben*** varını yoğunu vermek ***wie das Hemd wechseln*** gömlek değiştirir gibi değiştirmek

Hemdkragen /'hemtkra:gın/ *m* gömlek yakası; (okul) takma yaka
Hemisphäre /hemi'sfe:rı/ *f coğ* yarım küre, yarı küre
hemmen /'hemın/ *vt* engel olmak, durdurmak, alıkoymak, frenlemek, engellemek; ara vermek ***die Bewegungsfreiheit hemmen*** hareket özgürlüğünü kısıtlamak ***etw hemmt jdn in etw*** (birisinin bir şeyine) engel olması, kısıtlaması
Hemmnis /'hemnis/ *n kon* engel, mani
Hemmung /'hemung/ *f* saat maşası; engel, mani, ket vurma; takıntı, çekince; engelleme, frenleme; ara verme; intika ***Hemmung der Verjährung*** *huk* zamanaşımının durması ***Hemmungen haben*** çekinmek, çekincesi olmak, sıkılmak
hemmungslos /'he:mungslo:s/ *s* dizginsiz
Hemmungslosigkeit /'hemungslo:zihkayt/ *f* fütursuzluk; saygısızlık
Hendl /'hendl/ *n hayb* piliç
Hengst /hengst/ *m hayb* erkek at, aygır
Henkel /'hegkıl/ *m* (kap, çanak, çömlek) kulp, sap, tutacak
Henker /'henkır/ *m* cellat ***zum Henker!*** hay şeytan!
Henkersmahlzeit /'henkırsma:ltsayt/ *f* idam mahkûmuna verilen son yemek; veda yemeği
Henne /'henı/ *f hayb* tavuk
Hepatitis /hepa'ti:tis/ *f hek* karaciğer iltihaplanması, hepatitis
her /he:r/ *s* buraya, bu tarafa; bir yerden ***es ist zwei Jahre her*** iki sene oldu, aradan iki sene geçti ***her damit!*** ver onu! ***hinter jdm her*** birisinin arkasından, peşinden ***komm her*** buraya gel ***nicht weit her sein*** vasat olmak ***um jdn her*** birisinin etrafında ***von weit her*** ta uzaktan, çok uzaktan ***vor jdm her gehen*** birisinin önüne düşmek ***wo ist er her?*** o nereli?
herab /he'rap/ *adl* aşağıya; yukarıdan ***von oben herab*** yukarıdan aşağı; küçümseyerek
herabhängen /he'raphengın/ *trvi* sarkmak
herablassen /he'raplasın/ *trvt* aşağı bırakmak, indirmek ***sich herablassen*** tenezzül etmek
herablassend /he'raplasınt/ *s* tenezzül edercesine, lütfedercesine; kibirli
Herablassung /he'raplasung/ *f* tenezzül, lütuf
herabsehen /he'rapze:ın/ *trvi* aşağıya bakmak ***auf jmdn herabsehen*** (birisini) küçümsemek, hor görmek
herabsetzen /he'rapzetsın/ *trvt* (fiyat, hız) indirmek, azaltmak; indirmek, eksiltmek ***jdn herabsetzen*** birisini küçük düşürmek; haksız yere eleştirmek
herabsetzend /he'rapzetsınt/ *s* aşağılayıcı
Herabsetzung /he'rapzetsung/ *f* indirme; azaltma; küçük düşürme
herabsteigen /he'rapştaygın/ *trvi* inmek, aşağı inmek
herabwürdigen /he'rapvü:rdigın/ *trvt* alçaltmak, küçültmek, aşağılamak; hakaret etmek; haksız yere eleştirmek ***sich herabwürdigen*** alçalmak, küçülmek
heran /he'ran/ *s* buraya, bu tarafa; oraya ***heran zu mir!*** yaklaş bana! ***näher heran!*** yaklaşsana! ***nur heran!*** gel!, yanaş!
heranbilden /he'ranbildın/ *trvt* (uzman olarak) yetiştirmek, eğitim vermek, eğitmek
herankommen /he'rankomın/ *trvi* yaklaşmak; ulaşmak; vakti gelmek, zamanı gelmek
heranschleichen /he'ranşlayhın/ *trvr* yavaşça sokulmak, usulca sokulmak
herantragen /he'rantra:gın/ *trvt* vermek, sunmak
heranwachsen /he'ranvaksın/ *trvi* büyümek, gelişmek
herauf /he'rauf/ *be* yukarı, yukarıya doğru; aşağıdan ***hier herauf!*** buradan yukarıya!
heraufbeschwören /he'raufbışvö:rın/ *trvt* (kötü bir şeye) sebep olmak ***Geister heraufbeschwören*** ruh çağırmak
heraufholen /he'raufho:lın/ *trvt* yukarı çıkarmak, alıp yukarıya getirmek
heraufsetzen /he'raufzetsın/ *trvt* (kira, fiyat) artırmak, yükseltmek
heraufsteigen /he'raufştaygın/ *trvt* (yukarıya) çıkmak
heraufziehen /he'rauftsi:ın/ *trvt* yukarı çekmek, kaldırmak; *vi* yaklaşmak
heraus /he'raus/ *be* dışarı, dışarıya; içinden; *ask* silahbaşı! ***von innen heraus*** içinden ***heraus mit dem Brief!*** mektubu ver! ***heraus mit der Sprache!*** söy-

le!, söyle bakalım!

herausarbeiten /**h**e'rausarbaytın/ *trvt* açığa çıkarmak, belirtmek, araştırıp bulmak, ortaya çıkarmak ***sich aus etw herausarbeiten*** uğraşarak bir yerden bir şeyden kurtulmak

herausbekommen /**h**e'rausbakomın/ *trvt* (sır, gizli bir şey) çözmek, ortaya çıkarmak; (leke) çıkarmak; para üstünü geri almak; *kon* mat. sonucu bulmak, sonuca varmak

herausbilden /**h**e'rausbildın/ *trvr* (dostluk, ilişki) oluşmak, meydana gelmek

H

herausbrechen /**h**e'rausbre**h**ın/ *trvt* kırarak çıkarmak; *trvi* kırılmak, çıkmak ***etw bricht aus jdm heraus*** (duygu, gözyaşı) boşalmak

herausbringen /**h**e'rausbringın/ *trvt* (kitap, dergi) çıkarmak, yayınlamak, neşretmek; (ürün) piyasaya çıkarmak, piyasaya sürmek; bulmak, meydana çıkarmak; *kon* mat. sonuç bulmak ***kein Wort herausbringen können*** dili tutulmak

herausfinden /**h**e'rausfindın/ *trvt* çıkarmak, bulmak; arayıp bulmak; (bir yerden) çıkabilmek, çıkış yolunu bulabilmek

Herausforderer /**h**e'rausfordırır/ *m* meydan okuyan kişi; *sp* rakip

herausfordern /**h**e'rausfordırn/ *trvt* meydan okumak; (kavga, dövüş, düello) davet etmek

herausfordernd /**h**e'rausfordırnt/ *s* meydan okuyan; kışkırtan

Herausforderung /**h**e'rausfordırung/ *f* meydan okuyuş, meydan okuma; (dövüşe, düelloya) davet

herausgeben /**h**e'rausge:bın/ *trvt* teslim etmek; para üstü vermek; (kitap) çıkarmak, yayınlamak, neşretmek

Herausgeber /**h**e'rausge:bır/ *m* (kitap) yayımcı

heraushalten /**h**e'raus**h**altın/ *trvt* (bir şeyi) dışarı doğru tutmak ***sich aus etw heraushalten*** (tartışma, kavga, sorun) karışmamak

herausholen /**h**e'rausho:lın/ *trvi* çıkarmak

herauskommen /**h**e'rauskomın/ *trvi* (mal, ürün) piyasada satışa sunulmak; (kitap) çıkmak, yayımlanmak; ortaya çıkmak; belli olmak; çiçek açmak, uç vermek, filiz sürmek; duyulmak, yayılmak ***groß herauskommen*** (sanatçı, sporcu) büyük başarı sağlamak ***was wird dabei herauskommen?*** ne getirecek, sonuç ne olacak?

herauskristallisieren /**h**e'rauskristalizi:rın/ *trvt* billurlaştırmak ***sich herauskristallisieren*** oluşmak, şekillenmek; görünmek, anlaşılmak

herausragen /**h**e'rausra:gın/ *trvi* çıkmak, sivrilmek, belli olmak; diğerlerinden çok daha iyi olmak

herausragend /**h**e'rausra:gınt/ *s* harika, fevkalade, mükemmel

herausreden /**h**e'rausre:dın/ *trvi* içinden geldiği gibi konuşmak, açıklamak ***frei herausreden*** açıkça söylemek ***sich herausreden*** (yalanlarla) kendini temize çıkarmak

herausreißen /**h**e'rausraysın/ *trvt* koparmak; çıkarmak; (iyiyle kötüyü) eşitlemek, dengelemek, kurtarmak ***sich herausreißen*** kurtulmak

herausschauen /**h**e'rausşauın/ *trvi* dışarıya bakmak; görünmek

herausstellen /**h**e'rausştelın/ *trvi* dışarı koymak, dışarı çıkarmak; *sp* oyundan atmak, ihraç etmek; boykot etmek ***sich herausstellen*** belli olmak, meydana çıkmak

herausstrecken /**h**e'rausştrekın/ *trvt* dışarı uzatmak

herausstreichen /**h**e'rausştray**h**ın/ *trvt* silmek; övmek, methetmek

heraussuchen /**h**e'rauszu:**h**ın/ *trvt* ayırmak, ayıklamak, seçmek

heraustreten /**h**e'raustre:tın/ *trvi* çıkmak, ayrılmak; istifa etmek; (hastalık) ortaya çıkmak, yayılmak; (hata) meydana gelmek

herauswinden /**h**e'rausvindın/ *trvr* işin içinden sıyrılmak

herausziehen /**h**e'raustsi:ın/ *trvt* çıkarmak, çekip çıkarmak ***sich herausziehen*** kendini çekmek, kurtulmak

herb /**h**erp/ *s* sert; sek; keskin; (söz) acı; (tat) buruk; (kişi) soğuk nevale

herbei /**h**er'bay/ *be* buraya; oraya ***herbei zu mir!*** bana doğru gel!, gel buraya!

herbeieilen /**h**er'bayaylın/ *trvi* aceleyle koşup gelmek

herbeiführen /**h**er'bayfü:rın/ *trvt* sebebiyet vermek, mucip olmak

herbeireden /**h**er'bayre:dın/ *trvi* (sorun, zorluk) sürekli olumsuz şeylerden söz edip moral bozmak

herbeischaffen /her'bayşafın/ *trvt* sağlamak, bulmak, temin etmek, tedarik etmek
herbeisehnen /her'bayze:nın/ *trvt* özlemle beklemek
Herberge /'herbergı/ *f esk* konaklama yeri, han, kervansaray; motel; barınak, sığınak
herbestellen /'he:rbıştelın/ *trvt* çağırmak
Herbheit /'herphayt/ *f* sertlik, acılık
herbringen /'he:rbringın/ *trvt* getirmek
Herbst /herpst/ *m* sonbahar, güz; yaprak dökümü; bağbozumu; hazan vakti ***im Herbst*** güzün, sonbaharda
Herbstanfang /'herpstanfang/ *m* güz başlangıcı, sonbahar başlangıcı
Herbstmode /'herpstmo:dı/ *f* sonbahar modası
Herbstzeitlose /'herpsttsaytlo:zı/ *f bitk* güz çiğdemi
Herd /he:rt/ *m* (mutfak) ocak; (hastalık, huzursuzluk) kaynak, yatak, merkez; odak ***der häusliche Herd*** *esk* ev, ocak ***Herd der Umtriebe*** fesat yuvası, fitne yuvası
Herde /'he:rdı/ *f* (hayvan) sürü; (insan) kalabalık, grup, güruh, kafile ***die Herde hüten*** sürüyü gütmek, sürüyü beklemek
herein /he'rayn/ *be* içeri, içeriye ***herein!*** giriniz!
hereinbitten /he'raynbitın/ *trvt* girmesini rica etmek, buyur etmek
hereinbrechen /he'raynbrehın/ *trvi* başına gelmek; gelip çatmak, kapıya dayanmak
hereinfallen /he'raynfalın/ *trvi* içeri düşmek; tuzağa düşmek ***auf etw hereinfallen*** bir şeye kanmak, aldanmak; zarara uğramak; kazıklanmak
hereinholen /he'raynho:lın/ *trvt* içeriye getirmek; eko telafi etmek
hereinkommen /he'raynkomın/ *trvi* (içeri) girmek
hereinlassen /he'raynlasın/ *trvt* içeri almak; girmesine izin vermek
hereinlegen /he'raynle:gın/ *trvt* içine koymak; *kon* kandırmak, aldatmak, dolandırmak, kazıklamak
hereintreten /he'rayntre:tın/ *trvi* içeri girmek
herfahren /'he:rfa:rın/ *trvt* (araba ile) getirmek; *trvi* (taşıtla) gelmek
Herfahrt /'he:rfa:rt/ *f* (araba ile) geliş
herfallen /'he:rfalın/ *trvi* düşmek ***über jdn herfallen*** birisine hücum etmek, üzerine çullanmak
Hergang /'he:rgang/ *m* (olay) oluş, akış, cereyan etme, gelişim, gidişat ***der Hergang des Geschehens*** olayın oluşumu, akışı
hergeben /'he:rge:bın/ *trvt* vermek, teslim etmek; iade etmek; hediye etmek, bağışlamak ***etw gibt etw her*** faydalı olmak, bir şey getirmek, bir işe yaramak ***sich zu etw hergeben*** (bir şeye) razı olmak; hazır olmak
herhalten /'he:rhaltın/ *trvi* -ye doğru tutmak, -ya doğru tutmak, uzatmak ***herhalten müssen*** alaya alınmak ***jmd muss als etw herhalten*** (birisinin) yerine geçmek zorunda olmak
herholen /'he:rho:lın/ *trvt* alıp getirmek, gidip getirmek ***ein Taxi herholen*** taksi bulmak, taksi getirmek
Hering /'he:ring/ *m hayb* ringa balığı; (çiroz gibi) çok zayıf; kazık, çadır kazığı ***wie die Heringe stehen*** sardalye gibi istif olmak, üst üste sıkış sıkış durmak
herkommen /'he:rkomın/ *trvi* gelmek; kökeni olmak, menşei olmak ***wo kommt das Geld her*** paranın kaynağı ne? ***wo kommst du her?*** nerelisin, memleketin ne?
herkömmlich /'he:rkömlih/ *s* alışılagelmiş, bilinen; geleneksel
Herkunft /'he:rkunft/ *m* köken; bir şeyin aslı; kaynak, menşe ***der Herkunft dieses Flüchtlings ist nicht bekannt*** bu sığınmacının kökeni (nereden geldiği) belli değil ***der Herkunft nach*** aslen ***von guter Herkunft*** soyu asil, soyu temiz
herleiten /'he:rlaytın/ *trvt* yöneltmek, sevk etmek; (sıvı) buraya akıtmak, kanalize etmek; (tümden gelim metoduyla) mantıkla bir sonuca varmak, sebebini bulmak ***etw leitet sich von etw her*** -dan kaynaklanmak, kökeni ... olmak ***sich herleiten*** türemek, -dan gelmek
Hermelin /hermı'li:n/ *n hayb* as, kakım
hermetisch /her'me:tiş/ *s* hava geçirmez, hava sızdırmaz, hermetik; sıkı sıkıya, tamamen kapalı ***hermetisch abgeriegeln*** ablukaya almak
Heroin /hero'i:n/ *n* eroin, *kon* beyaz, toz
heroinsüchtig /hero'i:nzühtih/ *s* eroinman
Heroinsüchtige(r) /hero'i:nzühtigı(r)/ *f/m*

H

eroin bağımlısı

heroisch /he'ro:iş/ *s* kahramanca

Herold /'he:rolt/ *m* (orta çağda) ulak, tellal

Herpes /'herpes/ *f hek* uçuk, erpes

Herr /her/ *m* bay, bey, beyefendi; Allah, Hak; centilmen; efendi; sahip, iye; kavalye; ağa; patron, işveren; çelebi; (ortaçağ) bey, hükümdar, derebeyi; Tanrı, rab ***aus aller Herren Ländern*** *kon* her ülkeden, birçok ülkeden ***einer Sache Herr werden*** hakkından gelmek ***Herr der Lage sein*** duruma hâkim olmak ***Herr des Hauses*** evin reisi ***Herr Müller*** bay Müller ***Herr Ober!*** Garson! ***junger Herr*** küçük bey ***mein Herr!*** bayım! ***meine Herren!*** baylar! ***o mein Herr!*** Tanrım! ***sehr geehrter Herr*** sayın bay! ***sein eigener Herr sein*** (ekonomik) bağımsız olmak; kendi kendinin efendisi olmak ***über jdn Herr werden*** (birisine karşı) hâkimiyeti elde tutmak, baş edebilmek

Herrenausstatter /'herınausştatır/ *m* erkek moda evi

Herrenbekleidung /'herınbıklaydung/ *f* erkek giysisi

Herrenfahrrad /'herınfa:ra:t/ *n* erkek bisikleti

Herrenhaus /'herınhaus/ *n* çiftlik sahibinin evi

Herrenkonfektion /'herınkonfektsyo:n/ *f* erkek hazır giyim elbisesi

herrenlos /'heranlo:s/ *s* (eşya, hayvan) sahipsiz, başıboş ***herrenlose Sache*** sahipsiz şey

Herrentoilette /'herıntoaletı/ *f* erkekler tuvaleti

herrichten /'he:rrihtın/ *trvt* hazırlamak, kurmak, kullanıma uygun hale getirmek; tamir etmek ***jdn sich herrichten*** makyaj yapmak, süslemek ***sich herrichten*** derlenip toparlanmak

Herrin /'herin/ *f* (mal, mülk) bayan sahip, sahibe; hanımefendi

herrisch /'heriş/ *s* zorba, sert; amirane; zorbaca; kibirli

herrlich /'herlih/ *s* harika, güzel, mükemmel, fevkalade, olağanüstü

Herrlichkeit /'herlihkayt/ *f* güzellik, harikalık; ululuk, büyüklük, şan

Herrschaft /'herşaft/ *f* hüküm, egemenlik, hâkimiyet; erk; hükümdarlık, saltanat, iktidar; kudret, otorite, nüfuz ***die Herrschaft führen*** hükmetmek ***die Herrschaft in der Luft*** *ask* hava hâkimiyeti ***die Herrschaft über sich verlieren*** kontrolü kaybetmek ***meine Herrschaften!*** bayanlar baylar!

herrschaftlich /'herşaftlih/ *s* gösterişli, muazzam; asil, kibar

herrschen /'herşın/ *vi* hüküm sürmek; hâkim olmak, hükmetmek ***das Geld herrscht überall*** para her yerde (her şeye) hâkim ***hier herrscht schlechte Stimmung*** burada moral bozucu bir hava hâkim ***über ein Land herrschen*** bir ülkede hüküm sürmek, ülkeye hükmetmek

Herrscher /'herşır/ *m* hükümdar, kral, derebeyi

Herrscherhaus /'herşırhaus/ *n* hanedan, hükümdar sülalesi

Herrschsucht /'herşzuht/ *f* iktidar hırsı, hâkimiyet hırsı, hüküm sürme hırsı

herrühren /'he:rrü:rın/ *trvi* (bir şeyden) kaynaklanmak; (bir şeyden) kalmak, (bir şeyin) eseri olmak

hersagen /'he:rza:gın/ *trvt* ezbere okumak, ezbere söylemek

herschauen /'he:rşauın/ *trvi* bu yana doğru bakmak

herstammen /'he:rştamın/ *trvi* bir yerden gelmek, kökeni bir yere dayanmak; -den kalmak, -dan kalmak

herstellen /'herştelın/ *trvt tic* üretmek, yapmak, imal etmek; koymak, yerleştirmek; kurmak; düzeltmek

Hersteller /'herştelır/ *m tic* üreten, üretici, yapan, imal eden

Herstellung /'herştelung/ *f* üretim, yapım; yapma, imal; ürün, mamul

Herstellungskosten /'he:rştelungskostın/ *pl tic* üretim masrafı, maliyet masrafı

Hertz /herts/ *n elek* hertz

herüber /he'rü:bır/ *be* buraya, beriye; bu tarafa, beri tarafa

herüberkommen /he'rü:bırkomın/ *trvi* buraya gelmek, beriye gelmek

herübersteigen /he'rü:bırştaygın/ *trvi* bu tarafa geçmek

herum /he'rum/ *be* etrafta; etrafında, çevresinde; orada burada, her yerde, her tarafta ***um etw herum*** etrafında, çevresinde ***um mich herum*** etrafımda; etrafıma ***um 20 herum*** yirmi kadar; yirmi yaşlarında

herumalbern /he'rumalbırn/ *trvi kon* saçmalıklar yapmak; saçma sapan esp-

riler yapıp durmak
herumbekommen /he'rumbıkomın/ *trvt kon* kandırmak; elde etmek
herumdrehen /he'rumdre:ın/ *trvt* döndürmek, çevirmek ***sich herumdrehen*** dönmek
herumführen /he'rumfü:rın/ *trvt* gezdirmek, sağa sola götürmek, dolaştırmak; etrafını çevirmek; *trvi* dolaşmak; sarmak
herumgehen /he'rumge:ın/ *trvi* gezmek, dolaşmak; teker teker dolaşmak; elden ele dolaşmak; (zaman) akıp geçmek ***ein Gerücht geht herum*** bir söylenti dillerde dolaşıyor, dilden dile dolaşıyor ***etw geht jdm im Kopf herum*** (bir şey birisinin) aklından çıkmıyor, kafasını kurcalıyor ***um etw herumgehen*** (bir şeyin) etrafında dolaşmak
herumkommen /he'rumkomın/ *trvi* sıyrılmak, kurtulabilmek; gezmek, gezip tozmak ***viel herumkommen*** çok dolaşmak, çok yer görmek
herumkriegen /he'rumkri:gın/ *trvt* kandırmak
herumlaufen /he'rumlaufın/ *trvi kon* amaçsızca gezmek, dolaşmak, gezinmek ***um jdn herumlaufen*** (birisinin) etrafında gezmek; yanından geçmek
herumlungern /he'rumlungırn/ *trvi* tembellik etmek, aylaklık etmek
herumreichen /he'rumrayhın/ *trvt* elden ele uzatmak
herumsitzen /he'rumzitsın/ *trvi* etrafına oturmuş olmak
herumsprechen /he'rumşprehın/ *trvr* (laf) yayılmak, ağızdan ağıza dolaşmak
herumtreiben /he'rumtraybın/ *trvt vr* ?? gezmek, dolaşmak, serserilik etmek ***sich untätig herumtreiben*** kaldırım mühendisliği yapmak
Herumtreiber /he'rumtraybır/ *m* serseri, aylak, boş gezenin boş kalfası
herunter /he'runtır/ *be* aşağı, aşağıya
herunterbringen /he'runtırbringın/ *trvt* aşağı götürmek, aşağıya götürmek
herunterfallen /he'runtırfalın/ *trvi* aşağı düşmek
heruntergekommen /he'runtırgıkomın/ *s* bitmiş, mahvolmuş, sefil
herunterklappen /he'runtırklapın/ *trvt* açılmak
herunterkommen /he'runtırkomın/ *trvt* aşağıya gelmek, aşağı inmek; harap olmak; bitkin düşmek
herunterladen /he'runtırladın/ *trvt biliş* bilgisayardan veri indirmek/yüklemek
heruntermachen /he'runtırmahın/ *trvt* indirmek; sert bir şekilde eleştirmek; verip veriştirmek
herunterreißen /he'runtırraysın/ *trvt* aşağı indirmek, çekip indirmek
herunterschlucken /he'runtırşlukın/ *trvt* (eleştiri, söylem) yutmak, karşılık vermemek
herunterspielen /he'runtırşpi:lın/ *trvt* olduğundan daha önemsizmiş gibi göstermek; daha zararsızmış gibi göstermek
herunterwerfen /he'runtırverfın/ *trvt* aşağıya atmak
herunterwirtschaften /he'runtırvirtşaftın/ *trvt* (kötü yönetimle) iflasa götürmek, iflas ettirmek
hervor /her'fo:r/ dışarı, dışarıya; içinden; ileri; öne ***hinter etw hervor*** bir şeyin arkasından
hervorbringen /her'fo:rbringın/ *trvt* ön plana çıkarmak; yaratmak, meydana getirmek ***ein Wort hervorbringen*** (bir şey) söylemek; zorlukla (bir şey) söyleyebilmek
hervorgehen /her'fo:rge:ın/ *trvi* (bir şeyin) sonucu olmak; anlaşılmak, görünmek, belli olmak ***als Sieger hervorgehen*** galip olarak ayrılmak, galip gelmek ***aus der Ehe gingen zwei Kinder hervor*** evlilikten iki çocuk oldu
hervorheben /her'fo:rhe:bın/ *trvt* belirtmek; vurgulamak; ortaya koymak, göstermek, belli etmek
hervorholen /her'fo:rho:lın/ *trvt* çıkarmak
hervorragen /her'fo:rra:gın/ *trvi* dışarı çıkmak, dışarı fırlamak; çıkıntılı bir şekilde olmak; kendini göstermek
hervorragend /her'fo:rra:gınt/ *s* çıkık, çıkıntılı; harika, mükemmel, olağanüstü ***hervorragendster Fahrer*** çok usta şoför
hervorrufen /her'fo:rru:fın/ *trvt* yol açmak, neden olmak, sebep olmak; tahrik etmek ***Missverständnisse hervorgerufen*** yanlış anlaşılmalara neden olmak
hervorstechen /her'fo:rştehın/ *trvi* göze çarpmak, dikkati çekmek
Herz /herts/ *n* kalp, yürek; gönül, can; kucak, göğüs; cesaret; insaf, merhamet; merkez, göbek; öz; *isk* kupa, kör; *den* fitil ***ans Herz drücken*** bağrına basmak

ans Herz gewachsen sein kalbini fethetmiş olmak ***ans Herz legen*** hararetle tavsiye etmek ***aus seinem Herzen keine Mördergrube machen*** fikrini açıkça söylemek ***das Herz auf dem rechten Fleck haben*** iyi kalpli olmak ***ein Herz und eine Seele sein*** canciğer dost olmak ***ein Herz von Stein*** taş yürekli, katı yürekli ***etw nicht übers Herz bringen*** vicdanı el vermemek ***jdm das Herz brechen*** birisinin kalbini kırmak ***jdm das Herz zerreißen*** yüreğini sızlatmak ***jdm sein Herz ausschütten*** birine derdini açmak ***jdn auf Herz und Nieren prüfen*** sağlam olup olmadığını kontrol etmek ***kein Herz haben*** yüreksiz olmak, katı yürekli olmak ***mir ist ein Stein vom Herzen gefallen*** yüreğime su serpildi, yüreğim yağ bağladı ***schweren Herzens*** üzüle üzüle, yüreği sızlayarak ***sein Herz verschenken*** (birisine) gönül bağlamak ***sich ein Herz fassen*** cesarete kapılmak ***sich etw zu Herzen nehmen*** ciddiye almak ***von Herzen*** içtenlikle ***vom ganzen Herzen*** kalpten, tüm benliğiyle ***zu Herzen gehend*** dokunaklı, yanık

Herzanfall /'**h**ertsanfal/ *m hek* kalp spazmı, kalp krizi

Herzensbrecher /'**h**ertsınsbre**h**ır/ *m* çapkın

Herzenslust /'**h**ertsınslust/ *f* istek, gönül isteği ***nach Herzenslust*** istediği gibi, gönlünce, doyasıya ***nach Herzenslust trinken*** kana kana içmek

herzergreifend /'**h**ertsergrayfınt/ *s* dokunaklı, acıklı, trajik

Herzfehler /'**h**ertsfe:lır/ *m hek* kalp rahatsızlığı; doğuştan kalpte olan bozukluk

herzhaft /'**h**erts**h**aft/ *s* içten, kalpten, gönülden, doğru dürüst; adamakıllı, iyice; (yemek) doğru dürüst, iyi, mükellef ***eine herzhafte Umarmung*** içten bir kucaklama ***herzhaft gähnen*** iyice esnemek ***herzhaft lachen*** kahkaha ile gülmek

herzig /'**h**ertsi**h**/ *s* sevimli, candan, içten; cici, minyon

Herzinfarkt /'**h**ertsinfarkt/ *m hek* kalp enfarktüsü

Herzkammer /'**h**ertskamır/ *f anat* kalp karıncığı

Herzklopfen /'**h**ertsklopfın/ *n hek* çarpıntı, kalp çarpıntısı

herzkrank /'**h**ertskrank/ *s hek* kalp hastası, kalbinden hasta olan, kalp hastalığı olan

Herzkrankheit /'**h**ertskrank**h**ayt/ *f hek* kalp hastalığı

herzlich /'**h**ertsli**h**/ *s* sevecen, samimi; *be* içten, candan, samimiyetle ***herzlich gern!*** memnuniyetle! ***herzlich wenig*** çok az, pek az ***herzliche Grüßen!*** içten selamlar! ***herzlichen Glückwunsch!*** tebrikler! ***sich herzlich freuen*** çok sevinmek, candan sevinmek

Herzlichkeit /'**h**ertsli**h**kayt/ *f* içtenlik, samimiyet

herzlos /'**h**ertslo:s/ *s* duygusuz, hissiz, soğuk; sert, acımasız, kalpsiz

Herzlosigkeit /'**h**ertslo:zi**h**kayt/ *f* duygusuzluk, hissizlik, soğukluk; sert olma, acımasızlık, kalpsizlik

Herzog /'**h**ertso:k/ *m* dük

Herzogin /'**h**ertso:gin/ *f* düşes

Herzogtum /'**h**ertso:ktum/ *n* dukalık

Herzschlag /'**h**ertsşla:k/ *m* kalp çarpması, kalp çarpıntısı, kalp atması; *hek* kalp krizi ***einen Herzschlag bekommen*** yüreğine inmek

Herzschrittmacher /'**h**ertsşritma**h**ır/ *m hek* kalbin ritmini yapay olarak düzenleyen alet, kalp pili

Herzschwäche /'**h**ertsşve**h**ı/ *f hek* kalp yetmezliği

Herzstillstand /'**h**ertsştilştant/ *m* kalp durması, kalp sektesi

Herztransplantation /'**h**ertstransplantatsyo:n/ *f hek* kalp nakli

heterogen /**h**etero'ge:n/ *s* heterojen, ayrı cinsten ***heterogene Gruppe*** ayrışık küme

heterosexuell /**h**eterozeksu'el/ *s* heteroseksüel

hetzen /'**h**etsın/ *vt* kovalamak; baskı yaparak çalıştırmak, acele ettirmek; kışkırtmak; *vi* acele etmek; ara bozmak, kışkırtmak ***die Hunde auf jdn hetzen*** köpekleri birisinin üzerine saldırtmak ***gehetzt sein*** sıkıntıya düşmek ***sich hetzen*** acele etmek

Heu /**h**oy/ *n* saman, kuru ot

Heuchelei /**h**oy**h**ı'lay/ *f* ikiyüzlülük, riyakârlık; yapmacık tavır, sahte tavır

heucheln /'**h**oy**h**ıln/ *vi* ikiyüzlü olmak, riyakârlık etmek, ikiyüzlülük etmek; *vt* taslamak

Heuchler /'**h**oy**h**lır/ *m* riyakâr, ikiyüzlü

heuer /'**h**oyır/ *be* bu sene, bu yıl

heulen /'**h**oylın/ *vt* (kurt, köpek) ulumak; (rüzgâr, motor) uğuldamak; (hüngür hüngür) ağlamak
Heuschnupfen /'**h**oyşnupfın/ *m hek* saman nezlesi, saman alerjisi, bahar alerjisi
Heuschrecke /'**h**oyşrekı/ *f hayb* çekirge
heute /'**h**oytı/ *be* bugün; günümüzde, bugünlerde, artık ***bis heute*** bugüne dek ***das Heute*** bugün ***für heute genug*** bugünlük yeter ***heute gültig*** gün içersinde geçerli ***heute Morgen*** bu sabah ***heute vor einer Woche*** *kon* bir hafta önce ***in acht Tagen*** haftaya bugün ***lieber heute als morgen*** zaman yitirmeden; bugünden tezi yok ***von heute bis morgen*** bugünden yarına kadar ***vor acht Tagen*** bundan bir hafta evvel ***Was ist heute für einen Tag!*** bugün günlerden ne!
heutig /'**h**oyti**h**/ *be* bugünkü; aktüel; şimdiki; bugüne ait, günümüze ait; modern ***die heutige Zeitung*** bugünkü gazete
heutzutage /'**h**oytsuta:gı/ *be* bugün, günümüzde, zamanımızda, bu zamanlarda
Hexe /'**h**eksı/ *f* cadı, büyücü, sihirbaz; cadaloz; *kon* şirret kadın; *kon* fettan kız, çapkın kız
Hexenkessel /'**h**eksınkesıl/ *m* cadı kazanı; (sevinçli, meraklı insanlardan oluşan) gürültülü kalabalık, nümayiş
Hexenschuss /'**h**eksınşus/ *m hek* lumbago, kulunç, bel tutulması
Hickhack /'**h**ik**h**ak/ *n* anlamsız tartışma, sonuç getirmeyen tartışma, kavga
Hieb /**h**i:p/ *m* darbe, vuruş; kesim; iğneleyici söz, kinaye, taş ***den Hieb setzen lassen*** taşı gediğine koymak ***Hiebe bekommen*** dayak yemek
hier /**h**i:r/ *be* burada; şu anda, bu anda; hazır!; işte!; bu sefer ***er ist von hier*** o buralıdır ***hier entlang*** bu taraftan ***hier herum*** etrafta, bu civarda ***hier ist er*** işte burada ***hier ist es schön*** burası güzel ***hier und da*** ara sıra, bazen ***hier und dort*** orada burada ***ich bin fremd hier*** ben buraların yabancısıyım
hieran /'**h**i:ran/ *be* buna, buraya; bundan ***hieran kannst du deine Jacke hängen*** ceketini buraya asabilirsin
Hierarchie /**h**i:erar'**h**i:/ *f* silsile, rütbe sıralaması, rütbe kademesi, kıdem sırası, hiyerarşi
hierauf /'**h**i:rauf/ *be* bunun üzerine
hieraus /'**h**i:raus/ *be* bundan
hierbei /'**h**i:rbay/ *be* bunda; bu nedenle; bu noktada
hierdurch /'**h**i:rdur**h**/ *be* bu şekilde; bu yüzden, bu suretle; buradan
hierher /'**h**i:r**h**e:r/ *be* buraya, bu tarafa ***bis hierher*** buraya kadar
hiermit /'**h**i:rmit/ *ilg* bununla; bu şekilde; (yazışmalarda) bu yazıyla
Hieroglyphe /**h**i:ro'glü:fı/ *f* eski Mısır yazısı, hiyeroglif; resim yazısı
hiervon /'**h**i:rfon/ *ilg* bundan
hierzu /'**h**i:rtsu:/ *ilg* bunun için, bundan başka
hiesig /'**h**i:zi**h**/ *be* buralı, yerli, yerel ***die hiesigen Gegebenheiten*** buradaki şartlar ***hiesige Zeitung*** yerel gazete ***in der hiesigen Gegend*** buralarda
Hilfe /'**h**ilfı/ *f* yardım; destek; imdat!; çare, yol; vasıta; yardımcı; *ünl* imdat! ***durch Ihre Hilfe*** sayenizde, yardımınızla ***Erste Hilfe leisten*** ilk yardım yapmak, ilk yardımda bulunmak ***etw zu Hilfe nehmen*** bir şeyden faydalanmak ***Hilfe bekommen*** yardım almak, yardım görmek ***Hilfe flehend*** yardım isteyerek, yalvarıp yakararak ***Hilfe gegen etwas*** çare ***Hilfe leisten*** yardım etmek ***jdm zu Hilfe kommen*** birisinin yardımına koşmak ***mit Hilfe eines Werkzeuges*** bir alet yardımıyla, bir alet ile ***mit jmds Hilfe*** birisinin yardımıyla ***ohne Hilfe*** *tek* başına, yardım almadan ***um Hilfe bitten*** yardım istemek ***um Hilfe rufen*** yardıma çağırmak
Hilferuf /'**h**ilfıru:f/ *m* imdat haykırışı, imdat sesi; yardım talebi
hilflos /'**h**ilflo:s/ *be* çaresiz, biçare, âciz, zavallı; umutsuz
Hilflosigkeit /'**h**ilflo:zi**h**kayt/ *f* çaresizlik, biçarelik, âcizlik
hilfreich /'**h**ilfray**h**/ *s* yararlı, çözüm getiren, yardımcı; şefkatli, yardımsever
Hilfsaktion /'**h**ilfsaktsyo:n/ *f* yardım
Hilfsarbeiter /'**h**ilfsarbaytır/ *m* yardımcı; (kalifiye olmayan) yardımcı işçi
hilfsbedürftig /'**h**ilfsbıdürfti**h**/ *s* yardıma muhtaç
Hilfsbedürftigkeit /'**h**ilfsbıdürfti**h**kayt/ *f* yardıma muhtaç olma
hilfsbereit /'**h**ilfsbırayt/ *s* yardıma hazır; yardımsever
Hilfsbereitschaft /'**h**ilfsbıraytşaft/ *f* yardımseverlik

Hilfskraft /'hilfskraft/ *f* yardımcı çalışan
Hilfsmittel /'hilfsmitıl/ *n* alet, araç; yardım, yardımcı madde; destek
Hilfsorganisation /'hilfsorganizatsyo:n/ *f* yardım kuruluşu, hayır kurumu
Hilfsverb /'hilfsverp/ *n dilb* yardımcı fiil
Hilfswerk /'hilfsverk/ *n* sosyal yardım
Himbeere /'himbe:rı/ *f bitk* ağaççileği, ahududu
Himmel /'himıl/ *m* gök, gökyüzü, sema; cennet; Allah; hava; ufuk ***am Himmel*** gökyüzünde ***aus allen Himmeln fallen*** düş kırıklığına uğramak ***aus heiterem Himmel*** aniden, birdenbire ***dem Himmel sei Dank!*** çok şükür! ***den Himmel auf Erden erleben*** mutlu yaşam sürmek ***etw schreit in den Himmel*** (bir şey) ayyuka çıkmak ***Himmel und Hölle*** (çocuk oyunu) tahteravalli ***im siebten Himmel sein*** mutluluktan göğün yedi kat yukarısında olmak ***in den Himmel heben*** göklere çıkarmak ***in den Himmel kommen*** cennete gitmek ***jdn schickt der Himmel*** Allah göndermek, hızır gibi yetişmek ***um Himmels willen!*** Tanrı aşkına! ***unter freiem Himmel*** açıkta, açık havada ***zwischen Himmel und Erde sein*** tehlikeli durumda olmak
Himmelbett /'himılbet/ *n* kubbeli yatak
Himmelfahrt /'himılfa:rt/ *f* (Hz. Muhammet) miraç, göğe yükselme; (Hz. İsa) uruc ***Mariä Himmelfahrt*** Urucu Meryem ***Mohammeds Himmelfahrt*** Miraç
Himmelfahrtskommando /'himılfa:rtskomando/ *n* intihar komandosu
himmelhoch /'himılho:h/ *s* çok yüksek
Himmelskörper /'himılskörpır/ *m gökb* gökyüzü cismi, yıldız, meteor
Himmelsrichtung /'himılsrihtung/ *f coğ* yön, cihet ***aus allen Himmelsrichtungen*** her taraftan, her yönden
himmlisch /'himliş/ *s* harika, çok güzel, nefis; Tanrısal, göksel, semavi, ilahi, yüce, ulu
hin /hin/ *be* oraya, o tarafa; şuraya, şu tarafa; -e doğru, -e kadar; yönelik, üzerine; bozuk; gitmiş ***am Fluss hin*** nehir boyunca ***auf die Zukunft hin*** geleceğe doğru ***auf diesen Bescheid hin*** bu habere dayanarak ***auf Ihr Wort hin*** sözünüze inanarak ***auf seinen Befehl hin*** emri üzerine ***bis zum Abend hin*** akşama kadar ***hin sein*** *kon* kaybolmak; bozulmak; ölmek ***hin und her*** bir aşağı bir yukarı; bir oraya bir buraya ***hin und her bewegen*** çalkalamak, sallamak ***hin und her drehen*** evirip çevirmek ***hin und her gehen*** gidip gelmek ***hin und her torkeln*** sağa sola yalpalamak, zikzak çizmek ***hin und her überlegen*** düşünüp taşınmak ***hin und her werfen*** çalkalamak ***hin und wieder*** ara sıra ***Hin- und (Zu)rückfahrkarte*** gidiş dönüş bileti
hinab /hin'ap/ *be* aşağıya; aşağıya doğru; (yukarıdan) aşağı
hinauf /hin'auf/ *be* yukarı, yukarıya doğru ***hinauf und hinunter*** bir aşağı bir yukarı
hinaufgehen /hin'aufge:ın/ *trvi* (yukarı) çıkmak; (fiyat, hız) artmak, yükselmek ***mit etw hinaufgehen*** (hız) artırmak
hinaufsteigen /hin'aufştaygın/ *trvi* (yukarı) çıkmak; (fiyat) artmak, tırmanmak
hinaus /hin'aus/ *be* dışarı; dışarıya doğru ***darüber hinaus*** bunun ötesinde, ayrıca ***hinaus!*** defol! ***über den Alter bin ich schon längst hinaus*** o yaşı çoktan geçtim ***über etw hinaus*** bir şeyden öte ***über etw hinaus sein*** bir şeyi aşmış, geçmiş olmak ***vom Fenster hinaus*** pencereden dışarı
hinausbegleiten /hi'nausbıglaytın/ *trvt* yolu göstermek, kapıyı göstermek
hinausgehen /hin'ausge:ın/ *trvi* çıkmak; (pencere) çıkmak, bakmak, açılmak; sınırı aşmak; (sıvı) dışarı akmak ***auf die Straße hinausgehen*** sokağa bakmak ***hinausgehen über*** aşmak, yenmek
hinauslaufen /hin'auslaufın/ *trvi* dışarı koşmak; (sıvı) dışarı akmak ***auf das selbe hinauslaufen*** aynı şey olmak, aynı kapıya çıkmak ***auf etw hinauslaufen*** bir şey ile sonuçlanmak ***sich hinauslaufen*** dışarı doğru sarkmak
hinausschieben /hin'ausşi:bın/ *trvt* dışarı itmek; geciktirmek; ertelemek ***hinausgeschobene Zahlung*** ertelenmiş ödeme
hinauswerfen /hin'ausverfın/ *trvt* dışarı atmak; işten atmak
hinauswollen /hin'ausvolın/ *trvi* dışarı çıkmak istemek ***auf etw hinauswollen*** bir şeyi amaçlamak, lafı bir yere getirmeye çalışmak, (bir şeyi) ima etmeye çalışmak
hinauszögern /hi'naustsö:gırn/ *trvt* erte-

lemek, geciktirmek ***sich hinauszögern*** gecikmek, ertelenmek

Hinblick /'**h**inblik/ *m* bakış açısı, yan, yön ***im Hinblick auf etw*** bir şeye göre; bir şeyi dikkate alarak, göz önüne alınarak

hinbringen /'**h**inbringın/ *trvi* götürmek; sevk etmek; becermek, başarmak

hinderlich /'**h**indırli**h**/ *s* engel olan

hindern /'**h**indırn/ *vt* engel olmak; engellemek, mani olmak ***jdn an etw hindern*** birisine bir konuda engel olmak ***jdn hindern etw zu tun*** birisinin bir şeyi yapmasına engel olmak

Hindernis /'**h**indırnis/ *n* engel, mania; set; zorluk, müşkülat ***Hindernisse überwinden*** engelleri aşmak ***jdm Hindernisse in den Weg legen*** birisine engeller çıkarmak

Hindu /'**h**indu/ *m* Hindistan'ın yerli halkı, Hindu

Hinduismus /**h**indu'ismus/ *m* Hinduizm

hindurch /**h**in'dur**h**/ *be* arasından, içinden, ortasından

hinein /**h**in'ayn/ *be* içeri, içine, içerisine ***in die Nacht hinein*** gece geç saatlere kadar

hineingehen /**h**in'aynge:ın/ *trvi* içeri girmek, dahil olmak

hineingeraten /**h**in'ayngıra:tın/ *trvi* istemeden karışmak, farkında olmadan karışmak, (duruma, konuma) düşmek

hineinpassen /**h**in'aynpasın/ *trvi* uymak, yakışmak

hineinreden /**h**in'aynre:dın/ *trvi* birisini sözlerle etkilemeye çalışmak; burnunu sokmak, karışmak

hineinstecken /**h**in'aynştekın/ *trvt* içine sokmak, içine batırmak, içine daldırmak ***seine Nase überall hineinstecken*** her şeye maydanoz olmak, her şeye burnunu sokmak

hineinsteigern /**h**in'aynştaygırn/ *trvr* (sorun, dert) aşırı derecede meşgul olmak; abartılı bir şekilde bir duyguya kapılmak

hineinversetzen /**h**in'aynferzetsın/ *trvr* kendini birisinin yerine koymak, onun durumunda olduğunu düşünmek

hineinziehen /**h**in'ayntsi:ın/ *trvt* içeri doğru çekmek; (bir işe) karıştırmak

hinfahren /'**h**infa:rın/ *trvi* (taşıtla) gitmek; *trvt* (taşıtla) götürmek ***mit der Hand über etw hinfahren*** elini bir şey üzerinde gezdirmek

Hinfahrt /'**h**infa:rt/ *f* gidiş, gidiş yolculuğu

hinfallen /'**h**infalın/ *trvi* (yere) düşmek ***etw fällt jdm hin*** birisinin elinden düşmek

hinfällig /'**h**infeli**h**/ *s huk* geçersiz, hükümsüz; güçsüz, dermansız, takatsız

Hinflug /'**h**influ:k/ *m* (bir yere doğru) uçuş

Hingabe /'**h**inga:bı/ *f* özveri, fedakârlık; sebat, gayret; sadakat, bağlılık; eğilim, meyil

hingegen /**h**in'ge:gın/ *be* oysa, ise; diğer taraftan

hingehen /'**h**inge:ın/ *trvi* gitmek; (zaman) geçmek; ölmek ***das wird ihm nicht ungestraft hingehen*** bundan cezasız kurtulamayacak ***etw geht hin*** geçerli olmak, kabul edilebilir olmak ***etw hingehen lassen*** bir şeye göz yummak

hingerissen /'**h**ingırisın/ *s* heyecanlı, coşkun, tutkun

hinhalten /'**h**in**h**altın/ *trvt* uzatmak; sunmak, göstermek, vermek ***jdn hinhalten*** birisini oyalamak

hinken /'**h**inkın/ *vi* topallamak, aksamak ***ein Vergleich hinkt*** mukayese tutarlı değil, yerinde değil

hinkommen /'**h**inkomın/ *trvi* yeri olmak; (yanlışlıkla) bir yere dokunmak ***es kommt hin*** *kon* doğru, yerinde ***mit etw hinkommen*** (bir şeyle) yetinmek; (bir şeyin) yetmesi, yeterli olması ***wir müssen mit dem Geld hinkommen was wir haben*** olan paramızla yetinmeliyiz ***wo ist meine Jacke hingekommen?*** ceketim nerede? ***wo kämen wir da hin?*** halimiz ne olur? ***wo kommt das hin?*** bunun yeri neresi?

hinlänglich /'**h**inlengli**h**/ *s* yeterli, yeterince, yeteri kadar, yeterli derecede

hinlegen /'**h**inle:gın/ *trvt* koymak, yatırmak; *kon* ustaca ortaya koymak ***sich hinlegen*** yatmak, yatağa uzanmak

hinnehmen /'**h**inne:mın/ *trvt* katlanmak, yutmak, sesini çıkarmamak, tahammül etmek; (acı gerçeği) kabul etmek, kabullenmek

hinreichend /'**h**inray**h**ınt/ *s* yeterince; yeterli

hinreißen /'**h**inraysın/ *trvt* etkilemek, hayran bırakmak, heyecan vermek ***hingerissen sein*** heyecana gelmek, heyecan duymak ***sich hinreißen lassen*** duygularının esiri olmak; provokasyona gelmek

hinrichten /'**h**inri**h**tın/ *trvt* idam etmek,

H

ölüm cezasını infaz etmek

Hinrichtung /'**h**inri**h**tung/ *f* idam, idam etme

hinsehen /'**h**inze:ın/ *trvi* (bir yere doğru) bakmak

hinsetzen /'**h**inzetsın/ *trvt* oturtmak; (eşya) koymak, yerleştirmek ***sich hinsetzen*** oturmak

Hinsicht /'**h**inzi**h**t/ *f* konu, bakış, bakış açısı; bakım, yön, açı ***in dieser Hinsicht*** bu açıdan, bu konuda, bu bakımdan ***in Hinsicht auf etw*** bir konuda, bir konuyla ilgili ***in jeder Hinsicht*** her açıdan, her konuda, her bakımdan ***in welcher Hinsicht?*** hangi yönden? ***in wirtschaftlicher Hinsicht*** ekonomik açıdan

hinsichtlich /'**h**inzi**h**tli**h**/ *ilg* konusunda, bakımından; dolayı ***hinsichtlich der Zahlung brauchen Sie nichts zu unternehmen*** ödeme konusunda bir şey yapmanız gerekmez ***hinsichtlich einer Sache*** bir şey konusunda

hinstellen /'**h**inştelın/ *trvt* koymak, yerleştirmek; dikmek ***als Lügner hinstellen*** yalancı yerine koymak ***jdn als etw hinstellen*** (birisini) ... yerine koymak ***sich als dumm hinstellen*** kendini aptal göstermek ***sich hinstellen*** dikilmek, yerleşmek

hinten /'**h**intın/ *s* geri, geride, arkada; sonunda ***nach hinten*** geriye ***von hinten*** geriden, arkadan ***weit hinten*** ta uzaklarda, çok uzakta ***hinten aufsitzen lassen*** (bisiklet, at) arkasına oturtmak ***hinten und vorne nicht*** *kon* hiç değil ***jdn von hinten und vorne bedienen*** bir dediğini iki etmemek

hinter /'**h**intır/ *ilg* arkasında; arkasına; ardında, ardına; *be* art, arka ***hinter jdm hergehen*** ardına düşmek, peşinden gitmek ***hinter jdm her sein*** takip etmek ***hinter der Front*** *ask* cephe gerisinde ***hinter etw her sein*** peşinde olmak ***hinter etw kommen*** meydana çıkarmak, keşfetmek ***hinter sich blicken*** arkasına bakmak, ardına bakmak ***hinter sich gehen*** arka arka gitmek ***hinter sich lassen*** arkasında bırakmak

Hinterachse /'**h**intıraksı/ *f oto* arka aks, arka dingil

Hinterausgang /'**h**intırausgang/ *m* arka kapı, arka çıkış kapısı

Hinterbein /'**h**intırbayn/ *n* arka bacak ***sich auf die Hinterbeine stellen*** *kon* kendini savunmak, karşı koymak

hinterbringen /'**h**intırbringın/ *trvt* arkaya götürmek; *mec* bildirmek, haber vermek, laf taşımak

hintere(r,s) /'**h**intırı(r,s)/ *s* arka, arkadaki, arkada olan

hintereinander /**h**intıray'nandır/ *be* art arda, birbiri arkasında; arka arkaya ***drei Tage hintereinander*** üç gün arka arkaya

Hintereingang /'**h**intırayngang/ *m* arka kapı, arka giriş

hinterfragen /**h**intır'fra:gın/ *trvi* nedenini araştırmak

Hintergedanke /'**h**intırgıdankı/ *m* art niyet, gizli maksat

hintergehen /'**h**intırge:ın/ *trvi* aldatmak

Hintergrund /'**h**intırgrunt/ *m* arka plan, geri plan; (tablo) fon, zemin; (bir şeyin) nedeni, içyüzü, ardında yatan sebep ***die Hintergründe erkennen*** ardında yatan nedenleri anlamak ***im Hintergrund bleiben*** arkada kalmak ***in den Hintergrund treten*** geri plana düşmek, önemini yitirmek

Hinterhalt /'**h**intır**h**alt/ *m* pusu, tuzak ***einen Hinterhalt legen*** bir pusu kurmak ***in einen Hinterhalt geraten*** bir pusuya düşmek ***sich in einen Hinterhalt legen*** pusuya yatmak

hinterhältig /'**h**intır**h**elti**h**/ *s* kalleş, sinsi, yüze gülüp arkadan vuran, riyakâr; artniyetli; *be* arkadan arkaya

Hinterhältigkeit /'**h**intır**h**elti**h**kayt/ *f* kalleşlik, sinsilik, riyakârlık; artniyetlilik

Hinterhand /'**h**intır**h**ant/ *f* (büyükbaş hayvan) arka bacak; *isk* son el ***in der Hinterhand spielen*** *isk* son oyuncu olmak

hinterher /**h**intır'**h**e:r/ *s* arkadan, arkasından, ardından, ardı sıra, peşinden; daha sonra, sonradan

hinterherlaufen /**h**intır'**h**e:rlaufın/ *trvi* ardından koşmak, peşinden koşmak

Hinterhof /'**h**intır**h**o:f/ *m* arka avlu

Hinterkopf /'**h**intırkopf/ *m* art kafa, başın arka tarafı

Hinterland /'**h**intırlant/ *n* iç bölge, ücra yer; ekonomik ve politik açıdan bir yere bağlı olan iç bölge

hinterlassen /**h**intar'lasın/ *s* metruk, yıkık, terk edilmiş, virane; *trvt* (iz) ardında bırakmak, geride bırakmak ***jdm etw hinterlassen*** (birisine bir şeyi) miras olarak bırakmak ***hinterlassene Werke*** ölen

kişiden kalan eserler
Hinterlassenschaft /**h**intır'lasınşaft/ *f* miras, tereke; *kon* arkada bırakılan şey ***jds Hinterlassenschaft antreten*** birisinin mirasını devralmak, işlerini devam ettirmek
hinterlegen /**h**intır'le:gın/ *trvt* emanet olarak bırakmak; rehin bırakmak; depo etmek; (yere) yatırmak ***hinterlegtes Gut*** emanete bırakılan eşya
Hinterlist /'**h**intırlist/ *f* hile, düzen; sinsilik, iki yüzlülük, hilekârlık
hinterlistig /'**h**intırlisti**h**/ *s* sinsi, kalleş, hilekâr, hileci
Hintermann /'**h**intırman/ *m* azmettirici; perde arkasında olan her şeyi planlayan kişi; *tic* son ciro eden
Hintern /'**h**intırn/ *m* kıç, göt, makat, kaba et, popo, arka
Hinterrad /'**h**intırra:t/ *n* arka tekerlek
hinterrücks /'**h**intırrüks/ *s* sinsice, kalleşçe, arkadan; arkadan arkaya
Hinterteil /'**h**intırtayl/ *n* arka, arka kısım; *kon* popo, kıç; *den* kıç
Hintertreffen /'**h**intırtrefın/ *n* geri, gerisi ***ins Hintertreffen geraten*** geri kalmak ***ins Hintertreffen kommen*** artık baş edememek
Hintertreppe /'**h**intırtrepı/ *f* arka merdiven, servis merdiveni
Hintertür /'**h**intırtü:r/ *f* arka kapı; *mec* açık kapı ***sich eine Hintertür offen halten*** *mec* açık kapı bırakmak
hinterziehen /**h**intır'tsi:ın/ *trvt* parayı zimmetine geçirmek, kaçırmak; kaçakçılık etmek
hinüber /**h**i'nü:bır/ *s* öteye, öte tarafa, öbür tarafa; üzerinden
hinüberwerfen /**h**i'nü:bırverfın/ *trvt* öbür tarafa atmak, karşı tarafa fırlatmak
hinunter /**h**i'nuntır/ *be* aşağı, aşağıya doğru
hinuntergehen /**h**i'nuntırge:ın/ *trvi* aşağı inmek
hinunterschlucken /**h**i'nuntırşlukın/ *trvt* yutmak; *kon* (duygu, üzüntü) yutmak, içine atmak, belli etmemek
hinunterwerfen /**h**i'nuntırverfın/ *trvt* aşağıya atmak, yere atmak
Hinweg /'**h**inwe:k/ *m* gidiş yolu, gidiş
hinweghelfen /**h**in'vek**h**elfın/ *trvi* yardım etmek
hinwegkommen /**h**in'vekkomın/ *trvi* : ***über etw hinwegkommen*** (bir şeyi) atlatmak, üstesinden gelmek
hinwegsehen /**h**in'vekze:ın/ *trvi* görmemezlikten gelmek ***über etw hinwegsehen*** bir şeyin üstünde fazla durmamak, kafaya takmamak
hinwegsetzen /**h**in'vekzetsın/ *trvt* başka bir yere oturtmak; *trvi* : ***hinwegsetzen über etw*** (bir şeyin üzerinden) atlamak ***sich hinwegsetzen über*** dikkate almamak, aldırış etmemek; uymamak, riayet etmemek
Hinweis /'**h**invays/ *m* işaret, emare; talimat, direktif; beyan; dipnot
hinweisen /'**h**invayzın/ *trvi* işaret etmek, göstermek; dikkatini çekmek, ikaz etmek ***jdn auf etw hinweisen*** birisinin dikkatini çekmek
hinwerfen /'**h**inverfın/ *trvt* fırlatmak, yere atmak; laf atmak; kâğıda dökmek, işinden ayrılmak ***jmdn hinwerfen*** birisini yere sermek ***einen Plan hinwerfen*** bir plan ortaya atmak
hinziehen /'**h**intsi:ın/ *trvt* çekmek; (zaman) sürmek, uzamak; *trvi* bir yere taşınmak ***sich hinziehen*** sürüncemede kalmak, uzamak ***sich zu jdm hingezogen fühlen*** birisine karşı yakınlık duymak
hinzu /**h**in'tsu:/ *s* ayrıca, buna ek olarak, ilaveten
hinzufügen /**h**in'tsu:fü:gın/ *trvt* eklemek, ilave etmek; katmak; iliştirmek
hinzuziehen /**h**in'tsutsi:ın/ *trvt* (uzman) danışmak; (dosya, evrak) göz önüne almak; çağırmak, davet etmek
Hiobsbotschaft /'**h**iopsbo:tşaft/ *f* kötü haber, felaket haberi
Hirn /**h**irn/ *n anat* beyin, dimağ; *kon* akıl, zeka, kafa
Hirngespinst /'**h**irngıșpinst/ *n* hayal, kuruntu, saçma düşünce ***Hirngespinsten nachjagen*** hayal peşinde koşmak
hirnverbrannt /'**h**irnferbrant/ *s* zırdeli
Hirsch /**h**irş/ *m hayb* erkek geyik
Hirschkuh /'**h**irşku:/ *f hayb* dişi geyik
Hirse /'**h**irzı/ *f bitk* darı
Hirte /**h**irt/ *m* çoban; rahip, papaz, piskopos ***guter Hirte*** Hz İsa'nın bir unvanı
Hirtenhund /'**h**irtan**h**unt/ *m hayb* çoban köpeği
hissen /'**h**isın/ *vt* (bayrak, yelken) çekmek, açmak, asmak; *den* yelken açmak
Historiker /**h**i'sto:rikır/ *m* tarihçi, tarih bilimcisi

H

historisch /hi'sto:riş/ *s* tarihi, tarihsel ***historische Forschung*** tarihsel araştırma
Hitze /'hitsı/ *f* sıcaklık, hararet; aşırı sıcak; öfke, heyecan, galeyan, taşkınlık
hitzebeständig /'hitsıbıştendih/ *s* sıcağa dayanıklı
hitzefrei /'hitsıfray/ : ***hitzefrei bekommen*** aşırı sıcak yüzünden (okul) tatil olmak
Hitzewelle /'hitsıvelı/ *f* sıcak hava dalgası
hitzig /'hitsih/ *s* sinirli, asabi; hiddetli; ateşli, heyecanlı; ısıtıcı ***eine hitzige Diskussion*** ateşli tartışma ***hitzig werden*** hiddetlenmek; heyecanlanmak
Hitzkopf /'hitskopf/ *m* sinirli kimse, öfkeli kimse, çabuk hiddetlenen kimse
hitzköpfig /'hitsköpfih/ *s* çabuk sinirlenen
Hitzschlag /'hitsşla:k/ *m* güneş çarpması, hararet çarpması
HIV-positiv /ha:i:vau'poziti:f/ *s* HIV pozitif, kanında AIDS virüsü bulunan, eydsli
Hobby /'hobi/ *n* hobi, merak, heves
Hobel /'ho:bıl/ *m* marangoz rendesi, planya
hobeln /'ho:bıln/ *vt* rendelemek, planya etmek
hoch /ho:h/ *s* yüksek; yüce, ulvi; (ses) ince, tiz; ağır; (boy) uzun; (sayı) kabarık; aferin! ***hohe Ehre*** büyük şeref ***hohe See*** açık deniz ***hohe Strafe*** ağır ceza ***hoher Vokal*** *dilb* yüksek ünlü ses ***Hoher Wehrrat*** Yüksek Askeri Şura (YAŞ) ***hohere Mathematik*** yüksek matematik ***hoherer Offizier*** yüksek subay ***hoheres Schulwesen*** ortaöğretim ***hohes Haus*** büyük meclis, parlamento ***hohes Präsidium*** yüksek reislik ***in hohem Grad*** yüksek derecede ***in hoher Fahrt*** son sürat ***hoch und heilig versprechen*** namus sözü vermek ***Hoch und Niedrig*** büyükler ve küçükler ***hoch hinauswollen*** yükselmek istemek, kariyer yapmak istemek ***sich hoch und heilig verschwören*** büyük yemin içmek ***vier Stock hoch wohnen*** dördüncü katta oturmak ***wenn es hochkommt*** olsa olsa, en fazla ***zu hoch hinaus wollen*** gözü yükseklerde olmak ***8 Meter hoch*** 8 metre yüksekliğinde
Hochachtung /'ho:hahtung/ *f* sayma, hürmet etme; saygı, hürmet
hochachtungsvoll /'ho:hahtungsfol/ (mektubun sonunda) saygılarımla
hochaktuell /'ho:haktuel/ *s* gayet güncel
Hochamt /'ho:hamt/ *n* (katolik) kudas
hochanständig /'ho:hanştendih/ *s* centilmen; iyi kalpli, temiz kalpli
Hochbau /'ho:hbau/ *m* çok katlı yüksek yapı
Hochbetrieb /'ho:hbıtri:p/ *m* hummalı faaliyet, yoğun çalışma; trafiğin çok yoğun olduğu saatler
Hochdeutsch /'ho:hdoyç/ *n* yüksek Almanca, şivesiz Almanca
hochdotiert /'ho:hdoti:rt/ *s* yüksek maaşlı
Hochdruck /'ho:hdruk/ *m fiz* yüksek basınç ***mit Hochdruck arbeiten*** yüksek tempoda çalışmak
Hochebene /'ho:he:bını/ *f coğ* yayla
hocherfreut /'ho:herfroyt/ *s* çok sevinçli ***hocherfreut sein*** sevinçten etekleri zil çalmak
hochfahren /'ho:hfa:rın/ *trvi* öfkelenmek, sinirden kudurmak; (uykudan) sıçrayarak uyanmak
hochfahrend /'ho:hfa:rınt/ *s* kibirli, burnu büyük
Hochfinanz /'ho:hfinants/ *f* yüksek maliye
Hochform /'ho:hform/ *f* formun zirvesi ***in Hochform sein*** formunun zirvesinde olmak
Hochfrequenz /'ho:hfrekvents/ *f fiz* yüksek frekans
Hochgebirge /'ho:hgıbirgı/ *n* yüksek sıradağlar
Hochglanz /'ho:hglants/ *m* ince cila, ince perdah; (başarı) parlak
hochgradig /'ho:hgra:dih/ *s* yüksek derecede, yüksek dereceli; *be* son derece
Hochhaus /'ho:hhaus/ *n* yüksek bina, yüksek apartman, gökdelen
hochheben /'ho:hhe:bın/ *trvt* yukarı kaldırmak
hochkarätig /'ho:hkare:tih/ *s* yüksek ayarlı
hochklappen /'ho:hklapın/ *trvt* (katlayıp) kaldırmak
Hochkonjunktur /'ho:hkonyunktu:r/ *m* yüksek konjunktür; iyi ekonomik durum
Hochkultur /'ho:hkultu:r/ *f* yüksek kültür (düzeyi)
Hochland /'ho:hlant/ *n* yayla; dağlık bölge
hochleben /'ho:hle:bın/ *trvi* : ***jdn hochleben lassen*** *kon* "yaşa" sesleriyle alkışlamak
Hochleistung /'ho:hlaystung/ *f* yüksek verim, *sp* rekor

Hochmut /'**ho**:**h**mu:t/ *m* azamet, kibir, kendini beğenmişlik
hochmütig /'**ho**:**h**mü:ti**h**/ *s* gururlu, kibirli, azametli, kendini beğenmiş ***hochmütig werden*** azametlenmek, kibirlenmek
hochnäsig /'**ho**:**h**ne:zi**h**/ *s* kibirli ***hochnäsig werden*** kibirlenmek, şişinmek
hochnehmen /'**ho**:**h**ne:mın/ *trvt* bağrına basmak, kucaklamak, kucağına almak; sömürmek, istismar etmek; yakalamak; alay etmek, kafa bulmak
Hochofen /'**ho**:**ho**:fın/ *m* yüksek fırın, demir eritme fırını
hochprozentig /'**ho**:**h**protsenti**h**/ *s* (içki, vs.) yüzde oranı yüksek, derecesi yüksek
Hochrechnung /'**ho**:**h**re**h**nung/ *f* tahmini değer, ortalama değer
Hochsaison /'**ho**:**h**zezon/ *f* asıl sezon, yüksek sezon, işlerin en yoğun olduğu sezon
Hochschule /'**ho**:**h**şu:lı/ *f* yüksekokul, akademi
Hochschulreife /'**ho**:**h**şu:lrayfı/ *f* lise mezuniyeti, olgunluk sınavını vermiş olma
Hochsommer /'**ho**:**h**zomır/ *m* yaz, yaz ortası
Hochspannung /'**ho**:**h**şpanung/ *f elek* yüksek gerilim, yüksek voltaj; gerginlik, gergin ortam
Hochsprung /'**ho**:**h**şprung/ *m sp* yüksek atlama
höchst /**hö**:**h**st/ *s* en büyük, en yüksek, azami, had safha; *be* son derece, gayet ***höchste Gewalt*** yücelik, ululuk; büyüklük; üstünlük ***höchste Staatsgewalt*** egemenlik, bağımsızlık, özgürlük ***in höchster Erregung*** pürtelaş
Hochstapler /'**ho**:**h**ştaplır/ *m* palavracı; dolandırıcı
Höchstbetrag /'**hö**:**h**stbıtra:k/ *m* azami tutar
höchstens /'**hö**:**h**stıns/ *s* en çok, azami; olsa olsa ***es kostet höchstens hundert Euro*** en fazla yüz Euro tutar
Höchstform /'**hö**:**h**stform/ *f* yüksek performans ***in Höchstform*** tam formunda, fit durumda
Höchstgeschwindigkeit /'**hö**:**h**stgışvindi**h**kayt/ *f* son sürat, azami hız
Höchstleistung /'**hö**:**h**stlaystung/ *f* en üstün başarı; yapabilirlik sınırı; en üst kapasite; *sp* rekor
höchstpersönlich /'**hö**:**h**stper'zö:nli**h**/ *be* şahsen, bizzat; şahsi, kişisel
Höchstpreis /'**hö**:**h**stprays/ *m* azami fiyat, narh, tavan fiyatı
höchstwahrscheinlich /'**hö**:**h**stva:rşaynli**h**/ *be* büyük bir olasılıkla
hochtrabend /'**ho**:**h**tra:bınt/ *s* cafcaflı, tumturaklı, gösterişli
Hochverrat /'**ho**:**h**fera:t/ *m huk* vatan hainliği; ağır hıyanet
Hochwasser /'**ho**:**h**vasır/ *n* su baskını, taşma, taşkın
hochwertig /'**ho**:**h**verti**h**/ *s* birinci sınıf, yüksek kaliteli, yüksek dereceli
Hochwürden /'**ho**:**h**vürdın/ *m* monsenyör
Hochzeit /'**hoh**tsayt/ *f* düğün; evlenme, nikâh, izdivaç ***auf zwei Hochzeiten tanzen*** iki işi birden yapmak ***Hochzeit feiern*** düğün yapmak, düğün kutlamak ***Hochzeit halten*** düğün yapmak ***zur Hochzeit einladen*** düğüne davet etmek
Hochzeitsfeier /'**hoh**tsaytsfayır/ *f* düğün, düğün eğlencesi, düğün kutlaması
Hochzeitsgeschenk /'**hoh**tsaytsgışenk/ *n* evlenme hediyesi, düğün hediyesi
Hochzeitsnacht /'**hoh**tsaytsna**h**t/ *f* gerdek gecesi, zifaf gecesi, evliliğin ilk gecesi
Hochzeitsreise /'**hoh**tsaytsrayzı/ *f* balayı seyahati
Hochzeitstag /'**hoh**tsaytsta:k/ *m* evlenme yıldönümü; evlenme günü
Hocke /'**ho**kı/ *f* demet yığını; *sp* (jimnastik) çömelme
hocken /'**ho**kın/ *vi* çömelmek, çömelip oturmak
Höcker /'**hö**kır/ *m* (deve) hörgüç; (insan) kambur; tümsek; çıkıntı
Hocker /'**ho**kır/ *m* tabure, arkalıksız iskemle; *mec* evden dışarı çıkmayan kişi
Hockey /'**ho**key/ *n sp* hokey
Hoden /'**ho**:dın/ *m anat* haya, testis, taşak
Hof /**ho**:f/ *m* avlu; çiftlik; ağıl; saray, malikâne; hale, ayla; teneffüshane ***jdm den Hof machen*** *esk* bir kadına kur yapmak
Hofdame /'**ho**:fda:mı/ *f* saraylı kadın, nedime
hoffen /'**ho**fın/ *vt* ümit etmek, ummak ***auf etw hoffen*** bir şeyi beklemek, umut etmek ***auf Gott hoffen*** Tanrının yardımını beklemek ***auf jdn hoffen*** birisine güvenmek ***hoffen lassen*** ümitlendir-

mek, umutlandırmak

hoffentlich /'hofıntlih/ *be* umarım, inşallah

Hoffnung /'hofnung/ *f* umut, ümit ***auf etw die Hoffnung aufgeben*** (bir şeyden) umudunu kesmek ***guter Hoffnung sein*** hamile olmak, bebek beklemek ***Hoffnung erweckend*** umutlandırıcı, umutlandıran ***Hoffnung zerstören*** ümidini boşa çıkarmak ***in der Hoffnung sein*** ummak ***jdm Hoffnungen machen*** birisini umutlandırmak ***seine Hoffnungen auf etw setzen*** umudunu bir şeye bağlamak ***sich Hoffnungen machen*** ümit etmek

hoffnungslos /'hofnungslo:s/ *s* umutsuz, ümitsiz

Hoffnungslosigkeit /'hofnungslo:zihkayt/ *f* umutsuzluk, ümitsizlik

hoffnungsvoll /'hofnungsfol/ *s* ümitli, umutlu

höfisch /'hö:fiş/ *s* saraya ait

höflich /'hö:flih/ *s* kibar, nazik, terbiyeli ***jdn höflich behandeln*** (birisine) nezaket göstermek, nazik davranmak

Höflichkeit /'hö:flihkayt/ *f* nazik davranış, nezaket; iltifat, kompliman ***jdm Höflichkeiten sagen*** birisine iltifat etmek

Hofstaat /'ho:fşta:t/ *m* sarayın ileri gelenleri

Höhe /'hö:ı/ *f* yükseklik, irtifa, rakım; miktar; yücelik; (ses) tizlik, incelik; (dağ) tepe, zirve, sırt; yücelik; miktar, tutar ***auf der Höhe seiner Karriere*** kariyerinin doruğunda ***auf der Höhe von jdm*** birisine yakın, yakınında; aynı hizada ***in die Höhe gehen*** (fiyat) yükselmek; (hamur) kabarmak ***in die Höhe heben*** yukarı kaldırmak ***in die Höhe steigen*** (uçak) yükselmek, havalanmak ***in die Höhe wachsen*** büyümek, uzamak ***in ganzer Höhe ausgerichtet*** dimdik ***in gleicher Höhe mit etw*** bir şey ile aynı seviyede

Hoheit /'ho:hayt/ *f* yücelik, ululuk; yükseklik; egemenlik, hükümranlık; Ekselansları

Hoheitsgebiet /'ho:haytsgıbi:t/ *n* milli toprak

Hoheitsgewässer /'ho:haytsgıvesır/ *f* (bir ülkenin) kara suları

Hoheitszeichen /'ho:haytstsayhın/ *n* ulusal amblem

Höhenflug /'hö:ınflu:k/ *m* yüksekten uçuş

Höhenluft /'hö:ınluft/ *f* dağ havası

Höhenmesser /'hö:ınmesır/ *m* yükseklikölçer, altimetre

Höhensonne /'hö:ınzonı/ *f* morötesi ışınlar veren lamba; ultraviyole lambası

Höhenunterschied /'hö:ınuntırşi:t/ *m* yükseklik farkı, seviye farkı

Höhepunkt /'hö:ıpunkt/ *m* en yüksek nokta, doruk; orgazm, doyum ***Höhepunkt seiner politischen Karriere*** politik kariyerinin doruk noktası

hohl /ho:l/ *s* oyuk, kovuk; çukur; boşluk; boş, kof; içbükey, konkav; oluklu, yivli ***die hohle Hand*** avuç içi

Höhle /'hö:lı/ *f* mağara, in; çukur; *hek* oyuk, boşluk, kovuk

Hohlkopf /'ho:lkopf/ *m* boş kafalı kişi

Hohlkörper /'ho:lkörpır/ *m* içi boş şey

Hohlmaß /'ho:lma:s/ *n* (metreküp, litre) hacim ölçüsü

Hohlraum /'ho:lraum/ *m* boşluk, kovuk; *hek* sinüs

hohlwangig /'ho:lvangıh/ *s* avurdu çökmüş

Hohn /ho:n/ *m* alay; alay etme; hor görme ***das ist ein Hohn auf die Menschlichkeit*** bu insanlıkla alay etmektir ***zum Hohn werden*** alay konusu olmak

höhnen /'hö:nın/ *vt* alay etmek, makaraya sarmak, kafa bulmak

höhnisch /'hö:niş/ *s* alaycı; alaysı

Hokuspokus /ho:kus'po:kus/ *m* hokkabazlık, el çabukluğu, hokuspokus; hile, desise; şatafat, gösteriş

holen /'ho:lın/ *vt* alıp getirmek; gelip almak; götürmek; bulmak, tedarik etmek ***Atem holen*** nefes almak ***dabei ist nichts zu holen*** bu iş kazanç getirmez ***Erkältung holen*** üşütmek, soğuk almak ***holen lassen*** göndererek aldırmak; (kişi) davet etmek, çağırmak ***Hol's der Teufel!*** Allah belanı versin! ***sich eine Krankheit holen*** hastalanmak, hastalık kapmak

Holland /'holant/ *tnz* Hollanda

Holländer /'holendır/ *m* Hollandalı; (çocuk oyuncağı) el arabası ***der fliegende Holländer*** hayal gemisi

holländisch /'holendiş/ *s* Hollanda'ya ait, Hollanda'yla ilgili; flemenkçe

Hölle /'hölı/ *f* cehennem ***hier ist die Hölle los*** burası anababa günü gibi, gürültü patırtılı ***in die Hölle gehen*** cehenneme gitmek ***jdm die Hölle heiß ma-***

chen tehditlerle birisini korkutmak

höllisch /'höliş/ *s* korkunç, cehennem gibi; son derece, müthiş ***höllische Schmerzen*** korkunç acılar

Holm /holm/ *m* balta sapı; *mim* takviye kirişi; *mim* merdiven kirişi

holperig /'holpırih/ *s* eğri büğrü; eciş bücüş; kargacık burgacık; (konuşma) kekeleyerek, kaş göz yararak; (yolculuk) sarsıntılı

holpern /'holpırn/ *vi* hoplamak, zıplamak; (araba) sarsılarak gitmek; sendelemek, tökezlemek

Holunder /ho'lundır/ *m bitk* mürver

Holz /holts/ *n* tahta, ağaç; kereste; odun ***Holz hauen*** odun kesmek

Holzblasinstrument /'holtsbla:sinstrument/ *n müz* nefesli ahşap çalgı

hölzern /'höltsırn/ *s* ağaç, ahşap, tahtadan; salak, beceriksiz ***ein hölzerner Mensch*** odun gibi adam

Holzfäller /'holtsfelır/ *m* oduncu, orman işçisi

holzfrei /'holtsfray/ *s* selülozsuz

Holzkohle /'holtsko:lı/ *f* odun kömürü, mangal kömürü

Holzschuh /'holtsşu:/ *m* takunya, nalın

Holzschutzmittel /'holtsşutsmitıl/ *n* ağaç koruma maddesi

Holzstoß /'holtsşto:s/ *m* kereste istifi; odun yığını

Holzweg /'holtsve:k/ *m* patika, orman içinden açılmış yol; *mec* yanlış yol ***auf dem Holzweg sein*** yanlış yolda olmak, yanılmak

Holzwolle /'holtsvalı/ *f* ağaç pamuğu

Holzwurm /'holtsvurm/ *m hayb* tahtakurdu, ağaç kurdu

homogen /homo'ge:n/ *s* homojen, aynı yapıda olan, bir türden olan, her tarafında aynı özelliğe sahip olan ***homogene Gruppe*** türdeş küme ***homogene Mischung*** homojen karışım ***homogene Zusammensetzung*** homojen bileşim

Homogenität /homogeni'te:t/ *f* homojen olma, homojenlik

Homonym /homo'nü:m/ *n dilb* sesteş, eşsesli, eşadlı

Homöopathie /homöopa'ti:/ *f* homeopati

homöopathisch /homöo'pa:tiş/ *s* homeopatik

Homosexualität /homozeksuali'te:t/ *f* homoseksüalite, eşcinsellik

homosexuell /homozeksu'el/ *s* eşcinsel, homoseksüel ***homosexuelle Beziehung*** eşcinsel ilişki, homoseksüel ilişki

Homosexuelle(r) /homozeksu'elı(r)/ *f/m* eşcinsel, homoseksüel

Honig /'ho:nih/ *m* bal; helva

Honigwabe /'ho:nihva:bı/ *f* bal peteği

Honorar /hono'ra:r/ *n* (serbest meslek sahiplerine verilen) ücret, maaş, ödenti; (doktor) vizite ücreti

honorieren /hono'ri:rın/ *vt* ücretini vermek, ödemek ***eine Arbeit honorieren*** bir iş için para vermek ***einen Wechsel honorieren*** bir poliçeyi kabul edip bedelini ödemek

Hopfen /'hopfın/ *m bitk* şerbetçi otu

hopp /hop/ *ünl* hoop!, haydi!

hörbar /'hö:rba:r/ *be* işitilir, işitilebilir, duyulur, duyulabilir ***kaum hörbar*** (ses) çok hafif, işitilmeyecek kadar az sesli

horchen /'horhın/ *vi* dinlemek, kulak vermek; (gizlice) dinlemek, duymaya çalışmak

Horde /'hordı/ *f* sürü; çete; aşiret, klan

hören /'hö:rın/ *vt* işitmek; duymak; öğrenmek; dinlemek; haber almak ***etw nicht hören lassen*** kulaklarını tıkamak, duymak istememek ***auf jdn hören*** birisinin sözünü dinlemek ***hast du gehört!*** duydun mu? ***nichts von sich hören lassen*** aramamak, haber vermemek ***nichts zu hören sein*** çıt çıkmamak, ses çıkmamak ***von etw nichts hören wollen*** bir şeyi istememek ***von jdm etw zu hören bekommen*** birisinden azar işitmek ***von jdm hören*** birisinden haber almak ***von sich hören lassen*** haber vermek

Hörensagen /'hö:rınza:gın/ *n* söylenti ***vom Hörensagen*** *kon* kulaktan dolma

Hörer /'hö:rır/ *m* dinleyici; (telefon) kulaklık, ahize, mikrofon; *hek* kulaklık ***den Hörer abnehmen*** ahizeyi kaldırmak ***den Hörer auflegen*** telefonu kapamak

Hörfehler /'hö:rfe:lır/ *m hek* işitme hatası, işitme eksikliği

Hörfunk /'hö:rfunk/ *m* radyo

Hörgerät /'hö:rgıre:t/ *n* kulaklık

hörig /'hö:rih/ *s* (başkasına, benliğini hiçe sayacak şekilde) bağlı, bağımlı

Hörigkeit /'hö:rihkayt/ *f* (hastalık derecesinde) bağlılık, bağımlılık

Horizont /hori'tsont/ *m* ufuk, çevren; anlayış, havsala

horizontal /horitson'ta:l/ *s geom* yatay; ufki ***horizontale Linie*** yatay çizgi; ufki çizgi ***horizontales Gewerbe*** *kon* fahişelik, fahişelik mesleği
Horizontale /horitson'ta:lı/ *f* yatay çizgi
Hormon /hor'mo:n/ *n biy* hormon
Hörmuschel /'hö:rmuşıl/ *f* kulaklık
Horn /horn/ *n* boynuz; *hayb* anten, duyarga; *müz* boru, korna ***das Goldene Horn*** Haliç ***in das gleiche Horn stoßen*** aynı fikirde olmak, aynı telden çalmak ***jdm Hörner aufsetzen*** (kocasını) boynuzlamak, başkasıyla aldatmak
Hornbrille /'hornbrilı/ *f* bağa gözlük
Hörnchen /'hörnhın/ *n* küçük boynuz
Hornhaut /'hornhaut/ *f hek* gözün kornea dokusu; nasır
Hornisse /hor'nisı/ *f hayb* eşek arısı
Hornist/Hornistin /hor'nist/hor'nistin/ *m/f müz* borazancı, borucu
Hornvieh /'hornfi:/ *n* boynuzlu hayvanlar
Horoskop /horos'ko:p/ *n* yıldız falı, horoskop ***jdm das Horoskop erstellen*** (birisine) yıldız falı bakmak
horrend /ho'rent/ *s* devasa, gayet büyük; korkunç, müthiş ***horrender Preis*** çok yüksek fiyat
Horrorfilm /'hororfilm/ *m* korku filmi
Hörsaal /'hö:rsa:l/ *m* (üniversite) amfi, derslik, dersane; konferans salonu; konser salonu
Hörspiel /'hö:rşpi:l/ *n* radyo oyunu, radyo tiyatrosu
Hörsturz /'hö:rşturts/ *m hek* (ani) sağırlık
Hort /hort/ *m* sığınak, yuva, sığınacak yer; çocuk yuvası, kreş; dayanak; hazine, define
horten /'hortın/ *vt* (zor bulunan şeyi) biriktirmek; depolamak; istif etmek
Hörweite /'hö:rvaytı/ *f* işitilebilecek uzaklık, kulak erimi ***er ist nicht in Hörweite*** sesi duyulabilecek yakınlıkta değil
Höschen /'hö:shın/ *n* küçük pantolon
Hose /'ho:zı/ *f* pantolon; şalvar ***die Hose anheben*** evde sözü geçmek ***in die Hose gehen*** suya düşmek, gerçekleşmemek ***sich in die Hosen machen*** korkudan altına yapmak ***tote Hose*** *kon* sıkıcı, yavan, monoton ***vor Angst in die Hose machen*** *kon* korkudan altına yapmak
Hosenbein /'ho:zınbayn/ *n* paça
Hosenboden /'ho:zınbo:dın/ *m* pantolon kıçı
Hosentasche /'ho:zıntaşı/ *f* pantolon cebi
Hosenträger /'ho:zıntre:gır/ *m* pantolon askısı
Hospital /hospi'ta:l/ *n* hastane
Hostess /hos'tes/ *f* bayan danışma görevlisi, bayan rehber; hostes
Hostie /'hostyı/ *f* kutsal ekmek
Hotel /ho'tel/ *n* otel, hotel
Hoteldirektor/Hoteldirektorin /ho'teldirektor/ho'teldirektorin/ *m/f* otel müdürü
Hotelfachschule /ho'telfahşu:lı/ *f* otelcilik okulu
Hotelgewerbe /ho'telgıverbı/ *n* otelcilik
Hotelier /hotel'ye:/ *m* otelci, otel işletmecisi
Hotelzimmer /ho'teltsimır/ *n* otel odası
Hotline /hotlayn/ *n* tüketici danışma hattı
Hub /hu:p/ *m fiz* kaldırma; (motor) piston gücü; piston çapı
Hubraum /'hu:praum/ *m* motor hacmi; sia hacmi
hübsch /hüpş/ *s* güzel, zarif, hoş, şirin; (genç kız) fıstık gibi; cicili, bicili ***hübsches Mädchen*** güzel kız ***recht hübsch*** çok güzel, kaşı gözü yerinde
Hubschrauber /'hu:pşraubır/ *m* helikopter
Huf /hu:f/ *m* (at, eşek) toynak, tırnak ***mit dem Huf schlagen*** (at) çifte atmak
Hufeisen /'hu:fayzın/ *n* nal, at nalı
Huflattich /'hu:flatih/ *m bitk* deve tabanı
Hüfte /'hüftı/ *f* kalça
Hüftgelenk /'hüftgılenk/ *n* kalça mafsalı
Hüftgürtel /'hüftgü:rtıl/ *m* korse
hüfthoch /'hüftho:h/ *be* yarı beline kadar
Hüftknochen /'hüftknohın/ *m* kalça kemiği
Hügel /'hü:gıl/ *m* tepe, tümsek; yığın, toprak yığını
hügelig /'hü:gılih/ *s* tepeli, tepelik; engebeli, iniş çıkışlı
Huhn /hu:n/ *n hayb* tavuk ***ein dummes Huhn*** *kon* salak karı ***gebratenes Huhn*** tavuk kızartması ***Huhn halten*** tavuk beslemek ***junges Huhn*** *hayb* piliç ***mit den Hühnern*** *kon* erkenden, karga bokunu yemeden
Hühnchen /'hü:nhın/ *n hayb* piliç; civciv
Hühnerauge /'hü:nıraugı/ *n* nasır, *kon* tavuk götü
Hühnerbrühe /'hü:nırbrü:ı/ *f* tavuk suyu
Hühnerfarm /'hü:nırfarm/ *f* tavukhane
Hühnerhund /'hü:nırhunt/ *m hayb* av kö-

peği
huldigen /'huldigın/ *vi* bağlılığını göstermek; hürmetlerini sunmak; (kadına) kur yapmak ***einer Meinung huldigen*** (alaysı) fikirlerini sunmak
Huldigung /'huldigung/ *f* bağlılık gösterme; hürmetlerini sunma
Hülle /'hülı/ *f* kılıf; zarf; örtü; peçe, perde; paket, ambalaj; gözbağı ***in Hülle und Fülle*** bol bol
hüllen /'hülın/ *vi* örtmek, sarmak, bürümek ***sich hüllen in etw*** (bir şeye) örtünmek, sarınmak
Hülse /'hülzı/ *f* kovan; kılıf; kabuk; örtü; masura; zar; bobin kalemi
human /hu'ma:n/ *s* insancıl, insani, insaflı
humanisieren /humani'zi:rın/ *trvt* insanileştirmek, insanlaştırmak ***sich humanisieren*** insanileşmek
Humanismus /huma'nismus/ *m* hümanizm, insancıllık
Humanist /huma'nist/ *m* hümanist, insancıl
humanistisch /huma'nistiş/ *s* insancı, hümanist
humanitär /humani'te:r/ *s* insancıl, insanlığa yararlı
Humanität /humani'te:t/ *f* insaniyet, insanlık
Hummel /'humıl/ *f hayb* yabanarısı
Hummer /'humır/ *m hayb* ıstakoz
Humor /hu'mo:r/ *n* mizah; mizah anlayışı
humoristisch /humo'ristiş/ *s* mizahi
humorlos /hu'mo:rlo:s/ *be* esprisiz
humorvoll /hu'mo:rfol/ *s* mizahi
humpeln /'humpıln/ *vi* aksamak, topallamak
Humus /'hu:mus/ *m* humus, organik madde açısından zengin kara toprak
Hund /hunt/ *m hayb* köpek, it; maden ocağı arabası, vagonet ***auf den Hund kommen*** beş parasız kalmak; kötü duruma düşmek ***den Letzten beißen die Hunde*** sona kalan dona kalır ***ein dicker Hund*** büyük bir hata; kuyruklu yalan ***schlafende Hunde wecken*** birisini uyarmak ***verdammter Hund*** (küfür) itoğlu it ***vor die Hunde gehen*** mahvolmak ***wie Hund und Katze sein*** *mec* kedi köpek gibi hırlaşmak
hundeelend /hundı'e:lent/ *s kon* berbat, rezil
Hundehütte /'hundıhütı/ *f* köpek kulübesi
Hundeleine /'hundılaynı/ *f* köpek tasması
hundemüde /'hundı'mü:dı/ *s* çok yorgun, bitkin
hundert /'hundırt/ *s* (sayı) yüz
Hunderter /'hundırtır/ *m* yüz rakamı, 100; (para) yüzlük ***die Hunderter*** *mat* yüzlük birimler
Hundertjahrfeier /hundırt'ya:rfayır/ *f* yüzüncü yıldönümü
hundertprozentig /'hundırtprotsentih/ (alkol) yüz derecelik, yüzde yüz; tamamen, kesin, yüzde yüz
hundsgemein /hundsgı'mayn/ *s* alçak
Hüne /'hü:nı/ *m* iriyarı adam, çam yarması gibi adam, zebellah
hünenhaft /'hü:nınhaft/ *s* iri yarı, güçlü kuvvetli
Hunger /'hungır/ *m* açlık; hırs ***Hunger bekommen*** acıkmak ***Hunger haben*** karnı aç olmak ***Hunger kriegen*** acıkmak ***Hunger leiden*** açlık çekmek ***Hungers sterben*** açlıktan ölmek ***seinen Hunger stillen*** açlığını gidermek
Hungergefühl /'hungırgıfü:l/ *n* eziklik duygusu
Hungerleider /'hungırlaydır/ *m* açlıktan dolayı dilenen
Hungerlohn /'hungırlo:n/ *m* ölmeyecek kadar geçindirecek ücret
hungern /'hungırn/ *vi* acıkmak ***freiwillig hungern*** perhiz yapmak ***hungern lassen*** aç bırakmak ***nach etw hungern*** bir şeyin hasretini çekmek
Hungersnot /'hungırsno:t/ *f* açlık, kıtlık
Hungerstreik /'hungırştrayk/ *m* açlık grevi
Hungertod /'hungırto:t/ *m* açlıktan ölme, açlıktan ölüm
hungrig /'hungrih/ *s* aç, acıkmış, karnı aç; hasret; haris ***ich bin hungrig*** karnım aç
Hunne /'hunı/ *m* Hun, Hunlu
Hupe /'hu:pı/ *f* (otomobil) düdük, korna, klakson
hupen /'hu:pın/ *vi oto* korna çalmak, düdük çalmak, klakson çalmak ***Hupen verboten!*** Klakson çalmak yasaktır!
hüpfen /'hüpfın/ *vi* sıçramak, hoplamak, sekmek; hoplaya zıplaya dans etmek ***hüpfen lassen*** hoplatmak, sektirmek
Hürde /'hürdı/ *f* mania, engel; ağıl, mandıra
Hürdenlauf /'hürdınlauf/ *m sp* engelli koşu
Hure /'hu:rı/ *f* orospu, fahişe

huren /'hu:rın/ *vi* fuhuş yapmak, fahişelik yapmak
hurra /hu'ra:/ *ünl* hura!, yaşa!, yaşasın!
Hurrikan /'hurikan/ *m* urağan, güçlü fırtına
hurtig /'hurtih/ *s esk* çabuk, süratli, çevik, atik; *be* çarçabuk, çabucak
husch /huş/ *be* çabucak, aniden ***husch war er weg*** aniden yok oldu
huschen /'huşın/ *vi* çabucak geçmek, kayıp gitmek; sessizce geçmek
hüsteln /'hü:stıln/ *vi hek* kesik kesik öksürmek
Husten /'hu:stın/ *n* öksürük ***den Husten haben*** *hek* öksürüğü olmak ***Husten stillend*** öksürüğü geçiren, öksürüğü gideren
husten /'hu:stın/ *vi hek* öksürmek
Hustenanfall /'hu:stınanfal/ *m hek* öksürük krizi
Hustenbonbon /'hu:stınbonbo:n/ *m hek* öksürük pastili
Hustensaft /'hustınzaft/ *m hek* öksürük şurubu
Hut /hu:t/ *m* şapka; *f* koruma, gözetim, himaye, muhafaza ***auf der Hut sein*** tetikte olmak ***Hut ab vor jdm!*** buna şapka çıkarılır! ***seinen Hut nehmen müssen*** şapkasını alıp gitmek zorunda kalmak ***unter einen Hut bringen*** bir çatı altında toplamak ***vor jdm Hut sein*** *kon* birisinden kendini sakınmak
hüten /'hü:tın/ *vt* korumak, saklamak, bakmak, göz kulak olmak, nezaret etmek, himaye etmek, esirgemek; (hayvan) gütmek, otlatmak ***sich hüten etw zu tun*** bir şeyi yapmamaya dikkat etmek ***sich hüten vor*** dikkat etmek, sakınmak
Hüter /'hü:tır/ *m* koruyucu, bekçi; hami; çoban
Hutkrempe /'hu:tkrempı/ *f* sapka kıvrımı
Hütte /'hütı/ *f* kulübe, baraka; kümes; sığınak, barınak; demir eritme fırını
Hüttenindustrie /'hütınindustri:/ *f* maden sanayii
Hyäne /hü'e:nı/ *f hayb* sırtlan
Hyazinthe /hüat'sintı/ *f bitk* sümbül
Hydrant /hü'drant/ *n* yangın musluğu
Hydraulik /hü'draulik/ *f* hidrolik
hydraulisch /hü'drauliş/ *s* hidrolik; hidroliğe ait ***hydraulische Arbeit*** hidrolik iş ***hydraulische Presse*** hidrolik pres ***hydraulischer Kran*** hidrolik vinç
Hygiene /hüg'ye:nı/ *f* hijyen, temizlik; sağlık bilgisi; vücut sağlığı
hygienisch /hüg'ye:niş/ *s* hijyenik, temiz
Hymne /'hümnı/ *f ed* kaside; ilahi; marş
hypermodern /hüpırmo'dern/ *s* aşırı modern, ultra modern
Hypnose /hüp'no:zı/ *f* hipnoz, telkinle uyku durumuna sokma, suni uyku
hypnotisch /hüp'no:tiş/ *s* hipnotik, suni uykuya sebebiyet veren
Hypnotiseur /hüpno:ti'zö:r/ *m* hipnozcu, hipnotizör, telkinle uyutan
hypnotisieren /hüpno:ti'zi:rın/ *vt* hipnotize etmek
Hypochonder /hüpo'hondır/ *m* hastalık hastası, kendini hasta zanneden kişi
hypochondrisch /hüpo'hondriş/ *s* hipokondrik, vehimli; karasevdalı
Hypotenuse /hüpote'nu:zı/ *f mat* hipotenüs, yatık kenar
Hypothek /hüpo'te:k/ *f* ipotek ***die Hypothek löschen*** ipoteği çözmek, rehinden kurtarmak ***eine Hypothek aufnehmen*** ipotek etmek ***erste Hypothek*** birinci derecede ipotek ***Hypothek aufnehmen*** ipotek etmek ***mit einer Hypothek belastet*** ipotekli
Hypothese /hüpo'te:zı/ *f* hipotez, varsayım, faraziye
hypothetisch /hüpo'te:tiş/ *s* varsayımsal, varsayılan ***hypothetisches Urteil*** şartlı teklif
Hysterie /hüste'ri:/ *f* histeri
hysterisch /hüs'te:riş/ *s* histerik

I

iberisch /i'be:riş/ *s* İberce, İber
Ibis /'i:bis/ *m hayb* ibis, kara leylek
Ich /ih/ *adl* ben ***das eigene Ich*** (kişinin) varlığı, benliği; varlığım, benliğim ***ich bin's!*** benim!
ichbezogen /'ihbıtso:gın/ *s* bencil, sadece kendini düşünen
Ideal /ide'a:l/ *n* ideal, ülkü; ideal, mükemmel; örnek olan
ideal /ide'a:l/ *s* ideal, mükemmel; ulaşılmak istenen
idealisieren /ideali'zi:rın/ *vt* idealize etmek, olduğundan çok daha iyi görmek
Idealisierung /ideali'zi:rung/ *f* idealize etme, idealleştirme; olduğundan daha iyi görme

Idealismus /idea'lismus/ *m* idealizm, ülkücülük; ilkecilik, mükemmelcilik; gerçekte olduğundan daha iyi görme
Idealist /idea'list/ *m* ilkeci, idealist, mükemmelci
idealistisch /idea'listiş/ *s* idealist, idealistçe; ideallere sadık olarak
Idee /i'de:/ *f* fikir; ilke, prensip; düşünce, görüş ***sich eine Idee von etw machen*** bir şey hakkında fikir edinmek
ideell /ide'el/ *s* düşüncesel, fikirsel; manevi, ruhani, tinsel; *be* manen ***ideell und materiell*** manen ve maddeten ***ideeller Schaden*** manevi zarar
ideenlos /i'de:ınlo:s/ *s* fikirsiz
Ideenreichtum /i'de:ınrayhtu:m/ *m* fikir zenginliği, yaratıcılık
Identifikation /identifika'tsyo:n/ *f* özdeşleşme, belirleme; kimlik tespiti
identifizieren /identifi'tsi:rın/ *vt* kimliğini tespit etmek; tanımak, teşhis etmek; özdeşleştirmek, aynı saymak, bir tutmak ***sich mit jdm identifizieren*** birisi ile aynı ilkeleri paylaşmak; kendini birisinin yerine koymak, kendini (birisine) benzetmek, kendini birisi ile özdeşleştirmek
identisch /i'dentiş/ *s* aynı, özdeş ***miteinander identisch*** birbirinin aynı
Identität /identi'te:t/ *f* özdeşlik, aynı olma; kimlik, hüviyet; hüviyet ispatı ***seine Identität nachweisen*** kimliğini ispat etmek
Identitätskrise /identi'te:tskri:zı/ *f* kimlik bunalımı
Ideologe /ideo'lo:gı/ *m* bir ideolojinin savunucusu, ideolog; fikir adamı, teorisyen
Ideologie /ideolo'gi:/ *f* (bir toplumun veya grubun) ilkeler prensibi; politik görüş, ideoloji
ideologisch /ideo'lo:giş/ *s* ideolojik
ideologisieren /ideologi'zi:rın/ *vt* bir düşünceyi ideoloji haline getirmek, ilkeleştirmek
idiomatisch /idyo'ma:tiş/ *s* deyimsel; bir yöresel ağıza, bir grubun diline özgü
Idiot /id'yo:t/ *m* geri zekalı; *kon* ahmak, aptal, budala, salak, bunak
idiotisch /id'yo:tiş/ *s* aptal, ahmak, enayi, budala
Idol /i'do:l/ *n* tapınılan şey, put, sanem; çok sevilen (sanatçı, müzisyen); ilah; hayal, sanal ***Elvis Presley war ein Idol damaliger Jugend*** Elvis Presley o zamanki gençliğin ilahıydı
Idyll /i'dül/ *n* sakin ve huzurlu bir yaşam
idyllisch /i'düliş/ *s* kırlık yaşama ait, huzurlu, sakin (ortam, manzara); cennet gibi, sesiz sakin
Igel /'i:gıl/ *m hayb* kirpi; at ile çekilen çapa
Iglu /'i:glu/ mn Eskimo evi, iglu
Ignorant/Ignorantin /igno'rant/igno'rantin/ *m/f* vurdumduymaz
Ignoranz /igno'rants/ *f* vurdumduymazlık
ignorieren /igno'ri:rın/ *vt* görmezlikten gelmek, bilmezlikten gelmek, görmezliğe getirmek
ihm /i:m/ *adl* ona
ihn /i:n/ *adl* onu
ihnen /'i:nın/ *be* onlara
Ihnen /'i:nın/ *be* size
Ihr /i:r/ *adl dilb* ikinci çoğul şahıs siz; üçüncü tekil ve çoğul şahıs sizin
ihr /i:r/ dl (dişil) onun; ona; siz(ler)
ihre(r,s) /'i:rı(r,s)/ *adl* onun, onunki; onların, onlarınki
Ihre(r,s) /'i:rı(r,s)/ *adl* sizinki
Ihrerseits /'i:rırzayts/ *be* (hitap şekli 'Sie' zamirinden) sizin açınızdan, sizce
ihrerseits /'i:rırzayts/ *be* onun, onun tarafından, onlar açısından
ihresgleichen /'i:rıs'glayhın/ *be* (dişil üçüncü tekil şahıs sie'ye) onun gibi, onun emsali, onun benzeri, onun tipinde, onun yapısında
Ihresgleichen /'i:rıs'glayhın/ *be* (hitap şekli Sie'ye ait) sizin gibi, sizin emsaliniz, sizin benzeriniz, sizin yapınızda
ihretwegen /'i:rıtve:gın/ *be* (dişil üçüncü tekil şahıs sie'den) onun yüzünden; onun hatırına
Ihretwegen /'i:rıtve:gın/ *be* (hitap şekli Sie'den) sizin yüzünüzden; sizin hatırınız için; (üçüncü çoğul şahıs 'Ihr' den) onların yüzünden; onların hatırına
Ikone /i'ko:nı/ *f* ikona
illegal /ile'ga:l/ *s huk* yasadışı, yasaya aykırı, kanuna aykırı, kanundışı, kanunsuz, illegal ***illegaler Arbeiter*** kaçak işçi ***illegaler Zustand*** yasadışı durum
Illegalität /ilegali'te:t/ *f* yasadışı olma; yasaya aykırılık
illegitim /ilegi'ti:m/ *s* gayri meşru, yasal olmayan; evlilikdışı; haram ***illegitimes Kind*** gayri meşru çocuk, *kon* piç
Illegitimität /ilegitimi'te:t/ *f* kanunsuzluk,

I

yasadışılık; haksızlık
illoyal /'iloy'ya:l/ *s* sadakatsiz, sadık olmayan; kanunsuz, yasadışı
Illoyalität /iloyyali'te:t/ *f* sadakatsizlik, ihanet; kanuni olmayan, yasal olmayan
Illusion /iluz'yo:n/ *f* sanrı, hayal, illüzyon; *tiy* yanılsama ***sich über etw Illusionen machen*** bir şey konusunda (olmayacak, tatlı) hayallere kapılmak
illusionär /iluzyo'ne:r/ *s* hayali, gerçekçi olmayan
Illusionist /iluzyo'nist/ *m* hayalci, hayalperest; sihirbaz
illusionslos /ilu'zyo:nslo:s/ *s* gerçekçi, hayale dayalı olmayan, illüzyonsuz
illusorisch /ilu'zo:riş/ *s* olmayacak, hayali, asılsız, boş
illuster /i'lustır/ *s* ünlü, seçkin; meşhur, parlak; harika, mükemmel, fevkalade ***ein illuster Gast*** seçkin bir konuk
Illustration /ilustra'tsyo:n/ *f* (kitap) resim; resimleme, resimle gösterme
illustrieren /ilu'stri:rın/ *vt* resimlendirmek, resimlerle betimlemek ***etw mit etw illustrieren*** bir şeyi bir şeyle açıklamak, göstermek
Illustrierte /ilu'stri:rtı/ *f* resimli dergi
Iltis /'iltis/ *m hayb* kokarca
im /im/ *kıs* "in dem" sözcüklerinin birleşmiş hali ***im Auftrag*** adına, namına ***im Auftrag von Chef*** şef adına ***im Falle*** durumunda; halinde ***im Namen des Gesetzes*** kanun namına ***im Namen von ...*** ... adına ***im Verhältnis*** oranında ***im Zweifel*** kuşku halinde
Image /'imic/ *n* görünüm, imaj; numune, örnek
Imagepflege /'imicpfle:gı/ *f* imajını düzeltme veya koruma çabası
imaginär /imagi'ne:r/ *s* düşüncesel, hayali, tasarısal ***imaginäre Gedanken*** hayali düşünceler
Imagination /imagina'tsyo:n/ *f* hayal gücü
Imam /i'ma:m/ *m* imam
Imbiss /'imbis/ *m* sandviç büfesi, (ayaküstü atıştırılan) yemek
Imbissstand /'imbisştant/ *m* sandviç büfesi
Imbissstube /'imbisştu:bı/ *f* sandviç büfesi
Imitation /imita'tsyo:n/ *f* taklit; sahte mal, taklit mal, imitasyon
Imitator /imi'ta:tor/ *m* taklitçi; taklit sanatçısı
imitieren /imi'ti:rın/ *vt* taklit etmek; bir malın sahtesini yapmak
Imker /'imkır/ *m* arıcı, arı yetiştiricisi
immanent /ima'nent/ *s* dahil, (bir şeyin) içinde olan, içkin
Immatrikulation /imatrikula'tsyo:n/ *f* üniversite kaydı; üniversiteye kaydetme
immatrikulieren /imatriku'li:rın/ *vt* üniversiteye kaydetmek ***sich immatrukulieren*** üniversiteye kaydolmak
immens /i'mens/ *s* aşırı büyük, olağanüstü büyük; büyük, aşırı, korkunç; sonsuz, sınırsız ***immense Kosten*** büyük masraflar
immer /'imır/ *be* her zaman, daima, hep; sürekli, devamlı, mütemadiyen ***auf immer*** sürekli, ebediyen ***immer aufs neue*** yeniden yeniye, yeni yeni ***immer noch*** hala, daha da ***immer wieder*** daima, tekrar tekrar, sürekli, mütemadiyen ***immer mehr*** git gide, giderek, daha, giderek artan şekilde ***noch immer*** hâlâ ***schon immer*** oldum olasıya ***wann auch immer*** her ne zaman, ne zaman olursa olsun ***wie immer*** her zaman olduğu gibi, her zamanki gibi ***wo auch immer*** nerede olursa olsun
immerfort /'imırfort/ *be* sürekli, daima, hep, mütemadiyen
Immergrün /'imırgrü:n/ *n bitk* sarmaşık; Cezayir menekşesi
immerhin /'imırhin/ *be* hiç olmazsa, en azından
immerzu /imır'tsu:/ *be* sürekli, daima, mütemadiyen
Immigrant/Immigrantin /imi'grant/imi'grantin/ *m/f* göçmen, muhacir
Immigration /imigra'tsyo:n/ *f* göç; göç etme
immigrieren /imi'gri:rın/ *vi* göçmek, göç etmek
Immission /imis'yo:n/ *f* gürültü etkisi, kirlenme etkisi
immobil /'imobi:l/ *s* sabit, taşınmaz; hareket edemez; gayri menkul
Immobilien /imo'bi:lyın/ *pl* taşınmaz mallar, mülk, gayri menkul
Immobilienmakler /imo'bi:lyınma:klır/ *m* emlakçı
Immobilienmarkt /imo'bi:lyınmarkt/ *m* emlak piyasası, emlak pazarı
immun /i'mu:n/ *s hek* bağışıklılık; bağışıklı olma; *huk* dokunulmazlık sahibi olma

immunisieren /imuni'zi:rın/ *vt* bağışıklık kazandırmak ***gegen etw immunisieren*** *hek* (bir şeye) karşı bağışıklılık kazandırmak
Immunität /imu:ni'te:t/ *f hek* bağışıklık; *huk* dokunulmazlık; muafiyet ***diplomatische Immunität*** diplomatik dokunulmazlık ***Immunität genießen*** dokunulmazlık sahibi olmak
Immunkörper /i'mu:nkörpır/ *m hek* bağışıklık maddesi, amboseptör
Immunschwäche /i'mu:nşvehı/ *f hek* bağışıklık eksikliği, bağışıklık bozukluğu
Immunsystem /i'mu:nsüstem/ *n hek* vücudun bağışıklık sistemi
Imperativ /'imperati:f/ *m dilb* emir kipi, buyrum
Imperativsatz /'imperati:fzats/ *m dilb* emir tümcesi
Imperfekt /'imperfekt/ *n dilb* hikâye hali, hikâye kipi
Imperialismus /imperya'lismus/ *m* emperyalizm, yayılmacılık, işgalcilik
Imperialist /imperya'list/ *m* emperyalist
imperialistisch /imperya'listiş/ *s* emperyalist, yayılmacı, işgalci
Imperium /im'peryum/ *n* imparatorluk
impertinent /imperti'nent/ *s* küstah, densiz, terbiyesiz
Impertinenz /imperti'nents/ *f* küstahlık, densizlik, terbiyesizlik
Impfaktion /'impfaktsyo:n/ *f hek* aşı kampanyası
impfen /'impfın/ *vt hek* aşı yapmak, aşılamak
Impfpass /'impfpas/ *m hek* aşı belgesi, aşı kâğıdı, aşı raporu
Impfschein /'impfşayn/ *m hek* aşı belgesi, aşı kâğıdı
Impfstoff /'impfştof/ *m hek* aşı maddesi, aşı ilacı
Impfung /'impfung/ *f hek* aşı, aşılama; tarımsal aşılama
Implantat /implan'ta:t/ *n hek* nakledilmiş organ, başka bir kişinin birisine nakledilmiş organı; suni organ
implizieren /impli'tsi:rın/ *vt* içermek, içinde bulundurmak, kapsamak; belli etmek, göstermek ***jmd impliziert etw*** (birisi bir şeyi) belli ediyor, ima ediyor
Implosion /implo'zyo:n/ *f* iç patlama
imponieren /impo'ni:rın/ *vi* etkilemek, hayranlık uyandırmak ***jdm imponieren*** (birisini) etkilemek
imponierend /impo'ni:rınt/ *s* heybetli, görkemli, empozan; iriyarı, kelli felli; gösterişli, azametli; ahım şahım
Import /im'port/ *m tic* ithalat, dışalım; yurtdışından satın alınmış mal
Importartikel /im'portartikıl/ *m* ithal mal, ithal malı
Importeur /impor'tö:r/ *m tic* ithalatçı, yurtdışından mal getiren kişi
importieren /impor'ti:rın/ *vt* ithal etmek, yurtdışından mal getirmek
imposant /impo'zant/ *s* gösterişli, heybetli; muhteşem, görkemli, azametli, muazzam; etkileyici
impotent /'impotent/ *s hek* erkeklik gücü olmayan, iktidarsız
Impotenz /'impotents/ *f hek* erkek cinsel iktidarsızlığı; kuvvetsizlik, güçsüzlük
imprägnieren /impreg'ni:rın/ *vt* emdirmek, içirmek; su geçirmez hale getirmek; (döşeme) dayanıklılığını artırmak
Impression /impre'syo:n/ *f* izlenim, duygulanım, empresyon ***Impressionen von einer Reise*** gezi izlenimleri
Impressionismus /impresyo'nismus/ *m* empresyonizm, izlenimcilik
Impressionist /empresyo'nist/ *m* empresyonist, izlenimci
impressionistisch /impresyo'nistiş/ *s* empresyonist
Improvisation /improviza'tsyo:n/ *f* doğaçlama, pratik olarak becerme; irticalen söyleme; *tiy* tuluat
improvisieren /improvi'zi:rın/ *vt* doğaçlamak; planlamadan ve pratik olarak yapmak; irticalen söylemek
Impuls /im'puls/ *m* darbe, itki, içtepi; *fiz* harekete geçiren kuvvet, hız, impuls; kısa elektrik darbesi; ilham, esin; (bir şey) yapma isteği
impulsiv /impul'si:f/ *s* tezcanlı, heyecanlı, fevri, duygularına çabuk yenilen; aniden ve düşünülmeden yapılan
imstande /im'ştandı/ : ***imstande zu etw sein*** (bir şeyi) yapabilecek durumda olmak, gücü yetmek
in /in/ *ilg* (yöneltme ve belirtme durumu) -de, -da; içinde; -ye, -ya; içine ***in absentia*** *huk* yokluğunda, gıyabında ***in Abwesenheit*** gıyaben, gıyabında ***in Bar*** peşin olarak, nakit olarak ***in Beziehung bringen*** bağlantı kurmak, ilişki kurmak ***in contumaciam*** *huk* gıyaben ***in corpore*** hepsi birden ***in der Armee sein***

askerde olmak ***in der Schule*** okulda ***in die Schule*** okula ***in dubio*** şüpheli durumda ***in dupio*** iki nüsha olarak ***in effigie*** *huk* gıyaben teşhir suretiyle ***in Eile*** aceleyle ***in einem Zug*** bir defada, bir seferde ***in extenso*** uzun uzadıya, detaylı, etraflıca ***in Farbe*** renkli ***in Geld*** nakit olarak, nakden ***in jdn verliebt sein*** birisine âşık olmak ***in Kenntnis setzen*** haber vermek, bilgilendirmek ***in Liquidation*** *tic* tasfiye halinde ***in Liter*** litreyle ***in medias res*** doğrudan, direkt ***in memoriam*** hatıra olarak ***in nuce*** kısaca ***in Ordnung*** her şey yolunda; makbul ***in praxi*** fiiliyatta ***in Raten bezahlen*** taksitle ödemek ***in Rente gehen*** emekliye ayrılmak ***in Ruhestand versetzen*** emekliye ayırmak ***in sein*** *kon* moda olmak ***in Staunen setzen*** şaşırtmak, hayrete düşürmek ***in Uniform*** üniformalı ***in Urlaub fahren*** tatile çıkmak ***in Verlegenheit bringen*** utandırmak, mahcup etmek ***in Vertretung*** vekâleten; adına, namına ***jdn in flagranti erwischen*** (birisini) suçüstü yakalamak ***Stadt in Zahlen*** rakamlarla şehir

inadäquat /'inadekva:t/ *be* uygun olmayan, duruma uymayan

inaktiv /'inakti:f/ *s* aktif olmayan, etkisiz

inakzeptabel /'inaktsepta:bıl/ *s kon* (koşul, eleştiri) kabul edilemez

Inangriffnahme /in'angrifna:mı/ *f kon* girişme, başlama, başlatma

Inanspruchnahme /in'anşpruhna:mı/ *f kon* (fırsat, hak) yararlanma, kullanma; (iş) yorma, yorulma, sıkma; vaktini alma

Inbegriff /'inbagrif/ *m* sembol, örnek

inbegriffen /'inbagrtfın/ *be* dahil, dahil olmak üzere; içerik ***in etw inbegriffen*** (bir şeye) dahil olmak üzere, (bir şeyin) kapsamında olarak

Inbesitznahme /inbı'zitsna:mı/ *f* ele geçir(il)me, sahiplen(il)me

Inbetriebnahme /inbı'tri:pna:mı/ *f* işletmeye açma, kullanıma açma; *kon* (makine) çalıştırma

Inbrunst /'inbrunst/ *f* güçlü his, duygu; ateş, hararet

inbrünstig /'inbrünstih/ *be* kalpten, içten; ateşli, hararetli

indem /in'de:m/ *ilg* ... yaparak, ... ederek, suretiyle; o anda, o sırada

Indemnität /indemni'te:t/ *f* tazminat

Inder /in'dır/ *m* Hintli

indessen /in'desın/ *be* bu arada, bunun üzerine; ancak, fakat, bununla beraber

Index /'indeks/ *m tic* endeks, istatiki değerlendirme; gösterge; liste; (kitap) dizin, fihrist, içindekiler, indeks

indezent /'indetsent/ *s* uygunsuz, yakışık almayan; müstehcen

Indianer /in'dya:nır/ *m* Kızılderili

indianisch /in'dya:niş/ *s* Kızılderili

Indien /'indyın/ *tnz* Hindistan

indifferent /'indifırent/ *s* belirsiz; ilgisiz, kayıtsız, meraksız, vurdumduymaz ***etw gegenüber indifferent sein*** (bir şeye karşı) kayıtsız olmak, ilgisiz olmak ***indifferentes Gleichheit*** bozulmaz denge ***sich indefferent verhalten*** vurdumduymaz davranmak, ilgisiz davranmak, kayıtsız kalmak

Indifferenz /'indifırents/ *f* belirsizlik; ilgisizlik, kayıtsızlık

indigniert /indi'gni:rt/ *s* sıkılmış, gücenmiş, dargın

Indigo /'indigo/ *m bitk* çivit fidanı; çivit renginde

indigoblau /'indigoblau/ *s* çivit mavisi

Indikation /indika'tsyo:n/ *f* belirti, emare; *hek* tedavi gerektirici durum; *huk* gerekçeli kürtaj

Indikativ /'indikati:f/ *m dilb* bildirme kipi

Indikator /indi'ka:tor/ *m* gösterge, belirti, emare

Indio /'indyo/ *m* Güney Amerika kıtasının yerli halkına verilen ad

indirekt /'indirekt/ *s* dolaylı, dolaylı olarak, doğrudan doğruya olmayan, bağımlı, aracılı, vasıtalı endirekt ***indirekte Adresse*** endirek adres ***indirekte Rede*** *dilb* dolaylı anlatım ***indirekte Steuer*** vasıtalı vergi, dolaylı vergi ***indirekte Wahl*** dolaylı seçim, iki turlu seçim ***indirektes Objekt*** *dilb* dolaylı tümleç

indisch /'indiş/ *s* hintli; Hindistan'la ilgili ***der Indische Ozean*** Hint Okyanusu ***indischer Elefant*** *hayb* Hint fili

indiskret /'indiskre:t/ *s* sır saklamaz; aşırı meraklı; laubali, saygısız

Indiskretion /indiskre'tsyo:n/ *f* (mahremiyeti) açıklama; sır saklamazlık, ifşa

indiskutabel /'indiskuta:bıl/ *be* söz etmeğe değmez, çok kötü, değersiz, lafı bile edilemez

indisponiert /'indisponi:rt/ *be* isteksiz, hevessiz; sağlığı bozuk

Individualismus /individua'lismus/ *m* bireycilik, fertçilik
Individualist /individua'list/ *m* bireyci, kendi isteği doğrultusunda yaşayan
individualistisch /individua'listiş/ *s* bireyci, fertçi
Individualität /individuali'te:t/ *f* kişilik, karakter, şahsiyet, ferdiyet; kişiyi başkalarından ayırıcı özellik
individuell /individu'el/ *s* kişisel, bireysel, şahsi; kişiye göre değişen ***individuelle Beratung*** bireysel danışmanlık ***individuelle Differenz*** kişisel ayrım, bireysel ayrılık ***individuelles Interview*** bireysel görüşme ***individuelles Program*** bireysel program, şahsi program
Individuum /indi'vi:duum/ *n* kişi, birey, fert, şahıs; *hkr* kötü herif, mahluk
Indiz /in'di:ts/ *n huk* delil, ipucu; *kon* emare, belirti
Indizienbeweis /in'di:tsy:ınbıvays/ *m huk* ipuçlarına dayalı suç ispatı
Indochina /indo'hi:na/ *tnz* Hindiçini, Hindiçin, Çin Hindistanı
indoeuropäisch /'indooyrope:iş/ *s* Hint Avrupalı, Hint-Avrupa dilleri, Hint-Avrupa dillerine ait
indogermanisch /'indogerma:niş/ *s* Hint Avrupalı
Indonesien /indo'ne:zyın/ *tnz* Endonezya
Indonesier /indo'ne:zyır/ *m* Endonezyalı
indonesisch /indo'ne:ziş/ *s* Endonezyalı
Induktion /induk'tsyo:n/ *f* genelleme; (felsefe) tüme varım, bilinen gerçeklerden genelleme yapma, sonuca gitme; *fiz* endüksiyon
induktiv /induk'ti:f/ *s* tümevarımsal, endüktif ***induktive Methode*** tümevarım metodu
industrialisieren /industriali'zi:rın/ *vt* sanayileştirmek, endüstrileştirmek
Industrialisierung /industriali'zi:rung/ *f* sanayileşme, endüstrileşme
Industrie /indus'tri:/ *f* sanayi, endüstri ***Industrie- und Handelskammer*** Sanayi ve Ticaret Odası
Industriearbeiter /indus'tri:arbaytır/ *m* sanayi işçisi
Industriegebiet /indus'tri:gıbi:t/ *n* sanayi bölgesi, endüstri bölgesi; sanayi çarşısı
Industriegewerkschaft /indus'tri:gıverkşaft/ *f* sanayi sendikası
Industriekaufmann /indus'tri:kaufman/ *m* işletme ekonomisi konusunda mesleki eğitim almış ve sanayi dalında bu mesleği yürüten kimse
Industrieland /indus'tri:lant/ *n* endüstri ülkesi
industriell /industri'el/ *s* sınai, endüstriyle ilgili, endüstriyel ***industrielle Ausbildung*** sanayi eğitimi ***industrielles Fachgymnasium*** endüstri meslek lisesi ***industrielles Werk*** sınai işletme
Industrielle(r) /industri'elı(r)/ *f/m* sanayici, fabrikatör, sanayi girişimcisi
Industriestadt /indus'tri:ştat/ *f* sanayi şehri, endüstri şehri
Industrieunternehmen /indus'tri:untırne:mın/ *n* sınai girişim, endüstriyel girişim
Industriezweig /indus'tri:tsvayk/ *m* sanayi dalı, sanayi kolu
ineffektiv /'inefekti:f/ *s* etkisiz, verimsiz
ineinander /inay'nandır/ *be* iç içe; birbiri içine; birbiri içinde ***ineinander verknüpft*** eklemeli, modüler
infam /in'fa:m/ *s* alçak, şerefsiz
Infamie /infa'mi:/ *f* alçaklık, şerefsizlik
Infanterie /infan'tri:/ *f ask* piyade
Infanterist /infan'trist/ *m ask* piyade askeri
infantil /infan'ti:l/ *s hek* çocukumsu, çocuk gibi, olgun olmayan, infantil
Infarkt /in'farkt/ *m hek* (kalp) kriz, sekte, enfarktüs
Infektion /infek'tsyo:n/ *f hek* enfeksiyon; (hastalık, mikrop) bulaşma, sirayet; bulaşıcı hastalık
Infektionsgefahr /infek'tsyo:nsgıfa:r/ *f* enfeksiyon tehlikesi, bulaşma tehlikesi
Infektionsherd /infek'tsyo:nshe:rt/ *m* enfeksiyon kaynağı
Infektionskrankheit /infek'tsyo:nskrankhayt/ *f* bulaşıcı hastalık, salgın hastalık
Inferno /in'ferno/ *n* cehennem
Infiltration /infiltra'tsyo:n/ *f coğ* hek. sızma, sızıntı; (fikir) etkisini göstermesi
infiltrieren /infil'tri:rın/ *vt* sızmak
Infinitiv /'infiniti:f/ *m dilb* mastar, eylemlik
infizieren /infi'tsi:rın/ *vt* (hastalık) bulaştırmak, geçirmek ***sich infizieren*** hastalık kapmak, bulaşıcı hastalığa yakalanmak
Inflation /inflats'yo:n/ *f tic* paranın değer kaybı, enflasyon
inflationär /inflatsyo'ne:r/ *s* enflasyonist
Inflationsrate /infla'tsyo:nsra:tı/ *f tic* enf-

I

lasyon oranı, enflasyon yüzdesi
infolge /in'folgı/ *ilg* ... dolayı, ... yüzünden; neticesi olarak, sayesinde ***infolge einer Sache*** (bir şeyden) dolayı, (bir şey) yüzünden
infolgedessen /infolgı'desın/ *ilg* bundan dolayı, bu sebeple, bu yüzden
Informant/Informantin /infor'mant/infor'mantin/ *m/f* bilgi veren, haber veren, ajan; denek
Informatik /infor'ma:tik/ *f* bilişim bilimi, informatik, bilgi işlem
Informatiker /infor'ma:tikır/ *m* bilişimci, bilgisayar bilimcisi
Information /informa'tsyo:n/ *f* bilgi, bilgilendirim, enformasyon; tanıtma, tanıtım; danışma ***Information Retrieval*** bilgi erişim ***zu Ihrer Information!*** bilginize! ***zur Information*** bilgi olarak
Informationsblatt /informa'tsyo:nsblat/ *n* bilgilendirme broşürü
Informationsbüro /informa'tsyo:nsbüro:/ *n* danışma bürosu
Informationsfluss /informa'tsyo:nsflus/ *m* bilgi akışı
Informationsmaterial /informa'tsyo:nsmaterya:l/ *n* enformasyon malzemesi
informativ /informa'ti:f/ *s* bilgilendirici, aydınlatıcı
informell /infor'mel/ *s* tesadüfi; formalitesiz; resmi olmayan; belirli kurallara ve kalıplara bağlı olmayan ***informelle Bildungsinstitut*** Yaygın Eğitim Enstitüsü
informieren /infor'mi:rın/ *vt* bilgi vermek, bilgilendirmek, haberdar etmek ***jdn informieren*** (birisini) bilgilendirmek, bilgi vermek ***sich informieren*** bilgilenmek, bilgi almak
Infrarot /'infraro:t/ *n fiz* kızılötesi ışın, infraruj
Infrastruktur /'infraştruktu:r/ *f* altyapı
Infusion /infus'yo:n/ *f hek* damardan serum verme; deri altına sıvı verme
Ingenieur /injen'yö:r/ *m* mühendis
Ingenieurwesen /injın'yö:rve:zın/ *n* mühendislik
Ingrimm /'ingrim/ *m* kin, garez; hiddet
Ingwer /'ingwır/ *m bitk* zencefil
Inhaber /'inha:bır/ *m* sahip, sahip olan, bulunduran; veli; *tic* hamil; *huk* zilyet; *kon* patron, şef ***Inhaber der elternlichen Gewalt*** veli
inhaftieren /inhaf'ti:rın/ *vt* tutuklamak, hapsetmek
Inhaftierung /inhaf'ti:rung/ *f* tutuklama
Inhalation /inhala'tsyo:n/ *f* (ilaç) solunum yoluyla içine çekme
inhalieren /inha'li:rın/ *vt* (ilaç) solunum yoluyla içine çekmek
Inhalt /'inhalt/ *m* içerik; (paket) içindekiler, muhteviyat; özet; konu, mevzu; (ölçü) hacim; *mat* alan ***Inhalt des Buches*** kitabın içeriği ***Inhalt des Topfes*** kap hacmi
inhaltlich /'inhaltlih/ *be* içerik olarak, içerik açısından; özetle
Inhaltsangabe /'inhaltsanga:bı/ *f* (kitap) özet, içindekiler
inhaltslos /'inhaltslo:s/ *s* boş, içeriksiz, değersiz
inhaltsreich /'inhaltsrayh/ *s* içerikli, zengin, kapsamlı
Inhaltsverzeichnis /'inhaltsfertsayhnis/ *n* (kitap) fihrist; liste
inhuman /'inhuma:n/ *s* insanlık dışı, insanlıkla ilişkisi olmayan
initiativ /initsya'ti:f/ *s* girişimci
Initiative /initsya'ti:vı/ *f* girişim, teşebbüs, faliyet, inisiyatif; girişimcilik, faal olma; birlik, grup; *huk* parlamentoya yasa teklifi yetkisi ***aus eigener Initiative*** kendi girişimiyle ***die Initiative zu etw ergreifen*** (bir şey için) girişimde bulunmak ***voll Initiative*** girişken, müteşebbis
Initiator /inits'ya:to:r/ *m* girişimci, önayak olan, gerçekleşmesini sağlayan, harekete geçiren, başlatan
initiieren /ini'tsii:rın/ *vt* girişmek, önayak olmak, oluşmasını sağlamak, öncülük etmek
Injektion /inyek'tsyo:n/ *f hek* enjekte etme, şırınga etme, iğne yapma; enjekte edilen ilaç ***Injektion geben*** iğne yapmak, şırınga etmek
injizieren /inyi'tsi:rın/ *vt hek* iğne yapmak, ilaç enjekte etmek
Inkarnation /inkarna'tsyo:n/ *f* vücuda gelme, vücuda getirme, cisimlenme; *kon* belirti, gösterge, tipik örnek
Inkasso /in'kaso/ *n tic* tahsil, alacak tahsili, tahsilat; *huk* ahzukabz ***Inkasso entsenden*** tahsilat için yazı göndermek
inklusive /inklu'zi:vı/ *be* içinde, dahilinde, dahil olmak üzere, birlikte
inkognito /in'kognito:/ *be* başka kimlik altında, takma adla, sahte kimlikle, adını gizleyerek ***inkognito leben*** başka kim-

lik altında yaşamak
inkompatibel /inkompa'ti:bıl/ *s* uymaz, aykırı, bağdaşmaz, eşleşmez
Inkompetenz /inkompı'tents/ *f* yetkisi olmama; yetersizlik; yetisizlik; *kon* acemilik, beceriksizlik
Inkonsequenz /inkonzı'kvents/ *f* sebatsızlık, dirayetsizlik; istikrarsızlık; tutarsızlık; sonunu getirmeme
Inkrafttreten /in'krafttre:tın/ *n* (yasa) yürürlüğe girme
Inkubationszeit /inkuba'tsyo:nstsayt/ *f hek* hastalığın gelişim süresi, kuluçka süresi
Inland /'inlant/ *n* yurtiçi, ülke; (telefon) yurtiçi görüşme; yurdun iç bölgesi, sahilden uzak bölge
inländisch /'inlendiş/ *s* yerli; ülkeye ait ***inländisches Erzeugnis*** yerli malı
Inlett /'inlet/ *n* kuştüyü yastık kılıfı
inmitten /in'mitın/ *be* ortasında, tam orta yerinde; arasında; içinde
innehaben /'inaha:bın/ *trvt* makam sahibi olmak, rütbe sahibi olmak, önemli bir pozisyonda olmak
innehalten /'inıhaltın/ *trvi* durmak, duraklamak, ara vermek; *trvt* uymak, riayet etmek
innen /'inın/ *be* içinde, içerde, dahilinde ***nach innen*** içine, içeri ***nach innen zu*** içeri doğru ***von innen*** içinden, içerden, içten
Innenarchitekt /'inınarhitekt/ *m* içmimar
Innenaufnahme /'inınaufna:mı/ *f* iç mekan çekimi
Innenausstattung /'inınausştatung/ *f* mefruşat
Innendienst /'inındi:nst/ *m* iç hizmet
Inneneinrichtung /'inınaynrihtung/ *f* iç tertibat, iç düzen
Innenhof /'inınho:f/ *m* avlu, iç avlu
Innenleben /'inınle:bın/ *n* insanın iç dünyası, ruh dünyası; *kon* (bir şeyin) içi, iç kısmı
Innenminister /'inınministır/ *m* İçişleri Bakanı
Innenministerium /'inınministe:ryum/ *n* İçişleri Bakanlığı
Innenpolitik /'inınpoliti:k/ *f* iç politika
innenpolitisch /'inınpoli:tiş/ *s* iç politika
Innenraum /'inınraum/ *m* (otomobil, yer) iç bölüm, iç kısım
Innenseite /'inınzaytı/ *f* iç kısım, iç yüz, iç taraf; cidar, çeper
Innenspiegel /'inınşpi:gıl/ *m* (otomobil) dikiz aynası
Innenstadt /'inınştat/ *f* şehir merkezi, şehrin merkezi
Innentasche /'inıntaşı/ *f* iç cep
inner(e,er,es) /'inır (ı,ır,ıs)/ *s* iç, dahili; manevi ***die inneren Angelegenheiten*** içişleri ***die innersten Gefühle*** en gizli duygular ***innere Arbeit*** iç iş, dahili iş ***innere Ecknaht*** iç köşe dikişi ***innere Energie*** iç enerji ***innere Kraft*** iç kuvvet ***innere Krankheiten*** iç hastalıklar, dahiliye ***innere Sekretion*** *biy* iç salgı ***innerer Antrieb*** içgüdü ***innerer Speicher*** *biliş* iç bellek ***innerer Wert*** *tic* gerçek değer, net değer ***innerer Widerspruch*** iç çatışma, kendi kendisiyle çatışma ***inneres Ohr*** *anat* içkulak ***jdn im Innersten berühren*** birisini duygulandırmak
innerbetrieblich /'inırbıtri:plih/ *be* işletme içi, firma dahilinde
Innereien /inır'ayın/ *pl* sakatat, sakadat
innerhalb /'inırhalp/ *be* içinde, iç kısmında, dahilinde
innerlich /'inırlih/ *be* içten, kalpten, gönülden; içinden, içten içe, kendi kendine ***innerlich anzuwend!*** *hek* dahilen kullanılacak! ***innerliche Motivation*** içgüdülenme, içsel güdülenme
Innerlichkeit /'inırlihkayt/ *f* içtenlik, samimiyet
innerparteilich /'inırpartaylih/ *be* parti içi
innerstaatlich /'inırşta:tlih/ *be* eyalet dahilinde
innewohnen /'inıvo:nın/ *trvi kon* içinde olmak, dahil olmak; özelliklerinden biri olmak
innig /'inih/ *be* içten, candan, samimi; içtenlikle, candanlıkla ***innige Liebe*** candan sevgi, aşk ***sich innig lieben*** gönüller bir olmak
Innovation /innova'tsyo:n/ *f* görülmedik, duyulmadık, yepyeni; yenileme, yenileştirme
innovativ /innova'ti:f/ *s* yeniliğe açık
Innung /'inung/ *f tic* esnaf odası, esnaf birliği
inoffiziell /inofi'tsyel/ *s* resmi olmayan, gayri resmi; gayrı resmi şekilde ***inoffizielle Beziehungen*** gayri resmi ilişkiler
inoperabel /inopı'ra:bıl/ *s hek* ameliyat edilemez, ameliyatı mümkün olmayan
Inquisition /inkvizi'tsyo:n/ *f* engizisyon, ortaçağ kilisesinin yargılama sistemi;

I

katı yargılama
ins /ins/ *kıs* "in das"
Insasse /'inzası/ *m* içinde bulunan, içindeki; yolcu, mürettebat
Insassenversicherung /'inzasınferzihırung/ *f oto* yolcu kaza sigortası
insbesondere /insbı'zondırı/ *be* özellikle, bilhassa, her şeyden evvel
Inschrift /'inşrift/ *f* yazıt, kitabe
Insekt /in'zekt/ *n hayb* böcek, haşere
Insektenpulver /in'zektınpulvır/ *n* pire tozu, böcek tozu
Insektenstich /in'zektınştih/ *m* böcek ısırması, böcek sokması
Insektenvertilgungsmittel /in'zektınfertilgugsmitıl/ *n* böcek mücadele ilacı, tarım ilacı
Insektizid /inzekti'tsi:t/ *n* kimyasal böcek ilacı, böcek zehiri
Insel /'inzıl/ *f coğ* ada ***reif für die Insel*** *kon* tam tımarhanelik, zırdeli
Inselbewohner /'inzılbıvo:nır/ *m* adalı, adada yaşayan, ada halkı
Inselgruppe /'inzılgrupı/ *f* ada kümesi, ada topluluğu, takımada, arşipel
Inselstaat /'inzılşta:t/ *m* ada devleti, bir ada ya da adacıklardan oluşan devlet
Inselwelt /'inzılvelt/ *f* adalar topluluğu
Inserat /inzı'ra:t/ *n* ilan; gazete ilanı ***Inserat aufgeben*** ilan vermek
Inserent /inzı'rent/ *m* ilan veren
inserieren /inzı'ri:rın/ *vt* (gazeteye) ilan vermek
insgeheim /insgı'haym/ *be* gizlice, gizliden gizliye, perde arkasından ***insgeheim mitteilen*** gizli gizli fısıldamak
insgesamt /insgı'zamt/ *be* toptan, hepsi birden, tamamı
Insider /'insaidır/ *m* (bir işi) iyi bilen, erbabı olan; içten gelen
insofern /inzo'fern/ *ilg* bu konuda, bu noktada; bu açıdan, o açıdan, bu nedenden ***insofern als*** eğer
insolvent /'inzolvent/ *be tic* ödeyecek durumda olmayan; iflas etmiş, batkın, müflis; âciz
Insolvenz /'inzolvents/ *f huk* iflas; âcizlik; borçlarını ödeyemez durumda olma
Inspektion /inspek'tsyo:n/ *f* denetim, teftiş; müfettişlik, denetim kurulu; *tek* bakım, kontrol
Inspektionsreise /inspek'tsyo:nsrayzı/ *f* denetim gezisi, teftiş gezisi
Inspektor /in'spektor/ *m* denetçi, gözlemci; müfettiş; kontrolör; üst düzey görevlisi
Inspiration /inspira'tsyo:n/ *f* ilham, esin; ilhamlanma, esinlenme; vahiy
inspirieren /inspi'ri:rın/ *vt* ilham vermek, esinlendirmek; vahyetmek
inspizieren /inspi'tsi:rın/ *vt* denetlemek, kontrol etmek, teftiş etmek
instabil /'inştabi:l/ *s* kararsız; sağlam olmayan, dengeli olmayan, stabil olmayan ***instabiler Zustand*** kararsız durum
Instabilität /'inştabili'te:t/ *f* sağlam olmama, dengeli olmama, dengesizlik; kararsızlık, instabilite
Installateur /instala'tö:r/ *m* (elektrik, su) tesisatçı
Installation /instala'tsyo:n/ *f* düzen, tesisat; kurma, tesis etme; *biliş* program yükleme
installieren /insta'li:rın/ *vt* kurmak, yerleştirmek; *biliş* program yüklemek
Instandhaltung /in'ştanthaltung/ *f* bakım; bakım yapma, işler halde tutma
inständig /'inştendih/ *be* ısrarlı, yalvarıcı ***auf seine inständigen Bitten*** ısrarları üzerine ***inständig bitten*** yalvarıp yakarmak
Instandsetzung /in'ştantzetsung/ *f* onarım, tamir, onarma, bakım
Instantkaffee /'instantkafe:/ *m* hazır kahve
Instanz /in'stants/ *f* merci, makam; *huk* mahkeme aşamalarından her biri ***erster Instanz*** *huk* ilk mahkeme, bidayet mahkemesi ***gerichtliche Inztanz*** adli merci
Instanzenweg /in'stantsınve:k/ *m* makam dereceleri, silsile, hiyerarşi
Instinkt /in'stinkt/ *m* içgüdü, dürtü
instinktiv /instink'ti:f/ *s* içgüdüsel, dürtüsel
Institut /insti'tu:t/ *n* enstitü, bilimsel kurum, kuruluş
Institution /institu'tsyo:n/ *f* kurum, kuruluş, müessese; yerleşmiş sosyal olgu, gelenek
institutionell /institutsyo'nel/ *s* kurumsal
instruieren /instru'i:rın/ *vt* yöneltmek, talimat vermek ***jdn über etw instruieren*** (birisini bir konuda) bilgilendirmek, bilgi vermek
Instruktion /instruk'tsyo:n/ *f* talimat, yönerge; bilgilendirme, bilgilendirim

instruktiv /instruk'ti:f/ *be* yöneltici, bilgilendirici, didaktik, öğretici; faydalı
Instrument /instru'ment/ *n* araç, gereç, alet; *müz* müzik aleti, çalgı, enstrüman
instrumental /instrumen'ta:l/ *s müz* enstrümantal, çalgılı ***instrumentale Musik*** sadece müzik aletleriyle çalınan müzik, enstrümental müzik
Instrumentalmusik /instrumen'ta:lmuzi:k/ *f* enstrümental müzik, sözsüz müzik
Instrumentenbau /instru'mentınbau/ *m müz* müzik yapımcılığı
Insulaner /inzu'la:nır/ *m* adalı, adada yaşayan kişi; vahşi adalı
Insulin /inzu'li:n/ *n hek* ensülin
inszenieren /instse'ni:rın/ *vt* düzenlemek, tertiplemek; *tiy* sahneye koymak; tertiplemek
Inszenierung /instse'ni:rung/ *f* düzenleme, tertipleme; *tiy* sahneye koyma
intakt /in'takt/ *s* sağlam, çalışır durumda; (ilişki) kusursuz, uyumlu, iyi yürüyen
integer /in'te:gır/ *s* dürüst, namuslu, şerefli, lekesiz; el değmemiş
Integration /integra'tsyo:n/ *f* entegrasyon, tümleme, bitiştirme, tamamlama, bütüne ekleme; uyum; uyma, uyum sağlama, ayak uydurma
integrieren /inte'gri:rın/ *vt* entegre etmek, bütünleştirmek, adapte etmek; *mat* integral almak ***etw in etw integrieren*** (bir şeyi bir şeye) uydurmak, adapte etmek; *mat* integral hesabı yapmak ***integrierte Datenverarbeitung*** *biliş* entegre bilgi işlem ***integrierter Schaltkreis*** entegre devre ***sich integrieren*** kendini topluma uydurmak, ayak uydurmak, uyum sağlamak, adapte olmak
Integrität /integri'te:t/ *f* dürüstlük, kusursuzluk
Intellekt /inte'lekt/ *m* akıl, zihin, entelekt
intellektuell /intelektu'el/ *s* aydın, akılcı, entelektüel ***intellektuelle Reife*** akılsal olgunluk, zeka olgunluğu
Intellektuelle(r) /intelektu'elı(r)/ *f/m* aydın, bilgin, entelektüel
intelligent /inteli'gent/ *s* akıllı, zeki, kafası çalışır ***intelligentes Terminal*** *elek* akıllı uç, akıllı terminal
Intelligenz /inteli'gents/ *f* akıl, zeka, kavrama yeteneği, anlayış; dirayet
Intelligenzquotient /inteli'gentskvotsyınt/ *m* zeka katsayısı, zeka derecesi, IQ
Intelligenztest /inteli'gentstest/ *m* zekâ testi
Intendant /inten'dant/ *m* (radyo, TV) yayın müdürü; tiyatro şefi, tiyatro müdürü; *esk* askeri idare memuru; *ask* levazım albayı
Intensität /intenzi'te:t/ *f* yoğunluk, sıklık; şiddet, yeğinlik
intensiv /inten'zi:f/ *s* yoğun, sık; şiddetli; çarpıcı; intensif; geniş, büyük; modern ***intensive Gefühle*** yoğun duygular ***intensive Landwirtschaft*** modern tarım ***intensives Lernen*** yoğun ders çalışma
intensivieren /intenzi'vi:rın/ *vt* sıklaştırmak, yoğunlaştırmak, artırmak, pekiştirmek, şiddetlendirmek
Intensivkurs /inten'zi:fkurs/ *m* yoğun kurs
Intensivstation /inten'zi:fştatsyo:n/ *f hek* yoğun bakım (birimi)
Interaktion /intırak'tsyo:n/ *f* karşılıklı ilişki, iletişim
interaktiv /intırak'ti:f/ *be* etkileşimli, karşılıklı iletime ilişkiye dayalı, karşılıklı ilişkisel; *biliş* (internette) karşılıklı iletişimsel, soru ve yanıtı mümkün kılan; (karşılıklı) eğitsel
Intercity /intırsiti/ *m* ekspres tren
interessant /intıre'sant/ *s* ilginç, ilgi çekici, enteresan
Interesse /intı'resı/ *n* ilgi, beğeni, alaka, merak, enterese; çıkar, menfaat; eğilim, sempati; *tic* rağbet ***an etw Interesse haben*** (bir şeye) ilgisi olmak, (bir şeyle) ilgilenmek; *tic* istek, talep; çıkar, menfaat, yarar ***die Interessen des Landes vertreten*** ülkenin çıkarlarını kollamak ***in jds Interesse liegen*** (birisinin) çıkarına olmak ***in jds Interesse handeln*** (birisinin) çıkarları doğrultusunda davranmak ***Interesse finden*** rağbet görmek, ilgi görmek ***Interesse gewinnen an etw*** (bir şeyle) ilgilenmek ***Interesse haben*** ilgilenmek ***Interesse zeigen*** ilgi göstermek, ilgi duymak ***Interessen der Allgemeinheit*** toplum menfaati ***öffentliches Interesse*** kamu yararına ***seine Interessen wahrnehmen*** menfaatlerini korumak
interesselos /intı'resılo:s/ *s* ilgisiz, isteksiz, alakasız; kayıtsız
Interessengebiet /intı'resıngıbi:t/ *n* ilgi alanı, ilgi sahası
Interessent /intıre'sent/ *m* ilgili, ilgi gösteren, katılımcı; çıkarı olan, menfaati olan; *tic* alıcı, almaya istekli

interessieren /intıre'si:rın/ *vt* ilgisini uyandırmak; ilgilendirmek, alakalandırmak, heveslendirmek ***es interessiert mich nicht*** beni ilgilendirmez ***sich für etw interessieren*** (bir şeyle) ilgilenmek, ilgi duymak ***sich interessieren*** ilgilenmek

interkonfessionell /intırkonfesyo'nel/ *s* mezheplerarası

interkontinental /intırkontinen'ta:l/ *be* kıtalararası

intern /in'tern/ *be* iç, dahili; belli bir gruba, mesleğe özel, mesleki ***interne Kontrolle*** dahili kontrol, iç kontrol ***interne Schuld*** *tic* dahili borç, iç borç ***interner Speicher*** *biliş* iç bellek, iç hafıza

I

Internat /inter'na:t/ *n* yatılı okul; öğrenci yurdu

Internet /'intırnet/ *n biliş* internet, bilgisayarla data aktarımı ve komünikasyon kurmayı sağlayan ağ ***durch Internet Data übertragen*** internet vasıtasıyla bilgi aktarmak ***im Internet surfen*** internette sörf yapmak ***im Internet chatten*** internette chat yapmak

Internist /inter'nist/ *m hek* iç hastalıkları uzmanı, dahiliye uzmanı

Interpret /inter'pre:t/ *m* yorumcu, yorumlayan

Interpretation /interpreta'tsyo:n/ *f* yorum, yorumlama; (müzik) bir parçayı bir üslupla çalma

interpretieren /interpre'ti:rın/ *vt* yorumlamak, tefsir etmek, anlam çıkarmak; (sanat) yorumlamak

Interpunktion /interpunk'tsyo:n/ *f dilb* noktalama

Intervall /inter'val/ *n* aralık, fasıla; *müz* durak, duraklama

intervenieren /interve'ni:rın/ *vt* karışmak, müdahale etmek, araya girmek

Intervention /interven'tsyo:n/ *f* müdahale; karışma, müdahale etme, araya girme ***militärische Intervention*** askeri müdahale

Interview /inter'vyu:/ *n* (gazete, TV) röportaj, bir konu hakkında görüşme, fikir sorma, soru yöneltme; görüşme, mülakat

interviewen /inter'vyu:ın/ *vt* röportaj yapmak, (gazete, TV için) sorular yöneltmek, görüşme yapmak, fikir sormak; mülakat yapmak

intim /in'ti:m/ *s* samimi, içli dışlı, çok yakın, senli benli; sıkı fıkı; özel yaşamı ilgilendiren; cinsel yaşamla ilgili, mahrem, gizli; rahat, intim ***intime Atmosphäre*** samimi bir ortam ***intime Kenntnis von etw besitzen*** bir konuyu detaylı olarak bilmek ***intimer Freund*** samimi arkadaş ***intimer Verkehr*** cinsel ilişki ***mit jdm intim werden*** (birisiyle) cinsel ilişkide bulunmak

Intimität /intimi'te:t/ *f* samimiyet, içtenlik, rahatlık; cinsel yakınlaşma, cinsel ilişki; mahremiyet

Intimsphäre /in'ti:msfe:rı/ *f* özel yaşam; cinsel yaşam

intolerant /intolı'rant/ *s* hoşgörüsüz

Intoleranz /intolı'rants/ *f* hoşgörüsüzlük

intransitiv /'intranziti:f/ *s dilb* geçişsiz ***intransitives Verb*** geçişsiz fiil

intravenös /intrave'nö:s/ *s hek* damar içi, damarda olan; damara yapılan iğne

intrigant /intri'gant/ *s* entrikacı, düzenbaz

Intrigant/Intrigantin /intri'gant/intri'gantin/ *m/f* entrikacı

Intrige /in'tri:gı/ *f* entrika, düzen, hile, dolap, fırıldak

intrigieren /intri'gi:rın/ *vi* entrika çevirmek, düzen kurmak, saman altından su yürütmek ***gegen jdn intrigieren*** (birisine karşı) dolap çevirmek, entrika çevirmek

Invalide /inva'li:dı/ *m* engelli, özürlü, sakat; malül, gazi

Invalidenrente /inva'li:dınrentı/ *f* maluliyet maaşı

Invasion /invas'yo:n/ *f* istila, işgal

Inventar /inven'ta:r/ *n* demirbaş, demirbaş eşya, mevcut; *tic* demirbaş defteri, envanter ***Inventar aufstellen*** envanter çıkarmak

Inventur /inven'tu:r/ *f tic* sayım, mal listesi dökümü, envanter ***Inventur machen*** stokları saymak

investieren /inve'sti:rın/ *vt tic* yatırım yapmak, bir işe para yatırmak ***für etw Zeit investieren*** *kon* (bir şeye) zaman harcamak

Investition /investi'tsyo:n/ *f tic* yatırım, plasman

Investmentfonds /in'vestmentfon/ *m* yatırım fonu

Investor /in'vestor/ *m tic* yatırımcı, girişimci

inwiefern /invi'fern/ *be* ne derecede, ne şekilde, nasıl

inwieweit /invi'vayt/ *be* ne derecede, nasıl, ne kadar

Inzest /'intsest/ *m* ensest, aile içi cinsel ilişki
Inzucht /'intsu**h**t/ *f* yakın akraba evliliği
inzwischen /in'tsvişın/ *ilg* o sırada, o arada, bu arada; arasında, arasına
Ionisation /yoniza'tsyo:n/ *f* iyonlaşma, iyonizasyon
Irak /i'ra:k/ *tnz* Irak
Iraker /i'ra:kır/ *m* Iraklı
irakisch /i'ra:kiş/ *s* Iraklı, Irak ile ilgili
Iran /i'ra:n/ *tnz* İran
Iraner /i'ra:nır/ *m* İranlı
iranisch /i'ra:niş/ *s* İranca, Farsça; İranlı, İran ile ilgili ***iranische Sprache*** İranca, farsça
irden /'irdın/ *s* toprak, topraktan yapılma ***irdenes Geschirr*** topraktan çanak çömlek
irdisch /'irdiş/ *s* dünyalı; dünyasal, dünyevi; cismani; fani ***irdische Güter*** dünyalım, bu dünya malı ***irdische Welt*** fani dünya, ölümlü dünya ***irdisches Leben*** dünyevi hayat
Ire/Irin /'i:rı/'i:rin/ *m/f* İrlandalı
irgend /'irgınt/ *be* herhangi bir; hiç ***irgend so etwas*** bunun gibi bir şey ***rasch wie irgend möglich*** olabildiğince çabuk
irgendein /'irgıntayn/ *be* herhangi bir; gelişigüzel
irgendwann /'irgıntvan/ *be* herhangi bir vakit, bir zaman, bir defasında
irgendwelche(r,s) /'irgındvel**hı**(r,s)/ *adl* herhangi (... ler)
irgendwie /'irgıntvi:/ *be* bir şekilde, herhangi bir şekilde
irgendwo /'irgıntvo:/ *be* herhangi bir yerde; nerede olursa olsun
Iris /'i:ris/ *f anat* iris, gözdeki iris tabakası, göze renk veren tabaka; *bitk* süsen çiçeği
irisch /'i:riş/ *s* İrlanda'ya ait, İrlanda'yla ilgili, İrlandalı ***Irische See*** İrlanda Denizi
Irland /'irlant/ *n* İrlanda
Ironie /iro'ni:/ *f* (alaysı) söylenmek istenenin tersini söyleme; alay, istihza ***Ironie des Schicksals*** kaderin cilvesi
ironisch /i'ro:niş/ *s* alaysı; alaycı; alaylı
irrational /'iratsyona:l/ *s* akılla bağdaşmayan, akılcı olmayan, mantıksız, irrasyonal
Irrationalität /iratsyonali'te:t/ *f* irrasyonalite
irre /'irı/ *s kon* (gençler arasında) müthiş, harika, ilginç; *kon* çok büyük, devasa, müthiş; deli, manyak; yolunu şaşırmış; şaşkın; *hek* deli, bunak, kaçkın ***irre werden*** şaşırmak; kafası karışmak; *hek* çıldırmak ***sich irre freuen*** *kon* müthiş sevinmek
Irre(r) /'irı(r)/ *f/m kon* ruh hastası, akıl hastası, kaçık, çılgın; şaşkın, şaşkaloz ***in die Irre führen*** yanlış yola sevk etmek; kandırmak ***wie ein Irre*** çılgın gibi
irreführen /'irıfü:rın/ *trvt* aldatmak, yanıltmak, yolunu şaşırtmak; yanlış yola sevk etmek ***sich irreführen lassen*** aldanmak
irregehen /'irıge:ın/ *trvi* aldanmak, yanılmak; yolunu şaşırmak, yanlış yola sapmak
irregulär /'iregule:r/ *s* düzensiz, belli bir kurala bağlı olmayan; kurallara uymayan; kuralsız, başıboş; *dilb* kuralsız
irrelevant /'irelevant/ *s* önemsiz, önemi olmayan
irremachen /'irıma**hı**n/ *trvt* şaşırtmak, aklını karıştırmak ***sich irremachen lassen*** soğukkanlılığını yitirmek
irren /'irın/ *vi* hata etmek; yolunu şaşırmak; doğru yoldan ayrılmak; aldanmak, yanılmak ***Irren ist menschlich*** herkes yanılabilir, hata yapabilir; hata insanlara mahsus ***sich irren*** yanılmak, aldanmak; hata etmek ***wenn ich mich nicht irre*** eğer yanılmıyorsam
Irrenanstalt /'irınanştalt/ *f kon* akıl hastanesi, tımarhane
Irrenarzt /'irınartst/ *m* akıl doktoru, deli doktoru, ruh hastalıkları hekimi
Irrenhaus /'irın**h**aus/ *n kon* akıl hastanesi, tımarhane ***hier gehts zu wie im Irrenhaus*** burası tımarhane gibi
irreversibel /irıver'zi:bıl/ *s* geriye döndürülemez, değiştirilemez; *tek* yönlü
Irrfahrt /'irfa:rt/ *f* serserilik
Irrgarten /'irgartın/ *m* labirent
irrgläubig /'irgloybi**h**/ *s* kâfir, tanrıtanımaz
irrig /'iri**h**/ *s* yanlış, hatalı, yanılgısal
irritieren /iri'ti:rın/ *vt* yanıltmak, şaşırtmak, aklını karıştırmak; rahatsız etmek, huzursuz etmek
Irrlehre /'irle:rı/ *f* yanlış bilgi, yanlış öğreti
Irrlicht /'irli**h**t/ *f* aldatıcı ışık, yanıltıcı ışık
Irrsinn /'irzin/ *m* delilik, çılgınlık, cinnet; saçmalık, budalalık, akılsızlık
irrsinnig /'irzini**h**/ *s* deli, çılgın, mecnun; saçma, saçma sapan, abuk subuk ***irrsinnig teuer*** ateş pahasına

Irrtum /'irtum/ *m* yanılgı, yanlışlık, hata ***im Irrtum sein*** yanılmak, yanılgı içinde olmak
irrtümlich /'irtü:mlih/ *be* yanlışlıkla, hatayla, sehven ***irrtümlich unterschreiben*** sehven imzalamak ***irrtümliches Urteil*** adli hata
Irrweg /'irve:k/ *m* yanlış yol; yanlış inanç; şaşkınlık
Ischias /'işias/ *m hek* siyatik
Islam /is'la:m/ *m* İslam, İslamiyet, İslam dini, Müslümanlık ***zum Islam übertreten*** İslama gelmek
islamisch /is'la:miş/ *s* Müslümanlıkla ilgili, İslamlıkla ilgili, İslama ait, İslami ***islamisches Recht*** İslam hukuku
Island /'i:slant/ *tnz* İzlanda
Isländer /'i:slendır/ *m* İzlandalı
Isolation /izola'tsyo:n/ *f* yalıtım, izolasyon; ayırma, tecrit etme, karantinaya alma; toplum dışına itme; yalnızlık; *fiz* yalıtım, yalıtma, izolasyon
Isolator /izo'la:tor/ *m fiz* yalıtıcı, yalıtkan, izolatör
Isolierband /izo'li:rbant/ *n* izole bant
isolieren /izo'li:rın/ *vt* izole etmek, ayırmak; karantinaya almak, tecrit etmek; *fiz* yalıtmak, izole etmek, sızıntıyı önlemek ***sich isolieren*** toplumdan ayrı yaşamak
Isoliermaterial /izo'li:rmaterya:l/ *n* izolasyon maddesi, yalıtım malzemesi
Isolierung /izo'li:rung/ *f* ayırma, tecrit, tecrit etme, karantinaya alma; toplum dışına itme; *fiz* yalıtım, yalıtma
isotonisch /izo'to:niş/ *s* izotonik
Isotop /izo'to:p/ *n kim* izotop
Israel /'israe:l/ *tnz* İsrail
israelisch /isra'e:liş/ *s* İsrailli, İsrail'e ait
israelitisch /israe'li:tiş/ *s* Musevi, Yahudi ***israelitische Gemeinde*** Yahudi cemaati
Isthmus /'istmus/ *m coğ* kıstak, yarımadanın karaya bağlandığı der geçit
Italien /i'ta:lyın/ *tnz* İtalya
Italiener /ital'ye:nır/ *m* İtalyan
Italienisch /ital'ye:niş/ *n* İtalyanca
italienisch /ital'ye:niş/ *s* İtalya'ya ait, İtalya ile ilgili
I-Tüpfelchen /'i:tupfılhın/ "i" harfi üzerindeki noktalama işareti

J

ja /ya:/ *be* evet; ya, öyleyse; acaba; mutlaka; sakın!; ama; bile, hatta; muhakkak ***du bist ja ganz nass*** ama sırılsıklamsın ***du hast ja nichts gesagt*** bir şey demedin ki ***du kommst, ja!*** geliyorsun değil mi! ***Ja?*** öyle mi!, deme! ***ja freilich!*** elbette!, tabii! ***ja, hast du nichts gesagt?*** bir şey demedin mi acaba? ***ja sagen*** kabul etmek, evet demek ***ja sogar*** hatta, bile; ki ***ja so etwas!*** vay anasını! ***ja und was weiter!*** ee sonra! ***gehen Sie ja nicht hin*** sakın ola ki oraya gitmeyesiniz ***Sei ja vorsichtig!*** aman dikkatli ol! ***Sie wissen ja, dass*** bildiğiniz gibi ***tu ja das nicht!*** bunu yapma! ***vergesst ja nicht!*** sakın unutmayın!
Jacht /yaht/ *f* yat, kotra
Jachtklub /'yahtklup/ *m* yat kulübü, deniz kulübü
Jacke /'yakı/ *f* ceket, hırka, yağmurluk, cepken ***das ist Jacke wie Hose*** *kon* bu aynı şey
Jackett /ja'ket/ *n* ceket
Jade /'ya:dı/ *m mad* yede
Jagd /ya:kt/ *f* av; avlanma, avcılık; takip, kovalama ***auf die Jagd gehen*** ava çıkmak ***Jagd machen*** avlamak, avlanmak; (birisini) takip etmek, peşine düşmek
Jagdbomber /'ya:ktbombır/ *m ask* avcı bombardıman uçağı
Jagdflieger /'ya:ktfli:gır/ *m ask* avcı uçağı; avcı uçağı pilotu
Jagdflinte /'ya:ktflintı/ *f* filinta, av tüfeği, çifte
Jagdflugzeug /'ya:ktflu:ktsoyk/ *n ask* avcı uçağı
Jagdgeschwader /'ya:ktgışva:dır/ *n ask* avcı uçağı filosu
Jagdgewehr /'ya:ktgıve:r/ *n* av tüfeği
Jagdrevier /'ya:ktrevi:r/ *n* avlanma bölgesi, avlak
Jagdschein /'ya:ktşayn/ *m* avcı belgesi; avlanma belgesi
jagen /'ya:gın/ *vt* avlamak; kovalamak, takip etmek; *vi* ava gitmek, avlanmak; hızla gitmek ***nach etw jagen*** bir şeyi aramak
Jäger /'ye:gır/ *m* avcı; *ask* avcı eri; *ask* avcı uçağı
Jaguar /'ya:gua:r/ *m hayb* jaguar
jäh /ye:/ *s* sarp, dik; *be* ani, aniden ***jäher Tot*** ani ölüm

jählings /'ye:lings/ *be* birden bire, aniden, ansızın

Jahr /ya:r/ *n* yıl, sene ***alle Jahre*** *kon* her sene ***bei Jahren*** yaşça ilerlemiş ***bei Jahren sein*** yaşlı olmak ***das ganze Jahr hindurch*** tüm sene boyunca ***das Jahr 2006*** 2006 yılı ***ein halbes Jahr*** yarım yıl, altı ay ***ein Jahr darauf*** ertesi sene, gelecek sene ***in die Jahre kommen*** yaşlanmak, yaşlanmaya başlamak ***in diesem Jahr*** bu yıl, bu sene ***in jungen Jahren*** gençlikte, genç yaşında ***Jahr der Hedschra*** hicri yıl ***jedes Jahr*** her yıl, her sene ***letztes Jahr*** geçen sene ***mit den Jahren*** yaşlandıkça; yıllar geçtikçe ***seit Jahr und Tag*** epeydir, çoktan beri ***viele Jahre hindurch*** senelerce, yıllarca, yıllar boyu ***20 Jahre alt*** 20 yaşında

jahrelang /'ya:rılang/ *be* yıllarca, senelerce

jähren /'ye:rın/ *vr* üzerinden bir yıl geçmek, senesi gelmek, bir yılını doldurmak, yıldönümü olmak

Jahresabonnement /'ya:rısabonıman/ *n* yıllık abone

Jahresabschluss /'ya:rısapşlus/ *m* bilanço; sene sonu hesabı; yıllık gelir tablosu; yılsonu hesapları

Jahresbericht /'ya:rısbırih t/ *m* yıllık rapor, senelik rapor

Jahreseinkommen /'ya:rısaynkomın/ *n* yıllık gelir

Jahresende /'ya:rısendı/ *n* yılsonu, sene sonu

Jahreskarte /'ya:rıskartı/ *f* yıllık abonman bilet

Jahrestag /'ya:rısta:k/ *m* yıldönümü

Jahresurlaub /'ya:rısu:rlaup/ *m* yıllık izin, senelik izin ***bezahlter Jahresurlaub*** ücretli yıllık izin

Jahreswechsel /'ya:rısveksıl/ *m* yıldönümü, yılbaşı

Jahreswende /'ya:rısvendı/ *f* yılbaşı

Jahreszahl /'ya:rıstsa:l/ *f* yıl sayısı, yıl

Jahreszeit /'ya:rıstsayt/ *f* mevsim, sezon

jahreszeitlich /'ya:rıstsaytlih/ *s* mevsimlik

Jahrgang /'ya:rgang/ *m* basım yılı, üretim yılı, imal yılı, yapım yılı; ... doğumlular, tevellüt

Jahrhundert /ya:r'hundırt/ *n* yüzyıl, asır ***seit Jahrhunderten*** yüzyıllardan beri

jahrhundertelang /ya:r'hundırtılang/ *be* asırlardan beri, asırlar boyunca, yüzyıllar boyunca

Jahrhundertwende /ya:r'hundırtvendı/ *f* yüzyıl başı

jährlich /'ye:rlih/ *be* yıllık, senelik; *be* her sene olan, seneden seneye ***jährlich einmal*** senede bir, yılda bir

Jahrmarkt /'ya:rmarkt/ *m* panayır, pazar; kermes

Jahrtausend /ya:r'tauzınt/ *n* binyıl

Jahrzehnt /ya:r'tse:nt/ *n* onyıl, on yıllık süre

Jähzorn /'ye:tsorn/ *m* öfke, hiddet

jähzornig /'ye:tsornih/ *s* öfkeli, hiddetli, çabuk kızan, çabuk öfkelenen

Jak /yak/ *m hayb* Tibet sığırı

Jalousie /jalu'zi:/ *f* panjur, jaluzi, kepenk

Jamaika /ya'maika/ *tnz* Jamaika adası

Jammer /'yamır/ *m* inilti, feryat; dert, keder, sıkıntı; felaket ***es ist ein Jammer*** çok yazık, yazıktır ***es ist ein Jammer mit etw*** durumu çok kötü

Jammergestalt /'yamırgıştalt/ *f* acınacak durumda, sefil

jämmerlich /'yemırlih/ *s* acınacak, sefil, perişan, acıklı ***jämmerlich weinen*** haykırarak ağlamak, hüngür hüngür ağlamak ***jammerlicher Zustand*** acınacak durum

Jämmerlichkeit /'yemırlihkayt/ *f* acınacak durum, sefalet, perişanlık

jammern /'yamırn/ *vi* feryat etmek, çığlık koparmak, ağlamak; inlemek; *kon* (alaysı) her şeyden şikâyet etmek ***jdn jammern*** (birisine) üzüntü vermek, acındırmak ***über etw jammern*** (bir şeyden dolayı) yakınmak ***über jdn jammern*** (birisi için) yakınmak ***um etw jammern*** (bir şey için) ağlamak ***um jdn jammern*** (birisi için) ağlamak

jammerschade /'yamır'şa:dı/ *be kon* çok yazık! ***es ist jammerschade*** çok yazıklar olsun

jammervoll /'yamırfol/ *s* acınacak, acınası, sefil

Januar /'yanua:r/ *m* ocak ayı

Japan /'ya:pan/ *tnz* Japonya

Japaner /ya'pa:nır/ *m* Japon

japanisch /ya'pa:niş/ *s* Japonya'ya ait; Japonya ile ilgili; Japon'larla, Japon kültürüyle ilgili ***japanische Sprache*** Japonca

japsen /'yapsın/ *vi* (hayvan) sık sık solumak, soluk soluğa kalmak

Jargon /jar'gon/ *m* bir meslek grubuna ait

terminoloji, bir meslek grubunun dili, jargon
Jasager /'ya:za:gır/ *m* her şeye evet diyen, evet efendimci
Jasmin /yas'mi:n/ *m bitk* yasemin
Jaspis /'yaspis/ *m mad* yeşim, akik
Jastimme /'ya:ştimı/ *f* olumlu oy, evet oyu, kabul oyu
jäten /'ye:tın/ *vt* ot ayıklamak, yolmak ***Unkraut jäten*** zararlı otları ayıklamak
Jauche /'yauhı/ *f* gübre suyu, gübre şerbeti; *hek* cerahat, irin
jauchzen /'yauhtsın/ *vi* sevinç çığlığı atmak, sevincinden bağırmak
Jauchzer /'yauhtsır/ *m* sevinç çığlığı
jaulen /'yaulın/ *vi* (köpek) ulumak, inlemek
jawohl /ya'vo:l/ *ünl* evet!, tabii!, aynen!, hayhay!; *ask* emredersiniz!, baş üstüne!
Jawort /'ya:vort/ *n* olumlu cevap, onay, evet sözü ***jdm sein Jawort geben*** *kon* (birisi) ile evlenmeye razı olmak, evliliği kabul etmek
je /ye:/ *be* her zaman; hiç; her biri ***je zwei*** ikişer ***je nach...*** -e göre ***je nachdem*** duruma göre, icabınca, gereğinci ***je nach der Länge*** uzunluğa göre ***je nach der Lage*** duruma göre ***je ... desto ...*** ne kadar ... o kadar ... ***je schöner das Wetter ist, desto freulicher der Mensch*** hava ne kadar güzelse insan da o derece mutludur ***je Stunde*** beher saat ***je und je*** daima, her zaman ***seit je*** çoktandır, çoktan beri, öteden beri ***sind Sie je hierher gekommen?*** hiç buraya geldiniz mi?, gelmiş miydiniz? ***von je 1 Meter Länge*** her biri bir metre uzunluğunda
Jeansjacke /'ci:nsyakı/ *f* blucin ceket
jedenfalls /'ye:dınfals/ *be* her durumda, her halde, ne olursa olsun; en azından
jedermann /'ye:dırman/ *be* herkes ***es ist nicht jedermanns Sache*** bu, herkesin yapacağı iş değil
jederzeit /'ye:dırtsayt/ *be* her zaman; her an, her zaman ***er kann jederzeit hier sein*** her an gelebilir
jedoch /ye'doh/ *ilg* fakat, ama, lakin; ama gene de; oysa ki; meğer
jedweder /yed've:dır/ *be esk* her; herkes
jeher /'ye:'her/ *be* : ***seit jeher*** uzun zamandır ***von jeher*** öteden beri, uzun zamandır
jemals /'ye:mals/ *be* herhangi bir zamanda; asla, hiçbir zaman
jemand /'ye:mant/ *be* kimse, birisi, adamın biri ***jemand anders*** başka bir kimse
Jemen /'ye:mın/ *tnz* Yemen
Jemenit /yeme'ni:t/ *m* Yemenli
jene(r,s) /'ye:nı(r,s)/ *adl* o; şu, öbür; ilk ***dieser und jener*** şu, bu; öteki beriki ***in jenem Leben*** öteki dünyada, ahirette
jenseitig /'ye:nzaytih/ *be* öbür taraftaki, öte yandaki
jenseits /'ye:nzayts/ *be* öte yanda, karşıda; öte yanında, karşısında ***das Gebiet jenseits des Berges*** dağın ötesi ***das Jenseits*** ahiret, öbür dünya ***des Flusses jenseits*** nehrin öte tarafında
Jenseits /'ye:nzayts/ *n* öteki dünya, öbür dünya, ahiret ***ins Jenseits eingehen*** öbür dünyayı boylamak
Jesuit /yezu'i:t/ *m* Cizvit
Jesuitenpater /yezu'i:tınpa:tır/ *m* Cizvit papazı
Jeton /jı'ton/ *m* jeton
jetten /'cetın/ *vi kon* uçakla gitmek
jetzig /'yetsih/ *be* şimdiki, şu anki; bugünkü
jetzt /yetst/ *be* şimdi, şu anda, hali hazırda; *kon* birazdan, hemen; yine, gene ***bis jetzt*** şimdiye kadar ***für jetzt*** şimdilik ***jetzt noch*** henüz, daha ***jetzt oder nie!*** ya şimdi ya hiç! ***noch jetzt*** hâlâ ***schon jetzt*** şimdiden ***von jetzt an*** bundan böyle, artık ***was ist denn jetzt schon wieder los!*** yine ne oldu!, yine ne var!
Jetzt /yetst/ *n kon* şimdi, şimdiki zaman
jeweilig /'ye:vaylih/ *be* şu ana ait; her defasında olan
jeweils /'ye:vayls/ *be* her defasında; adam başı
jobben /'cobın/ *vi* geçici iş yapmak, geçici işte çalışmak, yarım günlük işte çalışmak
Joch /yoh/ *n* (hayvan koşumu) boyunduruk; *kon* esaret, boyunduruk, hegemonya; *mim* kiriş ***sich aus dem Joch befreien*** boyunduruktan kurtulmak
Jochbein /'yohbayn/ *n anat* elmacık kemiği
Jockei /'cokei/ *f* cokey, yarış atı binicisi
Jod /yo:t/ *n kim* iyot
jodeln /'yo:dıln/ *vi* (değişik tonlarda ve yüksek sesle) halk şarkısı söylemek
jodhaltig /'yo:thaltih/ *s* iyotlu, iyot ihtiva eden

Joga /'yo:ga/ *m* yoga
joggen /'cogın/ *vi* koşu yapmak, joging yapmak
Jogginganzug /'cogingantsu:k/ *m* eşofman, joging giysisi
Joghurt /'yo:gurt/ *m* yoğurt
Johannisbeere /yo'hanisbe:rı/ *f bitk* frenküzümü
johlen /'yo:lın/ *vi* bağırıp çağırmak; yuhalamak
Jolle /'yolı/ *f den* filika; ufak yelkenli tekne
Jongleur /jon'glö:r/ *m* cambaz, hokkabaz
jonglieren /jong'gli:rın/ *vi* cambazlık yapmak, hokkabazlık yapmak
Jordanien /yor'da:nyın/ *n* Ürdün
Jordanier /yor'da:nyır/ *m* Ürdünlü
jordanisch /yor'da:niş/ *s* Ürdünlü, Ürdün'e ait
Journal /jur'na:l/ *n* resimli dergi; (radyo, TV) magazin programı, *kon* televole programı; *tic* günlük defter, yevmiye defteri
Journalismus /jurna'lismus/ *m* gazetecilik
Journalist /jurna'list/ *m* gazeteci, gazete habercisi, gazete yazarı
journalistisch /jurna'listiş/ *s* gazetecilikle ilgili
jovial /yo'vya:l/ *s* açık, dostane, neşeli, şen, güleç
Jovialität /yovyali'te:t/ *f* şenlik; güler yüzlülük; keyif
Jubel /'yu:bıl/ *m* sevinç, sevinç gösterisi, sevinç çığlığı
jubeln /'yu:bıln/ *vi* sevinç gösterisinde bulunmak, sevinç çığlıkları atmak
Jubilar /yu:bi'la:r/ *m* yıldönümü kutlanan kimse; jübilesi yapılan kimse
Jubiläum /yu:bi'le:um/ *n* yıldönümü; jübile
jucken /'yukın/ *vt* kaşımak; kaşıntı vermek, kaşındırmak; *vi* kaşınmak ***dich juckt es wohl!*** galiba kaşınıyorsun, dayak istiyorsun! ***es juckt mich nicht*** beni rahatsız etmiyor, bana dokunmuyor; beni ilgilendirmiyor ***sich jucken*** kendini kaşımak, kaşınmak
Juckpulver /'yukpulvır/ *n* kaşıntı tozu, kaşındırıcı toz
Juckreiz /'yukrayts/ *m* kaşıntı
Jude /'yu:dı/ *m* Yahudi, Musevi, Musevi dinine bağlı kişi
Judenstern /'yu:dınştern/ *m* Yahudi yıldızı, nazi Almanya'sında Yahudi olan herkesin göğsünde taşımak zorunda olduğu yıldız sembolü
Judentum /'yu:dıntu:m/ *n* Yahudilik; Yahudi dini, Musevilik
Judenverfolgung /'yu:dınferfolgung/ *f* (nazi döneminde) Yahudi'lere uygulanan ırkçı taciz ve baskılar
Jüdin /'yü:din/ *f* Yahudi kadın
jüdisch /'yü:diş/ *s* Yahudi, Musevi; Yahudi menşeli ***jüdischer Händler*** bezirgân
Judo /'yu:do/ *n sp* judo
Judoka /yu'do:ka/ *m sp* judocu
Jugend /'yu:gınt/ *f* gençlik; gençler, delikanlılar; genç nesil
Jugendamt /'yu:gıntamt/ *n* gençlere sosyal yardım yapan resmi daire, gençlik merkezi
Jugendarbeitslosigkeit /'yu:gıntarbaytslo:zihkayt/ *f* gençler arasındaki işsizlik
Jugenderinnerung /'yu:gınterinırung/ *f* gençlik hatırası
jugendfrei /'yu:gıntfray/ *be* gençlere açık, gençlere serbest
Jugendfreund/Jugendfreundin /'yu:gıntfroynt/'yu:gıntfroyndin/ *m/f* gençlik arkadaşı, çocukluk arkadaşı
Jugendherberge /'yu:gıntherbergı/ *f* gençler için ucuz konaklama yeri, hostel, gençlik hosteli; öğrenci oteli
Jugendkriminalität /'yu:gıntkriminalite:t/ *f* gençlerin karıştığı kriminal olaylar, gençlerin suç işlemesi
jugendlich /'yu:gıntlih/ *s* genç, genç görünen ***jugendliches Alter*** gençlik çağı, büyüme çağı ***mit jugendlicher Figur*** genç görünen, genç yapılı
Jugendliche(r) /'yu:gıntlihı(r)/ *f/m* genç, delikanlı, genç kız; *sp* jünyorlar
Jugendlichkeit /'yu:gıntlihkayt/ *f* gençlik, tazelik
Jugendliebe /'yu:gıntli:bı/ *f* ilk aşk, gençlik aşkı
Jugendorganisation /'yu:gıntorganizatsyo:n/ *f* gençlik kolu, gençlik derneği, gençlik kulübü
Jugendrichter /'yu:gıntrihtır/ *m* gençlik mahkemesi hâkimi
Jugendschutzgesetz /'yu:gıntşutsgızets/ *n huk* gençliğin korunması hakkındaki kanun
Jugendstil /'yu:gıntşti:l/ *m* yeni stil, yeni üslup
Jugendstrafanstalt /'yu:gıntştra:fanştalt/ *f* gençlik cezaevi, ıslahevi

J

Jugendstreich /'yu:gıntştrayh/ *m* delikanlılık, gençlik ateşi, gençlik taşkınlığı
Jugendsünde /'yu:gıntzündı/ *f* gençlikte yapılan hatalar
Jugendwerk /'yu:gıntve:rk/ *n* (bir sanatçının) gençlik eseri
Jugendzeit /'yu:gınttsayt/ *f* gençlik, gençlik çağı
Jugendzentrum /'yu:gınttsentrum/ *n* gençlik merkezi
Jugoslawe /yu:go'sla:vı/ *m* Yugoslav
Jugoslawien /yu:go'sla:vyın/ *n* Yugoslavya
jugoslawisch /yu:go'sla:viş/ *s* Yugoslav, Yugoslavyalı
Juli /'yu:li/ *m* temmuz
jung /yung/ *s* genç; taze; yeşil, körpe; yeni; gencecik ***der Jüngste Tag*** kıyamet ***in der jüngsten Zeit*** yakın zamanda ***Jung und Alt*** irili ufaklı ***jung verheiratet*** yeni evli, yeni evlenmiş ***junge Bohnen*** *bitk* taze fasulye, yeşil fasulye ***junge Dame*** küçük hanım ***junge Frau*** gelin, taze gelin ***junge Generation*** yeni jenerasyon, yeni nesil ***junge Leute*** gençler ***junger Mann*** genç delikanlı ***junges Tierchen*** enik, encik, hayvan yavrusu ***jüngstens verheiratet*** yeni evlenmiş ***mein jüngerer Bruder*** küçük kardeşim ***von jung an*** küçüklüğünden beri
Junge /'yungı/ *m* erkek çocuk, oğlan; *isk* vale, bacak; *n* (hayvan) yavru ***Jungen bekommen*** doğurmak, yavrulamak ***Junge werfen*** (hayvan) yavrulamak ***kleiner junge*** küçük çocuk
jungenhaft /'yungınhaft/ *s* çocukça
Jünger /'yüngır/ *m* mürit, havari; taraftar; Hz İsa'nın havarilerinden her biri
Jungfer /'yungfır/ *f* kızoğlankız, bakire; *kon* kız kurusu, evde kalmış kız; *esk* kız, genç kız; hizmetçi kız ***alte Jungfer*** kocamış kız, kız kurusu
Jungfernfahrt /'yungfırnfa:rt/ *f* bir geminin ilk defa yola çıkışı
Jungfernhäutchen /'yungfırnhoythın/ *n* *hek* kızlık zarı, bekâret zarı
Jungfrau /'yungfrau/ *f* bakire, kız; *gökb* başak burcu
jungfräulich /'yungfroylih/ *s* bakire; (doğa) bakir, el değmemiş; (orman) balta girmemiş
Jungfräulichkeit /'yungfroylihkayt/ *f* kızlık, bekâret, bakirelik
Junggeselle /'yunggızelı/ *m* bekâr erkek ***eingefleischter Junggeselle*** müzmin bekar
Jüngling /'yüngling/ *m esk* delikanlı, genç
jüngst /'yüngst/ *be* en genç, en küçük; geçenlerde
jüngste(r,s) /'yüngstı(r,s)/ *s* en genç, en küçük; en son, en yeni ***die jüngsten Ereignisse*** en son gelişmeler
Jungsteinzeit /'yungştayntsayt/ *f coğ* neolitik çağ
jungsteinzeitlich /'yungştayntsaytlih/ neolitik (çağa ait)
Jungunternehmer /'yunguntırne:mır/ *m* genç girişimci
Juni /'yu:ni/ *m* haziran, haziran ayı ***im Juni*** haziranda, haziran ayında ***mitte Juni*** haziran ortası
Junikäfer /'yu:nike:fır/ *m hayb* haziranböceği
Junior /'yu:nyor/ *m* oğul, daha küçük erkek, zade; *sp* 18-23 yaş arası grup, jünyor
Juniorchef /'yu:nyorşef/ *m* junior şef
Juniorpartner /'yu:nyorpartnır/ *m* junior ortak
Junker /'yunkır/ *m esk* genç soylu, soylu genç
Junta /'hunta/ *f* cunta, darbe hükümeti, askeri rejim
Jura /'yu:ra/ *m coğ* Jura dağları; yerb mezozoik oluşum; hukuk (bilimi) ***Jura studieren*** hukuk okumak, hukuk eğitimi yapmak
Jurastudent/Jurastudentin /'yu:raştudent/'yu:raştudentin/ *m/f* hukuk öğrencisi
Jurisdiktion /yurisdik'tsyo:n/ *f huk* yargı hakkı
Jurist/Juristin /yu'rist/yu'ristin/ *m/f* hukukçu; hukuk öğrencisi
juristisch /yu'ristiş/ *s huk* hukukla ilgili; hukuksal, hukuki, yasal ***juristische Auslegung*** hukuki yorum ***juristische Fakultät*** hukuk fakültesi ***juristische Person*** tüzel kişi ***juristischer Grund*** hukuki dayanak, hukuki sebep
Jury /jü'ri:/ *f* jüri, yargı kurulu
just /yust/ *s* tam, tamı tamına; *kon* henüz biraz önce, demin, şimdi
justieren /yus'ti:rın/ *vt* (saat, ölçü aleti) ayarlamak, ayar etmek; düzenlemek
Justiz /yus'ti:ts/ *f huk* hukuk; adalet; yargı; adliye ***jdn der Justiz übergeben*** bi-

risini adalete teslim etmek
Justizbeamte(r)/Justizbeamtin /yus'ti:tsbıamtı(r)/yus'ti:tsbıamtin/ *m/f* adli memur
Justizbehörde /yus'ti:tsbıhö:rdı/ *f huk* adli makam, adli merci
Justizirrtum /yus'ti:tsirtum/ *m huk* adli yanılgı, yanlış karar
Justizminister /yus'ti:tsministır/ *m* Adalet Bakanı
Justizministerium /yus'ti:tsministeryum/ *m* Adalet Bakanlığı
Justizmord /yus'ti:tsmort/ *m kon* çok yanlış ve ağır adli karar; hatalı adli karar sonucu verilen ölüm cezası
Jute /'yu:tı/ *f bitk* hintkeneviri, jüt
Juwel /yu've:l/ *m* mücevher, kıymetli taş; (insan) cevher
Juwelier /yuvı'li:r/ *m* kuyumcu
Juweliergeschäft /yuvı'li:rgışeft/ *n* kuyumcu dükkânı
Jux /yuks/ *m kon* şaka, alay, eğlence ***einen Jux machen*** şaka yapmak ***aus Jux und Dollerei*** şaka olsun diye, şaka niyetine

K

Kabarett /kaba'ret/ *n* kabare, (çeşitli politik ve aktüel olayların alaysı şekilde canlandırıldığı) küçük müzikal tiyatro oyunu; kabare sergilenen sahne, tiyatro salonu; kabare oyuncusu
Kabarettist /kabarı'tist/ *m* kabare oyuncusu, kabare sanatçısı
kabarettistisch /kabare'tistiş/ *s* kabare türünde; kabarevari
Kabel /'ka:bıl/ *n elek* kablo; *den* halat, çıma ***unterirdisches Kabel*** yeraltı kablosu ***Kabel legen*** kablo döşemek
Kabelfernsehen /'ka:bılfernze:ın/ *n* kablolu televizyon, kablolu yayın, kablo yayını
Kabeljau /'ka:bılyau/ *m hayb* morina, morina balığı
Kabine /ka'bi:nı/ *f* kabin, soyunma odası; gemi kamarası; (uçak) kabin, yolcuların oturduğu kısım
Kabinett /kabi'net/ *n* hükümet, bakanlar kurulu, kabine; küçük oda; *esk* kralın çalışma odası
Kabinettsbeschluss /kabi'netsbışlus/ *m* bakanlar kurulu kararı
Kabinettsbildung /kabi'netsbildung/ *f* hükümetin kurulması
Kabriolett /ka:brio'let/ *n* iki tekerlekli at arabası; üstü açık spor otomobil
Kachel /'kahel/ *m* çini, fayans
kacheln /'kahıln/ *vt* çinilerle kaplamak
Kachelofen /'kahılo:fın/ *m* çinili soba
Kadaver /ka'da:vır/ *m* hayvan ölüsü, leş; *hek* kadavra; ceset
Kadenz /ka'dents/ *f müz* kadans, durgu
Kader /'ka:dır/ *m* özel kadro, uzman kadro, deneyimli kadro
Kadett /ka'det/ *m ask* askeri okul öğrencisi
Kadmium /'katmium/ *n kim* kadmiyum
Käfer /'ke:fır/ *m hayb* böcek; *esk* kon. fıstık gibi kız; *kon* tosbağa araba ***alter Käfer*** *kon* eski tosbağa model araba
Kaffee /'kafe:/ *m* kahve; *n* kafe, kafeterya, kahvehane ***Kaffee mahlen*** kahve çekmek ***Kaffee mit Milch*** sütlü kahve ***Kaffee ohne Zucker*** şekersiz kahve ***Kaffee servieren*** kahve servisi yapmak ***ungemahlener Kaffee*** çekirdek kahve
Kaffeebohne /'kafebo:nı/ *f* çekirdek kahve, kahve çekirdeği
Kaffeefahrt /'kafefa:rt/ *f* bazı firmaların mallarını yüksek fiyatla satmak amacıyla düzenledikleri ucuz gezi
Kaffeefilter /'kafefiltır/ *m* kahve filtresi
Kaffeekanne /'kafekanı/ *f* kahve cezvesi
Kaffeeklatsch /'kafeklaç/ *m kon* kadın günü, kadınların kahve içip dedikodu yapmaları
Kaffeelöffel /'kafelöfıl/ *m* kahve kaşığı
Kaffeemaschine /'kafemaşi:nı/ *f* kahve makinesi
Kaffeemühle /'kafemü:lı/ *f* kahve değirmeni
Kaffeesatz /'kafezats/ *m* telve, kahve telvesi
Kaffeeservice /'kafezervi:s/ *n* kahve takımı
Kaffeetasse /'kafetası/ *f* kahve fincanı
Käfig /'ke:fih/ *m* kafes ***ein goldener Käfig*** lüks yaşam sürdüğü halde başkasına bağımlı olma durumu
kahl /ka:l/ *s* çıplak; (kafa) çıplak, kel, dazlak; çorak arazı ***ein kahler Baum*** yaprakları dökülmüş bir ağaç ***kahl geschnitten*** tüysüz ***kahle Stelle*** tüysüz yer, tüysüz bölüm, tüysüz kısım
Kahlkopf /'ka:lkopf/ *m* dazlak, kel kafalı
kahlköpfig /'ka:lköpfih/ *s* kel kafalı, daz-

K

lak
Kahlschlag /'ka:lşla:k/ *m* ağaçları kökünden kesme; tıraşlama kesimi
Kahn /ka:n/ *m* sandal, kayık, bot; (motorsuz) yük mavnası; *kon* gemi
Kai /kai/ *m* rıhtım
Kaiser /'kaizır/ *m* imparator, hükümdar ***Kaiser werden*** imparator olmak
kaiserlich /'kaizırlih/ *s* imparatora ait, imparatorluğa ait; şahane, krallara layık
Kaiserreich /'kayzırrayh/ *n* imparatorluk
Kaiserschnitt /'kaizırşnit/ *m* *hek* sezeryan
Kajak /'ka:yak/ *m* eskimo kayığı; *sp* kano
Kajüte /ka'yü:tı/ *f* (gemi) kamara
Kakadu /'kakadu/ *m* *hayb* sorguçlu papağan
Kakao /ka'kau/ *m* *bitk* kakao ***jdn durch den Kakao ziehen*** *kon* (birisini) alaylı bir şekilde kötülemek
Kakaopulver /ka'kaupulfır/ *n* kakao
Kakerlak /'ka:kırlak/ *m* *hayb* hamamböceği
Kaktus /'kaktus/ *m* *bitk* kaktüs
Kalauer /'ka:lauır/ *m* soğuk espri
Kalb /'kalp/ *n* *hayb* dana, buzağı ***das goldene Kalb anbeten*** *kon* paraya tapmak ***ums goldene Kalb tanzen*** *kon* para için her şeyi yapmak
Kalbfleisch /'kalpflayş/ *n* dana eti
Kalbsbraten /'kalpsbra:tın/ *m* dana eti kızartması, dana kebabı
Kalbsschnitzel /'kalpsşnitsıl/ *n* dana şnitseli
Kalender /ka'lendır/ *m* takvim; zaman hesabı ***islamischer Kalender*** hicri takvim
Kalenderblatt /ka'lendırblat/ *n* takvim yaprağı
Kalenderjahr /ka'lendırya:r/ *n* takvim yılı
Kaliber /ka'li:bır/ *n* (silah) kalibre, namlu çapı; mermi çapı; *kon* (kötü) karakter, (kötü) kişilik ***vom selben Kaliber*** *kon* aynı karakterde
Kalif /ka'li:f/ *m* halife
Kalium /'ka:lyum/ *n* *kim* potas, potasyum
Kalk /kalk/ *m* *mad* kireç, kalsiyum; badana
Kalkstein /'kalkştayn/ *m* kireçtaşı, kalker
Kalkulation /kalkula'tsyo:n/ *f* hesap, hesaplama; kalkülasyon; *tic* maliyet hesabı
kalkulieren /kalku'li:rın/ *vt* hesaplamak, hesap yapmak, hesap etmek
Kalorie /kalo'ri:/ *f* *fiz* kalori
kalorienarm /kalo'ri:narm/ *be* kalorisi az, kalorisi düşük
kalt /kalt/ *s* soğuk; (davranış) soğuk, duygusuz, hissiz ***einer Sache gegenüber kalt bleiben*** kılını bile kıpırdatmamak ***es ist kalt*** soğuk var, hava soğuk ***etw kalt stellen*** (bir şeyi) soğutmak; buzdolabına koymak ***kalt werden*** soğumak ***kalt werden lassen*** soğutmak ***kalte Diffusion*** soğuk difüzyon ***mir ist es kalt*** üşüyorum ***sehr kalt*** (hava) çok soğuk
kaltblütig /'kaltblü:tih/ *s* soğukkanlı, serinkanlı; acımasız, duygusuz ***kaltblütig sein*** soğukkanlı olmak ***kaltblütige Frau*** soğukkanlı kadın
Kälte /'keltı/ *f* soğuk, don, soğukluk; duygusuzluk, soğukluk ***10 Grad Kälte*** sıfırın altında 10 derece soğuk
Kälteeinbruch /'keltıaynbruh/ *m* ani ısı düşüşü, hava sıcaklığının aniden sıfırın altına düşmesi
Kälteperiode /'keltıperyo:dı/ *f* uzun süren soğuk hava dalgası
Kältewelle /'keltıvelı/ *f* soğuk hava dalgası
Kaltfront /'kaltfront/ *m* soğuk hava dalgası
kaltherzig /'kalthertsih/ *s* acımasız, katı
Kaltluft /'kaltluft/ *f* soğuk hava
Kaltmiete /'kaltmi:tı/ *f* ısıtma giderlerinin dahil olmadığı (aylık) ev kirası
kaltschnäuzig /'kaltşnoytsih/ *s* *kon* duygusuz, vurdumduymaz; acımasız
Kaltschnäuzigkeit /'kaltşnoytsihkayt/ *f* *kon* duygusuzluk, vurdumduymazlık; acımasızlık
Kaltstart /'kaltştart/ *m* (otomobil) motorun ısınmasını beklemeden yola çıkma
kaltstellen /'kaltştelın/ *trvi* etkinliğini kırmak, nüfuzunu kırmak; pabucunu dama atmak
Kalzium /'kaltsyum/ *n* *kim* kalsiyum
Kambodscha /kam'bodşa/ *tnz* Kamboçya
Kamel /ka'me:l/ *n* *hayb* deve; *kon* aptal, sersem, geri zekalı
Kamelhaar /ka'me:lha:r/ *n* deve tüyü
Kamera /'kamıra/ *f* fotoğraf makinesi; film makinesi, kamera
Kamera-Handy /'kamırahendi/ *n* kameralı telefon
Kamerad /kamı'ra:t/ *m* arkadaş, yandaş, dost, yoldaş
Kameradschaft /kamı'ra:tşaft/ *f* arkadaş-

lık, dostluk; dayanışma; arkadaşlar
kameradschaftlich /kamı'ra:tşaftlih/ *s* arkadaşça, dostça; dayanışma içinde
Kameramann /'kamıraman/ *m* kameraman
Kamille /ka'milı/ *f bitk* papatya
Kamillentee /ka'milınte:/ *m* papatya çayı
Kamin /ka'mi:n/ *m* baca; ocak; şömine ***am Kamin*** ocakbaşı ***etw in den Kamin schreiben*** *kon* (bir şeyi) yok bilmek, kaybolduğuna inanmak
Kaminkehrer /ka'mi:nke:rır/ *m* ocakçı, ocak işçisi
Kamm /kam/ *m* tarak; (hayvan) ibik; *coğ* dağ sırtı; (deniz) dalga sırtı
kämmen /'kemın/ *vt* saç taramak, taraklamak ***sich die Haare kämmen*** saçlarını taramak ***sich kämmen*** taranmak
Kammer /'kamır/ *f* meslek birliği; küçük oda; depo; bölüm; meclis; parlamentoda bir bölüm, oda; kanara; hücre ***Erste Kammer*** *pol* senato ***Zweite Kammer*** *pol* (İngiltere) Avam kamarası
Kammerdiener /'kamırdi:nır/ *m esk* oda hizmetçisi, uşak
Kammerjäger /'kamırye:gır/ *m* haşarat mücadele uzmanı
Kammerkonzert /'kamırkontsert/ *n müz* oda müziği konseri
Kammerorchester /'kamırorkestır/ *n müz* (birkaç kişiden oluşan) oda müziği orkestrası
Kammerzofe /'kamırtso:fı/ *f esk* baronun hizmetçisi
Kampagne /kam'panyı/ *f* kampanya, propaganda; *esk* ask. seferberlik ***eine Kampagne für etw*** (bir şey) için kampanya ***eine Kampagne für jdn*** (birisi) için kampanya ***eine Kampagne gegen etw*** (bir şeye) karşı kampanya ***eine Kampagne gegen jdn*** (birisine) karşı kampanya
Kampf /kampf/ *m* dövüş; savaş, savaşma; savaşım, mücadele; *sp* karşılaşma, yarışma, rekabet ***im Kampf stehen*** savaş halinde olmak
Kampfansage /'kampfanza:gı/ *f* meydan okuma; *sp* çalenç
kämpfen /'kempfın/ *vi* dövüşmek; savaşmak; uğraşmak, mücadele etmek; can çekişmek, ölümle pençeleşmek; *sp* karşılaşmak, mücadele etmek, yarışmak ***Kämpfen gegen etw*** (bir şeye karşı) savaşmak, mücadele etmek ***mit Schwierigkeiten zu kämpfen haben*** güçlüklerle mücadele etmek zorunda olmak
Kämpfer /'kempfır/ *m* savaşçı; mücadele eden; muharip, cenkçi; silahşör; mücahit
kämpferisch /'kempfıriş/ *s* savaşçı, dövüşken; savaşa benzer; cesaretli, mücadeleci
Kampfgeist /'kampfgayst/ *m ask* savaş mantalitesi
Kampfkraft /'kampfkraft/ *f* savaş gücü
Kampfrichter /'kampfrihtır/ *m sp* hakem
kampfunfähig /'kampfunfe:ih/ *s ask* savaşamaz durumda ***kampfunfähig machen*** savaşamaz duruma düşürmek, gücünü kırmak
kampieren /kam'pi:rın/ *vi* kamp yapmak; *ask* konaklamak
Kanada /'kanada/ *tnz* Kanada
Kanadier /ka'na:dyır/ *m* Kanadalı
kanadisch /ka'na:diş/ *s* Kanadalı, Kanada ile ilgili, Kanada'ya ait
Kanal /ka'na:l/ *m* kanal, yapay su yolu; oluk; (radyo, TV) kanal, istasyon ***den Kanal voll haben*** *kon* bıkmak, bıkmış olmak ***diplomatische Kanäle*** diplomatik yollar ***dunkle Kanäle*** karanlık yol ***einen Kanal graben*** bir kanal açmak ***geheime Kanäle*** gizli yollar
Kanaldeckel /ka'na:ldekıl/ *m* kanalizasyon kapağı, mazgal
Kanalisation /kanaliza'tsyo:n/ *f* kanalizasyon
kanalisieren /kanali'zi:rın/ *vt* kanal açmak, kanal yapmak; yönlendirmek, kanalize etmek
Kanarienvogel /ka'na:ryınfo:gıl/ *m hayb* kanarya, kanarya kuşu
Kanarische Inseln /ka'na:rişı'inzıln/ *pl coğ* Kanarya adaları
Kandare /kan'da:rı/ *f* (at) gem ***jdm die Kandare anlegen*** (birisine) gem vurmak ***jdn an die Kandare nehmen*** (birisini) boyunduruk altına almak
Kandidat /kandi'da:t/ *m* aday, namzet; bitirme sınavlarına hazırlanan üniversite öğrencisi ***jdn als Kandidaten aufstellen*** (birisini) aday göstermek
Kandidatur /kandida'tu:r/ *f* adaylık, namzetlik; aday olma, adaylığını koyma
kandidieren /kandi'di:rın/ *vi* aday olmak, adaylığını koymak ***kandidieren für etw*** (bir şeye) adaylığını koymak

kandiert /kan'di:rt/ *be* (bozulmasını önlemek için) üzeri şekerle kaplanmış, şekerle kaynatılmış ***kandierte Früchte*** şekerleme ***kandierte Kastanien*** kestane şekeri
Kandiszucker /'kandistsukır/ *m* nöbet şekeri; kristal şeker
Kaninchen /ka'ni:nhın/ *n hayb* adatavşanı
Kanister /ka'nistır/ *m* bidon, teneke, galon
Kanne /'kanı/ *f* ibrik, güğüm, sürahi, testi
Kannibale /kani'ba:lı/ *m* (insan) insan yiyen, yamyam; hemcinsini yiyen
Kanon /'ka:non/ *m* kural, kanun ve hükümler; nizamname; (sanat, heykeltıraşlık) belirli oran ve birimler; *müz* farklı zamanda başlanıp koro halinde söylenen parça; (katolik kilisesi) İncille ilgili kitaplar; (katolik kilise) hukuk
Kanone /ka'no:nı/ *f ask* top; *kon* bir alanda çok usta olan kişi; *kon* tabanca ***mit Kanonen auf Spatzen schießen*** *kon* vur deyince öldürmek
Kanonenfutter /ka'no:nınfutır/ *m ask* savaşta en öne sürülüp, çabuk kırılan asker; *kon* bir işte piyon olarak kullanılan kişi
Kanonenkugel /ka'no:nınku:gıl/ *f ask* top güllesi, top mermisi
Kantate /kan'ta:tı/ *f müz* çok sesli ve enstrüman eşliğinde söylenen ilahi, kantat
Kante /'kantı/ *f* kenar, kıyı, köşe ***etw auf die hohe Kante legen*** parayı bir köşeye koymak ***scharfe Kante*** keskin kenar
kanten /'kantın/ *vt* yontmak
kantig /'kantih/ *s* kenarlı, köşeli; çıkıntılı ***kantiges Gesicht*** köşeli yüz
Kantine /kan'ti:nı/ *f* kantin ***in der Kantine essen*** kantinde yemek ***von der Kantine kaufen*** kantinden satın almak
Kanton /kan'to:n/ *m* kanton, eyalet, kaza
Kanu /'ka:nu/ *n* kano, (muz şeklinde) kızılderili kayığı, basit bot
Kanüle /ka'nü:lı/ *f hek* kanül, iğne
Kanzel /'kantsıl/ *f* (kilise) kürsü; (cami) mimber; (uçak) pilot kabini, kokpit
Kanzelredner /'kantsılre:dnır/ *m* konuşmacı, hatip; vaiz
Kanzlei /kants'lay/ *f* büro, avukat bürosu; sekretarya, büro, yazıhane, kalem odası
Kanzler /'kantslır/ *m* başbakan, şansölye; üniversite başsekreteri
Kanzleramt /'kantslıramt/ *n* şansölyelik; şansölyelik dairesi
Kanzlerkandidat /'kantslırkandida:t/ *m* başbakan adayı
Kap /kap/ *n coğ* burun ***Kap der Guten Hoffnung*** Ümit Burnu
Kapazität /kapatsi'te:t/ *f* kapasite, sığa; yeti, güç; kabiliyet; *tek* debi
Kapazitätsauslastung /kapatsi'te:tsauslastung/ *f* kapasite kullanımı
Kapelle /ka'pelı/ *f* küçük kilise, şapel; *müz* küçük orkestra
Kapellmeister /ka'pelmaystır/ *m müz* orkestra şefi, bando şefi
Kaper /'ka:pır/ *f bitk* gebreotu, kebere; *m* korsan gemisi
kapern /'ka:pırn/ *vt* ele geçirmek, almak, zaptetmek, korsanlık yapmak
kapieren /ka'pi:rın/ *vt kon* anlamak, kavramak ***endlich kapiert?*** anladın mı?; jeton düştü mü?
Kapital /kapi'ta:l/ *n tic* anamal, ana para, kapital, sermaye ***aus etw Kapital schlagen*** bir şeyden faydalanmak, kar sağlamak ***totes Kapital*** atıl sermaye
kapital /kapi'ta:l/ *s* çok büyük ***ein kapitaler Fehler*** büyük bir hata
Kapitalanlage /kapi'ta:lanla:gı/ *f tic* sermaye yatırma
Kapitalertragssteuer /kapi'ta:lertra:ksştoyır/ *f huk* menkul vergisi; sermaye geliri vergisi
Kapitalflucht /kapi'ta:lfluht/ *m tic* yurtdışına sermaye akımı, sermaye göçü
Kapitalgesellschaft /kapi'ta:lgızelşaft/ *f* sermaye kuruluşu, sermaye şirketi
Kapitalismus /kapita'lismus/ *m* kapitalizm, özel girişimi ve kârı güden sistem
Kapitalist /kapita'list/ *m* sermaye sahibi; kapitalist
kapitalistisch /kapita'listiş/ *s* kapitalist, sermayedar
kapitalkräftig /kapi'ta:lkreftih/ *s* sermayedar, varlıklı
Kapitalverbrechen /kapi'ta:lferbrehın/ *n huk* (cinayet, gasp gibi) ağır suç, ağır ceza gerektiren suç
Kapitän /kapi'te:n/ *m* (gemi) kaptan; *ask* yüzbaşı; *ask* deniz albayı; *sp* takım kaptanı ***Kapitän zur See*** *ask* deniz albayı, denizci albay
Kapitänleutnant /kapi'te:nloytnant/ *m ask* deniz yüzbaşısı

Kapitel /ka'pitıl/ *n* (kitap) bölüm, kısım; (yaşam) dönem, süreç; konu ***ein neues Kapitel im Leben*** yaşamda yeni bir sayfa, yeni bir dönem, yeni bir süre
Kapitulation /kapitula'tsyo:n/ *f* (savaşta) yenilgiyi kabul etme, teslim, teslim olma, pes etme
kapitulieren /kapitu'li:rın/ *vi* teslim olmak, yenilgiyi kabul etmek, pes etmek
Kaplan /kap'la:n/ *m* (katolik) papaz yardımcısı
Kappe /'kapı/ *f* kasket; başlık, kep; kapak, conta; ayakkabı burnu ***etw auf eigene Kappe nehmen*** *kon* (bir şeyin sorumluluğunu üstlenmek
kappen /'kapın/ *vt* ucundan bir parça kesmek; kesip ayırmak, kesip bölmek ***der Sturm kappt die Bäume*** rüzgâr ağaçları kırıyor ***die Telefonverbindung ist gekappt worden*** telefon bağlantısı kesildi
Kapriole /kapri'o:lı/ *f* muziplik, cambazlık; sıçrayış ***Kapriolen machen*** (birisini) eğlendirmek için muziplik yapmak; sıçramak
Kapsel /'kapsıl/ *f* kapsül, kutu, mahfaza; kapsül, kapsül halinde hap; *hek bitk* zar, doku zarı, torbacık
kaputt /ka'put/ *s* bozuk; kırık; sakat; yıpranmış ***ich bin kaputt*** *kon* bitkinim, çok yorgunum ***kaputt!*** berbat!, bozuk! ***mein Auto ist kaputt*** arabam bozuk
kaputtgehen /ka'putge:ın/ *trvi kon* bozulmak; kırılmak, parçalanmak
kaputtlachen /ka'putla**h**ın/ *trvr* katıla katıla gülmek, ölesiye gülmek
kaputtmachen /ka'putma**h**ın/ *trvt* bozmak; mahvetmek; kırmak, parçalamak
kaputtschlagen /ka'putşla:gın/ *trvt* parçalamak, paramparça etmek
Kapuze /ka'pu:tsı/ *f* bere, kukuleta
Kapuziner /kapu'tsi:nır/ *m* Kapüsen rahibi
Karabiner /kara'bi:nır/ *m esk* karabina, kısa namlulu tüfek
Karacho /ka'ra**h**o/ *n* : ***mit Karacho*** *kon* aşırı hızla
Karaffe /ka'rafı/ *f* sürahi
Karambolage /karambo'la:jı/ *f* birbirine girme, karambol; *kon* birçok otomobilin birbirine çarpması
Karamelpudding /kara'melpuding/ *m* krem karamel
Karat /ka'ra:t/ *m* (altın, gümüş, elmas) saflık derecesi, karat, ayar, derece; (değerli taş ve maden) tartı birimi
Karate /ka'ratı/ *n sp* karate
Karawane /kara'va:nı/ *f* kervan
Karbidlampe /kar'bi:tlampı/ *f* asetilen lambası
Kardamom /'kardamo:m/ mn kakule
Kardanwelle /kar'danvelı/ *f* (otomobil) şaft mili, kardan mili
Kardinal /kardi'na:l/ *m* kardinal, (katolik kilisesi) Papa'nın vekili, papadan bir altta olan rahip; *hayb* kardinal kuşu
Kardinalfehler /kardi'na:lfe:lır/ *m* büyük hata, önemli, hata; bariz hata
Kardinalzahl /kardi'na:ltsa:l/ *f mat* asal sayı
Kardiologie /kardyolo'gi:/ *f hek* kardiyoloji, kalp hastalıklarını ilgilendiren bölüm
Karenz /ka'rents/ *f* mahrumiyet
Karfreitag /ka:r'frayta:k/ *m* paskalya bayramından önceki Cuma, (Hz. İsa'nın çarmıha gerildiği gün)
karg /kark/ *s* eksik, cılız, az; verimsiz, çorak; cimri, pinti ***karge Landschaft*** çorak arazi, verimsiz bölge
Kargheit /'kark**h**ayt/ *f* eksiklik, azlık; verimsizlik; çoraklık
kärglich /'ke:rgli**h**/ *s* kuru, kısır; fakir(ane)
karibisch /ka'ri:biş/ *s* Karibik ***karibisches Meer*** Karibik Denizi, Antil Denizi
kariert /ka'ri:rt/ *s* kareli, damalı
Karies /'ka:ries/ *f hek* kemik çürümesi
Karikatur /karika'tu:r/ *f* karikatür ***zur Karikatur werden*** karikatürize etmek
Karikaturist /karikatu'rist/ *m* karikatürist, karikatürcü
karikieren /kari'ki:rın/ *vt* karikatürize etmek, karikatürleştirmek; karikatürünü yapmak ***karikiertes Bild*** karikatürize resim
kariös /ka'ryö:s/ *s* (diş) çürük
karitativ /karita'ti:f/ insani, yardımsever
karminrot /kar'mi:nro:t/ *s* koyu kırmızı, karmen
Karneval /'karnıval/ *m* karnaval, faşing
Karnevalszug /'karnıvalstsu:k/ *m* karnaval alayı, festival alayı
Karo /'ka:ro/ *n* kare; *isk* karo
Karosserie /karosı'ri:/ *f oto* kaporta, karoseri
Karosseriebau /karosı'ri:bau/ *m* karoseri inşası
Karotte /ka'rotı/ *f bitk* havuç
Karpfen /'karpfın/ *m hayb* sazan balığı
Karree /ka're:/ *n esk* kare, kare şekilli;

K

pirzola et

Karriere /ka'rye:rı/ *f* kariyer, mesleki ilerleme; (at) dörtnala koşu ***in voller Karriere*** (at) doludizgin ***Karriere machen*** kariyer yapmak, mesleğinde ilerlemek

Karrierefrau /ka'rye:rıfrau/ *f* mesleğinde başarılı kadın

Karrierist /karye'rist/ *m* çıkarı için her şeyi yapan kişi

Karte /'kartı/ *f* kart, karton kâğıt; iskambil kâğıdı; plan, kroki, harita; menü, yemek listesi; kartpostal; bilet; fiş; kartvizit ***alles auf eine Karte setzen*** *kon* büyük riske girmek ***auf die falsche Karte setzen*** *kon* yanlış ata oynamak ***die Karten offen legen*** *kon* kartları açık oynamak ***ein Spielkarten*** *isk* bir deste oyun kâğıdı ***jdm die Karten schauen*** (birisinin) niyetini hissetmek ***Karten legen*** *isk* iskambil falına bakmak ***Karten spielen*** *isk* kâğıt oynamak ***mit offenen Karten spielen*** her şeyi açık açık konuşmak ***nach der Karte essen*** alakart yemek

K

Kartei /kar'tay/ *f* (kart) fiş; fiş çekmecesi, kartoteks

Karteikarte /kar'taykartı/ *f* kartoteks kartı

Karteikasten /kar'taykastın/ *m* fiş kutusu, kartoteks kutusu

Kartell /kar'tel/ *n* *tic* ticaret birliği, sanayi devi, kartel

Kartellamt /kar'telamt/ *n* kartel dairesi

Kartenhaus /'kartınhaus/ *n* harita dairesi; iskambil kâğıtlarından yapılma kâğıttan ev; olmayacak ya da uzun sürmeyecek şey, hayal ***wie ein Kartenhaus zusammenstürzen*** kâğıttan bir ev gibi yıkılmak

Kartenleger /'kartınle:gır/ *m* iskambil falına bakan

Kartenspiel /'kartınşpi:l/ *n* kâğıt oyunu, iskambil oyunu; bir deste iskambil kâğıdı

Kartentelefon /'kartıntelefo:n/ *n* kontürlü telefon, kartlı telefon

Kartenvorverkauf /kartın'fo:rferkauf/ *m* bilet ön satışı; bilet ön satış gişesi

Kartoffel /kar'tofıl/ *f* *bitk* patates; *kon* çorap deliği

Kartoffelbrei /kar'tofılbray/ *m* patates püresi, patates ezmesi

Kartoffelchips /kar'tofılçips/ *f* patates cipsi

Kartoffelkäfer /kar'tofılke:fır/ *m* *hayb* patates böceği

Kartoffelpuffer /kar'tofılpufır/ *m* yumurta ve una bulanarak kızartılan bir çeşit patates köftesi

Kartoffelsalat /kar'tofılzala:t/ *m* patates salatası

Karton /kar'ton/ *m* karton, mukavva; karton kutu; (sanat) duvar resmi taslağı

Kartonage /karto'na:jı/ *f* kartonaj

kartoniert /karto'ni:rt/ *s* karton ciltli

Karussell /karu'sel/ *n* atlı karınca; dolap ***Karussell fahren*** atlı karıncaya binmek; maceraya atılmak

Karwoche /'ka:rvohı/ *f* Paskalya yortusundan önceki yas haftası

Karzinom /ka:rtsi'no:m/ *n* *hek* karsinom, kanser

kaschieren /ka'şi:rın/ *vt* üzerini örtmek, örterek gizlemek; örtbas etmek, kapatmak

Kaschmir /'kaşmi:r/ *m* kaşmir

Käse /'ke:zı/ *m* peynir; kesilmiş süt; *kon* saçmalık ***Käse erzählen*** *kon* boş konuşmak ***Käse reden*** saçma sapan konuşmak

Käseblatt /'ke:zıblat/ *n* *kon* önemsiz yerel gazete; *bitk* lahana yaprağı

Käsekuchen /'ke:ıaku:hın/ *m* peynir tatlısı

Kaserne /ka'zernı/ *f* *ask* kışla

Kasino /ka'zi:no:/ *n* oyun salonu, kumarhane, kasino; *ask* orduevinin yemek salonu

Kaskoversicherung /'kaskoferzihırung/ *f* kasko sigorta, (araç) her şekilde kazaya karşı yapılan maddi sigorta

Kasper /'kaspır/ *m* (eldiven gibi ele geçirilip oynatılan) kukla

Kasperletheater /'kaspırlıtea:tır/ *n* kukla tiyatrosu

Kasse /'kası/ *f* kasa; gişe, vezne; sandık; sağlık sigortası ***Fehlbetrag in der Kasse*** kasadaki açık, kasa açığı ***gut bei Kasse sein*** parası olmak ***Kasse führen*** ayrı ödemek ***Kasse machen*** *kon* parayı saymak ***knapp bei Kasse sein*** *kon* parası kısıtlı olmak

Kassenarzt /'kasınartst/ *m* hastalık sandığı doktoru

Kassenbestand /'kasınbıştant/ *m* *tic* kasa mevcudu, kasada mevcut para

Kassenbon /'kasınbon/ *m* kasa fişi

Kassenpatient /'kasınpatsyent/ *m* sigortalı hasta

Kassenschalter /'kasınşaltır/ *m* kasa gi-

şesi, ödeme gişesi
Kassenzettel /'kasıntsetıl/ *m* alışveriş fişi, kasa fişi
Kassette /ka'setı/ *f* küçük kutu, sandık; kaset
Kassettendeck /ka'setındek/ *n* teyp dek, dek teyp
Kassettenrecorder /ka'setınrekordır/ *m* kasetçalar, teyp
kassieren /ka'si:rın/ *vt* para almak, para tahsil etmek; *huk* (bir kararı) bozmak, iptal etmek; *kon* tutuklamak
Kassierer /ka'si:rır/ *m* kasiyer, veznedar
Kastanie /kas'ta:nyı/ *f bitk* kestane
Kastanienbaum /kas'ta:nyınbaum/ *m bitk* kestane ağacı
Kästchen /'kesthın/ *n* kutu; küçük sandık
Kaste /'kastı/ *f* sınıf, grup, zümre, sosyal tabaka
Kastell /kas'tel/ *n* kale, hisar; şato
Kasten /'kastın/ *m* sandık; kutu, mahfaza; dolap, konsol; *mec* hapishane
Kastenwagen /'kastınva:gın/ *m* pikap, küçük yük arabası, sandıklı araba
Kastration /kastra'tsyo:n/ *f* hadım etme; (hayvan) iğdiş etme
kastrieren /kas'tri:rın/ *vt* hadım etmek; (hayvan) iğdiş etmek
Kasus /'ka:zus/ *m dilb* hal, durum, çekim hali
Katakombe /kata'kombı/ *f* (yeraltı ya da kilise mahzeninde olan) cesetlerin açıkta bekletildiği mezar, katakomp
Katalog /kata'lo:k/ *m* katalog
katalogisieren /katalogi'zi:rın/ *vt* katalog haline getirmek, kataloğa yazmak
Katalonien /kata'lo:nyın/ *tnz* Katalonya
Katalysator /katalü'za:tor/ *m* katalizör, çabuklaştırıcı
katastrophal /katastro'fa:l/ *s* feci, korkunç, denşetli; acıklı, trajik
Katastrophe /kata'stro:fı/ *f* facia, felaket, trajedi
Katastrophenalarm /katas'tro:fınalarm/ *m* afet alarmı
Katastrophengebiet /katas'tro:fıngıbi:t/ *n* afet bölgesi
Katastrophenschutz /katas'tro:fınşuts/ *m* afet önleme kurumu, afet önleme tedbirleri
Katechismus /kate'hismus/ *m* ilmihal, din kurallarının öğretimi
Kategorie /katego'ri:/ *f* (ortak özellikleri olan şeyler) sınıf, grup, kategori, ulam ***etw in eine bestimmte Kategorie einordnen*** (bir şeyi) belli bir kategoriye koymak ***jdn in eine bestimmte Kategorie einordnen*** (birisini) belli bir kategoriye koymak
kategorisch /kate'go:riş/ *be* kesin; koşulsuz, mutlak; kategorik ***etw kategorisch ablehnen*** (bir şeyi) kesin bir şekilde reddetmek
Kater /'ka:tır/ *m hayb* erkek kedi; ağrı, sızı; *kon* içkiden sonraki baş ağrısı
Katheder /ka'te:dır/ *n/m* kürsü; *esk* (üniversite) kürsü, bölüm
Kathedrale /kate'dra:lı/ *f* katedral, büyük kilise, merkez kilisesi; piskoposluk kilisesi
Katheter /ka'te:tır/ *m hek* sonda
Kathode /ka'to:dı/ *f fiz elek* katot, eksiuç
Katholik /kato'li:k/ *m* katolik, katolik mezhebinden olan kişi
katholisch /ka'to:liş/ *s* katolik, katolik mezhebinden olan, katolik mezhebine bağlı
Katholizismus /katoli'tsismus/ *m* katoliklik, katolik mezhebi öğretisi ***zum Katholizismus übertreten*** katolik mezhebine geçmek, katolik olmak
Katze /'katsı/ *f hayb* kedi, dişi kedi
Katzenjammer /'katsınyamır/ *m kon* sarhoşluğu takip eden baş ağrısı; hüzün, hayal kırıklığı
Katzensprung /'katsınşprung/ *m* çok kısa mesafe ***es ist nur ein Katzensprung entfernt*** *kon* hemen şuracıkta, çok yakın mesafede
Katzenwäsche /'katsınveşı/ *f kon* üstünkörü yıkanma ***Katzenwäsche machen*** yalap şap yıkanmak, üstünkörü yıkanmak
Kauderwelsch /'kaudırvelş/ *n kon* anlaşılmaz konuşma, bozuk ifade, jargon, çetrefil dil
kauen /'kauın/ *vt* (ağzında) çiğnemek; tırnaklarını yemek, tırnaklarını kemirmek; *kon* bir meseleyi çözmeye çalışmak; (söz) ağzında gevelemek ***an etw kauen*** sinirden bir şeyi ısırıp durmak ***an etw zu kauen haben*** zor bir şeyle çok uğraşmak zorunda olmak
kauern /'kauırn/ *vi* dizleri üstüne çökmek, büzülüp oturmak
Kauf /kauf/ *m* (satın) alım; satın alma; alım satım, ticaret; pazarlık ***etw in Kauf nehmen*** bir şeyi göze almak ***in Kauf***

K

nehmen *kon* bir şeye katlanmak ***Kauf auf Abzahlung*** taksitli satış ***Kauf auf Kredit*** kredili satış ***Kauf auf Raten*** taksitle satış ***zum Kauf freistehen*** satılık olmak, satılığa çıkmak

kaufen /'kaufın/ *vt* satın almak ***ein Brot kaufen*** bir ekmek satın almak ***etw bei jdm kaufen*** (bir şeyi birisinden) satın almak ***jdn kaufen*** (birisini) rüşvetle satın almak ***sich etw kaufen*** kendine bir şey satın almak

Käufer /'koyfır/ *m* alıcı, müşteri

Kauffrau /'kauffrau/ *f* iş gören kadın

Kaufhaus /'kaufhaus/ *n* büyük mağaza, alışveriş merkezi, süpermarket

Kaufkraft /'kaufkraft/ *f tic* alım gücü, satın alma gücü

käuflich /'koyflih/ *s* satılık; satın alınabilen, satılığa çıkmış; rüşvetle halledilebilen; rüşvetçi; *be* satın alarak ***käuflich erwerben*** piyasadan satın almak ***kaufliches Mädchen*** fahişe, telekız, orospu, satılık kadın

K

Kaufmann /'kaufman/ *m* tüccar; ekonomist

kaufmännisch /'kaufmeniş/ *s* ticari, ticaretle ilgili ***kaufmännische Beziehung*** ticari ilişki ***kaufmännische Bildung*** ticari eğitim ***kaufmännische Datenverarbeitung*** yönetimsel bilgi işlem ***kaufmännische Tätigkeit*** tüccarlık, ticaretle uğraşma ***kaufmännischer Verkehr*** ticari ilişki ***kaufmännisches Unternehmen*** ticari işletme

Kaufpreis /'kaufprays/ *m* alış fiyatı, alış ücreti

Kaufvertrag /'kauffertra:k/ *m huk* satış sözleşmesi

Kaugummi /'kaugumi/ *m* sakız, çiklet

Kaulquappe /'kaulkvapı/ *f hayb* kurbağa larvası

kaum /kaum/ *be* neredeyse değil; henüz değil, bile değil; olur olmaz, yapar yapmaz; ancak henüz ***er ist kaum 18 Jahre alt*** henüz 18 yaşında bile değil ***er kann kaum gehen*** güçlükle yürüyebiliyor ***er wird kaum kommen*** gelmesi olası değil ***kaum da*** yapar yapmaz ***kaum war ich krank, da hat man mich gekündigt*** hasta olur olmaz işten çıkarıldım ***kaum zu glauben*** inanılacak gibi değil

kausal /kau'za:l/ *s* nedensel, sebepsel

Kausalzusammenhang /kau'za:ltsuzamınhang/ *m* nedensellik ilişsonuç ilişkisi

Kautabak /'kautabak/ *m* çiğneme tütünü

Kaution /kau'tsyo:n/ *f* garanti, teminat; depozito; kefalet

Kautschuk /'kauçuk/ *m bitk* kauçuk; (yapay) kauçuk

Kauz /kauts/ *m hayb* bir baykuş türü, alacabaykuş; *kon* tuhaf insan

kauzig /'kautsih/ *s* komik, değişik, sempatik

Kavalier /kava'li:r/ *m* centilmen, kibar adam; kavalye, bir bayana refakat eden erkek; *esk* atlı, süvari

Kavaliersdelikt /kava'li:rsdelikt/ *n* hoşgörülür suç, cürüm

Kavallerie /kavala'ri:/ *f ask* süvari sınıfı

Kaviar /'ka:via:r/ *m* havyar

keck /kek/ *s* cesur, atılgan; hoş; cüretkâr; (kız) şuh, cilveli ***kecker Junge*** cesur delikanlı

Kefir /'ke:fir/ *m* kefir, hayvan sütünden elde edilen ekşi içecek

Kegel /'ke:gıl/ *m* geom koni; bowling (oyunu); bowling tahtası; *kon* koni şeklinde

Kegelbahn /'ke:gılba:n/ *f* bowling salonu; bowling pisti

Kegelklub /'ke:gılklup/ *m* bovling klübü

kegeln /'ke:gıln/ *vi sp* bowling oynamak

Kegler /'ke:glır/ *m* bowling oyuncusu

Kehle /'ke:lı/ *f anat* gırtlak, boğaz, boyun; *mim* yiv, oluk ***an der Kehle fassen*** gırtlaklamak, boynuna yapışmak ***aus voller Kehle*** *kon* avazı çıktığı kadar ***etw in die falsche Kehle bekommen*** *kon* (bir şeyi) yanlış anlayıp kırılmak, kızmak ***sich die Kehle aus dem Hals schreien*** *kon* gırtlağını patlatırcasına bağırmak, avazı çıktığı kadar bağırmak

Kehlkopf /'ke:lkopf/ *m anat* gırtlak, adem elması

Kehraus /'ke:raus/ *m* (balo, eğlence, davet) son dans

Kehrbesen /'ke:rbe:zın/ *m* süpürge

Kehre /'ke:rı/ *f* dönemeç, viraj

kehren /'ke:rın/ *vt* çevirmek; döndürmek; süpürmek; *vi* dönmek ***in sich gekehrt*** içe dönük, içine kapalı ***nach innen kehren*** içeri çevirmek ***nach Hause kehren*** *kon* eve (geri) dönmek ***sich nicht an etw kehren*** (bir şeye) aldırmamak ***zum Guten kehren*** iyileşmek, düzelmek

Kehricht /'ke:riht/ mn süprüntü, çöp
Kehrschaufel /'ke:rşaufıl/ *f* faraş
Kehrseite /'ke:rzaytı/ *f* arka yüz, ters taraf ***die Kehrseite der Medaille*** madalyanın arka yüzü
kehrtmachen /'ke:rtmahın/ *trvi* dönmek, geri dönmek; çark etmek, caymak
Kehrwert /'ke:rve:rt/ *n* ters taraf
keifen /'kayfın/ *vi kon* dırdır etmek, bağırıp çağırmak; cırtlak sesle bağırmak
Keil /kayl/ *m* kama, takoz, bir şeyin arasına sıkıştırılan tahta; (tekerleğin altına konan) takoz ***einen Keil zwischen zwei Personen treiben*** *kon* iki kişinin arasını açmak
Keiler /'kaylır/ *m hayb* erkek yaban domuzu
Keilerei /kaylı'ray/ *f* dövüşme
keilförmig /'kaylförmih/ *s* kama biçiminde
Keilriemen /'kaylri:mın/ *m* motor kayışı, V-kayışı
Keilschrift /'kaylşrift/ *f* çiviyazısı
Keim /kaym/ *m bitk* tohum; *biy* oluşum, başlangıç; embriyon, oğulcuk; mikrop, bakteri ***etw im Keim ersticken*** olumsuz bir şeyi henüz başlangıç aşamasında engellemek, durdurmak ***Keim machen*** mikroplardan arındırmak; kısırlaştırmak
keimen /'kaymın/ *vi* filizlenmek, filiz sürmek, çimlenmek, bitmek; oluşmaya başlamak
keimfrei /'kaymfray/ *s* mikropsuz, mikroplardan arınmış, steril
Keimzelle /'kaymtselı/ *f* üreme hücresi; *mec* çekirdek
kein(e) /kayn(ı)/ *s* hiç, hiçbir ***es sind noch keine vier Wochen her*** aradan dört hafta bile geçmedi ***in keiner Weise*** hiçbir surette
keinerlei /'kaynırlay/ *be* hiç ***auf keinerlei Weise*** hiçbir surette ***keinerlei schlechtes Gewissen haben*** hiç vicdanı sızlamamak
keinesfalls /'kaynısfals/ *be* asla, hiçbir şekilde
keineswegs /'kaynısve:ks/ *be* hiç, asla, hiçbir şekilde
Keks /ke:ks/ mn bisküvi, kek
Keksdose /'ke:ksdo:zı/ *f* kek kalıbı
Kelch /kelh/ *m* büyük kadeh; *bitk* çanak ***den bitteren Kelch bis auf den Grund leeren müssen*** güçlüklere sonuna kadar katlanmak zorunda olmak
Kelle /'kelı/ *f* kepçe; mala; (tren) işaret tahtası
Keller /'kelır/ *m* bodrum; kiler, depo, mahzen; kömürlük, odunluk; *kon* izbe yer ***im Keller sein*** (değer) iyice düşmüş olmak, iyice azalmış olmak ***in den Keller fallen*** (değer) azalmak, inmek, düşmek
Kellerei /kelı'ray/ *f* şarap dinlendirme mahzeni, şaraphane, kav
Kellerfenster /'kelırfenstır/ *n* bodrum penceresi, aydınlık penceresi
Kellergeschoss /'kelırgışos/ *n* bodrum katı
Kellerwohnung /'kelırvo:nung/ *f* bodrum katı, izbe daire, karanlık daire
Kellner /'kelnır/ *m* garson
Kelte/Keltin /'keltı/'keltin/ *m/f* Kelt, Kelt ırkından olan kişi
keltern /'keltırn/ *vt* meyveyi pres edip suyunu çıkarmak
keltisch /'keltiş/ *s* Kelt, Keltçe
Kenia /'ke:nya/ *n* Kenya
kennen /'kenın/ *vt* bilmek; tanımak ***die Gesetze kennen*** kanunları, yasaları bilmek ***etw an etw kennen*** (bir şeyi bir şeyinden) tanımak ***ich habe ein nettes Mädchen kennengelernt*** hoş bir kızla tanıştım ***jdn an etw kennen*** (birisini bir şeyinden) tanımak ***jdn kennen*** (birisini) tanımak ***keine Reue kennen*** pişmanlık nedir bilmemek ***kennen wir uns?*** tanışıyor muyuz? ***sich kennen*** tanışık olmak, birbirlerini tanıyor olmak ***sich kennenlernen*** tanışmak, birbirini tanımak ***vom Sehen her kennen*** şahsen tanımak
Kenner /'kenır/ *m* (bir şeyi) iyi bilen, (bir şeyden) iyi anlayan, uzman, ehil, bilirkişi ***einer Sache Kenner sein*** bir şeyden iyi anlamak
Kennerblick /'kenırblik/ *m* uzman gözü ***mit Kennerblick*** uzman gözüyle
Kennkarte /'kenkartı/ *f* tanıtma kartı, kimlik kartı
kenntlich /'kentlih/ *be* belli olan, görülen, tanınabilen ***kenntlich machen*** belli etmek; işaretlemek
Kenntnis /'kentnis/ *f* bilgi, yeti, malumat ***etw zur Kenntnis nehmen*** (haber) duymak, dinlemek, okumak ***gute Kenntnisse besitzen*** (bir şeyi) iyi bilmek, iyi anlamak ***jdm etw zur Kenntnis bringen*** (birisine bir şeyi) bildirmek ***jdn in Kenntnis setzen*** bilgi vermek

K

jdn von etw Kenntnis in setzen (birisini bir şeyden) haberdar etmek ***Kenntnis haben*** bilgisi olmak ***Kenntnisse erwerben*** bilgi edinmek ***von etw Kenntnis erhalten*** (bir şeyi) öğrenmek ***von jdm/etw Kenntnis nehmen*** (birisinin/bir şeyin) farkına varmak

Kenntnisnahme /'kentnisna:mı/ *f* bilgi edinme ***ich bitte um Kenntnisnahme*** bilgilerinize sunarım ***zur Kenntisnahme*** bilgi olarak

Kennwort /'kenvort/ *n* şifre, rumuz; *ask* parola

Kennzeichen /'kentsayhın/ *n* işaret, alamet, marka; ayırıcı özellik; (otomobil) plaka

kennzeichnen /'kentsayhnın/ *vt* işaretlemek, markalamak; betimlemek, tasvir etmek; *vi* işareti olmak, karakteristik özelliği olmak

K

Kennzeichnung /'kentsayhnung/ *f* işaretleme, markalama; betimleme, özelliklerini belirtme

Kennziffer /'kentsifır/ *f* kod, kod sayısı, şifre sayısı, indeks numarası; oran

kentern /'kentırn/ *vi* (gemi) alabora olmak, yan yatmak, devrilmek

Keramik /ke'ra:mik/ *f* pişmiş toprak, keramik, seramik; pişmiş topraktan eşya, keramik eşya, seramik eşya

Kerbe /'kerbı/ *f* kertik, çentik ***in die gleiche Kerbe hauen*** devamlı olarak yanındakinin söylediklerini tekrarlamak

kerben /'kerbın/ *vt* kertik açmak, çentik açmak

Kerbholz /'kerbholts/ *n* çetele ***etw auf dem Kerbholz haben*** *kon* bir suç işlemiş olmak

Kerker /'kerkır/ *m* zindan; *huk* ağır hapis cezası

Kerl /kerl/ *m kon* adam; herif; *hkr* hergele ***armer Kerl*** zavallı adam ***der arme Kerl*** zavallı çocukcağız ***feiner Kerl*** iyi birisi ***ganzer Kerl*** mert adam ***gemeiner Kerl*** *hkr* eşşoğlu eşek, itoğlu it ***lustiger Kerl*** neşeli adam

Kern /kern/ *m* öz, iç, merkez; çekirdek, nüve; önemli nokta, can alıcı nokta; *fiz* atom çekirdeği, nükleer, atom ***der Kern der Sache*** işin en önemli noktası, meselenin özü ***jd hat einen guten Kern*** (birisi) içi iyi olmak, özünde iyi olmak

Kernenergie /'kernenergi:/ *f fiz* nükleer enerji, atom enerjisi

Kernexplosion /'kerneksplo'zyo:n/ *f* nükleer patlama

Kernforschung /'kernforşung/ *f* nükleer araştırma

Kernfusion /'kernfuzyo:n/ *f fiz* nükleer füzyon

kerngesund /kerngı'zunt/ *s kon* sapasağlam, çakı gibi

kernig /'kernih/ *s* çekirdekli; *kon* sağlam, güçlü; *kon* kaba

Kernkraft /'kernkraft/ *m fiz* atom enerjisi, nükleer enerji

Kernkraftwerk /'kernkraftverk/ *n* atom santralı

Kernobst /'kerno:pst/ *n* çekirdekli meyve

Kernphysik /'kernfüzi:k/ *f fiz* nükleer fizik, atom fiziği

Kernphysiker /'kernfü:zikır/ *m* atom fizikçisi

Kernpunkt /'kernpunkt/ *m* en önemli nokta, can alıcı nokta

Kernreaktor /'kernreaktor/ *m fiz* nükleer reaktör, atom reaktörü

Kernseife /'kernzayfı/ *f* (parfümsüz, boyasız) saf sabun

Kernspaltung /'kernşpaltung/ *f fiz* atom çekirdeğinin parçalanması, atom ayırma

Kernzeit /'kerntsayt/ *f* esnek çalışma saatleri uygulayan işyerinde herkes için ortak olan zaman dilimi

Kerosin /kero'zi:n/ *n* kerozen, uçak benzini, yüksek oktanlı benzin; gazyağı; petrol

Kerze /'kertsı/ *f* mum; *oto* buji; *sp* (futbol) şandel; esas duruş

kerzengerade /'kertsıngıra:dı/ *s kon* dimdik

Kerzenlicht /'kertsınliht/ *n* mum ışığı

Kerzenständer /'kertsınştendır/ *m* şamdan, mumluk

kess /kes/ *s* (kadın) şık; afife, çıtı pıtı; küstah, cüretkâr

Kessel /'kesıl/ *m* kazan; *coğ* derin çukurluk, vadi, kanyon; *ask* çember, etrafını çevirme; galon

Ketchup /'ketşap/ mn ketçap

Kette /'ketı/ *f* zincir; silsile; (askeri araç) palet, zincir; (saat) köstek; sıra, dizi; sürü, küme; zincirleme olay; *coğ* dağ silsilesi; *ask* tırtıllı tekerlek ***in Ketten legen*** zincirlemek, zincire vurmak

Kettenhund /'ketınhunt/ *m* (sürekli) zincire bağlı köpek; bekçi köpeği

Kettenraucher /'ketınrauhır/ *m* sürekli sigara içen kişi, arka arkaya sigara yakan kişi
Kettenreaktion /'ketınreaktsyo:n/ *f kim* tepkime, zincirleme reaksiyon
Ketzer /'ketsır/ *m esk* katololik kilisesine aykırı olan kimse; topluma ters düşen kimse, sosyal normlara aykırı kimse
ketzerisch /'ketsıriş/ *s* dinsiz; ayrı yaşam felsefesi olan, herkesten ayrı düşünen
keuchen /'koyhın/ *vi* kesik kesik solumak, soluk soluğa olmak
keuchend /'koyhınt/ *be* soluğu kesilmiş, soluğan
Keuchhusten /'koyhhustın/ *m hek* boğmaca
Keule /'koylı/ *f esk* ask. topuz, gürz; mağara adamının elindeki hayvan kemiğinden olan silah; (et) but; *sp* labut
keusch /'koyş/ *s* namuslu, saf, iffetli; bakire; temiz, pak; terbiyeli, edepli
Keuschheit /'koyşhayt/ *f* namus, saflık, iffet; bakirelik
Kichererbse /'kihırerpsı/ *f bitk* nohut ***geröstete Kichererbsen*** leblebi
kichern /'kihırn/ *vi* kıkırdamak, kıkır kıkır gülmek ***etw kichern*** *kon* komik bir şeyi kıkırdayarak anlatmaya çalışmak
kicken /'kikın/ *vt sp* (futbol) topa vurmak, şut atmak; *kon* futbol oynamak
kidnappen /'kitnepın/ *vt* çocuk kaçırmak
Kidnapper /'kitnepır/ *m* çocuk kaçıran, çocuk rehin alan kimse; çocuk hırsızı
Kiebitz /'ki:bits/ *m hayb* kızkuşu; *kon* (iskambil oyunu, spor müsabakası) seyirci
Kiefer1 /'ki:fır/ *m* anat. çene kemiği
Kiefer2 /'ki:fır/ *f* bitk. çam ağacı
Kieferorthopädie /'ki:fırortopedi:/ *f hek* çene cerrahisi
Kiel /ki:l/ *m* tekne omurgası, gemi omurgası; *esk* tüy kalem, kuştüyü kalem
Kielwasser /'ki:lvasır/ *n den* dümen suyu, gemi izi ***in jds Kielwasser segeln*** (birisinin) dümen suyunda gitmek
Kieme /'ki:mı/ *f hayb* solungaç, galseme
Kien /ki:n/ *m* çıra
Kies /ki:s/ *m* yerb çakıl, gravye; *kon* para, mangır ***mit Kies bestreuen*** çakıl döşemek
Kieselsäure /'ki:zılzoyrı/ *f kim* silis asidi, silisik asit
Kieselstein /'ki:zılştayn/ *m* çakıl taşı
Kiesweg /'ki:sve:k/ *m* çakıllı yol, çakıl döşeli yol
kiffen /'kifın/ *vt kon* esrar içmek, esrar çekmek
Kilobyte /'kilobait/ *n biliş* kilobyte; kilobayt
Kilogramm /'kilogram/ *n fiz* kilogram; kilo
Kilohertz /'kiloherts/ *n* kiloherz
Kilometer /kilo'me:tır/ *m* kilometre
Kilometergeld /kilo'me:tırgelt/ *n* kilometre başına firmadan alınan benzin parası, yakıt harcırahı; kiralık arabaya ödenen kilometre ücreti
kilometerlang /kilo'me:tırlang/ *be* kilometrelerce; çok uzun
Kilometerzähler /kilo'me:tırtse:lır/ *m* (otomobil) kilometre sayacı, mesafe göstergesi, takometre
Kilowatt /'kilovat/ *n fiz* kilovat, 1000 watt
Kilowattstunde /'kilovatştundı/ *f fiz* kilovat saat, saatte ... kilovat
Kimme /'kimı/ *f* kertik, çentik; *ask* (silah) gez
Kind /kint/ *n* çocuk; evlat; bebek, yavru; *kon* küçük ***das weiß jedes Kind*** bunu herkes bilir ***ein großes Kind sein*** *kon* çocuk gibi huyları olmak ***ein Kind bekommen*** çocuğu olmak ***ein Kind der Sonne*** güneşi seven kişi ***ein Kind erwarten*** bir çocuk beklemek ***ein Kind ist unterwegs*** *kon* bir çocuk doğacak ***jdm ein Kind andrehen*** *kon* (birinin başına) çocuk peydahlamak ***jdn an Kindes statt annehmen*** *kon* (birini) evlat edinmek ***Kind abtreiben*** *hek* çocuk aldırmak ***Kind aus der ersten Ehe*** ilk evlilikten olma çocuk ***Kind aussetzen*** çocuğu terk etmek ***Kind der Liebe*** aşkın meyvesi ***Kind und Kegel*** çoluk çocuk ***Kinder auf die Welt bringen*** çocuk dünyaya getirmek ***Kinder haben*** çocuk sahibi olmak ***Kinder und Erwachsene*** büyük küçük herkes ***mit Kind und Kegel*** *kon* çoluk çocuk, ailece ***von Kind an*** çocukluktan beri ***von Kind auf*** çocukluktan beri
Kinderarbeit /'kindırarbayt/ *f* çocukların bir işte çalıştırılması, çocukların yapabileceği iş
Kinderarzt /'kindırartst/ *m* çocuk doktoru
Kinderermäßigung /'kindırerme:sigung/ *f* (giriş, seyahat, vs.) çocuk indirimi
Kinderfreibetrag /'kindırfraybıtra:k/ *m* çocuk başına vergi muafiyeti
Kindergarten /'kindırgartın/ *m* ana okulu, kreş; çocuk bahçesi
Kindergärtnerin /'kindırgertnerin/ *f* ana

K

okulu hemşiresi; kreş öğretmeni
Kindergeld /'kindırgelt/ *n* (maaşa) çocuk yardımı, çocuk parası, çocuklu ailelere yapılan parasal devlet yardımı
Kinderheim /'kindır**h**aym/ *n* çocuk yuvası
Kinderhort /'kindır**h**ort/ *m* kreş, çocuk gündüz bakımevi
Kinderkrankheit /'kindırkrank**h**ayt/ *f* çocuk hastalığı
Kinderlähmung /'kindırle:mung/ *f hek* çocuk felci
kinderleicht /kindır'lay**ht**/ *s kon* çok basit, çok kolay
kinderlos /'kindarlo:s/ *s* çocuksuz
Kindermädchen /'kindırme:t**h**ın/ *n* dadı
kinderreich /'kindırray**h**/ *s* çok çocuklu
Kinderspiel /'kindırşpi:l/ *n* çocuk oyunu; çok kolay olan, kolay yapılabilen şey
Kinderstube /'kindırştu:bı/ *f* çocuk odası; çocuk terbiyesi ***keine Kinderstube haben*** terbiyesi iyi olmamak ***seine gute Kinderstube vergessen*** *kon* terbiyesini bozmak
Kinderwagen /'kindırva:gın/ *m* bebek arabası, çocuk arabası, puset
Kinderzimmer /'kindırtsimır/ *n* çocuk odası
kindgerecht /'kintgıre**ht**/ *s* çocuğa uygun
Kindheit /'kint**h**ayt/ *f* çocukluk, çocukluk yaşamı, çocukluk çağı ***von Kindheit an*** çocukluktan beri, küçüklüğünden beri
kindisch /'kindiş/ *s* çocukça; aptalca
kindlich /'kindli**h**/ *s* çocuksu, çocukça ***kindliche Naivität*** çocuk saflığı ***kindliche Sprache*** çocuksu dil, çocuksu konuşma, agucuk gugucuk
kinetisch /ki'ne:tiş/ *s* kinetik ***kinetische Energie*** kinetik enerji, devimsel erke ***kinetische Kette*** kinetik düzen, devimsel düzen
Kinkerlitzchen /'kinkırlits**h**ın/ *pl* cicili bicili şeyler, süslü püslü şeyler
Kinn /kin/ *n anat* çene
Kinnhaken /'kin**h**a:kın/ *m sp* (boks) aparkat, aparküt
Kinnlade /'kinla:dı/ *f* çene kemiği
Kino /'ki:no/ *n* sinema ***im Kino sein*** sinemada olmak ***ins Kino gehen*** sinemaya gitmek
Kinobesucher /'ki:nobızu:**h**ır/ *m* sinemasever
Kinoprogramm /'ki:noprogram/ *n* film programı
Kinoreklame /'ki:norekla:mı/ *f* sinema reklamı
Kiosk /'kiosk/ *m* satış kulübesi, büfe, gazete satılan küçük kulübe; köşk; (fuar vs.) bölüm, pavyon
Kippe /'kipı/ *f* izmarit; tumba, külbütör ***auf der Kippe stehen*** her an devrilebilir durumda olmak
kippen /'kipın/ *vt* devirmek, boca etmek; *vi* devrilmek, yıkılmak
Kippfenster /'kipfenstır/ *n* kanada penceresi
Kippschalter /'kipşaltır/ *m* devirme şalter
Kirche /'kir**h**ı/ *f* kilise; *kon* din, Hıristiyanlık
Kirchenchor /'kir**h**ınko:r/ *m* kilise korosu
Kirchendiener /'kir**h**ındi:nır/ *m* zangoç; (islam) kayyum
Kirchenlied /'kir**h**ınli:t/ *n* kilise şarkısı, ilahi, koral
Kirchenmusik /'kir**h**ınmuzi:k/ *f* dini müzik, kilise müziği
Kirchensteuer /'kir**h**ınştoyır/ *f* kilise vergisi
Kirchhof /'kir**hh**o:f/ *m* kilise çevresindeki mezarlık
kirchlich /'kir**h**li**h**/ *s* kiliseye ait; kiliseyle ilişkili ***kirchlich gesinnt*** kilise taraftarı, dinci, muhafazakâr ***kirchliche Feiertage*** dini bayram günleri ***kirchliche Trauung*** kilise nikâhı, dini nikâh
Kirchturm /'kir**h**turm/ *m* kilise kulesi
Kirchweih /'kir**h**vay/ *f* kilisenin açılış töreni ve bu törenin her yıl, halk şenlikleri halinde kutlanması
Kirschbaum /'kirşbaum/ *m bitk* kiraz ağacı
Kirsche /'kirşı/ *f bitk* kiraz
Kirschkern /'kirşkern/ *m bitk* kiraz çekirdeği
Kirschwasser /'kirşvasır/ *n* kiraz rakısı
Kissen /'kisın/ *n* yastık; minder; yatak
Kissenbezug /'kisınbıtsu:k/ *m* yastık kılıfı
Kiste /'kistı/ *n* büyük kutu; eski araba, eski gemi; mesele, sorun; *kon* tabut ***eine faule Kiste*** şüpheli iş ***Kitsch der Kiste*** ilkel araçlarla ve yollardan duyguları harekete geçirmek isteyen sözde sanat eseri
Kitsch /kiç/ *m* değersiz eser; arabesk
kitschig /'kiçi**h**/ *s* adi, bayağı, değersiz
Kitt /kit/ *m* macun; balçık; ağaç sakızı; balmumu; çiriş ***der ganze Kitt*** *mec* hepsi
Kittchen /'kit**h**ın/ *n kon* hapishane, ceza-

evi, kodes ***im Kittchen sitzen*** kodeste yatmak ***ins Kittchen kommen*** hapse düşmek

Kittel /'kitıl/ *m* iş önlüğü; gömlek, bluz, cepken; çocuk ceketi

kitten /'kitın/ *vt* yapıştırmak, macunlamak

kitzelig /'kitsılih/ *s* çabuk gıdıklanan; gıdıklayan; nazik, tehlikeli ***eine kitzelige Frage*** nazik bir sorun, tehlikeli bir durum ***kitzelig sein*** gıdıklanmak

kitzeln /'kitsıln/ *vt* kaşımak, gıdıklamak; hoş bir heyecan duymak ***es kitzelt mich*** bir kaşıntı duyuyorum ***es kitzelt mich, das zu tun*** bunu yapmayı çok istiyorum ***jds Eitelkeit kitzeln*** birisini pohpohlamak

Kiwi /'ki:vi:/ *f bitk* kivi

klaffen /'klafın/ *vi* yarı açık bir halde olmak; aralık kalmak; iyi kapanmamak ***eine klaffende Wunde*** açık yara

kläffen /'klefın/ *vi* havlamak; *mec* bağırıp çağırmak

klagbar /'kla:kba:r/ *s* dava açmaya sebep olabilir, dava edilebilir ***etw klagbar machen*** *huk* dava açmak

Klage /'kla:gı/ *f huk* dava; yakınma, şikâyet; sızıltı, inilti, haykırış, feryat, çığlık ***eine Klage gegen jdn anstellen machen*** *huk* (birisine) karşı bir dava açmak ***gegen jdn Klage erheben*** *huk* aleyhte dava açmak ***in Klagen ausbrechen*** şikâyet etmeye başlamak ***Klage anhängig machen*** *huk* mahkemede dava açmak ***Klage auf Aufhebung*** *huk* iptal davası ***Klage auf Trennung*** *huk* boşanma davası ***Klage einreichen*** *huk* dava açmak ***Klage erheben*** *huk* dava açmak ***Klage über etw*** yakınma ***Klage zurückziehen*** *huk* davayı geri çekmek ***laute Klagen erheben*** bağırarak yakınma ***mit seiner Klage abgewiesen werden*** *huk* davası reddolunmak ***über etw Klage führen*** (bir şey hakkında) şikâyette bulunmak

klagen /'kla:gın/ *vi huk* dava açmak, dava etmek; yakınmak, şikâyet etmek; inlemek, sızlamak; *vt* birisine derdini açmak, içini dökmek ***auf Scheidung klagen*** *huk* boşanma davası açmak ***bei jdm über etw klagen*** (bir şey hakkında birisine) yakınmak ***bitter klagen*** acı acı inlemek, dert dökmek ***dem Himmel sei's geklagt!*** *kon* Allah'a havale ediyorum ***gegen jdn klagen*** *huk* birisi aleyhine dava açmak

Kläger /'kle:gır/ *m huk* davacı, suçlayan, dava eden ***sich zum Kläger aufwerfen*** *huk* davacı olarak ortaya çıkmak

Klageschrift /'kla:gışrift/ *f huk* dava dilekçesi

kläglich /'kle:klih/ *s* şikâyet eden; inleyen, acıklı, hazin; acınacak halde; perişan, berbat

Klamauk /kla'mauk/ *m kon* karışıklık; gürültü, patırtı; rezalet, skandal

Klamm /klam/ *f coğ* dar boğaz, içinden deli dere akan dar yarık

klamm /klam/ *s* ıslak ve soğuk (çamaşır); (soğuktan) donuk, uyuşuk; nemli; az, kıt ***klamm sein*** *kon* meteliğe kurşun atmak

Klammer /'klamır/ *f* kenet, perçin çivisi, maşa; *dilb* parantez, ayraç; ataş; mandal ***eckige Klammer*** köşeli parantez ***ein Wort in Klammern setzen*** bir sözcüğü parantez içine almak ***eine Klammer errichten*** parantez açmak ***runde Klammer*** yuvarlak parantez

Klammeraffe /'klamırafı/ *m hayb* uzun kuyruklu Güney Amerika maymunu

klammern /'klamırn/ *vt hek* yarayı yara çengeliyle tutturmak; kenetlemek, perçinlemek, mandallamak; *sp* (boks) rakibe sarılmak ***sich an jdn klammern*** (birisine) sarılmak, yapışmak ***sich klammern*** sarılmak, yapışmak

klammheimlich /klam'haymlih/ *s* tamamen gizli, gizliden gizliye

Klamotten /kla'motın/ *pl* dökme kalıplarının etrafındaki taş ve tuğla parçaları; pılı pırtı

Klang /klang/ *m* ses, seda; para sesi, şıkırtı; ses yansıması, akis; çan, şöhret ***eine Firma von gutem Klang*** tanınmış bir firma ***Klang des Hammerschlags*** çekiç sesi ***liebliche Klänge*** tatlı nameler

klanglos /'klanglo:s/ *s* ses çıkarmayan

klangvoll /'klangfol/ *s* melodik; tınlayan

Klappe /'klapı/ *f* iner kalkar kapak; *tek* supap, valf; (mobilya) açılır kapanır kısım; *kon* ağız; *kon* yatak ***halt die Klappe!*** Ağzını kapa! sesini kes! ***sich in die Klappe legen*** yatağa yatmak

klappen /'klapın/ *vi* takırdamak, takır tukur etmek; gürültü ile kapanmak; uymak, uygun gelmek ***es klappt alles sehr gut*** *mec* her şey yolunda ***in die Höhe klappen*** kapağı yukarıya kaldıra-

K

rak açmak
Klapper /'klapır/ *f* çıngırak; kaynana zırıltısı; bostan korkuluğu; çingene oynama zili; (bebek) çıngırak; (yılan) çıngırak
klapperdürr /'klapırdür/ *s* iskelet gibi, bir deri bir kemik
klapperig /'klaparih/ *s* eski püskü eşya; yaşlı, iki büklüm adam ***ein klapperiges Auto*** döküntü bir araba
klappern /'klapırn/ *vi* takırdamak; (leylek) laklak etmek; gevezelik etmek; *kon* reklam yapmak ***der Storch klappert*** leylek gagasını takırdatıyor ***mit den Goldstücken klappern*** altın liraları şakırdatmak ***mit den Zähnen klappern*** çeneleri titremek; (soğuktan) dişleri birbirine çarpmak
Klapperschlange /'klapırşlangı/ *f hayb* çok zehirli çıngıraklı yılan; *kon* daktilo
Klappfahrrad /'klapfa:ra:t/ *n* açılır kapanır bisiklet
Klappfenster /'klapfenstır/ *m* (yatay ekseni üzerinde indirilip kaldırılan) üst pencere, vasisdas
Klappmesser /'klapmesır/ *n* çakı
Klappstuhl /'klapştu:l/ *m* açılır kapanır sandalye
Klapptisch /'klaptiş/ *m* açılıp kapanan masa
Klaps /klaps/ *m* şaklıyan vuruş, hafif tokat; şaklama; *kon* delilik, çılgınlık
Klapsmühle /'klapsmü:lı/ *f kon* akıl hastanesi
klar /kla:r/ *s* açık, belirgin, belli, besbelli; aydınlık, açık; bulutsuz; şeffaf, berrak; arı, temiz, duru; net, sarih; *den* alesta; *mec* temkinli, gerçekçi; makul, ölçülü; sakin düşünen; (cevap) kaçamaksız, kesin; (görüntü) net ***aber klar!*** tabii! ***das ist klipp und klar*** bu besbelli bir şey ***es ist klar, dass es so ist*** böyle olduğu besbelli ***etw klar sehen*** (bir şeyi) açık olarak görmek ***jdm klaren Wein einschenken*** *mec* gerçek fikrini olduğu gibi söylemek ***klar und kalt werden*** (hava) ayaza kaçmak ***klar wie Kloßbrühe*** gün gibi ortada ***klaren Kopf behalten*** soğukkanlı düşünmek, ayık olmak ***klarer Blick*** isabetli davranış ***klares Wetter*** açık hava ***na klar!*** elbette!, tabii! ***nicht recht klar*** belli belirsiz ***sich über etw klar werden*** (bir şeyi) anlamak
Kläranlage /'kle:ranla:gı/ *f* arıtma tesisi
klären /'kle:rın/ *vt* açmak, berraklaştırmak; arıtmak; aydınlatmak, şüpheli/yanlış anlamaları ortadan kaldırmak ***die Frage hat sich geklärt*** soru aydınlandı ***sich klären*** aydınlanmak, berraklaşmak, durulmak
klargehen /'kla:rge:ın/ *trvi kon* (iş) yolunda olmak
Klarheit /'kla:rhayt/ *f* berraklık, şeffaflık, temizlik, duruluk; açıklık; *fot* netlik ***in eine Angelegenheit Klarheit bringen*** *mec* bir şeyi aydınlatmak
Klarinette /klari'netı/ *f müz* klarnet
klarkommen /'kla:rkomın/ *trvt kon* (bir şeyi) anlamak; (birisi ile) anlaşmak
Klärschlamm /'kle:rşlam/ *m* suyun arıtılmasında geride kalan artık
Klarsichtfolie /'kla:rzihtfo:lyı/ *f* şeffaf folyo
klarstellen /'kla:rştelın/ *trvt* açıklama yaparak yanlış anlamayı önlemek
Klarstellung /'kla:rştelung/ *f* açıklama; (birisini) aydınlatma
Klartext /'kla:rtekst/ *m* şifreli olmayan metin
Klärung /'kle:rung/ *f* aydınlatma, açıklama; durultma; *tek* tasfiye
Klasse /'klası/ *f* bölüm; mevki; küme, sınıf; derece; (okul) sınıf, derslik; toplumsal sınıf; *bitk* sınıf ***das ist große Klasse!*** *kon* mükemmel!, çok iyi! ***ein Abteil zweiter Klasse*** ikinci mevki bir kompartıman ***ein Spieler von Klasse*** çok iyi bir oyuncu ***er geht in die zweite Klasse*** o, ikinci sınıfa gidiyor ***erste Klasse auf dem Schiff*** gemide birinci mevki ***Gewichtsklasse bei Boxern*** *sp* (boks, güreş, halter) sıklet, kilolara göre ayrılan küme
klasse /'klası/ *s kon* mükemmel, harika, klas ***eine klasse Idee*** harika bir fikir
Klassement /klas'man/ *n* sınıflara ayırma, düzenleme, klasman; düzen; *sp* sıra, puan listesi
Klassenkamerad /'klasınkamara:t/ *m* sınıf arkadaşı; akran, yaşıt
Klassensprecher /'klasınşprehır/ *m* sınıf mümessili, sınıf başkanı
Klassentreffen /'klasıntrefın/ *n* sınıf toplantısı
Klassenzimmer /'klasıntsimır/ *n* sınıf, derslik
Klassifikation /klasifika'tsyo:n/ *f* sınıflandırma, gruplandırma

Klassifizierung /klasifi'tsi:rung/ *f* bölümleme, sınıflama, tasnif etme
Klassik /'klasik/ *f* klasik çağ; bir ülkenin, özellikle sanat alanında büyük, önemli eserler yarattığı dönem, klasizm
Klassiker /'klasikır/ *m* klasik dönem temsilcisi; *mec* kendi çağının çok ilerisine etkili yazar
klassisch /'klasiş/ *s* (Yunan-Roma) klasik; örnek, tipik, klasik; konvensiyonel; değerli, her devirde değerli ***das klassische Altertum*** klasik eski çağ ***klassische Literatur*** klasik edebiyat ***klassische Schule*** klasik okul, düz okul ***klassische Sprachen*** Yunanca ve Latince ***klassisches Programm*** klasik program
Klassizismus /klasi'tsismus/ *m* eski Yunan ve Roma kültürlerine özgü biçim ve kuralların aynen taklit edilmesi, klasikçilik
Klatsch /klaç/ *m* bir şeyin yere düştüğünde çıkardığı ses; suyun akarken çıkardığı ses; eller birbirine çarptığında çıkan ses; dedikodu
Klatschbase /'klaçba:zı/ *f* dedikoducu kadın; laf ebesi
klatschen /'klaçın/ *vi* dedikodu yapmak; *kon* şamar atmak; *vt* (birisini) tokatlamak ***jdm Beifall klatschen*** (birisini) alkışlamak ***jdm etw klatschen*** (birisine) bir sır vermek, dedikodu yapmak, gammazlamak ***Ruhe, sonst klatscht's!*** sus, yoksa şamar geliyor!
Klatschkolumne /'klaçkolumnı/ *f* dedikodu sütunu
klatschnass /'klaç'nas/ *s* sırılsıklam ***klatschnass werden*** iliklerine kadar ıslanmak
Klatschspalte /'klaçşpaltı/ *f* (gazete) dedikodu köşesi
Klatschsucht /'klaçzu**h**t/ *f* dedikodu alışkanlığı
Klaue /'klauı/ *f hayb* (çift tırnaklılarda) tırnak; pençe; *kon* kötü el yazısı; *tek* çengel ***jdn in seine Klaue bekommen*** (birisini) pençesi altına almak
klauen /'klauın/ *vt kon* aşırmak, çalmak, araklamak
Klause /'klauzı/ *f coğ* dar geçit, boğaz, derbent; (manastır) papaz hücresi; ev ***er kommt nie aus seiner Klause*** ininden hiç dışarı çıkmaz
Klausel /'klauzıl/ *f huk* yazılı anlaşmalarda şart, kayıt; özel hüküm
Klausur /klau'zu:r/ *f* manastırlarda personelin dışında herkese kapalı odalar; hücreye kapanma; kapalı yerde yapılan sınav
Klavier /kla'vi:r/ *n müz* piyano ***am Klavier*** piyanonun başında ***jdn auf dem Klavier begleiten*** (birisinin) şarkısına piyanoda eşlik etmek ***Klavier spielen*** *müz* piyano çalmak
Klavierkonzert /kla'vi:rkontsert/ *n müz* piyano ve orkestra için konçerto
Klavierstimmer /kla'vi:rştimır/ *m müz* piyano akortçusu
Klavierstunde /kla'vi:rştundı/ *f* piyano dersi
Klebeband /'kle:bıbant/ *n* yapışkan bant, seloteyp
Klebemittel /'kle:bımitıl/ *n* yapıştırıcı madde, yapışkan
kleben /'kle:bın/ *vt* yapıştırmak, tutturmak; *vi* yapışmak, tutmak; sigorta pullarını bir yere yapıştırmak ***der Minister klebt an seinem Posten*** *kon* Bakan koltuğuna yapışmış ***der Tisch klebt vor Schmutz*** masa kirle kaplanmış ***jdm eine kleben*** *kon* şamar atmak
Klebestreifen /'kle:bıştrayfın/ *m* yapışkanlı bant, selobant
klebrig /'kle:bri**h**/ *s* yapışkan, ağdalı; zamk gibi
Klebstoff /'kle:pştof/ *m* yapıştırıcı madde, zamk, tutkal
kleckern /'klekırn/ *vi kon* leke yapmak ***es auf etw kleckern*** (bir şeyin) üzerine dökmek ***es kleckert*** çok yavaş ilerliyor
Klecks /kleks/ *m* leke, mürekkep lekesi, boya lekesi
Klee /kle:/ *m bitk* yonca, çayır ***ewiger Klee*** kaba yonca ***jdn über den grünen Klee loben*** *mec* (birisini) çok övmek, göklere çıkarmak
Kleeblatt /'kle:blat/ *n bitk* yonca yaprağı; üçlü grup
Kleid /klayt/ *n* elbise, urba, giysi; kadın giysisi ***abgelegte Kleider*** eski elbiseler ***Kleider machen Leute*** insanlara giyimlerine göre değer verilir ***Worte sind die Kleider der Gedanken*** kelimeler fikirlerin elbisesidir
kleiden /'klaydın/ *vt* (birisini) giydirmek; (birisine) elbise almak; (elbise) yakışmak ***Das kleidet Sie gut*** Bu size yakışıyor ***etw in eine Form kleiden*** (bir şe-

ye) şekil vermek ***rot kleidet dich gut*** kırmızı sana iyi gidiyor ***seine Gefühle in Worte kleiden*** duygularını kelimelerle ifade etmek ***sich kleiden*** giyinmek ***sich schwarz kleiden*** siyah elbise giymek, siyahlara bürünmek

Kleiderbügel /'klaydırbü:gıl/ *m* elbise askısı

Kleiderbürste /'klaydırbü:rstı/ *f* elbise fırçası

Kleiderhaken /'klaydırha:kın/ *m* elbise askısı; portmanto

Kleiderschrank /'klaydırşrank/ *m* elbise dolabı

Kleiderständer /'klaydırştendır/ *m* portmanto

kleidsam /'klaytza:m/ *s* (elbise) yakışan, iyi giden, şık

Kleidung /'klaydung/ *f* giyim, kılık kıyafet, üst baş; kostüm ***gut in Kleidung gehen*** şık giyinmek; özenle giyinmek ***in bürgerlicher Kleidung*** sivil elbise ile ***seine Kleidung wechseln*** üzerini değişmek, kıyafetini değişmek

Kleidungsstück /'klaydungsştük/ *n* giysinin parçası

Kleie /klayı/ *f* (saç) kepek

klein /klayn/ *s* küçük, ufak; (kişi) genç; *mec* önemsiz, ehemmiyetsiz; ufak, cüzi; (zaman) kısa; *mec* dar kafalı; değersiz; *be* pek az, çok az; *mad* parçalanmış kaya ***das sind kleine Fische*** *kon* bunlar önemsiz, basit ***die Kleinen müssen jetzt ins Bett*** çocuklar şimdi yatağa! ***ein klein wenig*** çok az ***ein kleines Geschenk*** küçük bir hediye ***ein kleines Kind*** küçük bir çocuk ***eine kleine Stunde*** bir saate yakın ***eine kleine Weile*** bir dakika; hemen ***er wurde ganz klein*** *kon* sessiz kaldı ***im Kleinen*** *tic* perakende ***klein bleiben*** cüce kalmak, boyu uzamamak ***klein und stämmig*** bodur ***kleine Fahrt*** *den* bir geminin (yavaş hızla) ilk seferi ***kleine Kalorie*** küçük kalori ***kleine Menge*** küçük bir miktar ***kleiner werden*** küçülmek, ufalmak ***kleines Geld*** bozuk para, küçük para ***kleines Geschenk*** küçük hediye ***kleines Paket*** küçük paket ***über ein kleines*** yakında; kısa bir süre sonra ***von klein auf*** çocukluktan itibaren şeyler

Kleinanzeige /'klaynantsaygı/ *f* küçük ilan

Kleinasien /klayn'a:zyın/ *n coğ* küçük Asya; Anadolu

Kleinbildkamera /'klaynbiltkamıra/ *f* 35 mm'lik film kamerası

Kleinbuchstabe /'klaynbu:hşta:bı/ *f* küçük harf, miniskül

kleinbürgerlich /'klaynbürgırlih/ *s* küçük burjuva tarzında; tutucu, dar kafalı

Kleinfamilie /'klaynfami:lyı/ *f* küçük aile

Kleinformat /'klaynforma:t/ *n* küçük boy ***in Kleinformat*** küçük çaplı

Kleingedruckte /'klayngıdruktı/ *n* (sözleşmelerde, sigorta poliçelerinde) okunamayacak şekilde küçük yazılmış yazı

Kleingeld /'klayngelt/ *n* değeri az; madeni para, bozukluk, ufak para; küsuratlı para

kleingläubig /'klayngloybih/ *s* pek inanmayan, kesin inancı olmayan

Kleinholz /'klaynholts/ *n* kısa kesilmiş odun ***er wird Kleinholz aus dir machen!*** *kon* seni pataklayacak! ***sie haben Kleinholz aus der Einrichtung gemacht*** *kon* her şeyi berbat ettiler

Kleinigkeit /'klaynihkayt/ *f* önemsiz şey; fazla zahmet vermeyen şey; aperitif ***allerhand Kleinigkeiten einkaufen*** ufak tefek şeyler satın almak ***das ist für ihn eine Kleinigkeit*** bu onun için çok kolaydır ***das ist nur eine Kleinigkeit für Sie*** bunu yapmak sizin için işten bile değildir ***die Kleinigkeiten*** gereksiz ayrıntılar ***eine Kleinigkeit essen*** aperitif bir şeyler yemek ***sich mit Kleinigkeiten abgeben*** ayrıntılarla uğraşmak

Kleinigkeitskrämer /'klaynihkaytskre:mır/ *m kon* kılı kırk yaran; titiz adam

Kleinkind /'klaynkint/ *n* iki-altı yaş arası çocuk

Kleinkrieg /'klaynkri:k/ *m* gerilla savaşı; çete savaşı

Kleinkunstbühne /'klaynkunstbü:nı/ *f* kabare

kleinlaut /'klaynlaut/ *s* süklüm püklüm, süt dökmüş kedi gibi

kleinlich /'klaynlih/ *s* hasis ruhlu, pinti

kleinmütig /'klaynmü:tih/ *s* korkak; bezgin

Kleinod /'klamo:t/ *n* mücevher, değerli taş

Kleinstadt /'klaynştat/ *f* 20.000'den az nüfusu olan yerleşim birimi; kasaba

Kleinvieh /'klaynfi:/ *n* (koyun, keçi küçükbaş hayvan ***Kleinvieh macht auch Mist*** küçük ayrıntılar da çok etkili olabilir

Kleinwagen /'klaynva:gın/ *m* küçük otomobil
Kleister /'klaystır/ *m* zamk; çiriş; yapıştırıcı
kleistern /'klaystırn/ *vt* yapıştırmak, çirişlemek, tutkallamak
Klemme /'klemı/ *f* kerpeten, kıskaç; mengene; *mec* sıkıntı, darlık, çıkmaz ***in der Klemme sein*** *mec* sıkıntı içinde bulunmak ***in die Klemme geraten*** şapa oturmak; sıkıntıya düşmek
klemmen /'klemın/ *vt* sıkıştırmak; sıkışmak; *kon* çalmak, aşırmak ***die Tür klemmt*** kapı sıkışmış, zor açılıyor ***es klemmt*** sıkışıyor ***etw unter den Arm klemmen*** (bir şeyi) koltuğunun altına sıkıştırmak ***sich hinter die Bücher klemmen*** kitaplara sarılmak
Klempner /'klempnır/ *m* tenekeci; muslukçu; lehimci; kurşuncu; sıhhi tesisatçı
klerikal /kleri'ka:l/ *s* papazlarla ilgili, ruhani; aşırı dinci; klerik
Kleriker /'kle:rikır/ *m* Papaz, (katolik) kilise adamı, ruhani
Klerus /'kle:rus/ *m* (katolik) papazlar, din adamları; (islam) ulema, din adamı
Klette /'kletı/ *f bitk* dulavrat otu; *mec* yapışkan insan; pıtrak ***sich wie eine Klette an jdn hängen*** (birisine) kene gibi yapışmak
klettern /'kletırn/ *vi* tırmanmak, tırmanarak çıkmak ***auf einen Baum klettern*** bir ağaca tırmanmak ***auf einen Berg klettern*** bir dağa çıkmak ***das Barometer klettert*** *kon* barometre yükseliyor
Kletterpflanze /'kletırpflantsı/ *f bitk* sarmaşık
Klettverschluss /'kletferşlus/ *m* cırt, cırtlı bağlantı
klicken /'klikın/ *vi* klik sesi çıkarmak, kliklemek ***klicken hören*** klik sesini duymak
Klient /kli'ent/ *m* müşteri; müvekkil, bir avukatın müşterisi, bir avukatı vekil seçen kimse
Klima /'kli:ma/ *n* iklim, hava; *mec* (ortam) atmosfer, hava ***sich an das Klima gewöhnen*** bir yerin iklimine, havasına alışmak
Klimaanlage /'kli:maanla:gı/ *f* iklimleme cihazı, klima cihazı ***mit Klimaanlage bestatten*** klima ile donatmak, klima takmak
klimatisch /kli'ma:tiş/ *s* iklimle ilgili, iklim, iklimsel ***die klimatischen Verhältnisse*** hava şartları ***klimatische Veränderung*** iklim değişikliği
Klimaveränderung /'kli:maferendırung/ *f* iklim değişikliği
Klimawechsel /'kli:maveksıl/ *m* hava değişimi
Klimmzug /'klimtsu:k/ *m sp* (barfiks) kol gücü ile kendini demirin üstüne çekme
klimpern /'klimpırn/ *vi* çınlamak, çınlatmak; tınlatmak, tıngırdatmak ***auf dem Klavier klimpern*** *kon* piyanoyu tıngırdatmak ***das Geld klimpern*** parayı şıkırdatmak ***mit dem Geld in der Tasche klimpern*** cebindeki paraları şakırdatmak ***mit etw klimpern*** (bir şeyi) takırdatmak
Klinge /'klingı/ *f* kesici aletlerin demiri, kesici alet namlusu; kılıç veya bıçağın keskin yüzü; tıraş bıçağı, jilet ***es klingelt*** zil çalıyor, kapı çalıyor ***jdn aus dem Schlafbett klingeln*** *kon* zil çalarak ***jdn über die Klinge springen lassen*** öldürmek, kılıçtan geçirmek ***jdn vor die Klinge fordern*** (birisini) düelloya çağırmak
Klingel /'klingıl/ *f* zil; çıngırak
Klingelbeutel /'klingılboytıl/ *m* (Kilise) içinde zil olan para toplama kesesi
klingeln /'klingıln/ *vi* çıngırdamak; *vt* çıngırağı çekmek, zili çalmak ***es klingelt*** zil çalıyor, kapı çalıyor ***jdn aus dem Schlafbett klingeln*** *kon* zil çalarak birisini uyandırmak ***nach dem Diener klingeln*** zili çalarak hizmetçiyi çağırmak
Klingelton /'klingılto:n/ *m* zil sesi
klingen /'klingın/ *vi* tınlamak, çınlamak, ses çıkarmak, çalmak; ses vermek; yayılmak ***das klingt sonderbar!*** garip şey! ***das klingt wie ein Märchen*** insana bir masal gibi geliyor ***die Glocken klingen*** çan sesleri geliyor ***die Ohren klingen mir*** kulaklarım çınlıyor ***diese Worte klingen gut*** bu sözcükler kulağa hoş geliyor ***dumpf klingen*** boğuk ses çıkarmak ***gut klingen*** *müz* seslerin birbirine uyması ***in klingender Münze*** nakit para ***lieblich klingen*** hoş ses çıkarmak ***mit etw klingen*** (bir şeyi) çınlatmak ***mit den Gläsern klingen*** bardakları tokuşturarak çınlatmak
Klinik /'kli:nik/ *f* hastane, hasta bakılan yer, klinik

K

Klinikum /'kli:nikum/ *n* klinikler; hastanede stajyer hekimlik dönemi
klinisch /'kli:niş/ *s hek* klinikte yapılan, klinik ***klinische Ausbildung*** klinikte eğitim ***klinische Psychologie*** klinik psikoloji, klinik ruhbilim ***klinische Untersuchung*** klinik muayene
Klinke /'klinkı/ *f* mandal, kapı mandalı; *tek* dişli çark mandalı; (telefon santralı) açma kapama mandalı
Klippe /'klipı/ *f coğ* (denizde gemiler için tehlike olan) sivri, sert ve çıplak kayalık; *mec* engel, güçlük
klirren /'klirın/ *vi* takırdamak, şakırdamak, zangırdamak; (pencere) rüzgârdan titremek, ses çıkarmak ***man hört die Waffen klirren*** silah şakırtıları işitiliyor ***mit den Gläsern klirren*** kadehleri tokuşturmak
klirrend /'klirınt/ *ünl* tangur tungur, çangıl çungul ***klirrende Kälte*** *mec* çok soğuk, büyük soğuk
Klischee /kli'şe:/ *n* bas klişe; klişe söz, basmakalıp ifade
Klistier /kli'sti:r/ *n hek* lavman, şırınga ***ein Klistier geben*** *hek* şırınga yapmak
Klitoris /'kli:toris/ *f hek* klitoris, bızır, dudak
Klo /klo:/ *n kon* klozet; alafranga tuvalet
Kloake /klo'a:kı/ *f* lağım; *hayb* dışkılık
Kloben /'klo:bın/ *m* ağaç kütüğü; tomruk; *tek* el mengenesi; kapı menteşesi
klobig /'klo:bih/ *s* odun gibi; iri cüsseli, çam yarması gibi, kaba, yontulmamış
klonen /'klo:nın/ *vi* kaba çene çalmak, gevezelik etmek
klopfen /'klopfın/ *vt/vi* (kalp) çarpmak; dövmek; (kapı) vurmak; bir yere çakmak ***an die Tür klopfen*** kapıyı çalmak, kapıya vurmak ***auf den Busch klopfen*** *kon* (birisini) pataklamak ***der Puls klopft*** nabız atıyor ***es klopft*** kapı çalıyor ***jdm auf die Schulter klopfen*** (birisinin) omuzuna vurmak
Klopfzeichen /'klopftsayhın/ *n* tak tak vurarak anlaşma
Klops /klops/ *m* köfte
Klosett /klo'zet/ *n* alafranga tuvalet, apteshane, hela, klozet
Klosettbürste /klo'zetbürstı/ *f* klozet fırçası
Kloß /klo:s/ *m* topak şeklinde toprak parçası; kerpiç; yuvarlak et köftesi, yuvarlak hamur köftesi
Kloßbrühe /'klo:sbrü:ı/ *f* et suyu ***das ist klar wie Kloßbrühe!*** *kon* tamamen anlaşıldı
Kloster /'klo:stır/ *n* manastır; tekke ***in ein Kloster stecken*** bir manastıra kapanmak ***ins Kloster gehen*** manastıra kapanmak, rahibe olmak
Klosterschule /'klo:stırşu:lı/ *f* manastırdaki okul
Klotz /klots/ *m* kütük, odun kütüğü, tomruk, ağaç yarması; takoz; *mec* kaba adam, odun gibi herif ***ein Klotz am Bein*** ayak bağı ***wie ein Klotz sitzen*** kütük gibi oturmak
Klub /klup/ *m* kulüp, dernek
Klubhaus /'kluphaus/ *n* kulüp binası, kulüp lokali
Klubsessel /'klupzesıl/ *m* maroken koltuk
Kluft /kluft/ *f* uçurum, yarık, çatlak; ağaç yarması; *kon* elbise, üniforma; *esk* maşa, cımbız, kerpeten ***zwischen uns liegt eine Kluft*** *mec* aramızda dağlar var
klug /klu:k/ *s* akıllı, zeki; tedbirli; özenli, dikkatli; usta, mahir; kurnaz, açıkgöz; uyanık ***auch die Klügsten fallen oft herein*** *mec* çok bilen de çok yanılır ***aus etw nicht klug werden*** (bir şeyden) anlam çıkarmamak ***den Klügsten spielen*** kurnazlık satmak ***der Klügere gibt nach*** akıllı olan kavgaya girmez ***er ist nicht recht klug*** ne söylediğini bilmiyor
Klugheit /'klu:khayt/ *f* akıllılık, zeka, bilgelik, anlayış, kurnazlık
Klugscheißer /'klu:kşaysır/ *m* ukala
Klumpen /'klumpın/ *m* topak, toparlak parça; külçe; yığın; (kan) pıhtı ***alles auf einen Klumpen werfen*** hepsini üst üste yığmak
klumpen /'klumpın/ *vi* topaklaşmak; pıhtılaşmak
Klumpfuß /'klumpfu:s/ *m* sakat ayaklı
knabbern /'knabırn/ *vt* kemirmek, kemirerek yemek
Knabe /'kna:bı/ *m* erkek çocuk, erkek evlat, oğlan, oğlan çocuğu, delikanlı
Knäckebrot /'knekıbro:t/ *n* gevrek ekmek
knacken /'knakın/ *vi* çatırdamak, çıtırdamak; *vt* (ceviz, vs.) kırmak; (kutu, kasa) zorla açmak; parmaklarını çıtlatmak
knackig /'knakih/ *s* kütür kütür; *kon* fıstık gibi
Knacks /knaks/ *m* çatırtı; yarık, çatlak
Knall /knal/ *m* çatırtı, patırtı, kütürtü; to-

kat, şaplak; patlama sesi, infilak sesi ***Knall und Fall*** birdenbire, aniden, ansızın

Knalleffekt /'knalefekt/ *m* şaşırtıcı etki

knallen /'knalın/ *vi* patlamak, çatırdamak, çatlamak ***jdm knallen*** (birisine) tokat atmak

knallhart /knal'**h**art/ *s kon* katı, acımasız

Knallkörper /'knalkörpır/ *m* patlangaç

knapp /knap/ *s* dar, sıkı; az, kıt, eksik; az bulunan, nadir; özlü, veciz; *be* daracık; ancak ***knapp sein*** parası bitmek; sıkıntı çekmek ***knapp werden*** tükenmek ***mit knapper Not*** kıtı kıtına, ucu ucuna; nefes nefese

Knappheit /'knap**h**ayt/ *f* kısalık; azlık, yokluk; kıtlık, darlık; seyreklik, nadirlik

Knarre /'knarı/ *f* (oyuncak) kaynana zırıltısı; *kon* tüfek; *tek* cırcır matkap

knarren /'knarın/ *vi* gıcırdamak, gıcırdatmak ***die Tür knarrt*** kapı gıcırdıyor ***mit etw knarren*** (bir şeyi) gıcırdatmak

Knast /knast/ *m* hapis

Knastbruder /'knastbru:dır/ *m* hükümlü, mahkûm

knattern /'knatırn/ *vi* takırdamak; (ateş) çatırdamak, çıtırdamak

Knäuel /'knoyıl/ mn yumak, topak; küme, kütle; yığın, topak ***auf ein Knäuel wickeln*** yumak şeklinde sarmak

Knauf /knauf/ *m* yuvarlak, topuz; *mim* yuvarlak sütun başlığı; (kılıç) kabza

Knauser /'knauzır/ *m* cimri, pinti, varyemez; hasis, açgözlü; adi, bayağı insan

knauserig /'knauzıri**h**/ *s* cimri, pinti, varyemez; hasis, açgözlü; adi

knausern /'knauzırn/ *vi kon* cimrilik etmek, pintilik etmek, hasislik etmek ***mit etw knausern*** (bir şeyden) kısmak, tasarruf etmek

knautschen /'knauçın/ *vt kon* buruşturmak; paçavraya çevirmek; şapır şupur yemek; (laf) ağzında gevelemek; *kon* (kadını) çimdiklemek, sıkıştırmak; *vi* buruşmak

Knautschzone /'knauçtso:nı/ *f oto* darbe emici tampon

Knebel /'kne:bıl/ *m* sopa; ağız tıkacı; tıkaç

knebeln /'kne:bıln/ *vt* ağzını tıkamak, ağzını kapamak; *kon* zorla engellemek

Knecht /kne**h**t/ *m* çiftlik yardımcısı; hizmetkâr, yanaşma, kalfa; çeşitli yardımcı malzeme adı; ayakkabı çekeceği ***Knecht Ruprecht*** Noel Baba'nın yardımcısı

kneifen /'knayfın/ *vt* çimdiklemek; *vi* sıvışmak, ortadan kaybolmak, tüymek; *den* fırtınaya karşı yelken açmak ***jdn in die Backe kneifen*** (birisinin) yanağını çimdiklemek, makas almak

Kneifzange /'knayftsangı/ *f* kerpeten, kıskaç

Kneipe /'knaypı/ *f kon* meyhane, birahane; içkili kutlama, içki âlemi

kneten /'kne:tın/ *vt* yoğurmak, el ile ezerek yumuşatmak; biçim vermek, şekil vermek; masaj yapmak

Knetmasse /'kne:tması/ *f* oyun hamuru, plastilin

Knick /knik/ *m* dirsek, büklüm, büküm; viraj, dönemeç; (bardak, tabak) çatlak, kırık; (kâğıt) kırım yeri, buruşukluk

knicken /'knikın/ *vi* çatlamak; kırılmak; *vt* kırmak, bükmek, eğmek ***geknickt sein*** morali bozuk olmak ***ich bin geknickt*** *mec* moralim bozuk; kırgınım

knickrig /'knikri**h**/ *s* tam pinti

Knicks /kniks/ *m* reverans, dizlerini kırarak selamlama

knicksen /'kniksın/ *vi* dizlerini kırarak selamlamak, reverans yapmak ***vor jdm knicksen*** (birisinin) önünde eğilmek, eğilerek selamlamak

Knie /kni:/ *n anat* diz; dirsek; budak; yol çatalı, ırmak dirseği; pantolon dizkapağı ***auf den Knien liegen*** diz çökmüş durumda olmak ***auf die Knie fallen*** diz çökmek ***auf Knien*** diz üstü ***in die Knie zwingen*** diz çöktürmek

Kniebeuge /'kni:boygı/ *f sp* diz bükme

kniefrei /'kni:fray/ *s* dizleri örtmeyen, dizleri açıkta bırakan ***kniefreier Rock*** dizüstü etek, dizleri açıkta bırakan etek

Kniegelenk /'kni:gılenk/ *n anat* diz mafsalı

Kniekehle /'kni:ke:lı/ *f* dizin iç tarafı, dizin iç kısmı

knien /'kni:ın/ *vi* diz çökmek, dizlerin üzerinde durmak; boyun eğmek, dize gelmek ***sich knien*** dizleri üzerine çökmek ***vor jdm knien*** *mec* (birisine) yalvarmak, önünde diz çökmek

Kniescheibe /'kni:şaybı/ *f anat* dizkapağı kemiği, patella; (at) ayna kemiği

Kniestrumpf /'kni:ştrumpf/ *m* dizüstü çorabı, dize kadar uzanan çorap; spor çorabı, tozluk

K

knietief /'kni:ti:f/ *s* dizboyu ***knietiefer Schnee*** dizboyu kar
Kniff /knif/ *m* çimdik, makas alma; kat yeri, kırım yeri; şapka tepesi çukurluğu; kurnazca hile, dalavere; hüner, marifet
kniffelig /'knifalih/ *s* işin içinden çıkılması zor bir durum
knipsen /'knipsın/ *vi/vt* (bilet) delmek; *fot* fotoğraf çekmek; *kon* kötü fotoğraf çekmek; parmakları çıtlatmak
Knirps /knirps/ *m* (çocuk) bodur, bücür, bacaksız, beberuhi, bastıbacak, cüce; katlanabilir şemsiye
knirschen /'knirşın/ *vi* gıcırdamak, çıtırdamak ***es knirscht*** gıcırdıyor ***mit den Zähnen knirschen*** dişlerini gıcırdatmak
knistern /'knistırn/ *vi* çatırdamak, kıtırdamak; (ateş) çıtır çıtır yanmak; hışıldamak
knitterfrei /'knitırfray/ *s* (kumaş, kravat) buruşmaz
knitterig /'knitırih/ *s* kırışkan, kırışabilir; *kon* kolay buruşur
knittern /'knitırn/ *vt* kırıştırmak, buruşturmak; *vi* kırışmak, buruşmak
knobeln /'kno:bıln/ *vi* zar atmak ***an etw knobeln*** *kon* bir sonuca varmak ***mit jdm knobeln*** (birisiyle) karşılıklı zar atmak
Knoblauch /'kno:blauh/ *m bitk* sarmısak ***mit Knoblauch zubreiten*** sarmısak karıştırmak, sarmısaklamak
Knoblauchzehe /'kno:blauhtse:ı/ *f* bir dış sarmısak
Knöchel /'knöhıl/ *m anat* ayak bileği kemiği; *anat* parmak orta mafsalı; aşık, oyun zarı ***die Knöchel werfen*** aşık atmak
knöchellang /'knöhıllang/ *s* topuklara\topuğa kadar (inen)
Knochen /'knohın/ *m anat* kemik
Knochenbau /'knohınbau/ *m* kemik yapısı, iskelet
Knochenbruch /'knohınbruh/ *m* kemik kırılması
Knochengerüst /'knohıngırüst/ *m anat* iskelet
Knochenmark /'knohınmark/ *n anat* ilik, kemik iliği
knochentrocken /knohın'trokın/ *s* kemik gibi
knöchern /'knöhırn/ *be* kemikten, kemikten oluşma

knochig /'knohih/ *s* kemikli; iri kemikli
Knödel /'knö:dıl/ *m* hamur köftesi; ciğer köftesi
Knolle /'knolı/ *f bitk* yumru kök; soğan
Knopf /knopf/ *m* düğme; top, topuz, baş; hedef noktası
knöpfen /'knöpfın/ *vt* iliklemek; düğmelemek
Knopfloch /'knopfloh/ *n* ilik, düğme iliği
Knorpel /'knorpıl/ *m anat* kıkırdak
knorpelig /'knorpılih/ *s* kıkırdaklı; kıkırdak gibi
knorrig /'knorih/ *s* dallı budaklı; *mec* kaba adam, odun kafalı adam
Knospe /'knospı/ *f bitk* gonca, tomurcuk; *mim* sütun süsü
Knoten /'kno:tın/ *m* düğüm; *biy* boğum; (saç) topuz; *hek* ur, tümör; *tiy* düğüm noktası
knoten /'kno:tın/ *vt* düğümlemek
Knotenpunkt /'kno:tınpunkt/ *m* düğüm noktası; kavşak
Knuff /knuf/ *m* yumruk atma, yumruk; el ile itme
Knüller /'knülır/ *m* sansasyonel gazete haberi, bomba etkisi yaratan kitap veya film ***der Roman war ein Knüller*** roman olağanüstüydü
knüpfen /'knüpfın/ *vt* düğmelemek, bağlamak; ilmiklemek; kuvvetlendirmek; yakın ilişki kurmak ***einen Knoten knüpfen*** bir düğüm atmak ***etw an etw knüpfen*** (bir şeyi bir şeye) bağlamak
Knüppel /'knüpıl/ *m* sopa, değnek; odun kütüğü; *oto* vites kolu; (uçak) dümen kolu; küçük francala ekmek; külçe metal
knurren /'knurın/ *vi* (köpek) hırlamak, hırıldamak; mırıldanmak, homurdanmak; (mide) guruldamak ***mir knurrt der Magen*** karnım gurulduyor
knusprig /'knusprih/ *s* (ekmek\çörek) kıtır kıtır, çıtır çıtır
knutschen /'knu:tşın/ *vt* (kız) sıkıştırmak; kucaklamak, okşamak; ezmek, buruşturmak
koalieren /koa'li:rın/ *vi pol* koalisyon kurmak, birleşmek
Koalition /koali'tsyo:n/ *f pol* koalisyon
Koalitionspartner /koali'tsyo:nspartnır/ *m* koalisyon ortağı
Koalitionsregierung /koali'tsyo:nsregi:rung/ *f pol* koalisyon hükümeti; çok partili hükümet
Kobalt /'ko:balt/ *n kim* kobalt

Kobold /'ko:bolt/ *m* (masal) iyi ev perisi, masal cücesi; *kon* cin gibi, uyanık
Kobra /'ko:bra/ *f hayb* kobra yılanı, gözlüklü yılan
Koch /koh/ *m* aşçı
Kochbuch /'kohbu:h/ *n* yemek kitabı
kochen /'kohın/ *vi* yemek pişirmek, yemek yapmak; (su, süt) kaynamak; (çamaşır) kaynatmak, kaynatarak temizlemek; *vt* haşlamak ***gut kochen*** iyi yemek yapmak ***vier Minuten kochen*** (yumurta) 4 dakika haşlamak ***vor Zorn kochen*** öfkeden kudurmak
Köcher /'köhır/ *m* ok kılıfı, ok kuburu, okluk
Kocher /'kohır/ *m* pişirme ocağı, ocak; cezve
Kochgelegenheit /'kohgıle:gınhayt/ *f* yemek pişirme olanakları
Kochgeschirr /'kohgışir/ *n ask* kapaklı aş kabı
Köchin /'köhin/ *f* bayan aşçı, aşçı kadın
Kochlöffel /'kohlöfıl/ *m* yemek pişirme kepçesi
Kochrezept /'kohretsept/ *n* yemek reçetesi, yemek tarifi
Kochsalz /'kohzalts/ *n* yemek tuzu, yemeklik tuz
Kochtopf /'kohtopf/ *m* tenceresi
Kochwäsche /'kohveşı/ *f* kaynar yıkama
Köder /'kö:dır/ *m* olta yemi; fak, tuzak
ködern /'kö:dırn/ *vt* yemlemek; tatlı vaatlerle kandırmak istemek ***ein Tier ködern*** bir hayvanı yemle yakalamaya çalışmak ***sich ködern lassen*** oltaya gelmek
Kodex /'ko:deks/ *m* eski el yazması; kanunname; gelenek, görenek; toplumsal davranış kuralları; *hek* kodeks
kodieren /ko'di:rın/ *vt* kodlamak, düzgülemek
Kodierung /ko'di:rung/ *f* kodlama, düzgüleme
Koeffizient /koefi'tsyent/ *m mat* katsayı
Koffein /kofe'i:n/ *n* kafein ***ohne Koffein*** kafeinsiz
koffeinfrei /kofe'i:nfray/ *s* kafeini alınmış, kafeinsiz
koffeinhaltig /kofe'i:nhaltih/ *s* kafeinli, kafein içeren
Koffer /'kofır/ *m* bavul, valiz; sandık; kutu; mermi
Kofferkuli /'kofırku:li/ *m* (gar, havaalanı) bavul taşımak için kullanılan el arabası
Kofferradio /'kofırra:dyo/ *n* portatif radyo, el radyosu
Kofferraum /'kofırraum/ *m oto* bagaj
Kognak /'konyak/ *m* konyak, kanyak
Kohl /ko:l/ *m bitk* lahana; *kon* saçma sapan söz, boş lakırdı, gevezelik
Kohle /'ko:lı/ *f mad* kömür; *kim* karbon ***glühende Kohlen*** kor ateş ***medizinische Kohle*** tıpta kullanılan kömür ***weiße Kohle*** beyaz kömür
Kohlehydrat /'ko:lıhüdra:t/ *n* karbonhidrat
Kohlenbergwerk /'ko:lınberkverk/ *n* kömür madeni
Kohlensäure /'ko:lınsoyrı/ *f kim* karbonik asit, asit karbonik
Kohlenstoff /'ko:lınştof/ *m kim* karbon
Kohlenwasserstoff /ko:lın'vasırştof/ *m kim* hidrokarbon; hidrokarbür
Kohlepapier /'ko:lıpapi:r/ *n* karbon kâğıdı
Kohlestift /'ko:lıştift/ *m* kömür kalem
Kohlkopf /'ko:lkopf/ *m bitk* baş lahana
Kohlmeise /'ko:lmayzı/ *f hayb* baştankara kuşu
kohlrabenschwarz /ko:lrabın'şvarts/ *s* kapkara, simsiyah
Kohlrabi /ko:l'ra:bi/ *m bitk* kıvırcık lahana
Kohlrübe /'ko:lrü:bı/ *f bitk* yer lahanası, tarla şalgamı
Koje /'ko:yı/ *f den* sabit karyola; *den* kamara; küçük oda; sergi standı
Kojote /ko'yo:tı/ *m hayb* kır kurdu; *hkr* melez
Kokain /koka'i:n/ *n* kokain ***Kokain schnupfen*** kokain çekmek
kokett /ko'ket/ *s* cilveli, nazlı, koket, fingirdek, oynak ***sich kokett benehmen*** cilve yapmak, nazlanmak; kırıtmak; fıkırdamak
kokettieren /koke'ti:rın/ *vi* kendini beğendirmeye çalışmak, cilve yapmak, fingirdemek ***mit jdm kokettieren*** (birisine) kaş göz etmek; flört etmek
Kokon /ko'kon/ *m* tırtıl kozası, ipek böceği kozası
Kokosmilch /'ko:kosmilh/ *f* hindistancevizi sütü
Kokosnuss /'ko:kosnus/ *f bitk* büyük hindistancevizi
Kokospalme /'ko:kospalmı/ *f bitk* hindistancevizi ağacı, koko ağacı
Koks /ko:ks/ *m mad* kok kömürü; *kon* kokain
Kolben /'kolbın/ *m* dipçik; *tek* piston; yuvarlak bir maddenin topuz şeklindeki

sap kısmı; *bitk* başak; *kim* imbik; (av) boynuzlu geyik

Kolik /ko:'lik/ *f hek* kolik, şiddetli karın ağrısı, sancı

kollabieren /kola'bi:rın/ *vi hek* dolaşım bozukluğu geçirmek, kolaps geçirmek

Kollaborateur/Kollaborateurin /kolabora'tö:r/kalabora'tö:rin/ *m/f* işbirlikçi, düşmanla işbirliği yapan kimse, kolaboratör

kollaborieren /kolabo'ri:rın/ *vi* (düşmanla) işbirliği yapmak, birlikte çalışmak, düşman adına çalışmak

Kollaps /ko'laps/ *m hek* kolapsüs, ani dolaşım bozukluğu

Kollege /ko'le:gı/ *m* meslektaş, iş arkadaşı, çalışma arkadaşı

kollegial /kole'gyal/ *s* arkadaşça, dostça ***kollegial handeln*** arkadaşça davranmak

K

Kollegium /ko'le:gyum/ *n* meslektaşlar kurulu; heyet

Kollekte /ko'lektı/ *f* (hayır amaçlı) bağış toplama, iane toplama; kısa dua

Kollektion /kolek'tsyo:n/ *f* koleksiyon; para toplama

kollektiv /kolek'ti:f/ *s* ortaklaşa, müşterek, kolektif; (tedbir) geniş çaplı ***kollektive Ausstellung*** kolektif sergi, karma sergi ***kollektive Forschung*** ortak araştırma ***kollektive Wohnanlage*** toplu konut alanı ***kollektiver Arbeitsvertrag*** toplu iş sözleşmesi

Kollektor /ko'lekto:r/ *m fiz* kolektör, toplaç; *elek* komütatör, kolektör

Koller /'kolır/ *m* deri yelek; *hek* (at) beyin hastalığı, vertigo; aşırı sinirlenme

kollidieren /koli'di:rın/ *vi* çarpışmak, çatışmak, girişmek; (zaman) çatışmak, aynı zamana rastlamak ***zwei Busse kollidierten*** iki otobüs çarpıştı

Kollision /kolizy'o:n/ *f* çarpışma, çatışma; girişim; karambol; *mec* fikir çatışması

Kolonialismus /kolonya'lismus/ *m* sömürgecilik

Kolonie /kolo'ni:/ *f* sömürge, müstemleke, koloni; yabancılar topluluğu; birlikte yaşayan aynı türden topluluk

Kolonne /ko'lonı/ *f ask* kol düzeni, yürüyüş halinde birlik; kafile, konvoy; işçi grubu; bas sütun

kolorieren /kolo'ri:rın/ *vt* renklerle süslemek, renk vermek, boyamak

Koloss /ko'los/ *m* dev heykel; *mec* iri kıyım, çam yarması

kolossal /kolo'sa:l/ *s* dev gibi, devasa, çok büyük, muazzam, koskoca; *be* son derece, olağanüstü

Kolumbien /ko'lumbyın/ *tnz* Kolombiya

Kolumne /ko'lumnı/ *f* bas sütun; gazetede köşe yazısı

Koma /'ko:ma/ *n hek* koma, derin baygınlık hali

Kombattant /komba'tant/ *m* muharip, savaşçı

Kombination /kombina'tsyo:n/ *f* görüşler arasında anlam bağı kurma; renkli pantolon ceket giyimi; kadın kombinezonu; *sp* takım oyunu; *sp* (kayak) slalom; *sp* (atıcılık, atletizm) engel; koruyucu özel elbise

kombinieren /kombi'ni:rın/ *vt* birleştirmek, kombine etmek, fikir bağlantısı kurmak

Kombiwagen /'kombiva:gın/ *m* steyşın araba

Kombizange /'kombitsangı/ *f* kerpeten, kıskaç

Kombüse /kom'bü:zı/ *f den* gemi mutfağı, kuçina

Komet /ko'me:t/ *m gökb* kuyrukluyıldız

kometenhaft /ko'me:tınhaft/ *s* çok hızlı, çok çabuk, çok seri

Komfort /kom'fo:r/ *m* konfor, rahatlığı sağlayan kolaylıklar

komfortabel /komfor'ta:bıl/ *s* konforlu, rahat, kolaylık sağlayıcı

Komik /'ko:mik/ *f* komiklik, gülünç şey; işin garibi

Komiker /'ko:mikır/ *m* komedyen, komikçi, güldürücü, komik

komisch /'ko:miş/ *s* komik, güldürücü, gülünç, tuhaf, eğlenceli ***als komisch empfinden*** garipsemek, tuhafına gitmek ***die komische Maske*** soytarı maskesi ***komische Oper*** komedya operası

Komitee /komi'te:/ *n* komite, heyet, kurul; yönetici komisyon

Komma /'koma/ *n dilb* virgül; *müz* soluk alma işareti

Kommandant /koman'dant/ *m ask* komutan, kumandan; *den* kaptan

Kommandeur /koman'dö:r/ *m ask* komutan, kumandan, birlik komutanı

kommandieren /koman'di:rın/ *vt ask* kumanda etmek, komuta etmek; bir birliği yönetmek, bir birliğe komuta etmek; özel görevle bir yere göndermek; *vi* emir vermek, emretmek ***kommandierender General*** *ask* korgeneral

Kommanditgesellschaft /koman'ditgızelşaft/ *f tic* komandit şirket

Kommando /ko'mando/ *n ask* emir, komut, kumanda; komuta yetkisi, komutanlık, kumandanlık; komando

Kommandobrücke /ko'mandobrükı/ *f den* kaptan köprüsü, kaptan köşkü

Kommen /'komın/ *n* gelme, geliş, varış

kommen /'komın/ *vi* gelmek, varmak; yaklaşmak; bir yerden bir yere gelmek; bir yere gitmek; vukua gelmek ***auf jeden Einzelnen kommen*** adam başına düşmek, kişibaşına düşmek ***am kommenden Sonntag*** gelecek pazar günü ***aus der Mode kommen*** modası geçmek ***das kommt davon!*** gördün mü ya! ***die Jahre kommen und gehen*** yıllar gelip geçiyor ***die kommende Frau*** gelen kadın ***ein Gedanke kommen*** aklına bir fikir gelmek ***es an etw kommen*** değeri olmak, ederi olmak ***es von jdm kommen*** (birisi) neden olmak, onun eseri olmak ***es zu etw kommen*** *mec* gerçekleşmek, oluşmak ***etw kommen lassen*** (bir şeyi) sipariş vermek ***etw kommen sehen*** sezmek, tahmin etmek ***gegangen kommen*** yaya olarak gelmek ***gelaufen kommen*** koşarak gelmek ***jdm frech kommen*** ukalalık etmek, arsızlaşmak ***kommen an etw*** (bir şeye) ilişmek ***kommen aus*** bir yerden gelmek, bir yerde doğmuş olmak ***kommen von etw*** (bir şeyden) türemek ***nicht zu etw kommen*** vakti olmamak, fırsatı olamamak ***nichts kommen lassen auf jdn*** (birisine) toz kondurmamak ***plötzlich kam ein Gewitter*** aniden sağanak bastırdı ***um etw kommen*** *mec* ölmek, (bir şeyi) kaybetmek ***unter ein Auto kommen*** araba altında kalmak ***wer kommt zuerst?*** kim birinci? ***wie hoch kommt das?*** bunun fiyatı ne? ***zu etw kommen*** *mec* edinmek, kazanmak ***zu sich kommen*** kendine gelmek, ayılmak

Kommentar /komen'ta:r/ *m* yorum, açıklama, tefsir; bilimsel açıklama ***kein Kommentar!*** yorum yok!

kommentarlos /komen'ta:rlo:s/ *s* yorumsuz

Kommentator /komen'ta:tor/ *m* yorumcu, açıklamacı, tefsirci

kommentieren /komen'ti:rın/ *vt* yorumlamak, açıklamak, tefsir etmek, açımlamak

Kommerz /ko'merts/ *m* ticaret

kommerzialisieren /komertsyali'zi:rın/ *vt tic* ticari borçları tahvile dönüştürmek; çıkar amaçlı kullanmak

kommerziell /komerts'yel/ *s* ticari, ticaretle ilgili; çıkar amaçlı ticari ilişki ***kommerzielle Datenverarbeitung*** yönetimsel bilgi işlem, ticari bilgi işlem ***kommerzieller Kredit*** ticari kredi ***kommerzieller Wechsel*** ticari senet

Kommilitone /komili'to:nı/ *m* (üniversiteli) arkadaş

Kommissar /komi'sa:r/ *m* komiser; özel görevli

Kommission /komis'yo:n/ *f* heyet, komisyon, kurul; *tic* sipariş, ısmarlama; komisyon, provizyon

Kommode /ko'mo:dı/ *f* küçük dolap, komodin; komot

kommunal /komu'na:l/ *s* yerel, belediyeye ait, belediye ile ilgili ***kommunale Körperschaften*** yerel kurumlar, mahalli kurumlar ***kommunales Kino*** belediye sineması

Kommunalpolitik /komu'na:lpoliti:k/ *f* belediyecilik

Kommunalwahl /komu'na:lva:l/ *f* yerel seçimler, belediye seçimi

Kommune /ko'mu:nı/ *f* belediye; komün, birlikte yaşama biçimini savunan topluluk; komünist partisi idaresi

Kommunikation /komunika'tsyo:n/ *f* haberleşme, komünikasyon, iletişim; bildirişim; bağ, bağlantı; ulaşım; ortaklaşma

kommunikativ /komunika'ti:f/ *s* iletişimsel

Kommunion /komun'yo:n/ *f* (katoliklerde) kudas ayini esnasında şarap ve ekmek yeme, komünyon

Kommunismus /komu'nismus/ *m pol* komünizm; komünistlik

Kommunist /komu'nist/ *m pol* komünist

kommunistisch /komu'nistiş/ *s* komünist, komünizmle ilgili, komünizme ait ***das kommunistische Manifest*** komünist manifestosu ***die Kommunistische Partei*** Komünist Parti

kommunizieren /komuni'tsi:rın/ *vi* birbirine bağlı olmak; (katolik) komünyon ayini yapmak ***kommunizierende Röhren*** *fiz* birleşik kaplar, bileşik kaplar ***mit jdm kommunizieren*** birisiyle bağlantı ha-

K

linde bulunmak
Komödiant /komöd'yant/ *m* komedyen, komedi sanatçısı; *mec* riyakâr, ikiyüzlü
Komödie /ko'mö:dyı/ *f* komedi, komedya, güldürü; komedi tiyatrosu; *kon* aldatmaca, dalavere
Kompagnon /kompa'non/ *m tic* ortak; ayaktaş, omuzdaş
kompakt /kom'pakt/ *s* yoğun, kesif; sağlam, sıkı, katı; som
Kompanie /kompa'ni:/ *f ask* bölük; *tic* şirket, firma
Komparativ /'komparati:f/ *m dilb* sıfatların karşılaştırma derecesi; mukayese sıfatı; üstünlük
Komparse /kom'parzı/ *m* figüran
Kompass /'kompas/ *m* pusula
kompatibel /kompa'ti:bıl/ *s* uygun, uyumlu
Kompatibilität /kompatibili'te:t/ *f dilb* bağdaşma, uyumluluk
Kompensation /kompenza'tsyo:n/ *f* denkleştirme; telafi, karşılama; kompansasyon; *tic* takas, değiş tokuş
kompensieren /kompen'zi:rın/ *vt* denkleştirmek; telafi etmek, değerini karşılamak; *tic* takas etmek, değiş tokuş etmek
kompetent /kompı'tent/ *s* yetkili; ehil, yeterli, ehliyetli
Kompetenz /kompı'tents/ *f* yetki; *huk* yargı yetisi; yeterlik, ehliyet; *dilb* edinç
komplett /kom'plet/ *s* komple, tam, tamam; tüm; tekmil, tümden
komplettieren /komple'ti:rın/ *vt* bütünlemek, tamamlamak, tümlemek
Komplex /kom'pleks/ *m* birçok parçadan oluşan bir bütün, bütünlük, kompleks; yapı topluluğu, kompleks; *ruhb* kompleks, aşağılık duygusu; *kim* karmaşık
komplex /kom'pleks/ *s* karışık, karmaşık; birleşik; muhtelif ***komplexe Zahl*** *mat* karmaşık sayı
Komplexität /kompleksi'te:t/ *f* karmaşıklık
Komplikation /komplika'tsyo:n/ *f* karışıklık, güçlük, komplikasyon; *hek* komplikasyon, iki hastalığın karışması, iyileşmenin gecikmesi
Kompliment /kompli'ment/ *n* kompliman, övgü, iltifat; reverans ***Komplimente machen*** kompliman yapmak, övmek, methetmek, iltifat etmek
Komplize /kom'pli:tsı/ *m* suç ortağı, yatakçı, omuzdaş, ayaktaş
komplizieren /kompli'tsi:rın/ *vt* karıştırmak, karmaşık hale getirmek, komplike etmek; güçleştirmek, ağırlaştırmak
kompliziert /kompli'tsi:rt/ *s* karmaşık, komplike; dolaşık, işin içinden çıkılması zor; *hek* komplike ***komplizierte Angelegenheit*** kördüğüm
Komplott /kom'plot/ *n* komplo, suikast, gizli tertip ***Komplott schmieden*** komplo kurmak; suikast düzenlemek
Komponente /kompo'nentı/ *f* bileşen, bileşik bir cisimdeki parçalardan her biri
komponieren /kompo'ni:rın/ *vt müz* bestelemek, kompoze etmek; şekillendirmek, biçimlendirmek
Komponist /kompo'nist/ *m müz* besteci, bestekâr, kompozitör
Komposition /kompozi'tsyo:n/ *f müz* beste, kompozisyon; *ed* kompozisyon, düz yazı; sanatkârca düzen, iyi düşünülüp gerçekleştirilmiş sanatkârane düzen
Kompost /kom'post/ *m* doğal gübre, topraklı doğal gübre
kompostieren /kompos'ti:rın/ *vt* kompostolamak
Kompott /kom'pot/ *m* komposto
Kompresse /kom'presı/ *f* kompres; *hek* kompres, sıcak veya soğuk sargı
Kompressor /kom'presor/ *m tek* kompresör, hava veya gaz sıkıştırıcı makine
komprimieren /kompri'mi:rın/ *vt* sıkıştırmak, tazyik uygulamak, yoğunlaştırmak; *mec* özetlemek
Kompromiss /kompro'mis/ *m* uzlaşma, uyuşma, anlaşma ***einen Kompromiss schließen*** bir uzlaşmaya varmak
Kompromisslosigkeit /kompro'mislo:zi**h**kayt/ *f* uzlaşmazlık, anlaşmazlık, uyuşmazlık
kompromittieren /kompromi'ti:rın/ *vt* küçük düşürmek, rezil etmek, utandırmak; zor duruma sokmak, tehlikeye maruz bırakmak
Kondensation /kondenza'tsyo:n/ *f kim* fiz. yoğunlaşma; (buhar, gaz) sıvı veya katı duruma geçişi
Kondensator /konden'za:tor/ *m tek* kondansatör, akımsız elektrik yüklü araç; *tek* buharı sıvıya dönüştürücü sistem
Kondensmilch /kon'densmil**h**/ *f* suyu ayrıştırılarak yoğunlaştırılan süt, konsantre süt
Kondenswasser /kon'densvasır/ *n* buhardan elde edilen su, damıtılmış su

Kondition /kondi'tsyo:n/ *f tic* koşul, şart; *sp* kondüsyon ***die Kondition verlieren*** *sp* kondüsyonunun kaybetmek ***in guter Kondition*** *sp* formunda, kondüsyonlu
Konditor /kon'di:tor/ *m* pastacı, pastaneci; şekerci, tatlıcı
Konditorei /kondito'ray/ *f* pastane, tatlıcı
kondolieren /kondo'li:rın/ *vi* başsağlığı dilemek, taziyede bulunmak; sabır dilemek
Kondom /kon'do:m/ *n* prezervatif, kondom, kaput
Konfekt /kon'fekt/ *n* şekerlemeler
Konfektion /konfek'tsyo:n/ *f* konfeksiyon, hazır giyim, hazır elbise yapımı; hazır giyim endüstrisi
Konfektionsgröße /konfek'tsyo:nsgrö:sı/ *f* beden numarası
Konferenz /konfe'rents/ *f* konferans, toplantı; görüşme ***diplomatische Konferenz*** diplomatik toplantı, diplomatik konferans
Konferenzteilnehmer /konfe'rentstaylne:mır/ *m* konferansçı, konferans katılımcısı
Konferenztisch /konfe'rentstiş/ *m* konferans kürsüsü, toplantı masası
Konferenzzimmer /konfe'rentststmır/ *n* toplantı odası
Konfession /konfes'yo:n/ *f* dini inanç; mezhep, konfezyon ***katholische Konfession*** Katolik mezhebi ***evangelische Konfession*** Protestan mezhebi
konfessionell /konfesyo'nel/ *s* bir mezhebe ait, bir mezheple ilgili
konfessionslos /konfes'yo:nslo:s/ *s* mezhepsiz, bir mezhebe bağlı olmayan, bir mezhepe mensup olmayan
Konfetti /kon'feti/ *n* konfeti, eğlencelerde serpilen renkli kâğıtlar ***Konfetti streuen*** konfeti atmak
Konfiguration /konfigura'tsyo:n/ *f* düzenleme, konfigürasyon; *gökb* gezegenlerin bir düzen içindeki konumu
Konfirmand /konfir'mant/ *m* (protestan) din eğitimi alan genç
Konfirmation /konfirma'tsyo:n/ *f* (protestan kilisesinde) cemaate kabul töreni
konfiszieren /konfis'tsi:rın/ *vt* el koymak, toplatmak, müsadere etmek
Konfitüre /konfi'tü:rı/ *f* reçel, marmelat
Konflikt /kon'flikt/ *m* anlaşmazlık, ihtilaf, çatışma; kavga, çekişme; aykırılık, çelişme, konflikt, tezat ***in Konflikt geraten*** zıtlaşmak; ihtilafa düşmek
Konfliktstoff /kon'fliktştof/ *m* anlaşmazlık konusu, ihtilaf nedeni
Konföderation /konfödıra'tsyo:n/ *f pol* devletler arasında birlik, ittifak, konfederasyon
konform /kon'form/ *s* uygun, aynı biçimde; *be* gereğince, mucibince ***mit jdm konform gehen*** (birisi ile) aynı fikirde olmak, aynı fikiri paylaşmak
Konfrontation /konfronta'tsyo:n/ *f* yüzleştirme, (farklı söylemde bulunanları) karşı karşıya getirme; karşı karşıya gelme
konfrontieren /konfron'ti:rın/ *vt* yüzleştirmek, karşı karşıya getirmek
konfus /kon'fua/ *s* karışık; şaşkın, kafası bulanık ***konfuses Gerede*** ipe sapa gelmez sözler
Konfusion /konfu'zyo:n/ *f* karışıklık, anlaşılmazlık
Kongo /'konggo:/ *tnz* Kongo
kongolesisch /kongo'le:ziş/ *s* Kongolu
Kongress /kon'gres/ *m* kongre, kurultay; üst düzey kişilerin katıldığı toplantı; (ABD) yasama organı, kongre ***Amerikanischer Kongress*** Amerikan Kongresi, Amerikan Meclisi
König /'kö:nih/ *m* kral, melik; *isk* papaz, ruva; (satranç) şah; *sp* (bowling) ortadaki kuka; başarılı kimse ***der König der Tiere*** hayvanlar kralı, aslan
Königin /'kö:nigin/ *f* kraliçe, ece, melike; *isk* dam, kız; (satranç) vezir; *hayb* arı beyi, ana arı ***Königin der Blumen*** *bitk* gül ***Königin der Nacht*** *bitk* kaktüs
königlich /'kö:niklih/ *s* krala ait, krala özgü; hükümdarane; *mec* kral gibi; *kon* harika, mükemmel ***Seine königliche Hoheit!*** kral ailesinden gelenlere hitap şekli
Königreich /'kö:nikrayh/ *n* krallık, kraliyet
königsblau /'kö:niksblau/ *s* kobalt mavisi
Königshaus /'kö:nikshaus/ *n* hanedan
Königskerze /'kö:nikskertsı/ *f bitk* devedili; sığır kuyruğu
Königswasser /'kö:niksvasır/ *n kim* altınsuyu
Königtum /'kö:niktu:m/ *n* krallık, krallık görevi; *pol* kral tarafından yönetilen devlet
Konjugation /konyuga'tsyo:n/ *f dilb* fiil çekimi; *biy* kavuşma, birleşme, konjugasyon

konjugieren /konyu'gi:rın/ *vt dilb* fiili çekmek, fiili çekimlemek
Konjunktion /konyunk'tsyo:n/ *f dilb* bağlaç; *gökb* kavuşum, içtima
Konjunktiv /'konyunkti:f/ *m dilb* isteme kipi
Konjunktur /konyunk'tu:r/ *f tic* piyasa dalgalanması, konjonktür ***sinkende Konjonktur*** *tic* alçalan konjonktür ***steigende Konjonktur*** *tic* yükselen konjonktür
Konjunkturentwicklung /konyunk'tu:rentviklung/ *f tic* ekonomik eğilim
konkret /kon'kre:t/ *s* somut, konkre; maddi, nesnel ***konkreter Fall*** somut durum
konkretisieren /konkreti'zi:rın/ *vt* somut duruma getirmek, somutlaştırmak, nesnel duruma getirmek, nesnelleştirmek; cisimlendirmek, canlandırmak
K
Konkurrent /konku'rent/ *m* rakip, müsabık
Konkurrenz /konku'rents/ *f* rekabet; *tic* ticari yarış; müsabaka; *huk* telahuk ***Konkurrenz machen*** rekabet etmek ***Konkurrenz von Rechten*** hakların birleşmesi
konkurrenzfähig /konku'rentsfe:ih/ *s* rekabete dayanabilir, rekabet edebilecek düzeyde
Konkurrenzkampf /konku'rentskampf/ *m* rekabet, yarışma, müsabaka
konkurrenzlos /konku'rentslo:s/ *s* rakipsiz
konkurrieren /konku'ri:rın/ *vi* rekabet etmek, yarışmak; *huk* telahuk etmek ***konkurrierendes Verschulden*** *huk* oluşan zararda zarara uğrayanın da belli oranda kusurlu olması hali ***mit jdm konkurrieren*** (birisiyle) yarışmak, rekabet etmek
Konkurs /kon'kurs/ *m tic* iflas, batkı ***den Konkurs anmelden*** *huk* iflasını istemek ***den Konkurs erklären*** *huk* iflasını bildirmek ***den Konkurs eröffnen*** *tic* iflasını ilan etmek ***in Konkurs gehen*** iflas etmek, batmak ***Konkurs machen*** iflas etmek, batmak
Konkurseröffnung /kon'kurseröfnung/ *f huk* iflas işlemi açılması
Konkursverfahren /kon'kursferfa:rın/ *n huk* iflas işlemi, iflas muamelesi
Konkursverwalter /kon'kursfervaltır/ *m huk* iflas masası memuru; tasfiye memuru
können /'könın/ *mv* yapabilmek, edebilmek, muktedir olmak; başarmak, becermek, anlamak, bilmek; (bir şeye) izinli olmak ***das kann nicht sein*** olamaz, imkânı yok ***Deutsch können*** Almanca bilmek ***es kann so sein*** böyle olabilir ***etw können*** (bir şeyi) yapabilmek ***ich kann*** yapabilirim ***ich kann nicht mehr*** gücüm kalmadı ***kommen können*** gelebilmek ***nicht kommen können*** gelememek ***nicht können*** yapamamak, edememek ***nichts können*** hiçbir şey bilmemek; yeteneksiz olmak ***was kann ich dafür!*** kabahat bende değil!
Können /'könın/ *n* kabiliyet, yetenek, yetkinlik, beceri; bilgi, haber, malumat ***nach bestem Können*** elinden geldiğince
Könner /'könır/ *m* yetkin
Konsens /kon'zens/ *m* onaylama; izin; kabul, rıza; uyuşma, uzlaşma
konsequent /konze'kvent/ *s* tutarlı, mantıki
Konsequenz /konze'kvents/ *f* tutarlık, mantık; sebat; netice, vargı, varılan sonuç ***Konsequenz ziehen*** sonuç çıkarmak ***Konsequenzen tragen*** sonucuna katlanmak
konservativ /konzerva'ti:f/ *s* tutucu, muhafazakâr ***konservatives Denken*** tutucu düşünce
Konservative(r) /konzerva'ti:vı(r)/ *f/m* muhafazakâr, tutucu; muhafazakâr parti üyesi
Konservatorium /konzerva'to:ryum/ *n* konservatuar; müzik, tiyatro ve bale öğreniminin yapıldığı okul
Konserve /kon'zervı/ *f* konserve; *hek* dondurulmuş kan; *kon* (TV, radyo) bant yayın
Konservendose /kon'zervındo:zı/ *f* konserve kutusu
konservieren /konzer'vi:rın/ *vt* konserve yapmak, konserve kurmak; korumak, saklamak, muhafaza etmek ***sich gut konservieren*** kendine dikkat etmek, sağlığına dikkat etmek
Konservierungsmittel /konzer'vi:rungsmitıl/ *n* konserve hazırlama maddesi
Konsistenz /konzis'tents/ *f* sağlamlık, dayanıklılık, mukavemet; nitelik; kıvam

Konsole /kon'zo:lı/ *f mim* konsol; köşe rafı; çıkma desteği
konsolidieren /konzoli'di:rın/ *vt* birleştirmek, sağlamlaştırmak; konsolide etmek, borcun vadesini uzatmak
Konsolidierung /konzoli'di:rung/ *f* birleştirme, sağlamlaştırma; konsolidasyon ***Konsolidierung einer Schuld*** *tic* borç ertelemesi
Konsonant /konzo'nant/ *m dilb* ünsüz, sessiz
Konsortium /kon'zortsyum/ *n* konsorsiyum, üst düzey yetkililer toplantısı; mali grup, ticari grup
Konspiration /konspira'tsyo:n/ *f* komplo, fesat, gizli düzen, entrika
konspirativ /konspira'ti:f/ *s* komplo ile ilgili
konstant /kons'tant/ *s* dayanıklı, sağlam; sabit, değişmez, fiks ***konstante Größe*** değişmez nicelik ***konstante Kraft*** sabit kuvvet ***konstante Opposition*** sürekli karşıtlık
Konstante /kon'stantı/ *f mat* değişmez değer, sabite
Konstellation /konstela'tsyo:n/ *f gökb* iktiran, konstelasyon, gök cisimlerinin birbiri arasındaki durumu; durum, hal, vaziyet, olayların gelişimi
konstituieren /konstitu'i:rın/ *vt* teşkil etmek, meydana çıkarmak, kurmak, tesis etmek
konstitutionell /konstitutsyo'nel/ *s* meşruti, meşrutiyetle ilgili; *biy* bünyesel, yapısal ***konstitutionelle Monarchie*** *pol* meşruti monarşi
konstruieren /konstru'i:rın/ *vt* yapmak, inşa etmek, kurmak; şematize etmek, çizerek ifade etmek; *dilb* cümleleri kurallara uygun kurmak; *mat* resmetmek, çizmek; *tek* planlamak, projelendirmek
Konstrukteur /konstruk'tö:r/ *m* teknik ressam, desinatör ressam; proje çizimcisi; makine, motor yapım mühendisi
Konstruktion /konstruk'tsyo:n/ *f* çizim; bünye, yapı; yapı inşaat; tasarım; *dilb* cümle yapısı
Konstruktionsfehler /konstruk'tsyo:nsfe:lır/ *m* proje hatası; yapı hatası
konstruktiv /konstruk'ti:f/ *s* yapısal; kurucu, yapıcı, geliştirici, konstrüktif; doğru yapılı
Konsul /'konzu:l/ *m* konsolos; *esk* en üst devlet görevlisi, konsül
Konsulat /konzu'la:t/ *n* konsolosluk; konsolosluk binası
konsultieren /konzul'ti:rın/ *vt* danışmak, fikir alışverişinde bulunmak, istişare etmek; *hek* konsültasyon yapmak, doktorlar kurulunu toplamak
Konsum /kon'zu:m/ *m* tüketim
Konsumdenken /kon'zu:mdenkın/ *n* tüketim zihniyeti
Konsument /konzu'ment/ *m* tüketici
Konsumgesellschaft /kon'zu:mgızelşaft/ *f* tüketim toplumu
Konsumgüter /kon'zu:mgü:tır/ *pl* tüketim malları
konsumieren /konzu'mi:rın/ *vt* tüketmek, sarf etmek, harcamak
Kontakt /kon'takt/ *m* ilişki, temas, kontak; *kim* katalizör; *elek* kontak, karşıt iki maddenin teması ***in Kontakt stehen*** ilişkide olmak, görüşmek ***körperliche Kontakt*** tensel temas, fiziksel ilişki ***seelischer Kontakt*** düşünsel temas, duygusal ilişki
Kontaktadresse /kon'taktadresı/ *f* yazışma/ilişki kurma adresi
kontaktarm /kon'taktarm/ *s mec* soğuk nevale, kendi kabuğuna çekilmiş, pısırık
Kontaktaufnahme /kon'taktaufna:mı/ *f* kontak/ilişki kurma
kontaktfreudig /kon'taktfroydih/ *s mec* girgin, girişken, çabuk ilişki kurulabilen, sıcakkanlı, *mec* yırtık
kontaktieren /kontak'ti:rın/ *vt* ilişki kurmak, temas kurmak, temasa geçmek
Kontaktlinsen /kon'taktlinzın/ *pl* kontakt lensler
Kontaktperson /kon'taktperzo:n/ *f hek* hastayla teması olan, portör olabilecek kimse, görüşmeyi yapacak şahıs
Kontamination /kontamina'tsyo:n/ *f fiz* radyoaktif bulaşması; *dilb* yakıştırma, anlam olarak birbirine benzeyen iki sözcüğün kaynaşıp yeni bir sözcük yaratma
kontern /'kontırn/ *vt fot* basılı resmi tersine çevirmek; *sp* kontraatağa geçmek, karşı saldırıya geçmek
Kontext /'kontekst/ *m dilb* bağlam; kontekst
Kontinent /konti'nent/ *m* kıta, anakara, kara ***der Schwarze Kontinent*** Afrika kıtası
kontinental /kontinen'ta:l/ *s* karasal, kıta-

K

sal, kara ile ilgili
Kontinentalklima /kontinen'ta:lkli:ma/ *n* kara iklimi, çöl iklimi
Kontingent /kontin'gent/ *n* kontenjan; mecburi katkı; *ask* uluslararası bir orduda bir devletin asker miktarı
kontinuierlich /kontinu'i:rlih/ *s* kesintisiz, kesiksiz, sürekli, aralıksız, mütemadi
Kontinuität /kontinui'te:t/ *f* kesintisizlik, süreklilik, devamlılık, mütemadiyet
Konto /'konto/ *n* banka hesabı, konto; *muh* gelir gider kaydı, hesap ***Konto eröffnen*** banka hesabı açmak ***Konto schließen*** bankadaki hesabı kapatmak ***Konto sperren*** hesabı dondurmak ***Konto überziehen*** *tic* bankada hesapta bulunandan fazla para çekmek ***vom Konto Geld abhehen*** banka hesabından para çekmek
Kontoauszug /'kontoaustsu:k/ *m* dekont, ekstre, hesap özeti, hesabın durumunu gösterir belge
Kontoinhaber /'kontoinha:bır/ *m* hesap sahibi
Kontonummer /'kontonumır/ *f* banka hesap numarası
Kontostand /'kontoştant/ *m* (banka) hesap durumu
Kontra /'kontra/ *n* karşı olma; direnme, diretme ***Kontra ansagen*** *isk* (briç) kontr çekmek ***Kontra geben*** karşı gelmek
Kontrahent /kontra'hent/ *m* (sözleşmede) taraf, taraflardan her biri; rakip
Kontrakt /kon'trakt/ *m* sözleşme, kontrat, mukavele, anlaşma, akit ***einen Kontrakt schließen*** kontrat yapmak, sözleşme yapmak
konträr /kon'tre:r/ *s* karşıt, aykırı, zıt; muhalif, mugayir
Kontrast /kon'trast/ *m* karşıtlık, aykırılık, zıtlık, tezat, ayrılık, kontrast
Kontrastmittel /kon'trastmitıl/ *n hek* röntgen çekiminde karşıtlığı belirlemek amacıyla kullanılan gaz veya sıvı madde
kontrastreich /kon'trastrayh/ *s fot* kontrastlı
Kontrolle /kon'trolı/ *f* kontrol, denetim, denetleme, muayene, teftiş, yoklama, murakabe
Kontrolleur /kontro'lö:r/ *m* kontrolör, kontrol memuru, muayene memuru, denetleyici, denetmen, denetçi, müfettiş, teftiş memuru, gözetmen
kontrollieren /kontro'li:rın/ *vt* kontrol etmek, muayene etmek, denetlemek, teftiş etmek, yoklamak
kontrovers /kontro'vers/ *s* tartışmalı, çelişik, çelişkili
Kontroverse /kontro'verzı/ *f* tartışma; görüş ayrılığı, fikir farkı, düşünce farklılığı; bilimsel görüşme
Kontur /kon'tu:r/ *f* dış çizgi, kontur, profil, çevre, kenar
Konvention /konven'tsyo:n/ *f* uzlaşım, uzlaşma, uyuşma, uyum; gelenek, görenek, örf, âdet, anane; *pol* uluslararası sözleşme; kontrat, sözleşme
Konventionalstrafe /konventsyo'na:lştra:fı/ *f huk* cezai şart, sözleşme kurallarına uyulmadığı takdirde uygulanan ceza
konventionell /konventsyo'nel/ *s* geleneksel, göreneksel, ananevi; anlaşmalara uygun, konvansiyonel, yerleşik; resmi; (söz) basmakalıp
Konversation /konverza'tsyo:n/ *f* konuşma, sohbet, muhabbet, yarenlik ***Konversation machen*** sohbet etmek, muhabbet etmek
konvertibel /konver'tibıl/ *s* değiştirilebilir; *tic* konvertibel, dövize çevrilebilir
konvertieren /konver'ti:rın/ *vi* inanç değiştirmek; *tic* dövize çevirmek; değiştirmek, çevirmek
Konvoi /'konvoy/ *m* konvoy, kafile
Konzentrat /kontse:n'tra:t/ *n kim* derişik çözelti; konsantre
Konzentration /kontsentra'tsyo:n/ *f* yığma, bir yerde toplama; konsantrasyon, dikkati bir noktada toplama; *kim* derişme, koyulaşma, konsantrasyon
Konzentrationslager /kontsentra'tsyo:nsla:gır/ *n esk* (Hitler Almanyası) tecrit kampı, toplama kampı, çalıştırma kampı, imha kampı
Konzentrationsschwäche /kontsentra'tsyo:nsşvehı/ *f* dikkat dağınıklığı
konzentrieren /kontsen'tri:rın/ *vt* bir yerde toplamak, hepsini bir araya getirmek; konsantre etmek, dikkatini bir noktada toplamak; *kim* deriştirmek, yoğunlaştırmak ***gut konzentriert*** iyi konsantre olmuş ***konzentrierte Kreise*** *mat* ortak merkezli daireler ***konzentriertes Feuer*** *ask* aynı noktaya açılan ateş ***sich konzentrizieren*** merkezileşmek; toplan-

K

mak; kendini toplamak
konzentrisch /kon'tsentriş/ *s* eşmerkezli, özekdeş, ortak merkezli, *tek* merkezli, bir merkezli
Konzept /kon'tsept/ *n* taslak, müsvedde, karalama, eskiz, tasarı; düzen, tertip, plan ***jdn aus dem Konzept bringen*** (birisini) şaşkına çevirmek
Konzeption /kontsep'tsyo:n/ *f* zekâ eseri; buluş; kavram; görüş, anlayış; *hek* hamile kalma, gebe kalma
Konzern /kon'tsern/ *m tic* sınai birlik
Konzert /kon'tsert/ *n müz* konser, müzik şöleni, konçerto; uyum, anlaşma, ahenk
konzertiert /kontser'ti:rt/ *s* uyarlanmış, tasarlanmış
Konzertsaal /kon'tsertza:l/ *m* konser salonu
Konzession /kontse'syo:n/ *f* ödün, taviz; imtiyaz, ayrıcalık; devlet tarafından işyeri amaçlı verilen özel izin
Konzil /kon'tsi:l/ *n* (katolik) ruhaniler meclisi
konzipieren /kontsi'pi:rın/ *vt* tasarlamak, planlamak; kaleme almak, kâğıda dökmek; *hek* hamile kalmak, gebe kalmak ***ein Kind konzipieren*** hamile kalmak
Kooperation /koopıra'tsyo:n/ *f* işbirliği, birlikte çalışma, kooperasyon
kooperativ /koopıra'ti:f/ *s* işbirlikli; ortaklaşa yapılan, kooperatif; iş ortaklığına dayanan
kooperieren /koopı'ri:rın/ *vi* işbirliği yapmak, elbirliği yapmak; ortak çalışmak
Koordination /koordina'tsyo:n/ *f* koordinasyon, eşgüdüm, çeşitli işler arasında uyum sağlama; *dilb* eşbağımlılık
koordinieren /koordi'ni:rın/ *vt* koordine etmek, düzenlemek, tertip etmek; aralarında uyum sağlamak; *dilb* bağlamak
Kopf /kopf/ *m* baş, kafa; kelle; başucu; antet, başlık; manşet; baş taraf; akıl, zekâ; hayat; kabiliyet; topluiğne başı; (lahana, marul) top; reis, önder ***aus dem Kopf*** ezbere, ezberden ***den Kopf hängen lassen*** başını önüne eğmek ***den Kopf voll haben*** kafası ambale olmak ***die Köpfe zusammenstecken*** kafa kafaya vermek ***es geht um Kopf und Kragen*** hayat memat meselesi ***im Kopf ausrechnen*** kafadan hesaplamak ***im Kopf behalten*** aklında tutmak ***Kopf an Kopf*** (atyarışı) atbaşı, berabere ***Kopf hoch!*** ha gayret! ***Kopf oder Wappen?*** yazı mı tura mı? ***mit bloßem Kopf*** başı açık ***pro Kopf*** adam başına, kişi başına ***von Kopf bis Fuß*** baştan aşağı; tepeden tırnağa
Kopfarbeit /'kopfarbayt/ *f* zihinsel çalışma; kafa işi, zihin işi
Kopfball /'kopfbal/ *m sp* (futbol) kafa vuruşu, kafa topu
köpfen /'köpfın/ *vt* (birinin) kafasını kesmek, kafasını uçurmak; boynunu vurmak; (bir şeyin) başını koparmak, kesmek; *vi* (marul, lahana) göbeklenmek
Kopfhaut /'kopf**h**aut/ *f* kafa derisi
Kopfhörer /'kopf**h**ö:rır/ *m* kulaklık, dinleme aleti
Kopfkissen /'kopfkisın/ *n* baş yastığı, yastık
kopflos /'kopflo:s/ *s* akılsız, kafasız, düşüncesizce hareket eden
Kopfnicken /'kopfnikın/ *n* baş sallama, başı sallayarak olur deme
Kopfrechnen /'kopfre**h**nın/ *n* kafadan hesaplama, zihinden hesap yapma
Kopfsalat /'kopfzala:t/ *m bitk* göbek marul, yeşil salata
Kopfschmerzen /'kopfşmertsın/ *pl hek* baş ağrısı ***Kopfschmerzen mit Übelkeit*** *huk* mide bulantısı ile birlikte oluşan baş ağrısı ***mach dir darüber keine Kopfschmerzen*** *mec* kendine dert etme!
Kopfsprung /'kopfşprung/ *m* balıklama suya dalma, balıklama atlama
Kopfsteinpflaster /'kopfştaynpflastır/ *n* parke kaldırım
Kopfstütze /'kopfştütsı/ *f* baş desteği
Kopftuch /'kopftu:**h**/ *n* başörtüsü, eşarp, yemeni
kopfüber /kopf'ü:bır/ *be* baş aşağı, tepetaklak; tepesi üstü
Kopfzerbrechen /'kopftserbre**h**ın/ *n mec* kafa şişirme, kafa ütüleme; kafa patlatma; bir konu üzerinde çok çalışma ***jdm Kopfzerbrechen machen*** başını ağrıtmak
Kopie /ko'pi:/ *f* kopya, suret; (eser) taklit; *fot* filmi karta basma
kopieren /ko'pi:rın/ *vt* kopya çekmek; suretini çıkarmak, kopya etmek; (eser) kopyasını çıkarmak; (birisini) taklit etmek
Kopierer /ko'pi:rır/ *m fot* fotoğraf çoğaltma aleti
Kopilot /'ko:pilo:t/ *m den* ikinci kaptan,

K

hav ikinci pilot; *sp* (araba yarışı) yardımcı şoför, yardımcı pilot
Koppel /'kopıl/ *f* etrafı çevrilmiş çayır, otlak; bir arada tutulan çeşitli hayvanlar grubu; *n* kılıç kayışı, kemer kayışı
koppeln /'kopıln/ *vt* (farklı hayvanlar) bir araya bağlamak; *dilb* iki sözcüğü tire işareti ile bağlamak ***gekoppelte Wörter*** *dilb* bağlı sözcükler
Koproduktion /'koproduktsyo:n/ *f* (film) ortak yapım
Koralle /ko'ralı/ *f hayb* mercan; mercanadası; çivili köpek tasması
Korb /korp/ *m* sepet, sele; küfe; sazdan yapılma balık kapanı; kabza korkuluğu; *mec* reddetme ***jdm einen Korb geben*** (teklifi) geri çevirmek
Korbmöbel /'korpmö:bıl/ *pl* hasır mobilya
Kord /kort/ *m* *teks* fitilli kadife, kabartma çizgili ve pamuklu kumaş
Kordel /'kordıl/ *f* kurdela, şerit; ip, sicim
Kordhose /'kortho:zı/ *f* fitilli kadifeden yapılmış pantolon
Korea /ko're:a/ *tnz* Kore
Koreaner /kore'a:nır/ *m* Koreli
koreanisch /kore'a:niş/ *s* Koreli, Koreye özgü; Kore
Koriander /kori'andır/ *m bitk* kişniş, kara kimyon
Korinthe /ko'rintı/ *f bitk* kuşüzümü, kişmiş
Kork /kork/ *m* bot mantar meşesi kabuğu; mantar tıpa, mantar tapa, şişe mantarı
Korken /'korkın/ *m* şişe mantarı, mantar tıpa, mantar
Korkenzieher /'korkıntsi:ır/ *m* tirbüşon, mantar açacağı
Korn /korn/ *n* tane; tahıl tanesi; tohum; çekirdek; *bitk* mısır; *bitk* çavdar; *bitk* hububat, buğday; küçük madeni parça; bas iz bırakan parça; *ask* arpacık; *m* tahıldan yapılma içki, tahıl rakısı ***aufs Korn nehmen*** *ask* nişan almak
Kornblume /'kornblu:mı/ *f bitk* peygamberçiçeği; mavi kantoron
Kornfeld /'kornfelt/ *n* tahıl tarlası
körnig /'körnih/ *s* taneli, tanecikli, pütürcüklü, granüle; teks kumlu kabartmalı
Kornkammer /'kornkamır/ *f* tahıl ambarı, hububat ambarı; ziraate uygun bölge
Körper /'körpır/ *m* beden, vücut; gövde; ana bölüm; *fiz* madde, cisim; heyet, kurul, meclis, topluluk; *mat* cisim ***der menschliche Körper*** insan bedeni ***feste Körper*** katı cisimler ***flüssige Körper*** sıvı cisimler ***gesetzgebender Körper*** yasa koyucu, yasama meclisi
Körperbau /'körpırbau/ *m biy* vücut yapısı, bünye; endam
körperbehindert /'körpırbıhindırt/ *s* bedensel özürlü, sakat ***körperbehindertes Kind*** bedensel özürlü çocuk
Körperbehinderte(r) /'körpırbıhindırtı(r)/ *f/m* bedensel özürlü kişi
Körperfülle /'körpırfülı/ *f* şişmanlık, kiloluluk
Körpergeruch /'körpırgıruh/ *m* vücut kokusu
Körpergewicht /'körpırgıviht/ *n* vücut ağırlığı
Körpergröße /'körpırgrö:sı/ *f* boy, endam
körperlich /'körpırlih/ *s* bedensel, bedeni, fiziksel; maddi, maddesel, fiziksel; *hek* somatik ***körperliche Entwicklung*** bedensel gelişim, fiziksel gelişme ***körperliche Gegenstände*** maddi mallar ***körperliche Reife*** fiziksel olgunluk, bedensel olgunluk ***körperliche Sache*** ayni, mal olarak, maddi ***körperliche Schädigung*** bedensel zarar, fiziksel zarar ***körperliche Strafe*** bedensel ceza ***körperliche Vereinigung*** cinsel birleşme, cinsi münasebet ***körperlicher Eid*** el basarak yemin etme ***körperlicher Schaden*** fiziksel zarar, bedensel zarar ***körperliches Gebrechen*** sakatlık, özürlülük, maluliyet
Körperpflege /'körpırpfle:gı/ *f* vücut bakımı, vücut temizliği
Körperschaft /'körpırşaft/ *f* birlik; kurum, heyet, meclis; *huk* tüzel kişilik
Körperteil /'körpırtayl/ *m* organ; bütünün bir parçası
Körpertemperatur /'körpırtemperatu:r/ *f* vücut sıcaklığı
Körperverletzung /'körpırferletsung/ *f* bedensel zarar; yaralama, yaralanma; *huk* müessir fiil
korpulent /korpu'lent/ *s* iri yarı, iri kıyım; şişman, tombul ***korpulent werden*** şişmanlamak
korrekt /ko'rekt/ *s* doğru; hatasız, kusursuz; dürüst; iyi ***korrekt gekleidet*** iyi giyimli, düzgün giyimli ***korrekt sprechend*** düzgün konuşan ***korrektes Benehmen*** nazik davranış, kibarlık ***nicht korrekt sprechen*** şivesi bozuk konuşmak

K

Korrektheit /ko'rekthayt/ *f* doğruluk, dürüstlük; sıhhat; eksiksizlik, kusursuzluk
Korrektur /korek'tu:r/ *f* düzelti, tashih
Korrelation /korela'tsyo:n/ *f fel* bağlılaşım; bağlılık; ilişki, ilinti, korelasyon
Korrespondent /korespon'dent/ *m* yazışmaları yürüten görevli, muhabir
Korrespondenz /korespon'dents/ *f* yazışma, mektuplaşma; muhabere; uyuşma; haber kaynağı
korrespondieren /korespon'di:rın/ *vi* yazışmak, mektuplaşmak; uzlaşmak, bağdaşmak; uygun olmak, uygun düşmek
Korridor /'korido:r/ *m* koridor, geçit, geçenek; iki ülke arasında kalan saha
korrigieren /kori'gi:rın/ *vt* düzeltmek; bas tashih etmek, hatalarını gidermek
Korrosion /koro'zyo:n/ *f* aşınma, korozyon; *fiz* maddenin kimyasal tepkime ile aşınması
korrupt /ko'rupt/ *s* bozulmuş, kokuşmuş, çökmüş
Korruption /korup'tsyo:n/ *f* yiyicilik, rüşvetçilik; ahlaki çöküntü; kokuşmuşluk
Korsett /kor'zet/ *n* korse, sıkma
Korsika /'korzika/ *n* Korsika
korsisch /'korziş/ *s* Korsika ile ilgili, Korsikalı
Kortison /korti'zo:n/ *n* kortizon
Kosak /ko'zak/ *m* Kazak, Rus süvarisi
kosen /'ko:zın/ *vi* okşamak; öpüşmek ***mit jdm kosen*** (birisiyle) tatlı tatlı sohbet etmek; öpüşmek
Kosename /'ko:zına:mı/ *m* kısaltılmış sevimli ad, sevimli takma ad, nikneym
Kosewort /'ko:zıvort/ *n* hoş söz, tatlı söz, okşayıcı söz
Kosmetik /kos'me:tik/ *f* kozmetik, güzellik bakımı ***chirurgische Kosmetik*** *hek* estetik ameliyat
Kosmetikerin /kos'me:tikırin/ *f* bayan güzellik uzmanı, estetisyen
kosmetisch /kos'me:tiş/ *s* kozmetik, güzelleştirici; kozmetik malzemesi ***kosmetische Operation*** *hek* estetik ameliyat
kosmisch /'kozmiş/ *s* evrensel, kozmik; evren ile ilgili ***kosmische Strahlung*** kozmik ışın, evrensel ışın
Kosmopolit /kosmopo'li:t/ *m* kozmopolit, dünya vatandaşı; dünyaya yayılmış canlı türleri
kosmopolitisch /kosmopo'li:tiş/ *s* kozmopolitik, dünya vatandaşı niteliğinde
Kosmos /'kosmos/ *m* evren, kâinat, kozmos, acun
Kost /kost/ *f* beslenme; besin, gıda, iaşe, yiyecek ***geistige Kost*** ruhun gıdası ***Kost und Fracht*** *tic* mal bedeli ve navlun ***Kost und Logis*** beslenme ve barınma, iaşe ve ibate ***Musik ist eine geistige Kost*** *mec* müzik ruhun gıdasıdır
kostbar /'kostba:r/ *s* değerli, pahalı, kıymetli
Kostbarkeit /'kostba:rkayt/ *f* nadir bulunan şey; değerlilik, kıymetlilik
Kosten /'kostın/ *pl* masraflar, giderler; fiyatlar ***auf seine Kosten kommen*** nafakasını kazanmak ***Kosten auferlegen*** masrafları yüklemek ***Kosten decken*** masrafları karşılamak, giderleri karşılamak ***Kosten der Dienstleistung*** hizmet maliyeti ***Kosten der verkauften Waren*** satış maliyeti ***Kosten der Vorräte*** *tic* stok maliyeti ***Kosten der Waren*** ürün maliyeti ***Kosten tragen*** masrafları karşılamak, ödemek ***Kosten übernehmen*** masrafları karşılamak, masrafları üstlenmek
kosten /'kostın/ *vi* fiyatında olmak; pahaya mal olmak; harcamada bulunmak; talep etmek, istemek ***was kostet das?*** bu kaç para?
kostenlos /'kostınlo:s/ *s* parasız, karşılıksız, bedelsiz, ücretsiz, bedava, parasız, gratis
kostenpflichtig /'kostınpflihtih/ *s* ücrete tâbi, ücretli, paralı, bedelli
Kostenpunkt /'kostınpunkt/ *m kon* masraf, maliyeti
Kostenvoranschlag /'kostınvo:ranşla:k/ *m* masraf tahmini, gider tahmini
Kostgänger /'kostgengır/ *m* pansiyoner
Kostgeld /'kostgelt/ *n* yemek ücreti; pansiyon ücreti
köstlich /'köstlih/ *s* lezzetli, leziz, tadı güzel; enfes, mükemmel; komik, eğlendirici ***sich köstlich amüsieren*** çok eğlenmek
Kostprobe /'kostpro:bı/ *f* tadımlık; bir gıda maddesini satın alırken tadına bakma; örnek, numune; eşantiyon
kostspielig /'kostşpi:lih/ *s* oldukça pahalı; oldukça masraflı
Kostüm /ko'stü:m/ *n* kostüm; elbise, giysi, kıyafet; etek ceket kostüm; *tiy* sahne

elbisesi
Kostümball /ko'stü:mbal/ *m* kıyafet balosu
Kot /ko:t/ *m* çamur, pislik; bok, dışkı
Kotelett /kot'let/ *n* pirzola
Koteletten /kot'letın/ *pl* (saç) favori
Kotflügel /'ko:tflü:gıl/ *m oto* çamurluk
kotzen /'kotsın/ *vi* kusmak, istifra etmek, çıkarmak ***das ist zum Kotzen*** iğrenç bir şey
Krabbe /'krabı/ *f hayb* çağanoz, yengeç; *hayb* karides; *kon* küçük kız çocuğu; *mim* kilise süsleme tarzı
krabbeln /'krabıln/ *vt/vi* gıdıklamak, gıdıklanmak; kaşımak, kaşınmak; *vi* emeklemek, sürünmek; tırmanmak
Krach /krah/ *m* çatırtı, patırtı; gürültü, şamata, yaygara, velvele; kavga, şamata; iflas, darboğaz; ekonomik kriz; geçimsizlik, nizah ***macht keinen Krach!*** patırtı etmeyin!
krachen /'krahın/ *vi* kavgaya tutuşmak; çatlamak, patlamak; parçalanmak, kırılmak, dağılmak ***sich krachen*** kavga etmek
krächzen /'krehtsın/ *vi* kısık sesle konuşmak; (karga) gaklamak
Kraft /kraft/ *f* güç, kuvvet; kudret; yetenek; enerji; mecal, iktidar; dinçlik, enerji; *huk* yürürlük, meriyet; (kişi) eleman, işgücü, personel; *fiz* güç, yoğunluk ***aus eigener Kraft*** kendi yağıyla ***außer Kraft*** yürürlük dışı, geçersiz ***außer Kraft setzen*** yürürlükten kaldırmak ***Gleichgewicht der Kräfte*** güçler dengesi ***in Kraft*** geçerli, yürürlükte, geçerli ***in Kraft sein*** geçerli olmak, yürürlükte olmak ***in Kraft treten*** yürürlüğe girmek, geçerli olmak ***keine Kraft mehr haben*** takatı kalmamak ***seelische Kraft*** sabır
kraft /kraft/ *ilg* sayesinde, dolayısıyla, mucibince ***kraft des Gesetzes*** kanun gereğince
Kraftaufwand /'kraftaufvant/ *m* efor, çaba, emek, hamle
Kraftausdruck /'kraftausdruk/ *m* ağır söz, kaba söz
Kraftbrühe /'kraftbrü:ı/ *f* et suyu
Kraftfahrer /'kraftfa:rır/ *m* sürücü, şoför
Kraftfahrzeug /'kraftfa:rtsoyk/ *n* motorlu taşıt
Kraftfahrzeugbrief /'kraftfa:rtsoykbri:f/ *m* araç ruhsatı, motorlu taşıt ruhsatı
Kraftfahrzeugsteuer /'kraftfa:rtsoykştoyır/ *f* motorlu taşıtlar vergisi
Kraftfahrzeugversicherung /'kraftfa:rtsoykferzihırung/ *f* taşıt aracı sigortası
Kraftfeld /'kraftfelt/ *n fiz* etki alanı, kuvvet sahası
kräftig /'kreftih/ *s* güçlü, kuvvetli, gücü kuvveti yerinde; sağlam, sıhhatli; besleyici, vitaminli; etkili, şiddetli; enerjik, dinç; gürbüz; adamakıllı; kaba, görgüsüz; edepsiz
kräftigen /'kreftigın/ *vt* güçlendirmek, kuvvetlendirmek ***sich kräftigen*** güçlenmek, kuvvetlenmek
Kräftigung /'kreftigung/ *f* güçlenme, kuvvetlenme; güçlendirilme, kuvvetlendirilme
kraftlos /'kraftlo:s/ *s* güçsüz, kuvvetsiz, dermansız, takatsiz, mecalsiz; zayıf, bitkin; geçersiz, hükümsüz; tesirsiz, etkisiz
Kraftlosigkeit /'kraftlo:zihkayt/ *f* güçsüzlük, kuvvetsizlik, dermansızlık, takatsizlik; zayıflık, bitkinlik; hükümsüzlük, geçersizlik; tesirsizlik, etkisizlik
Kraftprobe /'kraftpro:bı/ *f* kuvvet denemesi; güç gösterisi
Kraftstoff /'kraftştof/ *m* akaryakıt, benzin
kraftvoll /'kraftfol/ *s* güçlü, kuvvetli, dinç
Kraftwagen /'kraftva:gın/ *m* motorlu taşıt
Kraftwerk /'kraftverk/ *m* elektrik santralı, enerji santralı
Kragen /'kra:gın/ *m* yaka, elbise yakası, yakalık; yaşam, hayat; *hayb* yele ***beim Kragen packen*** yakasına yapışmak
Kragenknopf /'kra:gınknopf/ *m* yaka düğmesi
Krähe /'kre:ı/ *f hayb* karga
krähen /'kre:ın/ *vi* (horoz) ötmek ***bis die Hähne krähen*** gün ışıyana dek, sabaha kadar
Krähenfüße /'kre:ınfü:sı/ *pl* kargacık burgacık yazı; göz kenarlarındaki kırışıklıklar
Krake /'kra:kı/ *m hayb* ahtapot, dev mürekkepbalığı; *mec* deniz canavarı
Kralle /'kralı/ *f* tırnak, pençe
Kram /kra:m/ *m* pılı pırtı, değersiz eşya, bok püsür; hırdavat; iş, uğraş, meşgale ***alter Kram*** eski eşya
kramen /'kra:mın/ *vi* araştırmak, karıştırmak; meşgalesi olmak
Krampf /krampf/ *m hek* kramp, kasılma,

istemdışı kas kasılması; *mec* göstermelik iş
Krampfader /'krampfa:dır/ *f hek* varis, toplardamar genişlemesi
krampfhaft /'krampf**h**aft/ *s* kramp gibi; asabi, sinirli; sıkı; şiddetli, büyük
Kran /kra:n/ *m* vinç; *den* maçuna
Kranich /'kra:ni**h**/ *m hayb* turna
krank /krank/ *s* hasta, rahatsız; (av) vurulmuş ***krank werden*** hastalanmak ***sich krank fühlen*** kendini hasta hissetmek
Kranke(r) /'krankı(r)/ *m/f* hasta, hasta kişi
kränkeln /'krenkıln/ *vi* sürekli rahatsız olmak, sürekli hasta olmak
kranken /'krankın/ *vi* mustarip olmak ***an etw kranken*** bir hastalığa yakalanmış olmak; bir sebepten dolayı aksamak
kränken /'krenkın/ *vt* üzmek, incitmek; gücendirmek; canını acıtmak, ağırına gitmek; kırılmak ***leicht gekränkt*** alıngan, *kon* osuruktan nem kapan ***sich über eine Sache kränken*** (bir sebepten dolayı) gücenmek, incinmek, kırılmak
Krankenbericht /'krankınbıri**h**t/ *m* sağlık raporu
Krankenbesuch /'krankınbızu:**h**/ *m* hasta ziyareti, geçmiş olsun ziyareti; *hek* vizite
Krankenbett /'krankınbet/ *n* hasta yatağı
Krankengeld /'krankıngelt/ *n* hastalık parası, sigorta tarafından hastaya ödenen para
Krankengymnastik /'krankıngümnastik/ *f* kültür fizik tedavisi
Krankenhaus /'krankın**h**aus/ *n* hastane, klinik
Krankenkasse /'krankınkası/ *f* Hastalık Sandığı, Hastalık Sigortası
Krankenpflege /'krankınpfle:gı/ *f* hasta bakımı
Krankenpfleger /'krankınpfle:gır/ *m* hastabakıcı
Krankenschein /'krankınşayn/ *m* vizite kağıdı; sağlık karnesi
Krankenschwester /'krankınşvestır/ *f* hemşire
Krankenversicherung /'krankınferzi**h**ırung/ *f* hastalık sigortası, sağlık sigortası
Krankenwagen /'krankınva:gın/ *m* ambülans, cankurtaran, hasta nakil aracı
krankfeiern /'krankfayırn/ *trvi* hasta olmadığı halde hastaymış gibi davranmak
krankhaft /'krank**h**aft/ *s* hastalıklı, sağlıksız; patolojik
Krankheit /'krank**h**ayt/ *f* hastalık, rahatsızlık ***ansteckende Krankheit*** bulaşıcı hastalık ***heilbare Krankheit*** tedavisi mümkün hastalık ***unheilbare Krankheit*** tedavisi mümkün olmayan hastalık
Krankheitsbild /'krank**h**aytsbilt/ *n hek* hastalık emareleri, hastalık belirtileri, sendrom
Krankheitserreger /'krank**h**aytserre:gır/ *m hek* virüs, mikrop, hastalık geçirici
kränklich /'krenkli**h**/ *s* hastalıklı; sürekli hastalığı olan
krankmelden /'krankmeldın/ *trvi* raporlu olmak, hastalığını bildirmek
krankschreiben /'krankşraybın/ *trvt* hastalıktan dolayı istirahat vermek
Kränkung /'krenkung/ *f mec* incitme, kırma, yaralama; dil yarası
Kranz /krants/ *m* çelenk; daire biçiminde bir şey, bilezik şeklinde bir şey; *mim* saçak, pervaz; bir cins pasta ***einen Kranz niederlegen*** çelenk koymak
Kränzchen /'krents**h**ın/ *n* küçük çelenk; (kadınlar arasında) kabul günü, çay toplantısı
Krapfen /'krapfın/ *m* yağda kızartılan hamur tatlısı, lokma
krass /kras/ *s* büyük boyutta, göze batan; kaba, kalın; duyulmamış; yüksek derecede ***eine krasse Lüge*** büyük bir yalan ***krasse Undankbarkeit*** hıyanet, ihanet ***krasser Neuling*** acemi çaylak
Krater /'kra:tır/ *m* krater, yanardağ ağzı; *esk* iki kulplu kadeh
kratzbürstig /'kratsbürsti**h**/ *s* hırçın, sevimsiz; inatçı
kratzen /'kratsın/ *vt/vi* kazımak, tel fırça ile kazımak; kaşımak, tırmalamak, tırmıklamak; eşelemek; cızırdamak; eşinmek; rahatsız olmak ***sich kratzen*** kaşınmak
Kraul /kraul/ *n* kravl, bir yüzme stili
kraulen /'kraulın/ *vi* kravl stilinde yüzmek; *vt* (birisini) okşamak
kraus /kraus/ *s* dağınık, kırışık; (saç) kıvırcık; (alın) kırışık; (yazı) kargacık burgacık; ters yün örme; karmakarışık, darmadağınık ***krauses Haar*** arapsaçı
kräuseln /'kroyzıln/ *vt* (saç) kıvırmak, kıvırcık yapmak; büzmek, büzüştürmek; burmak ***sich kräuseln*** kıvrılmak,

K

kıvırcıklanmak

Kraut /kraut/ *n bitk* yeşillik, yeşil sebze; bitki; *bitk* (genel olarak) şifalı bitki; *bitk* baharatlı bitki; *bitk* baş lahana; tütün

Kräuterbutter /'kroytırbutır/ *f* tuzlu, otlu tereyağ

Krawall /kra'val/ *m* kavga, gürültü, nizah, hır; ayaklanma, isyan; kargaşa

Krawatte /kra'vatı/ *f* kravat, boyun bağı; *sp* (güreş) boyunduruk

Kreation /krea'tsyo:n/ *f* moda tasarımcısının yarattığı yeni ürün, kreasyon; var etme, yaratma

kreativ /krea'ti:f/ *s* yaratıcı, üretici; yaratma gücü ile ilgili ***kreative Tätigkeit*** yaratıcı etkinlikler ***kreatives Denken*** yaratıcı düşünme ***kreatives Spiel*** yaratıcı oyun

Kreativität /kreativi'te:t/ *f* yaratıcılık; yaratıcı güç

K

Kreatur /krea'tu:r/ *f* yaratık, mahluk; iradesiz adam, alçak adam; (kişi) oyuncak

Krebs /kre:ps/ *m* yengeç; *gökb* Yengeç burcu; *hek* kanser; *mec* satılamayan kitap ***Wendekreis des Krebses*** *gökb* Yengeç dönencesi

Krebsforschung /'kre:psforşung/ *f* kanser araştırmaları

Krebsvorsorge /'kre:psfo:rzorgı/ *f hek* kanser konusunda önlem; kanserin erken teşhisi ve tedavisi için düzenli olarak yapılan kontroller, kanser taraması

Kredit /kre'di:t/ *m tic* kredi; avans, borç itibar, saygınlık, kredi; *tic* muh. alacak taraf, sağ taraf ***auf Kredit*** kedili satış, veresiye ***auf Kredit kaufen*** krediyle satın almak ***einen Kredit eröffnen*** kredi açmak ***Kredit gegen Bürgschaft*** kefalet karşılığı kredi ***Kredit gegen dingliche Sicherheiten*** gayri menkul karşılığı kredi, ipotek karşılığı kredi ***Kredit sperren*** krediyi kesmek ***Kredit überschreiten*** kredi limitini aşmak ***Kredit verlangen*** kredi talebinde bulunmak

Kreditaufnahme /kre'di:taufna:mı/ *f* kredi alma, avans alma, borçlanma

Kreditbrief /kre'di:tbri:f/ *m tic* akreditif, kredi mektubu

Kreditinstitut /kre'di:tinstitu:t/ *n* kredi kuruluşu; banka

Kreditkarte /kre'di:tkartı/ *f* kredi kartı ***Kreditkarte ist gültig*** kredi kartı geçerlidir ***mit der Kreditkarte bezahlen*** kredi kartı ile ödemek

kreditwürdig /kre'di:tvürdih/ *s* saygın, muteber, sağlam, güvenilir; kredi verilebilir

Kreide /'kraydı/ *f* tebeşir; yerb kretase; *mec* borç

kreieren /kre'i:rın/ *vt* yaratmak, ortaya koymak; meydana getirmek; *tiy* bir rolü ilk defa yerine getirmek

Kreis /krays/ *m mat* daire; saha, mıntıka, alan, bölge; ilçe, kaza; *gökb* yörünge ***politische Kreise*** politik çevre

kreischen /'krayşın/ *vi* cırtlak bir sesle bağırmak; (kapı) gıcırdamak

Kreisel /'krayzıl/ *m* fırıldak, topaç; (trafik) döner ada, göbek, dörtyol ağzı

kreisen /'krayzın/ *vi* daire çizmek, daire çizerek dönmek, dolaşmak; (kuş) süzülmek

kreisförmig /'kraysförmih/ *s* dairesel, dairevi, daire şeklinde

Kreislauf /'krayslauf/ *m hek* kan dolaşımı; devridaim, sirkülasyon, dolaşım

Kreislaufstörung /'krayslaufştö:rung/ *f hek* kan dolaşımı bozukluğu

Kreissäge /'kraysze:gı/ *f* daire testere, daire bıçkısı; *kon* yuvarlak hasır şapka

Kreissaal /'kraysza:l/ *m* doğum odası, doğumhane, doğum salonu

Kreisstadt /'krayssştat/ *f* ilçe merkezi

Kreisumfang /'kraysumfang/ *m mat* çember, daire çevresi

Kreisverkehr /'kraysferke:r/ *m* daire biçiminde *tek* yönlü trafik yolu

Krematorium /krema'to:ryum/ *n* krematoryum, ölülerin yakıldığı yer

Krempe /'krempı/ *f* şapka kenarı

Krempel /'krempıl/ *m kon* pılı pırtı, ıvır zıvır, öte beri, bok püsür; *f* teks tarak makinesi

krempeln /'krempıln/ *vt* teks taraklamak, dövmek

Kreole/Kreolin /kre'o:lı/kre'o:lin/ *m/f* Güney Amerika'da doğmuş ama aslen buralı olmayan zenci

krepieren /kre'pi:rın/ *vi* ölmek, rahmetli olmak, hakkın rahmetine kavuşmak; *kon* telef olmak, nalları dikmek, kuyruğu titretmek, tahtalı köye göçmek; (mermi) patlamak, infilak etmek

Krepp /krep/ *m* krep, bükümlü ince kumaş; bürümcük

Kresse /'kresı/ *f bitk* tere, latin çiçeği

Kreuz /kroyts/ *n* haç, istavroz; çarmıh; *anat* sağrı (kemiği); üzüntü, azap, keder; *den* demir memesi; *müz* diyez; *isk* sinek, ispati; musibet, baş belası; *gökb* Güneytacı; kavşak, dörtyol ağzı; idam sehpası ***ans Kreuz schlagen*** çarmıha germek ***das Rote Kreuz*** Kızılhaç ***Kreuz schlagen*** haç çıkarmak ***Kreuz und Quer*** bir oraya bir buraya, sağa sola

kreuzen /'kroytsın/ *vt* çapraz hale getirmek, çaprazlamak, çapraz hale getirmek; karşılaşmak, kesişmek; karşılıklı geçmek; *hayb* melezlemek, kırmak; *vi den* rüzgâra karşı zikzaklar çizmek ***kreuzende Wechselkurse*** *tic* çapraz kurlar ***sich kreuzen*** çatışmak, çapraşmak, kesişmek

Kreuzer /'kroytsır/ *m den* ask. kruvazör, savaş gemisi; sportif tekne; *kon* metelik, madeni para

Kreuzfahrer /'kroytsfa:rır/ *m* Haçlı seferine katılan, Haçlı

Kreuzfahrt /'kroytsfa:rt/ *f* Haçlı seferi; gemi seyahati

Kreuzfeuer /'kroytsfoyır/ *n ask* çapraz ateş, makas ateşi; *mec* hedef noktası olma

Kreuzgang /'kroytsgang/ *m* kilisede sütunlar arasında kalan yol; *kon* ricacı olarak bir yere gitme

Kreuzigung /'kroytsigung/ *f* çarmıha germe

Kreuzotter /'kroytsotır/ *f hayb* engerek yılanı

Kreuzritter /'kroytsritır/ *m* Haçlı seferine katılmış kimse, Haçlı

Kreuzspinne /'kroytsşpinı/ *f* haç şekline ağ ören bahçe örümceği

Kreuzung /'kroytsung/ *f* kesişme noktası; dörtyol ağzı, kavşak ağzı; haç biçimi; *hayb* melezleme, kırma

Kreuzverhör /'kroytsferhö:r/ *n* çapraz sorgu, davalı davacılar tarafından aynı anda sorular sorulması

Kreuzweg /'kroytsve:k/ *m* dörtyol ağzı; (Hz. İsa) azap yolu

kreuzweise /'kroytsvayzı/ *be* çaprazlama, çaprazvari, makaslama

Kreuzworträtsel /'kroytsvortre:tsıl/ *n* çapraz bulmaca

Kreuzzeichen /'kroytstsayhın/ *n* haç işareti

Kreuzzug /'kroytstsu:k/ *m* Haçlı seferi

kribbelig /'kribılih/ *s kon* öfkeli, sinirli; sabırsız, yerinde duramayan; çok hassas

kribbeln /'kribıln/ *vi* gıdıklamak; kaşınmak; karıncalanmak, uyuşmak; kıpırdanmak ***mein Hand kribbelt*** elim uyuşuyor

kriechen /'kri:hın/ *vi* sürünmek, yerde sürünmek; *kon* yaltaklanmak, yağcılık etmek, etek öpmek; *tek* deforme olmak

kriecherisch /'kri:hıriş/ *s* dalkavukça, yaltakçı

Kriechtier /'kri:hti:r/ *n hayb* sürüngenler, sürüngen hayvan

Krieg /kri:k/ *m ask* savaş, harp; *kon* sürtüşme, düşmanlık, geçimsizlik ***kalter Krieg*** *ask* pol. soğuk savaş, sinir harbi ***Krieg führen*** mücadele etmek, savaşı sürdürmek

kriegen /'kri:gın/ *vt kon* elde etmek, almak; (birisini) tutmak, ele geçirmek, yakalamak

Krieger /'kri:gır/ *m* asker, savaşçı, muharip

Kriegerdenkmal /'kri:gırdenkma:l/ *n* şehitler anıtı

kriegerisch /'kri:gıriş/ *s* savaşçı, kavgacı, muharip, cengâver; savaş ile ilgili ***kriegerische Auseinandersetzung*** silahlı çatışma

Kriegführung /'kri:kfü:rung/ *f ask* savaşın sevk ve idaresi; savaşım, savaşma

Kriegsausbruch /'kri:ksausbruh/ *m* savaş çıkması

Kriegsbeil /'kri:ksbayl/ *n* savaş baltası ***das Kriegsbeil ausgraben*** savaşı başlatmak, *mec* savaş baltasını topraktan çıkarmak ***das Kriegsbeil begraben*** barış yapmak, *mec* savaş baltasını toprağa gömmek

kriegsbeschädigt /'kri:ksbışe:diht/ *s ask* harp malulü; savaştan zarar görmüş

Kriegsdienst /'kri:ksdi:nst/ *m ask* savaş hizmeti, seferberlik görevi

Kriegsdienstverweigerer /'kri:ksdi:nstfervaygırır/ *m* silah altında askerlik görevini reddeden

Kriegsdienstverweigerung /'kri:ksdi:nstfervaygırung/ *f huk* askerlik görevi yapmayı reddetme; savaşmayı reddetme

Kriegserklärung /'kri:kserkle:rung/ *f ask* pol. savaş ilanı, resmi savaş ilanı

Kriegsgefangene(r) /'kri:ksgıfangını(r)/ *f/m ask* savaş tutsağı, savaş esiri

Kriegsgefangenschaft /'kri:ksgıfangınşaft/ *f* esirlik, esaret, esir

olma
Kriegsgegner /'kri:ksge:gnır/ *m* savaşan taraf; düşman
Kriegsgericht /'kri:ksgıriht/ *n ask* divanıharp, askeri mahkeme, savaş mahkemesi
Kriegslist /'kri:kslist/ *f ask* savaş manevrası
Kriegsopfer /'kri:ksopfır/ *m ask* harp şehidi, şehit
Kriegsschauplatz /'kri:ksşauplats/ *m* savaş alanı; savaşın yapıldığı yer
Kriegsteilnehmer /'kri:kstaylne:mır/ *m ask* savaşa katılan kişi, muharip
Kriegsverbrecher /'kri:ksferbrehır/ *m ask* savaş suçlusu
kriegsversehrt /'kri:ksverze:rt/ *s ask* harp malulü; savaştan zarar görmüş
Krimi /'krimi/ *m* polisiye film, polisiye roman
Kriminalfilm /krimi'na:lfilm/ *m* polisiye film
Kriminalität /kriminali'te:t/ *f* suç eğilimi, suç işleme eğilimi; yasaya karşı hareket
Kriminalpolizei /krimi'na:lpolitsay/ *f* cinayet masası
Kriminalroman /krimi'na:lroma:n/ *m* polisiye roman
kriminell /krimi'nel/ *s* caniyane, cinai; yasadışı, (kişi) suç işlemiş; *huk* ağır cezayı gerektiren
Kriminelle(r) /krimi'nelı(r)/ *f/m kon* cani, katil; suçlu, suç işleyen, fail
Krippe /'kripı/ *f* (hayvan) yemlik; kreş, çocuk yuvası, ana okulu; Meryem Ana, Yusuf ve yeni doğmuş İsa'yı etrafında iç kutsal kral ve hayvanlarla beraber gösteren tablo
Krise /'kri:zı/ *f* kriz, buhran, bunalım; *hek* hastalık nöbeti, kriz
kriseln /'kri:zıln/ *vi hek* tic. kriz belirtileri göstermek, bunalım belirtileri vermek
krisenfest /'kri:zınfest/ *s* kriz tehlikesi olmayan, krizden etkilenmeyen
Krisengebiet /'kri:zıngıbi:t/ *n* kriz bölgesi
Krisenherd /'kri:zınhe:rt/ *m tic* pol. kriz bölgesi, çok sık bunalımların yaşandığı bölge
Krisenmanagement /'kri:zınmenicment/ *n* kriz yönetimi
Krisenstab /'kri:zınşta:p/ *m pol* siyasi krizi aşma amaçlı komisyon
Kristall /kris'tal/ *m* billur, kristal
Kristallisation /kristaliza'tsyo:n/ *f* billurlaşma, kristalleşme; billurlaştırma, kristalleştirme
kristallisieren /krestali'zi:rın/ *vi* kristal oluşturmak, billur oluşturmak ***sich kristallisieren*** kristalleşmek, billurlaşmak
Kriterium /kri'te:ryum/ *n* kriter, ölçüt, kıstas; *sp* (bisiklet) daire parkuru yarışı
Kritik /kri'ti:k/ *f* eleştirme, tenkit, kritik, yorumlama; eleştiri, yergi; yorum
Kritiker /'kri:tikır/ *m* eleştirmen, kritikçi, yorumcu, eleştiri yapan
kritiklos /kri'ti:klo:s/ *s* eleştirisiz, tenkitsiz; *be* itiraz etmeden, karşı gelmeden
kritisch /'kri:tiş/ *s* eleştirici, tenkidi, seçici; eleştirel; kritik, tehlikeli, hassas ***ein kritischer Punkt*** nazik bir nokta, hassas bir nokta ***kritische Geschwindigkeit*** kritik hız ***kritische Lage*** kritik durum ***kritische Temperatur*** *fiz* kritik sıcaklık ***kritischer Druck*** kritik basınç ***kritischer Punkt*** kritik nokta ***kritisches Alter*** (insan) kritik çağ; ergenlik; menopoz ***kritisches Denken*** eleştirisel düşünme
kritisieren /kriti'zi:rın/ *vt* eleştirmek, tenkit etmek; kusur aramak, kusur bulmak ***sich kritisieren*** özeliştiride bulunmak, kendi kendini eleştirmek
kritteln /'kritıln/ *vi* her şeyde kusur bulmak, sürekli her şeyi eleştirmek; hiçbir şeyi beğenmemek; aşırı titiz olmak
Kritzelei /kritsı'lay/ *f* çızıktırma, karalama; okunaksız yazı, kargacık burgacık yazı
kritzeln /'kritsıln/ *vi* çızıktırmak, karalamak; eciş bücüş yazmak, kargacık burgacık yazmak
Kroate /kro'a:tı/ *m* Hırvat
Kroatien /kro'a:tsyın/ *tnz* Hırvatistan
Krokant /kro'kant/ *m* krokan, badem ve fındıklı karamela
Krokette /kro'ketı/ *f* kroket
Krokodil /kroko'di:l/ *n hayb* timsah, krokodil
Krokodilstränen /kroko'di:lstre:nın/ *pl mec* sahte gözyaşları, timsah gözyaşları
Krokus /'kro:kus/ *m bitk* safran
Krone /'kro:nı/ *f* taç; kraliyet ailesi; soyluluk, iktidar, güç sembolü; *hek* diş kuronu, metal kaplama; avize; ağaç tepesi; saat zembereği; *mec* en yüksek şey, en ulu şey; *mim* üst kısma konan şey
krönen /'krö:nın/ *vt* (birisine) taç giydirmek, hükümdar yapmak; tepe noktasını oluşturmak; (okul, vazife, vs.) başarıyla

K

tamamlamak, başarıyla bitirmek ***von Erfolg gekrönt*** başarılı, muvaffakiyetli
Kronleuchter /'kro:nloy**h**tır/ *m* avize
Kronprinz /'kro:nprints/ *m* veliaht prens
Krönung /'krö:nung/ *f* taç giyme; en üst nokta, tepe nokta, zirve
Kronzeuge /'kro:ntsoygı/ *m huk* kamu tanığı; baş tanık, esas tanık
Kropf /kropf/ *m hek* guatr; *bitk* verem; *hayb* kursak, taşlık
Kröte /'krö:tı/ *f hayb* kara kurbağası; *mec* afacan kız, yumurcak kız, yaramaz kız; *kon* para, mangır
Krücke /'krükı/ *f* koltuk değneği; fırıncı küreği; şemsiye bastonu
Krug /kru:k/ *m* testi, kupa, küp, güğüm; *bitk* çiçek tacı
Krume /'kru:mı/ *f* ekmek içi; kırıntı, ufantı; yumuşak tarla toprağının üst kısmı
Krümel /'krü:mıl/ *m* kırıntı, ufantı
krümeln /'krü:mıln/ *vt* ufalamak; *vi* ufalanmak
krumm /krum/ *s* eğri, yamuk, çarpık; düz olmayan; *mec* sahtekâr, samimiyetsiz ***eine krumme Linie*** *mat* eğik, eğri çizgi ***krumm sitzen*** kambur oturmak ***krumm und schief*** eğri büğrü, çarpık çurpuk, eciş bücüş ***krumme Beine*** çarpık bacaklar ***sich krumm und bucklig lachen*** gülmekten kırılmak
krümmen /'krümın/ *vt* kıvırmak, eğmek, eğriltmek, bükmek ***sich krümmen*** bükülmek, kıvranmak, iki büklüm olmak ***sich vor Schmerzen krümmen*** sancıdan iki büklüm olmak
Krümmer /'krümır/ *m* çok ağızlı pulluk; soba dirsek borusu
Krümmung /'krümung/ *f* büküntü, büklüm; eğilme, bükülme; dirsek, eğim, kavis; dönemeç, viraj; dolambaç
Krüppel /'krüpıl/ *m* bedensel özürlü kişi, sakat, kötürüm
Kruste /'krustı/ *f* kabuk, dış örtü, kılıf
Kruzifix /krutsi'fiks/ *n* Hz İsa'yı çarmıhta gösteren heykel veya resim
Kuba /'ku:ba/ *tnz* Küba
Kubaner /ku'ba:nır/ *m* Kübalı
kubanisch /ku'ba:niş/ *s* Kübalı, Küba ile ilgili
Kübel /'kü:bıl/ *m* kovaya benzer büyükçe kap, tekne, gerdel; sandık, kasa
Kubikmeter /ku'bi:kme:tır/ *n/m mat* metreküp
Kubikwurzel /ku'bi:kvurtsıl/ *f* matm küp kök
Kubismus /ku'bismus/ *m* kübizm; nesneleri geometrik biçimlerde gösteren sanat akımı
Küche /'kü**h**ı/ *f* mutfak, aşevi; yemekler; yemek pişirme sanatı ***die Türkische Küche*** Türk mutfağı ***kalte Küche*** soğuk yemekler, soğuk mezeler ***warme Küche*** sıcak yemekler, ana yemekler
Kuchen /'ku:**h**ın/ *m* pasta; büyük kek; hamur işi
Kuchenblech /'ku:**h**ınble**h**/ *n* tepsi, fırın tepsisi
Küchenchef /'kü**h**ınşef/ *m* şef aşçı, aşçıbaşı
Kuchengabel /'ku:**h**ınga:bıl/ *f* üç ağızlı pasta çatalı
Küchenherd /'kü**h**ın**h**e:rt/ *m* ocak, mutfak ocağı
Küchenhilfe /'kü**h**ın**h**ilfı/ *f* mutfakta yardımcı
Küchenmaschine /'kü**h**ınmaşi:nı/ *f* mikser takımı
Küchenschrank /'kü**h**ınşrank/ *m* mutfak dolabı
Kuchenteig /'ku:**h**ıntayk/ *m* pasta hamuru
Kuckuck /'kukuk/ *m hayb* guguk kuşu; *kon* icra memuru mühürü; *kon* şeytan, iblis ***zum Kuckuck!*** Allah belasını versin!
Kuckucksuhr /'kukuksu:r/ *f* guguklu saat
Kufe /'ku:fı/ *f* fıçı, tekne; kova; kayak ayakkabısı altına takılan kayma kızağı
Kugel /'ku:gıl/ *f* top, toparlak, küre, yuvar, topar; *coğ* yerküre; kurşun çekirdeği, mermi çekirdeği; *sp* bowling topu; bilye, misket; *anat* mafsal başı, küre şekilli eklem
Kugelblitz /'ku:gılblits/ *m metr* ışık küresi biçiminde seyrek olarak görünen yıldırım
kugelförmig /'ku:gılförmi**h**/ *s* küresel, yuvarlak, top gibi
Kugellager /'ku:gılla:gır/ *n tek* bilyalı yatak, rulman
Kugelschreiber /'ku:gılşraybır/ *m* tükenmezkalem
kugelsicher /'ku:gılzi**h**ır/ *s* kurşun geçirmez ***kugelsicheres Glas*** kurşun geçirmez cam
Kugelstoßen /'ku:gılsto:sın/ *n sp* gülle atma
Kuh /ku:/ *f hayb* inek; *hayb* dişi geyik; *hayb* dişi fil ***blöde Kuh!*** *hkr* aptal karı!

K

kühl /kü:l/ *s* serin, hafif soğuk; *mec* duygusuz, soğuk nevale; sevimsiz, itici
kühlen /'kü:lın/ *vt* soğutmak, serinletmek
Kühler /'kü:lır/ *m* soğutucu, soğutucu cihaz; buz kabı; *oto* radyatör
Kühlerhaube /'kü:lır**h**aubı/ *f oto* motor kapağı, kaput
Kühlschrank /'kü:lşrank/ *m* buzdolabı
Kühltasche /'kü:ltaşı/ *f* termos
Kühltruhe /'kü:ltru:ı/ *f* derin dondurucu dolap
Kühlung /'kü:lung/ *f* serinleme; soğutma; gıda satış mağazalarındaki süstü açık soğutucu dolap; serin hava
Kühlwasser /'kü:lvasır/ *m* soğutma suyu; *oto* radyatör suyu
Kuhmilch /'ku:mil**h**/ *f* inek sütü
kühn /kü:n/ *s* korkusuz, cesur, yürekli; girişken, atılgan ***kühner werden*** cesaret bulmak
Kühnheit /'kü:n**h**ayt/ *f* yiğitlik, cesurluk; atılganlık, cüret
Küken /'kü:kın/ *n hayb* civciv, piliç; *kon* ailenin en küçüğü; deneyimsiz genç kız
kulant /ku'lant/ *s* akıcı, rahat; dikkatli, itinalı; makul, uygun, mutedil; kolaylık sağlayıcı ***kulante Zahlungsbedingungen*** *tic* uygun ödeme koşulları
Kulanz /ku'lants/ *f* kibar davranış, nazik davranış
kulinarisch /kuli'na:riş/ *s* (yemek) çok lezzetli, leziz; yemek sanatına ilişkin
Kulisse /ku'lisı/ *f tiy* kulis; *tic* serbest piyasa; *mec* kulis, hile, dolap; *tek* yiv, oluk ***hinter den Kulissen*** kulislerde, geri planda, arka planda
kullern /'kulırn/ *vt* yuvarlamak; *vi* yuvarlanmak
kulminieren /kulmi'ni:rın/ *vi gökb* (gök cismi) yücelmek; yörüngesinin en alt noktaya inmek; (iş, başarı) doruğa ulaşmak
Kult /kult/ *m* kült; tapma, tapınma; ibadet, ayin; *din* mezhep; taparcasına sevgi, aşırı sevgi ***mit etw Kult treiben*** bir şeye tapınmak
Kultfigur /'kultfigu:r/ *f* idol
kultisch /'kultiş/ *s* kült ile ilgili, kült; tapınma/ibadet ile ilgili ***kultische Handlungen*** dini tutum ve davranışlar ***kultische Pflichte*** (islam) farz; şart
kultivieren /kulti'vi:rın/ *vt* toprağı işlemek; ekip biçmek; medenileştirmek, çağdaşlaştırmak; kültürel açıdan geliştirmek, kültürünü artırmak
kultiviert /kulti'vi:rt/ *s* işlenmiş, ekilip biçilmiş; aydın, kültürlü, eğitimli; medeni, uygar, çağdaş
Kultur /kul'tu:r/ *f* kültür; medeniyet, uygarlık; uygarca yaşayış tarzı, çağdaş yaşayış biçimi; ziraat, tarım, toprağı ekip biçme; (orman) ağaçlandırma; *biy* hek. mikrop türü üretme ***ein Mensch von Kultur*** kültürlü insan, çağdaş insan ***Kulturen anlegen*** kültür yapmak
Kulturaustausch /kul'tu:raustauş/ *m* kültür alışverişi; kültürel değişim
kulturell /kultu'rel/ *s* kültürel, kültürle ilgili; çağdaş, uygar, medeni ***kultureller Verein*** kültür derneği
kulturgeschichtlich /kul'tu:rgı**ş**i**h**tli**h**/ *s* kültür tarihine ilişkin
Kulturgut /kul'tu:rgu:t/ *n* kültür eseri, kültürel varlık
Kulturpflanze /kul'tu:rpflantsı/ *f bitk* yabani türlerinden geliştirilmiş bitki
Kultusministerium /'kultusministe:ryum/ *n* Kültür Bakanlığı
Kümmel /'kümıl/ *m bitk* kimyon, çemen; kimyon yağı ile elde edilen bir içki
Kummer /'kumır/ *m* gam, tasa, dert, kaygı; elem, keder, acı; üzüntü, endişe; huzursuzluk ***Kummer haben*** üzülmek, üzüntü çekmek ***sich Kummer machen übr etw*** (bir şeyden dolayı) endişelenmek, tasalanmak
kümmerlich /'kümırli**h**/ *s* sefil, perişan; çelimsiz, cılız; acınacak durumda; pısırık, miskin
kümmern /'kümırn/ *vi* (canlı) gelişememiş olmak; *vt* ilgilendirmek ***das kümmert mich nicht!*** beni ilgilendirmez! ***mach dir keine Sorgen!*** takma kafana! ***sich kümmern um*** önem vermek, aldırış etmek; (bir şeyle) meşgul olmak ***sich um jdn kümmern*** (birisi ile) ilgilenmek, yardımcı olmak
kummervoll /'kumırfol/ *s* kederli, ıstırap dolu, üzüntülü; dertli, endişeli; elim
Kumpan /kum'pa:n/ *m* arkadaş, dost; kötü arkadaş, içki arkadaşı, hempa
Kumpel /'kumpıl/ *m mad* madenci; meslektaş; iyi dost, iyi arkadaş; hemşeri
kündbar /'küntba:r/ *s huk* yürürlükten kaldırılabilir, iptal edilebilir, geçersiz sayılabilir, feshi kabil; nakit olarak ödenebilir ***kündbare Obligation*** *tic* vadesinden evvel ödenebilen tahvil

Kunde /'kundı/ *f* haber, bilgi, malumat; ilim, bilim, bilgi; müjde; (at) arpalık; *m* müşteri, alıcı, müşteri; *kon* herif, adam ***ein schlauer Kunde*** kurnaz bir herif ***Kunden gewinnen*** müşteri kazanmak

Kundendienst /'kundındi:nst/ *m* müşteri hizmetleri, danışma hizmeti; satış sonrası hizmet

Kundengespräch /'kundıngışpre:h/ *n* müşteriyle gürüşme

Kundgebung /'kuntge:bung/ *f* bildirme, bildirim, tebliğ; beyan; gösteri, yürüyüş, nümayiş

kundig /'kundih/ *s* uzman, vakıf; bilgili; deneyimli, tecrübeli

kündigen /'kündigın/ *vt* işten el çektirmek, işten atmak; (anlaşma, sözleşme) feshettiğini bildirmek, geçersiz olduğunu bildirmek, iptal ettiğini bildirmek; (para) çekmek

Kündigung /'kündigung/ *f* işten ayrılacağını bildirme; işten çıkarılacağını tebliğ etme; *huk* feshi ihbar, ihbarname; sözleşmenin geçersizliğini bildirme, anlaşmayı *tek* taraflı feshettiğini tebliğ etme

Kündigungsfrist /'kündigungsfrist/ *f huk* ihbar süresi, bildirim süresi

Kündigungsgrund /'kündigungsgrunt/ *m* fesih sebebi, istifa sebebi

Kundschaft /'kuntşaft/ *f* müşteriler, alıcılar; araştırma, keşif

künftig /'künftih/ *s* gelecek, ileriki, müstakbel; geleceğin; *be* gelecekte, ilerde, bundan böyle

Kunst /kunst/ *f* sanat; marifet, ustalık, yaratıcı yetenek; hile ***die bildenden Künste*** güzel sanatlar, elişi sanatları ***die schönen Künste*** güzel sanatlar

Kunstausstellung /'kunstausştelung/ *f* resim sergisi, sanat eseri sergisi

Kunstdünger /'kunstdüngır/ *n* suni gübre

Kunsterziehung /'kunstertsi:ung/ *f* sanat eğitimi, sanatsal eğitim; (okul) sanat tarihi dersi

Kunstfaser /'kunstfa:zır/ *f* yapay lif, sentetik lif

Kunstfehler /'kunstfe:lır/ *m* sanat hatası; mesleki hata, doktorun yanlış tedavi uygulaması

kunstfertig /'kunstfertih/ *s* hünerli, becerikli, marifetli, mahir, usta

Kunstgegenstand /'kunstge:gınştant/ *m* sanat eseri, sanatsal eser, sanat değeri olan eser

kunstgerecht /'kunstgıreht/ *s* sanat kurallarına uygun, sanatsal ahlaka uygun; *kon* doğru, düzgün

Kunstgeschichte /'kunstgışihtı/ *f* sanat tarihi

Kunstgewerbe /'kunstgıverbı/ *n* uygulamalı tasarımcılık, sanatsal değeri olan el işi yapımcılığı

Kunstgriff /'kunstgrif/ *m* hüner, marifet, maharet; *kon* el çabukluğu, hile

Kunsthändler /'kunsthendlır/ *m* antikacı; sanat eserleri alım-satımcısı, sanat galericisi

Kunstleder /'kunstle:dır/ *n* suni deri, yapay deri, moleskin

Künstler /'künstlır/ *m* sanatçı, sanatkâr; aktör, aktris; artist, yıldız; *müz* icracı

künstlerisch /'künstlıriş/ *s* sanatsal, sanatkârane; artistik

Künstlername /'künstlırna:mı/ *m* bir sanatçının takma adı; bir artistin takma adı

künstlich /'künstlih/ *s* yapay, suni, yapma, taklit; doğal olmayan; yapmacık, sahte; *kim* sentetik; *hek* suni ***künstliche Atmung*** *hek* suni solunum ***künstliche Atmungsgerät*** *hek* suni solunum cihazı ***künstliche Düngung*** suni gübreleme ***künstliche Ernährung*** yapay beslenme, serumla besleme ***künstliche Sprache*** yapay dil ***künstlicher Süßstoff*** suni tatlandırıcı ***künstliches Elfenbein*** suni fildişi

Künstlichkeit /'künstlihkayt/ *f* yapaylık, sunilik, yapmacık

Kunstliebhaber /'kunstli:pha:bır/ *m* sanatsever, sanat dostu, sanat meraklısı

Kunstmaler /'kunstma:lır/ *m* ressam

Kunstsammlung /'kunstzamlung/ *f* sanat koleksiyonu, sanat eserleri koleksiyonu

Kunstschätze /'kunstşetsı/ *pl* çok kıymetli sanat eserleri

Kunststoff /'kunstştof/ *m* sentetik madde, plastik madde, yapay madde

Kunststück /'kunstştük/ *n* sanat eseri

Kunststudent/Kunststudentin /'kunstştudent/'kunstştudentin/ *m/f* sanat (akademisi vb) öğrencisi

kunstvoll /'kunstfol/ *s* özgün; ustaca; sanatsal

Kunstwerk /'kunstverk/ *n* sanat eseri, özgün sanat eseri

kunterbunt /'kuntırbunt/ *s* rengârenk

Kupfer /'kupfır/ *n kim* bakır; *kon* bakır pa-

ra, madeni para, mangır; kazıma resim, gravür
Kupferdraht /'kupfırdra:t/ *m* bakır tel
kupfern /'kupfırn/ *s* bakırdan, bakırdan yapılma ***kupferne Hochzeit*** evliliğin 7. yıldönümü ***kupferne Teekanne*** bakır çaydanlık
Kupferstich /'kupfırştih/ *m* bakır üzerine yapılan oyma resim, gravür
Kupon /ku'pon/ *m* kupon
Kuppe /'kupı/ *f coğ* yuvarlak dağ tepesi; yuvarlak uç; uç, son, baş; yuvarlak uçlu baş
Kuppel /'kupıl/ *f* kubbe, kümbet; *ask* taret
Kuppelei /kupa'lay/ *f* pezevenklik, kadın satıcılığı, muhabbet tellallığı; fuhuşa teşvik
kuppeln /'kupıln/ *vt* (iki şeyi birbirine) geçirmek, takmak, birleştirmek, eklemek; *oto* debriyaja basmak; *vi kon* pezevenklik yapmak, kadın satıcılığı yapmak; fuhuşa teşvik etmek
Kuppler /'kuplır/ *m* pezevenk, kadın satıcısı, muhabbet tellalı
Kupplung /'kuplung/ *f tek* debriyaj, kavrama, debriyaj; şanzuman
Kur /ku:r/ *f* kür, kaplıca tedavisi; rejim, gıda kontrolü ***zur Kur fahren*** kaplıcalara gitmek
Kür /kü:r/ *f sp* serbest hareket
Kuratorium /kura'to:ryum/ *n* idare meclisi, danışma meclisi; kayyumluk
Kurbel /'kurbıl/ *f tek* dirsek, kol, manivela, krank
kurbeln /'kurbıln/ *vi tek* krank yapmak, manivela kolunu çevirmek; *kon* film çekimi yapmak
Kurbelwelle /'kurbılvelı/ *f tek* krank mili
Kürbis /'kürbis/ *m bitk* kabak
Kurde/Kurdin /'kurdı/'kurdin/ *m/f* Kürt
kurdisch /'kurdiş/ *s* Kürtlerle ilgili, Kürtlere ilişkin ***kurdische Sprache*** Kürtçe
küren /'kü:rın/ *vt* seçim yapmak, seçimde bulunmak
Kurgast /'ku:rgast/ *m* kaplıca tedavisi olan kişi, kaplıca müşterisi
Kurier /ku'ri:r/ *m* kurye, haberci, ulak; elçilik kuryesi
kurieren /ku'ri:rın/ *vt* hastalıktan kurtarmak, tedavi etmek, iyi etmek, iyileştirmek
kurios /kur'yo:s/ *s* olağandışı, garip, tuhaf, şaşılacak; yadırganan, acayip, orijinal
Kurort /'ku:rort/ *m* kaplıca, ılıca, içmeler
Kurpfuscher /'ku:rpfuşır/ *m* sahte doktor, şarlatan doktor
Kurs /kurs/ *m* tedavül, sürüm, yürürlük; kıymet, revaç, fiyat, eder, bedel; kurs, tamamlayıcı eğitim; yön, istikamet; rota ***außer Kurs*** tedavül dışı, sürüm dışı ***außer Kurs setzen*** tedavülden kaldırmak ***hoch im Kurs stehen*** revaçta olmak, kabul görmek ***in Kurs setzen*** tedavüle koymak
Kursänderung /'kursendırung/ *f den* hav. rota değişikliği; eko kur değişikliği
Kürschner /'kürşnır/ *m* kürkçü
Kursgewinn /'kursgıvin/ *m tic* kambiyo kazancı
kursieren /kur'zi:rın/ *vi* geçerli olmak, sürümde bulunmak; (laf) dolaşmak
kursiv /kur'zi:f/ *s* bas italik, üstten aşağı doğru eğik olan baskı harfi tipi
Kursivschrift /kur'zi:fşrift/ *f* italik harfler; italik yazı
Kursteilnehmer /'kurstaylne:mır/ *m* kurs öğrencisi, kursiyer
Kurswagen /'kursva:gın/ *m* kalkış istasyonundan varış istasyonuna kadar çeşitli trenlere eklenerek giden direkt vagon
Kurswechsel /'kursveksıl/ *m* rota değişikliği
Kurswert /'kursve:rt/ *f tic* günlük değer, piyasa rayici
Kurtaxe /'ku:rtaksı/ *f* kaplıcada hastanın ödediği belediye vergisi
Kurve /'kurfı/ *f* viraj, dönemeç, sapak; *mat* eğri; dolambaç ***eine Kurve fahren*** virajı almak
kurven /'kurfın/ *vi kon* (uçak) helezonlar çizmek; (araba) zikzak çizmek
kurvenreich /'kurfınrayh/ *s* (yol) virajlı, dönemeçli; (kadın) vücut hatları göz alıcı
kurvig /'kurfih/ *s* dönemeçli, virajlı; eğri gibi; eğilmiş, eğik
kurz /kurts/ *s* kısa; (zaman) kısa süreli; (anlam) kısa, öz; *be* kısaca, sözün kısası ***bis vor kurzem*** yakınına kadar ***in kurzem*** yakında ***kurz darauf*** peşi sıra ***kurz und dick*** bodur, hem kel hem fodul ***kurz und gut*** sözün kısası ***kurz und klein*** paramparça ***kurze Frist*** kısa süre ***kurze Haare*** kısa saç ***kurze Silbe*** *dilb* kısa seslem ***kurzer Rock*** kısa etek, mini etek ***mit kurzen Worten*** kısaca,

lafı uzatmadan ***recht kurz*** kısarak ***über kurz und lang*** *kon* er geç ***vor kurzem*** demin, az evvel; geçenlerde, geçen gün ***zu kurz kommen*** *mec* avucunu yalamak

Kurzarbeit /'kurtsarbayt/ *f* çalışma saatlerini azaltma

kurzärmelig /'kurtsermali**h**/ *s* (giysi) kısa kollu

kurzatmig /'kurtsa:tmi**h**/ *s hek* astımlı, astımı olan; tıknefes

Kürze /'kürtsı/ *f* (süre, mesafe, boy) kısalık ***in Kürze*** kısaca; yakınlarda

Kürzel /'kürtsıl/ *n* (stenografi) kısa, özel işaret

kürzen /'kürtsın/ *vt* kısaltmak, azaltmak, küçültmek, kısmak; *mat* kesiri indirgemek, sadeleştirmek

kurzerhand /'kurtsı**rh**ant/ *be* tereddütsüz; kestirmeden; doğrudan doğruya

Kurzfassung /'kurtsfasung/ *f* (film vb) kısa biçim

Kurzfilm /'kurtsfilm/ *m* kısa metrajlı film; tanıtım filim, reklam filmi; kültürel film, belgesel film

kurzfristig /'kurtsfristi**h**/ *s* kısa süreli, kısa vadeli ***kurzfristige Anleihe*** kısa vadeli borç verme ***kurzfristige Erziehung*** kısa süreli eğitim ***kurzfristige Investition*** kısa vadeli yatırım ***kurzfristige Schuld*** kısa vadeli borç ***kurzfristiger Kredit*** kısa vadeli kredi ***kurzfristiger Vertrag*** kısa süreli sözleşme

Kurzgeschichte /'kurtsgı**ş**i**h**tı/ *f* kısa hikâye

kurzlebig /'kurtsle:bi**h**/ *s* kısa ömürlü

Kurzlebigkeit /'kurtsle:bi**h**kayt/ *f* kısa ömürlülük

kürzlich /'kürtsli**h**/ *be* geçen gün, geçenlerde, birkaç gün önce

Kurzmeldung /'kurtsmeldung/ *f* kısa haber

Kurzschluss /'kurtsşlus/ *m elek* kısa devre, kontak

kurzsichtig /'kurtszi**h**ti**h**/ *s hek* miyop, uzağı iyi göremeyen; *mec* geleceği iyi göremeyen, dar görüşlü

kurztreten /'kurtstre:tın/ *trvi* kısa adımlarla yürümek, küçük adımlarla yürümek; *mec* ihtiyatlı davranmak, ölçülü davranmak

kurzum /kurts'um/ *be* kısaca, sözün kısası

Kürzung /'kürtsung/ *f* kısaltma, küçültme; azaltma, eksiltme; (paradan) kesinti

kurzweilig /'kurtsvayli**h**/ *s* eğlendirici, eğlenceli, oyalayıcı, hoşça vakit geçirici

kurzzeitig /'kurtstsayti**h**/ *s* kısa süreli

kuscheln /'kuşıln/ *vr* sokulmak, koynuna girmek ***sich an jdn kuscheln*** (birisine) sokulmak ***sich in jds Arme kuscheln*** (birisinin) kollarına sokulmak ***sich kuscheln an etw*** (bir şeye) bürünmek, sarılmak

Kuscheltier /'kuşılti:r/ *n* (bezden) oyuncak hayvan

Kusine /ku'zi:nı/ *f* kuzen, amca çocuğu, dayı çocuğu, hala çocuğu, teyze çocuğu

Kuss /kus/ *m* öpücük, buse; öpme, öpüş

küssen /'küsın/ *vt* öpmek; öpücük vermek ***auf den Mund küssen*** dudaklarından öpmek ***auf die Hand küssen*** ellerinden öpmek ***auf die Stirn küssen*** alnından öpmek ***sich küssen*** öpüşmek

Küste /'küstı/ *f coğ* kıyı, sahil, kenar; deniz kenarı ***der Küste entlang*** sahil boyunca, kıyı boyunca

Küster /'küstır/ *m* (islam) kayyum; (ermeni) zangoç

Kutsche /'kuçı/ *f* fayton, at arabası, atlı binek arabası

Kutscher /'kuçır/ *m* arabacı, faytoncu

Kutte /'kutı/ *f* rahip elbisesi, papaz elbisesi; kemerli ve kukuletalı uzun rahip kisvesi

Kutter /'kutır/ *m den* kotra, ince gövdeli yelkenli; balıkçı teknesi; kurtarma teknesi

Kuvert /ku've:r/ *n* mektup zarfı; (lokanta) *tek* kişilik yemek servisi

Kuwait /ku'vait/ *tnz* Kuveyt

Kuwaiter /ku:'vaitır/ *m* Kuveytli

Kybernetik /küber'ne:tik/ *f* kibernetik; sibernetik, güdümbilimi

kyrillisch /kü'riliş/ *s* Kirilce ***kyrillische Schrift*** Kiril alfabesi

L

laben /'la:bın/ *vt* canlandırmak; serinletmek, hararetini söndürmek; tazelendirmek, tazeleştirmek ***sich an etw laben*** (bir şeyin) tadına varmak, (bir şeyle) mutlu olmak

labil /la'bi:l/ *s* dengesiz, sabit olmayan, istikrarsız, kararsız ***labiler Wechselkurs***

serbest döviz kuru, dalgalı döviz kuru ***labiles Gleichgewicht*** kararsız denge

Labilität /labili'te:t/ *f* istikrarsızlık; kararsızlık; denksizlik

Labor /la'bo:r/ *n* laboratuvar

Laborant /labo'rant/ *m* laborant

Laboratorium /labora'to:rium/ *n* laboratuvar

laborieren /labo'ri:rın/ *vi* : ***an einer Krankheit laborieren*** *kon* hastalıktan çekmek, iyileşmek için çok çekmek

Labsal /'la:pza:l/ *n* canlandırıcı, dinlendirici, serinletici; yüreğe su serpme

Labyrinth /labü'rint/ *n* labirent, dolaşık yollu bina; *mec* karmaşa, karışıklık; *anat* ortakulak

Lache1 /'la:hı/ *f* su birikintisi

Lache2 /'lahı/ *f* gülüş, kahkaha

Lächeln /'lehıln/ *n* tebessüm, gülümseme

lächeln /'lehıln/ *vi vt* gülmek, gülümsemek

Lachen /'lahın/ *n* gülme, kahkaha, gülüş, gülümseme ***zum Lachen bringen*** güldürmek

lachen /'lahın/ *vi* gülmek ***die Sonne lacht*** güneş pırıldıyor ***jds lachen*** birisiyle alay etmek

lächerlich /'lehırlih/ *s* gülünç, komik; tuhaf; küçük şey, önemsiz, cüzi, laf etmeye değmez ***jdn lächerlich machen*** (birisini) gülünç duruma düşürmek ***sich lächerlich machen*** gülünç duruma düşmek; elâlemi kendine güldürmek

Lächerlichkeit /'lehırlihkayt/ *f* gülünçlük, maskaralık, soytarılık

Lachgas /'lahga:s/ *n* güldürme gazı, güldürücü gaz, diazot monoksit

lachhaft /'lahhaft/ *s* gülünç, gülünesi, komik

Lachs /laks/ *m hayb* som balığı

lachsfarben /'laksfarbın/ *s* samanrengi

Lack /lak/ *m* vernik, cila, lak

lackieren /la'ki:rın/ *vt* cilalamak, verniklemek, laklamak; aldatmak, kandırmak, tufaya getirmek ***lackierte Fingernägel*** ojeli tırnaklar

Lackierer /la'ki:rır/ *m* cilacı, vernikçi

Lackierung /la'ki:rung/ *f* cilalama, vernikleme, lake

Lackleder /'lakle:dır/ *n* rugan deri, rugan

Lackschuh /'lakşu:/ *m* rugan ayakkabı

Ladefläche /'la:dıflehı/ *f* yükleme alanı

Ladegerät /'la:dıgıre:t/ *n* şarj aleti, şarj cihazı

Ladehemmung /'la:dıhemung/ *f* (silah) dolduruş tutukluğu; konuşmada tutukluk

Laden /'la:dın/ *m* dükkân, mağaza, işyeri; pervaz, pencere kanadı, panjur ***der Laden klappt*** işler yolunda

laden /'la:dın/ *vt* davet etmek, çağırmak; *huk* mahkemeye davet etmek, celp etmek; *tek* doldurmak, şarj etmek; (yük) yüklemek ***den Akku laden*** aküyü şarj etmek ***eine schwere Verantwortung auf sich laden*** üzerine ağır bir sorumluluk yüklenmek ***geladene Gäste*** davetli misafirler ***Handybatterie laden*** cep telefonunun şarj etmek ***schwer geladen haben*** *kon* çok sarhoş olmak ***sich elektrisch laden*** (ortam) elektriklenmek

Ladendieb /'la:dındi:p/ *m* dükkân hırsızı

Ladendiebstahl /'la:dındi:pşta:l/ *m* dükkân hırsızlığı

Ladenhüter /'la:dınhü:tır/ *m kon* tapon mal, ıskarta mal, satışı zor olan mal

Ladenkasse /'la:dınkası/ *f* dükkân kasası

Ladenschluss /'la:dınşlus/ *m* mağaza kapanma saati

Ladentisch /'la:dıntiş/ *m* tezgâh

Ladeplatz /'la:dıplats/ *m* yükleme yeri

Laderaum /'la:dıraum/ *m* ambar, yükleme ambarı

lädieren /le'di:rın/ *vt* (birisini) yaralamak, zedelemek

Ladung /'la:dung/ *f* doldurma, şarj etme; davet, davetiye; *huk* celp, çağrı; yük, kargo

Lage /'la:gı/ *f* durum, hal, vaziyet, konum, ortam; şart, keyfiyet; yer, mevki; seviye, düzey; *yerb* katman, tabaka; herkese içecek ısmarlama; *ask* yaylım ateşi; *müz* ton yüksekliği; *den* kerteriz, kerte ***die Lage klärte sich*** ortam sakinleşti ***in der Lage sein*** (bir şeyi) yapacak durumda olmak

Lageplan /'la:gıpla:n/ *m* zemin planı; röleve planı; durum planı, vaziyet planı

Lager /'la:gır/ *n* konaklama yeri; yatak, döşek; kamp, kışla; depo, ambar, ardiye; *tek* yatak düzeni; *mim* istinat duvarı; *mad* maden yatağı; *mec* grup, topluluk, parti ***auf Lager legen*** depolamak, depoya koymak

Lagerbestand /'la:gırbıştant/ *m* stok mevcudu, ambardaki mal mevcudu

Lagerfeuer /'la:gırfoyır/ *n* kamp ateşi

Lagerhaltung /'la:gırhaltung/ *f* depoda

tutma
Lagerhaus /'la:gırhaus/ *n* depo, ambar, ardiye
lagern /'la:gırn/ *vi* açık havada yatmak; yere uzanmak; *ask* ordugâh kurmak; depoda durmak; (ekin) kırılmak, yan yatmak; *vt* depolamak; yere sermek, yere yatırmak; *ask* kampa yerleştirmek ***sich auf das Gras lagern*** çimenlerin üzerine yatmak ***sich lagern*** uzanmak
Lagerraum /'la:gırraum/ *m* ambar, depo, ardiye
Lagerung /'la:gırung/ *f* *yerb* katmanlaşma; depoya koyma, depoya konulma ***Lagerung der Fertigprodukte*** üretilen malların depolanması
Lagune /la'gu:nı/ *f* *coğ* denizle bağlantısı kesilmiş tuzlu su gölü veya bataklıkları, deniz kulağı, lagün
lahm /la:m/ *s* kötürüm, felçli; aksak, topal; *mec* güçsüz, bitkin, zayıf; can sıkıcı
lahmen /'la:mın/ *vi* aksamak, topallamak
lähmen /'le:mın/ *vt* aksatmak, topallatmak; kötürüm olmak, felçli olmak; hareketsiz kılmak, hareketsiz bırakmak ***wie gelähmt*** bitkin, yılgın
Lähmung /'le:mung/ *f* felç etme, kötürümleştirme; aksaklık, sakatlık; felç, inme; (kalp) şok
Laib /laip/ *m* somun, somun ekmek, bütün ekmek ***ein Laib Brot*** bir somun ekmek
laichen /'laihın/ *vi* *hayb* (balık, kurbağa) yumurtlamak, yumurtalarını dökmek
Laie /'laiı/ *m* *kon* acemi, amatör; deneyimsiz, bilgisiz, tecrübesiz; (katolik) din adamı olmayan, ruhbandan olmayan
laienhaft /'laiınhaft/ *s* acemi, deneyimsiz, tecrübesiz; *be* acemice, acemi gibi; tecrübesizce
Laienspiel /'laiınşpi:l/ *n* *tiy* amatör oyun
Lakai /la'kai/ *m* uşak, köle; vale
Laken /'la:kın/ *n* yatak çarşafı; banyo havlusu; karyola örtüsü
Lakritze /la'kritsı/ *f* *bitk* meyankökü özütü
Lama /'la:ma/ *m* (budist) Tibet rahibi, lama; *n* *hayb* lama; yumuşak kumaş
Lamelle /la'melı/ *f* ince plaka, ince varak, lam; *tek* metal plaka, kâğıt plaka, plastik plaka
lamentieren /lamen'ti:rın/ *vi* *kon* sızlanmak, yakınmak, şikâyette bulunmak
Lametta /la'meta/ *f* parlak gelin teli; göğüste madalya bolluğu ***mit viel Lametta*** fiyakalı
Lamm /lam/ *n* *hayb* kuzu; *hayb* oğlak, keçi yavrusu; masumiyetin belirtisi ***das Lamm des Gottes*** (edebiyatta) Hz İsa
Lammbraten /'lambra:tın/ *m* kuzu kızartması, kuzu rostosu
Lammfell /'lamfel/ *n* kuzu derisi
Lammfleisch /'lamflayş/ *m* kuzu eti
lammfromm /'lam'from/ *s* kuzu gibi, uysal
Lampe /'lampı/ *f* lamba; kandil ***bei der Lampe*** lamba ışığında ***Meister Lampe*** hayvan masallarında tavşanın ismi
Lampenfieber /'lampınfi:bır/ *n* izleyici karşısına çıkarken duyulan heyecan; sahne heyecanı
Lampenschirm /'lampınşirm/ *m* abajur
Lampion /'lampyon/ *m* kâğıt fener
lancieren /lan'si:rın/ *vt* ileri sürmek, ortaya atmak, ortaya çıkarmak, salmak; lanse etmek; moda çıkarmak, moda yaymak
Land /lant/ *n* toprak, arazi, tarla, ekenek; kara, kara parçası; taşra, köy, kır; memleket, ülke, vatan, diyar ***ans Land gehen*** karaya çıkmak ***ans Land gespült werden*** kıyıya vurmak, karaya vurmak ***auf dem Land*** kırsal kesimde, köyde ***auf dem Lande wohnen*** köyde yaşamak ***außer Land*** yurtdışı ***Land aufforsten*** tekrar ağaçlandırmak ***sein Land verlassen*** terki diyar etmek ***über Land und Meer*** karadan ve denizden ***zu Lande*** karada, karadan
Landarbeit /'lantarbayt/ *f* tarla işi, tarım işi
Landarbeiter /'lantarbaytır/ *m* tarım işçisi
Landarzt /'lantartst/ *m* köy doktoru, taşra doktoru
Landbesitz /'lantbızits/ *m* emlak, mülk, gayri menkul
Landbevölkerung /'lantbıfölkırung/ *f* köylüler, köy halkı; kırsal alanda yaşayanlar
Landebahn /'landıba:n/ *f* (uçak) iniş pisti
landeinwärts /lant'aynverts/ *be* ülkenin içine doğru
landen /'landın/ *vi* (uçak) inmek, yere inmek, yere konmak; (gemi) limana yanaşmak; bir yere varmak, bir yere düşmek; *vt* *ask* (denizden karaya) birlik çıkarmak, (havadan karaya) indirmek ***das Flugzeug landete pünktlich*** uçak vaktinde indi
Landenge /'lantengı/ *f* *coğ* kıstak
Landeplatz /'landıplats/ *m* rıhtım, vapur

L

iskelesi; (uçak) iniş pisti
Ländereien /lendı'rayın/ *pl* büyük çiftlik, büyük arazi
Länderspiel /'lendırşpi:l/ *n sp* uluslararası maç
Landesgrenze /'landısgrentsı/ *f* ülkenin sınırları, ülke sınırı
Landesinnere /'landısinırı/ *n* ülkenin içi, ülkenin iç tarafı
Landeskunde /'landıskundı/ *f* coğrafi ve tarihi anlamda ülke bilgisi
Landesregierung /'landısregi:rung/ *f* eyalet hükümeti
Landessprache /'landısşpra:hı/ *f* resmi dil, ulusal dil
landesüblich /'landısü:plih/ *s* ananevi, geleneksel
Landesverrat /'landısferra:t/ *m* vatan hainliği, vatana ihanet
Landeswährung /'landısve:rung/ *f* ulusal para
Landflucht /'lantfluht/ *f* köyden şehire göç, sanayiye göç
L
Landfriedensbruch /'lantfri:dınsbruh/ *m huk* asayiş bozulması, mala veya kişiye saldırı
Landgericht /'lantgıriht/ *n* asliye mahkemesi
Landgut /'lantgu:t/ *n* çiftlik, malikâne
Landhaus /'lanthaus/ *n* villa, köşk; sayfiye evi
Landjäger /'lantye:gır/ *m* jandarma; polis; füme sucuk
Landkarte /'lantkartı/ *f* harita
Landkreis /'lantkrays/ *m* ilçe, kaza, kaymakamlık
landläufig /'lantloyfih/ *s* geleneksel, tanınan, bilinen; adi, mutat, yaygın
Landleben /'lantle:bın/ *n* köy hayatı, kırsal alan yaşamı
ländlich /'lendlih/ *s* kırsal bölgelere ait; sade, taşralı; köyde olduğu gibi ***ländliche Erziehung*** kırsal eğitim ***ländliche Gegend*** kırsal arazi ***ländliche Tracht*** yerel kıyafet
Landluft /'lantluft/ *f* kır havası
Landplage /'lantpla:gı/ *f* afet, tufan, ülkenin üzerine çöken felaket
Landrat /'lantra:t/ *m* kaymakam
Landregen /'lantre:gın/ *m* sürekli yağmur
Landschaft /'lantşaft/ *f coğ* doğal özelliği olan bir bölge; açık arazi, toprak parçası; peyzaj ***bergige Landschaft*** dağlık ülke ***waldige Landschaft*** ormanlık bölge
landschaftlich /'lantşaftlih/ *s* yerel, bölgesel; taşralı ***landschaftliche Schönheit*** doğal güzellik
Landsitz /'lantzits/ *m* yalı, köşk; çiftlik
Landsmann /'lantsman/ *m* hemşehri; vatandaş, yurttaş
Landstraße /'lantştra:sı/ *f* karayolu; şose
Landstreicher /'lantştrayhır/ *m* serseri, dilenci; evsiz yurtsuz kişi
Landstreitkräfte /'lantştraytkreftı/ *pl ask* kara kuvvetleri
Landtag /'lantta:k/ *m* (Almanya) eyalet meclisi, eyalet parlamentosu
Landung /'landung/ *f* (uçak) yere iniş; (gemi) karaya yanaşma
Landungsbrücke /'landungsbrükı/ *f den* dosa, iskele tahtası
Landungssteg /'landungsşte:k/ *m den* iskele
Landwirt /'lantvirt/ *m* çiftçi; çiftlik sahibi
Landwirtschaft /'lantvirtşaft/ *f* tarım, ziraat, çiftçilik
landwirtschaftlich /'lantvirtşaftlih/ *s* tarımsal, zirai ***landwirtschaftliche Absatzgenossenschaft*** tarım satış kooperatifi ***landwirtschaftliche Kreditgenossenschaft*** tarım kredi kooperatifi ***landwirtschaftliche Maschine*** tarım makinesi ***landwirtschaftliche Versicherung*** zirai sigorta ***landwirtschaftliches Gewerbe*** zirai işletme
Landwirtschaftsministerium /'lantvirtşaftsministe:ryum/ *n* Tarım Bakanlığı
Landzunge /'lanttsungı/ *f coğ* ince uzun burun, kılburun
lang /lang/ *s* uzun, ince uzun, uzun boylu; (adım) açık; (süre) uzun; (bir yer) boyunca ***drei Jahre lang*** üç yıl boyunca ***ein langes Spiel*** uzun bir oyun ***etw auf die lange Bank schieben*** *mec* geciktirmek, ertelemek ***Gott gebe dir langes Leben!*** Allah sana uzun ömürler versin! ***lang und breit*** enine boyuna, uzun uzadıya ***lang und dünn*** uzun ve zayıf; uzun ince ***lange Finger machen*** *kon* hırsızlık yapmak, eli uzunluk yapmak ***lange Haare*** uzun saç ***lange Herrenhose*** erkek pantolonu ***lange Reise*** uzun yolculuk ***lange Silbe*** *dilb* uzun seslem ***länger werden*** (gün) uzamak ***unendlich lang*** upuzun ***zu lange sein*** (elbise) uzun gelmek, büyük gelmek

langärmelig /'langermılih/ *s* uzun kollu
langatmig /'langa:tmih/ *s mec* ayrıntılı, detaylı, uzun uzadıya
langbeinig /'langbaynih/ *s* uzun bacaklı, leylek bacaklı
lange /'langı/ *be* uzun süre, uzun zaman, uzun zamandan beri, çoktan beri; *kon* çok, pek çok; tamamen; büyük miktarda ***lange her*** epeydir, epeyden beri
Länge /'lengı/ *f* uzunluk, boy; *coğ* boylam; *dilb* hece uzunluğu; zaman, süre ***auf 40 Grad westlicher Länge*** 40 derece batı boylamında ***in die Länge ziehen*** uzun sürmek, uzamak
langen /'langın/ *vi* yetmek, kâfi gelmek, idare etmek, yetişmek ***bis zu etw langen*** yetişmek, erişmek ***in die Tasche langen*** elini cebine atmak ***jdm eine langen*** (birisine) tokat atmak ***jetzt langt's aber!*** yeter artık! ***langt das?*** kâfi mi? ***mit dem Gelde langen*** eldeki parayla yetinmek ***nach etw langen*** (bir şeye) uzanmak, elini uzatmak
Längengrad /'lengıngra:t/ *m coğ* boylam
Längenmaß /'lengınma:s/ *m* uzunluk ölçüsü
längerfristig /'lengırfristih/ *s* uzun vadeli, uzun süreli; *be* uzunca bir süre için
Langeweile /'langıvaylı/ *f* can sıkıntısı
langfristig /'langfristih/ *s* uzun vadeli, uzun süreli ***langfristige Anleihe*** uzun vadeli borç ***langfristige Investition*** uzun vadeli yatırım ***langfristige Schuld*** uzun vadeli borç ***langfristiger Kredit*** uzun vadeli kredi ***langfristiger Vertrag*** uzun vadeli sözleşme ***langfristiger Wechsel*** uzun vadeli senet
langhaarig /'langha:rih/ *s* uzun saçlı
langjährig /'langye:rih/ *s* yıllardır süren, uzun yıllar süren, süregelen; eski
Langlauf /'langlauf/ *m* düz arazide kayak yürüyüşü
langlebig /'langle:bih/ *s* uzun ömürlü, yedicanlı ***langlebige Güter*** dayanıklı mallar
Langlebigkeit /'langle:bihkayt/ *f* uzun ömürlülük, dayanıklılık
länglich /'leplih/ *s* uzun, uzunca, uzatılmış; boyu eninden daha uzun
längs /lengs/ *ilg* boyunca; uzunluğunca ***längs des Flusses*** nehir boyunca
Längsachse /'lengsaksı/ *f* boy ekseni
langsam /'langza:m/ *s* yavaş, ağır; gevşek, lakayt; hantal; gün geçtikçe, gittikçe, gitgide ***ein langsamer Mensch*** ağır bir adam, ağırkanlı bir adam ***langsam!*** yavaş!, hoop! ***langsam und deutlich sprechen*** tane tane ve anlaşılır şekilde konuşmak ***langsam vorgehen*** işi ağırdan almak ***langsamer Lerner*** ağır öğrenen ***langsamer werden*** yavaşlamak
Langsamkeit /'langza:mkayt/ *f* yavaşlık, ağırlık; gevşeklik, lakaytlık
Langschläfer /'langşle:fır/ *m* sabahları geç kalkan kimse, uyku düşkünü, uykucu
Langspielplatte /'langşpi:lplatı/ *f* uzunçalar, longpley
längst /lengst/ *be* çoktan beri, çoktandır, epeydir ***schon längst vergessen*** çoktan unutulup gitti
längstens /'lengstıns/ *be* çok çok, en çok; en geç ***innen längstens 1 Woche*** en geç 1 hafta içinde
Languste /lang'gustı/ *f hayb* makassız ıstakoz
langweilen /'langvaylın/ *vt* (birinin) canını sıkmak, sıkılmasına neden olmak ***sich langweilen*** canı sıkılmak
Langweiler /'langvaylır/ *m kon* sıkıcı insan, can sıkıcı insan
langweilig /'langvaylih/ *s* sıkıcı, bunaltıcı, monoton, tekdüze ***langweilig werden*** canı sıkılmak
Langweiligkeit /'langvaylihkayt/ *f* sıkıcılık
langwierig /'lagvi:rih/ *s* uzun süren, müzmin; *hek* kronik ***nach langwierigen Besprechungen*** uzun süren müzakerelerden sonra
Langzeitgedächtnis /'langtsaytgıdehtnis/ *n* uzun süreli hafıza
Lanze /'lantsı/ *f* mızrak, kargı ***für jdn eine Lanze brechen*** *mec* (birisini) savunmak, arka çıkmak
lapidar /lapi'da:r/ *s* şiddetli, kuvvetli; etkili; özlü
Lappalie /la'pa:lyı/ *f* önemsiz şey, değersiz şey, önemsiz iş
Lappen /'lapın/ *m* bez parçası, kumaş parçası; çaput, paçavra; *hayb* horoz küpesi; *biy* lop, fos; *kon* kâğıt parçası; *mec* banknot
läppisch /'lepiş/ *s* çocukça, aptalca, budalaca, ahmakça; saçma; gülünç; cıvık, sulu; zevksiz, boş; tatsız tuzsuz
Laptop /'laptop/ *m biliş* laptop, dizüstü bilgisayar
Lärche /'lerhı/ *f bitk* karaçam ağacı, kat-

ran ağacı

Lärm /lerm/ *m* gürültü, patırtı, şamata, yaygara, kıyamet ***Lärm machen*** gürültü çıkarmak, patırtı yapmak ***Lärm schlagen*** alarm vermek ***viel Lärm um nichts*** kuru gürültü

Lärmbekämpfung /'lermbıkempfung/ *f* gürültüyle mücadele

Lärmbelästigung /'lermbılestigung/ *f* gürültü kirlenmesi; gürültüden rahatsız olma

lärmempfindlich /'lermempfintli**h**/ *s* gürültüye (karşı) hassas

lärmen /'lermın/ *vi* gürültü yapmak, şamata yapmak, patırtı çıkarmak, yaygara koparmak

larmoyant /larmo'yan/ *s* tiy/müz ağlatan, ağlatıcı, santimantal

Lärmpegel /'lermpe:gıl/ *m* gürültü seviyesi, uğultu seviyesi

Lärmschutz /'lermşuts/ *m* gürültüye karşı korunma

Larve /'larvı/ *f hayb* kurtçuk, larva; *kon* maske; *kon* hortlak

lasch /laş/ *s kon* yorgun, bitkin, cansız; tembel, disiplinsiz; boş hayat, tatsız hayat

Laschheit /'laş**h**ayt/ *f* cansızlık; gevşeklik; isteksizlik

Laserdrucker /'leizardrukır/ *m biliş* lazer yazıcı

Laserstrahl /'leizarştra:l/ *m* lazet ışını

Lasertechnik /'leizarte**h**nik/ *f* lazer teknolojisi

lassen /'lasın/ *vt* terk etmek, bırakmak, vazgeçmek; razı olmak, yaptırmak, müsaade etmek, izin vermek; tahammül etmek, dayanmak; emretmek; sebebiyet vermek, yol açmak ***aus den Händen lassen*** elinden bırakmak ***das lässt sich tun*** mümkündür, olabilir ***es lässt sich machen*** yapılabilir ***etw sein lassen*** (bir şeyi) bırakmak, artık yapmamak ***in Frieden lassen*** rahat bırakmak ***jdn etw tun lassen*** (birisine bir şey) yaptırmak, yapmasına izin vermek ***jdn vor sich lassen*** (birisini) huzuruna kabul etmek, görüşmeyi kabul etmek ***lass das!*** yapma!, bırak! ***lass hören!*** hadi anlat bakalım! ***lass mich in Ruhe!*** beni rahat bırak! ***sich die Haare schneiden lassen*** saçlarını kestirmek ***sich sehen lassen*** huzura çıkmak, başvurmak

lässig /'lesi**h**/ *s* ihmalci, savsak; tembel, miskin, uyuşuk, gevşek; gayretsiz; dikkatsiz, umursamaz; kayıtsız; laubali; saygısız

Lässigkeit /'lesi**h**kayt/ *f* ihmalcilik, savsaklık, tembellik, miskinlik, uyuşukluk; gevşeklik; gayretsizlik; dikkatsizlik; laubalilik

Last /last/ *f* yük, kargo; ağırlık, *sp* sıklet; hacim, tonaj; *huk* mükellefiyet, vergiler; külfet, baş belası; *mec* sıkıntı, zorluk ***jdm etw zur Last schreiben*** zimmetine geçirmek ***jdm zur Last fallen*** birine yük olmak ***Last der Beweise*** ispatlama zorunluluğu ***süße Last*** tatlı bela

lasten /'lastın/ *vi* ağır gelmek, ağırlık vermek; sıkmak, tazyik etmek; yük olmak, sıkıntı vermek ***lasten tragen*** tahammül etmek, dayanmak

Lastenaufzug /'lastınauftsu:k/ *m* yük asansörü, elevatör

Laster /'lastır/ *m kon* kamyon, kamyonet; *n* kötü alışkanlık, kötü huy; kötülük, fenalık; ayıp; rezillik; sefahat

lasterhaft /'lastır**h**aft/ *s* ahlaksız, sefih; kötü alışkanlığı olan

lästerlich /'lestırli**h**/ *s* dine küfreden, Allah'a küfreden ***lästerlich fluchend*** ağzı bozuk, küfürbaz ***lästerliche Reden*** (dine, Allah'a) küfür dolu konuşma

lästern /'lestırn/ *vt* dine küfretmek, inanca küfretmek, Allah'a küfretmek; *vi* dedikodu yapmak ***gegen jdn lästern*** (birisini) kötülemek, lekeleyici şeyler söylemek, iftira etmek ***lästern über jdn*** (birisini) çekiştirmek

lästig /'lesti**h**/ *s* can sıkıcı; sıkıntı verici, zahmet verici, eziyetli; rahatsız edici; tedirgin edici; usandırıcı, bıktırıcı; *mec* yapışkan, sulu

Lästigkeit /'lesti**h**kayt/ *f* can sıkma, zahmet verme, bıktırma, usandırma, rahatsız etme; *den* geminin taşıyabileceği azami yük

Lastkraftwagen /'lastkraftva:gın/ *m* kamyon

Lastschrift /'lastşrift/ *f* zimmet kaydı

Lastwagen /'lastva:gın/ *m* kamyon, kamyonet

Lastzug /'lasttsu:k/ *m* yük treni

lasziv /las'tsi:f/ *s* çift anlamlı, kaypak; edepsiz, müstehcen

Latein /la'tayn/ *n* Latince; Latin

Lateinamerika /la'tayname:rika/ *n* Latin Amerika

lateinamerikanisch /la'taynamerika:niş/ *s* Latin Amerikan
latent /la'tent/ *s* gizli, saklı; *hek* gizli ***latente Gefahr*** gizli tehlike ***latente Steuer*** ertelenmiş vergi
Laterne /la'ternı/ *f* fener; lamba; penceredeki yağmur siperi; *tek* küçük dişli
Laternenpfahl /la'ternınpfa:l/ *m* sokak lambası direği
Latex /'la:teks/ *m* kauçuk bitkisi sıvısı, lateks
Latrine /la'tri:nı/ *f ask* sahra helası; kenef; *kon* (askerler arasında) tuvalet
Latschen /'la:tşın/ *m* terlik; eski ayakkabı
latschen /'la:tşın/ *vi* ayaklarını sürterek yürümek
Latte /'latı/ *f* çıta, tiriz, padavra, lata; *bitk* sürgün, filiz, fışkın; *mec* sırık gibi adam; *sp* yüksek atlama sırığı
Lattenkiste /'latınkistı/ *f* kafes sandık
Lattenzaun /'latıntsaun/ *m* tahta çit
Latz /lats/ *m* önlük; göğüslük; bahçıvan pantolonunun göğüs kısmı
Latzhose /'latsho:zı/ *f* göğüslüklü pantalon
lau /lau/ *s* ılık; limoni; *mec* istikrarsız, gayretsiz, gevşek; kararsız ***laue Teilnahme*** *kon* yarım ağızla, pek istemeden
Laub /laup/ *n bitk* ağaç yaprakları; dökülmüş yapraklar
Laubbaum /'laupbaum/ *m* yapraklanmış ağaç, yapraklı ağaç
Laube /'laubı/ *f* kameriye, gölgelik, çardak; *tiy* loca; *mim* kapı siperi, kemeraltı
Laubengang /'laubıngang/ *m* pergola, çardak; kemeraltı
Laubfrosch /'laupfroş/ *m hayb* ağaç kurbağası, yeşil kurbağa
Laubsäge /'laupze:gı/ *f* kıl testere, oyma testere
Laubwald /'laupvalt/ *m* yapraklı ağaçlar ormanı
Lauch /lauh/ *m bitk* pırasa
Lauer /'lauır/ *m* kötü şarap; *f* gözetleme, dikiz; pusu ***auf der Lauer liegen*** pusuda yatmak ***sich auf die Lauer legen*** pusuya yatmak
lauern /'lauırn/ *vi* sabırsızlıkla beklemek; pusuda beklemek, pusuya yatmak ***auf etw lauern*** (bir şeyi) sabırsızlıkla beklemek, özlemle beklemek ***auf jdn lauern*** (birisini) pusuda beklemek ***Gefahren lauern!*** *mec* tehlike kapıda!
Lauf /lauf/ *m* gelişme, hareket, akış; yürüyüş, çabuk yürüyüş; koşma, koşuş, koşu; akıntı, güzergâh; (nehir) akma, akış; gelişme, ilerleme, terakki; *tek* (makine) geçiş; *ask* silah namlusu; av hayvan bacağı; *müz* hızlı tempo ***einer Sache ihren Lauf lassen*** (işi) oluruna bırakmak ***im Lauf der Zeit*** zamanla ***im Lauf des Gesprächs*** konuşma sırasında ***in vollem Lauf*** son hızla yürüyerek
Laufbahn /'laufba:n/ *f* kariyer, mesleki gelişim
Laufbursche /'laufburşı/ *m* ayak işlerine bakan yardımcı çocuk
laufen /'laufın/ *vi* koşmak; hızlı yürümek; yürümek; *sp* koşmak, (ayak ile) spor yapmak; (sıvı) akmak; (film) oynamak; *tek* işlemek, çalışmak; (anlaşma) geçerli olmak, geçerliliğini sürdürmek; gelişmek ***deine Nase läuft*** burnun akıyor ***der Film läuft*** film oynuyor ***es läuft*** çalışır durumda, çalışıyor ***gut laufen*** işler tıkırında olmak ***lauf doch!*** hadi çabuk! ***Rollschuh laufen*** paten kaymak ***Sache ist gelaufen*** *kon* sorun halloldu ***welcher Film läuft heute Abend?*** bu akşam hangi film oynuyor?
laufend /'laufınt/ *s tic* cari; hazır, mevcut; devamlı, sürekli; yürürlükte ***laufende Periode*** cari dönem ***laufende Rechnung*** cari hesap ***laufende Verbindlichkeit*** cari borçlar ***laufende Versicherung*** dalgalı sigorta ***laufende Wechsel*** tedavüldeki senetler ***laufende Zinsen*** işleyen faizler, çalışan faiz ***laufender Ertrag*** cari getiri ***laufender Kurs*** rayiç fiyat ***laufender Preis*** cari fiyat, rayiç fiyat ***laufendes Jahr*** cari yıl ***laufendes Konto*** cari hesap ***auf dem Laufenden halten*** sürekli olarak haberdar etmek ***auf dem Laufenden sein*** sürekli olarak bilgisi olmak ***in laufenden Monat*** bu ay
Läufer /'loyfır/ *m* koşucu, atlet; yürüyen, yürüyüş yapan kimse; *sp* (futbol) orta saha futbolcusu; *sp* (satranç) fil; *tek* rotor, döneç; uzun halı, yolluk; *den* kurye; *hayb* domuz yavrusu; *mim* uzunlamasına dizilmiş tuğla; ensiz masa örtüsü; *ask* yaya haberci, ulak; *tek* rotor
Lauffeuer /'lauffoyır/ *n* aniden etrafı saran ateş; *mec* hızla yayılma
Laufgitter /'laufgitır/ *n* çocuk bahçesi
läufig /'loyfih/ *s hayb* (dişi hayvan) kızgın,

L

kösnük
Laufmasche /'laufmaşı/ *f* (çorap) kaçık, sökük, yırtık
Laufpass /'laufpas/ *m esk* serbest bırakılma belgesi; çıkış belgesi ***jdm den Laufpass geben*** işten çıkarmak, *mec* pasaportunu eline vermek
Laufplanke /'laufplankı/ *f den* iskele tahtası
Laufrad /'laufra:t/ *n tek* ayak tekerleği; troley; drezin
Laufschritt /'laufşrit/ *m* koşaradım, koşu adımı ***in Laufschritt*** koşar adımla
Laufsteg /'laufşte:k/ *m* podyum; geçit köprüsü
Laufwerk /'laufverk/ *n biliş* sürücü
Laufzeit /'lauftsayt/ *f tic* (çek, senet) vade; süre, müddet; *hayb* (dişi hayvan) azma zamanı
Lauge /'laugı/ *f kim* eriyik, çözelti; (çamaşır) sodalı su
Laune /'launı/ *f* anlık ruhsal durum; keyif, neşe; tabiat, huy, mizaç; geçici istek, maymun iştahlılık; heves, kapris ***bei Laune sein*** keyfi gıcır olmak ***Laune des Schicksals*** kaderin cilvesi
launenhaft /'launınhaft/ *s* kaprisli; şımarık; kararsız, maymun iştahlı, dengesiz
launisch /'launiş/ *s* kaprisli; şımarık; kararsız, maymun iştahlı, dengesiz; ahlaksız; somurtkan ***launisch sein*** sağı solu belli olmamak
Laus /laus/ *f hayb* bit, yavşak ***Läuse bekommen*** bitlenmek
Lausbub /'lausbu:p/ *m* (erkek) küstah, terbiyesiz, arsız; (çocuk) afacan, yaramaz, haylaz
Lauschangriff /'lauşangrif/ *m* telekulak, şüpheli kişilerin telefonunun dinlenmesi
lauschen /'lauşın/ *vi* gizlice dinlemek; dikkatle dinlemek; göz kulak olmak ***auf etw lauschen*** (bir şeye) kulak vermek
lauschig /'lauşi**h**/ *s* sessiz ve rahat; gizli
lausig /'lauzi**h**/ *s kon* kötü, fena, berbat; miskin; şiddetli, sert; oldukça, pek, çok, epey ***es ist lausig kalt*** hava çok soğuk ***lausig viel Geld*** epey para
Laut /laut/ *m* ses, seda, gürültü; ton; *dilb* ses
laut /laut/ *s* (ses) yüksek, tok, gür; gürültülü, şamatalı, patırtılı; bilinen, malum; *ilg* göre, nazaran; *be* hızlı, yüksek sesle; (hava) rüzgârsız ***etw laut sagen*** alenen söylemek ***laut ärztlichem Befund*** tıbbi bulgular uyarınca ***laut Avis*** alınan ihbara göre ***laut des Vertrages*** sözleşme uyarınca, sözleşmeye göre ***laut sein*** gürültü yapmak, patırtı yapmak ***laut werden*** yayılmak, işitilmek, duyulmak ***lauter Beifall*** alkışlama, alkış ***lautes Gelächter*** yüksek sesle kahkaha ***lautes Lesen*** sesli okuma, yüksek sesle okuma ***seid nicht so laut!*** gürültü yapmayın!
lauten /'lautın/ *vi* gibi gelmek, görünmek; tesir bırakmak; ifade edilmiş olmak, denmek
läuten /'loytın/ *vi* çıngırdamak; (çan, zil, kapı) çalmak, ses çıkarmak; *vt* (kapıyı, zili, çanı) çalmak ***es läutet*** zil çalıyor ***Glocken läuten*** çanlar çalıyor
lauter /'lautır/ *s* saf, katışıksız, arı; hakiki, halis; berrak, duru; sırf, sadece, yalnızca; samimi, içten; güvenilir, emin; nezih ***aus lauter Neid*** sadece kıskançlıktan
läutern /'loytırn/ *vt* arıtmak, temizlemek, süzmek; tasfiye etmek; ıslah etmek; (şeker) kestirmek ***jdn läutern*** (birisini) eğitmek
lauthals /'lauthals/ *be* bağırarak, yüksek sesle
lautlos /'lautlo:s/ *s* sessiz, sedasız
Lautlosigkeit /'lautlo:zi**h**kayt/ *f* sessizlik
Lautschrift /'lautşrift/ *f* fonetik yazım, sesbilimsel yazım; sesçil alfabe; harf yazısı
Lautsprecher /'lautşpre**h**ır/ *m* hoparlör
lautstark /'lautştark/ *s* (ses) gür, kuvvetli, tok
Lautstärke /'lautşterkı/ *f* ses şiddeti, ses kuvveti, volüm
Lautstärkeregler /'lautşterkıre:glır/ *m* ses ayar kontrolü
lauwarm /'lauvarm/ *s* ılık ***lauwarm werden*** ılınmak, ılımak
Lava /'la:va/ *f* lav, volkan atığı
Lavastrom /'la:vaştro:m/ *m* lav akıntısı, lav akışı
Lavendel /la'vendıl/ *m bitk* lavanta çiçeği
Lavendelöl /la'vendılö:l/ *n* lavanta yağı
lavieren /la'vi:rın/ *vi den* rüzgâra karşı gitmek; zorlukları aşmak, güçlükleri yenmek
Lawine /la'vi:nı/ *f metr* çığ; *kon* büyük miktarda, büyük oranda ***eine Lawine von Ereignissen*** bir sürü olay
Lawinengefahr /la'vi:nıngıfa:r/ *f* çığ tehlikesi

L

lax /laks/ *s* ihmalci, ihmalkâr, gevşek, lakayt

Layout /'leiaut/ *n* resim tasarımı, metin tasarımı

Lazarett /latsa'ret/ *n ask* askeri hastane

Lazarettschiff /latsa'retşif/ *n ask* hastane gemisi; yaralı taşıma gemisi

LCD-Anzeige /eltse'de:antsaygı/ *f* likit kristalli gösterge, LCD gösterge

leasen /'li:zın/ *vt* leasing yoluyla kiralamak, leasing yapmak

Leben /'le:bın/ *n* yaşama, hayat sürme; hayat, dirim, yaşam, ömür; gerçeklik; hareket, faaliyet, canlılık; yaşayış tarzı ***am Leben bleiben*** hayatta kalmak, canını kurtarmak ***aus dem Leben scheiden*** yaşama veda etmek ***das Leben in der Großstadt*** büyükşehir hayatı ***ein Leben wert*** ömre bedel ***sein Leben riskieren*** hayatını tehlikeye atmak

leben /'le:bın/ *vi* yaşamak, yaşamını sürdürmek; hayatta olmak; ikamet etmek, oturmak, yaşamını orada sürdürmek; (bir şeye) kendini adamak; (birisi için) yaşamak; beslenmek, yemek; sürmek, baki kalmak ***für jdn leben*** kendini birisine adamak, birisi için yaşamak ***Leben Sie wohl!*** Sağlıcakla kalın! ***meine Mutter lebt noch*** annem daha yaşıyor ***seit Jahren leben wir in Antalya*** yıllardır Antalya'da oturuyoruz ***zu leben verstehen*** yaşamasını bilmek

lebendig /le'bendi**h**/ *s* canlı, sağ, hayatta, diri; (olay) taze, yeni; canlı, dinç, zinde, enerjik; işlek, kalabalık; neşeli, hayat dolu ***lebendig oder tot*** ölü veya diri ***lebendige Kraft*** aktif kuvvet; canlı güç

Lebendigkeit /le'bendi**h**kayt/ *f* canlı olma, canlılık, hayatta olma, sağ olma, diri olma; canlılık, neşe

Lebensabend /'le:bınsa:bınt/ *m* ihtiyarlık dönemi, yaşamın sonbaharı

Lebensalter /'le:bınsaltır/ *n* yaş, çağ, hayatın bir dönemi

Lebensanschauung /'le:bınsanşauung/ *f* hayat görüşü, hayat felsefesi

Lebensart /'le:bınsa:rt/ *f* yaşam tarzı, yaşam biçimi; görgü kuralları, adabımuaşeret; meşrep

Lebensaufgabe /'le:bınsaufga:bı/ *f* yaşam amacı

Lebensbedingungen /'le:bınsbıdingungın/ *pl* yaşam şartları, hayat şartları

Lebensdauer /'le:bınsdauır/ *f* yaşam süresi, hayat süresi; dayanıklılık, dayanım

Lebensende /'le:bansendı/ *n* ölüm; *mec* akşam güneşi

Lebenserfahrung /'le:bınserfa:rung/ *f* hayat tecrübesi, yaşamsal tecrübe

Lebenserwartung /'le:bınservartung/ *f* ortalama yaşam süresi

Lebensform /'le:bınsform/ *f* yaşam tarzı

lebensfremd /'le:bınsfremt/ *s* yaşama aykırı düşen, hayatın gerçeklerine ters düşen, uygun olmayan

Lebensfreude /'le:bınsfroydı/ *f* yaşama sevinci

Lebensgefahr /'le:bınsgıfa:r/ *f* ölüm tehlikesi, hayati tehlike ***in Lebensgefahr*** ölümcül hasta

lebensgefährlich /'le:bınsgıfe:rli**h**/ *s* çok tehlikeli, hayati tehlike arz eden; vahim, öldürücü

Lebensgefährte /'le:bınsgıfe:rtı/ *m* (erkek) eş, hayat arkadaşı

lebensgroß /'le:bınsgro:s/ *s* tabii ölçüde, doğal büyüklükte, doğal boyda

Lebensgröße /'le:bınsgrö:sı/ *f* doğal, normal büyüklük, boy ***in Lebensgröße*** gerçek boyda

Lebenshaltungskosten /'le:bıns**h**altungskostın/ *pl* geçim masrafı, yaşam için gerekli para

Lebensjahr /'le:bınsya:r/ *n* yaş, yaşam yılı

Lebenskraft /'le:bınskraft/ *f* yaşama kuvveti, dinçlik, canlılık; yaşama bağlılık

Lebenskünstler /'le:bınskünstlır/ *m* yaşama mücadelesini beceren kişi, hayatın zorluklarını yenmesini bilen kişi

lebenslänglich /'le:bınslengli**h**/ *s* ömür boyu, yaşamboyu, hayat boyu; *huk* müebbet, ebedi ***lebenslängliche Gefangenschaft*** *huk* müebbet hapis

Lebenslauf /'le:bınslauf/ *m* özgeçmiş, yaşam hikâyesi, biyografi, sivi

Lebenslicht /'le:bınsli**h**t/ *n* hayat

lebenslustig /'le:bınslusti**h**/ *s* yaşam dolu, hayat dolu

Lebensmittel /'le:bınsmitıl/ *pl* gıda maddeleri, yiyecek, gıda, iaşe

Lebensmittelgeschäft /'le:bınsmitılgışeft/ *n* bakkal, bakkaliye dükkânı

lebensmüde /'le:bınsmü:dı/ *s* yaşamaktan bıkmış, canından bezmiş, hayattan bezmiş

lebensnotwendig /'le:bınsno:tvendi**h**/ *s*

L

hayati öneme sahip, çok önemli, hayat memat meselesi, ölüm kalım meselesi; hayatı sürdürmek için gerekli, hayati önemde

Lebensqualität /'le:bınskvali'te:t/ *f* yaşam kalitesi, yaşam düzeyi

Lebensretter /'le:bınsretır/ *m* cankurtaran

Lebensstandard /'le:bınsştandart/ *m* hayat standardı, yaşam standardı

Lebensunterhalt /'le:bınsuntırhalt/ *m* geçim, maişet ***seinen Unterhalt verdienen*** geçimini temin etmek, ekmeğini kazanmak

Lebensversicherung /'le:bınsferzihırung/ *f* hayat sigortası

Lebenswandel /'le:bınsvandıl/ *m* ahlak açısından hayat tarzı, ahlaki yaşayış

Lebensweise /'le:bınsvayzı/ *f* (sağlık ve beslenme açısından) yaşayış tarzı, yaşam tarzı

lebenswichtig /'le:bınsvihtih/ *s* çok önemli, hayati (önem taşıyan)

L

Lebenszeit /'le:bınstsayt/ *f* yaşama süresi, yaşama müddeti, ömür süresi

Leber /'le:bır/ *f anat* karaciğer; (yemek) ciğer ***frei von der Leber wegsprechen*** *mec* fikrini açıkça söylemek ***gebackene Leber*** ciğer tava

Leberfleck /'le:bırflek/ *m biy* vücut lekesi, ben, çil; *hek* lantigo

Leberknödel /'le:bırknö:dıl/ *m* ciğerli köfte

Leberwurst /'le:bırvurst/ *f* ezme karaciğer sucuğu

Leberzirrhose /'le:bırtsiro:zı/ *f hek* karaciğer sirozu

Lebewesen /'le:bıve:zın/ *n* canlı varlık; mahluk, yaratık; organizma

Lebewohl /le:bı'vo:l/ *n* vedalaşma sözü; elveda ***jdm Lebewohl sagen*** (birisiyle) vedalaşmak; elveda demek

lebhaft /'le:phaft/ *s* canlı, neşeli; hayat dolu, dinç, ateşli, hayat dolu; hareketli, atik; hızlı; (cadde) işlek, hareketli; *ask* (ateş) yoğun, kesif, aralıksız ***lebhafte Farben*** canlı renkler

Lebhaftigkeit /'le:phaftihkayt/ *f* canlılık, neşelilik, hayat dolu olma; dinçlik, ateşlilik; hareketlilik; atiklik, hızlılık

Lebkuchen /'le:pku:hın/ *m* çavdar unu ile yapılan baharatlı çörek

leblos /'le:plo:s/ *s* cansız, neşesiz; bitkin, ölgün; duygusuz, kalpsiz, hissiz; *tic* (piyasa, iş) durgun

Lebzeiten /'le:ptsaytın/ *pl* : ***bei Lebzeiten*** yaşadığı sırada ***zu Lebzeiten*** sağlığında

lechzen /'lehtsın/ *vi* hasretini çekmek, yanıp tutuşmak ***nach Blut lechzen*** *mec* kana susamak, öldürmek istemek ***nach etw lechzen*** (bir şeyi) özlemek, özlemini duymak ***nach jdn lechzen*** (birisini) çok özlemek, özleminden yanıp tutuşmak

Leck /lek/ *n* yarık, çatlak; sızıntı yeri; *den* geminin su aldığı yer

leck /lek/ *s* yarık, delik, çatlak; sızıntılı ***das Schiff ist leck*** gemi su alıyor ***leck werden*** *den* su almak

lecken /'lekın/ *vi* akmak, sızmak, su sızdırmak, sızıntı yapmak; (su) damlamak; (alev) yalamak; (gemi) su almak; vti yalamak; (kedi, köpek) yalanarak içmek ***leck mich!*** *hkr* kıçımı yala! ***wie geleckt aussehen*** tertemiz olmak, tertemiz giyinmek

lecker /'lekır/ *s* lezzetli, leziz, nefis, enfes, iştah açıcı

Leckerbissen /'lekırbisın/ *m* lezzetli bir yiyecek, leziz lokma

Leckermaul /'lekırmaul/ *n kon* tatlıyı seven kişi, tatlı düşkünü, şekerlemeyi seven kişi ***ein Leckermaul sein*** ağzının tadını bilmek

Leder /'le:dır/ *n* deri, meşin, kösele; *sp* (futbol) meşin; *kon* deri önlük ***in Leder gebunden*** deri ciltli, meşin ciltli ***rundes Leder*** *sp* (futbol) meşin yuvarlak, meşin top

Ledergürtel /'le:dırgürtıl/ *m* deri kemer

Lederjacke /'le:dıryakı/ *f* deri ceket

Ledermantel /'le:dırmantıl/ *m* deri manto, deri palto, derimont

ledern /'le:dırn/ *s* deriden yapılmış, deriden mamul; can sıkıcı, ruhsuz; *mec* (sert) kösele gibi; *vt* deri ile kaplamak; *mec* (birisini) pataklamak, dövmek

Lederwaren /'le:dırva:rın/ *pl* deri eşyalar

ledig /'le:dih/ *s* bekâr, bakire, evlenmemiş; özgür, hür, serbest ***lediges Pferd*** binicisiz at

Ledige(r) /'le:digı(r)/ *f/m* bekâr

lediglich /'le:diglih/ *s* sırf, sadece, yalnız, tek, ancak; *be* doğrudan doğruya

leer /le:r/ *s* boş; (söz) anlamsız, manasız, boş; (yer) işgal edilmemiş, doldurulmamış, açık; yazısız; tenha, ıssız ***leer werden*** (trafik) boşalmak; (yer) tenhalaşmak ***leere Behauptung*** kuru iddia

leere Hoffnung kuruntu ***leere Versprechungen*** kuru vaatler ***leere Wagen*** boş vagon ***leere Worte*** boş sözler

Leere /'le:rı/ *f* boşluk

leeren /'le:rın/ *vt* boşaltmak; (içki) fondip yapmak, devirmek ***sich leeren*** boşalmak

Leergewicht /'le:rgıvi**h**t/ *n* (taşıt) boş ağırlık, yüksüz ağırlık, net ağırlık

Leergut /'le:rgu:t/ *n* (şişe, kutu, bardak) boş kap

Leerlauf /'le:rlauf/ *m tek* (makine) boşa çalışma, boşa işleme; *mec* boşa çaba, boşa gayret

Leerstelle /'le:rştelı/ *f* boş alan

Leertaste /'le:rtastı/ *f* (klavye) boş tuşu, ara verme çubuğu

Leerung /'le:rung/ *f* boşaltma, boşaltılma

legal /le'ga:l/ *s* yasal, yasalara uygun, kanunlara uygun, kanuni, meşru

legalisieren /legali'zi:rın/ *vt* (belge) onaylatmak; yasallaştırmak, meşru kılmak

Legalisierung /legali'zi:rung/ *f* (belge) resmen onaylatma; yasallaştırma

Legalität /legali'te:t/ *f* yasallık, yasalara uygunluk, kanuna uygunluk, meşruluk, kanuniyet

Legasthenie /legaste'ni:/ *f hek* okuma-yazma zayıflığı

Legat /le'ga:t/ *n huk* belirli mal vasiyeti; teberru, bağış

legen /'le:gın/ *vt* koymak; yerleştirmek; uzatmak, yatırmak; yaymak, sermek; yumurtlamak ***es jdm legen*** engellemek, önlemek ***es legt sich*** yavaşlıyor, duruyor ***Hand an etw legen*** (bir şeye) el koymak ***ins Bett legen*** yatağa yatırmak ***sich in die Sonne legen*** güneş banyosu yapmak ***sich legen*** yatmak, uzanmak

legendär /legen'de:r/ *s* efsanevi, efsane gibi, masal gibi; inanılmaz, müthiş

Legende /le'gendı/ *f* dini efsane; (harita) işaret izahatı, lejant; (madeni para üzerindeki) yazı, resim

leger /le'je:r/ *s* rahat, özgürce; teklifsiz, serbest; laubali

Legierung /le'gi:rung/ *f kim* alaşım; (çorba, sos) koyulaştırma

legislativ /legisla'ti:f/ *s* yasama ile ilgili, yasamaya ilişkin, teşrii

Legislative /legisla'ti:vı/ *f* yasama erki; yasama meclisi

Legislaturperiode /legisla'tu:rperyo:dı/ *f pol* yasama dönemi, parlamentonun yasama dönemi

legitim /le:gi'ti:m/ *s* yasal, kanuni, meşru, yasalara uygun, kanunlara uygun ***legitime Frau*** resmi nikâhlı eş ***legitimes Kind*** evlilikten doğma çocuk, meşru çocuk

legitimieren /legiti'mi:rın/ *vt* meşruluğunu sağlamak; yasallığını kanıtlamak ***sich legitimieren*** kimliğini kanıtlamak; yetkisini belgelemek

Legitimität /legitimi'te:t/ *f* yasallık, meşruluk, kanuna uygunluk, yasalara uygunluk

Leguan /'le:guan/ *m hayb* iguana, Hint kertenkelesi

Lehm /le:m/ *m* balçık, tuğlacı çamuru; (ev) kerpiç

Lehmboden /'le:mbo:dın/ *m* balçıkla kaplı zemin, balçıklı zemin

lehmig /'le:mi**h**/ *s* balçıklı, lüleci çamuru ile dolu

Lehne /'le:nı/ *f* destek, dayanaç; (sandalye) arkalık; dirsek desteği, dirseklik

lehnen /'le:nın/ *vt* dayamak, yaslamak; *vi* dayalı durmak, yaslı durmak, dayanmak, yaslanmak ***sich an jdn lehnen*** (birisine) yaslanmak, sokulmak ***sich lehnen*** (bir yere) yaslanmak, dayanmak

Lehnstuhl /'le:nştu:l/ *m* koltuk, rahat koltuk

Lehramt /'le:ramt/ *n* öğretmenlik, öğretim elemanlığı, eğitimcilik

Lehrberuf /'le:rbıru:f/ *m* öğretmenlik, eğitmenlik; bir süre öğrenim görmeyi gerektiren meslek

Lehrbuch /'le:rbu:**h**/ *n* ders kitabı

Lehre /'le:rı/ *f esk* öğretme; öğreti, düstur, kaide; nazariye, doktrin; eğitim, öğretim, öğrenim; öğüt, nasihat, tavsiye; öğrenim dönemi; çıraklık; ibret, ders, sonuç, kıssadan hisse; *tek* ebat kontrol kalıbı

lehren /'le:rın/ *vt/vi* eğitici ders vermek, bir alanda ders vermek; öğretmek; (zamanla) göstermek ***Deutsch lehren*** Almanca öğretmek ***Schwimmen lehren*** yüzme öğretmek

Lehrer /'le:rır/ *m* öğretmen, eğitmen, eğitici, hoca, muallim, profesör

Lehrfach /'le:rfa**h**/ *n* öğretim kolu, öğretim dalı, öğretim branşı; ders

Lehrgang /'le:rgang/ *m* kurs

Lehrgeld /'le:rgelt/ *n* çıraklık ücreti

L

Lehrkörper /'le:rkörpır/ *m* öğretim kadrosu, öğretim kurulu
Lehrkraft /'le:rkraft/ *f* öğretim elemanı, eğitici eleman
Lehrling /'le:rling/ *m* çırak, yardımcı, çömez
Lehrmädchen /'le:rme:thın/ *n* çırak kız
Lehrmethode /'le:rmeto:dı/ *f* öğretim metodu, eğitim sistemi
Lehrplan /'le:rpla:n/ *m* öğretim programı, eğitim planı, müfredat
lehrreich /'le:rrayh/ *s* öğretici, eğitici, didaktik; ibret verici
Lehrsatz /'le:rzats/ *m* temel, bilimsel tez; *mat* teorem, kuram; bilimsel öğretimin temel ilkesi
Lehrstelle /'le:rştelı/ *f* çıraklık
Lehrstoff /'le:rştof/ *m* ders konusu, öğretilen şey, dersin konusu
Lehrstuhl /'le:rştu:l/ *m* (üniversite) kürsü, profesör kadrosu, profesörlük ***Lehrstuhl für Geografie*** coğrafya kürsüsü
Leib /layp/ *m* gövde, beden, vücut; *anat* mide, karın, batın; *anat* rahim ***bei lebendigem Leib*** diri diri, canlı canlı ***der Leib des Herrn*** (Hıristiyan) kutsal ekmek ***gesegneten Leibes sein*** hamile olmak ***jdm auf den Leiben rücken*** *mec* (birisini) sıkıştırmak, hesap sormak ***mit Leib und Seele*** candan, içten ***nichts in Leibe haben*** karnı aç olmak ***sich jdn vom Leibe halten*** (birisini) yanına yaklaştırmamak
Leibesvisitation /'laybısvizitatsyo:n/ *f* üst araması ***eine Leibesvisitation vornehmen*** (birisinin) üzerini aramak, üst araması yapmak
Leibgericht /'laypgırıht/ *n* en sevilen yemek, favori yemek
leibhaftig /'layphaftih/ *s* bizzat, şahsen; bedeni, tensel, cismani; gerçek, hakiki, öz; tıpkı, ta kendisi
leiblich /'layplih/ *s* bedeni, cismani; (akrabalık) öz; vücutla ilgili, bedenle ilgili ***leibliche Bedürfnisse*** bedensel ihtiyaçlar, fiziksel gereksinimler ***leibliche Erben*** *huk* birinci dereceden mirasçılar ***leiblicher Bruder*** öz kardeş ***leibliches Kind*** öz evlat
Leibrente /'layprentı/ *f* ömürboyu bağlanan gelir
Leibschmerzen /'laypşmertsın/ *pl hek* karın ağrısı
Leibwache /'laypvahı/ *f* özel koruma
Leibwächter /'laypvehtır/ *m ask* muhafız eri
Leiche /'layhı/ *f* ceset, ölü; leş; cenaze; *bas* dizgi hatası
Leichenbeschauer /'layhınbışauır/ *m hek* adli tabip, otopsi tabibi
leichenblass /'layhınblas/ *s* çok solgun, ölü gibi
Leichenhalle /'layhınhalı/ *f* morg
Leichenschauhaus /layhın'şauhaus/ *m* morg
Leichentuch /'layhıntu:h/ *n* tabut örtüsü; kefen
Leichenwagen /'layhınva:gın/ *m* cenaze arabası
Leichnam /'layhnam/ *m* ceset, ölü; kadavra
leicht /layht/ *s* hafif; önemsiz, değersiz; *kon* beş para etmez; serbest; ani; *be* rahatlıkla, kolaylıkla, kolayca ***auf die leichte Schulter nehmen*** hafife almak, önemsememek ***leicht gesagt!*** söylemesi kolay! ***leicht wie eine Feder*** tüy gibi hafif ***leicht zu täuschend*** kolayca aldatılabilir ***leichte Arbeit*** kolay iş ***leichte Fahrlässigkeit*** *huk* hafif kusur ***leichte Musik*** *müz* hafif müzik ***leichte Schritte*** hafif adımlar ***leichter Boden*** hafif toprak ***leichter Erdstoß*** hafif sarsıntı, hafif deprem ***leichtes Essen*** hafif yemek ***leichtes Fieber*** *hek* hafif ateş ***spielend leicht*** kolayca, tereyağından kıl çeker gibi
Leichtathlet/Leichtathletin /'layhtatle:t/'layhtatle:tin/ *m/f* hafif atlet, yürüme, koşma, atlama ve atma dallarındaki atlet
Leichtathletik /'layhtatle:tik/ *f sp* hafif atletizm, yürüme, koşma, atlama ve atma dallarındaki atletizm
Leichtbauweise /'layhtbauvayzı/ *f* hafif inşaat
leichtfertig /'layhtfertih/ *s* ölçüp biçmeden, tartmadan, düşüncesizce; (kız) hafifmeşrep ***leichtfertiger Bankrott*** *huk* kusurlu iflas
Leichtfertigkeit /'layhtfertihkayt/ *f* düşüncesizlik; hoppalık
leichtfüßig /'layhtfü:sih/ *be* ayağına çabuk; *mec* düşüncesiz
Leichtgewicht /'layhtgıviht/ *n sp* hafif sıklet
leichtgläubig /'layhtgloybih/ *s* kandırması kolay, çabuk inanan, saf, safdil

Leichtgläubigkeit /'lay**h**tgloybi**h**kayt/ *f* saflık, avanaklık, kolay kanma, kapılganlık
leichthin /'lay**h**t**h**in/ *be* üzerinde düşünmeden; *be* mühimsemeyerek, önemsemeyerek
Leichtigkeit /'lay**h**ti**h**kayt/ *f* hafiflik, kolaylık; çeviklik, atiklik ***mit Leichtigkeit*** kolayca, kolaylıkla, kolaycasına
leichtlebig /'lay**h**tle:bi**h**/ *s* fingirdek, hoppa, hafifmeşrep
Leichtsinn /'lay**h**tzin/ *m* dikkatsizlik; düşüncesizlik; tedbirsizlik; kayıtsızlık
leichtsinnig /'lay**h**tzini**h**/ *s* dikkatsiz, düşüncesiz, tedbirsiz, kayıtsız; havai; hoppa, hafifmeşrep
Leid /layt/ *n* acı, kader, gam, tasa, elem; zarar, hasar; haksızlık; kötülük; felaket, afet ***etw Leid haben*** bıkmak, usanmak ***etw Leid sein*** (bir şeyden) bıkmak, usanmak ***sich ein Leid antun*** kendini öldürmek ***um jdn Leid tragen*** yas tutmak, birisinin yasını tutmak
Leiden /'laydın/ *n* acı, ıstırap; sakatlık, özür; *hek* hastalık, illet
leiden /'laydın/ *vi* acı çekmek, dert çekmek; içi yanmak, canı yanmak; sıkıntı çekmek; aç kalmak; göz yummak, tahammül etmek; yıpranmak, zarar görmek ***an etw leiden*** (bir şeyden) musdarip olmak ***für jdn leiden*** (birisi için) başını belaya sokmak ***nicht leiden können*** (bir şeyden) hoşlanmamak, haz etmemek, çekememek, katlanamamak ***unter etw leiden*** (bir şeye) üzülmek
Leidenschaft /'laydınşaft/ *f* tutku, hırs, aşırı istek, ihtiras; şiddetli heves, merak; heyecan, ateş, coşkunluk ***zur Leidenschaft werden*** merak halini almak
leidenschaftlich /'laydınşaftli**h**/ *s* haris, ihtiraslarına düşkün; şehvetli, arzulu; hararetli, ateşli, coşkun; tiryaki ***leidenschaftliche Liebe*** tutkulu aşk
leidenschaftslos /'laydınşaftslo:s/ *s* sakin, akılcı; ağırbaşlı; heyecansız; temkinli, soğukkanlı; *be* sükûnetle
Leidensgefährte /'laydınsgıfe:rtı/ *m* hemdert, dert ortağı
Leidensweg /'laydınsve:k/ *m* çile, meşakkat
Leidenszeit /'laydınstsayt/ *f* çile, sıkıntı
leider /'laydır/ *be* ne yazık ki!, maalesef! ***ja leider!*** maalesef öyle! ***leider nein!*** maalesef hayır! ***leider nicht!*** maalesef olmaz!
leidlich /'laydli**h**/ *s* iyi, oldukça iyi; eh işte, şöyle böyle, zararsız, ziyansız ***leidlich!*** eh, şöyle böyle!
Leier /'layır/ *f müz* lir, rebap; *m* su katılmış kötü şarap
Leierkasten /'layırkastın/ *m müz* laterna
Leierkastenmann /'layırkastınman/ *m müz* laternacı, laterna çalan adam
leiern /'layırn/ *vi vt müz* laterna çalmak; ezberlemişçesine konuşmak; (anahtar) çevirmek
Leihbibliothek /'laybibliote:k/ *f* ödünç kitap veren kütüphane
leihen /'layın/ *vt* : ***jdm etw leihen*** (birisine bir şey) ödünç vermek ***jdm sein Ohr leihen*** (birisinin) anlattıklarını dinlemek, kulak kesilmek ***sich Geld leihen bei jdm*** (birisinden) borç para almak, borçlanmak ***sich von jdm etw leihen*** (birisinden) ödünç almak
Leihgabe /'layga:bı/ *f* emanet, ödünç verilen şey
Leihgebühr /'laygıbü:r/ *f* kira bedeli, kullanım bedeli
Leihmutter /'laymutır/ *f hek* taşıyıcı anne
Leihwagen /'layva:gın/ *m* kiralık araba
leihweise /'layvayzı/ *be* ödünç olarak, emaneten; kira ile
Leim /laym/ *m* tutkal, yapışkan, yapıştırıcı, kola, çiriş; *hayb* (kuş) ökse ***auf den Leim gehen*** *kon* tongaya basmak ***aus dem Leime gehen*** çözülmek, ayrılmak, dağılmak
leimen /'laymın/ *vt* tutkallamak, yapıştırmak, tutkal ile yapıştırmak, yapıştırıcı ile yapıştırmak; *mec* aldatmak ***jdn leimen*** *kon* (birisini oyunda) kandırmak
Leine /'laynı/ *f* ip, sicim; tasma, yular; *den* savlo ***ein Hund an der Leine*** bağlı köpek, tasması takılı köpek ***Leine ziehen*** *kon* ipini çözmek, yularını çözmek
Leinen /'laynın/ *n teks* keten bezi ***in Leinen gebunden*** bas bez ciltli
Leinsamen /'laynza:mın/ *m bitk* keten tohumu
Leintuch /'layntu:**h**/ *n* keten bezi, yatak çarşafı; kefen
Leinwand /'laynvant/ *f* keten bezi; beyazperde, (sinema) perde; kanaviçe; (resim) tual
leise /'layzı/ *s* (ses) yavaş, alçak; zayıf, hafif, az; ince; sessiz, sakin ***bitte, et-***

L

was leiser! lütfen sessiz olun! ***ein leiser Wind*** hafif bir rüzgâr ***leise sprechen*** alçak sesle konuşmak ***leiser Schlaf*** hafif uyku ***leises Geräusch*** hafif gürültü

Leiste /'laystı/ *f* çıta, çerçeve çubuğu; pervaz, tiriz; bas süslü püslü başlık; *anat* kasık

leisten /'laystın/ *vt vi* başarmak, yapmak, becermek, üstesinden gelmek ***Abbitte leisten*** af dilemek ***einen Eid leisten*** yemin etmek ***für jdn Bürgschaft leisten*** (birisine) kefil olmak ***nichts leisten*** hiçbir işe yaramamak ***sich etw leisten*** (kendine bir şey) almak ***sich etw leisten können*** maddi gücü elvermek

Leistenbruch /'laystınbruh/ *m hek* fıtık, kasıkçatlağı

Leistung /'laystung/ *f* verim, randıman; eser, icraat; iyi yapılmış iş; performans; yapma, yapılma, yerine getirme; *fiz* kuvvet, güç; *tek* efekt, debi; *tic* ödeme

Leistungsdruck /'laystungsdruk/ *m* basınç

leistungsfähig /'laystungsfe:ih/ *s* verimli, randımanlı; kudretli, kuvvetli; yetenekli, kabiliyetli; iyi performanslı

Leistungsfähigkeit /'laystungsfe:ihkayt/ *f* kapasite, potansiyel; verimlilik; kuvvet, kudret; yeteneklilik, kabiliyetlilik; güçlülük ***seine Leistungsfähigkeit verlieren*** kötürümleşmek; *mec* paslanmak, yeteneklerini kaybetmek

Leistungsgesellschaft /'laystungsgızelşaft/ *f* başarılı ve rekabeti hedeflemiş toplum, sanayi toplumu

Leistungssport /'laystungsşport/ *m* performans sporu, mukavemet sporu, dayanıklılık sporu

Leistungssteigerung /'laystungsştaygırung/ *f* güç artırımı

Leistungstest /'laystungstest/ *m* başarı testi

Leitartikel /'lartartikıl/ *m* başyazı, başmakale

Leitbild /'laytbilt/ *n* örnek, ideal

leiten /'laytın/ *vt* yönetmek, idare etmek, sevk ve idare etmek; kılavuzluk etmek, önderlik etmek, yol göstermek; başkanlık etmek, idare etmek; *fiz* iletmek, nakletmek ***die Versammlung leiten*** toplantıya başkanlık etmek

leitend /'laytınt/ *be* idareyi yürüten, idarecilik eden; *tek* iletin ***leitende Stellung*** idare, idare mevkii

Leiter /'lartır/ *f* portatif merdiven; *m* idareci, yönetici, müdür, şef, başkan; başında bulunan, sevk ve idare eden; *fiz* iletken; *elek* iletken, nakil hattı

leitfähig /'laytfe:ih/ *s fiz* iletken

Leitfähigkeit /'laytfe:ihkayt/ *f fiz* iletkenlik

Leitgedanke /'laytgıdankı/ *m* ana fikir, temel düşünce, temel fikir, temel ilke

Leitmotiv /'laytmoti:f/ *n müz* ana tema, laytmotif; *ed* ana motif

Leitplanke /'laytplankı/ *f* engel, mania, set

Leitspruch /'laytşpruh/ *m* slogan, döviz, parola; vecize

Leitung /'laytung/ *f* sevk, idare, sevk ve idare, yönetim; müdürlük, direktörlük, başkanlık; *ask* komuta; *tek* iletim; (elektrik, su, gaz) nakil hattı ***eine lange Leitung haben*** kalın kafalı olmak, kafası kolay basmamak ***Leitung besetzt!*** hat meşgul!

Leitungsmast /'laytungsmast/ *m* tel direği, elektrik nakil hattı direği

Leitungsnetz /'laytungsnets/ *n* nakil şebekesi; boru şebekesi; aktarım şebekesi

Leitungsrohr /'laytungsro:r/ *n* dağıtım borusu, isale borusu, iletim borusu; ana boru

Leitungswasser /'laytungsvasır/ *n* musluk suyu, şehir şebeke suyu

Leitwerk /'laytverk/ *n* (uçak) dümen tertibatı; sahil kazığı; denetim birimi

Leitzins /'layttsins/ *m eko* güdümlü faiz (oranı\haddi)

Lektion /lek'tsyo:n/ *f* ders, konu, ünite; ibret, ders

Lektor /'lektor/ *m* (üniversite) okutman; basılacak kitapları inceleyen uzman, lektör

Lektorat /lekto'ra:t/ *n* (üniversite) okutmanlık; basılacak eserleri inceleme bölümü, lektörlük

Lektüre /lek'tü:rı/ *f* okuma, kıraat; (gazete, dergi, vs.) okunacak şey

Lende /'lendı/ *f anat* kalça, uyluk; böğür, bel

Lendenwirbel /'lendınvirbıl/ *pl anat* bel omurları

lenkbar /'lenkba:r/ *s* yönetilebilir; sevk edilebilir; güdümlü; kolay eğitilebilir; (çocuk) akıllı

lenken /'lenkın/ *vt* yönetmek, idare etmek,

L

sevk etmek; döndürmek, çevirmek; *oto* kullanmak, sevk ve idare etmek; yöneltmek, tevcih etmek; *den* dümen kullanmak; hâkim olmak ***seine Aufmerksamkeit auf etw lenken*** dikkatini (bir şeye) çevirmek

Lenker /'lenkır/ *m* kullanan kimse, kullanıcı, yöneten kimse, yönetici; arabacı, şoför; pilot; *den* dümenci; *tek* kılavuz

Lenkrad /'lenkra:t/ *n oto* direksiyon, dümen

Lenkradschloss /'lenkra:tşlos/ *n* direksiyon kilidi

Lenkstange /'lenkştangı/ *f* bisiklet gidonu

Lenkung /'lenkung/ *f* yönetme, yönetim, sevk ve idare etme; kullanma; güdüm; *oto* direksiyon; (uçak) levye

Leopard /leo'part/ *m hayb* pars, leopar

Lepra /'le:pra/ *f hek* cüzam hastalığı, lepra

Lerche /'ler**h**ı/ *f hayb* tarlakuşu, çayırkuşu

Lerneifer /'lernayfır/ *m* öğrenme aşkı

lernen /'lernın/ *vt/vi* öğrenmek, bellemek; tahsil etmek, okumak; ezberlemek ***durch Pauken lernen*** ezberleyerek öğrenmek ***durch Versuch und Irrtum lernen*** deneme-yanılma yöntemiyle öğrenme ***viel bei jdm lernen*** (birisinden) çok şeyler öğrenmek

lernfähig /'lernfe:i**h**/ *s* öğrenme yetenekli

Lernprozess /'lernprotses/ *m* öğrenme süreci

lesbar /'le:sba:r/ *s* okunaklı; okunabilir

Lesbarkeit /'le:sba:rkayt/ *f* okunaklılık; okunabilirlik

Lesbierin /'lesbiırin/ *f* lezbiyen, kadın eşcinsel, sevici

lesbisch /'lesbiş/ *s* eşcinsel, lezbiyen ***lesbische Beziehung*** lezbiyen ilişki ***lesbische Liebe*** sevicilik

Lesebrille /'le:zıbrilı/ *f* okuma gözlüğü

Lesebuch /'le:zıbu:**h**/ *n* okuma kitabı, okunmaya değer kitap

lesen /'le:zın/ *vt/vi* okumak; okuma yapmak; tanımak, bilmek; ders vermek; (ürün) toplamak, biçmek ***laut lesen*** yüksek sesle okumak ***lesen lernen*** okumayı öğrenmek ***lesen und schreiben können*** okuma yazma bilmek

lesenswert /'le:zınsve:rt/ *s* okumaya değer, okunabilir

Leser /'le:zır/ *m* okur, okuyucu; hasatçı, ürün toplayıcısı

Leserbrief /'le:zırbri:f/ *m* okuyucu mektubu

Leserkreis /'le:zırkrays/ *m* okur çevresi

leserlich /'le:zırli**h**/ *s* okunaklı; okunması kolay, okunabilir

Leserlichkeit /'le:zırli**h**kayt/ *f* okunaklılık, okunabilirlik

Lesesaal /'le:zıza:l/ *m* okuma salonu

Lesestoff /'le:zıştof/ *m* (kitap, dergi, vs.) okunacak şeyler

Lesezeichen /'le:zıtsay**h**ın/ *n* okunan kitapta nerede kaldığını belirleyen sayfa işareti, sayfa kurdelesi

Lesung /'le:zung/ *f* okuma, okunma

Lethargie /letar'gi:/ *f hek* derin uyku, letarji; *kon* uyuşukluk, miskinlik

lethargisch /le'targiş/ *s hek* öldürücü, letarjik

Lette/Lettin /'letı/'letin/ *m/f* Letonyalı

Lettisch /'letiş/ *n* Letonca

Lettland /'letlant/ *tnz* Letonya

letztendlich /'letst'entli**h**/ *be* en sonunda, son olarak

letztens /'letstıns/ *be* geçenlerde, geçende; sonunda

letztgenannt /'letstgınant/ *s* en son adı geçen, son anılan

letztlich /'letsli**h**/ *be* sonunda

Leuchte /'loy**h**tı/ *f* ışık, ışık veren cisim; lamba, fener; *ed* ışık, meşale; akıllı kişi

leuchten /'loy**h**tın/ *vi* ışık yaymak, aydınlatmak, ziya neşretmek; parlamak, parıldamak; kıvılcımlar saçmak; etrafa ışık saçmak; (şimşek) çakmak; *den* yakamoz oluşturmak ***das leuchtet in die Augen*** göze çarpıyor ***es leuchtet*** *metr* şimşek çakıyor ***jdm leuchten*** (birisine) ışık tutmak

Leuchter /'loy**h**tır/ *m* şamdan; avize

Leuchtfeuer /'loy**h**tfoyır/ *n den* deniz feneri; (havacılık) ışık işareti

Leuchtkäfer /'loy**h**tke:fır/ *m hayb* ateşböceği

Leuchtkugel /'loy**h**tku:gıl/ *f ask* aydınlatma fişeği, aydınlatma bombası

Leuchtpistole /'loy**h**tpisto:lı/ *f* aydınlatma fişeği tabancası

Leuchtrakete /'loy**h**trake:tı/ *f* aydınlatma fişeği

Leuchtreklame /'loy**h**trekla:mı/ *f* ışıklı reklam

Leuchtturm /'loy**h**tturm/ *m den* fener kulesi, deniz feneri

leugnen /'loygnın/ *vt* inkâr etmek, yadsımak; (suçlama, yöneltilen şeyi) kabul

L

etmemek, reddetmek etmek ***nicht zu leugnen*** su götürmez, inkâr edilemez

Leukämie /loyke'mi:/ *f hek* kandaki akyuvar oranının artması, lösemi, kan kanseri

Leukoplast /loyko'plast/ *m bitk* lökoplast; çinkooksit içeren yakı

Leumund /'loymunt/ *m* ün, şan, şöhret, nam ***einen guten Leumund haben*** iyi bir şöhrete sahip olmak ***einen schlechten Leumund haben*** kötü bir şöhrete sahip olmak ***jdn in schlechten Leumund bringen*** (birisinin) adını kötüye çıkarmak

Leumundszeugnis /'loymuntstsoyknis/ *n* (savcılıktan alınan) iyi hal kâğıdı, sabıka kaydı, temiz kâğıdı

Leute /'loytı/ *pl* insanlar, adamlar; toplum, halk; grup; *ask* erat ***alle Leute*** tüm insanlar; kamu ***meine Leute*** *kon* aile fertleri ***vor allen Leuten*** dosta düşmana karşı

L

Leutnant /'loytnant/ *m ask* teğmen ***Leutnant zur See*** *ask* deniz teğmeni

leutselig /'loytze:lih/ *s* dostça, dostane; kibirsiz, alçakgönüllü

Leutseligkeit /'loytze:lihkayt/ *f* kibirsizlik, yumuşaklık; iltifat

Lexikon /'leksikon/ *n* sözlük, lügat

Libanese/Libanesin /liba'ne:zı/liba'ne:zin/ *m/f* Lübnanlı

libanesisch /liba'ne:ziş/ *s* Lübnan ile ilgili, Lübnanlı, Lübnan'a ait

Libanon /'li:banon/ *tnz* Lübnan

Libelle /li'belı/ *f hay* yusufçuk, kız böceği; *tek* su ölçeği, kabarcıklı düzenek

liberal /libı'ra:l/ *s* liberal, hür fikirli, özgürlükçü, hürriyetçi, peşin hükümlerden uzak ***liberale Erziehung*** ergin eğitim

Liberale(r) /libı'ra:lı(r)/ *f/m* liberal, liberal parti yandaşı, liberalizm savunucusu

liberalisieren /libıra:li'zi:rın/ *vt* serbest bırakmak, liberalize etmek

Liberalisierung /libırali'zi:rung/ *f* serbest bırakma, liberasyon

Liberalismus /libıra'lismus/ *m pol* liberalizm, vatandaşın her konuda özgür olmasını savunan öğreti

Liberia /li'be:rya/ *tnz* Liberya

Libyen /'li:biın/ *tnz* Libya

Libyer /'libüır/ *m* Libyalı

libysch /'li:büş/ *s* Libyalı, Libya'ya ait

Licht /liht/ *n* ışık, parıltı; aydınlık, parlaklık; lamba, ışık, elektrik; mum; (tablo) açık renkli bölgeler; av hayvanlarının gece parlayan gözleri ***das Licht einschalten*** ışığı açmak ***das Licht ausschalten*** ışığı kapamak ***elektrisches Licht*** elektrik ışığı ***etw ans Licht bringen*** (bir şeyi) gün ışığına çıkarmak, keşfetmek ***künstliches Licht*** lamba ışığı; mum ışığı ***natürliches Licht*** gün ışığı

licht /liht/ *s* parlak, aydınlık; ışıltılı; (renk) açık, beyaza yakın; (orman, ağaç) seyrek; *tek* iç ***ein lichter Morgen*** aydınlık bir sabah ***lichter Durchmesser*** *tek* iç kutur ***lichtes grün*** açık yeşil

Lichtbild /'lihtbilt/ *n* fotoğraf

Lichtblick /'lihtblik/ *m mec* umut ışığı; teselli

lichtempfindlich /'lihtempfindlih/ *s* ışığa karşı hassas, ışıktan etkilenir ***lichtempfindliche Zelle*** ışığa karşı duyarlı hücre

lichten /'lihtın/ *vt* aydınlatmak; (ağaç) budamak; (orman) seyrekleştirmek; *den* demir almak ***der Wald lichtet sich*** ormanda ağaçlar seyreliyor ***die Anker lichten*** demir almak ***sich lichten*** seyrekleşmek; aydınlanmak

Lichtermeer /'lihtırme:r/ *n mec* ışık denizi

Lichtgeschwindigkeit /'lihtgışvindihkayt/ *f* ışık hızı

Lichthupe /'lihthu:pı/ *f oto* selektörü (yapma), selektör yaparak işaret verme

Lichtjahr /'lihtya:r/ *n* ışık yılı

Lichtmaschine /'lihtmaşi:nı/ *f tek* jeneratör, dinamo

Lichtquelle /'lihtkvelı/ *f* ışık kaynağı

Lichtschacht /'lihtşaht/ *m mim* aydınlık, ışık bacası

Lichtschalter /'lihtşaltır/ *m* elektrik düğmesi, açma kapama düğmesi

Lichtschutzfaktor /'lihtşutsfaktor/ *m* güneşten koruma faktörü

Lichtstrahl /'lihtştra:l/ *m fiz* ışın; *hek* şua

Lichtung /'lihtung/ *f* (orman) ağaçsız alan

Lid /li:t/ *n anat* gözkapağı

Lidschatten /'li:tşatın/ *m* göz farı

lieb /li:p/ *s* kıymetli, sevgili, aziz, değerli; akıllı, uslu; sevilen, beğenilen, gözde olan, hoşa giden; dostça, arkadaşça; candan, tatlı, biricik; hoş ***lieber Vater*** sevgili babacığım!

liebäugeln /'li:poygıln/ *vi* cilveleşmek, göz süzmek ***mit etw liebeäugeln*** (bir şeyi) yapmaya çok istemek ***mit jdm liebeäugeln*** (birisiyle) cilveleşmek

Liebe /'li:bı/ *f* sevgi, aşk, sevda; dostluk, arkadaşlık; iyilik, hayırseverlik; acıma, merhamet; sevgili, sevilen kişi; özen, itina ***aus Liebe*** (birisinin) hatırı için; aşk yüzünden ***freie Liebe*** evlilikdışı beraberlik ***meine erste Liebe*** ilk göz ağrım, ilk aşkım

liebebedürftig /'li:bıbıdürftih/ *s* aşka susamış, sevgiye muhtaç

lieben /'li:bın/ *vt* sevmek, sevgisi olmak ***etw lieben*** (bir şeyden) hoşlanmak, zevk almak ***ich liebe Dich*** seni seviyorum ***jdn lieben*** (birisinden) hoşlanmak ***verliebt sein in etw*** (bir şeye) bayılmak, (bir şeyi) sevmek ***verliebt sein in jdn*** (birisine) âşık olmak ***sich lieben*** sevişmek, karşılıklı sevgi duymak

liebenswert /'li:bınsve:rt/ *s* sevilmeye değer, sevimli; çekici, cana yakın; candan, hoş, sempatik

liebenswürdig /'li:bınsvürdih/ *s* sevilmeye değer, sevimli; çekici, cezbedici; kibar, nazik, yardımsever; güler yüzlü

Liebenswürdigkeit /'li:bınsvürdihkayt/ *f* sevimlilik, kibarlık, nezaket, yardımseverlik; sevimlilik

lieber /'li:bır/ *be* daha ziyade, daha çok; tercihan; *s* daha hoş, daha iyi ***ich trinke lieber Tee*** tercihan çay içerim ***lieber haben*** (bir şeyi) tercih etmek ***lieber spät als nie!*** geç olması hiç olmamasından iyi!

Liebesaffäre /'li:bısafe:rı/ *f* gönül işi, aşk meselesi

Liebesbrief /'li:bısbri:f/ *m* aşk mektubu

Liebeserklärung /'li:bıserkle:rung/ *f* aşk ilanı, ilanı aşk

Liebesgedicht /'li:bısgıdiht/ *n* gazel

Liebesgeschichte /'li:bısgışihtı/ *f* aşk hikâyesi

Liebesheirat /'li:bıshayra:t/ *f* aşk evliliği

Liebeskummer /'li:bıskumır/ *m* aşk acısı, aşk ıstırabı; gönül acısı ***Liebeskummer haben*** karasevdaya tutulmak

Liebesleben /'li:bısle:bın/ *n* cinsel hayat, seks hayatı

Liebeslied /'li:bısli:t/ *n* aşk şarkısı

Liebespaar /'li:bıspa:r/ *n* âşık çift; sevişen çift

Liebesroman /'li:bısroma:n/ *m* aşk romanı

liebevoll /'li:bıfol/ *s* şefkatli, müşfik, sevecen

liebhaben /'li:pha:bın/ *trvt* (birisini) çok beğenmek, sevmek ***einander lieb haben*** hoşlaşmak, birbirini sevmek *trvt* sevmek, birisinden çok hoşlanmak *trvt* sevmek, birisinden çok hoşlanmak

Liebhaber /'li:pha:bır/ *m* sevgili, âşık; sanatsever; koleksiyoncu; amatör, meraklı, ilgili; *tiy* âşık rolü; *kon* oynaş, aşna fişne, aganigi naganigi

Liebhaberei /li:pha:bı'ray/ *f* amatörlük, hobi

liebkosen /'li:pko:zın/ *vt* okşamak, okşayarak sevmek, kucaklamak, sarılmak

Liebkosung /'li:pko:zung/ *f* okşama, sarma, kucaklama

lieblich /'li:plih/ *s* hoş, sevimli, şirin, güzel, tatlı, cazibeli, hoşa giden

Lieblichkeit /'li:plihkayt/ *f* sevimlilik, hoşluk, güzellik, şirinlik, cazibe, çekicilik

Liebling /'li:pling/ *m* sevgili, en çok sevilen, gözbebeği; gözde ***mein Liebling*** sevgilim!, hayatım!, sevdiceğim! ***Mutters Liebling*** anasının kuzusu

Lieblingsspeise /'li:plingsşpayzı/ *f* en beğenilen yemek

lieblos /'li:plo:s/ *s* sevgisiz, sevgiden yoksun; sevimsiz, antipatik; duygusuz, acımasız, hissiz, merhametsiz

Lieblosigkeit /'li:plo:zihkayt/ *f* sevgisizlik; sevimsizlik, antipatiklik; duygusuzluk, merhametsizlik, acımasızlık

Liebreiz /'li:prayts/ *m* cazibe, çekicilik, seksilik; cana yakınlık, tatlılık; işve, cilve, eda

liebreizend /'li:praytsınt/ *s* cazibeli, çekici, seksi; iç açıcı; cana yakın, tatlı

Liebschaft /'li:pşaft/ *f* aşk ilişkisi, âşıktaşlık

Liebste(r) /'li:pstı(r)/ *f/m* sevgili

Lied /li:t/ *n* şarkı, türkü, hava; manzum eser, destan, ağıt; melodi; bestelenmiş şiir ***geistliches Lied*** ilahi ***immer das alte Lied!*** *kon* hep aynı terane!

Liederabend /'li:dıra:bınt/ *m müz* resital gecesi, şan resitali

Liederbuch /'li:dırbu:h/ *n* şarkı kitabı; ilahi kitabı

liederlich /'li:dırlih/ *s* ihmalkâr, ihmalci, kayıtsız, ilgisiz; ahlaksız; pasaklı, derbeder; (kadın) sürtük, aşifte

Liederlichkeit /'li:dırlihkayt/ *f* ihmalkârlık, ihmalcilik, kayıtsızlık, ilgisizlik; ahlaksızlık; pasaklılık

Liedermacher /'li:dırmahır/ *m* bestekâr şarkıcı

L

Lieferant /li:fı'rant/ *m tic* müteahhit; işletmeci
lieferbar /'li:fırba:r/ *s tic* teslime hazır; teslim olunabilir; (mal) mevcut
Lieferfrist /'li:fırfrist/ *f tic* teslim süresi
liefern /'li:fırn/ *vt* göndermek, teslim etmek, tesellüm etmek; temin etmek, tedarik etmek ***ein hervorragendes Spiel liefern*** *sp* mükemmel bir oyun sergilemek ***frei Haus liefern*** *tic* (malı) evde teslim etmek
Lieferschein /'li:fırfayn/ *m* irsaliye, teslim(at) makbuzu
Liefertermin /'li:fırtermi:n/ *m* teslimat süresi, teslimat zamanı
Lieferung /'li:fırung/ *f tic* mal gönderimi, mal teslimi, teslimat; tedarik, temin; bas fasikül, forma, cüz ***Lieferung ab Werk*** fabrika teslimi ***Lieferung ins Haus*** eve teslim ***Zahlung nach Lieferung*** teslimat anında ödeme
Lieferwagen /'li:fırva:gın/ *m* kamyonet
Lieferzeit /'li:fırtsayt/ *f* teslim süresi; teslimat tarihi
Liege /'li:gı/ *f* yatak, divan, şezlong
liegen /'li:gın/ *vi* uzanmak, yatmak ***an wem liegt das?*** suç kimde? ***das Auto liegt vor dem Haus*** araba evin önünde duruyor ***es liegt an bei ihm*** ona bağlı ***es liegt mir*** *mec* zevkime uygun ***im Bett liegen*** yatakta yatmak ***mir liegt nichts daran!*** bana vız gelir! ***mir liegt viel daran!*** benim için çok önemli ***woran liegt es?*** sebebi ne?
Liegesitz /'li:gızits/ *m* tren veya otobüste yatar hale gelebilen koltuk, kuşet
Liegestuhl /'li:gıştu:l/ *m* açılır kapanır koltuk veya sandalye; şezlong
Liegestütz /'li:gıstüts/ *m* şınav
Liegewagen /'li:gıva:gın/ *m* kuşetli vagon
Lift /lift/ *m* asansör, elevatör
liften /'liftın/ *vt* kaldırmak, yukarı çıkarmak; *hek* yüz gerdirmek
Liga /'li:ga/ *f* birlik, ittifak; cemiyet, dernek; *sp* lig, klasman
Likör /li'kö:r/ *m* likör
lila /'li:la/ *s* leylak renginde, lila
Lilie /'li:lyı/ *f bitk* zambak
Liliputaner /lilipu'ta:nır/ *m* (masal) cüceler ülkesi halkından olan; *mec* cüce, kısa boylu
Limit /'limit/ *n* limit; sınır; *tic* fiyat sınırı
limitieren /limi'ti:rın/ *vt* sınırlandırmak; (fiyat) limit koymak, narh koymak
Limonade /limo'na:dı/ *f* limonata
Limousine /limu'zi:nı/ *f* limuzin, lüks otomobil
Linde /'lindı/ *f bitk* ıhlamur ağacı
lindern /'lindırn/ *vt* (acı, sıkıntı) dindirmek, hafifletmek; yatıştırmak, teskin etmek, uyuşturmak
Linderung /'lindırung/ *f* (acı, sıkıntı) yumuşatma, dindirme, hafifleme, hafifletilme
Lineal /line'a:l/ *n* cetvel
linear /line'a:r/ *s mat* doğrusal, çizgisel ***lineare Gleichung*** *mat* doğrusal denklem ***lineare Programmierung*** *biliş* doğrusal programlama
Linguist /lin'guist/ *m* dilbilimci, linguist
Linguistik /lin'guistik/ *f* dilbilimi, dilbilim, linguistik
linguistisch /lin'guistiş/ *s* linguistik, dilbilimsel
Linie /'li:nyı/ *f* çizgi, hat; dizi, sıra; seviye; *ask* saf; *ask* mevzi, cephe; satır; (tren) hat, yol; nesil, soy, ırk ***auf der ganzen Linie*** boydan boya ***die Linien des Gesichts*** yüz hatları ***in erster Linie*** *mec* evvela; özellikle ***in letzter Linie*** *mec* son olarak, en son ***Linien ziehen*** çizgi çekmek; hat çekmek
Linienflug /'li:nyınflu:k/ *m* (uçak) tarifeli sefer, programlı uçuş
linientreu /'li:nyıntroy/ *s* parti merkezi fikirlerine bağlı kişi
Linienverkehr /'li:nyınferke:r/ *m* tarifeli sefer, tarifeli ulaşım
Linke(r) /'linkı(r)/ *f/m* solcu
linkisch /'linkiş/ *s* beceriksiz, çolpa
links /'links/ *be* solda, sol tarafta, sol yanda; *den* sancak tarafında ***ich stehe links*** *kon* ben solcuyum ***links gehen*** soldan gitmek ***links von mir*** solumda, bana göre solda
Linksabbieger /'linksapbi:gır/ *m* sola dönecek sürücü
Linkshänder /'links**h**endır/ *m* solak
linkshändig /'links**h**endi**h**/ *s* solak
Linkshändigkeit /'links**h**endi**h**kayt/ *f* solaklık
Linkskurve /'linkskurvı/ *f* (trafik) sola viraj
Linoleum /li'no:leum/ *n* linolyum, yer muşambası ***Linoleum legen*** yere muşamba döşemek
Linse /'linzı/ *f bitk* mercimek; *fiz* mercek, adese; (göz) cam tabaka
Lippe /'lipı/ *f* dudak ***sich die Lippen***

schminken dudaklarını boyamak
Lippenbekenntnis /'lipınbıkentnis/ *n* samimi olmayan ifade, ağız ucuyla söyleme, yarımağızla söyleme
Lippenstift /'lipınştift/ *m* kalem ruj, dudak boyası
liquid /li'kvi:t/ *s tic* likit, (para) hazır, nakit
Liquidation /likvida'tsyo:n/ *f tic* tasfiye, likidasyon; ücret hesabı; masraf hesabı ***Liquidation des Konkurses*** *tic* iflasın tasfiyesi
liquidieren /likvi'di:rın/ *vt* hesabı çıkarmak, hesabı görmek; hesabı kapamak; *tic* tasfiye etmek ***jdn liquidieren*** rakiplerini yok etmek
Liquidierung /likvi'di:rung/ *f* tasfiye; hesabı görme; hesabı kapama
Liquidität /likvidi'te:t/ *f tic* likidite
lispeln /'lispıln/ *vi* peltekleyerek konuşmak; *kon* mırıldamak, fısıldamak; (su) şırıldamak, çağlamak; (uğultu) hışırdamak
Lissabon /'lisabon/ *tnz* Lizbon
List /list/ *f* hile, desise, kurnazlık, entrika, fırıldak, numara, üçkâğıt
Liste /'listı/ *f* liste, dizin; fihrist, dizin, cetvel; *tic* endeks ***Liste aufstellen*** liste düzenlemek ***Listen führen*** defter tutmak
listig /'listi**h**/ *s* hilekâr, kurnaz, üçkâğıtçı; (iş, plan) aldatıcı, yanıltıcı
Litanei /lita'nay/ *f* din adamı ile cemaat arasında karşılıklı olunan uzun dua; *mec* can sıkıcı konuşma
Litauen /'litauın/ *n* Litvanya
Litauer /'litauır/ *m* Litvanyalı
litauisch /'litauiş/ *s* Litvanya ile ilgili ***litauische Sprache*** Litvanca
Liter /'li:tır/ *m* litre ***ein Liter Wasser*** bir litre su
literarisch /litı'ra:riş/ *s* edebi, yazınsal ***literarische Tätigkeit*** edebiyatçılık
Literat/Literatin /litı'ra:t/litı'ra:tin/ *m/f* yazar, edip
Literatur /litıra'tu:r/ *f* edebiyat, yazınbilim; yazılı eserler; bir bilim alanında yazılmış eserler, literatür
Literaturgeschichte /litıra'tu:rgışi**h**tı/ *f* edebiyat tarihi
Literaturpreis /litıra'tu:rprays/ *m* edebiyat ödülü
literweise /'li:tırvayzı/ *be* litre litre
Lithium /'li:tsium/ *n kim* lityum
Liturgie /litur'gi:/ *f* dini törenlerde usul ve sıra, liturya; din adamı ve cemaat arasınad karşılıklı olarak okunan uzun dua
Litze /'litsı/ *f* sırma şerit, kaytan, kordon, büküntü; ip, sicim; kablo, kordon
Lizenz /li'tsents/ *f* lisans, izin, ruhsat, ruhsatname
Lizenzgebühr /li'tsentsgıbü:r/ *f* lisans ücreti, lisans harcı
Lob /lo:p/ *n* takdir, övme, övgü, metih, alkış; (okulda) takdir ***Gott sei Lob und Preis!*** Allah'a şükür!, hamdolsun!
Lobby /'lobi/ *f* lobi
loben /'lo:bın/ *vt* övmek, methetmek, övgüler sıralamak ***jdn loben*** (birisini) övmek, methetmek ***sich loben*** övünmek, kendini övmek
lobenswert /'lo:bınsvert/ *s* övülmeye değer, takdire değer
Loch /lo**h**/ *n* delik, yarık, oyuk, çukur, açık, boşluk; gedik, delik; hapis, kodes; (kumaşta) yırtık, delik; *tek* göz kulübe; çorap söküğü, çorap deliği; diş kovuğu, diş oyulması; *müz* perde; *hayb* in, kovuk; *mec* karanlık oda; (atış) ıska, karavana ***ein Loch bekommen*** delinmek ***ein Loch bohren*** (matkapla) delik açmak ***ein Loch im Strumpf*** çorap deliği ***ins Loch fliegen*** kodese düşmek, hapse girmek
Locher /'lo**h**ır/ *m* zımba, delgeç, perforatör
löchern /'lö**h**ırn/ *vt kon* (sürekli sorularla) bıktırmak, canından bezdirmek, ahiret soruları sormak
Lochkarte /'lo**h**kartı/ *f* delikli kart
Lochstreifen /'lo**h**ştrayfın/ *m* delikli şerit
Locke /'lokı/ *f* zülüf, bukle, saç lülesi, saç kıvrımı; hayvan sesi taklit aleti ***Locken brennen*** saçları saç maşasıyla kıvırmak
locken /'lokın/ *vt* saçları kıvırmak, (saç) lüle lüle yapmak, bukle yapmak; hayvan seslerini taklit etmek ***jdn in eine Falle locken*** (birisini) kandırıp tuzağa düşürmek ***sich locken*** (saç) lüle lüle olmak, büklüm olmak ***sich locken lassen*** (kandırılarak) bir yere götürülmek
Lockenkopf /'lokınkopf/ *m* kıvır kıvır saçlı çocuk, kıvırcık saçlı çocuk
Lockenwickler /'lokınviklır/ *m* bigudi
locker /'lokır/ *s* gevşek; sarkık; laçka; gerilmemiş; sallanan; yerine tam oturmamış, oynak; (ekmek) yumuşak; (kadın)

hoppa, hafifmeşrep, oynak ***ein lockeres Leben führen*** bohem hayatı sürdürmek ***ein lockerer Vogel*** çapkın; koket, oynak

Lockerheit /'lokırhayt/ *f* gevşeklik; oynaklık; (ahlaki açıdan) serbestlik, vurdumduymazlık

lockerlassen /'lokırlasın/ *trvt* vazgeçmek, yılmak, caymak ***nicht lockerlassen*** vazgeçmemek; tuttuğunu koparmak

Lockerung /'lokırung/ *f* gevşeme; gevşet(il)me; laçka etme veya edilme; laçka olma

lockig /'lokih/ *s* (saç) kıvırcık, kıvır kıvır, bukleli, lüle lüle

Lockruf /'lokru:f/ *m hayb* çiftleşme ötüşü, çiftleşme seslenmesi

Lockvogel /'lokfo:gıl/ *m* çığırtkan kuş, pırlak; (yem olarak kullanılan) güzel kız

lodern /'lo:dırn/ *vi* alevlenmek, büyük alevler çıkararak yanmak; *kon* gözleri çakmak çakmak olmak

Löffel /'löfıl/ *m* kaşık; kepçe; *hek* spatül, küret ***jdn über den Löffel barbieren*** *mec* (birisini) aldatmak, kandırmak

löffeln /'löfıln/ *vt* kaşıklamak, kaşık ile yemek; *mec* anlamak, kavramak; *mad* kazımak

Logarithmus /loga'ritmus/ *m mat* logaritma

Logbuch /'lokbu:h/ *n den* gemi seyir defteri

Loge /'lo:jı/ *f tiy* loca; mason locası; bekçi kulübesi

logieren /lo'ji:rın/ *vi* misafir olarak gecelemek; bir yerde gecelemek; ikamet etmek; *vt* yatacak yer göstermek

Logik /'lo:gik/ *f* mantık; lojik

Logis /lo'ji:/ *n* konut, mesken, ikametgâh; *den* yatakhane

logisch /'lo:giş/ *s* mantıklı, mantıki, mantıksal ***logische Konzeption*** mantıksal tasarım ***logische Methode*** mantıklı yöntem ***logische Operation*** mantıksal işlem ***logische Struktur*** mantıksal yapı ***logischer Aufbau*** mantıklı düzenleme ***logisches Gedächtnis*** mantıklı bellek

Logistik /lo'gistik/ *f ask* lojistik; matematiksel mantık, lojistik

Logopäde/Logopädin /logo'pe:dı/logo'pe:din/ *m/f hek* konuşma özürü tedavi uzmanı

Lohn /lo:n/ *m* ödül, mükâfat; ücret, maaş; kira; ceza ***den verdienten Lohn erhalten*** ettiğini bulmak, karşılığını görmek ***um Gottes Lohn*** bedava, sebil

Lohnausgleich /'lo:nausglayh/ *m* ücret ayarlaması; ücret denkleştirme

Lohnempfänger /'lo:nempfengır/ *m* ücretli, maaşlı

lohnen /'lo:nın/ *vt* ödemek; karşılığını vermek ***einen Besuch lohnen*** (bir yeri) ziyaret etmeye değmek ***es lohnt sich nicht*** değmez!, faydasız! ***Gott möge es dir lohnen!*** Allah razı olsun! ***jdm etw lohnen*** (birisine) müteşekkir olmak ***sich lohnen*** faydalı olmak; zahmete değer olmak

Lohnerhöhung /'lo:nerhö:ung/ *f* maaş artışı, ücret artışı

Lohnforderung /'lo:nfordırung/ *f* ücret talebi; ücret alacağı

Lohnfortzahlung /'lo:nforttsa:lung/ *f* (hastalık vs. durumunda) aylığın ödenmesinin devam etmesi

Lohnkürzung /'lo:nkürtsung/ *f* ücret azaltımı

Lohnniveau /'lo:nnivo:/ *n* ücret düzeyi

Lohnsteuer /'lo:nştoyır/ *f* gelir vergisi, kazanç vergisi

Lohnsteuerkarte /'lo:nştoyırkartı/ *f* vergi karnesi

Lohnstopp /'lo:nştop/ *m* ücretlerin dondurulması

Lohntüte /'lo:ntü:tı/ *f* maaş zarfı

Lokal /lo'ka:l/ *n* (içkili) lokal; (bir meslek grubuna ait) lokal; oda; seçim yeri

lokal /lo'ka:l/ *s* yerel, yerli, mahalli, yöresel, bölgesel, lokal ***lokale Nachrichten*** yerel haberler, yöresel haberler ***lokale Zeitung*** yerel gazete, mahalli gazete

Lokalderby /lo'ka:lde:rbi/ *n sp* yerel iki takım arasındaki derbi maçı

Lokalität /lokali'te:t/ *f* yer, mekân; yöre

Lokalnachrichten /lo'ka:lna:hrihtın/ *pl* bölgesel haberler, yerel haberler

Lokalpatriotismus /lo'ka:lpatriotismus/ *m* kendi yöresine karşı duyulan bağlılık veya hayranlık

Lokomotive /lokomo'ti:vı/ *f* lokomotif

Lokomotivführer /lokomo'ti:ffü:rır/ *m* makinist

Lombardsatz /'lombartzats/ *m* lombart haddi

Lorbeer /'lobe:r/ *m bitk* defne, defne ağacı; zafer kazananların başlarına takılan defne çelengi ***Lorbeeren ernten*** oldukça başarılı olmak

los /lo:s/ *be* kopmuş, çözülmüş; ayrılmış; bağlı olmayan; sallanan; serbest; başıboş; sonk -sız, -siz; *ünl* haydi!, yürü!, hop! ***da ist der Teufel los*** *kon* her şey allak bullak oldu ***der Hund ist los*** köpek tasmasından kurtulmuş ***dort ist nichts los*** orada bir şey olmuyor ***dort ist viel los*** orada çok şey oluyor ***etw los haben*** *kon* bilgisi olmak; zeki olmak ***etw los sein*** bir şeyden kurtulmak ***fertig, los!*** haydi, başla! ***los sein*** başıboş olmak ***was ist los?*** ne oluyor?

Los /lo:s/ *n* kura; kader, kısmet; piyango bileti; ikramiye; hisse, pay; küçük arazi parçası, parsel ***das große Los*** büyük ikramiye ***Los soll entscheiden*** neticeyi kura belirlesin

lösbar /'lö:sbar/ *s mec* çözülebilir; (mesele) halledilebilir

losbinden /'lo:sbindın/ *trvt* zincirlerini çözmek, bağını çözmek; ayırmak, çözmek

losbrechen /'lo:sbrehın/ *trvt* sökmek, koparmak, yerinden çıkarmak; *trvi* (fırtına, rüzgâr) kopmak

löschen /'löşın/ *vt* (ateş) söndürmek, bastırmak; (ışık) kapatmak, söndürmek; (banka) hesabını kapamak; (suç) silmek; ödemek; (susuzluk) gidermek, söndürmek; *den* boşaltmak; *tic* işyerini dağıtmak; (kireç) sulandırmak, söndürmek; (tahtadan yazıları) silmek

Löschfahrzeug /'löşfa:rtsoyk/ *n* yangın söndürme pompası, motopomp

Löschtaste /'löştastı/ *f* silme tuşu

lose /'lo:zı/ *s* çözük; gevşek, dağınık; birbirine bağlı olmayan; haşarı, yaramaz; muzip, şakacı; düşüncesiz; şuh, hoppa ***loses Maul*** ağzı bozuk, küfürbaz

Lösegeld /'lö:zıgelt/ *n* fidye, kurtulmalık, kurtulma parası, kurtulma bedeli

losen /'lo:zın/ *vi* kura çekmek; yazı-tura atmak

lösen /'lö:zın/ *vt* çözmek, ayırmak, gevşetmek, açmak, uzaklaştırmak; *kon* açıklamak, aydınlatmak, bilgilendirmek; *kim* analiz etmek; *mad* (su, sıvı) yönünü veya yolunu değiştirmek ***der Vertrag wurde gelöst*** mukavele feshedildi ***Fahrkarten lösen*** bileti kullandığı için iptal ettirmek

losfahren /'lo:sfa:rın/ *trvi* araba ile hareket etmek, araçla yola çıkmak ***auf jdn losfahren*** (birisinin) üzerine yürümek

losgehen /'lo:sge:ın/ *trvi* (bir yerden) ayrılıp gitmek, kalkıp gitmek, hareket etmek; dağılmak, çözülmek, gevşemek; (silah ateş almak; patlamak ***auf etw losgehen*** hedefe doğru yürümek, ilerlemek ***auf jdn losgehen*** (birisinin) üzerine saldırmak, üzerine yürümek ***es geht los*** *kon* başlıyor; açılıyor

loskaufen /'lo:skaufın/ *trvt* (meseleden, sorundan) para ödeyerek kurtulmak; fidye ödeyerek kurtarmak, bedel ödemek

loskommen /'lo:skomın/ *trvi* hapisten kurtulmak, özgürlüğüne kavuşmak; (uçak) havalanmak

loslassen /'lo:slasın/ *trvt* salmak, bırakmak, salıvermek, koyuvermek; (gazete) yayımlamak

loslaufen /'lo:slaufın/ *trvi* koşmaya başlamak

löslich /'lö:slih/ *s* çözülebilir, eriyebilir; erir ***lösliche Kalksalz*** çözünür kalsiyum tuzu

Löslichkeit /'lö:slihkayt/ *f* çözülebilme, eriyebilme

loslösen /'lo:slö:zın/ *trvt* ayırmak, çözmek, söküp ayırmak, çözüp ayırmak ***sich loslösen*** çözülmek, sökülmek, ayrılmak; kopmak

losreißen /'lo:sraysın/ *trvt* koparmak, çekip koparmak, çekerek koparmak ***sich losreißen*** *trvr* zorla ayrılmak; güçlükle ayrılmak

lossagen /'lo:sza:gın/ *trvr* (bir şeyden) vazgeçmek, feragat etmek; (birisinden) ayrılmak, bağını koparmak, ilişkisini kesmek

lossprechen /'lo:sşprehın/ *trvt* (birisinin) günahlarını bağışlamak, günahlarını affetmek; *huk* beraat ettirmek

losstürzen /'lo:sştürtsın/ *trvt* hızla koşmak

Lösung /'lö:zung/ *f kim* eriyik, solüsyon, çözelti; *mec* çözüm, çare, çözme

Lösungsmittel /'lö:zungsmitıl/ *n kim* çözücü, çözermadde; *hek* solvan

loswerden /'lo:sve:rdın/ *trvt* (birisinden, bir şeyden) kurtulmak; (birisini, bir işi) baştan savmak

Lot /lo:t/ *n mat* (dikey veya yatay) düz çizgi, hat; *kim* lehimleme karışımı; çekül; *den* derinlik ölçme aleti; *tic* borsada asgari sermaye ***im Lot sein*** dik durmak; *kon* tuzu kuru olmak ***wieder ins Lot bringen*** işleri tekrar yoluna koymak

löten /'lö:tın/ *vt* lehimlemek, kaynak yapmak
lotrecht /'lo:treht/ *s* düşey, dikey, amudi
Lotse /'lo:tsı/ *m den* kılavuz, gemi kılavuzu
lotsen /'lo:tsın/ *vt den* kılavuzluk etmek, gemiye kılavuzluk yapmak; *kon* (birisini) bir yere göndermek ***jdn irgendwohin lotsen*** (birisini) beraberinde götürmek, birlikte götürmek
Lotterie /lotı'ri:/ *f* piyango ***in der Lotterie gewinnen*** piyangoda kazanmak, piyango vurmak
Lotto /'loto:/ *n* loto; tombala
Lottoschein /'lotoşayn/ *m* loto kuponu
Löwe /'lö:vı/ *m hayb* aslan ***der Löwe des Tages*** günün kahramanı, olay adamı
Löwenanteil /'lö:vınantayl/ *m mec* aslan payı, büyük pay
Löwenmaul /'lö:vınmaul/ *n bitk* aslanağzı
Löwenzahn /'lö:vıntsa:n/ *m bitk* yabani hindiba, kara hindiba
Löwin /'lö:vin/ *f hayb* dişi aslan
loyal /lo'ya:l/ *s* sadık, vefalı, vefakâr, sadakatli; mert, namuslu, dürüst
Loyalität /loya:li'te:t/ *f* sadakat, vefa; namusluluk, mertlik
Luchs /luks/ *m hayb* vaşak; *kon* kurnaz, hilekâr, düzenbaz
Lücke /'lükı/ *f* boşluk, gedik; aralık; noksanlık, eksiklik; ara, mola, fasıla ***Lücke im Gesetz*** kanunda boşluk, kanun boşluğu
lückenhaft /'lükınhaft/ *s* eksik, nokşan; kusurlu, hatalı; aralıklı; tamamlanmamış, bitmemiş
lückenlos /'lükınlo:s/ *s* eksiksiz, kusursuz, tam, tamam
Luft /luft/ *f* hava; mesafe, ara, açıklık ***an die Luft gehen*** dışarı çıkmak ***dicke Luft*** *kon* büyük tehlike, gergin hava ***in der Luft liegen*** yakında gerçekleşebilmek, (bir olayın olması) beklenmek ***in freier Luft*** açık havada, ortada ***keine Luft bekommen*** hava alamamak, nefes alamamak ***Luft bekommen*** (konserve, şişe, vs.) hava almak, bozulmak ***Luft entweichen lassen*** hava kaçırmak ***macht Luft!*** *kon* yol verin!, yer açın! ***reine Luft*** *kon* tehlike yok
Luftangriff /'luftangrif/ *m ask* hava hücumu, hava saldırısı, hava akını
Luftaufnahme /'luftaufna:mı/ *f* hava fotoğrafı, havadan çekilmiş fotoğraf
Luftballon /'luftbalon/ *m* balon; uçan balon
Luftbild /'luftbilt/ *n* hava fotoğrafı, havadan çekilmiş fotoğraf
Luftblase /'luftbla:zı/ *f* hava kesesi, hava keseciği; hava kabarcığı
Luftbrücke /'luftbrükı/ *f* hava köprüsü, uçakla yapılan seri yardım
Lüftchen /'lüfthın/ *n* hafif rüzgâr, hafif esinti, esim
luftdicht /'luftdiht/ *s* hava geçirmez, hava kaçırmaz; *be* sımsıkı
Luftdruck /'luftdruk/ *m fiz* hava basıncı, atmosfer basıncı
lüften /'lüftın/ *vt* havalandırmak; (bir şeyi) havaya doğru kaldırmak; ortaya çıkarmak, esrar perdesini kaldırmak ***den Hut lüften*** şapkasını kaldırmak ***sich lüften*** (sır) çözülmek
Luftfahrt /'luftfa:rt/ *f* havacılık
Luftfeuchtigkeit /'luftfoyhtihkayt/ *f* hava nemi, havadaki nem
Luftfracht /'luftfraht/ *f* hava yolu ile taşınan kargo, hava navlunu
luftgekühlt /'luftgıkü:lt/ *s* hava soğutmalı ***luftgekühlte Maschine*** hava soğutmalı makine
luftgetrocknet /'luftgıtroknıt/ *s* (sucuk vb) havada kurutulmuş
Luftgewehr /'luftgıve:r/ *n sp* havalı silah
luftig /'luftih/ *s* havadar, havalı; (yer) aydınlık, ferah; (elbise) hafif, hava geçiren
Luftkissen /'luftkisın/ *n* hava yastığı; hava ile şişirilmiş yastık
Luftklappe /'luftklapı/ *f* havalandırma kapağı, hava kapağı
Luftkorridor /'luftkorido:r/ *m* hava sahası, hava koridoru
Luftkrankheit /'luftkrankhayt/ *f* hava tutması
Luftkrieg /'luftkri:k/ *m ask* hava savaşı
Luftkurort /'luftku:rort/ *m* temiz havalı dinlenme yeri, tedavi amaçlı temiz havalı yer
luftleer /'luftle:r/ *s* havasız; havası boşaltılmış ***luftleerer Raum*** boşluk, vakum; havasız yer
Luftlinie /'luftli:nyı/ *f* hava hattı; kuş uçuşu uzaklık
Luftloch /'luftloh/ *n* havalandırma deliği, havalandırma bacası; (uçak) hava boşluğu
Luftmatratze /'luftmatratsı/ *f* şişirme yatak, hava ili şişirilen yatak

Luftpost /'luftpost/ *f* uçak postası ***mit Luftpost*** uçak postası ile, uçakla
Luftpumpe /'luftpumpı/ *f* hava pompası
Luftraum /'luftraum/ *m* (ülkenin) hava sahası
Luftröhre /'luftrö:rı/ *f* soluk borusu, nefes borusu
Luftschacht /'luftşaht/ *m* havalandırma bacası; baca; *den* denizaltı hava direği
Luftschiff /'luftşif/ *n* zeplin, hava gemisi, insanlı balon
Luftschutzkeller /'luftşutskelır/ *m* hava saldırısına karşı sığınak
Luftsprung /'luftşprung/ *f* havada takla; havaya sıçrama ***einen Luftsprung machen*** sevinçten havaya sıçramak
Lüftung /'lüftung/ *f* havalandırma, havalandırılma
Luftveränderung /'luftferendırung/ *f* hava değişimi, tebdili hava
Luftverkehr /'luftferke:r/ *m* hava trafiği, hava ulaşımı, hava taşımacılığı
Luftverschmutzung /'luftferşmutsung/ *f* hava kirliliği
Luftwaffe /'luftvafı/ *f ask* hava kuvvetleri; *ask* havacı sınıf
Luftwiderstand /'luftvidırştant/ *m* hava direnci, hava mukavemeti
Luftzufuhr /'lufttsu:fu:r/ *f* temiz hava verme, taze hava verme
Luftzug /'lufttsu:k/ *m* hava cereyanı; hafif rüzgâr
Lüge /'lü:gı/ *f* yalan, uydurma, atmasyon ***jdn Lügen strafen*** (birisini) yalancı çıkarmak ***Lügen haben kurze Beine*** Yalancının mumu yatsıya kadar yanar ***schamlose Lüge*** katmerli yalan, okkalı yalan, kuyruklu yalan
lügen /'lü:gın/ *vi* yalan söylemek, yalan atmak, uydurmak, kafadan atmak, maval okumak
lügenhaft /'lü:gınhaft/ *s* (kişi) yalancı, uydurukçu; (şey) yalan yanlış, göz boyayıcı, düzmece, uydurma
Lügenmaul /'lü:gınmaul/ *n kon* yalancı, hep yalan söyleyen kimse
Lügner /'lü:gnır/ *m* yalancı
Luke /'lu:kı/ *f den* lombar, ambar deliği, ambar kapağı; tavan arası penceresi
lukrativ /lukra'ti:f/ *s* kârlı, kazançlı; faydalı, yararlı
Lümmel /'lümıl/ *m kon* kaba saba adam, yontulmamış adam, hıyarağası; (çocuk) yaramaz
Lump /lump/ *m* (kişi) ahlaksız, sefil, karaktersiz, namussuz, şerefsiz, pis herif, pezevenk
Lumpen /'lumpın/ *m* paçavra; bez parçası; yırtık pırtık elbise ***in Lumpen gehen*** üstü başı yırtık pırtık olmak
lumpen /'lumpın/ *vi* sefalet içinde yaşamak, rezil bir hayat sürmek ***sich nicht lumpenlassen*** cimrilik yapmamak, paraya kıymak
Lunge /'lungı/ *f anat* akciğer ***auf Lunge rauchen*** sigara dumanını ciğerlerine çekmek ***die grüne Lungen der Stadt*** şehirdeki yeşil alanlar
Lungenentzündung /'lungınentsündung/ *f hek* pnömoni, zatürree, akciğer iltihabı
Lungenflügel /'lungınflü:gıl/ *m anat* akciğer kanadı, akciğerlerden her biri
lungenkrank /'lungınkrank/ *s hek* pnömonik, akciğer hastası, veremli
Lunte /'luntı/ *f* fünye, fitil; *hayb* tilki kuyruğu; teks ilk ip ***Lunte riechen*** kokusunu almak; tehlikeyi sezmek
Lupe /'lu:pı/ *f* büyüteç ***unter die Lupe nehmen*** (bir şeyi) derinlemesine incelemek
lupenrein /'lu:pınrayn/ *s* kusursuz, hatasız, mükemmel
Lust /lust/ *f* sevinç, mutluluk, memnuniyet; zevk, haz, keyif; lezzet; imrenme, canı çekme, canı isteme; (cinsel olarak) isteme, arzulama; şehvet, arzu; meyil, eğilim; rağbet ***ich habe keine Lust!*** canım istemiyor ***Lust bekommen*** arzulamak; imrenmek; heveslenmekf ***Lust haben auf etw*** (bir şeye) istek duymak, arzu duymak ***Lust haben zu tun*** canı istemek ***Lust und Liebe*** şevk
lüstern /'lüstırn/ *s* haris, tutkulu; şehvetli
Lustgefühl /'lustgıfü:l/ *n* zevk, keyif
lustig /'lustih/ *s* eğlenceli, keyifli, neşeli; (hikaye, vs.) alaylı, güldürücü, hicvedici ***das ist lustig!*** tuhaf! ***sich über etw lustig machen*** (bir şey ile) eğlenmek, alay etmek ***sich über jdn lustig machen*** (birisi ile) eğlenmek, alay etmek
Lustigkeit /'lustihkayt/ *f* neşe, sevinç, keyif, şen olma
lustlos /'lustlo:s/ *s* neşesiz, keyifsiz, isteksiz; iştahsız; durgun; *tic* (piyasa) durgun, hareketsiz
Lustmolch /'lustmolh/ *m kon* şehvet düşkünü
Lustobjekt /'lustopyekt/ *n* şehvet nesnesi

L

Lustspiel /'lustşpi:l/ *n tiy* güldürü, komedi
lustvoll /'lustfol/ *s* zevkli, keyifli
lutherisch /'lutırış/ *s* Lutherci; Protestan kilisesine ait
lutschen /'luçın/ *vt* ağızda eritmek; *vi* : ***am Daumen lutschen*** (çocuk) parmak emmek ***an etw lutschen*** emmek
Lutscher /'luçır/ *m* emzik, meme; saplı şekerleme, lolipop
Luxation /luksa'tsyo:n/ *f hek* çıkık, lüksasyon
Luxemburg /'luksımburk/ *n* Lüksemburg
luxuriös /luksur'yö:s/ *s* çok konforlu, çok lüks, çok gösterişli; harikulade, muhteşem
Luxus /'luksus/ *m* lüks; aşırı harcama; fiyaka, caka, gösteriş, şatafat ***Luxus entfalten*** lüks yapmak
Luxusartikel /'luksusartikıl/ *m* lüks eşya
Luxushotel /'luksushotel/ *n* lüks otel
Lymphdrüse /'lümpfdrü:zı/ *f anat* lenf bezi
Lynchjustiz /'lünhyusti:ts/ *f* linç adaleti, yargısız infaz
Lyrik /'lü:rik/ *f* lirik, coşkun ve kişisel duyguları ifade eden edebiyat
lyrisch /'lü:riş/ *s* lirik, coşkun; lirik türde; duygulu ***lyrische Dichtung*** lirik şiir ***lyrischer Tenor*** *müz* lirik tenor ***lyrisches Gedicht*** gazel

M

Machart /'maha:rt/ *f* örnek, model, biçim; yapılış tarzı
machbar /'mahbar/ *s* yapılabilir, edilebilir, gerçekleştirilebilir
Machbarkeit /'mahbarkayt/ *f* olurluk, yapılabilirlik; fizibilite
Mache /'mahı/ *f kon* gösteriş, gözboyama; yapmacık; kalay; olduğundan fazla gösterme, abartma, büyütme, şişirme
machen /'mahın/ *vt* yapmak, etmek, eylemek; üretmek, imal etmek, hazırlamak; neden olmak, sebep olmak, sebebiyet vermek; ortaya çıkarmak, vücuda getirmek; (bir şeyle) meşgul olmak; (bir şeyin) olmasını sağlamak; (bir şeye) ulaşmak, tamamlamak; *kon* düzenlemek; (fiyat) tutarı olmak, ederi olmak; tuvaletini yapmak ***das Bett machen*** yatağı toparlamak ***das macht 5 Euro*** beş Euro yapıyor ***das macht nichts!*** zararı yok! ***die Zimmer machen*** odayı toparlamak ***etw aus jdm machen*** ilerlemesini sağlamak ***in die Hosen machen*** altına kaçırmak ***in etw machen*** *kon* ticaretini yapmak ***mach doch!*** çabuk ol!, acele et! ***machs gut!*** bol şanslar! ***Schulden machen*** borç yapmak, borca girmek ***sich an etw machen*** (bir şeye) başlamak ***sich auf den Weg machen*** yola koyulmak ***Spaß machen*** şaka yapmak ***was macht das?*** ne tuttu?, borcum ne kadar? ***was macht das schon?*** ne zararı var? ***wieviel macht es zusammen?*** hepsi ne tutuyor?
Machenschaften /'mahınşaftın/ *pl* karanlık işler, entrika(lar)
Macher /'mahır/ *m kon* yapıcı insan, dinamik insan; objektif kişi; önayak, dürtücü
Macho /'maço/ *m kon* maço
Macht /maht/ *f* erk, kudret, iktidar; egemenlik, hâkimiyet; güç, kuvvet, kudret; nüfuz, fors; yetki, emir yetkisi, selahiyet; otorite, sulta; dünya ötesi güçler ***an der Macht sein*** iktidarda olmak ***aus eigener Macht*** kendi gücüyle ***das steht nicht in meiner Macht*** bunu yapamam, buna gücüm yetmez ***die himmlischen Mächte*** göksel (tanrısal) güçler ***Macht gewinnen*** nüfuz kazanmak ***Macht übernehmen*** iktidara geçmek ***mit aller Macht*** tüm gücüyle
Machthaber /'mahtha:bır/ *m* iktidar sahibi; diktatör
mächtig /'mehtih/ *s* güçlü, kuvvetli, kudretli; nüfuzlu, nüfuz sahibi; ensesi kalın; muazzam, çok büyük; ulu, heybetli; önemli, ehemmiyetli ***nicht eines Pfennigs mächtig sein*** meteliği olmamak; *kon* beş para etmemek
Mächtigkeit /'mehtihkayt/ *f mad* damarda kalınlık
Machtkampf /'mahtkampf/ *m* iktidarı ele geçirme mücadelesi, iktidar mücadelesi
machtlos /'mahtlo:s/ *s* güçsüz, kuvvetsiz; zayıf, halsiz, takatsiz, hiçbir şey yapamayacak durumda
Machtlosigkeit /'mahtlo:zihkayt/ *f* güçsüzlük, kuvvetsizlik; zayıflık, halsizlik
Machtprobe /'mahtpro:bı/ *f* dayanıklılık testi güç testi
Machtstellung /'mahtştelung/ *f* itibar durumu, nüfuzlu olma durumu

Machtübernahme /'mahtü:bırna:mı/ *f* iktidarı ele geçirme
Machtwechsel /'mahtveksıl/ *m* iktidar değişikliği
Machtwort /'mahtvort/ *n* emir, buyruk, emir ***ein Machtwort sprechen*** ağırlığını koymak, el atmak, yetkisini kullanmak
Mädchen /'me:thın/ *n* kız, kız çocuğu; kız arkadaş, sevgili; hizmetçi kız; *kon* bakire ***ein Mädchen bekommen*** kız çocuğu doğurmak ***ein Mädchen von der Straße*** sokak kızı, orospu, fahişe ***junges Mädchen*** genç kız
mädchenhaft /'me:thınhaft/ *s* genç kız gibi, genç kız tarzında; mahcup, utangaç, çekingen
Mädchenhandel /'me:thınhandıl/ *m* kadın ticareti, kadın pazarlama
Mädchenname /'me:thınna:mı/ *m* kızlık soyadı, evlenmeden önceki soyadı; kızlar için kullanılan ön ad
Made /'ma:dı/ *f hayb* solucan, kurt, kurtçuk, sürfe ***Maden bekommen*** kurtlanmak
Mädel /'me:dıl/ *n kon* genç kız; küçük kız, minik kız
madig /'ma:dih/ *s* kurtlu, solucanlı ***jdm etw madig machen*** ağzının tadını bozmak ***madig werden*** kurtlanmak, böceklenmek
Madonna /ma'dona/ *f* Meryem Ana; Meryem Ana tasviri
Magazin /maga'tsi:n/ *n* magazin; resimli dergi; *tic* depo, ambar, ardiye, antrepo; (uçak) hangar; *ask* şarjör
Magd /ma:kt/ *f* hizmetçi kız; besleme; *kon* bakire
Magen /'ma:gın/ *m anat* mide; karın ***im Magen bleiben*** midesine oturmak ***mit knurrendem Magen*** aç karnına, aç aç ***sich den Magen verderben*** midesini bozmak
Magenbeschwerden /'ma:gınbışve:rdın/ *f* mide bozukluğu, hazımsızlık, mide rahatsızlığı
Magenbitter /'ma:gınbitır/ *m* acı likör
Magengeschwür /'ma:gıngışvü:r/ *n hek* mide ülseri, ülser
Magenkrebs /'ma:gınkre:ps/ *m hek* mide kanseri
Magensäure /'ma:gınzoyrı/ *f biy* mide asidi
Magenschmerzen /'ma:gınşmertsın/ *n hek* mide ağrısı
Magenverstimmung /'ma:gınferştimung/ *f hek* mide fesadı
mager /'ma:gır/ *s* zayıf, cılız, sıska, çelimsiz; (toprak) çorak, verimsiz; (et, peynir) yağsız, yavan; önemsiz, değersiz; çok az, pek az ***Mager und Elend*** (kişi) sıska, çelimsiz, kuru ***mager werden*** zayıflamak
Magermilch /'ma:gırmilh/ *f* yağsız süt
Magersucht /'ma:gırzuht/ *f* aşırı zayıflama
Magie /ma'gi:/ *f* büyü, sihir; büyücülük, sihirbazlık
Magier /'ma:gyır/ *m* büyücü, sihirbaz; üfürükçü; müneccim
magisch /'ma:giş/ *s* büyülü, sihirli; gizemli, esrarlı; büyü ile ilgili
Magister /ma'gistır/ *m* usta, üstat; öğretmen ***Magister Artium*** master
Magnet /mag'ne:t/ *m* mıknatıs; *mec* çekici bir şey
Magnetband /mag'ne:tbant/ *n* manyetik bant, mıknatıslı bant
magnetisch /mag'ne:tiş/ *s* manyetik, mıknatıslı ***magnetische Drehung*** manyetik döngü ***magnetische Mine*** *ask* manyetik mayın, mıknatıslı mayın ***magnetisches Prüfverfahren*** manyetik deneme
Magnetismus /magne'tismus/ *m fiz* mıknatıs özelliklerinin bütünü; manyetizma, mıknatısiyet; *hek* manyetizma
Mähdrescher /'me:dreşır/ *m* (tarım) biçerdöver
mähen /'me:ın/ *vt* biçmek, ot biçmek, oraklamak, tırpanlamak; (kuzu) melemek
Mahl /ma:l/ *n* yemek; ziyafet ***feierliches Mahl*** ziyafet, yemekli şölen
mahlen /'ma:lın/ *vt* öğütmek; (kahve, tane) öğütmek, toz haline getirmek, çekmek, ezmek ***gemahlener Kaffee*** çekilmiş kahve
Mahlzeit /'ma:ltsayt/ *f* yemek, öğün, yemek öğünü ***drei Mahlzeiten am Tage*** günlük üç öğün yemek ***Mahlzeit!*** Afiyet olsun!
Mahnbescheid /'ma:nbışayt/ *m huk* ilamsız takip kararı
Mähne /'me:nı/ *f hayb* yele; (saç) perçem; hırpani saç, bakımsız ve uzun saç
mahnen /'ma:nın/ *vt/vi* bildirmek, ihtar etmek, uyarmak, ikaz etmek; hatırlat-

mak ***jdn an etw mahnen*** (birisine, bir şeyi) hatırlatmak, bildirmek, haber vermek

Mahngebühr /'ma:ngıbü:r/ *f* ihtar ücreti

Mahnmal /'ma:nma:l/ *n* anıt, abide

Mahnschreiben /'ma:nşraybın/ *n* uyarı yazısı, hatırlatma yazısı, ikaz yazısı, ihtar yazısı

Mahnung /'ma:nung/ *f huk* ihtar; uyarı, hatırlatma, ikaz, ihtar

Mahnverfahren /'ma:nferfa:rın/ *n huk* ilamsız takip usulü; ödeme ilamı

Mai /mai/ *m* mayıs ayı ***der Mai des Lebens*** gençlik, yaşamın baharı

Maibaum /'maibaum/ *m* köylerde bahar şenliklerinde dikilen süslü direk

Maiglöckchen /'maiglökhın/ *n bitk* inci çiçeği

Maikäfer /'maike:fır/ *m hayb* mayıs böceği

Mailand /'mailant/ *tnz* Milano

Mais /mais/ *m bitk* mısır; mısır buğdayı

Maiskolben /'maiskolbın/ *m* mısır koçanı

Maismehl /'maisme:l/ *n* mısır unu

Majestät /mayes'te:t/ *f* yücelik, ululuk, haşmet, heybet, azamet; (hükümdara hitap şekli) majeste, Haşmetmeap

majestätisch /mayes'te:tiş/ *s* haşmetli, heybetli, ulu, yüce, vakarlı; şahane

Majonäse /mayo'ne:zı/ *f* mayonez (sosu)

Major /ma'yo:r/ *m ask* binbaşı

Majoran /mayo'ra:n/ *m bitk* mercanköşk

makaber /ma'ka:bır/ *s* korkunç, dehşetli, karanlık

Makel /'ma:kıl/ *m* leke, kusur; şaibe; damga

makellos /'ma:kıllo:s/ *s* kusursuz, eksiksiz, noksansız, hatasız; lekesiz, ayıpsız, şaibesiz; mükemmel ***makellos weiß*** tertemiz, billur gibi, mükemmel

Makellosigkeit /'ma:kıllo:zihkayt/ *f* kusursuzluk, hatasızlık, noksansızlık

mäkeln /'me:kıln/ *vi* kusur bulmak, eleştirmek, söylenmek ***an allem mäkeln*** üzümün sapı var demek, her şeye kusur bulmak

Make-up /'meikap/ *n* makyaj

Makler /'ma:klır/ *m* aracı, komisyoncu, simsar

Maklergebühr /'ma:klırgıbü:r/ *f* komisyon ücreti, simsar parası

Makramee /makra'me:/ *n* makrame

Makrele /ma'kre:lı/ *f hayb* uskumru

Makulatur /makula'tu:r/ *f bas* baskı hatası olan kâğıt, hurda kâğıt ***Makulatur reden*** *kon* saçmalamak

mal /ma:l/ *be mat* çarpı, kere, defa; bakalım, hele; bile; sefer ***komm mal her!*** buraya gel! ***zwei mal zwei*** iki kere iki

Mal /ma:l/ *n* marka, işaret, alamet, nişan; sınır, hudut, limit; anıt; defa kere, kez, sefer; *sp* çıkış noktası ***blaues Mal*** bere, morartı, çürük ***das eine oder andere Mal*** ara sıra, arada bir, bazen ***das erste Mal*** ilk kez, ilk defa ***das letzte Mal*** son kez, son defa ***das vorige Mal*** geçen sefer ***das wie vielte Mal*** kaçıncı defa? ***dieses Mal*** bu sefer ***ein paar Mal*** birkaç kere ***für dieses Mal*** bu seferlik, bu kerelik ***mit einem Male*** aniden, birdenbire, birden ***nur ein einziges Mal*** bir kerecik ***zu verschiedenen Malen*** defalarca ***zum ersten und zum letzten Mal*** ilk ve son olarak

Malaie/Malaiin /ma'laiı/ma'laiin/ *m/f* Malezyalı

Malaria /ma'la:ria/ *f hek* malarya, sıtma ***die Malaria bekommen*** sıtmaya tutulmak

Malaysia /ma'laizya/ *tnz* Malezya

malen /'ma:lın/ *vt* resmini yapmak, boyalı resmini yapmak; ressamlık yapmak; badana yapmak; *mec* tarif etmek, tasvir etmek, tanımlamak ***den Teufel an die Wand malen*** uyuyan devi uyandırmak ***es malt sich*** *kon* kendini gösteriyor, ortaya çıkıyor ***sich malen*** planlamak, tasarlamak, düşünmek ***sich malen lassen*** portresini yaptırmak

Maler /'ma:lır/ *m* ressam; boyacı, badanacı

Malerei /ma:lı'ray/ *f* ressamlık; resim yapma; badanacılık, boyacılık; tablo, resim

malerisch /'ma:lıriş/ *s* resim sanatıyla ilgili; resimsi, resimsel; resmi yapılmaya değer; renkten geliştirilmiş

Malheur /ma'lö:r/ *n* aksilik, görünmez kaza, üzücü olay

Malkasten /'ma:lkastın/ *m* boyama kutusu, boyu kutusu

malnehmen /'ma:lne:mın/ *trvt mat* çarpmak

Malve /'malvı/ *f bitk* ebegümeci

Malz /malts/ *n* malt, filizlendirilip kurutulmuş arpa

Malzbier /'maltsbi:r/ *n* malt birası

Malzeichen /'ma:ltsayhın/ *n mat* çarpma

işareti, çarpım işareti
Malzextrakt /'maltsekstrakt/ *m* malt özütü
Malzkaffee /'maltskafe:/ *m* malt kahvesi
Mama /'mama/ *f* anne ***Mama!*** Anneciğim!
Mammon /'mamon/ *m* para, zenginlik
Mammut /'mamut/ *n hayb* mamut; büyüklük simgesi
mampfen /'mampfın/ *vt* şakır şukur çiğnemek, ses çıkararak çiğnemek
man /man/ *adl dilb* özne olarak kullanılan zamir; kişi, birçoğu, herkes ***man isst*** yenilir, yenir ***man sagt*** derler, denilir
Management /'menıcmınt/ *n tic* yönetim, sevk ve idare ***Management-Information-System*** yönetim bilişim sistemi
managen /'menıcın/ *vt* başarmak, becermek; idare etmek, yönetmek
Manager /'menıcır/ *m* menajer; yönetici, müdür
manch /man**h**/ *be* bazı, kimi, birkaç, birçok; çeşit çeşit, türlü türlü ***manche Leute*** bazı insanlar ***manches Mal*** bazı kereler
mancherlei /'man**h**ırlay/ *be* muhtelif, çeşitli; cins cins, türlü türlü, çeşit çeşit; birçok şeyler; hayli ***auf mancherlei Art*** değişik biçimlerde
manchmal /'man**h**ma:l/ *be* bazen, arada bir, arada sırada, ara sıra, kimi vakit, kimi kez; zaman zaman
Mandant /man'dant/ *m huk* müvekkil, vekâlet veren, vekillik veren
Mandarine /manda'ri:nı/ *f bitk* mandalina
Mandat /man'da:t/ *n huk* vekâlet; *pol* manda; milletvekilliği ***jdm ein Mandat erteilen*** (birisine) vekâlet vermek
Mandel /'mandıl/ *f bitk* badem; *anat* bademcik; on altı tane ***geschälte Mandel*** badem içi ***sich die Mandeln herausnehmen lassen*** *hek* bademciklerini aldırmak
Mandelbaum /'mandılbaum/ *m bitk* badem ağacı
Mandelentzündung /'mandılenttsündung/ *f hek* bademcik iltihabı, anjin; amigdalit
Mandelöl /'mandılö:l/ *n* bademyağı
Manege /ma'ne:jı/ *f* at eğitim alanı, at terbiye alanı, manej; (sirk) at koşu alanı
Mangan /mang'ga:n/ *n kim* mangan, manganez
Manganerz /mang'ga:nerts/ *n mad* mangan filizi
Mangel1 /'mangıl/ *m* eksiklik, kıtlık, yokluk; hata, kusur, ayıp, pürüz
Mangel2 /'mangıl/ *f* ütü cenderesi, mengene ***jdn in die Mangel nehmen*** birini cendereye sokmak
Mangelerscheinung /'mangılerşaynung/ *f hek* yetersizlik semptomu
mangelhaft /'mangıl**h**aft/ *s* kusurlu, hatalı, ayıplı; tamamlanmamış; (okulda not) zayıf, yetersiz
mangeln /'mangıln/ *vi* eksik olmak, kusurlu olmak, ayıplı olmak, hatalı olmak, defolu olmak; *vt* ütülemek, cendereden geçirmek
Mängelrüge /'mengılrü:gı/ *f* ayıplı mal ihbarı
Mangelware /'mangılva:rı/ *f* az bulunan mal, yeteri kadar piyasada bulunmayan mal
Mango /'manggo/ *f* mango
Manie /ma'ni:/ *f* tutku, aşırı düşkünlük, iptila; *ruhb* tik, mani
Manieren /ma'ni:rın/ *pl* adabımuaşeret, görgü
manierlich /ma'ni:rli**h**/ *s* terbiyeli, edepli, akıllı uslu, aklı başında, efendi, kibar
Manifest /mani'fest/ *n* bildirge, bildirim, beyanname, açıklama, demeç; *den* manifesto, gemi yükü bildirimi; gösteri, nümayiş, yürüyüş ***das kommunistische Manifest*** komünist manifesto(su)
Manifestation /manifesta'tsyo:n/ *f* gösterme, görünme, ortaya çıkma; açıklama, izahat, bildirim
manifestieren /manifes'ti:rın/ *vt* göstermek, açığa vurmak, meydana çıkarmak, beyan etmek; *huk* mal beyanında bulunmak, mal bildiriminde bulunmak ***sich manifestieren*** kendini göstermek
Maniküre /mani'kü:rı/ *f* manikür, el bakımı; manikürcü
Manipulation /manipula'tsyo:n/ *f* manipülasyon, maharet, el alışkanlığı; dalavere, hile, dolap, üçkâğıt
manipulieren /manipu'li:rın/ *vi* manevra yapmak; ellerini maharetle kullanmak ***jdn manipulieren*** (birisini) etkilemek, istenen şeyleri yaptırmak
manisch /'ma:niş/ *s hek* manik, manyak, mani ile ilgili
Manko /'manko/ *n* hata, kusur, defo, ayıp; bütçe açığı, kasa açığı; noksanlık, eksiklik; (tartı) eksik gramaj
Mann /man/ *m* erkek, adam; *ask* er; kişi,

zat ***an den Mann bringen*** (kız) kocaya vermek; (mal) kakalamak, okutmak ***das ist Männersache*** bu erkek adam işi ***der Mann auf der Straße*** sokaktaki adam, sıradan vatandaş ***der rechte Mann dafür*** işin erbabı, işin ustası ***ein Mann der Tat*** eylem adamı ***ein Mann ein Wort*** özü sözü bir ***Mann und Frau spielen*** evcilik oynamak ***mein Mann*** kocam, eşim

Männchen /'menhın/ *n kon* cüce, bücür adam; adamcık, adamcağız; *hayb* erkek; (alaysı) erkek ***Männchen!*** Kocacığım! ***Männchen machen*** (hayvan) arka ayakları üstüne dikilmek; yaltaklanmak

Manndeckung /'mandekung/ *f sp* (futbol) markaj, adam markajı

Mannequin /mana'ke/ *n* manken; vitrin mankeni

männerfeindlich /'menırfayntlih/ *s* erkek düşmanı

Mannesalter /'manısaltır/ *n* erkeklik çağı

mannhaft /'manhaft/ *s* erkekçe, mertçe, delikanlıca, yiğitçe, mertçe; kararlı, doğru, isabetli ***mannhaft auftreten*** erkeklik göstermek, mertlik göstermek

mannigfach /'manihfah/ *s* çeşitli, türlü, muhtelif

mannigfaltig /'manihfaltih/ *s* çeşitli, türlü türlü, muhtelif, cins cins

männlich /'menlih/ *s dilb* eril, erkek cinse mensup, erkek; erkekçe, mertçe, delikanlıca; erkek için uygun, tipik erkek işi

Männlichkeit /'menlihkayt/ *f* erkeklik, mertlik, delikanlılık; *dilb* erillik

Mannschaft /'manşaft/ *f sp* ekip, takım; tim, grup, birlik; *den* mürettebat, tayfa, personel; (uçak) mürettebat, uçuş ekibi; *ask* erat

Mannschaftsaufstellung /'manşaftsaufştelung/ *f sp* takım kadrosu (dizilişi)

Mannschaftsgeist /'manşaftsgayst/ *m* takım ruhu, ekip ruhu

Manöver /ma'nö:vır/ *n ask* tatbikat, manevra; *sp* çalım; *kon* atlatma, dolap çevirme ***Manöver abhalten*** tatbikat yapmak, manevra yapmak

manövrieren /manö'vri:rın/ *vi* tatbikat yapmak; *ask* düşmanı rahatsız etmek; *den* dönmek, manevra yapmak

manövrierunfähig /manö'vri:runfe:ih/ *s* manevra yapamaz; *den* dönemez

Mansarde /man'zardı/ *f* tavan arası, çatı katı odası

Manschette /man'şetı/ *f* gömlek kolluğu, manşet; bilezik, halka, conta; *mec* kelepçe; (kadın elbisesi) kol kapağı; çiçek buketinin etrafına yapılan kâğıttan süs, kaşpo ***vor jdm Manschetten haben*** *kon* (birisinden) korkmak

Manschettenknopf /man'şetınknopf/ *m* kol düğmesi

Mantel /'mantıl/ *m* palto, manto; pardösü; örtü; *ask* kaput, gocuk; *tek* dış gömlek; *mim* duvarın dış yüzü; *mat* dış yüzey

Manteltarif /'mantıltari:f/ *m* çalışma koşulları, çalışma şartları

manuell /manu'el/ *s* manüel, elle yapılan

Manuskript /manus'kript/ *n* el yazısı; el yazması eser, yazma eser; müsvedde

Mappe /'mapı/ *f* evrak çantası; karton evrak dosyası, dosya; sumen, altlık

Marathon /'ma:raton/ *m* maraton, koşuşturma

Marathonlauf /'ma:ratonlauf/ *m sp* maraton koşusu

Märchen /'me:rhın/ *n* masal; efsane, uydurma hikâye; rivayet, söylenti, dedikodu; maval ***das Märchen von tausendundeiner Nacht*** bin bir gece masalları ***ein Märchen erzählen*** masal anlatmak; *kon* yalan atmak

Märchenbuch /'me:rhınbu:h/ *n* masal kitabı

märchenhaft /'me:rhınhaft/ *s* efsanevi, masalsı, masallarda olduğu gibi, eşi görülmemiş, mucizevi

Marder /'mardır/ *m hayb* sansar; samur; samur kürkü

Margarine /marga'ri:nı/ *f* bitkisel yağ, nebati yağ, margarin

Marge /'marjı/ *f tic* marj, oran

Margerite /margı'ri:tı/ *f bitk* çayır papatyası; sığır gözü

marginal /margi'na:l/ *s* marjinal, kenarda kalmış

marginalisieren /marginali'zi:rın/ *vt* marjinalleştirmek, kenara itmek

Marienbild /ma'ri:ınbilt/ *n* Meryem Ana tasviri

Marienkäfer /ma'ri:ınke:fır/ *m hayb* uğur böceği, gelincik böceği, hanım böceği

Marihuana /marihu'a:na/ *n* uyuşturucu, eroin, beyaz, marihuana

Marinade /mari'na:dı/ *f* salamura

Marine /ma'ri:nı/ *f* bahriye, deniz filosu, gemi ve mürettebatı

M

Marinestützpunkt /ma'ri:nıştütspunkt/ *m* deniz üssü
Marionette /mario'netı/ *f* manken, kukla; başkasının kuklası
Marionettenregierung /maryo'netınregi:rung/ *f* kukla hükümet
maritim /mari'ti:m/ *s* denizcilikle ilgili, denizle ilgili
Mark /mark/ *n biy* ilik; en iç bölüm, en iç nokta; *bitk* etli kısım; *f* (para) mark; *esk* işaretlenmiş sınır, hudut; sınır şehri; altın ve gümüş ölçüsü ***Deutsche Mark*** Alman markı
markant /mar'kant/ *s* göze çarpan; dikkate değer; keskin; bariz, ortada; karakteristik
Marke /'markı/ *f* marka, belirti, işaret, nişan, alameti farika; posta pulu, pul; fiş, marka, bonus; kalite, cins, nevi ***Marken sammeln*** pul toplamak
Markenartikel /'markınartikıl/ *m tic* markalı mal
Markenschutz /'markınşuts/ *m tic* tescilli markanın korunması
Markenzeichen /'markıntsayhın/ *n tic* marka
markerschütternd /'markerşütırnt/ *s* iç gıcıklayıcı, tüyler ürpertici, yürek yakıcı
Marketing /'markating/ *f tic* marketing, pazarlama, satış ***Marketing Manager*** pazarlama müdürü, satış müdürü
markieren /mar'ki:rın/ *vt* işaretlemek, nişan koymak; damgalamak; (araziyi ölçmede) kazık kakmak; ima etmek, demek istemek; mış gibi hareket etmek
Markierung /mar'ki:rung/ *f* işaretleme, markalama
markig /'markih/ *s* özlü, içli, kuvvetli
Markise /mar'ki:zı/ *f* tente, güneşlik; siperlik; (değerli taş) enine kesim
Markstück /'markştük/ *n* bir marklık para
Markt /markt/ *m tic* pazar, pazar yeri, çarşı; fuar, sergi, panayır; *tic* piyasa ***eine Ware auf den Markt bringen*** bir ürünü piyasaya sürmek ***Markt abhalten*** pazar kurmak ***Markt der unnotierten Werte*** kaçak piyasa; tezgâh piyasası
Marktanalyse /'marktanalü:zı/ *f tic* pazar araştırması, piyasa araştırması
Marktanteil /'marktantayl/ *m tic* pazar payı, piyasadaki ürün payı
marktfähig /'marktfe:ih/ *be tic* piyasada geçerli, piyasada tutulan, sürümlü
Marktforschung /'marktforşung/ *f tic* pazar araştırması, pazarlama araştırması, marketing
Markthalle /'marktthalı/ *f* hal, pazar yeri
Marktlücke /'marktlükı/ *f* piyasa boşluğu
Marktschreier /'marktşrayır/ *m* (bağırarak mal satan) pazarcı
Marktwirtschaft /'marktvirtşaft/ *f tic* serbest piyasa ekonomisi
Marmelade /marma'la:dı/ *f* marmelat
Marmor /'marmor/ *m mad* mermer; mermercilik
Marokko /ma'roko/ *tnz* Fas
Marone /ma'ro:nı/ *f bitk* iri kestane
Marotte /ma'rotı/ *f* acayiplik, tuhaflık, kaçıklık; merak; garip alışkanlık
Mars /mars/ *m gökb* Mars, Merih; *esk* savaş tanrısı
Marsch /marş/ *f* (Kuzeybatı Almanya'da) verimli topraklar; *m ask* ilerleme, yürüyüş; *müz* marş ***auf dem Marsch befindlich*** *ask* yürüyüş halinde ***in Marsch setzen*** *ask* yürüyüşe geçirmek ***sich in Marsch setzen*** *ask* yürüyüşe geçmek
Marschall /'marşal/ *m ask* mareşal; *esk* en üst rütbedeki saray görevlisi
Marschbefehl /'marşbıfe:l/ *m ask* yürüyüş emri
marschbereit /'marşbırayt/ *s* yürüyüşe hazır, yola çıkmaya hazır
marschieren /mar'şi:rın/ *vi ask* yürüyüşe geçmek; yürümek, yürüyüş yapmak
Marschroute /'marşru:tı/ *f ask* yürüyüş güzergâhı; *mec* dışına çıkılmaması beklenen kurallar
Marter /'martır/ *f* işkence, azap
martern /'martırn/ *vt* işkence etmek, işkence yapmak, acı çektirmek ***sich martern*** acı çekmek, üzülmek; kendine işkence çektirmek
Märtyrer /'mertürır/ *m esk* dini uğruna can veren Hıristiyan; inanç şehidi, düşünce şehidi
Marxismus /mark'sismus/ *m* marksizm, markşçılık
Marxist/Marxistin /mar'ksist/mar'ksistin/ *m/f* marksist, marksizm yanlısı
März /merts/ *m* mart, mart ayı
Marzipan /'martsipa:n/ *n* badem ezmesi, şekerli badem ezmesi
Masche /'maşı/ *f* ağ gözü, ağın her bir boşluğu, file ilmiği
Maschendraht /'maşındra:t/ *m* tel örgü; maharet, numara, el çabukluğu ***eine Masche laufen*** çorabı kaçmak

M

Maschine /ma'şi:nı/ *f* makine, mekanizma; uçak ***die Maschine anlassen*** makineyi işletmek, makineyi çalıştırmak ***die Maschine landet*** uçak iniyor ***mit der Maschine schreiben*** daktilo ile yazmak ***wie eine Maschine arbeiten*** makine gibi çalışmak
maschinell /maşi'nel/ *s* mekanik, makineli; *be* makine ile ***maschineller Abbau*** mekanize kazı
Maschinenbau /ma'şi:nınbau/ *m* makinecilik; makine mühendisliği
Maschinengewehr /ma'şi:nıngıve:r/ *n ask* makineli tüfek, mitralyöz
maschinenlesbar /ma'şi:nınle:sba:r/ *s* bilgisayar tarafından okunabilen
Maschinenöl /ma'şi:nınö:l/ *n* makine yağı
Maschinenpistole /ma'şi:nınpisto:lı/ *f ask* makineli tabanca, otomatik tabanca
Maschinenschaden /ma'şi:nınşa:dın/ *m* mekanik arıza, makine arızası
Maschinenschlosser /ma'şi:nınşlosır/ *m* tesviyeci
Maschinist /maşi'nist/ *m* makinist
Masern /'ma:zırn/ *pl hek* kızamık
Maske /'maskı/ *f* maske; yaldız; *tiy* makyajla sima değiştirme; alçıdan yüz kalıbı ***die Maske ablegen*** maskesini atmak ***die Maske ist gefallen!*** foyası ortaya çıktı!, maskesi düştü!
Maskenball /'maskınbal/ *m* maskeli balo
Maskenbildner /'maskınbiltnır/ *m tiy* makyajcı
Maskerade /maskı'ra:dı/ *f* (tanınmamak için yapılan) kıyafet değişikliği, tebdili kıyafet; *kon* maskaralık
maskieren /mas'ki:rın/ *vt* gizlemek, maskelemek, örtmek
Maskierung /mas'ki:rung/ *f* gizleme, maskeleme
Maskottchen /mas'kothın/ *n* maskot
maskulin /'maskuli:n/ *s* erkekçe, erkeksi; *dilb* eril
Masochismus /mazo'hismus/ *m* mazoşizm, kendine isteyerek acı vererek cinsel heyecanı artırma arzusu
masochistisch /mazo'histiş/ *s* (duygu) mazoşist
Maß /ma:s/ *f* litrelik bira; ölçü, nispet, oran, mikyas; ölçek; had; çap ***das Maß überschreiten*** haddini aşmak ***in hohem Maße*** büyük çapta, geniş ölçüde, yüksek derecede ***in vollem Maße*** tamamıyla, bütünüyle ***Maß- und Gewichtsrecht*** ölçü ve ayar kanunu ***nach Maß*** ölçü ile, ölçü üzerine ***nach Maß gemacht*** (elbise) ısmarlama ***über alle Maßen*** son derece, fevkalade
Massage /ma'sa:jı/ *f* masaj
Massagesalon /ma'sa:jızalon/ *m* masaj salonu
Massaker /ma'sa:kır/ *n* katliam, kırım, kılıçtan geçirme, yok etme
Maßanzug /'ma:santsu:k/ *m* ısmarlama elbise
Maßarbeit /'ma:sarbayt/ *f* (ayakkabı, elbise) ısmarlama iş
Maßband /'ma:sbant/ *n* mezura, mezür
Masse /'ması/ *f* yığın, kütle; kitle, çok sayıda insan; grup, küme; *fiz* madde; *huk* iflas masası
Maßeinheit /'ma:saynhayt/ *f* ölçü birimi
Massenabfertigung /'masınapfertigung/ *f* sıradan muamele
Massenandrang /'masınandrang/ *m* izdiham, yığışma
Massenarbeitslosigkeit /'masınarbaytslo:zihkayt/ *f* büyük çapta işsizlik
Massenentlassung /'masınentlasung/ *f* toplu işten çıkarma
Massenfabrikation /'masınfabrikatsyo:n/ *f* seri üretim, fabrikasyon
massenhaft /'masınhaft/ *s* çok, pek çok, bol; kitle halinde, yığın şeklinde
Massenmedien /'masınme:dyın/ *pl* kitle iletişim araçları
Massentourismus /'masınturismus/ *m* kitle turizmi
Masseur /ma'sö:r/ *m* masör
maßgebend /'ma:sge:bınt/ *s* (kişi) yetkili, selahiyetli; aslolan, esas olan ***maßgebendes Urteil*** *huk* emsal karar
maßgeblich /'ma:sge:plih/ *s* esas olan; belirleyici, yön verici, bağlayıcı; ilgili, alakadar; oldukça etkili
massieren /ma'si:rın/ *vt* masaj yapmak, ovalamak, ovmak; *ask* (asker) yığmak
massig /'masih/ *s* büyük, iri, iri yapılı, cüsseli, kocaman, muazzam; çok, bol
mäßig /'me:sih/ *s* ölçülü, ılımlı; orta, vasat; (fiyat) ehven, makul
mäßigen /'me:sigın/ *vt* duygularına kapılmamak, hislerine hâkim olmak; (acı, duygu) hafifletmek ***sich mäßigen*** kendine hâkim olmak; yatışmak, sakinleşmek
Massiv /ma'si:f/ *n coğ* dağ kütlesi, dağ

M

silsilesi; masif; eski kütle

massiv /ma'si:f/ *s* masif, yekpare, *tek* parça halinde, kütle halinde, som; *kon* ağır, kaba; şiddetli

Maßkrug /'ma:skru:k/ *m* bir litre kapasiteli topraktan yapılma bira bardağı

maßlos /'ma:slo:s/ *s* ölçüsüz, hadsiz, sınır tanımayan; *be* son derece ***maßlos übertreiben*** biri bin yapmak, pireyi deve yapmak

Maßlosigkeit /'ma:slo:zi**h**kayt/ *f* ölçüsüzlük, sınır tanımama

Maßnahme /'ma:sna:mı/ *f* önlem, tedbir ***Maßnahmen ergreifen*** önlemler almak ***Maßnahmen treffen*** tedbir almak, önlem almak

maßregeln /'ma:sre:gıln/ *vt* cezalandırmak, disiplin cezası vermek

Maßstab /'ma:şta:p/ *m* (harita) ölçek, dereceli cetvel (tahtası); oran, nispet; *mec* kıstas, ölçüt, kriter, ilke

maßvoll /'ma:sfol/ *s* ılımlı, temkinli, itidalli, ölçülü, aşırı olmayan

Mast /mast/ *f* besi, besiye yatırma, semizletme; besi yemi; *m* (elektrik, anten, vs.) direk; *den* ana direk

Mastdarm /'mastdarm/ *m hek* rektum, düz bağırsak

mästen /'mestın/ *vt* (hayvan) semirtmek, semizletmek, besiye çekmek ***sich mästen*** abur cubur yemek

masturbieren /mastur'bi:rın/ *vi* mastürbasyon yapmak, kendi kendini cinsel doyuma ulaştırmak, otuzbir çekmek, *kon* çavuşu tokatlamak

Material /mate'rya:l/ *n* materyal, malzeme, araç gereç, levazım, madde; donanım, teçhizat, donatım; harç; belge, delil, doküman

Materialismus /materya'lismus/ *m* materyalizm, maddecilik, özdekçilik

materialistisch /materya'listiş/ *s* materyalist, maddeci

Materialkosten /mate'rya:lkostın/ *pl* malzeme giderleri

Materie /ma'te:ryı/ *f* madde, materyal, cevher, özdek; mesele, sorun, konu

materiell /mate'ryel/ *s* maddi, bedensel, nesnel, nesnesel; parasal, para açısından; maneviyatsız, ruhsuz ***materielle Buchführung*** maddi denetim, fiziki teftiş ***materielle Ursache*** maddi sebep ***materielles Recht*** maddi hukuk

Matetee /'ma:tate:/ *f* Paraguay çayı içeceği

Mathematik /matema'ti:k/ *f* matematik

Mathematiker /mate'ma:tikır/ *m* matematikçi

mathematisch /mate'ma:tiş/ *s* matematik, matematiksel ***mathematische Genauigkeit*** matematik(sel) kesinlik ***mathematische Logik*** simgesel mantık, sembolik mantık ***mathematische Wissenschaften*** matematik bilimler, matematiksel bilimler

Matratze /ma'tratsı/ *f* minder, döşek, şilte; somya

Mätresse /me'tresı/ *f* metres, kadın sevgili, kapatma

matriarchalisch /matriar'**h**a:liş/ *s* anaerkil, ana egemen, kadınegemen

Matrix /'ma:triks/ *f* matris

Matrize /ma'tri:tsı/ *f* bas kalıp, matris, harf kalıbı; mumlu kâğıt

Matrone /ma'tro:nı/ *f* yaşlı kadın; nine; saygıdeğer yaşlı kadın

Matrose /ma'tro:zı/ *m den* tayfa; *ask* gemici, deniz eri

Matsch /maç/ *m* çamur, balçık

matschig /'maçi**h**/ *s* çamurlu, balçıklı; çamur halinde, balçık gibi; ezik, cıvık; bataklık

matt /mat/ *s* yorgun; bitik, bitkin, takatsiz, güçsüz; renksiz, mat, donuk, soluk; sönük; hafif, zayıf; *tic* durgun; *sp* (satranç) mat ***matte Birne*** buzlu ampul ***matte Fensterscheibe*** buzlu pencere camı

Matte /'matı/ *f* hasır; paspas; *sp* güreş minderi; otlak, mera; çimenlik, çayırlık

Mattigkeit /'mati**h**kayt/ *f* halsizlik, yorgunluk, bitkinlik, dermansızlık

Mattscheibe /'matşaybı/ *f* buzlu cam; (TV) ekran ***Mattscheibe haben*** *kon* sersem gibi olmak

Mätzchen /'mets**h**ın/ *n kon* fiyaka, gösteriş, caka, afi; bahane, kaçamak, numara, rol

Mauer /'mauır/ *f* duvar; kale duvarı, sur

Mauerblümchen /'mauırblü:m**h**ın/ *n mec* bir eğlencede hiç dansa kaldırılmayan kız

Mauerwerk /'mauırverk/ *n* taş ve harçla örülmüş duvar, kâgir duvar; moloz; yapı duvarı

Maul /maul/ *n* hayvan ağzı; hayvanların ağız kısmı; araçta ağıza benzer kısım ***das Maul aufreißen*** ağzını bozmak ***Halt's Maul!*** çeneni kapa! ***jdm übers***

M

Maul fahren *kon* ağzına sıçmak
maulen /'maulın/ *vi kon* söylenerek hoşnutsuzluğunu belli etmek, homurdanmak, söylenmek
Maulesel /'maule:zıl/ *m hayb* katır, bardo (aygır ile dişi eşek çiftleşmesi ürünü)
maulfaul /'maulfaul/ *s kon* konuşma üşengeci, ağzı laf yapmayan, ağzından kerpetenle laf alınan
Maulheld /'maulhelt/ *m kon* palavracı, uydurukçu, atıp tutan; kabadayı
Maulkorb /'maulkorp/ *m* (köpek) ağızlık, ısırmayı önleyici ağız sepeti; düşünce özgürlüğü kısıtlaması
Maultasche /'maultaşı/ *f* kâhi
Maultier /'maulti:r/ *n hayb* katır, ester
Maulwurf /'maulvurf/ *m hayb* köstebek
Maure/Maurin /'maurı/'maurin/ *m/f* Berberi, Kuzey Afrika Arabı
Maurer /'maurır/ *m* duvarcı, sıvacı
Mauretanien /maure'ta:nyın/ *tnz* Moritanya
maurisch /'mauriş/ *s* Berberiler ile ilgili
Maus /maus/ *f hayb* fare, sıçan; *biliş* maus ***meine Maus!*** küçüğüm ***weiße Mäuse*** *mec* trafik polisleri
Mäuschen /'moyshın/ *n hayb* küçük fare, fındık faresi; sevgi ifade seslenişi ***mein Mäuschen*** sevgilim, canım
Mausefalle /'mauzıfalı/ *f* fare kapanı
mausern /'mauzırn/ *vr* tüy değiştirmek, tüy dökmek; (insan) değişerek gelişmek
mausetot /'mauzı'to:t/ *be* ölmüş gitmiş, rahmetli olmuş
Mautgebühr /'mautgıbü:r/ *f* yol geçiş ücreti
Mautstelle /'mautştelı/ *f* yol gişesi
maximal /maksi'ma:l/ *s* çok büyük, en büyük, en yüksek; en fazla, azami
Maxime /mak'si:mı/ *f* prensip, ilke, esas; özdeyiş
Maximum /'maksimum/ *n* en yüksek, en üst, maksimum değer
Maya /'ma:ya/ *m esk* Meksika'da ve Güney Amerika'nın kuzeyinde büyük kültür yaratan yerli halka ait; Maya
Mayonnaise /mayo'ne:zı/ *f* mayonez
Mazedonien /matse'do:nyın/ *tnz* Makedonya
mazedonisch /matse'do:niş/ *s* Makedon, Makedonyalı
Mäzen /me'tse:n/ *m* mesen, sanatçıları koruyan kişi
Mechanik /me'ha:nik/ *f* mekanik, mekanizma
Mechaniker /me'ha:nikır/ *m* mekanikçi, mekanik uzmanı; makinist
mechanisch /me'ha:niş/ *s* mekanik; istemeden ***mechanische Fähigkeit*** mekanik beceri ***mechanische Filtration*** mekanik süzme, mekanik filtreleme ***mechanische Reaktion*** istemdışı tepki ***mechanische Widerstandsfähigkeit*** mekanik mukavemet kabiliyeti ***mechanisches Filter*** mekanik filtre ***mechanisches Intelligenz*** mekanik zekâ ***mechanisches Lesen*** mekanik okuma
mechanisieren /mehani'zi:rın/ *vt* makineleştirmek, mekanize etmek
Mechanisierung /mehani'zi:rung/ *f* makineleşme, makineleştirme, mekanize etme, mekanizasyon
Mechanismus /meha:'nismus/ *m* mekanizma, makine iç yapısı
meckern /'mekırn/ *vi* (keçi) melemek; *kon* garip sesler çıkararak gülmek; her şeyde kusur bulmak, hiçbir şeyi beğenmemek
Medaille /me'dalyı/ *f* madalya, nişan, paye
Medaillon /medal'yon/ *n* madalyon
Medien /'me:dyın/ *pl* medya; medyum
Medienlandschaft /'me:dyınlantşaft/ *f* medya ortamı
Medikament /medika'ment/ *n* ilaç, em, çare ***Medikament nehmen*** ilaç almak
medikamentös /medikamen'tö:s/ *be* ilaçla
Meditation /medita'tsyo:n/ *f hek* meditasyon, derin düşüncelere dalma, işe bakış
mediterran /medite'ra:n/ *s* Akdenizle ilgili ***das mediterrane Klima*** Akdeniz iklimi
meditieren /medi'ti:rın/ *vi hek* meditasyona girmek, derin düşüncelere dalmak
Medium /'me:dyum/ *n* araç, gereç; eğitim araç gereçleri; aracı; *fiz* ortam; iletişim aracı, reklam aracı, reklam aracı; medyum; ipnotize edilen kişi ***die modernen Massenmedien*** çağdaş kitle iletişim araçları
Medizin /medi'tsi:n/ *f* tıp, hekimlik alanı; ilaç ***Doktor der Medizin*** tıp doktoru ***Medizin studieren*** tıp öğrenimi yapmak
Mediziner /medi'tsi:nır/ *m* tabip, hekim, tıp doktoru; tıp öğrencisi, tıbbiyeli
medizinisch /medi'tsi:niş/ *s* tıbbi ***medizinische Apparate*** tıbbi cihazlar ***medizi-***

M

nische Fakultät tıp fakültesi ***medizinische Wissenschaft*** tıp bilimi ***medizinischer Kongress*** tıp kongresi
Meer /me:r/ *n coğ* deniz, derya, okyanus ***ins Meer werfen*** denize atmak ***ins Meer springen*** denize atlamak
Meerbusen /'me:rbu:zın/ *m* koy, körfez, haliç; girintili çıkıntılı arazi
Meerenge /'me:rengı/ *f coğ* boğaz
Meeresbiologie /'me:rısbiologi:/ *f* su biyolojisi
Meeresfrüchte /'me:rısfrühtı/ *pl* deniz ürünleri
Meeresgrund /'me:rısgrunt/ *m* deniz dibi
Meeresspiegel /'me:rısşpi:gıl/ *m* deniz yüzeyi, rakım
Meerkatze /'me:rkatsı/ *f hayb* uzun kuyruklu bir tür maymun
Meerrettich /'me:rretih/ *m* bot kara turp, bayır turpu
Meerschaum /'me:rşaum/ *m mad* lületaşı, Eskişehir taşı
Meerschweinchen /'me:rşvaynhın/ *n hayb* Hint domuzu; kobay
Megabyte /'megabait/ *n biliş* megabayt
Megalithkultur /mega'litkultu:r/ *f* taş devrinin son dönemi kültürü
Megatonne /'megatonı/ *f* megaton
Mehl /me:l/ *n* un; toz; pudra ***feinstes Mehl*** çok ince un ***mit Mehl bestreuen*** unlamak ***weißes Mehl*** beyaz un
mehlig /'me:lih/ *s* unlu; un gibi
Mehlspeise /'me:lşpayzı/ *f* unlu gıda, unlu yemekler, unlu yiyecekler, unlular; tatlı, pasta
mehr /me:r/ *s* daha; daha çok, daha fazla, daha ziyade; çok; artık ***mehr als das*** bundan fazlası ***mehr ist nicht erschienen*** arkası gelmedi, devamı gelmedi ***mehr oder weniger*** az çok ***mehr und mehr*** gitgide, kademe kademe, derece derece ***nicht mehr!*** artık değil!
Mehrarbeit /'me:rarbayt/ *f* fazla mesai
Mehraufwand /'me:raufvant/ *m* ek masraf, ek harcama
mehrdeutig /'me:rdoytih/ *s* farklı anlamlara gelebilen, farklı yorumlanabilen, yanlış anlaşılabilen, çok anlamlı; (söz) lastiki
Mehrdeutigkeit /'me:rdoytihkayt/ *f* yanlış anlaşılabilirlik, birden çok anlamlılık
Mehreinnahme /'me:raynna:mı/ *f* gelir fazlalığı, tahmini aşan gelir
mehren /'me:rın/ *vt* çoğaltmak, artırmak ***sich mehren*** çoğalmak, artmak
mehrere /'me:rırı/ *s* birçok, muhtelif; müteaddit; çeşitli
mehrfach /'me:rfah/ *s* sık sık, tekrar tekrar, defalarca; birkaç defa; tekrar, mükerrer; *be* birkaç defa; *tek* çok kollu, çok gözlü ***mehrfache Versicherung*** müşterek sigorta, kısmi sigorta
mehrfarbig /'me:rfarbih/ *s* çok renkli, rengârenk
Mehrheit /'me:rhayt/ *f* çoğunluk, ekseriyet; çokluk ***die Mehrheit der Menschen*** insanların çoğu ***mit absoluter Mehrheit*** salt çoğunlukla
mehrheitlich /'me:rhaytlih/ *s* çoğunlukla, çoğunluğa uyarak
Mehrheitsbeschluss /'me:rhaytsbışlus/ *m* çoğunluk kararı, ekseriyet kararı
Mehrheitswahlrecht /'me:rhaytsva:lreht/ *n* (seçim) çoğunluk sistemi
mehrjährig /'me:rye:rih/ *be* birkaç yıllık, birkaç senelik
Mehrkosten /'me:rkostın/ *pl* masraf fazlalığı, beklenenden fazla masraf
mehrmalig /'me:rma:lih/ *s* mükerrer, defalarca tekrar edilen
mehrmals /'me:rma:ls/ *be* sık sık, birçok kere, birkaç kere, defalarca
mehrsprachig /'me:rşpra:hih/ *s* birden fazla yabancı dil bilen ***mehrsprachiges Wörterbuch*** birden çok dilde yazılmış sözlük
mehrstellig /'me:rştelih/ *s* (sayı) birden çok haneli
Mehrwertsteuer /'me:rvertştoyır/ *f* katma değer vergisi, KDV
Mehrzahl /'me:rtsa:l/ *f dilb* çoğul; çoğunluk, ekseriyet
Mehrzweckgerät /'me:rtsvekgıre:t/ *n* çok amaçlı alet
meiden /'maydın/ *vt* çekinmek, sakınmak ***etw meiden*** bir şeyden uzak durmak, bir şeyden sakınmak ***jdn meiden*** birisinden sakınmak, birisinden uzak durmak ***sich meiden*** karşı karşıya gelmemeye çalışmak
Meile /'maylı/ *f* mil ***englische Meile*** İngiliz mili
Meilenstein /'maylınştayn/ *m* mil taşı, mil biriminden uzaklıkları gösteren işaret taşı; *kon* olağanüstü olay, dönüm noktası
meilenweit /'maylınvayt/ *s* millerce uzak, pek uzak, çok uzak

M

Meiler /'maylır/ *m* odun kömürü imalathanesi
mein(e) /'mayn(ı)/ *adl* benim ***die Meinen*** benimkiler ***mein Buch*** benim kitabım ***meine Mutter*** annem ***vergiss mein nicht!*** beni unutma!
Meineid /'maynayt/ *m* yalan yere yemin ***Meineid leisten*** yalan yere yemin etmek
meinen /'maynın/ *vt* düşüncesinde olmak, fikrinde olmak, görüşünde olmak, düşünmek; inanmak, sanmak; (birisini) kastetmek, (bir şeyi) kastetmek; söylemek, demek ***Dich meine ich*** seni kastediyorum ***Was meinen Sie dazu?*** bu konuda ne dersiniz? ***Wen meinen Sie?*** kimden bahsediyorsunuz? ***Wie Sie meinen!*** Siz bilirsiniz!
meinerseits /'maynırzayts/ *be* bence, benim tarafımdan, benden ***auch meinerseits*** bilmukabele
meinetwegen /'maynıtve:gın/ *be* benim yüzümden; benim hatırım için, benim için
Meinung /'maynung/ *f* düşünce, fikir, kanı, kanaat, zan, sanı; görüş, fikir; hüküm, karar, mütalaa; amaç, niyet, kasıt ***der Meinung sein*** fikrinde olmak ***die Meinungen austauschen*** tartışmak; oylaşmak ***jdm die Meinung sagen*** (birisini) kınamak, ayıplamak ***nach Meiner Meinung*** bence, benim fikrime göre ***seine Meinung äußern*** oy kullanmak; fikir yürütmek ***seiner Meinung nach*** fikrince, kendisince
Meinungsäußerung /'maynungsoysırung/ *f* fikir belirtme, fikrini açıklama
Meinungsaustausch /'maynungsaustauş/ *m* görüş alış verişi, fikir teatisi
Meinungsbildung /'maynungsbildung/ *f* bir görüşün oluş(turul)ması
Meinungsforschungsinstitut /'maynungsforşungsinstitu:t/ *n* kamuoyu araştırma enstitüsü
Meinungsfreiheit /'maynungsfrayhayt/ *f* düşünceyi özgürce açıklama hakkı, düşüncelerini ifade etme özgürlüğü
Meinungsumfrage /'maynungsumfra:gı/ *f* anket, sormaca, kamuoyu araştırması
Meinungsverschiedenheit /'maynungsferşi:dınhayt/ *f* fikir ayrılığı, düşünce ayrılığı, görüş ayrılığı, anlaşmazlık, uyuşmazlık
Meißel /'maysıl/ *m* oyma kalemi, çelik kalem, kesme kalemi, keski
meißeln /'maysıln/ *vt/vi* keski kalemi ile oymak, keski ile kesmek
meist /mayst/ *s* en çok, en fazla; *be* çoğunlukla, ekseri ***am meisten*** en çok, çoğunlukla, daha ziyadesiyle ***das meiste*** çoğu, büyük kısmı ***die Meisten Menschen*** insanların çoğu; çoğu insanlar
Meistbegünstigungsklausel /'maystbıgünstigungsklauzıl/ *f* *eko* imtiyazlı ticaret hükmü; *pol* en çok gözetilen ülke kaydı
meistbietend /'maystbi:tınt/ *s* : ***etw meistbietend versteigern*** açık artırmaya çıkarmak
meistens /'maystıns/ *be* çoğunlukla, ekseriyetle, genellikle, umumiyetle, büyük ölçüde; hemen hemen, daima, her zaman
meistenteils /'maystıntayls/ *be* çoğunlukla, ekseriyetle, genellikle, umumiyetle, büyük ölçüde; hemen hemen, daima, her zaman
Meister /'maystır/ *m* usta; (sanat) üstat, büyük sanatçı; önder; galip, yenen; efendi; *sp* şampiyon, birinci; *tek* usta; şef, patron; *müz* virtüöz
meisterhaft /'maystırhaft/ *s* ustaca, mükemmel, olağanüstü güzel, şaheser, maharetli, ustalıklı
meistern /'maystırn/ *vt* üstesinden gelmek, alt etmek, hakkından gelmek; yenmek, üstün gelmek, galip gelmek ***eine Aufgabe meistern*** bir görevi başarıyla yerine getirmek ***jdn meistern*** (birisini) azarlamak, paylamak ***Schwierigkeiten meistern*** güçlükleri aşmak, güçlüklerin üstesinden gelmek
Meisterprüfung /'maystırprü:fung/ *f* ustalık sınavı
Meisterschaft /'maystırşaft/ *f* ustalık, büyük hüner; *sp* şampiyonluk, birincilik
Meisterstück /'maystırştük/ *n* ustalık sınavı için hazırlanan çalışma; usta işi, şaheser, ustaca yapılmış eser
Mekka /'meka/ *tnz* Mekke ***die Richtung nach Mekka*** kıble
Melancholie /melanko'li:/ *f* kara sevda, melankoli; efkarlılık, hüzün, gam, keder, sıkıntı, kasavet; merak
melancholisch /melan'ko:liş/ *s* kara sev-

M

dalı; melankolik; efkârlı, hüzünlü, kederli, sıkıntılı; hazin ***melancholisch werden*** hüzünlenmek

Melange /me'lanjı/ *f* karışım, miks; *kon* sütlü kahve

Melanom /mela'no:m/ *n hek* melanom

Meldebehörde /'meldıbı**h**ördı/ *f* nüfus dairesi

Meldefrist /'meldıfrist/ *f* kayıt süresi, başvuru süresi

melden /'meldın/ *vt* (birisine, bir şeyi) haber vermek, bildirmek; salık vermek; ihbar etmek; tebliğ etmek; rapor vermek ***sich melden*** geldiğini bildirmek; hazır olduğunu bildirmek; kendini kaydettirmek; telefona cevap vermek

Meldepflicht /'meldıpfli**h**t/ *f* (polis, muhtar) kaydolma zorunluluğu; ikamet kaydı yaptırma zorunluluğu; *hek* bulaşıcı hastalığı bildirim yükümlülüğü

meldepflichtig /'meldıpfli**h**ti**h**/ *s* kaydolma yükümlülüğü olan; *hek* bildirilmesi zorunlu (hastalık)

Meldung /'meldung/ *f* haber verme, bildirme; rapor, haber, bildirim, bildiri; *ask* rapor; *tic* mektup ***Meldung über Nichtzahlung*** *tic* ödememe ihbarı

melken /'melkın/ *vt* (süt) sağmak; *kon* (birisini) sömürmek, kanını emmek, sağmak ***frisch gemolkene Milch*** taze sağılmış süt ***Kühe melken*** ineği sağmak

Melodie /melo'di:/ *f* melodi, ezgi, hava, nağme

melodiös /melo'dyö:s/ *s* melodik, uyumlu, ahenkli

Melodrama /melo'dra:ma:/ *n* müzik eşliğinde oynanan manzum eser, melodram; duygusal oyun

melodramatisch /melodra'ma:tiş/ *s* melodramatik

Melone /me'lo:nı/ *f bitk* kavun cinsi; melon şapka

Membran /mem'bra:n/ *f tek* diyafram; *anat* ince zar; hücre duvarı

Memme /'memı/ *f* korkak, ödlek, yüreksiz; *kon* kancık

Memoiren /me'mo:rın/ *pl* anılar, hatıralar

Memorandum /memo'randum/ *n* memorandum, muhtıra; not defteri

Menge /'mengı/ *f* miktar, nicelik, kemiyet; bolluk, çokluk; küme, yığın; kalabalık, halk kitlesi; pek çok şey ***eine Menge Arbeit haben*** yapacak çok işi olmak ***eine Menge Leute*** birtakım insanlar ***eine Menge Sachen*** bir sürü eşya ***in kleinen Mengen*** azar azar ***in Mengen*** bol bol; akın akın

Mengenangabe /'mengınanga:bı/ *f* miktar bildirimi

Mengenlehre /'mengınle:rı/ *f mat* nicelik teorisi

mengenmäßig /'mengınme:si**h**/ *be* miktarca, miktar olarak, nicel, sayısal

Mengenrabatt /'mengınrabat/ *m tic* çok sayıda alışlarda alış miktarı üzerinden yapılan indirim, miktar ıskontosu

Meniskus /me'niskus/ *m hek* menisküs; *fiz* boru tüpteki sıvının kabarık yüzeyi

Mensa /'menza/ *f* (üniversitede) kantin

Mensch /menş/ *m* insan, adam; şahıs, kişi, fert; *kon* ulan, hey ***die Menschen*** insanlar, beşeriyet ***jeder Mensch*** herkes ***junger Mensch*** genç; delikanlı ***kein Mensch*** hiç kimse ***Mensch!*** ulan!, hey!

Menschenaffe /'menşınafı/ *m hayb* insanımsı maymun

Menschenauflauf /'menşınauflauf/ *m* kalabalık, mahşeri kalabalık, insan yığını; izdiham

Menschenfeind /'menşınfamd/ *m* insanlardan kaçan kişi, insan düşmanı kişi

Menschenfresser /'menşınfresır/ *m* yamyam, insan eti yiyen kimse, antropofaj

Menschenfreund /'menşınfroynt/ *m* insanları seven kimse, filantrop

Menschenführung /'menşınfü:rung/ *f* insan yönetimi, bireylerin veya grupların düzenli biçimde yönlendirilmesi

Menschengedenken /'menşıngıdengkın/ *n* : ***seit Menschengedenken*** kalubeladan beri, düşünülebilecek en eski çağlardan beri

Menschenhandel /'menşın**h**andıl/ *m* insan ticareti

Menschenkenntnis /'menşınkentnis/ *f* insan sarraflığı

menschenleer /'menşınle:r/ *s* insansız, boş, ıssız, kimsenin bulunmadığı yer ***menschenleer sein*** in cin top oynamak

Menschenliebe /'menşınli:bı/ *f* insan sevgisi, insanseverlik, insanları sevme

Menschenmenge /'menşınmengı/ *f* kalabalık, insan seli, izdiham, mahşer

menschenmöglich /menşın'mö:kli**h**/ *s* insanın elinden gelebilen şey, insanın yapabileceği şey

Menschenrechte /'menşınre**h**tı/ *pl* insan hakları, medeni haklar

M

menschenscheu /'menşınşoy/ *s* (hayvan) insanlardan kaçan, yabani; (kişi) sıkılgan, utangaç, mahcup
Menschenseele /'menşınze:lı/ *f* insan ruhu; *mec* hiç kimse, in cin ***es war keine Menschenseele hier*** burada hiç kimse yoktu
menschenunwürdig /'menşınunvürdi**h**/ *s* insana yakışmayan, insan onuruna yakışmayan
Menschenwürde /'menşınvürdı/ *f* insanlık onuru, insanlık haysiyeti, insanlık şerefi
menschenwürdig /'menşınvürdi**h**/ *s* insan onuruna yakışan, insan onuruna uygun
Menschheit /'menş**h**ayt/ *f* insaniyet, insanlık, tüm insanlar, beşeriyet ***der Abschaum der Menschheit*** *kon* ayaktakımı
menschlich /'menşli**h**/ *s* insanca, insana yakışır şekilde; beşeri; insanla ilgili ***das ist menschlich*** insanlık hali ***das menschliche Leben*** insan hayatı ***irren ist menschlich*** yanılma insanlara mahsustur ***menschliche Arbeitskraft*** insan gücü
Menschlichkeit /'menşli**h**kayt/ *f* insanlık, insaniyet
Menstruation /menstrua'tsyo:n/ *f hek* regl olma, aybaşı, âdet görme ***die Menstruation haben*** *hek* regl olmak, âdet görmek, aybaşı olmak ***keine Menstruation haben*** *hek* âdetten kesilmek
Mensur /men'zu:r/ *f kon* kesici silahlarla yapılan düello; *kim* dereceli kap; *müz* usul
mental /men'ta:l/ *s* kafa yapısı ile ilgili, zihinle ilgili; zihinsel; gizli; düşüncelerde var olan
Mentalität /mentali'te:t/ *f* anlayış tarzı, mantalite, dünya görüşü, düşünme tarzı, zihniyet
Menthol /men'to:l/ *n* naneruhu, mentol
Menü /me'nü:/ *n* mönü, menü, yemek listesi ***fix Menü*** fiks menü, (restoranda) geliş sırası ve miktarı belirlenmiş yiyecekler ve içecekler
Meridian /meri'dya:n/ *m gökb* meridyen; *coğ* boylam
Merkblatt /'merkblat/ *n* not kâğıdı, hatırlatma yazısı, pusula
merken /'merkın/ *vt* (bir şeyi) fark etmek, farkına varmak; algılamak, görmek, anlamak; hissetmek, sezinlemek, farkına varmak, kokusunu almak ***alles merken*** her şeyin farkına varmak ***auf etw merken*** (bir şeye) dikkat etmek, dikkat kesilmek ***merken lassen*** hissettirmek, sezdirmek, farkına vardırmak ***sich etw merken*** (bir şeyi) aklında tutmak ***sich nichts merken lassen*** bilmiyormuş gibi davranmak, hiçbir şey hissettirmemek
merklich /'merkli**h**/ *s* belli, göze çarpar; mühim, önemli; görülebilir, fark edilebilir, farkına varılabilir; farkına varılacak kadar, görülebilecek kadar
Merkmal /'merkma:l/ *n* işaret, im, iz; marka, alamet, belirti; belirleyici özellik, ayırıcı özellik, vasıf, nitelik
merkwürdig /'merkvürdi**h**/ *s* göze çarpan, fark edilen; tuhaf, garip, acayip, enteresan; kaydadeğer
merkwürdigerweise /merkvürdigır'vayzı/ *be* tuhaftır ki, işin garibi
Merkwürdigkeit /'merkvürdi**h**kayt/ *f* tuhaflık, acayiplik; fevkaladelik
meschugge /me'şugı/ *s kon* deli, çılgın, aklından zoru olan, kaçık, kafayı oynatmış
Mesopotamien /mezopo'ta:myın/ *tnz* Mezopotamya
Messe /'mesı/ *f* fuar, sergi, panayır; katolik kilisesi Kudas ayini; *ask* subay yemekhanesi
Messebesucher /'mesıbızu:**h**ır/ *m* fuar ziyaretçisi
Messegelände /'mesıgılendı/ *n* fuar parkı
messen /'mesın/ *vt* ölçmek; mukayese etmek, karşılaştırmak; adımlamak, arşınlamak, kulaçlamak ***sich messen*** ölçüşmek ***sich mit jdm messen*** (birisiyle) ölçüşmek, karşılaşmak
Messer /'mesır/ *m* sayaç, saat, kontür, ölçme aleti; ölçümü yapan kişi, ölçücü; *n* bıçak; çakı; *hek* bisturi, neşter; satır
messerscharf /'mesırşarf/ *s* bıçak gibi keskin
Messerschmied /'mesırşmi:t/ *m* bıçakçı
Messerspitze /'mesırşpitsı/ *f* bıçak ucu
Messerstich /'mesırşti**h**/ *m* bıçak darbesi, bıçakla vurma ***jdn durch Messerstiche verletzen*** (birisini) bıçak darbesiyle yaralamak
Messestadt /'mesıştat/ *f* fuar şehri
Messestand /'mesıştant/ *m* fuar standı, stand
Messing /'mesing/ *n mad* sarı bakır, pirinç, bakır-çinko karışımı

M

Messung /'mesung/ *f* ölçme, ölçülme
Mestize/Mestizin /mes'ti:tsı/mes'ti:tsin/ *m/f* kızılderili ve beyaz ırklı kişilerin birleşmesiyle doğan melez
Metall /me'tal/ *n kim* metal, maden ***edle Metalle*** soy madenler
Metallarbeiter /me'talarbaytır/ *m* maden işçisi, metal işçisi
Metallindustrie /me'talindustri:/ *f* maden sanayii, metal sanayii
metallisch /me'taliş/ *s* metalik, madeni, madensel; maden gibi; *müz* madeni ***eine metallische Stimme*** *müz* madeni bir ses
Metallurgie /metalur'gi:/ *f* metalürji, madencilik; maden sanayi bilgisi
Metapher /me'tafır/ *f* dolaylı anlatma, mecaz
metaphorisch /meta'fo:riş/ *s* mecazi, dolaylı
Metaphysik /metafü'zi:k/ *f* metafizik, fizikötesi
Metastase /meta'sta:zı/ *f hek* metastaz, yavru tümör
Meteor /mete'o:r/ *m gökb* meteor, göktaşı; ışık demeti
Meteorit /meteo'ri:t/ *m* göktaşı, meteorit
Meteorologe /meteoro'lo:gı/ *m* meteorolog, meteoroloji uzmanı, hava bilgisi uzmanı
Meter /'me:tır/ mn metre ***ein Meter*** bir metre
Metermaß /'me:tırma:s/ *n* metreşerit, mezura
Methode /me'to:dı/ *f* metot, usul, yöntem, biçim, kaide, sistem, yol ***mit dieser Methode*** bu metot ile
methodisch /me'to:diş/ *s* metodik, planlı, bir yönteme dayalı, sistemli, bir amaca yönelik, yöntemli
Metro /'me:tro/ *f* metro, yeraltı treni
Metropole /metro'po:lı/ *f* başkent, başşehir, hükümet merkezi
Mettwurst /'metvurst/ *f* kıymadan yapılan bir cins sucuk
Metzelei /metsı'lay/ *f* katliam, kırım, kılıçtan geçirme
Metzger /'metsgır/ *m* kasap
Metzgerei /metsgı'ray/ *f* kasap dükkânı, et satış yeri
Meuchelmörder /'moyhılmördır/ *m* aşağılık katil, canavar katil; kiralık katil
Meute /'moytı/ *f* köpek sürüsü; insan yığını; (birisini kovalayan) insan topluluğu
Meuterei /moytı'ray/ *f* isyan; ayaklanma; kıyam, fesat
meutern /'moytırn/ *vi* isyan etmek, ayaklanmak, başkaldırmak, kazan kaldırmak
Mexikaner /meksi'ka:nır/ *m* Meksikalı
mexikanisch /meksi'ka:niş/ *s* Meksikalı; Meksika ile ilgili
Mexiko /'meksiko:/ *tnz* (ülke) Meksika; (şehir) Meksiko
miauen /mi'auın/ *vi hayb* miyavlamak
mich /mi**h**/ *adl* beni, kendimi ***für mich*** benim için ***mich selbst*** bizzat kendimi
mickerig /'mikıri**h**/ *s* hastalıklı, sakat, zayıf, güçsüz, halsiz; değersiz; az, cüzi
Miederwaren /'mi:dırva:rın/ *pl* sutyen korse jartiyer vs
Miene /'mi:nı/ *f* hal, durum, tavır, davranış; eda, yüz ifadesi ***eine ernste Miene aufsetzen*** ciddi bir tavır takınmak ***eine freundliche Miene machen*** güler yüzlü ifade takınmak ***Miene machen*** yüz ifadesi takınmak
mies /mi:s/ *s kon* kötü, çirkin, fena, berbat, adi, değersiz, beş para etmez; derme çatma, kırık dökük ***ein mieser Typ*** kötü biri ***mieses Verhalten*** kötü davranış, fena davranış
Miesepeter /'mi:zıpe:tır/ *m* mızmız kişi
miesepetrig /'mi:zıpe:tri**h**/ mızmız, her şeyde kusur bulan, zor beğenir
Miesmuschel /'mi:smuşıl/ *f* karakabuk midyesi
Miete /'mi:tı/ *f* kira, kira bedeli; kiraya verme; *tiy* abone olma ***Miete bezahlen*** kira ödemek ***monatliche Miete*** aylık kira ***zur Miete wohnen*** kirada oturmak
mieten /'mi:tın/ *vt* kiralamak, kirayla tutmak ***ein Büro mieten*** büro kiralamak
Mieter /'mi:tır/ *m* kiracı, kiralayan
Mieterschutz /'mi:tırşuts/ *m* kiracının korunması
Mietpreis /'mi:tprays/ *m* kira bedeli
Mietshaus /'mi:ts**h**aus/ *n* apartman
Mietvertrag /'mi:tfertra:k/ *m* kira sözleşmesi, kira kontratı
Mietwagen /'mi:tva:gın/ *m* kiralık araba
Mietwohnung /'mi:tvo:nung/ *f* kiralık ev, kiralık daire
Mieze /'mi:tsı/ *f* (kedi sevme kelimesi) pisi
Migräne /mi'gre:nı/ *f hek* migren, şiddetli baş ağrısı
Mikrobe /mi'kro:bı/ *f* mikrop, mikroorganizma
Mikrochip /'mi:krotşip/ *m* mikroçip

Mikrofilm /'mi:krofilm/ *m* mikrofilm
Mikrofon /mi:kro'fo:n/ *m* mikrofon
Mikrokosmos /mi:kro'ko:smos/ *m* mikroskobik yaratıkların dünyası
Mikroprozessor /mi:kropro'tsesor/ *m biliş* bilgiişlemci
Mikroskop /mikros'ko:p/ *n* mikroskop
mikroskopisch /mikros'ko:piş/ *s* mikroskobik, çıplak gözle görülemeyen, sadece mikroskop yardımı ile görülebilen; *be* mikroskopla
Mikrowellenherd /'mi:krovelınhe:rt/ *m* mikrodalgalı fırın, mikrodalga
Milbe /'milbı/ *f hayb* uyuz böceği
Milch /milh/ *f* süt; *hayb* balık menisi; *bitk* sütümsü bitkisel sıvı; vücut bakımı sütü
Milchflasche /'milhflaşı/ *f* süt şişesi; biberon
Milchglas /'milhgla:s/ *n* buzlu cam; süt bardağı
Milchkaffee /'milhkafe:/ *m* sütlü kahve
Milchkuh /'milhku:/ *f* süt ineği, sağmal inek; kendini başkalarına sömürten kişi
Milchmann /'milhman/ *m* sütçü, süt satıcısı
Milchmixgetränk /'milhmiksgıtrenk/ *n* meyveli süt, dondurmalı süt
Milchpulver /'milhpulvır/ *n* süt tozu
Milchreis /'milhrays/ *m* sütlaç
Milchshake /'milhşeik/ *m* meyveli süt, dondurmalı süt
Milchstraße /'milhştra:sı/ *f gökb* Samanyolu, gökyolu
Milchzahn /'milhtsa:n/ *m* süt dişi
mild /milt/ *s* yumuşak; (kişi) yardımsever, hayırsever, insaflı, iyi huylu; (hava) yumuşak, mutedil, ılıman; (rüzgâr) hafif ***milde Gabe*** sadaka ***milde Stiftung*** hayrat
Milde /'mildı/ *f* yumuşaklık; tatlılık, iyilik; hoşgörülülük; hayırseverlik, merhametlilik
mildern /'mildırn/ *vt* hafifletmek, yumuşatmak; yatıştırmak, teskin etmek, dindirmek; uyuşturmak; azaltmak, indirmek ***mildernde Umstände*** *huk* hafifletici sebepler
mildherzig /'milthertsih/ *s* iyiliksever, hayırperver, yardımsever
mildtätig /'miltte:tih/ *s* iyiliksever, hayırperver, yardımsever
Milieu /mi'lye:/ *n* çevre, muhit, ortam, yaşam ortamı; atmosfer, hava
militant /mili'tant/ *s* savaşçı, savaşan, militan, muharip; gerilla
Militär /mili'te:r/ *n ask* askerler, silahlı kuvvetler, ordu
Militärdiktatur /mili'te:rdiktatu:r/ *f pol* askeri diktatörlük
Militärflughafen /mili'te:rflu:kha:fın/ *m ask* askeri havaalanı
militärisch /mili'te:riş/ *s ask* askeri, askerlikle ilgili, askerce ***militärisch grüßen*** asker gibi selam vermek, askeri selamlamak ***militärische Anlagen*** askeri tesisler, askeri birimler ***militärische Dienstpflicht*** askerlik yükümlülüğü ***militärische Straftaten*** askeri suçlar ***militärischer Rang*** askeri rütbe ***militärischer Student*** askeri yüksek okul öğrencisi ***militärisches Geheimnis*** askeri sır
militaristisch /milita'ristiş/ *s* militarist
Militärputsch /mili'te:rputş/ *m pol* askeri hükümet darbesi
Militärregierung /mili'te:rregi:rung/ *f pol* askeri hükümet, askeri idare
Miliz /mi'li:ts/ *f* milis, kısa eğitimli askeri birlik
Milliardär/Milliardärin /milyar'de:r/milyar'de:rin/ *m/f* milyarder
Milliarde /mil'yardı/ *f* milyar
Milligramm /'miligram/ *n* miligram
Millimeter /mili'me:tır/ mn milimetre
Million /mil'yo:n/ *f* milyon
Millionär/Millionärin /milyo'ne:r/milyo'ne:rin/ *m/f* milyoner
Millionenstadt /mil'yo:nınştat/ *f* milyonun üzerinde nüfusu olan şehir
Milz /milts/ *f anat* dalak, tahal
Mimik /'mi:mik/ *f* mimik, yüz hatlarıyla ifade
Minarett /mina'ret/ *n* minare
minderbegabt /'mindırbıga:pt/ *s* normalden daha az yetenekli
minderbemittelt /'mindırbımitılt/ *s* dar gelirli, geliri az olan; *mec* geri zekâlı
Minderheit /'mindırhayt/ *f* azınlık, ekalliyet; azlık, eksiklik; miktarca az olma, azınlıkta kalma
minderjährig /'mindırye:rih/ *s huk* yetişkin olmayan, reşit olmayan, erişkin olmayan, küçük yaşta
Minderjährige(r) /'mindırye:rigı(r)/ *f/m* yetişkin olmayan kimse, reşit olmayan kimse, erişkin olmayan kimse
mindern /'mindırn/ *vt* azaltmak; indirmek, düşürmek, tenzil etmek ***sich mindern***

M

azalmak

Minderung /'mindırung/ *f* azaltma, ufaltma; (değer, fiyat) indirme

minderwertig /'mindırve:rtih/ *s* kötü kaliteli, düşük kalitede, düşük değerli, kalitesiz; tapon, defolu, külüstür; adi, bayağı; çürük; çıkma, ikinci el ***minderwertige Arbeit*** kötü işçilik ***minderwertiger Charakter*** aşağılık adam

Minderwertigkeitskomplex /'mindırve:rtihkaytskompleks/ *m ruhb* aşağılık duygusu, aşağılık kompleksi

Mindestalter /'mindıstaltır/ *n* asgari yaş

Mindestbetrag /'mindıstbıtra:k/ *m* asgari miktar, enaz miktar

mindeste(r,s) /'mindıstı(r,s)/ *s* en az ***das Mindeste*** en az, asgari ***nicht im Mindesten*** asla, katiyen, hiç

mindestens /'mindıstıns/ *be* en azından, hiç olmazsa, bari; en aşağı

Mindestgebot /'mindıstgıbo:t/ *n* asgari teklif

Mindestlohn /'mindıstlo:n/ *m* asgari ücret

Mindestmaß /'mindıstma:s/ *n* asgari ölçü

Mindeststrafe /'mindıstştra:fı/ *f* en düşük ceza

Mine /'mi:nı/ *f ask* mayın, bomba, torpil; *mad* maden ocağı; kurşun kalem içi ***Minen legen*** *ask* mayın döşemek

Minenfeld /'mi:nınfelt/ *n ask* mayın tarlası; *ask* den. mayınlı sular

Mineral /minı'ra:l/ *n mad* ham maden, filiz maden; mineral

mineralisch /mine'ra:liş/ *s* madensel, madeni; maden içeren

Mineralöl /mine'ra:lö:l/ *n* madeni yağ, minarel yağ

Mineralölsteuer /mine'ra:lö:lştoyır/ *f* akaryakıt vergisi

Mineralwasser /mine'ra:lvasır/ *n* maden suyu

mini /'mini/ *s* mini, minik, küçücük

Minigolf /'minigolf/ *n* minigolf

minimal /mini'ma:l/ *s* olabilecek en küçük, en az, çok az, çok küçük, çok aşağı

Minimum /'minimum/ *n* en küçük değer, asgari değer; minimum

Minirock /'minirok/ *m* mini etek

Minister /mi'nistır/ *m* bakan, vekil, nazır

ministeriell /ministe'ryel/ *s* bakanlıktan gelen

Ministerium /mini'ste:ryum/ *n pol* bakanlık, vekâlet ***Ministerium des Inneren*** İçişleri Bakanlığı ***Ministerium für Arbeit und Sozialordnung*** Çalışma ve Sosyal Güvenlik Bakanlığı ***Ministerium für Auswärtige Angelegenheiten*** Dışişleri Bakanlığı ***Ministerium für Finanzen*** Maliye Bakanlığı ***Ministerium für Gesundheit*** Sağlık Bakanlığı ***Ministerium für Nationale Bildung*** Milli Eğitim Bakanlığı ***Ministerium für Nationale Verteidigung*** Milli Savunma Bakanlığı ***Ministerium für Tourismus*** Turizm Bakanlığı ***Ministerium für Zolle*** Gümrük Bakanlığı

Ministerpräsident /mi'nistırprezident/ *m pol* başbakan, başvekil

minus /'mi:nus/ *be mat* eksi, çıkarılan ***sechs minus vier*** altı eksi dört

Minus /'mi:nus/ *n tic* açık, kasa açığı; eksik miktar; eksik çıkan; eksiklik; dezavantaj

Minuspol /'mi:nuspo:l/ *m fiz* negatif kutup

Minuszeichen /'mi:nustsayhın/ *n* eksi işareti

Minute /mi'nu:tı/ *f* dakika ***auf die Minute genau*** dakikası dakikasına ***eine Minute!*** bir dakika!

minutenlang /mi'nu:tınlang/ *s* dakikalarca, dakikalarca süren

minutiös /minu'tsyö:s/ *s* dakik; titiz, dikkatli

mir /mi:r/ *adl* "ich" zamiri Dativ yönelme durumu; bana ***mir nichts dir nichts*** apansızın, pat diye; ne sana ne bana ***mir selbst*** bizzat, kendime ***mit mir*** benimle ***von mir*** benden ***von mir aus*** benden yana, benim tarafımdan ***sag mir!*** bana söyle! ***wie du mir, so ich dir!*** göze göz-dişe diş; kana kan-intikam! ***zu mir*** bana doğru, bana

Mirabelle /mira'belı/ *f bitk* sarı ve yuvarlak erik

Mischbatterie /'mişbatıri:/ *f* musluk bataryası, sıcak ve soğuk su muslukları bir arada olan batarya

Mischbrot /'mişbro:t/ *n* karma undan yapılmış ekmek

Mischehe /'mişe:ı/ *f* farklı dinlere mensup kişilerin evlenmesi

mischen /'mişın/ *vt* karıştırmak, katıştırmak, katmak ***den Raki mit Wasser mischen*** rakıya su katmak ***die Karten mischen*** *isk* kâğıtları karıştırmak ***sich in etw mischen*** (bir şeyin içine) karışmak, müdahale etmek ***gemischte Schule*** karma okul

Mischling /'mişling/ *m* melez; *hayb* kırma; *bitk* melez
Mischmasch /'mişmaş/ *m kon* karmaşa, karışıklık, karmakarışıklık
Mischung /'mişung/ *f* karıştırma, katıştırma; harman, harmanlama; alaşım; *kim* karışım
Mischwald /'mişvalt/ *m* karma orman
miserabel /mizı'ra:bıl/ *s kon* çok kötü, çok fena, perişan, berbat, zavallı; serseri, sefil, rezil; kıtıpiyös
Misere /mi'ze:rı/ *f* fakirlik, yoksulluk; kıtlık, sefalet, sıkıntı; güçlük
missbräuchlich /'misbroyhlih/ *s* usulsüz, yolsuz
Missetat /'misıta:t/ *f* suç, cürüm, kuralları çiğneme; cinayet, günah; kötü hareket
Missetäter /'misıtetır/ *m* suçlu, günahkâr; cani
Mission /mis'yo:n/ *f* çok önemli görev, misyon; görevli yurtdışı heyeti, delegasyon; elçilik, sefaret; görev, vazife; emir, direktif; dini inançları yayma çabası ***Mission im Ausland*** görevli olarak yurtdışına gidiş
Missionar /misyo'na:r/ *m* misyoner
missionieren /misyo'ni:rın/ *vt/vi* Hıristiyanlaştırmak; Hıristiyan dinini yaymak
Mist /mist/ *m* gübre, tezek, fışkı, mayıs; *den* hafif sis, hafif pus; *kon* değersiz şey ***so ein Mist!*** lanet olsun!, kahretsin!
Mistkerl /'mistkerl/ *m kon* bok herif!
mit /mit/ *ilg* birlikte, ile, beraber; *be* dahi, keza; vasıtasıyla, yardımıyla; aynı zamanda ***kommst du mit?*** sen de geliyor musun? ***mit anderen Worten*** bir başka deyişle ***mit dabei sein*** aralarında olmak; iştirak etmek ***mit dem Freund*** arkadaş ile ***mit dem heutigen Tag*** bugünden itibaren ***mit dem Kopf nach unten*** tepetaklak, baş aşağı ***mit der Bahn*** trenle ***mit der Post senden*** postayla göndermeks ***mit einem Mal*** ansızın, birdenbire, aniden ***mit elf Jahren*** on bir yaşında ***mit jdm verhandeln*** (bbirisiyle) görüşmek, tartışma ***mit offenem Mund*** (şaşkınlıktan) ağzı bir karış açık ***mit sich nehmen*** beraberinde getirmek ***mit Strafe belegen*** *huk* cezaya çarptırmak ***mit Überlegung*** *huk* taammüden, planlayarak ***mit 12 Jahren*** 12 yaşında ***nicht mit anzusehen*** yürek dayanmaz, iç götürmez ***öffne mit dem Flaschenöffner!*** açacakla aç!
Mitarbeit /'mitarbayt/ *f* işbirliği, yardım, dayanışma, destek, kooperasyon
mitarbeiten /'mitarbaytın/ *trvi* işbirliği yapmak, birlikte çalışmak; bir işe katılmak ***an etw mitarbeiten*** (bir şeye) iştirak etmek
Mitarbeiter /'mitarbaytır/ *m* yardımcı, ortak; iş arkadaşı, mesai arkadaşı; yardımcı, asistan; işbirlikçi
mitbekommen /'mitbıkomın/ *trvt* birlikte götürmek üzere yanına almak; kavramak, anlamak; yanına çeyiz olarak almak
Mitbenutzung /'mitbınutsung/ *f* ortak kullanım, birlikte kullanma
mitbestimmen /'mitbıştimın/ *trvt* birlikte oy kullanmak; başkalarıyla birlikte belirlemek, idareye katılmak, yönetime katılmak
Mitbestimmung /'mitbıştimung/ *f* ortaklaşa temsil etme ***paritätische Mitbestimmung*** işveren ve işçilerin aynı oranda temsil edilmesi
Mitbewerber /'mitbıverbır/ *m* rakip, müsabık; birlikte başvuranlardan beheri
Mitbewohner /'mitbıvo:nır/ *m* aynı evi paylaşan kişi, birlikte oturan kişi, ev arkadaşı, oda arkadaşı
mitbringen /'mitbringın/ *trvt* beraberinde getirmek, yanında getirmek ***jdm etw mitbringen*** (birisine) gelirken yanında bir hediye getirmek ***nach Hause mitbringen*** evine kadar bırakmak ***zum Bahnhof mitbringen*** istasyona götürmek
Mitbringsel /'mitbringzıl/ *n kon* beraberinde getirilen küçük hediye
Mitbürger /'mitbürgır/ *m* vatandaş, yurttaş; hemşehri, hemşeri, memleketli, toprak
miteinander /mitayn'andır/ *be* beraber, birlikte, beraberce; birbirleriyle; bir arada ***ihre alle Miteinander*** hepiniz, topunuz, alayınız ***miteinander abwechselnd*** karşılıklı, değiş tokuş ederek; nöbetleşe
miterleben /'miterle:bın/ *trvt* (bir olayı, günü) başkasıyla birlikte yaşamak, başkasıyla birlikte paylaşmak
Mitesser /'mitesır/ *m kon* kaşık düşmanı; *hek* siyah nokta, komedon; *mec* asalak
mitfahren /'mitfa:rın/ *trvi* birlikte seyahat etmek, beraberce yolculuk yapmak, yol arkadaşlığı yapmak

M

Mitfahrgelegenheit /'mitfa:rgıle:gınhayt/ *f* birinin arabasında yolculuk imkânı
mitfühlend /'mitfü:lınt/ *s* duygudaş, halden anlar
mitführen /'mitfü:rın/ *trvt* yanında götürmek, beraberinde götürmek, yanında bulundurmak; (akarsu) sürükleyerek götürmek
mitgeben /'mitge:bın/ *trvt* gitmekte olan birisine beraberinde götürmesi için bir şey vermek, götürmesi için bir şey vermek
Mitgefühl /'mitgıfü:l/ *n* duygudaşlık, dert ortaklığı; sempati; acıma, acısını paylaşma
mitgehen /'mitge:ın/ *trvi* (birisiyle) birlikte gitmek, (birisine) eşlik etmek, refakat etmek; beraberinde gitmek; heyecanlanmak, coşmak; ayak uydurmak ***mitgehen heißen*** aşırmak, çalmak, araklamak, yürütmek ***mitgehen lassen*** aşırmak, çalmak, araklamak, yürütmek
mitgenommen /'mitgınomın/ *s mec* sarsılmış, hırpalanmış
Mitgift /'mitgift/ *f* çeyiz, drahoma
Mitglied /'mitgli:t/ *n* üye, aza, dernek mensubu ***Mitglied werden*** üye olmak, üye yazılmak
Mitgliederversammlung /'mitgli:dırferzamlung/ *f* üye toplantısı
Mitgliedsbeitrag /'mitgli:tsbaytra:k/ *m* üyelik aidatı, üyelik ödentisi
Mitgliedschaft /'mitgli:tşaft/ *f* üyelik, azalık ***jdm die Mitgliedschaft aberkennen*** (birisinin) üyeliğine son vermek, üyelikten atmak
Mithilfe /'mithilfı/ *f* (bir işte birisine) yardımcı olma, yardım etme
mithin /mit'hin/ *be* böylece, bu halde, binaenaleyh, demek ki, yani, buna göre
Mitinhaber /'mitinha:bır/ *m* ortak; müşterek sahip
mitkommen /'mitkomın/ *trvi* (birisiyle) beraber gitmek, beraber gelmek, birlikte gitmek, birlikte gelmek; eşlik etmek, refakat etmek; *mec* (bir işi) takip edebilmek
Mitläufer /'mitloyfır/ *m* oportünist, inanmadığı halde o eyleme katılan kişi; astar
Mitlaut /'mitlaut/ *m dilb* ünsüz, sessiz, konson
Mitleid /'mitlayt/ *n* acıma, merhamet, insaf ***mit jdm Mitleid fühlen*** (birisine) acımak ***Mitleid erregen*** acıma duygusu uyandırmak, acındırmak
Mitleidenschaft /'mitlaydınşaft/ *f* zarar, ziyan, yıkım ***in Mitleidenschaft ziehen*** zarara uğratmak, müteessir etmek, bozmak, sarsmak
mitleidig /'mitlaydih/ *s* acıma dolu, duygulu, merhametli, şefkatli, iyi yürekli, yufka yürekli
mitleidslos /'mitlaytslo:s/ *s* acımasız, merhametsiz, duygusuz, taş kalpli, gaddar; kalpsiz, insafsız
mitmachen /'mitmahın/ *trvt* (organizasyona) katılmak, iştirak etmek; acı çekmek; görüp geçirmek, yaşamak; ortama uymak, havasına uymak ***die Mode mitmachen*** modaya göre giyinmek
Mitmensch /'mitmenş/ *m* başka insan, türdeş
mitnehmen /'mitne:mın/ *trvt* yanında götürmek, beraberinde götürmek, birlikte götürmek; hırpalamak, perişan etmek; (hastalık) sarsmak, sağlığını bozmak ***auf der Reise einen Ort mitnehmen*** seyahatteyken bir yere uğramak
mitrechnen /'mitrehnın/ *trvt* birlikte hesap etmek, üst üste hesaplamak; hesaba katmak, hesaba katılmak; değeri olmak
mitreden /'mitre:dın/ *trvt trvi* tartışmaya katılmak, görüşmeye katılmak; etkili olmak, kararlarda payı olmak; sözü olmak
mitreißen /'mitraysın/ *trvt* sürüklemek, sürükleyip götürmek, sürükleyerek götürmek, alıp götürmek; (birisini) etkilemek, büyülemek
mitreißend /'mitraysınt/ *s* (konuşma\müzik vb) heyecan verici, büyüleyici, sürükleyici
mitschreiben /'mitşraybın/ *trvt* (beraberce) not tutmak; yazıya bir şey ilave etmek
Mitschuld /'mitşult/ *f* suç ortaklığı, suça ortaklık etme
mitschuldig /'mitşuldih/ *s* suç ortağı, suç taşıyan, aynı ölçüde suçlu
Mitschüler /'mitşü:lır/ *m* okul arkadaşı, aynı okuldan olan kişi, sınıf arkadaşı, aynı sınıftan olan kişi
mitschwingen /'mitşvingın/ *trvi* birlikte titreşmek; fark edilmek, hissedilebilmek, duyulabilmek
mitspielen /'mitşpi:lın/ *trvt trvi* rol oynamak; oyuna katılmak, başkasıyla birlikte oynamak; kötü muamelede bulunmak;

sarsmak, hırpalamak ***nicht mehr mitspielen*** pes etmek

Mitspieler /'mitşpi:lır/ *m* oyun arkadaşı, oyundaş, partner; önemli rakip, dikkat edilmesi gereken rakip

Mitspracherecht /'mitşprahıreht/ *n* söz hakkı, idareye katılım hakkı ***Mitspracherecht haben*** söz sahibi olmak, söz hakkı olmak

Mittag /'mita:k/ *m* öğle, öğle vakti; güney ***des Mittags*** öğleyin, öğlenleyin, öğleleri ***gegen Mittag*** öğleye doğru, öğle üstü ***heute Mittag*** bugün öğleyin, bugün öğlenleyin ***Mittag machen*** öğle tatili yapmak ***morgen Mittag*** yarın öğleyin, yarın öğlenleyin

Mittagessen /'mita:kesın/ *n* öğle yemeği

mittags /'mita:ks/ *be* öğleyin, öğle üzeri, öğle zamanında

Mittagshitze /'mita:kshitsı/ *f* öğle sıcağı

Mittagspause /'mita:kspauzı/ *f* öğle tatili

Mittagszeit /'mita:kstsayt/ *f* öğle vakti

Mitte /'mitı/ *f* orta, vasat, ara; *pol* merkez; *mec* bel ***aus unserer Mitte*** aramızdan, içimizden ***die goldene Mitte*** orta yol ***die linke Mitte*** *pol* ortanın solu ***einer aus unserer Mitte*** içimizden biri, aramızdan biri ***in der Mitte*** ortada ***in die Mitte nehmen*** araya almak ***Mitte April*** Nisan ortası

mitteilen /'mittaylın/ *trvt* bildirmek, haber vermek, tebliğ etmek ***sich jdm mitteilen*** (birisine) açılmak, içini dökmek

mitteilsam /'mittaylza:m/ *s* konuşkan, lafebesi, konuşmayı seven; açık yürekli

Mitteilung /'mittaylung/ *f* haber, bildiri, malumat, duyuru, tebliğ; ilan; ihbarname ***amtliche Mitteilung*** resmi bildiri, resmi bildirim ***kurze Mitteilung*** kısa not

Mittel /'mitıl/ *n* araç, yol; vasıta, çare, derman; tedbir; gelir kaynağı, para; ilaç, çare, em; ortalama değer ***als Mittel dienen*** alet olmak ***aritmetisches Mittel*** ortalama sayı ***ein Mittel zum Zweck*** atlama taşı, (hedefe ulaşmada) basamak ***keine Mittel haben*** beş parasız olmak ***mit allen Mitteln*** her türlü çareye başvurmak ***Mittel und Wege finden*** çaresini bulmak, kolayını bulmak ***Mittel zum Zweck*** tramplen, atlama taşı ***sich ins Mittel legen*** arabuluculuk etmek, araya girmek, aracılık etmek

Mittelalter /'mitılaltır/ *n* ortaçağ

mittelalterlich /'mitılaltırlih/ *s* ortaçağa ait; (kişi) orta yaşlı

Mittelamerika /mitıla'me:rika/ *n* Orta Amerika

mittelbar /'mitılba:r/ *s* dolaylı, vasıtalı ***mittelbarer Besitz*** *huk* dolaylı zilyetlik

Mitteleuropa /'mitıloyro:pa/ *tnz* Orta Avrupa

mitteleuropäisch /'mitıloyrope:iş/ *s* Orta Avrupa ile ilgili ***mitteleuropäische Zeit*** Orta Avrupa saati

Mittelfeld /'mitılfelt/ *n sp* orta alan; ortalarda bulunan yarışmacı grubu

Mittelfinger /'mitılfingır/ *m* orta parmak

mittelfristig /'mitılfristih/ *s* orta vadeli ***mittelfristiger Kredit*** *tic* orta vadeli kredi, orta vadeli borç verme

Mittelfuß /'mitılfu:s/ *m anat* ayak tarağı, ayağın tarak kısmı

Mittelgebirge /'mitılgıbirgı/ *n coğ* orta yükseklikte olan sıra dağlar

Mittelgewicht /'mitılgıviht/ *n sp* orta sıklet

mittelgroß /'mitılgro:s/ *s* orta büyüklükte, orta boylu

mittellos /'mitıllo:s/ *s* parasız, fakir, yoksul, beş parasız; çaresiz

mittelmäßig /'mitılme:sih/ *s* orta, orta derecede, orta ölçüde, ortalama, vasati, şöyle böyle

Mittelmeer /'mitılme:r/ *n* Akdeniz; *mec* büyük miktar

Mittelmeerraum /'mitılme:rraum/ *m* Akdeniz bölgesi

Mittelohrentzündung /'mitılo:renttsündung/ *f hek* orta kulak iltihabı

Mittelpunkt /'mitılpunkt/ *m* merkez, merkez noktası; orta nokta

mittels /'mitıls/ *ilg* ile, yardımıyla, sayesinde, vasıtasıyla, aracılığıyla

Mittelsmann /'mitılsman/ *m* aracı, arabulucu

Mittelstand /'mitılştant/ *m* orta sınıf, orta tabaka, ne fakir ne zengin

mittelständisch /'mitılştendiş/ *s* orta sınıfla ilgili, orta tabakaya ait

Mittelstreifen /'mitılştrayfın/ *m* bölünmüş otoyolllarda ortada bulunan yeşillendirilmiş boşluk

Mittelstürmer /'mitılştü:rmır/ *m sp* (futbol) santrfor, forvet

Mittelweg /'mitılve:k/ *m mec* orta yol, çıkar yol ***Mittelweg einschlagen*** (anlaşmazlık) ortasını bulmak

mitten /'mitın/ *be* ortada, ortaya; (zaman)

ortasında ***mitten auf der Straße*** caddenin ortasında ***mitten aus*** arasından; ortasından ***mitten in*** ortasında ***mitten in der Nacht*** gece yarısında ***mitten in der Stadt*** şehrin merkezinde, şehrin ortasında

mittendrin /mitın'drin/ *be kon* ortasında, tam ortasında, arasında ***genau mittendrin*** tam ortasında

Mitternacht /'mitırna**h**t/ *f* gece yarısı

mitternächtlich /'mitırne**h**tli**h**/ *s* gece yarısı olan, gece yarısı meydana gelen

mitternachts /'mitırna**h**ts/ *be* gece yarısında, geceleyin

mittlere(r,s) /'mitlırı(r,s)/ *s* ortada duran, bir şeyin merkezi; orta, ortalama, vasati ***mittlere Breite*** *coğ* ortalama enlem ***mittlere Datentechnik*** *biliş* dağıtılmış bilgi-işlem ***mittlere Geschwindigkeit*** ortalama hız ***mittleren Alters*** orta yaşlı ***mittlerer Beamte*** orta derecede memur ***mittlerer Integrationsgrad*** orta çapta tümleşme ***mittlerer Osten*** Orta Asya ***mittleres Afrika*** Orta Afrika ***mittleres Einkommen*** orta düzeyde gelir ***mittleres Tempo*** orta tempoda, orta hızda

mittlerweile /'mitlırvaylı/ *be* bu arada, bu esnada, o arada, o sırada

Mittwoch /'mitvo**h**/ *m* çarşamba ***am Mittwoch*** çarşamba günü

mittwochs /'mitvo**h**s/ *be* çarşambaları, çarşamba günleri

mitunter /mit'untır/ *be* bazen, ara sıra, arada bir, bazı bazı

mitverantwortlich /'mitferantvortli**h**/ *s* birlikte sorumlu, müşterek sorumlu

Mitverantwortung /'mitferantvortung/ *f* başkalarıyla birlikte, ortaklaşa taşınan sorumluluk

mitwirken /'mitvirkın/ *trvi* (film, tiyatro) rol oynamak, rolü bulunmak; etkili olmak, tesir etmek; işbirliği yapmak, birlikte yapmak ***bei etw mitwirken*** (bir konuda) yardımcı olmak, destekte bulunmak, katkıda bulunmak

Mitwirkung /'mitvirkung/ *f* işbirliği, katkı, yardım; iştirak, ortaklık

Mitwisser /'mitvisır/ *m* sırdaş, sır ortağı

mixen /'miksın/ *vt* karıştırmak

Mixer /'miksır/ *m* mikser; (bar) içki kokteyli yapan kişi

Mob /mop/ *m* ayaktakımı, aşağı tabaka

Möbel /'mö:bıl/ *n* mobilya, möble; döşeme, mefruşat

Möbelgeschäft /'mö:bılgışeft/ *n* mobilya mağazası

Möbelwagen /'mö:bılva:gın/ *m* eşya arabası, eşya taşıma arabası

mobil /mo'bi:l/ *s kon* hareketli, seyyar; *ask* savaşa hazır, herakata hazır, seferber; çevik, atak, aktif, canlı, faal, girişken ***mobil machen*** seferber etmek ***mobile Ausbildung*** taşımalı eğitim

Mobilfunk /mo'bi:lfunk/ *m* mobil telefon

Mobiliar /mobili'a:r/ *n* mobilyalar

mobilisieren /mobili'zi:rın/ *vt ask* seferber etmek; *tic* harekete geçirmek; (bir iş için) harekete geçmek

Mobilität /mobili'te:t/ *f* hareket, hareketlilik, devingenlik

Mobilmachung /mo'bi:lma**h**ung/ *f ask* seferberlik ***totale Mobilmachung*** *ask* pol. genel seferberlik

Mobiltelefon /mo'bi:ltelefo:n/ *n* mobil telefon

möblieren /mö'bli:rın/ *vt* dayayıp döşemek, mobilya ile döşemek

möbliert /mö'bli:rt/ *s* mobilyalı, eşyalı, döşemeli ***möbliert wohnen*** mobilyalı evde oturmak ***möbliertes Zimmer*** möbleli oda, eşyalı oda ***vollständig möbliert*** dayalı döşeli

Möchtegern /'mö**h**tıgern/ *m kon* olduğundan daha farklı görünmek isteyen kimse, kendini farklı biriymiş gibi göstermeye çalışan kişi

Mode /'mo:dı/ *f* moda ***aus der Mode sein*** modası geçmek, demode olmak ***die neueste Mode*** son moda, yeni moda ***es wird Mode*** moda oluyor ***in die Mode bringen*** modasını çıkarmak, moda yapmak ***in Mode kommen*** moda olmak ***sich nach der Mode kleiden*** modaya uygun giyinmek

Modeberuf /'mo:dıbıru:f/ *m* moda meslek

Modedesigner/in /'mo:dıdizaybır/in/ *n* modelist

Modefarbe /'mo:dıfarbı/ *f* moda renk

Modejournal /'mo:dıjurna:l/ *n* moda dergisi

Model /'modıl/ *m* (kek vs. için) kalıp; (kumaş) baskı kalıbı

Modell /mo'dıl/ *n* model; örnek, numune; *tek* kalıp, biçim ***Modell stehen*** modellik etmek, modellik yapmak

modellieren /mode'li:rın/ *vt* kalıplamak, kalıbını çıkarmak; modele etmek

M

Modem /'mo:dım/ *n biliş* modem
Modenschau /'mo:dınşau/ *m* defile, moda gösterisi
Moder /'mo:dır/ *m* çürüme, bozulma; çürümüş şey ***zu Moder werden*** çürümek, kokmak
moderieren /mode'ri:rın/ *vt* (program) yönetmek, idare etmek; yatıştırmak
moderig /'mo:dırih/ *s* küflü, çürümüş, bozuk ***moderiger Geruch*** küf kokusu, çürüme kokusu
modern /mo'dern/ *vi* çürümek, kokmak; *s* modern, çağdaş, çağa uygun, çağcıl, asri, yeni; modaya uygun ***moderne Erziehung*** modern eğitim ***moderne Familie*** modern aile ***moderne Gedanken*** çağdaş düşünceler ***moderne Schule*** modern okul, çağdaş okul ***modernes Leben*** çağdaş yaşam
Moderne /mo'dernı/ *f* çağdaşlık, çağcılık, modernlik; yenilik; *ed* modernlik
modernisieren /moderni'zi:rın/ *vt* modernleştirmek, yenileştirmek, yeni çağa uydurmak, çağdaşlaştırmak; medenileştirmek, uygarlaştırmak; ıslah etmek ***sich modernisieren*** modernleşmek; medenileşmek, uygarlaşmak
Modeschmuck /'mo:dışmuk/ *m* (ucuz) moda süs
Modeschöpfer /'mo:dışöpfır/ *m* kreatör, modacı, moda tasarımcısı
Modezeichner /'mo:dıtsayhnır/ *m* moda tasarımcısı
modifizieren /modifi'tsi:rın/ *vt* değiştirmek, tadil etmek
modisch /'mo:diş/ *s* modaya uygun, moda ***modisches Kleid*** moda elbise
Modul /mo'du:l/ *m mat* modül
Modus /'mo:dus/ *m* suret, yöntem, tarz, biçim, usul; *dilb* kip, fiilin ifade tarzı ***Modus Vivendi*** *huk* geçici anlaşma, muvakkat anlaşma
Mofa /'mo:fa/ *n* motorlu bisiklet
mogeln /'mo:gıln/ *vi kon* (oyunda) hile yapmak, kandırmak, aldatmak; zar tutmak
mögen /'mö:gın/ *mv* istemek, dilemek, arzu etmek
mögen /'mö:gın/ *vt* beğenmek, sevmek, hoşlanmak; arzulamak; eğilim duymak, sahip olmaktan hoşlanmak, yapmaktan mutluluk duymak; olabilmek, yapabilmek ***das mag ich*** bu hoşuma gider, bunu severim ***es mag sein*** olabilir ***ich mag dich nicht*** senden hoşlanmıyorum ***ich mag nicht*** istemem ***ich möchte ...*** ben ... istiyorum ***jdn nicht mögen*** (birisini) sevmemek ***lieber mögen*** tercih etmek ***wie dem auch sein mag*** ne de olsa, nasılsa
möglich /'mö:klih/ *be* mümkün, yapılabilir, olabilir, olabilen; olanaklı, muhtemel; gizli; potansiyel ***alle möglichen Sachen*** her türlü eşya ***alles Mögliche tun*** olabilecek her şeyi yapmak ***alles Mögliche versuchen*** her çareye başvurmak ***es möglich machen*** çıkar yolunu bulmak, çaresini bulmak ***nach allen möglichen Orten*** şuraya buraya, her yere ***nach möglich*** mümkün olduğu kadar ***nicht möglich*** mümkün değil, imkânsız ***soweit es möglich ist*** mümkün olduğunca, elden geldiğince
möglicherweise /'mö:klihırvayzı/ *be* belki, olabilir, mümkündür, ihtimal ki
Möglichkeit /'mö:klihkayt/ *f* imkân, olanak, olabilirlik ***eine Möglichkeit suchen*** fırsat aramak, şans aramak ***nach Möglichkeit*** imkân dahilinde, fırsat dahilinde
möglichst /'mö:klihst/ *be* mümkün olduğu kadar ***möglichst bald*** mümkün olduğu kadar çabuk ***möglichst rasch*** bir an evvel, olabildiğince çabuk ***sein Möglichstes tun*** elinden geleni yapmak
Mohammedaner /mohamı'da:nır/ *m* Müslüman, müslim ***Mohammedaner werden*** İslamlaşmak, İslamiyeti seçmek
mohammedanisch /mohame'da:niş/ *s* Müslüman, İslamlıkla ilgili, İslamiyetle ilgili
Mohikaner /mohi'ka:nır/ *m* bir kızılderili soyu mensubu, Mohikan
Mohn /mo:n/ *m bitk* haşhaş
Mohr /mo:r/ *m kon* zenci, habeş
Möhre /'mö:rı/ *f bitk* havuç
Mohrrübe /'mo:rrü:bı/ *f bitk* havuç
mokieren /mo'ki:rın/ *vr* alay etmek ***sich über jdn mokieren*** (birisiyle) alay etmek, eğlenmek, kafa bulmak
Mokka /'moka/ *m* mokka, sert kahve; yemen kahvesi
Molch /molh/ *m hayb* semender
Moldawien /mol'da:vyın/ *n* Moldavya
Mole /'mo:lı/ *f* dalgakıran, rıhtım
Molekül /mole'kü:l/ *n fiz* molekül
molekular /moleku'la:r/ *s* moleküler
Molke /'molkı/ *f* kesik süt, kesilmiş süt

M

Molkerei /molkı'ray/ *f* sütçülük, mandıracılık; süthane, mandıra
Moll /mol/ *n müz* minör
mollig /'molih/ *s kon* hoş, ferah, rahat, huzurlu, (ortam) sıcak; *mec* tombul kız ***mollig warm*** sıcacık, çok hoş
Molybdän /molüb'de:n/ *n kim* molibden
Moment /mo'ment/ *m* an, kısa süre; *n* gerçek neden, esas neden, asıl sebep, başlıca sebep; olay, durum, önemli durum, acil durum; belirti, iz, emare; bakış açısı, görüş açısı ***ein Moment!*** bir dakika!, biraz durun! ***gerade in dem Moment*** tam o anda ***im Moment*** bu anda, şu anda ***im richtigen Moment*** tam zamanında, tam vaktinde
momentan /momen'ta:n/ *s* geçici, muvakkat; *be* şu andaki, şimdiki, halen
Momentaufnahme /mo'mentaufna:mı/ *f fot* resim enstantanesi
Monarch /mo'narh/ *m* kral, hükümdar
Monarchie /monar'hi:/ *f* monarşi, krallık, hükümdarlık ***die absolute Monarchie*** mutlakiyet, baskıcı yönetim, istibdat
monarchisch /mo'narhiş/ *s* monarşik
Monat /'mo:nat/ *m* ay, takvim ayı ***diesen Monats*** bu ay ***drei Monate lang*** üç ay boyunca ***in diesem Monat*** bu ay içinde ***jeden Monat*** her ay ***nächsten Monat*** gelecek ay
monatelang /'mo:natılang/ *s* aylarca, aylar boyu
monatlich /'mo:natlih/ *s* ayda bir; her ay, her ay olan ***das monatliche Gehalt*** aylık, maaş
Monatsanfang /'mo:natsanfang/ *f* aybaşı
Monatskarte /'mo:natskartı/ *f* aylık kart, aylık abonman kartı
Mönch /mönh/ *m* rahip, keşiş, papaz; *mim* orta sütun; *mim* çatı kiremidi; boynuzsuz geyik
Mond /mo:nt/ *m gökb* ay, uydu ***abnehmender Mond*** küçülen ay ***in den Mond schauen*** *mec* avucunu yalamak ***zunehmender Mond*** büyüyen ay
mondän /mon'de:n/ *s* monden
Mondbahn /'mo:ntba:n/ *f* ay yörüngesi
Mondfinsternis /'mo:ntfinstırnis/ *f gökb* ay tutulması
Mondlandschaft /'mo:ntlantşaft/ *f* ay yüzeyi
Mondlandung /'mo:ntlandung/ *f* aya iniş
Mondlicht /'mo:ntliht/ *n* ay ışığı, mehtap
Mondschein /'mo:ntşayn/ *m gökb* ay ışığı, mehtap
mondsüchtig /'mo:ntzühtih/ *s hek* uyurgezer
Mongole/Mongolin /mon'go:lı/man'go:lin/ *m/f* Moğol
Mongolei /mongo'lay/ *f* Moğolistan
mongolisch /mon'go:liş/ *s* Moğolistan ile ilgili, Moğollarla ile ilgili ***Mongolische Sprache*** Moğolca, Moğol dili ***Mongolische Volksrepublik*** Moğolistan Halk Cumhuriyeti
Monitor /'mo:nito:r/ *m tek* monitör, ekran
Monogamie /monoga'mi:/ *f* monogami, *tek* eşle evlilik
Monogramm /mono'gram/ *n* monogram, isimlerin ilk harfleriyle elde edilen marka
Monokultur /'mo:nokultu:r/ *f tek* tür bitki ekimi, monokültür
Monolog /mono'lo:k/ *m* monolog, söyleniş; *tiy tek* kişinin söylediği kısım
Monopol /mono'po:l/ *n* tekel, monopol
monoton /mono'to:n/ *s* monoton, tekdüze, bıktırıcı, usandırıcı
Monotonie /monoto'ni:/ *f* yeknesaklık, monotonluk, biteviye
Monstrum /'monstrum/ *n* çok çirkin, vahşi yaratık, korkunç yaratık; canavar
Monsun /mon'zu:n/ *m metr* muson, Hint denizi mevsim rüzgârı
Montag /'mo:nta:k/ *m* pazartesi, pazartesi günü ***am Montag*** pazartesi günü ***der blaue Montag*** *kon* sudan bahane ile işten kaçılan pazartesi
Montage /mon'ta:jı/ *f tek* montaj, kurma, takma; çeşitli parçalardan oluşan bir bütünü birleştirme
Montagehalle /mon'ta:jıhalı/ *f* montaj alanı, kurma alanı
montags /'mo:ntaks/ *be* pazartesileri, pazartesi günleri
Montagsauto /'mo:ntaksauto/ *n kon* yeni olmasına rağmen her tarafı dökülen araba
Montanindustrie /mon'ta:nindustri:/ *f mad* madencilik endüstrisi, madencilik sanayii
Monteur /mon'tö:r/ *m* montör, makine kurucusu, montaj yapan kişi
montieren /mon'ti:rın/ *vt* monte etmek, takmak, kurmak ***den Schrank montieren*** dolabı monte etmek, dolabı kurmak
Monument /monu'ment/ *n* anıt, heykel, abide
monumental /monumen'ta:l/ *s* muhte-

şem, kocaman, harikulade; anıtsal, abidevi
Moor /mo:r/ *n* bataklık, bataklıklı alan; sulak yer
Moos /mo:s/ *n bitk* yosun
Moped /'mo:pet/ *n* mopet, hafif motosiklet
Mops /mops/ *m hayb* bir cins köpek, küt burunlu ve kısa tüylü karlin köpeği; *kon* aptal herif
Moral /mo'ra:l/ *f* ahlak, moral, etik; ruh hali, ruhsal durum; iş ahlakı, görev bilinci; kıssa, ders ***die Moral von der Geschichte*** kıssadan hisse
moralisch /mo'ra:liş/ *s* ahlaki, ahlaksal
moralisieren /morali'zi:rın/ *vi* ahlak dersi çıkarmak, moralize etmek; ahlak üzerinde düşünceler açıklamak, ahlaki öğütler vermek
Moralpredigt /mo'ra:lpre:dikt/ *f kon* ikaz etme, uyarma, azarlama
Morast /mo'rast/ *m* bataklık, bataklıklı yer, batak
morbid /mor'bi:t/ *s* hastalıklı; sakatlığı olan, marazi; *ask* çürük
Mord /mort/ *m* cinayet, adam öldürme ***einen Mord begehen*** adam öldürmek, cinayet işlemek
Mordanschlag /'mortanşla:k/ *m* cinayet planlaması, cinayet planı
Mörder /'mördır/ *m* katil, cani
mörderisch /'mördıriş/ *s* caniyane, öldürücü; dehşetli, korkunç, müthiş; dayanılmaz, katlanılmaz
Mordfall /'mortfal/ *m* cinayet olayı
Mordkommission /'mortkomisyo:n/ *f* polis cinayet araştırma birimi, polis cinayet masası
Mordprozess /'mortprotses/ *m huk* cinayet davası
Mordskerl /'morts'kerl/ *m* harika adam, çam yarması
mordsmäßig /'mortsme:si**h**/ *s kon* çok, oldukça, müthiş, haddinden fazla, olması gerekenden fazla, normalden fazla ***mordsmäßiges Ereignis*** müthiş olay
Mordverdacht /'mortferda**h**t/ *m* cinayet şüphesi
Mordversuch /'mortferzu:**h**/ *m* cinayete teşebbüs, adam öldürmeye kast
morgen /'morgın/ *be* sabahleyin, gün doğarken; *s* yarın ***Dienstag morgen*** salı sabahı ***gestern morgen*** dün sabah ***morgen Abend*** yarın akşam ***morgen Früh*** yarın sabah
Morgen /'morgın/ *m* sabah ***am frühen Morgen*** sabah sabah, sabah erkenden ***am Morgen*** sabahleyin ***der Morgen bricht an*** gün doğuyor, sabah oluyor ***es wird Morgen*** sabah oluyor ***gegen Morgen*** sabaha karşı ***guten Morgen!*** günaydın! ***Morgen!*** günaydın!
Morgendämmerung /'morgındemırung/ *f* şafak, şafak vakti, gün ağarması, gün doğması
morgendlich /'morgıntli**h**/ *be* sabahki
Morgengrauen /'morgıngrauın/ *n* şafak vakti, gün ağarması, alacakaranlık
Morgenland /'morgınlant/ *n* doğu, Avrupa'nın doğusunda kalan ülkeler, Doğu ülkeleri
Morgenmantel /'morgınmantıl/ *m* sabahlık, ropdöşambr
Morgenrock /'morgınrok/ *m* sabahlık, ropdöşambr
Morgenrot /'morgınro:t/ *n* sabah kızıllığı, şafak vakti
morgens /'morgıns/ *be* sabahları, sabahleyin
Mormone /mor'mo:nı/ *m* Mormon
Morphium /'morfyum/ *n* morfin, uyuşturucu
morsch /morş/ *s* çürümüş, çürük; (kulübe) çökmek üzere, yıkılmak üzere ***morsch werden*** çürümek ***morscher Apfel*** çürük elma ***morscher Zahn*** *hek* çürük diş ***morsches Holz*** çürük tahta; *mec* yaş tahta
morsen /'morzın/ *vi* mors alfabesiyle telgraf çekmek, mors çekmek
Mörser /'mörzır/ *m* havan; *ask* havan, havan topu
Morsezeichen /'morzıtsay**h**ın/ *n* mors işareti
Mörtel /'mörtıl/ *m* harç, yapı harcı; sıva, alçı ***mit Mörtel bewerfen*** sıvamak, harç ile sıvamak ***Mörtel anmachen*** harç karmak
Mosaik /moza'i:k/ *n* mozaik
Moschee /mo'şe:/ *f* cami; mescit ***in die Moschee gehen*** camiye gitmek
Moschusochse /'moşusoksı/ *m hayb* misk sığırı, misk öküzü
Moskito /mos'ki:to/ *m hayb* sivrisinek
Moskitonetz /mos'ki:tonets/ *n* cibinlik
Moslem /'moslem/ *m* Müslüman, müslim
moslemisch /mos'le:miş/ *s* Müslümanlıkla ilgili, Müslümanlarla İlgili

Most /most/ *m* şıra; elma suyu, üzüm suyu; yeni şarap
Motiv /mo'ti:f/ *n* motiv, itici güç, güdü, saik, asıl sebep; *müz* motif; *müz* parçada en küçük birim, motif, tema
Motivation /motiva'tsyo:n/ *f* motivasyon, harekete geçirme, ruhsal destek, güdüleme, güdülenme ***Motivation geben*** motivasyon vermek
motivieren /moti'vi:rın/ *vt* geçerli sebep göstermek, gerekçe göstermek; motive etmek, ilgisini uyandırmak, canlandırmak, hırslandırmak ***jdn für etw motivieren*** (birisini bir konuda) hırslandırmak, motive etmek, hırslandırmak, motive etmek
Motor /'mo:tor/ *m tek* motor; itici güç ***den Motor abstellen*** motoru kapamak ***den Motor anstellen*** motoru açmak ***den Motor ausschalten*** motoru durdurmak ***den Motor einschalten*** motoru çalıştırmak ***der Motor springt nicht!*** motor basmıyor!, motor çalışmıyor!
Motorboot /'mo:torbo:t/ *n* motorlu tekne; motor
Motorhaube /'mo:torhaubı/ *f oto* kaput, motor kapağı
Motorik /mo'to:rik/ *f* hareket bilgisi, kinetik; *biy* istemli hareket
Motoröl /'mo:torö:l/ *n* motor yağı
Motorrad /'mo:torra:t/ *n* motosiklet
Motorroller /'mo:torrolır/ *m* skuter
Motorschaden /'mo:torşa:dın/ *n tek* motor arızası
Motorsport /'mo:torşport/ *m* motor sporu, motorlu araç sporu
Motte /'motı/ *f* güve
Mottenkugel /'motınku:gıl/ *f* (güve için) naftalin tozu
Mottenpulver /'motınpulvır/ *n* güve ilacı
Motto /'moto/ *n* slogan, döviz, parola, vecize; genel kural, ilke
Mountainbike /'mauntınbayk/ *n* dağ bisikleti
Möwe /'mö:vı/ *f hayb* martı
MP3 /'empidray/ *n* MP3 ses kayıdı
MP3-Player /'empidraypleyır/ *n* MP3 çalar
MSN Messenger /'emesenmessencır/ *m* MSN Messenger ***Auf MSN kommunizieren*** MSN'de görüşmek
Mücke /'mükı/ *f* sivrisinek ***aus einer Mücke einen Elefanten machen*** *kon* pireyi deve yapmak
Mucken /'mukın/ *pl kon* gariplikler, tuhaflıklar, garip davranışlar, tuhaf davranışlar
Mückenstich /'mükınştih/ *m* sivrisinek sokması
Mucker /'mukır/ *m* somurtkan kişi, asık suratlı kişi; iki yüzlü, riyakâr; sahte sofu, yobaz
müde /'mü:dı/ *s* yorgun, yorulmuş, bezgin, argın, pili bitmiş; bıkkın; cansız, zayıf, çelimsiz ***einer Sache müde sein*** (bir şeyden) bıkmak, usanmak ***müder Beifall*** cılız alkışlar
Müdigkeit /'mü:dihkayt/ *f* yorgunluk;, bezginlik
muffelig /'mufılih/ *s kon* huysuz, suratsız, çekilmez, dayanılmaz, asık suratlı, kaba, nezaketsiz
muffeln /'mufıln/ *vi* küf kokmak, küflü kokmak; *kon* ağız burun oynatmak; mırıldanmak, mırıl mırıl konuşmak, anlaşılmaz şekilde ağzında geveleyerek konuşmak
muffig /'mufih/ *s* küflü, küf kokulu; (kişi) dayanılmaz, çekilmez, asık suratlı
Mühe /'mü:ı/ *f* çaba, zahmet, emek; güçlük, yorgunluk; yük, külfet; keder, üzüntü, sıkıntı, dert ***mit Müh und Not*** zar zor, güç bela ***ohne Mühe*** kolayca, çabucak; zahmetsiz ***wenn es Ihnen keine Mühe macht!*** Size zahmet olmazsa!
mühelos /'mü:ılo:s/ *s* kolay, çabuk, hafif, zahmetsiz
Mühelosigkeit /'mü:ılo:zihkayt/ *f* zahmetsizlik, kolaylık
mühen /'mü:ın/ *vr* çabalamak, uğraşmak, zahmete girmek, çalışıp çabalamak
mühevoll /'mü:ıfol/ *s* eziyetli, zahmetli, zor, ağır, çaba gerektiren
Mühle /'mü:lı/ *f* değirmen; dokuz taş oyunu
Mühsal /'mü:za:l/ *f* üzüntü, dert, tasa, keder
mühsam /'mü:za:m/ *s* yorucu, güçlük verici, zahmetli; ağır, zor, müşkül
mühselig /'mü:ze:lih/ *s* çok yorucu, çok zahmetli, çok zor; titizlik gerektiren
Mulatte/Mulattin /mu'latı/mu'latin/ *m/f* melez, beyaz-zenci melezi
Mulde /'muldı/ *f coğ* çöküntü, çukurluk; *coğ* oldukça derin ova; *den* tekne
Müll /mül/ *m* çöp, süprüntü, atık
Müllabfuhr /'mülapfu:r/ *f* çöplerin toplanması, çöplerin uzaklaştırılması, çöplerin kaldırılması

M

Müllbeutel /'mülboytıl/ *m* çöp torbası
Mullbinde /'mulbindı/ *f* gaz bezi, gazlı bez
Müllcontainer /'mülkonteinır/ *m* çöp konteyneri, çöp kumbarası
Mülldeponie /'müldeponi:/ *f* mezbele, çöplük
Mülleimer /'mülaymır/ *m* çöp tenekesi, çöp kutusu
Müller /'mülır/ *m* değirmenci
Müllkippe /'mülkipı/ *f* çöplük, çöp atılan yer
Müllschlucker /'mülşlukır/ *m* apartman çöp boşluğu
Mülltonne /'mültonı/ *f* çöp bidonu, çöp varili
Müllverbrennung /'mülferbrenung/ *f* çöp yakma
Müllwagen /'mülva:gın/ *m* çöp arabası, çöp kamyonu
mulmig /'mulmih/ *s* çürümüş, çürük; ufalanmış, unufak olmuş; kritik, nazik, tehlikeli
multikulturell /multikultu'rel/ *s* çokkültürlü ***multikulturelle Gesellschaft*** çokkültürlü toplum
multilateral /multilatı'ra:l/ *s* çok taraflı, çok kişiyi ilgilendiren; *pol* birçok ülkeyi ilgilendiren
Multimedia /multi'me:dya/ *f biliş* mültimedya
Multiplikation /multiplika'tsyo:n/ *f mat* çarpma, çarpma işlemi
multiplizieren /multipli'tsi:rın/ *vt mat* çarpmak, çarpma işlemi yapmak
Mumie /'mu:myı/ *f* mumya
mumifizieren /mumifi'tsi:rın/ *vt* mumyalamak
Mumm /mum/ *m kon* cesaret, cesurluk, yüreklilik, girişkenlik
Mumps /mumps/ *m kon* hek. kabakulak
München /'münhın/ *n* Münih
Mund /munt/ *m* ağız, dudaklar; menfez, delik; *tek* ağız, yuva; *f* vasilik ***einen großen Mund haben*** *mec* palavra atmak, uydurmak ***Halt den Mund!*** çeneni kapa! ***in aller Munde sein*** ağızdan ağıza dolaşmak, dillere destan olmak ***jdm das Wort aus dem Mund nehmen*** *mec* (birisinin) ağzından laf kapmak ***jdm über den Mund fahren*** *mec* (birisinin) sözünü kabaca kesmek ***sich den Mund verbrennen*** *mec* düşüncesizce konuşarak zarara uğramak ***von der Hand in den Mund leben*** *mec* kıt kanaat geçinmek, az ile yetinmek
Mundart /'munta:rt/ *f dilb* ağız, şive, diyalekt
Mündel /'mündıl/ *n* vesayet altında bulunan yetim çocuk
münden /'mündın/ *vi* (akarsu, su) akmak, dökülmek; (yol) çıkmak, varmak, gitmek; (konuşma) bir sonuca götürmek ***diese Straße mündet auf die Post*** bu cadde postaneye çıkar
mundfaul /'muntfaul/ *s mec* ağzı sıkı, ağzından laf çıkmaz; suskun, az konuşan
mundgerecht /'muntgıreht/ *s* kolay yenebilir, yemesi kolay ***jdm etw mundgerecht machen*** *mec* (birisine bir şeyi) ilgi çekici şekilde anlatmak
Mundharmonika /'muntharmo:nika/ *f müz* ağız armonikası
mündig /'mündih/ *s huk* reşit, ergin, ergen
Mündigkeit /'mündihkayt/ *f huk* reşitlik, erginlik
mündlich /'mündlih/ *s* sözlü; konuşmalı ***mündliche Prüfung*** sözlü sınav
Mundpflege /'muntpfle:gı/ *f* ağız bakımı
Mundstück /'muntştük/ *n* sigara ağızlığı; *müz* nefesli alet ağızlığı
mundtot /'muntto:t/ *s* : ***jdn mundtot machen*** (birisini) zorla susturmak, şiddet kullanarak susturmak
Mündung /'mündung/ *f coğ* akarsu ağzı, akarsuyun döküldüğü yer; *ask* top ağzı
Mundwasser /'muntvasır/ *n* ağız gargarası, ağız gargara suyu
Mundwerk /'muntve:rk/ *n kon* konuşma becerisi, ağzı laf yapma yeteneği ***ein gutes Mundwerk haben*** ağzı iyi laf yapmak, çenesi kuvvetli olmak
Munition /muni'tsyo:n/ *f ask* cephane, mühimmat
Munitionsfabrik /muni'tsyo:nsfabri:k/ *f* mermi fabrikası
munkeln /'munkıln/ *vi* mırıldanmak; söylenti yaymak, fısıltı gazetesi ile yaymak
Münster /'münstır/ *n* manastır; katedral
munter /'muntır/ *s* uyanık; hareketli, oynak; şen, neşeli, canlı
Munterkeit /'muntırkayt/ *f* uyanıklık; hareketlilik, oynaklılık; neşelilik, canlılık; dinçlik
Muntermacher /'muntırmahır/ *m kon* uyarıcı (içecek)
Münzautomat /'müntsautoma:t/ *m* metal para ile çalışan otomat

Münze /'müntsı/ *f* madeni para, metal para, bozuk para
münzen /'müntsın/ *vi/vt* madeni para basmak, metal para basmak ***das ist auf mich gemünzt*** *mec* muhatabı benim
Münzfernsprecher /'müntsfernşprehır/ *m* bozuk para ile çalışan telefon kulübesi; jetonla çalışan telefon kulübesi
Münzsammlung /'müntszamlung/ *f* para koleksiyonu, sikke koleksiyonu
mürbe /'mürbı/ *s* (yiyecek) iyi pişmiş; ağızda eriyen, yumuşak; gevrek; *kon* yıpranmış; (kişi) ezik, yıpranmış ***jdn mürbe machen*** (birisinin) direncini kırmak ***mürbe werden*** yumuşamak
Murmel /'murmıl/ *f* misket, bilye, bilya, zıpzıp
murmeln /'murmıln/ *vi* mırıldanmak, kendi kendine yavaşça söylenmek, gevelemek ***es murmelt*** şırıl şırıl akıyor
Murmeltier /'murmılti:r/ *n hayb* dağ sıçanı
murren /'murın/ *vi* homurdanmak, söylenmek, öfkeden köpürmek ***der Donner murrt*** gök gürlüyor
mürrisch /'müriş/ *s* homurdanan, suratsız, asık suratlı, aksi, ters, somurtkan
Mus /mu:s/ *n* püre, ezme, bulamaç
Muschel /'muşıl/ *f hayb* midye; midye kabuğu; midye şeklindeki nesne
Muse /'mu:zı/ *f* ilham perisi
Museum /mu'ze:um/ *n* müze
Musik /mu'zi:k/ *f* müzik; mızıka ***in Musik setzen*** *müz* bestelemek ***Musik verstehen*** müzikten anlamak, müziği iyi bilmek
musikalisch /muzi'ka:liş/ *s* müzikal, müzikle ilgili; müzikten anlayan, müzik yeteneğine sahip
Musikalität /muzikali'te:t/ *f* müzikalite; müzik yeteneği
Musikbox /mu'zi:kboks/ *f* müzik dolabı
Musiker /'mu:zikır/ *m* müzisyen, müzik artisti; *müz* orkestra üyesi
Musikinstrument /mu'zi:kinstrument/ *n* müzik enstrümanı, müzik aleti
Musikkapelle /mu'zi:kkapelı/ *f ask* askeri mızıka
Musikkassette /mu'zi:kkasetı/ *f* müzik kaseti
Musiklehrer /mu'zi:kle:rır/ *m* müzik öğretmeni, müzik eğitmeni
Musikunterricht /mu'zi:kuntırіht/ *m* müzik dersi, müzik öğretimi
musisch /'mu:ziş/ *s* sanatsal; sanat duygusuna sahip; sanat tanrıçaları ile ilgili
musizieren /muzi'tsi:rın/ *vi* müzik yapmak; müzik aleti çalmak
Muskateller /muska'telır/ *m bitk* misket üzümü
Muskatnuss /mus'ka:tnus/ *f bitk* küçük hindistan cevizi ağacı tohumu
Muskel /'muskıl/ *m anat* kas, adale
Muskelkater /'muskılka:tır/ *m* adale ağrısı, kas tutulması ***einen Muskelkater haben*** kası tutulmak, adale ağrısı çekmek
Muskelpaket /'muskılpake:t/ *n* kasları gösterişli kimse
Muskelprotz /'muskılprots/ *m kon* kaslarıyla gösteriş yapan
Muskelzerrung /'muskıltserung/ *f hek* kas esnemesi
Muskulatur /muskula'tu:r/ *f biy* kas sistemi
muskulös /musku'lö:s/ *s* güçlü kaslı, adaleli; kuvvetli
Müsli /'mü:sli/ *n* müsli, tatlı bir cins mısır gevreği
Muss /mus/ *n* mecburiyet, zorunluluk, mutlak olması gereken şey
Muße /'mu:sı/ *f* boş zaman, boş vakit
Mussehe /'muse:ı/ *f kon* zorunlu evlilik
müssen /'müsın/ *mv* mecbur olmak, yapmaya mecbur olmak, yapmak zorunda olmak; muhtemel olmak ***er muss gehen*** gitmek zorunda ***ich muss*** ben mecburum ***ich muss mal!*** (okulda) tuvalete gidebilir miyim! ***sie muss sehr krank sein*** o çok hasta olmalı
müßig /'mü:sih/ *s* boş, serbest, aylak, işsiz; lüzumsuz, gereksiz; yararsız, faydasız ***müßig gehen*** tembel olmak
Müßiggang /'mü:sihgang/ *m* tembellik, aylaklık, avarelik
Muster /'mustır/ *n* örnek, numune; örnek alınan şey; (dikiş) patron; örnek eşya, eşantiyon; desen
Musterbeispiel /'mustırbayşpi:l/ *n* örnek durum, örnek vaka
mustergültig /'mustırgültih/ *s* mükemmel, kusursuz, örnek (alınacak şekilde)
musterhaft /'mustırhaft/ *s* kusursuz, mükemmel, örnek almaya değer
mustern /'mustırn/ *vt* (kumaş) desenlemek; (birisini) süzmek, incelemek, tepeden tırnağa incelemek; *ask* askerliğe uygunluk yoklaması yapmak

M

Musterung /'mustırung/ *f* desen, süs; *ask* askerlik yoklaması
Mut /mu:t/ *m* cesaret, korkusuzluk, yüreklilik; ruh hali ***den Mut verlieren*** cesaretini kaybetmek ***jdm Mut machen*** (birisine) cesaret vermek ***nur Mut!*** ha gayret!, haydi cesaret!
Mutation /muta'tsyo:n/ *f biy* değişim, mutasyon, canlı organizmaların özelliklerinin kalıtsal olarak değişmesi; *hek* ses değişimi, ses kalınlaşması
mutig /'mu:tih/ *s* cesur, yürekli, cesaretli, korkusuz
mutlos /'mu:tlo:s/ *s* korkak, cesaretsiz
Mutlosigkeit /'mu:tlo:zihkayt/ *f* korkaklık, cesaretsizlik
mutmaßen /'mu:tma:sın/ *vt* tahmin etmek, kestirmek
mutmaßlich /'mu:tma:slih/ *s* tahmini; olası, muhtemel, mümkün
Mutmaßung /'mu:tma:sung/ *f* tahmin, farz, sanı
Mutprobe /'mu:tpro:bı/ *f* cesaret gösterme denemesi
Mutter /'mutır/ *f* anne, ana, valide; doğuran, üreten; *anat* rahim; dişi hayvan; *tek* somun, vida ***ganz die Mutter*** anasının çocuğu, hık demiş anasının burnundan düşmüş ***Mutter Natur*** tabiat ana ***weise Mutter*** ebe ***wie Mutter*** ana gibi, anne gibi
Muttergesellschaft /'mutırgızelşaft/ *f* ana ortaklık
Muttergottes /mutır'gotıs/ *f* bakire Meryem
mütterlich /'mütırlih/ *s* anaya özgü, anneye ait, anaya ait, anadan gelme, anneden gelen; ana gibi, şefkatli, sevgi dolu, sevecen ***das mütterliche Erbe*** anadan kalan miras
mütterlicherseits /'mütırlihırzayts/ *be* ana tarafından ***Großmutter mütterlicherseits*** anneanne ***Tante mütterlicherseits*** teyze
Mütterlichkeit /'mütırlihkayt/ *f* analık, annelik; anne sevgisi, anne şefkati
Muttermal /'mutırma:l/ *n biy* bebekte doğumda oluşan leke; ben
Muttermilch /'mutırmilh/ *f* ana sütü, anne sütü
Mutterschaft /'mutırşaft/ *f* annelik, analık
Mutterschutz /'mutırşuts/ *m* çalışan anne adayının doğumdan önce ve sonra iş yasaları gereğince korunması
mutterseelenallein /mutır'ze:lına'layn/ *s* yapayalnız, *tek* başına, kimsesiz ***mutterseelenallein sein*** yapayalnız olmak, *tek* başına olmak
Muttersprache /'mutırşpra:hı/ *f* anadil
Muttertag /'mutırta:k/ *m* anneler günü
mutwillig /'mu:tvilih/ *s* bile bile, kasten, kasıtla, isteyerek, bilerek; kötü niyetli
Mütze /'mütsı/ *f* kasket, bere; ısınmak amacıyla üzerine örtülen örtü
mysteriös /müster'yö:s/ *s* gizemli, esrarengiz; tuhaf, garip
Mysterium /müs'te:ryum/ *n* sır, giz, gizem
Mystifikation /müstifika'tsyo:n/ *f* aldatma, kandırma, hile yapma
Mystik /'müstik/ *f* mistisizm, gizemcilik; tasavvuf
mystisch /'müstiş/ *s* mistik, gizemsel, gizemli
Mythologie /mütolo'gi:/ *f* mitoloji, söylenbilim
mythologisch /müto'lo:giş/ *s* mitolojik, efsanevi
Mythos /'mü:tos/ *m* mitos, eski uygarlıkları anlatım tarzı

N

na /na/ *ünl* haydi! ***na gut!*** ha iyi! ***na mach!*** çabuk ol! ***na nu!*** sahi mi!, öyle mi!, deme ***na ob!*** hem de nasıl! ***na so was!*** hiç böylesini görmedim! ***na warte nur!*** sen görürsün, bak görürsün!
Nabe /'na:bı/ *m oto* dingil, tekerlek yuvası
Nabel /'na:bıl/ *m* göbek; *mec* merkez, odak ***am Nabel des Ereignisses*** olayın tam merkezinde
Nabelbruch /'na:bılbruh/ *m hek* göbek fıtığı
Nabelschnur /'na:bılşnu:r/ *f anat* göbek kordonu, göbek bağı
nach /na:h/ *ilg* (yön bildirme anlamında) -ye, -ya; (zaman olarak) sonra, akabinde; gereğince, göre, uyarınca, uygun olarak; *be* arkasından, peşinden, takip ederek ***mir nach!*** beni takip edin! ***nach Antalya*** Antalya'ya ***nach dem Gesetz*** yasa uyarınca, kanunen, kanun gereğince ***nach der Reihe*** sırasıyla, sırayla ***nach der Schule*** okuldan sonra ***nach dieser Seite*** bu tarafa ***nach Norden*** kuzeye, kuzey tarafına ***nach Osten*** doğuya, doğu tarafına ***nach Süden*** güne-

ye, güney tarafına ***nach und nach*** usulca, yavaş yavaş, gittikçe ***nach Westen*** batıya, batı tarafına ***nach wie vor*** eskisi gibi, tıpkı eskiden olduğu gibi

nachäffen /'na:**h**efın/ *trvt* taklit etmek

nachahmen /'na:**h**a:mın/ *trvt* taklidini yapmak, aynısını yapmak ***etw nachahmen*** (bir şeyin) aynısını yapmak, taklidini yapmak, kopya etmek ***jdn nachahmen*** (birisini) taklit etmek, yaptığını aynen yapmak

nachahmenswert /'na:**h**a:mınsve:rt/ *s* taklit etmeye değer; örnek olmaya değer, örnek oluşturan

Nachahmung /'na:**h**a:mung/ *f* taklit; taklit ürünü, imitasyon, sahte

Nachbar /'na**h**ba:r/ *m* komşu, bitişik

Nachbarschaft /'na**h**ba:rşaft/ *f* komşuluk; komşular; çevre, civar, etraf, dolay ***gute Nachbarschaft*** iyi komşuluk, iyi geçinme

Nachbarstaat /'na:**h**ba:rşta:t/ *m* komşu devlet

Nachbeben /'na:**h**be:bın/ *n* artçı deprem, artçı sarsıntı

nachbehandeln /'na:**h**bı**h**andıln/ *trvt hek* tedavisini sürdürmek, tedaviye devam etmek

Nachbehandlung /'na:**h**bı**h**andlung/ *f* son işlem

nachbereiten /'na:**h**bıraytın/ *trvt* değerlendirme yapmak, üzerine görüşmek

nachbessern /'na:**h**besırn/ *trvt* sonradan düzeltmek, sonradan onarmak

nachbestellen /'na:**h**bıştelın/ *trvt* yeniden sipariş vermek, tekrar ısmarlamak

Nachbestellung /'na:**h**bıştelung/ *f* yeniden sipariş

nachbeten /'na:**h**be:tın/ *trvt* tekrarlamak, yinelemek ***etw jdm nachbeten*** (birisinin sözlerini) düşünmeden tekrarlamak, yinelemek

Nachbildung /'na:**h**bildung/ *f* taklit etme; taklit eser, kopya

nachblicken /'na:**h**blikın/ *trvi* arkasından bakmak, arkasından izlemek, arkasından bakışlarla takip etmek ***jdm nachblicken*** (birisinin) arkasından bakmak, gözleriyle izlemek

nachbohren /'na:**h**bo:rın/ *trvt* yeniden delmek, tekrar delerek daha da genişletmek; *vi* durmaksızın sorular sormak

nachdem /na:**h**'de:m/ *ilg* -den sonra, -dan sonra

nachdenken /'na:**h**denkın/ *trvi* iyice düşünüp taşınmak, eni konu düşünmek

nachdenklich /'na:**h**denkli**h**/ *s* düşünceli, düşüncelere dalmış

Nachdruck /'na:**h**druk/ *m* önem, değer; *dilb* vurgu; bas izinsiz baskı, kopya baskı

nachdrücklich /'na:**h**drükli**h**/ *s* önemli, kuvvetli, değerli; enerjik

nacheifern /'na:**h**ayfırn/ *trvi* örnek olarak olmak, onun gibi olmak istemek ***jdm nacheifern*** (birisini) örnek almak

nacheinander /na:**h**ay'nandır/ *be* arka arkaya, ardı ardına, peş peşe, tekrar tekrar

nachempfinden /'na:**h**empfindın/ *trvt* içinde hissetmek, kalbiyle hissetmek

nacherzählen /'na:**h**ertse:lın/ *trvt* okuduktan sonra anlatmak, anladığını anlatmak

Nacherzählung /'na:**h**ertse:lung/ *f* (hikâye) yeniden anlatım

nachfahren /'na:**h**fa:rın/ *trvi* (araçla) takip etmek, arkasından gitmek ***jdn nachfahren*** (birisini) araçla takip etmek, arkasından gitmek

Nachfolge /'na:**h**folgı/ *f* yerine geçme, yerini alma ***jds Nachfolge antreten*** (birisinin) halefi olmak, yerine geçmek

nachfolgen /'na:**h**folgın/ *trvi* takip etmek, izlemek, peşinden gitmek; (görev) halef olmak, yerine geçmek; taklit etmek

Nachfolger /'na:**h**folgır/ *m* halef, yerine geçen; takip eden, ardından gelen

nachforschen /'na:**h**forşın/ *trvi* üzerinde araştırma yapmak, bilgi toplamak ***etw nachforschen*** (bir şeyi) araştırmak, derinlemesine incelemek

Nachforschung /'na:**h**forşung/ *f* araştırma, inceleme, tetkik ***amtliche Nachforschung*** resmi araştırma, resmi inceleme; *huk* soruşturma

Nachfrage /'na:**h**fra:gı/ *f* inceleme, araştırma, soruşturma; talep, istek, arzu, arz

nachfragen /'na:**h**fra:gın/ *trvi* (daha sonra) bilgi toplamak, araştırmak, durumunu soruşturmak

nachfühlen /'na:**h**fü:lın/ *trvt* duygusunu hissetmek, anlamak, düşüncelerini anlamak ***jdm nachfühlen*** (birisinin) duygularını paylaşmak, anlamak

nachfüllen /'na:**h**fülın/ *trvt* tekrar doldurmak, yeniden doldurmak ***die Gläser nachfüllen*** kadehleri tekrar doldurmak

nachgeben /'na:**h**ge:bın/ *trvt* daha sonra vermek, ilaveten vermek, ek olarak vermek; *trvi* eğilmek, yıkılmak, dayanamamak, çökmek, yerle bir olmak; dayanamamak, pes etmek, boyun eğmek
Nachgebühr /'na:**h**gıbü:r/ *f* ek ücret, ek ücret talebi; (posta) eksik pul için ek ücret talebi
Nachgeburt /'na:**h**gıburt/ *f anat* plasenta, son etene, eş
nachgehen /'na:**h**ge:ın/ *trvi* izlemek, takip etmek, ardına düşmek, peşine düşmek; (saat) geri kalmak ***dem Vergnügen nachgehen*** zevk ve sefaya dalmak ***einer Sache nachgehen*** (bir şeyi) soruşturmak, araştırmak, incelemek ***jdn nachgehen*** (birisini) izlemek, takip etmek
Nachgeschmack /'na:**h**gışmak/ *m* ağız tadı, ağızda kalan tat; acı hatıra, hoş olmayan anı ***einen bitteren Nachgeschmack hinterlassen*** acı bir tat bırakmak
nachgiebig /'na:**h**gi:bi**h**/ *s coğ* gevşek zemin, yumuşak toprak; (kişi) yumuşak huylu, uysal, barışçıl ***nachgiebiger Ausbau*** esnek tahkimat
Nachgiebigkeit /'na:**h**gi:bi**h**kayt/ *f coğ* toprak yumuşaklığı, zemin gevşekliği; yumuşak huyluluk, uysallık
nachgießen /'na:**h**gi:sın/ *trvt* (bardağa, kaba) doldurmak, koymak
nachgrübeln /'na:**h**grü:bıln/ *trvi* derinlere dalmak, düşüncelere dalmak ***einer Sache nachgrübeln*** (bir konuyu) derin derin düşünmek
nachhaltig /'na:**hh**alti**h**/ *s* uzun süre etkili, etkisi süren; etkili, etkileyici; sürekli, devamlı
nachhängen /'na:**hh**engın/ *trvi* dalmak, dalıp gitmek ***einer Sache nachhängen*** (bir şeye) kendini vermek, dalıp gitmek
nachhelfen /'na:**hh**elfın/ *trvi* yardım etmek, yardımda bulunmak ***einer Sache nachhelfen*** (bir şeyi) geliştirmek, ilerletmek, aşama sağlamak ***jdm nachhelfen*** (birisine) yardımda bulunmak, yardım etmek
nachher /na:**h**'**h**e:r/ *be* daha sonra, sonra, akabinde, bilahare; sonradan, daha sonradan ***bis nachher!*** görüşmek üzere!, sonra görüşürüz!
Nachhilfe /'na:**hh**ilfı/ *f* yardım, destek, arka çıkma, koltuk çıkma

Nachholbedarf /'na:**hh**o:lbıdarf/ *m* eksikliği hissedilen bir şeyi telafi etme ihtiyacı, giderme ihtiyacı
nachholen /'na:**hh**o:lın/ *trvt* telafi etmek, gidermek, sonradan yapmak
nachklingen /'na:**h**klingın/ *trvi* (ses) yankı yapmak; etkisi sürmek, uzayıp gitmek
Nachkomme /'na:**h**komı/ *m* öz evlat, soydan gelme evlat, evladın evladı ***ohne Nachkommen sterben*** soyunu devam ettirecek evlat bırakmadan ölmek
nachkommen /'na:**h**komın/ *trvi* arkasından gelmek, daha sonra gelmek, takip etmek, peşi sıra gelmek; ulaşmak, yetişmek, varmak ***einem Befehl nachkommen*** bir emri yerine getirmek ***einer Bitte nachkommen*** bir isteği yerine getirmek ***das Versprechen nachkommen*** verilen sözü yerine getirmek
Nachkommenschaft /'na:**h**komınşaft/ *f* evlatlar, çocuklar, torunlar
Nachkriegszeit /'na:**h**kri:kstsayt/ *f* savaş sonrası dönem
Nachlass /'na:**h**las/ *m* miras, bırakıt, tereke; *huk* cezanın kısmi affı; *tic* ıskonto, indirim
nachlassen /'na:**h**lasın/ *trvt* vasiyet bırakmak, miras olarak bırakmak; *tic* indirim yapmak, ıskonto yapmak; (bir şeyi) gevşetmek, biraz gevşek bırakmak; *vi* (yağmur, rüzgâr, sancı, sıkıntı) hafiflemek, dinmek; azalmak, kötüye gitmek
Nachlassgericht /'na:**h**lasgıri**h**t/ *n huk* mirasla ilgili mahkeme, tereke mahkemesi
nachlässig /'na:**h**lesi**h**/ *s* gevşek, ihmalkâr, kayıtsız; düzensiz, intizamsız
Nachlässigkeit /'na:**h**lesi**h**kayt/ *f* ihmalkârlık, gevşeklik, kayıtsızlık; düzensizlik
nachlaufen /'na:**h**laufın/ *trvi* peşine düşmek, takip etmek, arkasından koşmak ***dem Geld nachlaufen*** para peşinde koşmak ***einer Frau nachlaufen*** bir kadının peşinden koşmak ***etw nachlaufen*** (bir şeyin) peşine düşmek ***jdm nachlaufen*** (birisinin) peşine düşmek
nachlegen /'na:**h**le:gın/ *trvt* (bir yere bir şeyi) tekrar koymak, yeniden koymak
nachliefern /'na:**h**li:fırn/ *trvt* daha sonra teslim etmek, tekrar teslim etmek, yeniden teslim etmek
Nachlieferung /'na:**h**li:fırung/ *f tic* ek teslim, sonra teslim
nachlösen /'na:**h**lö:zın/ *trvt* sonradan al-

N

mak; (maaş) ilave zam almak ***eine Fahrkarte nachlösen*** bileti otobüste almak, bileti inişte almak

nachmachen /'na:**h**ma**h**ın/ *trvt* daha sonra yapmak, sonradan yapmak, telafi etmek, gidermek; benzerini yapmak, sahtesini yapmak, taklit etmek ***nachgemachte Edelsteine*** taklit mücevheratlar

nachmessen /'na:**h**mesın/ *trvt* yeniden ölçmek, tekrar ölçmek, ölçüyü tekrar ölçerek kontrol etmek

Nachmittag /'na:**h**mita:k/ *m* öğleden sonra, ikindi, akşam üzeri ***am Dienstagnachmittag*** bir salı öğleden sonra, her salı öğleden sonra ***am Nachmittag*** öğleden sonra ***am späten Nachmittag*** akşam üzeri, akşama doğru

nachmittags /'na:**h**mita:ks/ *be* öğleden sonraları

Nachnahme /'na:**h**na:mı/ *f tic* ödemeli mal; şartlı ödeme ***per Nachnahme*** ödemeli olarak; şartlı ödemeli olarak

Nachname /'na:**h**na:mı/ *m* soyadı, aile adı

Nachporto /'na:**h**porto/ *n* ek ücret, ek ücret talebi; (posta) eksik pul için ek ücret talebi

nachprüfbar /'na:**h**prü:fba:r/ *s* denetlenebilir

nachprüfen /'na:**h**prü:fın/ *trvt* yeniden kontrol etmek, tekrar yoklamak, tekrar gözden geçirmek; tekrar sınav yapmak

nachrechnen /'na:**h**re**h**nın/ *trvt* yeniden hesaplamak, tekrar hesap etmek, hesabı kontrol etmek, hesabı gözden geçirmek

Nachrede /'na:**h**re:dı/ *f* son söz, bitiriş sözü, son hitam; dedikodu, çekiştirme, arkasından konuşma ***üble Nachrede*** iftira atma, dedikodusunu yapma, ardından kötü konuşma

nachreisen /'na:**h**rayzın/ *trvi* daha sonra yola çıkmak, (birisinin arkasından) yola çıkmak

Nachricht /'na:**h**ri**h**t/ *f* haber; bilgi, bildiri; mesaj, ileti; (radyo, TV) haberler ***die neuesten Nachrichten*** son haberler

Nachrichtenagentur /'na:**h**ri**h**tınagentu:r/ *f* haber ajansı

Nachrichtendienst /'na:**h**ri**h**tındi:nst/ *m* haber servisi, bilgi servisi; istihbarat servisi, casusluk bürosu; haber ajansı

Nachrichtensatellit /'na:**h**ri**h**tınzatıli:t/ *m* haberleşme uydusu

Nachrichtensprecher /'na:**h**ri**h**tınşpre**h**ır/ *m* spiker, haber spikeri, haber sunucusu

Nachrichtentechnik /'na:**h**ri**h**tınte**h**nik/ *f* telekomünikasyon, uziletişim, haberleşme metodu, haberleşme tekniği

nachrücken /'na:**h**rükın/ *trvi* takiben gelişmek, sonradan gelişmek ***jdm nachrücken*** (birisinin) arkasından ilerlemek, birisini takip ederek ilerlemek

Nachruf /'na:**h**ru:f/ *m* anma konuşması, anma yazısı

Nachruhm /'na:**h**ru:m/ *m* geride bırakılan şöhret, ölümden sonra arkada bırakılan ün

nachrüsten /'na:**h**rüstın/ *trvi tek* ... hale getirmek; (sonradan) ... ile donatmak; *biliş* terfi ettirmek

nachsagen /'na:**h**za:gın/ *trvt* tekrarlayarak söylemek, yeniden söylemek, söyleneni tekrarlamak ***jdm etw nachsagen*** (birisi hakkında) kötü şeyler söylemek, iftirada bulunmak

Nachsaison /'na:**h**zezon/ *f* mevsim sonu, mevsim kapanışı

Nachsatz /'na:**h**zats/ *m* ek, ilave, tamamlama, ikmal

Nachschlag /'na:**h**şla:k/ *m kon* ilave porsiyon, ek porsiyon

nachschlagen /'na:**h**şla:gın/ *trvt* bir şeyi aramak için kitaba başvurmak; kitapta aramak; *trvi* huyu çekmek, benzemek ***ein Wort im Wörterbuch nachschlagen*** bir kelimeye sözlükte bakmak ***jdm nachschlagen*** birisine çekmek, birisine benzemek

Nachschlagewerk /'na:**h**şla:gıverk/ *n* kaynak eser, başvuru kitabı; sözlük; ansiklopedi

Nachschlüssel /'na:**h**şlüsıl/ *m* maymuncuk, hırsız anahtarı

Nachschrift /'na:**h**şrift/ *f* dipnot, yazıya yapılan ek, mektuba yapılan ek; diktat, aynı anda hem dinleyip hem yazma; özet

Nachschub /'na:**h**şu:p/ *m ask* destek malzemesi, ikmal malzemesi, ikmal mühimmatı

Nachschuss /'na:**h**şus/ *m tic* tekrar para yatırma, yeniden para yatırma; *sp* (futbol) kaleciden dönen topa vurma, direkten dönen topa vurma

Nachsehen /'na:**h**ze:ın/ *n* : ***das Nachse-***

N

hen haben avucunu yalamak, havasını almak

nachsehen /'na:**h**ze:ın/ *trvi* gözlerle izlemek, göz ile takip etmek; *trvt* gözden geçirmek, denetlemek, muayene etmek, yoklamak; (kitapta, gazetede) bir şeyi aramak ***jdm etw nachsehen*** (birisinin bir şeyini) hoş karşılamak, göz yummak ***jdm nachsehen*** (birisini) gözleriyle süzmek, gözleriyle izlemek

nachsenden /'na:**h**zendın/ *trvt* arkasından göndermek, peşi sıra yollamak, peşinden göndermek

nachsetzen /'na:**h**zetsın/ *trvi* kovalamak, defetmek

Nachsicht /'na:**h**zi**h**t/ *f* hoşgörme, bağışlama, göz yumma, hatasını bağışlama, kusurunu affetme ***gegen jdn Nachsicht üben*** hoşgörülü davranmak, iltimas geçmek, müsamaha etmek ***mit etw Nachsicht haben*** (bir şeye) göz yummak, iltimas geçmek ***mit jdm Nachsicht haben*** hoşgörülü davranmak, iltimas geçmek, müsamaha etmek

nachsichtig /'na:**h**zi**h**ti**h**/ *s* bağışlayıcı, göz yuman, affeden, kusura bakmayan; *be* bağışlayarak, affederek, göz yumarak

Nachsilbe /'na:**h**zilbı/ *f dilb* sonek

nachsitzen /'na:**h**zitsın/ *trvi* izinsiz kalmak, izine çıkamamak

Nachsommer /'na:**h**zomır/ *m* yaz sonu, yaz bitimi

Nachspeise /'na:**h**şpayzı/ *f* yemekten sonra yenen tatlı veya meyve, üstlük

Nachspiel /'na:**h**şpi:l/ *n* olay sonucu ortaya çıkan yeni bir olay; epilog, son söz

nachsprechen /'na:**h**şpre**h**ın/ *trvi* tekrar söylemek, tekrarlamak, yeniden söylemek ***etw nachsprechen*** söylenmiş olan bir şeyi yinelemek, tekrarlamak ***jdm etw nachsprechen*** (birisinin söylediğini) tekrarlamak, yinelemek

nachspülen /'na:**h**şpü:lın/ *trvt* bulaşığı tekrar yıkamak, iyi yıkanmamış olduğundan tekrar yıkamak

nächstbeste(r,s) /'ne:**h**stbestı(r,s)/ *s* (niteleyici olarak) gelişigüzel, karşıya çıkan ilk

Nächste(r,s) /'ne:**h**stı(r,s)/ *m/f/n* sıradaki, bir sonraki

nachstehen /'na:**h**şte:ın/ *trvi* geride olmak, arkada olmak, gerisinde olmak ***einer Sache nachstehen*** (bir şeyin) arkasında bulunmak

nachstellen /'na:**h**ştelın/ *trvt* sonra ayarlamak, arkasından ayarlamak ***die Uhr nachstellen*** saati geriye alarak ayarlamak ***einer Frau nachstehen*** bir kadının peşine takılmak ***jdm nachstellen*** (birisini) izlemek

Nächstenliebe /'ne:**h**stınli:bı/ *f* insan sevgisi, insanları sevme

nächstens /'ne:**h**stıns/ *be* yakında, en kısa zamanda

nachsuchen /'na:**h**zu:**h**ın/ *trvt* (bir şeyi) aramak; kitaptan bakmak

Nacht /na**h**t/ *f* gece; *mec* karanlık ***bei Nacht*** geceleyin ***die ganze Nacht*** tüm gece, gece boyunca ***die Heilige Nacht*** Noel gecesi ***die Nacht hindurch wachbleiben*** hiç uyumadan sabahlamak, gecelemek, sabahlamak ***die Nacht verbringen*** gecelemek, geceyi geçirmek ***gute Nacht!*** iyi geceler! ***heute Nacht*** bu gece ***in der Nacht*** geceleyin

Nachtarbeit /'na**h**tarbayt/ *f* gece işi

Nachtasyl /'na**h**tasü:l/ *n* yuvasızlar için geceleme yeri, yurtsuzlar barınağı

nachtblind /'na**h**tblint/ *s hek* gece körü

Nachtblindheit /'na**h**tblint**h**ayt/ *f hek* hemeralopi, gece körlüğü, tavuk karası

Nachtdienst /'na**h**tdi:nst/ *m* gece nöbeti, gece hizmeti, gece görevlisi; (eczane, doktor) nöbetçi

Nachteil /'na:**h**tayl/ *m* dezavantaj, mahzur, sakınca, beis, halel; zarar, ziyan ***im Nachteil sein*** haleldar olmak ***jdm Nachteile bringen*** (birisine) zarar vermek, halel getirmek

nachteilig /'na:**h**tayli**h**/ *s* dezavantajlı, sakıncalı, mahzurlu, zarar verici, uygunsuz ***nachteilig sein*** zarar verici olmak; dezavantajlı olmak

nächtelang /'ne**h**tılang/ *be* geceler boyunca

Nachtfrost /'na**h**tfrost/ *m metr* gece ayazı, gece soğuğu

Nachthemd /'na**h**t**h**emt/ *n* gecelik, yatak kıyafeti

Nachtigall /'na**h**tigal/ *f hayb* bülbül

nächtigen /'ne**h**tigın/ *vi* geceyi geçirmek, gecelemek

Nachtisch /'na:**h**tiş/ *m* yemekten sonra yenen tatlı veya meyve

Nachtklub /'na**h**tklup/ *m* gece kulübü

Nachtlager /'na**h**tla:gır/ *n* yatak, döşek;

ask geceleme, konaklama

nächtlich /'ne:**h**tli**h**/ *s* geceye özgü, geceye ilişkin, geceye mahsus; gece olan, gece oluşan, gece gelişen ***nächtliche Stille*** gece sessizliği

Nachtlokal /'na**h**tloka:l/ *n* gece boyunca açık olan eğlence yeri

Nachtportier /'na**h**tportye:/ *m* otelde gece kapıcısı

Nachtquartier /'na**h**tkvarti:r/ *n* misafirhane; gece kalınacak yer, gecelenecek yer

Nachtrag /'na:**h**tra:k/ *m* dipnot, haşiye, ilave, ek

nachtragen /'na:**h**tra:gın/ *trvt* arkasından taşımak, arkasından getirmek; ek yapmak; (birisine) kin beslemek, garez beslemek ***jdm etw nachtragen*** (birisinin arkasından bir şey) taşımak

nachträglich /'na:**h**tre:kli**h**/ *s* tamamlayıcı, bütünleyici; sonradan gönderilen, sonradan eklenen; *be* ilaveten, ek olarak, sonradan

nachtrauern /'na:**h**trauırn/ *trvi* aramak; keder etmek; yasını tutmak ***etw nachtrauern*** (bir şeyin) arkasından üzülmek ***jdm nachtrauern*** (birisinin) arkasından üzülmek; yasını tutmak

Nachtruhe /'na**h**tru:ı/ *f* gece istirahati, gece uykusu ***Angenehme Nachtruhe!*** iyi uykular!, Allah rahatlık versin!

nachts /na**h**ts/ *be* geceleri; geceleyin, gece vakti

Nachtschicht /'na**h**tşi**h**t/ *f* gece vardiyası

Nachtschwester /'na**h**tşvestır/ *f* gece hemşiresi, gece nöbetçi hemşire

Nachttarif /'na**h**ttari:f/ *m* gece tarifesi

Nachttisch /'na**h**ttiş/ *m* komodin

Nachtwächter /'na**h**tve**h**tır/ *m* gece nöbetçisi, gececi; *mec* uyuşuk, miskin

Nachuntersuchung /'na:**h**untırzu:**h**ung/ *f hek* tekrar muayene, yeniden muayene

nachvollziehen /'na:**h**foltsi:ın/ *trvt* düşüncelerini anlamak, davranışlarını anlamak, hayat tarzını anlamak

nachwachsen /'na:**h**vaksın/ *trvi* bitk. yeniden bitmek, yeniden çiçeklenmek; sonradan çıkmak

Nachwehen /'na:**h**ve:ın/ *pl* doğum sonrası sancıları; *mec* kötü sonuçlar

nachweinen /'na:**h**vaynın/ *trvi* arkasından ağlamak ***jdm keine Träne nachweinen*** (birisinin) ardından ağlamamak ***jdm nachweinen*** (birisine) arkasından ağlamak

Nachweis /'na:**h**vays/ *m* kanıt, ispat, delil; katalog, liste; danışma bürosu; muh envanter, demirbaş eşya listesi ***den Nachweis führen*** ispat etmek, ispatlamak, kanıtlamak ***den Nachweis liefern*** ispat etmek, belgelemek

nachweisbar /'na:**h**vaysba:r/ *s* ispat edilebilir, kanıtlanabilir

nachweisen /'na:**h**vayzın/ *trvt* belgelemek, kanıtlamak, ispat etmek, ispatlamak ***jdm einen Irrtum nachweisen*** (birisinin) yanıldığını ispatlamak

nachweislich /'na:**h**vaysli**h**/ *s* ispat edilebilir, kanıtlanabilir, belgelenebilir; kanıtlanmış

Nachwelt /'na:**h**velt/ *f* gelecek kuşaklar, gelecek nesiller

nachwerfen /'na:**h**verfın/ *trvt* ardından atmak, arkasından atmak ***jdm etw nachwerfen*** (birisinin) arkasından atmak

nachwirken /'na:**h**virkın/ *trvi* etkisini sonradan göstermek, bilahare etkilemek

Nachwirkung /'na:**h**virkung/ *f* dolaylı etki, olayı takibeden netice ***unter der Wirkung von etw*** (bir şeyin) sonradan ortaya çıkan etkisiyle

Nachwort /'na:**h**vort/ *n* sonsöz

Nachwuchs /'na:**h**vu:ks/ *m* gençler, yeni yetişenler; yeni nesil, yeni kuşak; eğitim sürecinde olanlar; çocuklar

nachzahlen /'na:**h**tsa:lın/ *trvt* farkını ödemek; sonradan ödemek; (maaş) zammını ödemek

nachzählen /'na:**h**tse:lın/ *trvt* yeniden saymak, tekrar saymak

Nachzahlung /'na:**h**tsa:lung/ *f* ek ödeme, munzam ödeme, farkını ödeme

nachziehen /'na:**h**tsi:ın/ *trvt* arkasından sürüklemek; topallamak, bacağı sürümek; yeniden çizmek; *tek* (vida) sıkıştırmak; *trvi* arkasından gitmek ***das Bein nachziehen*** topallamak, sekmek ***jdm nachziehen*** (birisini) izlemek, peşinden gitmek ***Pflanzen nachziehen*** *bitk* yeniden yetiştirmek

Nachzügler /'na:**h**tsü:glır/ *m* geç kalan kişi; geri kalan kişi; *mec* yaşça kardeşlerinden çok sonra doğan çocuk

Nacken /'nakın/ *m* ense ***den Nacken beugen*** boyun eğmek ***einen steifen Nacken haben*** *mec* başı dik olmak, alnı açık olmak ***jdm den Nacken steifen***

(birisini) hemen pes etmemesi için teşvik etmek

Nackenschlag /'nakınşla:k/ *m mec* feleğin sillesi, acı darbe, acı gerçek, kötü kader

Nackenstütze /'nakınştütsı/ *f* koltuk başlığı

Nackenwirbel /'nakınvirbıl/ *m anat* ense omuru

nackt /nakt/ *s* çıplak ***die nackte Wahrheit*** çıplak gerçek, gerçeğin ta kendisi, acı gerçek ***nackter Baum*** çıplak ağaç ***nackter Boden*** çorak arazi, ağaçsız arazi

Nacktbaden /'naktba:dın/ *n* çıplak yüzme

Nacktheit /'nakthayt/ *f* çıplaklık, çıplak olma

Nadel /'na:dıl/ *f* iğne; şiş; tığ; çuvaldız; toplu iğne, dikiş iğnesi; ibre, gösterge ***auf Nadeln sitzen*** diken üstünde oturmak

Nadelbaum /'na:dılbaum/ *m bitk* iğne yapraklı ağaç

Nadelöhr /'na:dılö:r/ *n* iğne deliği

Nadelstich /'na:dılştih/ *m* iğne batırma, iğneleme; iğne batma yarası; *mec* laf gönderme, laf dokundurma, iğneleme

Nadelstreifen /'na:dılştrayfın/ *m* teks balıksırtı deseni

Nadelwald /'na:dılvalt/ *m* çamlık orman, iğne yapraklı ağaç ormanı

Nagel /'na:gıl/ *m* çivi, mıh; *anat* tırnak ***an die Nagel hängen*** çiviye asmak; bırakmak ***an den Nägeln kauen*** tırnaklarını kemirmek ***einen Nagel einschlagen*** çivi çakmak ***einen Nagel ziehen*** çivi sökmek ***es brennt mir auf den Nägeln!*** işim çok acele! ***etw an den Nagel hängen*** *mec* (bir işi) askıya almak, sürüncemede bırakmak, ertelemek

Nagelbett /'na:gılbet/ *n* tırnak dibi, tırnak yuvası

Nagelfeile /'na:gılfaylı/ *f* tırnak eğesi, tırnak törpüsü

Nagelhaut /'na:gılhaut/ *f anat* tırnakların çevresindeki ölü deri

Nagellack /'na:gıllak/ *m* oje, tırnak cilası

Nagellackentferner /'na:gıllakentfernır/ *m* aseton, oje giderici, oje silicisi

nageln /'na:gıln/ *vt* çivilemek, çivi çakmak, çiviyle tespit etmek

nagelneu /'na:gıl'noy/ *s* gıcır gıcır, yepyeni, pırıl pırıl

Nagelpflege /'na:gılpfle:gı/ *f* manikür, tırnak bakımı

Nagelschere /'na:gılşe:rı/ *f* tırnak makası

nagen /'na:gın/ *vi* kemirmek; *vt* kemirerek yemek ***an etw nagen*** (bir şeyi) kemirmek ***an jdm nagen*** *mec* (birisini) üzmek, yıpratmak

Nagetier /'na:gıti:r/ *n hayb* kemirgen, kemirici hayvan

nah(e) /na:(ı)/ *s* yakın, bitişik, yan yana, dip dibe

Näharbeit /'ne:arbayt/ *f* iğne işi, el işi

Nahaufnahme /'na:aufna:mı/ *f* (kamera) yakın çekim, portre çekimi

Nähe /'ne:ı/ *f* yakınlık; yakın dostluk; komşuluk, akrabalık; çevre, civar, yakın muhit ***aus der Nähe*** yakından ***ganz in der Nähe*** çok yakınında, şuralarda ***in der Nähe der Post*** postanenin yakınlarında

nahen /'na:ın/ *vt* yaklaşmak, yanına yanaşmak, dibine sokulmak ***sich nahen*** yaklaşmak

nähen /'ne:ın/ *vt* dikiş dikmek

Näherin /'ne:ırin/ *f* dikişçi kadın, terzi kadın

nähern /'ne:ırn/ *vt* yaklaştırmak, yakınlaştırmak ***sich nähern*** yaklaşmak, yakınlaşmak, sokulmak

Näherungswert /'ne:ırungsve:rt/ *n mat* yaklaşık değer

nahezu /'na:ı'tsu:/ *be* hemen hemen, yaklaşık, aşağı yukarı, tahmini, üç aşağı beş yukarı; takriben; adeta, sanki

Nähfaden /'ne:fa:dın/ *m* dikiş ipliği

Nähgarn /'ne:garn/ *n* dikiş ipi, dikiş ipliği

Nahkampf /'na:kampf/ *m ask* göğüs göğüse savaş, süngü süngüye savaş, yakın savaş

Nähkorb /'ne:korp/ *m* dikiş sepeti

Nähmaschine /'ne:maşi:nı/ *f* dikiş makinesi

Nähnadel /'ne:na:dıl/ *f* dikiş iğnesi

Nährboden /'ne:rbo:dın/ *m* besleyici toprak; bakteri veya canlıların çoğalmasına uygun ortam; uygun ortam, uygun zemin

nähren /'ne:rın/ *vt* beslemek; meme vermek ***eine Hoffnung nähern*** bir umut beslemek ***einen Wunsch nähern*** bir dilek beslemek ***mit Honig nähren*** bal ile beslemek ***sich mit etw nähren*** (bir şey ile) beslemek ***sich mit seinen Händen nähren*** el emeğiyle geçinmek

N

nahrhaft /'na:rhaft/ *s* besleyici, doyurucu; kuvvetli; kârlı, verimli, kazançlı
Nährmittel /'ne:rmitıl/ *pl* besin maddeleri, gıda maddeleri, besleyici maddeler
Nährstoff /'ne:rştof/ *m* besleyici madde, besin maddesi
Nahrung /'na:rung/ *f* besin, gıda, yiyecek; *tek* yakıt, benzin; geçim kaynağı, ekmek
Nahrungsaufnahme /'na:rungsaufna:mı/ *f* yemek yeme; gıda alma, beslenme
Nahrungsmangel /'na:rungsmangıl/ *m* yiyecek kıtlığı, yiyecek darlığı
Nahrungsmittel /'na:rungsmitıl/ *pl* besin maddeleri, gıda maddeleri; besleyici maddeler; erzak
Nährwert /'ne:rve:rt/ *m* besleme gücü, besleme değeri
Naht /na:t/ *f* dikiş yeri; *tek* kaynak yeri, lehim yeri; *hek* sütür, kafa kemikleri birleşme yeri
nahtlos /'na:tlo:s/ *s* dikişsiz; eksiz; *tek* kaynaksız, lehimsiz; bütün, eksiz ***nahtlos gezogen*** dikişsiz çekilmiş ***nahtlose Strümpfe*** dikişsiz çorap ***nahtloses Gasrohr*** dikişsiz gaz borusu ***nahtloses Rohr*** yekpare boru
Nahtstelle /'na:tştelı/ *f mec* ek yeri
Nahverkehr /'na:ferke:r/ *m* yakın yerler arasında ulaşım, banliyö trafiği
Nahverkehrszug /'na:ferke:rstsu:k/ *m* banliyö treni
Nähzeug /'ne:tsoyk/ *n* dikiş takımı
Nahziel /'na:tsi:l/ *n* yakın hedef
naiv /na'i:f/ *s* saf, bön, çocuksu; doğal, tabii
Naivität /naivi'te:t/ *f* saflık, bönlük, safdillik; çocukluk, doğallık, tabiilik
Name /'na:mı/ *m* ad, isim, nam, ün, şöhret ***dem Namen nach kennen*** ismen tanımak ***einen Namen geben*** ad koymak, isim takmak ***einen Namen machen*** ün yapmak, şöhret kazanmak ***Ihr Name?*** adınız? ***mit vollem Namen*** adıyla sanıyla ***Namen verlesen*** teker teker isimleri okumak ***unter falschem Namen*** takma adlı, takma ad ile
namenlos /'na:mınlo:s/ *s* adsız, isimsiz, namsız; *müz* anonim; *mec* (duygu, acı) anlatılamaz, çok büyük, ıstırap
namens /'na:mıns/ *adl* adında, adlı, isimli; adına, namına
Namensschild /'na:mınsşilt/ *n* isim plaketi
Namenstag /'na:mınsta:k/ *m* bir kişinin adını taşıdığı azizin günü
Namensvetter /'na:mınsfetır/ *m* adaş
Namenszug /'na:mınstsu:k/ *m* imza; monogram
namentlich /'na:mıntlih/ *be* ad okunarak yapılan, isim isim çağrılarak yapılan; *be* bilhassa, özellikle
namhaft /'na:mhaft/ *s* ünlü, tanınmış, tanınan, saygın, seçkin; önemli, mühim, büyük
nämlich /'ne:mlih/ *s* aynı; *be* yani, zira, demek ki ***die nämliche Frau*** aynı kadın ***in der nämlichen Tag*** aynı gün
Napalm /'na:palm/ *n fiz* napalm
Napf /napf/ *m* çanak, kâse, hokka, tas; küvet; neft; *ask* karavana
Nappaleder /'napale:dır/ *n* ince keçi veya kuzu derisi
Narbe /'narbı/ *f* yara izi; teks deri pürtüğü; *bitk* tepecik; *bitk* tabaka
narbig /'narbih/ *s* yara izi; teks (deri) pürtüklü, tırtıklı
Narkose /nar'ko:zı/ *f hek* narkoz, uyutma, uyuşturma
Narkosearzt/Narkoseärztin /nar'ko:zıartst/nar'ko:zıe:rtstin/ *m/f* anestezist, narkozitör, anestezi hekimi
Narkotikum /nar'ko:tikum/ *n* narkotik, uyuşturucu madde
Narr /nar/ *m* enayi, budala, deli, kaçık, üşütük, çılgın, keriz, avanak, ahmak, safdil, keriz, oynatmış; soytarı, şaklaban ***jdn zum Narren halten*** (birisini) enayi yerine koymak, deli yerine koymak; kafa bulmak, eğlenmek ***Sei doch kein Narr!*** çocuk olma!
Narrenhaus /'narınhaus/ *n kon* akıl hastanesi, tımarhane
Narrenkappe /'narınkapı/ *f* soytarı külahı, karnaval külahı
narrensicher /'narınzihır/ *s* kesin emniyetli, yanlış kullanılması imkânsız
Narrenstreich /'narınştrayh/ *m* aptalca şaka, eşek şakası
närrisch /'neriş/ *s* deli, kaçık, çılgın, çatlak; saçma, zırva; akılsız; çok, pek, son derece ***närrische Zeit*** karnaval zamanı, faşing zamanı, eğlence zamanı ***sich närrisch freuen*** deliler gibi sevinmek ***vor Freude narrisch sein*** sevincinden çılgına dönmek
Narwal /'narva:l/ *m hayb* deniz gergedanı
Narzisse /nar'tsisı/ *f bitk* nergis çiçeği

N

nasal /na'za:l/ *s* genizden söylenen, genzel; burundan konuşulan; *hek* burunla ilgili
naschen /'naşın/ *vt/vi* aç olmamasına rağmen sık sık bir şeyler yemek; tadına bakmak, tatmak ***an der Suppe naschen*** çorbanın tadına bakmak
naschhaft /'naş**h**aft/ *s* tatlı seven; gizlice yiyeceğin tadına bakan
Naschhaftigkeit /'naş**h**afti**h**kayt/ *f* tatlı düşkünlüğü; gizlice yiyeceğin tadına bakma
Nase /'na:zı/ *f anat* burun; koklama; azar, tekdir, paylama; *coğ* yarımada; rende sapı; kaya çıkıntısı; *hayb* çamurcuk balığı ***die Nase hochtragen*** burnu havada olmak ***die Nase voll haben*** (bir şeyden) bıkmış olmak ***durch die Nase reden*** genzinden konuşmak ***eine feine Nase haben*** burnu iyi koku almak; *mec* olayları önceden iyi sezmek ***in der Nase beißen*** (koku, duman) genzini yakmak ***in der Nase bohren*** burnunu karıştırmak ***jdm eine lange Nase machen*** (birisine) nanik yapmak ***jdm eine Nase drehen*** (birisiyle) alay etmek, kafa bulmak ***seine Nase in eine Angelegenheit stecken*** her işe burnunu sokmak ***sich die Nase putzen*** burnunu temizlemek, sümkürmek ***sich die Nase zuhalten*** burnunu tıkamak ***verstopfte Nase haben*** genzi tıkanmış olmak, burnu tıkanmış olmak ***vor der Nase sein*** burnunun dibinde olmak
näseln /'ne:zıln/ *vi* genizden konuşmak
Nasenbluten /'na:zınblu:tın/ *n hek* burun kanaması
Nasenloch /'na:zınlo**h**/ *n anat* burun deliği
Nasenring /'na:zınring/ *m* hızma, burun halkası; (hayvanlara takılan burunluk
Nasenspitze /'na:zınşpitsı/ *f* burun ucu
Nasentropfen /'na:zıntropfın/ *pl* burun damlası
naseweis /'na:zıvays/ *s* kendini beğenmiş, burnu havada, kibirli; *mec* büyümüş de küçülmüş; saygısız, küstah
Nashorn /'na:s**h**orn/ *n hayb* gergedan
Nass /nas/ *n* sıvı, akar, mayi, su; yağmur; içki, mey
nass /nas/ *s* yaş, ıslak, rutubetli, nemli ***das Bett nass machen*** yatağa işemek, yatağı ıslatmak ***nass machen*** ıslatmak ***nass werden*** ıslanmak
Nässe /'nesı/ *f* yaşlık, ıslaklık, nem, rutubet
nässen /'nesın/ *vt* ıslatmak, nemlendirmek; *vi* sızdırmak ***es nässt*** sızıyor, akıyor
Nassrasur /'nasrazu:r/ *f* ıslak tıraş, tıraş sabunu ve jiletle tıraş
Nation /na'tsyo:n/ *f* ulus, millet, halk
national /natsyo'na:l/ *s* ulusal, milli; vatansever, yurtsever, milliyetçi ***nationale Freiheit*** ulusal özgürlük ***nationale Gesinnung*** ulusseverlik, vatanperverlik, milliyetçilik ***nationale Mannschaft*** ulusal takım, milli takım ***nationale Souveränität*** ulusal egemenlik
Nationalelf /natsyo'na:lelf/ *f* ulusal futbol takımı, futbol milli takımı
Nationalfeiertag /natsyo'na:lfayırta:k/ *m* ulusal bayram, milli bayram
Nationalflagge /natsyo'na:lflagı/ *f* ulusal bayrak, ulusal sancak ***die Türkische Nationalflagge*** ayyıldız
Nationalhymne /natsyo'na:l**h**ümnı/ *f* ulusal marş, milli marş
Nationalismus /natsyona'lismus/ *m* milliyetçilik, nasyonalizm
Nationalist/Nationalistin /natsyona'list/natsyona'listin/ *m/f* milliyetçi, nasyonalist; aşırı milliyetçi
nationalistisch /natsyona'listiş/ *s* nasyonalist, milliyetçi; aşırı milliyetçi
Nationalität /natsyonali'te:t/ *f* milliyet, vatandaşlık, tabiiyet; azınlık
Nationalmannschaft /natsyo'na:lmanşaft/ *f sp* ulusal takım, milli takım
Nationalpark /natsyo'na:lpark/ *m* milli park, ulusal park, devletçe düzenlenen doğa koruma bölgesi
Nationalsozialismus /natsyo'na:lzotsialismus/ *m* nasyonal sosyalizm
Nationalsozialist/Nationalsozialistin /natsyo'na:lzotsyalist/natsyo'na:lzotsyalistin/ *m/f* nasyonal sosyalist, Nazi, Hitlerci
nationalsozialistisch /natsyo'na:lzotsyalistiş/ *s* nasyonal sosyalist, Hitler dönemine ait
Nationalspieler /natsyo'na:lşpi:lır/ *m sp* milli sporcu, milli oyuncu
Nationalstaat /natsyo'na:lşta:t/ *m* ulusal devlet, milli devlet
Natron /'na:tron/ *n kim* soda, natron

N

Natter /'natır/ *f hayb* engerek yılanı, kara yılan ***eine Natter am Busen nähren*** *mec* koynunda yılan beslemek

Natur /na'tu:r/ *f* doğa, tabiat; kâinat, evren; yapı, bünye, yaradılış; karakter; huy, mizaç; mahiyet; doğa manzarası, güzel manzara ***die Kräfte der Natur*** doğal afet; doğa gücü ***die organische Natur*** canlılar dünyası ***die Wunder der Natur*** tabiat harikaları ***von Natur*** doğal, yaradılıştan

Naturalien /natu'ra:lyın/ *pl* tarım ürünleri, toprak mahsulleri, besin maddeleri; hammaddeler; doğa ile ilgili nesneler

naturalisieren /naturali'zi:rın/ *vt* yurttaşlığa kabul etmek, vatandaşlığa kabul etmek

Naturell /natu'rel/ *n* yaradılış, karakter, yapı, bünye, huy, mizaç, fıtrat

Naturereignis /na'tu:rerayknis/ *n* doğa olayı, doğa hadisesi, fenomen

naturfarben /na'tu:rfarbın/ *s* doğal renkte, tabii renkte

Naturforscher /na'tu:rforşır/ *m* doğa bilimci, tabiat bilimcisi; fizikçi

naturgemäß /na'tu:rgıme:s/ *s* doğa yasalarına uygun, doğal, tabii; *be* tabiatıyla, haliyle

Naturgesetz /na'tu:rgızets/ *n* doğa yasası, tabiat kanunu

naturgetreu /na'tu:rgıtroy/ *s* doğaya uygun, tabii

Naturheilkunde /na'tu:r**h**aylkundı/ *f* fizyoterapi, hastalıkları ilaç kullanmadan fiziksel yöntemlerle tedavi

Naturkatastrophe /na'tu:rkatastro:fı/ *f* doğal afet, tabii afet

Naturkunde /na'tu:rkundı/ *f* tabiat bilgisi, doğa tarihi; biyoloji ve mineraloji

natürlich /na'tü:rli**h**/ *s* doğal, tabii, natürel; hakiki, gerçek; etki altında olmayan; sade, gösterişsiz; mutat; teklifsiz, samimi; normal, sıradan; *be* tabii, elbette, bittabi; *ünl* tabii!, öyle!, gayet tabii! ***natürliche Alkalität*** doğal alkalite ***natürliche Grenzen*** doğal sınırlar ***natürliche Harz*** doğal reçine ***natürliche Kampfer*** tabii kâfuru ***natürliche Kinder*** evlilikten olma çocuklar ***natürliche Personen*** *huk* gerçek kişiler ***natürliche Reserven*** doğal kaynaklar ***natürliche Restalkalität*** doğal artan alkalite ***natürliche Zahlen*** *mat* doğal sayılar, tam sayılar ***natürlicher Logarithmus*** doğal logaritma, hiperbolik logaritma ***natürlicher Magnet*** doğal mıknatıs ***natürlicher Tod*** doğal ölüm, ecel ile ölüm

Natürlichkeit /na'tü:rli**h**kayt/ *f* doğallık, tabiilik, sadelik, yalınlık

naturrein /na'tu:rrayn/ *s* doğal, saf

Naturreligion /na'tu:rreligyo:n/ *f* doğacılık, doğal güçlere tapma

Naturschutz /na'tu:rşuts/ *m* tabiatı koruma, doğayı koruma önlemleri, doğa koruma adına alınan tedbir

Naturschutzgebiet /na'tu:rşutsgıbi:t/ *n* koruma altına alınmış doğal bölge

Naturwunder /na'tu:rvundır/ *n* doğa harikası, doğa mucizesi, tabiat harikası

Naturzustand /na'tu:rtsu:ştant/ *m* doğallık, tabiilik, el değmemişlik; çıplaklık

Nautik /'nautik/ *f* gemicilik, bilgisi, denizcilik bilgisi

Navigation /naviga'tsyo:n/ *f* gemi yönetim bilgisi; uçak yönetimi bilgisi; seyrüsefer, dümencilik; güzergâh belirleme

Navigationsinstrumente /naviga'tsyo:nsinstrumentı/ *pl* seyrüsefer aletleri, dümen takımı

Nazi /'na:tsi/ *m* nazi, nasyonal sosyalist, Hitlerci

Neandertaler /ne'andırta:lır/ *m* neandertal insanı

Nebel /'ne:bıl/ *m* sis, pus; duman; kuşku, şüphe; görme önleyici perde; *metr* bulutsu ***dicker Nebel*** koyu sis ***leichter Nebel*** hafif sis ***trotz des Nebels*** sise rağmen ***wegen des Nebels*** sisten dolayı

Nebelhorn /'ne:bıl**h**orn/ *n metr* sis borusu

nebelig /'ne:bıli**h**/ *s metr* sisli, dumanlı, puslu, buhar tabakasıyla örtülü ***es ist nebelig*** hava sisli ***nebelig werden*** sislenmek, sis basmak

Nebelscheinwerfer /'ne:bılşaynverfır/ *m oto* sis lambası

neben /'ne:bın/ *ilg* (yön edatı) yanına, yanında, yan tarafına, yan tarafında ***neben dem Wagen*** arabanın yanında ***neben den Wagen*** arabanın yanına ***neben ihm*** başucunda, yanıbaşında ***neben jdm sitzen*** (birisinin) yanında oturmak

nebenan /ne:bın'an/ *be* yanda bulunan, yandaki, bitişikteki, yan tarafında, yan tarafına

Nebenanschluss /'ne:bınanşlus/ *m* (telefon) paralel bağlantı

N

Nebenausgang /'ne:bınausgang/ *m* yan çıkış
nebenbei /ne:bın'bay/ *be* ayrıca, yanı sıra, esas olanın yanında; bu arada; sırası gelmişken, yeri gelmişken ***etw nebenbei verdienen*** ek işle para kazanmak
Nebenberuf /'ne:bınbıru:f/ *m* ikinci meslek, ek meslek
nebenberuflich /'ne:bınbıru:flih/ *s* ek iş olarak yapılan, ikinci meslek olarak yapılan
Nebenbeschäftigung /'ne:bınbışeftigung/ *f* ek iş, ek görev
Nebenbuhler /'ne:bınbu:lır/ *m* rakip, yarışçı, müsabakacı
nebeneinander /'ne:bınaynandır/ *be* yan yana, birbirinin yanına, birbirinin yanında
Nebeneinkünfte /'ne:bınaynkünftı/ *pl* yan gelirler
Nebenfach /'ne:bınfah/ *n* ek uzmanlık alanı, yan uzmanlık alanı; dolabın yan gözü, yan tarafı
Nebenfigur /'ne:bınfigu:r/ *f* yardımcı rol oynayan kişi
Nebenfluss /'ne:bınflus/ *m coğ* nehir kolu
Nebengeräusch /'ne:bıngıroyş/ *n* (radyo, ses) parazit
nebenher /ne:bın'he:r/ *be* yanı sıra, ek olarak, ilaveten, ayrıca
Nebenhöhle /'ne:bınhö:lı/ *f hek* sinüs
Nebenklage /'ne:bınkla:gı/ *f huk* ek dava
Nebenkosten /'ne:bınkostın/ *pl* ek giderler, ek maliyet
Nebenprodukt /'ne:bınprodukt/ *n* yan ürün, yan sanayi ürünü
Nebenraum /'ne:bınraum/ *m* (evde) bölme
Nebenrolle /'ne:bınrolı/ *f tiy* yan rol, küçük rol
Nebensache /'ne:bınzahı/ *f* önemsiz şey, değersiz şey; ikinci derecede öneme sahip şey
nebensächlich /'ne:bınzehlih/ *s* önemsiz, değersiz, kıymetsiz
Nebensatz /'ne:bınzats/ *m dilb* yan cümle, yan tümce
Nebenstraße /'ne:bınştra:sı/ *f* tali cadde, yan cadde
Nebenwirkung /'ne:bınvirkung/ *f hek* yan etki
Nebenzimmer /'ne:bıntsimır/ *n* bitişik oda, yandaki oda
nebst /ne:pst/ *ilg* ile, ile beraber, birlikte; hariç, dışında, başka
necken /'nekın/ *vt* sataşmak, takılmak, alay etmek ***jdn necken*** (birisine) takılmak, alay etmek ***sich gegenseitig necken*** şakalaşmak
neckisch /'nekiş/ *s* alaycı, alaysı, şakacıklı; sataşan; takılan; koket, şuh, cilveli ***neckisches Wesen*** şuhluk, koketlik
Neffe /'nefı/ *m* erkek yeğen
Negation /nega'tsyo:n/ *f* red, olumsuzlama, reddetme; *dilb* olumsuzluk, negatif; yadsıma
Negativ /'ne:gati:f/ *n fot* negatif
negativ /'ne:gati:f/ *s* olumsuz, negatif, menfi; sonuçsuz; *mat* negatif sayı, eksi sayı ***negative Elektrizität*** negatif elektrik ***negative Größe*** negatif nicelik ***negative Leitung*** negatif hat ***negative Zahl*** negatif sayı, eksi sayı ***negatives Quittungszeichen*** negatif yanıt karakteri
Neger /'ne:gır/ *m* zenci, kara; *kon* arap, gündüz feneri
negieren /ne'gi:rın/ *vt* reddetmek, olumsuzlamak, olumsuz kılmak
nehmen /'ne:mın/ *vt* almak; (anlam, ders) çıkarmak; kendine mal etmek; aşırmak, çalmak, araklamak; bertaraf etmek, kaldırmak; aşmak; (taksi, araç) tutmak; mahrum etmek, elinden almak; ele geçirmek, fethetmek, zaptetmek; yemek, almak; atlatmak; sona ermek, bitmek; katlanmak, tahammül etmek, çekmek; üzerine almak, taahhüt etmek; anlamak, yorumlamak, yormak ***Abschied nehmen*** vedalaşmak ***an etw Anteil nehmen*** (bir şeye) ilgi göstermek ***auf Band nehmen*** banda kayıt etmek ***bei der Hand nehmen*** elinden tutmak ***den Spaß nehmen*** (birisinin) keyfini bozmak ***den Weg nehmen*** yol almak ***der Dieb hatte alles genommen*** hırsız her şeyi çalmıştı ***die Schuld auf sich nehmen*** suçu üzerine almak ***Dusche nehmen*** duş almak ***ein Bad nehmen*** banyo yapmak ***ein Hindernis nehmen*** bir engeli aşmak ***ein Taxi nehmen*** taksi tutmak ***etw an sich nehmen*** (bir şeyi) saklamak üzere almak ***etw in Betrieb nehmen*** (bir şeyi) işletmeye açmak ***etw in die Hand nehmen*** (bir şeyi) eline almak ***etw in Empfang neh-***

men (bir şeyi) almak ***etw persönlich nehmen*** (bir şeyi) kendine mal etmek ***etw sehr genau nehmen*** çok titiz davranmak, ciddiye almak ***etw zu sich nehmen*** yemek yemek ***Frühstück nehmen*** kahvaltı etmek ***jdm die Angst nehmen*** (birisini) korkusundan kurtarmak ***jdn in Haft nehmen*** (birisini) gözaltına almak ***jdn in seine Arme nehmen*** (birisini) kollarına almak, kucaklamak, sarmak ***jdn zu sich nehmen*** (birisini) misafir olarak almak ***nehmen wir den Fall*** farz edelim ki, var sayalım ki ***Rache nehmen*** öç almak, intikam almak ***seinen Rücktritt nehmen*** istifa etmek ***sich das Leben nehmen*** intihar etmek ***sich frei nehmen*** izin almak ***Urlaub nehmen*** tatile çıkmak ***von etw Kenntnis nehmen*** (bir şey hakkında) bilgi edinmek

Neid /nayt/ *m* haset, kıskançlık, gıpta

Neider /'naydır/ *m* kıskanç, hasetçi

neidisch /'naydiş/ *s* kıskanç ***auf jdn neidisch sein*** (birisini) kıskanmak

neidlos /'naydlo:s/ *s* kıskanmayan, hasetsiz, gıptasız

Neige /'naygı/ *f* eğim, iniş, meyil, rampa ***der Tag geht zur Neige*** gün batıyor

neigen /'naygın/ *vt* eğmek; *vi* eğimi olmak, meyili olmak, yatkın olmak ***der Tag neigt sich*** *kon* gün bitiyor ***sich neigen*** eğilmek ***zu etw neigen*** (bir şeye) meyili olmak, yeteneği olmak

Neigung /'naygung/ *f* eğilim, düşkünlük, meyil; eğme; eğim, eğiklik; arzu, heves ***Neigung zu jdm*** (birisine) sevgi, eğilim

nein /nayn/ *be* hayır, yok; hatta ***aber nein!*** bak hele! ***mit einem Nein antworten*** bir hayır ile cevap vermek ***nein!*** olmaz!, yok!, hayır!

Nektar /'nektar/ *m* içenlerin ölümsüzlüğe kavuşturduğuna inanılan tanrı içkisi; *bitk* bal özü, meyve özü

Nektarine /nekta'ri:nı/ *f bitk* tüysüz şeftali

Nelke /'nelkı/ *f bitk* karanfil çiçeği; kuru karanfil tanesi

nennen /'nenın/ *vt* adlandırmak, ad vermek, ad koymak; nitelemek; bilgiye sunmak, demek ***das nennt man Glück!*** buna talih derler! ***ein gutes Restaurant nenne*** iyi bir restoran adı vermek ***einen Termin nennen*** bir buluşma saati söylemek ***etw nennen*** (bir şeye) ad koymak, ad vermek ***jdn klug nennen*** (birisini) akıllı olarak nitelemek ***jdn nennen*** (birisini) adlandırmak, ad koymak

nennenswert /'nenınsve:rt/ *s* kayda değer; nitelendirmeye değer

Nenner /'nenır/ *m mat* payda ***Nenner bringen*** *mat* kesirlerin paydalarını eşitlemek

Nennwert /'nenve:rt/ *m tic* itibari değer, nominal değer

Neonazi /neo'na:tsi/ *m* yeni nazi

Neonlampe /'ne:onlampı/ *f* neon lambası

Neonlicht /'ne:onliht/ *n* neon lambası

Neonreklame /'ne:onrekla:mı/ *f* neon reklam

Nepp /nep/ *m tic* kon. kazık, kazıklama

Nerv /nerf/ *m hek* sinir; *anat* hayb. sinir; *bitk* yaprak damarı ***den Nerv töten*** *hek* (diş) sinirini almak ***die Nerven nicht verlieren*** *mec* sinirini bozmamak ***jdm auf die Nerven gehen*** (birisinin) sinirine dokunmak ***jdm den Nerv töten*** *mec* (birisini) sinirlendirmek, sinirini bozmak

nerven /'nerfın/ *vt kon* sinirlendirmek, rahatsız etmek

Nervenarzt /'nerfınartst/ *m hek* sinir hastalıkları uzmanı

Nervenbelastung /'nerfınbılastung/ *f* sinir gerginliği

Nervenbündel /'nerfınbündıl/ *n anat* sinir telleri demeti

Nervenentzündung /'nerfınenttsündung/ *f hek* nevrit, sinir iltihabı

Nervengas /'nerfınga:s/ *n ask* sinir gazı

Nervenheilanstalt /'nerfınhaylanştalt/ *f hek* sinir hastalıkları kliniği

Nervenkitzel /'nerfınkitsıl/ *m mec* (sinema, tiyatro) gerilimi doruğa tırmandırma

nervenkrank /'nerfınkrank/ *s hek* sinir hastası, nevropat

Nervenkrieg /'nerfınkri:k/ *m mec* sinir harbi, sinir mücadelesi

Nervenschwäche /'nerfınşvehı/ *f hek* sinir bozukluğu, asabiyet

nervenstark /'nerfınşta:rk/ *s* sinirleri kuvvetli, metin

Nervensystem /'nerfınzüste:m/ *m anat* sinir sistemi

Nervenzusammenbruch /'nerfıntsuzamınbruh/ *m hek* sinir krizi ***einen Nervenzusammenbruch bekommen*** sinir krizi geçirmek

nervig /'nerfih/ *s* güçlü, adaleli

nervlich /'nerflih/ *s hek* sinirsel

N

nervös /ner'vö:s/ *s hek* sinirli, asabi; sinir ile ilgili
Nervosität /nervozi'te:t/ *f hek* sinirlilik, asabiyet, huzursuzluk
nervtötend /'nerftö:tınt/ *s kon* sinirden çıldırtan, kudurtan, insanı deli eden
Nerz /nerts/ *m hayb* vizon, bataklık samuru; vizon kürkü
Nerzmantel /'nertsmantıl/ *m* vizon kürk
Nessel /'nesıl/ *f bitk* ısırgan; *m* teks amerikanbezi
Nest /nest/ *n* hayvan yuvası; *mec* aile yuvası; vatan, yurt, memleket; *mec* yatak; *kon* hayalet kasaba; *mad* cevher yatağı ***aus dem Nest raus gehen*** yataktan çıkmak
Nestbau /'nestbau/ *m* (kuş) yuva yapma
nesteln /'nestıln/ *vi* bağlamak; açmak veya kapatmak için çabalamak; kurcalamak, uğraşmak ***an etw nesteln*** (bir şeyi) açmaya veya kapatmaya çalışmak
Nesthäkchen /'nesthe:khın/ *n hayb* yuvadan en son ayrılan yavru kuş; *mec* ailenin en küçüğü
Nestwärme /'nestvermı/ *f* kd aile ocağı sıcaklığı, aile yuvası havası
nett /net/ *s* kibar, nazik, ince düşünceli, yardımsever; cici bici, çıtır pıtır; akça pakça, temiz; sevimli, sempatik, hoş; rahat, konforlu; dostane, dostça; titiz, dikkatli; bakımlı, temiz; hatırı sayılır miktarda, önemli miktarda ***eine nette Summe*** hatırı sayılır bir miktar ***sei so nett*** kibar ol!
netto /'neto/ *s* net, kesintilerden sonra kalan net bakiye, safi; darasız
Nettoeinkommen /'netoaynkomın/ *n* net gelir, kesintilerden sonra ele geçen net aylık
Nettoertrag /'netoertra:k/ *m* net hâsılat
Nettogewicht /'netogıviht/ *n* net ağırlık, darasız ağırlık, safi ağırlık
Nettopreis /'netoprays/ *m* fabrika fiyatı, alış fiyatı, net fiyat; indirim yapılamayan son fiyat
Netz /nets/ *n* ağ, file; işletme ağı, şebeke ***in jds Netz fallen*** *mec* tuzağa düşmek, ağına düşmek, faka basmak ***jdm ins Netz gehen*** *mec* (birisinin) tuzağına düşmek ***jdn ins Netz locken*** *mec* (birisini) tuzağa düşürmek
Netzanschluss /'netsanşlus/ *m elek* elektrik akımına bağlama
Netzhaut /'netshaut/ *f hek* (göz) ağtabaka
Netzkarte /'netskartı/ *f* (toplu ulaşım aracı) şebeke kartı, paso
Netzstecker /'netsştekır/ *m elek* cereyan fişi
Netzwerk /'netsverk/ *n* (ip, tel) örgü
neu /noy/ *s* yeni, gıcır; modern, çağdaş; taze; yakın zamanda olan, yakınlarda olmuş ***auf ein Neues!*** *kon* tekrarına! ***der neueste Stand*** son durum ***die Neue Welt*** Yeni Kıta, Amerika ***ganz neu*** yepyeni, gıcır gıcır ***nach der neuesten Mode*** son modaya göre, son moda ***neu erfunden*** yeni icat edilmiş, yeni keşfedilmiş ***Neue Folge*** yeni dizi ***neue Sachlichkeit*** yeni gerçekçilik ***Neue Testament*** incil, yeni Ahit ***neue Zeile!*** satırbaşı! ***neue Zeit*** son zamanlar ***neues Jahr*** yeni yıl ***neueste Mode*** son moda, yeni moda ***von Neuem*** tekrar, yeniden
Neuankömmling /'noyankömling/ *m* yeni gelen kimse
Neuanschaffung /'noyanşafung/ *f* yeni eşya, yeni satın alınmış eşya
neuartig /'noya:rtih/ *s* benzeri görülmedik, eşi görülmedik, çok yeni
Neuauflage /'noyaufla:gı/ *f* (kitap) yeni baskı
Neuausgabe /'noyausga:bı/ *f mat* yeni baskı
Neubau /'noybau/ *m* yeni bina, yeni yapılmış ev
Neubauwohnung /'noybauvo:nung/ *f* yeni apartman dairesi
Neubildung /'noybildung/ *f* yeni oluşum, yeni teşkil, yeniden kurulma
neuerdings /'noyardings/ *be* son zamanlarda, kısa bir süredir, kısa bir saman için
Neuerscheinung /'noyerşaynung/ *f* yeni basılan eser
Neuerung /'noyırung/ *f* reform, yenilik, yenileme, tadilat, değiştirme
Neugeborene /'noygıbo:rını/ *n* yeni doğan, yeni doğmuş bebek
Neugestaltung /'noygıştaltung/ *f* reform, yenileme, yeniden şekillendirme
Neugier /'noygi:r/ *f* merak
neugierig /'noygi:rih/ *s* meraklı, ilgili, mütecessis; merak içinde, meraktan çatlamış
Neuguinea /noygi'ne:a/ *tnz* Yeni Gine
Neuheit /'noyhayt/ *f* yenilik, yeni oluşum, yeni olma durumu; yeni ürün

N

Neuhochdeutsch /'noy**h**o:**h**doyç/ *n* yeni yüksek Almanca
Neuigkeit /'noyi**h**kayt/ *f* en yeni haber, en yeni bilgi, duyulmadık bilgi, kimsenin duymadığı haber
Neujahr /'noyya:r/ *n* yeni yıl; yılın ilk günü, yılbaşı
Neujahrstag /'noyya:rsta:k/ *m* Yılbaşı
Neuland /'noylant/ *n* yeni alan, henüz üzerine araştırma yapılmamış bir bilim alanı, henüz araştırılmamış olan
neulich /'noyli**h**/ *s* yakınlarda, geçenlerde, kısa bir süre önce
Neuling /'noyling/ *m* acemi, yeni işe başlayan, tecrübesiz, deneyimsiz
Neumond /'noymo:nt/ *m gökb* yeni ay
neun /noyn/ *s* dokuz, 9 ***alle Neune!*** *sp* (bowling) dokuz kıy birden!
neunzehn /'noyntse:n/ *s* on dokuz
neunzig /'noyntsi**h**/ *s* doksan
Neunziger /'noyntsiger/ *m* doksan yaşında, doksanlık
Neuordnung /'noyordnung/ *f* yeni düzen, yeni düzenleme
Neuralgie /noyral'gi:/ *f hek* nevralji
neuralgisch /noy'ralgiş/ *s hek* nevraljik, nevraljiyle ilgili; *mec* çok hassas, kritik
Neuregelung /'noyre:gılung/ *f* yeni düzen, yeni düzenleme
neureich /'noyray**h**/ *s* sonradan görme, sonradan zengin olmuş, görmemiş, yeni zengin
Neureiche(r) /'noyray**h**ı(r)/ *f/m* sonradan görme, yeni zengin kişi, türedi
Neurologe /noyro'lo:gı/ *m hek* nörolog, sinir hastalıkları uzmanı
Neurologie /noyrolo'gi:/ *f hek* nöroloji, sinir bilimi
neurologisch /noyro'lo:giş/ *s hek* nevrolojik
Neurose /noy'ro:zı/ *f hek* nevroz, ruhsal sinir hastalığı
Neurotiker /noy'ro:tikır/ *m* nevrozlu kimse
neurotisch /noy'ro:tiş/ *s hek* nevrozlu
Neuschnee /'noyşne:/ *m* yeni düşen kar, taze kar
Neuseeland /'noyze:lant/ *tnz* Yeni Zelanda
Neuseeländer /'noyze:lendır/ *m* Yeni Zelandalı
neutral /noy'tra:l/ *s* tarafsız, yansız; *kim* yansız, nötr; *dilb* nötr, yansız, tanımlığı "das" olan ***neutrale Linie*** nötr çizgi ***neutrale Reaktion*** nötr reaksiyon ***neutrales Bleiacetat*** nötr kurşun asetat
Neutralität /noytrali'te:t/ *f* tarafsızlık, yansızlık, nötrlük
Neutron /'noytran/ *n fiz* nötron, proton ağırlığında ve elektrik yüklü olmayan atom cisimciği
Neutrum /'noytrum/ *n dilb* yansız cins, tanımlığı "das" olan isim
Neuwert /'noyve:rt/ *m* bir nesnenin yeni değeri
neuwertig /'noyve:rti**h**/ *s* hiç kullanılmamış, gıcır gıcır, yepyeni
Neuzeit /'noytsayt/ *f* Yeni Çağ
Nicaragua /nika'ra:gua/ *n* Nikaragua
nicht /ni**h**t/ *be* değil; gayri; olumsuzluk sözcüğü ***nicht doch!*** yapma! ***nicht füttern!*** (hayvanat bahçesinde) Hayvanlara yiyecek vermeyin! ***nicht lange danach!*** aradan çok geçmeden! ***nicht mehr*** artık değil ***nicht möglich!*** mümkün değil! ***nicht noch einmal!*** bir daha değil! ***nicht schlecht!*** fena değil! ***nicht unmöglich!*** imkânsız değil ***nicht wahr!*** değil mi! ***was du nicht sagst!*** ne(ler) diyorsun!
Nichtachtung /'ni**h**ta**h**tung/ *f* saygısızlık; saymama; yasalara uymama, kurallara uymama
nichtamtlich /'ni**h**tamtli**h**/ *s* gayri resmi
Nichtanerkennung /ni**h**t'anerkenung/ *f huk* inkâr
Nichtangriffspakt /ni**h**t'angrifspakt/ *m pol* saldırmazlık paktı, saldırmazlık anlaşması
Nichtbeachtung /'ni**h**tbıa**h**tung/ *f* riayetsizlik
Nichtbefolgung /'ni**h**tbıfolgung/ *f* uymama, riayet etmeme; ihmal; dikkate almama
Nichte /'ni**h**tı/ *f* kız yeğen, kardeş kızı
Nichterfüllung /'ni**h**terfülung/ *f* yerine getirmeme; yerine getirilmeme ***bei Nichterfüllung*** yerine getirilmemesi halinde
Nichterscheinen /'ni**h**terşaynın/ *n* mevcudiyetsizlik, namevcutluk, yerinde bulunmayış
Nichtgefallen /'ni**h**tgıfalın/ *n* beğenmeme, hoşa gitmeme ***bei Nichtgefallen*** beğenilmediği takdirde, hoşa gitmediği takdirde
nichtig /'ni**h**ti**h**/ *s huk* hükümsüz, geçersiz; değersiz, önemsiz, beş para etmez; fani; geçici ***etw für null und nichtig***

erklären (bir şeyi) geçersiz ilan etmek ***nichtige Vorwände*** sudan bahaneler, sudan sebepler

Nichtigkeit /'nihtihkayt/ *f huk* hükümsüzlük, geçersizlik; değersizlik, önemsizlik; değersiz şey, önemsiz şey

Nichtraucher /'nihtrauhır/ *m* sigara içmeyen kişi, yeşilaycı

Nichtraucherabteil /'nihtrauhıraptayl/ *n* sigara içmeyenlere ayrılmış bölüm

Nichtraucherzone /'nihtrauhırtso:nı/ *f* sigara içilmeyen alan

nichts /nihts/ *adl* hiçbir şey, hiçbir şey değil ***als ob nichts geschehen wäre*** sanki hiçbir şey olmamış gibi ***besser als gar nichts*** hiç yoktan iyi ***das schadet nichts!*** ziyanı yok, zararı yok! ***es gab nichts Neues*** yeni bilgi yok, yeni hiçbir haber yok ***es zu nichts bringen*** *kon* başarısız olmak ***für nichts und wieder nichts*** pisi pisine, boşu boşuna, yok yere ***mit nichts zufrieden sein*** hiçbir şeyden tatmin olmamak ***nichts als*** hepsi, sırf ***nichts dergleichen*** hiç de öyle değil ***nichts zu essen haben*** yiyecek bir lokması bile olmamak ***soviel wie nichts*** hiç denecek kadar az, yok denecek kadar ***von nichts kommt nichts*** ateş olmayan yerden duman çıkmaz ***vor nichts zurückschrecken*** hiçbir şeyden korkmamak

Nichts /nihts/ *n* hiçlik, yokluk, boşluk; değersiz şey, önemsiz şey; *tic* iflas ***das reine Nichts*** denizde damla, samanlıkta çöp ***vor dem Nichts stehen*** varını yoğunu kaybetmek, her şeyini kaybetmek

Nichtschwimmer /'nihtşvimır/ *m* yüzme bilmeyen kişi

Nichtschwimmerbecken /'nihtşvimırbekın/ *n* yüzme bilmeyenler havuzu

nichtsdestotrotz /nihtsdesto'trots/ *be kon* gene de, buna rağmen

nichtsdestoweniger /nihtsdesto've:nigır/ *ilg* bununla beraber, bununla birlikte, buna rağmen, yine de

Nichtsnutz /'nihtsnuts/ *m* işe yaramaz, beş para etmez; haylaz

nichtsnutzig /'nihtsnutsih/ *s* haylaz çocuk

nichtssagend /'nihtsza:gınt/ *s* anlamsız, manasız; önemsiz, değersiz; sönük, renksiz, cansız

Nichtstun /'nihtstu:n/ *n* işe yaramazlık, tembellik, avarelik, aylaklık, kaldırım mühendisliği ***süßes Nichtstun*** zevki safa içinde tembellik etme

Nickel /'nikıl/ *n kim* nikel; *m* inatçı çocuk, yaramaz çocuk; on feniklik madeni para

nicken /'nikın/ *vi* başını selamlama amacıyla eğmek; baş sallayarak onaylamak; *mec* uyuklamak, şekerleme yapmak ***mit dem Kopf zustimmend*** başını onaylayarak eğmek

Nickerchen /'nikarhın/ *n kon* uyuklama, şekerleme ***ein Nickerchen machen*** şekerleme yapmak

nie /ni:/ *be* asla, katiyen, hiçbir zaman ***nie und immer*** hiçbir surette, asla

nieder /'ni:dır/ *s* alçak, basık; adi, bayağı; ilkel; düşük; *be* aşağı, aşağıya ***ein niederer Offiziersrang*** alt rütbede bir subay ***Hoch und Nieder*** *kon* zenginler ve fakirler; asiller ve halk tabakası ***Nieder!*** Kahretsin! ***nieder mit dem Faschismus!*** kahrolsun faşizm! ***nieder mit ihm!*** Allah belasını versin!, kahrolsun! ***niedere Tiere*** *hayb* omurgasızlar ***niedere Umgangssprache*** kaba konuşma

niederbrennen /'ni:dırbrenın/ *trvt* yakıp yok etmek, yerle bir etmek; *vi* yanıp kül olmak

Niedergang /'ni:dırgang/ *m* çökme, yokolma, yıkılma; aşağıya doğru inen asma merdiven ***der Niedergang der Kultur*** kültürel çöküntü ***der Niederung der Moral*** moralman yıkılma; ahlaki çöküntü

niedergeschlagen /'ni:dırgışla:gın/ *s* umutsuz, ümitsiz; üzgün, yıkık; cesaretini kaybetmiş, yaşam şevkini kaybetmiş

Niedergeschlagenheit /'ni:dırgışla:gınhayt/ *f* umutsuzluk, üzgünlük, moral bozukluğu

niederkämpfen /'ni:dırkempfın/ *trvt* mağlup etmek, yenmek, alt etmek; (duygu) bastırmak, yenmek

niederkommen /'ni:dırkomın/ *trvi* doğurmak

Niederkunft /'ni:dırkunft/ *f* doğum

Niederlage /'ni:dırla:gı/ *f* yenilgi, mağlubiyet; depo, ambar; şube, dal, kol

Niederlande /'ni:dırlandı/ *pl* Hollanda

Niederländer /'ni:dırlendır/ *m* Hollandalı

niederländisch /'ni:dırlendiş/ *s* Hollanda

niederlassen /'ni:dırlasın/ *trvt* (bayrak, perde) indirmek ***sich auf die Knie nie-***

N

derlassen dizleri üzerine çökmek ***sich niederlassen*** oturmak, ikamet etmek; büro açmak

Niederlassung /'ni:dırlasung/ *f* ikamet amacıyla bir yere yerleşme; büro açma; yerleşim yeri; şube, dal

niederlegen /'ni:dırle:gın/ *trvt* (silah, memuriyet) bırakmak ***die Arbeit niederlegen*** *mec* grev yapmak; işi bırakmak ***die Waffen niederlegen*** *ask* silahları bırakmak; *ask* teslim olmak ***etw schriftlich niederlegen*** yazıya geçirmek ***sich niederlegen*** yere uzanmak, yere yatmak

Niederlegung /'ni:dırle:gung/ *f* yere koyma, yere bırakma

niedermachen /'ni:dırmahın/ *trvt* toplu kıyım yapmak, katliam yapmak; yerden yere vurmak

Niederschlag /'ni:dırşla:k/ *m metr* yağış; (fikir) ifade biçimi; *sp* (boks) nakavt vuruşu, yere indiren vuruş; *kim* çöküntü, tortu

niederschlagen /'ni:dırşla:gın/ *trvt* yere indirmek, yere sermek, yere düşürmek; *huk* davayı durdurmak ***die Augen niederschlagen*** bakışlarını yere indirmek ***jdn niederschlagen*** (birisini) yere sermek ***sich niederschlagen*** *kim* çökelmek

niederschlagsarm /'ni:dırşla:ksarm/ *s* (yöre, bölge) az yağışlı, az yağış alan

niederschlagsreich /'ni:dırşla:ksrayh/ *s* bol yağışlı

niederschmettern /'ni:dırşmetırn/ *trvt* yere indirmek, yere düşürmek ***jdn niederschmettern*** (birisini) yere düşürmek, çok fena dövmek

niederschreiben /'ni:dırşraybın/ *trvt* yazmak, kaleme almak, kâğıda dökmek

Niederschrift /'ni:dırşrift/ *f* tutanak, kayıt, zabıt

niederstrecken /'ni:dırştrekın/ *trvt* yere sermek

Niedertracht /'ni:dırtraht/ *f* alçaklık, namertlik, hainlik, hıyanet

niederträchtig /'ni:dırtrehtih/ *s* alçak, namert, hain, hasis

Niederträchtigkeit /'ni:dırtrehtihkayt/ *f* alçaklık, namertlik, hainlik; adi davranış, alçakça davranış

Niederung /'ni:dırung/ *f coğ* düzlük alan, ovalık yer, çukurluk yer; sosyal açıdan düşük çevre

niederwerfen /'ni:dırverfın/ *trvt* yere atmak; yere indirmek, yere sermek, alt etmek ***einen Aufstand niederwerfen*** bir isyanı bastırmak ***jdn niederwerfen*** (birisini) yere indirmek, yere sermek; *sp* alt etmek, yenmek; uzaklaştırmak, defetmek ***sich vor jdm niederwerfen*** (birisine karşı) dize gelmek, diz çökmek

niedlich /'ni:tlih/ *s* şirin, sempatik, sevimli, hoş, güzel ve küçük

Niednagel /'ni:tna:gıl/ *m anat* şeytan tırnağı

niedrig /'ni:drih/ *s* basık, alçak, düşük, aşağı; adi, sıradan, bayağı; sosyal açıdan düşük ***niedrige Reinheit*** düşük saflık ***niedriges Rendement*** düşük verim

Niedrigwasser /'ni:drihvasır/ *n* cezir, denizin cezir hali, suyun çekilmiş olması hali; deniz suyunun suyun en düşük seviyesi

niemals /'ni:ma:ls/ *be* hiçbir zaman, asla, katiyen

niemand /'ni:mant/ *be* hiç kimse; in cin

Niemand /'ni:mant/ *m* : ***der böse Niemand*** *mec* şeytan

Niemandsland /'ni:mantslant/ *n* iki bölge arasındaki insansız bölge; insandan arındırılmış sınır bölgesi; incelenmemiş olan, araştırılmamış olan

Niere /'ni:rı/ *f anat* böbrek

Nierenentzündung /'ni:rınenttsündung/ *f hek* nefrit, böbrek iltihabı

Nierenstein /'ni:rınştayn/ *m anat* böbrek taşı

nieseln /'ni:zıln/ *vi* (yağmur) çiselemek, serpiştirmek, yavaş yavaş yağmak

Nieselregen /'ni:zılre:gın/ *m* çisenti

niesen /'ni:zın/ *vi* hapşırmak, aksırmak, tıksırmak

Niete /'ni:tı/ *f* ikramiye isabet etmeyen piyango bileti, boş bilet; *kon* başarısız insan, beceriksiz kişi; *tek* perçin çivisi

nieten /'ni:tın/ *vt tek* perçinlemek

Niger /'ni:gır/ *m* Nijer

Nigeria /ni'ge:rya/ *n* Nijerya

Nihilismus /nihi'lismus/ *m fel* nihilizm, siyasal düzeni inkâr eden görüş

Nikolaus /'nikolaus/ *m* Aziz Nikolas, Noel Baba; Noel Baba kılığında

Nikotin /niko'ti:n/ *n* nikotin

nikotinarm /niko'ti:narm/ *s* nikotin oranı düşük, nikotini az

Nikotinvergiftung /niko'ti:nfergiftung/ *f*

nikotin zehirlenmesi
Nil /ni:l/ *m coğ* Nil nehri
Nilpferd /'ni:lpfe:rt/ *n hayb* suaygırı, hipopotam
Nimbus /'nimbus/ *m* (ermiş kişilerin başında olduğu var sayılan) nur halkası, ayla, ışık çevresi; *mec* şan, şöhret, ün; saygınlık; (bir şeyin çevresindeki) pırıltı
nimmer /'nimır/ *be* asla, katiyen, hiçbir zaman, hiçbir surette
Nimmerwiedersehen /nimır'vi:dırze:ın/ *n* bir daha görüşmeme, artık görüşmeme ***auf Nimmerwiedersehen*** bir daha hiç görüşmemek üzere
Nippel /'nipıl/ *f tek* nipel, boru bileziği
nippen /'nipın/ *vi* tadına bakmak, tatmak
Nippes /'nipıs/ *pl* süsleme biblolari, süsleme heykelleri
nirgends /'nirgınts/ *be* hiçbir yerde
Nische /'ni:şı/ *f mim* duvar oyuğu, süs koymak için yapılan duvar oyuğu
nisten /'nistın/ *vi* (kuş) yuva yapmak
Nitrat /ni'tra:t/ *n kim* nitrat
Nitroglyzerin /nitroglütsı'ri:n/ *n kim* nitrogliserin
Niveau /ni'vo:/ *n* düzlem, yüzey; yükseklik; manevi değer; bilimsel değer ***auf gleichem Niveau mit der Erde*** toprakla aynı hizada, toprakla aynı seviyede ***das künstlerische Niveau*** sanatsal değer
niveaulos /ni'vo:lo:s/ *s* sıradan, bayağı, adi; kalite düzeyi yüksek olmayan program
nivellieren /nive'li:rın/ *vt* tesviye etmek, düzlemek; eşitlemek, eş duruma getirmek; rakımlamak, yükseklik farkını ölçmek
Nivellierung /nive'li:rung/ *f tek* tesviye etme, düzleme
Nixe /'niksı/ *f mit* dişi su perisi
nobel /'no:bıl/ *s* asil, soylu, cömert; nazik, kibar
Nobelhotel /'no:bılhotel/ *n* seçkin otel, birinci sınıf otel
Nobelpreis /no'belprays/ *m* (fizik, kimya ve tıp alanında verilen) Nobel ödülü
Nobelpreisträger /no'belpraystre:gır/ *m* Nobel ödülü sahibi
noch /noh/ *be* henüz, daha, hâlâ; ilaveten, ek olarak; sıfat karşılaştırmalarında daha üst seviyede olduğunu gösteren anlam ***auch das noch!*** *kon* bir de bu! ***nicht ... noch ...*** ne ... ne de... ***noch eben!*** ancak! ***noch ein anderer*** bir başkası, bir diğeri ***noch ein Bier!*** bir bira daha ***noch etwas*** biraz daha!; başka bir şey? ***noch heute!*** hemen bugün!, bugünden tezi yok! ***noch jemand ohne Fahrschein?*** (toplu taşıma araçlarında) biletini alamayan var mı? ***noch kleiner*** daha küçük ***noch kräftiger*** daha güçlü ***noch mehr*** daha da, bir kat daha ***noch mehr als das!*** dahası var! ***noch nicht*** henüz değil ***noch nie*** şimdiye kadar hiç ***noch und heute*** bol bol ***noch und noch*** durmadan; pek çok, bol bol ***noch viel eher*** haydi haydi ***noch viel kleiner*** eskisinden daha küçük ***nur noch!*** sadece ***obendrein noch!*** üstüne üstlük!, bir de! ***und was noch alles!*** falan fişmekan, falan fıstık
nochmalig /'nohma:lih/ *s* yenilenmiş, tekrar edilmiş, yinelenmiş
nochmals /'nohma:ls/ *be* yeniden, tekrar, bir kere daha, bir kere daha
Nockenwelle /'nokınvelı/ *f tek* kam mili, eksantrik mili, dağıtım dingili
Nomade /no'ma:dı/ *m* göçebe, göçer
nomadisch /no'ma:diş/ *s* göçebe gibi, göçebeye benzer
nomadisieren /nomadi'zi:rın/ *vi* göçebe hayatı yaşamak, göçebe olarak yaşamak; *mec* çok yer değiştirmek, sık sık ikametgâh değiştirmek
Nomen /'no:mın/ *n dilb* isim; *dilb* isim, sıfat, zamir gibi çekilebilen sözcük
Nominallohn /nomi'na:llo:n/ *m* nominal ücret, parasal ücret
Nominativ /'nominati:f/ *m dilb* ismin yalın hali, yalın hal, nominatif
nominell /nomi'nel/ *s* yalnızca isme göre; *be* sözde, lafta
nominieren /nomi'ni:rın/ *vt* adlandırmak; aday göstermek, aday sunmak
Nominierung /nomi'ni:rung/ *f* adlandırma; aday gösterme; atama, tayin
Nonkonformismus /nonkonfor'mismus/ *m* bireysel tutum, nonkonformizm
Nonne /'nonı/ *f* rahibe; *mim* içbükey kiremit; *hayb* gece kelebeği
Nonsens /'nonzens/ *m* saçmalık, saçma sapan söz
Nordafrika /nort'afrika/ *f* Kuzey Afrika
Nordamerika /norta'me:rika/ *f* Kuzey Amerika
nordamerikanisch /'nortamerika:niş/ *s* Kuzey Amerika; Kuzey Amerikalı

N

norddeutsch /'nortdoyç/ *s* Kuzey Almanya ile ilgili
Norddeutschland /'nortdoyçlant/ *n* Kuzey Almanya
Norden /'nordın/ *m* kuzey, kuzeysel, şimal, şimali ***im Norden*** kuzeyde, kuzeyinde ***in den Norden gehen*** kuzeye gitmek
Nordeuropa /'nortoyropa/ *n* Kuzey Avrupa
nordeuropäisch /'nortoyrope:iş/ *s* Kuzey Avrupa
nördlich /'nörtlih/ *s* kuzey, kuzeyde bulunan ***die nördlichen Länder*** kuzey ülkeleri ***nördlich von der Post*** postanenin kuzeyinde ***nördlicher Breite*** kuzey enleminde ***nördlicher Polarkreis*** Kuzey Kutup Çemberi
Nordlicht /'nortliht/ *n* kutup kuzey ışığı
Nordpol /'nortpo:l/ *m coğ* kuzey kutbu
Nordsee /'nortze:/ *f* Kuzey Denizi
Nörgelei /nörgı'lay/ *f* vıdı vıdı, vırvır, söylenme, homurdanma
nörgeln /'nörgıln/ *vi* eleştirmek, beğenmemek, kusur bulmak ***an allem nörgeln*** hiçbir şeyden hoşlanmamak ***an etw nörgeln*** (bir şeyi) beğenmemek, eleştirmek
Nörgler /'nörglır/ *m* vırvırcı, vıdı vıdıcı, durmadan söylenen kişi, homurdanan kişi
Norm /norm/ *f* norm, yerleşmiş biçim, bilinen biçim, geçerli kurala uygun biçim, geçerli kurala uygun şekil, *tek* biçim; beklenti, beklenen iş
normal /nor'ma:l/ *s* normal; kurala uygun, alışılagelmiş biçime uygun; aklı başında, normal zekada
Normalbenzin /nor'ma:lbentsi:n/ *n* normal benzin
normalerweise /nor'ma:lırvayzı/ *be* normal olarak, normal durumda, genellikle, alışılageldiği gibi
Normalfall /nor'ma:lfal/ *m* normal durum
Normalgewicht /nor'ma:lgıviht/ *n* normal ağırlık
normalisieren /normali'zi:rın/ *vt* normalleştirmek, normal hale getirmek, alışılageldiği biçime sokmak ***sich normalisieren*** normale dönmek, normal hale gelmek, normalleşmek
Normalisierung /normali'zi:rung/ *f* normalleştirme
Normalverbraucher /nor'ma:lferbrauhır/ *m* ortalama tüketici
normativ /norma'ti:f/ *s* düzgüsel, normatif; kural değeri taşıyan; ölçü oluşturan
normieren /nor'mi:rın/ *vt* standartlaştırmak, tektipleştirmek, tipleştirmek
Norwegen /'norve:gın/ *n* Norveç
Norweger /'norve:gır/ mf Norveçli
norwegisch /'norve:giş/ *s* Norveç, Norveçli
Nostalgie /nostal'gi:/ *f* nostalji, geçmişe duyulan özlem
nostalgisch /nos'talgiş/ *s* nostaljik, geçmişe duyulan özlemle dolu ***nostalgischer Film*** nostaljik film
Not /no:t/ *f* zorunluluk, mecburiyet; sefalet, muhtaçlık, fukaralık, fakirlik, ihtiyaç duyar biçimde olmak; sıkıntı, güçlük; çaresizlik, biçarelik; azlık, eksiklik, yetersizlik; zahmet, zorluk; mahrumiyet; gam, elem, tasa, keder; sefalet ***in bittester Not*** çırılçıplak ***in Not geraten*** sefalete düşmek, sıkıntıya düşmek ***in Not sein*** sıkıntıda olmak, zor durumda olmak ***mir tut Not*** ihtiyacım var ***mit knapper Not*** güç bela, zar zor ***Not leiden*** sıkıntı çekmek, zorda olmak ***zur Not*** olsa olsa; gerektiğinde, icabında ***zur Not genügen*** yasak savmak, zorla yapmak
Notar /no'ta:r/ *m* noter
notariell /notar'yel/ *s* noter tarafından, noter vasıtasıyla, noterlikçe ***notariell beglaubigt*** noter tarafından tasdiklenmiş, noterce onaylı
Notarzt /'no:tartst/ *m* acil hekim
Notaufnahme /'no:taufna:mı/ *f hek* acil, acil servisi
Notausgang /'no:tausgang/ *m* imdat kapısı, tehlike çıkış kapısı
Notbremse /'no:tbremzı/ *f* imdat freni, tehlike freni
Notdurft /'no:tdurft/ *f* tabii ihtiyaç, tuvalet ihtiyacı ***seine Notdurft verrichten*** tuvalete gitmek, ihtiyaç gidermek
notdürftig /'no:tdürftih/ *s* güç bela, dara dar, tam yetmeyen; geçici, muvakkat ***sich notdürftig bekleiden*** açık saçık giyinmek
Note /'no:tı/ *f müz* nota; dipnot, not, haşiye; (okul) not; *pol* nota, muhtıra; banknot, kâğıt para; özellik, hususiyet; *sp* puan ***eine Note geben*** not vermek, puan vermek ***ganze Note*** *müz* tam nota ***halbe Note*** *müz* yarım nota; ikilik ***nach***

N

Noten spielen *müz* notaya göre çalmak ***nach Noten verprügeln*** iyice dövmek, adamakıllı dayak atmak ***schlechteste Note geben*** sıfır vermek, en düşük notu vermek

Notenbank /'no:tınbank/ *f* banknot çıkarma hakkı olan banka, ulusal banka, merkez bankası

Notebook /'no:tbu:k/ *n* notebook, dizüstü bilgisayar

Notebook-Kamera /'no:tbu:kkamıra/ *f* kameralı dizüstü bilgisayar

Notenständer /'no:tınştendır/ *m müz* nota sehpası

Notfall /'no:tfal/ *m* acil durum, zorunluluk durumu ***für den Notfall*** her ihtimale karşı ***im Notfall*** zorunlu durumda, lüzumu halinde, icabı halinde

notfalls /'no:tfals/ *be* gerektiğinde, zorunlu durumda, mecbur kalındığında

notgedrungen /'no:tgıdrungın/ *s* ister istemez, zorunluluktan, çarnaçar, çaresiz olarak yapılan ***etw notgedrungen machen*** bir şeyi yapmak zorunda olmak

notieren /no'ti:rın/ *vt* kaydetmek, not etmek; *tic* (borsa) kur değerini belirlemek

Notierung /no'ti:rung/ *f* not, kayıt, kayda alma; *tic* (borsa) kur ilanı; *müz* bir parçanın notaya geçirilmesi

nötig /'nö:tih/ *s* gerekli, lazım, lüzumlu, zorunlu ***es ist nötig*** gerekli, lazım ***wenn nötig*** gerektiğinde, gerekirse

nötigen /'nö:tigın/ *vt* zorlamak, ısrar etmek ***jdn zu etw nötigen*** (birisini bir şeyi yapmaya) zorlamak

nötigenfalls /'nö:tigınfals/ *be* gerekirse, icabı halinde

Nötigung /'nö:tigung/ *f huk* şiddet kullanma, cebir kullanma, zorlama

Notizblock /no'ti:tsblok/ *m* not defteri

Notizbuch /no'ti:tsbu:h/ *n* not defteri

Notizzettel /no'ti:tstsetıl/ *m* tezkere

Notlage /'no:tla:gı/ *f* acil durum; sıkıntılı durum, zor durum

notlanden /'no:tlandın/ *vi* (uçak) zorunlu iniş yapmak ***notgelandetes Flugzeug*** zorunlu iniş yapan uçak

Notlandung /'no:tlandung/ *f* (uçak) zorunlu iniş

Notlösung /'no:tlö:zung/ *f* geçici çözüm, ara çözüm ***im Notfall*** zorunlu durumda, lüzumu halinde, icabı halinde

Notlüge /'no:tlü:gı/ *f* beyaz yalan, mecbur kalındığında söylenen hafif yalan

notorisch /no'to:riş/ *s* adı çıkmış; çok bilinen, tanınan ***notorische Frau*** adı çıkmış kadın

Notruf /'no:tru:f/ *m* imdat çağrısı, acil durum çağrısı; imdat telefon numarası

Notsignal /'no:tsigna:l/ *n* imdat işareti, imdat çağrısı, imdat sinyali

Notsitz /'no:tzits/ *m* yedek koltuk

Notstand /'no:tştant/ *m* olağanüstü durum, olağanüstü hal

Notstandsgebiet /'no:tştantsgıbi:t/ *n* felaket bölgesi, afet bölgesi

Notstromaggregat /'no:tştro:magrega:t/ *n* jeneratör

Notwehr /'no:tve:r/ *f huk* meşru müdafaa, kendini koruma, kendini koruma hakkı

notwendig /'no:tvendih/ *s* gerekli, zorunlu, acil; kaçınılmaz, vazgeçilmez

Notwendigkeit /no:t'vendihkayt/ *f* zorunluluk, gereklilik, zaruret; ihtiyaç

Nougat /'nu:gat/ *n* ceviz, şeker ve kakao bileşiminden yapılan bir tatlı, nugat

Novelle /no'velı/ *f* özlü kısa roman, novel; *huk* yasayı değiştiren yasa

November /no'vembır/ *m* kasım ayı ***im November*** kasımda

Novum /'no:vum/ *n* yenilik; yeni çıkmış eser, yeni çıkmış bir şey

Nu /nu:/ *m* : ***im Nu*** kaşla göz arabında, hemen, bir çırpıda ***im Nu zurück sein*** hemen dönecek olmak

Nuance /nü'ansı/ *f* nüans, ince fark, ayırtı; ton farkı, renk farkı; küçük ipucu, ufak iz

nuancenreich /nü'ansınrayh/ *s* nüans açısından zengin, ince taramalı

nüchtern /'nühtırn/ *s* akıllı, gerçekçi; ayık, uyanık, sarhoş olmayan; aç karnına, boş mideyle; *mec* ruhsuz, kuru; yavan, tatsız, tatsız tuzsuz; heyecana yer vermeyen; cazibesiz, albenisiz; süssüz, çıplak, sade ***eine Arznei auf nüchternen Magen einnehmen*** ilacı aç karnına almak

Nüchternheit /'nühtırnhayt/ *f* soğukkanlılık, hayal gücünden uzaklık; iticilik, soğukluk; albenisizlik, cazibesizlik

nuckeln /'nukıln/ *vi* emmek, soğurmak; araba ile keyifle dolaşmak

Nudelholz /'nu:dılholts/ *n* merdane, oklava

Nudeln /'nu:dıln/ *pl* erişte, şehriye, makarna; tel şehriye

Nudelsuppe /'nu:dılzupı/ *f* şehriye çorbası

Nudist/Nudistin /nu'dist/nu'distin/ *m/f* nüdist, çıplaklık kültürü savunucusu
nuklear /nukle'a:r/ *s* nükleer ***nukleare Waffen*** nükleer silahlar ***nukleares Bomb*** *ask* nükleer bomba
Nukleinsäure /nukle'i:nzoyrı/ *f biy* kim. nükleik asit
Null /nul/ *f* sıfır sayısı, 0; *mec* önemsizlik, değersizlik; hiç oğlu hiç; solda sıfır ***auf dem Null angekommen sein*** *mec* asgari seviyeye inmiş olmak ***eine Null sein*** işe yaramaz olmak ***fünf Grad unter Null*** eksi beş derece, sıfırın altında beş derece
nullachtfünfzehn /nulaht'fünftse:n/ *s kon* hiçbir özelliği bulunmayan, hiçbir orijinalliği olmayan
Nullpunkt /'nulpunkt/ *m* sıfır noktası, başlangıç noktası; *fiz* suyun donma noktası
Nullrunde /'nulrundı/ *f* ücret artışı getirmeyen toplu sözleşme
Nulltarif /'nultari:f/ *m* (toplu taşıma araçlarında) ücretsiz yolculuk, parasız yolculuk
Nullwachstum /'nulvakstu:m/ *n tic* sıfır büyüme
Numerierung /numı'ri:rung/ *f* numaralandırma
numerisch /nu'meriş/ *s* sayısal, sayı bakımından, nümerik ***numerische Darstellung*** sayısal gösterim ***numerische Steuerung*** sayısal denetim ***numerisches Wort*** sayısal sözcük
Nummer /'numır/ *f* numara, sayı; giyecek numarası, ayakkabı numarası, gömlek numarası; *tiy* numara ***auf Nummer Sicher gehen*** işi sağlama bağlamak ***auf Nummer Sicher sitzen*** *mec* hapishanede yatmak ***bei jdm eine gute Nummer haben*** *mec* (birisi tarafından) takdir edilmek, beğenilmek ***laufende Nummer*** dizi sırası; sıra numarası ***mit Nummer versehen*** numaralamak, numaralandırmak
Nummernkonto /'numırnkonto/ *n* numara hesabı, şifreli hesap
Nummernschild /'numırnşilt/ *n oto* plaka, plaka numarası, numara levhası
nun /nu:n/ *be* şimdi, şu anda, elan; bu arada, bu sırada; artık, bundan böyle ***nun denn!*** pekâlâ! ***nun ja!*** öyle de ***nun langt es aber!*** ama yeter artık! ***nun, nun!*** haydi, haydi! ***nun und nimmer mehr*** hiçbir zaman, asla, katiyen ***von nun an*** bundan böyle ***was nun?*** ne olacak şimdi?
nunmehr /'nu:n'me:r/ *be* şimdi, bundan böyle, artık
Nuntius /'nuntsyus/ *m* Papa elçisi, Papa temsilcisi
nur /nu:r/ *be* yalnızca, sadece, sırf, salt; bununla beraber; ancak, fakat ***alle, nur ich nicht*** benden başka herkes, ben hariç herkes ***nur du!*** sadece sen, yalnızca sen! ***nur fünf Euro*** sadece 5 euro ***nur immer weiter*** git babam git! ***nur zu!*** korkma!, ileri!, yürü! ***was hat er nur?*** onun nesi var? ***wenn nur!*** şu şartla ki! ***wer nur immer*** kim olursa olsun
nuscheln /'nuşıln/ *vi kon* mırıldanarak konuşmak, geveleyerek konuşmak, anlaşılmaz şekilde konuşmak
Nuss /nus/ *f bitk* ceviz; fındık; hindistancevizi; *mec* çetin ceviz; ceviz büyüklüğünde parça; *tek* döner parça, oynar parça; lop et, parça et
Nussbaum /'nusbaum/ *m bitk* ceviz ağacı
Nüster /'nüstır/ *f anat* at burun deliği
Nut /nu:t/ *f tek* yiv, kertik
Nutte /'nutı/ *f* sokak orospusu, kaldırım yosması
Nutzanwendung /'nutsanvendung/ *f* manevi yarar, manevi fayda; hisse, ders
nutzbar /'nutsba:r/ *s* yararlı, faydalı; kullanılabilir, iş görür ***nutzbar machen*** toprağı sürmek, işlemek ***sich etw nutzbar machen*** (bir şeyden) yararlanmak, faydalanmak
Nutzbarkeit /'nutsba:rkayt/ *f* yararlılık, faydalılık; verimlilik, kârlılık, rantabilite
nütze /'nütsı/ *be* yararlı, faydalı; kârlı, rantabl; verimli ***das ist zu nichts nütze*** işe yaramaz, beş para etmez
Nutzen /'nutsın/ *m* yarar, fayda, getiri; avantaj, kâr, çıkar, menfaat ***aus etw Nutzen ziehen*** (bir şeyden) çıkar sağlamak, yararlanmak ***Nutzen bringen*** kazanç sağlamak ***von Nutzen*** yararlı, faydalı
nutzen /'nutsın/ *vi* (bir şeyi başarmada) yardımcı olmak, yardım etmek; faydalı olmak, yararlı olmak
nützen /'nütsın/ *vi* (bir şeyi başarmada) yardımcı olmak, yardım etmek; faydalı olmak, yararlı olmak; *vi* avantaj sağlamak; yararlanmak, faydalanmak ***die Gelegenheit nützen*** fırsattan istifade

N

etmek ***es nützt nichts*** işe yaramaz ***was nützt es?*** ne işe yarar ***wozu soll das nützen?*** bunun ne faydası var?
Nutzfahrzeug /'nutsfa:rtsoyk/ *n* kamyon, otobüs
Nutzgarten /'nutsgartın/ *m* sebze-meyve bahçesi, bostan
Nutzholz /'nuts**h**olts/ *n* kerestelik ağaç
nützlich /'nütsli**h**/ *s* yararlı, faydalı, kârlı, getirili, rantabl, avantajlı
Nützlichkeit /'nütsli**h**kayt/ *f* yararlılık, faydalılık, kârlılık
nutzlos /'nutslo:s/ *s* yararsız, faydasız, boşuna, beyhude
Nutzlosigkeit /'nutslo:zi**h**kayt/ *f* yararsızlık, faydasızlık
Nutznießer /'nutsni:sır/ *m* (bir şeyden) yararlanan, faydalanan, istifade eden, avantaj sağlayan kişi
Nutzung /'nutsung/ *f* istifade, yararlanma, faydalanma; kullanma, kullanım
Nylon /'nailon/ *n* naylon
Nymphe /'nümfı/ *f* doğa tanrıçası; *hayb* nemf

O

Oase /o'a:zı/ *f* vaha, çöl ortasındaki verimli toprak parçası; bir çevre içinde oluşan farklı bir ortam
ob /op/ *bağ* kararsızlık ifade eden yan cümle bağlacı; hem ... hem de ...; gibi, sanki; dahi, rağmen, karşın ***ob Sie wohl kommen?*** acaba bugün gelebilir misiniz? ***und ob!*** *kon* hem de nasıl!
Obacht /'o:ba**h**t/ *f* dikkat etme, ilgi gösterme, ihtimam gösterme, göz kulak olma ***Obacht geben*** dikkat kesilmek, ilgi göstermek
Obdach /'opda**h**/ *n* barınacak yer, kalacak yer, yuva, çatı, ev, bark
obdachlos /'opda**h**lo:s/ *s* yersiz yurtsuz, kalacak yeri olmayan, barınacak yeri olmayan
Obdachlose(r) /'opda**h**lo:zı(r)/ *f/m* evsiz barksız kimse, açıkta kalan kimse
Obdachlosigkeit /'opda**h**lo:zi**h**kayt/ *f* evsizlik, barksızlık, barınacak yeri olmama durumu
Obduktion /opduk'tsyo:n/ *f hek* otopsi
obduzieren /opdu'tsi:rın/ *vt hek* otopsi yapmak
O-Beine /'o:baynı/ *pl* çarpık bacak
O-beinig /'o:bayni**h**/ *s* çarpık bacaklı
Obelisk /obe'lisk/ *m* dikilitaş, dört köşeli ve yukarı doğru çıktıkça ucu sivrileşen taş sütun
oben /'o:bın/ *be* yukarı, yukarıya; yukarıda üstüne, yukarıda üstünde; sofrada en iyi yer; (yazı) yukarı bölümü, daha evvel açıklanan bölümü ***Befehl von oben*** *mec* üst makamdan gelen emir, yukarıdan gelen emir ***jdn von oben bis unten ansehen*** baştan aşağı süzmek ***nach oben*** yukarıya ***oben ohne*** *kon* (mayo) üstsüz, göğüsleri açıkta ***oben sein*** yukarıda olmak ***von oben bis unten*** tepeden tırnağa, baştan aşağıya ***wie oben gesagt*** yukarıda açıklandığı gibi, daha evvel anıldığı gibi
obenan /o:bın'an/ *be* önde, en önde; ilk sırada, en üstte; masanın kapıdan en uzak olan yerinde
obenauf /o:bın'auf/ *be* en üstte, en üstünde; *mec* neşeli, keyifli, canlı, hareketli; sağlıklı, sıhhatli
obendrein /o:bın'drayn/ *be* üstelik, bir de, ayrıca, binaenaleyh, bundan başka, artı
obengenannt /'o:bıngınant/ *be* adı geçen, anılan, sözü geçen ***oberer Totpunkt*** üst ölü nokta
obenhin /o:bın'**h**in/ *be* yüzeysel, üstten, üstünkörü, derme çatma, çalakalem
Ober /'o:bır/ *m* başgarson, garson
Oberarm /'o:bırarm/ *m anat* kolun üst kısmı
Oberarzt /'o:bırartst/ *m hek* başhekim
Oberbefehl /'o:bırbıfe:l/ *m ask* başkomutanlık
Oberbefehlshaber /'o:bırbıfe:lsha:bır/ *m ask* başkomutan
Oberbegriff /'o:bırbıgrif/ *m* üst kavram, üst anlam
Oberbekleidung /'o:bırbıklaydung/ *f* üst giysisi, giysi, kıyafet
Oberbürgermeister /o:bır'bürgırmaystır/ *m* belediye başkanı
Oberdeck /'o:bırdek/ *n den* üst güverte
obere(r,s) /'o:bırı(r,s)/ *s* üst, yüksek
Oberfläche /'o:bırfle**h**ı/ *f mat* alan, yüz; (sıvı) yüzey, üst bölüm ***an der Oberfläche bleiben*** yüzeyde kalmak, su üstünde kalmak
oberflächenaktiv /'o:bırfle**h**ınakti:f/ *s* yüzeyetkin, yüzey aktif
Oberflächenbehandlung /'o:bırfle**h**ınbı**h**andlung/ *f* üst yüzey iş-

lemi
Oberflächenspannung /'o:bırflehınşpanung/ *f* üst yüzey gerilimi
Oberflächenstruktur /'o:bırflehınştruktu:r/ *f* yüzeysel yapı
oberflächlich /'o:bırflehlih/ *s* yüzeysel; *mec* üstünkörü, derme çatma, özensiz
Oberflächlichkeit /'o:bırflehlihkayt/ *f* yüzeysellik; *mec* üstünkörülük, baştan savmalık
Obergeschoss /'o:bırgışos/ *n* üst kat
oberhalb /'o:bırhalp/ *ilg* üstünde, üzerinde, yukarısında
Oberhand /'o:bırhant/ *f* üstünlük
Oberhaupt /'o:bırhaupt/ *n* (yetki, makam, rütbe) en üst düzeydeki kişi; idareci, yönetici, müdür ***Oberhaupt der Familie*** aile reisi
Oberhaus /'o:bırhaus/ *n* (İngiltere) Lordlar Kamarası
Oberin /'o:bırin/ *f* başhemşire; başrahibe; bayan garson
oberirdisch /'o:bırirdiş/ *s* yeryüzünde, yeryüzeyinde, toprağın üstünde ***oberirdische Leitung*** havai hat
Oberkante /'o:bırkantı/ *f* üst kenar, üst köşe
Oberkellner /'o:bırkelnır/ *m* başgarson, sorumlu garson
Oberkiefer /'o:bırki:fır/ *m anat* üst çene
Oberkommando /'o:bırkomando/ *n ask* başkomutanlık, başkumandanlık
Oberkörper /'o:bırkörpır/ *m anat* vücudun üst kısmı, üst gövde
Oberleitung /'o:bırlaytung/ *f* üst yönetim, idare bölümü; *elek* havai hat
Oberleutnant /'o:bırloytnant/ *m ask* üsteğmen
Oberlicht /'o:bırliht/ *n* üstten gelen ışık; üstten gelen gün ışığı; *mim* tepe penceresi
Oberlippe /'o:bırlipı/ *f anat* üstdudak
Oberschenkel /'o:bırşenkıl/ *m anat* uyluk, bacağın dizden yukarı kısmı
Oberschicht /'o:bırşiht/ *f* üst tabaka; yüksek sosyal sınıf, sosyete
Oberschule /'o:bırşu:lı/ *f* ortaokul ve lise
Oberschwester /'o:bırşvestır/ *f* başhemşire
Oberst /'o:bırst/ *m ask* albay
oberste(r,s) /'o:bırstı(r,s)/ *s* en yüksekte, en üstte, en önemli, en üst derecede ***oberste Etage*** en üst kat
Oberstimme /'o:bırştimı/ *f müz* en yüksek ses
Oberstleutnant /o:bırst'loytnant/ *m* yarbay
Oberstübchen /'o:bırştü:phın/ *n kon* kafa, baş
Oberstufe /'o:bırştu:fı/ *f* ortaöğretimde son üç sınıf
Oberteil /'o:bırtayl/ *n* üst kısım
Oberwasser /'o:bırvasır/ *n* üstten akan değirmen suyu ***Oberwasser bekommen*** üstün olmak ***Oberwasser haben*** üstün olmak ***Oberwasser sein*** *mec* üstün durumda olmak, avantajlı olmak
obgleich /op'glayh/ *bağ* -diği halde, -e rağmen, -e karşın, her ne kadar, olsa da
Obhut /'ophu:t/ *f* himaye, gözetim, koruma ***ein Kind in Obhut nehmen*** bir çocuğu himayesine almak ***in jds Obhut sein*** himayesi altında olmak
Objekt /op'yekt/ *n* şey, olay, konu, madde; nesne; *dilb* tümleç, obje
objektiv /opyek'ti:f/ *s* nesnel; objektif, tarafsız, yansız ***objektives Gespräch*** tarafsız konuşma
Objektiv /opyek'ti:f/ *n fot* mercek, objektif
Objektivität /opyektivi'te:t/ *f* nesnellik; yansızlık, tarafsızlık
Objektträger /op'yekttre:gır/ *m* mikroskop camı, lam
Oblate /o'bla:tı/ *f* kudas ayini ekmeği; kâğıt helva
obliegen /op'li:gın/ *trvi* vazifesi olmak, görevi olmak, sorumluluğu olmak, yükümlülüğü olmak; kendini bir işe vermek
Obligation /obliga'tsyo:n/ *f* borç, boyun borcu, sorumluluk; taahhüt, yüklenme; *tic* tahvil
obligatorisch /obliga'to:riş/ *s* zorunlu, macburi, bağlayıcı, gerekli ***obligatorische Erziehung*** zorunlu eğitim
Obmann /'obman/ *m* şef, lider, yönetici, başkan; elebaşı, reis; sözcü; *sp* hakem
Oboe /o'bo:ı/ *f müz* obua
Obrigkeit /'o:brihkayt/ *f* üst düzey devlet görevlileri, hükümet görevlileri; *pol* hükümet
obrigkeitlich /'o:brihkaytlih/ *s* devlete ait, hükümete ait
Obrigkeitsdenken /'o:brihkaytsdenkın/ *n* devlet baba görüşü, devletin her şeyden sorumlu olduğu düşüncesi
Obrigkeitsstaat /'o:brihkaytsşta:t/ *m* otoriter devlet, devlet baba

O

obschon /op'şo:n/ *ilg* rağmen, olsa da, her ne kadar
Observation /opzerva'tsyo:n/ *f* bilimsel inceleme, bilimsel araştırma, bilimsel gözlem
Observatorium /opzerva'to:ryum/ *n* gözlem evi, bilimsel araştırma merkezi, rasathane
observieren /opzer'vi:rın/ *vt* (şüpheli sanık) gözlemek
obskur /ops'ku:r/ *s* şüpheli, müphem, belirsiz, karanlık, kuşkulu, kuşku uyandırıcı; tanınmayan, bilinmeyen, el, yabancı
Obskurität /opskuri'te:t/ *f* şüphelilik, belirsizlik, karanlık, kuşkululuk, kuşku uyandırıcılık; tanınmazlık, bilinmezlik
Obst /o:pst/ *n bitk* meyve; yemiş
Obstbaum /'o:pstbaum/ *m bitk* meyve ağacı; meyveli ağaç
Obsternte /'o:psterntı/ *f* f meyve ürünü; meyve toplama zamanı
Obstgarten /'o:pstgartın/ *m* meyve bahçesi
Obstkuchen /'o:pstku:hın/ *m* meyveli turta
Obstsaft /'o:pstzaft/ *m* meyve suyu
Obstsalat /'opstzala:t/ *m* meyve salatası
obszön /ops'tsö:n/ *s* ahlaksız, terbiyesiz, arsız, utanmaz, hayasız, müstehcen
obwohl /op'vo:l/ *ilg* her ne kadar, ise de, rağmen; gerçi, ... halde
Ocker /'okır/ mn toprak renginde toprak boyası
ocker /'okır/ *s* toprak rengi
Öde /'ö:dı/ *f* ıssız yer, tenha yer; *mec* sıkıcılık, can sıkıcılık
öde /'ö:dı/ *s* ıssız, tenha, boş; sıkıcı, can sıkıcı; metruk, terk edilmiş; virane, yıkık ***ein öder Film*** sıkıcı bir film
Ödem /ö'de:m/ *n hek* ödem
oder /'o:dır/ *bağ* veya, ya da, yahut, yoksa ***heute oder morgen*** bugün veya yarın ***jetzt oder nie*** ya şimdi ya hiç ***oder!*** yoksa!, veya! ***Tee oder Kaffee?*** çay mı yoksa kahve mi?
ödipal /ödi'pa:l/ *s* oidipus kompleksi ile ilgili
Ödipuskomplex /'ö:dipuskompleks/ *m hek ruhb* ödipus kompleksi, kız çocukların babaya erkek çocukların anaya olan ilgisi
Ofen /'o:fın/ *m* ocak, fırın; soba; *tek* endüstriyel fırın ***ein heißer Ofen*** *kon* hızlı bir araç ***hinter dem Ofen hocken*** evde pineklemek
ofenfrisch /'o:fınfriş/ *s* fırından yeni çıkmış, sıcak sıcak, taze taze
Ofenrohr /'o:fınro:r/ *n* soba borusu
offen /'ofın/ *s* açık; (sorun, konu) halledilmemiş, çözülmemiş; *mec* dürüst, sadık, doğrucu, bağlı, gizli kapaklı işi olmayan; müsait, hazır, açık; kabiliyetli, yetenekli; gevşek, boş, seyrek, sarkık; aleni, ortada, güpegündüz; *dilb* (sesletim) açık ağızlı, açık ***auf offener Straße*** cadde ortasında ***das Fenster ist offen*** pencere açık ***das offene Feld*** açık alan, açık saha ***die offene See*** açık deniz ***ein offener Brief*** açık mektup ***ein offener Wagen*** üstü açık araba ***eine offene Rechnung*** açık hesap, ödenmemiş hesap ***ganz heraus*** açıktan açığa ***mit halb offenen Augen*** yarı açık gözlerle ***mit offenem Kopf*** başı açık olarak ***offen gestanden*** açık söylemek gerekirse, açıkçası ***offen heraus*** açıktan açığa ***offen liegen*** ortada olmak, açık olmak, anlaşılması kolay olmak ***offen liegenlassen*** ortada bırakmak, meydanda bırakmak ***offen reden*** açık saçık konuşmak, müstehcen konuşmak; dobra dobra konuşmak ***offene Fragen*** ortada kalmış sorular, halledilmemiş sorunlar, cevaplanmamış sorular ***offene Hand haben*** *mec* eli açık olmak ***offene Maische*** açık kristalizatör ***offene Wunde*** *hek* açık yara ***offener Wein*** şişelenmemiş şarap, fıçıdan çekilmiş şarap ***offenes Gelände*** açık arazi ***offenes Licht*** açık alev ***offenes Meer*** dış deniz
offenbar /'ofınba:r/ *s* açık, açık seçik, açık açık, ortada, aleni, belli, besbelli, bariz, aşikâr; *be* galiba, görünüşte
offenbaren /ofın'ba:rın/ *vt* açıklamak, ifşa etmek; ortaya koymak, meydana getirmek ***etw jdm offenbaren*** haber vermek, haberdar etmek, bildirmek ***sich jdm offenbaren*** (birisine) inanmak, güvenmek, itimat etmek; sırlarını açmak ***sich offenbaren*** kendini tanıtmak, kendini göstermek
Offenbarung /ofın'ba:rung/ *f* ilahi vahiy; açım; açıklama, ifşa etme, bildirme; bilgilenme, aydınlanma
Offenbarungseid /ofın'ba:rungsayt/ *m* yeminli mal beyanı
Offenheit /'ofınhayt/ *f* açıklık; *mec* sami-

O

miyet, içtenlik, dürüstlük, doğruluk, ilkelilik
offenherzig /'ofınhertsih/ *s* emin, güvenilir; dürüst, içten, samimi, doğru; *mec* açık elbise, dekolteli elbise
offenkundig /'ofınkundih/ *s* aleni, açık, ortada, belli, besbelli, aşikâr
offensichtlich /'ofınzihtlih/ *s* açık, belli, besbelli, aleni, bilinen, aşikâr, ortada
offensiv /ofın'zi:f/ *s* saldırgan, mücadeleci; *sp* ofansif, saldırıcı; *mec* üzücü, kırıcı
Offensive /ofın'zi:vı/ *f* saldırı, hücum, savaşım; *sp* ofans
öffentlich /'öfıntlih/ *s* resmi; genel, tüzel, herkesçe bilinen, herkesçe tanınan; umuma açık, kamuya açık, herkese açık ***das öffentliche Recht*** *huk* kamu hukuku, amme hukuku ***die öffentliche Meinung*** kamuoyu ***öffentliche Konferenz*** kamuya açık konferans, herkese açık konferans ***öffentlicher Weg*** umumi yol, herkese açık yol ***öffentliches Haus*** genelev
Öffentlichkeit /'öfıntlihkayt/ *f* kamuoyu, halk, insanlar ***in aller Öffentlichkeit*** herkesin gözü önünde, alenen ***sich nicht in der Öffentlichkeit zeigen*** *mec* gözönünde bulunmamak
offerieren /ofı'ri:rın/ *vt* arz etmek, takdim etmek, sunmak, ikram etmek, teklif etmek ***etw jdm offerieren*** (birisine bir şey) sunmak, teklif etmek; önermek
offiziell /ofit'syel/ *s* resmi; *be* resmen ***offizieller Anzug*** resmi kıyafet; koyu renk elbise
Offizier /ofi'tsi:r/ *m* subay
offiziös /ofi'tsyö:s/ *s* yarı resmi
öffnen /'öfnın/ *vt* açmak ***sich öffnen*** açılmak
Öffner /'öfnır/ *m* açacak, şişe açacağı; açan
Öffnung /'öfnung/ *f* açıklık, aralık, boşluk, aralık; açma
Öffnungszeiten /'öfnungstsaytın/ *pl* açık olduğu saatler, açılış-kapanış saatleri, mesai saatleri
oft /oft/ *be* sık sık, çok kez, çoğu zaman, çoğunlukla; ekseriya
öfter /'öftır/ *be* sık sık, çok kez, oldukça sık, sıkça, pek çok kez
öfters /'öftırs/ *be kon* sık sık, çok kez, oldukça sık, sıkça, pek çok kez
oftmalig /'oftma:lih/ *be* tekrar tekrar, defalarca
oftmals /'oftma:ls/ *be* tekrar tekrar, defalarca
ohne /'o:nı/ *ilg* -sız, -siz, -sızın, -sizin, ... olmadan, -madan, -meden ***ohne Bedeutung*** anlamsız ***ohne dieses!*** bunsuz! ***ohne etw zu sagen*** hiçbir şey söylemeksizin, bir şey demeden ***ohne Geld sein*** parasız olmak ***ohne Hoffnung*** ümitsiz, umutsuz ***ohne mich!*** bensiz!, ben yokum! ***ohne Obligo*** *tic* garantisi olmayan
ohnedies /o:nı'di:s/ *be* zaten, zati, nasıl olsa; aslında, esasen; her durumda, her halü kârda
ohnegleichen /o:nı'glayhın/ *be* eşi bulunmaz, eşsiz, benzersiz, emsalsiz; tek, yegâne, biricik
ohnehin /'o:nıhin/ *be* zaten, zati, nasıl olsa; aslında, esasen; her durumda, her halü kârda
Ohnmacht /'o:nmaht/ *f* baygınlık, bayılma; güçsüzlük, iktidarsızlık, acz ***in Ohnmacht fallen*** bayılmak
ohnmächtig /'o:nmehtih/ *s* baygın, kendinden geçmiş; güçsüz, iktidarsız, âciz
Ohr /o:r/ *n anat* kulak, işitme organı; koltukta baş yaslama çıkıntısı; kitapta kalınan yeri bulmak için kıvrılan bölüm; bir çiftin teki ***die Ohren anlegen*** kulaklarını kıstırmak, kulaklarını dikmek ***die Ohren klingeln*** *mec* kulakları çınlamak ***die Wände haben Ohren!*** yerin kulağı var! ***ein feines Ohr haben*** kulağı iyi duymak ***ganz Ohr sein*** kd can kulağıyla dinlemek ***hinter die Ohren schreiben*** *mec* aklının bir köşesine yazmak ***jdn am Ohr ziehen*** kulağını çekmek ***mir ist zu Ohren gekommen*** kulağıma çalındı, duydum
Ohrenarzt /'o:rınartst/ *m hek* Kulak-Burun-Boğaz hastalıkları uzmanı, KBB uzmanı
ohrenbetäubend /'o:rınbıtoybınt/ *s* kulak tırmalayıcı; çok yüksek sesli, rahatsız edecek kadar sesli
Ohrenentzündung /'o:rınenttsündung/ *f hek* kulak iltihaplanması, otit
Ohrensausen /'o:rınzauzın/ *n* kulak uğuldaması, kulak uğultusu
Ohrenschmalz /'o:rınşmalts/ *n* kulak kiri
Ohrenschmaus /'o:rınşmaus/ *m* kulak ziyafeti, kulağa hoş gelen müzik parçası
Ohrenschmerzen /'o:rınşmertsın/ *pl hek*

kulak ağrısı
Ohrensessel /'o:rınzesıl/ *m* bejar koltuk
Ohrfeige /'o:rfaygı/ *f* tokat, şamar, sille, şaplak, beşkardeş ***jdm eine Ohrfeige geben*** (birisini) tokatlamak, tokat atmak
ohrfeigen /'o:rfaygın/ *vt* tokatlamak, tokat atmak ***jdn ohrfeigen*** (birisini) tokatlamak, tokat atmak
Ohrläppchen /'o:rlephın/ *n anat* kulakmemesi
Ohrmuschel /'o:rmuşıl/ *f anat* dışkulaktaki kıkırdaklı bölüm; *mim* esk. bir süsleme türü
Ohrring /'o:rring/ *m* küpe
Ohrwurm /'o:rvurm/ *m* kulağakaçan
okkult /o'kult/ *s* gizli, gizemli, esrarengiz, tuhaf, acayip
Okkultismus /okul'tismus/ *m* okültizm, gizlicilik; gizli ilimler
Okkultist /okul'tist/ *m* okültizm temsilcisi, gizlici
Okkupation /okupa'tsyo:n/ *f ask* işgal, işgal etme; sahipsiz malı sahiplenme, gasp etme
okkupieren /oku'pi:rın/ *vt* işgal etmek, ele geçirmek; gasp etmek, zapt etmek
Ökoladen /'ö:kola:dın/ *m* doğal ürünler mağazası
Ökologe/Ökologin /öko'lo:gı/öko'lo:gin/ *m/f* çevrebilimci, ekolog
Ökologie /ökolo'gi:/ *f* ekoloji, bitki ve hayvanların çevreleri ile olan ilişkilerini inceleyen bilim dalı
ökologisch /öko'lo:giş/ *s* ekolojiye ait, ekolojik
Ökonomie /ökono'mi:/ *f* ekonomi, iktisat; ekonomi bilimi; tutumluluk, iktisatlılık; *esk* tarım, ziraat
ökonomisch /öko'no:miş/ *s* ekonomik, iktisadi; tutumlu
Ökosystem /'ö:kozüste:m/ *n* ekolojik sistem
Oktave /ok'ta:vı/ *f müz* oktav, sekiz sesli ses dizisi; (katolik kilisesi) sekiz gün süren dini kutlama
Oktober /ok'to:bır/ *m* ekim, ekim ayı
Oktoberfest /ok'to:bırfest/ *n* Münih yöresinde kutlanan bir festival, bira bayramı, oktobırfest
ökumenisch /öku'me:niş/ *s* evrensel, ökumenik
Öl /ö:l/ *n* sıvı yağ; sıvı haldeki organik bileşke; akaryakıt; benzin; yağlıboya; *mec* yemeklik sıvıyağ ***in Öl malen*** yağlıboya resim yapmak ***Salat mit Öl*** yağlı salata
Ölbaum /'ö:lbaum/ *m bitk* zeytin ağacı
Ölbild /'ö:lbilt/ *n* yağlıboya tablo
Öldruck /'ö:ldruk/ *m* yağlı boya tablo görünümünde röprodüksiyon
Oldtimer /'ouldtaimır/ *m kon* eski zamandan kalma değerli otomobil
Oleander /ole'andır/ *m hayb* zakkum ağacı
ölen /'ö:lın/ *vt* yağlamak, yağ sürmek, yağ eklemek; *mec* kremlemek, krem sürmek ***etw ölen*** (bir şeyi) yağlamak, üzerine yağ sürmek
Ölfarbe /'ö:lfarbı/ *f* yağlıboya
Ölfeuerung /'ö:lfoyırung/ *f* akaryakıt ile yakılan ateş
Ölfleck /'ö:lflek/ *m* yağ lekesi
Ölförderung /'ö:lfördırung/ *f* petrol üretimi
Ölgemälde /'ö:lgıme:ldı/ *n* yağlıboya tablo, yağlıboya resim
Ölheizung /'ö:lhaytsung/ *f* akaryakıtla çalışan kalorifer sistemi
ölig /'ö:lih/ *s* yağlı, yağımsı, yağ içeren; akaryakıt içeren; *mec* dalkavuk, yağcı
Oligarchie /oligar'hi:/ *f* oligarşi, azınlığın egemenliği
Olive /o'li:vı/ *f bitk* zeytin; pencere kulpu, kapı kulpu
Olivenöl /o'li:vınö:l/ *n* zeytinyağı
olivgrün /o'li:fgrü:n/ *s* zeytin yeşili renginde, zeytini
Ölkanne /'ö:lkanı/ *f* yağdanlık
Ölkrise /'ö:lkri:zı/ *f* petrol krizi
Öllampe /'ö:llampı/ *f* yağ lambası, kandil
Ölleitung /'ö:llaytung/ *f* petrol sevkiyatı, petrol sevk borusu
Ölmalerei /'ö:lma:lıray/ *f* yağlıboya resim
Ölofen /'ö:lo:fın/ *m* gaz sobası
Ölpest /'ö:lpest/ *f* gemi petrol atıkları nedeniyle oluşan deniz kirlenmesi
Ölsardine /'ö:lzardi:nı/ *f* zeytinyağlı sardalye konservesi
Öltank /'ö:ltank/ *m* benzin deposu, akaryakıt deposu
Öltanker /'ö:ltankır/ *m* sarnıç gemisi
Ölteppich /'ö:ltepih/ *m* petrol tabakası
Ölung /'ö:lung/ *f* yağlama, yağ sürme, yağ ekleme ***die letzte Ölung*** (katolik) ölüm döşeğinde kutsal yağ sürerek kutsama
Ölwechsel /'ö:lveksıl/ *m oto* yağ değiştirme, yağ yenileme
Olymp /o'lümp/ *m* Yunan tanrılarının ya-

şadığı yer; *tiy* en ucuz yer

Olympiade /olüm'pya:dı/ *f sp* olimpiyat oyunları

Olympiasieger /o'lümpyazi:gır/ *m kon sp* olimpiyat şampiyonu

olympisch /o'lümpiş/ *s* olimpik, olimpiyat oyunları ile ilgili; *mec* haşmetli; soğukkanlı ***olympische Spiele*** *sp* olimpiyat oyunları

Ölzeug /'ö:ltsoyk/ *n* muşambadan yağmurluk, su geçirmez denizci elbisesi

Ölzweig /'ö:ltsvayk/ *m bitk* zeytin ağacı dalı; barış simgesi olan zeytin dalı

Oma /'o:ma/ *f* büyük anne, nine, anneanne veya babaanne

Omelett /om'let/ *n* omlet

Omen /'o:mın/ *n* işaret, gösterge, belirti, iz, alamet ***böses Omen*** uğursuzluk ***etw als gutes Omen betrachten*** uğurlu saymak ***gutes Omen*** hayra alamet; olumlu sinyal

ominös /omi'nö:s/ *s* uğursuz, meşum; olumsuz, olumsuzluğu çağrıştıran; düşündürücü, şüphe uyandırıcı

Omnibus /'omnibus/ *m* küçük otobüs, minibüs

onanieren /ona'ni:rın/ *vi* mastürbasyon yapmak, kendi kendini cinsel doyuma ulaştırmak

Onkel /'onkıl/ *m* amca; dayı; *kon* yakın bulunan bir erkeğe hitap şekli ***Onkel Fritz*** Fritz amca ***Onkel Peter*** Peter dayı

online /'onlain/ *be biliş* on-line

Opa /'o:pa/ *m* (çocuk dilinde) büyükbaba, dede

Opal /o'pa:l/ *m* yerb opal, panzehir taşı; teks opal, pamuklu kumaş

Oper /'o:pır/ *f müz* opera; opera binası, opera salonu

Operation /opera'tsyo:n/ *f hek* operasyon, cerrahi müdahale, ameliyat; *ask* harekât, operasyon; *tek* işleme, çalışma; *mat* işlem

Operationssaal /opera'tsyo:nsza:l/ *m hek* ameliyathane, ameliyat salonu, operasyon salonu

Operationstisch /opera'tsyo:nstiş/ *m* ameliyat masası

operativ /opera'ti:f/ *s* ameliyatla, cerrahi yolla, cerrahi açıdan; *ask* stratejik; etkili ***einen operativen Eingriff vornehmen*** *hek* cerrahi olarak müdahale etmek ***operativer Eingriff*** *hek* cerrahi müdahale

Operator /opı'ra:tor/ *m* operatör, elektronik aletleri kullanan kişi; *mat* işlem

Operette /ope'retı/ *f müz* operet, müzikli hafif tiyatro

operieren /ope'ri:rın/ *vt hek* operasyon yapmak, cerrahi açıdan müdahale etmek; *vi ask* harekâtta bulunmak, operasyon yapmak ***jdn operieren*** (birisine) cerrahi müdahalede bulunmak, ameliyat etmek

Operngias /'o:pırngla:s/ *n* opera dürbünü

Opernhaus /'o:pırnhaus/ *n* opera binası

Opernsänger /'o:pırnzengır/ *m* opera şarkıcısı

Opfer /'opfır/ *n* kurban; özveri, fedakârlık; bir konuda zararlı çıkan kişi, olay kurbanı

opferbereit /'opfırbırayt/ *s* fedakâr, özverili, verici

Opferbereitschaft /'opfırbıraytşaft/ *f* fedakârlık, özveri

Opfergabe /'opfırga:bı/ *f* kurban; kurban edilen şey

Opferlamm /'opfırlam/ *m* kurbanlık kuzu

opfern /'opfırn/ *vt* kurban etmek; fedakârlık etmek, özveride bulunmak; bağışta bulunmak, hayır işlemek ***die Zeit opfern*** vaktini feda etmek

Opferstock /'opfırştok/ *m* (kilise) bağış toplama kabı, yardım kutusu

Opiat /o'pya:t/ *n* afyon içeren ilaç

Opium /'o:pyum/ *n* afyon, uyuşturucu

Opossum /o'posum/ *n hayb* opossum, küçük bedenli ve keseli kürk hayvanı

opponieren /opo'ni:rın/ *vi* karşı düşünceyi savunmak ***gegen jdn opponieren*** (birisine) muhalefet etmek, karşı düşünceyi savunmak

opportun /opor'tu:n/ *s* müsait, uygun, elverişli, münasip, olur

Opportunismus /oportu'nismus/ *m pol* oportünizm, eyyamcılık, çıkarcılı[illegible]

Opportunist /oportu'nist/ *m* opor[illegible]st, eyyamcı, çıkarcı, fırsatçı

opportunistisch /oportu'nistiş/ *s* opo[illegible]nist, eyyamcı, çıkarcı, fırsatçı

Opposition /opozi'tsyo:n/ *f pol* muhalefet; direnme, inat, karşı koyma, karşıtlık; *gökb* karşı konum

oppositionell /opozitsyo'nel/ *s* muhalif, karşı düşünceli; zıt, karşıt, aykırı

Oppositionsführer /opozi'tsyo:nsfü:rır/ *m pol* muhalefet partisi başkanı

Oppositionspartei /opozi'tsyo:nspartay/ *f pol* muhalefet partisi
Optik /'optik/ *f fiz* optik, ışık yasaları ve ışık olaylarını inceleyen bilim; *tek* mercek sistemi
Optiker /'optikır/ *m* optikçi, optik yapımcısı veya satıcısı; *kon* gözlükçü
optimal /opti'ma:l/ *s* optimal, en iyi, en uygun, en verimli ***optimale Bedingungen*** en uygun durumlar
optimieren /opti'mi:rın/ *vt* en uygun şekle getirmek, en iyi şekle sokmak; *mat* fonksiyonun en küçük veya en büyük değerini belirlemek
Optimierung /opti'mi:rung/ *f* en uygun şekle getirme, en iyi biçime getirme
Optimismus /opti'mismus/ *m* optimizm, iyimserlik
Optimist /opti'mist/ *m* optimist, iyimser
optimistisch /opti'mistiş/ *s* iyimser bir durumda, iyimserlik içinde, optimistçe ***den Zustand optimistisch beurteilen*** vaziyeti iyimser bir açıdan değerlendirmek
Optimum /'optimum/ *n* en uygun durum, en elverişli durum, en iyi durum
Option /op'tsyo:n/ *f* opsiyon, belirli bir zaman dilimi içinde adına rezervasyon yapma, süre verme; *pol* vatandaşlık seçme özgürlüğü
optisch /'optiş/ *s fiz* optik, ışık ile ilgili; *hek* göz ve görme ile ilgili ***optisch aktiv*** optik aktif ***optische Brille*** optik gözlük ***optische Feinmessung*** optikle hassas ölçme ***optische Geräte*** optik aletler ***optische Linse*** optik mercek ***optische Täuschung*** optik yanılma ***optische Untersuchung*** optik muayene ***optischer Aufheller*** optik ağartıcı, optik beyazlatıcı ***optischer Klarschriftleser*** optik karakter okuyucu ***optisches Drehungsvermögen*** optik dönme
Opus /'o:pus/ *n* yapıt, sanat eseri; *müz* bestelenme numarası verilmiş eser
Orakel /o'ra:kıl/ *n* kehanet; kehanet merkezi; gizemli söz, gizli söz, hokus pokus
oral /o'ra:l/ *s hek* ağızdan alınan; ağızla ilgili, oral, ağız-; ağızdan söylenen, sözlü ***Medikament oral einnehmen*** ilacı ağızdan almak
orange /o'ranj/ *s* turuncu renginde, portakal renginde
Orange /o'ranjı/ *f bitk* portakal
Orangeat /oran'ja:t/ *n* şekerlenmiş portakal kabuğu
Orangenmarmelade /o'ranjınmarmıla:dı/ *f* portakal marmeladı
Orangensaft /o'ranjınzaft/ *m* portakal suyu
Orangenschale /o'ranjınşa:lı/ *f* portakal kabuğu
Orang-Utan /'o:rang'u:tan/ *m hayb* orangutan, insansı maymun
Oratorium /ora'to:ryum/ *n müz* oratoryo, temsil edilmeyen dramatik müzik; dua odası, mescit
Orbit /'orbit/ *m gökb* yörünge
Orchester /or'kestır/ *n müz* orkestra, çalgıcılar topluluğu; orkestraya ayrılmış yer
Orchidee /orhi'de:/ *f bitk* orkide
Orden /'ordın/ *m* tarikat, belirli kurallar dahilinde yaşayan dini veya siyasi topluluk; madalya, nişan
Ordensbruder /'ordınsbru:dır/ *m* tarikat üyesi, tarikat mensubu; rahip, papaz, keşiş
Ordensschwester /'ordınsşvestır/ *f* bir tarikata mensup kadın, kadın tarikat üyesi; rahibe
Ordensverleihung /'ordınsferlayung/ *f* madalya takma töreni
ordentlich /'ardantlih/ *s* düzenli, tertipli, muntazam, derli toplu, yerli yerinde; itinalı, özenli, dikkatli; sıralı, ortama uygun; mazbut, düzgün; büyük, külliyetli, hatırı sayılır; takdire layık, takdiri-şayan; planlı, plana uygun, planlandığı gibi; adam gibi; kusursuz, ayıpsız; *be* hakikaten, cidden; adamakıllı, tam; adeta; iyicene, eni konu ***ordentlich gekleidet*** üstü başı temiz, giyimi düzgün ***ordentlich kalt*** (hava) iyice soğuk, epey soğuk ***ordentliche Regeln*** belirlenmiş kurallar, düzenli kurallar ***ordentliche Sitzung*** olağan toplantı ***ordentlicher Ehemann*** mazbut koca ***ordentlicher Mensch*** düzenli yaşamı seven insan ***ordentlicher Professor*** ordinaryüs profesör ***ordentlicher Schüler*** tertipli öğrenci ***ordentliches Leben*** düzenli hayat, sakin hayat ***nicht ordentlich gemacht*** derme çatma, eciş bücüş ***sich ordentlich benehmen*** uslu durmak, satın olmak
ordinär /ordi'ne:r/ *s* alışılmış, gündelik; bayağı, adi, sıradan; terbiyesiz, ahlaksız, edepsiz; amiyane, kaba ***ordinärer Witz*** müstehcen fıkra; kaba şaka, eşek

şakası
ordnen /'ordnın/ *vt* düzenlemek, düzene sokmak; zaptırapt altına almak, düzeltmek; sınıflandırmak, sıralamak; tertip etmek, tertibe sokmak ***alphabetisch ordnen*** alfabetik olarak sıraya sokmak
Ordner /'ordnır/ *m* düzenleyici, tertipleyici, düzen sağlayıcı; klasör, dosya
Ordnung /'ordnung/ *f* düzenleme, düzenleme işi; düzen, tertip, düzenlilik, tertiplilik; kural, yönetmelik, yönerge, tüzük, talimname; yapı, sistem; kanun, yasa; sıralama, sıra, düzen ***alles in Ordnung!*** her şey yolunda! ***alphabetische Ordnung*** alfabetik sıra, alfabetik düzen ***etw in Ordnung bringen*** *mec* (bir şeyi) düzene sokmak, düzenlemek ***in Ordnung!*** tamam!, her şey yolunda! ***in Ordnung gehen*** yolunda gitmek ***Maschine ist in Ordnung*** makine tıkır tıkır çalışıyor ***nummerische Ordnung*** sayısal düzen, sıra numarası ***Ruhe und Ordnung*** huzur ve düzen, disiplin
ordnungsgemäß /'ordnungsgıme:s/ *s* kurallara uygun; düzene uygun, istenilen düzende olan; kanunlara uygun, yasalara uygun; yönetmeliklere uygun
ordnungshalber /'ordnungshalbır/ *be* usulen
Ordnungsliebe /'ordnungsli:bı/ *f* düzenlilik, tertiplilik, intizamperverlik
Ordnungsruf /'ordnungsru:f/ *m* düzene uyması için yapılan uyarı; düzenin bozulmaması adına yapılan uyarı
Ordnungsstrafe /'ordnungsştra:fı/ *f* disiplin cezası
ordnungswidrig /'ordnungsvi:drih/ *s* düzen bozucu, bozguncu; kurallara aykırı; düzene aykırı; yasalara aykırı, kanunlara aykırı
Ordnungszahl /'ordnungstsa:l/ *f mat* sıra sayısı; *kim* atom numarası
Ordonnanz /ordo'nants/ *f ask* subayın emir eri
Oregano /o're:gano/ *m* yabani mercanköşk baharatı
Organ /ar'ga:n/ *n anat* organ, uzuv, üye, vücut parçası; zihniyet, anlayış; yasama organı, devlet kuralları koyma makamı; *kon* ses; *pol* bir düşünceyi temsil eden görüşleri yayma aracı ***rechtsprechende Organe*** *huk* yasama organları
Organbank /or'ga:nbank/ *f hek* organ bankası
Organisation /organiza'tsyo:n/ *f* organizasyon, düzenleme, tertip etme, biçim verme; örgüt, kuruluş, teşkilat, birlik, teşekkül, oluşum
Organisationstalent /organiza'tsyo:nstalent/ *n* organizasyon yeteneği; iyi organizatör
Organisator /organi'za:tor/ *m* organizatör, düzenleyici, tertip eden; *müz* konser tertipçisi
organisatorisch /organiza'to:riş/ *s* organize; düzenleme ile ilgili, tertip ile ilgili
organisch /or'ga:niş/ *s hek* organik, canlı organizma ile ilgili; doğal, doğa ile ilgili; *kim* organik; hayvansal-bitkisel ***organische Chemie*** organik kimya ***organische Farbstoffe*** organik boyarmaddeler ***organische Verbindung*** organik bileşik ***organischer Nichtzucker*** organik şeker olmayan
organisieren /organi'zi:rın/ *vt* düzenlemek, organize etmek, tertip etmek, ayarlamak; örgütlemek, birleştirmek; *mec* doldurușa getirmek ***eine Konzert organisieren*** bir konser tertip etmek ***eine Sitzung organisieren*** toplantı düzenlemek ***sich organisieren*** örgütlenmek, organize olmak
organisiert /organi'zi:rt/ *s* organize, düzenli, tertip edilmiş, planlanarak yapılmış
Organisierung /organi'zi:rung/ *f* organizasyon, düzenleme, tertip etme, biçim verme; örgüt, kuruluş, teşkilat, birlik, teşekkül, oluşum
Organismus /orga'nismus/ *m biy* organizma, biyolojik yapı; canlı varlık; bir canlı varlığı oluşturan organların tümü; organizma, planlanarak oluşturulmuş bir şey
Organist /orga'nist/ *m müz* org sanatçısı, orgçu
Organspender /or'ga:nşpendır/ *m* organ bağışında bulunan kişi
Orgasmus /or'gasmus/ *m* orgazm, boşalma, doyum, cinsel zevkin en yüksek noktası
Orgel /'orgıl/ *f müz* org
orgiastisch /or'gyastiş/ *s* (kural ve ahlak açısından) sınırsız, kuralsız, ölçüsüz
Orgie /'orgyı/ *f* her şeyin serbest olduğu seviyesiz bir toplantı; seks partisi, grup seksi partisi, orji
Orient /'o:ryint/ *m* doğu, şark

Orientale/Orientalin /oryen'ta:lı/oryen'ta:lin/ *m/f* doğulu, şarklı, oryantal
orientalisch /oryen'ta:liş/ *s* doğulu, şarklı, oryantal; doğu ile ilgili, doğuya ait
orientieren /oryen'ti:rın/ *vt* bilgilendirmek, bilgi vermek; adapte etmek, oryantasyon sağlamak, uyumunu sağlamak ***jdn orientieren*** (birisini) bilgilendirmek ***sich orientieren*** bulunduğu yeri yer ve yön açısından belirlemek, konumunu belirlemek ***sich über etw orientieren*** (bir konu hakkında) bilgi toplamak
Orientierung /oryen'ti:rung/ *f* oryantasyon, durum belirleme, konum belirleme; yöneltme, yönlendirme
Orientierungssinn /oryen'ti:rungszin/ *m* yön kestirme yeteneği
Original /origi'na:l/ *n* bir eserin ilk nüshası, asıl nüsha, asıl metin, asıl resim; taklit olmayan bir parça, orijinal; (kişi) garip, tuhaf
original /origi'na:l/ *s* orijinal, özgün, has; asıl, esas, gerçek; asıl, ilk, orijinal; kendine özgü, kendine has, yaratıcı ***originales Gemälde*** orijinal tablo, asıl tablo
Originalfassung /origi'na:lfasung/ *f* asıl biçim, orijinal biçim
originalgetreu /origi'na:lgıtroy/ *s* orijinaline uygun
Originalität /originali'te:t/ *f* orijinallik, özgünlük, kendine özgülük; (kişi) garip davranış
originell /origi'nel/ *s* orijinal, özgün, has, ilk ve tek; garip, tuhaf, komik, olağandışı
Orkan /or'ka:n/ *m metr* bora, kasırga, çok şiddetli rüzgâr
orkanartig /or'ka:na:rtih/ *s* fırtına gibi, kasırga şeklinde; *kon* coşkun, fırtınalı, debdebeli; ezici, çoğunlukla
Ornament /orna'ment/ *n* süs, süsleme, ziynet, bezek, bezgi, nakış
ornamental /ornamen'ta:l/ *s* süsleyici, bezek tarzında, bezemeli
Ornithologe /ornito'lo:gı/ *m* ornitolog, kuş bilimcisi
Ort /ort/ *m* yer, mahal, mevki, konum, mevzi; çevre, diyar; köy, kasaba; mekân, nokta; *n mad* galeri sonu ***am falschen Ort*** yanlış yerde ***an Ort und Stelle*** mahallinde, yerinde ***der richtige Ort*** doğru yer ***Ort der Handlung*** konunun geçtiği yer ***vor Ort*** madenin işletildiği yerde
orten /'ortın/ *vt* (uçak, gemi) yerini belirlemek, yerini tespit etmek
orthodox /orto'doks/ *s* kilise öğretisine uygun olan, kilise inançları ve ilkelerine uygun olan, kilisece doğru sayılan; kilise inancına sahip olan; mutaassıp, koyu, bağnaz, fanatik, dini açıdan fazla katı ***orthodoxe Kirche*** Ortodoks kilisesi
Orthodoxie /ortodo'ksi:/ *f* Ortodoks kilise inançlarının tümü; bağnazlık, fanatiklik, tutuculuk, dini ilkelere bağlılık
Orthopäde /orto'pe:dı/ *m hek* ortopedist, ortopedi uzmanı
Orthopädie /ortope'di:/ *f hek* ortopedi
orthopädisch /orto'pe:diş/ *s hek* ortopedik, ortopedi ile ilgili ***orthopädische Schuhe*** ortopedik ayakkabı ***orthopädischer Sessel*** ortopedik koltuk ***orthopädisches Bett*** ortopedik yatak
örtlich /'ö:rtlih/ *s* yerel, bir yere ait, yöresel; yöre ile ilgili, bir yer ile ilgili ***örtliche Betäubung*** *hek* lokal anestezi ***örtliche Zeitung*** yerel gazete ***örtlicher Verkehr*** yerel trafik ***örtliches Essen*** yöresel yemek, mahalli yemek
Örtlichkeiten /'ö:rtlihkaytın/ *f kon* tuvalet, hela
Ortsangabe /'ortsanga:bı/ *f* yer belirtme
ortsansässig /'ortsanzesih/ *s* (belirli bir yerde) yerli, yöre halkından, orada sürekli yaşayan ***ortsansässige Bevölkerung*** yerli halk
Ortsbestimmung /'ortsbıştimung/ *f* yer tayini, yer belirleme; *dilb* yer belirteci
Ortschaft /'ortşaft/ *f* küçük yerleşim yeri, yerleşim birimi, meskûn mahal
ortsfremd /'ortsfremt/ *s* bir yerin yabancısı, oralı olmayan ***ortsfremd sein*** yabancısı olmak, oraları bilmemek
Ortsgespräch /'ortsgışpre:h/ *n* şehir içi telefon görüşmesi
ortskundig /'ortskundih/ *s* bir yeri iyi bilen, orayı avucunun içi gibi bilen
Ortsnetz /'ortsnets/ *n* şehir içi telefon şebekesi
Ortsteil /'ortstayl/ *m* mahalle
Ortsverkehr /'ortsferke:r/ *m* şehiriçi trafiği
Ortszeit /'ortstsayt/ *f* bölgesel saat ayarı, yerel saat ayarı
Ortung /'ortung/ *f* yer belirleme, konum belirleme
Öse /'ö:zı/ *f* dişi kopça; kulp, halka; zım-

ba; ayakkabı bağcığı deliği; göz; madeni halka ***eine Öse anbringen*** *kon* kulp takmak ***Haken und Öse*** erkek ve dişi kopça
Osmose /os'mo:zı/ *f* ozmos, geçişme, karışma
Ost /ost/ *tnz* doğu, şark; *metr* doğudan esen rüzgâr
Ostblock /'ostblok/ *m esk* Doğu Bloku, Rusya ve ona bağlı ülkeler bloğu
Osten /'ostın/ *m* doğu, şark ***der Ferne Ost*** Uzak Doğu ***der Nahe Ost*** Yakın Doğu, Ön Asya
Osterei /'o:stıray/ *n* paskalya bayramı nedeniyle boyanmış yumurta
Osterglocke /'o:stırglokı/ *f bitk* zerrin, nergis çiçeği
Osterhase /'o:stır**h**a:zı/ *m* paskalya tavşanı, paskalya yumurtasını getirdiğine inanılan tavşan
Ostermontag /o:stır'mo:nta:k/ *m* paskalya pazartesisi
Ostern /'o:stırn/ *n* (Hıristiyan) paskalya bayramı
Österreich /'ö:stırray**h**/ *tnz* Avusturya
Österreicher /'ö:stırray**h**ır/ *m* Avusturyalı
österreichisch /'ö:sttırray**h**iş/ *s* Avusturya ile ilgili, Avusturya
Ostersonntag /o:stır'zonta:k/ *m* paskalya günü
Osteuropa /'ostoyro:pa/ *f* Doğu Avrupa
osteuropäisch /'ostoyrope:iş/ *s* Doğu Avrupa ile ilgili
östlich /'östli**h**/ *s* doğuda, doğuya, doğu yönünde, doğu yönüne ***östlich von München*** Münih'in doğusunda
Östrogen /östro'ge:n/ *n biy* östrojen
Ostsee /'ostze:/ *f* Baltık Denizi
Otter /'otır/ *f hayb* engerek yılanı; *m hayb* susamuru
Ottomotor /'otomo:tor/ *m tek* dört zamanlı ve içten yanmalı benzin motoru
out /aut/ *s sp* avut, hariç; *kon* demode, modası geçmiş, out
Output /'autput/ *m tic* mal üretimi, mal tedariki; *biliş* bilgi, çıktı, data
Ouvertüre /uver'tü:rı/ *f müz* üvertür; *mec* giriş, açılış
Oval /o'va:l/ *n* oval biçim, beyzi biçim, yumurta biçimi
oval /o'va:l/ *s* oval, beyzi, yumurta biçiminde
Ovation /ova'tsyo:n/ *f* alkış tufanı; sevgi gösterisi, hayranlık
Overall /'o:vıra:l/ *m* işçi tulumu, iş elbisesi; üstü ve pantolonu *tek* parçadan oluşan kadın elbisesi, overal, kombinezon
Overheadprojektor /'o:vır**h**edproyektor/ *m* tepegöz
Oxyd /ak'sü:t/ *n kim* oksit
Oxydation /aksüda'tsyo:n/ *f kim* oksitleme, yükseltgeme
oxydieren /oksü'di:rın/ *vi* oksitlemek, yükseltgemek, oksijenle birleştirmek
Ozean /'o:tsea:n/ *m* okyanus, engin deniz, derya
Ozeanien /otse'a:nyın/ *tnz* Okyanusya
ozeanisch /otse'a:niş/ *s* okyanus ile, okyanusa ait
Ozelot /'o:tselot/ *m hayb* İspanya vaşağı; İspanya vaşağı kürkü
Ozon /o'tso:n/ *n kim* ozon
ozonhaltig /o'tso:n**h**alti**h**/ *s* ozonlu, ozon içeren
Ozonloch /o'tso:nlo**h**/ *n gökb* ozon deliği
Ozonschicht /o'tso:nşi**h**t/ *f* ozon tabakası

P

Paar /pa:r/ *n* çift, eş ***Paar und Paar*** çift çift
paar /pa:r/ *s* çift; birkaç, biraz ***ein paar Tage*** birkaç gün ***ein paar Worten*** birkaç söz ***paare und unpaare Zahlen*** *tek* ve çift sayılar
paaren /'pa:rın/ *vt hayb* çiftleştirmek; *kon* birleşmek ***sich paaren*** çiftleşmek
Paarlauf /'pa:rlauf/ *m sp* çiftler yarışması, eşli yarışma
paarmal /'pa:rma:l/ *be* birkaç defa, birkaç kez
Paarung /'pa:rung/ *f hayb* çiftleşme, çiftleştirme; *kon* birleşme, ilişki; *sp* eşleşme
paarweise /'pa:rvayzı/ *be* çifter çifter, çift çift
Pacht /pa**h**t/ *f* kira, icar; kira bedeli
pachten /'pa**h**tın/ *vt* kiralayıp işletmek, kiralık olarak işletmek ***einen Betrieb pachten*** bir yeri kiralayarak orayı işletmek
Pächter /'pe**h**tır/ *m* kiracı, kirayla işleten
Pachtvertrag /'pa**h**tfertra:k/ *m* kira kontratı
Pachtzins /'pa**h**ttsins/ *m* kira bedeli, kira tutarı
Pack /pak/ *m* paket, demet, bağ; *kon* ser-

seri, aylak, ayaktakımı
Päckchen /'pekhın/ *n* küçük paket; (sigara) paket, kutu; koli
Packeis /'pakays/ *n* üst üste binmiş deniz buzulu
packen /'pakın/ *vt* paketlemek, paket yapmak; *kon* yakalamak, tutmak, ele geçirmek, paketlemek ***den Zug packen*** treni yakalamak, trene yetişmek ***der Polizist packte ihn*** Polis onu yakaladı ***jdn packen*** (birisini) etkilemek ***es in etw packen*** (bir şeyi) paketlemek, ambalajlamak ***etw packen*** *mec* (bir şeyi) başarmak, üstesinden gelmek; erişmek ***pack dich!*** Defol! ***sich Grauen packen*** *kon* dehşete kapılmak ***sich packen*** *kon* tüymek, sıvışmak
Packesel /'pake:zıl/ *m* yük eşeği, merkep; *mec* hamal
Packpapier /'pakpapi:r/ *n* paket kâğıdı, ambalaj kâğıdı
Packung /'pakung/ *f* paket, ambalaj; kılıf, örtü; sargı, bağ; *hek* kompres; *tek* conta, vida
Pädagoge/Pädagogin /peda'go:gı/peda'go:gin/ *m/f* pedagog, eğitimci
Pädagogik /peda'go:gik/ *f* pedagoji, eğitim bilimi, eğitbilim
pädagogisch /peda'go:giş/ *s* pedagojik, eğitim ile ilgili ***pädagogische Erziehung*** pedagojik eğitim
Paddel /'padıl/ *n* kayık küreği
Paddelboot /'padılbo:t/ *n* kürekli kayık, kürekli sandal, kürekli bot
paddeln /'padıln/ *vi* kayığı kürekle sevk etmek; kürek çekmek; *kon* köpekleme yüzmek
Page /'pa:jı/ *m esk* krala emanet edilen genç; (otel) komi, uşak
Pagode /pa'go:dı/ *f* pagoda, Hindu tapınağı, Japon tapınağı; *m* porselen Çin tanrı figürü
Paket /pa'ke:t/ *n* paket, kutu; posta paketi; anlamsal olarak bütün
Paketzustellung /pa'ke:ttsu:ştelung/ *f* paket tebligatı
Pakistan /'pa:kista:n/ *tnz* Pakistan
Pakistani /pakis'ta:ni/ mf Pakistanlı
pakistanisch /pakis'ta:niş/ *s* Pakistan ile ilgili, Pakistanlı
Pakt /pakt/ *m pol* pakt, antlaşma, uzlaşma
Paläontologie /paleontolo'gi:/ *f* paleontoloji, fosil bilimi
Palast /pa'last/ *m* saray, palas
Palästina /pale'sti:na/ *tnz* Filistin
Palästinenser /palesti'nenzır/ *m* Filistinli
Palette /pa'letı/ *f* palet, boya paleti, resim paleti; bir ressamın kullandığı renkler; taşıma tablası
Palme /'palmı/ *f bitk* palmiye; hurma ağacı; zafer, galibiyet, yengi
Palmkätzchen /'palmketshın/ *n bitk* keçi söğüdü, sorgun çiçeği
Palmsonntag /'palmzonta:k/ *m* paskalyadan önceki pazar günü
Palmzweig /'palmtsvayg/ *m din* palmiye dalı
Pampelmuse /'pampılmu:zı/ *f bitk* greyfrut, altın top
Panama /'panama/ *m teks* özel dokunmuş bir tür kumaş; hasır şapka, Panama şapkası
Panflöte /'pa:nflö:tı/ *f* mit (Yunan) çoban kavalı
panieren /pa'ni:rın/ *vt* (et, vs.) galeta ununa bulamak, galeta ununa batırmak
Paniermehl /pa'ni:rme:l/ *n* ekmek kırıntısı
Panik /'pa:nik/ *f* panik, ürküntü, telaş ***eine Panik verursachen*** ortalığı telaşa katmak ***in Panik geraten*** panik yapmak, telaşlanmak
panikartig /'pa:nikartih/ *be* panik halinde, panik şeklinde
Panikmache /'pa:nikmahı/ *f* panik yaratma
panisch /'pa:niş/ *s* ürkütücü, panik yaratan
Panne /'panı/ *f tek* arıza, bozukluk; terslik, aksilik, yolunda gitmeme; *tic* üretim hatası, imalat hatası ***eine Panne beseitigen*** bir arızayı onarmak ***eine Panne haben*** arızalanmak, bozulmak
Pannendienst /'panındi:nst/ *m oto* arıza servisi
Pannenhilfe /'panınhilfı/ *f oto* arıza servisi
Panorama /pano'ra:ma/ *n* panorama, görünüm, derinlemesine görünüm; genel görünüm; 360 derecelik çevre görünümü
panschen /'panşın/ *vt* (süt, içki) su katmak, su eklemek, sulandırmak; *vi* su ile oynamak
Panther /'pantır/ *m hayb* panter, pars, leopar
Pantoffel /pan'tofıl/ *m* terlik

P

Pantoffelheld /pan'tofılhelt/ *m kon* kılıbık
Pantomime /panto'mi:mı/ *f tiy* pantomim; *m tiy* pantomim sanatçısı
pantomimisch /panto'mi:miş/ *s* hareketlerle ifade edilen
Panzer /'pantsır/ *m ask* demir giysi; *ask* tank; çelik kaplama koruyucu
Panzerabwehr /'pantsırapve:r/ *f ask* tanksavar
Panzerfaust /'pantsırfaust/ *f ask* bazuka
Panzerglas /'pantsırgla:s/ *n* kurşun geçirmez cam
Panzerplatte /'pantsırplatı/ *f* çelik levha, zırh levha
Panzerschrank /'pantsırşrank/ *m* çelik kasa
Panzerung /'pantsırung/ *f* zırhla donatma
Panzerwagen /'pantsırva:gın/ *m* zırhlı araba; *ask* tank, zırhlı
Papa /'papa/ *m kon* baba; (katolik) Papa, papaz
Papagei /papa'gay/ *m hayb* papağan
Papier /pa'pi:r/ *n* kâğıt; belge, evrak; *kon* kimlik; pusula; yazı, makale; *tic* değerli kâğıt ***auf dem Papier stehen*** *kon* kâğıt üzerinde kalmak, gerçekleşmemek ***ihre Papiere bitte!*** evraklarınız lütfen! ***zu Papier bringen*** kaleme almak, yazıya dökmek
Papierdeutsch /pa'pi:rdoyç/ *n kon* ruhsuz Almanca, cansız Almanca
Papiergeld /pa'pi:rgelt/ *n* kâğıt para, banknot
Papierindustrie /pa'pi:rindustri:/ *f* kâğıt sanayii
Papierkorb /pa'pi:rkorp/ *m* çöp sepeti, kâğıt sepeti
Papierkrieg /pa'pi:rkri:k/ *m* kırtasiyecilik, bürokratik yazışmalar
Papierschnitzel /pa'pi:rşnitsıl/ *pl* kâğıt kırıntısı, kâğıt parçası
Papierserviette /pa'pi:rzervyetı/ *f* kâğıt peçete
Pappbecher /'papbehır/ *m* kâğıt bardak
Pappdeckel /'papdekıl/ *m* karton
Pappe /'papı/ *f* mukavva, karton
Pappel /'papıl/ *f bitk* kavak, kavak ağacı
pappen /'papın/ *vt/vi* yapıştırmak; yapışıp top haline gelmek
pappig /'papih/ *s kon* yapışkan, cıvık; top top olan, toplaşan
Pappkarton /'papkarton/ *m* karton kutu
Pappmaché /'papmaşe:/ *n* papyemaşe
Paprika /'paprika/ *m bitk* yeşil biber; kırmızı biber
Papst /pa:pst/ *m* Papa
päpstlich /'pe:pstlih/ *s* Papa ile ilgili, Papalıkla ilgili
Papyrus /pa'pü:rus/ *m bitk* papirüs; papirüs sapı; papirüs üzerine yazılmış yazı
Parabel /pa'ra:bıl/ *f* parabel, mesele; eğitici anlatı; *mat* parabol
Parabolantenne /para'bo:lantenı/ *f* TV parabol anten
Paradepferd /pa'ra:dıpfe:rt/ *n* gösteri atı; *mec* çok etkileyici kişi veya şey
Paradies /para'di:s/ *n* cennet, irem bağı; mutluluk veren yer, etkileyici yer; *esk* ibadet yeri girişi
paradiesisch /para'di:ziş/ *s* cennet gibi, cennetimsi, cenneti andıran ***ein paradiesischer Ort*** cennetten bir köşe, cennet gibi bir yer ***paradiesischer Zustand*** cennetlik
Paradiesvogel /para'di:sfo:gıl/ *m hayb* cennet kuşu
paradox /para'doks/ *s* zıt, tezat, ters, aksi; saçma, anlamsız, manasız; paradoks, aykırı düşüncede olan; çelişkili, tutarsız
parallel /para'le:l/ *s* paralel, koşut; koşutluk, paralellik, benzerlik
Parallele /para'le:lı/ *f* math paralel, koşut; *mec* karşılık
Paralyse /para'lü:zı/ *f hek* genel felç; kötürümlük
paralysieren /paralü'zi:rın/ *vi* felç etmek, felce uğratmak; kötürümleştirmek; uyuşturmak, hissizleştirmek; şaşkına çevirmek, şaşırtmak; etkisiz kılmak, etkisizleştirmek
Parameter /pa'ra:me:tır/ *m mat* parametre; parametre, karakteristik sayısal değer
paranoid /parano'i:t/ *s hek* paranoyayı andıran
Paranuss /'paranus/ *f bitk* Brezilya cevizi
Parapsychologie /parapsüholo'gi:/ *f ruhb* parapsikoloji
Parasit /para'zi:t/ *m* asalak, parazit
parat /pa'ra:t/ *s* hazır; amade
Parcours /par'ku:r/ *m sp* parkur
Parenthese /paren'te:zı/ *f* parantez, ayraç; ara söz ***in Parenthese setzen*** parantez içine almak
Parfüm /par'fü:m/ *n* parfüm, güzel koku, lavanta, esans, ıtriyat
Parfümerie /parfümı'ri:/ *f* parfümeri

parfümieren /parfü'mi:rın/ *vt* parfüm sürmek, lavantalamak, güzel koku sürmek ***sich parfümieren*** parfüm sürünmek
parieren /pa'ri:rın/ *vt* savuşturmak, defetmek, uzaklaştırmak, savmak; *sp* (at) durdurmak; *vi* uymak, riayet etmek, itaat etmek
Parität /pari'te:t/ *f* eşitlik, denklik; eşdeğerlik; *tic* parite
paritätisch /pari'te:tiş/ *s* eşit durumda olan, eşit haklara sahip olan
Park /park/ *m* park, büyük bahçe; otopark
Parkbank /'parkbank/ *f* park sırası
Parkdeck /'parkdek/ *n* otopark katı
parken /'parkın/ *vt oto* park etmek, park yapmak; *vi* araçla beklemek, araçla durmak ***falsch parken*** yanlış park etmek ***parken verboten!*** park etmek yasaktır!
Parkhaus /'parkhaus/ *n* katlı otopark
Parklücke /'parklükı/ *f* otopark yeri boşluğu, otopark yeri
Parkplatz /'parkplats/ *m* otopark yeri, otopark alanı ***Parkplatz suchen*** park yeri aramak
Parkschein /'parkşayn/ *m* otopark bileti, park bileti
Parksünder /'parkzündır/ *m* yanlış park eden
Parkuhr /'parku:r/ *f* otopark saati, otopark göstergesi
Parkverbot /'parkferbo:t/ *n* park yasağı
Parlament /parla'ment/ *n pol* parlamento
Parlamentär /parlamen'te:r/ *m pol* parlamenter, parlamento üyesi; *ask* elçi
Parlamentarier /parlamen'ta:riır/ *m pol* parlamenter, parlamento üyesi
parlamentarisch /parlamen'ta:riş/ *s pol* parlamentoya ait, parlamentoyla ilgili, parlamentoya dayanan ***parlamentarische Immunität*** *huk* milletvekilliği dokunulmazlığı ***parlamentarische Untersuchung*** *pol* meclis araştırması
Parlamentsausschuss /parla'mentsausşus/ *m* parlamento kararı, meclis kararı
Parlamentswahlen /parla'mentsva:lın/ *pl* genel seçimler
Parmesankäse /parme'za:nke:zı/ *m* bir peynir türü; sert peynir; kaşar peyniri
Parodie /paro'di:/ *f* parodi, gülünçleme
parodieren /paro'di:rın/ *vt tiy* parodi yapmak
Parole /pa'ro:lı/ *f ask* parola; slogan, şiar, parola; *dilb* söz, laf, konuşma
Paroli /pa'ro:li/ *n* paroli, karşılık ***jdm ein Paroli bieten*** *mec* karşıdakinin yaptığı yanlış hareketin acısını kat kat çıkarmak
Partei /par'tay/ *f pol* parti; *huk* taraf, şikâyetçi, şikâyet edilen; *kon* kiracı ***Partei ergreifen für jdn*** birinin tarafını tutmak, birinden yana olmak ***politische Partei*** siyasi parti
Parteibuch /par'taybu:h/ *n pol* siyasi parti üye kayıt kütüğü
Parteichef /par'tayşef/ *m* parti başkanı
Parteigänger /par'taygengır/ *m* partizan, partili, parti taraftarı
parteilich /par'taylih/ *s* yanlı, taraf, taraf tutan; partizanca
Parteilichkeit /par'taylihkayt/ *f* taraftarlık, yandaşlık, taraf tutma
parteilos /par'taylo:s/ *s* tarafsız, yansız, taraf tutmayan
Parteimitglied /par'taymitgli:t/ *n pol* parti üyesi
Parteinahme /par'tayna:mı/ *f* tarafgirlik, yan tutma
Parteiprogramm /par'tayprogram/ *n pol* parti programı
Parteitag /par'tayta:k/ *m* parti kongresi
parterre /par'ter/ *be* zemin katta, zeminde, bodrumda ***parterre wohnen*** zemin katta oturmak
Parterre /par'ter/ *n* zemin kat, bodrum kat; *tiy* parter, arka sıra
Partie /par'ti:/ *f* kısım, bölüm, parça; parti; oyun, parti; gezinti; *sp* (tenis) set; *tic* mal grubu, parti; *müz* melodilerden her biri; *kon* yağlı kuyruk ***mit von der Partie sein*** oyuna katılmak
partiell /par'tsyel/ *s* kısmi, tikel, parsiyel
Partikel /par'tikıl/ *f* parçacık, tanecik; *dilb* ilgeç, partikel; *dilb* çekimsiz sözcük
Partikularismus /partikula'rismus/ *m* bölgesel özerklik çabası; bölgecilik
partikularistisch /partikula'ristiş/ *s* bölgecilikle ilgili
Partisan /parti'za:n/ *m* partizan, gerilla, silahlı çete üyesi
Partizip /parti'tsi:p/ *n dilb* ortaç, sıfat-fiil, partisip ***Partizip Perfekt*** *dilb* di'li geçmiş zaman
partizipieren /partitsi'pi:rın/ *vi* katılmak, dahil olmak; işbirliği yapmak ***an etw partizipieren*** (bir şeye) katılmak, ortak olmak ***an jdm partizipieren*** (birisine)

P

ortak olmak; işbirliği yapmak
Partner /'partnır/ *m* eş, eşlik eden; ortak, işbirlikçi; partner, çiftin her biri; dam, kavalye
Partnerschaft /'partnırşaft/ *f* ortaklık, birliktelik, eşlik, işbirliği
Partnerstadt /'partnırştat/ *f* kardeş şehir
Party /'pa:rti/ *f* eğlence, parti
Parzelle /par'tselı/ *f* parsel, arazi parçası
Pass /pas/ *m* pasaport; *coğ* dar geçit, geçit, yol; *sp* pas ***abgelaufener Pass*** süresi dolmuş pasaport ***sich einen Pass ausstellen lassen*** pasaport çıkarttırmak ***über Passlaufen*** geçitten geçmek
passabel /pa'sa:bıl/ *s* fena değil, idare eder, iyi sayılır, şöyle böyle, eh işte
Passage /pa'sa:jı/ *f* geçit, yol; pasaj, kapalı çarşı; denizaşırı uçak/gemi yolculuğu; *sp* (atyarışı) galop; *ed* bir metne ait bir bölüm; *müz* geçiş, pasaj
Passagier /pasa'ji:r/ *m* yolcu ***blinder Passagier*** kaçak yolcu, biletsiz yolcu
Passagierschiff /pasa'ji:rşif/ *n* yolcu gemisi
Passah /'pasa/ *n* (yahudi) hamursuz bayramı
Passant /pa'sant/ *m* yaya, yoldan geçen, caddeden geçen
Passbild /'pasbilt/ *n* vesikalık resim
passen /'pasın/ *vi* uymak, uygun olmak, uygun düşmek, yakışmak, cuk oturmak; işine gelmek, hoşuna gitmek; *sp* pas vermek; *isk* pas geçmek, pas demek; *vt* uydurmak, yakıştırmak, uymasını temin etmek ***auf etw passen*** uymak, yakışmak ***es passt mir gut*** bence uygun ***passendes Wort*** uygun sözcük ***sich passen*** *kon* yakışmak, uymak, uygun düşmek ***zu etw passen*** (bir şeye) uymak, iyi gitmek, uygun düşmek
passend /'pasınt/ *s* uygun, münasip; yerinde, yakışır, yakışık alır ***passend machen*** biçimine getirmek
Passform /'pasform/ *f* şekil, kalıp
passierbar /pa'si:rba:r/ *s* geçilebilir, aşılabilir ***passierbarer Fluss*** aşılabilir nehir
passieren /pa'si:rın/ *vi* olmak vuku bulmak, meydana gelmek, oluşmak; kaza geçirmek; başa gelmek, maruz kalmak; *vt* aşmak, geçmek, geçip gitmek; süzmek, süzgeçten geçirmek ***die Brücke passieren*** köprüyü geçmek ***die Grenze passieren*** sınırı aşmak ***die Zensur passieren*** sansürden geçirmek ***ein Unglück passieren*** kaza geçirmek; kötü bir olay yaşamak ***was ist passiert?*** ne oldu? ***was passiert?*** n'oluyor?
Passierschein /pa'si:rşayn/ *m* geçiş belgesi, pasavan, lesepase
Passion /pasy'o:n/ *f* tutku, şiddetli arzu, ihtiras; iptila, düşkünlük; bağımlılık, tiryakilik; merak, heveslilik; acı, elem
passioniert /pasyo'ni:rt/ *s* hevesli, tutkulu, arzulu
Passionsspiel /pasy'o:nsşpi:l/ *n* Hz İsa'nın acılarını anlatan dini oyun
passiv /'pasi:f/ *s* *dilb* pasif, edilgen; tepkisiz, pasif; *tic* borç doğurucu, pasif ***passiver Widerstand*** pasif direniş ***sich passiv verhalten*** kılını bile kıpırdatmamak
Passivität /pasivi'te:t/ *f* edilginlik; tepkisizlik, hareketsizlik, atalet; *kim* dinginlik
Passkontrolle /'paskontrolı/ *f* pasaport kontrolü
Passstelle /'pasştelı/ *f* pasaport dairesi
Passstraße /'pasştra:sı/ *f* dağ geçidi
Passung /'pasung/ *f* *tek* uyma
Passus /'pasus/ *m* metin parçası; fıkra, bölüm
Paste /'pastı/ *f* macun, krem
Pastellfarbe /pa'stelfarbı/ *f* pastel renk
Pastellton /pas'telto:n/ *m* pastel boya
Pastete /pa'ste:tı/ *f* börek, poğaça, hamur işi yiyecek
pasteurisieren /pastöri'zi:rın/ *vt* (süt vs) pastörize etmek, mikroplardan arındırmak
Pastor /'pastor/ *m* (protestan) papaz
Pate /'pa:tı/ *m* vaftiz babası
Patenkind /'pa:tınkint/ *n* vaftiz evladı
Patenschaft /'pa:tınşaft/ *f* vaftiz babalığı
Patent /pa'tent/ *n* patent, bir buluşun kullanma hakkının birisine verilmesi; uygun çözüm; rütbe, paye; izin belgesi, ruhsatname, patent
patent /pa'tent/ *s* *kon* mahir, maharetli, becerikli, hünerli
Patentamt /pa'tentamt/ *n* patent dairesi
Patentanwalt /pa'tentanvalt/ *m* patent avukatı
patentieren /paten'ti:rın/ *vt* patentini almak; *tek* çeliğe su vermek ***sich patentieren*** patentini almak
Patentrezept /pa'tentretsept/ *n* *kon* kesin çözüm, kesin reçete
Pater /'pa:tır/ *m* rahip, din adamı

P

pathetisch /pa'te:tiş/ *s* dokunaklı, coşkun, heyecan verici, patetik
Pathologe/Pathologin /pato'lo:gı/pato'lo:gin/ *m/f hek* patolog, patolojist
Pathologie /patolo'gi:/ *f hek* patoloji, hastalıklar bilimi
pathologisch /pato'lo:giş/ *s* patolojik, patoloji ile ilgili; hastalıklı, patolojik ***pathologische Erfindung*** *hek* patolojik bulgu
Pathos /'pa:tos/ *n* coşkulu anlatım tarzı, etkili anlatım biçimi
Patient/Patientin /pa'tsyent/pa'tsyentin/ *m/f* hasta ***den Patienten pflegen*** hastaya bakmak ***den Patienten untersuchen*** hastayı muayene etmek
Patin /'pa:tin/ *f* vaftiz anası
Patriarch /patri'arh/ *m* patrik; İsrailoğullarının soy babası
patriarchalisch /patriar'ha:liş/ *s* ataerkil, patriarkal; geleneksel; ataların yaptığı gibi, ataların tarzında
Patriot /patri'o:t/ *m* yurtsever, vatansever
patriotisch /patri'o:tiş/ *s* yurtsever, vatansever
Patriotismus /patrio'tismus/ *m* yurtseverlik, yurt sevgisi, vatan sevgisi
Patron/Patronin /pa'tro:n/pa'tro:nin/ *m/f* koruyucu, hami; armatör; sevabına kilise yaptıran kişi; (katolik) koruyucu aziz; *mec* yüzsüz adam
Patronat /patro'na:t/ *n* patronluk; koruyuculuk, hamilik
Patrone /pa'tro:nı/ *f* fişeklik; teks model kalıbı, patron
Patronenhülse /pa'tro:nınhülzı/ *f* fişek kutusu, fişek kovanı
Patronentasche /pa'tro:nıntaşı/ *f* fişeklik
Patrouille /pa'trulyı/ *f ask* keşif kolu, devriye
Patsche /'paçı/ *f kon* küçük el, elcik; çamur çukuru, lağım çukuru; *mec* batak, zor durum; sinek öldürme raketi ***jdn aus der Patsche ziehen*** (birisini) zor durumdan kurtarmak
patschnass /'paç'nas/ *s* sırılsıklam, ıpıslak, yamyaş
Patt /pat/ *n* pata, beraberlik; eşitlik durumu
patt /pat/ *s sp* (satranç) pata, yenişememe, berabere
patzen /'patsın/ *vi kon* bozmak; *müz* yanlış çalmak
Patzer /'patsır/ *m kon* sık hata yapan kişi; hata, yanlış, defo
patzig /'patsih/ *s kon* saygısız, küstah, kaba
Pauke /'paukı/ *f müz* kös
pauken /'paukın/ *vi müz* kös çalmak; vurmak, çarpmak; *kon* eskrim yapmak; *vt* öğrenmek, çok çalışarak iyice öğrenmek, ineklemek
Pauker /'paukır/ *m müz* kös çalıcısı; *kon* öğretmen
Pausbacken /'pausbakın/ *pl* tombul yanak, kırmızı yanak
pauschal /pau'şa:l/ *s tic* toptan, götürü
Pauschale /pau'şa:lı/ *f* götürü tutar
pauschalisieren /pauşali'zi:rın/ *vt* genellemek; toptan yargılamak, topluca yargılamak
Pauschalpreis /pau'şa:lprays/ *m tic* toptan fiyat
Pauschalreise /pau'şa:lrayzı/ *f* her şey dahil gezi
Pauschalsumme /pau'şa:lzumı/ *f* toplam fiyat, toplam tutar
Pause /'pauzı/ *f* ara, mola, teneffüs, fasıla, istirahat; (okul) teneffüs; kesinti; *müz* sus işareti ***eine Pause einlegen*** mola vermek, ara vermek ***halbe Pause*** *müz* ikilik
pausen /'pauzın/ *vt* özel bir saydam kâğıtla kopya çıkarmak
pausenlos /'pauzınlo:s/ *s* aralıksız, kesintisiz, fasılasız, tenefüssüz
pausieren /pau'zi:rın/ *vi* ara vermek, mola vermek, duraklamak; *müz* eslemek
Pavian /'pa:via:n/ *m hayb* şebek
Pavillon /'pavilyon/ *m* küçük yapı, küçük kulübe, bahçe kulübesi; pavyon, stand
Pazifik /pa'tsifik/ *m* Büyük Okyanus, Pasifik (Okyanusu)
Pazifismus /patsi'fismus/ *m* pasifizm; savaş karşıtlığı
Pazifist/Pazifistin /patsi'fist/patsi'fistin/ *m/f* barış yanlısı, savaş karşıtı
pazifistisch /patsi'fistiş/ *s* pasifist
Pech /peh/ *n* zift, çam katranı; talihsizlik, şanssızlık, uğursuzluk, işlerin ters gitmesi ***Pech haben*** şanssız olmak ***schwarz wie Pech*** zift gibi kara
pechschwarz /'peh'şvarts/ *s* simsiyah, kapkara, zift gibi ***pechschwarze Nacht*** zifiri gece
Pechsträhne /'pehştre:nı/ *f kon* şanssızlık üstüne şanssızlık
Pechvogel /'pehfo:gıl/ *m kon* talihsiz,

şanssız, bahtsız
Pedal /pe'da:l/ *n* pedal
Pedant /pe'dant/ *m* titiz, ince eleyip sık dokuyan, kılı kırk yaran; küçük işlerle uğraşan, küçük hesaplar yapan
Pedanterie /pedanta'ri:/ *f* aşırı titizlik, kılı kırk yarma
pedantisch /pe'dantiş/ *s* aşırı titiz, kılı kırk yaran
Pediküre /pedi'kü:rı/ *f* pedikür, ayak bakımı; pedikürcü kız
peilen /'paylın/ *vt vi* su seviyesini ölçmek; yön saptamak, yön belirlemek; tahmin etmek
Pein /payn/ *f* eziyet, acı, elem, ıstırap; işkence; ceza ***jdm große Pein machen*** (birisine) büyük acı vermek
peinigen /'paynigın/ *vt* acı vermek, üzüntü vermek ***jdn penigen*** (birisine) eziyet etmek, üzmek
peinlich /'paynlih/ *s* üzücü, acı veren; acı verici, utanç verici; titiz, özenli ***peinliche Befragung*** işkenceyle sorgulama
Peinlichkeit /'paynlihkayt/ *f* üzüntü, sıkıntı, acı, elem
Peitsche /'payçı/ *f* kırbaç, kamçı
peitschen /'payçın/ *vt* kırbaçlamak, kamçılamak, kırbaçla vurmak; *mec* çok kötü dövmek ***der Regen peitscht mein Gesicht*** yağmur suratımı dövüyor
Peitschenhieb /'payçınhi:p/ *m* kırbaç darbesi, kamçı darbesi
Pekinese /peki'ne:zı/ *m* Pekinli; pekines, bir köpek cinsi
Pelikan /'pe:lika:n/ *m hayb* pelikan
Pelle /'pelı/ *f anat* kabuk, zar; ten, deri, cilt
Pellkartoffeln /'pelkartofıln/ *pl* kabuğuyla haşlanan patates
Pelz /pelts/ *m* kürk; *hayb* post, tüylü deri, pösteki; *kon* deri, cilt, ten
pelzig /'peltsih/ *s* tüylü, kıllı; kürklü
Pelzmantel /'peltsmantıl/ *m* kürk manto
Pendant /pen'dan/ *n* benzer, eş, denk; küpe
Pendel /'pendıl/ *n* sarkaç, pandül, rakkas
pendeln /'pendıln/ *vi* sarkaçlamak; *mec* aynı iki nokta arasında gidip gelmek
Pendeltür /'pendıltü:r/ *f* açılır kapanır kapı, amerikan kapı
Pendelverkehr /'pendılferke:r/ *f* kısa mesafede gidip gelen ulaşım aracı
Pendler /'pendlır/ *m* bir başka şehirdeki işyeri ile evi arasında mekik dokuyan kişi
penetrant /pene'trant/ *s* içe işleyen; keskin; sırnaşık, laubali ***ein penetranter Geruch*** keskin bir koku
peng /peng/ *ünl* küt!, pat!
penibel /pe'ni:bıl/ *s* titizce, kusursuz, iyi planlanmış
Penicillin /penitsi'li:n/ *n* penisilin
Penis /'pe:nis/ *m anat* penis, erkek cinsel organı
pennen /'penın/ *vi kon* uyumak
Penner /'penır/ *m kon* serseri, aylak; uykucu, uyuşuk, tembel
Pension /pen'zyo:n/ *f* pansiyon, oda-kahvaltılı otel; otelde yiyecek verme sistemi, pansiyon; emeklilik; emeklilik ödeneği ***in Pension gehen*** emekliye ayrılmak
pensionieren /penzyo'ni:rın/ *vt* emekli etmek, emekliye sevk etmek ***jdn pensionieren*** (birisini) emekli etmek
Pensionsgast /pen'zyo:nsgast/ *m* pansiyoner, pansiyon müşterisi
Pensum /'penzum/ *n* vazife, iş, görev; ders, ev ödevi
Peperoni /pepe'ro:ni/ *f* sivribiber
per /per/ *ilg* ile, aracılığıyla, vasıtasıyla, sayesinde, kanalıyla; (zaman) -ya kadar, -a dek ***per Bahn*** trenle ***per Fax*** faks ile ***per morgenfrüh*** yarın sabaha dek
Perfekt /'perfekt/ *n dilb* di'li geçmiş zaman
perfekt /per'fekt/ *s* harika, mükemmel, kusursuz; benzersiz, eşsiz, biricik; (anlaşma, sözleşme, kontrat) karar bağlanmış, belirlenmiş ***perfekt deutsch*** mükemmel Almanca
Perfektion /perfek'tsyo:n/ *f* mükemmellik
Perfektionismus /perfektsyo'nismus/ *m* mükemmelcilik, mükemmel ulaşma eğilimi
Perfektionist/Perfektionistin /perfektsyo'nist/perfektsyo'nistin/ *m/f* mükemmelci, mükemmele ulaşma eğilimi taraftarı
Perforation /perfora'tsyo:n/ *f* delme, zımbalama, perforasyon
perforieren /perfo'ri:rın/ *vt* delmek, zımbalamak, perfore etmek
Pergament /perga'ment/ *n* parşömen, tirşe; parşömendeki el yazısı
Pergola /'pergola/ *f mim* çardak, pergola
Periode /per'yo:dı/ *f* belirli zaman aralığı, devir, periyot, süre; *hek* âdet, aybaşı; devir, çağ, çığır; *dilb* sıralı uzun cümle

P

Periodensystem /pe'ryo:dınzüste:m/ *n kim* değerlik tablosu
periodisch /per'yo:diş/ *s* süreli, belirli zaman aralıklarında yinelenen, periyodik ***periodische Untersuchung*** *hek* periyodik muayene
peripher /peri'fe:r/ *s* çevresel, merkezden uzakta duran; *mec* tali, ikincil
Peripherie /perife'ri:/ *f mat* çevre; *kon* kenar mahalle, dış mahalle, banliyö ***an der Peripherie wohnen*** kenar mahallede oturmak
Periskop /peri'sko:p/ *n den* periskop
Perle /'perlı/ *f* inci; çok değerli, inci; inciye benzer şey; boncuk; ortası delik süs eşyası
perlen /'perlın/ *vi* ışıldamak, parıldamak; (içki) köpürmek; *kon* boncuk boncuk dökülmek
Perlenkette /'perlınketı/ *f* inci gerdanlık
Perlhuhn /'perl**h**u:n/ *n hayb* beç tavuğu
Perlmuschel /'perlmuşıl/ *f hayb* incili istiridye
permanent /perma'nent/ *s* sürekli, aralıksız, fasılasız; temelli, sürekli
perplex /per'pleks/ *s* şaşkın, afallamış
Perser /'perzır/ *m* İranlı; *kon* İran halısı
Perserteppich /'perzırtepi**h**/ *m* İran halısı
Persianer /per'zya:nır/ *m* astragan, astragan derisi; astragan kürk
Persien /'perziın/ *n* İran
Person /per'zo:n/ *f* kişi, kimse, insan, şahıs, zat; birey, kişi; *tiy* kişi, rol alan kişi; *dilb* özne, kişi, şahıs; *huk* reşit, ergen; *mec* karı, kadın, dişi ***erste Person Singular*** *dilb* birinci tekil şahıs ***zweite Person Singular*** *dilb* ikinci tekil şahıs ***dritte Person Singular*** *dilb* üçüncü tekil şahıs ***erste Person Plural*** *dilb* birinci çoğul şahıs ***zweite Person Plural*** *dilb* ikinci çoğul şahıs ***dritte Person Plural*** *dilb* üçüncü çoğul şahıs ***für drei Personen*** üç kişilik ***ich für meine Person*** bana kalırsa, bence; şahsım adına
Personal /perzo'na:l/ *n* personel, eleman, kuruluş çalışanları
Personalabbau /perzo'na:lapbau/ *m* personel azaltma
Personalabteilung /perzo'na:laptaylung/ *f* personel servisi
Personalakte /perzo'na:laktı/ *f* özlük dosyası, şahsi dosya
Personalausweis /perzo'na:lausvays/ *m* kimlik kartı, kimlik belgesi, hüviyet
Personalchef /perzo'na:lşef/ *m* personel şefi
Personalcomputer /perzo'na:lkompyu:tır/ *m* kişisel bilgisayar
Personalien /perzo'na:lyın/ *pl* şahsa ait bilgiler, kimlik bilgileri
Personalmangel /perzo'na:lmangıl/ *f* eleman ihtiyacı, personel eksikliği
Personalpronomen /perzo'na:lprono:mın/ *n dilb* şahıs zamiri
personell /perzo'nel/ *s* kişisel, şahsi, kişiye özgü, zati
Personenbeschreibung /per'zo:nınbışraybung/ *f* eşkâl, dış görünüm
Personenkraftwagen /per'zo:nınkraftva:gın/ *m* özel binek aracı, otomobil
Personenkreis /per'so:nınkrays/ *m* muhit, çevre, etraf
Personenschaden /per'zo:nınşa:dın/ *n* (kaza) şahıs yaralanması, ölüm
Personenwagen /per'so:nınva:gın/ *m* yolcu vagonu
Personenzug /per'so:nıntsu:k/ *m* yolcu treni
personifizieren /perzonifi'tsi:rın/ *vt* kişileştirmek, kişiyi canlandırmak
persönlich /per'zö:nli**h**/ *s* kişisel, kişiye özgü; özel, şahsi, zati; kendi, bizzat, şahsen; *be* kendisi, kendi, bizzat; şahsen, kendim ***das persönliche Fürwort*** *dilb* şahıs zamiri ***jdn persönlich kennen*** (birisini) şahsen tanımak ***persönlich!*** (mektup) kişiye özel! ***persönlich teilnehmen*** şahsen katılmak ***persönlich verfolgen*** elden takip etmek, bizzat takip etmek ***persönliche Initiative*** kişisel girişim ***persönliche Meinung*** kişisel düşünce ***persönliche Note*** benlik
Persönlichkeit /per'zö:nli**h**kayt/ *f* şahsiyet, kişilik, benlik; tanınmış kişi, şahsiyet
Perspektive /perspek'ti:vı/ *f* perspektif; bakış açısı, düşünce açısı, görüş açısı; gelecek; *gökb* çevren, ufuk; derinlik çizimi, perspektif
perspektivisch /perspek'ti:viş/ *s* perspektifli olarak çizilmiş
Peru /pe'ru:/ *n* Peru
Peruaner /peru'a:nır/ *m* Perulu
peruanisch /peru'a:niş/ *s* Peru, Perulu
Perücke /pe'rükı/ *f* peruk, peruka, takma saç

P

pervers /per'vers/ *s ruhb* sapık, pervers
Perversion /perver'zyo:n/ *f ruhb* sapıklık, cinsel sapıklık
pervertieren /perver'ti:rın/ *vt* baştan çıkarmak, yoldan çıkarmak, sapıttırmak, ahlakını bozmak; *vi* soysuzlaşmak, bozulmak, dejenere olmak
Pessimismus /pesi'mismus/ *m* pesimizm, karamsarlık, kötümserlik
Pessimist/Pessimistin /pesi'mist/pesi'mistin/ *m/f* kötümser, karamsar, pesimist
pessimistisch /pesi'mistiş/ *s* kötümser, karamsar, pesimist
Pest /pest/ *f hek* salgın hastalık; *kon* veba ***jdm die Pest an den Hals wünschen*** *mec* (birisine beddua okumak, ah etmek, lanet okumak ***wie die Pest stinken*** *mec* leş gibi kokmak, çok kötü kokmak
Pestizid /pesti'tsi:t/ *n* haşere ilacı
Petersilie /petır'zi:lyı/ *f bitk* maydanoz
Petition /peti'tsyo:n/ *f* dilekçe, başvuru, istida
Petrochemie /'petrokemi:/ *f* petrokimya
Petroleum /pe'tro:leum/ *n mad* petrol
Petroleumlampe /pe'tro:leumlampı/ *f* gaz lambası, petrol lambası
petzen /'petsın/ *vt kon* gammazlamak, ispiyonlamak, ihbar etmek ***jdn petzen*** (birisini) gammazlamak, ispiyonlamak
Pfad /pfa:t/ *m* patika, dar geçit, dar yol
Pfadfinder /'pfa:tfindır/ *m* izci
Pfahl /pfa:l/ *m* direk, kazık, sırık
Pfalz /pfalts/ *f esk* hükümdar şatosu
Pfand /pfant/ *n* rehin, güvence, teminat, depozit, kaparo
Pfandbrief /'pfantbri:f/ *m tic* ipotekli borç senedi; teminat mektubu
pfänden /'pfendın/ *vt* haciz etmek, haciz koymak ***etw pfänden*** (bir şeye) haciz koymak ***jdn pfänden*** (birisine, birisinin malına) haciz koymak
Pfandflasche /'pfantflaşı/ *f* depozitolu şişe
Pfandhaus /'pfanthaus/ *n* ipotek veya teminat karşılığı kredi veren kuruluş
Pfandleihe /'pfantlayı/ *f* rehin, teminat karşılığında verilen kredi
Pfändung /'pfendung/ *f* haciz, haczetme
Pfanne /'pfanı/ *f* tava; *mad* pota, eritme potası; oluklu kiremit; *hek* mafsal oyuğu
Pfannkuchen /'pfanku:hın/ *m* tatlı omlet
Pfarramt /'pfaramt/ *n* papazlık makamı
Pfarrei /pfa'ray/ *f* (makam\cemaat) papazlık
Pfarrer /'pfarır/ *m* (protestan) köy papazı, rahip
Pfau /pfau/ *m hayb* tavuskuşu; *mec* süs meraklısı, kokana
Pfeffer /'pfefır/ *m bitk* acı biber ***schwarzer Pfeffer*** kara biber
Pfefferkuchen /'pfefırku:hın/ *m* çavdar ile yapılan bir tür noel çöreği
Pfefferminztee /'pfefırmintste:/ *m* nane çayı, naneli çay
Pfeffermühle /'pfefırmü:lı/ *f* karabiber değirmeni ***gepfefferte Preise*** tuzlu fiyat ***gepfefferte Witze*** kaba şaka
pfeffern /'pfefırn/ *vt* (üzerine) biber dökmek, biber serpmek, biberlemek; *kon* savurmak, fırlatmak, atmak
Pfeife /'pfayfı/ *f* düdük, flüt, kaval; pipo; nargile; ıslık; sakar kişi, beceriksiz kişi ***nach jds Pfeife tanzen*** *mec* (birisinin isteklerine göre) hareket etmek
pfeifen /'pfayfın/ *vt vi* ıslık çalmak; düdük öttürmek; nargile içmek ***der Wind pfeift*** rüzgâr uğulduyor ***Tiere pfeifen*** av hayvanlarını ıslıkla çağırmak
Pfeifentabak /'pfayfıntabak/ *m* pipo tütünü
Pfeifkonzert /'pfayfkontsert/ *n* ıslıkla protesto etme; *müz* ıslıkla toplu halde melodi çalma
Pfeil /pfayl/ *m kon* hız sembolü; yön gösterici alet, pusula ***seine Pfeife abschießen*** *mec* içindeki kini kusmak
Pfeiler /'pfaylır/ *m mim* direk, destek, ayak; *mad* kömür ocağında kullanılmayan galeri
pfeilschnell /pfayl'şnel/ *s mec* çok hızlı, şimşek gibi
Pfennig /'pfenih/ *m esk* fenik, Alman markının yüzde biri ***das ist keinen Pfennig Wert!*** *mec* beş para etmez! ***ohne einen Pfennig sitzen*** parasız pulsuz oturmak, beş parasız oturmak
Pfennigfuchser /'pfenihfukzır/ *m kon* cimri, eli sıkı, pinti
Pferch /pferh/ *m* koyun ağılı
pferchen /'pferhın/ *vt* koyunu ağıla koymak; *mec* (insanları) tıkıştırmak, bir yere yığmak
Pferd /pfe:rt/ *n hayb* at; *sp* (satranç) at; *sp* kulplu beygir ***aufs falsche Pferd setzen*** *mec* yanlış ata oynamak ***das Pferd beim Schwanz aufzäumen*** *mec*

P

işe tersinden başlamak ***ein Pferd lenken*** at sürmek ***gut zu Pferde reiten*** iyi ata binmek
Pferdekoppel /'pfe:rdıkopıl/ *f* at otlağı
Pferderennbahn /'pfe:rdırenba:n/ *f sp* hipodrom
Pferderennen /'pfe:rdırenın/ *n sp* at yarışı, at koşusu
Pferdeschwanz /'pfe:rdışvants/ *m* atkuyruğu; (saç) atkuyruğu modeli
Pferdestärke /'pfe:rdışterkı/ *f fiz* beygirgücü
Pfiff /pfif/ *m* ıslık, düdük sesi; *mec* hüner, ustalık, maharet
Pfifferling /'pfifırling/ *m bitk* yenilebilir horoz mantarı; *kon* beş para etmez şey, değersiz şey ***keinen Pfifferling wert*** beş para etmemek
pfiffig /'pfifi**h**/ *s* kurnaz, açıkgöz, uyanık, anasının gözü
Pfiffigkeit /'pfifi**h**kayt/ *f* kurnazlık, açıkgözlük, uyanıklık
Pfiffikus /'pfifikus/ *m kon* kurnaz, açıkgöz; sahtekâr kişi
Pfingsten /'pfingstın/ *n* (Hıristiyan) panktot yortusu, küçük paskalya
Pfingstmontag /pfingst'mo:nta:k/ *m* Pantekot haftasının pazartesi günü
Pfingstrose /'pfingstro:zı/ *f bitk* şakayık
Pfirsich /'pfirzi**h**/ *m bitk* şeftali
Pfirsichbaum /'pfirzi**h**baum/ *m bitk* şeftali ağacı
Pflanze /'pflantsı/ *f bitk* bitki; *kon* yaman kişi; *kon* küstah kişi, fingirdek karı
pflanzen /'pflantsın/ *vt bitk* dikmek; diklemesine koymak, dikmek ***Baum pflanzen*** ağaç dikmek ***sich pflanzen*** yayılıp oturmak, serilmek
Pflanzenfett /'pflantsınfet/ *n* bitkisel yağ, nebati yağ, margarin
Pflanzenfresser /'pflantsınfresır/ *m hayb* otobur hayvan
Pflanzenkunde /'pflantsınkundı/ *f* botanik, bitki bilimi
Pflanzenöl /'pflantsınö:l/ *n* bitkisel yağ
Pflanzenschutzmittel /'pflantsınşutsmitıl/ *n* bitki koruma ilacı
pflanzlich /'pflantsli**h**/ *s* bitkisel, bitkimsi; nebati ***pflanzliches Öl*** bitkisel yağ, nebati yağ
Pflaster /'pflastır/ *n* kaldırım taşı; flaster, yara bandı; *kon* sakinleştirici, teskin edici, yatıştırıcı ***über die Wunde ein Pflaster kleben*** yaraya yara bandı yapıştırmak
Pflasterer /'pflastarır/ *m* kaldırım döşemecisi, kaldırım ustası
pflastern /'pflastırn/ *vt* kaldırım döşemek
Pflasterstein /'pflastırştayn/ *m* kaldırım taşı; bir cins çörek
Pflasterung /'pflastırung/ *f* kaldırım döşeme
Pflaume /'pflaumı/ *f bitk* erik; *hek* kon. vajina; saçma sapan konuşan kişi, zırvalayıcı
Pflege /'pfle:gı/ *f* bakım, kişisel bakım, hijyenik bakım, sağlık bakımı ***in Pflege nehmen*** bakımını üstlenmek
pflegebedürftig /'pfle:gıbıdürfti**h**/ *be* bakıma muhtaç
Pflegeeltern /'pfle:gıeltırn/ *pl* evlatlık edinen ana-baba; bir çocuğun bakımını üstlenen çift; kom üvey ana veya baba
Pflegefall /'pfle:gıfal/ *m* bakıma muhtaç hasta
Pflegeheim /'pfle:gı**h**aym/ *n* muhtaçlara bakımevi, bakım yurdu
Pflegekind /'pfle:gıkint/ *n* üvey evlat; evlatlık edinilen çocuk
pflegeleicht /'pfle:gılay**h**t/ *s* (giysi) ütü istemez, kırışmaz; (giysi) kolay yıkanır
pflegen /'pfle:gın/ *vt* (çocuk, hasta) bakımını üstlenmek, bakmak; alışkanlık edinmek, âdet edinmek ***eine gepflegte Frau*** bakımlı bir kadın ***sich pflegen*** kendine iyi bakmak, kendi bakımını yapmak ***Umgang mit jdm pflegen*** (birisiyle) iyi ilişkide bulunmak
Pflegepersonal /'pfle:gıperzona:l/ *n hek* bakım personeli
Pfleger /'pfle:gır/ *m* erkek hasta bakıcı; *huk* vasi, kayyum; *kon* esk. (şehir, mahalle) idareci, yönetici
Pflegerin /'pfle:gırin/ *f* bayan hasta bakıcısı; çocuk bakıcısı, bakıcı kadın
Pflegeversicherung /'pfle:gıferzi**h**ırung/ *f* bakım sigortası
Pflicht /pfli**h**t/ *f* görev, vazife, iş; ödev, borç; yükümlülük, sorumluluk; taahhüt, mükellefiyet; *sp* zorunlu hareketler, yapılması zorunlu olan hareketler ***eheliche Pflicht*** evliliğin gerektirdiği sorumluluklar ***gleiche Pflichte haben*** eşit sorumlulukta olmak ***seine Pflicht tun*** görevini yerine getirmek ***sich etw zur Pflicht machen*** kendine görev edinmek
Pflichtfach /'pfli**h**tfa**h**/ *n* zorunlu ders

Pflichtgefühl /'pflihtgıfü:l/ *n* görev bilinci, sorumluluk duygusu
pflichtgemäß /'pflihtgıme:s/ *s* görev icabı, görev gereği ***pflichtgemäß ins Ausland fahren*** görev gereği yurtdışına gitmek
Pflichtteil /'pflihttayl/ *m huk* mahfuz hisse, saklı hisse, hukuken mirasçıya verilmesi mecbur olan hisse
Pflichtübung /'pflihtü:bung/ *f sp* zorunlu hareket, yapılması zorunlu hareket
pflichtvergessen /'pflihtfergesın/ *be* sorumluluk hissini unutarak, görevini unutarak
Pflichtverletzung /'pflihtferletsung/ *f* görevi kötüye kullanma, görevi suistimal
Pflichtversicherung /'pflihtferziherung/ *f* zorunlu sigorta, mecburi sigorta
Pflichtverteidiger /'pflihtfertaydigır/ *m huk* mahkeme tarafından görevlendirilmiş olan avukat
Pflock /pflok/ *m* küçük kazık ***an einen Pflock binden*** bir kazığa bağlamak
pflücken /'pflükın/ *vt* k(meyve, sebze) kopararak toplamak, devşirmek
Pflug /pflu:k/ *m* trm pulluk
pflügen /'pflü:gın/ *vt vi* trm toprağı sürmek, pulluk ile işlemek
Pforte /'pfortı/ *f* küçük kapı; ana kapı, giriş kapısı; geçit, dağ geçidi
Pförtner /'pförtnır/ *m* kapı görevlisi, kapıcı; *hek* mide kapakçığı, mide çıkışı
Pfosten /'pfostın/ *m mim* destek direği; *sp* (futbol) kale direği
Pfote /'pfo:tı/ *f hayb* el, ayak, pençe; *kon* el; *mec* kötü el yazısı, kargacık burgacık yazı
Pfropfen /'pfropfın/ *m* tıpa, tıkaç, tapa, mantar; *hek* tampon
pfropfen /'pfropfın/ *vt bitk* aşılamak; *kon* (bir şeyi bir yere) tıkamak, sokuşturmak
Pfuhl /pfu:l/ *m* bataklık, çamurlu çukurluk
pfui /pfui/ *ünl* tüh!, peh!, yuh!
Pfund /pfunt/ *n* pfund, 480 gramlık ağırlık ölçüsü; İngiliz paundu (para birimi)
pfundig /'pfundih/ *s kon* harika, mükemmel, müthiş, olağanüstü
pfuschen /'pfuşın/ *vi* kötü işçilik yapmak, kötü iş çıkarmak, usta işi yapamamak; kaldıramayacağı bir işe girişmek ***jdm in etw pfuschen*** burnunu sokmak
Pfuscher /'pfuşır/ *m kon* kötü iş çıkaran kişi, beceriksiz kişi
Pfütze /'pfütsı/ *f* su birikintisi, pis su birikintisi
Phänomen /feno'me:n/ *n* olay, olgu, görüngü, vukuat, fenomen; *kon* dâhi, üstün zekâlı; *kon* doğaüstü yetenekleri olan kişi
Phantasie /fanta'zi:/ *f* hayal, fantezi, kurgu, düş; kuruntu, eyyam; sayıklama; *müz* fantezi
Phantasiegebilde /fanta'zi:gıbildı/ *f* hayal ürünü
phantasielos /fanta'zi:lo:s/ *s* hayal gücünden yoksun, fanteziden yoksun
phantasieren /fanta'zi:rın/ *vi* hayallere dalmak, fantezi kurmak, hayallere kapılmak; saçmalamak, zırvalamak; sayıklamak, uydurmak; *müz* doğaçlama çalmak
phantasievoll /fanta'zi:vol/ *s* hayallerle dolu, fantezi dolu; geniş görüşlü
Phantasterei /fantastı'ray/ *f* düş, hayal, hayal ürünü düşünce
phantastisch /fan'tastiş/ *s* hayali, hayal ürünü, düşsel, gerçek olmayan; *kon* kusursuz, fantastik, mükemmel ***ein fantastischer Roman*** olağanüstü bir roman
Phantom /fan'to:m/ *n* hayalet, hortlak, fantom; *hek* (eğitim amaçlı kullanılan) vücut veya vücut parçası modeli
Phantombild /fan'to:mbilt/ *n* (polis) eşkâl, temsili resim, robot resim
Pharao /'fa:rao/ *m* firavun
Pharisäer /fari'ze:ır/ *m* ferisi; kaba sofu, sahte sofu, riyakâr
Pharmaindustrie /'farmaindustri:/ *f* ilaç sanayii
Pharmakologie /farmakolo'gi:/ *f* farmokoloji
pharmazeutisch /farma'tsoytiş/ *s* eczacılık; eczacılıkla ilgili
Pharmazie /farma'tsi:/ *f* eczacılık bilgisi, eczacılık
Phase /'fa:zı/ *f* evre, aşama, etap, safha; *gökb* ay evresi
Philanthrop /filan'tro:p/ *m* insansever
philanthropisch /filan'tro:piş/ *s* hayırsever, iyiliksever, insansever
Philharmonie /filharmo'ni:/ *f müz* filarmoni ***Philarmonieorchester*** *müz* filarmoni orkestrası
Philharmoniker /filhar'mo:nikır/ *m müz* filarmoni orkestra üyesi
Philister /fi'listır/ *m mec* dar görüşlü kişi, dar kafalı kişi

Philodendron /filo'dendron/ nm *bitk* bir süs bitkisi türü
Philologe/Philologin /filo'lo:gı/filo'lo:gin/ *m/f* filolog, dil ve edebiyat bilimcisi
Philologie /filolo'gi:/ *f* filoloji, dil ve edebiyat bilimi
Philosoph/Philosophin /filo'zo:f/filo'zo:fin/ *m/f* filozof, düşünür
Philosophie /filozo'fi:/ *f* felsefe, filozofi
philosophieren /filozo'fi:rın/ *vi* felsefe yapmak ***über etw philosophieren*** (bir şey hakkında) felsefe yapmak, filozofluk yapmak
philosophisch /filo'zo:fiş/ *s* felsefi, felsefeye ilişkin, felsefeyle ilgili
Phlegma /'flegma/ *n* ağırkanlılık, ağır hareketlerde bulunma, heyecanlanamama
phlegmatisch /fleg'ma:tiş/ *s* mıymıntı, ağırkanlı
Phobie /fo'bi:/ *f ruhb hek* fobi, aşırı korku, bir şeye karşı duyulan korku, yılgı
Phosphat /fos'fa:t/ *n kim* fosfat, fosforik asit tuzu
phosphatfrei /fos'fa:tfray/ *s kim* fosfatsız
Phosphor /'fosfo:r/ *m kim* fosfor
Phrase /'fra:zı/ *f* cümle; söz; deyim, deyiş; boş laf, boş söz; *müz* eserdeki en küçük bölüm
phrasenhaft /'fra:sın**h**aft/ *s* boş söz, anlamsız söz
pH-Wert /pe'**h**ave:rt/ *m* pH-değeri
Physik /fü'zi:k/ *f* fizik
physikalisch /fü:zi'ka:liş/ *s* fiziksel, fizikle ilgili
Physiker /'fü:zikır/ *m fiz* fizikçi, fizik bilgini
Physiologie /fü:zyolo'gi:/ *f* fizyoloji
physiologisch /fü:zyo'lo:giş/ *s* fizyolojik, fizyoloji ile ilgili
Physiotherapeut/Physiotherapeutin /'fü:zyoterapoyt/'fü:ziyoterapoytin/ *m/f hek* fizyoterapist
Physis /'fü:zis/ *f* fiziksel yapı, beden
physisch /'fü:ziş/ *s* fiziksel; doğayla ilgili
Pi /pi:/ *n mat* pi sayısı; Yunan alfabesinde bir harf
Pianist/Pianistin /pia'nist/pia'nistin/ *m/f müz* piyanist
picheln /'pi**h**ıln/ *vi kon* içki içmek, kafayı çekmek, demlenmek
Pickel /'pikıl/ *m hek* sivilce; buz kazması
pickelig /'pikıli**h**/ *s hek* sivilceli
picken /'pikın/ *vt hayb* (kuş) gagalamak
Picknick /'piknik/ *n* piknik, kır gezisi ***Picknick machen*** piknik yapmak
piekfein /'pi:kfayn/ *s kon* gıcır gıcır, yepyeni
Piep /pi:p/ *m hayb* kuş sesi, cik; *kon* kuş gibi ses çıkarma ***keinen Piep sagen*** *kon* gıkını çıkarmamak, gık bile dememek
piepen /pi:pın/ *vi hayb* (kuş) cik cik ötmek, cırıldamak; *kon* ince ses çıkarmak
Pieps /pi:ps/ *m kon* cik cik; kuş sesi; fare sesi
piepsen /'pi:psın/ *vi hayb* (kuş) cik cik ötmek, cırıldamak; *kon* ince ses çıkarmak
Pier /pi:r/ *f/m den* vapur iskelesi, rıhtım, liman
piesacken /'pi:zakın/ *vt kon* eziyet etmek, rahatsız etmek, tepesine binmek
Pietät /pie'te:t/ *f* dindarlık, dine bağlılık; sevgi, şefkat; *kon* ölüye karşı saygı, ölüyü saygıyla anma
pietätlos /pie'te:tlo:s/ *s* dini inançsız, dini inançlara saygısız; sevgisiz, şefkatsiz
Pigment /pig'ment/ *n* pigment, organizmanın oluşturduğu renk veren madde; boya hammaddesi
Pik /pi:k/ *m* dağın zirvesi, dağın tepesi; *kon* düşmanlık, garez; *n isk* pik, maça
pikant /pi'kant/ *s* (yemek) baharatlı, salçalı; *mec* açık saçık, müstehcen
Pike /'pi:kı/ *f esk* mızrak
pikiert /pi'ki:rt/ *s mec* incinmiş, kırgın, dargın, küs
Pikkolo /'pikolo/ *m* garson çırağı, garson yamağı; küçük şişede şampanya
Pikkoloflöte /'pikoloflö:tı/ *f müz* pikolo flüt
Pilger /'pilgır/ *m* hacı, hac ziyaretini yapmış kişi; *kon* uzak diyarlara taşınmış kişi
Pilgerfahrt /'pilgırfa:rt/ *f* hac, hac ziyareti
pilgern /'pilgırn/ *vi* hacca gitmek; *kon* uzak diyarlara göçmek
Pille /'pilı/ *f hek* hap; *kon* istenmeyen durum, nahoş durum; *kon* doğum kontrol hapı
Pilot/Pilotin /pi'lo:t/pi'lo:tin/ *m/f* pilot
Pilotfilm /pi'lo:tfilm/ *m* TV deneme filmi (dizi)
Pilotprojekt /pi'lo:tproyekt/ *n* pilot proje, ön deneme
Pilz /pilts/ *m bitk* mantar ***essbarer Pilz*** *bitk* yenebilir mantar, zehirli olmayan mantar
Pilzvergiftung /'piltsfergiftung/ *f hek* mantar zehirlenmesi, mantardan zehirlenme

pimpelig /'pimpılih/ *s kon* çıtkırıldım, nazenin, aşırı hassas ruhlu
pingelig /'pingılih/ *s kon* çıtkırıldım, nazenin, aşırı hassas ruhlu
Pinguin /'pinggui:n/ *m hayb* penguen
Pinie /'pi:nyı/ *f bitk* çam fıstığı ağacı, çam fıstığı
Pinienkern /'pi:nyınkern/ *m* çamfıstığı
Pink /pink/ *n* açık pembe rengi
pink /pink/ *s* açık pembe
pinkeln /'pinkıln/ *vi kon* işemek, çişini yapmak, küçüksu dökmek
Pinsel /'pinzıl/ *m* (resim, badana, boya) fırça; resim sanatı simgesi; (av) sorguç; *kon* penis, erkek cinsel organı; *kon* aptal herif, budala adam
pinseln /'pinzıln/ *vt vi* fırçalamak, fırça sürmek; *kon* kötü resim yapmak; *hek* merhem sürmek; *kon* itinalı yazmak; *kon* cinsel ilişkide bulunmak
Pinselstrich /'pinzılştrih/ *m* fırça darbesi
Pinzette /pin'tsetı/ *f* pens, cımbız
Pionier /pio'ni:r/ *m ask* istihkâm eri; *kon* öncü, bayraktar
Pipeline /'paiplain/ *f* petrol boru hattı; doğalgaz boru hattı
Pipette /pi'petı/ *f* pipet, ince cam boru; içecek içmeye yarayan plastik veya karton kamış
Pirat /pi'ra:t/ *m den* korsan, deniz haydutu
Piratensender /pi'ra:tınzendır/ *m* korsan radyo
Pirouette /piru'etı/ *f* fır dönme, (dans) *tek* ayak üzerinde dönme
Pissoir /piso'a:r/ *n* pisuar, ayakta işeme yeri
Pistazie /pis'ta:tsyı/ *f bitk* antepfıstığı
Piste /'pistı/ *f sp* pist, özel yarış yeri; (uçak) pist, iniş-kalkış yolu; sirkte gösteri alanı; *kon* dar yol, patika gibi yol
Pistole /pis'to:lı/ *f* tabanca; *tek* tabanca şeklindeki alet; *esk* altın sikke
Pizza /'pitsa/ *f* pizza, İtalyan pidesi ***Pizza Margharita*** margarita tarzı pizza ***Pizza mit Käse*** peynirli pizza ***Türkische Pizza*** lahmacun
Pizzeria /pitse'ri:a/ *f* pizza lokantası, pizza fırını
Placebo /pla'tse:bo/ *n hek* sadece hasta istedi diye verilen ama aslında fiziksel etkisi olmayan ama psikolojik olarak hastaya iyi gelen ilaç, etkisiz ilaç
Plackerei /plake'ray/ *f kon* angarya iş, sıkıntılı iş
plädieren /ple'di:rın/ *vi* savunmak, lehte olmak; onaylamak, desteklemek, arka çıkmak ***für etw plädieren*** *huk* (bir şeyin) lehinde konuşmak
Plädoyer /pledoa'ye:/ *n huk* (mahkemede) son konuşma, son söz; *kon* destekleme konuşması
plagen /'pla:gın/ *vt* rahatsızlık vermek, sıkıntı vermek ***jdn plagen*** (birisini) rahatsız etmek, taciz etmek ***sich plagen*** zahmet çekmek, eziyet çekmek, sıkıntı çekmek
Plagiat /plag'ya:t/ *n* (müzik, roman, kitap) çalıntı eser
Plakat /pla'ka:t/ *n* plaket, tabela; afiş, poster; etiket, yafta; duvar ilanı
plakatieren /plaka'ti:rın/ *vt* plaket asmak, tabela asmak; afiş asmak, poster asmak; etiket takmak; *mec* dikkat çekici bir şekilde göstermek
plakativ /plaka'ti:f/ *s* plaket biçiminde, tabela biçiminde; afiş şeklinde, poster şeklinde; etiket biçiminde; dikkat çekici şekilde, gösterişli, dekoratif
Plakette /pla'ketı/ *f* plaka, plaket
Plan /pla:n/ *m* plan, düşünce, niyet, tasavvur; hedef, amaç, erek, maksat, düşünce; *mim* plan, proje; tasarı, düşünce, fikir; harita, kroki; plan; düzen, kontrol, intizam; ayar, tanzim, nizam ***einen Plan ausführen*** bir planı gerçekleştirmek
plan /pla:n/ *s* düzgün, düz, pürüzsüz; yassı, yatık
Plane /'pla:nı/ *f* branda, branda bezi, su geçirmez kumaştan yapılma koruyucu örtü
planen /'pla:nın/ *vt* planlamak, tasarlamak, düşünmek; hedeflemek, kastetmek, niyet etmek, hedef koymak ***für Urlaub planen*** tatil için plan yapmak
Planet /pla'ne:t/ *m gökb* gezegen, planet
planetarisch /plane'ta:riş/ *s gökb* gezegenlerle ilgili, gezegenlere ait
Planetarium /plane'ta:ryum/ *n gökb* planetaryum, gökbilimsel olayları ışıklı izdüşümle gösterme aleti; gökev, yıldızevi, planetaryum
Planetensystem /pla'ne:tınzüste:m/ *n gökb* gezegenler sistemi
planieren /pla'ni:rın/ *vt tek* düzeltmek, tesviye etmek, düzlemek
Planierraupe /pla'ni:rraupı/ *f tek* buldozer, düzeltici yol aracı

P

Planke /'plankı/ *f* gemi yapımında kullanılan bir tahta türü
plänkeln /'plenkıln/ *vi* küçük çapta silahlı çatışmaya girmek; *mec* (birisini) alaya almak, takılmak
Plankton /'plankton/ *n biy* plankton, suda yaşayan ve yalnızca mikroskopla görülebilen yaratıklar topluluğu
planlos /'pla:nlo:s/ *s* plansız, düzensiz, programsız, karmaşık
Planlosigkeit /'pla:nlo:zi**h**kayt/ *f* plansızlık, programsızlık, düzensizlik, karmaşıklık
planmäßig /'pla:nme:si**h**/ *s* planlı, plana uygun bir şekilde ***planmäßiger Abfahrt*** planlı kalkış (saati) ***planmäßiger Flug*** planlı uçuş, plana uygun uçuş
Planmäßigkeit /'pla:nme:si**h**kayt/ *f* planlılık, plana uygunluk, programlılık, düzenlilik
Planquadrat /'pla:nkvadra:t/ *n* (haritacılıkta) enlem ve boylam çizgileriyle oluşturulan kare
Planschbecken /'planşbekın/ *n* çocuk havuzu, eğlence havuzu
planschen /'planşın/ *vi* su içinde çırpınarak oynamak, su atmak, su sıçratmak
Planspiel /'pla:nşpi:l/ *n ask* planlar üzerinde tartışmalı eğitim; *ask* planlı tatbikat
Plantage /plan'ta:jı/ *f* plantasyon
Planung /'pla:nung/ *f* planlama, programlama, tertipleme, düzenleme
Planwirtschaft /'pla:nvirtşaft/ *f* planlı ekonomi
plapperhaft /'plapır**h**aft/ *s* geveze, lafebesi
Plappermaul /'plapırmaul/ *n kon* geveze kişi, lafebesi kişi
plappern /'plapırn/ *vi kon* gevezelik etmek, ağzı çok laf yapmak; saçmalamak, zırvalamak
plärren /'plerın/ *vi kon* yaygarayı basmak, avaz avaz bağırmak; bağıra çağıra ağlamak
Plasma /'plasma/ *n* plazma, içinde hücrelerin bulunduğu kanın sıvı kısmı; *biy* döl plazması; *fiz* plazma; *mad* yeşil bir mineral
Plastik /'plastik/ *f* plastik; plastik sanat ürünü; *kon* heykeltıraşlık; *hek* plastik cerrahi; *n* plastik madde
Plastikfolie /'plastikfo:lyı/ *f* plastik folyo; *kon* naylon
Plastiktüte /'plastiktü:tı/ *f* plastik torba
plastisch /'plastiş/ *s* plastik, biçim verilebilir; *kon* elle tutulabilir, gözle görülebilir; canlı, maddesel ***plastische Operation*** *hek* plastik ameliyat, plastik cerrahi
Plastizität /plastitsi'te:t/ *f* plastiklik, biçim verilebilirlik; görsellik; canlandırma
Platane /pla'ta:nı/ *f bitk* çınar, çınar ağacı
Plateau /pla'to:/ *n coğ* yayla, plato
Platin /'pla:ti:n/ *n kim* pLatin
Platine /pla'ti:nı/ *f* platin
Platitüde /plati'tü:dı/ *f* anlamsız konuşma, zırvalama, boş konuşma
platschen /'plaçın/ *vi* su yüzeyine vurmak, su yüzeyine çıkmak; *kon* şiddetli sağanak yağmur yağmak
plätschern /'pleçırn/ *vi* su içinde su sıçratarak oynamak; şapır şupur yüzmek, su sıçratarak yüzmek; şırıldamak, şırıl şırıl ses çıkarmak
platt /plat/ *s* yassı, düz, basık; (lastik) patlak; *kon* tatsız, tuzsuz, ruhsuz, cansız; adi, basit, sıradan; afallamış, şaşkın, şaşkın ördek gibi
Plattdeutsch /'platdoyç/ *n* Kuzey Almanya şivesi, Kuzey Almanya Almancası
Platte /'platı/ *f* tepsi, sini; yayvan levha; *fot* ışığa duyarlı cam levha; *coğ* göllerle kaplı ova, dağların düzlük kısmı; *mec* kel, dazlak; bas ciltleri birbirinden ayıran mukavva levha ***das kommt nicht auf die Platte!*** kesinlikle olmaz!, mümkün değil!
Plattenspieler /'platınşpi:lır/ *m müz* gramofon, plakçalar
Plattform /'platform/ *f* platform, yüksekçe ve düz alanlı yer; düşünce/fikir bütünü, platform; *esk* (tren, tramvay) ön veya arkadaki sahanlık alan
Plattfuß /'platfu:s/ *m hek* düztaban; *mec* patlak lastik, havası kaçmış lastik
Platz /plats/ *m* yer; alan, saha, mahal; durum; (ikamet) yer, bölge, şehir, kasaba, köy, ilçe; *sp* sıralama, dereceye girme; (bir amaç ile ayrılmış) alan, yer; makam; işyeri, kadro; oturacak yer, oturma yeri; (şehir) cadde ve yeşil alan; *sp* (atyarışı) sıralı bahis ***auf dem Platz bleiben*** yerinde kalakalmak ***ihren Platz behalten*** rahatsız olmamak, yerinden kıpırdamamak ***Plätze kaufen*** *tiy* ön sıralardan koltuk almak ***Platz machen*** yer açmak, yol açmak ***Platz nehmen*** yerini almak, oturmak ***platzsparende***

Möbel az alan kaplayan mobilya ***vom Platz verweisen*** *sp* (futbol) oyundan atmak, sahadan atmak
Platzangst /'platsangst/ *f hek* agorafobi, alan korkusu
Platzanweiser /'platsanvayzır/ *m tiy* sin. yer gösterme görevlisi, yer gösterici
Plätzchen /'pletshın/ *n* küçük ve dar alan; küçük bagaj; *kon* kurabiye
platzen /'platsın/ *vi bitk* açılmak, patlamak, olgunlaşmak; ağzından kaçırmak; aniden içeri girmek, birden içeri dalmak; (haber, olay) patlak vermek, patlamak ***vor Wut platzen*** *kon* öfkeden kudurmak
Platzkarte /'platskartı/ *f* (trende) numaralı bilet
Platzmangel /'platsmangıl/ *m* yer kıtlığı, yer darlığı, yer yokluğu
Platzpatrone /'platspatro:nı/ *f ask* manevra fişeği
Platzregen /'platsre:gın/ *m* ani sağanak yağmur
Platzverweis /'platsfervays/ *m sp* sporcunun sahadan atılması
Platzwart /'platsvart/ *m sp* saha yöneticisi, saha komiseri
Platzwunde /'platsvundı/ *f hek* çarpma sonucu oluşan yaralanma
Plauderei /plaudı'ray/ *f* gevezelik, lafebeliği, lafazanlık; (bir konu hakkında) kısa konuşma, kısa yazı
plaudern /'plaudırn/ *vi* gevezelik etmek, gelişigüzel konuşmak
Plaudertasche /'plaudırtaşı/ *f kon* geveze, çenesi düşük, lafebesi
plausibel /plau'zi:bıl/ *s* mantıklı, akla yatkın, akla uygun; kabul edilebilir, uygun, makul
Plauze /plautse/ *f anat* akciğer, göğüs, sine; *anat* karın; *mec* yatak, döşek
plebejisch /ple'be:yiş/ *s* hödük, kaba, ayı, yontulmamış ***Pleite machen*** *tic* iflas etmek, batmak
Plebiszit /plebis'tsi:t/ *n* halkoyu, halk oylaması, plebisit
pleite /'playtı/ *be* parasız, meteliksiz, beş parasız ***völlig pleite sein*** beş kuruşsuz olmak; *tic* iflas etmek
Pleite /'playtı/ *f tic* iflas, batkı; fiyasko, rezalet, başarısızlık; yıkım
Plenum /'ple:num/ *n* genel kurul toplantısı
Plexiglas /'pleksigla:s/ *n* pleksiglas, plastik cam
Plisseerock /pli'se:rok/ *m* pili etek, kıvrımlı etek
Plombe /'plombı/ *f* kurşun damga; *hek* diş dolgusu
plombieren /plom'bi:rın/ *vt hek* dişe dolgu yapmak; kurşun damga vurmak ***plombieren lassen*** *hek* (diş) dolgu yaptırmak
Plotter /'plotır/ *m* çizici
plötzlich /'plötslih/ *s* ani, aniden, birdenbire, apansız, bir anda oluveren; *be* hemen, çarçabuk, hemencecik ***etwas plötzlich bitte!*** biraz çabuk lütfen! ***plötzlicher Entschluss*** ani karar
Pluderhose /'plu:dırho:zı/ *f* kısa pantolon; *esk* kısa şalvar pantolon
plump /plump/ *s* kalın, kaba, biçimsiz, şişkin; *mec* kaba, ahlaka aykırı, nezaketsiz, zarafetsiz; hantal, ağır ***plumper Witz*** kaba espri
Plumpheit /'plumphayt/ *f* kalınlık, kabalık; hantallık, ağırlık; *kon* görgüsüzlük, kabalık, nezaketsizlik
plumpsen /'plumpsın/ *vi kon* küt diye düşmek, pat diye düşmek
Plunder /'plundır/ *m* hırdavat, hurda eşya, işe yaramaz eşya, eski eşya; pılı pırtı
Plünderer /'plündırır/ *m* çapulcu, yağmacı; hırdavatçı, hurdacı
plündern /'plündırn/ *vt* yağmalamak, çapullamak, talan etmek
Plünderung /'plündırung/ *f* yağmalama, talan etme, çapullama
Plural /'plu:ra:l/ *m dilb* çoğul
Pluralismus /plu:ra'lismus/ *m* çoğulculuk, çokçuluk, plüralizm; çoğulcu yönetim
pluralistisch /plu:ra'listiş/ *s* çoğulcu, çokçu, plüralist ***pluralistische Demokratie*** çoğulcu demokrasi
Pluralität /plurali'te:t/ *f* çoğunluk, çokluk
plus /plus/ *be* artı, artı işareti; *mat* sıfırdan büyük, artı; (ısı) artı değer, sıfırın üzerindeki değer
Plus /plus/ *n* artan, artık; *kon* fayda, yarar, kâr, kazanç
Plüsch /plü:ş/ *m* teks pelüş, tüylü kadifemsi kumaş
Plüschtier /'plü:şti:r/ *n* pelüş hayvan
Pluspol /'pluspo:l/ *m fiz* pozitif kutup
Pluspunkt /'pluspunkt/ *m* artı puan, artı değer
Plusquamperfekt /'pluskvamperfekt/ *n dilb* üçüncü geçmiş zaman, miş'li geçmiş zaman

P

Pluszeichen /'plustsayhın/ *n mat* toplama işareti, artı işareti
Plutokratie /plutokra'ti:/ *f* plütokrasi, zenginler iktidarı, zenginlerin yönetimi
Plutonium /plu'to:nyum/ *n kim* plütonyum
Pneumatik /pnoy'ma:tik/ *f tek* pnömatik, hava veya gazın enerji olarak kullanılması
Po /po:/ *m kon* popo, kıç, göt; *n kim* Polonyum
Pöbel /'pö:bıl/ *m* aşağı tabaka halk, alt sınıfı
pöbelhaft /'pö:bılhaft/ *s* kaba, bayağı, adi, yontulmamış
pochen /'pohın/ *vi* (kalp, nabız) vurmak, atmak, çalmak, pıt pıt etmek; *vt mad* dövmek ***an die Tür pochen*** kapıyı çalmak ***auf etw pochen*** *mec* (bir şeye) güvenmek ***gegen etw pochen*** (bir şeye karşı) (nabız, kalp) atmak
Pockenimpfung /'pokınimpfung/ *f hek* çiçek aşısı
pockennarbig /'pokınnarbih/ *s hek* çiçek bozuğu
Podest /po'dest/ nm merdiven sahanlığı, merdiven boşluğu; yüksek basamak
Podium /'po:dium/ *n* podyum, platform; zeminden daha yüksek tutulmuş alan
Podiumsdiskussion /'po:dyumdiskusyo:n/ *f* panel, toplu görüşme, karşılıklı tartışma, açıkoturum
Poesie /poe'zi:/ *f* şiir sanatı; şiirsellik
Poesiealbum /poe'zi:album/ *n* şiir defteri
Poet/Poetin /po'e:t/po'e:tin/ *m/f* şair, ozan
poetisch /po'e:tiş/ *s* şairane, şairce, şiirsel; *mec* duygu yüklü, duygu dolu
Pogrom /po'gram/ mn katliam, kıyım; azınlıklara karşı yapılan düşmanlık, ırkçılık
Pointe /po'entı/ *f* ana fikir, en önemli nokta, can alıcı nokta
pointiert /poen'ti:rt/ *s* iyi ve etkileyici (ifade)
Pointillismus /poenti'yismus/ *m* (resim sanatı) puantizm, noktacılık
Pokal /po'ka:l/ *m sp* kupa
Pokalsieger /po'ka:lzi:gır/ *m* kupa galibi
Pokalspiel /po'ka:lşpi:l/ *n sp* kupa maçı
Pökelfleisch /'pö:kılflayş/ *n* salamura et
pökeln /'pö:kıln/ *vt* salamura yapmak; (et, balık) tuzlu suya koymak
Poker /'po:kır/ *n isk* poker
pokern /'po:kırn/ *vi isk* poker oynamak
Pol /po:l/ *m elek* kutup; *fiz* kutup; *coğ* dünya ekseninin iki ucundan her biri ***negativer Pol*** *fiz* eksi kutup ***positiver Pol*** *fiz* pozitif kutup
polarisieren /polari'zi:rın/ *vt fiz* polarmak, kutuplaştırmak; *vi* kutuplaşmak
Polarität /polari'te:t/ *f* kutuplaşma, karşıtlık
Polarkreis /po'la:rkrays/ *m* kutup paraleli
Polarstern /po'la:rştern/ *m gökb* Kutup Yıldızı
Pole/Polin /'po:lı/'po:lin/ *m/f* Polonyalı, Leh
Polemik /po'le:mik/ *f* polemik, tartışma, karşılıklı sert tartışma
polemisch /po'le:miş/ *s* polemik biçimde, tartışmacı, kavgacı
polemisieren /polemi'zi:rın/ *vi* polemiğe girmek
Polen /'po:lın/ *n* Polonya
Police /po'li:sı/ *f* poliçe, sigorta senedi, sigorta poliçesi
Polier /po'li:r/ *m* inşaatta ustabaşı, inşaat çavuşu, yapı çavuşu
polieren /po'li:rın/ *vt* cilalamak, parlatmak, perdahlamak ***die Möbel polieren*** mobilyayı cilalamak
Politesse /poli'tesı/ *f* yardımcı bayan polis memuru
Politik /poli'ti:k/ *f* politika, siyaset; *kon* hesaplı davranış yöntemi ***kluge Politik*** akıllı politika ***kriegerische Politik*** düşmanca politika, savaşçı politika ***sich für Politik interessieren*** politika ile ilgilenmek
Politiker /po'li:tikır/ *m* politikacı, siyasetçi; *kon* devlet adamı; *kon* çıkarcı
politisch /po'li:tiş/ *s* politik, siyasi, siyasal ***heutige politische Lage*** bugünkü siyasal durum ***politische Landkarte*** siyasi harita ***politische Ökonomie*** ekonomi politik
politisieren /politi'zi:rın/ *vi* politika hakkında konuşmak ***sich politisieren*** politik bakımdan aktif olmak
Politologe/Politologin /polito'lo:gı/polito'lo:gin/ *m/f* siyaset bilimcisi, politika bilimcisi
Politologie /politolo'gi:/ *f* siyaset bilimi, politoloji
politologisch /polito'lo:giş/ *s* siyaset bilimi ile ilgili
Politur /poli'tu:r/ *f* cila, parlaklık; cila malzemesi, parlatıcı, vernik
Polizei /poli'tsay/ *f* polis, emniyet; zabıta;

polis teşkilatı ***sich bei der Polizei anmelden*** polise kaydını yaptırmak
Polizeibeamte(r)/Polizeibeamtin /poli'tsaybıamtı (r)/poli'tsaybıamtin/ *m/f* polis memuru
Polizeifunk /poli'tsayfunk/ *m* polis radyosu
Polizeigewahrsam /poli'tsaygıva:rza:m/ *m* polis tarafından tutuklanma
Polizeihund /poli'tsay**h**unt/ *m* polis köpeği
Polizeikommissar/Polizeikommissarin /poli'tsaykomisa:r/poli'tsaykomisa:rin/ *m/f* polis komiseri
polizeilich /poli'tsayli**h**/ *s* polisiye, polisçe, polis tarafından ***sich polizeilich anmelden*** polis merkezine kaydolmak
Polizeipräsident/Polizeipräsidentin /poli'tsayprezident/poli'tsayprezidentin/ *m/f* emniyet müdürü, polis müdürü
Polizeipräsidium /poli'tsayprezi:dyum/ *n* emniyet müdürlüğü
Polizeirevier /poli'tsayrevi:r/ *n* polis karakolu; polis sorumluluk mıntıkası
Polizeischutz /poli'tsayşuts/ *m* polis koruması
Polizeistaat /poli'tsayşta:t/ *m pol* polis devleti
Polizeistreife /poli'tsayştrayfı/ *f* polis baskını; polis birliği
Polizeistunde /poli'tsayştundı/ *f* eğlence yerlerinin kapanma saati
Polizist/Polizistin /poli'tsist/poli'tsistin/ *m/f* polis, polis memuru
Polka /'polka/ *f müz* polka, Polonya dansı
Pollen /'polın/ *m bitk* polen, çiçek tozu
polnisch /'polniş/ *s* Polonya ile ilgili ***polnische Sprache*** Lehçe, Polonya dili
Polohemd /'po:lo**h**emt/ *n* kısa kollu gömlek
Polonäse /polo'ne:zı/ *f müz* Polonez dansı
Polster /'polstır/ *n* yastık, destek; kıtık, pamuk
Polstergarnitur /'polstırgarnitu:r/ *f* koltuk takımı
Polstermöbel /'polstırmö:bıl/ *pl* mobilya takımı
polstern /'polstırn/ *vt* döşemek, kıtıkla doldurmak
Polsterung /'polstırung/ *f* kıtıkla doldurma; yastık, destek
Polterabend /'poltıra:bınt/ *m* kına gecesi
Poltergeist /'poltırgayst/ *m* ruh, hayalet
poltern /'poltırn/ *vi* patırtı çıkararak düşmek; patırtı çıkartarak gitmek; küfürler savurmak; *kon* kına gecesi düzenlemek ***an die Tür poltern*** kapıyı yumruklamak
Polyester /polü'estır/ *m kim* polyester
Polygamie /poliga'mi:/ *f* çokkarılılık, poligami
Polygamist/Polygamistin /polüga'mist/polüga'mistin/ *m/f* çokeşli kimse
polyglott /'polüglot/ *s* çok dil bilen; birden fazla dile çevrilmiş kitap
polynesisch /polü'ne:ziş/ *s* Polinezya ile ilgili
Polyp /po'lü:p/ *m hayb* polip; *hayb* kafadan bacaklı; *hek* armut biçimli ur; *kon* polis, aynasız
Polytechnikum /poli'te**h**ntkum/ *n* politeknik, teknik meslek yüksek okulu
Pomade /po'ma:dı/ *f hek* pomat, merhem
pomadig /po'ma:di**h**/ *s kon* yavaş, hantal, ağırkanlı; umursamaz
Pomeranze /pomı'rantsı/ *f bitk* turunç
Pommes frites /pom'frit/ *pl* parmak biçimli patates kızartması, pomfrit
Pomp /pomp/ *m* ihtişam, debdebe, gösteriş, fiyaka, şaşaa, tantana
pomphaft /'pomp**h**aft/ *s* ihtişamlı, debdebeli, fiyakalı, şaşaalı
pompös /pom'pö:s/ *s* ihtişamlı, debdebeli, fiyakalı, şaşaalı ***pompöses Bankett*** mükemmel bir ziyafet
Poncho /'pontşo/ *m* bir tür pelerin, dört köşeli ve kolsuz, ortasından kafa geçirilen pelerin
Pony /'poni/ *m* kâkül, perçem; *n hayb* midilli
Popmusik /'popmuzi:k/ *f müz* pop müzik
Popstar /'popstar/ *m müz* popstar, pop yıldızı
Popszene /'poptse:nı/ *f müz* pop müzik ortamı
Popo /po'po:/ *m kon* popo, kıç, göt, kaba et
poppig /'popi**h**/ a pop tarzında; göz alıcı, çok renkli
populär /popu'le:r/ *s* popüler, sevilen, tutulan, beğenilen; kolayca anlaşılan
Popularität /populari'te:t/ *f* popülarite, geniş halk kitleleri tarafından sevilme
populärwissenschaftlich /popu'le:rvisınşaftli**h**/ *s* bilimsel tarzda ama herkes tarafından da anlaşılır biçimde

P

populistisch /popu'listiş/ *s* halkçı, popülist
Pore /'po:rı/ *f* gözenek
porös /po'rö:s/ *s* gözenekli; su sızdıran
Porree /'pore:/ *m bitk* pırasa
Portal /por'ta:l/ *n mim* ana kapı, cümle kapısı
Portemonnaie /portma'ne:/ *n* cüzdan
Portier /por'tye:/ *m* kapıcı, kapı görevlisi
Portion /por'tsyo:n/ *f* (yemek) porsiyon, tabak, ölçek; pay, hisse; *kon* büyük miktar ***eine Portion*** bir porsiyon ***halbe Portion*** *kon* yarım porsiyon; çelimsiz, zayıf
Porto /'porto/ *n* posta ücreti
portofrei /'portofray/ *s* posta ücretsiz
portopflichtig /'portopflihtih/ *be* posta ücretine tabi
Porträt /por'tre:/ *n* portre, baş resmi; karakter tasviri, kişilik tasviri
porträtieren /portre'ti:rın/ *vt* portresini yapmak, portresini çıkarmak
Portugal /'portugal/ *tnz* Portekiz
Portugiese/Portugiesin /portu'gi:zı/portu'gi:zin/ *m/f* Portekizli
portugiesisch /portu'gi:ziş/ *s* Portekizli, Portekiz ile ilgili
Portwein /'portvayn/ *m* Porto şarabı
Porzellan /portsı'la:n/ *n* porselen
Posaune /po'zaunı/ *f müz* trombon
Posaunist/Posaunistin /pozau'nist/pozau'nistin/ *m/f* trombon çalan kimse
Pose /'po:zı/ *f fot* poz, duruş
posieren /po'zi:rın/ *vi* poz vermek; *mec* sahte tavır takınmak, rol yapmak, poz yapmak, kurumlanmak
Position /pozi'tsyo:n/ *f* durum, pozisyon, vaziyet, hal; konum, mevkii, ahval; fikir, görüş, siyasi görüş; *tic* (bütçede) liste, kalem *gökb* yıldız konumu
Positiv /'poziti:f/ *m dilb* (sıfat) eşitlik derecesi; *n fot* pozitif, resmin pozitifi; *müz* pedalsız org
positiv /'poziti:f/ *s* olumlu, pozitif; gerçek, varolan; *mat* artı, sıfırdan büyük; *fiz* artı, pozitif; *hek* veri, tanı, hastalık işareti; kesin, kati ***positive Elektrizität*** pozitif elektrik ***positive Ladung*** artı yük
Positur /pozi'tu:r/ *f* poz, duruş, hal, vaziyet ***sich in Positur setzen*** poz vermek
Posse /'posı/ *f tiy* kaba komik eser, burlesk
possenhaft /'posınhaft/ *s* kaba-komik
Possessivpronomen /posesi:fprono:mın/ *n dilb* iyelik zamiri, mülkiyet zamiri, sahiplik zamiri
possierlich /po'si:rlih/ *s* küçük, sevimli, maskara
Post /post/ *f* posta, postane; postadan gelen şey (mektup, paket vs) ***auf die Post bringen*** postaya vermek, postaya atmak ***ist Post für mich da?*** benim için posta(dan çıkan) bir şey var mı? ***per Post senden*** posta ile göndermek ***Post bekommen*** postadan bir şey (mektup vs) almak
postalisch /pos'ta:liş/ *s* posta ile ilgili
Postamt /'postamt/ *n* postane
Postanweisung /'postanvayzung/ *f* posta havalesi
Postbeamte(r)/Postbeamtin /'postbıamtı(r)/postbıamtin/ *m/f* postane memuru
Postbote /'postbo:tı/ *m* postacı, posta dağıtıcısı
Postdienst /'postdi:nst/ *m* posta hizmetleri
Posten /'postın/ *m* (üst düzey) görev, memuriyet; durum, konum, pozisyon; *tic* mal, kalem; *ask* posta, nöbetçi ***auf Posten ziehen*** nöbete çıkmak ***nicht auf dem Post sein*** *kon* sağlığı bozuk olmak ***Posten aufstellen*** nöbetçi dikmek
Postfach /'postfah/ *n* posta kutusu
posthum /pos'tu:m/ *s* vefatından sonra
postieren /pos'ti:rın/ *vt* yerleştirmek, dikmek; *ask* nöbetçi çıkarmak ***jdn an eine Stelle postieren*** (birisini bir yere) nöbetçi dikmek
Postkarte /'postkartı/ *f* kartpostal, tebrik kartı
postlagernd /'postlagırnt/ *s* postrestant
Postleitzahl /'postlayttsa:l/ *f* posta kodu
Postschalter /'postşaltır/ *m* postane gişesi
Postscheck /'postşek/ *m* posta çeki
Postskriptum /post'skriptum/ *n* mektuba eklenen not
Postsparbuch /'postşpa:rbuh/ *n* posta tasarruf cüzdanı
Poststempel /'postştempıl/ *m* posta damgası
postwendend /'postvendınt/ *be* ilk posta ile; hemen, derhal, acele, ekspres posta ile
potent /po'tent/ *s* etkili, nüfuzlu, güçlü; cinsel iktidar sahibi; *tic* ödeme gücüne

P

sahip; yaratıcı
Potenz /po'tents/ *f* güç, erke, iktidar, performans yeteneği; *mat* güç; *hek* cinsel iktidar gücü; *hek* ilacın sulandırılma oranı ***eine Zahl in die dritte Potenz erheben*** *mat* bir sayının küpünü almak
potenzieren /poten'tsi:rın/ *vt* yükseltmek, güçlendirmek; *mat* kuvvete çıkarmak, çarpmak ***eine Zahl potenzieren*** *mat* (bir sayıyı) bir güce çıkarmak
Pottwal /'potva:l/ *m hayb* kaşalot, ispermeçet balinası
Pracht /pra**h**t/ *f* görkem, ihtişam, gösterişlilik, gözalıcılık; haşmet, şatafat; ışıltılı güzellik
Prachtexemplar /'pra**h**teksempla:r/ *n* olağanüstü güzel, değerli bir örnek; *kon* çalışkan kişi
prächtig /'pre**h**ti**h**/ *s* gösterişli, görkemli, muhteşem, mükemmel, havalı, fiyakalı, göz alıcı; çalışkan, çok çalışkan, gayretli; yerinde, faydalı, olumlu ***ein prächtiges Mädchen*** bir içim su genç kız ***sich prächtig verstehen*** iyi anlaşmak
Prachtstraße /'pra**h**tştra:sı/ *f* her iki yanında büyük binalar bulunan geniş cadde
prachtvoll /'pra**h**tfol/ *s* gösterişli, görkemli, muhteşem, mükemmel, havalı, fiyakalı, göz alıcı; çalışkan, çok çalışkan, gayretli; yerinde, faydalı, olumlu
Prädikat /predi'ka:t/ *n dilb* yüklem, fiil, eylem; unvan, sıfat; değerlendirme notu, derece, kademe
prädikativ /predika'ti:f/ *s dilb* yüklem ile ilgili
Präferenz /prefe'rents/ *f* öncelik; tercih, tercih edilme; *isk* koz
prägen /'pre:gın/ *vt* etkilemek; şekil vermek, biçim vermek, kalıba sokmak; yaratmak, meydana getirmek; iz bırakmak ***etw auf etw prägen*** (bir şeyin yüzeyine) resim veya desen basmak ***Münzen prägen*** madeni para basmak
pragmatisch /prak'ma:tiş/ *s* pragmatik; olgulara uygun davranan; nesnel, pratik yararı gözeten; *fel* pragmacılıkla ilgili
Pragmatismus /pragma'tismus/ *m fel* pragmacılık, pragmatizm; pragmacı davranış biçimi
prägnant /preg'nant/ *s* özlü, kısa ve kesin, kısa ve tam ***eine prägnante Ausdrucksweise*** kısa ve özlü ifade biçimi
Prägung /'pre:gung/ *f* şekil verme, biçim verme, kalıp çıkarma; *mec* özellik, nitelik; damgalanmış şey, mühürlenmiş şey; basılmış resim, basılmış yazı
prähistorisch /pre:**h**is'to:riş/ *s* tarih öncesiyle ilgili, prehistorya ile ilgili, prehistorik
prahlen /'pra:lın/ *vi* övünmek; fiyaka satmak, çalım satmak; *kon* atıp tutmak ***mit etw prahlen*** (bir şeyle) övünmek
Prahlerei /pra:lı'ray/ *f* kendini övme, övünme; yüksekten atma
praktikabel /prakti'ka:bıl/ *s* kullanışlı, yararlı, uygulanabilir; amaca uygun; *tiy* gerçek
Praktikant/Praktikantin /prakti'kant/prakti'kantin/ *m/f* stajyer; pratisyen
Praktiker /'praktikır/ *m* pratik bilgi sahibi, deneyim kazanmış kimse
Praktikum /'praktikum/ *n* staj, pratisyenlik dönemi, uygulama dönemi, çıraklık dönemi
praktisch /'praktiş/ *s* pratik, uygulamalı, fiili, ameli; uygulama ile ilgili; kolay, kullanışlı, kolayca uygulanabilir; becerikli, usta, mahir; hemen hemen, aslında; *be* fiilen ***praktisch arbeiten*** pratik çalışmak, staj yapmak ***praktische Arbeit*** pratik iş
praktizieren /prakti'tsi:rın/ *vt* uygulamak, uygulamaya koymak; *vi* hekimlik yapmak ***praktizierender Arzt*** *hek* pratisyen hekim
Prälat /pre'la:t/ *m* yüksek rütbeli din adamı
Praline /pra'li:nı/ *f* pralin, içinde tat verici katkı malzemesi bulunan çikolata
prall /pral/ *s* (çuval, kap) tamamen dolu; (vücut) dolgun, kalın; *den* (yelken) gergin ***ein praller Busen*** taş gibi göğüsler ***in der prallen Sonne*** kızgın güneş altında
prallen /'pralın/ *vi* çarpıp geri fırlamak; dağılmak, sıçramak; sekmek; (güneş) yakmak, kavurmak ***gegen etw prallen*** (bir şeye) çarpmak
Prämie /'pre:myı/ *f* ödül, mükâfat, prim; sigorta primi, düzenli ödeme; ikramiye; destek parası, destek primi
prämieren /pre'mi:rın/ *vt* ödüllendirmek, mükâfatlandırmak, prim vermek, ikramiye vermek
Prämierung /pre'mi:rung/ *f* ödüllendirme, mükâfatlandırma, prim verme, ikramiye

P

verme; ödül dağıtma
Prämisse /pre'misı/ *f* öncül, öncü; ön şart, ön koşul
prangen /'prangın/ *vi* parlamak, parıldamak, ışıldamak
Pranger /'prangır/ *m esk* suçlu teşhir direği ***jdn an den Pranger stellen*** *mec* (birisini) elâleme rezil etmek
Pranke /'prankı/ *f hayb* pençe
pränumerando /prenumı'rando/ *be tic* peşinen, peşin peşin, önden
Präparat /prepa'ra:t/ *n* preparat, müstahzar; içerik, bileşimi yapılmış madde; kurutulmuş bitki; doldurulmuş hayvan; *biy* doku örneği
präparieren /prepa'ri:rın/ *vt* bitkiyi kurutmak, ölmüş hayvanın içini doldurmak; (insan ve hayvan vücudunu) eğitim amaçlı doğramak, kadavrayı kesmek ***sich präparieren*** derse hazırlanmak, eğitime hazırlanmak
Präposition /prepozi'tsyo:n/ *f dilb* edat, ilgeç
Prärie /'preri:/ *f bitk* Kuzey Amerika stepi
Präsens /'prezens/ *n dilb* şimdiki zaman, şimdiki zaman kipi
präsent /pre'zent/ *s* var, mevcut, hazır, amade; kullanılabilir
Präsentation /prezıntats'yo:n/ *f tic* (senet, çek) ibraz etme; önerme, teklif etme, sunma
präsentieren /prezın'ti:rın/ *vt* önermek, sunmak, takdim etmek ***das Gewehr präsentieren*** *ask* tüfekle selam durmak ***jdn präsentieren*** (birisini bir makama) aday göstermek
Präsentierteller /prezenti:rtelır/ *m* kartvizit tepsisi
Präsenz /pre'zens/ *f* mevcut olma, hazır bulunma, var olma; (okul, toplantı) mevcut olanlar, var olanlar
Präservativ /prezırva'ti:f/ *n* prezervatif, kaput
Präsident/Präsidentin /prezi'dent/prezi'dentin/ *m/f* başkan; *pol* cumhurbaşkanı
Präsidentschaft /prezi'dentşaft/ *f* başkanlık
Präsidentschaftskandidat /prezi'dentşaftskandida:t/ *m* başkan adayı
präsidieren /prezi'di:rın/ *vi* başkanlık etmek, başkanlık yapmak ***einer Versammlung präsidieren*** bir toplantıya başkanlık etmek
Präsidium /pre'zi:dyum/ *n* başkanlık; başkanlık makamı, başkanlık binası
prasseln /'prasıln/ *vi* düşmek, düşerek ses çıkarmak, çatırdayarak vurmak
prassen /'prasın/ *vi* har vurup harman savurmak, zevk ve safa içinde yaşamak, keyif sürmek, yiyip içmek, sefahat içinde yaşamak
Prävention /preven'tsyo:n/ *f hek* önleme, önüne geçme; caydırma, vazgeçirme; önce davranma
Präventivmaßnahme /prevın'ti:fmasna:mı/ *f* ihtiyadi tedbir, önlem
Praxis /'praksis/ *f* uygulama, pratik, kılgı; deneyim, tecrübe, mesleki deneyim; (hekim, avukat) büro, muayenehane
praxisbezogen /'praksisbıtso:gın/ *s* pratiğe yönelik, uygulamaya yönelik
praxisnah /'praksisna:/ *s* hayata yakın
Präzedenzfall /pretsı'dentsfal/ *m huk* emsal oluşturan olay
präzise /pre'tsi:zı/ *s* tam, kesin; açık, belli, sarih; dakik, tam vaktinde ***sich präzise ausdrücken*** görüşlerini net bir biçimde belirtmek
präzisieren /pretsi'zi:rın/ *vt* net biçimde ifade etmek, açık bir şekilde belirtmek, tüm detayları ile anlatmak
Präzision /pretsiz'yo:n/ *f* kesinlik, doğruluk, belirginlik, açıklık
Präzisionsarbeit /pretsi'zyo:nsarbayt/ *f* ince işçilik ürünü, ince iş; dakik çalışan alet
predigen /'pre:digın/ *vi* vaaz vermek, dini içerikli konuşma yapmak ***jdm etw predigen*** (birisine bir şeyi) nasihat etmek, öğüt vermek
Prediger /'pre:digır/ *m* vaiz
Predigt /'pre:diht/ *f* vaaz; öğüt, nasihat
Preis /prays/ *m* fiyat, eder, değer, bedel, tutar; mükâfat, ödül, ikramiye; şan, şöhret, övgü ***die Preise drücken*** fiyat kırmak ***die Preise fallen*** fiyatlar düşüyor ***die Preise steigen*** fiyatlar yükseliyor ***empfohlener Preis*** üreticinin tavsiye ettiği satış fiyatı ***stabiler Preis*** sabit fiyats ***um jeden Preis*** *kon* ne pahasına olursa olsun ***um keinen Preis*** *kon* hiçbir surette, katiyen, asla
Preisanstieg /'praysanşti:k/ *m* fiyat artırımı, fiyat yükselmesi, zam
Preisausschreiben /'praysausşraybın/ *n*

P

ödüllü yarışma, ödüllü bulmaca
Preiselbeere /'prayzılbe:rı/ *f bitk* kırmızı yabanmersini
Preisempfehlung /'praysempfe:lung/ *f* tavsiye edilen fiyat
preisen /'prayzın/ *vt* övmek, methetmek
Preiserhöhung /'prayserhö:ung/ *f* fiyat artışı
Preisfrage /'praysfra:gı/ *f* fiyat konusu; ödüllü yarışmada ödül sorusu
Preisgabe /'praysga:bı/ *f* teslim etme; sırrı açıklama
preisgeben /'praysge:bın/ *trvt* sırrı açıklamak, ifşa etmek; (bir şeyi, birisini) korumamak, bırakmak
preisgekrönt /'praysgıkrö:nt/ *s* ödül almış, ödüllü
Preisgericht /'praysgırıht/ *n* ödül değerlendirme jürisi
preisgünstig /'praysgünstih/ *s* uygun fiyatlı, ucuz fiyatlı, kelepir
Preislage /'praysla:gı/ *f* fiyat durumu
Preisliste /'prayslistı/ *f tic* fiyat listesi
Preisrichter /'praysrihtır/ *m* ödül jürisi üyesi
Preisschild /'praysşilt/ *n* fiyat etiketi
Preissteigerung /'praysştaygırung/ *f* fiyat artışı
Preisträger /'praystre:gır/ *m* yarışma birincisi; yarışmada ödül kazanan kişi
preiswert /'praysve:rt/ *s* fiyatı uygun, uygun fiyatlı
prekär /pre'ke:r/ *s* nahoş, sıkıntılı durum, can sıkıcı durum, müşkül
prellen /'prelın/ *vt* çarpmak; aldatmak, dolandırmak ***jdn um etw prellen*** (birisini) dolandırmak ***sich prellen*** bir yere çarparak yaralanmak
Prellung /'prelung/ *f hek* ezik, ezilme, kan toplanması
Premiere /prem'ye:rı/ *m tiy* ilk gösterim, prömiyer
Premierminister /prem'ye:ministır/ *m* başbakan
Presse /'presı/ *f* basın, günlük gazeteler; *bas* baskı makinesi; *kon* zayıf öğrencileri büyük sınavlara hazırlayan dersane; sıkma aleti, meyve sıkma aleti ***die ausländische Presse*** yabancı basın
Presseagentur /'presıagıntu:r/ *f* basın ajansı
Presseamt /'presıamt/ *n* basın-yayın dairesi
Presseerklärung /'presıerkle:rung/ *f* basın bülteni, demeç
Pressefreiheit /'presıfrayhayt/ *f* basın özgürlüğü, basın yayın özgürlüğü
Pressekonferenz /'presıkonfırents/ *f* basın konferansı, basın açıklaması
Pressemeldung /'presımeldung/ *f* haber
pressen /'presın/ *vt* (gazete, dergi) basmak; *bas* basmak; sıkmak, basmak, bastırmak; *mec* (birisine) baskı yapmak, (birisini) zorlamak ***jdn pressen*** (birisine) şantaj yapmak ***mit gepresster Stimme*** kısık sesle ***gepresst voll*** tıklım tıklım dolu
Pressesprecher /'presışprehır/ *m* basın sözcüsü
Pressevertreter /'presıfertre:tır/ *m* basın temsilcisi
Prestige /pres'ti:j/ *n* prestij, itibar, saygınlık
Prestigeverlust /pres'ti:jferlust/ *m* prestij kaybı
Preuße/Preußin /'proysı/'proysin/ *m/f* Prusyalı
Preußen /'proysın/ *n* Prusya
prickeln /'prikıln/ *vi* iğne gibi batmak, hafifçe batmak; (bire, madensuyu) köpükler çıkarmak, baloncuklar çıkarmak; *kon* tahrik etmek, heyecanlandırmak
prickelnd /'prikılnt/ *be* tahrik edici, iç gıcıklayıcı
Priester /'pri:stır/ *m* din adamı; rahip, imam
priesterlich /'pri:stırlih/ *s* bir rahibe uygun, din adamına yakışır şekilde; *mec* törensel
Priesterweihe /'pri:stırvayı/ *f* (katolik) aday papazın piskopos tarafından kutsanarak göreve başlaması
prima /'pri:ma/ *s kon* harika, mükemmel, kusursuz, olağanüstü, müthiş
Primaballerina /'pri:mabaleri:na/ *f müz* başbalerin, başdansçı, primabalerin
primär /pri'me:r/ *s* ilk, esas, temel, asıl, ilk el, başlangıçtaki, öğesel
Primat /pri'ma:t/ *mn* öncelik, üstünlük, üstlük; büyük erkek çocuğun üstünlüğü
Primel /'pri:mıl/ *f bitk* çuha çiçeği
primitiv /primi'ti:f/ *s* ilkel, iptidai, primitif; kültürel açıdan düşük düzeyde ***die primitive Kunst*** ilkel sanat
Primitivität /primitivi'te:t/ *f* ilkellik, iptidailik, primitiflik
Primus /'pri:mus/ *m* (okul) sınıf birincisi
Primzahl /'pri:mtsa:l/ *f mat* asal sayı

P

Prinz /prints/ *m* prens
Prinzessin /prin'tsesin/ *f* prenses
Prinzip /prin'tsi:p/ *n* ilke, prensip, düstur, esas, kaide, kural ***im Prinzip*** esas itibarıyla, prensip olarak
prinzipiell /printsi'pyel/ *s* prensip olarak, ilke bakımından, ilke açısından
Priorität /pri:ori'te:t/ *f* öncelik
Prise /'pri:zı/ *f* bir tutam, bir çitmik; *den* ganimet
Prisma /'prisma:/ *n mat* prizma, biçme; *fiz* saydam üçgen prizma
Pritsche /'priçı/ *f* tahta karyola, kerevet; kamyon kasası; (hokkabaz) şakşak
privat /pri'va:t/ *s* kişisel, hususi, özel, gizli, zata mahsus, şahsi, zati
Privatadresse /pri'va:tadresı/ *f* ev adresi
Privatangelegenheit /pri'va:tangıle:gınhayt/ *f* özel iş
Privatdetektiv /pri'va:tdetekti:f/ *m* özel detektif
Privateigentum /pri'va:taygıntum/ *n* özel mülk
Privatfernsehen /pri'va:tfernse:hın/ *n* özel televizyon
Privatgespräch /pri'va:tgıspre:h/ *n* özel görüşme
Privatinitiative /pri'va:tinitsyati:vı/ *f* özel teşebbüs, özel girişim
privatisieren /privati'zi:rın/ *vi* servetini yiyerek yaşamak; *pol* özelleştirmek
Privatisierung /privati'zi:rung/ *f* özelleştirme
Privatleben /pri'va:tle:bın/ *n* özel hayat
Privatpatient /pri'va:tpatsyent/ *m* tedavi giderlerini kendi ödeyen hasta
Privatperson /pri'va:tperzo:n/ *f* sivil şahıs, resmi sıfatı olmayan kişi
Privatschule /pri'va:tşu:lı/ *f* özel okul
Privatunterricht /pri'va:tuntırıht/ *m* özel ders
Privatwirtschaft /pri'va:tvirtşaft/ *f* özel işletme, özel ticarethane
Privileg /privi'le:k/ *n* imtiyaz, ayrıcalık, özel hak
privilegieren /privile'gi:rın/ *vt* ayrıcalık tanımak, imtiyaz tanımak, özel haklar vermek
privilegiert /privilı'gi:rt/ *s* imtiyazlı, ayrıcalı
pro /pro:/ *ilg* başına, beher ***pro Person*** kişi başına ***pro Stunde*** her saat için
Pro /pro:/ *n* lehine, uygun
Probe /'pro:bı/ *f* deneme, sınama, tecrübe; numune, örnek; *tiy* prova, deneme; kendini kanıtlama fırsatı ***etw einer Probe unterziehen*** (bir şeyin) doğruluğunu denemek ***jdn auf die Probe einstellen*** (birisini) denemek üzere işe almak
Probeaufnahme /'pro:bıaufna:mı/ *f* deneme çekimi, deneme kaydı
Probeexemplar /'pro:bıeksımpla:r/ *n* örnek nüsha; tanıtım nüshası
proben /'pro:bın/ *vt tiy* provasını yapmak; denemek
probeweise /'pro:bıvayzı/ *be* denemeli olarak, denemek için, deneme amacıyla
Probezeit /'pro:bıtsayt/ *f* deneme süresi; staj süresi, öğrenme süresi
probieren /pro'bi:rın/ *vt* denemek, tecrübe etmek, test etmek; *tiy* prova etmek; (yemek, içki) tadına bakmak; (kıyafet) denemek, giyip bakmak ***alles probieren*** her imkânı denemek, her şeyi denemek
Problem /pro'ble:m/ *n* problem, sorun, mesele; *mat* problem; önemli sorunlar, güçlükler
Problematik /proble'ma:tik/ *f* güçlük, zorluk
problematisch /proble'ma:tiş/ *s* zor, çözülmesi güç; problemli
problematisieren /problemati'zi:rın/ *vi* sorun haline getirmek; sorun olarak ortaya atmak
problemlos /pro'ble:mlo:s/ *s* sorunsuz, problemsiz, problemi olmayan; kolay
Produkt /pro'dukt/ *n* ürün, mahsul, verim, produkt; *mat* çarpma işlemi sonucu
Produktion /produk'tsyo:n/ *f* üretim, istihsal; imalat, yapım; üretim malzemesi, üretilen şey
Produktionskosten /produk'tsyo:nskostın/ *pl* üretim maliyeti, üretim masrafları
produktiv /produk'ti:f/ *s* üretken, verimli, bereketli, bitek, produktif, yaratıcı
Produktivität /produktivi'te:t/ *f* verimlilik, produktivite, bereketlilik; yaratıcılık
Produzent/Poduzentin /produ'tsent/produ'tsentin/ *m/f* üretici, yetiştirici
produzieren /produ'tsi:rın/ *vt* üretmek, imal etmek, yaratmak, vücuda getirmek, meydana getirmek ***sich produzieren*** yaratıcılığını göstermek
profan /pro'fa:n/ *s* dünyevi, kutsal olmayan, kutsallıkla ilgisi bulunmayan; din-

P

dışı

profanieren /profa'ni:rın/ *vt* kutsallığını bozmak, dinsel amacından saptırmak, gündelik hale sokmak

professionell /profesyo'ne:l/ *s* mesleki, meslekle ilgili; sanatsal, sanatla ilgili; profesyonel, maddi çıkar amaçlı ***professioneller Fußballspieler*** profesyonel futbolcu

Professor/Professorin /pro'fesor/pro'fesorin/ *m/f* profesör

Professur /profe'su:r/ *f* profesörlük; (üniversite) kürsü başkanlığı

Profi /'pro:fi/ *kıs m* "Professional" profesyonel

Profil /pro'fi:l/ *n* yan görünüş, yandan görünüm, profil; karakter özellikleri, belirgin özellikler; yanay, düşey kesit; *tek* profil

profilieren /profi'li:rın/ *vt* profilini çizmek, yandan çizmek; *kon* ana hatlarıyla belirtmek ***sich profilieren*** *mec* belirgin özellikler kazanmak

Profit /pro'fi:t/ *m* kâr, kazanç; fayda, yarar; çıkar, kazanım; avantaj

profitieren /profi'ti:rın/ *vi* yararlanmak, istifade etmek

Proformarechnung /pro'formare**h**nung/ *f tic* proforma fatura, ön fatura; teklif mektubu

Prognose /prog'no:zı/ *f* tahmin, tahmin etme, kestirme, oranlama; (hastalık) olabilecek sonuçları önceden söyleme

Programm /pro'gram/ *n* program; çalışma planı, çalışma programı, amaç; program dergisi; *biliş* yazılı komutlar dizisi, program; satış malları

Programmänderung /pro'gramendırung/ *f* program değişikliği

programmatisch /progra'ma:tiş/ *s* programa uygun, programa bağlı, programdan sapmadan; yön gösterici

programmgemäß /pro'gramgıme:s/ *s* programa uygun olarak, programa bağlı şekilde, önceden planlandığı gibi

programmgesteuert /pro'gramgıştoyırt/ *s* program kumandalı

programmierbar /progra'mi:rba:r/ *s* programlanabilir ***programmierbarer Lesespeicher*** *biliş* programlanabilir salt okunur bellek

programmieren /progra'mi:rın/ *vt* programlamak, programa bağlamak; *biliş* program yapmak

Programmierer /progra'mi:rır/ *m biliş* programcı, bilgisayar programcısı

Programmiersprache /progra'mi:rşpra:**h**ı/ *f biliş* program dili

Programmierung /progra'mi:rung/ *f biliş* programlama; program haline getirme

Programmzeitschrift /pro'gramtsaytşrift/ *f* program dergisi

progressiv /progre'si:f/ *s* artan, gelişen, yükselen, yükselme eğilimi gösteren, yükselişe geçen; gelişmeci, ilerici, ilerlemeye açık

Projekt /pro'yekt/ *n* tasarı, plan, taslak, proje, tasarı, niyet, kast

Projektion /proyek'tsyo:n/ *f* gösterim, projeksiyon, saydam olmayan resimleri duvara yansıtma

Projektleiter /pro'yektlaytır/ *m* proje yöneticisi

Projektor /pro'yektor/ *m* projeksiyon aleti, gösterici

projizieren /proyi'tsi:rın/ *vt* saydam olmayan görüntüyü bir perdeye yansıtmak; izdüşümünü çizmek ***auf jdn projizieren*** *ruhb* kendi duygu ve düşüncelerini başkasına aitmiş gibi göstermek

Proklamation /proklama'tsyo:n/ *f* duyurma, bildirme, ilan etme, açıklama; çağrı, davet

proklamieren /prokla'mi:rın/ *vt* resmen ilan etmek, herkese açıklamak

Prokura /pro'ku:ra/ *f tic* tam vekâlet ***Prokura erteilen*** genel vekâlet vermek

Prokurist /proku'rist/ *m tic* tam yetkili ticari temsilci

Prolet /pro'le:t/ *m kon* kaba herif, görgüsüz adam, yontulmamış adam; proleter

Proletarier /prole'ta:ryır/ *m esk* (Roma) düşük vatandaş; *kon* emekçi, işçi, proleter

proletarisch /prole'ta:riş/ *s* işçi sınıfına ait, emekçilere ait, emekçilerle ilgili; işçi gibi, emekçi gibi

Prolog /pro'lo:k/ *m* önsöz, giriş; *tiy* ön oyun; ön deyiş, prolog

Promenade /promı'na:dı/ *f* gezinti (yeri), gezme (yeri), dolaşma

promenieren /promı'ni:rın/ *vi* gezinti yapmak, gezinmek, dolaşmak

Promille /pro'milı/ *n* alkol miktarı, promil

Promillegrenze /pro'milıgrentsı/ *f* alkol sınırı (kanda)

prominent /promi'nent/ *s* seçkin, güzide, nadide; tanınmış, ileri gelen, önde ge-

len
Prominenz /promi'nents/ *f* tanınmış kişiler, kalburüstü kişiler, sivrilmiş kişiler
Promiskuität /promiskui'te:t/ *f* çok sayıda kişiyle cinsel ilişkide bulunma, promisküite
Promotion /promo'tsyo:n/ *f* promosyon, satılan malı tanıtıcı etkinlik, satış artırıcı yöntem; doktor unvanı verilmesi
promovieren /promo'vi:rın/ *vi* bilimsel olarak doktor unvanı almak; *vt* bilimsel doktor unvanı vermek
prompt /promt/ *s* hemen, çabuk, çabucak, derhal, şipşak; düşünmeden, tasarlamadan
Pronomen /pro'no:mın/ *n dilb* zamir, adıl
Propaganda /propa'ganda/ *f* propaganda, tanıtım
propagandistisch /propagan'distiş/ *s* propagandaya dayalı, propaganda yoluyla
propagieren /propa'gi:rın/ *vt* propagandasını yapmak, tanıtımını yapmak
Propan /pro'pa:n/ *n kim* propan
Propangas /pro'pa:nga:s/ *n* propan gazı
Propeller /pro'pelır/ *m* pervane; *den* uskur
Prophet /pro'fe:t/ *m* kâhin, gelecekten haber veren kişi; (islam) Hz Muhammed; (eski Ahit) peygamber
prophetisch /pro'fe:tiş/ *s* kâhin gibi; peygamberce
prophezeien /profe'tsayın/ *vi* kehanette bulunmak, gelecekle ilgili bilgiler vermek
Prophezeiung /profe'tsayung/ *f* kehanet, geleceği önceden söyleme; peygamberlik
prophylaktisch /profü'laktiş/ *s hek* önleyici, ön koruyucu, profilaktik
Proportion /propor'tsyo:n/ *f* oran, uyum; karşılıklı uyum, tenasüp; *mat* orantı
proportional /proportsyo'na:l/ *s* orantılı, uyumlu
proportioniert /proportsyo'ni:rt/ *s* doğru oranlı, uyumlu
proppenvoll /propın'fol/ *s kon* ağzına kadar dolu, tepeleme dolu, tıka basa dolu, hınca hınç dolu
Prosa /'pro:za/ *f ed* nesir, düz yazı; nesnellik ***Prosa schreiben*** hikâye/roman yazmak
prosaisch /pro'za:iş/ *s* düz yazı, nesir halinde; normal, olağanüstü olmayan; soğuk nevale
Proseminar /'pro:zemina:r/ *n* (üniversite) ön seminer, proseminer
Prospekt /pro'spekt/ *m* prospektüs; tanıtmalık, prospektüs; tanıtım yazısı, reklam broşürü; görünüm, manzara; *tiy* dekor, geri görünüm; fiyat listesi
Prosperität /prosperi'te:t/ *f* kalkınma, gelişme, ilerleme; bolluk, gönenç; refah, varlık içinde yüzme
prost /pro:st/ *ünl kon* şerefe!, sağlığınıza!
Prostata /'prostata/ *f hek* prostat
prostituieren /prostitu'i:rın/ *vt* alay konusu etmek ***jdn prostituieren*** (birisini) rezil etmek ***sich prostituieren*** fuhuş yapmak, orospuluk yapmak, para karşılığı seks yapmak
Prostituierte /prostitu'i:rtı/ *f* fahişe, orospu, telekız, hayat kadını
Prostitution /prostitu'tsyo:n/ *f* fuhuş, fahişelik, orospuluk
Protagonist /protago'nist/ *m esk* baş aktör; *mec* öncü, bayraktar
Protein /prote'i:n/ *n kim* protein
Protektion /protek'tsyo:n/ *f* koruma, kollama, himaye; destek
Protektionismus /protektsyo:'nismus/ *m* koruyuculuk, kollama; yeri malları koruma önlemleri
Protest /pro'test/ *m* protesto, itiraz, karşı gelme, karşı çıkma; *tic* (çek, senet) protesto ***Protest erheben*** protesto etmek
Protestant/Protestantin /protes'tant/protes'tantin/ *m/f* Protestan, Protestan mezhebine mensup kişi
protestantisch /protes'tantiş/ *s* Protestan, Protestanlıkla ilgili
protestieren /protes'ti:rın/ *vi* protesto etmek ***einen Wechsel protestieren*** *tic* huk. (çek, senet) protesto ettirmek ***gegen etw protestieren*** (bir şeyi) protesto etmek ***gegen jdn protestieren*** (birisini) protesto etmek
Protestkundgebung /pro'testkuntge:bung/ *f* protesto mitingi
Prothese /pro'te:zı/ *f hek* protez, yapay organ; *dilb* ön türeme
Protokoll /proto'kol/ *n* protokol, tutanak, zabıt; protokol, teşrifat ***zu Protokoll geben*** tutanağa geçirtmek
Protokollführer /proto'kolfü:rır/ *m* zabıt katibi, tutanak görevlisi
protokollieren /protoko'li:rın/ *vt* tutanak düzenlemek, zabıtlara geçirmek

P

Proton /'pro:ton/ *n kim* fiz. proton
Prototyp /proto'tü:p/ *m* ilk tip, ilk örnek, prototip
Protz /prots/ *m kon* palavracı, uydurukçu; gösterişçi, hava atan, övüngen
protzig /'protsih/ *s kon* çok gösterişli, çok havalı, aşırı süslü; aşırı büyük; aşırı zengin
Proviant /prov'yant/ *m* kıtlık veya savaş gibi belirli bir dönem için ayrılmış yiyecek, kumanya
Provinz /pro'vints/ *f* il, vilayet; eyalet; *mec* taşra
provinziell /provin'tsyel/ *s mec* taşralı, geri kalmış, dar görüşlü; kültür açısından geri kalmış, gelişmemiş
Provision /provi'zyo:n/ *f tic* komisyon, provizyon, aracılık ücreti; kâr payı, kazançtan pay
provisorisch /provi'zo:riş/ *s* geçici, muvakkat
Provisorium /provi'zo:ryum/ *n* geçici durum, muvakkat durum, geçici düzenleme
Provitamin /'provitami:n/ *n* bir vitaminin doğal ön evresi
Provokateur /provoka'tö:r/ *m* kışkırtıcı, tahrikçi, provokatör
Provokation /provoka'tsyo:n/ *f* kışkırtma, tahrik etme, provokasyon
provozieren /provo'tsi:rın/ *vt* kışkırtmak, tahrik etmek, provoke etmek ***jdn provozieren*** (birisini) kışkırtmak, tahrik etmek
provozierend /provo'tsi:rınt/ *s* kışkırtıcı
Prozedur /protse'du:r/ *f* prosedür, işlemler, işin çözümü için gerekli aşamalar, usül; hoş olmayan işlem
Prozent /pro'tsent/ *n mat* yüzde (işareti) ***10 Prozent*** yüzde 10
Prozentsatz /pro'tsentzats/ *m* yüzdelik, yüzde belirli bir sayıda
prozentual /protsentu'a:l/ *s* yüzde (hesabıyla)
Prozess /pro'tses/ *m huk* dava; süreç, proses, olayın cereyan etmesi, akış; *kim* işlem ***chemischer Prozess*** kimyasal işlem ***einen Prozess gegen jdn führen*** (birisine) karşı dava açmak ***jdm den Prozess machen*** (birisini) dava etmek
prozessieren /protse'si:rın/ *vi huk* dava açmak, dava etmek
Prozession /protse'syo:n/ *f* (katolik) dinsel alay, dini olay; kortej, alay, tören alayı
Prozessor /pro'tsesor/ *m biliş* işlemci
prüde /'prü:dı/ *s* cinsel konularda aşırı utangaç; ürkek
Prüderie /prü:dı'ri:/ *f* cinsel konularda aşırı utangaçlık; ürkeklik
prüfen /'prü:fın/ *vt* denemek, sınamak, kontrol etmek, denetlemek, gözden geçirmek ***die Rechnung prüfen*** faturayı kontrol etmek ***jdn prüfen*** (birisini) sınamak, denemek, imtihan etmek ***schwergeprüfter Mensch*** *mec* kötü şeyler yaşamış kişi
Prüfer /'prü:fır/ *m* sınav yapan kişi; denetçi, denetleyen, kontrolör
Prüfling /'prü:fling/ *m* örnek, numune; sınava giren, sınav adayı
Prüfstand /'prü:fştant/ *m* makine deneme tesisi
Prüfstein /'prü:fştayn/ *m mec* deneme, ölçü; denek taşı
Prüfung /'prü:fung/ *f* sınav, imtihan; deneme, denetleme, kontrol, sınama; talihsizlik, sille ***die mündliche Prüfung*** sözlü sınav ***die schriftliche Prüfung*** yazılı sınav ***eine Prüfung ablegen*** sınav vermek ***eine Prüfung bestehen*** bir sınavı başarmak ***Prüfung abhalten*** sınav yapmak ***Prüfung auf gerade Einer-Bitzahl*** çift eşlik denetimi, çift parite denetimi ***Prüfung auf ungerade Parität*** *tek* denklik denetimi, *tek* eşlik denetimi, *tek* parite denetimi ***sich auf eine Prüfung vorbereiten*** bir sınava hazırlanmak
Prüfungsangst /'prü:fungsangst/ *f* sınav heyecanı, sınav korkusu
Prüfungsausschuss /'prü:fungsausşus/ *m* sınav komisyonu, sınav heyeti
Prügel /'prü:gıl/ *m* değnek, sopa; *mec* dayak, kötek, patak ***Prügel beziehen*** dayak yemek
Prügelknabe /'prü:gılkna:bı/ *m kon* şamar oğlanı, hep haksız yere azar işiten kişi
prügeln /'prü:gıln/ *vt* dayak atmak, pataklamak, dövmek, sopa atmak ***sich prügeln*** dövüşmek, kavga etmek
Prügelstrafe /'prü:gılştra:fı/ *f* dayak cezası
Prunk /prunk/ *m* şatafat, tantana, gösteriş, fiyaka, debdebe
prunkvoll /'prunkfol/ *s* şatafatlı, gösterişli, debdebeli, ihtişamlı

prusten /'pru:stın/ *vi* püskürtmek
Psalm /psalm/ *m* (eski Ahit) 150 adet kutsal şarkıdan söylenmek üzere yazılmış şiirlerden her biri; *mec* ilahi, dinsel şarkı
Pseudonym /psoydo'nü:m/ *n* takma ad
Psyche /'psü:**h**ı/ *f* ruh, ruhsal hayat
Psychiater /psü**h**i'a:tır/ *m hek* psikiyatr, ruhbilimci, psikiyatri uzmanı
Psychiatrie /psü**h**ya'tri:/ *f hek* psikiyatri, ruh hastalıkları bilimi
psychiatrisch /psü'**h**ya:triş/ *s hek* psikiyatrik, psikiyatri ile ilgili
psychisch /'psü:**h**iş/ *s hek* psişik, ruhsal, ruhla ilgili
Psychoanalyse /psü**h**oana'lü:zı/ *f hek* psikoanaliz, ruhsal çözümleme
Psychoanalytiker /psü**h**oana'lü:tikır/ *m hek* psikoanalizci, ruhsal çözümleme uzmanı
Psychologe/Psychologin /psü**h**o'lo:gı/psü**h**o'lo:gin/ *m/f hek* psikolog, ruhbilimci
Psychologie /psü**h**olo'gi:/ *f hek* psikoloji, ruhbilimi
psychologisch /psü**h**o'lo:giş/ *s hek* psikolojik; ruhbilimsel
Psychose /psü'**h**o:zı/ *f hek* psikoz, ruhsal bozukluk
psychosomatisch /psü**h**ozo'ma:tiş/ *s hek* psikosomatik
Psychoterror /'psü:**h**oteror/ *m* psikolojik terör, manevi terör
Psychotherapeut /psü**h**otera'poyt/ *m hek* psikoterapist, psikoterapi uzmanı
pubertär /puber'te:r/ *s* ergenlik, olgunluktan uzak
Pubertät /puber'te:t/ *f* ergenlik, buluğ çağı, ergenlik çağı, erinlik, cinsel olgunlaşma dönemine giriş
publik /pu'bli:k/ *s* açık, aleni, alenen, bilinen, tanınan
Publikation /publika'tsyo:n/ *f* duyurma, yayın, yayınlama, bildirme; basılan eser
Publikum /'publikum/ *n* kamuoyu, halk, insanlar; (spor, gösteri) seyirciler, dinleyiciler, izleyiciler
Publikumserfolg /'publikumserfolk/ *m* sahne vs. başarısı
Publikumsliebling /'publikumsli:pling/ *m* kamuoyunun sevgilisi
publizieren /publi'tsi:rın/ *vt* yayımlamak, neşretmek
Publizist/Publizistin /publi'tsist/publi'tsistin/ *m/f* gazete yazarı, siyasi yazar, gazeteci; gazetecilik alanı öğretim elemanı
publizistisch /publi'tsistiş/ *s* yayımcılıkla ilgili, yayımcılığa ait
Pudding /'puding/ *m* puding
Pudel /'pu:dıl/ *m hayb* kaniş köpeği
pudelnass /pu:dıl'nas/ *s kon* sırılsıklam
pudelwohl /pu:dıl'vo:l/ *be kon* oldukça mutlu, son derece mutlu ***sich pudelwohl fühlen*** kendini son derece mutlu hissetmek
Puder /'pu:dır/ *m* pudra ***Puder auflegen*** pudra sürünmek
Puderdose /'pu:dırdo:zı/ *f* pudra kutusu, pudralık, pudriye
pudern /'pu:dırn/ *vt* pudralamak, pudra sürmek ***sich pudern*** pudralanmak
Puderzucker /'pu:dırtsukır/ *m* pudra şekeri
puffen /'pufın/ *vt* dürtmek, dürtüklemek; yumruklamak, yumruk atmak; *vi* patlamak, püskürmek ***etw puffen*** kumaşı kabartmak, plilemek
Pufferzone /'pufırtso:nı/ *f ask* tampon bölge
Pulle /'pulı/ *f kon* şişe
Pullover /pu'lo:vır/ *m* kazak, süveter
Puls /puls/ *m anat* nabız
Pulsader /'pulsa:dır/ *f anat* atardamar, arter ***sich die Pulsader aufschneiden*** bileklerini kesmek
pulsieren /pul'zi:rın/ *vi hek* (kalp, nabız) çarpmak
Pulsschlag /'pulsşla:k/ *m hek* nabız atması, nabız atışı ***jds Pulsschläge zählen*** (birisinin) nabzını saymak
Pult /pult/ *n* konuşma kürsüsü
Pulver /'pulvır/ *n* toz halinde madde, toz; toz ilaç; barut
Pulverfass /'pulvırfas/ *n* barut fıçısı
pulverig /'pulvıri**h**/ *s* toz halinde, toz biçiminde; tozlu; toz gibi
pulverisieren /pulvıri'zi:rın/ *vt* toz haline getirmek, pulverize etmek, sıvıyı toz haline getirmek
Pulverkaffee /'pulvırkafe:/ *m* suda çözülebilir kahve, neskafe
Pulverschnee /'pulvırşne:/ *m* toz halinde kar
Puma /'pu:ma/ *m hayb* puma
pummelig /'pumeli**h**/ *s kon* gürbüz, topaç gibi, nur topu gibi
Pump /pump/ *m kon* borç ***Pump aufnehmen*** borç almak

Pumpe /'pumpı/ *f tek* pompa
pumpen /'pumpın/ *vt* pompalamak; *tic* para yatırmak, yatırım yapmak; *vi* tulumba çekmek
Pumps /pamps/ *m* yüksek topuklu bayan ayakkabısı
Punkt /punkt/ *m* nokta; *mat* nokta; sorun, mesele, gündem maddesi; *sp* puan; teks nokta, puan; belirli yer, belirli alan; belirli bir an; (saat) tam; bas punto; *dilb* nokta ***mit Punkt*** teks puanlı, noktalı ***Punkt 10 Uhr*** Saat tam 10'da ***wichtiger Punkt*** önemli mesele
punkten /'punktın/ *vt* beneklemek, noktalarla süslemek; nokta koymak; *vi sp* puan almak, puan toplamak
punktieren /punk'ti:rın/ *vt* nokta koymak, beneklemek; *hek* ponksiyon yapmak
Punktion /punkts'yo:n/ *f hek* ponksiyon
pünktlich /'pünktlih/ *s* dakik, tam vaktinde, dakikası dakikasına, tam zamanında
Pünktlichkeit /'pünktlihkayt/ *f* dakiklik, titizlik
Punktspiel /'punktşpi:l/ *n sp* puan maçı
punktuell /punktu'el/ *s* birkaç nokta ile ilgili olarak
Punsch /punş/ *m* (içki) punç
Pupille /pu'pilı/ *f anat* göz bebeği
Puppe /'pupı/ *f* oyuncak bebek; *kon* hoş kız, sempatik kız, bebek gibi genç kız; *kon* süslü aptal kız; kukla; cansız manken, vitrin mankeni; *hayb* koza, koruncak ***die Puppen tanzen lassen*** *kon* hovardalık yapmak
Puppenspieler /'pupınşpi:lır/ *m* kuklacı, kukla oynatıcısı
Puppenstube /'pupınştu:bı/ *f* oyuncak bebek evi
Puppentheater /'pupıntea:tır/ *n tiy* kukla tiyatrosu
pur /pu:r/ *s* saf, arı, duru, temiz, katıksız, katışıksız ***pure Wahrheit*** acı gerçek, gerçeğin ta kendisi ***pures Gold*** som altın, saf altın
Püree /pü're:/ *n* püre, ezme
pürieren /pü'ri:rın/ *vt* püre etmek
puritanisch /puri'ta:niş/ *s* koyu sofu, koyu yobaz; püritenlikle ilgili
Puritanismus /purita'nismus/ *m* püritenlik
Purpur /'purpur/ *m* erguvan rengi
purpurrot /'purpurro:t/ *s* erguvani
Purzelbaum /'purtsılbaum/ *m* takla, parende
purzeln /'purtsıln/ *vi* yere düşmek, yerde yuvarlanmak
pusselig /'pusılih/ *s kon* aşırı titiz, ayrıntıcı; sabır gerektiren, titizlik gerektiren
Puste /'pustı/ *f kon* nefes, soluk
pusten /'pustın/ *vi* üflemek, üfürmek; hapşırmak, tıksırmak; nefesi kesilmek, soluğu kesilmek ***Luft pusten*** üfleyerek şişirmek
Pute /'pu:tı/ *f hayb* dişi hindi; *kon* karı! ***dumme Pute!*** aptal kadın!
Putsch /puts/ *m pol* hükümet darbesi; *ask* darbe girişimi
putschen /'putşın/ *vi ask* darbe girişiminde bulunmak; *pol* hükümeti devirmek, hükümeti düşürmek
Putschist /put'şist/ *m* darbeci
Putz /puts/ *m* süslü kıyafet, tuvalet; elbise süsü; sıva, duvar sıvası
putzen /'putsın/ *vt* temizlemek, paklamak; silmek, ovalamak; süslemek, süsleyip püslemek, bezemek, takıp takıştırmak; saçlarını yaptırmak; (konser, davet, vs. için) güzel giyinmek ***das Fenster putzen*** pencereyi silmek ***sich die Zähne putzen*** dişlerini fırçalamak ***sich putzen*** temizlenmek; süslenmek, takıp takıştırmak
Putzfrau /'putsfrau/ *f kon* temizlikçi kadın, gündelikçi kadın
putzig /'putsih/ *s kon* komik, eğlendirici, tuhaf, maskara
Putzlappen /'putslapın/ *m* temizlik bezi, toz bezi
Putzmittel /'putsmitıl/ *n* temizlik maddesi; parlatıcı
Putzzeug /'putstsoyk/ *n* temizlik malzemesi
Pygmäe /pü'gme:ı/ *m* pigme, kısa boylu zenci grubu
Pyjama /pü'ca:ma/ *n* pijama
Pyramide /püra'mi:dı/ *f* piramit, firavun mezarı; *mat* piramit
Python /'pü:ton/ *m hayb* piton

Q

Quacksalber /'kvakzalbır/ *m* şarlatan hekim, sahte hekim
Quader /'kva:dır/ *f mat* dikdörtgen prizma; dört köşeli taş
Quaderstein /'kva:dırştayn/ *m* dörtköşeli yontma taş

Q

Quadrat /kva'dra:t/ *n mat* kare, dört kenarı eşit dörtgen; *mat* bir sayının karesi; bas kadrat ***eine Zahl ins Quadrat erheben*** *mat* bir sayının karesini almak
quadratisch /kva'dra:tiş/ *s* kare (biçiminde) ***quadratische Gleichung*** ikinci derece denklem
Quadratkilometer /kva'dra:tki:lome:tır/ *n* kilometre kare
Quadratmeter /kva'dra:tme:tır/ *n* metre kare
Quadratwurzel /kva'dra:tvurtsıl/ *f mat* karekök
Quadratzahl /kva'dra:ttsa:l/ *f mat* bir sayının karesi
Quadratzentimeter /kva'dra:ttsentime:tır/ *n* santimetre kare
quaken /'kva:kın/ *vi* (kurbağa) vrak vrak etmek; *kon* saçmalamak, saçma sapan konuşmak
quäken /'kve:kın/ *vi kon* ciyak ciyak bağırmak
Quäker /'kve:kır/ *m* kuaker, bir Hıristiyan mezhebinin mensubu
Qual /kva:l/ *f* ıstırap, büyük acı, azap
quälen /'kve:lın/ *vt* acı çektirmek, acı vermek; canından bezdirmek, sıkmak ***jdn quälen*** (birisine) acı çektirmek ***sich quälen*** kendini üzmek, kendine eziyet etmek
Quälerei /kve:lı'ray/ *f* acı çektirme, acı verme, sıkıntı verme; zahmetli iş, yorucu iş, ağır iş
quälerisch /'kve:lıriş/ *s* üzen, üzüntü veren, acı veren
Quälgeist /'kve:lgayst/ *m kon* rahatsız edici kişi, rahatsızlık veren kişi
Qualifikation /kvalifika'tsyo:n/ *f* niteleme, değerlendirme; yetenek ve uygunluk açısından aranılan niteliklere sahip olma; *sp* eleme
qualifizieren /kvalifi'tsi:rın/ *vt* nitelemek, değerlendirmek; eğitmek, ustalaştırmak, kalifiye etmek, eğitip yetiştirmek ***qualifizierte Mitarbeiter*** yetenekli elemanlar ***qualifizierter Diebstahl*** suçu ağırlaştırıcı nedenlerden dolayı daha ağır şekilde cezalandırılan hırsızlık ***sich qualifizieren*** yeteneğini göstermek
qualifiziert /kvalifi'tsi:rt/ *s* kalifiye, aranılan niteliklere sahip
Qualität /kvali'te:t/ *f* nitelik, özellik, yapı; kalite; *dilb* ünlü tınısı ***beste Qualität*** en iyi kalite ***erste Qualität*** birinci kalite
qualitativ /kvalita'ti:f/ *s* nitel, kalite ile ilgili; *be* kalite açısından ***qualitative Analyse*** nitel çözümleme, kalitatif analiz ***qualitative Bestimmung*** nitel tayin ***qualitative Untersuchung*** nitel muayene
Qualitätsarbeit /kvali'te:tsarbayt/ *f* kaliteli iş, kusursuz eser
Qualle /'kvalı/ *f hayb* denizanası
Qualm /kvalm/ *m* kesif duman, yoğun duman; koyu duman
qualmen /'kvalmın/ *vi* yoğun duman çıkarmak, koyu duman çıkarmak; *vt* etrafı dumana vermek; *kon* sigara içmek
qualmig /'kvalmih/ *s* dumanlı, duman altı olmuş, dumana boğulmuş; duman gibi
qualvoll /'kva:lfol/ *s* eziyetli, ıstıraplı, acı veren, ıstıraplı, işkence çektiren
Quantentheorie /'kvantınteori:/ *f fiz* kuvantum teorisi
Quantität /kvanti'te:t/ *f* nicelik, miktar, büyüklük, sayı; *dilb* ünlü kısalığı veya uzunluğu
quantitativ /kvantita'ti:f/ *s* nicel; *be* miktar bakımından, sayı bakımından ***quantitative Analyse*** nicel çözümleme, kantitatif analiz ***quantitative Bestimmung*** nicel tayin ***quantitative Untersuchung*** nicel deneme
Quantum /'kvantum/ *n* miktar, sayı; ölçü, pay
Quarantäne /karan'te:nı/ *f hek* karantina ***in der Quarantäne legen*** karantinaya almak
Quark /kvark/ *m* koyulaşmış süt, tuzsuz beyaz peynir; *kon* zırva, saçma; *n fiz* kuvark
Quartal /kvar'ta:l/ *n* çeyrek yıl, üç aylık süre
Quartett /kvar'ti:t/ *n müz* dört ses veya dört çalgı için yazılmış eser; yorumlayan dört sanatçı; *isk* bir tür oyun
Quartier /kvar'ti:r/ *n* gece konaklama yeri; tatilde kalınacak yer; *ask* ordugâh
Quarz /kvarts/ *m* yerb kuvars
Quarzglas /'kvartsgla:s/ *n* kuvars camı
Quarzuhr /'kvartsu:r/ *f* kuvars saat, hassas ve dakik saat
Quasar /kva'zar/ *m gökb* kuvazar, yıldızımsı
quasi /'kva:zi/ *be* sanki, adeta, tabiri caizse
quasseln /'kvasıln/ *vi* gevezelik etmek, durmadan konuşmak
Quasselstrippe /'kvasılştripı/ *f kon* geve-

ze kişi; *kon* telefon
Quaste /'kvastı/ *f* ponpon, püskül
Quatsch /kvatş/ *m kon* saçmalık, boş laf, zırva; aptallık, aptalca hareket; yanlış
quatschen /'kvatşın/ *vi kon* saçmalamak, zırvalamak
Quatschkopf /'kvatşkopf/ *m kon* geveze; ahmak
Quecksilber /'kvekzilbır/ *n kim* cıva; *kon* yerinde duramama, kıpır kıpır olma; *mec* huzursuzluk
Quecksilbersäule /'kvekzilbırzoylı/ *f* hava basıncı ölçüm birimi
Quelle /'kvelı/ *f* kaynak, pınar, memba; bilgi kaynağı, haber kaynağı; *kon* menşe, köken, çıkış noktası, başlangıç noktası ***heiße Quellen*** ılıca, kaplıca
quellen /'kvelın/ *vi* fışkırmak, kaynamak; şişmek, kabarmak, büyümek; fışkırırcasına çıkmak; *vt* şişmesi veya yumuşaması için suya bastırmak
Quellenangabe /'kvelınanga:bı/ *f* (eser) kaynakça
Quellenstudium /'kvelınştu:dyum/ *n* tarihi eserlerin incelenmesi, edebi kaynakların incelenmesi
Quellwasser /'kvelvasır/ *n* memba suyu, madensuyu
Quengelei /kvengı'lay/ *f* sızlanma, zırıldama, mızırdama, mızmızlanma, ağlama, zırlama
quengelig /'kvengılih/ *s kon* mızmız
quengeln /'kvengıln/ *vi kon* sızlanmak, zırlamak, mızmızlanmak
quer /kve:r/ *be* enine, çaprazlama, diklemesine, bir yandan öbür yana; rahatsız edici, ters, aksi, garip; çaprazlamasına; içinden, ortasından ***kreuz und quer*** karmakarışık ***quer über die Straße gehen*** caddeyi diklemesine karşıya geçmek
Querdenker /'kve:rdenkır/ *m* aykırı düşünen
Quere /'kve:rı/ *f* ters yön; ters durum ***jdm in die Quere kommen*** (birisinin) yoluna taş koymak
querfeldein /'kve:rfeltayn/ *be* tarlalar arasından
Querflöte /'kve:rflö:tı/ *f müz* çapraz flüt
Querformat /'kve:rforma:t/ *n* enin yükseklikten fazla olduğu boyut
quergestreift /'kve:rgıştrayft/ *s* enine çizgili
Querkopf /'kve:rkopf/ *m kon* düşüncesi farklı kişi; dik başlı kişi
Querschläger /'kve:rşle:gır/ *m ask* mermi sekmesi ile yaralanma
Querschnitt /'kve:rşnit/ *m mat* kesit; *kon* özet, genel bakış
querschnittsgelähmt /'kve:rşnitsgıle:mt/ *s* belden aşağısı felçli
Querschnittslähmung /'kve:rşnitsle:mung/ *f hek* belden aşağı felç olması
Querstraße /'kve:rştra:sı/ *f* kesen cadde, kesen sokak
Querstrich /'kve:rştrih/ *m* yan çizgi
Quertreiber /'kve:rtraybır/ *m kon* karıştırıcı, burnunu her şeye sokan kişi
Querulant /kveru'lant/ *m* geçimsiz kişi, kavgacı kimse
querulieren /kveru'li:rın/ *vi* hakkı olduğunu düşünerek olay çıkarmak, dırdırlanmak
Querverbindung /'kve:rferbindung/ *f* alt birimlerarası doğrudan bağlantı
quetschen /'kvetşın/ *vt* ezmek, sıkıştırmak, püre haline getirmek
Quetschung /'kvetşung/ *f hek* ezik, yara, bere, ezik yarası
Quetschwunde /'kvetşvundı/ *f hek* ezik, yara, bere, ezik yarası
Queue /kö:/ *f* sırada bekleyen kişiler, kuyrukta bekleyen kişiler; *n sp* isteka, bilardo sopası
quicklebendig /'kviklebendih/ *s kon* çok canlı, çok atik, çok çevik, çok zinde
quieken /'kvi:kın/ *vi* (domuz) bağırmak; *kon* ciyaklamak, viyaklamak ***es ist zum Quieken*** *kon* bu çok komik
quieksen /'kvi:ksın/ *vi kon* (domuz) bağırmak; *kon* ciyaklamak, viyaklamak
quietschen /'kvi:tşın/ *vi* (kapı, tekerlek) gıcırdamak, gıcırtı çıkarmak; (insan) kıkırdamak
quietschvergnügt /kvi:tşver'gnü:kt/ *s kon* çok neşeli, çok keyifli
Quinte /kvint/ *f müz* beşli, kent
Quintessenz /'kvintesents/ *f* özet; öz, esas; bir şeyin ana noktası
Quintett /kvin'tet/ *n müz* beş ses veya beş çalgı için yazılmış müzik parçası; *müz* beşli kentet
Quirl /kvirl/ *m* sıvı çalkalama aleti, çalkalayıcı, mikser; yerinde duramayan kişi
quirlen /'kvirlın/ *vt* sıvıyı çalkalama aletiyle karıştırmak
quirlig /'kvirlih/ *s* ele avuca sığmaz, afa-

can çocuk, çok canlı çocuk
quitt /kvit/ *s* borcu kalmayan, borcunu ödemiş olan
Quitte /'kvitı/ *f bitk* ayva
quittieren /kvi'ti:rın/ *vt* : ***den Dienst quittieren*** istifa etmek
Quittung /'kvitung/ *f* makbuz, alındı belgesi, fiş, belge; ceza, bela, layığını bulma, ettiğini bulma
Quiz /kvis/ *n* soru-cevap oyunu
Quizfrage /'kvisfra:gı/ *f* ödüllü soru
Quote /'kvo:tı/ *f* hisse, pay, kota, oran, nispet
Quotenregelung /'kvo:tınre:gılung/ *f* kota düzenlemesi
Quotient /kvotsi'ent/ *m mat* bölüm; bölme işlemi sonucu

R

Rabatt /ra'bat/ *m tic* fiyat indirimi, ıskonto
Rabatz /ra'bats/ *m kon* kavga, nizah, patırtı, şamata
Rabauke /ra'baukı/ *m kon* serseri, kabadayısı
Rabbiner /ra'bi:nır/ *m* haham
Rabe /'ra:bı/ *m hayb* karga
Rabeneltern /'ra:bıneltırn/ *pl kon* ilgisiz ana-baba, çocuklarıyla ilgilenmeyen ana-baba
rabenschwarz /'ra:bınşvarts/ *s kon* kapkara, karga karası
rabiat /rabi'a:t/ *s* öfkeden çıldırmış, kudurmuş, deli gibi, son derece kızgın
Rache /'rahı/ *f* intikam, iç ***an jdm Rache nehmen*** (birisinden) intikam almak
Rachen /'rahın/ *m anat* gırtlak, boğaz, ağzın geri tarafı; *hayb* ağız
rächen /'re:hın/ *vt* öç almak, intikam almak ***das wird sich rächen*** bunun hesabını vereceksin ***es rächt sich*** bunun acısı çıkar ***jdn etw rächen*** (birisinden bir şeyin) intikamını almak ***sich rächen*** öcünü almak, intikamını almak, acısını çıkarmak
Rächer /'re:hır/ *m* intikam alıcı kimse, öç alıcı kimse, cezalandırıcı kimse
Rachitis /ra'hi:tis/ *f hek* raşitizm
Rachsucht /'rahzuht/ *f* intikam ateşi, öç tutkusu
rachsüchtig /'rahzühtih/ *s* kinci, içi intikam ateşi ile dolu
Rad /ra:t/ *n* tekerlek; çember; kasnak; çıkrık; *sp* (jimnastik) parende; *hayb* tavus kuşu kuyruğu ***das Rad der Zeit*** devran ***unter die Räder kommen*** *mec* ahlaki açıdan çöküntüye uğramak
Radar /ra'da:r/ nm radar
Radarkontrolle /ra'da:rkontrolı/ *f* (trafik) hızın radarla tespiti, radarla hız kontrolü
Radarschirm /ra'da:rşirm/ *m* radar ekranı
Radau /ra'dau/ *m kon* patırtı, gürültü, şamata, tantana
Radbremse /'ra:tbremzı/ *f* tekerlek freni, tekerlek baskısı
radebrechen /'ra:dabrehın/ *trvt* yarım yamalak konuşmak, eveleyip geveleyip konuşmak ***eine fremde Sprache radebrechen*** bir yabancı dili kafasını gözünü yararak konuşmak
radeln /'ra:dıln/ *vt kon* bisiklete binmek
Rädelsführer /'re:dılsfü:rır/ *m* elebaşı, suikastçı, tertipçi
rädern /'re:dırn/ *vt esk* çark işkence aletiyle idam etmek
Räderwerk /'re:dırverk/ *n* çark dişlisi, çark mekanizması
Radfahrer /'ra:tfa:rır/ *m* bisikletli, bisiklet binicisi; *kon* yağcı, yaltakçı
Radiator /ra'dya:tor/ *m* radyatör
radieren /ra'di:rın/ *vt* kazıyarak silmek; kalemle kazımak, hakkak ile oymak
Radiergummi /ra'di:rgumi/ *m* silgi, lastik silgi
Radiermesser /ra'di:rmesır/ *n* oymacı bıçağı, hakkak bıçağı
Radierung /ra'di:rung/ *f* oymacılık, hakkaklık, özgün baskı sanatı
Radieschen /ra'diahın/ *n bitk* kırmızı turp
radikal /radi'ka:l/ *s* kökten, kökünden, radikal; şiddetli, aşırı, uç; anlaşma sağlanamayan, uzlaşılamayan
Radikalkur /radi'ka:lku:r/ *f kon* esaslı tedavi
Radio /'ra:dyo/ *n* radyo; radyo kurumu; radyo yayını
radioaktiv /ra:dyoak'ti:f/ *s fiz* radyoaktif, ışın etkin ***radioaktive Rückstände*** radyoaktif artıklar ***radioaktive Stoffe*** radyoaktif maddeler ***radioaktive Strahlung*** radyoaktif ışın ***radioaktives Element*** radyoaktif eleman
Radioaktivität /ra:dyoaktivi'te:t/ *f* radyoaktivite, ışın etkinliği
Radiologe/Radiologin /radyo'lo:gı/radyo'lo:gin/ *m/f hek* radyolog, ışınbilimci

R

Radiosender /'ra:dyozendır/ *m* radyo vericisi, radyo istasyonu
Radium /'ra:dyum/ *n kim* radyum
Radius /'ra:dyus/ *m* geom yarıçap; hareket alanı, hareket sahası; *hek* ön kol kemiği
Radkappe /'ra:tkapı/ *f oto* jant kapağı
Radkasten /'ra:tkastın/ *m* davlumbaz
Radkranz /'ra:tkrants/ *m tek* at arabası tekerleği iç çemberi
Radler /'ra:dlır/ *m* bisiklet sürücüsü, bisiklet kullanıcısı, bisikletçi
Radlerhose /'ra:dlırho:zı/ *f* uzun (bisikletçi) şort(u)
Radnabe /'ratna:bı/ *f* tekerlek başlığı, tekerlek göbeği
Radrennbahn /'ra:trenba:n/ *f* velodrom, bisiklet yarış pisti
Radrennen /'ra:trenın/ *n sp* bisiklet yarışı
Radsport /'ra:tşport/ *f* bisiklet sporu
Radtour /'ra:ttu:r/ *f* bisiklet gezintisi, bisiklet turu
Radwanderung /'ra:tvandırung/ *f* bisiklet gezintisi
Radweg /'ra:tve:k/ *m* bisiklet yolu
raffen /'rafın/ *vt* kendine doğru çekmek, kapıp çekmek; (giysi) yukarı çekmek, yukarı kaldırmak; (kumaş) katlamak; cimrilik etmek, hiç harcamadan biriktirmek
raffgierig /'rafgi:rih/ *s* açgözlü, ihtiraslı, kazanç hırsı içinde
Raffinerie /rafinı'ri:/ *f* rafineri, arıtımevi
Raffinesse /rafi'nesı/ *f* üçkâğıtçılık, kurnazlık, şeytanlık; ince düşünce ***mit allen Rafinesse*** tüm aksesuarıyla
raffinieren /rafi'ni:rın/ *vt tek* arıtmak, rafine etmek, inceltmek; işlemek
raffiniert /rafi'ni:rt/ *s tek* rafine edilmiş, arıtılmış, inceltilmiş; *kon* üçkâğıtçı, kurnaz; *kon* hassas kişi, ince ruhlu kişi ***raffinierter Kristallzucker*** rafine kristal şeker
Rage /'ra:jı/ *f* kızgınlık, hiddet, öfke ***in Rage kommen*** hiddetten kudurmak
ragen /'ra:gın/ *vi* daha yüksek olmak, daha büyük olmak
Rahm /ra:m/ *m* süt kaymağı, süt kreması
Rahmen /'ra:mın/ *m* çerçeve; *tek* gergef; *tek* şasi; tüm, bütün; *kon* çevre, fon, arka plan ***im Rahmen des Möglichen*** olabildiği kadar, mümkün mertebe
rahmen /'ra:mın/ *vt* çerçevelemek, çerçeve içine almak, çerçeve içine yerleştirmek
Rahmenabkommen /'ra:mınapkomın/ *n* bes *pol* çerçeve antlaşması
Rahmenbedingungen /'ra:mınbıdingungın/ *pl* genel şartlar
Rahmenprogramm /'ra:mınprogram/ *n* çerçeve program
Rakete /ra'ke:tı/ *f* roket, füze; havai fişek ***ferngelenkte Rakete*** *ask* güdümlü füze
Raketenstützpunkt /ra'ke:tınştütspunkt/ *m ask* füze üssü
Rammelei /rama'lay/ *f* itişme, kakışma, tepişme; *kon* cinsel ilişki, cinsel birleşme
rammen /'ramın/ *vt tek* şahmerdanla dövmek, şahmerdanla kazık çakmak
Rampe /'rampı/ *f* rampa; *tiy* ön sahne kenarı
Rampenlicht /'rampınliht/ *n tiy* yer ışıkları, sahne önündeki ışıklar
ramponieren /rampo'ni:rın/ *vt kon* zarar vermek, hasara uğratmak ***ramponierter Wagen*** hasarlı araba
Ramsch /ramş/ *m* düşük kaliteli mal, kalitesiz, ıskarta mal, tapon mal; *isk* bir oyun ***im Ramsch kaufen*** *tic* ucuza ve toptan almak
Rand /rant/ *m* kıyı, sınır, kenar, etek, yamaç; *kon* ağız, çene ***am Rande des Abgrunds*** uçurumun eşiğinde ***halt den Rand!*** çeneni kapa! ***sich am Rande verstehen*** *kon* kendiliğinden anlaşılmak
randalieren /randa'li:rın/ *vi kon* gürültü çıkarmak; paldır küldür saldırıya geçmek, kargaşa çıkarmak
Randalierer /randa'li:rır/ *m* gürültü çıkararak etrafını rahatsız eden kişi
Randbemerkung /'rantbımerkung/ *f* sayfa kenarı notu, çıkıntı; *kon* kırıcı söz, iğneleme
Randerscheinung /'ranterşaynung/ *f* önemsiz yan etki; değersiz etki
Randgebiet /'rantgıbi:t/ *n* bir alanın yanındaki arazi; yan alan, ana bilim dalı yanında daha önemsiz bir araştırma alanı
Randgruppe /'rantgrupı/ *f* küçük sosyal grup
randvoll /'rantfol/ *s* tıka basa dolu, ağzına kadar dolu
Rang /rang/ *m* sınıf, kademe, derece; *ask* rütbe; *tiy* sin. balkon; (şans oyunu) dilim, basamak ***ein Mann ohne Rang***

R

und Namen tanınmamış bir adam, önemsiz bir adam
Rangälteste(r) /'rangeltıstı(r)/ *m ask* kıdemli subay
Range /'rangı/ *f kon* yaramaz çocuk, afacan çocuk
Rangierbahnhof /rang'ji:rba:nho:f/ *m* (tren) manevra istasyonu
rangieren /rang'ji:rın/ *vi ask* bir rütbede olmak; belirli bir yerde olmak, belirli bir sırada olmak; *vt* vagonları başka hatta almak
Rangliste /'ranglistı/ *f ask* rütbe sırasına göre liste, rütbe sırası; kıdem listesi, derece listesi
Rangordnung /'rangordnung/ *f* hiyerarşi, silsile; bürokrasi
Ranke /'rankı/ *f bitk* tutunma filizi
ranken /'rankın/ *vr bitk* tutunma filizi sürmek
Ranzen /'rantsın/ *m* sırt çantası; *mec* mide, göbek
ranzig /'rantsih/ *s* bayatlamış, bozulmuş, kötü
rapid /ra'pi:t/ *s* çok hızlı, yıldırım gibi, şimşek gibi
Rappe /'rapı/ *m hayb* karayağız at
Raps /raps/ *m bitk* kolza
rar /ra:r/ *s* nadir, seyrek, az görülür, az bulunur ***sich rar machen*** *kon* ortalarda pek görünmemek
Rarität /rari'te:t/ *f* az bulunan şey, nadir bulunan şey; garip şey, tuhaf şey
rasant /ra'zant/ *s* düz giden, dosdoğru giden; yalayıcı; çok hızlı, son derece hızlı
rasch /raş/ *s* çabuk, tez, acele, acil, hızlı
rascheln /'raşıln/ *vi* hışırdamak
Rasen /'ra:zın/ *m bitk* çim, çimen, çimenlik, yeşil alan
rasen /'ra:zın/ *vi* süratli araba sürmek, hız yapmak; öfkeden kudurmak, kıyameti koparmak, çıldırmak
rasend /'ra:zınt/ *s* çok hızlı, çok süratli, fişek gibi, yıldırım gibi; *be* son derece, oldukça, çok ***mit rasender Geschwindigkeit*** son derece hızlı ***rasende Kopfschmerzen*** şiddetli baş ağrısı, çıldırtıcı baş ağrısı ***rasende Schmerzen*** dayanılmaz ağrılar ***sich rasend freuen*** çok sevinmek
Rasenmäher /'ra:zınme:ır/ *m* çim biçme makinesi
Rasensprenger /'ra:zınşprengır/ *m* çim yağmurlama aracı
Raser /'ra:zır/ *m kon* deli gibi araba kullanan
Raserei /razı'ray/ *f* çılgınlık, delilik, çıldırmışlık, cinnet; *kon* aşırı sürat
Rasierapparat /ra'zi:rapara:t/ *m* tıraş makinesi ***elektrischer Rasierapparat*** elektrikli tıraş makinesi
rasieren /ra'zi:rın/ *vt* : ***ich rasiere mich*** tıraş oluyorum ***jdn rasieren*** (birisini) tıraş etmek ***sich rasieren*** tıraş olmak
Rasierklinge /ra'zi:rklingı/ *f* tıraş bıçağı, tıraş jileti
Rasiermesser /ra'zi:rmesır/ *n* ustura, tıraş bıçağı
Rasierpinsel /ra'zi:rpinzıl/ *m* tıraş fırçası
Rasierschaum /ra'zi:rşaum/ *m* tıraş köpüğü
Rasierwasser /ra'zi:rvasır/ *n* tıraş losyonu
Räson /re'zo:n/ *f* akıl, anlayış, izan, anlama kabiliyeti ***jdn zur Räson bringen*** (birisinin) aklını başına getirmek
Raspel /'raspıl/ *f* törpü, raspa; rende; *m* yonga, rende artığı, ufak parça
raspeln /'raspıln/ *vt* törpülemek; rendelemek
Rasse /'rası/ *f* soy, ırk, kan; ateşli; üstün
rasseln /'rasıln/ *vi* şakırdatmak, takırdamak, patırtı çıkartmak ***durchs Examen rasseln*** *kon* sınavda çakmak
Rassendiskriminierung /'rasındiskrimini:rung/ *f* ırk ayırımcılığı
Rassenhass /'rasınhas/ *m* başka ırklara karşı duyulan kin veya nefret
Rassentrennung /'rasıntre:nung/ *f* ırk ayırımı, ırkçılık
rassig /'rasih/ *s* boylu boslu, gösterişli yapılı, sağlam yapılı; güzel yüzlü; ateşli
Rassismus /ra'sismus/ *m* ırkçılık
Rassist /ra'sist/ *m* ırkçı
rassistisch /ra'sistiş/ *s* ırkçı, ırkçılıkla ilgili
Rast /rast/ *f* mola, dinlenme, teneffüs, ara; *tek* yüksek fırın ortası ***Rast halten*** dinlenme molası vermek ***10 Minuten Rast*** 10 dakika ara
rasten /'rastın/ *vi* mola vermek, ara vermek, dinlenme arası vermek, teneffüs yapmak
Raster /'rastır/ *m* küçük kareli defter
Rasthaus /'rasthaus/ *n* dinlenme tesisi, mola yeri
rastlos /'rastlo:s/ *s* mola vermeden çalışan, durmadan çalışan, dinlenmeden çalışan

Rastplatz /'rastplats/ *m* dinlenme tesisi, mola tesisi, mola yeri
Raststätte /'rastştetı/ *f* dinlenme tesisi, mola yeri
Rasur /ra'zu:r/ *f* tıraş; kazıma yeri, kazıntı yeri
Rat /ra:t/ *m* nasihat, öğüt, tavsiye, yol gösterme, salık verme; kurul, konsey, danışma kurulu; yüksek dereceli memur unvanı ***jdm einen Rat geben*** (birisine) öğüt vermek ***jdn zu Rate ziehen*** danışmak ***keinen Rat wissen*** ne yapacağını bilmemek
Rate /'ra:tı/ *f* taksit ***etw auf Ratenn kaufen*** (bir şeyi) taksitle satın almak ***in Zahlen zahlen*** taksit taksit ödemek
raten /'ra:tın/ *vt* öğüt vermek, tavsiyede bulunmak, nasihat etmek, salık vermek; bulmaca çözmek; yaklaşık olarak tahmin etmek, kestirmek ***rate mal!*** bil bakalım!
Ratenkauf /'ra:tınkauf/ *m* taksitli alım
ratenweise /'ra:tınvayzı/ *be* taksitle, taksit taksit
Ratenzahlung /'ra:tıntsa:lung/ *f* taksitle ödeme, taksit taksit ödeme
Ratgeber /'ra:tge:bır/ *m* danışman, müşavir; başvuru kitabı, el kitabı
Rathaus /'ra:thaus/ *n* belediye, belediye binası
Ratifikation /ratifika'tsyo:n/ *f* onaylama, onama, okeyleme, uygun bulma; *pol* meclis onayı
ratifizieren /ratifi'tsi:rın/ *vt* onaylamak, onamak, okeylemek, uygun bulmak ***einen Vertrag ratifizieren*** bir antlaşmayı onaylamak
Ration /ra'tsyo:n/ *f* (belirli bir süre için verilen yiyecek payı, istihkak
rational /ratsyo'na:l/ *s fel* akla uygun, akıl alır, mantığa uygun; akli, mantıklı ***rationale Zahlen*** *mat* rasyonel sayılar
rationalisieren /ratsyonali'zi:rın/ *vt* işletmeyi en az masrafla en verimli hale getirmek, rasyonalize etmek; *fel* akla ve mantığa uygun hale getirmek
Rationalisierung /ratsyonali'zi:rung/ *f* rasyonalizasyon
rationell /ratsyo'nel/ *s* hesaplı, ölçülü, idareli, rasyonel
rationieren /ratsyo'ni:rın/ *vt* istihkakları plana uygun şekilde dağıtmak, vesikaya bağlamak
Rationierung /ratsyo'ni:rung/ *f* vesikaya bağlama
ratlos /'ra:tlo:s/ *s* biçare, çaresiz, şaşkın
Ratlosigkeit /'ra:tlo:zihkayt/ *f* çaresizlik, şaşkınlık
ratsam /'ra:tza:m/ *s* tavsiye edilmeye değer; mantıklı; kârlı, yararlı, avantajlı
Ratschlag /'ra:tşla:k/ *m* öğüt, nasihat, tavsiye
Rätsel /'re:tsıl/ *n* bilmece, bulmaca; sır, gizem
rätselhaft /'re:tsılhaft/ *s* anlaşılmaz, kavranamaz, akıl fikir ermez; gizemli, gizli
rätseln /'re:tsıln/ *vi* tahmin etmek, tahminde bulunmak, kestirmek
Rätselraten /'re:tsılra:tın/ *n* bilmece çözme
Ratte /'ratı/ *f hayb* fare, sıçan, keme; *kon* (bir şeye) aşırı düşkün, hastası
Rattengift /'ratıngift/ *n* fare zehiri
rattern /'ratırn/ *vi* gürültü yapmak, şamata yapmak, patırtı yapmak
Raub /raup/ *m* gasp, soygun, yağma, yağmalama, zorla alma; adam kaldırma, adam kaçırma; ganimet, yağma malı, soygun malı
Raubbau /'raupbau/ *m* aşırı kullanım, israf
rauben /'raubın/ *vt* gasp etmek, çalmak, yağmalamak, zorla almak, aşırmak; (adam) kaçırmak ***Frauen rauben*** kadın kaçırmak ***jdm die Zeit rauben*** *mec* (birisini) vaktini almak, alıkoymak ***jdm etw rauben*** (birisinin bir şeyini) gasp etmek
Räuber /'roybır/ *m* haydut, yağmacı, gaspçı, kapkaççı, şaki, yol kesen, hırsız, çapulcu
Räuberbande /'roybırbandı/ *f* haydut çetesi, gasp çetesi
Raubfisch /'raupfiş/ *m hayb* yırtıcı balık
Raubgier /'raupgi:r/ *f* soygun hırsı, çalma hırsı
Raubkatze /'raupkatsı/ *f hayb* kedigiller sınıfına ait olan hayvanlar
Raubkopie /'raupkopi:/ *f* Film, CD usw korsan kopya
Raubmord /'raupmort/ *m huk* soygun ve adam öldürme, hırsızlık ve cinayet
Raubtier /'raupti:r/ *n hayb* yırtıcı hayvan, etobur hayvan
Raubüberfall /'raupü:bırfal/ *m* soygunculuk, gaspçılık, kapkaççılık
Raubzug /'rauptsu:k/ *m* talan, yağma, çapaçul, kapkaç
Rauch /rauh/ *m* duman, is ***kein Rauch***

ohne Flamme! ateş olmayan yerden duman çıkmaz!
Rauchabzug /'rau**h**aptsu:k/ *m* baca, ocaklık; *kon* davlumbaz, aspiratör
Rauchbombe /'rau**h**bombı/ *f ask* duman veren işaret bombası
rauchen /'rau**h**ın/ *vt* tüttürmek, sigara içmek, sigara kullanmak; *vi* duman salmak, duman çıkarmak ***ich rauche nicht*** sigara kullanmam ***Rauchen verboten!*** Sigara içmek yasaktır!
Raucher /'rau**h**ır/ *m* sigara tiryakisi, sigara kullanıcısı; *n kon* (tren, uçak, vs.) sigara içenler bölümü
Raucherabteil /'rau**h**ıraptayl/ *n* sigara içenler kompartımanı
Raucherhusten /'rau**h**ır**h**ustın/ *m hek* sigara öksürüğü
räuchern /'roy**h**ırn/ *vt* tütsülemek; *vi* tütsü yapmak, tütsü kokusu yaymak
Rauchfahne /'rau**h**fa:nı/ *f* uzun ve ince duman
Rauchfleisch /'rau**h**flayş/ *n* tütsülenmiş et, füme et
rauchig /'rau**h**i**h**/ *s* dumanlı, isli
Rauchverbot /'rau**h**ferbo:t/ *n* sigara içme yasağı
Rauchwolke /'rau**h**volkı/ *f* duman bulutu
räudig /'roydi**h**/ *s hek* uyuz, uyuza tutulmuş, uyuz olmuş
Raufbold /'raufbolt/ *m kon* kavgacı adam, belalı adam, hır çıkarıcı herif
raufen /'raufın/ *vt* çekip yolmak, tutup koparmak; *vi* kavga etmek, dövüşmek, boğuşmak ***sich mit jdm raufen*** (birisiyle) boğuşmak, dövüşmek
Rauferei /raufı'ray/ *f* dövüş, kavga, boğuşma, hır
Raum /raum/ *m* mekân; yer, bir şeye ait yer; oda, salon gibi ev bölmeleri genel adı; uzay, boşluk; uzunluk, genişlik, yükseklik; *coğ* birlik gösteren bölge
Raumanzug /'raumantsu:k/ *m* koruyucu astronot giysisi
räumen /'roymın/ *vt* terk etmek, bırakmak, bırakıp gitmek; ortadan kaldırmak, yok etmek; boşaltmak; alıp başka yere götürmek
Raumfähre /'raumfe:rı/ *f* uzay mekiği
Raumfahrer /'raumfa:rır/ *m* astronot, uzay adamı, kozmonot
Raumfahrt /'raumfa:rt/ *f* uzay yolculuğu
Rauminhalt /'raumin**h**alt/ *m* hacim, kapasite, istiap; *den* tonaj, tonilato; sığdırma oylumu
Raumkapsel /'raumkapsıl/ *f* uzay kapsülü, insanlı uzay aracının komuta bölümü
räumlich /'roymli**h**/ *s* mekân açısından, yer bakımından, alan/hacim açısından ***in räumlicher Ausdehnung*** üç boyutlu
Raumpflegerin /'raumpfle:gırin/ *f* gündelikçi kadın, temizlikçi kadın
Raumschiff /'raumşif/ *n* uzaygemisi
Raumsonde /'raumzondı/ *f* insansız uzay aracı
Raumstation /'raumştatsyo:n/ *f* uzay istasyonu
Räumung /'roymung/ *f* boşaltma, boşaltılma
Räumungsklage /'roymungskla:gı/ *f huk* tahliye davası
Räumungsverkauf /'roymungsferkauf/ *m* tasfiye satışı, likidasyon
raunen /'raunın/ *vt vi* fısıldamak, usulca söylemek, mırıldamak ***jdm etw ins Ohr raunen*** (birisinin) kulağına bir şey fısıldamak ***man raunt*** deniyor ki
Raupe /'raupı/ *f hayb* tırtıl; *tek* ask. tırtıl şerit
raus /raus/ *kıs kon* "heraus" dışarıya ***raus!*** defol!, çık dışarı!
Rausch /rauş/ *m* sersemlik, afallama; (alkol, uyuşturucu) sarhoşluk, kafa bulma; aşırı heyecan, etkileyici duygu ***Rausch haben*** sarhoş olmak, kafayı bulmak
rauschen /'rauşın/ *vi* ötmek, hışırdamak; çağlamak; uğuldamak; inlemek; uğuldamak
Rauschgift /'rauşgift/ *n* uyuşturucu madde
Rauschgifthandel /'rauşgift**h**andıl/ *m* uyuşturucu ticareti
Rauschgifthändler /'rauşgift**h**endlır/ *m* uyuşturucu satıcısı
Rauschgiftsucht /'rauşgiftzu**h**t/ *f* uyuşturucu bağımlılığı
rauschgiftsüchtig /'rauşgiftzü**h**ti**h**/ *s* uyuşturucu bağımlısı
rausfliegen /'rausfli:gın/ *trvi* kapı dışarı edilmek
räuspern /'royspırn/ *vr* hafif öksürmek; belli bir amaç için yavaşça öksürürmüş gibi yapmak
Rausschmeißer /'rausşmaysır/ *m* bar fedaisi; (toplantı, gösteri) final dansı, son dans
Rausschmiss /'rausşmis/ *m kon* yaka paça dışarı atma; işine son verme

Raute /'rautı/ *f mat* eşkenar dörtgen; *isk* karo; *bitk* sedefotu

rautenförmig /'rautınförmih/ *s* baklava şeklinde

Razzia /'ratsya/ *f ask* baskın şeklinde arama tarama

Reagenzglas /rea'gentsgla:s/ *n kim* deney tüpü

reagieren /rea'gi:rın/ *vi* tepki göstermek, reaksiyon göstermek; *kim* tepkimek, tepkime göstermek ***auf etw reagieren*** (bir şeye) tepki göstermek

Reaktion /reak'tsyo:n/ *f* tepki, reaksiyon; *kim* tepkime; *pol* gericilik, irtica

reaktionär /reaktsyo'ne:r/ *s pol* gerici; *kim* tepki gösteren, reaksiyoner

Reaktionsvermögen /reak'tsyo:nsfermö:gın/ *n* tepki yeteneği

Reaktionszeit /reak'tsyo:nstsayt/ *f* tepkime süresi, reaksiyon süresi

Reaktor /re'aktor/ *m fiz* reaktör; nükleer reaktör

real /re'a:l/ *s* gerçek, reel, doğru, nesnel, hakiki; *huk* fiili, maddi, ayni ***reale Seide*** has ipek

realisierbar /reali'zi:rba:r/ *s* gerçekleştirilebilir, uygulanabilir

realisieren /reali'zi:rın/ *vt* gerçekleştirmek, uygulamak; fark etmek, anlamak; *tic* paraya çevirmek

Realisierung /reali'zi:rung/ *f* gerçekleştirme, realize etme, reelleştirme; fark etme, anlama, idrak etme; *tic* paraya çevirme

Realismus /rea'lismus/ *m fel* realizm, gerçekçilik

Realist /rea'list/ *m fel* realist, gerçekçi

realistisch /rea'listiş/ *s* realist, gerçekçi

Realität /reali'te:t/ *f* realite, gerçek; gerçeklik, olgu

Realpolitik /re'a:lpoliti:k/ *f* gerçekçi politika, gerçeklere dayanan politika

Realschule /re'a:lşu:lı/ *f* ortaokul

Reanimation /reanima'tsyo:n/ *f hek* ayıltma, reanimasyon; canlandırma

Rebe /'re:bı/ *f bitk* asma kütüğü, üzüm kütüğü

Rebell /re'bel/ *m* asi, isyankâr, baş kaldıran, isyan eden

rebellieren /rebe'li:rın/ *vi* isyan etmek, baş kaldırmak, ayaklanmak

Rebellion /rebe'lyo:n/ *f* isyan, ayaklanma, baş kaldırma

rebellisch /re'beliş/ *s* isyankâr, ayaklanmacı, ayaklanan, asi

Rebhuhn /'re:phu:n/ *n hayb* keklik

Rebstock /'re:pştok/ *m bitk* asma kütüğü, tevek, çotuk

Rechen /'rehın/ *m* tırmık, bahçıvan tarağı; süzdürücü ızgara

Rechenaufgabe /'rehınaufga:bı/ *f* matematik ödevi, hesaplama ödevi

Rechenfehler /'rehınfe:lır/ *m* hesap hatası, hesaplama yanlışlığı

Rechenmaschine /'rehınmaşi:nı/ *f* hesap makinesi

Rechenschaft /'rehınşaft/ *f* hesap, yapılan iş hakkında verilen bilgi ***Rechenschaft geben*** hesap vermek ***von jdm Rechenschaft verlangen*** (birisinden) hesap sormak

Rechenschaftsbericht /'rehınşaftsbırıht/ *m* hesap raporu

Rechenschieber /'rehınşi:bır/ *m* sürgülü hesap cetveli

Recherche /re'şerşı/ *f* araştırma, soruşturma ***Recherchen anstellen*** araştırma yapmak, soruşturma yapmak

recherchieren /reşer'şi:rın/ *vt/vi* araştırma yapmak, soruşturma yapmak; araştırmak, soruşturmak

rechnen /'rehnın/ *vt vi* hesaplamak, hesap etmek ***alles mit dazu rechnen*** her şeyi hesaba katmak ***auf jdn rechnen*** (birisine) güvenmek ***etw zu etw rechnen*** (bir şeyi bir şeye) eklemek ***mit etw rechnen*** (bir şeyi) hesaba katmak, hesaba dahil etmek

Rechner /'rehnır/ *m* hesap makinesi; iyi hesapçı, iyi hesap yapabilen kişi

rechnerisch /'rehnıriş/ *s* hesapla ilgili

Rechnung /'rehnung/ *f* hesaplama, hesap yapma; fatura, hesap pusulası; (lokanta) hesap; matematik ödevi; plan, tasarlama; tahmin, beklenti ***auf eigene Recnung*** *tic* masraflar alıcıya ait olmak üzere ***auf Rechnung kaufen*** kredili olarak satın almak ***einer Sache Rechnung tragen*** (bir şeyi) hesaba katmak, dikkate almak ***jdm/etw Rechnung tragen*** hesaba katmak, dikkate almak ***Rechnung!*** (lokantada) hesap! ***unbezahlte Rechnungen*** ödenmemiş faturalar

Rechnungsprüfer /'rehnungsprü:fır/ *m* denetçi, murakıp

Rechnungswesen /'rehnungsve:zın/ *n* muhasebe, muhasebecilik

Recht /re**h**t/ *n* hak; yetki; adalet, hak, doğru şey; kanun, yasa, hukuk ***nach türkischem Recht*** *huk* Türk hukukuna göre ***Recht sprechen*** hâkimlik etmek ***Recht studieren*** hukuk öğrenim yapmak ***von Rechts wegen*** kanunen

recht /re**h**t/ *s* sağ, sağ taraf; hakiki, doğru; uygun, elverişli, müsait; *be* oldukça, gerçekten, pek çok, çok; (hoşnutluk anlamında) çok ***am rechten Orte*** tam yerinde ***die rechte Hand*** sağ el ***jdm recht sein*** (birisinin) hoşuna gitmek ***mir ist alles recht*** bana göre hava hoş ***recht abgelegen*** uzakça ***recht bekommen*** hak kazanmak, hak elde etmek ***recht geben*** haklı görmek, hak vermek ***recht gut*** oldukça iyi, çok iyi ***recht haben*** hakkı olmak, haklı olmak ***recht nett*** güzelce, oldukça güzel ***recht oft*** çoğu zaman, sık sık ***recht so!*** aferin!; doğrudur! ***recht viel*** epeyce, oldukça fazla ***recht viele Leute*** birçok kimse; birçoğu ***rechte Masche*** (örgü) düz örgü ***rechter Flügelstürmer*** *sp* (futbol) sağaçık ***rechter Läufer*** *sp* (futbol) sağhaf ***rechter Verteidiger*** *sp* (futbol) sağbek ***rechter Weg*** hak yol, doğru yol ***zu rechter Zeit*** tam vaktinde, tam zamanında ***zur rechten Hand*** sağda, sağ tarafta, sağ yönde

Rechte /'re**h**tı/ *f* sağ taraf, sağ yan, sağ; *pol* sağ partiler ***zur Rechten*** sağ tarafta

Rechteck /'re**h**tek/ *n mat* dikdörtgen

rechteckig /'re**h**teki**h**/ *s* dikdörtgen biçiminde; dört köşeli

rechtfertigen /'re**h**tfertigın/ *vt* haklı göstermek, haklı çıkarmak

Rechtfertigung /'re**h**tfertigung/ *f* haklı gösterme, haklı çıkarma; savunma

rechtgläubig /'re**h**tgloybi**h**/ *s* katı inançlı, inancını sıkı sıkıya savunan; sabit fikirli

rechthaberisch /'re**h**tha:bıriş/ *s* hep haklı olduğunu savunarak, inatçı, dik kafalı

rechtlich /'re**h**tli**h**/ *s* hukukla ilgili, hak ile ilgili; yasal, kanuni; *pol* sağ fikirli

rechtlos /'re**h**tlo:s/ *s* hakkı olmayan, haklarından yoksun

Rechtlosigkeit /'re**h**tlo:zi**h**kayt/ *f* hakkı olmamam durumu, haklardan yoksun olma durumu

rechtmäßig /'re**h**tme:si**h**/ *s* hukuki, yasal, kanuni, meşru, geçerli

rechts /re**h**ts/ *be* sağda, sağ yanda, sağ tarafta; sağa doğru, sağ yana; *pol* sağ eğilimli, sağcı, muhafazakâr; (örgü) düz ***nach rechts*** sağa, sağ yana, sağ tarafa ***rechts abbiegen*** sağa sapmak, sağa dönmek ***sich rechts halten*** sağdan gitmek ***von rechts*** sağdan, sağ taraftan, sağ yandan

Rechtsabbieger /'re**h**tsapbi:gır/ *m* (trafik) sağa dönmek isteyen sürücü

Rechtsanspruch /'re**h**tsanşpru**h**/ *m* yasal iddia, hak iddiası, hukuki istek, yasal istek

Rechtsanwalt /'re**h**tsanvalt/ *m* avukat, dava vekili

Rechtsbruch /'re**h**tsbru**h**/ *m* yasadışılık, kanunlara karşı gelme

rechtschaffen /'re**h**tşafın/ *s* namuslu, dürüst; doğru, haklı; *be* adamakıllı, iyice, iyicene

Rechtschreibung /'re**h**tşraybung/ *f* doğru yazım, kurallara uygun yazım

Rechtsextremismus /'re**h**tsekstremismus/ *m pol* aşırı sağ, aşırı sağcılık

Rechtsextremist /'re**h**tsekstremist/ *m* aşırı sağcı, aşırı muhafazakâr

rechtsextremistisch /'re**h**tsekstremistiş/ *s* aşırı sağ, aşırı sağcı

Rechtsfähigkeit /'re**h**tsfe:i**h**kayt/ *f huk* medeni haklardan yararlanma ehliyeti

rechtsgültig /'re**h**tsgülti**h**/ *s* yasal, hukuki, hukuksal

Rechtshänder /'re**h**tshendır/ *m* sağ elini kullanarak iş gören kişi

rechtskräftig /'re**h**tskre:fti**h**/ *s* kesin, kesinlik kazanmış; yasal, geçerli, legal, kanuni

Rechtslage /'re**h**tsla:gı/ *f* hukuki durum, yasal durum

Rechtspartei /'re**h**tspartay/ *f* sağ parti

Rechtsprechung /'re**h**tşpre**h**ung/ *f* yargı, içtihat

Rechtsradikalismus /'re**h**tsradikalismus/ *m* sağ radikalizm, sağ köktencilik

Rechtsruck /'re**h**tsruk/ *m* sağ oylarda patlama

Rechtsschutz /'re**h**tsşuts/ *m huk* yasa koruması

Rechtsschutzversicherung /'re**h**tsşutsferzi**h**ırung/ *f huk* hukuki bir davadan doğacak mali kayıplara karşı sigorta

Rechtsspruch /'re**h**tsşpru**h**/ *m huk* mahkeme kararı

Rechtsstaat /'re**h**tsşta:t/ *m pol* hukuk

devleti
Rechtsstreit /'rehtsştrayt/ *m huk* dava, hukuki dava
Rechtsverfahren /'rehtsferfa:rın/ *n huk* dava; muhakeme yöntemi, mahkeme usulü
Rechtsverkehr /'rehtsferke:r/ *m* sağdan trafik akışı, trafiğin sağdan işlemesi
Rechtsweg /'rehtsve:k/ *m huk* yargı yolu, hukuki yol, yasal yol ***den Rechtsweg einschlagen*** *huk* mahkemeye başvurmak, dava açmak
rechtswidrig /'rehtsvi:drih/ *s* yasaya aykırı, hukuka aykırı, hukuk dışı, yasadışı, haksız
rechtwinklig /'rehtvinklih/ *s* dik açılı
rechtzeitig /'rehttsaytih/ *s* tam zamanında, tam vaktinde ***rechtzeitig kommen*** tam vaktinde gelmek
Reck /rek/ *n sp* barfiks
recken /'rekın/ *vt* germek, gererek uzatmak, çeke çeke uzatmak ***sich recken*** gerinmek, uzanmak
Reckstange /'rekştangı/ *f sp* barfiks
recyceln /ri'zaikıln/ *vt* yeniden işlemek, dönüştürmek
Recycling /ri'zaikling/ *n* atık maddelerin tekrar değerlendirilmesi, tekrar işlenmesi
Redakteur/Redakteurin /redak'tö:r/redak'tö:rin/ *m/f* redaktör, yayın kurumunda yazıları değerlendiren ve derleyen kişi
Redaktion /redak'tsyo:n/ *f* (gazete) yazı kurulu, redaksiyon; yazı yazma, yazıyı kaleme alma
Redaktionsschluss /redak'tsyo:nsşlus/ *m* (gazete) redaksiyon çalışması sona ermesi, sayfayı bağlama
Rede /'re:dı/ *f* söz, konuşma, deyiş; ifade tarzı, söyleyiş biçimi; rivayet, söylenti; nutuk, söylev; anma konuşması ***auf etw die Rede bringen*** bir olayı dile getirmek ***die Rede halten*** söylev vermek ***direkte Rede*** *dilb* dolaysız anlatım ***gebundene Rede*** *ed* koşuk ***indirekte Rede*** *dilb* dolaylı anlatım ***jdm in die Rede fallen*** (birisinin) sözünü kesmek ***jdn zur Rede stellen*** hesap sormak ***keine Rede!*** söz konusu olamaz! ***ungebundene Rede*** *ed* düz yazı, nesir
redegewandt /'re:dıgıvant/ *s* iyi konuşma yeteneği olan, ağzı laf yapan
Redekunst /'re:dıkunst/ *f* retorik, güzel konuşma sanatı
reden /'re:dın/ *vt vi* konuşmak, söylemek, demek, ifade etmek; söylev vermek, nutuk atmak ***dummes Zeug reden*** aptalca şeyler söylemek ***mit den Händen reden*** işaret diliyle konuşmak ***Reden ist Silber, Schweigen ist Gold*** söz gümüşse, sükût altındır ***redende Künste*** ifade aracı dil olan sanatlar ***sich in Wut reden*** konuşurken öfkelenmek ***unsinn reden*** saçmalamak
Redensart /'re:dınsart/ *f* deyim, tabir
Redewendung /'re:dıvendung/ *f* konuşma kalıbı, deyiş, deyimsi, değişken ifade
redigieren /redi'gi:rın/ *vt* (gazete) bir yazının redaksiyonunu yapmak
redlich /'re:tlih/ *s* çok, büyük, çok büyük; namuslu, dürüst, güvenilir, özü sözü bir, sadık; *be* pek, oldukça, fazlaca, adamakıllı
Redlichkeit /'re:tlihkayt/ *f* azamet; namusluluk, doğruluk, dürüstlük
Redner /'re:dnır/ *m* konuşmacı, hatip, söylev veren kimse; ağzı iyi laf yapan kişi, iyi konuşan kişi
Rednerbühne /'re:dnırbü:nı/ *f* konuşma kürsüsü
rednerisch /'re:dnıriş/ *s* konuşmacı olarak; iyi bir konuşmacı gibi ***rednerische Begabung*** iyi konuşma yeteneği
Rednerpult /'re:dnırpult/ *n* konuşmacı kürsüsü
redselig /'re:tze:lih/ *s* hoşsohbet, sohbetsever
Redseligkeit /'re:tze:lihkayt/ *f* sohbeti sevme, muhabbet etmeyi sevme, konuşmayı sevme
Reduktion /reduk'tsyo:n/ *f* basite indirgeme, basitleştirme; *kim* indirgeme; *tic* fiyat indirme; indirim, azaltma ***Reduktion!*** (mağaza vitrininde) fiyat indirimi!
reduzieren /redu'tsi:rın/ *vt* azaltmak, indirmek, eksiltmek, kısmak, küçültmek; indirgemek; *mat* sadeleştirmek ***auf die Hälfte reduzieren*** yarı yarıya indirmek
Reeder /'re:dır/ *m* armatör, ticari gemi sahibi
Reederei /re:dı'ray/ *f* armatörlük; gemicilik işletmesi; gemi şirketi
reell /re'el/ *s* güvenilir, sağlam, namuslu; *mat* gerçek, reel ***reelle Zahlen*** *mat* rasyonel sayılar
Referat /refe'ra:t/ *n* araştırma sonucu bildiren yazı, rapor; ((işyeri) şube, bölüm,

R

kısım

Referendar /referen'da:r/ *m huk* stajyer (yargıç)

Referendum /refe'rendum/ *n* referandum, halk oylaması

Referent /refe'rent/ *m* raportör; (işyeri) şube şefi, daire amiri

Referenz /refe'rents/ *f* referans, tavsiye; bilgi amaçlı başvuru makamı ***jdn als Referenz eingeben*** (birisini) referans verecek kişi olarak bildirmek

referieren /refe'ri:rın/ *vi* bilgi vermek, bilgi sunmak, rapor vermek ***über etw referieren*** (bir konu hakkında) rapor vermek

reflektieren /reflek'ti:rın/ *vi* ilgi duymak, ilgi göstermek; *vt* (ışık, ışın, görünüm) yansıtmak ***auf etw reflektieren*** (bir şeye) ilgi duymak, elde etmeye çalışmak

Reflektor /re'flektor/ *m* reflektör, yansıtaç; (antende) yansıtıcı; *gökb* aynalı teleskop

Reflex /re'fleks/ *m* refleks, tepke, gelen uyarıya karşı verilen içgüdüsel hareket; *fiz* ışın yansıması ***bedingter Reflex*** koşullu tepke ***unbedingter Reflex*** koşulsuz tepke

Reflexbewegung /re'fleksbıve:gung/ *f* refleks hareket, istençdışı hareket, tepke

Reflexion /refle'ksyo:n/ *f* düşünüş, düşünme; yansıma

reflexiv /refle'ksi:f/ *s dilb* dönüşlü ***reflexives Verb*** *dilb* dönüşlü fiil

Reform /re'form/ *f* reform, iyileştirme, yenileme amaçlı değişiklik, yenileme

Reformation /reforma'tsyo:n/ *f* yenileşme hareketi, reformasyon; yenileştirme, iyileştirme

reformbedürftig /re'formbıdürftih/ *s* reforma ihtiyacı olan

Reformhaus /re'formhaus/ *n* vitamin ve mineraller açısından zengin gıda maddeleri satış yeri

reformieren /refor'mi:rın/ *vt* iyileştirmek, düzeltmek, yenileştirmek

Refrain /rı'fra:/ *m* nakarat, yineleme

Regal /re'ga:l/ *n* raflı dolap; *müz* portatif org

rege /'re:gı/ *s* canlı, hareketli, çevik, dinç

Regel /'re:gıl/ *f* kural, kaide, usul; yönetmelik, talimatname; standart, norm; esaslar, kurallar; *hek* regl, aybaşı, âdet

regellos /'re:gıllo:s/ *s* kuralsız, düzensiz, kaidesiz, karışık, çapraşık

regelmäßig /'re:gılme:sih/ *s* kurallı, kurala uygun; olağan, normal; düzenli, düzgün, belli aralıklarla tekrarlanan ***regelmäßige Verben*** çekimi kurallı fiiller ***regelmäßiger Puls*** düzenli nabız

Regelmäßigkeit /'re:gılme:sihkayt/ *f* kurallılık, kurala uygunluk; olağanlık; düzgünlük, düzenlilik

regeln /'re:gıln/ *vt* düzene koymak, düzene sokmak, düzenlemek, kurala bağlamak

regelrecht /'re:gılreht/ *s* kurala uygun, kural dahilinde; *kon* adeta, sanki, adamakıllı

Regelung /'re:gılung/ *f* düzenleme, düzene sokma, düzene koyma, kurallarla belirleme; ayarlama, uyarlama

regelwidrig /'re:gılvi:drih/ *s* kurala aykırı, kuraldışı; usulsüz, aykırı

Regen /'re:gın/ *m* yağmur; *mec* çok miktar, büyük miktar ***es regnet*** yağmur yağıyor ***Regen fällt*** yağmur yağıyor

regen /'re:gın/ *vt* hareket ettirmek, yerinden kıpırdatmak ***sich regen*** hareket etmek, yerinden kıpırdamak; bir şey yapmak, meşgul olmak; belirmek, uyanmak

regenarm /'re:gınarm/ *s* az yağış alan, yağış açısından fakir

Regenbogen /'re:gınbo:gın/ *m gökb* gökkuşağı

Regenbogenhaut /'re:gınbo:gınhaut/ *f anat* iris

Regenbogenpresse /'re:gınbo:gınpresı/ *f* boyalı basın, sansasyonel basın

regenerieren /regene'ri:rın/ *vt* canlandırmak, yenilemek, tazelemek; *biy* organı yeniden oluşturmak ***sich regenieren*** *mec* gençleşmek, canlanmak, dinlenmek

Regenguss /'re:gıngus/ *m* şiddetli yağmur, sağanak

Regenmantel /'re:gınmantıl/ *m* yağmurluk

Regenrinne /'re:gınrinı/ *f* damlalık

Regenschauer /'re:gınşauır/ *m* şiddetli yağış

Regenschirm /'re:gınşirm/ *m* şemsiye

Regentschaft /re'gentşaft/ *f* hükümdarlık; naiplik

Regenwald /'re:gınvalt/ *m* yağmur ormanı, tropik bölge ormanı

Regenwasser /'re:gınvasır/ *n* yağmur suyu

Regenwolke /'re:gınvolkı/ *f* yağmur bulutu
Regenwurm /'re:gınvurm/ *m hayb* yer solucanı
Regenzeit /'re:gıntsayt/ *f* tropik bölge yağış mevsimi, yağmur dönemi
Regie /re'ji:/ *f tiy* sin. reji; devlet tarafından idare, tekel
regieren /re'gi:rın/ *vi* hükümdar olmak, hükümdarlık yapmak; iktidarda bulunmak; *vt* idare etmek, yönetmek, hükümet etmek; *dilb* istemek, almak, gerektirmek ***einen Staat regieren*** bir ülkeyi yönetmek
Regierung /re'gi:rung/ *f* saltanat, hükümdarlık, iktidar; hükümet, idare, rejim ***Regierung bilden*** hükümet kurmak ***die Regierung stürzen*** hükümeti devirmek ***die Regierung antreten*** yönetime geçmek, idareye geçmek
Regierungsbezirk /re'gi:rungsbıtsirk/ *m* yönetim bölgesi, il
Regierungsbildung /re'gi:rungsbildung/ *f* hükümetin kurulması
Regierungserklärung /re'gi:rungserkle:rung/ *f* hükümet protokolü
Regierungsgewalt /re'gi:rugsgıvalt/ *f* iktidar yetkisi, yönetme yetkisi, iktidar gücü
Regierungskrise /re'gi:rungskri:zı/ *f* hükümet krizi
Regierungspartei /re'gi:rungspartay/ *f pol* iktidar partisi
Regierungssitz /re'gi:rungszits/ *m* hükümet merkezi; siyasi başkent
Regierungssprecher /re'gi:rungsşpre**h**ır/ *m* hükümet sözcüsü
Regime /re'ji:m/ *n* yönetme biçimi, idare biçimi, düzenleme biçimi, rejim; egemenlik, hükümdarlık; hükümet şekli, idare şekli, rejim; diyet, perhiz ***totalitäres Regime*** totaliter rejim
Regimekritiker /re'ji:mkri:tikır/ *m* rejim karşıtı
Regiment /regi'ment/ *n ask* alay, üç taburdan oluşan askeri birlik; egemenlik, yönetim; hükümdarlık
Region /re'gyo:n/ *f* alan, bölge, yer, yöre
regional /regyo'na:l/ *s* bölgesel, yerel
Regionalismus /regyona'lismus/ *m* bölgecilik, yörecilik
Regisseur/Regisseurin /reji'sö:r/reji'sö:rin/ *m/f* rejisör, yönetmen, sahneye koyan, uyarlayan
Register /re'gistır/ *n* (resmi) kayıt, kütük, defter, liste; dizin, alfabetik sıra; *müz* aynı türde çıkan sesler
Registratur /registra'tu:r/ *f* kayıt, kaydetme, listeye geçme; arşiv; evrak dolabı; evrak sekreterliği
registrieren /regis'tri:rın/ *vt* kaydetmek, kütüğe geçmek, deftere geçirmek, listeye geçirmek, kaydı işlemek; *kon* bilgi edinmek, bilgi almak
Registrierkasse /regis'tri:rkası/ *f* yazar kasa, kaydedici kasa
Reglement /regla'man/ *n* yönerge, yönetmelik, talimatname, tamimname
reglementieren /reglemen'ti:rın/ *vt* yönetmelikler ile düzenlemek, yönetmelikler ile düzene sokmak
Regler /'re:glır/ *m elek* regülatör; düzenleyici, düzene sokucu
reglos /'re:glo:s/ *s* hareketsiz, devinimsiz, sabit
regnen /'re:gnın/ *vi metr* yağmak, yağmur yağmak ***es regnet*** yağmur yağıyor
regnerisch /'re:gnıriş/ *s* yağmurlu, yağışlı
Regress /re'gres/ *m fel* gerileme; *huk* tazminat talebi; *huk* borçluya rücu; usa vurma işlemi
regsam /'re:kza:m/ *s* canlı, hareketli, çevik, dinç, atik, atak
regulär /regu'le:r/ *s* düzenli, düzgün; *huk* hukuka uygun, kurala uygun, yasalara uygun ***regulärer Preis*** normal fiyat, indirimsiz fiyat
regulierbar /regu'li:rba:r/ *s* düzeltilebilir, düzenlenebilir; ayar edilebilir, ayarlanabilir, uyarlanabilir
regulieren /regu'li:rın/ *vt* düzeltmek, düzene sokmak; (saat) ayar etmek, ayarlamak
Regulierung /regu'li:rung/ *f* düzenleme, düzene sokma; düzeltme
Regung /'re:gung/ *f* kımıldama, kıpırdama; küçük hareket, hafif hareket; heyecan; eğilim, meyil; duygu
regungslos /'re:gungslo:s/ *s* hareketsiz, devinimsiz, kıpırdamayan, yerinden kımıldamayan
Regungslosigkeit /'re:gungslo:zi**h**kayt/ *f* hareketsizlik, devinimsizlik, durgunluk
Reh /re:/ *n hayb* karaca
Rehabilitation /re**h**abilita'tsyo:n/ *f hek* rehabilitasyon, psikolojik ve fiziksel önlem; *kon* itibarını geri verme, şerefini geri verme

Rehabilitationszentrum /rehabilita'tsyo:nstsentrum/ *n hek* rehabilitasyon merkezi
rehabilitieren /rehabili'ti:rın/ *vt hek* rehabilite etmek, psikolojik ve fiziksel önlemler almak; itibarını geri vermek, *huk* memnu haklarını geri vermek; *kon* eski durumuna getirmek, eski şekline sokmak ***sich rehabilitieren*** itibarını kazanmak, memnu haklarını geri almak
Rehbock /'re:bok/ *m hayb* erkek karaca
Rehgeiß /'re:gays/ *f hayb* dişi karaca
Rehrücken /'re:rükın/ *m* karaca sırtı
Reibe /'raybı/ *f* rende, mutfak rendesi
reiben /'raybın/ *vt* rendelemek; ovmak, ovalamak, sürtmek ***sich an jdm reiben*** (birisiyle) sürtüşmek, geçinememek ***sich die Augen reiben*** gözlerini ovuşturmak ***sich die Hände reiben*** ellerini ovuşturmak
Reibereien /raybı'rayın/ *pl* sürtüşme
Reibung /'raybung/ *f* sürtünme, sürtüşme; geçimsizlik, uyuşmazlık
reibungslos /'raybungslo:s/ *s* sürtünmesiz; zahmetsiz, engelsiz, güçlük olmadan, güçlük çekmeden
Reibungswiderstand /'raybungsvi:dırştant/ *m* sürtünme gücü, sürtünme direnci
Reich /rayh/ *n* imparatorluk, devlet; âlem, dünya ***das Dritte Reich*** Nazi Almanyası ***das Osmanische Reich*** Osmanlı imparatorluğu ***das Reich der Toten*** öbür dünya, ölüler âlemi
reich /rayh/ *s* zengin, varlıklı, varsıl ***reich werden*** zenginleşmek, varlıklı olmak
reichen /'rayhın/ *vi/vt* sunmak, vermek, uzatmak; *vi* erişmek, uzanmak, yetişmek; yetmek, yeterli olmak, kâfi gelmek ***dem Säugling die Brust reichen*** bebeğe meme vermek ***es reicht!*** kâfi!, yeter! ***mit etw reichen*** *kon* (bir şey ile) idare etmek, yetinmek ***mir reicht es!*** *kon* yeter artık!, burama geldi! ***nicht reichen können*** erişememek, yetişememek
reichhaltig /'rayhhaltih/ *s* zengin, bol
reichlich /'rayhlih/ *s* çok, bol, zengin; oldukça, epey; yeteri kadar, bol bol, fazlasıyla, yeterinden çok, kâfi derecede
Reichskanzler /'rayhskantslır/ *m esk* Alman şansölyesi
Reichstag /'rayhsta:k/ *m esk* imparatorluk meclisi
Reichtum /'rayhtu:m/ *m* zenginlik, servet
Reichweite /'rayhvaytı/ *f* menzil, erim; etkilemesi mümkün alan
Reif /rayf/ *m metr* kırağı; *ed* halka, yüzük, çember ***Reif fallen*** kırağı yağmak
reif /rayf/ *s bitk* olgun, olmuş; *fel* kemale ermiş, olgun ***reifer Mann*** olgun adam ***zu etw reif sein*** (bir şeye) elverişli olmak, uygun olmak
Reife /'rayfı/ *f* olgunlaşma; olgunluk; ergenlik, buluğ, erginlik
Reifen /'rayfın/ *m* çember; halka, yüzük; *oto* lastik tekerlek; (oyun) çember, daire ***geplatzter Reifen*** patlak lastik ***Reifen werfen*** çember çevirmek
reifen /'rayfın/ *vi metr* kırağı yağmak; olgunlaşmak, olgunluğa erişmek, olmak; ergen olmak, erginleşmek ***der Plan reift*** plan oluşuyor, plan gerçekleşiyor
Reifendruck /'rayfındruk/ *m* lastik hava basıncı, *kon* lastiğin havası
Reifenpanne /'rayfınpanı/ *f oto* lastik patlaması
Reifenwechsel /'rayfınveksıl/ *m oto* tekerlek değiştirme
Reifeprüfung /'rayfıprü:fung/ *f* olgunluk sınavı, bitirme sınavı, abitur
Reifezeugnis /'rayfıtsoyknis/ *n* olgunluk sınavı diploması
reiflich /'rayflih/ *s* iyice, iyicene, esaslı, enikonu; sakin sakin ***reiflich überlegen*** iyice düşünüp taşınmak, iyice ölçüp biçmek
Reihe /'rayı/ *f* sıra, dizi, saf, kol; *mat* seri, dizi ***an die Reihe kommen*** sırası gelmek ***bunte Reihe*** bir bay bir bayan şeklinde dizilme ***der Reihe nach*** sıra(sı)yla, nöbetleşe ***eine ganze Reihe*** çok sayıda, çok miktarda ***er ist an der Reihe*** sıra onun ***ich bin an der Reihe*** sıra benim, sıra bende
Reihenfolge /'rayınfolgı/ *f* sırayla gelme; düzenli sıra ***alphabetische Reihenfolge*** alfabetik sıra
Reihenhaus /'rayınhaus/ *n* sıra ev
Reiher /'rayır/ *m hayb* balıkçılkuşu
Reim /raym/ *m ed* kafiye, uyak
reimen /'raymın/ *vi ed* kafiyelemek; *vt* kafiyeye uydurmak ***sich reimen*** kafiyeli olmak; *mec* uyum içinde olmak
rein /rayn/ *s* saf, arı, katıksız, katışıksız; tam, eksiksiz, bütün; kesin, kati; açık, ortada; gerçek, hakiki; düzenli; temiz, pak, tertemiz, pırıl pırıl; masum, bakir,

R

el değmemiş ***die Luft ist rein*** *kon* tehlike yok ***etw ins Reine bringen*** (bir şeyi) düzenlemek ***etw ins Reine schreiben*** (bir şeyi) temize çekmek, temiz olarak yeniden yazmak ***reine Basisdarstellung*** saf ikili gösterim ***reine Saccharose*** saf sakaroz ***reine Seide*** saf ipek, has ipek ***reine Tiere*** (islam) mekruh olmayan hayvanlar ***reine Wahrheit*** gerçeğin ta kendisi ***reines Gold*** saf altın, som altın ***reines Hemd*** temiz gömlek ***reines Mädchen*** temiz bir kız

Reinerlös /'raynerlö:s/ *m* net kâr, safi hâsılat, net gelir

Reinertrag /'raynertra:k/ *m* net kâr, safi hâsılat, net gelir

Reinfall /'raynfal/ *m kon* hayal kırıklığı, başarısızlık; kötü sürpriz; *tic* iflas, batma

Reingewicht /'rayngıviht/ *n* net ağırlık, saf ağırlık

reinhauen /'raynhauın/ *trvi kon* (yemek) yumulmak

Reinheit /'ramhayt/ *f* temizlik, saflık, arılık, karışıksız olma, katışıksız olma; *mec* masumluk, iffetlilik; iffet, namus

reinigen /'raynigın/ *vt* temizlemek, paklamak ***sich von etw reinigen*** *mec* kendini bir suçlamadan kurtarmak

Reiniger /'raynigır/ *m* temizleyici, tasfiye edici

Reinigung /'raynigung/ *f* temizleme, paklama, temizlik

Reinigungsmittel /'raynigungsmitıl/ *n* deterjan, temizlik malzemesi; *hek* laksatif, müshil

reinlich /'raynlih/ *s* temizliği seven, temiz, pak; ortada, açık seçik, net

Reinlichkeit /'raynlihkayt/ *f* temizlik, temizleme, paklama; temiz tutma

reinrassig /'raynrasih/ *s biy* safkan, katışıksız, melez olmayan

Reis /rays/ *m bitk* pirinç; pilav; *n bitk* filiz, sürgün, fışkın; aşı kalemi

Reise /'rayzı/ *f* gezi, seyahat, yolculuk ***auf Reise gehen*** seyahate çıkmak ***die letzte Reise antreten*** *kon* ölmek, son yolculuğuna çıkmak ***gute Reise!*** iyi yolculuklar!

Reiseandenken /'rayzıandenkın/ *n* yolculuk hatırası

Reiseapotheke /'rayzıapote:kı/ *f* seyahat ilk yardım malzemesi

Reisebegleiter /'rayzıbıglaytır/ *m* yol arkadaşı, yol refakatçisi

Reisebüro /'rayzıbüro:/ *n* seyahat acentesi

Reisebus /'rayzıbus/ *m* şehirlerarası otobüs

Reiseführer /'rayzıfü:rır/ *m* rehber, gezi kılavuzu, seyahat kılavuzu

Reisegesellschaft /'rayzıgızelşaft/ *f* turist kafilesi

Reisekosten /'rayzıkostın/ *pl* seyahat masrafı

Reiseleiter /'rayzılaytır/ *m* kafile başkanı, gezi grubu başkanı

reisen /'rayzın/ *vi* geziye çıkmak, seyahate çıkmak, yolculuğa çıkmak; gezici satış elemanlığı yapmak; gezide olmak, seyahatte olmak ***mit dem Bahn reisen*** trenle yolculuk yapmak ***mit dem eigenen Auto reisen*** özel arabayla yolculuk yapmak ***mit dem Flugzeug reisen*** uçakla yolculuk etmek ***mit dem Schiff fahren*** gemiyle yolculuk yapmak

Reisende(r) /'rayzındı(r)/ *f/m* yolcu, gezgin, seyyah, turist

Reisepass /'rayzıpas/ *m* pasaport

Reiseproviant /'rayzıprovyant/ *m* yolluk, kumanya

Reiseroute /'rayzıru:tı/ *f* gezi güzergâhı

Reisescheck /'rayzışek/ *m* seyahat çekı

Reisetasche /'rayzıtaşı/ *f* seyahat çantası, gezi çantası

Reisig /'rayzih/ *n bitk* çalı çırpı; çalılık

Reißbrett /'raysbret/ *n* resim tahtası

reißen /'raysın/ *vt* bölmek, parçalamak; çekmek, zorla çekmek; *sp* (halter) koparmak; resmini yapmak; *vi* kopmak, parçalanmak, ayrılmak, yarılmak ***an der Kette reißen*** zincirden kurtulmaya çalışmak ***an etw reißen*** (bir şeyden) kendini kurtarmaya çalışmak, kurtulmaya çalışmak ***die Latte reißen*** *sp* (yüksek atlama) çıtayı düşürmek ***etw an sich reißen*** (bir şeyi) zorla almak, çekerek almak ***sich reißen*** derisi sıyrılmak ***sich um etw reißen*** *mec* (bir şeyi) elde etmeye çalışmak

reißerisch /'raysıriş/ *s* sansasyonel

Reißfeder /'raysfe:dır/ *f* tirlin

reißfest /'raysfest/ *s* dayanıklı, (ip) kopmaz; (kumaş) yırtılmaz

Reißleine /'rayslaynı/ *f* paraşüt ipi, insanlı balon ipi

Reißnagel /'raysna:gıl/ *m* raptiye

Reißverschluss /'raysferşlus/ *m* fermuar

R

Reißzwecke /'raystsvekı/ *f* raptiye, pünez
Reitbahn /'raytba:n/ *f* manej, at eğitimi yapılan mekân
reiten /'raytın/ *vi* at binmek, at sırtında gitmek; *hayb* çiftleşmek; *den* dalgalarla mücadele etmek, boğuşmak; *vt* atı binek hayvanı olarak kullanmak ***auf einem Pferd reiten*** ata binmek ***mit Sattel reiten*** eyerle ata binmek
Reiter /'raytır/ *f* kalbur, elek; *m* atlı, süvari; sehpa, ayaklık; *tek* hareketli parça, sürgülü parça ***spanischer Reiter*** *mec* (yol kapama amaçlı) dikenli telli mania, dikenli telli engel
Reithose /'raytho:zı/ *f* atlı pantolonu
Reitpferd /'raytpfe:rt/ *n* binek atı
Reitstiefel /'raytşti:fıl/ *m* süvari çizmesi
Reiz /rayts/ *m* çekim, çekicilik, cazibe, albeni, dürtü; *biy* uyarma, tepki verme ***optischer Reiz*** optik uyarma
reizbar /'raytsba:r/ *s* aşırı duyarlı; öfkeci, tepki verici, çabuk kızan; cazip, cezbedici
reizen /'raytsın/ *vt* teşvik etmek, tahrik etmek, yöneltmek; cezbetmek, çekmek, büyülemek; öfkelendirmek, kızdırmak, sinirlendirmek; *hek* tahriş etmek; (düdük, ses taklidi vs. ile) av hayvanlarını çekmek ***zu etw reizen*** kışkırtmak, tahrik etmek
reizend /'raytsınt/ *s* hoş, sevimli; çekici, cazip, albenili, alımlı, büyüleyici, tahrik edici
Reizgas /'raytsga:s/ *n* göz yaşartıcı gaz
Reizhusten /'raytshustın/ *m hek* öksürük nöbeti, öksürük krizi
reizlos /'raytslo:s/ *s* yavan, cezbedici yanı olmayan, tatsız, kuru
Reizmittel /'raytsmitıl/ *n* uyarıcı, uyarıcı etkiye sahip olan, uyaran
Reizung /'raytsung/ *f s hek* tahriş; tahrik
reizvoll /'raytsfol/ *s* çekici, cezbedici, tahrik edici, cazip, albenili; ilginç, enteresan, hoş
rekapitulieren /rekapitu'li:rın/ *vt* özetini çıkararak tekrar etmek, konuyu kısaca yeniden toparlamak
rekeln /'re:kıln/ *vr kon* yan gelip yatmak, yayılarak oturmak, uzanarak oturmak
Reklamation /reklama'tsyo:n/ *f* şikâyet; hak iddiası, hak iddia etme
Reklame /re'kla:mı/ *f* reklam, tanıtım ***Reklame machen*** reklamını yapmak, tanıtmak ***Reklame machen für etw*** bir şeyin reklamını yapmak
rekonstruieren /rekonstru'i:rın/ *vt* olayın oluşum şeklini tespit etmek; *dilb* (eski yapıları, antik değerdeki şeyleri) yeniden oluşturmak, eski haline geri getirmek
Rekonstruktion /rekonstruk'tsyo:n/ *f* yeniden oluşturma, yeniden eski haline getirme, rekonstrüksiyon
Rekonvaleszenz /rekonvales'tsents/ *f hek* nekahet, toparlanma, iyileşme
Rekord /re'kort/ *m* rekor, en iyi derece ***einen Rekord brechen*** rekor kırmak ***einen Rekord halten*** rekor sahibi olmak
Rekordhalter /re'korthaltır/ *m* rekortmen
Rekordzeit /re'korttsayt/ *f* rekor süresi
Rekrut /re'kru:t/ *m ask* kura eri, acemi er
rekrutieren /rekru'ti:rın/ *vi ask* asker toplamak; *ask* askere kura çektirmek
Rektor /'rektor/ *m* rektör, üniversite yöneticisi; kilise başkanı
Relais /ra'le:/ *n tek* röle; *ask* haberci zinciri
Relation /rela'tsyo:n/ *f* ilgi, ilişki, ilinti, bağ, bağlantı
relativ /rela'ti:f/ *s* ilgili, ilintili, ilgin, ait; göreceli, göreli; izafi; bağıl, bağıntılı ***relative Beschleunigung*** relatif hızlanma ***relative Bewegung*** relatif hareket ***relative Dichte*** bağıl yoğunluk ***relative Feuchtigkeit*** bağıl nem ***relative Geschwindigkeit*** bağıl hız, izafi hız ***relative Luftfeuchtigkeit*** izafi hava nemi ***relative Mehrheit*** nispi çoğunluk
relativieren /relati'vi:rın/ *vt* bir ilişki içine sokmak; sınırlamak, daraltmak; şüpheli görmek, kuşkulu görmek
Relativität /relativi'te:t/ *f fel* görelilik, bağıntılılık, bağıllık, izafiyet
Relativpronomen /rela'ti:fprono:mın/ *n dilb* ilgi zamiri
relevant /rele'vant/ *s* önemli, mühim
Relief /rel'yef/ *n* rölyef, kabartma; *coğ* engebelilik, engebe
Religion /reli'gyo:n/ *f* din, dini inanç ***christliche Religion*** Hıristiyanlık dini ***muslimische Religion*** İslam dini
Religionsfreiheit /reli'gyo:nsfrayhayt/ *f* din özgürlüğü, din hürriyeti; din seçme ve inançlarını özgürce yerine getirebilme özgürlüğü
Religionslehrer /reli'gyo:nsle:rır/ *m* din dersi öğretmeni

R

religiös /reli'gyö:s/ *s* dindar, sofu; dini, dinle ilgili, dine ait, dine ilişkin
Religiosität /religyozi'te:t/ *f* inanç, dini inanç, iman; dindarlık, sofuluk
Relikt /re'likt/ *n* kalıntı, artık, bakiye
Reling /'re:ling/ *f den* küpeşte
Reminiszenz /reminis'tsents/ *f* anı, anımsama, hatırlama
Remis /re'mi:/ *n sp* (satranç) berabere biten oyun
Remoulade /remu'la:dı/ *f bitk* bir tür mayonez
rempeln /'rempıln/ *vt* itmek, çarpmak, vurmak; *sp* omuzla mücadele etmek, şarj yapmak ***jdn rempeln*** (birisine) omuz vurmak
Ren /re:n/ *n hayb* ren geyiği
Renaissance /rıne'sans/ *f* (sanat) rönesans, yeniden doğuş çağı; geçmiş bir dönemi yeniden canlandırma
Rendezvous /rande'vu:/ *n* randevu, buluşma ***ein Rendezvous verabreden*** randevusu olmak ***sich mit jdm ein Rendezvous geben*** (birisiyle) randevulaşmak
Rendite /ren'di:tı/ *f eko* kazanç, gelir, verim
Rennbahn /'renba:n/ *f sp* yarış pisti, yarış alanı, koşu pisti
Rennboot /'renbo:t/ *n sp* motorlu yarış teknesi
Rennen /'renın/ *n sp* yarış ***das Rennen aufgeben*** yarışı bırakmak, yarıştan çekilmek
rennen /'renın/ *vi* hızlı koşmak; *vt* vurarak devirmek, vurup devirmek; saplamak, sokmak
Rennfahrer /'renfa:rır/ *m* (araba, at) yarışçısı, yarışmacı
Rennpferd /'renpfert/ *n* yarış atı
Rennrad /'renra:t/ *n* yarış bisikleti
Rennstall /'renştal/ *m sp* (atyarışı) eküri
Rennstrecke /'renştrekı/ *f* yarış pisti
Rennwagen /'renva:gın/ *m* yarış otomobil, yarış arabası
Renommee /reno'me:/ *n* ün, şöhret, şan, nam, ad
renommiert /reno'mi:rt/ *s* ünlü, namlı, bilinen, tanınmış, saygın
renovieren /reno'vi:rın/ *vt* onararak yenileştirmek, tamir etmek, yenileştirmek
Renovierung /reno'vi:rung/ *f* onarım, yenileştirme, tamirat
rentabel /ren'ta:bıl/ *s tic* kârlı, kazançlı, rantabl; yararlı, faydalı; verimli
Rentabilität /rentabili'te:t/ *f* kârlılık, kazançlılık, verimlilik, randımanlılık, rantabilite
Rente /'rentı/ *f* emeklilik ***in Rente gehen*** emekliliği hak kazanmak, emekliliğe ayrılmak ***Rente bekommen*** emekli aylığı almak ***Rente beziehen*** emekli aylığı almak
Rentenalter /'rentınaltır/ *n* emeklilik yaşı
Rentenmarkt /'rentınmarkt/ *m eko* sabit faizli bono piyasası
Rentenversicherung /'rentınferzihırung/ *f* emeklilik sigortası, yaşlılık sigortası
Rentier /'re:nti:r/ *n hayb* ren geyiği
rentieren /ren'ti:rın/ *vr tic* kâr getirmek, kâr bırakmak, kazanç sağlamak
Rentner /'rentnır/ *m* emekli aylığı alan kimse
reorganisieren /reorgani'zi:rın/ *vt* reorganize etmek, yeniden düzenlemek, yeniden düzen vermek
reparabel /repa'ra:bıl/ *s* onarılabilir, eski haline getirilebilir, düzeltilebilir, tamir edilebilir
Reparatur /repara'tu:r/ *f* tamirat, onarım, onarma
reparaturanfällig /repara'tu:rınfelih/ *s* çok tamir çıkaran, çabuk bozulan
Reparaturwerkstatt /repara'tu:rverkştat/ *m* tamirhane
reparieren /repa'ri:rın/ *vt* onarmak, onarımını yapmak, tamir etmek
repatriieren /repatri'i:rın/ *vt pol* (ülkesine) iade etmek, sınırdışı etmek; yeniden vatandaşlığa almak
Repertoire /reper'tva:r/ *n tiy* müz. repertuar; *tiy* oynanabilen roller; *müz* çalınabilen müzik parçaları
Reportage /repor'ta:jı/ *f* röportaj, kişilerle konuşma sonucu ortaya çıkan yazı veya makale; (TV, radyo) bir kişiyle yapılan görüşmenin yayınlanması
Reporter /re'portır/ *m* röportajcı, gazete habercisi, muhabir; rapor düzenleyici kişi
Repräsentant/Repräsentantin /reprezen'tant/reprezen'tantin/ *m/f* temsilci; *pol* milletvekili, mebus
repräsentativ /reprezenta'ti:f/ *s* temsil edici; etkili; uygun davranış içinde bulunan
repräsentieren /reprezen'ti:rın/ *vt* temsil etmek; etkili olmak; *vi* uygun davranış

R

içinde bulunmak
Repressalie /repre'sa:liı/ *f* misilleme, kıyas, karşılık verme ***Repressalien greifen*** misillemede bulunmak
Reproduktion /reproduk'tsyo:n/ *f* baskı yoluyla çoğaltma, reprodüksiyon; taklit, kopya
reproduzieren /reprodu'tsi:rın/ *vt* (sanat eseri) kopyasını çıkarmak; basarak çoğaltmak, basmak
Reptil /rep'ti:l/ *n hayb* sürüngen
Republik /repu'bli:k/ *f* cumhuriyet ***Türkische Republik*** Türkiye Cumhuriyeti
Republikaner /republi'ka:nır/ *m* cumhuriyetçi, cumhuriyet yanlısı, cumhuriyet savunucusu; *pol* cumhuriyetçi parti taraftarı
requirieren /rekvi'ri:rın/ *vt huk* hukuki yardım talebinde bulunmak, hukuki yardım istemek; *ask* el koymak
Reservat /rezer'va:t/ *n* özel hak, imtiyaz; çekince; doğal koruma alanı
Reserve /re'zervı/ *f* yedek, ihtiyati, rezerve; bir kenara ayrılan yiyecek/para; sakınma, sakınganlık; *ask* ihtiyat, yedek
Reservebank /re'zervıbank/ *f sp* yedek oyuncular
Reservekanister /re'zervıkanistır/ *m oto* yedek bidon
Reservereifen /re'zervırayfın/ *n* stepne, yedek tekerlek
reservieren /rezer'vi:rın/ *vt* (otel, restoran, uçak, vs.) yer ayırtmak, rezervasyon yaptırmak ***sich reservieren lassen*** (yer) ayırtmak
reserviert /rezer'vi:rt/ *s* rezerve, tutulmuş; *mec* mesafeli, çekingen ***reservierte Plätze*** ayrılmış yerler ***reservierter Tisch*** ayrılmış masa ***sich reserviert verhalten*** *mec* soğuk davranmak
Reservierung /rezer'vi:rung/ *f* yer ayırtma, rezervasyon
Reservist /rezer'vist/ *m ask* terhis edilmiş askeri personel, yedek asker
Residenz /rezi'dents/ *f* hükümet merkezi, başşehir, başkent; (siyasi, dini) lider sarayı
Resignation /rezigna'tsyo:n/ *f* feragat, vazgeçme, bırakma, terk etme; teslimiyet, boyun eğme, tevekkül; yılma
resignieren /rezig'ni:rın/ *vi* feragat etmek, vazgeçmek, bırakmak, terk etmek; ümitsizliğe kapılmak, boyun eğmek, tevekkül göstermek
resistent /rezis'tent/ *s biy* (mikrop) dayanıklı
resolut /rezo'lu:t/ *s* kararlı, azimli, azim sahibi, sebatlı, direşken; cesur, cesaretli, yürekli
Resolution /rezolu'tsyo:n/ *f* karar
Resozialisierung /rezotsyali'zi:rung/ *f* yeniden topluma kazandırma, sosyalleştirme
Respekt /re'spekt/ *m* saygı, hürmet; perva, riayet, uyma ***jdm Respekt einflößen*** (birisi üzerinde) saygı uyandırmak ***vor jdm Respekt haben*** (birisine) saygı duymak
respektabel /respek'ta:bıl/ *s* saygıdeğer, hürmetkâr, saygın, saygı uyandıran
respektieren /respek'ti:rın/ *vt* itibar etmek, hürmet etmek, saygı göstermek, saymak; riayet etmek, kurala uymak
respektlos /res'pektlo:s/ *s* saygısız, hürmetsiz, laubali, cıvık
respektvoll /res'pektfol/ *s* saygıdolu, saygılı davranan, hürmetli, itibarlı davranan
Ressentiment /resanti'man/ *n* önyargı; kin, kincilik, garaz; kuyruk acısı
Ressort /re'so:r/ *n* görev alanı, yetki alanı; bölüm, şube, dal, kısım
Rest /rest/ *m* artan, artık, kalan, bakiye; elde kalan mal; (kumaş vs) kırpık, artık; *mat* artan, kalan; *isk* (poker) rest
Restaurant /resto'ran/ *n* lokanta, aşevi, restoran
restaurieren /restau'ri:rın/ *vt* aslına uygun biçime getirme amaçlı onarmak, restore etmek, yenilemek ***sich restaurieren*** *mec* kendini toparlamak
Restbestand /'restbıştant/ *m* bakiye, kalan
Restbetrag /'restbıtra:k/ *m* paranın üstü
restlich /'restlih/ *s* artan, geri kalan, geride daha var olan
restlos /'restlo:s/ *s* tüm, tam; *be* tamamıyle, tamamen
Restposten /'restpostın/ *m eko* seri sonu malı
restriktiv /restrik'ti:f/ *s* sınırlayıcı, kısıtlayıcı
Restrisiko /'restri:ziko/ *n* hesaplanamayan riziko
Resturlaub /'restu:rlaup/ *m* kullanılmamış izin
Resultat /rezul'ta:t/ *n* netice, sonuç, akıbet; başarı

resultieren /rezul'ti:rın/ *vi* sonuç olarak çıkmak, sonucu olmak, netice olarak çıkmak, hasıl olmak ***resultierende Kraft*** toplam kuvvet

Resümee /rezü'me:/ *n* özet, fezleke, icmal, hülasa, genel bakış

resümieren /rezü'mi:rın/ *vt* özetlemek, genel olarak toparlamak, icmal etmek

Retorte /re'tortı/ *f fiz* kim. karni, damıtmada kullanılan, geniş karınlı eğri boyunlu cam kap

Retortenbaby /re'tortınbe:bi/ *n biy* hek. tüp bebek

Retrospektive /retrospek'ti:vı/ *f* geriye bakış, geçmişe bakış; eski bir filmi yeniden vizyona sokma

retten /'retın/ *vt* tehlikeden kurtarmak, tehlikeden uzaklaştırmak; korumak, kurtarmak, sakınmak ***sich retten*** kurtulmak

Retter /'retır/ *m* kurtarıcı, kahraman

Rettich /'retih/ *m bitk* bayırturpu

Rettung /'retung/ *f* kurtuluş, selamet; kurtarılma, kurtarma, tahlisiye; yardım; firar, kaçma ***seine letzte Rettung*** son çaresi, *tek* kurtuluş yolu

Rettungsaktion /'retungsaktsyo:n/ *f ask* kurtarma harekâtı

Rettungsanker /'retungsankır/ *m den* ocaklık demiri; *mec* kurtuluş çaresi, kurtarma yardımı

Rettungsboot /'retungsbo:t/ *n den* cankurtaran sandalı, filika

Rettungsgürtel /'retungsgürtıl/ *m* (uçak, gemi) can kurtarma kemeri

rettungslos /'retungslo:s/ *s* umutsuz, çaresiz, biçare; kurtuluş imkânı olmayan, kurtarılması mümkün olmayan

Rettungsmannschaft /'retungsmanşaft/ *f* kurtarma ekibi, cankurtaran ekibi

Rettungsring /'retungsring/ *m den* can kurtaran simidi

retuschieren /retu'şi:rın/ *vt fot* rötuş yapmak

Reue /'royı/ *f* pişmanlık, nedamet ***Reue empfinden*** pişman olmak, pişmanlık duymak

reuen /'royın/ *vt* pişman olmak, pişmanlık duymak ***es reut ihn*** o buna pişman

reumütig /'roymü:tih/ *be* pişmanlıkla, pişmanlık dolu, pişmanlık içinde

Revanche /re'vanş/ *f* intikam, öç, hınç, hırs; misilleme; *sp* rövanş

revanchieren /revan'şi:rın/ *vr* intikamını almak, öç almak ***sich für etw revanchieren*** (bir şeye) karşılık vermek, misillemede bulunmak

Revers /re've:r/ *m tic* teminat mektubu, yazılı teminat; (madalya, madeni para) arka yüz; *n* (elbise) klapa

revidieren /revi'di:rın/ *vt* denetlemek, kontrol etmek, gözden geçirmek, denetimden geçirmek; inceleyip değiştirmek, denetleyip değiştirmek

Revier /re'vi:r/ *n* karakol, polis bölgesi, polis mıntıkası; *ask* kışla alanı; *ask* revir, koğuş; *hayb* hayvanın kendine ait ilan ettiği alan; *mad* bölge, alan, çevre

Revirement /revir'man/ *n* (makam, görev) yer değiştirme; *tic* hesaplaşma, mutabakat

Revision /revi'zyo:n/ *f* yeniden gözden geçirme, revizyon, tekrar gözden geçirme; denetleme, kontrol; *huk* temyiz; bas son kontrol ***Revision beantragen*** *huk* temyize başvurmak

Revolte /re'voltı/ *f* isyan, ayaklanma, başkaldırma

revoltieren /revol'ti:rın/ *vi* isyan etmek, ayaklanmak, başkaldırmak

Revolution /revolu'tsyo:n/ *f* devrim, ihtilal, siyasi devrim ***die industrielle Revolution*** sanayi devrimi ***Gegengevolution*** karşı devrim

revolutionär /revolutsyo'ne:r/ *s* devrimci; (hareket, buluş) devrim yapan, devrime yol açan

Revolver /re'volvır/ *m ask* tabanca, revolver, altıpatlar

Revolverheld /re'volvırhelt/ *m kon* sahte kabadayı

Revue /re'vü/ *f* revü, sahne şovu, danslı ve oyunlu sahne gösterisi; resimli dergi; *ask* resmi geçit, geçiş töreni

Rezensent/Rezensentin /retsen'zent/retsen'zentin/ *m/f* eleştirmen, kritikçi

rezensieren /retsen'zi:rın/ *vt* eleştirmek, kritik etmek, sanat eseri hakkında fikir yürütmek

Rezension /retsen'zyo:n/ *f* eleştiri, kritik

Rezept /re'tsept/ *n hek* reçete; yemek tarifi; bir işi ustalıkla yapmadaki sistem

rezeptfrei /re'tseptfray/ *s* reçetesiz, reçetesiz satılabilir

Rezeption /retsep'tsyo:n/ *f* alma, alımlama, kabul; (otel) resepsiyon, kabul servisi

rezeptpflichtig /re'tseptpflihtih/ *s* reçete ile satılabilir, reçetesiz verilmez, reçeteye bağlı
Rezession /retse'syo:n/ *f* resesyon, gerileme
rezitieren /retsi'ti:rın/ *vt* (şiir, eser) ezbere okumak, ezberden okumak
R-Gespräch /'ergışpre:h/ *n kon* ödemeli telefon görüşmesi
Rhabarber /ra'barbır/ *m bitk* ravent, ışkın
Rhein /rayn/ *m coğ* Ren nehri
Rhesusaffe /'re:zusafı/ *m* rhesus maymunu
Rhesusfaktor /'re:zusfaktor/ *m biy* (kan) Rh faktörü
rhetorisch /re'to:riş/ *s* güzel konuşma sanatı ile ilgili, retorik ile ilgili ***rhetorische Frage*** *ed* cevabı beklenmeyen soru
Rheuma /'royma/ *n kon* hek. romatizma
rheumatisch /roy'ma:tiş/ *s hek* romatizma ile ilgili
Rhinozeros /ri'no:tsıros/ *n hayb* gergedan; *mec* enayi adam, aptal adam, geri zekâlı adam
rhythmisch /'rütmiş/ *s* dizemli, düzenli, ritmik ***rhythimische Gymnastik*** *sp* ritmik jimnastik
Rhythmus /'rütmus/ *m müz* ritm, dizem, tartım
richten /'rihtın/ *vt* (bir yöne, yere, hedefe) yöneltmek, çevirmek, yönlendirmek; yoluna koymak, düzene sokmak; düzenlemek, hazırlamak; *tek* doğrultmak, düzeltmek; *esk* idam etmek, kesmek; (istek, emir) uymak, riayet etmek, boyun eğmek; dikelmek, doğrulmak; yerleştirmek, yerine koymak; *vi huk* mahkûm etmek, yargıda bulunmak, hüküm vermek, karar vermek ***das Essen richten*** yemek hazırlamak ***die Waffe auf Ziel richten*** silahı hedefe doğrultmak ***eine Frage an jdn richten*** (birisine) bir soru yöneltmek ***richtet euch!*** *ask* hizaya gel! ***sich nach etw richten*** (bir şeye) uymak ***sich nach jdm richten*** (birisini) örnek almak ***sich selbst richten*** intihar etmek
Richter /'rihtır/ *m huk* yargıç, hâkim ***der höchste Richter*** *mec* tanrı
richtig /'rihtih/ *s* doğru, gerçek, kusursuz, asıl, olması gerektiği gibi; *be* çok ***auf dem richtigen Weg sein*** doğru yolda olmak ***die Uhr geht richtig*** saat doğru gidiyor ***richtig!*** doğru! tamam! ***richtiger Vater*** gerçek baba
Richtigkeit /'rihtihkayt/ *f* doğruluk, uygunluk, gerçeklik
Richtlinie /'rihtli:nyı/ *f* esas, ilke, prensip; yönetmelik, yönerge, talimatname, tamimname
Richtpreis /'rihtprays/ *m* tavsiye edilen satış fiyatı, üreticinin satıcı için tavsiye ettiği satış fiyatı; resmi fiyat
Richtschnur /'rihtşnu:r/ *f* perese, dikey doğruluğu bulma ipi; *mec* ilke, kural, esas, prensip
Richtung /'rihtung/ *f* yön; yan; *pol* eğilim, akım
Richtungsänderung /'rihtungsendırung/ *f pol* yön değişikliği
Richtwert /'rihtve:rt/ *n* kılavuz değer
riechen /'ri:hın/ *vt* koklamak, kokusunu almak; *vi* kokmak, koku yaymak ***an etw riechen*** (bir şeyin) kokusunu almaya çalışmak ***dein Atem riecht*** nefesin kokuyor ***etw nicht riechen können*** (bir şeye) tahammül edememek ***jdn nicht riechen können*** (birisine) tahammül edememek ***nach etw riechen*** (bir şey) kokmak, koku yaymak ***nach Verrat riechen*** *mec* ihanet kokmak
Riecher /'ri:hır/ *m* koklama; *mec* burun; içgüdü, sezi, sezgi
Riege /'ri:gı/ *f sp* jimnastik takımı
Riegel /'ri:gıl/ *m* (kapı, pencere) sürgü, mandal, kilit dili; (sabun) bölünmüş kalıp; (elbise) köprü ***ein Riegel Seife*** bir kalıp sabun ***hinter Schloss und Riegel*** *mec* hapiste
Riemen /'ri:mın/ *m* kemer, ayakkabı bağcığı; kayış, kolon; *kon* penis, kamış; *den* kürek ***den Riemen enger schnallen*** *mec* kemerleri sıkmak, tasarruf etmek ***sich in die Riemen legen*** *den* küreklere asılmak
Riese /'ri:zı/ *m* mit dev adam, dev; *mec* dev yaratık, büyük yaratık
rieseln /'ri:zıln/ *vi* damlamak; çiselemek, serpiştirmek
Riesenerfolg /ri:zıner'folk/ *m* büyük başarı
riesengroß /'ri:zıngro:s/ *s* kocaman, dev gibi
Riesenrad /'ri:zınra:t/ *n* dönmedolap
Riesenschlange /'ri:zınşlangı/ *f hayb* boa yılanı
Riesenslalom /'ri:zınsla:lom/ *m* büyük

R

slalom, engelli kayak yarışı
riesig /'ri:zi**h**/ *s* iri, kocaman; *kon* son derece, çok, oldukça; *mec* çok güçlü, oldukça güçlü
Riff /rif/ *n den* resif, sığ kayalar zinciri
Riffelblech /'rifılbleh/ *n* oluklu sac
rigid /ri'gi:t/ *s* katı, sert
rigoros /rigo'ro:s/ *s* sert, acımasız
Rigorosität /rigorozi'te:t/ *f* katılık, sertlik, acımasızlık, gaddarlık
Rille /'rilı/ *f tek* yiv, oluk, oyuk; kanal, yarık, çatlak; *den* dar geçit, darboğaz
Rind /'rint/ *n hayb* sığır; davar
Rinde /'rindı/ *f anat* bitk. kabuk
Rinderbraten /'rindırbra:tın/ *m* sığır kızartması, sığır eti kızartması
Rinderwahnsinn /'rindırva:nzin/ *m* delidana hastalığı
Rindfleisch /'rintflayş/ *n* yemeklik sığır eti
Rindsleder /'rintsle:dır/ *n* sığır derisi
Rindvieh /'rintfi:/ *n hayb* büyükbaş hayvanlar; *kon* (küfür) kafasız, enayi, hayvan
Ring /ring/ *m* yüzük; küpe; *sp* (boks) ring; *sp* (jimnastik) halka; daire, halka, çember; holding birliği, mali grup birliği ***Ringe um die Augen*** göz çevresindeki halka
Ringelblume /'ringılblu:mı/ *f bitk* aynısefa çiçeği
ringeln /'ringıln/ *vt* kıvırmak, bukle yapmak, halka yapmak, daire yapmak ***sich ringeln*** kıvrılmak; (yılan) çöreklenmek
Ringelnatter /'rigılnatır/ *f hayb* zehirsiz suyılanı
Ringen /'rigın/ *n sp* güreş sporu; mücadele, savaş, çatışma, çarpışma
ringen /'ringın/ *vi sp* güreşmek; savaşmak, mücadele etmek, uğraşmak; *vt* burkmak, bükmek, kıvırmak ***die Hände ringen*** ellerini ovuşturmak; *kon* umutsuzluğa düşmek
Ringer /'ringır/ *m sp* güreşçi, pehlivan
Ringfinger /'ringfingır/ *m anat* yüzük parmağı
ringförmig /'ringförmi**h**/ *s* halkamsı, çember biçiminde, halka şeklinde, dairesel
Ringkampf /'ringkampf/ *m sp* güreş
Ringrichter /'rigri**h**tır/ *m sp* (boks) ring hakemi
ringsherum /'rings**h**erum/ *s* her tarafta, her taraftan, çepeçevre
Rinne /'rinı/ *f* ark, kanal; yağmur oluğu, su yolu, oluk, çörten; av ağı
rinnen /'rinın/ *vi* (sıvı) akmak, sızmak; akıtmak, sızdırmak; (zaman, süre) akmak, geçmek, sürmek ***der Regen rinnt*** durmaksızın yağmur yağıyor
Rinnsal /'rinza:l/ *n coğ* küçük akarsu
Rinnstein /'rinştayn/ *m* yaya kaldırımı bitişiğindeki yağmur suyu oluğu; su oluğu; *mec* düşkünlük, sefalet, bataklık
Rippe /'ripı/ *f anat* kaburga kemiği; böğür; *mim* yan kemer; radyatör dilimi; *bitk* yaprak damarı; *kon* büyük dilim; (yemek) pirzola
Risiko /'ri:ziko/ *n* risk, riziko, zarar-ziyan tehlikesi
Risikogruppe /'ri:zikogrupı/ *f* riskli grup
riskant /ris'kant/ *s* rizikolu, riskli, tehlikeli
riskieren /ris'ki:rın/ *vt* tehlikeyi göze almak, rizikoya girmek, cesaret etmek ***das Leben riskieren*** hayatı tehlikeye atmak
Riss /ris/ *m* yarık, yırtık, çatlak, sıyrık; *mim* kroki, kabataslak; *mec* kavga, bozuşma; ayrılık, ayrılma
rissig /'risi**h**/ *s* yırtık yırtık, çatlak dolu, yarık
Ritt /rit/ *m* ata binme; atla gitme, atla dolaşma, atla gezinme; atlı gezinti
Ritter /'ritır/ *m* şövalye, atlı süvari; *kon* kavalye, bayana eşlik eden erkek; *sp* (atıcılık) ikinci gelen kişi; ulusal nişan taşımaya hak kazanan kişi
Ritterburg /'ritırburk/ *f esk* şövalye şatosu
ritterlich /'ritırli**h**/ *s* şövalye sınıfından; soylu düşünceye sahip; saygılı; koruyucu; dürüst, mert
rittlings /'ritlings/ *be* ata binmiş gibi, ata binmiş gibi oturarak
Ritual /ritu'a:l/ *n* tören, merasim, seremoni; ritüel, ibadetle ilgili tören
rituell /ritu'el/ *s* dini, dinsel, dini âdetlerle ilgili
Ritze /'ritsı/ *f* yarık, çatlak, boşluk
ritzen /'ritsın/ *vt* üzerine çizik çekmek, üzerini çizmek, çentik atmak, karalamak ***sich ritzen*** üstü başını çizmek
Rivale /ri'va:lı/ *m* rakip, birbirini geçmeye çalışan kişilerden her biri
rivalisieren /rivali'zi:rın/ *vi* rekabet etmek, yarışmak, çekişmek ***mit jdm rivalisieren*** (birisiyle) rekabet etmek
Rivalität /rivali'te:t/ *f* rekabet, yarışma, çekişme
Rizinusöl /'ri:tsinusö:l/ *n* hint yağı
Robbe /'robı/ *f hayb* ayı balığı, fok

R

robben /'robın/ *vi* dirseklerin yardımıyla sürünerek ilerlemek, fok gibi yürümek
Robbenfang /'robınfang/ *m* fok avı, ayıbalığı avı
Robe /'ro:bı/ *f* yargıç cüppesi, avukat cüppesi, din adamı cüppesi; gece elbisesi
Roboter /'robotır/ *m* robot, makine insan; *mec* ağır işçi, eli yavaş işçi
robust /ro'bust/ *s* güçlü, kuvvetli, dinç; dayanıklı
röcheln /'röhıln/ *vi* hırıldamak, hırıltı çıkarmak, hırıltılı nefes almak
Rock /rok/ *m* eteklik, etek; (erkek) ceket
Rocker /'rokır/ *m* motosikletli gençlik çetesi üyesi
Rockzipfel /roktsipfıl/ *m* : ***sich jdm an den Rockzipfel hängen*** *mec* anasının eteğinin dibinde yaşamak, bağımsız olmamak
rodeln /'ro:dıln/ *vi* kızakla kaymak
roden /'ro:dın/ *vt* tarla açmak, toprağı düzlemek
Roggen /'rogın/ *m bitk* çavdar
Roggenbrot /'rogınbro:t/ *n* çavdar ekmeği, siyah ekmek
roh /ro:/ *s* çiğ, ham, pişmemiş, olmamış, olgunlaşmamış; *mad* ham, işlenmemiş; *mec* kaba, yontulmamış, hödük; gaddar, zalim ***rohe Gewalt*** kaba kuvvet
Rohbau /'ro:bau/ *m* kaba inşaat
Rohkost /'ro:kost/ *f* pişmemiş bitkisel yiyecekler
Rohling /'ro:ling/ *m* kaba insan, yontulmamış kişi, hödük insan; *mad* tek. işlenmemiş demir parçası
Rohmaterial /'ro:materya:l/ *n* das hammadde, işlenmemiş doğal madde
Rohöl /'ro:ö:l/ *n* ham petrol
Rohr /ro:r/ *n tek* boru; *ask* top namlusu; *bitk* saz, kamış ***Röhre legen*** boru döşemek
Rohrbruch /'ro:rbruh/ *m* boru patlaması
Röhre /'rö:rı/ *f* boru; boru biçiminde cisim; *tek* elektronik lamba
Rohrleitung /'ro:rlaytung/ *f* boru hattı; boru ile sevkiyat, boru ile taşıma
Rohrzange /'ro:rtsangı/ *f* boru kıskacı, boru anahtarı
Rohrzucker /'ro:rtsukır/ *m* şeker kamışı şekeri
Rohstoff /'ro:ştof/ *m* hammadde, işlenmemiş doğal madde
Rohzustand /'ro:tsu:ştant/ *m* ham mal, işlenmemiş hal
Rokoko /'rokoko/ *n* rokoko, rokoko sanat üslubu
Rollbahn /'rolba:n/ *f* dekovil; (havaalanı, fabrika) bağlantı pisti
Rolle /'rolı/ *f tiy* rol; bobin, makara; silindir, merdane; kasnak; kütük, liste, cetvel, kayıt kütüğü; tomar, deste; kangal; kuyu dolabı ***aus der Rolle fallen*** *mec* uygunsuz davranmak ***keine Rolle spielen*** önemli bir rol etkisi olmamak ***wie das Pferd um die Rolle*** dolap beygiri gibi
rollen /'rolın/ *vi* gürlemek, gümbürdemek; yuvarlanmak, tepetaklak olmak, tekerlenmek; (gözyaşı) akmak; (dalga) çalkalanmak; (kan) kaynamak; *den* (gemi) yalpalamak; *vt* yuvarlamak; bükmek, kıvırmak, döndürmek, sarmak; yufka açmak; (çamaşır) merdaneden geçirmek ***es rollt der Donner*** *metr* gök gürlüyor ***sich rollen*** dönmek, kıvrılmak, çevrilmek; (yılan) çöreklenmek
Roller /'rolır/ *m den* büyük dalga; iki tekerlekli kızak, skuter; *hayb* germen kanaryası
Rollfeld /'rolfelt/ *n* uçuş pisti
Rollkragen /'rolkra:gın/ *m* (kazak) balıkçı yaka
Rollschuh /'rolşu:/ *m* tekerlekli paten
Rollschuhlaufen /'rolşu:laufın/ *n* tekerlekli patenle kayma, patinaj
Rollstuhl /'rolştu:l/ *m* tekerlekli sandalye
Rollstuhlfahrer /'rolştu:lfa:rır/ *m* tekerlekli sandalye kullanan
Rolltreppe /'roltrepı/ *f* yürüyen merdiven
Roman /ro'ma:n/ *m* roman, öykü; *mec* hikâye, uydurma, yalan
romanisch /ro'ma:niş/ *s* Roman halkları ile ilgili; romantik sanat ile ilgili
Romanist/Romanistin /roma'nist/roma'nistin/ *m/f* Roman dilleri ve edebiyatı uzmanı
Romanschriftsteller /ro'ma:nşriftştelır/ *m* romancı, roman yazarı
Romantik /ro'mantik/ *f ed* romantizm akımı; romantizm, duygu dolu, hisli, harika, masalsı
Romantiker /ro'mantikır/ *m ed* romantizm sanatçısı, romantik; *mec* duygusal, duyguları ön plana alan kişi
romantisch /ro'mantiş/ *s ed* romantik; *mec* duygusal yanı ağır basan, gerçekçilikten uzak, hayalci

Romanze /ro'mantsı/ *f ed* romans, lirik-epik şiir; *mec* aşk ilişkisi, aşk macerası
Römer /'rö:mır/ *m* Romalı; uzun ayaklı şarap kadehi
römisch /'rö:miş/ *s* Romalı, Roma ile ilgili ***römische Ziffern*** *pl* Romen rakamları ***römisches Recht*** *huk* Roma hukuku ***römisches Reich*** *esk* Roma imparatorluğu
röntgen /'röntgın/ *vt* röntgenini çıkarmak, röntgenini çekmek, röntgen filmini çekmek
Röntgenbild /'röntgınbilt/ *n* röntgen
Röntgenstrahlen /'röntgınştra:lın/ *pl fiz* röntgen ışınları, x ışınları
Röntgenuntersuchung /'röntgınuntırzu:hung/ *f* röntgen muayenesi
Rosa /'ro:za/ *n* pembe renk
rosa /'ro:za/ *s* pembe ***alles rosa sehen*** *mec* her şeyi tozpembe görmek
Rose /'ro:zı/ *f bitk* gül çiçeği; *bitk* gül fidanı; *hek* yılancık; *mim* gül şekilli süsleme ***keine Rose ohne Dornen*** dikensiz gül olmaz
Rosenkohl /'ro:zınko:l/ *n bitk* Brüksel lahanası
Rosenkranz /'ro:zınkrants/ *m* tespih; tespih çekerek dua okuma
Rosenmontag /ro:zın'mo:nta:k/ *m* faşingden önceki pazartesi
Rosenöl /'ro:zınö:l/ *n* gülyağı
Rosenstock /'ro:zınştok/ *m bitk* gül ağacı
Rosette /ro'zetı/ *f mim* pervaz, gül yaprağı şeklinde dairesel süsleme; *mad* pembe elmas, roza
rosig /'ro:zih/ *s* pembe, roze, gül rengin-de ***etw in rosigem Licht sehen*** *mec* (bir şeyi) güllük gülistanlık görmek
Rosine /ro'zi:nı/ *f bitk* kuru üzüm, üzüm kurusu
Rosmarin /'ro:smari:n/ *m bitk* biberiye
Ross /ros/ *n ed* soylu at, beygir; *kon* aptal herif, enayi dümbeleği ***auf dem hohen Ross sitzen*** *mec* burnu Kaf dağında olmak
Rost /rost/ *m* küf, pas, küf, oksit; *bitk* kınacık hastalığı; (yemek pişirme yöntemi) ızgara, mangal ***auf dem Rost braten*** ızgara yapmak
Rostbraten /'rostbra:tın/ *m* külbastı, pirzola
rosten /'rostın/ *vi* paslanmak, pas tutmak; küflenmek
rösten /'röstın/ *vt* kızartmak, tavada kızartmak; ızgara yapmak; (kahve) kavurmak; (ekmek) kızartma makinesinde kızartmak; teks keteni suya bastırmak; *mad* kükürtlü madenleri sıcak hava ile kızdırmak
Rostfleck /'rostflek/ *m* pas lekesi
rostfrei /'rostfray/ *s* paslanmaz, pas tutmaz
rostig /'rostih/ *s* paslanmış, pas tutmuş
Rostschutzmittel /'rostşutsmitıl/ *n* antipas, paslanmayı/küflenmeyi önleyici madde
Rot /ro:t/ *n* kırmızı renk, kızıl renk, al renk ***bei Rot anhalten*** kırmızı yanınca durmak
rot /ro:t/ *s* kırmızı, kızıl, al; *pol* sol görüş ***das Rote Meer*** Kızıldeniz ***die Rote Armee*** Kızılordu ***die rote Fahne*** al sancak ***die Roten*** *kon* solcular, komünistler, sosyalistler ***Rotes Kreuz*** Kızılhaç
Rotation /rota'tsyo:n/ *f* dönme, devir, rotasyon
rotbackig /'ro:tbakih/ *s* al yanaklı, kırmızı yanaklı
rotblond /'ro:tblont/ *s* kırmızımsı sarışın
Röte /'rö:tı/ *f* kızıllık, kırmızılık, allık ***die Röte des Abendhimmels*** akşamın kızıllığı
Röteln /'rö:tıln/ *pl hek* kızamıkçık
röten /'rö:tın/ *vt* kırmızıya boyamak, kızıla boyamak ***sich röten*** kızarmak, kırmızı renk almak
rothaarig /'ro:tha:rih/ *s* kızıl saçlı, kırmızı saçlı
rotieren /ro'ti:rın/ *vi* ekseni üzerinde dönmek, ekseninde dönmek
Rotkäppchen /'ro:tkephın/ *n* mit kırmızı şapkalı kız
Rotkehlchen /'ro:tke:lhın/ *n hayb* kızılgerdan kuşu
Rotkohl /'ro:tko:l/ *m bitk* kırmızı lahana
rötlich /'rö:tlih/ *s* kızılca, kırmızımsı, kızılımsı, kırmızımtırak ***rötlich braun*** kızıl ile kahverengi arası
Rotlicht /'ro:tliht/ *n* (trafikte) kırmızı ışık
Rotor /'ro:tor/ *m tek* rotor, dönenç, döner kısım; helikopter pervanesi
Rottanne /'ro:ttanı/ *f bitk* alaçam
Rotte /'rotı/ *f* takım, küme; çete, serseri grubu; yan yana giden iki gemi; yan yana uçan iki uçak; *hayb* sürü halinde dolaşan hayvanlar

R

Rötung /'rö:tung/ *f* kızarma, kızarıklık, kırmızıya çalma
Rotwein /'ro:tvayn/ *m* kırmızı şarap
Rotwild /'ro:tvilt/ *n hayb* geyik cinsleri, karaca
Roulade /ru'la:dı/ *f* et sarması, rulat
Route /'ru:tı/ *f* güzergâh, gidiş yönü, rota, önceden belirlenmiş yol planı; yolda geçilecek yer
Routine /ru'ti:nı/ *f* yatkınlık, beceriklilik; alışma; otomatik olarak yapılan eylem, rutin
Routinier /ruti'nye:/ *m* (iş, sanat) işe yatkın kişi, deneyimli kişi, becerikli kişi
routiniert /ruti'ni:rt/ *s* görmüş geçirmiş, deneyimli, becerikli, ehil, usta
Rübe /'rü:bı/ *f* baş, kafa; *kon* adam; *bitk* : ***dicke Rübe*** hayvan yemi olarak kullanılan pancar ***gelbe Rübe*** *bitk* havuç ***rote Rübe*** *bitk* pancar ***weiße Rübe*** *bitk* şalgam
Rubel /'ru:bıl/ *m* (para birimi) ruble
Rubin /ru'bi:n/ *m mad* yakut, yakut taşı
Rubrik /ru'bri:k/ *f* bölüm, şube, sınıf; (gazete) sütun; *esk* yazı başlığı
ruchlos /'ru:**h**lo:s/ *s* adice, alçakça, gaddarca, vicdansızca, rezil, iğrenç ***eine ruchlose Tat*** adice bir eylem
Ruck /ruk/ *m* ani hareket, aniden çekme ***mit einem Ruck*** bir çırpıda, bir hamlede
Rückansicht /'rükanzi**h**t/ *f* arkadan görünüş
Rückantwort /'rükantvort/ *f* (posta) cevaplı
ruckartig /'ruka:rti**h**/ *s* sarsıntılı, sarsıla sarsıla, hoplaya zıplaya
Rückbesinnung /'rükbızinung/ *f* geçmişi anma, geçmişi düşünme, geçmişi yâd etme
rückbezüglich /'rükbıtsü:kli**h**/ *s dilb* dönüşlü
Rückbildung /'rükbildung/ *f anat* kullanılmayan organlarda görülen körelme, organın dumura uğraması; *hek* hastalık belirtisinin azalarak yok olması
Rückblende /'rükblendı/ *f* (film, roman) geriye dönüş, geçmişe dönüş
Rückblick /'rükblik/ *m* yeniden gözden geçirme
rückblickend /'rükblikınt/ *s mec* geçmişe bakarak, geçmiş günleri hatırlayarak
rückdatieren /'rükdati:rın/ *trvt* geçmişe ait tarih atmak
Rücken /'rükın/ *m anat* sırt, arka; *anat* (el, dil, ayak) üst kısım; dağ kemeri; burun kemeri; (kitap) sırt; (bıçak) sırt, tersi; (koltuk, sandalye) sırt, arkalık ***jdm den Rücken decken*** *mec* (birisine) arka çıkmak, korumak ***jdm den Rücken kehren*** (birisine) sırt çevirmek ***jdm in den Rücken fallen*** *mec* (birisini) arkadan vurmak
rücken /'rükın/ *vi* (saat) ileri/geri almak; yer vermek; yana geçmek, yana kaymak; *vt* itmek, sürmek, yerinden oynatmak, çekmek ***an jds Seite rücken*** (birisinin) yanına geçmek ***an jds Stelle rücken*** (birisinin) yerine geçmek ***jdm auf den Leib rücken*** (birisini) rahatsız etmek
Rückendeckung /'rükındekung/ *f den* gemiyi güvene alma; güvenlik sağlama, güveni sağlama
Rückenlehne /'rükınle:nı/ *f* (sandalye) arkalık
Rückenmark /'rükınmark/ *n anat* omurilik
Rückenmuskulatur /'rükınmuskulatu:r/ *f* sırt kasları
Rückenschmerzen /'rükınşmertsın/ *pl* sırt ağrısı
Rückenschwimmen /'rükınşvimın/ *n* sırtüstü yüzme
Rückenwind /'rükınvint/ *m* arkadan esen rüzgâr, geri taraftan esen rüzgâr
Rückenwirbel /'rükınvirbıl/ *m anat* sırt omuru
rückerstatten /'rükerştatın/ *vt* geri vermek, geri ödemek, iade etmek
Rückerstattung /'rükerştatung/ *f* geri verme, geri ödeme, iade etme
Rückfahrkarte /'rükfa:rkartı/ *f* gidiş-dönüş bileti
Rückfahrt /'rükfa:rt/ *f* dönüş yolculuğu, geliş yolculuğu
Rückfall /'rükfal/ *m* daha kötü duruma dönüş, öncekinden daha kötü olma; *huk* tekerrür, suç tekrarı
Rückflug /'rükflu:k/ *m* dönüş uçuşu
Rückfrage /'rükfra:gı/ *f* geniş bilgi isteme ricası; karşı soru
Rückgabe /'rükga:bı/ *f* geri verme, iade etme
Rückgang /'rükgang/ *m mec* azalma; *hek* kötüleşme, kötüye gitme; düşme, azalma, gerileme; *n tek* geri vites, tornistan ***der Rückgang der Bevölkerung*** nüfusta azalma ***der Rückgang der Prei-***

se fiyatlarda düşme, fiyatlarda inme ***der Rückgang des Exports*** ihracatta düşme

rückgängig /'rükgengi**h**/ *s* gerileyen, geri giden, inen, düşen, azalan ***etw rückgängig machen*** (karar, ifade) geri almak, bozmak

Rückgewinnung /'rükgıvinung/ *f* geri alma, tekrardan kazanma, yeniden kazanma

Rückgrat /'rükgra:t/ *n hek anat* omurga, belkemiği; *mec* belkemiği, temel ***jdm das Rückgrat brechen*** *mec* (birisini) mahvetmek, belkemiğini kırmak

Rückhalt /'rük**h**alt/ *m* destek, arka, koltuk çıkma, manevi destek; çekince

rückhaltlos /'rük**h**altlo:s/ *be* kayıtsız şartsız, hiçbir çekince olmadan

Rückhand /'rük**h**ant/ *f sp* (tenis) bekhent vuruşu, elle sırtı ağa dönük yapılan vuruş

Rückkauf /'rükkauf/ *m tic* satıcının sattığı malı geri alması, geri satın alma

Rückkehr /'rükke:r/ *f* geri dönüş, eve, yuvaya dönüş, yerine dönüş

Rückkoppelung /'rükkopılung/ *f tek* (radyo yayını) hassasiyeti artırma, hassas olarak ayarlama; *biy* hek. bir etmenin ilk etmene geri dönük etkisi

Rücklage /'rükla:gı/ *f tic* yedek akçe, artırım, birikim, tasarruf, *kon* kefen parası

rückläufig /'rükloyfi**h**/ *s* geri giden, geriye giden, geriye dönen ***rückläufige Bewegung*** geriye doğru hareket

Rücklicht /'rükli**h**t/ *n oto* arka lamba

rücklings /'rüklings/ *be* arkaya, geriye, arkaya doğru, geriye doğru; sırttan, arkadan, geriden

Rücknahme /'rükna:mı/ *f* geri alma, iade alma

Rückporto /'rükporto/ *n* (posta) cevap kuponu

Rückreise /'rükrayzı/ *f* dönüş seyahati

Rucksack /'rukzak/ *m* sırt çantası, arka çantası

Rückschlag /'rükşla:k/ *m* mask (top) geri tepme; *tic* kötüye gitme, gerileme, işlerin bozulması; *hayb* bitk. ataya çekme

Rückschluss /'rükşlus/ *m fel* çıkarsama, verilen önermeden çıkarsama yoluyla varılan sonuç, yargı

Rückschritt /'rükşrit/ *m mec* (iş) gerileme, kötüye gitme, bozulma, kötüleşme; *pol* irtica, gericilik; geri adım atma

Rückseite /'rükzaytı/ *f* arka yüz, arka taraf, arka yan; arka sayfa

Rücksicht /'rükzi**h**t/ *f* başkalarına saygı, başkalarının duygularına saygı; dikkat, ilgi ***auf etw Rücksicht nehmen*** (bir şeye) dikkat etmek ***auf jdn Rücksicht nehmen*** (birisine) saygı göstermek, saymak ***aus finanziellen Rücksichten*** parasal düşüncelerle, maddi düşünceyle ***Rücksicht nehmen auf*** nazarı itibara almak

Rücksichtnahme /'rükzi**h**tna:mı/ *f* başkalarının duygularını dikkate alma, başkalarını düşünme

rücksichtslos /'rükzi**h**tslo:s/ *s* saygısız, başkalarını duygularını dikkate almayan, başkalarını düşünmeyen, başkalarına aldırmayan; kaba, yontulmamış ***ein rücksichtloser Fahrer*** başkalarını hiçe sayan sürücü, saygısız sürücü ***rücksichtloses Benehmen*** saygısız davranış, kaba davranış

Rücksichtslosigkeit /'rükzi**h**tslo:zi**h**kayt/ *f* saygısızlık, başkalarını düşünmezlik; kaba davranış, kabalık, odunluk

rücksichtsvoll /'rükzi**h**tsfol/ *s* saygılı, düşünceli, başkalarını düşünen, başkalarına karşı düşünceli

Rücksitz /'rükzits/ *m oto* arka koltuk, arka sıra

Rückspiegel /'rükşpi:gıl/ *m oto* dikiz aynası

Rückspiel /'rükşpi:l/ *n sp* rövanş maçı

Rücksprache /'rükşpra:**h**ı/ *f* detaylı görüşme, ayrıntılı görüşme

Rückstand /'rükştant/ *m* artık, kalıntı, tortu, posa, kırpık; gecikme; *tic* ödenmemiş borç, bakiye, kapatılmamış hesap; *sp* ara, mesafe ***in Rückstand geraten*** gecikmek

rückständig /'rükştendi**h**/ *s* artan, geri kalan; (hesap) açık, henüz ödenmemiş, kapanmamış; (sistem, eğitim, işletme) çağdışı, geri kafalı, çağa ayak uyduramayan

Rückstoß /'rükşto:s/ *m ask* (silah) geri tepme

Rückstrahler /'rükştra:lır/ *m oto* kedigözü, arka stop lambası

Rücktritt /'rüktrit/ *m* (iş, görev) istifa, ayrılma, çekilme; *huk* cayma, vazgeçme, imtina, rücu

Rückvergütung /'rükfergütung/ *f* para iadesi

R

Rückwand /'rükvant/ *f* arka duvar
rückwärts /'rükverts/ *be* geriye, geride, arkaya, arkada; geri geri, arka arka
Rückwärtsgang /'rükvertsgang/ *m oto* geri vites ***den Rückwärtsgang einlegen*** geri vitese takmak
Rückweg /'rükve:k/ *m* dönüş yolu, eve dönüş yolu, eve giden yol
ruckweise /'rukvayzı/ *be* çeke çeke, iteleyerek, ite ite; sarsıla sarsıla
rückwirkend /'rükvirkınt/ *s* geriye dönüşlü, öncesini de içeren, önceki dönemi de kapsayan
Rückzahlung /'rüktsa:lung/ *f* geri ödeme, alınan borç parayı geri ödeme
Rückzieher /'rüktsi:ır/ *m kon* sözü kısmen değiştirme; *sp* (futbol) rövaşata; planları küçültme; *mec* yelkenleri suya indirme ***einen Rückzieher machen*** *mec* tükürdüğünü yalamak
Rückzug /'rüktsu:k/ *m ask* geri çekilme, ricat ***den Rückzug antreten*** *ask* geri çekilmek, ricat etmek
Rüde /'rü:dı/ *m hayb* av köpeği; *hayb* (tilki, kurt) erkek
Rudel /'ru:dıl/ *n hayb* sürü; küme, grup ***im Rudel jagen*** sürü halinde avlanmak
Ruder /'ru:dır/ *n den* dümen; *den* kürek; *hayb* kuğu ayağı; (uçak) kanat dümeni ***am Ruder sein*** *mec* iktidarda olmak ***ans Rüder kommen*** *mec* iktidara geçmek
Ruderboot /'ru:dırbo:t/ *n* kürekli kayık, bot
Ruderer /'ru:dırır/ *m sp* kürekçi; sandalcı, kayıkçı, bot kullanıcısı
rudern /'ru:dırn/ *vi den* kürek çekmek; *kon* sandala binmek, kayığa binmek; *hek* kürek çekme hareketleri yapmak; *vt* kayığı kürekler vasıtasıyla bir yere götürmek, kürek çekerek götürmek ***gegen die Strömung rudern*** *kon* akıntıya karşı kürek çekmek
Ruderregatta /'ru:dırregata/ *f sp* kürek yarışları
rudimentär /rudimen'te:r/ *s hek* (organ) körelmiş, dumura uğramış
Ruf /ru:f/ *m* seslenme, çağırma, bağırma, haykırış; ses, seda; çağrı, davet; ün, nam, şöhret, san, ad; *kon* telefon numarası ***der Ruf der Glocke*** çan sesi ***einen guten Ruf genießen*** iyi bir şöhrete sahip olmak
rufen /'ru:fın/ *vi* seslenmek, çağırmak, bağırmak, haykırmak; *hayb* ötmek; *vt* çağırmak, gelmesini istemek ***einen Arzt rufen*** bir doktor çağırmak ***jdn rufen lassen*** (birisini) çağırtmak, gelmesini istemek ***jdn zur Ordnung rufen*** (birisine) tarafsızlığa davet etmek
Rufname /'ru:fna:mı/ *m* ilk ad, ön ad
Rufnummer /'ru:fnumır/ *f* telefon numarası
Rufweite /'ru:fvaytı/ *f* ses erimi, bağırma erimi
Rufzeichen /'ru:ftsayhın/ *n* (radyo) istasyon tanıtma işareti, istasyon tanıtma sinyali
Rüge /'rü:gı/ *f* ikaz, uyarma, ihtar, dikkati çekme, çıkışma ***öffentliche Rüge*** aleni ihtar
rügen /'rü:gın/ *vt* azarlamak, paylamak, fırça atmak, ihtar etmek; kınamak, kusurunu söylemek ***jdn rügen*** (birisini) azarlamak, fırçalamak
Ruhe /'ru:ı/ *f* sükûnet, sessizlik, hareketsizlik; dinlenme, nefeslenme; sabır, soğukkanlılık ***die ewige Ruhe*** ebedi istirahat, ölüm
ruhebedürftig /'ru:ıbıdürftih/ *s* yorgun, dinlenmesi gereken, dinlenmeye muhtaç, dinlenme ihtiyacı duyan
ruhelos /'ru:ılo:s/ *s* tedirgin, endişeli, sinirli; heyecanlı, panik; hareketli
ruhen /'ru:ın/ *vi* istirahate çekilmek, istirahat etmek, dinlenmek, kafayı dinlemek; yatmak, uyumak ***auf etw ruhen*** (bir şeye) dayanmak ***die Arbeit ruhen lassen*** çalışmayı durdurmak ***es ruht*** iş duruyor; işe ara veriliyor
Ruhepause /'ru:ıpauzı/ *f* paydos, ara, mola, teneffüs
Ruheplatz /'ru:ıplats/ *m* dinlenme yeri
Ruheraum /'ru:ıraum/ *m* dinlenme odası
Ruhestand /'ru:ıştant/ *m* emeklilik ***in den Ruhestand gehen*** emekli olmak ***jdn in den Ruhestand versetzen*** (birisini) emekli etmek, emekliye ayırmak
Ruhestörung /'ru:ıştö:rung/ *f* rahatsız etme, sükûneti bozma, huzursuz etme; rahatsız edilme, rahatı kaçırılma
Ruhetag /'ru:ıta:k/ *m* tatil günü, dinlenme günü, istirahat günü
ruhig /'ru:ih/ *s* sessiz, sakin, gürültüsüz, patırtısız; hareketsiz, dingin, sakin; tasasız, kedersiz; rahatsız edilmeyen; heyecansız, soğuk ***sei ruhig!*** sakin ol!, ses çıkarma!

R

Ruhm /ru:m/ *m* ün, nam, san, şan, şöhret, ad, isim; saygınlık, şöhret
rühmen /'rü:mın/ *vt* övmek, yüceltmek, pohpohlamak ***sich rühmen*** övünmek, kıvanmak
ruhmlos /'ru:mlo:s/ *s* şansız, şerefsiz
ruhmreich /'ru:mray**h**/ *s* namlı, şanlı, şöhretli, adı çıkmış; şan-şöhret dolu
Ruhr /ru:r/ *f hek* dizanteri, basur
Rührei /'rü:ray/ *n* omlet, sahanda yumurta
rühren /'rü:rın/ *vt* kıpırdatmak, kımıldatmak, yerinden oynatmak, hareket ettirmek; vurmak, çarpmak; hoşnut etmek, duygulandırmak, hislendirmek; karıştırmak, çalkalamak, çırpmak ***an etw rühren*** (bir şeye) dokunmak ***die Trommel rühren*** davul çalmak ***ein rührendes Kind*** etkileyici bir çocuk, hoş bir çocuk ***keine Hand rühren*** *kon* kılını kıpırdatmamak ***rührt euch!*** *ask* rahat! ***sich rühren*** kımıldanmak, kıpırdanmak; çalışmak, uğraşmak, iştigal etmek ***von etw rühren*** (bir şeyin) sonucu olmak
rührend /'rü:rınt/ *s* dokunaklı, acınaklı, müessir; yanık yanık
Ruhrgebiet /'ru:rgıbi:t/ *n* (Almanya) Ruhr havzası, Ruhr bölgesi
rührig /'rü:ri**h**/ *s* çalışkan, aktif, faal, etkin, hamarat, hareketli; atik, atak, çevik, tetik
rührselig /'rü:rze:li**h**/ *s* aşırı duygulu, aşırı hassas; acınaklı, göz yaşartıcı
Rührseligkeit /'rü:rze:li**h**kayt/ *f* aşırı duygululuk, aşırı hassaslık
Rührung /'rü:rung/ *f* acıma; duygulanma, hassaslık
Ruin /ru'i:n/ *m* çökme, mahvolma, yıkılma, yıkılış; *tic* batkı, iflas
Ruine /ru'i:nı/ *f* harabe, virane, yıkıntı, mezbelelik
ruinieren /rui'ni:rın/ *vt* yıkmak, harap etmek, tahrip etmek, bozmak, yok etmek, mahvetmek; *tic* iflas ettirmek, batırmak; zedelemek, hırpalamak, örselemek
rülpsen /'rülpsın/ *vi* geğirmek
Rum /rum/ *m* (içki) rom
Rumäne /ru'me:nı/ *m* Romanyalı, Rumen
Rumänien /ru'me:nyın/ *n* Romanya
rumänisch /ru'me:niş/ *s* Rumen, Romanya ile ilgili, Romanya'ya ait; Rumence
Rummel /'rumıl/ *m* patırtı, gürültü, şamata, tantana; kalabalık; lunapark, eğlence yeri, panayır yeri, karnaval yeri; eski püskü eşya, ıvır zıvır, bok püsür, pılı pırtı
rumoren /ru'mo:rın/ *vi* patırtı yapmak, şamata yapmak, gürültü yapmak
Rumpelkammer /'rumpılkamır/ *f* sandık odası, hırdavat odası
rumpeln /'rumpıln/ *vi* patırdamak, gümbürdemek, gürüldemek; paldır küldür gitmek
Rumpf /rumpf/ *m* (gemi, ağaç, uçak) beden, gövde; *anat* insan gövdesi
rümpfen /'rümpfın/ *vi* surat ekşitmek, surat asmak, surat yapmak, yüz buruşturmak ***über jdn die Nase rümpfen*** (birisine) burun kıvırmak, mırın kırın etmek
rund /runt/ *s* yuvarlak, top gibi, toparlak, değirmi; kesin, açık, net, ortada; mükemmel şekilde; *be* yaklaşık, aşağı yukarı; çevresinde, etrafında ***eine runde Summe*** yuvarlanmış tutar, yuvarlak bir rakam, yaklaşık bir değer ***rund um 2 Uhr*** saat iki civarında, yaklaşık saat ikide ***rund um spazieren*** çevresinde gezinti yapmak ***runde Zahlen*** *mat* sıfırla biten sayılar
Runde /'rundı/ *f* dolaşma; kontrol ederek dolaşma; *sp* tur; *sp* (boks) raunt, yarışmanın her bir bölümü; *sp* yarış alanı; etraf, taraf, konu komşu ***die Runde machen*** *ask* devriye görevi yapmak ***eine Runde Bier*** bir bardak bira
runden /'rundın/ *vt* yuvarlaklaştırmak, daireselleştirmek; pürüzlerini gidermek, sorunları halletmek; mükemmelleştirmek; tamamlamak, bütünlemek ***sich runden*** yuvarlaklaşmak
Rundfahrt /'runtfa:rt/ *f* çevre turu, şehir turu; ring seferi
Rundfunk /'runtfunk/ *m* radyo; radyo veya televizyon yayını ***im Rundfunk*** radyo yayınında
Rundfunkgerät /'runtfunkgıre:t/ *n* radyo alıcı cihazı
Rundfunksender /'runtfunkzendır/ *m* radyo vericisi, radyo istasyonu
Rundgang /'runtgang/ *m* gezinti, gezi, dolaşma, tur atma, turlama; *mim* daire biçimli geçit; *ask* devriye
rundheraus /'runt**h**eraus/ *be* açıkça, alenen, çekinmeksizin, çekinmeden
rundherum /'runt**h**erum/ *be* çevresinde, etrafında, kenarında
rundlich /'runtli**h**/ *s* yuvarlakımsı, daire biçiminde; *mec* tıknaz, göbekli ***rundli-***

R

che Hände yumuk eller
Rundschau /'runtşau/ *f* panorama; (TV, radyo) program adı
Rundschreiben /'runtşraybın/ *n tic* sirküler, ticari genelge, herkese ortak olarak gönderilen yazı
Rundung /'rundung/ *f* yuvarlaklık, toparlaklık; *mim* kubbe, kemer
rundweg /'runtve:k/ *be* direkt, doğrudan doğruya, açıktan açığa, sözünü esirgemeden, küt diye
runter /'runtır/ *be kon* "herunter" aşağı(ya)
Runzel /'runtsıl/ *f* (cilt, deri) kırışık, buruşuk ***Runzeln bekommen*** cildi kırışmak
runzelig /'runtselih/ *s* kırışık, buruşuk
runzeln /'runtsıln/ *vi* kaşlarını çatmak, suratını ekşitmek, surat asmak ***sich runzeln*** buruşmak
rüpelhaft /'rü:pılhaft/ *s* kaba, saygısız, görgüsüz, yontulmamış, hödük
rupfen /'rupfın/ *vt* yolmak ***einen Vogel rupfen*** kuşun tüylerini yolmak ***jdn rupfen*** (kumarda) ütmek, yolmak
ruppig /'rupih/ *s* terbiyesiz, edepsiz; saygısız, görgüsüz, nezaketsiz; *mec* pejmürde, palas pandıras
Rüsche /'rü:şı/ *f* kıvrımlı süs, dantela
Ruß /ru:s/ *m* is, kurum, duman lekesi
Russe /'rusı/ *m* Rus, Rusyalı
Rüssel /'rüsıl/ *m hayb* (fil) hortum; *hayb* (domuz) burun
rußig /'ru:sih/ *s* isli, kurumlu
russisch /'rusiş/ *s* Rus, Rusya ile ilgili ***russische Sprache*** Rusça, Rus dili
rüsten /'rüstın/ *vt* hazırlamak; kurmak; *vi* silahlanmak, silah donanmak ***das Essen rüsten*** yemeği hazırlamak ***sich rüsten*** hazırlanmak
rüstig /'rüstih/ *s* çevik, dinç; güçlü, kuvvetli; dayanıklı, eski toprak
rustikal /rusti'ka:l/ *s* taşra usulünde, köylü tarzında; sade, basit
Rüstung /'rüstung/ *f ask* silahlanma, savaşa hazırlık, savaş hazırlığı; *esk* zırh
Rüstungsindustrie /'rüstungsindustri:/ *f* silah sanayii
Rüstungskontrolle /'rüstungskontrolı/ *f ask* silahlanma açısından uluslararası denetim
Rüstzeug /'rüsttsoyk/ *n* donatı, gerekli bilgi ve araçlar
Rute /'ru:tı/ *f* değnek, çubuk, kızılcık sopası; *hayb* erkek üreme organı; su kaynağı gösterici çatal değnek; *esk* uzunluk ölçüsü birimi; *hayb* yırtıcı hayvan kuyruğu
Rutschbahn /'rutşba:n/ *f* kaydırak; *sp* artistik buz pateni kayma yeri
Rutsche /'rutşı/ *f* (orman) tomruk kaydırma oluğu
rutschen /'rutşın/ *vi* kaymak, patinaj yapmak
Rutschgefahr /'rutşgıfa:r/ *f* kayma tehlikesi
rutschig /'rutşih/ *s* kaygan
rütteln /'rütıln/ *vt* silkelemek, sarsmak, sallamak; (kuş) çırpınmak ***den Baum rütteln*** ağacı sallamak, ağacı silkelemek ***nicht zu rütteln sein*** değiştirilemez olmak, kesin olmak

S

Saal /za:l/ *m* büyük salon, törensel salon, gösteri salonu, spor salonu
Saarland /'za:rlant/ *n* (Almanya) Sar Havzası, Sar eyaleti
Saat /za:t/ *f* tohum ekme, ekim; ekin; *bitk* tohum ***wie die Saat, so die Ernte!*** ne ekersen, onu biçersin!
Saatgut /'za:tgu:t/ *n* tohum malzemesi
Sabbat /'zabat/ *m* musevilerin tatil günü, cuma
sabbern /'zabırn/ *vi* salyası akmak, ağzının suyu akmak; *mec* saçmalamak
Säbel /'ze:bıl/ *m* pala, eğri kılıç
Säbelbeine /'ze:bılbaynı/ *pl kon* dışa doğru çarpık bacaklar
säbeln /'ze:bıln/ *vt kon* (ekmek, peynir vs) beceriksizce kesmek, dağıtarak kesmek
Sabotage /zabo'ta:jı/ *f* sabotaj, baltalama
Saboteur /zabo'tö:r/ *m* sabotajcı, baltalayıcı
sabotieren /zabo'ti:rın/ *vt* sabote etmek, baltalamak
Saccharin /zaha'ri:n/ *n* sakarin, tatlandırıcı
Sachanlagen /'zahanla:gın/ *pl tic* işletmeye ait genel varlıklar
Sachbearbeiter /'zahbıarbaytır/ *m* şube şefi, bölüm şefi, daire amiri
Sachbeschädigung /'zahbışe:digung/ *f huk* mal tahribatı, başkasının malına bilerek ve isteyerek zarar verme
Sachbuch /'zahbu:h/ *n* bir konu üzerine genel bilgiler veren kitap

S

sachdienlich /'za**h**di:nli**h**/ *s* işe yarar, yardımcı olabilecek; pratik; münasip

Sache /'za**h**ı/ *f* nesneler, eşya, mal-mülk, varlık; mesele, problem, sorun, iş, konu, olay; *huk* ihtilaf, sorun, dava ***alte Sachen*** eski eşya, ıvır-zıvır, pılı-pırtı ***bewegliche Sachen*** *huk* taşınır mallar, menkul mallar ***das gehört nicht zur Sache*** bunun konumuzla ilgisi yok! ***das ist meine Sache!*** bu benim sorunum! ***keine Sache!*** bir şey değil!; önemli değil! ***mit Sachen fahren*** saatte ... km hızla gitmek ***mit jdm gemeinsame Sache machen*** (birisiyle) ortaklaşa yasadışı iş yapmak ***unbewegliche Sachen*** *huk* taşınmazlar, gayri menkuller ***zur Sache!*** sadede gelelim!

Sachgebiet /'za**h**gıbi:t/ *n* çalışma alanı, görev alanı, iş sahası; çalışma konusu, iş konusu

sachgemäß /'za**h**gıme:s/ *s* gerçeğe uygun, meselenin özüne uygun; yerinde, cuk oturmuş

Sachkenntnis /'za**h**kentnis/ *f* uzmanlık, deneyim, birikim

sachkundig /'za**h**kundi**h**/ *s* konu hakkında bilgi sahibi, deneyimli, tecrübeli, uzman

Sachlage /'za**h**la:gı/ *f* durum, halihazırdaki durum

Sachleistung /'za**h**laystung/ *f huk* ayni eda

sachlich /'za**h**li**h**/ *s* nesnel, hakiki; tarafsız, objektif, önyargısız; konu ile ilgili ***sachliche Beurteilung*** tarafsız değerlendirme ***sachliche Kritiken*** önyargısız eleştiriler

sächlich /'ze**h**li**h**/ *s dilb* cinssiz, cinsiyetsiz, "das" artikeline sahip

Sachlichkeit /'za**h**li**h**kayt/ *f* nesnellik; tarafsızlık, objektiflik, önyargısızlık

Sachschaden /'za**h**şa:dın/ *m* maddi kayıp, maddi zarar, maddi hasar

Sachse /'zaksı/ *m* Saksonyalı, Sakson

sächseln /'zeksıln/ *vi* Saksonya şivesi ile konuşmak

Sachsen /'zaksın/ *n* Saksonya

sächsisch /'zeksiş/ *s* Saksonyalı, Saksonya ile ilgili; Saksonca ile ilgili, Saksonya şivesi ile

sacht /za**h**t/ *s* tedbirli, ihtiyatlı, dikkatli; yumuşak, yavaş, sakin, sessiz

Sachverhalt /'za**h**ferhalt/ *m* durum, (konuyla ilgili) olgular

Sachverstand /'za**h**ferştant/ *m* uzmanlık, deneyim, birikim

Sachverständige(r) /'za**h**ferştendigı(r)/ *f/m* uzman, bilirkişi, eksper

Sack /zak/ *m* torba, çuval; uluslararası ölçüde "60 kg; çıkmaz, çıkmaz yol; pörsümüş olarak sarkan şey; çuval kumaşı, kaba kumaş; *kon anat* erbezi, testis ***ein fauler Sack*** *kon* tembel herif ***in den Sack hauen*** *mec* (bir şeyden, bir yerden) ayrılmak ***mit Sack und Pack*** varı yoğuyla, her şeyiyle ***wie ein Sack schlafen*** *mec* ölü gibi uyumak

Sackgasse /'zakgası/ *f* çıkmaz sokak; *mec* açmaz, müşkül durum

Sackkarre /'zakkarı/ *f* balya el arabası

Sadismus /za'dismus/ *m* sadizm, sadistlik

sadistisch /za'distiş/ *s* sadist, sadistçe

säen /'ze:ın/ *vi* tohum ekmek, tohum saçmak; bir gelişmenin temelini atmak ***dünn gesät*** *mec* nadiren görülen, eşine az rastlanır ***Misstrauen säen*** güvensizlik tohumları ekmek ***wer Wind sät, wird Sturm ernten*** rüzgâr eken fırtına biçer

Safari /za'fa:ri/ *f* safari, Afrika'da kervan seferi; av amaçlı Afrika gezisi

Safe /seif/ *m* çelik kasa; kiralık kasa

Safran /'zafra:n/ *m bitk* safran

Saft /zaft/ *m* meyve suyu, sebze suyu; *bitk* öz, özsu, usare; *ed* kan; güç sembolü, hayat sembolü; yemek pişirmede etten çıkan su, sos ***der Saft der Reben*** *ed* şarap ***im eigenen Saft schmoren*** *mec* tedirginlik içinde olmak ***ohne Saft und Kraft*** cansız, güçsüz, durgun; *mec* tatsız tuzsu, yavan ***saft- und kraftlos*** yavan; sıkıcı

saftig /'zafti**h**/ *s bitk* sulu, özlü; açık saçık, müstehcen; güçlü, kuvvetli; dolgun, etli butlu; yoğun, koyu ***saftige Rechnung*** yüklü bir fatura

Saftpresse /'zaftpresı/ *f* meyve sıkma presi

Sage /'za:gı/ *f* efsane, söylence; mitolojik hikâye, tarihi hikâye; dedikodu, söylenti

Säge /'ze:gı/ *f tek* testere, bıçkı, hızar; *kon* kereste fabrikası

Sägebock /'ze:gıbok/ *m hayb* bir böcek türü; tahta biçme sehpası

Sägefisch /'ze:gıfiş/ *m hayb* testere balığı, marangoz balığı

Sägemehl /'ze:gıme:l/ *n* testere talaşı

sagen /'za:gın/ *vt* söylemek, demek, açıklamak, bildirmek, anlatmak, demek istemek, kastetmek; *vi* söz etmek, konuşmak, ifade etmek ***das sagt man nicht!*** böyle söylenmez ***es ist nicht zu sagen!*** inanılmaz bir şey! ***gesagt getan!*** ağızdan çıkan yapılmalı! ***kurz gesagt*** kısacası, sözün kısası ***man muss schon sagen*** açıkça söylemek gerekir ki! ***nebenbei gesagt*** şunu da eklemek gerekirse ***offen gesagt*** açıkça söylemek gerekirse ***sagen wir!*** diyelim! ***unter uns gesagt*** laf aramızda kalsın ***wie gesagt*** önceden söylendiği gibi

sägen /'ze:gın/ *vt* testereyle biçmek, testereyle kesmek; *vi* horlamak

sagenhaft /'za:gınhaft/ *s* inanılmaz, şaşırtıcı, hayrete düşürücü; efsanelere konu olan ***sagenhaftes Glück*** müthiş bir fırsat

Sägespäne /'ze:gışpe:nı/ *pl* testere talaşı

Sägewerk /'ze:gıverk/ *n* bıçkıhane, kereste fabrikası

Sahne /'za:nı/ *f* krema, kaymak

Sahnetorte /'za:nıtortı/ *f* kremalı turta

sahnig /'za:nih/ *s* kaymak gibi, kaymağa andıran, kaymağa benzer; kaymaklı

saisonabhängig /ze'zo:aphengih/ *s* sezona bağlı, mevsime bağlı

Saisonarbeiter /ze'zonarbaytır/ *m* mevsimlik işçi, sezonluk işçi

saisonbedingt /ze'zonbıdingkt/ *s* mevsimsel olarak ortaya çıkan, mevsimsel olarak görülebilen

saisonbereinigt /ze'zonbırayniht/ *s eko* mevsim ayarlı, mevsime göre arındırılmış

Saite /'zaitı/ *f müz* (telli çalgı) tel, kiriş; *mec* his, duygu ***eine Saite anschlagen*** anıları canlandırmak ***mildere Saiten aufziehen*** *mec* yumuşak davranmak

Saiteninstrument /'zaitıninstrument/ *n müz* telli saz

Sakko /'zako/ mn erkek ceketi

sakral /za'kra:l/ *s* kutsal; dinsel, dini, ibadetle ilgili; *hek* kuyruk sokumu ile ilgili ***sakrale Kunst*** dinsel sanat

Sakrament /zakra'ment/ *n* (Hıristiyan) kutsama eylemi; (Hıristiyan) kutsal ruhun kendini insanlara göstermesi

Sakristei /zakri'stay/ *f* kilise levazım odası

säkular /ze:ku'la:r/ *s* olağandışı, eşi benzeri görülmez; dünyevi, dünya işleri ile ilgili

Salat /za'la:t/ *m* salata; sitk marul ***grüner Salat*** yeşil salata

Salatöl /za'la:tö:l/ *n* salatalık yağ

Salatsauce /za'la:tzo:sı/ *f* salata sosu

Salatschüssel /za'la:tşüsıl/ *f* (çukur) salata tabağı

Salbe /'zalbı/ *f* merhem, pomat, krem

Salbei /'zalbay/ mf *bitk* adaçayı; adaçayı içeceği

saldieren /zal'di:rın/ *vt tic* (borç, hesap) sıfırlamak, ödeyip kapatmak ***ein Konto saldieren*** bir hesabı kapatmak

Saldo /'zaldo/ *m* alacak ile borç arasındaki fark, hesap özeti ***in Saldo sein*** biraz borçlu olmak ***per Saldo*** sonuçta, hesaba göre

Salmiakgeist /'zalmyakgayst/ *m kim* nışadırruhu, sulu amonyak çözeltisi

Salmonellen /zalmo'nelın/ *pl biy* bağırsak bakterileri

salomonisch /zalo'mo:niş/ *s* adil; dâhiyane, bilgece, bilge tarzında ***ein salomonisches Urteil*** adil bir yargı

Salon /za'lon/ *m* salon, misafir odası; sanatsal sergi; moda ve kozmetik alanında işyeri; sanatçıların toplantı yeri

salonfähig /za'lo:nfe:ih/ *s* (kişi) toplum önüne çıkartılabilir; (konu, söz) toplum önünde söylenebilir

Salonlöwe /za'lo:nlö:vı/ *m kon* salon kahramanı, toplantıların aranan kişisi

salopp /za'lop/ *s* pasaklı, kirli, bakımsız, pejmürde; laubali, saygısız, aşırı samimi, teklifsiz ***saloppe Ausdrucksweise*** laubali konuşma ***saloppe Kleidung*** salaş giyim ***saloppes Benehmen*** uygunsuz davranış

Salpeter /zal'pe:tır/ *m kim* potasyum nitrat, güherçile

Salpetersäure /zal'pe:tırzoyrı/ *f kim* nitrik asit

Salto /'zalto/ *m sp* parende

Salut /za'lu:t/ *m ask* top ateşi ile selamlama ***Salut schießen*** *ask* top ile selam atışı yapmak

salutieren /zalu'ti:rın/ *vi ask* top atışı ile selamlamak

Salve /'zalvı/ *f* yaylım ateş, salvo

Salz /zalts/ *n* tuz, mutfak tuzu; *kim* tuz ***eine Prise Salz*** bir tutam tuz ***Fisch in Salz legen*** balığı tuza yatırmak

Salzbergwerk /'zaltsberkverk/ *m* tuz madeni

salzen /'zaltsın/ *vt* tuz ekmek, tuz koy-

mak, tuzlamak ***gesalzene Preise*** tuzlu fiyat, pahalı fiyat, fahiş fiyat
Salzgurke /'zaltsgurkı/ *f* hıyar turşusu
salzhaltig /'zaltshaltih/ *s* tuzlu
Salzhering /'zaltshe:ring/ *m* ringa salamurası
salzig /'zaltsih/ *s* tuzlu, tuzlanmış, tuz içeren
Salzkartoffeln /'zaltskartafıln/ *pl* tuzla suda kabuksuz olarak pişirilmiş patates
Salzsäure /'zaltszoyrı/ *f kim* tuzruhu, hidroklorik asit
Salzstange /'zaltsştangı/ *f* tuzlu çubuk kraker, batonsale
Salzstreuer /'zaltsştroyır/ *m* tuzluk, masa tuzluğu
Salzwasser /'zaltsvasır/ *n* tuzlu su
Salzwüste /'zaltsvü:stı/ *f* tuz çölü, tuz kristali kaplı çöl
Sambia /'zambia/ *n* Zambiya
Samen /'za:mın/ *m* temel, esas, başlangıç; *bitk* tohum; *hek* sperma, meni; (kitabı mukaddes) torunlar, torunların torunları
Samenbank /'za:mınbank/ *f* sperm bankası
Samenkorn /'za:mınkorn/ *n bitk* tohum
sämig /'ze:mih/ *s* pek, koyu, özlü, kalın, katı
Sammelband /'zamılbant/ *m* makaleler derlemesi; *n* toplayıcı bant, kolektör bant
Sammelbecken /'zamılbekın/ *n* su rezervuarı, su biriktiricisi; toplantı yeri
Sammelbegriff /'zamılbıgrif/ *m* üst kavram
Sammelbestellung /'zamılbıştelung/ *f* müşterek sipariş
sammeln /'zamıln/ *vt* biriktirmek, toparlamak, toplamak, bir araya getirmek ***Briefmarken sammeln*** pul biriktirmek ***für etw sammeln*** (bir kuruluş için) yardım toplamak ***für jdn sammeln*** (bir kimse için) yardım toplamak ***sich sammeln*** *mec* bir araya gelmek, toplanmak; konsantre olmak, kendini toparlamak; *fiz* bir odakta toplanmak
Sammelnummer /'zamılnumır/ *f* santral numarası, toplu numara
Sammelplatz /'zamılplats/ *m* toplanma yeri
Sammler /'zamlır/ *m* koleksiyoncu; *elek* akımtoplar; *oto* akü
Sammlung /'zamlung/ *f* yardım toplama, toplama; konsantrasyon, dikkat birikimi; koleksiyon, toplanan şey; müze, toplanan şeylerin konulduğu yer
Samstag /'zamsta:k/ *m* cumartesi
samstags /'zamsta:ks/ *be* cumartesileri
samt /zamt/ *ilg* ile birlikte, dahil ***samt meinem Vater*** babamla birlikte
Samt /zamt/ *m* teks kadife ***eine Haut wie Samt*** kadife gibi cilt, pürüzsüz bir cilt
sämtlich /'zemtlih/ *s* tüm, bütün, hepsi, tamamı, istisnasız ***sämtliche Angehörigen*** tüm ilgililer ***sämtliche Bedingungen*** bütün şartlar ***sämtliche Mühe*** tüm çaba
Sanatorium /zana'to:ryum/ *n* senatoryum, sağlık yurdu
Sand /zant/ *m* kum ***im Sande verlaufen*** *mec* fayda sağlamamak, hiçbir yarar getirmemek ***wie Sand am Meer*** sayısız, denizdeki kum kadar
Sandale /zan'da:lı/ *f* açık ayakkabı, sandal
Sandbank /'zantbank/ *f* kumsal, kumluk
Sandboden /'zantbo:dın/ *m* kumlu toprak
sandfarben /'zantfarbın/ *s* kum rengi, bej
sandig /'zandih/ *s* kumlu; kum gibi, kum gibi ince
Sandkasten /'zantkastın/ *m* (oyun için) kum sandığı
Sandkorn /'zantkorn/ *n* kum tanesi
Sandmännchen /'zantmenhın/ *n* mit gözlere kum serperek çocukları uyutan masal cücesi
Sandpapier /'zantpapi:r/ *n* zımpara kâğıdı
Sandsack /'zantzak/ *m* kum torbası
Sandstein /'zantştayn/ *m* kum taşı
sandstrahlen /'zantştra:lın/ *vt* kum püskürtme cihazıyla işlemek
Sandstrand /'zantştrant/ *m* kumsal
Sandsturm /'zantşturm/ *m* kum fırtınası
Sanduhr /'zantu:r/ *f* kum saati
Sandwich /'zentviç/ *n* sandviç
sanft /zanft/ *s* yumuşak, uysal, hafif, dostça, sakin; huzurlu, sakin; hafif yokuşlu ***eine sanfte Stimme*** yumuşak bir ses ***ruhe sanft!*** (mezar taşı) huzur içinde uyu! ***sanfter Wind*** hafif esinti
Sänfte /'zenftı/ *f esk* tahtırevan
Sanftmut /'zanftmu:t/ *f* yumuşaklık, uysallık; sabırlılık, sebatlılık
sanftmütig /'zanftmü:tih/ *s* uysal, selim, yumuşak huylu, sakin
Sänger /'zengır/ *m* şarkıcı, türkücü, şantör; şair, ozan

sanieren /za'ni:rın/ *vt* sağlıklı bir yaşanacak yer oluşturmak; (şehrin, caddenin, binanın) bir bölümünün yenilenmesini sağlamak; sağlığına kavuşturmak; *tic* işletmeyi kârlı hale getirmek ***sich sanieren*** zenginleşmek
Sanierung /za'ni:rung/ *f* yenileme; sağlığına kavuşturma
sanitär /zani'te:r/ *s* sıhhi, sağlığa yararlı; sağlıkla ilgili ***sanitäre Anlagen*** sıhhi tesisat
Sanitäter /zani'te:tır/ *m ask* sıhhiye eri; ilkyardım eğitimi almış sağlık memuru
Sanitätsdienst /zani'te:tsdi:nst/ *m* hasta bakımı
Sanka /'zanka/ *m kon* "Sanitätskraftwagen" cankurtaran, ambulans
Sankt /zankt/ *tnz* (adların önünde) aziz, azize, ermiş
Sanktion /zank'tsyo:n/ *f* onay, onama, kabul; tanıma, kabullenme; *huk* yasa haline getirme; *pol* zorlayıcı hükümler, yaptırımlar
sanktionieren /zanktsyo'ni:rın/ *vt* onaylamak, onamak, kabul etmek; tanımak, yasa haline getirmek
Saphir /'za:fir/ *m mad* gökyakut, safir
Sardelle /zar'delı/ *f bitk* sardalye balığı
Sardine /zar'di:nı/ *f hayb* sardalye, ateşbalığı
Sardinien /zar'di:nyın/ *n* Sardunya (Adası)
Sarg /zark/ *m* tabut
Sargdeckel /'zarkdekıl/ *m* tabut kapağı, dibek taşı
Sarkasmus /zar'kasmus/ *m* saraka, sarkazm; *mec* alaylı söz, aşağılayıcı söz
sarkastisch /zar'kastiş/ *s* alaya alıcı, aşağılayıcı, iğneleyici, sarakalı, sarkastik
Sarkophag /zarko'fa:k/ *m* lahit, sanduka; oyma mezar
Satan /'za:tan/ *m* şeytan, satan, iblis; *mec* kötü ruhlu kişi, kötü niyetli kişi
satanisch /za'ta:niş/ *s* şeytanca, iblisane, satanca
Satellit /zatı'li:t/ *m gökb* gezegen uydusu, ay; peyk; *mec* peşini bırakmayan kişi, kuyruk ***künstlicher Satellit*** suni uydu, insansız uzay aracı
Satellitenfernsehen /zatı'li:tınfernze:ın/ *n* uydu televizyonu
Satellitenstaat /zatı'li:tınşta:t/ *m* uydu devlet, bağımsız gibi görünen ama bir büyük devlete bağımlı devlet
Satellitenübertragung /zatı'li:tınü:bırtra:gung/ *f* uydudan naklen yayın
Satin /za'te:/ *m* teks saten
Satire /za'ti:rı/ *f* yergi, hiciv, taşlama, iğneleme, satir; alaylı eleştiri
satirisch /za'ti:riş/ *s* alaylı, yergili, yergi niteliğinde
satt /zat/ *s* doymuş, tok, karnı tok; (renk) koyu, canlı; *kim* doymuş ***bist du satt?*** doydun mu? ***etw satt bekommen*** *kon* (bir şeyden) bıkmak ***ich habe diese Ausreden satt!*** bu bahanelere karnım tok! ***ich habe mich satt gegessen*** çok doydum ***jdn/etw satt sein/haben*** bıkmak, gına getirmek ***sich nicht satt sehen können an*** bakmaya doyamamak
Sattel /'zatıl/ *m* eyer, binek hayvanı oturağı; bisiklet selesi; yerb kemer; *coğ* geçit, belen, darboğaz; *müz* telli çalgı kafa desteği; *hayb* semer ***fest im Sattel sitzen*** *mec* yeri sağlam olmamak ***jdn aus dem Sattel heben*** *mec* (birisinin) ayağını kaydırmak, işinden etmek ***sich in den Sattel schwingen*** atlayıp eyere oturmak
sattelfest /'zatılfest/ *s* konusunda uzman, konusunda usta, konusunda bilgili
Sattelgurt /'zatılgurt/ *m* eyer kolanı
satteln /'zatıln/ *vt* eyerlemek, eyer takmak; semer vurmak ***sich sattteln*** *kon* (bir işe, çalışmaya vs) hazırlanmak
Sattelschlepper /'zatılşlepır/ *m* Römorklu ağır kamyon
sättigen /'zetigın/ *vt* yedirip içirmek, doyurmak; *kim* doymuş hale getirmek
Sättigung /'zetigung/ *f* doyma; doyurma; *kim* doymuşluk
sattsam /'zatza:m/ *be* yeterince, yettiğince, kâfi derecede, yeter derecede
Saturn /za'turn/ *tnz gökb* Satürn
Satyr /'za:tür/ *m* mit yarı insan yarı hayvan yaratık, satür; *mec* şehvet düşkünü erkek
Satz /zats/ *m dilb* cümle, tümce; *mat* teorem; hamle, atlama, sıçrayış, zıplama; *tic* mat. oran, ölçü, kıyas, tarife; *müz* muvman; posa, tortu, kalıntı; *sp* (tenis) set; *fel* önerme; bas dizgi, yazma; *hayb* göle bırakılan hayvan yumurtası; *hayb* tavşan yavrusu; takım, nesne grubu

S

Satzanalyse /'zatsanalü:zı/ *f dilb* cümle analizi, cümle çözümlemesi
Satzball /'zatsbal/ *m sp* (tenis) set sayısı, set vuruşu
Satzbau /'zatsbau/ *m dilb* cümle yapımı, cümle oluşturma
Satzteil /'zatstayl/ *m dilb* cümle kısmı
Satzung /'zatsung/ *f* tüzük, yönetmelik, nizamname
satzungsgemäß /'zatsunsgıme:s/ *s* kurallara uygun biçimde, nizami, yönetmeliklere uygun
Satzzeichen /'zatstsayhın/ *n dilb* noktalama işareti
Sau /zau/ *f hayb* dişi domuz; *mec* pis insan, pis herif, pasaklı karı; *kon* mürekkep lekesi ***das ist unter aller Sau*** işe yaramaz, beş para etmez ***jdn zur Sau machen*** (birisini) yerin dibine sokmak ***so eine Sau!*** pis herif!, adi herif!
sauber /'zaubır/ *s* temiz, pak, lekesiz; namuslu, dürüst, el değmemiş, iffetli; *mec* (alaysı) berbat, fena, rezil; düzgün, düzenli, intizamlı, tertipli ***eine saubere Hausaufgabe*** çok iyi bir ev ödevi ***saubere Wäsche anziehen*** temiz çamaşır giymek ***sauberer Charakter*** *kon* temiz bir karakter ***sauberes Mädchen*** hoş bir kız
Sauberkeit /'zaubırkayt/ *f* temizlik, paklık; düzen, düzenlilik, intizam; *kon* nezaket
säubern /'zoybırn/ *vt* temizlemek, ovmak, ovalamak, paklamak, kirden arındırmak; *pol* tasfiye etmek, bertaraf etmek, uzaklaştırmak
Säuberung /'zoybırung/ *f* temizleme, ovalama, arıtma, paklama; *mec* tasfiye, uzaklaştırma
Säuberungsaktion /'zoybırungsaktsyo:n/ *f* polis tarafından kirli işlere bulaşan kişileri ayıklamak amacıyla yapılan temizlik harekâtı, arama tarama
Sauce /'zo:sı/ *f* sos, salça
Saudi-Arabien /zaudia'ra:byın/ *n* Suudi Arabistan
saudiarabisch /zaudia'ra:biş/ *s* Suudi, Suudi Arabistan
sauer /'zauır/ *s* ekşi, buruk, keskin; (süt) kesilmiş, ekşimiş; *mec* huysuz, aksi; (durum) zor, zahmetli, can sıkıcı, müşkül, külfetli; yorucu, yıpratıcı; *kim* asitli; (toprak) mineral açısından zengin ***sauer sein*** suratı asık olmak, yüzünden düşen bin parça olmak
Sauerampfer /'zauırampfır/ *m bitk* kuzukulağı
Sauerei /zauı'ray/ *f kon* baştan savma iş, özensiz iş; düzensizlik, düzensiz durum, dağınık durum, pislik; açık saçık hikâye/fıkra
Sauerkirsche /'zauırkirşı/ *f bitk* vişne
Sauerkraut /'zau:ırkraut/ *n* lahana turşusu
säuerlich /'zoyırlih/ *s* ekşimiş, ekşimtırak; buruk, mayhoş; (şarap) sek; *mec* huysuz, aksi, asık suratlı
Sauerstoff /'zauırştof/ *m kim* oksijen ***mit Sauerstoff verbinden*** oksitlemek
Sauerstoffgerät /'zauırştofgıre:t/ *n hek* suni solunum cihazı, oksijen verici cihaz; oksijen tüpü
Sauerstoffmaske /'zauırştofmaskı/ *f hek* oksijen maskesi
Sauerstoffzelt /'zauırştoftselt/ *n* oksijen çadırı
saufen /'zaufın/ *vt vi kon* (içki) çok içmek, ölçüsüz içmek; içmek
Säufer /'zoyfır/ *m kon* sarhoş, ayyaş, içkici, akşamcı
saugen /'zaugın/ *vt* emmek, içine çekmek; elektrikli süpürge ile süpürmek ***den Teppich saugen*** halıyı elektrik süpürgesi ile süpürmek ***Milch saugen*** süt emmek
säugen /'zoygın/ *vt* emzirmek, çocuğa süt vermek
Säugetier /'zoygıti:r/ *n hayb* memeli hayvan
saugfähig /'zaugfe:ih/ *s* emici, sıvı emebilen, emebilir
Saugfähigkeit /'zaugfe:ihkayt/ *f* emicilik
Säugling /'zoykling/ *m* süt çocuğu, sütten kesilmemiş bebek
Säuglingspflege /'zoyklingspfle:gı/ *f* bebek bakımı
Säule /'zoylı/ *f mim* sütun, kolon; direk, destek; *ask* yürüyüş kolu; diklemesine duran şey; yardımcı element, destek veren
Säulengang /'zoylıngang/ *m* revak, her iki yanı sütunlu geçiş yeri
Säulenhalle /'zoylınhalı/ *f* kemeraltı, sütunlu giriş
Saum /zaum/ *m* (kumaş) kenar, kıvrım, bastırılan kısım; kıyı, kenar
saumselig /'zaumze:lih/ *s* üşengeç, savsak, yavaş çalışan, ağır, sık sık mola veren

S

Sauna /'zauna/ *f* sauna, Fin hamamı
Säure /'zoyrı/ *f kim* asit; ekşilik, burukluk, mayhoşluk
säurebeständig /'zoyrıbıştendih/ *s kim* aside karşı dayanıklı
Sauregurkenzeit /zaurı'gurkıntsayt/ *f kon* tic. *pol* durgunluk dönemi, ölü mevsim
säurehaltig /'zoyrıhaltih/ *s* asitli
Saurier /zauriır/ *m hayb* soyu tükenmiş dev keler
Saus /zaus/ *m* : ***in Saus und Braus leben*** *kon* har vurup harman savurmak
säuseln /'zoyzıln/ *vi* (rüzgâr) hafifçe esmek; fısıldamak
sausen /'zauzın/ *vi* hızla geçip gitmek, süratle geçip gitmek; (rüzgâr) uğuldamak; vızıldamak; *kon* (sınav) çakmak, kalmak ***der Wind saust*** rüzgâr uğulduyor ***in den Ohren sausen*** kulakları uğuldamak
Saustall /'zauştal/ *m* domuz ahırı; pasaklı ev, düzensiz ve pis yer
Savanne /za'vanı/ *f* (Ekvator) otsu bitkilerle kaplı çayır, savani sayana
S-Bahn /'esba:n/ *f* "Schnellbahn" hızlı tren; "Stadtbahn" hızlı tren, (hafif) metro
Schabe /'şa:bı/ *f hayb* hamamböceği; rende, kazıma bıçağı
Schabefleisch /'şa:bıflayş/ *n* kuşbaşı doğranmış et
schaben /'şa:bın/ *vt* kazımak, rendelemek; (et) kuşbaşı doğramak; rendelemek, törpülemek ***sich den Bart schaben*** sinekkaydı tıraş olmak
Schaber /'şa:bır/ *m* kazıma bıçağı
Schabernack /'şa:bırnak/ *m* muziplik, azizlik, oyun, şeytanlık, kızdırıcı şaka, numara ***jdm einen Schabernack spielen*** (birisine) oyun etmek
schäbig /'şe:bih/ *s* hırpani, pejmürde, fakir; cimri, pinti; adi, bayağı, sıradan; kıt görüşlü, dar kafalı; namussuz, dürüst olmayan ***schabiger Anzug*** paçavra gibi bir elbise
Schablone /şa'blo:nı/ *f* şablon; basmakalıp örnek
schablonenhaft /şa'blo:nınhaft/ *s* şablon gibi, bir kalıptan çıkmış gibi, basmakalıp, kendine has özgünlüğü olmayan
Schach /şah/ *n sp* satranç oyunu; *sp* (satranç) şah
Schachbrett /'şahbret/ *n* satranç tahtası
Schachcomputer /'şahkompyu:tır/ *m* satranç bilgisayarı
schachern /'şahırn/ *vi* pazarlık yapmak, bezirgânlık yapmak ***mit etw schachern*** (bir şeyin) ticaretini yapmak
Schachfigur /'şahfigu:r/ *f* satranç oyunu taşlarından her biri
schachmatt /şah'mat/ *s sp* (satranç) şahmat; *sp* (satranç) mağlup, yenilmiş, yenik; *mec* yorgun, bitkin, argın ***jdn schachmatt setzen*** (birisini) satrançta yenmek
Schacht /şaht/ *m* dar ve etrafı kapalı alan; çukur, kuyu; caddede kanalizasyon deliği; *mad* maden ocağı
Schachtel /'şahtıl/ *f* kutu; (sigara) paket; *mec* yaşlı karı, aksi karı ***eine Schachtel Zigaretten*** bir paket sigara
Schachzug /'şahtsu:k/ *m sp* (satranç) hamle, taş sürme; manevra, akıllıca hareket
schade /'şa:dı/ *s* yazık, üzüntü verici, üzücü; *kon* iyi, değerli ***es ist schade um ihn!*** ona yazık oldu!
Schädel /'şedıl/ *m anat* kafatası; *mec* baş, kafa ***jdm den Schädel einschlagen*** (birisini) öldürmek
Schädelbruch /'şe:dılbruh/ *m hek* kafatası yarılması, kafatası çatlaması
Schaden /'şa:dın/ *m* hasar, zarar, ziyan; kayıp; dezavantaj ***durch Schaden wird man klug*** bir musibet bin nasihatten iyidir ***mit Schaden verkaufen*** zararına satmak ***zu Schaden kommen*** zarar görmek
schaden /'şa:dın/ *vi* zarar vermek, zarara uğratmak ***der Gesundheit schaden*** sağlığına zarar vermek ***es schadet nichts!*** zararı yok!, ziyanı yok! ***jdm schaden*** (birisine) zarar vermek
Schadenersatz /'şa:dınerzats/ *m* tazminat, zararı karşılama, zarar ve ziyanı ödeme, zarar bedeli, ödenek ***Schadenersatz erheben*** tazminat talep etmek
Schadenfreude /'şa:dınfroydı/ *f* başkasının zarara uğramasına sevinme, komşuya gülme
schadenfroh /'şa:dınfro:/ *s* başkasının zarara uğramasına sevinen, komşuya gülen
Schadensfall /'şa:dınsfal/ *m* hasar olayı\hali
schadhaft /'şa:thaft/ *s* kusurlu, kayba uğramış, zarara uğramış, yıpranmış ***schadhafte Kleider*** yıpranmış elbiseler ***schadhafte Zähne*** çürümüş dişler

S

schädigen /'şe:digın/ *vt* zarar vermek, kayba uğratmak, zarara uğratmak ***jdn schädigen*** (birisine) zarar vermek ***jds Ansehen schädigen*** (birisinin) saygınlığını yıpratmak
Schädigung /'şe:digung/ *f* zarar verme, zarara uğrama, kayba uğratma, yıpratma
schädlich /'şe:tlih/ *s* zararlı, zarar verici
Schädlichkeit /'şe:tlihkayt/ *f* zararlılık, zarar vericilik
Schädling /'şe:tling/ *m* zararlı, zararlı hayvan veya bitki
Schädlingsbekämpfung /'şe:tlingsbıkempfung/ *f* zararlı hayvan ve bitkilere karşı savaş, zararlılarla mücadele
schadlos /'şa:tlo:s/ *s* zarar görmeden, zarara uğramadan, ziyana uğramadan ***sich schadlos halten an*** -den zararını çıkarmak
Schadstoff /'şa:tştof/ *m* zararlı madde; kirletici
schadstoffarm /'şa:tştofarm/ *s oto* düşük emisyonlu
Schadstoffausstoß /'şa:tştofausşto:s/ *m* eko emisyon
Schadstoffbelastung /'şa:tştofbılastung/ *f* eko kirletme, kirlenme
Schaf /şa:f/ *n hayb* koyun; *kon* (kişi) budala, enayi, keriz, koyun ***du Schaf!*** seni gerzek seni!
Schafbock /'şa:fbok/ *m hayb* koç, erkeç
Schäfchen /'şe:fhın/ *n hayb* kuzu, küçük koyun; sempatik aptal, sevimli aptal ***sein Schäfchen zu scheren wissen*** *mec* kendi çıkarlarını korumasını iyi bilmek
Schäfer /'şe:fır/ *m* koyun çobanı
Schäferhund /'şe:fırhunt/ *m hayb* çoban köpeği, çomar
Schäferstündchen /'şe:fırştünthın/ *n* hiç rahatsız edilmeden yaşanan aşk-meşk saati
Schaffen /'şafın/ *n* çalışma, eser, yaratı ***das Schaffen des Künstlers*** sanatçının eserleri
Schaffensdrang /'şafınsdrang/ *m* eser meydana koyma dürtüsü, eser yaratma dürtüsü
Schaffenskraft /'şafınskraft/ *f* yaratıcılık, yaratma gücü
Schaffner /'şafnır/ *m* kondüktör, biletçi
Schaffung /'şafung/ *f* yaratma, meydana getirme, eser ortaya koyma; yaratılma
Schafherde /'şa:fhe:rdı/ *f* koyun sürüsü
Schafhirt /'şa:fhirt/ *m* koyun çobanı
Schafkopf /'şa:fkopf/ *m isk* bir tür iskambil oyunu
Schafskäse /'şa:fske:zı/ *m* koyun peyniri, koyun sütünden yapılma beyaz peynir
Schaft /şaft/ *m* bayrak direği; sap, gövde, tutak, tutma yeri; silah kundağı, kundak; *tek* şaft; *bitk* ağaç gövdesi; (ayakkabı, çizme) konç; *mim* gövde, sütunun asıl bölümü; *bitk* dalın yapraksız bölümü; *hayb* kuştüyünün düz kısmı
Schafwolle /'şa:fvolı/ *f* koyun yünü
Schakal /şa'ka:l/ *m hayb* çakal
schäkern /'şe:kırn/ *vi* şaka etmek, şaka yapmak; gülüp oynamak, şen şakrak olmak
Schal /şa:l/ *m* şal, boyun atkısı, kaşkol
schal /şa:l/ *s* yavan, tatsız tuzsuz, lezzetsiz, kuru, saman gibi, cansız ***schal werden*** bayatlamak, bozulmak, ekşimek
Schale /'şa:lı/ *f bitk* kabuk; (yumurta) kabuk; kâse, çanak; çay fincanı; tabak; kefe, terazi gözü; *mec* görünüm, görünüş, dış taraf, dış cephe
Schalk /şalk/ *m* (kişi) şakacı, muzip, nükteci, nüktedan, latifeci; soytarı
schalkhaft /'şalkhaft/ *s* şakacı, muzip, nüktedan
Schall /şal/ *m* ses, seda; yankı, aksi seda; patırtı, şamata, gürültü ***die Lehre vom Schall*** akustik
Schalldämmung /'şaldemung/ *f* ses yalıtımı, ses izolasyonu
Schalldämpfer /'şaldempfır/ *m oto* susturucu, egzost
schalldicht /'şaldiht/ *s* ses geçirmez, gürültü geçirmez
schallen /'şalın/ *vi* ses çıkarmak, patırtı çıkarmak, gürültü çıkarmak; çınlamak, tınlamak; yankılanmak ***schallender Beifall*** alkış tufanı ***schallendes Gelächter*** kahkaha ile gülme
Schallgeschwindigkeit /'şalgışvindihkayt/ *f* ses hızı
Schallmauer /'şalmauır/ *f fiz* ses duvarı ***die Schallmauer durchbrechen*** ses duvarını aşmak
Schallplatte /'şalplatı/ *f* plak ***Schallplatte abspielen*** plak çalmak
Schallwelle /'şalvelı/ *f* ses dalgası
Schaltbild /'şaltbilt/ *n elek* tevzi levhası,

S

dağıtım şeması, şebeke planı
Schaltbrett /'şaltbret/ *n elek* dağıtım tablosu, tevzi tablosu
Schalter /'şaltır/ *m tek* şalter, devre anahtarı; (işyeri, banka) gişe, kasa
Schalterstunden /'şaltırştundın/ *pl* gişe saatleri, vezne saatleri
Schalthebel /'şalthe:bıl/ *m elek* devre anahtar kolu; *tek* kumanda kolu; *oto* vites kolu
Schaltjahr /'şaltya:r/ *n* artık yıl, şubat ayı 29 gün çeken yıl
Schaltkreis /'şaltkrays/ *m elek* devre
Schaltplan /'şaltpla:n/ *m elek* tevzi levhası, dağıtım şeması, şebeke planı
Schalttafel /'şaltta:fıl/ *f elek* donatım tablası, elektronik kumanda aletleri tablosu
Scham /şa:m/ *f* utanma, utanma duygusu, ar, hicap, haya; *kon* cinsel organlar, edep yeri
Schamane /şa'ma:nı/ *m* şaman, kam
schämen /'şe:mın/ *vr* utanmak, utanç duymak, mahcup olmak, başını önüne eğmek ***sich für jdn schämen müssen*** (birisinden dolayı) utanç duymak ***sich über etw schämen*** (bir şeyden dolayı) utanmak ***sich vor jdm schämen*** (birisinden) utanmak ***sich zu Tod schämen*** utancından yerin dibine geçmek
Schamgefühl /'şa:mgıfü:l/ *n* utanma duygusu, ar damarı, haya
Schamhaar /'şa:mha:r/ *n anat* pübik tüyler, edep yerli tüyleri
Schamhaftigkeit /'şa:mhaftihkayt/ *f* utangaçlık, utanç
schamlos /'şa:mlo:s/ *s* utanmaz, arlanmaz, edepsiz, arsız, hayasız
Schamlosigkeit /'şa:mlo:zihkayt/ *f* utanmazlık, arsızlık, edepsizlik, hayasızlık
schamrot /'şa:mro:t/ *s* utancından kıpkırmızı kesilmiş, utançtan kızarmış ***schamrot machen*** utandırmak, mahcup etmek ***schamrot werden*** utancından kıpkırmızı kesilmek
Schande /'şandı/ *f* ayıp; edepsizlik, namussuzluk, yüzkarası, rezil; rezalet, alçaklık ***jdm Schande machen*** (birisini) utandırmak
schänden /'şendın/ *vt* (namus) lekelemek, kirletmek; ırzına geçmek, kızlığını bozmak; (kutsal sayılan şeylere) saygısızlık etmek
Schandfleck /'şantflek/ *m* namus lekesi, kara leke
Schandtat /'şantta:t/ *f* alçaklık, edilik, alçakça hareket, rezillik, kepazelik; şaka, şaklabanlık
Schändung /'şendung/ *f* ırza geçme, tecavüz etme, kızlığını bozma, namusunu lekeleme, kirletme; tecavüze uğrama
Schankbetrieb /'şankbıtri:p/ *m* içki satışı, içki verme; meyhane ***Restaurant mit Schankbetrieb*** içkili lokanta
Schanze /'şantsı/ *f ask* metris, toprak tabya, palanka; *den* kıç güverte; *sp* (kayak) atlama seti
Schar /şa:r/ *f* insan yığını, insan topluluğu, kalabalık, küme; öbek, grup, takım, çete, kol; saban demiri; *hayb* sürü ***eine Schar Vögel*** bir kuş sürüsü ***in Scharen*** sürü sürü
scharenweise /'şa:rınvayzı/ *be* akın akın, alay alay, gruplar halinde, bölük bölük
scharf /şarf/ *s* keskin; *kim* yakıcı asit; (ses) tiz, kulak tırmalayıcı; net, keskin, açık, belli; (tepki, çarpışma) şiddetli, etkili; (hava) soğuk, keskin; (bıçak vs) keskin, sivri; (yiyecek) baharatlı, acı, yakıcı; (bakış) keskin, etkili, tesirli; (içki) alkol derecesi yüksek; (kulak) hassas; (eleştiri) yıkıcı, yakıcı, sert; (önlem) sert, katı, sıkı; (denetim) sıkı, göz açtırmaz bir şekilde; (viraj) keskin, sert; (cevap) acımasız, katı; cinsel açıdan tahrik olmuş, azmış; (köpek) saldırgan, ısırıcı; (kız) hoş, çekici, sevimli; *ask* (mermi) hakiki, gerçek; meraklı, hevesli ***auf etw scharf sein*** (bir şeyi) elde etmek istemek, can atmak, çok istemek
Scharfblick /'şarfblik/ *m* doğru görüş, isabetli görüş; keskin bakış; sağgörü, basiret; seziş, kavrama, sezme, uzağı görme, geleceği kestirebilme
Schärfe /'şerfı/ *f* keskinlik, keskin olma; yakıcılık; acımasızlık, şiddet; katılık, sertlik, sıkılık; *fot* netlik, keskinlik; (yiyecek) acılık, keskinlik, baharatlılık; keskin düşünme, isabetli düşünme
schärfen /'şerfın/ *vt* bilemek, keskinleştirmek, keskin hale getirmek; sivriltmek, yontmak; (his, duygu) güçlendirmek; *ask* gerçek mermileri hazırlamak
scharfkantig /'şarfkantih/ *s* keskin kenarlı
Scharfmacher /'şarfmahır/ *m* başkalarını kışkırtan kişi, dolduruşçu, gaza getirici kişi; *mec* fanatik politikacı
Scharfschütze /'şarfşütsı/ *m ask* keskin nişancı

S

scharfsichtig /'şarfzi**h**ti**h**/ *s mec* uzak görüşlü, geleceği iyi görebilen, basiretli; *hek* uzağı iyi gören
Scharfsinn /'şarfzin/ *m* doğru görüşlülük, anlayış, zekâ, sorunun temelini kavrayabilme yeteneği
scharfsinnig /'şarfzini**h**/ *s* keskin zekâlı
Scharlach /'şarla**h**/ *m hek* kızıl hastalığı; *kon* koyu kırmızı, kızıl
scharlachrot /'şarla**h**ro:t/ *s* koyu kırmızı, kızıl, parlak kırmızı
Scharlatan /'şarlata:n/ *m* şarlatan; sahte hekim, şarlatan hekim
Scharnier /şar'ni:r/ *n tek* menteşe, reze
Schärpe /'şerpı/ *f* eşarp; omuz eşarbı; ucu püsküllü geniş bel kuşağı
Scharte /'şartı/ *f* çentik, kertik, diş; mazgal; gedik, rahne; çatlak, yarık, yırtık; *coğ* dağ yarığı
Schatten /'şatın/ *m* gölge; iz, eser, bırakıt; hayal, hayalet; gözaltı morlukları; mit ölenin ruhu, ruh ***das Reich der Schatten*** ölüler diyarı ***der Schatten des Baumes*** ağacın gölgesi ***im Schatten leben*** *mec* dikkat çekmeden yaşamak ***jdn in den Schatten stellen*** *mec* (birisini) gölgede bırakmak ***wie der Schatten folgen*** gölge gibi izlemek
Schattenriss /'şatınris/ *m* siluet, gölge görüntü, kesme resim
Schattenseite /'şatınzaytı/ *f* gölgeli taraf, gölgeli yan; *mec* madalyonun öbür yüzü, madalyonun tersi
Schattierung /şa'ti:rung/ *f* (resim) tarama, tramlama; (resim) gölgeleme, gölge tasviri; ince fark, nüans; *pol* siyasi yelpazedeki görüşlerden biri ***eine Schattierung dunkler*** bir ton daha koyu
schattig /'şati**h**/ *s* gölgeli; gölgelendiren ***schattiger Ort*** gölgelik yer
Schatulle /şa'tulı/ *f* çekmece; küçük sandık, sanduka; ziynet kutusu; hükümdar hazinesi
Schatz /şats/ *m* define, hazine; servet, varlık, zenginlik; *kon* sevgi sözcüğü ***mein Schatz!*** sevgilim!, canım!, hayatım!, aşkım!
Schatzamt /'şatsamt/ *n* hazine dairesi
schätzen /'şetsın/ *vt* saygı duymak, saymak, hürmet etmek, hürmet duymak; sanmak, zannetmek; (değer) takdir etmek, kıymetini bilmek; değer biçmek, paha biçmek, eder biçmek
Schatzmeister /'şatsmaystır/ *m* kasa sorumlusu
Schätzung /'şetsung/ *f* tahmin, oranlama, kestirme; saygı, saygınlık
schätzungsweise /'şetsungsvayzı/ *be* tahminen, aşağı yukarı, yaklaşık olarak, üç aşağı beş yukarı
Schätzwert /'şetsve:rt/ *m* takdiri değer, tahmini değer
Schau /şau/ *f* bakış, bakış açısı, görüş; teşhir, gösteri, sergi, sergileme; *kon* olay, hadise, durum, vaziyet ***etw zur Schau stellen*** sergilemek, teşhir etmek
Schaubild /'şaubilt/ *n* değişim grafiği, diyagram
Schaubühne /'şaubü:nı/ *f esk* tiyatro, gösteri sahnesi
Schauder /'şaudır/ *m* ürperme, ürperti, soğuktan titreme; saygı ile titreme; dehşet ve tiksinti
schauderhaft /'şaudır**h**aft/ *s* iğrenç, rezil, tiksindirici; feci, korkunç; berbat, çok kötü, çok fena ***schauderhaft sprechen*** çok kötü konuşmak ***schauderhaftes Wetter*** kötü hava
schaudern /'şaudırn/ *vi* tiksinti duymak, ürperti duymak, dehşet duymak
schauen /'şauın/ *vi* bakmak, görmek; *vt* ruhen yaşamak, kendi iç dünyasında yaşamak ***schau an!*** bak hele!
Schauer /'şauır/ *m metr* sağanak yağış; heyecan; ürperme, ürperti, titreme; *hek* sıtma nöbeti
Schauergeschichte /'şauırgışi**h**tı/ *f* korku hikâyesi
schauerlich /'şauırli**h**/ *s* korkunç, dehşet verici, tüyler ürpertici; kötü, berbat, fena, nahoş, elim
Schaufel /'şaufıl/ *f den* kürek; kürek, faraş; *anat* hayb. geyik boynuzu üst kısmı
schaufeln /'şaufıln/ *vt* küremek, küreklemek, kürekle alıp atmak ***ein Grab schaufeln*** çukuru küreklemek
Schaufenster /'şaufenstır/ *n* camekân, vitrin
Schaufensterbummel /'şaufenstırbumıl/ *m* vitrinlere bakma
Schaukel /'şaukıl/ *f* asma salıncak
schaukeln /'şaukıln/ *vt* sallamak; *vi* (salıncak) sallanmak ***auf den Knien schaukeln*** dizinde sallamak
Schaukelpferd /'şaukılpfe:rt/ *n* sallanır tahta at
Schaukelstuhl /'şaukılştu:l/ *m* sallanır koltuk, baba koltuğu

S

Schaulaufen /'şaulaufın/ *n sp* (buz pateni) yarışma dışı gösteri kayışı
Schaulustige(r) /'şaulustigı(r)/ *f/m* seyir meraklısı
Schaum /şaum/ *m* köpük; aldatıcı görüntü, köpük gibi eriyip gitme, hiçlik ***Schaum schlagen*** *mec* palavra sıkmak, atıp tutmak ***Träume sind Schäume*** rüyalar gerçek olmaz
Schaumbad /'şaumba:t/ *n* köpük banyosu, köpüklü banyo
schäumen /'şoymın/ *vi* (bira, dalga) köpüklenmek; *kon* öfkeden köpürmek, küplere binmek; (şarap, soda) kaynamak
Schaumgummi /'şaumgumi/ *n* lastik sünger, köpük kauçuk, döşeme kauçuğu
schaumig /'şaumih/ *s* köpüklü ***schaumiges Bier*** köpüklü bira
Schaumkrone /'şaumkro:nı/ *f* dalga köpüğü
Schaumschläger /'şaumşle:gır/ *m* çırpıcı, yumurta çırpıcısı; *kon* palavracı, uydurukçu, tıraşçı
Schaumstoff /'şaumştof/ *m* köpüklü plastik
Schaumwein /'şaumvayn/ *m* köpüklü şarap
Schauplatz /'şauplats/ *m* sahne, olay yeri
schaurig /'şaurih/ *s* dehşet verici, tüyler ürpertici, korkunç; fena, kötü, berbat, elim, acı, nahoş
Schauspiel /'şauşpi:l/ *n tiy* oyun, dram, sahneleme; olay görünümü, olayın gerçekleşmesi
Schauspieler /'şauşpi:lır/ *m tiy* aktör, erkek oyuncu; *mec* sahtekâr, rol yapan kişi
schauspielerisch /'şauşpi:lıriş/ *s* u *be* tiyatro sanatı yönünden
Schauspielhaus /'şauşpi:lhaus/ *n* tiyatro binası
Schausteller /'şauştelır/ *m* panayırda göstericisi; teşhirci; sergiye mal açan kişi, sergici
Scheck /şek/ *m tic* çek; *hayb* benekli hayvan ***einen Scheck ausstellen*** bir çek yazmak
Scheckbetrüger /'şekbıtrü:gır/ *m* çek sahtekârı
Scheckbuch /'şekbu:h/ *n tic* çek defteri, çek karnesi
Scheckheft /'şekheft/ *n tic* çek defteri, çek karnesi
scheckig /'şekih/ *s hayb* benekli, lekeli ***sich scheckig lachen*** *kon* gülmekten katılmak
Scheckkarte /'şekkartı/ *f* çek kartı
scheel /şe:l/ *s hek* şaşı, şaş; kıskanç ***jdn scheel ansehen*** yan gözle bakmak ***scheel sehen*** şaşı bakmak
Scheffel /'şefıl/ *m* ölçek, kile; büyük kova, fıçı, damacana
Scheibe /'şaybı/ *f* (ekmek, salam, peynir vs) dilim; yuvarlak levha; plak, disk; hedef levhası; pencere camı; kasnak; bakırcı çarkı, çömlekçi çarkı; bal gümeci ***eine Scheibe Brot*** bir dilim ekmek ***in Scheiben schneiden*** dilimlemek
Scheibenbremse /'şaybınbremzı/ *f oto* diskli fren, disk freni
Scheibenwischer /'şaybınvişır/ *m oto* cam sileceği, silecek
Scheich /şayh/ *m* şeyh; *kon* uzun süreli erkek arkadaş; baş belası
Scheide /'şaydı/ *f* kın, kılıf; sınır, hat, çizgi; *anat* vajina, döl yolu ***in die Scheide stecken*** kınına sokmak, kılıfına sokmak
scheiden /'şaydın/ *vt* ayırmak, bölmek, parçalamak, parçalarına ayırmak; *huk* boşamak; *kim* ayrıştırmak; *vi* terk etmek, bırakıp gitmek, ayrılmak ***aus dem Leben geschieden*** ölmek, hayattan ayrılmak ***eine Ehe scheiden*** *huk* bir evliliği sona erdirmek ***sich scheiden lassen*** boşanmak ***sich von jdm scheiden*** (birisinden) ayrılmak
Scheideweg /'şaydıve:k/ *m* dörtyol ağzı, kavşak ***am Scheidewege stehen*** *mec* önemli bir karar arifesinde bulunmak
Scheidung /'şaydung/ *f huk* boşanma, ayrılma; ayırma, ayrılma; *kim* ayrıştırma ***in Scheidung leben*** ayrı yaşamak
Scheidungsklage /'şaydungskla:gı/ *f huk* boşanma davası açma
Schein /şayn/ *m* banknot, kâğıt para; ışık, aydınlık, parıltı, ziya; görünüm, görünüş, görüntü; hayal; *tic* belge, kasa fişi, fatura; *tic* senet ***der Schein der Sonne*** güneş ışığı ***der helle Schein*** pırıltılı ışık ***zum Schein*** yalancıktan
scheinbar /'şaynba:r/ *s* görünen, zahiri, gerçek olmayan; *be* görünüşe göre, şeklen, görünüşte, güya ***scheinbare Bewegung*** görünür hareket ***scheinbare Dichte*** zahiri yoğunluk ***scheinbare Reinheit*** zahiri saflık ***scheinbare Tro-***

S

ckensubstanz zahiri kuru madde ***scheinbares spezifisches Gewicht*** zahiri bağıl ağırlık
Scheinehe /'şayne:ı/ *f* anlaşmalı evlilik, danışıklı evlenme; *esk* hülle
scheinen /'şaynın/ *vi* görüntüsü vermek, gibi görünmek ***es scheint*** ışık veriyor ***jdn zu kennen scheinen*** (birisini) tanıyormuş gibi görünmek ***krank scheinen*** hasta görünmek
Scheinfirma /'şaynfirma/ *f* paravan firma, naylon firma
scheinheilig /'şaynhaylih/ *s* ikiyüzlü, riyakâr, sahte dost, sahte sofu
Scheinheiligkeit /'şaynhaylihkayt/ *f* ikiyüzlülük, riyakârlık, sahte dostluk; sahte sofuluk, din tüccarlığı
Scheintod /'şaynto:t/ *m hek* letarji, koma
scheintot /'şaynto:t/ *s* ölmüş gibi, ölü gibi
Scheinwerfer /'şaynverfır/ *m oto* far; ışıldak, projektör
Scheiße /'şaysı/ *f* pislik, bok, nahoş durum, kötü durum
Scheitel /'şaytıl/ *m* tepe; tepe noktası; *mat* köşe, koni tepesi; saç ayırma çizgisi ***vom Scheitel bis zur Sohle*** tepeden tırnağa
Scheitelpunkt /'şaytılpunkt/ *m* tepe noktası, yüksek nokta; *gökb* zenit, başucu noktası
Scheiterhaufen /'şayıarhaufın/ *m* odun yığını; *esk* yasak kitapları yakma odunu; bir tür meyveli tatlı
scheitern /'şaytırn/ *vi den* karaya oturmak; *den* karaya vurmak; *mec* başarısızlığa uğramak
Schelle /'şelı/ *f* zil, çıngırak, çan; tokat, şamar, şaplak; *isk* karo; *tek* kelepçe, bilezik
Schellfisch /'şelfiş/ *m hayb* morina balığı
Schelm /şelm/ *m* şakacı, muzip, nüktedan, latifeci; *kon* kerata, haspa ***armer Schelm*** zavallı, biçare ***kleiner Schelm*** afacan çocuk, yaramaz çocuk
Schelmenstreich /'şelmınştrayh/ *m* muziplik, numara, oyun, şaka, dolap, düzen
schelmisch /'şelmiş/ *s* muzip, şakacı, nükteci, latif; (genç kız) şuh; kötülük etme
Schelte /'şeltı/ *f* azar, tekdir, paylama ***Schelte bekommen*** azar işitmek
schelten /'şeltın/ *vt* azarlamak, paylamak ***jdn wegen etw schelten*** (birisini bir nedenden dolayı) azarlamak
Schema /'şe:ma/ *n* şema; örnek; kroki, plan ***etw nach Schema behandeln*** (bir şeyi) alışılagelen şekilde ele almak ***nach Schema*** kafa yormadan, mekanik olarak, şematik olarak
schematisch /şe'ma:tiş/ *s* şematik; şema şeklinde, şema yardımıyla; klişe gibi, basmakalıp ***schematische Darstellung*** şematik gösterme, grafik gösterim ***schematische Zentralisierung*** şematik merkezleşme
schematisieren /şe:mati'zi:rın/ *vt* şematize etmek, bir şemaya sokmak; şemaya göre incelemek, şema ile göstermek
Schemel /'şe:mıl/ *m* tabure
Schemen /'şe:mın/ *m* hayal, hayalet, gölge, karaltı
schemenhaft /'şe:mınhaft/ *s* hayali, gölge gibi, karaltı gibi
Schenkel /'şenkıl/ *m anat* kalça kemiği, uyluk kemiği; *anat* baldır; pergel kolu, kerpeten kolu, makas kolu; *mat* kenar ***der Schenkel eines Winkels*** *mat* bir açının kenarı
schenken /'şenkın/ *vt* armağan etmek, sunmak, bağışlamak; içki sunmak, içki doldurmak; affetmek ***einem Kind das Leben schenken*** bir çocuğu dünyaya getirmek ***jdm Aufmerksamkeit schenken*** (birisini) dikkatle dinlemek ***jdm Vertrauen schenken*** (birisine) güven beslemek
Schenkung /'şenkung/ *f huk* hibe, bağışlama
Schenkungsurkunde /'şenkungsu:rkundı/ *f* hibe belgesi, bağış senedi
Scherbe /'şerbı/ *f* (cam, testi, vs.) kırık
Schere /'şe:rı/ *f* makas; *hayb* ıstakoz kıskacı, akrep kıskacı; *hayb* gem; *tek* çatal ok
scheren /'şe:rın/ *vt* kesmek, makaslamak; kırkmak, kırpmak ***es schert mich nicht!*** umrumda değil! ***Schafe scheren*** koyunları kırkmak ***scher dich zum Teufel!*** cehennem ol!, defol git! ***sich nicht um etw scheren*** (bir şey ile) ilgilenmemek ***sich scheren*** *kon* çekip gitmek ***was schert euch das?*** bundan size ne?
Schererei /şe:rı'ray/ *f* külfet, zahmet, sıkıntı, zorluk, eza

Scherkopf /'şe:rkopf/ *m* elektrikli tıraş makinesinin kesici kısmı
Scherz /şerts/ *m* şaka, nükte, latife ***Scherze machen über etw*** (bir şey ile) eğlenmek
Scherzartikel /'şertsarti:kıl/ *m* sürprizli eşya
scherzen /'şertsın/ *vt* dalga geçmek, alay etmek, alaya almak, kafa bulmak ***scherzen über etw*** (bir şeye) gül mek, takılmak ***scherzen mit jdm*** (birisiyle) alay etmek
scherzhaft /'şertshaft/ *s* şakacı, eğlendirici, alaylı, gürültücü; ciddi olmayan
Scheu /şoy/ *f* korku, korkaklık, çekinme, ürkeklik ***ohne alle Scheu*** korkmadan, çekinmeden, pervasızca ***Scheu haben vor etw*** (bir şeyden) ürkmek
scheu /şoy/ *s* korkak, ürkek, tırsık, çekingen, mahcup, utangaç; vahşi
scheuchen /'şoyhın/ *vt* korkutmak, ürkütmek ***das Pferd scheut*** at gemi azıya almış ***etw/jdn scheuchen*** (bir şeyden/birinden) ürkmek, korkmak, çekinmek ***sich scheuchen*** çekinmek, kaçınmak, tereddüt göstermek
Scheuerlappen /'şoyırlapın/ *m* tahta bezi, temizlik bezi
scheuern /'şoyırn/ *vt vi* temizlemek, silmek, ovalamak, paklamak; sürtmek, sürterek acıtmak ***der Schuh scheuert*** ayakkabı vuruyor ***sich scheuern*** kaşınmak
Scheune /'şoynı/ *f* tahıl ambarı, silo; samanlık
Scheusal /'şoyza:l/ *n* hilkat garibesi, ucube, çok çirkin kişi; can sıkıcı kişi; canavar katil
Schicht /şiht/ *f* tabaka, kat; yerb katman, tabaka; sınıf, zümre, sosyal tabaka; takım, vardiya, çalışma grubu, posta
Schichtarbeit /'şihtırbayt/ *f* vardiyalı çalışma
Schichtwechsel /'şihtveksıl/ *m* vardiya değişimi, nöbet değişimi, posta değişimi
Schick /şik/ *m* şıklık, zariflik, zarafet
schick /şik/ *s* şık, zarif, modaya uygun, hoşa giden; *kon* sevindirici, yakışık alır, yerinde; ince, kibar ***schicker Mann*** ince adam
schicken /'şikın/ *vt* göndermek, yollamak, postalamak; getirmek, çağırtmak, aratmak, baktırmak ***ein Paket schicken*** bir paket göndermek ***jdn um etw schicken*** (birisini bir şey için) göndermek, yollamak ***sich in sein Los schicken*** kaderine razı olmak ***sich schicken*** yakışmak, yakışık almak, yerinde olmak, uygun düşmek, uymak, cuk oturmak
Schickeria /şikı'ri:a/ *f kon* züppeler, jet sosyete
schicklich /'şiklih/ *s* uygun, yerinde; yakışan, münasip, yakışık alır
Schicksal /'şikza:l/ *n* yazgı, alınyazısı, kader, kısmet ***die Hand des Schicksals*** feleğin çemberi
schicksalhaft /'şikza:lhaft/ *s* alında yazılı olan, mukadder, kaderde olan
Schicksalsschlag /'şikza:lsşla:k/ *m* feleğin sillesi, kaderin cilvesi, felaket, talihsizlik
Schiebedach /'şi:bıdah/ *n oto* şıpıdak, açılır kapanır tavan
Schiebefenster /'şi:bıfenstır/ *n* sürme pencere
Schieber /'şi:bır/ *m* sürgü, sürme; fırıncı küreği; *tek* supap, valf, vana; *müz* onestep dansı; *mat* sürgülü hesap cetveli; *kon* karaborsacı, vurguncu; *hek* ördek, dışkılama gereci; çocuğun kolay yemek yiyebilmesi için kullanılan alet
Schiebetür /'şi:bıtü:r/ *f* sürme kapı
Schiebung /'şi:bung/ *f sp* şike, danışıklı dövüş; iltimas, hak yeme; karaborsa, vurgunculuk, hortumculuk
Schiedsgericht /'şi:tsgıriht/ *n huk* hakem kurulu
Schiedsrichter /'şi:tsrihtır/ *m sp* hakem; *huk* hakem kurulu üyesi
Schiedsspruch /'şi:tsşpruh/ *m huk* hakem kurulu kararı
schief /şi:f/ *s* eğri, çarpık, yamuk, meyilli; *mec* şüpheli, müphem, yanlış ***den Kopf schief halten*** *mec* boynu bükük tutmak ***jdn schief ansehen*** (birisine) kuşkuyla bakmak, şüpheyle yaklaşmak ***schief ansehen*** yan bakmak ***schief urteilen*** *huk* yanlış yargılamak ***schiefe Urteile*** *huk* yanlış yargılar
Schiefer /'şi:fır/ *m mad* arduaz, kayağan taşı, kayrak, damtaşı; *mad* şist
schieflachen /'şi:flahın/ *trvr kon* kahkahayla gülmek, katıla katıla gülmek
schielen /'şi:lın/ *vt hek* şaşı olmak ***nach etw schielen*** (bir şeye) gözucu ile bakmak, süzerek bakmak
Schienbein /'şi:nbayn/ *n anat* baldır kemiği

Schiene /'şi:nı/ *f* ray; *hek* kırık tahtası; *mim* demir putrel
Schienennetz /'şi:nınnets/ *n* demiryolu şebekesi
Schienenstrang /'şi:nınştrang/ *m* hat, demiryolu hattı
Schienenverkehr /'şi:nınferke:r/ *m* demiryolu ulaşımı, demiryolu trafiği
schier /şi:r/ *s* saf, katkısız, katışıksız, safi; lop, kemiksiz; *be* aşağı yukarı, hemen hemen, takribi ***schieres Fleisch*** lop et, kemiksiz et
Schießbefehl /'şi:sbıfe:l/ *m ask* ateş emri
Schießbude /'şi:sbu:dı/ *f* lunaparkta atış pavyonu
schießen /'şi:sın/ *vi* ateş etmek, kurşun sıkmak, silahı ateşlemek; boy atmak, gelişmek, büyümek; hızla koşmak, ok gibi öne fırlamak; hızla gitmek; *vt* (top) fırlatmak, atmak; ateş ederek öldürmek, ateş ederek vurmak; *mad* havaya uçurmak ***den Ball ins Tor schießen*** *sp* (futbol) topu kaleye atmak ***ein Bild schießen*** bir resim çekmek, bir fotoğraf çekmek ***ein Tor schießen*** *sp* (futbol) gol atmak ***es ist zum Schießen*** çok komik! ***Tränen schossen ihr in die Augen*** birden gözleri yaşla doldu
Schießerei /şi:sı'ray/ *f* silah atma; *ask* silahlı çatışma, müsadere
Schießpulver /'şi:spulvır/ *n ask* atış barutu
Schiff /şif/ *n* gemi, vapur, tekne; yelkenli; uzunca kap, uzun sepet; *mim* sahın; bas dizgi kabı
schiffbar /'şifba:r/ *s* gemiciliğe elverişli, gemiciliğe uygun, (nehir, kanal) geminin geçebileceği
Schiffbau /'şifbau/ *m* gemi yapımı, gemi inşası
Schiffbruch /'şifbru**h**/ *m* deniz kazası; gemi ile kaza yapma ***Schiffbruch erleiden*** *mec* başarısızlığa uğramak, gemiyi karaya oturtmak
schiffbrüchig /'şifbrü**h**i**h**/ *s* gemi kazasına uğramış, gemi kazazedesi
Schiffbrüchige(r) /'şifbrü**h**igı(r)/ *f/m* kazazede
Schiffsbesatzung /'şifsbızatsung/ *f* gemi personeli
Schiffswerft /'şifsverft/ *f* gemi inşa tezgâhı
Schiit /şi'i:t/ *m* şii
schiitisch /şi'i:tiş/ *s* Şii

Schikane /şi'ka:nı/ *f* kasıtlı çıkarılan zorluk, engelleme; *sp* (araba yarışı) özel zorluk engebesi ***mit allen Schikanen*** her aksesuarı bulunan
schikanieren /şika'ni:rın/ *vt* kasıtlı olarak güçlük çıkarmak, eziyet etmek, engel çıkarmak
Schild /şilt/ *m ask* kalkan; arma, rozet; *hayb* sığır/domuz omzu; *n* levha, tabela; trafik işareti, trafik levhası; *oto* plaka; etiket, yafta; güneşlik, siperlik; işaret direği ***etw im Schild führen*** gizli bir niyeti olmak ***jdn auf den Schild erheben*** (birisini) önder yapmak
Schilddrüse /'şiltdrü:zı/ *f hek* tiroit, kalkan bezi, tiroit
schildern /'şildırn/ *vt* canlı olarak anlatmak, tasvir etmek
Schilderung /'şildırung/ *f* tasvir, canlı anlatım
Schildkröte /'şiltkrö:tı/ *f hayb* kaplumbağa, tosbağa
Schilf /şilf/ *n bitk* kamış, saz, kiliz; hasırotu
Schilfrohr /'şilfro:r/ *n bitk* kamış, saz, kiliz; kamış sapı
schillern /'şilırn/ *vi* parıldamak, pırıldamak; harelenmek
schillernd /'şilırnt/ *s* yanardöner, şanjan
Schimmel /'şimıl/ *m kon* beyaz at, kır at, sütkırı; küf
schimmelig /'şimali**h**/ *s* küflü, küflenmiş
schimmeln /'şimıln/ *vi* küflenmek, küf tutmak
Schimmer /'şimır/ *m* parıltı, pırıltı, hafif ışık; *kon* eser, iz; *kon* zerre, nebze, nokta ***keinen Schimmer haben von etw*** *kon* (bir şeyden) zerre kadar bilgisi olmamak ***keinen Schimmer von Hoffnung*** hiç umut ışığı yok
schimmern /'şimırn/ *vi* pırıldamak, ışıldamak
Schimpanse /şim'panzı/ *m hayb* şempanze
Schimpf /şimpf/ *m* küfür, hakaret, onur kırma, aşağılayıcı söz veya davranış; leke, yüzkarası, kara leke; rezalet, rezillik
schimpfen /'şimpfın/ *vi* küfretmek, hakaret etmek, sövüp saymak; *vt* (birisini) azarlamak, fırçalamak ***auf etw schimpfen*** (bir şeye) küfretmek ***auf jdn etw schimpfen*** (birisine) aşağılayıcı lakap takmak ***auf jdn schimpfen*** (birisine)

S

küfretmek ***wüstes Schimpfen*** küfürbazlık

schimpflich /'şimpflih/ *s* (davranış, muamele) onur kırıcı, hakaret içerici, küçültücü, aşağılayıcı, küçültücü

Schimpfname /'şimpfna:mı/ *m* aşağılayıcı lakap, onur kırıcı lakap, alaysı ad

Schimpfwort /'şimpfvort/ *n* küfür, hakaret, sövgü, kaba söz ***derbes Schimpfwort*** kantarlı küfür, okkalı küfür

Schindel /'şindıl/ *f mim* çatı padavrası; *hek* kırık tahtası

schinden /'şindın/ *vt* : ***jdn schinden*** (birisine) eziyet etmek; kanını emmek, sömürmek ***sich schinden*** çok çalışmak, eşek gibi çalışmak, saçını süpürge etmek ***Vieh schinden*** hayvanı öldürerek derisini yüzmek ***Zigaretten schinden*** sigara otlanmak, beleşçilik etmek

Schinderei /şindı'ray/ *f* yorucu iş, eşek gibi çalışmayı gerektirici iş; eziyet etme, zulmetme; *esk* hayvan derisi yüzme yeri

Schindluder /'şintlu:dır/ *n* ölmek üzere olan hayvan ***mit jdm Schindluder treiben*** *kon* (birisine) kötü davranmak, zulmetmek; kafa bulmak, eğlenmek, alay etmek

Schinken /'şinkın/ *m* hayvanın kesilmiş budu; füme but; pastırma; kötü tablo; *sin* kötü çekilmiş film; büyük ciltli kitap

Schippe /'şipı/ *f* kürek; hüzünlü dudak, somurtkan dudak ***eine Schippe machen*** dudaklarını büzmek, suratını asmak

schippen /'şipın/ *vt* küremek, küreklemek ***Schnee schippen*** karları küremek

Schirm /şirm/ *m* şemsiye; güneşlik, siperlik; ekran, beyazperde; himaye, koruma, kol kanat germe; abajur, karpuz; mantar biçimindeki her şey, mantara benzer nesne

Schirmherr /'şirmher/ *m* koruyucu, hami, koruyan kimse

Schirmherrschaft /'şirmherşaft/ *f* koruma, himaye, kollama

Schirmmütze /'şirmmütsı/ *f* siperli kasket

Schirmständer /'şirmştendır/ *m* şemsiyelik

schizophren /şitso'fre:n/ *s hek* şizofren, şizofreniye tutulmuş, şizofren hastası

Schizophrenie /şitsofre'ni:/ *f hek* şizofreni

Schlacht /şlaht/ *f ask* meydan savaşı, kapsamlı savaş; yarışma; kavga, dövüş, hır

Schlachtbank /'şlahtbank/ *f* mezbaha kesimhanesi ***jdn zur Schlachtbank führen*** *mec* (birisini) darağacına göndermek

schlachten /'şlahtın/ *vt* (usulüne uygun) hayvan kesmek ***ein Huhn schlachten*** bir tavuk kesmek

Schlachtenbummler /'şlahtınbumlır/ *m sp* takımının deplasman maçlarına da giden fanatik taraftar; *esk* askeri olayları seyreden sivil şahıs

Schlachtfeld /'şlahtfelt/ *n* savaş alanı, muharebe meydanı

Schlachthof /'şlahtho:f/ *m* mezbaha, kesimhane

Schlachtplan /'şlahtpla:n/ *m kon* önceden planlama, önceden yapılan plan

Schlachtung /'şlahtung/ *f* hayvan kesimi

Schlacke /'şlakı/ *f mad* cüruf, maden posası; *hek* sindirilemeyen besin parçacıkları, dışkı; yerb lava parçası; *mec* değersiz şey, beş para etmez şey

Schlaf /şla:f/ *m* uyku, uyuma; şekerleme, kestirme ***ewiger Schlaf*** ebedi uyku, ölüm ***nicht im Schlafe!*** *kon* kesinlikle olmaz!

Schlafanzug /'şla:fantsu:k/ *m* pijama, yatak kıyafeti

Schläfchen /'şle:fhın/ *n* şekerleme, uyuklama, kestirme, kısa uyku

Schläfe /'şle:fı/ *f anat* şakak

schlafen /'şla:fın/ *vi* uyumak, yatmak; gecelemek, geceyi geçirmek; *kon* (işi boş vererek) dalga geçmek, savsaklamak ***mit jdm zusammenschlafen*** (birisiyle) yatmak, gecelemek, cinsel ilişkiye girmek ***schlafen gehen*** yatmaya gitmek ***schlaf nicht!*** uyuma!, dalga geçme! ***Schlafen Sie gut!*** iyi uykular! ***sich schlafen legen*** yatağa gitmek, yatmak ***zum Schlafen gehen*** yatmaya gitmek

schlaff /şlaf/ *s* güçsüz, dermansız, güçten düşmüş, gevşek; gayretsiz, çabasız; cansız, canlılığını yitirmiş ***schlaff werden*** gevşemek, sönmek; elastikiyetini kaybetmek, esnekliğini yitirmek

Schlaffheit /'şlafhayt/ *f* cansızlık, gevşeklik, gayretsizlik

Schlafgelegenheit /'şla:fgıle:gınhayt/ *f* konaklama yeri, gecelemeye mahsus yer

Schlafkrankheit /'şla:fkrankhayt/ *f hek* uyku hastalığı, çeçe sineğiyle bulaşan

S

uyku hastalığı
Schlaflied /'şla:fli:t/ *n* ninni
schlaflos /'şla:flo:s/ *s* uykusuz, hiç uyumadan
Schlaflosigkeit /'şla:flo:zi**h**kayt/ *f* uykusuzluk, uyuyamama
Schlafmittel /'şla:fmitıl/ *n* uyku ilacı; *kon* uyuşturucu madde
Schlafmütze /'şla:fmütsı/ *f esk* uyku takkesi; *kon* uykucu, uykuyu seven kişi
schläfrig /'şle:fri**h**/ *s* çok uykusu gelmiş, gözünden uyku akan; çok yorgun, bitkin, bitap; *mec* miskin, uyuşuk, tembel ***zweischläfriges Bett*** iki kişilik yatak
Schlafsack /'şla:fzak/ *m* uyku tulumu
Schlaftablette /'şla:ftabletı/ *f* uyku hapı
schlaftrunken /'şla:ftrunkın/ *s* yarı uykulu, uyku sersemi, mahmur, uykulu uykulu
Schlafwagen /'şla:fva:gın/ *m* yataklı vagon
schlafwandeln /'şla:fvandıln/ *vi hek* uykuda gezmek, uykuda gezinmek
Schlafzimmer /'şla:ftsimır/ *n* yatak odası
Schlag /şla:k/ *m* darbe, vuruş, çarpış; *metr* yıldırım düşmesi; *elek* elektrik çarpması; kaderin sillesi, feleğin tokadı; bela, tehlikeli olay; gümbürtü, vurma sesi; *hek* inme, felç; araba kapısı; *hayb* (kuş) ötme; *sp* smaç; *sp* (boks) yumruk; (orman) kel alan, ağaçsız yer; (orman) ağaçları budama, kesme; kafes, kutu; *biy* çarpma, ritmik hareket, atma; *metr* (dolu, kar) yağma, yağış; tabak dolusu yemek, kepçe dolusu yemek; *den* halat sarma, volta; cins, soy, tür; *den* iki dönüş yeri arası mesafesi; belirli ürün ekili tarla ***auf Schlag*** ard arda, peş peşe ***ein Schlag ins Wasser*** *kon* başarısızlık, hayal kırıklığı ***mit einem Schlag*** aniden, birdenbire, birden, ansızın ***Schlag auf Schlag*** ardı ardına ***Schlag neun Uhr*** saat tam dokuzda ***vom Schlage getroffen werden*** *hek* bir yerine inme inmek
Schlagabtausch /'şla:kaptauş/ *m* şiddetli tartışma
Schlagader /'şla:ka:dır/ *f anat* şah damarı
Schlaganfall /'şla:kanfal/ *m hek* apopleksi, beyin kanaması
schlagartig /'şla:karti**h**/ *s* aniden, birdenbire, ansızın
Schlagbohrer /'şla:kbo:rır/ *m tek* darbeli matkap
schlagen /'şla:gın/ *vt/vi* dövmek, pataklamak, vurmak; çakmak, aşk etmek, vurmak; (vurarak) çalmak, ses çıkarmak; yenmek, galip gelmek; istavroz çıkarmak, haç işareti yapmak; *müz* çalmak, tıngırdatmak; (tavla, satranç) taşı kırmak; *isk* fal açmak; kök salmak; (kanat) çırpmak; (kuş) ötmek, şakımak; gelip çatmak, vakti gelmek; (yağış) çarpmak, vurmak; (altın) basmak; inşa etmek, kurmak, çakmak; (yumurta) çırpmak ***den Baum schlagen*** ağacı kesmek ***die Hände vors Gesicht schlagen*** elleriyle yüzünü kapamak ***die Uhr schlägt 3*** saat üçü çalıyor ***ein Kreuz schlagen*** haç yapmak, istavroz çıkarmak ***ein schlagender Beweis*** inandırıcı bir delil ***in die Wand den Nagel schlagen*** duvara çivi çakmak ***sich mit jdm um etw schlagen*** (birisiyle bir şey için) çarpışmak, vuruşmak ***sich schlagen*** düello etmek ***zwei Fliegen mit einer Klappe schlagen*** bir taşla iki kuş vurmak
Schlager /'şla:gır/ *m* popüler şarkı, sevilen melodi; rağbet gören mal; başarılı eser
Schläger /'şle:gır/ *m sp* (eskrim) meç; *sp* (golf) sopa; *sp* (tenis) raket; *mec* kavgacı kişi
Schlägerei /şle:gı'ray/ *f* dövüş, kavga; çatışma, çarpışma, müsadere
Schlagersänger /'şla:gırzengır/ *m* pop şarkıcısı
schlagfertig /'şla:kferti**h**/ *s* hazırcevap; nüteli cevap, esprili karşılık
Schlagfertigkeit /'şla:kferti**h**kayt/ *f* hazırcevaplık
Schlaginstrument /'şla:kinstrument/ *n müz* vurmalı çalgı
schlagkräftig /'şla:kkrefti**h**/ *s ask* savaş gücü yüksek; inandırıcı, ikna edici
Schlagloch /'şla:klo**h**/ *n* yoldaki çukur, yoldaki asfalt kırıklıkları
Schlagrahm /'şla:kra:m/ *m* krem şanti
Schlagring /'şla:kring/ *m* muşta; *müz* mızrap
Schlagsahne /'şla:kza:nı/ *f* krem şanti
Schlagseite /'şla:kzaytı/ *f den* gemi yan yatması, geminin yan yatması ***Schlagseite haben*** (sarhoşluktan) yalpalamak
Schlagwort /'şla:kvort/ *n* slogan; tanıtıcı söz
Schlagzeile /'şla:ktsaylı/ *f* (gazete) man-

S

şet ***Schlagzeilen machen*** sansasyonel biçimde isim yapmak

Schlagzeug /'şla:ktsoyk/ *n müz* bateri

Schlagzeuger /'şla:ktsoygır/ *m müz* baterist

schlaksig /'şlakzih/ *s* beceriksiz uzun boylu

Schlamassel /şla'masıl/ mn *kon* kargaşa, aksilik, karışıklık, ters gitme

Schlamm /şlam/ *m* çamur, balçık

schlammig /'şlamih/ *s* çamurlu, balçıklı

Schlampe /'şlampı/ *f kon* pasaklı karı, rüküş kadın; *mec* (hakaret) sürtük

Schlamperei /şlampı'ray/ *f* düzensizlik, tertipsizlik; üstünkörü iş

schlampig /'şlampih/ *s* yırtık pırtık, deli deşik, yama bere içinde; savsak, düzensiz, tertipsiz

Schlange /'şlangı/ *f hayb* yılan; *hayb* kuyruk;; *ask* esk. uzun menzilli top; uzun ve kıvrık biçimde şey; hain kişi, riyakâr kişi ***Schlange stehen*** kuyrukta beklemek, sırada beklemek

schlängeln /'şlengıln/ : ***sich schlängeln*** yılankavi gitmek, kıvrılmak

Schlangengift /'şlangıngift/ *n* yılan zehiri

schlank /şlank/ *s* ince ve uzun boylu, narin, sırık gibi

Schlankheit /'şlankhayt/ *f* ince ve uzun boyluluk, sırık bigi olma

Schlankheitskur /'şlankhaytsku:r/ *f* zayıflama kürü

schlapp /şlap/ *s* yorgun argın, bitkin, bitap; uyuşuk, miskin

Schlappe /'şlapı/ *f* başarısızlık, yenilgi; *ask* yenilgi; zarar, ziyan

Schlappen /'şlapın/ *m kon* şıpıdık, ev terliği

schlappmachen /'şlapmahın/ *trvi kon* yorgunluktan çatlamak, çöküp kalmak, bitmek, tükenmek, bitap düşmek

Schlappschwanz /'şlapşvants/ *m kon* zayıf ve uyuşuk kişi

schlau /şlau/ *s* açıkgöz, kurnaz, düzenbaz, uyanık

Schlauberger /'şlaubergır/ *m kon* kurnaz kişi, uyanık kişi, açıkgöz kimse, akıl kumkuması

Schlauch /şlauh/ *m* hortum, lastik; tulum; ağır iş, yapılması zor iş, üstesinden gelmesi zor iş

Schlauchboot /'şlauhbo:t/ *n den* şişme bot, lastik bot

Schläue /'şloyı/ *f* hilekârlık, kurnazlık, açıkgözlük

Schlaufe /'şlaufı/ *f* ilmik, düğüm, halka

Schlauheit /'şlauhayt/ *f* hilekârlık, kurnazlık, açıkgözlük

Schlawiner /şla'vi:nır/ *m kon* kurnazın teki, uyanığın biri, açıkgözün teki

schlecht /şleht/ *s* fena, kötü, bayağı, adi, berbat; hasta, rahatsız; ahlakça kötü, namussuz; (gıda) bozuk, bozulmuş; (hafıza, idrak) zayıf ***mir wird schlecht*** hastalanıyorum ***schlecht und recht*** şöyle böyle ***schlechte Ware*** kötü kalite mal ***schlechter Leiter*** kötü iletken ***schlechter Ruf*** kötü şöhret ***schlechtes Drücken*** yetersiz basınç ***schlechtes Wetter*** kötü hava

schlechterdings /'şlehtırdings/ *be* mutlaka, kesinlikle, kesinkes, kesin olarak; tamamen, hep

schlechthin /'şlehthin/ *be* kesinlikle, mutlaka, mutlak biçimde, kesinkes

schlechtweg /'şlehtvek/ *s* lafı fazla uzatmadan, kestirmeden, en kısa yoldan, açıkça, açık söylemek gerekirse

schlecken /'şlekın/ *vt* yalamak ***Eis schlecken*** dondurmayı yalamak

Schleckerei /şleka'ray/ *f* tatlı şeyler

Schleckermaul /'şlekırmaul/ *n kon* tatlı düşkünü, tatlı yemekleri yemeyi çok seven kişi

schleichen /'şlayhın/ *vi* usulca sokulmak, sessizce yaklaşmak, yavaşça sokulmak; yavaş yavaş ilerlemek ***die Zeit schleicht*** vakit geçmek bilmiyor ***schleichen des Fiebers*** *hek* gizli sıtma

schleichend /'şlayhınt/ *s* yerde sürünen; yavaş yavaş ilerleyen

Schleichhandel /'şlayhhandıl/ *m* kaçakçılık; karaborsa, vurgunculuk

Schleichweg /'şlayhve:k/ *m* gizli yol

Schleichwerbung /'şlayhverbung/ *f* gizli reklam, örtülü reklam

Schleier /'şlayır/ *m* peçe, tül örtü, yaşmak, eşarp; duvak; donukluk, matlık; sis, ince duman perdesi ***den Schleicher nehmen*** *mec* rahibe olmak

schleierhaft /'şlayırhaft/ *s kon* gizli, esrarengiz, gizemli, müphem, karanlık, anlaşılmaz, örtülü, üstü kapalı

schleifen /'şlayfın/ *vt* (değerli taş) yontmak, kesmek, tıraş etmek; *ask* eğitimde canını çıkarmak; bilemek, bileyletmek; *vi* sürtünmek ***die Füße schleifen lassen*** ayakları sürümek ***eine Festung***

S

schleifen bir kaleyi yerle bir etmek ***etw irgendwohin schleifen*** (bir şeyi) sürükleyerek götürmek; *müz* liyezon yapmak ***geschliffene Sätze*** *dilb* düzgün cümleler

Schleifmaschine /'şlayfmaşi:nı/ *f* biley makinesi

Schleifpapier /'şlayfpapi:r/ *n* zımpara kâğıdı

Schleim /şlaym/ *m* sümük, balgam, salya

Schleimhaut /'şlaymhaut/ *f hek* mukoza

schleimig /'şlaymih/ *s* sümüklü, sümüksel, sümüksü; *mec* dalkavuk, yapışkan, yaltakçı, cıvık

schleimlösend /'şlaymlö:zınt/ *s hek* balgam sökücü, ekspektoran

schlemmen /'şlemın/ *vi* har vurup harman savurmak, zevk ve safa içinde yaşamak

schlendern /'şlendırn/ *vt* gezinmek, dolanmak, yavaş yavaş dolaşmak; sallana sallana yürümek

Schlendrian /'şlendria:n/ *m* savsaklama, ihmalkârlık, işi oluruna bırakma

schlenkern /'şlenkırn/ *vt* (el, kol) sallamak

Schleppdampfer /'şlepdampfır/ *m den* şilep; yük gemisi

Schleppe /'şlepı/ *f* (kadın kıyafeti) yerde sürünen kuyruk

schleppen /'şlepın/ *vi* höpürdeterek içmek, şapırdatarak içmek; şap şup yürümek, su sıçratarak yürümek; *vt* sürüklemek, çekmek, çekerek götürmek; taşımak, çekerek taşımak; sürükleyerek götürmek; (elbise) eskiyinceye kadar giymek ***jdn schleppen*** (birisini) sürükleyerek götürmek ***sich schleppen*** güçlükle ilerlemek, sürüklenerek gitmek

schleppend /'şlepınt/ *s* yavaş, ağır

Schlepper /'şlepır/ *m* çekici, römorkör; traktör

Schlepplift /'şleplift/ *m* kayak lifti

Schleppnetz /'şlepnets/ *n* şalü, sürütme ağı

Schlepptau /'şleptau/ *n oto* çekme halatı ***jdn ins Schlepptau nehmen*** *kon* (birisini) yönetimine almak, tahakkümü altına almak

Schleuder /'şloydır/ *f* sapan; *tek* santrifüjör; çamaşır kurutucusu, santrifüjlü çamaşır makinesi; *ask* mancınık

schleudern /'şloydırn/ *vt* atmak, fırlatmak, savurmak, kaldırıp atmak; *vi oto* patinaj yapmak, kaymak; *ask* sapanla atmak; mancınıkla fırlatmak

Schleuderpreis /'şloydırprays/ *m* çok ucuz fiyat

Schleudersitz /'şloydırzits/ *m* (uçak) otomatik fırlatma koltuğu

schleunigst /'şloynigst/ *be* derhal, olabildiğince çabuk, mümkün olduğunca çabuk, bir an evvel

Schleuse /'şloyzı/ *f* savak, su bendi; kanalizasyon arkı; gemi taşıma havuzu; (uzaygemisi) basınç dengeleme ünitesi

schlicht /şliht/ *s* basit, sade, adi, sıradan; alçakgönüllü; saf, bön, naif; düz, yatık ***schlichtes Haar*** düz saç

schlichten /'şlihtın/ *vt* barış sağlamak, uzlaştırmak, barıştırmak; (deri) yumuşatmak; tesviye etmek, düzleştirmek

Schlichtheit /'şlihthayt/ *f* sadelik, gösterişsizlik

Schlichtung /'şlihtung/ *f* uzlaştırma, barıştırma, barış sağlama

schließen /'şli:sın/ *vt* kilitlemek, sürgülemek; kapamak, kapatmak; bitirmek, sona erdirmek; saklamak, muhafaza etmek; sonuç çıkarmak, anlam çıkarmak; yapmak, etmek, meydana getirmek; *vi* kapanmak ***die Augen schließen*** *mec* gözlerini kapamak, ölmek ***etw in sich schließen*** içinde taşımak, içinde saklamak ***Freundschaft schließen*** dostluk kurmak ***jdn in die Arme schließen*** (birisini) kucaklamak ***schließen müssen*** bitirmek zorunda olmak

Schließfach /'şli:sfah/ *n* posta kutusu

Schließung /'şli:sung/ *f* kapama, kapatma, sona erme, hitam bulma

Schliff /şlif/ *m* parlatma, cilalandırma, perdahlatma; tıraş etme; cila, perdah, parlatma; (değerli taş) cilalanmış yer, perdahlanmış yer; *mec* eğitim, terbiye

schlimm /şlim/ *s* kötü, berbat, fena, rezil; tehlikeli, vahim, kritik; *kon* hasta, rahatsız

schlimmstenfalls /'şlimstınfals/ *be* en kötü, çok çok, en olumsuz durumda

Schlinge /'şlingı/ *f* ilmik, düğüm, halka, göz; tehlikeli durum, kritik durum, vahim durum; tuzak, fak, ağ ***sich aus der Schlinge ziehen*** son anda kurtulmak, son anda yırtmak

Schlingel /'şlingıl/ *m* yaramaz çocuk, afacan; çapkın, kerata; açıkgöz, uyanık, anasının gözü; (kız) haspa

S

schlingen /'şlingın/ *vt* sarmak, sarmalamak; bükmek, örmek; düğümlemek; atıştırmak, tıkınmak; *vt den* (gemi) yalpa vurmak ***sich schlingen*** sarılmak
schlingern /'şlingırn/ *vi* (gemi) yalpalamak
Schlingpflanze /'şlingpflantsı/ *f bitk* sarmaşık, sarmaşık türde bitki
Schlips /şlips/ *m* kravat, boyunbağı
Schlitten /'şlitın/ *m tek* (makine) yatak, sürgü; kızak; *den* kızak; (daktilo) şaryo; *kon* uşak, otomobil
Schlittschuh /'şlitşu:/ *m* paten, paten kızağı ***Schlittschuh laufen*** patinaj yapmak
Schlittschuhlaufen /'şlitşu:laufın/ *n* patinaj
Schlittschuhläufer /'şlitşu:loyfır/ *m* patenci, patinajcı
Schlitz /şlits/ *m* kertik, çentik; (etek) yırtmaç; mazgal; yarık; çatlak; mektup atma deliği
Schlitzohr /'şlitso:r/ *n anat* yarık kulakmemesi; *mec* kurnaz; üçkâğıtçı, dolandırıcı, sahtekâr, hilekâr
schlitzohrig /'şlitso:rih/ *s* kurnazca; hileli
Schloss /şlos/ *n* saray, şato; kilit; *ask* (silah) şaryo ***jdn hinter Schloss und Riegel setzen*** (birisini) hapse atmak, kodese tıkmak
Schlosser /'şlosır/ *m* çilingir, anahtarcı; tornacı, tesviyeci
Schlosserei /şlosı'ray/ *f* çilingir atelyesi, anahtarcı dükkânı; tesviyehane, tornacı
Schlot /şlo:t/ *m* baca; sevimsiz kişi; hafifmeşrep kadın ***wie ein Schlot rauchen*** baca tüter gibi sigara tüttürmek
schlotterig /'şlotırih/ *s* sallanan, titreyen; sarkık, geniş; kırışık, ütülenmemiş; gevşek, boş
Schlucht /şluht/ *f* patika, boğaz, dağ geçidi; yar, uçurum
schluchzen /'şluhtsın/ *vi* zırıl zırıl ağlamak, hüngür hüngür ağlamak
Schluchzer /'şluhtsır/ *m* zırıldayarak ağlama, hüngür hüngür ağlama, hıçkırarak ağlama
Schluck /şluk/ *m* yudum ***einen Schluck trinken*** az içki içmek, bir yudum içmek
Schluckauf /'şlukauf/ *m* hıçkırık tutması
schlucken /'şlukın/ *vt* yutmak, devirmek, mideye indirmek; *mec* dayanmak, sineye çekmek
Schlucker /'şlukır/ *m* : ***armer Schlucker*** zavallı adam, fakir adam, fukara adam
Schluckimpfung /'şlukimpfung/ *f hek* ağızdan aşılama
schludern /'şlu:dırn/ *vt* düzensiz çalışmak, savsak çalışmak, üstünkörü iş görmek
schlummern /'şlumırn/ *vi* uyumak, uyuklamak, içi geçmek; dinlenmek
Schlund /şlunt/ *m anat* gırtlak, boğaz; *mec* uçurum, yar
schlüpfen /'şlüpfın/ *vi* delikten kayarak çıkmak ***in den Mantel schlüpfen*** paltoyu sırtına geçirmek
Schlüpfer /'şlüpfır/ *m* bayan külotu
Schlupfloch /'şlupfloh/ *n* barınak, sığınak, sığınma yeri
schlüpfrig /'şlüpfrih/ *s* kaypak, kaygan; edepsiz; (söz) çift anlamlı, kaypak ***schlüpfriger Witz*** müstehcen fıkra
Schlupfwinkel /'şlupfvinkıl/ *m* barınak, sığınak, gizli sığınma yeri
schlurfen /'şlurfın/ *vi* ayakları sürüyerek yürümek
schlürfen /'şlürfın/ *vi* höpürdeterek içmek, şapır şupur yemek, şapırdatarak yemek
Schluss /şlus/ *m* son, hitam, bitim; netice, sonuç; kapanış kapanma, kapatma, bitim, bitme, sona erme; *fel* çıkarım, edinim ***am Schluss*** sonunda ***bis zum Schluss*** kapanıncaya kadar, sonuna dek ***mit jdm Schluss machen*** (birisi ile) ilişkisini sona erdirmek ***Schluss damit!*** yeter!, kapat artık bu konuyu! ***Schluss machen mit*** son vermek ***Schlüsse ziehen aus etw*** (bir şeyden) sonuçlar çıkarmak, ders almak
Schlussbemerkung /'şlusbımerkung/ *f* son söz
Schlüssel /'şlüsıl/ *m* anahtar; *müz* nota anahtarı; *tek* cıvata, anahtar; sebep, neden
Schlüsselbein /'şlüsılbayn/ *n anat* köprücük kemiği
Schlüsselbund /'şlüsılbunt/ *m* anahtar destesi
Schlüsseldienst /'şlüsıldi:nst/ *m* çilingir servisi
Schlüsselkind /'şlüsılkint/ *n kon* çalışan annenin evde bıraktığı çocuk
Schlüsselloch /'şlüsılloh/ *n* anahtar deliği, kilit deliği
Schlussfolgerung /'şlusfolgırung/ *f* sonuç, edinim, ders, mantıksal çıkarım
schlüssig /'şlüsih/ *s* kararlı; mantıklı,

doğru, zekice, inandırıcı ***sich schlüssig werden*** karar vermek
Schlusslicht /'şlusli**h**t/ *n oto* arka lamba; *sp* sıralamada sonuncu, en arka
Schlussstrich /'şlusştri**h**/ m ***einen Schlussstrich unter etw ziehen*** *mec* (bir işi) tamamlamak, bitirmek, sona erdirmek
Schmach /şma:**h**/ *f* rezalet, kepazelik, onur kırılması, aşağılanma, onuru zedelenme
schmachten /'şma**h**tın/ *vi* açlık çekmek, aç kalmak; susuz kalmak, susuzluk çekmek ***nach jdm schmachten*** (birisini) özlemek
schmächtig /'şme**h**ti**h**/ *s* zayıf, cılız, çelimsiz; ince, narin; güçsüz, kuvvetsiz
schmachvoll /'şma:**h**fol/ *s* rezil; namusunu lekeleyen; kibrini kıran
schmackhaft /'şmak**h**aft/ *s* lezzetti, enfes
schmähen /'şme:ın/ *vt* hakaret etmek, küfretmek, onurunu incitmek, kırmak, aşağılamak
schmählich /'şme:li**h**/ *s* alçakça, rezilce, kepazece, adice
schmal /şma:l/ *s* dar, ensiz, ince; zayıf, çelimsiz, ince, dal gibi, kuru; kıt, az, seyrek, nadir ***schmales Einkommen*** dar gelir, az gelir
schmälern /'şme:lırn/ *vt* daraltmak, küçültmek; değerini düşürmek, değerini indirmek, azaltmak
Schmälerung /'şme:lırung/ *f* daraltma, küçültme, küçülme; değerini düşürme
Schmalfilmkamera /'şma:lfilmkamera/ *n* dar film makinesi
Schmalz /şmalts/ *n* eritilmiş yağ, sızma yağ; komik derecede duygusal şarkı/şiir ***im Schmalz sitzen*** varlık içinde yaşamak, bolluk içinde yaşamak ***ohne Salz und Schmalz*** tatsız tuzsuz, yavan
schmalzig /'şmaltsi**h**/ *s* yağlı; aşırı duygusal, komik derecede duygusal
schmarotzen /'şmarotsın/ *vi* beleşçilik etmek, otlakçılık etmek, otlanmak, başkasının sırtından geçinmek
Schmarotzer /şma'rotsır/ *m bitk* hayb. asalak, parazit; *kon* otlakçı, beleşçi, avantacı, bedavacı
Schmarren /'şmarın/ *m* bir tür hamur tatlısı; kıvır zıvır, değersiz şey
schmatzen /'şmatsın/ *vi* ağzını şapırdatmak, ağzıyla tiksinti uyandırıcı ses çıkarmak; şapur şupur öpüşmek
schmecken /'şmekın/ *vt* tadına bakmak, tatmak; *vi* tadında olmak; tadını beğenmek, tadı hoşuna gitmek; mış gibi görünmek, gibi görünmek ***es schmeckt ihm*** tadı hoşuna gidiyor ***lassen Sie sich es gut schmecken!*** afiyet olsun! ***schmeckt euch!*** yemek hoşunuza gitti mi! ***schmeckt's?*** tadı nasıl?
Schmeichelei /şmay**hı**'lay/ *f* yağcılık, dalkavukluk, yüze gülme, yüzüne gülme
schmeichelhaft /'şmay**hı**l**h**aft/ *s* hoşa giden, iç gıcıklayıcı, gönül okşayıcı
schmeicheln /'şmay**hı**ln/ *vi* yağ çekmek, pohpohlamak, tatlı dil dökmek, yüze gülmek, dalkavukluk etmek
Schmeichler /'şmay**hl**ır/ *m* komplimancı, pohpohçu, yüze gülen, yağcı, dalkavuk
schmeichlerisch /'şmay**hl**ıriş/ *s* yaltakçı, yılışık
schmeißen /'şmaysın/ *vt* atmak, fırlatıp atmak ***eine Runde schmeißen*** herkese içki ısmarlamak ***eine Sache schmeißen*** işin üstesinden gelmek
schmelzen /'şmeltsın/ *vi mec* erimek, için için erimek, içi geçmek, yüreği parçalanmak; azalmak, aza inmek; *vt* eritmek; *kim* ergitmek ***der Schnee ist geschmolzen*** kar eridi ***Eisen schmelzen*** demiri ergitmek
Schmelzkäse /'şmeltske:zı/ *m* eritme peyniri, erimiş peynir
Schmelzpunkt /'şmeltspunkt/ *m fiz* ergime noktası
Schmelztiegel /'şmeltsti:gıl/ *m* pota, eritme kabı
Schmerbauch /'şme:rbau**h**/ *m kon* şiş göbek, koca göbek
Schmerz /şmerts/ *m* ağrı, sancı, sızı; acı, dert, üzüntü, elem ***hast du sonst noch Schmerzen?*** *mec* başka sıkıntın var mı?
schmerzempfindlich /'şmertsempfintli**h**/ *s* acıya karşı duyarlı, acıya karşı hassas
schmerzen /'şmertsın/ *vt/vi* acıtmak, acı vermek; üzmek, sıkıntıya sokmak ***die Wunde schmerzt*** yara acı veriyor
Schmerzensgeld /'şmertsınsgelt/ *n huk* manevi tazminat; acı parası
schmerzfrei /'şmertsfray/ *s* ağrısız, sancısız, sızısız
schmerzhaft /'şmerts**h**aft/ *s* acıtan, acı veren, fiziksel acıya yol açan
schmerzlich /'şmertsli**h**/ *s* üzücü, üzüntü

S

veren, üzen ***ein schmerzlicher Verlust*** üzüntü verici bir kayıp ***ein schmerzliches Verlangen*** çok büyük özlem

schmerzlos /'şmertslo:s/ *s* acısız, sancısız ***kurz und schmerzlos*** *mec* hemen ve sorunsuz

Schmerzmittel /'şmertsmitıl/ *n* ağrı kesici ilaç; zahmetsiz

schmerzstillend /'şmertsştilınt/ *s* ağrı kesici, ağrı dindirici

Schmerztablette /'şmertstabletı/ *f* ağrı kesici tablet

Schmetterling /'şmetırling/ *m hayb* kelebek

schmettern /'şmetırn/ *vt* fırlatmak, fırlatarak atmak, yere atmak; *kon* içki içmek

Schmied /şmi:t/ *m* demirci

Schmiede /'şmi:dı/ *f* demirhane, demirci dükkânı

schmiedeeisern /'şmi:dıayzırn/ *s* elde dövülmüş demirden yapılma

Schmiedehammer /'şmi:dıhamır/ *m* demirci çekici

schmieden /'şmi:dın/ *vt mad* çekiçle dövmek, örselemek; *mec* çevirmek, kurmaca yapmak, kurmak, düzenlemek, tertip etmek

schmiegsam /'şmi:kza:m/ *s* bükülür, eğilir, bükülgen; yumuşak başlı, uysal, selim

Schmiere /'şmi:rı/ *f* madeni yağ; zift gibi madde, yağlı ve yapışkan madde; *tiy* gezginci tiyatro; *mec* kötek, dayak, patak; yapışıcı pislik ***Schmiere stehen*** *kon* (yasadışı işlerde) erketeye yatmak, gözcü olmak, sotaya yatmak

schmieren /'şmi:rın/ *vt* yağlamak, yağ sürmek; sürmek; rüşvet vermek; karalamak, çiziktirmek ***jdm eine schmieren*** (birisine) tokat patlatmak ***Marmelade aufs Brot schmieren*** ekmeğin üzerine marmelat sürmek

Schmiergeld /'şmi:rgelt/ *n* rüşvet

schmierig /'şmi:rih/ *s* yağlı; çamurlu, balçıklı; kirli, pis, pasaklı; yapışkan

Schmiermittel /'şmi:rmitıl/ *n* yağlama maddesi, yağlayıcı madde

Schmieröl /'şmi:rö:l/ *n* yağ

Schmierseife /'şmi:rzayfı/ *f* arapsabunu

Schminke /'şminkı/ *f* makyaj malzemesi

schminken /'şminkın/ *vt* makyaj yapmak; allayıp pullamak; olduğundan güzel göstermek ***sich schminken*** makyajını yapmak

schmirgeln /'şmirgıln/ *vt* zımparalamak

Schmiss /şmis/ *m* darbe, vuruş; espri; canlılık, coşkunluk; kılış yarası

Schmöker /'şmö:kır/ *m* değersiz eski kitap; *kon* sigara tiryakisi

schmökern /'şmö:kırn/ *vi* tütün içmek, tüttürmek; *kon* kitaplara şöylesine bakmak, göz gezdirmek

schmollen /'şmolın/ *vi* darılmak, küsmek; surat yapmak, surat asmak ***mit jdm schmollen*** (birisine) darılmak, küsmek, gücenmek; somurtmak, surat yapmak

schmoren /'şmo:rın/ *vt* (et, yemek) buğuda pişirmek, buğulamak; *vi* kızarmak, pişmek; *mec* sıcaktan yanmak, sıcaktan pişmek; (evrak) bekletmek, işlemlerini yapmamak ***unter Sonne schmoren*** güneşin altında yanıp pişmek

Schmuck /şmuk/ *m* ziynet, takı; süs; dekor, dekorasyon; süsleme

schmücken /'şmükın/ *vt* süslemek, dekore etmek ***sich schmücken*** süslenmek

Schmuggel /'şmugıl/ *m* kaçakçılık, hortumculuk

schmuggeln /'şmugıln/ *vt vi* kaçakçılık yapmak; kaçak olarak bir yere girmek, gizlice girmek, çaktırmadan girmek

Schmuggelware /'şmugılwa:rı/ *f* kaçak mal

Schmuggler /'şmuglır/ *m* kaçakçı, hortumcu

schmunzeln /'şmuntsıln/ *vi kıs* kıs gülmek, çaktırmadan gülmek, bıyık altından gülmek; gülmek, gülümsemek

schmusen /'şmu:zın/ *vi kon* zevzeklik etmek, gevezelik etmek ***mit jdm schmusen*** (birisini) okşamak

Schmutz /şmuts/ *m* kir, pislik, leke; çamur, balçık; ahlaksızca şey, yasadışı şey; kara leke, alın lekesi ***jdn mit Schmutz bewerfen*** *mec* (birisine) iftira etmek, çamur atmak

schmutzabweisend /'şmutsapvayzınt/ *s* kir itici, kirlenmez

Schmutzfink /'şmutsfink/ *m mec* pis insan, kirli insan

Schmutzfleck /'şmutsflek/ *m* kir lekesi, leke

schmutzig /'şmutsih/ *s* kirli, pis, pasaklı, lekeli; *kon* açık saçık, müstehcen

Schnabel /'şna:bıl/ *m hayb* gaga; *mec* ağız, çene, konuşma; (bidon, güğüm vs) ağız; klarnet ağızlığı ***halt den Schnabel!*** çeneni kapa!, sus!

Schnake /'şna:kı/ *f hayb* sivrisinek
Schnalle /'şnalı/ *f* (saç) toka; *mec* orospu, fahişe; *hayb* köpek cinsiyet organı
schnallen /'şnalın/ *vt* tokalamak, toka takmak, kemeri bağlamak
schnalzen /'şnaltsın/ *vi* (ağız) şapırdatmak, şapırdatarak ses çıkarmak; (kamçı, kırbaç) şaklatmak
schnappen /'şnapın/ *vt* ele geçirmek, yakalamak, kapmak; bir şeyi ağızla kapmaya çalışmak; *vi* birden hareket etmek, aniden harekete geçmek ***jetzt hat's geschnappt!*** artık yeter! ***nach Luft schnappen*** nefes almaya çalışmak
Schnappschuss /'şnapşus/ *m fot* enstantane, şipşak foto
Schnaps /şnaps/ *m* şnaps, rakı benzeri içki
Schnapsglas /'şnapsgla:s/ *n* içki kadehi
Schnapsidee /'şnapside:/ *f kon* çılgın fikir, çılgınca buluş
schnarchen /'şnarhın/ *vi* horlamak, horuldamak
schnattern /'şnatırn/ *vi hayb* (ördek, kaz) vak vak etmek; dırdır etmek, söylenmek, vırvır etmek; (korku, soğuk, heyecan) tir tir titremek
schnauben /'şnaubın/ *vi* burnundan solumak; öfkeden kudurmak, ateş püskürmek ***sich schnauben*** sümkürmek, burnunu atmak ***vor Wut schnauben*** öfkesinden köpürmek, ateş püskürmek
schnaufen /'şnaufın/ *vi* solumak, nefes almak, sık sık soluk almak
Schnauzbart /'şnautsba:rt/ *m* bıyık; bıyıklı adam
schnauzbärtig /'şnautsbe:rtih/ *s* bıyıklı
Schnauze /'şnautsı/ *f hayb* ağız/burun; *kon* ağız; kap (ağız) ***halt die Schnauze!*** çeneni kapa! çeneni kıs!
Schnauzer /'şnautsır/ *m* bıyık
Schnecke /'şnekı/ *f hayb* salyangoz, sümüklüböcek; *tek* sonsuz vida dişlisi; saat kurma zembereği; helezonik kıvrım, sarmal kıvrım; *anat* kulak salyangozu, helezon; *müz* keman başı
Schneckenhaus /'şnekınhaus/ *n hayb* sümüklüböcek kabuğu ***sich in sein Schneckenhaus zurückziehen*** *mec* kabuğuna çekilmek
Schneckentempo /'şnekıntempo/ *n kon* kaplumbağa hızı, çok yavaş tempo
Schnee /şne:/ *m metr* kar; çırpılmış yumurta akı; *kon* toz uyuşturucu ***es fällt Schnee*** kar yağıyor
Schneeball /'şne:bıl/ *m* kar topu; *bitk* kartopu bitkisi
Schneeballschlacht /'şne:balşlaht/ *f* kartopu oyunu
Schneeballsystem /'şne:balzüste:m/ *n eko* zincirleme satış sistemi
Schneebesen /'şne:be:zın/ *m* yumurta çırpma teli, çırpıcı; kar süpürgesi
schneeblind /'şne:blint/ *s* karık, kar ışığından gözleri kamaşan
Schneebrille /'şne:brilı/ *f* kar gözlüğü
Schneedecke /'şne:dekı/ *f* kardan örtü
Schneeflocke /'şne:flokı/ *f* kar lapası, kar tanesi
Schneegestöber /'şne:gıstö:bır/ *n* kar fırtınası
Schneeglöckchen /'şne:glökhın/ *n bitk* kardelen
Schneegrenze /'şne:grentsı/ *f* yağmur ve kar arasındaki yükseklik sınırı; toplanan karların sınırı
Schneemann /'şne:man/ *m* kardan adam
Schneeregen /'şne:re:gın/ *m* sulusepken, karla karışık yağmur
Schneetreiben /'şne:traybın/ *n metr* kar fırtınası, tipi
schneeweiß /'şne:vays/ *s* kar gibi beyaz, kar beyazı
Schneid /şnayt/ *m* yiğitlik, cesaret
Schneidbrenner /'şnaytbrenır/ *m* kesme hamlacı
Schneide /'şnaydı/ *f* keskin taraf, kesici alet kesici ağzı; *ed* kılıç
schneiden /'şnaydın/ *vi metr* kar yağmak; *vt* (bıçak ile) kesmek; (ağaç) budamak; oymak, yontmak; kesip bir parça koparmak; (sp. (futbol) topu ortalamak, kesmek; *hek* ameliyat etmek, kesmek ***Brot schneiden*** ekmeği kesmek ***ein Gewinde schneiden*** *tek* diş açmak ***eine Kerte schneiden*** *isk* en sağlam kâğıdı sona saklamak ***eine Kurve schneiden*** virajı içten alabilmek için sola geçmek ***es ist schneidend kalt*** dondurucu bir ayaz var ***in Stein schneiden*** taşa oymak, taşa kazımak ***jdn schneiden*** (birisini) keserek yaralamak ***sich die Nägel schneiden*** tırnaklarını kesmek ***sich schneiden*** kendini keserek yaralamak; (çizgi) kesişmek
Schneider /'şnaydır/ *m* terzi; küçük av

S

hayvanı; avlanamadan dönen avcı; *hayb* bir örümcek türü
Schneiderei /şnaydı'ray/ *f* terzihane, terzi dükkânı; terzilik
Schneidezahn /'şnaydıtsa:n/ *m anat* kesici diş, ön diş
schneidig /'şnaydih/ *s* cesur, yürekli, yiğit, efe; zarif, şık, ince
schneien /'şnayın/ *vi* kar yağmak ***es schneit*** kar yağıyor
schnell /şnel/ *s* çabuk, acele, hızlı, tez, acil; *be* çabuk, birdenbire, ansızın ***schnell!*** haydi!, çabuk! ***nicht so schnell!*** acele etme! ***sei schnell!*** çabuk ol!, hadi!
schnellebig /'şnelle:bih/ *s* hızlı yaşayan
Schnellhefter /'şnelheftır/ *m* telli dosya
Schnelligkeit /'şnelihkayt/ *f* çabukluk, sürat, hız, acele
Schnellimbiss /'şnelimbis/ *m* büfe, yiyecek içecek satan küçük yol kenarı dükkânı; fastfood, ayaküstü atıştırma
Schnellkochtopf /'şnelkohtopf/ *m* düdüklü tencere
Schnellreinigung /'şnelraynigung/ *f* ekspres kuru temizleme
schnellstens /'şnelstıns/ *be* çok çabuk, mümkün olduğunca çabuk, olabildiğince çabuk
Schnellstraße /'şnelştra:sı/ *f* otoyol, otoban
Schnellverfahren /'şnelferfa:rın/ *n huk* seri yargılama
Schnellzug /'şneltsu:k/ *m* ekspres tren
schneuzen /'şnoytsın/ *vr* sümkürmek, hımkırmak
schnippen /'şnipın/ *vi* fırlatıp atmak ***mit den Fingern schnippen*** fiske vurmak; parmakları şıklatmak
schnippisch /'şnipiş/ *s* kendini beğenmiş, burnu havada, kibirli
Schnipsel /'şnipsıl/ mn kırpıntı
Schnitt /şnit/ *m* kesme, biçme; kesim, biçim, makas; çentik, kertik; *hek* ameliyat, operasyon, kesme; kesik, yarık; *tic* kazanç, kâr; kesit, boyut; ürün, hasat; *sin* kurgu; (dikiş) patron, kalıp; kitap kenarı; ortalama, vasati
Schnittblume /'şnitblu:mı/ *f* kesme çiçek, kesilmiş çiçek; çiçekli vazo bitkisi
Schnittfläche /'şnitflehı/ *f* kesit
schnittig /'şnitih/ *s* kesime uygun, kesime hazır; (araba) sportif
Schnittlauch /'şnitlauh/ *m bitk* soğancık
Schnittstelle /'şnitştelı/ *f biliş* arabirim, arayüz
Schnittwunde /'şnitvundı/ *f* kesik, bıçak yarası
Schnitzel /'şnitsıl/ *m* kırpıntı kâğıt; kırpıntı, döküntü
schnitzen /'şnitsın/ *vt* oymak, oymacılık etmek
Schnitzer /'şnitsır/ *m* oymacı, hakkak; *mec* hata, kusur
schnodderig /'şnodırih/ *s* kabadayı, efe; küstah, saygısız, edepsiz
schnöde /'şnö:dı/ *s* bayağı, adi, alçakça, haince; onur kırıcı, aşağılık
Schnorchel /'şnorhıl/ *m den* şnorkel
Schnörkel /'şnörkıl/ *m* süslü yazı; gereksiz konuşma süslemesi
schnüffeln /'şnüfıln/ *vi* koklamak; *mec* her şeye burnunu sokmak; ajanlık yapmak, casusluk etmek
Schnüffler /'şnüflır/ *m* casus, ajan, hafiye; her şeye burnunu sokan kimse
Schnuller /'şnulır/ *m* yalancı meme, emzik
Schnulze /'şnultsı/ *f* aşırı duygusal film/eser
Schnupfen /'şnupfın/ *m hek* nezle ***einen Schnupfen bekommen*** *hek* nezle olmak
Schnupftabak /'şnupftabak/ *m* enfiye
schnuppe /'şnupı/ *s kon* değersiz, önemsiz, beş para etmez ***das ist mir schnuppe*** bana vız gelir
schnuppern /'şnupırn/ *vi* koklamak, kokusunu almak
Schnur /şnu:r/ *f* ip, sicim, urgan; elbise kenar şeridi; kordon, bağ
Schnürchen /'şnü:rhın/ *n* ince kordon, ince şerit
schnüren /'şnü:rın/ *vt* iple bağlamak ***sein Bündel schnüren*** *mec* pılısını pırtısını toplayıp gitmek
Schnurrbart /'şnurbart/ *m* bıyık
schnurren /'şnurın/ *vi kon* dilenmek; (kedi) mırıldanmak; (kapı vs) gıcırdamak
Schnürriemen /'şnü:rri:mın/ *m* ayakkabı bağcığı
Schnürsenkel /'şnü:rzenkıl/ *m* ayakkabı bağcığı
schnurstracks /'şnu:rştraks/ *be* doğrudan doğruya, direkt; sağa sola sapmadan, dosdoğru; hemen, derhal, çarçabuk
Schober /'şo:bır/ *m* saman, ot yığını; sa-

S

manlık, odunluk

Schock /şok/ *m hek* şok, sinir krizi; *n* (miktar) 60 adet, 60 tane; *kon* bir yığın, bir sürü

schocken /'şokın/ *vt hek* şok tedavisi uygulamak; *kon* şoke etmek, çok şaşırtmak, hayret içinde bırakmak

schockieren /şok'i:rın/ *vt* şaşırtmak, şoke etmek

Schocktherapie /'şokterapi:/ *f hek* şok tedavisi

Schöffe /'şöfı/ *m huk* jüri üyesi

Schokolade /şoko'la:dı/ *f* çikolata

Schokoladenpudding /şoko'la:dınpuding/ *f* çikolatalı puding

Schokoriegel /'şokori:gıl/ *m* çikolata, çikolatalı gofret, çikolatalı çubuk

Scholle /'şolı/ *f* buz kütlesi; vatan toprağı, anavatan, ülke, yurt; kesek; *hayb* dilbalığı

schon /şo:n/ *be* daha, şimdiden, erkenden; zaten, çoktan; sadece, bile; nihayet, artık; hele; mutlaka ***er wird schon noch kommen*** o mutlaka gelecek ***ich komme schon!*** hemen geliyorum! ***ich war schon einmal da*** daha önce orada bulundum ***schon der Gedanke*** düşüncesi bile ***schon gut*** iyi ***schon teuer genug*** zaten o yeterince pahalı ***schweig schon!*** sus artık! ***warst du schon einmal da?*** hiç orada bulundun mu?

schön /şö:n/ *s* güzel, hoş, tatlı, sevimli, sempatik, nefis, hoşa giden, hayranlık uyandıran; ahenkli, uyumlu; (alaysı) nahoş, güzel olmayan; çok, pek ***einen schönen Gruß!*** çok selamlar! ***eines schönen Tages*** günün birinde ***schöne Worte machen*** yaltaklanmak, yağcılık etmek ***schönes Mädchen*** güzel kız ***schönes Wetter*** güzel hava ***sei schön brav!*** akıllı uslu ol!

schonen /'şo:nın/ *vt* korumak, esirgemek, sakınmak, himaye etmek, kollamak; özen göstermek, dikkat göstermek ***sich schonen*** kendi gücünü idareli kullanmak

schöngeistig /'şö:ngaysti**h**/ *s* güzel sanatları seven; edebi; estetik

Schönheit /'şö:n**h**ayt/ *f* güzellik; güzellikler, güzel şeyler; *kon* güzel kadın, güzel kız

Schönheitschirurgie /'şö:n**h**ayts**h**irurgi:/ *f hek* plastik cerrahi, estetik cerrahisi

Schönheitsfehler /'şö:n**h**aytsfe:lır/ *m* küçük kusur, önemsiz kusur

Schönheitskönigin /'şö:n**h**aytskö:nigin/ *f* güzellik kraliçesi

Schönheitsoperation /'şö:n**h**aytsoperatsyo:n/ *f* plastik cerrahi, estetik cerrahi

Schönheitswettbewerb /'şö:n**h**aytsvetbıverp/ *m* güzellik yarışması

Schonkost /'şo:nkost/ *f* diyet, perhiz, rejim

Schonung /'şo:nung/ *f* koruma, esirgeme, kollama; özen, itina; saygı; *bitk* fidanlık

schonungslos /'şo:nungslo:s/ *s* acımasız, gaddar, insafsız

Schopf /şopf/ *m* saç demeti; saçlar; *hayb* sorguç

schöpfen /'şöpfın/ *vt* sağlamak, temin etmek; nefes almak, soluk almak; aktarmak, boşaltmak, çekmek ***den Fass vollschöpfen*** fıçıyı doldurmak ***Hoffnung schöpfen*** umutlanmak ***Mut schöpfen*** cesaretlenmek ***Verdacht schöpfen*** şüphelenmek

Schöpfer /'şöpfır/ *m* yaratıcı; kepçe ***der allmächtige Schöpfer*** Allah, Tanrı

schöpferisch /'şöpfıriş/ *s* yaratıcı, yoktan var edici

Schöpflöffel /'şöpflöfıl/ *m* kepçe; kevgir

Schöpfung /'şöpfung/ *f* yaratma, meydana getirme; kâinat, evren, kozmos; üstün eser

Schorf /şorf/ *m hek* yara kabuğu

Schornstein /'şornştayn/ *m* baca

Schornsteinfeger /'şornştaynfe:gır/ *m* baca temizleyicisi

Schoß /şo:s/ *m* kucak; *bitk* filiz, fidan, sürgün; şıvgın, fışkın

Schote /'şo:tı/ *f bitk* kabuklu sebzelerin kabuğu; *den* iskota; *m kon* deli, avanak, gerzek, enayi, aptal, bön

Schott /şot/ *n den* geminin su geçirmez bölmesi

Schotte /'şotı/ *f den* geminin su geçirmez bölmesi; *m* İskoçyalı erkek

schottisch /'şotiş/ *s* İskoçya ile ilgili

Schottland /'şotlant/ *n* İskoçya

schraffieren /şra'fi:rın/ *vt* (resim) taramak, tramlamak

schräg /şre:k/ *s* eğik, eğri, yamuk; çapraz

Schräge /'şre:gı/ *f* eğrilik, eğiklik; eğik düzey; çapraz kenar

Schrägstrich /'şre:kştri**h**/ *m* eğik çizgi, "/"

S

işareti (taksim)

Schramme /'şramı/ *f* yırtık, tırmık, sıyrık, çizik

Schrank /şrank/ *m* dolap, etajer

Schrankbett /'şrankbet/ *n* açılır kapanır yatak

Schranke /'şrankı/ *f* engel, bariyer; hudut, sınır; hemzemin geçit

Schrankkoffer /'şrankkofır/ *m* bavul

Schraube /'şraubı/ *f tek* vida; *den* uskur, pervane; *mec* sıkıcı durum nahoş durum; *kon* ihtiyar karı, cadaloz karı ***eine Schraube ohne Ende*** yılan hikâyesi

schrauben /'şraubın/ *vt* vidalamak, vida ile tutturmak ***sich schrauben*** kıvrımlar çizerek hareket etmek

Schraubenmutter /'şraubınmutır/ *f tek* vida somunu

Schraubenschlüssel /'şraubınşlüsıl/ *m tek.*vida somun anahtarı, İngiliz anahtarı

Schraubenzieher /'şraubıntsi:ır/ *m* tornavida

Schraubstock /'şraubınştok/ *m* marangoz mengenesi

Schraubzwinge /'şrauptsvingı/ *f* el mengenesi, işkence

Schrebergarten /'şre:bırgartın/ *m* hobi bahçesi

Schreck /şrek/ *m* korku, ürküntü

schreckensbleich /'şrekınsblayh/ *s* (korkudan) beti benzi kaçmış, sapsarı kesilmiş

Schreckensbotschaft /'şrekınsbo:tşaft/ *f* kara haber

Schreckensnachricht /'şrekınsna:hriht/ *f* dehşetli haber, kara haber

schreckhaft /'şrekhaft/ *s* korkak, ürkek

schrecklich /'şreklih/ *s* korkunç, ürkütücü, dehşet verici; müthiş, çok, oldukça; dayanılamaz kişi, tahammül edilemez kişi

Schreckschuss /'şrekşus/ *m* korkutma amacıyla ateş etme; kuru sıkı ateş etme

Schrei /şray/ *m* haykırış, çığlık, bağırma, feryat ***der letzte Schrei*** *kon* son moda, yeni moda ***einen Schrei ausstoßen*** haykırmak, bir çığlık atmak

Schreiben /'şraybın/ *n* yazı, not; ticari yazışma, iş mektubu

schreiben /'şraybın/ *vt* yazmak, yazı yazmak; imzalamak, imza atmak, kendi el yazısı ile adını yazmak; kitap yazmak, yazar olarak çalışmak; *dilb* yazılmak ***einen Brief schreiben*** bir mektup yazmak ***richtig schreiben*** doğru yazmak ***sich schreiben*** yazışmak, mektuplaşmak

Schreiber /'şraybır/ *m* yazıcı, yazman, kâtip; (kitap) yazar

schreibfaul /'şraypfaul/ *s* yazmaya üşenen

Schreibfeder /'şraypfe:dır/ *f* yazı kalemi

Schreibfehler /'şraypfe:lır/ *m* yazım hatası, imla hatası

Schreibkraft /'şraypkraft/ *f* steno yazabilen sekreter

Schreibmaschine /'şraypmaşi:nı/ *f* yazı makinesi, daktilo ***mit Schreibmaschine geschrieben*** daktilo edilmiş, daktiloda yazılmış

Schreibtisch /'şrayptiş/ *m* yazı masası

Schreibwaren /'şraypva:rın/ *pl* kırtasiye, kırtasiye gereçleri

Schreibweise /'şraypvayzı/ *f* yazım tarzı, yazma biçimi; yazım

Schreibzeug /'şrayptsoyk/ *n* yazı gereçleri, yazı için gerekli her şey

schreien /'şrayın/ *vi* çığlık atmak, bağırmak; (çocuk) bağıra çağıra bir şey istemek; ağlamak, zırıl zırıl ağlamak ***vor Schmerzen schreien*** acıdan bağırmak ***zum Himmel schreien*** Tanrıya yakarmak, yalvarmak; söylenti yayılmak, ayyuka çıkmak

Schreihals /'şrayhals/ *m kon* ağlayan çocuk

Schreiner /'şraynır/ *m* marangoz

schreiten /'şraytın/ *vi* (bir işe yapabilmek için önce bir kuralı/yapılması gereken işi) aşmak, geçmek; girişmek, koyulmak; adım atmak

Schrift /şrift/ *f* yazı; el yazısı; yazılı/basılı metin, kitap, eser; (gazete) makale ***die Heiligye Schrift*** İncil

Schriftart /'şriftart/ *f* bas yazı karakteri, yazı tipi

Schriftbild /'şriftbilt/ *n* yazının dış görünümü

Schriftführer /'şriftfü:rır/ *m* yazman, katip, yazıcı, tutanak tutan kişi

schriftlich /'şriftlih/ *s* yazılı, yazılı olarak ***schriftliche Prüfung*** yazılı sınav

Schriftsetzer /'şriftzetsır/ *m* bas dizgici, yazı dizgi görevlisi

Schriftsprache /'şriftşpra:hı/ *f dilb* yazı dili, edebi dil

Schriftsteller /'şriftştelır/ *m* yazar

S

schriftstellerisch /'şriftşteliriş/ *s* yazar olarak; yazarlıkla ilgili
Schriftstück /'şriftştük/ *n* yazılı beyan, yazılı açıklama; yazı, belge, dosya, evrak
Schriftverkehr /'şriftferke:r/ *m* mektuplaşma, yazışma
Schriftwechsel /'şriftveksıl/ *m* mektuplaşma, yazışma
Schriftzeichen /'şrifttsayhın/ *n* harf, yazı işareti
schrill /şril/ *s* (ses) sivri, keskin, tiz, kulakları tırmalayan
Schritt /şrit/ *m* adım; yürüyüş tarzı, gidiş; başlatıcı hareket, ilk hareket; (pantolon) ağ ***auf Schritt und Tritt*** zırt pırt, adım başında ***die nötigen Schritte unternehmen*** gerekli adımları atmak ***mit etw Schritt halten*** (bir şeye) ayak uydurmak ***mit jdm Schritt halten*** (birisine) ayak uydurmak
Schrittlänge /'şritlengı/ *f* adım uzunluğu; (pantolon) ağ genişliği
schrittweise /'şritvayzı/ *be* adım adım, teker teker
schroff /şrof/ *s* sarp, dik, yalçın; *mec* şiddetli, sert; aksi, ters; haşin, kaba, görgüsüzce
Schrot /şro:t/ mn kaba öğütülmüş hububat; av saçması
schroten /'şro:tın/ *vt* parçalamak, ufalamak, ezmek, tanelere ayırmak; yuvarlanmak, tepetaklak olmak
Schrotflinte /'şro:tflintı/ *f* av tüfeği, saçma tüfeği
Schrott /şrot/ *m* hurda demir, atık demir ***das Auto zu Schrott gefahren*** arabayı hurdaya çıkarmak
Schrotthändler /'şrothendlır/ *m* hurdacı
schrottreif /'şrotrayf/ *s* (araba, cihaz) hurda, hurdası çıkmış; kullanılmaz, eski ve bozuk
Schrottwert /'şrotve:rt/ *m* hurda fiyatı, hurda değeri
schrubben /'şrubın/ *vt* fırçalayarak temizlemek, ovarak temizlemek
Schrubber /'şrubır/ *m* tahta fırçası, yer fırçası
schrumpfen /'şrumpfın/ *vi* (cilt) kırışmak, büzülmek, buruşmak; daralmak, küçülmek; azalmak, eksilmek
Schub /şu:p/ *m* itme, kakma, itiş-kakış; *tek* itme, itme gücü; *kon* çekmece, raf, göz; bir seferde sürülen şey, sürülen pay; kafile, topluluğun bir kısmı; *ask* sürülme, sürgün ***Schub geben*** itmek, kakmak
Schubfach /'şu:pfah/ *n* çekmece, göz
Schubkarre /'şu:pkarı/ *f* el arabası
Schublade /'şu:pla:dı/ *f* çekmece, raf, göz
schubsen /'şupsın/ *vt* itmek, kakmak
schüchtern /'şühtırn/ *s* sıkılgan, çekingen, utangaç, mahcup; ürkek, korkak
Schüchternheit /'şühtırnhayt/ *f* sıkılganlık, çekingenlik, utangaçlık; korkaklık
Schuft /şuft/ *m* namussuz herif, adi herif, alçak herif
schuften /'şuftın/ *vi kon* eşek gibi çalışmak, ölesiye çalışmak
Schuh /şu:/ *m* aıakkabı, pabuç; (uzunluk ölçüsü) ayak; (at) nal; *tek* alt kısım, pabuç ***ein Paar Schuhe*** bir çift ayakkabı
Schuhband /'şu:bant/ *n* ayakkabı bağı, bağcık
Schuhcreme /'şu:kre:m/ *f* ayakkabı boyası
Schuhgröße /'şu:grö:sı/ *f* ayakkabı numarası, ayak numarası
Schuhlöffel /'şu:löfıl/ *m* çekecek
Schuhmacher /'şu:mahır/ *m* ayakkabı tamircisi, kunduracı; ayakkabı yapımcısı
Schuhsohle /'şu:zo:lı/ *f* ayakkabı tabanı, kundura tabanı
Schuhwerk /'şu:verk/ *n* ayakkabılar, kunduralar
Schulabgänger /'şu:lapgengır/ *m* okulu bitiren öğrenci, okuldan mezun olan öğrenci
Schulabschluss /'şu:lapşlus/ *m* mezuniyet
Schulanfänger /'şu:lanfengır/ *m* okula başlayan
Schulbank /'şu:lbank/ *f* okul sırası ***noch die Schulbank drücken*** *mec* (ilerlemiş yaşına rağmen) hâlâ okumak
Schulbildung /'şu:lbildung/ *f* öğrenim, kültür, eğitim ***eine gute Schulbildung erhalten*** iyi bir eğitim almak
Schulbuch /'şu:lbu:h/ *n* ders kitabı
Schuld /şult/ *f tic* borç; *huk* suç; kusur, kabahat, suç; hata; günah; haksızlık ***die Schuld auf jdn schieben*** suçu başkasına atmak ***in Schulden stecken*** *mec* gırtlağına kadar borca batmak ***jdm Schuld geben*** suçlamak, kabahat bulmak ***Schuld machen*** borca girmek, borç altına girmek ***Schuld sein*** suçu

S

olmak, kabahati olmak ***strafbarer Schuld*** cezalandırılması gereken suç
schuld /şult/ *s* suçlu; *tic* borçlu
Schulden /'şuldın/ *pl* borç
schulden /'şuldın/ *vt* borçlu olmak, borcu bulunmak ***jdm etw schulden*** (birisine) borçlu olmak
Schuldenberg /'şuldınberk/ *m* borç yığını
schuldenfrei /'şuldınfray/ *s* borçsuz; suçsuz, günahsız, kabahatsiz
Schuldfrage /'şultfra:gı/ *f* suç; sorumluluk meselesi
Schuldgefühl /'şultgıfü:l/ *n* suçluluk duygusu
schuldig /'şuldi**h**/ *s* suçlu, sorumlu, kabahatli, hatalı ***jdm etw schuldig sein*** (birisine karşı) borçlu olmak ***sich schuldig bekennen*** suçlu olduğunu kabul etmek
Schuldkomplex /'şultkompleks/ *m* suçluluk kompleksi
schuldlos /'şultlo:s/ *s* suçsuz, masum
Schuldlosigkeit /'şultlo:zi**h**kayt/ *f* suçsuzluk, masumiyet
Schuldner /'şultnır/ *m* borçlu, verecekli
Schuldschein /'şultşayn/ *m tic* borç senedi
Schuldspruch /'şultşpru**h**/ *m huk* mahkûmiyet kararı
Schule /'şu:lı/ *f* okul, eğitim yeri; okul binası; ekol, akım; okul dersi; ders kitabı; *bitk* fidanlık ***in die Schule gehen*** okula gitmek
Schüler /'şü:lır/ *m* öğrenci, talebe; çırak, çömez
Schüleraustausch /'şü:lıraustauş/ *m* öğrenci değişimi, uluslararası kültürel amaçlı öğrenci değişimi
Schülerzeitung /'şü:lırtsaytung/ *f* okul gazetesi
Schulferien /'şu:lfe:ryın/ *pl* okul tatili ***schulfreier Tag*** tatil
schulfrei /'şu:lfray/ *s* okul tatili, ders olmayış, tatil ***schulfrei sein*** tatil olmak
Schulfreund /'şu:lfroynt/ *m* okul arkadaşı, okuldaş
Schulheft /'şu:l**h**eft/ *n* okul defteri
Schulhof /'şu:l**h**o:f/ *m* okul bahçesi, teneffüshane
schulisch /'şu:liş/ *s* okulsal
Schuljahr /'şu:lya:r/ *n* öğretim yılı
Schulkamerad /'şu:lkamıra:t/ *m* okul arkadaşı
Schulklasse /'şu:lklası/ *f* sınıf (çocuk grubu)
Schulmedizin /'şu:lmeditsi:n/ *f* üniversite kökenli tıp
schulpflichtig /'şu:lpfli**h**ti**h**/ *s* okul çağına gelmiş
Schulranzen /'şu:lrantsın/ *m* öğrenci sırt çantası
Schulschluss /'şu:lşlus/ *m* okulların kapanması, okul tatili
Schulstunde /'şu:lştundı/ *f* ders saati
Schultasche /'şu:ltaşı/ *f* okul çantası
Schulter /'şultır/ *f* omuz; *oto* lastik yanağı ***jdm die kalte Schulter zeigen*** *mec* (birisine) yüz vermemek, pas vermemek ***jdn über die Schulter ansehen*** *mec* (birisine) aşağılayarak bakmak ***mit den Schultern zucken*** omuz silkmek ***Schulter an Schulter*** omuz omuza
Schulterblatt /'şultırblat/ *n anat* kürekkemiği
Schulung /'şu:lung/ *f* eğitim ve öğretim
Schulwesen /'şu:lve:zın/ *n* eğitim sistemi
Schulzeugnis /'şu:ltsoyknis/ *n* okul karnesi; *kon* diploma
schummeln /'şumıln/ *vi* hile yapmak, numara yapmak, dolap çevirmek, aldatmak, kandırmak
Schund /şunt/ *m* kırpıntı, döküntü, ıvır zıvır; sakıncalı yazılar
Schundroman /'şuntroma:n/ *m* adi roman
schunkeln /'şunkıln/ *vi* sallanmak, durduğu yerde sallanmak, olduğu yerde sallanmak
Schuppe /'şupı/ *f hayb* anat. balık pulu; *biy* saç kepeği, kepek; *ask* zırh pulu
Schuppen /'şupın/ *m* garaj, depo, ambar, sundurma
Schüreisen /'şü:rayzın/ *n* ocak demiri, ateş maşası
schüren /'şü:rın/ *vt* ateşi canlandırmak, ateşi karıştırarak canlandırmak; kin beslemek, öfkesini kabartmak
schürfen /'şürfın/ *vi mad* yatak aramak; büyük çaba harcayarak araştırmak, soruşturmak ***sich schürfen*** cildinde sıyrıklar olmak
Schürfwunde /'şürfvundı/ *f* sıyrık
Schurke /'şurkı/ *m* şerefsiz adam, alçak adam, adi adam
Schurwolle /'şu:rvolı/ *f* kırpım yünü
Schürze /'şürtsı/ *f* mutfak önlüğü, önlük
Schürzenjäger /'şürtsınye:gır/ *m kon* kadın avcısı, çapkın, zampara
Schuss /şus/ *m* atış, atım; atış sesi; kur-

S

şun, mermi; *sp* (futbol) şut, vole; kurşun yarası, mermi yarası; ileri atılma, öne fırlama; fışkırma, hızla büyüme, gelişme; küçük miktar, tutam, yudum, avuç; *mad* tahrip maddesi; teks argaç, atkı ***ein Schuss ins Schwarre*** tam isabet ***einen Schuss abbekommen*** mermi ile yaralanmak ***einen Schuss abfeuern*** ateş etmek ***in Schuss halten*** *mec* düzenli yürütmek ***keinen Schuss Pulver wert sein*** *mec* beş para etmemek

Schüssel /'şüsıl/ *f* kâse, çanak, sahan, küçük kap

schusselig /'şusılih/ *s* aceleci, telaşçı, panikçi

Schusslinie /'şusli:nyı/ *f* ateş yönü, nişan alma yönü

Schusswaffe /'şusvafı/ *f* ateşli silah

Schussweite /'şusvaytı/ *f* erim, atış mesafesi, menzil

Schuster /'şustır/ *m* ayakkabıcı, kunduracı, ayakkabı tamircisi, kundura tamircisi; baştan savma iş yapan kişi ***auf Schusters Rappen reiten*** *kon* yaya gitmek, yürüyerek gitmek

Schutt /şut/ *m* süprüntü, döküntü; çöp, moloz ***Schutt abladen verboten!*** çöp dökmek yasaktır!

Schüttelfrost /'şütılfrost/ *m hek* ateşli titreme nöbeti; sıtma nöbeti

schütteln /'şütıln/ *vt* çalkalamak, sallamak, sarsmak, silkelemek ***jdm die Hand schütteln*** (birinin) elini sıkmak, tokalaşmak ***sich schütteln*** silkinmek ***vor Gebrauch schütteln!*** (içecek kutusunda uyarı) kullanmadan önce çalkalayınız!

schütten /'şütın/ *vt* (sıvı, hububat) akıtmak, dökmek, akıtmak, boşaltmak; *vi* verimli olmak, bol ürün vermek ***es schüttet*** *kon* bardaktan boşanırcasına yağmur yağıyor

Schutthalde /'şuthaldı/ *f* moloz yığını, cüruf yığını; yerb enerji birikim konisi

Schutz /şuts/ *m* koruma, himaye, kurtarma; savunma, korunma ***Gesetz zum Schutz der Kinder*** *huk* çocukları koruma yasası ***jdn in seinen Schutz nehmen*** (birisini) koruması altına almak ***Schutz gegen Regen*** yağmura karşı koruma

Schutzblech /'şutsbleh/ *n oto* çamurluk

Schutzbrille /'şutsbrilı/ *f* koruyucu gözlük

Schütze /'şütsı/ *m ask* piyade eri; *sp* şutör, şut çeken futbolcu; nişancı, avcı; *tek* mekik; *gökb* yay burcu

schützen /'şütsın/ *vt* korumak, kollamak; savunmak ***gesetzlich geschützt*** tescilli marka ***Gott schütze dich!*** Tanrı seni korusun!

Schutzengel /'şutsengıl/ *m* (Katolik) koruyucu melek

Schützengraben /'şütsıngra:bın/ *m ask* piyade siperi

Schützenhilfe /'şütsınhilfı/ *f mec* yardım, destek ***jdm Schützenhilfe leisten*** (birisini) desteklemek, destek vermek

Schutzgebühr /'şutsgıbü:r/ *f* katalog ücreti

Schutzhaft /'şutshaft/ *f huk* koruyucu gözaltı

Schutzimpfung /'şutsimpfung/ *f hek* koruyucu aşı

Schutzkleidung /'şutsklaydung/ *f* koruyucu giysi

Schützling /'şütsling/ *m* korunan kişi, himaye edilen kişi

schutzlos /'şutslo:s/ *s* korumasız, korunmasız; savunmasız

Schutzmacht /'şutsmaht/ *f pol* koruyucu devlet, yabancılara koruma sağlayan devlet; *pol* mandacı devlet

Schutzmarke /'şutsmarkı/ *f* marka, tescilli marka, alametifarika

Schutzmaßnahme /'şutsma:sna:mı/ *f* önlem, tedbir

Schutzpatron /'şutspatro:n/ *m* (katolik) koruyucu aziz, koruyucu ermiş

Schutzschicht /'şutsşiht/ *f* koruyucu tabaka

Schwabe /'şva:bı/ *m* : ***Deutsche Schwabe*** *hayb* hamam böceği, karafatma

Schwaben /'şva:bın/ *n* Suebya

schwäbisch /'şve:biş/ *s* Suebya, Suebyalı

schwach /şvah/ *s* zayıf, güçsüz, dermansız, çelimsiz; *mec* çürük, bozuk; az, az miktarda, az sayıda; yavaş, kısık, alçak; *dilb* kurala uygun; *dilb* zayıf; (çay, kahve) açık, demi az, koyuluğu az ***ein schwacher Schüler*** zayıf bir öğrenci ***mit schwacher Stimme*** kısık sesle ***schwacher Augenblick*** zayıf bir an, zaaf anı ***schwaches Verb*** *dilb* zayıf fiil, kurallı çekimlenen fiil

Schwäche /'şvehı/ *f* zayıflık, kuvvetsizlik, çelimsizlik; zaaf, özel ilgi, zayıflık

Schwächeanfall /'şvehıanfal/ *m hek* ani

S

kuvvetten düşme
Schwachheit /'şvahhayt/ *f* zayıflık, güçsüzlük; karşı koyamama, direnememe
Schwachkopf /'şvahkopf/ *m kon* aptal kafalı, budala, sersem, gerzek
schwachköpfig /'şvahköpfih/ *s* aptal, mankafa, anlayışı kıt
schwächlich /'şvehlih/ *s* zayıf, cılız, çelimsiz; hastalıklı; solgun, ölgün, cansız
Schwächling /'şvehling/ *m* (karakter) zayıf kişi, kişiliksiz kişi
Schwachsinn /'şvahzin/ *m hek* geri zekâlılık; aptalca davranış
schwachsinnig /'şvahzinih/ *s* aptal, ebleh, geri zekâlı, kreten; ihtiyar, bunamış
Schwachstelle /'şvahştelı/ *f* zayıf nokta
Schwachstrom /'şvahştro:m/ *m elek* düşük voltajlı akım, zayıf akım
Schwager /'şva:gır/ *m* enişte; kayınbirader; bacanak
Schwägerin /'şve:gırin/ *f* yenge; elti; baldız
Schwalbe /'şvalbı/ *f hayb* kırlangıç kuşu
Schwall /şval/ *m* büyük dalga, peş peşe büyük dalgalar ***der Schwall der Worte*** *mec* laf kalabalığı
Schwamm /şvam/ *m* sünger; tahta mantarı ***Schwamm darüber!*** *kon* bunun üzerine sünger çekelim!, unutalım!
schwammig /'şvamih/ *s* (vücut) sünger gibi, şiş, yumuşak
Schwan /şva:n/ *m hayb* kuğu kuşu; *gökb* kuğu burcu
schwanger /'şvagır/ *s* hamile, gebe, yüklü, iki canlı ***schwanger sein*** hamile olmak, gebe olmak, iki can taşımak
schwängern /'şvengırn/ *vt* gebe bırakmak; *kim* doyurmak, alabildiği kadar yüklemek
Schwangerschaft /'şvangırşaft/ *f* hamilelik, gebelik
Schwangerschaftsabbruch /'şvangışaftsapbruh/ *m hek* çocuk düşürme; çocuk aldırma, kürtaj
Schwangerschaftstest /'şvangırşaftstest/ *m* hamilelik testi, gebelik testi
schwanken /'şvankın/ *vi* sallanmak, yaylanmak, titremek, çalkalanmak, titremek; yalpalamak, yalpalanmak; *tic* dalgalanmak; *kon* kararsız olmak, net fikri olmamak
Schwankung /'şvankung/ *f* sallanma, yaylanma, çalkalanma; *tic* dalgalanma

Schwanz /şvants/ *m hayb* kuyruk; kuyruk, sıra; *kon* bütünleme sınavı, ikmal sınavı; *kon* erkek cinsel organı; *kon* son kısım, son bölüm; (frak) kuyruk ***jdm auf den Schwanz treten*** *mec* (birisine) hakaret etmek
schwänzeln /'şventsıln/ *vi* çalımlı yürümek, kasılarak yürümek ***um jdn schwänzeln*** (birisine) kur yapmak
schwänzen /'şventsın/ *vi* (okul, iş) gitmemek, asmak, kaytarmak, kırmak, kaçmak
schwappen /'şvapın/ *vi* hareket etmek, kıpırdamak; taşmak ***schwappend voll*** ağzına kadar dolu, tepesine kadar dolu
schwären /'şve:rın/ *vi hek* iltihaplanmak ***die Wunde schwärt*** *hek* yara iltihaplanıyor
Schwarm /şvarm/ *m hayb* oğul; sürü, küme, grup, kalabalık; *kon* çok beğenilen kişi, aranan kişi; *ask* avcı kolu
schwärmen /'şvermın/ *vi kon* har vurup harman savurmak; (birisine) bayılmak, bitmek, hayran olmak; *ask* avcı hattına yayılmak; *hayb* oğul arıların kovanı terk etmesi
Schwärmer /'şvermır/ *m* uçarı âşık; hayalperest; havai fişek cinsi; *hayb* gece kelebeği; tutucu kişi, bağnaz kişi; *mec* çabuk heyecanlanan, çabuk sinirlenen
schwärmerisch /'şvermıriş/ *s* aşırı heyecanlanmış, kendinden geçmiş; coşkulu
Schwarte /'şvartı/ *f hek* nasır, sertleşmiş deri; *kon* değersiz eski kitap; cilt, deri, ten; (salam, sucuk) sert dış tabaka, kabuk
Schwarz /şvarts/ *n* siyah renk
schwarz /şvarts/ *s* kara, siyah; koyu, demli; *kon* sağcı, dinci; kara, matem simgesi; kötülük simgesi, yasadışılık simgesi ***das schwarze Brett*** ilan tahtası ***der Schwarze Erdteil*** kara kıta, Afrika kıtası ***der Schwarze Tod*** *hek* kara veba ***die Schwarze Kunst*** büyücülük ***ein schwarzer Tag*** felaket günü ***mir wird schwarz vor Augen*** *mec* gözüm kararıyor ***schwarze Liste*** kara liste, arananlar listesi, şüpheli kişiler listesi ***schwarzer Humor*** kara mizah ***schwarzer Kaffee*** sütsüz ve koyu kahve ***schwarzer Markt*** karaborsa, kaçakçı pazarı ***schwarzes Loch*** *gökb* kara delik
Schwarzarbeit /'şvartsarbayt/ *f* kaçak işçi

S

çalıştırma
Schwarzbrot /'şvartsbro:t/ *n* esmer ekmek, çavdar ekmeği, Alman ekmeği
Schwarzfahrer /'şvartsfa:rır/ *m kon* kaçak yolcu, biletsiz yolculuk eden kişi
Schwarzhandel /'şvartshandıl/ *m* karaborsa, kaçakçılık
Schwarzmarkt /'şvartsmarkt/ *m* karaborsa, kaçakçı pazarı
Schwarzwald /'şvartsvalt/ *m* Karaormanlar
Schwarzweißfilm /şvarts'vaysfilm/ *m fot* siyah-beyaz film
schwatzen /'şvatsın/ *vt* gevezelik etmek, ayaküstü sohbet etmek; derste fısıldayarak konuşmak
schwatzhaft /'şvatshaft/ *s* geveze, dedikoducu, konuşkan, ağzı çok laf yapan
schweben /'şve:bın/ *vi* (kuş, uçak) süzülmek, süzülerek uçmak; *mec* iki şey arasında kalmak; *huk* (dava, mahkeme) sürmek, devam etmek ***auf der Zunge schweben*** dilinin ucunda olmak
Schwede /'şve:dı/ *m* İsveçli
Schweden /'şve:dın/ *n* İsveç
Schwedin /'şve:din/ *f* İsveçli (kadın)
schwedisch /'şve:diş/ *s* İsveçle ilgili ***schwedische Sprache*** İsveç dili
Schwefel /'şve:fıl/ *m kim* kükürt
schwefelhaltig /'şve:fılhaltih/ *s* kükürtlü
Schwefelsäure /'şve:fılzoyrı/ *f kim* sülfürik asit
Schwefelwasserstoff /şve:fıl'vasırştof/ *m kim* sülfit hidrik
Schweif /şvayf/ *m hayb* kuyruk
Schweigeminute /'şvaygıminu:tı/ *f* saygı duruşu
Schweigen /'şvaygın/ *n* susma, sessizlik
schweigen /'şvaygın/ *vi* susmak; aldırmamak, ses çıkarmamak, takmamak, tınmamak; adını anmamak, lafını etmemek, sözünü etmemek; gürültünün kesilmesi ***schweigen Sie davon!*** ondan bahsetmeyin!
Schweigepflicht /'şvaygıpfliht/ *f* mesleki sırları saklama yükümlülüğü
schweigsam /'şvaykza:m/ *s* sessiz, sakin, suskun; az konuşan
Schweigsamkeit /'şvaykza:mkayt/ *f* suskunluk
Schwein /şvayn/ *n hayb* domuz; *kon* pis herif, adi herif, domuz herif; *kon* şans, talih, baht, kısmet
Schweinebraten /'şvaynıbra:tın/ *m* domuz eti kızartması
Schweinefleisch /'şvaynıflayş/ *n* domuz eti
Schweinehund /'şvaynıhunt/ *m kon* serseri herif, domuz herif, adi herif
Schweinerei /şvaynı'ray/ *f* pislik, kirlilik; adilik, alçaklık, ahlaksızlık, namussuzluk, utanmazlık, edepsizlik; edepsiz fıkra/hikaye
Schweinestall /'şvaynıştal/ *m* domuz ahırı; *kon* pislik içinde olan yer, pis yer
Schweiß /şvays/ *m* ter; av hayvanı kanı ***in Schweiß geraten*** kan ter içinde kalmak
schweißbedeckt /'şvaysbıdekt/ *s* ter içinde
schweißen /'şvaysın/ *vt* kaynak yapmak, kaynakla tutturmak; *vi* (av hayvanı) kan kaybetmek
Schweißer /'şvaysır/ *m* kaynakçı
schweißig /'şvaysih/ *s* terli, terleyen; kanlı hayvan izi
Schweißtropfen /'şvaystropfın/ *n* ter damlası
Schweiz /şvayts/ *f* İsviçre
Schweizer /'şvaytsır/ *m* İsviçreli; *ask* paralı asker; *esk* mandıracı; (katolik) kilise hizmetlisi
Schweizerdeutsch /'şvaytsırdoyç/ *n* İsviçre Almancası
schweizerisch /'şvaytsıriş/ *s* İsviçre ile ilgili
schwelgen /'şvelgın/ *vi* har vurup harman savurmak, zevk ve safa içinde yaşamak
Schwelle /'şvelı/ *f* eşik; *mim* travers; başlangıç
schwellen /'şvelın/ *vt* kabartmak, şişirmek; *vi* kabarmak, şişmek ***der Wind schwillt die Segel*** rüzgâr yelkenleri şişiriyor
Schwellenland /'şvelınlant/ *n* gelişmekte olan ülke
Schwellung /'şvelung/ *f* kabarma, şişm; şiş, şişlik, şişkinlik
Schwemme /'şvemı/ *f kon* meyhane; bolluk, mal bolluğu, mal arzı çokluğu; nehirin at yıkama için uygun olan sığ yeri
schwenkbar /'şvenkba:r/ *s* yana çevrilebilir, döner, dönebilir
schwenken /'şvenkın/ *vt* (mendil, şapka vs) sallamak; çevirmek, döndürmek; (dans) çevirmek, döndürmek; (çamaşır) evire çevire yıkamak; *vi* çevrilmek,

dönmek
Schwenkung /'şvenkung/ *f* dönme, yön değiştirme, yön değişikliği; fikir değiştirme
schwer /şve:r/ *s* ağır; (yemek) ağır, hazmı zor, yağlı; yüklü; zor, güç, çetin; *hek* vahim, ciddi; (sorun, suç, görev) ciddi; çok miktarda; acı, dayanılması zor; anlaşılması zor, anlaşılması güç; (kalp) sıkıntılı, dar; (deniz) dalgalı, sert ***ein Kilo schwer*** bir kilo ağırlığında ***eine schwere Arbeit*** zor bir iş ***schwer hören*** zor işitmek, kulakları ağır işitmek ***schwere Arbeit*** zor iş, zor görev ***schwere Frage*** zor soru ***schwere Probleme*** zor problemler ***schwerer Boden*** ağır toprak, killi toprak ***schweres Wasser*** ağır su ***wie schwer bist du?*** kaç kilosun?
Schwerarbeit /'şve:rarbayt/ *f* ağır iş
schwerbehindert /'şve:rbıhindırt/ *s hek* ağır sakat, ağır malul
Schwerbehinderte(r) /'şve:rbıhindırtı(r)/ *f/m hek* ağır derecede özürlü
schwerbeschädigt /'şve:rbışe:diht/ *s* ağır hasarlı
Schwere /'şve:rı/ *f* ağırlık, ağır oluş; vahamet, ciddilik; önem, ehemmiyet; *fiz* yerçekimi
Schwerelosigkeit /'şve:rılo:zihkayt/ *f* yerçekiminin olmaması durumu
schwerfällig /'şve:rfelih/ *s* hantal, eline ağır, ağırkanlı, mıymıntı
Schwerfälligkeit /'şve:rfelihkayt/ *f* hantallık, eline ağırlık, ağırlık, mıymıntılık
Schwergewichtler /'şve:rgıvihtlır/ *m sp* ağır sıklet sporcusu
schwerhörig /'şve:rhö:rih/ *s hek* kulağı ağır işiten
Schwerhörigkeit /'şve:rhö:rihkayt/ *f hek* ağır işitme, sağırlık
Schwerindustrie /'şve:rindustri:/ *f* ağır sanayi
Schwerkraft /'şve:rkraft/ *f fiz* yerçekimi
schwerkrank /'şve:rkrank/ *s* ağır hasta; yaralanmış
Schwermetall /'şve:rmetal/ *n* ağır metal
Schwermut /'şve:rmu:t/ *f* karasevda, melankoli; depresyon; hüzün, iç sıkıntısı
schwermütig /'şve:rmü:tih/ *s* melankolik, içi sıkkın
Schwerpunkt /'şve:rpunkt/ *m fiz* ağırlık merkezi; *mec* can alıcı nokta, esas nokta
Schwert /'şve:rt/ *n* kılıç ***das Schwert in die Scheide stecken*** *mec* kavgayı bitirmek
Schwertfisch /'şve:rtfiş/ *m hayb* kılıç balığı
Schwerverbrecher /'şve:rferbrehır/ *m* ağır suçlu
Schwerverletzte(r) /'şve:rferletstı(r)/ *f/m* ağır yaralı
Schwester /'şvestır/ *f* kızkardeş; hastabakıcı, hemşire; rahibe
Schwiegereltern /'şvi:gıreltırn/ *pl* kayınpeder ve kayınvalide
Schwiegermutter /'şvi:gırmutır/ *f* kaynana, kayınvalide
Schwiegersohn /'şvi:gırzo:n/ *m* damat, güvey
Schwiegertochter /'şvi:gırtohtır/ *f* (kayınvalidenin) gelin
Schwiegervater /'şvi:gırfa:tır/ *m* kayınpeder, kaynata
Schwiele /'şvi:lı/ *f* fazla çalışma ile meydana gelen nasır; *hayb* deri şişkinliği ***Schwielen an den Händen haben*** elleri nasır bağlamak
schwierig /'şvi:rih/ *s* zor, güç, ağır, zahmetli, müşkül ***eine schwierige Frage*** güç bir soru
Schwierigkeit /'şvi:rihkayt/ *f* zorluk, güçlük, zahmetlilik
Schwimmbad /'şvimba:t/ *n* yüzme havuzu
Schwimmbecken /'şvimbekın/ *n* yüzme havuzu
Schwimmen /'şvimın/ *n* yüzme
schwimmen /'şvimın/ *vi* yüzmek; *mec* su içinde yüzmek, çok ıslanmış olmak; bir konuda yeteri kadar bilgisi olmamak; *vt* yüzerek geçmek, yüzerek aşmak ***auf dem Rücken schwimmen*** sırtüstü yüzmek ***die Küche schwimmt*** mutfak su içinde ***im Geld schwimmen*** *mec* para içinde yüzmek ***in der Prüfung ins Schwimmen kommen*** sınav esnasında bocalamak ***in etw schwimmen*** çok bol ölçüde sahip olmak, bolluk içinde yüzmek ***in Tränen schwimmen*** gözlerden sel gibi yaş akmak ***mir schwimmt es vor den Augen*** *mec* gözüm kararıyor
Schwimmer /'şvimır/ *m* yüzücü; *den* duba, şamandıra; olta mantarı
Schwimmhalle /'şvimhalı/ *f* kapalı yüzme havuzu

S

Schwimmhaut /'şvimhaut/ *f anat* hayb. perde ayak zarı
Schwimmweste /'şvimvestı/ *f* cankurtaran yeleği
Schwindel /'şvindıl/ *m hek* baş dönmesi, göz kararması; ıvır zıvır, bok püsür, önemsiz ve değersiz şeyler; üçkâğıtçılık, dolandırıcılık, dalavere
Schwindelanfall /'şvindılanfal/ *m hek* ani baş dönmesi
schwindelfrei /'şvindılfray/ *s* başı dönmeyen ***jdm schwindelt es*** *hek* başı dönmek ***mir ist schwindlig*** başım dönüyor
Schwindelgefühl /'şvindılgıfü:l/ *n hek* baş dönmesi, göz kararması
schwindeln /'şvindıln/ *vi* aldatmak, yalan söylemek, gerçeği saklamak; *vt* gerçek olmayanı anlatmak ***es schwindelt mir*** başım dönüyor, gözlerim kararıyor
schwinden /'şvindın/ *vi ed* yok olmak, kaybolmak ***es schwindet*** küçülüyor, çekiyor; azalıyor, diniyor ***Farben schwinden*** renkler soluyor
Schwindler /'şvindlır/ *m* yalancı; dolandırıcı, hileci, numaracı, üç kâğıtçı
schwindlig /'şvindlih/ *s hek* başı dönen, gözleri kararan
Schwingung /'şvingung/ *f fiz* salınım, titreşim
Schwips /'şvips/ *m* hafif sarhoşluk, hafif kafayı bulma, çakırkeyflik ***einen Schwips haben*** çakırkeyf olmak, hafiften kafayı bulmak
schwirren /'şvirın/ *vi* pırpır uçmak, vızıldayarak uçmak ***Gerüchte schwirren*** söylenti dolaşmak, dedikodu dolaşmak ***mir schwirrt der Kopf*** *kon* beynim dönüyor
schwitzen /'şvitsın/ *vi* terlemek; (kap, musluk, vs.) su sızdırmak, su damlatmak; *vt* yağda kızartmak
schwören /'şvö:rın/ *vt vi* yemin etmek, ant içmek ***auf etw schwören*** (bir şey üzerine) yemin etmek ***auf jdn schwören*** (birisinin) değerinden emin olmak ***bei der Ehre schwören*** şerefi üzerine yemin etmek ***bei Gott schwören*** Tanrı üzerine yemin etmek ***bei jdm schwören*** (birisi üzerine) yemin etmek ***einen Meineid schwören*** yalan yemin etmek ***Stein und Bein schwören*** *kon* kesin olarak iddia etmek
schwül /şvü:l/ *s* (hava) bunaltıcı, boğucu, nefes aldırmayan, rutubetli; tahrik edici, şehvetli; ürkütücü, korkutucu
schwul /şvu:l/ *s* eşcinsel, homoseksüel
schwülstig /'şvülstih/ *s* aşırı süslü, cafcaflı
Schwund /şvunt/ *m* azalma, yavaşlama, dinme, kaybolma, zayıflama
Schwung /şvung/ *m* hamle, atılım, hızlı hareket, öne çıkma; heyecan, coşku; coşkunluk, canlılık, hareketlilik; küme, yığın ***ein ganzer Schwung Message*** yığınla mesaj
schwunghaft /'şvunghaft/ *s tic* canlı, gelişen, hareketli
schwungvoll /'şvungfol/ *s* canlı, hareketli; coşkun, heyecanlı, ateşli
Schwur /şvu:r/ *m* yemin, ant ***einen Schwur ablegen*** ant içmek
Schwurgericht /'şvu:rgıriht/ *n huk* ağır ceza mahkemesi
Schwyzerdütsch /'şvi:tsırdü:tç/ *n* İsviçre Almancası
sechs /zeks/ *s* altı, 6
sechseckig /'zeksekih/ *s geo* altı kenarlı, altı köşeli
Sechser /'zeksır/ *m kon* beş feniklik madeni para; sayısal lotoda en büyük ikramiye; (otobüs, tren) 6 numaralı
sechzehn /'zehtse:n/ *s* on altı
sechzig /'zehtsih/ *s* altmış
See /ze:/ *f* deniz; büyük dalga; *m* göl ***auf hoher See*** açık denizde ***in See gehen*** denize açılmak
Seebad /'ze:ba:t/ *n* deniz kıyısı tatil yeri
Seebeben /'ze:be:bın/ *n yerb* denizaltı depremi
Seefahrt /'ze:fa:rt/ *f* deniz yolculuğu, gemi yolculuğu; deniz gemiciliği
Seefracht /'ze:fraht/ *f* navlun, deniz yükü
Seegang /'ze:gang/ *m* dalgalı deniz, şiddetli çalkantı
Seehund /'ze:hunt/ *m hayb* ayı balığı, fok (balığı)
Seeigel /'ze:i:gıl/ *m hayb* deniz kestanesi
seekrank /'ze:krank/ *s hek* deniz tutmuş, gemi tutmuş
Seelachs /'ze:laks/ *m hayb* deniz salmonu, som balığı
Seele /'ze:lı/ *f* ruh; duygu; can, duygu, gönül; akıl, zihin, fikir, us; insanın içi, iç dünya; insan; kişi, nüfus; *müz* (çalgı) can direği; (silah) namlu içi; halatın en iç tarafındaki ip ***die Seele aushauchen*** *ed* ruhunu teslim etmek ***eine gute See-***

le haben iyi bir insan olmak ***eine gute Seele sein*** iyi bir insan olmak

Seelenruhe /'ze:lınru:ı/ *f* huzur, sükûnet, iç huzur

seelenruhig /'ze:lınru:ih/ *s* huzur içinde

seelisch /'ze:liş/ *s* ruhsal, ruhi ***seelische Krankheiten*** ruhsal hastalıklar

Seelsorge /'ze:lzorgı/ *f* (Hıristiyan) hak yolu bulmak için yapılan yardım

Seelsorger /'ze:lzorgır/ *m* din adamı

Seemann /'ze:man/ *m* denizci, gemici, bahriyeli

seemännisch /'ze:meniş/ *s* denizci ile ilgili, gemici ile ilgili

Seemannsgarn /'ze:mansgarn/ *n kon* denizcinin maceralarıyla ilgili hikâye, gemici hikâyesi

Seemeile /'ze:maylı/ *f* deniz mili, 1852 metrelik uzunluk ölçüsü birimi

Seenot /'ze:no:t/ *f den* batma tehlikesi ***Schiff in Seenot*** batma tehlikesi geçiren gemi

Seepferdchen /'ze:pferthın/ *n hayb* deniz atı

Seeräuber /'ze:roybır/ *m* deniz korsanı, deniz haydudu

Seereise /'ze:rayzı/ *f* deniz yolculuğu

Seerose /'ze:ro:zı/ *f bitk* nilüfer, su zambağı; *hayb* deniz gülü

Seestern /'ze:ştern/ *m hayb* deniz yıldızı

seetüchtig /'ze:tühtih/ *s* açık denize çıkmaya uygun gemi

Seezunge /'ze:tsungı/ *f hayb* dilbalığı

Segel /'ze:gıl/ *n den* yelken; güneşlik, tente ***die Segel streichen*** *den* yelkenleri mayna etmek; *mec* yelkenleri suya indirmek ***unter Segel gehen*** yelken açıp gitmek

Segelboot /'ze:gılbo:t/ *n den* yelkenli; yat

Segelflug /'ze:gılflu:k/ *m* planörcülük

Segelflugzeug /'ze:gılflu:ktsoyk/ *n* planör

segeln /'ze:gıln/ *vi* yelkenliye gitmek; havada süzülmek; düşmek; salına salına geçip gitmek ***durchs Examen segeln*** sınavda çakmak

Segelschiff /'ze:gılşif/ *n den* yelkenli gemi

Segelsport /'ze:gılşport/ *m sp* yelken sporu, yatçılık

Segeltuch /'ze:gıltuh/ *n* yelken bezi

Segen /'ze:gın/ *m* hayır dua; rahmet, inayet, lütuf; izin, onay, okey; bereket, bolluk, nimet ***sich regen bringt Segen*** nerede hareket, orada bereket

Segler /'ze:glır/ *m den* yelkenli gemi; yelkenli sporcusu; *hayb* bir kuş türü

Segment /zek'ment/ *n mat* parça, iki paralel düzlem arasında kalan yuvar parçası; *dilb* parça, kesit; *biy* kesit, halka, bölüt

segnen /'ze:gnın/ *vt* kutsamak; üzerine haç işareti yapmak ***einen gesegneten Schlaf haben*** *mec* deliksiz uyumak ***gesegnete Mahlzeit!*** afiyet olsun! ***in gesegneten Umständen sein*** hamile olmak

sehbehindert /'ze:bıhindırt/ *s* görme özürlü

Sehen /'ze:ın/ *n* görme

sehen /'ze:ın/ *vt* görmek, bakmak; tanımak; *vi* anlamak, fark etmek ***auf etw sehen*** manzarası bir yere bakmak ***aufs Geld sehen*** *mec* çok cimri olmak ***das Zimmer sieht nach dem Berg*** oda dağa bakıyor ***einander sehen*** görüşmek, karşılaşmak ***jdm ähnlich sehen*** (birisine) benzemek ***jdn sehend machen*** (birisinin gözünü açmak ***mit eigenen Augen sehen*** kendi gözleriyle görmek ***sich sehen*** aynada kendini görmek ***siehe dies!*** (gazete, kitap) bakınız! ***siehst du!*** gördün mü!

sehenswert /'ze:ınsve:rt/ *s* görülmeye değer

Sehenswürdigkeit /'ze:ınsvürdihkayt/ *f* görülmeye değer tarihi eser, turistik yer(ler)

Seher /'ze:ır/ *m* kâhin, geleceği gören kimse; peygamber; av hayvanlarının parlak gözü

Sehkraft /'ze:kraft/ *f* görme yetisi, görüm, görme gücü

Sehne /'ze:nı/ *f hek hayb mat* kiriş; *mat* kiriş; yayın iki ucu arasındaki esnek bağ, kiriş; bir eğrinin iki noktasını birleştiren doğru parçası

sehnen /'ze:nın/ *vr* özlemek, özlem çekmek ***sich nach etw sehnen*** (bir şeyi) özlemek ***sich nach jdm sehnen*** (birisini) özlemini çekmek ***sich nach Hause sehnen*** yuva hasreti çekmek

Sehnerv /'ze:nerf/ *m anat* göz siniri

sehnig /'ze:nih/ *s* (vücut) güçlü; (et) sinirli

sehnlich /'ze:nlih/ *s* özlem dolu ***jdn sehnlich erwarten*** (birisini) büyük bir özlemle beklemek

Sehnsucht /'ze:nzuht/ *f* özlem, özleyiş ***Sehnsucht nach der Heimat*** anavatanını özleme, köyünü özleme

S

sehnsüchtig /'ze:nzühtih/ *s* (bekleme) özlem dolu, özlemli, sabırsızlıkla
sehnsuchtsvoll /'ze:nzuhtsfol/ *s* (bekleme) özlem dolu, özlemli, sabırsızlıkla
sehr /ze:r/ *be* pek çok, şiddetli ***bitte sehr*** çok teşekkürler, çok teşekkür ederim ***danke sehr*** çok teşekkürler, çok teşekkür ederim ***sehr gut*** (not) pekiyi; çokiyi ***sehr geehrte Damen und Herren*** Sayın Bayanlar ve Baylar ***sehr schön*** çok güzel
Sehschwäche /'ze:şvehı/ *f* görme zayıflığı
seicht /zayht/ *s* (su) sığ; (konu, tartışma) yüzeysel; yavan, tatsız
Seide /'zaydı/ *f* ipek; ipekli kumaş; *bitk* şeytan saçı
Seidenpapier /'zaydınpapi:r/ *n* pelur kâğıdı
seidig /'zaydih/ *s* (saç, kumaş) ipek gibi parlak, ipek gibi yumuşak
Seife /'zayfı/ *f* sabun; yerb ağır tortu ve minerallerden oluşan maden yatağı
Seifenblase /'zayfınbla:zı/ *f* sabun köpüğü
Seifenoper /'zayfıno:pır/ *f kon* pembe dizi, aşk ve acı içerikli TV dizisi
Seil /zad/ *n* ip, urgan, halat; *tek* kablo
Seilbahn /'zaylba:n/ *f* teleferik
Seilschaft /'zaylşaft/ *f* halata bağlı dağcı grubu; ekonomik veya sosyal açıdan birbirine bağlı insanlar
Seiltänzer /'zayltentsır/ *m* ip cambazı
Sein /zayn/ *n* varoluş, olma, bulunma, mevcudiyet; gerçeklik, hayat ***Sein oder Nichtsein*** olmak ya da olmamak
sein /zayn/ *s dilb* onun; *vi* olmak, bulunmak; var olmak; yapmak, etmek, tutmak ***Das ist von mir*** bu benden ***das Seine*** onunki, ona ait olan ***es sei denn*** meğer ki ... ***es war einmal*** (masala başlarken) bir varmış, bir yokmuş ***heute ist Mittwoch*** bugün çarşambadır ***ich bin aus Istanbul*** ben İstanbulluyum ***Sei kein Frosch!*** mızıkçılık yapma ! ***Seine Exzellenz/Magnifizenz/Majestät*** ekselansları ***was ist geschehen?*** ne oldu? ***2 und 5 ist 7*** iki artı beş yedi eder
seinerseits /'zaynırzayts/ *be* ondan, onun tarafından
seinesgleichen /zaynıs'glayhın/ *be* benzeri, emsali, eşi ***er und seinesgleichen*** o ve onun gibiler
seinetwegen /zaynıt've:gın/ *be* onun yüzünden, onun için, onun uğruna
seit /zayt/ *ilg* -den bu yana, -den itibaren, -den beri, -dan beri ***seit kurzem*** kısa süredir, kısa süreden beri ***seit kurzer Zeit*** kısa bir zamandan beri ***seit langem*** uzun süredir, uzun süreden beri ***seit langer Zeit*** uzun zamandır, uzun zamandan beri ***seit zwei Wochen*** iki haftadan beri
seitdem /zayt'de:m/ *be* o zamandan beri; *bağ* -den beri
Seite /'zaytı/ *f* yan, taraf; *anat* yan taraf, yan kısım; sayfa, sahife; yön; *mat* taraf, yüz, kenar ***an jds Seite stehen*** (birisinin) yanında durmak ***die andere Seite*** öbür sayfa ***die drei Seiten eines Dreiecks*** *mat* bir üçgenin üç kenarı ***jdm von der Seite ansehen*** (birisine) yan gözle bakmak ***linke Seite*** sol taraf, sol yanı ***rechte Seite*** sağ taraf, sağ yan ***Seite 12*** sayfa 12 ***schwache Seite*** kötü taraf, uzmanlık alanına girmeyen bölüm, eksik yanı
Seitenansicht /'zaytınanziht/ *f* profil, profil görünümü, yandan görünüş
Seitenflügel /'zaytınflü:gıl/ *m mim* yan bina
Seitenhieb /'zaytınhi:p/ *m* yana darbe, yana indirilen darbe; *mec* taşlama, alay, kinaye
seitenlang /'zaytınlang/ *s* sayfalar dolusu, sayfalarca süren
seitens /'zaytıns/ *ilg* tarafından ***seitens des Klägers*** *huk* davacı tarafından
Seitenschiff /'zaytınşif/ *n mim* yan sahın
Seitensprung /'zaytınşprung/ *m* yana sıçrama; *kon* yoldan çıkma, zıvanadan çıkma; *mec* evlilikdışı aşk ilişkisi
Seitenstechen /'zaytınştehın/ *n* hak böğür sancısı, yan sancısı
Seitenstraße /'zaytınştra:sı/ *f* yan yol, yan sokak
Seitenstreifen /'zaytınştrayfın/ *m* emniyet şeridi, banket
seitenverkehrt /'zaytınferke:rt/ *s* aynadaki akis gibi ters
Seitenwechsel /'zaytınveksıl/ *m* taraf değiştirme
Seitenwind /'zaytınvind/ *m metr* yandan esen rüzgâr
Sekretär /zekre'te:r/ *m* sekreter; yazı masası; sır saklayan; *hayb* bir tür Afrika kuşu
Sekretariat /zekreta'rya:t/ *n* yazı işleri,

kalem odası, yazıcı bürosu
Sekretärin /zekre'te:rin/ *f* bayan sekreter
Sekt /zekt/ *m* şampanya, köpüklü şarap
Sekte /'zektı/ *f* mezhep, tarikat, tarikat cemaati
Sektor /'zektor/ *m* alan, saha, sektör, bölge, kısım; uzmanlık alanı, tecrübe alanı; *mat* kesme
sekundär /zekun'de:r/ *s* tali, yan, ikinci derece olan
Sekunde /ze'kundı/ *f* saniye ***auf die Sekunde genau*** saniyesi saniyesine, milimi milimine
Sekundenzeiger /ze'kundıntsaygır/ *m* saniye göstergesi
selbst /zelpst/ *be* kendi, kendisi, bizzat, şahsen; kendiliğinden; bile ***erkenne dich selbst!*** kendini tanı! ***selbst in den schlimmsten Zeiten*** en kötü zamanlarda bile ***unser wahres Selbst*** gerçek benliğimiz, gerçek kimliğimiz, özümüz ***von selbt kommen*** kendiliğinden gelmek
Selbstachtung /'zelpstahtung/ *f* öz saygı, benlik saygısı, insanın kendine duyduğu saygı; izzetinefis, onur, haysiyet
Selbstauslöser /'zelpstauslö:zır/ *m fot* otomatik deklanşör
Selbstbedienung /'zelpstbıdi:nung/ *f* selfservis, kendi kendine servis
Selbstbefriedigung /'zelpstbıfri:digung/ *f* kendi kendini tatmin etme; kendi kendini cinsel doyuma ulaştırma, mastürbasyon, öz doyurum
Selbstbeherrschung /'zelpstbıherşung/ *f* kendine hâkim olma, kendini kontrol altında tutma ***die Selbstbeherrschung verlieren*** kendini kaybetmek ***seine Selbstbeherrschung bewahren*** sükûnetini korumak ***Selbstbeherrschung üben*** kendine hâkim olmak, iradesine sahip olmak
Selbstbestimmung /'zelpstbıştimung/ *f* kendi davranış biçimini tayin etme, şahsen karar verebilme, kendi kaderini belirleme
Selbstbeteiligung /'zelpstbıtayligung/ *f* katılma payı, katılım payı, iştirak payı
Selbsterkenntnis /'zelpsterkentnis/ *f* kendini tanıma, özbiliş
Selbsterniedrigung /'zelpsterni:drigung/ *f* kendi kendini alçaltma
selbstgefällig /'zelpstgıfelih/ *s* kendini beğenmiş, ukala, burnu havada
selbstgenügsam /'zelpstgınü:kza:m/ *s* kendi kendine yetebilen; asosyal oluş; kendi yağıyla kavrulan, kendi kendine yeten
selbstgerecht /'zelpstgıreht/ *s* kendini beğenmiş, kendine karşı özeleştirisiz, kendinin her yaptığının doğru olduğundan emin olma
Selbstgespräch /'zelpstgışpre:h/ *n* kendi kendine konuşma
selbstherrlich /'zelpstherlih/ *s* otoriter, başına buyruk ***selbstherrlich regieren*** otoriter olarak idare etmek
selbstklebend /'zelpstkle:bınt/ *s* kendi kendine yapışan, kendiliğinden yapışabilen
Selbstkostenpreis /'zelpstkostınprays/ *m* maliyet fiyatı, maloluş fiyatı
Selbstkritik /'zelpstkriti:k/ *f* özeleştiri, kendini yargılama
Selbstlaut /'zelpstlaut/ *m dilb* ünlü, vokal, sesli
selbstlos /'zelpstlo:s/ *s* özgeci, fedakâr, özverili
Selbstmitleid /'zelpstmitlayt/ *n* acınma, kendine acıma
Selbstmord /'zelpstmort/ *m* intihar ***Selbstmord begehen*** intihar etmek
Selbstmörder /'zelpstmördır/ *m* intihar eden kimse, kendi kendini öldüren kişi
selbstmörderisch /'zelpstmördıriş/ *s* intihara yönelik, intiharı amaçlayan; intihar edercesine, kendini öldürürcesine
Selbstmordversuch /'zelpstmortferzu:h/ *m* intihar girişimi, kendini öldürmeye teşebbüs
Selbstporträt /'zelpstportre:t/ *n* (ressamın) kendi resmi
selbstredend /'zelpstre:dınt/ *s kon* kendiliğinden anlaşılan, anlaşılması kolay, açık, sarih; tabii, doğal
selbstsicher /'zelpstzihır/ *s* kendine güvenen, kendinden emin, güvenli, özgüvenli
Selbstsicherheit /'zelpstzihırhayt/ *f* özgüven, güven, kendine güvenme
Selbstsucht /'zelpstzuht/ *f* egoizm, bencillik, kendini ve kendi çıkarını düşünme
selbstsüchtig /'zelpstzühtih/ *s* egoist, bencil
selbsttätig /'zelpstte:tih/ *s* otomatik, kendi kendine, kendiliğinden ***selbsttätige Waage*** otomatik kantar
Selbsttäuschung /'zelpsttoyşung/ *f* kendi

kendini kandırma

Selbstüberschätzung /'zelpstü:bırşetsung/ *f* kibir, kendini aşırı önemli bulma

Selbstüberwindung /'zelpstü:bırvindung/ *f* ihtiraslarını yenme, korkularını yenme

selbstvergessen /'zelpstfergısın/ *s* dalgın, düşüncelere dalmış

selbstverständlich /'zelpstferştentlih/ *s* kendiliğinden anlaşılan, açıklama gerektirmeyen, açık, sarih; *ünl* elbette, tabii!, gayet tabii! ***selbstverständlich nicht!*** asla! hiçbir surette"

Selbstverständlichkeit /'zelpsferştentlihkayt/ *f* doğallık, kendiliğinden anlaşılırlık, açıklık

Selbstverteidigung /'zelpstfertaydigung/ *f* özsavunması, kendi kendini savunma

Selbstvertrauen /'zelpstfertrauın/ *n* özgüven, kendine güvenme duygusu

Selbstverwaltung /'zelpstfervaltung/ *f* özyönetim, özerklik

Selbstverwirklichung /'zelpstfervirklihung/ *f* kendini gerçekleştirme

selbstzufrieden /'zelpsttsufri:dın/ *s* kendinden memnun, kendini beğenen

Selbstzweck /'zelpsttsvek/ *m* asıl amaç, kişisel amaç; kendine yeter

selektiv /zelek'ti:f/ *s* seçici, seçmeye dayanan; *elek* (telsiz) frekansları birbirinden iyi ayıran

selig /'ze:lih/ *s* rahmetli, merhum, ölmüş; (katolik) aziz ilan edilmiş; *kon* sarhoş, kafası kıyak; sevinçli, çok mutlu, pürneşe ***Gott hab' ihn selig!*** Allah rahmet eylesin! ***mein Seliger*** rahmetli kocam ***meine Selige*** rahmetli karım ***meine selige Mutter*** rahmetli annem

Seligkeit /'ze:lihkayt/ *f* uhrevi mutluluk, öteki dünya mutluluğu; mutluluğun en üst derecesi, sonsuz mutluluk ***in Seligkeit schwimmen*** *mec* mutluluktan uçmak, sevinçten uçmak

Sellerie /'zelıri:/ mf *bitk* kereviz

selten /'zeltın/ *s* nadir, seyrek, az bulunur, az rastlanır; *kon* olağanüstü, müthiş; çok, oldukça ***seltene Elemente*** nadir elemanlar

Seltenheit /'zeltınhayt/ *f* nadirat, seyrek görülebilme, az görülme, az bulunan şey; azlık, seyreklik, az rastlanırlık

Selterswasser /'zeltırsvasır/ *n* maden suyu, soda

seltsam /'zeltza:m/ *s* tuhaf, garip, acayip, şaşılacak, alışılmamış, görülmemiş ***eine seltsame Geschichte*** tuhaf bir hikâye

seltsamerweise /zeltza:mır'vayzı/ *be* acayip bir şekilde, tuhaf bir şekilde, garip bir şekilde; tuhaftır ki

Semester /ze'mestır/ *n* yarıyıl, sömestr, öğretim yılının her bir yarısı ***ein altes Semester*** *kon* okula kazık çakmış öğrenci ***erstes Semester*** birinci yarıyıl, birinci sömestr ***zweites Semester*** ikinci yarıyıl, ikinci sömestr

Semesterferien /ze'mestırfe:ryın/ *pl* sömestr tatili, yarıyıl tatili

Seminar /zemi'na:r/ *n* seminer, çalışma, alıştırma; *esk* öğretmen okulu; din adamı yetiştirme kurumu

Semmel /'zemıl/ *f* sütlü küçük ekmek

Semmelbrösel /'zemılbrö:zıl/ *pl* galeta unu

Senat /ze'na:t/ *m* (üniversite) senato; *pol* senato; *huk* yüksek mahkeme kurulu; hükümet

Senator /ze'na:tor/ *m* senatör

Sendebereich /'zendıbırayh/ *m* yayın bölgesi

senden /'zendın/ *vt* göndermek, yollamak; postalamak; (TV, radyo) yayın yapmak, yayınlamak, sinyal göndermek

Sender /'zendır/ *m* verici, radyo/TV istasyonu

Sendereihe /'zendırayı/ *f* (radyo, TV) dizi program, dizi

Sendeschluss /'zendışlus/ *m* kapanış, yayın sonu

Sendezeit /'zendıtsayt/ *f* yayın saati, yayın kuşağı

Sendung /'zendung/ *f* gönderme, yollama; postalama; gönderi, gönderilen şey; (radyo, TV) yayın, program; *mec* yüce görev, çok önemli görev

Senf /zenf/ *m* hardal

sengen /'zengın/ *vt* alazlamak, yakmak, sarartmak, ateşte şöyle bir çevirmek ***die Sonne sengt*** güneş yakıyor, güneş kavuruyor ***sengen und brennen*** *mec* yakıp yıkmak, talan etmek

senil /ze'ni:l/ *s* bunak, bunamış, eli ayağı tutmaz

Senilität /zenili'te:t/ *f* bunaklık, bunamışlık, el ve ayağı tutmama

Senior /'ze:nyor/ *m* yaşlı olan; en yaşlı; emekli, yaşlı; *pol* en yaşlı olması sebe-

biyle başkanlığa getirilen kişi; *sp* büyükler kategorisi
Seniorenheim /zen'yo:rınhaym/ *n* yaşlılar yurdu, yaşlılara bakım yurdu
Senke /'zenkı/ *f coğ* arazi çöküntüsü, çukurluk
Senkel /'zenkıl/ *m* ayakkabı bağı, bağcık
senken /'zenkın/ *vt* daldırmak, içine daldırmak, batırmak, içine batırmak; *mec* indirmek, azaltmak, dindirmek, yavaşlatmak; (göz) yere eğmek; (ses) yavaşlatmak, kısmak, azaltmak; (fiyat) indirmek ***der Seespiegel hat sich gesenkt*** deniz seviyesi alçaldı ***die Stimme senken*** sesi kısmak, sesi yavaşlatmak ***sich senken*** inmek; içine batmak; kısılmak, azalmak, alçalmak; *mec* çökmek
Senkfuß /'zenkfu:s/ *m hek* düztaban
Senkgrube /'zenkgru:bı/ *f* foseptik, lağım çukuru
senkrecht /'zenkreht/ *s* dikey, diklemesine; (bulmaca) yukarıdan aşağıya ***senkrechte Linie*** dikey çizgi ***senkrechtes Schweißen*** dikey kaynak
Senkrechtstarter /'zenkrehtştartır/ *m* dikine havalanabilen uçak; (iş, politika) hızla yükselme, hızla yükselen
Senkung /'zenkung/ *f* fiyat indirimi; *hek* mide sarkması; *hek* sedimantasyon; *coğ* çukur, arazi çöküntüsü; *ed* (şiir) vurgusuz hece
Sensation /zenza'tsyo:n/ *f* sansasyon, heyecan verici olay, olay yaratıcı olay; coşku, heyecan; günün olayı, günün konusu
sensationell /zenzatsyo'nel/ *s* sansasyonel, heyecan verici, olay yaratıcı ***eine sensationelle Nachricht*** olay yaratacak bir haber, flaş haber
Sensationspresse /zenza'tsyo:nspresı/ *f* sansasyoncu basın
Sense /'zenzı/ *f* tırpan, orak ***Sense!*** *kon* yeter!, tamam!
sensibel /zen'zi:bıl/ *s* ince duygulu, inci düşünceli, duygun; *hek* duyarlı, hassas
Sensibilität /zenzibili'te:t/ *f* duyarlık, hassaslık, duyguluIuk
Sensor /'zenzor/ *m* sensor
sentimental /zentimen'ta:l/ *s* duygulu, içli, santimental, hisli
Sentimentalität /zentimentali'te:t/ *f* duygululuk, hassaslık, içlilik, santimantalite; duygu gösterme
separat /zepa'ra:t/ *s* ayrı, özel, farklı; ayrılmış
Separatismus /zepara'tismus/ *m* separatizm, ayrılıkçılık
September /zep'tembır/ *m* eylül ayı
Sequenz /ze'kvents/ *f* dizi, sıra, ard arda gelme, peş peşe gelme, sekans
Serbe /'zerbı/ *m* Sırp
Serbien /'zerbyın/ *n* Sırbistan
serbisch /'zerbiş/ *s* Sırbistan ile ilgili
Serenade /zere'na:dı/ *f* serenat
Serie /'ze:ryı/ *f* (TV) dizi, seri; sıra, dizi, seri
seriell /ze:'ryel/ *s biliş* seriyel
serienmäßig /'ze:ryınme:sih/ *s* standart
seriös /ze:'ryö:s/ *s* ciddi, önemli
Serum /'ze:rum/ *n hek* serum; kan sıvısı
Server /'sö:vı/ *m biliş* sunucu, server
Service /ze:r'vis/ *m sp* (tenis, voleybol) servis; hizmet, hizmet etme, müşteriye hizmet
Service /'zörvis/ *n* sofra takımı, yemek takımı
servieren /zer'vi:rın/ *vt* hizmet etmek, servis yapmak, iş görmek; hazırlamak, kurmak, yemeği servis etmek; *sp* (tenis, voleybol) servis yapmak; *sp* pas vermek; *kon* kötü bir şeyi haber vermek
Servierwagen /zer'vi:rva:gın/ *m* servis masası (tekerlekli)
Serviette /zer'vyetı/ *f* peçete
Servolenkung /'zervolenkung/ *f oto* hidrolik direksiyon
Sesam /'ze:zam/ *m bitk* susam ***Sesam, öffne dich!*** açıl susam açıl!
Sessel /'zesıl/ *m* koltuk
Sessellift /'zesıllift/ *m* telesiyej
setzen /'zetsın/ *vt* koymak, yerleştirmek, oturtmak; serpiştirmek; (kumar) para sürmek, para koymak; tutmak, varsaymak, farz etmek; süre vermek, mühlet vermek; takmak, yerleştirmek, yerine koymak; bas dizmek, dizgisini yapmak; kovmak, defetmek, kapı dışarı etmek; hesaba kaydetmek, hesaba geçirmek; salıvermek, serbest bırakmak; *müz* bestelemek; (birisini birisinin) yerine geçirmek, yerine koymak; bel bağlamak, umut bağlamak; (anıt, bitki) dikmek; *vi* atlamak, sıçramak, zıplamak; *vr* kafasına koymak, aklına koymak; tünemek, konmak; çökmek; sinmek; ata binmek; durulmak, sakinleşmek; (nehirden) geçmek ***Denkmal setzen*** anıt dikmek ***die Satzzeichen setzen*** *dilb*

S

noktalama işareti koymak ***etw in den Kopf setzen*** (bir şeyi) kafasına koymak, kafaya takmak ***jdm eine Frist setzen*** (birisine) süre vermek ***jdn an die Luft setzen*** kapı dışarı etmek ***jdn in Freiheit setzen*** (birisini) özgürlüğüne kavuşturmak Pflanzen setzen bitki dikmek ***setzen wir den Fall, dass*** diyelim ki, tut ki, varsayalım ki ***sich setzen*** yerleşmek; oturmak; tünemek; sinmek, nüfuz etmek, durulmak ***über den Zaun setzen*** çitin üzerinden atlamak

Setzer /'zetsır/ *m* bas dizici, dizgici, mürettip

Setzerei /zetsı'ray/ *f* bas dizgi yeri, dizgi bölümü

Setzling /'zetsling/ *m bitk* fide, fidan; küçük havuz balığı

Seuche /'zoy**hı**/ *f hek* salgın, epidemi

Seuchengefahr /'zoy**h**angıfa:r/ *f* salgın tehlikesi

seufzen /'zoyftsın/ *vi* iç çekmek, içini çekmek, inlemek, ah çekmek; *mec* acı çekmek, acı içinde kıvranmak

Seufzer /'zoyftsır/ *m* inilti, sızıltı, ah

Sex /zeks/ *m* seks, erotizm, cinsellik; cinsel açıdan çekicilik, seksapel, cazibe

sexistisch /ze'ksistiş/ *s* cinsiyetçi

Sexualität /zeksuali'te:t/ *f* cinsellik, cinsiyet, seksüalite

Sexualleben /zeksu'a:lle:bın/ *n* cinsel yaşam

Sexualverbrechen /zeksu'a:lferbre**hı**n/ *n* cinsel suç

sexuell /zeksu'el/ *s* cinsel, seksüel, cinsi

sexy /'zeksi/ *s kon* seksi, çekici, erotik

sezieren /ze'tsi:rın/ *vt hek* otopsi yapmak

Shampoo /şam'pu:/ *n* şampuan

Shorts /şo:rts/ *pl* şort, kısa pantolon; *kon* külot

Show /şou/ *f* şov

Sibirien /zi'bi:ryın/ *tnz* Sibirya

sibirisch /zi'bi:riş/ *s* Sibirya ile ilgili

sich /zi**h**/ *be dilb* dönüşlü fiillerde dönüşüm zamiri; kendini, kendine ***bei sich denken*** kendi kendine düşünmek ***etw für sich behalten*** (bir şeyi) kimseye söylememek ***etw hinter sich haben*** *mec* (kötü bir şeyi) geride bırakmış olmak, mazide kalmış olmak ***etw von sich aus tun*** (bir şeyi) içinden geldiği gibi yapmak ***etw vor sich haben*** *mec* (bir şeyi) tasarlamak, planlamak ***für sich sein*** yalnız olmak ***nicht bei sich sein*** kendinde olmamak, bilinci yerinde olmamak ***sich bei jdm melden*** ziyaret etmek, ziyaretine gitmek ***sich wundern*** şaşmak, şaşırmak ***sich zu etw melden*** adını yazdırmak; müracaat etmek; yarışmaya girmek, müsabakaya girmek; (okul) parmak kaldırmak ***sich zum Wort melden*** söz istemek ***zu sich kommen*** kendine gelmek, ayılmak

Sichel /'zi**hı**l/ *f* orak, tırmık

sicher /'zi**hı**r/ *s* emin, güvenilir, inanılır, doğru; kesin, muhakkak, kati; güvenli, emniyetli; sağlam; tehlikesiz; deneyimli, tecrübeli ***ein sicherer Beweis*** kesin delil, sabit delil ***ich bin dir sicher*** sana güveniyorum, sana inanıyorum ***ich bin sicher*** eminim ***sichere Hand*** tecrübeli el, deneyimli el ***Sind Sie sicher*** emin misiniz?

sichergehen /'zi**Hı**rge:ın/ *trvi* rizikolu bir işe girişmemek

Sicherheit /'zi**Hı**r**h**ayt/ *f* emniyet, güven; garanti, teminat, güvence; *huk* kefalet; asayiş, güvenlik; kesinlik, katilik; tehlikesizlik; *kon* rehin, depozito, kaparo ***in Sicherheit sein*** emniyette olmak, güven içinde olmak

Sicherheitsglas /'zi**Hı**r**h**aytsgla:s/ *n* emniyet camı, koruma camı

Sicherheitsgurt /'zi**Hı**r**h**aytsgurt/ *m* emniyet kemeri

sicherheitshalber /'zi**Hı**r**h**ayts**h**albır/ *be* emniyet için, güvenlik için, güvenlik uğruna

Sicherheitskopie /'zi**Hı**r**h**aytskopi:/ *f biliş* yedek kopya

Sicherheitsnadel /'zi**Hı**r**h**aytsna:dıl/ *f* çengelli iğne

Sicherheitsrisiko /'zi**Hı**r**h**aytsri:ziko/ *n* güvenlik rizikosu

Sicherheitsschloss /'zi**Hı**r**h**aytsşlos/ *n* emniyet kilidi

sicherlich /'zi**Hı**rli**h**/ *be* muhakkak, kesin, şüphesiz, elbette, tabii ki

sichern /'zi**hı**rn/ *vt* emniyet altına almak, güvence altına almak; korumak, himaye etmek, kollamak; temin etmek, sağlamak; sağlamlaştırmak, takviye etmek

sicherstellen /'zi**Hı**rştelın/ *trvt* haczetmek, el koymak; sağlamak, temin etmek

Sicherung /'zi**Hı**rung/ *f* teminat, garanti, güvence; emniyetini sağlama, güven altına alma; *elek* sigorta; *ask* (silah) em-

S

niyet tertibatı
Sicherungskasten /'ziHırungskastın/ *m elek* sigorta kutusu
Sicht /ziht/ *f* manzara, görünüm, görünüş; görüş, .görme, bakış ***auf kurze Sicht*** kısa vadeli ***auf lange Sicht*** uzun vadeli ***Wechsel auf Sicht*** *tic* vadesiz
sichtbar /'zihtba:r/ *s* göze çarpan; görülen, görülebilen
Sichtbarkeit /'zihtba:rkayt/ *f* görülebilirlik; görülme yeteneği
sichten /'zihtın/ *vt* görmek, fark etmek; gözden geçirmek, incelemek, araştırmak; ayırmak, elemek, ayıklamak
sichtlich /'zihtlih/ *s* gözle görülür, görülebilir, belli, açık, bariz
Sichtverhältnisse /'zihtferheltnisı/ *pl* görüş koşulları
Sichtvermerk /'zihtfermerk/ *m* giriş vizesi damgası
Sichtweite /'zihtvaytı/ *f* görüş mesafesi
sickern /'zikırn/ *vi* sızıntı yapmak, sızmak; damla damla akmak
sie /zi:/ *adl* o; onlar; onları
Sie /zi:/ *adl* siz ***Nehmen Sie Platz, bitte!*** oturunuz, lütfen! ***jdn mit "Sie" anreden*** (birisine) "siz" diye hitap etmek
Sieb /zi:p/ *n* elek, süzgeç, kalbur
Sieben /'zi:bın/ *f* yedi (sayısı) ***eine böse Sieben*** *mec* şirret bir kadın, şirret karı
sieben /'zi:bın/ *s* yedi; *vt* elemek, süzmek, elekten geçirmek ***Mehl sieben*** un elemek
Siebensachen /'zi:bınzahın/ *pl* pılı pırtı, ıvır zıvır, bok püsür, varı yoğu
Siebenschläfer /'zi:bınşle:fır/ *m hayb* dağ sıçanı; mit yedi uyuyanlar
siebzig /'zi:ptsih/ *s* yetmiş, 70
siedeln /'zi:dıln/ *vi* toprağı ekip biçmek amacıyla oraya yerleşmek
sieden /'zi:dın/ *vt* kaynatmak; sabun yapmak; *vi* kaynamak ***ich siede vor Zorn*** öfkeden kaynıyorum
Siedepunkt /'zi:dıpunkt/ *m* kaynama noktası
Siedler /'zi:dlır/ *m* sömürgeci; bir yere yerleşen kimse
Siedlung /'zi:dlung/ *f* yerleşim yeri, yerleşme yeri
Sieg /zi:k/ *m* galibiyet, zafer, yengi; başarı, muvaffakiyet
Siegel /'zi:gıl/ *n* mühür, damga
Siegellack /'zi:gıllak/ *m* mühür mumu
Siegelring /'zi:gılring/ *m* mühür yüzüğü
siegen /'zi:gın/ *vi* galip gelmek, zafer kazanmak, yenmek; başarı kazanmak
Sieger /'zi:gır/ *m* galip, yenen, kazanan
Siegerehrung /'zi:gıre:rung/ *f sp* madalya töreni, kupa töreni
siegessicher /'zi:gıszihır/ *s* galibiyetten emin, yeneceğinden emin
siegreich /'zi:krayh/ *s* galip, yenmiş, zafer kazanmış, başarı kazanmış, muvaffık ***die siegreiche Mannschaft*** galip takım
siezen /'zi:tsın/ *vt* siz diye hitap etmek
Signal /zig'na:l/ *n* işaret, sinyal
signalisieren /zignali'zi:rın/ *vt* işaretlerle bildirmek
Signallampe /zig'na:llampı/ *f* sinyal lambası, işaret lambası
signieren /zig'ni:rın/ *vt* işaret koymak, işaretlemek; imzalamak; damgalamak, markalamak; etiketlemek
Silbe /'zilbı/ *f dilb* hece ***ich verstehe keine Silbe*** hiçbir şey anlamıyorum, *tek* kelime anlamıyorum
Silbenrätsel /'zilbınre:tsıl/ *n* hece bulmacası
Silbentrennung /'zilbantrenung/ *f* hecelere ayırma
Silber /'zilbır/ *n* gümüş; gümüş eşya, gümüş takı; *kon* gümüş gibi parlak eşya
Silberbergwerk /'zilbırberkverk/ *n* gümüş maden ocağı
Silberblick /'zilbırblik/ *m kon* şehlalık, şaşılık ***einen Silberblick haben*** şehla bakmak
Silberhochzeit /'zilbırhohtsayt/ *f* evliliğin 25. yıldönümü
Silbermedaille /'zilbırmedalyı/ *f* gümüş madalya
silbern /'zilbırn/ *s* gümüşten; gümüş gibi ***silberne Hochzeit*** evliliğin 25. yıldönümü
Silhouette /zilu'etı/ *f* siluet
Silikon /zili'ko:n/ *n* silikon
Silizium /zi'li:tsyum/ *n* silisyum
Silo /'zi:lo/ mn silo, tahıl ambarı
Silvester /zil'vestır/ mn yılbaşı gecesi
Simbabwe /zim'ba:bvı/ *n* Zimbabve
simpel /'zimpıl/ *s* basit, sade, yalın ***simpele Kleidung*** gösterişsiz giyim, sade kıyafet
simplifizieren /zimplifi'tsi:rın/ *vt* basitleştirmek, sadeleştirmek
Sims /zims/ nm pervaz
Simulant /zimu'lant/ *m* kendini hastaymış gibi gösteren kişi, hastalık hastası; iki-

S

yüzlü, riyakâr

Simulator /zimu'la:tor/ *m* benzeteç, simülatör

simulieren /zimu'li:rın/ *vt* kendini hastaymış gibi göstermek; ikiyüzlü olmak; *vi* endişelenmek, endişe duymak, kaygılanmak

simultan /zimul'ta:n/ *s* eşzamanlı, aynı zamanda; müşterek, ortak ***simultanes Dolmetschen*** simultane tercüme yapmak, eşzamanlı tercüme yapmak

Simultandolmetscher /zimul'ta:ndolmetçır/ *m* simültane çevirmen

Sinfonie /zinfo'ni:/ *f müz* senfoni

Sinfonieorchester /zinfo'ni:orkestır/ *n* senfoni orkestrası

Singdrossel /'zingdrosıl/ *f hayb* bir tür ardıç kuşu

singen /'zingın/ *vi* şarkı/türkü söylemek; *mec* bilgi vermek, ispiyonlamak, ötmek

Single /'singl/ *f* 45'lik plak; tekli CD; *m* yalnız yaşayan

Singsang /'zingzang/ *m kon* rahatsız edecek kadar sıkıcı şarkı söyleme; *kon* monoton şarkı

Singular /'zinggula:r/ *m dilb* tekil

singulär /zinggu'le:r/ *s* tuhaf; yanlış; tek

Singvogel /'zingfo:gıl/ *m hayb* ötücü kuş

Sinn /zin/ *m* duyu; bilinç, akıl; mana, anlam, içerik, kapsam; amaç, gaye; anlayış; cinsel istek; düşünüş tarzı, düşünce biçimi ***anderen Sinnes werden*** fikrini değiştirmek ***bist du von Sinnen?*** *kon* kafayı mı yedin?, çıldırdın mı?, üşüttün mü? ***die fünf Sinne*** *anat* beş duyu ***etw ohne Sinn und Verstand tun*** (bir şeyi) kafayı çalıştırmadan yapmak, kafayı yormadan yapmak ***im engeren Sinne*** dar anlamda ***im weiteren Sinne*** geniş anlamda ***langer Rede kurzer Sinn!*** *kon* uzun sözün kısası!, uzun lafın kısası! ***leichten Sinnes*** neşeli ve güvenli ***Sinn für Kunst*** sanat duygusu ***von Sinnen sein*** aklını kaçırmak, kafayı yemek

Sinnbild /'zinbilt/ *n* simge, sembol

sinnbildlich /'zinbiltli**h**/ *s* sembolik, simgesel olarak ***sinnbildliche Darstellung*** alegori

Sinnenrausch /'zinınrauş/ *m* şehvet hazzı

sinnentleert /'zinentle:rt/ *s* anlamını kaybetmiş, anlamsızlaşmış

sinnentstellend /'zinentştelınt/ *s* anlam bozucu, anlamı bozan

Sinnesänderung /'zinısendırung/ *f* cayma, fikir değiştirme, vazgeçme

Sinnesart /'zinısart/ *f* zihniyet, düşünüş tarzı, düşünce tarzı

Sinnesorgan /'zinısorga:n/ *n anat* duyu organı

Sinnestäuschung /'zinıstoyşung/ *f* yanılsama, yanılma; sanrı

sinngemäß /'zingıme:s/ *s* anlamına uygun olarak, anlamsal olarak

sinnieren /zi'ni:rın/ *vi* derin derin düşüncelere dalmak, kara kara düşünmek

sinnig /'zini**h**/ *s* akıllıca, zekice, iyi düşünülmüş; makul, akıllı, yerinde; tam yerinde, iyi düşünülmüş, uygun, ince

sinnlich /'zinli**h**/ *s* duyumsal, duyusal, duyularla algılanabilir; bedensel, fiziki, tensel; cinsel, erotik, kösnül ***sinnliche Begierde*** şehvet, cinsi arzu ***sinnliche Liebe*** cinsel aşk

Sinnlichkeit /'zinli**h**kayt/ *f* erotizm, kösnüllük, şehvetli olma

sinnlos /'zinlo:s/ *s* anlamsız, manasız; anlaşılmaz; aptalca, saçma ***sinnlos betrunken*** körkütük sarhoş, kendini kaybetmiş derecede sarhoş

Sinnlosigkeit /'zinlo:zi**h**kayt/ *f* anlamsızlık, manasızlık, abeslik; aptallık, saçmalık

sinnreich /'zinrayh/ *s* akıllıca, mantıklı, uygun, iyi düşünülmüş, zekice

sinnverwandt /'zinfervant/ *s* eşanlamda, benzer anlamda, anlamdaş ***sinnverwandtes Wort*** eşanlamlı, eşanlamlı sözcük

sinnvoll /'zinfol/ *s* akıllıca, mantıklı, uygun, iyi düşünülmüş, zekice

sinnwidrig /'zinvi:dri**h**/ *s* yersiz, tutarsız, saçma, anlama aykırı

Sintflut /'zintflu:t/ *f metr* tufan

Sinus /'zi:nus/ *m mat* sinüs

Sippe /'zipı/ *f* kan bağı, kan akrabalığı; büyük aile, büyük kabile

Sippschaft /'zipşaft/ *f* (alaysı) akrabalar, eş dost; (insan) sürü, grup

Sirene /zi're:nı/ *f* siren, canavar düdüğü; *hayb* deniz ineği; mit denizkızı, siren

Sirup /'zi:rup/ *m* şurup; pekmez, meyve özütü, melas

Sisal /'zi:zal/ *m* sisal

Sitte /'zitı/ *f* örf, âdet, gelenek, töre; alışkanlık, huy, âdet; ahlak, terbiye, görgü

Sittenpolizei /'zitınpolitsay/ *f* ahlak polisi, ahlak zabıtası
sittenwidrig /'zitınvi:drih/ *s* ahlaka aykırı, görgü kurallarına aykırı; geleneklere aykırı, törelere ters
Sittich /'zitih/ *m hayb* bir papağan türü; muhabbet kuşu
sittlich /'zitlih/ *s* ahlaklı, ahlaki
Sittlichkeit /'zitlihkayt/ *f* ahlak, ahlaklılık
sittsam /'zitza:m/ *s* terbiyeli, ahlaklı, görgülü; alçakgönüllü; (kız) utangaç, çekingen, mahcup
Situation /zitua'tsyo:n/ *f* durum, hal, vaziyet, ahval, şerait
Situationskomik /zitua'tsyo:nsko:mik/ *f* güç durum sonucu ortaya çıkan komik durum
situiert /zitu'i:rt/ *s* belli bir biçimde yaşama tarzı olan, yaşayış biçimi belirli bir düzeyde olan ***gut situiert sein*** hali vakti yerinde olmak
Sitz /zits/ *m* oturma, durma; oturuş, duruş; oturulacak yer, oturma yeri; sürekli ikamet yeri; konut, ikametgâh, mesken; (kıyafet) vücuda oturma, uyma, iyi durma
Sitzblockade /'zitsbloka:dı/ *f pol* oturma direnişi
sitzen /'zitsın/ *vi* oturmak; hapis yatmak; (kuş) konmak, tünemek; (kıyafet) vücuda iyi oturmak, yakışmak; *mec* cuk oturmak, taşı gediğine koymak, tam yerine oturtmak; yaşamak, oturmak; *mec* poz vermek ***einem Maler sitzen*** bir ressama poz vermek
Sitzfleisch /'zitsflayş/ *n mec* (alaysı) kazık çakmış misafir, gitmek bilmez misafir ***Sitzfleisch haben*** (misafir) uzun süre kalmak, gitmemek, kazık çakmak
Sitzgelegenheit /'zitsgıle:gınhayt/ *f* oturacak yer, ikametgâh
Sitzordnung /'zitsordnung/ *f* oturma düzeni (sırası)
Sitzplatz /'zitsplats/ *m* koltuk; oturacak yer, oturma yeri ***jdm seinen Sitzplatz anbieten*** (birisine) yerini vermek, yer vermek
Sitzstreik /'zitsştrayk/ *m* oturma grevi, oturma eylemi
Sitzung /'zitsung/ *f* oturum, toplantı; poz verme; *tic* (borsa) seans
Sizilianer /zitsi'lya:nır/ *m* Sicilyalı
sizilianisch /zitsi'lya:niş/ *s* Sicilya ile ilgili
Sizilien /zi'tsi:lyın/ *n* Sicilya
Skala /'ska:la/ *f* skala, ölçü aleti gösterge çizelgesi; basamak, derece; sıra, dizi
Skalpell /skal'pel/ *n hek* neşter, bisturi
Skandal /skan'da:l/ *m* skandal, rezalet; şamata, patırtı, gürültü ***Skandal schlagen*** rezalet çıkarmak; tantana yapmak, patırtı etmek
skandalös /skanda'lö:s/ *s* skandala sebep olacak şekilde, rezilce, rezil
Skandinavien /skandi'na:vyın/ *n* İskandinavya
Skat /ska:t/ *m isk* skat
Skelett /ske'let/ *n anat* iskelet; *hayb* kabuk ***zum Skelett abgemagert sein*** zayıflıktan iskelete dönmek
Skepsis /'skepsis/ *f* şüphe, kuşku
Skeptiker /'skeptikır/ *m* şüpheci kişi, kuşkucu kişi, septik kişi
skeptisch /'skeptiş/ *s* septik, şüpheci, kuşkucu
Ski /şi:/ *m* kayak ***Ski laufen*** kayak kaymak
Skianzug /'şi:antsu:k/ *m* kayak elbisesi
Skifahren /'şi:fa:rın/ *n* kayak kayma
Skifahrer /'şi:fa:rır/ *m* kayakçı, kayıcı
Skigebiet /'şi:gıbi:t/ *n* kayak bölgesi
Skilaufen /'şi:laufın/ *n* kayak kayma
Skilehrer /'şi:le:rır/ *m* kayak hocası
Skilift /'şi:lift/ *m* teleski, telesiyej
Skizze /'skitsı/ *f* eskiz, taslak, kroki; *ed* kısa roman, kısa hikâye
skizzieren /ski'tsi:rın/ *vt* eskiz yapmak, taslak yapmak, krokisini yapmak; *kon* ana hatlarıyla açıklamak
Sklave /'skla:vı/ *m* köle, tutsak, esir, kul
Sklavenhandel /'skla:vınhandıl/ *m* köle ticareti
Sklaverei /skla:vı'ray/ *f* tutsaklık, kölelik, esaret, kulluk
sklavisch /'skla:viş/ *s* esir gibi, köle gibi; *mec* bağımsız olmayan
Skonto /'skonto/ *n m* indirim, ıskonto, tenzilat, fiyat indirimi
Skorbut /skor'bu:t/ *m hek* iskorbüt
Skorpion /skor'pyo:n/ *m hayb* akrep; *gökb* Akrep burcu
Skrupel /'skru:pıl/ *f* kuşku, şüphe; vicdan azabı; kararsızlık, belirsizlik
skrupellos /'skru:pıllo:s/ *s* acımasız, vicdansız, insafsız
Skulptur /skulp'tu:r/ *f* heykel; heykeltıraşlık
skurril /sku'ri:l/ *s* komik, güldürücü, muzır; garip, tuhaf, çılgınca

S

Slalom /'sla:lom/ *m sp* (kayak) slalom
Slawe /'sla:vı/ *m* Slav
slawisch /'sla:viş/ *s* Slavlarla ilgili ***slawische Sprachen*** Slav dilleri
Slip /slip/ *m* slip, paçasız kısa külot
Slowake /slo'va:kı/ *m* Slovak
Slowakei /slova'kay/ *f* Slovakya
slowakisch /slo'va:kiş/ *s* Slovak, Slovaklarla ilgili, Slovakça
Slowenien /slo've:nyın/ *n* Slovenya
slowenisch /slo've:niş/ *s* Sloven, Slovenyaya
Smaragd /sma'rakt/ *m mad* zümrüt
smaragdgrün /sma'raktgrü:n/ *s* zümrüt yeşili
Smog /smok/ *m* (şehir üzerinde) kirli hava tabakası, smog
Smogalarm /'smokalarm/ *m* smog alarmı
Smoking /'smo:king/ *m* smokin
SMS /esemes/ *f* ilet. kısa mesaj, cep telefonu veya internet üzerinden kısa mesaj yollama
snobistisch /sno'bistiş/ *s* züppece, snob
so /zo:/ *be* böyle, bu şekilde, bu biçimde, bu tarz, bu şekil; aynı biçimde, aynı şekilde, aynen; öyle, o kadar çok, o kadar fazla; *ünl* öyle mi!, gerçekten mi!; (lafa başlarken kullanılan gereksiz "evet" sözcüğü anlamında) eveet!, buyrun!; *kon* beleş, ücretsiz, bedava; *adl* öyle, böyle; bu yüzden, bu nedenle; rağmen, ise de ***ach, nur so!*** eh işte!, öylesine! ***bei so einem Wetter*** böyle bir havada ***in so einem Falle*** böyle bir durumda ***seien Sie so gut!*** bana bir iyilik yapar mısınız! ***so!*** nihayet!, sonunda! ***so?*** sahi mi? ***so ein Unfall!*** böyle korkunç bir kaza! ***so fleißig*** o kadar çalışkan ***so früh wie möglich*** olabildiğince erken, mümkün olduğunca çabuk ***so gegen Mittag*** tahminen öğleye doğru ***so gut wie nichts!*** hemen hemen hiç! ***so wie*** kadar ***um so besser!*** böyle daha iyi! ***und so weiter (usw)*** ve saire, ve benzerleri (vs, vb)
sobald /zo'balt/ *ilg* olur olmaz, hemencecik, yapar yapmaz ***sobald er kommt*** o gelir gelmez
Socke /'zokı/ *f* kısa çorap, kısa erkek çorabı ***sich auf die Socken machen*** *kon* yola koyulmak ***von den Socken sein*** *mec* şaşkınlıktan afallamak, çok şaşırmak
Sockel /'zokıl/ *m mim* temel; taban, ayaklık, kaide; *elek* duy
Sockenhalter /'zokınhaltır/ *m* jartiyer
Soda /'zo:da/ *n kim* sodyum karbonat; sodalı su, soda, madensuyu
Sodawasser /'zo:davasır/ *n* maden suyu
Sodbrennen /'zo:tbrenın/ *n hek* mide yanması, mide ekşimesi
soeben /zo'e:bın/ *be* şu anda, elan; az önce, hemen demin, biraz önce
Sofa /'zo:fa/ *n* kanepe, divan, sedir
sofern /zo'fern/ *ilg* şayet, eğer, şu şartla ki, ise
sofort /zo'fort/ *be* hemen, derhal, çabucak ***ab sofort*** bu andan itibaren, bundan böyle ***sofort!*** hemen!
Sofortbildkamera /zo'fortbiltkamera/ *f* foto polaroid fotoğraf makinesi
Soforthilfe /zo'fort**h**ilfı/ *f* acil yardım
sofortig /zo'forti**h**/ *s* acil, acele, ivedi, acil olarak yapılan, ivedilikle yapılan
Sofortmaßnahme /zo'fortma:sna:mı/ *f* acil önlem
Software /'softve:r/ *m biliş* yazılım
Sog /zo:k/ *m* emme, soğurma; *mec* cazibe, çekicilik, albeni; *den* dümensuyu; (uçak) çevri
sogar /zo'ga:r/ *be* bile, hatta
sogleich /zo'glay**h**/ *be* derhal, hemen, çabucak, çarçabuk, anında, şak diye
Sohle /'zo:lı/ *f* (ayak, ayakkabı, çorap, nehir, çukur) taban, dip
Sohn /zo:n/ *m* oğul, erkek evlat; sakin, mukim ***der Sohn meines Onkels*** amcamın oğlu ***die Söhne dieses Landes*** bu ülkenin evlatları
Sojasoße /'zo:yazo:sı/ *f* soya sosu
solange /zu'langı/ *ilg* esnasında, sırasında, -ken, -dıkça, olduğu sürece
Solarenergie /zo'la:renergi:/ *f fiz* güneş enerjisi
Solarium /zo'la:ryum/ *n fiz* ültraviyole ışınlarla vücudun yapay olarak bronzlaştırma; yapay bronzlaştırma tesisi
Solarzelle /zo'la:rtselı/ *f* fotopil
solche/r/s /zol**hı**/r/s/ *s* böyle, öyle
Sold /zolt/ *m* askeri ücreti, asker maaşı; ücret, maaş; hizmet ***in jds Sold stehen*** (birisinin) emrinde çalışmak
Soldat /zol'da:t/ *m* asker; *sp* (satranç) piyon; *hayb* savaşçı ***aktiver Soldat*** muvazzaf asker, muvazzaf subay ***der Unbekannte Soldat*** meçhul asker
soldatisch /zol'da:tiş/ *s* askeri, asker gibi, askere yakışır şekilde, askerce

Söldner /'zöldnır/ *m* paralı asker
Sole /'zo:lı/ *f* aşırı tuzlu kaynak suyu
solidarisch /zoli'da:riş/ *s* dayanışma içinde, dayanışık, birliktelik; *huk* müteselsil, zincirleme ***sich solidarisch erklären*** birinden yana olduğunu bildirmek
solidarisieren /zolidari'zi:rın/ *vr* : ***sich mit jdm solidarisieren*** (birisiyle) dayanışma içinde olmak, dayanışmak
Solidarität /zolidari'te:t/ *f* birlik, beraberlik, dayanışma, birbirini destekleme
Solidaritätszuschlag /zolidari'te:tstsu:şla:k/ *m* dayanışma vergisi
Solidarpakt /zoli'da:rpakt/ *m pol* emeklilik sigortası sistemi
solide /zo'li:dı/ *s* düzenli, düzgün; ciddi, vakur; güvenilir, emin; iyi karakter sahibi, karakteri sağlam; (alet) dayanıklı, sağlam
Solist /zo'list/ *m* solist, ses sanatçısı
Soll /zol/ *n tic* zimmet, borç, verecek; planlanan hedef, tasarlanan hedef, öngörülen hedef ***das Soll und Haben*** *kon* alacak-verecek
sollen /'zolın/ *mv* yapması gerekmek, yapması istenmek; gerekli olmak, lüzumlu olmak, gerekmek; söylenmek, dilden dile dolaşmak, rivayet edilmek ***den Eltern ehren sollen*** ana-babaya saygı gösterilmesi gerekmek ***was soll denn das heißen?*** bu da ne demek şimdi? ***was soll ich jetzt tun?*** şimdi ne yapmam gerekiyor?
Solo /'zo:lo/ *n müz* solo
Somalia /zo'ma:lya/ *n* Somali
Somalier /zo'ma:lyır/ *m* Somalili
somit /zo'mit/ *ilg* bu yüzden, bu nedenle, bunun sonucu olarak, bunun sonucunda, buna bağlı, o halde, bu yüzden
Sommer /'zomır/ *m* yaz, yaz mevsimi ***der Sommer des Lebens*** *mec* yaşamın en güzel çağı, orta yaş, yolun yarısı
Sommerfahrplan /'zomırfa:rpla:n/ *m* (ulaşım araçları) yaz tarifesi
Sommerferien /'zomırfe:ryın/ *pl* yaz tatili
Sommerkleidung /'zomırklaydung/ *f* yazlık giyim
sommerlich /'zomırlih/ *s* yaz gibi, yaza benzer, yazı andıran ***sich sommerlich kleiden*** yazlık kıyafetler giyinmek ***sommerliches Wetter*** yazı andıran hava
Sommerzeit /'zomırtsayt/ *f* yaz, yaz mevsimi; yaz saati uygulaması, yaz saati
Sonate /zo'na:tı/ *f müz* sonat
Sonde /'zondı/ *f hek* sonda; *mad* sondaj; *kon* uzay araştırma gemisi
Sonderangebot /'zondırangıbo:t/ *n* indirimli satış
Sonderausgabe /'zondırausga:bı/ *f* bas özel sayı, özel baskı
sonderbar /'zondırba:r/ *s* tuhaf, garip, acayip, eksantrik, değişik, farklı, alışılmışın dışında
Sonderbeauftragte(r) /'zondırbıauftra:ktı(r)/ *f/m* özel görevli
Sonderfahrt /'zondırfa:rt/ *f* (ulaşım aracı) özel sefer, tarife dışı sefer, ek sefer
Sonderfall /'zondırfal/ *m* özel durum, istisnai durum
Sondergenehmigung /'zondırgıne:migung/ *f* özel izin, şahsi izin, *tek* kişiye özel olarak verilen izin
sonderlich /'zondırlih/ *s* garip, tuhaf, acayip; *be* fena değil, orta, idare eder, eh işte ***nicht sonderlich schön*** pek güzel değil
Sonderling /'zondırling/ *m* garip, tuhaf adam, acayip adam, eksantrik adam
Sondermüll /'zondırmül/ *m* zehirli çöp, zehirli atık
sondern /'zondırn/ *vt* seçerek ayırmak, seçip ayırmak; *ilg* aksine, bilakis, fakat, ama; ayrıca, aynı zamanda, bununla beraber, hem hem de ***nicht nur sondern auch*** sadece ... değil aynı zamanda ...
Sondernummer /'zondırnumır/ *f* (gazete, dergi) özel nüsha, özel sayı
Sonderrecht /'zondırreht/ *n* imtiyaz, ayrıcalık, iltimas
Sonderzeichen /'zondırtsayhın/ *n* özel karakter
sondieren /zon'di:rın/ *vt* sondalamak, sonda ile araştırma yapmak; çaktırmadan araştırmak, gizlice nabız yoklamak; araştırmak, incelemek
Sonnabend /'zona:bınt/ *m* cumartesi
sonnabends /'zona:bınts/ *be* cumartesileri, cumartesi günleri
Sonne /'zonı/ *f gökb* güneş; güneş ışığı, güneş sıcaklığı, güneş ısısı; *mec* aydınlık, parlak şey, ışıltılı şey ***die Sonne bringt es an den Tag*** *mec* bu gün ışığına çıkar, ortaya çıkar ***die Sonne geht auf*** güneş doğuyor ***die Sonne geht unter*** güneş batıyor ***geh mir aus der***

S

Sonne! gölge etme! ***von der Sonne gebräunt*** güneşte bronzlaşmış

sonnen /'zonın/ *vt* güneşe sermek, güneşletmek ***sich sonnen*** güneşlenmek

Sonnenanbeter /'zonınanbe:tır/ *m* güneşe tapan kişi

Sonnenaufgang /'zonınaufgang/ *m* güneş doğması, güneşin doğuşu

Sonnenbad /'zonınba:t/ *n* güneş banyosu

Sonnenblume /'zonınblu:mı/ *f bitk* ayçiçeği, günebakan, şemsahmer

Sonnenbrand /'zonınbrant/ *m hek* güneş yanığı

Sonnenbräune /'zonınbroynı/ *f* bronzlaşma, güneşte yanma

Sonnenbrille /'zonınbrilı/ *f* güneş gözlüğü

Sonnenenergie /'zonınenergi:/ *f fiz* güneş enerjisi

Sonnenfinsternis /'zonınfinstırnis/ *f gökb* güneş tutulması

sonnenklar /'zonınkla:r/ *s* gün gibi aşikâr, gün gibi ortada, besbelli

Sonnenlicht /'zonınli**h**t/ *n* güneş ışığı

Sonnenöl /'zonınö:l/ *n* güneş yağı

Sonnenschein /'zonınşayn/ *m* güneş ışığı, gün ışığı; *kon* hep mutlu insan, hep neşeli insan

Sonnenschirm /'zonınşirm/ *m* güneşlik, güneş şemsiyesi

Sonnenstich /'zonınşti**h**/ *m hek* güneş çarpması; *kon* çılgınlık, delilik

Sonnenstrahl /'zonınştra:l/ *m* güneş ışını

Sonnensystem /'zonınzüste:m/ *n gökb* güneş sistemi

Sonnenuhr /'zonınu:r/ *f* güneş saati

Sonnenuntergang /'zonınuntırgang/ *m* güneş batması, gurup

Sonnenwende /'zonınvendı/ *f gökb* gün dönümü

sonnig /'zoni**h**/ *s* güneşli, pırıl pırıl, ışıl ışıl; *mec* neşeli, insana sıcaklık veren

Sonntag /'zonta:k/ *m* pazar, pazar günü

sonntäglich /'zonte:kli**h**/ *s* her pazar olan, pazarları olan

sonntags /'zonta:ks/ *s* pazar günleri

Sonntagsfahrer /'zonta:ksfa:rır/ *m kon* yalnızca pazar günleri araba kullanan acemi şoför

Sonntagskind /'zonta:kskint/ *n* pazar günü doğmuş olduğu için şanslı olarak adlandırılan çocuk

sonor /zo'no:r/ *s* tınlayan ses, derin ve kalın ses

sonst /zonst/ *be* aksi takdirde, aksi halde, yoksa; genellikle, çoğunlukla, çoğu zaman, başka zaman; ayrıca, bundan başka, bunun dışında, bunun haricinde ***sonst nichts*** başka bir şey yok ***sonst noch etwas?*** başka bir şey var mı?

sooft /zo'oft/ *ilg* her seferinde, her defasında, her keresinde, -dıkça

Sopran /zo'pra:n/ *m müz* soprano

Sopranistin /zopra'nistin/ *f* soprano

Sorbett /zor'be:/ mn buzlu meyve, meyve suyu

Sorge /'zorgı/ *f* endişe, tasa, kaygı, sıkıntı, elem, keder, dert; mesele, sorun, problem ***finanzielle Sorgen*** parasal endişe, parasal kaygı ***keine Sorge!*** dert etme!, takma kafana! ***mütterliche Sorge*** ana şefkati ***Sorge für etw*** (bir şey için) ihtimam, dikkat, özen, ilgi ***Sorge für jdn*** (birisi için) ihtimam, dikkat, özen, ilgi ***Sorge um etw*** (bir şey için duyulan) endişe ***Sorge um jdn*** (birisi için duyulan endişe ***um jdn Sorge machen*** (birisi için) endişe duymak, kaygılanmak

sorgen /'zorgın/ *vi* bakımını üstlenmek, bakmak, geçimini sağlamak, geçimini temin etmek ***für etw sorgen*** (bir şey için) çaba göstermek ***für jdn sorgen*** (birisine) bakmak, geçindirmek ***für jds Lebensunterhalt sorgen*** (birisinin) geçimini temin etmek ***für Ruhe sorgen*** sükûneti sağlamak ***sich sorgen um jdn*** (birisi için) endişelenmek, tasalanmak ***sich um jds Gesundheit sorgen*** (birisinin) sağlığı için endişelenmek

sorgenfrei /'zorgınfray/ *s* tasasız, kedersiz, endişesiz, kaygısız, dertsiz

Sorgenkind /'zorgınkint/ *n* üzücü şey, üzücü durum

sorgenvoll /'zorgınfol/ *s* endişeli, kaygılı, tasalı, dertli

Sorgerecht /'zorgıre**h**t/ *n* ebeveynin çocuklarına bakma hakkı, bakma görevi

Sorgfalt /'zorkfalt/ *f* özen, ihtimam, dikkat, ilgi, titizlik

sorgfältig /'zorkfelti**h**/ *s* özenli, ihtimamlı, dikkatli, ilgili, titiz, temiz

sorglos /'zorklo:s/ *s* aldırmadan, umursamadan, kafaya takmadan, dert etmeden; düşüncesiz, titizlik göstermeden; ilgisiz, dikkatsiz, özensiz

Sorglosigkeit /'zorklo:zi**h**kayt/ *f* özensizlik, dikkatsizlik, aldırmazlık, umursamazlık, aymazlık

sorgsam /'zorkza:m/ *s* özenli, dikkatli, ilgili, alakalı; şefkatli, sevecen
Sorte /'zortı/ *f* çeşit, tür, cins; *tic* kon. yabancı paralar, döviz
sortieren /zor'ti:rın/ *vt* çeşitlerine göre ayırmak, türlerine göre ayırmak; seçmek, ayıklamak, düzenlemek
Sortiment /zorti'ment/ *n tic* satışa sunulan tüm mallar; yayımcılık, kitap satışı
sosehr /zo'ze:r/ *ilg* her ne kadar olsa da, ne kadar ise de
Soße /'zo:sı/ *f* sos, salça
Souffleur /su'flö:r/ *m tiy* suflör, suflöz
soufflieren /su'fli:rın/ *vt* fısıldamak, sufle etmek; *vi* suflör olarak çalışmak
Souvenir /zuvı'ni:r/ *n* hatıra, yadigâr, anı, anmalık, yadigâr
Souvenirladen /zuvı'ni:rla:dın/ *m* hediyelik eşya mağazası, hatıralık eşya satış dükkânı
souverän /suvı're:n/ *s* bağımsız, egemen; üstün
Souveränität /su:vıre:ni'te:t/ *f pol* hâkimiyet, hükümranlık, sınırsız egemenlik hakkı, bağımsızlık
soweit /zo'vayt/ *be* kadar, kadarıyla; miktarda, ölçüde, oranda ***so weit das Auge reicht*** gözün görebildiği kadar ***so weit sein*** hazır olmak
sowie /zo'vi:/ *be* şayet, eğer, olur olmaz; ayrıca, ve de
sowieso /zovi'zo:/ *be* zaten, nasılsa, nasıl olsa, zati, esasen, aslında
Sowjetunion /so'vyetunyo:n/ *f tar* Sovyetler Birliği
sowohl /zo'vo:l/ *be* sowohl ..., als auch ... hem ... hem ..., gerek ..., gerekse ... ***sowohl als/wie auch*** hem ... hem de
sozial /zo'tsya:l/ *s* sosyal, toplumsal, toplumla ilgili; *hayb* sürü halde yaşayan
Sozialabgaben /zo'tsya:lapga:bın/ *pl tic* sosyal sigorta kesenekleri
Sozialamt /zo'tsya:lamt/ *n* sosyal yardım dairesi
Sozialarbeiter /zo'tsya:larbaytır/ *m* sosyal yardımlaşma görevlisi
Sozialdemokratie /zo'tsya:ldemokrati:/ *f pol* sosyal demokrasi
sozialdemokratisch /zo'tsya:ldemokra:tiş/ *s pol* sosyal demokrat ***die Sozialdemokratische Partei*** Sosyal Demokrat Parti
Sozialgericht /zo'tsya:lgırih t/ *n huk* sosyal işler mahkemesi
Sozialhilfe /zo'tsya:lhilfı/ *f hek* sosyal yardım
Sozialisation /zotsyaliza'tsyo:n/ *f* sosyalleşme, topluma giriş
Sozialismus /zo'tsyalismus/ *m pol* sosyalizm, toplumculuk
Sozialist /zo'tsyalist/ *m pol* sosyalist, sosyalizm yanlısı
sozialkritisch /zo'tsya:lkri:tiş/ *s* toplum eleştirisi yapan
Sozialleistungen /zo'tsya:llaystungın/ *pl* sosyal yardımlar
Sozialpolitik /zo'tsya:lpoliti:k/ *f pol* sosyal politika, halkı destekleyici sosyal önlemler
Sozialprodukt /zo'tsya:lprodukt/ *n pol* milli gelir, milli hâsıla
Sozialstaat /zo'tsya:lşta:t/ *m* refah devleti, sosyal devlet
Sozialversicherung /zo'tsya:lferzihırung/ *f* sosyal sigorta, sosyal güvence
Sozialwohnung /zo'tsya:lvo:nung/ *f* sosyal konut
Soziologe /zotsyo'lo:gı/ *m* sosyolog, toplum bilimci
Soziologie /zotsyolo'gi:/ *f* sosyoloji, toplum bilimi
soziologisch /zotsyo'lo:giş/ *s* toplumbilimsel, sosyolojik
Sozius /'zotsyus/ *m* ortak; (motosiklet, bisiklet) arkada oturan
sozusagen /'zo:tsuza:gın/ *be* adeta, sanki, tabiri caizse, güya
Spachtel /'şpahtıl/ *m* spatula, macun malası
spachteln /'şpahtıln/ *vt* macun çekmek, ıspatulayla sürmek
Spaghetti /şpa'geti/ *pl* spagetti, ince uzun çubuk makarna; İtalyan makarna yemeği
spähen /'şpe:ın/ *vi* gözetlemek, ilgi ile bakmak, meraklı gözlerle bakmak; araştırmak, incelemek, süzmek ***nach etw spähen*** (bir şeyi) araştırmak, incelemek ***nach jdm spähen*** (birisini) incelemek, süzmek
Späher /'şpe:ır/ *m* gözetleyici, gözcü, *kon* röntgenci
Spalier /şpa'li:r/ *n* sarmaşık sarılma kafesi; devlet adamlarını selamlaması için yolun iki yanına dizilmiş insan topluluğu
Spalt /şpalt/ *m* delik, yarık, çatlak, aralık, açıklık; mazgal; çelişki, tezatlık, karşıtlık
spaltbar /'şpaltba:r/ *s* parçalanabilir, bö-

lünebilir

Spalte /'şpaltı/ *f* delik, yarık, çatlak, aralık, açıklık; mazgal; çelişki, tezatlık, karşıtlık; *mim* sütun, kolon; buzul

spalten /'şpaltın/ *vt* yarmak, çatlatmak, açmak, aralamak; bölmek, parçalamak, ikiye ayırmak ***sich spalten*** ayrılmak, bölünmek

Spaltung /'şpaltung/ *f* bölme, ayırma; *fiz* bölünüm, füzyon; *mec* bozuşma, ara bozulma, ayrılma

Span /şpa:n/ *m* talaş, yonga, kıymık

Spanferkel /'şpa:nferkıl/ *n hayb* sütdomuzu

Spange /'şpangı/ *f* toka; bilezik

Spanien /'şpa:nyın/ *tnz* İspanya

Spanier /'şpa:nyır/ *m* İspanyol, İspanyalı

Spanisch /'şpa:niş/ *n* İspanyolca

spanisch /'şpa:niş/ *s* İspanya ile ilgili, İspanyollarla ilgili ***der spanische Reiter*** tel örgülü taşınabilir engel ***die spanische Wand*** paravana ***spanische Sprache*** İspanyol dili, İspanyolca

Spann /'şpan/ *m anat* ayağın üst kısmı, ağım; karış

Spanne /'şpanı/ *f* karış uzunluk ölçüsü; fark, ara, aralık ***eine Spanne Zeit*** belirli bir süre

spannen /'şpanın/ *vt* çekmek, germek; *vi* (elbise) dar gelmek ***auf etw spannen*** (bir şeye) dikkatle bakmak, dikkatle gözetlemek ***sich spannen*** gerilmek ***sich über etw spannen*** (bir şeyin üzerinde) uzanmak, yan gelip yatmak ***spannt die Seile!*** *den* yelkenler fora!

Spannkraft /'şpankraft/ *f mec* enerji, yaratıcı güç

Spannung /'şpanung/ *f* gerginlik, gerilim; *mec* heyecan, merak, sabırsızlık; *elek* gerilim farkı, voltaj farkı; düşmanlık, gergin ilişki

Spannungsabfall /'şpanungsapfal/ *m* voltaj düşmesi

Spannungsgebiet /'şpanungsgıbi:t/ *n* savaş tehlikesi içindeki kritik bölge

spannungsgeladen /'şpanungsgıla:dın/ *s* gerilimli, gergin

Spannweite /'şpanvaytı/ *f* (uçak) kanat açıklığı mesafesi; genişlik; *mim* kemer/köprü istinatları arasındaki açıklık

Sparbuch /'şpa:rbu:h/ *n* banka cüzdanı, tasarruf cüzdanı

Sparbüchse /'şpa:rbüksı/ *f* kumbara

Spareinlage /'şpa:raynla:gı/ *f* tasarruf mevduatı

sparen /'şpa:rın/ *vt* (para) biriktirmek, tasarruf etmek; (zaman, güç, nesne) bir kenara ayırmak, kullanmamak; *vi* idareli kullanmak, idareli harcamak, hesap kitap yaparak harcamak, tasarruf etmek ***spare in der Zeit, so hast du in der Not!*** sakla samanı, gelir zamanı!

Sparer /'şpa:rır/ *m* (para) biriktirici, tasarruf sahibi ***die kleinen Sparer*** küçük tasarruf sahipleri

Spargel /'şpargıl/ *m bitk* kuşkonmaz

Sparkasse /'şpa:rkası/ *f* kumbara, sandık, tasarruf sandığı, banka

spärlich /'şpe:rlih/ *s* kıt, az, *tek* tük, nadir, seyrek ***spärliches Haar*** seyrelmiş saçlar

Sparmaßnahme /'şpa:rma:sna:mı/ *f* tasarruf önlemi, tasarruf tedbiri

Sparren /'şparın/ *m mim* çatı kirişi; *kon* üşütüklük, kaçıklık, çılgınlık, delilik

sparsam /'şpa:rza:m/ *s* idareli, tutumlu, eli sıkı, tasarrufu düşünen ***sparsamer Schüler*** tutumlu öğrenci

Sparsamkeit /'şpa:rza:mkayt/ *f* idarelilik, tutumluluk; tasarruf, ekonomi

spartanisch /şpar'ta:niş/ *s* Spartalılarla ilgili; *kon* kanaatkâr, sade, tutumlu

Sparte /'şpartı/ *f* bölüm, dal, şube, alan, tür; (gazete) sütun

Sparvertrag /'şpa:rfertra:k/ *m* tasarruf akdi

Spaß /şpa:s/ *m* şaka, latife, eğlenme; eğlence, zevklenme ***alberner Spaß*** aptalca şaka, eşek şakası ***das macht Spaß!*** çok güzel! ***ich wünsche dir viel Spaß!*** iyi eğlenceler! ***jdm Spaß machen*** (birisini) eğlendirmek, sevindirmek

spaßen /'şpa:sın/ *vi* şaka yapmak, şakadan söylemek, alay etmek

spaßeshalber /'şpa:sıshalbır/ *be* şakacıktan; iş ola beri gele, laf olsun torba dolsun diye, meraktan

Spaßvogel /'şpa:sfo:gıl/ *m kon* şaka yapmayı seven kişi, alay etmeyi seven kişi

spastisch /'şpastiş/ *s hek* spastik

spät /şpe:t/ *s* geç, geç vakit; (çağ, dönem) son kısmı, son zamanları ***besser spät als nie*** hiç yoktan iyidir ***das späte Mittelalter*** Ortaçağın sonları ***es wird spät*** (vakit) geç oluyor ***spät aufstehen*** geç kalkmak

Spaten /'şpa:tın/ *m* kürek

später /'şpe:tır/ *be* daha geç; daha sonra, daha ilerki ***auf bis später!*** daha sonra görüşmek üzere! ***spätere Geschlechter*** gelecek kuşaklar
spätestens /'şpe:tıstıns/ *be* en geç, en geç olarak
Spätlese /'şpe:tle:zı/ *f* normal bağbozumu zamanından sonraki bağbozumu; geç toplanmış üzümlerle yapılan kaliteli şarap
Spätschicht /'şpe:tşiht/ *f* öğlen vardiyası; gece vardiyası
Spatz /şpats/ *m hayb* serçe; *kon* minik; (zayıf ve ufak çoçuklara sevgi sözcüğü ***wie ein Spatz essen*** *mec* kuş gibi çok az yemek
Spätzle /'şpetslı/ *pl* bir tür Alman mantısı
spazieren /şpa'tsi:rın/ *vi* gezinmek, gezmek, dolaşmak, dolanmak ***durch die Wald spazieren*** ormanda gezmek
Spazierfahrt /şpa'tsi:rfa:rt/ *f* araçla gezinti, araba gezmesi
Spaziergang /şpa'tsi:rgang/ *m* yürüyerek dolaşma, yürüyerek gezinti
Spaziergänger /şpa'tsi:rgengır/ *m* gezgin, gezinti yapan kişi, dolaşan kişi
Spazierweg /şpa'tsi:rve:k/ *m* yaya yolu, gezinme yolu
Specht /şpeht/ *m hayb* ağaçkakan
Speck /şpek/ *m hayb* deri altı yağ tabakası; domuz yağı ***Speck ansetzen*** yağ bağlamak, şişmanlamak
speckig /'şpekih/ *s* yağlı, yağlanmış; (kitap) pis ve yıpranmış; kirli, pasaklı; (yağ tutmuş) lime lime, eski
Speckschwarte /'şpekşvartı/ *f* domuz yağı kabuğu
Spediteur /şpedi'tö:r/ *m* nakliyeci, taşımacı
Spedition /şpedi'tsyo:n/ *f* nakliye, taşımacılık; nakliye firması; nakliyat servisi, nakliyat bölümü
Speer /şpe:r/ *m* hız, sürat; *sp* finiş; *sp* cirit, mızrak; kargı; *n* doping, doping ilacı
Speerwerfen /'şpe:rverfın/ *n sp* cirit atma
Speiche /'şpayhı/ *f* tekerlek yuvası ve tekerlek göbeği arasındaki tel, tekerlek göbeği; *anat* ön kol kemiği
Speichel /'şpayhıl/ *m biy* tükürük, salya
Speichellecker /'şpayhıllekır/ *m kon* yağcı kimse, dalkavuk kimse, yaltakçı kimse, el-etek öpücüsü
Speicher /'şpayhır/ *m* depo, ambar, ardiye; kiler, tavan arası
Speicherkapazität /'şpayhırkapatsite:t/ *f biliş* bellek kapasitesi, bellek sığası
speichern /'şpayhırn/ *vt* depolamak, depo etmek, ambara koymak; *biliş* kaydetmek, kayıt yapmak
Speicherplatz /'şpayhırplats/ *m biliş* bellek yeri
Speicherung /'şpayhırung/ *f* depolama, biriktirme, ambara koyma
speien /'şpayın/ *vt vi* tükürmek; akıtmak, dökmek; kusmak; püskürtmek ***der Vulkan speit Feuer*** yanardağ ateş püskürtüyor ***jdm ins Gesicht speien*** (birisinin) yüzüne tükürmek
Speise /'şpayzı/ *f* yemek, aş; *mad* eritilmiş maden ***Speise und Trank*** yiyecek ve içecek
Speiseeis /'şpayzıays/ *n* dondurma
Speisekammer /'şpayzıkamır/ *f* kiler, ambar
Speisekarte /'şpayzıkartı/ *f* yemek listesi, menü kartı
speisen /'şpayzın/ *vi* yemek yemek; *vt* (bir şeyler) yemek ***jdn speisen*** (birisini) beslemek, yedirip içirmek ***zu Mittag speisen*** öğlen yemeği yemek
Speisenfolge /'şpayzınfolgı/ *f* mönü, yemeklerin servis sırası
Speiseöl /'şpayzıö:l/ *n* yemeklik yağ, zeytin yağı
Speiseröhre /'şpayzırö:rı/ *f hek* yemek borusu
Speisesaal /'şpayzıza:l/ *m* yemek salonu
Speisewagen /'şpayzıva:gın/ *m* yemekli vagon
Speisezettel /'şpayzıtsetıl/ *m* menü, yemek listesi
Spektakel /şpek'ta:kıl/ *m mec* patırtı, şamata, tantana, gürültü; heyecan; *n esk* tiy. oyun
spektakulär /şpektaku'le:r/ *s* sansasyonel, heyecan/merak uyandırıcı
Spektrum /'şpektrum/ *n fiz* tayf, spektrum; çeşitlilik; ışındaki tüm dalga uzunlukları
Spekulant /şpeku'lant/ *m* spekülatör, vurguncu; *tic* borsa spekülatörü
Spekulation /şpekula'tsyo:n/ *f fel* kurgu; kuramsal araştırma, spekülasyon, söylenti; *tic* (borsa) söylentilerle oluşan fiyat dalgalanmalarından çıkar sağlama
Spekulationsgeschäft /şpekula'tsyo:nsgışe:ft/ *n* spekülatif işlemler

spekulativ /şpekula'ti:f/ *s* spekülatif, söylentiye dayanan; kurgusal
spekulieren /şpeku'li:rın/ *vi tic* spekülasyon yapmak, borsada oynamak ***auf etw spekulieren*** *kon* (biri işin) olabileceğini ummak
spendabel /şpen'da:bıl/ *s kon* cömert, bonkör, eli açık, parasını esirgemeyen
Spende /'şpendı/ *f* bağış, yardım, hibe; sadaka; hediye, armağan ***Sach- und Geldspenden*** ayni ve nakdi yardım
spenden /'şpendın/ *vt* bağışlamak, bağışta bulunmak, bağış yapmak, yardım etmek; armağan etmek, hediye etmek ***Blut spenden*** kan bağışında bulunmak ***jdn Beifall spenden*** (birisini) alkışlara boğmak
Spendenaktion /'şpendınaktsyo:n/ *f* bağış kampanyası
Spendenkonto /'şpendınkonto/ *n* bağış hesabı
Spender /'şpendır/ *m* bağışçı, bağışta bulunan kimse, yardım eden kimse
spendieren /şpen'di:rın/ *vt kon* hediye etmek, armağan etmek; ikramda bulunmak, ısmarlamak
Sperber /'şperbır/ *m hayb* atmaca
Sperenzchen /şpe'rentshın/ *n* kaçamak söz, dolambaçlı söz; direnme, karşı koyma
Sperling /'şperling/ *m hayb* serçe
Sperma /'şperma/ *n hek* biy. sperm, sperma, meni, bel, ersuyu
Sperre /'şperı/ *f* engelleme, kapatma, mani olma; engel, bariyer; yasak, ambargo, durdurma; *sp* boykot
sperren /'şperın/ *vt* (yol, geçit) kesmek, kapatmak; mani olmak, engellemek; bas espaslı dizmek, aralıklı dizmek; (cep telefonu) kısıtlamak; *vi* sıkışmak ***die Grenze sperren*** sınırı kapatmak ***ein Konto sperren*** bir hesabı dondurmak ***einen Spieler sperren*** *sp* sporcuyu bir süre için yarışmadan men etmek ***jdn ins Gefängnis sperren*** (birisini) hapishaneye atmak ***sich sperren*** karşı koymak, direnmek
Sperrfeuer /'şperfoyır/ *n ask* yaylım ateşi, engelleme ateşi
Sperrgebiet /'şpergıbi:t/ *n ask* yasak bölge; denizde savaş alanı olarak ilan edilmiş bölge
Sperrgut /'şpergu:t/ *n* (gönderi) yer kaplayan eşya, havaleli eşya
Sperrholz /'şperholts/ *n* kontrplak, kaplama tahta
sperrig /'şperih/ *s* (gönderi) çok yer kaplayan, havaleli; *kon* aksi, inatçı, dik başlı
Sperrkonto /'şperkonto/ *n tic* bloke hesap
Sperrmüll /'şpermül/ *m* çöpçüler tarafından alınmayan büyük atık eşya
Sperrsitz /'şperzits/ *m sin tiy* en iyi yer, koltuk
Sperrstunde /'şperştundı/ *f* eğlence yeri kapanma saati
Spesen /'şpe:zın/ *pl* masraflar, genel giderler, harcamalar
spesenfrei /'şpe:zınfray/ *s* masrafsız, harcırahsız
Spesenrechnung /'şpe:zınrehnung/ *f* masraf faturası
spezial /şpe'tsya:l/ *s* ayrı, özel, tek; spesyal
Spezialgebiet /şpe'tsya:lgıbi:t/ *n* uzmanlık alanı
Spezialgeschäft /şpet'sya:lgışeft/ *n* uzmanlaşmış mağaza
spezialisieren /şpetsyali'zi:rın/ *vt esk* ayrı ayrı göstermek, ayrı ayrı belirlemek ***sich spezialieren*** belli bir alanda uzmanlaşmak
Spezialisierung /şpetsyali'zi:rung/ *f* uzmanlaşma
Spezialist /şpetsya'list/ *m* uzman, mütehassıs
Spezialität /şpetsyali'te:t/ *f* özellik, hususiyet, spesiyalite; uzmanlık alanı; yapmaktan zevk alınan şey ***eine Spezialität des Restaurants*** restoranın özel yemeği
speziell /şpe'tsyel/ *s* özel, ayrı, tek, yalnız ***spezieller Fall*** özel bir durum
Spezies /'şpe:tsyes/ *f hayb* bitk. cins, tür ***die vier Spezies*** *mat* dört işlem
spezifisch /şpe'tsi:fiş/ *s* türsel, türe özgü; görece, bağıl ***spezifische Adresse*** gerçek adres ***spezifische Drehung*** özgül dönme ***spezifische Drehzahl*** özgül dönme sayısı ***spezifische Volumen*** özgül hacim ***spezifische Wärme*** özgül ısı ***spezifischer Widerstand*** özgül direnç ***spezifisches Gewicht*** özgül ağırlık
spezifizieren /şpetsifi'tsi:rın/ *vt* bölümlemek, ayırmak, bölümlere ayırarak belirtmek, ayrı ayrı göstermek
Sphäre /'sfe:rı/ *f* küre, gök küresi; etki

S

alanı
spicken /'şpikın/ *vi* kızartılacak etin içine dilimlenmiş domuz yağı koymak; (sınav) kopya çekmek ***jdn spicken*** (birisine) rüşvet vermek ***mit Fehlern gespickte Hausaufgabe*** yanlışlarla dolu bir ev ödevi
Spickzettel /'şpiktsetıl/ *m* kopya kâğıdı
Spiegel /'şpi:gıl/ *m* ayna; su düzeyi; *hek* kandaki maddelerin belirli oranı; *ask* kıyafetteki sınıf işareti; *hek* spiegel, vücut içi inceleme aynası; *mim* ayna kısmı, ayna duvar; bas bir sayfanın basılı kısmı; *den* aynalık; *hayb* leke ***jdm einen Spiegel vorhalten*** *mec* (birisine) hataları suratına söylemek ***sich im Spiegel betrachten*** kendine aynada bakmak
Spiegelbild /'şpi:gılbilt/ *n* aynadaki görüntü
spiegelbildlich /'şpi:gılbiltlih/ *s* ayna görüntüsü gibi ters biçimde, miror
spiegelblank /'şpi:gılblank/ *s kon* pırıl pırıl, gıcır gıcır, yepyeni
Spiegelei /'şpi:gılay/ *n* sahanda yumurta
spiegelglatt /'şpi:gılglat/ *s* ayna gibi dümdüz
spiegeln /'şpi:gıln/ *vt* yansıtmak, görüntüsünü vermek; *vi* parıldamak, ayna gibi parlamak, kabak gibi parlamak ***etw spiegeln*** (bir şeyi) yansıtmak, suretini vermek, görüntüsünü vermek ***sich spiegeln*** yansımak, görüntüsü vermek, resmi vurmak
Spiegelreflexkamera /'şpi:gılreflekskamera/ *f fot* reflektör tipi fotoğraf makinesi
Spiegelung /'şpi:gılung/ *f* yansıma, akis
Spiel /şpi:l/ *n* oyun; *sp* maç, karşılaşma; *tiy* oyun, temsil; *müz* çalma; *kon* kumar, riziko, risk; *isk* deste; *hayb* av hayvanı kuyruğu; eylem, hareket, fiil; *tek* makinenin iki çalışır parçası arasında kalan boşluk ***das Spiel beginnt*** maç başlıyor ***das Spiel der Hände*** ellerin uyumlu hareketi ***die Olympischen Spiele*** *sp* olimpiyat oyunları ***etw aufs Spiel setzen*** (bir şeyi) riske etmek ***mit im Spiel sein*** *mec* bir işe katılmak
Spielart /'şpi:lart/ *f biy* değişim; *biy* soy, ırk; değişik, farklı, ayrı biçim, ayrı şekil
Spielautomat /'şpi:lautoma:t/ *m* otomatik oyun makinesi
Spielbank /'şpi:lbank/ *f* kumarhane, kasino, oyun salonu
Spieldose /'şpi:ldo:zı/ *f* müzikli kutu
spielen /'şpi:lın/ *vt vi* oynamak; *müz* çalmak; *sp* maç yapmak; *tiy* rol oynamak, canlandırmak; kumar oynamak, bahse tutuşmak; (renk, ışık) uyumlu hareket içinde olmak ***eine Rolle spielen*** *mec* önemli olmak, önemli bir rol oynamak ***es spielt*** cereyan ediyor, oluyor, geçiyor ***ins Grünliche spielen*** yeşile çalmak ***mit jdm spielen*** (birisi ile) oynamak
Spieler /'şpi:lır/ *m* oyuncu, yarışmacı; *tiy* tiyatro oyuncusu; *müz* müzisyen; *mec* sorumsuz insan; kumarbaz
Spielerei /şpi:lı'ray/ *f* eğlence, takılma, kafaya alma, şaka, çocukça şey
spielerisch /'şpi:lıriş/ *s* oyun olarak, oyunda; gayriciddi, ciddi olmayan; ince, narin ***spielerisches Können*** oyunculuk yeteneği
Spielfeld /'şpi:lfelt/ *n* oyun alanı; yarışma alanı; *sp* saha
Spielfilm /'şpi:lfilm/ *m sin* uzun metrajlı/konulu film
Spielkamerad /'şpi:lkamıra:t/ *m* oyun arkadaşı
Spielkasino /'şpi:lkazi:no/ *n* kumarhane, kasino, oyun salonu
Spielmarke /'şpi:lmarkı/ *f* (kumar oyunu) fiş, marka, pul, jeton
Spielplan /'şpi:lplan/ *m* oyun planı; *tiy* repertuar; oyun programı
Spielplatz /'şpi:lplats/ *m* (çocuklar için) oyun alanı, oyun yeri
Spielraum /'şpi:lraum/ *m mec* hareket özgürlüğü; *tek* birbirine geçen makine parçaları arasında kalan boşluk
Spielsachen /'şpi:lzahın/ *pl* oyuncaklar, oyun gereçleri
Spielschuld /'şpi:lşult/ *f* kumar borcu
Spielverderber /'şpi:lferderbır/ *m* mızıkçı, oyunbozan; *mec* (iş, plan vs) engelleyen kişi, bozan kişi
Spielvereinigung /'şpi:lferaynigung/ *f* spor kulübü (SV şeklinde kısaltılır)
Spielwaren /'şpi:lva:rın/ *pl* oyuncaklar, oyun eşyaları
Spielwarengeschäft /'şpi:lva:rıngışe:ft/ *n* (mağaza) oyuncakçı
Spielzeit /'şpi:ltsayt/ *f* oyun süresi, oyun zamanı; *tiy* sezon, temsil dönemi
Spielzeug /'şpi:ltsoyk/ *n* oyuncak; *mec* iradesiz kişi, başkalarına oyuncak olan kişi

S

Spielzimmer /'şpi:ltsimır/ *n* oyun odası
Spieß /şpi:s/ *m* mızrak, kargı; *ask* bölük başçavuşu; ızgara şişi, kebap şişi ***den Spieß umdrehen*** *mec* kısasa kısas
Spießbürger /'şpi:sbürgır/ *m kon* dar kafalı kişi, gerici kişi, bağnaz kişi; *esk* mızrak taşıyan şehirli
Spießer /'şpi:sır/ *m* dar kafalı kişi, gerici kişi, bağnaz kişi; *hayb* boynuzları daha çatallanmamış olan geyik yavrusu
Spießgeselle /'şpi:sgızelı/ *m ask* silah arkadaşı; *mec* suçortağı, yardakçı, yatakçı
spießig /'şpi:sih/ *s* küçük burjuva; darkafalı, gerici, bağnaz
Spießrute /'şpi:sru:tı/ *f* değnek, sopa; *mec* alaylı bakışlar altında yürüme
Spikes /spaiks/ *pl* krampon; kramponlu ayakkabı; *oto* çivili buz lastiği
spinal /şpi'na:l/ *s hek* belkemiği ile ilgili ***spinale Kinderlähmung*** *hek* çocuk felci
Spinat /şpi'na:t/ *m bitk* ıspanak
Spind /şpint/ nm dolap, asker dolabı
spindeldürr /şpindıl'dür/ *s* bir deri bir kemik, iskelet gibi, çok zayıf
Spinne /'şpinı/ *f hayb* örümcek ***eine alte Spinne*** *kon* yaşlı ve aksi kadın
spinnen /'şpinın/ *vt vi* ip eğirmek; *mec* hayal kurmak, hayal etmek; *hayb* (örümcek) ağ örmek; *kon* saçmalamak, zırvalamak; (kedi) mırıldanmak, mırıl mırıl etmek; *kon* hapiste yatmak, mapusta olmak ***einen guten Faden miteinander spinnen*** *kon* birbiriyle iyi anlaşmak ***Ränke spinnen*** entrika çevirmek ***spinn ja nicht!*** saçmalama!
Spinnennetz /'şpinınnets/ *n* örümcek ağı
Spinnrad /'şpinra:t/ *n* çıkrık, iplik çıkrığı
Spion /şpi'o:n/ *m* casus, ajan; ispiyon, ele verme; kapı gözetleme deliği
Spionage /şpio'na:jı/ *f* casusluk, ajanlık ***Spionage treiben*** casusluk yapmak, ajanlık yapmak
Spionageabwehr /şpio'na:jıapve:r/ *f* karşı-casusluk
Spionagering /şpio'na:jıring/ *m* casus şebekesi
spionieren /şpio'ni:rın/ *vi* casusluk yapmak, ajanlık yapmak; *kon* başkalarını gizlice dinlemek, gözetlemek
Spirale /şpi'ra:lı/ *f* spiral, helezon, helis; *hek* gebelik önleme aleti, spiral
spiralförmig /şpi'ra:lförmih/ *s* helezon şeklinde, helezon biçiminde, spiral, sarmal
spirituell /şpiritu'el/ *s* tinsel, ruhsal, ruhi, manevi
Spirituosen /şpiritu'o:zın/ *pl* içki, alkollü içkiler
Spiritus /'şpi:ritus/ *m* alkol, ispirto; nefes, soluk; tin, ruh ***Spiritus sanctus*** kutsal ruh
Spirituskocher /'şpi:rituskohır/ *m* ispirto ocağı
spitz /şpits/ *s* sivri, keskin; *mec* alaycı, iğneleyici, alaya alıcı; incelmiş, zayıflamış ***ein spitzer Bleistift*** sivri uçlu kurşunkalem ***ein spitzer Winkel*** *mat* dar açı ***eine spitze Zunge haben*** sivri dilli olmak, keskin dilli olmak ***spitz aussehen*** zayıflamış görünmek
Spitzbube /'şpitsbu:bı/ *m* hırsız, dolandırıcı; üçkâğıtçı, madrabaz; maskara, kerata
spitzbübisch /'şpitsbübiş/ *s* hınzır, muzip ***spitzbübisches Lächeln*** hınzırca bir gülümseme
Spitze /'şpitsı/ *f* sivri uç; zirve, doruk, tepe, uç noktası; dantel, oya; ön taraf, ön kısım, ön yüz; alaysı söz, iğneleyici söz; önde gelen kişiler, ekabirler ***die Spitze abbrechen*** sivrilikleri törpülemek ***einsame Spitze sein*** eşsiz olmak, *tek* olmak ***Spitzen häkeln*** dantel örmek, oya örmek
Spitzel /'şpitsıl/ *m* casus, ajan; ispiyoncu, jurnalci
spitzen /'şpitsın/ *vt* sivriltmek, sivrileştirmek; *vi* dikkatle bakmak ***den Stift spitzen*** kurşunkalemi açmak ***die Ohren spitzen*** *mec* kulak kabartmak, dikkatle dinlemek ***sich auf etw spitzen*** *kon* (bir şey) olumlu olması umuduyla sevinmek
Spitzengeschwindigkeit /'şpitsıngışvindihkayt/ *f* en üst hız, hız sınırı
Spitzenkandidat /'şpitsınkandida:t/ *m* seçimlerde liste başı adayı
Spitzenklasse /'şpitsınklası/ *f* en kaliteli mal
Spitzenleistung /'şpitsınlaystung/ *f* rekor, en üst randıman; şaheser
Spitzenlohn /'şpitsınlo:n/ *m* azami ücret
Spitzenposition /'şpitsınpozitsyo:n/ *f* üst düzey yönetici(lik), mesleki açıdan zirvede olma
Spitzenreiter /'şpitsınraytır/ *m mec* (si-

nema, tiyatro, TV) başarılı eser; *sp* lider
Spitzer /'şpitsır/ *m* kalemtıraş, kalem açacağı
spitzfindig /'şpitsfindi**h**/ *s* huysuz, titiz, kılı kırk yaran
Spitzhacke /'şpits**h**akı/ *f* sivri uçlu kazma; külünk
Spitzmaus /'şpitsmaus/ *f hayb* fareye benzer bir memeli, sivri fare
Spitzname /'şpitsna:mı/ *m* takma ad, lakap
Splitter /'şplitır/ *m* kıymık, sivri parça, keskin parça
splittern /'şplitırn/ *vt* parçalamak, dağıtmak, ufalamak
splitternackt /'şplitırnakt/ *s* çırılçıplak, cıscıbıl, anadan doğma
Splitterpartei /'şplitırpartay/ *f pol* bir büyük partiden ayrılarak kurulan küçük parti
sponsern /'şponzırn/ *vt* desteklemek, sponsorluk etmek
Sponsor /'şponzo:r/ *m* hami, sponsor
spontan /şpon'ta:n/ *s* kendiliğinden, kendi kendine, spontane; anid, aniden, birdenbire
sporadisch /şpo'ra:diş/ *s* nadiren, *tek* tük, çok ender ***sich ganz sporadisch sehen*** nadir görüşmek, pek ender görüşmek
Sporn /sporn/ *m* mahmuz; *hayb* mahmuz; dağ ayakkabısı kaymazlık çivisi; *anat* ayak topuğunda kemik çıkıntısı; *den* gemi mahmuzu; *kon* özendirme, heveslendirme, isteklendirme; tahrik, teşvik
Sport /şport/ *m* spor; hobi, düşkünlük
Sportart /'şporta:rt/ *f* spor türü
Sportartikel /'şportartikıl/ *pl* spor malzemeleri
Sportflugzeug /'şportflu:ktsoyk/ *n* planör, spor uçağı
Sportgeschäft /'şportgışeft/ *n* spor malzemeleri satan mağaza
Sporthalle /'şport**h**alı/ *f* spor salonu
Sportler /'şportlır/ *m* sporcu, bir sporu yapan kişi; atlet
sportlich /'şportli**h**/ *s* sporla ilgili, sportif; (vücut) güçlü, sporcu gibi; (kıyafet) spor, spora uygun; sporcu gibi, centilmence
Sportplatz /'şportplats/ *m* spor sahası
Sportreporter /'şportreportır/ *m* spor muhabiri
Sportveranstaltung /'şportferanştaltung/ *f* spor gösterisi, spor karşılaşması
Sportverein /'şportferayn/ *m* spor klübü
Sportzeug /'şporttsoyk/ *n* spor giyim
Spott /şpot/ *m* alay, eğlenme, makaraya alma, kafa bulma ***seinen Spott mit jdm treiben*** (birisiyle) kafa bulmak, eğlenmek, alay etmek
spottbillig /'şpot'bili**h**/ *s* çok ucuz, olağanüstü ucuz
spotten /'şpotın/ *vi* alay etmek, eğlenmek
spöttisch /'şpötiş/ *s* alaylı, eğlendirici, iğneli, iğneleyici ***spöttische Bemerkung*** iğneleyici söz, alaysı söz
Spottname /'şpotna:mı/ *m* alaylı takma ad
Spottpreis /'şpotprays/ *m* çok düşük fiyat, ucuz fiyat
Sprachbarriere /'şpra:**h**barye:rı/ *f kon* iletişim zorlukları; *dilb* dilsel gelişmenin engellenmesi; dil engeli
Sprachbegabung /'şpra:**h**bıga:bung/ *f* (yabancı) dil yeteneği
Sprache /'şpra:**h**ı/ *f* dil, konuşma; konuşma biçimi, üslup; konuşma yeteneği; sözel ifade ***die deutsche Sprache*** Alman dili ***eine harte Sprache führen*** sert bir dil kullanmak ***Heraus mit der Sprache!*** çıkar ağzındaki baklayı! ***in Türkischer Sprache*** (film) Türkçe dilli ***lebende Sprachen*** yaşayan diller ***zur Sprache bringen*** dile getirmek, ifade etmek ***zur Sprache kommen*** görüşülmek, konu edilmek, müzakere edilmek
Sprachenschule /'şpra:**h**ınşu:lı/ *f* dil okulu, lisan okulu
Sprachfehler /'şpra:**h**fe:lır/ *m dilb* gramer hatası; konuşma hatası
Sprachführer /'şpra:**h**fü:rır/ *m* (kitap) dil rehberi, konuşma kılavuzu
Sprachgebrauch /'şpra:**h**gıbrau**h**/ *m* dil kullanımı, dil alışkanlıkları; şive, ağız
Sprachgefühl /'şpra:**h**gıfü:l/ *n* dil duygusu
sprachgewandt /'şpra:**h**gıvant/ *s* iyi konuşan
Sprachkenntnisse /'şpra:**h**kentnisı/ *pl* dil ile ilgili yayın
sprachkundig /'şpra:**h**kundi**h**/ *s* bir yabancı dili iyi bilen, bir dile hâkim
Sprachkurs /'şpra:**h**kurs/ *m* dil kursu
sprachlos /'şpra:**h**lo:s/ *s* dilsiz; *kon* şaşkın, afallamış, dilini yutmuş gibi, dili tutulmuş
Sprachlosigkeit /'şpra:**h**lo:zi**h**kayt/ *f* dilsizlik; şaşkınlıktan afallama, konuşa-

S

mama
Sprachrohr /'şpra:**h**ro:r/ *n* megafon ***jds Sprachrohr sein*** *mec* (birisinin) görüşlerini aktarmak
Sprachunterricht /'şpra:**h**untırri**h**t/ *m* dil dersi
Sprachwissenschaft /'şpra:**h**visınşaft/ *f* dilbilimi, filoloji, linguistik ***allgemeine Sprachwissenschaft*** genel dilbilimi ***vergleichende Sprachwissenschaft*** karşılaştırmalı dilbilimi
Spray /sprei/ mn sprey, püskürtme amacıyla kullanılan araç; püskürtücü yardımıyla püskürtülmüş sıvı demeti; *kon* deodoran
sprayen /'şpreiın/ *vt/vi* sprey yapmak, spreylemek, püskürtmek
Sprechanlage /'şpre**h**anla:gı/ *f* dahili haberleşme sistemi
Sprechblase /'şpre**h**bla:zı/ *f* (çizgi roman) konuşma balonu, konuşma belirtici baloncuk
sprechen /'şpre**h**ın/ *vt vi* konuşmak, demek, söylemek; görüşmek; anlatmak, ifade etmek ***auf jdn gut zu sprechen sein*** (birisi hakkında) iyi şeyler söylemek ***Deutsch sprechen*** Almanca konuşmak ***die Wahrheit sprechen*** gerçeği söylemek ***ein Gebet sprechen*** dua etmek ***ein Gedicht sprechen*** bir şiir okumak ***für jdn sprechen*** (birisinin) adına konuşmak, isteklerini dile getirmek; (birisi için) aracılık etmek ***hier wird Deutsch gesprochen*** burada Almanca konuşulur ***mit jdn sprechen*** (birisiyle) konuşmak, görüşmek ***mit sich selbst sprechen*** kendi kendine konuşmak ***sprechen lernen*** konuşmayı öğrenmek ***unter uns gesprochen!*** laf aramızda kalsın!
Sprecher /'şpre**h**ır/ *m* sözcü; konuşmacı, konuşucu; (TV) spiker
Sprechstunde /'şpre**h**ştundı/ *f* görüşme saati, (doktor) muayene saati
Sprechstundenhilfe /'şpre**h**ştundın**h**ilfı/ *f* muayenehane sekreteri
Sprechzimmer /'şpre**h**tsimır/ *n* görüşme odası; (doktor) muayenehane
spreizen /'şpraytsın/ *vt* (kanat, ayak, parmak) ayırmak, açmak ***gespreizter Stil*** aşırı süslü biçim; tumturaklı üslup ***sich spreizen*** *mec* kurulmak, yayılmak
Sprengbombe /'şprengbombı/ *f ask* tahrip bombası
Sprengel /'şprengıl/ *m* sorumluluk alanı, sorumluluk sahası
sprengen /'şprengın/ *vt* parçalamak, havaya uçurmak, tahrip etmek; (çamaşır) ıslatmak, suya bastırmak; (çim) sulamak; zorlamak, zorla açmak; (toplantıyı, gösteriyi) dağıtmak; *vi* (at) dört nala sürmek ***die Fesseln sprengen*** zincirleri kırmak
Sprengkörper /'şprengkörpır/ *m* bomba, tahrip maddesi
Sprengladung /'şprengla:dung/ *f ask* tahrip maddesi
Sprengstoff /'şprengştof/ *m* patlayıcı madde
Sprengung /'şprengung/ *f* patlatma, havaya uçurma; sulama
Sprenkel /'şprenkıl/ *m* leke, benek
Spreu /şproy/ *f bitk* saman; *mec* değersiz şey
Sprichwort /'şpri**h**vort/ *n* atasözü
sprichwörtlich /'şpri**h**vörtli**h**/ *s* atasözü olmuş, ata sözü olarak kullanılan
sprießen /'şpri:sın/ *vt* desteklemek; *vi bitk* filiz sürmek, fışkırmak, bitmek, tomurcuklanmak
Springbrunnen /'şpringbrunın/ *m* fıskiye, fışkırık
springen /'şpringın/ *vi* fışkırmak; koşmak; fırlamak, sıçramak, atlamak; çatlamak, kopmak; *hayb* çiftleşmek; *kon* (okurken, çalarken) atlamak, pas geçmek ***das Glas ist gesprungen*** cam çatlamış ***der springende Punkt*** *mec* can alıcı nokta, önemli nokta ***etw springen lassen*** *mec* ısmarlamak, harcamak, hediye etmek, armağan etmek ***für sich springen lassen*** (birisini) hizmetçisi gibi kullanmak
Springer /'şpringır/ *m* sıçrayıcı, atlayıcı; *sp* atlama sporcusu; *sp* (satranç) at; *hayb* aygır
Springseil /'şpringzayl/ *n* atlama ipi
Sprint /şprint/ *m sp* sprint, kısa mesafe koşu yarışı
sprinten /'şprintın/ *vi sp* sprint yapmak
Spritze /'şpritsı/ *f* püskürteç; hortum; *hek* şırınga, iğne, enjektör ***der Mann an der Spritze*** *mec* nüfuzlu adam, etkin adam
spritzen /'şpritsın/ *vt* fışkırtmak, püskürtmek; *hek* iğne yapmak, enjektör yapmak; (içeceğe) soda katmak; *vi* sıçramak; fışkırmak; suyun içinde oynamak, suyla oynamak; fırlamak, koşmak ***den Wagen spritzen lassen*** arabayı bo-

yatmak ***es spritzt*** yağmur serpiştiriyor

Spritzer /'şpritsır/ *m* leke, boya lekesi; (yiyecek, içecek) bir yudum

spritzig /'şpritsih/ *s* hafif köpüklü şampanya/soda; esprili üslup

Spritzpistole /'şpritspisto:lı/ *f* boya tabancası, boya püskürtücüsü

Spritztour /'şpritstu:r/ *f kon* araçla kısa gezinti

spröde /'şprö:dı/ *s* (kişi) içine kapanık, soğuk; (ses) kırık, çatlak; kolay biçim verilemez; çabuk kırılır, bükülmez, eğilmez; (cilt) kuru, çatlak; kuru olma, çatlak olma; *mec* haşinlik, gaddarlık ***sprödes Eisen*** gevrek demir

Spross /şpras/ *m bitk* filiz, fidan, sürgün; *kon* evlat, oğul, çocuk

Sprosse /'şprosı/ *f* merdiven basamağı, merdiven parmağı, merdiven ayağı; *hayb* geyik boynuz dallarından her biri

Sprossenwand /'şprosınvant/ *f sp* yatay parmaklık

Sprotte /'şprotı/ *f hayb* çaça balığı

Spruch /şpruh/ *m* yargı, karar, hüküm; özdeyiş, özlü söz, vecize; (kitap) alıntı; *mec* büyü formülü, sihir formülü ***Sprüche machen*** *mec* yalan atmak, atıp tutmak

Spruchband /'şpruhbant/ *n* pankart, döviz

spruchreif /'şpruhrayf/ *s* karar verilecek aşamaya gelmiş, oluşmuş

Sprudel /'şpru:dıl/ *m* kaynak; girdap, burgaç; sodalı su, maden suyu; fışkıran su, kaynayan su; girdap, burgaç

sprudeln /'şpru:dıln/ *vi* kaynamak, fışkırmak

Sprühdose /'şprü:do:zı/ *f* sprey kutusu

sprühen /'şprü:ın/ *vt* püskürtmek, fışkırtmak, serpiştirmek; *vi* püskürmek, fışkırmak, serpişmek ***es sprüht*** yağmur çiseliyor ***vor Freude sprühen*** *mec* neşeyle coşmak

Sprühregen /'şprü:re:gın/ *m* yağmur serpintisi, çisenti

Sprung /şprung/ *m* sıçrama, sıçrayış; (bardak, cam, vs.) çatlak; ani geçiş, hızlı geçiş; kısa ziyaret, kısa mesafe ***auf dem Sprunge sein*** tam bir işi yapmak üzere olmak ***jdm auf die Sprünge helfen*** *kon* (birisine) destek olmak

Sprungbrett /'şprungbret/ *n sp* (deniz, havuz) atlama tahtası, tramplen

Sprungfeder /'şprungfe:dır/ *f* helezon şeklinde yay, helezonik yay

Sprunggelenk /'şprunggılenk/ *n* boru dirseği, mafsal

sprunghaft /'şprunghaft/ *s* aniden, ansızın, birdenbire; *mec* daldan dala atlama

Sprungschanze /'şprungşantsı/ *f* kayakla atlama iskelesi

Sprungtuch /'şprungtu:h/ *n* itfaiye brandası, atlama bezi

Spucke /'şpukı/ *f kon* tükürük, salya

spucken /'şpukın/ *vt/vi* tükürmek, salya akıtmak; *kon* kusmak ***Blut spucken*** kan kusmak

Spuk /şpu:k/ *m* hayalet, hortlak; *kon* şamata, patırtı, gürültü

spuken /'şpu:kın/ *vi* hayalet dolaşmak ***hier spukt es*** burası tekin değil

Spülbecken /'şpü:lbekın/ *n* evye

Spule /'şpu:lı/ *f* bobin, makara

Spüle /'şpü:lı/ *f* evye

spulen /'şpu:lın/ *vt* makaraya sarmak, bobine sarmak

spülen /'şpü:lın/ *vt* yıkamak, çalkalamak, sudan geçirmek; (deniz) sahile atmak, karaya vurmak, sürüklemek ***den Mund spülen*** gargara yapmak, ağzı çalkalamak ***Geschirr spülen*** bulaşık yıkamak ***Wäsche spülen*** çamaşırı çalkalamak

Spülmaschine /'şpü:lmaşi:nı/ *f* bulaşık makinesi

Spülmittel /'şpü:lmitıl/ *n* bulaşık yıkama deterjanı

Spülung /'şpü:lung/ *f* yıkama, çalkalama, temizleme; leke temizleme amaçlı püskürtme

Spur /şpu:r/ *f* belirti, iz, emare; kalıntı, artık, geride kalan iz; (demiryolunda) hat genişliği; *mec* zerre, nebze, çok az miktar ***eine Spur verfolgen*** iz sürmek ***jdm auf die Spur kommen*** *mec* (birisinin) gizli işlerini ortaya çıkarmak ***jdn auf die richtige Spur bringen*** (birisine) yardımcı olmak

spürbar /'şpü:rba:r/ *s* hissedilir, hissedilebilir

spüren /'şpü:rın/ *vt* hissetmek, duymak; *vi* iz sürmek ***Schmerz spüren*** acı duymak

Spurenelemente /'şpu:rınelementı/ *pl* *yerb* yerkabuğunda az bulunan kimyasal maddeler; *kim* eser miktarda kimyasal elementler

Spurensicherung /'şpu:rınzihırung/ *f* (polis) iz arama

Spürhund /'şpü:r**h**unt/ *m hayb* izleyici köpek; *mec* ajan, hafiye
spurlos /'şpu:rlo:s/ *s* iz bırakmadan, kalıntı bırakmadan
Spürsinn /'şpü:rzin/ *m* sezme duygusu
spurten /'şpurtın/ *vi sp* finişe kalkmak
Spurweite /'şpu:rvaytı/ *f* (demiryolunda) hat genişliği; *tek oto* dingil genişliği
sputen /'şpu:tın/ *vr* acele etmek
Staat /şta:t/ *m* devlet; *kon* hükümet, rejim; tantana, debdebe, haşmet, görkem; *hayb* hayvan topluluğu
staatenlos /'şta:tınlo:s/ *s* vatansız, haymatlos, hiçbir devletin vatandaşı olmayan
staatlich /'şta:tli**h**/ *s* resmi, devletle ilgili
Staatsakt /'şta:tsakt/ *m* devlet töreni
Staatsangehörige(r) /'şta:tsangı**h**ö:rigı(r)/ *f/m* vatandaş, yurttaş; tabiiyet, uyruk ***türkische Staatsangehörige*** Türk vatandaşı
Staatsangehörigkeit /'şta:tsangı**h**öri**h**kayt/ *f* vatandaşlık, yurttaşlık; uyrukluk, taabiyet
Staatsanwalt /'şta:tsanvalt/ *m* savcı, cumhu riyet savcısı
Staatsbeamte(r)/Staatsbeamtin /'şta:tsbıamtı(r)/'şta:tsbıamtin/ *m/f* devlet memuru
Staatsbesuch /'şta:tsbızu:**h**/ *m* resmi ziyaret
Staatsbürger /'şta:tsbürgır/ *m* yurttaş, vatandaş
Staatsdienst /'şta:tsdi:nst/ *m* memur olarak devlete verilen hizmet ***in den Staatsdienst eintreten*** devlet memuru olmak
staatseigen /'şta:tsaygın/ *s* devlete ait, devlet malı, beylik
Staatseigentum /'şta:tsaygıntum/ *n* devlet malı
Staatsexamen /'şta:tseksa:mın/ *n* devlet sınavı, devletçe yapılan sınav
staatsfeindlich /'şta:tsfayntli**h**/ *s* devlete düşman
Staatsform /'şta:tsform/ *f* devlet biçimi, rejim
Staatsgeheimnis /'şta:tsgı**h**aymnis/ *n* devlet sırrı
Staatsgewalt /'şta:tsgıvalt/ *f* egemenlik, devlet otoritesi
Staatshaushalt /'şta:ts**h**aus**h**alt/ *m* devlet bütçesi
Staatskasse /'şta:tskası/ *f* hazine
Staatskunst /'şta:tskunst/ *f* devleti yönetme sanatı
Staatsmann /'şta:tsman/ *m* devlet adamı, siyaset adamı; lider
staatsmännisch /'şta:tsmeniş/ *s* devlet adamına yakışan, devlet adamına uygun
Staatsoberhaupt /'şta:tso:bır**h**aupt/ *n* cumhurbaşkanı, devlet başkanı
Staatsorgan /'şta:tsorga:n/ *n* parlamento, meclis
Staatspräsident /'şta:tsprezident/ *m* devlet başkanı
Staatsschulden /'şta:tsşuldın/ *pl* devlet borçları
Staatssekretär /'şta:tszekrete:r/ *m* bakanlık müsteşarı
Staatsstreich /'şta:tsştray**h**/ *m* hükümet darbesi, ihtilal
Stab /şta:p/ *m* sopa, değnek, çubuk; asa, baston; *sp* (sırıkla atlama) sırık; *sp* (bayrak koşusu) bayrak, çubuk; üstdüzey idareci; *ask* kurmay
Stabhochsprung /'şta:p**h**o:**h**şprung/ *m sp* sırıkla yüksek atlama
stabil /şta'bi:l/ *s* sağlam, dayanıklı, stabil; değişmez, istikrarlı; uzun ömürlü ***stabiler Zustand*** kararlı durum, kalımlı durum ***stabiles Gleichgewicht*** belirli denklilik
stabilisieren /ştabili'zi:rın/ *vt* sağlamlaştırmak, dayanıklı hale getirmek, stabilize etmek
Stabilisierung /ştabili'zi:rung/ *f* sağlamlaştırma, dayanıklı hale getirme, dengeleme
Stabilität /ştabili'te:t/ *f* sağlamlık, dayanıklılık, istikrar
Stabsoffizier /'şta:psofitsi:r/ *m ask* albay, yarbay, binbaşı; *ask* kurmay subay
Stachel /'şta**h**ıl/ *m* acı, üzüntü; (toka) dil; *hayb* iğne, ok; *bitk* diken; özendirici şey, tahrik edici şey ***der Stachel der Biene*** arı iğnesi ***wider den Stachel löcken*** *mec* (bir şeye) direnmek, karşı gelmek
Stachelbeere /'şta**h**ılbe:rı/ *f bitk* bektaşi üzümü
Stacheldraht /'şta**h**ıldra:t/ *m* dikenli tel
stachelig /'şta**h**ıli**h**/ *s* iğneli, dikenli; (sakal, yüzey) batan, batıcı
Stachelschwein /'şta**h**ılşvayn/ *n hayb* oklu kirpi
Stadion /'şta:dyon/ *n* stadyum, stad
Stadium /'şta:dyum/ *n* vaziyet, hal, du-

rum; evre, bölüm, aşama
Stadt /ştat/ *f* şehir, kent; şehir merkezi
Stadtautobahn /'ştatautoba:n/ *f* şehir otoyolu, çevre otoyolu
Stadtbummel /'ştatbumıl/ *m kon* şehir gezintisi, şehirde dolaşma
Städtebau /'ştetıbau/ *m* şehircilik, şehir planlaması
städtebaulich /'şte:tıbaulih/ *s* şehircilikle ilgili, şehir planlaması ile ilgili
Stadtgebiet /'ştatgıbi:t/ *n* belediye sınırları dahili, belediye sınırları içi
städtisch /'ştetiş/ *s* şehirsel, kentsel; şehirli, kentli; belediye ile ilgili, şehir idaresi ile ilgili; şehirde geçerli, kentte geçerli
Stadtmauer /'ştatmauır/ *f* sur
Stadtmitte /'ştatmitı/ *f* şehir merkezi
Stadtplan /'ştatpla:n/ *m* şehir planı
Stadtplanung /'ştatpla:nung/ *f* şehir planlaması, şehir planlamacılığı
Stadtrand /'ştatrant/ *m* şehrin kenarı, dış mahalleler, kenar mahalle
Stadtrat /'ştatra:t/ *m* şehir belediye meclisi; şehir belediye meclisi üyesi
Stadtstreicher /'ştatştrayhır/ *m* şehirdeki evsiz barksız kişiler
Stadtteil /'ştattayl/ *m* semt, mahalle
Stadtverwaltung /'ştatfervaltung/ *f* belediye, belediye yönetimi
Stadtviertel /'ştatfirtıl/ *n* semt, mahalle
Staffel /'ştafıl/ *f* derece, basamak, kademe; maaş kademesi; *ask* uçak bölüğü; *sp* (bayrak koşusu) takım, ekip
Staffelei /ştafı'lay/ *f* ressam sehpası, şövale
Staffellauf /'ştafıllauf/ *m sp* bayrak yarışı, bayrak koşusu
Staffelung /'ştafılung/ *f* kademelendirme
Stagnation /ştagna'tsyo:n/ *f tic* durgunluk, kesatlık, cansızlık
stagnieren /ştag'ni:rın/ *vi tic* durgunlaşmak, durmak, kesilmek
Stahl /şta:l/ *m mad* çeliğin sertlik sembolü; *ed* kılıç, silah ***Nerven wie Stahl*** *mec* çelik gibi sinirler
Stahlbeton /'şta:lbeton/ *m* çelikli beton
Stahlblech /'şta:lbleh/ *n* çelik sac
stählen /'şte:lın/ *vt mad* çeliğe su vermek, demiri çelik haline sokmak; *mec* vücudu dirençli hale getirmek, güçlendirmek
stählern /'şte:lırn/ *s* çelikten; çelik gibi, çelik gibi sert, çeliğe benzer
Stahlhelm /'şta:lhelm/ *m* çelik miğfer
Stahlindustrie /'şta:lindustri:/ *f* çelik sanayii
Stahlwolle /'şta:lvolı/ *f* çelik pamuğu, çelik yünü
Stall /ştal/ *m* ahır, ağıl, dam; kümes; *hayb* it idrarı; *kon* pis yer, çok pis oda; *sp* (atyarışı) bir kişinin sahip olduğu tüm atlar, eküri
Stamm /ştam/ *m bitk* ağaç gövdesi; *biy* soy, ırk, aile; (müşteri) devamlı; *dilb* gövde, kök hece; *kon* soy, büyük aile; *ask* çekirdek kadro, kıdemli kadro
Stammaktie /'ştamaktsyı/ *f tic* basit hisse senedi, asli hisse senedi
Stammbaum /'ştambaum/ *m* soy ağacı, şecere, bir ailenin geçmiş tüm fertlerini gösteren ağaç biçimli çizelge
Stammbuch /'ştambu:h/ *n* aile fertleri listesi; anı defteri
stammeln /'ştamıln/ *vi vt* kekelemek, kekeleyerek konuşmak; *kon* kem küm etmek, eveleye geveleye konuşmak
stammen /'ştamın/ *vi* soyundan gelmek; çıkmak, gelmek, bir yerden gelmek ***aus einer Künstlerfamilie stammen*** sanatçı bir ailenin soyundan gelmek ***ich stamme aus Istanbul*** İstanbulluyum
Stammgast /'ştamgast/ *m* (otel, lokanta) devamlı müşteri, sadık müşteri
Stammhalter /'ştamhaltır/ *m* soyadını sürdüren erkek evlat
stämmig /'ştemih/ *s* güçlü, iri yapılı
Stammkapital /'ştamkapita:l/ *n tic* ana sermaye, ana mal
Stammkneipe /'ştamknaypı/ *f* birisinin her zaman gittiği meyhane
Stammkunde /'ştamkundı/ *m* devamlı müşteri, sürekli müşteri
Stammlokal /'ştamloka:l/ *n* (lokanta, kahvehane, birahane) sürekli ve düzenli gidilen lokal
Stammplatz /'ştamplats/ *m* birinnin her zaman oturduğu yer
Stammtisch /'ştamtiş/ *m* (lokanta, kafe, meyhane) devamlı müşterilerin her geldiğinde oturduğu masa; düzenli olarak buluşma yeri
Stammtischpolitiker /'ştamtişpoli:tikır/ *m* politikadan bahsetme heveslisi
Stammvater /'ştamfa:tır/ *m* bir soyun atası, bir soyun kurucusu; *kon* Adem baba
Stammwähler /'ştamve:lır/ *m* sadık seçmen
stampfen /'ştampfın/ *vi* yeri tekmelemek, yere tekme vurmak; (makine) ses çıka-

rarak çalışmak; (çamur, su, kalabalık) bata çıka ilerlemeye çalışmak; *vt* (tokmakla, havanla) ufalamak, ezmek; tokmakla vura vura yerine yerleştirmek

Stand /ştant/ *m* durum, vaziyet, hal; durma, bulunma; (su, döviz vs) seviye, yükseklik; mevki, durma yeri, bulunma yeri; mesleki durum, sosyal durum; sosyal sınıf, zümre; (fuar) stant, satış tezgâhı; (İsviçre) kanton ***seinen höchsten Stand erreichen*** en yüksek mevkiye ulaşmak

Standard /'ştandart/ *m* standart, norm, örnek alınabilecek *tek* biçim; (madeni para) ağırlık maden ayarı ve saflık derecesi

Standardbrief /'ştandartbri:f/ *m* (20 g.) normal mektup, adi mektup

Standardformat /'ştandartforma:t/ *n biliş* standart format

Standbild /'ştantbilt/ *n* boy heykeli

Ständchen /'ştenthın/ *n* serenat; saygı olarak çalınan müzik parçası

Ständer /'ştendır/ *m* sehpa, ayaklık, raf, dayama yeri, dayanak; *kon* bacak; *elek* stator; *mim* dikey kiriş, destek; *kon* ereksiyon halindeki erkek cinsel organı

Standesamt /'ştandısamt/ *n* nüfus dairesi

Standesbeamte(r)/Standesbeamtin /'ştandısbıamtı(r)/'ştandısbıamtin/ *m/f* nikâh memuru, evlendirme memuru

standesgemäß /'ştandısgıme:s/ *s* toplumdaki konumuna uygun

Standesunterschied /'ştandısuntırşi:t/ *m* toplumsal sınıf farkı

standfest /'ştantfest/ *s* sabit, oynamaz, hareket etmez

standhaft /'ştanthaft/ *s* dayanıklı, metin, metanetli; sarsılmayan

Standhaftigkeit /'ştanthaftihkayt/ *f* sarsılmazlık, metanet

standhalten /'ştanthaltın/ *trvi* dayanmak, karşı koymak, direnmek, sebat etmek, göğüs germek

ständig /'ştendih/ *s* sürekli, devamlı, aralıksız ***ständiger Wohnsitz*** daimi ikametgâh, sürekli ikametgâh, sabit adres

Standlicht /'ştantliht/ *n oto* park lambası

Standort /'ştantart/ *m* bulunulan yer; *ask* garnizon; *hayb* bitk. çevre

Standpunkt /'ştantpunkt/ *m* durulan yer; görüş açısı, bakış açısı; bakım

Standrecht /'ştantreht/ *n huk* (savaş, isyan) olağanüstü durumda derhal cezalandırma yöntemi

Standspur /'ştantşpu:r/ *f oto* emniyet şeridi

Standuhr /'ştantu:r/ *f* ayaklı saat, dolaplı saat

Stange /'ştangı/ *f* sopa, değnek; sırık; ince ve uzun bardak ***Anzug von der Stange*** konfeksiyon malı elbise ***eine lange Stange*** *kon* (kişi) sırık gibi ***eine Stange Geld*** çok para ***eine Stange Zigaretten*** (10 paketlik) bir karton sigara ***jdm die Stange halten*** *mec* (birisinin) görüşünü savunmak ***jdn bei der Stange halten*** *mec* (birisini) amacını ulaşması için desteklemek ***von der Stange*** hazır satın alınan

stänkern /'ştenkırn/ *vi* ara bozmak, kavga çıkarmak

stanzen /'ştantsın/ *vt* kesmek, keserek şekil vermek ***Löcher stanzen*** delik delmek

Stapel /'şta:pıl/ *m* istif, yığın, küme; balya, denk; depo, ambar; *den* kızak; koyun postundaki yün topağı ***eine Rede vom Stapel fassen*** *kon* bir konuşma patlatmak

Stapellauf /'şta:pıllauf/ *m den* yeni gemiyi denize indirme

stapeln /'şta:pıln/ *vt* istif etmek, kümelemek, düzgün olarak yerleştirmek

Stapelplatz /'şta:pılplats/ *m* depo, antrepo yeri, depo

Star /şta:r/ *m hek* katarakt, perde; *hayb* sığırcık kuşu

Star /sta:r/ *m* star, yıldız

stark /ştark/ *s* güçlü, kuvvetli; yoğun, şiddetli, epey; kalın, enli; (içecek) koyu, sert; *be* çok şiddetli, yoğun; *dilb* (fiil, çekim) kuvvetli, kuraldışı ***ein starker Mann*** çok güçlü bir adam ***ich bin stark beschäftigt*** çok meşgulüm ***sich stark fühlen*** kendini güçlü hissetmek ***stark betrunken*** çok sarhoş ***stark rauchen*** çok fazla sigara içmek ***starke Geschlecht*** *kon* erkekler ***starker Kaffee*** koyu kahve ***starker Regen*** şiddetli yağmur ***starker Verkehr*** yoğun trafik ***starkes Haar*** gür saçlar ***starkes Mittel*** etkili ilaç

Stärke /'şterkı/ *f* güç, kuvvet; kalınlık; (kişi) miktar, sayı, adet; yetenek, beceri; çamaşır kolası

stärken /'şterkın/ *vt* güçlendirmek, kuvvetlendirmek; kolalamak

Starkstrom /'ştarkştro:m/ *m elek* yüksek gerilimli akım
Stärkung /'şterkung/ *f* güçlendirme, kuvvetlendirme; yemek üzerine yenen tatlı vs
Stärkungsmittel /'şterkungsmitıl/ *n* kuvvet ilacı, tonik
starr /ştar/ *s* donmuş, hareketsiz, kaskatı ***starre Regeln*** katı kurallar ***vor Schrecken starr sein*** korkudan dona kalmak
Starre /'ştarı/ *f* donma, katılaşma; hareketsizlik, katılık, donup kalma
starren /'ştarın/ *vi* gözlerini dikerek bakmak ***vor Schmutz starren*** pislik götürmek, kirli olmak
starrköpfig /'ştarköpfih/ *s* inatçı, dik kafalı
Starrsinn /'ştarzin/ *m* dik kafalılık, inatçılık, ayak diretme
starrsinnig /'ştarzinih/ *s* inatçı, dik kafalı, direngen
Start /ştart/ *m sp* çıkış, start, başlangıç noktası, hareket noktası; başlama, başlangıç; (uçak) hareket, havalanma ***den Start freigeben*** uçağa kalkış izni vermek ***Start und Ziel*** çıkış-varış noktaları
Startautomatik /'ştartautoma:tik/ *f oto* otomatik jikle
Startbahn /'ştartba:n/ *f* (uçak) uçuş pisti, pist
startbereit /'ştartbırayt/ *s* harekete hazır, başlamaya hazır; (uçak) havalanmaya hazır; (araç) yola çıkmaya hazır
starten /'ştartın/ *vi sp* (yarış) yarışa başlamak, çıkış yapmak; *sp* bir yarışmaya katılmak; (uçak) havalanmak; yola çıkmak; *vt* (uçak) havalandırmak; *biliş* başlatmak; harekete geçirmek
Starter /'ştartır/ *m sp* yarış hakemi; *tek* starter, marş, harekete geçirici
Starterlaubnis /'ştarterlaupnis/ *f* (uçuş) kalkış izni; *sp* çıkış izni
Starthilfe /'ştarthilfı/ *f* (araç) ek ateşleme tertibatı; *mec* (iş, girişim) yeni başlayanlara yapılan parasal yardım
Startlinie /'ştartli:nyı/ *f sp* start/çıkış çizgisi
Startschuss /'ştartşus/ *m* start verme
Startseite /'ştartzaytı/ *f biliş* anasayfa
Station /şta'tsyo:n/ *f* istasyon, durak; *hek* bölüm, koğuş; (radyo, TV) istasyon, yayın istasyonu; *gökb* gözlemevi, istasyon; *mec* mola yeri, konaklama yeri ***nächste Station*** gelecek durak, gelecek istasyon, ilk durak
stationär /ştatsyo'ne:r/ *s* kalıcı, bağlı, yerleşik ***stationäre Bevölkerung*** yerli halk
Stationsarzt/Stationsärztin /'ştatsyonsartst/ştatsyonsertstin/ *m/f* bölüm hekimi
Stationsschwester /'ştatsyonsşvestır/ *f* bölüm hemşiresi, kat hemşiresi
Stationierung /ştatsyo'ni:rung/ *f ask* konuşlandırma, yerleştirme, yerleştirme
statisch /'şta:tiş/ *s* statik, duruk ***statische Elektrizität*** statik elektrik ***statische Moment*** statik moment ***statische Organe*** *biy* canlıların dengesini düzenleyen organlar
Statist /şta'tist/ *m* figüran, küçük rol oyuncusu; *mec* önemsiz kişi
Statistik /şta'tistik/ *f* istatistik, sayımlama; istatistik bilimi, sayım bilimi
Statistiker /'şta'tistikır/ *m* istatistik uzmanı, istatikçi
statistisch /şta'tistiş/ *s* istastiki, sayımsal
Stativ /şta'ti:f/ *n fot* destek, üç ayaklı sehpa
statt /ştat/ *be* yerine ***an Eides statt*** (ifade, açıklama) yeminli ***an meiner statt*** benim yerime ***ein Rat statt Geld*** para yerine nasihat
Statt /ştat/ *f* yer
Stätte /'ştetı/ *f* yer, mahal, mevki, makam
stattfinden /'ştatfindın/ *trvi* yer almak, olmak
statthaft /'ştathaft/ *s* uygun, yerinde, münasip, caiz, izin verilmiş
Statthalter /'ştathaltır/ *m* genel vali
stattlich /'ştatlih/ *s* gösterişli, fiyakalı, havalı, yakışıklı, endamlı; çok sayıda, büyük, önemli bir miktarda
Statue /'şta:tuı/ *f* boy heykeli
Statuette /ştatu'etı/ *f* küçük heykel
statuieren /ştatu'i:rın/ *vt* belirlemek
Statur /şta'tu:r/ *f* endam, boy bos, vücut yapısı
Status /'şta:tus/ *m* vaziyet, durum, hal, ahval, şerait
Statussymbol /'şta:tuszümbo:l/ *n* statü sembolü, durum belirleme sembolü
Statut /şta'tu:t/ *n* yönetmelik, talimatname, tüzük, nizamname, statü
Stau /ştau/ *m* (akarsu) yığılma, birikme, göllenme, durulma; tıkanma, durma
Staub /ştaup/ *m* toz, zerre; *bitk* çiçektozu, poyen; *ed* toprak ***mit Staub bedeckt*** toz toprak içinde, tozla kaplanmış ***sich aus dem Staub machen*** *kon* çaktır-

madan uzaklaşmak, tüymek, sıvışmak ***Staub wischen*** toz almak
Staubecken /'ştaubekın/ *n* (baraj) su toplanma bölgesi, su haznesi
stauben /'ştaubın/ *vi* toz yapmak, toz kaldırmak
stäuben /'ştoybın/ *vt* serpiştirmek, serpmek, üzerine dökmek ***es stäubt*** (toz şeklinde) her yana saçılıyor
staubig /'ştaubi**h**/ *s* tozlu, toz içinde, tozla kaplı, toz toprak
Staubsauger /'ştaupzaugır/ *m* elektrikli süpürge
Staubwolke /'ştaupvolkı/ *f* toz bulutu
stauchen /'ştau**h**ın/ *vt* vurarak boyunu kısaltıp enini artırmak, ezerek genişletmek
Staudamm /'ştaudam/ *m* bent, barajın set kısmı
Staude /'ştaudı/ *f bitk* çalı; otsul bitki
Staunen /'ştaunın/ *n* şaşkınlık, hayret
staunen /'ştaunın/ *vi* : ***über etw staunen*** (bir şeye) şaşmak, hayretler içinde kalmak ***über jdn staunen*** (birisine) şaşmak, hayretler içinde kalmak
Stauraum /'ştauraum/ *m* yığılma hacmi
Stausee /'ştauze:/ *m* baraj gölü; barajın su toplama bölümü, baraj su haznesi
Stauung /'ştauung/ *f* yığılma, birikme, toplanma
Steak /şte:k/ *n* biftek
stechen /'şte**h**ın/ *vt* sivri bir şeyle ile yaralamak; *vi* (arı, böcek) sokmak; *bitk* batmak, iğnelemek; (kumaş) batmak; göze batmak; (renk) çalmak; *den* açılmak ***die Sonne sticht*** *mec* güneş yakıyor ***ein Bild in Kupfer stechen*** bakır tabak üzerine resim oymak ***eine Karte stechen*** *isk* kâğıdı kozla veya daha yüksek kâğıtla kesmek ***in See stechen*** denize açılmak ***stechender Geruch*** geniz yakan bir koku, yakıcı koku ***stechender Schmerz*** batarcasına ağrı ***wie gestochen schreiben*** *kon* inci gibi yazısı olmak
Stechmücke /'şte**h**mükı/ *f hayb* sivrisinek
Stechpalme /'şte**h**palmı/ *f bitk* çoban püskülü
Stechuhr /'şteku:r/ *f* (işyeri) giriş-çıkış kontrol saati
Steckbrief /'ştekbri:f/ *m huk* gıyabi tutuklama emri tezkeresi;(aranan yada ünlü) bir kişinin özellikleriyle tanımlanması
Steckdose /'ştekdo:zı/ *f elek* priz
stecken /'ştekın/ *vi* bulunmak, olmak; takılı olmak, takılmış olmak; *vt bitk* ekmek, ekimini yapmak ***der Schlüssel steckt im Schloss*** anahtar kilitte takılıdır ***etw in etw stecken*** (bir şeyi bir yere) sokmak, eklemek ***Geld in etw stecken*** (bir şeyin içine) para koymak ***gesteckt voll*** *kon* ağzına kadar dolu ***jdm etw stecken*** *kon* (birisine) gizlice haber vermek ***jdn ins Gefängnis stecken*** (birisini) hapishaneye tıkmak ***mit jdm unter einer Decke stecken*** *kon* (birisiyle) danışık dövüşlü olmak ***sich ein Ziel stecken*** kendine bir hedef edinmek ***wo steckst du denn?*** *kon* nerelerdesin?
Steckenpferd /'ştekınpfert/ *n* (oyuncak) at başlı sopa; *mec* merak, hobi
Stecker /'ştekır/ *m elek* fiş
Stecknadel /'ştekna:dıl/ *f* toplu iğne
Stegreif /'şte:krayf/ *m* üzengi ***aus dem Stegreif*** *mec* doğaçlayarak, içine doğduğu gibi
stehen /'şte:ın/ *vi* ayakta durmak, dikelmek, dik durmak, dik durumda bulunmak; olmak, bulunmak; (trafik, iş) ilerlememek, durmak; iyi durmak, yakışmak, gitmek; *vt* beklemek; nöbet tutmak ***auf jdn stehen*** (birisinden) hoşlanmak ***blau steht mir am besten*** bana en iyi mavi gidiyor ***das Spiel steht 1-1*** durum 1-1 ***es steht bei ihm*** *mec* işin sonucu ona bağlı ***hinter jdm stehen*** *mec* (birisini) desteklemek, arkasında olmak ***in der Zeitung stehen*** gazetede yazılmış olmak ***leer stehen*** boş durmak ***mit jdm gut stehen*** (birisiyle) arası iyi olmak ***sich gut stehen*** *kon* iyi para kazanmak ***unter jdm stehen*** (birisinin) emrinde olmak ***unter Wasser stehen*** sular altında kalmak ***über jdm stehen*** (birisinin) amiri olmak ***wie steht die Sache?*** son durum nedir? ***wie steht's?*** ne var ne yok?
Stehimbiss /'şte:imbis/ *m* büfe
Stehlampe /'şte:lampı/ *f* ayaklı lamba
stehlen /'şte:lın/ *vt* çalmak, aşırmak, araklamak, götürmek ***jdm die Zeit stehlen*** (birisinin) vaktini çalmak
Stehplatz /'şte:plats/ *m* (toplu taşıma aracı) ayakta durma yeri; *sp* açık tribün
Stehvermögen /'şte:fermö:gın/ *n sp* dayanıklılık; dayanma durumu, dayanıklılık
steif /ştayf/ *s* dik; sert, katı; kuvvetli, güç-

lü, sert, katı; sıkı kurallı, katı; koyu, ağdalı; (giysi) kolalı, sert ***steifer Hut*** melon şapka

Steigbügel /'ştaykbü:gıl/ *m* üzengi; *hek anat* üzengi kemiği

steigen /'ştaygın/ *vi* yukarı çıkmak, yukarı tırmanmak; (fiyat, güneş, ısı, seviye vs) yükselmek; (araç) binmek; yapılmak, olmak; (korku, gerilim, heyecan) artmak, yükselmek, tırmanmak ***auf einen Berg steigen*** bir dağa tırmanmak ***aufs Pferd steigen*** ata binmek, ata atlamak ***das Fieber steigt*** *hek* ateş yükseliyor ***ins Auto steigen*** arabaya binmek ***ins Bett stegen*** yatağa girmek ***steigen in/auf*** binmek

steigend /'ştaygınt/ *s* yükselen

steigern /'ştaygırn/ *vt* (kira, fiyat, derece) artırmak, yükseltmek; *vi* artırmada bulunmak, artırmak ***Adjektive steigern*** *dilb* sıfatları derecelendirmek ***die Geschwindigkeit steigern*** hızı artırmak ***sich steigern*** artmak; yükselmek

Steigerung /'ştaygırung/ *f* artma, yükselme, çoğalma, kuvvetlenme

Steigung /'ştaygung/ *f* yokuş, rampa, çıkış; eğim

steil /ştayl/ *s* dik, sarp

Steilhang /'ştaylhang/ *m* dik yamaç, sarp yer

Steilküste /'ştayküstı/ *f* falez, yalıyar

Stein /ştayn/ *m* taş; kaya; tuğla; (tavla, okey) pul, taş; değerli taş; *hek* biy. vücut taşı; *bitk* meyve çekirdeği ***ein Herz von Stein haben*** *mec* taş kalpli olmak ***jdm Steine in den Weg legen*** *mec* (birisinin) yoluna taş koymak ***keinen Stein auf dem anderen lassen*** taş üstünde taş bırakmamak

S

steinalt /'ştayn'alt/ *s* çok yaşlı insan, çok ihtiyar insan

Steinbock /'ştaynbok/ *m hayb* dağ keçisi; *gökb* Oğlak burcu

Steinbruch /'ştaynbruh/ *m* taş ocağı

Steindruck /'ştayndruk/ *m* litografi, taş baskı; taş baskı yazı/resim

steinern /'ştaynırn/ *s* taştan, taştan yapılma; *mec* taş gibi, kaskatı, sert, (kalp) acımasız

Steingut /'ştayngu:t/ *n* topraktan yapılarak taşlaştırılmış toprak işi

steinig /'ştaynih/ *s* taşlı, çakıllı, kayalık

steinigen /'ştaynigın/ *vt* taşlayarak öldürmek, recmetmek

Steinkohle /'ştaynko:lı/ *f mad* taşkömürü

Steinmetz /'ştaynmets/ *m* taş ustası, taş kesici usta

Steinobst /'ştaynopst/ *n bitk* çekirdekli meyve

Steinpilz /'ştaynpilts/ *m bitk* taş mantarı

steinreich /ştayn'rayh/ *s mec* çok zengin

Steinschlag /'ştaynşla:k/ *m* heyelan, taş düşmesi; taş kırma, balast

Steinzeit /'ştayntsayt/ *f* yerb taş devri

Steißbein /'ştaysbayn/ *n hek* kuyruksokumu kemiği

Steißlage /'ştaysla:gı/ *f hek* doğum esnasında ceninin ters durumu

Stele /'ste:lı/ *f* stele, dikilitaş, mezartaşı, anıtaşı

Stelldichein /'ştelдihayn/ *n* buluşma, randevu ***sich ein Stelldichein geben*** buluşma için sözleşmek

Stelle /'ştelı/ *f* yer, mevki, mahal, nokta; iş, görev, çalışma; *ed* pasaj, bölüm; *mat* hane, basamak, yer ***an erster Stelle stehen*** *mec* önem olarak başı çekmek; (rütbe, makam) üstün olmak ***an Stelle von*** ... yerine ***auf der Stelle*** derhal, hemen ***auf der Stelle treten*** yerinde saymak ***die amtlichen Stellen*** resmi makamlar ***eine Stelle suchen*** bir iş aramak ***eine Zahl mit fünf Stellen*** beş haneli bir sayı ***ohne Stelle sein*** işsiz olmak ***sich um eine Stelle bewerben*** bir işe başvuruda bulunmak ***zur Stelle sein*** hazır bulunmak

stellen /'ştelın/ *vt* dik olarak koymak, dik olarak yerleştirmek; düzenlemek, bir noktaya getirmek ***Bedingungen stellen*** şartlar koşmak ***die Uhr stellen*** saati ayarlamak ***einen Zeugen stellen*** *huk* bir tanık göstermek ***Fragen stellen*** soru sormak, soru yöneltmek ***gut gestellt sein*** kazancı iyi olmak ***jdm ein Bein stellen*** (birisine) çelme takmak; *mec* engel olmak ***jdm eine Aufgabe stellen*** (birisine) bir görev vermek, ödev vermek, yapması için iş vermek ***jdn stellen*** *mec* (birisinden) hesap sormak, cevap beklemek ***jdn vor Gericht stellen*** (birisini) mahkemeye vermek ***sich krank stellen*** kendini hastaymış gibi göstermek ***sich stellen*** teslim olmak; bir araya gelmek, toplanmak ***sich zu etw stellen*** bir soruna karşı tavır almak ***Weichen stellen*** (demiryolunda) makasları çevirmek

Stellengesuch /'ştelıngızu:h/ *n* (iş) başvuru dilekçesi
Stellenmarkt /'ştelınmarkt/ *m* işçi pazarı, amele pazarı
Stellenvermittlung /'ştelınfermitlung/ *f* iş bulma aracılığı
stellenweise /'stelınvayzı/ *be* zaman zaman, yer yer, bölge bölge; orada burada
Stellenwert /'ştelınvert/ *m* *mec* önem, değer
Stellplatz /'ştelplats/ *m* *oto* (özel) park yeri
Stellung /'ştelung/ *f* durum, vaziyet, hal, ahval; konum, düzey; iş, çalışma; *ask* müstahkem mevkii ***eine Stellung suchen*** bir iş aramak ***für jdn Stellung nehmen*** *mec* (birisinin) tarafını tutmak ***soziale Stellung*** sosyal durum ***Stellung nehmen zu*** görüşünü bildirmek
Stellungnahme /'ştelungna:mı/ *f* (belli bir konuda) fikir, görüş, düşünce; tavır alma
Stellungskrieg /'ştelungskri:k/ *m* *ask* mevzi savaşı
stellvertretend /'ştelfertre:tınt/ *s* vekâlet eden, temsil eden
Stellvertreter /'ştelfertre:tır/ *m* vekil, temsilci
Stellvertretung /'ştelfertre:tung/ *f* temsilcilik, vekillik, vekâlet
Stelzbein /'şteltsbayn/ *n* *kon* takma bacak
stelzen /'şteltsın/ *vi* ayak sırıkları üzerinde yürümek
Stemmeisen /'ştemayzın/ *n* demir kalem, kalem keski
stemmen /'ştemın/ *vt* (el, kol, vs.) dayamak; (ağır bir şeyi) havaya kaldırmak; delik açmak ***Gewichte stemmen*** ağırlık kaldırmak ***sich gegen eine Sache stemmen*** *mec* (bir şeye) karşı durmak, dayatmak ***sich gegen eine Tür stemmen*** bir kapıya dayanmak
Stempel /'ştempıl/ *m* mühür, damga; iz, işaret; *mad* ocak desteği, ocak payandası; *bitk* dişi organ; *tek* pompa pistonu
Stempelgeld /'ştempılgelt/ *n* *kon* işsizlik parası
Stempelkissen /'ştempılkisın/ *n* ıstampa, mühürün mürekkeplenmesi için mürekkep kutusu
stempeln /'ştempıln/ *vt* mühürlemek, damgalamak ***jdn zum Verräter stempeln*** (birisini) hain olarak damgalamak ***zum Stempeln gehen*** *kon* işsizlik maaşı almaya gitmek
Stenotypistin /ştenotü'pistin/ *f* stenodaktilo
Steppdecke /'ştepdekı/ *f* yorgan, battaniye
Steppe /'ştepı/ *f* *bitk* bozkır, step
Sterbebett /'şterbıbet/ *n* ölüm döşeği ***auf dem Sterbebett liegen*** ölüm döşeğinde olmak
Sterbefall /'şterbıfal/ *m* ölüm, ölüm olayı
Sterbegeld /'şterbıgelt/ *n* *huk* (sigorta) ölüm parası, ölüm yardımı
Sterbehilfe /'şterbıhilfı/ *f* ötanazi
sterben /'şterbın/ *vi* ölmek, hakkın rahmetine kavuşmak, tahtalı köyü boylamak ***an Herzschlag sterben*** kalp krizinden ölmek ***eines natürlichen Todes sterben*** doğal nedenlerle ölmek ***vor Neugierde sterben*** *mec* meraktan ölmek
Sterbesakramente /'şterbızakramentı/ *pl* ölmeden önceki dini vecibeler
Sterbeurkunde /'şterbıu:rkundı/ *f* ölüm ilmühaberi
sterblich /'şterblih/ *s* ölümlü, fani, geçici ***sterblich verliebt sein*** *mec* deli gibi âşık olmak, ölümüne sevmek
Sterblichkeit /'şterplihkayt/ *f* fanilik, ölümlülük, geçicilik; (ölüm olayları sayısı
Sterblichkeitsziffer /'şterblihkaytstsifır/ *f* ölüm oranı
Stereoanlage /'ştereoanla:gı/ *f* stereo radyo, stereo kasetçalar
stereotyp /ştereo'tü:p/ *s* sabit, değişmez; *mec* basmakalıp, beylik
steril /şte'ri:l/ *s* steril, mikroptan arınmış; kısır, verimsiz; doğallığını kaybetmiş; yaratıcı olmayan
Sterilisation /şteriliza'tsyo:n/ *f* sterilize etme, mikroptan arındırma; *hek* kısırlaştırma
sterilisieren /şterili'zi:rın/ *vt* sterilize etmek, mikroplardan arındırmak; *hek* kısırlaştırmak
Sterilität /şterili'te:t/ *f* *hek* kısırlık; steril olma, mikroplardan arınmış olma; *mec* yaratıcılıktan uzak olma
Stern /ştern/ *m* ünlü kişi, star, yıldız; *gökb* yıldız, gök cismi, yıldızlar ve gezegenler; *den* gemi kıçı, pupa; kavşak, trafik kesişme noktası; (kitap) dipnot işareti; *ask* rütbe yıldızı ***neuer Stern*** *gökb* Nova
Sternbild /'şternbilt/ *n* *gökb* burç; takım-

S

yıldız
sternförmig /'şternförmih/ *s* yıldız şeklinde
Sternschnuppe /'şternşnupı/ *f* akanyıldız, ağma, şahap
Sternstunde /'şternştundı/ *f* talihli bir an
Sternwarte /'şternvartı/ *f* rasathane, gözlemevi
stetig /'şte:tih/ *s* sürekli, devamlı, daimi, mütemadi, kesintisiz
Stetigkeit /'şte:tihkayt/ *f* süreklilik, devamlılık
stets /şte:ts/ *be* daima, her zaman, her daim ***stets hilfsbereit sein*** her zaman yardımsever olmak
Steuer /'ştoyır/ *f* vergi, resim, harç; *n den* dümen; (uçak, araç) dümen; yönetim sembolü ***am Steuer sitzen*** direksiyonda oturmak ***Steuern hinterziehen*** vergi kaçırmak ***Steuern zahlen*** vergi ödemek
Steueraufkommen /'ştoyıraufkomın/ *n* hazinenin yıllık gelir vergisi tahsilatı
steuerbegünstigt /'ştoyırbıgünstiht/ *s* vergi indirimli
Steuerberater /'ştoyırbıra:tır/ *m* vergi beyanı danışmanı
Steuerbescheid /ştoyırbışayt/ *m* vergi tahakkuk belgesi
Steuererhöhung /'ştoyırerhö:ung/ *f* vergi artışı
Steuererklärung /'ştoyırerkle:rung/ *f* vergi beyanı, vergi bildirimi
Steuerermäßigung /'ştoyırırme:sigung/ *f* vergi indirimi
Steuerflucht /'ştoyırfluht/ *f* vergiden kaçma
steuerfrei /'ştoyırfray/ *s* vergisiz, vergiden muaf ***steuerfreies Einkommen*** vergiden muaf gelir
Steuerhinterziehung /'ştoyırhintırtsi:ung/ *f* vergi kaçakçılığı
Steuerklasse /'ştoyırklası/ *f* vergi katsayısı derecelendirmesi
Steuerknüppel /'ştoyırknüpıl/ *m* kumanda kolu, levye
steuerlich /'ştoyırlih/ *s* vergi ile ilgili
Steuermann /'ştoyırman/ *m den* dümenci
steuern /'ştoyırn/ *vt* (araç) kullanmak, sürmek, idare etmek, yönetmek; *vi* belli bir yöne gitmek
Steuerparadies /'ştoyırparadi:s/ *n* vergi cenneti
steuerpflichtig /'ştoyırpflihtih/ *s* vergi ödemekle yükümlü, mükellef, vergiye tâbi
Steuerung /'ştoyırung/ *f* sürme, kullanma, yönetme; dümen, direksiyon tertibatı; mücadele; *tek* ayar tertibatı
Steuerzahler /'ştoyırtsa:lır/ *m* vergi mükellefi, vergi ödemekle yükümlü kişi
Steuerzeichen /'ştoyırtsayhın/ *n* denetim karakteri, kontrol karakteri
Steward/Stewardess /'ştyu:art/'ştyu:a:rdes/ *m/f* (uçak) kabin görevlisi; *den* kamarot
Stich /ştih/ *m* (hayvan) sokma, ısırma; *hek* ani sancı; *mim* kubbe yüksekliği; gravür; dikme, dikiş tarzı; bıçaklama, bıçak ile vurma; *den* düğüm; *isk* el alma ***du hast wohl einen Stich!*** *mec* aklını mı oynattın! ***einen Stich haben*** (süt, et bozulmak, ekşimek, kesilmek ***jdn im Stich lassen*** (birisini) terk etmek, bırakmak ***tödlicher Stich*** öldürücü bir darbe
Stichelei /ştihı'lay/ *f* iğne işi, oya işi; *mec* iğneleme, kırma
sticheln /'ştihıln/ *vi* iğne ile dikiş dikmek, elişi yapmak; *mec* iğnelemek, iğneleyici sözler söylemek
stichhaltig /'ştihhaltih/ *s* (kanıt, fikir) çürütülemez, inandırıcı, reddedilemez
Stichprobe /'ştihpro:bı/ *f* rasgele örnek alma, rasgele seçerek birini alma
Stichtag /'ştihta:k/ *m* (yasa, önerge, yönetmelik) yürürlüğe giriş tarihi
Stichwahl /'ştihva:l/ *f* balotaj
Stichwort /'ştihvort/ *n* (sözlük, ansiklopedi) madde başı; *tiy* replik; (konuşma, tartışma) madde başı, hatırlatıcı açıklama ***sich etw in Stichwörtern notieren*** ana başlıkları ile not etmek
Stichwunde /'ştihvundı/ *f* bıçak (şiş vs) yarası
sticken /'ştikın/ *vt vi* iğne ile işlemek, iğne işi yapmak, nakış yapmak
Sticker /'ştikır/ *m* yapıştırma, stiker
stickig /'ştikih/ *s metr* boğucu, bunaltıcı, sıkıcı ***stickige Luft*** boğucu hava
Stickstoff /'ştikştof/ *m kim* azot; nitrojen
stieben /'şti:bın/ *vi* yayılmak, dağılmak, etrafa saçılmak
Stiefel /'şti:fıl/ *m* çizme; *kon* çizme biçimli kadeh
Stiefeltern /'şti:feltırn/ *pl* üvey ana-baba
Stiefmutter /'şti:fmutır/ *f* üvey anne
Stiefmütterchen /'şti:fmütırhın/ *n bitk*

hercaimenekşe
stiefmütterlich /'şti:fmütırlih/ *s* üvey ana gibi, ilgisiz, şefkatsiz, sevgisiz
Stiefvater /'şti:ffa:tır/ *m* üvey baba
Stiel /şti:l/ *m* sap, kol, tutacak; (kadeh) ayak, tutma yeri
Stier /şti:r/ *m hayb* boğa, erkek sığır; güç sembolü; *gökb* Boğa burcu
stieren /'şti:rın/ *vi* gözlerini dikerek bakmak, dik dik bakmak ***auf jdn stieren*** (birisine) dik dik bakmak, gözlerini dikerek bakmak
Stierkampf /'şti:rkampf/ *m* boğa güreşi
Stift /ştift/ *m* başsız çivi; düz kısa çubuk; *tek* pim; *kon* çırak, yardımcı; *kon* kurşunkalem; *n* vakıf, hayır kurumu, vakıf; kız yetiştirme yurdu; huzurevi; manastır
stiften /'ştiftın/ *vt* armağan etmek, hediye etmek; bağışlamak, vakfetmek, vakıf olarak kurmak; manastır kurmak, kilise kurmak ***Brand stiften*** yangın çıkarmak ***eine Runde Bier stiften*** *kon* herkese birer bira ısmarlamak ***einen Preis stiften*** bir ödül vermek ***Zank stiften*** ortalığı karıştırmak
Stifter /'ştiftır/ *m* hayırsever, hayır sahibi; kurucu, vakıf kurucusu
Stiftung /'ştiftung/ *f* vakıf, hayrat, hayır kurumu; armağan etme, hediye etme; kurma, vakıf kurma
Stiftzahn /'ştifttsa:n/ *m* takma diş
Stil /şti:l/ *m* stil, üslup, biçim, biçem, tarz, usul; *ed* (yazar, şair) yazım tarzı, yazış biçimi, üslubu; *sp* performans, teknik ***flüssiger Stil*** akıcı bir üslup
Stilblüte /'şti:lblü:tı/ *f* komik ifade, gülünç ifade; istemeden yapılan ifade bozukluğu
Stilbruch /'şti:lbruh/ *m* üslup kayması
stilgerecht /'sti:lgıreht/ *s* üslubu doğru, belli bir üsluba uygun
stilisieren /ştili'zi:rın/ *vt* üsluba uygun şekilde biçimlendirmek; (sanat) stilize etmek, basitleştirmek
Stilist /şti'list/ *m* stilist; üslupçu
stilistisch /şti'listiş/ *s* anlatım bakımından, üslup açısından
still /ştil/ *s* sessiz, suskun, sakin; gizli; içten, içinden; el altından, gizlice, sessizce ***der stille Ozean*** Pasifik Okyanusu ***die stille Nacht*** Noel akşamı ***die stille Woche*** paskalyadan önceki matem haftası ***ein stiller Ort*** huzurlu bir yer, sakin bir yer ***ein stilles Gebet*** içten okunan dua ***ein stilles Örtchen*** *kon* tuvalet ***im stillen*** içinden ***schweig still!*** sesini çıkarma! ***sei still!*** sus!, sessiz ol! ***stille Liebe*** gizli aşk
Stille /'ştilı/ *f* sükûnet, sessizlik; huzur, rahat; *metr* durgunluk; *tic* durgunluk, kesatlık ***in aller Stille*** sessizce, gizlice
stillen /'ştilın/ *vt* (acı, açlık, susuzluk) gidermek, durdurmak; durdurmak, önlemek ***Blut stillen*** *hek* kanı durdurmak ***einen Säugling stillen*** bebeği emzirmek
stillhalten /'ştilhaltın/ *trvi* durgun kalmak, hareket etmemek
stillos /'şti:llo:s/ *s* üslupsuz, stilsiz; zevksiz, çirkin; uygunsuz
Stillschweigen /'ştilşvaygın/ *n* sessizlik, sükût; ağzı sıkılık, ketumluk
stillschweigend /'ştilşvaygınt/ *s mec* gizli, kapalı, saklı, *huk* zımni
Stillstand /'ştilştant/ *m* ara, durma, mola ***etw zum Stillstand bringen*** (bir şeyi) durdurmak, stop ettirmek
stillstehen /'ştilşte:ın/ *trvi* durmak, stop etmek, hareket etmemek ***stillgestanden!*** *ask* hazır ol!
Stillzeit /'ştiltsayt/ *f* emzirme zamanı
stilvoll /'şti:lfol/ *s* uyumlu bir şekilde, zevkli bir şekilde, şık bir biçimde, zarif bir biçimde
Stimmabgabe /'ştimapga:bı/ *f* oy verme
Stimmband /'ştimbant/ *n anat* ses telleri
stimmberechtigt /'ştimbırehtiht/ *s* oy verme hakkına sahip, oy verme yaşına ermiş
Stimmbruch /'ştimbruh/ *m biy* erkek çocuklarda ses kalınlaşması
Stimme /'ştimı/ *f* ses, seda; oy, rey ***eine leise Stimme*** yavaş bir ses ***jdn an der Stimme erkennen*** (birisini) sesinden tanımak ***seine Stimme angeben*** *pol* oy vermek, oy kullanmak ***sich der Stimme enthalten*** *pol* çekimser kalmak
stimmen /'ştimın/ *vi* oy kullanmak, oy vermek; uymak, riayet etmek; *müz* akort etmek ***bei dir stimmt's wohl nicht!*** *kon* kafanda bir tahtan eksik galiba! ***ein Instrument stimmen*** (müzik aletini akort etmek ***es stimmt!*** doğru! ***für jdn stimmen*** (birisi lehine) oy kullanmak ***gegen etw stimmen*** aleyhte oy vermek ***jdn fröhlich stimmen*** (birisini) neşelendirmek ***stimmt schon!*** üstü kalsın! ***zu etw stimmen*** (bir şeye) uymak

S

Stimmenmehrheit /'ştimınme:rhayt/ *f* oy çoğunluğu
Stimmenthaltung /'ştimenthaltung/ *f* oy vermeme, oylamaya katılmama
Stimmgabel /'ştimga:bıl/ *f müz* diyapazon
stimmhaft /'ştimhaft/ *s dilb* titreşimli, ötümlü ***stimmhafte Laute*** bütün ünlüler ile "b, d, g, l, m, n, r, v, w" ünsüzleri
Stimmlage /'ştimla:gı/ *f müz* registre, ses genişliği
stimmlich /'ştimlih/ *s* sesle ilgili, ses açısından, ses bakımından
Stimmrecht /'ştimreht/ *n* oy hakkı, oy verme hakkı, oy kullanma hakkı
Stimmung /'ştimung/ *f* ruh hali, hava; *müz* akort, düzen, ahenk ***frohe Stimmung*** neşelilik ***guter Stimmung sein*** keyfi yerinde olmak, havasında olmak ***in Stimmung kommen*** keyfini bulmak, havasını bulmak
Stimmzettel /'ştimtsetıl/ *m* oy pusulası ***ungültiger Stimmzettel*** geçersiz oy pusulası
Stinkbombe /'ştinkbombı/ *f* şaka için kullanılan pis koku bombası
stinken /'ştinkın/ *vi* pis kokmak, kötü kokmak ***es stinkt zum Himmel*** *mec* böylesi görülmemiştir! ***hier stinkt es!*** *mec* pis bir iş kokusu var!, burnuma pis kokular geliyor! ***nach Alkohol stinken*** içki kokmak
Stipendiat /ştipen'dya:t/ *m* bursiyer, burs alan öğrenci
Stipendium /şti'pendyum/ *n* burs, öğrenim yardımı
stippen /'ştipın/ *vt kon* bandırmak, daldırmak, batırmak ***Brot in Suppe stippen*** ekmeği çorbaya bandırmak
Stippvisite /'ştipvizi:tı/ *f kon* kapıdan uğrama, çok kısa ziyaret
Stirn /ştirn/ *f anat* alın; önyüz, ön cephe, ön taraf ***die Stirn runzeln*** kaşlarını çatmak
Stirnband /'ştirnbant/ *n* alınlık, diyadem
Stirnhöhle /'ştirnhö:lı/ *f hek* sinüs, alın boşluğu
Stirnrunzeln /'ştirnruntsıln/ *n* kaşlarını çatma
stöbern /'ştö:bırn/ *vi* (kar) *metr* rüzgârda uçuşmak; *hayb* (av köpeği) arayarak avı bulmak ***es stöbert*** *metr* tipi var ***nach etw stöbern*** *mec* etrafı darmadağın ederek bir şey aramak
stochern /'ştohırn/ *vt* karıştırmak, karıştırarak aramak, eşelemek ***in den Zähnen stochern*** dişlerini kürdanla karıştırmak
Stock /ştok/ *m* değnek, sopa; baston, asa; koltuk değneği; kütük; sırık, çubuk; (bina) kat; *hayb* arı kovanı; *coğ* masif, dağ kütlesi; *tic* stok
stockdunkel /ştok'dunkıl/ *s* zifiri karanlık
Stöckelschuh /'ştökılşu:/ *m* ince ve yüksek topuklu ayakkabı
stocken /'ştokın/ *vi* durmak, durup kalmak, duralamak ***es stockt*** küf lekeleri oluşuyor ***mitten im Sprechen stocken*** konuşmanın tam ortasında duralamak ***stockend reden*** dura dura konuşmak, ık mık ederek konuşmak
stockend /'ştokınt/ *s* (ses) tutuk
Stockfleck /'ştokflek/ *m* (kumaş) küf lekesi
Stockwerk /'ştokverk/ *n* bina katı
Stoff /ştof/ *m* madde, özdek; konu; kumaş, dokuma; malzeme; kütle; *kon* bira, şarap; henüz şekillenmemiş şey; *kon* uyuşturucu ***gestreifter Stoff*** teks çizgili kumaş ***Stoff sammeln*** (araştırma amaçlı) malzeme toplamak, bilgi toplamak
Stoffballen /'ştofbalın/ *m* kumaş topu
stofflich /'ştoflih/ *s* maddi, somut, fiziki, materyal, maddesel, maddeden, özdeksel; konuyla ilgili, içerikle ilgili ***stoffliche Veränderung*** maddesel değişme
Stofftier /'ştofti:r/ *n* bez hayvan
Stoffwechsel /'ştofveksıl/ *m biy* metabolizma
stöhnen /'ştö:nın/ *vi* ah çekmek, inlemek, içini çekmek, yakınmak ***vor Schmerz stöhnen*** acıdan inlemek
stoisch /'şto:iş/ *s* heyecana kapılmaz, soğukkanlı
Stollen /'ştolın/ *m mad* galeri; *hayb* nal kayarı, nal çivisi; (dolap, sehpa) ayak; *ask* düşman siperine açılan yeraltı yolu; Noel keki
stolpern /'ştolpırn/ *vi* sendelemek, tökezlemek, takılmak; kafası takılmak
Stolz /stolts/ *m* gurur, kibir; kendine güven, özgüven; büyüklük, azamet
stolz /ştolts/ *s* gururlu, kibirli; kendine güveni tam, öz güvenli; heybetli, muhteşem, olağanüstü; mağrur, zafer kazanmış edalı, kibirli; *mec* yüksek, büyük, çok ***stolzer Preis*** yüksek fiyat
stolzieren /ştol'tsi:rın/ *vi* gururla dolaş-

mak; kibirli halde dolanmak
stopfen /'ştopfın/ *vt* tıkamak, doldurmak, içine bastırmak, tıkıştırmak; (giysi kaçığı) örerek tamir etmek; çarçabuk yemek; *vi hek* kabız yapmak, kabızlık vermek; hızlı hızlı ağza bir şeyler atıştırmak ***ein Loch stopfen*** *mec* eksik bir şeyi gidermek ***gestopft voll*** *kon* ağzına kadar dolu ***in die Ohren Watte stopfen*** kulaklarına pamuk tıkamak ***stopfende Arznei*** ishali durdurucu ilaç ***Wurst stopfen*** sucuk yapmak, sucuk doldurmak
Stoppel /'ştopıl/ *f* ekin anızı; ciltteki tüyler
Stoppelbart /'ştopılba:rt/ *m* yüzdeki sakallar; mec. kirli sakal
stoppelig /'ştopılih/ *s* (yüz) tıraş olmamış
stoppen /'ştopın/ *vt* durdurmak; *vi* durmak, stop etmek ***Laufzeit stoppen*** koşu derecesini kronometre ile ölçmek
Stoppschild /'ştopşilt/ *n oto* dur levhası
Stoppuhr /'ştopu:r/ *f* kronometre
Stöpsel /'ştöpzıl/ *m* şişe mantarı, tıkaç; *elek* fiş; *kon* yumurcak, bacaksız
Stör /ştö:r/ *m hayb* mersin balığı
störanfällig /'ştö:ranfelih/ *s tek elek* çabuk arızalanan
Storch /ştorh/ *m hayb* leylek
Store /şto:r/ *m* tül perde; mağaza, dükkân; depo, ambar
stören /'ştö:rın/ *vt* rahatsız etmek, engel olmak, mani olmak ***darf ich Sie einen Augenblick stören!*** Sizi bir dakika rahatsız edebilir miyim! ***die Leitung ist gestört*** (telefon, şebeke) hat kesik ***geistig gestört sein*** zihinsel özürlü olmak ***lassen Sie sich nicht stören!*** rahatsız olmayın! ***sich an etw stören*** (bir şeyden) rahatsız olmak
störend /'ştö:rınt/ *s* nahoş, sıkıntı veren
Störenfried /'ştö:rınfri:t/ *m* rahatsız edici kişi, ara bozucu kişi
Störfaktor /'ştö:rfaktor/ *m* arıza sebebi; *mec* aksatan
Störfall /'ştö:rfal/ *m tek* arıza
Stornierung /ştor'ni:rung/ *f* iptal
Storno /'ştorno/ *n* düzeltme, tashih etme; silme; siparişi iptal etme
störrisch /'ştöriş/ *s* dik kafalı, inatçı; laf anlamaz, söz dinlemez
Störung /'ştö:rung/ *f* rahatsız etme, taciz; huzurunu bozma, canını sıkma; (radyo) parazit; arıza, bozukluk
Stoß /şto:s/ *m* çarpma; yığın, küme, istif; şiddetli hareket, darbe; *mad* galeri yan duvarı ***ein Stoß Briefe*** bir yığın mektup
Stoßdämpfer /'şto:sdempfır/ *m oto* amortisör
stoßen /'şto:sın/ *vt* dürtmek, itmek; *vi* sarsmak; (keçi) tos vurmak; (iki farklı yer) bitişik olmak ***auf Schwierigkeiten stoßen*** güçlüklerle karşılaşmak ***er hat sie gestoßen*** o kızla cinsel birleşmede bulundu ***gegen etw stoßen*** (bir şeye) çarpmak ***gestoßener Zucker*** ufalanmış şeker ***jdn in den Wasser stoßen*** (birisini) suya atmak ***sich an den Kopf stoßen*** kafasını bir yere çarpmak ***sich an etw stoßen*** (bir şeyden) rahatsızlık duymak ***sich stoßen*** çarpmak, vurmak ***sich stoßen an etw*** (bir şeye) çarpmak, toslamak; uygunsuz bulmak ***stoßen an etw*** yanında bulunmak, bitişik olmak ***stoßen auf jdn/etw*** rastlamak ***zu jdm stoßen*** (birisiyle) bir araya gelmek
stoßfest /'şto:sfest/ *s* sarsıntıya dayanır, darbeye dayanır
Stoßgebet /'şto:sgıbe:t/ *n* kısa ve heyecanlı dua
Stoßseufzer /'şto:szoyftsır/ *m* iç çekme, içini çekme, iç geçirme
Stoßstange /'şto:sştangı/ *f oto* tampon
Stoßverkehr /'şto:sferke:r/ *m* trafiğin yoğun olduğu saatler
Stoßzahn /'şto:stsa:n/ *m hayb* (fil) çok gelişmiş üst çene dişi
Strafanstalt /'ştra:fanştalt/ *f* hapispahe, mapus, cezaevi
Strafanzeige /'ştra:fantsaygı/ *f huk* suç duyurusu
Strafarbeit /'ştra:farbayt/ *f* (öğrenci) ceza ödevi
strafbar /'ştra:fba:r/ *s huk* cezalandırılmayı gerektiren, cezayı gerektiren ***sich strafbar machen*** *huk* suç işlemek
Strafbefehl /'ştra:fbıfe:l/ *m huk* para veya üç aya kadar hapis cezası
Strafe /'ştra:fı/ *f* ceza, cezalandırma
strafen /'ştra:fın/ *vt* cezalandırmak ***jdn mit Worten strafen*** (birisini) şiddetle azarlamak
Straferlass /'ştra:ferlas/ *m huk* cezanın affı, cezanın affedilmesi ***Straferlass gewähren*** cezayı affetmek, cezayı bağışlamak
straff /ştraf/ *s* (eğitim, kural) sıkı, katı, sert; (ip) gergin; (üslup) kısa, özlü, veciz

der Gürtel sitzt straff kemer çok sıkıyor
straffällig /'ştra:ffelih/ *s* cezayı hak eden, suçlu
straffen /'ştrafın/ *vt* germek, çekmek, çekiştirmek ***sich straffen*** gerilmek; gerinmek
Straffreiheit /'ştra:ffrayhayt/ *f huk* cezadan muafiyet, cezasızlık
Strafgefangene(r) /'ştrafgıfangını(r)/ *f/m* hükümlü, mahkûm
Strafgesetz /'ştra:fgızets/ *n* ceza yasası, ceza kanunu
Strafgesetzbuch /'ştra:fgızetsbu:h/ *n huk* Ceza Kanunu
Straflager /'ştra:fla:gır/ *n* ceza kampı
sträflich /'ştre:flih/ *s* cezayı gerektiren, ceza gerektirici; sorumsuz; affedilmez
Sträfling /'ştre:fling/ *m* hükümlü, mahkûm
straflos /'stra:flo:s/ *s* ceza görmeden, ceza yemeden; cezasız
Strafmaß /'ştra:fma:s/ *n* ceza ölçüsü, ceza yüksekliği
strafmildernd /'ştra:fmildırnt/ *s* hafifletici, cezayı hafifletici
Strafporto /'ştra:fporto/ *n* eksik pul cezası
Strafpredigt /'ştra:fprediht/ *f kon* fırçalama, şiddetli azarlama, paylama
Strafprozess /'ştra:fprotses/ *m huk* ceza davası
Strafraum /'ştra:fraum/ *m sp* ceza alanı
Strafrecht /'ştra:freht/ *n huk* ceza hukuku
strafrechtlich /'ştra:frehtlih/ *s* cezai, cezayı gerektirici
Strafstoß /'ştra:fşto:s/ *m sp* (futbol) ceza vuruşu, ceza atışı, penaltı vuruşu
Straftat /'ştra:şta:t/ *f huk* suç, cürüm
Strafverfahren /'ştra:fferfa:rın/ *n huk* ceza davası
Strafvollzug /'ştra:ffoltsu:k/ *m huk* cezanın infazı
Strafzettel /'ştra:ftsetıl/ *m* ceza pusulası, ceza kağıdı
Strahl /ştra:l/ *m fiz* ışın, ışınım; *mat* vektör, doğru çizgi; *fiz* enerji akımı demeti; *kon* şimşek, yıldırım ***die Strahlen der Sonne*** güneş ışınları
Strahlenbehandlung /'ştra:lınbıhandlung/ *f hek* radyoterapi, ışın tedavisi
Strahlenbelastung /'ştra:lınbılastung/ *f* radyasyon dozu
strahlenförmig /'ştra:lınförmih/ *s* yelpaze görünümünde ışın
Strahlenkrankheit /'ştra:lınkrankhayt/ *f* radyasyon hastalığı
strahlenverseucht /'ştra:lınferzoyht/ *s* eko radyoaktif kirlenmeye uğramış, kontamine
Strahler /'ştra:lır/ *m* ışın yayıcı, ışın yayan madde
Strahlung /'ştra:lung/ *f* ışıma, ışınım, radyasyon, enerji yayımı
Strähne /'ştre:nı/ *f* yumak, çile; saç lülesi, perçem, tutam
strähnig /'ştre:nih/ *s* perçemli, lüleli
stramm /ştram/ *s* sıkı, gergin; yorucu; sağlam, güçlü, dinç ***ein strammer Soldat*** çakı gibi bir asker ***stramme Haltung annehmen*** *ask* hazır ol durumuna geçmek
strampeln /'ştrampıln/ *vi* tepinmek; pedal çevirmek
Strand /ştrant/ *m* sahil, kıyı, plaj, kumsal ***am Strand liegen*** plajda güneşlenmek
stranden /'ştrandın/ *vi den* karaya oturmak; *mec* başarısızlığa uğramak, muvaffak olamamak, amacına ulaşamamak
Strandkorb /'ştrantkorp/ *m* nasırdan plaj koltuğu
Strang /ştrang/ *m* ip, kement, halat; *mec* idam; *hayb* (at) koşum kayışı; demet; yumak, çile; uzun ve yekpare parça ***über die Stränge hauen*** *mec* gemi azıya almak ***über die Stränge schlagen*** azmak, ipini kırmak
strangulieren /ştrangu'li:rın/ *vt* asarak idam etmek; boğmak
Strapaze /ştra'patsı/ *f* zahmet, meşakkat, büyük zorluk, sıkıntı ***Strapazen auf sich nehmen*** zahmetlere katlanmak, sıkıntılara katlanmak
strapazieren /ştrapa'tsi:rın/ *vt* yıpratmak, kullanarak yıpratmak; yormak, sıkıntı çektirmek, zahmet ettirmek, meşakkat çektirmek
strapazierfähig /ştrapa'tsi:rfe:ih/ *s* (kumaş) dayanıklı, sağlam
strapaziös /ştrapa'tsyö:s/ *s* yorucu, zahmetli, sıkıntı verici, meşakkatli
Straße /'ştra:sı/ *f* cadde, sokak; şehirlerarası yol; *coğ* boğaz ***auf die Straße gehen*** *mec* fahişelik olmak ***auf der Straße liegen*** evsiz barksız olmak, sokaklarda yatmak ***Verkauf über die Straße*** evlere servis, paket servis
Straßenarbeiten /'ştra:sınarbaytın/ *pl* yol

S

çalışmaları
Straßenbahn /'ştra:sınba:n/ *f* tramvay
Straßenbau /'ştra:sınbau/ *m* yol yapısı
Straßenbeleuchtung /'ştra:sınbıloyhtung/ *f* yolların aydınlatılması, sokak ışıklandırma
Straßencafé /'ştra:sınkafe:/ *n* kaldırım kahvesi
Straßengraben /'ştra:sıngra:bın/ *m* yol kenar hendeği
Straßenlärm /'ştra:sınlerm/ *m* yol gürültüsü
Straßennetz /'ştra:sınnets/ *n* karayolu ağı
Straßenverhältnisse /'ştra:sınferheltnisı/ *pl* yol durumu
Straßenverkehr /'ştra:sınferke:r/ *m* trafik
Straßenverkehrsordnung /'ştra:sınferke:rsordnung/ *f* trafik yönetmeliği
Strategie /ştrate'gi:/ *f* akıllıca plan, kurnazca plan; hile, numara; taktik, yöntem, strateji; savaş yürütme sanatı
strategisch /ştra'te:giş/ *s* stratejik
sträuben /'ştroybın/ *vr* direnmek, karşı koymak
Strauch /ştrauh/ *m bitk* bodur bitki, küçük ağaç; *kon* fundalık
Strauß /ştraus/ *m hayb* devekuşu; çiçek demeti, buket
Streber /'ştre:bır/ *m* (alaysı) hırslı, haris
strebsam /'ştre:pzam/ *s* azimli, çalışkan, çok gayretli
Strecke /'ştrekı/ *f* mesafe, ara, uzaklık; *sp* etap; (demiryolunda) hat; doğru parçası ***auf der Strecke bleiben*** yolda kalmak ***jdn zur Strecke bringen*** mec.(birisini) yenmek, yola getirmek ***Strecke ansetzen*** galeriye başlamak, lağıma başlamak
strecken /'ştrekın/ *vt* germek, uzatmak, çekmek ***der Weg streckt sich*** yol uzuyor ***die Waffen strecken*** silahları teslim ederek teslim olmak ***gestreckter Winkel*** *mat* 180 derecelik açı ***jdn zu Boden strecken*** (birisini) yere sermek ***sich strecken*** uzanmak
Streich /ştrayh/ *m* vuruş, darbe; kılıç darbesi; *mec* aptallık, budalalık, sersemlik; şaka, oyun, numara, muziplik ***jdm eine Streich spielen*** (birisine) oyun oynamak
streicheln /'ştrayhıln/ *vt* okşamak ***jds Haar streicheln*** (birisinin) saçlarını okşamak
streichen /'ştrayhın/ *vt* boyamak; üzerine sürmek; silmek, iptal etmek, çizmek; indirmek, aşağı indirmek; elleriyle ovalamak, ellerini bir şeyin üzerine sürmek; *vi* (el) bir şeyin üzerinde gezdirmek; (rüzgâr) esmek ***den Namen aus dem Verzeichnis streichen*** ismi listeden silmek ***die Geige streichen*** keman çalmak ***durch etw streichen*** (bir yerde) gezinmek ***frisch gestrichen*** yeni boyanmış ***sich Honig aufs Brot streichen*** ekmeğe bal sürmek
Streichholz /'ştrayhholts/ *n* kibrit
Streichholzschachtel /'ştrayhholtsşahtıl/ *f* kibrit kutusı
Streichkäse /'ştrayhke:zı/ *m* yumuşak peynir, krem peynir
Streife /'ştrayfı/ *f ask* devriye
Streifen /'ştrayfın/ *m* şerit, bant; uzun ince arazi parçası; *kon* film
Streifenwagen /'ştrayfınva:gın/ *m* devriye arabası
Streiflicht /'ştrayfliht/ *n* ışık huzmesi; *mec* kısaca ışık tutma
Streifzug /'ştrayftsu:k/ *m* keşif gezisi; (bir yere) göz atma
Streik /ştrayk/ *m* grev ***in Streik treten*** grev yapmak
Streikbrecher /'ştraykbrehır/ *m* grev kırıcı
streiken /'ştraykın/ *vi* grev yapmak, işi bırakmak; *kon* (cihaz) çalışmamak, iş görmemek
Streikposten /'ştraykpostın/ *m* grev gözcüsü
Streit /ştrayt/ *m* kavga, nizah, tartışma; dava, mahkeme konusu ***mit jdm in Streit geraten*** (birisi ile) kavgaya girişmek
streitbar /'ştraytba:r/ *s* kavgacı, tartışmacı; savaşçı; cesur, yiğit
streiten /'ştraytın/ *vi* savaşmak, mücadele etmek, çarpışmak; kavga etmek, dövüşmek ***sich mit jdm streiten*** (birisiyle) kavga etmek
Streitfrage /'ştraytfra:gı/ *f* tartışma konusu
Streitgespräch /'ştraytgışpre:h/ *n* (sözlü) tartışma; tartışma biçimli öğretici nesir veya şiir
Streitkräfte /'ştraytkreftı/ *pl* silahlı kuvvetler
streitlustig /'ştraytlustih/ *s* kavgayı seven, dövüşmeyi seven
streitsüchtig /'ştraytzühtih/ *s* kavga ara-

yan, dalaş arayan
Streitwert /'ştraytvert/ *m huk* davanın maddi değeri
streng /ştreng/ *s* sert, katı, haşin, gaddar, şiddetli; (surat) ciddi; (söz) kırıcı; (soğuk, koku) ısırıcı, keskin; (tat, lezzet) keskin, acı, ekşi; (kural) sıkı, uyulması gereken, katı ***das ist strengstens verboten!*** bu, kesinlikle yasaktır! ***strenge Diät*** sıkı perhiz ***strenge Maßnahmen*** katı tedbirler
Strenge /'ştrengı/ *f* katılık, sertlik; gaddarlık, acımasızlık; vakurluk, ciddiyet; acılık, ekşilik; perhiz
strenggläubig /'ştrenggloybi**h**/ *s* sofu, koyu dindar
Stress /ştres/ *m hek* stres, sıkıntı
Streu /ştroy/ *f* hayvan yataklığı
streuen /'ştroyın/ *vt* saçmak, serpmek, dağıtmak; *vi* değerden sapmak, değerden ayrılmak ***den Hühnern Körner streuen*** tavuklara yem atmak
Streuung /'ştroyung/ *f* (üzerine) serpme, saçma, dökme; *fiz* saçılım; düzenli dağılım
Strich /ştri**h**/ *m* çizgi çekme, çizik atma, fırça atma; hat, çizgi; bölge, çevre, diyar; saç yönü; *den* pusula kertesi; *hayb* kuşların göçüşü ***einen Strich machen*** çizgi çekmek, çizmek ***auf den Strich gehen*** fahişelik yapmak ***jdn auf dem Strich haben*** *kon* (birisinden) hoşlanmamak ***nach Strich und Faden*** *mec* adamakıllı
Strichpunkt /'ştri**h**punkt/ *m dilb* noktalı virgül
Strichregen /'ştri**h**re:gın/ *m* kısmen yağan yağmur, yer yer yağan yağmur
strichweise /'ştri**h**vayzı/ *be* yer yer, sadece bazı bölgelerde, kısmen
Strick /ştrik/ *m* ip, kalın sicim, ince halat; örme işi, trikotaj; *kon* afacan, yaramaz, haylaz ***zum Strick greifen*** intihar etmek
stricken /'ştrikın/ *vt vi* örgü örmek, şiş işlemek ***Maschinen gestrickt*** makinede örülmüş
Strickjacke /'ştrikyakı/ *f* örgü hırka
Strickkleid /'ştrikklayt/ *n* örme elbise
Strickleiter /'ştriklaytır/ *f* ip merdiven
Stricknadel /'ştrikna:dıl/ *f* şiş, örgü şişi
Strickwaren /'ştrikva:rın/ *pl* trikotaj, örme eşya, örgü eşya
Strickzeug /'ştriktsoyk/ *n* örülen şey
Striemen /'ştri:mın/ *m* kamçı izi; deride darp izi
strikt /ştrikt/ *s* kesin, kati; titiz, müşkülpesent ***ein strikter Befehl*** kesin emir ***es ist strikt verboten!*** kesinlikle yasaktır!
Strippe /'ştripı/ *f* ip, sicim, urgan; bağcık, ayakkabı bağı; *kon* telefon bağlantısı
strittig /'ştriti**h**/ *s* müzakereli, tartışmalı; şüpheli, kesin olmayan, net olmayan
Stroh /ştro:/ *n bitk* saman, kuru ot; *bitk* buğday kabuğu
Strohdach /'ştro:da**h**/ *n* ot kaplı dam
Strohhalm /'ştro:**h**alm/ *m* saman çöpü; pipet, kamış
Strohhut /'ştro:**h**u:t/ *m* hasır şapka
Strohmann /'ştro:man/ *m* tarla korkuluğu; *mec* kullanılan kişi, maşa kişi, oyuncak kişi
Strohwitwe /'ştro:vitvı/ *f kon* kocası başka yerde olan kadın
Strom /ştro:m/ *m* nehir, büyük ırmak; *elek* akım, cereyan; akıntı, hareket, cereyan ***es regnet in Strömen*** bardaktan boşanırcasına yağmur yağıyor ***gegen den Strom schwimmen*** akıntıya karşı yüzmek
Stromabnehmer /'ştro:mapne:mır/ *m* havai elektrik hattı; elektrik abonesi
Stromausfall /'ştro:mausfal/ *m* elektrik kesintisi
strömen /'ştrö:mın/ *vi* şakır şakır akmak ***strömender Regen*** bardaktan boşanırcasına yağan yağmur
Stromkreis /'ştro:mkrays/ *m elek* elektrik devresi
stromlinienförmig /'ştro:mli:nyınförmi**h**/ *s* akış çizgili, aerodinamik yapılı
Stromrechnung /'ştro:mre**h**nung/ *f* elektrik faturası
Strömung /'ştrö:mung/ *f* akıntı, cereyan; akış hareketi; *kon* eğilim, fikir hareketi ***eine revolutionäre Strömung*** devrimci bir hareket
Stromverbrauch /'ştro:mferbrau**h**/ *m* elektrik tüketimi, elektrik sarfiyatı
Stromzähler /'stro:mtse:lır/ *m* elektrik sayacı
Strontium /'ştrontsyum/ *n kim* stronsiyum
Strophe /'ştro:fı/ *m ed* kıta, dörtlük
strotzen /'ştotsın/ *vi* dolu dolu olmak
Strudel /'ştru:dıl/ *m* girdap, anafor, burgaç, çevri; bir tür börek
Struktur /ştruk'tu:r/ *f* yapı, strüktür; iç yapı, iç düzen

S

strukturell /ştruktu'rel/ *s* yapısal, strüktüral; yapı ile ilgili, yapılış ile ilgili
strukturieren /ştruktu'ri:rın/ *vt* yapısını belirlemek; yapıyı incelemek
Strukturkrise /ştruk'tu:rkrizı/ *f pol* yapısal rahatsızlık
strukturschwach /ştruk'tu:rşvah/ *s pol* (bölge) azgelişmiş
Strumpf /ştrumpf/ *m* çorap; gaz lambası gömleği
Strumpfband /'ştrumpfbant/ *n* jartiyer
Strumpfhose /'ştrumpfho:zı/ *f* külotlu çorap
struppig /'ştrupih/ *s* (saç) karmakarışık, bakımsız, dağınık
Struwwelpeter /'ştruvılpe:tır/ *m kon* saçı başı darmadağınık çocuk
Stube /'ştu:bı/ *f* oda; koğuş, yatakhane
Stubenarrest /'ştu:bınarest/ *m* oda hapsi
Stubenhocker /'ştu:bınhokır/ *m kon* evden çıkmayan, kül kedisi
Stück /ştük/ *n* parça; adet, tane; alıntı bölüm, paragraf; madeni para, metal para; nesne, şey; hareket, eylem, fiil; (sanat, tiyatro) eser, parça; *tic* değerli kâğıt; *kon* kadın ***aus freien Stücken*** kendi isteğiyle, gönüllü olarak ***ein Stück Kuchen*** bir parça pasta ***ein Stück Papier*** bir parça kâğıt ***ein Stück von Kafka*** Kafka'nın bir eseri ***im Stück verkaufen*** bütün olarak satmak ***in Stücke gehen*** parçalanmak, parça parça olmak ***in Stücke schlagen*** parçalamak, parça parça etmek ***jede Stück für 3 Euro*** ne alırsan tanesi 3 Euro ***zwei Stück Eier*** iki adet yumurta
Stücklohn /'ştüklo:n/ *m* parça başı ödenen ücret
Stückzahl /'ştüktsa:l/ *f* adet, miktar, parça sayısı
Student /ştu'dent/ *m* üniversite öğrencisi, yüksek öğrenim öğrencisi
Studentenausweis /ştu'dentınausvays/ *m* öğrenci kimliği
Studentenheim /ştu'dentınhaym/ *n* öğrenci yurdu
Studentenverbindung /ştu'dentınferbindung/ *f* öğrenci birliği
Studentenwohnheim /ştu'dentınvo:nhaym/ *n* öğrenci yurdu
studentisch /ştu'dentiş/ *s* öğrencilerle ilgili, öğrencilere ait
Studie /'ştu:dyı/ *f* bilimsel inceleme, bilimsel araştırma; taslak, tasarım; ön araştırma
Studienplatz /'ştu:dyınplats/ *m* üniversite adayının amaçladığı imkân
Studienrat /'ştu:dyınra:t/ *m* lise öğretmeni
studieren /ştu'di:rın/ *vi* üniversitede okumak, üniversitede öğrenim görmek; bilimsel araştırma yapmak; *vi* üniversitede öğrenmek; iyice incelemek, derinlemesine araştırmak ***studierte Frau*** *kon* üniversite mezunu kadın
Studierzimmer /ştu'di:rtsimır/ *n* çalışma odası
Studio /'ştu:dyo/ *n* stüdyo; sanatsal çalışma mekânı, stüdyo
Studium /'ştu:dyum/ *n* yüksek öğrenim, üniversite eğitimi; bilimsel inceleme, bilimsel araştırma ***ein Studium beginnen*** (bir alanda) yüksek öğrenime başlamak
Stufe /'ştu:fı/ *f* kademe, aşama, derece; basamak; *yerb* katmanlı kayaç, kat; *mad* filizli kayaç ***Vorsicht Stufe!*** Dikkat, basamak!
Stufenleiter /'ştu:fınlaytır/ *f* el merdiveni; *mec* gelişim aşamaları
stufenlos /'ştu:fınlo:s/ *s* kademesiz, basamaksız
stufenweise /'ştu:fınvayzı/ *be* derece derece, yavaş yavaş, basamak basamak
stufig /'ştu:fih/ *s* basamaklı
Stuhl /ştu:l/ *m* sandalye, iskemle; *mec* makam; güç, iktidar; büyük aptes, büyük tuvalet ***harter Stuhl*** kabızlık ***weicher Stuhl*** ishal
Stuhlbein /'ştu:lbayn/ *n* sandalye bacağı, sandalye ayağı
Stuhlgang /'ştu:lgang/ *m* hacet, büyük aptes, dışarı çıkma
Stukkateur /ştuka'tö:r/ *m* kartonpiyer ustası
stülpen /'ştülpın/ *vt* tersyüz etmek, içini dışarı çıkarmak ***auf etw stülpen*** (bir şeyin üzerine bir şey) geçirmek
stumm /ştum/ *s* dilsiz; *kon* suskun, sessiz ***jdn stumm machen*** (birisini) öldürmek ***stumm vor Staunen sein*** şaşkınlıktan dili tutulmak ***stummer Laut*** *dilb* yazılan ama okunmayan ses
Stummel /'ştumıl/ *m kon* (uzun bir şeyin) uç kısmı, uç parçası
Stummfilm /'ştumfilm/ *m* sessiz film
Stümper /'ştümpır/ *m kon* beceriksiz, kimse, yeteneksiz kimse
Stümperei /ştümpı'ray/ *f kon* beceriksizce

iş, acemice iş; eline yüzüne bulaştırma
stümperhaft /'ştümpırhaft/ *s* acemice, beceriksizce, yeteneksizce, baştan savma, üstünkörü
Stumpf /ştumpf/ *m* bir cismin geride kalan kısmı, son
stumpf /ştumpf/ *s* (bıçak, kesici alet) kör, kesmez, küt; (bakış) donuk, anlamsız; (kalem) açılmamış; hissiz, duygusuz; sivri olmayan, yassı; *mat* geniş; cansız, renksiz, pırıltısız, donuk ***stumpfes Messer*** kör bıçak
Stumpfsinn /'ştumpfzin/ *m* ahmaklık, anlamazlık, kalın kafalılık; etrafıyla ilgilenmeme, çevreyle ilgilenmeme; aptalca şeyler, can sıkıcı şeyler
stumpfsinnig /'ştumpfzinih/ *s* kalın kafalı
Stunde /'ştundı/ *f* (60 dakikalık) saat, süre olarak saat; ders saati ***anderthalb Stunden*** bir buçuk saat ***in einer Stunde*** bir saat içinde ***Stunden geben*** ders vermek ***zu jeder Stunde*** her zaman
stunden /'ştundın/ *vt* süre tanımak, süre vermek; verilen süreyi uzatmak
Stundenkilometer /'ştundınki:lome:tır/ *n oto* bir saatte yapılan kilometre
stundenlang /'ştundınlang/ *s* saatlerce
Stundenlohn /'ştundınlo:n/ *m* saat ücreti
Stundenplan /'ştundınplan/ *m* ders planı, ders dağılım çizelgesi
Stundenzeiger /'ştundıntsaygır/ *m* (saatte) akrep
stündlich /'ştüntlih/ *s* her saat, her saat olan, saat başı, saatte bir
Stundung /'ştundung/ *f* ödeme için yeni süre verme; ödemeyi erteleme
stur /ştu:r/ *s kon* (bakış) hareketsiz, sabit; dik; dik kafalı, inatçı; sert, katı; anlayışsız
Sturheit /'ştu:rhayt/ *f* dik kafalılık, inatçılık; sert davranışlılık, katılık
stürmen /'ştürmın/ *vt ask* saldırarak bir yeri ele geçirmek; *vi* hızlıca koşmak; *sp* (futbol) forvet oynamak ***es stürmt*** *metr* hava fırtınalı ***es stürmt und schneit*** *metr* tipi var
Stürmer /'ştürmır/ *m sp* (futbol) forvet, hücumcu, ofans oyuncusu; girişken kişi, atılgan kişi; meraklı kişi
Sturmflut /'şturmflu:t/ *f* fırtınalı deniz kabarması
stürmisch /'ştürmiş/ *s* (hava) fırtınalı; (deniz) dalgalı; ateşli, coşkun, heyecanlı ***stürmischer Beifall*** alkış tufanı
Sturmwarnung /'şturmvarnung/ *f metr* fırtına uyarısı
Sturz /şturts/ *m* düşme, düşüş; çökme, yıkılma; devrilme; *mim* boyunduruk; *mad* tahliye alanı
stürzen /'ştürtsın/ *vi* düşmek; hızla koşmak, hızla yerinden fırlamak; eğim aşağı inmek; *vt* yıkmak, devirmek; alaşağı etmek, aşağı atmak; denetlemek, kontrol etmek ***jdm in die Arme stürzen*** (birisinin) kollarına atılmak ***sich auf etw stürzen*** (bir şeyin üzerine) çullanmak ***sich in die Arbeit stürzen*** kendini işe vermek ***sich ins Wasser stürzen*** kendini suya atmak ***sich zu Tode stürzen*** kendini bir yerden atarak intihar etmek
Sturzflug /'şturtsflu:k/ *m ask* (uçak) pike uçuşu
Sturzhelm /'şturtshelm/ *m* (motosiklet) kask, hafif miğfer
Stute /'ştu:tı/ *f hayb* kısrak, dişi at, dişi eşek, dişi deve
Stütze /'ştütsı/ *f* mim, yapı desteği, dayak, payanda; *mec* yardım, destek, koltuk, arka çıkma
stützen /'ştütsın/ *vt* (ağaç, duvar vs) düşmemesi için desteklemek, payandalamak; dayamak, yaslamak ***jdn stützen*** (birisine) yardımcı olmak, desteklemek ***sich auf Beweise stützen*** delillere dayanmak ***sich auf etw stützen*** (bir şeye) dayanmak, yaslanmak
stutzen /'ştutsın/ *vt* kısa kesmek, kısaltmak, kırpmak; *vi* hayretler içinde bakakalmak; aniden şüphelenmek; *hayb* korkudan kalakalmak
stutzig /'ştutsih/ *s* şaşkın, afallamış, şaşırmış; itimatsız, güvensiz
Stützpunkt /'ştütspunkt/ *m* istinat noktası, dayanak, destek; *ask* üs
Subjekt /zup'yekt/ *n dilb* özne, fail; *müz* tema, ana ezgi; *fel* özne, birey; *kon* adi kimse, sefil kişi
subjektiv /zupyek'ti:f/ *s dilb* özneyle ilgili; nesnel, kişilere bağlı, bireye bağlı, sübjektif; kişisel, *tek* yanlı
Subkultur /'zupkultu:r/ *f* altkültür
substantiell /zupstan'tsyel/ *s fel* tözel; maddi, özdeksel; mühim, önemli
Substantiv /'zupstanti:f/ *n dilb* ad, isim
Substanz /zup'stants/ *f fel* töz, idealist kavram; madde, özdek; servet, sermaye, edinim; can alıcı nokta; kalıcı şey, temel nesne

Substrat /zup'stra:t/ *n* alt katman, temel, esas; alt katman; *fel* dayanak; *biy* üretici ortam

subtil /sup'ti:l/ *s* ince, narin, zarif; titiz, müşkülpesent; zor, güç; sivri zekalı

Subtraktion /zuptrak'tsyo:n/ *f* çıkarma

Subvention /zupven'tsyo:n/ *f* sübvansiyon, devlet desteği, devlet yardımı

subventionieren /zupventsyo'ni:rın/ *vt* kamu kaynakları ile desteklemek, sübvanse etmek

Suchaktion /'zu:haktsyo:n/ *f* arama hareketi

Suche /'zu:hı/ *f* arama, arama tarama, araştırma

suchen /'zu:hın/ *vt* aramak, araştırmak; istemek, arzu etmek, beklentisi olmak; çaba harcamak, gayret sarf etmek ***eine Frau suchen*** evlenmek istemek ***jdn steckbrieflich suchen*** (birisini) eşkâlini bildirerek aramak ***nach jdm suchen*** (birisini) aramak ***Streit suchen*** kavga çıkarmaya çalışmak ***Suchen von Daten*** bilgisayarda veri arama

Suchmaschine /zuhmaşi:nı/ *f biliş* arama motoru

Sucht /zuht/ *f* düşkünlük, iptila, bağımlılık; hastalık ***die Sucht nach Geld*** para hırsı

süchtig /zühtih/ *s* bağımlı, düşkün, müptela

Suchtrupp /'zu:htrup/ *m* arama ekibi

Südafrika /zü:t'afrika/ *n* Güney Afrika

Südamerika /zü:ta'me:rika/ *n* Güney Amerika

Südamerikaner /'zü:tamerika:nır/ *m* Güney Amerikalı

südamerikanisch /'zü:tamerika:niş/ *s* Güney Amerika ile ilgili

Sudan /zu'da:n/ *m* Sudan

süddeutsch /'zü:tdoyç/ *s* Güney Almanya ile ilgili

Süddeutschland /'zü:tdoyçlant/ *n* Güney Almanya

Süden /'zü:dın/ *m* güney; güney ülkeleri

Südeuropa /'zü:toyro:pa/ *n* Güney Avrupa

Südfrucht /'zü:tfruht/ *f* sıcak ülke meyveleri, tropik ülke meyveleri, Akdeniz ülkeleri meyveleri

südländisch /'zü:tlendiş/ *s* güney ülkeleriyle ilgili

südlich /'zü:dlih/ *s* güney, güneyde bulunan ***südlich von*** güneyinde ***südlicher Breite*** *coğ* güney enlemi

Südpol /'zü:tpo:l/ *m coğ* güney kutbu

süffig /'züfih/ *s* (şarap) lezzetli

süffisant /züfi'zant/ *s* kibirli, kendini beğenmiş

Suggestivfrage /zuges'ti:ffra:gı/ *f* cevabı hazır olarak soru yöneltilen kişiye verilen soru

Sühne /'zü:nı/ *f* kefaret, suçun karşılığı; ceza; uzlaşma, barışma ***Schuld und Sühne*** suç ve ceza

Sulfat /zul'fa:t/ *n kim* sülfat

Sülze /'zültsı/ *f* tuzla, tuz elde edilen yer; hayvanlara yemeleri için tuz bırakılan yer; jelatin içinde et veya balık parçaları

Summe /'zumı/ *f* tutar, meblağ, yekûn; toplam, toplama sonucu; bütün, toplam

summen /'zumın/ *vt* şarkı mırıldanmak; (böcek, sinek) vızıldayarak uçmak, vızıldamak *vt* şarkı mırıldanmak; (böcek, sinek) vızıldayarak uçmak, vızıldamak

Summer /'zumır/ *m elek* vızıldak

summieren /zu'mi:rın/ *vt* bir araya getirmek, toparlamak, toplamak ***sich summieren*** büyümek; artmak, çoğalmak

Sumpf /zumpf/ *m* bataklık, batak; kötülük simgesi, ahlaki çöküntü simgesi; *mad* pis su biriktirme yeri

Sünde /'zündı/ *f* günah ***eine Sünde begehen*** bir günah işlemek

Sündenbock /'zündınbok/ *m kon* şamar oğlanı, sürekli suçlanan saf kimse

Sünder /'zündır/ *m* günahkâr

sündhaft /'zünthaft/ *s* günahkâr, günah işlemiş; *kon* çok, pek, oldukça

sündig /'zündih/ *s* günahkâr ***sündig werden*** günah işlemek

sündigen /'zündigın/ *vi* günah işlemek

Super /'zu:pır/ *n* süper benzin

super /'zu:pır/ *s kon* çok güzel, olağanüstü, süper

Superlativ /zupırla'ti:f/ *m dilb* sıfatın üstünlük derecesi; *mec* aşırı övgü

Supermarkt /'zu:pırmarkt/ *m* süpermarket

Suppe /'zupı/ *f* çorba ***jdm die Suppe versalzen*** *kon* (birisinin) planlarına engel olmak

Suppenfleisch /'zupınflayş/ *n* çorbalık et

Suppenlöffel /'zupınlöfıl/ *m* kepçe; çorba kaşığı

Surfbrett /'zö:rfbret/ *n sp* sörf tahtası

surfen /'zö:rfın/ *vi* sörf yapmak; *biliş* internette dolaşmak

Surrealismus /zürea'lismus/ *m fel* sürrea-

lizm, gerçeküstücülük
surrealistisch /zürea'listiş/ *s fel* sürrealist, gerçeküstü, gerçek üstü tarzda
surren /'zurın/ *vi* (uçak) vızıldamak
Surrogat /zuro'ga:t/ *n* başka birisinin veya bir şeyin yerine geçebilen kişi veya şey
suspendieren /zuspen'di:rın/ *vt* (memur) geçici olarak görevden almak, geçici olarak memuriyetten uzaklaştırmak; geçici olarak devre dışı bırakmak; ertelemek; *kim* süspanse etmek, katı parçacıkları bir sıvı içinde dağıtmak
süß /zü:s/ *s* (yiyecek) tatlı, şekerli; (kişi, şey) hoş, sempatik, tatlı, sevimli; *mec* keyifli, hoş ***süß riechen*** güzel kokmak
Süßholz /'zü:sholts/ *n bitk* meyan kökü ***Süßholz raspeln*** *mec* yaltaklanmak
Süßigkeiten /'zü:sihkaytın/ *pl* tatlılar, şekerlemeler
süßsauer /züs'zauır/ *s* mayhoş, tatlı-ekşi
Süßspeise /'zü:sşpayzı/ *f* yemek arkasından yenen tatlı
Süßstoff /'zü:sştof/ *m* yapay tatlandırıcı; sakarin
Süßwasser /'sü:svasır/ *n* tatlı su, nehir suları, göl suyu
Symbol /züm'bo:l/ *n* sembol, simge, rümuz; *kim* sembol ***selbstdeutendes Symbol*** öztanımlı simge, literal
symbolisch /züm'bo:liş/ *s* sembolik, simgesel ***symbolische Logik*** simgesel mantık, sembolik mantık ***symbolische Programmiersprache*** simgesel programlama dili
symbolisieren /zümboli'zi:rın/ *vt* sembolleştirmek, simgeleştirmek
Symbolkraft /züm'bo:lkraft/ *f* sembol gibi etkileme gücü
Symmetrie /züme'tri:/ *f* bakışım, simetri
symmetrisch /zü'me:triş/ *s* bakışımlı, simetrik
Sympathie /zümpa'ti:/ *f* sempati, sevgi ve yakınlık duyma
Sympathisant /zümpati'zant/ *m* sempatizan, duygudaş
sympathisch /züm'pa:tiş/ *s* sempatik, sevimli, cana yakın; hoşa giden; *hek* sempatik sinir sistemi ile ilgili
Symptom /zümp'to:m/ *n hek* bulgu, semptom
symptomatisch /zümpto'ma:tiş/ *s hek* tipik, semptomatik
Synagoge /züna'go:gı/ *f* sinagog, havra
Synästhesie /züneste'zi:/ *f hek* duyum ikiliği, sinestezi
synchron /zün'kro:n/ *s* eşzamanlı, aynı zamanda olan, senkron
Synchronisation /zünkroniza'tsyo:n/ *f* (film) dublaj, eşleme, görüntü ve ses arasında bağı oluşturma, senkronizasyon
synchronisieren /zünkroni'zi:rın/ *vt* dublaj yapmak, eşlemek
Syndikat /zündi'ka:t/ *n* (işletme, kooperatif, dernek) hukuk danışmanlığı; dernek, şirket; kartel; *kon* gangster şebekesi
Syndrom /zün'dro:m/ *n hek* sendrom, bulgu
Synonym /züno'nü:m/ *n* eşanlamlı sözcük, benzer anlamlı sözcük
synthetisch /zün'te:tiş/ *s* sentetik, yapay, bireşimli ***synthetische Chemie*** sentez kimyası ***synthetische Edelmetalle*** *pl* sentetik taşlar ***synthetische Erzeugnisse*** *pl* sentetik ürünler ***synthetische Farbstoffe*** *pl* sentetik boyarmaddeler ***synthetische Fasern*** sentetik lifler ***synthetische Fett*** sentetik yağ ***synthetische Harz*** suni reçine ***syntetischer Gummi*** sentetik lastik, kauçuk
Syrer /'zü:rır/ *m* Suriyeli
Syrien /'zü:ryın/ *tnz* Suriye
System /züs'te:m/ *n* sistem; dizge, düzen; yöntem, ilke, prensip; *pol* rejim, sistem; *biy* sınıflandırma
systematisch /züste'ma:tiş/ *s* sistematik, sistemli, dizgeli; belirli bir sisteme göre ***systematischer Fehler*** sistematik hata, dizgesel yanılgı
Szenario /stse'na:ryo/ *n* senaryo
Szene /'stse:nı/ *f tiy* sahne; tartışma, kavga; (belirli şeyler için) karakteristik alan
Szenenapplaus /'stse:nınaplaus/ *m tiy* ara alkışı
Szenenwechsel /'stse:nınveksıl/ *m tiy* sahne değişimi
Szenerie /stse:nı'ri:/ *f tiy* sahne dekoru; manzara, doğu parçası

T

Tabak /'tabak/ *m bitk* tütün
Tabakdose /'tabakdo:zı/ *f* tütün tabakası
Tabakraucher /'tabakrauhır/ *m* tütün içen kimse, tütün tiryakisi
Tabakwaren /'tabakva:rın/ *pl* tütünle ilgili

T

satılan her şey
tabellarisch /tabe'la:riş/ *s* liste biçiminde, cetvel halinde, tablo biçiminde, çizelge biçiminde
Tabelle /ta'belı/ *f* liste, çizelge, cetvel; *sp* puan cetveli, puan sıralaması
Tabellenführer /ta'belınfü:rır/ *m* lig lideri
Tablett /ta'blet/ *n* tepsi, sini
Tablette /ta'bletı/ *f hek* ilaç, tablet
Tabu /ta'bu:/ *n* kutsal sayılan şeylere dokunulmasını yasaklayan dini inanç; üzerinde konuşulamayan şey, yapılamayan şey
tabu /ta'bu:/ *s* tabu; kutsal, dokunulmaz, yasaklanmış
tabuisieren /tabui'zi:rın/ *vt* tabu kabul etmek, tabulaştırmak
Tabulator /tabu'la:tor/ *m* daktiloda sütun genişliğini ayarlayan düzenek, tabulatör
Tachometer /taho'me:tır/ *n* takometre, hız ölçme cihazı
Tadel /'ta:dıl/ *m* azarlama, uyarı; ayıplama; eksiklik, hata, kusur
tadellos /'ta:dıllo:s/ *s* kusursuz, hatasız, eksiksiz, mükemmel
tadeln /'ta:dıln/ *vt* azarlamak, uyarmak, paylamak; kınamak
Tadschikistan /ta'ci:kistan/ *n* Tacikistan
Tafel /'ta:fıl/ *f* tahta, levha; yazı tahtası, karatahta; düz yüzey, tablet, düz tabaka; sofra, yemek sofrası; çizelge, liste; bas tam sayfa boyutunda resim ***eine Tafel Schokolade*** bir tablet çikolata
Tafelgeschirr /'ta:fılgışir/ *n* sofra takımı
tafeln /'ta:fıln/ *vi* sofrada bulunmak, sofrada var olmak
täfeln /'te:fıln/ *vt* tahta ile kaplamak; parke döşemek
Täfelung /'te:fılung/ *f* parke döşeme; tahta ile kaplama
Tafelwasser /'ta:fılvasır/ *n* (şişede) içme suyu
Tafelwein /'ta:fılvayn/ *m* sofra şarabı, kötü şarap
Tag /ta:k/ *m* gün; aydınlık, gündüz; *mad* gün ışığı, yeryüzü; kongre, kurultay ***alle Tage*** her gün ***am gleichen Tag*** aynı günde ***am hellen Tag*** güpegündüz ***am Tage*** gündüzün ***an den Tag bringen*** meydana çıkarmak, ifşa etmek ***die Tage werden länger*** günler uzuyor ***guten Tag!*** iyi günler!, merhaba! ***jeden Tag*** her gün ***Tag für Tag*** gün *be* gün, gün gün, her gün ***Tag und Nacht*** gece gündüz ***von Tag zu Tag*** gün geçtikçe, günden güne
tagaus /ta:k'aus/ *be* : ***tagaus tagein*** her gün, her Allahın günü
Tageblatt /'ta:gıblat/ *n* günlük gazete
Tagebuch /'ta:gıbu:h/ *n* günce, günlük defteri, anı defteri
Tagegeld /'ta:gıgelt/ *n* harçlık, günlük, gündelik
tagelang /'ta:gılang/ *be* günlerce
Tagelöhner /'ta:gılö:nır/ *m* gündelikçi, günlük çalışıp günlük para alan kişi
tagen /'ta:gın/ *vi* gün doğmak, gün ağarmak, sabah olmak; toplanmak, toplantı yapmak, görüşmek ***es tagt*** gün doğuyor
Tagesanbruch /'ta:gısanbruh/ *m* tan, gün doğuşu, gün ağarması, ilk sabah
Tagesausflug /'ta:gısausflu:k/ *m* günübirlik gezi
Tageseinnahme /'ta:gısaynna:mı/ *f* günlük gelir, günlük kazanç
Tagesgespräch /'ta:gısgışpre:h/ *n* günün konusu, günün konuşması, güne damgasını vuran olay
Tageskarte /'ta:gıskartı/ *f* bir gün için geçerli olan seyahat bileti; (lokantada) günlük yemek listesi
Tageskurs /'ta:gıskurs/ *m tic* (borsa) günlük kur
Tageslicht /'ta:gısliht/ *n* gün ışığı
Tagesordnung /'ta:gısordnung/ *f* gündem
Tagespresse /'ta:gıspresı/ *f* günlük yayın, günlük gazete, günlük dergi
Tagesschau /'ta:gısşau/ *f* (haber programı) güne bakış, günün analizi
Tageszeitung /'ta:gıstsaytung/ *f* günlük gazete
tageweise /'ta:gıvayzı/ *be* günlük biçimde, gün hesabı yapılarak
täglich /'te:klih/ *s* günlük, gündelik, her gün, her Allahın günü, her günkü
tags /ta:ks/ *be* günde ***tags darauf*** ertesi gün ***tags zuvor*** bir gün önce
tagsüber /'ta:ksü:bır/ *be* gündüzün, güpegündüz
Tagtraum /'ta:ktraum/ *m mec* uyanıkken görülen rüya, ayakta görülen rüya
Tagung /'ta:gung/ *f* toplantı, toplanma, sempozyum; oturum; kurultay, genel kurul
Tagungsort /'ta:gungsort/ *m* kongre yeri\beldesi
Taifun /tai'fu:n/ *m metr* tayfun

T

Taille /'talyı/ *f anat* bel; *isk* parti, el
tailliert /tal'yi:rt/ *s* (giysi) beli oyuk\oturan
Takt /takt/ *m müz* ölçü, usül; sezgi, sezme, sezme yeteneği; zerafet, incelik; düzenli aralıklarla oluşma sistemi
taktieren /tak'ti:rın/ *vi müz* usül tutmak, tempo tutmak; plan dahilinde hareket etmek, planlı davranmak, taktik dahilinde davranmak
Taktik /'taktik/ *f ask* taktik; planlı davranış, taktik
Taktiker /'taktikır/ *m* taktikçi, taktisyen, taktik uzmanı
taktisch /'taktiş/ *s* taktik açıdan, taktik bakımından, taktikle ilgili
taktlos /'taktlo:s/ *s* densiz, patavatsız, düşüncesiz
Taktlosigkeit /'taktlo:zihkayt/ *f* densizlik, patavatsızlık, düşüncesizlik
taktvoll /'taktfol/ *be* düşünceli, denli, saygılı, nazik
Tal /ta:l/ *n coğ* vadi, dere yatağı; dalga çukurları arasındaki derinlik
Talent /ta'lent/ *n* yetenek, beceri, Allah vergisi; becerikli kişi, yetenekli kişi
talentiert /talen'ti:rt/ *s* yetenekli, istidatlı
Talfahrt /'ta:lfa:rt/ *f* vadi aşağı gidiş
Talg /talk/ *m* iç yağı, don yağı
Talisman /'ta:lisman/ *m* tılsım; muska; nazarlık, mavi boncuk; uğurlu şey, uğurlu sayılan eşya
Talsohle /'ta:lzo:lı/ *f coğ* vadi zemini, vadi dibi, vadi tabanı
talwärts /'ta:lverts/ *be* vadi aşağı
Tamburin /'tamburi:n/ *n müz* dümbelek1, darbuka, tef; bir tür Fransız halk dansı
Tampon /'tampon/ *m hek* tampon; *ask* tarafsız bölge; bas tampon, ıstampa
Tandem /'tandem/ *n* iki kişilik bisiklet; iki at koşumlu araba; *sp* (futbol) tandem, iki kişilik blok
Tangente /tang'gentı/ *f mat* tanjant, teğet
tangieren /tang'gi:rın/ *vt* teğet geçmek; ilgilendirmek, alakadar etmek, ırgalamak
Tank /tank/ *m* madeni depo, tank, metal sarnıç; *ask* tank
tanken /'tankın/ *vt vi* akaryakıt almak, benzin almak; *kon* oto. depoyu doldurmak; *mec* temiz hava almak, enerji depolamak; *kon* yeteri kadar içmek, alkolü midede stoklamak
Tanker /'tankır/ *m* tanker, petrol taşıyan gemi veya kara aracı
Tankstelle /'tankştelı/ *f* benzin istasyonu
Tankwart /'tankvart/ *m* benzinci, benzin istasyonu görevlisi
Tanne /'tanı/ *f bitk* çam ağacı; köknar
Tannenbaum /'tanınbaum/ *m bitk* çam ağacı, Noel ağacı
Tannennadel /'tanınna:dıl/ *f bitk* iğne yaprak
Tannenzapfen /'tanıntsapfın/ *m bitk* çam kozalağı
Tante /'tantı/ *f* teyze, hala; *kon* büyük kadınlara hitap şekli
Tantieme /tan'tye:mı/ *f* (yöneticilere verilen) yıllık net kâr payı primi
Tanz /tants/ *m* dans, oyun, oynama; *kon* ağız kavgası; dans müziği ***zum Tanzen einladen*** dansa davet etmek
tänzeln /'tentsıln/ *vi* kırıtmak, kırıta kırıta yürümek, salına salına yürümek
tanzen /'tantsın/ *vt vi* dans etmek, oynamak; *mec* çalkalanmak, sallanmak, dans etmek
Tänzer /'tentsır/ *m* dansçı, dansör; balet
tänzerisch /'tentsıriş/ *s* dans gibi, dansla ilgili; dansı anımsatan, dansı andıran
Tanzfläche /'tantsflehı/ *f* dans pisti
Tanzkapelle /'tantskapelı/ *f müz* dans orkestrası
Tanzkurs /'tantskurs/ *m* dans kursu
Tanzlokal /'tantsloka:l/ *n* dans lokali
Tanzmusik /'tantsmuzi:k/ *f* dans müziği
Tanzsaal /'tantsza:l/ *m* dans salonu
Tanzschule /'tantsşu:lı/ *f* dans okulu
Tanzstunde /'tantsştundı/ *f* dans dersi
Tapete /ta'pe:tı/ *f* duvar kâğıdı
Tapetenwechsel /ta'pe:tınveksıl/ *m kon* mec. değişiklik, yenilik
tapezieren /tapı'tsi:rın/ *vt* duvar kâğıdı kaplamak
tapfer /'tapfır/ *s* cesur, kahraman, yürekli, babayiğit, korkusuz
Tapferkeit /'tapfırkayt/ *f* cesurluk, cesaret, yüreklilik, korkusuzluk
Tapir /'ta:pi:r/ *m hayb* tapir
tappen /'tapın/ *vi* el yordamıyla yürümek ***im Dunkeln tappen*** emin olmamak
täppisch /'tepiş/ *s* sakar, çolpa, langır lungur, hantal
tapsen /'tapsın/ *vi kon* el yordamıyla yürümek
Tarantel /ta'rantıl/ *f hayb* tarantula
Tarif /ta'ri:f/ *m* tarife, cetvel; fiyat listesi, ücret cetveli ***nach Tarif bezahlen*** tarifeye göre ödemek
Tarifgruppe /ta'ri:fgrupı/ *f* tarife grubu;

T

aynı tarifeye göre ücret alan çalışanlar grubu
Tarifkonflikt /ta'ri:fkonflikt/ *m* toplu sözleşme anlaşmazlığı
Tariflohn /ta'ri:flo:n/ *m* tarife ücreti, liste fiyatı
Tarifpartner /ta'ri:fpartnır/ *m* (toplu iş sözleşmelerinde) işçi ve işveren temsilcileri
Tarifrunde /ta'ri:frundı/ *f* iş kollarındaki toplu görüşmelerin tamamı
Tarifvertrag /ta'ri:ffertra:k/ *m* toplu sözleşme
Tarnanzug /'tarnantsu:k/ *m ask* kamufle edici elbise
tarnen /'tarnın/ *vt* gizlemek, saklamak; örtmek, kamufle etmek; *mec* asıl niyetini gizlemek
Tarnung /'tarnung/ *f* kamuflaj, gizleme
Tasche /'taşı/ *f* çanta, para çantası; cep ***aus seiner Tasche bezahlen*** kendi cebinden ödemek, kendi hesabına ödemek
Taschenbuch /'taşınbu:**h**/ *n* cep kitabı; ajanda, cep defteri
Taschendieb /'taşındi:p/ *m* yankesici, cepçi
Taschenformat /'taşınforma:t/ *n* cep boyutu, cebe sığacak ebat, cebe sığacak boyut
Taschengeld /'taşıngelt/ *n* cep harçlığı
Taschenlampe /'taşınlampı/ *f* el feneri, cep feneri
Taschenmesser /'taşınmesır/ *m* çakı
Taschenrechner /'taşınre**h**nır/ *m* cep hesap makinesi
Taschenschirm /'taşınşirm/ *m* katlanır şemsiye
Taschentuch /'taşıntu:**h**/ *n* mendil
Taschenuhr /'taşınu:r/ *f* cep saati
Taschenwörterbuch /'taşınvörtırbu:**h**/ *n* cep sözlüğü
Tasse /'tası/ *f* fincan ***eine Tasse Kaffee*** bir fincan kahve
Tastatur /tasta'tu:r/ *f* klavye; *biliş* tuş takımı
Taste /'tastı/ *f* (piyano, daktilo, vs.) tuş, *biliş* tuş
tasten /'tastın/ *vi* (daktilo, bilgisayar, piyano) tuşlara dokunmak, tuşlara basmak; *mec* temkinli davranarak mesele hakkında araştırma yapmak; *vt* el ile yoklamak, el ile yoklayarak bulmak ***nach etw tasten*** (bir şeyi) el yordamıyla bulmaya çalışmak ***sich tasten*** el yardımıyla ilerlemek
Tastentelefon /'tastıntelefo:n/ *n* tuşlu telefon
Tastsinn /'tastzin/ *m biy* dokunum; temas; dokunma hissi, duyarlık yeteneği
Tat /ta:t/ *f* iş, eylem, hareket, girişim, fiziksel eylem, fiil ***auf frischer Tat*** *huk* suçüstü ***in der Tat*** gerçekte, gerçekten
Tatbestand /'ta:tbıştant/ *m huk* durum, olay
Tatendrang /'ta:tındrag/ *m* cesaret, yüreklilik, girişimcilik, harekete geçme isteği
tatenlos /'ta:tınlo:s/ *s* cansız, donuk, ruhsuz, tembel
Täter /'te:tır/ *m* fail, suçlu
tätig /'te:ti**h**/ *s* etkin, harekette bulunan, girişimde bulunan ***in einer Firma tätig sein*** bir firmada çalışmak ***tätig sein*** çalışıyor olmak, işi olmak ***tätiger Vulkan*** sönmemiş yanardağ
tätigen /'te:tigın/ *vt* yerine getirmek, yapmak, etmek
Tätigkeit /'te:ti**h**kayt/ *f* etkinlik, çalışma; çalışma, iş, meslek ***berufliche Tätigkeit*** meslek
Tätigkeitswort /'te:tigkaytsvort/ *n dilb* fiil, eylem, yüklem
Tatkraft /'ta:tkraft/ *f* azim, girişim ruhu, enerji
tatkräftig /'ta:tkrefti**h**/ *s* azimli, enerjik, etkili, girişken
Tatort /'ta:tort/ *m* olay yeri, olay mahalli ***Lokaltermin am Tatort*** *huk* olay yerinde keşif, olay mahallinde keşif
tätowieren /te:to'vi:rın/ *vt* vücuda dövme yapmak
Tätowierung /te:to'vi:rung/ *f* dövme yapma; dövmeli örnek
Tatsache /'ta:tza**h**ı/ *f* gerçek, olgu, olay ***aber Tatsache!*** *kon* ama gerçek!
Tatsachenbericht /'ta:tza**h**ınbıri**h**t/ *n* olayları olduğu gibi anlatan rapor
tatsächlich /'ta:tze**h**li**h**/ *s* gerçek, gerçekten, hakikaten, hakiki ***tatsächliche Adresse*** gerçek adres
tätscheln /'tetşıln/ *vt* okşamak, sevmek
Tatze /'tatsı/ *f* ayı pençesi; *kon* iri el
Tau1 /tau/ *m metr* çiy, şebnem; *n* halat, ip, urgan
Tau2 /tau/ *m* halat, ip, urgan
taub /taup/ *s* sağır; (kol, bacak) hissiz, uyuşmuş; önemsiz, değersiz, boş, koftiden ***auf dem Ohr taub sein*** *kon*

T

duymazlıktan gelmek
Taube /'taubı/ *f hayb* kumru, güvercin; barış simgesi, barış güvercini
Taubheit /'tauphayt/ *f* sağırlık
taubstumm /'taupştum/ *s* sağır ve dilsiz
Taubstummensprache /'taupştumınşpra:hı/ *f* sağır-dilsiz dili, işaret dili
tauchen /'tauhın/ *vi* dalmak, batmak; *vt* daldırmak, batırmak ***ins Wasser tauchen*** suya daldırmak, suya batırmak
Taucher /'tauhır/ *m* dalgıç; *hayb* dalgıç kuşu
Taucheranzug /'tauhırantsu:k/ *m* dalgıç giysisi, dalgıç kıyafeti
Taucherbrille /'tauhırbrilı/ *f* dalgıç gözlüğü
Tauchsieder /'tauhzi:dır/ *m* elektrikli su ısıtıcısı
tauen /'tauın/ *vi metr* çiy yağmak; *metr* (kar) erimek, çözülmek; *metr* (don) çözülmek
Taufbecken /'taufbekın/ *n* vaftiz suyu kabı
Taufe /'taufı/ *f* vaftiz; *den* mec. törenle gemiye ad koyma
taufen /'taufın/ *vt* vaftiz etmek; *den* mec. gemiye törenle ad vermek
Täufling /'toyfling/ *m* vaftiz edilecek çocuk
Taufname /'taufna:mı/ *m* vaftiz adı
Taufpate /'taufpa:tı/ *m* vaftiz babası
Taufschein /'taufşayn/ *m* vaftiz belgesi
taugen /'taugın/ *vi* uygun olmak, yerinde olmak; kullanılabilir olmak; değerli olmak, kaliteli olmak; yetenekli olmak, bir işe yaramak ***nicht taugen*** işe yaramamak
Taugenichts /'taugınihts/ *m* haşarı, haylaz, tembel
tauglich /'tauklih/ *s* elverişli, yararlı; uygun, yerinde; kullanılabilen ***zum Kriegsdienst tauglich*** *ask* askerliğe elverişli
Tauglichkeit /'tauklihkayt/ *f* yararlı olma, işe yarama; uygunluk, yerindelik; yetenek, kullanılabilirlik
Taumel /'taumıl/ *m* baş dönmesi, göz kararması; sarhoşluk, sersemlik; *mec* coşku, heyecan
taumeln /'taumıln/ *vi* sendelemek, başı dönmek, gözü kararmak, sallanmak
Tausch /tauş/ *m* takas, değiş-tokuş, değişme, berdel ***Tausch machen*** takas yapmak
täuschen /'toyşın/ *vt* yanıltmak, umutlarını boşa çıkarmak; aldatmak, dolandırmak, kandırmak; *vi* yanılmak, aldanmak, düş kırıklığı duymak ***sich täuschen*** yanılmak, aldanmak
Tauschhandel /'tauşhandıl/ *m* takas ticareti, değiş-tokuş ticareti
Täuschung /'toyşung/ *f* illüzyon, yanlış algılama; yanılma, aldanma, hayal kırıklığına uğrama; aldatma, dolandırma; hile, dolap, numara; *kon* yanlış anlama
tausend /'tauzınt/ *s* bin, 1000; *kon* çok, oldukça ***in tausend Stücke zerspringen*** tuz buz olmak, paramparça olmak ***tausend Stück*** bin adet, bin parça
Tausender /'tauzındır/ *m mat* binler basamağı; binlik banknot
tausendfach /'tauzıntfah/ *s* bin defa, bin kez, bin kat ***um das tausendfach vergrößert*** bin defa büyütülmüş
Tausendfüßler /'tauzıntfü:slır/ *m hayb* kırkayak
Tautropfen /'tautropfın/ *m metr* çiy
Tauwetter /'tauvetır/ *n* ılık hava, karların erimeye başladığı hava, çözülme havası; *mec* (siyasi, düşmanlık) yumuşama, buzların erimesi
Tauziehen /'tautsi:ın/ *n* halat çekme yarışı
Taxameter /taksa'me:tır/ *m* taksimetre
Taxi /'taksi/ *n* taksi ***(sich) ein Taxi nehmen*** taksi tutmak
taxieren /ta'ksi:rın/ *vt* tahmin etmek, kıymet belirlemek, değer biçmek
Taxifahrer /'taksifa:rır/ *m* taksi şoförü
Taxistand /'taksiştant/ *m* taksi durağı
Team /ti:m/ *n* ekip, grup; *sp* takım
Teamarbeit /'ti:marbayt/ *f* takım çalışması
Technik /'tehnik/ *f* teknik; yöntem, metod, usül, teknik
Techniker /'tehnikır/ *m* teknisyen, tekniker; *kon* teknik adam, yol yordam bilen kişi
technisch /'tehniş/ *s* teknik ***technische Truppen*** *ask* istihkâm birliği ***technischer Fortschritt*** teknik ilerleme, teknik gelişme ***Technischer Überwachungsverein*** Alman Teknik Denetleme Kurumu
Technisierung /tehni'zi:rung/ *f* teknikleştirme
Technokrat /tehno'kra:t/ *m* -teknokrat, uygulayımcı

Technologie /tehnolo'gi:/ *f* teknoloji ***neue Technologien*** yeni teknolojiler
technologisch /tehno'lo:giş/ *s* teknolojik, teknoloji ile bağlantılı
Techtelmechtel /tehtıl'mehtıl/ *n kon* aşna fişne, kırıştırma
Tee /te:/ *m bitk* çay; (içilen) çay; bitki yapraklarından elde edilen içecek, çay; sohbet toplantısı ***zum Tee einladen*** çay içmeye davet etmek
Teebeutel /'te:boytıl/ *m* çay poşeti
Teegebäck /'te:gıbek/ *n* kurabiye
Teekanne /'te:kanı/ *f* çaydanlık; çay termosu
Teekessel /'te:kesıl/ *m* çaydanlık, semaver
Teelicht /'te:liht/ *n* çayı sıcak tutmak amacıyla kullanılan küçük mum
Teelöffel /'te:löfıl/ *m* çay kaşığı
Teer /te:r/ *m* katran
teeren /'te:rın/ *vt* katranlamak
Teeservice /'te:zervi:s/ *n* çay takımı
Teewurst /'te:vurst/ *f* bir tür sucuk
Teflon /'teflo:n/ *n* teflon
Teich /tayh/ *m* küçük göl, küçük havuz, süs havuzu
Teig /tayk/ *m* hamur; püre
Teigwaren /'taykva:rın/ *pl* hamur işleri; *kon* makarna
Teil /tayl/ *n* parça; *m* bölüm, kısım, dal; hisse, pay; taraf, yan ***ich für meinen Teil*** bence, bana göre, bana kalırsa ***zum Teil*** kısmen
teilbar /'tayIba:r/ *s* ayrılabilir, bölünebilir; *mat* bölünebilir
Teilbetrag /'taylbıtra:k/ *m* (toplam tutarın) bir bölümü, bir miktarı, bir parçası
Teilchen /'taylhın/ *n* küçük parça
teilen /'taylın/ *vt* hisselere bölmek, ayırmak, pay etmek, bölümlemek; bölüşmek, paylaşmak; *mat* bölmek ***geteilter Ansicht sein*** *mec* farklı görüşlerde olmak
Teilerfolg /'taylerfolk/ *m* kısmi başarı
teilhaben /'taylha:bın/ *trvi* (fikir, görüş, karar) katılmak ***an etw teilhaben*** (bir şeye) iştirak etmek, katılmak
Teilhaber /'taylha:bır/ *m* ortak, hissedar, pay sahibi
Teilnahme /'taylna:mı/ *f* katılma, katılım, iştirak; ilgi, alaka; sempati; taziye, başsağlığı dileme
teilnahmslos /'taylna:mslo:s/ *s* ilgisiz, kayıtsız, alakasız; duygusuz, soğuk
Teilnahmslosigkeit /'taylna:mslo:zihkayt/ *f* kayıtsızlık, ilgisizlik; *hek* apati
teilnehmen /'tayIne:mın/ *trvi* (toplantı, gösteri, gezi, vs.) iştirak etmek, katılmak, gelmek
Teilnehmer /'taylne:mır/ *m* katılan, katılımcı, iştirak eden
teils /tayls/ *be* kısmen
Teilung /'taylung/ *f biy* bölünme; *mat* bölme
teilweise /'taylvayzı/ *be* kısmen, kısmi
Teilzahlung /'tayltsa:lung/ *f* taksit, taksit taksit ödeme, taksitle ödeme ***auf Teilzahlung kaufen*** taksitle almak
Teilzeitbeschäftigung /'tayltsaytbışeftigung/ *f* parttaym çalış(tır)ma\iş
Teint /te/ *m* yüz rengi, beniz, ten
Telefax /'telefaks/ *n* faks
Telefon /tele'fo:n/ *n* telefon
Telefonanruf /tele'fo:nanru:f/ *m* telefon çağrısı
Telefonanschluss /tele'fo:nanşlus/ *m* telefon bağlantısı
Telefonat /telefo'na:t/ *n* telefon konuşması
Telefonbuch /tele'fo:nbu:h/ *n* telefon rehberi
Telefongespräch /tele'fo:ngışpre:h/ *n* telefon konuşması
Telefonhörer /tele'fo:nhö:rır/ *m* ahize
telefonieren /telefo'ni:rın/ *vi* telefon etmek ***mit jdm telefonieren*** (birisiyle) telefon görüşmesi yapmak
telefonisch /tele'fo:niş/ *be* telefonla, telefon vasıtasıyla; *s* telefonlu ***telefonisch in Verbindung setzen*** telefonla ilişki kurmak
Telefonkarte /tele'fo:nkartı/ *f* telefon kartı
Telefonnummer /tele'fo:nnumır/ *f* telefon numarası
Telefonzelle /tele'fo:ntselı/ *f* telefon kabini, telefon kulübesi
Telefonzentrale /tele'fo:ntsentra:lı/ *f* telefon santralı
telegrafieren /telegra'fi:rın/ *vt* telgraf çekmek, tel çekmek
Telegramm /tele'gram/ *m* telgraf, tel ***ein Telegramm aufgeben*** telgraf çekmek, tel çekmek
Telegrammstil /tele'gramşti:l/ *m* telgraf üslubu, kısa konuşma vs
Teleobjektiv /'teleopyekti:f/ *n fot* teleobjektif, uzun odaklı bir tür mercek

telepathisch /tele'pa:tiş/ *s* uzaduyumsal, telepatik
Teleskop /teles'ko:p/ *n gökb* teleskop, dürbün
Telex /'teleks/ *n* teleks, uzaktan haber yazdırma
Teller /'telır/ *m* tabak ***ein Teller voll*** tabak dolusu
Tempel /'tempıl/ *m* mabet, tapınak; kutsal yer
Temperament /tempera'ment/ *n* mizaç, yaradılış, karakter; huy, yapı; sıcakkanlılık, tezcanlılık
temperamentvoll /tempera'mentfol/ *s* canlı, sıcakkanlı, ateşli, tezcanlı
Temperatur /tempera'tu:r/ *f* sıcaklık derecesi; *fiz* ısı, sıcaklık
Temperatursturz /tempera'tu:rşturts/ *m* ani sıcaklık düşüşü
temperieren /tempı'ri:rın/ *vt* ısıyı uygun değere getirmek, sıcaklığı ayarlamak; *müz* akort etmek; *mec* azaltmak, kısmak, indirmek
Tempo /'tempo/ *n* acele, hız, çabukluk; tempo, sürat, hız derecesi; *müz* usül ***Tempo!*** haydi!, çabuk ol!
Tempolimit /'tempo:limit/ *n* hız sınırı, sürat sınırı, hız limiti
temporär /tempo're:r/ *s* geçici, muvakkaten, geçici bir süre için ***temporäre Härte*** geçici sertlik
Tendenz /ten'dents/ *f* eğilim, meyil, yönelme, heves; durum, hava, ortam
tendenziell /tenden'tsyel/ *s* eğilime göre, duruma göre
tendenziös /tenden'tsyö:s/ *s* maksatlı, eğilimli, bir eğilimi gösteren
tendieren /ten'di:rın/ *vi* eğilim göstermek, meyletmek, heves göstermek
Tennis /'tenis/ *n sp* tenis
Tennisball /'tenisbal/ *m* tenis topu
Tennisplatz /'tenisplats/ *m sp* tenis sahası
Tennisschläger /'tenisşle:gır/ *m sp* tenis raketi
Tennisschuh /'tenisşu:/ *m sp* tenis ayakkabısı
Tennisspieler /'tenisşpi:lır/ *m* tenisçi
Tenor /te'no:r/ *m* davranış, tutum, tavır; anlam, mana, içerik; seyir, gidişat, akış; *müz* tenor; *huk* bir hükmün en önemli bölümü
Teppich /'tepih/ *m* halı; kilim; *kon* renkli örtü
Teppichboden /'tepihbo:dın/ *m* duvardan duvara halı
Teppichklopfer /'tepihklopfır/ *m* halı dövücü, patpat
Termin /ter'mi:n/ *m* belirlenmiş zaman, belirlenmiş süre; *huk* duruşma günü ***einen Termin haben*** *mec* randevusu olmak
Terminal /'terminal/ *n* terminal
termingerecht /ter'mi:ngıreht/ *s* belirlenen zamanda, zamanında, öngörülen zamanda
Terminkalender /ter'mi:nkalendır/ *m* randevu takvimi, ajanda
terminlich /ter'mi:nlih/ *s* zamansal, zaman açısından, zaman bakımından
Terminologie /terminolo'gi:/ *f* terminoloji, terim düzeni, terimler
Terpentin /terpen'ti:n/ *n* neft, terebentin
Terrasse /te'rası/ *f* teras, taraça, balkon; seki, set
Terrine /te'rinı/ *f* çorba kâsesi
territorial /terito'rya:l/ *s* ülke toprağıyla ilgili, toprakla ilgili
Territorium /teri'to:ryum/ *n* ülkenin toprağı, memleket; *biy* bölge, alan
Terror /'teror/ *m* terör; korkutma, yıldırma
terrorisieren /terori'zi:rın/ *vt* terör havası estirmek, yıldırmak, korkutmak
Terrorismus /tero'rismus/ *m* terörizm; terör uygulaması; terör yönetimi, terörist idare
Terrorist /tero'rist/ *m* terörist
terroristisch /tero'ristiş/ *s* teröristçe, terörle ilgili ***terroristische Vereinigung*** terörist grup
Tesafilm /'te:zafilm/ *m* seloteyp
Test /test/ *m* test; deneme
Testament /testa'ment/ *n* vasiyetname ***Altes Testament*** Tevrat, eski Ahit ***Neues Testament*** İncil, yeni Ahit
testamentarisch /testamen'ta:riş/ *s* vasiyetle ilgili
Testamentseröffnung /testa'mentsöröfnung/ *f huk* vasiyetname açılması
Testamentsvollstrecker /testa'mentsfolştrekır/ *m huk* vasi; vasiyeti yerine getiren kişi
Testbild /'testbilt/ *n* (TV) ayar resmi
testen /'testın/ *vt* test etmek, teste tâbi tutmak
Testpilot /'testpilo:t/ *m* deneme uçuşu pilotu

T

Teststrecke /'testştrekı/ *f* deneme yolu, deneme pisti
Tetanus /'te:tanus/ *m hek* tetanos, kazıklı humma
Tetanusimpfung /'te:tanusimpfung/ *f* tetanos aşısı
teuer /'toyır/ *s* pahalı; fiyat, eder; *mec* sevgili, aziz, değerli ***teuer zu stehen kommen*** pahalıya mal olmak ***wie teuer ist es?*** kaç para?
Teuerung /'toyırung/ *f* zam, pahalılık, fiyat yüksekliği
Teufel /'toyfıl/ *m* şeytan, iblis, satan ***der Teufel steckt in ihm!*** şeytan herif! ***mal den Teufel nicht an die Wand!*** ağzından yel alsın! ***pfui Teufel!*** hay aksi şeytan! ***Scher Dich zum Teufel!*** Cehennem ol! ***zum Teufel!*** Allah belasını versin!
Teufelskerl /'toyfılskerl/ *m* yaman adam, anasının gözü
Teufelskreis /'toyfılskrays/ *m mec* ümitsiz durum, vahim durum, çaresiz durum
teuflisch /'toyfliş/ *s* şeytan gibi, şeytanca
Text /tekst/ *m* metin, tekst; (incil) paragraf; bas 20 puntoluk harf ***jdm den Text lesen*** *kon* (birisini) iyice fırçalama ***weiter im Text!*** konuya devam ediniz!
Textbuch /'tekstbu:**h**/ *n müz* libretto, güfte
texten /'tekstın/ *vi müz* şarkı güftesi yazmak; *kon* reklam metni yazmak
Texter /'tekstır/ *m müz* şarkı sözü yazarı; reklam metni yazarı
textil /teks'ti:l/ *s* tekstil, dokuma; tekstil ürünleri ile ilgili ***textile Ausrüstung*** tekstil apresi, tekstil terbiyesi
Textilien /teks'ti:lyın/ *pl* tekstil, dokuma
Textilindustrie /teks'ti:lindustri:/ *f* tekstil endüstrisi, dokuma sanayii, mensucat sanayii
Textverarbeitung /'tekstferarbaytung/ *f* kelime işlem, sözişlem
Thailand /'tailant/ *n* Tayland
Thailänder /'tailendır/ *m* Taylandlı
Theater /te'a:tır/ *n tiy* tiyatro, oyun; sahte tavır, yapmacık tavır ***Theater spielen*** numara yapmak, rol kesmek
Theaterbesuch /te'a:tırbızu:**h**/ *m* tiyatroya gitme
Theaterkasse /te'a:tırkası/ *f tiy* tiyatro gişesi
Theaterprobe /te'a:tırpro:bı/ *f* tiyatro provası
Theaterstück /te'a:tırştük/ *n tiy* tiyatro oyunu
theatralisch /tea'tra:liş/ *s tiy* tiyatro ile ilgili; *mec* sahte tavırlı, yapmacık tavırlı
Theke /'te:kı/ *f* tezgâh
Thema /'te:ma/ *n* konu, tema, esas, temel düşünce; *müz* motif, tema
Thematik /te'ma:tik/ *f* konu bütünlüğü, tematik
thematisch /te'ma:tiş/ *s* konuyla ilgili, konuya ilişkin, konuya ait, tematik
Theologe /teo'lo:gı/ *m* teolog, tanrı bilimcisi, ilahiyatçı
Theologie /teolo'gi:/ *f* teoloji, tanrı bilimi, ilahiyat
theologisch /teo'lo:giş/ *s* teolojik, teoloji ile ilgili
Theoretiker /teo're:tikır/ *m* teorisyen, kuramcı
theoretisch /teo're:tiş/ *s* kuramsal, teorik, nazari
Theorie /teo'ri:/ *f* kuram, teori; doktrin, öğreti
Therapeut /tera'poyt/ *m* hekim, tedavi edici kişi
therapeutisch /tera'poytiş/ *s* tedavi ile ilgili
Therapie /tera'pi:/ *f* terapi, hastalıkların tedavisi
Thermalbad /'termalba:t/ *n* termal banyo, kaplıca banyosu
Thermalquelle /ter'ma:lkvelı/ *f* kaplıca
Thermometer /termo'me:tır/ *m* termometre, sıcakölçer
Thermosflasche /'termosflaşı/ *f* termos
Thermoskanne /'termoskanı/ *f* termos şişesi, vakum şişesi
Thermostat /'termosta:t/ *m* termostat
These /'te:zı/ *f* tez, sav, iddia
Thrombose /trom'bo:zı/ *f hek* tromboz, damarda kan pıhtılaşması
Thron /tro:n/ *m* taht
Thronfolger /'tro:nfolgır/ *m* veliaht
Thymian /'tü:mya:n/ *m bitk* kekik
Tibet /'ti:bet/ *m* tiftik
Tick /tik/ *m hek* tik
ticken /'tikın/ *vi* tik tak sesleri çıkarmak
Tief /ti:f/ *n metr* alçak basınç bölgesi; *den* sığlık yerlerde gemi geçiş yeri
tief /ti:f/ *s* derin; alçak; çukur; (konu) derin, mühim, önemli; (renk) koyu; *müz* pes; iç, orta ***tief fliegen*** (uçak) alçaktan uçmak
Tiefbau /'ti:fbau/ *m* kanalizasyon, alt yapı

T

Tiefdruckgebiet /'ti:fdrukgıbi:t/ *n metr* alçak basınç bölgesi
Tiefe /'ti:fı/ *f* derinlik; çukur, uçurum, yar; (ses) kalınlık, pes
Tiefebene /'ti:fe:bını/ *f* ova
Tiefenschärfe /'ti:fınşerfı/ *f* foto netlik derinliği
Tiefflug /'ti:fflu:k/ *m* (uçak) alçaktan uçuş
Tiefgarage /'ti:fgara:jı/ *f* bina altı garajı
Tiefkühlfach /'ti:fkü:lfah/ *n* buzdolabının derin dondurma bölümü
Tiefkühlkost /'ti:fkü:lkost/ *f* donmuş yiyecek
Tiefkühltruhe /'ti:fkü:ltru:ı/ *f* derin dondurucu
Tiefpunkt /'ti:fpunkt/ *m* en düşük nokta, en alt seviye
Tiefschlag /'ti:fşla:k/ *m* (boksta) belden altına vuruş
tiefsinnig /'ti:fzinih/ *s* gerin fikirli, ince fikirli; iyi düşünülmüş, iyi tasarlanmış; derinlemesine; melankolik gibi
Tiefstand /'ti:fştant/ *m* düşük durum, düşük seviye
tiefstapeln /'ti:fşta:pıln/ *trvi* becerilerini düşük göstermek, kapasitesini düşük göstermek
Tiegel /'ti:gıl/ *m* tava; *mad* pota; bas küçük baskı makinesi
Tier /ti:r/ *n* hayvan; *kon hayb* dişi geyik
Tierarzt /'ti:rartst/ *m* veteriner hekim, baytar, hayvan doktoru
tierärztlich /'ti:re:rtstlih/ *s* veterinerlikle ilgili, baytarlıkla ilgili
Tierfreund /'ti:rfroynt/ *m* hayvansever, hayvan dostu
Tiergarten /'ti:rgartın/ *m* hayvanat bahçesi
Tierheilkunde /'ti:rhaylkundı/ *f* veterinerlik, baytarlık
Tierheim /'ti:rhaym/ *n* hayvan barınağı
tierisch /'ti:riş/ *s* hayvanla ilgili; *mec* gaddar, acımasız, vahşi
Tierkreis /'ti:rkrays/ *m gökb* zodyak, burçlar kuşağı
Tierpfleger /'ti:rpfle:gır/ *m* hayvan bakıcısı
Tierquälerei /ti:rkve:lı'ray/ *f* hayvanlara eziyet etme, hayvanlara acı çektirme
Tierreich /'ti:rrayh/ *n* hayvanlar dünyası
Tierversuch /'ti:rferzu:h/ *m* hayvanlar üzerinde yapılan deney
Tiger /'ti:gır/ *m bitk* kaplan
tilgen /'tilgın/ *vt* (üzerini) silmek, çizmek, iptal etmek, yok etmek, (borç, hesap) kapatmak, sıfırlamak
Tilgung /'tilgung/ *f* (borç) ödeme, sıfırlama, silme, ödeme
timen /'taimın/ *vt* (süre) ölçmek, saat tutmak; (saat) ayarlamak
Tinte /'tintı/ *f* mürekkep ***in der Tinte sitzen*** *kon* zor durumda olmak
Tintenfass /'tintınfas/ *n* mürekkep hokkası
Tintenfisch /'tintınfiş/ *m hayb* mürekkep balığı
tippen /'tipın/ *vi* yavaşça parmak ile dokunmak; tahmin etmek; (toto, loto) tahmin etmek, işaretlemek, kupon doldurmak; daktilo etmek, yazmak ***daran ist nicht zu tippen!*** *mec* her şey ortada!, söylenecek laf yok! ***einen Brief tippen*** (daktiloda) mektup yazmak
Tippfehler /'tipfe:lır/ *m kon* daktilo yazım hatası
Tisch /tiş/ *m* masa; yüzey, yatay düz yüzey; (işyeri) *mec* masa; yemek ***nach Tisch*** yemekten sonra ***vor Tisch*** yemekten önce ***zu Tisch!*** sofraya!, yemeğe!
Tischbein /'tişbayn/ *n* masa ayağı
Tischdecke /'tişde:kı/ *f* masa örtüsü
Tischlampe /'tişlampı/ *f* masa lambası
Tischler /'tişlır/ *m* marangoz
Tischplatte /'tişplatı/ *f* masa tahtası
Tischtennis /'tiştenis/ *n sp* masa tenisi
Titan /ti'ta:n/ *m* mit (Yunan) Titan; *mec* dev; *n kim* titan
Titel /'ti:tıl/ *m* unvan, paye; resmi sıfat, resmi unvan; (kitap, eser) ad, isim; başlık; senet, belge; *huk* hukuki dayanak, hukuki sebep; ilam; (kanun, bütçe) fasıl; bas ana başlık
Titelbild /'ti:tılbilt/ *n* bas kapak resmi
Titelrolle /'ti:tılrolı/ *f* başrol
Titelseite /'ti:tılzaytı/ *f* başlıklı sayfa
Titelverteidiger /'ti:tılfertaydigır/ *m* unvan karşılaşması sonucunda unvanını koruyan sporcu
titulieren /titu'li:rın/ *vt* adlandırmak, isimlendirmek, ad vermek, ad koymak; (kitap) ad koymak; (birisine) unvanı ile hitap etmek
Toast /to:st/ *m* tost; ekmek kızartması, kızarmış ekmek dilimi; şerefe kadeh kaldırma
Toastbrot /'to:stbro:t/ *n* tost ekmeği
toasten /'to:stın/ *vt vi* tost yapmak; ekmek

kızartmak; şerefe kadeh kaldırmak
Toaster /'to:stır/ *m* tost makinesi; ekmek kızartma makinesi
toben /'to:bın/ *vi* sinirlenmek, öfkelenmek, sinirden kudurmak, azmak; tantana koparmak, bağırıp çağırmak ***tobt nicht!*** gürültü etmeyin?
Tochter /'tohtır/ *f* kız çocuğu, kız evlat
Tochtergesellschaft /'tohtırgızelşaft/ *f* şirket şubesi, şirket bayii, şirket kolu
Tod /to:t/ *m* ölüm, vefat, ölme; ölü, ceset, iskelet ***ein natürlicher Tod*** doğal bir ölüm, eceliyle ölüm ***mit dem Tod ringen*** ölümle pençeleşmek, can çekişmek ***Tod und Teufel!*** lanet olsun!
todernst /'to:ternst/ *s mec* çok ciddi, çok vahim
Todesangst /'to:dısangst/ *f* ölüm korkusu; *mec* büyük korku
Todesanzeige /'to:dısantsaygı/ *f* (gazete) ölüm ilanı
Todesart /'to:dısa:rt/ *f* ölüm şekli, ölüm biçimi, ölüm tarzı
Todesfall /'to:dısfal/ *m* ölüm, vefat
Todesfolge /'to:dısfolgı/ *f* ölümle sonuçlanma, can kaybıyla sonuçlanma
Todesjahr /'to:dısya:r/ *n* ölüm yılı
Todeskampf /'to:dıskampf/ *m* can çekişme
Todesstrafe /'to:dısştra:fı/ *f huk* ölüm cezası, idam cezası
Todesursache /'to:dısu:rzahı/ *f* ölüm nedeni
Todesurteil /'to:dısurtayl/ *n* idam kararı, idam hükmü
Todfeind /'to:tfaynt/ *m* can düşmanı
todkrank /'to:tkrank/ *s* ölümcül hasta, ağır hasta
tödlich /'tö:tlih/ *s* ölüme neden olan, öldürücü şekilde; *mec* oldukça, çok büyük ***jdn tödlich beleidigen*** (birisine) oldukça ağır hakarette bulunmak ***tödlich verunglücken*** kazada ölmek ***tödlicher Unfall*** ölümlü kaza
todmüde /'to:tmü:dı/ *s kon* çok yorgun, ölü gibi, kıpırdayamayacak kadar yorgun, bitkin
todschick /'to:tşik/ *s kon* çok şık, oldukça şık, pek şık
todsicher /'to:tzihır/ *s kon* şüphe götürmez, çok kesin, çok emin
Todsünde /'to:tzündı/ *f* büyük günah
Toilette /toa'letı/ *f* tuvalet, yüznumara, hela; gece toplantısı için kadın giysisi, tuvalet; *kon* giyinme, süslenme ***auf die Toilette gehen*** tuvalete gitmek
Toilettenartikel /toa'letınartikıl/ *m* tuvalet malzemesi
Toilettenpapier /toa'letınpapi:ır/ *n* tuvalet kâğıdı
tolerant /tolı'rant/ *s* toleranslı; hoşgörülü, müsamahalı
Toleranz /tolı'rants/ *f* tolerans; hoşgörü, müsamaha; hata payı, yanılma payı, tolerans
tolerieren /tolı'ri:rın/ *vt* hoşgörmek, göz yummak, müsamahalı davranmak, görmezlikten gelmek
toll /tol/ *s kon* deli, kaçık, çılgın, kafayı yemiş; kendini bilmez, haddini bilmez; korkunç, çok büyük; mükemmel, harika, olağanüstü; kuduz, kudurmuş
tollen /'tolın/ *vi* velveleye vermek, patırtıya boğmak
Tollheit /'tolhayt/ *f* çılgınlık, delilik, manyaklık; çılgınca iş, korkusuzca iş
tollkühn /'tolkü:n/ *s* cüretkâr, tehlikeyi hiçe sayan, korkusuz
Tollkühnheit /'tolkü:nhayt/ *f* tehlikeyi hiçe sayma, korkusuzca davranma
Tollwut /'tolvu:t/ *f hek* (köpek, kişi) kuduz
Tölpel /'tölpıl/ *m* hantal kişi, ağırkanlı kimse, beceriksiz, elinden iş gelmez kişi; *hayb* bir tür denizkuşu
Tomate /to'ma:tı/ *f bitk* domates
Tomatenmark /to'ma:tınmark/ *n* domates ezmesi
Tomatensalat /to'ma:tınzala:t/ *m* domates salatası
Tombola /'tombola/ *f* tombala
Ton /to:n/ *m* ses, seda; ahenk, ton; davranış biçimi, konuşma biçimi; *dilb* vurgu; (tablo) ton farkı, renk farkı; çamur, balçık; lüleci çamuru, kil ***der gute Ton*** görgü ***keinen Ton mehr!*** *kon* kapa çeneni!
tonangebend /'to:nange:bınt/ *s* sözünü dinleten, lafını dinleten, ileri gelen
Tonart /'to:nart/ *f müz* makam; *kon* davranış biçimi, konuşma tarzı
Tonband /'to:nbant/ *n* ses bandı, ses kayıt bandı
Tonbandgerät /'tonbantgıre:t/ *m* makaralı teyp, ses kayıt cihazı
tönen /'tö:nın/ *vt* renk vermek; (saç) hafif renk vermek, boyamak, ton atmak; *vi* övgüyle bahsetmek; tınlamak, çınlamak; ses vermek

Tonfall /'to:nfal/ *m dilb* aksan, dil melodisi, aksan; modülasyon
Tonfilm /'to:nfilm/ *m* sesli film
Tonhöhe /'to:nhö:ı/ *f* ses yüksekliği
Tonikum /'to:nikum/ *n hek* vücudu kuvvetlendirici ilaç
Tonlage /'to:nla:gı/ *f* ses perdesi
Tonleiter /'to:nlaytır/ *m müz* gam
Tonne /'tonı/ *f* ton, bin kilo; büyük fıçı, varil; *den* şamandıra
Tonqualität /'to:nkvalite:t/ *f* ses kalitesi
Tönung /'tö:nung/ *f fot* renk verme, nüanslama
Topf /topf/ *m* tencere; kap-kaçak, çanak-çömlek
Töpfer /'töpfır/ *m* çömlekçi, çanakçı
töpfern /'töpfırn/ *s* topraktan yapılmış, balçıktan yapılmış
Topflappen /'topflapın/ *m* tencere tutacağı, tutacak bez
Topfpflanze /'topfpflantsı/ *f* saksı bitkisi
Tor /to:r/ *m* ahmak kişi, aptal kimse, akılsız kimse, budala kimse; *n sp* (futbol) gol; *sp* (futbol) kale; büyük kapı, ana kapı; *sp* (slalom) kapı; dar geçit
Torf /torf/ *m bitk* çürümüş bitki artığı, turba, turp; yer kömürü
Torheit /'to:rhayt/ *f* aptallık, akılsızlık, delilik, kaçıklık
Torhüter /'to:rhü:tır/ *m sp* kaleci
töricht /'tö:riht/ *s* aptal, akılsız, deli, kaçık
torkeln /'torkıln/ *vi kon* sendelemek, yalpalamak, sendeleyerek yürümek, yalpalayarak yürümek
Tornister /tor'nistır/ *m* arka çantası, sırt çantası
torpedieren /torpe'di:rın/ *vt ask* torpillemek; *mec* önlemeye çalışmak, engellemeye çalışmak
Torpfosten /'to:rpfostın/ *m sp* kale direği
Torschütze /'to:rşütsı/ *m/f sp* golü atan (kişi)
Torso /'torzo/ *m* torso, (başsız, elsiz ve ayaksız) gövde heykeli; *mec ed* tamamlanmamış eser; *sin* fragman
Torte /'tortı/ *f* turta, pasta, tart
Tortenboden /'tortınbo:dın/ *m* pasta altlığı
Tortur /tor'tu:r/ *f* işkence, can sıkma
Torwart /'to:rvart/ *m sp* (futbol) kaleci
tosen /'to:zın/ *vi* (su) çağlamak, çağlayarak akmak, şarıl şarıl akmak, şırıl şırıl akmak; (ses) uğuldamak
tot /to:t/ *s* ölü, ölmüş, rahmetli, müteveffa; verimsiz; etkisiz, tesirsiz; hissiz, duygusuz, heyecansız; donuk, sönük ***auf den toten Punkt kommen*** durma noktasına gelmek ***das Tote Meer*** ölüdeniz ***toter Punkt*** ölü nokta ***toter Winkel*** *oto* (dikiz aynası) ölü nokta
total /to'ta:l/ *s* tüm, bütün, total, tam, büsbütün, genel
totalitär /totali'te:r/ *s pol* totaliter
Totalitarismus /totalita'rismus/ *m pol* totalitarizm, totaliter rejim
Totalschaden /to'ta:lşa:dın/ *m oto* tam hasar
totarbeiten /'to:tırbaytın/ *trvr* ölesiye çalışmak, eşek gibi çalışmak
Tote(r) /'to:tı(r)/ *f/m* ölü, rahmetli
töten /'tö:tın/ *vt* öldürmek; yok etmek
Totenbett /'to:tınbet/ *n* ölüm döşeği
totenblass /to:tın'blas/ *s* beti benzi atmış, ölü gibi sapsarı
Totengräber /'to:tıngre:bır/ *m* mezar kazıcısı, mezar açıcısı, mezarcı; *hayb* leş böceği
Totenkopf /'to:tınkopf/ *m* kuru kafa; *hayb* bir tür kelebek
Totenmesse /'to:tınmesı/ *f* ölü için yapılan dini tören
Totenschein /'to:tınşayn/ *m* ölüm ilmühaberi, ölüm belgesi, ölüm raporu
Totensonntag /'to:tınzonta:k/ *m* ölmüşleri anma günü
Totenstarre /'to:tınştarı/ *f* ceset sertleşmesi, ölü katılaşması
totenstill /'to:tın'ştil/ *s* ölü gibi, ölü gibi sessiz, sakin, gık demeden
Totenstille /'to:tın'ştilı/ *f* ölüm sessizliği
Totgeburt /'to:tgıburt/ *f* ölü çocuk doğurma; ölü doğmuş çocuk
totlachen /'to:tlahın/ *trvr kon* gülmekten kırılmak, gülmekten gebermek
totschießen /'to:tşi:sın/ *trvt* (silahla) ateş ederek öldürmek
Totschlag /'to:tşla:k/ *m huk* kasten adam öldürme
totschlagen /'to:tşla:gın/ *trvt* (bir cisimle) vurarak öldürmek
Toupet /tu'pe:/ *n* tupe, takma saç demeti
toupieren /tu'pi:rın/ *vt* (saç) kabartmak
Tour /tu:r/ *f* gezi, tur, seyahat, yolculuk; *tek* motor devri, motor turu; dönüş, dönme, devinim ***auf Touren kommen*** *mec* harekete geçmek
Tourenwagen /'tu:rınva:gın/ *m* hem yarış hem de binek aracı olarak kullanılabilen

T

oto
Tourenzahl /'tu:rıntsa:l/ *f tek* devir sayısı
Tourismus /tu'rismus/ *m* turizm
Tourist /tu'rist/ *m* turist, gezgin
Touristenklasse /tu'ristınklası/ *f* (gemi, uçak) turistik mevki, ucuz mevki
touristisch /tu'ristiş/ *s* turistik, turizm ile ilgili, turizme ait ***touristische Gruppe*** turistik gezi grubu
Tournee /tur'ne:/ *f tiy* turne, şehirlerarası (uluslararası) gösteri amaçlı seyahat ***auf Tournee gehen*** turneye çıkmak
toxisch /'toksiş/ *s* toksik, zehirli
Trab /tra:p/ *m hayb* (at) tırıs; *kon* koşaradım
Trabant /tra'bant/ *m gökb* uydu; *kon* eş, refakatçi; *esk* hükümdarı koruması
Trabantenstadt /tra'bantınştat/ *f* uydukent
traben /'tra:bın/ *vi hayb* (at) tırıs gitmek; *kon* acele ile gitmek, koşuşturmak
Trabrennen /'tra:prenın/ *n* iki tekerlekli at arabası yarışı
Tracht /traht/ *f* giysi, elbise, kıyafet; oran, pay, hisse; *biy* mineral oluşum şekli ***eine Tracht Prügel*** iyi bir dayak
trachten /'trahtın/ *vi* elde etmeye çalışmak, elde etmeye uğraşmak ***jdm nach dem Leben trachten*** birinin hayatına kastetmek
trächtig /'trehtih/ *s hayb* hamile, gebe
Tradition /tradits'yo:n/ *f* gelenek, görenek, örf, âdet ***eine alte Tradition*** eski bir gelenek
traditionell /traditsyo:'nel/ *s* geleneksel, göreneksel, âdet olmuş
tragbar /'tra:kba:r/ *s* portatif, taşınabilir; *mec* (kişi) katlanılabilir, çekilebilir
Trage /'tra:gı/ *f* semer, hamal sırtlığı, hamal eşya taşıma sırtlığı
träge /'tre:gı/ *s* uyuşuk, tembel, üşengeç, aylak
tragen /'tra:gın/ *vt* (kıyafet) giymek; taşımak, taşıyarak götürmek, götürmek; (gözlük) takmak; getirmek, vermek, sağlamak, temin etmek; sorumluluğunu taşımak, sorumlu olmak, sorumluluğunu üstlenmek; gebe olmak, hamile olmak ***die Kosten tragen*** masrafları üstlenmek ***gut tragen*** iyi gelir getirmek, kâr bırakmak ***sich mit dem Gedanken tragen*** planlamak, tasarlamak
Träger /'tre:gır/ *m* hamal, taşıyıcı; *mim* destek, taşıyıcı
trägerlos /'tre:gırlo:s/ *s* (giysi vb) askısız
Tragetasche /'tra:gıtaşı/ *f* pazar çantası; plastik vs. torba (büyükçe); portbebe
tragfähig /'tra:kfe:ih/ *s* taşımaya dayanıklı, taşıma gücüne sahip, taşıyabilir
Tragfläche /'tra:kflehı/ *f* (uçak) taşıyıcı kanat, taşıma kanadı
Tragflächenboot /'tra:kflehınbo:t/ *n* hidrofoil tekne
Trägheit /'tre:khayt/ *f* tembellik, uyuşukluk, üşengeçlik; *fiz* hareketsizlik
Tragik /'tra:gik/ *f* trajik, trajedi, acıklı, facia
tragisch /'tra:giş/ *s* trajik, acıklı
Traglast /'tra:klast/ *f* yük, taşınacak yük
Tragödie /tra'gö:dyı/ *f tiy* tragedya, trajedi; *mec* trajik olay
Tragriemen /'tra:kri:mın/ *m* askı kayışı
Tragweite /'tra:kvaytı/ *f tek* menzil, erim mesafesi, atım mesafesi; *mec* önem, değer, etki
Trainer /'tre:nır/ *m sp* antrenör
trainieren /tre:'ni:rın/ *vi sp* antrenman yapmak; *vt sp* antrenman yaptırmak ***Fußball trainieren*** futbol antrenmanı yapmak
Training /'tre:nin/ *n sp* antrenman
Trainingsanzug /'tre:ningsantsu:k/ *m* eşofman
traktieren /trak'ti:rın/ *vt* eziyet vermek, acı vermek, fena davranmak, kötü davranmak
Traktor /'traktor/ *m* traktör
trällern /'trelırn/ *vt vi* mırıldanmak, kendi kendine sesler çıkarmak
trampeln /'trampıln/ *vi vt* tepinmek; *kon* yavaş yavaş yürümek
Trampelpfad /'trampılpfa:t/ *m* patika, der geçit, keçi yolu
trampen /'trempın/ *vi* otostop yapmak; yaya olarak gitmek
Tramper /'trempır/ *m* otostopçu; yaya
Tran /tra:n/ *m* balıkyağı ***im Tran sein*** *kon* kafayı bulmak, sarhoş olmak; uyku sersemi olmak, mahmur olmak
Trance /trans/ *f* kendinden geçme, bilincini kaybetme
tranchieren /tran'şi:rın/ *vt* (et) dilimlemek, dilim dilim kesmek
Träne /'tre:nı/ *f* gözyaşı; *kon* damla, zerre ***Tränen der Freude*** mutluluk gözyaşları, sevinç göz yaşları
tränen /'tre:nın/ *vi* gözleri yaşarmak, gözleri dolmak
Tränendrüse /'tre:nındrü:zı/ *f anat* göz-

T

yaşı bezi
Tränengas /'tre:nınga:s/ *n ask* göz yaşartıcı gaz
Tränke /'trenkı/ *f* yalak, hayvan su içme kabı
tränken /'trenkın/ *vt* su içirmek, su vermek; doyurmak, içirmek
Transaktion /tranzakts'yo:n/ *f tic* transaksiyon, önemli ticari muamele
transatlantisch /transat'lantiş/ *s* denizaşırı, atlantik denizini aşan, okyanus ötesi
Transfer /'transfe:r/ *m* transfer, aktarım, bir yerden başka bir yere geçiş; *sp* kulüp değiştirme, başka takıma geçme; (turizm) otele veya otelden başka yere götürme
transferieren /transfe'ri:rın/ *vt* havale etmek, transfer etmek
Transformator /transfor'ma:tor/ *m elek* transformatör, dönüştürücü
Transfusion /transfu'zyo:n/ *f hek* transfizyon, kan nakli
Transistor /tran'zistor/ *m elek* transistor
Transistorradio /tran'zisto:rra:dyo/ *n* transistörlü radyo
Transit /'tranzit/ *m* beklemeden geçiş, transit, geçiş
transitiv /'transiti:f/ *s dilb* (fiil) geçişli
Transitverkehr /'tranzitferke:r/ *m tic* transit ticaret ulaşımı; transit ulaşım
Transparent /transpa'rent/ *n* pankart; şeffaf madde üzerindeki resim
transparent /transpa'rent/ *s* şeffaf, transparan, saydam; berrak, duru
Transpiration /transpira'tsyo:n/ *f biy* terleme; ter
transpirieren /transpi'ri:rın/ *vi biy* terlemek, ter çıkarmak
Transplantation /transplanta'tsyo:n/ *f hek* organ nakli, doku nakli, transplantasyon
transplantieren /transplan'ti:rın/ *vt hek* organ nakli yapmak, doku nakli yapmak
Transport /trans'port/ *m* taşıma, nakil, transport
transportabel /transpor'ta:bıl/ *s* portatif, taşınabilir, aktarılabilir
Transporter /trans'portır/ *m* kamyon, taşıyıcı araç; nakliye uçağı, kargo uçağı; yük gemisi, şilep
transportfähig /trans'portfte:ih/ *s* portatif, nakledilebilir, taşınabilir
transportieren /transpor'ti:rın/ *vt* taşımak, götürmek, nakletmek, iletmek, aktarmak; *fiz* iletmek
Transportkosten /trans'portkastın/ *pl* nakliye masrafları; navlun
Transportmittel /trans'portmitıl/ *n* taşıma aracı, nakil aracı
Transportunternehmen /trans'portuntırne:mın/ *n* taşıma kurumu, nakliyat firması, taşıyıcı şirket
transzendent /transtsen'dent/ *s* dünya dışı, duyular üstü; *fel* üstün olan
Trapez /tra'pe:ts/ *n mat* yamuk; *sp* (jimnastik) trapez ***trapez Gewinde*** trapez vida
Trasse /'trası/ *f* güzergâh, yol hattı, izlenecek yol
Tratsch /tra:tş/ *m kon* gevezelık, lakırdı, dedikodu, laf; iftira
tratschen /'tra:tşın/ *vi* gevezelik etmek, laklak etmek, dedikodu yapmak, laf çıkarmak; iftira atmak
Traualtar /'traualta:r/ *m* (papaz) nikâh kıyma masası ***vor den Traualtar treten*** *kon* evlenmek, (papaz huzurunda) dini nikâh kıymak
Traube /'traubı/ *f bitk* üzüm tanesi, üzüm salkımı; *mec* yığın, küme, grup
Traubensaft /'traubınzaft/ *m* üzüm suyu
Traubenzucker /'traubıntsukır/ *m* nişasta şekeri
trauen /'trauın/ *vt* itimat etmek, güvenmek, inanmak; *kon* nikâhını kıymak, evlendirmek ***sich trauen lassen*** nikâh kıydırtmak
Trauer /'trauır/ *f* yas, matem, üzüntü, acı, acık
Trauerfall /'trauırfal/ *m* aileden birinin ölmesi, ailede ölüm
Trauerkleidung /'trauırklaydung/ *f* matem elbisesi, siyahlara bürünmüş giysi
Trauermarsch /'trauırmarş/ *m* matem havası; *ask* cenaze marşı
trauern /trauırn/ *vt* üzülmek, kederlenmek ***über etw trauern*** (bir şeye) üzülmek ***um jdn trauern*** (birisine) üzülmek, ağlamak; matemini tutmak
Trauerspiel /'trauırşpi:l/ *n* facia, trajedi
Trauerweide /'trauırvaydı/ *f bitk* salkımsöğüt
Traufe /traufı/ *f* yağmur suyu oluğu
träufeln /'troyfıln/ *vt* damlatmak, damla damla akıtmak; *vi* damlamak, damla damla akmak
traulich /'traulih/ *s* hoş, rahat; içten
Traum /traum/ *m* düş, rüya; hayal, hülya,

T

kuruntu ***einen Traum haben*** bir rüya görmek, düş görmek ***im Traum erscheinen*** rüyasına girmek
Trauma /'trauma/ *f hek* travma, travmatizm, fiziksel veya zihinsel zedelenme
traumatisch /trau'ma:tiş/ *s hek* travmatik, zedeleyici
Traumberuf /'traumbıru:f/ *m* ideal meslek\iş
Traumbild /'traumbilt/ *n* hayal, görüngü
Traumdeutung /'traumdoytung/ *f* rüya yorumlama, rüya tabirleme
träumen /'troymın/ *vt* rüya görmek, düş görmek; hayal etmek, fantezisini kurmak, tahayyül etmek; imrenmek, can atmak
Träumer /'troymır/ *m* hayalperest; rüya gören kişi
Träumerei /troymı'ray/ *f* rüya, hayal, sayıklama ***Träumerei nachhängend*** hayalperest
Traumfabrik /'traumfabri:k/ *f* Hollywood vs
Traumfrau /'traumfrau/ *f kon* hayalindeki kadın, rüya kadın
traumhaft /'traum**h**aft/ *s* rüya gibi, hayal gibi; hayallere dalmış, dalgın; olağanüstü
traurig /'trauri**h**/ *s* dokunaklı, acıklı, üzgün, kederli; feci, trajik; sefil, acınası
Traurigkeit /'trauri**h**kayt/ *f* hüzün, keder, acı, üzüntü
Trauring /'trauring/ *m* alyans, nişan/nikâh yüzüğü
Trauschein /'trauşayn/ *m* evlenme cüzdanı, evlilik cüzdanı
Trauung /'trauung/ *f* nikâh, evlenme töreni, evlenme ***standesamtliche Trauung*** resmi nikâh, belediye nikâhı
Trauzeuge /'trautsoygı/ *m* nikâh şahidi
Treff /tref/ *m kon* buluşma yeri, buluşulan yer; buluşma; *n isk* sinek, spati, tref
Treffen /'trefın/ *n* buluşma, randevu, görüşme, rastlama; *sp* karşılaşma, müsabaka; *ask* çatışma, çarpışma
treffen /'trefın/ *vt* rast gelmek, rastlamak, tesadüfen karşılaşmak, isabet ettirmek; başına gelmek; *ask* karşılaşmak, müsadere etmek; *huk* ait olmak; içine işlemek, koymak; incitmek, üzmek, kırmak, yaralamak, kalbini kırmak; *vi* karşılaşmak, rastlaşmak; *sp* karşılaşmak, müsabaka etmek; *vr* uygun düşmek, uymak, tesadüfen olmak, denk gelmek ***eine Vereinbarung treffen*** bir anlaşma yapmak ***eine Wahl treffen*** bir seçim yapmak ***es gut treffen*** iyi bir şekilde karşılamak ***etw treffen*** (ateş ederek) isabet ettirmek ***jds Geschmack treffen*** (birisinin) zevkine en uygun olanı keşfetmek ***keine Schuld treffen*** hiç suçu olmamak ***sich mit jdm treffen*** (birisiyle) buluşmak, randevulaşmak ***sich treffen*** buluşmak
treffend /'trefınt/ *s* yerinde, uygun, tam, kati, kesin
Treffer /'trefır/ *m* hedefe vurma, hedefe isabet ettirme, isabet; (şans oyunu) çıkma, kazanma, isabet ettirme, kazanan kupon/bilet
Treffpunkt /'trefpunkt/ *m* buluşma yeri, buluşma noktası
treffsicher /'trefzi**h**ır/ *s* hedefi tutturmuş, isabetli, hedefe ulaşan, hedefe varan
Treibeis /'traypays/ *n coğ* su yüzeyindeki kütleleri
Treiben /'traybın/ *n* hareket, çalışma, iş, devinim; işleme, gidiş-geliş, kalabalık
treiben /'traybın/ *vi* sürüklenmek; *bitk* filiz sürmek, çimlenmek; *vt* atmak, sürmek, önüne katmak, sürüklemek; kovmak, defetmek, sepetlemek, atmak; *sp* top sürmek, taşımak; sebep olmak, neden olmak; delmek, sokmak; çakmak; yükseltmek, çıkarmak ***die Preise in die Höhe treiben*** fiyatları yükseltmek, zam yapmak ***Metall treiben*** maden dövmek, metal dövmek ***mit etw Handel treiben*** (bir şeyin) ticaretini yapmak, alımsatımını yapmak ***Musik treiben*** müzikle uğraşmak
Treibgas /'traypga:s/ *n* akaryakıt gazı
Treibhaus /'trayp**h**aus/ *n* sera, turfandalık
Treibhauseffekt /'trayp**h**ausefekt/ *m* sera etkisi
Treibjagd /'traypya:kt/ *f* sürek avı
Treibsand /'traypzant/ *m* rüzgâr tarafından savrulan/sürüklenen kum
Treibstoff /'traypştof/ *m* akaryakıt
Trend /trent/ *m* eğilim, yönelim, yön, trend, akım
Trendwende /'trentvendı/ *f pol* eğilimde dönüş
trennbar /'trenba:r/ *s dilb* ayrılır, ayrılabilir ***trennbares Verb*** *dilb* ayrılabilen fiil
trennen /'trenın/ *vt* ayırmak, birbirinden ayırmak, ayırt etmek; ayrılmak, terk et-

mek, birbirinden ayrılmak; bölmek, bölümlemek, kısımlarına ayırmak ***sich trennen*** (birbirinden) ayrılmak; (yol) ikiye ayrılmak

Trennung /'trenung/ *f* ayrılma, terk etme, bırakma, çözülme; ayrılış, ayrılık

Trennwand /'trenvant/ *f* bölme duvarı, ayırma duvarı

Treppe /'trepı/ *f* merdiven

Treppenabsatz /'trepınabzats/ *m mim* merdiven sahanlığı

Treppengeländer /'trepıngılendır/ *n* tırabzan, merdiven korkuluğu

Treppenhaus /'trepınhaus/ *n* merdiven boşluğu

Treppenwitz /'trepınvits/ *m* geciken cevap, sonradan akla gelen cevap

Tresen /'tre:zın/ *m* banko, bar

Tresor /tre'zo:r/ *m* para kasası, çelik kasa; (banka) kasa dairesi

Tresorraum /tre'zo:rraum/ *m* kasa dairesi

Tretboot /'tre:tbo:t/ *n* pedallı bot

treten /'tre:tın/ *vt* tekme atmak, tekmelemek, tekme savurmak; *mec* kalbini kırmak, yaralamak, incitmek; (horoz-tavuk) becermek, üstüne çıkmak; *vi* girmek, ayak basmak, gitmek; gelmek, gitmek; yerleşmek, bir yere yerleşmek ***in den Stand der Ehe treten*** evlenmek ***in Verbindung treten*** temasa geçmek ***jdn mit Füßen treten*** *mec* (birisini) derinden yaralamak ***Treten Sie näher!*** Yaklaşın!

treu /troy/ *s* sadık, güvenilir, bağlı, emin, sadakatli ***treu dem Eid*** yemine bağlı

Treue /'troyı/ *f* sadakat, bağlılık, güven

Treuhänder /'troyhendır/ *m* yediemin, yediadil, güvenilir kişi

Treuhandgesellschaft /'troyhantgızelşaft/ *f* yediemin kuruluşu

treuherzig /'troyhertsih/ *s* içten bağlı, sadık, gönül bağı olan

treulos /'troylo:s/ *s* sadakatsiz, aldatan, vefasız

Triathlon /'tri:atlon/ *m/n sp* triatlon

Tribunal /tribu'na:l/ *n* mahkeme (savaş suçluları vs. için)

Tribüne /tri'bü:nı/ *f* tribün, seyir yeri; konuşmacı kürsüsü, hitap kürsüsü

Tribut /tri'bu:t/ *m* vergi geliri; *kon* saygı

Trichter /'trihtır/ *m* huni; *hayb* anat.. kafadanbacaklı hayvanların sürekli hareket halinde olan bir organı; megafon hunisi

trichterförmig /'trihtırförmih/ *s* huni biçimli

Trick /trik/ *m* beceri, hüner, maharet, marifet; püf noktası, can alıcı nokta; hile, hurda, numara, hokkabazlık, madrabazlık

Trickfilm /'trikfilm/ *m* çizgi film

trickreich /'trikrayh/ *s* hilesi bol

Trieb /tri:p/ *m biy* dürtü, içgüdü; *tek* güç iletimi, güç aktarımı; *bitk* filiz, sürgün, fışkın

triebhaft /'tri:phaft/ *s* içgüdüsel, dürtüsel ***triebhaft handeln*** içgüdü ile hareket etmek

Triebkraft /'tri:pkraft/ *f* itici güç

Triebtäter /'tri:ptetır/ *m* seks suçlusu

Triebwagen /'tri:pva:gın/ *m* mototren, otoray, çekici

Triebwerk /'tri:pverk/ *n* işletme mekanizması, hareket ettirici makine

triefen /'tri:fın/ *vi* yavaş yavaş akmak, damla damla akmak, damlamak

triefnass /'tri:f'nas/ *s* sırılsıklam, sırsıklam, su gibi

triftig /'triftih/ *s* inandırıcı, kati, kesin ***triftige Beweise*** aksi iddia edilemez deliller, çürütülemez kanıtlar

Triftigkeit /'triftihkayt/ *f* inandırıcılık; inandırıcı olma, güvenilir olma

Trigonometrie /'tri:gonome'tri:/ *f geo* trigonometri

Trikot /tri'ko:/ *n* triko, örülmüş giysi, örgü giysi; *teks* triko kumaş; *sp* forma

Trikotage /triko'taj/ *f* trikotaj, örme işi, örgü işi

trillern /'trilırn/ *vi* titreterek ses çıkarmak, *hayb* titrek sesle ötmek

Trillerpfeife /'trilırpfayfı/ *f* alarm düdüğü

Trilogie /trilo'gi:/ *f ed* triloji, üç bağımsız bölümden oluşan eser

Trimm-dich-Pfad /'trimdihpfa:t/ *m* aletli koşu yolu

trimmen /'trimın/ *vt den* gemiyi düzgün yükleyerek dengesini sağlamak; *hayb* kırkmak, tüyünü kesmek; *kon* kömürlükten kömür taşımak ***sich trimmen*** günlük idman yapmak, spor yapmak, hamlığını atmak, hareket yapmak

trinkbar /'trinkba:r/ *s* içilir, içilebilir

Trinkbarkeit /'trinkba:rkayt/ *f* içilebilirlik, içilebilme vasfına sahip

trinken /'trinkın/ *vt* içmek; (suyu) içine çekmek, içmek, çekmek, emmek; *kon* içki içmeye düşkün olmak; *vi* alkolik olmak ***auf jds Wohl trinken*** (içki) sağlı-

T

ğına içmek, şerefine kadeh kaldırmak
Trinker /'trinkır/ *m* içkici, içki düşkünü; sarhoş, ayyaş, bekri
trinkfest /'trinkfest/ *s* içkiye dayanıklı, içkiden kolay etkilenmeyen
Trinkgelage /'trinkgıla:gı/ *n* çilingir sofrası, içkili ve mezeli sofra
Trinkgeld /'trinkgelt/ *n* bahşiş
Trinkhalm /'trinkhalm/ *m* içecek kamışı, içme kamışı
Trinkspruch /'trinkşpruh/ *m* şerefine konuşma yapıp kadeh kaldırma
Trinkwasser /'trinkvasır/ *n* içme suyu, temiz su
Trinkwasserknappheit /'trinkvasırknaphayt/ *f* içme suyu sıkıntısı, içme suyu darboğazı
Trinkwasserversorgung /'trinkvasırferzorgung/ *f* içme suyu temini, içme suyu sağlanması
Trio /'trio/ *n* üç kişiden oluşan grup; *müz* üçlü; *müz* yavaşça çalınan ara bölüm
trippeln /'tripıln/ *vi* küçük küçük adımlarla yürümek
Tripper /'tripır/ *m hek* belsoğukıuğu
trist /trist/ *s* kederli, üzgün, hüzünlü, acılı; sessiz, tenha, ıssız; *metr* kapalı, bulutlu, yağışlı
Tritt /trit/ *m* adım; ayak izi; basamak, merdiven; podyum; pedal, ayaklık; tekme, tepik; *ask* uygun adım ***ein fester Tritt*** sağlam adım ***ohne Tritt!*** *ask* adi adım!
Trittbrett /'tritbret/ *n* araç basamağı, araç basamak yeri
Trittleiter /'tritlaytır/ *f* mutfak merdiveni
Triumph /tri'umpf/ *m* zafer, büyük başarı; *esk* zafer alayı
triumphal /trium'fa:l/ *s* harika, mükemmel, fevkalade, olağanüstü, muhteşem, çok iyi
Triumphbogen /'triumpfbo:gın/ *m* zafer takı
triumphieren /trium'fi:rın/ *vi* coşkuya kapılmak, zafer sonrası coşku yaşamak; galip gelmek, yenmek, üstün gelmek
trivial /tri'vya:l/ *s* beylik, harcıalem; değersiz
Trivialität /trivyali'te:t/ *f* değersizlik, adilik; basmakalıp söz
Trivialliteratur /tri'vyallitıratu:r/ *f* sıradan\hafif edebiyat
trocken /'trokın/ *s* kuru, kurak, çorak, susuz; yağışsız, kurak; katıksız; (sözcük) katı; nemsiz, rutubetsiz, kuru; (içki) sek; can sıkıcı, bayıcı
Trockendock /'trokındok/ *n den* kuru havuz
Trockenhaube /'trokınhaubı/ *f* saç kurutma makinesi
Trockenheit /'trokınhayt/ *f* kuruluk; kuraklık, çoraklık; susuzluk; *kon* can sıkıcılık
trockenlegen /'trokınle:gın/ *trvt* (bebek) bez değiştirmek; kurutmak; *tek* drenaj yapmak, akaçlamak; *pol* içki yasağı koymak
Trockenmilch /'trokınmilh/ *f* süttozu
trocknen /'troknın/ *vt* kurutmak, kurulamak; *vi* kurumak, kurulanmak
Troddel /'trodıl/ *f* püskül
Trödel /'trö:dıl/ *m* eski eşya, eski püskü eşya, pılıpırtı, bok püsür, kırık dökük
Trödelmarkt /'trö:dılmarkt/ *m* bitpazarı
trödeln /'trö:dıln/ *vt* tembel davranmak, uyuşukluk yapmak, üşenmek; eski eşya alıp-satmak; sürüncemede bırakmak
Trödler /'trö:dlır/ *m* tembel, uyuşuk kişi, mıymıntı kimse, miskin kişi; hurdacı, eskici
Trog /tro:k/ *m* yalak, su teknesi; yemlik
Trommel /'tromıl/ *f tek* tambura, kasnak, silindir; *müz* davul; dümbelek; darbuka; tef; *ask* trompet; *ask* altıpatlar şarjörü
Trommelfell /'tromılfel/ *n* davul derisi; *anat* kulak zarı
Trommelfeuer /'tromılfoyır/ *n ask* sürekli ateş, aralıksız ateş
trommeln /'tromıln/ *vt müz* davul çalmak, darbuka çalmak, tef çalmak; *ask* trompet çalmak; parmaklarıyla vurarak tempo tutmak; elleriyle vurmak
Trommelwirbel /'tromılvirbıl/ *m* davul sesi, davul gümbürtüsü
Trompete /trom'pe:tı/ *f müz* trompet, boru; *ask* boru
trompeten /trom'pe:tın/ *vt müz* trampet çalmak; *ask* boru çalmak; *mec* çok ses çıkarmak
Trompetenbaum /trom'pe:tınbaum/ *m bitk* karameşe
Trompeter /trom'pe:tır/ *m müz* trompetçi, borazancı; *ask* borazancıbaşı
Tropen /'tro:pın/ *pl coğ* tropikal bölgeler, tropikal ülkeler
Tropenhelm /'tro:pınhelm/ *m* güneş başlığı, kolonyal şapka ***armer Tropf*** kılkuyruk, gariban
Tropf /tropf/ *m* damla; *kon* aptal herif ***ein***

T

Tropf bir damla, bir zerre
tröpfeln /'tröpfıln/ *vi* damlamak, damla damla akmak; *kon* hafif yağmur yağmak
Tropfen /'tropfın/ *m* damla; *hek* damla ölçüsü ile verilen ilaç; damla biçiminde şey; *mec* çok az bir parça, çok küçücük bir parça; *mec* şarap
tropfen /'tropfın/ *vi* damlamak, damla damla akmak, damlatmak, sızmak; *vt* damla damla akıtmak, damlatmak ***es tropft*** (su) damlıyor, damlatıyor ***jdm die Nase tropfen*** burnu akmak
Tropfstein /'tropfştayn/ *m* yerb damlataş, sarkıt, dikit
Tropfsteinhöhle /'tropfştaynhö:lı/ *f* yerb damlataş mağarası
Trophäe /tro'fe:ı/ *f* zafer hatırası, başarı hatırası; savaş ganimeti; *kon* avlanmış hayvandan geriye kalan ve saklanan hatıra
tropisch /'tro:piş/ *s* tropikal, tropik
Trost /tro:st/ *m* avuntu, teselli
trösten /'trö:stın/ *vt* avutmak, teselli etmek ***sich trösten*** avunmak, teselli bulmak
tröstlich /'trö:stlih/ *s* avutucu, teselli edici
trostlos /'tro:stlo:s/ *s* umutsuz, ümitsiz, acı, hüzün verici; can sıkıcı; ıssız, sessiz
Trostlosigkeit /'tro:stlo:zihkayt/ *f* umutsuzluk, ümitsizlik; can sıkıcılık; ıssızlık, sessizlik
Trostpflaster /'tro:stpflastır/ *n* teselli
Trostpreis /'tro:stprays/ *m* teselli ödülü, teselli ikramiyesi
trostreich /'tro:strayh/ *s* avutucu, teselli edici
Trott /trot/ *m* (at) tırıs yürüme; *mec* monoton, tekdüze, sıkıcı; yavaş yürüyüş, ağır yürüyüş
Trottel /'trotıl/ *m kon* aptal adam
trotten /'trotın/ *vi kon* küçük küçük adımlarla yürümek
Trottoir /troto'a:r/ *n* tretuvar, yaya kaldırımı
trotz /trots/ *ilg* rağmen, karşın ***trotz allem*** her şeye rağmen
Trotz /trots/ *m* inatçılık, dik kafalılık ***dir zum Trotz*** sana inat ***etw aus Trotz tun*** (bir şeyi) inat olsun diye yapmak ***jdm zum Trotz*** inadına
trotzdem /'trotsde:m/ *ilg* buna rağmen, buna karşın
trotzen /'trotsın/ *vi* karşı gelmek, karşı çıkmak, karşı koymak, diklenmek, kafa tutmak; surat asmak, surat ekşitmek
trotzig /'trotsih/ *s* inatçı, dik kafalı, kafa tutucu
Trotzkopf /'trotskopf/ *m kon* inatçı kimse, dik kafalı kimse
trotzköpfig /'trotsköpfih/ *s* inatçı, dik kafalı
Trotzreaktion /'trotsreaktsyo:n/ *f* inat davranışı, inat tepkisi
Trubel /'tru:bıl/ *m* heyecan, coşku; kargaşa, karmaşa, karışıklık, huzursuzluk, nifak
trüben /'trü:bın/ *vt* (sıvı, ortam) bulandırmak, karıştırmak; huzur kaçırmak, huzur bozmak ***sich trüben*** bulanmak
Trübsal /'trü:pza:l/ *f* üzüntü, elem, keder, gam, hüzün
trübselig /'trü:pze:lih/ *s* üzüntülü, elemli, kederli, gamlı, hüzünlü
Trübseligkeit /'trü:pze:lihkayt/ *f* iç karartıcılık
Trübsinn /'trü:pzin/ *m* üzüntü, elem, keder, gam, hüzün
trübsinnig /'trü:pzinih/ *s* üzüntülü, elemli, kederli, gamlı, hüzünlü
Trübung /'trü:bung/ *f* hüzünlü olma, üzüntülü olma, acılı olma, elemli olma; bulanıklık, matlık; (ortalık) bulandırma, karıştırma
trudeln /'tru:dıln/ *vi* yuvarlanmak
Trüffel /'trüfıl/ *f bitk* yer mantarı, dolaman
Trug /tru:k/ *m* hile, dolap; aldatma, yanıltma, dolandırma
Trugbild /'tru:kbilt/ *n* sanrı, birsam; *mec* hayal
trügen /'trü:gın/ *vt vi* aldatmak, dolandırmak, kandırmak
trügerisch /'trü:giriş/ *s* aldatıcı, yanıltıcı
Trugschluss /'tru:kşlus/ *m fel* yanıltmaca, paralojizm; safsata
Truhe /'tru:ı/ *f* sandık, kutu
Trümmer /'trümır/ *pl* virane, harabe, yıkıntı, enkaz, döküntü
Trumpf /trumpf/ *m isk* koz
Trunk /trunk/ *m* içme, içim, içiş; içecek, içki
Trunkenbold /'trunkınbolt/ *m* içkici kimse, içki düşkünü kimse, içki müptelası kimse, ayyaş kişi
Trunkenheit /'trunkınhayt/ *f* sarhoşluk, kafası kıyaklık ***Trunkenheit am Steuer*** içkili araba kullanma
Trunksucht /'trunkzuht/ *f* alkolizm, içki

T

bağımlılığı
trunksüchtig /'trunkzü**h**ti**h**/ *s* alkol bağımlısı, içki müptelası, içki düşkünü
Trupp /trup/ *m ask* birlik; takım, ekip, grup, birlik
Truppe /'trupı/ *f ask* savaş birliği, kıta; *tiy* topluluk, ekip
Truppenabbau /'trupınapbau/ *m* birliklerin azaltılması
Truppenabzug /'trupınaptsu:k/ *m* birliklerin çekilmesi
Truppenbewegung /'trupınbıve:gung/ *f ask* birlik kaydırma
Trust /trast/ *m tic* büyük şirketlerin birleşmesi, tröst
Truthahn /'tru:t**h**a:n/ *m hayb* erkek hindi, baba hindi
Tschad /çat/ *m* Çad
Tscheche /'çe**h**ı/ *m* Çek
tschechisch /'çe**h**iş/ *s* Çeklerle ilgili, Çek
tschüss /çü:s/ *ünl* kon. hoşça kal, *kon* eyvallah
T-Shirt /'ti:şört/ *n* tişört, kısa kollu üst giysisi
Tuba /'tu:ba/ *f hek* östaki borusu; *müz* vurmalı bir müzik aleti
Tuberkulose /tuberku'lo:zı/ *f hek* verem, tüberküloz
tuberkulosekrank /tuberku'lo:zıkrank/ *s hek* veremli
Tuch /tu:**h**/ *n* bez, kumaş, bez, örtü
Tuchfabrik /'tu:**h**fabri:k/ *f* kumaş fabrikası
Tuchfühlung /'tu:**h**fü:lung/ *f* dirsek teması; *mec* yakın ilişki, sıkı ilişki
tüchtig /'tü**h**ti**h**/ *s* yetenekli, becerikli, hamarat, mahir, usta; yeterli; çok, oldukça, pek çok; iyi, değerli, kıymetli
Tüchtigkeit /'tü**h**ti**h**kayt/ *f* yeteneklilik, beceriklilik, hamaratlık; çalışkanlık
Tücke /'tükı/ *f* hile, dolap, numara; kötülük, sinsilik
tückisch /'tükiş/ *s* hileli, hain; kötü, fena, sinsi
Tuff /tuf/ *m* yerb tüf
tüfteln /'tüftıln/ *vi kon* titizlik etmek, müşkülpesentlik yapmak, kılı kırk yarmak
Tüftler /'tüftlır/ *m* titiz kimse, müşkülpesent kimse, kılı kırk yaran kimse
Tugend /'tu:gınt/ *f* fazilet, erdem, özellik, meziyet; (kız) iffetlilik, eline erkek eli değmeme, bekâret
tugendhaft /'tu:gınt**h**aft/ *s* faziletli, erdemli, özellik sahibi, meziyetli
Tüll /tül/ *m* tül
Tulpe /'tulpı/ *f bitk* lale; *kon* laleye benzer şekilde bira bardağı
tummeln /'tumıln/ *vt* harekete geçirmek, döndürmek, çevirmek; (at) oynatmak, koşturmak *vt* harekete geçirmek, döndürmek, çevirmek; (at) oynatmak, koşturmak
Tummelplatz /'tumılplats/ *m* oyun alanı, oyun yeri, oyun sahası; *mec* buluşma yeri, alan
Tümmler /'tümlır/ *m hayb* domuzbalığı; *hayb* bir tür güvercin
Tumor /'tu:mor/ *m hek* tümör, yumru, ur
Tümpel /'tümpıl/ *m* su birikintisi, çamurlu çukur; küçük gölet
Tumult /tu'mult/ *m* gürültü, şamata, patırtı, tantana; kargaşalık, kalabalık; isyan, ayaklanma
Tun /tu:n/ *n* eylem, edim, iş, hareket, hareket tarzı
tun /tu:n/ *vt* yapmak, etmek, ifa etmek, yerine getirmek; olmak, meydana gelmek, vuku bulmak; davranmak, hareket etmek; işi olmak, meşgul olmak; eklemek, katmak, koymak, dahil etmek; kâfi gelmek, yetişmek; ilgilendirmek, enterese etmek ***das tut nichts*** önemli değil ***dick tun*** şişmanlaştırmak ***es tut mir leid*** üzgünüm ***so tut als ob*** -miş gibi yapmak
tünchen /'tün**h**ın/ *vt* badanalamak, badana yapmak, boyamak ***frisch getüncht*** yeni badanalanmış
Tunichtgut /'tu:ni**h**tgu:t/ *m* afacan çocuk, haylaz kimse, yaramaz kimse
Tunke /'tunkı/ *f* sos, salça
tunken /'tunkın/ *vt* (ekmeği, sosa, salçaya) banmak, batırmak, bandırmak, daldırmak
tunlichst /'tu:nli**h**st/ *be* mümkün olduğu kadar, mümkün mertebe, olabildiğince ***tunlichst bald*** mümkün olduğu kadar erken
Tunnel /'tunıl/ *m* tünel
Tüpfel /'tüpfıl/ nm leke, nokta
Tüpfelchen /'tüpfıl**h**ın/ *n* küçük leke, küçük nokta
Tupfen /'tupfın/ *m* leke, benek, nokta
tupfen /'tupfın/ *vt* lekelemek, beneklemek, noktalamak; yavaşça dokunmak, hafifçe dokunmak
Tür /tü:r/ *f* kapı ***der Winter stand vor Tür*** kış kapıya dayandı ***vor der Tür*** kapının önünde ***zwischen Tür und Angel*** *mec*

ayaküstü, son anda
Turban /'turba:n/ *m* türban; sarık
Turbine /tur'bi:nı/ *f* türbin
Turbo /'turbo/ *m oto* turbo
turbulent /turbu'lent/ *s* gürültülü, tantanalı, şamatalı; döndürücü, türbülant
Türgriff /'tü:rgrif/ *m* kapı kolu, kapı tutacağı
Türke /'türkı/ *m* Türk (erkek) ***einen Türken bauen*** *kon* (birisinin gözünü boyayarak) aldatmak, kandırmak
Türkei /tür'kay/ *f* Türkiye
Türkin /'türkin/ *f* Türk (kadın)
Türkis /tür'ki:s/ *m mad* türkis, firuze; *n* firuze rengi
türkis /tür'ki:s/ *s* firuze rengi, firuze renginde, türkuvaz
türkisch /'türkiş/ *s* Türkiye ile ilgili, Türklerle ilgili, Türk ***türkische Fahne*** Türk bayrağı, ay-yıldızlı bayrak ***türkische Grammatik*** Türkçe dilbilgisi ***Türkische Große Nationalversammlung*** Türkiye Büyük Millet Meclisi ***türkische Musik*** Türk müziği, alaturka müzik ***türkische Sprache*** Türk dili, Türkçe ***türkische Sprachgesellschaft*** Türk Dil Kurumu ***türkischer Honig*** helva ***türkischer Teppich*** Türk halısı ***türkisches Bad*** Türk hamamı
Türklinke /'tü:rklinkı/ *f* kapı mandalı
Turm /turm/ *m* kule; *sp* atlama kulesi; *sp* (satranç) kale
türmen /'türmın/ *vi* kaçmak, sıvışmak, tüymek, ortadan kaybolmak; *vt* istiflemek, üst üste yığmak ***sich türmen*** istiflenmek, üst üste yığılmak ***Wolken türmen sich*** bulutlar toplanıyor
Turnen /'turnın/ *n sp* jimnastik, beden eğitimi, kültürfizik
turnen /'turnın/ *vi sp* jimnastik yapmak
Turner /'turnır/ *m sp* jimnastikci
Turngerät /'turngıre:t/ *n* jimnastik aleti
Turnhalle /'turnhalı/ *f* jimnastik salonu, spor salonu
Turnier /tur'ni:r/ *n sp* turnuva
Turnschuh /'turnşu:/ *m* spor ayakkabısı, jimnastik ayakkabısı
Turnus /'turnus/ *m* sıralama, sıraya koyma, sırayla gelme ***im Turnus*** sırayla, nöbetleşe
Turnverein /'turnferayn/ *m* jimnastik klübü
Türöffner /'tü:röfnır/ *m* kapı otomatiği
Türschloss /'tü:rşlos/ *n* kapı kilidi
Türschwelle /'tü:rşvelı/ *f* kapı eşiği
Türstock /'tü:rştok/ *m mad* (maden ocağında destekleyici olarak) dikey destek, taşıyıcı destek
turteln /'turtıln/ *vi* cilveli konuşmak, cilveli gülüşmek, konuşup gülüşmek
Tusch /tuş/ *m müz* fanfar
Tusche /'tuşı/ *f* Çin mürekkebi
tuscheln /'tuşıln/ *vt* gizlice konuşmak, fısır fısır konuşmak, fısıldaşmak
Tüte /'tü:tı/ *f* kesekâğıdı, taşıma poşeti; külah
tuten /'tu:tın/ *vi oto* korna çalmak; *müz* boru çalmak
Twen /tven/ *m* 20-29 yaş arası genç kız-erkek
Typ /tü:p/ *m fel* hek. sürekli biçim, ana biçim; *tek* örnek, tip, model; *kon* garip insan, tuhaf insan
Type /'tü:pı/ *f* bas matbaa harfi; *kon* tuhaf insan, garip insan
Typhus /'tü:fus/ *m hek* tifüs, tifo, karahumma ***Typhus bekommen*** *hek* tifoya tutulmak, tifüse tutulmak
typisch /'tü:piş/ *s* tipik, karakteristik, kendine özgü
Typologie /tüpolo'gi:/ *f* tipoloji, tiplendirme
Tyrann /tü'ran/ *m* tiran, zalim hükümdar, gaddar hükümdar, zorba yönetici, zorba hükümdar
Tyrannei /türa'nay/ *f* zulüm yönetimi, zorbalık yönetimi, diktatörlük, despotluk
tyrannisch /tü'raniş/ *s* gaddar, zalim, zulümcü, despotça
tyrannisieren /türani'zi:rın/ *vt* zulmetmek, zulüm çektirmek, baskı yapmak, baskı altında tutmak ***tyrannisiert werden*** zulüm görmek, zulüm çekmek

U

U-Bahn /'u:ba:n/ *f* metro, yeraltı treni ***mit der U-Bahn fahren*** metroyla gitmek
Übel /'ü:bıl/ *n* fenalık, kötülük; musibet, baş belası; rahatsızlık, hastalık
übel /'ü:bıl/ *s* fena, kötü, nahoş, hoş olmayan; keyifsiz, rahatsız, hasta; berbat ***mir ist übel*** midem bulanıyor ***mir wird übel!*** midem bulanıyor! ***nicht übel!*** fena değil! ***übel angebracht*** densiz, yersiz, münasebetsiz ***übel auslegen*** kötüye çekmek, kötü algılamak ***übler Kerl***

fena insan
Übelkeit /'ü:bılkayt/ *f hek* baş dönmesi, mide bulantısı, halsizlik
Übeltäter /'ü:bılte:tır/ *m* fena harekette bulunan kişi, uygunsuz davranışta bulunan kimse
üben /'ü:bın/ *vi* alıştırma yapmak; alıştırma yapmak, egzersiz yapmak; alışmak; *sp* antrenman yapmak; *vt* alıştırmak; talim ve terbiye etmek; icra etmek, uygulamak; kullanmak; sabretmek ***Geduld üben*** sabırlı olmak ***Gerechtigkeit üben*** adil olmak ***Nachsicht üben*** müsamaha göstermek ***Verrat üben*** ihanet etmek ***sich üben in etw*** (iş, ders) alıştırma yaparak ustalaşmak
über /'ü:bır/ *ilg* üzerine, üzerinde, üstüne, üstünde; hakkında, üzerinde, konusunda; -den dolayı, -dan dolayı; -den fazla, -dan fazla; esnasında, sırasında; aşkın ***den ganzen Tag über*** bütün gün, tüm gün ***einmal über das andere*** değişimli olarak, münavebeli olarak, nöbetleşe ***Fehler über Fehler*** hata üstüne hata ***Kinder über 7 Jahre*** 7 yaş üzeri çocuklar ***über das Theema*** konu hakkında ***über dem Tisch*** masanın üzerinde ***über den Tisch*** masanın üzerine ***über die Brücke gehen*** köprüden karşıya geçmek ***über eine Stunde*** bir saati aşkın, bir saatten fazla ***über Frankfurt*** Frankfurt üzerinden, Frankfurt aktarmalı olarak ***über 5 Kilometer*** 5 kilometreden fazla ***über kurz oder lang*** er geç ***über Nacht*** gece boyunca; aniden, birdenbire ***über Nacht bleiben*** geceyi geçirmek ***über Nacht gebautes Gebäude*** gecekondu ***über Tausend*** bini aşkın, binden fazla ***über und über*** tamamen, büsbütün
überall /'ü:bıral/ *be* her yerde, her tarafta; her konuda
überallhin /ü:bıral'**h**in/ *be* her yere, her tarafa, her yöne
Überalterung /ü:bır'altırung/ *f* belli yaş grubunun nüfus yoğunluğunda çoğunlukta olması
Überangebot /'ü:bırangıbo:t/ *n tic* arz fazlalığı, sunu fazlalığı
überanstrengen /ü:bır'anştrengın/ *vt* yormak, zorlamak; ezmek, yıpratmak ***sich überanstrengen*** kendini zorlamak; çok yorulmak
Überanstrengung /ü:bır'anştrengung/ *f* aşırı zorlanma, fazla yorulma, yorgunluk; *hek* sürmenaj
überarbeiten /ü:bır'arbaytın/ *vt* (eser, metin) gözden geçirmek, düzeltmek, revize etmek ***sich überarbeiten*** çok çalışmak, çok yorulmak; güçsüz kalmak; *hek* sürmenaj olmak
Überarbeitung /ü:bır'arbaytung/ *f* yeniden gözden geçirme, düzeltme, revizyon; yorulma
überaus /'ü:bıraus/ *be* çok, pek çok, oldukça, son derece, gayet
überbacken /ü:bır'bakın/ *vt* üstten ısı vererek pişirmek, kızartmak
überbeanspruchen /'ü:bırbıanşpru**h**ın/ *vt* haddinden fazla çalıştırmak, gereğinden fazla çalıştırmak
Überbein /'ü:bırbayn/ *n hek* egzostos
Überbelastung /'ü:bırbılastung/ *f* aşırı yükleme; aşırı yüklenme
überbelichten /'ü:bırbıli**h**tın/ *vt* aşırı ışıklandırılmış olmak, çok fazla ışıklandırmak
Überbeschäftigung /'ü:bırbışeftigung/ *f tic* aşırı istihdam
überbetonen /'ü:bırbıto:nın/ *vt* fazla bir şekilde vurgulamak, aşırı vurgulamak
überbewerten /'ü:bırbıvertın/ *vt* fazla değer vermek, fazla kıymet vermek; haddinden fazla önem vermek, gereğinden fazla önem vermek
Überbewertung /'ü:bırbıvertung/ *f* fazla kıymet verme, aşırı değer verme; fazla önemseme, aşırı önemseme
überbieten /ü:bır'bi:tın/ *vt* açık artırmada herkesten fazla pay sürmek ***jdn überbieten*** (birisine) üstün gelmek
Überbleibsel /'ü:bırblaypsıl/ *n* artık, arta kalan, bakiye, geriye kalan
Überblick /'ü:bırblik/ *m* panorama, genel bakış; kuş bakışı; kavrama yeteneği, kavrama kapasitesi; özet, ana hat, genel bakış
überblicken /ü:bır'blikın/ *vt* hemen kavramak, her açıdan anlamak; her yönüyle görmek
überbringen /ü:bır'bringın/ *vt* getirmek, götürmek, iletmek, nakletmek
Überbringer /ü:bır'bringır/ *m* kurye, elçi, haberci, postacı, mesajcı
überbrücken /ü:bır'brükın/ *vt* üzerine köprü inşa etmek; *mec* zorlukları aşmak, sorunları yenmek
überdachen /ü:bır'da**h**ın/ *vt* üzerini çatıy-

U

la örtmek, dam ile örtmek, çatı kaplamak
Überdachung /ü:bır'da:hung/ *f* üzerini çatıyla kaplama, dam ile kaplama; *kon* çatı, dam, tavan
überdauern /ü:bır'dauırn/ *vt* daha fazla sürmek, daha uzun ömürlü olmak
überdecken /ü:bır'dekın/ *trvt* üzerini örtmek, üzerini kapatmak
überdehnen /ü:bır'de:nın/ *vt* fazla esnetmek
überdenken /ü:bır'denkın/ *vt* detaylı olarak düşünmek, etraflıca düşünmek; hesap etmek; kafasında kurmak
überdeutlich /'ü:bırdoytlih/ *s* fazla belirgin
überdies /ü:bır 'di:s/ *be* bundan başka, bunun dışında; bir de, üstelik, artı
Überdosis /'ü:bırdo:zis/ *f hek* aşırı doz, doz aşımı
Überdruss /'ü:bırdrus/ *m* usanç, gına, bıkkınlık ***bis zum Überdruss*** bıktıracak derecede, temcit pilavı gibi
überdrüssig /'ü:bırdrüsih/ *s* bıkmış, usanmış, gına gelmiş ***überdrüssig sein*** bıkmış olmak, usanmış olmak, gına gelmiş olmak
überdurchschnittlich /'ü:bırdurhşnitlih/ *s* ortalamanın üzerinde, vasatın üstünde, normalden daha fazla
Übereifer /'ü:bırayfır/ *m* aşırı çaba, aşırı hırs, işgüzarlık
übereifrig /'ü:bırayfrih/ *s* hırslı, işgüzar, fazla gayretli
übereignen /ü:bır'ayknın/ *vt huk* devretmek, başkasına bırakmak, başkasının üzerine geçirmek
Übereignung /ü:bır'ayknung/ *f huk* devir, temlik
übereilen /übar'aylın/ *vt* düşüncesizce davranmak, fazla düşünmeden davranmak, aceleye getirmek
übereinander /'ü:bıraynandır/ *be* üst üste; birbiri hakkında, birbirine ilişkin
Übereinkommen /ü:bır'aynkomın/ *n* uzlaşma, anlaşma, uyuşma, mutabakat sağlama
übereinkommen /ü:bır'aynkomın/ *trvi* uzlaşmak, anlaşmak ***mit jdm übereinkommen*** (birisiyle) uzlaşmak, anlaşmak
Übereinkunft /ü:bır'aynkunft/ *f* uzlaşma, anlaşma, uyuşma, mutabakat sağlama
übereinstimmen /ü:bır'aynştimın/ *trvi* uyuşmak, anlaşmak, anlaşmaya varmak; mutabık kalmak
Übereinstimmung /ü:bır'aynştimung/ *f* uyuşma, anlaşma, mutabakat, fikir birliği
überempfindlich /'ü:bırempfindlih/ *s* aşırı hassas; aşırı alıngan, çabuk gücenen, buluttan nem kapan; *hek* alerjik
Überempfindlichkeit /'ü:bırempfintlihkayt/ *f* aşırı hassasiyet
überfahren /ü:bır'fa:rın/ *trvt* (araçla) çiğnemek, ezmek; bir araçla karşı tarafa geçirmek; trafik levhalarına uymadan gitmek; *kon* aldatmak, kandırmak, dolandırmak
Überfahrt /'ü:bırfa:rt/ *f* karşıdan karşıya geçiş
Überfall /'ü:bırfal/ *m* ani saldırı, baskın; yol kesme, şakilik; gasp
überfallen /ü:bır'falın/ *vt* baskın yapmak, bastırmak, habersiz gelmek, aniden gelmek; üzerine saldırmak, tecavüz etmek; (ülke) işgal etmek
überfällig /'ü:bırfelih/ *s* fazla geciken, rötarlı; günü geçmiş
Überfallkommando /'ü:bırfalkomando/ *n* çevik kuvvet
überfliegen /ü:bır'fli:gın/ *vt mec* göz gezdirmek, göz atmak, gelişigüzel bakmak; (uçak) uçarak gelmek
überfließen /'ü:bırfli:sın/ *trvi* kaptan taşmak, yerinden taşmak
überflügeln /ü:bır'flü:gıln/ *vt* baskın çıkmak; *mec* geçmek, geride bırakmak; üstün gelmek
Überfluss /'ü:bırflus/ *m* bolluk, fazlalık; zenginlik ***zum Überfluss*** *mec* üstüne üstlük; artı, fazladan, ilaveten; bu yetmezmiş gibi
überflüssig /'ü:bırflüsih/ *s* yersiz, uygunsuz; fuzuli, gereksiz, lüzumsuz
überfluten /ü:bır'flu:tın/ *vt* sularla kaplanmak, sular altında kalmak; su basmak
Überflutung /ü:bır'flutung/ *f* (su) taşma, taşkın; sel alma, sel altında kalma
überfordern /ü:bır'fordırn/ *vt* fazlasını beklemek, elinden gelebilecek olandan fazlasını istemek, fazla yüklenmek
Überforderung /ü:bır'fordırung/ *f* aşırı talep, aşırı istek, fazla yüklenme
überführen /ü:bır'fü:rın/ *vt* (hasta, kişi) başka yere nakletmek, başka yere yerleştirmek, başka yere taşınmak; ispat

etmek, belgelemek, ispatlamak
Überführung /ü:bır'fü:rung/ *f* sevk, nakil; köprü, üstgeçit, geçiş yeri; *huk* ispat etme
Überfülle /'ü:bırfülı/ *f* bolluk, fazlalık, bereket; bolca bulunma
überfüllt /ü:bır'fült/ *s* tıka basa dolu
Überfüllung /ü:bır'fülung/ *f* fazlalık, dolup taşma
Überfunktion /'ü:bırfunktsyo:n/ *f hek* işlev fazlalığı, organın fazla çalışması
Übergabe /'ü:bırga:bı/ *f* devir, teslim, tesellüm; verme, teslim
Übergang /'ü:bırgang/ *m* aşma, geçme; geçit; dönüşme, geçiş
Übergangslösung /'ü:bırgangslö:zung/ *f* geçici çözüm, muvakkat çözüm
Übergangszeit /'ü:bırgangstsayt/ *f* geçiş zamanı, geçme zamanı; *mec* ilkbahar, sonbahar
übergeben /ü:bır'ge:bın/ *vt* teslim etmek, vermek, eline vermek; hizmete sokmak, işletmeye açmak ***dem Verkehr übergeben*** trafiğe açmak ***sich übergeben*** istifra etmek, kusmak, çıkarmak
übergehen /'ü:bırge:ın/ *trvi* taraf değiştirmek, saf değiştirmek; din değiştirmek; *pol* parti değiştirmek; *sp* tuttuğu takımı değiştirmek; şekil değiştirmek, biçim değiştirmek; çürümeye başlamak, küflenmeye başlamak; *trvt* ihmal etmek, unutmak; dikkate almamak, önem vermemek ***zu etw übergehen*** (bir şeyi) başka yöne çevirmek, döndürmek
übergeordnet /'ü:bırgıordnıt/ *s* daha yüksek, daha üstün; üst, yukarı, amir
Übergewicht /'ü:bırgıviht/ *n* kilo fazlalığı, fazla kilo; şişmanlık; üstün olma, daha iyi durumda olma; amir olma, üst olma; üstünlük ***das Übergewicht bekommen*** *kon* dengesini kaybetmek
übergewichtig /'ü:bırgıvihtih/ *s* fazla kilolu, aşırı kilolu; üstün
überglücklich /'ü:bırglüklih/ *s* çok mutlu, çok şanslı
übergreifen /'ü:bırgrayfın/ *trvi* (ateş, hastalık, ısı vs) yayılmak, sıçramak, atlamak, geçmek
Übergröße /'ü:bırgrö:sı/ *f* (ölçü olarak) büyük boy, (giysi) büyük numara
überhängen /'ü:bırhengın/ *trvi* taşmak, sarkmak, üstünde asılı durmak; *trvt* (giysi) giymek, üzerine almak
überhasten /ü:bır'hastın/ *vt* aceleye getirmek, aceleye boğmak; zorlamak
überhäufen /ü:bır'hoyfın/ *vt* : ***jdn mit etw überhäufen*** (birisini) hediyelere boğmak, (birisine bir şey) yağdırmak
überhaupt /ü:bır'haupt/ *be* genel olarak, bütünüyle, tümüyle; ayrıca, haricinde, bundan başka; aslında, esasen ***überhaupt nicht*** asla, katiyen
überheblich /ü:bır'he:plih/ *s* gururlu, kibirli, kendini beğenmiş, burnu kalkmış
Überheblichkeit /ü:bır'he:plihkayt/ *f kon* gurur, kibirlilik, kendini beğenme; küstahlık
überhitzt /ü:bır'hitst/ *s* aşırı ısınmış, kızdırılmış, kızgın ***überhitzter Dampf*** kızdırılmış buhar, kızgın buhar
überhöht /ü:bır'hö:t/ *s* aşırı, fazla yüksek
überholen /ü:bır'ho:lın/ *trvt* karşı tarafa geçirmek; *den* yelkenleri döndürmek; *vt oto* sollamak, geçmek, geride bırakmak; *tek* teknik aksamı gözden geçirmek, yenilemek
Überholspur /ü:bır'ho:lşpu:r/ *f* sollama şeridi
überholt /ü:bır'ho:lt/ *s* eski, modası geçmiş
Überholverbot /ü:bır'ho:lferbo:t/ *n oto* sollama yasağı
überhören /ü:bır'hö:rın/ *vt* işitmemek, duymamak; *mec* işitmezlikten gelmek, duymamazlıktan gelmek
überirdisch /'ü:bırirdiş/ *s* doğa üstü, tabiat üstü
Überkapazität /'ü:bırkapatsite:t/ *f* kapasite fazlası
überkippen /'ü:bırkipın/ *vt* devrilmek, düşmek; dengesini kaybetmek
Überkleidung /'ü:bırklaydung/ *f* duvar kaplaması
überkochen /'ü:bırkohın/ *trvi* (kaynarken, pişerken) taşmak
überkommen /ü:bır'komın/ *vt mec* duyguya kapılmak,. hislere kapılmak ***überkommen sein*** büyüklerinden kalmış olmak, atalardan kalma olmak
überladen /ü:bır'la:dın/ *s* süslü püslü, takıp takıştırmış, allı pullu; *vt* aşırı yüklemek, fazla yüklemek; tıka basa doldurmak ***sich den Magen überladen*** mideyi tıka basa doldurmak
Überlagerung /ü:bır'la:gırung/ *f* girişim
Überlänge /'ü:bırlengı/ *f* normali aşan uzunluk
überlappen /ü:bır'lapın/ *trvt* bindirmek;

U

üst üste koymak

überlassen /ü:bır'lasın/ *vt* bırakmak, terk etmek, geride bırakmak; devretmek, feragat etmek; emanet etmek; satmak; kendi haline bırakmak, yüzüstü bırakmak; kendi başına bırakmak ***jdn sich selbst überlassen*** kendi haline bırakmak

Überlastung /ü:bır'lastung/ *f s elek tek* aşırı yükleme, aşırı yüklenme

Überlauf /'ü:bırlauf/ *m tek* taşma

überlaufen /'ü:bırlaufın/ *trvi* (süt, çorba vs) taşmak; karşı tarafa geçmek; *mec* düşman tarafına geçmek, saf değiştirmek; *vt* çok fazla gelmek

Überläufer /'ü:bırloyfır/ *m* kaçkın; *ask* düşman tarafına kaçak asker; (iş, parti, takım, din) değiştiren

überleben /ü:bır'le:bın/ *vt* daha uzun ömürlü olmak, daha fazla yaşamak ***sich überleben*** modası geçmek, demode olmak

Überlebende(r) /ü:bır'le:bındı(r)/ *f/m* sağ kalan, hayatta kalan

Überlebenschance /ü:bır'le:bınsşansı/ *f* sağ kalma ihtimali

überlegen /ü:bır'le:gın/ *s* üstün; soğukkanlı; daha yetenekli; *trvt* dayak atmak, pataklamak; üzerine koymak, üzerine yerleştirmek; *vt* düşünüp taşınmak, tasarlamak, planlamak, ölçüp biçmek

Überlegenheit /ü:bır'le:gınhayt/ *f* üstünlük, daha yetenekli olma

Überlegung /ü:bır'le:gung/ *f* düşünme, düşünüş, düşünce, fikir, tasarı, planlama ***ohne alle Überlegung*** körükörüne, düşünüp taşınmadan, tasarlamadan

überlesen /ü:bır'le:zın/ *vt* üstünkörü okumak, şöyle bir okumak; bir daha gözden geçirmek; okurken atlamak, görmemek

überliefern /ü:bır'li:fırn/ *vt* teslim etmek, vermek, nakletmek, sevk etmek; gelecek nesillere bırakmak

Überlieferung /ü:bır'li:fırung/ *f* teslim, tevdi; verme, teslim etme; rivayet; gelenek, anane

überlisten /ü:bır'listın/ *vt* aldatmak, kandırmak

Übermacht /'ü:bırmaht/ *f* üstünlük, güçlülük; hâkimiyet; *huk* rüçhaniyet; fazlalık

übermächtig /'ü:bırmehtih/ *s* karşı konulamaz, direnilemez; zaptedilemez

übermannen /ü:bır'manın/ *vt* yenmek; uyku bastırmak

Übermaß /'ü:bırma:s/ *n* aşırılık, fazlalık, ölçüsüzlük, ziyadelik; mübalağa; bolluk, çokluk

übermäßig /'ü:bırme:sih/ *s* aşırı büyük, çok büyük, çok fazla, ölçüsüz, haddinden fazla; (fiyat) fahiş; *be* fazlasıyla, ziyadesiyle, haddinden fazla

Übermensch /'ü:bırmenş/ *m* üstün insan

übermenschlich /'ü:bırmenşlih/ *s* insanüstü

übermitteln /ü:bır'mitıln/ *vt* yollamak, göndermek, ulaştırmak, iletmek; getirmek, götürmek; aktarmak; bildirmek

Übermittlung /ü:bır'mitlung/ *f* gönderme, iletme

übermorgen /'ü:bırmorgın/ *be* yarın değil öbür gün, ertesi gün

übermüdet /ü:bır'mü:dıt/ *s* çok yorgun, çok yorulmuş

Übermüdung /ü:bır'mü:dung/ *f* bitkinlik, yorgunluk

Übermut /'ü:bırmu:t/ *m* kendini beğenme, kibir, küstahlık; yaramazlık, afacanlık, haylazlık

übermütig /'ü:bırmü:tih/ *s* taşkın, coşkun

übernachten /ü:bır'nahtın/ *vi* gecelemek, geceyi geçirmek, konaklamak

übernächtigt /ü:bır'nehtikt/ *s* uyku sersemi, uyku mahmuru; uykusunu alamamış; uykusuz, mahmur

Übernachtung /ü:bır'nahtung/ *f* geceleme, geceyi geçirme, konaklama; bir yerde geceyi geçirme

Übernahme /'ü:bırna:mı/ *f tic* teslim, tesellüm; kabul, kabul etme, alma; taahhüt; *dilb* alınma

übernatürlich /'ü:bırnatü:rlih/ *s* doğaüstü, sürnatürel

übernehmen /ü:bır'ne:mın/ *vt* teslim almak, kabul etmek, almak; sorumluluğunu üstlenmek, taahhüt etmek; kabul etmek; bas iktibas etmek, aktarmak, nakletmek; teminat vermek, kefalet etmek; el koymak, devralmak; *isk* kâğıtları karıştırmak, kâğıtları karmak; *vi* üzerine örtmek, omuzuna asmak ***jdn übernehmen*** (birisinden) aşırı fiyat talep etmek ***sich übernehmen*** kendini zorlamak

überordnen /'ü:bırordnın/ *vt* fazla yetki vermek, yetkilerini artırmak ***in übergeordneter Position*** yönetici pozisyonunda, idareci konumunda

überparteilich /'ü:bırpartaylih/ *s pol* parti-

U

ler üstü
Überproduktion /'ü:bırproduktsyo:n/ *f* fazla üretim, üretim fazlalığı, sürprodüksiyon
überprüfbar /ü:bır'prü:fba:r/ *s* test edilebilir, kontrol edilebilir, denenebilir; muayene edilebilir, denetlenebilir, yoklanabilir
überprüfen /ü:bır'prü:fın/ *vt* test etmek, kontrol etmek, yoklamak, gözden geçirmek; denetlemek, muayene etmek; soruşturmak
Überprüfung /ü:bır'prü:fung/ *f* test, kontrol, yoklama, denetleme; gözden geçirme
überquellen /'ü:bırkvelın/ *trvi* dolup taşmak, dolarak taşmak ***überquellende Freude*** *mec* coşkulu sevinç, mutluluk
überqueren /ü:bır'kve:rın/ *vt* (cadde, yol, nehir, boğaz) karşı tarafa geçmek, karşıya geçmek
überragen /ü:bır'ra:gın/ *trvt Mim* çıkıntı teşkil etmek; taşmak, çıkıntı yapmak, çıkıntı oluşturmak; daha büyük olmak, daha yüksek olmak, daha üstün olmak
überragend /ü:bır'ra:gınt/ *s* üstün, göze çarpan, göz alıcı
überraschen /ü:bır'raşın/ *vt* sürpriz hazırlamak, sürpriz yapmak; hayretler içinde bırakmak, hayrete düşürmek; gafil avlamak, suçüstü yakalamak
überraschend /ü:bır'raşınt/ *s* hayret verici, şaşılası, umulmadık, beklenmedik
überrascht /ü:bır'raşt/ *s* şaşırmış, hayret içinde
Überraschung /ü:bır'raşung/ *f* sürpriz; şaşırma, hayrete düşme, şaşkınlık
überreagieren /'ü:bırreagi:rın/ *vi* aşırı tepki göstermek
überreden /ü:bır're:dın/ *vt* aklını çelmek, kafasını karıştırmak, kandırmak, aldatmak ***sich überreden lassen*** kanmak, aldanmak
Überredung /ü:bır're:dung/ *f* ikna etme, aklını çelme, kafasını karıştırma
Überredungskunst /ü:bır're:dungskunst/ *f* ikna etme kabiliyeti, aklını çelme yeteneği
überreichen /ü:bır'ray**h**ın/ *vt* sunmak, takdim etmek; tevdi etmek, eline vermek
Überreichung /ü:bır'ray**h**ung/ *f* takdim etme, sunma, verme; törenle verme
überreif /'ü:bırrayf/ *s bitk* olgunlaşmış, olgun, geçmiş, çürümeğe başlamış; seçkin, nadide ***überreife Rübe*** fazla olgunlaşmış pancar
überreizt /ü:bır'raytst/ *s* gergin, stresli, çok heyecanlı, çok sinirli ***überreizte Atmosphäre*** çok gergin ortam
überrennen /ü:bır'renın/ *vt* (koşarken birisini) çiğnemek, ezmek, altına almak, yere itmek; *ask* düşmanı ezip geçmek, bir yeri ele geçirmek
Überrest /'ü:bırest/ *m* bakiye, kalan, artık; kalıntı
Überrock /'ü:bırrok/ *m* palto, manto, pardösü; redingot, resmi erkek ceketi
überrumpeln /ü:bır'rumpıln/ *vt* tuzağa düşürmek, baskın yapmak, gafil avlamak; suçüstü yakalamak
Überrumpelung /ü:bır'rumpılung/ *f* tuzak, baskın, gafil avlama; suçüstü
überrunden /ü:bır'rundın/ *vt sp* tur bindirmek, bir tur önde olmak
übersättigt /ü:bır'zeti**h**t/ *s* fazla doymuş, çok doymuş, haddinden fazla doymuş; *kim* doymuş
Übersättigung /ü:bır'zetigung/ *f kim* aşırı doyma durumu
übersäuern /ü:bır'zoyırn/ *vt* fazla mayalamak, fazlaca ekşitmek
Überschallflugzeug /'ü:bırşalflu:ktsoyk/ *n* sesten hızlı uçak
überschatten /ü:bır'şatın/ *vt mec* gölge etmek; gölge düşürmek, düzeni bozmak, huzurunu kaçırmak
überschätzen /ü:bır'şetsın/ *vt* haddinden fazla değer vermek; gözünde fazla büyütmek, olduğundan büyük algılamak
überschaubar /ü:bır'şauba:r/ *s* derlitoplu, göze gelir; kestirilebilir
überschauen /ü:bır'şauın/ *vt* dört bir yanını görmek, her yanını görmek, etraflıca görmek
überschäumen /'ü:bırşoymın/ *trvi* köpürerek taşmak ***überschäumende Fröhlichkeit*** *mec* taşkın sevinç
überschlafen /ü:bırşla:fın/ *vt* uykudan dolayı fark edememek, görememek, algılayamamak; (iş, karar) bir sonraki güne bırakmak, ertesi güne bırakmak
Überschlag /'ü:bırşla:k/ *m* yaklaşık hesap, tahmini hesap, vasati hesap; *sp* parende, takla
überschlagen /ü:bır'şla:gın/ *vt* ayak ayak üstüne atmak; okumayarak geçmek; tahmini hesaplamak; (iki şeyi) üst üste

U

koymak; *sp* takla atmak, parende atmak; *vi* (ses) çatallaşmak; *s* ılık, limonata gibi, ne soğuk ne sıcak ***sich überschlagen*** yere kapaklanmak, takla atmak; (ses) çatallaşmak

überschlägig /ü:bır'şlegih/ *s* tahmini, yaklaşık, ortalama, vasati

überschnappen /'ü:bırşnapın/ *vi* (ses) ayarı bozulmak ***sich überschnappen*** kesişmek, çapraşmak

überschneiden /ü:bır'şnaydın/ *vr* kesişmek, çapraşmak; çatışmak

Überschneidung /ü:bır'şnaydung/ *f* kesişme, çatışma; çapraşma

überschreiben /ü:bır'şraybın/ *vt* devretmek, başkasına bırakmak; başlık yazmak, başlık koymak

Überschreibung /ü:bır'şraybung/ *f* devir, nakil; başlık koyma, başlık atma

überschreiten /ü:bır'şraytın/ *vt* (sorun, mesele) aşmak; (bir yerden) geçmek

Überschreitung /ü:bır'şraytung/ *f huk* yasalara aykırı hareket etme; geçme, aşma; geçilme, aşılma; (konu, ders) dışına çıkma, taşma

Überschrift /'ü:bırşrift/ *f* (kitap, şiir vb) başlık, isim

Überschuldung /ü:bır'şuldung/ *f* borca batma, aşırı borçlanma, gırtlağına kadar borç içinde olma

Überschuss /'ü:bırşus/ *m* artık kazanç, arta kalan kazanç; artış, fazlalık; aşma, geçme

überschüssig /'ü:bırşüsih/ *s* arta kalan, artan, fazla kalan; artık; atıl; kullanıma hazır, amade

Überschussproduktion /'ü:bırşusproduktsyo:n/ *f eko* üretim fazlası

überschütten /ü:bır'şütın/ *vt* hediyeye boğmak, armağana boğmak, iltifatlara boğmak ***jdn mit etw überschütten*** (birisini bir şeyle) yüceltmek

Überschwang /'ü:bırşvang/ *m* (his, duygu) taşkınlık, aşırılık, fazlalık

überschwappen /'ü:bırşvapın/ *vt kon* taşmak; üzerinden akmak, taşmak

überschwemmen /ü:bır'şvemın/ *vt* su basmak, sel basmak; *mec* (mal, kişi) akınına uğramak, içinde boğulmak

Überschwemmung /ü:bır'şvemung/ *f* sel, su baskını, su taşkını; akın

überschwenglich /'ü:bırşvenglih/ *s* coşkun, heyecanlı, aşırı heyecanlı

Übersee /'ü:bırze:/ *f* denizaşırı ülkeler, okyanus ötesi ülkeler; *mec* Avrupa dışındaki ülkeler

übersehbar /ü:bır'ze:ba:r/ *s* (ilk bakışta) kavranamayabilir, görülmeyebilir, anlaşılamayabilir

übersehen /ü:bır'ze:ın/ *trvr* bıkmak, usanmak, gına gelmek; *vt* görmemek; fark etmemek, gözden kaçırmak; dikkat etmemek, aldırmamak; kavramak, detaylarıyla görmek

übersenden /ü:bır'zendın/ *vt* göndermek, yollamak, iletmek, aktarmak

übersetzen /ü:bır'zetsın/ *trvi* karşı kıyıya geçirmek, karşı tarafa geçirmek; *vt* tercüme etmek, çevirmek ***übersetztes Programm*** amaç program

Übersetzer /ü:bır'zetsır/ *m* tercüman, çevirmen, mütercim

Übersetzung /ü:bır'zetsung/ *f* tercüme, çeviri; *tek* nakil, aktarım, transmisyon ***mündliche Übersetzung*** sözlü çeviri ***schriftliche Übersetzung*** yazılı çeviri

Übersetzungsbüro /ü:bır'zetsungsbüro:/ *n* çeviri bürosu, tercüme bürosu

Übersetzungsfehler /ü:bır'zetsungsfe:lır/ *m* çeviri hatası

Übersicht /'ü:bırziht/ *f* içindekiler; kısa özet; tablo; genel bakış, kuş bakışı; alansal kavrama yeteneği

übersichtlich /'ü:bırzihtlih/ *s* açık, net, belirgin, ortada, aydın; ana hatlarıyla gösteren, özek olarak veren; açık seçik belirtilen

Übersichtlichkeit /'ü:bırzihtlihkayt/ *f* açıklık, netlik, belirginlik, aydınlık

übersiedeln /'ü:bırzi:dıln/ *trvi* göç etmek, gidip yerleşmek

Übersiedelung /ü:bır'zi:dılung/ *f* göç etme, göç ederek gidip yerleşme

übersinnlich /'ü:bırzinlih/ *s* doğaüstü, tabiat üstü

überspannt /ü:bır'şpant/ *s* (görüş, düşünce, hareket) aşırı; *mec* kafadan kontak

überspielen /ü:bır'şpi:lın/ *vt* geçirmek, takmak; *sp* rakibi devre dışı bırakmak, ekarte etmek; *mec* (sorun, mesele) üstesinden gelmek, ustalıkla halletmek

überspitzt /ü:bır'şpitst/ *s* abartılı, mübalağalı ***vor Witz übersprudeln*** nükteler saçmak

überspringen /ü:bır'şpringın/ *trvi* üstünden atlamak, sıçramak; (ateş, kıvılcım) etrafa sıçramak; *mec* konuyu değiştir-

mek, daldan dala atlamak
übersprudeln /'ü:bırşpru:dıln/ *trvi* sevinç saçmak, neşe saçmak; kaynarken taşmak
überstehen /ü:bır'şte:ın/ *trvi* öne doğru çıkıntı oluşturmak; *vt* katlanmak, tahammül etmek, dayanmak, çekmek; (hastalık) geçirmek, atlatmak
übersteigen /ü:bır'ştaygın/ *vt* aşmak, karşıya geçmek; tırmanmak
übersteuern /ü:bır'ştoyırn/ *vt oto* savurtmak
überstimmen /ü:bır'ştimın/ *vt pol* oy çokluğu ile susturmak
überstrapazieren /'ü:bırştrapatsi:rın/ *vt* aşırı yüklenmek, çok zorlamak, haddinden fazla zorlamak; yormak, sıkıntı vermek, zahmet vermek
überstreifen /'ü:bırştrayfın/ *trvt* üzerine alelacele bir şey almak
überströmen /ü:bır'ştrö:mın/ *trvi* coşmak, taşmak *vt* sel basmak; su altında kalmak ***überströmende Freude*** coşkun sevinç
Überstunde /'ü:bırştundı/ *f* fazla mesai, fazla çalışma ***Überstunden machen*** fazla mesai yapmak
überstürzen /ü:bır'ştürtsın/ *vt* aceleye getirmek, alelacele yapmak; telaşlanmak ***sich überstürzen*** acele etmek, aceleyle koşuşturmak
übertariflich /'ü:bırtari:flih/ *s* tarifede gösterilenden fazla, tarife üstü
Übertrag /'ü:bırtra:k/ *m tic* devreden miktar, aktarılan tutar
übertragbar /ü:bır'tra:kba:r/ *s* devredilebilir, aktarılabilir
übertragen /ü:bır'tra:gın/ *vt* (TV) naklen yayınlamak, canlı olarak yayınlamak; *hek* bulaştırmak, yaymak; aktarmak, nakletmek, başka bir yere geçirmek, devretmek; tercüme etmek, çevirmek; taşımak ***auf jdn eine Krankheit übertragen*** hastalığı başkasına geçirmek ***jdm etw übertragen*** (birisini bir işle) görevlendirmek ***sich übertragen*** yayılmak, geçmek ***übertragene Bedeutung*** mecazi anlam
Überträger /ü:bır'tre:gır/ *m* taşıyıcı, aktarıcı, nakledici; *elek* (TV) transformatör
Übertragung /ü:bır'tra:gung/ *f* canlı yayın, naklen yayın; çeviri, tercüme; *hek* bulaştırma, yayma; *tic* ciro ***Übertragung in beiden Richtungen*** çift yönlü akış
übertreffen /ü:bır'trefın/ *vt* daha üstün olmak
übertreiben /ü:bır'traybın/ *vt* abartmak, aşırıya kaçmak, büyütmek, mübalağa etmek; sınır tanımamak, ölçü tanımamak
Übertreibung /ü:bır'traybung/ *f* abartma, aşırıya kaçma, büyütme, mübalağa; sınırı aşma, ölçüsüz davranma
übertreten /ü:bır'tre:tın/ *trvi* (din, takım, parti, vs) değiştirmek, karşı tarafa geçmek; (su) taşmak, kabarmak; *sp* çizgiyi geçmek; *vt* yasadışı davranışlarda bulunmak; (ayak, kol) incitmek, burkmak
Übertretung /ü:bır'tre:tung/ *f* (kural, yasa, emir) çiğneme, ihlal etme
übertrieben /ü:bır'tri:bın/ *s* aşırı, abartılı, büyüterek, mübalağalı
Übertritt /'ü:bırtrit/ *m* (din, takım, parti, vs.) değiştirme, karşı tarafa geçme; haddini aşma, sırını aşma
übertrumpfen /ü:bır'trumpfın/ *vt* üstün gelmek, aşmak, gölgede bırakmak, yenmek; *isk* kozu kırmak
übertünchen /ü:bır'tünhın/ *vt* badanalamak, boyamak; özerine sürmek; *mec* ayıbını örtmek, kötü şeyi süsleyip püslemek
übervölkert /ü:bır'fölkırt/ *s* nüfusu yoğun, nüfus yoğunluğu fazla
übervorteilen /ü:bır'fo:rtaylın/ *vt* aldatmak, kandırmak; kazık atmak, kazıklamak
überwachen /ü:bır'vahın/ *vt* gözlem altında tutmak, kontrol altında tutmak
Überwachung /ü:bır'vahung/ *f* gözetleme, gözlemleme, kontrol, denetim
überwältigen /ü:bır'veltigın/ *vt* zorla yenmek, şiddet kullanarak yenmek, güç kullanarak yenmek; (birisini) etki altında bırakmak, derinden etkilemek
überwältigend /ü:bır'veltigınt/ *s* (güzel, büyük) muhteşem, harikulade, olağanüstü ***überwältigende Mehrheit*** ezici çoğunluk
überwechseln /'ü:bırveksıln/ *trvi* taraf değiştirmek, karşı tarafa geçmek; *sp* transfer olmak
überweisen /ü:bır'vayzın/ *vt* para havale etmek, para göndermek; yollamak, göndermek
Überweisung /ü:bır'vayzung/ *f* gönderme, havale
Überweisungsformular

U

/ü:bır'vayzungsformula:r/ *n* havale formu

überwerfen /'ü:bırverfın/ *trvr* : ***sich mit jdm überwerfen*** (birisiyle) bozuşmak, araları açılmak, küsmek, küsüşmek

überwiegen /ü:bır'vi:gın/ *vi* ağır basmak, daha ağır gelmek, tercih edilirken daha şanslı olmak

überwiegend /ü:bır'vi:gınt/ *s* en büyük, en önemli; *be* genellikle, umumiyetli, ekseriya

überwindbar /ü:bır'vintba:r/ *s* aşılabilir, yenebilir, üstesinden gelinebilir, halledilebilir, çözümlenebilir

überwinden /ü:bır'vindın/ *vt* üstün gelmek, yenmek, alt etmek, galip gelmek; zorlukları aşmak, engelleri aşmak; çözmek, halletmek ***sich überwinden*** yapmak zorunda kalmak

Überwindung /ü:bır'vindung/ *f* üstün gelme, yenme, alt etme, galip gelme; kendini zorlama

überwintern /ü:bır'vintırn/ *vi hayb* kışı geçirmek, kışı atlatmak; *bitk* kışın da canlı kalmak; kışı geçirmek ***überwinterte Rübe*** kışlamış pancar

überwuchern /ü:bır'vuhırn/ *vt bitk* her yanı kaplamak, her yanı sarmak, sık yetişmek

Überwurf /'ü:bırvurf/ *m* hafif üst giysisi, pardösü, hırka, yağmurluk, pelerin

Überzahl /'ü:bırtsa:l/ *f* sayıca üstünlük, sayıca çoğunluk; fazlalık; büyük sayı ***in der Überzahl sein*** sayıca üstün olmak

überzählig /'ü:bırtse:lih/ *s* artakalan, artan, fazla; lüzumsuz, gereksiz, fuzuli; ihtiyaç fazlası

überzeugen /ü:bır'tsoygın/ *vt* inandırmak, ikna etmek, kandırmak ***sich überzeugen lassen*** kanmak, inanmak, aldanmak

überzeugend /ü:bır'tsoygınt/ *s* inandırıcı, etkileyici, ikna edici, kandırıcı

Überzeugung /ü:bır'tsoygung/ *f* kanaat, kanı; inanma, inanış; ikna olma, kanma

Überzeugungskraft /ü:bır'tsoygungskraft/ *f* ikna yeteneği

überziehen /'ü:bırtsi:ın/ *trvt* üzerine geçirmek, üstüne almak; *mec* pataklamak, dayak atmak; üzerine örtmek, üzerini kapatmak, üstüne örtmek; çarşaf yaymak; *ask* istila etmek; *tic* (bankadan) fazla para çekmek; üzerini kaplamak ***überzogener Kredit*** *tic* açık kredi

Überziehungskredit /ü:bır'tsi:ungskredi:t/ *m* açık kredi, depasman kredisi

Überzug /'ü:bırtsu:k/ *m* kap, kılıf; zarf; örtü, çarşaf

üblich /'ü:plih/ *s* adi, normal, mutat; geçer, cari; geleneksel, ananevi; klasik, kökleşmiş; bayağı, basmakalıp

üblicherweise /ü:plihır'vayzı/ *be* âdet üzere, klasik olarak, bilindiği gibi

U-Boot /'u:bo:t/ *n den* ask. denizaltı

übrig /'ü:brih/ *s* artan, geri kalan; öteki, diğer, öbür ***das Übrige*** devamı, üst yanı ***das übrige Geld*** paranın üstü ***die Übrigen*** ötekiler, diğerleri ***für jdn etwas übrig haben*** (birinden) hoşlanmak ***im Übrigen*** ayrıca, bundan başka ***übrig sein*** artmak, baki kalmak

übrigens /'ü:brigıns/ *s* zaten, aslında, esasen, hattızatında; bir de; hem de; dibinde, yanıbaşında

Übungsaufgabe /'ü:bungsaufga:bı/ *f* ödev, vazife, alıştırma, egzersiz

Ufer /'u:fır/ *n* su kenarı; kıyı, sahil, yaka

uferlos /'u:fırlo:s/ *s* hadsiz sınırsız, hesapsız kitapsız, ucu bucağı olmayan

Uganda /u'ganda/ *n* Uganda

Ugander /u'gandır/ *m* Ugandalı

Uhr /u:r/ *f* saat; kontür, sayaç; saatbaşı ***auf die Uhr sehen*** saate bakmak ***die Uhr geht nach*** saat geri kalıyor ***die Uhr geht vor*** saat ileri gidiyor ***die Uhr ist stehengeblieben*** saat durmuş ***die Uhr stellen*** saati kurmak ***Wieviel Uhr ist es?*** saat kaç?

Uhrmacher /'u:rmahır/ *m* saatçi, saat tamircisi

Uhrwerk /'u:rverk/ *n* saatin mekanizması

Uhrzeiger /'u:rtsaygır/ *m* saat ibresi ***großer Uhrzeiger*** yelkovan ***kleiner Uhrzeiger*** akrep

Uhrzeigersinn /'u:rtsaygırzin/ *m kon* solden sağa, saat ibresi dönüş yönünde ***im Uhrzeigersinn*** saat ibresinin dönüşü yönünde, soldan sağa ***entgegen dem Uhrzeigersinn*** saat yelkovanının aksi yönünde

Uhrzeit /'u:rtsayt/ *f* saat ayarı

Uhu /'u:hu:/ *m hayb* puhu kuşu

Ukraine /u'krainı/ *f* Ukrayna

Ulk /ulk/ *m* şaka, alay, muziplik, eğlence, takılma ***mit jdm Ulk treiben*** (birisiyle) eğlenmek, alaya almak, kafaya almak, eğlenmek

ulken /'ulkın/ *vi* şaka yapmak, şakalaş-

mak, alaya almak
ulkig /'ulkih/ *s* gülünç, komik; garip, acayip, tuhaf
ultimativ /ultima'ti:f/ *s* kesin, kati, ültimatom biçiminde
Ultimatum /ulti'ma:tum/ *n* ültimatom
Ultrakurzwelle /ultra'kurtsvelı/ *f* çok kısa dalga
Ultraschall /'ultraşal/ *m* (insanın duyamayacağı) yüksek ses dalgası
Ultraschalluntersuchung /'ultra:şaluntırzu:hung/ *f* *hek* ultrasonografi
ultraviolett /'ultraviolet/ *s* ültraviyole ışınları ile ilgili
um /um/ *ilg* etrafında, etrafına; hakkında, konusunda, hususunda; yüzünden, nedeniyle; -den dolayı, -dan dolayı; aşağı yukarı, tahminen, yaklaşık olarak; (saat) -de, -da; için, uğruna, yüzünden; *be* geçmiş, bitmiş, tamamlanmış, sona ermiş, nihayet bulmuş ***einer um den anderen*** birbiri ardına, sıra ile ***Jahr um Jahr*** yıldan yıla, seneden seneye ***Streit um die Erbschaft*** miras kavgası ***Stunde um Stunde*** saatlerce ***um willen*** -ın uğruna, hatırı için ***um zu*** -mek için, -mak için, ... maksadiyle ***um 2 Uhr*** saat 2'de ***um 25 Prozent*** yüzde 25 oranında ***um 5 Euro*** 5 Euroya ***um den Tisch setzen*** masanın etrafına oturmak ***um die Vierzig*** kırkılı yaşlar civarında ***um Mittag*** öğlenleyin ***um so mehr*** daha ziyade ***um so weniger*** daha az ***um und um*** her yandan, her taraftan; evire çevire ***um wieviel Uhr?*** saat kaçta? ***um zu*** -mek için
umändern /'umendırn/ *trvt* değiştirmek
umarbeiten /'umarbaytın/ *trvt* tamamen değiştirmek, bütünüyle değiştirmek, başka şekle sokmak
umarmen /um'armın/ *trvt* kucaklamak, sarılmak
Umarmung /um'armung/ *f* kucaklaşma, kucaklama; sarmaş dolaş olma, sarılma
Umbau /'umbau/ *m* tadilat; *tiy* sahne değiştirme
umbauen /'umbauın/ *trvt* (mevcut binanın yakınına) yeni binalar kurmak; (etrafını) çevirmek; binada tadilat yapmak, değişiklik yapmak
umbenennen /'umbınenın/ *trvt* ismini değiştirmek, başka isim vermek
umbiegen /'umbi:gın/ *trvt* eğmek, bükmek, kıvırmak, eğriltmek, yamultmak
umbilden /um'bildın/ *trvt* değiştirmek, değişiklik yapmak
umbinden /'umbindın/ *trvt* etrafına bir şey bağlamak, etrafına sarmak
umblättern /'umbletırn/ *trvt* sayfa çevirmek
umbringen /'umbringın/ *trvt* öldürmek ***sich umbringen*** *kon* kendi kendini yiyip bitirmek; intihar etmek
Umbruch /'umbruh/ *m* bas sayfa haline getirme; devrim, köklü değişim
umbuchen /'umbu:hın/ *trvt* (rezervasyon) tarihini değiştirmek, erteletmek, başka güne ayırtmak; *tic* hesabı bir başka hesaba geçirmek
Umbuchung /'umbu:hung/ *f* (rezervasyon) tarihini değiştirme, başka güne erteleme; *tic* başka bir hesaba geçirme
umdenken /'umdenkın/ *trvi* bakış açısını değiştirmek, olaylara bakış tarzını değiştirmek
umdisponieren /'umdisponi:rın/ *trvt/vi* planlarını değiştirmek, düşüncelerini değiştirmek
umdrehen /'umdre:ın/ *trvt* çevirmek, döndürmek; *trvi* (araç ile) U dönüşü yapmak ***sich umdrehen*** (arkasını) dönmek
Umdrehung /um'dre:ung/ *f* dönme, devir, tam tur dönme
umeinander /umaynandır/ *be* birbirinin etrafına, birbirinin etrafında
umfahren /'umfa:rın/ *trvt* (araçla) çiğnemek, ezmek, altına almak; (araçla) etrafında turlamak, çevresinde dolanmak
umfallen /'umfalın/ *trvi* yere yuvarlanmak, tepetaklak yere düşmek; (aniden fikrinden) caymak, vazgeçmek, düşüncesini değiştirmek
Umfang /'umfang/ *m mat* çember, daire parçası çevresi; hacim, kapsam; genişlik; alan, saha; sınır, hat, çevre; ölçü, oran, nispet; ilişki, münasebet; kullanım; *mim* galeri ***Umgang haben mit*** ile görüşmek, arkadaşlık etmek
umfangreich /'umfangrayh/ *s* geniş kapsamlı, geniş ölçüde; oldukça büyük, oldukça kapsamlı
umfassen /um'fasın/ *vt* kucaklamak, sarmalamak, sarılmak; kuşatmak, çevirmek, çevrelemek; ihtiva etmek, içermek, kapsamak ***umfassende Kenntnisse*** geniş kapsamlı bilgiler
umfassend /um'fasınt/ *s* geniş, kapsamlı

Umfassung /um'fasung/ *f* çevreleme, sarmalama; sarılma, kucaklama; içerme, kapsama

Umfeld /'umfelt/ *n* (sosyal açıdan) çevre, etraf

umfliegen /um'fli:gın/ *trvi kon* yere düşmek, yer devrilmek, yere serilmek; *vt hayb* korunma amaçlı etrafında uçmak

umformen /'umfarmın/ *trvt* biçimini değiştirmek, şeklini değiştirmek, formunu değiştirmek, yapısını değiştirmek

Umfrage /'umfra:gı/ *f* anket, sormaca ***eine Umfrage halten*** anket yapmak

umfüllen /'umfülın/ *trvt* başka kaba aktarmak, kaptan kaba aktarmak, boşaltmak

Umgang /'umgang/ *m* birlikte yaşama, toplumsal ilişki, birliktelik; kullanım, kullanma; tören alayı; tavaf etme, kutsal bir şeyin etrafını dönme; *mim* galeri ***der Umgang mit Menschen*** insanlarla ilişki

umgänglich /'umgenglih/ *s* iyi huylu, geçimli, cana yakın, neşeli, hoşsohbet

Umgangsformen /'umgangsformın/ *pl* görgü, adabımuaşeret

Umgangssprache /'umgangsşpra:hı/ *f* günlük konuşma dili, günlük dil, sokak dili

umgangssprachlich /'umgangsşpra:hlih/ *s* gündelik dildeki

umgeben /um'ge:bın/ *vt* etrafını çevirmek, kuşatmak, sarmalamak, çevirmek

Umgebung /um'ge:bung/ *f* çevre, muhit, etraf, civar, dolay

umgehen /'umge:ın/ *trvi* dolaşmak, gezmek, gezinmek; (söylenti) yayılmak, dolaşmak ***mit Geld sparsam umgehen*** parasına dikkat etmek ***mit jdm grob umgehen*** birine kaba davranmak ***mit jdm umgehen*** (birisiyle) gereği gibi davranmak

umgehend /'umge:ınt/ *s* derhal, hemen, acilen, gecikmeden; *be* çarçabuk, acil, hemen, süratle, ilk fırsatta

Umgehungsstraße /um'ge:ungsştra:sı/ *f* çevre yolu

umgekehrt /'umgıke:rt/ *s* zıt, aksi, ters, karşıt

umgestalten /'umgıştaltın/ *trvt* biçimini değiştirmek, şeklini değiştirmek, formunu değiştirmek

Umgestaltung /'umgıştaltung/ *f* değişme, değişim, değiştirme, değiştirilme, değişiklik

umgießen /'umgi:sın/ *trvt* kaptan kaba nakletmek, kaptan kaba aktarmak, başka kaba aktarmak; *mad* eritip başka bir şekle sokmak

umgraben /'umgra:bın/ *trvt* (arazi, toprak) belleme, kırizma etmek

umgrenzen /um'grentsın/ *vt* etrafını çevrelemek, etrafını çevirmek, etrafını sarmak, sınırlandırmak

umgruppieren /'umgrupi:rın/ *trvt* bir başka şekilde gruplandırmak

umgucken /'umgukın/ *trvr kon* etrafına bakınmak, sağına soluna bakınmak, çevresine bakınmak

Umhang /'umhang/ *m* pelerin, atkı, eşarp, şal

umhängen /'umhengın/ *trvt* başka yere asmak; (giysi) sırtına almak, sırtına geçirmek

umhauen /'umhauın/ *trvt* (ağaç) baltalamak, baltayla kesmek, keserek devirmek

umher /um'he:r/ *be* oraya buraya, her bir yana, dört bir yana, her tarafa

umherblicken /um'he:rblikın/ *trvi* çevresine bakınmak, etrafına bakınmak; çevresine göz gezdirmek, çevresini gözlemlemek

umhergehen /um'he:rge:ın/ *vi* gezinmek, dolaşmak

umherirren /um'he:rirın/ *trvi* şaşkın şaşkın dolaşmak

umherreisen /um'he:rrayzın/ *vi* oraya buraya seyahat etmek

umherstreifen /um'he:rştrayfın/ *trvi* serserilik etmek, aylaklık etmek, avarelik etmek

umhinkönnen /um'hinkönın/ *trvi* kaçınmak, sakınmak

umhören /'umhö:rın/ *trvr* araştırmak, soruşturmak, kolaçan etmek, bilgi edinmek

umhüllen /um'hülın/ *vt* sarmak, gizlemek, bürümek, çevrelemek, örtmek

Umhüllung /um'hülung/ *f* sarma, gizleme, bürüme, örtme

Umkehr /'umke:r/ *f* dönüş, dönme; geri gelme, dönüş yolculuğu başlangıcı, dönüşe geçme

umkehrbar /'umke:rba:r/ *s* çevrilebilir, döndürülebilir, tersine çevrilebilir

umkehren /'umke:rın/ *trvi* dönmek, dönüşe geçmek, dönüş yoluna koyulmak; *trvt* döndürmek, çevirmek, ters çevirmek

umkippen /'umkipın/ *trvi* yere düşmek, yere devrilmek, yere kapaklanmak; *kon* bayılmak; *vt* devirmek, yere indirmek, yere sermek, yıkmak, bozmak

umklammern /um'klamern/ *vt* sıkmak, sıkı sıkı tutmak, sıkıca kavramak; *kon* sımsıkı sarılmak

Umklammerung /um'klamırung/ *f* sıkı sıkı tutma, sıkıca tutma; sımsıkı sarılma

umklappen /'umklapın/ *trvt* devirmek, yere indirmek, yere sermek; *trvi* bayılıp yere düşmek, dengesini kaybederek yere düşmek

Umkleidekabine /'umklaydıkabi:nı/ *f* soyunma odası, soyunma kabini, soyunma bölümü

umkleiden /'umklaydın/ *trvt* elbiselerini değiştirmek, kıyafetini değiştirmek; *vt* çepeçevre kaplamak, örtmek ***sich umkleiden*** giysi değiştirmek, elbise değiştirmek, kıyafet değiştirmek

umknicken /'umknikın/ *trvi hek* ayağını incitmek, ayağını burkmak; *trvt* kenarını kıvırmak, kenarını bükmek

umkommen /'umkomın/ *trvi* ölmek, canından olmak, hayatını kaybetmek, telef olmak ***vor Hunger umkommen*** *mec* açlıktan ölmek

Umkreis /'umkrays/ *m* civar, çevre, etraf, muhit, dolay, yöre, konu komşu; *mat* çember

umkreisen /um'krayzın/ *vt* etrafında dönmek, etrafında dolanmak; tavaf etmek

umkrempeln /'umkrempıln/ *trvt* kıvırmak, çevirmek; (kol, yaka) sıvamak, tersine çevirmek; altüst etmek, ters yüz etmek

umladen /'umla:dın/ *trvt* araçtan araca nakletmek, başka araca aktarmak

Umlage /'umla:gı/ *f* bir tutarı taksim etme, bölüştürme

umlagern /um'la:gırn/ *trvt* başka depoya aktarmak, ambar değiştirmek; istif etmek; *vt* etrafına yığılmak, etrafını çevirmek

Umlauf /'umlauf/ *m* devir, dönme, dönüş; *hek* dolama; genelge, yönetmelik, tamim

Umlaufbahn /'umlaufba:n/ *f* yörünge

Umlaut /'umlaut/ *m dilb* ünlü değişimi, ünlü incelmesi, mutasyon

umlegen /'umle:gın/ *trvt* yerini değiştirmek, yönünü değiştirmek, durumunu değiştirmek, başka yere koymak; yere yıkmak, yere devirmek; öldürmek; (vâris, ortak, hissedar) hak sahipleri arasında bölmek; giymek, takmak

umleiten /'umlaytın/ *trvt* başka bir yola göndermek, başka bir yola yöneltmek, başka bir yola sevk etmek

Umleitung /'umlaytung/ *f* başka yöne aktarma, başka yöne saptırma

umlernen /'umlernın/ *trvi* yeni bir şey öğrenmek, başka bir şey öğrenmek

umliegend /'umli:gınt/ *s* etrafta bulunan, civarda bulunan, yakın çevrede bulunan

ummelden /'ummeldın/ *trvr* (adres, iş, bilgi) değişikliği polise bildirmek

umnachtet /um'nahtıt/ *s* akıl hastası, kafadan sakat, akli dengesi bozuk

umpflanzen /'umpflantsın/ *trvt* bitk. fidanı başka yere dikmek; *vt* etrafına bitki dikmek; bitkilerle çevrelemek

umpolen /'umpo:lın/ *trvt fiz* kutuplarını değiştirmek

Umrandung /um'randung/ *f* kenar, pervaz, çerçeve

umrechnen /'umrehnın/ *trvt* parayı bir başka parayla değiştirmek

Umrechnung /'umrehnung/ *f* parayı bir başka parayla değiştirme

Umrechnungskurs /'umrehnungskurs/ *m* döviz kuru, değiştirme kuru

umreißen /'umraysın/ *trvt* yere sermek, yere devirmek, yere yıkmak, yere düşürmek; *vt* krokisini yapmak, taslağını çizmek, planını çizmek; özetlemek

umringen /um'ringın/ *vt* çevresini kuşatmak, etrafını çevirmek; ortaya almak

Umriss /'umris/ *m* kontur, çevreleme çizgisi

umrühren /'umrü:rın/ *trvt* çalkalamak, karıştırmak, çırpmak

umrüsten /'umrüstın/ *trvt tek* yeniden donatmak

umsatteln /'umzatıln/ *trvt* başka eyer vurmak, eyerini değiştirmek; meslek değiştirmek, bölüm değiştirmek

Umsatz /'umzats/ *m tic* ciro; mal değeri; bas baskıya girecek yazıyı temelden değiştirme

Umsatzbeteiligung /'umzatsbıtayligung/ *f* satıştan hisse (personel için)

Umsatzsteuer /'umzatsştoyır/ *f tic* işlem vergisi, muamele vergisi

umschalten /'umşaltın/ *trvt* elek. akımını çevirmek; *oto* vites değiştirmek; *trvi* yeni

bir ortama alışmak
Umschau /'umşau/ *f* genel bakış, her açıdan etrafa bakış ***Umschau halten nach*** etrafına bakınmak
umschauen /'umşauın/ *trvr* çevresine bakınmak, etrafına bakınmak
umschichten /'umşi**h**tın/ *trvt* yeniden istiflemek; *mec* yeniden yapılandırmak
umschiffen /um'şifın/ *vt* etrafını gemi ile dolaşmak
Umschlag /'umşla:k/ *m* zarf; kılıf, kap; ani değişim; giysi kıvrım yeri; *hek* kompres; *den* gemiden indirip araca yükleme
umschlagen /'umşla:gın/ *trvt* yere devirmek, yere indirmek, yere yıkmak; kenarını kıvırmak, kenarını bastırmak; *den* gemiden araca mal aktarmak; sayfa çevirmek; çevirmek, döndürmek; *trvi* ani değişim göstermek; devrilmek, yıkılmak; *den* alabora olmak
Umschlagplatz /'umşla:kplats/ *m den* aktarma yeri
umschließen /um'şli:sın/ *vt ed* kuşatmak, çevrelemek, etrafını çevirmek; kucaklamak, sarmalamak
umschmeicheln /um'şmay**h**ıln/ *vt* iltifat etmek, hoş şeyler söylemek
umschmeißen /'umşmaysın/ *trvt* yere devirmek, yere yıkmak
umschnallen /'umşnalın/ *trvt* bele bir şey takmak, bir şey bağlamak
umschreiben /'umşraybın/ *vt* farkı bir şekilde yeniden ifade etmek, daha açık bir dille anlatmak, açımlamak; sınırlandırmak
Umschuldung /'umşuldung/ *f* kredinin vadesini uzatma
umschulen /'umşu:lın/ *trvt* okulunu değiştirmek, başka bir okula nakletmek; mesleki eğitim vermek, meslek edindirmek
Umschulung /'umşu:lung/ *f* okul değiştirme, başka okula nakil; yeni bir meslek eğitimi verme, meslek edindirme
umschütten /'umşütın/ *trvt* dökmek, boşaltmak
umschwärmen /um'şvermın/ *vt* etrafında uçuşmak; *mec* pervane olmak, çevresinde dolaşmak
Umschweife /'umşvayfı/ *pl* karmaşık yol, dolambaçlı yol; (konuşurken) kaçamak yapma, dolambaçlı ifade kullanma ***ohne Umschweife*** lafı uzatmadan, doğrudan doğruya
umschwenken /'umşvenkın/ *trvi* fikrini değiştirmek; fikrinden çark etmek, düşüncelerinden dönmek
Umschwung /'umşvung/ *m sp* dönme hareketi; *mec* dönüm noktası
umsegeln /um'ze:gıln/ *vt* yelkenli gemi ile etrafında dolaşmak; yelkenli ile gezinmek
umsehen /'umze:ın/ *trvt* her bir yana bakmak, dört bir yana bakınmak; arkasına bakmak ***nach etw umsehen*** *mec* (bir şey için) uğraşmak, çabalamak
umsetzen /'umzetsın/ *trvt* yerine değiştirmek; değiştirmek; *müz* makamını değiştirmek ***in die Tat umsetzen*** gerçekleştirmek ***sich umsetzen*** *kim* değişmek
Umsicht /'umzi**h**t/ *f* dikkat, tedbirlilik, basiret, tartma, ölçüp biçme
umsichtig /'umzi**h**ti**h**/ *s* dikkatli, tedbirli, basiretli, dirayetli
umsonst /um'zonst/ *be* nafile, boşuna, beyhude; bedava, ücretsiz, parasız, beleş ***der Eintritt ist umsonst*** giriş bedava
umsorgen /um'zorgın/ *vt* seve seve ilgilenmek, severek bakmak
umspannen /um'şpanın/ *trvt elek* voltajını değiştirmek; *vt* kapsamak, muhteva etmek, içine almak, dahil etmek
umspielen /um'şpi:lın/ *vt sp* (futbol) çalım atmak; etrafında hareket etmek
Umstand /'umştant/ *m* durum, hal, şartlar, ahval, konu, özellik, husus, detay, ayrıntılar; zahmet, çaba ***in anderen Umständen sein*** gebe olmak, bebek beklemek ***mach keine Umstände!*** zahmet etme! ***Umstände machen*** zahmet etmek ***unter anderen Umständen*** farklı şartlarda ***unter diesen Umständen*** bu şartlar altında
umständlich /'umştendli**h**/ *s* zahmetli, karmaşık, dolambaçlı, ayrıntılı, detaylı; resmi, sizli bizli, teklifli
Umständlichkeit /'umştendli**h**kayt/ *f* zahmetlilik
Umstandswort /'umştantsvort/ *n* belirteç, zarf
umsteigen /'umştaygın/ *trvi* (araç) aktarma yapmak, taşıt değiştirmek ***auf etw anderes umsteigen*** *kon* işini değiştirmek
umstellen /'umştelın/ *trvt* yerini değiştirmek; dönüştürmek, değiştirmek, değişiklik yapmak; (başka bir amaç için) değiştirmek, yeniden yapılandırmak; *vt* et-

U

rafını çevirmek, çember içine almak, çevresini kuşatmak ***sich umstellen*** alışmak, ayak uydurmak
Umstellung /'umştelung/ *f* yerini değiştirme, görünümünü değiştirme, ayarını değiştirme; uyum sağlama, adapte olma
umstimmen /'umştimın/ *trvt müz* akort etmek; (birisini) fikrinden caydırmak, düşüncelerinden döndürmek, kararından vazgeçirmek
umstoßen /'umştosın/ *trvt* çarparak devirmek, iterek yere indirmek; (plan, karar, uygulama) kökünden değiştirmek
umstritten /um'ştritın/ *s* tartışmalı, ihtilaflı
Umstrukturierung /'umştrukturi:rung/ *f* yapısal değişme, sistem değişikliği
umstülpen /'umştülpın/ *trvt* ters yüz etmek
Umsturz /'umşturts/ *m* devrim, ihtilal
Umtausch /'umtauş/ *m* değişme, mübadele, takas
umtauschen /'umtauşın/ *trvt* değiştirmek, takas etmek, değiş tokuş etmek, mübadele etmek
umtopfen /'umtopfın/ *trvt* saksısını değiştirmek
Umtriebe /'umtri:bı/ *pl* entrikalar, dolaplar, düzenler
umverteilen /'umfertaylın/ *trvt* yeniden pay etmek, tekrardan paylaştırmak
umwälzen /'umveltsın/ *trvt* yuvarlamak
Umwälzung /'umveltsung/ *f* köklü değişiklik, temelden değiştirme, radikal değişim, ihtilal, devrim
umwandeln /'umvandıln/ *trvt* kökten değiştirmek, başka şekle dönüştürmek, çevirmek
Umwandlung /'umvandlung/ *f* dönüştürme, çevirme, değiştirme
umwechseln /'umveksıln/ *trvt* döviz bozdurmak, parayı başka parayla değiştirmek
Umweg /'umve:k/ *m* dolambaçlı yol, uzun yol, karmaşık yol
Umwelt /'umvelt/ *f* doğal çevre; sosyal çevre
umweltfreundlich /'umveltfroyndli**h**/ *s* doğal çevreye uyumlu
Umweltpolitik /'umveltpoliti:k/ *f* çevre politikası
Umweltschäden /'umveltşe:dın/ *pl* çevreye verilen zararlar
Umweltschutz /'umveltşuts/ *m* doğal çevre koruması, doğal çevreyi koruma
Umweltverschmutzung /'umveltferşmutsung/ *f* doğal çevre kirlenmesi, çevre kirliliği
umwerben /um'verbın/ *trvt* sevgisini kazanmak için çabalamak, güvenini kazanmaya çalışmak, teveccühünü kazanmaya uğraşmak
umwerfen /'umverfın/ *trvt* yere yıkmak, yere düşürmek, yere devirmek; (giysi) omuzuna atmak, sırtına geçirmek
umwickeln /um'vikıln/ *vt* etrafını sarmak, etrafını çevirmek
umwölken /um'völkın/ *vr* bulutlanmak, bulutlarla kaplanmak ***mit umwölkter Stirn*** karamsar, keyifsiz
umwühlen /'umvü:lın/ *trvt* karman çorman etmek, karmakarışık etmek, altüst etmek
umzäunen /um'tsoynın/ *vt* çevresini çitle çevirmek, etrafına çit çekmek
Umzäunung /'umtsoynung/ *f* etrafını çit ile çevirme; çit
umziehen /'umtsi:ın/ *trvi* taşınmak, göçmek ***sich umziehen*** kıyafet değiştirmek
umzingeln /um'tsingıln/ *vt* (düşman) etrafını sarmak, ortaya almak, çember içine almak, kuşatmak
Umzug /'umtsu:k/ *m* taşınma, göçme; evden çıkma, evden taşınma; geçit resmi, tören geçidi
unabänderlich /unap'enderli**h**/ *s* değiştirilemez, değişmez, vazgeçilemez, geri alınmaz, dönülmez
unabdingbar /'unapdingba:r/ *s huk* bağlayıcı, kesin; zaruri, lüzumlu, gerekli
unabhängig /'unap**h**engi**h**/ *s* bağımsız, özgür ***ein unabhängiger Staat*** bağımsız bir devlet
Unabhängigkeit /'unap**h**engi**h**kayt/ *f* bağımsızlık, özgürlük; *pol* egemenlik
unabkömmlich /'unapkömli**h**/ *s* gerekli, lüzumlu, zaruri; *ask* askerlikten muaf
unablässig /'unaplesi**h**/ *s* sürekli, devamlı, aralıksız
unabsehbar /unap'ze:ba:r/ *s* göz alabildiğine, bitmez tükenmez, oldukça çok; tahmin edilemez, önceden düşünülemez
unabsichtlich /'unapzi**h**tli**h**/ *s* istemeyerek, istemeden, kasıtsız, kasti olmayan
unabwendbar /unap'ventba:r/ *s* önlenemez, kaçınılamaz, önüne geçilmez
unachtsam /'una**h**tza:m/ *s* dikkatsiz, ted-

birsiz, ihmalkâr
Unachtsamkeit /'unahtza:mkayt/ *f* dikkatsizlık, tedbirsizlik
unanfechtbar /unan'fehtba:r/ *s* kesin, kati, şüphe götürmez, su götürmez, tartışılmaz, itiraz kabul etmez
Unanfechtbarkeit /'unanfehtba:rkayt/ *f* kesinlik, katilik, şüphe götürmezlik, su götürmezlik, tartışılmazlık
unangebracht /'unangıbraht/ *s* zamansız, yersiz, densiz, gereksiz, uygunsuz, yakışıksız, münasebetsiz
unangefochten /'unangıfohtın/ *s* kesin, kati, tartışılmaz; engelsiz; *huk* itiraz edilemeyen
unangemeldet /'unangımeldıt/ *s* habersiz, *kon* pat diye
unangemessen /'unangımesın/ *s* yerinde olmayan, yakışmayan, uymayan ***unangemessenes Benehmen*** yerinde olmayan davranış
unangenehm /'unangıne:m/ *s* nahoş, hoşa gitmeyen, hoş olmayan, fena, kötü, çirkin, berbat, can sıkıcı
unannehmbar /'unanne:mba:r/ *s* kabul edilemez, benimsenemez, katlanılamaz
Unannehmlichkeit /'unanne:mlihkayt/ *f* uygunsuzluk, hoşa gitmemezlik, nahoşluk, güçlük
unansehnlich /'unanze:nlih/ *s* (kişi) gösterişsiz, ufak tefek, kılıksız, çelimsiz, cılız; (giysi) yıpranmış, eskimiş, giyilmez
Unansehnlichkeit /'unanze:nlihkayt/ *f* gösterişsizlik, kılıksızlık, yıpranmışlık, çelimsizlik
unanständig /'unanştendih/ *s* uygunsuz, yakışık almaz, utanmaz, arlanmaz, saygısız, küstah, ahlaka aykırı, edebe aykırı, toplum kurallarına aykırı
unantastbar /'unantastba:r/ *s* dokunulamaz, el sürülemez
Unantastbarkeit /'unantastba:rkayt/ *f* dokunulmazlık; *huk* dokunulmazlık
Unart /'una:rt/ *f* yakışıksız davranış, terbiyesizlik, arsızlık, yaramazlık, ahlaka aykırılık, küstahlık, saygısızlık
unartig /'una:rtih/ *s* yaramaz, terbiyesiz, saygısız, kaba, görgüsüz, arsız
unästhetisch /'uneste:tiş/ *s* çirkin, estetik olmayan, estetiğe uymayan, iğrenç, tiksindirici, güzel olmayan
unaufdringlich /'unaufdringlih/ *s* çekingen; mütevazi, gösterişsiz, sade, alçakgönüllü
unauffällig /'unauffelih/ *s* dikkat çekmeyen, göze çarpmayan, sade, silik
unauffindbar /'unauffintba:r/ *s* bulunamaz, keşfedilemez, fark edilemez
unaufgefordert /'unaufgıfordırt/ *s* davet edilmeden, davetsiz, çağrılmadan
unaufgeklärt /'unaufgıkle:rt/ *s* belirsiz kalmış olan, netliğe kavuşmamış olan, aydınlatılmamış olan; cinsel bilgilerden yoksun olan, eğitimsiz
unaufhaltsam /'unaufhaltzam/ *s* durdurulamaz, karşı konulamaz
unaufhörlich /'unaufhö:rlih/ *s* aralıksız, durmadan, sonsuz, ara vermeden, daima, her zaman
unaufmerksam /'unaufmerkzam/ *s* dalgın, tedbirsiz, dikkatsiz, dağınık
Unaufmerksamkeit /'unaufmerkzamkayt/ *f* dalgınlık, tedbirsizlik, dikkatsizlik, dağınıklık
unaufrichtig /'unaufrihtih/ *s* riyakâr, ikiyüzlü, samimi olmayan, içten olmayan, dürüst olmayan
Unaufrichtigkeit /'unaufrihtihkayt/ *f* riyakârlık, ikiyüzlülük, samimiyetsizlik, içtensizlik, dürüst olmama
unaufschiebbar /unauf'şi:pba:r/ *s* ertelenemez, geciktirilemez, ivedi, çok acele, acil
unausbleiblich /'unausblayplih/ *s* önüne geçilemez, kaçınılmaz, durdurulamaz, engellenemez ***unausbleibliche Folgen*** kaçınılmaz sonuçlar, engellenemez sonuçlar
unausführbar /'unausfü:rba:r/ *s* uygulanmaz
unausgefüllt /'unausgıfült/ *s* (evrak, dosya) boş, eksik, doldurulmamış; (hayat) anlamsız, boş
unausgeglichen /'unausgıglihın/ *s* tutarsız, dengesiz
unaussprechlich /'unausşprehlih/ *s mec* tarif edilemez, anlatılamaz, çok büyük, son derece büyük; ifade edilemez, dile getirilemez; olağanüstü, oldukça, çok
unausstehlich /'unausşte:lih/ *s* katlanılmaz, çekilmez, dayanılmaz
unausweichlich /unaus'vayhlih/ *s* kaçınılmaz, engellenemez, kaçınılması mümkün olmayan
unbändig /'unbendih/ *s* haşarı, yaramaz, ele avuca sığmaz; çok büyük oldukça büyük
unbarmherzig /'unbırmhertsih/ *s* acıma-

U

sız, gaddar, zalim, merhametsiz, insafsız, vahşi, hayvan gibi
Unbarmherzigkeit /'unbırmhertsihkayt/ *f* acımasızlık, gaddarlık, zalimlik, merhametsizlık, insafsızlık, vahşilik
unbeabsichtigt /'unbıapzihtiht/ *s* istemeden oluşan, kasıtlı olmayan, isteyerek olmayan, yanlışlıkla, sehven, istemeyerek
unbeachtet /'unbıahtıt/ *s* dikkat edilmeyen, fark edilmeyen, hesaba katılmayan
unbeantwortet /'unbıantvortıt/ *s* cevapsız, karşılıksız
unbebaut /'unbıbaut/ *s* (arazi) işlenmemiş, sürülmemiş, boş
unbedacht /'unbıdaht/ *s* düşünmeden, ölçüp biçmeden, tartmadan, planlamadan
unbedarft /'unbıdarft/ *s kon* görgüsüz, tecrübesiz, aptal, aklı havada
unbedenklich /'unbıdenklih/ *s* tereddüt etmeden, çekinmeden, sakınmadan; sakınca teşkil etmeyen
unbedeutend /'unbıdoytınt/ *s* önemsiz, değersiz, anlamsız, dikkate almaya değmez, az
unbedingt /'unbıdingt/ *s* mutlaka, muhakkak, kesinlikle, ne olursa olsun, her durumda; mutlak, kesin, kayıtsız şartsız, kati
unbefahrbar /'unbıfa:rba:r/ *s* araç geçişine uygun değil
unbefangen /'unbıfangın/ *s* sakin, rahat, serbest; tarafsız, etki altında kalmadan, baskı görmeden
Unbefangenheit /'unbıfangınhayt/ *f* sakinlik, serbestlik, çekingen olmama, girişkenlik; tarafsızlık, önyargısızlık, etki altında kalmama
unbefriedigend /'unbıfri:digınt/ *s* yetersiz, doyurucu olmayan, memnun etmeyen
unbefriedigt /'unbıfri:diht/ *s* memnun olmayan, yetersiz kalmış
unbefristet /'unbıfristıt/ *s* süresiz
unbefugt /'unbıfu:kt/ *s* yetkisiz, görevsiz
Unbefugte(r) /'unbıfu:ktı(r)/ *f/m* yetkisiz kimse, görevi olmayan kimse, görevli olmayan kimse ***Unbefugten ist der Zutritt verboten*** görevli olmayan giremez!
unbegabt /'unbıga:pt/ *s* yeteneksiz, kabiliyetsiz, beceriksiz
unbegreiflich /'unbıgrayflih/ *s* anlaşılmaz, akla sığmaz
unbegrenzt /'unbıgrentst/ *s* sınırsız, hadsiz, sonsuz
unbegründet /'unbıgründıt/ *s* asılsız, temelsiz, dayanaksız, gerekçesiz; sebepsiz, nedensiz, yersiz ***unbegründete Vorwürfe*** asılsız suçlamalar
Unbehagen /'unbıha:gın/ *n* huzursuzluk, rahatsızlık, iç sıkıntısı, sıkıntı, afakan
unbehaglich /'unbıha:klih/ *s* huzursuz, rahatsız, sıkıntılı
unbehelligt /'unbıheliht/ *s* rahatsız edilmeden, rahatsız edilmeyen, taciz edilmeden, taciz edilmeyen, huzur içinde, huzurlu bir şekilde
unbeherrscht /'unbıherşt/ *s* kendine hâkim olamayan, kendini frenleyemeyen
unbeholfen /'unbıholfın/ *s* beceriksiz, eğitimsiz, yeteneksiz, ağır, hantal
unbeirrbar /unbı'irba:r/ *s* inandıklarından vazgeçirilemeyen, düşüncelerinden saptırılamayan, doğru yoldan çıkarılamayan, etki edilemeyen
unbekannt /'unbıkant/ *s* tanınmayan, bilinmeyen, tanınmamış, adsız, belirsiz, meçhul ***unbekannter Soldat*** meçhul asker
unbekleidet /'unbıklaydıt/ *s be* giyimsiz
unbekümmert /'unbıkümırt/ *s* dertsiz, tasasız, gamsız, kaygısız; ilgisiz, kayıtsız, enterese etmeden
unbelastet /'unbılastıt/ *s* dertsiz, tasasız, gamsız, kedersiz; neşeli, keyifli, şen; (mülk) ipoteksiz
unbelehrbar /'unbıle:rba:r/ *s* laf anlamaz, söz dinlemez
unbeliebt /'unbıli:pt/ *s* sevilmeyen, istenilmeyen, tercih edilmeyen
Unbeliebtheit /'unbıli:pthayt/ *f* sevilmezlik, istenilmeme
unbemerkt /'unbımerkt/ *s* fark edilmeyen, göze çarpmayan
unbequem /'unbıkve:m/ *s* (eşya) rahatsız, rahatlık vermeyen; rahatsız edici, can sıkıcı ***unbequemer Stuhl*** rahatsız bir sandalye
Unbequemlichkeit /'unbıkve:mlihkayt/ *f* rahatsızlık, rahatlık sağlayamama; can sıkıcılık, can sıkıcı şey
unberechenbar /'unbırehınba:r/ *s* tahmin edilemez, hesap edilemez, düşünülemez, kestirilmez ***unberechenbare Verhältnisse*** tahmin edilemez davranışlar
unbescheiden /'unbışaydın/ *s* küstah, densiz, saygısız, terbiyesiz; aşırı

U

unbescholten /'unbışoltın/ *s* iyi isim yapmış, saygın; kusursuz, doğru, lekesiz, namuslu
unbeschränkt /'unbışrenkt/ *s* sınırsız, sonsuz, uçsuz bucaksız; kayıtsız, şartsız, kati, mutlak
unbeschreiblich /'unbışrayplih/ *s* tarif edilemeyen, anlatılamayan, tasvir edilemeyen, sözle ifade edilemeyen; harika, fevkalade, çok güzel, nefis
unbeschwert /'unbışve:rt/ *s* dertsiz, tasasız, kaygısız
unbesiegbar /unbı'zi:kba:r/ *s* yenilmez
unbesonnen /'unbızonın/ *s* tedbirsiz, ihtiyatsız, düşüncesiz
unbesorgt /'unbızargt/ *s* dertsiz, tasasız, kaygısız, endişesiz
unbeständig /'unbıştendih/ *s* kararsız, sebatsız, istikrarsız, bir dediği bir dediğini tutmayan, çabuk değişen; daldan dala konan, maymun iştahlı, uçarı; devamsız
unbestätigt /'unbışte:tiht/ *s* tasdiklenmemiş, doğrulanmamış, onanmamış
unbestechlich /'unbıştehlih/ *s* rüşvet yemez, rüşvet almaz
Unbestechlichkeit /'unbıştehlihkayt/ *f* rüşvet yememe, rüşvet almama
unbestimmt /'unbıştimt/ *s* belirsiz, kararsız, kesin değil, müphem ***unbestimmte Artikel*** *dilb* belirsiz artikel ***unbestimmtes Fürwort*** *dilb* belirsiz zamir
unbestreitbar /'unbıştraytba:r/ *s* tartışma götürmez, su götürmez, tartışılamaz, belli, ortada
unbeteiligt /'unbıtayliht/ *s* katılmadan, katılmaksızın, katılım göstermeden; ilgisi olmayan, alakası olmayan, ilgilenmeyen
unbetont /'unbıto:nt/ *s dilb* vurgusuz; *kon* tam olarak öne çıkarmadan
unbeugsam /'unboykza:m/ *s* bükülmez, sert; boyun eğmez, dediğim dedikçi, inatçı
unbewacht /'unbıvaht/ *s* (yer, işyeri) gözetlenmeyen, bekçisi olmayan, güvenlik görevlisi olmayan; gözlemlenmeyen, fark edilmeyen, bakılmayan
unbewaffnet /'unbıvafnıt/ *s* silahsız
unbewältigt /'unbıveltiht/ *s* (sorun, sıkıntı) aşılmamış, üstesinden gelinmemiş, atlatılmamış
unbeweglich /'unbıve:klih/ *s* sabit, durgun, hareketsiz; hantal, ağır kanlı, ağır hareketli ***unbewegliche Sache*** taşınmazlar, gayri menkuller
unbewohnt /'unbıvo:nt/ *s* ıssız, tenha; boş, kimsesiz
unbezahlbar /unbı'tsa:lba:r/ *s* çok pahalı
unbezähmbar /unbı'tse:mba:r/ *s* (açlık, merak) frenlenemez, zaptedilemez, önlenemez
unbillig /'unbilih/ *s* insafsız, haksız
unblutig /'unblu:tih/ *s* kan akıtmaksızın, kansız, kimsenin burnu bile kanamadan ***unblutige Revolution*** kansız devrim
unbrauchbar /'unbrauhba:r/ *s* işe yaramaz, kullanışsız, kullanılmaz, beş para etmez, değersiz
unbürokratisch /'unbürokratiş/ *s* bürokratik olmayan, engel çıkarmayan, boş yere uğraştırmayan
unchristlich /'unkristlih/ *s* Hıristiyan(ca) olmayan
und /unt/ *bağ* ve, ve de, da, hem, ile ***na und?*** ne var?, n'olmuş? ***nur du und ich*** sadece sen ve ben ***schreiben und lesen*** okumak ve yazmak ***und andere*** başkaları, diğerleri ***und Ähnliche*** ve benzerleri ***und desgleichen*** ve bunun gibileri ***und doch*** hal böyleyken ***und du?*** ya sen? ***und ob!*** sorulur mu!, hem de nasıl! ***und so fort*** ve saire ***und so weiter*** ve saire, ve benzerleri ***und was noch mehr*** falan fıstık, falan fişmekan ***und wie!*** hem de nasıl! ***und zwar!*** ve bu da
Undank /'undank/ *m* nankörlük, iyilik bilmezlik, değer bilmezlik
undankbar /'undankba:r/ *s* nankör
undemokratisch /'undemokra:tiş/ *s* demokratik olmayan
undenkbar /un'denkba:r/ *s* akla sığmaz, tasavvur olunamaz
undenklich /'undenklih/ *s* düşünülemez, tasavvur edilemez
undeutlich /'undoytlih/ *s* belirsiz, müphem; anlaşılması zor, kavranması zor
Undeutlichkeit /'undoytlihkayt/ *f* belirsizlik, anlaşılmazlık
undicht /'undiht/ *s* hava/su geçirgen, hava/su geçebilir, hava/su sızdıran
Unding /'unding/ *n* anlamsızlık, densizlik, münasebetsizlik, delilik, çılgınlık
undiszipliniert /'undistsiplini:rt/ *s* disiplinsiz, disipline edilmemiş
undurchdringlich /'undurhdringlih/ *s*

U

(doğal yer) girilmez, girilmez, aşılmaz; *mec* anlaşılmaz, kavranamaz
undurchführbar /'undur**h**fü:rba:r/ *s* uygulanması imkânsız, yapılması imkânsız
undurchlässig /'undur**h**lesi**h**/ *s* hava/su geçirmez, hava/su sızdırmaz
undurchsichtig /'undur**h**zi**h**ti**h**/ *s* şeffaf olmayan, saydam olmayan; *mec* anlaşılmaz, karmaşık, şüpheli, belirsiz
uneben /'une:bın/ *s* engebeli, düz olmayan, yüzeysel olmayan, inişli çıkışlı, yokuşlu, engelli
Unebenheit /'une:bın**h**ayt/ *f* (yüzey) pürüz; (bölge) tümsek, engebe
unecht /'une**h**t/ *s* (takı, tablo) sahte, taklit, imitasyon, yapma, suni ***unechte Brüche*** *mat* birleşik kesirler
unehelich /'une:ılı**h**/ *s* evlilikdışı, gayri meşru
unehrlich /'une:rli**h**/ *s* namussuz, ahlaksız, rezil, alçak, şerefsiz
Unehrlichkeit /'une:rli**h**kayt/ *f* namussuzluk, ahlaksızlık, rezillik, şerefsizlik
uneigennützig /'unaygınnütsi**h**/ *s* şendi çıkarını gözetmeyen, şahsi menfaatleri düşünmeyen, kişisel çıkarı peşinde olmayan, özgeci
Uneigennützigkeit /'unaygınnütsi**h**kayt/ *f* menfaat peşinde koşmama, çıkar aramama, özgecilik
uneingeschränkt /'unayngışrenkt/ *s* sınırsız, mutlak, kayıtsız şartsız
uneinig /'unayni**h**/ *s* fikir birliği oluşturmayan, farklı düşüncelerde olan; küs, dargın, araları açık ***uneinig sein*** hemfikir olmamak, anlaşamamak
Uneinigkeit /'unayni**h**kayt/ *f* fikir birliğinde olmama; uyuşmazlık, anlaşmazlık
unempfänglich /'unempfengli**h**/ *s* kolay etkilenmez, -e kapalı\sağır
unempfindlich /'unempfindli**h**/ *s* hissiz, duygusuz, kayıtsız, vurdumduymaz, heyecansız, coşkusuz; *hek* uyuşmuş, hissiz
unendlich /'unentli**h**/ *s* sonsuz, sınırsız, uçsuz bucaksız; *be* çok, pek çok, oldukça, olağanüstü
Unendlichkeit /'unentli**h**kayt/ *f* sonsuzluk, sınırsızlık
unentbehrlich /'unentbe:rli**h**/ *s* onsuz olunmaz, zaruri, kesin gerekli, lazım, elzem
unentgeltlich /'unentgeltli**h**/ *s* bedava, beleş, ücretsiz, parasız
Unentschieden /'unentşi:dın/ *n* beraberlik
unentschieden /'unentşi:dın/ *s* kesinleşmemiş, henüz karara bağlanmamış, belli değil, belirsiz; *sp* berabere ***unentschieden enden*** berabere bitmek
unentschlossen /'unentşlosın/ *s* kararsız, tereddütlü, mütereddüt
Unentschlossenheit /'unentşlosın**h**ayt/ *f* kararsızlık, tereddütlülük
unentwegt /'unentve:kt/ *be* yılmadan, usanmadan, bıkmadan, azimle; sürekli, devamlı, durmadan, aralıksız
unerbittlich /'une:rbitli**h**/ *s* katı, sert, taviz vermez, ödün vermez
Unerbittlichkeit /'unerbitli**h**kayt/ *f* katılık, sertlik, ödün vermeme, taviz vermeme; acımasızlık, insafsızlık, gaddarlık
unerfahren /'unerfa:rın/ *s* acemi, tecrübesiz, deneyimsiz, toy
Unerfahrenheit /'unerfa:rın**h**ayt/ *f* acemilik, tecrübesizlik, deneyimsizlik, toyluk
unerforschlich /'unerforşli**h**/ *s* bilinemez, açıklanamaz
unerfreulich /'unerfroyli**h**/ *s* can sıkıcı, üzücü, tatsız, hoşa gitmeyen
unerfüllbar /'unerfülba:r/ *s* yerine getirilemez, yapılmaz, ifa edilemez
unergiebig /'unergi:bi**h**/ *s* yararsız, verimsiz, sonuç vermeyen, amaçsız
unergründlich /'unergrüntli**h**/ *s* anlaşılmaz, bilinmez, esrarlı, gizemli
unerheblich /'uner**h**e:pli**h**/ *s* değersiz, önemsiz, beş para etmez
unerhört /'uner**h**ö:rt/ *s* terbiyesizce, utanç verici; ayıp, rezil; görülmemiş, duyulmadık; çok, çok fazla, epey, oldukça; yapılmamış, tamamlanmamış, yerine getirilmemiş, ifa edilmemiş
unerklärlich /'unerklerli**h**/ *s* anlatılamaz, açıklanamaz, akıl sır erecek gibi değil, akıl alacak gibi değil
unerlaubt /'unerlaupt/ *s* caiz olmayan
unermüdlich /'unermü:tli**h**/ *s* yorulmaz, yorulmak bilmez, bitmez tükenmez, dur durak bilmez
unerreichbar /'unerray**h**ba:r/ *s* erişilmez, ulaşılmaz, yaklaşılmaz
unersättlich /'unerzetli**h**/ *s* doymak bilmez, doymaz, açgözlü, doyumsuz; çok hırslı
unerschrocken /'unerşrokın/ *s* cesur, korkusuz, yılmaz, gözü kara, girişken
Unerschrockenheit /'unerşrokın**h**ayt/ *f* cesurluk, korkusuzluk, yılmama, giriş-

kenlik
unerschütterlich /'unerşütırlih/ *s* sarsılmaz, bozulmaz, vazgeçmez, bozulmaz, caymaz; fikrinden vazgeçmez, düşüncesinden vazgeçmez
unerschwinglich /'unerşvinglih/ *s* (fiyat) yanına varılmaz, yaklaşılamaz; *be* çok, pek çok, oldukça
unersetzbar /'unerzetsba:r/ *s* telafi edilemez, telafisi mümkün olmayan, yerine konmaz, eşi benzeri bulunmaz
unerträglich /'unertre:klih/ *s* dayanılmaz, katlanılmaz, tahammül edilmez, çekilmez
unerwähnt /'unerve:nt/ *s* adı geçmemiş, konuşulmamış, lafı dahi geçmemiş, anılmamış, söz konusu edilmemiş
unerwartet /'unervartıt/ *s* umulmadık, hiç beklenmeyen, ani, hesaba katılmadık, birdenbire
unerwünscht /'unervünşt/ *s* istenmeyen, arzu edilmeyen, tasvip edilmeyen, hoş karşılanmayan
unfähig /'unfe:ih/ *s* beceriksiz, kabiliyetsiz, yeteneksiz
Unfähigkeit /'unfe:ihkayt/ *f* beceriksizlik, kabiliyetsizlik, yeteneksizlik
unfair /'unfe:r/ *s* dürüstçe olmayan, yakışıksız, uygunsuz, yakışık almaz; *sp* sportmenliğe aykırı
Unfall /'unfal/ *m* kaza, istenmeyen olay
Unfallflucht /'unfalfluht/ *f* kaza sonrası sürücünün kaza yerinden kaçması
unfallfrei /'unfalfray/ *s* kazasız belasız, kaza yapmadan, kaza olmadan
Unfallstation /'unfalştatsyo:n/ *f* ilkyardım istasyonu, tıbbi yardım istasyonu
Unfallversicherung /'unfalferzihırung/ *f* kaza sigortası
unfehlbar /'unfe:lba:r/ *s* şaşmaz, yanılmaz, sarsılmaz; *huk* kesin, tartışılmaz; *be* muhakkak, mutlaka, kesinlikle
Unfehlbarkeit /'unfe:lba:rkayt/ *f* şaşmazlık, yanılmazlık, isabetlilik, basiret; mutlakiyet, kesinlik
unfein /'unfayn/ *s* zarif olmayan, zerafetten yoksun, kaba, yontulmamış
unfolgsam /'unfolkza:m/ *s* itaatsiz, yola gelmez, serseri, ıslah olmaz, adam olmaz
unförmig /'unförmih/ *s* şekilsiz, biçimsiz; kötü, çirkin
unfrankiert /'unfranki:rt/ *s* (mektup) pulsuz, pulu yapıştırılmamış, ücreti ödenmemiş
unfreiwillig /'unfrayvilih/ *s* zorunlu olarak, istemeden, gönülsüz, zoraki, zorla, cebren
unfreundlich /'unfroyndlih/ *s* kaba, görgüsüz, nezaketsiz, saygısız; soğuk, suratsız, suratı asık, samimiyetsiz; ters, aksi (hava) kapalı
unfruchtbar /'unfruhtba:r/ *s* verimsiz, çorak, kısır; (çaba) yararsız, boyuna, beyhude, faydasız
Unfruchtbarkeit /'unfruhtba:rkayt/ *f* verimsizlik, kısırlık; faydasızlık, beyhudelik
Unfug /'unfu:k/ *m* uygunsuz davranış, kötü hareket, aykırı hareket; *kon* saçmalık, zırvalama ***grober Unfug*** *huk* genel huzuru bozma
Ungar /'unga:r/ *m* Macar erkeği
Ungarisch /'unggariş/ *n* Macarca
ungarisch /'unggariş/ *s* Macar, Macaristan ile ilgili, Macaristan'a özgü
Ungarn /'unggarn/ *n* Macaristan
ungeachtet /'ungıahtıt/ *ilg* -e rağmen, -e karşın
ungeahnt /'ungıa:nt/ *s* umulmadık, beklenmedik
ungebildet /'ungıbildıt/ *s* eğitimsiz, kültürsüz; görgüsüz, terbiyesiz, saygısız
ungeboren /'ungıbo:rın/ *s* doğmamış
ungebräuchlich /'ungıbroyhlih/ *s* kullanılmayan, işe yaramayan; alışılmışın dışında, alışılmış olmayan
ungebraucht /'ungıbrauht/ *s* kullanılmamış, yepyeni, sıfır
ungebunden /'ungıbundın/ *s* özgür, bağımsız; demetlenmemiş; *kon* bekâr; bas ciltsiz, ciltlenmemiş; *ed* nesir
ungedeckt /'ungıdekt/ *s* (masa) hazırlanmamış, kurulmamış; (ev) çatısı kapanmamış; (çek) karşılıksız; (konu, olay) kapanmamış, süren
Ungeduld /'ungıdult/ *f* sabırsızlık
ungeduldig /'ungıduldih/ *s* sabırsız, heyecanlı
ungeeignet /'ungıaygnıt/ *s* uygunsuz; yerinde/uygun olmayan, yakışıksız; elverişsiz, işe yaramaz
ungefähr /'ungıfe:r/ *be* yaklaşık olarak, ortalama, tahminen, aşağı yukarı
ungefährlich /'ungıfe:rlih/ *s* tehlikesiz
ungehalten /'ungıhaltın/ *s* kızgın, sinirli; hırslı
ungeheuer /'ungıhoyır/ *s* devasa, dev gibi, çok büyük, kocaman, muazzam;

U

olağanüstü; zalim, gaddar, acımasız; *be* görülmedik derecede

ungeheuerlich /ungı'**h**oyırli**h**/ *s* çirkin, rezil; ayıp, terbiyesizlik

Ungeheuerlichkeit /ungı'**h**oyırli**h**kayt/ *f* terbiyesizlık, ayıp, rezalet

Ungehorsam /'ungı**h**o:rza:m/ *m* başkaldırma, itaatsizlık, kafa tutma

ungehorsam /'ungı**h**o:rza:m/ *s* asi, başkaldıran, itaatsiz, kafa tutan

ungeklärt /'ungıkle:rt/ *s* açıklığa kavuşturulmamış

ungekürzt /'ungıkürtst/ *s* kısaltılmamış

ungelegen /'ungıle:gın/ *s* yersiz, zamansız, uygunsuz

ungelenk /'ungılenk/ *s* beceriksiz, yeteneksiz, hantal

ungemein /'ungımayn/ *s* görülmedik, alışılmamış, fevkalade, olağanüstü; *be* son derece, çok, pek çok

ungemütlich /'ungımü:tli**h**/ *s* rahatsız, huzursuz; itici, kaba; nahoş

ungenau /'ungınau/ *s* kesin olmayan; hatalı, yanlış

Ungenauigkeit /'ungınaui**h**kayt/ *f* belirsizlik, bulanıklık; hatalılık, yanlışlık, eksiklik, kusur

ungeniert /'unjeni:rt/ *s* utanmadan, sıkılmadan, rahatça, serbestçe

ungenießbar /'ungıni:sba:r/ *s* dayanılmaz, çekilmez, huysuz, katlanılmaz, yenilmez yutulmaz; (yiyecek) yenmez; (yiyecek) bozulmuş, bozuk; *bitk* (mantar) zehirli

ungenügend /'ungınügınt/ *s* yeterli olmayan, az, yetersiz, eksik, kâfi olmayan; (okul) yetersiz not

ungepflegt /'ungıpfle:kt/ *s* bakımsız, pasaklı; ihtizamsız, tertipsiz, düzensiz

ungerade /'ungıra:dı/ *s* düzgün olmayan, eğri, yamuk; (sayı) ikiye bölünemeyen, tek ***ungerade Parität*** *tek* denklik, *tek* eşlik, *tek* parite

ungeraten /'ungıra:tın/ *s* hayırsız, terbiyesiz; (iş) sarpa saran, arapsaçına dönen, aksi, ters giden

ungerecht /'ungıre**h**t/ *s* haksız, adaletsiz

ungerechtfertigt /'ungıre**h**tferti**h**t/ *s* haksız, adaletsiz, nedensiz, sebepsiz

Ungerechtigkeit /'ungıre**h**ti**h**kayt/ *f* haksızlık, adaletsizlik; acımasızlık

ungern /'ungern/ *be* istemeden, isteksizce, istemeyerek, içten olmayarak, gönülsüzlükle

ungesättigt /'ungızeti**h**t/ *s kim* doymamış ***ungesättigte Lösung*** doymamış çözelti

ungeschehen /'ungışe:ın/ *s* olmamış, gerçekleşmemiş, oluşmamış, yaşanmamış

Ungeschicklichkeit /'ungışikli**h**kayt/ *f* beceriksizlik, sakarlık; sakar davranış, beceriksizce davranış

ungeschickt /'ungışikt/ *s* yeteneksiz, beceriksiz; eğitimsiz; kültürsüz; hantal, yavaş, ağır, ağırkanlı; uygunsuz, yakışıksız

ungeschlacht /'ungışla**h**t/ *s* iriyarı, kaba, zerafetsiz

ungeschliffen /'ungışlifın/ *s* nezaketsiz, kaba, yontulmamış; işlenmemiş, cilalanmamış

ungeschminkt /'ungışminkt/ *s* cilasız, boyasız; makyajsız; süslemesiz

ungeschoren /'ungışorın/ *s* saçı kesilmemiş, tüyü kırpılmamış

ungeschrieben /'ungeşri:bın/ *s* yazılmamış, kâğıda dökülmemiş, yazıya geçirilmemiş

ungeschützt /'ungışütst/ *s* korunmamış

ungesetzlich /'ungızetsli**h**/ *s* yasadışı, kanundışı, yasalara aykırı, kanuna aykırı

ungestört /'ungıştö:rt/ *s* rahatsız edilmemiş, rahatsız edilmeden, rahat bırakılan

Ungestüm /'ungıştü:m/ *n* atılganlık, heyecan, coşku, hırs

ungestüm /'ungıştü:m/ *s* atılgan, girişken, atak, hırslı; çılgın, deli dolu

ungesund /'ungızunt/ *s* sağlıksız, hastalıklı; sağlığa zararlı

ungeteilt /'ungıtaylt/ *s* bütün, tam, bölünmemiş, parçalanmamış; genel

Ungetüm /'ungıtü:m/ *n* canavar, ejder, şekilsiz yaratık

ungewaschen /'ungıvaşın/ *s* yıkanmamış; *be* yıkanmadan

ungewiss /'ungıvis/ *s* belirsiz, müphem, şüpheli

ungewöhnlich /'ungıvö:nli**h**/ *s* alışılmamış, farklı, değişik, garip, acayip, tuhaf; âdet olmayan; *be* özellikle

ungewohnt /'ungıvo:nt/ *s* alışılmamış, bilinmedik, görülmemiş

ungewollt /'ungıvolt/ *s* gayri iradi, istemeden

Ungeziefer /'ungıtsi:fır/ *n hayb* haşarat, böcekler

ungezogen /'ungıtso:gın/ *s* terbiyesiz, küstah, şımarık, edepsiz, arsız
ungezwungen /'ungıtsvungın/ *s* (tavır, davranış) doğal, tabii, rahat, serbest, resmiyetten uzak
ungiftig /'ungiftih/ *s* zehirli olmayan
Unglaube /'unglaubı/ *m* itikatsızlık, inançsızlık, imansızlık
unglaublich /'unglauplih/ *s* inanılır gibi değil, inanılmaz, inanması zor; duyulmadık, işitilmedik, görülmedik, olacak şey değil
unglaubwürdig /'unglaupvürdih/ *s* inanılmaz, güvenilmez
Unglaubwürdigkeit /'unglaupvürdihkayt/ *f* güvenilmezlik
ungleich /'unglayh/ *s* eşit olmayan, denk olmayan, farklı, değişik, benzemeyen, başka; çok fazla, epeyce, oldukça
Ungleichheit /'unglayhhayt/ *f* eşit olmama durumu, eşitsizlık, denksizlik, başkalık, farklılık
ungleichmäßig /'unglayhme:sih/ *s* tertipsiz, düzensiz, intizamsız; eşitsiz bir durumda
Unglück /'unglük/ *n* kaza; felaket; şanssızlık, talihsizlik; bedbahtlık, bahtsızlık; uğursuzluk, kıdemsizlik
unglücklich /'unglüklih/ *s* mutsuz, bedbaht, bahtsız, şanssız, talihsiz; üzgün; hüzünlü
unglücklicherweise /'unglüklihırvayzı/ *be* ne yazık ki, maalesef, şanssızlık eseri, talihsizlik sonucu
unglückselig /'unglükze:lih/ *s* şanssız, talihsiz, kısmetsiz, bedbaht
Unglücksrabe /'unglüksra:bı/ *m* talihsiz kimse, şanssız kimse, başından bela ve felaket hiç eksik olmayan kimse, lanetlenmiş kimse
Ungnade /'ungna:dı/ *f* gözden düşme, itibar kaybetme, değer kaybetme, samimiyetini kaybetme, güvenini kaybetme
ungültig /'ungültih/ *s* geçersiz, hükümsüz, iptal edilmiş, geçersiz kılınmış ***ungültiger Ausweis*** geçersiz kimlik
Ungültigkeit /'ungültihkayt/ *f* geçersizlik, hükümsüzlük
ungünstig /'ungünstih/ *s* elverişsiz, uygunsuz
unhaltbar /'unhaltba:r/ *s* tutunulamaz tavır, (durum) devam ettirilemez, sürdürülemez; ısrar edilemez
unhandlich /'unhantlih/ *s* elverişsiz, kullanımı uygun olmayan
Unheil /'unhayl/ *n* felaket, uğursuzluk, bela, musibet, dert, sorun
unheilbar /'unhaylba:r/ *s* tedavi edilemez, iyileştirilemez; çaresiz, devasız ***eine unheilbare Krankheit*** tedavisi olmayan bir hastalık
unheilvoll /'unhaylfol/ *s* feci; uğursuz, kademsiz
unheimlich /'unhaymlih/ *s* korkutucu, ürkütücü, garip, tuhaf; oldukça, çok fazla, epeyce
unhöflich /'unhö:flih/ *s* kaba, nezaketsiz; saygısız, görgüsüz; terbiyesiz, edepsiz
Unhöflichkeit /'unhö:flihkayt/ *f* kabalık, nezaketsizlik; saygısızlık, görgüsüzlük; terbiyesizlik, edepsizlik
unhygienisch /'unhügye:niş/ *s* sağlıksız, gayrısıhhi, sağlığa uygun olmayan, hijyenik olmayan
Uni /'uni/ *f kon* "Universität" üniversite
Uniform /'uniform/ *f* üniforma
uninteressant /'unintıresant/ *s* ilgi uyandırmayan, ilginç olmayan, dikkati çekmeyen
Union /un'yo:n/ *f* birlik, birleşme, birleşim
universal /univer'za:l/ *s* evrensel, üniversal, genel, herkesi kapsayan; *fel* tümel
Universität /univerzi'te:t/ *f* üniversite
Universum /uni'verzum/ *n* kâinat, evren, kozmos, ünivers
unkenntlich /'unkentlih/ *s* tanınmaz biçimde, tanınmaz halde
Unkenntlichkeit /'unkentlihkayt/ *f* tanınmazlık
Unkenntnis /'unkentnis/ *f* bilmezlik; bilgisizlik, cahillik
unklar /'unkla:r/ *s* (konuşma) anlaşılmaz; (görünüm) sisli, puslu, net olmayan; (sıvı) bulanık; (iş, sorun, durum) karanlık, karmaşık; (TV) karlı ***im Unklaren sein über*** kestirememek
Unklarheit /'unkla:rhayt/ *f* anlaşılmazlık, net olmama, bulanıklık, belirsizlik
unklug /'unklu:k/ *s* akılsız, düşüncesiz, aptalca
unkompliziert /'unkomplitsi:rt/ *s* sade, açık, net, karmaşık olmayan
unkontrolllerbar /'unkontroli:rba:r/ *s* kontrol edilemeyen, kontrol altına alınamayan, kontrolü mümkün değil
Unkosten /'unkostın/ *f kon* giderler, harcamalar, masraflar
Unkraut /'unkraut/ *n bitk* ot, yabani ot; za-

U

rarlı bitki

unkritisch /'unkri:tiş/ *s* eleştirmeden; eleştirici olmayan

unkündbar /un'küntba:r/ *s* (sözleşme) feshedilemez, iptal edilemez, vazgeçilemez; (kadro) sürekli, daimi

unlängst /'unlengst/ *be* bir süre önce, kısa bir süre önce, geçenlerde

unlauter /'unlautır/ *s* yasadışı, kanunlara aykırı; ahlakdışı, ahlaka aykırı; dürüst olmayan, doğru olmayan; fena, kötü

unleserlich /'unle:zırlih/ *s* okunaksız, okunaklı olmayan, kargacık burgacık

unlogisch /'unlo:giş/ *s* mantıksız, tutarsız, akıldışı

unlösbar /'unlö:sba:r/ *s* çözülemez, içinden çıkılamaz, halledilemez, bertaraf edilemez

unmäßig /'unme:sih/ *s* ölçüsüz, ölçü tanımaz, hadsiz safhasız, aşırı derecede

Unmäßigkeit /'unme:sihkayt/ *f* ölçüsüzlük, ölçü tanımazlık, aşırılık

Unmensch /'unmenş/ *m* kaba kişi, katı yürekli kişi, görgüsüz kişi

unmenschlich /'unmenşlih/ *s* insanlık dışı, hayvanca, barbarca

Unmenschlichkeit /'unmenşlihkayt/ *f* insanlık dışı olma, barbarlık, canavarlık

unmerklich /'unmerklih/ *s* fark edilemez, farkına varılamaz

unmittelbar /'unmitılba:r/ *s* aracısız, dolaysız, vasıtasız, doğrudan doğruya

unmöbliert /'unmöbli:rt/ *s* eşyasız, döşemesi olmayan, döşemesiz, mobilyasız

unmodern /'unmodern/ *s* modern olmayan, çağa uygun olmayan, modaya uymayan, modası geçmiş

unmöglich /un'mö:klih/ *s* imkânsız, olanaksız, mümkün olmayan; yakışıksız, uygunsuz, yersiz

Unmöglichkeit /un'mö:klihkayt/ *f* imkânsızlık, olanaksızlık, mümkün olamama

unmoralisch /'unmora:liş/ *s* ahlaksız, ahlaka aykırı

unmündig /'unmündih/ *s* ergin olmayan, reşit olmayan

Unmündigkeit /'unmündihkayt/ *f* ergin olmama, rüştüne ermemiş olma, reşit olmama

unmusikalisch /'unmuzika:liş/ *s* müzikten anlamaz

Unmut /'unmu:t/ *m* sıkıntı, hoşnutsuzluk

unnachahmlich /'unna:ha:mlih/ *s* taklit edilemez, eşsiz

unnachgiebig /'unnahgi:bih/ *s* kendi düşüncelerinden vazgeçmeyen, fikrinden caymayan; insafsız, merhametsiz; yumuşamaz

unnachsichtig /'unnahzihtih/ *s* hoşgörüsüz, hoşgörüsü olmayan; katı, sert

unnahbar /un'na:ba:r/ *s* sessiz, sakin, içine kapanık; çekingen

Unnahbarkeit /un'na:ba:rkayt/ *f* sessizlik, sakinlik, içine kapanıklık; çekingenlik

unnatürlich /'unnatü:rlih/ *s* doğal olmayan, tabii olmayan, suni, yapmacık; yapmacıklı tavır

Unnatürlichkeit /'unnatü:rlihkayt/ *f* doğal olmama, tabii olmama, sunilik, yapmacıklık

unnütz /'unnüts/ *s* yararsız, faydasız; (çocuk) yaramaz

unnützerweise /unnütsır'vayzı/ *be* boş yere, boşuna, nafile

unordentlich /'unordıntlih/ *s* düzensiz, intizamsız, tertipsiz; titizlikten uzak, tertiplilikle alakası olmayan

Unordnung /'unordnung/ *f* düzensizlik, intizamsızlık, tertipsizlik, dağınıksızlık, karışıklık, karmakarışıklık

unorthodox /'unortodoks/ *s mec* hoşgörülü, müsamahakâr, tutucu olmayan, bağnaz olmayan

unparteiisch /'unpartayiş/ *s* tarafsız, objektif, parti tutmayan, yansız

unpersönlich /'unperzö:nlih/ *s* soğuk, kuru; resmi, sizli bizli; kişiliksiz, özelliksiz

unpopulär /'unpopule:r/ *s* popüler olmayan, sevilmeyen, halkın hoşuna gitmeyen

unpraktisch /'unpraktiş/ *s* kullanışsız, kullanımı pratik olmayan; beceriksiz, elinden iş gelmez

unpünktlich /'unpünktlih/ *s* dakik olmayan, vaktinde gelmeyen

Unpünktlichkeit /'unpünktlihkayt/ *f* dakik olmama

Unrat /'unra:t/ *m* döküntü, çöp, süprüntü, ıvır zıvır

Unrecht /'unreht/ *n* haksızlık; hata, yanılgı; adil olmama ***im Unrecht sein*** hatalı olmak ***Unrecht haben*** haksız olmak ***zu Unrecht*** haksız yere

unrecht /'unreht/ *s* doğru olmayan, yanlış; uygun olmayan; adil olmayan, haklı olmayan, adalete sığmayan

unrechtmäßig /'unrehtme:sih/ *s* haksız, kanunsuz, yasadışı, yasalara aykırı

U

unreell /'unreel/ *s* dürüst olmayan, gerçek olmayan, aldatıcı, gerçekdışı
unregelmäßig /'unre:gılme:sih/ *s* düzensiz, intizamsız; *dilb* kuralsız
Unregelmäßigkeit /'unre:gılme:sihkayt/ *f* düzensizlik, tertipsizlik; uygunsuzluk, yolsuzluk; kusur, hata
unreif /'unrayf/ *s* ham, olgunlaşmamış; (kişi) toy, çocuksu
Unreife /'unrayfı/ *f* hamlık, olgunlaşmamışlık
Unreinheit /'unraynhayt/ *f* temiz olmama, kirlilik, pislik
unrentabel /'unrenta:bıl/ *s* verimli olmayan, rantabl olmayan, kârlı olmayan
unrettbar /un'retba:r/ *s* kurtarılamaz
unrichtig /'unrihtih/ *s* yanlış, hatalı; doğru olmayan, düz olmayan
Unruhe /'unru:ı/ *f* patırtı, gürültü, şamata, tantana; çatışma, kargaşa, anarşi; endişe, huzursuzluk
Unruheherd /'unru:ıhert/ *m* huzursuzluğun hâkim olduğu yer, hep tantanalı olan yer
unruhig /'unru:ih/ *s* hareketli, sakin olmayan, sessiz olmayan; rahatsız edici, rahatsız, sinirli; şamatalı, gürültülü
uns /uns/ *adl* bizi, bize
unsachgemäß /'unzahgıme:s/ *s* uygun olmayan biçimde, uygunsuz
unsachlich /'unzahlih/ *s* konu dışı, ilgisiz
unsanft /'unzanft/ *s* sert, şiddetli, kaba; yumuşak olmayan
unschädlich /'unşe:tlih/ *s* zararsız, tehlikesiz, zarar gelmez ***jdn etw unschädlich machen*** zararsız hale getirmek
unscharf /'unşarf/ *s* net olmayan, iyi ayar edilmemiş; açık seçik olmayan, belirgin olmayan
unscheinbar /'unşaynba:r/ *s* göze çarpmayan, gösterişsiz, sade
unschlüssig /'unşlüsih/ *s* kararsız, tereddütlü, muğlak
Unschuld /'unşult/ *f* suçsuzluk, masumiyet, kabahatsizlik; saflık, temizlik; (kişi) temiz, saf; *esk* bekâret, bakir olma
unschuldig /'unşuldih/ *s* suçsuz, kabahatsiz, masum, günahsız; saf, temiz; *esk* bakire
unselbständig /'unzelpştendih/ *s* bağımlı, özgür olmayan
Unselbständigkeit /'unzelpştendihkayt/ *f* bağımlılık, başkasına muhtaç olma, özgür olmama
unselig /'unze:lih/ *s* uğursuz, meşum, kademsiz; mutsuz, keyifsiz
unseriös /'unze:ryö:s/ *s* gayri ciddi
unsicher /'unzihır/ *s* özgüveni olmayan, kendine güveni olmayan; güvenilir olmayan, sağlam olmayan, emin olmayan; tecrübeli olmayan; kesin olmayan, şüpheli, belirsiz, müphem; dengesiz
Unsicherheit /'unzihırhayt/ *f* kendine güveni olmama, özgüveni olmayan; kesin olmama, güvenilir olmama; asayişsizlik; şüphelilik
unsichtbar /'unzihtba:r/ *s* görünmeyen, belirgin olmayan
Unsinn /'unzin/ *m* saçma, zırva, akılsızlık, mantıksızlık; delilik, budalalık; aptallık
unsinnig /'unzinih/ *s* saçma, zırva, anlamsız, mantıksız; delice, budalaca; *be* çok, oldukça, epeyce
Unsitte /'unzitı/ *f* kötü alışkanlık
unsittlich /'unzitlih/ *s* ahlaksız, ahlakdışı, ahlaka aykırı
unsolide /'unzoli:dı/ *s* düzensiz; güvenilmez, tekin olmayan, sağlam olmayan; serbest yaşam, rahat yaşam
unsterblich /'unşterplih/ *s* ölümsüz, ebedi, sonsuz; son derece, oldukça
Unsterblichkeit /'unşterplihkayt/ *f* ölümsüzlük, ebediyet, sonsuzluk
unstet /'unşte:t/ *s* huzursuz
Unstimmigkeit /'unştimihkayt/ *f* farklılık, yanlışlık; uyuşmazlık, ayrılık
Unsumme /'unzumı/ *f* oldukça büyük meblağ, çok büyük tutar
unsympathisch /'unzümpa:tiş/ *s* sevimsiz, antipatik ***er ist mir unsympathisch*** ondan hoşlanmıyorum
untätig /'unte:tih/ *s* hiçbir şey yapmadan; işsiz güçsüz, aylakça, tembel
Untätigkeit /'unte:tihkayt/ *f* tembellik, aylaklık, işsiz güçsüz olma
untauglich /'untauklih/ *s* uygun olmayan; çürük, askerlik yapamaz, askerliğe uygun olmayan (yollar, vasıtalar)
unten /'untın/ *be* aşağıda, altında ***nach unten*** aşağıya ***siehe unten!*** ileri sayfalarda!; aşağıya bak! ***unten am Berg*** dağın eteğinde ***unten durch sein*** bütün itibarını kaybetmek ***unter Entleerung*** dipten boşaltma ***untere Walze*** alt merdane ***unterer Antrieb*** alttan tahrik ***unterer Totpunkt*** alt ölü nokta ***unteres Filtertuch*** alt filtre bezi
unter /'untır/ *ilg* altına, altında; (birisinin)

emri altında, komutası altında; sırasında, esnasında; gizli, saklı; aşağı; arasında, ortasında ***das bleibt unter uns*** aramızda kalsın ***einer unter euch*** aranızdan biri, içinizden biri ***unter dem Tisch*** masanın altında ***unter den Tisch*** masanın altına ***unter dem Einkaufspreis*** satış fiyatının altında ***unter dem Meeresspiegel*** deniz seviyesinin altında ***unter der Hand*** el altından, gizlice, çaktırmadan ***unter Tags*** gün boyunca ***unter Umständen*** belki, şartlara bağlı

Unterarm /'untırarm/ *m anat* ön kol

unterbelichtet /'untırbılihtıt/ *s fot* iyi ışıklandırılmamış, pozu az verilmiş

unterbesetzt /'untırbızetst/ *s* eksik kadrolu

unterbewerten /'untırbıvertın/ *vt* yeterince önemsenmemek, küçümsemek, gereğinden az değer vermek, kıymetini bilmemek

unterbinden /untır'bindın/ *vt* engel olmak, mani olmak, durdurmak, önlemek, engellemek

unterbrechen /untır'brehın/ *vt* sözünü kesmek, lafını kesmek; (toplantı, görüşme) kesintiye uğratmak, ara vermek; *hek* kürtaj yapmak

Unterbrechung /untır'brehung/ *f* kesinti, ara, kesilme, ara verme

unterbreiten /untır'braytın/ *vt* takdim etmek, sunmak, arz etmek

unterbringen /'untırbringın/ *trvt* (bir yere) koymak, yerleştirmek; *tic* (mal) alıcı çıkmak, müşterisi çıkmak

Unterbringung /'untırbringung/ *f* yerleştirme, yerleştirilme, koyma

unterdessen /untır'desın/ *be* bu sırada, bu arada, bu esnada

Unterdruck /'untırdruk/ *m fiz* atmosfer basıncına oranla daha düşük değerde basınç

unterdrücken /untır'drükın/ *vt* (ortaya çıkmasını) engellemek, gizlemek, bastırmak, belli etmemek, çaktırmamak; (isyan) bastırmak, önlemek; baskı altında tutmak, sindirmek

Unterdrücker /untır'drükır/ *m* diktatör; zalim, gaddar, baskıcı

Unterdrückung /untır'drükung/ *f* zulüm, baskı, ezme, baskı altına alma

untereinander /'untıraynandır/ *be* alt alta; birbiriyle; aramızda; karşılıklı

unterentwickelt /'untırentvikılt/ *s* az gelişmiş, geri kalmış ***unterentwickelte Länder*** az gelişmiş ülkeler

unterernährt /'untırerne:rt/ *s hek* yetersiz beslenmiş

Unterernährung /'untırerne:rung/ *f* yetersiz beslenme

Unterfangen /untır'fangın/ *n* girişim, rizikolu iş

Unterführung /untır'fü:rung/ *f* alt geçit

Unterfunktion /'untırfunktsyo:n/ *f hek* bir bezenin gereği gibi çalışmaması

Untergang /'untırgang/ *m* çökme, çöküş, yıkılma; yok olma; çökme, yıkılma; *gökb* batma

Untergebene(r) /untır'ge:bını(r)/ *f/m* ast, alt kademede

untergehen /'untırge:ın/ *trvi* (güneş) batmak; *den* (gemi) batmak, suya batmak; *mec* boğuntuya gelmek, arada kaynayıp gitmek; yok olmak, kaybolup gitmek

untergeordnet /'untırgıordnıt/ *s* bağlı; tali

Untergeschoss /'untırgışos/ *n* zemin kat, en alt kat

Untergewicht /'untırgıviht/ *n* zayıflık; kilo eksikliği

untergraben /untır'gra:bın/ *trvt* kazıp gömmek, kazarak çukur açıp gömmek; *vt mec* zarar vermek, içten yaralamak, sarsmak, zayıflatmak

Untergrund /'untırgrunt/ *m* zemin, arka plan, alt tabaka, temel neden, esas sebep; yeraltı; (tarla) işlenmiş kısmın altındaki toprak tabakası

Untergrundbahn /'untırgruntba:n/ *f* yeraltı treni, metro

Untergrundbewegung /'untırgruntbıve:gung/ *f* yeraltı örgütü, gizli örgüt; *mec* yeraltı direniş hareketi; yeraltı yasadışı işler

Untergrundkämpfer /'untırgruntkempfır/ *m* yeraltı mücadelecisi

unterhalb /'untırhalp/ *ilg* altında, aşağısında, alt tarafında

Unterhalt /'untırhalt/ *m* geçim, ekmek parası, hayat mücadelesi; *tic* yönetim, idare; *huk* nafaka; (bina, ev) bakım, tamirat

unterhalten /untır'haltın/ *vt* geçimini temin etmek, bakımını sağlamak, ekmek parası kazanmak; *tic* işletmek, çalıştırmak; (birisini) sohbetle meşgul etmek, konuşarak tutmak; sürdürmek, devam ettirmek ***sich mit etw unterhalten*** (bir şey ile) oyalanmak, vakit geçirmek ***sich***

mit jdm unterhalten (birisiyle) sohbet etmek, muhabbet etmek ***sich unterhalten*** konuşmak, sohbet etmek; eğlenmek
unterhaltsam /untır'**h**altzam/ *s* eğlenceli, eğlendirici, oyalayıcı; ilginç, enteresan
Unterhaltspflicht /'untır**h**altspfli**h**t/ *f huk* bakma yükümlülüğü, geçimini temin etme yükümlülüğü, bakmakla yükümlü olma
Unterhaltszahlung /'untır**h**altstsa:lung/ *f* nafaka ödemesi
Unterhaltung /untır'**h**altung/ *f* geçim, ekmek parası, hayat mücadelesi; *tic* yönetim, idare; *huk* nafaka; (bina, ev) bakım, tamirat; eğlence, eğlenme; sohbet, muhabbet, hoşbeş
Unterhändler /'untır**h**endlır/ *m* temsilci, görüşmeci; aracı, arabulucu; komisyoncu
Unterhaus /'untır**h**aus/ *n* (İngiltere) Avam Kamarası
Unterhemd /'untır**h**emt/ *n* atlet, fanila
unterhöhlen /untır'**h**ö:lın/ *vt* (bir yerin) altını oymak, temelini oymak; *mec* dibini oymak
Unterholz /'untır**h**olts/ *n bitk* bodur ağaç; çalılık
Unterhose /'untır**h**o:zı/ *f* külot, don
unterirdisch /'untırirdiş/ *s* yeraltında bulunan, yeraltındaki; *mec* saklı, gizli, yeraltı ***unterirdische Leitung*** yeraltı şebekesi
unterjochen /untır'yo**h**ın/ *vt* boyunduruk altına almak; tabi kılmak
Unterkiefer /'untırki:fır/ *m anat* alt çene
unterkommen /'untırkomın/ *trvi* barınmak, ikamet etmek, yatacak yer bulmak; *kon* iş bulmak, kapağı atmak
unterkriegen /'untırkri:gın/ *trvt kon* yenmek, alt etmek, hakkından gelmek, üstünlük sağlamak ***sich nicht unterkriegen lassen*** pes etmemek, vaz geçmemek, cesaretini kaybetmemek
Unterkunft /'untırkunft/ *f* geçici ikamet yeri, geçici sığınak; *ask* geçici konaklama yeri
Unterlage /'untırla:gı/ *f mim* kaide; (heykel) kaide, ayaklık; resmi evrak, belge, evrak, doküman; altlık; *bitk* aşılanan bitki
Unterlass /untırlas/ *m* ara, mola, kesme ***ohne Unterlass*** aralıksız, sürekli olarak
unterlassen /untır'lasın/ *vt* ihmal etmek, ertelemek, sürüncemede bırakmak, yapmamak
Unterlassungssünde /untır'lasungszündı/ *f huk* emirlere veya amirlere uymama, taksir
Unterlauf /'untırlauf/ *m* akarsuyun denize dökülmeye yakın yeri
unterlegen /'untırle:gın/ *s* yenik, mağlup; zayıf, sayıca az; altına koymak; altını beslemek; *vt* uydurmak, bir şeye uygun hale getirmek, mana vermek
Unterleib /'untırlayp/ *m hek* karın altı
unterliegen /untır'li:gın/ *vi* yenilmek, mağlup olmak
Unterlippe /'untırlipı/ *f* altdudak
Untermalung /untır'ma:lung/ *f* astar boya çekme; eşlik, refakat
untermauern /untır'mauırn/ *vt* duvar çekerek desteklemek, duvarla sağlamlaştırmak; *mec* sağlam temellere dayandırmak, (iddia, sav) kuvvetlendirmek
untermengen /'untırmengın/ *trvt* içine katmak, içine eklemek, karıştırmak, miks etmek
Untermiete /'untırmi:tı/ *f* kiracının kiraya vermesi, kiracının kiralaması ***zur Untermiete wohnen*** kiracının kiracısı olarak oturmak
Untermieter /'untırmi:tır/ *m* kiracının kiracısı
untermischen /'untırmtşın/ *trvt* arasına katmak, içine katmak, karıştırmak, miks etmek
Unternehmen /untır'ne:mın/ *n* girişim, el atma; deneme; *ask* operasyon, harekât; *tic* kuruluş, müessese, firma, kurum
unternehmen /untır'ne:mın/ *vt* denemek; girişimde bulunmak, el atmak; (gezi, yol) çıkmak, yapmak
Unternehmensberater /untır'ne:mınsbıra:tung/ *m* piyasa müşaviri, işletmecilik danışmanı
Unternehmensführung /untır'ne:mınsfü:rung/ *f* şirket yönetimi
Unternehmer /untır'ne:mır/ *m* girişimci, işletmeci, işletme sahibi; işveren
Unternehmungsgeist /untır'ne:mungsgayst/ *m* girişimcilik ruhu, girişim ruhu, inisiyatif
unternehmungslustig /untır'ne:mungslusti**h**/ *s* girişken, atılgan, girişimci
Unteroffizier /'untırofitsi:r/ *m ask* astsubay

U

unterordnen /'untırordnın/ *trvt* tabi kılmak ***sich jdm unterordnen*** (birisinin) buyruğuna girmek ***sich unterordnnen*** tabi olmak
Unterordnung /'untırordnung/ *f* tabı olma, tabi kılma; bağımlı olma; *ask* ast olma
Unterredung /untır're:dung/ *f* görüşme, konuşma
Unterricht /'untırrı**h**t/ *m* öğretim; ders; ders saati; ders konusu ***den Unterricht schwänzen*** *kon* dersten kaçmak, dersi kırmak ***Unterricht geben*** ders vermek ***Unterricht haben*** ders görmek
unterrichten /untır'ri**h**tın/ *vt* ders vermek, öğretmek ***sich über etw unterrichten*** (bir konuda) bilgi edinmek ***sich unterrichten*** bilgi edinmek
Unterrichtsfach /'untırri**h**tsfa**h**/ *n* öğrenim alanı, branş, öğrenim dalı
Unterrichtsstunde /'untırri**h**tsştundı/ *f* ders saati
Unterrock /'untırrok/ *m* jüpon, etek altlığı, iç eteklik
untersagen /untır'za:gın/ *vt* men etmek, yasaklamak ***ärztlich untersagt*** doktor tarafından yasaklanmış
Untersatz /'untırzats/ *m* destek, dayanak, temel, esas; fincan tabağı, çay tabağı
unterschätzen /untır'şetsın/ *vt* küçümsemek, azımsamak, küçük görmek
unterscheiden /untır'şaydın/ *vt* ayırmak, ayırım yapmak, ayırım gözetmek; görmek, seçmek; farkı görmek, farkını tespit etmek ***sich unterscheiden*** farklı olmak, ayrılmak ***sich von jdm unterscheiden*** (birisinden) ayrılmak, daha farklı olmak
Unterscheidung /untır'şaydung/ *f* ayrılma, farklı olma, daha değişik olma; ayırt etme
Unterscheidungsmerkmal /untır'şaydungsmerkma:l/ *n* ayırıcı özellik
Unterschenkel /'untırşenkıl/ *m* baldır
Unterschicht /'untırşi**h**t/ *f* alt tabaka, alt sınıf, alt sosyal sınıf
Unterschied /'untırşi:t/ *m* fark, ayırım; farklılık, başkalık, değişiklik ***einen Unterschied machen*** fark gözetmek ***keinen Unterschied machen*** (iki şey/kişi arasında) fark gözetmemek ***ohne Unterschied*** fark gözetmeden
unterschiedlich /'untırşi:tli**h**/ *s* farklı, değişik, başka
unterschiedslos /'untırşi:tslo:s/ *s* farksız, istisnasız, fark gözetmeksizin, ayırım gözetmeksizin
unterschlagen /untır'şla:gın/ *trvt* bağdaş kurmak; kollarını göğüste kavuşturmak; *vt* zimmetine para geçirmek, emanet edilen paraları cebine atmak, para yemek, rüşvet almak; (yazı) atlamak, okumadan geçmek ***einen Brief unterschlagen*** bir mektubu sahibine vermemek
Unterschlagung /untır'şla:gung/ *f* yolsuzluk, hortumculuk; zimmetine para geçirme
Unterschlupf /'untırşlupf/ *m* sığınak, barınak
unterschreiben /untır'şraybın/ *vt* imza atmak, imzalamak; *s* imzalı, imzalanmış, imza edilmiş
Unterschrift /'untırşrift/ *f* imza
unterschriftsberechtigt /'untırşriftsbırе**h**ti**h**t/ *s* imzaya yetkili
unterschwellig /'untırşveli**h**/ *s hek* bilinç dışı
Unterseite /'untırzaytı/ *f* alt taraf, alt kısım
Untersetzer /'untırzetsır/ *m* altlık, nihale
untersetzt /untır'zetst/ *s* bodur, tıknaz
unterste(r,s) /'untırstı(r,s)/ *s* en alt, en dip
unterstehen /untır'şte:ın/ *trvi* sığınmak, kapalı bir yerde bulunmak; *vi* emrinde olmak, altında olmak, tabi olmak ***sich unterstehen*** girişimde bulunmak, girişmek
unterstellen /'untırştelın/ *trvt* altına koymak, altına yerleştirmek, altına sürmek; sağlam bir yere koymak, sağlama almak; *vt* varsaymak, kabul etmek, kabullenmek; isnat etmek, başkasının üzerine atmak ***sich unterstellen*** emrine girmek; sığınmak
Unterstellung /untır'ştelung/ *f* emrine verme, emrine verilme; kabul etme, kabullenme; isnat, başkasının üzerine atma
unterstreichen /untır'ştrayhın/ *vt* altını çizmek; önemini belirterek söylemek, vurgulamak, önemle kaydetmek, önem vermek; *mec* altını çizerek söylemek
Unterstufe /'untırştu:fı/ *f* okulun ilk sınıfları
unterstützen /untır'ştütsın/ *vt* yardım etmek, destek olmak; desteklemek, yardımcı olmak, koltuk çıkmak, arka çık-

mak

Unterstützung /untır'ştütsung/ *f* yardım, destek, koltuk

untersuchen /untır'zu:**h**ın/ *vt* incelemek, araştırmak, yoklamak, tetkik etmek; *hek* muayene etmek; araştırmak, soruşturmak, tahkikat yapmak; *tek* tahlil etmek, analiz yapmak, incelemek; bilgi toplamak, konuyu araştırmak

Untersuchung /untır'zu:**h**ung/ *f* inceleme, araştırma, yoklama, tetkik; *hek* muayene; araştırma, soruşturma, tahkikat; *tek* tahlil, analiz, inceleme; bilgi toplama, konuyu araştırma

Untersuchungsausschuss /untır'zu:**h**ungsausşus/ *m* soruşturma komisyonu, araştırma komisyonu, tahkikat komisyonu

Untersuchungsgefangene(r) /untır'zu:**h**ungsgıfangını(r)/ *f/m* soruşturma tutuklusu

Untersuchungshaft /untır'zu:**h**ungs**h**aft/ *f* tutukluluk hali; gözaltında bulunma hali; kontrol altında bulunma durumu, denetim altında olma

Untersuchungsrichter /untır'zu:**h**ungsri**h**tır/ *m huk* sorgu yargıcı

Untertan /'untırta:n/ *m* uyruk

Untertasse /'untırtası/ *f* fincan tabağı, çay tabağı ***fliegende Untertasse*** UFO, uçan daire

untertauchen /'untırtau**h**ın/ *trvi* suya dalmak, suya batmak; *mec* ortadan kaybolmak, sıvışmak; *trvt* suya daldırmak, suya batırmak

unterteilen /untır'taylın/ *vt* parçalara ayırmak, parçalara bölmek, sınıflandırmak, gruplandırmak, bölümlendirmek

Unterteilung /untır'taylung/ *f* bölümleme, parçalara ayırma, parçalara bölme, sınıflandırma, gruplandırma, bölümlendirme

Untertitel /'untırtitıl/ *m* alt başlık; *sin* altyazı

Unterton /'untırto:n/ *m müz* ikinci ses, yavaş ses; *mec* (alaysı, eleştirici) ifadede tonlama

untertreiben /untır'traybın/ *vt* olduğundan küçük göstermek, küçültmek, küçümsemek

Untertreibung /untır'traybung/ *f* olduğundan küçük gösterme, küçültme, küçümseme

untervermieten /'untırfermi:tın/ *vt* kiraya vermek (kiracı olarak)

unterversichert /'untırferzi**h**ırt/ *s* eksik sigortalı

unterwandern /untır'vandırn/ *vt* topluca etkinlik sağlamak, toplu olarak ele geçirmek, topluca nüfuz sağlamak

Unterwäsche /'untırveşı/ *f* iç çamaşırı

Unterwassermassage /'untırvasırmasa:jı/ *f* sualtı masajı

unterwegs /untır've:ks/ *be* yolda ***bei ihr ist ein Kind unterwegs*** *kon* o bir çocuk bekliyor ***unterwegs nach Ankara*** Ankara yolunda

unterweisen /untır'vayzın/ *vt* öğretmek, ders vermek

Unterwelt /'untırvelt/ *f* ölüler diyarı; *mec* suçlular dünyası, yeraltı dünyası

unterwerfen /untır'verfın/ *vt* bağımlı kılmak, boyunduruk altına almak, tâbi kılmak ***jdn einer Prüfung unterwerfen*** (birisini) sınava tâbi tutmak; sorguya çekmek ***sich unterwerfen*** boyun eğmek, boyunduruğu altına girmek

Unterwerfung /untır'verfung/ *f* boyunduruk altına alma, tâbiyeti altına alma; boyun eğme

unterwürfig /'untırvürfi**h**/ *s* yaltakçı, dalkavuk, köle gibi ***sich unterwürfig benehmen*** yükünmek, yerlere kapanmak

Unterwürfigkeit /'untırvürfi**h**kayt/ *f* yaltakçılık, dalkavukluk

unterzeichnen /untır'tsay**h**nın/ *vt* imzalamak, imza atmak

Unterzeichnete(r) /untır'tsay**h**nıtı(r)/ *f/m* imza sahibi, imzalayan, imza atan

unterziehen /untır'tsi:ın/ *trvt* içine başka bir şey giymek; *vt* sorgulamak ***jdn einer Prüfung unterziehen*** (birisini) sınava tâbi tutmak; sorguya çekmek ***sich einer Operation unterziehen*** ameliyat olmak ***sich einer Sache unterziehen*** (bir şeye) katlanmak, dayanmak ***sich unterziehen*** geçirmek, uğramak, katlanmak

Untiefe /'unti:fı/ *f den* sığlık, sığ yer

untragbar /'untra:kba:r/ *s* dayanılmaz, katlanılamaz, tahammül edilemez, çekilmez

untrennbar /un'trenba:r/ *s* ayrılmaz; *dilb* ayrılmaz ***untrennbares Verb*** *dilb* ayrılmaz fiil

untreu /'untroy/ *s* sadık olmayan, vefasız, sadakatsiz

Untreue /'untroyı/ *f* sadakatsizlik, vefasız-

U

lık, ihanet, sadık olmama; *huk* inançları kötüye kullanma
untröstlich /'untrö:stli**h**/ *s* teselli edilemez, teselli edilemeyecek şekilde
untrüglich /un'trü:kli**h**/ *s* şaşmaz, kesin; ihanet etmez, aldatmaz
Untugend /'untu:gınt/ *f* kötü alışkanlık, kötü huy
untypisch /'untü:piş/ *s* tipik olmayan, atipik
unüberlegt /'unü:bırle:kt/ *s* (hareket, laf) aceleci, ihtiyatsız, tedbirsiz, ulu orta, düşüncesiz
unübersehbar /unü:bır'ze:ba:r/ *s* uçsuz bucaksız, bitmez tükenmez, bitmek bilmez; gözden kaçmayan, fark edilmemesi mümkün olmayan
unübersichtlich /'unü:bırzi**h**tli**h**/ *s* ilk bakışta anlaşılmayan, bir bakışta kavranamayan, bir seferde belirlenemeyen; çapraşık durum, güç durum
unübertrefflich /unü:bır'trefli**h**/ *s* mükemmel, olağanüstü, fevkalade, benzersiz, eşsiz, harikulade
unumgänglich /'unumgengli**h**/ *s* kaçınılmaz, gerekli, zorunlu, mecburi, elzem
unumschränkt /unum'şrenkt/ *s* sınırsız, uçsuz bucaksız; mutlak, kati
unumstößlich /unum'ştö:sli**h**/ *s* değiştirilemez, kesin, değişmez, mutlak
unumstritten /unum'ştritın/ *s* geçerli, herkesçe geçerli kabul edilen; şüphe götürmez, şüphesiz, su götürmez, tartışılmaz
unumwunden /'unumvundın/ *s* açık, seçik, dümdüz, doğrudan doğruya, dobra dobra, direkt, dolambaçsız, kıvırtmadan
ununterbrochen /'ununtırbro**h**ın/ *s* aralıksız, fasılasız, ara vermeden; sürekli, devamlı, mütemadi
unveränderlich /unfer'endırli**h**/ *s* değişmez, değiştirilemez
unverändert /'unferendırt/ *s* değiştirilmemiş, değişmemiş, sabit
unverantwortlich /unfer'antvortli**h**/ *s* sorumsuz, sorumluluk duygusu duymayan, düşüncesiz; affedilmez, bağışlanamaz
unverbesserlich /unfer'besırli**h**/ *s* adam olmaz, akıllanmaz, ıslah olmaz, değiştirilemez
unverbindlich /'unferbintli**h**/ *s* yükümlülük getirmeyen, sorumluluk gerektirmeyen, sorumluluk yüklemeyen; mesafeli, soğuk, sizli bizli; ihtiyari, istemli
unverblümt /unfer'blü:mt/ *s* açıktan açığa, açık açık, açıkça, dobra dobra, takır takır, sakınmadan, çekinmeden, saklamadan
unverdaulich /'unferdauli**h**/ *s* sindirimi güç olan, hazmı zor olan; *mec* anlaşılmaz, kavranamaz, anlaşılması güç
unverdient /'unferdi:nt/ *s* haksız, haksız yere; hak edilmemiş; yerinde olmayan, uygun olmayan
unvereinbar /unfer'aynba:r/ *s* uyuşmaz, bağdaşmaz, birlik teşkil etmez
Unvereinbarkeit /unfer'aynba:rkayt/ *f* uyuşmazlık, bağdaşmazlık, birlik teşkil edememe
unverfälscht /'unferfelşt/ *s* katıksız, halis, saf, katışıksız
unverfroren /'unferfro:rın/ *s* arsız, yüzsüz, yırtık
Unverfrorenheit /'unferfro:rın**h**ayt/ *f* yüzsüzlük, pişkinlik
unvergänglich /'unfergengli**h**/ *s* ölümsüz, ebedi, sonsuz
unverheiratet /'unfer**h**ayra:tıt/ *s* evlenmemiş, evlilik yapmamış
unverhofft /'unfer**h**oft/ *s* beklenmeyen, umulmayan
unverkäuflich /'unferkoyfli**h**/ *s* satılmaz, satılamaz
unverkennbar /unfer'kenba:r/ *s* belli, aşikâr, açık, ortada
unvermeidlich /'unfermaydli**h**/ *s* kaçınılmaz, önlenemez, sakınılmaz
unvermindert /'unfermindırt/ *s* hiç azalmayan, hiç eksilmeyen; azalmaksızın, eksilmeksizin
unvermittelt /'unfermitılt/ *s* doğrudan doğruya, direkt, aracısız; ansızın, aniden, birden bire, pattadanak
Unvermögen /'unfermö:gın/ *n* yeteneksizlik, beceriksizlik, elinden iş gelmeme
unvermutet /'unfermu:tıt/ *s* ansızın, aniden, birdenbire, beklenmedik bir şekilde
Unvernunft /'unfernunft/ *f* akılsızlık
unvernünftig /'unfernünfti**h**/ *s* akılsız, aklını kullanmadan, kaçık, kaçıkça
unverschämt /'unferşe:mt/ *s* utanmaz, arlanmaz, arsız, küstah, edepsiz, saygısız; aşırı, büyük, çok ileri derecede
Unverschämtheit /'unferşe:mt**h**ayt/ *f* utanmazlık, arlanmazlık, arsızlık, küstahlık, edepsizlik, saygısızlık; aşırılık, aşırılığa kaçma

U

unversehens /'unferze:ıns/ *be* ansızın, aniden, bir anda, birdenbire, küt diye
unversöhnlich /'unferzö:nlih/ *s* barışmaz, uzlaşmaz, arası bulunmaz, anlaşmaz
unverständlich /'unferştentlih/ *s* anlaşılmaz, kafa basmaz, mantık almaz; akıl sır ermez
unverwechselbar /unfer'veksılba:r/ *s* kendisine özgü, kendine özgü, kendine has
unverwüstlich /'unfervü:stlih/ *s* bozulmaz, dayanıklı; ölmez, yedicanlı; *bitk* herdem taze, solmaz
unverzeihlich /'unfertsaylih/ *s* affedilmez, affolunmaz, mazur görülmez
unverzichtbar /unfer'tsihtba:r/ *s* vazgeçilemez, vazgeçilmez, terk edilmez
unverzüglich /'unfertsü:klih/ *s* hemen, vakit kaybetmeden, çabucak, çarçabuk, derhal, ivedilikle
unvollkommen /'unfolkomın/ *s* noksan, eksik, tamamlanmamış; hatalı, kusurlu, defolu
Unvollkommenheit /'unfolkomınhayt/ *f* noksanlık, eksiklik; kusurluluk, defoluluk
unvollständig /'unfolştendih/ *s* bitmemiş, tamamlanmamış, bitirilmemiş, eksik, natamam; tam olmayan, bölük pörçük, parça parça
Unvollständigkeit /'unfolştendihkayt/ *f* eksiklik, noksanlık, tamamlanmamış olma
unvorbereitet /'unfo:rbıraytıt/ *s* hazırlanmamış, hazırlıksız; aniden, birdenbire, ansızın
unvoreingenommen /'unfo:rayngınomın/ *s* tarafsız, objektif, önyargısız, yansız
unvorhergesehen /'unfo:rhe:rgıze:ın/ *s* aniden, birden, beklenmedik, umulmadık
unvorsichtig /'unfo:rzihtih/ *s* dikkatsiz, tedbirsiz, ihtiyatsız, düşüncesiz, özensiz
unvorstellbar /'unfo:rştelba:r/ *s* düşünülemez, tasavvur edilemez, kavranamaz, akıl almaz, tahayyül edilemez
unvorteilhaft /'unfo:rtaylhaft/ *s* avantaj sağlamayan, artı puan sağlamayan
unwahr /'unva:r/ *s* yanlış, yalan, gerçekdışı, gerçeğe aykırı, dürüst olmayan
Unwahrheit /'unva:rhayt/ *f* gerçek olmama, gerçekdışılık, gerçeğe aykırılık; yalan
unwahrscheinlich /'unva:rşaynlih/ *s* ihtimal dışı, imkândışı; çok, pek
unweigerlich /'unvaygırlih/ *s* kesin, mutlaka, muhakkak, kati
Unwesen /'unwesın/ *n* düzensizlik, tertipsizlik, intizamsızlık ***sein Unwesen treiben*** kötülük etmek
unwesentlich /'unve:zıntlih/ *s* önemsiz, ikinci derecede, esaslı olmayan; harici, dıştan
Unwetter /'unvetır/ *n metr* fırtına, kasırga
unwichtig /'unvihtih/ *s* önemsiz, değersiz, gereksiz
unwiderruflich /unvi:dır'ruflih/ *s* geri alınamaz; vazgeçilemez, kesin, dönülemez, reddedilemez
unwiderstehlich /'unvi:dırşte:lih/ *s* dayanılmaz, karşı konulmaz; etkileyici, cezbedici; büyüleyici, şaşırtıcı
unwillig /'unvilih/ *s* istemeden, istemeye isteme ye, zorla, zoraki; kızgınlıkla
unwillkürlich /'unvilkü:rlih/ *s* planlamadan, düşünmeden; iradesiz, bilinçsiz, şuursuz; istemeden, istemeye istemeye, istemeyerek, elinde olmadan
unwirklich /'unvirklih/ *s* gerçekdışı, akıldışı, mantıkdışı, fantastik, ütopik
unwirksam /'unvirkza:m/ *s* tesirsiz, etkisiz
unwirsch /'unvirş/ *s* ters, aksi, haşin, katı, kaba, kırıcı, yaralayıcı, zedeleyici, onur kırıcı
unwirtlich /'unvirtlih/ *s* sert, kaba, haşin, gaddar, acımasız; sevimsiz, nahoş; (hava) kapalı, soğuk; (yer) ıssız, sessiz, verimsiz
Unwirtlichkeit /'unvirtlihkayt/ *f* sertlik, kabalık, gaddarlık, haşinlik; verimsizlik, çoraklık; sessizlik, ıssızlık
unwirtschaftlich /'unvirtşaftlih/ *s* ekonomik olmayan, pahalıya patlayan
Unwirtschaftlichkeit /'unvirtşaftlihkayt/ *f* ekonomik olmama, pahalıya patlama
unwissend /'unvisınt/ *s* bilmeden, bilgisi olmadan, bilgisiz, cahil; tecrübesiz, deneyimsiz
Unwissenheit /'unvisınhayt/ *f* bilgisizlik, habersizlik, cahillik; tecrübesizlik
unwohl /'unvo:l/ *s* rahatsız, rahat olmayan, keyifsiz, huzursuz ***ich fühle mich unwohl*** kendimi pek iyi hissetmiyorum
Unwohlsein /'unvo:lzayn/ *n* rahatsızlık, keyifsizlik, huzursuzluk
unwürdig /'unvürdih/ *s* yakışmayan, yaraşmayan, yakışık almayan, uygunsuz ***unwürdiges Benehmen*** uygunsuz davranış

U

unzählig /'untse:lih/ *s* çok sayıda, sayılamayacak kadar çok miktarda .
Unze /'untsı/ *f* (altın birimi) ons; *hayb* jaguar
Unzeit /'untsayt/ *f* uygunsuz zaman, uygunsuz an
unzeitgemäß /'untsaytgıme:s/ *s* çağdışı, zamana uymayan, çağa uymayan, dönemin şartlarına uygun olmayan
unzerbrechlich /untser'brehlih/ *s* kırılmaz, sağlam, dayanıklı
unzertrennlich /untser'trenlih/ *s* ayrılmaz; *mec* (arkadaşlık) sıkı sıkıya bağlı, sıkı fıkı, canciğer, çok sıkı ***unzertrennliche Freunde sein*** aralarından su sızmamak, yediği içtiği ayrı olmamak
Unzucht /'untsuht/ *f* fuhuş; *huk* zorla ırza tecavüz
unzüchtig /'untsühtih/ *s* ahlaksız, müstehcen, açık saçık, edepsiz ***unzüchtige Handlung*** *huk* ırza tecavüz
unzufrieden /'untsufri:dın/ *s* hoşnutsuz, küskün, memnun olmayan
Unzufriedenheit /'untsufri:dınhayt/ *f* hoşnutsuzluk, küskünlük, memnuniyetsizlik
unzugänglich /'untsugenglih/ *s* ulaşılmaz, ulaşılamaz, yanına yaklaşılmaz; laf anlamaz, söz dinlemez; inatçı, serkeş
unzulänglich /'untsulenglih/ *s* yetersiz, kâfi gelmeyen, kifayetsiz
Unzulänglichkeit /'untsulenglihkayt/ *f* yetersizlık, kâfi gelmeme, kifayetsizlik
unzulässig /'untsulesih/ *s* yasak, caiz olmayan, izin verilmeyen ***unzulässiges Zeichen*** geçersiz karakter
unzumutbar /'untsumu:tba:r/ *s* istenemez, beklenemez
unzurechnungsfähig /'untsurehnungsfe:ih/ *s* *huk* cezai ehliyeti olmayan; *kon* aptal, geri zekâlı
Unzurechnungsfähigkeit /'untsurehnugsfe:ihkayt/ *f* *huk* cezai ehliyeti olmamak; *kon* geri zekâlılık
unzureichend /'untsurayhınt/ *s* yetersiz, noksan, kâfi olmayan, kifayetsiz
unzuträglich /'untsutre:klih/ *s* uygun olmayan, müsait olmayan; sakıncalı, mahzurlu; sağlığa aykırı, gayri sıhhi
unzutreffend /'untsutre:fınt/ *s* isabetsiz, uygun olmayan, uymayan, doğru olmayan, yanlış, gerçekdışı; mümkün olmayan, yapılması mümkün olmayan
unzuverlässig /'untsuferlesih/ *s* güvenilmez, kalleş, emin olmayan; dönek, kaypak; mızıkçı; sözüne bağlı olmayan
Unzuverlässigkeit /'untsuferlesihkayt/ *f* güvenilir olmama, kalleşlik; döneklik, kaypaklık; sözüne bağlı olmama
unzweckmäßig /'untsvekme:sih/ *s* amaca uymayan, amaca aykırı, maksada aykırı; uygunsuz, elverişsiz
üppig /'üpih/ *s* zengin hayal ürünü, üpik; bereketli, iyi kâr bırakan; (yemek) zengin, mükellef; (göğüs) dolgun, iri; (kadın) balık etli, etli butlu, bıngıl bıngıl, dolgun hatlı; (yaşam) zevk sefa içinde; mebzulu, bol miktarda, bol bol
Urabstimmung /'u:rapştimung/ *f* *pol* referandum
Urahnen /'ura:nın/ *pl* ecdat, atalar, büyükler
uralt /'u:ralt/ *s* çok yaşlı, epey yaşlı; çok eski, kadim ***von uralters her*** ezelden beri
Uraufführung /'u:rauffü:rung/ *f* *tiy* ilk temsil, ilk gösterim
urbar /'u:rba:r/ *s* tarıma elverişli, ekilebilir, sürülebilir
Urbild /'u:rbilt/ *n* orijinal, asıl, ilk örnek, esas örnek
Ureinwohner /'u:raynvo:nır/ *m* (bir yer) ilk yerleşenler, esas sahipleri, ilk halkı
Urenkel /'u:renkıl/ *m* torununun oğlu
Urenkelin /'u:renkılin/ *f* torununun kızı
Urgroßeltern /'u:rgro:seltırn/ *pl* büyükdede, büyüknine, dede ve ninenin ebeveyni
Urheber /'u:rhe:bır/ *m* fikir sahibi, fikri ileri süren; eser sahibi, eser yaratıcısı
Urheberrecht /'u:rhe:bıreht/ *n* telif hakkı
Urin /u'ri:n/ *m* *biy* idrar, sidik
Urknall /'u:rknal/ *m* ilk patlama
urkomisch /u:rkomiş/ *s* çok komik, acayip komik, oldukça komik
Urkunde /'u:rkundı/ *f* belge, evrak, kâğıt, doküman, yazılı bilgi; yazılı belge; *huk* vesika, belge
Urkundenfälschung /'u:rkundanfelfung/ *f* evrak sahtekârlığı, evrakta sahtecilik
urkundlich /'u:rkuntlih/ *s* belgelerle sabit, belgelere dayanan, belgelerde anılan, evrakta belirtilen
Urlaub /'u:rlaup/ *m* izin, yıllık izin; tatil
Urlauber /'u:rlaubır/ *m* iznini kullanan kimse, izinli, yıllık iznini kullanan kişi
Urlaubsgeld /'u:rlaupsgelt/ *n* izin parası
Urlaubsort /'u:rlaupsort/ *m* tatil yeri

Urlaubsvertretung /'u:rlaupsfertre:tung/ *f* izinde yetkili vekil
Urlaubszeit /'u:rlaupstsayt/ *f* izin dönemi, izin zamanı, tatil zamanı
Urmensch /'u:rmenş/ *m* ilk insan, ilkel insan
Urne /'urnı/ *f* (ölü) kül kavanozu; oy sandığı
Urologe/Urologin /uro'lo:gı/uro'lo:gin/ *m/f* *hek* ürolog, bevliyeci
urologisch /uro'lo:giş/ *s hek* ürolojik, üroloji ile ilgili
urplötzlich /u:r'plötslih/ *s* çok ani; hiç beklenmeyen; *be* durup dururken
Ursache /'u:rzahı/ *f* sebep, neden, gerekçe, mazeret ***keine Ursache!*** estağfurullah!, bir şey değil!
ursächlich /'ursehlih/ *s* nedensel, sebepsel ***ursächlicher Zusammenhang*** sebep-sonuç ilişkisi
Ursprung /'u:rşprung/ *m* kaynak, kök, orijin, asıl; başlangıç noktası
ursprünglich /'urşprünglih/ *s* asıl, asli; ilk, esas, başlangıç, baş; sade, bozulmamış; doğal
Ursprungsland /'u:rşprungslant/ *n* kaynak ülke; *tic* (mal) çıkış ülkesi, geldiği ülke
Urteil /'urtayl/ *n huk* karar, hüküm, yargı; kanaat, fikir, düşünce; kesin karar
urteilen /'urtaylın/ *vi* karar vermek, hüküm vermek; fikrini söylemek, düşüncesini belirtmek; kararını vermek
Urteilsfindung /'urtaylsfindung/ *f huk* karara varma, hüküm verme
Urteilsspruch /'urtaylsşpruh/ *m* karar, hüküm
Urteilsverkündung /'urtaylsferkündung/ *f huk* karar tebliği
Urteilsvermögen /'urtaylsfermö:gın/ *n* muhakeme gücü
urtümlich /'u:rtü:mlih/ *s* doğal, saf, dokunulmamış, el değmemiş, balta girmemiş
Urwald /'u:rvalt/ *m* balta girmemiş orman
urwüchsig /'u:rvü:kzih/ *s* doğal, saf, sade, bozulmamış, orijinal, el değmemiş
Urzeit /'u:rtsayt/ *f* en eski çağlar, ilk çağlar ***seit Urzeiten*** *kon* çok eskiden beri
Usbeke/Usbekin /us'be:kı/us'be:kin/ *m/f* Özbek
usbekisch /us'be:kiş/ *s* Özbek; Özbekistan ile ilgili, Özbekistan hakkında ***usbekische Sprache*** Özbekçe
Usbekistan /us'be:kista:n/ *n* Özbekistan
Usurpator /uzur'pa:tor/ *m* pdl rejimi zorla ele geçiren kişi
Utensilien /uten'zi:lyın/ *pl* araç-gereç; malzeme, takım, takı taklavat; eşya
Utopie /uto'pi:/ *f* ütopi, hayal edilen şey
utopisch /u'to:piş/ *s* ütopik, hayali, hayal mahsulü

V

Vagabund /vaga'bunt/ *m* serseri kişi, aylak kişi
vagabundieren /vagabun'di:rın/ *vi* serserilik etmek, aylaklık etmek, işsiz güçsüz dolaşmak, amaçsız olarak gezinmek
vage /'va:gı/ *s* belli belirsiz, muğlak, ortada, anlaşılmaz
Vagina /va'gi:na/ *f anat* vajina, kadın cinsel organı; döl yolu
vakant /va'kant/ *s* açık, eksik; boş
Vakanz /va'kants/ *f* (kadro) boş, açık, eksik; açık kadro, münhal kadro
Vakuum /'va:kuum/ *n* havası boşaltılmış alan, vakum
vakuumverpackt /'va:kuumferpakt/ *s* vakumlu olarak paketlenmiş
Valuta /va'lu:ta/ *f tic* ödeme günü; *tic* döviz; değer, kıymet; karşılık, bedel
Vamp /vamp/ *m* vamp, serüven düşkünü; dişiliğini ve güzelliğini kullanarak erkeği ayartan kadın
Vampir /vam'pi:r/ *m* vampir; *hayb* vampir
Vandalismus /vanda'lismus/ *m* vandalizm
Vanille /va'nilı/ *f bitk* vanilya; vanilyanın meyvesi
variabel /vari'a:bıl/ *s* değişken ***variable Größe*** değişir kemiyet
Variabilität /variabili'te:t/ *f* değişkenlik
Variable /vari'a:blı/ *f matm* değişken
Variante /vari'antı/ *f ed* varyant, orijinalden biraz farklı olan; değişik şekil, aynısından biraz farklı
Variation /varia'tsyo:n/ *f biy* değişim; varyasyon, değişme; *müz* çeşitleme; *gökb* sapma
variieren /vari'i:rın/ *vi* değişik olmak, farklı olmak, farklılık göstermek, değişiklik göstermek; *vt* değiştirmek, çeşitlendirmek
Vase /'va:zı/ *f* vazo
Vater /'fa:tır/ *m* baba, peder; *ed* ata, atalar; *mec* yaratıcı; koruyucu, hami, yöne-

tici; din adamlarına hitap etme biçimi; yaşça çok büyük kişilere hitap biçimi ***den Vater verlieren*** babasını kaybetmek ***der Heilige Vater*** Papa ***Vater der Armen*** *kon* fukara babası ***vom Vater auf dem Sohn*** babadan oğula

Vaterfigur /'fa:tırfigu:r/ *f ruhb* baba figürü

Vaterland /'fa:tırlant/ *n* anayurt, anavatan

Vaterlandsliebe /'fa:tırlantsli:bı/ *f* yurtseverlik, vatanseverlik

väterlich /'fe:tırlih/ *s* baba gibi; baba tarafından, babaya ait ***väterlicher Rat*** baba nasihatı ***väterliches Erbteil*** babadan miras

väterlicherseits /'fe:tırlihırzayts/ *be* (akrabalık) baba tarafından; baba ocağından

Vaterschaft /'fa:tırşaft/ *f* babalık; velilik

Vaterunser /fa:tır'unzır/ *n* bir Hıristiyan duası

Vati /'fa:ti:/ *m kon* babacığım, babişko

Vatikan /vati'ka:n/ *m* Papalık hükümeti, Vatikan

Vegetarier /vege'ta:ri:ır/ *m* vejetaryen, etyemez kimse

vegetarisch /vege'ta:riş/ *s* etyemez, vejetaryen

Vegetation /vegeta'tsyo:n/ *f bitk* bitki örtüsü, vejetasyon

vegetativ /vegeta'ti:f/ *s* bitkisel; *hek* vegetatif, istemdışı çalışan

vegetieren /vege'ti:rın/ *vi* sefalet içinde yaşamak, amaçsız yaşamak

vehement /veha'ment/ *s* sert, şiddetli; ateşli

Vehemenz /veha'ments/ *f* sertlik, şiddetlilik; ateşlilik

Veilchen /'faylhın/ *n bitk* menekşe

Vektor /'vektor/ *m mat* vektör

Velo /'ve:lo/ *n kon* bisiklet

Velours /ve'lu:r/ *m* teks kadife, velur

Vene /'ve:nı/ *f anat* toplardamar

Venenentzündung /'ve:nınentsündung/ *f hek* flebit, flibit, toplardamar iltihabı

Venezianer /vene'tsya:nır/ *m* Venedikli

venezianisch /vene'tsya:niş/ *s* Venedik

Venezolaner /venetso'la:nır/ *m* Venezuelalı

venezolanisch /venetso'la:niş/ *s* Venezuela

Venezuela /venetsu'e:la/ *n* Venezüela

Ventil /ven'ti:l/ *n* vana, valf; kapakçık; *müz* üflemeli çalgı ses pistonu

Ventilator /venti'la:tor/ *m* havalandırıcı, vantilatör

verabreden /fer'apre:dın/ *vt* kararlaştırmak, anlaşmak, bir karara varmak ***sich verabreden*** sözleşmek, randevulaşmak, kararlaştırmak ***wie verabredet*** kararlaştırıldığı gibi

Verabredung /fer'apre:dung/ *f* sözleşme, randevu ***private Verabredung*** özel randevu

verabreichen /fer'aprayhın/ *vt* vermek ***Arznei verabreichen*** ilaç vermek ***jdm eine Ohrfeige verabreichen*** *kon* (birisine) bir tokat atmak

verabscheuen /fer'apşoyın/ *vt* iğrenmek, tiksinmek, *mec* midesi bulanmak; nefret etmek

verabschieden /fer'apşi:dın/ *vt* (memur) emekliye ayırmak, emekli etmek; *pol* yasa tasarısını kabul etmek ***jdn verabschieden*** (birisini) uğurlamak, yollamak, geçirmek ***sich verabschieden*** (birisine) veda etmek ***sich voneinander verabschieden*** vedalaşmak

Verabschiedung /fer'apşi:dung/ *f* uğurlama, geçirme, yolcu etme; poy yasayı kabul etme

verachten /fer'ahtın/ *vt* hor görmek, değersiz saymak, aşağılamak, küçük görmek; dikkate almamak, hor görmek

verächtlich /fer'ehtlih/ *s* (davranış, ifade) aşağılayıcı, hor görücü; aşağılık, alçak, rezil ***jdn verächtlich machen*** küçük düşürmek

Verachtung /fer'ahtung/ *f* aşağılama, aşağısama, küçümseme, hor görme

veralbern /fer'albırn/ *vt* küçümsemek, hor görmek; eğlenmek, alay etmek, kafa bulmak

verallgemeinern /feralgı'maynırn/ *vt* genelleştirmek, genellemek, genel olarak ele almak

Verallgemeinerung /feralgı'maynırung/ *f* genelleştirme, genelleme, genel olarak ele alma

veraltet /fer'altıt/ *s* eskimiş, modası geçmiş

Veranda /ve'randa/ *f mim* veranda

veränderlich /fer'endırlih/ *s* değişken; kararsız ***veränderliche Größe*** değişken nicelik ***veränderliche Sterne*** değişken yıldızlar

verändern /fer'endırn/ *vt* değiştirmek, başkalaştırmak ***sich verändern*** meslek değiştirmek; yerini değiştirmek

V

Veränderung /fer'endırung/ *f* değişim, değişme, değişiklik
verängstigt /fer'engstiht/ *s* yılgın, yılmış, gözü korkmuş
veranlagt /fer'anla:kt/ *s* karakteristik özellikleri olan; becerikli, yetenekli
Veranlagung /fer'anla:gung/ *f* yetenek, kabiliyet; huy, karakter, mizaç, yaradılış, yapı; ödenecek verginin tespit edilmesi
veranlassen /fer'anlasın/ *vt* sebep olmak, sebebiyet vermek, neden olmak; teşvik etmek, özendirmek, yönlendirmek ***Maßnahmen veranlassen*** önlem almak, tedbir almak
Veranlassung /fer'anlasung/ *f* bahane, neden, sebep, mazeret; özendirme, teşvik; düzenleme, karar; emir, direktif
veranschaulichen /fer'anşaulihın/ *vt* açıklamak, anlatmak, izah etmek
Veranschaulichung /fer'anşaulihung/ *f* açıklama, anlatma, izah etme
veranschlagen /fer'anşla:gın/ *vt* (tahmini olarak) değerlendirmek, kestirmek; değer biçmek, kıymet takdir etmek; tahmin etmek
veranstalten /fer'anştaltın/ *vt* düzenlemek, organize etmek; gerçekleştirmek, yapmak
Veranstalter /fer'anştaltır/ *m* düzenleyen, organizatör
Veranstaltung /fer'anştaltung/ *f* tertip, düzenleme; şenlik, festival; karşılaşma, müsabaka, maç; toplantı; konferans; konser; gösteri, miting
verantworten /fer'antvortın/ *vt* sorumluluk almak, sorumluluğunu üstlenmek *vt* sorumluluk almak, sorumluluğunu üstlenmek
verantwortlich /fer'antvortlih/ *s* sorumlu, mesul
Verantwortlichkeit /fer'antvortlihkayt/ *f* sorumluluk, mesuliyet
Verantwortung /fer'antvortung/ *f* sorumluluk, mesuliyet
verantwortungslos /fer'antvortungslo:s/ *s* sorumsuz, mesuliyetsiz, mesul olmayan
verantwortungsvoll /fer'antvortungsfol/ *s* sorumluluğunun bilincinde, sorumlu olduğunu bilerek
verarbeiten /fer'arbaytın/ *vt* işlemek, çalışmak; kendi fikrini oluşturmak, fikrini geliştirmek; beyinsel çalışma sonucu yeni bir şey ortaya çıkartmak
Verarbeitung /fer'arbaytung/ *f* işleme, çalışma; ustalık biçimi, işçilik biçimi
verärgern /fer'ergırn/ *vt* gücendirmek, kızdırmak, kırmak; içerletmek, canını sıkmak, sinirlendirmek
verärgert /fer'ergırt/ *s* kızgın
Verärgerung /fer'ergırung/ *f* gücendirme, öfkelendirme, kızdırma, sinirlendirme
verarmen /fer'armın/ *vi* yoksullaşmak, fakirleşmek, alım gücü düşmek
Verarmung /fer'armung/ *f* yoksullaşma, fakirleşme
verarzten /fer'artstın/ *vt kon* pansuman yapmak, ayakta tedavi etmek
verätzen /fer'etsın/ *vt hayb* bitk. yakıcı maddeler ile yaralamak
Verätzung /fer'etsung/ *f hek* yakıcı maddelerle oluşmuş deride yanma ve kızarma
verausgaben /fer'ausga:bın/ *vt* para harcamak, sarf etmek, tüketmek ***sich verausgaben*** *kon* sıfırı tüketmek, tüm parasını harcamak; *mec* bitkin düşmek, gücü tükenmek
veräußern /fer'oysırn/ *vt* satmak, satılığa çıkarmak, elden çıkarmak; *huk* (mal, hak) devretmek
Veräußerung /fer'oysırung/ *f huk* (mal, hak) devretme, devir; temlik
Verb /verp/ *n dilb* fiil, eylem
verbal /ver'ba:l/ *s dilb* fiil ile ilgili; sözlü, sözel
verballhornen /fer'balhornın/ *vt kon* eline yüzüne bulaştırmak, yüzüne gözüne bulaştırmak
Verband /fer'bant/ *m hek* bandaj, sargı, pansuman; *hek* pansuman malzemesi; *bitk* bitki grubu; *ask* birlik, bölük, tabur; *mim* taşıyıcı unsur bağlantısı; *huk* birlik
Verbandmaterial /fer'bantmateryal/ *n* sargı malzemesi
Verbandskasten /fer'bantskastın/ *f* ilkyardım kutusu, ilkyardım çantası
verbannen /fer'banın/ *vt* sürgüne göndermek, sürmek, sınırdışı etmek; *kon* uzaklaştırmak, defetmek
Verbannung /fer'banung/ *f* sürgün, sürme, sürülme
verbarrikadieren /ferbarika'di:rın/ *vt* barikat kurmak, barikatla kapamak ***sich verbarrikadieren*** kendini korumak için barikat kurmak
verbauen /fer'bauın/ *vt kon* inşaat için

tüm parasını harcamak; *kon* kötü inşa biçimi ile manzarayı kapatmak, manzarayı bozmak ***sich verbauen*** kötü inşa etmek
verbeißen /fer'baysın/ *vt* dişini sıkmak, kendini zaptetmek, acıyı bastırmak ***sich in etw verbeißen*** *mec* hırsla sarılmak, inatla sarılmak
verbergen /fer'bergın/ *vt* saklamak, gizlemek, örtmek; perde çekmek ***sich verbergen*** saklanmak, gizlenmek
verbessern /fer'besırn/ *vt* düzeltmek, iyileştirmek, doğrultmak, uygun hale getirmek, ıslah etmek; geliştirmek; *sp* formunu geliştirmek; *sp* rekoru ileriye götürmek ***sich verbessern*** iyileşmek, düzelmek; hatasını düzeltmek
Verbesserung /fer'besırung/ *f* düzeltme; iyileştirme, doğrultma, uygunlaştırma, ıslah; (okul) öğretmen tarafından yapılan düzeltme
verbesserungsbedürftig /fer'besırungsbıdürftih/ *s* düzeltilmeye muhtaç
verbeugen /fer'boygın/ *vr* reverans yapmak, eğilerek selam vermek
Verbeugung /fer'boygung/ *f* reverans; eğilme
verbeulen /fer'boylın/ *vt* ezmek, zedelemek, yamuk yumuk etmek
verbiegen /fer'bi:gın/ *vt* eğriltmek, yamultmak; çarpıklaştırmak, çarpıtmak
verbieten /fer'bi:tın/ *vt* yasaklamak, menetmek ***das Rauchen verboten*** sigarayı yasaklamak ***es verbietet sich*** gerçekleşmemek, mac suya düşmek
verbilligen /fer'biligın/ *vt* ucuzlatmak, fiyatını indirmek, fiyatını azaltmak
verbinden /fer'bindın/ *vt* bağlamak; birbirine bağlamak, bağ yapmak; (anlam) bağ kurmak; (sargı bezi) sarmak, bağlamak; (telefon) bağlamak, bağlantıyı kurmak ***falsch verbunden!*** yanlış numara! ***jdm die Augen verbinden*** gözlerini bağlamak ***jdm verbunden*** (birisine) minnet duymak, minnettar olmak ***sich mit jdm verbinden*** *kon* evlenmek, nikâh yapmak ***sich verbinden*** birleşmek; evlenmek, nikâhlanmak
verbindlich /fer'bintlih/ *s* nazik, ince, kibar, zarif, nezaketli; bağlayıcı; mecburi, zorunlu
Verbindlichkeit /fer'bintlihkayt/ *f* nezaket, incelik, kibarlık, incelik; mecburiyet, zorunluluk, yükümlülük; *tic* borçlar
Verbindung /fer'bindung/ *f* bağlantı, bağlanma; ilişki, bağıntı, temas; birleşme, birleşim; bağlayıcı şey, birleştirici şey; *kim* terkip, birleşim; (öğrenci, meslek grubu) birlik ***die Verbindung abbrechen*** irtibatı kesmek ***in Verbindung stehen*** temasta bulunmak ***sich in Verbindung setzen*** temasa geçmek ***Verbindung aufnehmen*** irtibat kurmak
Verbindungsmann /fer'bindungsman/ *m* aracı
Verbindungstür /fer'bindungstü:r/ *f* ara kapı, bağlantı kapısı
verbissen /fer'bisın/ *s* şiddetli, sinirli; direşken, inatçı
Verbissenheit /fer'bisınhayt/ *f* inatçılık, direşkenlik; bağnazlık
verbittern /fer'bitırn/ *vi* acı çekmek, kahrolmak; hayattan zevk almamak, hayata küsmek; *vt* (birisinin) hayatını mahvetmek, zehretmek, acı çektirmek
verbittert /fer'bitırt/ *s* küskün
Verbitterung /fer'bitırung/ *f* hayata küsme, mutsuzluk, hayattan zevk almama
verblassen /fer'blasın/ *vi* teks rengi atmak; (anı, düşünce) unutulmak, kaybolmak
Verbleib /fer'blayp/ *m* bulunulan yer
verbleiben /fer'blaybın/ *vi* konumunu sürdürmek, bulunduğu yeri korumak; kalmak; bir yerde bulunmaya devam etmek; geçerli olmak; mevcudiyetini sürdürmek ***ich verbleibe Ihr sehr ergebener*** (mektup sonunda) derin saygılarımla
verbleit /fer'blayt/ *s oto* kurşunlu
verblenden /fer'blendın/ *vt* üzerini örtmek, üzerini kaplamak; *hek* (diş) kaplamak
Verblendung /fer'blendung/ *f* üzerini örtme, üzerini kaplama; *mec* körlük, bakıp da görememe; *hek* (diş) kaplama
verblüffen /fer'blüfın/ *vt* şaşırmak, sersemlemek, afallamak, aptallaşmak; (birisini) yanıltmak, sersemletmek, şaşkına çevirmek
verblüffend /fer'blüfınt/ *s* şaşırtıcı
Verblüffung /fer'blüfung/ *f* şaşırma, sersemleme, şaşkınlık; afallama, şaşırma
verblühen /fer'blü:ın/ *vi bitk* solmak, çiçeğini dökmek; *mec* yaşlanmak
verbluten /fer'blu:tın/ *vi hek* kan kaybından ölmek *vi hek* kan kaybından ölmek

verbohrt /fer'bo:rt/ *s kon* inatçı, kafayı takmış
verborgen /fer'borgın/ *s* saklı, gizli; *vt* ödünç vermek, borç olarak vermek
Verborgenheit /fer'borgınhayt/ *f* saklılık, gizlilik
Verbot /fer'bo:t/ *n* yasak
verboten /fer'bo:tın/ *s* yasak, yapılması yasaklanmış olan; tuhaf, acayip, garip; komik ***verbotenes Zeichen*** yasak karakter, geçersiz karakter
Verbotsschild /fer'bo:tsşilt/ *n* yasak işareti
Verbrauch /fer'brauh/ *m* tüketim, masraf, gider, harcama
verbrauchen /fer'brauhın/ *vt* eskitmek, paçavraya çevirmek, aşındırmak; *kon* harcamak, tüketmek
Verbraucher /fer'brauhır/ *m* tüketici
Verbraucherschutz /fer'brauhorşuts/ *m* tüketiciyi koruma
Verbrauchsgüter /fer'brauhsgü:tır/ *pl* tüketim malları, ihtiyaç malzemeleri
Verbrechen /fer'brehın/ *n huk* suç, cürüm; cinayet
verbrechen /fer'brehın/ *vt* cinayet işlemek; suç işlemek, yasayı çiğnemek; eğimli şekilde kenarını kesmek
Verbrecher /fer'brehır/ *m* suçlu; cani
verbrecherisch /fer'brehıriş/ *s* caniyane, canice
verbreiten /fer'braytın/ *vt* duyurmak, yaymak; yayımlamak ***sich über etw verbreiten*** uzun uzadıya söz etmek ***sich verbreiten*** (haber, hastalık) yayılmak
verbreitern /fer'braytırn/ *vt* genişletmek, büyütmek, bollaştırmak ***sich verbreitern*** genişlemek
Verbreiterung /fer'brayterung/ *f* genişletme, büyütme, bollaştırma
Verbreitung /fer'braytung/ *f* yayılma, genişleme
verbrennen /fer'brenın/ *vi* yanmak, kızarmak; *vt* yakmak ***zu Asche verbrennen*** yanıp kül olmak
Verbrennung /fer'brenung/ *f* yanık; yanma; *kim* oksitlenme
Verbrennungsmotor /fer'brenungsmo:tor/ *m tek* içten yanmalı motor
verbriefen /fer'bri:fın/ *vt* yazılı teminat vermek; yazılı olarak onaylamak
verbringen /fer'bringın/ *vt* (vakit, süre) geçirmek; (bir yerde) kalmak, yaşamak, ikamet etmek, oturmak
Verbrüderung /fer'brü:derung/ *f* kardeş gibi olma
verbrühen /fer'brü:ın/ *vt* haşlamak ***sich die Hand verbrühen*** elini haşlamak
verbuchen /fer'bu:hın/ *vt* hesaba kaydetmek, deftere geçirmek, kayda geçirmek
verbünden /fer'bündın/ *vr* birleşmek, birlik oluşturmak, ittifak oluşturmak
Verbundenheit /fer'bundenhayt/ *f* bağlılık
Verbündete(r) /fer'bündetı(r)/ *f/m* müttefik, bağlaşık, işbirlikçi
verbürgen /fer'bürgın/ *vt* teminat vermek, güvence vermek, garanti vermek, garanti etmek ***sich verbürgen*** kefil olmak
verbüßen /fer'bü:sın/ *vt huk* hapis yatmak, hapse atılmak, hapse girmek
verchromen /fer'kro:mın/ *vt hek* (diş) krom kaplamak
Verdacht /fer'daht/ *m* şüphe, kuşku, kuruntu, zan
verdächtig /fer'dehtih/ *s* şüpheli, kuşkulu, zanlı; kuşku uyandıran
Verdächtige(r) /fer'dehtigı(r)/ *f/m huk* sanık, zanlı
verdächtigen /fer'dehtigın/ *vt* şüphelenmek; suçlamak
Verdächtigung /fer'dehtigung/ *f* suçlama, itham; şüphelenme, kuşkulanma
Verdachtsmoment /fe'dahtsmoment/ *n* şüphe unsuru
verdammen /fer'damın/ *vt huk* mahkûm etmek; *mec* lanetlemek
Verdammnis /fer'damnis/ *f mec* cehennem azabı
verdammt /fer'damt/ *s* lanetli, ah almış; *be* çok, pek, oldukça, son derece ***Verdammt!*** Allahın belası!, kahrolası
verdampfen /fer'dampfın/ *vt* buharlaştırmak; *vi* buharlaşmak
verdanken /fer'dankın/ *vt* müteşekkir olmak, teşekkür borçlu olmak; *kon* borçlu olmak
verdauen /fer'dauın/ *vt* sindirmek, hazmetmek
verdaulich /fer'daulih/ *s* sindirilebilir, hazmedilebilir, yenilir yutulur ***nicht verdaulich*** (laf, suçlama) yenilir yutulur değil, hazmedilemez
Verdauung /fer'dauung/ *f* sindirim, hazım
Verdauungsstörung /fer'daungsştö:rung/ *f hek* sindirim bozukluğu, sindirim güç-

V

lüğü, hazımsızlık; kabızlık, peklik
Verdeck /fer'dek/ *n den* üst güverte; *oto* açılır-kapanır tavan
verdecken /fer'dekın/ *vt* üzerini örtmek, gizlemek, üzerini kapamak
Verderben /fer'derbın/ *n* yıkım, zarara uğrama; felaket, bela ***in sein Verderben rennen*** kendini ateşe atmak
verderben /fer'derbın/ *vt* zarar vermek; bozmak; *vi* (gıda) bozulmak, ekşimek ***es mit jdm verderben*** (birisiyle) bozuşmak, arası açılmak
verderblich /fer'derplih/ *s* (gıda) bozulabilir, kokabilir, çürüyebilir; zararlı, zarar verici
verdeutlichen /fer'doytlihın/ *vt* anlaşılır bir hale sokmak açık ve net bir hale getirmek, netleştirmek
Verdeutlichung /fer'doytlihung/ *f* açıklama, izah etme, anlaşılır hale getirme, netleştirme
verdichten /fer'dihtın/ *vt* yoğunlaştırmak, sıkıştırmak, sıkı hale getirmek; kuvvetlendirmek, güçlendirmek; artmak, çoğalmak, gelişmek ***sich verdichten*** yoğunlaşmak
Verdichtung /fer'dihtung/ *f* yoğunluk, yoğunlaşma
verdicken /fer'dikın/ *vt* koyulaştırmak, pekleştirmek; kalınlaştırmak ***sich verdicken*** koyulaşmak, pekleşmek; kalınlaşmak
verdienen /fer'di:nın/ *vt* (para) kazanmak, temin etmek; hak etmek, layık olmak ***an etw verdienen*** (bir şeyde) kazanç sağlamak, kazanç temin etmek ***gut verdienen*** iyi para kazanmak ***sich um etw verdient machen*** (bir şeye) hizmette bulunmak, yarar sağlamak
Verdienst /fer'di:nst/ *m* kazanç, gelir; maaş; *n* yararlı işi, getirili iş, yararlık
Verdienstausfall /fer'di:nstausfal/ *m* kazanç kaybı
Verdienstorden /fer'di:nstordın/ *m* liyakat nişanı
verdoppeln /fer'dopıln/ *vt* iki katına çıkarmak, iki misline çıkarmak, ikiye katlamak ***sich verdoppeln*** iki katına çıkmak
verdorben /fer'dorbın/ *s* (gıda) bozulmuş, çürümüş, kokmuş; *mec* ahlaksız, ruhen çürümüş
Verdorbenheit /fer'dorbınhayt/ *f* ahlaksızlık
verdorren /fer'dorın/ *vi* kurumak, suyu çekilmek
verdrängen /fer'drengın/ *vt kon* ayağını kaydırmak, yerine geçmek; *hek* (duygu) bastırmak; *den* deplasman yapmak ***verdrängte Wünsche*** bastırılmış arzular
Verdrängung /fer'drengung/ *f* ayağını kaydırma; yerinden uzaklaştırma; *hek* (duygu) bastırma; *den* deplasman
verdrehen /fer'dre:ın/ *vt* (kol) burkmak; yanlış çevirmek, yanlış döndürmek; *kon* yanlış yorumlamak, yanlış anlam çıkarmak; *kon* baştan çıkarmak, aklını başından almak ***das Recht verdrechen*** *huk* hukuku çiğnemek ***jdm den Kopf verdrehen*** başını döndürmek, aklını başından almak
verdreht /fer'dre:t/ *s* şaşkın, afallamış, aptallaşmış; *mec* kafayı yemiş, kafayı üşütmüş
verdreifachen /fer'drayfahın/ *vt mat* üç katını almak; üç ile çarpmak
verdrießen /fer'dri:sın/ *vt* canını sıkmak, kızdırmak
verdrießlich /fer'dri:slih/ *s* can sıkıcı; huysuz; hırçın
Verdrossenheit /fer'drosınhayt/ *f* huysuzluk; keyifsizlik, canı sıkkın; sinirli, öfkeli
Verdruß /fer'drus/ *m* can sıkıntısı, bıkkınlık, usanç
verdunkeln /fer'dunkıln/ *vt* karartmak; *huk* gerçekleri gizlemek, üzerini örtmek; ışığı engellemek ***sich verdunkeln*** kararmak
Verdunkelung /fer'dunkılung/ *f ask* karartma
verdünnen /fer'dünın/ *vt* seyreltmek, inceltmek; sulandırmak, cıvıklaştırmak ***sich verdünnen*** incelmek
verdünnt /fer'dünt/ *s* seyreltik ***verdünnte Lösung*** seyreltik çözelti ***verdünnte Melasse*** seyreltilmiş melas
Verdünnung /fer'dünung/ *f* seyreltme, sulandırma, cıvıklaştırma
verdunsten /fer'dunstın/ *vi* (sıvı) buharlaşmak
Verdunstung /fer'dunstung/ *f* (sıvı) buharlaşma
verdursten /fe'durstın/ *vi* susamak, çok susamak
verdutzt /fer'dutst/ *s kon* afallamış, sersem, şaşkın, aptallaşmış
verebben /fer'ebın/ *vi* azalmak, kaybolmak, durulmak; sessizleşmek

veredeln /fer'e:dıln/ *vt bitk* ıslah etmek; *mad* işlemek; asilleştirmek; mükemmelleştirmek
Veredelung /fer'e:dılung/ *f bitk* ıslah; *mad* işleme; değerli hale getirme, mükemmelleştirme
verehren /fer'e:rın/ *vt* saygı göstermek, saymak, hürmet göstermek; *mec* tapmak, çok sevmek ***jdm etw verehren*** (birisine bir şeyi) hediye etmek, armağan etmek ***verehrte Frau*** (mektup) saygıdeğer hanımefendi
Verehrer /fer'e:rır/ *m* saygı duyan kimse, saygı gösteren kimse; tapan, tutkun, delicesine âşık
Verehrung /fer'e:rung/ *m* saygı, hürmet; tapma, çok sevme; kutsallaştırma, yüceltme, göklere çıkarma
vereidigen /fer'aydigın/ *vt* yemin ettirmek
vereidigt /fer'aydi**h**t/ *s* yeminli
Vereidigung /fer'aydigung/ *f* yemin ettirme
Verein /fer'ayn/ *m* dernek, cemiyet, kulüp, birlik; beraberlik; *sp* spor kulübü
vereinbar /fer'aynba:r/ *s* birleşebilir, birleştirilebilir; bağdaşabilir, uyuşabilir
vereinbaren /fer'aynba:rın/ *vt* anlaştırmak, kararlaştırmak; birleştirmek, birlik haline getirmek ***etw mit etw vereinbaren*** (bir şeyi bir şeyle) bağdaştırmak; birleştirmek
Vereinbarkeit /fer'aynba:rkayt/ *f* bağdaşırlık
Vereinbarung /fer'aynba:rung/ *f* anlaşma; sözleşme; randevu
vereinbarungsgemäß /fer'aynba:rungsgımes/ *be* kararlaştırıldığı gibi
vereinen /fer'aynın/ *vt* birleştirmek, bir araya toplamak, bir araya getirmek ***die Vereinten Nationen*** Birleşmiş Milletler
vereinfachen /fer'aynfa**h**ın/ *vt* basitleştirmek, basite indirgemek, sadeleştirmek
Vereinfachung /fer'aynfa**h**ung/ *f* basitleştirme, basite indirgeme, sadeleştirme
vereinheitlichen /fer'ayn**h**aytli**h**ın/ *vt* birleştirmek, bir araya getirmek; standartlaştırmak, standartize etmek
Vereinheitlichung /fer'ayn**h**aytli**h**ung/ *f* standartlaştırma, standartize etme
vereinigen /fer'aynigın/ *vt* bir araya getirmek, birleştirmek ***sich vereinigen*** bir araya gelmek, birleşmek
Vereinigung /fer'aynigung/ *f* birleşme, bir araya gelme; dernek, birlik, cemiyet, kulüp
vereinnahmen /fer'aynna:mın/ *vt* (para) toplamak, tahsil etmek, almak, kesmek; meç (birisini) çıkarları için kullanmak
vereinsamen /fer'aynzamın/ *vi* yalnız kalmak
Vereinsamung /fer'aynzamung/ *f* yalnızlık
vereint /fer'aynt/ *s* birleşik, birleşmiş, bir araya getirilmiş
vereinzelt /fer'ayntsılt/ *s* çok seyrek; *tek* tük; dağınık
vereisen /fer'ayzın/ *vi* donmak, kaskatı kesilmek, buz kesilmek, buz bağlamak; *vt hek* lokal anestezi yapmak
vereiteln /fer'aytıln/ *vt* boşa çıkarmak, sonuçsuz bırakmak
Vereitelung /fer'aytılung/ *f* boşa çıkarma, sonuçsuz bırakma
vereitert /fer'aytırt/ *s hek* cerahatli, irinli
verekeln /fer'e:kıln/ *vt* iğrendirmek, tiksindirmek, midesini bulandırmak
verelenden /fer'e:lendın/ *vi* yoklu içinde yaşamak, sefalet çekmek
Verelendung /fer'e:lendung/ *f* sefalet, yoksulluk
verenden /fer'endın/ *vi hayb* telef olmak
verengen /fer'engın/ *vt* daraltmak ***sich verengen*** daralmak
Verengung /fer'engung/ *f* daralma, darlaşma; dar kısım
vererben /fer'erbın/ *vt* miras bırakmak; *kon* armağan etmek, hediye etmek, bağışlamak ***sich vererben*** kalıtsal olmak
vererblich /fer'erpli**h**/ *s biy* irsi, soydan gelen, kalıtımsal olan
Vererbung /fer'erbung/ *f biy* irsiyet, soya çekim, kalıtım
verewigen /fer'e:vigın/ *vt* ebedileştirmek, ölümsüzleştirmek, sonsuzlaştırmak ***sich verewigen*** ölümsüzleşmek, sonsuzlaşmak
Verfahren /fer'fa:rın/ *n* yöntem, usül, tarz, biçem, teknik, sistem; tutum, davranış, hareket tarzı; dava, süreç, prosedür; *huk* yargılama usulü
verfahren /fer'fa:rın/ *vi* hareket etmek, davranmak; *vt* arabayla vakit geçirmek ***sich verfahren*** yolunu şaşırmak
Verfahrenstechnik /fer'fa:rınste**h**nik/ *f tek* endüstriyel üretim tekniği
Verfahrensweise /fer'fa:rınsvayzı/ *f* yön-

V

tem, metot, usül, teknik, tarz, biçem

Verfall /fer'fal/ *m* (kuvvet) azalma, zayıflama; (bina) çökme, yıkılma, yerle bir olma; *mim* bağlantı parçası; vade sonu, geçerlilik süresi sonu, süre bitimi; (fikir) gerileme, çağdışı kalma

verfallen /fer'falın/ *vi* harap olmak, bitmek, mahvolmak, yıkılmak; çökmek, yerle bir olmak; geçerliliğini yitirmek, yürürlükten kalkmak; yanılgıya düşmek, yanılmak; sebep olmak, neden olmak, yolaçmak; bağımlı olmak, müptelası olmak; *huk* devlete kalmak, devlete geçmek ***aus etw verfallen*** aklına gelmek ***einem Laster verfallen sein*** kötü bir şeye tiryakiliği olmak

Verfallsdatum /fer'falsda:tum/ *n* son kullanma tarihi

Verfallserscheinung /fer'falserşaynung/ *f* yıkılma belirtisi, çökme belirtisi

Verfallstag /fer'falsta:k/ *m* vade günü, vade sonu, ödeme günü, geçerliliğin son günü

verfälschen /fer'felşın/ *vt* sahtesini yapmak; *mad* bozmak, tahrif etmek; saflığını bozmak

Verfälschung /fer'felşung/ *f* sahtekârlık; çarpıtma

verfänglich /fer'fenglih/ *s* ayıp, ayıplı; şüpheli, kuşkulu; şanssız, talihsiz; yakışıksız

Verfänglichkeit /fer'fenglihkayt/ *f* şüphelilik; yakışık almama

verfärben /fer'ferbın/ *vt* rengini değiştirmek, rengini bozmak ***sich verfärben*** *teks* rengi atmak; (kişi) sararmak, bembeyaz olmak

Verfärbung /fer'ferbung/ *f* rengi değişme

verfassen /fer'fasın/ *vt* kaleme almak, yazmak, kâğıda dökmek

Verfasser /fer'fasır/ *m* yazar, eser sahibi

Verfassung /fer'fasung/ *f huk* anayasa; tüzük; istek, heves, keyif

Verfassungsänderung /fer'fasungsendırung/ *f huk* anayasa değişikliği

Verfassungsbruch /fer'fasunsbruh/ *m* anayasayı çiğneme

verfassungsfeindlich /fer'fasungsfayntlih/ *s* anayasayı ihlal eden

Verfassungsgericht /fer'fasungsgırıht/ *n* anayasa mahkemesi

verfassungsmäßig /fer'fasungsme:sih/ *s* anayasal

Verfassungsschutz /fer'fasungsşuts/ *m huk* anayasayı koruma tedbirleri

verfassungswidrig /fer'fasungsvi:drih/ *s* anayasaya aykırı, anayasayı ihlal edici

verfaulen /fer'faulın/ *vi* çürümek

verfechten /fer'fehtın/ *vt* (düşünce) savunmak, mücadele etmek, fikir savaşı vermek

Verfechter /fer'fehtır/ *m* savunucu, mücadeleci

verfehlen /fer'fe:lın/ *vt* ulaşamamak, yakalayamamak, kaçırmak ***den Weg verfehlen*** yolu şaşırmak ***den Zug verfehlen*** treni kaçırmak

Verfehlung /fer'fe:lung/ *f* kusur, kabahat, hata; suç, günah

verfeindet /fer'fayndıt/ *s* araları bozuk, düşman

verfeinern /fer'faynırn/ *vt* ıslah etmek, iyileştirmek; inceltmek, cıvıklaştırmak; geliştirmek, ilerletmek; (yemek) lezzetli hale getirmek ***sich verfeinern*** incelmek, kibarlaşmak

Verfeinerung /fer'faynırung/ *f* ıslah, iyileştirme; inceltme; (yemek) lezzetlendirme

verfestigen /fer'festigın/ *vt* sıkıştırmak ***sich verfestigen*** sıkışmak; koyulaşmak, pekleşmek, katılaşmak, sertleşmek

verfeuern /fer'foyırn/ *vt* yakmak, yanıcı madde yakmak; *ask* cephane sarf etmek

verfilmen /fer'filmın/ *vt* filme almak

verfilzen /fer'filtsın/ *vi teks* keçeleşmek, keçe gibi olmak; (deri) pürüzlü duruma gelmek

verflachen /fer'flahın/ *vt* düzlemek, düzleştirmek, yassılaştırmak; *vi* düzleşmek, yassılaşmak; *den* sığlaşmak; *vi* (tartışma) sığlaşmak, yüzeyselleşmek

Verflechtung /fer'flehtung/ *f* karıştırma, karıştırılma; *tic* kartelleşme

verfliegen /fer'fli:gın/ *vi* (koku, hava) uçup gitmek *vi* (koku, hava) uçup gitmek

verfließen /fer'fli:sın/ *vi* (su) akıp gitmek, akmak; karışmak, birbirine geçmek; (süre) geçip gitmek, akmak

verfluchen /fer'flu:hın/ *vt* lanet etmek; beddua etmek; çok kızmak

verflüchtigen /fer'flühtigın/ *vt* (sıvı) buhar haline getirmek; *tek* gaz haline getirmek *vt* (sıvı) buhar haline getirmek; *tek* gaz haline getirmek

verflüssigen /fer'flüsigın/ *vt* (gaz) sıvılaştırmak ***sich verflüssigen*** sıvınmak, sıvılaşmak
Verflüssigung /fer'flüsigung/ *f* sıvılaştırma
verfolgen /fer'folgın/ *vt* izlemek, peşine düşmek, takip etmek; araştırmak, kovuşturmak; (bir şey) araştırmak, peşine düşmek; sıkıştırmak, tehdit etmek
Verfolger /fer'folgır/ *m* izleyen, takıp eden, süregelen
Verfolgte(r) /fer'folktı(r)/ *f/m* izlenen, takip edilen; araştırılan, soruşturulan; baskı altında tutulan
Verfolgung /fer'folgung/ *f* izleme, takip; soruşturma, kovuşturma
verformen /fer'formın/ *vt* şeklini değiştirmek, biçimini değiştirmek ***sich verformen*** biçimi değişmek; deforme olmak
Verformung /fer'formung/ *f* deformasyon
verfrachten /fer'frahtın/ *vt* (eşya) nakletmek, taşımak, yüklemek; *kon* (birisini bir yere) taşımak, götürmek
verfroren /fer'fro:rın/ *s* (kişi) soğuğa dayanıklı olmayan, çabuk üşüyen
verfrüht /fer'frü:t/ *s* vakitsiz, mevsimsiz
verfügbar /fer'fü:kba:r/ *s* hazır bulunan, mevcut, amade, varolan
verfügen /fer'fü:gın/ *vt* kararlaştırmak, belirlemek; organize etmek, düzenlemek; emretmek; *vi* hak sahibi olmak, elinde bulundurmak ***über jdn verfügen*** (birisini) elinde oynatmak, kuklası gibi kullanmak ***verfügen über*** elinde bulundurmak, sahip olmak
Verfügung /fer'fü:gung/ *f* yönerge, yönetmelik; emir, karar ***jdm zur Verfügung stehen*** emrinde olmak, emrine hazır olmak ***jdm zur Verfügung stellen*** (birisine bir şeyi) tahsis etmek ***sich jdm zur Verfügung stellen*** (birisine) yardımını sunmak
verführen /fer'fü:rın/ *vt* teşvik etmek, özendirmek; ayartmak, baştan çıkarmak, yoldan çıkarmak; *huk* iğfal etmek
Verführer /fer'fü:rır/ *m* baştan çıkartıcı, özendirici; ayartan, baştan çıkartan
verführerisch /fer'fü:rıriş/ *s* çekici, teşvik edici, baştan çıkartıcı; ilgi uyandıran, cazip; işveli, fettan
Verführung /fer'fü:rung/ *f* özendirme, çekici kılma; ayartma, baştan çıkarma; *huk* iğfal etme
verfüttern /fi:r'fütırn/ *vt* hayvanlara yem olarak vermek; yemlemek
Vergabe /fer'ga:bı/ *f tic* ihale; *kon* sipariş verme, ısmarlama
vergammeln /fer'gamıln/ *vi bitk* çürümek, bozulmak; verimsizleşmek
vergangene(r,s) /fer'gangını(r,s)/ *s* geçmiş, geçen
Vergangenheit /fer'gangınhayt/ *f* geçmiş, mazi
Vergangenheitsbewältigung /fer'gangınhaytsbıveltigung/ *f* geçmişle hesaplaşma
vergänglich /fer'gengl**ih**/ *s* geçici, fani, ölümlü; kalımsız
vergeben /fer'ge:bın/ *vt* elden çıkarmak, vermek, satmak; hediye etmek, armağan etmek; kullanmadan bir kenara bırakmak, amaçsızca elden çıkarmak; aktarmak ***jdm etw vergeben*** bağışlamak, affetmek ***sich vergeben*** *isk* yanlış dağıtmak
vergeblich /fer'ge:bl**ih**/ *s* boşuna, yararsız, boş, faydasız, sonuçsuz
Vergebung /fer'ge:bung/ *f* elden çıkarma, satma, verme; armağan etme, birisine bırakma; affetme, bağışlama ***um Vergebung bitten*** af dilemek, özür dilemek ***Vergebung!*** affedersiniz!
vergegenwärtigen /ferge:gın'vertigın/ *vt* hatırlamak, göz önüne getirmek, göz önünde canlandırmak ***sich etw vergegenwärtigen*** göz önüne getirmek, hatırına getirmek
Vergehen /fer'ge:ın/ *n* yok olma, bitme, ortadan kaybolma; *ed* ölme, hakkın rahmetine kavuşma; *huk* suç
vergehen /fer'ge:ın/ *vi* (süre, olay) geçip gitmek, akıp gitmek, geçmek, akmak; (ağrı, koku, iştah vs) geçmek, yok olmak; kaybolmak, geçmek, yok olmak; *ed* ölmek, yok olmak ***ich vergehe vor Durst!*** susuzluktan neredeyse öleceğim! ***vor etw vergehen*** (dertten, sıkıntıdan) eriyip gitmek *vi* (süre, olay) geçip gitmek, akıp gitmek, geçmek, akmak; (ağrı, koku, iştah vs) geçmek, yok olmak; kaybolmak, geçmek, yok olmak; *ed* ölmek, yok olmak
vergelten /fer'geltın/ *vt* karşılık vermek, misillemede bulunmak ***vergelt's Gott!*** Allah razı olsun!
Vergeltung /fer'geltung/ *f* karşılık verme, misillemede bulunma
Vergeltungsmaßnahme

V

/fer'geltungsmasna:mı/ *f* misilleme (önlemi); zorlama tedbirleri
Vergessen /fer'gesın/ *n* unutma
vergessen /fer'gesın/ *vt* unutmak ***Vergiss es!*** unut gitsin! *vt* unutmak ***Vergiss es!*** unut gitsin!
Vergessenheit /fer'gesınhayt/ *f* unutulma, artık hatırlanmama
vergeuden /fer'goydın/ *vt* saçıp savurmak, savurganlık yapmak, har vurup harman savurmak; israf etmek, heba etmek
Vergeudung /fer'goydung/ *f* savurganlık; israf
vergewaltigen /fergı'valtigın/ *vt* zor kullanmak, şiddet kullanmak; zorla ırzına geçmek
Vergewaltigung /fergı'valtigung/ *f* zor kullanma; ırza geçme
vergewissern /fergı'visırn/ *vr* aklı yatmak, mantığına uygun gelmek; emin olmak; araştırmak, incelemek
vergießen /fer'gi:sın/ *vt* dökmek, akıtmak ***Tränen vergießen*** gözyaşı akıtmak
vergiften /fer'giftın/ *vt* zehirlemek; *mec* kafasını bulandırmak, (kötü fikir ile) kafasına girmek ***sich mit Fisch vergiften*** balıktan zehirlenmek ***sich vergiften*** zehirlenmek; kendini zehirlemek
Vergiftung /fer'giftung/ *f* zehirlenme
vergilben /fer'gilbın/ *vi* (kâğıt) solmak, rengi atmak
vergittern /fer'gitırn/ *vt* parmaklık takmak, parmaklıkla çevirmek
verglasen /fer'gla:zın/ *vt* cam takmak, camlamak, cam geçirmek ***ein verglaster Blick*** *mec* donuk bakış, anlamsız bakış
Vergleich /fer'glayh/ *m* mukayese, karşılaştırma, kıyaslama, kıyas etme; *huk* uyuşma, uzlaşma, barış; *sp* maç, müsabaka, karşılaşma; *ed* teşbih, benzetme ***im Vergleich mit/zu*** nispetle, kıyasla
vergleichbar /fer'glayhba:r/ *s* mukayese edilebilir, karşılaştırılabilir
vergleichen /fer'glayhın/ *vt* mukayese etmek, karşılaştırmak, kıyas yapmak; *huk* uyuşmak, uzlaşmak ***jdn mit jdm vergleichen*** (birisini birisiyle) mukayese etmek ***sich mit jdm vergleichen*** (kendini bir başkasıyla) karşılaştırmak ***sich vergleichen*** uzlaşmak, uyuşmak
vergleichsweise /fer'glayhsvayzı/ *be* oldukça, nispeten, oranla
verglühen /fer'glü:ın/ *vi* sönmek
Vergnügen /fer'gnü:gın/ *n* sevinç, coşku; hoşluk, memnuniyet zevk, haz; eğlence, eğlenti ***ein teures Vergnügen*** masraflı bir iş
vergnügen /fer'gnü:gın/ *vt* eğlendirmek; hoşça vakit geçmesini sağlamak, neşelendirmek, keyif vermek ***sich vergnügen*** eğlenmek
vergnüglich /fer'gnü:klih/ *s* eğlendirici, eğlenceli, keyif verici
vergnügt /fer'gnü:kt/ *s* sevinçli, neşeli, keyifli; memnun, mutlu, hoş
Vergnügungspark /fer'gnü:gungspark/ *m* lunapark, hoş vakit geçirme yeri
vergnügungssüchtig /fer'gnü:gungszühtih/ *s* eğlenceye düşkün
vergolden /fer'goldın/ *vt* altın kaplamak, yaldızlamak
vergönnen /fer'gö:nın/ *vt* izin vermek, müsaade etmek
vergöttern /fer'götırn/ *vt* taparcasına sevmek, aşkından ölmek
vergraben /fer'gra:bın/ *vt* (toprağa) gömmek, gömüp saklamak; (ölü) gömmek, defnetmek, toprağa vermek; *mec* üzerini kapatmak, saklamak, gömmek; *mec* kapılmak, girdabına girmek
vergrämen /fer'gre:mın/ *vt* üzmek, gücendirmek, sinirlendirmek; *hayb* (av hayvanının) ürkütüp kaçırmak
vergrätzen /fer'gretsın/ *vt kon* (birisini) canını sıkmak, sinirlendirmek, kızdırmak, tepesini attırmak
vergraulen /fer'graulın/ *vt kon* (birisini) sinirlendirmek, kızdırmak; gücendirmek, kırmak
vergreifen /fer'grayfın/ *vr* yanlış anlamak, yanlış kavramak, yanılmak ***sich an etw vergreifen*** el sürmek, çalmak ***sich an jdm vergreifen*** (birisine) el kaldırmak ***sich im Ausdruck vergreifen*** hoş olmayan şeyler söylemek ***sich im Ton vergreifen*** yanlış konuşmak, yanlış şey söylemek
vergriffen /fer'grifın/ *s* (mal) bitmiş, tükenmiş, hepsi satılmış
vergrößern /fer'grö:sırn/ *vt fot* büyültmek, agrandisman yapmak; büyütmek ***sich vergrößern*** büyümek
Vergrößerung /fer'grö:sırung/ *f fot* büyültme, agrandisman; büyüme, büyüt-

me

Vergünstigung /fer'günstigung/ *f* ayrıcalık, imtiyaz, özel hak, özel fırsat

vergüten /fer'gü:tın/ *vt* (zarar, ziyan) tazmin etmek, ödemek, zararını karşılamak; *tek* çeliğe su vermek

Vergütung /fer'gü:tung/ *f* (zarar, ziyan) karşılama, tazmin etme, ödeme; ödül; ücret; *tek* çeliğe su verme

verhaften /fer'**h**aftın/ *vt* yakalamak, tutuklamak, gözaltına almak; tevkif etmek, hapse atmak

Verhaftete(r) /fer'**h**aftetı(r)/ *f/m* tutuklu

Verhaftung /fer'**h**aftung/ *f* yakalama, ele geçirme; tutuklama; tutuklanma

Verhalten /fer'**h**altın/ *n* davranış, hareket, tutum, tarz; gizleme, bastırma

verhalten /fer'**h**altın/ *vt* gizlemek, belli etmemek, çaktırmamak; tutmak, zaptetmek, etkisiz hale getirmek ***sich verhalten*** tavır takınmak, davranmak, hareket etmek; belirli oranda olmak, belirli bir oranda bulunmak

Verhaltensforscher /fer'**h**altınsforşır/ *m* davranışbilimci

Verhaltensforschung /fer'**h**altınsforşung/ *f* davranış biçimlerini inceleme

verhaltensgestört /fer'**h**altınsgıştö:rt/ *s* davranış bozukluğu gösteren

Verhältnis /fer'**h**eltnis/ *n* oran, nispet, bağıntı; *kon* aşk ilişkisi; ilişki, ilgi, ilinti, bağ, alaka; şartlar, gereklilikler, durumlar

verhältnismäßig /fer'**h**eltnisme:si**h**/ *be* oranla, nispeten; oldukça

verhandeln /fer'**h**andıln/ *vt/vi* fikir alışverişinde bulunmak, tartışmak, görüşmek; *huk* mahkemede görüşmek, mahkemede konu etmek ***über etw verhandeln*** (bir şey hakkında) görüşmek, tartışmak

Verhandlung /fer'**h**andlung/ *f* görüşme, teati, fikir alışverişi, tartışma; *huk* duruşma, yargılama

verhängen /fer'**h**engın/ *vi* perdelemek, kapatmak, perde ile örtmek ***den Ausnahmezustand verhängen*** *pol* sıkıyönetim ilan etmek, olağanüstü hal ilan etmek ***etw über jdn verhängen*** *mec* (birisini) cezalandırmak

Verhängnis /fer'**h**engnis/ *n* alınyazısı, kötü kader, mukadderat

verhängnisvoll /fer'**h**engnisfol/ *s* uğursuz, vahim, acıklı; lanetli, meşum, acı

verharmlosen /fer'**h**armlo:zın/ *vt* tehlikeli bir durumu/konuyu tehlikesizmiş gibi lanse etmek

Verharmlosung /fer'**h**armlo:sung/ *f* tehlikesizmiş gibi lanse etme

verhärmt /fer'**h**ermt/ *s* dertli, kederli, üzüntülü, acı dolu

verharren /fer'**h**arın/ *vi* beklemek, kalmak, durmak ***auf etw verharren*** (bir şeyde) ısrar etmek, diretmek ***bei dem Entschluss verharren*** kararında direnmek

verharschen /fer'**h**arşın/ *vi hek* (yara) kabuk bağlamak; (kar) buzlaşmak, buz tutmak

verhärten /fer'**h**ertın/ *vt* sertleştirmek, katılaştırmak ***sich verhärten*** sertleşmek, katılaşmak

Verhärtung /fer'**h**ertung/ *f* sertleştirilme, sertleşme, katılaştırılma, katılaşma

verhaspeln /fer'**h**aspıln/ *vt* (ip) çözerken karıştırmak

verhätscheln /fer'**h**etşıln/ *vt kon* (çocuğu şımarık yetiştirmek, nazlı yetiştirmek

Verhau /fer'**h**au/ mn yapay engel

verhauen /fer'**h**auın/ *vt* eline yüzüne bulaştırmak; *kon* dayak atmak, sopa çekmek ***sich verhauen*** yanılmak

verheeren /fer'**h**e:rın/ *vt* harabeye çevirmek, kırıp geçirmek, altüst etmek

verheerend /fer'**h**e:rınt/ *s* feci, korkunç, müthiş; çok çirkin, çok fena

verhehlen /fer'**h**e:lın/ *vt* saklamak, gizlemek, örtbas etmek

verheilen /fer'**h**aylın/ *vi hek* (yara) geçmek, iyileşmek, kapanmak

verheimlichen /fer'**h**aymli**h**ın/ *vt* saklamak, gizlemek, örtbas etmek; belli etmemek, çaktırmamak

Verheimlichung /fer'**h**aymli**h**ung/ *f* saklama, gizleme, örtbas etme

verheiratet /fer'**h**ayra:tıt/ *s* evli

Verheißung /fer'**h**aysung/ *f* söz verme; müjdeleme

verheizen /fer'**h**aytsın/ *vt* (yakacak) ısınma amaçlı kullanmak; *kon* ask. kurban etmek

verhelfen /fer'**h**elfın/ *vi* yardım etmek, desteklemek ***jdm zu etw verhelfen*** (birisine bir şey için) yardımda bulunmak

verherrlichen /fer'**h**erli**h**ın/ *vt* yüceltmek, göklere çıkarmak

Verherrlichung /fer'**h**erli**h**ung/ *f* yüceltme, göklere çıkarma

verhexen /fer'**h**eksın/ *vt* büyülemek

verhindern /fi:r'hindırn/ *vt* engel olmak, önlemek, mani olmak ***verhindert sein*** engeli olmak, yapamamak
Verhinderung /fer'hindırung/ *f* engel olma, önleme, mani olma; engellenme, önlenme
verhöhnen /fer'hö:nın/ *vt* (birisini) aşağılamak, alay etmek, kafaya almak; zor duruma düşürmek, gülünç duruma düşürmek
Verhöhnung /fer'hö:nung/ *f* dalga geçme, alay etme, kafaya alma
Verhör /fer'hö:r/ *n huk* sorgu, sorgulama ***jdn ins Verhör nehmen*** (birisini) sorguya çekmek
verhören /fer'hö:rın/ *vt* sorguya çekmek, ifadesini almak ***sich verhören*** yanılmak; yanlış anlamak
verhüllen /fer'hülın/ *vt* maskelemek, perdelemek, gizlemek, örtbas etmek ***sein Haupt verhüllen*** (yas nedeniyle) başını örtmek ***verhüllender Ausdruck*** örtmece ifade
Verhüllung /fer'hülung/ *f* maskeleme, maskelenme, örtme, örtünme, gizleme, gizlenme
verhungern /fer'hungırn/ *vi* açlıktan ölmek
verhüten /fer'hü:tın/ *vt* engel olmak, önlemek, önünü almak, mani olmak; korumak, muhafaza etmek ***das verhüte Gott!*** Allah esirgesin!
verhütten /fer'hütın/ *vt mad* işlemek
Verhüttung /fer'hütung/ *f mad* işleme
Verhütungsmittel /fer'hü:tungsmitıl/ *n hek* doğum kontrol aracı
verirren /fer'irın/ *vr* yolunu şaşırmak, yolunu kaybetmek ***verirrte Kugel*** serseri kurşun
Verirrung /fer'irung/ *f* yolunu şaşırma; yanılma
verjagen /fer'ya:gın/ *vt* kovalamak, sürmek ***jdn verjagen*** (birisini) kovmak
verjähren /fer'ye:rın/ *vi* geçerliliğini yitirmek; *huk* zamanaşımına uğramak
Verjährung /fer'ye:rung/ *f huk* zaman aşımı
Verjährungsfrist /fer'ye:rugsfrist/ *f huk* zaman aşımı müddeti
verjubeln /fer'yu:bıln/ *vt* israf etmek, har vurup harman savurmak
verjüngen /fer'yüngın/ *vt* gençleştirmek; genç personel işe almak; *bitk* yaşlı dalları budamak ***sich verjüngen*** kendini genç hissetmek
Verjüngung /fer'yüngung/ *f* gençleşme; gençleştirme
verkabeln /fer'ka:bıln/ *vt* kablo döşemek, kablo bağlamak; kablo TV sistemine bağlamak
verkalken /fer'kalkın/ *vi hek* kireçlenmek; *kon* yaşlanmak
verkalkulieren /ferkalku'li:rın/ *vr* yanılmak, yanılgıya düşmek; yanlış hesaplamak; *mec* hayal kırıklığına uğramak
Verkalkung /fer'kalkung/ *f hek* kireçlenme; *kon* yaşlanma
verkannt /fer'kant/ *s* takdir edilmeyen
verkanten /fer'kantın/ *vt* kenarı üzerine dikmek
verkatert /fer'ka:tırt/ *s kon* akşamdan kalma; uyku sersemi, mahmur
Verkauf /fer'kauf/ *m* satma, satış; satış bölümü ***zum Verkauf stellen*** satışa çıkarmak
verkaufen /fer'kaufın/ *vt* satmak, satışa çıkarmak ***sich gut verkaufen*** iyi satılmak, sürümü iyi olmak ***sich verkaufen*** (para için) kendini satmak, fahişelik yapmak
Verkäufer /fer'koyfır/ *m* satıcı, tezgâhtar
verkäuflich /fer'koyflih/ *s* satılan, iyi satılan
Verkaufsgespräch /fer'kaufsgışpre:h/ *n* satış tanıtımı
Verkaufsleiter /fer'kaufslaytır/ *m* satış müdürü
Verkaufspreis /fer'kaufsprays/ *m* satış fiyatı
Verkehr /fer'ke:r/ *m* trafik, ulaşım; ilişki, birliktelik; *kon* cinsel ilişki
Verkehrsader /fer'ke:rsa:dır/ *f* trafik ana arter, yoğun trafik akışı olan yol
Verkehrsampel /fer'ke:rsampıl/ *f* trafik lambası
Verkehrsaufkommen /fer'ke:rsaufkomın/ *n* taşınan insan/mal miktarı
Verkehrschaos /fer'ke:rska:os/ *n* trafik kargaşası
Verkehrsdelikt /fer'ke:rsdelikt/ *n* trafik suçu
Verkehrskontrolle /fer'ke:rskontrolı/ *f* trafik kontrolü
Verkehrslärm /fer'ke:rslerm/ *m* trafik gürültüsü
Verkehrsministerium /fer'ke:rsministeryum/ *n* ulaştırma bakanlığı

Verkehrsmittel /fer'ke:rsmitıl/ *n* taşıt, taşıt aracı
Verkehrspolizei /fer'ke:rspolitsay/ *f* trafik polisi
Verkehrspolizist /fer'ke:rspolitsist/ *m* trafikte polis memuru
Verkehrsregel /fer'ke:rsre:gıl/ *f* trafik yönetmeliği, trafik kuralları
Verkehrssünder /fer'ke:rszündır/ *m kon* trafik kurallarını sürekli çiğneyen kişi
Verkehrsunfall /fer'ke:rsunfal/ *m* trafik kazası
Verkehrsverbindung /fer'ke:rsferbindung/ *f* trafik bağlantısı
Verkehrszeichen /fer'ke:rstsayhın/ *n* trafik işareti
verkehrt /fer'ke:rt/ *s* ters, aksi; altüst, tepetaklak; hatalı, yanlış
Verkehrung /fer'ke:rung/ *f* saptırma, tersine çevirme, ters döndürme
verkennen /fer'kenın/ *vt* yanlış yorumlamak, yanlış değerlendirmek; yanlış tanımak
Verkettung /fer'ketung/ *f* zincire vurma; bağlantı, bağlama
verklagen /fer'kla:gın/ *vt* dava etmek, mahkemeye vermek, şikâyetçi olmak
verklären /fer'kle:rın/ *vt* aydınlatmak, bilgilendirmek; yüceltmek, nurlandırmak ***sich verklären*** nurlanmak
Verklärung /fer'kle:rung/ *f* bilgilendirme, aydınlatma; nurlandırma
verkleben /fer'kle:bın/ *vt* üzerine yapıştırarak örtmek; *vi* birbirine yapışmak ***die Wunde mit Pflaster verkleben*** yarayı yarabandı ile kapatmak
verkleiden /fer'klaydın/ *vt* kamufle etmek, gizlemek, örtmek, örtbas etmek; kaplama yapmak ***sich verkleiden*** kılık değiştirmek, tebdili kıyafet etmek
Verkleidung /fer'klaydung/ *f* kamufle etme, örtme, gizleme; kılık değiştirme
verkleinern /fer'klaynırn/ *vt* azaltmak; küçültmek, daraltmak; *mec* (birisini) aşağılamak, küçültmek; *vt* azalmak; küçülmek, daralmak ***sich verkleinern*** *tic* küçülmek, kapasiteyi azaltmak
Verkleinerung /fer'klaynırung/ *f* küçültme, küçültülme, küçülme
verklemmt /fer'klemt/ *s* kendine güveni olmayan, tutuk
verklingen /fer'klingın/ *vi* (ses) gitgide azalmak, duyulmaz hale gelmek
verknacken /fer'knakın/ *vt kon* mahkûm etmek, cezalandırmak; dalga geçmek, kafa bulmak
verknacksen /fer'knakzın/ *vt* : ***sich den Fuß verknacksen*** *kon* ayağını burkmak, ayağını incitmek
verknallen /fer'knalın/ *vr* : ***sich in jdn verknallen*** (birisine) tutulmak, âşık olmak, gönlünü kaptırmak, abayı yakmak
verknappen /fer'knapın/ *vt* (bütçe, harcama, vs.) azaltmak, kısmak, küçültmek, daraltmak ***sich verknappen*** azalmak, eksilmek, kısılmak
Verknappung /fer'knapung/ *f* azalma, eksilme, kısılma; kıtlık
verkneifen /fer'knayfın/ *vt* : ***sich etw verkneifen*** *kon* istemeden vazgeçmek, gönülsüz olarak bırakmak; (duygularını) belli etmemek, içine atmak, bastırmak
verknoten /fer'kno:tın/ *vt* düğümlemek, sıkı sıkı bağlamak
verknüpfen /fer'knüpfın/ *vt* düğmelemek, bağlamak, birleştirmek
Verknüpfung /fer'knüpfung/ *f* düğümleme, bağlama, birleştirme; ilişki, bağlantı; *mat* bağıntı
verkohlen /fer'ko:lın/ *vt* kömürleştirmek; *vi* kömürleşmek; *mec* aptal yerine koymak
verkommen /fer'komın/ *vi* (gıda) bozulmak, kokmak, çürümek; ahlaki çöküntüye uğramak, çökmek; sefalete düşmek, sefilleşmek; (bina) harabeye dönmek, viraneye dönmek
verkorken /fer'korkın/ *vt* : ***die Flasche verkorken*** şişeyi mantarlamak
verkorksen /fer'korkzın/ *vt kon* bozmak, mahvetmek, berbat etmek; eline yüzüne bulaştırmak
verkörpern /fer'körpırn/ *vt tiy* rolü oynamak; canlandırmak, göstermek, temsil etmek
Verkörperung /fer'körpırung/ *f* canlandırma, gösterme; kişileştirme
verköstigen /fer'köstigın/ *vt* (birisini) doyurmak, yedirip içirmek
Verköstigung /fer'köstigung/ *f* yedirip içirme
verkraften /fer'kraftın/ *vt* üstesinden gelmek, hakkından gelmek, becermek, başarmak, sonuçlandırmak
verkrampfen /fer'krampfın/ *vr* kramp girmek, kasınmak; (sinirden) kaskatı kesilmek; *mec* sıkılmak
verkrampft /fer'krampft/ *s* kasınçlı; *mec*

sinirli
Verkrampfung /fer'krampfung/ *f* kramp girme, kasılma; tutuk olma
verkratzen /fer'kratsın/ *vt* hırpalamak, tırmalamak; *hayb* pençelemek
verkriechen /fer'kri:hın/ *vr* (bir yere girerek) gizlenmek, saklanmak ***sich in das Bett verkriechen*** çaresizce yatağının içinde büzülmek
verkrümmt /fer'krümt/ *s* çarpık
verkrüppelt /fer'krüpılt/ *s biy* kötürüm, sakat; *bitk* cılız, bodur
Verkrüppelung /fer'krüpılung/ *f* kötürümlük, sakatlık; *bitk* cılızlık, bodurluk
verkrusten /fer'krustın/ *vi* kabuk bağlamak
verkühlen /fer'kü:lın/ *vr* soğuk almak
verkümmern /fer'kümırn/ *vi* enerjisini kaybetmek, körelmek, güçsüzleşmek; *kon* sararıp solmak; *hek* dumura uğramak; *vi* körelmek; (bitki) yanmak, sararıp solmak
verkünden /fer'kündın/ *vt* haber vermek, bildirmek, duyurmak, açıklamak, beyan etmek; yayın yolu ile duyurmak, ilan etmek; müjdelemek
Verkündigung /fer'kündigung/ *f* duyuru, bildirim, beyan, açıklama, bildirme; ilan
verkuppeln /fer'kupıln/ *vt* birleştirmek, bağlamak, birbirine geçirmek ***jdn an jdn verkuppeln*** arabuluculuk etmek; *kon* pezevenklik etmek; *mec* çöpçatanlık etmek
verkürzen /fer'kürtsın/ *vt* kısaltmak, kısmak, azaltmak, indirmek, eksiltmek; vakit geçirmek ***sich verkürzen*** kısalmak, azalmak
Verkürzung /fer'kürtsung/ *f* kısaltma, kısalma, kısaltılma, azalma
verlachen /fer'lahın/ *vt* (birisiyle) alay etmek, kafaya almak
verladen /fer'la:dın/ *vt* yük yüklemek, araca yükleme yapmak
Verladeplatz /fer'la:dıplats/ *m* yükleme yeri, yükleme alanı
Verladerampe /fer'la:dırampı/ *f* yükleme rampası
Verladung /fer'la:dung/ *f* mal yükleme, mal yükletme
Verlag /fer'la:k/ *m* yayınevi, yayıncı, yayımcı; toptancı
verlagern /fer'la:gırn/ *vt* yerini değiştirmek ***die Arbeitszeit verlagern*** çalışma zamanını değiştirmek ***sich verlagern*** yeri değişmek
Verlagskaufmann /fer'la:kskaufman/ *m* yayınevi taciri (erkek)
Verlagswesen /fer'la:ksve:zın/ *n* yayıncılık
Verlangen /fer'langın/ *n* talep, arzu, istek; hasret, özlem ***auf jds Verlangen (hin)*** isteği üzerine ***auf sein Verlangen*** isteği üzerine
verlangen /fer'langın/ *vt* istemek, gerektirmek, talep etmek; telefonda görüşmek istemek; *vi* görmek istemek, görüşmek istemek
verlängern /fer'lengırn/ *vt* (süre) uzatmak; (sıvı yiyecek) su katarak çoğaltmak
Verlängerung /fer'lengırung/ *f* (süre) uzama, uzatma; uzatma, uzatılma, uzanma, uzama; ek parça
Verlängerungskabel /fer'legırungska:bıl/ *n* uzatma kablosu
verlangsamen /fer'langzamın/ *vt* hızını düşürmek, yavaşlatmak, ağırlaştırmak, tempoyu düşürmek, tempoyu azaltmak ***sich verlangsamen*** yavaşlamak, ağırlaşmak
Verlass /fer'las/ *m* güven, itimat ***auf das ist kein Verlass*** ona güven olmaz
verlassen /fer'lasın/ *vt* terk etmek, bırakmak; ayrılmak; (güven) kaybetmek ***sich auf jdn verlassen*** (birisine) güvenmek, bel bağlamak ***sich verlassen*** güvenmek, bel bağlamak
Verlassenheit /fer'lasınhayt/ *f* ıssızlık, tenhalık; terk edilmişlik, kimsesizlik, yalnızlık, *tek* başına olma
Verlässlichkeit /fer'leslihkayt/ *f* güvenilirlik
Verlauf /fer'lauf/ *m* (zaman, süre) geçiş; (olay) akış, cereyan, oluş; gelişme, seyir ***nach Verlauf von zwei Tagen*** iki gün sonra
verlaufen /fer'laufın/ *vr* yolunu şaşırmak, kaybolmak; dağılmak, uzaklaşmak; geçip gitmek, akıp gitmek; *vi* oluşmak, gelişmek, cereyan etmek; (sınır) geçmek, aşmak; karmaşık bir hale gelmek, karışmak
verlautbaren /fer'lautba:rın/ *vt* ilan etmek, bildirmek, duyurmak, tebliğ etmek
Verlautbarung /fer'lautba:rung/ *f* resmi tebliğ, resmi tebligat; bildirme, duyurma, ilan etme
verlauten /fer'lautın/ *vi* yayılmak, duyul-

mak ***verlauten lassen*** (haber, bilgi) duyurmak, yaymak, sızdırmak ***wie verlautet*** söylendiğine göre

verleben /fer'le:bın/ *vt* (vakit, izin) geçirmek

verlebt /fer'le:pt/ *s* bitkin, yıpranmış, yorgun

verlegen /fer'le:gın/ *vt* yerini değiştirmek; zamanını değiştirmek; ertelemek, ötelemek; *elek* döşemek, tesisat çekmek; yolunu kesmek, kapatmak; (kitap) yayınlamak, basmak; yanlış yere koymak; *s mec* sıkılgan, çekingen ***sich auf etw verlegen*** *mec* kendini başka bir şeye vermek ***um eine Antwort nicht verlegen sein*** laf altında kalmamak ***um etw verlegen sein*** (bir şeye) ihtiyaç duymak

Verlegenheit /fer'le:gınhayt/ *f* sıkılganlık, çekingenlik, mahcubiyet; sıkıntı, zor durum, kötü durum ***in Verlegenheit geraten sein*** mahcup bir duruma düştüm

Verlegenheitslösung /fer'le:gınhaytslö:zung/ *f* idarei maslahat, geçici çözüm

Verleger /fer'le:gır/ *m* yayımcı, editör

Verlegung /fer'le:gung/ *f* yer değiştirme; zamanını değiştirme, erteleme; *elek* döşeme, tesis etme

verleiden /fer'laydın/ vt ***jdm etw verleiden*** (birisini bir şeyden) usandırmak, bıktırmak, tiksindirmek

Verleih /fer'lay/ *m* (kitap, film vs) para karşılığı ödünç veren yer

verleihen /fer'layın/ *vt* para karşılığı ödünç vermek; (ünvan) vermek ***jdm den Titel verleihen*** (onur, paye) paye vermek

Verleihung /fer'layung/ *f* ödünç verme, kiraya verme; unvan verme

verleiten /fer'laytın/ *vt* kışkırtmak, kanına girmek, kötülüğe yöneltmek

verlernen /fer'lernın/ *vt* öğrendiklerini unutmak

verletzbar /fer'letsba:r/ *s* yaralanabilir; alıngan, kırılgan, hassas

verletzen /fer'letsın/ *vt* yaralamak; *mec* incitmek, kalbini kırmak, yaralamak; hakaret etmek, sayıp sövmek; (hak) tecavüz etmek; ihlal etmek, çiğnemek ***jds Ehre verletzen*** (birisinin) onuruna dokunmak ***jds Rechte verletzen*** (birisinin) hakkına tecavüz etmek

verletzend /fer'letsınt/ *s mec* tahrik edici, aşağılayıcı, onur kırıcı, yaralayıcı, incitici

Verletzte(r) /fer'letstı(r)/ *f/m* yaralı

Verletzung /fer'letsung/ *f* yaralanma, yaralama; suistimal, ihmal; ihlal etme, yasaları çiğneme; onurunu kırma; *mec* kalbini kırma

Verletzungsgefahr /fer'letsungsgıfa:r/ *f* yaralanma tehlikesi

verleugnen /fer'loygnın/ *vt* inkâr etmek, reddetmek; tanımamak; (duygu, fikir) gizlemek, saklamak ***sich verleugnen lassen*** (arayanlara, gelenlere) yok olduğunu söyletmek

Verleugnung /fer'loygnung/ *f* yadsıma, gizleme; inkâr, reddetme

verleumden /fer'loymdın/ *vt* (birisini) lekelemek, iftira atmak, kara çalmak

Verleumder /fer'loymdır/ *m* iftiracı

verleumderisch /fer'loymdıriş/ *s* iftira niteliğinde

Verleumdung /fer'loymdung/ *f* iftira ***böswillige Verleumdung*** ardniyetli iftira

verlieben /fer'li:bın/ vr ***sich in jdn verlieben*** (birisine) âşık olmak, gönlünü kaptırmak, abayı yakmak, sevdalanmak

verliebt /fer'li:pt/ *s* âşık, vurgun, sevdalı

Verliebtheit /fer'li:pthayt/ *f* âşık olma, sevdalanma, abayı yakma

verlieren /fer'li:rın/ *vt* kaybetmek, yitirmek; *vi* (güzellik) azalmak, eksilmek ***an Schönheit verlieren*** güzelliğini kaybetmek ***bei dem Spiel Geld verlieren*** kumarda para kaybetmek ***nichts zu verlieren haben*** kaybedecek bir şeyi olmamak ***sich in etw verlieren*** *kon* (bir şeye) dalıp gitmek, içinde kaybolmak ***sich verlieren*** kaybolmak, yitmek

Verlierer /fer'li:rır/ *m* mağlup, yenilen

Verlies /fer'li:s/ *n* yeraltı sığınağı, yeraltı mahzeni; *esk* zindan

verloben /fer'lo:bın/ *vr* : ***sich mit jdm verloben*** birisiyle nişanlanmak

Verlobte(r) /fer'lo:ptı(r)/ *m/f* nişanlı

Verlobung /fer'lo:bung/ *f* nişan; nişanlanma ***die Verlobung lösen*** nişanı atmak, nişanı bozmak

verlocken /fer'lokın/ *vt* vi ***jdn zu etw verlocken*** (birisini) baştan çıkarmak, kandırmak

verlockend /fer'lokınt/ *s* çekici, cazip

verlogen /fer'lo:gın/ *s* yalan

Verlogenheit /fer'lo:gınhayt/ *f* yalancılık

verloren /fer'lo:rın/ *s* kayıp, yitik; çaresiz,

şaşkın; lüzumsuz, gereksiz, boş; faydasız, yararsız, nafile ***der verlorene Ring*** kayıp yüzük ***der verlorene Sohn*** (Kutsal Kitapta) müsrif çocuk ***etw verloren geben*** (bir şeye) kaybolmuş saymak ***verlorene Zeit*** kayıp zaman

verlosen /fer'lo:zın/ *vt* piyangoya koymak, çekilişe koymak, kuraya koymak; kura çekmek

Verlosung /fer'lo:zung/ *f* kura çekme; kura ile belirleme

Verlust /fer'lust/ *m* kayıp, yitik, zayi; hasar, zarar, ziyan; kayıp, ölüm

verlustreich /fer'lustray**h**/ *s* kaybı çok; zararı çok

vermachen /fer'ma**h**ın/ *vt* miras bırakmak, vasiyet etmek ***jdm etw vermachen*** (bir şeyi birisine) miras olarak bırakmak

Vermächtnis /fer'me**h**tnis/ *n* vasiyet, vasiyetname; *huk* vasiyet yoluyla bırakılan mal

Vermählung /fer'me:lung/ *f* evlilik; evlenme, evlendirme

vermarkten /fer'marktın/ *vt tic* piyasaya sürmek, satmak, satışını yapmak; pazarlamak

Vermarktung /fer'marktung/ *f* pazarlama; pazarlanma

vermehren /fer'me:rın/ *vt* artırmak, çoğaltmak, fazlalaştırmak; üretmek ***sich vermehren*** artmak, çoğalmak, fazlalaşmak; üremek

Vermehrung /fer'me:rung/ *f* artırma, çoğaltma; çoğalma, artma

vermeidbar /fer'maytba:r/ *s* kaçınılabilir

vermeiden /fer'maydın/ *vt* sakınmak, çekinmek ***von etw vermeiden*** (bir şeyden) kaçınmak, sakınmak

Vermeidung /fer'maydung/ *f* kaçınma, sakınma; kaçınılma, sakınılma

vermeintlich /fer'mayntli**h**/ *s* (yanlış) varsayım, varsayılan, zannedilen, farz edilen, hesaba katılan; sözde

vermelden /fer'mi:ldın/ *vt* bildirmek, haber vermek

vermengen /fer'mengın/ *vt* karıştırmak, harmanlamak ***etw mit etw vermengen*** (bir şeyi bir şeyle) karıştırmak, harman yapmak, miks etmek ***sich vermengen*** karışmak

Vermerk /fer'merk/ *m* kayıt, not; haşiye, dipnot; hatırlatma yazısı

vermerken /fer'merkın/ *vt* kaydetmek, not etmek ***etw gut vermerken*** *kon* (bir şeyi) hoş karşılamak ***etw übel vermerken*** (bir şeyi) kötü karşılamak, kötü anlama almak

vermessen /fer'mesın/ *s* (aşırı) cüretli, girişken; kendini beğenmiş; *vt* (haritalama) ölçmek, yüzölçümü yapmak ***sich vermessen*** yanlış ölçmek ***sich vermessen etw zu tun*** (bir şeyi) yapma cesaretini göstermek, yapmak cüretinde bulunmak

Vermessenheit /fer'mesın**h**ayt/ *f* (aşırı) cüretkârlık, girişkenlik; kendini beğenmişlik

Vermessung /fer'mesung/ *f* ölçme, yüzölçümü ölçülme

vermieten /fer'mi:tın/ *vt* kiraya vermek ***Büro zu vermieten*** kiralık büro ***zu vermieten!*** kiralık!

Vermieter /fer'mi:tır/ *m* kiraya veren, mal sahibi

Vermietung /fer'mi:tung/ *f* kiraya verme; kiralama, kiralanma

vermindern /fer'mindırn/ *vt* azaltmak, eksiltmek; zayıflatmak; kısmak; *hek* (ağrı) yatıştırmak, dindirmek ***sich vermindern*** azalmak, eksilmek, zayıflamak; kısılmak; (ağrı) yatışmak, dinmek

Verminderung /fer'mindırung/ *f* azaltma, eksilme; azaltılma, eksiltilme; azalma, eksilme

vermischen /fer'mişın/ *vt* karıştırmak, kaynaştırmak, harmanlamak, miks etmek; bir araya getirmek ***sich vermischen*** karışmak, kaynaşmak, harman olmak, miks olmak

Vermischung /fer'mişung/ *f* karıştırma, harmanlama; karıştırılma; karışma

vermissen /fer'misın/ *vt* (yok olduğunu) fark etmek, farkına varmak ***jdn vermissen*** (birisinin) yokluğunu hissetmek, özlemini çekmek ***vermissen lassen*** yoksun olmak, mahrum olmak

vermitteln /fer'mitıln/ *vt* aracılık etmek, yardım etmek; *vi* aracı olmak, yardımcı olmak ***jdm etw vermitteln*** (birisine bir şey için) yardım etmek, aracılık etmek ***zu vermitteln suchen*** araya girmek

Vermittler /fer'mitlır/ *m* aracı, komisyoncu; arabulucu, uzlaştırıcı

Vermittlung /fer'mitlung/ *f* (telefon) santral; aracılık, komisyonculuk; arabuluculuk, uzlaştırma

vermodern /fer'mo:dırn/ *vi* çürümek, ko-

V

kuşmak, tarihi geçmek, zamanı geçmek
Vermögen /fer'mö:gın/ *n* güç, kuvvet, kudret, nüfuz; *huk* varlık, servet, edinim; *tic* sermaye ***ein Vermögen kosten*** servete mal olmak
vermögen /fer'mö:gın/ *vt* yapabilmek, becerebilmek, muktedir olmak, gücü yetmek ***vermögen zu*** -ebilmek, -abilmek
vermögend /fer'mö:gınt/ *s* varlıklı, zengin, varsıl
Vermögensbildung /fer'mö:gınsbildung/ *f* servet birikimi, mal edinimi
Vermögenssteuer /fer'mö:gınsştoyır/ *f* servet vergisi
Vermögensverhältnisse /fer'mö:gınsfer**h**eltnisı/ *pl* mali durum
vermuten /fer'mu:tın/ *vt* tahmin etmek, ummak, beklemek
vermutlich /fer'mu:tli**h**/ *be* olası, muhtemel, varsayılan, sanılan; yaklaşık olarak, üç aşağı beş yukarı; muhtemelen, tahminen
Vermutung /fer'mu:tung/ *f* tahmin, sanı, varsayma
vernachlässigen /fer'na:**h**lesigın/ *vt* ihmal etmek, önemsememek, savsaklamak, umursamamak, baştan savmak, kaale almamak, ertelemek
Vernachlässigung /fer'na**h**lesigung/ *f* ihmal, önemsememe, umursamama, savsaklama, baştan savma
vernageln /fernagıln/ *vt* çivilemek
vernarben /fer'narbın/ *vi hek* (yara) iyileşmek, geçmek, kabuk bağlamak
vernebeln /fer'ne:bıln/ *vt* dumana boğmak, dumanlamak; *mec* duman ardı etmek ***Tatsachen vernebeln*** *mec* gerçekleri gizlemek
vernehmen /fer'ne:mın/ *vt* duymak, işitmek; haber almak, öğrenmek ***Zeugen vernehmen*** tanıkları dinlemek
vernehmlich /fer'ne:mli**h**/ *s* anlaşılır şekilde, duyulabilir biçimde, ortada, açık seçik
vernehmungsfähig /fer'ne:mungsfe:i**h**/ *s* sorgulanabilir, ifadesi alınabilir
verneigen /fer'naygın/ *vr* reverans yapmak, önünde eğilmek
Verneigung /fer'naygung/ *f* reverans yapma, önünde eğilme
verneinen /fer'naynın/ *vt* hayır demek, olumsuz cevap vermek; reddetmek, kabul etmemek
Verneinung /fer'naynung/ *f* hayır deme, olumsuz cevap, red
vernetzen /fi:r'netsın/ *vt* ağlamak, ağla birleştirmek
Vernetzung /fer'netsung/ *f s biliş* ağlama
vernichten /fer'ni**h**tın/ *vt* ortadan kaldırmak, imha etmek, yok etmek
Vernichtung /fer'ni**h**tung/ *f* ortadan kaldırma, imha etme, yok etme
verniedlichen /fer'ni:dli**h**ın/ *vt* küçümsemek, küçük göstermek; değersiz göstermek, önemsiz göstermek
vernieten /fer'ni:tın/ *vt* perçinlemek
Vernissage /verni'sa:j/ *f* sergi açılışı
Vernunft /fer'nunft/ *f* akıl, us, zekâ, kafa; muhakeme, kavrama yeteneği, kafası basma ***nimm doch Vernunft an!*** Aklını başına topla!
vernünftig /fer'nünfti**h**/ *s* akıllı, kafalı, zeki; anlayışlı, mantıklı, kafasıyla hareket eden; akla yakın, doğru
veröden /fer'ö:dın/ *vt hek* damarı baypas etmek; *vi* ıssızlaşmak, tenhalaşmak; nüfusu azalmak
veröffentlichen /fer'öfıntli**h**ın/ *vt* yayımlamak
Veröffentlichung /fer'öfıntli**h**ung/ *f* yayımlama; yayımlanan eser
verordnen /fer'ordnın/ *vt* emir vermek; *hek* reçete yazmak ***jdm etw verordnen*** (birisine bir) emir vermek, emretmek ***wenn vom Arzt nicht anders verordnet*** doktor tarafından aksi bildirilmediği takdirde
Verordnung /fer'ordnung/ *f* emir; emretme; emredilme; tüzük, yönerge; kararname, tamimname; yönetmelik; *hek* reçete yazma; *hek* doktor tavsiyesi
verpachten /fer'pa**h**tın/ *vt* : ***jdm etw verpachten*** (arazi, toprak) kiraya vermek
Verpächter /fer'pe**h**tır/ *m* kiraya veren, icara veren
Verpachtung /fer'pa**h**tung/ *f* (arazi, toprak) kiraya verme
verpacken /fer'pakın/ *vt* paketlemek, sarmak, ambalajlamak, ambalaj yapmak
Verpackung /fer'pakung/ *f* paketleme, ambalaj
Verpackungsmaterial /fer'pakungsmaterya:l/ *n* ambalaj kâğıdı ***jdm zu Dank verpflichtet sein*** (birine) minnettar olmak ***mit verrechnen*** hesabına geçirmek ***sich verpflichten*** üstlenmek, taahhüt etmek ***sich verraten***

V

kendini ele vermek; foyası ortaya çıkmak
verpassen /fer'pasın/ *vt* (fırsat) kaçırmak ***jdm eins verpassen*** (birisine bir tokat) patlatmak
verpatzen /fer'patsın/ *vt* berbat etmek, içine etmek, bozmak
verpesten /fer'pestın/ *vt* havayı kirletmek, havayı bozmak; ortamı kötü kokularla doldurmak; *kon* osurmak
Verpestung /fer'pestung/ *f* havayı kirletme, ortamı kötü kokularla doldurma
verpetzen /fer'petsın/ *vt kon* gammazlamak, ispiyonlamak
verpfänden /fer'pfendın/ *vt* rehin vermek, rehin etmek, rehin bırakmak ***jdm etw verpfänden*** (birisine bir şeyi) rehin koymak, rehin bırakmak
Verpfändung /fer'pfendung/ *f* rehin verme, rehin koyma; *tic* ipotek
verpfeifen /fer'pfayfın/ *vt kon* ihbar etmek, gammazlamak, ispiyonlamak, polise bildirmek
verpflanzen /fer'pflantsın/ *vt hek* organ nakletmek, doku nakletmek; *bitk* başka bir yere dikmek; *mec* (birisinin) oturduğu evi değiştirmek, başka yerde ikamet ettirmek
verpflegen /fer'pfle:gın/ *vt* yedirip içirmek, doyurmak, beslemek, bakmak
Verpflegung /fer'pfle:gung/ *f* yedirip içirme, besleme, bakma, doyurma; *ask* iaşe, erzak
verpflichten /fer'pfli**h**tın/ *vt* mecbur etmek, yükümlülük altına sokmak; angaje etmek ***jdn zu etw verpflichten*** (birisini) bağımlı kılmak, taahhüt altına sokmak ***jmdn auf etw verpflichten*** (bir şey üzerine) yemin ettirmek ***sich zu etw verpflichten*** (bir şeyi) üstlenmek, üzerine almak, taahhüt etmek ***zu etw verpflichtet sein*** (bir şeye) mecbur olmak, eli mahkûm olmak
Verpflichtung /fer'pfli**h**tung/ *f* yükümlülük, taahhüt, eli mahkûm olma, mecburiyet; angajman; şükran, minnettarlık; ödev, görev; sorumluluk; mecbur edilme
verpfuschen /fer'pfuşın/ *vt kon* berbat etmek, içine etmek, bozmak
verplanen /fer'pla:nın/ *vt* yanlış planlamak, hatalı organize etmek; belirli bir plana göre düzenlemek
verplappern /fer'plapırn/ *vr* boşboğazlık ederek sırrı ağzından kaçırmak, bilmeden ifşa etmek
verplempern /fer'plempırn/ *vt kon* har vurup harman savurmak, israf etmek; vaktini boş boş geçirmek
verpönt /fer'pö:nt/ *s* yasak, uygunsuz, dinen caiz değil, mekruh
verprügeln /fer'prü:gıln/ *vt* dayak atmak, dövmek
verpuffen /fer'pufın/ *vi* patlayarak havaya uçmak; *mec* balonu patlamak, yalanı ortaya çıkmak; etkisiz kalmak
Verputz /fer'puts/ *m mim* sıva
verputzen /fer'putsın/ *vt* sıvamak, sıva kaplamak
verquollen /fer'kvolın/ *s* şişmiş, şişik
Verrat /fer'ra:t/ *m* hainlik; hıyanet; aldatma; bir sırrı açıklama, ifşa etme; vefasızlık ***an jdm Verrat begehen*** (birisine) ihanet etmek
verraten /fer'ra:tın/ *vt* ihanet etmek; iyi niyeti suistimal etmek, kötüye kullanmak; belli etmek, meydana çıkarmak
Verräter /fer're:tır/ *m* hain; gammaz, ispiyoncu
verräterisch /fer're:tıriş/ *s* haince; gammaz, ispiyon ederek; belli eden, meydana çıkaran
verrechnen /fer're**h**nın/ *vt* hesaba geçirmek, hesaplaşmak, hesaba mahsup etmek; *mec* yanılmak, yanılgıya düşmek, hesabını şaşırmak ***sich verrechnen*** yanlış hesaplamak
Verrechnungsscheck /fer're**h**nungsşek/ *m tic* hesaba geçirilmek üzere yazılmış çek
verreisen /fer'rayzın/ *vi* seyahate çıkmak, geziye çıkmak, tatile çıkmak
verrenken /fer'renkın/ *vt hek* burkmak, incitmek, yerinden oynatmak
Verrenkung /fer'renkung/ *f hek* çıkık, burkulma
verrennen /fer'renın/ *vr* : ***sich in eine Idee verrennen*** *mec* (düşünce, görüş) saplanıp kalmak, gömülmek
verrichten /fi:r'ri**h**tın/ *vt* yapmak, yerine getirmek, ifa etmek ***sein Gebet verrichten*** dua etmek
verriegeln /fer'ri:gıln/ *vt* sürgüleyerek kapamak, sürgülemek, kilitlemek
Verriegelung /fer'ri:gılung/ *f* sürgü, sürgüleme, kilitleme
verringern /fer'ringırn/ *vt* azaltmak, eksiltmek; indirmek, kısmak, düşürmek
Verringerung /fer'ringırung/ *f* azaltma,

eksiltme; indirme, kısma, düşürme

verrinnen /fer'rinın/ *vi* (su, zaman) akmak, akıp geçmek, geçip gitmek

Verriss /fer'ris/ *m* ağır eleştiri, yerden yere vurma

verrohen /fer'ro:ın/ *vi* kabalaşmak; adileşmek, bayağılaşmak; ilkelleşmek

verrosten /fer'rostın/ *vi* paslanmak, pas tutmak

verrotten /fer'rotın/ *vi bitk* çürümek, bozulmak; *mec* ahlaki çöküntüye uğramak, kokuşmak

verrucht /fer'ru:ht/ *s* iğrenç, alçak, rezil, pis

verrücken /fer'rükın/ *vt* yerini değiştirmek, yerinden oynatmak, başka yere nakletmek; kurulu düzenini bozmak

verrückt /fer'rükt/ *s* deli, aklını oynatmış, kaçık, çılgın; acayip, tuhaf, garip ***jdn verrückt machen*** *mec* (birisini) çıldırtmak, deli etmek

Verrücktheit /fer'rükthayt/ *f kon* delilik, çılgınlık; acayip bir durum, garip bir durum

Verruf /fer'ru:f/ *m* itibarsızlık, saygınlığını yitirme, saygın olmama

verrufen /fer'ru:fın/ *s* adı kötüye çıkmış, adı çıkmış ***eine verrufene Schule*** adı kötüye çıkmış bir okul

verrußen /fer'ru:sın/ *vi* is bağlamak, kurum bağlamak

verrutschen /fer'rutşın/ *vi* yerinden oynamak, yerinden kaymak

Vers /fers/ *m* (şiir) dize, mısra; dörtlük ***Verse schmieden*** şiir yazmak

Versagen /fer'za:gın/ *n* başarısızlık; (motor) bozukluk, çalışmama

versagen /fer'za:gın/ *vt* yoksun bırakmak, esirgemek, mahrum bırakmak; reddetmek, kabul etmemek; vazgeçmek, caymak; *vi* istenen etkiyi gösterememek, beklenen başarıyı elde edememek, hayal kırıklığına uğramak; *tek* (motor) çalışmamak, işlememek ***jdm etw versagen*** (birisinden bir şeyi) esirgemek

Versager /fer'za:gır/ *m* başarısız kimse, beklentileri boşa çıkaran kimse

versalzen /fer'zaltsın/ *vt* fazla tuzlamak, aşırı tuz dökmek ***jdm die Freude versalzen*** *kon* (birisinin) sevincini bozmak

versammeln /fer'zamıln/ *vt* toplamak; birleştirmek; koleksiyon yapmak; toplanmak için çağırmak ***sich versammeln*** toplanmak, bir araya gelmek

Versammlung /fer'zamlung/ *f* toplantı; kurul; toplanma; topluluk, seyirci; *hayb* atın bir yürüyüş biçimi

Versand /fer'zant/ *m* (eşya) yollama, gönderme, postalama ***Versandter Mail*** gönderilen e-mail

Versandhaus /fer'zanthaus/ *n* postalama servisi bulunan kuruluşu; posta ile sevk yapan firma

versäumen /fer'zoymın/ *vt* (iş, vazife) ihmal etmek, savsaklamak; (araç) kaçırmak, yetişememek; (okul) gitmemek, kırmak, asmak ***das Flugzeug versäumen*** uçağı kaçırmak ***die Gelegenheit versäumen*** fırsatı kaçırmak

Versäumnis /fer'zoymnis/ *n* ihmal, savsaklama; gecikme, geç kalma, yerinde bulunamama; *huk* gıyap, yokluk

verschaffen /fer'şafın/ *vt* elde etmek, temin etmek, sağlamak, bulmak, tedarik etmek, karşılamak ***sich etw verschaffen*** (bir şeyi) elde etmek

verschämt /fer'şe:mt/ *s* utangaç, sıkılgan

verschandeln /fer'şandıln/ *vt kon* şeklini bozmak, biçimini bozmak, kötü hale getirmek, çirkinleştirmek

verschanzen /fer'şantsın/ *vr ask* istihkâma yerleşmek ***sich hinter einer Ausrede verschanzen*** bir bahaneye sığınmak, bir mazerete sığınmak ***sich hinter etw verschanzen*** (bir şeyin) arkasına gizlenmek, arkasına saklanmak, arkasına sığınmak

verschärfen /fer'şerfın/ *vt* artırmak, fazlalaştırmak, şiddetlendirmek, dozunu yükseltmek; kötüleştirmek, kritikleştirmek ***sich verschärfen*** (durum, hastalık) kötüleşmek

Verschärfung /fer'şerfung/ *f* artırma, fazlalaştırma, şiddetlendirme, dozunu yükseltme; (durum, hastalık) kötüleşme, kritikleşme

verscharren /fer'şarın/ *vt* üzerini iyice örtmeden gömmek, yarı gömmek

verschätzen /fer'şetsın/ *vr* yanlış tahminde bulunmak, yanılmak, yanılgıya düşmek

verschenken /fer'şenkın/ *vt* hediye etmek, armağan etmek; bağışlamak, karşılıksız olarak vermek; *mec* peşkeş çekmek

verscheuchen /fer'şoyhın/ *vt hayb* ürkütmek, kaçırmak, korkutmak; *mec* gi-

dermek, bertaraf etmek, ortadan kaldırmak
verschicken /fer'şikın/ *vt* göndermek, yollamak, postalamak
verschiebbar /fer'şi:pba:r/ *s* yerdeğişir
verschieben /fer'şi:bın/ *vt* yerini değiştirmek; yerinden kımıldatmak, yerinden oynatmak; ertelemek, ötelemek; *kon* karaborsacılık etmek
Verschiebung /fer'şi:bung/ *f* kaydırma; kayma; *müz* piyano sol ayakçağı
verschieden /fer'şi:dın/ *s* farklı, değişik, ayrı, çeşitli; bazı, birkaç ***sehr verschieden*** çok farklı ***verschiedene Ansichten*** farklı görüşler
verschiedenartig /fer'şi:dınartih/ *s* çeşitli, çeşit çeşit, muhtelif
Verschiedenartigkeit /fer'şi:dınartihkayt/ *f* farklılık, değişiklik
Verschiedenheit /fer'şi:dınhayt/ *f* farklılık, değişiklik; uymazlık; ayrışıklık
verschiedentlich /fer'şi:dıntlih/ *be* sıkça, çok kere, defalarca
verschiffen /fer'şifın/ *vt* gemi ile göndermek, gemi ile nakletmek, gemi ile taşımak
verschimmeln /fer'şimıln/ *vi* küflenmek
verschlafen /fer'şla:fın/ *s* uykulu, uykusu gelmiş; gözünden uyku akan; *mec* uyuşuk, miskin; *vt* (toplantı, tren vs) uykuya dalıp kaçırmak, uyuduğu için yetişememek; *vi* uzun süre uyumak, çok uyumak; uyuyup kalmak ***sich verschlafen*** uyuyakalmak, geç uyanmak
verschlagen /fer'şla:gın/ *s* kurnaz, açıkgöz; düzenbaz; *vt* tahta kaplamak, ahşap kaplamak; (kitap) aradığı sayfayı bulamamak; *sp* (tenis) topu hatalı olarak oyuna sokmak; *vi* yararı dokunmak, faydalı olmak ***der Schreck verschlug mir die Sprache*** korkudan dilim tutuldu ***es verschlägt nichts*** faydasız, hiç yararı yok ***jdm den Atem verschlagen*** nefesini kesmek ***jdm die Sprache verschlagen*** dili tutulmak
Verschlagenheit /fer'şla:gınhayt/ *f* kurnazlık, açıkgözlülük; sinsilik, düzenbazlık
verschlampen /fer'şlampın/ *vi kon* kendine bakmamak, kendine özen göstermemek, üstü başı dağınık olmak; *vt* özensizlik nedeniyle kaybetmek
Verschlechterung /fer'şlehtırung/ *f* kötüleştirme, kötüleştirilme, fenalaştırma; bozulma, bozma
verschleiern /fer'şlayırn/ *vt* (peçe, çarşaf vs) örtmek, gizlemek, saklamak; *mec* gerçekleri saklamak, gerçekleri gizlemek ***mit verschleiertem Blick*** *mec* gizemli bir bakışla ***sich verschleiern*** (peçe, çarşaf) örtünmek; gizlenmek
verschleimt /fer'şlaymt/ *s hek* (bronş) balgam ile dolmuş
Verschleiß /fer'şlays/ *m* aşınma, yıpranma, yıpranma, zedelenme
verschleißen /fer'şlaysın/ *vi* aşınmak, eskimek, yıpranmak, zedelenmek; *vt* aşındırmak, eskitmek, yıpratmak, zedelemek
Verschleißerscheinung /fer'şlayserşaynung/ *f* aşınma, yıpranma
verschleppen /fer'şlepın/ *vt* sürüncemede bırakmak, ortada bırakmak, uzatmak; zorla kaçırmak, zorla götürmek
verschließbar /fer'şli:sba:r/ *s* kilitlenebilir
verschließen /fer'şli:sın/ *vt* kapamak, kilitlemek, sürgülemek; koruma altına almak, kilitleyip saklamak ***sich gegen etw verschließen*** *mec* (bir şeye) aldırmamak, önem vermemek ***sich verschließen*** *mec* (bir şeye) kapılarını kapatmak
verschlimmern /fer'şlimırn/ *vt* kötüleştirmek, daha kötü hale getirmek; (mesele, durum) zorlaştırmak, ağırlaştırmak ***sich verschlimmern*** ağırlaşmak, kötüleşmek
Verschlimmerung /fer'şlimırung/ *f* ağırlaşma, ağırlaştırma, kötüleşme, kötüleştirme
verschlossen /fer'şlosın/ *s* içe kapanık, içe dönük, sessiz, çekingen
Verschlossenheit /fer'şlosınhayt/ *f hek* içe kapanıklık, içe dönüklük, sessizlik; kapalılık
verschlucken /fer'şlukın/ *vt* yutmak ***die Silben verschlucken*** *dilb* heceleri yutmak ***sich verschlucken*** nefes borusuna kaçırmak
Verschluss /fer'şlus/ *m* kilit, sürgü; kapak; *tek* kama; fermuar, düğme, kopça; mantar, tapa, kapak, kapsül; *fot* obtüratör ***etw unter Verschluss halten*** (bir şeyi) kilit altında tutmak
verschlüsseln /fer'şlüsıln/ *vt* şifrelemek, kodlamak
verschmähen /fer'şme:ın/ *vt* küçümseyerek reddetmek, hor bakarak reddetmek

verschmelzen /fer'şmeltsın/ *vt* kaynaştırmak; birleştirmek, bir araya getirmek; *vi* kaynaşmak, birleşmek, bir araya gelmek
Verschmelzung /fer'şmeltsung/ *f* kaynaştırma; birleştirme, bir araya gelme
verschmerzen /fer'şmertsın/ *vt* unutmak, unutabilmek, yarasını içine gömmek ***etw verschmerzen*** (acı, keder) unutabilmek
verschmitzt /fer'şmitst/ *s* açıkgöz, kurnaz, zeki, akıllı; şakacı, muzip
verschmutzen /fer'şmutsın/ *vt* kirletmek, pisletmek; *vi* kirlenmek, pislenmek
Verschmutzung /fer'şmutsung/ *f* kirletme, kirlenme, pislenme; kirlilik
verschnaufen /fer'şnaufın/ *vi* dinlenmek, mola vermek ***sich verschnaufen*** soluk almak
Verschnaufpause /fer'şnaufpauzı/ *f* dinlenme, nefes alma molası, soluklanma molası
verschneit /fer'şnayt/ *s* (üzeri) karlı, karla kaplı
verschnupft /fer'şnupft/ *s hek* nezleli; *mec* dargın, kırılmış, gücenmiş
verschollen /fer'şolın/ *s huk* meçhul, kaybolmuş
verschonen /fer'şo:nın/ *vt* korumak, kıyamamak, dayanamamak
verschönern /fer'şö:nırn/ *vt* süslemek, bezemek, donatmak, daha da güzel hale getirmek
Verschönerung /fer'şö:nırung/ *f* süsleme, donatma, güzelleştirme
verschossen /fer'şosın/ *s* âşık, gönlünü kaptırmış, vurulmuş, tutulmuş
verschränken /fer'şrenkın/ *vt* çaprazlamak
verschreiben /fer'şraybın/ *vt* (kâğıt, mürekkep) harcamak, sarf etmek, tüketmek; *hek* reçete yazmak ***sich einer Sache verschreiben*** (bir şeye) kendini adamak, kendini vermek ***sich verschreiben*** yazarken yanlış yazmak
verschreibungspflichtig /fer'şraybungspflihtih/ *s hek* reçeteyle satılan
verschreien /fer'şrayın/ *be* kötü şöhretli, namı kötü, kötü ün yapmış
verschroben /fer'şro:bın/ *s* alışılmamış, garip, tuhaf, acayip, şaşılacak
verschrotten /fer'şrotın/ *vt* hurda olarak kullanmak
Verschrottung /fer'şrotung/ *f* hurdaya çevirme; hurda olarak kullanma
verschüchtern /fer'şühtırn/ *vt* ürkütmek, korkutmak, gözünü korkutmak, yıldırmak
verschüchtert /fer'şühtırt/ *s* gözü korkmuş
Verschulden /fer'şuldın/ *n* suç, kabahat
verschulden /fer'şuldın/ *vt* sebep olmak, neden olmak, yol açmak; suçlu olmak; sorumlu olmak; *vi* gırtlağına kadar borca batmak
Verschuldung /fer'şuldung/ *f* borca batma; neden olma, sebep olma
verschütten /fer'şütın/ *vt* (istemeden) dökmek, boşaltmak, akıtmak; özerini örtmek, özerini kapatmak
verschwägert /fer'şve:gırt/ *s* hısım, dünür
verschweigen /fer'şvaygın/ *vt* söylememek, ağzından kaçırmamak; gizlemek, belli etmemek
verschwenden /fer'şvendın/ *vt* gereksiz yere para harcamak, israf etmek; tüketmek, israfta bulunmak
Verschwender /fer'şvendır/ *m* müsrif, savurgan
verschwenderisch /fer'şvendıriş/ *s* savurgan, müsrif; savurgan bir biçimde
Verschwendung /fer'şvendung/ *f* savurganlık, müsriflik, tutumsuzluk; israf
Verschwendungssucht /fer'şvendungszuht/ *f* israfçılık, hovardalık, savurganlık tutkusu
verschwiegen /fer'şvi:gın/ *s* ketum, sır saklayan, ağzı sıkı, ağzından laf çıkmaz
Verschwiegenheit /fer'şvi:gınhayt/ *f* ketumluk, ağzı sıkılık
Verschwinden /fer'şvindın/ *n* ortadan kaybolma, yok olma
verschwinden /fer'şvindın/ *vi* (sessizce) kaybolmak, ortadan kaybolmak; (yavaş yavaş) etkisi azalmak; tüymek, sıvışmak ***verschwinde!*** defol git! ***verschwindend klein*** çok küçük, küçücük
verschwommen /fer'şvomın/ *s* belirsiz, muğlak, karanlık; belli belirsiz
verschwören /fer'şvö:rın/ *vr* : ***sich einer Sache verschwören*** (kendini bir şeye) adamak ***sich mit jdm verschwören*** (birisine) komplo hazırlamak
Verschwörer /fer'şvö:rır/ *m* komplocu, suikastçı
Verschwörung /fer'şvö:rung/ *f* komplo, suikast

V

Versehen /fer'ze:ın/ *n* hata, yanlışlık, yanılgı, dikkatsizlik ***aus Versehen*** yanlışlıkla

versehen /fer'ze:ın/ *vt* görevini yerine getirmek, görevini yapmak ***ein Schriftstück mit einem Stempel versehen*** yazıyı mühürlemek ***eine Sache mit etw versehen*** (bir şeyi bir şeyle) donatmak ***etw versehen*** gözden kaçırmak ***jdn mit etw versehen*** (birisine bir şey) temin etmek, sağlamak ***sich versehen*** yanlış görmek

versehentlich /fer'ze:ıntlih/ *be* yanlışlıkla, bilmeden, istemeden, sehven

Versehrte(r) /fer'ze:rtı(r)/ *f/m* sakat kimse, malül kimse

verselbständigen /fer'zelpştendigın/ *vr* bağımsızlaşmak, bağımsız hale gelmek

versenden /fer'zendın/ *vt* yollamak, göndermek, postalamak ***ins Ausland versenden*** ihraç etmek

Versendung /fer'zendung/ *f* gönderme, sevk; gönderilme, sevk edilme

versengen /fer'zengın/ *vt* alazlamak

versenken /fer'zenkın/ *vt den* gemiyi batırmak ***den Sarg in der Erde versenken*** tabutu mezara indirmek ***sich versenken*** *mec* (bir şeye) kendini vermek, dalmak

Versenkung /fer'zenkung/ *f den* batırma; defnetme, gömme; (fikir) kendini verme, dalma; *tiy* hareketli sahne tabanı

versessen /fer'zesın/ *s* : ***versessen auf etw*** (bir şeye) aşırı düşkün

versetzen /fer'zetsın/ *vt* yerini değiştirmek, başka yere koymak; *bitk* başka yere dikmek; rehin vermek; cevap vermek, karşılık vermek; atlatmak, söz verip yapmamak; bir sıvıya başka bir sıvı katmak ***jdn versetzen*** (birisini) başka bir yere tayin etmek ***jdm einen Fußtritt versetzen*** (birisine) tekme atmak ***jdn in Erstaunen versetzen*** (birisini) hayretler içinde bırakmak ***sich in jdn/in jds Lage versetzen*** kendini birinin yerine koymak ***versetzt werden*** sınıf geçmek

Versetzung /fer'zetsung/ *f* yanlış yere koyma, başka yere koyma; nakletme, nakledilme; atanma, yer değiştirme; rehin bırakma, rehine koyma; (okul) sınıfı geçme

verseuchen /fer'zoyhın/ *vt hek* hastalığı bulaştırmak

Verseuchung /fer'zoyhung/ *f hek* bulaştırma, yayma; bulaşma; kirlenme

versichern /fer'zihırn/ *vt* doğrulamak, teyit etmek; sigortalamak ***gegen Krankheit versichern*** hastalığa karşı sigortalamak ***sich versichern*** kendinden emin olmak, güven duymak

Versicherte(r) /fer'zihırtı(r)/ *f/m* sigortalı

Versicherung /fer'zihırung/ *f* sigorta; sigortalama; teyit, doğrulama, onaylama

Versicherungsagent /fer'zihırungsagent/ *m* sigorta temsilcisi

Versicherungsbetrug /fer'zihırungsbıtru:k/ *m* sigorta sahtekârlığı

Versicherungsnehmer /fer'zihırungsne:mır/ *m* sigorta ettiren

Versicherungspolice /fer'zihırungspoli:sı/ *f* sigorta poliçesi

Versicherungsprämie /fer'zihırungspre:myı/ *f* sigorta primi

Versicherungsschutz /fer'zihırungsşuts/ *m* kuvertür, sigorta kapsamı

versickern /fer'zikırn/ *vi* toprağa sızmak; toprağa sızarak akmak; sızmak ***in etw versickern*** (bir şeyin içine) sızmak, işlemek

versiegeln /fer'zi:gıln/ *vt* damgalamak, mühürlemek; cilalamak; *hek* dişi çürümemesi için sıvıyla kaplamak

Versiegelung /fer'zi:gılung/ *f* damgalama, mühürleme

versiert /ver'zi:rt/ *s* deneyimli, usta, tecrübeli

versilbern /fer'zilbırn/ *vt* gümüş kaplamak; *kon* gümüşü paraya çevirmek

versinken /fer'zinkın/ *vi den* (gemi) batmak; (kar, çamur) batmak, içine gömülmek ***in etw versinken*** (bir şeyin içine) batmak, gömülmek

Version /ver'zyo:n/ *f* versiyon, her bir yorumdan biri, her bir mamulden biri; bir ürün/modelin geliştirilmiş şekli ***neue Version*** yeni versiyon, yeni tasarım

versklaven /fer'skla:vın/ *vt* köleleştirmek; kendine bağlamak, bağımlı hale getirmek

versöhnen /fer'zö:nın/ *vt* barıştırmak, uzlaştırmak, arasını bulmak ***sich mit etw versöhnen*** (bir şeye) razı olmak ***sich mit jdm versöhnen*** (birisiyle) barışmak ***sich versöhnen*** uzlaşmak, barışmak

versöhnlich /fer'zö:nlih/ *s* barıştırıcı, uzlaştırıcı; yatıştırıcı, sakinleştirici; uysal, geçimli

Versöhnung /fer'zö:nung/ *f* uzlaşma, anlaşma, barışma
versorgen /fer'zorgın/ *vt* temin etmek, sağlamak, tedarik etmek ***jdn mit etw versorgen*** (birisine bir şey) sağlamak, temin etmek ***sich mit etw versorgen*** (bir şey) edinmek, kendine sağlamak
Versorgung /fer'zorgung/ *f* bakma, bakım, geçimini sağlama; temin, tedarik; *ask* ikmal, iaşe
verspannt /fer'şpant/ *s* gergin
verspäten /fer'şpe:tın/ *vr* gecikmek, geç kalmak
Verspätung /fer'şpe:tung/ *f* gecikme, geç kalma; (taşıt) rötar, gecikme
versperren /fer'şperın/ *vt* kapatmak; tıkamak; kilitlemek; engel olmak, mani olmak, önlemek
verspielen /fer'şpi:lın/ *vi* kumarda kaybetmek; oyunda kaybetmek ***bei jdm verspielen*** *kon* (birisinin) gözünden düşmek ***sich verspielen*** *müz* yanlış nota çalmak
verspotten /fer'şpotın/ *vt* alay etmek, eğlenmek, kafa bulmak, dalga geçmek
Verspottung /fer'şpotung/ *f* alay etme, eğlenme, kafa bulma, dalga geçme
Versprechen /fer'şprehın/ *n* söz verme, vaadetme
versprechen /fer'şprehın/ *vt* söz vermek, vaat etmek ***sich etw von etw versprechen*** (bir şeyden bir şey) beklemek
Versprecher /fer'şprehır/ *m* dil sürçmesi, sürçü lisan
Versprechung /fer'şprehung/ *f* söz verme, vaatte bulunma
verspüren /fer'şpü:rın/ *vt* hissetmek, farkına varmak, duymak; anlamak, çakmak
verstaatlichen /fer'şta:tlihın/ *vt* kamulaştırmak, devletleştirmek
Verstaatlichung /fer'şta:tlihung/ *f* kamulaştırma, devletleştirme; kamulaştırılma, devletleştirilme
Verstädterung /fer'şte:tırung/ *f* şehirleşme, kentleşme
Verstand /fer'ştant/ *m* akıl; anlama gücü, kapasite; idrak ***der gesunde Verstand*** sağduyu ***den Verstand verlieren*** aklını oynatmak, delirmek ***über jds Verstand gehen*** aklı almamak
verständig /fer'ştendih/ *s* olgun, ağırbaşlı; akıllı, akla uygun, makul, uygun, yerinde; anlayışlı; geleceği gören, uzağı gören
verständigen /fer'ştendigın/ *vt* haberdar etmek, bilgilendirmek, anlatmak ***jdn von etw verständigen*** (birisini bir şeyden) haberdar etmek, açıklamak ***sich mit jdm gut verständigen*** (birisiyle) iyi anlaşmak, iyi geçinmek ***sich verständigen*** anlaşmak
Verständigung /fer'ştendigung/ *f* bildirme; anlaşma; uyuşma, uzlaşma; aydınlatma, bilgilendirme
verständlich /fer'ştentlih/ *s* anlaşılır, belirgin, açık; duyulabilir, anlaşılabilir ***sich verständlich machen*** derdini anlatmak ***verständlich machen*** açıklamak, izah etmek
verständlicherweise /fer'ştentlihırvayzı/ *be* gayet tabii
Verständlichkeit /fer'ştendlihkayt/ *f* anlaşılırlık; anlaşılabilme
Verständnis /fer'ştentnis/ *n* anlayış, kavrayış; anlama yeteneği, izan
verständnislos /fer'ştentnislo:s/ *s* anlayışsız; anlamadan, kavramadan
verständnisvoll /fer'ştentnisfol/ *s* anlayışlı, akıllı, mantıklı
verstärken /fer'şterkın/ *vt* güçlendirmek, kuvvetlendirmek; takviye etmek; sağlamlaştırmak; *kim* yoğunluğunu artırmak; (ses) yükseltmek ***sich verstärken*** artmak, kuvvetlenmek, güçlenmek
Verstärker /fer'şterkır/ *m elek* yükselteç; (iletişim) yükselteç; *fot* ranforsatör
Verstärkung /fer'şterkung/ *f ask* takviye, kuvvetlendirme; güçlendirme, kuvvetlendirme, artırma, çoğaltma
verstauben /fer'ştaubın/ *vi* tozlanmak ***verstaubte Fotos*** yıllanmış fotoğraflar
verstauchen /fer'ştauhın/ *vt hek* burkmak, incitmek ***sich den Arm verstauchen*** kolunu burkmak ***sich den Fuß verstauchen*** ayağını burkmak
Verstauchung /fer'ştauhung/ *f hek* burkulma, incinme
verstauen /fer'ştauın/ *vt* istif etmek, düzgünce yerleştirmek
Versteck /fer'ştek/ *n* gizli yer, saklanılan yer; köşe, bucak, kıyı; haydut ini; tuzak, pusu
verstecken /fer'ştekın/ *vt* gizlemek, saklamak ***sich verstecken*** gizlenmek, saklanmak
verstehen /fer'şte:ın/ *vt* anlamak, kavramak, kafası basmak, idrak etmek, an-

V

lam vermek, mana vermek ***etw von einer Sache verstehen*** (bir şeyden) anlamak, kafası basmak ***jdn verstehen*** (birisini) anlamak, duygularını anlamak, dediklerini anlamak ***schwer zu verstehen sein*** anlaşılması zor olmak ***sich auf etw verstehen*** (bir konuda) bilgi sahibi olmak ***sich mit jdm verstehen*** (birisiyle) iyi geçinmek, anlaşmak ***verstanden!*** anlaşıldı mı!

versteifen /fer'ştayfın/ *vt* katılaştırmak, sertleştirmek; *mim* desteklemek ***sich auf etw versteifen*** (bir şeyin üzerinde) ısrarla durmak ***sich versteifen*** sertleşmek, katılaşmak

versteigen /fe:r'ştaygın/ *vr* (dağda) yolunu kaybetmek ***sich zu etw versteigen*** (bir şeye) girişmek, cüret etmek, kalkışmak

versteigern /fer'ştaygırn/ *vt* müzayedeye çıkarmak

Versteigerung /fer'ştaygırung/ *f* açık artırma, müzayede

verstellbar /fer'ştelba:r/ *s* ayarlanabilir; ayarlı

verstellen /fer'ştelın/ *vt* ayarını bozmak; (yol) kapatmak; (yazı) tanınmaz hale getirmek, biçimini değiştirmek; yerini değiştirmek, yerinden kıpırdatmak, yerinden oynatmak; (ses) değiştirmek ***sich verstellen*** yapmacıklı davranmak, rol yapmak

Verstellung /fer'ştelung/ *f* aldatma, rol yapma, yapmacıklı davranma

versteuern /fer'ştoyırn/ *vt* vergi koymak, vergilendirmek

verstimmen /fer'ştimın/ *vt* gücendirmek, kırmak, darıltmak, canını sıkmak, incitmek, kalbini kırmak; *müz* akordunu bozmak

verstimmt /fer'ştimt/ *s mec* gücenmiş, kırgın, darılmış, keyifsiz, canı sıkkın; *müz* akortsuz

Verstimmung /fer'ştimung/ *f* gücenme, kırılma, darılma, bozulma; can sıkıntısı, keyifsizlik

verstockt /fer'ştokt/ *s mec* inatçı, dik kafalı

verstohlen /fer'şto:lın/ *s* gizli kapaklı, kaçamak

verstopft /fer'ştopft/ *s* tıkalı, tıkanık

Verstopfung /fer'ştopfung/ *f* tıkama, tıkanma; kapama, kapanma; *hek* peklik, kabızlık

Verstorbene(r) /fer'ştorbenı(r)/ *f/m* ölü, merhum, rahmetli

verstören /fer'ştö:rın/ *vt* yıldırmak, korkutmak, ürkütmek; şaşkına çevirmek

verstört /fer'ştö:rt/ *s* şaşkın, şoke ***verstört sein*** şoke olmak

Verstoß /fer'şto:s/ *m* yasaları çiğneme, kuralları çiğneme, ihlal etme; aykırılık

verstoßen /fer'şto:sın/ *vt* defetmek, kovmak, atmak, kapı dışarı etmek ***gegen ein Gesetz verstoßen*** (bir yasayı) ihlal etmek ***verstoßen gegen jdn*** karşı gelmek

verstreichen /fer'ştrayhın/ *vi* (zaman) akmak, geçip gitmek, uçmak; *vt* (krem, merhem) sürmek; bağlantıları sıvayarak kapamak

verstreuen /fer'ştroyın/ *vt* saçmak, serpmek, yaymak

verstricken /fer'ştrikın/ *vt* (yün) örerek tüketmek ***jdn in etw verstricken*** (birisini bir işe) karıştırmak, işin içine sokmak, bulaştırmak ***sich verstricken*** karışmak, bulaşmak

verstümmeln /fer'ştümıln/ *vt hek* yaralamak, sakatlamak, parçalamak; tahrif etmek

Verstümmelung /fer'ştümılung/ *f* (bir yerini keserek) sakatlama, yaralama; tahrif, tahrifat

Versuch /fer'zu:h/ *m* deneme, deney; test; *huk* suça teşebbüs ***chemischer Versuch*** kimyasal deney

versuchen /fer'zu:hın/ *vt* denemek, tecrübe etmek; tadına bakmak, tadını kontrol etmek ***jdn versuchen*** (birisini) denemek

Versuchskaninchen /fer'zu:hskani:nhın/ *n* deney tavşanı; *kon* deneme tahtası

Versuchsperson /fer'zu:hsperzo:n/ *m* denek

versuchsweise /fer'zu:hsvayzı/ *be* denemek amacıyla

Versuchung /fer'zu:hung/ *f* deneme, denenme, deney; *kon* şeytana uyma ***in Versuchung kommen*** *mec* şeytana uymak ***jdn in Versuchung führen*** *mec* (birisini) yoldan çıkarmak

versündigen /fer'zündigın/ *vr* günaha girmek ***sich an jdm versündigen*** (birisine) haksızlık etmek ***sich gegen Gesetze versündigen*** yasaları çiğnemek

Versündigung /fer'zündigung/ *f* günah işleme, günaha girme; haksızlık etme;

V

yasaları çiğneme
versunken /fi:r'zunkın/ *s* batık, batmış ***versunken sein in*** dalmak, kendini kaptırmak
Versunkenheit /fer'zunkınhayt/ *f* dalgınlık, unutkanlık
versüßen /fer'zü:sın/ *vt* tatlılaştırmak; *mec* güzelleştirmek
vertagen /fer'ta:gın/ *vt* (iş, toplantı) ertelemek, geciktirmek, ileri bir tarihe bırakmak
vertauschen /fer'tauşın/ *vt* değiş tokuş etmek; (yanlışlıkla) değişmek, karıştırmak ***etw gegen etw vertauschen*** (bir şeyi başka bir şey ile) değiştirmek, takas etmek
verteidigen /fer'taydigın/ *vt* bertaraf etmek, korumak; savunmak, korumak; *huk* mahkeme önünde savunmak
Verteidiger /fer'taydigır/ *m* savunucu, savunan kişi; *huk* avukat; *sp* savunma oyuncusu
Verteidigung /fer'taydigung/ *f* savunma; müdafaa; *kon* avukat; *sp* (futbol) müdafaa, defans, savunma
Verteidigungsminister /fer'taydi:gungsministır/ *m* Savunma Bakanı
Verteidigungsministerium /fer'taydigungsministe:ryum/ *n* savunma bakanlığı
verteilen /fer'taylın/ *vt* bölüştürmek, dağıtmak, paylaştırmak; bölmek; *tiy* rol dağıtmak ***sich verteilen*** dağılmak, ayrılmak ***unter sich verteilen*** paylaşmak, bölüşmek
Verteiler /fer'taylır/ *m* dağıtıcı; dağıtım görevlisi; *tek* distribütör; (resmi yazı) dağıtım
Verteilung /fer'taylung/ *f* paylaşma, paylaştırma, bölüşme, bölüştürme; dağıtma, tevzi; dağılma, bölünme
Verteuerung /fer'toyırung/ *f* pahalılaştırma, pahalılaşma, fiyatını artırma, fiyatı artma; pahalılık, fiyat artışı
verteufeln /fer'toyfıln/ *vt* kötü birisi olarak tanıtmak
vertiefen /fer'ti:fın/ *vt* derinleştirmek, pekiştirmek, sağlamlaştırmak ***sein Wissen vertiefen*** bilgilerini artırmak ***sich in etw vertiefen*** (bir şeye) dalmak, dalıp gitmek ***sich vertiefen*** derinleşmek
Vertiefung /fer'ti:fung/ *f* derinleşme; derinlik; dalma; çukur
vertikal /verti'ka:l/ *s* dikey, düşey, vertikal; dik ***vertikale Linie*** dik çizgi ***vertikaler Kronenscluss*** dikey tepe kapalılığı
Vertikale /verti'ka:lı/ *f mat* düşey doğru, dikey doğru
vertilgen /fer'tilgın/ *vt* imha etmek, kökünü kazımak, yok etmek; *mec* (tabağı) silip süpürmek, hepsini yemek
vertippen /fer'tipın/ *vt* : ***sich vertippen*** (yazı makinesiyle) yanlış yazmak
Vertrag /fer'tra:k/ *m* sözleşme, mukavele, kontrat, anlaşma ***mit jdm einen Vertrag schließen*** (birisiyle sözleşme yapmak
vertragen /fer'tra:gın/ *vt* dayanıklı olmak, güçlü olmak; tahammül etmek, kaldırmak, tahammülü olmak ***sich mit etw vertragen*** (bir şey ile) uyumlu olmak ***sich vertragen*** iyi geçinmek
vertraglich /fer'tra:klih/ *s* sözleşmeye göre; sözleşmede belirtildiği gibi
verträglich /fer'tre:klih/ *s* uyumlu, uysal, geçimli, yumuşak huylu; sindirimi kolay; (gıda) lezzetli; uygun, yerinde
Verträglichkeit /fer'tre:klihkayt/ *f* uygunluk; uyumluluk, geçimlilik
Vertragsabschluss /fer'tra:ksapşlus/ *m* sözleşme yapma, mukavele yapma
Vertragsbruch /fer'tra:ksbruh/ *m* sözleşmenin ihlali
Vertragspartner /fer'tra:kspartnır/ *m* sözleşme taraflarından her biri, taraf
Vertragsstrafe /fer'tra:ksştra:fı/ *f* sözleşmeyi bozma cezası
vertragswidrig /fer'tra:ksvi:drih/ *s* sözleşmeye aykırı, mukaveleye uymayan
Vertrauen /fer'trauın/ *n* inanç, güven, itimat ***ganz im Vertrauen gesagt!*** aramızda kalsın! ***jdn ins Vertrauen ziehen*** (birisine) açılmak ***jds Vertrauen besitzen*** (birisinin) güvenini kazanmak
vertrauen /fer'trauın/ *vi* güvenmek, inanmak ***auf etw vertrauen*** (bir şeye) güvenmek, inanmak, itimat etmek ***auf Gott vertrauen*** Allah'a inanmak ***auf jdn vertrauen*** (birisine) güvenmek, inanmak
Vertrauensbeweis /fer'trauınsbıvays/ *m* güvenin göstergesi
vertrauensbildend /fer'trauınsbildınt/ *s* güven sağlayan
Vertrauensbruch /fer'trauınsbruh/ *m* güveni kötüye kullanma
Vertrauensfrage /fer'trauınsfra:gı/ *f* gü-

ven sorusu; *pol* güvenoyu talebi
Vertrauenssache /fer'trauınszahı/ *f* güven sorunu
vertrauensselig /fer'trauınsze:lih/ *s* körü körüne güvenen, körü körüne inanan
vertrauensvoll /fer'trauınsfol/ *s* güven dolu; çok güvenilir
vertrauenswürdig /fer'trauınsvürdih/ *s* güvenilir, güven verici
vertraulich /fer'traulih/ *s* gizli, saklı, özel; samimi, içten, teklifsiz
Vertraulichkeit /fer'traulihkayt/ *f* samimiyet, teklifsizlık, samimiyet; sırnaşıklık
verträumt /fer'troymt/ *s* hayalperest; (yer) sakin
Verträumtheit /fer'troymthayt/ *f* hayalcilik, hayalperestlik, hayal kurma
vertraut /fer'traut/ *s* içten, samimi, candan; tanınan, bilinen ***sich mit etw vertraut machen*** (bir şeyi) iyi bilmek
Vertrautheit /fer'trauthayt/ *f* içtenlik, samimilik, candanlık; iyi bilme, iyi tanıma
vertreiben /fer'traybın/ *vt* defetmek, atmak, kovmak, uzaklaştırmak; *tic* (mal) satmak, piyasaya sürmek; *ask* püskürtmek; *hek* (hastalık) gidermek ***das Fieber vertreiben*** ateşi düşürmek ***jdn aus einem Ort vertreiben*** (birisini bir yerden) uzaklaştırmak, sürmek ***sich die Zeit vertreiben*** hoş vakit geçirmek
Vertreibung /fer'traybung/ *f* (zorla) kovma, yerinden uzaklaştırma, atma, defetme; (zorla) kovulma, yerinden uzaklaştırılma, atılma, defedilme
vertretbar /fer'tre:tba:r/ *s* haklı sayılabilinen, savunabilinen, mazur görülebilen
vertreten /fer'tre:tın/ *vt* temsil etmek; vekillik yapmak; (çıkar, düşünce) savunmak; yer almak, bulunmak, mevcut olmak ***jdm den Weg vertreten*** (birisinin) önüne çıkıp yolunu kesmek ***sich den Fuß vertreten*** ayağını burkmak
Vertreter /fer'tre:tır/ *m* temsilci; *huk* vekil; *tic* acente; taraftar; savunucu; *huk* avukat
Vertretung /fer'tre:tung/ *f* temsilcilik, acentalık; vekâlet, vekillik; savunma, müdafaa etme ***in Vertretung von*** (onun yerine) vekâleten ***jdm seine Vertretung übertragen*** (birisine) vekâletini vermek ***jds Vertretung übernehmen*** (birisinin yerine) vekâlet etmek
Vertrieb /fer'tri:p/ *m tic* satış, sürüm; satış bölümü
Vertriebsgesellschaft /fer'tri:psgızelşaft/ *f* dağıtım şirketi
vertrösten /fer'trö:stın/ *vt* : ***jdn auf etw vertrösten*** (birisinin isteklerine) umut vermek
vertun /fer'tu:n/ *vt* (vakit, para, emek) boşa harcamak, israf etmek ***sich vertun*** yanılmak
vertuschen /fer'tuşın/ *vt* örtbas etmek, gizlemek, özerini kapamak, duyulmasını önlemek
verübeln /fer'ü:bıln/ *vt* gücenmek, kırılmak, alınmak ***jdm etw verübeln*** (birisine bir şey için) gücenmek, kırılmak
verüben /fer'ü:bın/ *vt* (olumsuz, kötü bir şey) yapmak ***ein Attentat verüben*** bir suikast yapmak
verunglimpfen /fer'unglimpfın/ *vt* şöhretine leke sürmek, şerefine leke sürmek; adını kötüye çıkarmak
verunglücken /fer'unglükın/ *vi* kaza geçirmek, kazaya uğramak
Verunglückte(r) /fer'unglüktı(r)/ *f/m* kazazede
verunreinigen /fi:r'unraynigın/ *vt* pisletmek, kirletmek, lekelemek
Verunreinigung /fer'unraynigung/ *f* kirlilik
verunsichern /fer'unzihırn/ *vt* güven duygusunu sarsmak, güvenini sarsmak; tehlikedeymiş hissi uyandırmak
verunstalten /fer'unştaltın/ *vt* deforme etmek, şeklini bozmak; çirkinleştirmek
veruntreuen /fer'untroyın/ *vt* güveni kötüye kullanmak; emanete hıyanet etmek, emaneti suistimal etmek; zimmetine para geçirmek
Veruntreuung /fer'untroyung/ *f* güveni kötüye kullanma; yolsuzluk yapma, hortumculuk yapma
verursachen /fer'u:rzahın/ *vt* sebep olmak, neden olmak, oluşmasında etken olmak ***einen Skandal verursachen*** bir skandalın patlak vermesine neden olmak ***Schaden verursachen*** zarara yol açmak
Verursacher /fer'u:rzahır/ *m* sebep olan; *eko* kirleten
verurteilen /fer'urtaylın/ *vt* (maddi) mahkûm etmek, cezalandırmak; kınamak, ayıplamak; onaylamamak, tasdik etmemek ***jdn zu einer Strafe verurteilen*** (birisini) cezaya çarptırmak ***zum Tode verurteilen*** *huk* ölüm cezasına çarptırmak

Verurteilte(r) /fer'urtayltı(r)/ *f/m huk* mahkûm olan/edilen
Verurteilung /fer'urtaylung/ *f* mahkûmiyet; hükümlülük; kınama, ayıplama; onaylamama
vervielfältigen /fer'fi:lfeltigın/ *vt* mekanik yöntemlerle çoğaltmak; teksir etmek, çoğaltmak
Vervielfältigung /fer'fi:lfeltigung/ *f* çoğaltma, çoğaltılma; çoğaltılmış yazı
vervollkommnen /fer'folkomnın/ *vt* tamamlamak, bütünlemek; mükemmelleştirmek, iyileştirmek
Vervollkommnung /fer'folkomnung/ *f* tamamlama, bütünleme; mükemmelleştirme iyileştirme
vervollständigen /fer'folştendigın/ *vt* tamamlamak, bütünlemek; mükemmelleştirmek, iyileştirmek
Vervollständigung /fer'folştendigung/ *f* tamamlama, tamamlanma, bütünleme, bütünlenme; mükemmelleşme, iyileşme
verwählen /fer've:lın/ *vr* (telefon) yanlış numara çevirmek
verwahren /fer'va:rın/ *vt* muhafaza etmek, saklamak, korumak; emanete almak ***sich gegen etw verwahren*** (bir şeye) itiraz etmek, karşı gelmek ***sich verwahren*** itiraz etmek, protesto etmek
Verwahrlosung /fer'va:rlo:zung/ *f* bakımsızlık, ihmal edilmişlik
Verwahrung /fer'va:rung/ *f* saklama, muhafaza; emanete alma ***etw in Verwahrung nehmen*** (bir şeyi) emanete almak ***gegen etw Verwahrung einlegen*** (bir şeye) itiraz etmek, karşı çıkmak ***jdm etw in Verwahrung geben*** (birisine bir şeyi) saklamak üzere vermek ***jdn in Verwahrung nehmen*** (birisini) gözaltına almak
verwaist /fer'vaist/ *s* öksüz, yetim; tenha, ıssız, boş, terk edilmiş
Verwalter /fer'valtır/ *m* idareci, yönetici
Verwaltung /fer'valtung/ *f* idare, yönetim; yönetim binası, yönetim dairesi
Verwaltungsgericht /fer'valtungsgıriht/ *n huk* idare mahkemesi
Verwaltungsrat /fer'valtungsra:t/ *m* yönetim kurulu, idare heyeti
verwandeln /fer'vandıln/ *vt* görünümünü değiştirmek, tipini değiştirmek ***sich in etw verwandeln*** (bir şeye) dönüşmek ***sich verwandeln*** değişmek, dönüşmek ***sich zu etw verwandeln*** başka bir görünüme bürünmek
Verwandlung /fer'vandlung/ *f* değiştirilme, değişme; dönüşme, dönüşüm; başkalaşma
verwandt /fer'vant/ *s* akraba; *mec* benzer, yakın
Verwandte(r) /fer'vantı(r)/ *f/m* akraba
Verwandtschaft /fer'vantşaft/ *f* akrabalık; tüm akrabalar; *mec* yakınlık, benzerlik
Verwandtschaftsgrad /fer'vantşaftsgra:t/ *m* akrabalık ilişkisi
verwarnen /fer'varnın/ *vt* uyarmak, ihtarda bulunmak, ikaz etmek; *sp* (futbol) sarı kart göstermek
Verwarnung /fer'varnung/ *f* uyarma, uyarı, ihtar, ikaz; uyarı cezası, ihtar cezası
verwässern /fer'vesırn/ *vt* fazla su katmak, çok sulandırmak; *mec* (bir konuyu) sulandırmak, ruhsuzlaştırmak
verwechseln /fer'veksıln/ *vt* bilmeden değiştirmek, yanlışlıkla değiştirmek; karıştırmak ***jdn mit einem anderen verwechseln*** (birisini başkasıyla) karıştırmak ***zum Verwechseln ähnlich*** birbirine tıpatıp benzer
Verwechslung /fer'vekslung/ *f* yanlışlıkla değiştirme; birbirine karıştırma
verwegen /fer've:gın/ *s* girişken, atılgan, korkusuz, yürekli, cesur, pervasız
Verwegenheit /fer've:gınhayt/ *f* girişkenlik, atılganlık, cesaret; cüretkârlık
Verwehung /fer've:ung/ *f* bir araya getirilmiş kar
verweichlicht /fer'vayhliht/ *s* efemine, hanım evladı
verweigern /fer'vaygırn/ *vt* reddetmek, kabul etmemek ***den Kriegsdienst verweigen*** askerlik yapmayı reddetmek; savaşmayı reddetmek ***die Aussage verweigen*** *huk* ifade vermeyi reddetmek ***jdm einen Gegenstand verweigen*** (birisine bir şeyi) vermemek
Verweigerung /fer'vaygırung/ *f* reddetme, kabul etmeme; kaçınma, sakınma, korunma
verweilen /fer'vaylın/ *vt* bir süre bir yerde kalmak; (konu, olay) üzerinde uzunca durmak; (yazı) detaylarıyla yazmak
Verweis /fer'vays/ *m* uyarı, ikaz, ihtar, kınama
verweisen /fer'vayzın/ *vt* göstermek, dikkatini çekmek, işaret etmek ***einen Spieler vom Felde verweisen*** *sp* (futbol) (bir oyuncuyu kırmızı kart ile) oyundan

V

atmak ***jdm etw verweisen*** (birisini) uygunsuz davranışı nedeniyle kınamak ***jdn an jmd anderen verweisen*** (birisini birisine) göndermek ***jdn aus einem Ort verweisen*** (birisini bir yerden) çıkarmak ***jdn des Landes verweisen*** (birisini) sınırdışı etmek ***jdn von der Schule verweisen*** okuldan atmak

verwelken /fer'velkın/ *vi* solmak, sararmak

verwendbar /fer'ventba:r/ *s* kullanılabilir

verwenden /fer'vendın/ *vt* kullanmak; harcamak ***sich verwenden*** taraf olmak; tavır koymak

Verwendung /fer'vendung/ *f* kullanım, kullanma

Verwendungszweck /fer'vendungstsvek/ *m* kullanım amacı

verwerfen /fer'verfın/ *vt* reddetmek, kabul etmemek, geri çevirmek; uygun bulmamak, yararsız bulmak; *huk* (karar) bozmak; *vi hayb* düşük yapmak, erken doğum yapmak ***sich verwerfen*** (tahta) eğrilmek

verwerflich /fer'verfli**h**/ *s* aşağılık, rezil, adi, iğrenç

verwertbar /fer've:rtba:r/ *s* kullanılabilir, yararlanılabilir

Verwertbarkeit /fer've:rtba:rkayt/ *f* kullanılabilirlik

verwerten /fer've:rtın/ *vt* yeniden değerlendirmek, yeniden kullanmak

Verwertung /fer've:rtung/ *f* yeniden değerlendirme, yeniden yararlanma

verwesen /fer've:zın/ *vi* (ceset) kokmak, çürümek, bozulmak

Verwesung /fer've:zung/ *f* (ceset) çürüme, kokma; çürük, bozuk ***in Verwesung gehen*** çürümek, kokuşmak, bozulmak

verwickeln /fer'vikıln/ *vt* (kablo, ip) dolaştırmak, karıştırmak; dolanmak ***jdn in etw verwickeln*** *mec* (birisini bir işe) bulaştırmak ***sich verwickeln*** dolanmak ***sich verwickeln in*** bulaşmak, karışmak

Verwicklung /fer'viklung/ *f* çapraşıklık, karışıklık, karmaşa; *tiy* konflikt

verwildern /fer'vildırn/ *vi* yabanileşmek; bakımsız olmak; ot kaplamak; bozulmak

verwirklichen /fer'virkli**h**ın/ *vt* gerçekleştirmek ***sich verwirklichen*** gerçekleşmek

Verwirklichung /fer'virkli**h**ung/ *f* gerçekleştirme, gerçekleşme

verwirren /fer'virın/ *vt* (ip, kablo) birbirine karıştırmak, birbirine dolaştırmak ***jdn verwirren*** *mec* (birisini) afallatmak, şaşkına çevirmek ***sich verwirren*** afallamak, şaşkına dönmek ***verwirrte Haare*** karmakarışık saçlar

verwirrt /fer'virt/ *s* aklı karışık, kafası karışık

Verwirrung /fer'virung/ *f* karışıklık, karıştırma; afallama, şaşkınlık

verwischen /fer'vişın/ *vt* (yazı) silmek ***sich verwischen*** silinmek, kaybolmak

Verwitterung /fer'vitırung/ *f yerb* (kaya) aşınma, bozulma, dağılma

verwitwet /fer'vitvıt/ *s* dul

verwöhnen /fer'vö:nın/ *vt* nazlı büyütmek, şımartmak

verwöhnt /fer'vö:nt/ *s* şımarık, nazlı

verworren /fer'vorın/ *s* karmakarışık, çapraşık, darmadağın, belirsiz ***die Lage ist verworren*** durum çok karışık, durum çok kritik

Verworrenheit /fer'vorın**h**ayt/ *f* karışıklık; dağınıklık; belirsizlik

verwundbar /fer'vuntba:r/ *s* yaralanabilir

Verwundbarkeit /fer'vuntba:rkayt/ *f* yaralanırlık, zayıf nokta

verwunden /fer'vundın/ *vt* (birisini) yaralamak; *mec* incitmek, kırmak, kalbini kırmak

verwunderlich /fer'vundırli**h**/ *s* şaşılası, şaşılacak, şaşırtıcı; tuhaf, acayip, garip, eksantrik; kayda değer; garip, tuhaf

verwundern /fer'vundırn/ *vt* şaşırtmak, şaşkına çevirmek, afallatmak ***sich verwundern*** şaşmak, afallamak, hayret etmek

Verwunderung /fer'vundırung/ *f* şaşkınlık, afallama, hayret

Verwundung /fer'vundung/ *f* yaralama, yaralanma; yara; *mec* incinme, kırılma, gönül yarası

verwünschen /fer'vünın/ *vt* beddua etmek, bela okumak, lanet etmek; mit büyülemek, efsunlamak

verwüsten /fer'vü:stın/ *vt* viraneye çevirmek, harap etmek, yakıp yıkmak, yerle bir etmek; darmadağın etmek

Verwüstung /fer'vü:stung/ *f* harap etme, yakıp yıkma, kırıp geçirme, yakıp yıkma; darmadağın etme

verzagen /fer'tsa:gın/ *vi* yılmak, cesaretini

kaybetmek; ümitsizliğe kapılmak; korkmak, ürkmek

verzagt /fer'tsa:kt/ *s* cesareti kırılmış, ürkek

verzählen /fer'tse:lın/ *vr* yanlış hesaplamak, hesapta hata yapmak; yanlış saymak

verzaubern /fer'tsaubırn/ *vt* büyülemek, efsunlamak; büyüyle/sihirle başka biçime sokmak; *mec* çok etkilemek, büyülemek

Verzehr /fer'tse:r/ *m* yeme içme

verzehren /fer'tse:rın/ *vt* yiyip içmek; tüketmek ***sich verzehren*** kendini yiyip bitirmek, içi içini yemek

verzeichnen /fer'tsayhnın/ *vt* yanlış yazmak, yanlış çizmek; *mec* (birisini) yanlış tanımak; not etmek, yazmak, kaydetmek

Verzeichnis /fer'tsayhnis/ *n* çizelge, liste, cetvel; fihrist, dizin, endeks

verzeihen /fer'tsayın/ *vt* bağışlamak, affetmek ***jdm etw verzeihen*** (birisinin bir şeyini) hoşgörü ile karşılamak ***Verzeihen Sie!*** affedersiniz!

verzeihlich /fer'tsaylih/ *s* affedilebilir, bağışlanabilir

Verzeihung /fer'tsayung/ *f* affetme, bağışlama, mazur görme ***ich bitte um Verzeihung!*** Özür dilerim!, affedersiniz! ***jdn um Verzeihung bitten*** (birisinden) özür dilemek ***Verzeihung!*** *ünl* affedersiniz!, pardon!

verzerren /fer'tserın/ *vt hek* cildi fazla germek; biçimini bozmak; *mec* (konu, anlam) saptırmak, çarpıtmak

verzetteln /fer'tsetıln/ *vt* (kitap, malzeme) fişlemek, kaydetmek; önemsiz bir şey için varını yoğunu harcamak ***sich verzetteln*** önemsiz bir şey için çok çabalamak

Verzicht /fer'tsiht/ *m* reddetme, geri çevirme; vazgeçme

verzichten /fer'tsihtın/ *vi* vazgeçmek; *huk* feragat etmek ***auf etw verzichten*** (bir şeyden) vazgeçmek

verziehen /fer'tsi:ın/ *vi* taşınmak; *vt* deforme etmek, başka bir şekle sokmak; şımartmak, nazlı yetiştirmek; (tahta) eğriltmek ***es hat sich verzogen*** gecikti ***sich verziehen*** eğrilmek; uzaklaşmak; geçmek, etkisini yitirmek

verzieren /fer'tsi:rın/ *vt* süslemek, bezemek, donatmak

Verzierung /fer'tsi:rung/ *f* süsleme, bezeme, donatma; dekor, süs

verzinsen /fer'tsinzın/ *vt* faiz ödemek ***sich verzinsen*** faiz getirmek

Verzinsung /fer'tsinzung/ *f* faiz; faiz ödeme, faiz ödenme; *tic* (para) faize yatırma

verzögern /fer'tsö:gırn/ *vt* geciktirmek, yavaşlatmak, sürüncemede bırakmak ***sich verzögern*** gecikmek, yavaşlamak, sürüncemede kalmak ***verzögerndes Egalisiermittel*** geciktirme ve düzgünleştirme maddesi

Verzögerung /fer'tsö:gırung/ *f* geciktirme, yavaşlatma, sürüncemede bırakma

verzollen /fer'tsolın/ *vt* gümrüğünü ödemek; gümrüklemek ***haben Sie etw zu verzollen!*** gümrüğe tâbi eşyanız var mı!

Verzückung /fer'tsükung/ *f* hayranlık; vecit, esrime, kendinden geçme ***in Verzückung geraten*** hayran kalmak

Verzug /fer'tsu:k/ *m* gecikme, geç kalma; *mad* kaplama ***in Verzug geraten*** gecikmek, geç kalmak ***ohne Verzug!*** derhal!, hemen!

verzweifeln /fer'tsvayfıln/ *vi* ümitsizliğe kapılmak ***an jdm verzweifeln*** (birisinden) ümidi kesmek

verzweifelt /fer'tsvayfılt/ *s* ümitsiz; *be* son derece, oldukça

Verzweiflung /fer'tsvayflung/ *f* ümitsizlik, çaresizlık ***jdn zur Verzweiflung bringen*** *kon* (birisini) ümitsizliğe düşürmek

Verzweiflungstat /fer'tsvayflungsta:t/ *f* umutsuzluk içinde yapılan eylem

verzweigen /fer'tsvaygın/ *vr* dal budak salmak, dallanmak; genişlemek, yayılmak

Verzweigung /fer'tsvaygung/ *f* dal budak salma, dallanma; genişleme

verzwickt /fer'tsvikt/ *s kon* zor, çetin, karmaşık, içinden çıkılması güç; çetrefilli, dallı budaklı

Veteran /vete'ra:n/ *m* eski asker, eski muharip; bir alanda o işe yıllarını vermiş kişi, veteran; *mec* eski model araba

veterinär /veteri'ne:r/ *s* veterinerlik ile ilgili

Veterinär/Veterinärin /veteri'ne:r/veteri'ne:rin/ *m/f hek* veteriner, baytar

Veto /'ve:to/ *n* itiraz hakkı; veto ***sein Veto einlegen*** veto etmek, veto hakkını kullanmak

V

Vetter /'fetır/ *m* kuzen; erkek yeğen
Vetternwirtschaft /'fetırnvirtşaft/ *f* akraba kayırıcılığı
Vibration /vibra'tsyo:n/ *f* titreşim, titreme; sallanma
vibrieren /vi'bri:rın/ *vi* titreşmek, çınlamak
Videoaufzeichnung /'videoauftsay**h**nung/ *f* video kaydı
Videoband /'videobant/ *n* videobant, video teyp bandı
Videofilm /'videofilm/ *m* video kamerayla çekilmiş film; video filmi
Videokamera /'videokamera/ *f* videokamera, video kamerası
Videokassette /'videokase:tı/ *f* video kaseti
Videorecorder /'videorekordır/ *m* video, video kaydedici
Videospiel /'videoşpi:l/ *n* video oyunu
Videothek /video'te:k/ *f* film koleksiyonu
Viech /fi:**h**/ *n hayb* ahır hayvanı, ticari amaçlı yetiştirilen hayvan
Vieh /fi:/ *n* ticari amaçlı yetiştirilen hayvan, ahır hayvanı; *kon* hayvan
Viehzucht /'fi:tsu**h**t/ *f* hayvan yetiştirme; hayvancılık, hayvan yetiştiriciliği
viel(e) /'fi:l(ı)/ *s* çok, epey; *be* çok sayıda, büyük ölçüde, çok miktarda, müteaddit, sık sık ***gleich viel*** aynı miktarda ***in vieler Beziehung*** birçok bakımdan ***sehr viel*** pek çok ***sehr viele*** pek çoğu ***viel genannt werden*** dillere destan olmak, dillerde dolaşmak ***viel Glück!*** bol şans! ***viel Vergnügen!*** iyi eğlenceler! ***viele Worte machen*** lafı uzatmak ***vielen Dank!*** çok teşekkürler! ***ziemlich viel*** epey çok
vielbeschäftigt /'fi:lbışefti**h**t/ *s* çok meşgul, işi başından aşkın
vieldeutig /fi:ldoyti**h**/ *s* çok anlamlı
Vieldeutigkeit /'fi:ldoyti**h**kayt/ *f* çok anlamlılık
vielfach /'fi:lfa**h**/ *s* birçok kere, çok kez ***auf vielfachen Wunsch*** birçok kişinin isteği üzerine
Vielfalt /'fi:lfalt/ *f* çokluk; çeşitlilik
vielfältig /'fi:lfelti**h**/ *s* çok ve çok çeşitli
Vielfraß /'fi:lfra:s/ *m* obur, doymak bilmez
vielleicht /fi'lay**h**t/ *be* belki, muhtemelen; *kon* tahminen, aşağı yukarı
vielmals /'fi:lma:ls/ *be* defalarca ***danke vielmals*** çok teşekkürler
vielmehr /'fi:lme:r/ *ilg* ama; bununla birlikte, daha ziyade, doğrusu
vielschichtig /'fi:lşi**h**ti**h**/ *s* çok katlı, çok yönlü
vielseitig /'fi:lzayti**h**/ *s* çok taraflı, çok yüzlü; *mec* çok yönlü, derinlemesine
Vielseitigkeit /'fi:lzayti**h**kayt/ *f* çok yönlülük
vielversprechend /'fi:lferşpre**h**ınt/ *s* çok ümit veren
Vielzahl /'fi:ltsa:l/ *f* çokluk, sayıca çokluk
vier /fi:r/ *s* dört ***die vier Jahreszeiten*** dört mevsim ***unter vier Augen sprechen*** baş başa konuşmak
vierbeinig /'fi:rbayni**h**/ *s* dört ayaklı
Viereck /'fi:rek/ *n mat* dörtgen, dörtkenar
viereckig /'fi:reki**h**/ *s* dört köşeli
vierfach /'fi:rfa**h**/ *s* dört misli, dört katı
vierstellig /'fi:rşteli**h**/ *s mat* dört basamaklı
Viertel /'firtıl/ *n* çeyrek, dörtte bir, çeyrek; (saat) çeyrek
Viertelfinale /'firtılfina:lı/ *n sp* çeyrek final
vierteljährlich /'firtılye:rli**h**/ *s* üç ayda bir olan
Viertelstunde /'firtılştundı/ *f* çeyrek saat, 15 dakika
viertelstündlich /'firtılştüntli**h**/ *s* çeyrek saatte bir, 15 dakikada bir
viertürig /'fi:rtü:ri**h**/ *s* dört kapılı
vierzehn /'firtse:n/ *s* on dört
vierzig /'firtsi**h**/ *s* kırk
Vierziger /'firtsigır/ *m* kırkında(ki)
Vikar /vi'ka:r/ *m* papaz vekili
Villa /'vila/ *f* villa, bahçeli ev
Violett /vio'let/ *n* mor renk; menekşe rengi
violett /vio'let/ *s* mor, menekşe rengi
Violine /vio'li:nı/ *f müz* keman
Viper /'vi:pır/ *f hayb* engerek yılanı
virtuos /virtu'o:s/ *s* ustaca, mükemmel
Virtuose /virtu'o:zı/ *m* virtüöz, büyük usta
Virus /'vi:rus/ *n hek* virüs
Visier /vi'zi:r/ *n ask* (silah) gez, nişan alma kertiği
Vision /vi'zyo:n/ *f* hayal; *hek* sanrı; *sin* gösterim
visionär /vizyo'ne:r/ *s* hayali
Visite /vi'zi:tı/ *f hek* vizite; kısa ziyaret
Visitenkarte /vi'zi:tınkartı/ *f* kartvizit
visuell /vizu'el/ *s* görsel
Visum /'vi:zum/ *n* vize; (pasaport) oturma izni, çalışma izni
Vitalität /vitali'te:t/ *f* canlılık, dirilik
Vitamin /vita'mi:n/ *n* vitamin
Vitaminmangel /vita'mi:nmangıl/ *m* vitamin eksikliği

vitaminreich /vita'mi:nrayh/ *s* vitamince zengin, vitamin açısından zengin
Vizepräsident /'fi:tsıprezident/ *m* başkan yardımcısı
Vogel /'fo:gıl/ *m hayb* kuş; delilik, kaçıklık; aptallık, budalalık ***einen Vogel haben*** *kon* aklından zoru olmak, kafayı üşütmek
Vogelbauer /'fo:gılbauır/ *m* kuş kafesi
Vogelfutter /'fo:gılfutır/ *n* kuş yemi
Vogelkäfig /'fo:gılke:fih/ *m* kuş kafesi
Vogelperspektive /'fo:gılperspekti:vı/ *f* kuşbakışı
Vogelscheuche /'fo:gılşoyhı/ *f* korkuluk, bostan korkuluğu; *mec* kötü giyimli kişi
Vogel-Strauß-Politik /fo:gıl'ştrauspoliti:k/ *f pol* devekuşu politikası, devekuşu stratejisi
Vokabel /vo'ka:bıl/ *f dilb* sözcük, kelime ***Vokabeln lernen*** yabancı dilde sözcük öğrenmek
Vokabular /voka:bu'la:r/ *n* küçük sözlük; dilsel sözvarlığı
Vokal /vo'ka:l/ *m dilb* ünlü, sesli, vokal
Vokalmusik /vo'ka:lmuzi:k/ *f müz* insan sesi müziği
Volk /folk/ *n* halk, ulus; kalabalık, insan yığını; nüfusun büyük çoğunluğu, orta sınıf, ortadirek; *esk* savaşçı kümesi; *hayb* aynı soydan hayvan sürüsü
Völkerkunde /'fölkırkundı/ *f* etnoloji, budunbilimi
Völkermord /'fölkırmort/ *f* katliam, soykırım, etnik temizlik
Völkerrecht /'fölkırreht/ *n huk* uluslararası hukuk, devletler hukuku
Völkerverständigung /'fölkırferştendigung/ *f* milletler arasında iletişim/diyalog
Völkerwanderung /'fölkırvandırung/ *f* kavimler göçü; kalabalık bir grubun belli bir yöne gitmesi
Volksabstimmung /'folksapştimung/ *f* halk oylaması, referandum
Volksbegehren /'folksbıge:rın/ *n pol* referandum başvurusu, referandum yapmak için meclise başvurma
Volkseinkommen /'folksaynkomın/ *n* ulusal gelir, milli gelir
Volksentscheid /'folksentşayt/ *m* halkoylaması, plebisit
Volksfest /'folksfest/ *n* halk eğlencesi
Volkshochschule /'folksho:hşu:lı/ *f* halk yüksek okulu
Volkskunde /'folkskundı/ *f* halk bilimi, folklor
Volkslied /'folksli:t/ *n müz* halk türküsü
Volksrepublik /'folksrepubli:k/ *f* (komünizmde) Halk Cumhuriyeti
volkstümlich /'folkstü:mlih/ *s* halk, halka özgü; popüler, halk tarafından sevilen
Volkswirtschaft /'folksvirtşaft/ *f* ekonomi politik; iktisat
volkswirtschaftlich /'folksvirtşaftlih/ *s* ekonomi politik ile ilgili
Volkswirtschaftslehre /folksvirtşafts'le:rı/ *f* ekonomi politik, iktisat, makroekonomi
Volkszählung /'folkstse:lung/ *f* nüfus sayımı
voll /fol/ *s* dolu; tüm, bütün, tam; (ses) tok, dolgun; gizli, örtülü; şişman, tombul; sarhoş, kafası kıyak; doymuş, tok; yüklü; özlü; gelişmiş; *gökb* (ay) dolun ***aus voller Brust*** var gücüyle, tüm gücüyle ***für voll nehmen*** ciddiye almak, adam yerine koymak ***mit vollem Magen*** tok karnına ***mit vollem Recht*** haklı olarak ***mit vollen Wangen*** tombul yanaklı ***mit voller Geschwindigkeit*** tam hızla ***voll ausgebaut*** tam teşekküllü, tam donanımlı ***voll beladen*** tam yüklü ***voll gesteckt*** tıklım tıklım dolu, tam dolu ***voll gültiger Beweis*** tam geçerli bir delil ***voll sein*** *kon* sarhoş olmak, kafayı bulmak ***voll und ganz*** yerden göğe kadar ***voll verantwortlich*** tam yetkili, tam sorumlu ***volle Geschwindigkeit!*** *den* tam yol! ***volle Wahrheit*** tüm gerçek ***voller Busen*** iri meme, dolgun göğüs ***voller werden*** şişmanlamak; gelişmek ***volles Glas*** (bardak) tam dolu, silme ***volles Jahr*** bütün sene
vollauf /'folauf/ *be* tamamen, bütünüyle
vollautomatisch /'folautoma:tiş/ *s* tam otomatik ***vollautomatische Waschmaschine*** tam otomatik çamaşır makinesi
Vollbart /'folbart/ *m* top sakal
Vollblut /'folblu:t/ *n hayb* (at) safkan, cins
vollbringen /fol'bringın/ *vt* başarmak, sonuca ulaştırmak, nihayetlendirmek, sonuçlandırmak
vollenden /fol'endın/ *vt* bitirmek, başarmak, sonuçlandırmak
vollends /'folents/ *be* tamamen, büsbütün, tamamıyla, bütünüyle; bundan başka, üstüne üstlük, bir de
Vollendung /fol'endung/ *f* bitirme, ta-

V

mamlanma, sonuçlandırma; bitme, tamamlama; kusursuzluk, mükemmellik
vollführen /fol'fü:rın/ *vt tiy* sahnelemek, sahneye koymak, sergilemek; yapmak, gerçekleştirmek
Vollgas /'folga:s/ *n* tam gaz, son hız, son sürat ***mit Vollgas*** tam gazla ***Vollgas geben*** tam gaz vermek
Vollidiot /'folidyo:t/ *m kon* tam deli, tam zırdeli, tam kaçık
völlig /'föli**h**/ *s* tam, bütün, tamamen, bütünüyle
volljährig /'folye:ri**h**/ *s huk* ergin, reşit, rüştünü ispatlamış
Volljährigkeit /'folye:ri**h**kayt/ *f huk* erginlik; reşitlik
Vollkaskoversicherung /'folkaskoferzi**h**ırung/ *f* tam kasko sigorta
vollkommen /fol'komın/ *s* kusursuz, mükemmel, harika, enfes; tam, bütün, eksiksiz
Vollkommenheit /fol'komın**h**ayt/ *f* kusursuzluk, mükemmellik, harikalık; tamlık, bütünlük, eksiksizlik
Vollkornbrot /'folkornbro:t/ *n* çavdar ekmeği
Vollmacht /'folma**h**t/ *f huk* genel vekâletname, tam yetki ***in Vollmacht*** ... adına, ... yerine
Vollmilch /'folmil**h**/ *f* tam yağlı süt, kaymağı alınmamış süt
Vollmond /'folmo:nt/ *m gökb* dolunay
vollmundig /'folmundi**h**/ *s* (yiyecek) çok lezzetli, leziz; (içki) sert
Vollnarkose /'folnarko:zı/ *f* tam narkoz
Vollpension /'folpenzyo:n/ *f* tam pansiyon
vollschlank /'folşlank/ *s* etine dolgun, balıketli, tombul
vollständig /'folştendi**h**/ *s* eksiksiz, noksansız, tam; bütün, tamam
Vollständigkeit /'folştendi**h**kayt/ *f* eksiksizlik, noksansızlık; tamlık; bütünlük
vollstrecken /fol'ştrekın/ *vi* icra etmek, uygulamak, yerine getirmek; *huk* infaz etmek
Vollstrecker /fol'ştrekır/ *m* icra eden, icracı, yerine getiren, uygulayan
Vollstreckung /fol'ştrekung/ *f huk* infaz, icra; yürütüm, yerine getirme, uygulama
Volltreffer /'foltrefır/ *m* tam isabet; etkili şey, etkileyici şey; mecb onikiden vuran
Vollversammlung /'folferzamlung/ *f* genel kurul toplantısı
Vollwaise /'folvaizı/ *f* öksüz, anası ve babası ölmüş
Vollwaschmittel /'folvaşmitıl/ *n* (her sıcaklık için) çamaşır deterjanı
vollwertig /'folve:rti**h**/ *s* tam değerli, eşdeğerli
vollzählig /'foltse:li**h**/ *s* tam, tamam; istisnasız, eksiksiz, noksansız
Vollzähligkeit /'foltse:li**h**kayt/ *f* tamlık, eksiksizlik, noksansızlık
vollziehen /fol'tsi:ın/ *vt* yerine getirmek, uygulamak, ifa etmek, gerçekleştirmek; icra etmek; *huk* (yasaları) yürütmek ***sich vollziehen*** gerçekleşmek, olmak ***vollziehende Gewalt*** *huk* yürütme erki
Volontär/Volontärin /volon'te:r/volon'te:rin/ *m/f* gönüllü stajyer
Volt /volt/ *n elek* volt
Volumen /vo'lu:mın/ *n* (ses) yoğunluk, güç; *fiz* hacim, oylum; *mec* toplam; bas cilt
von /fon/ *ilg* -den, -dan; (şehir) -lı, -li; birisiyle ilgili; bir yer ile ilgili; -den mamul, -dan yapılma; tarafından; soyadında soyluluk işareti ***ein Freund von mir*** bir arkadaşım ***ein Kind von zwei Jahren*** iki yaşında bir çocuk ***einer von uns*** içimizden biri ***von Ankara*** Ankara'dan ***von diesem Tag an*** bugünden itibaren ***von gestern bis morgen*** dünden yarına kadar ***von Gold*** altından ***von heute*** günümüz, bugünkü ***von heute an*** bugünden itibaren ***von jetzt ab*** şu andan itibaren ***von links*** soldan ***von meinem Freund*** arkadaşımdan ***von mir aus gesehen*** bana göre ***von morgens bis abends*** sabahtan akşama kadar ***von oben*** yukarıdan ***von selbst*** kendiliğinden ***von sich aus*** kendiliğinden ***von statten gehen*** gelişmek, ilerlemek ***von Stunde zu Stunde*** saatten saate ***von unten*** aşağıdan ***von vorn*** önden ***von weitem*** uzaktan
vonnöten /fon'nö:tın/ *be* gerekli, lazım ***vonnöten sein*** gerekli olmak
vor /fo:r/ *ilg* önüne, önünde; -den önce, evvel, önce; (saat) kala, var; -den dolayı, -dan dolayı; (kişi) huzurunda, önünde; öncelikle, ilk sırada ***5 vor 2*** (saat) ikiye beş var ***fürchten vor etw*** (bir şeyden) korkmak ***vor allem*** her şeyden önce ***vor Aufregung*** heyecandan ***vor der Schule*** okuldan önce ***vor drei Jah-***

ren üç yıl önce
vorab /fo:r'ap/ *be* her şeyden önce
Vorabend /'fo:ra:bınt/ *m* arife; olay öncesi akşamı; *kon* hemen öncesinde ***am Vorabend eines Festes*** bayram arifesinde
Vorahnung /'fo:ra:nung/ *f* önsezi, önceden hissetme
voran /fo'ran/ *be* önde, ileride, başta; ileri
vorangehen /fo'range:ın/ *trvi* önde yürümek, önce gitmek; *mec* öncülük etmek, önderlik etmek; önce davranmak ***am vorangegangenen Tag*** bir önceki gün ***jdm mit gutem Beispiel vorangehen*** (birisine) iyi örnek olmak
vorankommen /fo'rankomın/ *trvi* ilerlemek, ilerleme göstermek, gelişmek
Vorankündigung /'fo:rankündigung/ *f* önceden duyuru
voranstellen /fo'ranştelın/ *trvt* ilk sıraya koymak, en başa koymak, ilk başa yazmak
vorantreiben /fo'rantraybın/ *trvt* hızlandırmak, çabuklaştırmak, aciliyet kazandırmak
Voranzeige /'fo:rantsaygı/ *f* önbildirim, önceden bildirme; *sin* fragman
Vorarbeit /'fo:rarbayt/ *f* önçalışma, eskiz; hazırlık çalışması
Vorarbeiter /'fo:rarbaytır/ *m* ustabaşı
voraus /for'aus/ *be* önde, ilerde; üstün; önceden, evvelden; *den* ileri! ***im Voraus zahlen*** peşin ödemek
vorausberechnen /fo'rausbırehnın/ *trvt* önceden hesaplamak
vorauseilen /fo'rausaylın/ *trvi* önde gitmek
vorausgehen /for'ausge:ın/ *trvi* önden gitmek; önce gitmek
vorauslaufen /fo'rauslaufın/ *trvi* önden koşmak
Voraussage /fo'rausza:gı/ *f* tahmin, kestirme
voraussagen /for'ausza:gın/ *trvt* tahmin etmek, önceden kestirmek; kehanette bulunmak; önceden bildirmek, önceden haber vermek
voraussehen /for'ausze:ın/ *trvt* tahmin etmek, sezmek, önceden kestirmek
voraussetzen /for'auszetsın/ *trvt* varsaymak, kesin olarak görmek
Voraussetzung /for'auszetsung/ *f* önşart, önkoşul, temel
Voraussicht /fo'rausziht/ *f* tahmin, öngörü, önsezi; uzağı görme, sağduyu, basiret ***aller Voraussicht nach*** büyük ihtimalle
voraussichtlich /for'auszihtlih/ *s* olası, muhtemel, beklenen; *be* anlaşılan, görünüşe göre
Vorauszahlung /for'austsa:lung/ *f* peşin ödeme
Vorbehalt /'fo:rbıhalt/ *m* (ileriye yönelik) çekince, kayıt
vorbehalten /'fo:rbıhaltın/ *trvt* : ***Änderungen vorbehalten*** gerektiğinde değişiklik yapılabilir ***sich etw vorbehalten*** (hakkını) mahfuz tutmak, saklı tutmak ***alle Rechte vorbehalten*** (kitap) her hakkı saklıdır
vorbehaltlich /'fo:rbıhaltlih/ *ilg* şartıyla, koşuluyla
vorbehaltlos /'fo:rbıhaltlo:s/ *s* kayıtsız şartsız; önkoşulsuz, koşulsuz, sorgusuz sualsiz
vorbei /for'bay/ *be* önünden geçerek, yanından geçerek; (zaman) geçmiş, bitmiş
vorbeifahren /for'bayfa:rın/ *trvi* (araçla) önünden geçip gitmek ***an jdm vorbeifahren*** (birisinin) önünden araçla geçip gitmek
vorbeigehen /fo:r'bayge:ın/ *trvi* önünden geçip yürümek; sona ermek, geçmek, geçip gitmek ***an etw vorbeigehen*** (bir şeyin) önünden yürüyerek geçip gitmek ***an jdm vorbeigehen*** (birisinin) önünden yürüyerek geçip gitmek ***bei jdm vorbeigehen*** (birisine) geçerken uğramak
vorbeikommen /fo:r'baykomın/ *trvi* önünden geçip gitmek ***an jdm vorbeikommen*** (birisinin) önünden geçip gitmek ***bei jdm vorbeikommen*** (birisine) çok kısa bir süre için uğramak
vorbeilassen /for'baylasın/ *trvt* geçmesine izin vermek, geçirmek
vorbeischießen /for'bayşi:sın/ *trvt* hedefi tutturamamak, karavana atmak; *mec* iyi tahmin edememek
vorbelastet /'fo:rbılastıt/ *s* kötü bir özellik taşıyıcı
Vorbemerkung /'fo:rbımerkung/ *f* bas önsöz, giriş
vorbereiten /'fo:rbıraytın/ *trvt* önceden hazırlamak, hazırlık yapmak ***jdn auf die Prüfung vorbereiten*** (birisini) sınava hazırlamak ***sich vorbereiten*** hazırlanmak

Vorbereitung /'fo:rbıraytung/ *f* hazırlama, hazırlık; hazırlanma
vorbestellen /'fo:rbıştelın/ *trvt* önceden ayırtmak, önceden rezervasyon yaptırmak
Vorbestellung /'fo:rbıştelung/ *f* önceden ayırtma, rezervasyon
vorbestraft /'fo:rbıştra:ft/ *s* sabıkalı, eskiden sabıkası olan
Vorbestrafte(r) /'fo:rbıştra:ftı(r)/ *f/m* sabıkalı kişi
vorbeugen /'fo:rboygın/ *trvi* tedbir almak, önlem almak; ***vorbeugen, sich*** *trvr* öne doğru eğilmek
vorbeugend /'fo:rboygınt/ *s* önleyici; *hek* koruyucu, profilaktik ***vorbeugende Wartung*** önleyici bakım ***zur Vorbeugung gegen*** önlenmesi için
Vorbeugung /'fo:rboygung/ *f* önleme, tedbir alma
Vorbild /'fo:rbilt/ *n* örnek, model, master; ideal
vorbildlich /'fo:rbiltlih/ *s* örnek niteliğinde, parmakla gösterilecek; ideal
Vorbildlichkeit /'fo:rbiltlihkayt/ *f* örnek durum, örnek davranış; mükemmellik
Vorbildung /'fo:rbildung/ *f* öneğitim; ön bilgiler
Vorbote /'fo:rbo:tı/ *m* belirti, işaret, alamet; müjdeci
vorbringen /'fo:rbringın/ *trvt* ileri sürmek, öne sürmek; önermek, teklif etmek, teklif sunmak; beyan etmek, açıklamak; *kon* öne götürmek, ileri götürmek
vorchristlich /'fo:rkristlih/ *s* İsa'dan önce, milattan önce
Vordach /'fo:rdah/ *n mim* saçak
vordatieren /'fo:rdati:rın/ *trvt* ileriki bir tarihi atmak ***vordatierter Scheck*** *tic* ileri tarihli çek
Vordenker /'fo:rdenkır/ *m* öncü düşünür
Vorderachse /'fordıraksı/ *f tek* oto. ön dingil
Vorderansicht /'fordıranziht/ *f* cepheden görünüş, önden görünüş
Vorderasien /'fordır'a:zyın/ *m coğ* ön Asya
Vorderbein /'fordırbayn/ *m anat* ön bacak
Vorderfront /'fordırfront/ *f* ön cephe
Vordergrund /'fordırgrunt/ *m* ön, ön taraf; ön plan
vordergründig /'fordırgründih/ *s* mec, üstünkörü, derinlemesine inmeden
Vordermann /'fordırman/ *m* başta bulunan kişi, başta duran duran; ön sırada duran kişi ***jdn auf Vordermann bringen*** disipline alıştırmak
Vorderrad /'fordırra:t/ *n tek oto* ön tekerlek
Vorderradantrieb /'fordırra:tantri:p/ *m tek oto* önden çekiş
Vorderseite /'fordırzaytı/ *f* ön taraf
vorderste(r,s) /'fordırstı(r,s)/ *s* en ön
Vorderteil /'fordırtayl/ *m* ön taraf, ön kısım
Vordertür /'fordırtü:r/ *f* ön kapı
vordrängen /'fo:rdrengın/ *trvr* ite kaka ilerlemek, eze eze ilerlemek; *mec* tüm dikkatleri üzerinde toplamaya çalışmak
vordringen /'fo:rdringın/ *trvi* ite kaka ilerlemek; *ask* ilerlemek ***diese Mode dringt vor*** bu moda gitgide yayılıyor
vordringlich /'fo:rdringlih/ *s* acil, ivedi, çok acele; öncelikle
Vordruck /'fo:rdruk/ *m* ön baskı, alt baskı, zemin baskı
vorehelich /'fo:re:ılih/ *s* evlilik öncesi, evlenmeden önce olan
voreilig /'fo:raylih/ *s* aceleci, düşüncesiz, plansız
Voreiligkeit /'fo:raylihkayt/ *f* acelecilik; düşüncesizlik
voreingenommen /'fo:rayngınomın/ *s* taraflı, yanlı; önyargılı; öznel, subjektif
Voreingenommenheit /'fo:rayngınomınhayt/ *f* sabit fikirlilik; önyargılılık
vorenthalten /'fo:renthaltın/ *trvt* yoksun bırakmak, vermemek, hakkını vermemek; gizlemek, saklamak ***jdm etw vorenthalten*** (birisine) hakkı olanı vermemek
Vorenthaltung /'fo:renthaltung/ *f* yoksun bırakma, yoksun bırakılma; gizleme, gizlenme
vorerst /'fo:r'e:rst/ *be* ilk önce, her şeyden önce, ilk planda; şimdilik, ikinci bir emre kadar
Vorfahr /'fo:rfa:r/ *m* ata, cet
Vorfahrt /'fo:rfa:rt/ *f* (araç) trafikte öncelik, geçiş hakkı ***Vorfahrt achten!*** yol verin!
Vorfall /'fo:rfal/ *m* olay, durum, oluşan olay; *hek* sarkma
vorfallen /'fo:rfalın/ *trvi* meydana gelmek, olmak, vuku bulmak; oluşmak, ortaya çıkmak; *hek* (organ) sarkmak
Vorfilm /'fo:rfilm/ *m sin* önfilm; asıl filmden önceki kısa oynatım

vorfinden /'fo:rfindın/ *trvt* bulmak

vorführen /'fo:rfü:rın/ *trvt tiy* takdim etmek, sahnelemek, sergilemek; *sin* film göstermek; tanıtmak, sergilemek; mahkemeye çıkarmak ***dem Gericht vorführen*** mahkemeye çıkarmak, yargıcın huzuruna çıkarmak

Vorführung /'fo:rfü:rung/ *f tiy* gösterim; *huk* mahkemeye çıkarılma

Vorgabe /'fo:rga:bı/ *f sp* avantaj, avans; yönerge, talimatname, direktif

Vorgang /'fo:rgang/ *m* olay, hadise, vukuat; olay gidişatı, olayın süreci

Vorgänger /'fo:rgengır/ *m* selef, aynı görevde daha önce bulunan kimse

Vorgarten /'fo:rgartın/ *m* ön bahçe

vorgaukeln /'fo:rgaukıln/ *trvt* aldatmak, kandırmak ***jdm etw vorgaukeln*** (birisini) aldatmak, kandırmak

vorgeben /'fo:rge:bın/ *trvt* önceden saptamak, önceden belirlemek; *sp* güçleri dengelemek amacıyla avans vermek; bilerek yanlış söylemek

vorgeblich /'fo:rge:plih/ *s* sözde, lafta; *be* iddiaya göre, sözüm ona

Vorgefühl /'fo:rgıfü:l/ *n* önsezi; içe doğma, malum olma

Vorgehen /'fo:rge:ın/ *n* ilerleyiş; tutum, hareket tarzı

vorgehen /'fo:rge:ın/ *trvi* ilerlemek, gelişme göstermek; önden gitmek; tedbir almak, önlem almak; önceliği olmak; (saat) ileri gitmek; olup bitmek, vuku bulmak; önemli olmak, daha önemli olmak ***meine Uhr geht vor*** saatim ileri gidiyor ***was geht hier vor?*** burada neler oluyor?

Vorgeschichte /'fo:rgışihtı/ *f* prehistorya, tarih öncesi; olay öncesi durum

vorgeschichtlich /'fo:rgışihtlih/ *s* prehistorik, tarih öncesine ait ***vorgeschichtliche Befunde*** tarih öncesine ait buluntular

Vorgeschmack /'fo:rgışmak/ *m mec* belirti, işaret, iz, gösterge

Vorgesetzte(r) /'fo:rgızetstı(r)/ *f/m* amir, üst, müdür, şef

vorgestern /'fo:rgestırn/ *be* önceki gün, dün değil evvelki gün

vorgreifen /'fo:rgrayfın/ *trvi* önce davranmak

Vorhaben /'fo:rha:bın/ *m den* ön liman; *n* amaç, niyet, maksat; düşünce, tasarım; tasavvur; proje

vorhaben /'fo:rha:bın/ *trvt* niyet etmek; düşünmek, tasarlamak ***Böses vorhaben*** kötü niyetli olmak

Vorhalle /'fo:rhalı/ *f* avlu, sundurma; dehliz, hol

vorhalten /'fo:rhaltın/ *trvt* önde tutmak, önünde tutmak; *trvi* ön tarafına nişan almak; *kon* etkili olmak; sürmek, devam etmek; yetmek, kâfi gelmek ***jdm etw vorbehalten*** *mec* (birisini bir şey için) kınamak, ihtar etmek

Vorhaltung /'fo:rhaltung/ *f* ihtar, azarlama; kınama, paylama ***jdm Vorhaltungen machen*** (birisine) sitem etmek

Vorhand /'fo:rhant/ *f hayb* (at) gövde ön kısmı; *isk* el; *huk* rüçhan hakkı; *sp* (tenis) forhent

vorhanden /for'handın/ *s* mevcut, elde, hazır bulunan

Vorhandensein /for'handınzayn/ *n* var olma, var oluş; hazır bulunma, mevcudiyet

Vorhang /'fo:rhang/ *m* perde ***der Vorhang fällt*** *tiy* perde iniyor; *mec* maske düştü!

Vorhängeschloss /'fo:rhengışlos/ *n* asma kilit

vorher /'fo:rhe:r/ *be* önce, önceden

vorhergehen /fo:r'he:rge:ın/ *trvi* önceden gerçekleşmek, önceden olmak

vorhergehend /fo:r'he:rge:ınt/ *s* önceki, evvelki, önde gelen ***am vorhergehenden Tag*** önceki gün

vorherig /'fo:rhe:rih/ *s* önceden olan, önceden gerçekleşen; bundan önceki

Vorherrschaft /'fo:rherşaft/ *f* egemenlik, hâkimiyet; üstünlük

vorherrschen /'fo:rherşın/ *trvi* egemen olmak; dominant olmak, baskın olmak ***nach vorherrschender Ansicht*** egemen görüşe göre

vorherrschend /'fo:rherşınt/ *s* hakim, geçerli, genel

Vorhersage /fo:r'he:rza:gı/ *f* tahmin, kestirme

vorhersagen /fo:r'he:rza:gın/ *trvt* tahmin etmek, önceden kestirmek; kehanette bulunmak

vorhersehbar /fo:r'he:rze:ba:r/ *s* tahmin edilebilir, kestirilebilir

vorhersehen /fo:r'he:rze:ın/ *trvt* tahmin etmek, önceden kestirmek

vorhin /fo:r'hin/ *be* demin, az önce, biraz önce, henüz

Vorhut /'fo:rhu:t/ *f ask* öncü birlik
vorig /'fo:rih/ *s* geçen, geçmiş; son, en son, önceki, evvelki ***vorigen Monats*** geçen ayın ***voriges Jahr*** geçen yıl
Vorjahr /'vo:rya:r/ *n* geçen yıl, önceki yıl
Vorkämpfer /'fo:rkempfır/ *m* öncü
Vorkaufsrecht /'fo:rkaufsreht/ *n* önalım hakkı, rüçhan hakkı
Vorkehrung /'fo:rke:rung/ *f* geçerli önlemler, yerinde tedbirler ***Vorkehrungen treffen*** gerekli önlemleri almak
Vorkenntnisse /'fo:rkentnisı/ *pl* temel bilgiler, ön bilgiler
Vorkommen /'fo:rkomın/ *n* varolma, bulunma, mevcudiyet; varlık; gerçekleşme, vuku bulma
vorkommen /'fo:rkomın/ *trvi* varolmak, bulunmak, mevcut olmak; gerçekleşmek, cereyan etmek, vuku bulmak; sanmak, öyle gelmek, öyle görünmek; öne çıkmak
Vorkommnis /'fo:rkomnis/ *n* olay, durum, hadise, vaka, vukuat
Vorkriegszeit /'fo:rkri:kstsayt/ *f* savaş öncesi dönemi
vorladen /'fo:rla:dın/ *trvt huk* mahkemeye çağırmak, mahkemeye davet etmek
Vorladung /'fo:rla:dung/ *f huk* mahkeme çağrısı, celp
Vorlage /'fo:rla:gı/ *f* model, kalıp; örnek, numune; elbise patronu; tasarı; *sp* (futbol) kaleye doğru orta, öne doğru verilen pas
vorlassen /'fo:rlasın/ *trvt* geçmesine izin vermek, ileri geçmesine izin vermek; huzuruna kabul etmek; içeri girmesine izin vermek
Vorlauf /'fo:rlauf/ *m tek* arka dingil pimi; *kim* önayrışan; eleme yarışması
Vorläufer /'fo:rloyfır/ *m* öncü, haberci; *sp* (futbol) forvet
vorläufig /'fo:rloyfih/ *s* geçici, muvakkaten; *be* şimdilik, bu duruma göre ***vorläufige Maßnahmen*** geçici tedbirler
Vorleben /'fo:rle:bın/ *n* kişisel geçmiş, özel hayat geçmişi, geçmiş hayat
vorlegen /'fo:rle:gın/ *trvt* önüne sunmak, önüne vermek; yöneltmek; (yemek) servis yapmak, dağıtmak; *pol* kamuoyuna sunmak ***ein Schloss vorlegen*** asma kilit takmak ***jdm eine Frage vorlegen*** (birisine) soru yöneltmek ***jdm etw vorlegen*** (birisine) bakması için sunmak ***scharfes Tempo vorlegen*** *sp* (atletizm) hızlı tempoda koşmak
Vorleistung /'fo:rlaystung/ *f* ön taviz, ön ödün
vorlesen /'fo:rle:zın/ *trvt* okumak
Vorlesung /'fo:rle:zung/ *f* konferans dersi
Vorlesungsverzeichnis /'fo:rle:zungsfertsayhnis/ *n* (üniversite) ders programı
vorletzte(r,s) /'fo:rletstı(r,s)/ *s* sondan ikinci
Vorliebe /'fo:rli:bı/ *f* özel merak, özel ilgi
vorliegen /'fo:rli:gın/ *trvi* varolmak, mevcut olmak, bulunmak; yalan yutturmak
vorliegend /'fo:rli:gınt/ *be* mevcut, eldeki
vormachen /'fo:rmahın/ *trvt* örnek olarak göstermek ***jdm etw vormachen*** *mec* (birisini bir şey ile) kandırmak
Vormachtstellung /'fo:rmahtştelung/ *f pol* devletin güçlü olması
vormals /'fo:rma:ls/ *be* önceden, evvelden, eskiden, bir zamanlar, önceleri
Vormarsch /'fo:rmarş/ *m ask* ilerleme, ilerleyiş
vormerken /'fo:rmerkın/ *trvt* kaydetmek, not etmek; belirlemek, işaret etmek
Vormerkung /'fo:rmerkung/ *f* kaydetme, not etme; kayıt; *huk* tapu sicili geçici kaydı
Vormieter /'fo:rmi:tır/ *m* önceki kiracı
Vormittag /'fo:rmita:k/ *m* öğleden önce ***gestern Vormittag*** dün öğleden önce
vormittäglich /'fo:rmite:klih/ *s* her öğle öncesi olan
vormittags /'fo:rmita:kş/ *be* her öğleden önce, öğleden önceleri
Vormundschaft /'fo:rmuntşaft/ *f huk* vasilik, vesayet, velilik ***jdn unter Vormundschaft stellen*** (birisini) vasilik altına almak ***unter Vormundschaft stehen*** *huk* vesayet altında bulunmak
vorn(e) /forn(ı)/ *be* başta, önde, ön tarafta, ileride ***ganz vorn*** en başta, en önde ***nach vorn*** öne doğru ***von vorn anfangen*** baştan başlamak ***von vorn beginnen*** baştan başlamak
Vorname /'fo:rna:mı/ *m* ön ad, ön isim
vornehm /'fo:rne:m/ *s* soylu, asil; cömert, onurlu, asil; kibar, zarif, seçkin, şık, bakımlı
vornehmen /'fo:rne:mın/ *trvt* önüne önlük takmak, önüne peçete takmak ***sich etw vornehmen*** (bir şeyi) yapmaya karar vermek; (bir şeye) başlamak, girişmek ***sich jdn vornehmen*** *kon* (birisini) azar-

V

lamak; hesap sormak
Vornehmheit /'fo:rne:mhayt/ *f* kibarlık, zariflik, şıklık, bakımlılık; asillik, soyluluk
vorneigen /'fo:rnaygın/ *trvr* öne doğru eğilmek; reverans yapmak
Vorort /'fo:rort/ *m* varoş, kenar mahalle, dış mahalle, banliyö
Vorrang /'fo:rrang/ *m* üstünlük, öncelik
vorrangig /'fo:rrangih/ *s* öncelikli, üstünlüğü bulunan
Vorrat /'fo:rra:t/ *m* depo mevcudu, stok; yedek malzeme, stok mal
vorrätig /'fo:rre:tih/ *s* yedek olarak, stok olarak; hazır, elde mevcut ***nicht mehr vorrätig*** bitmiş, kalmamış, stoklarda tükenmiş
Vorratskammer /'fo:rra:tskamır/ *f* kiler, bodrum
Vorrecht /'fo:rreht/ *n* imtiyaz, ayrıcalık
Vorrede /'fo:rre:dı/ *f* açılış konuşması, giriş konuşması; (kitap) önsöz, giriş
Vorredner /'fo:rre:dnır/ *m* sunucu; ön konuşmacı
Vorrichtung /'fo:rrihtung/ *f* düzenek, mekanizma, tertip
vorrücken /'fo:rrükın/ *trvt* (bir şeyi) ön sıraya almak, öne almak, ileri sürmek; *trvi ask* ilerlemek ***einen Stein vorrücken*** *sp* (satranç) taş sürmek
Vorruhestand /'fo:rru:ıştant/ *m* erken emeklilik
Vorrunde /'fo:rrundı/ *f sp* ön eleme, birinci tur, ilk tur
vorsagen /'fo:rza:gın/ *trvt* önden söylemek, peşinen söylemek; *tiy* sufle etmek; kulağına fısıldamak
Vorsaison /'fo:rse'zon/ *f* sezon öncesi
Vorsatz /'fo:rzats/ *m* amaç, niyet, kasıt, karar; *huk* kasıt, taammüt; *bas* kapak içi sayfası ***mit Vorsatz*** kasten, bilerek, taammüden
vorsätzlich /'fo:rzetslih/ *s* kasıtlı, kasten, maksatlı, bilerek, taammüden, tasarlayarak ***vorsätzliche Tötung*** *huk* taammüden öldürme
Vorschau /'fo:rşau/ *f sin* öngösterim, fragman; (TV) tanıtma programı
Vorschein /'fo:rşayn/ *m* belirti, emare ***zum Vorschein bringen*** meydana çıkarmak ***zum Vorschein kommen*** meydana çıkmak
vorschieben /'fo:rşi:bın/ *trvt* ileri sürmek, öne itmek; bahane etmek, sebep göstermek; ilerletmek, kaydırmak ***etw vorschieben*** (bir şeyi) öne sürmek ***jdn vorschieben*** (birisini) öne sürmek
Vorschlag /'fo:rşla:k/ *m* öneri, teklif, sunu; *pol* önerge, taslak; *bas* giriş sayfası boşluğu; *müz* yardımcı nota ***ein Vorschlag zur Güte*** *kon* uzlaşma önerisi, barış önerisi
vorschlagen /'fo:rşla:gın/ *trvt* önermek, teklif etmek, sunmak, teklif götürmek
vorschnell /'fo:rşnel/ *s* çarçabuk, çok çabuk, bir an evvel
vorschreiben /'fo:rşraybın/ *trvt* nasıl yazılacağını göstermek; taslak hazırlamak; kural koymak; *hek* tavsiye etmek
Vorschrift /'fo:rşrift/ *f* emir, talimat, kural; yönetmelik, tüzük, yönerge; *hek* tavsiye ***nach ärztlicher Vorschrift*** doktor tavsiyesiyle, doktor tavsiyesine göre
vorschriftsmäßig /'fo:rşriftsme:sih/ *s* kurallara göre, yönetmeliklere göre; kurallara uygun
vorschriftswidrig /'fo:rşriftsvi:drih/ *s* kurallara aykırı, emirlere karşı; tüzüğe uymayan ***vorschriftswidriges Verhalten*** kurallara aykırı bir tutum
Vorschub /'fo:rşu:p/ *m tek* besleme hareketi ***einer Sache Vorschub leisten*** olumsuz bir şeye destek vermek
Vorschulalter /'fo:rşu:laltır/ *n* okulöncesi yaşı (5-6 yaş)
Vorschule /'fo:rşu:lı/ *f* ana okulu, kreş; okul öncesi
Vorschuss /'fo:rşus/ *m* avans
vorschützen /'fo:rşütsın/ *trvt* neden olarak sunmak, bahane olarak göstermek
vorschweben /'fo:rşve:bın/ *trvi* planlamak, tasarlamak; göz önüne getirmek, kafasında canlandırmak ***jdm schwebt etw vor*** kafasında canlandırmak, tasavvur etmek
vorsehen /'fo:rze:ın/ *trvt* öngörmek, planlamak, önceden ayarlamak ***sich vorsehen*** sakınmak, çekinmek, dikkat etmek, gerekli önlemleri almak ***bitte sieh dich vor!*** kendine dikkat et!
Vorsehung /'fo:rze:ung/ *f* kader, kısmet, alınyazısı, yazgı
vorsetzen /'fo:rzetsın/ *trvt* ileri sürmek, öne sürmek; ileri getirmek; sunmak, ikram etmek; amir olarak atamak ***einem Wort eine Silbe vorsetzen*** sözcüğün önüne önek koymak
Vorsicht /'fo:rziht/ *f* dikkat, özen, itina, sakınma, ihtiyat, uyanıklık ***Vorsicht!***

dikkat!
vorsichtig /'fo:rzihtih/ *s* dikkatli, tedbirli, özenli, itinalı, özenli
Vorsichtigkeit /'fo:rzihtihkayt/ *f* dikkatlilik, tedbirlilik, özenllilik, ihtiyatlılık; ölçülülük
vorsichtshalber /'fo:rzihtshalbır/ *be* ne olur ne olmaz, ihtiyaten, tedbiren
Vorsichtsmaßnahme /'fo:rzihtsmasna:mı/ *f* emniyet tedbiri
Vorsilbe /'fo:rzilbı/ *f dilb* önek
Vorsitz /'fo:rzits/ *m* başkanlık ***den Vorsitz führen*** başkanlık etmek
Vorsitzende(r) /'fo:rzitsındı(r)/ *f/m* başkan
Vorsorge /'fo:rzorgı/ *f* önlem, tedbir, ihtiyat; endişe, tasa ***Vorsorge treffen*** önlem almak
vorsorgen /'fo:rzorgın/ *trvi* önceden tedbir almak, gerekli önlemleri almak ***für etw vorsorgen*** (bir şey için) önceden gerekli tedbirleri almak ***vorsorgen für etw*** (bir şey için) tedbir almak
vorsorglich /'fo:rzorklih/ *s* tedbirli, önlemleri alınmış, ihtiyatlı; *be* her ihtimale karşı, ne olur ne olmaz diye
Vorspann /'fo:rşpan/ *m* yedek koşum beygirleri; *sin* jenerik
Vorspeise /'fo:rşpayzı/ *f* meze, soğuk meze, çerez, ordövr
vorspiegeln /'fo:rşpi:gıln/ *trvt mec* gözünü boyamak; yalandan yapmak ***jdm etw vorspiegeln*** (birisinin) gözünü boyamak
Vorspiegelung /'fo:rşpi:gılung/ *f* kandırmaca, hile, numara; gerçekleri saptırma
vorsprechen /'fo:rşprehın/ trvi/trvt önceden söylemek ***bei jdm vorsprechen*** (birisine bir şey) söylemek için çabalamak ***etw jdm vorsprechen*** *tiy* oyun göstermek
Vorsprung /'fo:rşprung/ *m* öne çıkma, ileri atılma; avans, avantaj; çıkıntı; *mim* çıkma, cumba; *sp* arayı açma, fark atma ***einen Vorsprung gewinnen*** avantaj sağlamak, arayı açmak
Vorstadt /'fo:rştat/ *f* varoş, kenar mahalle, dış mahalle, banliyö
Vorstand /'fo:rştant/ *m* başkan, yönetici, idareci; yönetim kurulu, idare heyeti
Vorstandsmitglied /'fo:rştantsmitgli:t/ *n* yönetim kurulu üyesi
Vorstandsvorsitzende(r) /'fo:rştantsfo:rzitsındı(r)/ *f/m* yönetim kurulu başkanı
vorstehen /'fo:rşte:ın/ *trvi* başkanlık etmek; yönetmek, idare etmek; çıkıntı oluşturmak, dışarı taşmak; önde bulunmak; *hayb* av kokusu alınca durmak ***etw vorstehen*** başkanlık etmek
vorstellbar /'fo:rştelba:r/ *s* tasarlanabilir, düşünülebilir, tasavvur edilebilir, tahayyül edilebilir
vorstellen /'fo:rştelın/ *trvt* tasvir etmek, ifade etmek; anlatmak, göstermek, sunmak; tanıtmak, takdim etmek, sunmak; (saat) ileri almak; önüne koymak ***jdn dem Arzt vorstellen*** (birisini) doktora göstermek, doktora muayene ettirmek ***sich etw vorstellen*** (bir şeyi) göz önüne getirmek, tasavvur etmek ***sich selbst vorstellen*** kendini tanıtmak ***sich vorstellen*** iş için başvurmak ***stell dir nur vor!*** düşün bir kere!
Vorstellung /'fo:rştelung/ *f* başvuru, iş başvurusu; tasavvur, düşünce, tasarım, tasarlama, tahayyül; tanıtma, tanıştırma, takdim etme; tanıtılma, tanıştırılma, takdim edilme; uyarı, dikkatini çekme; *tiy* temsil, gösterim
Vorstellungskraft /'fo:rştelungskraft/ *f* hayal gücü, imgeleme
Vorstoß /'fo:rşto:s/ *m* girişim, atılım, teşebbüs; (giysi) kenar şeridi ***gegen jdn Vorstoß*** (birisine karşı) saldırı, taarruz
vorstoßen /'fo:rşto:sın/ *trvi ask* taarruz etmek, hücum etmek; ilerlemek; öne çıkmak, öne atılmak; *trvt* ileri itmek
Vorstrafe /'fo:rştra:fı/ *f huk* sabıka
vorstrecken /'fo:rştrekın/ *trvt* öne doğru uzatmak, ileri uzatmak; avans vermek, ön ödemede bulunmak ***die Hände vorstrecken*** elleri öne doğru uzatmak
Vorstufe /'fo:rştu:fı/ *f* ilk basamak, ilk etap, ilk derece, ilk kademe, ilk adım; ilk bilgi
Vortag /'fo:rta:k/ *m* bir önceki gün
vortäuschen /'fo:rtoyşın/ *trvt* aldatmak amacıyla rol yapmak, numara yapmak
Vortäuschung /'fo:rtoyşung/ *f* gerçekleri saptırma; aldatma, kandırma, sahte davranış
Vorteil /'fo:rtayl/ *m* yarar, fayda, kazanç, çıkar, avantaj; kâr, edinim; *sp* avantaj; üstünlük, avantaj ***im Vorteil sein*** avantajlı durumda olmak ***in Vorteil sein*** avantajlı olmak ***Vorteil aus einer Sache ziehen*** (bir şeyden) çıkar sağlamak ***seinen Vorteil wahren*** çıkarlarını korumak

vorteilhaft /'fo:rtaylhaft/ *s* faydalı, yararlı, kazançlı, kârlı, avantajlı; uygun, yerinde
Vortrag /'fo:rtra:k/ *m* brifing, bilgi verme, bilgilendirme; konferans; *müz* resital; *tic* hesaba aktarma; (şiir, haber) okuma
vortragen /'fo:rtra:gın/ *trvt* (dinleyenlere) anlatmak, açıklamak, aktarmak, sunmak, haber vermek; brifing vermek, bilgi vermek; konferans vermek; *müz* icra etmek; (şiir, haber) okumak; önüne götürmek ***einen Betrag vortragen*** *tic* bir tutarı aktarmak
vortrefflich /fo:r'treflih/ *s* harika, nefis, mükemmel, çok güzel, olağanüstü, müthiş
vortreten /'fo:rtre:tın/ *trvi* ileri doğru bir adım atmak, öne çıkmak; çıkıntı oluşturmak
Vortritt /'fo:rtrit/ *m* öncelik ***die Damen haben immer den Vortritt*** bayanların daima önceliği vardır
vorüber /fo'rü:bır/ *be* geçmiş, bitmiş, olmuş; geçen; önünden geçerek ***es ist alles vorüber*** her şey geride kaldı, her şey mazide kaldı
vorübergehen /fo'rü:bırge:ın/ *trvi* geçip bitmek, sona ermek, nihayet bulmak; önünden geçip gitmek; (acı, ağrı, dert) kesilmek, bitmek ***an jdm vorübergehen*** (birisinin) önünden geçip gitmek
vorübergehend /fo'rü:bırge:ınt/ *s* gelip geçici
Vorurteil /'fo:rurtayl/ *n* önyargı, peşin hüküm
vorurteilslos /'fo:rurtayslo:s/ *s* önyargısız, objektif, nesnel, etki altında kalmadan, baskı altında kalmadan
Vorurteilslosigkeit /'fo:rurtayslo:zihkayt/ *f* önyargısızlık, objektiflik, nesnellik
Vorverkauf /'fo:rferkauf/ *m tiy* (bilet) önceden satış
Vorverkaufsstelle /'fo:rferkaufsştelı/ *f* ön satış gişesi
vorverlegen /'fo:rferle:gın/ *trvt* tespit edilen zamandan öne almak; ileri kaydırmak
Vorvertrag /'fo:rfertra:k/ *m* ön anlaşma, ön mukavele, ön sözleşme
Vorwahl /'fo:rva:l/ *f pol* önseçim; (telefon) alan kodu
Vorwand /'fo:rvant/ *m* bahane, mazeret, sebep ***etw zum Vorwand nehmen*** (bir şeyi) bahane etmek
Vorwarnung /'fo:rvarnung/ *f* ön uyarı, önceden uyarma, erken uyarı
vorwärts /'forverts/ *be* ileriye doğru, öne doğru, ileri ***vorwärts!*** *ask* ileri!
Vorwärtsgang /'forvertsgang/ *m oto* ileri vites
Vorwäsche /'fo:rveşı/ *f* önyıkama
Vorwegnahme /fo:r'vekna:mı/ *f* zamanından öne alma, erkene alma
vorwegnehmen /for'vekne:mın/ *trvt* zamanından önce yapmak, vaktinden önce yapmak; yoluna koymak; önceden söylemek
vorweihnachtlich /'fo:rvaynahtlih/ *s* Noel öncesi (havasında vs)
vorweisen /'fo:rvayzın/ *trvt* ortaya koymak, göz önüne sermek, göstermek ***den Pass vorweisen*** pasaportu göstermek
vorwerfen /'fo:rverfın/ *trvt* önüne atmak ***etw jdn vorwerfen*** (bir şeyi birisinin) önüne atmak ***jdm etw vorwerfen*** mec.(birisini bir şey için) ayıplamak ***sich nichts vorzuwerfen haben*** aptesinden şüphesi olmamak
vorwiegend /'fo:rvi:gınt/ *s* baskın, egemen, dominant; *be* bilhassa, özellikle, daha ziyade
Vorwissen /'fo:rvisın/ *n* önbilgi; önceden bilme ***ohne mein Vorwissen*** hiç haberim olmadan
vorwitzig /'fo:rvitsih/ *s* aşırı meraklı; ukala
Vorwoche /'fo:rvahı/ *f* önceki hafta
Vorwort /'fo:rvort/ *n* (kitap) önsöz
Vorwurf /'fo:rvurf/ *m* sitem, serzeniş; suçlama; konu; model, taslak ***Vorwürfe bekommen*** laf işitmek ***Vorwürfe machen*** kınamak, ayıplamak
vorwurfsvoll /'fo:rvurfsfol/ *s* sitemli, sitemkâr
Vorzeichen /'fo:rtsayhın/ *n* belirti, emare, gösterge, alamet, iz, ipucu; *mat* işaret, değerlik; *müz* ton işareti
vorzeigbar /'fo:rtsaykba:r/ *s* el içine çıkar(ılır)
vorzeigen /'fo:rtsaygın/ *trvt* sunmak, vermek, göstermek ***den Ausweis vorzeigen*** kimliğini göstermek
Vorzeit /'fo:rtsayt/ *f* tarih öncesi zaman, prehistorya
vorzeitig /'fo:rtsaytih/ *s* vaktinden önce; zamansız, vakitsiz, mevsimsiz ***vorzeitig geboren*** *hek* erken doğmak
vorziehen /'fo:rtsi:ın/ *trvt* öne almak, er-

kene almak, önüne çekmek; tercih etmek, yeğlemek ***jdn vorziehen*** (birisine) ayrıcalık göstermek

Vorzimmer /'fo:rtsimır/ *n* bekleme odası, danışma odası, ön oda, ön büro, sekreterlik

Vorzug /'fo:rtsu:k/ *m* avantaj; üstünlük, meziyet ***einer Sache den Vorzug geben*** (bir şeyi) tercih etmek, yeğlemek

vorzüglich /'fo:rtsü:klih/ *s* mükemmel, harika, müthiş, çok güzel, olağanüstü

Vorzüglichkeit /fo:r'tsü:klihkayt/ *f* mükemmellik, üstünlük, olağanüstülük

Vorzugsaktie /'fo:rtsu:ksaktsyı/ *f tic* tercihli hisse senedi

vorzugsweise /'fo:rtsu:ksvayzı/ *be* tercihan, bilhassa, çoğunlukla, özellikle, daha ziyade

votieren /vo'ti:rın/ *vi* onaylamak, lehte oy vermek, kabul oyu kullanmak

Votivbild /vo'ti:fbilt/ *n* bir azize adanmış olan resim

Votum /'vo:tum/ *n* oy verme; *mec* görüş bildirme; referans

Voyeur /voa'yö:r/ *m* röntgenci, dikizci

vulgär /vul'ge:r/ *s* bayağı, adi, kaba ***vulgäre Ausdrücke*** kaba konuşmalar, bayağı ifadeler

Vulgarität /vulgari'te:t/ *f* bayağılık, adilik, kabalık

Vulkan /vul'ka:n/ *m yerb* yanardağ, volkan

Vulkanausbruch /vul'ka:nausbruh/ *m yerb* yanardağ püskürmesi

vulkanisch /vul'ka:niş/ *s* volkanik

vulkanisieren /vulkanisi:rın/ *vt tek* kauçuğu kükürtle sertleştirmek; kauçukla kaplamak, vulkanize etmek

Vulkanismus /vulka'nismus/ *m yerb* yanardağ etkinliği, volkanizm

W

Waage /'va:gı/ *f* terazi, tartı, baskül, kantar; su terazisi; *gökb* Terazi burcu; *sp* (jimnastik) denge duruşu

waagerecht /'va:gıreht/ *s* yatay; (bulmaca) soldan sağa

Waagerechte /'va:gırehtı/ *f mat* yatay doğru

Waagschale /'va:kşa:lı/ *f* kefe, terazi gözü ***etw in die Waagschale werfen*** *mec* ağırlığını koymak, etkinliğini hissettirmek

Wabe /'va:bı/ *f* petek, bal gümeci

wach /vah/ *s* uyanık, ayakta; *mec* (zihin) sağlıklı ***wach werden*** uyanmak; *mec* gözü açılmak

Wachablösung /'vahaplö:zung/ *f* nöbet değişimi

Wache /'vahı/ *f* nöbet, nöbet tutma; nöbetçi, nöbetçiler; karakol, polis karakolu; *hek* yoğun bakım ünitesi ***auf Wache*** nöbette ***die Wache ablösen*** nöbetçileri değiştirmek ***die Wache übernehmen*** nöbeti devralmak ***Wache ablösen*** nöbet değiştirmek ***Wache haben*** nöbeti olmak ***Wache stehen*** nöbet beklemek

wachen /'vahın/ *vi* nöbet tutmak; uyumamak ***über etw wachen*** (bir şeyi) korumak ***über jdn wachen*** (birisini) korumak

Wachhund /'vahhunt/ *m hayb* bekçi köpeği

Wachmann /'vahman/ *m* bekçi

Wacholderbeere /'vaholdırbe:rı/ *f bitk* ardıç yemişi

Wachposten /'vahpostın/ *m ask* nöbetçi

wachrufen /'vahru:fın/ *trvt* uyandırmak; *mec* anılarında canlandırmak

wachrütteln /'vahrütıln/ *trvt mec* ayıltmak, dalgınlıktan kurtarmak

Wachs /vaks/ *n* balmumu, sarı mum

wachsam /'vahza:m/ *s* dikkatli, tetikte, uyanık, gözü açık, hazır ***wachsam sein*** tetikte olmak, uyanık olarak hazır bulunmak

Wachsamkeit /'vahza:mkayt/ *f* uyanıklık, tetikte bulunma

wachsen /'vaksın/ *vi* büyümek; çoğalmak, artmak, fazlalaşmak; *bitk* yetişmek; *vt* mumlamak

wächsern /'veksırn/ *s* balmumundan, mumdan yapılma; meç solgun, sapsarı, kâğıt gibi

Wachskerze /'vakskertsı/ *f* mum

Wachstum /'vakstu:m/ *n* büyüme, gelişme; artma, çoğalma

wachstumsfördernd /'vakstu:msfördırnt/ *s* büyümeyi teşvik edici

wachstumshemmend /'vakstu:mshemınt/ *s* büyümeyi engelleyici

Wachstumsrate /'vakstu:msra:tı/ *f tic* ekonomik büyüme hızı

Wächte /'vehtı/ *f* dağların tepesindeki kar yığını

Wachtel /'vahtıl/ *f hayb* bıldırcın
Wächter /'vehtır/ *m* bekçi; korucu; gardiyan; muhafız; güvenlik görevlisi
Wachtmeister /'vahtmaystır/ *m esk* polis memuru; polis rütbesi; *esk* atlı başçavuş
Wachtturm /'vahturm/ *m* nöbetçi kulesi
wackelig /'vaıalih/ *s* oynak, gevşek; sağlam olmayan, oynak, sallanan; güçsüz, zayıf; güvenilir olmayan; hastalık nedeniyle zayıf ***wackeliger Zahn*** sallanan diş ***wackeliges Unternehmen*** batmak üzere olan bir işletme
Wackelkontakt /'vakılkontakt/ *m elek* gevşek elektrik kontağı
wackeln /'vakıln/ *vi* gevşemiş olmak, sallanmak, sarsılmak, yerinden oynamak; sarkmak; salına salına yürümek
Wadenbein /'va:dınbayn/ *n anat* incik kemiği
Wadenkrampf /'va:dınkrampf/ *m hek* kramp, kas kasılması
Waffe /'vafı/ *f ask* silah; *ask* sınıf; *hayb* yabani hayvan pençesi ***die Waffen strecken*** *ask* teslim olmak ***in den Waffen stehen*** silahlanmak ***unter den Waffen stehen*** askerlik görevini yapmak ***zu den Waffen rufen*** askere çağırmak ***zu Waffen greifen*** silaha davranmak
Waffel /'vafıl/ *f* gofret; kâğıt helvası
Waffenbesitz /'vafınbızits/ *m* silah bulundurma, silah taşıma
Waffengewalt /'vafıngıvalt/ *f* silah gücü
Waffenhändler /'vafınhendlır/ *m* silah tüccarı
Waffenlager /'vafınla:gır/ *n* silah deposu
Waffenschein /'vafınşayn/ *m* silah taşıma ruhsatı
Waffenstillstand /'vafınştilştant/ *m* ateşkes
Wagemut /'va:gımu:t/ *m* yüreklilik, korkusuzluk; atılganlık, girişkenlik
wagemutig /'va:gımu:tih/ *s* yürekli, korkusuz; atılgan, girişken
Wagen /'va:gın/ *m* araba; vagon ***den Wagen überholen*** önündeki aracı sollamak
wagen /'va:gın/ *vt* riske sokmak, riske girmek; yüreklenmek, cesaret etmek; (canını, malını) tehlikeye atmak ***sein Leben wagen*** hayatını tehlikeye atmak
Wagenheber /'va:gınhe:bır/ *m oto* kriko
Wagenladung /'va:gınla:dung/ *f* araç yükü; vagon yükü
Wagenschmiere /'va:gınşmi:rı/ *f tek oto* dingil yağı
Waggon /va'gon/ *m* vagon
waghalsig /'va:khalzih/ *s* gözü pek, delifişek
Wagnis /'va:knis/ *n* tehlikeli girişim; tehlikeyi göze alarak bir şeye girişme; riziko, risk, tehlike
Wahl /va:l/ *f pol* seçim; seçme; seçenek, tercih; alternatif ***erste Wahl*** birinci kalite ***keine andere Wahl haben*** başka seçeneği olmamak ***Wahlen abhalten*** *pol* seçim yapmak ***zur Wahl gehen*** *pol* seçime gitmek
wahlberechtigt /'va:lbırehtiht/ *s* seçme hakkı olan, seçme hakkına sahip
Wahlbeteiligung /'va:lbıtayligung/ *f* seçime katılma
wählen /'ve:lın/ *vt pol* seçmek, oy vermek; (telefon) numarayı çevirmek, tuşlamak; tercih etmek, yeğlemek ***jdn wählen*** (birisi için) oy vermek ***jdn zum Präsidenten wählen*** (birisini) başkanlığa seçmek
Wähler /'ve:lır/ *m* seçmen
Wahlergebnis /'va:lergıpnis/ *n* seçim sonucu
wählerisch /'ve:lıriş/ *s* seçici, titiz, müşkülpesent, zor beğenen
Wählerschaft /'ve:lırşaft/ *f* seçmenler
Wahlfach /'va:lfah/ *n* (okul) seçmeli ders
Wahlgeheimnis /'va:lgıhaymnis/ *n huk* seçimlerin gizli yapılacağına dair yasal düzenleme
Wahlheimat /'va:lhaymat/ *f* ikinci vatan; kendi seçim bölgesi
Wahlhelfer /'va:lhelfır/ *m* seçim görevlisi
Wahlkampf /'va:lkampf/ *m* seçim kampanyası
Wahlkreis /'va:lkrays/ *m* seçim bölgesi, seçim çevresi
Wahllokal /'va:lloka:l/ *n* oy verme yeri
wahllos /'va:llo:s/ *s* rasgele, seçmeden, gelişigüzel
Wahlplakat /'va:lplaka:t/ *n* seçim afişi, seçim pankartı
Wahlrecht /'va:lreht/ *n huk* seçme ve seçilme hakkı; seçimlerle ilgili tüm yasal düzenlemeler ***aktives Wahlrecht*** *pol* seçme hakkı ***passives Wahlrecht*** *pol* seçilme hakkı
Wahlspruch /'va:lşpruh/ *m* döviz, slogan
Wahlurne /'va:lurnı/ *f* seçim sandığı

wahlweise /'va:lvayzı/ *be* isteğe bağlı
Wahnsinn /'va:nzin/ *m kon* cinnet, delilik, çılgınlık
wahnsinnig /'va:nzinih/ *s kon* cinnet geçirmiş, deli, çılgın; *be* çok, pek çok, özellikle
Wahnsinnige(r) /'va:nzinigı(r)/ *f/m* deli, çıldırmış
Wahnvorstellung /'va:nfo:rştelung/ *f* kuruntu, takıntı
wahr /va:r/ *s* hakikat, gerçek; hakiki, doğru, gerçek; içten, candan, samimi; doğru, dürüst, sağlam; asıl, esas; saf, arı, katışıksız ***nicht wahr?*** öyle değil mi? ***sehr wahr!*** çok doğru! ***wahre Dichte*** gerçek yoğunluk ***wahre Reinheit*** gerçek saflık ***wahrer Freund*** *mec* gerçek dost
wahren /'va:rın/ *vt* hak etmek, kazanmak; saklamak, korumak; savunmak
währen /'ve:rın/ *vi* devam etmek, sürmek, sürüp gitmek, uzayıp gitmek
während /'ve:rınt/ *ilg* -ken, iken, sırasında, esnasında; olmasına karşın, oysa, süresince ***während des Unterrichts*** ders sırasında
wahrhaben /'va:rha:bın/ *vt* kabul etmek, geçerli saymak ***etw nicht wahrhaben wollen*** kabul etmek istememek
wahrhaftig /va:r'haftih/ *s* gerçek, hakiki; içten, yürekten, candan, samimi; doğru, dürüst; *be* gerçekten, hakikaten
Wahrheit /'va:rhayt/ *f* gerçek, hakikat; doğru ***die Wahrheit sagen*** gerçeği söylemek
wahrheitsgetreu /'va:rhaytsgıtroy/ *s* aslına sadık, gerçeğe uygun
wahrnehmbar /'va:rne:mba:r/ *s* fark edilebilir, algılanabilir
wahrnehmen /'va:rne:mın/ *trvt* farkına varmak, algılamak, hissetmek, görmek, anlamak; dikkat etmek, gözetmek; fırsattan yararlanmak, fırsatı kaçırmamak ***ein Recht wahrnehmen*** hak iddia etmek
Wahrnehmung /'va:rne:mung/ *f* farkına varma, gerçeği anlama, algı, kavrama; dikkat, özen, itina; çıkarları koruma, fırsatı değerlendirme
wahrsagen /'va:rza:gın/ *trvt* fal bakmak, kehanette bulunmak ***aus den Karten wahrsagen*** iskambil kâğıtlarıyla fal bakmak ***aus der Hand wahrsagen*** el falın bakmak
wahrscheinlich /va:r'şaynlih/ *s* olası, muhtemel; akla yakın; *be* belki, galiba, inşallah
Wahrscheinlichkeit /va:r'şaynlihkayt/ *f* olasılık, ihtimal
Wahrscheinlichkeitsrechnung /va:r'şaynlihkaytsrehnung/ *f* olasılık hesabı
Wahrung /'va:rung/ *f* koruma, muhafaza etme, saklama; savunma
Währung /'ve:rung/ *f* (ulusal) para birimi; (ulusal) para
Währungsabkommen /'ve:rungsapkomın/ *n* para anlaşması
Währungseinheit /'ve:rungsaynhayt/ *f* para birimi
Währungspolitik /'ve:rungspoliti:k/ *f tic* para politikası
Währungsreform /'ve:rungsreform/ *f pol* para reformu
Währungssystem /'ve:rungszüste:m/ *n* (ulusal) para sistemi
Währungsunion /'ve:rungsunyo:n/ *f* para birliği
Wahrzeichen /'va:rtsayhın/ *n* simge, sembol; marka sembolü; özellik, ayırıcı özellik, belirli nitelik
Waise /'vaizı/ *f* öksüz, yetim
Waisenhaus /'vaizınhaus/ *n* öksüzler yurdu, yetimhane
Waisenknabe /'vaizınkna:bı/ *m* öksüz erkek çocuk, yetim erkek çocuk; her şeyden bihaber kişi
Waisenrente /'vaizınrente/ *f* yetim aylığı
Wal /va:l/ *m hayb* balina
Wald /valt/ *m* orman
Waldbrand /'valtbrant/ *m* orman yangını
Waldmeister /'valtmaystır/ *m bitk* asperula
Waldsterben /'valtşterbın/ *n* çevre kirliliği sebebiyle ormanların yok olması
Waldung /'valdung/ *f* ormanlık arazi
Waldweg /'valtve:k/ *m* orman yolu
Waldwirtschaft /'valtvirtşaft/ *f* ormancılık
Waliser /va'li:zır/ *m* Galli
walisisch /va'li:ziş/ *s* Galli, Gal; Galce
Wall /val/ *m* set, bent; *ask* toprak tabya, istihkâm siperi
Wallach /'valah/ *m hayb* hadım edilmiş aygır
wallen /'valın/ *vi mec* coşmak, heyecanlanmak, içi kıpırdamak; (bayrak, sancak) dalgalanmak; kaynamak; (gazlı içecek) baloncuklar çıkarmak

W

Wallfahrer /'valfa:rır/ *m* hacı
Wallfahrt /'valfa:rt/ *f* hacca gitme, hac yolculuğu
Walnuss /'va:lnus/ *f bitk* ceviz
Walross /'va:lros/ *n hayb* deniz aygırı
Walze /'valtsı/ *f* merdane, oklava; silindir; rulo; *tek* küçük makara
walzen /'valtsın/ *vt* oklavalamak, merdaneden geçirmek; hamuru/yufkayı açmak; *mad* (demir) haddeden geçirmek, çekmek; *vi* gezmek, gezip tozmak, dolaşmak
wälzen /'veltsın/ *vt* (sorun, mesele) tartışmak, konuşmak, görüşmek; yuvarlamak, yavaşça döndürmek ***sich vor Lachen wälzen*** *mec* gülmekten kırılmak ***sich wälzen*** yuvarlanmak
Walzer /'valtsır/ *m* (dans) vals
Wälzer /ve:ltsır/ *m mec* kalın kitap
Walzwerk /'valtsverk/ *n* haddehane; hadde
Wand /vant/ *f* duvar; bölme, paravan; *yerb* sarp kaya ***an der Wand*** duvarda ***an die Wand stellen*** kurşuna dizilmek ***in unseren vier Wänden*** *kon* evimizde, yuvamızda ***jdn an die Wand drücken*** *mec* (birisini) köşeye sıkıştırmak, zor durumda bırakmak
Wandel /'vandıl/ *m* değişim, değişme, değişiklik; geleneksel davranış, geleneksel tavır; yaşam biçimi, yaşam tarzı ***der soziale Wandel*** sosyal değişim, toplumsal değişim
wandelbar /'vandılba:r/ *s* değişken, değişebilir; (karakter) değişken, kararsız
Wandelbarkeit /'vandılba:rkayt/ *f* değişkenlik, değişebilirlik; kararsızlık
wandeln /'vandıln/ *vt* değiştirmek; *vi* gezinmek ***sich wandeln*** değişmek
Wanderausstellung /'vandırausştelung/ *f* gezici sergi
Wanderbühne /'vandırbü:nı/ *f tiy* gezici tiyatro; gezici gösteri grubu
Wanderer /'vandırır/ *m* gezgin, seyyah
Wanderkarte /'vandırkartı/ *f* yol haritası
Wanderlust /'vandırlust/ *f* gezme isteği, gezinti merakı
wandern /'vandırn/ *vi* gezinti yapmak, yaya olarak dolaşmak; yol almak, yol katetmek; göç etmek, göçmek, taşınmak; aktarılmak, ağızdan ağıza yayılmak, yayılmak ***ins Gefängnis wandern*** *kon* hapsi boylamak ***wandernde Völker*** göçmen kavimler
Wanderung /'vandırung/ *f* yürüyüş, gezi, tur; gezinti; göç etme, göç
Wanderweg /'vandırve:k/ *m* yürüyüş yolu
Wandgemälde /'vantgıme:ldı/ *n* fresk, duvar resmi
Wandlung /'vandlung/ *f* değişme, değişim, dönüyüm, değişiklik; *huk* satış sözleşmesi feshi
wandlungsfähig /'vandlungsfe:ih/ *s* değişken yapıda, değişken karakterli; *tiy* her rolü oynayabilen
Wandschirm /'vantşirm/ *m* paravan
Wandschrank /'vantşrank/ *m* gömme dolap; yüklük
Wandtafel /'vantta:fıl/ *f* yazı tahtası, karatahta
Wandteppich /'vanttepih/ *m* duvar halısı
Wange /'vangı/ *f* yanak; *oto* yan kısım, yan taraf; *tek* yanak; *mim* merdiven basamak yatağı ***jdn auf die Wangen küssen*** (birisini) yanaklarından öpmek ***rote Wange*** al yanak
Wankelmut /'vankılmu:t/ *m* kararsızlık; döneklik, iki yüzlülük
wankelmütig /'vankılmü:tih/ *s* kararsız, sebatsız; dönek, iki yüzlü
wanken /'vankın/ *vi* sallanmak; bocalamak; salına salına yürümek
wann /van/ *be* ne zaman ***seit wann?*** ne zamandan beri
Wanne /'vanı/ *f* leğen, tekne ***in die Wanne steigen*** *kon* banyo yapmak
Wanze /'vantsı/ *f hayb* tahta kurusu; *mec* gizli mikrofon, gizli dinleme aleti
Wappen /'vapın/ *n* arma
Ware /'va:rı/ *f tic* mal, eşya, ticari meta
Warenangebot /'va:rınangıbo:t/ *n* mal çeşitleri
Warenbestand /'va:rınbıştant/ *m* stok, mal mevcudu
Warenbörse /'va:rınbörzı/ *f* ticaret borsası
Warenhaus /'va:rınhaus/ *n* alışveriş merkezi, büyük mağaza
Warenlager /'va:rınla:gır/ *n* mal deposu, antrepo
Warenprobe /'va:rınpro:bı/ *f* numune, örnek; eşantiyon
Warensendung /'va:rınzendung/ *f* mal gönderimi; post mal örneği (gönderimi)
warm /varm/ *s* sıcak, ılık; *mec* (kişi, ortam) sıcak, samimi, sempatik, hoş ***warm machen*** (yemek) ısıtmak ***warme Farben*** sıcak renkler ***warmer Bruder***

kon homoseksüel kişi, eşcinsel kişi ***warmes Gefühl*** samimi duygu

Wärme /'vermı/ *f* ısı, sıcaklık, hararet; içtenlik, sıcaklık, samimiyet; *fiz* ısınma ısısı ***jdn mit Wärme begrüßen*** (birisini) içtenlikle selamlamak

wärmen /'vermın/ *vt* (bir şeyi) ısıtmak; *vi* sıcaklık vermek, ısıtmak ***etw wärmen*** (bir şeyi) ısıtmak ***jdn wärmen*** (birisini) ısıtmak ***sich wärmen*** ısınmak

Wärmeregler /'vermıre:glır/ *m* termostat, ısı ayarlayıcısı

Wärmetechnik /'vermıtehnik/ *f fiz* ısı tekniği

Wärmeverlust /'vermıferlust/ *m* ısı kaybı, ısı yitimi

Wärmflasche /'vermflaşı/ *f* termofor; yatağı ısıtan sıcak su torbası

Warmfront /'varmfront/ *f metr* alçak basınç cephesi

warmherzig /'varmhertsih/ *s* sıcak kanlı, sıcak kalpli, cana yakın

Warmherzigkeit /'varmhertsihkayt/ *f* sıcak kanlılık, sıcak kalplilik, cana yakınlık

Warndreieck /'varndrayek/ *n oto* reflektör, tehlike ikaz üçgeni

warnen /'varnın/ *vt* uyarmak, ikaz etmek, ihtar etmek ***jdn vor etw warnen*** (birisini bir şey için) uyarmak

Warnsignal /'varnzikna:l/ *n* uyarı sinyali, tehlike işareti

Warnstreik /'varnştrayk/ *m* uyarı grevi

Warnung /'varnung/ *f* uyarma, ikaz, ihtar ***sich etw zur Warnung dienen lassen*** (bir şeyden) ibret almak

Warte /'vartı/ *f* gözlemevi, rasathane; yüksek kule

Warteliste /'vartılistı/ *f* yedek liste

warten /'vartın/ *vi* beklemek; ima ederek tehdit etmek, hafifçe uyarmak; *vt* (birisini, bir şeyi) bakmak, bakıcılık etmek, gözetmek, özen göstermek, bakımını yapmak ***auf etw/jdn warten*** (bir şeyi/birini) beklemek ***auf sich warten lassen*** gecikmek ***Bitte, warten Sie einen Augenblick!*** lütfen azıcık bekleyiniz! ***warten auf etw/jdn*** (bir şeyi/birini) beklemek

Wärter /'vertır/ *m* bekçi; korucu; gardiyan; gözetmen; bakıcı, hizmetçi

Wartesaal /'vartıza:l/ *m* bekleme salonu

Wartezeit /'vartıtsayt/ *f* bekleme süresi

Wartezimmer /'vartıtsimır/ *n* bekleme odası

Wartung /'vartung/ *f* bakma, bakım, koruma, gözetme

warum /va'rum/ *be* neden?, niçin?, niye?, hangi sebepten?, hangi nedenden? ***warum nicht!*** neden olmasın?

Warze /'vartsı/ *f anat hek* et beni; *anat* meme ucu, meme başı

was /vas/ *adl* ne?; biraz, bir şey; ki o; neden ***was für?*** nasıl?, ne gibi? ***was ist das?*** bu nedir? ***was mich betrifft!*** bana gelince!

waschaktiv /'vaşakti:f/ *s* (deterjan) leke ve kir çözücü

Waschanlage /'vaşanla:gı/ *f oto* yıkama tesisi

waschbar /'vaşba:r/ *s* yıkanabilir

Waschbär /'vaşbe:r/ *m* çamaşırcıayı

Waschbecken /'vaşbekın/ *n* lavabo; küvet; leğen; duş teknesi

Wäsche /'veşı/ *f* yıkama, yıkanma; çamaşır

waschecht /'vaşeht/ *s* solmaz, renk vermez; gerçek, hakiki

Wäscheklammer /'veşıklamır/ *f* çamaşır mandalı

Wäschekorb /'veşıkorp/ *m* çamaşır sepeti

Wäscheleine /'veşılaynı/ *f* çamaşır ipi

waschen /'vaşın/ *vt* yıkamak; *hek* lavaj yapmak; *vi* çamaşır yıkamak ***Gas waschen*** *tek* gazı bir sıvıdan geçirerek temizlemek ***Gold waschen*** altını kumdan ayıklamak ***sich die Hände waschen*** ellerini yıkamak ***sich kalt waschan*** soğuk su ile yıkanmak ***sich rein waschen*** *mec* temize çıkmak ***sich waschen*** yıkanmak, banyo yapmak, duş almak ***Wäsche waschen*** çamaşır yıkamak ***waschen und legen*** (saçı) şampuanlayıp biçimlendirmek

Wäscherei /veşı'ray/ *f* çamaşırhane, çamaşır yıkama evi; yıkama

Wäschetrockner /'veşıtroknır/ *m* çamaşır s.kurutma makinesi

Waschgang /'vaşgang/ *m* su

Waschküche /'vaşkühı/ *f* çamaşır yıkama yeri

Waschlappen /'vaşlapın/ *m* lif, banyo lifi; *mec* pısırık kişi

Waschmaschine /'vaşmaşi:nı/ *f* çamaşır makinesi

waschmaschinenfest /'vaşmaşi:nınfest/ *s* makinede yıkanabilir

W

Waschmittel /'vaşmitıl/ *n* çamaşır deterjanı
Waschpulver /'vaşpulfır/ *n* çamaşır deterjanı, çamaşır tozu
Waschzeug /'vaştsoyk/ *n* yıkanma malzemeleri, banyo malzemeleri
Wasser /'vasır/ *n* su; akarsu; göl, deniz; sıvı, mayi; *mec* vücut salgısı sıvılar (ter, gözyaşı, salya); mücevher ışıltısı, mücevher haslığı; sidik, idrar ***heißes Wasser*** sıcak su ***ins Wasser fallen*** *mec* suya düşmek, olmamak, gerçekleşmemek ***ins Wasser springen*** suya atlamak ***reines Wasser*** temiz su ***stehendes Wasser*** durgun su ***Wasser hinunter den Berg laufen*** *mec* köprünün altından çok sular geçmek ***Wasser lassen*** işemek ***Wasser schlucken*** su yutmak ***zu Wasser und zu Lande*** karada ve suda, anfibik
wasserabweisend /'vasırapvayzınt/ *s* su geçirmez, su çekmez ***wasserabweisende Ausrüstung*** su iticilik apresi
Wasserball /'vasırbal/ *m sp* sutopu
Wasserdampf /'vasırdampf/ *m* su buharı
Wasserfall /'vasırfal/ *m* çağlayan, şelale ***wie ein Wasserfall reden*** takır takır söylemek
Wasserfarbe /'vasırfarbı/ *f* sulu boya
wasserfest /'vasırfest/ *s* suya dayanıklı
Wasserflasche /'vasırflaşı/ *f* su şişesi
wassergekühlt /'vasırgıkü:lt/ *be oto* su soğutmalı
Wasserhahn /'vasırha:n/ *m* musluk
wässerig /vesırih/ *s* sulu, su içeren; *mec* yavan, tatsız tuzsuz, bulaşık suyu gibi ***wässerige Digestion*** sulu digestion ***wässerige Lösung*** sulu çözelti
Wasserkraft /'vasırkraft/ *f fiz* su gücü
Wasserleitung /'vasırlaytung/ *f* su tesisatı, su şebekesi; *mim* su kemeri
wasserlöslich /'vasırlö:slih/ *s* suda eriyebilen, suda çözülebilen
Wassermangel /'vasırmangıl/ *m* kuraklık, su kıtlığı, su darlığı, su azlığı
Wassermann /'vasırman/ *m gökb* Kova burcu; mit erkek su perisi
Wassermelone /'vasırmelo:nı/ *f bitk* karpuz
Wasserspiegel /'vasırşpi:gıl/ *m* su yüzeyi
Wasserstrahl /'vasırştra:l/ *m* fıskiye
Wassersucht /'vasırzuht/ *f hek* hidropsi, su toplanması
Wassertropfen /'vasırtropfın/ *m* su damlası
Wasserverschmutzung /'vasırferşmutsung/ *f* su kirlenmesi
Wasserwerk /'vasırverk/ *n* su çıkarma ve dağıtma tesisi
waten /'va:tın/ *vi* (çamur, su vs) bata çıka yürümek
Waterkant /'vatırkant/ *f* deniz kıyısı
watscheln /'va:tşıln/ *vi* paytak paytak yürümek, badi badi yürümek, ördek gibi yürümek
Watt /vat/ *n elek* vat; *coğ* gelgit döneminde suyun altında kalan bölge
Watte /'vatı/ *f* pamuk
Wattebausch /'vatıbauş/ *m* tampon, pamuk tıkaç
Wattestäbchen /'vatışte:phın/ *n* pamuklu çubuk
wattiert /va'ti:rt/ *s* pamuklu
weben /'ve:bın/ *vt* dokumak, örmek; *mec* başarmak, ortaya koymak; *vi* hareket etmek; yaşamak
Wechsel /'veksıl/ *m* takas, değişme, değiştirme, değiş-tokuş; değişme, değişim, değişiklik; yer değıştirme; *tic* değerli kâğıt; *mim* kesişme kirişleri; (öğrenci) harçlık
Wechselgeld /'veksılgelt/ *n* para üstü; bozuk para
wechselhaft /'veksılhaft/ *s* değişken; (kişi) ikiyüzlü
Wechseljahre /'veksılya:rı/ *pl hek* menopoz dönemi
Wechselkurs /'veksılkurs/ *m tic* kambiyo kuru, döviz kuru
wechseln /'veksıln/ *vt* (yer, giysi, para, meslek, iş vs) değiştirmek; *tic* döviz bozdurmak; *vi* değişmek ***die Farbe wechseln*** *mec* renk değiştirmek
wechselseitig /'veksılzaytih/ *s* karşılıklı, karşılıklı olarak
Wechselstube /'veksılştu:bı/ *f* döviz bozdurma gişesi
Wechselwirkung /'veksılvirkung/ *f* karşılıklı etkileşim, karşılıklı etkileşme
wecken /'vekın/ *vt* uyandırmak; *mec* anıları canlanmak
Wecker /'vekır/ *m* çalar saat ***den Wecker stellen*** çalar saati ayarlamak
wedeln /'ve:dıln/ *vi* yelpazelemek; *kon* (köpek) kuyruk sallamak
weder /'ve:dır/ *ilg* : ***weder noch*** ne ... ne de ... ***weder Brot noch Wasser*** ne ekmek ne de su

Weg /ve:k/ *m* yol; gidiş, yolculuk, yola çıkma; yöntem, izlenen yol, usül, metot; ömür, hayat yolu; geçen yol, katedilen yol; çözüm, çare, çıkış yolu ***auf dem Land-Luft-oder Seeweg*** kara/hava veya deniz yoluyla ***der letzte Weg*** son yolculuk ***einen Weg finden*** bir çözüm bulmak, çıkış yolu bulmak ***jdm aus dem Weg gehen*** yolundan çekilmek ***Weg finden*** çare bulmak

weg /vek/ *be* geçmiş, gitmiş, uzaklaşmış; kaybolmuş, yok olmuş; heyecanlı, coşkun, kendinden geçmiş, kendini kaybetmiş ***er ist weg!*** o gitti! ***geh weg!*** defol!, git! ***Hände weg da!*** elleme ***von wegen!*** asla! ***weg!*** çek git!

Wegbereiter /'ve:kbıraytır/ *m* öncü, yol açıcı

wegbleiben /'vekblaybın/ *trvi* uzak kalmak, uzak durmak; geri dönmemek; *tek* (birden) durmak, artık çalışmamak, stop etmek

wegbringen /'vekbringın/ *trvt* alıp götürmek, yok etmek, ortadan kaldırmak; (leke, kir) gidermek, çıkarmak

wegen /'ve:gın/ *ilg* nedeniyle, yüzünden, dolayı, sebebiyle ***wegen der Krankheit*** hastalık nedeniyle ***wegen des schlechten Wetters*** kötü hava yüzünden

wegessen /'vekesın/ *trvt* hepsini yemek, silip süpürmek, ne var ne yok hepsini yemek

wegfahren /'vekfa:rın/ *trvi* (araçla) bir yerden gitmek, çekip gitmek

wegfallen /'vekfalın/ *trvi* ortadan kalkmak, yok olmak

Weggang /'vekgang/ *m* ayrılış, gidiş; çıkış

weggehen /'vekge:ın/ *trvi* ayrılmak, çekip gitmek, uzaklaşmak; *tic* rağbet görmek, iyi satılmak

weghaben /'vekha:bın/ *trvt* almış olmak, elde etmiş olmak; anlamış olmak, kavramış olmak; *kon* kafayı bulmuş olmak ***weghaben wollen*** uzaklaşmasını istemek, uzaklaştırılmasını istemek

wegkommen /'vekkomın/ *trvi* kaybolmak, uzaklaşmak, ortadan yok olmak; yararı olmak; zararı olmak; teselli bulmak, (acı, üzüntü) yenmek, unutmak ***billig wegkommen*** ucuz kurtulmak ***gut wegkommen*** yararlı olmak ***schlecht wegkommen*** zararlı olmak

weglassen /'veklasın/ *trvt* gitmesine izin vermek, bırakmak, göndermek, yollamak, yol vermek; artık kullanmamak

weglaufen /'veklaufın/ *trvi* kaçıp gitmek, koşarak uzaklaşmak, hızla çekip gitmek; (sıvı) akıp gitmek; tüymek, sıvışmak; terk etmek, bırakmak

weglegen /'vekle:gın/ *trvt* başka bir tarafa koymak, başka yere koymak

wegnehmen /'vekne:mın/ *trvt* alıp götürmek, alıp uzaklaşmak; alıp saklamak, alıp ortadan kaldırmak; el koymak, zorla elinden almak; *mat* kon. çıkarmak

wegräumen /'vekroymın/ *trvt* (toparlayıp) kaldırmak

wegrennen /'vekrenın/ *trvt* koşarak uzaklaşmak

wegschicken /'vekşikın/ *trvt* yollamak, göndermek; baştan savmak, savsaklamak; eli boş göndermek

wegschütten /'vekşütın/ *trvt* dökerek akıtmak, dökerek yok etmek, dökmek

wegtreten /'vektre:tın/ *trvi* çekilmek, çıkmak, uzaklaşmak

wegtun /'vektu:n/ *trvt* (evde ortalıktaki ıvır zıvırı) ortadan kaldırmak; (para) bir kenara atmak, biriktirmek

Wegweiser /'ve:kvayzır/ *m* yol gösterici tabela, yol levhası; *kon* rehber kitap, kılavuz kitap

wegwerfen /'vekverfın/ *trvt* çöpe atmak, kaldırıp atmak, fırlatmak; *mec* israf etmek, gereksiz çok harcamak ***sich wegwerfen*** *mec* saygınlığını ayaklar altına atmak

Wegwerfgesellschaft /'vekverfgızelşaft/ *f* israf toplumu

wegziehen /'vektsi:ın/ *trvt* çekerek götürmek, yana çekmek, kenara çekmek; *trvi* bir yerden taşınmak, göçmek, ayrılmak

Weh /ve:/ *n* ağrı, sızı; acı, keder, tasa, gam, elem; üzüntü

weh /ve:/ *s* ağrıyan, acıyan, ağrı veren, acı veren ***ach und weh über jdn rufen*** *mec* (birisi için) sövüp saymak, sürekli yakınmak ***o weh!*** eyvah!, of! ***sich weh tun*** yaralanmak, bir tarafı kesilmek ***weh!*** eyvah!; ne acı! ***weh mir!*** vay bana!, şimdi yandım! ***weh tun*** sızlamak, ağrımak; *mec* kalbini kırmak

wehe /'ve:ı/ *s* : ***wehe dir!*** görürsün sen!

Wehen /'ve:ın/ *pl hek* doğum sancıları

wehen /'ve:ın/ *vi metr* (rüzgâr) esmek; rüzgârla birlikte yayılmak; (bayrak) dalgalanmak; *vt* (rüzgâr) alıp götürmek,

W

eserek ortadan kaldırmak, uçurmak

wehleidig /'ve:laydi**h**/ *s* her şeyden yakınan, her şeyden şikâyetçi olan; mızmız, çıtkırıldım; duygulu, gözü sulu; çabuk feryat eden

Wehleidigkeit /'ve:laydi**h**kayt/ *f* çabuk şikâyet etme; sızlanma, söylenme; mızmızlık; (acı) aşırı duyarlılık

Wehmut /'ve:mut/ *f* hüzün, elem, melankoli, keder, acı

Wehr /ve:r/ *n* su bendi, su seddi, baraj; savak; *f ask* silahlar, savunma silahları; savunma, karşı koyma; *ask* ordu, silahlı birlik; siper, savunma alanı ***sich zur Wehr setzen*** kendini savunmak

Wehrdienst /'ve:rdi:nst/ *m ask* askerlik hizmeti, vatan borcu ***seinen Wehrdienst leisten*** *ask* askerliğini yapmak ***zum Wehrdienst einberufen werden*** *abk* askere çağrılmak

Wehrdienstverweigerer /'ve:rdi:nstfervaygırır/ *m* askerlik görevini reddeden

wehren /'ve:rın/ *vt* durdurmak, engellemek; reddetmek, geri çevirmek; menetmek, yasaklamak ***sich wehren*** karşı koymak, savunmak

wehrfähig /'ve:rfe:i**h**/ *s ask* askerliğe elverişli, askerlik yapabilir

wehrlos /'ve:rlo:s/ *s* savunmasız, müdafaasız, savunacak durumda olmayan

Wehrlosigkeit /'ve:rlo:zi**h**kayt/ *f* savunmasızlık, müdafaasızlık, çaresizlik

Wehrpflicht /'ve:rpfli**h**t/ *f ask* zorunlu askerlik hizmeti

wehrpflichtig /'ve:rpfli**h**ti**h**/ *s ask* askerlik yapmaya yükümlü, askerlik yükümlüsü

Weib /vayp/ *n* kadın, eş, karı, zevce ***Mann und Weib*** koca ve karı ***wie ein altes Weib*** kocakarı gibi

Weibchen /'vayp**h**ın/ *n* kadın, eş; *hayb* dişi

weibisch /'vaybiş/ *s* kadınsı, kadınımsı

weiblich /'vaypli**h**/ *s hayb* bitk. dişi, dişil; *dilb* dişil; kadınlara uygun, bayanlara özgü

Weiblichkeit /'vaypli**h**kayt/ *f* kadınlık, dişilik

weich /vay**h**/ *s* yumuşak; ince, narin, zarif; gevşek; zayıf; (ten) pürüzsüz, yumuşak; (ses) okşayıcı, yumuşak; hassas, duygulu; tatlı, hoş, latif, esprili, kibar; (yemek) pişmiş; merhametli, yufka yürekli; (halı) havlı; (yumurta) rafadan; *mad* kolay işlenebilir, yumuşak ***weich werden*** yumuşamak; alttan almak ***weicher Zucker*** yumuşak şeker ***weiches Eisen*** yumuşak demir ***weiches Holz*** yumuşak ağaç ***weiches Wasser*** az kireçli su, yumuşak su

Weiche /'vay**h**ı/ *f* yumuşaklık, incelik; *anat* böğür, boşluk; (demiryolunda) makas

weichen /'vay**h**ın/ *vi* yumuşamak; *ask* geri çekilmek; çekip gitmek, bırakıp gitmek, uzaklaşmak; kabullenmek, razı olmak, boyun eğmek, baş eğmek; *vt* yumuşatmak ***weiche von mir!*** benden uzak dur!

Weichheit /'vay**hh**ayt/ *f* yumuşaklık, incelik, kibarlık; gevşeklik; (ten) pürüzsüzlük; yufka yüreklilik, merhametlilik

weichherzig /'vay**hh**ertsi**h**/ *s* yufka yürekli, merhametli, kalbi yumuşak; cömert, eli açık

Weichherzigkeit /'vay**hh**ertsi**h**kayt/ *f* yufka yüreklilik, merhametlilik; içlilik; cömertlik

Weichkäse /'vay**h**ke:zı/ *m* yumuşak peynir

weichlich /'vay**h**li**h**/ *s* yumuşak, yumuşakça; *mec* kadınımsı, kadın gibi; *mec* zayıf, çelimsiz; pısırık; tembel

Weichspüler /'vay**h**şpü:lır/ *m* çamaşır yumuşatıcısı, yumuşatıcı

Weide /'vaydı/ *f* otlak, mera, çayırlık; *bitk* söğüt ağacı

weiden /'vaydın/ *vt* hayvanı otlatmaya götürmek, hayvanı otlağa yaymak; *vi hayb* otlamak ***sich an etw weiden*** (bir şeye) sevinmek, mutluluk duymak; zevk almak

weidmännisch /'vaytmeniş/ *s* avcılara yakışır, avcılara uygun, avcılara ait

weigern /'vaygırn/ *vr* yapmak istemediğini belirtmek

Weigerung /'vaygırung/ *f* sakınma, kaçınma, reddetme; yapmak istemediğini söyleme

weihen /'vayın/ *vt* dini törenle kutsamak, takdis etmek; vakfetmek, adamak ***geweihtes Wasser*** kutsanmış su ***jdn weihen*** (birisini) kutsamak

Weiher /'vayır/ *m* su birikintisi, küçük göl

Weihnachten /'vayna**h**tın/ *n* Noel (24 aralık gecesi) ***fröhliche Weihnachten wünschen*** Noelini kutlamak ***jdm zu Weihnachten etw schenken*** (birisine bir şeyi) Noelde hediye etmek ***Weihnachten feiern*** Noeli kutlamak

weihnachtlich /'vaynahtlih/ *s* Noele özgü, Noele ait

Weihnachtsabend /'vaynahtsa:bınt/ *m* Noel gecesi, Noel akşamı (24 aralık gecesi)

Weihnachtsbaum /'vaynahtsbaum/ *m* Noel ağacı

Weihnachtsfeier /'vaynahtsfayır/ *f* Noel kutlaması

Weihnachtsgeschenk /'vaynahtsgışenk/ *n* Noel hediyesi

Weihnachtslied /'vaynahtsli:t/ *n* Noel şarkısı, Noel ilahisi

Weihnachtsmann /'vaynahtsman/ *m* Noel baba

Weihnachtstag /'vaynahtsta:k/ *m* Noel günü

Weihrauch /'vayrauh/ *m bitk* buhur

Weihwasser /'vayvasır/ *n* (katolik) kutsanmış su

weil /vayl/ *bağ* çünkü, zira; -den dolayı, yüzünden, sebebiyle

Weile /'vaylı/ *f* kısa süre, kısa zaman ***eile mit Weile!*** acele işe şeytan karışır! ***eine Weile warten*** kısa süre beklemek ***über eine Weile*** kısa bir süre sonra

Wein /vayn/ *m* şarap; *bitk* asma, üzüm ***alter Wein*** yıllanmış ***junger Wein*** taze şarap ***leichter Wein*** hafif şarap ***reiner Wein*** *kon* gerçek, hakikat ***sauerer Wein*** ekşi şarap ***schwerer Wein*** sert şarap ***süßer Wein*** tatlı şarap

Weinberg /'vaynberk/ *m* yamaçlık yerdeki üzüm bağı

Weinbrand /'vaynbrant/ *m* Alman kanyağı

weinen /'vaynın/ *vi* ağlamak, gözyaşı dökmek ***jdn zum Weinen bringen*** (birisini) ağlatmak ***um etw weinen*** (bir şeye) ağlamak ***um jdn weinen*** (birisi için) ağlamak ***vor Freude weinen*** (sevinçten) ağlamak

weinerlich /'vaynırlih/ *s* ağlamaklı, gözleri dolu dolu

Weingut /'vayngu:t/ *n* bağ

Weinhandlung /'vaynhandlung/ *f* şaraphane

Weinkeller /'vaynkelır/ *m* şarap mahzeni

Weinkenner /'vaynkenır/ *m* şarap erbabı, şarap uzmanı, şarapçı

Weinlese /'vaynle:zı/ *f* bağ bozumu, üzüm hasadı

Weinrebe /'vaynre:bı/ *f bitk* asma

Weintraube /'vayntraubı/ *f bitk* üzüm salkımı

Weise /'vayzı/ *f* biçim, tarz; usül, yöntem, suret, metot; *müz* ezgi, melodi; *m* bilge ***auf diese Weise*** böyle, bu biçimde, bu şekilde ***auf jede Weise*** her şekilde, her biçimde ***nach alter Weise*** eski metotla, eskiden olduğu gibi

weise /'vayzı/ *s* bilge, deneyimli, akıllı, yaman; sonk olarak, biçiminde, tarzında ***jdm weise lehren*** (birisine) akıl öğretmek ***weise Frau*** ebe; falcı kadın ***weiser Mensch*** bilge insan

Weise(r) /'vayzı(r)/ *f/m* bilge

weisen /'vayzın/ *vt* yöneltmek; yönetmek, sevk etmek, idare etmek; yol yordam göstermek; göndermek, sepetlemek, yollamak; *vi* işaret etmek, göstermek ***jdm die Tür weisen*** (birisine) kapıyı göstermek ***jdm etw weisen*** (birisine bir şey) öğretmek

Weisheit /'vayshayt/ *f* bilgi; deneyim; öğreti, öğretici söz; bilgelik, akıllılık, olgunluk; deneyimlilik, tecrübelilik

Weisheitszahn /'vayshaytstsa:n/ *m anat* akıldişi, yirmi yaş dişi

weismachen /'vaysmahın/ *trvt* yalan yutturmak, kandırmak, inandırmak; aldatmak

Weiß /vays/ *n* beyaz renk

weiß /vays/ *s* beyaz, ak ***das Weiße Haus*** (ABD) Beyaz Saray ***weiß gekleidet*** bembeyaz giyinmiş, beyazlara bürünmüş ***weiß werden*** (saç) kırlaşmak, ağarmak; (yüz) beti benzi atmak ***weiße Ameisen*** *hayb* beyaz karınca ***weißer Sport*** kış sporları ***weißes Fleisch*** beyaz et

Weißbier /'vaysbi:r/ *n* beyaz bira, açık renk bira

Weißbrot /'vaysbro:t/ *n* beyaz ekmek

weißen /'vaysın/ *vt* ağartmak, beyazlatmak; beyaza boyamak, beyaz badanalamak

Weißglut /'vaysglu:t/ *f* akkor ***jdn bis zur Weißglut bringen*** (birisini) çıldıracak noktaya gelinceye kadar kızdırmak

Weißkohl /'vaysko:l/ *m bitk* beyaz lahana

weißlich /'vayslih/ *s* beyazımsı, beyaza çalar, beyazımtırak

Weißrusse/Weißrussin /'vaysrusı/'vaysrusin/ *m/f* Beyaz Rus

Weißwein /'vaysvayn/ *m* beyaz şarap

Weißwurst /'vaysvurst/ *f* az baharatlı da-

na sucuğu
Weisung /'vayzung/ *f* emir, direktif, talimat, buyruk, ferman, yönerge
weit /vayt/ *s* geniş, enli, engin, açık; uzak, ırak; hacimli, büyük, genişçe; (giysi) geniş, bol; (alan) açık, uzun; *be* çok, pek ***das geht zu weit!*** *mec* haddini aştı!, yetti artık! ***das weite suchen*** tabanları yağlamak ***jdn von weitem kennen*** (birisini) uzaktan tanımak ***so weit gekommen sein*** *mec* (bir konuda) gelişme kaydetmiş olmak ***weit und breit*** uzakta yakında ***weiter links*** daha sola
weitab /'vaytap/ *be* çok uzak, çok uzakta
weitaus /'vaytaus/ *be* çok daha ***weitaus kleiner*** çok daha küçük
Weitblick /'vaytblik/ *m* basiret, geleceği görme, ileriyi görme, uzağı görüş
weitblickend /'vaytblikınt/ *s* basiretli, uzağı görebilen
Weite /'vaytı/ *f* ara, mesafe; uzaklık, ıraklık; genişlik; çap, büyüklük; uzunluk
weiten /'vaytın/ *vt* (giysi) genişletmek ***sich weiten*** genişlemek; gönlünü açmak, ferahlatmak
weiter /'vaytır/ *s* daha uzun; daha uzak; daha geniş; ilaveten, ek olarak; *be* ayrıca, bundan başka, bir de ***nicht weiter!*** tamam!, yeter! ***ohne weiteres*** kolayca ***und so weiter*** ve saire, ve benzerleri, ve diğerleri ***weiter!*** devam! ***weiter machen*** devam etmek, sürdürmek ***weiter nichts*** başka hiçbir şey ***weiter niemand*** başka hiç kimse
weiterarbeiten /'vaytırarbaytın/ *trvi* çalışmaya devam etmek, çalışmayı sürdürmek
weiterbestehen /'vaytırbışte:ın/ *trvi* varlığını sürdürmek, mevcudiyetini sürdürmek
weiterbilden /'vaytırbildın/ *trvt* geliştirmek, ilerletmek ***sich weiterbilden*** kendini geliştirmek
Weiterbildung /'vaytırbildung/ *f* gelişme, geliştirme, ilerleme, ilerletme
Weiterentwicklung /'vaytırentviklung/ *f* geliştirme, ilerletme, iyileştirme; ilerleme kaydetme
weiterführen /'vaytırfü:rın/ *trvt* ilerletmek, geliştirmek, daha da ileri götürmek; sürdürmek, devam ettirmek
Weitergabe /'vaytırga:bı/ *f* aktarma, iletme, elden ele verme
weitergeben /'vaytırge:bın/ *trvt* başkasına iletmek, bir başkasına vermek, bir başkasına aktarmak; dağıtmak, yaymak
weitergehen /'vaytırge:ın/ *trvi* devam etmek, sürmek; gitmeye devam etmek, ilerlemek, ileri doğru gitmek; yola devam etmek
weiterhin /'vaytırhin/ *be* gelecekte, ilerde; ayrıca, bundan başka, buna ilaveten
weiterkommen /'vaytırkomın/ *trvi* ilerlemek, gelişmek, ilerleme kaydetmek, gelişme kaydetmek, aşama kaydetmek
weiterleiten /'vaytırlaytın/ *trvt* elden ele aktarmak, elden ele vermek; sürekli göndermek, devamlı ulaştırmak
weitermachen /'vaytırmahın/ *trvt* sürdürmek, yapmaya devam etmek
Weiterreise /'vaytırrayzı/ *f* yolculuğa devam etme, seyahati sürdürme
weitersagen /'vaytırza:gın/ *trvt* başkalarına duyurmak, başkalarına söylemek
weitgereist /'vaytgırayst/ *s* çok gezmiş
weitherzig /'vaythertsih/ *s* hoşgörülü, anlayışlı; yufka yürekli, merhametli; eli açık, cömert
weitläufig /'vaytloyfih/ *s* geniş, kapsamlı, detaylı, büyük; (akraba) uzaktan; detaylı, kapsamlı, tafsilatlı, ayrıntılı
Weitläufigkeit /'vaytloyfihkayt/ *f* genişlik, büyüklük; kapsamlılık, detaylılık, tafsilatlılık
weitschweifig /'vaytşvayfih/ *s* uzun uzun; detaylı, tafsilatlı, çok ayrıntılı
Weitschweifigkeit /'vaytşvayfihkayt/ *f* çok ayrıntıya girme, oldukça gereksiz uzatma
weitsichtig /'vaytzihtih/ *s* basiretli; *hek* yakın iyi göremeyen, hipermetrop
Weitsichtigkeit /'vaytzihtihkayt/ *f hek* yakını iyi görememe, hipermatropluk
Weitsprung /'vaytşprung/ *m sp* uzun atlama
weitverbreitet /'vaytferbraytıt/ *s* çok yaygın
weitverzweigt /'vaytfertsvaykt/ *s* dallı budaklı
Weizen /'vaytsın/ *m bitk* buğday
Weizenbier /'vaytsınbi:r/ *n* buğday birası
Weizenmehl /'vaytsınme:l/ *n* buğday unu
welch /velh/ *be* hangi?; (ilgi zamiri) (fiile bağlı olarak) ... eden, yapan; bazı, birkaçı, birçoğu; biraz, azıcık, bir miktar ***welche Schule?*** hangi okul? ***welche Tasche?*** hangi çanta? ***welchem Mann?*** hangi adama? ***welchen Mann?***

hangi adamı ***welcher Mann?*** hangi adam? ***welcher Wagen ?*** hangi araç ***welches Buch?*** hangi kitap?

welk /velk/ *s* solgun, solmuş, beti benzi atmış; buruşmuş, kurumuş, pörsümüş, pörsük, kuru, buruşuk; sarkık, sarkmış; gevşek, gevşemiş

welken /'velkın/ *vi* sararmak, solmak, ağarmak; kurumak, kırışmak, buruşmak, pörsümek

Wellblech /'velbleh/ *n mim* oluklu sac

Welle /'velı/ *f* dalga; *müz* titreşim; (akım, dalga, düşünce; (hava) dalga; kıvrım; kıvrım genişliği; *tek* silindirik şaft ***grüne Welle*** (trafik) yeşil lamba dalgası ***kurze Welle*** kısa dalga ***lange Welle*** uzun dalga

wellenförmig /'velınförmih/ *s* dalga biçiminde, dalgalı, dalgaya benzer

Wellengang /'velıngang/ *m den* dalga

Wellenlänge /'velınlengı/ *f fiz* dalga boyu, dalga uzunluğu

wellig /'velih/ *s* dalgalı; dalga dalga, kıvrım kıvrım, lüle lüle

Wels /vels/ *m hayb* yayın balığı

Welt /velt/ *f gökb* Dünya; âlem; evren, kâinat, kozmos; yeryüzü, dünya; insanlık âlemi; ortam, çevre, muhit; topluluk, toplumsal sınıf ***auf der Welt*** yeryüzünde ***auf die Welt bringen*** dünyaya getirmek, doğurmak ***auf die Welt kommen*** dünyaya gelmek, doğmak ***die Dritte Welt*** *pol* Üçüncü Dünya Ülkeleri ***die irdische Welt*** fani dünya, ölümlü dünya ***die Welt der Träume*** *mec* rüyalar âlemi ***zur Welt bringen*** dünyaya getirmek, doğurmak

Weltall /'veltal/ *n* evren, kâinat, kozmos

weltanschaulich /'veltanşaulih/ *s* ideolojik, dünya görüşü ile ilgili

Weltanschauung /'veltanşauung/ *f* yaşam felsefesi; dünya görüşü, dünyaya bakış açısı

Weltbank /'veltbank/ *f* Dünya Bankası

weltbekannt /'veltbıkant/ *s* dünyaca bilinen, dünyaca tanınan; dünyaca meşhur, dünyaca tanınmış, dünyaca ünlü

weltberühmt /'veltbırü:mt/ *s* dünyaca meşhur, dünyaca tanınmış, dünyaca ünlü

weltbewegend /'veltbıve:gınt/ *s* önemli, çok mühim

Weltbild /'veltbilt/ *n* ideoloji, dünya görüşü, dünyaya bakış açısı

Weltbürger /'veltbürgır/ *m* kozmopolit, Dünyalı

Weltenbummler /'veltınbumlır/ *m* tüm dünyayı dolaşan

Welterfolg /'velterfolk/ *m* dünya çapında başarı

welterschütternd /'velterşüternt/ *s mec* dünyayı sarsan, dünyayı sarsıcı; çok önemli, çok mühim

weltfremd /'veltfremt/ *s* dünyadan haberi olmayan, dünyadan bihaber

Weltgeschichte /'veltgışihtı/ *f* Dünya tarihi, insanlık tarihi

weltgeschichtlich /'veltgışihtlih/ *s* Dünya tarihi ile ilgili, insanlık tarihi ile ilgili

weltgewandt /'veltgıvant/ *s* dünya işlerini bilen, görmüş geçirmiş, kaşarlanmış

Welthandel /'velthandıl/ *m* uluslararası ticaret

Weltkrieg /'veltkri:k/ *m* dünya savaşı ***der Zweite Weltkrieg*** İkinci Dünya Savaşı

weltlich /'veltlih/ *s* dünyevi, bu dünya ile ilgili; din ile ilgisi olmayan

Weltmacht /'veltmaht/ *f* süper güç, büyük devlet

weltmännisch /'veltmeniş/ *s* kibar beyefendi, centilmen, beyefendi

Weltmarkt /'veltmarkt/ *m* dünya pazarı

Weltmeister /'veltmaystır/ *m sp* dünya şampiyonu

Weltmeisterschaft /'veltmaystırşaft/ *f* dünya şampiyonluğu

weltoffen /'veltofın/ *s* dünyada olup bitenleri ilgi duyan

Weltraumforschung /'veltraumforşung/ *f* uzay araştırması

Weltreich /'veltrayh/ *n* dünya imparatorluğu

Weltreise /'veltrayzı/ *f* dünya turu, dünya gezisi

Weltrekord /'veltrekort/ *m* dünya rekoru

Weltsprache /'veltşpra:hı/ *f* dünya dili, evrensel dil

Weltstadt /'veltştat/ *f* metropol, büyükşehir

Weltuntergang /'veltuntırgang/ *m* kıyamet, kıyamet günü, Dünyanın sonu

weltweit /'veltvayt/ *s* dünya çapında, evrensel

Weltwirtschaft /'veltvirtşaft/ *f* dünya ekonomisi

wem /ve:m/ *adl* kime? ***mit wem?*** kiminle? ***von wem?*** kimde?, kimden? ***zu wem?*** kime?

wen /ve:n/ *adl* kimi ***für wen?*** kimin için?
Wende /'vendı/ *f* dönüm; dönüm noktası; *sp* dönme hareketi, çevirme hareketi
Wendekreis /'vendıkrays/ *m coğ* dönence
Wendeltreppe /'vendıltrepı/ *f* döner merdiven
wenden /'vendın/ *vt* döndürmek, çevirmek ***an etw viel Mühe wenden*** (bir şey için) çok çabalamak ***jdm den Rücken wenden*** *mec* (birisine) sırtını çevirmek, pas vermemek ***sich an jdn wenden*** (birisine) müracaat etmek; hitap etmek ***sich gegen jdn wenden*** (birisine karşı) düşmanca tavır almak ***sich wenden*** dönmek, yön değiştirmek
Wendepunkt /'vendapunkt/ *m* dönüm noktası; *fiz* büküm noktası
wendig /'vendih/ *s* (kişi) becerikli, yetenekli, elinden iş gelir; kullanışlı, manevraya elverişli; kolay sürülebilir
Wendigkeit /'vendihkayt/ *f* beceriklilik; kullanışlılık
Wendung /'vendung/ *f* değişme, değişim, yenilik; dönme, dönüş yapma, yön değiştirme; konuşma biçimi, ifade tarzı ***eine Wendung machen*** dönüş yapmak
wenig /'ve:nih/ *s* az, az miktarda, biraz, birazcık; birkaç; bir parça, küçük bir miktar; *be* nadiren, seyrek; kısa süreli ***ein wenig*** biraz ***in wenigen Tagen*** birkaç gün içinde ***jdn wenig kennen*** (birisini) az tanımak ***wenig Zeit haben*** çok az vakti olmak ***wenige Male*** birkaç kez, birkaç kere
wenige /'ve:nigı/ *be* birkaç, bazı
weniger /'ve:nigır/ *be* daha az
Wenigkeit /'ve:nihkayt/ *f* azlık; seyreklik, nadirlik; önemsizlik, değersizlik ***meine Wenigkeit!*** (alaysı) bendeniz!
wenigstens /'ve:nihstıns/ *be* enaz, en azından, asgari
wenn /ven/ *be* (zaman)-ken, iken, olduğunda, -duğunda; (koşul) eğer, şayet, ise ***als wenn*** *kon* -miş gibi ***wenn auch*** rağmen, gerçi, karşın; .... dahi, olmakla beraber ***wenn ich doch*** keşke
wer /ve:r/ *adl* (soru zamiri) kim; (belgisiz zamir) biri, birisi, kimse, her kim; (ilgi zamiri) kim ***Wer ist's?*** kim o?
Werbeagentur /'verbıagıntu:r/ *f* reklam ajansı, reklam bürosu
Werbefernsehen /'verbıfernze:ın/ *n* (TV) reklam, reklam filmleri
Werbegeschenk /'verbıgışenk/ *n* eşantiyon
Werbekampagne /'verbıkampanyı/ *f* reklam kampanyası ***wer ist das?*** bu kimdir? ***wer von euch?*** hanginiz?
werben /'verbın/ *vi* reklam yapmak, propaganda yapmak, tanıtım yapmak; *vt* üye kaydetmek; gönüllü yazmak; müşteri kazanmak ***um jds Gunst werben*** (birisinin) desteğini kazanmaya çalışmak
Werbespot /'verbıspot/ *m* reklam spotu
werbewirksam /'verbıvirkza:m/ *s* reklam etkisi olan
Werbung /'verbung/ *f* reklam, ilan, tanıtım, propaganda; reklam servisi; talip olma, aday olma
Werdegang /'ve:rdıgang/ *m* oluşum, gelişme, süreç; *tek* üretim süreci, imal süreci; mesleki öğrenim, olgunlaşma
werden /'ve:rdın/ *vi* olmak; oluşmak, dönüşmek; (yardımcı fiil olarak) gelecek zamanda kullanılır; pasif (edilgen) cümle yapımında kullanılır; gelecekte bitmiş zaman ifadelerinde kullanılır; dilek-şart kipi yapımında kullanılır; nezaket biçiminde kullanılır ***das Auto wird gewaschen*** araba yıkanıyor ***Erste werden*** birinci olmak ***es wird Tag*** gündüz oluyor ***ich werde kommen*** geleceğim ***ich würde gern kommen*** seve seve gelirim ***rot werden*** kızarmak, kıpkırmızı kesilmek ***sie wird es gesehen haben*** görmüştür ***spät werden*** geç olmak ***zu Eis werden*** buza dönüşmek, buzlanmak
werfen /'verfın/ *vt* fırlatmak, atmak; *mec* oluşturmak, yapmak; *vi hayb* yavrulamak, buzağılamak; kendini belli bir alana yöneltmek ***ein Auge auf jdn werfen*** *mec* (birisine) ilgi duymak; bakış atmak, kesmek ***Handtuch werfen*** *sp* (boks) havlu atmak, yenilgiyi kabullenmek ***mit etwas um sich werfen*** *mec* ortalığa saçıp savurmak ***sich auf jdn werfen*** (birisinin) üzerine atılmak ***sich vor jdm auf die Knie werfen*** *mec* (birisinin önünde) diz çökmek ***sich werfen*** eğrilmek, yamulmak
Werfer /'verfır/ *m sp* atıcı, fırlatıcı
Werft /verft/ *f den* tersane
Werk /verk/ *n* iş, uğraş, meşgale; fabrika, kuruluş, işletme; eser, yapıt; düzenek, mekanizma; davranış, tutum; *ask* savunma mevzii ***ans Werk gehen*** işe ko-

yulmak ***sich ins Werk setzen*** işe başlamak
Werkbank /'verkbank/ *f* çalışma tezgâhı
werken /'verkın/ *vi* çalışmak, uğraşmak; hobi olarak uğraşmak; (eser, ürün) yaratmak
Werkstatt /'verkştat/ *f* tamirhane; imalathane; sanat atölyesi
Werkstoff /'verkştof/ *m* hammadde
Werkstück /'verkştük/ *n* işlenen parça
Werktag /'verkta:k/ *m* işgünü, mesai günü, çalışma günü
werktags /'verkta:ks/ *be* iş günlerinde, çalışma günlerinde
Werkzeug /'verktsoyk/ *n* alet, araç gereç, edevat, takım taklavat
Werkzeugkasten /'verktsoykkastın/ *m* alet kutusu, alet çantası, takım çantası
Wermut /'ve:rmu:t/ *m* vermut; *bitk* pelinotu; *mec* acı verici şey (olay, haber)
Wermutstropfen /'ve:rmu:tstropfın/ *m* -in acı tarafı
Wert /ve:rt/ *m* değer, kıymet, eder, fiyat; önem, değer, ehemmiyet ***an Wert gewinnen*** değer kazanmak, değerlenmek ***äußerer Wert*** itibari değer, saygınlık ***im Wert sinken*** değeri düşmek, değer kaybetmek ***keinen Wert haben*** değeri olmamak ***Wert legen auf*** önem vermek
wert /ve:rt/ *s* değerli, değer, para eder; aziz, sevgili, değerli; kıymetli, muhterem, sayın; yakışan ***nicht viel wert*** fazla değeri yok ***nichts wert*** beş para etmez
Wertarbeit /'ve:rtarbayt/ *f* kaliteli iş
wertbeständig /'ve:rtbıştendih/ *s* değerini sürekli koruyan
werten /'ve:rtın/ *vt* değerlendirmek, değer biçmek
wertfrei /'ve:rtfray/ *s* değer yargısı içermeyen; *be* değerlendirme yapmadan
Wertgegenstand /'ve:rtge:gınştant/ *m* kıymetli eşya, değerli eşya
wertlos /'ve:rtlo:s/ *s* değersiz, beş para etmez, işe yaramaz
Wertlosigkeit /'ve:rtlo:zihkayt/ *f* değersizlik, işe yaramazlık
Wertminderung /'ve:rtmindırung/ *f* değer kaybetme, değeri düşme, değer azalması
Wertpaket /'ve:rtpake:t/ *n* değeri üzerinde yazılı posta paketi
Wertpapiere /'ve:rtpapi:rı/ *pl* eko menkul değerler
Wertschätzung /'ve:rtşetsung/ *f* değer verme, takdir etme
Wertsteigerung /'ve:rtştaygırung/ *f* eko değer artışı, değer kazanma
Wertstoff /'ve:rtştof/ *m* eko (ambalaj vs) dönüştürülebilir malzeme
Wertung /'ve:rtung/ *f* değerlendirme
wertvoll /'ve:rtfol/ *s* değerli, kıymetli, önemli; (kişi) iyi karakterli
Wesen /'ve:zın/ *n* varlık, var olma; hal, tavır, özellik; esas, cevher, öz; varlık biçimi; karakter, doğa, yapı, mizaç; yaratık, mahluk
wesentlich /'ve:zıntlih/ *s* önemli, mühim, esaslı, özlü; aslen, asıl, başlıca
weshalb /ves'halp/ *be dilb* niçin, neden
Wespe /'vespı/ *f hayb* eşek arısı
Wespennest /'vespınnest/ *n* yabanarısı yuvası
Wespentaille /'vespıntailyı/ *f mec* çok ince bel
wessen /'vesın/ *adl* (soru zamiri) kimin? ***Wessen Handy ist das?*** bu kimin cep telefonu?
Weste /'vestı/ *f* yelek; jile
Westen /'vestın/ *m coğ* batı, garp
Westeuropa /'vestoyro:pa/ *n* Batı Avrupa
westeuropäisch /'vestoyrope:iş/ *s* Batı Avrupa ile ilgili
Westfalen /vest'fa:lın/ *n* Vestfalya
westfälisch /vest'fe:liş/ *s* Vestfalya, Vestfalyalı
westlich /'vestlih/ *s* batı, batıda, batıya doğru ***in westlicher Richtung*** batı yönünde, batıya doğru
Westmächte /'vestmehtı/ *pl* batılı devletler; batılı güçler
westwärts /'vestverts/ *be* batıya doğru
Westwind /'vestvint/ *m metr* batı rüzgârı
Wettbewerb /'vetbıverp/ *m* yarışma, müsabaka, rekabet ***mit jdm im Wettbewerb stehen*** (birisi ile) yarışmak, rekabette bulunmak
wettbewerbsfähig /'vetbıverpsfe:ih/ *s* rekabet edebilen
Wettbüro /'ve:tbüro:/ *n* müşterek bahis bürosu; ganyan bayii
Wette /'vetı/ *f* bahis, müşterek bahis ***eine Wette gewinnen*** bir bahsi kazanmak
wetteifern /'vetayfırn/ *vi* yarışmak, boy ölçüşmek
wetten /'vetın/ *vi* bahse girmek, bahse tutuşmak, iddialaşmak ***auf etw wetten***

W

(bir şey üzerine) bahse girmek
Wetter /'vetır/ *n metr* hava; *metr* fırtına; *mad* grizu, patlama ***alle Wetter!*** *kon* vay canına! ***wie ist das Wetter?*** hava nasıl?
Wetterbericht /'vetırbırı**h**t/ *m* hava tahmin raporu
wetterbeständig /'vetırbıştendi**h**/ *s* hava etkilerine karşı dayanıklı
Wetterdienst /'vetırdi:nst/ *m* meteoroloji servisi
wetterfest /'vetırfest/ *s* havanın etkilerine karşı dayanıklı; su geçirmez, su sızdırmaz
wetterfühlig /'vetırfü:li**h**/ *s* havadan etkilenen
Wetterkarte /'vetırkartı/ *f* meteoroloji haritası
Wettersatellit /'vetırzatıli:t/ *m metr* meteoroloji uydusu
Wetterumschwung /'vetırumşvung/ *m* ani hava değişmesi
Wettervorhersage /'vetırfo:r**h**e:rza:gı/ *f metr* hava tahmini
Wetterwarte /'vetırvartı/ *f* meteoroloji istasyonu, hava gözlemevi
Wettkampf /'vetkampf/ *m sp* maç, müsabaka, karşılaşma, yarış
Wettkämpfer /'vetkempfır/ *m* müsabakacı, yarışmacı
Wettlauf /'vetlauf/ *m sp* (atletizm) koşu yarışması
wettmachen /'vetma**h**ın/ *trvt* telafi etmek, gidermek, tazmin etmek, yerini doldurmak; acısını çıkarmak
Wettrüsten /'vetrüstın/ *n pol* ask. silahlanma yarışı
Wettstreit /'vetştrayt/ *m* maç, karşılaşma, yarışma, müsabaka, turnuva
Wichse /'viksı/ *f* ayakkabı boyası, ayakkabı cilası; *mec* dayak, kötek
wichtig /'vi**h**ti**h**/ *s* önemli, mühim, ehemmiyetli; etkili, nüfuzlu ***etw für wichtig halten*** (bir şeyi) önemli bulmak
Wichtigkeit /'vi**h**ti**h**kayt/ *f* önem, ehemmiyet
Wichtigtuer /'vi**h**ti**h**tuır/ *m* kasıntı, kasıntılı
wichtigtuerisch /'vi**h**ti**h**tuıriş/ *s* gösterişçi, kurumlanan, çalımlı
Wickel /'vikıl/ *m* yumak, kuka; *hek* sargı, kompres; sarılmış şey, dürülmüş şey; (saç) bigudi ***jdm beim Wickel kriegen*** *mec* (birisini) azarlamak
wickeln /'vikıln/ *vt* sarmak, dolamak, dürmek, sarmalamak ***etw in Papier wickeln*** (bir şeyi) kâğıda sarmak ***jdn um den Finger wickeln*** *mec* (birisini) parmağında oynatmak
Widder /'vidır/ *m hayb* koç; *gökb* Koç burcu; koçbaşı
wider /'vi:dır/ *ilg* aleyhine, karşı, karşın
widerfahren /vi:dır'fa:rın/ *vi* (olay, durum) başına gelmek, başından geçmek
Widerhall /'vi:dır**h**al/ *m* eko, yankı, akis
widerhallen /'vi:dır**h**olın/ *trvi* eko yapmak, yankılanmak, aksetmek
widerlegen /vi:dır'le:gın/ *vt* (iddia, söz, görüş) çürütmek, yanlışlığını kanıtlamak
Widerlegung /vi:dır'le:gung/ *f* (iddia, söz, görüş) çürütme, aksini ispat etme
widerlich /'vi:dırli**h**/ *s* iğrenç, tiksindirici; *mec* hoş olmayan, nahoş çirkin, menfur
widernatürlich /'vi:dırnatürli**h**/ *s* doğaya aykırı; doğal olmayan
Widernatürlichkeit /'vi:dırnatü:rli**h**kayt/ *f* doğaya aykırılık; doğal olmama
widerrechtlich /'vi:dırre**h**tli**h**/ *s* hukuka aykırı, yasalara aykırı; yasal olmayan
Widerrede /'vi:dırre:dı/ *f huk* itiraz, karşı koyma ***ohne Widerrede*** itirazsız
Widerruf /'vi:dırru:f/ *m* yalanlama, tekzip; iptal, geçersiz kılma
widerrufen /vi:dır'ru:fın/ *vt* vazgeçmek, şaşmak, sözünden dönmek; *huk* tekzip etmek, yalanlamak; *huk* yasa tasarısını iptal etmek; *tic* siparişi iptal etmek, rezervasyonu iptal etmek ***etw widerrufen müssen*** tükürdüğünü yalamak
Widersacher /'vi:dırza**h**ır/ *m* düşman; *pol* muhalif
widersetzen /vi:dır'zetsın/ *vr* karşı koymak, direnmek; *pol* muhalefet etmek; emre karşı gelmek, emri dinlememek; *huk* itirazda bulunmak
Widersetzlichkeit /vi:dır'zetsli**h**kayt/ *f* itaatsizlik, söz dinlemezlik
widerspenstig /'vi:dırşpensti**h**/ *s* söz dinlemez, bildiğini okuyan, direngen
Widerspenstigkeit /'vi:dırşpensti**h**kayt/ *f* söz dinlemezlik, bildiğini okuma, direngenlik
widerspiegeln /'vi:dırşpi:gıln/ *trvt* yansıtmak, aksettirmek ***sich in etw widerspiegeln*** (bir şeye) yansımak, aksetmek, kendisi göstermek ***sich widerspiegeln*** yansıtmak, aksetmek
widersprechen /vi:dır'şpre**h**ın/ *vi* itiraz

W

etmek, karşı gelmek; protesto etmek; çelişmek, çelişkiye düşmek; inkâr etmek, reddetmek, kabul etmemek; aykırı davranmak; aksini iddia etmek, aksini savunmak ***sich widersprechen*** çelişkiye düşmek

Widerspruch /'vi:dırşpru**h**/ *m* itiraz, muhalefet, karşı koyma, direnme; inkâr, reddetme; çelişki ***im Widerspruch zu etw stehen*** (bir şey ile) çelişki içinde bulunmak

widersprüchlich /'vi:dırşprü**h**li**h**/ *s* aykırı, zıt, birbiriyle çelişkili

Widersprüchlichkeit /'vi:dırşprü**h**li**h**kayt/ *f* aykırılık, zıtlık, çelişiklik, çelişki

widerspruchslos /'vi:dırşpru**h**slo:s/ *s* itirazsız, karşı koymadan, karşı gelmeden

Widerstand /'vi:dırştant/ *m* direnme, karşı koyma, isyan; direnç, mukavemet; *elek* direnç ***jdm Widerstand leisten*** (birisine) karşı koymak, direnmek ***jds Widerstand brechen*** (birisinin) direncini kırmak

Widerstandsbewegung /'vi:dırştantsbıve:gung/ *f* direniş hareketi

widerstandsfähig /'vi:dırştantsfe:i**h**/ *s* dayanıklı, dirençli

Widerstandsfähigkeit /'vi:dırştantsfe:i**h**kayt/ *f* dayanıklılık, dirençlilik

Widerstandskämpfer /'vi:dırştantskempfır/ *m* gerilla, direnişçi

Widerstandskraft /'vi:dırştantskraft/ *f* direnme gücü

widerstandslos /'vi:dırştantslo:s/ *s* dayanıksız, dirençsiz; direnç görmeden

widerstehen /vi:dır'şte:ın/ *vi* karşı koymak, direnmek, dayanmak ***einer Sache nicht widerstehen können*** (bir şeye karşı) karşı koyamamak, direnememek

widerstreben /vi:dır'ştre:bın/ *vi* direnç göstermek, direnmek, diretmek; (bir şeyden) tiksinmek, hoşlanmamak, iğrenmek

widerstrebend /vi:dır'ştre:bınt/ *be* istemeyerek, gönülsüzce

Widerstreit /'vi:dırştrayt/ *m* çatışma, mücadele, savaşım; çelişki, çelişiklik ***Widerstreit der Gefühle*** duyguların çatışması

widerwärtig /'vi:dırverti**h**/ *s* can sıkıcı, nahoş, iğrenç, tiksindirici, mide bulandırıcı

Widerwärtigkeit /'vi:dırverti**h**kayt/ *f* can sıkıcı durum, nahoş durum, iğrendirici durum; aksi tesadüf, talihsizlik

Widerwille /'vi:dırvilı/ *m* antipati; isteksizlik, gönülsüzlük; tiksinti, iğrenme, nefret

widerwillig /'vi:dırvili**h**/ *s* isteksiz, gönülsüz; *be* istemeyerek, gönülsüzce

widmen /'vitmın/ *vt* armağan etmek, sunmak; adamak, ithaf etmek ***sich widmen*** kendini -e vermek, uğraşmak

Widmung /'vitmung/ *f* armağan, sunu; adama, ithaf

widrig /'vi:dri**h**/ *s* aykırı, ters, aksi, karşı; çelişkili

widrigenfalls /'vi:drigınfals/ *be* aksi takdirde, aksi halde, yoksa

Widrigkeit /'vi:dri**h**kayt/ *f* aksilik, terslik; direnme, karşı koyma, karşı çıkma; uygunsuzluk, denk olmama

wie /vi:/ *be* (dolaylı ve dolaysız soru zarfı) nasıl, ne şekilde, ne gibi, ne tarzda, ne surette; gibi, kadar; olduğu zaman, olunca; iken, -ken; olur olmaz ***groß wie ein Bär*** ayı gibi kocaman ***schnell wie möglich*** olabildiğince hızlı ***wie alt?*** kaç yaşında? ***wie bitte?*** efendim?, nasıl? ***wie erzählt wird*** söylendiğine göre ***wie gehabt*** önceden olduğu gibi ***wie hoch?*** yüksekliği ne kadar? ***wie ich schon sagte*** söylediğim gibi ***wie komisch!*** ne kadar komik! ***wie man sagt*** söylendiği gibi ***wie oft?*** ne kadar sıklıkta? ***wie schade!*** çok yazık! ***wie schön!*** ne güzel! ***wie spät ist es?*** saat kaç? ***wie teuer?*** kaç para? ***wie weit?*** ne kadar uzaklıkta? ***wie zu sich kommen*** kendine gelmek; aklı başına gelmek ***wieviel Uhr ist es?*** saat kaç?

wieder /'vi:dır/ *be* tekrar, yeniden, yine, bir daha ***schon wieder*** gene mi? ***wieder da sein*** dönmek

Wiederaufbau /vi:dır'aufbau/ *m* yeniden yapma, yeniden inşa etme

Wiederaufbereitung /vi:dır'aufbıraytung/ *f* geri kazanma\döndürme; yeniden işleme

Wiederaufbereitungsanlage /vi:dır'aufbıraytungsanla:gı/ *f* dönüştürme tesisi, geri kazanma tesisi

Wiederbeginn /'vi:dırbıgin/ *m* yeniden başlama, tekrar başlama

wiederbekommen /'vi:dırbıkomın/ *trvt* yeniden kazanmak; geri almak

wiederbeleben /'vi:dırbıle:bın/ *trvt* yeniden canlandırmak, tekrar hayat vermek

Wiederbelebung /'vi:dırbıle:bung/ *f* yeniden canlandırma, ayıltma; *hek* reanimasyon
Wiedereingliederung /vi:dır'ayngli:dırung/ *f* tekrar uyum (sağlama)
wiedererkennen /'vi:dırerkenın/ *trvt* yeniden tanımak; teşhis etmek
wiedererlangen /'vi:dırerlangın/ *trvt* yeniden elde etmek, geri almak
Wiedereröffnung /'vi:dıreröfnung/ *f* yeniden açma, yeniden açılma, tekrar açılış
wiedererstatten /'vi:dırerştatın/ *trvt* geri vermek, iade etmek
wiederfinden /'vi:dırfindın/ *trvt* yeniden bulmak; yeniden keşfetmek
Wiedergabe /'vi:dırga:bı/ *f* geri verme, iade; tercüme, çeviri; reprodüksiyon; *tiy* temsil, gösteri, sunum; *müz* resital
wiedergeben /'vi:dırge:bın/ *trvt* geri vermek, iade etmek; (eser) kopyasını yaratmak; tercüme etmek, çevirmek; *tiy* oyun sergilemek; *müz* resital vermek
Wiedergutmachung /vi:dır'gu:tmahung/ *f* telafi; zararı ödeme
wiederherstellen /vi:dır'herştelın/ *trvt* eski haline getirmek, onarmak, tamir etmek, restore etmek, düzeltmek; tekrar kurmak, yeniden tesis etmek; *hek* iyileştirmek, tekrar eski sağlığına kavuşturmak
Wiederherstellung /vi:dır'herştelung/ *f* *hek* sağlığına kavuşma
wiederholbar /vi:dır'ho:lba:r/ *s* tekran mümkün
wiederholen /vi:dır'ho:lın/ *vt* tekrarlamak, tekrar etmek
wiederholt /vi:dır'ho:lt/ *be* tekrar tekrar, birçok kez, defalarca
Wiederholung /vi:dır'ho:lung/ *f* tekrar, tekrarlama
Wiederhören /'vi:dırhö:rın/ *n* : ***auf Wiederhören*** (telefonda) yeniden görüşmek üzere
wiederkäuen /'vi:dırkoyın/ *trvt vi hayb* geviş getirmek; *mec* sıkıcı bir şekilde dersi tekrar çalışmak
wiederkehren /'vi:dırke:rın/ *trvi* geri dönmek, geri gelmek; yıldönümü olmak; tekrarlamak, yinelemek
wiederkommen /'vi:dırkomın/ *trvi* geri gelmek, geri dönmek; yeniden gelmek, tekrar gelmek
Wiederschauen /'vi:dırşauın/ *n* : ***auf Wiederschauen!*** Allaha ısmarladık, tekrar görüşmek üzere
Wiedersehen /'vi:dırze:ın/ *n* kavuşma
wiedersehen /'vi:dırze:ın/ *trvt* tekrar görmek, rastlamak ***sich wiedersehen*** yeniden görüşmek, karşılaşmak ***wann sehen wir uns wieder?*** tekrar ne zaman görüşürüz?
wiederum /'vi:dırum/ *be* yeniden, tekrar, bir daha, bir kere daha; buna karşılık; diğer taraftan, öte yandan
Wiedervereinigung /'vi:dırferaynigung/ *f* yeniden birleşme, tekrar bir araya gelme ***Wiedervereinigung der deutschen Staaten*** (Batı ve Doğu) Alman devletlerinin yeniden birleşmesi
Wiederverwendung /'vi:dırfervendung/ *f* tekrar kullanma
Wiederverwertung /'vi:dırferve:rtung/ *f* yeniden değerlendirme, geri kazanım
Wiederwahl /'vi:dırva:l/ *f* yeniden göreve seçilme
Wiege /'vi:gı/ *f* beşik; *sp* ters mekik ***von der Wiege an*** *mec* doğuştan itibaren, doğumdan beri
wiegen /'vi:gın/ *vt* tartmak; beşikte sallamak, kollarında sallanmak; (et) kıymak, ince ince kesmek; *vi* ağırlığında olmak ***etw in der Hand wiegen*** (bir şeyi) ele alıp ağırlığını tahmin etmek ***sich auf etw wiegen*** (bir şeye binerek) sallanmak ***sich in Sicherheit wiegen*** kendini güvende sanmak ***sich wiegen*** tartılmak
Wiegenlied /'vi:gınli:t/ *n* ninni
wiehern /'vi:ırn/ *vi* (at) kişnemek; *mec* katıla katıla gülmek
Wien /vi:n/ *n* Viyana
Wiese /'vi:zı/ *f bitk* çim, çimen, çayır
Wiesel /'vi:zıl/ *n hayb* gelincik
wieso /vi'zo:/ *be* (soru zarfı) neden?, niçin?, niye?, neden? nasıl?
Wikinger /'vikingır/ *m* Viking
Wild /vilt/ *n* av hayvanı; av eti
wild /vilt/ *s hayb* bitk. vahşi, yabani; (halk) uygarlıktan uzak, modern hayat sürmeyen, vahşi; *mec* yaramaz, haşarı, yumurcak; öfkeli, kızgın, sinirli ***der Wilde Westen*** (ABD) Vahşi Batı ***wilde Ehe*** nikâhsız beraberlik ***wild machen*** *hayb* azgınlaştırmak; kızdırmak, hiddetlendirmek ***wilde Tiere*** vahşi hayvanlar, yabani hayvanlar ***wilde Rose*** *bitk* yaban gülü
Wilde(r) /'vildı(r)/ *f/m* ilkel insan; (İsviçre)

W

bağımsız milletvekili
Wilderer /'vildırır/ *m* ruhsatsız avlanan kişi, kaçak avcı
wildern /'vildırn/ *vi* ruhsatsız avlanmak, kaçak avlanmak
wildfremd /vilt'fremt/ *s* büsbütün yabancı, tamamen yabancı
Wildheit /'vilthayt/ *f* vahşilik, yabanilik
Wildleder /'viltle:dır/ *n* güderi, süet
Wildnis /'viltnis/ *f* el değmemiş bölge, insan girmemiş bölge, doğal durumunu koruyan bölge, balta girmemiş alan
Wildschwein /'viltşvayn/ *n hayb* yaban domuzu
Wildwasser /'viltvasır/ *n coğ* sel, su taşkını
Wille /'vilı/ *m* istek, arzu, istem, dilek; irade, istenç; onay, muvafakat, rıza ***etw gegen seinen Willen tun*** (bir şeyi) istemeden yapmak, istemeyerek yapmak, gönülsüz yapmak ***freier Wille*** özgür irade, karar verme özgürlüğü ***letzter Wille*** son arzu, son istek ***um Gottes Willen!*** Allah aşkına!; aman Tanrım! ***wider Willen*** istemeyerek, bilmeyerek, kasıtsız
willenlos /'vilınlo:s/ *s* zayıf, iradesiz, kararsız
Willenskraft /'vilınskraft/ *f* irade gücü
willensstark /'vilınsştark/ *s* azimli, iradeli
willentlich /'vilıntlih/ *s* kasıtlı, kasten, bilerek; istemli, iradeli, ardniyetli
willig /'vilih/ *s* amade, yardıma hazır, hizmet etmeye hazır; iyi niyet sahibi, iyi niyetli, akıllı, uslu ***etwas willig sein*** (bir şeyi) isteyerek yapmak, bilerek yapmak
willkommen /vil'komın/ *s* sevilen, hoş, sempatik, iyi görülen, hoş karşılanan ***jdn willkommen heißen*** (birisine) hoşgeldiniz demek ***Willkommen!*** hoşgeldiniz!
Willkommensgruß /vil'komınsgru:s/ *m* hoşgeldiniz selamı, karşılama selamı
Willkür /'vilkü:r/ *f* keyfilik, başına buyrukluk
willkürlich /'vilkü:rlih/ *s* keyfi, başına buyruk, despot; istençli ***willkürliche Muskeln*** istemle hareket ettirilen kaslar, iradeyle hareket ettirilen kaslar
wimmeln /'vimıln/ *vi* kaynaşmak ***Ameisen wimmeln*** karıncalar kaynaşıyor ***von Fischen wimmeln*** balık kaynıyor
wimmern /'vimırn/ *vi* sızlanmak, inlemek, ah etmek, dert yanmak ***vor Schmerzen wimmern*** ağrıdan inlemek
Wimper /'vimpır/ *f anat* kirpik
Wimperntusche /'vimpırntuşı/ *f* rimel, sürme, maskara
Wind /vint/ *m metr* rüzgâr, yel; *biy* (bağırsak) gaz, şişkinlik ***in den Wind reden*** *mec* boşuna çene yormak, havaya söylemek ***von etw Wind bekommen*** *mec* (bir şeyin) kokusunu almak ***warmer Wind*** ılık rüzgâr
Windbeutel /'vintboytıl/ *m* kremalı pasta; *mec* havai kişi, zirzop kişi
Winde /'vindı/ *f* kriko, çıkrık, vinç; *bitk* boru çiçeği
Windel /'vindıl/ *f* bebe kundağı; *n* kabuksuz kuş yumurtası
windelweich /vindıl'vayh/ *s* evire çevire, her tarafını ***jdn windelweich schlagen*** (birisini) evire çevire dövmek
winden /'vindın/ *vt* burmakk, bükmek ***Blumen zum Kranz winden*** çiçekleri örerek çelenk yapmak ***es windet*** rüzgâr esiyor ***jdm etw aus der Hand winden*** (birisinin) elinden zorla bir şeyi almak ***sich ein Tuch um den Kopf winden*** havluyu başa dolamak ***sich winden*** *bitk* (sarmaşık) etrafında sarılmak ***sich vor Schmerzen winden*** acıdan kıvranmak
Windenergie /'vintenergi:/ *f* eko rüzgâr enerjisi
windgeschützt /'vintgışütst/ *s* kuytu, rüzgâr almayan
Windhauch /'vinthauh/ *m metr* esinti, meltem, hafif rüzgâr
Windhose /'vintho:zı/ *f metr* tornado, hortum
Windhund /'vinthunt/ *m hayb* tazı; *mec* dikkatsiz kişi
windig /'vindih/ *s metr* rüzgârlı; *mec* şüpheli, inandırıcı olmayan
Windkanal /'vintkana:l/ *m* rüzgâr tüneli
Windmühle /'vintmü:lı/ *f* yel değirmeni
Windpocken /'vintpokın/ *pl hek* suçiçeği
Windrichtung /'vintrihtung/ *f* rüzgâr yönü
Windschatten /'vintşatın/ *m* rüzgârdan korunan bölüm
Windschutzscheibe /'vintşutsşaybı/ *f oto* ön cam
Windstärke /'vintşterkı/ *f* rüzgâr hızı, rüzgâr şiddeti
Windstille /'vintştilı/ *f* rüzgârsızlık, durgunluk, *den* bonaça
Windstoß /'vintşto:s/ *m metr* ani ve şid-

detli rüzgâr
Windsurfen /'vintsörfın/ *n* sörf (sporu)
Windung /'vindung/ *f* eğrilik, eğiklik; kıvrım, büklüm, kıvrıntı; dönemeç, dolambaç, kıvrım
Wink /vink/ *m* mimik, el/baş/göz ile yapılan işaret; ima etme, dolaylı anlatma
Winkel /'vinkıl/ *m* köşe; *mat* açı; gönye ***einen Winkel messen*** *mat* bir açıyı ölçmek ***rechter Winkel*** 90 derecelik açı, dik açı ***spitzer Winkel*** *mat* dar açı ***stumpfer Winkel*** *mat* geniş açı
Winkeladvokat /'vinkılatvoka:t/ *m* güvenilmez avukat, adı kötüye çıkmış avukat
winkelig /'vinkılih/ *s* dolambaçlı, dönemeçli
winken /'vinkın/ *vi* el ile işaret etmek; el sallamak; göz kırpmak, göz kırparak işaret göndermek
Winter /'vintır/ *m* kış ***im Winter*** kışın ***im Winter des Lebens sein*** hayatının kışında olmak, iyice yaşlanmak
Wintereinbruch /'vintıraynbruh/ *m* aniden soğukların bastırması, kışın aniden bastırması
Wintergarten /'vintırgartın/ *m* kış bahçesi
winterlich /'vintırlih/ *s* kışlık, kışla ilgili, kışa ait
Winterreifen /'vintırrayfın/ *pl oto* kış lastiği
Winterschlaf /'vintırşla:f/ *m hayb* kış uykusu
Winzer /'vintsır/ *m* bağcı, üzüm üreticisi
winzig /'vintsih/ *s* küçücük, minicik, minnacık, çok küçük
Winzigkeit /'vintsihkayt/ *f* küçücüklük, ufacıklık, minnacıklık
Wipfel /'vipfıl/ *m* ağaç tepesi
Wippe /'vipı/ *f* tahterevalli
wippen /'vipın/ *vi* sallanmak
wir /vi:r/ *adl* biz
Wirbel /'virbıl/ *m metr* girdap, anafor; devir, şiddetli dairesel hareket, kıskaç hareketi; mit hortum; kapı mandalı, pencere mandalı; *hek* omur; saç tepesi; *müz* telli çalgı mandalı; *müz* ani vuruş değişim ***vom Wirbel bis zur Zehe*** tepeden tırnağa kadar
wirbeln /'virbıln/ *vt/vi* hızla döndürmek; uçuşmak; *müz* (trampet) hızlı çalmak ***mir wirbelt der Kopf!*** başım dönüyor!
Wirbelsäule /'virbılsoylı/ *f hek* belkemiği, omurga
Wirbelwind /'virbılvint/ *m metr* tayfun, kasırga, siklon; yaramaz kişi
wirken /'virkın/ *vi* etkilemek, etkili olmak; örmek, dokumak; faaliyet göstermek, çalışmak; üretmek, ortaya koymak; yapmak, etmek; (hamur) yoğurmak; işlemek, tesir etmek ***auf jdn wirken*** (birisini) etkilemek ***zu wirken beginnen*** etkilemeye başlamak
wirklich /'virklih/ *s* gerçek, hakiki, asıl, esas; gerçeklere uygun; gerçekten var olan; saf, halis, katışıksız, arı; *be* gerçekten, hakikaten ***das wirkliche Leben*** gerçek hayat ***wirklich!*** öyle mi? ***wirkliche Größe*** doğal büyüklük, gerçek boy
Wirklichkeit /'virklihkayt/ *f* gerçek, realite, gerçeklik
wirklichkeitsgetreu /'virklihkaytsgıtroy/ *s* gerçeğe uygun, aslına sadık
wirklichkeitsnah /'virklihkaytsna:/ *s* akla yakın, gerçeğe yakın
wirksam /'virkza:m/ *s* etkili, tesirli ***ein wirksames Mittel*** etkili bir araç, tesirli bir ilaç ***wirksam sein*** etkin olmak
Wirksamkeit /'virkza:mkayt/ *f* etkili olma, etkinlik, etkililik; etken güç; iş görme, çalışma
Wirkstoff /'virkştof/ *m* etkileyici maddeler; hormon - vitamin ve enzimler için kullanılan genel ad
Wirkung /'virkung/ *f* etki, tesir; etkinlik, hareket; başarı, zafer, kazanım; sonuç, netice ***schnelle Wirkung*** çabuk etki, hızlı tesir ***unerwartete Wirkung*** beklenmedik etki ***Wirkung haben*** etkisi olmak, etkilemek
Wirkungsbereich /'virkungsbırayh/ *m* etki alanı, tesir alanı
wirkungslos /'virkungslo:s/ *s* etkisiz, tesirsiz; sonuçsuz; başarısız ***wirkungslos bleiben*** etkisiz kalmak
Wirkungslosigkeit /'virkungslo:zihkayt/ *f* etkisizlik, tesirsizlik; sonuçsuzluk; başarısızlık
wirkungsvoll /'virkungsfol/ *s* etkili, tesirli; iyi sonuçlu; başarılı
wirr /vir/ *s* dağınık, karmakarışık; toparlanmamış; taranmamış; düzensiz, darmadağınık; *mec* açık olmayan, muğlak, karanlık
Wirren /'virın/ *pl* karışıklık, kargaşa, karmaşa; çatışma ***politische Wirren*** siyasi karışıklıklar, politik karmaşa
Wirrwarr /'virvar/ *m* karmakarışıklık, karmançormanlık, dağınıklık, darmada-

W

ğınıklık, keşmekeş

Wirt /virt/ *m* meyhaneci, lokantacı; otelci, hancı; kahveci; ev sahibi; mal sahibi; *biy* konakçı

Wirtschaft /'virtşaft/ *f* ekonomi, iktisat; konaklama yeri, yeme içme yeri; ev idaresi; evişi; *kon* düzensizlik, karmaşa, kargaşa

wirtschaften /'virtşaftın/ *vi* sevk etmek, idare etmek, yönetmek; yiyecek ve içecek satan bir yeri idare etmek; (ev) geçindirmek, idare etmek; *kon* çok meşgul olmak

wirtschaftlich /'virtşaftlih/ *s* ekonomi ile ilgili, ekonomik; ekonomik, idareli, iktisatlı, kısıtlayıcı, hesaplı; kârlı, kazançlı, getirili; parasal, maddi

Wirtschaftlichkeit /'virtşaftlihkayt/ *f* ekonomiklik, iktisatlılık, idarelilik, hesaplılık, tutumluluk

Wirtschaftsaufschwung /'virtşaftsaufşvung/ *m* ekonomik canlanma

Wirtschaftshilfe /'virtşaftshilfı/ *f* ekonomik yardım

Wirtschaftskrise /'virtşaftskri:zı/ *f* ekonomik kriz

Wirtschaftsminister /'virtşaftsministır/ *m* Ekonomi Bakanı

Wirtschaftsministerium /'virtşaftsministe:ryum/ *n* ekonomi bakanlığı

Wirtschaftspolitik /'virtşaftspoliti:k/ *f* ekonomi politikası

Wirtschaftsprüfer /'virtşaftsprü:fır/ *m* muhasebeci

Wirtschaftswachstum /'virtşaftsvakstu:m/ *n* ekonomik büyüme

Wirtschaftswunder /'virtşaftsvundır/ *n* ekonomi mucizesi, ekonomik mucize

Wirtshaus /'virtshaus/ *n* lokanta; birahane, meyhane; yiyecek içecek satan işyeri

Wisch /viş/ *m* mutfak bezi, el bezi, yer bezi; silgi, silici şeyler; süpürge; (alaysı) yazı parçası, paçavra yazı

wischen /'vişın/ *vt* silmek; toz almak; paspas yapmak; ovalamak; *vi* kaçmak, tüymek, sıvışmak ***den Boden wischen*** yerleri silmek

Wischlappen /'vişlapın/ *m* paspas, silme bezi

wispern /'vispırn/ *vt vi* fısıldamak, usulca söylemek

Wissen /'visın/ *n* bilgi, malumat ***meines Wissens*** bildiğim kadarıyla ***ohne mein Wissen*** haberim olmadan, benim bilgim haricinde, bilgim dışında

wissen /'visın/ *vt* bilmek; haberi olmak, vakıf olmak, biliyor olmak; öğrenmiş olmak ***ich weiß es*** biliyorum ***ich weiß es nicht*** bilmiyorum ***jdm Dank wissen*** (birisine) müteşekkir olmak ***um etw wissen*** (bir şey hakkında) bilgisi olmak ***weiß Gott!*** Allah bilir!

Wissenschaft /'visınşaft/ *f* bilim ***Wissenschaft und Bildung*** bilim ve irfan

Wissenschaftler /'visınşaftlır/ *m* bilim adamı

wissenschaftlich /'visınşaftlih/ *s* bilimsel ***wissenschaftlich gebildet*** yüksek öğrenim görmüş, yüksek tahsilli ***wissenschaftliche Forschung*** bilimsel araştırma ***wissenschaftliche Untersuchung*** bilimsel araştırma

Wissensdrang /'visınsdran/ *m* bilim aşkı, öğrenme aşkı, öğrenme hırsı

Wissensgebiet /'visınsgıbi:t/ *n* bilim alanı

wissenswert /'visınsve:rt/ *s* bilmeye değer, öğrenilmeye değer

wissentlich /'visıntlih/ *s* kasıtlı, bilerek, maksatlı; bilinçli, istem dahilinde; *be* bilerek, bile bile

wittern /'vitırn/ *vt* kokusunu almak; sezmek, fark etmek ***Gefahr wittern*** tehlikeyi sezmek, tehlikenin kokusunu almak

Witterung /'vitırung/ *f* hava durumu, hava; sezme, koku alma, fark etme ***eine milde Witterung*** yumuşak bir hava ***Witterung bekommen*** kokusunu almak

Witwe /'vitvı/ *f* dul kadın

Witwenrente /'vitvınrentı/ *f* dul emekli aylığı

Witwer /'vitvır/ *m* dul erkek

Witz /vits/ *m* şaka, latife, alay, takılma, eğlenme, kafa bulma; espri, nükte, fıkra; espri yeteneği; eğlence; zekâ, cinlik, kurnazlık; püf noktası ***etw mit einem Witz erzählen*** (bir şeyi) bir espriyle anlatmak ***mach keine Witze!*** şaka yapma! ***soll das ein Witz sein?*** şaka mı bu?

Witzbold /'vitsbolt/ *m* espri yapan kişi, espritüel kişi, şakacı kişi

witzig /'vitsih/ *s* esprili, nükteli, şaka içeren, alaylı; (kişi) espri sahibi, şakacı;

zeki, akıllı, cin gibi ***eine witzige Rede*** esprili bir konuşma, şaka dolu bir konuşma

witzlos /'vitslo:s/ *s* esprisiz, şak yapmadan, tatsız, yavan, kuru; anlamsız, faydasız, yararsız, boşuna

wo /vo:/ *be* (soru zarfı) nerede?; (ilgi zarfı) ki orada, ki o zamanda; bir yerde, bir tarafta ***von wo?*** nereden? ***wo ist er?*** o nerede? ***wo sind wir hier?*** burası neresi? ***wo wohnst du?*** nerede oturuyorsun?

woanders /vo'andırs/ *be* bir başka yerde, başka bir yerde

wobei /vo'bay/ *be* (soru zarfı) nerede; hangi konuda; yanında, yakınında; (ilgi zarfı) ki orada, ki o şeyin yanında

Woche /'vohı/ *f* hafta ***die Woche über*** hafta içinde ***in einer Woche*** bir hafta içinde ***letzte Woche*** geçen hafta ***nächste Woche*** gelecek hafta ***von Woche zu Woche*** haftadan haftaya ***seit einer Woche*** bir haftadan beri ***zweimal in der Woche*** haftada iki kere

Wochenbett /'vohınbet/ *n hek* loğusa yatağı

Wochenblatt /'vohınblat/ *n* haftalık dergi, haftalık gazete

Wochenende /'vohınendı/ *n* haftasonu ***am Wochenende*** haftasonunda

Wochenkarte /'vohınkartı/ *f* haftalık kart; haftalık abonman

wochenlang /'vohınlang/ *s* haftalarca, haftalar boyu, haftalar süren

Wochenlohn /'vohınlo:n/ *m* haftalık ücret

Wochentag /'vohınta:k/ *m* çalışma günü, iş günü; haftanın herhangi bir günü

wochentags /'vohınta:ks/ *be* çalışma günleri boyunca, mesai günleri boyunca

wöchentlich /'vöhıntlih/ *be* her hafta; haftalık; *s* haftada bir olan

Wöchnerin /'vöhnırin/ *f* loğusa

wodurch /vo'durh/ *be* (soru zarfı) ne ile?, ne sebeple?, ne şekilde?, ne yüzden?; (ilgi zarfı) böylece, bu suretle, bu şekilde, bu nedenle, bu sebeple

wofür /vo'fü:r/ *be* (soru zarfı) niçin?, ne için?, neden?, niye?, ne amaçla?, ne sebeple?; (ilgi zarfı) ki onun için, ki buna mukabil ***wofür halten Sie mich?*** beni ne sanıyorsunuz?

Woge /'vo:gı/ *f* büyük dalga

wogegen /vo'ge:gın/ *be* (soru zarfı) neye karşı, neye karşılık, neye mukabil; (ilgi zarfı) ki ona karşı, ki ona mukabil

wogen /'vo:gın/ *vi* dalgalanmak; yayılmak, dalgalanarak yayılmak, dalga dalga yayılmak

woher /vo'he:r/ *be* (soru zarfı) nereden?, hangi yerden?, hangi taraftan?, nasıl?; (ilgi zarfı) oradan, o suretle ***woher kommst du?*** nerelisin?; nereden geliyorsun?

wohin /vo'hin/ *be* (soru zarfı) nereye?, ne tarafa?; (ilgi zarfı) oraya, o tarafa ***ich muss mal wohin*** *kon* tuvalete gitmeliyim ***wohin gehst du?*** nereye gidiyorsun?

wohl /vo:l/ *ilg* gerçi, her ne keder; *be* hoş, iyi; sağ, sıhhatte; aşağı yukarı, yaklaşık olarak, tahminen, muhtemelen ***das ist wohl möglich*** mümkün olabilir ***leben Sie wohl!*** sağlıcakla kalın! kendinize iyi bakın! ***nun wohl!*** iyi o halde!, tamam o zaman! ***sehr wohl!*** pekâlâ ***sich wohl fühlen*** kendini iyi hissetmek ***wohl aussehen*** sağlıklı görünmek, iyi görünmek ***wohl bekomm's!*** (kadeh kaldırırken) sağlığınıza!

Wohl /vo:l/ *n* sağlık, sıhhat, esenlik, iyilik; refah, huzur; mutluluk; fayda, yarar ***auf Ihr Wohl!*** (içki) sağlığınıza! ***auf jds Wohl trinken*** (içki) (birisinin) sağlığına içmek ***zum Wohl!*** (içki) sağlığa!

Wohlbefinden /'vo:lbıfindın/ *n* iyilik, sıhhat, refah, mutluluk, huzur

Wohlbehagen /'vo:lbıha:gın/ *n* huzur, rahatlık, mutluluk, keyif

wohlbehalten /'vo:lbıhaltın/ *be* sağ salim; zarar görmeden, sağlam bir şekilde ***wohlbehalten zu Hause ankommen*** sağ salım eve varmak

Wohlergehen /'vo:lerge:ın/ *n* esenlik, mutluluk, sağlık, sıhhat; iyilik, afiyet

wohlerzogen /'vo:lertso:gın/ *s* iyi eğitilmiş, terbiyeli

Wohlfahrt /'vo:lfa:rt/ *f* esenlik, mutluluk, sağlık, sıhhat; iyilik, afiyet; sosyal yardım

Wohlfahrtsstaat /'vo:lfa:rtsşta:t/ *m* sosyal devlet, refah devleti

Wohlgefallen /'vo:lgıfalın/ *n* sevinç, mutluluk, memnuniyet, hoşnutluk, afiyet; haz, keyif, zevk ***sich in Wohlgefallen auflösen*** *mec* planı suya düşmek; (eşya) parçalanmak, kırılmak

wohlgemerkt /'vo:lgımerkt/ *be* özellikle, bilhassa

W

Wohlgeruch /'vo:lgıruh/ *m* güzel koku; parfüm
wohlgesinnt /'vo:lgızint/ *s* iyi niyet sahibi, artniyetsiz, hayırsever, iyiliksever ***jdm wohlgesinnt sein*** (birisine karşı) güler yüz göstermek, ilgi göstermek, yakınlık göstermek
wohlhabend /'vo:lha:bınt/ *s* zengin, varlıklı, varsıl, hali vakti yerinde, han hamam sahibi
Wohlhabenheit /'vo:lha:bınhayt/ *f* zenginlik, varlık
wohlig /'vo:lih/ *s* rahat, hoş, huzurlu, sıhhatli, afiyetli
wohlriechend /'vo:lri:hınt/ *s* güzel kokan, güzel kokulu, hoş kokulu
wohlschmeckend /'vo:lşmekınt/ *s* (yiyecek) tadı güzel, lezzetli, nefis
Wohlstand /'vo:lştant/ *m* zenginlik, varlık, refah, huzur ***im Wohlstand leben*** refah içinde yaşamak, varlık içinde yüzmek ***zu Wohlstand kommen*** *mec* biti kanlanmak, sonradan görmek
Wohlstandsgesellschaft /'vo:lştantsgızelşaft/ *f* refah toplumu
Wohltat /'vo:lta:t/ *f* iyilik, yardımseverlik, hayırlı iş, yardım; ferahlık, hoşluk, huzur; nimet
Wohltäter /'vo:lte:tır/ *m* iyiliksever kişi, hayırsever kişi, yardımsever kişi
wohltätig /'vo:lte:tih/ *s* iyilik eden, hayırsever, yardımsever ***wohltätiger Mensch*** yardımsever bir kişi, hayırsever bir kişi
Wohltätigkeit /'vo:lte:tihkayt/ *f* iyilikseverlik, hayırseverlik, yardımseverlik
wohltuend /'vo:ltu:ınt/ *s* ferahlatıcı, iç açan, gönül açan, hoş; yardım edici
wohlverdient /'vo:lferdi:nt/ *s* alın teriyle kazanılan, hakkıyla kazanılan
wohlweislich /'vo:lvayslih/ *be* akıllıca, zekice, ustaca; tedbirli olarak
Wohlwollen /'vo:lvolın/ *n* lütuf, teveccüh, iyi ilgi
wohlwollend /'vo:lvolınt/ *s be* iyiliksever, yardımsever, hayırsever, lütufkâr; dostça, dostane, arkadaşça
Wohnblock /'vo:nblok/ *m* apartman, apartman binası
wohnen /'vo:nın/ *vi* ikamet etmek, oturmak, kalmak
Wohnfläche /'vo:nflehı/ *f mim* oturma alanı
Wohngebäude /'vo:ngıboydı/ *n* apartman, konut, mesken, ev
Wohngebiet /'vo:ngıbi:t/ *n* konut bölgesi
Wohngeld /'vo:ngelt/ *n* kira yardımı
Wohngemeinschaft /'vo:ngımaynşaft/ *f* birlikte oturma, apartmanda başkalarıyla birlikte oturma
wohnhaft /'vo:nhaft/ *be* mukim, sakin, devamlı ikamet eden, sürekli oturan
Wohnhaus /'vo:nhaus/ *n* apartman, konut, mesken, ev
Wohnheim /'vo:nhaym/ *n* yurt
Wohnküche /'vo:nkühı/ *f* amerikan mutfak-salon, hem mutfak hem oturma odası
wohnlich /'vo:nlih/ *s* oturulabilir, rahat, konforlu, iyi planlanmış ***das Zimmer wohnlich einrichten*** odayı konforlu bir şekilde döşemek
Wohnmobil /'vo:nmobi:l/ *n* karavan
Wohnort /'vo:nort/ *m* ikametgâh, oturulan yer
Wohnraum /'vo:nraum/ *m* oturma odası; konut alanı, yerleşime uygun yer
Wohnsitz /'vo:nzits/ *m* ikametgâh, sürekli oturulan yer
Wohnung /'vo:nung/ *f* konut, mesken, ev; ikametgâh; apartman dairesi
Wohnungsbau /'vo:nungsbau/ *m* konut yapımı, konut inşası
Wohnungsmarkt /'vo:nungsmarkt/ *m* konut piyasası, emlak piyasası
Wohnungsnot /'vo:nungsno:t/ *f* konut sıkıntısı
Wohnungssuche /'vo:nungszu:hı/ *f kon* ev arama
Wohnviertel /'vo:nfirtıl/ *n* sadece konutların bulunduğu semt, ikamet bölgesi
Wohnwagen /'vo:nva:gın/ *m* karavan
Wohnzimmer /'vo:ntsimır/ *n* oturma odası
wölben /'völbın/ *vt mim* kubbelendirmek, kemer gibi kabartmak ***sich wölben*** kubbelenmek
Wölbung /'völbung/ *f mim* kubbe, kemer, kabartı
Wolf /volf/ *m hayb* kurt; kıyma makinesi; *hek* deri kızarması, deri iltihaplanması ***das Fleisch durch den Wolf drehen*** eti makineyle kıymak ***wie ein Wolf hungrig sein*** kurt gibi acıkmış olmak, çok acıkmış olmak
Wolke /'volkı/ *f metr* bulut
Wolkenbruch /'volkınbruh/ *m metr* sağanak yağmur
Wolkendecke /'volkındekı/ *f metr* bulut

tabakası, bulut kaplaması
Wolkenkratzer /'volkınkratsır/ *m kon* gökdelen bina
wolkenlos /'volkınlo:s/ *s metr* (hava) bulutsuz, açık, pırıl pırıl ***wolkenloser Himmel*** pırıl pırıl gökyüzü, bulutsuz gökyüzü
wolkig /'volkih/ *s metr* (hava) bulutlu, bulutlarla kaplı, kapalı; *fot* lekeli
Wolle /'volı/ *f* yün ***aus reiner Wolle*** saf yünden ***in der Wolle gefärbt*** *mec* saf, gerçek, halis ***jdn in die Wolle bringen*** *mec* (birisini) kızdırmak, sinirlendirmek ***reine Wolle*** saf yün
wollen /'volın/ *mv* istemek, talep etmek, arzu etmek; (bir ye için) niyetli olmak, yapmayı istemek, yapmak arzusunda olmak; tercih etmek, yeğlemek; sahip olmayı istemek; *s* yünlü, yünden ***ein Kind haben wollen*** bir çocuk sahibi olmak istemek ***das will etw heißen*** *mec* bu çok şey ifade ediyor ***was wollen Sie trinken?*** ne içmek istersiniz? ***wie Sie wollen!*** nasıl isterseniz!
Wollust /'volust/ *f* şehvet, kösnü; büyük mutluluk, büyük sevinç ***etw mit wahrer Wollust tun*** (bir şeyi) büyük bir zevkle yapmak
wollüstig /'volüstih/ *s* şehvetli, arzulu, kösnül; zevk duyarak, büyük zevkle
womit /vo'mit/ *be* (soru zarfı) ne ile?, neyle?; (ilgi zarfı) onunla, ki onunla ***Womit beschäftigst du dich?*** ne işle uğraşıyorsun?
womöglich /vo'mö:klih/ *be* belki, muhtemelen, ihtimaldir ki; mümkünse, mümkün olduğu kadar
wonach /vo'na:h/ *be* (soru zarfı) neye göre?, neye istinaden?, ne?; (ilgi zarfı) ondan sonra, ona göre
Wonne /'vonı/ *f* büyük zevk, sonsuz haz, çok büyük sevinç, büyük mutluluk
woran /vo'ran/ *be* (soru zarfı) neyin yanında?; neyi?, neye?; (ilgi zarfı) ki onun yanında; buna bağlı, buna ***Woran denkst du?*** ne düşünüyorsun?
worauf /vo'rauf/ *be* (soru zarfı) neyin üzerinde?, neyin üstünde?, neye?, neyi?; onun üzerinde, bunun üzerinde, bunu ***worauf freust du dich*** neye seviniyorsun? ***worauf wartest du?*** neyi bekliyorsun
woraufhin /vorauf'hin/ *be* (ilgi zarfı) bundan dolayı, bunun üzerine
woraus /vo'raus/ *be* (soru zarfı) neden?, hangi şeyden?; nereden, hangi memleketten; (ilgi zarfı) ki ondan, ondan, bundan
worin /vo'rin/ *be* (soru zarfı) neyin içinde, neyin içine, nerede; (ilgi zarfı) ki onun içinde ***das Haus, worin wir leben*** içinde yaşadığımız ev
Wort /vort/ *n dilb* kelime, sözcük, söz; lügat, laf; deyim, ifade, tabir, terim; vecize, kelam; atasözü; özdeyiş; vaat, söz; *ed* metin, tekst; *müz* güfte ***auf mein Wort!*** sözüm söz!, dinim hakkı için! ***das große Wort führen*** büyük söz söylemek ***das Wort ergreifen*** ağzından söz almak, söz verdirmek ***das Wort erteilen*** söz vermek ***das Wort führen*** sözcülük etmek; konuyu açmak ***das Wort Gottes*** Allahın kelamı ***das Wort nehmen*** söz almak ***ein Mann, ein Wort!*** söz bir, Allah bir ***ein Mann von Wort*** sözünün eri adam ***geflügelte Worte*** ünlü sözler ***jdm böse Worte geben*** (birisine) kötü söz söylemek ***jdm das Wort abschneiden*** (birisinin) sözünü kesmek ***jdm das Wort erteilen*** (birisine) söz vermek ***jdm das Worte entziehen*** sözünü kesmek ***keine Worte finden*** söyleyecek söz bulamamak ***mit anderen Worten*** bir başka deyişle ***mit einem Wort*** lafın kısası, kısacası ***mit süßen Worten*** tatlı dille ***offenes Wort reden*** açık konuşmak, sözünü esirgemeden konuşmak ***ohne Worte*** (karikatür) yazısız ***sein Wort halten*** sözünü tutmak, vaadini yerine getirmek ***sein Wort zurücknehmen*** sözünden dönmek ***um das Worte bitten*** söz istemek, konuşma hakkı istemek ***Wort für Wort*** kelime kelime, sözcük sözcük, harfiyen
Wortart /'vorta:rt/ *f dilb* kelime türü
wortbrüchig /'vortbrühih/ *s* sözünü tutmayan, sözünde durmayan, sözünün eri olmayan
Wörterbuch /'vörtırbu:h/ *n* sözlük, lügat ***etymologisches Wörterbuch*** etimoloji sözlüğü
Wortführer /'vortfü:rır/ *m* sözcü
wortgetreu /'vortgıtroy/ *s* harfiyen, kelimesi kelimesine, aynen, tıpa tıp
wortgewandt /'vortgıvant/ *s* ağzına sahip, ne dediğini bilen
wortkarg /'vortkark/ *s* sessiz, gıkı çıkmayan, az konuşan, ağzı var dili yok

W

Wortlaut /'vortlaut/ *m* tam metin
wörtlich /'vörtli**h**/ *s* kelime kelime, motomot, harfiyen, aynen ***wörtliche Übersetzung*** motomot çeviri, kelimesi kelimesine çeviri
wortlos /'vortlo:s/ *s* ağzını açmayan, gıkı çıkmayan, sessiz; ses çıkarmadan, sessizce
Wortmeldung /'vortmeldung/ *f* söz istemi, söz isteme, söz alma talebi
wortreich /'vortray**h**/ *s* kelime açısından zengin, kelimece zengin, zengin söz dağarcığın sahip; gereksiz sözlerle, boş sözlerle
Wortschatz /'vortşats/ *m* söz dağarcığı, sözcük dağarcığı, kelime hazinesi
Wortschöpfung /'vortşöpfung/ *f* kelime türetme, kelime yaratma
Wortschwall /'vortşval/ *m* laf kalabalığı, kuru laf kalabalığı
Wortspiel /'vortşpi:l/ *n* kelime oyunu, cinas, sözcük oyunu
Wortwechsel /'vortveksıl/ *m* ağız kavgası, ağız dalaşı, söz dalaşı; tartışma, münakaşa
worüber /vo'rü:bır/ *be* (soru zarfı) ne hakkında?, ne üzerinde?; (ilgi zarfı) onun hakkında, bu konuda, bunun hakkında
worum /vo'rum/ *be* (soru zarfı) hangi konuda?, ne hakkında?, ne üzerine?; (ilgi zarfı) ki o konuda, bu konuda, onun hakkında, bunun hakkında ***worum handelt es sich?*** söz konusu olan ne?
worunter /vo'runtır/ *be* (soru zarfı) neden?, neden dolayı?, niçin?, ne sebeple?; (ilgi zarfı) ki ondan, bundan, ondan dolayı, bundan dolayı
wovon /vo'fon/ *be* (soru zarfı) neden?, hangi konudan?; (ilgi zarfı) ki ondan, ki bundan ***wovon sprichst du?*** neden bahsediyorsun?
wovor /vo'fo:r/ *be* (soru zarfı) neden?, ne hakkında?; (ilgi zarfı) ki bu nedenle, bundan, ondan
wozu /vo'tsu:/ *be* (soru zarfı) niye?, ne diye?; ne hakkında?, ne sebeple?, niçin?, neden?, hangi amaçla?; (ilgi zarfı) onun için, o yüzden, bu nedenle, ki bundan, ki bu sebeple, o amaçla
Wrack /vrak/ *n* araç enkazı, hurda araç; *den* gemi enkazı
Wucher /'vu:**h**ır/ *m* tefecilik, faizcilik, vurgunculuk ***das ist ja Wucher!*** çok fahiş fiyat! ***Wucher treiben*** aşırı kâr sağlamak
wuchern /'vu:**h**ırn/ *vi* tefecilik yapmak, faizcilik yapmak, vurgunculuk yapmak; *bitk* hızla çoğalmak
Wucherung /'vu:**h**ırung/ *f hek* ur, tümör
Wuchs /vu:ks/ *m bitk* büyüme, gelişme, fışkırma; *bitk* hızla çoğalma; endam, boy bos, cüsse ***von schlankem Wuchs*** boylu boslu, tığ gibi
Wucht /vu**h**t/ *f* kuvvet, güç, ağırlık, baskı, basınç, tazyik; atak, hamle, girişim; (yemek) porsiyon; miktar, oran, ölçek, karar
wuchtig /'vu**h**ti**h**/ *s* güçlü, kuvvetli, heybetli, ağır, büyük, olanca
wühlen /'vü:lın/ *vi* eleriyle kazıyarak aramak, eliyle kazmak; eşmek, eşelemek; debelenmek; büyük bir hırsla çalışmak, olanca gücüyle çalışmak; kışkırtmak, tahrik etmek; kendine yol açmak ***wühlender Schmerz*** büyük işkence, büyük sıkıntı, büyük eziyet
Wühlmaus /'vü:lmaus/ *f hayb* susıçanı
Wühltisch /'vü:ltiş/ *m* eko indirimli dökme mal tezgâhı
wund /vunt/ *s* yaralı, bereli; yaralanma ***wunde Stelle*** yara ***wunder Punkt*** bityeniği, kurtyeniği; bamteli, can alıcı nokta
Wunde /'vundı/ *f hek* yara, bere
Wunder /'vundır/ *n* mucize, tansık, harika; olağanüstü şey; hilkat garibesi; keramet; hayret, şaşkınlık; hayal kırıklığına uğrama ***das ist ein Wunder*** bu bir mucize ***ein Wunder der Natur*** doğanın mucizesi ***kein Wunder!*** *kon* şaşırmadım!, benim için sürpriz değil!
wunderbar /'vundırba:r/ *s* olağanüstü, müthiş, harikulade, doğaüstü, mucizevi; eşi benzeri olmayan, eşsiz, şaheser; çok güzel ***wunderbares Essen*** nefis yemek, olağanüstü güzel yemek ***wunderbares Wetter*** harika hava
Wunderkerze /'vundırkertsı/ *f* kıvılcımlı yanan mum
Wunderkind /'vundırkint/ *n* harika çocuk; süper çocuk, süper zeki çocuk, süper yetenekleri olan çocuk
wunderlich /'vundırli**h**/ *s* acayip, garip, tuhaf, şaşılası, şaşılacak, orijinal; (kişi) titiz, müşkülpesent, eksantrik; maymun iştahlı
Wunderlichkeit /'vundırli**h**kayt/ *f* acayip-

W

lik, gariplik, tuhaflık

Wundermittel /'vundırmitıl/ *n* olağanüstü etkili ilaç, şıp diye deva olan ilaç; her derde deva

wundern /'vundırn/ *vt* şaşırtmak, hayrete düşürmek; sürpriz yapmak ***sich wundern (über)*** hayret etmek, şaşırmak

wundersam /'vundırza:m/ *s ed* eşi görülmemiş, eşi benzeri olmadık, olağanüstü, mucizevi, kerametli; acayip, garip, tuhaf

wundervoll /'vundırfol/ *s* muhteşem, olağanüstü, son derece güzel, harikulade, çok güzel, enfes

Wundfieber /'vuntfi:bır/ *n hek* yara ateşi, yaranın yolaçtığı ateş

Wundsalbe /'vuntzalbı/ *f* yara merhemi

Wundstarrkrampf /'vuntştarkrampf/ *m hek* tetanos

Wunsch /vunş/ *m* arzu, istek, istem; dilek, temenni; talep; canı çekme; tebrik; maksat, niyet; heves, rağbet ***auf Wunsch*** talep üzerine, istendiğinde ***auf allgemeinen Wunsch*** genel istek üzerine ***haben Sie noch Wünsche?*** başka isteğiniz var mı? ***nach Wunsch*** arzuya göre, isteğe göre; gönlünce, dilediğince

Wunschdenken /'vunşdenkın/ *n* ütopik düşünce, idealist düşünce, gerçekleşmeyecek düşünce

wünschen /'vünşın/ *vt* dilemek, arzulamak, arzu etmek; istemek, talep etmek; temenni etmek, dilemek; özenmek, canı çekmek, imrenmek ***Was wünschen Sie?*** Ne arzu ediyorsunuz? ***Wie Sie wünschen!*** Nasıl arzu ederseniz! ***Wünsche von mir, was du willst!*** Dile benden ne dilersen!

wünschenswert /'vünşınsve:rt/ *s* istemeye değer, dilemeye değer, arzu etmeye değer; istenilebilir, arzu edilebilir; değerli, kıymetli

wunschgemäß /'vunşgıme:s/ *s* isteğe göre, istendiğinde, isteğe uygun olarak

Wunschtraum /'vunştraum/ *m* arzuların yarattığı düş; ideal, ülkü

Würde /'vürdı/ *f* şeref, haysiyet, onur, erdem, şan; heybet, ağırbaşlılık, vakar; şevket, haşmet, asalet; liyakat, kıymet; rütbe, makam, mevki, kıdem; paye, kıymet, değer; unvan, nam, san ***die Würde des Alters*** yaşın verdiği olgunluk

würdelos /'vürdılo:s/ *s* onursuz, şerefsiz, haysiyetsiz, kepaze; utanmaz, rezil, ahlaksız

Würdelosigkeit /'vürdılo:zihkayt/ *f* onursuzluk, şerefsizlik, haysiyetsizlik, kepazelik; utanmazlık, rezillik, ahlaksızlık

Würdenträger /'vürdıntre:gır/ *m* rütbe sahibi, makam sahibi; şeref sahibi

würdevoll /'vürdıfol/ *s* vakur, vakarlı; heybetli, azametli, ağır başlı, gösterişli; şerefli, haysiyet sahibi

würdig /'vürdih/ *s* layık, değer, değerli; ağırbaşlı, vakur

würdigen /'vürdigın/ *vt* değerini bilmek, kıymetini bilmek, takdir etmek, saygıyla karşılamak ***jdn einer Sache würdigen*** (birisini bir şeye) layık görmek

Würdigung /'vürdigung/ *f* değerini takdir etme, kıymetini bilme; kadirşinaslık

Wurf /vurf/ *m* atma, fırlatma, fırlatıp atma; atış; *hayb* yavrulama, doğurma; *mec* atılım, girişim, başarı; *hayb* yabandomuzu burnu

Würfel /'vürfıl/ *m mat* küp; zar ***Würfel spielen*** zar atmak

würfeln /'vürfıln/ *vi* zar atmak

Würfelzucker /'vürfıltsukır/ *m* küp şeker

Wurfsendung /'vurfzendung/ *f* posta yoluyla yayın dağıtımı

Würgegriff /'vürgıgrif/ *m* -in boğazını sıkma

würgen /'vürgın/ *vt* boğazını sıkmak; *vi* kusacak gibi olmak; *kon* eşek gibi çalışmak, kan ter içinde kalmak ***an etw würgen*** (bir şeyi çok zor yutmak, yutarken boğuluyor gibi olmak

Wurm /vurm/ *m hayb* solucan, kurt, şerit, tenya; *hek* dolama, parmak iltihaplanması; *kon* çocuk, velet; *mec* kuşku, şüphe; canavar, yırtıcı hayvan ***das arme Wurm!*** zavallı çocuk! ***der Wurm sitzt im Holz*** ağaç kurtlanmış ***in der Sache ist der Wurm*** *mec* bir bit yeniği var ***jdm die Würmer aus der Nase ziehen*** *mec* (birisinin) ağzından laf almak ***Wurm haben*** kurtlu olmak

Wurst /vurst/ *f* sosis, sucuk, salam ***es geht jetzt um die Wurst!*** dananın kuyruğu şimdi kopacak!

Wurstbrot /'vurstbro:t/ *n* salamlı ekmek

Würstchen /'vürsthın/ *n* küçük sosis, küçük sucuk, küçük salam; *mec* değersiz kişi, önemsiz kişi; *mec* zavallı kimse, beş para etmez kimse

Würstchenbude /'vürsthınbu:dı/ *f* sosis

büfesi
wursteln /'vurstıln/ *vi* verimsiz çalışmak, yavaş çalışmak; dağınık çalışmak, düzensiz çalışmak
Würze /'vürtsı/ *f bitk* baharat, bahar; aroma, rayiha; tat, lezzet, çeşni ***in der Kürze liegt Würze!*** az olsun öz olsun!
Wurzel /'vurtsıl/ *f bitk* kök; *dilb* kök; *mec* esas, temel, kök, neden; *mat* kök; dip, dip taraf, dip bölüm ***Pflanzen treiben Wurzel*** bitkiler kök salar ***Wurzeln schlagen*** *mec* kök salmak, bir yere yerleşmek
Wurzelbehandlung /'vurtsılbı**h**andlung/ *f hek* (diş) kök tedavisi
wurzeln /'vurtsıln/ *vi* kök salmak, kökleşmek; *mec* bir yere yerleşmek; kökü bir yerde bulunmak
würzen /'vürtsın/ *vt* baharatlamak, baharlamak; çeşni vermek, aroma vermek, tat vermek; *mec* süslemek, güzelleştirmek, daha iyi hale getirmek
würzig /'vürtsi**h**/ *s* baharatlı, baharlı; çeşnili, aromalı ***würziger Duft*** ıtırlı koku, güzel koku
wüst /vü:st/ *s* tenha, ıssız, boş, in cin top oynuyor; dağınık, karışık, karmakarışık, karman çorman; (kişi) kaba, görgüsüz, odun gibi; ahlaksız, terbiyesiz ***ein wüster Kerl*** rezil bir herif
Wust /vuat/ *m kon* kargaşa, karmaşa, karışıklık
Wüste /'vü:stı/ *f coğ* çöl, sahra; ıssızlık, tenhalık ***das Schiff der Wüste*** *mec* deve ***in der Wüste van Tamaulipus*** Tamaulipus çölünde ***jdn in die Wüste schicken*** *mec* (birisini) görevinden uzaklaştırıp pasif bir göreve getirmek
Wüstenfuchs /'vü:stınfuks/ *m hayb* çöl tilkisi
Wüstling /'vü:stling/ *m* zevk düşkünü, sefa düşkünü, hovarda, sefih; ahlaksız adam, terbiyesiz adam
Wut /vu:t/ *f* öfke, hiddet, kızgınlık, kudurma; hışım, gazap; düşkünlük, iptila, aşırı eğilim; *hek* kuduz ***in Wut geraten*** kudurmak, sinirlenmek, öfkelenmek, öfkeden çıldırmak ***rasender Wut*** vahşi öfke ***vor Wut kochen*** öfkeden kudurmak ***vor Wut schäumen*** öfkeden köpürmek
Wutausbruch /'vu:tausbru**h**/ *m hek* öfke krizi; öfkeden kudurma
wüten /'vü:tın/ *vi* hiddetlenmek, öfkelenmek, çılgına dönmek, öfkeden kudurmak; *mec* asmak, kesmek, ortalığı birbirine katmak; *metr* (rüzgâr) tahribat yapmak, zarar vermek
wütend /'vü:tınt/ *s* kızgın, hiddetli, öfkeli, sinirli, öfkeden kudurmuş, hışımlı; (ağrı) şiddetli; (ateş) kemirici ***jdn wütend angreifen*** (birisini hiddetle kendine çekmek ***Mach mich nicht wütend!*** sinirimi ayağa kaldırma!, kudurtma beni! ***wütend machen*** öfkeden kudurtmak ***wütend werden*** tepesi atmak, öfkeden kudurmak, sinirlenmek, heyheyleri gelmek ***wütende Blicke schleudern*** öfkeli bir bakış atmak
Wüterich /'vü:tıri**h**/ *m* gaddar, zalim, acımasız, merhametsiz, kana susamış, gözünü öfke bürümüş
wutschnaubend /'vu:tşnaubınd/ *s* öfkeden kudurmuş, öfkeden çıldırmış, hiddetten köpürmüş

X

x-Achse /'iksaksı/ *f mat* X-ekseni
X-Beine /'iksbaynı/ *pl* X-biçiminde çarpık bacaklar
x-beinig /'iksbayni**h**/ *s* çarpık bacaklı
x-beliebig /'iksbıli:bi**h**/ *be* (birisi) rasgele, herhangi ***jeder x-Beliebige*** herhangi biri, rasgele biri ***x-beliebige Leute*** herhangi biri
Xenon /'kse:non/ *n kim* ksenon
Xenophobie /ksenofo'bi:/ *f* yabancı düşmanlığı
x-fach /'iksfa**h**/ *s* katmerli; *be* sık sık, çok defa, çok kere
x-förmig /'iksförmi**h**/ *s* çarpı biçiminde
x-mal /iks'ma:l/ *be* defalarca, kaç defa, kaç kere ***x-mal sagen*** defalarca söylemek
X-Strahlen /'iksştra:lın/ *pl fiz* x-ışınları, röntgen ışınları

Y

Yacht /ya**h**t/ *f den* yat
Yak /yak/ *m* Jak
Yoga /'yo:ga/ *m* yoga
Ypsilon /'üpzilon/ *n* "Y" harfinin Almanca adı
Yuppie /'yupi:/ *m* yupi

Z

zack /tsak/ *ünl* hınk! zınk!; cırt!, cırt diye!
Zacke /'tsakı/ *f* sivri uç; (çatal, tarak) uç, diş
Zacken /'tsakın/ *m* sivri uç; (çatal, tarak) uç, diş
zackig /'tsakih/ *s* uçlu, dişli, sivri uçlu, çentikli; atik, çevik; *ask* askerce, askere yakışır şekilde; yiğit, cesurca ***zackig grüßen*** sert bir şekilde asker selamı çakmak
zaghaft /'tsa:khaft/ *s* çekingen, utangaç, mahcup, sıkılgan; korkak, yüreksiz; kararsız, ikircikli; pısırık, tutuk ***sei nicht so zaghaft!*** bu kadar pısırık olma!; bu kadar korkak olma!; bu kadar kararsız olma!
Zaghaftigkeit /'tsa:khaftihkayt/ *f* utangaçlık, çekingenlik, mahcupluk; korkaklık, ürkeklik; pısırıklık; duraksama, tereddüt
zäh /tse:/ *s* sert, sağlam; ağdalı, kıvamlı, koyu; sağlam, dayanıklı; katı, inatçı, dik kafalı ***zähes Fleisch*** iyi pişmemiş et ***zähes Leder*** kayış gibi deri
zähflüssig /'tse:flüsih/ *s* ağdalı, yapışkan ve akıcı olmayan ***zähflüssig wie Honig*** bal gibi yapışkan
Zähigkeit /'tse:ihkayt/ *f* dayanıklılık, sağlamlık; ağdalılık, kıvamlılık; akışmazlık, viskozite ***zahlen bitte!*** hesap lütfen! ***zählen zu*** arasında sayılmak
Zahl /tsa:l/ *f* sayı; adet, çokluk, sayı ***eine runde Zahl*** yuvarlak bir sayı ***fünf an der Zahl*** beş adet ***gerade Zahlen*** çift sayılar ***in großer Zahl*** çok sayıda ***ungerade Zahlen*** *tek* sayılar
zahlbar /'tsa:lba:r/ *s* ödenebilir; ödenmesi gereken ***zahlbar nach Erhalt*** (posta gönderisi) ücreti teslimat sırasında ödenecektir
zählbar /'tse:lba:r/ *s* sayılabilir
zahlen /'tsa:lın/ *vt* ödemek, ödeme yapmak, parasını vermek ***die Rechnung zahlen!*** bedelini ödemek; sonuçlarına katlanmak ***was habe ich zu zahlen?*** borcum ne kadar? ***Zahlen!*** hesap lütfen!
zählen /'tse:lın/ *vt* saymak; güvenmek, itimat etmek ***das Geld zählen*** para saymak ***es zählt*** *mec* geçerli ***gezählte Tage haben*** sayılı günleri kalmak ***jdn zu etw zählen*** (birisini) adamdan saymak; (birisini bir şey) sanmak ***nicht bis drei zählen können*** *mec* çok aptal olmak ***zu etw zählen*** arasına sıralanmak; ...dan sayılmak
Zahlenangabe /'tsa:lınanga:bı/ *f* sayısal veriler, sayısal değerler
Zahlenschloss /'tsa:lınşlos/ *m* şifreli kilit
Zähler /'tse:lır/ *m* sayan, sayıcı; sayaç; *mat* pay
zahllos /'tsa:llo:s/ *s* sayısız, birçok ***zahllose Kinder*** bir sürü çocuk, sayısız çocuk
zahlreich /'tsa:lrayh/ *s* sayıca çok, çok sayıda, pek çok ***zahlreiche Zuschauer*** birçok seyirci
Zahltag /'tsa:lta:k/ *m* ödeme günü, tediye günü; *kon* maaş günü
Zahlung /'tsa:lung/ *f* ödeme, borç ödeme; ödenme, tediye ***Zahlungen einstellen*** ödemeleri durdurmak ***Zahlungen leisten*** ödemede bulunmak, ödeme yapmak, tediye etmek
Zahlungsaufforderung /'tsa:lungsauffordırung/ *f* ödeme emri
Zahlungsbedingungen /'tsa:lungsbıdingungın/ *pl* ödeme şartları
Zahlungsbilanz /'tsa:lungsbilants/ *f* ödemeler dengesi, ödemeler bilançosu
zahlungsfähig /'tsa:lungsfe:ih/ *s* ödeyecek durumda, ödeyebilir, ödenebilir
Zahlungsfrist /'tsalungsfrist/ *f* ödeme müddeti; *kon* ecel
Zahlungsmittel /'tsa:lungsmitıl/ *n* ödeme aracı
zahlungsunfähig /'tsa:lungsunfe:ih/ *s* ödemekten âciz, ödeyemez, ödenemez
Zahlungsunfähigkeit /'tsa:lungsunfe:ihkayt/ *f* ödeme aczi, ödeyememe
Zahlwort /'tsa:lvort/ *n dilb* sayı sıfatı; sayı
zahm /tsa:m/ *s hayb* evcil; (kişi) uysal, evcimen, yumuşak ***zahme Kritik*** yapıcı eleştiri
zähmbar /'tse:mba:r/ *s hayb* evcilleştirilebilir ***zähmbare Tiere*** evcilleştirilebilir hayvanlar
zähmen /'tse:mın/ *vt hayb* evcilleştirmek; frenlemek, önlemek; (birisini) eğitmek
Zahmheit /'tsa:mhayt/ *f hayb* evcillik; (kişi) uysallık, evcimenlik; alışıklık; *mec* yumuşaklık
Zähmung /'tse:mung/ *f hayb* evcilleştirme, evcilleştirilme

Zahn /tsa:n/ *m anat* diş; *tek* diş; dişli parça; *kon* güzel kız, fıstık gibi kız; *mec* aşırı hız ***gute Zähne haben*** sağlam dişlere sahip olmak ***sich einen Zahn ziehen lassen*** dişini çektirmek

Zahnarzt /'tsa:nartst/ *m* diş doktoru, diş hekimi

Zahnbehandlung /'tsa:nbahandlung/ *f* diş tedavisi

Zahnbelag /'tsa:nbıla:k/ *m* diştaşı, tartar

Zahnbürste /'tsa:nbürstı/ *f* diş fırçası

zähneknirschend /'tse:nıknirşınd/ *be* dişlerini gıcırdatarak ***zähneknirschend nachgeben*** istemeye istemeye kabul etmek

zahnen /'tsa:nın/ *vi tek* diş dış çentmek, diş açmak, tırtıllamak; dişlemek, diş atmak

Zahnersatz /'tsa:nerzats/ *m hek* protez diş, takma diş

Zahnfleisch /'tsa:nflayş/ *n biy* dişeti

Zahnmedizin /'tsa:nmeditsi:n/ *f* diş hekimliği

Zahnpasta /'tsa:npasta/ *f* diş macunu

Zahnpflege /'tsa:npfle:gı/ *f* diş bakımı

Zahnrad /'tsa:nra:t/ *m tek* dişli çark, dişli

Zahnschmerzen /'tsa:nşmertsın/ *pl hek* diş ağrısı ***Zahnschmerzen haben*** *hek* dişi ağrımak

Zahnspange /'tsa:nşpangı/ *f* diş teli

Zahnstein /'tsa:nştayn/ *m biy* diştaşı

Zahnstocher /'tsa:nştohır/ *m* kürdan

Zange /'tsangı/ *f* kıskaç, kerpeten; *kon* kavgacı karı, huysuz kadın, şirret kadın, cadaloz ***jdn in die Zange nehmen*** *mec* (birisini) kıskaca almak, bir köşede kıstırmak

Zank /tsank/ *m* kavga, nizah, çekişme

Zankapfel /'tsankapfıl/ *m* kavga konusu, anlaşmazlık konusu, nizah konusu

zanken /'tsankın/ *vt/vi* kavga etmek, nizah yapmak ***jdn zanken*** (birisini) azarlamak, fırça atmak ***sich mit jdm zanken*** (birisiyle) kapışmak, kavga etmek, kavgaya tutuşmak ***sich zanken*** kavgalaşmak, atışmak

zänkisch /'tse:nkiş/ *s* kavgacı, geçimsiz, huysuz, aksi, durup dururken her şeyden kavga çıkartmasını bilen kişi

Zapfen /'tsapfın/ *m* tıpa, tıkaç; *tek* mil, muylu; *tek* kilit yuva dili

Zapfenstreich /'tsapfınştrayh/ *m ask* kışlada bulunulması gereken süre

Zapfhahn /'tsapfha:n/ *m* fıçı musluğu

Zapfsäule /'tsapfzoylı/ *f* yakıt pompası, benzin istasyonu

zappelig /'tsapılih/ *s* sinirli, huzursuz; rahatsız, yerinde rahat olmayan

zappeln /'tsapıln/ *vi* yerinde durmamak, sürekli bir yerini oynatmak; durmadan tepinmek; çırpınmak

zappen /'zapın/ *vi kon* zapping yapmak

zappenduster /'zapın'dustır/ *s kon* kapkaranlık, zifir karanlık; *mec* umutsuz, ümitsiz, umudunu kesmiş

Zar /tsa:r/ *m* çar

Zarin /'tsa:rin/ *f* çariçe

zart /tsart/ *s* ince, nazik, kibar, hassas, zarif; (cilt) yumuşak, pürüzsüz, kadife gibi; (bünye) ince, zayıf, çabuk hastalanır; sevimli, hoş, tatlı; mülayim; hassas, şefkatli, ince duygulu ***zarte Farben*** hoş renkler ***zarte Musik*** güzel müzik

zartbesaitet /'tsa:rtbızaitıt/ *s* duyarlı, ince duygulu

zartbitter /'tsa:rtbitır/ *s* acımtırak (çikolata)

Zartgefühl /'tsa:rtgıfü:l/ *n* ince düşünce, ölçülü davranış

Zartheit /'tsa:rthayt/ *f* incelik, zarafet; duygululuk; ölçülülük, ölçülü davranma

zärtlich /'tsertlih/ *s* şefkatli, sevecen, ilgili; sevgi dolu; okşayan, sarılıp sarmalanan

Zärtlichkeit /'tsertlihkayt/ *f* sevgi dolu olma, şefkatli olma; sevecenlik, ilgililik; girişkenlik; sevme, okşama, sarılma ***Zärtlichkeiten austauschen*** sevişmek

Zauber /'tsaubır/ *m* büyü, sihir; cazibe, çekicilik, karşı konulamaz albeni

Zauberei /tsaubı'ray/ *f* büyücülük, sihirbazlık; cazibelilik, çekicilik; gözbağı numarası

Zauberer /'tsaubırır/ *m* büyücü; sihirbaz

Zauberformel /'tsaubırformıl/ *f* sihirli formül, büyü formülü, büyü sözü, hokuspokus

zauberhaft /'tsaubırhaft/ *s* büyülü gibi, büyülenmiş gibi; şaşılacak, şaşılası; büyüleyici, olağanüstü, mükemmel

Zauberkraft /'tsaubırkraft/ *f* sihir kuvveti, büyü kuvveti; sihirli güç, büyülü güç

zaubern /'tsaubırn/ *vt vi* büyü yapmak, sihir yapmak, (bir şeyi) büyü veya sihir ile elde etmek; *mec* büyü/sihir sanatını bilmek, büyücülük/sihirbazlık yapabilmek

Zauberspruch /'tsaubırşpruh/ *m* sihirli söz, büyü sözcüğü; büyüye yol açan

Z

söz

Zauberstab /'tsaubırşta:p/ *m* sihirli değnek; sihirbaz bastonu

Zauderer /'tsaudarır/ *m* (kişi) kararsız, mütereddüt, ikircimli

zaudern /'tsaudırn/ *vi* tereddüt etmek, duraksamak, karar verememek

Zaum /tsaum/ *m* gem, dizgin, at başlığı ***die Zunge im Zaum halten*** *mec* dilini tutmak ***etw im Zaum halten*** zapt etmek, kontrol altında tutmak ***ich halte ihn im Zaum*** *mec* onun dizginlerini elimde tutuyorum, onu disiplin altında tutuyorum ***seine Zunge im Zaum halten*** dilini tutmak

zäumen /'tsoymın/ *vt* gem takmak, dizginlerini takmak, at başlığını takmak

Zaumzeug /'tsaumtsoyk/ *n* at başlığı

Zaun /tsaun/ *m* çit, parmaklık, korugan

Zaungast /'tsaungast/ *m* parasız seyirci, beleşçi, davetsiz seyirci

Zaunkönig /'tsaunkö:nih/ *m hayb* çalıkuşu

Zaunpfahl /'tsaunpfa:l/ *m* çit kazığı

Zebra /'tse:bra/ *n hayb* zebra, yaban eşeği

Zebrastreifen /'tse:braştrayfın/ *m kon* yaya geçidi çizgileri

Zeche /'tsehı/ *f mad* ocak, maden ocağı; (lokanta) hesap ***die Zeche bezahlen*** *mec* zararı ödemek

Zecke /tsekı/ *f hayb* (koyun, köpek) kene

Zeder /'tse:dır/ *f bitk* sedir ağacı, katran ağacı

Zehe /'tse:ı/ *f* ayak parmağı; *bitk* (sarmısak) diş ***der große Zehe*** ayak başparmağı

Zehenspitze /'tse:ınşpitsı/ *f anat* ayak parmağı ucu; ayak ucu ***auf Zehenspitzen kommen*** ayaklarının ucuna basarak gelmek ***sich auf die Zehenspitzen stellen*** ayak parmaklarının ucunda yükselmek

zehn /tse:n/ *s* on, 10 ***die Zehn Gebote*** on emir

Zehnkampf /'tse:nkampf/ *m sp* onlu yarış, dekatlon

Zehntel /'tse:ntıl/ *n* onda bir

Zehntelsekunde /'tse:ntılzekundı/ *f* onda bir saniye

zehren /'tse:rın/ *vi* yemek, yiyerek beslenmek, geçinmek ***an etw zehren*** (bir şeyi) tüketmek; aşındırmak, zayıflatmak ***von etwas zehren*** (bir şey) yiyerek geçinmek

Zeichen /'tsayhın/ *n* işaret, belirti, iz, im, nişane; kod adı, nickname, rumuz; sembol, simge; *gökb* burç; *dilb* noktalama işareti; belirti, olgu; (harita) açıklama, lejant ***chemische Zeichen*** kimya simgeleri ***jdm ein Zeichen geben*** (birisine) bir işaret vermek, sinyal göndermek ***zum Zeichen der Freundschaft*** dostluk işareti olarak

Zeichenblock /'tsayhanblok/ *m* resim defteri

Zeichensprache /'tsayhanşpra:hı/ *f* işaret dili, sağır-dilsizlerdeki işaret dili

Zeichentrickfilm /'tsayhıntrikfilm/ *m* çizgi film

zeichnen /'tsayhnın/ *vt* çizmek, resim yapmak; çiziktirmek, karalamak; *mim* taslak çizmek; imzalamak; imzalayarak teslim almak; işaretlemek

Zeichnung /'tsayhnung/ *f* resim, çizim; tasvir, anlatım, betimleme; doğal desen, doğal renk; *tic* taahhüt

Zeigefinger /'tsaygıfingır/ *m anat* işaret parmağı

zeigen /'tsaygın/ *vt* göstermek, göstererek işaret etmek; anlatmak, ima etmek, sezdirmek; kanıtlamak, ispatlamak, doğrulamak; ortaya koymak, açıkça sergilemek; (birisini, bir şeyi eliyle göstermek, işaret etmek ***sich zeigen*** anlaşılmak, ortaya çıkmak, meydana çıkmak; görünmek, gözükme

Zeiger /'tsaygır/ *m tek* ibre, gösterge

Zeile /'tsaylı/ *f* satır, yazı sırası, yazı satırı; dizme, sıralama; dizi, sıra, küme; *bitk* bitki dizisi ***in der elften Zeile*** on birinci satırda

Zeilenabstand /'tsaylınapştant/ *m* satır aralığı

Zeisig /'tsaysih/ *m hayb* karabaşlı isketekuşu ***ein lockerer Zeisig*** *mec* hafifmeşrep kimse, hafif kimse; çapkın kişi, hovarda kişi

Zeit /tsayt/ *f* zaman, vakit; devir, çağ; belirli bir zaman süresi; *dilb* zaman; saat ***auf Zeit*** süreli ***außer der Zeit*** kötü bir zamanda, uygunsuz bir zamanda ***das hat Zeit*** bunun daha vakti var ***dieselbe Zeit*** hemen hemen aynı zamanda ***die Zeit messen*** *sp* vakit tutmak, kronometre tutmak ***die Zeit nützen*** zamandan istifade etmek, fırsatı kaçırmamak ***einige Zeit später*** bir süre sonra ***für al-***

Z

le Zeiten ebediyen ***für einige Zeit*** bir süre için ***für kurze Zeit*** kısa bir süre için ***geeignete Zeit*** uygun zaman ***in der ersten Zeit*** ilkönce, evvela, her şeyden önce ***in der letzten Zeit*** son zamanlarda ***in jeder Zeit*** her zaman, daima ***in kurzer Zeit*** kısa bir zaman içinde ***in unserer Zeit*** çağımızda, günümüzde ***lass dir Zeit!*** acele etme! ***mit der Zeit*** zamanla, yavaş yavaş ***nach kurzer Zeit*** kısa bir süre sonra ***seit einiger Zeit*** bir süreden beri ***sich die Zeit nehmen*** vakit ayırmak, zaman ayırmak ***von Zeit zu Zeit*** ara sıra, zaman zaman, dönem dönem ***vor einiger Zeit*** bir süre önce ***vor kurzer Zeit*** kısa bir süre önce ***während dieser Zeit*** bu arada, bu sırada ***Zeit gewinnen*** vakit kazanmak ***Zeit haben*** zamanı olmak, vakti olmak ***Zeit ist Geld*** vakit nakittir ***zu allen Zeiten*** daima, her zaman; tüm dönemlerde ***zu gegebener Zeit*** az zaman önce ***zu jeder Zeit*** her zaman ***zu meiner Zeit*** benim zamanımda

Zeitabschnitt /'tsaytapşnit/ *m* çağ, çığır; dönem, devir; süre

Zeitalter /'tsaytaltır/ *m* çağ; zaman; yüzyıl ***goldenes Zeitalter*** altın çağ

Zeitansage /'tsaytanza:gı/ *f* saat ayarı bildirimi

Zeitarbeit /'tsaytarbayt/ *f* geçici iş, süresi sınırlı iş

Zeitaufnahme /'tsaytaufna:mı/ *m fot* pozalı çekim

Zeitaufwand /'tsaytaufvant/ *m* zaman harcama; zaman ihtiyacı, zaman gereksinimi

Zeitbombe /'tsaytbombı/ *f* saatli bomba

Zeitersparnis /'tsayterşpa:rnis/ *f* zaman tasarrufu

Zeitgefühl /'tsaytgıfü:l/ *n* zaman duygusu

Zeitgeist /'tsaytgayst/ *m* dönemin anlayışı, çağın anlayışı; çağın zihniyeti

zeitgemäß /'tsaytgıme:s/ *s* zamana uygun, döneme uygun; *kon* modaya uygun

Zeitgenosse /'tsaytgınosı/ *m* çağdaş

zeitgenössisch /'tsaytgınösiş/ *s* çağdaş, modern, günümüze ait

Zeitgeschichte /'tsaytgışi**h**tı/ *f* bugünkü zamanlar tarihi

zeitig /'tsayti**h**/ *s* erken, zamanlı; *be* zamanında, vaktinde

Zeitkarte /'tsaytkartı/ *f* abone kartı, abonman kartı

zeitlebens /tsayt'le:bıns/ *be* hayat boyunca

zeitlich /'tsaytli**h**/ *s* zamana bağlı, zamanla sınırlı, zamana ait; fani, geçici, ölümlü

zeitlos /'tsaytlo:s/ *s* klasik, her dönemde geçerli; zamana bağlı olmayan; modaya bağımlı olmayan

Zeitlupe /'tsaytlu:pı/ *f fot* ağır çekim

Zeitmesser /'tsaytmesır/ *m* saat, kronometre

zeitnah /'tsaytna:/ *s* çağa uygun, günümüze uygun; günlük olayları içeren, güncel hayattan alınma

Zeitpunkt /'tsaytpunkt/ *m* belirli bir an

Zeitraffer /'tsaytrafır/ *m fot* olayları hızlı bir gösterimle sunma

Zeitraum /'tsaytraum/ *m* müddet, mühlet, süre

Zeitschrift /'tsaytşrift/ *f* dergi, mecmua

Zeitung /'tsaytung/ *f* gazete ***eine Zeitung herausgeben*** bir gazete çıkarmak ***es steht in der Zeitung*** gazetede yazıyor

Zeitungsartikel /'tsaytungsartikıl/ *m* gazete makalesi

Zeitungsausschnitt /'tsaytungsausşnit/ *m* gazete kupürü, kesik, kupür

Zeitungsente /'tsaytungsentı/ *f kon* asparagas haber, uydurma haber

Zeitungskiosk /'tsaytungskiosk/ *m* gazete bayii, gazete satış noktası

Zeitungsleser /'tsaytungsle:zır/ *m* gazete okuyucusu

Zeitungspapier /'taytungspapi:r/ *n* gazete kâğıdı

Zeitverschwendung /'tsaytferşvendung/ *f* zaman savurganlığı

Zeitvertreib /'tsaytfertrayp/ *m* zaman geçirme, vakit geçirme, eğlenme, oyalanma ***zum Zeitvertreib*** vakit geçsin diye, eğlence olsun diye

zeitweilig /'tsaytvayli**h**/ *s* bir zaman için; *be* bir zaman için, bir süre için

zeitweise /'tsaytvaysı/ *s* zaman zaman, ara ara; bazen, arada bir

Zeitwort /'tsaytvort/ *n dilb* fiil

Zeitzünder /'tsayttsündır/ *m tek* saniyeli tapa

Zelle /'tselı/ *f* küçük oda, hücre, kabine; bal peteği, gömeç; uçak gövdesi; *biy* hücre; *pol* (gizli örgüt) hücre

Zellkern /'tselkern/ *m biy* nükleus, hücre çekirdeği

Zellophan /tselo'fa:n/ *n* selofan
Zellstoff /'tselştof/ *m* selüloz
Zellulitis /tselu'li:tis/ *f hek* selülit
Zelluloid /tselu'loyt/ *n* selüloit
Zelt /tselt/ *n* çadır; tente ***ein Zelt bauen*** bir çadır kurmak ***Zelt bauen*** çadır kurmak
zelten /'tseltın/ *vi* çadır kurmak
Zeltplatz /'tseltplats/ *m* çadır yeri, kamping yeri
Zement /tse'ment/ *m* çimento; *hek* diş dolgu maddesi; *biy* (diş) sement, seman
zementieren /tsemen'ti:rın/ *vt* çimentolamak, çimento atmak; (bir durumu) sabit hale getirmek, sabitlemek; *mad* karbonlamak
Zenit /tse'ni:t/ *m gökb* başucu noktası; *mec* doruk, zirve, en üst nokta
zensieren /tsen'zi:rın/ *vt* (okul) not vermek, puan vermek; sansür etmek
Zensor /'tsenzo:r/ *m* sansür görevlisi, sansürcü
Zensur /tsen'zu:r/ *f* (okul) not, puan; sansür, denetim
Zensus /'tsenzus/ *m pol* nüfus sayımı
Zentiliter /'tsentili:tır/ *n* santilitre
Zentimeter /'tsentime:tır/ *n* santimetre
Zentner /'tsentnır/ *m* elli kilo
zentral /tsen'tra:l/ *s* merkezi, merkezde bulunan; *mec* esas, temel ***zentrale Datenverarbeitungsanlage*** elektronik bilgi işlem merkezi
Zentralbank /tsen'tra:lbank/ *f* Merkez Bankası
Zentrale /tsen'tra:lı/ *f* merkez, orta; telefon santrali; merkez büro, ana büro
Zentralheizung /tsen'tra:lhaytsung/ *f* merkezi ısıtma, kalorifer
Zentralismus /tsentra'lismus/ *m* merkeziyetçilik, merkezden yönetim
zentralistisch /tsentra'listiş/ *s* merkeziyetçi
Zentralverband /tsen'tra:lferbant/ *m eko* federasyon
zentrieren /tsen'tri:rın/ *vt tek* ortaya ayarlamak, orta merkeze göre ayarlamak
zentrifugal /tsentrifu'ga:l/ *s* santrifüj, merkezkaç
Zentrifugalkraft /tsentrifu'ga:lkraft/ *f fiz* merkezkaç kuvveti
Zentrifuge /tsentri'fu:gı/ *f tek* santrifüjör
Zentrum /'tsentrum/ *n* merkez; şehir merkezi; alışveriş merkezi; *pol* merkez partisi

Zeppelin /'tse:pıli:n/ *m* hava gemisi, zeplin, güdümlü balon
Zepter /'tseptır/ *n* hükümdar asası ***das Zepter führen*** *mec* hüküm sürmek
zerbeißen /tser'baysın/ *vt* dişleriyle ısırmak, dişlerle parçalamak
zerbrechen /tser'brehın/ *vt* kırmak, parçalamak; *vi* kırılmak, parçalanmak
zerbrechlich /tser'brehlih/ *s* (cam eşya) kırılabilir; *mec* (kişi) hassas, kırılgan, alıngan, osuruktan nem kapan
zerbröckeln /'tserbrökıln/ *vt* parçalamak, ufalamak; *vi* ufalanmak, parçalanmak
zerdrücken /tser'drükın/ *vt* ezmek; ezerek parçalamak, ezerek öldürmek; (giysi) buruşturmak, kırıştırmak
Zeremonie /tseremo'ni:/ *f* seremoni, tören, merasim; ayin
zeremoniell /tseremon'yel/ *s* (yapılan iş) seremoni ile, törensel, merasimli
Zeremoniell /tseremon'yel/ *n* protokol
zerfahren /tser'fa:rın/ *s* (yol) aşınmış; eskimiş, yıpranmış; (kişi) şaşkın, dalgın
Zerfall /tser'fal/ *m* dağılma, parçalanma, çözülme, erime, yıkılma; *tic* batma, çökme
zerfallen /tser'falın/ *vi* dağılmak, parçalanmak, çözülmek, erimek, yıkılmak; batmak, yok olmak; *kim* ayrışmak, erimek ***mit jdm zerfallen sein*** (birisiyle) arası açık olmak, bozuşmuş olmak
zerfetzen /tser'fetsın/ *vt* bölük pörçük etmek, parça parça etmek, parça pinçik etmek
zerfleischen /tser'flayşın/ *vt* parçalamak, parça parça koparmak ***sich selbst zerfleischen*** (öfkeden, sinirden) kendini yiyip bitirmek
zerfließen /tser'fli:sın/ *vi* sıvı haline gelmek, erimek; *kim* erimek, ayrışmak; (boya) akmak, dökülmek ***in Tränen zerfließen*** gözyaşlarına boğulmak
zerfressen /tser'fresın/ *vt* kemirmek, için için yemek; *kim* aşındırmak
zergehen /tser'ge:ın/ *vi* erimek, eriyip gitmek
zergliedern /tser'gli:dırn/ *vt* parçalara ayırmak, parça parça etmek; çözümlemek, analizini yapmak, tahlil etmek
zerhacken /tser'hakın/ *vt* (kesici aletle) parçalamak; kıymak, kesmek, unufak etmek; (odun) yarmak
zerkauen /tser'kauın/ *vt* ağızda çiğneyerek parçalamak

zerkleinern /tser'klamırn/ *vt* küçük parçalara ayırmak, kuşbaşı haline getirmek
Zerkleinerung /tser'klaynırung/ *f* küçük küçük parçalama, kuşbaşı haline getirme, ufalama
zerklüftet /tser'klüftıt/ *s* yarıklarla dolu; (dağ) uçurumlarla dolu
zerknirscht /tser'knirşt/ *s* pişman; tövbekâr, nadim
Zerknirschung /tsi:r'knirşung/ *f* pişmanlık
zerknittern /tser'knitırn/ *vt* kırıştırmak, buruşturmak
zerknittert /tser'knitırt/ *s* buruşuk
zerknüllen /tser'knülın/ *vt* (kâğıt) buruşturmak, kırıştırmak
zerlegbar /tser'le:kba:r/ *s* demonte edilebilir, sökülebilir, parçalarına ayrılabilir
zerlegen /tser'le:gın/ *vt* parçalamak, küçük parçalara ayırmak; demonte etmek, sökmek, parçalarına ayırmak
Zerlegung /tser'le:gung/ *f* demontaj; küçük parçalara ayırma
zerlumpt /tser'lumpt/ *s* (giysi) yırtık pırtık, eski püskü
zermalmen /tser'malmın/ *vt* ezmek; parçalamak, ezerek parçalamak; çiğnemek; *mec* yok etmek, batırmak
zermürben /tser'mürbın/ *vt* direngenliğini kırmak, direncini kırmak
zernagen /tser'na:gın/ *vt* kemirerek yok etmek
zerquetschen /tser'kvetşın/ *vt* çiğnemek
Zerrbild /'tserbilt/ *n* karikatür, karikatürize resim
zerreiben /tser'raybın/ *vt* değirmende öğütmek
zerreißen /tser'raysın/ *vt* yırtmak; parçalamak, parça parça etmek; *vi* yırtılmak; parçalanmak ***sich zerreißen*** yırtınmak, kendini parçalamak
Zerreißprobe /tser'rayspro:bı/ *f* teks (kumaş) yırtma denemesi, yırtılma denemesi; *mec* aşırı yüklenme, aşırı zorlama
zerren /'tserın/ *vt* büyük bir kuvvetle çekmek ***jdn in den Kot zerren*** *mec* (birisine) iftira etmek, çamur atmak
zerrinnen /tser'rinın/ *vi* erimek, eriyip gitmek ***in nichts zerrinnen*** *mec* yok olup gitmek
zerrissen /tser'risın/ *s* yırtık; *mec* mutsuz
Zerrissenheit /tser'risınhayt/ *f* yırtıklık, paramparça olma; *pol* dağınıklık; *hek* dengesizlik, stres
Zerrung /'tserung/ *f* çekilme sonucu şekil değiştirme; *hek* aşırı gerginlik, aşırı stres
zerrüttet /tser'rütıt/ *s* yıkılmış, perişan
zersägen /tser'ze:gın/ *vt* testere ile kesmek
zerschellen /tser'şelın/ *vi* parçalanmak, paramparça olmak, parça parça olmak
zerschlagen /tser'şla:gın/ *vt* kırmak, parçalamak, paramparça etmek, parça parça etmek; (örgüt, şebeke) yok etmek ***sich zerschlagen*** sonuçsuz kalmak; *mec* suya düşmek; (görüşme) tıkanmak, kesilmek
Zerschlagung /tser'şla:gung/ *f* imha etme, yok etme
zerschmettern /tser'şmetırn/ *vt* kırmak, parçalamak, paramparça etmek, parça parça etmek
zerschneiden /tser'şnaydın/ *vt* kesip parçalamak, doğramak
zersetzen /tser'zetsın/ *vt* bozmak, sarsmak, tahrip etmek; *kim* eritmek, ayrıştırmak; *mec* sarsılmak, bozulmak ***sich zersetzen*** *kim* erimek
Zersetzung /tser'zetsung/ *f* bozulma, sarsılma; bozma, sarsma; *kim* erime, ayrışım
zersplittern /tser'şplitırn/ *vt* parçalamak, yarmak, ikiye ayırmak; *vi* yarılmak, ikiye ayrılmak, dağılmak ***sich zersplittern*** kendini dağıtmak, dağılmak
Zersplitterung /tser'şplitırung/ *f* dağınıklık; parçalanma; yarılma; dağıtılma; parçalama; yarma; dağılma
zerspringen /tser'şpringın/ *vi* parçalanmak, kırılmak, dağılmak
Zerstäuber /tser'ştoybır/ *m* püskürteç, pulverizatör
zerstören /tser'ştö:rın/ *vt* yıkmak, yok etmek; (hayal, umut) boşa çıkarmak; (sağlık, ruh hali) bozmak
Zerstörung /tser'ştö:rung/ *f* tahrip etme, yıkma; yıkım, tahribat
zerstreuen /tser'ştroyın/ *vt* yaymak, saçmak, dağıtmak; (kuşku) yok etmek, gidermek; (birisini) eğlendirmek ***sich mit etw zerstreuen*** (bir şey ile) oyalanmak, eğlenmek ***sich zerstreuen*** (kalabalık) dağılmak
zerstreut /tser'ştroyt/ *s* *mec* dağınık; dalgın, unutkan
Zerstreutheit /tser'ştroythayt/ *f* *mec* dağınıklık; dalgınlık, unutkanlık
Zerstreuung /tser'ştroyung/ *f* dağıtma,

dağıtılma, dağılma; oyalanma
zerstückeln /tser'ştükıln/ *vt* parçalamak, paramparça etmek, parça parça etmek
Zertifikat /tsertifi'ka:t/ *n* sertifika, belge
zertrampeln /tser'trampıln/ *vt* ayaklar altına alarak ezmek
zertrümmern /tser'trümırn/ *vt* parçalamak, paramparça etmek; yıkmak, yok etmek, harabe haline getirmek
Zerwürfnis /tser'vürfnis/ *n* bozuşma, anlaşmazlık, ihtilaf, nifak
Zeter /'tse:tır/ *n* imdat çağrısı
Zettel /'tsetıl/ *m* kâğıt parçası, pusula, not; etiket; teks arış, çözgü
Zettelkasten /'tsetılkastın/ *m* kartotek
Zeug /tsoyk/ *n* eşya, nesne; pılı pırtı, ıvır zıvır; alet, edevat, gereç, takım; *biy* yetenek, meleke, meyil, eğilim; çamaşır, giysi; kumaş, bez; *ask* edevat, mühimmat; kötü içki; kötü yemek ***dummes Zeug*** saçma sapan şey ***jdm etw am Zeuge flicken*** *mec* (birisine) akıl vermeye kalkmak ***sich ins Zeug legen*** *mec* oldukça çok çaba göstermek
Zeuge/Zeugin /'tsoygı/'tsoygin/ *m/f huk* tanık, görgü tanığı, şahit ***Zeuge einer Sache sein*** (bir şeyin) tanığı olmak
zeugen /'tsoygın/ *vt* ortaya çıkarmak, meydana getirmek, oluşturmak; *biy* döllemek; *vi* tanıklık etmek, şahitlik etmek ***ein Kind zeugen*** bir çocuk yapmak ***von etw zeugen*** (bir şeyi) belli etmek
Zeugenaussage /'tsoygınausza:gı/ *f* tanık ifadesi, şahit ifadesi, şahit beyanı
Zeugnis /'tsoyknis/ *n* tanıklık, şahitlik; tanık ifadesi, şahit beyanı; belge, sertifika; (okul) karne ***falsches Zeugnis ablegen*** yanlış ifade vermek ***von etw Zeugnis ablegen*** (bir şey hakkında) bilgi vermek ***Zeugnis geben von*** delili olmak
Zeugung /'tsoygung/ *f biy* dölleme, üretme
zeugungsfähig /'tsoygungsfe:ih/ *s* üreme gücüne sahip, dölleyebilen
zeugungsunfähig /'tsoygungsunfe:ih/ *s kon* iktidarsız; üreme gücü olmayan, dölleyemeyen, cinsel gücü olmayan
Zichorie /tsi'ho:rii/ *f bitk* hindiba; acı marul, yabani marul
Zickzack /'tsiktsak/ *m* zikzak ***im Zickzack*** zikzaklı ***im Zickzack gehen*** zikzak yapmak, zikzak gitmek
Zickzackkurs /'tsiktsakkurs/ *m* zikzaklı gidiş, inişli çıkışlı gidiş; *pol* sürekli değişim gösteren gidişat
Ziege /'tsi:gı/ *f hayb* keçi; *kon* inatçı kadın
Ziegel /'tsi:gıl/ *m* tuğla
Ziegelstein /'tsi:gılştayn/ *m* tuğla
Ziegenbart /'tsi:gınbart/ *m* keçi sakalı; *bitk* bir mantar türü
Ziegenkäse /'tsi:gınke:zı/ *m* keçi sütünden yapılma peynir, keçi sütü peyniri
Ziegenmilch /'tsi:gınmilh/ *f* keçi sütü
ziehen /'tsi:ın/ *vt* çekmek, kendine doğru çekmek; hat çekmek; *tic* keşide etmek, onamak; sonuç çıkarmak; çekip götürmek, sürüklemek; (dama, satranç) taş sürmek; *hayb* yetiştirmek; (şapka) çıkarmak; (çukur) kazmak; (duvar) örmek; *den* yedek çekmek; *hek* (diş) çekmek; şişeye geçirmek; ipe dizmek; saçlarından çekelemek; *tic* bilanço çıkarmak; dikkatini çekmek, ilgisini çekmek; gerektirmek, icap ettirmek; surat asmak, yüzünü ekşitmek, somurtmak; nakletmek, aktarmak; *tic* revaç bulmak, ilgi görmek; etkili olmak, nüfuz etmek; (sigara) çekmek, nefes çekmek; (bardak, şişe) doldurmak; *vi* göçmek, taşınmak; *ask* yürümek; (çay) demlenmek; etkisini yitirmek, geçersiz olmak; (baca) çekmek; (silah) çekmek ***das Boot ans Land ziehen*** sandalı karaya çekmek ***das Interesse ziehen*** ilgi çekmek ***den Revolver ziehen*** silah çekmek ***eine Lehre aus etw ziehen*** (bir şeyden) ders çıkarmak ***einen Zahn ziehen*** diş çekmek ***es zieht*** cereyan yapıyor, hava cereyanı var ***jdn an sich ziehen*** (birisini) kendine çekmek ***jdn zur Rechenschaft ziehen*** (birisini) sorguya çekmek, hesap sormak ***Lotterie ziehen*** piyango çekmek ***Schluss ziehen*** sonuç çıkarmak ***sich in die Länge ziehen*** sürüncemede kalmak ***sich ziehen*** uzamak
Ziehharmonika /'tsi:harmo:nika/ *f müz* akordeon
Ziehung /'tsi:ung/ *f* (loto, piyango) çekiliş
Ziel /tsi:l/ *n* hedef, amaç, niyet; gaye, maksat, erek; *ask* nişangâh; *sp* varış, finiş; *tic* vade, süre ***übers Ziel hinaus schießen*** *mec* haddini aşmak, sınırı aşmak
zielen /'tsi:lın/ *vi ask* nişan almak ***auf etw zielen*** (bir şeye) nişan almak ***zielendes Zeitwort*** *dilb* geçişli fiil

Z

Zielfernrohr /'tsi:lfernro:r/ *n* silah dürbünü
Zielgruppe /'tsi:lgrupı/ *f* hedef kitle, hedef alınan grup
Ziellinie /'tsi:li:nyı/ *f sp* varış çizgisi, finiş
ziellos /'tsi:llo:s/ *s* amaçsız, hedefsiz, gayesiz
Zielscheibe /'tsi:lşaybı/ *f ask* nişangâh; *mec* hedef tahtası
Zielsetzung /'tsi:lzetsung/ *f* hedef, amaç
zielsicher /'tsi:lzihır/ *s* hedeflerden emin, hedefe ulaşacağından emin
zielstrebig /'tsi:lştre:bih/ *s* ne istediğini bilen; hedefine ulaşmaya çalışan
Zielstrebigkeit /'tsi:lştre:bihkayt/ *f* azim, hedefini bilme, ne istediğini bilme
ziemlich /'tsi:mlih/ *s* büyücek; kayda değer; *be* oldukça, epeyce, bir hayli; *kon* aşağı yukarı, üç aşağı beş yukarı, tahminen, ortalama olarak
Zier /tsi:r/ *f* süs, ziynet, takı
Zierde /'tsi:rdı/ *f* süsleme, süs; dekorasyon; ziynet, takı; *mec* onur verici bir şey, şereflendirici bir şey
zieren /'tsi:rın/ *vt* süslemek, donatmak; şeref vermek, onur vermek ***es ziert mich*** bu bana şeref verir ***sich zieren*** yapmacık davranmak, naz yapmak
Zierfisch /'tsi:rfiş/ *m hayb* süs balığı, akvaryum balığı
zierlich /'tsi:rlih/ *s* ince, zarif, narin, kibar, hoş, sevimli; *be* zarif bir biçimde, incelikle
Zierlichkeit /'tsi:rlihkayt/ *f* incelik, narinlik, çıtı pıtılık
Zierpflanze /'tsi:rpflantsı/ *f bitk* süs bitkisi
Ziffer /'tsifır/ *f* sayı; rakam; (yasa, kanun) fıkra, bölüm ***Ziffer mit Zahlenwert*** anlamlı rakam, belirtici rakam
Zifferblatt /'tsifırblat/ *n* saat kadranı
Zigarette /tsiga'retı/ *f* sigara ***Zigarette rauchen*** sigara içmek
Zigarettenasche /tsiga'retınaşı/ *f* sigara külü
Zigarettenautomat /tsiga'retınautoma:t/ *m* otomatik sigara makinesi ile satış; *n* sigara otomatı
Zigarettenetui /tsiga'retınetvi:/ *f* sigara tabakası
Zigarettenpackung /tsiga'retınpakung/ *f* sigara paketi
Zigarettenpause /tsiga'retınpauzı/ *f* sigara molası
Zigarettenrauch /tsiga'retınrauh/ *m* sigara dumanı
Zigarettenschachtel /tsiga'retınşahtıl/ *f* sigara paketi
Zigarettenspitze /tsiga'retınşpitsı/ *f* sigara ağızlığı
Zigarettenstummel /tsiga'retınştumıl/ *m* sigara izmariti
Zigarre /tsi'garı/ *f* puro, yaprak sigarası, sigar; *kon* azar, fırça, zılgıt ***eine Zigarre bekommen*** fırça yemek, zılgıtı yemek
Zigarrenkiste /tsi'garınkistı/ *f* puro/sigar kutusu
Zigeuner /tsi'goynır/ *m* Çingene; göçebe insan; huzursuz insan
Zigeunermusik /tsi'goynırmuzi:k/ *f müz* çigan müziği
Zimmer /'tsimır/ *n* oda ***im Zimmer*** odada ***ins Zimmer*** odaya ***Zimmer mit Bad*** (otel) banyolu oda ***Zimmer mit Vollpension*** tam pansiyon oda
Zimmerantenne /'tsimırantenı/ *f* dahili anten, oda anteni
Zimmerdecke /'tsimırdekı/ *f* oda tavanı
Zimmermädchen /'tsimırme:thın/ *n* (otel) odacı kız
Zimmermann /'tsimırman/ *m* doğramacı, marangoz
zimmern /'tsimırn/ *vt* doğrama işleri yapmak, (tahta) yontmak, doğramak; *mec* yapmak, şekillendirmek
Zimmernummer /'tsimırnumır/ *f* oda numarası
zimperlich /'tsimpırlih/ *s* (dış etkenlere karşı) aşırı hassas, nazlı, nazenin; (kişi) efemine, hanım evladı
Zimt /tsimt/ *m bitk* tarçın; *mec* değersiz şey ***keinen Zimt!*** saçmalama!
Zink /tsink/ *n kim* çinko
Zinke /'tsinkı/ *f* (tarak, çatal) diş; *tek elek* erkek uç
Zinn /tsin/ *n kim* kalay
Zinne /'tsinı/ *f* mazgal dişi; surların tepesindeki diş şeklindeki yükselti
zinnoberrot /tsi'no:bırro:t/ *s* zincifre kırmızısı
Zinnsoldat /'tsinzolda:t/ *m* kalaydan oyuncak asker figürü
Zinsbesteuerung /'tsinsbıştoyırung/ *f* faizi vergileme
Zinsen /'tsinzın/ *f* faiz ***auf Zinsen legen*** faize yatırmak, nemalandırmak ***einfache Zinsen*** basit faiz ***von den Zinsen leben*** faizle yaşamak ***Zinsen tragen*** kâr getirmek
Zinseszins /'tsinzıstsins/ *m* faizin faizi

Zinsfuß /'tsinsfu:s/ *m* faiz oranı
zinslos /'tsinslo:s/ *s* faizsiz; kirasız
Zinssatz /'tsinszats/ *m* faiz oranı
Zinssenkung /'tsinszenkung/ *f* faiz indirimi, faiz düşüşü
Zipfel /'tsipfıl/ *m* sivri uç, tepe, en üst nokta; püskül; (giysi) köşe
Zipfelmütze /'tsipfılmütse/ *f* sivri uçlu takke
Zirkel /'tsirkıl/ *m* grup, insan grubu; *mat* daire, çember; pergel
Zirkulation /tsirkula'tsyo:n/ *f* sirkülasyon, dolaşım, devinim, tedavül; *hek* kan dolaşımı
zirkulieren /tsirku'li:rın/ *vi* dolaşmak, devridaim yapmak; *tic* (para) tedavülde bulunmak, dolanımda bulunmak
Zirkus /'tsirkus/ *m* sirk; *kon* keşmeke, karmaşa; *esk* hipodrom
zirpen /'tsirpın/ *vi hayb* cırcır ötmek
Zirrhose /tsi'ro:zı/ *f hek* siroz
zischen /'tsişın/ *vi* ıslık gibi ses çıkarmak; (gösteri sanatı) ıslıklamak, beğenmemek
Zischlaut /'tsişlaut/ *m dilb* hışırtılı ünsüz, titreşimsiz sürtüşmeli
Zisterne /tsis'ternı/ *f* sarnıç, su sarnıcı
Zitat /tsi'ta:t/ *n* (metin, eser) alıntı
Zither /'tsitır/ *f müz* zitera
zitieren /tsi'ti:rın/ *vt* (metin, eser) alıntı yapmak, iktibas etmek; adını anmak, zikretmek ***jdn vor Gericht zitieren*** (birisini) mahkemeye çağırmak
Zitronat /tsitro'na:t/ *n* limon kabuğu şekerlemesi
Zitrone /tsi'tro:nı/ *f bitk* limon
Zitronenfalter /tsi'tro:nınfaltır/ *m hayb* bir tür kelebek
Zitronenlimonade /tsi'tro:nınlimona:dı/ *f* limonata
Zitronensaft /tsi'tro:nınzaft/ *m* limon suyu, limonata
Zitronenschale /tsi'tro:nınşa:lı/ *f* limon kabuğu
Zitrusfrüchte /'tsi:trusfrü**h**tı/ *pl* narenciye; turunçgiller
zitterig /'tsitıri**h**/ *s* titreyen, titrek
zittern /'tsitırn/ *vi* titremek; ürpermek; titreşmek ***vor Furcht zittern*** korkudan titremek ***vor Kälte zittern*** soğuktan titremek
Zitze /'tsitsı/ *f anat* meme ucu, meme başı; *hayb* meme
Zivil /tsi'vi:l/ *n* sivil kıyafet
zivil /tsi'vi:l/ *s* sivil; resmi olmayan; askeri olmayan ***ziviler Bevölkerungsschutz*** sivil savunma
Zivilbevölkerung /tsi'vi:lbıfölkırung/ *f* sivil halk, siviller
Zivilcourage /tsi'vi:lkura:jı/ *f* medeni cesaret
Zivildienst /tsi'vi:ldi:nst/ *m* sivil hizmet
Zivilisation /tsiviliza'tsyo:n/ *f* uygarlık, medeniyet
zivilisatorisch /tsiviliza'to:riş/ *s* uygarlaştırıcı, medenileştirici
zivilisieren /tsivili'zi:rın/ *vt* uygarlaştırmak, medenileştirmek
zivilisiert /tsivili'zi:rt/ *s* uygar, medeni
Zivilist /tsivi'list/ *m* sivil, sivil kişi
Zivilrecht /tsi'vi:lre**h**t/ *n huk* medeni hukuk
Zobel /'tso:bıl/ *m hayb* samur; samur kürk
Zofe /'tso:fı/ *f* genç hizmetçi kız, (otel) oda hizmetçisi kız
Zögern /'tsö:gırn/ *n* çekinme, tereddüt
zögern /'tsö:gırn/ *vi* tereddüt etmek, kararsızlık göstermek, duraksamak; (konuşmada) duraksamak
zögernd /'tsö:gırnt/ *s* kararsız, tereddütlü
Zögling /'tsö:kling/ *m* yatılı okul öğrencisi
Zoll /tsol/ *m* gümrük, gümrük dairesi; gümrük resmi; *esk* geçiş bedeli; *esk* bir uzunluk ölçüsü birimi
Zollabfertigung /'tsolapfertigung/ *f* gümrük işlemi
Zollamt /'tsolamt/ *n* gümrük dairesi, gümrük memurluğu
Zollbeamte /'tsolbıamtı/ *m* gümrük memuru
Zollerklärung /'tsolerkle:rung/ *f* gümrük beyannamesi
zollfrei /'tsolfray/ *s* gümrüksüz, gümrükten muaf, gümrük vergisinden muaf
Zollkontrolle /'tsolkontrolı/ *f* gümrük kontrolü, gümrük muayenesi
zollpflichtig /'tsolpfli**h**ti**h**/ *s* gümrüğe tâbi, gümrük vergisine tâbi
Zollstock /'tsolştok/ *m* mezura
Zolltarif /'tsoltari:f/ *m* gümrük tarifesi
Zombie /'tsombi:/ *m* garip görünümlü insan, zombi; *sin* dirilmiş ölü; uyuşturucu bağımlısı kişi; *kon* aptal insan
Zone /'tso:nı/ *f coğ* yerb kuşak; bölge, alan; sınırlı bölge; (toplu taşıma) tarife bölgesi
Zoo /tso:/ *m* hayvanat bahçesi
Zoohandlung /'tso:**h**andlung/ *f* ev hay-

vanları dükkânı

zoologisch /tsoo'lo:giş/ *s* hayvanlarla ilgili, zoolojik ***zoologischer Garten*** hayvanat bahçesi

Zopf /tsopf/ *m* saç örgüsü; *mec* geri zekâlılık ***alter Zopf*** eskimiş gelenek

Zorn /tsorn/ *m* hiddet, öfke, sinir; gazap ***in Zorn geraten*** hiddetlenmek, öfkelenmek ***jdn in Zorn bringen*** (birisini) hiddetlendirmek, öfkelendirmek

zornig /'tsornih/ *s* hiddetli, öfkeli, sinirli, kızgın

Zote /'tso:tı/ *f* ahlaka aykırı söz, edebe aykırı söz; müstehcen fıkra, müstehcen yazı

zu /tsu:/ *ilg* -e doğru, -a doğru, -nın yanına; -de, -da, -nın içinde; için, maksadıyla; ilaveten, ek olarak, ilave olarak; *be* fazla, çok, pek çok; kapalı ***das ist zu dumm!*** bu çok aptalca bir şey ***etw noch zu tun haben*** daha yapacak çok şeyi olmak ***Fenster zu!*** pencereyi kapa! ***mach die Tür zu!*** kapıyı kapa! ***nicht zu trinken*** içilemez ***nichts zu machen!*** yapacak bir şey yok! ***ohne etwas zu sagen*** hiçbir şey söylemeden ***Setz dich zu mir!*** yanıma otur! ***sich jdn zum Vorbild nehmen*** (birisini) kendine örnek almak ***Tür zu!*** kapıyı kapat! ***von Haus zu Haus*** evden eve, kapı kapı ***Zimmer zu vermieten*** kiralık oda ***zu Anfang*** başlangıçta, önce, evvela ***zu Beginn*** başlangıçta ***zu Bett gehen*** yatağa girmek, yatmak ***zu deinem Geburtstag*** senin doğum gününe ***zu dieser Zeit*** o vakit ***zu Fuß*** yaya olarak ***zu groß!*** çok büyük! ***zu haben*** kapalı olmak ***zu jener Zeit*** o zaman ***zu Lande und zu Wasser*** karada ve denizde ***zu meinem Bedauern*** maalesef ***zu mir her*** bana doğru, benden yana ***zu Pferde*** atla, at ile ***zu schade!*** çok yazık! ***zu Schiff*** gemiyle ***zu sehr*** pek çok ***zu sich rufen*** yanına çağırmak ***zu Tausenden*** binlerce ***zu Weihnachten*** Noel'de ***zu weit gehende Wünsche*** aşırı istekler ***zu 20 Euro*** tanesi 20 euro(dan) ***zu zweien*** ikişer ikişer ***zum ersten Male*** birinci olarak, ilk olarak, ilk defa ***zum Glück*** Allah'tan, şansa, neyse ki ***zum letzten Male*** son olarak, son defa ***zum Militär gehen*** asker olmak ***zum Scherz*** şaka olarak ***zum Schluss*** son olarak ***zum Wohl!*** (içki) şerefe! ***zur See fahren*** denizci olmak ***zwei zu zwei*** *sp* (skor) iki iki

Zubehör /tsu:bıhö:r/ *n* aksesuar; taşınabilir nesne; *tek* ek parça

zubeißen /'tsu:baisın/ *trvi* kuvvetlice ısırmak

zubereiten /'tsu:bıraytın/ *trvt* (yemek) pişirmek; hazırlamak

Zubereitung /'tsu:bıraytung/ *f* (yemek) pişirme; hazırlama

zubilligen /'tsu:biligın/ *trvt* müsaade etmek, izin vermek, rıza göstermek; *tic* teslim etmek, kabul etmek

zubinden /'tsu:bindın/ *trvt* bağlayarak kapamak

zublinzeln /'tsu:blintsıln/ *trvi* göz kırpmak, göz ile işaret etmek

zubringen /'tsu:bringın/ *trvt* kapatmayı başarmak, kapatmayı becermek; getirmek, yanına getirmek ***Zeit zubringen*** vakit geçirmek ***zugebrachte Kinder*** ilk evliliğinden beraberinde getirdiği çocuklar

Zubringerstraße /'tsu:bringırştra:sı/ *f* otoyola bağlantı yolu

Zucchini /tsu'ki:ni/ *pl* sakızkabağı, kabak

Zucht /tsuht/ *f* disiplin; terbiye, ahlak; *hayb* bitk. yetiştirme

züchten /'tsühtın/ *vt hayb* bitk. beslemek, yetiştirmek; büyütmek; kötü sonuçlar doğuran bir şeyin oluşmasında yardımcı olmak

Züchter /'tsühtır/ *m hayb* bitk. üretici, yetiştirici

Zuchthaus /'tsuhthaus/ *n kon* hapishane

Zuchthäusler /'tsuhthoyslır/ *m* ağır hapis cezası almış kişi

Zuchthengst /'tsuhthengst/ *m hayb* damızlık aygır

zuchtlos /'tsuhtlo:s/ *s* disiplinsiz, itaatsiz; uygunsuz, rezilce

Züchtung /'tsühtung/ *f hayb* bitk. yetiştirme, büyütme

zucken /'tsukın/ *vi* ani harekette bulunmak, çok hızlı hareket etmek; *vt* (silah, kılıç) aniden çekmek ***ein Blitz zuckte über dem Himmel*** gökte bir şimşek çaktı ***es jdm in den Gliedern zucken*** romatizması olmak ***ohne mit der Wimper zu zucken*** *mec* gözünü bile kırpmadan, hiç tereddüt etmeden

zücken /'tsükın/ *vt* (kılıç) çekmek, sıyırmak; (para kesesi) çıkarmak

Zucker /'tsukır/ *m* şeker; *kon* hek. şeker

hastalığı ***mit Zucker*** şekerli ***ohne Zucker*** şekersiz ***Tee mit Zucker*** şekerli çay
Zuckerdose /'tsukırdo:zı/ *f* şekerlik
Zuckererbse /'tsukırerpsı/ *f bitk* şekerbezelye
Zuckerguss /'tsukırgus/ *m* pastanın üzerine dökülen pudra şekeri
zuckerkrank /'tsukırkrank/ *s hek* şeker hastası, şekeri olan, diyabetik
Zuckerkrankheit /'tsu:kırkrankhayt/ *f hek* şeker hastalığı, diyabet
zuckern /'tsukırn/ *vt* şeker serpmek, şeker koymak, şeker eklemek, şeker katmak
Zuckerrohr /'tsukırro:r/ *n bitk* şeker kamışı
Zuckerrübe /'tsukırrü:bı/ *f bitk* şeker pancarı
Zuckerwatte /'tsukırvatı/ *f* keten helvası
Zuckung /'tsukung/ *f hek* kas çekilmesi, kasıl sarsılma; tik ***Zuckungen bekommen*** *hek* çırpınmak
zudecken /'tsu:dekın/ *trvt* üzerini örtmek; üzerini kapamak ***sich zudecken*** örtünmek, yorgan çekmek
zudem /'tsude:m/ *be* ayrıca, bundan başka, buna ilaveten, bir de, fazla olarak, hem de
zudrehen /'tsu:dre:ın/ *trvt* (musluk, kapı) döndürerek kapamak, çevirerek kapatmak ***jdm den Rücken zudrehen*** (birisine) sırtını çevirmek
zudringlich /'tsu:dringlih/ *s* usandırıcı, bezdirici, sırnaşık
Zudringlichkeit /'tsu:dringlihkayt/ *f* sırnaşıklık, sululuk, tebelleş olma
zudrücken /'tsu:drükın/ *trvt* sıkarak kapamak ***über etw ein Auge zudrücken*** (bir şeye) göz yummak, müsamaha göstermek
zueinander /tsuayn'andır/ *be* birbirine, birbirlerine
zuerkennen /'tsu:erkenın/ *trvt* vermek; hak tanımak
zuerst /tsu'erst/ *be* ilk olarak, ilkin; her şeyden önce, ilk önce; önce; başlangıçta, en başta; ilk planda ***gleich zuerst*** en başından itibaren ***zuerst einmal*** her şeyden önce
Zufahrt /'tsu:fa:rt/ *f* (belirli bir yöndeki) yol, gidiş yolu
Zufahrtsstraße /'tsu:fa:rtsştra:sı/ *f* çıkış yolu, gidiş yolu
Zufall /'tsu:fal/ *m* tesadüf, rastlantı; talih, kader, kısmet ***durch Zufall*** tesadüfen ***glücklicher Zufall*** iyi tesadüf ***unglücklicher Zufall*** aksi tesadüf
zufällig /'tsu:felih/ *s* tesadüfi, rastlantısal; *be* tesadüfen
zufälligerweise /'tsu:feligırvayzı/ *be* tesadüf sonucu, rastlantı sonucu, tesadüf eseri
Zufallstreffer /'tsu:falstrefır/ *m* tesadüfi başarı
zufassen /'tsu:fasın/ *trvi* yakalamak, kapmak, kavramak, tutmak
Zuflucht /'tsu:fluht/ *f* sığınak; çare, medet ***bei jdm Zuflucht suchen*** (birisine) sığınmak ***zu etw seine Zuflucht nehmen*** (bir şeyden) medet ummak, çare aramak
Zufluchtsort /'tsu:fluhtsort/ *m* sığınak; sığınma yeri
Zufluss /'tsu:flus/ *m coğ* nehir kolu; akış
zuflüstern /'tsu:flüstırn/ trv vt ***jdm etw zuflüstern*** (birisinin kulağına) fısıldamak
zufolge /tsu'folgı/ *ilg* gereğince, göre, uyarınca ***zufolge deines Wunsches*** arzun gereğince
zufrieden /tsu'fri:dın/ *s* hoşnut, memnun, razı ***mit etw zufrieden sein*** (bir şey ile) memnun olmak; tatmin olmak, hoşnut olmak
Zufriedenheit /tsu'fri:dınhayt/ *f* mumnuniyet, memnunluk, hoşnutluk, razı olma, rıza gösterme
zufrieren /'tsu:fri:rın/ *trvi* kaskatı donmak, bütünüyle donmak
Zufuhr /'tsu:fu:r/ *f* gönderme, yollama, sevk etme; temin etme, sağlama; *ask* ikmal; *tek* besleme
Zug /tsu:k/ *m* tren; *ask* takım; *metr* cereyan, hava cereyanı; nefes alma, soluk alma; (sigara) içim, fırt çekme; (dama, satranç) taşı sürme, oynama; keşif gezisi, uzun uzun yürüyüş; yürüyen insan alayı, insan dizisi; *ask* sefer; (okul) bölüm; çekicili kamyon, römorklu kamyon; (silah) yiv, oluk; çekmece; geçiş, geçme; *mad* hava çekiş kanalı; sınıf, küme; eğilim, heves, meyil; (baca, soba) çekiş, çekme; *tek* gerilim; çizgi, hat; kalem darbesi, kalem vuruşu; (kişi) karakter özelliği, karakteristik yapı; çekme kolu, çekme ipi; (at arabası) koşulu at; *coğ* (dağ) silsile, sıra; balık avı; çehre hattı, yüz çizgisi; *ask* takım; hile, manevra;

Z

yudum; göçme, geçiş; hicret; çerçeve; kadro; şube, kol ***auf einen Zug*** bir dikişte, fondip ***einen Zug tun*** (sigara) nefes çekmek ***in den Zug steigen*** trene binmek ***in einem Zug*** bir defada, bir seferde; (içki) fondip ***in großen Zügen*** ana hatlarıyla, detaylarına girmeden ***in kurzen Zügen*** kısaca ***in vollen Zügen genießen*** tadını çıkarmak ***mit dem Zug*** tren ile ***Zug für Zug*** *tic* derhal, hemen ***Zug in etw bringen*** (bir şeye) canlılık getirmek, hareket getirmek ***Zug um Zug*** aralıksız, ara vermeden; gecikmeden

Zugabe /'tsu:ga:bı/ *f* satılan mal ile birlikte verilen eşantiyon

Zugabteil /'tsu:kaptayl/ *m* tren kompartımanı

Zugang /'tsu:gang/ *m* giriş, giriş yolu; artış; bağlantı

zugänglich /'tsu:gengli**h**/ *s* kolay ulaşılabilir, ulaşımı kolay; kolayca elde edilebilir, her yerde bulunabilir; *ed* kolay anlaşılır; yakınlık gösteren kişi

Zuganschluss /'tsu:kanşlus/ *m* tren bağlantısı

Zugbegleiter /'tsu:kbıglaytır/ *m* kondüktör

zugeben /'tsu:ge:bın/ *trvi* ilave etmek, eklemek; *müz* ek olarak çalmak, ek olarak söylemek; hak vermek, haklı bulmak; itiraf etmek, gerçeği söylemek; izin vermek, müsaade etmek

zugegen /tsu'ge:gın/ *be* var, mevcut, hazır, elde ***zugegen sein*** hazır bulunmak, mevcut bulunmak, elde olmak

zugehen /'tsu:ge:ın/ *trvi* bitmek, tükenmek, geçmek; (kapı, pencere) kapanmak; yürümeye devam etmek; sık adımlarla yürümek, adımlarını sıklaştırmak ***auf jdn zugehen*** (birisine) yaklaşmak ***dem Ende zugehen*** sonuna yaklaşmak

zugehörig /'tsu:gı**h**ö:ri**h**/ *s* ait olan

Zugehörigkeit /'tsu:gı**h**ö:ri**h**kayt/ *f* üyelik; ait olma, ilgili olma

zugeknöpft /'tsu:gıknöpft/ *s* düğmesi ilikli; *kon* soğuk nevale

Zügel /'tsü:gıl/ *m* gem, dizgin, başlık ***jdm die Zügel anziehen*** *mec* (birisinin) dizginlerini kısmak ***mit verhängten Zügel*** doludizgin

zügellos /'tsü:gıllo:s/ *s* (at) dizginsiz, gemsiz; ölçüsüz, sınır tanımayan, haddini bilmeyen

zügeln /'tsü:gıln/ *vt* (at) dizginlerini çekmek; (at) gem vurmak; *mec* (duygu) bastırmak, önünü almak

Zugeständnis /'tsu:gıştentnis/ *n* ödün, taviz

zugestehen /'tsugışte:ın/ *trvt* razı olmak, rıza göstermek, kabul etmek; uygun görmek; bahşetmek, vermek; teslim ve kabul etmek

zugetan /'tsu:gıta:n/ *s* : ***jdm zugetan*** (birisini) seven, kollayan, arkadaş, dost

Zugführer /'tsu:kfü:rır/ *m* makinist

zügig /'tsü:gi**h**/ *s* işlek, canlı; gelişen

zugig /'tsu:gi**h**/ *s metr* cereyanlı, akıntılı, esintili

zugkräftig /'tsu:kkrefti**h**/ *s* çok cazip, çok çekici

zugleich /tsu'glay**h**/ *be* aynı zamanda; hep birden, birlikte

Zugluft /'tsu:kluft/ *f metr* esinti, hava cereyanı

Zugmaschine /'tsu:kmaşi:nı/ *f* traktör; çekici araç

zugreifen /'tsu:grayfın/ *trvi* çok çalışmak; el uzatmak, elini uzatmak; (sofrada) yemek almak; fırsatı kaçırmamak; (iş) el atmak, el koymak

Zugriff /'tsu:grif/ *m* atılma, kapma, yakalama, tutma; el koyma; harekete geçme, girişme ***Zugriff finden*** erişmek ***Zugriff haben*** erişmek

zugrunde /tsu'grundı/ *be* : ***einer Sache etw zugrunde legen*** (bir şeyi bir şeye) dayandırmak ***zugrunde gehen*** *mec* mahvolmak, uçuruma yuvarlanmak, bitmek, tükenmek

zugunsten /tsu'gunstın/ *ilg* : ***jds zugunsten*** (birisinin) lehinde, lehine; yararına, faydasına, çıkarına

zugute /tsu'gu:tı/ *be* : ***jdm etw zugute halten*** (birisini) mazur görmek ***jdm etw zugute kommen lassen*** (birisini bir şeyden) yararlandırmak ***jdm zugute kommen*** (birisine) yaramak, iyi gelmek

Zugverbindung /'tsu:kferbindung/ *f* tren bağlantısı

Zugvogel /'tsu:kfo:gıl/ *m hayb* göçmen kuş

zuhalten /'tsu:**h**altın/ *trvt* (eliyle) kapamak; tıkamak; kapalı tutmak ***sich die Ohren zuhalten*** kulaklarını tıkamak

Zuhälter /'tsu:**h**eltır/ *m* pezevenk, fahişe kadın pazarlayıcısı

Zuhause /tsu'**h**auzı/ *n* ev, yurt, aile ocağı,

baba ocağı

zuhören /'tsu:**h**ö:rın/ *trvi* (birisini, anlatılan bir şeyi) dinlemek

Zuhörer /'tsu:**h**ö:rır/ *m* dinleyici

zujubeln /'tsu:yu:bıln/ *trvi* (birisini) alkışlamak, coşku içinde karşılamak

zuklappen /'tsu:klapın/ *trvt* ses çıkartarak kapatmak; *trvi* kapanmak

zukleben /'tsu:kle:bın/ *trvt* tutkal ile yapıştırmak, yapıştırarak kapatmak

zuknallen /'tsu:knalın/ *trvi* gürültüyle kapanmak; *trvt* gürültü ile kapatmak

zuknöpfen /'tsu:knöpfın/ *trvt* düğmelemek, iliklemek

zukommen /'tsu:komın/ *trvi* yaklaşmak, yanaşmak ***auf jdn zukommen*** (birisine) yaklaşmak ***jdm etw zukommen lassen*** göndermek; hediye etmek ***jdm zukommen*** (birisi için) uygun olmak, düşmek, üstüne vazife olmak ***jdm zukommen lassen*** (birisine bir şey) yollamak, göndermek

Zukunft /'tsu:kunft/ *f* gelecek, istikbal, ati; *dilb* gelecek zaman ***in Zukunft*** gelecekte, ilerde

zukünftig /'tsu:künfti**h**/ *s* gelecekteki, istikbaldeki, önümüzdeki ***mein Zukünftiger*** (erkek) nişanlım ***mein zukünftiger Mann*** müstakbel kocam ***meine Zukünftige*** (kız) nişanlım

zulächeln /'tsu:le**h**ıln/ *trvi* (birisine) gülümsemek, tebessüm etmek

Zulage /'tsu:la:gı/ *f* maaş zammı; katkı, ilave ***jdm eine Zulage geben*** (birisinin) aylığına zam yapmak

zulassen /'tsu:lasın/ *trvt* kabul etmek, uygun bulmak; (resmi) ruhsat vermek; (resmen) onaylamak, tasdik etmek; (kapı) kapalı bırakmak; *mec* göz yummak ***jdn zulassen*** (birisinin) içeri girmesine müsaade etmek

zulässig /'tsu:lesi**h**/ *s* uygun, izin verilmiş, onaylanmış, kabul edilmiş

Zulassung /'tsu:lasung/ *f* kabul, izin, onaylama; (resmi) ruhsat

Zulassungsstelle /'tsu:lasungsştelı/ *f* ruhsat dairesi

Zulauf /'tsu:lauf/ *m* kalabalık, izdiham; talep, rağbet, sürüm

zulegen /'tsu:le:gın/ *trvt* üzerini örtmek, üzerini kapatmak; (fatura, hesap) üstüne eklemek ***einen Schritt zulegen*** adımlarını sıklaştırmak, tempoyu artırmak ***sich etw zulegen*** *kon* satın almak

zuleiten /'tsu:laytın/ *trvt* (bir yöne doğru) götürmek, sevk etmek, yönlendirmek; *tek* beslemek; (bir şeyi) başkasına vermek, başka birisine bırakmak

Zuleitung /'tsu:laytung/ *f* gönderme, gönderilme; akıtma, akıtılma; *tek* besleme borusu, nakil borusu

zuletzt /tsu'letst/ *be* nihayet, sonunda; sonuncu olarak ***bis zuletzt*** sonuna kadar, bıkmadan

zuliebe /tsu'li:bı/ *be* hatırına, hatırına binaen ***dir zuliebe*** senin hatırın için ***jdm zuliebe*** (birisinin) hatırı için

Zulieferer /'tsu:li:fırır/ *m* yan sanayi işletmecisi

zum /tsum/ *kıs* "zu dem"

zumachen /'tsu:ma**h**ın/ *trvt* kapamak; (giysi) düğmelemek; (delik, boşluk) tıkamak, kapamak ***mach zu!*** Kapat!

zumal /tsu'ma:l/ *be* hep birden, hep beraber; aynı anda, eşzamanlı olarak; özellikle, en başta, ilk olarak; her şeyden önce, ilkin; hele; çünkü

zumeist /tsu'mayst/ *be* çoğunlukla, çoğu kere, genellikle, ekseriya; ekserisi

zumindest /tsu'mindıst/ *be* hiç olmazsa, bari, enazından

zumutbar /'tsu:mu:tba:r/ *be* beklenebilir

zumute /tsu'mu:tı/ *be* : ***mir ist gar nicht lächerlich zumute*** gülecek halde değilim ***mir ist schlecht zumute*** keyfim yerinde değil, keyifsizim ***mir ist traurig zumute*** kendimi üzgün hissediyorum ***wie ist Ihnen zumute*** kendinizi nasıl hissediyorsunuz?

zumuten /'tsu:mu:tın/ *trvt* (bir şey yapmasını) beklemek, istemek, ummak ***sich zuviel zumuten*** kendine çok güvenmek

Zumutung /'tsu:mu:tung/ *f* uygunsuz istek, uygunsuz beklenti

zunächst /tsu'ne:**h**st/ *ilg* yanında, yakınında; *be* her şeyden önce, evvela, ilk olarak; şimdilik ***zunächst einmal*** ilkönce, ilk ağızda

Zunahme /'tsu:na:mı/ *f* artma, çoğalma; kilo alma; büyüme, gelişme

Zuname /'tsu:na:mı/ *m* soyadı, aile adı

zünden /'tsündın/ *vt* ateşlemek, yakmak; ateşe vermek ***es zündet*** tutuşuyor; *kon* coşturuyor

Zündholz /'tsünt**h**olts/ *n* kibrit, kibrit çöpü

Zündkerze /'tsüntkertsı/ *f tek* buji, ateşleme bujisi

Zündschlüssel /'tsündşlüsıl/ *m oto* kon-

Z

tak anahtarı
Zündung /'tsündung/ *f* (mermi) ateşleme, ateşlenme; *oto* ateşleme tertibatı
zunehmen /'tsu:ne:mın/ *trvi trvt* çoğalmak, artmak; şişmanlamak, kilo almak ***der Mond nimmt zu*** *gökb* ay büyüyor ***die Tage nehmen zu*** *gökb* günler uzuyor ***in zunehmendem Maße*** artan ölçülerde
Zuneigung /'tsu:naygung/ *f* sevgi, hoşlanma, sempati, meyil
Zunge /'tsungı/ *f anat* dil; lisan, dil; *hayb* dilbalığı ***belegte Zunge*** paslı dil
züngeln /'tsüngıln/ *trvi* (alev) yalamak; dilini çıkarmak; (hayb. (yılan) dil oynatmak
Zungenbrecher /'tsungınbrehır/ *m kon* söylemesi oldukça zor kelime
zungenfertig /'tsugınfertih/ *s* hazırcevap
Zungenspitze /'tsungınşpitsı/ *f* dil ucu
zunichte /tsu'nihtı/ *be* : ***etw zunichte machen*** tahrip etmek, mahvetmek ***zunichte werden*** boşa çıkmak, bozulmak
zunutze /tsu'nutsı/ *be* : ***sich etw zunutze machen*** (bir şeyden) yararlanmak, faydalanmak
zuordnen /'tsu:ordnın/ *trvt* eklemek, bağlamak
Zuordnung /'tsu:ardnung/ *f* eşgüdüm, koordinasyon
zupacken /'tsu:pakın/ *trvt* çok çalışmak; el uzatmak, elini uzatmak; (sofrada) yemek almak; fırsatı kaçırmamak; (iş) el atmak, el koymak
zupfen /'tsupfın/ *vt* yavaşça çekmek, hafifçe çekmek; teks tiftik tiftik etmek
zurechnungsfähig /'tsu:rehnungsfe:ih/ *s huk* temyiz gücüne sahip, iyiyi kötüyü seçebilecek durumda, sorumluluğunun bilincinde
Zurechnungsfähigkeit /'tsu:rehnungsfei:hkayt/ *f* temyiz gücü, cezai ehliyet
zurechtbiegen /tsu'rehtbi:gın/ *trvt* düzeltmek, doğrultmak
zurechtfinden /tsu'rehtfindın/ *trvr* yönünü belirleyebilmek, yolunu bulabilmek ***sich nicht zurechtfinden können*** yolunu bulamamak, yönünü belirleyememek
zurechtkommen /tsu'rehtkomın/ *trvi* üstesinden gelmek, başarmak; vaktinde gelmek ***mit jdm zurechtkommen*** (birisiyle) iyi anlaşmak
zurechtlegen /tsu'rehtle:gın/ *trvt* yerleştirmek, sermek; hazırlamak, hazır hale getirmek ***sich etw zurechtlegen*** *mec* (bir şeyi) önceden hazırlamak, önceden tasarlamak
zurechtmachen /tsu'rehtmahın/ *trvt* hazırlamak, hazır hale getirmek; tertip etmek ***sich zurechtmachen*** süslenmek, makyaj yapmak, giyinmek; hazırlanmak
zurechtrücken /tsu'rehtrükın/ *trvt* düzeltmek
zurechtweisen /tsu'rehtvayzın/ *trvt* haddini bildirmek
Zurechtweisung /tsu'rehtvayzung/ *f* azarlama, fırçalama
zureden /'tsu:re:dın/ *trvi* (birisini) inandırmaya çalışmak, konuşma yaparak etkilemeye çalışmak
zureiten /'tsu:raytın/ *trvt* (at) eğitmek; *trvi* (at ile) bir yere doğru gitmek
zurichten /'tsu:rihtın/ *trvt* hazırlamak, düzenlemek, tertip etmek; (odun) kesmek; (taş) yontmak; zedelemek, hasara uğratmak
zürnen /'tsürnın/ *vi* (birisine) öfkelenmek, sinirlenmek, kızmak
zurück /tsu'rük/ *be* geri, geride, arkada, arkasında; geriye, arkaya; arka arka, geri geri, kıçın kıçın ***zurück sein*** geri kalmak
zurückbehalten /tsu'rükbıhaltın/ *trvt* alıkoymak, el koymak, geri vermemek
zurückbezahlen /tsu'rükbıtsa:lın/ *trvt* geri ödemek
zurückbilden /tsu'rükbildın/ *trvr hek* (ur, tümör) küçülmek, ufalmak
zurückbleiben /tsu'rükblaybın/ *trvi* geri kalmak, geri durmak; (gelişme) geri kalmak ***zurückbleiben!*** (hareket ederken) geri çekilin!
zurückblicken /tsu'rükblikın/ *trvi* geriye bakmak, geriye dönüp bakmak; *mec* gezmişe bakmak, maziye bakmak, geçmişi hatırlamak
zurückbringen /tsu'rükbringın/ *trvt* geri getirmek, geri götürmek ***jdn ins Leben zurückbringen*** (birisini) hayata geri döndürmek, hayatını kurtarmak
zurückdenken /tsu'rükdenkın/ *trvt* geçmişi düşünmek, maziyi düşünmek ***an etw zurückdenken*** maziyi hatırlamak, geçmişi anımsamak
zurückdrängen /tsu'rükdrengın/ *trvt* geri itmek; (duygu) bastırmak, içine atmak
zurückerhalten /tsu'rükerhaltın/ *trvt* geri

Z

almak

zurückerobern /tsu'rükero:bırn/ *trvt ask* tekrar fethetmek

zurückerstatten /tsu'rükerştatın/ *trvt* geri vermek; alınan parayı geri vermek

zurückfahren /tsu'rükfa:rın/ *trvi* (araçla) geri gitmek, geri dönmek; *trvt* (birisini) araç ile geri götürmek

zurückfliegen /tsu'rükfli:gın/ *trvi* (uçak ile) geri uçmak, geri dönmek

zurückfordern /tsu'rükfordırn/ *trvt* geri istemek, geri talep etmek

zurückführen /tsu'rükfü:rın/ *trvt* (araç ile) geri getirmek, geri götürmek; nedene bağlamak, sebebe bağlamak

zurückgeben /tsu'rükge:bın/ *trvt* iade etmek, geri vermek

zurückgeblieben /tsu'rükgıbli:bın/ *be* geri (kalmış)

zurückgehen /tsu'rükge:ın/ *trvi* geri dönmek, geri gitmek; *hek* (hastalık) gerilemek; *tic* (fiyat) düşmek, gerilemek; *ask* geri çekilmek; (mal) geri göndermek

zurückgezogen /tsu'rükgıtso:gın/ *s* münzevi, dünyadan tüm bağını kesmiş ***zurückgezogen leben*** münzevi hayat yaşamak, her şeyden elini eteğini çekmek

Zurückgezogenheit /tsu'rükgıtso:gınhayt/ *f* inziva; yalnızlık

zurückgreifen /tsu'rükgrayfın/ *trvt* başvurmak ***auf alle Mittel zurückgreifen*** her çareye başvurmak

zurückhalten /tsu'rükhaltın/ *trvt* alıkoymak, tutmak, oyalamak; (duygu) zaptetmek, frenlemek, önünü almak ***jdn von etw zurückhalten*** (birisini bir şeyden) uzak tutmak ***sich von etw zurückhalten*** (bir şeyden) çekinmek, sakınmak ***sich zurückhalten*** (kendini) tutmak, frenlemek

zurückhaltend /tsu'rükhaltınt/ *s* ürkek, çekingen

Zurückhaltung /tsu'rükhaltung/ *f* ürkeklik, çekingenlik; alçakgönüllülük

zurückholen /tsu'rükho:lın/ *trvt* alıp getirmek; geri almak; geri getirmek

zurückkehren /tsu'rükke:rın/ *trvi* geri dönmek, geri gelmek

zurückkommen /tsu'rükkomın/ *trvi* geri dönmek, geri gelmek ***auf ein Thema zurückkommen*** bir konuya geri dönmek ***von einer Meinung zurückkommen*** düşüncesinden dönmek

zurücklassen /tsu'rüklasın/ *trvt* geride bırakmak, arkasında bırakarak uzaklaşmak; (birisini) üstünlük açısından geçmek

zurücklegen /tsu'rükle:gın/ *trvt* geriye koymak, arkaya koymak; ertelemek; (yol) gerisinde bırakmak, katetmek ***Geld zurücklegen*** (bir kenara) para koymak ***sich zurücklegen*** sırtüstü yatmak

zurückliegen /tsu'rükli:gın/ *trvi* (vakit) geçmişte kalmak, geçmiş olmak

zurückmüssen /tsu'rükmüsın/ *trvi* geri dönmeğe mecbur olmak

zurücknehmen /tsu'rükne:mın/ *trvt* geri almak; (söz, suçlamak, şikâyet vs) geri almak; *ask* geri kaydırmak

zurückrufen /tsu'rükru:fın/ *trvt* geri çağırmak; *trvi* telefonla tekrar aramak, geri dönmek ***sich etw ins Gedächtnis zurückrufen*** (bir şeyi) hatırlamak, anımsamak, anmak

zurückschalten /tsu'rükşaltın/ *trvi* vites küçültmek

zurückschlagen /tsu'rükşla:gın/ *trvt* üzerini açmak, örtüsünü kaldırmak; geri itmek, geri atmak; geri vurmak; *trvi* misilleme yapmak

zurückschrecken /tsu'rükşrekın/ *trvi* ürkerek gerilemek; çekinmek, sakınmak; *trvt* (birisini) korkutmak, korkutarak vazgeçirmek ***vor etw zurückschrecken*** (bir şeyden) çekinmek, sakınmak

zurücksetzen /tsu'rükzetsın/ *trvt* (birisini) ihmal etmek; atlatmak; geriye koymak; ertelemek, ötelemek, ileri bir tarihe atmak; *tic* (fiyat) indirmek

Zurücksetzung /tsu'rükzetsung/ *f* erteleme, öteleme, geriye atma; ihmal etme, (birisini) atlatma

zurückstecken /tsu'rükştekın/ *trvt* eski yerine koymak, eski haline sokmak

zurückstellen /tsu'rükştelın/ *trvt* eski yerine koymak, eski haline getirmek; ertelemek, ötelemek, sonraya bırakmak; *ask* tecil etmek; ikinci plana atmak, geri plana atmak; (saat) geriye almak

zurücktreten /tsu'rüktre:tın/ *trvi* gerilemek, geri adım atmak; (su baskını) geri çekilmek; vazgeçmek, caymak; (önem açısından) geride olmak, ikinci planda olmak ***von seinem Amt zurücktreten*** görevinden çekilmek, görevinden istifa etmek

zurückweichen /tsu'rükvayhın/ *trvi* geri

çekilmek, gerilemek; geri kaçmak
zurückweisen /tsu'rükvayzın/ *trvt* (arzu, istek, suçlama) geri çevirmek, kabul etmemek, reddetmek ***jdn in seine Grenzen zurückweisen*** (birisine) haddini bildirmek
Zurückweisung /tsu'rükvayzung/ *f* reddetme, geri çevirme
zurückzahlen /tsu'rüktsa:lın/ *trvt* geri ödemek; *mec* misillemede bulunmak
Zurückzahlung /tsu'rüktsa:lung/ *f* geri ödeme; *mec* misillemede bulunma
zurückziehen /tsu'rüktsi:ın/ *trvt* geriye çekmek; (öneri) geri almak, geri çekmek; (perde) açmak; *trvi* eski yerine geri dönmek ***sich von jdm zurückziehen*** (birisi ile ilişki kurmaktan) kaçınmak, çekinmek ***sich zurückziehen*** geri çekilmek
Zuruf /'tsu:ru:f/ *m* seslenme, bağırma, haykırış; ünlem; el çırpma, alkış
zurufen /'tsu:ru:fın/ *trvt* bağırarak söylemek, yüksek sesle söylemek; *ask* bağırarak emir vermek
Zusage /'tsu:za:gı/ *f* vaat, vaadetme, söz verme; onay, muvafakat, rıza, kabul
zusagen /'tsu:za:gın/ *trvt* söz vermek; vaadetmek; *trvi* (davet, çağrı) kabul etmek; *mec* hoşa gitmek
zusammen /tsu'zamın/ *be* birlikte, beraber, beraberce; ortaklaşa; toplu olarak, topluca ***alle zusammen*** hep birlikte, hep beraber; hepsi birden ***mit jdm zusammen*** birisiyle birlikte ***zusammen!*** (hesap alırken) beraber! ***zusammen alt werden*** bir yastıkta kocamak
Zusammenarbeit /tsu'zamınarbayt/ *f* işbirliği
zusammenarbeiten /tsu'zamınarbaytın/ *trvt* işbirliği yapmak; birlikte çalışmak ***mit jdm zusammenarbeiten*** (birisiyle) işbirliği yapmak, birlikte çalışmak
Zusammenbau /tsu'zamınbau/ *m* bir araya getirme, birleştirme; *tek* montaj
zusammenbauen /tsu'zamınbauın/ *trvt* bir araya getirmek; *tek* monte etmek
zusammenbeißen /tsu'zamınbaysın/ *trvt* sıkmak ***die Zähne zusammenbeißen*** dişlerini sıkmak; *mec* dişini sıkarak acısını belli etmemek ***sich zusammenbeißen*** birbiriyle iyi anlaşmak
zusammenbinden /tsu'zamınbindın/ *trvt* bir araya bağlamak, denk yapmak, balya yapmak
zusammenbleiben /tsu'zamınblaybın/ *trvi* beraber kalmak, birlikte kalmak, birbirinden ayrılmamak
zusammenbrechen /tsu'zamınbrehın/ *trvi* çökmek, yıkılmak, yok olmak; kırılmak
zusammenbringen /tsu'zamınbringın/ *trvt* bir araya getirmek, bir araya toplamak; *mec* barıştırmak
Zusammenbruch /tsu'zamınbruh/ *m* yıkılma, çökme; yok olma; *tic* batma, iflas; *hek* sağlık bozulması
zusammendrücken /tsu'zamındrükın/ *trvt* sıkıştırmak; ezerek küçültmek, bastırarak küçültmek
zusammenfahren /tsu'zamınfa:rın/ *trvt* (araç) çarpışmak; (araç) çarpışarak zarara uğratmak ***vor Schrecken zusammenfahren*** korkuya kapılmak
zusammenfallen /tsu'zamınfalın/ *trvi* (bina) yıkılmak, çökmek, yerle bir olmak; *mec* eşzamanlı olmak, aynı anda olmak; *hek* zayıflamak, hastalanmak
zusammenfassen /tsu'zamınfasın/ *trvt* bir araya toplamak, bir araya getirmek ***kurz zusammenfassen*** özetlemek
zusammenfassend /tsu'zamınfasınt/ *be* özetleyici; özet olarak
Zusammenfassung /tsu'zamınfasung/ *f* özet; bir araya toplama, bir araya getirme
zusammenfügen /tsu'zamınfü:gın/ *trvt* birleştirmek, bir araya getirmek; birbirine geçirmek, birbirine takmak ***sich zusammenfügen*** birbirine uymak, birbiriyle uyuşmak
zusammengehören /tsu'zamıngıhö:rın/ *trvi* birbirine bağlı olmak, birbirinden ayrılmamak; çift oluşturmak
Zusammengehörigkeit /tsu'zamıngıhö:rihkayt/ *f* (duygu) birbirine bağlılık
Zusammengehörigkeitsgefühl /tsu'zamıngıhö:rihkaytsgıfü:l/ *n* beraberlik duygusu, birlik duygusu
zusammengesetzt /tsu'zamıngızetst/ *s* bileşik, birleşik, mürekkep; ibaret, müteşekkil ***zusammengesetzter Magnet*** birleşik mıknatıs
zusammenhalten /tsu'zamınhaltın/ *trvi* birbirine bağlı olmak
Zusammenhang /tsu'zamınhang/ *m* bağlantı, ilişki; anlamsal ilişki; bağlam; ilgi, alaka ***in diesem Zusammenhang*** bu

münasebetle, bu bağlamda
zusammenhängen /tsu'zamınhengın/ *trvt* yan yana asmak, bitişik olarak asmak; *trvi* arasında ilişki olmak, birbiriyle bağıntılı olmak; *mec* yakın arkadaş olmak, sıkı dost olmak
zusammenhängend /tsu'zamınhengınt/ *s* birbirine bağlı, birbiriyle bağıntılı; düzgün; tutarlı, bağıntılı
zusammenhangslos /tsu'zamınhangslo:s/ *s* bağlantısız, bağıntısız, tutarsız
zusammenkehren /tsu'zamınke:rın/ *trvt* belli bir yeri temizlemek
zusammenklappbar /tsu'zamınklapba:r/ *s* açılır kapanır, katlanır
zusammenkleben /tsu'zamınkle:bın/ *trvt* birbirine yapıştırmak; *trvi* birbirine yapışmak
Zusammenkunft /tsu'zamınkunft/ *f* toplantı; istişare, görüşme
zusammenlaufen /tsu'zamınlaufın/ *trvi* kesişmek, bir noktada buluşmak; bir araya üşüşmek, bir araya koşuşmak, kümeler oluşturmak, yığınlar oluşturmak; (süt) kesilmek; (kumaş) çekmek, daralmak
zusammenleben /tsu'zamınle:bın/ *trvt* birlikte yaşamak, bir arada yaşamak, beraberce yaşamak ***mit jdm zusammenleben*** (birisiyle) birlikte yaşamak
zusammenlegen /tsu'zamınle:gın/ *trvi* bir araya koymak, beraberce aynı yere koymak; (para) toplamak; birleştirmek; katlamak
zusammennehmen /tsu'zamınne:mın/ *trvt* bir araya toplamak, bir araya getirmek ***sich zusammennehmen*** tüm gücünü toplamak, var gücünü toplamak, kendini toplamak, kendini zaptetmek, dikkat kesilmek
zusammenpacken /tsu'zamınpakın/ *trvt* bir araya toplamak, bir araya getirmek, toparlamak; hepsini birlikte paketlemek
zusammenpassen /tsu'zamınpasın/ *trvi* (kişi) birbiriyle iyi anlaşmak, uyuşmak; birbirine uymak, birbirine denk gelmek
Zusammenprall /tsu'zamınpral/ *m* çarpışma
zusammenprallen /tsu'zamınpralın/ *trvi* *oto* birbiriyle çarpışmak
zusammenreißen /tsu'zamınraysın/ *trvr* kendine hâkim olmak, kendini toparlamak, kendine gelmek
zusammenschlagen /tsu'zamınşla:gın/ *trvi* birbirine vurmak, birbirine çarpmak, birbirine tokuşturmak; yerle bir etmek, yıkmak ***die Hacken zusammenschlagen*** *ask* topuk selamı vermek, topukları ses çıkartarak birbirine tokuşturmak ***jdn zusammenschlagen*** (birisini) fena halde pataklamak
zusammenschließen /tsu'zamınşli:sın/ *trvt* menfaatleri korumak amacıyla bir araya gelmek, çıkar birliği kurmak ***sich zusammenschließen*** birleşmek
Zusammenschluss /tsu'zamınşlus/ *m* menfaatler için bir araya gelme, çıkar birliği kurma; birlik; birleşme
Zusammensein /tsu'zamınzayn/ *n* bir arada olma, birlikte bulunma; toplantı
zusammensetzen /tsu'zamınzetsın/ *trvt* bir araya getirmek, bir noktada buluşturmak; *tek* monte etmek, birleştirmek ***sich zusammensetzen*** oluşmak; yan yana oturmak; baş başa vermek ***sich zusammensetzen aus*** -den oluşmak, ibaret olmak ***zu einem ganzen zusammensetzen*** bütün haline koymak, bir araya birleştirmek ***zusammengesetztes Wort*** *dilb* birleşik kelime
Zusammensetzung /tsu'zamınzetsung/ *f* birleştirme, bir araya getirme; birleşim, bir araya gelme; *dilb* birleşik kelime; bileşim
zusammensitzen /tsu'zamınzitsın/ *trvt* birlikte oturmak, beraber oturmak, bir arada yaşamak ***mit jdm zusammensitzen*** (birisiyle) bir arada oturmak, birlikte yaşamak
zusammenstellen /tsu'zamınştelın/ *trvt* bir araya koymak, bir araya getirmek ***in einer Tabelle zusammenstellen*** listede toplu olarak belirtmek
Zusammenstellung /tsu'zamınştelung/ *f* bir araya getirme, birleştirme; düzene koyma, düzenleme; tabela, cetvel, liste
Zusammenstoß /tsu'zamınşto:s/ *m* *oto* çarpışma, vuruşma, toslama; *mec* anlaşmazlık, uyuşmazlık, geçimsizlik; (fikir, görüş) çatışma, uyuşmama ***Zusammenstoß zweier Autos*** iki aracın kaza yapması
zusammenstoßen /tsu'zamınşto:sın/ *trvt* çarpışmak, vuruşmak, birbirine toslamak; *mec* tartışmak, geçinememek, tartışmak
zusammentragen /tsu'zamıntra:gın/ *trvt*

Z

toplamak, toplayıp bir araya getirmek

Zusammentreffen /tsu'zamıntrefın/ *n* karşılaşma, tesadüf etme; buluşma, randevulaşma; eşzamanlı olma, aynı zamanda olma

zusammentreffen /tsu'zamıntrefın/ *trvi* birbirine rastlamak, tesadüfen rastlaşmak; belli bir zamanda buluşmak, görüşmek; *mec* (olay) eşzamanlı olmak, aynı zamanda oluşmak

zusammenwachsen /tsu'zamınvaksın/ *trvi* birbiri içine kök salmak, iç içe kaynaşmak, birbirine dolanmak

zusammenzählen /tsu'zamıntse:lın/ *trvt mat* toplama işlemi yapmak, toplamak; aynı hesaba katmak, bir arada hesabetmek

zusammenziehen /tsu'zamıntsi:ın/ *trvt* daraltmak, hacmini küçültmek, sıkıştırmak; *ask* birlikleri bir araya toplamak; *trvi* aynı eve taşınmak, bir arada oturmak için evden çıkmak ***die Augenbrauen zusammenziehen*** kaşlarını çatmak ***sich zusammenziehen*** oluşmak, çıkmak, patlak vermek; çekmek, daralmak, küçülmek ***zusammenziehendes Mittel*** *hek* kanamayı durdurucu ilaç

zusammenzucken /tsu'zamıntsukın/ *trvt* (acı ile, korkudan) yerinden sıçramak, yerinden fırlamak

Zusatz /'tsu:zats/ *m* ek, ilave; katıştırma, ekleme, katma; *dilb* ulama

zusätzlich /'tsu:zetslih/ *s* tamamlayıcı, bütünleyici; ek, eklenmiş, katılmış

Zusatzversicherung /'tsu:zatsferzihırung/ *f* ek sigorta

Zusatzzahl /'tsu:zatstsa:l/ *f* (loto) ek sayı; yedek sayı

zuschauen /'tsu:şauın/ *trvt* bakmak; seyretmek

Zuschauer /'tsu:şauır/ *m* (gösteri) seyirci; *huk* görgü şahidi, tanık

zuschicken /'tsu:şikın/ *trvt* göndermek, yollamak, sevk etmek

Zuschlag /'tsu:şla:k/ *m* fiyat artışı, zam; ek ücret, ücret ilavesi; katkı maddesi, eklenen şey; (inşaat) harç, harç içine eklenen şey; *tic* ihale

zuschlagen /'tsu:şla:gın/ *trvt* (şiddetle, ses çıkartarak) kapamak, örtmek; (fıçı, kutu) çivilemek; (top) atmak, vurmak; (açık artırma) en yüksek fiyatı verene satmak ***jdm eine Lieferung zuschlagen*** bir teslimatı birisine yüklemek

zuschlagspflichtig /'tsu:şla:kspflihtih/ *be* ek ödemeli, ek ödeme yapılması gereken

zuschließen /'tsu:şli:sın/ *trvt* anahtarla kilitlemek, üzerine kilitlemek ***sich zuschließen*** *tic* firma evliliği yapmak, (firma) birleşmek

zuschnappen /'tsu:şnapın/ *trvi* (kapı, pencere) aniden büyük bir gürültüyle kapanmak; (köpek) olanca gücüyle diş geçirmek

zuschneiden /'tsu:şnaydın/ *trvt* teks kesip biçmek; belli bir şeye göre ölçülerek hazırlanmış olmak

Zuschrift /'tsu:şrift/ *f* yazılı cevap, yazılı bilgi; yazılı herhangi bir şey

zuschulden /tsu'şuldın/ *be* : ***sich etw zuschulden kommen*** (bir şeyde) suç işlemek, hata yapmak ***sich etw zuschulden kommen lassen*** suç işlemek

Zuschuss /'tsu:şus/ *m* ek ödeme, katkı

zusehen /'tsu:ze:ın/ *trvi* seyretmek, seyir amacıyla bakmak; tanık olmak, gözleriyle görmek; beklemek, hareketsiz olarak durmak; oluşmasını sağlamak, oluşmasına seyirci kalmak, müdahale etmemek ***ruhig zusehen*** (bir şeye) müsamaha etmek, göz yummak, müdahale etmemek ***untätig zusehen*** seyirci kalmak

zusehends /'tsu:ze:ınts/ *be* hızla, fark edilir bir şekilde, gözle görülür şekilde ***zusehends wachsen*** gözle görülür bir şekilde büyümek

zusetzen /'tsu:zetsın/ *trvt* eklemek, ilave etmek, katmak; *trvi* sıkıştırmak, baskı yapmak ***einer Sache etw zusetzen*** (bir şeye bir şey) eklemek ***Geld zusetzen*** fazladan ödemek, umduğundan fazla ödemek ***jdm zusetzen*** (birisini bir amaçla) sıkıştırmak, üzerinde baskı kurmak

zusichern /'tsu:zihırn/ *trvt* sağlamak, temin etmek; garanti vermek, garanti etmek

Zusicherung /'tsu:zihırung/ *f* güvence, garanti, söz, vaat, söz verme

zuspielen /'tsu:şpi:lın/ *trvt sp* pas vermek, pas atmak ***jdm den Ball zuspielen*** *sp* (futbol) birisine pas vermek

zuspitzen /'tsu:şpitsın/ *trvt* ucunu sivriltmek, ucunu açmak; (konuşma) sivriltmek; mübalağa etmek ***sich zuspitzen***

tehlikeli bir durum arzetmek

Zuspruch /'tsu:şpruh/ *m* ilgi, rağbet; ilgi görme, sevilme, aranma; yüreklendirme, cesaretlendirme, teselli etme, teşvik etme, gaza getirme

Zustand /'tsuştant/ *m* hal, vaziyet, durum; mevki, konum; *fiz* hal, durum ***Zustände bekommen*** *hek* nöbeti tutmak, krizi gelmek

zustande /tsu:'ştandı/ *be* : ***zustande bringen*** başarmak, meydana getirmek, gerçekleştirmek, oluşmasını sağlamak ***zustande kommen*** oluşmak, gerçekleşmek, vuku bulmak, ortaya çıkmak

zuständig /'tsu:ştendih/ *s* ilgili, alakalı, yetkili; deneyimli, ehil; sorumlu ***an die zuständige Behörde!*** ilgili makama! ***die zuständige Behörde*** (resmi yazı) ilgili makam, ilgili kurum

Zuständigkeit /'tsu:ştendihkayt/ *f* ilgi alanı, yetki alanı, sorumlu olduğu alan; çalışma alanı, sorumluluk alanı

zustatten /tsu'ştatın/ *be* : ***zustatten kommen*** yaramak, iyi gelmek, fayda göstermek

zustellen /'tsu:ştelın/ *trvt* tebliğ etmek, resmen bildirmek; (gönderi) teslim etmek, vermek; *mec* barikat yapmak, engel çıkarmak, mania çıkarmak, set çekmek

Zusteller /'tsu:ştelır/ *m* (yazı, bildiri) tebligatçı, tebliğ eden, bildiren, veren ***Zusteller des Gerichtes*** mahkeme mübaşiri

Zustellung /'tsu:ştelung/ *f* teslim etme, verme, teslimat; *huk* tebligat; *huk* tebliğ etme, bildirme ***an jdn amtliche Zustellungen vornehmen*** (birisine) resmi bir evrakı teslim etmek, tebliğ etmek

zusteuern /'tsu:ştoyırn/ *trvt* para eklemek, para katkısında bulunmak; *trvi* yönelmek, meyletmek ***auf eine Krise zusteuern*** bir bunalıma doğru gitmek, bir krize yönelmek ***auf jdn zusteuern*** (birisine) yönelmek

zustimmen /'tsu:ştimın/ *trvi* : ***einer Sache zustimmen*** razı olmak, muvafakat etmek, rıza göstermek ***jdm zustimmen*** hak vermek, fikirlerine onay vermek, görüşlerine katılmak

Zustimmung /'tsu:ştimung/ *f* onama, onaylama, okeyleme; izin, razı olma, rıza gösterme; fikire katılma, görüşe katılma

zustoßen /'tsu:şto:sın/ *trvt* iteleyerek kapatmak, iterek kapatmak; *trvi* hızla etmek, itelemek; (olay, felaket) başına gelmek ***die Tür zustoßen*** kapıyı iterek kapamak ***mit Messer zustoßen*** bıçaklamak, bıçak saplamak

Zustrom /'tsu:ştro:m/ *m* akın; kalabalık, insan akını ***der Zustrom von Besuchern*** ziyaretçi akını

zutage /tsu'ta:gı/ *be* : ***zutage bringen*** ortaya çıkarmak, meydana çıkarmak ***zutage kommen*** meydana çıkmak, oluşmak ***zutage treten*** ortaya çıkmak, meydana çıkmak

Zutaten /'tsu:ta:tın/ *pl* içindekiler, bileşenler, malzeme

Zuteilung /'tsu:taylung/ *f* paylaştırma, dağıtım; tevzi, ayırma, ayrılma, verme, verilme; tevzi, tevzi etme, yöneltme, dağıtımını yapma

zutragen /'tsu:tra:gın/ *trvt* götürmek, getirmek, taşımak; (gizlice laf) aktarmak, taşımak ***sich zutragen*** olmak, meydana gelmek, vuku bulmak

zutrauen /'tsu:trauın/ *trvt* inanmak, güvenmek ***jdm etw zutrauen*** (birisinden bir şey) beklemek, beklenen davranışı yapacağına inanmak ***sich etw zutrauen*** kendine güvenmek, kendine inanmak

zutraulich /'tsu:traulih/ *s* güvenli davranan, güvenli yaklaşan; evcil, uysal, evcimen; *hayb* evcil, yumuşak huylu

zutreffen /'tsu:trefın/ *trvi* uygun olmak, yerinde olmak, doğru olmak

Zutritt /'tsu:trit/ *m* giriş ***jdm Zutritt gewähren*** giriş izni vermek; makamına kabul etmek ***Zutritt frei!*** giriş serbest! ***Zutritt haben*** giriş izni olmak ***Zutritt verboten!*** girilmez, girmek yasaktır!

zuungunsten /tsu'ungunstın/ *ilg* aleyhine, zararına, çıkarının tersine

zuunterst /tsu'untı:rst/ *be* en altta, en dipte

zuverlässig /'tsu:ferlesih/ *s* güvenilir, emin, emniyetli, sağlam ayakkabı ***nicht zuverlässig sein*** güvenilmez olmak

Zuverlässigkeit /'tsu:ferlesihkayt/ *f* güvenilirlik, doğruluk, emin olma

Zuversicht /'tsu:ferziht/ *f* geleceğe güven, gelecekten umutlu olma ***voller Zuversicht*** umutla, ümit dolu olarak

zuversichtlich /'tsu:ferzihtlih/ *s* kesin olarak güvenli, kesin olarak umutlu

Z

zuviel /tsu'fi:l/ *be* çok fazla
zuvor /tsu'fo:r/ *be* evvelce, daha evvel, bundan evvel
zuvorkommen /tsu'fo:rkomın/ *trvi* önde olmak, önde gitmek ***einer Gefahr zuvorkommen*** bir tehlikenin önüne geçmek, tehlikeyi önlemek ***einer Sache zuvorkommen*** (bir şeyin) önünü almak, önüne geçmek, önlemek
zuvorkommend /tsu'fo:rkomınt/ *s* iyiliksever, nazik, saygılı
Zuwachs /'tsu:vaks/ *m* büyüme, gelişme; artma, çoğalma; yükselme ***Zuwachs erhalten*** artmak
Zuwanderung /'tsu:vandırung/ *f* göç, başka bir ülkeye göç
zuwege /tsu've:gı/ *be* : ***etw zuwege bringen*** (bir şeyi) sonuçlandırmak, başarmak ***mit etw zuwege kommen*** (bir şeyi) sonuçlandırmak, başarmak
zuweilen /tsu:'vaylın/ *be* ara sıra, arada bir, bazı bazı, bazı, zaman zaman, bazen
zuweisen /'tsu:vayzın/ *trvt* tahsis etmek, emrine vermek, ayırmak; havale etmek, sevk etmek
zuwenden /'tsu:vendın/ *trvt* döndürmek, çevirmek; yöneltmek, döndürmek; yürümek ***jdm das Gesicht zuwenden*** (birisine) yüzünü çevirmek ***sich einer Sache zuwenden*** (bir şeye) ilgi göstermek
Zuwendung /'tsu:vendung/ *f* armağan, hediye; ruhsal destek, sevgi, sıcak ilgi; parasal yardım, mali yardım
zuwerfen /'tsu:verfın/ *trvt* hızla kapatmak, şiddetle kapamak; atmak, fırlatmak; (çukur) doldurmak ***jdm Beleidigungen zuwerfen*** (birisine) küfürler savurmak, hakaretler savurmak
zuwider /tsu'vi:dır/ *ilg* karşı, ters, uygunsuz, nahoş, aksi ***dieses Eregnis ist uns zuwider*** bu olay bize yakışmaz ***jdm zuwider sein*** hoşuna gitmemek
zuwiderhandeln /tsu'vi:dırhandıln/ *trvi* muhalefet etmek; aleyhinde çalışmak; karşı durumdan hareket etmek, rakip görmek ***dem Eid zuwiderhandeln*** andını bozmak, yeminini bozmak ***dem Versprechen zuwiderhandeln*** sözünü tutmamak, vaadini yerine getirmemek ***den Vorschriften zuwiderhandeln*** emirlere karşı gelmek ***einem Gesetz zuwiderhandeln*** yasayı çiğnemek
zuwinken /'tsu:vinkın/ *trvi* el sallayarak işaret etmek
zuziehen /'tsutsi:ın/ *trvt* sıktırmak, sıkıştırmak; sıkı sıkıya kapamak; *trvi* başka bir yere yerleşmek, taşınmak ***den Arzt zuziehen*** doktor çağırmak ***jdn zuziehen*** (birisinin) fikirlerine danışmak, görüşüne başvurmak ***sich zuziehen*** (hastalık) yakalanmak, tutulmak, uğramak
zuzüglich /'tsutsü:klih/ *ilg* katılmasıyla, ilavesiyle, eklenmesiyle, hesaba katarak
zuzwinkern /'tsutsvinkırn/ *trvi* göz kırpmak, kaş-göz işareti yapmak
Zwang /tsvang/ *m huk* tehdit, zor, cebir; zorunluluk, mecburiyet; bağlayıcılık; baskı, yüküm; *hek* stres, bunalım, baskı; şiddet, baskı
zwängen /'tsvengın/ *vt* içine tıkıştırmak, içine sıkıştırmak ***sich durch die Menge zwängen*** kalabalık içinde ite kaka ilerlemek
zwanghaft /'tsvanghaft/ *s* baskı sonucu, zorlama sonucu
zwanglos /'tsvanglo:s/ *s* serbest, baskı altında kalmadan, iradesiyle; teklifsiz, etki altında kalmadan, çekinmeden
Zwangsarbeit /'tsvangsarbayt/ *f huk* hapis cezası sırasında çalışma veya çalıştırılma
Zwangsernährung /'tsvagserne:rung/ *f* (açlık grevinde) zorla besleme
Zwangsjacke /'tsvangsyakı/ *f* deli gömleği, *kon* beyaz gömlek
Zwangslage /'tsvangsla:gı/ *f* güç durum, sıkıntılı durum; zaruret; ikilem, iki arada bir derede kalma
zwangsläufig /'tsvangsloyfih/ *s* kaçınılmaz, zorunlu
Zwangsläufigkeit /'tsvangsloyfihkayt/ *f* zorunlu gelişim; zorunluluk, gerekme, kaçınılmazlık
Zwangsmaßnahme /'tsvangsma:sna:mı/ *f* zorlayıcı tedbir, zorla alınan önlem
Zwangsvollstreckung /'tsvangsfolştrekung/ *f huk* zorla uygulama, zor kullanma, cebri icra
zwanzig /'tsvantsih/ *s* yirmi, 20
Zwanziger /'tsvantsigır/ *m* yirmili yaşlarda olan erkek; yirmi yaşları
zwar /tsva:r/ *ilg* gerçi; yani, daha doğrusu ***zwar schön, aber teuer*** güzel ama pahalı
Zweck /tsvek/ *m* amaç, gaye, hedef,

erek, maksat, niyet ***dem Zweck entsprechend*** maksada uygun, amaca uygun

zweckdienlich /'tsvekdi:nli**h**/ *s* maksada uygun, pratik, kullanışlı

zweckentfremden /'tsvekentfremdın/ *vt* amacından saptırmak, amacından başka şeye kullanmak

zweckentfremdet /'tsvekentfremdıt/ *s* maksat dışında, amaç dışında

zweckgebunden /'tsvekgıbundın/ *s* bir amaca yönelik, belirli bir amaç için kullanılabilen, belli bir amaca ait

zwecklos /'tsveklo:s/ *s* faydasız, yararsız, boş ***zwecklose Bemühungen*** beyhude çaba, boşuna çabalama

Zwecklosigkeit /'tsveklo:zi**h**kayt/ *f* faydasızlık, yararsızlık, boşuna olma, fayda sağlamama

zweckmäßig /'tsvekme:si**h**/ *s* uygun, elverişli, amaca uygun, maksada uygun; yararlı, faydalı

Zweckmäßigkeit /'tsvekme:si**h**kayt/ *f* amaca uygunluk

zwecks /tsveks/ *ilg* için, amacıyla, maksadıyla

Zwei /tsvay/ *f* iki sayısı, iki rakamı; (okulda not) iyi

zweideutig /'tsvaydoyti**h**/ *s* çift anlamlı, eş anlamlı, iki anlamlı; belirsiz, müphem, açık olmayan; açık saçık, müstehcen

Zweideutigkeit /'tsvaydoyti**h**kayt/ *f* belirsizlik, müphemlik, açık olmama, anlaşılır olmama; müstehcen söz, açık saçık konuşma

zweifach /'tsvayfa**h**/ *s* çift, iki defa, iki kere

Zweifel /'tsvayfıl/ *m* kuşku, şüphe, kuruntu; endişe, tasa, kaygı; kararsızlık, ikilem ***kein Zweifel*** hiç kuşku yok ***ohne Zweifel!*** şüphesiz!, kesin!

zweifelhaft /'tsvayfıl**h**aft/ *s* şüpheli, kesin olmayan, net olmayan; kuşkulu, şüphe uyandırıcı ***eine zweifelhafte Firma*** güvenilir olmayan firma

zweifellos /'tsvayfıllo:s/ *s* çoğu kere; *be* kuşkusuz, şüphesiz, kesin, kesinlikle, belli, açık

zweifeln /'tsvayfıln/ *vi* şüphelenmek, kuşkulanmak, şüphe duymak, kuşku duymak ***daran ist nicht zu zweifeln!*** bundan şüphelenilemez!

Zweifelsfall /'tsvayfılsfal/ *m* ikilemde kalma, karar verememe durumu ***im Zweifelsfall*** şüphe halinde, kararsızlık durumunda

Zweig /tsvayk/ *m bitk* dal; şube, kol, dal, bölüm, bayii

Zweigniederlassung /'tsvaykni:dırlasung/ *f tic* şube, bayii

Zweigstelle /'tsvaykştelı/ *f tic* başka bir yerdeki temsilci, acente

Zweikampf /'tsvaykampf/ *m* iki kişi arasında hesaplaşma; düello; *sp* iki sporcu arasında yapılan müsabaka ***einen Zweikampf austragen*** düello etmek

zweimal /'tsvayma:l/ *be* iki defa, iki kere

zweimalig /'tsvayma:li**h**/ *s* iki defa olan, iki kere olan

Zweireiher /'tsvayrayır/ *m* (erkek) kruvaze takım elbise

zweireihig /'tsvayrayi**h**/ *s* iki sıralı, çift sıralı

Zweisamkeit /'tsvayza:mkayt/ *f* iki kişinin birlikteliği

zweischneidig /'tsvayşnaydi**h**/ *s* (bıçak) her iki tarafı da keskin; aşağı tükürsen sakal, yukarı tükürsen bıyık durumu, her iki açıdan da zarar getirebilecek durum

zweiseitig /'tsvayzayti**h**/ *s* her iki yandan, her iki taraftan; iki sayfa uzunluğunda, iki sayfalık ***zweiseitige Appretur*** *tek* çift yüz apresi

zweisprachig /'tsvayşpra:**h**i**h**/ *s* iki dilde, iki dilli ***zweisprachiges Wörterbuch*** iki dilli sözlük, iki dilde hazırlanmış sözlük

Zweisprachigkeit /'tsvayşpra:**h**i**h**kayt/ *f* iki dillilik, iki dili iyi konuşabilme

zweispurig /'tsvayşpu:ri**h**/ *s* çift hatlı; (yol) çift şeritli

zweistellig /'tsvayşteli**h**/ *s* iki basamaklı, iki haneli

zweistufig /'tsvayştu:fi**h**/ *s* iki aşamalı, iki kademeli ***zweistufige Pumpe*** iki kademeli pompa

zweite(r,s) /'tsvaytı(r,s)/ *s* ikinci ***aus zweiter Hand*** ikinci elden, kullanılmış ***das zweite Gesicht haben*** *mec* gelecekte olacak bir şeyi önceden sezmek, altıncı hissi kuvvetli olmak ***jeden zweiten Tag*** iki günde bir ***zum zweiten Mal*** ikinci defa olarak, ikinci defa

zweiteilig /'tsvaytayli**h**/ *s* iki parçalı, iki parçadan oluşan, iki parçadan müteşekkil

zweitens /'tsvaytıns/ *be* ikinci olarak

zweitklassig /'tsvaytklasi**h**/ *s* ikinci sınıf, ikinci kalite, bir alt kalite

zweitrangig /'tsvaytrangi**h**/ *s* ikinci derecede önemli, ikince derecede öneme haiz

Zweitschlüssel /'tsvaytşlüsıl/ *m* yedek anahtar

Zweitstimme /'tsvaytştimı/ *f pol* (Almanya) ikinci partiye verilen oy

Zweitwagen /'tsvaytva:gın/ *m* ikinci arabası, evin/firmanın ikinci arabası

Zweitwohnung /'tsvaytvo:nung/ *f* ikinci ev, bir ailenin ikinci evi; tatil evi, yazlık ev

Zwerchfell /'tsver**h**fel/ *n hek* diyafram

Zwerg /tsverk/ *m* mit cüce, bir cin; *mec* cüce kişi

Zwergwuchs /'tsverkvu:ks/ *m* cücelik, çok kısa boy

zwicken /'tsvikın/ *vt* çimdiklemek ***sich zwicken*** acı vermek, üzmek

Zwicker /'tsvikır/ *m* sapsız gözlük

Zwickmühle /'tsvikmü:lı/ *f* ümitsiz durum, umutsuz durum, çıkar yol bulamama ***in eine Zwickmühle geraten*** zor durumda kalmak, çok zor bir duruma düşmek

Zwieback /'tsvi:bak/ *m* bisküvi

Zwiebel /'tsvi:bıl/ *f bitk* soğan; *bitk* çiçek soğanı

Zwiebelkuchen /'tsvi:bılku:**h**ın/ *m* soğanlı börek

Zwiebelsuppe /'tsvi:bılzupı/ *f* soğan çorbası

Zwiegespräch /'tsvi:gışpre:**h**/ *n* diyalog, ikili görüşme, ikili konuşma

Zwielicht /'tsvi:li**h**t/ *n* iki kaynaktan birden ışıklandırma

zwielichtig /'tsvi:li**h**ti**h**/ *s* (kişi) şüpheli, şüphe uyandıran

Zwiespalt /'tsvi:şpalt/ *m* iç dengesizlik, içte parçalanma durumu, iç kararsızlık, iki şey arasında karar verememe; anlaşmazlık, uyuşmazlık, çatışma, çelişki

zwiespältig /'tsvi:şpelti**h**/ *s* çelişkilerle dolu, çatışmalarla dolu, çelişik, çatışık; uyumsuz

Zwiesprache /'tsvi:şpra:**h**ı/ *f* diyalog, ikili görüşme, ikili konuşma

Zwietracht /'tsvi:tra**h**t/ *f* anlaşmazlık, uyuşmazlık, ikilik, bozuşukluk; düşmanlık, kötü niyet, ardniyet

Zwilling /'tsviling/ *m* ikiz; ikizlerden her biri; *gökb* ikizler burcu; *ask* iki namlulu silah

Zwillingsbruder /'tsvilingsbru:dır/ *m* ikiz erkek kardeş

Zwillingsschwester /'tsvilingsşvestır/ *f* ikiz kızkardeş

Zwinge /'tsvingı/ *f tek* mengene, işkence; *tek* demir kuşak, demir halka

zwingen /'tsvingın/ *vt* cebretmek, zorlamak; mecbur etmek, mecbur kılmak; başa çıkmak, üstesinden gelmek, alt etmek; yapabilmek ***sich zu etw zwingen*** kendini bir şeye zorlamak

zwingend /'tsvingınt/ *s* zorlayıcı, cebri, mecbur edici; *huk* amir; ikna edici ***zwingender Beweis*** *huk* ikna edici delil, ispatlayıcı delil

Zwinger /'tsvingır/ *m* etrafı çevrili alan

zwinkern /'tsvinkırn/ *vi* : ***mit den Augen zwinkern*** göz kırpmak

Zwirn /tsvirn/ *m* teks iplik, tire

zwischen /'tsvişın/ *ilg* arasında, arasında, ortasına, ortasında ***zwischen bleiben*** arasında kalmak ***zwischen uns*** aramızda

Zwischenbilanz /'tsvişınbilants/ *f tic* ara bilanço

zwischendurch /'tsvişındur**h**/ *be* arada, bazen, ara sıra, arada bir; yer yer, serpiştirilmiş olarak

Zwischenergebnis /'tsvişınerge:pnis/ *n* ara sonuç, geçici sonuç

Zwischenfall /'tsvifınfal/ *m* beklenmedik olay, istenmeyen olay; çatışma, çatışık olma; çarpışma ***ohne Zwischenfälle*** olaysız

Zwischenhändler /'tsvişın**h**endlır/ *m tic* aracı, toptancı

Zwischenlandung /'tsvişınlandung/ *f* (uçak) ara iniş, transit iniş

Zwischenmahlzeit /'tsvişınma:ltsayt/ *f* ara öğün, öğünler arası yenilen yemek

zwischenmenschlich /'tsvişınmenşli**h**/ *s* insanlar arası

Zwischenraum /'tsvişınraum/ *m* iki şey arasındaki mesafe

Zwischenzeit /'tsvişıntsayt/ *f* fasıla, zaman arası; *sp* (koşu) parkurlar arasında koşulan ara zaman ***in der Zwischenzeit*** bu arada, o arada

Zwischenzeugnis /'tsvişıntsoyknis/ *n* yarıyıl karnesi,dönem karnesi; işten çıkmadan alınan bonservis

Zwist /tsvist/ *m* tartışma, kavga, anlaşmazlık, uyuşmazlık, bozuşukluk, nifak

zwitschern /'tsvitşırn/ *vi hayb* (kuş) cıvıldamak, ötmek, cırıldamak, cik cik etmek, şakımak

Zwitter /'tsvitır/ *m biy* er dişi, erselik, hünsa, hermafrodit

Zwölf /tsvölf/ *f* on iki sayısı

zwölf /tsvölf/ *s* on iki, 12 ***die zwölf Apostel*** on iki havari ***12 Uhr mittags*** öğlen saat on iki

Zyankali /tsüan'ka:li:/ *n kim* potasyum siyanür

zyklisch /'tsükliş/ *s fiz* devirli, devri; çevrimsel ***zyklische Stellenverschiebung*** dönüşlü kaydırma

Zyklon /tsü'klo:n/ *m metr* siklon

Zyklop /tsü'klo:p/ *m* mit (Yunan) *tek* gözlü dev

Zyklus /'tsü:klus/ *m* devir, dönem, düzenli dönüşüm; *ed* çevrim; yazı dizisi, konferans dizisi

Zylinder /tsü'lindır/ *m geo* silindir; *kon* silindir şapka; gaz lambası camı, gaz lambası şişesi; *tek* (motor) silindir

Zylinderkopf /tsü'lindırkopf/ *m oto* silindir başı

Zyniker /'tsü:nikır/ *m fel* kinizm taraftarı, kinik; *mec* saygısız kişi; *mec* ısrarcı kişi

zynisch /'tsü:niş/ *s* saygısız, saygı bilmez, utanmazca alay eden

Zynismus /tsü'nismus/ *m fel* kinizm; *mec* başkalarının duygularını hiçe sayma, başkalarının duygularını kaale almama

Zypern /'tsü:pırn/ *tnz* Kıbrıs

Zypresse /tsü'presı/ *f bitk* servi ağacı

Zypriot/Zypriotin /tsüpri'o:t/tsüpri'o:tin/ *m/f* Kıbrıslı

Zyste /'tsüstı/ *f hek* kist, ur

TÜRKÇE – ALMANCA

A

aba Flaus *m*, Wollstoff *m* ***abayı yakmak*** sich verlieben
abajur Lampenschirm *m*
abaküs Abakus *m*
abandone *sp* aufgegeben ***abandone etmek*** nicht mehr weiterkämpfen
abanmak sich lehnen, sich stützen
abanoz Ebenholz *n*
abartı Übertreibung *f*
abartmak übertreiben
abece Alphabet *n*
abecesel alphabetisch
abes albern, dumm, nutzlos; albernes Zeug
abi älterer Bruder
abide Denkmal *n*, Gedenkstein *m*
abla ältere Schwester
ablak pausbäckig
abluka Blockade *f* ***abluka etmek*** blockieren ***ablukaya almak*** blockieren ***ablukayı kaldırmak*** die Blockade aufheben
abone Abonnent *m* ***abone bedeli/ücreti*** Abonnementspreis *m* ***abone olmak*** abonnieren, subskribieren
abonman Abonnement *n*, Subskription *f* ***abonman kartı*** Zeitkarte *f*
abstre abstrakt
abuk sabuk unzusammenhängend, sinnlos, unüberlegt ***abuk subuk konuşmak*** schwafeln, quatschen, spinnen
abur cubur wirr, durcheinander
acaba ob, wohl, etwa
acar energisch, draufgängerisch; geschickt, pfiffig; stark, kräftig
acayip seltsam, sonderbar, eigenartig, merkwürdig, schnurrig ***acayibine gitmek*** *jdm* komisch vorkommen
acayiplik Seftsamkeit *f*, Merkwürdigkeit *f*
acele Eile *f*, Hast *f*; eilig, hastig, dringend ***acele etmek*** eilen, sich beeilen ***Acele işe şeytan karışır*** Eile mit Weile ***aceleye getirmek*** hetzen, überstürzen
aceleci hastig, voreilig, eilig
aceleyle in Eile; übereilt, überstürzt
acemi unerfahren, ungeübt; Anfänger(in *f*) *m*; Rekrut *m*
acemice stümperhaft
acemilik Stümperei *f*, Unerfahrensein *n*; Rekrutentum *n* ***acemilik çekmek*** stümpern
acente Agentur *f*, Agent *m*, Vertreter *m*
acentelik Agentur *f*, Vertretung *f*
acı bitter, scharf; kränkend; schrill, grell; Bitterkeit *f*, Schmerz *m*, Weh *n*; Kummer *m*, Jammer *m* ***acı çekmek*** leiden ***acı çektirmek*** schmerzen ***acı vermek*** weh tun, peinigen ***acından ölmek*** verhungern ***acısını çekmek*** büßen müssen ***acısını çıkarmak*** sich revanchieren
acıbadem *bitk* bittere Mandel ***acıbadem kurabiyesi*** Makrone *f*
acıbakla Lupine *f*
acıklı traurig, klaglich, tragisch, schmerzhaft; betrübt, trübselig
acıkmak Hunger bekommen, Hunger haben, hungern
acıktırmak hungrig machen
acılanmak bitter werden
acılaşmak bitter werden
acılı betrübt, traurig
acılık Bitterkeit *f*, Schärfe *f*
acıma Erbarmen *n*, Mitgefühl *n*, Mitleid *n*, Gnade *f*
acımak schmerzen, weh tun; bedauern, Mitleid haben
acımasız erbarmungslos, unbarmherzig, skrupellos
acımasızlık Erbarmungslosigkeit *f*
acımsı bitterlich
acımtırak recht bitter, ziemlich scharf, schwach bitter
acınacak bedauernswert, erbärmlich, jämmerlich
acındırmak Mitleid erregen
acınmak sich bedauern, bemitleiden, trauern
acısız schmerzlos
acıtmak weh tun
acil eilig, dringend ***acil bakım*** Eilwartung *f*, Not-Wartung *f* ***acil durum*** Bedrängnis *n* ***acil servis*** Notdienst *m*, Hilfsdienst *m* ***acil şifalar dilemek*** baldige Genesung wünschen

acilen schnell, in aller Eile, schleunigst
aciz Unfähigkeit *f*, Schwäche *f*
âciz unfähig schwach, hilflos, kraftlos ***âciz kalmak*** nicht imstande sein
âcizane bei aller Bescheidenheit
acun Universum *n*, Weltall *n*, Kosmos *n*
acuze Hexe, alte Weib
aç hungrig; gierig, unersättlich ***aç açına*** mit nüchternem Magen ***aç bırakmak*** hungern lassen; aushungern ***aç kalmak*** hungrig bleiben ***aç karnına*** auf nüchternen Magen ***aç kurt gibi*** wie ein Wolf ***aç susuz*** in Not und Elend
açacak Öffner *m*
açalya Azalee *f*
açgözlü gierig, habgierig, habsüchtig, ungenügsam
açgözlülük Gier *f*, Habsucht *f* ***açgözlülük etmek*** gierig sein
açı Winkel *m*; Standpunkt *m* ***açı dar*** spitzer Winkel ***açı dik*** rechter Winkel ***açı geniş*** stumpfer Winkel ***açı sınır*** Grenzwinkel *m* ***açığa çıkarmak*** enthüllen
açık offen, auf; klar, anschaulich, einleuchten, präzis, deutlich; öffentlich; weit; demonstrativ; nackt, unverhüllt; unbesetzt; hell; heiter; Defizit *n* ***açık açık*** klipp und klar, ganz offen ***açık alan*** offenes Gelände, freies Gelände, offenes Feld, freies Feld ***açık alın*** ehrenhaft ***açık artırma*** Versteigerung *f* ***açık bono*** Blancocheck *m* ***açık çek*** Blankoscheck *m* ***açık deniz*** offene See, offenes Meer ***açık eksiltme*** öffentliche Ausschreibung ***açık elli*** großzügig ***açık fikirli*** vorurteilslos ***açık hava*** frische Luft ***açık hava tiyatrosu*** Freiluftheater *n* ***açık havada*** draußen, im Freien ***açık kalpli*** offenherzig ***açık konuşmak*** zu *jdm* offen sein ***açık liman*** *den* Freihafen *m* ***açık oturum*** Podiumsdiskussion *f* ***açık pazar*** Freiverkehr *m* ***açık saçık*** unmoralisch, unanständig, unverfänglich, schlüpfrig, unzüchtig, halb nackt ***açık seçik*** klar, deutlich, eindeutig ***açık tutmak*** aufhalten ***açık vermek*** sich eine Blöße geben ***açık yürekle*** offenherzig
açıkça offen, frei ***açıkça göstermek*** offenbaren
açıkçası im Klartext, offen gesagt, ehrlich gesagt
açıkgöz schlau, pfiffig
açıkgözlük Schlauheit *f*
açıklama Erklärung *f*, Erläuterung *f*, Auseinandersetzung *f*, Aufklärung *f*; Deutung *f* ***açıklama yapmak*** erklären, deutlich machen; eine Erklärung abgeben
açıklamak erklären,erläutern, verdeutlichen, klar machen, auseinandersetzen, deuten, veranschaulichen
açıklayıcı erläuternd
açıklık Offenheit *f*, Klarheit *f*, Präzision *f*; Öffnung *f*, Zwischenraum *m*, Abstand *m*, Entfernung *f*; Helligkeit *f*; Öffentlichkeit *f*; Deutlichkeit *f*
açıkoturum Diskussion *f*; Diskussionsforum *n*
açıköğretim Fernstudium *n*
açıksözlü freimütig
açıksözlülük Freimütigkeit *f*
açıktan mühelos ***açıktan açığa*** unverhohlen
açılır kapanır zusammenlegbar, Klapp-
açılış Eröffnung *f*; Beginn *m* ***açılış kokteyli*** Eröffnungscockteil ***açılış yapmak*** eröffnen
açılmadık nicht geöffnet
açılmak sich öffnen, aufgehen; sich aufhellen (Himmel, Wetter); hell(er) werden, sich offen äußern; Erleichterung verspüren; sich ausdehnen, sich entfalten; sich vom Ufer entfernen; hinausschwimmen; frei werden (Posten)
açımlamak erklären, klar machen
açındırmak entwickeln; projizieren
açınım *mat* Entwicklung *f*
açınmak keimen, sich entwickeln
açıortay *mat* Winkelhalbierende *f*
açıölçer *mat* Winkelmesser *m*
açkı Politur *f*; Schlüssel *m*
açkılamak polieren
açlık Hunger *m*; Hungersnot *f*; Armut *f*, Ärmlichkeit *f* ***açlık çekmek*** Hunger leiden ***açlık grevi*** Hungerstreik *m* ***açlıktan ölmek*** verhungern

açmak öffnen, aufmachen, aufschlagen, aufschließen, enthüllen; eröffnen; freimachen; andrehen, anmachen, einhalten; abheben; blühen; breiten
açmaz schwierige Lage
ad Name *m*, Vorname *m*; Ruhm *m*, Ruf *m* ***ad durumu*** *dilb* Fall *m* ***ad koymak*** einen Namen geben ***ad takmak*** Spitznamen beilegen ***ad vermek*** einen Namen geben ***adı batası*** Hol ihn der Teufel! ***adı çıkmak*** bekannt werden ***adı geçen*** obenerwähnt ***adı karışmak*** erwähnt werden, mitmischen ***adı üstünde*** wie schon der Name sagt ***adını anmak*** erwähnen
ada Insel *f*
adabımuaşeret Anstand *m*, Manieren *n*
adaçayı *bitk* Salbei *m*
adak Gelübde *n* ***adak adamak*** ein Gelöbnis ablegen, geloben
adale Muskel *m*
adaleli muskulös
adalet Gerechtigkeit *f*, Recht *n*, Justiz *f* ***Adalet Bakanı*** Justizminister *m* ***Adalet Bakanlığı*** Justizministerium *n* ***Adalet Divanı*** Gerichtshof *m* ***adaletin pençesi*** der Arm der Gerechtigkeit
adaletli gerecht
adaletsiz ungerecht
adaletsizlik Ungerechtigkeit *f*
adalı Inselbewohner *m*
adam Mann *m*, Mensch *m*, Diener *m*; Gefolgsmann ***adam almak*** rekrutieren; einstellen ***adam başına*** pro Kopf ***adam beğenmemek*** sich aus niemandem *etw* machen ***adam boyu*** Mannslänge *f* ***adam etmek*** erziehen ***adam gibi*** ordentlich, anständig ***adam içine çıkmak*** unter Leute gehen ***adam olmak*** sich machen ***adam olmaz*** unverbesserlich, hoffnungslos ***adam öldürme*** Totschlag *m*, Tötung *f* ***adam sarrafı*** gewiegter Menschenkenner ***adam sen de*** ach was! wozu denn ***adam tutmak*** *sp* decken ***adam yerine koymak*** Ehrerbietung behandeln ***adamdan saymak*** ernst nehmen ***adamına çatmak*** *jdm* begegnen
adama Widmung *f*
adamak geloben, widmen
adamakıllı tüchtig, recht, ordentlich, wacker
adamcağız guter Mann, armer Kerl
adamotu *bitk* Alraune *f*
adamsendecilik Wurstigkeit *f*
adamsızlık Personalmangel *m*, Fehlen *n*, Mangel *m*
adap anständiges Benehmen, Traditionen *pl* ***adaba aykırı*** unanständiges Benehmen ***adap erkân*** Benimm *m*
adaptasyon Anpassung *f*, Übertragung *f*
adapte angepasst, übertragen ***adapte etmek*** bearbeiten ***adapte olmak*** sich anpassen
adaptör *elek* Zwischenstecker *m*, *tek* Adapter *m*, Zwischenstück *n*
adaş Namensvetter *m*
adatavşanı Kaninchen *n*
aday Kandidat *m*, Bewerber *m* ***aday adayı*** nominierender Kandidat ***aday göstermek*** nominieren
adaylık Bewerbung *f*, Kandidatur *f* ***adaylığını koymak*** kandidieren
adçekme Los *n*
adçekmek losen
addetmek zahlen (zu), halten (für), rechnen, ansehen, betrachten (als)
Adem Adam
âdemelması Adamsapfel *m*
âdemoğlu Menschensohn *m*
adese Linse *f*
adet Zahl *f*, Anzahl *f*
âdet Gewohnheit *f*, Angewohnheit *f*, Sitte *f*, Brauch *m*; Menstruation *f*, Monatsblutung *f*, Periode *f* ***âdet bezi*** Monatsbinde *f* ***âdet çıkarmak*** neue Gewohnheiten erfinden ***âdet edinmek/etmek*** eine Gewohnheit annehmen ***âdet görmek*** mentsruieren ***âdet yerini bulsun diye*** aus reiner Gewohnheit, eine reine Pflichtübung ***âdetten kesilmek*** in Wechseljahre kommen
adeta bloß, gerade; fast, beinahe, geradezu
adi gemein, dreckig; üblich, gewöhnlich ***adi adım*** ohne Tritt ***adi alacak*** Guthaben *n*, Haben *n* ***adi hisse senedi*** Stammaktie *f* ***adi iflas*** einfacher Kon-

kurs ***adi mektup*** einfacher Brief, gewöhnlicher Brief ***adi şirket/ortaklık*** Kommanditgesellschaft *f*, Partnerschaft *f*
adıl *dilb* Pronomen *n*, Fürwort *n*
adil gerecht
adilane gerecht
adilik Gemeinheit *f*
adım Schritt *m* ***adım adım*** schrittweise, stufenweise, Schritt für Schritt ***adım atmak*** schreiten ***adım atmamak*** keinen Schritt tun ***adım başın(d)a*** auf Schritt und Tritt ***adımlarını açmak*** eilig gehen
adımlamak abschreiten, durchmessen
adına im Namen von; im Auftrag von; namens
adlandırmak nennen, heißen, nominieren
adli gerichtlich ***adli hata*** Justizmord *m* ***adli sicil*** *huk* Strafregister *n* ***adli tabip*** Gerichtsarzt *m* ***adli takibat*** *huk* gerichtliches Verfahren, Strafverfolgung *f* ***adli tebligat*** *huk* Vorladung *f*, Verkündung *f* ***adli tıp*** Gerichtsmedizin *f* ***adli yıl*** Gerichtsjahr *n*
adliye Justiz *f*; Justizgebäude *n* ***adliye mahkemeleri*** ordentliche Gerichte ***adliye sarayı*** Justizpalast *m*
adrenalin Adrenalin *n*
adres Adresse *f*, Anschrift *f* ***adres defteri*** Adressbuch *n* ***adres rehberi*** Adressbuch *n* ***adres sahibi*** Adressat *n*
Adriyatik Adriatisches *n* Meer
adsız namenlos
aerobik *sp* Aerobic *n*
aerodinamik aerodynamisch ***aerodinamik biçim*** Stromlinienform *f*
af Entschuldigung *f*, Verzeihung *f*; Begnadigung *f*; Entlassung *f* ***af dilemek*** um Verzeihung bitten ***affa uğramak*** begnadigt werden
afacan Schlingel *m*, Range *f*
afallamak sprachlos bleiben
aferin bravo! prima! ***aferin almak*** ein "Ausgezeichnet" erhalten
afet Unglück *n*
afetzede einer Naturkatastrophe betroffen, Opfer *n* ***Affedersiniz*** entschuldigen Sie! (ich bitte um) Verzeihung!
affedilebilir verzeihlich
affedilemez unverzeihlich
affedilmek begnadigt werden
affetmek verzeihen, entschuldigen; begnadigen; entlassen
Afgan afghanisch, Afghane *m*, Afghanin *f*
Afganca Afghanisch *n*
Afganistan Afghanistan *n*
Afganlı Afghane *m*, Afghanin *f*
afili angeberisch
afiş Anschlag *m*, Plakat *n*, Aushang *m* ***afiş yapıştırmak*** anschlagen
afiyet Gesundheit *f*, Wohlbefinden *n* ***afiyet olsun*** Guten Appetit!
aforoz Exkommunikation *f* ***aforoz etmek*** exkommunizieren
Afrika Afrika
Afrikalı Afrikaner(in *f*) *m*; afrikanisch
afsun Zauber *m*
afsuncu Zauberer *m*
afsunlamak zaubern, verzaubern
Afşar Türkischer Stamm (in Nordiran und Südanatolien)
afyon Opium *n*
afyonkeş opiumsüchtig
agraf Spange *f*
agrandisman Vergrößerung *f*
agrandisör Vergrößerungsapparat *m*
ağ Netz *n*, Schlinge *f* ***ağ atmak/bırakmak*** das Netz auswerfen ***ağ gözü*** Masche *f* ***ağ tabaka*** Netzhaut *f* ***ağına düşürmek*** ins Netz locken
ağa Herr *m*, Meister *m*, Kommandant *m*, Vorstand *m*
ağabey ältere *m* Bruder
ağaç Baum *m*, Holz *n* ***ağaç budamak*** Bäume beschneiden ***ağaç işleri*** Holzbearbeitung *f* ***ağaç kabuğu*** Baumrinde *f*, Borke *f* ***ağaç kaplama*** Furnier *n* ***ağaç kovuğu*** Baumstamm *m* ***ağaç kümesi*** Spalier *n* ***ağaç olmak*** sich die Beine in den Leib stehen ***ağaç tepesi*** Wipfel *m*, yaprakları Laub *n* ***Ağaç yaş iken eğilir*** der Baum biegt sich nur, solange er grün ist
ağaççık *bitk* Strauch *m*; Bäumchen *n*
ağaççileği Himbeere *f*
ağaçkakan Specht *m*

ağaçkatranı Holzteer *n*
ağaçkurdu *hayb* Holzwurm *m*
ağaçlamak aufforsten
ağaçlandırmak aufforsten
ağaçlık Forst *m*, Wäldchen *n*; baumreich
ağaçlıklı bewaldet
ağarmak verbleichen; grauen; tagen
ağartmak bleichen
ağda Haarentfernungsmittel *n*, Sirup *m* ***ağda yapmak*** ein Haarentfernungsmittel auftragen
ağdalaştırmak eindicken
ağdalı zäh, dickflüssig, schwerflüssig, steif, dick
ağdalılık Viskosität *f*
ağı Gift *n* ***ağı gibi*** gallebitter
ağıağacı *bitk* Oleander *m*
ağıl Hürde *f*, Einzäunung *f*, Gehege *n* Stall *m*, Pferch *m*
ağılamak vergiften
ağılanmak vergiftet werden
ağılı giftig
ağıllanmak sich zusammenpferchen
ağım Spann *m*
ağıotu *bitk* Schierling *m*
ağır schwer, langsam; ernst; sachte; kränkend, beleidigend; plump, schwerfällig ***ağır ağır*** allmählich, langsam ***ağır aksak*** saumselig ***ağır basmak*** wuchten ***ağır başlı*** ernst, würdig, würdevoll, ruhig, gemessen ***ağır başlılık*** Ernst *m*, Würde *f* ***ağır canlı*** schwerfällig ***ağır ceza*** *huk* Freiheitsstrafe *f*; schwere Strafe ***ağır ceza mahkemesi*** Schwergericht *n* ***ağır çekim*** Zeitlupe *f* ***ağır davranmak*** langsam handeln, schwerfällig reagieren ***ağır endüstri*** Schwerindustrie *f* ***ağır gelmek*** schwer fallen ***ağır hapis (cezası)*** Zuchthaus *n*, schwere Freiheitsstrafe ***ağır hareketli*** schwerfällig ***ağır hastalık*** schwere (ernste) Krankheit ***ağır iş*** Schwerarbeit *f* ***ağır işçi*** Schwerarbeiter *m* ***ağır işiten*** schwerhörig ***ağır işitmek*** schwerhörig sein ***ağır kanlı*** schwerfällig ***ağır kayıp*** schwere Verluste ***ağır para cezası*** hohe Geldstrafe ***ağır sanayi*** Schwerindustrie *f* ***ağır sıklet*** Schwergewicht *n* ***ağır söz*** hartes Wort ***ağır yaralı*** schwerverwundet ***ağır yürümek*** trotten ***ağırdan almak*** auf die lange Bank schieben ***ağırına gitmek*** wurmen
ağırbaşlı ruhig, ernst, bedächtig, besonnen, gemessen; tugendhaft, ehrsam
ağırbaşlılık Ernst *m*, Besonnenheit *f*
ağırlamak bewirten
ağırlaşmak sich verlangsamen
ağırlaştırmak verlangsamen, erschweren
ağırlık Gewicht *n*, Schwere *f*; Bedeutung *f*; Ernst *m*, Besonnenheit *f*; Schwierigkeit *f* ***ağırlığını koymak*** Einfluss aufbieten ***ağırlık basmak/çökmek*** ermüden; müde werden, bedrückt werden ***ağırlık merkezi*** Schwerpunkt *m* ***ağırlık olmak*** *jdm* zur Last fallen ***ağırlık vermek*** sich konzentrieren auf *etw*; gewichten ***ağırlık yapmak*** schwer verdaulich sein
ağıt Trauerode *f* ***ağıt yakmak*** lamentieren, wehklagen
ağız Mund *m*, Maul *n*, Schnauze *f*; Öffnung *f*; Mündung *f*; Mundart *f* ***ağız açmak*** zu reden anfangen ***ağız açmamak*** nicht ein einziges Wort sagen ***ağız açtırmamak*** *jdn* nicht zu Wort kommen lassen ***ağız alışkanlığı*** Ausdrucksweise *f* ***ağız aramak*** auf den Busch klopfen ***ağız armonikası*** Mundharmonika *f* ***ağız dalaşı*** Wortstreit *n* ***ağız kavgası*** Schimpferei *f* ***ağız kokusu*** übler Mundgeruch ***ağız suyu*** Speichel *m* ***ağız şakası*** Scherzwort *n* ***ağız tadı*** Genuss *m*, Behaglichkeit *f* ***ağız tadıyla*** behaglich ***ağza alınmaz*** verabscheuenswert ***ağzı (bir karış) açık kalmak*** in Erstaunen versetzen ***ağzı bozuk*** Schandmaul *m* ***ağzı gevşek*** indiskret *f* ***ağzı havada*** erstaunt ***ağzı ile kuş tutmak*** sehr fähig sein ***ağzı kokmak*** unangenehmer Geruch aus dem Mund haben ***ağzı kulaklarına varmak*** grinsen, breit lächeln ***ağzı pis*** unflätig ***ağzı sıkı*** verschwiegen, diskret ***ağzı sulanmak*** Lust bekommen, *jdm* das Wasser im Munde zusammenlaufen ***ağzı süt kokmak*** unerfahren sein ***ağzı var dili yok*** er ist ein gutmütiges Schaf ***ağzı yanmak*** sich die Finger verbren-

nen ***ağzına almamak*** nicht erwähnen ***ağzına bakmak*** nach dem Mund reden ***ağzına geleni söylemek*** schimpfen ***ağzında gevelemek*** herumreden ***ağzından baklayı çıkarmak*** mit der Sprache herausracken, herauslassen ***ağzından bal akmak*** schmeicheln ***ağzından çıkanı kulağı duymamak/işitmemek*** nicht hören, was man ausspricht ***ağzından düşürmemek*** oft erwähnen ***ağzından kaçırmak*** verschnappen, ausplaudern ***ağzını açıp gözünü yummak*** böse Worte aussprechen, schimpfen ***ağzını açmak*** den Mund aufmachen; losschimpfen ***ağzını açmamak*** verschweigen ***ağzını aramak*** *jdn* aushorchen (über) ***ağzını bozmak*** fluchen und wettern ***ağzını burnunu dağıtmak*** *jdn* übel zurichten ***ağzını hayra aç*** musst du immer unken? ***ağzını kapamak*** schweigen ***ağzını sulandırmak*** *jdm* den Mund wäss(e)rig machen (nach), *jdm* eine Sache schmackhaft machen ***ağzını şapırdatmak*** schmatzen ***ağzını tıkamak*** knebeln ***Ağzını topla*** Halt den Mund! ***ağzını yoklamak*** *jdn* reden lassen ***ağzının payını almak*** *jdm* über den Mund fahren ***ağzının payını vermek*** antworten ***ağzının tadını bilmek*** *etw* zu würdigen wissen ***ağzının tadını kaçırmak*** *jdm etw* verderben

ağızbirliği Absprechung *f* ***ağızbirliği etmek*** sich absprechen

ağızdan mündlich, oral ***ağızdan ağıza dolaşmak*** sich herumsprechen

ağızlık Zigarettenspitze *f*

ağlamak weinen

ağlamaklı weinerlich, kläglich ***ağlamaklı olmak*** sich in einem kläglichen Zustand befinden

ağlaşmak zusammen mit *jdm* weinen

ağlatı *tiy* Trauerspiel *n*, Tragödie *f*

ağlatmak *jdn* zum Weinen bringen

ağrı Schmerz *m*, Beschwerde *f* ***ağrı dindirici*** schmerzstillend ***ağrı vermek*** weh tun

Ağrıdağı Ararat

ağrıkesici schmerzstillend

ağrımak schmerzen, weh tun

ağrısız schmerzlos

ağrıtmak schmerzen

ağtabaka Netzhaut *f*

ağustos August *m*

ağustosböceği Zikade *f*

ah au!; Seufzer *m* ***ah çekmek*** seufzen ***ahı gitmiş vahı kalmış*** veraltet, fadenscheinig ***ahı tutmak*** verflucht werden ***ahım şahım*** auffällig gekleidet; hervorstechend ***ahım şahım bir şey değil*** nichts Auffälliges

aha hier!, da! ***aha gelmek*** verdiente Streife erleiden

ahali Volk *n*, Bevölkerung *f*

ahbap Freund *m* ***ahbap çavuşlar*** unzertrennliche Freunde ***ahbap olmak*** sich anfreunden mit

ahbaplık Freundschaft *f*

ahçı Koch *m*, Köchin *f*

ahçıbaşı Küchenchef *m*

ahçılık Kochkunst *f*, Kochberuf *m*

ahdetmek geloben, fest versprechen

ahenk Harmonie *f*; Eintracht *f*

ahenkli harmonisch

ahenksizlik Missklang *m*

aheste langsam leise

ahır Stall *m*, Stallung *f*

ahit Verpflichtung *f*, Zusage *f*

ahize Empfänger *m*, Hörer *m*

ahkâm Bestimmungen *pl* ***ahkâm kesmek*** dozieren; sich ergehen

ahlak Moral *f*, Sitten *pl* ***ahlak kuralı*** Sittengesetz *n* ***ahlak zabıtası*** Sittenpolizei *f* ***ahlaka aykırı*** unsittlich ***ahlaka aykırılık*** Unsittlichkeit *f* ***ahlakı bozuk*** unverschämt, frivol ***ahlakı bozulmak*** verkommen ***ahlakını bozmak*** demoralisieren

ahlakbilim Ethik *f*

ahlakçı Moralist *m*

ahlakdışı unmoralisch, obszön, unsittlich

ahlaki sittlich, moralisch

ahlaklı gesittet

ahlaksız unmoralisch, unsittlich, sittenlos, unzüchtig

ahlaksızca unmoralisch

ahlaksızlık Unzucht *f*, Laster *m*

ahlamak stöhnen

ahlat *bitk* Holzbirne *f*
ahmak dumm, dämlich, blöd, stumpfsinnig
ahmaklık Stumpfsinn *m*
ahret Jenseits *n*, Unterwelt *f* ***ahret suali sormak*** *jdm* ein Loch in den Bauch fragen ***ahreti boylamak*** ins Jenseits eingehen
ahretlik Adoptivmädchen *n*
ahşap Holz *n*; hölzern
ahtapot Krake *f*
ahu Gazelle *f*
ahududu Himbeere *f*
ahval Zustände pl, Situationen *pl*
aidat Mitgliedsbeitrag *m*
Aids Aids *n* ***Aids hastası/kurbanı*** Aidskranke *fm*, Aidspatient *m*, aidskrank ***Aids virüsü*** Aidsvirus *n* ***Aids danışma merkezi*** Aidsberatung *f* ***Aidstest*** Aidstest *m*
aile Familie *f*; Frau *f*, Gattin *f*, Gemahlin *f* ***aile bireyleri*** Familienangehörige(r) *fm*, Familienmitglied *n* ***aile efradı*** Familienangehörige ***aile hayatı*** Familienleben *n* ***aile ocağı*** Heim *n*, Elternhaus *n* ***aile planlaması*** Familienplanung *f* ***aile reisi*** Familienoberhaupt *m* ***aile sahibi*** Familienvater *m* ***aile terbiyesi*** *mec* gute Kinderstube
ailesel familiär
ailevi familiär
ait angehörig, zugehörig; betreffend; zuständig ***ait olmak*** zugehören
ajan Vertreter *m*, Agent *m*
ajanda Notizkalender *m*, Terminkalender *m*
ajans Nachrichtenbüro *n*, Pressebüro *n*, Nachrichtenagentur *f* ***ajans bülteni*** Pressebericht *m*
ak weiß; Weiß *n* ***ak düşmek*** weiß werden, grau werden; *hek* Leukom haben ***akla karayı seçmek*** viel Mühe und Not haben
akabinde danach
akaç Abflussrohr *n*
akaçlama Entwässerung *f*; Dränierung *f*
akaçlamak entwässern, dränieren, trockenlegen
akademi Akademie *f*, Hochschule *f* ***akademi üyesi*** Akademiker *m*
akademik akademisch
akağaç *bitk* (weiße) Birke *f*
akanyıldız *gökb* Sternschnuppe *f*
akar fließend, flüssig; Immobilien *pl*
akarbant Fließband *n*
akarca Fistel *f*
akarsu Gewässer *n*, Rinnsal *n* ***akarsu yatağı*** Flussbett *n*
akaryakıt Brennöl *n*, Brennstoff *m*, Treibstoff *m* ***akaryakıt tankeri*** Tanker *m*, Tankschiff *n*
akasya Akazie *f*
akbaba Geier *m*
akciğer Lunge *f* ***akciğer zarı*** Rippenfell *n*
akça weißlich, blässlich
akçaağaç *bitk* Ahorn *m*
akçakavak *bitk* Silberpappel *f*
akçe Geld *n*
Akdeniz Mittelmeer *n* ***Akdeniz iklimi*** Mittelmeerklima *n*
akdetmek abschließen, eingehen
akgürgen *bitk* Buche *f*
akıbet Ende *n*, Schluss *m*
akıcı flüssig, fließend
akıcılık Flüssigkeit *f*
akıl Verstand *m*, Vernunft *f*, Sinn *m*, Geist *m*; Erinnerung *f* ***akıl almak*** Tipp bekommen ***akıl almaz*** unglaublich, unvorstellbar unbegreiflich ***akıl danışmak*** (birine) sich mit *jdm* besprechen ***akıl erdirememek*** nicht begreifen können ***akıl erdirmek*** sich *etw* vorstellen ***akıl ermez*** undurchsichtig, rätselhaft, ungeheuerlich ***akıl etmek*** (bir şeyi) an *etw* denken ***akıl hastalığı*** Geisteskrankheit *f* ***akıl hastanesi*** Irrenanstalt *f* ***akıl hastası*** geisteskrank ***akıl hocası*** Besserwisser *m* ***akıl öğretmek*** einen guten Rat erteilen ***akıl sormak*** sich erkundigen ***akıl vermek*** *jdm* einen Rat geben ***akıl yaşta değil baştadır*** Alter schützt vor Torheit nicht ***akılda tutmak*** im Kopf behalten ***akıllara durgunluk verici*** phänomenal ***akla gelmedik*** ungeahnt ***akla karayı seçmek*** sich abmühen, viel Mühe und Not haben ***akla sığmayan*** undenkbar ***akla yakın*** logisch, plausibel, angemessen, ein-

leuchfend, naheliegend, sinnig, rational, verstandesmäßig ***akla yatkın*** rational, plausibel ***aklı başına gelmek*** die Besinnung wieder erlangen ***aklı başında*** vernünftig ***aklı ermek*** begreifen können, verständig werden ***aklı gitmek*** verwirrt sein, verlegen sein ***aklı yatmak*** vertrauen (auf) ***aklına esmek*** *jdm* einfach in den Sinn kommen ***aklına gelmek*** einfallen ***aklına getirmek*** zurückdenken ***aklına koymak*** sich *etw* in den Kopf setzen ***aklına takılmak*** im Gedächtnis hängenbleiben ***aklında kalmak*** sich *jdm* einprägen ***aklında tutmak*** (im Kopf) behalten ***aklından çıkmak*** dem Gedächtnis entschwinden ***aklından geçirmek*** sich *etw* durch den Kopf gehen lassen ***aklından geçmek*** *jdm* durch den Kopf gehen ***aklından zoru olmak*** eine Macke haben ***aklını başına getirmek*** *jdm* einen Denkzettel verpassen ***aklını başından almak*** *jdm* den Kopf verdrehen ***aklını bozmak*** die fixe Idee haben ***aklını çelmek*** *jdn* auf andere Ideen bringen, *jdn* verführen ***aklını kaçırmak*** durchdrehen ***aklını karıştırmak*** durcheinanderbringen ***aklını oynatmak*** den Verstand verlieren ***aklını peynir ekmekle yemek*** den Verstand verlieren

akılcı rational; vernünftig, logisch, denkend; verstandesmäßig; Rationalist *m*

akılcılık Rationalismus *m*, Vernunftglaube *m*

akıldışı irrational, vernunftwidrig

akıldişi Weisheitszahn *m*

akıllanmak Vernunft annehmen

akıllı klug, schlau, gescheit, weise, sinnig, vernünftig

akıllıca sinnreich, recht klug; (fikir) pfiffig

akıllılık Klugheit *f*, Weisheit *f*, Schlauheit *f*

akılsız unklug, unvernünftig, töricht; Tor *m*

akılsızlık Unvernunft *f*, Dummheit *f*

akım Strom *m*, Strömungung *f* ***akım şiddeti*** Stromstärke *f* ***akım transformatörü*** Stromwandler *m* ***akımı kesmek*** ausschalten

akın Streifzug *m*, Streife *f*, Angriff *m* ***akın akın*** haufenweise ***akın etmek*** strömen, zuströmen

akıntı Strömung *f*; Strom *m*; Ausfluss *m*; Neigung *f* ***akıntıya kapılmak*** von der Strömung mitgerissen werden ***akıntıya kürek çekmek*** gegen die Strömung rudern

akış Ablauf *m*, Abfluss *m*, Zufluss *m*; Gang *m*, Verlauf *m*

akışkan flüssig

akışkanlık Flüssigkeit *f*

akıtmak einträufeln, ausgießen, vergießen, ausströmen, ablassen

akide Dogma *n*; Bonbon *m*

akik Achat *m*

akis Spiegelbild *n*; Nachhall *m*, Echo *n*; Gegenteil *n*

akit Abschluss *m*, Vertrag *m*, Kontrakt *m*; Trauung *f*

akkan Lymphe *f*

akkor weißglühend

aklama Freispruch *m*

aklamak freisprechen, entlassen

aklanmak freigesprochen werden

aklıselim gesunder Menschenverstand

akli geistig, rational, vernunftgemäß

akmak fließen, auslaufen, strömen, ausströmen, rinnen; ablaufen

akordeon Akkordeon *n*, Ziehharmonika *f*

akort Akkord *m*; Eichung *f* ***akordu bozuk*** verstimmt ***akordu bozulmak*** verstimmt werden ***akordu bozulmuş*** verstimmt ***akordu değiştirmek*** umstimmen ***akordunu bozmak*** verstimmen ***akort etmek*** stimmen; eichen

akraba Verwandte *m/f*

akrabalık Verwandtschaft *f*

akran Altersgenosse *m*

akreditif Kredit *m*, Akkreditiv *n*

akrep Skorpion *m*; Stundenzeiger *m* ***Akrep burcu*** *gökb* Skorpion *m*

akrobasi Akrobatik *f*

akrobat Akrobat(in *f*) *m*; Kunstflieger(in *f*) *m*

akrobatik akrobatisch

aks Achse *f*

aksak lahm, verkrüppelt

aksaklık Hinken *n*, Lahmen *n*

aksam Teile *ç*, Bestandteile *f*

aksamak hinken
aksan Akzent *m*, Tonfall *m*, Aussprache *f*
aksatmak lähmen
aksesuar Zubehör *n*
aksetmek sich spiegeln; reflektieren, zurückstrahlen; widerhallen; umdrehen, umpolen
aksırık Niesen *n*
aksırmak niesen
aksi entgegengesetzt, wider, widrig; widerspenstig, eigensinnig, mürrisch, unverträglich; Gegenteil *n*, Widerspiegel *n* ***aksi gibi*** unglücklicherweise ***aksi halde*** anderenfalls ***aksi tabiatlı*** launenhaft ***aksi takdirde*** sonst, anderenfalls ***aksi tesadüf*** Pech *n*, Missgeschick *n*, unglücklicher Zufall
aksilik Pech *n*, Ungunst *f*, Widrigkeit *f* ***aksilik çıkmak*** Pech haben ***aksilik etmek*** ungefällig sein, sich abweisend verhalten
aksine verkehrt, im Widerspruch zu
aksitesir Gegenwirkung *f*
aksiyom *mat* Axiom *f*
aksiyon Aktie *f*
akşam Abend *m*; am Abend ***akşam akşam*** um die Abendzeit ***akşam etmek*** den Tag zu Ende bringen ***akşam gazetesi*** Abendzeitung *f*, Abendblatt *n* ***akşam güneşi*** Abendsonne *f*; Lebensabend *m* ***akşam karanlığı*** (Abend)Dämmerung *f* ***akşam namazı*** (dinbilgisi) islamisches Abendgebet *n* ***akşam olmak*** Abend werden ***akşam sabah*** jede Zeit ***akşam yediğini sabaha unutmak*** überaus vergesslich sein ***akşam yemeği*** Abendbrot *n*, Abendessen *n* ***akşama doğru*** gegen Abend ***akşamdan akşama*** jeden Abend ***akşamdan kalma*** Brummschädel *m*
akşama heute Abend
akşamcı Nachtarbeiter *m*; wer abends immer trinkt
akşamlamak bis zum Abend bleiben, bis zum Abend arbeiten; den Abend verbringen
akşamları abends
akşamleyin am Abend, abends
akşamlık Abendkleid *n*
akşamüstü gegen Abend
akşamüzeri gegen Abend
Akşamyıldızı Venus *f*
akşın Albino *m*
akşınlık Albinismus *m*
aktar Krämer *m*
aktarıcı (dam) Dachdecker *m*; Überträger *m*
aktarma Umsteigen *n*; Übertragung *f* ***aktarma bileti*** Umsteiger *m* ***aktarma yapmak*** umsteigen
aktarmak übertragen; umladen; umschütten; übernehmen; überstellen, überweisen (Häftling); überprüfen; übermitteln, weiterleiten; von Hand zu Hand weiterreichen
aktarmalı mit Umsteigen
aktarmasız durchgehend; (taşıt) ohne Umsteigen, direkt; (uçak) ohne Zwischenlandung
aktif aktiv, tätig; Aktiva *f*
aktiflik Aktivität *f*
aktinik aktinisch
aktör Schauspieler *m*
aktöre Moral *f*
aktörlük Schauspielerberuf *m*
aktris Schauspielerin *f*
aktüalite Aktualität *f* ***aktüalite filmi*** Wochenschau *f*
aktüel aktuell
akuple *tek* gekoppelt
akupleman *tek* Kupplung *f*
akupunktur Akupunktur *f*
akustik akustich; Akustik *f*, Schallehre *f*
akü Akku *m*, Akkumulator *m*; *oto* Batterie *f*
akümülatör Akkumulator *m*, Akku *m*
akvaryum Aquarium *n*
akyuvar weißes Blutkörperchen
al rot ***al basmak*** erröten ***al bayrak/sancak*** Die Türkische Fahne ***al yanaklar*** rote Wangen
ala bunt gefleckt
âlâ sehr gut, ausgezeichnet, vorzüglich, erstklassig, prima
alabalık Forelle *f*
alabanda (innere) Bordwand; Breitseite *f* ***alabanda etmek*** ausschlagen ***alaban-***

da iskele etmek umlegen
alabildiğine unentwegt, aus Leibeskräften
alabora Umkippen *n* ***alabora etmek*** zum Kentern bringen, hissen ***alabora olmak*** kentern
alaca bunt ***alaca bulaca*** knallig bunt, schreiend bunt
alacak Guthaben *n* ***alacağın olsun*** dafür wirst du mir nachbüßen! ***alacak davası*** Forderungsklage *f* ***alacak senedi*** Schuldschein *m*
alacakaranlık Halbdunkel *n*, Zwielicht *n*, Dämmerung *f*
alacaklı Gläubiger *m* ***alacaklı taraf*** Kreditor *m*, Kreditgeber *m*
alacalanmak bunt werden, scheckig werden, bald rot werden; wankelmütig sein, flatterhaft sein
alacalı bunt
alafranga europäisch, modern ***alafranga müzik*** moderne Musik ***alafranga tuvalet*** Wasserklosett *n*
alageyik Damwild *n*
alaka Interesse *n*; Verhältnis *n*, Beziehung *f*, Zusammenhang *m* ***alaka duymak*** interessiert sein ***alaka göstermek*** Interesse zeigen ***alaka uyandırmak*** Interesse erwecken ***alakası var*** er ist interessiert ***alakasını kesmek*** die Beziehungen abbrechen
alakadar interessiert; zuständig ***alakadar etmek*** interessieren; betreffen ***alakadar olmak*** sich interessieren
alakalanmak sich interessieren
alakalı interessiert; zuständig
alakarga *hayb* Eichelhäher *m*; Quatschkopf *m*
alakasız uninteressiert; unzuständig
alamet Zeichen *n*, Marke *f* ***alameti farika*** Schutzmarke *f*, Warenzeichen *n*
alan Platz *m*; Feld *n*; Fläche *f*, *mat* Flächeninhalt *m*; Raum *m*; Bereich *m*, Bezirk *m* ***alan araştırması*** Feldarbeit *f* ***alan ölçüsü*** Flächenmaß *n* ***alan savaşı*** Schlacht *f*, Feldschlacht *f*
alarm Alarm *m* ***alarma geçirmek*** alarmieren ***alaşağı etmek*** herunterreißen; niederzwingen
alaşım Legierung *f* ***alaşım yapmak*** legieren
alaturka türkisch, orientalisch ***alaturka müzik*** Türkische Musik ***alaturka tuvalet*** Toilette ohne Sitzstein
alavere Durcheinander *n*; Weiterreichen *n* (von Hand zu Hand); Ladetreppe *f* ***alavere dalavere çevirmek*** hereinlegen
alay Festzug *m*; Geschwader *n*; Regiment *n*; Feier *f*; Spott *m*, Ironie *f*, Hohn *m* ***alay alay*** in Mengen, massenhaft ***alay etmek*** spoften, verspotten, verhöhnen, sich lustig machen ***alay konusu*** Spottbild *n* ***alay konusu yapmak*** *jdn* zum Gespött machen ***alaya almak*** auslachen, narren, foppen, hänseln, uzen ***alayında olmak*** nicht ernst nehmen
alaycı spöttisch; Spötter *m*
alaylı ironisch, spöttisch, höhnisch, sarkastisch
alaz Flamme *f*
albastı *hek* Kindbettfieber *n*
albay Oberst *m*
albeni Anziehungskraft *f*, Flair *n*, Charme *m*; Sex-Appeal *m*
albino Albino *m*
albinos Albino *m*
albüm Album *n*
albümin *hek* Eiweiß *n*, Albumin *n*
alçak niedrig, nieder; tief; niederträchtig, verworfen, schnöde, nichtswürdig, schofel, gemein ***alçak basınç*** Unterdruck *m*, Tiefdruck *m* ***alçak herif*** Halunke *m* ***alçak sesle*** leise
alçakça schmachvoll, meuchlings ***alçakça cinayet*** Meuchelmord *m* ***alçakça hareket*** Schandtat *f* ***alçakça öldürmek*** meucheln
alçakgönüllü bescheiden, demütig, unterwürfig, zurückhaltend, schlicht, einfach, genügsam
alçakgönüllülük Demut *f*, Bescheidenheit *f*, Schlichtheit *f*, Einfachheit *f*, Anspruchslosigkeit *f*
alçaklık Schmach *m*, Gemeinheit *f*, Niedertracht *f*; Niedrigkeit *f*
alçalmak sich senken, heruntergehen,

fallen, sich erniedrigen
alçaltma Senkung *f*
alçaltmak senken, erniedrigen; demütigen
alçı Gips *m*
alçılamak vergipsen, eingipsen
alçıtaşı Gipsstein *m* ***alçıya almak/koymak*** mit Gips überziehen
aldanmak sich täuschen, sich irren; hereinfallen; betrogen werden
aldatıcı täuschend
aldatmaca Täuschungsmanöver *n*
aldatmak täuschen, irreführen; hereinlegen, hintergehen, überlisten, betrügen, schwindeln, übertölpeln, schümmeln
aldehit *kim* Aldehyd *m*
aldırış Beachtung *f* ***aldırış etmemek*** missachten
aldırma! mach dir keine Gedanken! mach dir keine Sorgen!
aldırmak veranlassen, zulassen abtreiben; abholen lassen, sich *etw* wegnehmen lassen
aldırmamak nicht beachten
aldırmazlık Gleichgültigkeit *f* ***aldırmazlıktan gelmek*** nicht beachten
alegori Allegorie *f*
alelacele eilig, hastig
alelade gewöhnlich, üblich
âlem Welt *f*, Universum *n*, Weltall *n*; Kreis *m*; Vergnügen *n*, Fest *n*; Orgie *f* ***âlem yapmak*** lustig sein, zechen
alemdar Fahnenträger *m*
alenen öffentlich
alengirli auffallend, auffällig
aleni öffentlich
alerji Allergie *f*
alerjik allergisch
alet Werkzeug *n*, Gerät *f*; Instrument *n* ***alet edevat*** Utensilien *pl* ***alet etmek*** *jdn* zu *etw* missbrauchen ***alet olmak*** als Mittel dienen zu *etw*, die Hand bieten (zu) ***aletli jimnastik*** Geräteturnen *n*
alev Flamme *f* ***alev almak*** in Flammen aufgehen, aufflammen
Alevi Alevit *m*, Alide *m*, Schiit *m*; alevitisch
Alevilik Alevitentum *n*, Schiitentum *n*, Schia *f*
alevlendirmek schüren
alevlenmek flammen, aufflammen
aleyh gegen, wider
aleyhinde gegen, zu Ungunsten von ***aleyhinde bulunmak/söylemek*** sich aussprechen gegen ***aleyhinde olmak*** dagegen sein ***aleyhine olmak*** zu Ungunsten von *jdn* sein
aleyhtar Gegner *m*
aleyhtarlık Gegnerschaft *f*
aleyhte dagegen ***aleyhte olmak*** dagegen sein
aleykümselam Antwort auf den Gruß "selamınaleyküm"
alfa Alpha *n* ***alfa ışınları*** Alpha-Strahlen *pl*, Alphastrahlen *pl*
alfabe Alphabet *n*
alfabetik alphabetisch
algı Wahrnehmung *f*, Verständnis *n*
algılamak wahrnehmen, begreifen
algılanmak wahrgenommen werden
algler *bitk* Algen *pl*
âli hoch, erhaben, höchst, oberst; wert, geschätzt
alıcı Käufer *m*, Kunde *m*; Empfänger *m* ***alıcı gözüyle bakmak*** sich *etw* genau betrachten ***alıcı kuş*** Raubvogel *m* ***alıcı yönetmeni*** Kameramann *m*
alık dumm, ungeschickt, verwirrt; Tropf *m*
alıkoymak aufhalten, behalten, beibehalten zurückhalten; hemmen, unterschlagen
alım Kauf *m*; Reiz *m* ***alım satım*** Handel *m*
alımlı charmant, anziehend, reizend
alımlılık Charme *m*, Anmut *f*, Reiz *m*; Intelligenz *f*
alın Stirn *n*; Front *f* ***alın akı*** Unbescholtenheit *f* ***alın çatmak*** die Stirn runzeln ***alın damarı*** Anstand *m* ***alın damarı çatlamak*** kein Schamgefühl besitzen ***alın karası*** Schande *f* ***alın teri*** große Mühe ***alın teri dökmek*** hart arbeiten ***alın teriyle kazanmak*** verdient siegen ***alnı açık*** ehrenhaft, mit untadeligem Ruf ***alnını karışlarım*** es soll sich nur einer unterstehen
alındı Quittung *f*

alıngan empfindlich, argwöhnisch
alınganlık Empfindlichkeit *f*; Argwohn *m*
alınmak übelnehmen; auf sich beziehen
alıntı Zitat *n*, Übernahme *f*
alınyazısı Schicksal *n*
alışık gewöhnt, vertraut
alışılmamış ungewohnt
alışılmış gewöhnlich, üblich, gebräuchlich, regelmäßig ***alışılmışın dışında*** ungewöhnlich
alışkanlık Gewohnheit *f*, Angewohnheit *f* ***alışkanlığı bulunmak*** pflegen
alışkı Sitte *f*, Brauch *m*, Angewohnheit *f*
alışkın gewohnt, vertraut
alışmak sich gewöhnen, sich angewöhnen
alıştırma Anpassung *f*; Übung *f* ***alıştırma yapmak*** üben, ausüben
alıştırmak gewöhnen, anpassen
alışveriş Handel *m*, Geschäft *n*; Arbeit *f*, Verhältnis *n*; Sache *f* ***alışveriş etmek*** einkaufen, kaufen ***alışveriş yapmak*** einkaufen, kaufen ***alışverişe gitmek*** zum Einkaufen gehen ***alışverişi olmamak*** nichts zu tun haben ***alışverişten dönmek*** vom Einkaufen zurückkommen
âlim Gelehrte *fm*, Wissenschaftler *m*
alimallah Gott sei mein Zeuge!s
alize Passat *m*
alkali Alkali *n*
alkış Beifall *m*, Applaus *m* ***alkış tutmak*** starken Beifall spenden
alkışlamak applaudieren, zu jubeln Beifall klatschen
alkol Alkohol *m*, Spiritus *m*
alkolik alkoholisch
alkolizm Alkoholismus *m*, Trunksucht *f*
alkollü alkoholhaltig ***alkollü içkiler*** Spirituosen *pl*
alkolsüz alkoholfrei
Allah Gott *m* ***Allah Allah*** Mein Gott!, nanu! ***Allah aşkına*** um Gottes willen! ***Allah bağışlasın.*** Möge Gott dir den Sohn erhalten! ***Allah belanı versin*** verdammt! ***Allah bilir*** bei Gott, vielleicht ***Allah büyüktür*** Gott ist mächtig! ***Allah cezanı versin*** Gott bestrafe dich! ***Allah esirgesin/saklasın*** Gott behüte! ***Allah göstermesin*** das verhüte Gott! ***Allah kahretsin*** Verdammt! Verflucht! ***Allah kazadan beladan korusun/saklasın*** Gott behüte vor Unglück! ***Allah kısmet ederse*** so Gott will! ***Allah korusun*** Gott bewahre! ***Allah müstehakını versin*** möge Gott dich gebührend strafen! ***Allah ömürler versin*** Gott gebe ein langes Leben! ***Allah rahatlık versin*** schlafen Sie gut! ***Allah rahmet eylesin*** Gott gebe (ihm) (ihr) die ewige Ruhe ***Allah senden razı olsun*** Vergelt's Gott! ***Allah versin*** Gott gebe dir! ***Allaha bin şükür*** Gott sei Dank! ***Allahın belası*** eine Geißel Gottes ***Allahın cezası*** gottverflucht! ***Allahın kulu*** Person *f* ***Allahını seversen*** wenn du Gott liebst
Allahaısmarladık Auf Wiedersehen
allahlık harmlos, gutmütiger; Einfaltspinsel *m*
allahsız gottlos, atheistisch; Atheist *m*
Allahtan zum Glück ***Allahtan bulsun*** Gott strafe ihn! ***Allahtan kork*** Lass es!, tue es nicht! ***Allahtan korkmaz*** unmenschlich, mitleidslos ***Allahtan umut kesilmez*** Nie die Hoffnung verlieren!
allak bullak durcheinander, wirr ***allak bullak etmek*** alles auf den Kopf stellen ***allak bullak olmak*** durcheinander sein
allamak pullamak (aus)schmücken, verzieren, dekorieren
allegretto *müz* allegretto
allegro *müz* allegro; Allegro *n*
allık Röte *f*; Rouge *n*
almaç Empfänger *m*
almak nehmen, holen, zugreifen, mitnehmen, wegnehmen; bekommen, erhalten, kriegen; kaufen; aufnehmen; empfangen; besetzen ***alıp götürmek*** wegbringen, wegnehmen, abtragen, wegreißen
Alman Deutsche *fm*; deutsch ***Alman asıllı/kökenli*** deutscher Abstammung; von deutscher Herkunft ***Alman filolojisi*** Germanistik *f* ***Alman demiryolları*** Bundesbahn *f* ***Alman Markı*** Deutsche Mark ***Alman usulü*** getrennte Bezahlung der Ausgaben ***Alman usulü y-***

apmak getrennt bezahlen ***Alman uyruklu*** deutscher Staatsangehörigkeit ***Alman yazıdili*** Schriftdeutsch *n*

almanak Almanach *m*, Jahrbuch *n*

Almanca Deutsch *n*; auf Deutsch ***Almanca konuşan*** deutschsprachig ***Almanca olarak*** auf Deutsch ***Almanca öğretmeni*** Deutschlehrer *m*

Almanya Deutschland ***Almanya Birinci Ligi*** *sp* erste Bundesliga ***Almanya Cumhurbaşkanı*** Bundespräsident *m* ***Almanya doğumlu*** deutschbürtig ***Almanya Federal Cumhuriyeti*** die Bundesrepublik Deutschland ***Almanya toprakları*** Bundesgebiet *n*

almaş Abwechslung *f*

almaşık abwechselnd

alo hallo! (am Telefon)

Alp dağları Alpen *pl*

alt Untere *n*, Unterseite *f*; unter ***alt alta*** untereinander ***alt alta üst üste*** drunter und drüber ***alt dudak*** Unterlippe *m* ***alt etmek*** besiegen, übermannen ***alt kat*** Erdgeschoss *n*, Parterre *n* ***alt olmak*** unterliegen ***alt taraf*** Unterteil *m*, Unterseite *f* ***altını çizmek*** unterstreichen ***altını değiştirmek*** trockenlegen ***altını ıslatmak*** sich das Bett nassmachen, sich die Höschen nassmachen ***altını üstüne getirmek*** (kazarak) umgraben, durchwühlen

altbölüm Abschnitt *m*, Unterabteilung *f*, Unterteil *m*

altcins Unterart *f*

altçene Unterkiefer *m*

altderi Unterhaut *f*

alternatif Alternative *f* ***alternatif akım*** Wechselstrom *m* ***alternatif gerilim*** Wechselspannung *f*

altgeçit Unterführung *f*

altı sechs ***altı aylık*** sechsmonatig ***altı günlük*** sechstägig ***altı saatlik*** sechsstündig ***altı yıllık*** sechsjährig

altıgen *mat* Sechseck *n*

altılı *müz* Sechs *n*

altın Gold *n*; golden ***altın bilezik*** Goldarmband *n*; *mec* gute Einkunftsquelle ***altın çağı*** goldene Zeitalter ***altın gol*** *sp* Golden Goal *n* ***altın kaplama*** Vergoldung *f* ***altın kaplamak*** vergolden ***altın künye*** goldenes Armband ***altın sarısı*** goldgelb ***altın sikke*** Goldmünze *f* ***altın taç*** Goldkrone *f*

altına darunter

altına unter, darunter ***altına kaçırmak*** sich in die Hose machen

altınbaş Zuckermelone *f*; vergoldet

altıncı sechst

altıncısı sechstens

altında unter, darunter ***altında kalmak*** nicht erwidern können ***altında kalmamak*** nicht unbeantwortet lassen

altından unter von unten her ***altından girip üstünden çıkmak*** überstehen, meistern ***altından kalkamamak*** nicht überstehen können ***altından kalkmak*** leisten, schaffen, überwältigen, meistern

altınsuyu Goldwasser *n*

altıntop Pampelmuse *f*, Grapefruit *f*

altıpatlar sechsschüssiger Revolver

altışar zu sechsen, je sechs

altlık Unterläge *f*, Untersatz *m*

altmış sechzig

altmışıncı sechzigst

alto *müz* Viola *f*; *müz* Alt *m*

altsınıf Unterklasse *f*

alttakım *biy* Unterordnung *f*

alttür Unterart *f*

altüst durcheinander, wirr ***altüst edilmiş*** umgekehrt ***altüst etmek*** durcheinander bringen, nervös machen ***altüst olmak*** in Verwirrung gehen, verwirrt sein

altyapı Infrastruktur *f*

altyazı Unterschrift *f*; (sinema) Untertitel *m*

alüminyum Aluminium *n*

alüvyon Schwemmland *n*

alyans Trauring *m*

alyuvar rotes Blutkörperchen

ama aber, jedoch, bloß ***aması maması yok*** da gibt es kein Aber

âmâ blind

amacıyla zwecks, mit dem Zweck zu ...

amaç Ziel *n*, Zweck *m*, Absicht *f* Plan *m* ***amaca uygun*** zweckmäßig ***amaca uymayan*** unzweckmäßig ***amacına erişememek*** misslingen ***amacına yak-***

laşmak sich seinem Ziel nähern ***amacına ulaşmak*** sein Ziel erreichen, gelingen, glücken ***amacına uymak*** erfüllen, sachlich ***amacında olmak*** meinen, beabsichtigen

amaçlamak planen, beabsichtigen

amaçlı zielstrebig

amaçsız ziellos

amaçsızca planlos, ziellos

amade fertig, bereit

aman au! Gnade! um Himmels Willen!; Hilfe!; jetzt aber, doch, endlich ***aman Allahım*** Mein Gott! ***aman dilemek*** Gnade bitten ***aman vermek*** verzeihen

amanın Oh mein Gott!

amansız erbarmungslos

amatör Amateur *m*, Laie *m*

ambalaj Packung *f*, Verpackung *f* ***ambalaj kâğıdı*** Packpapier *n* ***ambalaj yapmak*** einpacken, verpacken

ambalajlamak *tek* verpacken

ambar Schuppen *m*, Lagerraum *m*, Lagerhaus *n*, Speicher *m*

ambargo Embargo *n*, Sperre *f*, Sperrung *f*, Beschlagnahme *f* ***ambargo koymak*** ein Embargo verhängen ***ambargoyu kaldırmak*** das Embargo aufheben

amber Amber *m*, Ambra *f*

ambulans Krankenwagen *m*

ambülans Krankenwagen *m*, Sanitätswagen *m*

amca (väterlicherseits) Onkel *m* ***amca kızı*** Cousine *f* ***amca oğlu*** Cousin *m*

amcazade Vetter *m*

amel Arbeit *f*, Tat *f*; Durchfall *m* ***amel olmak*** Durchfall haben

amele Arbeiter *m*

ameli praktisch; passend, geeignet

ameliyat Operation *f* ***ameliyat etmek*** operieren ***ameliyat masası*** Operationstisch *m* ***ameliyat olmak*** operiert werden

ameliyathane Operationssaal *m*

ameliyatla operativ

ameliye Arbeit *f*, Handlung *f*, Arbeitsgang *m*; Unternehmen *n*, Verfahren *n*

Amerika Amerika ***Amerika Birleşik Devletleri*** Vereinigten Staaten (von Amerika) *f*, USA *f*

Amerikalı Amerikaner(in *f*) *m*

Amerikan amerikanisch ***Amerikan İngilizcesi*** Amerikanisches Englisch

amerikanbezi Nessel *m*, Nesseltuch *n*

ametal Nichtmetall *m*; nichtmetallisch

amfi Amphitheater *n*

amfibi Amphibienfahrzeug *n* ***amfibi tank*** Amphibienfahrzeug *n*

amfiteatr Amphitheater *n*

amigo *sp* Cheerleader *m*

amil Faktor *m*, Ursache *f*

âmin Amen!

amip Amöbe *f*

amir Chef *m*, Vorgesetzte *m*; Leiter *m*

amiral Admiral *m*

amiyane gemein, vulgär ***amiyane tabiriyle*** allgemein ausgedrückt

amma aber, jedoch

amme Öffentlichkeit *f*, Allgemeinheit *f* ***amme hizmeti*** öffentliche Dienst ***amme hukuku*** Staatsrecht *n*

amonyak Ammoniak *n*

amorti amortisiert; Amortisation *f*

amortisman *tic* Abschreibung *f*

amortisör Dämpfer *m*, Stoßdämpfer *m*

amper *elek* Ampere *n*

ampermetre Amperemeter *n*, Strommesser *m*

amperölçer *elek* Amperemeter *n*

ampersaat Amperestunde *f*

amplifikatör Verstärker *m*

ampul Birne *f*, Glühbirne *f*

amut Lot *n*, Senkrechte *f*, Kopfstand *m* ***amuda kalkmak*** kopfstehen

amyant Asbest *m*; Asbestplatte *f*

an Augenblick *m*, Moment *m*, Zeitpunkt *m*

ana Mutter *f*; Haupt-, Ur-, Grund-, Stamm-, Leit- ***ana avrat düz gitmek*** schinden ***ana baba*** Eltern *pl* ***ana baba günü*** übervoll von Menschen ***ana bileşen*** Hauptbestandteil *m* ***ana boru*** Leitungsrohr *n* ***ana cadde*** Hauptstraße *f* ***ana çizgi*** Grundriss *m* ***ana düşünce*** Grundgedanke *m*, Leitgedanke ***ana fikir*** Grundgedanke *m* ***ana gibi*** mütterlich ***ana giriş*** Portal *n*, Haupteingang *m* ***ana hat*** Grundriss *m* ***ana kart*** *biliş* Hauptplatine *f* ***ana kucağı*** Mutterschoß *m* ***ana kural*** Grundregel *f* ***ana kuzusu***

Mutterkindchen *n* ***ana madde*** Grundstoff *m* ***ana mesele*** Hauptfrage *f* ***ana sermaye*** Grundkapital *n* ***ana sevgisi*** Mutterliebe *f* ***ana sütü*** Muttermilch *f* ***ana tarafından*** (akraba) mütterlicherseits ***ana yüreği*** Mutterliebe *f* ***anadan doğma*** splitternackt ***analar günü*** Muttertag *m* ***anamdan emdiğim süt burnumdan geldi*** Ich war in einer scheußlichen Situation ***Anan güzel mi*** Ich bin doch nicht doof! ***anasından doğduğuna pişman etmek*** *jdn* hart drannehmen ***anasından emdiği süt burnundan gelmek*** eine große Enttäuschung erleben ***anasının gözü*** ausgekocht, durchtrieben

anacadde Hauptstraße *f*

anaç gebärfähig, mütterlich, tragfähig

anadil Hauptsprache *f*

anadili Muttersprache *f*

Anadolu Anatolien, Kleinasien

Anadolulu Anatolier *m*

anaerki Matriarchat *n*, Mutterrecht *n*

anaerkil matriarchalisch, mutterrechtlich

anafor Gegenströmung *f*

anaforcu Schmarotzer *m*, Dieb *m*, Langfinger *m*; Schieber *m*

anahtar Schlüssel *m*; Schalter *m*; *müz* Notenschlüssel *m*

anakara Festland *n*, Kontinent *m*

analık Mutterschaft *f*, Stiefmutter *f*

analiz Analyse *f* ***analiz etmek*** analysieren, zergliedern

anamal Grundkapital *n*

anamalcı *tic* Kapitalist *m*

anamalcılık *tic* Kapitalismus *m*

ananas Ananas *n*

anane Tradition *f*

ananevi traditionell, überliefert; Traditions-

anaokulu Kindergarten *m*

anasınıfı Vorschule *f*

anarşi Anarchie *f*

anarşist Anarchist *m*

anarşist Anarchist *m*; anarchistisch

anarşizm Anarchismus *m*

anason Anis *m*

anatomi Anatomie *f*, Körperbau *m*

anatomik anatomisch

anavatan Vaterland *m*

anayasa Grundgesetz *n*, Verfassung *f* ***anayasaya aykırı*** verfassungswidrig

anayasal konstitutionell, verfassungsmäßig

anayol Hauptweg *m*, Hauptstraße *f*

anayön Himmelsrichtung *f*

anayurt Vaterland *n*, Heimat *f*

ancak nur, allein; knapp, noch; jedoch; aber, bloß

ançüez Anchovis *f*

andaç Erinnerung *f*, Andenken *n*, Gedenken *n*

andiçmek schwören, geloben

andırış Ähnlichkeit *f*

andırmak erinnern, ähneln

anemi Blutarmut *f*

anestezi Narkose *f*, Betäubung *f*

angaje engagiert ***angaje etmek*** engagieren

angarya Plackerei *f*, Zwangsarbeit *f*

Anglikan anglikanisch; Anglikaner *m*

Anglikanlık Anglizismus *m*

Anglosakson Angelsachse *m*; angelsächsisch

angut Rostgans *f*

anı Erinnerung *f*

ani plötzlich; schlagartig ***ani başlangıç*** Ausbruch *m*

aniden sofort, gleich, im Nu ***aniden değiştirmek*** umschlagen ***aniden yakalamak*** anfallen

anıklık Fähigkeit *f*, Gabe *f*

anılmak erwähnt werden

animasyon Animation *f*

anımsamak sich erinnern an; gedenken

anında sofort, sogleich; (çeviri) simultan

anırmak schreien (Esel)

anıt Denkmal *n*, Gedenkstein *m*

anıtkabir Grabmal *f*, Mausoleum *n*

anıtsal monumental

anjin Angina *f*

Anka Phoenix *m*

anket Umfrage *f*, Rundfrage *f* ***anket yapmak*** eine Befragung durchführen

anlak Intelligenz *f*, Verstand *m*

anlam Bedeutung *f*, Sinn *m* ***anlam bakımından*** sinngemäß ***anlam çıkarmak*** deuten ***anlam verme*** Deutung *f* ***anlam***

vermek deuten, unterlegen ***anlamı olmak*** heißen, bedeuten ***anlamına gelmek*** heißen, bedeuten, bezeichnen, besagen ***anlamına uygun*** sinngetreu

anlama Verständnis *n*

anlamak verstehen, kapieren, begreifen, erkennen, ersehen, übersehen, sich klar werden

anlamazlık Nichtverstehen *n* ***anlamazlıktan gelmek*** sich dumm stellen

anlambilim Semantik *f*

anlamdaş gleichbedeutend

anlamlandırmak bedeuten, deuten

anlamlı bedeutend, bedeutungsvoll, sinnvoll, ausdrucksvoll

anlamsız sinnlos, bedeutungslos

anlamsızlık Unsinn *m*, Sinnlosigkeit *f*

anlaşılır klar, deutlich, anschaulich, demonstrativ, verständlich

anlaşılmak hervorgehen, sich herausstellen

anlaşılmaz unverständlich, unbegreiflich

anlaşma Verständigung *f*, Abkommen *n*, Übereinkunft *f*, Einigung *f*, Abmachung *f*, Kompromiss *m*, Vertrag *m* ***anlaşma yapmak*** ein Abkommen treffen ***anlaşmaya varmamış*** uneinig ***anlaşmayı bozmak*** einen Vertrag brechen

anlaşmak sich verständigen; abmachen, übereinkommen, ausmachen sich einigen, vereinbaren, beistimmen; komporomittieren

anlaşmazlık Meinungsverschiedenheit *f*, Zwietracht *f*, Konflikt *m*; Missverständnis *n*

anlatı Erzählung *f*

anlatım Schilderung *f*

anlatmak erzählen, schildern, berichten; klar machen, auseinandersetzen

anlayış Verständnis *n*, Sinn *m*; Auffassung *f*, Denkart *f*, Einstellung *f*; Fassungsvermögen *n*, Auffassungsvermögen *n*, Begreifen *n*, Erkenntnis *f*; Einsicht *f*; Mentalität *f* ***anlayış göstermek*** Verständnis zeigen

anlayışlı intelligent, klug, vernünftig, verständnisvoll

anlayışsız verständnislos

anlayışsızlık Verständnislosigkeit *f*

anlık Denkfähigkeit *f*

anma Erinnerung *f*, Gedenken *n* ***anma günü*** Gedenktag *m* ***anma söylevi*** Nachruf *m* ***anma töreni*** Gedenkfeier *f*

anmak sich erinnern, denken an; erwähnen, aussprechen; gedenken

anne Mutter *f*; Mama *f* ***anneler günü*** Muttertag *m*

anneanne Großmutter *f*

anneciğim Mutti!

annelik Mutterschaft *f*

anofel Malariamücke *f*, Anopheles *f*

anonim anonym ***anonim şirket*** Aktiengesellschaft *f*

anons Ansage *f* ***anons etmek*** ansagen

anorak Windjacke *f*, Anorak *m*

anormal anormal, unnormal

anormalik Regelwidrigkeit *f*

anormalleşmek anormal werden

anormallik Abnormität *f*, Anomalie *f*

anot Anode *f*

ansiklopedi Lexikon *n*, Konversationslexikon *n* Enzyklopädie *f*

ansiklopedik enzyklopädisch

ansızın plötzlich, auf einmal ***ansızın baş gösterme*** Ausbruch *m* ***ansızın çökmek*** einbrechen ***ansızın gözükmek*** auftauchen ***ansızın sarsılmak*** zucken

ant Schwur *m*, Eid *n* ***andını bozmak*** seinen Eid brechen ***ant içmek*** schwören

antarktik antarktisch

Antarktika Antarktis *f*

anten Antenne *f*

antepfıstığı Pistazie *f*

antibiyotik Antibiotikum *n*

antidemokratik antidemokratisch

antifriz *tek* Frostschutzmittel *n*

antik antik

antika Antiquität *f* ***antika eşya*** Antiken *pl*

antikacı Antiquitätenhändler *m*

antikalık Antiquitätswert *m*, Rarität *f*; Schrulle *f*

antikor Antikörper *pl*

antilop Antilope *f*

antimon Antimon *n*

antipati Abneigung *f*, Widerwille *m*, Antipathie *f*

antipatik unsympathisch, antipathisch

antiseptik antiseptisch

antitez Antithese *f*
antitoksin Gegengift *f*, Antitoxin *n*
antlaşma Vertrag *m*, Pakt *m*, Abkommen *n*
antlaşmak sich gegenseitig verpflichten
antoloji Anthologie *f*
antrakt Pause *f*, Unterbrechung *f*; *müz* Entreakt *m*, Zwischenakt *m*
antrasit Anthrazit *m*, Glanzkohle *f*
antre Eingang *m*, Diele *f*; Vorraum *m*; Eintritt *m*
antrenman Training *n* ***antrenman yapmak*** trainieren
antrenör Trainer *m*
antrenörlük Traineramt *n* ***antrenörlük yapmak*** trainieren
antrepo Lager *n*, Lagerhaus *n*, Zollschuppen *m*
antropolog Anthropologe *m*
antropoloji Menschenkunde *f*, Anthropologie *f*
anüs After *m*, Anus *m*
aort Aorta *f*, Haupstchlagader *f*
apaçık übersichtlich, offenbar, einleuchtend, klipp und klar, unverkennbar, selbstverständlich, ausdrücklich
apak schneeweiß, ganz weiß
apandis Blinddarm *m*
apandisit Blinddarmentzündung *f*
apansızın urplötzlich
apar topar hastig, eilig
aparmak wegschleppen, forttragen
apartman Mietwohnung *f*, Mietshaus *n* ***apartman bloku*** Wohnblock *m* ***apartman katı*** Etagenwohnung *f*
apaydın ganz offensichtlich
apayrı ganz verschieden, vollkommen voneinander getrennt
aperitif Imbiss *m*, Schnellimbiss *m*
apış Spreizwinkel *m* ***apış arası*** Damm *m*
apışmak ratlos dastehen ***apışıp kalmak*** verdattert sein
apolet Achselklappe *f*, Achselstück *n*
apostrof Apostroph *m*, Auslassungszeichen *n*, Häkchen *n*
apse Geschwür *n*, Abszess *m*, Schwäre *f*
apsis *mat* Abszisse *f*
aptal dumm, dämlich, stumpfsinnig; Dummkopf *m*, Schafskopf *m*, Idiot *m* ***aptal herif*** Schöps *m*
aptalca albern
aptallaşmak dumm werden
aptallık Dummheit *f*, Stumpfsinn *m*
aptes rituelle Reinigung ***aptes almak*** die rituelle Reinigung vornehmen ***aptes bozmak*** den Wert der rituellen Reinigung aufheben; bestrafen ***aptes tazelemek*** die rituelle Waschung von neuem vornehmen ***aptesi kaçtı*** seine (ihre) rituelle Reinigung ist ungültig geworden
apteshane Toilette *f*, Abort *m*
ar *mat* Ar *n*; Scham *f*, Schamgefühl *m* ***ar damarı çatlamak*** im Begriffe stehen
ara Abstand *m*, Zwischenraum *m*; Zwischenzeit *f* ***ara bozmak*** Unruhe stiften, hetzen, spreizen ***ara bulmak*** passende Gelegenheit finden ***ara bulmak*** vermitteln ***ara seçimi*** Zwischenwahlen *pl* ***ara sıra*** manchmal, zuweilen, hin und wieder, ab und zu, zeitweise, zwischendurch, mitunter, bisweilen, dann und wann ***ara sokak*** Querstraße *f* ***ara vermeden*** pausenlos aralık vermek unterbrechen ***ara vermek*** pausieren, unterbrechen; (satır) absetzen ***araları açık*** uneinig ***aralarını açmak*** spreizen ***aramızda kalsın*** im Vertrauen (gesagt); unter uns (gesagt) ***arası açık/bozuk olmak*** schlecht sein (mit *jdm*) ***arası iyi olmak*** sich (gut) vertragen (mit *jdm*)
araba Wagen *m*, Auto *n*, Kutsche *f* ***araba gezisi*** Spazierfahrt *f*, Ausfahrt *f* ***araba kazası*** Autounfall *m* ***araba kullanmak*** Auto fahren ***araba tekerliği*** Wagenrad *f* ***araba vapuru*** Fähre *f* ***araba yarışı*** Autorennen *n*
arabacı Wagenführer *m*, Kutscher *m*, Fuhrmann *m*
arabesk Arabeske *f*, Kitsch *m*
Arabistan Arabien
arabozan Streithammel *m*
arabozanlık Streit *m*, Zwietracht *f*; Hetze *f*, Unruhestiften *n*
arabulucu Vermittler *m*
arabuluculuk Vermittlung *f*
aracı Vermittler(in *f*) *m*; Medium *n*

aracılığıyla durch, per, vermöge, anlässlich

aracılık Vermittlung *f*, Intervention *f* ***aracılık yapmak*** vermitteln, intervenieren

araç Mittel *n*, Zeug *n*

araçsız unmittelbar, direkt

arada inzwischen

arada ab und zu, manchmal, zwischendurch ***arada bir*** ab und zu, hin und wieder ***arada sırada*** ab und zu, hin und wieder

arakçı Dieb *m*

arakesit Querschnitt *m*

araklamak stehlen, klauen

aralamak halb aufmachen

aralarına zwischen ***aralarına almak*** in die Gruppe zulassen

aralarında darunter, dazwischen, untereinander

aralarında dazwischen, zwischen

aralık Zwischenraum *m*, Abstand *m*, Spalte *f*; Pause *f*; (ay) Dezember *m*; halboffen ***aralık bırakmak*** Abstand lassen; halboffen lassen ***aralık vermek*** mit *etw* zeitweise aufhören

aralıklı zeitweilig

aralıksız ununterbrochen

arama Durchsuchung *f*, Suche *f* ***arama emri*** *huk* Durchsuchungsbefehl *m* ***arama tarama*** Fahndungsaktion *f*; Razzia *f* ***arama yapmak*** durchsuchen

aramak suchen, fahnden; durchsuchen; fragen (nach); aufsuchen; anrufen ***aramaya gitmek*** suchen gehen ***arayıp taramak*** (bir yeri) durchsuchen, absuchen; durchstöbern

aranağme Intermezzo *n*, Zwischenspiel *n*

aranjman *müz* Arrangement *n*

aranmak bei sich selber etwas suchen

Arap Araber *m*; arabisch

Arapça Arabisch *n*; auf arabisch

arapsabunu Schmierseife *f*

arapsaçı Negerhaar *n*; sehr verwickelt, vertrackt ***arapsaçına çevirmek*** verwirren, durcheinander bringen, verheddern ***arapsaçına dönmek*** völlig durcheinander geraten; sehr verwickelt werden

arasına zwischen, dazwischen

arasında zwischen, dazwischen, unter, darunter

arasından dadurch, hindurch, zwischendurch ***arasından geçmek*** durchqueren, dringen, dazwischenkommen

araştırma Forschung *f*, Suche *f*

araştırmacı Forscher *m*

araştırmak forschen, erforschen, austorschen; stöbern, nachsuchen; untersuchen

aratmak suchen lassen, vermissen lassen; eine Untersuchung anordnen

aratmamak keine Untersuchung anordnen

araya zwischen ***araya girmek*** dazwischenfahren, intervenieren

arayış Suche *f*

araz Symptome *pl*

arazi Gelände *n*, Land *n*, Terrain *n*; Acker *m*; symptomatisch; akzidentell ***arazi kesimi*** Geländestreifen *m* ***arazi olmak*** schwänzen, blau machen ***arazi parçası*** Terrain *n* ***arazi sahibi*** Grundbesitzer *m* ***arazi vergisi*** Geländesteuer *f*

arazöz Sprengwagen *m*; Rasensprenger *m*

arbede Lärm *m*, Streit *m*, Unruhen pl, Tumult *m*

ardıç Wacholder *f*

ardıçkuşu Drossel *f*

ardıl folgen

ardınca unmittelbar hinterdrein, hinterher, hintereinander

ardışık aufeinander folgend

ardiye Lager *n*, Speicher *n* ***ardiye ücreti*** (Ein)Lagerung *f*; Lagergebühr *f*

arena Arena *f*

argo Gaunersprache *f*, Slang *m*/*n*; Vulgärsprache *f*

argon Argon *n*

arı1 rein, pur, schier, gediegen ***arı su*** klares Wasser

arı2 Biene *f* ***arı beyi*** Bienenkönigin *f* ***arı gibi*** sehr fleißig; Bienenfleiß *m* ***arı kovanı*** Bienenkorb *m* ***arı sokması*** Bienenstich *m* ***arı sürüsü*** Bienenschwarm *m* ***arı yuvası*** *hayb* Wespennest *n*, Bienenhaus *n*

arıbeyi Bienenkönigin *f*

arıcı Imker *m*
arıcılık Bienenzucht *f*
arif Weise *m*
arife Vorabend *m*
arılaşmak sich reinigen
arılık Reinheit *f*, Gediegenheit *f*
arınma Bereinigung *f*
arınmak sich reinigen, gereinigt werden; freigesprochen werden; sich läutern
aristokrasi Adelsherrschaft *f*, Aristokratie *f*
aristokrat Adlige *m*, Aristokrat *m*
aristokratlık Zugehörigkeit zum Adel; aristokratismus *m*; Aristokratentum *n*; Aristokratie *f*; aristokratisches ***Benehmen; aristokratischer Gedanke***
arıtılmış raffiniert
arıtımevi Raffinerie *f*
arıtmak bereinigen, reinigen, raffinieren
aritmetik Arithmetik *f*; arithmetisch ***aritmetik dizi*** arithmetische *f* Folge ***aritmetik işlem*** *mat* Rechenart *f* ***aritmetik ortalama*** arithmetische *n* Mittel ***aritmetik ödevi*** Rechenaufgabe *f* ***aritmetik seri*** arithmetische *f* Reihe
arıza Panne *f*, Störung *f*, Defekt *m* ***arıza bulucu*** Nörgler(in *f*) *m*, Kritt(e)ler(in *f*) *m* ***arıza yapmak*** ausfallen, zu einer Komplikation führen
arızalanmak eine Panne bekommen, einen Defekt bekommen, eine Störung erfahren
arızalı beschädigt
arızasız unbeschädigt
arızi sekundär
Arjantin Argentinien
Arjantinli Argentinier *m*; argentinisch
ark Bewässerungskanal *m*, Siel *m*
arka Rücken *m*, Hinterseite *f* ***arka arkaya*** nacheinander, hintereinander ***arka çantası*** Rücksack *m*, Schnappsack *m*, Ranzen *m* ***arka kapı*** Hintertür *f* ***arka koltuk*** Rücksitz *n* ***arka pencere*** Hinterfenster *n* ***arka plan*** Hintergrund *m* ***arka sayfada*** umstehend, umseitig ***arka taraf*** Rückseite *f*, Hinterteil *n* ***arka tekerlek*** Hinterrad *n* ***arka yüz*** Rückseite *f*
arkada zurück; hinten, dahinten
arkadan hinterher, von, hinten ***arkadan vurmak*** *jdm* treulos in den Rücken angreifen
arkadaş Freund *m*, Kamerad *m*, Geselle *m*, Freundin *f*, Kameradin *f* ***arkadaş canlısı*** freundlich, gesellig ***arkadaş olmak*** sich gesellen, Freunde werden
arkadaşça freundlich, freundschattlich, kameradschaftlich
arkadaşlık Freundschaft *f*, Kameradschaft *f* ***arkadaşlık etmek*** Freundschaft halten, befreundet sein mit; kollegial handeln; (yolculukta) begleiten ***arkadaşlık kurmak*** Freundschaft schließen
arkalamak helfen, beistehen, unterstützen
arkalık Lehne *f*, Rückenlehne *f*
arkası Weitere *n*; hinter ***arkası kesilmek*** aufhören, zu Ende gehen, aufgebraucht werden, versiegen ***arkası yere gelmemek*** dauerhaft sein, stark sein, widerstandsfähig sein ***arkasını bırakmamak*** nicht ablassen von ***arkasını dökmek*** sich umdrehen ***arkasını getirememek*** nicht beenden können ***arkasını vermek*** *jdm* Hilfe leisten
arkasına hinter ***arkasına bakmak*** zurückschauen ***arkasına düşmek/takılmak*** verfolgen, *jdm* auf den Versen sein
arkasında hinter, dahinter nach
arkasından danach, hinterher, hinterdrein; anschließend ***arkasından gitmek*** nachgehen, nachziehen ***arkasından konuşmak*** lästern, scheucheln ***arkasından koşmak*** nacheilen
arkaya zurück, nach hinten
arkeolog Archäologe(in *f*) *m*, Altertumsforscher(in *f*) *m*
arkeoloji Archäologie *f*, Altertumskunde *f*
arkeolojik archäologisch
arktik arktisch
arlanmak sich schämen
arlanmaz schamlos, unverschämt, mit eherner Stirn
arma Wappen *n*
armağan Geschenk *n* ***armağan etmek*** schenken, spendieren

armatör Reeder *m*, Patron *m*
armatörlük Reederei *f*
armatür Armatur *f*, Rüstung *f*; *tek* Armatur *f*
armoni Harmonie *f*
armonika Harmonika *f*; Akkordeon *n*
armut Birne *f* ***armut ağacı*** Birnenbaum *m*
Arnavut Albaner *m*, Albanier *m*; albanisch ***arnavut kaldırımı*** (Kopfstein)Pflaster *n*
Arnavutça albanische Sprache, albanisch
Arnavutluk Albanien
aroma Aroma *n*, Duft *m*
arozöz Sprengwagen *m*
arpa Gerste *f* ***arpa tanesi*** Gerstenkorn *n*
arpacık Gerstenkorn *n*
arsa Grundstück *n*, Grund *m*
arsenik Arsenik *n*
arsız unartig, ungezogen, frech, indiskret, unerzogen
arsızlanmak unverschämt werden, zudringlich werden
arsızlaşmak unverschämt werden, zudringlich werden
arsızlık Ungezogenheit *f*, Frechheit *f*, Unverschämtheit *f*, Unart *f*
arslan Löwe *m*
arş Marsch!; Thron *m*; neunter Himmel; Schutzdach *n*, Gitter *n*, Spalier *n*
arşidük Erzherzog *m*
arşın Elle *f*
arşınlamak schreiten, marschieren
arşiv Archiv *n*, Urkundensammlung *f* ***arşiv filmi*** Archivfilm *m*
art Hinterteil *m*, Rücken *m*; hinter ***ardı ardına*** hintereinander ***ardı arkası gelmeyen*** unendlich ***ardı sıra gitmek*** nachgehen, nachlaufen, verfolgen ***ardına düşmek*** verfolgen ***art arda*** hintereinander ***art arda olma*** Reihenfolge *f* ***art düşünce*** Hintergedanke *m* ***art niyet*** Hintergedanke *m*
artakalan Rest *m*, Überrest *m*, Überbleibsel *n*, Neige *f*; restlich überschüssig
artakalmak übrigbleiben
artan übrig, überschüssig; Rest *m*
artçı *ask* Nachhut *f*, Nachhut bildend; Epigone *m*; nach- ***artçı deprem/sarsıntı*** Nachbeben *n*
artezyen (kuyusu) artesische Brunnen
artı plus; Pluszeichen *n* (+)
artık1 nun, nunmehr, mehr, schon
artık2 Rest *m*, Überschuss *m*, Überbleibsel *n*, Überrest *m*, Überfluss *m* ***artık başlayalım*** nur wollen wir endlich anfangen ***Artık bu kadarı fazla.*** Jetzt reicht's aber! ***Artık canıma yetti.*** Jetzt ist aber Schluss! ***artık yok*** ist nicht mehr da
artıkdeğer Mehrwert *m*
artıkgün Schalttag *m*
artıkyıl Schaltjahr *n*
artım Zunahme *f*
artırım Sparsamkeit *f*, Einsparung *f* ***artırım cüzdanı*** Sparbuch *n* ***artırım hesabı*** Sparkonto *n*
artırma Steigerung *f*, Versteigerung *f*
artırmak sparen; steigern, vermehren, erhöhen; steigern; verstärken; erweitern
artist Künstler(in *f*) *m*, Schauspieler(in *f*) *m* ***artist gibi*** schön, hübsch, gut aussehend (Person)
artistik künstlerisch ***artistik patinaj*** *sp* Eiskunstlauf *m*
artistlik Schaukunst *f*
artış Aufschlag *m*, Erhöhung *f*, Vergrößerung *f*, Zunahme *f*
artmak zunehmen, steigen, sich vermehren wachsen; übrigbleiben; sich erhöhen
aruz Metrik *f*, Prosodie *f*
arya Arie *f*
arz1 Darlegung *f*, Darbietung *f*; Angebot *n*; Erde *f* ***arz etmek*** darbieten, darlegen, anbieten, vorzeigen ***arz ve talep*** Angebot und Nachfrage
arz2 Erde *f* ***arz dairesi*** Breitengrad *n*
arzu Wunsch *m*, Wille(n) *m*; Lust *f* ***arzu etmek*** wünschen, wollen, verlangen, begehren ***arzu üzerine*** auf Wunsch ***arzusunda olmak*** den Wunsch haben
arzuhal Bittschritt *f*, Gesuch *n*
arzuhalci Straßenschreiber *m*
arzuhalcilik Straßenschreiberei *f*

arzulamak wünschen, wollen; begehren
arzulu willig, begierig
as1 Hermelin *n*
as2 As *n*, Daus *n*
asa Stock *m*, Stab *m*
asabi nervös
asabileşmek nervös werden, sich aufregen
asabilik Nervösität *f*
asabiye Nervenkrankheiten *pl*
asabiyeci *hek* Neurologe *m*, Nervenarzt *m*
asabiyet Nervosität *f*
asal grundlegend, eigentlich ***asal gaz*** Edelgas *n* ***asal maden*** Edelmetall *n* ***asal sayı*** *mat* Primzahl *f*
asalak Schmarotzer *m*, Parasit *m*
asalaklık Schmarotzertum *n*
asalet Adel *m*
asaleten persönlich
asansör Fahrstuhl *m*, Aufzug *m*
asap Nerven *pl* ***asabı bozulmak*** nervös werden ***asap bozukluğu*** Nervosität *f*
asayiş Sicherheit *f*, Ordnung *f* ***asayişi bozmak*** Unruhe bringen ***asayişi korumak*** Ruhe und Ordnung schaffen
asbaşkan Vizepräsident *m*
asbest *kim* Asbest *m*
asetilen *kim* Acetylen *n*
aseton *kim* Aceton *n*; Nagellackentferner *m*
asfalt Asphalt *m*; asphaltiert ***asfalt edebiyatı*** Asphaltliteratur *f* ***asfalt kaplamak*** asphaltieren, mit einer Asphaltdecke versehen
asfaltlamak asphaltieren
asgari mindest, geringst, minimal, mindestens ***asgari ücret*** Mindestlohn *m*
asık mürrisch, finster ***asık suratlı*** griesgrämig
asıl Ursprung *m*, Herkunft *f*; Original *n*, Quelle *f*; Basis *f*, Grundlage *f*; wahr; maßgebend ***asıl hata*** Grundfehler *m* ***asıl mesele*** Hauptsache *f* ***asıl meşguliyet*** Hauptbeschäftigung *f* ***asıl sayılar*** *mat* Kardinalzahlen *pl* ***asıl sorun*** Hauptpunkt *m*, Hauptsache *f*, Hauptproblem *n* ***aslı astarı olmamak*** nicht wahr sein, aus der Luft gegriffen ***aslı çıkmak*** sich als wahr erweisen
asılı gehängt, aufgehängt ***asılı durmak*** hängen ***asılı kalmak*** hängenbleiben
asılmak belästigen
asılsız gegenstandslos; unbegründet
asır Jahrhundert *n*
asırlarca jahrhundertelang, seit Jahrhunderten
asırlık hundertjährig, Hundertjährige *f* (r) ***asırlık düşman*** Erbfeind *m*
asi Rebell *m*, Meuterer *m*, Aufrührer *m*, Ketzer *m*; rebellisch, ketzerisch
asil adlig
asileşmek rebellisch werden
asilik Ketzerei *f*, Aufstand *m* ***asilik etmek*** rebellieren, sich empören; revoltieren; aufbegehren
asillik Adelstand *m*
asilzade Adlige *m*
asistan Assistent(in *f*) *m*, Gehilfe *m*, Mitarbeiter(in *f*) *m*
asistanlık Assistentenstelle *f*; Assistenz *f*
asit Säure *n* ***asit borik*** Borsäure *f* klorhidrik Salzsaure *f* ***asit salisilik*** Kiesesäure *f* ***asit sülfürik*** Schwefelsäure *f*
asitleştirmek säuern
asker Soldat(in *f*) *m* ***asker kaçağı*** Fahnenflüchtiger *m*, Deserteur *m* ***asker ocağı*** Heer *n*, Militär *n*, Armee *f* ***asker olmak*** Soldat werden ***asker tayını*** Soldatenration *f* ***askerden kaçmak*** Fahnenflucht begehen ***askere almak*** einberufen ***askere çağırmak*** zum Militärdienst einberufen ***askere gitmek*** zum Militär einrücken
askeri militärisch, soldatisch ***askeri bando*** Militärkapelle *f* ***askeri bölge/mıntıka*** Militärzone *f* ***askeri hastane*** Lazarett *n* ***askeri hizmet*** Wehrdienst *m*, Militärdienst *m* ***askeri hizmetle yükümlü*** wehrpflichtig ***askeri inzibat*** Militärpolizei *f* ***askeri kuvvetler*** Wehrmacht *f* ***askeri lise*** Militärgymnasium *n*, Kadettenanstalt *f* ***askeri mahkeme*** Militärgericht *n*, Kriegsgericht *n* ***askeri mızıka*** Militärmusik *f* ***askeri okul*** Militärschule *f* ***askeri öğrenci*** *den* Kadett *m* ***askeri rejim*** Militärregierung *f* ***askeri yönetim*** Militärverwaltung *f*

askeri yükümlülük Wehrpflicht *f*
askerileştirme Militarisierung *f*
askerileştirmek militarisieren
askerlik Militärdienst *m*, Wehrdienst *m*, Waffendienst *m* ***askerlik ateşesi*** Militärattaché *m* ***askerlik görevi*** Wehrpflicht *f* ***askerlik hizmeti*** Militärdienst *m*, Wehrdienst *m* ***askerlik şubesi*** Amt für Einberufung der Soldaten ***askerlik yapmak*** in der Armee dienen, Dienstpflicht ableisten ***askerlik yoklaması*** Anwesenheitsliste der Wehrpflichtigen
askı Bügel *m*, Kleiderbügel *m*, Hosenträger *m* ***askı kayışı*** Tragriemen *m* ***askılı yatak*** Hängematte *f* ***askıya çıkarmak*** aushängen
askıda in der Schwebe ***askıda bırakmak*** suspendieren ***askıda kalmak*** schweben
asla nie, niemals, keineswegs, keinesfalls, ausgeschlossen
Aslan (burcu) Löwe *m*
aslan Löwe *m* ***aslan ağzında olmak*** *mec* schwer zu erlangen sein, fast unerreichbar sein ***aslan gibi*** groß und kräftig ***aslan kesilmek*** sich wie ein Löwe stark fühlen ***aslan payı*** Löwenanteil *m* ***aslan sütü*** Anisschnaps *m* ***aslan yürekli*** heldenmütig, löwenmutig
aslanağzı Löwenmaul *n*
aslanpençesi Löwenpranke *f*
aslen eigentlich, ursprünglich
aslında allerdings, eigentlich, ohnedies, ohnehin, ohnedem
asli eigentlich, hauptsächlich
asma1 Weinstock *m*
asma2 Hänge-, hängend ***asma hat*** Seilbahn *f*, Schwebebahn *f* ***asma kilit*** Vorhängeschloss *m* ***asma köprü*** Hängebrücke *f* ***asma yaprağı*** Weinblatt *n*
asmak hängen, aufhängen, aushängen; schwänzen
aspiratör Luftsauger *m*, Aspirateur *m*
aspirin Aspirin *n*
asri modern, neuzeitlich
asrileştirmek modernisieren
asrilik Modernität *f*
assubay *ask* Unteroffizier *m*
ast Untergebene *m*
astar Futter *n*; Grundanstrich *m*
astarlamak füttern
astarlı gefüttert
asteğmen Unterleutnant *m*
astigmat *hek* weitsichtig
astigmatizm Astigmatismus *m*
astım Asthma *m*, Atemnot *f*
astragan Webpelz *m*, Astrachan *m*
astrolog Sterndeuter *m*, Astrologe *m*
astroloji Sterndeutung *f*, Astrologie *f*
astronom Sternforscher *m*, Himmelsforscher *m*, Sterngucker *m*, Astronom *m*
astronomi Sternkunde *f*, Himmelskunde *f*, Astronomie *f*
astronomik astronomisch
astronot Astronaut *m*
astsubay Unteroffizier *m*
Asya Asien
Asyalı Asier *m*
aş Essen *n*, Gericht *n*
aşağı Untere *m/f/n*, Unterteil *m*, Unterseite *f*; gemein, minderwertig; nach unten, herunter, hinunter, herab, hinab, abwärts ***aşağı görmek*** *jdn* verachten ***aşağı inmek*** herunterkommen, hinuntergehen ***aşağı kalmamak*** nicht nachstehen ***aşağı yukarı*** ungefähr, etwa
aşağıda unten, unterwärts, im unten; im folgenden, nachstehend
aşağıdaki nachstehend, untenstehend; unten erwähnt
aşağıdan von unten ***aşağıdan almak*** guten Willen zeigen
aşağılama beleidigen *f*, erniedrigen
aşağılamak demütigen, erniedrigen, verachten, herabsetzen; fallen, sinken, herunterkommen; sich ***verschlechtern, sich erniedrigen***
aşağılanmak sich erniedrigen, sich herabwürdigen
aşağılık Gemeinheit *f*, Minderwertigkeit *f*; gemein, minderwertig, verächtlich ***aşağılık duygusu*** Minderwertigkeitsgefühl *n* ***aşağılık kompleksi*** Minderwertigkeitskomplex *n*
aşağısamak geringschätzen, verachten
aşağısına unter
aşağısında unterwärts, unten, unter, unterhalb

aşağıya nach unten, herunter, hinunter, herab, hinab ***aşağıya doğru*** nach unten, hinunter, hinab
aşama Rang *m*, Stufe *f*, Meilenstein *m*
aşamalı abgestuft, stufig ***aşamalı olarak*** stufenweise
aşçı Koch *m*, Köchin *f*
aşçıbaşı Küchenchef *m*
aşçılık Kochkunst *f*
aşevi Speisehaus *n*; Volksküche
aşı Impfung *f*; (ağaç) Pfropfen *n* ***aşı kâğıdı*** Impfschein *m* ***aşı olmak*** sich impfen lassen (gegen) ***aşı yapmak*** impfen
aşıboyası Ocker *m*; ockerfarben, ockerrot
aşıcı Impfarzt *m*
âşık Geliebte *m*, Liebhaber *m*; Volkssänger *m*; verliebt ***aşık kemiği*** Sprungbein *n* ***âşık olmak*** sich verlieben, wegsein
aşikâr offenbar, klar
aşılama Impfen *n*; Pfropfen *n*
aşılamak impfen, pfropfen; anstecken; vorreden, einprägen
aşılamaz unübersteigbar
aşılı geimpft; gepfropt
aşina Bekannte *m*; vertraut
aşinalık Bekanntschaft *f*; Vertrautheit *f*
aşındırmak abnutzen, zerfressen, zehren, abtreten
aşınma Abnutzung *f*, Verschleiß *m*, Verbrauch *m*; Erdabtragung *f*, Erosion *f*
aşınmak sich abnutzen; sich aushöhlen sich abtregen; sich abreiben
aşiret Volksstamm *m*, Nomadenstamm *m*
aşırı zu viel, extrem, übermäßig ***aşırı gitmek*** zu weit gehen ***aşırı korkak*** zimperlich ***aşırı sevinç*** Übermut *m* ***aşırı süslü*** schwülstig
aşırıdoyma Übersättigung *f*
aşırıergime *fiz* Superfusion *f*
aşırılık Übermaß *n*, Extrem *n*
aşırmacılık Plagiat *n*, Gedankendiebstahl *m*
aşırmak klauen, stehlen, wegnehmen; hinüberbringen, hindurchbringen
aşk Liebe *f* ***aşk ilanı*** Liebeserklärung *f* ***aşk macerası*** Liebesaffäre *f* ***aşk mektubu*** Liebesbrief *m* ***aşk oyunu*** Liebesspiel *n* ***aşk yapmak*** Liebe machen ***aşk yaşantısı*** Erotik *f* ***aşka gelmek*** von Eifer und Begeisterung erfasst werden
aşkın übermäßig, zu viel
aşmak überschreiten, übersteigen; befruchten
aşure Name einer suppenartigen Süßspeise
aşüfte Dirne *f*; Hure *f*
at Pferd *n*, Gaul *m*, Mähre *f*; Springer *m* (satranç) ***at arabası*** Pferdwagen *m* ***at başlığı*** Zaum *m* ***at binmek*** reiten ***at koşumu*** Pterdegeschirr *n* ***at kuyruğu*** Pferdeschwanz *m* ***at oynatmak*** das Pferd tummeln; erfolgreich tätig sein ***at yarışı*** Pferderennen *n* ***ata binmek*** ein Pferd besteigen ***atla gezinti*** Ritt *m* ***attan düşmek*** vom Pferd fallen
ata Vater *m*; Ahn *m*, Urahn *m*, Vorfahr *m* ***atadan kalma*** traditionell
ataerki Vaterrecht *n*, Patriarchat *n*
ataerkil vaterrechtlich, patriarchalisch
atak kühn, draufgängerisch, vermessen, dreist, tollkühn
atalet Trägheit *f*; Faulheit *f* ***atalet momenti*** *fiz* Trägheitsmoment *n*
atama Versetzung *f*; Berufung *f*, Ernennung *f*
atamak ernennen, nominieren
atanma Ernennung *f*
atanmak ernannt werden
atardamar Schlagader *f*, Pulsader *f*, Arterie *f*
atasözü Sprichwort *n*
ataş Büroklammer *f*, Heftklammer *f*, Klammer *f*
ataşe Attachè *m*
Atatürkçü Kemalist *m*; kemalistisch
Atatürkçülük Kemalismus *m*
ateist Atheist *m*
ateizm Atheismus *m*
atelye Atelier *n*, Werkstatt *f*, Geschäft *n*, Studio *n*
ateş Feuer *n*; Fieber *n* ***ateş açmak*** feuern ***ateş almak*** in Feuer geraten, losgehen ***ateş almamak*** aussetzen ***ateş altında*** unter Feuer ***ateş basmak*** heiß werden, sich heiß fühlen ***ateş emri*** Schießbefehl *m* ***ateş etmek*** feuern, schießen ***ateş gibi*** sehr heiß ***ateş ol-***

mayan yerden duman çıkmaz von nichts kommt nichts ***ateş pahası(na)*** sehr teuer, sündhaft teuer ***ateş püskürmek*** vor Wut schäumen ***ateş tuğlası*** Schamotte *f* ***ateş yakmak*** Feuer anzünden ***ateşe dayanıklı*** feuerfest ***ateşe koymak*** in Brand stecken ***ateşe vermek*** anfeuern ***ateşi başına vurmak*** spinnen; sich aufregen ***ateşi çıkmak*** (jemand's Fieber) erhöhen, steigen ***ateşi düşmek*** (Fieber) fallen ***ateşi yükselmek*** (jemand's Fieber) erhöhen, steigen ***ateşle oynamak*** mit dem Feuer spielen ***ateşten gömlek*** *mec* Martyrium *n*, Tortur *f*

ateşbalığı Sardine *f*

ateşböceği (zo) Glühwürmchen *m*

ateşçi Heizer *m*

ateşkes Feuereinstellung *f*

ateşkes *ask* Waffenstillstand *m*, Feuereinstellung *f*

ateşleme Zündung *f* ***ateşleme fitili*** Zündschnur *f*

ateşlemek anstecken, anzünden; zünden; anfeuern

ateşlendirmek anfeuern, aufreizen, begeistern

ateşlenmek in Brand geraten; wütend werden; *hek* Fieber bekommen

ateşli lebhaft, begeistert, temperamentvoll, stürmisch, leidenschaftlich ***ateşli silah*** Schusswaffe *f*

ateşlilik Leidenschaft *f*

ateşperest Feueranbeter *m*

atıcı Scharfschütze *m*, guter Schütze; Aufschneider *m*

atıf Zuschreiben *n*

atik flink, gewandt, behende, flott

atık Abfall *m* ***atık madde*** Abfallprodukt *n* ***atık su*** Abfallwasser *n*, Abwasser *n*

atılgan draufgängerisch, kühn, forsch, temperamentvoll, verwegen; unternehmungslustig

atılganlık Kühnheit *f*; Unternehmungslust *f*

atılım Angiff *m*; Zug *m*; Schwung *m*

atılmak angreifen, stürzen, zustürzen, losstürzen; ins Wort fallen

atım Schussweite *f*, Wurfweite *f*

atımcı Bauwollschläger *m*

atımlık Schuss *m*, Schussladung *f*

Atina Athen

atış Schuss *m*; Wurf *m* ***atış alanı/yeri*** Schießplatz *m* ***atış barakası*** Schießbude *f* ***atış barutu*** Schießpulver *n* ***atış menzili*** Schussweite *n* ***atış talimi*** Schießübung *f* ***atış uzaklığı*** Wurfweite *f* ***atış yeri*** Schießplatz *m* ***atışa hazır*** Schuss bereit

atışma Wortstreit *m*

atışmak sich streiten; aufeinander schieben

atıştırmak schlingen, hinunterschlingen

atkestanesi Rosskastanie *f*

atkı Halstuch *n*, Schärpe *f*, Schal *m*

atkuyruğu (saç) Pferdeschwanz *m*

atlama Sprung *m* ***atlama beygiri*** *sp* Pferd *n* ***atlama sırığı*** Sprungstab *m* ***atlama tahtası*** Sprungbrett *n*

atlamak springen; überlassen, übersehen, weglassen, übergehen, überspringen, auslassen

Atlantik Atlantik *m*

atlas Atlas *m* ***Atlas Okyanusu*** der atlantische Ozean

atlasçiçeği *bitk* Kaktus *m*, Kaktee *f*

atlatmak überstehen, entkommen; im Stich lassen

atlet Athlet *m*, Wettkämpfer(in *f*) *m*, Kraftmensch *m*

atletik athletisch

atletizm Athletik *f*, Leichtathletik *f*

atlı Reiter *m*

atlıkarınca Karussell *n*

atmaca *hayb* Habicht *m*, Sperber *m*

atmak werfen; schleudern; stoßen; schmeißen, wegschmeißen; einwerfen; schießen; angeben, übertreiben; pulsieren ***atıp tutmak*** groß daherreden, große Töne spucken

atmasyon Angeberei *f*

atmosfer Atmosphäre *f*, Lufthülle *f* ***atmosfer tabakası*** Gashülle eines Planeten

atmosferik atmosphärisch

atol *coğ* Atoll *n*

atom Atom *n* ***atom ağırlığı*** Atomgewicht *n* ***atom bombası*** Atombombe *f* ***atom***

çağı Atomzeitalter *n* ***atom çekirdeği*** Atomkern *m* ***atom enerjisi*** Atomenergie *f* ***atom fiziği*** Kernphysik *f* ***atom reaktörü*** Kernreaktor *m* ***atom sayısı*** Atomzahl *f*

atomal atomar, Atom-

atölye Atelier *n*, Werk *n*; Werkstatt *f*; Workshop *m*

atraksiyon Attraktion *f*, Anziehung *f*, Zugstück *n*

atsineği Bremse *f*

aut *sp* aus, außerhalb; Aus *n* ***auta atmak*** ins Aus schlagen ***auta çıkmak*** ins Aus gehen

av Jagd *f*; Jagdbeute *f* ***av aramak*** auf Raub ausgehen ***av eti*** Wildbret *n* ***av hayvanı*** Wild *n* ***av köpeği*** Jagdhund *m*, Rüde *f* ***av kuşu*** Jagdsperber *m* ***av saçması*** Schrot *n* ***av tüfeği*** Jagdflinte *f* ***av yasağı*** Jagdverbot *n* ***ava çıkmak*** auf die Jagd gehen

avadanlık Tischlerwerkzeug *n*

avam Pöbel *m* ***Avam Kamarası*** Unterhaus *n*

avanak dumm, naiv, leichtgläubig

avans Vorschuss *m*, Vorauszahlung *f*; Vorsprung *m* ***avans almak*** Vorschuss bekommen ***avans vermek*** vorgeben

avanta Profit *m*; müheloser Gewinn, Schmu *m*; Schweigegeld *n*

avantacı Schmumacher *m*

avantaj Vorteil *m*, Verdienst *m*, Vorsprung *m*, Nutzen *m*

avantajlı vorteilhaft

avantür Abenteuer *n*

avare müßig, trage, arbeitslos

avaz Stimme *f*, Geschrei *n* ***avaz avaz*** mit voller Stimme

avcı Jäger *m*, Schutze *m* ***avcı kulübesi*** Jagdhütte *f* ***avcı uçağı*** Jagdflugzeug *n* ***avcı uçağı pilotu*** Jagdflieger *f*

avcılık Jagd *f*, Jagdwesen *n*, Jägerei *f*; Fischfang *m*, Fischerei *f*

avize Kronleuchter *m*, Lüster *m*

avlak Jagdgrund *m*, Jagdgegend *f*, Jagdbezirk *m*

avlamak jagen, fangen; hereinlegen

avlanmak jagen, auf die Jag gehen

avlu Hof *m*

avokado *bitk* Avocado *f*

Avrasya Eurasien *n*

avrat Frau *f*, Weib *n*

avro Euro *m*

Avrupa *tnz* Europa ***Avrupa Birliği*** Europäische Union *f* ***Avrupa Konseyi*** Europarat *m* ***Avrupa Para Birimi*** Europäische Währungseinheit *f*, Euro *m* ***Avrupa Şampiyonası*** *sp* Europameisterschaft *f* ***Avrupa Şampiyonu*** *sp* Europameister *f*

Avrupai europäisch

Avrupalı Europäer *m*

avrupalılaşmak sich europäisieren

avrupalılaştırmak europäisieren

avuç Handfläche *f* ***avucunu yalamak*** das Nachsehen haben ***avucunun içi gibi bilmek*** Bescheid wissen ***avuç açmak*** betteln ***avuç dolusu*** eine Handvoll ***avuç içi*** Handfläche *f*

avuçlamak Handvoll nehmen

avukat Anwalt *m*, Rechtsanwalt *m*, Verteidiger *m*, Advokat *m*

avukatlık Rechtsanwaltschaft *f*, Advokatur *f*

avunç Trost *m*

avundurmak trösten

avunmak sich trösten

avuntu Trost *m*

avurt Backentasche *f*

Avustralya Australien

Avustralyalı Australier(in *f*) *m*

Avusturya Österreich

Avusturyalı Österreicher(in *f*) *m*

avutma Zuspruch *m*

avutmak trösten, beschwichtigen, zusprechen

ay1 Mond *m*; Monat *m* ***ay başı*** Monatsanfang *m* ***ay batışı*** Monduntergang *m* ***ay doğuşu*** Mondaufgang *m* ***ay ışığı*** Mondschein *m* ***ay parçası*** bildhübsch ***ay takvimi*** Monatskalender *n* ***ay tutulması*** Mondfisternis *f* ***ay yıldız*** Halbmond und Stern (Türkische Fahne) ***ayda yılda bir*** alle Jubeljahre einmal ***aydan aya*** von Monat zu Monat ***Ayın kaçı*** Wievielte ist heute?

ay2 au!, ach!

aya Handfläche *f*

ayak Fuß *m*; Pfot *f*; Huf *m*; Ständer *m* ***ayağa kaldırmak*** zum Stehen bringen ***ayağa kalkmak*** aufstehen ***ayağı alışmak*** häufig besuchen, regelmäßig aufsuchen ***ayağına bağ olmak*** verhindern ***ayağına dolanmak/dolaşmak*** am Vorankommen hindern ***ayağına getirmek*** zu *jdm* bringen ***ayağına gitmek*** zu *jdm* hingehen, sich hinbemühen ***ayağına kadar gelmek*** sich herbemühen ***ayağını çabuk tutmak*** schnell machen ***ayağını çıkarmak*** sich die Schuhe ausziehen ***ayağını denk almak*** umsichtig handeln, vorsichtig sein ***ayağını giymek*** die Schuhe anziehen ***ayağını kaydırmak*** *jdn* um seine Stellung bringen absägen ***ayağının altına almak*** *jdn* gehörig durchprügeln ***ayağıyla çiğnemek*** zertreten ***ayak atmak*** treten, schreiten ***ayak bağı*** ein Klotz am Bein ***ayak basmak*** erreichen, ankommen, eintreffen, betreten, treten ***ayak bileği*** Fußgelenk *n* ***ayak değiştirmek*** den Tritt wechseln ***ayak diremek*** hartnäckig auf *etw* bestehen, sich sperren (gegen, karşı) ***ayak freni*** Fußbremse *f* ***ayak izi*** Fußspur *f*, Tripper *m* ***ayak kirası*** Betonlohn *m* ***ayak parmağı*** Zehe *f* ***ayak sesi*** Schritte *pl* ***ayak tabanı*** Sohle *f* ***ayak yapmak*** betrügen, schwindeln, belügen ***ayaklar altına almak*** ignorieren, missachten

ayakaltı Fußsohle *f*; Boden unter den Füßen ***ayakaltında dolaşmak*** herumstehen

ayakkabı Schuh *m* ***ayakkabı bağı*** Schnürsenkel *m*, Schuhband *n* ***ayakkabı boyacısı*** Schuhputzer *m* ***ayakkabı boyası*** Schuhcreme *f* ***ayakkabı çekeceği*** Schuhlöffel *m*

ayakkabıcı Schuster *m*, Schuhhändler *m*

ayakkabıcılık Schuhmacherei *f*, Schuhhandlung *f*

ayaklanan Ketzer *m*, Meuterer *m*

ayaklandırmak aufwiegeln

ayaklanma Aufstand *m*, Aufruhr *m*, Rebellion *f*, Revolte *f*, Tumult *m*, Meuterei *f*, Ketzerei *f*

ayaklanmak rebellieren, revoltieren, meutern

ayaklı mit Fuß; mit ... Füßen; -füßig, -beinig; umherziehend, wandelnd ***ayaklı direk*** Ständer *m* ***ayaklı kupa*** Kelch *m* ***ayaklı lamba*** Stehlampe *f*

ayaklık Pedal *n*, Gestell *n*, Fußstück *n*, Stelze *f*, Stativ *n*

ayakta stehend ***ayakta duran*** stehend ***ayakta durmak*** stehen ***ayakta kalmak*** stehenbleiben ***ayakta tedavi*** *hek* ambulante Behandlung ***ayakta uyumak*** *mec* im Stehen schlafen

ayaktakımı Pöbel *m*

ayaktopu Fußball *m*

ayakucu Fußende *n*; *gökb* Nadir *m* ***ayakucuna basarak yürümek*** auf Zehenspitzen gehen

ayaküstü stehend, im Stehen

ayaküzeri in Eile

ayakyolu Abort *m*, Toilette *f* ***ayakyoluna gitmek*** austreten

ayar Einstellung *f*, Regulierung *f*; Eichmeister *m*, Feingehalt *m* ***ayar etmek*** regulieren, einstellen, abstimmen, eichen ***ayarı bozuk*** falsch gestellt, falsch gehend; charakterlos

ayarlama Reg(e)lung *f*, Regulierung *f*, Abstimmung *f*

ayarlamak regulieren, einstellen, abstimmen, eichen

ayarlanabilen regulierbar

ayarlı eingestellt

ayarsız nicht richtig eingestellt; nicht richtig funktionierend; ungeeignet; (saat) falsch gehend; (kişi) ***unberechenbar***

ayartmak verführen, anregen, aufmuntern, angeuern

ayaz trockene Winterkälte

aybaşı *hek* Monatsblutung *f*, Regel *f*, Periode *f*, Menstruation *f*

aybaşı *hek* Blutung *f*, Periode *f*, Menstruation *f*, monatlicher Regel

ayça *gökb* Neumond *m*

ayçiçeği Sonnenblume *f*

aydın hell, licht; klar, deutlich; gebildet, intellektuell; Intellektuelle *m*, Verstandesmensch *m*

aydınger Pauspapier *n*

aydınlanmak sich aufklären

aydınlatıcı aufklärend; beleuchtend
aydınlatma Beleuchtung *f*; Aufklärung *f*
aydınlatmak aufklären; beleuchten; erhellen; klären, verdeutlichen
aydınlık Helligkeit *f*; Klarheit *f*; hell, licht; klar, deutlich
ayet Gotteszeichen *n*; Koranvers *m*
aygın in der Füg ***aygın baygın*** erschöpft, halb betäubt, ganz hin, verschossen; schmachtend, verliebt
aygır Hengst *m* ***aygır gibi*** stark, bullig
aygıt Apparat *m*, Gerät *n*, Instrument *n*
ayı Bär *m* ***ayı gibi*** plump, täppisch, grob, tapsig, bullig
ayıbalığı Seehund *m*
ayık nuchtern; geweckt, umsichtig
ayıklama Auslese *f*
ayıklamak aussuchen, auslesen, aussondern; reinigen
ayılmak zu sich kommen, erwachen
ayıltmak zu sich bringen; erwecken
ayıp Schande *f*; Schmach *m*; Mangel *m*, Fehler *m*; beschämend, verpönt, schändlich, obszön ***ayıp etmek*** Ungehöriges ***ayıptır söylemesi*** anstandshalber zu sagen
ayıplama Missbilligung *f*
ayıplamak rügen, tadeln, missbilligen
ayıraç Reagenz *n*
ayırmak trennen, separieren, losbinden, absondern, ablösen, absetzen, abtrennen, aussuchen; teilen; sichten; reservieren; zerlegen, zerspalten
ayırt etmek trennen; unterscheiden; aussuchen
ayırtmak reservieren, aufheben
ayırtman Prüfer *m*, Examinator *m*; Mitglieder eines Prüfungsausschusses
ayıüzümü *bitk* Bärentraube *f*
ayin Gottesdienst *m*, Ritus *m*
aykırı widerspruchsvoll, wider, widrig, zuwider, gegen, entgegen, entgegengesetzt; *mat* windschief ***aykırı davranmak*** verstoßen ***aykırı düşmek*** entgegengesetzt sein, entgegenstehen ***aykırı olmak*** zuwider sein, widersprechen
aykırılaşmak widersprechen, zuwiderlaufen; befremdlich werden, ungewöhnlich werden; in Gegensatz ***kommen; divergieren***
aykırılık Widerspruch *m*, Verstoß *m*, Widrigkeit *f*
ayla Hof *m*; *gökb* Hof *m*
aylak arbeitslos, müßig ***aylak aylak*** nichtstuerisch ***aylak gezmek*** vagabundieren, herumtrödeln
aylaklık Müßiggang *m* ***aylaklık etmek*** vagabundieren, lungern
aylık monatlich; Gehalt *n*, Monatsgehalt *n* ***aylık dergi*** Monatszeitschrift *f* ***aylık gelir*** Monatseinkommen *n* ***aylık gider*** Monatsausgaben *pl* ***aylık ücret*** Monatsgehalt *n*
aylıkçı Monatslöhner *m*
aylıklı Gehaltsempfänger *m*; fest eingestellt
aymak zuwachen, wieder zu sich kommen, zur Besinnung kommen, sich besinnen
ayna Spiegel *m* ***aynadaki görüntü*** Spiegelbild *n*
aynasız unangenehm; Polizist
aynen genau so, wörtlich, buchstäblich, haargenau, gleichfalls, ebenfalls ***aynen böyle*** nichtsdestoweniger
aynı derselbe, dieselbe, dasselbe, der Gleiche, die Gleiche, das Gleiche, gleich, genauso, egal, einerlei ***aynı anda*** im selben Moment zugleich ***aynı cinsten*** gleichartig ***aynı görüşte*** einstimmig ***aynı kapıya çıkmak*** Jacke wie Hose sein ***aynı şekilde*** gleichermaßen ***aynı şey*** der/die/das Gleiche ***aynı zamanda*** gleichzeitig ***aynını yapmak*** nachmachen
aynılık Gleichsein *n*
ayol du!, he!, ach!; hör mal!, hallo!; wieso?, nanu?
ayraç Klammer *f*
ayran Erfrischungsgetränk aus Joghurt und Wasser mit einer Prise Salz
ayrı getrennt, entfernt, abgesondert, separat; verschieden ***ayrı cinsten*** heterogen, verschiedenartig ***ayrı tutmak*** überheben
ayrıbasım Sonderdruck *m*
ayrıca außerdem, nebenbei, dabei, wei-

terhin
ayrıcalı ausgenommen
ayrıcalık Sonderrecht *n*, Privileg *n*, Vorrecht *n* ***ayrıcalık sahibi*** privilegiert ***ayrıcalık tanımak*** privilegieren
ayrıcalıklı bevorzugt, privilegiert
ayrık getrennt, disjunktiv
ayrıkotu *bitk* Ackerquecke *f*
ayrıksı exzentrisch, überspannt
ayrılabilen trennbar
ayrılık Trennung *f*; Verschiedenheit *f*, Unterschiedlichkeit *f*; Scheidung *f*; Ausnahme *f*
ayrılış Abschied *m*, Weggang *m*
ayrılma Trennung *f*; Teilung *f*; Scheidung *f*; Spaltung *f*; Abgang *m*; Abweichung *f*
ayrılmak sich trennen; sich teilen; sich scheiden lassen; auseinandergehen; abgehen, weggehen, fortgehen; abweichen, abkommen
ayrılmaz untrennbar
ayrım Unterschied *m*; Unterscheidung *f*; Kapitel *n*, Abschnitt *m*
ayrımlaşma Differenzierung *f*, Unterscheidung *f*
ayrımlaşmak sich differenzieren; sich gesondert entwickeln
ayrımlı unterschiedlich, verschieden, ungleich ***ayrımlı olmak*** sich unterscheiden
ayrıntı Einzelheit *f*, Nähere *n*
ayrıntılı ausführlich, eingehend, weitläufig, umständlich ***ayrıntılı olarak*** ausführlich, detailliert, im Einzelnen, weitläufig
ayrışık zersetzt; verschieden
ayrışım Zersetzung *f*, Zerfall *m*
ayrışmak zerfallen, sich zersetzen, sich auflösen
ayrıştırılamayan unzerlegbar
ayrıştırmak *kim* auflösen, lösen; abbauen, zersetzen, zerlegen, analysieren; spalten; sich zersetzen lassen
ayrıt *mat* Kante *f*
aysberg Eisberg *m*
ayşekadın grüne Bohnen
ayva Quitte *f* ***ayvayı yemek*** in Schwierigkeiten geraten
ayvaz Diener im Palast eines Vornehmen Herrns ***Ayvaz kasap hep bir hesap*** Jacke wie Hose sein
ayyaş trunksüchtig, versoffen; Säufer *m*, Trinker *m*
ayyaşlık Trunksucht *f*
az wenig, gering, geringfügig, spärlich, unerheblich, dürfig; selten ***az beslenmiş*** unterernährt ***az bir şey*** ein kleines bisschen ***az buçuk*** etwas, ein wenig, ein bisschen ***az bulmak*** zu wenig finden ***az bulunur*** selten ***Az buz şey değil*** nicht zu unterschätzen ***az çok*** mehr oder wenig ***az daha*** beinahe, fast, bald ***az gelişmiş*** unterentwickelt ***az gelmek*** nicht ausreichen ***az kaldı/kalsın*** beinahe, fast, bald ***az önce*** vorhin ***az sonra*** kurz danach, bald danach ***az zaman*** Weilchen *n*
aza Mitglied *n*; Glieder pl, Organe *pl*
azade frei
azalık Mitgliedschaft *f*
azalma Abnahme *f*, Rückgang *m*, Schwund *m*
azalmak abnehmen, zur ückgehen, sich vermindem, schwinden, sinken
azalmamış unvermindert
azaltmak mindern, vermin dern, verringern, herabsetzen, herunterbringen; mildern, mäßigen, dämpfen; reduzieren; abbauen
azamet Pracht *f*, Würde *f*
azametli prächtig, würdig, herrlich, majestätisch, feierlich
azami höchst, höchstens, maximal ***azami ağırlık*** Höchstgewicht *n* ***azami güç*** Höchstleistung *f* ***azami hız*** Höchstgeschwindigkeit *f* ***azami sıcaklık*** Höchsttemperatur *f*
azap Qual *m*, Pein *f* ***azap çekmek*** Qualen erleiden ***azap çektirmek*** peinigen
azar Rüge *f*, Tadel *m*, Schelte *f* ***azar azar*** allmählich, nach und nach ***azar işitmek*** getadelt werden, gerügt werden, gescholten werden, eine Zigarre bekommen, einen Verweis ***bekommen***
azarlama Rüge *f*, Tadel *m*, Schelte *f*
azarlamak rügen, tadeln, schelten
azat Freilassung *f*; frei, freigelassen ***azat etmek*** freilassen, Freiheit geben

azdırmak reizen, aufreizen
azelya Azalee *f*
Azerbaycan Aserbeidschan
Azerbaycanlı Aserbaidschaner *m*; aserbaidschanisch
Azeri Aserbeidshaner(in *f*) *m*; aserbeidschanisch
Azerice Aserbaidschanisch *n*
azgelişmiş unterentwickelt ***azgelişmiş ülke*** unterentwickeltes Land
azgelişmişlik Unterentwicklung *f*
azgın wild, rasend, unbändig, zügellos, toll
azgınlık Unbändigkeit *f*, Zügellosigkeit *f* ***azgınlık yapmak*** toben
azı Backenzahn *m*
azıcık sehr wenig; ein wenig
azıdişi Backenzahn *m*
azık Proviant *m*; Nahrungsmittel *n*
azılı wild, unbändig
azim Entschlossenheit *f*, Beharrlichkeit *f*, Tatkraft *f*, Nachdruck *m*
azimli energisch, entschlossen
azımsamak unterschätzen, geringschätzen
azınlık Minderheit *f*, Minorität *f*, Unterlegenheit *f* ***azınlıkta kalmak*** *pol* in der Minderheit bleiben
azıtmak zu weit gehen
aziz lieb, geschätzt; heilig, sankt; Heilige *m*
azizlik Heiligkeit *f*; schlechter Scherz
azletmek abberufen, entlassen
azma Bastard *m*, Mischling *m*
azmak wild werden, toben
azman übergroß; Mischling *m*, Bastard *m*
azmetmek fest entschlossen sein
azoik *coğ* azoisch
azot Stickstoff *m* ***azotik asit*** Salpetersäure *f*
azotlu stickstoffhaltig
Azrail Todesengel *f* ***Azraile bir can borcu olmak*** am Rande des Grabes stehen; keinem Menschen *etw* schuldig sein

B

baba Vater *m*, Papa *m*; Poller *m* ***baba gibi*** väterlich ***baba hindi*** Puter *m* ***baba tarafı*** (akraba) väterlicherseits ***babadan kalma*** väterlich, ererbt
babaanne Großmutter *f*
babacan väterlich, reif, zuverlässig
babacığım Papa! Vati
babalık Vaterschaft *f*; Stiefvater *m*; Schwiegervater *m*; Alte *m*
babayiğit kräftiger, mutiger Mann
babayiğitlik Mannesalter *n*, Mut *m*, Tapferkeit *f*; Bravour *f*; Keckheit *f*, Kühnheit *f*
baca Schornstein *m*, Schlot *m*, Esse *f* ***baca temizleyicisi*** Schornsteinfeger *m*
bacacı Schornsteinfeger *m*
bacak Bein *n*; Bube *m* ***bacak kadar*** sehr klein, winzig
bacaksız klein, untersetzt; Knirps *m*
bacanak Schwager *m*
bacı ältere Schwester; Schwester *f*
badana Tünche *f* ***badana etmek*** tünchen, kalken, weißen ***badana vurmak*** tünchen, kalken, weißen
badanacı Tuncher *m*
badanalamak tünchen, weißen, kalken
badanalı getüncht
badanasız ungetüncht
bade Wein *m*; Getränk *n*
badem Mandel *f* ***badem ezmesi*** Marzipan *n* ***badem iltihabı*** Mandelentzündung *f* ***badem kurabiyesi*** Makrone *f*
bademcik Mandel *f*
bademezmesi Marzipan *n*
bademşekeri Zuckermandeln *pl*
bademyağı Mandelöl *n*
badi Ente *f* ***badi badi yürümek*** watscheln
badire plötzliche Notlage, unerwarteter Vorfall; Eventualität *f*
bagaj Gepäck *n*; Gepäckraum *m* ***bagaj fişi*** Gepäckschein *m* ***bagaj kabul yeri*** Gepäckannahme *f* ***bagaj rafı*** Gepäcknetz *n* ***bagaj vagonu*** Gepäckwagen *m* ***bagaj yeri*** Kofferraum *m*
bağ1 Band *n*, Binde *f*, Verband *m*, Nestel *f*

B

bağ2 Weinberg *m*, Weingarten *m*
bağbozumu Weinlese *f*, Traubenlese *f*, Weinernte *f*
bağcı Winzer *m*
bağcık Schnur *f*; Schnürsenkel *m*; breites Wickelband
bağcılık Weinbau *m*
bağdaş Türkensitz *m* ***bağdaş kurmak*** den Türkensitz einnehmen
bağdaşık zusammenhängend
bağdaşma Harmonie *f*, Zusammenpassen *n*, Übereinstimmung *f*
bağdaşmak harmonieren, zusammenpassen, übereinstimmen
bağdaştırmak harmonisieren, in Einklang bringen; vereinigen
bağdoku *anat* Bindegewebe *n*
bağıl relativ, bezüglich, verhältnismäßig
bağım Abhängigkeit *f*
bağımlı abhängig; angewiesen; hörig ***bağımlı kılmak*** unterordnen
bağımlılık Abhängigkeit *f*; Hörigkeit *f*
bağımsız unabhängig, frei, selbständig, parteitos, ungebunden
bağımsızlık Unabhängigkeit *f*, Freiheit *f*, Selbständigkeit *f*
bağıntı Verhältnis *n*, Relation *f*, Beziehung *f*
bağıntılı relativ, gebunden
bağır Brust *f* ***bağrı yanık*** schwer geprüft, betrübt, niedergeschlagen, verzweifelt ***bağrına basmak*** herzen; an die Brust ziehen, ans Herz drücken; protegieren ***bağrına taş basmak*** die Zähne zusammenbeißen, Geduld beweisen
bağırmak schreien, zuschreien, rufen, brüllen ***bağırıp çağırmak*** rüllen, johlen, plärren, tollen, losschreien, losbrüllen, herumschreien
bağırsak Darm *m*
bağırtı Ausruf *m*, Schreien *n*, Geschrei *n*
bağış Spende *f*, Opfer *n*, Opfergabe *f*, Schenkung *f*, Stiftung *f* ***bağışta bulunan*** Spender *m* ***bağışta bulunmak*** spenden, stiften
bağışık immun
bağışıklık Immunität *f*
bağışlamak schenken, verschenken, spenden; verzeihen, entschuldigen; gewähren
bağıt Vertrag *m*
bağlaç Konjunktion *f*, Bindewort *n*
bağlam Kontext *m*; Bündel *n*, Bund *m*
bağlama ein Türkisches Instrument (mit drei Doppelsaiten bespannte Gitarre); Eisenträger *m*; Verbindungsbalken *m*; Refrain *m*
bağlamak binden, zubinden, festbinden, befestigen, festmachen, anmachen, anschließen, knüpfen, schnüren, anknüpfen, verbinden; bannen, fesseln; klammern
bağlanmak sich binden, sich engagieren für, sich festlegen, sich vereinigen; (birisine) einnehmen (für *jdn*)
bağlantı Zusammenhang *m*, Verbindung *f*, Anschluss *m*, Kupplung *f*
bağlaşık verbündet
bağlayıcı maßgeblich, verbindlich; *tek* Bindemittel *n*
bağlı gebunden, verknüpft; abhängig, zusammenhängend; treu, unterworgen; angewiesen ***bağlı olmak*** abhängen, zusammenhängen; unterliegen
bağlılık Abhängigkeit *f*; Zusammenhang *m*, Bedingtheit *f*; Treue *f*, Loyalität *f*
bağnaz fanatisch
bağnazlık Fanatismus *m*
bağrışmak (sich gegenseitig) schreien, brüllen, heulen, krieschen
bahadır Recke *m*, Held *m*; sehr tapfer; heldenhaft
bahane Vorwand *m*, Scheingrund *m*, Anlass *m*, Deckmantel *m*, Ausweg *m*, Ausrede *f* ***bahane aramak*** Ausflüchte machen ***bahane bulmak*** eine Ausrede finden ***bahane etmek*** vorschieben, vorschützen
bahar Frühling *m*, Würze *f*, Spezerei *n*
baharat Gewürz *n*, Würze *f*
baharatçı Gewürzhändler *m*
baharatçılık Gewürzhandel *m*
baharatlamak würzen
baharatlı gewürzt, pikant, würzig
bahçe Garten *m*
bahçıvan Gärtner *m*
bahçıvanlık Gartenarbeit *f*, Gartenbau *m*, Gartenbaukunst *f*, Gärtnerei *f*, Blumen-

zucht *f*
bahis Thema *n*; Erwähnung *f*; Wette *f* ***bahsi kaybetmek*** die Wette verlieren ***bahsi kazanmak*** die Wette gewinnen
bahriye Marine *f*
bahriyeli Marineoffizier *m*
bahsetmek erwähnen, erörtern
bahşiş Trinkgeld *n* ***bahşiş vermek*** ein Trinkgeld geben
baht Schicksal *n*, Glück *n* ***bahtı açık*** glücklich ***bahtı kara*** unglücklich
bahtiyar glücklich
bahtsız unglücklich; Pechvogel *m*
bakakalmak sprachlos sein; anstarren
bakalit Bakelit *n*, Kunstharz *n*
bakan Minister *m*; Vertreter *m*, Stellvertretende *m*; stellvertretend ***bakanlar kurulu*** Kabinett *n*
bakanlık Ministerium *n*; Stellvertretung *f* ***bakanlık etmek*** vertreten
bakarız Sehen wir mal!
bakarkör starblind
baki ewig; unaufhörlich
bakıcı Pfleger *m*, Fürsorger *m*, Wärter *m*; Wahrsager *m* ***bakıcı kadın*** Wärterin *f*, Wahrsagerin *f*
bakım Pflege *f*, Fürsorge *f*, Vorsorge *f*; Unterhalt *m*, Versorgung *f*, Verpflegung *f*; Wartung *f*; Hinsicht *f*, Gesichtspunkt *m*, Standpunkt *m*
bakımevi Klinik *f*
bakımından hinsichtlich
bakımlı gepflegt
bakımsız ungepflegt
bakımsızlık Verwahrlosung *f*, ungenügende Pflege
bakınmak sich umsehen, sich umschauen
bakır Kupfer *n*
bakırcı Kupferschmied *m*; Kupferwarenhändler *m*
bakış Blick *m*, Anblick *m*
bakışım *mat* Symmetrie *f*
bakışımlı symmetrisch
bakışımsız asymmetrisch
bakışımsızlık Asymetrie *f*
bakışmak sich anschauen, sich ansehen
bakir jungfräulich, unberührt
bakire jungfräulich; Jungfrau *f*, Jungfer *f*
bakiye Rest *m*, Überrest *m*, Saldo *m*
bakkal Kolonialwarenhändler *m*, Lebensmittelhändler *m*, Krämer *m* ***bakkal dükkânı*** Lebensmittelgeschäft *n*
bakkaliye Kolonialwaren *pl*
bakla Saubohne *f* ***baklayı ağzından çıkarmak*** die Katze aus dem Sack lassen
baklagiller Hülsenfrüchte *pl*
baklava Name einer rautenförmigen türkischen Süßspeise
bakliyat Hülsenfrüchte *pl*
bakmak schauen, anschauen, zuschauen, ansehen, anblicken, gucken, angucken, zugucken, zusehen; pflegen, verpflegen, sorgen, versorgen; behandeln; bedienen, servieren ***bakar mısınız*** Entschuldigen Sie!
bakraç Kupfereimer *m*
bakteri Bakterie *f*, Krankheitserreger *m*
bakteriyolog Bakteriologe *f*
bakteriyoloji Bakteriologie *m*
bal Honig *m* ***bal gibi*** sehr süß
balarısı Honigbiene *f*
balast Ballast *m*, Schrotter *m*
balata Balata *f*
balayı Honigmond *m*, Flitterwochen *pl* ***balayına çıkmak*** in die Flitterwochen fahren
balçık Lehm *m*, Moder *m*, Matsch *m*, Ton *m*
baldır Wade *f*, Unterschenkel *m* ***baldır kemiği*** Schienbein *n*
baldıran *bitk* Schierling *m*
baldız Schwägerin *f*
bale Ballet *n*
balerin Ballettänzerin *f*, Balletteuse *f*
balgam Schleim *m* ***balgam çıkarmak/sökmek*** Schleim lösen
balık Fisch *m* ***balığa çıkmak*** fischen ***balık ağı*** Fischnetz *n* ***balık avı*** Fischfang *m* ***balık avlamak*** fischen, Fische angeln ***balık etinde*** mollig ***balık kızartması*** Bratfisch *m* ***balık oltası*** Fischangel *f* ***balık pazarı*** Fischmarkt *m* ***balık tutmak*** angeln, fischen ***balık yumurtası*** Rogen *m*
balıkadam Froschmann *m*
balıkçı Fischer *m*; Fischhändler *m* ***balıkçı***

yaka (kazak) Rollkragen(pullover) *m*
balıkçıl Reiher *m*
balıkçılık Fischerei *f*
balıketi vollschlank
balıkgözü Fischauge *n*
balıkhane Großfischhalle *f*
balıklama mit dem Kopf voran
balıksırtı Grätenmuster *n*
balıkyağı Lebertran *m*, Waltran *m*, Tran *m*
balina Wal *m*, Walfisch *m*
balistik Ballistik *f*; ballistisch
balkabağı Melonenkürbis *m*
Balkan Balkan *m*
Balkanlar Balkanländer *pl*
balkon Balkon *m*, Gebäudevorbau *m*, Veranda *f*; Rang *m* (sinemada)
ballandırmak loben ***ballandıra ballandıra*** lobend
ballı mit Honig; Honig enthaltend; honigsüß, mit Honig zubereitet
ballıbaba *bitk* Taubnessel *f*
balmumu Wachs *n*
balo Ball *m*
balon Ballon *m*, Luftballon *m*
balözü Nektar *m*
balta Axt *f*, Beil *n* ***balta girmemiş orman*** Urwald *m*
baltalama Sabotage *f*
baltalamak sabotieren
Baltık baltisch ***Baltık Denizi*** Ostsee *f*
balya Ballen *m*
balyoz Schellhammer *m*, Schmiedehammer *m* ***balyoz gibi*** sehr schwer
bambaşka ganz anders, von Grund aus verschieden
bambu Bambus *m*
bamteli *müz* dicke Basssaite; wunder Punkt
bamya essbarer Eibisch, Okra *f*
bana mir ***Bana bak*** Guck mich an! ***Bana bakma*** Guck mich nicht an! ***bana gelince*** was mich anbetrifft ***Bana göre hava hoş*** Es ist mir gleichgültig! ***bana kalırsa*** meiner Ansicht nach, meinetwegen ***bana mısın dememek*** dickfällig sein
banal banal
bandaj Binde *f*, Verband *m*, Bandage *f*
bandıra Schiffsflagge *f*
bandırmak eintauchen, eintunken
bando Fanfare *f*, Musikkapelle *m*, Militärmusik *f*
bandrol Streifband *n*, Banderole *f*
bangır bangır ganz laut, schreiend ***bangır bangır bağırmak*** grölen, brüllen, schreien, lärmen
bank Bank *f*
banka Bank *f* ***banka cüzdanı*** Bankbuch *n* ***banka çeki*** Scheck *m*, Scheckheft *n*, Scheckbuch *n* ***banka havalesi*** Bankanweisung *f* ***banka hesabı*** Bankkonto *n*, Bankverbindung *f*; Konto *n* ***banka kartı*** Bankausweis *m*, Bankkreditkarte *f* ***banka kredisi*** Bankkredit *m* ***banka müdürü*** Bankdirektor *m* ***banka soygunu*** Banküberfall *m* ***banka şube kodu*** Bankleitzahl *f* ***banka talimatı*** Bankanweisung *f* ***bankaya yatırmak*** Geld auf der Bank einzahlen
bankacı Bankbeamte *m*, Bankkaufmann *m*, Bankkauffrau *f*
bankacılık Bankwesen *n*
bankamatik Bankomat *m*, Bargeldautomat *m*, Geldautomat *m*
banker Bankier *m*
banket Bankette *f*
banknot Banknote *f*
banko Tresen *m*; Werkbank *f*, Arbeitsbank *f*
banliyö Vorort *m* ***banliyö treni*** Vorortzug *m*, Stadtbahn *f*, Nahverkehr *m*
banmak tunken, eintunken, eintauchen
bant Bant *n*, Binde *f*, Streifen *m*, Tonband *n* ***banda almak*** aufnehmen
banyo Bad *n*, Warmbad *n*, Bedewanne *f*, Badezimmer *n* ***banyo almak*** baden ***banyo yapmak*** baden
bar Bar *f*, Trinkstube *f*, Schanktisch *m* ***bar bar bağırmak*** aus vollem Hals schreien, brüllen
baraj Sperre *f*; Damm *m*, Staudamm *m*, Stauwerk *n* ***barajı aşmak*** *pol* die Hürde nehmen
baraka Baracke *f*, Hütte *f*, Bude *f*
barbar Barbar *m*; barbarisch
barbarlık Rohheit *f*, Barbarei *f*
barbunya Meerbarbe *f* ***barbunya fasul-***

yesi rote Bohnen

bardak Glas *n*, Trinkglas *n* ***bardağa boşaltmak*** einschenken ***bardağı taşıran son damla*** der letzte Tropfen ***bardaktan boşanırcasına yağmur yağmak*** in Strömen regnen

bardakeriği Pflaume *f*, Zwetschge *f*

barem Einstufung *f*

barfiks Reck *n*

bari wenigstens, zumindest

barikat Barrikade *f*, Sperre *f*, Straßensperre *f*

barınak Zufluchtsort *m*, Zuflucht *f*, Schutz *m*, Unterschlupf

barındırmak unterbringen

barınma Unterkunft *f*, Unterkommen *n*

barınmak unterkommen

barış Frieden *m* ***barış anlaşması*** Friedensvertrag *m* ***barış antlaşması*** Friedensvertrag *m* ***barış dönemi*** Friedenszeit *f* ***barış görüşmeleri*** Friedensverhandlungen *f* ***barış içinde*** friedlich ***barış ödülü*** Friedenspreis *m* ***barış yapmak*** Frieden schließen

barışçı friedliebend

barışçıl friedlich, friedliebend, versöhnlich, verträglich

barışçılık Friedensliebe *f*, Versöhnlichkeit *f*, Verträglichkeit *f*; friedliches Verhalten; *pol* Friedenspolitik *f*

barışık ausgesöhnt, versöhnt

barışıklık Versöhnlichkeit *f*

barışma Eintracht *f*

barışmak sich versöhnen

barışsever friedliebend

barıştırmak versöhnen

bariton Bariton *m*

bariyer Barriere *f*, Schlagbaum *m*

bariz klar, offensichtlich

barmen Barkeeper *m*, Barmixer *m*

baro Anwaltskammer *f*

barok Barock *n*

barometre Barometer *n*, Luftdruckmesser *m*

baron Baron *m*, Freiherr *m*

barones Baronin *f*, Freifrau *f*

baroskop Baroskop *n*

barut Schießpulver *f* ***barut gibi*** bösartig ***barut kesilmek*** sich ärgern

baruthane Pulverfabrik *f*

baryum Barium *n*

bas Bass *m*

basamak Stufe *f*, Tritt *m*; Tribrett *n*; Rang *m*; Stelle *f* mat ***basamak basamak*** stufenförmig, stufenweise

basamaklı stufenförmig

basamaklı Stufen-; mit Stufen; (vergi) progressiv

basbayağı effektiv, schlicht (und einfach), ganz gewöhnlich, ganz üblich, ganz normal; weiter nichts als, ganz einfach

bası Druck *m*

basıcı Drucker *m*

basık niedrig, flach, stumpf, gedrückt

basıklık Flachsein *n*, Abgeplattetsein *n*, Breitgedrücktsein *n*; Niedrigsein *n*; *mim* Drückung *f*

basil Bazillus *m*, Krankheitserreger *m*

basılı gedrückt

basılış Auflage *f*

basım Druck *m*; Druckkunst *f*

basımcı Drucker *m*

basımevi Druckerei *f*

basın Presse *f*; Pressewesen *n* ***basın ataşesi*** Presseattaché *m* ***basın konferansı*** Pressenkonferenz *f* ***basın özgürlüğü*** Pressefreiheit *f* ***basın raporu*** Pressebericht *n* ***basın sözcüsü*** Pressesprecher(in *f*) *m* ***basın toplantısı*** Pressekonferenz *f*

basınç Druck *m*; Drang *m*, Wucht *f*

basınçölçer Manometer *m*, Druckmesser *m*

basiret Scharfsinn *m*, Scharfblick *m* ***basireti bağlanmak*** nicht klar denken können; verblendet sein

basiretli scharfsinnig

basiretsiz kurzsichtig, unvorsichtig

basit einfach, primitiv, simpel, elementar

basitlik Einfachheit *f*, Unkompliziertheit *f*; einfache Form

basket Basketball *m*, Korbball *m*, Basketballspiel *n* ***basket atmak*** Korbball werfen

basketbol Basketball *m*, Korbball *m*

basketçi Basketballer *m*, Basketballspieler *m*

B

baskı Druck *m*, Abzug *m*, Abdruck *m*; Zwang *m*, Druck *m*, Unterdrückung *f* Nötigung *f* ***baskı altında*** unter Druck ***baskı altında tutmak*** terrorisieren, unterdrücken, niederhalten ***baskı hatası*** Druckfehler *m* ***baskı provası*** Probeabzug *m* ***baskı yapmak*** nötigen, zwangen

baskın überlegen; Überfall *m*, Einfall *m*, Angriff *m* ***baskın çıkmak*** stärker sein ***baskın yapmak*** einfallen, angreifen, überfallen; überraschen ***baskına uğramak*** überrascht werden

baskıncı Angreifer *m*

baskül Dezimalwaage *f*

basma Drücken *n*; Kattun *m*

basmak treten; drücken, pressen; überraschen; angreiten, überfallen, einfallen; drucken; auflegen; abziehen

bastıbacak krummbeinig

bastırmak drücken, pressen; unterdrücken; stillen; löschen

baston Spazierstock *m*, Stock *m*

basur Hämorrhoide *f*

baş Kopf *m*; Anfang *m*; Haupt *m*; Führer *m*, Leiter *m* ***baş ağrısı*** Kopfweh *n*, Kopfschmerzen *pl* ***baş ağrıtmak*** belästigen ***baş aşağı*** kopfüber ***baş başa*** unter vier Augen ***baş başa kalmak*** allein sein ***baş başa vermek*** sich zusammensetzen ***baş belası*** Plage *f* ***baş döndürücü*** schwindlig ***baş dönmesi*** Schwindel *m*, Schwindelanfall *m*, Taumel *m* ***baş edememek*** nicht fertig werden (mit ile) ***başa etmek*** fertig werden, schaffen ***baş göstermek*** auftreten, sich herausstellen, sich zeigen ***baş göz etmek*** heiraten ***baş göz olmak*** heiraten ***baş kaldıran*** Meuterer *m*, Aufstand *m*, Ketzerei *f*, Rebellion *f*, Revolution *f* ***baş kaldırmak*** rebellieren ***baş koymak*** Risiko eingehen ***baş tacı*** Krone *f*; eine beliebte Person ***baş tanık*** Kronzeuge *m* ***baş üstüne*** gerne ***Baş üstüne*** Zu Befehl! ***başa baş*** gleichwertig, gleichstehend ***başa çıkılmaz*** unübersteigbar ***başa çıkmak*** zurechtkommen ***başa gelmek*** erleben, passieren, zustoßen ***başa kakmak*** vorhalten ***başı ağrımak*** *hek* Kopfweh haben; sich mit *etw* herumschlagen ***başı bağlı*** gebunden ***başı belada (olmak)*** in Not (sein) ***başı dönen*** taumlig, wirbelig ***başı dönmek*** schwind(e)lig werden ***başı kabak*** glatzköpfig ***başı sıkıya gelmek*** in Not geraten ***başı üstünde yeri olmak*** Willkommen heißen ***başına bir hal gelmek*** in eine böse Lage geraten ***başına buyruk*** selbständig, frei, unabhängig ***başına dert açmak*** Kummer und Leid über *jdm* bringen ***başına devlet kuşu konmak*** ein großes Glück besehen ***başına ekşimek*** *jdm* zur Last fallen ***başına geçmek*** an die Macht kommen ***başına gelmek*** hereinbrechen über *jdn*, *jdm* zustoßen, widerfahren ***başına iş açmak*** (kendi) sich *etw* einbrocken, *jdm* Ärger machen ***başına iş çıkarmak*** viel Arbeit verursachen ***başına kakmak*** *jdm etw* vorhalten ***başına patlamak*** *jdm* zufallen ***başına yıkmak*** *jdm* zur Last fallen ***başında beklemek/durmak*** bewachen, aufpassen ***başını ağrıtmak*** *jdm* Kopfzerbrechen machen, *jdn* mit *etw* behelligen, quälen ***başını belaya sokmak*** sich selbst ins Unglück stürzen ***başını boş bırakmak*** allein lassen ***başını derde sokmak*** *jdn* in Schwierigkeiten bringen ***başını dinlemek*** sich ausruhen, sich erholen ***başını kaldır(a)mamak*** vertieft sein, versunken sein ***başını sallamak*** nicken, den Kopf schütteln ***başını ütülemek*** nörgeln ***başını yakmak*** *jdn* in Schwierigkeiten bringen ***başının altından çıkmak*** *mec* auf jemands Machenschaften zurückzuführen sein ***başının çaresine bakmak*** nach Abhilfe trachten ***başının derdine düşmek*** betrübt sein über ***başının etini yemek*** auf *jdn* einhacken ***başlı başına*** für sich, einzeln

Başak (burcu) Jungfrau *f*

başak Ahre *f*, Kornähre *f*

başaltı zweite Klasse Mannschaftskajüten *pl* (Gemilerde)

başarı Erfolg *m*, Leistung *f* ***başarı göstermek*** Erfolg haben

başarılı erfolgreich ***başarılı olamamak*** misslingen
başarısız erfolglos, fehl ***başarısız olmak*** fehlschlagen; (oyun\gösteri) durchfallen ***başarısızlığa uğramak*** durchfallen
başarısızlık Misserfolg *m*, Fehlschlag *m* ***başarısızlıkla sonuçlanmak*** scheitern
başarmak Erfolg haben, schaffen, sich leisten, bestehen
başbakan Ministerpräsident *m*, Premierminister *m*, Kanzler *m* ***başbakan yardımcısı*** Vizekanzler *m*
başbakanlık Ministerpräsidium *n*, Kanzlei *f*
başbuğ Oberbefehlshaber *m*
başçavuş Feldwebel *m*
başhekim Oberarzt *m*, Chefarzt *m*
başhemşire Oberschwester *f*
başıboş ungezähmt; bummelnd ***başıboş bırakmak*** sich selbst überlassen ***başıboş kalmak*** Amok laufen
başıbozuk unordentlich; Zivil *n*
başından von vornherein, vom Beginn an ***başından aşağı kaynar sular dökülmek*** in tödliche Verlegenheit geraten ***başından aşkın*** *jdm* zu viel sein ***başından atmak*** sich einer Sache entledigen, sich freimachen (von) ***başından beri*** vom Beginn ***başından büyük işlere girişmek*** sich zu viel zumuten ***başından geçmek*** erleiden ***başından savmak*** loswerden
başka ander, anders neu, verschieden ***başka başka*** unterschiedlich ***başka bir deyişle*** mit anderen Worten, anders gesagt, anders ausgedrückt ***başka bir şey*** etwas anderes ***başka bir zaman*** irgendwann ***başka biri(si)*** jemand anders ***başka sefer*** andermal ***başka türlü*** anders ***başka yerde*** anderswo, woanders, anderwärts ***başka yere*** anderswohin ***başka yönde*** anderwärts
başkaca außerdem
başkaları andere ***başkalarına söylemek*** weitersagen
başkalaşım Metamorphose *f*, Umgestaltung *f*, Verwandlung *f*
başkalaşma Metamorphose *f*, Umgestaltung *f*, Verwandlung *f*
başkalaşmak sich verwandeln, sich umgestalten, sich ändem
başkaldırı Rebellion *f*, Aufstand *m*, Ketzerei *f*
başkaldırmak rebellieren, meutern
başkaldırmak sich erheben gegen *etw*, sich auflehnen
başkalık Veränderung *f*, verändertes Aussehen; Andersartigsein *n*, Eigenart *f*; Wechsel *m*
başkan Präsident *m*, Vorsitzende *m*, Vorsteher *m*
başkanlık Präsidium *n*, Vorsitz *m*, Vorstand *m* ***başkanlık etmek*** vorstehen
başkası andere
başkası ein And(e)rer
başkâtip Bürovorsteher *m*
başkent Hauptstadt *f*, Metropole *f*
başkomutan Oberbefehlshaber *m*
başkomutanlık Oberbefehl *m*, Oberkommando *n*
başkonsolos Generalkonsul *m*
başkonsolosluk Generalkonsulat *n*
başlamak anfangen, beginnen, begeben, darangehen
başlangıç Anfang *m*, Beginn *m*; Einleitung *f*; Schwelle *f*; Ansatz *m* ***başlangıç durumu*** Anfangszustand *m* ***başlangıç noktası*** Anfangspunkt *m*, Ausgangspunkt *m*
başlangıçta am Anfang, anfangs, zu Beginn, zu Anfang
başlatmak anbahnen
başlıca hauptsächlich
başlık Kopfstück *n*, Kopfbedeckung *f*; Kapuze *f*; Haube *f*; Kapitell *n*; Überschrift *f*, Titel *m*, Rubrik *f* ***başlık koymak*** überschreiben
başmakale Leitartikel *m*
başmüdür Generaldirektor *m*
başmüfettiş Generalinspektor *m*
başoyuncu Hauptdarsteller *m*
başöğretmen Rektor *m*
başörtü Kopfbedeckung *f*, Kopftuch *n*
başörtüsü Kopftuch *n*, Kopfbedeckung *f*
başörtüsü Kopftuch *n*
başparmak Daumen *m*
başpehlivan *sp* Meisterringer *m*

B

başpiskopos Erzbischof *m*
başrol Hauptrolle *f*
başsağlığı Kondolenz *f* ***başsağlığı dilemek*** kondolieren
başsavcı Generalstaatsanwalt *m*
başsız ohne Kopf, kopflos; führungslos, ohne Führung, führerlos; undiszipliniert
başşehir Hauptstadt *f*, Metropole *f*
başta voran ***başta gelmek*** zuerst kommen
baştan vom Anfang, von vorne, noch einmal ***baştan aşağı*** lauter, von Kopf bis Fuß ***baştan başa*** ganz und gar, durch und durch, vollständig ***baştan çıkarıcı*** verführerisch ***baştan çıkarma*** Verführung *f*, Versuchung *f* ***baştan çıkarmak*** verführen, verlocken ***baştan çıkmak*** aus der Fassung geraten ***baştan savma*** oberflächlich, schludrig, mangelhaft
baştanbaşa völlig, gänzlich
başucu Kopf *m*, Kopfende *n*; *gökb* Zenit *m*
başvurma Anmeldung *f*
başvurmak sich anmelden, sich wenden
başvurmak sich wenden an, sich melden
başvuru Anfrage *f*; Bewerbung *f* ***başvuru formu*** Anmeldeformular *n* ***başvuru kitabı*** Nachschlagewerk *n* ***başvuruda bulunmak*** sich bewerben
başvurucu Bewerber(in *f*) *m*
başyapıt Meisterstück *n*
başyapıt Meisterwerk *n*
başyazar Chefredakteur *m*
başyazı Leitartikel *m*
batak Sumpf *m*, Morast *m*, Moor *n*; unnützlich ***batak arazi*** Sumpfboden *m*
batakçı Schwindler *m*, Betrüger *m*
batakçılık Schwindelei *f*, Betrug *m*
batakhane Spelunke *f*
bataklık Sumpf *m*, Morast *m*, Moor *n*, Pfuhl *m*
batarya Batterie *f*
bateri Schlagzeug *n*
baterist Schlagzeugspieler(in *f*) *m*
batı Western *m*; Abendland *n*; westlich ***batı âlemi*** Abendland *n* ***Batı Almanya*** Westdeutschland ***Batı Avrupa*** Westeuropa, Abendland *n* ***Batı dünyası*** Abendland *n*
batıda westlich
batık gesunken, untergegangen
batıl falsch, unrecht ***batıl itikat*** Aberglaube *m* ***batıl itikatlı*** abergläubisch
batılı Abendländer *m*
batılılaşma Anpassung zu Europa
batılılaşmak sich verwestlichen, sich europäisieren
batın Bauch *m*; Generation *f*
batırmak senken, versenken; eintauchen, untertauchen; stechen, hineinstechen, stecken, pieken; tunken
batısında westlich
batış Sinken *n*; Untergang *m*, Dekadenz *f*
batkı Bankrott *m*
batkın bankrott
batma Sinken *n*; Zusammenbruch *m*
batmak sinken, versinken, einsinken; untergehen; Bankrott machen
batmış versunken
battal wertlos, ungültig; sehr groß ***battal etmek*** entwerten, abschaffen
battaniye Wolldecke *f*
bavul Koffer *m*, Reisekoffer *m*
Bavyera Bayern
Bavyeralı Bayer *m*, bay(e)risch
bay Herr *m*
bayağı gemein, nieder, niederträchtig, pöbelhaft, schofel, schnöde, mies, schäbig, banal, nichtswürdig, vulgär, platt; gewöhnlich, üblich, normal, ordinär
bayağıkesir *mat* gemeiner Bruch
bayağılaşmak gemein werden
bayağılık Gemeinheit *f*, Niedertracht *f*
bayan Dame *f*, Frau *f*, Fräulein *n* ***bayanlar baylar*** (meine) Damen und Herren, die Herrschaften
bayat alt, schal
bayatlamak veralten
baygın ohnmächtig, bewußtlos ***baygın düşmek*** in Ohnmacht fallen
baygınlık Ohnmacht *f* ***baygınlık geçirmek*** in Ohnmacht fallen
bayi Verkäufer *m*
bayılmak in Ohnmacht fallen; begeistert sein, schwärmen für
bayıltmak betäuben, narkotisieren

bayındır kultiviert, hochgebildet
bayındırlık Wohlstand *m*
bayındırmak kultivieren
bayır Abhang *m*, Absturz *m*, Anstieg *m*, Hang *m*, Neige *f*
baykuş Eule *f*
bayrak Fahne *f*, Flagge *f* ***bayrak çekmek*** Flagge hochziehen ***bayrak dikmek*** Fahne hoch halten ***bayrak direği*** Fahnenstange *f*, Fahnenmast *m*
bayraktar Fahnenträger *m*
bayram Fest *n*, Feiertag *f* ***bayram etmek/yapmak*** sich sehr freuen ***bayram tatili*** Arbeitsruhe *f*, Festtag *m* ***bayram yapmak*** sich sehr freuen ***bayramdan bayrama*** sehr selten ***bayramınız kutlu olsun*** Gesegnete Feiertage
bayramlaşmak sich gegenseitig frohe Feiertage wünschen
bayramlık Festtagsgeschenk *n*; für Feiertage bestimmt; Festkleid *n*
baytar Tierarzt *m*, Veterinär *m*
baz *kim* Base *f*, Lauge *f*; Basis *f*
bazal *kim* basisch, alkalisch
bazen manchmal, zuweilen, bisweilen zeitweise, zwischendurch
bazı manch, manche, einige; ab und zu, hin und wieder
bazilika *mim* Basilika *f*
bazuka Panzerfaust *f*
be he! ei! doch! ja! nur!
bebe Baby *n*, Säugling *m*
bebek Baby *n*, Säugling *m*; Puppe *f* ***bebek beklemek*** ein Kind erwarten ***bebek bezi*** Babywindel *f* ***bebek gibi*** von puppenhafter Schönheit
bebeklik Kindesalter *n*, Kindheit *f*
beceri Geschick *n*
becerikli geschickt, gewandt, fix, gescheit
beceriklilik Geschicklichkeit *f*
beceriksiz ungeschickt, ungewandt, täppisch, steif, unbeholfen; Stümper *m*, Lasche *f*
beceriksizce stümperhaft
beceriksizlik Ungeschicklichkeit *f*, Stümperei *f*
becermek schaffen, sich leisten, meistern; vergewaltigen
bedava umsonst, kostenlos, gratis, unentgeltlich
bedavacı Schmarotzer *m*
bedbaht unglücklich
bedbahtlık Unglück *n*
bedbin pessimistisch
beddua Fluch *m*, Verwünschung *f* ***beddua etmek*** fluchen, verwünschen ***bedduasını almak*** verwünscht werden (von), verflucht werden (von)
bedel Preis *m*, Gegenwert *m*, Ersatz *m*
beden Körper *m*, Leib *m*; Rumpf *m* ***beden alıştırması*** Leibesübung *f* ***beden eğitimi*** Leibeserziehung *f*, Gymnastik *f*, Sport *m* ***beden öğretmeni*** Sportlehrer(in *f*) *m*
bedenen körperlich
bedeni körperlich
bedensel physisch, somatisch; körperlich, leiblich
bedesten Antiquitätenbasar *m*
begonya Begonie *f*
beğeni Geschmack *m*
beğenilmek beliebt werden, Anklang finden; gefallen
beğenmek gern haben, gefallen, mögen, zusagen
beğenmemek missfallen
beğenmezlik Missbilligung *f*, Missfallen *n*
behemehal unbedingt, auf jeden Fall
beher je, jede, jeder jedes
behey he!
bej beige, sandfarben
bek Verteidiger *m*
bekâr Junggesell *m*; unverheiratet, ledig
bekâret Keuschheit *f*, Unschuld *f*; Unberührtheit *f*
bekârlık Junggesellenleben *n*
bekçi Wächter *m*, Wärter *f*, Hüter *m* ***bekçi köpeği*** Wachhund *m* ***bekçilik yapmak*** bewachen
bekleme Warten *n* ***bekleme salonu/odası*** Wartesaal *m*, Wartezimmer *n*, Warteraum *m* ***bekleme süresi*** Wartezeit *f*
beklemek warten (auf), erwarten, abwarten; erhoffen; Wache halten, beaufsichtigen, bewachen; aufpassen, achtgeben; harren, verharren

B

beklenmedik unversehens, unvermutet, unerwartet
beklenmek ausstehen, von *jdm* erwarten; ins Haus stehen
beklenti Erwartung *f*
bekletmek warten lassen
bekri betrunken
Bektaşi Mitglied des Bektaschi-Ordens
Bektaşilik Bektaschi-Orden *m*
bel1 Taille *f*, Lende *f*
bel2 Spaten *m*, Gabel *f* ***bel ağrısı*** Kreuzschmerzerı *pl* ***bel bağlamak*** sich verlassen ***bel gevşekliği*** Impotenz *f* ***bel kuşağı*** Leibbinde *f* ***bel vermek*** sich wölben, sich ausbuchten
bela Plage *f*, Unglück *n*, Unheil *n*, Ubel *n*, Verhängnis *n* ***bela aramak*** Streit suchen ***bela çıkarmak*** Streit anfangen ***bela okumak*** verfluchen ***belasını bulmak*** seine verdiente Strate erhalten ***belasını çekmek*** für *etw* büßen müssen ***belaya girmek/çatmak*** in Schwierigkeiten kommen ***belaya sokmak*** *jdn* in Schwierigkeiten bringen ***belayı davet etmek*** den Teufel an die Wand malen
belalı mühselig, unangenehm; streitsüchtig; Zuhälter *m*
Belçika Belgien
Belçikalı Belgier(in *f*) *m*
belde Stadt *f*
belediye Stadtverwaltung *f*, Stadtamt *n* ***belediye başkanı*** Bürgermeister *m* ***belediye binası*** Rathaus *n* ***belediye dairesi*** Rathaus *n* ***belediye meclisi*** Stadtrat *m* ***belediye planlaması*** Stadtplanung *n* ***belediye reisi*** Bürgermeister *m*
belediyeci Magistratsbeamte(r), städtischer Beamter; Kommunalpolitiker *m*
beleş umsonst, gratis ***beleşe konmak*** *arg* sich durchschmarotzen
beleşçi Schmarotzer *m*
beleşten umsonst, gratis
belge Dokument *n*, Urkunde *f*, Unterlage *f*; Ausweis *m*; Zeugnis *f*, Bescheinigung *f* ***belge almak*** Bescheinigung aushändigen, eine Bescheinigung ausstellen
belgelemek bescheinigen; dokumentieren
belgeli dokumentarisch, bestätigt, belegt, erwiesen
belgesel dokumentarisch, urkundlich ***belgesel film*** Dokumentarfilm *m*
belgin klar, deutlich, offen
belginlik Klarheit *f*, Deutlichkeit *f*
belgisiz unbestimmt ***belgisiz adıl*** *dilb* unbestimmtes Fürwort ***belgisiz sıfat*** *dilb* unbestimmtes Adjektiv ***belgisiz tanımlık*** *dilb* unbestimmter Artikel ***belgisiz zamir*** *dilb* unbestimmtes Adverb
belirgin klar, offensichtlich
belirginleşmek zu Tage treten; deutlich(er) werden
belirginlik Übersichtlichkeit *f*
belirlemek bestimmen, festsetzen, determinieren
belirli bestimmt, fest, determiniert ***belirli belirsiz*** nicht recht deutlich, schwer zu unterscheiden
belirmek erscheinen, sich zeigen, sich herausstellen, in Erscheinung treten
belirsiz unbestimmt; unklar, undeutiich, unabsehbar
belirsizlik Ungewissheit *f*, Unbestimmtheit *f*
belirteç *dilb* Adverb *n*
belirti Symptom *n*, Zeichen *n*, Anzeichen *n*, Merkmal *n*, Spur *f*, Signal *n*
belirtili bestimmt, determinativ
belirtisiz unbestimmt, nicht gekennzeichnet
belirtme Bestimmung *f*, Festsetzung *f*, Determinierung *f*
belirtmek festsetzen, bestimmen, determinieren; ausdrücken, bemerken
belit *mat* Axiom *f*
belkemiği Wirbelsäule *f*
belki vielleicht, vermutlich, möglicherweise, wahrscheinlich ***belki de*** eventuell
bellek Gedächtnis *n*, Erinnerung *f* ***belleğini yitirmek*** das Gedächtnis verlieren
bellemek1 auswendig lernen, behalten; glauben
bellemek2 graben
belleten Bulletin *n*, Bericht *m*, Mitteilung *f*
belli klar, offen, offenbar, offensichtlich; bekannt; bestimmt ***belli başlı*** bestimmt; wichtig, hauptsächlich ***belli be-***

B

lirsiz andeutungsweise, mehr oder weniger unbekannt, nicht recht klar, nicht genau umrissen ***belli etmek*** zeigen verraten, offenbaren ***belli olmak*** sich herausstellen, sich ofenbaren, sich erweisen ***belli olmaz*** man kann nie wissen

belsoğukluğu Tripper *m*, Gonorrhöe *f*

bembeyaz schneeweiß, kreideweiß

bemol *müz* Moll *n*

ben1 ich

ben2 Leberfleck *m*, Schönheitsfleck *m*

bence meiner Ansicht nach, meiner Meinung nach, meinetwegen

bence meiner Meinung nach, meines Erachtens, meinerseits, nach meiner Auffassung ***bence hava hoş*** von mir aus, mir ist es egal

bencil selbstsüchtig, eigennützig, egoistisch

bencileyin genauso wie ich

bencilleşmek selbstsüchtig sein, egoistisch sein

bencillik Egoismus *m*, Selbstsucht *f*, Eigennützigkeit *f*, Eigenliebe *f*

bende bei mir

benden von mir

benek Fleck *m*, Sprenkel *m*, Tüpfel *m*

benekli befleckt, scheckig ***benekli at*** Schecke *n*

beneksiz unbefleckt

beni mich

benim mein(e) ***benim gibiler*** meinesgleichen ***benim için*** meinethalben, für mich ***benim için fark etmez*** das ist mir egal, von mir aus ***benim tarafımdan*** meinerseits

benimki meine(r, s), der, die, das mein(ig)e

benimseme Übernahme *f*

benimsemek übernehmen, sich aneignen

beniz Gesichtsfarbe *f*, Teint *m*

benlik Ich *n*, Ego *n*, Persönlichkeit *f*, Individualität *f*

bent Damm *m*, Staudamm *m*, Sperre *f*, Deich *m*; Wehr *n*, Schutzwehr *n*; Artikel *m*, Paragraf *m*

benzemek ähneln, gleichen

benzer ähnlich, gleich, analog, entsprechend

benzeri seinesgleichen

benzerlik Gleichheit *f*, Ähnlichkeit *f*, Analogie *f*

benzersiz einzigartig, beispiellos, ohnegleichen; einzig in seiner Art

benzeş ähnlich

benzeşim Ähnlichkeit *f*, Simulation *f*

benzeşmek sich ähneln

benzetme Vergleich; Analogie *f*

benzetmek anähneln; vergleichen; gleichstellen; nachahmen

benzeyiş Ähnlichkeit *f*, Ähneln *n*, Ähnlichsein *n* ***benzi atmak*** erblassen, erbleichen ***benzi soluk*** blass, bleich

benzin Benzin *n* ***benzin almak*** tanken ***benzin deposu*** Benzinbehälter *n* ***benzin istasyonu*** Tankstelle *f* ***benzin tenekesi*** Benzinkanister *m*

benzinci Tankwart *m*

benzol Benzol *n*

beraat Freispruch *m* ***beraat etmek*** freigesprochen werden ***beraat ettirmek*** freisprechen

beraber zusammen ***beraberinde getirmek*** mitbringen

berabere *sp* unentschieden ***berabere bitmek*** *sp* unentschieden enden ***berabere kalmak*** unentschieden spielen

beraberlik Solidarität *f*, Gemeinschaft *f*; Unentschiedenheit *f*, Remis *n*, Gleichstand *m*

berat Bestellungsbrief *m*, Bestellungsschreiben *n*; Patent *n*; Bescheinigung *f*

berbat miserabel, mies, schmutzig ***berbat etmek*** miesmachen, verschmutzen, verekeln, verderben

berber Friseur *m*, Barbier *m* ***berber dükkânı*** Friseurladen *m*

berduş Vagabund *m*, Strolch *m*

bere1 Hautabschürfung *f*

bere2 Baskenmütze *f*

bereket Fruchtbarkeit *f*; Segen *m* ***bereket versin*** wohl bekomm's, danke schön

bereketli fruchtbar; üppig

bereketsiz unfruchtbar ***bereketsiz ürün*** Missernte *f*

bergamot Bergamote *f*
beri seit; diesseits, herüber ***beri yanda*** diesseits ***beri yandaki*** diesseitig
beride diesseits
beriki diese (-r, -s) hier
berilyum *kim* Berylium *n*
beriye her
berk hart, fest, stark
berkelyum *kim* Berkelium *n*
berkitmek verstärken, verhärten
Berlin Berlin
berrak klar, hell
berraklaşmak sich klären
berraklaşmak kristallklar werden, durchsichtig werden, hell werden
berraklaştırmak klären
berraklık Klarheit *f*, Helligkeit *f*
bertaraf beseitigt ***bertaraf etmek*** beseitigen, ausschalten
besbelli klar, offensihtlich, unverkennbar
besbeter noch schlechter, noch übler
besi Ernährung *f*; Mast *f*
besici Züchter(in *f*) *m*
besili wohlgenährt, dick, fett, gemästet
besin Nahrung *f*, Nahrungsmittel *n*, Kost *f*, Ernährung *f*, Speise *f* ***besin maddesi*** Nahrungsmittel *n*, Lebensmittel *n* ***besin zehirlenmesi*** Nahrungsmittelvergiftung *f*
besleme Pflegemädchen *n*, Magd *f*; Nährung *f*
beslemek nähren, ernähren, atzen, füttern; schöpfen; versorgen, verpflegen; ausstopfen, ausfüttern
beslenme Ernährung *f*
beslenmek sich (er)nähren (von ile)
besleyici nahrhaft
besmele Bismillah-Formel *f*, islamisches Glaubensbekenntnis ***besmele çekmek*** das islamisches Glaubensbekenntnis aussprechen (Bismillahirrahmanirrahim)
besmelesiz *arg* Hurenkind *n*
beste Komposition *f*, Tonschöpfung *f*
besteci Komponist *m*, Tondichter *m*
bestekâr Komponist *m*
bestelemek komponieren, vertonen
beş fünf ***beş aşağı beş yukarı*** nach einigem Feilschen ***beş kardeş*** Ohrfeige *f* ***beş kat*** fünffach ***beş para etmez*** wertlos, das taucht gar nichts ***beş parasız*** geldlos, pleite ***beşte bir*** Fünftel *n*
beşer Mensch *m*
beşeri menschlich, anthropologisch
beşeriyet Menschheit *f*
beşgen *mat* Fünfeck *n*
beşik Wiege *f*
beşinci fünfte ***beşinci olarak*** fünftens
beşiz Fünfling *m*
beşyüz fünfhundert
bet Gesicht *n*, Anlitz *n* ***bet beniz*** Gesichtsfarbe *f*
beter schlimmer, schlechter ***beterin beteri*** das Schlimmste
beti Figur *f*, Form *f* ***beti bereketi olmamak*** rasch aufgebraucht werden
betik Buch *n*
betim Beschreibung *f*, Schilderung *f*
betimleme Beschreibung *f*, Schilderung *f*
betimlemek beschreiben, schildern, darstellen
betirtisiz unbestimmt
beton Beton *m*
betonarme Stahlbeton *m*, Eisenbeton *m*
betonyer Betonmischmaschine *f*
bevliye Harnerkrankungen pl; urologische Abteilung
bevliyeci Urologe *m*
bey Reiche *m*, Vornehme *m*, Prominent *m*; As *n*, Daus *f*; Herr *m*
beyan Erklärung *f*, Kundgebung *f*, Äußerung *f*, Deklaration *f* ***beyan etmek*** erklären, kundgeben, deklarieren
beyanat Erklärung *f*
beyanname Veröffentlichung *f*, Bekanntmachung *f*, Deklaration *f*, Erklärung *f*; Manifest *n*
beyaz weiß; Weiß *n*; Weiße *m/f* ***beyaz ekmek*** Weißbrot *n* ***beyaz peynir*** Weißkäse *m* ***Beyaz Saray*** Das Weiße Haus ***beyaz şarap*** Weißwein *m*
beyazımsı weißlich
beyazımtırak weißlich
beyazlanmak weiß werden
beyazlaşmak weiß werden
beyazlatmak weißen
beyazlık Weiße *n*
beyazperde Leinwand *f*

beyazpeynir weißer Schafskäse, Schafskäse *m*
beyefendi Herr *m*
beygir Ross *n*, Pferd *n*, Gaul *m*
beygirgücü *tek* Pferdestärke *f*
beyhude umsonst, vergebens, vergeblich, zwecklos
beyin Gehirn *n*, Hirn *n* ***beyin göçü*** Braindrain *m* ***beyin kanaması*** Hirnblutung *f* ***beyin salatası*** Gehirnsalat *m* ***beyin sarsıntısı*** Hirnerschütterung *f* ***beyin yıkama*** *mec* Gehirnwäsche *f* ***beyin yıkamak*** *mec* Gehirnwäsche vornehmen bei ***beyninden vurulmuşa dönmek*** schockiert sein
beyincik Kleinhirn *n*
beyinsiz dumm, einfältig
beyinsizlik Dummheit *f*, Einfalt *f*
beyit Haus *n*; Vers *n*
beylik Fürstentum *n*; Titel *m*, Rang *m*, Ansehen *n*; Regierung *f*; Staatseigentum *n*; offiziell, staatisch, ärarisch, gehörig; abgedroschen, allgemein verwendet
beysbol Baseball *m*, Schlagball *m*
beyzi oval
bez1 Lappen *m*, Tuch *n*, Leintuch *n*
bez2 Drüse *f*
bezdirmek piesacken, quälen, peinigen, belästigen
beze Drüse *f*, Drüsenanschwellung *f*
bezek Schmuck *m*
bezekçi Wandmaler *m*
bezelye Erbse *f*
bezemek schmücken, zieren
bezenmek sich schmücken, sich zieren
bezgin verzweifelt, verdrossen, unmutig
bezginlik Verdruss *m*, Verzweiflung *f*
bezik Bezique *n* (Kartenspiel)
bezir Leinöl *n*
bezirgân Kaufmann *n*
beziryağı Leinöl *n*
bezmek satt haben
bıçak Messer *n* ***bıçak altına yatmak*** operiert werden ***bıçak kemiğe dayanmak*** unerträglich sein
bıçakçı Messerschmied *m*
bıçaklamak erstehen
bıçkı Spannsäge *f*, Schrotsäge *f*
bıçkıcı Sägearbeiter *m*
bıçkın Raufbold *m*, Tunichtgut *m*, Faulenzer *m*, Gauner *m*, Vagabund *m*
bıkkın satt, überdrüssig
bıkkınlık Überdruss *m*
bıkmak satt haben, überdrüssig werden
bıkmış satt, überdrüssig
bıktırıcı langweilig, wiederwärtig
bıktırmak Überdruss verursachen
bıldır voriges Jahr
bıldırcın Wachtel *f*
bıngıldak Fontanelle *f*
bırakınızcılık Liberatismus *m*, Freisinn *m*
bırakmak lassen, sein lassen, loslassen, hinterlassen, vererben; sitzen lassen; weglassen, abtun; freilassen; verlassen; abgeben; zurücklassen; aufgeben; antun; anvertrauen
bıyık Schnurrbart *m* ***bıyık altından gülmek*** schmunzeln ***bıyık bırakmak*** sich einen Schnurrbart stehen lassen ***bıyık burmak*** den Schnurrbart zwirbeln; *mec* arrogant sein
bıyıklı bärtig, schnurrbärtig, einen Schnurrbart tragend; *bitk* mit Ranken
bıyıksız bartlos, ohne Schnurrbart, glattrasiert
bızır Kitzler *m*, Klitoris *f*
biber Pfeffer *m*; Paprika *m* ***biber dolması*** farcierte Paprikaschote ***biber ekmek*** (dökmek) pfeffern ***biber gibi*** scharf, stark würzig
biberiye *bitk* Rosmarin *m*
biberli gepfeffert
biberlik Pfefferstreuer *m*, Pfefferbehälter *m*
biberon Schnuller *m*
bibliyografi Bibliografie *f*; Bücherkunde *f*
bibliyografya Bibliografie *f*, Bücherkunde *f*, Bücherverzeichnis *n*
biblo Nippsachen *pl*
biçare arm, bedauernswert
biçem Stil *m*
biçerbağlar Bindemäher *m*
biçerdöver Mähdrescher *m*
biçim Form *f*, Gestalt *f*, Art *f*, Weise *f*; Figur *f* ***biçim almak*** gestalten ***biçim verme*** Gestaltung *f* ***biçim vermek, biçime sokmak*** gestalten, formen, bil-

den, bearbeiten, bebauen, prägen ***biçimini bozmak*** verzerren, verbiegen ***biçimini değiştirmek*** umgestalten

biçimci Formalist *m*

biçimlendirmek formen, gestalten

biçimli schick, sitzend, wohlgestaltet

biçimsel förmlich

biçimsiz unschön, hässlich

biçki Zuschnitt *m* ***biçki dikiş yurdu*** Schneiderei-Schule *f*

biçme Prisma *m*, Kantensäule *f*

biçmek schneiden, zuschneiden; mähen

bidon Kanister *m*, Behälter *m*

biftek Beefsteak *n*

bigudi Lockenwickler *m*

bihaber ahnungslos

bikarbonat doppeltkohlensaures Natron

bikini Bikini *n*

bilahara danach, demnächst, nachher, später

bilakis sondern; im Gegenteil

bilanço Bilanz *f*, Abschluss *m*

bilardo Billard *n*

bildik bekannt; Bekannte *m*

bildirge Deklaration *f*

bildiri Bekanntmachung *f*, Bekanntgabe *f*, Mitteilung *f*, Proklamation *f*, Deklaration *f*, Manifest *n*; Anmeldung *f*

bildirim Bekanntmachung *f*, Mitteilung *f*

bildirme Mitteilung *f*, Verkündigung *f* ***bildirme kipi*** *dilb* Indikativ *m*

bildirmek bekanntmachen, mitteilen bekanntgeben, ansagen, anmelden, anergeben, ankündigen aussprechen, deklarieren, melden, proklamieren schildern, verkündigen, übermitteln

bile selbst, sogar, noch, schon, geschweige ***bile bile*** absichtlich ***bile bile, bilerek*** absichtlich, bewusst

bileği Schleifstein *m*

bileğitaşı Schleifstein *m*

bilek Handgelenk *n* ***bileğine güvenmek*** sich auf seine Kraft verlassen ***bileğinin hakkı ile*** aus eigener Kraft ***bilek kuvveti*** Brachialgewalt *f*

bileklik Stutzen *m*, Gelenkschutz *m*, Handgelenkschutz *m*

bileme Schliff *m*

bilemek schleifen, wetzen

bilerek absichtlich, mit Vorbedacht

bileşen Komponente *f fiz* Bestandteil *m*

bileşik zusammengesetzt; *kim* Verbindung *f* ***bileşik faiz*** Zinseszins *m* ***bileşik kesir*** komplizierte(r) Bruch ***bileşik sözcük*** Compositum *n*, zusammengesetztes Wort

bileşim *kim* Zusammensetzung *f*

bileşke Resultierende *f*

bileşmek sich verbinden; sich zusammensetzen

bileştirmek zusammensetzen, verbinden

bilet Fahrkarte *f*, Fahrschein *m*, Eintrittskarte *f*, Einlasskarte *f* ***bilet gişesi*** Fahrkartenschalter *m*, Kartenverkauf *m* ***bilet ücreti*** Fahrpreis *m*

biletçi Schaffner *m*

bileyi Schleifwerkzeug *n*, Schleifapparat *m*

bileyici Schleifer *m*

bilezik Armband *n*, Reif *m*; Joch *n*; Manschette *f*, Muffe *f*

bilfiil tatsächlich; effektiv

bilge Weise *m*, Gelehrte *m*

bilgelik Weisheit *f*

bilgi Kenntnis *f*, Wissen *n*; Weisheit *f*; Ahnung *f*, Bescheid *m*, Gewissheit *f*; Bekanntschaft *f*; Auskunft *f*, Information *f*; Angabe *f*; Lehre *f* ***bilgi almak*** sich orientieren, nachfragen ***bilgi edinmek*** nachfragen sich informieren, sich erkundigen ***bilgi istemek*** anfragen ***bilgi işlem*** Datenverarbeitung *f* ***bilgi kuramı*** Epistemologie *f* ***bilgi noksanlığı*** Bildungslücke *f* ***bilgi oyunu*** Computerspiel *n* ***bilgi sahibi*** Intellektuelle *m* ***bilgi vermek*** informieren, orientieren, aufklären, verständigen

bilgiç Kenner *m*

bilgiçlik Besserwisserei *f* ***bilgiçlik taslamak*** großtun, sich aufspielen

bilgiişlem Datenverarbeitung *f*

bilgili erfahren, gelehrt

bilgin Wissenschaftler(in *f*) *m*, Gelehrte *m/f*

bilgisayar Computer *m* ***bilgisayar bilimcisi*** Informatiker(in *f*) *m* ***bilgisayar destekli*** computergestützt ***bilgisayar güdümlü*** computergesteuert ***bilgisa-***

yar korsanı Hacker *m* ***bilgisayar mühendisliği*** Informatik *f* ***bilgisayar oyunları*** Computerspiele *pl* ***bilgisayar programcısı*** Programmierer *m* ***bilgisayara geçirmek*** computerisieren
bilgisayarlı computergesteuert
bilgisiz unwissend, unerfahren; ahnungslos; ungebildet
bilgisizlik Unkenntnis *f*, Unwissenheit *f*
bilhassa besonders, insbesondere
bilim Wissenschaft *f* ***bilim adamı*** Wissenschaftler *m* ***bilim dalı*** Fach *n*, Disziplin *f*
bilimkurgu Sciencefiction *f*
bilimsel wissenschaftlich ***bilimsel olmayan*** unwissenschaftlich
bilimsizlik Unwissenschaftlichkeit *f* ***bilincinde olmak*** sich einer Sache bewusst sein
bilinç Bewusstsein *n*, Besinnung *f*
bilinçaltı Unterbewusstsein *n*
bilinçdışı außer Bewusstsein
bilinçlenmek bewusst sein
bilinçli bewusst
bilinçsiz unbewusst, bewusstlos, besinnungslos
bilinçsizce unwillkürlich
bilinçsizlik Bewusstlosigkeit *f*, Unbewusstheit *f*
bilinen *mat* Bekannte *m*
bilinmedik *mat* Unbekannte *m/f*
bilinmek bekannt sein
bilinmeyen *mat* Unbekannte *m/f*
bilinmez unbekannt
bilinmezlik Unbekanntheit *f*
bilirkişi Fachmann *m*, Sachverständige *m*, Gutachter *m* ***bilirkişi raporu*** Gutachten *n*
bilişim Informatik *f*
bilişimci Informatiker(in *f*) *m*
billur Kristall *n* ***billur gibi*** kristallklar
billurlaşmak *fiz* kristallisieren
bilmece Rätsel *n*
bilmeden unwissend
bilmek wissen; kennen; erkennen ***bildiğim kadarıyla*** so viel ich weiß ***bildiğini okumak/yapmak*** eigenen Weg gehen
bilmez unwissend, unerfahren, ahnungslos; ungelehrt
bilmezlik Unwissenheit *f*, Ahnungslosigkeit *f* ***bilmezlikten gelmek*** ignorieren
bilmukabele ebenfalls, gleichfalls
bilumum alle, sämtliche
bilya Murmel *f*; Kugel *f*
bilye Murmel *f*; Kugel *f*; Billardkugel *f*; Ball *m*
bilyeli mit Murmeln ***bilyeli rulman*** Kugellager *n*
bilyon ein tausend Million
bin tausend ***bin bir*** unzählige, sehr viele ***bin kalıba girmek*** sich dauernd ändern ***bin kez*** tausendmal ***bin pişman olmak*** bitter bereuen ***bin tarakta bezi var*** er hat viele Eisen im Feuer ***bin yıl*** Jahrtausend *n* ***bin yıllık*** tausendjährig ***binde bir*** ein Promill, ein Tausendstel ***bini bir para*** spottbillig, wertlos
bina Gebäude *n*, Bau *m* ***bina etmek*** bauen, bebauen ***bina katı*** Etage *f* ***bina vergisi*** Gebäudesteuer *n*
binaen wegen, infolge
binaenaleyh deswegen, deshalb, infolgedessen, also, demgemäß
binbaşı Major *m*
bindirme Verladung *f*, Einschiffung *f*
bindirmek verladen, einschiffen; aufprallen, anprallen
binek Reit-, Personen- ***binek atı*** Reitpferd *n*
binici Reiter *m*
binicilik Reiten *n*, Reitkunst *f*, Reitsport *m*
bininci Tausendste *mf*; tausendst-
binlerce tausende
binlercesi Tausende und Abertausende
binlik eine Tausender-Banknote
binmek einsteigen, aufsteigen, besteigen
bir eins; ein, eine; Eins *f* ***bir ağızdan*** einstimmig ***bir alay*** eine Menge, sehr viel ***bir an*** für einen Moment ***bir an önce*** möglichst bald, schleunigst ***bir ara*** irgendwann ***bir arada*** sehr viel, zusammen ***bir araya gelmek*** zusammenkommen ***bir aşağı bir yukarı*** auf und ab ***bir avuç*** eine Handvoll ***bir bakıma*** in einer Hinsicht ***bir baltaya sap olmak*** eine Anstellung finden ***bir başına***

allein ***bir bir*** eins nach dem Anderen ***bir buçuk*** anderthalb ***bir çift söz*** ein paar Worte ***bir çift sözü olmak*** etwas zu sagen haben ***bir çırpıda*** im Nu, sehr schnell ***bir çuval inciri berbat etmek*** alles verderben ***bir daha*** noch einmal ***bir daha asla*** nie wieder ***bir dakika*** eine Minute ***bir de*** und auch ***bir dediği bir dediğini tutmamak*** sich widersprechen ***bir dediğini iki etmemek*** ohne Widerrede gehorchen ***bir defa*** einmal ***bir defa daha*** noch einmal ***Bir derdi olmak*** *etw* auf dem Herzen haben ***bir dereceye kadar*** in gewissem Maße ***bir deri bir kemik*** ganz abgemagert ***bir deri bir kemik olmak*** nur noch Haut und Knochen sein ***bir hayli*** weitaus ***bir hoş olmak*** seltsame Gefühle haben ***bir içim su*** bildhübsch ***bir ihtimal*** möglicherweise ***bir iki defa*** ein- oder zweimal ***bir kapıya çıkmak*** zur gleichen Lösung kommen ***bir kere*** einmal, mal ***bir kerecik*** nur einmal, einmalig ***bir kez*** einmal, mal ***bir kimse*** jemand, einer ***bir koşu*** laufend, gelaufen ***bir kulağından girip (öbür) kulağından çıkmak*** zum einen Ohr hinein und zum anderen Ohr hinausgehen ***bir miktar*** etwas, ein bisschen ***bir nebze*** ein bisschen ***bir olmak*** kollaborieren, eins werden ***bir parça*** ein bisschen, etwas ***bir saniye*** eine Sekunde ***bir sonraki*** nächst; Nächste *m/f/n* ***bir süre*** zeitweise ***bir sürü*** lauter, eine Menge ***bir şey*** etwas ***bir şey değil*** Keine Ursache! ***bir şeyler olmak*** (etwas) passieren ***bir tane*** einzig ***bir türlü*** irgendwie ***bir varmış bir yokmuş*** es war einmal ***bir yana*** beiseite ***bir yandan*** einerseits ***bir yastığa baş koymak*** Mann und Frau sein ***bir yer*** irgendwo ***bir yer(d)e*** irgendwo, irgendwohin ***bir yığın*** viel, eine Menge ***bir yıllık*** einjährig ***bir zaman(lar)*** damals, einst ***bire bin katmak*** maßlos übertreiben

bira Bier *n* ***bira bardağı*** Bierglas *n*, Seidel *n* ***bira fabrikası*** Brauerei *f*, Bräu *n* ***bira mayası*** Maltz *f* ***bira yapmak*** brauen

biracı Bierbrauer *m*, Bierhändler *m*, Bierverkäufer *m*

birader Bruder *m*

birahane Brauerei *f*, Wirtshaus *n*

biraz ein wenig, ein bisschen, etwas ***biraz önce*** eben, alleweile ***biraz sonra*** bald darauf, gleich

birazcık sehr wenig

birazdan bald, gleich

birbiri einander ***birbiri ardına*** nach einander ***birbiri ardınca*** nacheinander, hintereinander ***birbiri ardında*** nacheinander, hintereinander ***birbiri içinde*** ineinander ***birbiri üstünde*** aufeinander ***birbiri üstüne*** aufeinander ***birbiri üzerinde*** aufeinander, übereinander ***birbiri üzerine*** aufeinander

birbirinden voneinander ***birbirinden ayırmak*** spreizen ***birbirinden ayrı*** auseinander ***birbirinden uzaklaşmak*** auseinandergehen

birbirine zueinander ***birbirine bağlamak*** zusammenbinden, verkoppeln ***birbirine bağlı*** zusammengehörig ***birbirine bağlılık*** Zusammengehörigkeit *f* ***birbirine çarpmak*** klappern ***birbirine düşmek*** einen Streit beginnen ***birbirine düşürmek*** aufeinander hetzen ***birbirine geçirmek*** verflechten, schlingen ***birbirine geçmek*** sich schlingen ***birbirine girmek*** durcheinander geraten ***birbirine karşı*** gegeneinander ***birbirine yaklaştırmak*** zusammenrücken

birbirini sich, einander ***birbirini tutmak*** übereinstimmen ***birbirini tutmamak*** widersprechen, abweichen ***birbirini tutmayan*** widersprechend ***birbirini yemek*** ständig streiten

birbiriyle miteinander ***birbiriyle ilişkili*** zusammengehörig

bircinsten gleichartig, homogen

birçenekliler monokotyl

birçoğu meistenteils

birçok viel, recht, mehrere, manche, etliche ***birçok defa*** mehrmals, mehrfach, vielmals, x-mal ***birçok kez*** mehrmals, mehrfach, vielmals, x-mal

birden auf einmal; plötzlich

birden plötzlich, sofort; zugleich; alle zu-

sammen, auf einmal, in einem Zug ***birden çekme*** Ruck *m*
birdenbire plötzlich, jäh; sprungweise
birdirbir Bockspringen *n* ***birdirbir oynamak*** bockspringen
birebir wirksam, sehr geeignet
birer je ein ***birer birer*** einzeln, jeder für sich; getrennt, gesondert; einzeln
bireşim Synthese *f*
bireşimli synthetisch
bireşimsel synthetisch
birey Individuum *n*, Einzelwesen *n*
bireyci individualistisch
bireycilik Individualismus *m*
bireyleştirmek individualisieren
bireylik Individualität *f*, Persönlichkeit *f*
bireysel individuell
bireysellik Individualität *f*
birgözeli einzellig
birhücreli einzellig; Einzeller *m*
biri jemand, einer ***birinden beklemek*** zutrauen
biricik einzig
birikim Anhäufung *f*
birikinti Ansammlung *f*
birikmek sich sammeln, sich ansammeln, sich häufen; sich versammeln
biriktirmek sammeln, ansammeln; anhäufen, zusammenbringen; speichern, aufspeichern; sparen, ersparen; stauen
birileri manche Leute
birim Einheit *f*
birinci erst ***birinci elden*** aus erster Hand kaufen ***birinci gelmek*** zuerst ankommen, als erster durch das Ziel gehen ***birinci mevki*** erstklassig ***birinci olmak*** erster werden ***birinci sınıf*** erstklassig
birincil primär
birincilik *sp* Meisterschaft *f*, Rang des Ersten; erster Preis
birine jemandem, einem ***birine takılmak*** necken
birini jemanden
birisi (irgend) jemand, irgendwer
birkaç einige, mehrere, ein paar, etliche ***birkaç defa*** mehrmals, paarmal, mehrere Male ***birkaç kez*** mehrmals, paarmal, mehrere Male
birleşik vereinigt, vereint; zusammengesetzt ***Birleşik Amerika*** Vereinigten Staaten (von Amerika) *f*
birleşim Kombination *f*; Sitzung *f*; Koitus *m*, Beischlaf *m*
birleşme Vereinigung *f*, Einigung *f*, Zusammenkunft *f*
birleşmek sich einigen, sich vereinigen, sich verbinden, sich gesellen
birleşmiş vereinigt ***Birleşmiş Milletler*** Vereinigten Nationen *f*
birleştirici Binde-; verbindend, vereinigend
birleştirme Zusammenfassung *f*, Verknüpfung *f*; Vereinigung *f*
birleştirmek vereinigen, verbinden, kombinieren, zusammenstellen, versammeln, zusammensetzen, verkuppeln, anschließen, verknüpfen, vereinbaren
birli As *n*, Daus *f*
birlik Einheit *f*, Einigkeit *f*; Verein *m*, Vereinigung *f*, Union *f*; Gemeinschaft *f*; *müz* Viertelnote *f*; *ask* Truppe *f*
birlikte mit, zusammen, gemeinsam, beisammen, miteinander; zugleich ***birlikte çalışmak*** mitarbeiten, zusammenarbeiten ***birlikte gelmek*** mitkommen ***birlikte getirmek*** mitbringen ***birlikte gitmek*** mitgehen, mitfahren, zusammengehen ***birlikte götürmek*** mitnehmen ***birlikte kullanmak*** mitbenutzen ***birlikte okumak*** mitlesen ***birlikte oturan*** Mitbewohner *m* ***birlikte oturmak*** mitwohnen ***birlikte oynamak*** mitspielen ***birlikte yaşamak*** zusammenleben
birtakım einige
birterimli Monom *n*
bisiklet Fahrrad *n*, Rad *n* ***bisiklet sürücüsü*** Radfahrer *m* ***bisiklet yarışı*** Radrennen *n* ***bisiklet yolu*** Radfahrweg *m* ***bisiklete binmek*** radfahren
bisküvi Keks *m*
bisturi *hek* Skalpell *n*, Bistouri *m/n*
bit Laus *f* ***bit kadar*** winzig (klein)
bitap todmüde, erschöpft ***bitap düşmek*** schwach werden, kraftlos werden
bitaraf neutral, unbeteiligt, parteilos
biteviye monoton, eintönig, einförmig
bitey Flora *f*, Vegetation *f*

B

bitik erledigt, erschöpft; alle
bitim Schluss *m*, Ende *n*
bitimli endlich
bitimsiz unendlich, grenzlos
bitirim abgerissen, schäbig gekleidet; hübsch
bitirme Vollendung *f* ***bitirme töreni*** Abschlussfeier *f*
bitirmek beenden, vollenden; anfertigen; absolvieren, abschließen
bitiş Abschluss *m*
bitişiğinde nebenbei
bitişik benachbart, anliegend ***bitişik yazmak*** zusammenschreiben
bitişmek sich berühren
bitiştirmek anbauen
bitki Pflanze *f*, Kraut *n* ***bitki dikme*** Pflanzung *f*, Plantage *f* ***bitki dikmek*** pflanzen ***bitki örtüsü*** Flora *f*, Vegetation *f* ***bitki sapı*** Stengel *m*, Halm *m* ***bitkiler âlemi*** Pflanzenwelt *f*, Vegetation *f*
bitkibilim Botanik *f*
bitkibilimci Botaniker *m*
bitkici Botaniker *m*
bitkin erschöpft, todmüde, kaputt, schlapp, flau; alle ***bitkin düşmek*** sich verausgaben
bitkinlik Erschöpfung *f*
bitkisel pflanzlich, vegetarisch ***bitkisel hayat*** *hek* Koma *n* ***bitkisel yağ*** Margarine *f*
bitlenmek verlaust werden
bitli verlaust
bitmek enden, zu Ende gehen, aufhören; ablaufen; ausgehen; wachsen; vernarrt sein in
bitmemiş unvollendet
bitmez unerschöpflich, endlos ***bitmez tükenmez*** unendlich lang
bitpazarı Trödelmarkt *m*
bityeniği wunder Punkt, versteckter Mangel
biyel Kurbelstange *f*
biyofizik Biophysik *f*
biyografi Biographie *f*, Lebensbeschreibung *f*, Lebenslauf *m*
biyokimya Biochemie *f*
biyolog Biologe *m*
biyoloji Biologie *f*
biyolojik biologisch
biyonik bionisch
biyopsi Biopsie *f*
biyosfer *gökb* Biosphäre *f*
biz wir ***biz bize*** wir allein; unter uns
bizce nach uns
bizde bei uns
bizden von uns
bızdık Steppke *m*; kleiner Junge
bize uns, zu uns
bizi uns
bizim unser ***bizim gibiler*** unseresgleichen ***bizim için*** unseretwegen, unserethalben
bizimki unsere(r\s), unserige(r\s)
bizon Bison *m*
bizzat persönlich, seltrst
blok Block *m*
blokaj Blockade *f*, Sperre *f*
bloke gesperrt ***bloke etmek*** blockieren, absperren, einschließen
bloknot Notizblock *m*, Schreibblock *m*
blöf Bluff *m*, Verblüffung *f*, Täuschung *f* ***blöf yapmak*** bluffen
blucin Jeans *pl*
bluz Bluse *f*
boa Boa *f* ***boa yılanı*** Boa *f*, Riesenschlange *f*
bobin Spule *f* ***bobin teli*** Ankerspule *f*
boca Lee *f*; Abfallen *n*; plötzliches Ausgießen, plötzliches Ausschütten; *den* Steuerbord *n* ***boca etmek*** umschütten, (su) kippen
bocalamak wanken, schwanken
bocurgat Winde *f*, Spill *n*
bodoslama *den* Steven *m*
bodrum Keller *m* ***bodrum katı*** Untergeschoss *n*
bodur klein, kurz, stämmig
Boğa (burcu) Stier *m*
boğa Stier *m*, Bulle *f* ***boğa güreşçisi*** Stierkämpfer *m* ***boğa güreşi*** Stierkampf *m*
boğaz Kehle *f*, Rachen *m*, Schlund *m*, Hals *m*, Schlucht *f*, Gurgel *f*; *coğ* Meerenge *f* ; Engpass *m* ***boğaz ağrısı*** Halsschmerzen *pl* ***boğaz boğaza gelmek*** sich in die Haare kriegen ***boğaz derdine düşmek*** Sorge um das tägliche Es-

sen haben ***boğaz tokluğuna çalışmak*** für freie Verpflegung arbeiten ***boğaz yangısı*** (iltihabı) Rachenkatarrh *m* ***boğazı ağrımak*** *hek* Halsschmerzen haben ***boğazına düşkün*** auf das Essen erpicht ***boğazına kadar borç içinde olmak*** bis an den Hals in Schulden stecken ***boğazına kadar tok*** dicksatt ***boğazına sarılmak*** *jdm* an die Kehle gehen ***boğazında kalmak*** im Halse steckenbleiben ***boğazını yırtmak*** wie am Spieß brüllen

Boğaziçi Bosporus *m*

boğazlamak würgen, erwürgen

boğazlı Vielfraß *m*, guter Esser; gefräßig

boğmaca Keuchhusten *m*, Stickhusten *m*

boğmak würgen, erwürgen, erdrosseln ersticken; ertränken

boğucu drückend, erstickend ***boğucu bobin*** Drosselspule *f*

boğuk heiser, dumpf

boğulmak ertrinken; ersticken

boğum Knoten *m*

boğuntu Wucher *m* ***boğuntuya getirmek*** *arg* Ausflüchte machen

boğuşmak ringen, kämpfen

bohça Einschlagtuch *m*; Bündel *n*

bohçalamak einschlagen

bohem Boheme *f*; verbummelt, liederlich

bok Scheiße *m* ***bok atmak*** *jdn* mit Schmutz bewerfen ***bok etmek*** (es) versauen, Mist machen ***bok herif*** Scheißkerl *m*, Schuft *m* ***bok püsür*** Unsinn, Quatsch *m*, Schund ***boku bokuna*** für nichts, vergebens

bokböceği Mistkäfer *m*

boklamak pfuschen, verpfuschen

bokluk Schweinerei *f*, Jux *m*

boks Boxen *n*, Faustkampf *m* ***boks yapmak*** boxen

boksör Boxer *m*, Faustkämpfer *m*

boktan scheußlich

bol reichlich, viel; weit ***bol bol*** vollauf ***bol keseden atmak*** den Mund schrecklich vollnehmen ***bol şanslar*** viel Glück!

bolca anreichlich

bollanmak ausgeleiert sein; reichlich vorhanden sein; zu weit werden, zu groß werden; stark zunehmen; (mal) in großer Menge auf den Markt kommen

bollaşmak sich ausleiern, ausgeleiert sein; zu weit werden, zu groß werden

bollaştırmak vermehren; vergrößern

bolluk Weite *f*; Segen *m*

Bolşevik Bolschewist *m*

Bolşeviklik Bolschewismus *m*

bomba Bombe *f*; Granate *f*

bombalamak bombardieren

bombardıman bombardierung ***bombardıman etmek*** bombardieren ***bombardıman uçağı*** Bombenflugzeug *n*

bombok mies, miserabel ***bombok etmek*** verdrecken; verpfuschen

bomboş ganz leer

bonbon Bonbon *mf*

boncuk Perle *f*, Glasperle *f*

bone Badekappe *f*

bonfile Filet *n*

bonmarşe Warenhaus *n*

bono Gutschein *m*, Bon *m*

bonservis Dienstzeugnis *n*

bor Bor *n*

bora Orkan *m*, Sturmwind *m*

boraks Borax *m*

borazan Trompete *m*

borazancı Trompeter *m*

borç Schuld *f*; Verpflichtung *f* ***borca batmak*** in Schulden stecken ***borca girmek*** Schulden machen (bei *jdm*) ***borcu olmak*** Schulden haben (bei) ***borcunu kapatmak*** seine Schulden bezahlen ***borç almak*** anpumpen, Schulden machen, ausleihen, sich *etw* pumpen (bei\von -den) ***borç etmek/yapmak*** Schulden machen ***borç harç*** mit Ach und Krach ***borç ödeme emri*** Schuldenerlass *m* ***borç para*** (Ver)Leihen *n* ***borç vermek*** borgen, verleihen ***borçtan kurtulmak*** Schulden begleichen, seine Schulden bezahlen

borçlanmak Schulden machen

borçlu schuldig, verschuldet; verpflichtet; Schuldner *m* ***borçlu olmak*** schulden; verdanken

borda Bord *m*

bordo weinrot

bordro Lohnliste *f*, Gehaltsliste *f*

bornoz Bademantel *m*

B

borsa Börse *f* ***borsa tellalı*** Broker *m*, Börsenhändler *m* ***borsada oynamak*** spekulieren
boru Rohr *n*, Schlauch *m*; Horn *n*, Trompete *f* ***boru çalmak*** tuten ***borusu ötmek*** *etw* zu sagen haben
bostan Gemüsegarten *m*; Melonenfeld *n* ***bostan korkuluğu*** Vogelscheue *f*
bostancı Gemüsegärtner *m*
boş leer, leerstehend; unnütz, zwecklos; arbeitslos, müßig, unbeschäftigt; ahnungslos; frei, unbesetzt; tot, unbewohnt, verwaist, wüst, ungeladen; lose ***boş bulunmak*** überrascht werden ***boş durmak*** (ev) leer stehen, herumlungern, lungern ***boş gezen*** Müßiggänger *m* ***boş gezenin boş kalfası*** Oberfaulenzer *m* ***boş gezmek*** faulenzen ***boş inanç*** Aberglaube *m* ***boş laf*** Phrase *f* ***boş oturan*** Nichtstuer *m* ***boş oturmak*** nichts zu tun haben, Muße haben ***boş söz*** Floskel *f* ***boş vakit*** Freizeit *f* ***boş ver*** nimm es nicht ernst!; macht's nichts! ***boş vermek*** sich nicht daraus machen ***boş yere*** unnötigerweise, vergeblich ***boş zaman*** Freizeit *f*, freie Zeit, Muße *f* ***boşa gitmek*** fehlschlagen, keine Erfolg haben
boşalma Entladung *f*
boşalmak sich leeren, sich entladen
boşaltım Ausscheidung *f* ***boşaltım aygıtı*** Ausscheidungsorgan *n*
boşaltmak ausleeren, entleeren, leeren; ausscheiden; entladen; ausladen; schütten, ausschütten; ablassen, auslassen; evakuieren
boşamak scheiden
boşanma (Ehe)Scheidung *f* ***boşanma davası*** Ehescheidungsklage *f*
boşanmak sich scheiden lassen
boşanmış geschieden
boşboğaz schwatzhaft
boşboğazlık Schwatzhaftigkeit *f* ***boşboğazlık etmek*** schnattern
boşlamak ignorieren, nicht tragisch nehmen
boşluk Leere *f*, Lücke *f*; Vakuum *n*
Boşnak Bosniak(in *f*) *m*, Bosnier(in *f*) *m*
boşta arbeitslos
boşta unbeschäftigt, arbeitslos ***boşta çalışma*** Leerlauf *m* ***boşta gezmek*** unbeschäftigt (arbeitslos) sein ***boşu boşuna*** ganz vergeblich, umsonst
boşuna umsonst, vergebens, vergeblich, unnütz
bot *den* Boot *n*; Kanadier *m*, Stiefelette *f*
botanik Botanik *f*, Pflanzenkunde *f*; botanisch
bovling *sp* Bowling *n*, Kegelbahn *f*
boy1 Stamm *m*, Nomadenstamm *m*
boy2 Länge *f*; Größe *f*, Statur *f* ***boy atmak*** stark wachsen ***boy aynası*** Ankleidespiegel *m* ***boy bos*** Statur *f*, Wuchs *m* ***boy boy*** in verschiedener Größe; verschiedenartig ***boy göstermek*** zeigen, was man kann ***boy ölçüşmek*** sich messen (mit *etw*) ***boy vermek*** die Wasserhöhe zeigen ***boydan boya*** der ganzen Länge nach ***boyu bosu yerinde*** groß und stattlich ***boyu devrilsin*** der Teufel soll ihn holen ***boyu kısa*** klein ***boyunun ölçüsünü almak*** sich an *etw* versuchen
boya Farbe *f*, Farbstoff *m* ***boya vurmak/çekmek*** in die Höhe schießen
boyacı Färber *m*, Anstreicher *m*, Schuhputzer *m*
boyalı gefärbt, gestrichen
boyama Färbung *f*
boyamak färben, streichen, anstreichen, malen
boyanmak sich schminken
boykot Boykott *m*, Streik *m* ***boykot etmek*** boykottieren, streiken
boylam *coğ* Länge *f*
boylamak messen; durchschreiten, zurücklegen; der Länge nach hinfallen; geraten, landen; den Weg zurücklegen; kommen, gelangen
boylanmak wachsen
boylu von ... Wuchs; groß, hoch, lang, hoch gewachsen ***boylu boyunca*** der Länge nach; die ganze Zeit hindurch
boynuz Horn *n*
boynuzlamak spießen
boynuzlanmak gehörnt werden
boynuzlu gehörnt
boysuz untersetzt, von kleiner Statur;

niedrig
boyun Hals *m*, Genick *n*, Nacken *m* ***boynu bükük*** unglücklich, traurig, mutlos ***boynu kıldan ince*** bereit ***boynu tutulmak*** steifen Nacken haben ***boynuna sarılmak*** *jdm* um den Hals fallen ***boynunu bükmek*** den Kopf hängen lassen ***boynunu vurmak*** köpfen ***boyun ağrısı*** Halsschmerzen *pl* ***boyun atkısı*** Halstuch *n* ***boyun borcu*** Ehrenpflicht *f* ***boyun eğen*** unterwürfig ***boyun eğmek*** sich unterwerfen, sich fügen
boyuna longitudinal, längs; dauernd, ununterbrochen, ständig
boyunbağı Schlips *m*, Krawatte *f*
boyunca längs, entlang; lang
boyunduruk Joch *n* ***boyunduruk altına almak*** zum Sklaven machen
boyut Format *n*; *mat* Dimension *f*
boz aschgrau
boza Hirsebier *n*
bozarmak erblassen
bozayı *hayb* Braunbär *m*
bozdurmak umwechseln; wechseln
bozgun Niederlage ***bozguna uğramak*** eine völlige Niederlage erleiden ***bozguna uğratmak*** in die Flucht schlagen
bozguncu defätistisch, Defätist(in *f*) *m*
bozkır Steppe *f*
bozmak verderben, kaputt machen, zerstören, ruinieren; brechen, abbrechen; wechseln, umwechseln; deflorieren
bozuk kaputt, verdorben, beschädigt ***bozuk çalmak*** sauer werden ***bozuk para*** Kleingeld *n*
bozukdüzen unordentlich; aufgeregt
bozukluk Defekt *m*, Störung *f*
bozulma Verwesung *f*, Verzerrung *f*
bozulmak sich ärgern; kaputt gehen, verwesen, umschlagen
bozulmayan unzerstörbar
bozulmuş verdorben, kaputt, ramponiert
bozum Vernichtung *f*; *arg* Blamage ***bozum etmek*** *arg* blamieren ***bozum olmak*** *arg* blamiert werden
bozunma *kim* Zersetzung *f*
bozunmak *kim* sich zersetzen
bozuntu Schrott *m*, Bruchstücke pl, völlige Verwirrung; Zerrbild *n* ***bozuntuya vermemek*** den (äußeren) Schein wahren
bozuşmak sich verfeinden
böbrek Niere *f*
böbürlenmek sich aufblähen, prahlen, prangen
böcek Käfer *m*, Insekt *n*, Kerbtier *n*, Ungeziefer *n* ***böcek ilacı*** Insektenmittel *n*
böceklenmek von Insekten überfallen werden
böğür Weiche *f*
böğürmek schreien, brüllen
böğürtlen Brombeere *f*
bölen *mat* Teiler *m*, Divisor *m*
bölge Gebiet *n*, Bereich *m*, Region *f*, Zone *f*, Sektor *m*, Bezirk *m*, Terrain *n*, Gegend *f*, Revier *n*, Kreis *m*, Abschnitt *m*, Raum *m*
bölgecilik Regionalismus *m*; Kastengeist *m*
bölgesel örtlich, regional
bölme Teilung *f*, Verteitung *f*; Zwischenwand *f*; *mat* Division *f*
bölmek teilen, einteilen, verteilen, zerteilen, zerlegen; *mat* dividieren
bölü *mat* durch, dividiert, durch
bölücü Separatist *m*; separatistisch
bölücülük Separatismus *m*
bölük Kompanie *f* ***bölük bölük*** in Gruppen ***bölük pörçük*** (tümce\düşünce vb) abgerissen; bruchstückhaft
bölüm Teil *m*, Verteilung *f*, Teilung *f*; Abschnitt *m*, Kapitel *n*; Gliederung *f*; *mat* Division *f*, Quotient *m*; Partie *f*; Abteilung *f*
bölümlemek unterteilen, gliedern, einteilen
bölünebilen *mat* teilbar
bölünemez unzerlegbar
bölünen *mat* Dividend *m*
bölünme Teilung *f*; Spaltung *f*
bölünmek sich spalten, sich zerlegen
bölüşmek *etw* mit *jdm* teilen
bölüştürmek einteilen, austeilen
bön dumm, naiv; Tropf *m*, Trottel *m* ***bön bön bakmak*** nicht gerade geistreich dreinsehen
börek Pastete *f*

börekçi Pastetenbäcker *m*, Pastetenverkäufer *m*
börülce Augenbohn *f*
böyle so, solch, derartig ***böyle bir şey*** so etwas ***Böyle gelmiş böyle gider*** Das ist das Leben! ***böyle olunca*** wenn dem so ist
böylece so, derart, somit, also
böylelikle somit, dadurch, hierdurch
böylesi dergleichen, desgleichen
böylesine solch, derart
branda Hängematte *f* ***branda bezi*** Segeltuch *n*
branş Zweig *m*
bravo bravo!
Brezilya Brasilien ***Brezilya kestanesi*** Paranuss *f*
Brezilyalı Brasilianer(in *f*) *m*
briç Bridge *n*
brifing Briefing *n*
briket Baustein *m*, Brikett *n*, Presskohle *f*
Britanya die Britische Insel
Britanyalı Brite *m*; britisch
briyantin Haarfestiger *m*
brokar Brokat *m*; aus Brokat, Brokat-
brom Brom *n*
bromür *kim* Bromid *n*
bronş Bronchie *f*, Luftröhrenast *m*
bronşit Bronchitis *f*
bronz Bronze *f*
bronzlaşmak bronzieren
broş Brosche *f*
broşür Broschüre *f*, Heftchen *n*
bröve Diplom *n*, Zeugnis *n*
brüksellahanası Rosenkohl *m*
brülör Brenner *m*
brüt brutto
bu der, die, das, dieser, diese, dieses ***bu akşam*** heute abend ***bu amaçla*** dazu ***bu arada*** inzwischen, unterdessen, mittlerweile ***bu bakımdan*** insofern ***bu defa*** diesmal ***bu durumda*** nun, unter diesen Umständen ***bu gece*** heute Nacht ***bu gibi*** so ***bu kadar*** soviel, so sehr; so; soundsoviel ***bu kez*** diesmal ***bu nedenle*** deshalb, deswegen, infolgedessen, daher, dadurch, aus diesem Grunde ***bu sabah*** heute morgen ***bu şekilde*** so, derart ***bu yana*** herüber, herbei, her ***bu yanda*** hier, diesseits ***bu yılki*** diesjährig ***bu yüzden*** daher ***buna göre*** danach, folglich demzufolge, dementsprechend ***buna karşı*** demgegenüber, dagagen ***buna karşılık*** dagegen, dafür ***buna karşın*** trotzdem, denmoch, dessenungeachtet, nichtsdestoweniger ***buna mukabil*** dementsprechend, demgegenüber ***buna rağmen*** trotzdem, dennoch, dessenungeachtet, nichtsdestoweniger
bucak Winkel *f*, Ecke *f*, Kreis *m* ***bucak bucak*** stellenweise ***bucak bucak aramak*** absuchen
buçuk halb, üç buçuk dreieinhalb
budak Ast *m*, Zweig *m*
budaklanmak sich komplizieren
budaklı mit Ästen und Zweigen; mit Aststücken; knorrig; kompliziert, verworren, weitläufig
budala dumm, einfältig
budalaca kindisch, albern
budalalık Dummheit *f*, Einfalt *f* ***budalalık etmek*** Dummheiten machen
budamak lichten, ausholzen
Budist Buddist *m* ***Budist rahip*** Bonze *m*
Budizm Buddismus *m*
budun Volk *n*, Volksstamm *m*
budunbetim Ethnographie *f*
budunbilim Völkerkunde *f*, Ethnologie *f*
bugün heute ***bugün yarın*** in den nächsten Tagen ***bugünden tezi yok*** noch heute ***bugüne bugün*** letzten Endes
bugünkü heutig
bugünlerde heutzutage
bugünlük für heute; heutzutage
buğday Weizen *m*, Korn *n* ***buğday unu*** Weizenmehl *n*
buğu Dunst *m*
buğulamak schmoren, dünsten, dämpfen
buğulanmak sich beschlagen
buğulu beschlagen
buhar Dampf *m*, Rauch *m* ***buhar banyosu*** Dampfbad *n* ***buhar basıncı*** Dampfdruck *n* ***buhar çıkmak*** dampfen ***buhar kazanı*** Dampfkessel *m* ***buhar makinesi*** Dampfmaschine *f*
buharlaşmak verdampfen, verdunsten, verduften

buharlı voller Dampf
buhran Krise *f*; Mangel *m*, Not *f*
buhranlı kritisch
buhur Weihrauch *m*
buhurdan Weihrauchfass *n*
buji Zündkerze *f*
bukağı Fußfesseln *pl*
bukalemun Chamäleon *n*
buket Strauß *m*
bukle Locke *f* ***bukle yapmak*** ringeln
bukleli lockig
bulak Quelle *f*
bulama Brei *m*
bulamak manschen
bulandırmak trüben
bulanık trüb, unklar
bulanıklık Trübheit *f*
bulanmak sich trüben
bulantı Brechreiz *m*, Übelkeit *f*
bulaşıcı ansteckend ***bulaşıcı hastalık*** Infektionskrankheit *f*
bulaşık beschmutzt, angesteckt; Geschirr *n* ***bulaşık bezi*** Abwaschtuch *n* ***bulaşık makinesi*** Spülmaschine *f* ***bulaşık suyu*** Spülwasser *n* ***bulaşık yıkamak*** spülen
bulaşıkçı Geschirrwäscher *m* ***bulaşıkçı kadın*** Spülfrau *f*
bulaşma Infektion *f*, Ansteckung *f*
bulaşmak schmutzig werden; *hek* übertragen werden, sich ausdehnen (yangın); stören, belästigen; unternehmen, anfangen
bulaştırmak anstecken; beschmutzen
buldok Bulldogge *f*
buldozer Bagger *m*
Bulgar Bulgare *m*; bulgarisch
Bulgarca Bulgarisch *n*
Bulgaristan Bulgarien
bulgu Fund *m*, Erfindung *f*
bulgur Weizen *m* ***bulgur pilavı*** Weizengrütze *f*
bulmaca Rätsel *n*
bulmak finden; erfinden, ermitteln; beschaffen; herausfinden
buluğ Pubertät *f*, Geschlechtsreife *f* ***buluğa ermek*** pubertieren
bulundurmak vorrätig haben
bulunmak sich befinden; vorliegen, vorkommen; vorhanden sein, da sein, anwesend sein
bulunmama Versäumnis *n*, Abwesenheit *f*
bulunmamak fehlen, abwesend, sein
bulunmaz unauffindbar, nicht aufzutreiben
buluntu Fund *m*; Findelkind *n*
buluş Fund *m*, Erfindung *f*, Einfall *m*
buluşma Verabredung *f*, Treffen *n*, Zusammenkunft *f*, Rendezvous *n* ***buluşma yeri*** Treffpunkt *m*
buluşmak sich treffen, zusammenkommen, zusammentreffen
bulut Wolke *f* ***bulut gibi sarhoş*** sternhagelvoll ***bulut tabakası*** Wolkenschicht *f* ***buluttan nem kapmak*** sich leicht getroffen fühlen
bulutlanmak sich bewölken
bulutlu wolkig, bewölkt
bulutsuz wolkenlos, wolkenfrei, unbedeckt, klar
bulvar Allee *f*
bumburuşuk ganz zerknüllt, ganz faltig, ganz runzlig
bunak altersschwach, kindisch; Idiot *m*
bunaklık geistige Altersschwäche; kindisches Benehmen; Irresein *n*
bunalım Krise *f*
bunalmak bedrückt werden
bunaltıcı betäubend, erdrückend, schwül, dumpf
bunaltmak betäuben, erdrücken, langweilen
bunamak altersschwach werden, kindisch werden; in geistige Umnachtung fallen
bunca ziemlich viel, recht lange; dievielen ***bunca zaman*** seit langer Zeit
buncağız das hier
bundan daraus, davon
bundan daher, hieraus, hiervon ***bundan başka*** dann, außerdem, weiter, ferner, zudem, überdies, nebenbei ***bundan başka çare yok*** weiter läßt sich nichts tun ***bundan böyle*** hinfort, von jetzt an ***bundan dolayı*** deshalb, deswegen, infolgedessen ***bundan sonra*** danach, sodann, demnächst, nächstdem, an-

B

schließend
bunlar das, die, diese
bunun dessen, deren ***bunun gibi*** dergleichen, desgleichen ***bunun için*** dafür, dazu, darum, deshalb ***bunun üzerine*** daraufhin ***bunun yerine*** dafür
bununla damit, hiermit ***bununla beraber*** trotzdem, dennoch ***bununla birlikte*** damit, jedoch, trotzdem
bura dieser Ort, diese Stelle, diese Gegend, dieses Land, der Ort hier; hier, hiesig zu
burada hier
buradaki hiesig
buradan von hier
buralarda in dieser Gegend
buraları hier, hiesig
buralı hiesige (r, s)
burası diese Gegend, dieser Ort, diese Stelle, dieses Land, der Ort hier; hier, hiesig zu
buraya her, herbei ***buraya kadar*** bis hierher, so weit
burç1 Bastion *f*; Sternbild *n*
burç2 Mistel *f*
burçak Wicke *f*
burgaç Strudel *m*
burgu Bohrer *m*; Korenzieher *m*
burjuva Bürger *m*, Bourgeois *m*
burjuvaca bürgerlich
burjuvazi Bürgerstand *m*, Bourgeoisie *f*
burkmak verrenken, verdrehen
burkulma Verrenkung *f*, Torsion *f*, Verdrillung *f*
burkulmak sich drehen lassen; sich umknicken
burkulmuş verdreht
burmak wringen, drehen, schlingen, winden
burs Stipendium *n*
bursiyer Stipendiat *m*
buruk säuerlich
burukluk Säuerlichkeit *f*
burulma Drall *m*
burulmak (ağrı) sehr schmerzen; getränkt sein durch *etw*, *etw* leicht übel nehmen
burun Nase *f*; Landzunge *f*, Vorgebirge *f*; Bug *m* ***burun boşluğu*** Nasenhöhle *f* ***burun burna gelmek*** beinahe aufeinanderprallen ***burun buruna*** aufeinander ***burun buruna gelmek*** beinahe aufeinander prallen ***burun deliği*** Nasenioch *n* Nüster *f* ***burun kanaması*** Nasenbluten *n* ***burun kemiği*** Nasenbein *n* ***burnu büyük*** hochnäsig ***burnu büyümek*** sich hochnäsig benehmen ***burnu havada*** eingebildet ***burnu kanamak*** Nasenbluten haben ***burnunda tütmek*** in der Nase stecken ***burnundan fitil fitil gelmek*** schwer zu büßen haben ***burnundan gelmek*** schwer zu büßen haben ***burnunu çekmek*** schnuppern, ducken ***burnunu kıvırmak*** die Nase rümpfen ***burnunu silmek*** schneuzen ***burnunu sokmak*** schnüfteln, schnuppern, sich einmischen ***burnunun dibinde*** in nächster Nähe, vor der Nase ***burnunun doğrusuna gitmek*** nach eigenem Kopf handeln ***burnunun ucunu görememek*** unglaublich eingebildet sein
burundan nasal
buruş buruş zerknittert, faltig ***buruş buruş olmak*** zerknittert sein
buruşmak zusammenschrumpfen, knittern
buruşturmak knittern, runzeln, zerknittern, knutschen
buruşuk kraus, faltig, zerknittert
buruşukluk Furche *f*, Falte *f*, Kniff *m*
buse Kuss *m*, Küsschen *n*
but Oberschenkel *m*; Keule *f*
butik Boutique *f*, Modegeschäft *n*
buy(u)run(uz) Bitte!; Herein!
buyruk Befehl *m*, Gebot *n*, Weisung *f*, Verfügung *f* ***buyruk altında*** unterworfen
buyur etmek wilkommen heißen, hereinbitten
buyurmak befehlen; äußern; nehmen
buz Eis *n* ***buz gibi*** eiskalt, wie Eis ***buz kesilmek*** zu Eis erstarren ***buz kesmek*** sehr frieren ***buz tutmak*** vereisen
buzağı Kalb *n*
buzağılamak *hayb* kalben
buzdağı Eisberg *m*
buzdolabı Eisschrank *m*, Kühlschrank *m*

B

buzhane Eisfabrik *f*; Kühlraum *m*, Eiskeller *m*
buzkıran Eisbrecher *m* (Gemi)
buzlanmak sich mit Eis bedecken; den Glanz verlieren
buzlu eisgehühlt; vereist ***buzlu cam*** Milchglasscheibe *f*
buzluk Eisfach *f*; Eisschrank *m*
buzul Gletscher *m* ***buzul çağı*** Eiszeit *f*
bücür klein, untersezt; Knirps *m*
büfe Büffet *n*; Imbissstube *f*; Bude *f*
büfeci Büffetier *m*, Staudamm
büklüm Knick *m* ***büklüm büklüm*** geringelt, spiralig, gelockt
bükmek abbiegen, beugen, falten, zusammenlegen, knicken, krümmen
bükük gebogen, geknickt, gefaltet, krumm
bükülgen biegsam, flexibel, geschmeidig; *dilb* flektierend
bükülmek sich beugen
büküm Biegungsstelle *f*, Krümmungsstelle *f*; Krümmung *f*, Biegung *f*; Windung *f*, Drall *m*
bülbül Nachtigall *f* ***bülbül gibi*** lustig drauflosplaudern
bülten Bericht *m*, Nachricht *f*, Bulletin *n*
bünye Bau *m*, Struktur *f*, Gebilde *n*, Gefüge *n*, Bildung *f*
büro Büro *n* ***büro şefi*** Amtsvorsteher *m*
bürokrasi Bürokratie *f*, Beamtenschaft *f*
bürokrat Bürokrat *m*
bürokratik bürokratisch
bürümek überkommen
bürünmek einhüllen; sich kleiden (in), sich kuscheln (in)
büsbütün vollends, vollständig
büst Büste *f*, Brustbild *n*
bütan *kim* Butan *n*
bütçe Budget *n*
bütün ganz, vollständig, restlos, total, all ***bütün bütün*** völlig, gänzlich ***bütün gün*** den ganzen Tag
bütünleme Nachprüfung *f*
bütünlemek ergänzen, vervollständigen
bütünleşmek *tic* sich verflechten; sich integrieren (in ile)
bütünlük Ganzheit *f*, Gesamtheit *f*, Geschlossenheit *f*, Integrität *f*
bütünüyle restlos, schlechthin
büyü Zauber *m*, Magie *f* ***büyü yapmak*** zaubern
büyücü Zauberer *m*, Hexe *f*
büyücülük Zauberei *f*, Hexerei *f* ***büyük (söz) söylemek*** große Worte reden
büyük groß; weit, breit, gräumıg; alt; dämlich; makro ***büyük aptes yapmak*** Stuhl haben ***büyük boy*** Ubergröße *f* ***büyük dede*** Urgroßvater *m* ***büyük defter*** Hauptbuch *n* ***büyük devlet*** Großmacht *f* ***büyük fıçı*** Butte *f* ***büyük harf*** Großbuchstabe *m* ***büyük ikramiye*** Hauptgewinn *m*, Haupttreffer *m* ***büyük kilise*** Dom *m*, Kathedrale *f* ***büyük mağaza*** Kaufhof *m*, Kaufhaus *n* ***büyük miktar*** Portion *f*, Unmenge *f*, Unzahl *f* ***Büyük Millet Meclisi*** Große Türkische Nationalversammlung ***büyük nine*** Urgrobmutter *f* ***büyük olasılıkla*** höchstwahrscheinlich ***büyük ölçüde*** größtenteils, zum großen Teil ***büyük şehir*** Großstadt *f*
büyükanne Großmutter *f*
Büyükayı *gökb* der große Bär
büyükbaba Großvater *m*
büyükbaş (Rind)Vieh *n*
büyükçe ziemlich groß
büyükelçi Botschafter *m*
büyükelçilik Botschaft *f*
büyüklük Größe *f*
büyülemek bezaubern, verhexen, verzaubern, bannen
büyüleyici zauberhaft, entzückend, mitreißend
büyültme Vergrößerung *f*
büyültmek vergrößern; größer machen
büyülü bezaubert, verzaubert, magisch
büyüme Wuchs *m*, Zuwachs *m*, Wachstum *n*
büyümek wachsen; gedeihen, herantreten; schwellen ***büyümüş de küçülmüş*** altklug
büyüteç Lupe *f*
büyütme Vergrößerung *f*; Übertreibung *f*
büyütmek vergrößern, erweitern; übertreiben; großziehen, erziehen; züchten; übertreiben
büz Betonrohr *n*, Wassergang *m*

C

büzgü Kräuselung *f*
büzgülü gekräuselt
büzmek kräüseln
büzük gekräuselt, gefältelt, zusammengezogen; (kaba) After *m*; *arg* Schneid *m*
büzülmek schrumpfen; sich zusammenziehen; faltig werden

C

caba gratis, kostenlos; obendrein
cabadan unentgeltlich
cacık erfrischendes Gericht aus kleingeschnittenen Gurken, Joghurt, Wasser, und Salz
cadaloz Hexe *f*
cadde Straße *f*
cadı Hexe *f*
cafcaf Pomp *m*; hochtrabendes Gerede
cafcaflı auffällig, schwülstig (dil)
cahil ungebildet, unwissend, ahnungslos
cahillik Unwissenheit *f*, Ahnungslosigkeit *f* ***cahillik etmek*** eine Dummheit begehen
caiz zulässig, statthaft
caka Angeberei *f* ***caka satmak*** angeben
cakacı Angeber *m*; Aufschneider *m*
cakalı hochtönend, großsprecherisch
cam Glas *n*, Glasscheibe *f*, Fensterscheibe *f*; gläsern ***cam gibi*** glasig ***cam macunu*** Kitt *m* ***cam sileceği*** Scheibenwischer *m*
cambaz Seiltänzer *m*, Akrobat *m*
cambazlık Akrobatik *f*
camcı Glaser *m*
camcılık Glaserei *f*
camekân Schaufenster *n*, Auslage *f*
camgöbeği Türkis *n*; türkisfarben
camgöz *hayb* Hundshai *m*; Glasauge *n*; *mec* gierig
cami Moschee *f*
camia Gemeinschaft *f*
camız *hayb* Büffel *m*
camus Büffel *m*
can Seele *f*, Gemüt *n* ***can acısı*** häftiger Schmerz ***can alıcı nokta*** wunder Punkt ***can atmak*** Feuer und Flamme sein ***can çekişme*** Todeskampf *m* ***can çekişmek*** im Sterben liegen ***can damarı*** Lebensnerv *m* ***can damarına basmak*** auf die Nerven gehen ***can dostu*** naher Freund ***can düşmanı*** Todefeind *m* ***can havliyle*** in Todesangst ***can korkusu*** Todesangst *f* ***can kulağı ile dinlemek*** genau zuhören ***can sıkıcı*** verdrießlich, lästig, unausstehlich, unbequem, toll ***can sıkıntısı*** Verdruss *m*, Unmut *m*, Verstimmung *f* ***can sıkıntısından patlamak*** sich tödlich langweilen ***can vermek*** sterben ***cana can katmak*** sich erfrischen ***cana yakın*** warmherzig ***canı acımak*** sich sehr weh tun ***Canı cehenneme*** scher dich zum Teufel! ***canı çekmek*** sehnlichst wünschen ***canı çıkmak*** beinahe umkommen ***canı istemek*** Lust haben auf ***canı sıkılmak*** Langeweile haben, sich langweilen ***canı sıkılmış*** unmutig, verstimmt ***canı tez*** ungeduldig ***canı yanmak*** sehr leiden ***canın isterse*** wenn du willst ***Canın sağ olsun*** Es macht nichts! ***canına değmek*** sich lohnen ***canına kıymak*** umbringen ***canına okumak*** zerstören, vernichten, töten, ruinieren ***canına susamak*** sterben wollen ***canına tak demek*** unerträglich werden ***canından bezmek (bıkmak/usanmak)*** lebensüberdrüssig werden ***canını acıtmak*** weh tun ***canını almak*** sich das Leben nehmen ***canını bağışlamak*** das Leben schenken, begnadigen ***canını çıkarmak*** umbringen ***canını kurtarmak*** (kendi) seine (eigene) Haut retten ***canını sıkmak*** deprimieren, verdrießen, verstimmen, verärgern ***canını vermek*** sein Leben hingeben ***canını yakmak*** *jdn* weh tun ***canla başla*** eifrigst
canan Geliebte *f*
canavar Bestie *f*, Drachen *m*, Ungeheuer *n*, Untier *n* ***canavar düdüğü*** Sirene *f*
canciğer intim, nahe, eng befreundet, ein Herz und eine Seele
candan herzlich, eng befreundet
caneriği *bitk* grüner Pflaum

canhıraş herzzerreißend
cani Verbrecher *m*
caniċe verbrecherisch
canım Schätzchen! ***canımın içi*** mein Schatz!
cankurtaran Rettungsmittel *n* ***cankurtaran arabası*** Ambulanz *f*, Krankenwagen *m* ***cankurtaran sandalı*** Rettungsboot *n* ***cankurtaran simidi*** Rettungsring *m* ***cankurtaran yeleği*** Schwimmweste *f*
canlandıran Darsteller *m*
canlandırmak anregen, anspornen, aufmuntern; verkörpern; vergegenwärtigen, regenerieren; darstellen; stärken
canlanmak sich beleben
canlı lebendig, lebhaft, rege, munter, flott, schwungvoll, temperamentvoll, schmissig, belebt; dichterisch ***canlı yayın*** Direktübertragung *f*, Livesendung *f*
canlılar Lebewesen *n*
canlılık Vitalität *f*, Lebhaftigkeit *f*, Temperament *n*, Auftrieb *m*
cansız tot; schwächlich
cansızlık Schwäche *f*
cari fließend; laufend, gültig ***cari hesap*** Girokonto *n*
cascavlak splitternackt
casus Spion *m*, Schnüffler *m*
casusluk Spionage *f* ***casusluk etmek/yapmak*** spionieren
cavlak nack, kahl ***cavlağı çekmek*** sterben
caydırmak abbringen, umstimmen
cayır cayır lichterloh
cayırtı Krachen *n*, Knachen *n*; Knistern *n*, Knarren *n*, Quietschen *n*; Geschrei *f*, Gebrüll *n*
caymak verzichten
caz Jazz *m* ***caz müziği*** Jazzmusik *f*
cazbant Jazzband *f*, Jazzkapelle *f*
cazcı *müz* Jazzmusiker *m*; Jazzer *m*
cazgır Ausrufer und Fürbitter der Ringkämpfer
cazibe Reiz *m*, Charme *f*; Affinität *f*; Anziehung *f*
cazibeli charmant, reizend, hinreißend, anziehend
cazip anziehend, interessant
cazırdamak prasseln
cebellezi Klauen *n*
cebir1 Zwang *m*, Gewalt *f*
cebir2 Algebra *f*
cebirsel algebraisch ***cebirsel denklem*** algebraische Gleichung
Cebrail Gabriel *m*
cebren mit Gewalt, zwangsweise
cefa Pein *f*, Qual *f* ***cefa çekmek*** Prüfungen durchmachen
cefakâr Dulder *m*
cehalet Unwissenheit *f*, Unkenntnis *f*, Ahnungslosigkeit *f*
cehennem Hölle *f* ***cehennem azabı*** Höllenqualen *pl* ***cehennem gibi*** höllisch ***cehennem ol*** scher dich zum Teufel! ***cehennem zebanisi*** Teufel *m*, Dämon *f* ***cehenneme kadar yolun var*** du hast Weg bis der Hölle
cehennemi höllisch
cehennemlik Feuerung *f*
ceket Jacke *f*
celep Viehhändler *m*
cellat Henker *m*, Scharfrichter *m*
celp Vorladung *f*
celse Sitzung *f*
cemaat Gemeinde *f*
cemiyet Gesellschaft *f*, Gemeinschaft *f*
cemre glühende Asche; Wärmezunahme (vor Beginn des Frühlings) *f*
cenabet Unreinheit *f*, schmutzig
Cenabı Hak Herrgott *m*
cenah *ask* Flanke *f*
cenap hohe Persönlichkeit, Majestät *f*
cenaze Leiche *f*, Leichnam *m* ***cenaze alayı*** Trauerzug *m*, Leichenzug *m* ***cenaze arabası*** Leichenwagen *m* ***cenaze töreni*** Totenfeier *f*, Leichenfeier *f*, Trauerfeier *f*, Begräbnis *f*
cendere Kelter *m*
Cenevre Genf
cengâver kämpferisch, kriegerisch
cenin Embryo *m*
cenk Krieg *m*, Kampf *m*
cennet Paradies *n*, Himmel *m*
cennetkuşu Paradiesvogel *m*
cennetlik fromm; selig; gläubig
centilmen Kavalier *m*
centilmence galant, fair

C

centilmenlik Fairness *f*; feines Verhalten, gebildetes Verhalten
cep Tasche *f* ***cebi delik*** völlig abgebrannt ***cebinden çıkarmak*** sich auszeichnen, sich hervortun ***cebine indirmek*** in die Tasche tun ***cebini doldurmak*** sich die Taschen füllen ***cep bilgisayarı*** Minicomputer *m* ***cep feneri*** Taschenlampe *f* ***cep harçlığı*** Taschengeld *n* ***cep kitabi*** Taschenbuch *n* ***cep saati*** Taschenuhr *f* ***cep sözlüğü*** Taschenwörterbuch *n* ***cep telefonu*** Handy *n*, Mobiltelefon *n* ***cepten vermek*** aus der Tasche zahlen
cephane Munition *f*
cephanelik Munitionslager *n*
cephe Front *f*, Vorderseite *f*; Stirn *f*, Stirnseite *f* ***cephe almak*** gegen *etw* Front machen, sich dagegen wehren
cepken Kittel *m*
cerahat Eiter *m* ***cerahat bağlamak/toplamak*** eiterig werden, eitern
cerahatlenmek eitern
cerahatli eitrig
cereme Strafe *f* ***ceremesini çekmek*** die Folgen tragen müssen
cereyan Strom *m*, Strömung *f*; Verlauf *m*, Ablauf *m*, Vorgang *m* ***cereyan etmek*** verlaufen, vorkommen, passieren, stattfinden
Cermen Germane *m*
Cermence germanisch
cerrah Chirurg *m*
cerrahi *hek* chirurgisch; Chirurgie *f*
cerrahlık Chirurgie *f*
cesaret Mut *m*, Kühnheit *f*, Tapferkeit *f*; Wagemut *m*, Verwegenheit *f*, Frechheit *f* ***cesaret almak/bulmak*** Mut fassen, wagen, sich getrauen ***cesaret etmek*** wagen, sich getrauen ***cesaret göstermek*** Mut zeigen ***cesaret vermek*** ermutigen, zusprechen ***cesareti kırılmış*** niedergeschlagen ***cesaretini kırmak*** entmutigen
cesaretlendirmek ermutigen, zusprechen, aufrichten
cesaretlenmek Mut fassen, mutig werden; wagemutig werden; dreist werden
cesaretli kühn, mutig; verwegen, frech, dreist
cesaretsiz unmutig, mutlos
ceset Leiche *f*, Leichnam *m*
cesur kühn, mutig, brav
cesurluk Kühnheit *f*, Tapferkeit *f*
cet Ahn *m*, Urahn *m*, Vorfahr *m*
cetvel Lineal *n*, Skala *f*, Tabelle *f*
cevaben als Antwort, in Beantwortung
cevabi Antwort *f* ***cevabi ziyaret*** Gegenbesuch *m*
cevahir Edelsteine pl, Juwelen *pl*
cevap Antwort *f*, Erwiderung *f*, Bescheid *m* ***cevap almak*** Antwort bekommen ***cevap vermek*** antworten, erwidem
cevaplandırmak beantworten
cevapsız unbeantwortet
cevher Substanz *f*, Materie *f*, Stoff *m*
ceviz Nuss *f*, Walnuss *f* ***ceviz ağacı*** Nussbaum *m* ***ceviz kıracağı*** Nussknacker *m*
ceylan Gazelle *f* ***ceylan bakışlı*** mit Gazellenaugen ***ceylan gibi*** wohl geformt; beweglich
ceza Strafe *f*, Bestrafung *f*, Buße *n* ***ceza alanı*** *sp* Strafraum *m* ***ceza almak*** eine Strafe bekommen ***ceza atışı*** Strafstoß *m*, Freistoß *m* ***ceza çekmek*** eine Strafe verbüßen ***ceza duruşması*** Strafprozess *m* ***ceza hukuku*** Strafrecht *n* ***ceza isteği*** Strafantrag *m* ***ceza kesmek/yazmak*** mit einer Geldstrafe belegen ***ceza mahkemesi*** Strafgericht *n* ***ceza sahası*** *sp* Strafraum *m* ***ceza vermek*** bestrafen ***ceza vuruşu*** *sp* Strafstoß *m* ***ceza yasası*** Strafgesetz *n* ***ceza yemek*** zu einer Strafe verurteilt werden ***cezai ehliyet*** Strafmündigkeit *f* ***cezasını bulmak*** seine gerechte Strafe finden ***cezasını çekmek*** verbüßen, büßen, sühnen ***cezaya çarptırmak*** eine Strafe verhängen ***cezayı gerektiren*** strafbar
cezaevi Gefängnis *n*, Kerker *m*
cezalandırılmak bestraft werden
cezalandırmak bestrafen, strafen, ahnden
cezalı bestraft
cezasız unbestraft
Cezayir Algerien

Cezayirli Algerier *m*
cezbetmek anziehen, reizen
cezir Wurzel *f* ***cezir hareketi*** Ebbe *f*
cezp Anziehung *f*, Verlockung *f*, Reiz *m*, Anreiz *m*, Charme *f* ***cezp etmek*** anziehen, verlocken, reizen, anreizen
cezve ein Gefäß um Kaffee zu kochen
cıgara Zigarette *f*
cılız mager, hager, schwächlich, schmächtig, dürr, klapp(e)rig
cılızlaşmak magern, abmagern
cılk faul, stinkend ***cılk çıkmak*** faul sein; fehlschlagen
cırcır Schwatzbase *f*
cırcırböceği Grille *f*
cırıldamak plärren, zirpen
cırlak knarrend, quäkend, zirpend
cırlamak zirpen, knarren
cırnak Nagel *m*; (hayvanda) Klaue *f*, Kralle *f*
cıva Quecksilber *n* ***cıva gibi*** *mec* quicklebendig, sprunghaft
cıvata Schraube *f*, Steckschraube *f* ***cıvata anahtarı*** Schraubenschlüssel *m*
cıvık matschig
cıvıl cıvıl zwitschernd; piepend
cıvıldamak piepen, zwitschern
cıvıldaşmak piepen, zwitschern
cıvımak *mec* (davranış) schief gehen; nicht mehr glatt gehen
cıvıtmak schmierig werden; *arg* aufdringlich werden
cıyak cıyak jämmerlich
cıyaklamak jämmerlich schreien
cız Feuer (Kinder); Zischen, Brutzeln
cızbız gegrillt ***cızbız köfte*** gegrillte Fleischklößchen ***cızır cızır*** zischend, brutzelnd; leicht kratzend
cızırdamak knirschen
cızırtı Brutzeln *n*, Zischen *n*
cibiliyetsiz charakterlos, gemein; geizig
cibilliyet Charakter *m*, Naturanlage *f*
cibinlik Moskitonetz *n*
cici hübsch, niedlich, nett ***cici bici*** kitschig ***cicili bicili*** aufgeputzt, herausstaffiert
cicianne Oma!, Tante!; Stiefmutter *f*
cidden wirklich, tatsächlich, im Ernst
ciddi ernst, ernsthaft, streng, seriös; gemessen, gravitätisch, erheblich ***ciddiye almak*** Ernst machen mit, *etw* wichtig nehmen, *jdn* (*etw*) ernst nehmen
ciddileşmek ernst(er), kritisch(er) werden, sich verschärfen; bedrohlich werden, sich zuspitzen
ciddilik Ernst *m*; Ernsthaftigkeit *f*; Wahrheit *f*, Wirklichkeit *f*
ciddiyet Ernst *m*, Strenge *f*; Gemessenheit *f*
cigara Zigarette *f*
ciğer Leber *f*; Lunge *f* ***ciğer ezmesi*** Leberwurst *f* ***ciğeri beş para etmek*** der ganze Kerl ist keinen roten Heller wert ***ciğeri beş para etmez*** Taugenichts *m* ***ciğeri sızlamak*** große Schmerzen haben ***ciğeri yanmak*** große Schmerzen haben ***ciğerine işlemek*** im Herzen fühlen
cihan Welt *f*
cihat heiliger Krieg
cihaz Gerät *n*, Apparat *m*
cihet Seite *f*, Richtung *f*; Hinsicht *f*, Umstand *m*
cila Politur *f*, Glanz *m*, Lack *m*, Schliff *m* ***cila vurmak*** polieren, lackieren
cilalamak polieren, lackieren
cilalı poliert, lackiert
cilasız unpoliert, unlackiert
cildiye Dermatologie *f*, Hautkrankheiten *pl*
cildiyeci Dermatologe *m*, Hautarzt *m*
cilt Haut *f*, Teint *m*; Band *m*; Einband *m* ***cilt bakımı*** Hautpflege *f* ***cilt kremi*** Hautcreme *f*
ciltçi Buchbinder *m*
ciltçilik Buchbinderei *f*
ciltlemek binden
ciltli gebunden
ciltsiz ungebunden
cilve Koketterie *f* ***cilve yapmak*** kokettieren
cilveleşmek liebkosen
cilveli kokeft
cımbız Pinzette *f*
cimnastik Gymnastik *f*, Turnen *n* ***cimnastik yapmak*** turnen
cimri geizig, knauserig, knickerig, kleinlich, schmierig, schäbig, schotel; Knau-

ser *m*, Knicker *m*
cimrileşmek geizig werden
cimrilik Geiz *m*, Knauserei *f*, Knickerei *f* ***cimrilik etmek*** mit *etw* geizen
cin1 Geist *m*, Gespenst *n*, Gnom *m*, Dämon *m* ***cin çarpmak*** to be struck by an evil spirit ***cin fikirli*** superklug; verschlagen ***cin gibi*** pfiffig ***cinleri başına çıkmak*** wütend werden, zornig werden
cin2 Branntwein *m*, Gin *m*
cinai kriminell
cinas Wortspiel *n*; Zweideutigkeit *f*
cinayet Mord *m* ***cinayet işlemek*** morden ***cinayet romanı*** Kriminalroman *m* ***cinayet zabıtası*** Kriminalpolizei *f*
cingöz schlau, klug, pfiffig
cinnet Wahnsinn *m*, Irrsinn *m* ***cinnet getirmek*** wahnsinnig werden, irrsinnig werden ***cinnet getirmek*** Amok laufen
cins Art *f*, Sorte *f*, Gattung *f*; Geschlecht *n*, Sexus *m*, Genus *n*; rassig
cinsel sexuell, geschlechtlich ***cinsel arzu*** Libido *n*, Wollust *f* ***cinsel birleşme*** Beischlaf *m*, Koitus *m* ***cinsel cazibe/çekicilik*** Sexappeal *m* ***cinsel eğitim*** Sexualerziehung *f* ***cinsel güç*** Potenz *f*, Zeugungsfähigkeit *f* ***cinsel hastalık*** Geschlechtskrankheit *f* krankheit ***cinsel ilişki*** Geschlechtsverkehr *m*, Akt *f* ***cinsel ilişkide bulunmak*** Geschlechtsverkehr haben ***cinsel istismar*** sexueller Missbrauch ***cinsel organ*** Geschlechtsorgan *m* ***cinsel taciz*** sexuelle Belästigung
cinsellik Sexualität *f*; Sexus *m*, Geschlecht *n*, Genus *n*
cinsi sexuell, geschlechtlich
cinsiyet Sexualität *n*, Geschlechtlichkeit *f*
cip Jeep *m*
cirit Wurfspeer *m*, Speer *m* ***cirit atma*** Speerwerfen *n* ***cirit atmak*** sich tummeln
ciro Sichtvermerk *m*, Giro *n* ***ciro etmek*** abrechnen, umsetzen
cisim Körper *m*; Gegenstand *m*
cisimcik Körperchen *n*
cisimlenmek sich verkörpern
cisimsiz unkörperlich
civar Gegend *f*, Umgebung *f*
civarında bei, zu; etwa, ungefähr, gegen
civarında bei, in der Nähe von; ungefähr, etwa
civciv Küken *n*
civelek heiter, lebhaft
coğrafi geographisch
coğrafya Erdkunde *f*, Geografie *f*
coğrafyacı Erdkundler *m*, Geograf *m*
cokey Jockei *m*
conta Abdichtung *f*
cop Gummiknüppel *m*
coplamak (nieder)knüppeln
coşku Begeisterung *f*, Leidenschaftlichkeit *f*, Enthusiasmus *m*
coşkulu leidenschaftlich, bewegt
coşkun lebhaft, lebhaftig, begeistert, leidenschaftlich, stürmisch, bewegt
coşkunluk Schwung *m*, Schwarm *m*, Leidenschaft *f*
coşmak sich begeistern, leidenscrhaftlich werden
coşturmak aufregen, aufmuntern
cömert freigebig
cömertlik Freigebigkeit *f*
cuma Freitag *m*
cumartesi Samstag *m*, Sonnabend *m*
cumba *mim* Vorbau *m*, Vorsprung *m*, *mim* Erker *m*
cumburlop plumps! platsch!
cumhur Volk *n*
cumhurbaşkanı Staatspräsident *m*
cumhuriyet Republik *f*
cumhuriyetçi Republikaner *m*
cumhuriyetçilik republikanisches System
cunta Junta *f*
cup plumps!
cura letzter Zigarettenzug; Popo *m*
curcuna Trubel *m*, Tumult *m* ***curcunaya çevirmek*** Trubel treiben
cüce Zwerg *m*, Knom *m*
cücük Keim *m*; *bitk* Schössling *m*; Herz der Zwiebel; *mec* kleinster Teil von *etw*
cümbür cemaat alle zusammen
cümbüş Vergnügen *n*, Vergnügung *f* ***cümbüş etmek/yapmak*** lärmend feiern, ausgelassen feiern
cümle Satz *m*; alle, ganze ***cümle alem*** die ganze Welt, alle

cümlecik *dilb* Nebensatz *m*
cümlemiz wir alle, jeder von uns
cümleten alle zusammen ***cümleten Allahaısmarladık*** auf Wiedersehen allerseits!
cüppe Robe *f*
cüret Mut *m*, Wagnis *n*, Kühnheit *f*, Verwegenheit *f*, Frechheit *f* ***cüret etmek*** sich wagen
cüretkâr kühn, dreist, verwegen, frech, keck, vermessen
cüretli kühn, dreist, verwegen, frech, keck, vermessen
cüruf Schlacke *f*
cürüm Verbrechen *n*, Untat *f*, Missetat *f* ***cürüm işlemek*** eine Missetat begehen ***cürümü meşhut halinde*** auf frischer Tat
cüsse Größe *f*
cüsseli massig, riesengroß
cüzam Lepra *f*
cüzamlı *hek* Leprakranke *m/f*
cüzdan Brieftasche *f*, Portefeuille *n*, Portemonnaie *n*
cüzi gering

Ç

çaba Mühe *f*, Bemühung *f*, Eifer *m*, Anstrengung *f* ***çaba göstermek*** sich bemühen, sich die Mühe geben ***çaba harcamak*** streben, sich bemühen, sich anstrengen
çabalama Streben *n*, Bemühung *f*
çabalamak streben, bestreben, sich anstrengen
çabucak rasch, prompt
çabuk schnell, rasch, geschwind, behende, rapid ***çabuk çabuk*** schnellenstens, ganz rasch ***çabuk kırılan*** spröde ***çabuk kızan*** reizbar ***Çabuk ol*** beeil dich! ***çabuk olmak*** sich beeilen
çabuklaşmak schneller werden, sich beschleunigen, sich beeilen
çabuklaştırmak beschleunigen
çabukluk Schnelligkeit *f*, Eile *f*
çaçabalığı Sprotte *f*
çaçaron geschwätzig
çadır Zelt *n* ***çadır bezi*** Zeltleinwand *f* ***çadır direği*** Zeltstock *m* ***çadır kurmak*** zelten
çağ Zeit *f*, Zeitpunkt *m*; Lebensabschnitt *m*; Periode *f*, Geschichtsabschnitt *m* ***çağ açmak*** eine neue Periode beginnen
çağanoz Krabbe *f*
çağcıl modern, neuzeitlich, zeitgemäß
çağdaş zeitgenössisch; Zeitgenosse *m*
çağdaşlaşma Modernisierung *f*
çağdaşlaşmak sich modernisieren
çağdaşlaştırmak modernisieren
çağdışı unmodern, unzeitgemäß, veraltet
çağıldamak rieseln, rauschen
çağırmak rufen, aufrufen; einladen; versammeln
çağırtkan Lockvogel *m*
çağla grünes Obst
çağlamak brausen; strömen
çağlayan Wasserfall *m*, Kaskade *f*
çağrı Einladung *f*, Forderung *f*, Aufforderung *f*
çağrılı eingeladen
çağrışım Assoziation *f* ***çağrışım yapmak*** assoziieren
çağrıştırmak assoziieren, verbinden
çakal Schakal *m*
çakaleriği *bitk* Schlehdorn *m*
çakı Taschenmesser *n*
çakıl Kies *m*, Kieselstein *m*
çakıllı steinig, kieselreich, kieslig, kieselig
çakıltaşı Kieselstein *m*
çakır graublau
çakırkey(i)f angeheitert, beschwipst
çakışmak sich ineinander festhaken; aufeinander schlagen
çakmak1 Feuerzeug *n*
çakmak2 einschlagen; ansteichen; kapieren, merken; sitzenbleiben; dahinterkommen; verstehen von
çakmaktaşı Feuerstein *m*, Zündstein *m*
çakozlamak *arg* verstehen
çaktırmadan verstohlen, heimlich, unbemerkt, unbeobachtet; ohne *jds* Aufmerksamkeit zu erregen
çaktırmak *arg* merken lassen, bemerkbar

Ç

machen
çalakalem dauernd schreiben
çalar saat Wecker *m*, Schlaguhr *f*
çalçene Schwätzer *m*; geschwätzig
çaldırmak spielen lassen
çalgı Musikinstrument *n*
çalgıcı Musikant *m*
çalı Busch *m*, Gebüsch *n*, Gestrüpp *n*, Dickicht *n*, Staude *f*, Strauch *m* ***çalı çırpı*** Reisig *n*
çalıfasulyesi Buschbohne *f*
çalık schief, krumm
çalıkuşu Zaunkönig *m*
çalılık Busch *m*, Gebüsch *n*, Gestrüpp *n*, Dickicht *n*, Staude *f*, Strauch *m*
çalım Prahlerei *f* ***çalım satmak*** prahlen, protzen ***çalımından geçilmemek*** unerträglich angeben
çalımlamak *sp* täuschen; die Gelegenheit wahrnehmen
çalımlı prahlerisch, aufgeblasen
çalıntı Plagiat *n*
çalışan tätig, geschäftig
çalışkan fteißig, emsig, tätig
çalışkanlık Fleiß *m*, Strebsamkeit *f*, Emsigkeit *f*
çalışma Tätigkeit *f*, Arbeit *f*, Training *n* ***Çalışma Bakanlığı*** Arbeitsministerium *n* ***çalışma izni*** Arbeitserlaubnis *f* ***çalışma koşulları*** Arbeitsbedingungen *f* ***çalışma odası*** Arbeitszimmer *n* ***çalışma saatleri*** Dienstzeit *f*, Arbeitszeit *f* ***çalışma ücreti*** Arbeitslohn *m*
çalışmak arbeiten, tätig sein, wirken, funktionieren, bestreben
çalışmamak versagen, stillstehen
çalıştırıcı Trainer *m*
çalıştırmak antreiben, beschäftigen, betätigen
çalkalamak spülen, abspülen, ausspülen, rühren, schütteln
çalkamak spülen
çalkantı Erschütterung *f*
çalma Stehlen *n*; gestohlen
çalmak stehlen, klauen, rauben; läuten, schellen; spielen
çam Tanne *f*, Fichte *f*, Föhre *f*, Lärche *f* ***çam ağacı*** Tanne *f*, Kiefer *f* ***çam devirmek*** sich blamieren ***çam kerestesi*** Tannenholz *n* ***çam yarması gibi*** (insan) riesengroß
çamaşır Wäsche *f* ***çamaşır asmak*** Wäsche hängen ***çamaşır değiştirmek*** die Wäsche wechseln ***çamaşır dolabı*** Wäscheschrank *m* ***çamaşır günü*** Waschtag *m* ***çamaşır ipi*** Wäscheleine *f* ***çamaşır kazanı*** Waschkessel *m* ***çamaşır leğeni*** Waschbecken *n* ***çamaşır makinesi*** Waschmaschine *f*, Wäscheschleuder *m* ***çamaşır mandalı*** Wäscheklammer *f* ***çamaşır sabunu*** Waschseife *f* ***çamaşır sepeti*** Wäschekorb *m* ***çamaşır suyu*** Bleichmittel *n* ***çamaşır tozu*** Waschmittel *n*, Waschpulver *n* ***çamaşır yıkamak*** Wäsche waschen
çamaşırcı Wäscher *m* ***çamaşırcı kadın*** Waschfrau *f*
çamaşırhane Wäscherei *f*
çamfıstığı Piniennuss *f*
çamlık Pinienbäume *pl*
çamsakızı Fichtenharz *n* ***çamsakızı çoban armağanı*** was ein armer Schäfer schenken kann, ist nur ein Stückchen Fichtenharz ***çamsakızı gibi*** zudringlich, lästig
çamur Matsch *m*, Schlamm *m*, Pfuhl *m*, Dreck *m* ***çamur atmak*** *mec* beschmutzen, verleumden ***çamur sıçratmak*** Schlamm absetzen ***çamurdan çekip çıkarmak*** aus dem Schlamm raustun
çamurlamak beschmutzen; verleumden
çamurlu schlammig, matschig, lehmig, morastig
çamurluk Schutzblech *n*, Kotflügel *m*
çan Glocke *f* ***çan çalmak*** läuten ***çan kulesi*** Glockenturm *m*, Kirchturm *m*
çanak Napf *m*, Schale *f*, Schüssel *f* ***çanak çömlek*** irdenes Geschirr ***çanak tutmak*** unterstützen ***çanak yalamak*** kriechen ***çanak yalayıcı*** Schmarotzer *m*, Speichellecker *m*
çanakçı Töpfer *m*
Çanakkale Boğazı Dardanellen *pl*
çanaksı schallenförmig
çançiçeği *bitk* Glockenblume *f*
çanta Tasche *f*, Mappe *f* ***çantada keklik*** schon für eine Sache gewonnen

çap Durchmesser *m*; Kaliber *n* ***çaptan düşmek*** abnehmen, an Bedeutung verlieren
çapa Hacke *f*; Anker *m*
çapak Augenbutter *f*; Grat *m*
çapaklanmak (göz) Augenbutter bekommen
çapaklı triefend
çapalamak aufhacken
çapanoğlu Unannehmlichkeit *f*
çapar Albino *m*
çapari Angel mit mehreren Haken
çapkın Schürzenjäger *m*
çapkınca sinnlich
çapkınlık Schürzenjägertum *n*, Ausschweifung *f* ***çapkınlık etmek/yapmak*** hinter den Frauen hergehen, jedem Mädchen nachlaufen
çapraşık kompliziert, unklar
çapraz kreuzförmig ***çapraz bulmaca*** Kreuzworträtsel *n*
çaprazlama kreuzweise ***çaprazlama sorgu*** Kreuzverhör *n*
çapul Plünderung *f*
çapulcu Plünderer *m*
çaput Lappen *m*, Fetzen *m*, Flicken *m*
çar Zar *m*
çarçabuk schnell, rasch
çarçur Vergeudung *f* ***çarçur etmek*** vergeuden ***çarçur olmak*** vergeudet werden, verschwendet werden
çardak Laube *f*
çare Mittel *n*, Ausweg *m*, Schutzmittel *n*, Lösung *f* ***çare aramak*** auf Abhilfe sinnen ***çare bulmak*** Abhilfe schaffen ***çare olarak*** als Abhilfe ***çaresine bakmak*** nach Abhilfe trachten
çaresiz aussichtslos, hilflos ***çaresiz kalmak*** to be helpless
çaresizlik Aussichtslosigkeit *f*, Hilflosigkeit *f*, Bedrängnis *n*
çarice Zarin *f*
çariçe Zarin *f*
çarık Opanke *f*, bäuerliches Schuhwerk
çark Rad *n* ***çark etmek*** umschwenken
çarkçı Maschinist *m*; Scherenschleifer *m*
çarkıfelek *bitk* Passionsblume *f*; *mec* Schicksal *n*, Glücksrad *n*
çarlık Zarentum *n*
çarliston Charleston *m*
çarmıh Kreuz *n* ***çarmıha gerilme*** Kreuzigung *f* ***çarmıha germe*** Kreuzigung *f* ***çarmıha germek*** kreuzigen
çarpan *mat* Faktor *m* ***çarpanlara ayırmak*** in Faktoren zerlegen
çarpı *mat* Malzeichen *n*
çarpıcı auffallend
çarpık krumm, verwachsen ***çarpık bacaklar*** X-beine *pl* ***çarpık bacaklı*** krummbeinig ***çarpık çurpuk*** krumm, gekrümmt, gebogen
çarpılan *mat* Multiplikand *m*
çarpılma Verzerrung *f*
çarpılmak sich krummen, sich verbiegen
çarpılmış besessen
çarpım Produkt *n* ***çarpım tablosu*** Einmaleins *n*, Multiplikationstafel *f*
çarpıntı Herzklopfen *n*
çarpışma Zusammenstoß *m*; Kampf *m*
çarpışmak zusammenstoßen; kämpfen
çarpıtmak krümmen
çarpma Stoß *m*, Puff *m*, Anprall *m*; *mat* Multiplikation *f*
çarpmak stoßen, prallen, anprallen, anstoßen; klopfen, pochen, pulsieren; *mat* multiplizieren
çarşaf Betttuch *n* ***çarşaf gibi*** (deniz) sehr stil, sehr ruhig
çarşamba Mittwoch *m*
çarşı Markt *m*, Basar *m* ***çarşıya çıkmak*** auf den Markt gehen ***çat pat*** mit Händen und Füßen
çatal Gabel *f*; Gabelung *f*; gebelförmig ***çatal bıçak*** Essbesteck *n*
çatalağız *coğ* (Fluss)Delta *n*
çatallanmak sich gabeln
çatallaşmak sich komplizieren
çatı Gerüst *n*, Dach *n*, Spant *m* ***çatı arası*** Dachboden *m*, Dachkammer *f* ***çatı deliği*** Luke *f* ***çatı katı*** Mansarde *f* ***çatı tepesi*** Glebel *m*
çatık gerunzelt; finster ***çatık kaşlı*** stirnrunzelnd
çatırdamak knattern, knacken, krachen, prasseln
çatırtı Geknatter *n*, Geprassel *n*
çatışık sich kreuzend, widersprüchlich
çatışma Konflikt *m*, Widerspruch *m*

çatışmak sich widersprechen; streiten
çatkı Gewehrpyramide *f*; Fachwerk *n*; *tek* Niete *f*; Gerippenbau *m*
Ç
çatlak rissig, spröde; Riss *m*, Ritze *f*, Scharte *f*, Leck *n*, Schlitz *m*, Spalt *m*, Spalte *f*
çatlaklık Verrücktheit *f*, Dummheit *f*
çatlama Spaltung *f*
çatlamak platzen, zerplatzen, zerspringen, bersten
çatlatmak spalten, schlitzen
çatmak tadeln, rügen
çavdar Roggen *m* ***çavdar ekmeği*** Schwarzbrot *n*
çavlan Wasserfall *m*, Kaskade *f*
çavuş Unteroffizier *m*, Feldwebel *m*
çavuşkuşu *hayb* Wiedehopf *m*
çavuşüzümü Weintraube *f*
çay1 Tee *m*
çay2 *coğ* Bach *m* ***çay bahçesi*** Cafe *n*, Teehaus *n* ***çay demlemek*** starken Tee kochen ***çay demliği*** Teekanne *f* ***çay fincanı*** Teetasse *f* ***çay ibriği*** Teekessel *m* ***çay kaşığı*** Teelöffel *m* ***çay takımı*** Teegeschirr *n*
çaycı Teehändler *m*; Teetrinker *m*
çaydanlık Teekanne *f*
çayevi Teehaus *n*, Teestube *f*
çayhane Teehaus *n*, Teestube *f*
çayır Wiese *f*, Gras *n*, Weide *f*
çaylak Weihe *f*, Gebelweihe *f*
çehre Miene *f*, Gesicht *n*; Aussicht *f*
çek Scheck *m*, Bankanweisung *f*
Çek Tscheche *m*; tschechisch
çek Scheck *m*
Çek Tscheche *m*, Tschechin *f*; Tschechisch *n*, tschechisch ***Çek arabanı*** Hau ab! ***çek defteri*** Scheckbuch *n* ***Çek git*** Hau ab!, Geh weg!
çekap *hek* Check-up *m*
Çekçe Tscheshisch *n*
çekecek Schuhanzieher *m*, Stiefelknecht *m*
çekememek beneiden
çekememezlik Missgunst *f*
çeker einlaufend; Tragfähigkeit einer Waage
çeki Gewicht *n*; Art *f*, Weise *f*, Ordnung *f*
çekici reizend, verlockend, hinreißend, verführerisch, entzückend, anziehend
çekicilik Reiz *m*, Charme *m*; Anziehung *f*; Affinität *f*
çekiç Hammer *m* ***çekiç atma*** *sp* Hammerwerfen *n* ***çekiçle dövmek*** schmieden ***çekiçle vurmak*** hämmern
çekidüzen Ordnung *f* ***çekidüzen vermek*** aufräumen, ordnen
çekik lang gezogen; eingezogen
çekilir erträglich
çekiliş Ziehung *f*
çekilme Rücktritt *m*; Rückzug *m*
çekilmek zurücktreten, wegtreten, scheiden; aufgeben; weichen, zurückweichen
çekilmez unausstehlich, unerträglich
çekim *fiz* Anziehung *f*, *fiz* Gravitation *f*; *dilb* Konjugation *f*; Verfilmung *f* ***çekim eki*** *dilb* Flexionsendung *f*
çekimser unschlüssig ***çekimser kalmak*** sich die Stimme enthalten
çekimserlik Stimmenthaltung *f*
çekince Bedenken pl, Reserve *f*, Einschränkung *f*
çekingen bagn(e), zag, zaghaft, verschämt, scheu, schüchtern
çekingenlik Hemmung *f*, Schüchternheit *f*, Scheu *f*
çekinik rezessiv, verdeckt, überdeckt
çekinmeden bedenkenlos, ungehemmt, ungezwungen, ohne Umstände
çekinmek sich genieren, sich zurückhalten, sich zurückziehen, ausweichen
çekirdek Kern *m*; Stamm *m* ***çekirdek kahve*** Bohnenkaffee *m* ***çekirdekten yetişme*** von klein an
çekirdekli mit Kernen, Kern- ***çekirdekli meyve*** Steinobst *m*
çekirdeksiz *bitk* kernlos; ohne Kerne, kernlos ***çekirdeksiz kuru üzüm*** Sultanine *f*
çekirge Heuschrecke *f*, Grashüpfer *m*
çekişme Wortstreit *m*, Zank *m*; Strittigkeit *f*, Konflikt *m*
çekişmek debattieren, zanken; losen; (gegenseitig) ziehen
çekişmeli spannend (Oyun)
çekiştirmek auseinanderziehen; *mec* aufeinanderhetzen

çekme Zug *m*; Schublade *f*, Fach *n*, Schubfach *n*; Anziehung *f* ***çekme halatı*** Zugseil *n* ***çekme kuvveti*** Anziehungskraft *f*, Zugkraft *f*
çekmece Fach *n*, Schubfach *n*, Schublade *f*
çekmek ziehen, anziehen, heranziehen, hinziehen; locken, verlocken, reizen, hinreißen; *dilb* konjugieren, deklinieren; ködern; zücken; abheben; abberufen; erdulden, aushalten, erleiden ***çekip çekiştirmek*** durchhecheln ***çekip çevirmek*** ordentlich leiten ***çekip çıkarmak*** ausrotten ***çekip gitmek*** weggehen, ohne sich zu verabschieden
çekmekat Dachgeschoss *n*
çekmez krumpfecht, schrumpfecht, nicht einlaufen
Çekoslovak tschechoslowakisch
Çekoslovakya Tschechoslowakei *f*
çektirmek ausziehen
çekül Lot *n*, Senkblei *n*
çelebi gebildet, erfahren
çelenk Kranz *m*; Gewinde *n*
çelik Stahl *m* ***çelik fabrikası*** Stahlwerk *n* ***çelik sac*** Stahlblech *n* ***çelik yapı*** Stahlbau *m*
çelim Statur *f*, Wuchs *m*
çelimsiz schmächtig, zart
çelimsizlik Schmächtigkeit *f*, Zartheit *f*
çelişik widersprechend, unstimmig
çelişiklik Widerspruch *m*, Unstimmigkeit *f*
çelişki Widerspruch *m*, Unstimmigkeit *f*, Zwiespalt *m*
çelişkili widerspruchsvoll, gegensätzlich
çelişme Widerspruch *m*, Unstimmigkeit *f*
çelişmek widersprechen
çello Cello *n*
çelme Stolpern *n*; Beinstellen *n* ***çelme takmak*** *jdm* ein Bein stellen
çelmek parieren
çelmelemek *jdm* ein Bein stellen
çeltik Reis *m*
çember Reit *m*, Reifen *m*, Kreis *m*, Ring *m*
çemberlemek umkreisen, einkreisen
çemen Kreuzkümmel *m*
çene Kinn *n*, Kiefer *m* ***çene çalmak*** schwatzen ***çene kemiği*** Kiefer *m* ***çene yarışı*** Palaver *n* ***çene yarıştırmak*** unaufhörlich reden ***çene yormak*** sich den Mund fusselig reden ***çenesi düşük*** ein loses Mundwerk ***çenesi kuvvetli olmak*** ein gutes Mundwerk haben, nicht auf den Mund gefallen sein ***çenesini bıçak açmamak*** nicht ein einziges Wort sagen ***çenesini tutmak*** den Mund halten ***çeneye kuvvet*** durch die Kraft seiner Worte
çenebaz geschwätzig
çeneli *mec* redselig, gesprächig, geschwätzig
çengel Haken *m*
çengellemek anhaken, einhaken
çengelli mit Haken
çengelliiğne Sicherheitsnadel *f*
çengi Tanzerin *f*, Musikantin *f*
çentik Scharte *f*, Kerbe *f* ***çentik açmak*** kerben
çentiklemek (ein)kerben
çentikli zackig, schartig
çentmek einkerben
çepeçevre ringsum, ringsherum, rundherum
çeper Wand *f*; Membrane *f*
çerçeve Rahmen *m*, Gestell *n*, Fassung *f*
çerçevelemek einrahmen, umrahmen
çerçeveli gerahmt, eingerahmt
çerçi Hausierer *m*
çerçöp Müll *m* ***çerden çöpten*** zusammengeschustert
çerez Vorspeise *f*, Vorgericht *n*, Leckerbissen *m*, Dessert *n*
Çerkez Tscherkesse *m*; tscherkessisch
çeşit Sorte *f*, Art *m*, Mannigfaltigkeit *f* ***çeşit çeşit*** allerlei, vielerlei, mancherlei
çeşitleme *müz* Variation *f*; Abwechslung *f*
çeşitli allerlei, vielerlei, verschiedenartig, mannigfach, mannigfaltig
çeşitlilik Mannigfailigkeit *f*, Vielfältigkeit *f*, Verschiedenheit *f*, Abart *f*
çeşme Brunnen *m* ***çeşme suyu*** Brunnenwasser *n*
çeşni Geschmack *m*
çeşnici Geschmacker *m*, Küchenmeister *m*
çeşnilik Gewürz *n*, Würze *f*
çete Bande *f*, Rotte *f* ***çete savaşı*** Parti-

sanenkrieg *m*
çeteci Partisan *m*
çetele Kerbholz *n*
çetin schwer, schwierig, hart ***çetin ceviz*** harte Nuss; schwieriger Mensch, eigenwillig
çetrefil verworren
çevik flink, behend, hurtig, gewandt, regsam, rüstig
çeviklik Flinkheit *f*, Behändigkeit *f*, Hurtigkeit *f*, Gewandtheit *f*, Regsamkeit *f*, Rüstigkeit *f*
çevirgeç Umschalter *m*
çeviri Übersetzung *f*
çevirim Wendung *f*, Verwaltung *f*
çevirmek wenden, drehen, umdrehen, kehren, umkehren, abwenden, wegwenden, zuwenden, lenken, umschlagen; übersetzen
çevirmen übersetzer *m*, Dolmetscher *m*
çevre Umfang *m mat* Peripherie *f*; *mat* Umwelt *f*, Umgebung *f*; Kontur *f*; Bereich *m*, Bezirk *m*; Kreis *m*, Zirkel *m* ***çevre dostu*** umweltfreundlich ***çevre kirlenmesi*** Umweltverschmutzung *f* ***çevre kirliliği*** Umweltverschmutzung *f* ***çevre koruma*** Umweltschutz *m*
çevrebilim Ökologie *f*
çevrebilimci Ökologe *f*
çevrebilimci Ökologe *m*, Umweltforscher *m*
çevrede herum
çevrelemek einkreisen, umkreisen, umklammern, kreisen, säumen
çevren Horizont *m*
çevresinde um, umher, herum, rings ***çevresinde dolaşmak*** umgehen, sinde dönmek umlaufen, umfahren, umkreisen
çevresine um, herum ***çevresine bakınmak*** sich umschauen ***çevresine bakmak*** sich umsehen ***çevresini sarmak*** umschließen, umringen, umlagern
çevrili umgeben, eingezäunt; gedreht, umgedreht; umgeben, umschlossen; umgestürzt, umgestoßen
çevrim Phase *f*, Stadium *n*, Periode *f*
çevrimdışı rechnerunabhängig, unabhängig
çevrimiçi rechnerabhängig, abhängig
çevrimsel periodisch
çevrinti Wirbel *m*
çevriyazı Umschrift *f*
çeyiz Aussteuer *f*
çeyrek Viertel *n* ***çeyrek final*** *sp* Viertelfinale *n* ***çeyrek saat*** Viertelstunde *f* ***çeyrek yıl*** Vierteljahr *n*, Trimester *n*
çıban Schwäre *f*, Geschwür *n* ***çıban başı*** Eiterkopf
çığ Lawine *f*
çığır Bahn *f*, Methode *f*, Richtung *f* ***çığır açmak*** bahnbrechend wirken ***çığırından çıkmak*** außer Kontrolle kommen
çığırtkan Lockvogel *m*
çığlık Geschrei *n* ***çığlık atmak*** jammern ***çığlık çığlığa*** with shrieks and cries
çıkagelmek plötzlich auftauchen
çıkar Nutzen *m*, Vorteil *m*, Gewinn *m* ***çıkar sağlamak*** sich profitieren ***çıkar yol*** Ausweg *m*
çıkarcı selbstüchtig
çıkarcılık Selbstsucht *f*
çıkarım Schluss *m*, Folgerung *f*, Schlussfolgerung *f*; Deduktion *f*, Deduzieren *n*; Herleiten *n*, Ableiten *n*, Schluss *m*
çıkarma Landung *f*, Ausschiffung *f*; *mat* Subtraktion *f*
çıkarmak ausziehen, ausbringen, austreten, ausstoßen, abmachen, absetzen, abtun; abziehen, *mat* subtrahieren; ableiten, herleiten; herausgeben; entlassen
çıkartma Abziehbild *n*
çıkık verrenkt; Verrenkung *f*
çıkıkçı *hek* Orthopäde *m* (in der Volksmedizin)
çıkın Bündel *n*, Beutel *m*, Packen *m*
çıkıntı Vorsprung *m*, Erhöhung *f* ***çıkıntı oluşturmak*** vorstehen, vorragen
çıkıntılı erhaben ***çıkıntılı olmak*** herausragen, hervorragen
çıkış Ausgang *m*, Ausweg *m* ***çıkış noktası*** Ausgangspunkt *m*
çıkışma Rüge *f*, Tadel *m*, Verweisung *f*
çıkışmak zurechtweisen, tadeln
çıkıt Mündung *f*
çıkma Randbemerkung *f*; Giebelfenster *n*
çıkmak ausgehen, hinausgehen, heraus-

kommen, fortgehen, abgehen, vorspringen, sich herauswölben; besteigen
çıkmaz (sokak) Sackgasse *f*; (durum) Stillstand *m*; nicht herausgehend, nicht herausführend ***çıkmaz sokak*** Sackgasse *f* ***çıkmaza girmek*** sich festfahren; stillstehen
çıkrık Winde *f*; Spinnrad *n*; Haspel *f*
çıktı Leistung *f*
çılbır Speise aus Eiern
çıldırmak verrückt werden
çıldırtmak rasend machen
çılgın wahnsinnig, verrückt, toll; Irre *m* ***çılgına dönmek*** wahnsinnig werden, verrückt werden
çılgınca wahnwitzig, wahnsinnig, toll
çılgınlık Irsinn *m*, Wahnsinn *m*, Verrücktheit *f*, Triller *m*
çın Klingen *n*, Hallen *n*, Dröhnen *n* ***çın çın*** bim bam! ***çın çın ötmek*** laut klingen
çınar Platane *f*
çıngar Krach *m*, Lärm *m* ***çıngar çıkarmak*** krakeelen
çıngırak Schelle *f*, Klingel *f*
çıngıraklıyılan Klapperschlange *f*
çıngırdamak läuten, ertönen
çıngırtı Klirren *n*, Dröhnen *n*
çınlamak hallen; klingen
çıplak nackt, entblößt, bloß, unverhüllt, blank, bar, kahl ***çıplak ayak*** barfuß ***çıplak vücut*** Akt *m* ***çıplaklar kampı*** FKK-Strand *m*
çıplaklık Nacktheit *f*, Blöße *f*
çıra Kien *m*
çırak Lehrling *m*
çıraklık Lehre *f*, Lehrzeit *f* ***çıraklık devresi*** Lehrzeit *f* ***çıraklık yılları*** Lehrjahre *pl*
çırçıplak splitternackt, vollkommennackt, im Adamskostüm; *mec* in bitterster Not
çırçır Barsch *m*
çırılçıplak splitternackt
çırpı Rute *f*, Gerte *f*
çırpınmak zappeln
çırpıntı Zappeln *n*; Klopfen *n*; Aufregung *f*; Krampf *m*; Erregung *f*; Zuckung *f*, Konvulsion *f*
çırpıştırmak oberflächlich machen, hinhauen
çırpmak schütteln, spülen
çıt Knacken *n*, Knistern *n* ***çıt çıkarmamak*** sich ganz ruhig verhalten ***çıt çıkmamak*** keinen Ton geben, sich ganz ruhig verhalten ***Çıt yok*** es ist mäuschenstill
çıta Leiste *f*
çıtçıt Druckknopf *m*
çıtı pıtı zierlich, niedlich, nett
çıtır çıtır knusperig ***çıtır çıtır etmek*** knistern, prasseln, knattern ***çıtır çıtır yemek*** knirschend (zer)kauen ***çıtır pıtır*** lustig, munter
çıtırdamak knistern, knacken
çıtırtı Knacken *n*; Prasseln *n*, Knistern *n*, Knirschen *n*
çıtkırıldım Weichling *m*
çıtlatmak knacken lassen; in ein Geheimnis einweihen
çıyan Skolopender *m*
çızıktırmak hinkritzeln, hinhauen
çiçek Blume *f*, Blüte *f*; Pocken *pl* ***çiçeği burnunda*** ganz neu ***çiçek açmak*** blühen, aufblühen ***çiçek˘ buketi*** Blumenstrau *m*, tarhı Blumenbeet *n* ***çiçek çıkarmak*** Pocken haben ***çiçek gibi*** neft, fein; geschmackvoll gekleidet ***çiçek tarhı*** Blumenbeet *n*
çiçekçi Blumenverkäufer(in *f*) *m*
çiçeklenmek blühen, Blüten bekommen, austreiben
çiçekli geblümt, mit Blumen, blühend
çiçeklik Blumenvase *f*
çiçektozu Blütenstaub *m*, Pollen *m*
çift Paar *n*; Pflug *m*; *mat* gerade ***çift çift*** paarweise ***çift koşmak*** Tiere vor den Pflug spannen ***çift motorlu*** zweimotorig ***çift sürmek*** pflügen ***çifter çifter*** paarweise
çiftçi Bauer *m*
çiftçilik Landwirtschaft *f*
çifte doppelt ***çifte atmak*** (at) ausschlagen
çiftelemek ausschlagen
çiftlemek paaren
çiftleşme Paarung *f*, Brunst *f* ***çiftleşme zamanı*** Brunstzeit *f*

Ç

çiftleşmek sich paaren
çiftleştirmek paaren
çiftlik Bauernhof *m*
çiftsayı Doppelzahl *f*
Çigan Zigeuner *m* ***Çigan müziği*** Zigeunermusik *f*
çiğ roh, ungekocht; unreif; grell ***çiğ besin*** Rohkost *f* ***çiğ köfte*** scharf gewürzte Tatarklößchen
çiğdem Krokus *m*
çiğit Kern *m*
çiğnemek kauen; treten; überfahren; *mec* überschreiten
çiklet Kaugummi *m* ***çiklet çiğnemek*** (Kaugummi) kauen
çikolata Schokolade *f* ***çikolatalı dondurma*** Schokoladeneis *n* ***çikolatalı şekerleme*** Praline *f*
çil Sommersprosse *f* ***çil horozu*** *hayb* Haselhuhn *n* ***çil yavrusu gibi dağılmak*** auseinanderstieben
çile Mühsal *f*, Anstrengung *f*, Strapaze *f*, Bedrängnis *f*; Strang *m* ***çile çekmek*** sich kasteien, sich abhärmen ***çileden çıkarmak*** in Wut versetzen ***çileden çıkmak*** die Beherrschung verlieren
çilek Erdbeere *f* ***çilek kompostosu*** Erdbeerkompott *n* ***çilekli dondurma*** Erdbeereis *n*
çilekeş Ordensnovize *m*; Vielgeplagter *m*
çileli leidgeprüft
çilingir Schlosser *m*
çillenmek Sommersprossen bekommen
çilli sommersprossig
çim Rasen *m* ***çim saha*** Rasenplatz *m*
çıma Anlegetau *n*; Schlepptau *n*
çimdik Kneifen *n* ***çimdik atmak*** kneifen, zwicken
çimdiklemek kneifen, zwicken
çimen Gras *n*
çimenlik Grünanlage *f*
çimento Zement *m*
çimentolamak zementieren, einzementieren
çimlendirmek keimen lassen
çimlenmek keimen, sich mit Rasen bedecken, mit Rasen angepflanzt werden
çimmek sich baden; untergetaucht werden
Çin China *n*; chinesisch
çinakop Blaufisch *m*
Çince Chinesisch *n*
çingene frech; geizig
Çingene Zigeuner *m*, Zigeunerin *f*
çingenelik Habsucht *f*, Habgier *f*, Frechheit *f*
çini Majolika *f*, Keramik *f*, Fayence *f* ***çini mürekkebi*** Tusche *f*
çinicilik Keramik *f*, Fayencekunst *f*
çinko Zink *n*
Çinli Chinese *m*
çipura Geißbrasse *f*
çiriş Kleister *m*
çirkef Schmutzwasser *n*; ekelhaft, widerwärtig
çirkin hässlich, unangenehm, greulich, unerhört, verwerflich, garstig, abscheulich
çirkinleşmek hässlich werden
çirkinleştirmek verunstalten
çirkinlik Hässlichkeit *f*
çiroz Makrele *f*
çiselemek sprühen, nieseln
çisenti Nieseln *n*
çiş Pisse *f*, Harn *m* ***çiş etmek*** pissen, harnen, urinieren ***çiş yapmak*** (çocuk) Pipi machen; pissen, harnen, urinieren
çit Zaun *m*, Hecke *f*, Gehege *n*, Hürde *f*
çitilemek reiben
çitlembik *bitk* Zürge *f*
çivi Nagel *f*, Stift *m*, Krampe *f*, Splint *m* ***çivi çakmak*** Nägel einschlagen ***çivi dişi*** Mitchzahn *m* ***çivi gibi*** gesund und munter ***çivi kesmek*** (er)frieren; zu Eis werden ***çivi yazısı*** Keilschrift *f*
çivileme Annageln *n*; (suya atlayış) Fußsprung *m*
çivilemek nageln, annageln
çivit Waschblau *n*, Indigo *n* ***çivit mavisi*** kobaltblau, indigoblau
çivitlemek anblauen, blauen, bläuen; blau färben
çiviyazısı Keilschrift *f*
çiy Tau *m*
çizelge Tafel *f*, Tabelle *f*
çizge Graphik *f*, Schaubild *n*
çizgi Linie *f*, Strich *m* ***çizgi çizgi*** gestrichelt, gestreift, strichweise ***çizgi çiz-***

mek einen Strich ziehen ***çizgi film*** Zeichentrickfilm *m* ***çizgi roman*** Comic *m*
çizgili liniiert, gestrichelt
çizgisel *mat* linear
çizgisiz unliniiert
çizik Schramme *f*; gestrichelt
çiziktirmek hinkritzeln
çizim Zeichnung *f*, Konstruktion *f*
çizinti Schramme *f*; (ciltte) kleine Hautverletzung *f*
çizme Stiefel *m* ***çizme ökçesi*** Stiefelabsatz *m* ***çizmeden yukarı çıkmak*** zu weit gehen
çizmek zeichnen, konstruieren; durchstreichen, wegstreichen, ausstreichen, abstreichen
çoban Schäfer *m*, Hirt *m* ***çoban köpeği*** Schäferhund *m* ***çoban matı*** Schäfermatt *n*
Çobanyıldızı Morgenstern *m*, Venus *f*
çocuk Kind *n* ***çocuğu olmak*** ein Kind bekommen ***çocuk aldırmak*** abtreiben ***çocuk arabası*** Kinderwagen *m* ***çocuk bahçesi*** Kinderspielplatz *m* ***çocuk bakıcısı*** Kindermädchen *n* ***çocuk bakımı*** Kinderpflege *f* ***çocuk bezi*** Windel *f* ***çocuk büyütmek*** Kinder aufziehen ***çocuk doğurmak*** ein Kind bekommen, gebären ***çocuk doktoru*** Kinderarzt *m* ***çocuk düşürme*** Fehlgeburt *f* ***çocuk düşürmek*** eine Fehlgeburt machen ***çocuk felci*** Kinderlähmung *f* ***çocuk gibi*** kindisch ***çocuk işi*** Kinderspiel *n*, Bagatelle *f* ***çocuk mahkemesi*** *huk* Jugendgericht *n* ***çocuk maması*** Babynahrung *f* ***çocuk odası*** Kinderzimmer *n* ***çocuk oyuncağı*** Kinderspiel *n*, Kleinigkeit *f* ***çocuk yapma*** Zeugung *f* ***çocuk yapmak*** (Kinder) zeugen ***çocuk yuvası*** Kindergarten *m*, Kinderheim *n* ***çocuk zammı*** Kindergeld *n* ***çocuktan al haberi*** Kinder sprechen die Wahrheit
çocukbilim Pädologie *f*
çocukcağız armes Kind
çocukça kindisch, albern, blöd; knabenhaft
çocuklaşmak wie ein Kind sein, zum Kind werden; sich kindisch benehmen
çocukluk Kindheit *f*; Kinderei *f*
çocuksu kindisch; kindlich
çoğalma Vermehrung *f*, Zuwachs *m*
çoğalmak sich vermehren, zunehmen, steigen, schwellen; sich fortpflanzen
çoğaltma Steigerung *f*, Verfältigung *f*
çoğaltmak vermehren, steigern, erhöhen, vervielfältigen
çoğu größtenteils; meistens, oft ***çoğu zaman*** meistens
çoğul *dilb* Plural *m*, Mehrzahl *f*
çoğun meistens
çoğunluk Mehrheit *f*, Majorität *f*
çoğunlukla meistens, größtenteils, meist, zum größten Teil
çok sehr, viel, reichlich, weitaus, überaus, tüchtig, gar, gerade, riesig, rechtschaffen ***çok acele*** umgehend, hastig ***çok anlamlı*** vieldeutig, dehnbar, mehrdeutig ***çok anlamlılık*** Dehnbarkeit *f* ***çok büyük*** riesig, gewaltig, enorm, unabsehbar, übergroß, ungeheuer, unübersehbar ***çok çok*** anreichlich, höchstens ***çok defa*** oft, meistens ***çok fazla*** sehr viel, zuviel ***çok geçmeden*** binnen kurzem, nach kurzem ***çok görmek*** missgönnen ***çok güzel*** bildschön, prima, entzückend, herrlich ***çok hasta*** todkrank ***çok heceli*** mehrsilbig, vielsilbig ***çok hızlı*** überstürzt ***çok iyi*** hervorragend, vortrefflich, erstklassig, brillant, prima ***çok olmak*** zu weit gehen ***çok renkli*** bunt, vielfarbig ***çok sesli*** vielstimmig, mehrstimmig ***Çok şükür*** Gott sei Dank! ***çok yakında*** bald, nahebei ***Çok yaşa*** Er lebe hoch!; (hapşırma) Gesundheit! ***çok yorgun*** todmüde ***çok yönlü*** vielseitig
çokanlamlı mehrdeutig
çokanlamlılık Mehrdeutigkeit *f*
çokayaklılar Myriapode *m*
çokdüzlemli vielflächig
çokeşli polygam, in Polygamie lebend
çokeşlilik Polygamie *f*, Vielehe *f*
çokgen Polygon *n*, Vieleck *n*
çokgözeli mehrzellig
çokhücreli mehrzellig
çokkarılı polygam
çokkarılılık Doppelehe *f*, Vielweiberei *f*,

Polygamie *f*, Bigamie *f*
çokkocalı polyandrisch
çokkocalılık *huk* Vielmännerei *f*, Polyandrie *f*
çokluk Menge *f*, Fülle *f*
çoksesli mehrstimmig; *müz* polyfon, vielstimmig
çokseslilik polyphony
çoktan schon ***çoktan beri*** seit Jahr und Tag
çoktandır seit langer Zeit
çoktanrıcı Heide *m*, Polytheist *m*
çoktanrıcılık Polytheismus *m*
çoktanrılı polytheistisch, mit vielen Göttern
çokterimli Polynom *n*
çokuluslu multinational
çokyüzlü *mat* Vielflach *n*, Vielflächner *m*, Polyeder *n*; *tek* mehrseitig
çolak verkrüppelt
Çolpan Venus *f*
çoluk çocuk mit Kind und Kegel; junges Gemüse
çomak Knüftel *m*, Keule *f*
çomar großer Hirtenhund
çopur entstellendes Gesichtsmal, wilder Tiere
çorak dürr, unfruchtbar
çoraklaşmak unfruchtbar werden
çoraklık Unfruchtbarkeit *f*
çorap Socke *f*, Strumpf *f* ***çorap kaçığı*** Laufmasche *f* ***çorap kaçmak*** Masche lösen ***çorap örmek*** Strümpfe stricken ***çorap söküğü gibi*** in Laufmaschen ***çorap şişi*** Stricknadel *f*
çorapçı Sockenverkäufer(in *f*)
çorba Suppe *f* ***çorba gibi*** in Unordnung ***çorba içmek*** Suppe essen ***çorba kâsesi*** Suppenschüssel *f*, Terrine *f* ***çorba kaşığı*** Suppenlöffel *m* ***çorbada tuzu bulunmak*** auch einen kleinen Beitrag geliefert haben ***çorbaya döndürmek*** heillos verwirren ***çorbaya dönmek*** sich heillos verwirren
çökelek Niederschlag *m*
çökelmek *kim* sich absetzen; sich ablagern
çökelti Ablagerung *f*; *kim* Sediment *n*
çökertmek senken
çökkün zusammengefallen, eingestürzt; erschöpft; eingesunken; auf den Knien liegend; *hek* deppresiv
çökkünlük Depression *f*
çökme Zusammenbruch *m*, Zerfall *m*, Einsturz *m*; Depression *f*
çökmek sinken; einfallen, einstürzen, zerfallen, zugrunde gehen, verfallen; zusammenfallen, zusammenstürzen, zusammenbrechen; krachen, untergehen
çökük Delle *f*; (göz) eingesunken, hohl; zusammengebrochen; kniend; alt und schwach; abgelagert; *hek* depressiv
çöküntü Senke *f*; Verfall *m*, Zusammenbruch *m*
çöküş Ruin *m*, Untergang *m*, Dekadenz *f*, Niederlage *f*
çöl Wüste *f*
çömelmek hocken, kauern
çömez Jünger *m*, Anhänger *m*, Schüler *m*
çömlek Topf *m*
çömlekçi Töpfer *m*
çöp Müll *m*, Kehrricht *m*, Spreu *f*, Brack *n* ***çöp arabası*** Müllwagen *m* ***çöp gibi*** spindeldürr ***çöp kebabı*** Schaschlik *m* ***çöp kovası*** Mülleimer *m* ***çöp kutusu*** Abfalleimer *m* ***çöp sepeti*** Papierkorb *m* ***çöp tenekesi*** Mülleimer *m* ***çöpe dönmek*** sehr dünn werden
çöpçatan Heiratsvermittler *m*
çöpçatanlık Heiratsvermittlung *f* ***çöpçatanlık etmek*** Vermittlung von Heiraten
çöpçü Straßenkehrer *m*; Müllkutscher *m*
çöplenmek sich kleine Vorteile sichern; *mec* ein Paar Krümchen essen; anspruchslos leben
çöplük Kehrichthaufen *m*; Mülleimer *m*
çörek Gebäck *n*; Scheibe *f*
çöreklenmek sich zusammenringeln
çöreotu Jungfer im Grünen, Schwarzkümmel *m*
çörkü Abakus *m*
çöven *bitk* Seifenkraut *n*
çözelti Lösung *f*
çözgü Kette *f*
çözmek lösen, auflösen, losbinden
çözücü Lösemittel *n*, Lösungsmittel *n*;

Weber *m*
çözük lose; aufgeknotet, losgemacht; (kar) geschmolzen, getaut
çözülmek auseinandergehen; sich auflösen, aufgehen
çözüm Lösung *f*, Auflösung *f*
çözümleme Analyse *f*, Auflösung *f*, Zerlegung *f*
çözümlemek analysieren, auflösen, zerlegen, zergliedern
çözümlemeli auf eine Analyse gestützt
çözümsel analytisch, zerlegend
çözünme *kim* Auflösung *f*
çözünmek sich auflösen
çözünürlük Löslichkeit *f*; Auflösung *f*
çözüşmek auseinandergehen
çubuk Stab *m*, Stock *m*, Stange *f*, Gerte *f* ***çubuk aşısı*** Pfropfen *n* ***çubuk kraker*** Salzstangen *pl*
çuha Tuch *n*, Wollstoff *m*
çuhaçiçeği Primel *f*
çukur Loch *n*, Grube *f*, Vertiefung *f*, Schacht *m*; tief, hohl ***çukur kazmak*** (eine Grube) graben ***çukurunu kazmak*** seine Grube graben
çukurlaşmak vertiefen
çukurluk Senke *f*, Mulde *f*, Vertiefung *f*
çul Tierdecke *f*
çulha Weber *m*
çullanmak sich stürzen
çulluk Schnepfe *f*
Çulpan Morgenstern *m*, Venus *f*
çulsuz Hungerleider *m*
çuval Sack *m* ***çuval bezi*** Drell *m* ***çuval gibi*** grob, schlottrig ***çuvala koymak*** sacken
çuvaldız Packnadel *f*
çuvallamak durchfallen, misslingen
çük Schwänzchen *n*
çünkü denn, weil, da
çürük faul, morsch, schwach, verwesen ***çürüğe çıkarmak*** *ask* als dienstuntauglich erklären ***çürük çarık*** verfault, unbrauchbar ***çürük çıkmak*** verfault sein; als dienstuntauglich erklärt werden ***çürük tahtaya basmak*** in die Falle gehen
çürüklük Fäulnis *f*; Brüchigkeit *f*; Untauglichkeit *f*
çürüme Verwesung *f*, Moder *m*
çürümek verderben, verfaulenn, abfaulen
çürümüş verfault
çürütmek widerlegen
çürütülebilir widerlegbar
çürütülemeyen unwiderlegbar, unwiderleglich
çüş (Ruf des Eseltreibers) Halt!, Ouha!

D

da auch, ebenfalls, aber, indessen; und
dadanmak sich einfinden
dadı Kinderfrau *f*, Amme *f*
dağ1 Berg *m*
dağ2 Brandmal *n* ***dağ adamı*** Bauerntölpel *m* ***dağ başı*** Bergspitze *f*; wilde Gebiete ***dağ eteği*** Fuß des Berges ***dağ faresi*** Murmeltier *n* ***dağ gibi*** Berge von; riesengroß ***dağ silsilesi*** Bergkette *f*, Gebirge *n*, Gebirgskette *f* ***dağ sırtı*** Grat *m* ***dağ(lar) kadar*** enorm, sehr groß, riesig ***dağlara taşlara*** möge es uns fernbleiben
dağarcık Ledersack *m*
dağcı Bergsteiger(in *f*) *m*, Alpinist *m*
dağcılık Bergsteigen *n*
dağılım Verteilung *f*
dağılış Verfall *m*, Zerfall *m*
dağılma Zerfall *m*, Auflösung *f*
dağılmak zerfallen, sich auflösen sich ausbreiten, sich verteilen
dağınık vereinzelt, zerstreut; unordentlich; wirr
dağınıklık Unordnung *f*; Zerstreuung *f*
dağıtıcı Briefträger *m*, Zeitungsverkäufer *m*
dağıtım Verteilung *f*, Ausgabe *f*
dağıtmak verteilen, austeilen, ausgeben, einteilen; ausschenken, spenden; zerstreuen; zertrümmern
dağkeçisi Gemse *f*
dağlamak brandmarken
dağlıç Fettschwanzschaf *n*
dağlık gebirgig
daha noch, desto, mehr, erst, schon ***da-***

D

ha az minder ***daha çok*** mehr, über, vielmehr ***daha doğrusu*** beziehungsweise ***daha fazla*** hoch ***daha hoş*** lieber ***daha iyi*** besser, über ***Daha iyisi can sağlığı*** Besser geht's nicht! ***daha kötü*** schlechter, schlimmer ***daha küçük*** minder ***Daha neler*** Was noch? ***daha önce*** früher, eher, zuvor, davor ***daha sonra*** später, nachher, hinterher

dahası Was gibt's mehr? ***Dahası var*** Das ist nicht alles!

dahi auch, selbst, sogar

dâhi Genie *n*

dahil inbegriffen, einbegriffen, einschließlich ***dahil etmek*** einschließen ***dahil olmak*** dazugehören

dahili inner, innerlich

dahiliye innere Krankheiten; Abteilung für innere Krankheiten

dahiliyeci Arzt für innere Krankheiten; Internist(in *f*)

daima immer, stets

daimi ständig, dauernd

dair über, bezüglich, hinsichtlich

daire *mat* Kreis *m*; Amt *n*, Büro *n*; Wohnung *f* ***daire amiri*** Amstvorsteher *m* ***daire kesmesi*** Kreisausschnitt *m* ***daire yayı*** Kreisbogen *m*

dairesel kreisförmig ***dairesel yörünge*** Kreisbahn *f*

dakik pünktlich; fein, präzis

dakika Minute *f* ***dakikası dakikasına*** auf die Minute, pünktlich

dakikalarca minutenlang

dakiklik Pünktlichkeit *f*; Präzision *f*

daktilo Maschinenschreiben *n*; Schreibmaschine *f* ***daktilo etmek*** mit der Maschine schreiben ***daktilo ile yazmak*** mit der Maschine schreiben ***daktilo makinesi*** Schreibmaschine *f*

daktilograf Schreibkraft *f*, Stenotypist *m*

daktilografi Maschinenschreiben *n*

daktiloskopi Fingerabdruckverfahren *m*

dal Ast *m*, Zweig *m*; Abteilung *f* ***dal budak salmak*** Zweige und Triebe ansetzen ***dal gibi*** zart und schwach ***daldan dala atlamak*** von einem Thema auf das andere kommen ***daldan dala konan*** wankelmütig ***daldan dala konmak*** von einem Thema auf das andere kommen

dalak Milz *f*

dalamak beißen; stechen

dalaş Streit *m*, Gefecht *n*

dalaşmak sich beißen; sich zanken

dalavere Schwindel *m* ***dalavere çevirmek*** beschwindeln, betrügen

dalavereci Schwindler *m*

dalaverecilik Schwindelei *f*

daldırma Ableger *m*, Absenker *m*, Steckling *m*

daldırmak tauchen, eintauchen, versenken

dalga Welle *f*; Schwindel *m* ***dalga boyu*** Wellanlänge *f* ***dalga dalga*** wellig; streifenförmig ***dalga devinimi*** Wellenbewegung *f* ***dalga geçmek*** sich lustig machen über; faulenzen ***dalga hareketi*** Wellenbewegung *f*

dalgacı zerstreut, unaufmerksam; Intrigant *m*; Drückeberger *m*

dalgakıran Wellenbrecher *m*, Mole *f*

dalgalandırmak kräuseln

dalgalanma Kräuselung *f*, Wallung *f*

dalgalanmak flattern, wallen, wogen

dalgalı wellig, bewegt; wellentörmig ***dalgalı akım*** Wechselstrom *m*

dalgıç Taucher *m* ***dalgıç giysisi*** Taucheranzug *m* ***dalgıç oksijen tüpü*** Taucher-Sauerstoffflasche *f*

dalgıçlık Tauchen *n*

dalgın zerstreut, verträumt, versunken, geistesabwesend

dalgınlık Zerstreutheit *f*, Abwesenheit *f* ***dalına basmak*** reizen, ärgern

dalkavuk Schmeichler *m*

dalkavukluk Schmeichelei *f* ***dalkavukluk etmek*** schmeicheln

dallanmak sich verzweigen

dallı verzweigt, verästelt ***dallı budaklı*** weitverzweigt; *mec* kompliziert

dalmak tauchen, untertauchen; sich vertiefen; einnicken; *mec* schlafen

dalmış versunken

dalyan Fischernetz *n* ***dalyan gibi*** gut gebaut, athletisch

dalyarak *arg* Tölpel *m*, Dummkopf *m*

dam1 Dame *f*

dam2 Dach *n*; Stall *m*; Gefängnis *n*
dama Damespiel *n*, Dame *f*
damacana Glasballon *m*
damak Gaumen *m*
damaksıl palatal, Gaumen-
damalı kariert
damar Ader *f* ***damar sertliği*** Arterienverkalkung *f* ***damar tıkanıklığı*** Embolie *f* ***damarına basmak*** *jdm* auf die Hühneraugen treten
damarlı adrig, aderig
damat Bräutigam *m*, Schwiegersohn *m*
damatlık Bräutigamskleid *n* (Elbise)
damga Stempel *m*, Siegel *n* ***damga basmak*** stempeln ***damga pulu*** Stempelmarke *f*
damgalamak stempeln, siegeln
damgalanmak schlecht angeschrieben sein
damgalı gestempelt
damgasız ungestempelt
damıtık destilliert
damıtma Destillation *f*
damıtmak destillieren
damız Stall *m*
damızlık Ferment *n* ***damızlık hayvan*** Zuchttier *n*
damla Tropfen *m* ***damla damla*** tropfenweise
damlalık Tropftlasche *f*, Tropfglas *n*
damlamak tropfen, rinnen, sickern
damlatmak tropfen, träufeln
damper Kippvorrichtung *f*; *tek* Kipplore *f*; (kamyon) Kipper *m*
damping Dumping *n*
dan aus, von
dana Kalb *n* ***dana eti*** Kalbfleisch *n* ***dana kızartması*** Kalbsbraten *m*
dangalak dumm, einfältig
Danimarka Dänemark *n*
Danimarkalı Däne *m*, Dänin *f*
daniska best
daniskası der/die/das Beste
danışık Abmachung *f*, Übereinkommen *n*
danışıklı abgekartet ***danışıklı dövüş*** abgekartetes Spiel
danışma Auskunft *f*, Beratung *f*, Information *f*
danışmak konsultieren; verhandeln
danışman Ratgeber *m*, Berater(in *f*) *m*
danışmanlık Betreuung *f*
danıştay Staatsrat *m*
Danıştay *huk* Oberverwaltungsgericht *n*, Staatsrat *m*
dank etmek (kafasına) langsam verstehen
dans Tanz *m* ***dans etmek*** tanzen ***dans müziği*** Tanzmusik *f* ***dans okulu*** Tanzschule *f* ***dans orkestrası*** Tanzkapelle *f* ***dansa kaldırmak*** zum Tanz auffordern
dansçı Tänzer *m*, Tänzerin *f*
dansör Tänzer *m*
dansöz Tänzerin *f*
dantel Häkelspitze *f*
dapdaracık furchtbar eng, ganz besonders eng, überaus knapp
dar eng, schmal ***dar açı*** *mat* spitzer Winkel ***dar boğaz*** Klause *f* ***dar darına*** mit knapper Not, gerade noch ***dar gelirli*** minderbemittelt ***dar görüşlü*** kleinlich, engherzig ***dar kafalı*** engstirnig, spießbürgerlich ***dara düşmek*** in finanzieller Schwierigkeit sein ***darda kalmak*** in Geldschwierigkeiten sein
dara Tara *f* ***darasını almak/düşmek*** Verpackungsgewicht abziehen
daracık ganz eng, recht schmal
darağacı Galgen *m*
daralmak eng(er) werden; knapp werden, sich drängen
daraltmak enger machen, verengern
darbe Schlag *m*, Hieb *m*; Schicksalsschlag *m*; Stoß *m*; Putsch *m*
darbetmek schlagen; prägen *n* (para); multiplizieren
darbuka Handtrommel *f*
darbukacı Handtrommelspieler *m*
darbukatör Handtrommelspieler *m*
dargın böse
dargınlık Ärger *m*
darı Hirse *f* ***darısı başınıza*** möge Ihnen das gleiche Glück bescheiden sein
Darılmaca yok Nicht böse sein!
darılmak übelnehmen, zürnen
darıltmak erzürnen; verärgern
darlaşmak knapp werden
darlık Enge *f*; Not *f*, Klemme *f*, Patsche *f*, Trübsal *f*; Knappheit *f*

D

darmadağın(ık) verworren, wirr, durcheinander ***darmadağınık etmek*** durcheinander bringen
darphane Münze *f*, Geldprägestätte *f*
darülaceze Altersheim *n*
dava *huk* Prozess *m*, Verhandlung *f*; Sache *f*, These *f*, Forderung *f* ***dava açmak/etmek*** Klage erheben ***dava etmek*** anklagen, verklagen ***davadan vazgeçmek*** Verfahren einstellen ***davanın düşmesi*** *huk* Einstellung des Verfahrens ***davaya bakmak*** klagen, verklagen
davacı Kläger *m*
davalı Angeklagte *m*
davar Vieh *n*
davavekili Rechtsvertreter *m*
davet Einladung *f*, Aufforderung *f* ***davet etmek*** einladen, auffordern, herausfordern
davetiye Einladungskarte *f*; Vorladung *f*
davetkâr einladend, von einladendem Äußeren
davetli geladener Gast
davetsiz ungeladener Gast ***davetsiz misafir*** ungebetener Gast
davlumbaz Radkasten *m*
davranış Verhaiten *n*, Benehmen *n* Behandlung *f*, Betragen *n*, Haltung *f* ***davranışta bulunmak*** sich benehmen, handeln
Davranma Nicht bewegen!
davranmak behandeln, verhalten, sich benehmen, umgehen, verfahren
davul Trommel *f*, Pauke *f* ***davul çalmak*** pauken ***davul gibi*** *mec* dick und gespannt ***davul zurna*** dröhnende Dorfmusik ***davulun sesi uzaktan hoş gelir*** die große Trommel klingt nur von weitem schön
davulcu Pauker *m*
dayak Prügel *pl* ***dayak atmak*** prügeln, verprügeln ***dayak yemek*** Prügel beziehen
dayalı gelehnt, angelehnt, gestütz ***dayalı döşeli*** vollständig möbliert
dayamak lehnen, anlehnen, stützen, stemmen; einrichten
dayanak Halt *m*, Stütze *f*, Spreize *f* ***dayanak noktası*** Stützpunkt *m*
dayandırmak stemmen; anknüpfen zugrunde legen, gründen
dayanıklı fest, solid(e), standfest, beständig, dauerhaft, widerstandsfähig
dayanıklılık Dauer *f*, Festigkeit *f*
dayanıksız unhaltbar; ohne Widerstandskraft
dayanılabilir verträglich
dayanılır erträglich
dayanılmaz unerträglich, unverträglich, unausstehlich, allzu
dayanışma Solidarität *f*, Zusammengehörigkeitsgefühl *n*, Zusammenhalt *m* ***dayanışma içinde*** solidarisch
dayanma Ausdauer *f*
dayanmak lehnen, sich lehnen, sich stützen, beruhen, sich berufen (auf), sich beziehen; halten, aushalten; ertragen, vertragen, dulden, erdulden; standhalten, widerstehen, sich stemmen; pochen
dayatmak verharren, beharren
dayı Onkel *m*
dayılık *mec* Protektion *f*
dayıoğlu Vetter *m*, Kusine *f*
dazlak kahlköpfig
dazlaklık Kahlheit *f*
de auch; und
debdebe Aufwand *m*
debdebeli pompös, prunkvoll
debelenmek zappeln, strampeln
debriyaj *tek* Kupplung *f* ***debriyaj pedalı*** Kupplungspedal *n*
dede Großvater *m*; Ahn *m*, Vorfahr *m* ***dedenin dedesi*** Urahn *m*
dedektif Detektiv *m*
dedektör Detektor *m*
dedikodu Gerücht *n*, Klatsch *m* ***dedikodu yapmak*** klatschen
dedikoducu schwatzhaft, klatschsüchtig
dedikoduculuk Schwatzhaftigkeit *f*
defa Mal *n*
defalarca mehrmals, öfters
defetmek verjagen, vertreiben, stoßen
defile Moderschau *m*
defin Beerdigung *f*, Bestattung *f*, Begräbnis *n*
define Schatz *m* ***define arayıcısı***

Schatzgräber *m*
defineci Schatzgräber *m*
deflasyon Deflation *f*
defne Lorbeer *m* ***defne yaprağı*** Lorbeerblatt *n*
defnetmek beerdigen, begraben, bestatten
defo Defekt *m*
defol fort mit dir!
Defol Hau ab!, Raus!
defolmak abhauen
defolu mit Fehlern, unrein
deformasyon Deformation *f*, Formänderung *f*
deforme deformiert
defter Heft *n*; Verzeichnis *n*, Register *n* ***defter tutma*** Buchführung *f* ***defter tutmak*** Listen führen ***defterden silmek*** *jdn* streichen ***deftere geçirmek*** registrieren ***defteri açmak*** Listen auslegen ***defteri kapamak*** *mec* nichts mehr zu tun haben wollen mit ***defteri kebir*** Hauptbuch *n* ***defteri tutma*** Buchführung *f* ***defteri tutmak*** Listen führen ***defterini dürmek*** *mec jdn* auf die Abschussliste setzen
defterdar Finanzdirektor *m*
defterdarlık Finanzamt *n*
değdirmek berühren
değer wert, würdig; Wert *m*; Preis *m* ***değer biçilmez*** unschätzbar ***değer biçme*** Taxe *f*, Schätzung *f* ***değer biçmek*** schätzen ***değer vermek*** würdigen, achten ***değerden düşmek*** im Wert sinken ***değeri düşmek*** im Wert sinken ***değerini yükseltmek*** aufwerten, veredeln
değerbilir Kenner *m*
değerbilmez Verächter *m*; undankbar
değerlendirmek bewerten, auswerten, zensieren
değerlenmek im Wert steigen
değerli wertvoll, kostbar, teuer; edel, schätzenswert, tüchtig ***değerli eşya*** Wertsache *f* ***değerli kâğıt*** Wertpapier *n* ***değerli mektup*** Wertbrief *m* ***değerli paket*** Wertpaket *n* ***değerli taş*** Edelstein *m*, Kleinod *n*, Juwel *n*
değerlik *kim* Wertigkeit *f*, Valenz *f*
değersiz wertlos, nichtig, eitel, nichtsnützig ***değersiz şey*** Schund *m*
değersizlik Wertlosigkeit *f*, Nichtigkeit *f*
değgin gehörig, bezüglich, zusammenhängend mit, betreffend, hinsichtlich, über
değil nicht; geschweige ***değil mi*** nicht wahr?
değin bis
değinmek anknüpfen
değirmen Mühle *f* ***değirmen dolabı*** Mühlenrad *n* ***değirmen taşı*** Mühlenstein *m*
değirmenci Müller *m*
değirmentaşı Mühlstein *m*; Grit *m*
değirmi rund, quadratisch
değiş Tausch *m*, Austausch *m* ***değiş etmek*** etwas gegen etwas anderes austauschen ***değiş tokuş*** Tausch *m*, Tauschhandel *m* ***değiş tokuş etmek*** *etw* gegen *etw* anderes tauschen
değişik verschieden, anders ***değişik olmak*** variieren, verschieden sein
değişiklik Verschiedenheit *f*; Änderung *f*, Veränderung *f*, Wandel *m*, Wandlung *f*, Wechsel *m*; Variation *f* ***değişiklik yapmak*** verändern, reformieren
değişim Verwandlung *f*, Umwandlung *f*, Moditikation *f*, Umschlag *m*
değişke *biy* Modifikation *f*
değişken veränderlich, unbeständig, unstet; *mat* Variable *f*
değişme Wandlung *f*, Wandel *m*, Abwechslung *f*, Wechsel *m*
değişmek austauschen, umwechseln
değişmez unveränderlich, unwandelbar, dauernd, fest, gleich bleibend, konstant, ständig
değiştirme Veränderung *f*; Tusch *m*, Umtausch *m*
değiştirmek verändern, umändern, abändern, ändern; tauschen, umtauschen, vertauschen, verwechseln, wechseln, umwechseln, wandeln umwandeln, verwandeln, variieren, modulieren, modifizieren; verfälschen; umschalten
değme Berührung *f*, Kontakt *m*
değmek1 berühren; erreichen

D

değmek2 sich lohnen, wert sein
değnek Stock *m*, Knüttel *m*, Knoppel *m*, Stab *m*, Prügel *m*, Stange *f*, Schlegel *m*, Gerte *f*
deha Genie *n*
dehliz Galerie *f*
dehşet Greuel *m*, Grauen *n*, Grausen *n*, Entsetzen *n*, Abscheu *f* ***dehşet saçmak*** terrorisieren ***dehşet verici*** schauderhaft, schrecklich ***dehşete kapılmak*** sich entsetzen
dehşetli ungeheuer, entsetzlich, grausig gruselig, verheerend, schrecklich, furchtbar
dejenere entartet, degeneriert ***dejenere olmak*** degenerieren, entarten
dek bis
dekalitre Dekaliter *m/n*
dekametre Dekameter *m/n*
dekan Dekan *m*
dekanlık Dekanat *n*
dekar Dekar *n*
deklanşör Auslöser *m*
dekolte Dekollete *n*, ausgeschnitten; dekolletiert
dekont Kontoabzug *m*, Rechnungsauszug *m*
dekor Dekor *m*, Dekoration *f*, Verzierung *f*, Ausschmückung *f*, Ausstattung *f*, Bühnenbild *n*
dekorasyon Dekoration *f*, Schmuck *m*; Innenarchitektur *f*, Innenausstattung *f*, Raumkunst *f*; *tiy* Bühnenausstattung *f*
dekoratif dekorativ
dekoratör Innenarchitekt *m*
dekore dekoriert, verziert, geschmückt ***dekore etmek*** dekorieren, verzieren
delalet Führung *f*, Vermittlung *f* ***delalet etmek*** führen, anleiten; bezeichnen, darlegen; vermitteln
delegasyon Mission *f*, Abordnung *f*
delege Delegierte *m/f*, Gesandte *m*
delgeç Locher *m*
delgi Bohrer *m*, Bohrmaschine *f*
deli verrückt, wahnsinnig, irrsinnig, närrisch, töricht, verschroben; Tor *m*, Narr *m*, Irre *m* ***deli divane*** vollkommen verrückt ***deli divane olmak*** verrückt werden ***deli dolu*** unbesonnen ***deli duman*** launisch, wunderlich ***deli etmek*** verrückt machen; in Wut bringen ***deli gibi*** wie verrückt; wahnsinnig ***deli olmak*** verrückt werden, wahnsinnig werden ***Deli olmak işten değil*** Es ist zum verrückt werden
delice wie verrückt
delicesine wie verrückt ***delicesine sevmek*** anbeten
delidolu unbesonnen, unüberlegt
deliduman tollkühn, ungestüm, heftig; wunderlich, launisch, halb verrückt; dirnenhaft
delifişek leichtsinnig, unbesonnen, launenhaft; Windbeutel *m*, Tollkopf *m*; wie verrückt, rasend
delik Loch *n*, Öffnung *f*, Lücke *f*; Einwurf *m*; Gefängnis *n*; löcherig ***deliğe tıkmak*** einlochen ***delik açmak*** stemmen ***delik deşik*** ganz durchlöchert ***delik deşik etmek*** durchlöchern ***delik deşik olmak*** mit Kugeln durchlöchert werden
delikanlı Jugendliche *m*
delikanlılık Jugend *f*
delikli löcherig, durchlöchert, durchbohrt, durchstoßen, perforiert
deliksiz ohne Loch, ohne Löcher; nicht durchlöchert; (iş, uyku) ununterbrochen, ungestört
delil Beweis *m*, Nachweis *m*, Ausweis *m* ***delil göstermek*** Beweise beibringen
delilik Torheit *f*, Wahnsinn *m*, Irsinn *m*, Verrücktheit *f* ***deliliğe vurmak*** sich wie verrückt benehmen ***delilik etmek*** hingerissen sein
delinmek ein Loch bekommen, löcherig werden; untergraben werden
delirmek wahnsinnig werden
delirtmek *jdn* wahnsinnig machen
delişmen verwöhnt ***deliye dönmek*** außer sich geraten
delmek bohren, durchbohren, lochen, durchlochen, spießen
delta Delta *n*, Schwemmland *n*
dem Getränk *n* ***dem vurmak*** plaudern über
demagog Demogog *m*
demagoji Demagogie *f*
Deme Sag es nicht! ***deme yahu*** was du

nicht sagst!
demeç Aussage *f*, Erklärung *f* ***demeç vermek*** eine Erklärung abgeben
demek sagen; heißen, nenen ***demeğe gelmek*** meinen, bezwecken ***demek istemek*** meinen, besagen ***demek ki*** also, mithin, nämlich ***demeye getirmek*** implizieren; andeuten ***deyip geçmek*** unterbewerten, unterschätzen
dememek keine Bedeutung beimessen
demet Büschel *n*, Stoß *m*, Strauß *m*
demin eben, soeben, vorhin, gleich
demir Eisen *n*; Anker *m*; eisern ***demir almak*** lichten ***demir atmak*** Anker werfen ***demir gibi*** eisern ***demir kalem*** Stemmeisen *n* ***demir leblebi*** ein harter Brocken ***demir perde*** eisener Vorhang ***demir sac*** Eisenblech *n* ***demire vurmak*** in Ketten legen
demirbaş Inventar *n*
demirci Eisenschmied *m*
demirhane Schmied *m*
demirlemek *den* verankern, ankern; mit Eisen beschlagen; verriegeln
demiryolu Eisenbahn *f*, Gleis *n*
demlemek ziehen lassen
demlenmek ziehen; picheln; Alkohol trinken; zechen
demli stark
demlik Teekanne *f*
demode aus der Mode, altmodisch, unmodern
demokrasi Demokratie *f*, Volksherrschaft *f*
demokrat Demokrat *m*, demokratisch
demokratik demokratisch
denden Gänsefüschen *pl*
denek Versuchsperson *f*, Versuchsobjekt *n*, Versuchstier *n*
denektaşı Prüfstein *m*
deneme Probe *f*, Versuch *m* ***deneme süresi*** Probezeit *f* ***deneme tahtası*** Versuchskaninchen *n* ***deneme yoluyla*** versuchsweise
denemeci Essayist *m*
denemek probieren, ausprobieren, prüfen, testen, suchen, versuchen
denet Kontrolle *f*, Überwachung *f*
denetçi Kontrollbeamte *m*, Prüfer *m*
denetici Kontrolleuer *m*
denetim Kontrolle *f*, Aufsicht *f*, Überwachung *f*, Überprüfung *f*
denetimli kontrolliert
denetimsiz ohne Aufsicht, ohne Kontrolle, ohne Überwachung
denetleme Inspektion *f*, Kontrolle *f*, Nachprüfung *f*, Überwachung *f* ***denetleme kurulu*** *tic* Aufsichtsrat *m*
denetlemek überwachen, kontrollieren, überprüfen
denetleyici Kontrolleur *m*
deney Versuch *m*, Experiment *n*; Erfahrung *f* ***deney yapmak*** experimentieren
deneyim Erfahrung *f*
deneyimli erfahren, geübt, kundig, bewährt
deneyimsiz unerfahren
deneysel experimentell
denge Gleichgewicht *n*
dengelemek ausgleichen, kompensieren
dengeli stabil; nüchtern
dengesiz unstabil, zerrissen
dengesizlik Unausgeglichenheit *f*
denilen sogenannt
deniz Meer *n*, See *f* ***deniz aslanı*** Seelöwe *m* ***deniz banyosu*** Seebad *n* ***deniz kazası*** Schiffbruch *m* ***deniz kenarı*** Küste *f* ***deniz kıyısı*** Strand *m* ***deniz kızı*** Seekuh *f*, Seejungfer, Nixe *f* ***deniz kuvveti*** Seemacht *f* ***deniz kuvvetleri*** *ask* Seestreitkräfte pl; *ask* Marine *f* ***deniz mili*** Seemeile *f* ***deniz motoru*** Motorboot *n* ***deniz nakliyat şirketi*** Seetransportgesellschaft *f* ***deniz seviyesi*** Meereshöhe *f* ***deniz subayı*** Marineoffizier *m* ***deniz ticareti*** Seehandel *m* ***deniz trafiği*** Seeverkehr *m* ***deniz tutmak*** seekrank werden ***deniz tutması*** Seekrankheit *f* ***deniz tutmuş*** seekrank ***deniz ulaşımı*** Seeverkehr *m* ***deniz üssü*** Marinestützpunkt *m*; *ask* Flottenstützpunkt *m* ***deniz yılanı*** Seeschlange ***deniz yıldızı*** Seestern *m* ***deniz yolculuğu*** Schifffahrt *f*, Seefahrt *f* ***deniz yolları*** Seefahrten *pl* ***deniz yoluyla*** am Meer ***deniz yosunu*** Tang *m* ***deniz yüzeyi*** Meerespiegel *m* ***denize açılmak*** in See stechen ***denize girmek*** baden

D

denize indirmek *den* vom Stapel lassen
denizaltı Unterseeboot *n*, U-Boot
denizanası Qualle *f*
denizaşırı transatlantisch, überseeisch ***denizaşırı ülkeler*** Überseeländer *pl*
denizatı *hayb* Seepferdchen *n*
denizayısı *hayb* Seekuh *f*
denizbilim Ozeanographie *f*
denizci Seemann *m*, Matrose *m*
denizcilik Schifffahrt *f*, Seefahrt *f*; maritim; *sp* Wassersport *f*
denizdibi Unterwasser *n*
denizkestanesi *hayb* Seeigel *m*
denizkızı Meerjungfrau *f*
denk1 Ballen *m*
denk2 gleich; passend ***denk gelmek*** ins Gleichgewicht kommen; sich ausgleichen ***denk getirmek*** in der richtigen Zeit tun ***denk olmak*** *jdm* beikommen
denklem Gleichung *f*
denkleştirmek ausgleichen; ins Gleichgewicht bringen
denli1 so, derart
denli2 ordentlich, taktvoll
densiz taktlos
deodoran Deo *n*, Deodorant *n*
deodrant De(s)odorant *m*
depar Abfahrtslauf *m*, Start *m*
deplasman Umstellung *f*; *sp* auswärts ***deplasman maçı*** *sp* Auswärtsspiel *n*
depo Lager *n*, Depot *n*, Speicher *m*, Tank *m* ***depo etmek*** speichern, aufspeichern
depolamak lagern, anlegen, speichern; (kereste vb) ablagern
depozito Deposit *n*, Pfand *n*
deprem Erdbeben *n*
depremölçer Erdbebenmesser *m*
depremyazar Seismograph *m*
depresyon Depression *f*, Niedergeschlagenheit *f*
depreşmek wieder auftreten
derbeder schlampig, liederlich
derbederlik Schlampigkeit *f*, Liederlichkeit *f*
derbent Gebirgsübergang *m*, Engpass *m*
dere Bach *m* ***dereden tepeden konuşmak*** sich unterhalten ***dereyi görmeden paçaları sıvama*** man soll das Fell des Bären nicht verkaufen, ehe man ihn erlegt hat
derebeyi Fürst *m*
derebeylik Feudalismus *m*; Gebiet eines Feudalherrn; tyrannisches Verhalten
derece Grad *n*; Stufe *f*, Rang *m*, Staffel *m* ***derece almak*** in die Rangste kommen ***derece derece*** stufenweise, allmählich
derecelemek einteilen, klassifizieren
derecelendirmek einteilen, staffeln; zensieren
dereceli gestaffelt, sukzessiv; mit Gradeinteilung
dereotu Dill *m*
dergâh Derwischkloster *n*; Sultanshof *m*
dergi Zeitschrift *f*, Magazin *n*, Illustrierte *f*
derhal sofort, gleich, unverzüglich, alsbald, sogleich, stracks
deri Haut *f*, Fell *n*, Leder *n*, Decke *f*, Pelle *f* ***deri eşya*** Lederware *f* ***deri yüzmek*** schinden ***derisi soyulmak*** sich häufen ***derisini yüzmek*** abziehen
derialtı subkutan
derici Gerber *m*
dericilik Gerberei *f*, Lederproduktion *f*; Lederhandel *m*
derin tief, vertieft ***derin derin*** tief ***derin derin düşünmek*** nachsinnen ***derin dondurucu*** (dolap) Tiefkühlschrank *m*; (sandık) Tiefkühltruhe *f*; Kühltruhe *f* ***derin düşünmek*** sich den Kopf zergrübeln ***derin saygılarımı sunarım*** mit vorzüglicher Hochachtung ***derinlere dalmak*** in die Tiefe tauchen
derinlemesine in die Tiefe
derinleşmek sich vertiefen
derinleştirmek vertiefen
derinlik Vertiefung *f*, Tiefe *f* ***derinliği ölçmek*** peilen
derişik konzentriert
derken mittlerweile, inzwischen; in diesem Augenblick; indem
derleme Sammlung *f*
derlemek sammeln; aufräumen ***derleyip toplamak*** kompilieren
derleyici Compiler *m*, Kompilierer *m*, Herausgeber *m*
derli toplu ordentlich

derman Medikament *n*; Heilmittel *n*; Kraft *f* ***derman aramak*** (Heil)Mittel suchen ***derman olmak*** (Heil)Mittel sein
dermansız müde, flau
dermansızlık Kraftlosigkeit *f*
derme Sammlung *f*, Anhäufung *f*; gesammelt, angehäuft ***derme çatma*** handgestrickt, notdürftig
dermek aufräumen
dernek Verein *m*, Gesellschaft *f*
ders Unterricht *m*; Stunde *f*, Lehrfach *n*, Disziplin *f*; Schularbeit *f*, Hausaufgabe *f* ***ders almak*** Stunden nehmen (bei); *mec* eine Lehre ziehen (aus) ***ders çalışmak*** lernen, studieren ***ders kitabı*** Lehrbuch *n*, Schulbuch *n* ***ders programı*** Stundenplan *m* ***ders saati*** Unterrichtsstunde *f* ***ders ücreti*** Stundengeld *n* ***ders vermek*** unterrichten; mec *jdm* eine Lektion erteilen ***ders yılı*** Schuljahr *n* ***dersi asmak*** schwänzen ***dersini yapmak*** Schularbeiten machen, Schulaufgaben machen ***derslerin kesilmesi*** Schulschluss *m*
dershane Klassenzimmer *n*, Klasse *f*
derslik Klassenzimmer *n*, Klasse *f*
dert Kummer *m*, Schmerz *m*, Leiden *n*, Leid *n*, Mühsal *f* ***derde girmek*** in Schwierigkeit geraten ***derdine düşmek*** besorgt sein ***derdini dökmek*** seinen Kummer bei *jdm* abladen ***dert çekmek*** (er)leiden ***Dert değil*** Kein Problem! ***dert dökmek*** seinen Kummer bei *jdm* abladen ***dert olmak*** *jdm* Kopfzerbrechen machen ***dert ortağı*** Leidensgefährte *m*, Leidensgefährtin *f* ***dert ortaklığı*** Mitgefühl *n* ***dert yanmak*** sein Herz ausschüften
dertlenmek sich härmen
dertleşmek sich aussprechen (mit ile), sich gegenseitig ihr Leid klagen
dertli kränklich, grämlich
dertsiz pflegeleicht, sorglos, ohne Kummer, ohne Sorgen, unbeschwert, heiter, unbekümmert
derviş Bettelmönch *m*, Derwisch *m*
derya Meer *n* ***derya gibi*** reichlich
desen Zeichnung *f*, Muster *n*
desenli gemustert
desensiz ohne Design, ohne Entwurf
desilitre Deziliter *n*
desimetre Dezimeter *m*/*n*
desinatör Konstruktionszeichner(in *f*) *m*
desise geheime Machenschaft, Hinterlist *f*
despot Tyrann *m*, Despot *m*
destan Erzählung *f*, Epos *n* ***destan gibi*** sehr lang, ellenlang
deste Bund *n*, Bündel *n*, Stoß *m*
destek Stütze *f*, Stützbalken *m*, Ständer *m*, Stativ *n*, Spreize *m*; Nachhilfe *f*, Unterstützung *f* ***destek olmak*** *jdm* unter die Arme greifen
destekleme Bekräftigung *f*, Förderung *f*, Hilfestellung *f*, Unterstützung *f* ***destekleme alımı*** Förderungkauf *m*
desteklemek stützen, spreizen; unterstützen
desteksiz ohne Stütze; schutzlos
destroyer Zerstörer *m*
destur Erlaubnis *f*; Vorsicht!
deşarj Entladung *f*
deşik durchstochen, aufgestochen, durchschnitten, aufgeschnitten, durchlöchert; Loch *n*, Riss *m*, Spalte *f*
deşmek aufstechen
detay Detail *n*
detaylı detailliert
detektif Detektiv *m*, Schnüffler *m*; Geheimpolizist *m*
deterjan Reinigungsmittel *m*
dev Riese, Gigant *m* ***dev gibi*** gigantisch, riesig, riesengroß, kolossal
deva Heilmittel *n*
devalüasyon Geldentwertung *f*
devam Fortsetzung *f*, Dauer *f*; Anwesenheit *f*; weiter ***devam etmek*** dauern, fortgehen, fortsetzen, fortfahren, weitergehen, weitermachen
devamı Weitere *n* ***devamı var*** Fortsetzung folgt
devamlı dauernd, ständig, fest, stetig, ununterbrochen ***devamlı oturan*** sesshaft
devamsız unbeständig, unregelmäßig; nicht andauernd; unterbrochen; unbeständig
devamsızlık Versäumnis *n*

D

D

deve Kamel *n* ***deve gibi*** plump ***devede kulak*** ein Tropfen auf den heißen Stein ***Devenin başı*** Unglaublich!
deveboynu Gänsehals *m*, Krümmer *m*; Bergsattel *m*
devedikeni *bitk* Distel *f*
devekuşu Strauß *m*
deveran Kreislauf *m*
devetabanı *bitk* Philodendron *mn*, Huflattich *m*
devetüyü Kamelhaar *n*; hellbraun; aus Kamelhaar hergestellt, Kamelhaar-
devim Bewegung *f*
devimbilim Kinematik *f*
devimsel kinetisch
devindirmek bewegen
devingen beweglich
devinim Bewegung *f*
devinimsiz regungslos
devinme Bewegung *f*
devinmek sich bewegen
devir1 Zeitabschnitt *m*, Zeitalter *n*, Periode *f*, Epoche *f*, Phase *f*
devir2 Umgang *m*, Umlauf *m*, Umdrehung *f*, Runde *f*, Zirkulation *f*, Zyklus *m*, Rotation *f* ***devir sayısı*** Drehzahl *f*
devirli periodisch, zyklisch
devirme Umsturz *m*
devirmek umstürzen, umschlagen, umstoßen, umlegen, umfahren, kippen, umkippen
devlet Staat *m* ***devlet adamı*** Staatsmann *m* ***devlet bakanı*** Staatsminister *m* ***devlet bankası*** Staatsbank *f* ***devlet başkanı*** Staatspräsident *m* ***devlet dairesi*** Staatsamt *n* ***devlet hazinesi*** Staatskasse *f* ***devlet hizmeti*** Staatsdienst *m* ***devlet işi*** Staatsangelegenheit *f* ***devlet kuşu*** unerwartetes Glück ***devlet kuvveti*** Staatsgewalt *f* ***devlet memuru*** Staatsbeamte *m* ***devlet sırrı*** Staatsgeheimnis *n* ***devlet şekli*** Staatsform *f* ***devlet şurası*** Staatsrat *m* ***devlet tahvilleri*** Staatliche Wertpapiere ***devlet yönetimi*** Staatsverwaltung *f* ***devletler hukuku*** Völkerrecht *n*
devletçe staatlich
devletlerarası zwischenstaatlich, international
devletleştirme Verstaatlichung *f*
devletleştirmek verstaatlichen
devralmak aufkaufen, übernehmen
devre Zeitabschnitt *m*, Periode *f*, Phase *f*; Stromkreis *m*; Halbzeit *f* ***devre mülk*** übertragbare Wohnung ***devreyi açmak*** *tek* einschalten ***devreyi kapamak*** *tek* ausschalten
devren *huk* mit Übertragung der Rechte; *tic* mit Übertrag; auf Übernahme
devretmek übergeben, veräußern
devrik gestürzt
devrilmek stürzen, umstürzen, kippen, umkippen, umklappen
devrim Revolution *f*; Umsturz *m* ***devrim yapmak*** umstürzen, revolutionieren
devrimci Revolutionär *m*
devriye Streite *f* ***devriye gezmek*** Streife gehen, patrouillieren ***devriye polisi*** Streifenpolizist *m*
devşirmek pflücken
deyim Redewendung *f*, Redensart *f*, Ausdruck *m*
deyiş Stil *m*; Ausdruck *m*
dezavantaj Nachteil *m*
dezavantajlı nachteilig
dezenfekte desinfiziert ***dezenfekte etmek*** desinfizieren
dırdır Schwätzerei *f* ***dırdır etmek*** schwatzen
dırıltı Zänkerei *f*; Meckerei *f*; dummes Geschwätz, Meckerei *f* ***dırıltı çıkarmak*** einen Streit vom Zaun brechen
dış auswärtig, außen; Außere *n* ***dış dünya*** Umwelt *f* ***dış gebelik*** Äußere Schwangerschaft ***dış hat*** Hauptanschluss *m* ***dış pazar*** ausländischer Markt ***dış ticaret*** Außenhandel *m* ***dış ülke*** Ausland *n*
dışadönük extrovertiert
dışalım Import *m*, Einfuhr *f*
dışalımcı Importeur *m*, Einfuhrkaufmann *m*
dışarı hinaus, heraus, raus ***dışarı atmak*** rausschmeißen ***dışarı çıkmak*** rausgehen, hinausgehen, herauskommen, heraustreten ***dışarı gitmek*** ins Aus gehen ***dışarı vurmak*** (vor)zeigen, manifestieren

dışarıda auswärts, außen, da draußen, draußen; im Freien; im Ausland
dışarıdan von Außen; vom Ausland
dışarıya heraus, hinaus, nach außen ***dışarıya çıkmak*** austreten; herausgehen
dışavurumcu Expressionist *m*
dışavurumculuk Expressionismus *m*; realistische Darstellung
dışbükey konvex, erhaben
dışına vor ***dışına çıkarmak*** ausschließen
dışında außerhalb; abgesehen von, bis auf ***dışında bırakmak*** ausschließen, ausschalten
dışkı Mist *m*, Kot *m*, Dreck *m*, Schiss *m*
dışlamak ausgrenzen; *jdn* ausstoßen (aus), diskriminieren
dışmerkezli exzentrisch
dışsatım Export *m*, Ausfuhr *f*
dışsatımcı Ausfuhrkaufmann *m*, Exporteur *m*
dıştan von außen
Dicle Tigris *m*
didaktik didaktisch, lehrhaft; Didaktik *f*, Unterrichtslehre *f*
didiklemek zausen, zerfetzen
didinmek sich abmühen
didişmek einen Kleinkrieg führen (mit i-le); sich gegenseitig zerfleischen, sich gegenseitig zerreißen; sich streiten, sich zanken; aufeinander losgehen
dielektrik Dielektrikum *n*; dielektrisch
diferansiyel Differential *n*, Ausgleichsgetriebe *n*; *mat* Differential *n* ***diferansiyel denklem*** Differentialgleichung *f*
difteri *hek* Diphterie *f*
diftong *dilb* Diphthong *m*
difüzyon Verbreitung *f*, Sendung *f*
diğer ander ***diğer taraftan*** andererseits
dijital digital
dik steit, schroff; steif; *mat* senkrecht, recht ***dik açı*** rechte(r) Winkel ***dik açılı*** rechwinklig ***dik başlı/kafalı*** hartnäckig, halsstarrig ***dik dik bakmak*** anstarren, starren ***dik durmak*** stehen ***dik kafalı*** starrsinnig, trotzköpfig, starrköpfig, verstockt, widerspenstig ***dik üçgen*** rechtwinklige *n* Dreieck
dikdörtgen Rechteck *n* ***dikdörtgen biçiminde*** rechteckig
dikelmek sich gerade halten; sich postieren, sich aufplanzen; sich die Beine in den Leib stehen; aufsässig sein
diken Dorn *m*, Stachel *m* ***diken üstünde oturmak*** wie auf glühenden Kohlen sitzen
dikenli stachelig ***dikenli çit*** Stacheldraht *m* ***dikenli tel*** Stacheldraht *m*
dikensiz ohne Dornen, ohne Stacheln
dikey senkrecht, lotrecht
dikili aufgepftanzt; genäht
dikilitaş Obelisk *m*
dikilmek stehen; sich versteifen
dikim Nähen *n*; Pflanzen *n*
dikimevi Nähstube *f*; Schneiderei *f*
dikine senkrecht, vertikal
dikiş Naht *f* ***dikiş dikmek*** nähen ***dikiş iğnesi*** Nähnadel *f* ***dikiş ipliği*** Nähgarn *n* ***dikiş makinesi*** Nähmaschine *f* ***dikiş yeri*** Naht *f*
dikişsiz nahtlos
dikit Stalagmit *m*
dikiz Schauen *n* ***dikiz aynası*** Rückspiegel *m* ***dikiz etmek*** beobachten
dikizci Voyeur *m*; Späher *m*, Aufpasser *m*
dikizlemek schauen
dikkat Vorsicht *f*, Umsicht *f*; Aufmerksamkeit *f*; Obacht *f*, Sorgfalt *f*; Achtung! Vorsicht!
Dikkat Vorsicht!, Achtung! ***dikkat çekmek*** auffallen ***dikkat etmek*** aufpassen, achtgeben, vorsehen, zusehen; merken, beachten ***dikkate almak*** Aufmerksamkeit schenken, beachten, berücksichtigen, in Betracht ziehen ***dikkate değer*** beträchtlich ***dikkatin dağılması*** Ablenkung *f* ***dikkatini çekmek*** hinweisen
dikkatle sorgfältig, behutsam
dikkatli aufmerksam, vorsichtig, sorgfältig umsichtig, wachsam, behutsam
dikkatlice ründlich
dikkatsiz unaufmerksam, unachtsam, unvorsichtig
dikkatsizlik Unaufmerksamkeit *f*, Unvorsichtigkeit *f*
diklenmek trotzen
dikleşmek senkrecht werden; ansteigen;

D

frech werden
dikme Senkrechte *f*, Lot *n*, Vertikale *f*
dikmek1 hinstellen, errichten, aufrichten
dikmek2 nähen, zunähen
diksiyon Ausdrucksweise *f*, Sprache *f*, Stil *m*
dikta Diktatfrieden *m*, Diktatur *f* ***dikta etmek*** diktieren
diktatör Diktator *m*, Gewaltmensch *m*
diktatörlük Diktatur *f*, Gewaltherrschaft *f*, Autokratie *f*
dikte Diktat *n* ***dikte etmek*** *jdm* einen Brief diktieren
dil Zunge *f*; Sprache *f*, Ausdrucksweise *f*, Zapfen *f*, Welle *f* ***dil çıkarmak*** die Zunge herausstrecken; sich lustig machen ***dil dalaşı*** scharfer Wortwechsel ***dil dersi*** Sprachunterricht *m* ***dil devrimi*** Sprachreform *f* ***dil dökmek*** *jdm* um den Bart gehen ***dil okulu*** Sprachschule *f* ***Dil Tarih Coğrafya Fakültesi*** Philosophische Fakultät der Universität ***dil uzatmak*** schlechtes sagen ***dil uzmanı*** Sprachwissenschaftler *m*, Sprachforscher *m* ***dile gelmek*** zur Sprache kommen ***dile getirmek*** zum Ausdruck bringen, zur Sprache bringen; artikulieren, formulieren, verbalisieren ***dile ilişkin*** sprachlich ***dile kolay*** leicht gesagt ***dile vermek*** ausplaudern
dilbalığı Scholle *f*, Seezunge *f*
dilbasan *hek* Zungenspatel *m*
dilbaz gesprächig, unterhaltsam plaudernd; Erzähler *m*, Witzbold *m*
dilber schön, reizend
dilbilgisel grammatikalisch, grammatisch
dilbilgisi Sprachlehre *f*, Grammatik *f* ***dilbilgisi bakımından*** grammatisch, grammatikalisch ***dilbilgisi kuralı*** Sprachregel *f* ***dilbilgisi yanlışı*** Sprachfehler *m*
dilbilim Sprachwissenschaft *f*
dilbilimci Sprachwissenschaftler(in *f*) *m*
dilbilimsel sprachwissenschaftlich
dilci Linguist *m*, Sprachwissenschaftler(in *f*) *m*
dilcik (terazi) Zünglein *n*; *anat* Zunge *f*
dilek Wunsch *m* ***dilek dilemek*** *jdm etw* wünschen ***dilek kipi*** *dilb* Optativ *m*
dilekçe Gesuch *n*, Bittschrift *f*, Ansuchen *n*, Antrag *m* ***dilekçe sahibi*** Bittsteller *m*, Antragsteller *m* ***dilekçe vermek*** einen Antrag stellen ***dilekte bulunmak*** *jdm etw* wünschen
dilemek wünschen, erbitten, wollen
dilenci Bettler *m*
dilencilik Bettelei *f*
dilenmek betteln ***dili çözülmek*** anfangen zu sprechen ***dili dolaşmak*** sich verhaspeln ***dili tutuk*** Stotterer *m* ***dili tutulmak*** verstummen, stocken ***dili uzun*** Lästermaul *n* ***dili varmamak*** sich nicht wagen *etw* zu sagen ***dilinde tüy bitmek*** sich den Mund fusselig reden ***dilinden düşürmemek*** oft erwähnen ***dilini tutmak*** den Mund halten ***dilini yutmak*** sprachlos sein ***dilinin altında bakla olmak*** er hat noch etwas auf dem Herzen ***dilinin altında bir şey olmak*** etwas auf dem Herzen haben ***dilinin ucunda olmak*** *jdm* auf der Zunge liegen ***dillerde dolaşmak*** in aller Munde sein ***dillere destan olmak*** zum allgemeinen Stadtgespräch werden ***dillere düşmek*** in Verruf kommen
dilim Scheibe *f*, Schnitte *f*, Abschnitt *m* ***dilim dilim*** scheibenweise
dilimlemek (et) tranchieren, zerlegen; in Scheiben schneiden; in einzelne Stücke zerlegen
dillenmek (bebek) anfangen zu sprechen, zu plappern beginnen; auftauen, gesprächig werden; ins Gerede kommen; murren, maulen
dilli schwatzhaft, unterhaltsam; -sprachig
dilmaç Dolmetscher *m*
dilmek in Scheiben schneiden
dilsel sprachlich; in Zunge betreffend
dilsiz stumm
dimağ Gehirn *n*, Hirn *n*
dimdik kerzengerade, stramm sich ***dimdik ayakta durmak*** kerzengerade stehen
din Religion *f*, religiöse Vorschriften, Glaube *m* ***dinden imandan çıkarmak*** aufs Äußerste reizen
dinamik Dynamik *f*, Bewegunslehre *f*; dynamisch, triebkräftig

dinamit Dynamit *n*
dinamizm Dynamik *f*; Dynamismus *m*; Energie *f*, Schwung *f*
dinamo Dynamo *m*, Stromerzeuger *m*, Lichtmaschine *f*
dinamometre Kraftmesser *m*, Federwaage *f*
dinar Dinar *m*
dinç rüstig, rege, frisch
dinçleşmek frisch werden, kräftig werden, gesund werden
dinçlik Rüstigkeit *f*, Frische *f*
dindar religiös, fromm, gläubig
dindarlık Religiosität *f*, Frömmigkeit *f*
dindirmek stillen; lindern
dingil Achse *f*
dingildemek Spiel haben; nicht festsitzen, wackeln, spielen, klappern; *mec* vor Angst zittern
dingin ruhig, unbeweglich; ganz ermattet, vollkommen erschöpft; *kim* passiv
dini religiös, geistlich ***dini bütün*** fromm
dinlemek zuhören, horchen, lauschen
dinlence Urlaub *m*, Ferien *pl*
dinlendirici entspannend
dinlendirmek ausruhen lassen, Ruhe gönnen; (tarım) nicht bebauen; ablagern lassen, (şarap) alt werden lassen
dinlenme Rast *f*, Entspannung *f*, Ruhe *f*; Aufenthalt *m*
dinlenmeden ruhelos
dinlenmek ruhen, sich ausruhen, sich entspannen
dinleti Konzert *n*
dinleyici Zuhörer *m*
dinleyiciler Publikum *n*
dinmek aufhören
dinozor *hayb* Dinosaurier *m*, Saurier *m*
dinsel religiös
dinsiz religionslos; Heide *m/f*
dinsizlik Heidentum *n*
dip Grund *m*, Boden *m* ***dibine darı ekmek*** ausschöpfen; alles ausgeben
dipçik Gewehrkolben *m*
dipdiri lebendig
dipfriz Tiefkühlschrank *m*
diploma Diplom *n*, Urkunde *f*, Zeugnis *n*
diplomasi Diplomatie *f*, Staatskunst *f*
diplomat Diplomat *m*, Staatsmann *m*
diplomatik diplomatisch
dipnot Fußnote *f*, Anmerkung *f*
dipsiz bodenlos
dirayet Fähigkeit *f*, Begabung *f*, Vorgefühl *n*
direk Pfahl *m*, Pfosten *m*, Pfeiler *m*, Mast *m*, Balken *m*, Stange *f*
direksiyon Steuerrad *n*, Lenkrad *n*
direkt direkt; (Boks) Gerade *f*
direktif Befehl *m*, Weisung *f*, Anweisung *f*, Auftrag *m*
direktör Direktor *m*, Leiter *m*, Vorsteher *m*
direktörlük Direktorat *n*, Vorstand *m*
direnç Widerstand *m*
direniş Widerstand *m*
direnmek widerstehen, trotzen, standhalten, sich stemmen, sich wehren, widerstreben
diretmek bestehen, trotzen
direy Fauna *f*, Tierwelt *f*
dirhem Gewicht von 3,12g; eine Silbermünze
diri lebendig
dirilmek genesen, gesunden; wieder lebendig werden
diriltmek wieder beleben
dirim Leben *n*
dirimbilim Biologie *f*
dirlik Lebendigkeit *f* ***dirlik düzenlik*** ungestörte Harmonie
dirsek Knick *m*, Biegung *f*; Elle *f* ***dirsek çevirmek*** jemanden links liegen lassen ***dirsek çürütmek*** sich die Ellenbogen durchwetzen, eifrig studieren ***dirsek kemiği*** Elle *f*
disiplin Disziplin *f*, Zucht *f*; wissen
disiplinli diszipliniert
disiplinsiz undiszipliniert
disk Scheibe *f*, Wurfscheibe *f*, Diskus *m* ***disk atma*** *sp* Diskuswerfen *n*
diskalifiye disqualifiziert ***diskalifiye etmek*** ausschalten, disqualifizieren ***diskalifiye olmak*** disqualifiziert werden
diskcokey Diskjockey *m*
disket *biliş* Diskette *f*
disko Disko *f*, Schuppen *m*
diskotek Diskothek *f*
dispanser Klinik *f*

D

distribütör Verteiler *m*; Vertreter *m*
diş Zahn *m*; Zacke *f*, Zinke *f*, Spitze *f*; (sarmısak) Zehe *f*; einzelne Gewürznelke; Zähnungsstrich *m*; Gewinde *n* ***diş ağrısı*** Zahnschmerz *m* ***diş bakımı*** Zahnptlege *f* ***diş bilemek*** tödlichen Hass hegen ***diş çekmek*** *hek* zacken, zähnen ***diş çıkarmak*** zahnen; Zahn (Zähne) ziehen lassen ***diş doldurmak*** Zähne plombieren ***diş fırçası*** Zahnbürste *f* ***diş geçirmek*** mit den Zähnen packen ***diş gıcırdatmak*** mit den Zähnen knirschen ***diş göstermek*** die Zähne zeigen ***diş hekimi*** Zahnarzt *m*, Zahnärztin *f* ***diş hekimliği*** Zahnmedizin *f* ***diş kökü*** Zahnwurzel *f* ***diş macunu*** Zahnpaste *f* ***diş siniri*** Zahnnerv *m* ***dişe dokunur*** genießbar, mundgerecht ***dişinden tırnağından artırmak*** sich *etw* vom Munde absparen ***dişini sıkmak*** die Zähne zusammenbeißen ***dişini tırnağına takmak*** hart arbeiten, schuften ***dişlerini fırçalamak*** Zähne putzen
dişçi Zahnarzt *m*
dişçilik Zahnheilkunde *f*, Zahnmedizin *f*
dişeti Zahnfleisch *n*
dişi weiblich; Weib *n*, Weibchen *n* ***dişi domuz*** Sau *f* ***dişi hindi*** Truthenne *f*, Pute *f* ***dişi kopça*** Öse *f*
dişil *dilb* feminin, weiblich; Femininum *n*
dişilik Weiblichkeit *f*
dişlek mit vorstehenden Zähnen; mit Zahnlücken
dişlemek beißen, zubeißen, anbeißen; mit Zähnen versehen; *tek* verzahnen
dişli gezähnt ***dişli çark*** Zahnrad *n*
dişözü *anat* Zahnmark *n*, Pulpa *f*
dişsiz zahnlos
ditmek auszupfen, zupfen; kämmen, kardätschen, krempeln, hecheln; hacken
divan Sofa *n*, Couch *f*
divane verrückt, wahnsinnig
divanıharp Kriegsgericht *n*
diyabet Zuckerkrankheit *f*
diyafram Diaphragma *n*, Blende *f*
diyagonal diagonal
diyagram Diagramm *n*, Schaubild *n*
diyalekt Dialekt *m*, Mundart *f*
diyalektik Dialektik *f*
diyaliz *hek* Dialyse *f* ***diyaliz cihazı*** Dialyseapparat *m*
diyalog Dialog *n*, Zwiegespräch *n*
diyanet Religion *f*; Religlosität *f*
diyapazon Stimmgabel *f*
diyar Land *n*, Gebiet *n*
diyare *hek* Diarrhö(e) *f*, Durchfall *m*
diye weil, da, damit ***diye biri*** ein gewisser
diyecek *etw* zu sagen ***diyeceği olmamak*** nichts zu sagen haben
diyelim ki... angenommen, vorausgesetzt
diyet Diät *f*
diyez *müz* Kreuz *n*
diyoptri Dioptrie *f*
diz Knie *n* ***diz boyu*** kniehoch, tief ***diz çökmek*** niederknien ***diz eklemi*** Kniegelenk *n* ***dizlerine kapanmak*** niederfallen ***dizini dövmek*** bitter bereuen ***dizinin bağı çözüldü*** die Knie begannen ihm zu schlottern ***dize gelmek*** kniefällig bitten ***dize getirmek*** auf das Knie bringen
dizanteri Ruhr *f*, Dysenterie *f*
dizayn Design *n*, Formgestaltung *f*
dizbağı Strumpfband *n*; *anat* Kniescheibenband *n*
dize Vers *m*
dizel Dieselmotor *m*
dizge System *n*
dizgeli systematisch
dizgesel systematisch
dizgi Setzerei *f* ***dizgi makinesi*** Setzmaschine *f*
dizgici Setzer *m*, Schriftsetzer *m*
dizgin Zügel *m* ***dizginler elinde olmak*** die Hosen anhaben ***dizginleri ele almak*** die Kontrolle übernehmen
dizginlemek zügeln
dizginsiz zügellos
dizi Reihe *f*, Rotte *f* ***dizi film*** Serienfilm *m*
dizici Buchsetzer *m*
dizili geordnet, aufgereiht
dizilmek antreten, sich anreihen
dizin Liste *f*, Tabelle *f*
dizkapağı Kniescheibe *f*, Knie *n*
dizlik *sp* Knieschützer *m*
dizmek ordnen, aufreihen; setzen

dizüstü bilgisayar Lap-top *n*
do *müz* C *n*
dobra ehrlich, aufrichtig ***dobra dobra*** freiheraus
doçent Dozent(in *f*) *m*
dogma Dogma *n*, Glaubenssatz *m*
dogmatik dogmatisch, lehrhaft
doğa Natur *f* ***doğa bilgini*** Naturforscher *m*, Naturwissenschaftler *m* ***doğa bilgisi*** Naturkunde *f* ***doğa bilimleri*** Naturwissenschaften *pl* ***doğa kuralı*** Naturgesetz *n* ***doğa olayı*** Naturerscheinung *f* ***doğa tarihi*** Naturgeschichte *f* ***doğaya uygun*** naturgetreu
doğacı Naturalist *m*
doğacılık Naturalismus *m*
doğal natürlich, ungezwungen ***doğal bilim*** Naturwissenschaft *f* ***doğal büyüklükte*** lebensgroß ***doğal gaz*** Erdgas *n* ***doğal kaynaklar*** natürliche Reserven ***doğal olarak*** naturgemäß, natürlich; von Natur (aus) ***doğal olmayan*** unnatürlich
doğallaştırmak naturalisieren
doğallık Natürlichkeit *f*
doğan Falke *m*, Habicht *m*
doğaüstü übernatürlich, überirdisch, wunderbar
doğmak geboren werden; aufgehen; entstehen
doğrama Zimmerwerk *n*; ausgeschnitzter Teil
doğramacı Zimmermann *m*
doğramacılık Zimmerei *f*
doğramak zimmern; zerschneiden, zerteilen
doğru gerade, geradeaus; richtig, recht, wahr; korrekt, exakt, zutreffend; Wahrheit *f*; *mat* Gerade *f* ***doğru bulmak*** billigen, *etw* für richtig befinden ***doğru çıkmak*** sich bewahrheiten, sich bestätigen ***doğru durmak*** artig sein, artig bleiben ***doğru dürüst*** freimütig, offen; vollkommen korrekt, fehlerlos ***doğru olmak*** stimmen, zutreffen ***doğru söylemek*** bei der Wahrheit bleiben
doğruca geradewegs
doğrucu wahrheitsgemäß
doğrudan geradezu, direkt, unmittelbar
doğrudan direkt ***doğrudan çıkmak*** eintreffen, zutreffen ***doğrudan doğruya*** geradezu, direkt, unmittelbar
doğrulamak bestätigen, billigen
doğrulmak sich aufrichten; (wieder) gerade werden
doğrultmak aufrichten
doğrultu Richtung *f*
doğruluk Richtigkeit *f*, Wahrheit *f*
doğrusu genau genommen; vielmehr ***doğrusunu isterseniz*** im wahrsten Sinne des Wortes
doğu Osten *m* ***Doğu Almanya*** Ostdeutschland ***doğu bloku*** Ostblock *m* ***doğu bloku ülkeleri*** Ostblockstaaten *pl*
doğu(sun)da östlich
doğum Geburt *f*, Entbindung *f* ***doğum günü*** Geburtstag *m* ***doğum kontrolü*** Geburtenregelung *f*, Geburtenkontrolle *f* ***doğum sancısı*** *hek* Wehe *f* ***doğum yapmak*** gebären ***doğum yeri*** Geburtsort *m* ***doğum yılı*** Geburtsjahr *n*
doğumevi Entbindungsanstalt *f*
doğumlu geboren
doğurgan gebärfähig
doğurganlık Gebärfähigkeit *f*
doğurma Zeugung *f*
doğurmak gebären, auslösen
doğurtmak entbinden
doğuş Geburt *f*; Aufgang *m*
doğuştan angeboren, von Geburt aus
dok Dock *n*
doksan neunzig
doksanıncı neunzigst
doksanlık Neunziger *m*
doktor Arzt *m*, Ärztin *f*, Doktor *m*
doktora Doktorarbeit *f*; Doktorat *n*
doktorluk Arztberuf *m*; Doktorgrad *m*; ärztliche Wissenschaft, medizinische Wissenschaft; ärztliche Kunst, medizinische Kunst
doktrin Doktrin *f*, Lehrsatz *m*
doku Gewebe *n*
dokuma Gewebe *n* ***dokuma fabrikası*** Weberei *f* ***dokuma tezgâhı*** Webstuhl *m*
dokumacı Weber *m*
dokumacılık Weberei *f*

D

dokumak weben
dokunaklı rührend, ausdrucksvoll, pathetisch
dokunmak berühren, anfassen, greiten; rühren; streifen; betreffen
dokunulmazlık Immunität *f*, Untastbarkeit *f*
dokuz neun ***dokuz doğurmak*** ungeduldig warten
dokuzuncu neunte
doküman Dokument *n*, Urkunde *f*
dolama Geschwür *n*
dolamak wickeln, einwickeln, aufwickeln; einkreisen
dolambaç Windung *f*, Kurve *f*
dolambaçlı unübersichtlich ***dolambaçlı yol*** Umweg *m*
dolambaçsız stracks
dolandırıcı Gauner *m*, Schwindler *m*
dolandırıcılık Schwindel *m* ***dolandırıcılık yapmak*** schwindeln
dolandırmak herumführen; schwindeln, betrügen
dolanmak umgeben, umfahren, umkreisen
dolap Schrank *m*; List *f* ***dolap çevirmek*** Intrigen anzetteln
dolar Dollar *m*
dolaşık kompliziert; gewunden
dolaşım Kreislauf *m*, Umlauf *m*, Zirkulation *f*
dolaşmak spazierengehen, schweifen, umherschweifen, wandern
dolaştırmak führen, herumführen; verwickeln, durcheinanderbringen
dolay Gegend *f*, Umgeburıg *f*, Nähe *f*; Bezirk *m*, Umgegend *f*
dolayda herum, um
dolayı hinsichtlich; weil, da, infolge
dolayında um, in der Nähe, nahe
dolayısıyla indirekt, als mittelbare Folge; in Zusammenhang hiermit; angesichts, anlässlich, aufgrund, aus Anlass; *huk* kraft
dolaylı mittelbar, indirekt
dolaysız unmittelbar, direkt
doldurmak füllen, auffüllen, ausfüllen, stopfen, ausstopfen; laden, aufladen; spicken; vollgießen; plombieren
dolgu Plombe *f*; Füllung *f* ***dolgu yapmak*** plombieren ***dolgu yaptırmak*** Zahn füllen lassen
dolgun voll; prall; drall
dolma farcierte Speise
dolmak sich füllen; ablaufen
dolmakalem Füllfederhalter *m*, Füller *m*
dolmuş gefüllt, besetzt; Sammeltaxi *n* (kleineres Verkehrsmittel, das nur vollbesetzt abfährt)
dolu1 Hagel *m* ***dolu fırtınası*** Hagelschauer *m* ***dolu yağmak*** hageln
dolu2 voll, gefüllt; besetzt; geladen
doludizgin mit verhängtem Zügel, in höchster Eile
dolunay Vollmond *m*
domalmak sich bücken, sich herauswölben, sich ausbauchen, sich niederknien, sich niederbeugen; sich beulen
domates Tomate *f*
domino Domino *n*
domuz Schwein *n* ***domuz derisi*** Schwarte *f* ***domuz eti*** Schweinefleisch *n* ***domuz gibi*** boshaft; tückisch; robust gehörig ***domuz kızartması*** Schweinebraten *m* ***domuz yağı*** Speck ***domuz yavrusu*** Ferkel *n*
don1 Unterhose *f*, Schlüpfer *m*, Slip *m*
don2 Frost *m*
donakalmak erstarren
donanım Takelwerk *n*; Rüstung *f*
donanma Flotte *f*
donanmak sich schmücken; aufgetakelt sein
donatım Rüstung *f*, Ausrüstung *f*, Ausstattung *f*, Einrichtung *f*
donatmak ausrüsten, ausstatten, einrichten, versehen, garnieren, verschaffen, staffieren
dondurma Eis *n*, Speiseeis *n*
dondurmak einfrieren, sperren
dondurulmuş eingefroren, gespert; Tiefkühl- ***dondurulmuş et*** Sülze *f*
donma Gefrieren *n*, Erstarren *n* ***donma noktası*** Gefrierpunkt *m*
donmak erfrieren, gefrieren, erstarren
donmuş gefroren, starr
donuk blass, trüb, matt, düster
donuklaşmak erstarren

donukluk Starrheit *f*
doping Doping *n* ***doping yapmak*** sich dopen
doru braun
doruk Gipfel *m*, Spitze *f*
dosdoğru geradeaus, stracks, schnurgerade
dost Freund *m* ***dost edinmek*** Freunde gewinnen ***dost olmak*** sich befreunden
dostça freundlich, freundschaftlich, kameradschaftlich
dostluk Freundschaft *f*, Kameradschaft *f* ***dostluk kurmak*** sich anfreunden, sich befreunden ***dostluk maçı*** Freundschaftsspiel *n*
dosya Mappe *f*, Sammelmappe *f* ***dosya kâğıdı*** Schreibpapier *n*
dosyalamak einheften
doygun bedürfnislos; anspruchslos; versorgt; nicht nötig habend
doyma Sättigung *f*
doymak saft werden ***doymak bilmez*** unersättlich, ungenügsam
doymamış ungesättigt, unbefriedigt
doymuş satt, gesättigt
doyum Genügsamkeit *f*, Bescheidenheit *f*, Befriedigung *f*, Sättigung *f* ***doyum olmamak*** nie genug haben
doyurmak sättigen, stillen, befriedigen
doyurucu befriedigend; satt machend
doz Dosis *f* ***dozunu kaçırmak*** eine zu große Dosis geben; *mec* übertreiben
dozaj Dosierung *f*; *hek* Dosierung *f*
dökme Guss *m*; gegossen ***dökme çelik*** Gussstahl *m* ***dökme demir*** Gusseisen *n*, Schmiedeeisen *n*
dökmek gießen, ausgießen, schütten, auschütten, ausschenken
dökülmek ausfallen; ausströmen; münden
döküm Guss *m*
dökümcü Schmelzen *m*, Gießer *m*
dökümevi Eisenhütte *f*, Gießerei *f*
döküntü Geröll *n*, Spreu *f*, Trümmer *f*, Wrack *pl* ***döküntü araba*** Vehikel *n* ***döküntü yığını*** Trümmerhaufen *m*
döl Nachkommenschaft *f*
döllemek *biy* befruchten, besamen
döllenme Befruchtung *f*, Empfängnis *n*
döllenmek befruchten, zeugen
dölüt Embrio *n*, Leibesfrucht *f*
dölyatağı Gebärmutter *f*, Uterus *m*
dölyolu Scheide *f*, Vagina *f*
döndürmek drehen, wirbeln, wenden, rollen, umdrehen, abdrehen, umkehren
dönek wankelmütig
dönem Zeitabschnitt *m*, Periode *f*, Epoche *f*, Phase *f*
dönemeç Biegung *f*, Krümmung *f*, Kurve *f*, Serpentine *f*, Kehre *f*
dönence Wendekreis *m*
döner sich drehend; Dreh- ***döner kapı*** Drehtür *f* ***döner kebap*** Spießbraten *m* ***döner koltuk*** Drehsessel *m* ***döner sermaye*** *tic* Umlaufkapital *n*
döngel *bitk* Mispel *f*
döngü Kreis *m*
dönme Rotation *f*, Drehung *f*, Umdrehung *f*, Runde *f*, Tour *f*, Umgang *m*, Drall *m* ***dönme noktası*** Drehpunht *m*
dönmek rotieren, kreisen, rcllen, umlaufen; zurückkehren; sich umdrehen
dönüm Wende *f* ***dönüm noktası*** Wendepunkt *m*
dönüş Rückkehr *f*, Rückgang *f*, Rückfahrt *f*, Wiederkehr *f*, Heimfahrt *f* ***dönüş yolu*** Heimweg *m*
dönüşlü *dilb* reflexiv
dönüşmek übergehen, sich verwandeln
dönüştürmek verwandeln, umrechnen
dönüşüm Verwandlung *f*, Umwandlung *f*
döpiyes Zweiteiler *m*
dördül Quadrant *m*
dördüncü vierte
dört vier ***dört ayak üstüne düşmek*** Glück haben ***dört başı mamur*** in jeder Hinsicht vom Glück gesegnet ***dört dönmek*** umherrennen ***dört elle sarılmak*** an *etw* mit großem Eifer beginnen ***dört gözle beklemek*** ungeduldigerwarten ***dört kat*** vierfach ***dört katı*** vierstöckig ***dört kenarlı*** vierseitig ***dört kez*** viermal ***dört köşeli*** viereckig ***dört yüz*** vierhundert
dörtgen Viereck *n*
dörtlü Quartett *n*
dörtlük *müz* Viertelnote *f*
dörtnal Galopp *m* ***dörtnal gitmek*** galop-

D

pieren **dörtnala gitmek** galoppieren
dörtyol Kreuzung *f* **dörtyol ağzı** Kreuzung *f*; Scheideweg *m*
dörtyüzlü *mat* Tetraeder *n*, Vierflach *n*
döş Brust *f*; Flanke *f*, Weiche *f*
döşek Bett *n*
döşeli eingerichtet, mobliert
döşem Installation *f*
döşeme Fußboden *m*, Diele *f*
döşemeci Möbelhändler *m*; Tapezierer *m*; Dekorateur *m*; Polsterer *m*
döşemek einrichten, möblieren
döviz Devise *f*; Wahlspruch *m*, Motto *n* **döviz kuru** Devisenkurs *m*, Kurs *m*, Umrechnungskurs *m*, Umtauschkurs *m*
dövme Tätowierung *f* **dövme yapmak** tätowieren
dövmek schlagen, prügeln
dövünmek sich selbst schlagen
dövüş Kampf *m*
dövüşçü Kämpfer *m*
dövüşken kämpferisch
dövüşmek sich schlagen, sich prügeln
drahmi griechische Drachme
drahoma Mitgift *f*
draje Dragée *n*
dram Drama *n*; Unglück *n*, Katastrophe *f*
dramatik dramatisch; aufregend **dramatize etmek** dramatisieren
drenaj Drainage *f*, Entwässerung *f*, Drainierung *f*, Trockenlegung *f*, Entwässerung *f*
dua Gebet *n*, Fürbitte *f* **dua etmek** beten
duba Ponton *m*
dublaj Synchronisierung *f* **dublaj yapmak** synchronisieren
duble verdoppelt; dubliert; synchronisiert; Vorbande *f* (Bilardo); Dublee *n*
dubleks duplex
dublör (sinema) Double *n*; Stuntman *m*, Stuntwoman *f*; Stunt *m*
dudak Lippe *f* **dudak boyası** Lippenstift *m* **dudak bükmek** das Gesicht verziehen, weinerlich tun **dudak ısırmak** die Lippen zusammenpressen
duhuliye Eintrittsgebühr *f*, Eintrittsgeld *n*; Eintrittskarte *f*
duka Herzog *m*
dul verwitwet; Witwer *m*, Witwe *f*
duman Rauch *m*, Qualm *m*, Dampf *f*, Dunst *m* **duman attırmak** dauernd unter der Knute halten **duman bulutu** Rauchwolke *f* **duman çıkmak** rauchen **duman zehirlenmesi** Rauchvergiftung *f* **dumana boğmak** vernebeln, einnebeln **dumanı üstünde** ganz frisch
dumanlanmak geräuchert werden; eingenebelt werden; verräuchert werden; neblig werden
dumanlı rauchig, dunstig
dumansız rauchlos, rauchfrei; nebelfrei; nicht beschlagen
durağan starr, fix; normal
durak Haltestelle *f*; Pause *f*
duraklama Stillstand *m*, Stockung *f*
duraklamak stocken, zögern; stehenbleiben
duraksama Skrupel *m*, Zögerung *f*
duraksamak zögern, zaudern, säumen
durdurmak halten, stoppen, stillen, stillegen, einstellen, abstellen; sistieren; parieren
durgun still, stillstehend, ruhig, regungslos
durgunlaşmak stocken
durgunlaştırmak stagnieren
durgunluk Stille *f*, Stillstand *m*, Ruhe *f*, Stockung *f*, Stagnation *f*
durma Halt *m*, Aufenthalt *m*, Stillstand *m*
durmadan fortwährend, unentwegt
durmak halten, anhalten, innehalten; aufhören; stehen; stocken; stillstehen; verweilen
durmaksızın fortwährend, unaufhörlich
duru rein, klar
duruk statisch; Stator *m*
durulamak spülen, abspülen
durulanmak sich klären
durulmak (sıvı) sich klären, klar werden; wieder still werden, sich beruhigen; (sakinleşmek) wieder vernünftig werden; (su) aufklaren; *kim* sich setzen
duruluk Reinheit *f*, Klarheit *f*
durum Zustand *m*, Umstand *m*, Stand *m*, Lage *f*, Position *f*, Haltung *f*, Stellung *f*, Fall *m*, Situation *f*; Verfassung *f* **duruma göre** jeweilig; unter Umständen
durumunda in der Lage

duruş Haltung *f*, Stellung *f*; Pose *f*
duruşma Prozess *m*, Verhandlung *f*
duş Dusche *f*, Brause *f* ***duş yapmak/almak*** duschen, brausen
dut Maulbeere *f* ***dut yemiş bülbüle dönmek*** nichts zu erwidern wissen
duvak Schleier *m*, Brautschleier *m*
duvar Wand *f*, Mauer *f* ***duvar duyurusu*** Plakat *n* ***duvar gibi*** stocktaub ***duvar hücresi*** Nische *f* ***duvar ilanı*** Plakat *n* ***duvar kâğıdı*** Tapete *f* ***duvar örmek*** mauern ***duvar saati*** Wanduhr *f* ***duvar tablosu*** Wandgemälde *n*
duvarcı Maurer *m*
duy Tülle *f*
duyarga Fühler *m*
duyarlı sensibel
duyarlık Empfindlichkeit *f*, Sensibilität *f*
duyarsız gefühllos, unempfindlich
duygu Gefühl *n*, Empfindung *f*, Gemüt *n* ***duygularına kapılmamak*** sich beherrschen ***duygusunu yitirmek*** absterben
duygulandırmak stark beeindrucken
duygulanmak stark beeindruckt werden
duygulu empfindlich, sentimental, zart, sinnig, seelenvoll
duygululuk Sensibilität *f*
duygusal sentimental
duygusallık Sentimentalität *f*
duygusuz gefühllos, herzlos, unempfindlich, abgestorben
duygusuzlaşmak erstarren
duygusuzluk Gefühllosigkeit *f*
duymak hören, verspüren, merken; fühlen; empfinden; spüren ***duymazlıktan gelmek*** sich taub stellen
duyu Sinn *m* ***duyu organı*** Sinnesorgan *m*
duyum Empfindung *f*
duyumsal sinnlich
duyurmak ankündigen, verkündigen, bekanntmachen, proklamieren, deklarieren
duyuru Ankündigung *f*, Anmeldung *f*, Ansage *f*, Bekanntmachung *f*, Anzeige *f*, Reklame *f*, Proklamation *f*, Deklaration *f*
düdük Pfeife *f* ***düdük çalmak*** tuten, pfeifen ***düdük öttürmek*** pfeifen ***düdüklü tencere*** Schnellkochtopf *m*
düello Duell *n*
düet *müz* Duett *n*
düğme Knopf *m*
düğmelemek knöpfen, zuknöpfen
düğüm Knoten *m* ***düğüm açmak*** aufknöpfen ***düğüm atmak*** knoten ***düğüm olmak*** geknotet werden
düğümlemek verknoten, schlingen
düğümlenmek stecken bleiben; verstrickt sein; völlig stocken
düğün Hochzeit *f* ***düğün alayı*** Hochzeitszug *m* ***düğün bayram etmek*** lärmend feiern ***düğün etmek*** Hochzeit feiern ***düğün yapmak*** Hochzeit feiern, Hochzeit haben
düğünçiçeği *bitk* Butterblume *f*
dük Herzog *m*
dükkân Laden *m*, Geschäft *n* ***dükkân açmak*** einen Laden eröffnen
dükkâncı Kaufmann *m*, Ladenbesitzer *m*, Ladeninhaber *m*
dülger Zimmermann *m*
dümbelek Trommel *f*
dümdüz schnurgerade
dümen Steuer *n* ***dümen çevirmek*** steuern; *mec* einen Dreh finden ***dümen kırmak*** zusteuern auf ***dümen kullanmak*** steuern
dümenci Steuermann *m*
dün gestern ***dün akşam*** gestern Abend ***dün bir bugün iki*** ganz neu ***dün değil evvelki gün*** vorgestern ***dün değil evvelsi gün*** vorvorgestern ***dün gece*** gestern Nacht ***dün gibi*** so wie gestern ***dünden hazır/razı*** schon lange einverstanden
dünkü gestrig
dünür Eltern *pl* der Brautleute
dünya Welt *f*, Erde *f* ***dünya âlem*** alle Leute ***dünya bankası*** Weltbank *f* ***dünya başına yıkılmak*** sehr bekümmert werden ***dünya durdukça*** solange die Welt besteht ***dünya edebiyatı*** Weltliteratur *f* ***dünya evine girmek*** heiraten ***dünya görüşü*** Weltanschauung *f* ***dünya gözü ile görmek*** *jdn* noch einmal sehen (bevor man stirbt) ***dünya kadar*** sehr viel ***dünya piyasası*** Weltmarkt *m*

D

dünya rekoru Weltrekord *m* ***dünya savaşı*** Weltkrieg *m* ***dünya şampiyonluğu*** Weitmeisterschaft *f* ***dünya şampiyonu*** Weltmeister *m* ***dünya tarihi*** Weltgeschichte *f* ***Dünya varmış*** Wie schön! ***dünya yıkılsa*** überhaupt nicht ***dünya yolculuğu*** Weltreise *f* ***dünya yurttaşı*** Weltbürger *m* ***dünya zindan olmak*** große Sorgen haben ***dünyaca tanınmış*** weltberühmt, weltbekannt ***dünyadan elini eteğini çekmek*** nichts mehr machen ***dünyadan haberi olmamak*** keine Ahnung von nichts haben ***dünyanın kaç bucak olduğunu göstermek*** eine Lektion erteilen ***dünyanın parası*** ein haufen Geld ***dünyaya gelmek*** zur Welt kommen ***dünyaya getirmek*** entbinden, zur Welt bringen ***dünyaya gözlerini kapamak*** die Augen schließen ***dünyayı tozpembe görmek*** alles durch eine rose Brille sehen

dünyada auf der Welt; nie, keineswegs

dünyevi irdisch

düpedüz offen; einfach

dürbün Fernglas *n*

dürmek zusammenrollen

dürtmek puffen, anspornen

dürtü Trieb *m*

dürtüklemek rütteln; stoßen, stechen; warnen

dürüm Rolle *f*; Falte im Kleid; Pfannkuchen mit Füllung

dürüst ehrlich, aufrecht, gerecht, treulich, sittsam, rechtschaffen, redlich

dürüstlük Ehrlichkeit *f*, Gerechtigkeit *f*, Wahrhaftigkeit *f*

düstur Hauptgesetz *n*, Hauptregel *f*, Grundsatz *m*; *mat* Formel *f*

düş Traum *m* ***düş görmek*** träumen ***düş kırıklığı*** Enttäuschung *f* ***düş kurmak*** phantasieren

düşes Herzogin *f*

düşeş *mec* unverhoffter Glücksfall

düşey senkrecht, lotrecht

düşkün gefallen, gesunken, heruntergekommen, verdorben; süchtig ***düşkün olmak*** *jdm* verfallen sein

düşkünlük Dekadenz *f*; Sucht *f*

düşlemek träumen

düşman Feind *m* ***düşman olmak*** sich verfeinden

düşmanca feindlich

düşmanlık Feindschaft *f*, Feinde *f*, Zwietracht *f*

düşme Fall *m*, Sturz *m*, Rückgang *m*

düşmek fallen, hinfallen, stürzen, hinuntergehen, sinken, abstürzen, abfallen

düşsel phantastisch, unwirklich

düşük gesunken; gestürzt; niedrig, nieder, gemein; Frühgeburt *f* ***düşük değerde*** minderwertig

düşün Gedanke *m*; Denken *n*

düşünce Gedanke *m*, Meinung *f*, Gesinnung *f*, Ansicht *f*; Bedenken *n*; Stellungnahme *f* ***düşünce alışverişi*** Meinungsaustausch *m* ***düşünce özgürlüğü*** Denkfreiheit *f*, Gedankenfreiheit *f*, gang ***düşünce tembeli*** denkfaul ***düşüncesinde olmak*** denken, meinen ***düşünceye dalmak*** sinnen

düşünceli nachdenklich, bedenklich, trüb, taktvoll

düşüncesiz unbesonnen, leichtfertig, leichtsinnig, taktlos

düşüncesizlik Leichtfertigkeit *f*, Leichtsinn *m*, Taktlosigkeit *f*

düşündürmek nachdenklich stimmen; beunruhigen

düşünme Überlegung *f*

düşünmeden unüberlegt, unbedacht

düşünmek denken, überlegen, nachdenken, gedenken, meinen, bedenken, besinnen, knobeln ***düşünüp taşınmak*** erwägen

düşünür Philosoph *m*, Denker *m*

düşünüş Denkart *f*, Einstellung *f*, Mentalität *f*

düşürmek stürzen, umstürzen, herunterbringen, senken

düşüş Sturz *m*, Fall *m*, Absturz *m*

düz eben, platt, flach; schlicht, einfach

düzayak ebenerdig

düzelmek sich bessern

düzeltici Korrektor *m*, Berichtiger *m*

düzeltme Berichtigung *f*, Verbesserung *f*, Korrektur *f*

düzeltmek berichtigen, verbessern, kor-

rigieren, wiedergutmachen, verfeinern; aufräumen
düzeltmen Berichtiger *m*
düzen Ordnung *f*, Regelung *f*, Gliederung *f*, Anordnung *f*
düzenbaz Schwindler *m*, Betrüger *m*
düzence Disziplin *f*
düzenci Gauner *m*; Intrigant *m* ***düzene koymak/sokmak*** ordnen; in Ordnung bringen
düzenek Plan *m*, Entwurf *m*
düzenleme Regelung *f*, Gliederung *f*; Veranstaltung *f*, Organisation *f*
düzenlemek ordnen, gliedern, regeln, zurechtbringen; einrichten; organisieren, veranstalten
düzenleyici Regler *m*; Regulator *m*, Regler *m*
düzenli ordentlich, übersichtlich, geordnet, zurecht, regelmäßig
düzenlilik Ordentlichkeit *f*, Übersichtlichkeit *f*
düzensiz unordentlich, ungeordnet, unübersichtlich, unregelmäßig, schlampig
düzensizlik Unordnung *f*, Unregelmäßigkeit *f*
düzey Stufe *f*, Niveau *n*, Stand *m*
düzgü Grundsatz *m*
düzgün ordentlich; gleichmäßig; glaft
düzgünlük Richtigkeit *f*, Korrektheit *f*, Glätte *f*; geordneter Zustand; Regelmäßigkeit *f*; regelmäßige Form
düzine Dutzend *n*
düzlem Ebene *f* ***düzlem geometri*** Planimetrie *f*
düzlemek ebnen, einebnen, planieren, glätten, nivellieren; *tek* abrichten
düzleştirmek ebnen, glätten
düzlük Glätte *f*; Ebene *f*
düzme(ce) verfälscht, gefälscht
düzmek fälschen, verfälschen
düztaban Plattfuß *m*
düztabanlık Plattfüßigkeit *f*
düzyazı Prosa *f*

E

ebat Dimensionen *pl*
ebe Hebamme *f*; Haschemann *m*
ebe(m)kuşağı Regenbogen *m*
ebedi ewig, unvergänglich
ebediyen ewig, auf immer
ebediyet Ewigkeit *f*
ebegümeci Malve *f*
ebelik Geburtshilfe *f*
ebeveyn Eltern *pl*
ebleh dumm, schwachsinnig, einfältig
ebonit Hartgummi *m*
ebru Marmorierung *f*; marmoriert, moiriert, geflammt; Augenbraue *f*
ecdat Ahnen *pl*
ece Königin *f*
ecel Todesstunde *f* ***ecel teri dökmek*** Todesängste ausstehen ***eceli gelmek*** sterben, (die Lebenszeit) ablaufen ***eceline susamak*** sehenden Auges in sein Verderben rennen ***eceliyle ölmek*** eines natürlichen Todes sterben
ecnebi Ausländer *m*, Fremde *m/f*; auswärtig, ausländisch ***ecnebi ülke*** Ausland *n*
ecza Droge *f*
eczacı Apotheker *m*
eczacılık Pharmazie *f*, Pharmazeutik *f*; pharmazeutisch; Apothekerberuf *m*
eczane Apotheke *f*
eda Haltung *f*, Benehmen *n*, Miene *n*, Arroganz *f*
edalı reizend, charmant, arrogant
edat Präposition *f*, Verhältniswort *n*
edebi literarisch ***edebi yapıt*** Dichtung *f*
edebiyat literatur
edebiyatçı Literat *m*; Schriftsteller *m*, Stilist *m*
edep Anstand *m*, Züchtigkeit *f* ***edep yeri*** Scham *m*
edepli sittsam
edepsiz unzüchtig, unanständig, ungezogen, frech
edepsizlik Unzucht *f*, Unanständigkeit *f*, Frechheit *f* ***edepsizlik etmek*** sich schlecht benehmen, sich daneben benehmen, (Kind) ungezogen sein
eder Preis *m*

edevat Werkzeuge pl, Geräte *pl*
edilgen passiv ***edilgen çatı*** *dilb* Passiv *n*
edinmek annehmen, erwerben, sich verschaften
edip Schriftsteller *m*, Literat *m*; wohlerzogen, brav, anständig, gesittet, artig, vornehm, höflich
editör Herausgeber *m*
efe schneidiger junger Kerl; Freischärler *m*
efekt Effekt *m*
efektif effektiv
efendi Herr *m*; gebildet
efendim Wie? Wiebitte?; Ja!
efkâr Gedanken pl, Meinungen pl; Kummer *m*, Sorge *f* ***efkâr basmak*** Kummer haben, Sorgen haben ***efkâr dağıtmak*** seine sorgen (im Alkohol) ertränken
efkârlanmak sich Sorgen machen
efkârlı traurig, besorgt
eflatun lila
efsane Märchen *n*, Sage *f*, Fabel *f*, Legende *f*, Mythe *f*
efsaneleşmek Legende werden, märchenhafter Charakter annehmen
efsanevi märchenhaft, sagenhaft, fabelhaft, mythisch
efsun Zauber *m*
Ege Ägäis *f*; ägäisches Gebiet ***Ege Denizi*** das Ägäische Meer
egemen herrschend ***egemen olmak*** beherrschen
egemenlik Herrschaft *f*, Gewalt *f* ***egemenlik sürmek*** herrschen
egoist selbstsüchtig, egoistisch, eigennützig
egoistlik Selbstsucht *f*, Egoismus *m*, Eigennutz *m*
egoizm Selbstsucht *f*, Egoismus *m*
egzama Ekzem *n*, Flechte *f*, Ausschlag *m*
egzersiz Übung *f* ***egzersiz yapmak*** Übungen machen; *sp* trainieren
egzistansiyalizm Existenzialismus *m*
egzotik exotisch
egzoz Auspuff *m* ***egzoz borusu*** Auspuffrohr *n* ***egzoz gazı*** Auspuffgase *pl*
eğe Feile *f*
eğelemek feilen
eğer wenn, falls, im Falle
eğik schief, schräg
eğiklik Neigung *f*; Deklination *f*
eğilim Neigung *f*, Zuneigung *f*, Tendensz *f*, Trieb *m*; Abweichung *f*; Strömung *f* ***eğilim göstermek*** zuneigen ***eğilimi olmak*** sich neigen
eğilimli geneigt
eğilme Neigung *f*, Krümmung *f*; Inklination *f*
eğilmek sich beugen, sich bücken; sich verbeugen
eğim Steigung *f*, Anstieg *m*
eğirmek spinnen
eğitbilim Pädagogik *f*, Erziehungslehre *f*
eğitici Erzieher(in *f*) *m*; bildend, erziehend
eğitim Erziehung *f*, Ausbildung *f*; Zucht *f*
eğitimci Erzieher *m*, Pädagoge *m*
eğitimli belehrend, lehrhaft; erzogen, gezüchtet
eğitimsiz ungebildet
eğitmek erziehen; züchten
eğitmen Erzieher(in *f*) *m*
eğitsel pädagogisch
eğlemek aufhalten, festhalten, zurückhalten; zerstreuen
eğlence Vergnügen *n*, Vergnügung *f*, Spaß *m*, Unterhaltung *f* ***eğlence yeri*** Rummelplatz *m*
eğlenceli fröhlich, scherzhaft, amüsant, drollig, vergnüglich
eğlencelik (yiyecek) Knabberkonfekt *n*, Leckerei *f*; Zielscheibe des Spottes
eğlendirici drollig, schnurrig, spaßhaft
eğlendirmek unterhalten, belustigen, amüsieren, vergnügen
eğlenmek sich vergnügen, sich unterhalten, sich belustigen; verspotten, uzen
eğlenti Vergnügen *n*
eğmek biegen, beugen, krümmen, umbiegen
eğreltiotu Farn *m*
eğreti provisorisch; geliehen, geborgt ***eğreti almak*** leihweise nehmen ***eğreti vermek*** (ver)leihen, (aus)leihen
eğri *mat* Bogen *m*; schief, schräg ***eğri büğrü*** holperig
eğrilik Krümmung *f*; Biegung *f*
eğrilmek sich beugen, sich krümmen;

sich werfen
eğriltmek verkrümmen, verbiegen
eh na ja!
ehemmiyet Wichtigkeit *f*, Bedeutung *f*
ehemmiyetli wichtig, erheblich
ehemmiyetsiz unwichtig, unbedeutend
ehil Gemeinschaft *f*; kompetent
ehli zahm, gezähmt
ehlileştirmek zähmen, zum Haustier machen
ehliyet Fähigkeit *f*, Begabung *f*
ehliyetli fähig, begabt
ehliyetname Führerschein *m*
ehliyetsiz unfähig, unbegabt
ehram Pyramide *f*
ejder(ha) Drache *m*
ek Zusatz *m*, Zugabe *f*, Ergänzung *f*, Nachtrag *m*, Beilage *f* ***ek ders*** Nebenfach *n* ***ek kazanç*** Nebengewinn *m* ***ek olarak*** hinzu, dazu nachträglich, zusätzlich, beiliegend ***ek ücret*** Zuschlag *m*
ekâbir Vornehmen pl, Prominente *f*
ekili besät, angebaut
ekim Bestellung *f*; Oktober *m* (ay)
ekin Saat *f*, Getreide *n*; Kultur *f* ***ekin biçmek*** Getreide ernten, das Korn schneiden
ekinsel kulturell
ekip Mannschaft *f*, Trupp *m*
eklem Gelenk *n*
eklemek zugeben, zufügen, hinzufügen
eklenmek addiert werden; angeschlossen werden
eklenti Zusatz *m*, Anschluss *m*
ekmek1 säen; streuen, ausstreuen
ekmek2 Brot *n* ***ekmeğine yağ sürmek*** Wasser auf jemandes Mühle geben ***ekmeğini çıkarmak*** sein Brot verdienen ***ekmeğini eline almak*** einen Beruf ausüben ***ekmeğini taştan çıkarmak*** so schwer Geld verdinen ***ekmeğiyle oynamak*** mit der Arbeit drohen ***ekmek dilimi*** Brotschnitte *f*, Brotscheibe *f* ***ekmek elden su gölden*** seinen Lebensunterhalt über anderen Menschen führen ***ekmek kapısı*** Verdienstmöglichkeit *f* ***ekmek parası*** das tägliche Brot ***ekmek ufağı*** Brotkrümel *m*
ekmekçi Bäcker *m*, Brotverkäufer *m*
ekol Schule *f*
ekoloji Ökologie *f*, Umweltforschung *f*
ekolojik ökologisch
ekonomi Wirtschaft *f*; Ökonomie *f*; Sparsamkeit *f* ***Ekonomi Bakanı*** Wirtschaftsminister *m* ***Ekonomi Bakanlığı*** Wirtschaftsministerium *f* ***ekonomi politik*** Staatswirtschaft *f*, Wirtschaftspolitik *f*
ekonomik wirtschaftlich, ökonomisch ***ekonomik bunalım*** Wirtschaftskrise *f* ***ekonomik savaş*** Wirtschaftskrieg *m*
ekonomist Wirtschaftler *m*
ekose Schotten pl, Ecossai *m*; schottisch kariert
ekran Schirm *m*, Bildschirm *m*; Filmleinwand *m*
eksantrik exzentrisch
ekselans Exzellenz *f*
eksen Achse *f*
ekseriya oft, öfters häufig
ekseriyet Mehrheit *f*, Majorität *f*
ekseriyetle meistens, oft, häufig; mit Stimmenmehrheit
eksi minus; Minuszeichen *n*
eksik mangelhaft, dürftig, unzureichend, unvollkommen, lückenhaft ***eksiğini tamamlamak*** Fehlendes ergänzen ***eksik çıkmak*** fehlen ***eksik doldurmak*** Fehlendes ergänzen ***eksik etmemek*** es nicht fehlen lassen ***eksik gedik*** kleine Bedürfnisse ***Eksik olma*** Danke sehr! ***eksik olmak*** fehlen, mangeln ***eksik olmamak*** immer da sein ***eksik olmayın*** Ich danke euch (Ihnen) recht herzlich! ***eksik olsun*** darauf kann man gerne verzichten
eksiklik Fehlen *n*, Mangel *m*
eksiksiz vollständig, vollzählig, lückenlos
eksilmek sich vermindern, sich verringern
eksiltme Submission *f*
eksiltmek vermindern, verringern
ekskavatör Bagger *m*
eksper Sachverständige *m*, Fachmann *m*
ekspres Schnellzug *m*, D-Zug *m*, Eilzug *m*
ekspresyonizm Expressionismus *m*

E

ekstra prima, ausgezeichnet
ekşi sauer ***ekşi surat*** mürrisches Gesicht ***ekşi yüzlü/suratlı*** mit mürrischem Gesicht
ekşilik Säure *f*, Schärfe *f*; *mec* sauertöpfisches Verhalten; saurer Geschmack
ekşimek sauer werden
ekşimsi säuerlich, etwas säuerlich
ekşitmek säuern; sauer werden lassen, durchsäuern; (hamur) aufgehen lassen; *mec* blamieren
ekvator Äquator *m*
el1 Hand *f*; Patsche *f*; Stich *m*
el2 Fremde *m*; Volk *n*; Land *n* ***el açmak*** betteln ***el altında*** greifbar ***el altından*** versteckt, heimlich ***el arabası*** Handwagen *m* ***el atmak*** die Hand anstrecken; versuchen; in die Hand zu bekommen; schnell angreifen; beginnen; in die Hand nehmen, übernehmen ***el ayak çekilmek*** ausgestorben; verlassen sein ***el bebek gül bebek*** verwöhnt ***el bezi*** Handtuch *n* ***el bombası*** Handgranate *f* ***el çabukluğu*** Handfertigkeit *f* ***el çantası*** Handkoffer *m*, Handtasche *f* ***el çekmek*** ablessen von ***el çırpmak*** klatschen ***el değiştirmek*** den Besitzer wechseln ***el değmemiş*** unberührt ***el ele*** Hand in Hand ***el ele tutuşmak*** Hand in Hand gehen ***el ele vermek*** sich die Hände reichen ***el eşyası*** Handgepäck *n* ***el etmek*** *jdm* winken, *jdn* herbeiwinken ***el feneri*** Taschenlampe *f* ***el freni*** Handbremse *n* ***el ilanı*** Flugblatt *n*, Handzettel *m* ***el işi*** Handarbeit *f*; handgearbeitet ***el kaldırmak*** sich vergreifen (an *jdm* b-ne) ***el kapısı*** ein fremdes Haus, andere Leute ***el kitabı*** Handbuch *n* ***el koymak*** beschlagnahmen; *huk* konfiszieren; sicherstellen ***el oğlu*** der Fremde ***el öpme*** Handkuss *m* ***el öpmek*** die Hand küssen ***el sallamak*** (mit der Hand) winken ***el sıkışma*** Händedruck *m* ***el sürmemek*** stehenlassen, liegenlassen ***el şakası*** Spaß mit Händen ***el üstünde tutmak*** auf den Händen tragen, *jdn* sehr gern haben ***el yatıklığı*** Handschrift *f* ***el yazısı*** Handschrift *f* ***ele alınır*** recht nützlich ***ele almak*** durchnehmen ***ele avuca sığmaz*** quirig, unbändig ***ele geçirmek*** schnappen ***ele geçmek*** erwischt werden; erbeutet werden; sich ergeben ***ele güne karşı*** vor allen Leuten ***ele vermek*** dingfest machen ***eli açık*** freigebig ***eli ağır*** schwerfällig; unpünktlich ***eli alışmak*** sich gewöhnen ***eli ayağı buz kesilmek*** eiskalt werden ***eli ayağı düzgün*** schöne Figur haben ***eli ayağı tutmak*** im Vollbesitz seiner Kräfte sein ***eli boş dönmek*** mit leeren Händen zurückkommen ***eli ekmek tutmak*** sein Brot verdienen ***eli kulağında*** bald, unmittelbar bevorstehend ***eli sıkı*** knick(e)rig, geizig, knauserig ***eli uzun*** Langfinger *m*, Spitzbube *m* ***eli yüzü düzgün*** vorzeigbar ***elinde kalmak*** nicht zustande kommen; nicht verkaufen können ***elinde olmak*** in Macht stehen, in *jds* Hand stehen, *jdm* freistehen ***elinde tutmak*** innehaben ***elinden bir şey gelmemek*** nichts dagegen machen können ***elinden geleni yapmak*** sein bestes tun (oder geben), sein möglichstes tun ***elinden gelmek*** für *jdm* möglich sein ***elinden gelmemek*** außerstande sein ***elinden kaçırmak*** *jdm* aus der Hand rutschen ***elinden kurtulmak*** *jdm* entwischen ***elinden tutmak*** *jdm* aufhelfen ***eline bakmak*** auf *jdn* angewiesen sein ***eline düşmek*** erwischt werden; *jdn* brauchen ***eline geçmek*** zukommen ***eline vermek*** übergeben ***elini ayağını kesmek*** nicht mehr hingehen ***elini çabuk tutmak*** sich beeilen ***elini eteğini çekmek*** zurückziehen ***elini sıcak sudan soğuk suya sokmamak*** ein Luxusleben führen ***Eller yukarı*** Hände hoch!
ela gelblich, hellbraun
elâlem andere Leute
elastik elastisch
elastiki elastisch, flexibel, federnd
elastikiyet Elastizität *f*, Flexibilität *f*, Spannkraft *f*
elbet gewiss, freilich, sicherlich, zweifellos
elbette gewiss, freilich, sicherlich, zwei-

fellos
elbirliği Zusammenarbeit *f*
elbise Kleid *n*, Anzug *m* ***elbise askısı*** Kleiderbügel *f* ***elbise dolabı*** Kleiderschrank *m* ***elbise fırçası*** Kleiderbürste *f*
elçi Botschafter *m*; Gesandte *f* (r r)
elçilik Botschaft *f*
elde etmek bekommen, kriegen, erreichen, erhalten, erzielen, erringen, erlangen, erlösen, beschaffen
elden persönlich, selbst; unter Barzahlung; durch Boten ***elden çıkarmak*** weggeben, vergeben ***elden düşme*** Gelegenheitskauf *m* ***elden ele*** von Hand zu Hand ***elden geçirmek*** übergehen; kontrollieren
eldiven Handschuh *m*
elebaşı Anführer *m*; Radelsführer *m*
elek Sieb *n* ***elekten geçirmek*** sichten
elektrik Elektrizität *f* ***elektrik akımı*** Strom *m*; elektrisches Feld ***elektrik düğmesi*** Lichtschalter *m*, Druckknopf *m* ***elektrik kesintisi*** Stromausfall *m* ***elektrik mühendisi*** Elektroingenieur *m* ***elektrik mühendisliği*** Elektrotechnik *f* ***elektrik sarfiyatı*** Stromverbrauch *m* ***elektrik sayacı*** Stromzähler *m* ***elektrik süpürgesi*** Staubsauger *m*
elektrikçi Elektriker *m*
elektrikli elektrisch; mit Elektrizität ausgestattet ***elektrikli matkap*** Bohrmaschine *f*
elektriksel elektrisch
elektrokardiyografi Elektrokardiografie *f*
elektrolit Elektrolyt *m*
elektrolitik elektrolytisch
elektroliz Elektrolyse *f*
elektromanyetik elektromagnetisch
elektromanyetizma Elektromagnetismus *m*
elektromıknatıs Elektromagnet *m*
elektron Elektron *n* ***elektron tübü*** Elektronenröhre *f*
elektronik elektronisch; Elektronik *f*
elektrot Elektrode *f*
elem Gram *m*, Kummer *m*, Schmerz *m*
eleman Element *n*; Kraft *f*
eleme Ausscheidung *f*, Disqualifikation *f*, Eleminierung *f*; ausgesiebt, durchgesiebt, gesichtet ***eleme sınavı*** Aufnahmeprüfung *f*
elemek ausschalten, aussondern, auslesen; aussieben
element Element *n*, Grundstoff *m*
eleştiri Kritik *f*
eleştirici Kritiker *m*
eleştirmek kritisieren
eleştirmen Kritiker *m*
elhamdülillah Dank Gott!, Dank Allah!
elim schmerzlich, betrüblich, betrübt, traurig, beklagenswert
elips Elipse *f*
elişi Handarbeit *f*, Manufaktur *f*
elit auserlesen
elkitabı Handbuch *n*
elle manuell ***elle çalışmak*** hantieren ***elle dokunmak*** tasten ***elle yönetmek*** handhaben, manuell betätigen
ellemek tasten, berühren, anfassen
elli fünfzig ***elli kilo*** Zentner *m*
ellinci fünfzigst-
elma Apfel *m*
elmacık kemiği Backenknochen *m*, Jochbein *f*
elmas Diamant *m*
elti Schwägerin *f*
elveda ade!
elverişli passend, tauglich, angemessen, geeignet, günstig ***elverişli olmak*** taugen
elverişsiz ungeeignet, unangemessen, ungünstig
elvermek ausreichen, genügen; passen, entsprechen
elyaf Fasern *pl*
elzem dringlich, nötig
emanet Anvertrauen *n*; Aufbewahrung *f* ***emanet etmek*** übergeben ***emanete vermek*** (bagaj) abgeben
emanetçi Konsignatar *m*, Spediteur *m*
emaneten als anvertrautes Gut; als Depositum, als Konsignationsgut
emare Zeichen *n*, Anzeichen *n*
emaye Email *n*; emailliert, aus Email
embriyon Keim *m*, Leibesfrucht *f*, Embryo *m*
emek Mühe *f*, Fleiß *m*, Arbeit *f* ***emeği***

E

geçmek die Anstrengungen erfordern ***emek vermek*** sich viel Mühe geben
emekçi Arbeiter *m*
emeklemek auf allen vieren kriechen
emekli pensioniert; Pensionär *m* ***emekli aylığı*** Ruhegehalt *n*, Rente *f* ***emekli olmak*** in den Ruhestand treten ***emekliye ayrılmak*** pensionieren
emeklilik Ruhestand *m*
emeksiz leicht, mühelos
emektar verdient
emel Wunsch *m*, Wille *m*
emici saugfähig, saugend, Saug-, Absorptions-; absorbierend; Absorptionsmittel *n*
emin sicher, zuverlässig, gewiss ***emin olmak*** sich vergewissern
emir Befehl *m*, Auftrag *m*, Weisung *f*, Gebot *n*, Verfügung *f*, Verordnung *f* ***emir almak*** den Befehl haben zu ***emir altında*** untergeben ***emir eri*** Ordonnanz *f* ***emir kipi*** *dilb* Imperativ *m* ***emir subayı*** *ask* Ordonnanzoffizier *m* ***emir vermek*** befehlen ***emre amade*** bereitstehend, verfügbar ***emre yazılı senet*** Schuldschein *m*
emirlik Emirat *n*
emisyon Sendung *f* (Radyo); Emmission *f*; Ausgabe *f* ***emisyon hacmi*** Banknoten *pl*
emlak Immobilien *pl* ***emlak komisyoncusu*** Grundstücksmakler *m*, Immobilienmakler *m* ***emlak vergisi*** Eigentumssteuer *f*
emlakçı Makler *m*, Immobilienhändler *m*
emmek saugen, einsaugen absorbieren
emniyet Sicherheit *f*; Vertrauen *n*, Verlass *m*, Zuversicht *f* ***emniyet altına almak*** sichern ***emniyet amiri*** Polizeichef *m* ***emniyet etmek*** vertrauen, sich verlassen, anvertrauen ***emniyet kemeri*** Sicherheitsgurt *m* ***emniyet müdürü*** Polizeipräsident *m* ***emniyet somunu*** Gegenmutter *f*, Sicherheitsmutter *f*, Sicherungsmutter *f* ***emniyet supabı*** Sicherheitsventil *n* ***emniyet tedbiri*** Sicherheitsmaßnahme *f*
emniyetli sicher; zuverlässig
emniyetsiz unsicher; unzuverlässig
emperyalist Imperialist *m*
emperyalizm Imperialismus *m*
empresyonist Impressionist *m*, Impressionismus *m*; impressionistisch
empresyonizm Impressionismus *m*
emprime gedruckt
emretmek befehlen, auffordern
emrivaki vollendete Tatsache
emsal Entsprechenden pl, Beispiel *n*
emsalsiz beispiellos, vortrefflich
emtia Waren *pl*
emzik Lutscher *m*, Schnuller *m*
emzirmek säugen, stillen
en Breite *f*, Weite *f*; Partikel zur Bildung des Superlatives ***en aşağı*** unterst ***en az*** minimal, mindest, mindestens ***en azından*** zumindest ***en başından*** von Anfang an ***en başta*** obenan ***en büyük ortak bölen*** der größte gemeinsame Teiler ***en çok*** höchstens, meist, maximal ***en düşük*** mindest ***en fazla*** höchstens, meist, maximal ***en geç*** spätestens ***en iyi*** best ***en kötü*** schlechtest, schlimmst ***en küçük*** minimal ***en önce*** vor allem, erstens ***en son*** letzt ***en sonra*** schließlich, ganz zum Schluss ***en sonunda*** zuletzt, schließlich ***en yakın*** nächst ***en yüksek*** höchst, oberste
enayi Narr *m*; narr, dumm
enayilik Dummheit *f*, Torheit *f*
encik *hayb* das Junge eines Hundes; Unterschenkel *m*
encümen Ausschuss *m*, Kommission *f*
endam Gestalt *f*, Statur *f*, Körperbau *m*, Figur *f*
endamlı schön gewachsen, gut proportiniert
endeks Index *m*
ender selten, rar
endirekt indirekt, mittelbar
endişe Angst *f*, Sorge *f* ***endişe etmek*** besorgen, befürchten
endişelenmek in Besorgnis geraten, sich sorgen (um için), sich ängstigen (vor), sich Gedanken machen über, sich beunruhigen (über\wegen), um *jdn* Angst haben
endişeli besorgt
endişesiz unbesorgt, sorglos, ohne Sor-

ge, getrost
Endonezya Indonesien *n*
Endonezyalı Indonesier *m*; indonesisch
endüstri Industrie *f* ***endüstri bölgesi*** Industriegebiet *n*
endüstrileşmek industrialisieren
endüstriyel industriell
enerji Energie *f*, Tatkraft *f*
enerjik energisch
enfarktüs Herzinfarkt *m*
enfeksiyon Infektion *f*
enfes wunderbar, großartig
enfiye Schnupftabak *m*
enflasyon Inflation *f*, Überangebot *n* Geldentwertung *f*
enformasyon Information *f*
enfraruj infrarot, ultrarot; Infrarot *n*, infrarote Strahlen
engebe Unebenheit *f*
engebeli uneben
engebesiz eben
engel Hindernis *n* ***engel olmak*** behindern ***engelli koşu*** Hürdenlauf *m*
engellemek hindern, behindern
engerek Natter *f*
engin weit, ausgedehnt
enginar Artischocke *f*
enik *hayb* junger Hund, junge Katze
enikonu ordentlich, gehörig, tüchtig
eninde sonunda endlich, schließlich, letzten Endes
enine transversal, quer ***enine boyuna*** eingehend, genau
enişte Schwager *m*
enjeksiyon Injektion *f*
enjekte etmek *hek* injizieren, einspritzen
enkaz Trümmer pl, Ruinen *pl*
enlem Breite *f* ***enlem dairesi*** Breitengrad *m*
enli breit, weit
ense Nacken *m* ***ense kökü*** Genick *n*
enselemek schnappen, verhaften, zu fassen kriegen
ensiz schmal
enstantane Momentaufnahme *f*
enstitü Institut *n*
enstrüman Instrument *n*
ensülin Insulin *n*
entari Gewand *n*, Kleid *n*
entelektüel intellektuell
enteresan Interessent
enternasyonal international
entrika Intrige *f* ***entrika çevirmek*** Intrigen anzetteln
enüstünlük *dilb* Superlativ *m*
envanter Bestandsaufnahme *f*, Inventar *n*, Inventarverzeichnis *n*, Bestandbuch *n*; *tic* Inventur *f*
epey ziemlich
epeyce etliche, viele, recht viel
epidemi *hek* Epidemie *f*, Seuche *f*
epik episch
epilasyon Enthaaren *n*; Enthaarung *f*
e-posta E-Mail *f* ***e-posta adresi*** E-Mail-Adresse ***e-posta göndermek*** eine E-mail schicken, mailen ***e-posta ile*** bei e-mail
er1 früh ***er geç*** früher oder später
er2 Soldat *m*
erat Soldaten *pl*
erbap Sachverständige *m*
erbaş Unteroffizier *m*
erdem Tugend *f*
erdemli tugendhaft, begabungsvoll
erek Zweck *m*, Ziel *n*, Absicht *f*
ergen erwachsen, reif
ergenlik Geschlechtsreife *f*, Pubertät *f*
ergime Schmelzen *n*
ergimek schmelzen
ergin reif, erwachsen
erginleşmek heranreifen, reif werden; (kişi) großjährig werden
erginlik Mündigkeit *f*, Volljährigkeit *f*; Reife *f*, Entwickeltsein *n*
ergitmek schmelzen
erguvan Judasbaum *m*
erguvani purpurrot
erik Pflaume *f*
eril *dilb* männlich
erim Reichweite *f*, Schussweite *f*
erimek schmelzen, sich lösen, sich auflösen; sich abnutzen
erinç Ruhe *f*; Entspannung *f*
erişim Reichweite *f*; Verbindung *f*, Verbindungweg *m*; (internet) Zugang *m*; (bilişim) Zugriff *m*
erişmek erreichen, erlangen, gelangen
erişte Teigwaren *pl*

eritmek schmelzen, verschmelzen
eriyik *kim* Lösung *f*
erk Fähigkeit *f*, Macht *f*
erkân Beamten *pl*
erke Enargie *f*
erkek Mann *m* ***erkek arkadaş*** Freund *m* ***erkek çocuk*** Junge *m*; Stammhalter *m* ***erkek evlat*** Sohn *m* ***erkek gibi*** männlich, mannhaft ***erkek kardeş*** Bruder *m*
erkekçe männlich, mannhaft
erkeklik Mannhaftigkeit *f*
erken früh, vorzeitig, zu früh
erkenci Frühaufsteher *m*
ermek erreichen, gelangen; reifen
Ermeni Armenier *m*; armenisch
Ermenice Armenisch *n*
Ermenistan Armenien *n*
ermiş Heilige(r) *fm*
eroin Heroin *n*
eroinman heroinsüchtig; Heroinsüchtiger *m*
erotik erotisch
erotizm Erotismus *m*
erozyon Erosion *f*, Auswaschung *f*
ertelemek verschieben, zurückstellen, aufschieben
ertesi nächst ***ertesi gün*** nächster Tag ***ertesi yıl*** nächstes Jahr
erzak Nahrungsmittel pl, Verpflegung *f*
es *müz* Pause *f* ***es geçmek*** nicht hinhören
esans Essenz *f*
esaret Gefangenschaft *f*, Sklaverei *f*
esas Grund *m*, Basis *f*, Fundament *n*; Ursache *f*; Hauptsache *f*
esasen im Grunde, an sich
esaslı grundlegend, eigentlich
esassız grundlos, unbegründet; ohne soliden Basis
esef Bedauern *n* ***esef etmek*** bedauern
esefle leider
esen gesund
esenlik Gesundheit *f*, Wohlbefinden *n*
eser Werk *n*
esin Inspiration *f*, Anregung *f*
esinlemek inspirieren, anregen
esinlenmek inspiriert werden
esinti Anflug *m*, Hauch *m*, Brise *f*; sanft wehendes Lüftchen
esir Kriegsgefangene *m*; Sklave *m* ***esir almak*** gefangennehmen ***esir düşmek*** in Gefangenschaft geraten ***esir ticareti*** Sklavenhandel *m*
esirgemek schützen, behüten; verweigern; mißgönnen
esirlik Gefangenschaft *f*; Sklaverei *f*
eski alt, veraltet; abgenutzt ***eski çağ*** Altertum *n* ***Eski çamlar bardak oldu*** Es ist Vergangenheit geworden ***eski eserler*** Altertümer pl, Antiquitäten *pl* ***eski hamam eski tas*** es hat sich nichts verändert ***eski kafalı*** rückständig, altmodisch ***eski püskü*** Kram *m* ***eski toprak*** alt, aber noch rüstig ***eski zaman*** Vorzeit *f* ***eskisi gibi*** wie früher
eskici Trödler *m*, Altwarenhändler *m*
eskiçağ Altertum *n*, Antike *f*, Klassik *f*
eskiden früher
eskiden früher, ehemals, einstmals, vormals, in Vergangenen Zeiten ***eskiden kalma*** weitergegeben, überliefert; von alten Zeiten
eskileşmek veralten
eskilik Altsein *n*, Veraltetsein *n*, Abgetragensein *n*; Baufälligkeit *f*; Antiquität *f*; veralteter Stil
eskimek veralten
eskimo Eskimo *m*
Eskimo Eskimo *m*
eskitmek (giysi) abtragen; eskitmek (mobilya) abstoßen; abfahren, verschleißen
eskiz Vorarbeit *f*, Probe *f*
eskrim Fechten *n*
eskrimci *sp* Fechter *m*
esmek wehen, blasen
esmer dunkel, schwarz, braun
esmerleşmek bräunen, braun werden
esmerlik Dunkelheit *f*
esna Zwischenzeit *f*
esnaf Handwerker *m*, Kleinhändler *m*
esnasında während
esnasında während
esnek elastisch
esneklik Elastizität *f*
esnemek gähnen; nachgeben
espri Geist *m*, Witz *m*, Scharfsinn *m* ***espri yapmak*** witzige Bemerkungen ma-

chen
esprili witzig, geistreich
esrar Geheimnisse pl; Haschisch *m*, Rauschgitt *m*
esrarengiz geheimnisvoll, mysteriös
esrarkeş Haschischraucher *m*
esrarlı finster, mysteriös, geheimnisvoll; Haschisch enthaltend, mit Haschisch
estağfurullah bitte, bitte sehr
estetik ästhetisch; Ästhetik *f* ***estetik cerrahi*** *hek* Schönheitschirurgie *f*
estetikçi Ästhetiker *m*
eş Mann *m*, Gemahl *m*, Gatte *m*; Frau *f*, Gemahlin *f*, Gattin *f* ***eş dost*** Anhang *m*
eşanlamlı gleichbedeutend ***eşanlamlı sözcük*** Synonym *n*
eşantiyon Werbegeschenk *n*; Gratisprobe *f*, Warenprobe *f*, Probe *f*, Probeexemplar *n*; Kostprobe *f*
eşarp Schärpe *f*, Kopftuch *n*
eşcinsel homosexuell
eşdeğer gleichrangig, gleichwertig, vollwertig, äquivalent; Äquivalent *n*
eşdeğerli gleichwertig
eşek Esel *m* ***eşek herif*** stupider Kerl! ***eşek sudan gelinceye kadar dövmek*** *jdm* eine ordentliche Tracht Prügel verpassen ***eşek şakası*** grober handgreiflicher Scherz ***eşekten düşmüş karpuza dönmek*** geschockt sein
eşekarısı Wespe *f*
eşeklik Blödsinn *m*
eşelemek wühlen
eşey Geschlecht *n*
eşeysel geschlechtlich
eşgüdüm Koordination *f*
eşik Schwelle *f*
eşinmek kratzen, scharren, wühlen; verscharren; ausschlagen mit dem Huf; herumstöbern
eşit gleich
eşitlik Gleichheit *f*
eşkâl Personenbeschreibung *f*; äußere Merkmale, Äußeres
eşkenar *mat* gleichseitig ***eşkenar dörtgen*** Raute *f*, Rhombus *m*
eşkin leichter Galopp, Halbtrab *m*, Mittelgang *m*; Passgang *m*; Passgänger *m*, Zelter *m*
eşkıya Räuber *m*, Bandit *m*
eşlemek paarweise einteilen; synchronisieren
eşlik Begleitung *f* ***eşlik etmek*** begleiten
eşmek wühlen
eşofman Trainingsanzug *m*
eşraf Honoratioren *pl*
eşref günstig
eşsesli Homonym *n*; homonym, gleichlautend
eşsiz beispiellos
eşya Sachen pl, Gegenstand *m*
eşzamanlı gleichzeitig
et Fleisch *n* ***et kafalı*** dumm, beschränkt ***et suyu*** Fleischbrühe *f* ***etine dolgun*** mollig, rund(lich)
etajer Bücherregal *n*
etap Etappe *f*, Abschnitt *m*, Strecke *f*, Teilstrecke *f*, Wegstrecke *f*; Stufe *f*, Schritt *m*
etçil fleischfressend
etek Rock *m* ***etek dolusu*** sehr reichlich ***etek öpmek*** demütig betteln ***etekleri tutuşmak*** in Bestürzung geraten ***etekleri zil çalıyor*** er ist außer sich vor Freude ***etekleri zil çalmak*** vor Freude außer sich sein
eteklik Rock *m*
eter Äther *m*
Eti Hettiter *m*
etiket Etikett *n*; Etikette *f*
etiketlemek etikettieren, (mal) beschriften
etilen *kim* Äthylen *n*
etimoloji Etymologie *f*
etimolojik etymologisch
etken Faktor *m*, Ursache *f*
etki Wirkung *f*; Eindruck *m*
etkilemek einwirken, wirken, bewirken, beeindrucken
etkileşim Wechselwirkung *f*, Zusammenwirken *n*
etkileyici eindrucksvoll, beeindruckend
etkili wirksam, beeindrucksvoll
etkin fähig, tätig
etkinlik Fähigkeit *f*, Tätigkeit *f*
etkisiz wirkungslos; ungültig
etli fleischig
etmek machen, tun; ergeben, ausma-

E

chen
etmen Faktor *m*, Ursache *f*
etnik ethnisch
etnografya Ethnografie *f*
etobur fleischfressend
etol Stola *f*
etraf Gegend *f*, Umgebung *f* ***etrafına, etrafında*** (rings)herum ***etrafını çevirmek*** umringen, umkreisen
etrafına um, herum ***etrafına bakınmak*** sich umblicken
etrafında um, herum
etraflı ausführlich, eingehen
etraflıca ausführlich, eingehend
etraftan von allen Seiten
ettirgen *dilb* kausativ, faktitiv
etüt Studie *f*, Untersuchung *f* ***etüt etmek*** durchstudieren, untersuchen
Etyopya Äthiopien
ev Haus *n*, Heim *n*, Wohnung *f* ***ev açmak*** Familie gründen ***ev bark*** Heim *n*, Haus *n* ***ev bark sahibi*** Familienvater *m* ***ev halkı*** alle zum Haushalt gehörigen Personen ***ev hayvanı*** Haustier *n* ***ev idaresi*** Hauswirtschaft *f* ***ev işi*** Hausarbeit *f*; hausgemacht ***ev kadını*** Hausfrau *f* ***ev kirası*** Hausmiete *f* ***ev ödevi*** Hausaufgaben *pl* ***ev sahibesi*** Hausherrin *f*, Gastgeberin *f*, Wirtin *f*, Vermieterin *f* ***ev sahibi*** Hausbesitzer *m* ***ev tutmak*** ein Haus (Wohnung) mieten
evcek mit Kind und Kegel
evci häuslich, das Haus hütend; wer das Wochenende bei seiner Familie verbringt
evcil gezähmt, zahm, häuslich
evcilleştirmek zähmen
evcimen häuslich
evde zu Hause ***evde kalmak*** zu Hause bleiben; eine alte Jungfer sein, sitzen geblieben sein
evermek verheiraten
evet ja, jawohl
evetlemek bejahen
evham Wahn *m*, Verdacht *m*
evhamlı argwöhnisch
evhamlı argwöhnisch, misstrauisch
evirmek umändern ***evirip çevirmek*** umdrehen
evlat Kind *n* ***evlat edinmek*** adoptieren
evlatlık Adoptivkind *n* ***evlatlıktan reddetmek*** ableugnen
evlendirmek verheiraten
evlenme Heirat *f*, Eheschließung *f*
evlenmek heiraten, sich verheiraten
evli verheiratet
evlilik Ehe *f*
evliya Heilige *m*
evrak Akten *pl*
evre Phase *f*, Stadium *n*
evren Weltall *n*, Universum *n*
evrensel universal
evrim Evolution *f*
evrimsel evolutionistisch
evsaf Eigenschaften *f*
evvel erst, zuerst, zunächst, früher, vorher, eher ***evvel Allah*** mit Gottes Hilfe, früher oder später ***evvel zaman içinde*** es war einmal ...
evvela zuerst, zunächst, vor allem
evvelce vorher, früher
evvelden früher, einst
evveliyat *hek* Anamnese *f*, Vorgeschichte *f*; Vorgang *m*
evvelki vorherig, ehemalig, vorhergehend; früher; vorletzt ***evvelki gün*** vorgestern
evvelsi vorherig, ehemalig, vorhergehend; früher; vorletzt ***evvelsi gün*** vorgestern
eyalet Provinz *f*, Land *n*
eyer Sattel *m*
eyerlemek satteln
eylem Aktion *f*; *dilb* Verb *n*, Zeitwort *n*
eylemek machen, tun
eylemsiz träge, faul; passiv
eylemsizlik *fiz* Trägheit *f*
eylül September *m*
eytişim Dialektik *f*
eyvah ach! oh weh!
eyvallah danke!; auf Wiedersehen!
eza Qual *f*, Pein *f*
ezan Gebetsruf *m* ***ezan okumak*** zum Gebet rufen
ezber Auswendigkönnen *n*
ezberci Büffler *m*
ezbercilik Paukerei *f*; Büffelei *f*; leichtes Auswendiglernen

ezbere auswendig, aus dem Gedächtnis ***ezbere konuşmak*** unwissend reden
ezberlemek auswendig lernen; sich einprägen
ezcümle insbesondere; darunter; kurz und gut; unter anderem
ezel Ewigkeit *f*
ezeli ewig ***ezeli ve ebedi*** ewig, unaufhörlich
ezeliyet Ewigkeit *f*
ezgi Melodie *f*
ezgin unterdrückt; zerdrückt; müde
ezici überwältigend
ezik zerdrückt
eziklik Niedergeschlagenheit *f*; Zerdrücktsein *n*, Angestoßensein *n*; (midede) hohles Gefühl im Magen
ezilmek verlegen werden, zerdückt werden
eziyet Qual *f*, Pein *f*, Plage *f* ***eziyet çekmek*** sich abmühen ***eziyet etmek*** quälen, peinigen, plagen
eziyetli qualvoll, mühselig
ezkaza zufällig
ezme Mus *n*
ezmek drücken, zerdrücken, zerquetschen, zertreten; überfahren
Ezrail Todesengel *m*

F

fa *müz f*
faal tätig, aktiv
faaliyet Tätigkeit *f*, Aktivität *f*
fabl Fabel *f*
fabrika Fabrik *f*
fabrikasyon Fabrikation *f*, Fabrikat *n*
fabrikatör Fabrikant *m*
facia Unglück *n*, Katastrophe *f*
faça Gesicht *n*; Kleidung *f*
fagot *müz* Fagott *n*
fahiş extrem, übermäßig ***fahiş fiyat*** Wucherpreis *m*
fahişe Hure *f*, Dirne *f*, Prostituierte *f*
fahişelik Prostitution *f*
fahrenhayt Fahrenheit *n*
fahri Ehren, *n* Honorar
faik überragend, übertreffend, überlegen; vorzüglich
fail Täter *m*; *dilb* Subjekt *n*; aktivtätig
faiz Zins *m* ***faiz fiyatı*** Zinssatz *m* ***faiz oranı*** Zinsfuß *m* ***faize vermek / yatırmak*** (Geld) gegen Zinsen (aus) leihen ***faizin faizi*** Zinseszins *m*
faizci Wucherer *m*, Geldverleiher *m*
faizcilik Wucher *m*
faizli Zins-, Zinsen-, verzinslich
faizsiz zinslos, ohne Zinsberechnung
fak Falle *f* ***faka basmak*** hereinfallen ***faka bastırmak*** hereinlegen
fakat aber, jedoch
fakir arm ***fakir fukara*** die Armen
fakirhane Armenheim *n*
fakirleşmek verarmen, arm werden
fakirlik Armut *f*
faks Fax *n* ***faks çekmek*** faxen
fakslamak faxen
faktör Faktor *m*
fakülte Fakultät *f*
fal Wahrsagung *f* ***fal bakmak*** wahrsagen
falaka Bastonade *f*
falan so und so ***falan filan*** und so weiter (fort)
falanca Dingsbums *n*
falcı Wahrsager(in *f*) *m*
falcılık Wahrsagerei *f*
falso *müz* Mißton *m*; Fehler *m*
falsolu misstönend; fehlerhaft
familya Familie *f*
fanatik fanatisch
fani vergänglich, sterblich
fanila Unterhemd *n*
fantastik phantastisch
fantezi Einbildung *f*, Phantasie *f*
fanus Lampenglocke *f*
far Scheinwerfer *m*
faraş Müllschaufel *f*
faraza beispielsweisA, angenommen
farazi hypothetisch
fare Maus *f*, Ratte *f* ***fare kapanı*** Mausefalle *f*
fark Unterschied *m*, Differenz *f* ***fark etmek*** sich unterscheiden; merken, wahrnehmen ***fark etmez*** das ist egal ***fark gözetmek*** einen Unterschied ma-

chen (zwischen arasında), unterscheiden **fark gözetmemek** alles in einen Topf werfen **farkına varmak** (be)merken
farkında bewusst **farkında olmak** bewusst sein
farklı verschieden, unterschiedlich
farklılık Unterschied *m*, Unterschiedlichkeit *f*, Ungleichheit *f*, Verschiedenartigkeit *f*, Verschiedenheit *f*
farksız ähnlich, gleich, unterschiedslos
farmakoloji Pharmakologie *f*
fars Farce *f*; Posse *f*
Farsça Persisch *n*
farz Annahme *f*, Voraussetzung *f* **farz edelim ki** nehmen wir an; gesetzt den Fall **farz etmek** annehmen
Fas Marokko *n*
fasa fiso Lappalie *f*, leeres Geschwätz; blöder Quatsch
fasarya Ouatsch *m*; kokettes Benehmen
fasikül Heft *n*, Bändchen *n*
fasıl Abschnitt *m*, Kapitel *n*; Akt *m*
fasıla Pause *f*, Unterbrechung *f*, Zwischenraum *m*
fasulye Bohne *f*
faşing Fasching *m*
faşist Faschist *m*
faşizm Faschismus *m*
fatih Eroberer *m*
fatura Rechnung *f*, Quittung *f*
faul *sp* Foul *n*; inkorrektes Verhalten **faul yapmak** foulen
favori Koteletten pl; Favorit *m*
fay *coğ* Verwerfung *f*, Gesteinsspalte *f*
fayans Fliese *f*, Fayance *f*
fayda Nutzen *m*, Vorteil *m*, Gewinn *m* **fayda etmemek** nichts nützen
faydalanmak profitieren; benützen, verwenden
faydalı nützlich, vorteilhaft **faydalı olmak** helfen; nützlich werden
faydasız unnütz, nutzlos
fayton Kutsche *f*
faz Phase *f*
fazilet Tugend *f*
faziletli tugendhaft
fazla viel, zu viel, mehr **fazla gelmek** sich als überflüssig erweisen **Fazla mal göz çıkarmaz** Zu viel schadet nicht! **fazla mesai** Überstunden *pl* **fazla mesai yapmak** Überstunden machen
fazlalaşmak sich vermehren
fazlalık Oberschuss *m*, Rest *m*, Überbleibsel *n*
fazlasıyla sehr, allzu sehr
fecaat Katastrophe *f*
feci tragisch, katastrophal
feda Opfer *n* **feda etmek** opfern
fedai Hooligan *m*; Aufständischer *m*, Rebell *m*
fedakâr opferbereit
fedakârlık Opferbereitschaft *f*
federal vereinigt, gebunden **Federal Almanya** Bundesrepublik *f* (Deutschland) **Federal Almanya Başbakanı** Bundeskanzler *m* **Federal Almanya Devlet Başkanı** Bundespräsident *m* **Federal Almanya Devlet Demiryolları** Bundesbahn *f* **Federal Almanya Hükümeti** Bundesregierung *f* **Federal Almanya Posta İdaresi** Bundespost *f*
federasyon Bundesstaat *m*; *sp* Sportbund *m*
federatif föderativ, Bundes-
federe eingenössich; föderiert (Sport)
felaket Unglück *n*, Unheil *n* **felakete uğramak** ein Unglück erleben
felaketzede Opfer einer Katastrophe
felç Lähmung *f* **felce uğramak** einen Schlaganfall erleiden **felce uğratmak** lahm legen
felçli *hek* lahm; Lahme *m*
felek Schicksal *n*; Weltall *n* **feleğin çemberinden geçmek** mit allen Wassern gewaschen sein **felekten bir gün çalmak** einen schönen Tag verbringen **felekten gece çalmak** eine lustige Zeit verbringen
Felemenk Holland, Niederlande *pl*
Felemenkçe holländisch
felsefe Philosophie *f* **felsefe yapmak** philosophieren
felsefeci Philosoph *m*
felsefi philosophisch
feminist Feminist *m* (in *f*)
feminizm Feminismus *m*
fen Technik *f*, Naturwissenschaft *f*

fena schlecht, schlimm, böse, übel ***fena değil*** nicht schlecht ***fena halde*** böse ***fena olmak*** schlecht werden; sich unwohl fühlen
fenalaşmak sich verschlechtern, sich verschlimmern
fenalık Übelheit *f*, Unbehagen *n* ***fenalık geçirmek*** Übelkeit verspüren
fener Laterne *f*, Lampe *f*; Leuchtturm *m*
fenni technisch; naturwissenschaftlich
feodal feudal, Lehns-
feodalite Feudalismus *m*, Feudal-, Lehnswesen *n*, Feudalsystem *n*
feragat Verzicht *m* ***feragat etmek*** verzichten
ferağ Verzicht *f*, Aufgabe *f*; Ausruhen *n*, Ruhe *f*; *huk* Zession *f*, Übertragung *f*; Ruhe *f*
ferah wohl, weit
ferahlamak sich wohler fühlen; geräumiger werden; bequemer leben können
ferahlatmak *jdm* Erleichterung verschaffen
ferahlık Geräumigkeit *f*, Erleichterung *f*
ferdi individuell, persönlich
feribot Fähre *f*
ferman Verordnung *f*, Erlass *m*
fermantasyon Vergärung *f*, Fermentation *f*, Blasengärung *f*, Gärung *f*, Maischen *n*
fermuar Reißverschluss *m*
fersah persische Meile, Parasange *f*
fersiz schwach, leblos, matt, glanzlos, trübe; ohne Schmuck
fersizlik Schwäche *f*
fert Individuum *n*
feryat Aufschrei *m*, Jammer *m* ***feryat etmek*** jammern, schreien
fes Fes *m*
fesat Aufruhr *m*; Komplott *n*
fesatçı Unruhestifter *m*
feshetmek aufheben, abschaffen
fesih Aufhebung *f*, Abschaffung *f*
fesleğen *bitk* Basilikum *n*
festival Festspiele *n*, Festival *n*
fethetmek erobern
fetih Eroberung *f*
fetiş Fetisch *m*; Maskottchen *n*, Talisman *m*, Glücksbringer *m*
fetişizm Fetischismus *m*
fettan frech, kokett; verlockend, verführerisch; Unruhestifter *m*, Hetzer *m*
fetva Spruch *m*, Urteil *n*
feveran Erregung *f*; Ausbruch *m*
fevk oberer Teil; Gipfel *m*
fevkalade außerordentlich, ausgezeichnet, tadellos
fevkinde über
feza Weltraum *m*
fıçı Fass *n* ***fıçı birası*** Bier vom Fass
fıkırdak Koketterie *f*; kokett, gefallsüchtig; unruhig
fıkırdamak kokettieren
fıkırtı Brodeln *n*, Wallen *n*, Blubbern *n*, Bullern *n*, Aufkochen *n*
fıkra Artikel *m*; Anekdote *f*; Witz *m*
fındık Haselnuss *f*
fındıkkıran Nussknacker *m*
Fırat Euphrat *m*
fırça Bürste *f*, Pinsel *m* ***fırça atmak*** *jdn* herunterputzen ***fırça çekmek*** *mec* ausschelten, ausschimpfen
fırçalamak bürsten
fırdöndü Drehzapfen *m*; Scharnier *n*; ganze Umdrehung; *mec* Mitnehmer *m*
fırfır Krause *f*
fırıldak Kreisel *m*, Trick *m* ***fırıldak çevirmek*** Intrigen anzetteln
fırın Backofen *m*; Bäckerei *f*; Herd *m*
fırıncı Bäcker *m*
fırınlamak backen; *tek* Abdörren
fırlak herausragend
fırlama *arg* Bankert *m*, Hurenkind *n*
fırlamak auffliegen; herausragen; steigen
fırlatmak werfen, schleudern
firma Firma *f*
fırsat Gelegenheit *f*, Anlass *m* ***fırsat aramak*** eine Gelegenheit suchen ***fırsat beklemek*** die Gelegenheit ergreifen ***fırsat bu fırsat*** jetzt oder nie ***fırsat bulmak*** eine Gelegenheit benutzen ***fırsat düşkünü*** Opportunist *m* ***fırsat kollamak*** die Gelegenheit ergreifen ***fırsat vermek*** Anlass geben zu ***fırsatı kaçırmak*** die Gelegenheit verpassen, Chancen verpassen ***fırsattan yararlanmak*** die Gelegenheit wahrnehmen
fırsatçı Opportunist *m*

F

fırsatçılık Opportunismus *m*
fırtına Gewitter *n*, Sturm *m* ***fırtınaya yakalanmak*** in Sturm geraten
fırtınalı gewittrig, stürmisch; *mec* erregt, leidenschaftlich
firuze Türkis *m*
fısıldamak flüstern
fısıldaşmak miteinander tuscheln, sich gegenseitig zuflüstern, sich im Flüsterton unterhalten

F

fısıltı Geflüster *n*, Rascheln *n*
fıskıye Springbrunnen *m*
fıstık Pistazie *f* ***fıstık gibi*** knackig, sehr schön
fışırdamak rauschen, knistern; plätschern, sprudeln; (maden sodası) zischen
fışırtı Rauschen *n*, Knistern *n*; Sprudeln *n*
fışkı Mist *m*, Dünger *m*
fışkılamak mistesn, düngen
fışkın *bitk* Wurzelschößling *m*
fışkırmak hervorsprudeln
fışkırtmak ausspritzen, ausströmen; ausstoßen
fıtık Bruch *m*
fıttırmak ausrasten, überschnappen
fıttırtmak *jdn* auf die Nerven gehen
fiberglas *tek* Fiberglas *n*
fidan Spross *m*, Sprössling *m*
fidanlık Schonung *f*, Pflanzbeet *n*; Baumschule *f*
fide Pflänzling *m*
fidye Lösegeld *n*
figan Jammergeschrei *f*, Schreien und Klagen
figür Figur *f*, Gestalt *f*
figüran Statist *m*
fihrist Inhaltsverzeichnis *n*
fiil Handlung *f*, Tat *f*; *dilb* Verb *n*
fiilen praktisch, persönlich
fikir Gedanke *m*, Meinung *f*, Ansicht *f*, Idee *f* ***fikir edinmek*** sich ein geistiges Bild machen ***fikir yürütmek*** eine Idee haben ***fikrinde olmak*** der Meinung sein ***fikrini almak*** *jdn* um Rat fragen ***fikrini söylemek*** seine Meinung äußern
fikri geistlich, gedanklich
fikstür fixtur

fil Elefant *m*
filaman *elek* Glühfaden *m*; *tek* Heizdraht *m*
filan der und der; und ähnliches
filarmoni Philharmonie *n* ***filarmoni orkestrası*** Philharmonieorchester *n*
filarmonik philharmonisch
filatelist Briefmarkensammler *m*, Philatelist *m*; philatelistisch
fildişi Elfenbein *n*
file Netz *n*
fileto Filet *n*
filika Schaluppe *f*
filinta Karabiner *m*
Filipin Philippinen *pl* ***Filipin Adaları*** Philippinische Inseln
Filipinli Filipino *m*; philippinisch
Filistin Palästina *n*
Filistinli Palastinensa *f*
filiz Sproß *m*, Sprößling *m*
filizlenmek Triebe ansetzen
film Film *m* ***film çekmek*** einen Film drehen; eine Röntgenaufnahme machen ***film çevirmek*** einen Film drehen ***film eki*** *dilb* Flexionsendung *f* ***film yapmak*** konjugieren, deklinieren ***film yıldızı*** Filmstar *m* ***filme almak/çekmek*** filmen, drehen ***filmini çekmek*** eine Aufnahme machen von
filmci Filmemacher *m*
filmcilik Filmproduktion *f*
filo Flotte *f*
filolog Philologe *m*
filoloji Philologie *f*
filotilla Flottille *f*
filozof Philosoph *m*, Denker *m*
filtre Filter *n*
Fin Finne *m*; finnisch
final Finale *f*, Endrunde *f* ***finale kalmak*** ins Finale kommen ***finale katılmak*** im Finale sein
finalist Endrundenteilnehmer *f*, Finalist *m*
finans Finanz-; Finanzen pl; Finanzwesen *n*
finanse finanziert ***finanse etmek*** finanzieren
finansman Finanzierung *f*
fincan Tasse *f* ***fincan tabağı*** Untertasse *f*

fingirdek kokett
fingirdemek kokettieren
finiş Ende *n*, Schluss *m*
Finlandiya Finnland *n*
Finlandiyalı Finne *m*, Finnin *f*
Finli Finne *m*
fino Schoßhund *m*
firar Flucht *f* ***firar etmek*** fliehen, entfliehen
firari Flüchtling *m*
firavun Pharao *m*
fire Schwund *m*, Dekalo *n* ***fire vermek*** an Gewicht verlieren
firkete Haarnadel *f*
fiske Schnippen *n* ***fiske atmak*** schnippen, schnipsen ***fiske vurmak*** schnalzen
fiskos Getuschel *n* ***fiskos etmek*** tuscheln
fistan Kleid *n*, Rock *m*; Fustanella *f*, Albanerhemd *n*
fisto Feston *n*
fistül *hek* Fistel *f*
fiş Stecker *m*; Spielmarke *f*
fişek Patrone *f*
fişeklik Patronentasche *f*
fit einverstanden ***fit olmak*** einverstanden sein ***fit vermek*** *jdn* aufhetzen, anstiften, aufhetzen
fitçi Aufhetzer *m*; Intrigant *m*
fitil Docht *m*, Zündschnur *f* ***fitil gibi sarhoş*** total betrunken ***fitil vermek*** aufhetzen
fitillemek anzünden
fitlemek aufhetzen
fitne Aufruhr *m*
fitneci Unruhestifter *m*, Intrigant *m*; Zwietracht säend
fitnelemek aufhetzen
fitre Almosen *n*
fiyaka Angeberei *f* ***fiyaka satmak*** angeben ***fiyaka yapmak*** angeben
fiyakacı Angeber *m*, Prahlhans *m*, Bramarbas *m*; Wichtigtuer *m*
fiyakalı wichtigtuerisch, prahlerisch, angeberisch
fiyasko Misserfolg *m*, Pleite *f*
fiyat Preis *m*
fiyonk Haarschleife *f*; Schlaufe *f*; Schleife *f*; (makarna) flügelförmig
fiyort Fjord *m*
fizibilite Ausführbarkeit *f*, Durchführbarkeit *f*, Machbarkeit *f*
fizik Physik *f*
fizikçi Physiker *mf*; (okul) Physiklehrer *m*
fiziki physikalisch; physisch, körperlich, natürlich
fizikötesi metaphysisch; Metaphysik *f*
fiziksel physikalisch
fizyoloji Physiologie *f*
fizyolojik physiologisch
fizyonomi Physionomie *f*
fizyoterapi *hek* Heilgymnastik *f*, Krankengymnastik *f*, Physiotherapie *f*
flama Fähnchen *n*
flamankuşu *hayb* Flamingo *m*
flaş Blitzlicht *n*
floresan fluoreszierend ***floresan lamba*** Neonröhre *f*
florin Gulden *m*
floş Flockenseide *f*, Kunstseide *f*, Flockseide *f*
flört Flirt *m* ***flört etmek*** flirten
flu unscharf
flurya *hayb* Grünfink *m*
flüt Flöte *f*
flütçü Flötist *m*
flütist Flötist *m*
fobi Angstneurose *f*
fodul arrogant, hochmütig, anmaßend, stolz
fodulluk Eitelkeit *f*, Arroganz *f*
fok Seehund *m*
fokurdamak aufkochen, brodelnd kochen, bullernd kochen, aufkochen
fokurtu Brodeln *n*, Wallen *n*, Blubbern *n*, Bullern *n*
fol Gipsei *n*, Nestei *n*
folklor Volksspiele pl, Folklore *f*, Volkstanz *m*
folklorcu Folklorist *m*
folluk Legenest *n*
folyo Folie *f*; Folioformat *n*
fon Grund *m*, Hintergrund *m*; Fonds *m*
fondöten Schminke *f*
fonetik Phonetik *f*; phonetisch
fonksiyon Funktion *f*
fora *den* Hinaus!, Heißt auf!

form Form *f*; Formular *n* ***formdan düşmek*** aus der Übung kommen ***formunda olmak*** in Form sein
forma Form *f*; Druckbogen *m*; Sportkleidung *f*
formalite Formalität *f*, Förmlichkeit *f*
formasyon Formation *f*
formül Formel *f*
formüle formuliert ***formüle etmek*** formulieren
fors Kraft *f*; Druck *m*; Einfluss *m*
forsa Galeerensträfling *m*
forslu einflussreich
forum Forum *n*
forvet *sp* Stürmer *m*
fos windig, wackelig, faul, schief, mies; falsch, gefälscht, unecht; gewöhnlich, gemein, wertlos, minderwertig, schlecht, leer ***fos çıkmak*** danebengehen, faul sein
foseptik Senkgrube *f*
fosfat *kim* Phosphat *n*
fosfor Phosphor *m*
fosforlu phosphoreszierend, phosphorhaltig
fosil Versteinerung *f*, Fossil *n*
fosilleşmek versteinern, zum Fossil werden
fosseptik Abortgrube *f*, Senkgrube *f*
fosurdatmak paffen, schmauchen
fot. Objektiv *n*
foto Photo *n* ***foto muhabiri*** Photoreporter *m*
fotoğraf Lichtbild *n* ***fotoğraf çekmek*** photographieren, aufnehmen ***fotoğraf çektirmek*** Photos machen lassen ***fotoğraf makinesi*** Photoapparat *m*, Photomaschine *f*
fotoğrafçı Photograph *m*
fotoğrafçılık Photographie *f*
fotojenik photogen
fotokopi Photokopie *f* ***fotokopi çekmek*** fotokopieren ***fotokopi makinesi*** Kopierer *m*, Kopiergerät *n* ***fotokopi yapmak*** abziehen
fotomontaj Fotomontage *f*
fotoroman Foto-Geschichte *f*
fotosentez *bitk* Fotosynthese *f*
foya Metallfolie *f*, *mec* falscher Schein ***foyası meydana çıkmak*** sich entpuppen als ***foyasını meydana çıkarmak*** entlarven
fötr weicher Filz ***fötr şapka*** Filzhut *m*
frak Frack *m*
fraksiyon Fraktion *f*
francala Baguette *f*, Brötchen *n*
frank (para birimi) Franken *m*
Fransa Frankreich *n*
Fransız Franzose *m*; französisch
Fransızca Französisch *n*
frekans Frequenz *f*, Schwingungszahl *f*
fren Bremse *f* ***fren yapmak*** bremsen
frengi Syphilis *f*
frengili Syphiliskranke *mf*
frenkinciri *bitk* Feigenkaktus *m*
frenküzümü Johannisbeere *f*
frenlemek bremsen
fresk Freske *f*; Freskenmalerei *f*
freze Fräsen *m* ***freze etmek*** fräsen
frigorifik Kühl-
frikik Freistoß *m*
friksiyon Abreibung *f*, Friktion *f*
fuar Messe *f*
fuaye Foyer *n*, Wandelgang *m*
fueloyl Treibstoff *m*, Kraftstoff *m*
fuhuş Prostitution *f* ***fuhuş yapmak*** prostituieren
fukara Armen pl; arm
fukaralık Armut *f*
fular Foular *n*, Halstuch *n*
fulya Narzisse *n*
funda Gestrüpp *n*
fundalık Heide *f*, Wald *m*
furgon Gepäckwagen *m*, Güterwagen *m*
furya Übermaß *n*
futbol Fußball *m* ***futbol maçı*** Fußballspiel *n* ***futbol sahası*** Fußballplatz *m* ***futbol sezonu*** Fußballsaison *f* ***futbol takımı*** Fußballmannschaft *f*
futbolcu Fußballspieler (in *f*) *m*, Fußballer (in *f*) *m*
fuzuli überflüssig
fücceten plötzlich
füme geräuchert
fünye Lunte *f*, Zündschraube *f*
füsun Zauber *m*, Charme *m*, Reiz *m*
fütur Unmut *m*, Überdruss *m*
füze Rakete *f*

G

gabardin Gabardine *m*
gacırdamak quietschen, knarren
gacır gucur schmatzend
gacırtı Quietschen *n*, Knarren *n*
gaddar grausam
gaddarlık Grausamkeit *f*
gaf Missgriff *m* ***gaf yapmak*** ins Fettnäpfchen treten
gafil unachtsam ***gafil avlamak*** überrumpeln ***gafil avlanmak*** hereingelegt werden
gaflet Unachtsamkeit *f* ***gaflete düşmek*** *etw* nicht bemerken; nicht achten auf
gaga Schnabel *m*
gagalamak picken
gaile Mühsal *f*, Sorge *f*
gaileli kummervoll; mühselig
gailesiz sorgenlos, unbekümmert
gaip Jenseits *n* ***gaipten haber vermek*** wahrsagen
gaklamak krächzen
gala Gala *f*
galaksi Milchstraße *f*
galebe Sieg *m*, Überlegenheit *f* ***galebe çalmak*** siegen
galeri Galerie *f*
galeta runder flacher Zwieback
galeyan Erregung *f* ***galeyana gelmek*** sich aufregen
galiba vielleicht, wahrscheinlich, offenbar
galibiyet Sieg *m*
galip siegreich; Sieger *m* ***galip gelmek*** besiegen
galon Gallone *f*
galoş Galosche *f*; Überschuh *m*
galvanizlemek galvanisieren
galvanizli galvanisiert
gam *müz* Tonleiter *m*; Bedrängnis *f*, Sorge *f*
gama Gamma *n* ***gama ışınları*** Gammastrahlen *pl*
gamet Gamet *m*
gamlı betrübt
gamlı betrübt, bekümmert, bedrückt
gammaz Verräter *m*, Anzeiger *m*
gammazlamak verraten, anzeigen
gamsız kummerlos, sorgenlos
gamze verstohlener Blick, Grübchen *n*
gangster Gangster *m*, Verbrecher *m*
gangsterlik Gangstertum *n*
gani reich, reichlich
ganimet Beute *f*
ganyan (Pferderennen) Gewinner *m*, Sieger *m*
gar Hauptbahnhof *m*
garaj Garage *f*
garanti Garantie *f* ***garanti etmek*** garantieren
garantilemek garantieren
garantilemek garantieren
garantili garantiert
garantör Garant *m*
garaz Gehässigkeit *f*, Hass *m*, Groll *m*; böswillige Gesinnung; Animosität *f*; Hintergedanke *f*, Tendenz *f*; nachtragend, gehässig
gardırop Garderobe *f*; Kleiderschrank *m*
gardiyan Gefängniswärter *m*
garez Gehässigkeit *f*, Hass *m*, Groll *m*; böswillige Gesinnung; Animosität *f*; Hintergedanke *f*, Tendenz *f*; nachtragend, gehässig ***garez bağlamak*** *jdm* feindlich gesinnt sein ***garez beslemek*** Groll hegen
gargara Gurgeln *n* ***gargara yapmak*** gurgeln
gariban kleine Fische; versinkend; armer Mensch
garip seltsam, eigenartig, sonderbar; arm, bedauernswert ***garibine gitmek*** befremdlich finden, als sonderbar empfinden
gariplik Merkwürdigkeit *f*, Kuriosität *f*; Verlassenheit *f*; Armut *f*, Not *f*
garipsemek befremdlich finden
gark *mec* Verschwendung *f*; Untergetaucht-Werden *n*; Ertrinken *n*; Schiffbruch *m* ***gark etmek*** ertränken, untertauchen, versenken ***gark olmak*** überhäuft werden (mit)
garnitür Garnitur *f*; Ausrüstung *f*; Besteck *n*

G

garnizon Garnison *f*
garp Westen *m*; Abendland *n*
garson Kellner *m*, Ober *m*
garsoniye Bedienungsgeld *n*
garsoniyer Junggesellenhaus *n*
gasp gewaltsame Wegnehmen; Entreißen *n*, Rauben *n*, Usurpation *f*; *huk* Raub(überfall) *m*; gewaltsam wegnehmend, gewaltsam entreißend, raubend; *huk* Besitzergreifung *f* ***gasp etmek*** entreißen, gewaltsam nehmen, usurpieren
gastrit *hek* Gastritis *f*, Magenschleimhautentzündung *f*
gâvur christlich; ungläubig; eigensinnig; unbarmherzig
gayda *müz* Dudelsack *m*
gaye Ziel *n*, Zweck *m*, Absicht *f*
gayet überaus, sehr
gayret Eifer *m*, Anstrengung *f* ***gayret etmek*** sich bemühen, sich anstrengen ***gayret vermek*** ermutigen
gayretli eifrig, energisch, aktiv
gayrı von nun an, fortan
gayri außerdem; außer, neben ***gayri ihtiyari*** unwillkürlich ***gayri menkul*** unbewegliche Gut ***gayri meşru*** illegitim, widerrechtlich, rechtswidrig, ungesetzlich ***gayri resmi*** inoffiziell ***gayri safi*** Gros *n* ***gayri tabii*** widernatürlich, unnatürlich
gayzer Geysir *m*, Geiser *m*
gaz Gas *n*; Petroleum *n* ***gaz bombası*** Gasbombe *f* ***gaz halinde*** gasförmig ***gaz lambası*** Öllampe *f* ***gaz maskesi*** Gasmaske *f* ***gaz pedalı*** *oto* Gaspedal *n* ***gaz sobası*** Ölofen *m* ***gaz vermek*** Gas geben
gaza heiliger Krieg ***gaza basmak*** Gas geben
gazal Gazelle *f*
gazap Zorn *m*, Grimm *m*
gazel Liebesgedicht *n*
gazete Zeitung *f*
gazeteci Journalist *m*; Zeitungsverkäufer *m*
gazetecilik Journalismus *m*
gazi *ask* Veteran *m*, Kriegsveteran *m*, Frontkämpfer *m*
gazino Kasino *n*
gazlamak Gas geben; fliehen
gazlı mit Gas betrieben; gasvergiftet
gazoz Brauselimonade *f*, Limonade *f*
gazyağı Petroleum *n*
gebe schwanger ***gebe bırakmak*** zeugen, schwägern ***gebe kalmak*** schwanger werden
gebelik Schwangerschaft *f*; *hayb* Trächtigkeit *f* ***gebelik önleyici*** Empfängnis verhütend
gebermek verenden
gebertmek töten
gece Nacht *f*; nachts ***gece bekçisi*** Nachtwächter *m* ***gece gündüz*** Tag und Nacht ***gece kulübü*** Nachtklub *m*, Nachtlokal *n*; Bar *f* ***gece yarısı*** Mitternacht *f*; mitternachts ***gece yatısına kalmak*** über Nacht bleiben
gececi Nachtwächter(in *f*) *m*, Nachtschichtarbeiter(in *f*) *m*
gecekondu über Nacht gebautes Haus
gecelemek übernachten
geceleri nachts
geceleyin in der Nacht, nachts
gecelik Nachthemd *n*
gecikme Verspätung *f*; Verzögerung *f*
gecikmek sich verspäten, sich verzögern
geciktirmek verzögern, verschieben, aufschieben; aufhalten
geç spät, zu spät ***geç kalmak*** sich verspäten
geçe (saat) nach
geçen vorig, letzt ***geçen gün*** neulich ***geçen hafta*** letzte Woche
geçenlerde kürzlich, neulich, vor kurzem
geçer gültig, geltend, gängig, gangbar, üblich, gebräuchlich
geçerli gültig
geçerlik Gültigkeit *f*; Kraft *f*; Umlauf *m*, Verkehr *m*; In-Kraft-Sein *n*
geçersiz ungültig
geçici vorübergehend
geçim Unterhalt *m*
geçimsiz unverträglich
geçimsizlik Unverträglichkeit *f*
geçindirmek versorgen
geçinmek auskommen ***geçinip gitmek*** durchkommen
geçirgen durchlässig

geçirmek überstehen; verbringen; benötigen
geçiş Durchfahrt *f*, Übergang *m*, Überleitung *f*, Durchzug *m*; Passage *f*; *tic* Durchgang *m* ***geçiş üstünlüğü*** Vorfahrt *f*
geçişli *dilb* transitiv
geçişsiz *dilb* intransitiv
geçiştirmek überstehen; sich hinweghelfen
geçit Durchgang *m*, Pass *m*; Vorbeimarsch *m* ***geçit resmi*** Parade *f*
geçkin überreif
geçme Ablauf *m*
geçmek hindurchgehen; vorbeikommen, vorbeifahren; übergehen; ablaufen ***geçip gitmek*** vorübergehen; (fırtına vb) sich verziehen, vorbeiziehen ***geçmek bilmemek*** sich in die Länge ziehen
geçmiş vergangen ***geçmiş zaman*** *dilb* Vergangenheit *f*
geçmişte in der Vergangenheit
gedik Bresche *f*, Scharte *f*, Lücke *f*
gedikli schartig; dauernd, ständig
geğirmek rülpsen, aufstoßen
geğirti Rülpser *m*
gelecek kommend, zukünftig; Zukunft *f* ***gelecek kez*** nächstes Mal ***gelecek zaman*** *dilb* Futur *n*
gelecekte in Zukunft; zukünftig
gelenek Tradition *f*
gelenekçi Traditionalist *m*
gelenekçilik Traditionalismus *m*
geleneksel traditionell, herkömmlich, althergebracht, konventionell, überliefert, sittlich
gelgelelim aber, jedoch, indessen
gelgit Gezeiten *pl*
gelin Braut *f* ***gelin alayı*** Brautzug *m* ***gelin gibi süzülmek*** einherstolzieren ***gelin teli*** Lametta *n*
gelincik *hayb* Wiesel *n* ***gelincik hayb.*** Wiesel *n*; *bitk* Mohn *m*
gelinlik Brautkleid *n* (Elbise); Brautstand *m*
gelir Einkunft *m*; Einkommen *n* ***gelir vergisi*** Einkommensteuer *f*
gelişigüzel beliebig
gelişim Entwicklung *n*
gelişme Wachstum *n*
gelişmek wachsen, gedeihen, sich entwickeln
gelişmiş entwickelt
geliştirmek entwickeln, bessern, heben, verfeinern
gelmek kommen, ankommen, herkommen ***gelip geçici*** läufig, flüchtig, kurzlebig
gem Zaum *m* ***gem vurmak*** zügeln
gemi Schiff *n* ***gemi azıya almak*** (Pferd) durchgehen, ungebärdig sein ***gemi mürettebatı*** Besatzung *f* ***gemiye binmek*** an Bord gehen
gemici Seemann *m*, Matrose *m*
gemicilik Schifffahrt *f*, Schiffsverkehr *m*
gencecik sehr jung
genç jung, jugendlich; Junge *m*
gençleşmek sich verjüngen; jung werden
gençleştirmek wieder jung machen
gençlik Jugend *f* ***gençliğine doyamamak*** jung sterben
gene auch, schon, wieder ***gene de*** dennoch, trotzdem
genel allgemein ***genel af*** Generalamnestie *f* ***genel grev*** Generallstreik *m* ***genel kurul*** Hauptversammlung *f*, Vollversammlung *f* ***genel müdür*** Generaldirektor *m* ***genel olarak*** schlechthin, allgemein ***genel sekreter*** Generalsekretär *m*
genelev Bordell *n*
genelge Erlass *m*, Rundschreiben *n*
genelkurmay großer Generalstab
genelleme Ausdehnung *f*, Pauschalurteil *n*, Verallgemeinerung *f*
genellemek verallgemeinern, generalisieren
genelleştirme Verallgemeinerung *f*
genelleştirmek verallgemeinem
genellikle im allgemeinen; meistens
general General *m*
generallik Generalsrang *m*
genetik Genetik *f* ***genetik mühendisi*** Genetiker(in *f*) *m*
geniş breit, weit; umfangreich; *mat* stumpf; *mec* bequem, sorgenfrei ***geniş açı*** *fot* Weitwinkelobjektiv *n* ***geniş fikirli*** großzügig, tolerant ***geniş ölçüde***

G

weit gehend, weithin
genişlemek sich verbreiten, sich erweitern, sich ausdehnen
genişletmek weiten, verbreitern, breiter machen; erweitern, weiter machen; dehnen; (yol) erweitern; *mim* ausbauen
genişlik Breite *f*, Weite *f*
geniz Nasenrachenraum *m* ***genizden konuşmak*** näseln
genleşmek sich ausdehnen
genlik *fiz* Amplitude *f*
gensoru Interpellation *f*
geometri Geometrie *f*
geometrik geometrisch
gerçek wirklich, tatsächlich, wahr, echt, richtig; Wirklichkeit *f*, Realität *f*, Wahrheit *f* ***gerçeği söylemek*** die Wahrheit sagen
gerçekçi Realist *m*
gerçekçilik Realismus *m*
gerçekdışı unwahr, irreal, abwegig
gerçekleşmek sich verwirklichen
gerçekleştirmek verwirklichen
gerçeklik Realität *f*, Wirklichkeit *f*
gerçekte in Wirklichkeit
gerçekten wahrhaftig, tatsächlich
gerçeküstü surrealistisch
gerçeküstücü Surrealist *m*
gerçeküstücülük Surrealismus *m*
gerçi obwohl, obschon, obgleich, zwar
gerdan Doppelkinn *n*
gerdanlık Halskette *f*
gerdek Brautgemach *n* ***gerdeğe girmek*** Brautnacht verbringen
gereç Material *n*
gereğince laut, gemäß
gerek nötig, notwendig, erforderlich
gerekçe Grund *m*, Anlass *m*
gerekçesiz grundlos
gerekirse notfalls, zur Not
gerekli nötig, notwendig, erforderlich
gerek(li)lik Notwendigkeit *f*, Erforderlichkeit *f*, Unentbehrlichkeit *f*; dringendes Bedürfnis; Passen *n*
gerekmek nötig sein
gereksinim Bedarf *m*, Bedürfnis *n*, Not *f*
gereksinme Notwendigkeit *f*, Bedürfnis *n*, Bedarf *m*
gereksinmek brauchen, bedürfen, benötigen
gereksiz unnötig, entbehrlich, gegenstandslos, überflüssig ***gereksiz yere*** unnötig, vergebens
gerektirmek benötigen, gebieten, erfordern, notwendig machen, beanspruchen, bedingen
gergedan Nashorn *n*
gergef Strickrahmen *m*
gergin gespannt
gerginleşmek sich spannen; gespannt werden; *mec* sich zuspitzen
gerginlik Anspannung *f*, Spannung *f*, Gespanntheit *f*; Ruhelosigkeit *f*
geri zurück, rückwärts, nach hinten ***geri almak*** zurücknehmen ***geri çekilmek*** *ask* sich zurückziehen, zurückweichen ***geri çekmek*** zurückziehen ***geri çevirmek*** zurückdrehen, ablehnen, zurückweisen, verwerfen ***geri dönmek*** zurückkommen, zurückkehren ***geri gelmek*** zurückkehren ***geri gitmek*** (arabayla) zurückfahren, zurückgehen ***geri göndermek*** *etw* zurückgehen lassen, zurückschicken ***geri kafalı*** rückständig ***geri kalmak*** zurückbleiben ***geri tepmek*** das Gegenteil bewirken ***geri vermek*** zurückgeben ***geri vites*** Rückwärtsgang *m* ***geri zekâlı*** *hek* Schwachsinnig ***gerisin geriye*** rückwärts, zurück
gerici rückständig
gericilik reaktionäres Verhalten
geride hinten ***geride bırakmak*** überflügeln, zurücklassen
gerilemek zurückweichen
gerilim Spannung *f*
gerilimli spannungsgeladen
gerilla Guerilla *f*
gerilmek sich spannen
gerinmek sich recken, sich strecken
geriye zurück, nach hinten
germek spannen, ausstrecken, ausbreiten
getirmek bringen, herbringen, mitbringen
gevelemek herumreden
geveze schwatzhaft; Schwätzer *m*
gevezelik Schwatzhaftigkeit *f* ***gevezelik etmek*** schnattern, quasseln, quat-

schen, labern
geviş Wiederkäuen *n* ***geviş getirmek*** wiederkäuen
gevişgetirenler Wiederkäuer *pl*
gevrek knusperig
gevremek trocken werden, bröckelig werden; knusprig sein; leicht zerbröckeln; spröde sein, spröde werden
gevşek locker, lose, schlaff
gevşeklik Lockerheit *f*
gevşemek sich lockern, nachgeben
gevşetmek lockern
geyik Hirsch *m*
geyşa Geisha *f*, Japanische Geisha
gez Messschnur *f*; Kerbe *f*; (silah) Kimme *f*; Visier *n*
gezdirmek führen, herumführen, umherführen
gezegen Planet *m*
gezgin umherziehend
gezi Ausflug *m*, Spaziergang *m*, Spazierfahrt *f*, Reise *f*
gezici umherziehend
gezinmek auf- und abgehen, hin- und hergehen, umherspazieren, sich ergehen; spazieren gehen; einen Ausflug machen, eine Wanderung machen
gezinti Spaziergang *m*, Spazierfahrt *f* ***gezinti yapmak*** spazierengehen, spazierenfahren
gezmek umhergehen, herumgehen; spazierengehen ***gezmeğe gitmek*** spazieren gehen, spazieren fahren
gibi wie, gleich, ähnlich; als ob ***gibi gelmek*** vorkommen, scheinen ***gibi görünmek*** erscheinen
gıcık Hustenreiz *m*
gıcırdamak knirschen, quietschen
gıcırdatmak knirschen lassen, quietschen lassen
gıcır gıcır knirschend, quietschend; nagelneu
gıcırtı Knirschen *n*, Quietschen *n*, Knarren *n*
gıda Nahrung *f*
gıdaklamak gackern
gıdalı nahrhaft, vitaminreich; gut genährt
gıdasız ... ohne Nährwert; unterernährt
gider Ausgaben pl, Unkosten *pl*
giderayak im letzten Augenblick
giderek allmählich, mil der Zeit
gidermek beseitigen, beheben
gıdıklamak kitzeln
gıdıklanmak kitzeln
gık dememek kein Wort sagen
gına Sättigung *f* ***gına gelmek*** genug haben, satt bekommen
gıpta Wetteifer *m* ***gıpta etmek*** beneiden
gırgır Spaß *m* ***gırgır geçmek*** Quatsch machen
gırtlak Kehlkopf *m* ***gırtlağına kadar borç içinde olmak*** hoch verschuldet sein
gırtlaklamak erwürgen
gıyaben in Abwesenheit
gıyabında in seiner Abwesenheit
gıyap Abwesenheit *f*
gidiş Hinfahrt *f*; Benehmen *n*, Verhalten *n* ***gidiş dönüş*** Hin-und Rückfahrt *f* ***gidiş dönüş bileti*** Rückfahrkarte *f*
gidişat Entwicklung *f*, Zustand *m*, Gang *m*, Ereignisse pl, Verlauf *m*
girdap Strudel *m*, Wirbel *m*
girdi Eingabe *f*, Ertrag *m*; Gewinn *m*, Einnahmen *pl* ***girdisini çıktısını bilmek*** *etw* in- und auswendig kennen
girgin aufdringlich, unternehmungslustig
girift Einbuchtung *f*
Girilmez Betreten verboten!
girinti Nische *f*, Schleife *f*, Einbuchtung *f*, Vertiefung *f* ***girintili çıkıntılı*** holperig, uneben; buchtenreich
giriş Eingang *m*; Zugang *m*, Zufahrt *f*; Antritt *m*; Einführung *f*
girişim Unternehmung *f*, Unternehmen *n*; *fiz* Interferenz *f*
girişimci Initiator *m*, Unternehmer *m*
girişken unternehmungslustig
girişmek unternehmen; beginnen, anfangen
Girit Kreta
girmek hineingehen, eintreten
gişe Schalter *m* ***gişe rekoru kırmak*** Kassenrekorde machen
gitar Gitarre *f*
gitarist Gitarrenspieler *m*
gitgide allmählich, mit der Zeit
gitmek gehen, weggehen, fortgehen; äbfahren, wegfahren

gittikçe allmählich, mit der Zeit
giydirmek ankleiden
giyecek Bekleidung *f*
giyim Kleidung *f* ***giyim kuşam*** Kleidung *f*, Kleider *pl* ***giyinip kuşanmak*** sich feinmachen
giyinmek sich anziehen, sich ankleiden
giymek anziehen, tragen
giyotin Guillotine *f*
giysi Kleid *n*

G

giz Geheimnis *n*
gizem Geheimnis *n*
gizemli geheimnisvoll
gizlemek verstecken; verbergen, verheimlichen
gizlenmek sich verstecken, sich verbergen
gizli geheim, heimlich, diskret, okkult, verborgen, verschwiegen, versteckt, verstohlen; Geheim- ***gizli ajan*** Geheimagent(in *f*) *m* ***gizli kapaklı*** geheim; dunkel, versteckt ***gizli oturum*** Geheimsitzung *f* ***gizli polis*** Geheimpolizei *f* ***gizli tutmak*** geheim halten (vor -den), verborgen halten
gizlice heimlich
gizlilik Geheimnis *n*
gladyatör Gladiator *m*
glikoz Traubenzucker *m*, Glykose *f*, Glukose *f*
gliserin *kim* Glyzerin *n*
gocuk Hirtenmantel *m*
gocunmak Anstoß nehmen, sich beleidigt fühlen, übel nehmen; Angst bekommen, aufschrecken
gofret Waffel *f*
gol Tor *n* ***gol atmak*** Tor schießen ***gol yemek*** ein Tor kassieren
golcü Schütze *m*, Torjäger *m*; *sp* Bomber *m*
golf Golf *n*
Golfstrim *coğ* Golfstrom *m*
gonca Knospe *f*
gondol Gondel *f*
gong Gong *m*
gonk Gong *m*
goril Gorilla *m*
gotik gotisch; Gotik
göbek Nabel *m*; Generation *f* Anker *m* ***göbek atmak*** einen Bauchtanz aufführen ***göbek bağı*** Nabelschnur *f*, Nabelbinde *f* ***göbek bağlamak*** einen Bauch bekommen ***göbek dansı*** Bauchtanz *m*
göbeklenmek einen Bauch bekommen, ansetzenden, rund und dick werden
göbekli beleibt
göç Wanderung *f*; Umzug *m* ***göç etmek*** umziehen
göçebe Nomade *m*
göçebelik Nomadentum *n*
göçer Nomade *m*; ambulant; fahrbar; mobil
göçmek umziehen, ausziehen, wegziehen; sterben, umkommen
göçmen Einwanderer *m*, Auswanderer *m* ***göçmen kuş*** Zugvogel *m*
göçmenlik Auswanderung *f*; Einwanderung *f*, Zuwanderung *f*, Umsiedlung *f*
göçük Abbruch *m*, Einbruch *m*, Bruch *m*, Einsturz *m*, Einbruchstelle *f*
göğüs Brust *f*, Busen *m* ***göğsü kabarmak*** von Stolz geschwelt sein ***göğüs darlığı*** Asthma *n* ***göğüs geçirmek*** seufzen, stühnen ***göğüs germek*** sich in die Brust werfen
göğüslük Schürze *f*
gök Himmel *m* ***gök gürlemek*** donnern ***gök gürlemesi*** Donner *m* ***gök gürültüsü*** Donner *m* ***gök mavisi*** himmelblau
gökada *gökb* Milchstraße *f*, Galaxie *f*
gökbilim Astronomie *f*
gökbilimci Astronom *m*
gökcismi Himmelskörper *m*
gökdelen Wolkenkratzer *m*
gökkubbesi Himmelsgewölbe *n*
gökkuşağı Regenbogen *m*
gökküresi *gökb* Himmelskugel *f* ***göklere çıkarmak*** hochjubeln, verherrlichen
göktaşı Meteor *n*
gökyakut Saphir *m*
gökyüzü Himmel *m*, Firmament *n*
göl See *m*
gölcük Pfütze *f*, Teich *m*, kleiner Teich
gölge Schatten *m* ***gölge etmek*** *jdm* Schatten spenden, Schatten geben; einen Schatten werfen (auf)
gölgelemek (resmi) schattieren; trüben;

Schatten geben, beschatten; verdunkeln; die Schatten anbringen
gölgeli schattig
gölgelik Schatten *m*; schattig; (yer) schattiger Ort
gömlek Hemd *n*; Generation *f*; Grad *m*, Stufe *f*
gömlekçi Hemdenproduzent *m*
gömme versenkt, eingelassen, eingebaut; begraben, vergraben, eingraben; (cenaze) Begräbnis *n*
gömmek begraben, bestatten, beerdigen; einsenken, versenken
gömü Schatz *m*
gömülü begraben, bestattet; eingesenkt, versenkt
gömüt Grabstätte *f*
gön gegerbtes Leder, gegerbte Haut
gönder Stange *f*
gönderen Absender *m*
gönderme Versand *m*, Versendung *f*, Verweis *m*, Übermittlung *f*; (gemiyle) Verschiffung *f*; (geri) Rückverweisung *f*; (atıf) Begleiten *n*
göndermek senden, absenden, schicken, zuschicken
gönlünce wunschgemäß
gönül Herz *n*, Seele *f* ***gönlü olmak*** zu *etw* aufgelegt sein ***gönlü (gözü) tok*** genügsam ***gönlü olmak*** zu *etw* aufgelegt sein ***gönlünü almak*** beschwichtigen, besänftigen ***gönlünü etmek*** *jdn* zufrieden stellen ***gönlünü kırmak*** *jdm* die Stimmung verderben ***gönül acısı*** Liebeskummer *m* ***gönül almak*** erfreuen ***gönül bağı*** Herzensbund *m* ***gönül bağlamak*** sein Herz verschenken, sich verlieben in, innig lieben ***gönül eğlencesi*** Liebelei *f*; lustiger Zeitvertrieb ***gönül eğlendirmek*** sich vergnügen ***gönül kırmak*** kränken ***gönül vermek*** sein Herz verschenken
gönüllü freiwillig; Freiwillige *m*
gönülsüz unwillig, unfreiwillig, widerwillig, abgeneigt, unlustig, verdrossen, mit Unlust; mit innerem Widerstreben; schlicht, bescheiden, einfach
gönye Dreieck *n*, Zeichendreieck *n*
göre nach, gemäß, angesichts; relativ
görece relativ, verhältnismäßig
görecelik Relativität *f*
göreli relativ
görelilik Relativität *f*
görenek Tradition *f*, Brauch *m*
göreneksel traditionell, konventionell, sittlich
göresi gelmek vermissen
görev Aufgabe *f*, Pflicht *f*, Auftrag *m* ***görevden almak*** *jdn* von einem Amt abberufen
görevlendirmek beauftragen
görevli Beauftragte *m*
görgü Erfahrung *f*; (gute) Benehmen *n* ***görgü kuralları*** Umgangsformen *pl* ***görgü tanığı*** Augenzeuge *m*
görgülü anständig, nett
görgüsüz unerfahren, unbeholfen, weltfremd; ohne gutes Benehmen, tolpatschig, krass
görgüsüzlük Grobheit *f*, Unerfahrenheit *f*, Unbeholfenheit *f*, Weltfremdheit *f*; Tolpatschigkeit *f*
görkem Pracht *f*, Prunk *m*
görkemli prächtig, prunkvoll
görmek sehen, erblicken; erkennen; erleiden; verrichten, leisten
görmemezlik Nichtsehen *n*, Nichtsehen-Wollen *n* ***görmemezlikten gelmek*** ignorieren, absichtlich übersehen; sich nicht kümmern (um); ein Auge zudrücken
görsel visuell
görücü Brautschauerin
görülmedik unerhört, nie gesehen, unglaublich
görülmemiş einzigartig, fabelhaft
görümce Schwägerin *f*
görünmek sich zeigen, erscheinen, aussehen
görünmez unsichtbar
görüntü *fiz* Bild *n*
görünüm Aussicht *f*; Aussehen *n*
görünürde anscheinend, in Sicht; weit und breit; greifbar, sichtbar
görünüş Erscheinung *f*; Anblick *m*, Ansicht *f*; Aussehen *n* ***görünüşe göre*** anscheinend, scheinbar
görünüşte scheinbar, offenbar; von au-

G

ßen, dem Schein nach, anscheinend
görüp geçirmek erfahren
görüş Blick *m*, Anblick *m*; Ansicht *f*, Anschauung *f*, Auffassung *f*, Meinung *f*; Ahnung *f* ***görüş açısı*** Sehwinkel *m*
görüşme Unterredung *f*, Besprechung *f*
görüşmek besprechen; sich treffen, sich unterhalten; sich sehen
gösterge Zeiger *m*
gösteri Vorführung *f*, Aufführung *f*; Demonstration ***gösteri yapmak*** demonstrieren
gösterici Demonstrant *m*; (alet) Projektor *m*
gösterim Vorführung *f*; Darstellung *f*, Darbietung *f*
gösteriş Bluff *m*; Reiz *m*, Charme *m* ***gösteriş yapmak*** vorführen; demonstrieren
gösterişçi Prahler *m*, Angeber *m*, Blender *m*
gösterişli protzig, pompös; statlich
gösterişsiz schlicht demütig
göstermek zeigen; beweisen, nachweisen
göstermelik Musterstück *n*, Probesendung *f*
göt Arsch *m*
götürmek wegbringen, fortbringen, hinbringen, wegtragen, forttragen, hintragen; wegführen, fortführen
götürü pauschal ***götürü çalışmak*** pauschal arbeiten ***götürü iş*** Akkordarbeit *f*
gövde Rumpf *m*; Stamm *m*, Stengel *m* ***gövde gösterisi*** eine Demonstration der Macht, Massendemonstration *f*
gövdesel körperlich
göz Auge *n*; Loch *n*, Öffnung *f*; Öse *f*; Fach *n*, Schließfach *n*, Schubfach *n*, Schublade *f*; Masche *f* ***göz açıp kapayıncaya kadar*** im Nu, im Bruchteil einer Sekunde ***göz alıcı*** überragend, bestechend, hervorstechend, knallig ***göz almak*** blenden ***göz aşinalığı*** schon mal gesehen zu haben ***göz atmak*** blicken ***göz aydına gitmek*** zum gratulieren gehen ***göz banyosu*** Augenbad *n* ***göz boyamak*** Augenwischerei betreiben ***göz dikmek*** begehren ***göz doktoru*** *hek* Augenarzt *m* ***göz etmek*** mit den Augen ein Zeichen geben ***göz gezdirmek*** durchschauen ***göz göre göre*** mit frecher Stirn; vor aller Augen ***göz kamaştırmak*** blenden; berücken, täuschen ***göz kapağı*** Augenlid *n* ***göz kararı*** Augenmaß *n* ***göz kırpmadan*** without batting an eyelid, pitilessly ***göz kırpmak*** zwinkern ***göz koymak*** auf *etw* versessen sein ***göz kulak olmak*** (çocuğa) betreuen ***göz nuru*** viel Mühe gegebene Arbeit ***göz önünde tutmak*** beachten ***göz önüne almak*** berücksichtigen, in Betracht ziehen ***göz ucuyla bakmak*** einen Blick werfen, verstohlen hinblicken ***göz yummak*** ein Auge zudrücken ***gözden çıkarmak*** opfern, rechnen mit ***gözden düşmek*** in Ungnade fallen ***gözden geçirmek*** durchsehen ***gözden kaçırmak*** übersehen ***gözden kaçmak*** übersehen ***gözden kaybolmak*** unsichtbar werden, sich verdrücken ***göze almak*** erwägen, riskieren ***göze batmak*** stören ***göze çarpmak*** auffallen ***göze gelmek*** auffallen ***gözleri fal taşı gibi açılmak*** ganz große Augen machen ***gözleri yollarda kalmak*** seit langer Zeit warten ***gözü açık*** schlaugpfiffig ***gözü doymak*** zufrieden sein ***gözü gönlü açılmak*** sich wohler fühlen ***gözü ilişmek*** *etw* zufällig sehen, bemerken ***gözü ısırmak*** *jdn* irgendwoher kennen ***gözü kalmak*** in *etw* ganz verliebt sein ***gözü korkmak*** Angst haben ***gözü olmak*** ein Auge haben (auf) ***gözü pek*** mütig ***gözü tok*** bescheiden, genügsam ***gözü tutmak*** *jdm* gefallen ***gözü yolda kalmak*** sehnsüchtig erwarten ***gözü yükseklerde olmak*** zu hoch hinaus wollen ***gözünde tütmek*** *jdm* in der Nase stecken ***gözünden uyku akmak*** sehr schläfrig sein ***gözüne girmek*** *jds* Liebe erwerben ***gözüne ilişmek*** *jdn* auffallen ***gözüne kestirmek*** anpeilen ***gözünü boyamak*** blenden ***gözünü dikmek*** anstarren ***gözünü dört açmak*** Mund und Nase aufreißen ***gözünü kan bürümek*** rot sehen ***gözünü kapamak*** sterben

gözünü korkutmak *jdn* beängstigen ***gözünün içine bakmak*** *jdm* in die Augen sehen ***gözünün yaşına bakmamak*** kein Mitleid haben ***gözüyle bakmak*** *jdn* (*etw*) als *etw* betrachen
gözaltı Internierung *f*; Verhaftung *f* ***gözaltına almak*** internieren; verhaften
gözbağı Hexerei *f*; Augenbinde *f*
gözbebeği Pupille *f*
gözcü Beobachter *m*, Aufseher *m*
gözcülük Beobachtung *f*, Aufsicht *f* ***gözcülük etmek*** beobachten, aufsehen
gözdağı Drohung *f* ***gözdağı vermek*** drohen, bedrohen
gözde Favorit *m* ***gözde olmak*** gefallen
göze *biy* Zelle *f*
gözenek Pore *f*
gözenekli porös
gözetim Beaufsichtigung *f*, Aufsicht *f*, Beobachtung *f*, Kontrolle *f*, Überwachung *f*
gözetleme Beobachtung *f*
gözetlemek beobachten
gözetmek aufpassen; berücksichtigen
gözkapağı *anat* Augenlid *n*
gözlem Betrachtung *f*
gözlemci *sp* Beobachter *m*
gözlemek warten; beobachten
gözlemevi Sternwarte *f*, Observatotorium *n*
gözlük Brille *f* ***gözlük camı*** Brillenglas *n* ***gözlük takmak*** Brille anhaben, Brille tragen
gözlükçü Optiker *m*
göztaşı Kupfersulfat *n*
gözükmek sichtbar werden
gözyaşı Träne *f* ***gözyaşı dökmek*** Tränen vergießen, weinen
grafik Schaubild *n*; graphisch
grafit Grafit *m*, Grafit *m*
grafoloji Graphologie *f*, Handschriftdeutung *f*
gram Gramm *n*
gramer Grammatik *f*
gramofon Grammophon *n*
granat Granat *m*; Granate *f*
grandük Großherzog *m*
grandüşes Großherzogin *f*
granit *coğ* Granit *m*
granül Granulat *n*
gravür Gravur *f*
gravyer Gruyère-Käse *m*, Schweizerkäse *m*
Grek Grieche *m*
Grekçe griechisch
grekoromen *sp* griechisch-römisch ***grekoromen güreş*** *sp* griechischrömischer Ringkampf
gres Schmieröl *n*
grev Streik *m* ***grev yapmak*** streiken
grevci Streikende *mf*; streikend, ausständig
greyder *tek* Planierraupe *f*, Sortiermaschine *f*
greyfrut Pampelmuse *f*
gri grau
grip Grippe *f* ***grip olmak*** die Grippe haben\bekommen
grizu Grubengas *n*, Schlagwetter *n*, Schlagwetterexplosion *f*, schlagendes Wetter
gros *den* Bruttotonage *f*
grotesk Groteske *f*; grotesk
grup Gruppe *f*
gruplandırmak gruppieren
gruplaşmak sich gruppieren
guatr Kropf *m*
gudde Drüse *f*
gudubet hässlich, scheußlich, widerwärtig; mürrische Haltung, unfreundliche Haltung
guguk Kuckuck *m*
gulden Gulden *m*
gurbet Ausland *n*
gurbetçi wer in der Fremde lebt
gurbette in der Fremde
guruldamak knurren
gurultu Knurren *n*, Kollern *n*
gurup Sonnenuntergang *m*
gurur Stolz *m* ***gurur duymak*** (darauf) stolz sein
gururlanmak stolz werden, stolz sein
gururlu stolz; hochmütig
gururlu stolz, voller stolz; hochmütig, eingebildet
gusül rituelle Ganzwaschung
gut *hek* Gicht *f*
gübre Dung *m*, Dünger *m*

gübrelemek düngen
gücendirmek kränken
gücenmek übelnehmen ***gücüne gitmek*** missfallen, verletzen
güç1 schwer, schwierig, mühsam
güç2 Kraft *f*; Fähigkeit *f*, Tatkraft *f*; Gewalt *f*, Macht *f* ***gücü yetmek*** verkraften
güçlendirmek stärken, verstärken, kräftigen, Kraft verleihen; komplizieren; erschweren, schwer machen; hindern, hemmen, verzögern, aufhalten, verschlimmern
güçlenmek sich verstärken
güçleşmek schwer werden, schwierig werden, sich erschweren; sich verschlimmern; stark werden, kräftig werden; sich kräftigen
güçleştirmek erschweren
güçlü stark, kräftig; fähig; gewaltig
güçlük Schwierigkeit *f* ***güçlük çekmek*** Schwierigkeit haben ***güçlük çıkarmak*** *jdm* einen Stein in den Weg legen
güçlükle mit Mühe und Not, nur mühsam, schwer
güçlülük Kraft *f*; Stärke *f*
güçsüz schwach, kraftlos
güçsüzlük Schwäche *f*, Kraftlosigkeit *f*, Unfähigkeit *f*; Arbeitslossein *n*
güderi Wildleder *n*
güdü Motiv *n*, Triebfeder *f*, Beweggrund *m*, Grund *m*, Antrieb *m*
güdük gestutzt, beschnitten; unvollendet, unfertig; schwanzlos; unvollendet, unvollständig ***güdük kalmak*** unvollendet bleiben
güdüm *tic* Lenkung *f*; Leitung *f*, Führung *f*, Steuerung *f*
güdümlü (füze) ferngesteuert; lenkbar; gelenkt, gesteuert ***güdümlü mermi*** Fernlenkgeschoss *n*
güfte Text *m*, Libretto *n*
güğüm Wasserkanne *f*
güherçile Salpeter *m*
gül Rose *f* ***gül gibi*** bezaubernd ***gül gibi geçinmek*** glänzend mit *jdm* auskommen
güldürmek aufheitern; unterhalten, belustigen
güldürü Komödie *f*
güle güle Auf Wiedersehen
güleç dauernd lächelnd
güler yüzlü freundlich, lächelnd
gülle Kugel *f* ***gülle atma*** Kugelstoßen *n* ***gülle atmak*** die Kugel stoßen
gülmece Auslachen *n*
gülmek lächen ***gülmekten katılmak/kırılmak*** zum Tode lachen ***gülmekten kırmak*** zum lachen bringen
gülsuyu Rosenwasser *n*
gülücük Lächeln *n*
gülümseme Lächeln *n*
gülümsemek lächeln
gülünç komisch, lächerlich
gülünçleşmek lustig werden
gülüş Lachen *n*
gülüşmek gemeinsam lachen; übereinander lachen
güm Bums *m*; lügenhaftes Gerede; Flunkerei *f*, Angeberei *f*, Schwindel *m*; *mec* verloren; verfehlend ***güm güm atmak*** laut schlagen ***güme gitmek*** futsch sein
gümbürdemek donnern
gümbürtü Gedonner *n*
gümeç Wabenzelle *f*, Zelle *f*; Honigwabe *f*
gümlemek donnern, poltern; dumpf dröhnen; hineinplatzen, einschlagen
gümrük Zoll *m* ***gümrüğe tâbi*** zollpflichtig ***gümrük beyannamesi*** Zollerklärung *f* ***gümrük dairesi*** Zollamt *n* ***gümrük komisyoncusu*** Verzollungskommissionär *m* ***gümrük kontrolü*** Zollkontrolle *f* ***gümrük memuru*** Beamte *m*, Zollbeamte *m*, Zollfahnder *m* ***gümrük vergisi*** Zollgebühren *pl*
gümrükçü Zollbeamte *m*
gümrüklemek verzollen
gümrüklü verzollt, zollpflichtig
gümrüksüz unverzollt
gümrükten muaf zollfrei ***gümrükten muaf*** zollfrei
gümüş Silber *n*; silbern ***gümüş kaplama*** Versilberung *f*; versilbert
gümüşbalığı Silberfisch *m*
gümüşi silbergrau
gümüşlemek versilbern
gün Tag *m* ***gün ağarmak*** (sabah/gün) dämmern ***gün aşırı*** jeden zweiten Tag

gün batışı Sonnenuntergang *m* ***gün doğmak*** anbrechen ***gün doğuşu*** Sonnenaufgang *m*, Morgendämmerung *f* ***gün geçtikçe*** allmählich, mit der Zeit ***gün görmek*** gut leben ***gün görmüş*** lebenserfahren ***gün ışığı*** Sonnenlicht *n*, Tageslicht *n* ***gün ışığına çıkarmak*** ans Tageslicht bringen ***gün tutulması*** Sonnenfinsternis *f* ***günden güne*** Tag für Tag ***günlerden bir gün*** eines schönen Tages ***günü geçmiş*** überfällig ***günü gelmek*** ablaufen ***günü gününe*** am festgesetzten Tag ***günün birinde*** eines Tages ***gününü gün etmek*** seinen Tag froh verbringen

günah Sünde *f* ***günah çıkartmak*** beichten ***günah işlemek*** sündigen ***günaha girmek*** sich versündigen ***günaha sokmak*** sündig werden lassen ***günahına girmek*** *jdn* falsch beschuldigen, zu Unrecht beschuldigen

günahkâr Sünder *m*

günahsız unschuldig

günaşırı jeden zweiten Tag

Günaydın Guten Morgen!

günbegün Tag für Tag, tagtäglich, jeden Tag

günberi *gökb* Erdnähe *f*

güncel aktuell, zeitnahe

güncelleştirmek aktualisieren, modernisieren

güncellik Aktualität *f*

günçiçeği *bitk* Sonnenblume *f*

gündelik Tagelohn *m* ***gündelikle çalışmak*** im Tagelohn arbeiten

gündelikçi Tagelöhner *m* ***gündelikçi kadın*** Putzfrau *f*

gündem Tagesordnung *f*

gündoğusu Osten *m*; Ostwind *m*

gündöndü Sonnenblume *f*

gündönümü Sonnenwende *f*, Äquinoktium *n*

gündüz Tag *m*

gündüzleri tagsüber

gündüzlü externer Schüler, Externe *mf*

gündüzsefası *bitk* dreifarbige Winde

gündüzün tagsüber, bei Tag

günebakan *bitk* Sonnenblume *f*

güneş Sonne *f* ***güneş açmak*** hinter den Wolken hervorkommen ***güneş banyosu*** Sonnenbad *n* ***güneş banyosu yapmak*** ein Sonnenbad nehmen ***güneş batışı*** Sonnenuntergang *m* ***güneş çarpmak*** Sonnenstich bekommen ***güneş çarpması*** Sonnenstich *m* ***güneş doğuşu*** Sonnenaufgang *m* ***güneş enerjisi*** Solarenergie *f*, Sonnenenergie *f* ***güneş görmek*** sonnig sein ***güneş gözlüğü*** Sonnenbrille *f* ***güneş ışığı*** Sonnenlicht *n*, Sonnenschein *m* ***güneş ışını*** Sonnenstrahl *m* ***güneş sistemi*** *gökb* Sonnensystem *n* ***güneş tutulması*** *gökb* Sonnenfinsternis *f* ***güneş yanığı*** Sonnenbrand *m*; braun

güneşlenmek sich sonnen

güneşli sonnig

güneşlik Sonnenschutz *m*

güneşte unter der Sonne ***güneşte yanmak*** braun werden, sich bräunen

güney Süden *m*; südlich ***güney kutbu*** Südpol *m*

güneybatı Südwesten *m*

güneybatı Südwesten *m*; südwestlich

güneydoğu Südosten *m*

güneydoğu Südosten *m*; südöstlich

güneyinde südlich

güneyli Südländer *m*

günlerce tagelang

günlük täglich ***günlük güneşlik*** strahlend

günöte *gökb* Aphel *n*, Sonnenferne *f*

günübirlik nur tagsüber, nur den Tag über dauernd; kurzlebig, Eintags- ***günübirliğine gitmek*** Tagesfahrt machen

güpegündüz am hellichten Tag

gür üppig, stark

gürbüz gesund, kräftig

gürbüzlük eiserne Gesundheit, blühende Gesundheit, kräftige Entwicklung

Gürcistan Georgien

Gürcü Georgier *m*; georgisch

güreş Ringen *n*, Ringkampf *m*

güreşçi *sp* Ringer *m*, Ringkämpfer *m*

güreşmek ringen, Ringkampf ausführen; miteinander kämpfen

gürgen Buche *f*, Erle *f*

gürlemek donnern

gürlük Fülle *f*, Überfluss *m*, Reichtum *m*;

Üppigkeit *f*; Menge *f*, große Menge; (ses) Stärke *f*
güruh Gesellschaft *f*
gürül gürül akmak dahinrauschen
gürüldemek Krach machen, lärmen; gluckern, glucksen, sprudeln, plätschern, murmeln
gürültü Geräusch *n*, Lärm *m*, Krach *m*, Getöse *n* ***gürültü çıkarmak*** lärmen, Lärm machen; *oto* heulen; Unruhe hervorrufen ***gürültü etmek*** (çocuklar) toben; Lärm machen, lärmen; rumoren ***gürültü yapmak*** (çocuklar) toben; Lärm machen, lärmen; rumoren
gürültücü lärmend
gürültülü laut
gürültüsüz ruhig, still, leise
gürültüsüzce leise
gürz Schlachtkeule *f*
gütmek hüten
güve Motte *f*
güveç Schmortopf *m*
güven Vertrauen *n*, Verlass *m* ***güveni olmak*** sich verlassen (auf)
güvence Sicherheit *f* ***güvence vermek*** garantieren, (für *etw*) Gewähr leisten, zusichern
güvenç Vertrauen *n*, Verlass *m*
güvenilir gewissenhaft, glaubwürdig, seriös
güvenilirlik Zuverlässigkeit *f*, Glaubwürdigkeit *f*
güvenilmez unzuverlässig, unsicher, (kişi) unglaubwürdig, schillernd, schlüpfrig, unsolide; Windhund *m*
güvenli sicher, vertrauensvoll, verkehrssicher
güvenlik Sicherheit *f* ***güvenlik konseyi*** Sicherheitsrat *m*
güvenmek vertrauen, anvertrauen, sich verlassen
güvenoyu Vertrauensvotum *n*
güvensiz argewöhnisch; unsicher
güvensizlik Misstrauen *n*
güvercin Taube *f*
güverte Deck *n*
güvey Bräutigam *m*
güveyi Bräutigam *m*
güvez dunkelrot
güya als ob, als wenn, wie wenn; angeblich; so genannt
güz Herbst *m*
güzel schön, hübsch, nett, lieblich, gut, angenehmen ***güzel güzel*** ganz normal; tüchtig, ordentlich ***güzel sanatlar*** die schönen Künste
güzelavratotu *bitk* Tollkirsche *f*
güzelleşmek sich verschönern
güzelleştirmek verschönern
güzellik Schönheit *f*, Lieblichkeit *f* ***güzellik enstitüsü*** Schönheitsinstitut *n* ***güzellik kraliçesi*** Schönheitskönigin *f*
güzellikle in Güte; gütlich, im Guten, durch Güte und Freundlichkeit, auf gütlichem Weg
güzergâh Strecke *f*, Linie *f*
güzide erlesen, ausgerwählt, hervorragend
güzün im Herbst

H

ha auf! na! los!; ach ja!; was! ***ha babam*** fortwährend, ständig ***ha bire*** kontinuierlich ***ha bugün ha yarın*** bald, in Kürze ***Ha şöyle.*** Besser so!
habbe Korn *n*
habbeli körnig
haber Nachricht *f*, Mitteilung *f*, Meldung *f*, Anmeldung *f*; Ahnung *f* ***haber ajansı*** Nachrichtenagentur *f* ***haber alma*** Information *f* ***haber almak*** hören, Nachricht erhalten ***haber göndermek*** Nachricht zukommen lassen ***haber toplamak*** Informationen sammeln ***haber vermek*** benachrichtigen, mitteilen; Bericht erstatten ***haberi olmak*** über *etw* Bescheid wissen ***haberini almak*** hören; erfahren
haberci Bote *m*; Berichterstatter(in *f*) *m*
haberdar benachrichtigt, informiert, unterrichtet ***haberdar etmek*** benachrichtigen, informieren
haberleşme Korrespondenz *f*
haberleşmek korrespondieren

haberli angemeldet
habersiz ahnungslos; unangemeldet
Habeş(i) Äthiopier(in *f*) *m*
Habeşistan Äthiopien
habire dauern, unaufhörlich, ständig
habis böse, bösartig, schlecht; Schuft *m*
hac Wallfahrt *f*, Pilgerfahrt *f* ***hacca gitmek*** pilgern
hacet Bedürfnis *n*, Notwendigkeit *f* ***hacet yeri*** Toilette *f*, Abort *m* ***hacet yok*** nicht nötig
hacı Pilger *m*
hacim Volumen *n*, Rauminhalt *m*; Umfang *m*
hacimsel räumlich
hacimsellik Räumlichkeit *f*
hacıyatmaz Stehaufmännchen *n*
haciz Pfändung *f* ***haciz koymak*** pfänden
hacizli gepfändet
haczetmek pfänden
haç Kreuz *n* ***haça germek*** kreuzigen ***Haçlı Seferi*** Kreuzzug *m*
Haçlılar Kreuzfahrer *pl*
had Grenze *f*, Stufe *f*, Grad *m*, Maß *n* ***had safhaya girmek*** in ein akutes Stadium treten ***haddi zatında*** eigentlich, an und für sich ***haddinden fazla*** übermäßig ***haddini aşmak*** zu weit gehen ***haddini bildirmek*** *jdm* den Marsch blasen, *jdn* in seine Schranken weisen, zurechtweisen ***haddini bilmek*** seine Grenzen kennen ***haddini bilmez*** vermessen
hadde Walzmaschine *f*
haddelemek walzen
hademe Bürodiener(in *f*) *m*, Amtsdiener(in *f*) *m*
hadi Los!, Mach mit! ***hadi bakalım*** Los mach mit! ***hadi ordan*** Hau ab!, Geh weg!
hadım Eunuch *m*, Kastrat *m* ***hadım etmek*** kastrieren
hadise Vorfall *m*, Ereignis *n*, Vorgang *m* ***hadise çıkarmak*** einen Zwischenfall verursachen ***hadise olmak/meydana gelmek*** vorkommen, passieren, geschehen
haf *sp* Läufer *m*
hafız wer den Kuran auswendig rezitieren kann; bewahrend, aufbewahrend, schützend; Bewahrer *m*, Schützer *m*
hafıza Gedächtnis *n*, Erinnerung *f*
hafif leicht; leichtsinnig ***hafif müzik*** Unterhaltungsmusik *f* ***hafif sıklet*** Leichtgewicht *n* ***hafife almak*** unterschätzen, *etw* auf die leichte Schulter nehmen
hafifçe ganz leicht
hafiflemek nachfassen, sich verringern
hafifleşmek leichter werden; leichtsinnig werden
hafifleştirmek erleichtern, mildern abschwächen
hafifletici mildernd
hafifletmek erleichtern, mildern, abschwächen
hafiflik Leichtigkeit *f*; Erleichterung *f*, Milde *f*; Leicht-Sein *n*, Leicht-Werden *n*; Leichtsinn *m*, Leichtfertigkeit *f*, Flatterhaftigkeit *f*
hafifmeşrep leichtsinnig, leichtfertig
hafifsemek unterschätzen, geringschätzen, verachten
hafifsıklet *sp* Leichtgewicht *n*
hafiye Geheimpolizist *m*, Spitzel *m*
hafriyat Ausgrabung *f*
hafriyatçı Ausgräber *m*
hafta Woche *f* ***hafta başı*** Wochenanfang *m* ***hafta sonu*** Wochenende *n*
haftalarca wochenlang
haftalık wöchentlich; Wochenlohn *m* ***haftalık almak*** Wochenlohn bekommen ***haftalık dergi*** Wochenzeitschrift *f* ***haftalık gazete*** Wochenblatt *n*
haftaya nächste Woche
haftaym *sp* Halbzeit *f*
haham Rabbiner *m*
hain verräterisch; Verräter *m*
hainlik Heimtücke *f*, Verrat *m*, Falschheit *f*, Verrätertum *n*, Boshaftigkeit *f*, Treulosigkeit *f*, Gemeinheit *f*, Niedertracht *f*
haiz besitzend ***haiz olmak*** besitzen
hak1 Recht *n* ***hak etmek*** verdienen ***hak iddia etmek*** Anspruch erheben (auf) ***hak sahibi*** Rechthaber *m* ***hak vermek*** recht geben ***hak yemek*** usurpieren ***hakkı olmak*** recht haben
hak2 Gott *m* ***Hakkın rahmetine kavuşmak*** in die Gnade Gottes eingehen

H

hakan Herrscher *m*, Khan *m*
hakaret Beleidigung *f* ***hakaret etmek*** beleidigen ***hakarete uğramak*** beleidigt werden, beschimpft werden
hakça fair; nach Recht und Billigkeit, gerechtermaßen
hakem Schiedsrichter *m* ***hakem kararı*** Schiedsspruch *m*
haki khakifarben, erdfarben
hakikat Wahrheil *f*, Wirklichkeit *f*, Realität *f*
hakikaten wirklich, tatsächlich
hakikatli aufrichtig, treu
hakikatsiz treulos
hakiki echt, wahr, wirklich
hâkim Herrscher *m*; Richter *m*; herrschend, überlegen ***hâkim olmak*** dominieren, einer Sache Herr werden; herrschen, kontrollieren, vorherrschen
hâkimiyet Herrschaft *f*, Souveränität *f*
hakir niedrig, niederträchtig, verächtlich ***hakir görmek*** verachten
hakkaniyet Recht *n*, Gerechtigkeit *f*
hakkaniyetli voller Gerechtigkeit, gerecht und billig
hakkaniyetsiz ungerecht, voller Ungerechtigkeit
hakketmek gravieren
hakkında über ***hakkından gelmek*** verkraften ***hakkını almak*** seinen gebührenden Anteil bekommen ***hakkını vermek*** *jdm* (einer Sache) gerecht werden
hakkıyla berechtigermaßen, zu Recht; gut, genau, gründlich
haklamak besiegen
haklı recht; berechtigt ***haklı çıkarmak*** rechtfertigen ***haklı çıkmak*** Recht behalten, sich rechtfertigen ***haklı olmak*** recht haben
haksever wahrheitsliebend, rechtliebend
haksız unrecht; ungerecht ***haksız çıkarmak*** Unrecht nachweisen ***haksız çıkmak*** Unrecht haben; Unrecht bekommen ***haksız yere*** zu Unrecht
haksızlık Ungerechtikeit *f* ***haksızlık etmek*** *jdm* unrecht tun
haktanır rechtliebend, gerecht, rechtlich denkend, rechtlich handelnd
hal Zustand *m*, Lage *f*; Verhalten *n*; *dilb* Fall *m*, Kasus *m*; Kraft *f*; Markthalle *f*; Lösung *f* ***hal çaresi*** Mittel *n* ***hal hatır sormak*** *jdn* nach dem Befinden fragen ***halden anlamak*** Verständnis zeigen ***hali kalmamak*** totmüde sein, keine Kraft mehr haben ***hali vakti yerinde*** gut situiert, wohlhabend, vermögend
hala Tante *f*
hâlâ noch, immer, noch
halaskâr Retter *m*, Befreier *m*
halat Tau *n*
halayık Sklavin *f*
halazade Cousin *m*
halbuki jedoch, indessen, tatsächlich, aber
hale Hof *m*, Halo *m*, Kranz *m*; Heiligenschein *m*, Aureole *f*, Nimbus *m*
halef Nachfolger *m*
halel Lücke *f*; Schaden *m*, Nachteil *m* ***halel gelmek*** geschmälert werden, Schaden laden ***halel getirmek*** schaden, stören, beeinträchtigen
halen augenblicklich, gegenwärtig
halhal (Fuß)Knöchelreif *m*
halı Teppich *m*
halıcı Teppichhändler *m*
halıcılık Teppichhandel *m*
Haliç Goldenes Horn
haliç Meerbusen *m*
Haliç Goldenes Horn; *coğ* Meerbusen *m*, Ästuar *n*, Meeresbucht *f*
halife Kalif *m*
halifelik Kalifat *n*
halihazır gegenwärtige Lage, augenblickliche Lage; gegenwärtig, augenblicklich
halihazırda augenblicklich, gegenwärtig
halim ruhig, verträglich
halis echt, rein ***halis muhlis*** waschecht
haliyle an sich, an und für sich, naturgemäß
halk Volk *n*, Bevölkerung *f*, Leute *f*, Publikum *n* ***halk edebiyatı*** Volksliteratur *f* ***halk kütüphanesi*** Volksbibliothek *f* ***halk müziği*** Volksmusik *f* ***halk oyunu*** Volkstanz *m* ***halk ozanı*** Volksdichter(in *f*) *m* ***halk türküsü*** Volkslied *n* ***halkla ilişkiler*** öffentliche Beziehungen
halka Ring *m*
halkalamak aufrollen

halkbilim Volkskunde *f*
halkbilimci Folklorist *m*, Volkskundler *m*
halkçı demokratisch; Demokrat *m*
halkoylaması Volksabstimmung *f*
halkoyu Volksentscheid *m*
hallaç Baumwollschläger *m* ***hallaç pamuğu gibi atmak*** durcheinander werfen, umherspritzen lassen
halletmek lösen; beseitigen
halsiz kraftlos, schwach
halsizlik Mattigkeit *f*, Kraftlosigkeit *f*, Schwächeanfall *m*, Schwächegefühl *n*, allgemeine körperliche Schwäche
halt Unverschämtheit *f* ***halt karıştırmak/yemek*** großen Mist machen, anstellen
halter Hantel *f*; Gewichtheben *n*
halterci Gewichtheber *m*
ham unreif; roh, unbearbeitet; untrainiert ***ham çelik*** Rohstahl *m* ***ham petrol*** Rohöl *n*
hamak Hängematte *f*
hamal Lastträger *m*
hamaliye Trägerlohn *m*
hamallık Fronarbeit *f*
hamam Bad *n* ***hamam gibi*** überhitzt
hamamböceği *hayb* Marienkäfer *m*; *hayb* Kakerlak *m*, Schabe *f*, Küchenschabe *f*
hamarat fleißig, tüchtig, arbeitsam
hamburger Hamburger *m*
hami Beschützer *m*, Förderer *m*, Fürsprecher *m*, Protektor *m*, Schirmherr *m*; Sponsor *m*
hamil Träger *m*, Inhaber *m* ***hamiline yazılı*** Überbringer(in *f*) *m* (eines Checks)
hamile schwanger ***hamile bırakmak*** zeugen, schwängern ***hamile kalmak*** schwanger werden
hamilelik Schwangerschaft *f*, Gravidität *f*
haminne Großmutter *f*
hamiyet Eifer *m*
hamiyetli eitrig
hamla(ş)mak untrainiert (ungeübt) bleiben
hamlaç *kim* Brenner *m*, Düse *f*, Gebläse *n*, Lötröhrchen *n*, Schneidbrenner *m*; *tek* Düse *f*
hamle Zug *m*; Angriff *m*; Schwung *m*, Elan *m* ***hamle yapmak*** angreifen
hamlık Unreif-Sein *n*; Rohzustand *m*; Unerfahrenheit *f*; Ungeübtheit *f*; Taktlosigkeit *f*; *sp* Verlust der Kondition
hammadde Rohmaterial *n*
hamsi Sardelle *f*
hamt Lobpreisung Gottes ***hamt etmek*** Gott danken; *etw* loben ***hamt olsun*** Dank Gott!; Dank Allah!
hamule Ladung *f*, Fracht *f*
hamur Teig *m* ***hamur açmak*** Teig ausrollen ***hamur işi*** Mehlspeise *f* ***hamur yoğurmak*** Teig kneten
han1 Gasthaus *n*, Herberge *f*
han2 Herrscher *m*, Khan *m*
hançer Dolch *m*
hançere Kehlkopf *m*
hançerlemek erdolchen
handikap Handikap *n*, Ausgleichsrennen *n*, Vorgaberennen *n*; Behinderung *f*, ungünstige Lage
hane Haus *n*, Wohnung *f*; Feld *n*
hanedan Herrschershaus *n*, Dynastie *f*, Königshaus *n*, Herrscherhaus *n*, Herrscherfamilie *f*; vornehm
hanedanlık vornehme Herkunft, vornehme Gastfreundlichkeit
hangar Schuppen *m*, Halle *f*
hangi welche/r/s
hangisi wer (von ihnen)?, welche/r/s (von)
hani wo?
hanım Frau *f*, Dame *f*; Ehefrau *f*, Gattin *f* ***hanım evladı*** verweichlicht
hanımefendi Dame *f*
hanımeli Geißblatt *n*
hanımevladı Muttersöhnchen *n*
hantal plump, schwerfällig
hap Pille *f* ***hapı yutmak*** in Teufels Küche geraten; *mec* abkratzen
hapis Einsperren *n*; Gefängnis *n* ***hapis cezası*** Gefängnisstrafe *f* ***hapis giymek*** Gefängnis bekommen ***hapis yatmak*** im Gefängnis sitzen ***hapse atmak*** ins Gefängnis werfen
hapishane Gefängnis *n*, Kerker *m* ***hapishane kaçkını*** Galgenstrick *m*, Vagabund *m* ***hapishaneyi boylamak*** ins Gefängnis gehen
hapsetmek einsperren

H

hapşırmak niesen
Hapşu Hatschi!
hara Gestüt *n*
harabe Ruine *f*
haraç Kopfsteuer *f* ***haraca bağlamak*** *jdm* Tributzahlungen auferlegen ***haraç mezat satmak*** versteigern ***haraç yemek*** kostenfrei leben
haraççı Erpresser *m*; Steuererheber *m*
harakiri Harakiri *n*
haram verboten, unerlaubt ***haram etmek*** verbieten; stören, rauben
harami Räuber *m*
harap zerstört, verwüstet, verheert ***harap etmek*** zerstören, ruinieren ***harap olmak*** verschlampen
hararet Wärme *f*, Temperatur *f*, Fieber *n* ***hararet basmak*** Durst haben (auf), brennenden Durst haben
hararetli begeistert, lebhaft
harbi echt, unverfälscht, ehrlich
harcama Aufwand *m*, Ausgabe *f*, Unkosten pl; Verfügung *f*
harcamak ausgeben; verbrauchen; beseitigen
harcıâlem üblich, trivial
harcırah Tagegeld *n*
harç Mörtel *m*; Zutat *f*
harçlık Taschengeld *n*
hardal Sent *m*
harekât Operation *f*
hareket Bewegung *f*; Abfahrt *f*, Abreise *f*, Abftug *m*; Aktion *f*, Akt *f* ***hareket etmek*** sich bewegen; abfahren abreisen, abfliegen; sich benehmen, handeln ***hareket ettirmek*** bewegen ***harekete geçmek*** sich in Bewegung setzen; in Aktion treten
hareketlendirmek beleben, ankurbeln, in die Bewegung bringen
hareketli beweglich; lebhaft
hareketsiz bewegungslos, stitl
harem Frauengemach *n*
harf Buchstabe *m*
harfiyen Wort für Wort
harıl harıl kontinuierlich, dauernd ***harıl harıl çalışmak*** hart arbeiten
haricen *hek* äußerlich; von außen her, Außen-
harici äußerlich
hariciye auswärtige Angelegenheiten; äußere Erkrankungen
hariciyeci specialist in external diseases; diplomat
hariç ausgenommen, abgesehen ***hariç tutmak*** absehen
harika wunderbar, ausgezeichnet
harikulade wunderbar, ausgezeichnet, beispiellos
haris gierig, habgierig; leidenschaftlich
harita Landkarte *f*
harlamak knistern, prasseln; rauschen; knirschen; *mec* aufbrausen
harman Dreschen *n*; Mischung *f* ***harman dövmek*** dreschen ***harman etmek*** dreschen, mischen ***harman makinesi*** Dreschmaschine *f*
harmanlamak dreschen; mischen
harmoni Harmonie *f*
harp Krieg *m*; *müz* Harfe *f* ***harp malülü*** Kriegsbeschädigter *m*
has eigentümlich; echt, rein
hasar Schaden *m* ***hasar görmek*** Schaden erleiden ***hasara uğramak*** Schaden erleiden, beschädigt werden
hasarlı beschädigt
hasat Ernte *f* ***hasat etmek*** ernten
hasbıhal Unterhaltung *f* ***hasbıhal etmek*** plaudern, unterhalten
haset Neid *m* ***haset etmek*** *jdn* beneiden ***hasetten çatlamak*** vor Neid platzen
hasıl olmak erscheinen; zustandekommen, sich ergeben, entstehen
hâsılat Erzeugnis *n*, Produktion *f*
hasım Gegner *m*
hasımlık Gegnerschaft *f*, Feindschaft *f*; Feindlichkeit *f*, Feindseligkeit *f*
hasır Strohmatte *f* ***hasır altı etmek*** verbögen
hasis knauserig, geizig
hasislik Knauserigkeit *f*, Knauserei *f*
haslet Eigenschaft *f*
hasret Sehnsucht *f* ***hasret çekmek*** sich sehnen
hasretlik Sehnsucht *f*
hasretmek widmen
hassa Eigenschaft *f*; Garde *f*
hassas empfindlich, sensibel

hassasiyet Empfindlichkeit *f*, Sensibilität *f*
hasta krank; Kranke *m*, Patient *m* ***hasta etmek*** krank machen; nerven ***hasta olmak*** krank werden, krank sein; ganz wild sein (auf)
hastabakıcı Krankenpfleger *m*, Krankenschwester *f*
hastabakıcılık Krankenpflege *f*
hastalanmak erkranken
hastalık Krankheit *f*
hastalıklı kränklich; abnorm
hastane Krankenhaus *n* ***hastaneye kaldırmak*** ins Krankenhaus einweisen ***hastaneye yatırmak*** ins Krankenhaus einliefern, einweisen ***hastası olmak*** einen Fimmel haben (für -in), versessen sein (auf), vernarrt sein (in)
haşa Gott behüte!
haşarat Ungeziefer *n*, Insekten *pl*
haşarı wild, zügellos
haşat schachmatt; altes Auto
haşere *hayb* Insekt *n*
haşhaş Haschisch *m*, Mohn *m*
haşin streng, scharf, heftig, rauh
haşinlik Grobheit *f*, Unfreundlichkeit *f*
haşiye Randbemerkung *f*
haşlama Brühen *n*; gebrüht, abgebrüht, gekocht, gedünstet; gekocht-
haşlamak kochen, sieden; schalten
haşmet Majestät *f*, Pracht *f*, Pomp *m*, Prunk *m*
haşmetli prächtig, majestätisch
hat Linie *f*, Strecke *f*
hata Fehler *m*; Versehen *m*, Irrtum *m* ***hata etmek/yapmak*** Fehler begehen, Fehler machen; sich irren
hatalı fehlerhaft, irtümlich
hatasız fehlerlos
hatır Gedächtnis *n*, Erinnerung *f*; Achtung *f*, Ansehen *n* ***hatır hutur yemek*** knirschend (zer)kauen ***hatır senedi*** *tic* Gefälligkeitsakzept *n* ***hatır sormak*** die üblichen Höflichkeitsfragen stellen ***hatırı için*** *jdm* zuliebe ***hatırı sayılır*** beachtlich; angesehen ***hatırı sayılmak*** angesehen sein ***hatırım için*** mir zuliebe, meinetwegen ***hatırına gelmek*** *jdm* in den Sinn kommen ***hatırına getirmek*** *jdn* einfallen ***hatırından çıkmak*** vergessen werden ***hatırını kırmak*** *jdn* kränken, verletzen ***hatırını sormak*** nach jemands Gesundheit fragen, die üblichen Höflichkeitsfragen stellen
hatıra Gedenken *n*; Andenken *n* ***hatıra defteri*** Tagebuch *n* ***hatıra gelmek*** einfallen ***hatırda kalmak*** behalten ***hatırda tutmak*** im Kopf behalten, im Gedächtnis behalten
hatırlamak sich erinnern, sich entsinnen
hatırlatmak erinnern
hatırlı geehrt, geachtet, angesehen
hatırşinas höflich, respektvoll, achtungsvoll; gefällig, entgegenkommend, zuvorkommend, liebenswürdig
hatim Beenden *n*, Gesamtverlesung des Korans ***hatim indirmek*** Gesamtverlesung des Korans beenden
hatip Redner *m*
hatmetmek vollständig verlesen (Koran); beenden
hatta sogar, selbst
hattat Schriftkünstler *m*
hattatlık Kalligrafie *f*, Schönschreibekunst *f*
hatun Frau *f*, Ehefrau *f*, Gattin *f*
hav Flaum *m*; Haar *n*, (halı) Wolle *f*, (halı) Flor *m*
hava Luft *f*; Wetter *n*; Melodie *f*; Laune *f*, Lust *f*, Stimmung *f* ***hava akımı*** Luftzug *m* ***hava akını*** Luftangriff *m* ***hava alanı*** Flugplatz *m* ***hava almak*** Luft schöpfen ***hava atmak*** imponieren ***hava basıncı*** *fiz* Luftdruck *m* ***hava boşluğu*** (havacılık) Luftloch *n*, Turbulenz *f* ***hava cereyanı*** Luftzug *m* ***hava durumu*** Wetterlage *f* ***hava fişeği*** Rakete *f* ***hava geçirmez*** luftdicht ***hava geçmez*** luftdicht ***hava haritası*** Wetterkarte *f* ***hava kabarcığı*** Luftblase *f* ***hava kararmak*** dunkel werden ***hava kirlenmesi*** Luftverunreinigung *f*, Luftverschmutzung *f* ***hava kirliliği*** Luftverschmutzung *f* ***hava koridoru*** Luftkorridor *m* ***hava kuvvetleri*** Luftstreitkräfte pl; *ask* Luftwaffe *f* ***hava limanı*** Flughafen *m* ***hava otobüsü*** Airbus *m* ***hava raporu*** Wetterbericht *m* ***hava trafiği*** Luftverkehr *m* ***ha-***

H

va üssü Fliegerhorst *m*; *ask* Luftstützpunkt *m* ***hava yolları*** Luftlinie *f*, Luftgesellschaft *f* ***havaya uçurmak*** in die Luft jagen
havaalanı Flugplatz *m*, Flughafen *m*
havacı Flieger *m*
havacılık Flugwesen *n*
havacıva leer, wertlos, dummes Zeug; Quatsch *m*
havadan mühelos, kostenlos; umsonst, kostenlos
havadar luftig
havadis Nachricht *f*
havagazı Leuchtgas *n*
havai leichtsinnig ***havai hat*** Drahtseilbahn *f*
havaküre Atmosphäre *f*
havalandırma Lüftung *f*, Belüftung *f*, Entlüftung *f*; Ventilation *f*
havalandırmak lüften, durchlüften, belüften, entlüften, auflockern; (uçağı) aufsteigen lassen, (uçurtma) fliegen lassen; *mec* leichtsinnig werden lassen
havalanmak aufsteigen, starten
havale Anweisung *f*, Überweisung *f* ***havale etmek*** überweisen, übertragen ***havale göndermek*** eine Überweisung machen
havaleli kopflastig, sperrig, übermäßig hoch und groß; Überweisungs-, Übertragungs-; *hek* unter Tetanie, Spasmophilie *f*; wackelig, lose gestapelt
havalı Umgebung *f*; Gegend *f*
havali Nachbarschaft *f*
havalimanı Flughafen *m*
havan Mörser *m* ***havan topu*** Mörser *m* ***havanda su dövmek*** sich vergeblich bemühen
havari Apostel *m*
havasız luftleer
havayolu Fluglinie *f*; Luftweg *m*, Luftlinie *f*
havlamak bellen
havlu Handtuch *n*
havra Synagoge *f*
havsala Fassungsvermögen *n*, Verständnis *f* ***havsalası almamak*** Fähigkeit *etw* nicht aufzunehmen

havuç Mohrrübe *f*
havuz Teich *m*; Schwimmbecken *n*
Havva eva
havyar Kaviar *m*
havza Gebiet *n*
hay nun auf!, nun ja! ***hay dinine yandığım*** der verflixte Kerl!
haya Hode *f*
hayal Phantasie *f*, Traum *m*, Vorstellung *f*, Einbildung *f*; Spiegelbild *n* ***hayal etmek*** sich einbilden, träumen, phantasieren ***hayal kırıklığı*** Enttäuschung *f* ***hayal kırıklığına uğramak*** seine Felle davonschwimmen sehen ***hayal kırıklığına uğratmak*** enttäuschen ***hayal kurmak*** Phantasieschlösser bauen ***hayal meyal*** verschwommen ***hayale dalmak*** träumen, schwärmen
hayalci Träumer *m*; Schwärmer *m*
hayalet Phantom *n*, Gespenst *n*
hayali utopisch, imaginär
hayalperest Träumer *m*
hayasız schamlos, unverschämt
hayat Leben *n* ***hayat arkadaşı*** Lebensgefährte *m*, Lebensgefährtin *f* ***hayat kadını*** Prostituierte *f* ***hayat memat meselesi*** lebenswichtige Angelegenheit ***hayat pahalılığı*** Teuerung *f* ***hayat sigortası*** Lebensversicherung *f* ***hayat standardı*** Lebensniveau *n* ***hayat sürmek*** leben ***hayata atılmak*** ins Leben treten ***hayatını kazanmak*** seinen Lebensunterhalt verdienen (als\mit olarak\ile) ***hayatta kalmak*** am Leben bleiben, überleben
hayati lebenswichtig
haydi Los!, Mach mit! ***haydi bakalım*** Los!, Mach doch mit! ***haydi ordan*** Hau ab!, Geh weg!
haydut Räuber *m*
hayhay aber natürlich! recht gerne!, aber gewiss!, warum nicht!
hayıflanmak nachtrauern, jammern, klagen, seufzen
hayır1 nein
hayır2 Wohltat *f* ***hayır alamet*** gutes Omen ***hayır işlemek*** Gutes tun ***hayır kurumu*** Hilfsorganisation *f* ***hayır ola (hayrola)*** wieso denn? ***hayır sahibi***

Wohltäter *m* ***hayra alamet değil*** nicht gut ***hayra yormak*** positiv auslegen ***hayrını görmek*** Das Nutzen sehen

hayırdua Segenswunsch *m*

hayırlı gut, glückbringend ***Hayırlı yolculuklar*** Gute Reise! ***hayırlısı olsun*** hoffen wir das Beste!

hayırsever wohflätig

hayırsız unselig; nichtsnutzig

haykırış Schrei *m*, Geschrei *f*, lautes Rufen

haykırmak schreien

haylaz ungezogen, faul

haylazlık Faulheit *f* ***haylazlık etmek*** faulenzen

hayli sehr, viel, recht viel, recht, ziemlich

hayran bezaubert, entzückt, begeistert ***hayran bırakmak*** bezaubem, entzücken ***hayran olmak*** bewundern

hayranlık Bewunderung *f*

hayranlıkla begeistert

hayrat Stiftung *f*

hayret Staunen *n*, Erstaunen *n* ***hayret etmek*** staunen, sich wundern ***hayret verici*** erstaunlich

Hayrola Nanu?, Was ist denn los?

haysiyet Selbstachtung *f*, Würde *f* ***haysiyet divanı*** Ehrengericht

haysiyetli ehrenwert, würdig

haysiyetsiz würdelos, ohne Ehrgefühl

haysiyetsizlik Mangel an Ehrgefühl

hayvan Tier *n*

hayvanat Tiere *pl* ***hayvanat bahçesi*** Zoo *m*

hayvanbilim Zoologie *f*

hayvanca brutal, tierisch

hayvancılık Viehzucht *f*

hayvani tierisch

hayvansal zoologisch; tierisch, Tier-

haz Lust *f*, Genuss *m*, Freude *f*, Vergnügen *n* ***haz duymak*** genießen

hazan Herbst *m*

Hazar Denizi Kaspisches Meer

hazım Verdauung *f* ***hazmı güç*** schwerverdaulich

hazımlı weitherzig, großzügig, geduldig

hazımsız unduldsam, kleinlich denkend

hazımsızlık Verdauungsbeschwerden *pl*

hazır bereit, fertig; anwesend ***hazır bulunmak*** anwesend sein ***hazır etmek*** zurechtlegen ***Hazır ol*** stillgestanden! ***hazır olmak*** in Bereitschaft sein, sich einstellen auf *jdn* (*etw*) ***hazır para*** (Bar)Geld *n*

hazırcevap schlagfertig

hazırlamak vorbereiten, bereiten, bereitstellen, bereithalten, bereitmachen, anrichten

hazırlanmak sich vorbereiten; sich fertigmachen; sich einstellen auf

hazırlık Vorbereitung *f*; Bereitschaft *f* ***hazırlık sınıfı*** Vorbereitungsklasse *f* ***hazırlık yapmak*** Vorbereitungen treffen

hazırlıklı vorbereitet

hazırlıksız unvorbereitet

hazırlop (yumurta) hartgekocht

hazin traurig, rührend

hazine Schatz *m*

haziran Juni *m*

hazmetmek verdauen; hinnehmen

hazne Speicher *m*, Behälter *m*

haznedar Schatzmeister *m*

heba Verschwendung *f* ***heba etmek*** vergeuden, verschwenden ***heba olmak*** vergeudet werden

hece Silbe *f*

hecelemek nach Silben lesen, ein Wort Silbe für Silbe lesen

hedef Ziel *n*, Zweck *m*, Absicht *f* ***hedef olmak*** Ziel werden ***hedef tahtası*** Zielscheibe *f*

hediye Geschenk *n*, Gabe *f* ***hediye etmek*** schenken

hediyelik als Geschenk geeignet ***hediyelik eşya*** Geschenkartikel *m*

hekim Arzt *m*

hekimlik Heilkunde *f*; Medizin *f*; ärztlicher Beruf, medizinische Wissenschaft, ärztliche Kunst; Arztpraxis *f*

hektar Hektar *mn*

hektolitre Hektoliter *n*

hektometre Hektometer *n*

hela Abort *m*

helak Zugrundegehen *n*, Untergang *m*, Verderben *n*, Sterben *n*; Tötung *f* ***helak etmek*** vernichten, zugrunde richten ***helak olmak*** zugrunde gehen, umkommen; schwach werden

H

helal erlaubt ***helal etmek*** schenken, gewähren
helalleşmek sich verabschieden
hele besonders, gerade, erst, recht ***hele şükür*** Gott sei Dank!
helezon Spirale *f*
helezoni spiralförmig
helikopter Hubschrauber *m*
helva Halwa *n* (türkischer Honig)
helyum *kim* Helium *n*
hem und, außerdem, schon ***hem de nasıl*** und wie! aber wie! ***hem...hem de*** sowohl... als auch
hemen sofort, sogleich, gleich, alsbald; beinahe, fast ***hemen hemen*** fast, nahezu, beinah(e)
hemencecik bald, gleich, sofort
hemfikir gleichgesinnt
hemoglobin *biy* Hämoglobin *n*
hemoroit Hämorrhoiden *pl*
hemşeri Landsmann *m*
hemşerilik Mitbürgerschaft *f*, Landsmannschaft *f*; Bürgerrecht *n*
hemşire Schwester *f*; Krankenschwester *f*
hemzemin geçit schienengleicher (Bahn)Übergang
hendek Graben *m*, Grube *f*
hengâme Lärm *m*, Getümmel *n*, Tumult *m*; Geschrei *n*, Gebrüll *n*; Auflauf *m*, Trubel *m*, Zirkus *m*
hentbol *sp* Handball *m*
henüz gerade, eben, schon; noch, bisletzt
hep all, ganz, insgesamt; immer, stets ***hep beraber*** einmütig
hepsi alle, alles; Ganze *n*
hepten vollständig, vollkommen, ganz und gar
her jede, jeder, jedes ***her an*** jederzeit, immer, stündlich ***her bir*** jeweilig ***her biri*** jede/r/s ***her gün*** täglich ***her günkü*** alltäglich ***her halde*** sicher(lich) ***her iki*** beide(s) ***her kim*** wer auf immer ***her nasılsa*** wie dem auch sei ***her ne*** was auch immer ***her ne ise*** kurz und gut; irgendwie ***her ne kadar*** zwar ***her ne pahasına olursa olsun*** koste es, was es wolle ***her ne zaman*** wann auch immer ***her nedense*** was auch immer der Grund sein mag ***her nerede*** wo auch immer ***her nereye*** wohin auch immer ***her neyse*** kurz und gut, irgendwie ***her şey*** alles ***her şeyden önce*** vor allem, vor allen Dingen ***her şeye rağmen*** trotz allem ***her tarafta*** überall ***her taraftan*** von allen Seiten ***her yanda*** auf allen Seiten ***her yerde/yere*** überall ***her yerinde*** allseits, überall ***her zaman*** immer, stets
hercai Stiefmütterchen *n*
hercaimenekşe *bitk* Stiefmütterchen *n*
hergele Gauner *m*
herhalde wahrscheinlich, jedenfalls
herhalde sicher
herhangi irgend ***herhangi bir*** irgendein ***herhangi bir şekilde*** irgendwie ***herhangi bir şey*** irgendetwas ***herhangi bir yerde*** irgendwo ***herhangi bir yerden*** irgendwoher ***herhangi bir yere*** irgendwohin ***herhangi bir zaman*** irgendwann ***herhangi birisi*** irgendwer
herif Kerl *m*; Bursche *m*
herifçioğlu der blöde Kerl, der dumme Bursche
herkes jeder, jedermann
hesabi rechnerisch; sparsam
hesap Rechnung *f*, Abrechnung *f*, Berechnung *f* ***hesaba geçirmek*** buchen ***hesaba katmak*** in Rechnung stellen ***hesabı kapamak*** die Rechnung begleichen ***hesabına gelmek*** *jdm* zupass kommen ***hesap açmak*** ein Konto eröffnen ***hesap bakiyesi*** Saldo *m* ***hesap cetveli*** Rechenstab *m*, Rechenschieber *m* ***hesap cüzdanı*** Kontogegenbuch *n* ***hesap çıkarmak*** den Saldo ziehen ***hesap defteri*** Kontobuch *n* ***hesap etmek*** rechnen ***hesap görmek*** abrechnen ***hesap makinesi*** Rechenmaschine *f* ***hesap pusulası*** Rechnung *f* ***hesap sormak*** *jdn* zur Verantwortung ziehen, sich *jdn* vornehmen, zur Rechenschaft ziehen ***hesap vermek*** (*jdm*) Rechenschaft ablegen (über, hakkında) ***hesap yapmak*** rechnen, berechnen
hesaplamak rechnen, berechnen, zu-

sammenrechnen; planen
hesaplaşmak abrechnen, sich auseinander setzen (mit); verarbeiten
hesaplı erwartet; überlegt, geplant; sparsam
hesapsız unüberlegt, riskant; verschwenderisch
heterojen heterogen, ungleichartig
hevenk Girlande *f*, Gehänge *n*
heves Lust *f*, Neigung *f*, Interesse *n* ***heves etmek*** sich interessieren
heveslenmek sich interessieren
hevesli interessiert
hey Guck mal!
heybe große Doppeltasche; Eselstasche *f*
heybet Würde *f*
heybetli würdevoll
heybetli eindrucksvoll, feierlich, mächtig, würdevoll, erhaben, wuchtig, imposant, majestätisch, pathetisch
heyecan Aufregung *f*; Begeisterung *f*
heyecanlandırmak aufregen
heyecanlanmak sich aufregen
heyecanlı aufgeregt; begeistert; spannend
heyecansız temperamentlos, ohne Erregung, ohne Aufregung, ohne Begeisterung; ruhig; nicht aufregend
heyelan Erdnıtsch *m*
heyet Ausschuss *m*, Kommission *f*
heykel Statue *f*, Plastik *f*
heykeltıraş Bildhauer *m*
heykeltıraşlık Bildhauerei *f*
hezimet Niederlage *f* ***hezimete uğramak*** eine Niederlage erleiden, geschlagen werden ***hezimete uğratmak*** *jdn* vernichtend schlagen, eine Niederlage beibringen, schlagen
hıçkırık Schluchzer *m*, Schluchzen *n*, Schluckauf *m* ***hıçkırık tutmak*** einen Schluckauf haben
hıçkırmak schlucken, schluchzen
hıfzısıhha Hygiene *f*, Volkshygiene *f*; Gesundheitsschutz *m*, Gesundheitslehre *f*, Gesundheitskunde *f*
hımbıl träge; ungeschickt
hıncahınç gestopft
hınç Zorn *m*, Rachsucht *f* ***hıncını almak*** sich rächen
hınzır widerlich
hınzırlık widerliches Benehmen, ekelhafte Angewohnheit; übler Charakter, Boshaftigkeit *f*
hır Zank *m*, Streit *m* ***hır çıkarmak*** Streit anfangen
hırçın erregbar
hırçınlaşmak greizt werden, toben
hırçınlık Reizbarkeit *f*, Empfindlichkeit *f*; cholerische Handlung; cholerischer Charakter
hırdavat Krimskrams *m*
hırgür Zoff *m*, Streiterei *f*, Gezänk *n*, Radau *m*
hırıldamak röcheln, rasseln; knurren
hırıltı Röcheln *n*, Rasseln *n*; (köpek) Knurren *n*; *mec* Streit *m*
Hıristiyan Christ *m*; christlich
Hıristiyanlık Christentum *n*
hırızma Nasenring *m*
hırka Strickjacke *f*
hırlamak murren, brummen, knurren
hırpalamak beschädigen; foltern
hırpani zerlumpt
hırs Gier *f*, Begierde *f*; Wut *f*, Zorn *m* ***hırsından çatlamak*** sich vor Gier nicht mehr kennen ***hırsını -dan almak*** seine Wut bei *jdm* auslassen ***hırsını alamamak*** seine Wut nicht auslassen können ***hırsını çıkarmak*** seine Wut auslassen
hırsız Dieb *m*, Einbrecher *m*
hırsızlık Diebstahl *m*, Einbruch *m* ***hırsızlık etmek*** stehlen
hırslanmak ehrgeizig werden; neidisch werden
hırslı gierig; wütend, zornig
hısım verwandt; Blutsverwandter *m*, angeheirateter Verwandter ***hısım akraba*** Verwandtschaft *f*
hısımlık Verwandtschaft *f*
hışım Zorn *m*, Wut *f*
hışırdamak rascheln; rauschen
hışırtı Rauschen *n*; Knistern *n*, Rascheln *n*; Keuchen *n*; *elek* Rauschen *n*
hıyanet Verrat *m*
hıyar Gurke *f*; ungeschliffen
hız Geschwindigkeit *f* ***hız göstergesi*** *oto* Tacho *m*; *oto* Tachometer *mn* ***hız y-***

apmak rasen ***hızını alamamak*** nicht Einhalt gebieten können
hızar Motorsäge *f*, Sägewerk *n*
hızlandırmak beschleunigen
hızlanmak sich beschleunigen
hızlı schnell, rasch, geschwind; heftig, kräftig
hızölçer Geschwindigkeitsmesser *m*
hibe Geschenk *n*, Spende *f* ***hibe etmek*** schenken, spenden
hiciv Satire *f*
hicret Einwanderung *f*, Auswanderung *f*

H

hicvetmek verspotten
hicviye Satire *f*
hiç überhaupt, gar; je; nichts ***hiç de*** keineswegs ***hiç değilse*** mindestens, zumindest ***hiç kimse*** niemand, keiner ***hiç kuşkusuz*** ohne jeden Zweifel ***hiç olmazsa*** mindestens, zumindest, wenigstens ***hiç yoktan*** grundlos, ohne ersichtlichen Grund ***hiçe saymak*** missachten
hiçbir kein ***hiçbir şekilde*** in keiner Weise, keineswegs ***hiçbir şey*** nichts ***hiçbir yerde*** nirgends ***hiçbir yerde/yere*** nirgenswo(hin) ***hiçbir zaman*** nie, niemals
hiçbiri kein(e)
hiççilik Nihilismus *m*
hiddet Zorn *m*, Wut *f*, Ärger *m*
hiddetlenmek sich aufregen, in Wut geraten
hiddetli zornig, wütend, ärgerlich
hidrat *kim* Hydrat *n*
hidrodinamik Hydrodynamik *f*; hydrodynamisch
hidroelektrik hydroelektrisch; Hydroelektrizit *f* ***hidroelektrik santral*** Wasserkraftwerk *n*
hidrofil hydrophil; wasserliebend, im Wasser lebend; saugfähig ***hidrofil pamuk*** Verbandswatte *f*
hidrofor Hydrophor *m*
hidrograf Hydrograf *m*
hidrografi Hydrografie *f*
hidrojen Wasserstoff *m* ***hidrojen bombası*** Wasserstoffbombe *f*
hidrokarbon Kohlenwasserstoff *m*
hidroklorik asit Salzsäure *f*
hidroksil Hydroxyl *n*
hidrolik hydraulisch
hidroloji hydrology
hidrosfer *gökb* Hydrosphäre *f*, Wasserhülle *f*
hidrostat Hydrostatik *f*
hidroterapi Wasserheilverfahren *n*, Hydrotherapie *f*
hijyen Hygiene *f*
hijyenik hygienisch
hikâye Geschichte *f*, Erzählung *f* ***hikâye etmek*** berichten, erzählen
hikâyeci Geschichtenerzähler(in *f*) *m*; Novellenschriftsteller(in *f*) *m*
hikmet Weisheit *f*; Sinn *m*, Zweck *m*
hilafet Kalifat *n*
hilal Halbmond *m*
hile List *f*, Betrug *m*, Trick *m* ***hile karıştırmak*** tricken ***hile yapmak*** einen Trick anwenden
hileci Betrüger *m*, Schwindler *m*
hilekâr Betrüger *m*; hinterlistig
hilekârlık Betrügerei *f*; *huk* Betrug *m*
hileli verfälscht
hilesiz unverfälscht, tricklos
hilkat Schöpfung *f* ***hilkat garibesi*** Naturwunder *n*
himaye Schutz *m*, Obhut *f*, Fürsorge *f* ***himaye etmek*** schützen, beschützen ***himayesine almak*** die Patenschaft übernehmen (für)
himayesiz schutzlos
hindi Truthahn *m*, Puter *f*
hindiba Butterblume *f*; *bitk* Endivie *f*
Hindistan Indien
hindistancevizi Kokosnuss *f*
Hindistanlı Inder(in *f*) *f*
Hint indisch ***Hint Okyanusu*** Indischer Ozean
hintkamışı *bitk* Bambus *m*
hintkeneviri Jute *f*; indischer Hanf
Hintli Inder *m*
hintyağı Rizinusöl *n*
hipermetrop weitsichtig
hipertansiyon Hypertonie *f*
hipnotize hypnotisiert ***hipnotize etmek*** hypnotisieren
hipnotizma Hypnotismus *f*
hipnoz Hypnose *f*

hipodrom Hippodrom *n*
hipofiz *anat* Hypophyse *f*, Hirnanhang *m*
hipotenüs Hypotenuse *f*
hipotez Hypothese *f*
hippi Hippie *m*
his Gefühl *n*, Empfindung *f*; Sinn *m* ***hislerine kapılmak*** gefühlsmäßig handeln
hisar Burg *f*, Festung *f*
hisli empfindlich, gefühlsvoll
hisse Anteil *m* ***hisse senedi*** *tic* Aktie *f*
hissedar Aktionär *m*
hisseli Aktien-; in Anteile aufgeteilt
hissetmek fühlen, empfinden, wahrnehmen; merken, ahnen
hissi sentimental
hissiz (parmak vb) taub; gefühllos; abgestumpft, apathisch
histeri Hysterie *f*
histerik hysterisch
histoloji Histologie *f*, Gewebelehre *f*
hişt Guck mal!
hitabe Ansprache *f*
hitaben sich anwendend; anredend; gerichtet an
hitabet Rhetorik *f*
hitap Anrede *f* ***hitap etmek*** anreden, ansprechen
Hitit Hettiter *m*; hettitisch
hiyerarşi Hierarchie *f*
hiyerarşik hierarchisch
hiza Reihe *f* ***hizaya gelmek*** sich ausrichten
hizip Partei *f*, Gruppe *f*
hizipçilik Cliquenbildung *f*
hizmet Dienst *m* ***hizmet etmek*** dienen, helfen
hizmetçi Diener *m*, Dienstmädchen *n*
hizmetkâr Diener *m*; Mitarbeiter *m*
hobi Hobby *n*, Steckenpferd *n*
hoca Geistlicher *m*; Lehrer *m*
hodbin Egoist *m*
hohlamak anhauchen
hokey *sp* Hockey *n*
hokka Tintenfass *n*
hokkabaz Zauberkünstler *m*
hokkabazlık Zauberkunststück *n*, Taschenspielerei *f*; Vorspiegelung *f*, Gaukelei *f*; Betrug *m*, Gaunerei *f*
hol Diele *f*, Flur *m*
holding *tic* Dachgesellschaft *f*, Holdinggesellschaft *f*
Hollanda Holland, Niederlande *pl*
Hollandaca Niederländisch *n*
Hollandalı Holländer(in *f*) *m*; holländisch
homojen homogen, gleichartig
homolog homolog
homoseksüel homosexuell; Homosexuelle(r *m*) *f*
homoseksüellik Homosexualität *f*
homurdanmak murren, knurren
homurtu Gemurmel *n*
hoparlör Lautsprecher *m*
hoplamak hüpfen
hoppa leichtsinnig
hoppalık Unbesonnenheit *f*, Leichtsinnigkeit *f*
hor minderwertig, verächtlich ***hor görmek*** verachten, geringschätzen ***hor kullanmak*** *jdn* von oben herab behandeln, nicht ordentlich behandeln
horlamak schnarchen
hormon *biy* Hormon *n*
horoz Hahn *m* ***horoz döğüşü*** Hahnenkampf *m*
horozlanmak sich aufpflanzen
hortlak Gespenst *n*
hortlamak herumgeistern; schnarchen, grunzen; im Grab keine Ruhe finden können
hortum Schlauch *m*; Rüssel *m*
horuldamak schnarchen
horultu Schnarchen *n*
hostes Stewardess *f*
hoş angenehm, lieblich, hübsch; bequem ***hoş bulduk*** formalhafte Antwort auf 'hoş geldiniz' ***hoş geldiniz*** herzlich willkommen ***Hoş geldiniz*** Willkommen! ***hoş görmek*** dulden, *jdm etw* nachsehen; tolerieren ***hoş görmemek*** missbilligen ***hoş karşılamak*** billigen, genehmigen ***hoşa gitmek*** *jdm* gefallen, *jdm* zusagen ***hoşuna gitmek*** *jdm* zusagen, *jdn* anmachen
hoşaf Kompott *n* ***hoşaf gibi*** sehr abgespannt, totmüde
hoşbeş Unterhaltung
hoşça angenehm ***Hoşça kalın*** Mach's gut!, Aufwiedersehen!

hoşgörü Toleranz *f*
hoşgörülü tolerant, verständnisvoll, gütig, nachsichtig
hoşgörülülük Toleranz *f*
hoşgörüsüz intolerant, unnachsichtig
hoşgörüsüzlük Intoleranz *f*
hoşlanmak gefallen, gern haben, mögen
hoşlanmamak ablehnen
hoşnut befriedigt, zufrieden ***hoşnut etmek*** befriegiden, zufriedenstellen
hoşnutluk Zufriedenheit *f*, Befriedigung *f*, Genugtuung *f*
hoşnutsuz unzufrieden, unbefriedigt
hoşnutsuzluk Unzufriedenheit *f*, Unmut *m*
hoşsohbet gesellig; guter Gesellschafter
hovarda Playboy *m*, Schürzenjäger *m*
hovardalık Seitensprung *m*, Verschwendungssucht *f*, Vergnügungssucht *f*; Liebelei *f*, Liebschaft *f* ***hovardalık etmek*** ein liderliches Leben führen
hoyrat unachtsam; ungeschickt
hödük Grobian *m*
höpürdetmek schlürfen
hörgüç Höcker *m*
hörgüçlü bucklig
höyük Hügel *m*
hububat Getreide *n*
hudut Grenze *f*, Grenzgebiet *n*
hudutsuz grenzlos, unbeschränkt
hukuk Recht *n* ***hukuk fakültesi*** Juristische Fakultät ***hukuk müşaviri*** Justitiar *m*, Syndikus *m*
hukukçu Jurist *m*
hukuki juristisch
hulasa Zusammenfassung *f*
hulya Tagtraum *m*
humma Fieber *n*
hummalı fieberhaft
humus Humus *m*
Hun Hunne *m*
hunhar blutgierig
huni Trichter *m*
hurafe Aberglaube *m*
hurda Schrott *m* ***hurda demir*** Abfalleisen *n*, Alteisen *n*, Schrott *m* ***hurda fiyatına*** zum Schrottpreis ***hurdahaş etmek*** zerschlagen, zerbrechen ***hurdaya çıkarmak*** ausrangieren, verschrotten
hurdacı Altwarenhändler *m*
huri Huri *f*
hurma Dattel *f*
hurufat Drucktypen *pl*
husul Verwirklichung *f*, Gelingen *n*, Erfüllung *f* ***husule gelmek*** sich ereignen, vorkommen ***husule getirmek*** produzieren
husumet Feindschaft *f*, Feindseligkeit *f*
husus Sache *f*, Angelegenheit *f*, Thema *n*
hususi speziell; privat, persönlich
hususiyet Eigenschaft *f*
hususiyle besonders
hususunda über
husye Hode *f*
huşu Verbeugung *f*
huy Naturanlage *f*, Charakter *m* ***huy edinmek*** sich angewöhnen
huylanmak *etw* argwöhnisch betrachten; nervös werden, launisch werden, mürrisch werden, unfreundlich werden; nervös werden; (at) scheuen
huysuz launisch, mürrisch, unverträglich
huysuzlanmak eigensinnig werden, bockig werden
huysuzluk Unverträglichkeit *f*; Bösartigkeit *f*
huzur Ruhe *f*, Gemüt *n*, Behaglichkeit *f*; Anwesenheit *f*, Gegenwart *f* ***huzurunu kaçırmak*** *jdm* die Ruhe rauben
huzurevi Altenheim *n*, Altersheim *n*, Seniorenheim *n*
huzurlu ruhig, gemütlich, behaglich
huzurluluk Beunrühigung *f*
huzursuz unruhig, ungemütlich, unbehaglich
huzursuzluk Unruhe *f*, Unbehagen *n*, Beunruhigung *f*, Ruhelosigkeit *f*, Turbulenz *f*
hücre Zelle *f*
hücum Angriff *m*, Anfall *m* ***hücum etmek*** angreifen, anfallen, losstürmen
hücumbot Sturmboot *n*
hükmen nominell ***hükmen mağlup sayılmak*** nominelle Niederlage erleiden
hükmetmek herrschen, regieren
hüküm Urteil *n*, Entscheidung *f*; Herrschaft *f*, Gewalt *f*, Macht *f*; Gültigkeit *f*

hüküm giymek verurteilt werden ***hüküm sürmek*** hersschen ***hüküm vermek*** entscheiden
hükümdar Herrscher *m*, Monarch *m*
hükümdarlık Monarchie *f*; Souveränität *f*, Herrschaft *f*
hükümet Regierung *f* ***hükümet darbesi*** Putsch *m* ***hükümet etmek*** herrschen, regieren ***hükümet konağı*** Regierungsgebäude *n*, Rathaus *n*
hükümlü verrurteilt
hükümran souverän
hükümranlık Souveranität *f*, Herrschaft *f*
hükümsüz ungültig
hümanist Humanist *m*; humanistisch
hümanizm Humanismus *m*; humanistische Bildung; Humanität *f*
hümanizma Humanismus *m*
hüner Kunstgriff *m*
hünerli geschickt, begabt, talentiert
hünersiz unbegabt, untalentiert, ungeschickt; grob, roh
hüngür hüngür ağlamak in Tränen ausbrechen, laut weinen
hüngürdemek plärren
hür frei
hürmet Achtung *f*, Respekt *m* ***hürmet etmek*** achten, respektieren
hürmeten mit Respekt
hürmetkâr ehrerbietig
hürmetli respektvoll
hürmetsiz respektlos
hürmetsizlik Unehrerbietigkeit *f*; Respektlosigkeit *f*
hürriyet Freiheit *f*
hüsnükuruntu Wunschdenken *n*; naiver Optimismus; Illusion *f*
hüsnüniyet Aufrichtigkeil *f*
hüsran Enttäuschung *f*, Nachteil *m*, Schaden *m*, Verlust *m* ***hüsrana uğramak*** enttäuscht werden
hüviyet Identität *f* ***hüviyet cüzdanı*** Personalausweis *m*
hüzün Traurigkeit *f*
hüzünlenmek traurig werden
hüzünlenmek traurig werden, betrübt werden, bekümmert werden, schwermütig werden, melancholisch werden
hüzünlü betrübt ,kläglich, traurig, schwermütig, trübsinnig, melancholisch, unglücklich, wehmütig, (ruh hali\gün) trübe, düster; (kişi) betrübt, bekümmert

I

ıhlamur Linde
ıkına sıkına stöhnend
ıkınmak stöhnen ***ıkınıp sıkınmak*** sich sehr abmühen
ılgıt ılgıt still, ruhig
ılıca Quelle *f*, Heilbad *n*
ılık lauwarm
ılıklaşmak lauwarm werden
ılıklık Wärme *f*; Lauwarmer Zustand; Lauheit *f*
ılım Mäßigung *f*
ılıman mild
ılımlı mäßig, maßvoll
ılımlılık Ausgewogenheit *f*, Mäßigung *f*; gemäßigtes Verhalten
ılıştırmak lauwarm machen
ıpıslak feucht, nass
ıra Charakter *m*
Irak Irak *m*
ırak weit, fern
Irak Irak *m*; irakisch
Iraklı Iraker *m*; irakisch
ıraksak *mat* divergend
ıraksamak *mat* divergieren
ırgalamak rütteln; beachten, berücksichtigen
ırgat Bauarbeiter *m*
ırk Rasse *f*
ırkçı Rassist *m*; rassistisch, völkisch
ırkçılık Rassenlehre *f*
ırmak Fluss *m*, Strom *m*
ırz Ehre *f* ***ırz düşmanı*** Schürzenjäger *m*, Mädchenschänder ***ırza tecavüz*** Vergewaltigung *f* ***ırzına geçmek*** vergewaltigen
ısı Wärme *f* ***ısıya dayanıklı*** hitzebeständig, wärmebeständig
ısıl thermisch, Wärme-, kalorisch; wärmeleitend

I

ısın Kalorie *f*
ısındırmak *jdn* an *etw* heranführen, *jdn* für *etw* erwärmen
ısınma Erwärmung *f*; Zuneigung *f*; *sp* Erwärmung *f*
ısınmak sich erhitzen; warm werden; *mec* sich erwärmen
ısıölçer Kalorimeter *n*, Wärmemesser *m*
ısırgan Brennessel *m*
ısırık Biss *m*
ısırmak beißen, abbeißen
ısıtıcı Heizgerät *n*; wärmend, heizend
ısıtmak wärmen, erwärmen
ıska Reinfall *m*; *sp* Fehlschuss *m* ***ıska geçmek*** verfehlen ***ıska geçmek*** danebengehen, träumen, dösen; überhören, übersehen, (top) verfehlen
ıskalamak verfehlen, vorbeigehen; vorbeischießen
ıskarmoz Dolle *f*; Pfeilhecht *m*
ıskonto Rabatt *m*, Skonto *n*, Abzug *m*, Ermäßigung *f* ***ıskonto etmek*** diskontieren; Rabatt einräumen ***ıskonto yapmak*** diskontieren, absetzen, abziehen
ıskuna *den* Schoner *m*
ıslah Besserung *f*, Verbesserung *f*, Reform *f*, Neugestaltung *f* ***ıslah etmek*** bessern, verbessern, reformieren ***ıslah olmak*** sich verbessern ***ıslah olmaz*** unverbesserlich
ıslahat Reformen *pl* ***ıslahat yapmak*** Reformen durchführen
ıslahatçı reformierend, reformerisch, Reform-; Reformer *m*
ıslahevi Besserungsanstalt *f*
ıslak feucht, nass
ıslaklık Feuchtigkeit *f*, Nässe *f*
ıslanmak nass werden
ıslatmak anfeuchten
ıslık Pfiff *m* ***ıslık çalmak*** pfeifen
ıslıklamak auspfeifen
ıspatula Spachtel *m*
ıspazmoz *hek* Krampf *m*; Zucken *n*
ısrar Beharren *n*, Bestehen *n* ***ısrar etmek*** beharren, bestehen
ısrarla beharrlich, hartnäckig, unablässig, unentwegt
ısrarlı beharrlich
ıssız leer, öde, einsam
ıssızlık Einsamkeit *f*, Leere *f*, Öde *f*, Unbewohntsein *n*, Herrenlossein *n*
ıstakoz Hummer *m*
ıstampa Stempelkissen *m*
ıstavroz Kreuz *n* ***ıstavroz çıkarmak*** sich bekreuzigen
ıstırap Schmerz, Pein *f*, Oual *f* ***ıstırap çekmek*** leiden ***ıstırap vermek*** quälen, schmerzen, peinigen
ıstıraplı schmerzlich, traurig
ışık Licht *n* ***ışık tutmak*** erleuchten ***ışık vermek*** leuchten ***ışık yılı*** Lichtjahr *n*
ışıklandırma Beleuchtung *f*
ışıklandırmak beleuchten
ışıklı beleuchtet ***ışıklı reklam*** Leuchtreklame *f* ***ışıl ışıl*** leuchtend, glänzend
ışıldak Scheinwerfer *m*
ışıldamak leuchten, glänzen
ışıltı Funkeln *n*, Blitzen *n*
ışıltılı blinkend, flimmernd
ışıma Radiation *f*, Ausstrahlung *f*
ışımak ausstrahlen
ışın Lichtstrahl *m*, Strahl *m* ***ışın demeti*** Lichtbündel *n*
ışınım Ausstrahlung *f*, Bestrahlung *f*, Strahlung *f*
ışınır radiant
ışınlamak bestrahlen
ışınölçer Radiometer *n*
ışınölçüm Radiometrie *f*
ışıtmak erhellen, beleuchten
ıtır Duft *m*, Aroma *n* ***ıtır çiçeği*** *bitk* Geranie *f*, Pelargonie *f*
ıtırlı duftend, aromatisch
ıtriyat Parfümerie *f*
ıvır zıvır Plunder *m*
ızbandut vierschrötiger Kerl ***ızbandut gibi*** riesenhaft
ızgara Gitter *n*; Grill *m* ***ızgara köfte*** (mutfak) gegrillte Frikadellen ***ızgara yapmak*** grillen

İ

iade Rückgabe *f*, Wiedergabe *f*, Rückerstattung *f*; Zurücksenden *n*, Rücksendung *f*; Auslieferung *f*; *huk* Herausgabe *f*, Rückerstattung *f*; Wiederholung *f* ***iade etmek*** zurückgeben, zurückschicken

iadeli mit Rückschein ***iadeli taahhütlü*** Einschreibsendung *f*

iane Hilfe *f*, Unterstützung *f*

iaşe Ernährung *f*, Lebensunterhalt *m*, Verpflegung *f* ***iaşe etmek*** verpflegen

ibadet Andacht *f*, Anbetung *f* ***ibadet etmek*** anbeten

ibadethane Tempel *m*, Gotteshaus *n*

ibare Ausdruck *m*, Formulierung *f*

ibaret bestehend ***ibaret olmak*** bestehen

ibibik Wiedehopf *m*

ibik Kamm *m*

iblis Teufel *m*, Satan *m*

ibne schwul; Schwulter *m*

ibra Entlastung *f*; Entbindung *f* ***ibra etmek*** erlassen

İbrani Hebräer *m*; hebräisch

İbranice Hebräisch *n*

ibraz Vorweisung *f* ***ibraz etmek*** vorweisen, vorlegen

ibre Zeiger *m*

ibret Beispiel *n*, Lehre *f* ***ibret almak*** Lehre ziehen ***ibret olmak*** ein warnendes Beispiel sein

ibrik Wasserkanne *f*, Kanne *f*

ibrişim Seidenzwirn *m*

icabet Folgeleistung *f* ***icabet etmek*** annehmen

icabında gegebenfalls, wenn nötig

icap Notwendigkeit *f*; Bejahung *f*; Anfoderung *f* ***icabına bakmak*** das Erforderliche tun ***icap ederse*** nötigenfalls, gegebenenfalls ***icap etmek*** nötig sein

icar Miete *f* ***icara vermek*** verpachten

icat Erfindung *f* ***icat etmek*** erfinden

icbar Zwang *m* ***icbar etmek*** zwingen

icra Ausführung *f*, Durchführung *f* ***icra etmek*** ausführen, durchführen, vollziehen ***icra memuru*** Gerichtsvollzieher *m* ***icraya vermek*** zur Vollstreckung einreichen

icraat Taten pl, Arbeiten *pl*

icracı Interpret *m*, Interpretin *f*; Künstler *m*

iç Innere *f* ***iç açıcı*** erfrischend, sonnig ***İç Anadolu*** Mittelanatolien ***iç çamaşırı*** Unterwäsche *f* ***iç çekmek*** aufseufzen ***iç etmek*** einheimsen, einsacken ***iç hastalıkları*** *hek* innere Krankheiten ***iç içe*** ineinander ***iç kanama*** Bluterguss *m* ***iç lastik*** Schlauch *m* ***iç savaş*** Bürgerkrieg *m* ***iç sıkıcı*** bedrückend; langweilig ***iç sıkıntısı*** bedrückendes Gefühl; Langweile *f* ***iç ticaret*** Binnenhandel *m* ***iç tüketim*** Inlandskonsum *m* ***iç tüzük*** Hausordnung *f* ***içi açılmak*** heiter und froh werden ***içi dışı bir*** gerecht, ehrlich, aufrichtig ***içi geçmek*** überreif werden; unbrauchbar werden ***içi gitmek*** sehr große Lust haben ***içi içine sığmamak*** (ganz) aus dem Häuschen geraten ***içi içini yemek*** sich quälen ***içi kan ağlamak*** sich härmen ***içi parçalanmak*** sich quälen ***içi sıkılmak*** sich langweilen ***içini açmak*** aufheitern ***içini çekmek*** seufzen ***içini dökmek*** *jdm* sein Herz ausschütten

içbükey konkav, hohl

içderi Endodermis *f*

içecek Getränk *n*

içedönük *ruhb* introvertiert

içegöç Immigration *f*

içekapanık *ruhb* introvertiert

içerde drinnen

içeri Innere *n*; inner; hinein, herein ***içeri almak*** einlassen ***içeri girmek*** eintreten, hineingehen

içeride drinnen ***içeride olmak*** drin sein; im Gefängnis sitzen

içerik Inhalt *m*

içerisinde innen

içerisine hinein

içeriye hinein, nach drinnen

içerlek abgelegen, rückwärtig, weiter hinten liegend

içerlemek übelnehmen

içermek enthalten, einschließen

içevlilik Endogamie *f*

içgöç Immigration *f*

içgüdü Instinkt *m*, Naturtrieb *m*

içgüdüsel instinktiv

içgüvey Schwiegersohn *m*

içilir trinkbar, genießbar

içilmez ungenießbar, nicht zum Trinken
içim Schluck *m*
içimli wohlschmeckend
için für, um, zwecks, halber, da, weil, denn, damit ***için için*** verstohlen, innerlich
içinde in; innerhalb; unter; innen
içindekiler Inhaitsverzeichnis *n*
içinden heimlich
içinden aus; durch ***içinden geçirmek*** ausdenken, durch den Kopf gehen ***içinden gelmek*** vom Herzen kommen ***içinden okumak*** still für sich lesen ***içinden pazarlıklı*** hinterhältig
içine in; hinein; in sich ***içine almak*** in sich schließen ***içine çekmek*** einatmen, einsaugen ***içine dert olmak*** *jdm* schier das Herz abdrücken ***içine doğmak*** ahnen ***içine etmek*** verpfuschen, verpatzen ***içine koymak*** hineinlegen, hereinlegen; einführen ***içine kurt düşmek*** Argwohn hegen
içirmek tränken
içişleri Innere *f*, Angelenheiten ***İçişleri Bakanı*** Innenminister *m* ***İçişleri Bakanlığı*** Innenministerium *n*
içki Getränk *n* ***içki âlemi*** Zecherei *f* ***içki içmek*** Alkohol trinken ***içki yasağı*** Alkoholverbot *m* ***içkiye düşkün*** dem Trunk ergeben ***içkiyi fazla kaçırmak*** zu viel trinken; *arg* saufen
içkici Trinker *m*, Säufer *m*
içkili betrunken, alkoholisiert; (restoran, davet) mit Alkoholausschank
içkulak *anat* inneres Ohr
içlenmek sich grämen
içli empfindlich ***içli dışlı*** vertraut, intim
içlidışlı intim, vertraut, ungezwungen; sehr genau
içme Heilquelle *f* ***içme suyu*** Trinkwasser *n*
içmek trinken; essen; rauchen
içmimar Dekorator *m*
içmimarlık Innenarchitektur *f*
içsel innig
içten herzlich, ehrlich
içtenlik Aufrichtigkeit *f*, Freundlichkeit *f*, Offenheit *f*, Herzlichkeit *f*, Ehrlichkeit *f*
içtenlikle herzlich
içtima Versammlung *f* ***içtima etmek*** sich versammeln
içtimai sozial, gesellschaftlich
içtüzük Hausvorschrift *f*
içyağı Talg *m*
içyüz wahres Gesicht, eigentlicher Sinn
idam Hinrichtung *f* ***idam cezası*** Todesstrafe *f* ***idam etmek*** hinrichten ***idam kararı*** Todesurteil *n*
idame Aufrechterhattung *f* ***idame etmek*** aufrechterhalten
idare Verwaltung *f*, Leitung *f*; Sparsamkeit *f* ***idare amiri*** Vorgesetzte *m* ***idare etmek*** verwalten, leiten, führen, steuern; genügen, reichen ***idare etmez*** es bringt nichts ein ***idare heyeti*** Vorstand *m*
idareci Leiter *m*, Führer *m*
idarecilik Verwaltungswesen *n*
idarehane Verwaltungsbüro *n*
idareli sparsam, wirtschaftlich ***idareli kullanmak*** haushalten (mit -i), sparsam umgehen (mit -i)
idareten behelfsmäßig, verwaltungsmäßig; sparsam, ökonomisch, rationell
idari administrativ
iddia Behauptung *f*; Anklage *f*, Beschuldigung *f* ***iddia etmek*** behaupten; beanspruchen ***iddiaya girmek/tutuşmak*** wetten
iddiacı eigensinnig, hartnäckig; rechthaberisch; Wetter *m*
iddialı umstritten; anspruchsvoll
iddianame Anklägeschrift *f*
iddiasız bescheiden, schlicht
ideal Ideal *n*; ideal
idealist Idealist *m*
idealize etmek idealisieren
idealizm Idealismus *m*
ideoloji Ideologie *f*
ideolojik ideologisch, weltanschaulich
idman Übung *f*, Sportübung *f*, Turnen *n* ***idman yapmak*** turnen, üben
idmanlı geübt, trainiert
idrak Wahrnehmung *f*, Verständnis *n*, Einsicht *f*, Auffassungsvermögen *n* ***idrak etmek*** wahrnehmen; verstehen, begreifen, einsehen
idrar Harn *m*, Urin *m* ***idrar torbası*** *anat*

Blase *f*
idraryolu Urethra *f*
ifa Ausführung *f* ***ifa etmek*** ausführen, erfüllen
ifade Aussage *f*, Erklärung *f*; *mat* Ausdruck *m* ***ifade etmek*** ausdrücken; aussagen, erklären, besagen ***ifade vermek*** *huk* aussagen ***ifadesini almak*** vernehmen
iffet Keuschheit *f*
iffetli keusch, unberührt
iffetsiz unkeusch, unanständig, unzüchtig, unsittlich
iflah Errettung *f* ***iflah etmek*** erretten, erlösen ***iflah olmaz*** rettungslos verloren ***iflahı kesilmek*** erschöpft sein ***iflahını kesmek*** seine Kraft erschöpfen
iflas Bankrott *m*, Konkurs *m* ***iflas etmek*** Bankrott machen ***iflas ettirmek*** *jds* Bankrott herbeiführen
ifrat Übermaß *n* ***ifrat derecede*** im Übermaß ***ifrata kaçmak*** es zu weit treiben ***ifrata vardırmak*** bis zum Äußersten treiben
ifraz Ausscheidung *f*, Absonderung *f* ***ifraz etmek*** ausscheiden, absondern
ifrit Teufel *m*, Dämon *m*
ifşa Verrat *m*, Enthüllung *f* ***ifşa etmek*** verraten, enthüllen
ifşaat Enthüllungen *pl*
iftar Ende eines Fastentages ***iftar etmek*** mit dem Ramadan-Fasten aufhören
iftihar Stolz *m* ***iftihar etmek*** stolz sein
iftira Verleumdung *f* ***iftira atmak*** verleumden ***iftira etmek*** verleumden
iftiracı Verleumder *m*; verleumderisch
iğ Spindel *m*
iğde Ölweide *f*
iğdiş kastriert ***iğdiş etmek*** kastrieren
iğfal Verführung *f* ***iğfal etmek*** verführen
iğne Nadel *f*; Injektion *f* ***iğne deliği*** Nadelöhr *n* ***iğne ipliğe dönmek*** (zu viel) abnehmen ***iğne olmak*** eine Spritze bekommen ***iğne yapmak*** *jdm* eine Injektion geben ***iğneye iplik geçirmek*** einen Faden einfädeln
iğnelemek annadeln
iğneleyici spöttisch, satirisch
iğneli stachelig, anzüglich, bissig, spöttisch; mit Nadel, mit Stachel
iğrenç ekelhaft, abscheulich, widerlich, abstoßend
iğrençlik Ekel *m*, Abscheu *m*, Widerwillen *m*; Ekelhaftsein *n*
iğrendirmek anekeln
iğrenmek sich ekeln
iğreti geliehen
iğri krumm, schief
ihale Ausschreibung *f* ***ihale etmek*** vergeben ***ihaleye çıkarmak*** ausschreiben
ihanet Verrat *m* ***ihanet etmek*** verraten
ihbar Anzeige *f*; Benachrichtigung *f* ***ihbar etmek*** benachrichtigen, mitteilen; anzeigen
ihbarname Meldeschein *m*, schriftliche Mitteilung, schriftliche Benachrichtigung; schriftliche Anzeige, schriftliche Denunziation
ihlal Verletzung *f* ***ihlal etmek*** verletzen
ihmal Vernachlässigung *f* ***ihmal etmek*** vernachlässigen
ihmalci nachlässig, säumig, vernachlässigend, fahrlässig
ihmalkâr nachlässig
ihracat Export *m*, Ausfuhr *f* ***ihracat yapmak*** exportieren
ihracatçı Exporteur *m*, Ausfuhrhändler *m*, Exportkaufmann *m*
ihraç Export *m*; Ausschließen *n* ***ihraç etmek*** ausführen, exportieren; ausschließen
ihsan Wohltat *f* ***ihsan etmek*** gewähren
ihtar Mahnung *f*, Ermahnung *f*, Warnung *f*, Verwarnung *f* ***ihtar etmek*** mahnen, ermahnen, warnen, verwarnen
ihtihsal etmek produzieren, erzeugen, herstellen
ihtilaf Meinungsverschiedenheit *f*; Streit *m*, Streitigkeit *f*, Konflikt *m*
ihtilaflı strittig, umstritten
ihtilal Aufstand *m*, Aufruhr *m*, Revolution *f*, Revolte *f*, Rebellion *f* ***ihtilal yapmak*** revoltieren, rebellieren
ihtilalci Rebell *m*, Revolutionär *m*
ihtimal Wahrscheinlichkeit *f* ***ihtimal vermek*** für möglich halten
ihtimam Sorge *f*, Sorgfalt *f* ***ihtimam göstermek*** sorgen, pflegen

ihtimamlı gewissenhaft, sorgfältig
ihtimamsız nachlässig
ihtiras Eifer *m*, Begeisterung *f*, Gier *f*, Ehrgeiz *m*
ihtiraslı leidenschaftlich, begeistert, eifrig; gierig, begehrlich; ehrgeizig
ihtisas Sachkenntnis *f*; fachwissenschaftliche Ausbildung ***ihtisas yapmak*** sich spezialisieren (auf)
ihtişam Prunk *m*, Pracht *f*
ihtişamlı prunkvoll, prächtig
ihtiva Enthalten *n*, Fassen *n* ***ihtiva etmek*** enthalten, einschließen ***ihtiva etmek*** enthalten, fassen
ihtiyaç Bedürfnis *n*, Bedarf *m*; Not *f*, Armut *f* ***ihtiyacı olmak*** benötigen, bedürfen, brauchen
ihtiyar alt; Alte *m*, Greis *m*
ihtiyari freiwillig
ihtiyarlamak altern, alt werden
ihtiyarlık Alter *n*
ihtiyat Vorsicht *f*; Reserve *f* ***ihtiyat akçesi*** Rücklage *f*; Reservefonds *m* ***ihtiyat kuvvetleri*** *ask* Reservekräfte *pl*
ihtiyaten vorsichtshalber
ihtiyatla vorsichtig, umsichtig
ihtiyatlı vorsichtig, umsichtig
ihtiyatsız unklug, unvorsichtig
ihtiyatsızlık Unvorsichtigkeit *f* ***ihtiyatsızlık etmek*** Unvorsichtig sein
ihya Belebung *f* ***ihya etmek*** beleben
ika Tun *n* ***ika etmek*** tun, machen
ikame Aufstellung *f* ***ikame etmek*** aufstellen, hinstellen
ikamet Aufenthalt *m*, Wohnen *n* ***ikamet etmek*** wohnen
ikametgâh Wohnung *f*
ikaz Warnung *f* ***ikaz etmek*** mahnen, warnen
ikbal Gunst *f*
iken als, wenn; während, solange als, indem; zwar, wenngleich, obgleich, obwohl
iki zwei; Zwei *f* ***iki ayağını bir pabuca sokmak*** *jdm* das Messer an die Kehle setzen ***iki defa*** zweifach, zweimal ***iki dirhem bir çekirdek*** wie aus dem Ei gepellt, piekfein ***iki kat*** doppelt, verdoppelt, zweifach ***iki katı*** doppelt ***iki kere*** zweimal ***iki nokta üst üste*** Doppelpunkt *m* ***iki yakası bir araya gelmemek*** nicht wirtschaften können ***iki zamanlı motor*** Zweitaktmotor *m* ***ikide bir*** immerfort
ikidilli zweisprachig
ikilem Dilemma *n*
ikilemek verdoppeln, verzweifachen
ikili binär; Duett *n*, Tandem *n*
ikilik Dualismus *m*; Zwietracht *f*; Unterschied *m*; *müz* halbe Note; Doppel-; zwiespältig
ikinci zweit ***ikinci olarak*** zweitens
ikincil sekundär
ikindi Nachmittag *m*
ikindiüstü am Nachmittag
ikircik Unentschlossenheit *f*
ikirciklenmek zögern, zaudern
ikircikli unentschlossen, zögernd
ikişer je zwei ***ikişer ikişer*** zu zweien, in Zweier-Gruppen
ikiterimli *mat* Binom *n*
ikiyaşayışlı Amphibie *f*, Amphibium *n*; amphibisch
ikiyüzlü doppelseitig, heuchlerisch
ikiyüzlülük Zweischneidigkeit *f*; Zweiseitigkeit *f*; Falschheit *f*, Heuchelei *f*, Unaufrichtigkeit *f*, Unzuverlässigkeit *f*, Verlogenheit *f* ***ikiyüzlülük etmek*** heucheln
ikiz Zwilling *m*
ikizkenar gleichschenklig ***ikizkenar üçgen*** gleichschenkliges Dreieck
İkizler (burcu) Zwillinge *pl*
iklim Klima *n*
ikmal Vollendung *f*, Vervollständigung *f* ***ikmal etmek*** anfertigen, vollenden; vervollkommnen ***ikmal sınavı*** Nachprüfung *f* ***ikmale kalmak*** sich einer Nachprüfung unterziehen müssen
ikna Überredung *f*, Überzeugung *f* ***ikna etmek*** übernehmen
ikram Bewirtung *f* ***ikram etmek*** bewirten, schenken
ikramiye Gratitikation *f*; Treffer *m* ***ikramiye kazanmak*** in der Lotterie gewinnen
ikrar Geständnis *n*; *huk* Anerkenntnis *n*, Bedrohung *f* ***ikrar etmek*** sich schuldig

bekennen
iksir Elixier *n*
iktibas Übernahme *f* ***iktibas etmek*** übernehmen, zitieren
iktidar Macht *f*, Fähigkeit *f*, Vermögen *f*; Potenz *f* ***iktidar partisi*** Regierungspartei *f* ***iktidara gelmek*** an die Macht kommen ***iktidarda olmak*** an der Macht sein ***iktidarı ele geçirmek*** ans Ruder kommen
iktidarlı fähig, mächtig; potent
iktidarsız impotent
iktidarsızlık *hek* Impotenz *f*
iktisaden wirtschaftlich
iktisadi wirtschaftlich, ökonomisch
iktisap Erwerbung *f* ***iktisap etmek*** erwerben, gewinnen, sich verschaften
iktisat Wirtschaft *f*, Ökonomie *f*; Sparsamkeit *f* ***İktisat Fakültesi*** Wirtschaftsfakultät *f*
iktisatçı Wirtschaftler(in *f*) *m*
il Provinz *f*; Stadt *f*
ila bis
ilaç Arznei *f*, Medizin *f*, Medikament *f*, Heilmittel *n*
ilaçlamak beizen; chemisch behandeln; einreiben; spritzen
ilaçlı Arznei enthaltend, Arznei-, Medizinal-; gespritzt, behandelt; chemisch behandelt
ilah Gottheit *f*, Gott *m*
ilahe Göttin
ilahi Gebetshymne *f*; göttlich
ilahiyat Theologie *f* ***İlahiyat Fakültesi*** Theologische Fakultät
ilahiyatçı Theologe *m*, Theologin *f*
ilahlaştırmak vergöttern
ilam Meldung *f*; Bekanntgeben *n*, Benachrichtigung *f*; Urteilsauffertigung *f*
ilan Bekanntmachung *f*, Anzeige *f*, Reklame *f* ***ilan etmek*** bekanntmachen, anzeigen
ilave Zusatz *m*, Beilage *f*, Zugabe *f* ***ilave etmek*** zugaben, beilegen, hinzufügen
ilçe Landkreis *m*
ile mit, samt; zusammen mit ***ile beraber/birlikte*** zusammen mit
ilelebet ewig
ilenç Fluch *m*
ilenmek verfluchen
ilerde in Zukunft
ileri nach vorne, vorwärts ***ileri almak*** nach vorn nehmen; (saat) vorstellen ***ileri atılmak*** vorstoen ***ileri gelenler*** Bonze *m*, Honoratioren pl, Prominenz *f* ***ileri gitmek*** Fortschritte machen; zu weit gehen ***ileri sürmek*** (hak) geltend machen, behaupten
ilerici fortschrittlich; progressiv; fortschrittlich gesinnt
ileride vorne; in Zukunft
ilerigelen prominent
ilerisi Zukunft *f*
ileriye nach vorne ***ileriyi görmek*** in die Zukunft gucken
ilerleme Fortschritt *m*
ilerlemek fortschreiten
iletim Leitung *f*
iletişim Kommunikation *f*
iletken Leiter *m*
iletkenlik Leitfähigkeit *f*, Konduktanz *f*
iletki Winkelmesser *m*
iletmek leiten; weiterleiten
ilga Abschaffung *f* ***ilga etmek*** abschaffen, auflösen, beseitigen
ilgeç *dilb* Präposition *f*, Partikel *f*
ilgi Relation *f*, Zusammenhang *m*; Interesse *n*; *kim* Affinität *f* ***ilgi duymak*** sich interessieren (für), sich kümmern um *jdn* (*etw*) ***ilgi göstermek*** sich interessieren ***ilgi uyandırmak*** Aufmerksamkeit erregen
ilgilendirmek interessieren; betreffen
ilgilenmek Interesse haben, sich interessieren
ilgili interessiert; zuständig; betreffend
ilginç interessant
ilgisiz uninteressiert
ilgisizlik Interesselosigkeit *f*, Desinteresse *n*, Gleichgültigkeit *f*, Indifferenz *f*, Teilnahmslosigkeit *f*
ilham Inspiration *f*, Anregung *f* ***ilham vermek*** inspirieren, anregen
ilik Mark *n*; Knopfloch *n* ***iliklerine kadar ıslanmak*** bis auf die Haut durchnässt sein
iliklemek zuknöpfen
ilim Wissenschaft *f* ***ilim adamı*** Wissen-

İ

schaftler *m*
ilinti Beziehung *f*, Zugehörigkeit *f*; Verhältnis *n*; Korrelation *f*; Zusammenhang *f*
ilişik anliegend; betreffend ***ilişiğini kesmek*** entlassen aus
ilişki Beziehung *f*, Verhältnis *n*, Zusammenhang *m* ***ilişki kurmak*** mit *jdm* Kontakt aufnehmen
ilişkili zusammenhängend
ilişkin entsprechend, betreffend
ilişmek hängenbleiben; erwähnen
iliştirmek anklammern, anstecken, stecken, anstecken; daran befestigen; heften
ilk erst; primar ***ilk defa*** zum ersten Mal ***ilk fırsatta*** bei erstbester Gelegenheit, bei der nächsten Gelegenheit ***ilk göz ağrısı*** erste Liebe
ilkbahar Frühling *m*, Frühjahr *n*
ilkçağ Altertum *n*
ilke Prinzip *n*, Grundsatz *m*
ilkel primitiv
ilkellik Primitivität *f*
ilkin anfangs, zuerst, zunächst
ilkokul Volksschule *f*, Grundschule *f*
ilköğrenim Grundausbildung *f*
ilköğretim Volksschulwesen *n*
ilkönce zuerst
ilkyardım Erste Hilfe
illa unbedingt
illaki unbedingt
illallah Ich hab's satt!
ille auf jeden Fall; auf keinen Fall; besonders, vor allem; sonst, andernfalls; gerade, besonders, speziell, vor allem; absolut, unbedingt, auf jeden Fall
illet Krankheit *f*
illüstrasyon Illustration *f*, Abbildung *f*, Bild *n*
ilmek Schlinge *f*
ilmi wissenschaftlich
ilmik Schlinge *f*
ilmiklemek lose verknoten, lose knüpfen; mit einer Schlinge festbinden
ilmühaber Personalpapier *n*
iltica Zuflucht *f* ***iltica etmek*** flüchten
iltifat Liebenswürdigkeit *f*, Kompliment *n* ***iltifat etmek*** *jdm* ein Kompliment machen, schmeicheln
iltihap Entzündung *f*
iltihaplanmak *hek* sich entzünden
iltimas Vorzug *m* ***iltimas etmek*** *jdn* protegieren, begünstigen ***iltimas göstermek*** vorziehen
iltimasçı Protektor *m*, Fürsprecher *m*, Gönner *m*
iltimaslı bevorzugt, privilegiert
im Zeichen *n*
ima Andeutung *f* ***ima etmek*** andeuten
imaj Bild *n*
imal Herstellung *f* ***imal etmek*** herstellen, fabrizieren
imalat Produktion *f*
imalatçı Hersteller *m*
imalathane Werkstätte *f*
imalı bedeutungsvoll, bezeichnend; Andeutung enthaltend
imam Imam *m*
imambayıldı Auberginen in Olivenöl
iman Glaube *m* ***iman etmek*** glauben ***iman sahibi*** gläubig ***imana gelmek*** nachgeben ***imanı gevremek*** sehr müde werden
imanlı gläubig
imansız ungläubig
imar Bebauung *f* ***imar etmek*** bebauen, aufbauen, ausbauen
imaret Armenküche *f*
imbat Sommer-Monsun *m*
imbik Destillationsapparat *m* ***imbikten geçirmek*** destillieren
imdat Hilfe *f*
imece Gemeinschaftsarbeit *f*
imge Traum *m*, Traumbild *n*
imgelem Fantasie *f*
imgelemek träumen, sich einbilden
imha Vernichtung *f* ***imha etmek*** vernichten, ausrotten, verheeren
imkân Möglichkeit *f*
imkânsız unmöglich
imkânsızlık Unmöglichkeit *f*
imla Rechtschreibung *f*; Diktat *n* ***imla hatası*** Rechtschreibfehler *m*
imleç *biliş* Cursor *m*; *fiz* Registrierapparat *m*
imparator Kaiser *m*
imparatoriçe Kaiserin *f*

imparatorluk Kaiserreich *n*
imrenmek begehren, verlangen
imtihan Prüfung *f* ***imtihan etmek*** prüfen ***imtihan olmak*** sich einer Prüfung unterziehen
imtiyaz Vorrecht *n*, Privileg *n*
imtiyazlı privilegiert
imza Unterschrift *f* ***imza atmak*** unterschreiben, unterzeichnen ***imza etmek*** unterschreiben, unterzeichnen ***imza sahibi*** Unterzeichnete *mf*
imzalamak unterschreiben, unterzeichen
imzalı unterschrieben, unterfertigt; mit Unterschrift, unterzeichnet
imzasız ohne Unterschrift, nicht unterschrieben
in Höhle *f* ***inadı tutmak*** sehr bockig sein
inadına erst recht
inak Dogma *n*
inan Glaube *m*
inanç Glaube *m*; Vertrauen *n*
inançlı gläubig
inançsız ungläubig, pietätlos
inandırıcı überzeugend
inandırmak glauben lassen; überzeugen, überreden
inanılmaz unglaublich, unzuverlässig; sagenhaft
inanış Glaube *m*, Vertrauen *n*, Gläubigkeit *f*; Bekenntnis *n*
inanmak glauben; anvertrauen
inat Eigensinn *m* ***inat etmek*** trotzig sein; bestehen auf
inatçı eigensinnig
inatçılık Hartnäckig *f*, Starrköpfigkeit *f*, Eigensinn *m*, Starrsinn *m*
inayet Güte *f*, Gnade *f*, Gunst *f*
ince dünn, schmal, schlank; zart, zärtlich; fein, höflich, liebenswürdig; geistreich, feinfühlig ***ince eleyip sık dokumak*** pedantisch genau vorgehen; genau prüfen ***ince fikirli*** intelligent ***inceden inceye*** genauestens
incebağırsak Dünndarm *m*
incehastalık Tuberkulose *f*
inceleme Untersuchung *f*, Studie *f*, Forschung *f*
incelemek untersuchen, prüfen; studieren; abhandeln
incelik Schlanksein *n*; Freundlichkeit *f*; Feinheit *f*
incelmek sich verdünnen; sich verfeinern
inceltmek (boya) verdünnen; verfeinern; (saçı) herausschneiden
inceyağ Mineralöl *n*; dünnflüssiges Fett
inci Perle *f*
incik *anat* Unterschenkel *m*; Kniescheibe *f*; Sehnenzerrung *f*; winzig, nichtig, belanglos ***incik kemiği*** Schienbein *n*
İncil neues Testament
incinmek übelnehmen
incir Feige *f* ***incir çekirdeğini doldurmaz*** lächerlich wenig
incitici beleidigend, verletzend, kränkend
incitmek verstauchen; kränken
inç inch
indeks Index *m*
indirgeme *kim mat* Reduktion *f*, Reduzieren *n*
indirgemek reduzieren
indirim Ermäßigung *f*, Abzug *m*, Skonto *n* ***indirim yapmak*** ermäßigen, abziehen
indirimli *tic* mit Ermäßigung ***indirimli satış*** Verkauf zu herabgesetzten Preisen, Ausverkauf *m*
indirmek herunternehmen, herunterholen, herunterbringen, heruntertragen; absetzen; vermindern, erniedrigen; abziehen, ermäßigen
inek Kuh *f*
ineklemek (öğrenci) pauken; büffeln ***ineklemek*** *arg* ochsen
infaz Ausführung *f*, Vollzug *m*, Vollstreckung *f* ***infaz etmek*** ausführen, vollziehen, vollstrecken
infilak Explosion *f*, Knall *m* ***infilak etmek*** explodieren
infraruj *fiz* infrarot
İngiliz Engländer(in *f*) *m*; englisch ***İngiliz anahtarı*** *tek* Engländer *m*, Schraubenschlüssel *m*, Universalschraubenschlüssel *m*
İngilizce Englisch *n*
İngiltere England
inhisar Monopol *n*, Beschränkung *f*
inildemek seufzen, ächzen, stöhnen
inilti Seufzer *m*

inisiyatif Initiative *f*, Handlungsspielraum *m*
iniş Abhang *m*, Gefälle *n* ***iniş aşağı*** abwärts, bergab ***iniş çıkış*** Fluktuation *f*
inkâr Leugen *n* ***inkâr etmek*** leugnen, bestreiten
inkılap Umwälzung *f*, Revolution *f*
inkılapçı Revolutionär *m*
inkişaf Entwicklung *f* ***inkişaf etmek*** sich entwickeln
inkıta Unterbrechung *f*, Stockung *f* ***inkıtaa uğramak*** unterbrochen werden
inlemek seufzen, stöhnen, ächzen, wimmern
inme Ebbe *f*; Schlaganfall *m* ***inme inmek*** einen Schlaganfall bekommen
inmek herunterkommen, hinuntergehen, aussteigen; landen; sinken, fallen
inmeli gelähmt, vom Schlag getroffen; apoplektisch
inorganik *kim* unorganisch
insaf Mäßigung *f*, Einsicht *f*, Mitleid *n* ***insaf etmek*** gerecht und billig denken ***insafa gelmek*** ein Einsehen haben ***insafa getirmek*** zur Einsicht bringen
insaflı menschlich, mitleidig
insafsız gewissenlos, erbarmungslos
insafsızlık Gewissenlosigkeit *f*, Ungerechtigkeit *f*, Unvernunft *f*, Mitleidslosigkeit *f*, Unerbittlichkeit *f*
insan Mensch *m* ***insan hakları*** Menschenrechte *pl* ***insan içine çıkmak*** unter Menschen kommen
insanbilim Menschenkunde *f*, Anthropologie *f*
insanbilimci Anthropologist *m*
insanca menschlich
insancıl menschlich
insani menschlich, human
insaniyet Menschlichkeit *f*
insaniyetli menschenfreundlich, human; menschlich denkend
insaniyetsiz unmenschlich
insanlık Menschheit *f*, Humanität *f*
insanoğlu Adam *m*; der Mensch als Gattung; Mensch *m*, Menschensohn *m*
insanüstü übermenschlich
insiyatif initiative
inşa Bau *m*, Konstruktion *f* ***inşa etmek*** bauen, erbauen, errichten
inşaat Bauarbeiten *f* ***inşaat mühendisi*** Bauingenieur *m*
inşaatçı Bauarbeiter *m*
inşallah hoffentlich
integrasyon *mat* Integration *f*
internet (bilişim) Internet *n*, Internetz *n* ***internet kafe*** Internet-Café *n* ***internette*** im Internet
intiba Eindruck *m*, Wirkung *f*
intibak Anpassung *f*, Umstellung *f* ***intibak etmek*** sich anpassen, sich umstellen
intifa Nutznießung *f*, Genuss *m*
intihar Selbstmord *m* ***intihar etmek*** Selbstmord begehen
intikal Übergang *m*; Übertragung *f*; Verstehen *n* ***intikal etmek*** verstehen
intikam Rache *f* ***intikam almak*** sich rächen an
intizam Ordnung *f*; Regelmäßigkeit *f*
intizamlı ordentlich; regelmäßig
intizamsız unordentlich; unregelmäßig
intizar Erwartung *f*
inzibat Disziplin *f*; Polizei *f*
inziva Einsiedelrleben *n* ***inzivaya çekilmek*** einsiedeln, sich isolieren
ip Schnur *f*, Strick *m*, Seil *n*, Leine *f* ***ip atlamak*** seilspringen ***ip cambazı*** Seiltänzer *m*, Seiltänzerin *f* ***ip merdiven*** Strickleiter *f* ***ipe çekmek*** aufknüpfen ***ipe sapa gelmez*** abern, ungereimt ***ipin ucunu kaçırmak*** sich verheddern ***iple çekmek*** herbeisehnen
ipek Seide *f* ***ipek gibi*** seidig
ipekböceği Seidenraupe *f*
ipince sehr zart, haardünn, haarfein
iplemek mit einem Strick zusammenbinden; *mec jdm* Beachtung schenken
iplememek *mec* links liegen lassen, ignorieren, sich nicht kümmern um
iplik Faden *m*, Zwirn *m*, Garn *n*
ipnotize hypnotisiert ***ipnotize etmek*** hypnotisieren
ipnotizma Hypnotismus *m*
ipnotizmacı Hypnotiseur *m*
ipnoz Hypnose *f*, Zwangsschlaf *m*
ipotek Hypothek *n* ***ipotek etmek*** mit einer Hypothek belasten

ipotekli mit einer Hypothek belastet, Hypotheken-
ipsiz ohne Seil, ohne Strick; Penner *m*; Vagabund *m*, Landstreicher *m*
iptal Entwertung *f*, Abschaffung *f* ***iptal etmek*** entwerten, annulieren; abschaffen, ausschalten
iptidai primitiv
ipucu Anhalt *m*, Anhaltspunkt *m* ***ipucu vermek*** einen Hinweis geben
irade Wille *m*
iradedışı unbewusst
iradeli willensstark
iradesiz willenlos; unwillkürlich untersuchung
iradi willensstark; gewollt, vorsätzlich, willentlich, willkürlich; mit Willen
İran Iran, Persien
İranlı Iraner(in *f*) *m*, Perser(in *f*) *m*
irat Einkünfte pl, Gewinn *m*
irdeleme genaue Untersuchung
irdelemek eingehend prüfen
irfan Wissen *n*, Kenntnis *f*; Bildung *f*
iri groß, dick, riesig ***irili ufaklı*** groß und klein durcheinander
iribaş Kaulquappe *f*
irice recht groß, ziemlich grob, recht grob
irikıyım grob gehackt; *mec* riesig; *mec* totpatschig
irileşmek sich vergrößern
irilik Größe *f*; Umfang *m*
irin Eiter *m*
irinlenmek eitern, Eitern bilden
iris Iris *f*
iriyarı robust, bullig, hünenhaft gebaut, groß und stattlich; *mec* bullig
irkilmek sich ansammeln; erschrecken; zurückfahren
İrlanda Irland
İrlandalı Ire *m*; irisch
irmik Grieß *m*
irs Erbschaft *f*, Vererbung *f*
irsaliye Lieferschein *m*; Beförderung *f*, Beförderungskosten pl, Porto *n*
irsi erblich
irsiyet Vererbung *f*
irtibat Zusammenhang *m*, Verbindung *f*, Anschluss *f* ***irtibat kurmak*** Beziehungen anknüpfen ***irtibat subayı*** Liaisonoffizier *m*
irtica Fundamentalismus *m*
irticai reaktionär; fundamentalistisch
irtical Improvisation *f*
irticalen improvisatorisch ***irticalen söylemek*** improvisieren
irtifa Höhe *f*
is Russ *m*
İsa Jesus
isabet Treffen *n*, Treffer *m* ***isabet etmek*** treffen
isabetli treffend
isabetli treffend; richtig, angebracht, schlagend
isabetsiz unangebracht, unangemessen, unzutreffend, unrichtig
ise hingegen; wenn ***ise de*** wenn auf
ishal Diarrhöe *f*, Durchfall *m* ***ishal olmak*** Durchfall haben
isilik *hek* Hautausschlag *m*, Hitzeausschlag *m*, Hautrötung *f* ***isilik olmak*** Hitzeausschlag bekommen
isim Name *m*; *dilb* Substantiv *n* ***isim takmak*** einen Spitznamen geben ***isim vermek*** einen Namen geben
isimlendirmek nennen, benennen, heißen
isimsiz namenlos; anonym
iskambil Kartenspiel *n* ***iskambil kâğıdı*** Spielkarte *f* ***iskambil oynamak*** Karten spielen
iskân Ansiedlung *f* ***iskân etmek*** ansiedeln
İskandinav skandinavisch
İskandinavya Skandinavien
İskandinavyalı Skandinavier *m*; skandinavisch
iskarpin Halbschuh *m*
ıskarta Abfall *m* ***ıskartaya çıkarmak*** abfegen
iskele Landungsbrücke *f*; Baugerüst *n* ***iskele kurmak*** einen Gerüst aufschlagen
iskelet Skelett *n*, Knochengerüst *n*
iskemle Stuhl *m*
iskete Kohlmeise *f*
İskoç Schotte *m*; schottisch
İskoçya Schottland
İskoçyalı Schotte *m*, Schottin *f*; schot-

tisch
iskonto Rabatt *m*, Skonto *n*, Abzug *m*, Ermäßigung *f*
iskorbüt *hek* Skorbut *m*
iskorpit Drachenkopf *m*
İslam Islam *m*; islamisch
İslami islamisch, den Islam betreffend
İslamiyet Islam *m*, Mohammedanismus *m*; Islamkultur *f*
İslamlaştırmak islamisieren
İslav Slawe *m*; slawisch
islemek anrußen, schwärzen, verräuchern
isli rußig, berußt
islim Dampf *m*
ismen dem Namen nach
isnat Zuschreiben *n*, Beimessung *f* ***isnat etmek*** *jdm etw* zuschreiben; *jdn* verleumden
İspanya Spanien
İspanyol Spanier *m*; spanisch
İspanyolca Spanisch *n*
ispat Beweis *m* ***ispat etmek*** beweisen, nachweisen
ispati *isk* Kreuz *n*
ispatlamak beweisen
ispinoz Buchfink *m*
ispirto Spiritus *m*
ispiyon Spürhund *m*; Geheimpolizist *m*, Detektiv *m*, Polizeispitzel *m*, Agent *m*
ispiyonlamak *jdn* bespitzeln, Spitzeldienste leisten, herumspionieren
israf Verschwendung *f*, Vergeudung *f* ***israf etmek*** verschwenden, vergeuden
İsrail Israel
İsrailli Israeli *m*; Israelisch
istasyon Station *f*, Bahnhof *m*
istatistik Statistik *f*; statistisch
istavrit Bastardmakrele *f*
ısmarlama auf Bestellung
ısmarlamak bestellen
ıspanak Spinat *m*
istek Wunsch *m*, Wille *m*; Anspruch *m*, Forderung *f*, Anforderung *f* ***istek duymak*** wünschen, wollen
isteka *sp* Billardqueue *n*; (ayakkabıcı) Glättholz *n*; (mücellit) Faltholz *n*
isteklendirmek ermuntern, anregen
istekli willig, wünschend, wollend, begierig; Bewerber *m*, Interessent *m*
isteklilik Bereitschaft *f*
isteksiz unwillig; lustlos
isteksizlik Unlust *f*, Widerwille *m*, Lustlosigkeit *f*
istem Wunsch *m*, Verlangen *n*
istemek wollen, wünschen, verlangen; fordern, anfordern
istemeyerek ungewollt; unwillkürlich
istemiye istemiye ungewollt
istemli gewollt; willkürlich
istemsiz ungewollt; unwillkürlich, unbeabsichtigt
ister istemez notgedrungen, wohl oder übel
isteri Hysterie *f*
isterik *hek* hysterisch
isteyerek freiwillig, gewollt; willkürlich
istiap Rauminhalt *m*, Volumen *n* ***istiap haddi*** Tragfähigkeit *f*
istibdat Absolutismus *m*
istida Gesuch *n*, Antrag *m*
istidat Talent *n*, Fähigkeit *f*, Begabung *f* ***istidat sahibi*** begabt, talentiert
istidatlı begabt, talentiert
istif Aufstapelung *f* ***istif etmek*** aufstapeln ***istifini bozmamak*** keinen Finger rühren
istifa Abdankung *f*, Rückrift *m* ***istifa etmek*** abdanken
istifade Gewinn *m*, Nutzen *m* ***istifade etmek*** Nutzen ziehen
istifadeli Gewinn bringend
istifçi Packer *m*, Lagerist *m*
istifçilik Spekulation *f*
istiflemek stapeln, verstauen
istifrağ Übergeben *n* ***istifrağ etmek*** erbrechen, brechen, sich übergeben ***istiğraf etmek*** sich übergeben
istihbarat Nachrichten *f*, Auskunft *f* ***istihbarat bürosu*** Auskunftsbüro *n* ***istihbarat dairesi*** Nachrichtenagentur *f*
istihdam dienstliche Einsetzung; In-Dienst-Nehmen *n*; Anstellung *f*, Einstellen *n* ***istihdam etmek*** anstellen, betreuen, beschäftigen
istihkak Verdienst *m*, Anspruch *m*, Recht *n*
istihkâm Festungswerk *n*, Pionier *m*

istihsal Produktion *f* ***istihsal etmek*** erzeugen, produzieren
istihza Sarkasmus *m*
istikamet Richtung *f*
istikbal Zukunft *f*
istiklal Unabhängigkeit *f* ***İstiklal Marşı*** Türkische Nationalhymne ***İstiklal Savaşı*** Unabhängigkeitskrieg *m*
istikrar Stabilität *f* ***istikrar bulmak*** sich stabilisieren
istikrarlı stabil, konsolidiert, sicher, fest
istikrarsız unbeständigt, ohne Stabilität, nicht konsolidiert, nicht fest; veränderlich, labil, unausgeglichen
istikrarsızlık Unbeständigkeit *f*, Unausgeglichenheit *f*, herrschende Unsicherheit, Labilität *f*
istikraz Anleihe *f*
istila Invasion *f*, Einfall *m*, Besetzung *f* ***istila etmek*** einfallen, besetzen
istilacı Eindringling *m*, Eroberer *m*, Invasor *m*; Okkupant *m*; eindringend, erobernd; angreifend, vorrückend
istim Dampf *m*
istimlak Enteignung *f* ***istimlak etmek*** enteignen
istinaden auf Grund
istinat Stützung *f* ***istinat etmek*** sich stützen ***istinat ettirmek*** basieren ***istinat noktası*** Stützpunkt *m*
istirahat Ruhe *f*, Erholung *f* ***istirahat etmek*** ruhen, rasten, sich ausruhen
istirham Bitte *f* ***istirham etmek*** bitten
istiridye Auster *f*
istismar Ausnutzung *f*; Ausbeutung *f* ***istismar etmek*** ausnutzen; ausbeuten
istismarcı Ausbeuter *m*
istisna Ausnahme *f*
istisnai Ausnahme-; Sonder-; eine Ausnahme darstellend
istisnasız ausnahmslos, ohne Ausnahme
istişare Beratschlagung *f* ***istişare etmek*** beraten
istişari konsultativ
İsveç Schweden; schwedisch
İsveçli Schwede *m*, Schwedin *f*
İsviçre Schweiz *f*
İsviçreli Schweizer(in *f*) *m*
isyan Aufruhr *m*, Aufstand *m*, Rebellion *f* ***isyan etmek*** rebellieren
isyancı aufständisch, rebellisch, aufrührerisch
isyankâr aufständisch, aufmüpfig, aufsässig; Rebell *m*, Aufführer *m*, Empörer *m*
iş Arbeit *f*, Aufgabe *f*, Beschäftigung *f* ***iş arkadaşı*** Mitarbeiter(in *f*) *m* ***iş başında*** beim Arbeiten ***iş bitirmek*** benden, abschließen ***iş bölümü*** Arbeitsteilung *f*, Arbeitsverteilung *f* ***iş bulma*** Arbeitsvermittlung *f* ***iş çıkarmak*** viel Arbeit machen; *jdm* Schwierigkeiten in den Weg legen ***iş görmek*** verrichten, leisten ***iş güç*** (regelmäßige) Arbeit *f* ***iş günü*** Werktag *m*, Arbeitstag *m* ***iş güvenliği*** Arbeitsschutz *m* ***iş hayatı*** Geschäftsleben *n* ***iş hukuku*** Arbeitsrecht *n* ***iş işten geçti*** jetzt ist es zu spät ***iş kazası*** Arbeitsunfall *m*, Betriebsunfall *m* ***iş olacağına varır*** es kommt alles, wie es kommen muss ***iş olsun diye*** um nicht müßig zu erscheinen ***iş sahibi*** Geschäftsmann *m* ***iş sözleşmesi*** Arbeitsvertrag *m* ***iş ve işçi bulma kurumu*** Arbeitsamt *n* ***iş vermek*** Arbeit geben ***işe girmek*** s-*n* Dienst antreten ***işe yaramak*** Verwendung finden (bei - de) ***işe yaramaz*** unbrauchbar ***işi azıtmak*** es zu weit treiben ***işi başından aşkın olmak*** mit der Arbeit überhäuft sein ***işi bitmek*** erledigen; *mec* erledigt sein ***işi olmak*** zutun haben ***işi sağlama bağlamak*** garantieren ***işin içinde iş var*** die Sache hat einen Haken ***işin içinde ne var*** es steckt etwas dahinter ***işin içinden çıkamamak*** mit *etw* nicht fertig werden können ***işin içinden çıkmak*** sich aus der Sache ziehen ***işin içyüzü*** eigentlich; Wahrheit *f* ***işinden olmak*** seine Stellung verlieren ***işine gelmek*** *jdm* zustatten kommen ***işine yaramak*** *jdm* dienen ***işini bitirmek*** *arg* töten, umbringen ***işinin eri*** tüchtiger Arbeiter ***işten çıkarmak*** entlassen, *jdn* freisetzen, verabschieden
işadamı Geschäftsmann *m*
işaret Zeichen *n*; Merkmal *n*, Marke *f*, Signal *n* ***işaret etmek*** hinweisen, an-

İ

deuten, kennzeichnen ***işaret sıfatı*** *dilb* Demonstrativpronomen *n* ***işaret zamiri*** Demonstrativpronomen *n*

işaretlemek kennzeichnen, markieren

işaretparmağı Zeigefinger *m*

işbaşı Arbeitsbeginn *m* ***işbaşı yapmak*** anfangen zu arbeiten

işbirliği Zusammenarbeit *f* ***işbirliği yapmak*** kooperieren, zusammenarbeiten, zusammenwirken

işbirlikçi Befürworter *m*; Kollaborateur *m*

işbu vorliegend

işçi Arbeiter *m*, Angestellte *m* ***işçi sınıfı*** Arbeiterklasse *f*, Arbeitklasse *f*

işçilik Verarbeitung *f*; geleistete Arbeit; Qualität *f*, technische Ausgestaltung; Tätigkeit eines Arbeiters, verursachte Arbeit; (emek) Arbeitsmühe *f*; (ücret) Arbeitslohn *m*

işemek urinieren, pissen

işgal Aneignung *f*; Besetzung *f* ***işgal altında*** unter Besetzung ***işgal etmek*** beschäftigen; besetzen; aneigen

işgücü Arbeitskraft *f*

işgünü Arbeitstag *m*, Werktag *m*

işgüzar Wichtigtuer *m*

işgüzarlık Tüchtigkeit *f*; Dienstfertigkeit *f*

işitmek hören, vernehmen ***işitmemezlikten gelmek*** absichtlich überhören, ignorieren, sich taub stellen, sich nicht kümmern (um)

işitsel Hör-, Gehör-, auditiv, akustisch

işkadını Geschäftsfrau *f*

işkembe Kaldaunen *pl* ***işkembe çorbası*** Kuttelsuppe *f*

işkence Qual *f*, Pein *f*, Folter *f*

işkence Folter *f*, Folterung *f*, Marter *f*, furchtbare Qual, entsetzliche Pein ***işkence etmek*** quälen ***işkence yapmak*** quälen, peinigen, foltern

işkil Zweifel *m*, Argwohn *m*

işkillenmek zweifeln, verzweifeln

işkilli argwöhnisch, misstrauisch, Verdacht hegend; im Zweifel, unsicher

işlek flüssig; lebhaft, belebt

işlem *mat* Rechenaufgabe *f*; Verfahren *n*

işleme Abhandlung *f*; Verarbeitung *f*, Bearbeitung *f*

işlemek bearbeiten, verarbeiten; sticken; begehen; laufen, gehen, funktionieren, arbeiten

işlemeli bestickt, gestickt; schön ziseliert

işlenmemiş unbearbeitet; unbestrickt

işlenmiş verarbeitet

işletme Betrieb *f*, Verwaltung *f* ***İşletme Fakültesi*** Fakultät für Betriebswirtschaftlehre ***işletme müdürü*** Betriebsdirektor *m*

işletmeci Betriebswirtschaftler *m*

işletmecilik Betriebswirtschaft *f*

işletmek betreiben; antreiben, anlassen

işletmen Operator *m*

işlev Funktion *f*

işlevsel funktional, funktionell

işlik Atelier *n*; Overall *m*

işporta Traggestell *n* ***işporta malı*** minderwertige Ware

işportacı Straßenverkäufer *m*

işportacılık Straßenverkauf *m*

işsiz arbeitslos

işsizlik Arbeitslosigkeit *f* ***işsizlik parası*** Arbeitslosengeld *n* ***işsizlik sigortası*** Arbeitslosenversicherung *f*

iştah Appetit *m* ***iştah açıcı*** appetitanregend, Aperitif *m* ***iştah açmak*** den Appetit anregen

iştahlı hungrig; mit Appetit; eifrig, gierig

iştahsız appetitlos; ohne besonderes Verlangen; lustlos

iştahsızlık Appetitlosigkeit *f*

işte da, eben ***işte böyle*** so ist es!

iştigal Beschäftigung *f*, Tätigkeit *f* ***iştigal etmek*** sich beschäftigen, sich betätigen

iştirak Beteiligung *f*, Teilnahme *f* ***iştirak etmek*** teilnehmen, sich beteiligen

işve Koketterie *f*

işveli kokett; charmant, liebreizend; anmutig; sich zierend

işveren Arbeitgeber *m*, Unternehmer *m*

işyeri Arbeitsplatz *m*, Arbeitsstelle *f*, Arbeitsstätte *f*, Arbeitsraum *m*; Betrieb *m*, Geschäft *n*

it Hund *m*

itaat Gehorsam *m* ***itaat etmek*** gehorchen

itaatkâr gehorsam

itaatli gehorsam

itaatsiz unbeugsam, ungehorsam
itaatsizlik Ungehorsam *m*
italik kursiv
İtalya İtalien
İtalyan Italiener *m*; italienisch
İtalyanca Italienisch *n*
itelemek abstoßen
itfaiye Feuerwehr *f* ***itfaiye arabası*** Löschfahrzeug *n*
itfaiyeci Feuerwehrmann *m*
ithaf Widmung *f* ***ithaf etmek*** widmen
ithal Import *m*, Einfuhr *f* ***ithal etmek*** importieren, einführen ***ithal malı*** Importware *f*
ithalat Import *m*
ithalatçı Importhändler *m*, Importeur *m*
itham Beschuldigung *f* ***itham etmek*** beschuldigen
itibar Ansehen *n*, Achtung *f* ***itibar etmek*** schätzen, achten ***itibar görmek*** Ansehen genießen; verlangt werden
itibaren ab
itibari nominell, nominal, Nominal-, konventionell, Nenn-
itibarlı geschätzt, geachtet, angesehen
itici abstoßend, stoßend, drängend, unwirtlich, antreibend
itidal Fassung *f*, Mäßigkeit *f*
itikat Glaube *m* ***itikat etmek*** fest glauben (an), überzeugt sein (von)
itikatlı gläubig, religiös
itilaf Einigkeit *f*
itimat Vertrauen *n* ***itimat etmek*** vertrauen ***itimat mektubu*** Beglaubigungsschreiben *n*
itimatname (diplomat) Beglaubigung *f*, Beglaubigungsschreiben *n*; *pol* Akkreditiv *n*
itimatsızlık Misstrauen *n*
itina Sorgfalt *f* ***itina etmek*** Sorgfalt verwenden, sorgfältig sein ***itina göstermek*** Sorgfalt verwenden ***itina ile*** sorgfältig
itinalı sorgfältig
itinasız oberflächlich, schludrig ***itip kakmak*** rempeln
itiraf Geständnis *n*, Bekenntnis *n* ***itiraf etmek*** gestehen, eingestehen, zugestehen, zugeben
itiraz Einwand *m*, Einspruch *m*, Protest *m* ***itiraz etmek*** Einwand erheben, protestieren
itirazcı Beanständiger *m*; Widerspruchsgeist *m*
itirazsız unbestreitbar
itişmek sich stoßen, sich balgen ***itişip kakışmak*** sich drängen
itiyat Gewohnheit *f*, Angewohnheit *f*
itlaf etmek vernichten, töten
itmek schieben, rücken
itoğlu it *arg* Schweinehund *m*
ittifak Übereinstimmung *f*, Übereinkunft *f*, Bündnis *n*, Allianz *f*, Eintracht *f* ***ittifak etmek*** übereinstimmen, ubereinkommen; sich verbünden, sich vereinigen
ittifakla einstimmig
ittihat Vereinigung *f*, Bund *m*
ivedi eilig, Eile *f*
ivedilik Eile *n* Dringlichkeit *f*
ivedilikle im Schnellverfahren; eilig, dringend
ivme Beschleunigung *f*
ivmek sich beschleunigen
iye Besitzer *m*
iyelik Besitz *m* ***iyelik zamiri*** *dilb* Possesivpronomen *n*
iyi gut; schön; gesund ***iyi akşamlar*** guten Abend ***iyi etmek*** heilen ***iyi geceler*** gute Nacht! ***iyi gelmek*** gut tun, *jdm* (gut) bekommen ***iyi gitmek*** glatt gehen, sich gut verkaufen ***iyi gün dostu*** Freund(in) für gute Zeiten ***iyi günler*** guten Tag!; schönen Tag noch (Abschiedsgruß) ***iyi hal kâğıdı*** Führungszeugnis *n* ***iyi kalpli*** gutherzig ***iyi ki*** zum Glück ***iyi kötü*** gut und schlecht ***iyi niyetli*** gutwillig, wohl wollend ***iyi olmak*** genesen ***iyi yolculuklar*** gute Fahrt
iyice recht nett, ganz ordentlich
iyicene ordentlich, recht ***iyiden iyiye*** ganz und gar, ordentlich, tüchtig
iyileşmek sich bessern; genesen
iyileştirmek bessern; heilen
iyilik Güte *f*, Wohltat *f*, Qualität *f* ***iyilik etmek*** *etw* Gutes tun
iyilikbilir erkenntlich
iyilikbilmez undankbar

iyiliksever verbindlich, nächstenliebend
iyimser optimistisch; Optimist *m*
iyimserlik Optimismus *m* ***iyisi mi*** das beste ist, ...
iyon Ion *n*
iyot Jod *n*
iyotlu jodhaltig, Jod-
iz Spur *f* ***iz sürmek*** einander folgen
izafi relativ, verhältnismäßig
izafiyet Relativität *f*
izah Erklärung *f*, Erläuterung *f* ***izah etmek*** erklären, erläutern
izahat Erklärung *f*, Erläuterung *f* ***izahat vermek*** erläutern
izale Beseitigung *f*, Entfernung *f* ***izale etmek*** beseitigen, entfernen
izan Vernunft *f*
izci Pfadfolger *m*
izdiham Gedränge *n*
izdüşüm Projektion *f*
izdüşürmek projizieren
izin Erlaubnis *f*, Genehmigung *f*, Urlaub *m* ***izin almak*** um Erlaubnis bitten; Urlaub bekommen ***izin vermek*** erlauben, genehmigen, gestatten
izinli beurlaubt
izinsiz ungestattet, ungenehmigt, unerlaubt
İzlanda Island *n*; isländisch
İzlandalı Isländer *m*; isländisch
izlemek folgen; verfolgen
izlenim Eindruck *m*
izlenimcilik Impressionismus *m*
izleyici Zuschauer *m*, Beobachter *m*, Besucher *m*, Betrachter *m*; *sp* Publikum *n*
izmarit Zigarettenstummel *m*; Schnauzenbrasse *f*
izolasyon Isolation *f*, Isolierung *f*
izolatör Isolator *m*
izole isoliert ***izole bant*** Isolierband *n* ***izole etmek*** isolieren
izoterm Isoterm *f*
izotop Isotop *n*; isotop
izzet Ehre *f*
izzetinefis Selbstachtung *f*

J

jaguar Jaguar *m*
jakuzi Jacquozie *f*
jale Tau *m*
jaluzi Jalousie *f*
jambon Schinken *m*
jandarma Gendarmerie *f*; Gendarm *m*
jant Felge *f*
Japon Japaner *m*; japanisch
Japonca Japanisch *n*
japongülü *bitk* Kamelie *f*
Japonya Japan
jarse Jersey *m*
jartiyer Strumpfhalter *m*
jelatin Gelatine *f*
jelatinli mit Gelatine
jeneratör Generator *m*, Energieerzeuger *m*
jenerik *sin* (sonda) Abspann *m*, (başta) Vorspann *m*
jeodezi Geodäsie *f*
jeofizik Geophysik *f*
jeolog Geologe *m*, Geologin *f*
jeoloji Geologie *f*
jeolojik geologisch
jeopolitik Geopolitik *f*; geopolitisch
jeotermal geothermal
jeotermik Geothermik *f*
jest Geste *f*, Gebärde *f* ***jest yapmak*** gestikulieren
jet (uçak) Düsenflugzeug *n*; Düse *f*; Strahlmotor *m*; (havacılık) Jet *m* ***jet gibi*** sehr schnell ***jet uçağı*** Düsenflugzeug *n*
Jeton Münze *f*
jeton Telefonmünze *f*
jigolo Eintänzer *m*; junger Liebhaber
jikle *oto* Choke *m*
jilet Rasierklinge *f*
jimnastik Gymnastik *f*, Körperschulung *f*
jimnastikçi Turner *m*, Gymnastiker *m*
jinekolog *hek* Gynäkologe *m*, Gynäkologin *f*
jinekoloji *hek* Gynäkologie *f*
jip Geländewagen *m*; Jeep *m*
jiujitsu Jiu-Jitsu *n*
joker Joker *m*
jokey Jockey *m*

jöle Gelee *n*
jön junger Schauspieler
judo Judosport *m*
judocu Judosportler(in *f*) *m*
jul Joule *n*
jumbo jet Jumbojet *m*
jurnal Journal *n* ***jurnal etmek*** *jdn* anzeigen
jurnalci Denunziant *m*, Spitzel *m*
jübile Jubiläum *n*
Jüpiter Jupiter *m*
jüpon Unterrock *m*
jüri Geschworene pl; Jury *f* ***jüri üyesi*** Geschworene *f* (r *m*), Schöffe *m*, Schöffin *f*

K

kaba grob, roh; gemein, vulgär ***kaba et*** Gesäß *n* ***kaba saba*** roh und ungebildet ***kaba söz*** grober Ausdruck ***kabasını almak*** zurrechtfeilen, abhobeln
kabaca ungefähr; auf grobe Weise; nicht sonderlich groß
kabadayı Flegel *m*, Angeber *m*
kabadayılık Grobheit *f*, Flegelhaftigkeit *f*; Prahlerei *f*, Bramarbasieren *n*, Aufschneiden *n*; Furchtlosigkeit *f* ***kabadayılık taslamak*** den Helden mimen
kabahat Schuld *f* ***kabahat bende*** es ist meine Schuld ***kabahat bulmak*** bekritteln ***kabahati birinin üzerine atmak*** Schuld auf *jdn* abwälzen, Schuld auf *jdn* schieben
kabahatli schuldig
kabahatsiz schuldlos, unschuldig
kabak Kürbis *m* ***kabak başına patlamak*** ausbaden ***kabak çekirdeği*** Kürbiskern *m* ***kabak çıkmak*** unreif sein ***kabak dolması*** farcierter Kürbis ***kabak gibi*** kahl, unbehaart ***kabak kafalı*** Glatzkopf *m*; Döskopf *m* ***kabak tadı vermek*** langweitig werden ***kabak tatlısı*** Kürbis mit Sirup und Walnüssen
kabakulak Mumps *m* ***kabakulak olmak*** Mumps haben
kabalaşmak massiv werden; unhöflich werden, sich ungeschliffen benehmen; ungemütlich werden, verrohen, grob werden, groben Charakter annehmen
kabalık Grobheit *f* ***kabalık etmek*** sich grob benehmen, sich unhöflich benehmen
kaban kleiner Mantel
kabarcık Schwellung *f*; Blase *f*
kabare Kabarett *n*
kabarık geschwollen
kabarıklık Schwellung *f*
kabarma Flut *f*
kabarmak anschwellen; sich aufblähen
kabartı Schwellung *f*, Wölbung *f*
kabartma Relief *n*
kabartmak blähen; (saç) toupieren; auflocken, aufschütteln
kabataslak Rohenwurf *m*
Kâbe Kaaba *f*
kabile Stamm *m*
kabiliyet Begabung *f*, Talent *n*, Fähigkeit *f*
kabiliyetli begabt, talentiert, fähig, tauglich, geeignet, geschickt
kabiliyetsiz unfähig, unbegabt
kabin Kabine *f*
kabine Kabinett *n*, Ministerrat *n*; Kabine *f*
kabir Grab *n*, Grabstätte *f*
kabız Verstopfung *f* ***kabız olmak*** an Verstopfung leiden
kabızlık Konstipation *f*
kablo Kabel *n* ***kablo döşemek*** mit Kabeln belegen ***kablolu televizyon*** Kabelfernsehen *n*
kabotaj Küstenschiffahrt *f*, Kabotage *f*
kabristan Friedhof *m*
kabuk Schale *f*, Hülse *f*; Kruste *f*, bağlamak eine Kruste bilden ***kabuğuna çekilmek*** sich isolieren ***kabuğunu soymak*** enthülsen, schälen ***kabuk bağlamak*** verkrusten ***kabuk soymak*** schälen
kabuklu mit Rinde, mit Schale ***kabuklu deniz hayvanı*** *hayb* Krustentiere *pl*
kabuklular *hayb* Krustentiere pl, Krebstiere pl; Krustazeen *pl*
kabuksuz ohne Rinde, ohne Schale, ohne Krusten

K

kabul Annahme *f*; Aufnahme *f*; Empfang *m* ***kabul etmek*** annehmen; aufnehmen; empfangen, anerkennen ***kabul resmi (töreni)*** offizieller Empfang, feierlicher Empfang ***kabul salonu*** Empfangszimmer *n*
kabullenmek annehmen; empfangen; aufnehmen; anerkennen; akzeptieren
kaburga Rippe *f*; Brustkorb *m*
kâbus Alptraum *m*, Alpdruck *m* ***kâbus görmek*** Alpträume sehen
kabza Griff *m*, Kolbenhals *m*
kabzımal Zwischenhändler *m*
kaç wieviel? ***kaç defa*** wie oft? ***kaç para*** wie teuer? ***kaç tane*** wie viele? ***kaç yaşında*** wie alt? ***kaç yaşındasın*** wie alt bist du?
kaça was kostet es?, wieviel macht das?
kaçak Flüchtling *m*; Ausreißer *m*; Ausfließen *n*; flüchtig
kaçakçı Schmuggler *m*
kaçakçılık Schmuggel *m*, Schmuggelei *f* ***kaçakçılık yapmak*** schmuggeln
kaçamak Ausflucht *f*; Seitensprung *m*
kaçamaklı ausweichend
kaçar je(weils) wie viel?, wie viel jeweils, wie viel jeder
kaçık verrückt
kaçıklık Überspanntheit *f*, Extravaganz *f*, Verrücktheit *f*, Grille *f*, Spinnerei *f*
kaçılmak zur Seite gehen, aus dem Weg gehen, verschwinden
kaçıncı wievielt
kaçınılmaz unvermeidlich
kaçınmak meiden, scheuen
kaçırma Entführung *f*
kaçırmak entführen; vertreiben; verpassen, versäumen; den Verstand verlieren
kaçış Flucht *f*
kaçışmak auseinanderstieben, auseinanderlaufen
kaçkın Flüchtling *m*
kaçma Fliehen *n*
kaçmak fliehen, entweichen, entkommen
kadar bis; wie; soviel, soweit
kadastro Kataster *m*/*n*
kadavra Kadaver *n*
kadeh Trinkglas *n* ***kadeh kaldırmak*** Glas hochheben ***kadeh tokuşturmak*** anstoßen
kademe Stufe *f*; stufenweise
kademeli gegliedert, gestaffelt
kader Schicksal *n* ***kaderi ilahi*** göttlicher Ratschluss ***kaderin cilvesi*** Ironie des Schicksals
kaderci Fatalist *m*
kadercilik Fatalismus *m*
kadı Richter *m*
kadın Frau *f*, Weib *n* ***kadın berberi*** Damenfriseur *m* ***kadın doktoru*** Frauenarzt *m* ***kadın hastalıkları*** Gynäkologie *f*, Frauenkrankheiten *pl* ***kadın peşinde koşmak*** hinter Frauen herrennen ***kadın terzisi*** Damenschneider *m*
kadınlık Frauentum *n*; Frauenehre *f*, Frauenwürde *f*; Frauenwelt *f*, Gesamtheit der Frauen; Frauenbewegung *f*
kadınsı weiblich, weibisch
kadırga Galeere *f*
kadir1 Wert *m* ***Kadir Gecesi*** die 27. Nacht des Ramadans (Heilige Nacht) ***Kadir Gecesi doğmak*** in der heiligen Nacht geboren ***kadrini bilmek*** (hoch) schätzen, würdigen; dankbar sein
kadir2 fähig, imstande
kadirbilir wertschätzend
kadirşinas würdigend, dankbar
kadran Zifferblatt *n*; Quadrant *n*
kadro Mannschaft *f*; Belegschaft *f*, Lehrkörper *m*
kadrolaşmak festgesetzt werden, zum Rahmen werden
kadrolu Stamm-
kafa Kopf *m*; Verstand *m*, Klugheit *f* ***kafa dengi*** gleichgesinnt ***kafa kafaya vermek*** die Köpfe zusammenstecken ***kafa kâğıdı*** Ausweis *m* ***kafa oyunu*** Geduldspiel *n*, Puzzlespiel *n* ***kafa patlatmak*** sich den Kopf zerbrechen ***kafa sporu*** Denksport *m* ***kafa şişirmek*** *jdm* auf die Nerven fallen ***kafa tutmak*** sich widersetzen ***kafa vurmak*** köpfen ***kafası almamak*** nicht begreifen können ***kafası çalışmak*** Köpfchen haben ***kafası işlemek*** bei klarem Verstand sein ***kafası kızmak*** wütend werden ***kafasına dank etmek*** endlich begreifen ***ka-***

K

fasına koymak sich *etw* in den Kopf setzen ***kafasına sokmak*** *jdm etw* bewusst machen ***kafasına takmak*** von *etw* nicht abweichen ***kafasını bozmak*** verwirren ***kafasını taştan taşa vurmak*** bitter bereuen ***kafayı çekmek*** saufen, sich besaufen, bechern ***kafayı yemek*** verrückt werden

kafadan aus dem Kopf ***kafadan atmak*** aus dem Kopf sagen, lügen

kafadar gleichgesinnt

kafalı klug, schlau

kafasız dumm, beschränkt

kafasızlık Dummheit *f*, Beschränktheit *f*, Verständnislosigkeit *f*

kafatası Schädel *m*

kafe Cafe *n*

kafein Koffein *n*

kafes Käfig *m*; Gitter *n*

kafeterya Kaffeehaus *n*, Cafe *n*

kâfi genug, hinreichend ***kâfi derecede*** genügend, genug, ausreichend ***kâfi gelmek*** genügen, hinreichen

kafile Karawane *f*, Konvoi *m*, Trupp *m*

kâfir Ungläubige *m*

kâfirlik Ungläubigkeit *f*, Gottlosigkeit *f*; Grausamkeit *f*

kafiye Reim *m*

kafiyeli gereimt

kafiyesiz reimlos, ohne Reim

Kafkasya Kaukasus *m*

Kafkasyalı Kaukasier *m*; kaukausisch

kaftan Überwurf *m*

kâgir steinern

kağan Khan *m*, Herrscher ın

kâğıt Papier *n*, Zettel *m* ***kâğıt dağıtmak*** Karten verteilen ***kâğıt helvası*** Waffel *f* ***kâğıt kaplamak*** mit Papierumschlag versehen ***kâğıt mendil*** Papiertaschentuch *n* ***kâğıt oynamak*** Karten spielen ***kâğıt para*** Papiergeld *f* ***kâğıt sepeti*** Papierkorb *m*

kâğıtçı Papierwaren *m* Händler

kağnı Ochsenkarren *m*

kâh manchmal ***kâh ... kâh*** manchmal so manchmal so

kâhin Wahrsager(in *f*) *m*

kahır Gewalt *f*, Zwang *m*; Gram *m*, Schmerz *m* ***kahrını çekmek*** unterleiden

Kahire Kairo

kahkaha Gelächter *n* ***kahkaha atmak*** in schalendes Gelächter ausbrechen ***kahkahayı basmak*** vor lachen platzen

kahpe Dirne *f*, Hure *f*; Schurke *m*, Schuft *m*

kahpelik Prostitution *f*, Dirnentum *f*, Unzucht *f*, Wankelmut *m*, Treulosigkeit *f*, Verrat *m*; Gemeinheit *f*

kahraman Held *m*

kahramanca heldenhaft

kahramanlık Heldentat *f*

kahretmek erdrücken; quälen; verwünschen, verfluchen

kahrolmak sich sehr grämen ***kahrolası*** verdammt!, verflucht! ***kahrolsun!, kahretsin!*** Gott verdammt!, Gott verflucht!

kahvaltı Frühstück *n* ***kahvaltı etmek*** frühstücken

kahve Kaffee *m*, Cafe *n* ***kahve cezvesi*** Kaffeekanne *f* ***kahve çekmek*** Kaffee mahlen ***kahve değirmeni*** Kaffemühle *f* ***kahve fincanı*** Kaffeetasse *f* ***kahve ikram etmek*** Kaffee vorsetzen ***kahve kaşığı*** Kaffeelöffel *m* ***kahve takımı*** Kaffeeservice *n* ***kahve telvesi*** Kaffeesatz *m* ***kahve yapmak*** Kaffee kochen

kahveci Cafetier *m*, Kaffeehausbesitzer *m*; Kaffeehändler *m*

kahvehane Cafe *n*

kahverengi braun

kâhya Hausmeister *m*

kaide Grundlage *f*, Basis *f*, Fundament *n*; Sockel *m*; Regel *f*; Grundzahl *f*

kâinat Weltall *n*, Universum *n*, Kosmos *m*

kaka schlecht, hässlich; Dreck *m* ***kaka yapmak*** seine Notdurft verrichten, kacken

kakao Kakao *m*

kakırdamak knirschen, knacken

kakma Intarsien pl, Einlegearbeit *f*; getriebene Arbeit; eingeschlagen, eingelegt; Einlege-; getrieben, punziert

kakmak schlagen, einschlagen; einrammen; punzieren

kaktüs Kaktus *m*, Kaktee *f*

kâkül Locke *f*

kala um ... vor ***kala kala*** nur mehr, gera-

de noch
kalabalık Gedränge *n*, Menschenmenge *f*
kalafat Kalfaterung *f*; Tünche *f*, Firnis *m*
kalafatçı Kalfaterer *m*
kalamar Kalmar *m*
kalan Rest *m*
kalantor Geldprotz *m*
kalas Balken *m*; Brett *n*
kalay Zinn *n*
kalaycı Verzinner *m*; Schwindler *m*
kalaylamak verzinnen
kalaylı verzinnt; zinnhaltig, Zinn enthaltend; *mec* falsch, unecht, täuschend, übertüncht
kalaysız unverzinnt, kein Zinn enthaltend; *mec* echt, natürlich
kalben von Herzen; ehrlich, aufrichtig; seelisch, moralisch
kalbur Sieb *n* ***kalbura çevirmek*** durchlöchern ***kalbura dönmek*** durchlöchert werden ***kalburdan geçirmek*** durchsieben
kalburüstü prominent
kalça Hüfte *f*, Backen *n* ***kalça kemiği*** Hüftknochen *m*
kaldı ki außerdem; außer, neben
kaldıraç Hebel *m*
kaldırım Gehsteig *m*, Bürgersteig *m* ***kaldırım kenarı*** Randstein *m* ***kaldırım mühendisi*** Faulenzer *m*, Bummler *m* ***kaldırım taşı*** Pflasterstein *m*
kaldırmak heben, aufheben, emporheben; wegschaffen, wegrücken; abräumen, abstellen; abschaffen, entfernen, beseitigen; wecken; aufrufen
kale Burg *f*, Festung *f*; Turm *m*; Tor *n*
kaleci Torwart *m*, Tormann *m*
kalem Stift *m*, Feder *f*; Meißel *m* ***kalem açmak*** spitzen ***kalem arkadaşı*** Brieffreund *m* ***kalem aşısı*** Transplantat *n* ***kalem kutusu*** Federkasten *m* ***kalem odası*** Sekretariat *n* ***kaleme almak*** verfassen, ausarbeiten, abfassen; (sözleşme) aufsetzen ***kalemi kuvvetli*** ausfezeichneter Schriftsteller
kalemtıraş Bleistiftspitzer *m*
kalender nachlässig
kalfa Geselle *m*
kalibre Kaliber *n*
kalıcı bleibend
kalifiye gelernt
kaligrafi Kalligrafie *f*, Schönschreibkunst *f*, Schönschreiben *n*, Schönschrift *f*
kalın dick, stark ***kalın kafalı*** dickköpfig, beschränkt, dumm
kalınbağırsak Dickdarm *m*
kalınlaşmak dicker werden, dick werden, sich verdicken, stark werden; steif werden; tiefer gehen
kalınlık Dicke *f*
kalıntı Rest *m*, Überbleibsel *n*
kalıp Schablone *f*, Muster *n*, Abdruck *m*; Tafel *f*, Verschalung *f*; (ayakkabı) Schuhspanner *m*, Schusterleisten *m*; (dökme) Gussform *f*, Pressform *f*; (pasta) Kuchenform *f*; (şapka) Hutform *f*; (dikiş) Schneiderpuppe *f*; (peynir) Riegel *m*; *mec* (dış görünüm) stattliches Aussehen; *mec* Beruf *m*, Zustand *m* ***kalıba dökmek*** *tek* abgießen ***kalıbını basmak*** sich für *etw* verbürgen
kalıplaşmak feste Form annehmen, feste Form gewinnen
kalıplaşmış stereotyp
kalipso Kalypso *m*
kalıt Erbschaft *f*
kalite Qualität *f*
kaliteli hochwertig
kalitesiz minderwertig
kalıtım Vererbung *f*
kalıtımsal erblich
kalıtsal erblich
kalkan Schild *m*; Steinbutt *m* ***kalkan bezi*** Schilddrüse *f*
kalk borusu *ask* Wecksignal *n*
kalker Kalkstein *m*
kalkık emporstehend, hochstehend, autrecht
kalkındırmak entwickeln
kalkınma Aufstieg *m*
kalkınmak aufstehen, sich erheben, sich entwickeln; abfahren, abfliegen
kalkış Abfahrt *f*, Abflug *m*
kalkışmak sich unterfangen
kalkmak aufstehen, sich erheben
kalleş unzuverlässig, treulos
kalleşlik Heimtücke *f*; Wortbruch *m*, Unzuverlässigkeit *f*, Treulosigkeit *f* ***kalleş-***

lik etmek *jdm* in den Rücken fallen

kalmak bleiben, zurückbleiben, wohnen, abflauen, nicht weiter fahren, übrigbleiben; sich aufhalten; sitzenbleiben (sınıfta) ***kalacak yer*** Übereinkunft *f*

kalori Kalorie *f*

kalorifer Zentralheizung *f*; Heizkörper *m*

kalp1 Herz *n* ***kalbi atmak*** pulsieren, (Herz) schlagen ***kalbi çarpmak*** (Herz) klopfen, pochen ***kalbini kırmak*** *jdm* das Herz brechen ***kalp ağrısı*** Herzschmerz *m* ***kalp atışı*** Herzschlag *m* ***kalp çarpıntısı*** Herzklopfen *n* ***kalp krizi*** Herzanfall *m* ***kalp para*** Falschgeld *n*

kalp2 gefälscht

kalpak Mütze *f*, Kalpak *m*

kalpazan Fälscher *m*

kalpazanlık Falschmünzerei *f*, Münzfälschung *f*; *mec* Gaunerei *f*, Schwindel *m*

kalpsiz herzlos, ohne Mitgefühl, mitleidlos, hartherzig

kalsiyum Kalzium *n*

kaltak Hure *f*, Dirne *f*

kalyon Galeone *f*

kama Dolch *m*; Keil *m*

kamara Kabine *f*, Kajüte *f*

kamarot Schiffssteward *m*

kamaşmak geblendet werden, stumpf werden

kamaştırmak (göz) blenden

kambiyo Devisenhandel *m* ***kambiyo kuru*** Wechselkurs *m*

kambur bucklig; Buckel *m* ***kamburu çıkmak*** einen Buckel bekommen ***kamburunu çıkarmak*** (kedi) einen Buckel machen

kamburlaşmak sich herauswölben

kamçı Peitsche *f*

kamçılamak peitschen; anregen, anspornen, durchpeitschen, auspeitschen; mit der Peitsche schlagen

kamelya *bitk* Kamelie *f*

kamera Photoapparat *m*, Kamera *f*

kameraman Kameramann *m*

kameriye Gartenlaube *f*

kamış Rohr *n*; Penis *m*

kamp Lager *n* ***kamp kurmak*** lagern ***kamp yapmak*** kampieren ***kamp yeri*** Zeltplatz *m* ***kampa çıkmak*** kampieren gehen ***kampa girmek*** *sp* ins Trainingslager gehen

kampana *tek* Glocke *f*; Glocke *f*; *den* Schiffsglocke *f*

kampanya Kampagne *f*

kampçı Camper *m*

kamping Camping *n*

kampus Universitätsgelände *n*, Campus *m*

kamu Öffentlichkeit *f*, Allgemeinheit *f* ***kamu düzeni*** öffentliche Ordnung ***kamu giderleri*** öffentliche Ausgaben ***kamu hakları*** öffentliches Recht ***kamu hizmeti*** öffentlicher Dienst ***kamu hukuku*** öffentliches Recht, Staatsrecht *n* ***kamu kesimi*** Öffentlichkeit *f* ***kamu personeli*** Personal der Öffentlichkeit ***kamu sağlığı*** Gesundheit der Öffentlichkeit ***kamu yararı*** Gemeinnutz *m*

kamuflaj Tarnung *f*

kamufle getarnt, verkappt ***kamufle etmek*** tarnen

kamulaştırma Enteignung *f*, Sozialierung *f*

kamulaştırmak *tic* vergesellschaften; enteignen; sozialieren

kamuoyu öffentliche Meinung ***kamuoyu araştırması*** Meinungsforschung *f*

kamusal gemeinschaftlich, staatlich, allgemein, öffentlich

kamyon Lastwagen *m*

kamyoncu Lastwagenfahrer *m*, LKW-Besitzer *m*, LKW-Fahrer *m*; Fernfahrer *m*

kamyonet Lastauto *n*

kan Blut *n*; Rasse *f*, Stamm *m* ***kan ağlamak*** bitterlich weinen ***kan akıtmak*** Blut vergießen ***kan almak*** *jdm* Blut abnehmen ***kan bankası*** Blutbank *f*, Blutspenderzentrale *f* ***kan basıncı*** Blutdruck *m* ***kan çıbanı*** *hek* Furunkel *m* ***kan damarı*** *anat* Blutgefäß *n* ***kan damlası*** Blutstropfen *m* ***kan davası*** Blutrache *f* ***kan dolaşımı*** Kreislauf *m* ***kan grubu*** Blutgruppe *f* ***kan istemek*** Kopf verlangen ***kan kardeşi*** Blutsbruder *m* ***kan kusmak*** Blut spucken, sich abplagen ***kan nakli*** Blutübertragung *f*, *hek* Transfusion *f* ***kan sayımı*** Blutbild *n*

K

kan tahlili *hek* Blutprobe *f* ***kan vermek*** Blut spenden ***kana kana*** mehr als genug ***kana susamış*** blutdürstig ***kanı dindirmek*** das Blut stillen ***kanı kaynamak*** toben, tollen ***kanından olmak*** angeboren sein ***kanının son damlasına kadar*** bis zum letzten Blutstropfen

kanaat Genügsamkeit *f*, Bescheidenheit *f*; Meinung *f*, Ansicht *f* ***kanaat etmek*** sich begnügen ***kanaat getirmek*** sich überzeugen

kanaatkâr genügsam, bescheiden

Kanada Kanada *n*

Kanadalı Kanadier(in *f*) *m*

kanal Kanal *m*, Abfluss *m*

kanalizasyon Kanalisation *f*

kanama *hek* Blutung *f*, Bluten *n*, Hämorrhagie *f*

kanamak bluten

kanarya Kanarienvogel *m*

Kanarya Adaları die Kanarischen Inseln

kanat Flügel *m*

kanatçık *hav* Querruder *n*, Flügelchen *n*

kanatlanmak flügge werden; anfliegen; Flügel bekommen

kanatlı mit Flügeln, Flügel besitzend, flügelig, geflügelt, Flügel-; *tek* Flügel-; Schaufel-

kanatsız ohne Flügel, ungeflügelt

kanaviçe Kanevas *m*, Stickgaze *f*, Stramin *m*, Gitterleinen *n*; Segeltuch *n*; Plan *m*

kanca Haken *m*

kancalı mit einem Haken ***kancalı iğne*** Sicherheitsnadel *f* ***kancayı takmak*** den Haken auswerfen, *mec* in Ruhe lassen

kancık weiblich; unzuverlässig, treulos

kandil Fibrin *f*

kandırmak verführen, überreden

kanepe Sofa *n*

kangal Rolle *f*; Schlinge *f*

kangren Brand *m*

kanguru Känguruh *n*

kanı Meinung *f*, Ansicht *f* ***kanısında olmak*** der Ansicht sein, dass; der Überzeugung sein, dass

kanıksamak überdrüssig werden; nicht mehr beeindruckt werden

kanımca meiner Meinung nach

kanır(t)mak durch Lockern herausziehen

kaniş *hayb* (köpek) Pudel *m*

kanıt Beweis *m*

kanıtlamak beweisen

kanlanmak mit Blut befleckt werden, mit Blut besudelt werden; blutunterlaufen sein; *mec* wieder zu Kräften kommen

kanlı blutig

kanmak sich überzeugen lassen

kano Boot *n*

kanser Krebs *m*

kanserli Krebskranke *mf*; krebskrank, an Krebs leidend

kansız blutlos; blutarm

kansızlık Blutarmut *f*; *mec* Gemeinheit *f*

kantar Waage *f*

kantin Kantine *f*

kanun Gesetz *n*, gesetzliches Recht, Gesetzbuch *n*, Militärpolizei *f* ***kanun hükmünde olmak*** in Gesetzeskraft sein ***kanun koymak*** Gesetze erlassen ***kanun koyucu*** Gesetzgeber(in *f*) *m* ***kanun namına*** im Namen des Gesetzes ***kanun tasarısı*** Gesetzentwurf *m*, Gesetzesvorlage *f* ***kanun tasarısını kabul etmek*** Gesetz verabschieden ***kanun tasarısını reddetmek*** Gesetz ablehnen ***kanun yapmak*** Gesetze erlassen, sich *etw* zum Gesetz machen ***kanuna aykırı*** gesetzwidrig, widerrechtlich, illegal

kanundışı illegal, ungesetzlich

kanunen gesetzlich

kanuni gesetzlich, gesetzmäßig, legal

kanunlaşmak Gesetzeskraft erlangen, zum Gesetz werden

kanunsuz ungesetzlich; gesetzlos

kanyak Weinbrand *m*

kanyon *coğ* Canon *m*

kaos Chaos *n*

kap Gefäß *n*, Topf *m*, Schüssel *f*; Behälter *m*; Deckel *m* ***kap kacak*** Küchengeschirr *n*

kapak Deckel *m*, Klappe *f*

kapaklanmak stolpern, hinfallen

kapalı geschlossen, zugedeckt ***kapalı çarşı*** überdachter Basar ***kapalı devre*** Kabelsystem *n* ***kapalı gişe oynamak***

vor ausverkauftem Haus spielen ***kapalı kutu*** Heimlichtuer *m* ***kapalı spor salonu*** Sporthalle *f* ***kapalı tribün*** Sitzplätze pl, überdachte Tribüne ***kapalı zarf usulüyle*** geschlossener Briefumschlag

kapamak schließen, zumachen, zudecken, zuschließen; zukleben; ausschalten, abdrehen, abstellen; absperren

kapan Falle *f* ***kapan kurmak*** *jdm* eine Falle stellen ***kapana kısılmak*** in Bedrängnis geraten

kapanık geschlossen, eingeschlossen; (hava) bedeckt, bewölkt; (renk) dunkel, düster; verschlossen; trüb

kapanış Schluss *m*, (yayın) Sendeschluss *m*

kapanmak sich schließen; hinfallen

kaparo Anzahlung *f* ***kaparo vermek*** anzahlen; Handgeld bezahlen

kapasite Kapazität *f*

kapatma Schließen *n*, Abmeldung *f*, Absperrung *f*, Auflösung *f*; Mätresse, ausgehaltene Freundin

kapatmak zumachen; (caddeyi) sperren; (duvarla) zumauern; (farkı) aufholen; (gaz\ışık) abdrehen; (gaz\makine) abstellen; (hesap\şirket\parlamento) auflösen; (manzara) verbauen; (perde) zuziehen; (radyo) abschalten, ausmachen; (telefonu) einhängen; (bilişim) beenden; (ağzını el ile) zuhalten; (eğlence yerini) sich reservieren lassen; (üzerini) verdecken; (çevirerek) zuschrauben; *den* (yelkeni) backbrassen; schließen, zumachen, ausdrehen, zutun, (farkı) begleichen, verstellen, zuschnüren, zunageln

kapı Tür *f*, Tor *n*, Pforte *f* ***kapı açmak*** eine Tür öffnen ***kapı baca açık*** ungeschützt ***kapı dışarı etmek*** wegjagen, fortjagen ***kapı gibi*** hünenhaft ***kapı kapı dolaşmak*** überall anfragen ***kapı kolu*** Türgriff *m* ***kapı tokmağı*** Türgriff *m* ***kapıya bakmak*** zur Tür gehen ***kapıyı çalmak*** anklopfen ***kapıyı vurmak*** anklopfen

kapıcı Pförtner *m*

kapılanmak unterkommen, Arbeit finden, ein Amt finden, angestellt werden

kapılmak sich verleiten, lassen

kapış Raub *m*

kapış kapış gierig (verschlingen) ***kapış kapış gitmek*** im Nu verkauft werden

kapışılmak wie warme Semmeln weggehen

kapışmak stürzen, sich abknutschen

kapital Kapital *n*

kapitalist Kapitalist *m*; kapitalistisch

kapitalizm Kapitalismus *m*

kapitone gepolstert

kapitülasyon Fremdenprivileg *n*

kapkaranlık stockdunkel

kaplam Inhalt *m*, Umfang *m*

kaplama Deckschicht *f*, Belag *m*

kaplamak bedecken, überziehen

kaplan Tiger *m*

kaplı gebunden

kaplıca Heilquelle *f*, Heilbad *n*

kaplumbağa Schildkröte *f*

kapmak greifen, packen; wegreißen, entreißen

kapora Anzahlung *f* ***kapora vermek*** anzahlen

kaporta *oto* Motorhaube *f*; *den* Luke *f*, Bullauge *n*; Kajütskappe *f*; Niedergang *m*; Deckfenster *n*

kapris Laune *f*

kaprisli (kız, kadın) zickig; eigenwillig, launenhaft, launisch

kapsam Umfang *m*, Inhalt *m*

kapsamak enthalten, einschließen

kapsamlı (geniş) umfangreich, umfassend

kapsül Abdampfschale *f*, Kapsel *f*, Samengehäuse *n*, Kapsel *f*, Oblate *f*

kaptan Kapitan *m*; Mannschaftsführer *m*

kapuska gedünsteter Kohl mit Fleisch

kaput Militärmantel *m*; Kondom *n*, Präservativ *n*

kâr Gewinn *m*, Nutzen *m* ***kâr bırakmak*** Gewinn abwerfen ***kâr etmek*** gewinnen, verdienen, prolitieren ***kâr getirmek*** Gewinn bringen ***kâr haddi*** Gewinnspanne *f* ***kâr kalmak*** als Gewinn bleiben ***kâr oranı*** Gewinnrate *f* ***kâr ve zarar*** Gewinn und Verlust

kar Schnee *m* ***kar fırtınası*** Schneesturm *m* ***kar gibi*** schneeweiß ***kar tanesi*** Flocke *f*, Schneeflocke *f* ***kar temizleme makinesi*** Schneepflug *m* ***kar topu*** Schneeball *m* ***kar topu oynamak*** Schneeball spielen ***kar tutmak*** liegenbleiben ***kar yağıyor*** es schneit ***kar yağmak*** schneien ***kardan adam*** Schneemann *m*

kara1 Land *n*, Kontinent *n* ***kara kuvvetleri*** *ask* Landsstreitkräfte pl; *ask* Bodenstreitkräfte *pl* ***karaya ayak basmak*** ans Land gehen ***karaya çıkmak*** landen ***karaya oturmak*** stranden

kara2 schwarz ***kara cahil*** ignorant, ungebildet ***kara çalmak*** anschwärzen ***kara gün dostu*** Freund in der Not ***kara kara düşünmek*** trübsinnig werden ***kara kutu*** (havacılık) Flugschreiber *m* ***kara listeye almak*** auf die schwarze Liste setzen ***kara mizah*** schwarzer Humor

K

karaağaç Ulme *f*

karabasan Alptraum *m*, Alpdruck *m*, Spuk *m*; innere Unruhe; Beklemmung *f*

karabatak Kormoran *m*

karabiber Pfefter *m*

karabina Karabiner *m*

karaborsa Schwarzhandel *m*, schwarzer Markt ***karaborsadan almak*** vom Schwarzmarkt kaufen

karaborsacı Schwarzhändler *m*, Schleichhändler *m*, Schieber *m*

karabulut Regenwolke *f*

karaca Reh *n*

karacı *ask* Soldat des Heeres; verdächtigend, bezichtigend, beschuldigent; Verleumder *m*

karaciğer Leber *f*

Karadeniz schwarzes Meer

karafatma *hayb* Laufkäfer *m*

karagöz schwarzes Auge, schwärzaugig; *ed* türkische Schattenspielart

karahumma Typhus *m*

karakabarcık *hek* Milzbrand *m*; Anthrax *m*

karakalem Bleistiftzeichnung *f*

karakış strenger Winter, der strenge Winter

karakol Streife *f*, Wache *f*, Posten *m*, Polizeiwache *f*

karakter Charakter *m* ***karakter oyuncusu*** Charakterdarsteller *f* ***karakter sahibi*** Charaktermensch *m*

karakteristik charakteristisch; Charakteristik *f*

karaktersiz charakterlos

karalahana *bitk* Kohl *m*, Spargelkohl *m*, Brokkoli *m*

karalama Entwurf *m* ***karalama defteri*** Schmierheft *n* ***karalama kâğıdı*** Schmierzettel *m*

karalamak schwärzen; verschreiben; ausstreichen; entwerfen; hinschmieren; verleumden

karalık Schwärze *f*, Schwarzsein *n*; Finstersein *n*, Finsternis *f*; schlechte Vorbedeutung

karaltı Phantom *n*

karambol Karambolage *f*

karamela Karamelle *f*

karamsar Pessimist *m*; pessimistisch

karamsarlık Pessimismus *m*

karanfil Nelke *f*

karanlık dunkel, finster; ungeklärt; Dunkelheit *f*, Finsternis *f* ***karanlık basmak*** hereinbrechen ***karanlık oda*** (fotoğrafçılık) Dunkelkammer *f*

karanlıkta in der Dunkelheit, im Dunklen

karantina Quarantäne *f* ***karantinaya almak*** in Quarantäne legen

karar Entschluss *m*, Beschluss *m*, Entscheidung *f*; Urteil *n* ***karar almak*** einen Beschluss fassen ***karar vermek*** beschließen, sich entschließen; verurteilen ***karara varmak*** sich schlüssig werden (über hakkında)

karargâh Quartier *n*

kararlama annähernd

kararlamadan auf gut Glück

kararlaştırmak bestimmen, festsetzen, beschließen, abmachen

kararlı entschieden; stationär, stabil

karar(lı)lık Bestimmtheit *f*, Entschlossenheit *f*, Beständigkeit *f*; Stabilität *f*

kararmak dunkel werden

kararname Erlass *m*, Verfügung *f*, Ministerratsbeschluss *m*, Dekret *n*, Verordnung *f*

kararsız unbeständig, unregelmäßig; la-

bil; unschlüssig
kararsızlık Unschlüssigkeit *f*
karartma Verdunkelung *f*
karartmak schwärzen; verdunkeln
karasaban Pflug *m*
karasevda Hypochondrie *f*
karasevdalı melancholisch; schwermütig
karasinek Stubenfliege *f*
karasu *hek* grüner Star; Glaukom *n*
karasuları Territorialgewässer *f*
karatahta Schultafel *f*
karatavuk Amsel *f*
karate Karate *n*
karateci Karatekämpfer *m*
karavan Campingbus *m*, Wohnmobil
karavana Essschüssel *f*
karayel Nordwestwind *m*
karayolu Straße *f*; Landweg *m* ***karayolları haritası*** Straßenkarte *f*
karbon Kohlenstoff *m* ***karbon kâğıdı*** Kohlepapier *n*, Durchschlagspapier *n*
karbonat Karbonat *n*
karbondioksit *kim* Kohlendioxid *n*
karbonhidrat Kohlenhydrat *n*
karbüratör Vergaser *m*
kardeş Bruder *m*, Schwester *f*; Geschwister *pl*
kardeşçe brüderlich
kardeşlik Brüderlichkeit *f*; Brüderschaft *f*, Schwesterschaft *f*; brüderliche Liebe, schwesterliche Liebe; Freundschaft *f*; (üvey) Adoptivbruder *m*, Adoptivschwester *f*
kardinal Kardinal *m*
kardiyograf *hek* Kardiograf *m*
kardiyografi *hek* Kardiografie *f*
kardiyolog *hek* Herzspezialist *m*; *hek* Kardiologe *m*
kardiyoloji *hek* Kardiologie *f*
kare *mat* Quadrat *n* ***karesini almak*** ins Quadrat erheben
karekök Quadratwurzel *f* ***karekökünü almak*** radizieren
kareli kariert, quadratförmig
karga Rabe *m*, Krähe *f*
kargaburnu Rundzange *f*
kargacık burgacık yazmak (hin)kritzeln
kargaşa(lık) Wirrwarr *m*, Chaos *n*; Aufstand *m*, Aufruhr *m*, Revolte *f*
kargo Fracht *f*
karı Frau *f*, Gattin *f*, Gemahlin *f*; Frauenzimmer *n* ***karı koca*** Ehepaar *n*
karides Garnele *f*
karikatür Karikatur *f*
karikatürcü Karikaturist *m*, Cartoonist *m*
karikatürize etmek karikieren
karın Bauch *m*; Unterleib *n* ***karın ağrısı*** Bauchschmerz *m* ***karnı acıkmak*** Hunger bekommen ***karnı aç*** hungrig ***karnı ağrımak*** Leibschmerzen haben ***karnı tok olmak*** satt sein ***karnı tok sırtı pek*** wohlhabend ***karnı zil çalmak*** einen Bärenhunger ***Karnım tok*** ich bin satt! ***karnını doyurmak*** sich satt essen
karınca Ameise *f*
karıncalanmak kribbeln
karıncık Vorhof *m*
karış Handspanne *f* ***karış karış*** jeden Fußbreit; ganz verwirrt, völlig durcheinander ***karış karış bilmek*** sich gut kennen
karışık gemischt, vermischt; unordentlich durcheinander; verworren; unklar, unübersichtlich, unverständlich
karışıklık Wirrwarr *m*, Durcheinander *n*; Unruhe *f*, Aufruhr *m* ***karışıklık çıkarmak*** meutern
karışım Mischung *f*, Gemenge *n*, Gemisch *n*
karışlamak mit der Handspanne messen, nach Spannen ausmessen
karışmak sich mischen, sich vermischen, sich einmischen; sich verwirren
karıştırıcı Mixer *m*
karıştırmak mischen, vermischen; durchblättern; rühren, umrühren
kariyer Laufbahn *f*, Karriere *f*
kârlı einträglich, gewinnbringend
karlı verschneit
karma gemischt ***karma öğretim*** Gemeinschaftserziehung *f*
karmak mischen; anrühren; hineinpressen, hineinstoßen
karmakarışık wirr, durcheinander; verworren
karmaşa *ruhb* Komplex *m*; Durcheinander *n*, Wirrwarr *m*
karmaşık kompliziert, komplex

karnabahar Blumenkohl *m*
karnaval Karneval *m*
karne Schulzeugnis *n*; Karte *f*
karnıyarık gefülltes Auberginen
karo Karo *n*
karoser *oto* Karosserie *f*, Wagenaufbau *m*
karoseri *oto* Karosserie *f*
karpuz Wassermelone *f*
kârsız unwirtschaftlich, unrentabel; unvorteilhaft
karşı entgegengesetzt, gegen, entgegen; zuwider ***karşı casusluk*** Spionageabwehr *f* ***karşı çıkmak*** sich widersetzen, sich einwenden ***karşı gelmek*** (yasa) übertreten, widersprechen; verstoßen (gegen) ***karşı karşıya*** gegeneinander ***karşı karşıya gelmek*** plötzlich einander gegenüberstehen ***karşı koymak*** widerstehen ***karşı olmak*** dagegen sein ***karşıdan karşıya geçmek*** überqueren
karşılama Entgegenkommen *n*
karşılamak entgegenkommen, entgegengehen, abholen; halten; decken
karşılaşma Begegnung *f*, Treffen *n*; Spiel *n*
karşılaşmak sich treffen, begegnen
karşılaştırma Vergleich *m*
karşılaştırmak vergleichen
karşılaştırmalı vergleichend, Vergleichs-
karşılık Antwort *f*; Deckung *f*, Äquivalenz *n*; Entgelt *n*; Preis *m* ***karşılık vermek*** entgegnen, entgegensetzen, (selam\ziyaret) erwidern, *jdm etw* entgegenhalten
karşılıklı gegenseitig; wechselseitig ***karşılıklı olarak*** beiderseits
karşılıksız (çek vb) ungedeckt; unentgeltlich; ohne Gegenleistung ***karşılıksız çıkmak*** (Check) platzen
karşın obwohl, obschon, trotz
karşısav Antithese *f*
karşısında vor, gegenüber, angesichts
karşıt entgegengesetzt; Gegenteil *n*
karşıtanlamlı Antonym *n*
karşıtlık Entgegengesetzsein *n*, Kontrast *m*, Gegensatz *m*, Antagonismus *m*; Kontrast *m*; *mat* Reziprozität *f*
kart1 trocken, alt, welk
kart2 Karte *f*
kartal Adler *m*
kartel Syndikat *n*; *tic* Kartell *n*, Wirtschaftsring *m*
kartlaşmak altern, verblühen, welken, verschrumpeln; verknüchern
kartlık alt sein, veraltet sein
kartografi Kartographie *f*
karton Pappe *f*, Karton *m*
kartonpiyer *mim* Stuck *m*; Dachpappe *f*; Stuckwerk *n*
kartotek Kartothek *f*, Zettelkasten *m*
kartpostal Postkarte *f*, Ansichtskarte *f*
kartuş Kassette *f*, Patrone *f*
kartvizit Visitenkarte *f*
karyola Bettgestell *n*
kas Muskel *m*
kasa Kasse *f*; Geldschrank *m* ***kasa açığı*** Fehlbetrag in der Kasse ***kasa defteri*** Kassenbuch *n* ***kasa hesabı*** Kassenkonto *n*
kasaba Städtchen *n* ***kasaba halkı*** Kleinstädter *m*
kasabalı kleinstädtisch, Provinzler *m*, Kleinstädter *m*
kasadar Kassierer *m*, Kassenbeamte *m*
kasap Metzger *m*, Schlachter *m*
kasaplık Metzgerei *f*
kasatura Bajonett *n*
kasavet Betrübnis *f*, Kummer *m*, Gram *m*, Schmerz *m*, Unruhe *f*, Sorge *f*
kasavetli betrübt, bekümmert, sorgenvoll; traurig
kasdoku Muskelgewebe *n*
kâse Napf *m*, Schale *f*, Schüssel *f*
kaset kasette *f*
kasetçalar Radiorecorder *m*; Kasettenrecorder *m*
kaside Lobgedicht *n*, Kasside *f*, Ode *f*; Lobpreisung *f*
kasık Leisten *f*
kasılmak sich zusammenziehen; *mec* arrogant auftreten
kasım November *m*
kasımpatı Chrysantheme *f*
kasıntı Prahlhans *m*
kasırga Wirbelsturm *m*
kasıt Absicht *f*, Zweck *m*, Ziel *n*
kasıtlı absichtlich

K

kasıtsız unabsichtlich, ungewollt
kasiyer Kassierer(in *f*) *m*
kask (motorcu) Sturzhelm *m*, Helm *m*, Schutzhelm *m*
kaskatı stocksteif
kasket Mütze *f*
kasko Kasko *m*
kaslı muskulös
kasmak kürzer machen; enger schallen; *mec* unter Druck halten ***kasıp kavurmak*** herumwüten, herumschimpfen; tyrannisieren
kasnak Reifen *m*; Strickrahmen *m*
kasten absichtlich
kastetmek beabsichtigen; meinen
kasti beabsichtigt, vorsätzlich, gewollt, wohlerwogen
kasvet Langeweile *f* ***kasvet basmak*** *jdn* bedrücken; sich bedrückt fühlen, schwermütig sein ***kasvet vermek*** niederdrücken; bedrücken
kasvete Bedrückung, innere Unruhe
kasvetli (oda\gün) unfreundlich; niederdrückend, bedrückend, beunruhigend, schwermütig stimmend; trübe, düster, trostlos
kaş Augenbraue *f* ***kaş göz etmek*** mit den Augen zwinkern ***kaş yapayım derken göz çıkarmak*** *etw* verschlimmbessern ***kaş(larını) çatmak*** grollen ***kaşla göz arasında*** im Handumdrehen ***kaşlarını çatmak*** die Stirn runzeln
kaşağı Pferdestriegel *m*
kaşağılamak striegeln
kaşalot Pottwal *m*
kaşar Schafskäse *m*; Schmutzfink *m*; *mec* gewitzt, raffiniert; koscher
kaşarlanmak sich abtragen
kaşarlanmış alt, veraltet, gerissen
kaşe Siegel *n*
kâşif Entdecker *m*
kaşık Löffel *m* ***kaşık düşmanı*** Ehefrau *f*
kaşıkçıkuşu Pelikan *m*
kaşıklamak löffeln, auslöffeln, mit dem Löffel essen
kaşımak kratzen
kaşındırmak jucken, beißen, krabbeln, Juckreiz verursachen
kaşınmak jucken; sich jucken, sich kratzen
kaşıntı Jucken *n*
kaşkol Halstuch *n*
kat1 Stockwerk, Etage *f*; Schicht *f*
kat2 Mal *n*; Vielfache *n* ***kat kat*** schichtenweise ***kat mülkiyeti*** Eigentumswohnanlage *f*
katafalk Katafalk *m*
katakulli Lüge *f*, Betrug *m*
kataliz *kim* Katalyse *f*
katalizör *kim* Katalysator *m*
katalog Katalog *m*
katar Zug *m*, Kolonne *f*
katarak Star *m*
katarakt *hek* Katarakt *m*
katedral Kathedrale *f*
kategori Kategorie *f*
katetmek zurücklegen
kati endgültig, entschieden, absolut
katı hart; steif; scharf ***katı yürekli*** hartherzig
kâtibe Sekretärin *f*
katık Zukost *f*
katıksız ohne Zukost, ohne Essen, ohne Brot; bar, rein, unverfälscht
katil1 Mord *m*
katil2 Mörder *m*
katılaşmak hart werden; erstarren
katılık Festigkeit *f*, Verhärtung *f*, Steife *f*; (duygu) Gefühllosigkeit *f*; Kleinlichkeit *f*; Strenge *f*
katılım Teilnahme *f*, Beitrag *m*, Beteiligung *f*
katılmak sich anschließen, teilnehmen, beteiligen
kâtip Sekretär *m*
katır Maultier *n*, Maulesel *m* ***katır kutur*** knirschend
katırtırnağı Ginster *m*
katışık untermischt
katışıksız unverfälscht, unvermischt, rein
katıyağ *tek* Fett *n*, Talg *m*, Schmiere *f*, Schmierfett *n*, Schmieröl *n*, Unschlitt *n*
katiyen absolut, bestimmt; strengstens; durchaus nicht
katiyet Entschiedenheit *f*, Bestimmtheit *f*, Unanfechtbarkeit *f*, Unwiderruflichkeit *f*, endgültige Regelung, feste Entschei-

dung
katkı Beifügung *f*, Hinzufügung *f*; Beilage *f*, Zugabe *f* ***katkıda bulunmak*** beitragen, beisteuern, beteiligen, sein Teil beitragen, zusteuern
katkısız ohne Zusatz, echt
katlamak zusammenfalten, zusammenlegen
katlanır zusammenklappbar
katlanmak sich mit etwas abfinden; dulden; durchmachen
katletmek morden, ermorden
katliam Massaker *n*
katma hinzugefügt, zusätzlich ***katma bütçe*** zusätzliches Budget ***katma değer vergisi, KDV*** Mehrwertsteuer *f*, MwSt *f*
katmak beifügen, hinzufügen
katman Schicht *f*
katmanlaşmak sich ablagern
katmer Vielblättrigkeit *f*
katmerli vielblättrig; mehrfach, gesteigert
katolik katholisch; Katholik *m*
Katolik Katholik *m*; katholisch
Katoliklik Katholizismus *m*
katot Kathode *f* ***katot ışınları*** Kathodenstrahlen *pl*
katran Teer *m*
katranlamak teeren
katranlı geteert, mit Teer gemischt; asphaltiert
katsayı *mat* Koeffizient *n*, Vorzahl *f*
katyon Kation *n*
kauçuk Kautschuk *m*
kav Zunder *m*; Schlangenhaut *f*
kavaf Verkäufer groben Schuhwerks; Schuhhändler *m*, Schuhverkäufer *m*; *mec* Pfuscher *m*
kavak Pappel *f*
kaval Hirtenflöte *f*
kavalkemiği Fibula *f*
kavalye Kavalier *m*; Partner *m*
kavanoz Einmachglas *n*
kavga Streit *m*, Zank *m*, Auseinandersetzung *f*; Kampf *m* ***kavga çıkarmak*** Streit anfangen ***kavga etmek*** streiten, zanken
kavgacı streitsüchtig
kavgalı verfeindet
kavim Volk *n*
kavis Kreisbogen *m*, Krümmung *f*
kavram Begriff *m*
kavrama Einsicht *f*; *tek* Kupplung *f* ***kavrama pedalı*** Kupplungspedal *n*
kavramak packen, ergreifen; begreiten, erfassen, auffassen, kapieren
kavramsal begreiflich
kavrayış Autlassungsvermögen *n*, Einsicht *f*
kavrayışlı aufgeweckt, schnell begreift
kavrayışsız begriffsstutzig
kavruk geröstet
kavşak Kreuzung *f*
kavuk Turban *m*
kavun Zuckermelone *f*
kavuniçi orange
kavurma geröstet, gebraten
kavurmak rösten, braten
kavuşmak wiedersehen, treften, erreichen
kavuşturmak (kol) kreuzen; wieder zusammenführen
kaya Fels *m*, Felsen *m* ***kaya gibi*** steinhart, felsig
kayabalığı *hayb* Meergundel *f*
kayağan glatt, glitschig
kayak Ski *m* ***kayak yapmak*** Ski laufen
kayakçı Skiläufer *m*
kayakçılık Skilaufen *n*
kayalık felsig
kayatuzu Steinsalz *n*
kaybetmek verlieren
kaybolmak verlorengehen, verschwinden
kaydetmek einschreiben, eintragen, registrieren; notieren; aufnehmen
kaydırak Rutschbahn *f*, Rutsche *f*; Uferkiesel *m*, Flachkiesel *m*
kaydırmak verschieben, verlagern, verlegen, verrücken; zum Rutschen bringen, abrutschen lassen, ausrutschen lassen, gleiten lassen, abgleiten lassen
kaydolmak sich anmelden; sich einschreiben; belegen
kaygan glatt
kayganlık Glätte *f*
kaygı Sorge *f*
kaygılandırmak Sorgen machen
kaygılanmak sich sorgen

kaygılı besorgt
kaygısız unbesorgt
kaygısızlık Sorglosigkeit *f*
kayık Boot *n*
kayıkçı Bootsführer *m*, Bootsmann *m*
kayıkhane Bootshaus *n*
kayın1 Schwager *m*
kayın2 *bitk* Buche *f*, Birke *f*
kayınbaba Schwiegervater *m*
kayınbirader Schwager *m* (Bruder des Ehepartners)
kayınpeder Schwiegervater *m*
kayınvalide Schwiegermutter *f*
kayıp verloren; Verlust *m* ***kayıp eşya*** verlorenes Gegenstand ***kayıplara karışmak*** sich nicht sehen lassen
kayırmak sich einsetzen; protegieren
kayısı Aprikose *f*
kayış Riemen *m*, Treibriemen *m*, Gurt *m*
kayıt Einschreibung *f*, Eintrag *m*, Registrierung *f*, Buchung *f*, Aufzeichnung *f*; Beschränkung *f*; Berücksichtigung *f* ***kayda değer*** bemerkenswert, nennenswert ***kayda geçirmek*** *tic* buchen ***kaydını silmek*** (listeden) sich austragen, exmatrikulieren ***kayıt defteri*** Registerbuch *n* ***kayıt yaptırmak*** sich eintragen; immatrikulieren
kayıtlı eingeschrieben, eingetragen, registriert; vorsichtig
kayıtsız sorglos, unbekümmert, gleichgültig ***kayıtsız kalmak*** gleichgültig sein ***kayıtsız şartsız*** bedingungslos, ohne Einschränkung, ohne Wenn und Aber, vorbehaltlos
kayıtsızlık Sorglosigkeit *f*, Gleichgültigkeit *f*
kaykılmak sich überhängen lassen (nach), sich seitwärts lehnen
kaymak1 rutschen, ausrutschen, abrutschen, wegrutschen; gleiten, abgleiten
kaymak2 Rahm *m*, Sahne *f*
kaymakam Landrat *m*
kaymaklı sahnig, mit Sahne, mit Rahm
kaynaç Geiser *m*
kaynak Quelle *f*; Ursprung *m*; Schweißung *f* ***kaynak çubuğu*** Schweißstange *f* ***kaynak suyu*** Quellwasser *n* ***kaynak yapmak*** schweißen ***kaynak yeri*** Schweißstelle *f*
kaynakça Bibliographie *f*
kaynakçı Schweißer *m*
kaynaklanmak entspringen, herrühren (von -den)
kaynama Sieden *n* ***kaynama noktası*** Siedepunkt *m*
kaynamak kochen, sieden
kaynana Schwiegermutter *f*
kaynanadili *bitk* Feigenkaktus *m*
kaynanazırıltısı Kinderschnarre *f*, Rassel *f*
kaynarca Ouell *f*
kaynaşmak wimmeln
kaynata Schwiegervater *m*
kaynatmak abkochen, auskochen, kochen, sieden, klönen; sich angeregt unterhalten; schweißen
kaypak unzuverlässig
kaytan Kordel *f*, Baumwollkordel *f*, Seidenschnur *f*
kaytarmak blaumachen; zurückgehen lassen, nicht annehmen, ablehnen, zurückweisen, zurückgeben, abschlagen; sich drücken vor; (işten) sich von der Arbeit drücken
kaz Gans *f* ***kaz adımı*** Gänsemarsch *m* ***kaz kafalı*** borniert
kaza Unfall *m* ***kaza sigortası*** Unfallversicherung *f* ***kaza yapmak*** einen Unfall bauen ***kaza yeri*** Unglücksstelle *f* ***kazaen, kaza ile*** unglücklich ***kazaya uğramak*** verunglücken
kazak Pullover *m*, Pulli *m*
kazan Kessel *m* ***kazan kaldırmak*** meutern
kazanç Gewinn *m*, Verdienst *m*, Nutzen *m*, Ausbeute *f* ***kazanç getirmek*** Gewinn einbringen
kazançlı gewinnbringend, rentabel
kazanmak gewinnen; verdienen; erbeuten; siegen
kazara durch Zufall
kazazede verunglückt, schiffbrüchig
kazı Ausgrabung *f*, Grabung *f*; Ausschachtung *f*; Ziselieren *n*, Stechen *n*
kazıbilim Archälogie *f*
kazıbilimci Archälog(in *f*) *m*
kazık Pfahl *m*, Ptosten *m*, Pflock *m* ***kazık***

K

atmak hereinlegen ***kazık yemek*** hereinfallen
kazıkçı wer beim Verkauf hereingelegt
kazıklamak hereinlegen
kazıklanmak hereinfallen
kazıklıhumma *hek* Tetanus *m*
kazımak kratzen, abkratzen, auskratzen, abschaben, abstreichen
kazıntı Abfälle pl, Späne pl, Abgekratztes, Herausgekratztes; radierte Stelle; Rasur *f*
kazma Hacke *f*
kazmak ausgraben; einschneiden, gravieren, schnitzen
kebap Rostfleisch *n*
keççap Ketchup *mn*
keçe Filz *m*
keçeli kalem Filzstift *m*
keçi Ziege *f* ***keçileri kaçırmak*** nicht recht bei Trost sein
keçiboynuzu Johannisbrot *n*
keçisakal Spitzbart *m*
keçiyolu Steg *m*
keder Kummer *m*, Leid *n*, Gramm *m*, Trübsal *f*
kederlenmek sich betrüben, sich Kummer und Sorge machen, trauern
kederli trübsinnig, betrübt, freudlos, traurig, düster, trüb, trübselig, schmerzlich, wehmütig
kedi Katze *f*, Kater *m*
kedigözü Katzenauge *n*; *tek* Strahler *m*, Rückstrahler *m*
kef Schaum *m*
kefal Meeräsche *f*
kefalet Bürgschaft *f* ***kefalet senedi*** Bürgschaftsbrief *m*, Bürgschaftsschein *m*
kefaletle mit Bürgschaft ***kefaletle salıvermek*** gegen Kaution freilassen
kefaletname Bürgschaftsbrief *m*, Bürgschaftsschein *m*
kefaret Buße *f* ***kefaret yapmak*** bußen ***kefaretini ödemek*** büßen
kefe Waagschale *f*
kefen Leichentuch *n* ***kefeni yırtmak*** *mec* von einer gefährlichen Krankheit genesen
kefil Bürge *m* ***kefil olmak*** bürgen
kefillik Bürgschaft *f*; Garantie *f*, Kaution *f*, Sicherheitslegung *f*
kehanet Weissagung *f*, Prophezeihung *f* ***kehanet etmek*** wahrsagen, weissagen, prophezeien ***kehanette bulunmak*** prophezeien, hellsehen
kehribar Bernstein *m*
kek Kuchen *m*
keke stotternd
kekelemek stottern
kekeme Stotterer *m*
kekemelik Stottern *n*; Stammeln *n*
kekik Thymian *m*
keklik Glatze *f*
kekre säuerlich, herb, leicht
kekrelik Herbheit *f*, Herbe *f*
kel kahl; Glatzkopf *m* ***kel olmak*** eine Glatze haben
kelaynak *hayb* Kahlibis *m*, Waldrapp *m*
kelebek Schmetterling *m*
kelek unreif
kelepçe Handfessel *f*; (Hand)Schelle *f* ***kelepçe takmak*** *jdm* Handschelle anlegen
kelepçelemek *jdm* Handschelle anlegen
kelepir Gelegenheitskauf *m* ***kelepire konmak*** mit Bargeld günstig kaufen
kelepirci Gelegenheitskäufer(in *f*) *m*
keleş ansehnlich, schön, hübsch, nett, gut aussehend; gut gebaut; wagemutig
kelime Wort *n* ***kelime hazinesi*** Wortschatz *m* ***kelime oyunu*** Wortspiel *n* ***kelimesi kelimesine*** wortgetreu, Wort für Wort
kelle Kopf *m* ***kellesini uçurmak*** *jdm* den Kopf abschlagen
kellifelli imponierend
kellik Kahlköpfigkeit *f*; Grindköpfigkeit *f*
kem übel, schlecht, böse ***kem küm etmek*** meckern
kemal Vollkommenheit *f*
Kemalist Kemalist *m*
Kemalizm Kemalismus *m*
keman Geige *f*, Violine *f* ***keman yayı*** Geigenbogen *m*
kemancı Geigenspieler *m*
kemençe *müz* kleine Geige mit drei Saiten
kement Lasso *n* ***kement atmak*** Lasso werfen

kemer Gürtel *m*; Arkade *f*; Aquädukt *m* ***kemer kayışı*** Leibriemen *m* ***kemer tokası*** Gürtelschnalle *f* ***kemerini sıkmak*** den Gürtel enger schnallen

kemik Knochen *m* ***kemik atmak*** einen Knochen vorwerfen ***kemik çıkmak*** (Knochen) ausrenken ***kemik doku*** Knochengewebe *n* ***kemik gibi*** knochentrocken ***kemik hastalığı*** Rachitis *f* ***kemik kanseri*** Knochenkrebs *m* ***kemik kırığı*** Knochenbruch *m*

kemikli Knochen-; knöchern, knochig; mit Knochen

kemiksiz ohne Knochen; ohne Knochenzugabe

kemirgen Nagetier *n*

kemirmek nagen, abnagen, durchnagen, abfressen

kemiyet Quantität *f*

kenar Rand *m*, Saum *m*; *mat* Schenkel *m*, Kande *f* ***kenar mahalle*** abgelegenes Viertel ***kenara çekilmek*** zurückziehen ***kenara kaldırmak*** an die Seite legen

kenarortay *mat* Seitenhalbierende *f*

kendi selbst, selber; eigen ***kendi âleminde yaşamak*** weltfremd leben ***kendi başına*** selbst, allein ***kendi başına buyruk olmak*** eigenes Leben führen ***kendi bildiğini okumak*** seinen eigenen Weggehen ***kendi derdine düşmek*** nur mit sich selbst beschäftigt sein ***kendi düşen ağlamaz*** wie man sich bettet, so liegt man ***kendi halinde*** zurückhaltend ***kendi kazdığı kuyuya kendi düşmek*** in die eigene Falle gehen ***kendi kendime*** ich selbst ***kendi kendine*** selbst, selber, selbeständig ***kendi kendine gelin güvey olmak*** sich zu früh freuen ***kendi kendisine*** sich selbst ***kendi kuyusunu kendisi kazmak*** sich selber sein Grab graben ***kendi yağıyla kavrulmak*** im eigenen Saft schmoren ***kendinde olmamak*** nicht bei sich sein ***kendinden geçmek*** das Bewusstsein verlieren ***kendinden pay biçmek*** von sich auf andere schließen ***kendine ... süsü vermek*** sich hinstellen als ***kendine dikkat etmek*** sich schonen ***Kendine gel*** Komm zu dir! ***kendine gelmek*** zu sich kommen; vernünftig werden ***kendine güvenmek*** Selbstvertrauen haben ***kendine yedirememek*** sich *etw* nicht gefallen lassen ***kendini beğenmek*** viel von sich halten ***kendini beğenmiş*** eitel, selbstgefällig, selbstgerecht, süffisant, überheblich ***kendini beğenmişlik*** Eitelkeit *f*, Überheblichkeit *f* ***kendini bilmez*** unverschämt, frech ***kendini bir şey sanmak*** selbstgefällig sein ***kendini fasulye gibi nimetten saymak*** selbstgefällig sein ***kendini kaptırmak*** in die Zwickmühle geraten ***kendini toparlamak*** sich fassen ***kendini tutmak*** sich enthalten, unterlassen ***kendini vermek*** sich hingeben ***kendini zorlamak*** sich überanstrengen

kendileri sie selbst

kendiliğinden von selbst, selbständig

kendiliğinden von sich selbst, automatisch

kendim ich selbst

kendimiz wir selbst

kendiniz ihr selbst

kendir Hanf *m*

kendisi derselbe, selber

kene Zecke *f*; Kornwurm *m*

kenef Abort *m*

kenet Krampe *f*

kenetlemek befestigen, verklammern, verkrampen

kenetli geklammert, verklammert, verkrampft, genietet; zusammengepresst; mit Klammern, mit Nieten, mit Krampen

kenevir Hanf *m*

kent Stadt *f*

kentleşme Urbanisierung *f*; Verstädtung *f*

kentleşmek verstädtern

kentsoylu Bürgerliche *mf*

Kenya Kenia

kepaze lächerlich; schamlos, verächtlich ***kepaze etmek*** zum allgemeinen Gespött machen ***kepaze olmak*** seine Würde preisgeben

kepazelik Schamlosigkeit *f*

kepazelik Affenschande *f*, Würdelosigkeit *f*, Schamlosigkeit *f*; schändliche Tat

kepçe Schöpfkelle *n*, Schöpflöffel *m*
kepek Kleie *f*; Schuppen *m*
kepeklenmek Kopfschuppen bekommen
kepekli (saç) schuppig, mit Kopfschuppen; Kleie enthaltend
kepenk Rolladen *m*
keramet Wundertat *f*
kerata Schuhanzieher *m*
kere Mal *n*
kereste Holz *n*; dumm, ungeschliffen
keresteci Holzhändler *m*
kerevit *hayb* Flusskrebs *m*
kereviz Sellerie *f*
kerhane Bordell *n*
kerhen widerwillig, unfreiwillig; mit Widerwillen
keriz Kloake *f*
kerkenez Schmutzgeier *m*
kermes Basar *m*; Jahrmarkt *m*; Volksfest *n*

K

kerpeten Beißzange *f*
kerpiç Luftziegel *m*
kerrat cetveli Einmaleins *n*
kerte Kerbzeichen *n*; Grad *m*, Stufe *f*
kertenkele Eidechse *f*
kerteriz *den* Peilung *f*, Position *f*, Lage *f*; Richtung *f*, Richtungsbestimmung *f*
kertik Kerbe *f*; Scharte *f*
kertikli zackig
kertmek kerben
kervan Karawane *f*
kervansaray Karawanserei *f*
kesat Stagnation *f* ***kesat gitmek*** stagnieren
kesatlık Stagnation *f*
kese Beutel *m* ***kesenin ağzını açmak*** tief in die Tasche greifen
kesecik *anat* Bläschen *n*, Gehörsäckchen *n*
kesekâğıdı Tüte *f*
keselemek frottieren
keseliler *hayb* Beutetier *n*
kesen *mat* Sekante *f*, Schnittlinie *f*
kesenek Steuerpachtung *f*
keser Beil *n*
kesici schneiden ***kesici alet*** Schneidwerkzeug *n*
kesicidiş Schneidezahn *m*
kesif dicht, gedrängt, kompakt; *kim* verdichtet, konzentriert; rege, intensiv
kesik Schnitt *m*; Schnittwunde *f*; geschnitten; unterbrochen ***kesik kesik*** ruckweise, (konuşma) abgehackt, (gülme) stoßweise; (zaman) zeitweise
kesikli unterbrochen, zeitweise unterbrochen; aussetzend; *mat* unstetig; aussetzend
kesiksiz ununterbrochen
kesilmek (gürültü vb) verstummen; (süt) sauer werden, gerinnen; *tek* ausfallen; geschnitten; nicht mehr haben; nicht mehr leisten können, nicht mehr tun können; (beğenip) ganz begeistert sein (von); ausgeben, loswerden; keine Kraft mehr haben, plötzlich erlahmen
kesim Abschnitt *m*, Sektor *m*
kesimevi Schlachthaus *n*
kesin fest, endgültig, entscheidend ***kesin olarak*** mit Bestimmtheit
kesinkes bestimmt, definitiv, festgelegt, strikt
kesinleşmek endgültig werden, endgültige Form annehmen, unanfechtbar werden, rechtskräftig werden; sich entscheiden
kesinlik Sicherheit *f*, Bestimmtheit *f*, Exaktheit *f*, Genauigkeit *f*, Gewissheit *f*, Präzision *f*
kesinlikle bestimmt, entschieden, streng; nie und nimmer, ganz und gar nicht, in keiner Weise, mit Bestimmtheit, mit Sicherheit, unbedingt
kesinti Unterbrechung *f*, Stockung *f*; Abzug *m*
kesintili diskontinuierlich, intermittieren, mit einer Pause; gekürzt, Netto-
kesintisiz pausenlos, ungestört, kontinuierlich, ununterbrochen, übergangslos; ohne Abzug, steuerfrei
kesir *mat* Bruch *m*
kesirli Bruch-, gebrochen; aus Bruchteilen bestehend
kesişmek sich schneiden
kesit Schnitt *m*, Durchschnitt *m*
keski Meißel *m*, Stemmeisen *n*
keskin scharf ***keskin nişancı*** Scharfschütze *m* ***keskin viraj*** Knick *m*, Kurve *f* ***keskin zekâlı*** scharfsinnig

keskinleştirmek schärfen
keskinlik Schärfe *f*, Spitzsein *n*, Starksein *n*; *mec* Wirksamkeit *f*, Eindringlichkeit *f*; Scharfblick *m*; Heftigkeit *f*, Strenge *f*, Härte *f*; Schneide *f*; Aktivität *f*, Eifer *m*
kesme Schnitt *m*, Zuschnitt *m*; Beschneidung *f*, Einschränkung *f*; Kürzung *f* ***kesme almak*** in die Wange kneifen
kesmek schneiden, abschneiden, durchschneiden; fällen, hacken; abstellen; abbrechen, unterbrechen ***kesip atmak*** kurzerhand urteilen
kesmeşeker Würfelzucker *m*
kestane Kastanie *f* ***kestane kebabı*** geröstete Maronen
kestanerengi Maronenfarbe *f*
kestaneşekeri kandierte Maronen
kestirme abrupt ***kestirme yol*** Abkürzungsweg *m* ***kestirmeden gitmek*** abschneiden, eine Abkürzung nehmen
kestirmek abschätzen, taxieren; festsetzen, entscheiden; (uyku) ein kleines Schläfchen halten; vorherwissen, voraussehen; klar erkennen, ausfindig machen
keşfetmek entdecken; herausbekommen
keşif dicht, konzentriert, intensiv
keşiş Mönch *m*
keşişleme Südostwind *m*
keşke wenn doch ..., wäre doch ..., hätte doch ...
keşkül Süßspeise aus Milch und Pistazien
keşmekeş Durcheinander *n*, Wirrwarr *m*
ket Hemmung *f* ***ket vurmak*** beeinträchtigen, hemmen, erschweren
ketçap Ketchup *mn*
keten Leinen *n*; leinen, linnen ***keten bezi*** Leinen *n*
ketum verschwiegen
kevgir Schaumlöffel *m*
keyfi willkürlich, beliebig
keyfiyet Qualität *f*; Sachverhalt *m*
keyif Stimmung *f*, Wohlbehagen *n*; Gröhlichkeit *f*; Rausch *m*; Willkür *f* ***keyif çatmak*** fröhliche Stunden genießen ***keyif gelmek*** in Stimmung kommen ***keyif için*** zum Vergnügen ***keyif sürmek*** eine schöne Zeit durchmachen ***keyif vermek*** *jdn* berauschen ***keyfi gelmek*** in Stimmung kommen ***keyfi kaçmak*** die Stimmung verlieren ***keyfi olmamak*** keine Lust haben ***keyfi yerinde*** gut aufgelegt ***keyfi yerinde olmak*** gut aufgelegt, guter Dinge sein ***keyfine bakmak*** es sich wohl sein lassen ***keyfini çıkarmak*** genießen ***keyfini kaçırmak*** *jdm* die Laune verderben, bekümmern
keyiflenmek wieder guter Dinge sein, in Stimmung kommen; lustig werden, angeheitert werden
keyifli fröhlich; beschwipst
keyifsiz verstimmt
keyifsizlik Missstimmung *f*, Verstimmung *f*; Unpässlichkeit *f*, Unwohlsein *n*
kez Mal *n*
keza ebenfalls, gleichfalls, auch
kezzap Salpetersäure *f*
kıble Gebetsrichtung nach Mekka; (metoroloji) Südwind *m*
Kıbrıs Zypern
Kıbrıslı Zypriot(in *f*) *m*
kıç Hinterteil *n*; Gesäß *n*, Hintern *m*
kıdem Dienstalter *n*
kıdemli von höherem Dienstalter
kıdemsiz jünger im Dienstrang
kıkırdak Knorpel *m*
kıkırdakdoku *anat* Knorpelgewebe *n*
kıkırdamak kichern
kıl Haar *n*, Borste *f* ***kıl payı*** haarscharf ***kıl payı kaybetmek*** knapp verlieren ***kıl testere*** Laubsäge *f* ***kılı kırk yarmak*** Haarspalterei treiben ***kılına dokunmamak*** *jdm* kein Härchen krümmen ***kılını bile kıpırdatmamak*** sich nicht rühren
kılavuz Führer *m*; Reiseführer *m*
kılcal Kapillar- ***kılcal boru*** Kapillarröhre *f* ***kılcal damar*** *anat* Haargefäß *n*
kılçık Gräte *f*
kılçıklı mit Gräten; mit Grannen; *mec* schwierig; verzwickt
kılçıksız ... ohne Gräten; ohne Grannen
kılıbık Pantoffelheld *m*
kılıç Säbel *m*, Schwert *n*, Degen *m* ***kılıç balığı*** Schwertfisch *m* ***kılıç çekmek***

K

den Degen ziehen ***kılıçtan geçirmek*** *jdn* niedersäbeln
kılıçbalığı *hayb* Schwertfisch *m*
kılıf Hülle *f*, Überzug *m*, Mantel *m*
kılığında verkleidet, vermummt
kılık Kleidung *f* ***kılık değiştirmek*** sich verkleiden, sich vermummen ***kılık kıyafet*** Bekleidung *m*, Anzug *m*
kılıksız zerlumpt, schäbig, unordentlich gekleidet, abgerissen
kıllanmak sich behaaren
kıllı behaart, haarig
kılmak tun, machen
kılsız ohne Haare, unbehaart
kımıldamak sich bewegen, sich regen
kımıldanmak sich bewegen, sich rühren
kımıldatmak bewegen, rühren
kın Scheide *f* ***kınına koymak*** in die Scheide tun ***kınından çıkarmak*** aus der Scheide raustun
kına Henna *f* ***kına sürmek*** mit Henna reiben
kınaçiçeği Balsam *m*
kınakına Chinarinde *f*
kınamak tadeln, rügen
kınkanatlılar *hayb* Käfer *m*
kınnap Schnur *f*, Bindfaden *m*
kıpırdamak sich bewegen, sich rühren
kıpırdatmak bewegen, rühren
kıpırtı leichte Bewegung, lautlose Bewegung
kıpkırmızı puterrot ***kıpkırmızı olmak*** (Gesicht) erröten
kır1 grau ***kır düşmek*** (saç) allmählich grau werden ***kır saçlı*** grauhaarig
kır2 Wiese *f*, Feld *n* ***kır çiçeği*** wilde Blumen ***kır koşusu*** Geländelauf *m*
kıraathane Cafe *n*
kıracak Nussknacker *m*
kıraç wasserlos, unfruchtbar
kırağı Reif *m*, Tau *m* ***kırağı çalmak*** Tau fallen
kırat Karat *n*
kırbaç Peitsche *f*
kırbaçlamak peitschen
kırçıl graumeliert
kırgın gekränkt, verletzt; böse
kırgınlık Gekränktsein *n*
kırıcı zerbrecherisch
kırık gebrochen, zerbrochen, zerschlagen, kaputt; Bruch *m* ***kırık dökük*** Trödel *m*
kırıkçı Naturarzt *m*; Knocheneinrenker *m*
kırıklık Unwohlsein *n*
kırılacak zerbrechlich
kırılgan empfindlich, reizbar
kırılmak übelnehmen, sich gekränktfühlen; *fiz* gebrochen *m* werden; umkommen
Kırım Krim
kırım Blutbad *n*, Gemetzel *n*, Massaker *n*, Schlächterei *f*
kırıntı Krümchen *n*
kırışık faltig, runzelig
kırışmak faltig, werden
kırıştırmak runzeln; (birisiyle) flirten
kırıtkan kokett
kırıtmak kokettieren
kırk vierzig ***kırk yılda bir*** alle Jubeljahre
kırkayak Tausendfüßler *m*
kırkıncı vierzigste
kırkmak beschneiden; scheren
kırlangıç Schwalbe *f*
kırlangıçbalığı Knurrhahn *m*
kırma Quetschfalte *f*
kırmak brechen, zerbrechen, zerschlagen, zerschmettern, zertrümmern; hacken; falten, knicken; kränken ***kırıp dökmek*** verwüsten ***kırıp geçirmek*** verwüsten
kırmızı rot ***kırmızı balık*** Goldfisch *m*
kırmızıbiber Paprika *m*, Chili *m*
kırmızılaşmak erröten
kırmızılık Röte *f*, Karmin *n*
kırmızımsı rötlich
kıro Flegel *m*
kırpıntı Schnitzel *m*
kırpıştırmak blinzeln; zwinkern
kırpmak scheren; stutzen
kırsal ländlich
kırtasiye Schreibwaren *pl*
kırtasiyeci Schreibwarenhändler *m*
kırtasiyecilik Schreibwarenhandel *m*; Bürokratie *f*
kısa kurz ***kısa boylu*** untersetzt ***kısa çorap*** Socke *f* ***kısa dalga*** *elek* Kurzwelle *f* ***kısa devre*** Kurzchluss *m* ***kısa kesmek*** schnell beenden ***kısa kollu*** kurz-

K

ärmelig ***kısa pantolon*** kurze Hose ***kısa sürmek*** kurz dauern
kısaca ziemlich kurz; kurz, zusammenfassend, kurz und gut, kurz gesagt, in wenig Worten
kısacık sehr kurz
kısalık Kürze *f*, Kleinheit *f*
kısalmak sich verkürzen
kısaltma Abhürzung *f*
kısaltmak abkürzen, verkürzen
kısas Vergeltung *f* ***kısasa kısas*** Zahn um Zahn
kısık heiser ***kısık sesli*** heisere Stimme
kısılmak sich zusammenziehen
kısım Teil *m*, Stück *n*; Abteilung *f*
kısıntı Einschränkung *f*
kısır unfruchtbar, steril
kısırdöngü Teufelskreis *m*
kısırganmak missgönnen
kısırlaşmak unfruchtbar werden, unergiebig werden, steril werden
kısırlaştırmak sterilisieren
kısırlık Unfruchtbarkeit *f*, Zeugungsunfähigkeit *f*, Sterilität *f*, Unergiebigkeit *f*
kısıt Entmündisung *f*
kısıtlama Beschränkung *f*, Sperrung *f*; (süre) Befristung *f*, Abstrich *m*, Beschneidung *f*, Einschränkung *f*
kısıtlamak entmündigen; begrenzen, beschränken
kısıtlayıcı einschränkend, sperrend
kısıtlı entmündigt; begrenzt, beschränkt
kıskaç Drahtzange *f*
kıskanç eifersüchtig; neidisch
kıskançlık Eifersucht *f*; Neid *m*
kıskandırmak *jdn* eifersüchtig machen, neidisch machen
kıskanmak beneiden; neiden
kıskıvrak ganz fest, ordentlich
kısmak vermindern, herabsetzen; dämpfen; leiser, stellen
kısmen teilweise, teils
kısmet Schicksal *m* ***kısmet aramak*** sein Glück versuchen ***kısmet olmamak*** nicht möglich sein ***kısmeti açık*** glücklich; mit vielen Bewerbern ***kısmeti açılmak*** im Glück sein
kısmetli glücklich, vom Glück begünstig
kısmetsiz Pechvogel *m*
kısmi teilweise, partiell
kısrak Stute *f*
kıssa Geschichte *f*, Erzählung *f* ***kıssadan hisse*** die Moral von der Geschichte
kıstak Landenge *f*
kıstas Kriterium *n*
kıstırmak quietschen
kış Winter *m* ***kış kıyamet*** rauer Winter ***kış uykusu*** Winterschlaf *m* ***kışı çıkarmak*** den Winter verbringen ***kışı geçirmek*** überwintern ***kışta kıyamette*** mitten im Winter
kışın im Winter
kışır Rinde *f*, Schale *f*
kışkırtıcı Hetzer *m*, Aufwiegler *m*
kışkırtıcılık Wühlarbeit *f*
kışkırtmak aufhetzen, aufwiegeln, anfeuern
kışla Kaserne *f*
kışlamak überwintern, den Winter verbringen; beginnen, hereinbrechen
kışlık winterlich, Winter-; (ev) Winterwohnung *f*
kıt wenig, knapp, ungenügend ***kıt kanaat geçinmek*** kümmerlich durchfretten
kıta Kontinent *m*; Truppe *f*; Strophe *f* ***kıta sahanlığı*** Festlandssockel *m*
kıtalararası interkontinental
kıtıpiyos wertlos, gemein
kıtır kıtır knusperig ***kıtır kıtır yemek*** knabbern
kıtlaşmak sich verknappen
kıtlık Mangel *m*; Hungersnot *f*, Armut *f*
kıvam Grad *m*
kıvanç Stolz *m* ***kıvanç duymak*** auf *etw* stolz sein
kıvançlı freudig, mit Stolz
kıvılcım Funke *m*
kıvırcık lockig ***kıvırcık salata*** Endivie *f*
kıvırmak kräuseln; falzen; drehen
kıvrak geschickt, flink
kıvraklık Pep *m*, Geschicklichkeit *f*, Behendigkeit *f*; ordentliches Aussehen; Korrektheit *f*; Eleganz *f*; Eigentümlichkeit *f*, Eigenart *f*
kıvrandırmak quälen
kıvranmak sich schlängeln; sich krümmen
kıvrık gekräuselt

kıvrılmak sich kräuseln; abbiegen
kıvrım Falte *f*
kıyafet Kleidung *f* ***kıyafet balosu*** Maskenball *m*
kıyak schön, prima
kıyamamak verschonen
kıyamet Auferstehung *f*; Durcheinander *n* ***kıyamet gibi*** in Massen ***kıyamet günü*** Jüngster Tag ***kıyameti koparmak*** einen Heidenlärm schlagen
kıyas Vergleich *m*
kıyasıya erbittert, erbarmungslos, unbarmherzig; bis aufs Blut, bis aufs Messer
kıyasla im Vergleich (zu)
kıyaslamak vergleichen, gleichsetzen
kıyı Ufer *n*, Küste *f*
kıyıcı Tyrann *n*; Hacker *m*
kıyım Schneiden *n*; Hacken *n*, Zerkleinern *n*; Schnitte *f*, Schnitzel
kıyma Hackfleisch *n*
kıymak hacken, zerhacken; zugrunderichten
kıymet Wert *m*; Ansehen *n*, Achtung *f* ***kıymet biçmek*** wertschätzen ***kıymet takdir etmek*** auswerten, wertschätzen ***kıymet vermek*** Wert geben auf ***kıymetini bilmek*** zu schätzen wissen ***kıymetten düşmek*** an Wert verlieren
kıymetlendirmek auswerten
kıymetlenmek wertvoller werden, an Wert gewinnen; verwertet werden, ausgewertet werden
kıymetli wertvoll, kostbar
kıymetsiz wertlos
kıymık Splitter *m*
kız Mädchen *n*; Tochter *f*; Jungfrau *f* ***kız arkadaş*** Freundin *f* ***kız evlat*** Tochter *f* ***kız gibi*** tadellos, prima ***kız kaçırmak*** (Mädchen) kidnappen, entführen ***kız kardeş*** Schwester *f* ***kız kurusu*** alte Jungfer ***kız lisesi*** Mädchengymnasium *n* ***kız oğlan kız*** jungfräulich ***kız öğrenci*** Schülerin *f* ***kız tarafı*** die Verwandten des Bräutigams
kızak Schlitten *m* ***kızağa çekmek*** auf die Helling legen; außer Betrieb setzen ***kızak kaymak*** Schlitten fahren ***kızaktan indirmek*** vom Stapel lassen
kızamık Masern *pl* ***kızamık çıkarmak*** die Masern haben
kızamıkçık Röteln *pl*
kızarmak sich röten; erröten ***kızarıp bozarmak*** rot und blass werden
kızarmış geröstet; Brat- ***kızarmış ekmek*** Toastbrot *n*
kızartma Braten *m*
kızartmak braten
kızdırmak ärgern; anheizen
kızgın heiß; wütend, ärgerlich
kızgınlık Ärger *m*, Ärgernis *n*
kızıl rot; Scharlach *m* ***Kızıl Deniz*** das Rote Meer ***kızıl saçlı*** rothaarig
kızılağaç *bitk* Erle *f*
kızılaltı infrarot
Kızılay roter Halbmond
kızılcık Kornelkirsche *f*
Kızıldeniz rotes Meer
Kızılderili Indianer *m*
Kızılhaç rotes Kreuz
kızıllık Röte *f*, Rot-Sein *n*, rote Farbe; Morgenröte *f*, Abendröte *f*; kommunistische Einstellung
kızılötesi *fiz* infrarot; ultrarot
kızışmak sich erhitzen, sich heißlaufen; heftig entbrennen, heftiger werden; eifriger werden, in Feuer geraten; (hayvan) in die Brunst kommen, brünstig werden
kızıştırmak *jdn* scharf machen
kızlık Jungfräulichkeit *f* ***kızlık zarı*** *anat* Jungfernhäutchen *n*
kızmak sich erbit; sich ärgern
ki dass; damit; welche(r, s), damit, um ... zu, denn, da
kibar vornehmen
kibarca vornehmlich
kibarlaşmak vornehm werden
kibarlık Vornehmheit *f* ***kibarlık taslamak*** vornehm tun
kibir Hochmut *f*, Stolz *m*
kibirlenmek hochtrabend sein, stolz werden, arrogant werden, hochmütig werden
kibirli hochmütig, stolz
kibrit Streichholz *n* ***kibrit çakmak*** ein Streichholz anzünden ***kibrit çöpü*** Streichholz *n* ***kibrit kutusu*** Streich-

K

holzschachtel *f*
kifayet Begnügung *f*; Fähigkeit *f* ***kifayet etmek*** ausreichen, hinreichen, genügen; sich begnügen
kifayetsiz ungenügend
kil Ton *m*
kile Scheffel *m*
kiler Keller *m*
kilim Wandteppich *m*
kilise Kirche *f*
kilit Schloss *n* ***kilit açmak*** aufschließen ***kilit noktası*** Schlüsselposition *f* ***kilit vurmak*** zuschließen, abschließen, verschließen
kilitlemek zuschließen, abschließen, anschließen, verschließen
kilitli zugeschlossen
kilo Kilo *n*, Kilogramm *n* ***kilo almak*** zunehmen ***kilo vermek*** abnehmen
kilogram Kilogramm *n*
kilohertz *elek* Kilohertz *n*
kilometre Kilometer *n* ***kilometre kare*** Quadratkilometer *n*
kilovat Kilowatt *n* ***kilovat saat*** Kilowattstunde *f*
kim wer? ***Kim bilir*** Wer weiß? ***Kim o*** Wer ist das?
kimde bei wem?
kimden von wem?
kime wem?
kimi wen?
kimi manche, einige ***kimi zaman*** manch(e)mal
kimin wessen?
kimisi manche (r, s)
kimlik Identität *f* ***kimlik belgesi/kartı*** Personalausweis *m*
kimono Kimono *m*
kimse jemand; niemand ***Kimsecikler yok.*** Niemand da!
kimsesiz alleinstehend
kimsesizlik Alleinsein *n*, Alleinstehen *n*, Vereinsamung *f*
kimya Chemie *f* ***kimya mühendisi*** Chemieingenieur *m* ***kimya mühendisliği*** Chemieingenieurwesen *m*
kimyacı Chemiker *m*
kimyager Chemiker *m*
kimyasal chemisch ***kimyasal maddeler*** Chemicalien *pl*
kimyevi chemisch
kimyon Kümmel *m*
kin Hass *m* ***kin beslemek (gütmek)*** einen, Goll gegen *jdn* hegen
kinaye Andeutung *f*
kinci gehässig, nachtragend, rachsüchtig
kinetik Kinetik *f*, kinetisch
kinin Chinin *n*
kip *dilb* Form *f*
kir Schmutz *m*, Dreck *m*
kira Miete *f* ***kira getirmek*** Rendite *f* ***kira ile tutmak*** mieten, pachten ***kira kontratı*** Mietvertrag *m* ***kira müddeti*** Mietzeit *f*, Pachtzeit *f* ***kira sözleşmesi*** Mietvertrag *m*, Pachtvertrag *m* ***kiraya vermek*** vermieten
kiracı Mieter *m* ***kiracıyı çıkartmak*** evakuieren
kiralamak vermieten
kiralayan Vermieter *m*
kiralık zu vermieten ***kiralık ev*** Mietshaus *n* ***kiralık katil*** Killer *m*
kiraz Kirsche *f*
kireç Kalk *m* ***kireç gibi*** käsig ***kireç gibi olmak*** kreidebleich werden ***kireç kuyusu*** Kalkgrube *f* ***kireç ocağı*** Kalkofen *m*, Schachtofen *m*
kireçlenmek verkalken, kalziniert werden
kireçli kalkhaltig; Kalk enthaltend, Kalk-
kiremit Ziegel *m* ***kiremit kaplamak*** mit Ziegeln decken
kiriş Saite *f*; Sehne *f*; Balken *m* ***kirişi kırmak*** ausreißen
kirlenmek schmutzig werden
kirletmek beschmutzen
kirli unsauber, schmutzig ***kirli çamaşır*** gemein, niederträchtig ***kirli çamaşırlarını ortaya çıkarmak*** die Wahrheit zum Vorschein bringen
kirlilik Verschmutzung *f*, Unreinheit *f*, Beschmutztsein *n*
kirpi Igel *m*
kirpik Wimper *f*
kist Zyste *f*
kişi Person *f*, Mensch *m*
kişileştirmek personifizieren
kişilik Persönlichkeit *f*
kişilikli charakterstark, von charakteri-

scher Persönlichkeit, persönlich hervorstehend
kişiliksiz rückgratlos, keine ausgeprägte Persönlichkeit darstellend
kişisel persönlich
kişnemek wiehern
kitabe Inschrift *f*
kitabevi Buchhandlung *f*
kitap Buch *n* ***kitaba el basmak*** auf ein heiliges Buch schwören
kitapçı Buchhändler *m*; Buchhandlung *f*
kitaplık Bibliothek *f*; Bücherschrank *m*, Bücherregal *n*
kitapsever Bücherfreund *m*; Büchernarr *m*
kitapsız gottlos
kitle Menge *f* ***kitle iletişim araçları*** Massenmedien *pl*
kivi *bitk* Kiwi *f*; *hayb* Kiwi *m*
klakson Hupe *f* ***klakson çalmak*** hupen
klan Klan *m*
klarnet *müz* Klarinette *f*
klas prima
klasik klassisch
klasman Klassifizierung *f*
klasör Schnellhefter *m*
klavye Klaviatur *f*, Tastatur *f*
klik Clicque *f*
klima Klimaanlage *f*
klimalı klimatisiert; mit Klimaanlage
klinik Klinik *f*, klinisch
klişe Klischee *n*, Druckstock *m*
klişeleşmek zum Klischee werden
klonlamak klonen
klor Chlor *n*
klorlamak chloren
klorlamak chloren, chlorieren
klorofil *bitk* Chlorophyll *n*, Blattgrün *n*
kloroform *hek* Chloroform *n*
kloş Glockenrock *m*; glockenformig, in Glockenform
koalisyon Koalition *f*
kobalt *kim* Kobalt *m*
kobay Köder *n*
kobra Brillenschlange *f*
koca1 Gatte *m*, Mann *m*, Ehemann *m* ***koca bulmak*** einen Ehemann finden ***kocaya kaçmak*** mit dem Geliebten ausreißen ***kocaya vermek*** heiraten lasse
koca2 enorm, reisig, sehr groß; alt, bejahrt; grob; berühmt, groß; klug, wacker, tüchtig
kocakarı Alte *f*
kocalı mit Ehemann
kocalık Ehemann sein
kocamak alt werden, altern
kocaman riesig
kocasız allein stehend, ohne Mann
Koç (burcu) Widder *m*
koç Schafbock *m*, Widder *m*
koçan Strunk *m*
kod Kode *f*
kodaman prominent
kodeks *hek* Arzneibuch *n*
kodes *arg* Kittchen *n*, Knast *m*, Loch *n*; Hühnerstall *m*
kodlamak codieren, kodieren, buchstabieren; verschlüsseln
kof hohl; leer, wertlos
kofana großer Blaufisch
kofluk Hohlheit *f*, Hohlsein *n*
kofra Strombüchse *f*
koğuş Krankensaal *m*; Gefängniszelle *f*
kok Koks *m*
kokain Kokain *n*
kokarca *hayb* Iltis *m*
koklamak riechen (an)
koklatmak *jdn* riechen lassen; *jdn* selten sehen
kokmak riechen; stinken
kokmuş verdorben, vergammelt, übelriechend, stinkend, muffig geworden; vor Faulheit stinkend
kokoreç gegrillte Därme
kokteyl Cocktail *m*
koku Geruch *m*, Duft *m*; Gestank *m*
kokulu riechend; duftend; stinkend ***kokusunu almak*** den Braten riechen, wittern
kokusuz geruchlos
kokuşmak faulen, vermodern; zu stinken beginnen
kokutmak mit Geruch erfüllen; riechen lassen, mit Duft erfüllen
kol Arm *m*; Armel *m*; Griff *m*; Kolonne *f* ***kol başı*** Gruppenleiter *m* ***kol düğmesi*** Manschettenknopf *m* ***kol gezmek***

grassieren ***kol kola*** Arm im Arm ***kol saati*** Armbanduhr *f* ***koluna girmek*** sich bei *jdm* einhängen, sich einhaken (bei *jdm*)

kola Stärke *f*

kolaçan Ausspionieren *n*, Umhergehen *n*, Auskundschaften *n* ***kolaçan etmek*** abgrasen, ausspionieren, auskundschaften, umhergehen

kolalamak stärken

kolalamak (çamaşır vb) stärken; (kâğıt) leimen

kolalı gestärkt

kolan Gurt *m*

kolay leicht, einfach ***kolay iş*** einfache Arbeit; gemütlich ***kolay kolay*** ganz einfach ***kolayına bakmak*** *etw* möglich machen ***kolayını bulmak*** Mittel und Wege finden

kolayca leicht

kolaylamak erleichtern

kolaylaşmak leicht(er) werden

kolaylaştırmak erleichtern

kolaylık Erleichterung *f*

kolaylıkla anstandslos, sehr leicht

kolcu Kontrollbeamte *m*

kolej private höhere Schule

kolejli Kolleg-Schüler(in *f*) *m*

koleksiyon Sammlung *f* ***koleksiyon yapmak*** sammeln

koleksiyoncu Sammler *m*

kolektif Kollektiv *n* ***kolektif ortaklık*** kollektive Partnerschaft

kolektör Kollektor *m*, Stromabnehmer *m*, Sammler *m*, Kommutator *m*

kolera Cholera *f*

kolest(e)rol *hek* Cholesterin *n*

koli Postpaket *n*

kollamak warten, lauern, spähen

kolluk Manschette *f*

Kolombiya Kolumbien

kolon (ses) Lautsprecherbox *f*; *mim* Pfeiler *m*, Säule *f*; (gazete) Spalte *f*; *anat* Dickdarm *m*, Grimmdarm *m*

koloni Kolonie *f*

kolonya Kölnischwasser *n*

kolordu Armeekorps *n*

koltuk Sessel *m*, Armstuhl *m*, Lehnstuhl *m*; Stelle *f*, Posten *m* ***koltuk altı*** Achselhöhle *f* ***koltuk değneği*** Krücke *f* ***koltukları kabarmak*** stolz werden

koltuklamak unter den Arm nehmen

kolye Kollier *f*

koma Bewußtlosigkeit *f*, Agonie *f* ***koma halinde*** in Koma ***komaya girmek*** ins Koma fallen

komak setzen, stellen, legen, ansetzen, anstellen, aufsetzen

komandit kommandit ***komandit şirketi*** Kommanditgesellschaft *f*

komando Kommando *n*

kombina Kombinat *n*

kombinasyon Kombination *f*

kombine kombiniert

kombinezon Kombination *f*

komedi Komödie *f*

komedyen Komödiant *m*

komi Träger *m*

komik komisch

komiklik Komik *f*

komiser Kommissar *m*

komisyon Komission *f*, Ausschuss *m*

komisyoncu Makler *m*, Vermittler *m*

komite Komitee *n*, Ausschuss *m*

komodin Kommode *f*

kompartıman Abteil *n*

kompas Messkluppe *f*

kompetan kompetent; Experte *m*

komple komplett, total

kompleks Komplex *m*

komplikasyon *hek* Komplikation *f*

komplike kompliziert

kompliman Kompliment *n* ***kompliman yapmak*** Komplimente machen

komplo Komplott *n* ***komplo kurmak*** sich verschwören

komplocu Verschwörer *m*

komposto Kompott *n*

kompozisyon *müz* Komposition *f*; Aufsatz *m*

kompozitör Komponist(in *f*) *m*, Tondichter(in *f*) *m*

kompres Kompresse *f*

kompresör Kompressor *m*, Verdichter *m*

komprime Tablette *f*, Pille *f*

komşu Nachbar *m*; benachbart ***komşu açı*** *mat* Nebenwinkel *m*

komşuluk Nachbarschaft *f*

K

komut Befehl *m* ***komut vermek*** befehlen
komuta Kommando *n*
komutan Kommandant *m*
komutanlık Kommando *n*, Kommandantur *f*
komünist Kommunist *m*; kommunistisch
komünistlik Kommunismus *m*, kommunistische Lehre; Gesamtheit der Kommunisten
komünizm Kommunismus *m*
komütatör Wechselschalter *m*
konak Palast *n*; Herberge *f*
konaklama Aufenthalt *m*
konaklamak sich aufhalten
konca Knospe *f*, Rosenknospe *f*
konç Schaft *m*, Stiefelschaft *m*; Oberlänge *f*
konçerto Konzert *n*
kondansatör Kondensator *m*
kondisyon *sp* Kondition *f*
kondurmak unterbringen; einquartieren; aufsetzen, anstecken; müde machen, erschöpfen
kondüktör Schaffner *m*
konfederasyon Bund *m*
konfedere konföderiert
konfeksiyon Fertigkleidung *f*, Konfektion *f*
konfeksiyoncu Bekleidunghersteller *m*
konferans Vortrag *m* ***konferans vermek*** vortragen
konferansçı Vortraggeber *m*
konfor Komfort *m*
konforlu komfortabel, behaglich; wohnlich
kongre Kongress *m*; Parteitag *m*
koni Kegel *m*
konik kegelförmig
konjonktür Konjunktur *f*
konkordato Konkordat *n*
konmak sich setzen, sich niederlassen; landen
konsantrasyon Konzentration *f*, Konzentrationsfähigkeit *f*
konsantre Konzentration *f* ***konsantre olmak*** konzentrieren
•konsepsiyon Empfängnis *n*, Konzeption *f*
konser Konzert *n* ***konser vermek*** (sanatçı) gastieren, aufführen
konservatuar Konservatorium *n*, Musikschule *f*
konserve Konserve *f*, Dauerware *f*
konsey Rat *m*
konsol Konsole *f*
konsolos Konsul *m*
konsolosluk Konsulat *n*
konsomasyon Verzehr *m*
konsomatris Animierdame *f*
konsorsiyum *tic* Konsortium *n*
konsültasyon Konsultation *f*
konşimento Konossement *n*, Seefrachtbrief *m*
kont Graf *m*
kontak Kontakt *m*, Anschluss *m*; Kurzschluss *m* ***kontak açmak*** starten, einschalten ***kontak anahtarı*** *oto* Zündschlüssel *m* ***kontak kapamak*** ausschalten
kontaklens Kontaktlinse *f*, Haftschalen *pl*
kontenjan Kontingent *n*, Quote *f*; Zuteilung *f*
kontes Gräfin *f*
kontluk Grafschaft *f*
kontr kontra
kontralto *müz* tiefe Altstimme
kontrat Vortag *m*, Kontrakt *m*
kontratak *sp* Konter *m* ***kontratak yapmak*** kontern
kontrbas *müz* Bassgeige *f*, Kontrabass *m*
kontrbasçı Kontrabassist *m*
kontrfile Rückenstück *n*
kontrol Kontrolle *f*, Prüfung *f* ***kontrol etmek*** kontrollieren
kontrolcu Kontrolleur *m*
kontrolör Kontrolleur *m*, Prüfer *m*
kontrplak Sperrholz
konu Thema *n*, Stoff *m* ***konu komşu*** Nachbarn *pl*
konuk Gast *m*
konukevi Gästehaus *n*
konuklamak bewirten
konuksever gastfreundlich
konukseverlik Gastfreundschaft *f*
konum Lage *f*, Zustand *m*
konuşkan redselig
konuşkanlık Gesprächigkeit *f*, Redselig-

keit *f*, Geschwätzigkeit *f*
konuşma Gespräch *n*, Rede *f* ***konuşma kılavuzu*** Sprachführer *m* ***konuşma yapmak*** eine Ansprache halten, referieren
konuşmacı Sprecher *m*
konuşmak sprechen, reden, sich unterhalten; besprechen
konut Haus *n*
konvansiyonel konventionell
konveks konvex, erhaben
konvertibilite Konvertibilität *f*
konvoy Geleit *n*
konyak Kognak *m*, Weinbrand *m*
kooperatif Kooperative *f*
koordinasyon Koordination *f*, gegenseitige Abstimmung
koordinat *mat* Koordinate *f*
koparmak abreißen, wegreißen, losreißen, zerreißen, reißen; ablösen, abbrechen
kopça Heftel *n*
kopçalamak zuschnallen, einhaken, zuhaken
kopmak abreißen, reißen, abbrechen, ablösen
kopuk abgerissen, losgerissen, abgeborharzt
kopya Kopie *f*, Abschrift *f*; Abdruck *m*, Abbild *n* ***kopya çekmek*** (okul) abschreiben; mogeln, schummeln ***kopya etmek*** kopieren, abschreiben ***kopya kâğıdı*** Durchschlagpapier *n*
kopyacı Kopist *m*; Abschreiber *m*
kor Glut *f*
koramiral Konteradmiral *m*
kordek Band *n*, Kordel *f*; Haarschleife *f*
kordiplomatik diplomatisches Korps
kordon Schnur *f*; Kabel *f*
Kore Korea
Koreli Koreaner *m*
koreografi Choreografie *f*
korgeneral *ask* Generalleutnant *m*
koridor Flur *m*, Korridor *m*
korkak ängstlich, furchtsam, feige
korkaklık Ängstlichkeit *f*, Feigheit *f*
korkmak sich fürchten, befürchten
korku Angst *f*, Furcht *f*, Schreck *m*, Abscheu *f* ***korku salmak*** erschrecken, ängstigen ***korkuya kapılmak*** befallen werden von Angst
korkulu angstvoll, ängstlich
korkuluk Vogelscheuche *f*
korkunç furchtbar, schrecklich
korkusuz unerschrocken
korkusuzca furchtlos
korkusuzluk Furchtlosigkeit *f*
korkutmak erschrecken, aufschrecken, abschrecken
korna Hupe *f* ***korna çalmak*** hupen
kornea *anat* Hornhaut *f*
korner *sp* Ecke *f* ***korner atışı*** *sp* Eckball *m*
kornet *müz* Kornett *n*
korniş Gardinenleiste *f*
korno Horn *n*
koro Chor *m* ***koro halinde*** in Chor
korsan Seeräuber *m*
korsanlık Seeräuberei *f* ***korsanlık etmek*** entführen
korse Korsett *n*
kort Tennisplatz *m*
kortej Festzug *m*, Trauerzug *m*
koru Wäldchen *n*
korucu Waldhüter *m*
korugan Bunker *m*
koruma Schutz *m*, Schonung *f*
korumak schützen, schonen; aufbewahren
korunma Schutz *m*
korunmak sich schützen
koruyucu schützend; Schutzherr *m*
kosinüs Kosinus *m*
koskoca(man) riesengroß, riesig
kostüm Kostüm *n*
koşmak laufen, rennen, eilen
koşturmak *jdn* auf Trab bringen, zum Laufen bringen
koşu Rennen *n* ***koşu alanı*** Laufbahn *f* ***koşu atı*** Rennpferd *n*
koşucu Läufer *m*, Renner *m*; Wettläufer *m*
koşul Voraussetzung *f*
koşullandırmak beeinflussen, manipulieren
koşullu bedingt, vorbedingt, bedingungsweise
koşulsuz bedingungslos

koşuluyla unter der Bedingung
koşum Pferdegeschirr *n*
koşuşmak laufen, zuströmen
koşut parallel
kot Code *m*, Kode *m*; Jeans *pl*
kota Quote *f*
kotarmak fertig machen; auftischen, einfüllen
kotra Kutter *m*, Yacht *f*
kova Eimer *m*
Kova Burcu Wassermann *m*
kovalamak verfolgen
kovan Bienenstock *m*; Hülse *f*, Buchse *f*; Kartusche *f*
kovboy Cowboy *m* ***kovboy filmi*** Wildwestfilm *m*
kovmak verjagen, fortjagen, vertreiben
kovuk Höhle *f*
kovuşturma Verfolgung *f* ***kovuşturma açmak*** die Verfolgung aufnehmen
kovuşturmak vertolgen
koy Meeresbucht *f*
koymak setzen, stellen, legen, ansetzen, aufsetzen, aufstellen, anstellen ***koynuna girmek*** sich an *jdn* anschmiegen
koyu dunkel; dick; stark
koyulaşmak dickftüssig werden
koyulaştırmak (renk) abdunkeln; eindicken; tönen; (çay) starken
koyulmak sich verdicken; sich verdunkeln
koyultmak verdicken, verdunkeln
koyuluk Dicke *f*; Dickflüssigkeit *f*; Dichtigkeit *f*; Festsein *n*, Steifsein *n*; Dunkelsein *n*; Fanatismus *m*
koyun1 Schaf *n*, Hammel *m*; Bock *m* ***koyun eti*** Hammelfleisch *n*
koyun2 Brust *f*, Busen *m*
koy(u)vermek ablassen, loslassen, freilassen, entlassen, laufen lassen, gehen lassen, freigeben; (kahkaha) loslassen; (bıyık, sakal) wachsen lassen, stehen lassen
koz Trumpf *m* ***kozunu oynamak*** Trumpf spielen ***kozunu paylaşmak*** mit *jdm* abrechnen
koza Kokon *m*
kozalak Kokon *m*; Zypressennuss *f*
kozmetik Kosmetik *f*, Schönheitspflege *f*; kosmetisch
kozmonot Astronaut *m*
kozmopolit Kosmopolit *m*, Weltbürger *m*
kozmos Kosmos *m*
köfte Bulette *f*, Klops *m*
köfteci Bulettenverkäufer(in *f*) *m*
köftehor Schlingel *m*, Nichtsnutz *m*
köhne alt, abgenutzt, abgebraucht; veraltet, altmodisch
kök Wurzel *f*; Ursprung *m*, Herkunft *f* ***kök boya*** Krapp *m* ***kök işareti*** *mat* Wurzelzeichen *n* ***kök salmak*** anwachsen, wurzeln (in)
kökboyası *bitk* Krapp *m*
köken Ursprung *m*, Herkunft *f* ***kökünden sökmek*** entwurzeln ***kökünü kurutmak*** ausrotten ***kökünü salmak*** festwachsen
kökenbilim Etymologie *f*
köklemek entwurzeln; durchsteppen, absteppen, pikieren
köklenmek sich einwurzeln
kökleşmek sich einwurzeln
köklü fundiert
köknar Tanne *f*
köksüz wurzellos
kökten radikal
köktenci Radikale *mf*; Ultra *m*; orthodox
köktencilik Radikalismus *m*
köle Sklave *m*
kölelik Sklaverei *f*
kömür Kohle *f* ***kömür gibi*** schwarz wie Kohle ***kömür kovası*** Kohleneimer *m* ***kömür ocağı*** Kohlenzeche *f*, Meiler *m*
kömürcü Kohler *m*
kömürleşmek sich verkohlen
kömürlük Kohlenkeller *m*
köpek Hund *m*
köpekbalığı *hayb* Hai *m*
köpekdişi Eckzahn *m*
köpoğlu Schurke *m*, Schuft *m*
köprü Brücke *f* ***köprü kurmak*** Brücke bauen
köprücükkemiği *anat* Schlüsselbein *n*
köpük Schaum *m*
köpüklü schaumig, Schaum bildend, mit Schaum bedeckt
köpürmek schäumen
köpürtmek schäumen lassen; brausen lassen; aufregen, aufbringen

kör blind; stumpf; trüb; ausgetrocknet ***kör dövüşü*** Durcheinander *n* ***kör düğüm*** fester Knoten ***kör etmek*** blenden ***kör kütük*** sternhagelvoll ***kör olası*** Verflucht!, Verdammt! ***kör şeytan*** Verflucht!, Verdammt! ***kör talih*** Missgeschick *n* ***kör topal*** schlecht und recht ***körler alfabesi*** Blindenschrift *f*

körbağırsak Blinddarm *m*

kördüğüm fester Knoten; *mec* Sackgasse *f*, komplizierte Angelegenheit, heikles Problem

körebe Blindekuh *f*

körelme *biy* Atropie *f*

körelmek verkümmern

körfez Golf *m*, Meerbusen *m*

körkuyu ausgetrocknete(r) Brunnen

körleşmek blind werden, erblinden; stumpf werden, abstumpfen; (kuyu) austrocknen; (ışık) schwach werden; (güç) einrosten

körletmek blenden, verblenden; *jdn* abstumpfen, schwächen; verkümmern lassen

körlük Blindheit *f*

körpe frisch; jung

körpecik blutjung

körük Faltenbalg *m*

körü körüne blindlings

körüklemek schüren

körüklü mit Verdeck, mit Blase, mit Falten

kös kös schwerfällig

köse dünner Bart

kösele Sohlenleder *n*

kösnü Wollust *f*

kösnül sinnlich

kösnüllük Sinnlichkeit *f*

köstebek Maulwurf *m*

köstek Fußfessel *f*; Kette *f*

kösteklemek behindern

köşe Ecke *f*; Winkel *m* ***köşe atışı*** *sp* Eckball *m* ***köşe başı*** Straßenecke *f* ***köşe bucak*** alle Ecken und Winkel ***köşe kapmaca*** Bäumchen-Verwechseln ***köşeyi dönmek*** um die Ecke biegen; *mec* die Treppe hochfallen

köşebent Winkeleisen *n*

köşegen Diagonale *f*

köşeli eckig

köşk Villa *f*

kötek Prügel *n* ***kötek atmak*** prügeln ***kötek yemek*** verprügelt werden

kötü schlecht, schlimm, übel, arg, abscheulich ***kötü huy*** üble Angewohnheit ***kötü kadın*** Dirne *f* ***kötü muamele*** schlechte Behandlung ***kötü niyetli*** boshaft, böswillig, hinterhältig, hämisch, tückisch, voller Häme ***kötü yola düşmek*** zur Dirne werden ***kötü yola sapmak*** zur Dirne werden ***kötüye kullanmak*** missbrauchen

kötücül missgünstig; *hek* bösartig

kötülemek schlechtmacher

kötüleşmek sich verschlechtern, sich verschlimmern

kötüleştirmek verschlechtern, verschlimmen

kötülük Bösheit *f* ***kötülük etmek*** *jdm* Schaden zufügen, *jdm etw* zuleide tun

kötümsemek schwarz malen, verachten; mit Misstrauen betrachten

kötümser pessimistisch; Pessimist *m*

kötümserlik Pessimismus *m*

kötürüm lahm; verkrüppelt ***kötürüm olmak*** gelähmt werden

köy Dorf *n* ***köy muhtarı*** Dorfschulze *m*

köylü Bauer *m*

köylü Bauer *m*, Dörfer *m*, Dorfbewohner *m*; bäuerlich, dörflich

köz Glut *f*

közlemek auf schwacher Flamme kochen

kraker Cracker *m*

kral König *m* ***kral naibi*** Regent(in *f*) *m*

kralcı royalistisch; Royalist *m*

kralcı Monarchist *m*

kralcılık Royalismus *m*

kraliçe Königin *f*

kraliyet Königtum *n*

krallık Königreich *n*

kramp Krampf *m* ***kramp girmek*** einen Wadenkrampf bekommen

krampon Lederstolle *f*

krank Kurbel *f*

krater Krater *m*

kravat Krawatte *f*, Schlips *m*

kreasyon Schöpfung *f*
kredi Kredit *m* ***kredi açmak*** *jdm* einen Kredit eröffnen ***kredi ile almak*** auf Krediten kaufen ***kredi ile satış*** Verkauf auf Ziel ***kredi kartı*** Kreditkarte *f* ***kredi mektubu*** Akkreditiv *n*, Kreditbrief *m* ***kredili satış*** Verkauf auf Kredit
krem Creme *f*, Krem *m* ***krem rengi*** cremefarben, cremefarbig ***krem şantiyi*** Schlagsahne *f*
krema Sahne *f*, Rahm *m*
kremalı sahnig, rahmig, mit Sahne, mit Rahmen, Sahn-, Rahm-
Kremlin Kreml *m*
kremşantiye Schlagsahne *f*
krep Krepp *m*
krepon Crepon *m*, Krepon *m*, Krepp *m*
kreş Kinderhort *m*; Kindergarten *m*
kriket *sp* Kricket *n*
kriko Wagenheber *m*
kriminoloji Kriminalistik *f*, Kriminologie *f*, Kriminalwissenschaft *f*
kristal Kristall *m*
kriter Kriterium *n*
kritik kritisch; Kritik *f*
kriz Krise *f*, Anfall *m* ***kriz geçirmek*** eine Krise durchmachen
krizantem *bitk* Chrysantheme *f*
kroki Kroki *n*, Skizze *f*, Abriss *m*
krom chromiert; Chrom *n*
kromozom *biy* Chromosom *n*
kronik chronisch
kronoloji Zeittafel *f*
kronolojik chronologisch
kronometre Stoppuhr *f*
kros Waldlauf *m*
kroşe Haken *m*
krupiye Croupier *m*
kruvaze zweireihig
kruvazör Kreuzer *m*
kuaför Damenfriseur *m*
kuartet *müz* Quartett *n*
kubbe Kuppel *f*, Gewölbe *n*
kubbeli *mim* gewölbt; mit Kuppel; kuppelförmig, Kuppel-
kucak Schoß *m* ***kucağına almak*** auf den Schoß nehmen ***kucağına oturmak*** auf den Schoß sitzen ***kucak açmak*** *jdn* mit offenen Armen aufnehmen
kucaklamak umarmen
kucaklaşmak sich umarmen
kudret Macht *f*, Kraft *f* ***kudret helvası*** Manna *n*
kudretli mächtig, kräftig, stark; fähig, begabt
kudretsiz machtlos, kraftlos; unfähig, unbegabt
kudurgan jähzornig, aufbrausend
kudurmak wild werden
kudurmuş tobsüchtig, tollwütig
kudurtmak *jdn* wild machen
kuduruk wild, rasend
kuduz Tollwut *f*
Kudüs Jerusalem
kuğu Schwan *m*
kukla Puppe *f*, Marionette *f* ***kukla tiyatrosu*** Marionettentheater *n*
kukuleta Kapuze *f*
kukumav *hayb* Steinkauz *m* ***kukumav gibi*** allein
kul Knecht *m*, Diener *m*, Sklave *m*; Dienerin *f*, Sklavin *f*; Mensch *m* ***kul köle olmak*** sich abrackern für
kulaç Klafter *f* ***kulaç atmak*** kraulen
kulak Ohr *n*; Gehör *n* ***kulağı ağır işitmek*** schwerhörig sein ***kulağı ağrımak*** Ohrenschmerzen haben ***kulağı delik*** hellhörig ***kulağına çalınmak*** *jdm* zu Ohren kommen ***kulağına söylemek*** *jdm etw* ins Ohr sagen ***kulağını açmak*** die Ohren aufmachen ***kulağını çekmek*** tadeln, ausschelten ***kulak ağrısı*** Ohrenschmerzen *pl* ***kulak ardı etmek*** übers Ohr hauen ***kulak asmak*** Gehör schenken ***kulak asmamak*** nicht reagieren ***kulak dolgunluğu*** vom Hören ***kulak iltihabı*** Ohrenentzündung *f* ***kulak kabartmak*** horchen, lauschen, mithören ***kulak kepçesi*** ohrmuschel *f* ***kulak kesilmek*** ganz Ohr sein ***kulak kiri*** Ohrenschmalz *n* ***kulak misafiri olmak*** mitgehören ***kulak vermek*** (öğüt vb) beherzigen, hinhören, horchen ***kulak zarı*** Trommelfeill *n* ***Kulakları çınlasın*** von *jdm* reden! ***Kulaklarıma inanamadım*** sich seine Ohren nicht glauben ***kulaklarını dikmek*** die Ohren spitzen ***kulaktan dolma*** gehörmässig erwor-

ben ***kulaktan kapmak*** gehorchen ***kulaktan kulağa*** vom Hörensagen
kulakçık Herzvorhof *f*
kulakkepçesi Ohrmuscheln *pl*
kulaklık Kopfhörer *m*; Hörer *m*
kulakmemesi *anat* Ohrläppchen *n*
kulakzarı Trommelfell *n*
kulampara Päderast *m*
kule Turm *m*
kulis Kulisse *f*
kullanılmış gebraucht; verbraucht; getragen
kullanım Verwendung *f*
kullanış Gebrauch *m*, Verwendung *f*
kullanışlı handlich, gebräuchlich, praktisch
kullanışsız unhandlich, ungebräuchlich, unpraktisch
kullanmak gebrauchen, verwenden, benutzen, anwenden
kulluk Sklaverei *f*, Sklaventum *n*; Gottesverehrung *f*
kulp Henkel *m*, Griff *m* ***kulp takmak*** *jdm* die Schuld geben
kuluçka Brut *f* ***kuluçka dönemi*** Latenzzeit *f*; *hek* Inkubationszeit *f* ***kuluçka makinesi*** Brutapparat *m* ***kuluçkaya yatmak*** brüten
kulunç Darmkolik *f*
kulübe Hütte *f*
kulüp Klub *m*, Klubhaus *n*
kulvar Gang *m*
kum Sand *m* ***kum banyosu*** Sandbad *n* ***kum fırtınası*** Sandsturm *m* ***kum saati*** Sanduhr *f* ***kum yığını*** Sandhaufen *m*
kuma zweite Frau
kumanda Kommando *n* ***kumanda etmek*** kommandieren
kumandan Kornmandant *m*
kumandanlık Kommando *n*, Oberbefehl *m*
kumanya Reiseproviant *n*
kumar Glücksspiel *n* ***kumar oynamak*** zocken
kumarbaz Hasardspieler *m*
kumarbazlık Hasardspiel *m*
kumarcı Spieler *m*, Hasardspieler *m*
kumarhane Spielsaal *m*
kumaş Stoff *m*
kumbara Sparbüchse *f*; Granate *f*
kumlu sandig
kumluk Sand *m*, Sandbank *f*
kumpanya Kompanie *f*, Gesellschaft *f*
kumpas Zirkel *m*; Komplott *n* ***kumpas kurmak*** aushecken
kumral dunkelblond
kumru Turteltaube *f* ***kumrular gibi sevişmek*** miteinander turteln
kumsal sandig
kumtaşı Sandstein *m*
kundak Windel *f*; Brandfackel *f*
kundakçı Brandstifter *m*
kundakçılık Brandanschlag *m*
kundaklamak in Brand stecken
kundura Schuh *m*
kunduracı Schuhmacher *m*
kunduz Biber *m*
kupa Pokal *m*, Becher *m* ***kupa maçı*** Pokalspiel *n*
kupkuru knochenntrocken
kupon Kupon *m*
kupür Zeitungsausschnitt *m*
kur Hofmacherei *f*; *tic* Kurs ***kur yapmak*** den Hof machen
kura Los *n* ***kura çekmek*** losen
kurabiye Makrone *f*
kurak trocken
kuraklık Trockenheit *f*
kuraklık Dürre *f*; Trockenheit *f*, Trockenzeit *f*
kural Regel *f*
kuralcı normativ, gesetzmäßig
kuraldışı regelwidrig
kurallı gesetzmäßig, regelmäßig
kuralsız unregelmäßig
kuram Theorie *f*
kuramsal theoretisch
Kuran Koran *m*
kurbağa Frosch *m*, Kröte *f*
kurbağalama *sp* Brustschwimmen *n*
kurban Opfer *n* ***Kurban Bayramı*** Opferfest *n* ***kurban kesmek*** ein Opfertier schlachten ***kurban olmak*** das Opfer werden (von) ***kurban vermek*** zum Opfer geben
kurbanlık Opfer *m*
kurbanlık Opfer-; Todeskandidat *m*
kurcalamak herumarbeiten

kurdele Band *n*, Kordel *f*
kurdeşen Nesselsucht *f*
kurgu Montage *f*
kurmak aufstellen, aufschlagen, errichten; montieren, aufmontieren; decken; aufziehen; einstellen
kurmay Generalstab *m* ***kurmay subay*** Stabsoffizier *m*
kurna Marmorbecken *n*
kurnaz schlau, pffifpig
kurnazlık Schlauheit *f*
kuron Krone *f*
kurs Kurs *m* ***kurs görmek*** einen Kurs belegen
kursak Kropf *m*; Magen *m*; Blasse *f*; Membran *f*
kurşun Blei *n*; Kugel *f* ***kurşun geçirmez*** kugelsicher ***kurşun kalem*** Bleistift *m* ***kurşun yarası*** Schusswunde *f* ***kurşuna dizmek*** *jdn* an die Wand stellen
kurşuni bleigrau
kurşunkalem Bleistift *m*, Stift *m*
kurşunlamak verbleien, schießen
kurşunlu bleihaltig; *oto* verbleit
kurşunsuz (benzin) bleifrei, unverbleit ***kurşunsuz benzin*** bleifreies Benzin
kurt Wolf *m* ***kurt dökmek*** entwurmen ***kurt gibi aç*** Hunger wie ein Wolf ***kurt köpeği*** Wolfshund *m* ***kurt sürüsü*** Wolfsrudel *n*
kurtağzı Auskehlung *f*, Schwalbenschwanznut *m*
kurtarıcı Retter *m*; Abschleppwagen *m*
kurtarış Parade *f*
kurtarma Befreiung *f*, Bergung *f* ***kurtarma ekibi*** Bergungsmannschaft *f*
kurtarmak retten
kurtçuk Larve *f*, Raupe *f*
kurtlanmak *hek* wurmstichig werden ***kurtlarını dökmek*** sich austoben
kurtlu madig
kurtulmak sich retten, sich befreien, loswerden
kurtuluş Befreiung *f* ***Kurtuluş Savaşı*** Befreiungskrieg *m*
kuru trocken, dürr; mager ***kuru fasulye*** Bohne *f* ***kuru gürültü*** blinder Lärm ***kuru hava*** trockene Luft ***kuru iftira*** reine Verleumdung ***kuru incir*** getrocknete Feigen ***kuru kalabalık*** gaffende Menge ***kuru pil*** Trockenbatterie *f* ***kuru temizleme*** chemische Reinigung ***kuru temizleyici*** chemische Reiniger ***kuru üzüm*** Rosine *f*, Sultanien *pl*
kurucu Gründer *m*, Begründer *m*
kurukafa Totenschädel *m*
kurukahve geröstete Kaffee
kurul Ausschuss *m*, Kommission *f*
kurulamak trocknen, abtrocknen, ablöschen
kurulmak sich installieren; sich aufblasen, sich wichtig tun, sich setzen, sich bequem machen
kurultay Kongress *m*
kuruluk Trockenheit *f*, Dürre *f*; Getrocknet-, Gedörrtsein *n*; Magerkeit *f*, Abgemagertsein *n*; *mec* Nüchternheit *f*, Langweiligkeit *f*
kurulum *biliş* Installation *f*
kuruluş Gründung *f*, Anstalt *f*, Einrichtung *f*, Errichtung *f*, *biliş* Institution *f*; Laden *m*, Organisation *f*, Unternehmen *n*
kurum Institution *f* ***kurum kurum kurulmak*** hochnäsig sein ***kurum satmak*** sich wichtig machen\tun
kurumak eintrocknen, vertrocknen
kurumlu hochmütig, prahlerisch
kuruntu Ilusion *f*, Wahn *m*
kuruntulu argwöhnisch, misstrauisch
kurusıkı Luftwaffe *f*
kuruş (türkisches Kleingeld) Kurusch *m*
kurutma Austrocknung *f*, Dörre *f*, Entwässerung *f*, Trocknung *f*, Trocknen *n* ***kurutma kâğıdı*** Löschpapier *n*
kurutmak trocken, abtrocknen, vertrocknen, eintrocknen
kuruyemiş Trockenfrüchte pl, Nüsse *pl*
kurye Kurier *m*, Eilbote *f*
kuskus Kuskus *m*
kusmak sich erbrechen
kusmuk Erbrochenes, erbrochener Mageninhalt
kusur Fehler *m*, Mangel *m*; Schuld *f*; Rest *m* ***kusur bulmak*** tadeln, sich stoßen ***Kusura bakma*** entschuldige! ***kusura bakmamak*** entschuldigen
kusurlu fehlerhaft

kusursuz fehlerlos, fehlerfrei
kuş Vogel *m* ***kuş beyinli*** verrückt ***kuş kafesi*** Vogelkäfig *m* ***kuş uçmaz kervan geçmez*** gottverlassen ***kuş uçurtmamak*** nicht außer Augen lassen ***kuşa benzetmek*** verstümmeln
kuşak Gürtel *m*; Generation *f*
kuşanmak sich ankleiden
kuşatma Umfassung *f*, Umlagerung *f*, Belagerung *f*
kuşatmak umlagern, umgeben, umringen
kuşbakışı aus der Vogelperspektive
kuşbaşı gehacktes Rindfleisch
kuşekâğıdı Glanzpapier *n*
kuşet Liegestatt *f*
kuşkonmaz Spargel *m*
kuşku Angst *f*, Sorge *f*, Argwohn *m* ***kuşku duymak*** befürchten, bezweifeln
kuşkucu Skeptiker *m*; skeptisch
kuşkulandırmak unruhig machen; argwöhnisch machen
kuşkulanmak Verdacht schöpfen
kuşkulu bedenklich, ängstlich, argwöhnisch, fraglich, misstrauisch, zweifelhaft
kuşkusuz ohne Argwohn; zweifellos
kuşluk am frühen Morgen
kuşpalazı Diptherie *f*
kuşsütü Vogelmilch *f*; Unmögliche(s), Unwirkliche(s) ***kuşsütüyle beslemek*** verwöhnen
kuştüyü Daune *f* ***kuştüyü yatak*** Federbett *n*
kuşüzümü Korinthen *pl*
kutlama Gratulation *f*, Feier *f*, Feierlichkeit *f*, Fest *n*, Festlichkeit *f*
kutlamak gratulieren, beglückwünschen; feiern
kutlu glücklich, gesegnet
kutsal heilig, göttlich
kutsallık Geistlichkeit *f*, Heiligkeit *f*
kutsama Segen *m*, Segnung *f*, Weihe *f*
kutsamak salben, segnen
kutu Schachtel *f*
kutulamak verpacken
kutup Pol *m* ***kutup yıldızı*** Polarstern *m*
Kutupyıldızı Polarstern *m*
kuvars Quarz *m*
kuvvet Kraft *f*; Macht *f*, Gewalt *f*; *mat* Potenz *f* ***kuvvet ilacı*** Stärkungsmittel *n* ***kuvvet macunu*** Aphrodisiakum *n* ***kuvvetten düşmek*** an Kraft verlieren
kuvvetle mit allen Kräften; mit Gewalt
kuvvetlendirmek kräftigen, stärken, verstärken
kuvvetlenmek erstärken
kuvvetli stark, kräftig; heftig
kuvvetsiz schwach, kraftlos
kuyruk Schwanz *m*, Schweif *m*; Schlange *f* ***kuyruğa girmek*** sich anstellen ***kuyruğunu kısmak*** den Schwanz einziehen ***kuyruk acısı*** Groll *m*, Rachsucht *f* ***kuyruk olmak*** Schlange stehen ***kuyruk sallamak*** sich ducken ***kuyrukta durmak*** in der Schlange stehen
kuyruklu ... mit Schwanz, Schwanz- ***kuyruklu piyano*** Flügel *m* ***kuyruklu yalan*** faustdicke Lüge
kuyrukluyıldız Komet *m*
kuyruksokumu *anat* Steißbein *n*
kuyruksuz schwanzlos
kuytu windgeschützt, versteckt
kuyu Brunnen *m*, Grube *f* ***kuyu açmak*** ausschachten
kuyumcu Goldschmied *m*, Juwelier *m* ***kuyumcu dükkânı*** Juwelierladen *m* ***kuyusunu kazmak*** *mec jdm* eine Grube graben
kuzen Vetter *m*, Cousin *m*
kuzey Norden *m*; nördlich ***kuzey kutbu*** Nordpol *m*
kuzeybatı Nordwest(en) *m*; nordwestlich
kuzeydoğu Nordosten *m*; nordöstlich
kuzeyli Nordländer *m*; nordisch
kuzgun Kolkrabe *m*
kuzin Cousine *f*, Base *f*
kuzu Lamm *n* ***kuzu gibi*** sanft und friedlich
kuzudişi *anat* Milchzahn *m*
kuzukulağı *bitk* Sauerampfer *m*
kuzulamak lammen
kuzumantarı *bitk* Morchel *f*, Steinpilz *m*
Küba Kuba *n*; kubanisch
kübik kubisch
kübizm Kubismus *m*
küçücük winzig
küçük klein; jung ***küçük aptes*** Kleine(s), Wasserlassen *n* ***küçük dil*** Zäpfchen *n* ***küçük düşmek*** sich klein und hässlich

vorkommen ***küçük düşürmek*** degradieren ***küçük düşürücü*** abschätzig ***küçük görmek*** *jdn* missachten ***küçük harf*** Kleinbuchstabe *m*; kleiner Buchstabe ***küçük ilanlar*** Kleinanzeigen *pl* ***küçük parmak*** kleiner Finger ***küçük su dökmek*** pissen

Küçükayı kleiner Bär

küçükbaş Schafe *pl*

küçükdil *anat* Zäpfchen *n*

küçüklük Kleinheit *f*; Kindheit *f*

küçülmek sich verkleinern

küçültmek verkleiner

küçültücü erniedrigend

küçümsemek unterschätzen; verachten

küf Schimmel *m* ***küf bağlamak*** schimmelig werden

küfe Tragkorb *m*, Kiepe *f*

küfelik *mec* sinnlos betrunken ***küfelik olmak*** sternhagelvoll trinken

küflenmek schimmeln, verschimmeln, schmellig werden; vergammeln, unmodern werden; rosten, rostig werden; veralten, sich überleben

küflü schimmelig, verschimmelt; rostig; veraltet, überlebt, unmodern, altmodisch

küfretmek schimpfen, fluchen

küfür Schimpf *m*, Fluch *m*, Verwünschung *f* ***küfür etmek*** schimpfen, fluchen ***küfürü basmak*** fluchen

küfürbaz Lästermaul *n*

küfürlü unfältig

küheylan Vollblutpferd *n*

kükremek brüllen

kükürt Schwefel *m*

kükürtlü schwefelhaltig, schwefig, Schwefel-

kül Asche *f* ***kül etmek*** einäschern ***kül gibi*** blass, bleich ***kül olmak*** in Schutt und Asche gelegt werden ***kül tablası*** Aschenbecher *m* ***kül yutmak*** betrügt werden

külah Mütze, Kopfbedeckung *f*; Geschützhaube *f* ***külah giydirmek*** übers Ohr hauen ***Külahıma anlat*** Erzähl kein Märchen! ***külahları değişmek*** sich verzanken mit

külbastı Rostfleich *n*, Grillfleisch *n*

külçe Metallklumpen *m*

külfet Mühe *f*, Anstrengung *f*

külfetli mühevoll, anstrengend

külfetsiz mühelos, leicht

külhan Heizraum *m*

külhanbeyi Raufbold *m*

külliyat Gesamtausgabe *f*

külliyet Gesamtheit *f*

küllü mit Asche

küllük Aschenbecher *m*

külot Schlüpfer *m*, Slip *m*, Unterhose *f* ***külotlu çorap*** Strumpfhose *f*

külrengi aschgrau

kültür Kultur *f*, Bildung *f*, Ausbildung *f*

kültürel kulturell

kültürfizik Körperkultur *f*, Gymnastik *f*

kültürlü gebildet

kültürsüz ungebildet

külüstür altmodisch, ramponiert ***külüstür otomobil*** Oldtimer *m*

kümbet Kuppe *f*; kuppelförmige Erhebung, rundliche Ausbuchtung

küme Gruppe *f*, Schar *f*, Haufen *m*; *sp* Mannschaft *f*

kümebulut Haufenwolke *f*

kümelemek häufen

kümelenmek sich gruppieren

kümes Geflügelstall *m* ***kümes hayvanları*** Geflügel *n*

kümülüs *metr* Haufenwolke *f*

künk Abflussrohr *n*

künye Beiname *m*; Personalien *pl*

küp1 *mat* Würfel *m* ***küp kök*** dritte Wurzel; *mat* Kubikwurzel *f*

küp2 Tongefäß *n* ***küplere binmek*** in die Luft gehen ***küpünü doldurmak*** Taschen mit Geld füllen

küpe Ohrring ***küpe takmak*** Ohrring anhaben

küpeçiçeği Funchsie *f*

küpeşte Geländer *f*, Reling *f*

kür Kur *f*

kürdan Zahnstocher *m*

küre Kugel *f*

kürecik Kügelchen *n*

kürek Schaufel *f*; Spaten *m*; Ruder *n* ***kürek çekmek*** rudern

kürekçi Ruderer *m*

kürekkemiği *anat* Schulterblatt *n*

K

küremek schaufeln
küresel kugelförmig
kürk Pelz *m* ***kürk manto*** Pelzmantel *m*
kürkçü Pelzhändler(in *f*) *m* ***kürkçü dükkânı*** Pelzgeschäft *n*
kürkçülük Pelzhandel *m*
kürsü Pult *n*; Lehrpult *n* ***kürsü başkanı*** Vorsitzende *m*
Kürt Kurde *m*, Kurdin *f*; kurdisch
kürtaj Abtreibung *f*
küs böse
küskü Brecheisen *n*, Brechstange *f*
küskün böse, schmollend
küskünlük böse sein
küsmek grollen, schmollen
küspe Treber *m*, Trester *f*
küstah frech, unverschämt
küstahça anmaßend
küstahlaşmak frech werden
küstahlık Frechheit *f* ***küstahlık etmek*** sich *etw* anmaßen, sich im Ton vergreifen
küstümotu Mimose *f*
küsur Bruchteil *m*
küsurat Überschuss *m*
küsüşmek entzweigehen; sich entzweien (mit ile)
küt stumpf ***küt küt etmek*** (Herz) hämmern
kütle Masse *f*; Block *m*
kütleşmek sich abstumpfen, sich abplattern
küttedek mit dumpfem Geräusch
kütük Holzklotz *m*; Weinstock *m*; Register *n* ***kütüğe kaydetmek*** ins Registerbuch eintragen ***kütük gibi*** sternhagelvoll
kütüklük Patronentasche *f*
kütüphane Bibliothek *f*, Bücherei *f*
kütüphaneci Bibliothekar *m*
kütür kütür knackig
kütürdemek krachen
kütürdetmek knirschen; zerreißen
kütürtü Knirschen *n*, Krachen *n*
küvet Badewanne *f*; Waschbecken *n*

L

labada *bitk* Gartenampfer *m*
labirent Labyrinth *n*
laborant Laborant *m*
laboratuvar Laboratorium *n*
lacivert dunkelblau
laçka locker, schlaff ***laçka olmak*** sich lockern
lades Vielliebchen essen ***lades kemiği*** *anat* Gabelbein *n* ***lades tutuşmak*** Vielliebchen essen
ladin Fichte *f*
laf Wort *n*, Rede *f*, Plauderei *f* ***laf altında kalmamak*** um eine Erwiderung nicht verlegen sein ***laf anlamaz*** unvernünftig, obstinat, stur ***laf aramızda*** unter uns gesagt ***laf atmak*** gemütlich plaudern ***laf bolluğu*** Wortschwall *m* ***laf dinlemek*** gehorchen, folgsam sein ***laf ebesi*** geschwätzig, schwatzhaft ***laf etmek*** plaudern ***laf işitmek*** eine Zigarre verpasst bekommen ***Laf ola beri gele*** Quatsch!, Unsinn!, dummes Geschwätz ***laf olsun diye*** nur um etwas zu sagen ***laf söyledi balkabağı*** Unsinn! dummes Geschwätz ***laf taşımak*** hinterbringen ***lafa dalmak*** im Gespräch die Zeit vergessen ***lafa karışmak*** dazwischenfahren, sich in ein Gespräch mischen ***lafa tutmak*** in Beschlag nehmen, mit Beschlag belegen ***lafı ağzına tıkamak*** *jdn* nicht reden lassen ***lafı ağzında gevelemek*** nicht recht mit der Sprache herauswollen ***lafı ağzından almak*** *jdm* das Wort aus dem Mund nehmen ***lafı çevirmek*** das Therma wechseln ***Lafı mı olur*** nicht die Rede wert! ***lafını bilmek*** in gesetzten Worten sprechen ***lafını etmek*** aussprechen, in den Mund nehmen ***lafını kesmek*** *jdn* unterbrechen, *jdm* ins Wort fallen
lafazan Schwätzer *m*, Plaudertasche *f*, Klatschbase *f*; schwatzhaft
laflamak sich unterhalten, plaudern
lağım Kloake *f*, Abfluss *m*
lağımcı Mineur *m*; Kloakenreiniger *m*; Sprengmeister *m*, Gesteinshauer *m*
lağvetmek abschaffen, beseitigen

lağvolmak annuliert werden; aufgehoben werden
lahana Kohl *m* ***lahana turşusu*** Sauerkohl *m*
lahit Sarkophag *m*; ausgemauertes Grab, gemauerte Totengrube
lahmacun eine Art türkische Pizza mit Hackfleisch
lahza Augenblick *m*, Moment *m*
laik laizistisch
laikleştirmek säkularisieren
laiklik Laizismus *m*
lakap Spitzname *m* ***lakap takmak*** einen Spitzname geben
lakayt gleichgültig ***lakayt kalmak*** gleichgültig sein
lakaytlık Gleichgültigkeit *f*
lake lackiert, mit Lack überzogen
lakin aber, indessen, jedoch
lakırdı Wort *n*, Gespräch *n* ***lakırdı etmek*** sich unterhalten, plaudern
laklak Geklapper *n*
laktoz Lactose *f*, Laktose *f*
lale Tulpe *f*
lalettayin beliebig, irgendein
lam Lamelle *f*; *fiz* Objektträger des Mikroskops
lama *hayb* Lama *n*
lamba Lampe *f*, Ampel *f*; Röhre *f*
lamine laminiert, geschichtet
lan Knospe *f*, Mann!
lanet Fluch *m*, Verwünschung *f* ***lanet etmek*** verfluchen, verwünschen ***Lanet olsun*** Verdammt!
lanetlemek verfluchen, verdammen
lanetli verflucht, verdammt
langust Languste *f*
lanse Sprinkler *m*; lanciert ***lanse etmek*** lancieren
lapa Brei *m* ***lapa gibi*** breiig ***lapa lapa*** in dicken Flocken
lappadak mit Platsch!
larenjit *hek* Kehlkopfentzündung *f*
largetto Larghetto *n*
larva *hayb* Larve *f*
lastik Gummi *m*; Reifen *m*, Schlauch *m* ***lastiği patlamak*** Panne haben
latarna Drehorgel *f*
laterna Drehorgel *f*
latife Scherz *m*, Spaß *m*, Witz *m* ***latife etmek*** scherzen
latifeci Spaßmacher *m*
latilokum türkischer Honig
Latin lateinisch, Latein *n* ***Latin harfleri*** lateinische Buchstaben
Latince lateinisch
laubali unbekümmert, respektlos
laubalileşmek sich viel herausnehmen, plump vertraulich werden
laubalilik Ungeniertheit *f*, zwangloses Benehmen
lav Lava *f*
lavabo Waschbecken *n*
lavaj Auslaugung *f*; *hek* Spülung *f*, Wäsche *f*
lavanta Lavendel *m*
lavantaçiçeği Lavendel *m*
layık wert, würdig ***layığını bulmak*** die gerechte Belohnung erhalten ***layık olmak*** verdienen
layıkıyla gebührend, verdientermaßen
layiha Entwurf *m*, Schriftsatz *m*
Laz Lase *m*; lasisch
lazer Laser *m*
lazım nötig, notwendig, erforderlich ***lazım olmak*** nötig haben
lazımlık Nachttopf *m*, Nachtgeschirr *n*, Topf *m*, Töpfchen *n*
leblebi Kichererbse *f* (geröstete)
legorn *hayb* Leghorn *n*
leğen Becken *n*, Waschbecken *n*
Leh Pole *m*, Polin *f*; polnisch
lehçe Dialekt *m*, Mundart *f*
Lehçe Polnisch *n*
lehim Lötzinn *n*
lehimde meinerseits
lehimlemek löten
lehimli gelötet
lehinde seinerseits, für sich ***lehinde karar vermek*** für sich entscheiden
lehine für sich
lejyon Legion *f*
leke Fleck *m*; Klecks *m* ***leke çıkarıcı*** Fleckenentferner *m* ***leke çıkarmak*** abflecken, detachieren ***leke etmek*** beflecken, schmutzig machen ***leke olmak*** befleckt werden, Flecke bekommen ***leke sürmek*** beflecken, besudeln ***leke***

L

yapmak kleckern
lekelemek beflecken, beschmutzen
lekeli beschmutzt, gefleckt
lekesiz fleckenlos, unbefleckt
lenf Lymphe *f*
lenger Anker *m*
lens Linse
leopar Leopard *m*
lepiska blond und weich
leş Aas *n* ***leş gibi*** wie die Pest stinkend ***leş gibi kokmak*** wie die Pest stinken
leşkargası *hayb* Aasgeier *m*
levazım Utensilien *pl*
levha Tafel *f*, Plakat *n*, Schild *n*
levrek *hayb* Barsch *m*
levye Brecheisen *n*, Brechstange *f*, Steuerknüppel *m*
leylak Flieder *m*
leylek Storch *m*
lezbiyen Lesbierin *f*; lesbisch
leziz schmackhaft, delikat, wohlschmeckend
lezzet Geschmack *m* ***lezzet almak*** den Freude finden an
lezzetlenmek appetitlich werden
lezzetli schmackhaft, lecker
lezzetsiz geschmacklos
liberal liberal
liberalizm Liberalismus *m*
libero *sp* Libero *m*
libre Pfund *n*
libretto *müz* Libretto *n*
Libya Libyen
Libyalı Libyer *m*; libysch
lider Führer *m*
liderlik Führung *f*, Vormachtstellung *f*
lif Faser *f*
lifli faserig
lig Liga *f*
lıkırdamak gluckern
lıkırtı Gluckern *n*
likit flüssig
likör Likör *m*
liman Hafen *m*
limanlamak in einen Hafen einlaufen
lime schmaler Streifen ***lime lime*** zerrissen, zerfetzt
limit Limit *n* ***limitet şirket*** Gesellschaft mit beschränkter Haftung (GmbH)
limon Zitrone *f* ***limon gibi olmak*** wie Zitrone sein
limonata Zitronensaft *m*
limoni launisch
limonlu mit Zitronengeschmack
limonluk Plantage *f*
limontuzu Zitronensäure *f*
limuzin *oto* Limousine *f*
linç Lynchen *n* ***linç etmek*** lynchen
linear *mat* linear
linotip Linotype *f*
linyit Braunkohle *f*
lir *müz* Lyra *f*, Leier *f*
lira Pfund *n*
liret Lira *f*
lirik Lyrik *f*; lyrisch
lirizm Lyrismus *m*
lisan Sprache *f*
lisans Lizenz *f*
lisansüstü Fortbildung *f*
lise Gymnasium *n*, Oberschule *f* ***lise mezunu*** Abiturient *m* ***lise müdürü*** Oberstudiendirektor *m*
liseli Gymnasiast(in *f*) *m*
liste Liste *f*, Verzeichnis *n*
literatür Literatur *f*
litografya Lithographie *f*
litre Liter *m*/*n*
liyakat Würdigkeit *f*
liyakatli würdig
liyakatsiz unwürdig; unfähig
Lizbon Lissabon
lobi Lobby *f*; (yer) Aufenthaltsraum *m*; (otel) Halle *f*
loca Loge *f*
lodos Südwestwind *m*
logaritma Logarithmus *m*
logaritmik logarithmisch
loğusa Wöchnerin *f*
loğusalık Wochenbett *n*
lojik Logik *f*; logisch
lojistik Unterbringungswesen *n*
lojman Wohnung *f*, Heim *n*
lokal Lokal *n*; örtlich
lokanta Restaurant *n*
lokantacı Gastwirt *m*, Wirt *m*
lokavt Aussperrung *f*
lokma Bissen *m*
lokmanruhu *kim* Äther *m*

lokomotif Lokomotive *f*
lokum Lokum *n* (türki. Süßspeise)
lombar Pfortluke *f*
lomboz *den* Bullauge *n*
lonca Innung *f*, Zunft *f*
Londra London
Londralı Londoner(in *f*) *m*
lop rund und weich ***lop et*** ein weiches Stück Fleisch ***lop yumurta*** hartgekochtes Ei
lort Lord *m*
lostra Schuhcreme *f* ***lostra salonu*** Schuhputzersalon *m*
losyon Lotion *f*
loş halbdunkel
lotarya Lotterie *f*
lotus *bitk* Lotus *m*
lökosit *biy* weißes Blutkörperchen
lösemi *hek* Leukämie *f*
lumbago Hexenschuss *m*
lunapark Rummelplatz *m*
Lübnan Libanon *m*
Lübnanlı Libanese *m*; libanesisch
lüfer Blaufisch *m*
lügat Wörterbuch *n* ***lügat paralamak*** kauderwelschen
lügatçe Wörterverzeichnis *n*
lüks Luxus; luxuriös ***lüks mevki*** Luxusklasse *f*
Lüksemburg Luxemburg
lüle Haarsträhne *f*; Korkenzieherlocke *f*; *tek* Düse *f*
lületaşı Meerschaum *m*
lüp glücklicher Fund
lüpçü Profitmacher *m*
lütfen Bitte!
lütfetmek bitten
lütuf Huld *f*, Güte *f*, Gnade *f*
lütufkâr gönnerhaft, gütig, huldvoll, freundlich, wohl wollend, gnädig
lüzum Notwendigkeit *f*, Bedürfnis *n* ***lüzum görmek*** nötig finden
lüzumlu nötig, notwendig, erforderlich
lüzumsuz unnötig, überflüssig

M

maada außerdem, überdies
maalesef leider
maarif Unterrichtswesen *n*
maaş Gehalt *n*, Monatslohn *m* ***maaş almak*** Gehalt bekommen ***maaş günü*** Zahltag *m*, Gehaltstag *m*
maaşlı Gehaltsempfänger *m*
mabet Tempel *n*
Macar Ungar *m*; ungarisch
Macarca Ungarisch *n*
Macaristan Ungarn
macera Abenteuer *n* ***macera aramak*** auf Abenteuer ausgehen ***macera romanı*** Abenteuerroman *m*
maceracı Abenteurer *m*; abenteuerlich
maceralı abenteuerlich
maceraperest Abenteurer(in *f*) *m*
macun Paste *f*
macunlamak einkitten, verkitten
maç Wettkampf *m*
maça Pik *n*; Gusskern *m* ***maça beyi*** *isk* Pikass *n* ***maça kızı*** *isk* Pikdame *f*
maçuna *den* Mastenkran *m*, Schwimmkran *m*, Verladekran *m*
madalya Medaille *f*, Orden *m*
madalyon Medaillon *n*
madam gnädige Frau, Frau; Zimmerfrau *f*
madde Stoff *m*, Materie *f*, Substanz *f*; Artikel *m*
maddeci Materialist *m*
maddecilik Materialismus *m*
maddesel materiell
maddeten materiell
maddi materiell
maddiyat materielle Dinge
madem da, weil
mademki da ja, da nun einmal
maden Mineral *n*; Erz *n*; Metall *n* ***maden cevheri*** Erz *n* ***maden işçisi*** Bergarbeiter *m*, Grubenarbeiter *m* ***maden mühendisi*** Bergingenieur *m* ***maden ocağı*** Bergwerk *n*, Mine *f* ***maden yatağı*** Vorkommen *n*
madenci Bergmann *m*
madencilik Bergbau *m*, Metallurgie *f*, Hüttenkunde *f*; Mineralogie *f*
madeni metallisch ***madeni para*** Geld-

stück *n*, Münze *f*
madenkömürü Steinkohle *f*
madensel metallisch
madensuyu Mineralwasser *n*
madik Betrug *m*, List *f*, Schwindel *m* ***madik atmak*** betrügen, hereinlegen
madrabaz Spitzbube *m*, Gauner *m*, Spekulant *m*; Schlingel *m*, Aufkäufer *m*, Großkäufer *m*
madrabazlık Gaunerei *f*
maestro Maestro *m*, Musiker *m*, Dirigent *m*
mafiş nicht vorhanden
mafsal Gelenk *n*
mafya Mafia *f*
maganda Flegel *m*
magazin Zeitschrift *f*, Illustrierte *f*
magma Magma *n*, aufgemaischter Zucker
magnezyum *kim* Magnesium *n*; *fot* Blitzlicht *n*
mağara Höhle *f* ***mağara adamı*** Höhlenmensch *m*
mağaza Geschäft *n*, Laden *m*
mağdur benachteiligt
mağduriyet Benachteiligung *f*
mağfiret forgiveness
mağlubiyet Niederlage *f*
mağlup besiegt ***mağlup etmek*** besiegen ***mağlup olmak*** unterliegen
mağrur stolz, hochmütig
mağrurluk Einbildung *f*
mahal Ort *m*, Stelle *f* ***mahal vermemek*** keine Möglichkeit geben
mahalle Stadtviertel *n*
mahalli örtlich, lokal, Orts-
mahallinde an Ort und Stelle
maharet Geschicklichkeit *f*, Gewandtheit *f*
maharetli geschickt, wendig, gewandt; kunstfertig, talentiert, fertig
maharetsiz ungeschickt, tapsig, ungewandt; unfähig, untalentiert, unfertig
mahcubiyet Beschämung *f*, Blamage *f*
mahcup beschämt, blamiert; schüchtern ***mahcup etmek*** in Verlegenheit bringen ***mahcup olmak*** blamiert dastehen; *m* Verlegenheit kommen
mahdum Sohn *m*
mahdut begrenzt, eingegrenzt, abgegrenzt; gezählt, gering; *mat* definiert, begrenzt
mahfaza Gehäuse *n*
mahfuz vorbehalten
mahıv Vernichtung *f*, Zerstörung *f*
mahiyet Wesen *n*, Art *f*, Natur *f*, Charakter *m*
mahkeme Gericht *n*; Gerichtshof *m* ***mahkeme kararı*** Gerichtsbeschluss *m*, Gerichtsurteil *n*
mahkûm verurteilt; Sträfling *m* ***mahkûm etmek*** verurteilen ***mahkûm olmak*** *huk* verurteilt werden
mahkûmiyet Strafzeit *f*, Vorstrafe *f*
mahluk Geschöpf *n*, Kreatur *f*
mahmur schlaftrunken, übernächtigt, schmachtend
mahmurluk Verschlafenheit *f*, Schlaftrunkenheit *f*; (alkolden) Kater *m*, Katzenjammer *m*; Betäubung *f*
mahmuz Sporn *m*
mahmuzlamak die Sporen geben, anspornen
mahpus gefangen, eingesperrt
mahpushane Gefängnis *n*
mahrem geheim, intim
mahremiyet Intimität *f*
mahrum entblößt, notdürftig ***mahrum etmek*** *huk jdm etw* aberkennen
mahrumiyet Mangel *m*, Entbehrung *f*, Beraubtsein *n*, Not *f* ***mahrumiyet bölgesi*** Notstandsgebiet *n* ***mahrumiyet içinde yaşamak*** in Not leben
mahsuben auf Rechnung, auf Konto
mahsul Erzeugnis *n*, Produktion *f*, Ernte *f*, Ertrag *m*
mahsur belagert, eingeschlossen; eingeengt; umgeben ***mahsur kalmak*** belagert sein
mahsus bestimmt; absichtlich
mahşer (der) Jüngste Tag; (das) Jüngste Gericht; *mec* große Menschenmenge, Gedränge *n*
mahşeri riesig, ungeheuer
mahvetmek vernichten
mahvolmak zugrunde gehen
mahzen Keller *m*
mahzun traurig, betrübt

mahzur Einwand *m*; Hindernis *n*
mahzurlu hinderlich, nachteilig
maiyet Gefolge *n*
majeste Majestät *f*
majör Dur *n*, Durtonart *f*
majüskül (der) große Buchstabe
makale Artikel *m*
makam Amt *n*, Dienststelle *f*
makara Winde *f*, Spule *f*, Rolle *f* ***makaraya almak*** aufwickeln ***makaraya sarmak*** spulen; *mec* auf den Arm nehmen
makarna Nudeln *pl*
makas Schere *f*; Weiche *f* ***makas almak*** *jdn* am Backen kneifen
makaslamak scheren, mit einer Schere schneiden; kürzen, zensieren; übernehmen, abdrucken
makat Gesäß *n*
makber Grab *n*
makbul angenommen; beliebt, geschätzt ***makbule geçmek*** wohltuend sein
makbuz Quittung *f*
Makedonya Mazedonien *n*; mazedonisch
Makedonyalı Mazedonier *m*; mazedonisch
maket Modell *n*
maki Maki *m*
makine Maschine *f* ***makine dairesi*** Maschinenhaus *n* ***makine mühendisi*** Maschineningenieur *m*
makineci Maschinenbauer *m*, Maschinist *m*; Mechaniker *m*
makineleştirmek mechanisieren
makineli mit Maschine(n); maschinell bedient ***makineli tabanca*** Maschinenpistole *f* ***makineli tüfek*** Maschinengewehr *n*
makineyağı Maschinenöl *n*
makinist Maschinist *m*
makrama Makramee *n*
makro (bilişim) Makro *m*
maksadıyla zwecks, mir der Absicht
maksat Absicht *f*, Ziel *n*, Zweck *m*
maksatlı absichtlich
maksatsız unabsichtlich
maksi lang, maxi
maksimum Maximum *n*
maktul getötet, ermordet
makul vernünftig
makyaj Schminke *f* ***makyaj yapmak*** sich schminken
mal Ware *f*, Gut *n*, Vermögen *n*, Eigentum *n*, Erzeugnis *n* ***mal bildirimi*** Zollerklärung *f* ***mal canın yongasıdır*** Besitz ist ein Stück Leben ***mal canlısı*** habgierig ***mal etmek*** erstehen, erwerben, kaufen ***mal müdürü*** Finanzdirektor *m* ***mal mülk*** Hab *n* und Gut *n* ***mal olmak*** kosten, zu stehen ***mal sahibi*** Eigentümer(in *f*) *m* ***malın gözü*** prima Qualität
mala Maurerkelle *f*
malak Büffelkalb *n*
malarya Malaria *f*
Malezya Malaysia
mali finanziell ***mali yıl*** Finanzjahr *n*
malik besitzend; Inhaber *m*, Besitzer *m* ***malik olmak*** besitzen
malikâne Liegenschaft *f*
maliye Finanzwesen *n* ***Maliye Bakanı*** Finanzminister *m* ***Maliye Bakanlığı*** Finanzministerium *n*
maliyeci Finanzmann *m*
maliyet Gestehungskosten *pl* ***maliyet fiyatı*** Selbstkostenpreis *m*
malmüdürü Finanzdirektor *m*
malt Malz *n*
Malta Malta
maltaeriği *bitk* Wollmispel *f*
malul verkrüppelt, verletzt
maluliyet Invalidität *f*, Kränklichkeit *f*
malum bekannt ***malum olmak*** ahnen
malumat Auskunft *f*, Kenntnis *f*, Mitteilung *f* ***malumat vermek*** benachrichtigen ***malumatı olmak*** Bescheid wissen
malzeme Material *n*
mama Essen *n*, Mehlbrei *m* für Kinder
mamafih jedoch
mamul erzeugt, produziert; Produkt *n*
mamulat Produkte pl, Erzeugnisse *pl*
mamur angebaut, kultiviert
mamut *hayb* Mammut *n*
mana Sinn *m*, Bedeutung *f* ***mana vermek*** interpretieren
manalı bedeutungsvoll, bedeutsam, beachtlich, inhaltsreich; sinnreich, sinnvoll; ausdrucksvoll, vielsagend
manasız sinnlos, unsinnig, ohne Sinn;

unpassend, nicht angezeigt
manastır Kloster *n*
manav Obsthändler *m*, Gemüsehändler *m*
mancınık Katapult *m*
manda1 Büffel *m*
manda2 Mandat *n*
mandal Riegel *m*, Klinke *f*
mandalina Mandarine *f*
mandallamak anklammern
mandıra Hürde *f*
mandolin Mandoline *f*
manen gefühlsmäßig, seelisch; dem Sinn nach
manevi geistig, innerlich ***manevi evlat*** Adoptivkind *n*
maneviyat Stimmung *f*, Kampfmoral *f* ***maneviyatı bozulmak*** die Moral verlieren
manevra Manöver *n*, Taktik *f* ***manevra fişeği*** Platzpatrone *f* ***manevra yapmak*** manövrieren; rangieren
manga Korporalschaft *f*
mangal Kohlenbecken *n* ***mangal kömürü*** Holzkohle *f*
manganez Mangan *n*
mangır Kies *m*, Knete *f*; Kohlen pl, Kröten pl; Moos *n*; Geld *n*
mangırsız geldlos, ohne Geld
mangiz Pinkepinke *f*
mâni Hindernis *f* ***mâni olmak*** hindern, verhindern, absperren, abhalten
mani Sucht *f*, Besessenheit *f*
mânia Hindernis *n*, Sperre *f*; Hürde *f*
manifatura Textilien *f*, Stoffe *f*
manifaturacı Manufakturwarenverkäufer(in *f*) *m*
manifesto Manifest *n*
manikür Maniküre *f* ***manikür yapmak*** maniküren
manikürcü Handpfleger *m*
manita Geliebte *m*/*f*
manivela Hebel *m*
mankafa einfältig, beschränkt
manken Mannequin *n*
mankenlik Modelle vorführen
manolya Magnolie *f*
manometre Druckmesser *m*
mansiyon Förderpreis *m*, Auszeichnung *f*; lobende Erwähnung
Manş Denizi Ärmelkanal *m*
manşet Manschette *f*; Schlagzeile *f*
manşon Muff *m*
mantar Pilz *m*; Kork *m* ***mantar gibi yerden bitmek*** wie Pilze aus dem Boden schießen
mantı Fleischpastete *f* ***mantığa aykırı*** unlogisch
mantık Logik *f*
mantıkçı Logiker(in *f*) *m*
mantıkdışı unlogisch, alogisch
mantıki verstandesmäßig, logisch ***mantıki, mantıksal*** logisch
mantıklı sinnvoll; folgerichtig, logisch
mantıksal logisch, folgerichtig
mantıksız unlogisch
mantıksızlık Unlogik *f*
manto Damenmantel *m*
manyak wahnsinnig, töricht
manyakça wahnsinnig, verrückt
manyetik magnetisch ***manyetik alan*** Magnetfeld *n* ***manyetik bant*** Magnetband *n* ***manyetik kutup*** magnetischer Pol, Magnetpol *m*
manyetizma Magnetismus *m*
manyeto Zünder *m*
manyezi Magnesia *m*
manzara Ausblick *m*, Aussicht *f*; Landschaft *f*
manzaralı mit Blick auf, mit Aussicht
manzum in Versen; gereimt
manzume Verdichtung *f*, System *n*, Lehre *f*, Theorie *f*
marangoz Schreiner *m*, Tischler *m*
marangozhane Schreinerei *f*, Tischlere *f*
marangozluk Tischlerhandwerk *n*, Schreinerhandwerk *n*
maraton *sp* Marathon *m*
maraz Krankheit *f*
marazi krankhaft, pathologisch
mareşal Generalfeldmarschall *m*
mareşallik Marschallstab *m*
margarin Margarine *f*
marifet Geschicklichkeit *f*, Kunststück *n*
marifetli geschickt
mariz Prügel pl, Schläge pl; kränklich, leidend
marizlemek verprügeln

marj Rand *m*
Mark Mark *f*
marka Marke *f*, Zeichen *n*
markaj Abdeckung *f*, *sp* Deckung des Gegners
markalamak markieren, bezeichnen, mit Warenzeichen versehen
markalı markiert, angezeichnet ***marke etmek*** *sp* markieren
market Supermarket *m*
marki Marquis *m*
markiz Markise *f*
Marksist Marxist *m*
Marksizm Marxismus *m*
marley Kunststoff-Bodenfliese *f*
marmelat Marmelade *f*
maroken Saffianleder *n*
marpuç Schlauch der Wasserpfeife
mars (tavla-Backgammon) Doppelsieg *m*, Doppelspiel *n* ***mars etmek*** (tavla-Backgammon) Doppelspiel gewinnen
Mars Mars *m/f*
marş Marsch *m*; Nationalhymne *f* ***Marş marş*** *ask* Run!; Get going! ***marşa basmak*** starten, anlassen
marşandiz Güterzug *m*
mart März *m*
martaval Lüge *f* ***martaval atmak/okumak*** lügen; spinnen
martavalcı Lügner(in *f*) *m*; Spinner(in *f*) *m*
martı Möwe *f*
martini Martini
maruf bekannt, allgemein bekannt; (dinbilgisi) gesetzlich, erlaubt, vorgeschrieben
marul Gartensalat *m*, Lattich *m*
maruz ausgesetzt ***maruz bırakmak*** unterwerfen ***maruz kalmak*** erleben, erfahren, durchmachen
maruzat Darlegung *f*
masa Tisch *m* ***masa örtüsü*** Tischdecke *f*
masaj Massage *f* ***masaj yapmak*** massieren
masajcı Masseur *m*
masal Märchen *n* ***masal anlatmak*** Märchen erzählen ***masal okumak*** das Blaue vom Himmel lügen
masalcı Märchenerzähler *m*
masatenisi Tischtennis *n*
masatopu Pingpong *n*
masif massiv; Massiv *n*
mask Maske *f*, Totenmaske *f*
maskara Narr *m* ***maskara etmek*** herumalbern ***maskaraya çevirmek*** verulken
maskaralık Affentheater *n*, Schauspielerei *f*, Hanswurstspielen *n*, Komödie *f*, Farce *f*, Klamauk *m* ***maskaralık etmek*** lächerlich machen, herumlabern
maske Maske *f* ***maskesi düşmek*** seine Maske fallen lassen ***maskesini düşürmek*** entlarven
maskelemek maskieren; abblenden, abschirmen; kaschieren
maskeli maskiert ***maskeli balo*** Maskenball *m*
maskot Maskottchen *n*
maslahat Sache *f*, Angelegenheit *f*, Geschäfte pl; Schwanz *m*
maslahatgüzar Geschäftsträger *m*
masmavi sehr blau
mason Freimaurer *m* ***mason locası*** Freimaurerloge *f*
masonluk Freimaurerei *f*
masör Masseur *m*
masöz Masseuse *f*
masraf Ausgabe *f*, Unkosten pl, Spesen *pl* ***masraf etmek*** (Geld) ausgeben ***masraf görmek*** Unkosten haben ***masraf kapısı*** Anlass *m*, Zwang *m* ***masrafa girmek*** sich in Unkosten stürzen ***masrafa sokmak*** *jdm* Kosten verursachen ***masrafı çekmek*** die Ausgaben bezahlen; ausgeben ***masrafı karşılamak*** aufkommen für ***masrafı kısmak*** die Ausgaben einschränken ***masrafını çıkarmak*** sich bezahlt machen ***masraftan kaçmak*** Ausgaben scheuen
masraflı teuer, kostspielig
masrafsız spesenfrei, keine Kosten verursachend
mastar *dilb* Infinitiv *m*; Quelle *f*; Messkluppe *f*
mastika Mastix *m*; Mastix-Schnaps *m*
mastürbasyon Masturbation *f*, Selbstbefriedigung *f*
masum unschuldig, harmlos
masumiyet Unschuld *f*, Harmlosigkeit *f*
masura Spule *f*

maşa Feuerzange *f*; Klammer *f*; Pinzette *f* ***maşa gibi kullanmak*** *mec jdn* als Zange benutzen ***maşası olmak*** *mec jdm* als Zange dienen
maşallah großartig, wunderbar
maşrapa Wasserbecher *m*
mat matt, glanzlos; Matt *n* ***mat etmek*** matt setzen ***mat olmak*** (satranç) matt gesetzt werden
matador Matador *m*
matah Kram *m*; Krimskrams *m*; übler Kerl, finsterer Bursche
matara Feldflasche *f*
matbaa Druckerei *f*
matbaacı Druckereibesitzer *m*; Drucker *m*
matbaacılık Buchdruckerei *f*
matbu gedruckt
matbua Drucksache *f*, Druckschrift *f*; Gedrucktes; Presseerzeugnis *n*
matbuat Presse *f*
matem Trauer *f* ***matem marşı*** Trauermarsch *m* ***matem tutmak*** trauern, in Trauer sein ***mateme boğmak*** in Trauer versetzen
matematik Mathematik *f*
matematikçi Mathematiker *m*
matematiksel mathematisch
matemli traurig, trauernd, in Trauer
materyal Material *n*, materiell
materyalist Materialist *m*
materyalizm Materialismus *m*
matine Tagesvorstellung *f*
matkap Bohrer *m*, Bohrmaschine *f*
matmazel Fräulein *n*
matrah Steuerwert *m*
matrak albern, scherzhaft; Ulk *m*; Vergnügen *n*, Belustigung *f*, Spott *m* ***matrağa almak*** s-*n* Spaß haben mit ***matrak geçmek*** *jdn* verkohlen, sich lustig machen
matris Matrize *f*; *mat* Matrix *f*
maun Mahagoni *n*
maval faustdicke lüge ***maval okumak*** lügen
mavi blau
mavilik Blau *n*, blaue Farbe
mavimsi bläulich
mavna Schleppkahn *m*, Leichter *m*
mavzer Revolver *m*, Mausergewehr *n*
maya Hefe *f*, *kim* Sauerteig *m*, Ferment *n*
mayalamak fermentieren
mayalanma Fermentation *f*, Gären *n*, Gärung *f*, Vergärung *f*
mayalanmak gären, in Gärung kommen, (hamur) gehen; zunehmen, anwachsen
mayalı mit Hefe durchsetzt; gesäuert; (hamur) aufgegangen, gegangen
mayasıl Ekzem *n*
maydanoz Petersilie *f*
mayestro Dirigent *m*
mayhoş süßsauer
mayhoşluk süßsäuerlicher Geschmack
mayın Mine *f* ***mayın barajı*** Minensperre *f* ***mayın detektörü*** Minendetektor *m* ***mayın dökmek*** Minen legen ***mayın gemisi*** Minensuchboot *n* ***mayın tarama gemisi*** Minenräumboot *m* ***mayın taramak*** Minen suchen ***mayın tarayıcısı*** Minensucher *m*, Minensuchboot *n* ***mayın tarlası*** Minenfeld *n*
mayınlamak *ask* verminen
mayıs Mai *m*
mayısböceği Maikäfer *m*
mayi Flüssigkeit *f*
maymun Affe *m* ***maymun iştahlı*** launenhaft, wankelmütig
maymuncuk Dietrich *m*
mayna *den* basta!, Schluss damit! ***mayna etmek*** die Segel streichen, niederlassen, niederholen; aufhören, einstellen
mayo Badeanzug *m*, Badehose *f*
mayonez Mayonnaise *f*
mayonezli mit Mayonnaise, Mayonnaisen-
maytap Rakete *f* Feuerwerkskörper *m*
mazbut fest; ordentlich
mazeret Entschuldigung *f* ***mazeret beyan etmek*** vorschieben
mazeretli entschuldigt
mazeretsiz unentschuldigt
mazgal Schießscharte *f*
mazgallı mit Guckloch
mazı Lebensbaum *m*, Thuja *f*
mazi Vergangenheit *f* ***maziye karışmak*** außer Gebrauch kommen
mazlum unterdrückt

mazoşist Masochist *m*; masochistisch
mazoşizm Masochismus *m*
mazot Diesel *m*, Heizöl *n*, Masut *n*; Alkohol *m*, Zigaretten *pl*
mazur entschuldigt; entschuldbar, verzeihlich ***mazur görmek*** entschuldigen
meblağ Betrag *m*, Summe *f*
mebus Abgeordnete *m*
mecal Kraft *f* ***mecali kalmamak*** keine Kraft mehr haben, kraftlos werden
mecalsiz kraftlos
mecaz Metapher *f*
mecazi figürlich, idiomatisch, metaphorisch, bildlich, übertragen
mecbur gezwungen, genötigt ***mecbur etmek*** zwingen, nötigen ***mecbur olmak*** müssen
mecburen gezwungenermaßen
mecburi gezwungen, obligatorisch ***mecburi hizmet*** *ask* Dienstpflicht *f* ***mecburi iniş*** *hav* Notlandung *f* ***mecburi istikamet*** Vorgeschriebene Fahrtrichtung *f*; Einbahnstraße *f*
mecburiyet Zwang *m*, Nötigung *f* ***mecburiyetinde kalmak*** gemusst sein
meclis Gesellschaft *f*, Rat *n*, Versammlung *f*, Sitzung *f*
mecmua Zeitschrift *f*, Illustrierte *f*
mecnun sterblich verliebt; irrsinnig, verrückt, wahnsinnig, toll, geisteskrank
mecra Flussbett *n*; Fahrwasser *n*, Kanal *m*, Gang *m*, Rinne *f*; Wasserlauf *m*; Durchleitung *f*, Zuführung *f*, Leitung *f*
Mecusi Feueranbeter *m*; Zarathustra-Anhänger *m*
Mecusilik zoroastrische Lehre *f*
meç Degen *m*, Dolch *m*
meçhul unbekannt; unsicher
meddah Lobredner *m*
meddücezir Gezeiten pl, Ebbe und Flut *f*; *mec* wechselnder Zustand; Hin und Her *n*
medeni zivilisiert ***medeni cesaret*** Zivilcourage *f* ***medeni haklar*** bürgerliche Rechte ***medeni hal*** Familienstand *m*, Zivilstand *m* ***medeni kanun*** bürgerliche(s) Gesetzbuch
medenileşmek sich zivilisieren, sich kultivieren; sich entwickeln, sich modernisieren ***medenileştirmek -zivilisieren***
medenileştirmek kultivieren, zivilisieren; modernisieren
medeniyet Zivilisation *f*
medeniyetsiz unzivilisiert
medet Beistand *m*, Hilfe *f*, Unterstützung *f* ***medet ummak*** auf Hilfe hoffen
meditasyon Meditation *f*
medrese Medresse *f*, Hochschule für Theologie
medya Massenmedien pl, Medien pl; Medien-; *hek* Media *f*
medyum Schuldner *m*; verpflichtet
mefhum Begriff *m*
mefkure ideal
mefruşat Möbel *pl*
meftun vernarrt (in), hingerissen, entzückt, verliebt
mega mega
megafon Megafon *n*, Megafon *n*, Sprachrohr *n*
megalomani *ruhb* Größenwahn *m*
megaton Megatonne *f*
megavat *fiz* Megawatt *n*
meğer jedoch
Mehmetçik türkischer Soldat (Landser)
mehtap Mondschein *m*, Vollmondzeit *f*
mehter Musiker bei den Janitscharen; Kammerer *m*, Kammerherr *m*
mekân Ort *m*, Raum *m*
mekanik mechanisch; Mechanik *f*
mekanize mechanisiert
mekanizm mechanistische Weltanschauung
mekanizma Mechanismus *m*
mekik Schiffchen *n* ***mekik dokumak*** pendeln, hin und hergehend
Mekke Mekka
mektep Schule *f*
mektup Brief *m*
mektuplaşma Korrespondenz *f*
mektuplaşmak korrespondieren
melamin Melaminharz *n*
melankoli Melancholie *f*, Schwermut *f*
melankolik melancholisch, schwermütig
melek Engel *m* ***melek gibi*** engelhaft, wie ein Engel
meleke Fähigkeit *f*
melekotu *bitk* Angelika *f*

M

meleme Blöcken *n*; Meckern *n*
melemek blöken; meckern
melez Mischling *m*
melezlemek kreuzen, bastardieren
melezleşmek sich kreuzen, sich mischen; bastardisiert werden
melhem Salbe *f*
melike Königin *f*
melodi Melodie *f*
melodram Melodrama *n*, Singspiel *n*
melodramatik melodramatisch; rührselig
melon Melone *f*
meltem Brise *f*, sanfter Wind
melun verdammt, verflucht, verwünscht, verrucht, ruchlos; Schurke *m*
memba Quelle *f* ***memba suyu*** Quellwasser *n*
meme Brust *f*; Euter *n*; Düse *f* ***meme başı*** Brustwarze *f* ***meme emmek*** säugen, stillen ***meme vermek*** säugen, stillen ***memeden kesmek*** entwöhnen
memeli (hayvan) Säugetier *n*; Säuge-; warzenförmig ***memeli hayvanlar*** Säugetiere *pl*
memeliler Säugetiere *pl*
memleket Land *n*, Heimat *f*
memleketli Landsmann *m*
memnun zufrieden ***memnun etmek*** erfreuen, zufriedenstellen ***memnun olmak*** angetan sein von
memnuniyet Zufriedenheit *f*, Freude *f*, Genugtuung *f* ***memnuniyet verici*** zufriedenstellend, befriedigend
memnuniyetle gern, gerne, mit Vergnügen, herzlich gern, mit Freuden
memnunluk Befriedigung *f*, Zufriedenheit *f*, Freude *f*, Vergnügen *n*, Genugtuung *f*
memorandum Note *f*
memur Beamte *m*, Angestellte *m* ***memur etmek*** *jdn* beauftragen mit
memuriyet Amt *n*
memurluk Beamtenrang *m*; Beamtentum *n*; Dienststellung *f*; Staatsdienst *m*; Posten *m*; Aufgabe *f*
menajer Verwalter *m*, Leiter *m*
mendebur schlampig, nichtsnutzig, arbeitsscheu, faul; widerwärtig, abstoßend
menderes Mäander *m*
mendil Taschentuch *n* ***mendil açmak*** erbitten
mendirek geschützter Hafen
menecer Manager *m*
menekşe Veilchen *n*
menekşegülü China rose, Bengal rose
menenjit Meningitis *f*
menetmek verbieten
menfaat Vorteil *m*, Nutzen *m*
menfaatçi Raffer *m*, Raffke *m*; berechnend, egoistisch, selbstsüchtig, eigennützig
menfaatperest selbstsüchtig
menfi negativ
mengene Schraubstock *m*
meni Samen *m*, Sperma *n*
menkıbe Heldentat *f*; Legende *f*
menkul tragbar, beweglich, bewegliches Gut, getragen ***menkul değerler*** Wertpapiere *pl* ***menkul kıymetler borsası*** Effektenbörse *f* ***menkul mallar*** bewegliche Habe
menopoz *hek* Wechseljahre pl, Menopause *f*
mensubiyet Zugehörigkeit *f*; Beziehung *f*; Mitgliedschaft *f*
mensucat Textilwaren *pl*
mensup angehörig
menşe Ursprung *m*
menteşe Türangel *f*
menteşeli mit Scharnier, mit Fischband, mit Türangel
mentol Menthol *n*
mentollü *kim* mit Menthol
menü Speisekarte *f*, Menü *n*, Karte *f*; *biliş* Menü *n*
menzil Ziel *n*; Reichweite *f*
mera Weide *f*
merak Neugier *f*; Lust *f*, Neigung *f* ***Merak etme*** Keine Sorge! ***merak etmek*** sich sorgen machen (um) ***merak sarmak*** sich sorgen machen ***merakta bırakmak*** *jdm* Angst machen
meraklandırmak beunruhigen
meraklanmak sich sorgen machen
meraklı neugierig, interessiert
meraksız uninteressiert, unbeschwert; nicht neugierig, nicht wissbegierig
meram Zweck *m*, Absicht *f* ***meramını an-***

latmak sich verständlich machen
merasim Feier *f* ***merasim kıtası*** Ehrengarde *f*
mercan Koralle *f*
mercanada Koralleninsel *f*, Atoll *n*
mercanbalığı *hayb* Rotbrasse *f*
mercanköşk *bitk* Majoran *m*
mercek Linse *f*
merci Dienststelle *f*
mercimek Linse *f* ***mercimeği fırına vermek*** eine Liebelei miteinander haben
merdane Walze *n*
merdiven Treppe *n*, Leiter *f* ***merdiven basamağı*** Treppenstufe *f* ***merdiven boşluğu*** Treppenhaus *n* ***merdiven sahanlığı*** Treppenabsatz *m*
meret Mist *m*, Dreck *m*; Scheiße *f*; klobig, klotzig, plump; verflixt, verdammt, verflucht
merhaba Guten Tag! ***merhabayı kesmek*** *jdn* nicht mehr grüßen
merhabalaşmak sich begrüßen
merhale Station *f*, Phase *f*
merhamet Mitleid *n*, Erbarmen *n* ***merhamet etmek*** Mittleid haben ***merhamet hissi*** mittleidige Regung ***merhamete gelmek*** sich erbarmen
merhametli barmherzig
merhametsiz unbarmherzig, erbarmungslos
merhametsizlik Unbarmherzigkeit *f*, Hartherzigkeit *f*
merhem Salbe *f*
merhum verstorben
meridyen *coğ* Längenkreis *m*, Meridian *m*; meridonal, Meridian-
Merih Mars *m*
merinos Merino *m*
merkep Esel *m*
merkez Zentrum *n*, Mittelpunkt *m*, Zentrale *f*; Hauptstadt *f* ***Merkez Bankası*** Central Bank ***merkez noktası*** Schwerpunkt *m* ***merkez üssü*** Herd *m*
merkezci zentrisch
merkezcilik Zentralisierung *f*; Zentralismus *m*
merkezi zentral, Zentral-, Mittel-; zentral gelegen ***merkezi ısıtma*** Zentralheizung *f*
merkezileşmek sich konzentrieren; sich zentralisieren
merkezileştirmek konzentrieren
merkeziyet Zentralismus *m*; Zentralisierung *f*, Zentralisation *f*; zentrale Lage
merkeziyetçi zentralistisch; Zentralist *m*
merkeziyetçilik *pol* Zentralismus *m*
merkezkaç zentrifugal ***merkezkaç kuvvet*** Zentrifugalkraft *f*
Merkür *gökb* Merkur *m*
mermer Marmor *m*
mermi Geschoss *n*, Granate *f*, Kugel *f*
merserize merzerisiert
mersi danke!
mersin Myrte *f*
mersinbalığı *hayb* Stör *m*
mersiye Trauerode *f*
mert wacker, ehrlich
mertçe tapfer, mutig
mertebe Grand *m*, Rang *m*, Stufe *f*
mertlik Mut *m*, Tapferkeit *f*; Mannhaftigkeit *f*
Meryem Ana Mutter Maria
mesafe Entfernung *f*, Strecke *f*
mesai Arbeit *f*, Mühe *f*, Bemühungen *pl* ***mesai saatleri*** Arbeitsstunden pl, Arbeitszeit *f* ***mesaiye kalmak*** Überstunden machen
mesaj Botschaft *f*
mesane Harnblase *f*
mescit Moschee *f*, kleinere Moschee
mesel Sprichwort *n*, sprichwörtliche Redensart; Ausspruch *m*, Sentenz *f*; Frage *f*, Geschichte *f*, Parabel *f*
mesela zum Beispiel (z. B.), beisipielsweise
mesele Problem *n*, Sache *f*, Angelegenheit *f* ***mesele çıkarmak*** Probleme schaffen ***mesele yapmak*** viel Aufhebens machen
meshetmek mit dem Handrücken reiben
Mesih der Messias; Heiland *m*
mesire Promenade *f*
mesken Wohnung *f*
meskûn bewohnt ***meskûn mahal*** Wohngebiet *n*
meslek Beruf *m* ***meslek okulu*** Berufsschule *f*, Fachschule *f*
mesleki beruflich, Berufs-, fachlich, ge-

werbsmäßig
meslektaş Kollege *m*
mesnet Stütze *f*
mest berauscht ***mest etmek*** berauschen ***mest olmak*** berauscht sein
mesul verantwortlich
mesuliyet Verantwortung *f*
mesuliyetli verantwortlich; verantwortungsvoll, verantwortungsreich
mesut glücklich, beglückt
meşakkat Strapaze *f*
meşakkatli strapaziös, anstrengend, mühselig, mühevoll
meşale Fackel *f*
meşe Eiche *f*
meşgale Beschäftigung *f*
meşgul beschäftigt ***meşgul etmek*** beschäftigen ***meşgul olmak*** beschäftigt sein
meşguliyet Beschäftigung *f*
meşhur berühmt, bekannt ***meşhur olmak*** berühmt werden
meşin Leder *n*, lohgares Leder; dickfellig, abgebührt
meşru gesetzlich, legal ***meşru müdafaa*** Notwehr *f*
meşrubat Getränke *pl*
meşrutiyet Gesetzmäßigkeit *f*, Legalität *f*
meşum ominös
met Flut *f* ***met ve cezir*** Gezeiten *f*, Ebbe und Flut *f*
meta Ware *f*
metabolizma *hek* Stoffwechsel *m*, Metabolismus *m*
metafaz *biy* Metaphase *f*
metafizik Metaphysik *f*; metaphysisch
metal Metall *n*; aus Metall hergestellt, metallen; metallisch
metalbilim Hüttenkunde *f*, Metallurgie *f*
metalurji Metallurgie *f*
metamorfoz Metamorphose *f*
metan *kim* Methan *n*
metanet Haltbarkeit *f*, Festigkeit *f* ***metanet göstermek*** Widerstandskraft zeigen
metanetli widerstandsfähig, haltbar, fest, dauerhaft; zäh
metanetsiz schlaff, lasch, schwach, haltlos, ohne Widerstandskraft
metapsişik metapsychisch; Metapsychik *f*
metastaz *hek* Metastase *f*, Tochtergeschwulst *f*
metazori mit Gewalt, gewaltsam
metelik Münze *f*, Wert *m* ***metelige kurşun atmak*** blank sein, pleite sein ***metelik vermemek*** keinen Wert beimessen
meteliksiz abgebrannt, pleite; geldlos, ohne alle Barmittel
meteor Meteor *m*
meteoroloji Meteorologie *f*
meteorolojik meteorologisch
methetmek loben
methiye Lobgesang *m*, Lobgedicht *n*
metil *kim* Methyl *n* ***metil alkol*** Holzgeist *m*, Methylalkohol *m*
metilen *kim* Methlen *n*
metin Text *m*; haftbar, fest
metodoloji Methodologie *f*, Methodenlehre *f*
metodolojik methodisch
metot Methode *f*
metotlu methodisch, systematisch
metotsuz unmethodisch
metraj Länge in Metern; Ausmessen *n*, Vermessung *f*; Länge *f*
metre Meter *m*/*n* ***metre kare*** Quadratmeter *m* ***metre küp*** Kubikmeter *m*/*n*
metres Geliebte *f*, Maitresse *f* ***metres tutmak*** mit einer Geliebten zusammenleben
metrik metrisch, die Metrik betreffend; Metrik *f*, Verslehre *f* ***metrik sistem*** metrisches System, Metersystem *n*
metris Schützengraben *m*, Schanze *f*
metro U-Bahn *m*, Untergrundbahn *m*
metronom *müz* Metronom *n*
metropol Metropole pl, Hauptstädte *pl*
metropolit *din* Metropolit *m*, Erzbischof *m*
metruk verlassen, in Stich gelassen, preisgegeben, aufgegeben; hintergelassen, nachgelassen
mevcudiyet Existenz *f*, Anwesenheit *f*
mevcut anwesend, vorhanden ***mevcut olmak*** anwesend sein; vorhanden sein
mevduat Bankeinlage *f* ***mevduat hesabı***

Girokonto *n*
mevki Ort *m*, Platz *m*, Stelle *f*; Lage *f*, Stellung *f*; Klasse *f*
mevla Gott
Mevla *din* Herr *m*, Gott *m*
mevlit Geburt *f*; Geburtsort *m*; Geburtstag *m*; Gedicht über Geburt und Geben von Mohammed
mevsim Jahreszeit *f*; Saison *f*
mevsimlik jahreszeitlich, der Jahreszeit entsprechend; für eine Saison
mevsimsiz außerhalb der Saison, unzeitig, der Jahreszeit nicht entsprechend; verfrüht, voreilig; unpassend, ungeeignet
mevzi Ort *m*, Stelle *f* ***mevzi almak*** *ask* in Stellung gehen
mevzu Thema *f*
mevzuat Bestimmungen pl, Vorschriften *pl*
mevzubahis in Rede stehend, in Frage kommend, Gegenstand der Unterredung

M

meyankökü Süßholzwurzel *f*
meydan Platz *m*; Feld *n* ***meydan dayağı*** öffentliche Auspeitschung ***meydan muharebesi*** Schlacht *f* ***meydan okumak*** herausfordern, *jdm* den Kampf ansagen ***meydan vermek*** Gelegenheit geben zu ***meydan vermemek*** verhindern, vermeiden ***meydana atılmak*** bereit sein zu ***meydana atmak*** vorschlagen ***meydana çıkarmak*** ermitteln, zum Vorschein bringen ***meydana çıkmak*** sich herausstellen ***meydana gelmek*** entstehen, zu Stande kommen ***meydana getirmek*** erzeugen ***meydana vurmak*** enthüllen, aufdecken ***meydanı boş bulmak*** unverantwortlich handeln können
meydanda klar, offen
meyhane Kneipe *f*, Schenke *f*
meyhaneci Kneipwirt *m*, Schankwirt *m*
meyil Neigung *f*, Anstieg *m*, Steigung *f*; Gefalle *n*; *fiz* Inklination *f* ***meyil vermek*** Liebe schenken
meyilli abschüssig, geneigt, mit Gefälle; verliebt, zugeneigt
meyletmek sich neigen; Neigung haben, Lust haben, Liebe haben
meymenetsiz häßlich, widerlich
meyve Frucht *f*, Obst *n* ***meyve bahçesi*** Obstgarten *m* ***meyve suyu*** Saft *m* ***meyve vermek*** Früchte tragen
meyveli Frucht-; Obst-; Früchte tragend; mit Früchten; aus Obst zubereitet
meyvesiz fruchtlos, nicht tragend; ohne Obst
mezar Grab *n*
mezarcı Totengräber *m*
mezarlık Friedhof *m*
mezat Versteigerung *f* ***mezat malı*** ersteigerte Ware ***mezata çıkarmak*** versteigern
mezatçı Auktionator *m*, Versteigerer *m*
mezbaha Schlachthaus *n*
meze Imbiss *m*, Kleinimbiss *m*
mezgit *hayb* Schellfisch *m*
mezhep Konfession *f*
meziyet Vorzug *m*, Eigenschaft *f*
meziyetli verdienstvoll, fähig
mezoderm *anat* Mesoderm *n*
mezon Meson *n*
mezosfer Mesosphäre *f*
mezozoik *coğ* Mesozoikum *n*
mezun beurlaubt; fähig; Absolvent *m* ***mezun olmak*** absolvieren
mezuniyet Urlaub *m*; Fähigkeit *f*
mezura Bandmaß *n*
mezzosoprano *müz* Mezzosopran *m*
mıh Nadel *m*
mıhlamak annageln, festnageln
mıhlanmak wie angewurzelt stehen bleiben
mıknatıs Magnet *m*
mıknatısiyet Magnetismus *m*, magnetische Kraft
mıknatıslamak magnetisieren
mıknatıslı magnetisch, magnetisiert; Magnet-
mıncıklamak zerknittern, zerfetzen
mıntıka Gebiet *n*, Zone *f*, Bezirk *m*, Sektor *m*
mırıldamak murren, schnurren
mırıldanmak murmeln; (ein Lied) summeln
mırıltı Gemurmel *n*; (kedi) Schnurren *n*; Aufbegehren *n*

mırın kırın etmek herumdrucksen, sich ziemlich ablehnend verhalten
mırnav miau!
Mısır Ägypten
mısır Mais *m* ***mısır koçanı*** Maiskolben *m* ***mısır patlatmak*** Popcorn rösten ***mısır tarlası*** Maisfeld *n*
Mısırlı ägyptisch; Ägypter *m*
mısıryağı Maisöl *n*
mısra Halbvers *m*
mışıl mışıl friedlich, sanft und selig (beim schlafen) ***mışıl mışıl uyumak*** friedlich schlafen
mıymıntı träge
mızıka Kapelle *f*; Militärmusik *f*
mızıkçı Spielverderber *m*
mızıkçılık Spielverderberei *f* ***mızıkçılık etmek*** ein Spielverderber sein
mızmız (çocuk) quengelig, wehleidig; unentschlossen, träge, zögernd, schwerfällig; Nörgler *m*; Trödler *m*, Schlafmütze *f*; Spielverderber *m*
mızmızlanmak nörgeln, meckern; (çocuk) quengeln; tröge werden, schwerfällig werden
mızrak Lanze *f*
mızrap Schlagring *m*
mi *müz* Mi *f*
miço Schiffsjunge *m*
mide Magen *m* ***mide ağrısı*** Magenschmerzen *pl* ***mide bozukluğu*** Magenverstimmung *f* ***mide bulandırmak*** anekeln ***mide bulantısı*** *hek* Brechreiz *m* ***mide iltihabı*** Gastritis *f* ***mide kanaması*** *hek* Magenblutung *f* ***midesi almamak*** nicht vertragen können ***midesi bozulmak*** sich den Magen verderben ***midesi bulanmak*** Brechreiz empfinden ***mideye oturmak*** im Magen stehenbleiben
midesiz nicht wählerisch; ohne Geschmack
midi midi
midilli Pony *n*
midye Miesmuschel *f*
migren *hek* Migräne *f*
miğfer Helm *m*
mihenk Prüfstein *m*
mihmandar Touristenführer *m*
mihnet Not *f*, Unglück *n* ***mihnet çekmek*** Not leiden
mihrace Maharadscha *m*
mihrak Brennpunkt *m* *fiz* Fokus *m*
mihrap Gebetsnische *f*
mihver Achse *f*
mika Glimmer *m*
mikado Mikado *m*
mikro mikro-, Mikro-, klein
mikrobik mikrobisch
mikrobilgisayar Mikrocomputer *m*
mikrobiyoloji Mikrobiologie *f*
mikrofilm Mikrofilm *m*
mikrofon Mikrophon *n*
mikrofonik mikrofonisch
mikrometre Mikrometer *mn*
mikron *mat fiz* Mikron *n*
mikroorganizma Mikroorganismus *m*
mikrop Mikrobe *f*, Krankheitserreger *m*
mikroplu Mikroben enthaltend
mikropsuz keimfrei, keine Mikroben enthaltend
mikroskop Mikroskop *n*, Vergrößerungsgerät *n*
mikroskopik mikroskopisch
mikser Mixer *m*
miktar Anzahl *f*, Menge *f*
mikyas Maßstab *m*
mil Achse *f*, Welle *f*; Meile *f*
miladi christlich
milat Christi Geburt ***milattan önce, MÖ.*** vor Christus, v. Chr. ***milattan sonra, MS.*** nach Christus, *n.* Chr.
mili- milli
milibar Millibar *n*
miligram Milligramm *n*
milim Millimeter *m* ***milimi milimine*** haargenau
milimetre Millimeter *m/n*
milis Miliz *f*; Milizsoldat *m*
militan Aktivist *m*; militant, einsatzbereit, schlagbereit, kämpferisch, aktiv
millet Nation *f*, Volk *n* ***Millet Meclisi*** Nationalversammlung *f*
milletlerarası international
milletvekili Abgeordnete *m* ***milletvekili dokunulmazlığı*** (Parlamentsmitglieder) Immunität *f*
milli national ***milli bayramı*** Nationalfeier-

M

tag *m* ***Milli Eğitim Bakanlığı*** Kultusministerium *n* ***milli gelir*** Nationaleinkommen *n* ***milli maç*** Nationalspiel *n* ***milli marş*** Nationalhymne *f* ***milli park*** Nationalpark *m* ***Milli Savunma Bakanlığı*** Verteidigungsministerium *n* ***milli takım*** Nationalmannschaft *f*

millileştirmek nationalisieren

milliyet Nationalität *f*

milliyetçi Nationalist *m*

milliyetçilik Nationalismus *m*

milyar Milliarde *f*

milyarder Milliardär(in *f*) *m*

milyon Million *f*

milyoner Millionär(in *f*) *m*

mimar Architekt(in *f*) *m*

mimari architektonisch

mimarlık Architektur *f*

mimik Mimik *f*

mimlemek *jdm* ankreiden

mimoza *bitk* Mimose *f*

minare Minarett *n*

minber Kanzel *f* (in der Moschee)

minder Sitzkissen *m*, Matratze *f*; Matte *f*

mine Schmelz *m*, Glasur *f*; Zahnschmelz *m*

mineçiçeği *bitk* Eisenkraut *n*

mineral Mineral *n*; mineralisch, mineralhaltig, Mineral-

mineraloji Mineralogie *f*

mini Mini ***mini etek*** Minirock *m*

minibüs Omnibus *m*

minicik winzig

minik klein und niedlich, sehr klein, winzig, nett

minimal minimal

minimini winzig, klein und niedlich, nett

minimum Minimum *n*, Mindestmaß *n*

mink *hayb* Mink *n*

minnacık klitzeklein, witzig, klein

minnet Erweisung *f*; Dankesschuld *f* ***minnet altında kalmamak*** sich erkenntlich zeigen ***minnet etmek*** einen Kotau machen

minnettar dankbar

minnettarlık Dankbarkeit *f*

minnoş reizend, entzückend

minör *müz* Moll *n*

minüskül Kleinbuchstabe *m*, Miniskel *m*

minyatür Miniatur *f*

minyon niedlich

miraç Himmelfahrt *f*

miras Erbe *n*, Erbschaft *f* ***miras bırakmak*** *jdm etw* vererben ***mirasa konmak*** eine Erbschaft machen

mirasçı Erbe *m*, Erbin *f*

mirasyedi reicher Erbe; Verschwender *m*, Schlemmer *m*, Prasser *m*

mis Moschus *m*, Bisam *m* ***mis gibi*** wunderbar, duftend

misafir Gast *m* ***misafir ağırlamak*** Gäste bewirten ***misafir etmek*** *jdn* als Gast einnehmen ***misafir gibi durmak*** nicht bequem sitzen ***misafir odası*** Salon *m*

misafireten als Gast

misafirhane Gästehaus *n*; Herberge *f*; (köy) Nachtquartier *n* ***misafirliğe gitmek*** besuchen gehen

misafirlik Besuch *m*, Gastaufenthalt *m*

misafirperver gastfreundlich

misafirperverlik Gastfreundschaft *f*, Gastfreundlichkeit *f*

misal Beispiel *n*

misil Gleiche(s) *n*; *mat* Mehrfache(s) *n* ***misliyle mukabele*** Revanche *f*

misilleme Vergeltung *f* ***misilleme olarak*** als Vergeltung für ***misillemede bulunmak*** sich revanchieren

misina Angelschnur *f*, Angelhaar *n*

misket Murmel *f*, Kugel *f*

miskin träge, schlafmützig

miskinleşmek ein Faulpelz werden, dickfällig werden, faul und schlafmützig werden

miskinlik Schlafmützigkeit *f*; Indifferenz *f*, Gleichgültigkeit *f*, Dickfelligkeit *f*; Jämmerlichkeit *f*

mistik Mystik *f*, mystisch

misyon Mission *f*

misyoner Missionar *m*

mit Mythos *m*, Mythe *f*

miting Versammlung *f*, Demonstration *f* ***miting yapmak*** demonstration

mitingci Demonstrant *m*

mitoloji Mythologie *f*

mitolojik mythologisch

mitoz *biy* Mitose *f*

mitralyöz Maschinengewehr *n*

M

miyar *kim* Reagens *n*
miyav miau
miyavlamak miauen
miyop kurzsichtig
miyopluk *hek* Kurzsichtigkeit *f*
mizaç Veranlagung *f*, Temperament *n*
mizah Humor *m*, Satire *f* ***mizah dergisi*** Satirezeitschrift *f*
mizahçı Humorist *m*
mizahi humoristisch
mizanpaj Layout *n*; Umbruch *m*
mizanpli Dauerwelle *f*, Wasserwelle *f*; Legen *n*
mizansen Inszenierung *f*
mobilya Möbel *pl*
mobilyacı Möbelhändler *m*
mobilyalı möbliert
moda Mode *f* ***moda düşkünü*** Modenarr *m*, Geck *m* ***moda olmak*** in Mode sein ***modası geçmek*** aus der Mode kommen ***modası geçmiş*** unmodern, veraltet ***modaya uygun*** modern, modisch ***modayı izlemek*** der Mode gehen
modacı Modeschöpfer *m*
model Modell *n*
modellik Beschäftigung als Modell; Modellstehen *n*
modem *biliş* Modem *n*
moderato *müz* moderato, gemäßigt
modern modern
modernize modernisiert
modernleşmek sich modernisieren, moderner werden, modern werden
modernleştirmek modernisieren
modernlik Modernismus *m*
modül Baukasten *m*; *tek* Modul *n*
modülasyon Modulation *f*
Moğol Mongole *m*
Moğolistan Mongolei *f*
mokasen Mokassin *m*
mola Rast *f*, Pause *f* ***mola vermek*** rasten, Pause machen, ausruhen
molekül Molekül *n*
moleküler molekular, Molekular-
molla geistlicher Richter; Theologiestudent *m*; (eskiden) Oberrichter *m*
molotof kokteyli Molotowcocktail *m*
moloz Schutt *m*; wertlos
moment *fiz* Moment *m*
monarşi Monarchie *f*
monarşik monarchisch
monarşist Monarchist *m*; monarchistisch
monarşizm Monarchismus *m*
monitör Monitor *m*
monogami Monogamie *f*, Einehe *f*
monografi Monografie *f*
monolog Monolog *m*, Selbstgespräch *n*
monopol Monopol *n*
monoteist monotheistisch
monoteizm Monoteismus *m*
monotip Monotype *f*
monoton monoton, eintönig, ermüdend
monotonluk Eintönigkeit *f*, Monotonie *f*
mont Blouson *mn*, Windjacke *f*
montaj Montage *f*
montajcı Monteur *m*
monte etmek montieren, aufbauen
mor violett
moral Verfassung *f*; Stimmung *f* ***moral vermek*** *jdm* Auftrieb geben ***morali bozuk*** deprimiert ***morali bozulmak*** demoralisiert werden ***morali düzelmek*** wiedergutmachen ***moralini bozmak*** demoralisieren, deprimieren, *jdn* niederschmettern, niederdrücken
morarmak violett werden, blaue Flecken bekommen
morartı Veilchen *n*; blauer Fleck
morartmak *jdm* blauen Fleck machen
moratoryum Moratorium *n*
morfem *dilb* Morphem *n*
morfin Morphium *n*
morfinman Morphinist *f*, morphiumsüchtig
morfoloji Morphologie *f*, Formenlehre *f*
morfolojik morphologisch
morg Leichenschauhalle *f*
morina Dorsch *m*; *hayb* Kabeljau *m*
morötesi ultraviolett
mors Morse *f*; Walross *n* ***Mors alfabesi*** Morsealphabet *f* ***mors cihazı*** Morseapparat *m*
mort gestorben ***mortu çekmek*** sterben
morto Tod *m* ***mortoyu çekmek*** abkratzen
moruk Gruftie *m*, alter Kracher, alter Knabe, alter Knacker; *arg* Alte *m*
Moskova Moskau

M

mosmor ganz dunkelviolett, purpurrot ***mosmor kesilmek*** purpurrot werden
mostra Muster *n*, Probe *f*
mostralık Muster *n*; bunter Hund
motel Motel *n*
motif Motiv *n*
motivasyon Motivation *f*, Triebkraft *f*
motive etmek motivieren
motopomp Motorpompe *f*
motor Motor *m*; Motorboot *n*
motorbot Motorboot *n*
motorize motorisiert
motorlu motorisiert ***motorlu taşıt*** Kraftfahrzeug *n*, Kraftwagen *m*
motorsuz ohne Motor
motosiklet Motorrad *n*
motosikletçi Motorradfahrer *m*
mozaik Mosaik *n*
möble Möbel *pl*
möbleli möbliert
möblesiz unmöbliert
mönü Speisekarte *f*, Menü *n*
mösyö Herr *m*

M

muadil gleichrangig, gleichartig, gleichschwer, gleichwertig, gleichbedeutend; äquivalent
muaf befreit; immun; frei ***muaf tutmak*** befreien, dispensieren (von), entbinden, *jdn* freistellen (von)
muafiyet Befreiung *f*; Immunität *f*
muallak in der Schwebe, noch nicht entschieden; freihängend, freischwebend, angehängt
muallakta schwebend ***muallakta kalmak*** in der Schwebe bleiben
muamele Behandlung *f*, Verhalten *n*; Verkehr *m*; Formalitäten *pl* ***muamele etmek*** behandeln
muamma Rätsel *n*; rätselhafte Angelegenheit *f*
muammalı rätselhaft
muaşeret Umgang *m* ***muaşeret adabı*** Verhaltensregeln *pl*
muavin Stellvertreter *m*, Gehilfe *m*
muayene Untersuchung *f*, Überprüfung *f* ***muayene etmek*** untersuchen, prüfen, überprüfen, revidieren, kontrollieren
muayenehane ärztliches Untersuchungszimmer
muayyen fest, bestimmt
muazzam groß, riesig
mubah nicht verboten, zulässig; indeffiniert
mucibince gemäß, zufolge
mucip Grund *m*, Motiv *n* ***mucip olmak*** veranlassen, verursachen, hervorrufen
mucit Erfinder *m*
mucize Wunder *n* ***mucizeler yaratmak*** Wunder tun
mucizevi wunderbar
muço Schiffsjunge *m*
mudi Bankkunde *m*; Einzahler *m*; Einlagerer *m*, Hinterleger *m*
muğlak kompliziert, verwickelt
muhabbet Liebe *f* ***muhabbet etmek*** gemütlich plaudern, sich unterhalten ***muhabbet tellalı*** Zuhälter *m*, *huk* Kuppler *m*
muhabbetçiçeği *bitk* Reseda *f*
muhabbetkuşu Wellensittich *m*
muhaberat Korrespondenz *f*
muhabere Nachrichtenverkehr *m* ***muhabere sınıfı*** *ask* Korrespondenztruppe *f*
muhabir Korrespondent *m*
muhafaza Schutz *m*; Aufbewahrung *f* ***muhafaza altına almak*** *huk* in Gewahrsam nehmen ***muhafaza etmek*** schützen, bewahren
muhafazakâr konservativ
muhafazakârlık Konservativismus *m*; konservatives Denken
muhafız Wärter *f*, Wächter *m* ***muhafız alayı*** *ask* Gardistentruppe *f*
muhakeme Gerichtsverhandlung *f*; Überlegung *f*, Erwägung *f* ***muhakeme etmek*** beurteilen, überlegen; urteilen
muhakkak sicher, gewiss, fest, bestimmt
muhalefet Widerstand *m*, Opposition *f* ***muhalefet etmek*** widerstehen; opponieren ***muhalefet partisi*** Oppositionspartei *f*
muhalif gegnerisch; Gegner *m*
muhallebi Reismehlpudding *m* ***muhallebi çocuğu*** Muttersöhnchen *n*
muharebe Schlacht *f* ***muharebe alanı*** Schlachffeld *n* ***muharebe meydanı*** Schlachtfeld *n*
muharip Frontkämpfer *m*

muharrik beweglich
muhasara Belagerung *f* ***muhasara etmek*** belagern
muhasebe Abrechnung *f*; Buchführung *f*
muhasebeci Buchführer *m*, Buchhalter *m*
muhatap angeredet; Angeredete *m/f*
muhayyel geträumt; fiktiv, imaginär, nur angenommen
muhayyer mit Auswahl, Wahl-; zur Ansicht; mit Rückgaberecht erworben
muhayyile Phantasie *f*, Einbildungsvermögen *n*
muhbir Berichterstatter *m*; Spion *m*, Agent *m*
muhit Umgebung *f*, Kreis *m*
muhkem robust, fest, solide, stark
muhrip Zerstörer *m*
muhtaç bedürftig, angewiesen ***muhtaç olmak*** bedürfen, brauchen
muhtar autonom, selbständig
muhtariyet Autonomie *f*
muhtelif gemischt
muhtemel möglich; wahrscheinlich
muhtemelen möglicherweise, womöglich; wahrscheinlich, voraussichtlich
muhterem verehrt, geschätzt
muhteşem prächtig, prunkvoll
muhteva Inhalt *m*
muhteviyat Inhalt *m*
muhtıra Memorandum *n*, Note *f*
mukabele Erwiderung *f*; Vergeltung *f* ***mukabele etmek*** erwidern, entgegnen; ergelten ***mukabelede bulunmak*** erwidern, entgegnen; ergelten; zurückgeben
mukabil entgegengesetzt; entsprechend
mukadderat Schicksal *n*, Geschick *n*
mukaddes heilig
mukaddesat Heiligtümer *f*
mukavele Vertrag *m*, Abkommen *n* ***mukavele yapmak*** einen Vertrag schließen, ein Abkommen treffen
mukavelename Vertragsurkunde *n*
mukavemet Widerstand *m* ***mukavemet etmek*** widerstehen; aushalten ***mukavemet göstermek*** Widerstand leisten ***mukavemet koşusu*** Dauerlauf *m*
mukavemetli standhaft, widerstandsfähig
mukavemetsiz widerstandslos, ohne Widerstand zu leisten, schwach
mukavva Pappe *f*, Karton *m*
mukayese Vergleich *m* ***mukayese etmek*** vergleichen
mukoza *biy* Schleimhaut *f*
muktedir fähig, imstande ***muktedir olmak*** können, imstande sein
mum Kerze *f* ***mum ışığı*** Kerzenlicht *n* ***mumla aramak*** mit Kerze suchen
mumçiçeği Wachsblume *f*
mumlu Wachs- ***mumlu kâğıt*** Wachspapier *n*
mumya Mumie *f*
mumyalamak mumifizieren
mundar schmutzig
munis sympathisch, nett
muntazam regelmäßig, ordentlich; gleichförmig, *fiz* gleichmäßig
muntazaman regelmäßig
muntazar erwartet
murakabe Kontrolle *f*, Prüfung *f*, Überwachung *f*; *huk* Aufsicht *f* ***murakabe etmek*** kontrollieren
murakebe Kontrolle *f*
murakıp Kontrolleur *m*, Prüfer *m*
murat Ziel *n*, Zweck *m*, Absicht *f* ***muradına ermek*** sein Ziel erreichen
murdar schmutzig
Musa Moses
musahhih Korrektor *m*
musallat lästig; belästigend, störend; sich zu schaffen machend; Unglück bringend ***musallat olmak*** belästigen, stören, sich aufdrängen
Musevi jüdisch; Jude *m*
Mushaf Koran *m*
musibet Unglück *n*
musiki Musik *f*
muska Talisman *m*
muslin Mousseline *m*, Musseline *m*
musluk Hahn *m*
muslukçu Installateur *m*, Klempner *m*
Muson (meteroloji) Monsun *m*
mustarip leidend ***mustarip olmak*** leiden an
muşamba Linoleum *n*
muşmula Mispel *f*
muşta Faustschlag *m*
muştu gute Nachricht

mut Glück *n*
mutaassıp fanatisch
mutabakat Übereinstimmung *f* ***mutabakat etmek*** übereinstimmen
mutabık einig ***mutabık kalmak*** sich einigen
mutasyon *biy* Mutation *f*
mutat gewohnt, üblich
muteber angesehen; gültig ***muteber olmak*** gelten
mutedil mäßig
mutemet Vertrauensmann *m*, Bevollmächtigte *m*
mutena sorgfältig
mutfak Küche *f* ***mutfak takımı*** Geschirr *n*; Küchenmöbel *f*
mutlak absolut
mutlaka unbedingt, auf jeden Fall
mutlakıyet Absolutismus *m*
mutlu glücklich ***mutlu etmek*** *jdn* beglücken
mutluluk Glück *n*
mutsuz unglücklich
mutsuzluk Unglücklichkeit *f*
muvafakat Übereinstimmung *f*; Zustimmung *f* ***muvafakat etmek*** zustimmen
muvaffak erfolgreich ***muvaffak etmek*** zustimmen ***muvaffak olmak*** gelingen ***muvaffak olmamak*** mißlingen
muvaffakıyet Erfolg *m*
muvaffakıyetli erfolgreich
muvaffakıyetsiz erfolglos; mißlungen
muvakkat vorläufig, provisorisch, vorübergehend
muvakkaten zeitweilig, vorübergehend, provisorisch, vorübergehend, vorläufig, einstweilig
muvazene Gleichgewicht *n*
muvazeneli ausgeglichen
muvazenesiz unausgeglichen
muvazzaf aktiv; Berufs- ***muvazzaf hizmet*** Wehrdienst *m* ***muvazzaf subay*** Berufsoffizier *m*
muvezenesiz labil
muz Banane *f*
muzaffer siegreich
muzip Quälgeist *m*
muziplik Bosheit *f*, Schabernack *m*, Streich *m*, Spaß *m*, Scherz *m*
muzır schädlich
muzırlık Schädlichkeit *f*
mübadele Tausch *m*, Austausch *m* ***mübadele etmek*** tauschen, austauschen
mübadeleli abwechselnd
mübalağa Übertreibung *f* ***mübalağa etmek*** übertreiben
mübalağacı Aufschneider *m*; übertreibend
mübalağalı übertrieben
mübarek gesegnet
mübaşir Gerichtsdiener *m*
mücadele Kampf *m*, Auseinandersetzung *f* ***mücadele etmek*** kämpfen
mücadeleci Kämpfer *m*
mücahit Kämpfer *m*
mücbir zwingend ***mücbir sebep*** irgendwelche Gründe
mücehhez versehen, ausgerüstet ***mücehhez olmak*** ausgerüstet sein
mücellit Buchbinder *m*
mücellithane Buchbinderei *f*
mücerret abstrakt
mücerrit Nichtleiter *m*, Isolator *m*
mücevher Juwel *n*, Kleinod *n*
mücevherat Juwelen pl, Geschmeide *n*, Schmuck *n*
mücevherci Juwelier *m*
müdafaa Verteidigung *f*, Abwehr *f* ***müdafaa etmek*** verteidigen
müdafaasız unverteidigt
müdafi Verteidiger *m*
müdahale Einmischung *f*; Eingriff *m* ***müdahale etmek*** sich einmischen, eingreifen
müdavim stetig, beständig
müddet Zeitspanne *f*, Dauer *f*, Frist *f*
müddetli befristet
müddetsiz unbefristet
müderris Lehrer *m*; Professor *m*
müdire Direktorin *f*
müdür Direktor *m* ***müdür yardımcısı*** Direktorstellvertreter *m*
müdüriyet Direktion *f*; Direktorat *n*
müdürlük (genel) Geschäftsführung *f*, Direktion *f*, Leitung *f*, Verwaltung *f*; (makam) Direktorat *n*, Rektorat *n*
müebbeden lebenslänglich, auf Lebenszeit

müebbet lebenslänglich ***müebbet hapis*** lebenslängliche Gefangenschaft
müessese Institution *f*, Einrichtung *f*
müessif bedauerlich
müessir wirksam; *kim* aktiv
müessis Gründer *m*, Begründer *m*
müeyyide Bekräftigung *f*; Sanktionierung *f*
müezzin Muezzin *m*
müfettiş Inspektor *m*
müflis zahlungsunfähig, bankrott
müfredat Lehrplan *m* ***müfredat programı*** Lehrplan *m*
müfreze Abteilung *f*
müfrit übertrieben; extrem, radikal
müftü Mufti *m*
mühendis Ingenieur *m*
mühendislik Ingenieurwesen *n*, Ingenieurberuf *m*
mühim wichtig, bedeutend; bedenklich; erheblich; beachtlich
mühimmat Kriegsbedarf *m*
mühlet Frist *f* ***mühlet vermek*** (Frist) setzen
mühür Siegel *f*; Stempel *m* ***mühür basmak*** segelnd, versiegeln; abstempeln
mühürdar Privatsekretär *m*, Siegelbewahrer *m*
mühürlemek siegeln, versiegeln; abstempeln
mühürlü unter Verschluss; gesiegelt, versiegelt, zusiegelt; abgestempelt; mit Siegel
mühürsüz unversiegelt
müjde gute Nachricht
müjdeci Freudenbote *m*
müjdelemek *jdm etw* Erfreuliches mitteilen, eine gute Nachricht überbringen; gratulieren
mükâfat Belohnung *f*, Preis *m*, Prämie *f*, Auszeichnung *f* ***mükâfat vermek*** belohnen, auszeichnen
mükâfatlandırmak belohnen; auszeichnen
mükellef verpflichtet; großartig, prächtig; Verpflichtete *m*
mükellefiyet Verpflichtung *f*
mükemmel hervorragend, prima, ausgezeichnet, vorzüglich
mükemmelen perfekt, vollkommen
mükemmeliyet Vorzüglichkeit *f*, Vortrefflichkeit *f*
mükemmellik Perfektion *f*, Vollkommenheit *f*, Vorzüglichkeit *f*, Vortrefflichkeit *f*
mükerrer wiederholt, mehrmalig
mülakat Besprechung *f*, Unterredung *f* ***mülakat yapmak*** befragen
mülayim gutmütig, mäßig
mülk Grundbesitz *m*; Territorium *n* ***mülk sahibi*** Eigentümer *m*, Grundstücksbesitzer *m*
mülki zivil, administrativ; territorial
mülkiyet Besitz *m*, Eigentum *n* ***mülkiyet zamiri*** *dilb* Possessivpronomen *n*
mülteci Emigrant *m*
mümbit fruchtbar
mümessil Vertreter *m*, Repräsentant *m*
mümessillik Agentur *f*
mümeyyiz Mitprüfer *m*
mümin gläubig; Gläubige *f* (r *m*)
mümkün möglich ***mümkün kılmak*** ermöglichen ***mümkün mertebe*** möglichst
mümkünse womöglich, wenn es möglich
mümtaz hochstehend
münafık Hetzer *m*, Unruhestifter *m*
münakaşa Streit *m*, Debatte *f*, Wortstreit *m*, Diskussion *f* ***münakaşa etmek*** debattieren, diskutieren; streiten
münakaşalı umstritten
münasebet Beziehung *f*, Verhältnis *n*, Verkehr *m*; Verbindung *f*, Zusammenhang *m*
münasebetiyle anlässlich
münasebetsiz unangebracht; albern, frech, respektlos
münasebetsizlik Ungehörigkeit *f*, Unschicklichkeit *f*; Albernheit *f*, Formlosigkeit
münasip geeignet, passend, angemessen ***münasip görmek*** für angebracht halten
münavebe Abwechslung *f* ***münavebe ile*** umschichtig, abwechselnd
münavebeli abwechselnd
münazara Diskussion *f*
müneccim Astrologe *m*
münevver gebildet, aufgeklärt; Intellektu-

elle *m*
münferit isoliert, Einzel-, einzeln, isoliert, gesondert, Separat-, Sonder-; *hek* sporadisch
münhal frei, offen
Münih München
münzevi abgesondert; Einsiedler *m*
müphem undeutlich, unklar
müptela süchtig, befallen ***müptela olmak*** *jdm* verfallen sein
müptezel reichlich; banal
müracaat Antrage *f*, Information *f* ***müracaat etmek*** sich wenden an; sich bewerben um
müracaatçı Antragsteller *m*; Bewerber *m*, Anwärter *m*
mürdümeriği Zwetschge *m*
mürebbi Erzieher *m*
mürebbiye Erzieherin *f*
müreffeh bequem; wohlhabend
mürekkep1 zusammengesetzt
mürekkep2 Tinte *f* ***mürekkep hokkası*** Tintenfass *m* ***mürekkep lekesi*** Tintenfleck *m*
mürekkepbalığı *hayb* Tintenfisch *m*
mürekkepli mit Tinte beschmiert; mit Tinte ***mürekkepli kalem*** Federhalter *m*
mürettebat Besatzung *f*
mürettip Setzer *m* ***mürettip hatası*** Druck *m* fehler
mürettiphane Setzerei *f*
mürit Jünger *m*; Novize *m*
mürteci Fortschrittsfeind *m*, Reaktionär *m*
müruruzaman Verjährung *f*
mürüvvet Güte *f*; Freigebigkeit *f*; Freude *f*
müsaade Erlaubnis *f*, Genehmigung *f* ***müsaade etmek*** erlauben, genehmigen, gestatten
müsaadenizle gestatten Sie!
müsabaka Wettbewerb *m*, Wettkampf *m*
müsabık Wettkämpfer *m*, Konkurrent *m*
müsademe Zusammenstoß *m*, Zusammenprall *m*, Stoß *m*, Schlag *m*
müsadere Beschlagnahme *f* ***müsadere etmek*** beschlagnahmen
müsait geeignet, günstig
müsamaha Toleranz *f* ***müsamaha etmek*** dulden, ein Auge zudrücken (vor) ***müsamaha göstermek*** Toleranz zeigen
müsamahakâr tolerant
müsamahalı duldsam, nachsichtig, weitherzig
müsamahasız unnachgiebig, streng, unnachsichtig, unerbittlich, intolerant
müsamere Unterhaltungsabend *m*
müsavi gleich
müseccel (patent vb) gesetzlich geschützt, amtlich eingetragen; registriert; eingeschrieben ***müseccel marka*** registriertes Markenzeichen
müsekkin beruhigend, schmerzstillend; Beruhigungsmittel *n*, schmerzstillendes Mittel
müshil Abführmittel *n*
Müslüman Mohammedaner *m*
Müslümanlık Islam *m*
müspet positiv
müsrif verschwenderisch
müsriflik Verschwendung *f*
müstahak verdient ***müstahak olmak*** verdienen
müstahdem Angestellte *m/f*
müstahkem befestigt
müstahsil Produzent *m*, Erzeuger *m*, Hersteller *m*
müstahzar Präparat *n*
müstakbel zukünftig
müstakil unabhängig, selbständig
müstebit despotisch; Despot *m*
müstehcen unsittlich, obszön
müstehcenlik Obszönität *f*, Pornografie *f*
müsterih ruhig, beruhigt ***müsterih olmak*** sich beruhigen
müstesna ausgenommen
müsteşar Staatssekretär *m*; Botschafter *m*
müsteşarlık Botschaftssekretariat *n*
müsvedde Manuskript *n* ***müsvedde defteri*** Notizblock *n*, Schmierheft *n*
müşahede Wahrnehmung *f*, Feststellung *f* ***müşahede altına almak*** überwachen ***müşahede etmek*** wahrnehmen, feststellen
müşavere Beratung *f*, Unterredung *f*, Besprechung *f* ***müşavere etmek*** bespre-

M

chen
müşavir Berater *m*
müşerref geehrt ***müşerref olmak*** geehrt sein
müşfik zärtlich, liebevoll
müşkül beschwerlich, heikel, delikat, haarig, knifflig, prekär; Mucke *f*, Patsche *f*
müşkülat Schwierigkeit *f* ***müşkülat çıkarmak*** *jdm* Schwierigkeiten machen
müşkülpesent anspruchsvoll, wählerisch
müştemilat Nebengebäude *n*
müşterek gemeinsam, kollektiv ***müşterek bahis*** Totalisator *m*; Wette *f*
müştereken gemeinsam
müşteri Kunde *m*; Gast *m*
mütalaa Meinung *f*; Bemerkung *f*; Kommentar *m* ***mütalaa etmek*** lesen, eingehend prüfen
mütareke Waffenstillstand *m*
müteaddit mehrere, viele, zahlreich; verschieden; Mehr-
müteahhit Lieferant *m*
müteakiben gleich danach
müteakip folgend
mütecaviz aggressiv; Angreifer *m*
müteessif bedauernd, betrübt
müteessir beeinflusst, beeindruckt; betrübt, traurig, gerührt ***müteessir etmek*** beeinflussen, beeindrucken; betrüben, rühren ***müteessir olmak*** betrübt sein
müteferrik getrennt; verschieden
mütehakkim tyrannisch, despotisch
müteharrik beweglich, in Bewegung befindlich, sich bewegend; beweglich; getrieben, betrieben, arbeitend
mütehassis beeindruckt, bewegt ***mütehassis olmak*** beeindruckt sein
mütehassıs Spezialist *m*, Sachverständige *m*, Fachmann *m*, Experte *m*
mütekabil wechselseitig, entsprechend
mütemadi dauernd
mütemadiyen ununterbrochen, pausenlos, dauernd
mütemayil geneigt
mütercim Übersetzer(in *f*) *m*
mütereddit unschlüssig
müteselsil aufeinanderfolgend, ununterbrochen ***müteselsil alacaklılar*** Solidargläubiger *pl* ***müteselsil borçlular*** Solidarschuldner *pl* ***müteselsil mesuliyet*** aufeinanderfolgende Verantwortung
müteşebbis unternehmungslustig; Unternehmer *m*
müteşekkil zusammengesetzt, gebildet, bestehend
müteşekkir dankbar
mütevazı bescheiden
müteveccih gezielt
müteveffa verstorben; Verstorbene *mf*; verblichen
mütevelli Verwalter *m* ***mütevelli heyeti*** Kuratorium *n*
mütevellit hervorgerufen
müthiş verbündet; Verbündete *m*
müttefik verbündet, alliiert; Verbündeter *m*, Alliierter *m*
müvekkil Klient(in *f*) *m*
müvezzi Verteiler *m*, Zeitungsverkäufer *m*
müzakere Besprechung *f*; Abhören *n* ***müzakere etmek*** besprechen
müzayede Versteigerung *f*
müze Museum *n*
müzeci Museumsbegründer *m*; Museumfachmann *m*; Museumdiener *m*
müzecilik Museumkunde *f*
müzelik veraltet, museumsreif
müzevir Betrüger *m*; Intrigant *m*; lügenhaft, betrügerisch
müzevirlemek denunzieren
müziç lästig
müzik Musik *f*
müzikal Musical *n*
müzikbilim Musikwissenschaft *f*
müzikbilimci Musikwissenschaftler(in *f*) *m*
müzikçi Musiker *m*; Musiklehrer *m*
müzikhol Varieté *n* (Theater)
müzikli Musik-, mit Musik
müzikolog Musikwissenschaftler *m*
müzikoloji Musikwissenschaft *f*
müziksever Musikfreund *m*
müzisyen Musiker *m*
müzmin chronisch; dauernd ***müzmin bekâr*** eingefleischter Junggeselle
müzminleşmek chronisch werden

N

na hier!, schau!, da
naaş Leiche *f*, Leichnam *m*
nabız Puls *m*, Pulsschlag *m* ***nabzı atmak*** pulsieren ***nabzına bakmak*** Puls fühlen ***nabzına göre şerbet vermek*** *jdm* um den Bart gehen ***nabzını yoklamak*** bei *jdm* vorfühlen
nacak Axt *f*, Beil *n*
naçar genötigt
naçiz bescheiden
naçizane bescheidentlich
nadas Umpflügen *n* ***nadasa bırakmak*** brachlegen
nadide selten, rar
nadir selten, rar
nadiren selten, rar
nafaka Unterhaltskosten *pl*
nafile vergeblich, unnütz ***nafile yere*** umsonst
naftalin Naphthalin *n*
nağme Melodie *f*
nah Nimm!, Hier!
nahiye Bezirk *m*, Region *f*
nahoş unangenehm
nail erreichend ***nail olmak*** erreichen, erlagen
naip Stellvertreter *m*; Rechtsverweser *m*
naiplik Stellvertretung *f*; Rechtsverweserschaft *f*
nakarat Refrain *m*
nakavt (boks) Knockout *m* ***nakavt etmek*** knockout schlagen
nakden bar
nakil Transport *m*, Beförderung *f*; Übertragung *f* ***nakil vasıtaları*** Transportmittel *n*
nakış Wandmalerei *f*; Stickerei *f* ***nakış işlemek*** besticken, sticken
nakit Geld *n*
nakkaş Wandmaler *m*
naklen in Übertragung ***naklen yayın*** Direktübertragung *f*, live Sendung
nakletmek transportieren, befördern; übertragen; versetzen; weitererzählen; leiten
nakliyat Transport *m*, Überlieferung *f*
nakliyatçı Transportunternehmer *m*
nakliye Transport *m*; Spedition *f*
nakliyeci Transportunternehmer *m*, Spediteur *m*
nakşetmek dekorieren; mit Bildern schmücken; sticken
nal Hufeisen *n* ***nalları dikmek*** krepieren ***nalları dikmek*** *arg* abkratzen
nalbant Hufschmied *m*
nalbur Eisenwarenhändler *m*
nalça Schutzeisen *n*, Absatzbeschlag für Schuhe
nalın Stelzenschuh *m*
nallamak beschlagen
nam Name *m*, Ruf *m* ***nam kazanmak*** berühmt werden ***namı diğer*** alias
namağlûp unbesiegt
namağlup unbesiegt
namahrem fremd
namaz rituelles Gebet ***namaz kılmak*** das rituelle Gebet verrichten ***namaz vakti*** Gebetszeit *f*
name Schreiben *n*, Brief *m*
namert feige
namertlik Feigheit *f*
namına im Namen
namında namens
namıyla unter der Name
namlı berühmt
namlu Gewehrlauf *m*
namus Ehre *f* ***namus sözü*** Ehrenwort *n*
namuslu ehrlich, anständig
namussuz ehrlos, unanständig
namussuzca unehrlich, unredlich
namussuzluk Unehre *f*, Schandtat *f*, Ehrlosigkeit *f*, Unehrenhaftigkeit *f*
namüsait ungünstig, ungeeignet
namzet Kandidat *m*, Bewerber(in *f*) *m* ***namzet göstermek*** als Kandidat auftreten
namzetlik Kandidatur *f*, Bewerbung *f*
nanay nix, nicht
nane Pfefferminze *f* ***nane yemek*** *mec* dummes Zeug reden
naneli mit Pfefferminz
nanemolla Trottel *m*

naneruhu Pfefferminzextrakt *m*
naneşekeri Pfefferminz *n*
nanik lange Nase ***nanik yapmak*** *jdm* eine lange Nase machen
nankör undankbar
nankörlük Undankbarkeit *f* ***nankörlük etmek*** sich undankbar benehmen
napalm Napalm *n*
nar Granatapfel *m* ***nar gibi*** gut durchgebraten
nara Geschrei *n*, Gebrüll *n* ***nara atmak*** laut schreien
narenciye Zitrusfrüchte *pl*
nargile Wasserpfeife *f*
narh Höchstpreis *m* ***narh koymak*** einen fixen Preis geben
narin fein, zierlich
narinlik Zartheit *f*, Feinheit *f*
narkotik narkotisch, betäubend
narkoz Narkose *f*, Betäubungsmittel *n* ***narkoz vermek*** narkotisieren
narsisizm *ruhb* Narzissmus *m*
nasıl wie ***nasıl olsa*** wie dem auch sei
nasılsa wie dem auch sei
nasılsınız Wie geht es Ihnen?
nasır Hühnerauge *n* ***nasır bağlamak*** Hühneraugen bekommen, Schwielen bekommen
nasırlaşmak Hühneraugen bekommen, Schwielen bekommen
nasırlı schwielig
nasihat Rat *m*, Ratschlag *m* ***nasihat etmek/vermek*** *jdm* ermahnen ***nasihat tutmak*** jemands Rat zuhören
nasip Los *n*, Geschick *n* ***nasibini almak*** seinen Anteil bekommen ***nasip etmek*** zuteil werden lassen ***nasip olmak*** zuteil werden
natüralist Naturalist *m*
natüralizm Naturalismus *m*
natürel natürlich
natürist Naturkundiger *m*, Naturmensch; naturverbunden
natürizm Naturheilmethode *f*; Naturphilosophie *f*
natürmort Stilleben *n*
navlun Seefrachtgebühren *pl*
naylon Nylon *n*
naz sich-Bittenlassen; Ziererei *f*, Koketterie *f* ***naz etmek/yapmak*** sich bitten lassen ***nazı geçmek*** *mec* alles durchgehen lassen ***nazını çekmek*** alle Launen in Kauf nehmen
nazar Blick *m* ***nazar boncuğu*** blaue Perle ***nazar değmek*** (böser Blick) treffen ***Nazar değmesin*** Gott bewahre vor bösen Blicken! ***nazara almak*** berücksichtigen ***nazarı dikkat*** Aufmerksamkeit *f* ***nazarı dikkatini çekmek*** *jds* Aufmerksamkeit auf sich ziehen ***nazarıyla bakmak*** betrachten, ansehen als
nazaran nach, gemäß; im Hinblick auf
nazarımda in meinem Auge
nazarında nach seiner Ansicht
nazari theoretisch
nazariye Theorie *f*
nazarlık Talisman *m*
nazım Poesie *f*
nazır hinausgehend
nazi Nazi *m*
nazik fein, zart; höflich
nazikane höflich
nazikleşmek höflicher werden; sich verfeinern
naziklik Feinheit *f*, Zartheit *f*; Höflichkeit *f*, Aufmerksamkeit *f*, Liebenswürdigkeit *f*
nazire Gegenschlag *m*
Nazizm Nazismus *m*
nazlanmak sich bitten lassen
nazlı verwöhnt; zart, empfindlich
ne was? ***ne alemde*** Wie? ***ne biçim*** Was für welche? ***ne çare*** Nichts zu machen! ***ne çıkar*** Na und? ***ne de olsa*** immerhin ***ne demek*** Was bedeutet ...? ***ne demeye*** Um was handelt es sich? ***ne denli*** wie groß, wie weit ***ne diye*** wozu?, zu welchem Zweck? ***Ne ekersen onu biçersin*** Man erntet, was man sät ***ne gibi*** wie etwa? ***ne güzel*** wie schön! ***ne haber*** was gibts Neues? ***ne haddine*** wem geht es an ***ne hikmetse*** sei es warum ***ne için*** wofür ***ne ile*** womit? ***ne kadar*** wie viel; wie teuer ist es? ***ne mümkün*** ganz unmöglich! ***ne münasebet*** ganz ausgeschlossen! ***Ne münasebet*** Natürlich nicht! ***ne ... ne de ...*** weder ... noch ... ***ne oldum delisi*** Emporkömmling *m* ***Ne olur*** Bitte! ***ne olur***

N

ne olmaz auf alle Fälle! ***ne olursa olsun*** keinesfalls ***ne oluyor*** Was ist denn hier los? ***ne pahasına olursa olsun*** auf Biegen oder Brechen ***ne vakit*** wann? ***ne var*** was gibts? ***ne var ki*** jedoch, immerhin ***ne var ne yok*** Wie geht's? Wie steht's? ***ne yazık*** wie schade ***ne yazık ki*** leider ***ne zaman*** wann?

nebat Pflanze *f*

nebati pflanzlich ***nebati yağ*** Pflanzenöl *n*

nebi Prophet *m*

nebülöz Nebel *m*

nebze kleines Quantum; Stückchen *n*, Teilchen *n*; Hauch *m*

nece in welcher Sprache?

neceftaşı Bergkristall *m*

neci in weicher Weise tätig

nedamet Reue *f*

neden Grund *m*; Ursache *f*, warum? wieso? weshalb? ***neden olmak*** erregen, heraufbeschwören ***nedenini açıklamak*** begründen

nedeniyle aufgrund, auf Grund von

nedenli begründet

nedense aus irgendeinem Grund

nedensel kausal

nedensellik Kausalität *f*

nedensiz grundlos, ohne Grund, ungerechtfertigt

nedime Hofdame *f*

nefaset Vorzüglichkeit *f*

nefer Soldat *m*

nefes ganz außer Atem

nefes Atem *m*, Hauch *m* ***nefes aldırmamak*** bedrängen, *jdn* in Trab halten ***nefes almak*** atmen ***nefes borusu*** Luftröhre *f* ***nefes darlığı*** Atembeschwerden *pl* ***nefes nefese*** abgehetzt ***nefes nefese kalmak*** keuchen, schnaufen ***nefes tüketmek*** sich den Mund fusselig reden ***nefes vermek*** aus atmen ***nefesi daralmak*** in Atemnot kommen ***nefesi kesilmek*** außer Puste sein ***nefesi kokmak*** aus dem Mund riechen ***nefesi tutuldu*** der Atem stockte ihm ***nefesini kesmek*** den Atem berauben ***nefesli çalgılar*** Blasinstrumente *pl*

nefessiz atemlos

nefis Ich *n*

nefret Abscheu *m*, Widerwillen *m* ***nefret etmek*** verabscheuen ***nefret uyandırıcı*** ekelhaft, abscheulich ***nefret uyandırmak*** gehasst werden

nefretle mit Hass

nefrit *hek* Nierenentzündung *f*

nefsi persönlich, eigen; selbstsüchtig ***nefsine düşkün*** selbstsüchtig, rücksichtslos ***nefsine uymak*** s-*n* Wünschen nachgeben ***nefsine yedirememek*** sich nicht abfinden können mit ***nefsini köreltmek*** gegen Selbstsucht kämpfen

neft Naphtha *n*

negatif negativ; Negativ *n*

nehir Fluss *m*, Strom *m* ***nehir ağzı*** Flussmündung *f* ***nehir kenarı*** Flussufer *n* ***nehir kıyısı*** Flussufer *n* ***nehir kolu*** Flussarm *m* ***nehir yatağı*** Flussbett *n*

nekahet Genesung *f*

nekes geizig, knauserig

nektar Nektar *m*

nem Feuchtigkeit *f*

neme lazım was geht das mich an?

nemelazımcı gleichgültig, wurstig, indefferent

nemelazımcılık Gleichgültigkeit *f*, Wurstigkeit *f*

nemlendirici befeuchtend, Feuchtigkeits- ***nemlendirici krem*** Feuchtigkeitscreme *f*

nemlenmek feucht werden

nemli (hava) feucht; klitschig

nemrut grausam, unbarmherzig

nene Urgroßmutter *f*

neolitik neolithisch; Neolithikum *n*, Jungsteinzeit *f*

neon Neon *n* ***neon lambası*** Neonlampe *f*

neozoik Neozoikum *n*

Neptün Neptun *m*

nerde wo?

nerdeyse beinahe, bald, gleich

nere welcher Ort?

nerede wo? ***nerede ise*** bald, gleich

nereden woher?

neredeyse beinah(e), fast; jeden Augenblick

nereli woher stammend?

Nerelisiniz Woher kommen Sie?, Wo sind Sie her?
neresi wo
nereye wohin?
nergis Ringelblume *f*
nesil Generation *f*
nesir Prosa *f*
neskafe Pulverkaffee *m*
nesne Ding *n*, Objekt *n*
nesnel objektiv
nesnellik Objektivität *f*; *tek* Sachlichkeit *f*
neşe Heiterkeit *f*, Fröhlichkeit *f* ***neşesi yerinde olmak*** gute Laune haben
neşelendirmek erheitern, aufmuntern, *jdn* aufheitern, *jdn* fröhlich stimmen
neşelenmek in gute Laune kommen, heiter werden
neşeli heiter, froh fröhlich, amüsant
neşesiz verstimmt, unfroh
neşir Herausgabe *f*, Veröffentlichung *f*; Sendung *f*
neşretmek herausgeben, veröffentlichen; senden
neşriyat Veröffentlichung *f*, Publikation *f*
neşter Lanzette *f*
net klar, deutlich; netto; Netz *n* ***net ağırlık*** Nettogewicht *n* ***net gelir*** Nettoeinkommen *n*
netameli gefährlich; vom Pech verfolgt
netekim tatsächlich
netice Ergebnis *n*, Resultat *n*, Folge *f*; Schluss *m*
neticelendirmek abschließen
neticelenmek enden
neticesiz ergebnislos
nevale Proviant *m*
nevi Art *f* ***nevi şahsına münhasır*** einzig in seiner Art
nevir Komplexion *f* ***nevri dönmek*** ärgerlich werden
nevralji Nervenschmerz *m*; *hek* Neuralgie *f*
nevrasteni *hek* Neurasthenie *f*
nevresim Bettbezug *m*
nevroloji *hek* Neurologie *f*
nevropot neuropathisch
nevroz Neurose *f*
ney Rohrflöte *f*
neye wozu? warum? wieso? weshalb?
neyse schon gut! ***neyse ki*** immerhin
neyzen Rohrflötenbläser *m*
nezaket Feinheit *f*, Zärtlichkeit *f*, Höflichkeit *f*; Ernst *m*
nezaketen aus Höflichkeit
nezaketli höflich
nezaketsiz unhöflich
nezaketsizlik Unfreundlichkeit *f*, Unhöflichkeit *f*
nezaret Aufsicht *f*; Ministerium *n* ***nezaret altına almak*** in Aufsicht nehmen ***nezaret etmek*** beaufsichtigen, überwachen
nezarethane Untersuchungsgefängnis *n*, Arrestzelle *f*
nezih sauber; vornehm, anständig
nezle Schnupfen *m* ***nezle olmak*** Schnupfen bekommen
nıkris Gicht *f*
nışadır Salmiak *m*
nice wie; viele ***nice nice*** sehr viele ***nice olur*** Wie wird es werden?
nicel quantitativ
nicelik Quantität *f*
niçin warum? weshalb? wieso?
nida Ausruf *m* ***nida işareti*** Ausrufezeichen *n*
nifak Zwietracht *f*, Uneinigkeit *f* ***nifak sokmak*** Zwietracht säen
nihai endgültig, entscheidend
nihayet Ende *n*, Schluss *m*; endlich, schließlich ***nihayet bulmak*** enden, zu Ende gehen ***nihayet vermek*** beenden, schließen
nihayetlendirmek beenden, schließen
nihayetlenmek enden, aufhören
nihayetsiz endlos, unendlich
nihilist Nihilist *m*, nihilistisch, verneinend
nihilizm Nihilismus *m*
Nijerya Nigeria
nikâh Eheschließung *f*, Trauung *f* ***nikâh altına almak*** heiraten ***nikâh altında*** verheiratet ***nikâh bağlamak*** die Ehe eingehen ***nikâh dairesi*** Standesamt *n* ***nikâh düşmek*** gesetzlich erlaubt sein (Heirat) ***nikâh kıydırmak*** sich trauen lassen ***nikâh kıymak*** die Trauung vollziehen
nikâhlı getraut, ehelich
nikâhsız außerehelich ***nikâhsız yaşa-***

mak außerehelich zusammenleben
nikel Nickel *n*
nikelaj Vernickelung *f*
nikotin Nikotin *n*
Nil *coğ* Nil
nilüfer Seerose *f*, Wasserlilie *f*
nimbus Regenwolke *f*
nimet Segen *m*
nine Großmutter *f*
ninni Schlaflied *n*, Wiegenlied *n* ***ninni söylemek*** Schlaflied singen
nirengi Triangulation *f*
nisaiye Gynäkologie *f*
nisaiyeci Gynäkologe *m*, Gynäkologin *f*
nisan April *m*
nispet Verhältnis *n*, Proportion *f* ***nispet etmek*** in Beziehung setzen, vergleichen ***nispet kabul etmek*** vergleichbar sein ***nispet vermek/yapmak*** *jdn* ärgern
nispeten im Verhältnis, relativ, verhältnismäßig
nispetle im Vergleich zu
nispetli proportional
nispetsiz nicht proportional, ungleich
nispi proportional; relativ ***nispi temsil*** (politika) Proporz *m*
nişan Zeichen *n*, Merkmal *n*, Spur *f*, Mal *n*; Verlobung *f*; Orden *m*, Abzeichen *n* ***nişan almak*** zielen ***nişan koymak*** kennzeichnen ***nişan merasimi*** Verlobungsfeier *f* ***nişan vermek*** einen Orden verleihen ***nişan yapmak*** sich verloben ***nişan yüzüğü*** Verlobungsring *m* etmek markieren ***nişanı atmak (bozmak)*** die Verlobung auflösen
nişancı Schütze *m*
nişangâh Zielscheibe *f*
nişanlamak verloben; zielen, markieren
nişanlanma Verlobung *f*
nişanlanmak sich Verlobung
nişanlı verlobt; Verlobte(in *f*) *m*
nişanlılık Verlobung *f*
nişasta Stärke *f*
nitekim wahrhaftig, ja, so
nitel qualitativ
niteleme Bezeichnung *f* ***niteleme sıfatı*** Bezeichnungsadjektiv *n*
nitelemek beschreiben, charakterisieren, kennzeichnen, qualifizieren
nitelendirmek kennzeichnen
nitelik Eigenschaft *f*, Qualität *f*
nitelikli qualifiziert
niteliksiz unqualifiziert
nitrat Nitrat *n*
nitrik Nitrid *n* ***nitrik asit*** Nitriersäure *f*
nitrogliserin Nitroglyzerin *n*
nitrojen *kim* Stickstoff *m*
niyaz Flehen *n* ***niyaz etmek*** flehen
niye warum? weshalb? wieso?
niyet Absicht *f* ***niyet etmek*** beabsichtigen, planen ***niyeti bozuk*** mit böser Absicht
niyetiyle mit der Absicht
niyetlenmek beabsichtigen, planen
niyetli gesonnen, die Absicht habend, beabsichtigend; (oruçlu) fastend
nizam Ordnung *f*; Vorschrift *f*
nizami vorschriftsmäßig
nizamiye (Osmanlı İmparatorluğu) Infanterie *f* ***nizamiye kapısı*** Garrisontor *n*
nizamlı geordnet, geregelt; vorgeschrieben, bestimmt, verordnet
nizamname Vorschrift *f*
nizamsız ungeordnet, unordentlich
Noel Weihnachten *f* ***Noel ağacı*** Weichnachtsbaum *m* ***Noel baba*** Weihnachtsmann *m* ***Noel Baba*** Weihnachtsmann *m*
nohut Kichererbse *f*
noksan fehlend, fehlerhaft, mangelhaft, unvollkommen, unvollendet
noksanlık Unvollständigkeit *f*, Unvollkommenheit *f*
noksansız vollkommen, tadellos, fehlerfrei
nokta Punkt *m*
noktalama Zeichensetzung *f*, Interpunktion *f* ***noktalama işareti*** Satzzeichen *n*
noktalamak punktieren
noktalı punktiert ***noktalı virgül*** Strichpunkt *m*, Semikolon *n*
noktasız ohne Punkt
nonoş Schwule *m*; Liebchen *n*
norm Norm *f*
normal normal ***normal benzin*** Normalbenzin *n* ***normal olarak*** im Normalfall, normalerweise

normalleşmek sich normalisieren
normalleştirmek normalisieren
normallik Normalität *f*
Norveç Norwegen
Norveççe Norwegisch *n*
Norveçli Norweger(in *f*) *m*
nostalji Nostalgie *f*; Sehnsucht *f*
not Notiz *f*; Note *f*, Zensur *f*; Anmerkung *f*, Aufzeichnung *f* ***not almak*** sich Notizen, machen; eine Note bekommen ***not defteri*** Notizbuch *n* ***not etmek*** notieren, aufschreiben ***not tutmak*** mitschreiben ***not vermek*** benoten, zensieren
nota *müz* Note *f*; Note *f*
noter Notar *m*
noterlik Notariat *n*
notlandırmak benoten, bewerten, zensieren
nöbet Wache *f*, Aufsicht *f*, Anfall *m* ***nöbet beklemek/tutmak*** Aufsicht halten, Wache stehen
nöbetçi Posten *m*, Wache *f*, Schildwache *f*, Aufseher *m*, Bereitschaftsdienst *m* ***nöbetçi doktor*** Bereitschaftsarzt *m* ***nöbetçi eczane*** Apotheke mit Nachtdienst ***nöbetçi subayı*** Bereitschaftsoffizier *m*
nöbetleşe abwechselnd
nöbetleşmek sich ablösen, sich abwechseln
nörolog Neurologe *m*, Nervenarzt *m*
nöroloji Neurologie *f*
nöron *biy* Neuron *n*
nötr neutral
nötrleşmek sich neutralisieren
nötrleştirmek neutralisieren
nötrlük Neutralität *f*
nötron Neutron *n*
Nuh Noah ***Nuh'un gemisi*** die Arche Noah
numara Nummer *f*; Note *f*, Zensur *f*; Scherz *m*, Spaß *m*; Schwindel *m*, Lüge *f* ***numara yapmak*** so tun, als ob
numaracı Schwindler *m*
numaralamak numerieren
numaralı numeriert
numarasız unnummeriert
numune Muster *n*, Probe *f*, Abbild *n*
numunelik als Muster geeignet, als Probe geeignet; Muster-, Probe-; beispielhaft; Prüfstück *n*
nur Licht *n*, Helligkeit *f* ***Nur içinde yatsın*** Soll in Frieden ruhen! ***Nur ol*** Bravo! ***nur topu gibi*** allerliebst, entzückend
nurlu verklärt, licht, leuchtend
nutuk Rede *f* ***nutuk atmak/çekmek*** Rede halten ***nutuk vermek*** Rede halten
nü Akt *m*, Aktbild *n*
nüans Nuance *f*, Abstufung *f*, Tönung *f*
nüfus Bevölkerung *f* ***nüfus artması*** Bevölkerungszunahme *f* ***nüfus azalması*** Bevölkerungsabnahme *f* ***nüfus azlığı*** geringe Bevölkerungszahl ***nüfus cüzdanı*** Personalausweis *m* ***nüfus dairesi*** Einwohnermeldeamt *n* ***nüfus kâğıdı*** Personalausweis *m* ***nüfus kütüğü*** Personenstandsregister *m* ***nüfus memurluğu*** Personenstandsamt *n* ***nüfus patlaması*** Bevölkerungsexplosion *f* ***nüfus planlaması*** Geburtenkontrolle *f* ***nüfus sayımı*** Volkszählung *f* ***nüfus yoğunluğu*** Bevölkerungsdichte *f* ***nüfusa kaydetmek*** ins Melderegister eintragen
nüfusbilim Demografie *f*
nüfuz Durchdringen *n*; *kim* Osmose *f*, Diffusion *f*; Einfluss *m*, Ansehen *n* ***nüfuz etmek*** eindringen ***nüfuz sahibi*** einflußreich, angesehen ***nüfuz yürütmek*** sich durchsetzen
nüfuzlu einflussreich, angesehen
nükleer nuklear, atomar ***nükleer enerji*** Kernenergie *f* ***nükleer reaktör*** Kernreaktor *m* ***nükleer santral*** Kernkraftwerk *n* ***nükleer savaş*** Nuklearkrieg *m* ***nükleer silah*** Atomwaffe *f*, Kernwaffe *f*
nükleon Nukleon *n*
nüksetmek wieder auftreten
nükte Witz *m* ***nükte yapmak*** einen Witz machen
nükteci witzig, geistreich
nükteli witzig, geistreich, pointiert
nümayiş Demonstration *f*
nüsha Exemplar *n*; Ausgabe *f*; Abschrift *f*, Abzug *m*, Abdruck *m*
nüve Nukleus *m*, Kern *m*
nüzul *hek* Schlaganfall *m* ***nüzul inmek***

einen Schlaganfall bekommen

O

o er, sie; jener, jene, jenes; der, die, das dort ***o anda*** in diesem moment ***o gün*** genannter Tag ***o gün bugün(dür)*** seit jener Zeit, seither ***o halde*** also, demnach ***o kadar*** so viel, so sehr; dermaßen ***o saat*** jene Stunde ***o sırada*** gerade in diesem Augenblick ***o taktirde*** unter dem Fall ***o taraflı olmamak*** keine Beachtung schenken ***o vakit*** dann, damals, in diesem Falle ***o zaman*** dann, darauf; damals; in diesem Falle ***o zamandan beri*** seitdem, seither

oba Nomadenzelt *n*

obelisk Obelisk *m*

obje Gegenstand *m*, Objekt *n*

objektif objektiv

obua Oboe *f*

obuacı Oboist *m*

obur gefräßig; Vielfraß *m*

oburca gefräßig

oburlaşmak gefräßig werden

oburluk Gefräßigkeit *f*

obüs Granate *f*

ocak Herd *m*, Kamin *m*, Esse *f*, Bergwerk *n*; (ayı) Januar *m* ***ocağına düşmek*** Schutz suchen (bei) ***ocağına incir dikmek*** eine Familie zugrunde richten

ocakçı Schornsteinfeger *m*

oda Zimmer *n*, Stube *f*, Kammel *f* ***oda hapsi*** Stubenarrest *m* ***oda hizmetçisi*** Hoteldiener *m*, Hotelboy *m* ***oda müziği*** Kammermusik *f* ***oda orkestrası*** Kammerorchester *n* ***oda takımı*** Mobiliar eines Zimmers

odacı Bürodiener *m*

odak Brennpunkt *m*, Fokus *m*

odaklamak fokussieren

odaklanmak sich fokussieren (auf)

odun Holz *n*, Brennholz *n*

oduncu Holzfäller *m*

odunkömürü Holzkohle *f*

odunluk Holzlager *n*; *mec* Gerangel *n*

ofis Alt *n*, Büro *n*

oflamak seufzen, ächzen

ofsayt Abseits *n*

ofset Offset *n* ***ofset baskı*** Offsetdruck *m* ***ofset makinesi*** Offsetdruckmaschine *f*

oğalamak reiben

oğlak Zicklein *n*, Steinbock *m* ***Oğlak Burcu*** Steinbock *m* ***Oğlak dönencesi*** Wendekreis des Steinbocks

oğlan Junge *m*, Knabe *m*

oğlancı Päderast *m*

oğmak reiben

oğul Sohn *m*

oğulcuk Keim *m*, Söhnchen *n*; Embryo *m*

oğulluk Adoptivsohn *m*

oğulotu Balsam *m*

oğuşturmak reiben

oh ei!, ach! ***oh çekmek*** schadenfroh sein ***oh demek*** sich ausruhen ***oh olsun*** das geschieht ihm recht

oha oha! das geht nicht

ohm Ohm *n* ***Ohm yasası*** Ohmsche(s) Gesetz

oje Nagellack *m*

ok Pfeil *m*, Stachel *m* ***ok atmak*** einen Pfeil abschießen

okaliptüs Eukalyptus *m*

okçu Pfeilhersteller *m*; Pfeilverkäufer *m*

okey Okay *n*; in Ordnung!, einverstanden!, gut!

okka altes Gewichtmaß Okka ***okkanın altına gitmek*** sich die Finger verbrennen

okkalı groß; deftig; wichtig, bedeutend, einträglich; viel, eine ganze Menge; gewichtig, bedeutsam

oklava Nudelholz *n*

oklu stachelig ***oklu kirpi*** Stachelschwein *n*

okluk Köcher *m*

oksijen Sauerstoff *m* ***oksijen çadırı*** Sauerstoffzelt *n* ***oksijen maskesi*** Sauerstoffmask *m* ***oksijen tüpü*** Sauerstoff *f*, Sauerflasche *f*

oksijenli sauerstoffhaltig, Sauerstoff enthaltend

oksit Oxid *n*, Oxyd *n*

oksitlemek oxidieren

okşamak streicheln, liebkosen

oktan *kim* Oktan *n*
oktav Oktave *f*
okul Schule *f* ***okul arkadaşı*** Mitschüler *m*, Schulkamerad *m* ***okul harcı*** Unterrichtsgebühren *pl* ***okul kaçağı*** (Schul)schwänzer *m* ***okul müdürü*** Schulleiter *m* ***okuldan kaçmak*** die Schule schwänzen ***okulu asmak*** die Schule schwänzen ***okulu bırakmak*** die Schule abbrechen ***okulu kırmak*** die Schule schwänzen
okulöncesi Vorschule *f*
okulsonrası Nachschulzeit *f*
okuma Lesen *n* ***okuma kitabı*** Lesebuch *n* ***okuma salonu*** Lesesaal *m* ***okuma yazma*** Lesen und Schreiben *n*
okumak lesen; vorlesen; studieren
okumamış ungebildet
okumuş gebildet
okunaklı lesbar, leserlich
okunaksız unlesbar, undeutlich
okunuş Lesen *n*, Vorlesen *n*
okur Leser *m*
okuryazar wer lesen und schreiben kann
okuryazar olmayan Analphabet(in *f*) *m*
okutmak unterrichten; durchnehmen, behandeln
okutman Lektor *m*
okutmanlık Lehramt *n*
okuyucu Leser(in *f*) *m*
okyanus Ozean *m*
olabilir möglich
olabilirlik Möglichkeit *f*
olacak möglich, angebracht, richtig ***Olacak gibi değil*** Es ist unmöglich ***Olacak iş (şey) değil*** Nicht zu fassen!
olagelmek andauern, bestehen bleiben
olağan üblich, gewöhnlich, normal
olağandışı ungewöhnlich, (toplantı vs) außerplanmäßig, ausgezeichnet, außergewöhnlich, außerordentlich, enorm, gewaltig, grancios, großartig, hervorragend, hinreißend, meisterhaft, mordsmäßig, wahnsinnig, sagenhaft, ungeheuer, ungemein, unheimlich, unwahrscheinlich
olağanüstü außerordentlich, außergewöhnlich
olamaz unmöglich
olanak Möglichkeit *f* ***olanak vermek*** ermöglichen
olanaklı möglich
olanaksız unmöglich
olanaksızlık Unmöglichkeit *f*
olanca das ganze, alles vorhandene
olanlar Vorhandenen *pl*
olarak als
olası wahrscheinlich
olasılık Wahrscheinlichkeit *f*
olay Geschehnis *n*, Ereignis *n*, Vorgang *m*, Vorfall *m*, Akt *m* ***olay çıkarmak*** einen Zwischenfall verursachen ***olay yeri*** *huk* Tatort *m*
olaylı ereignisreich, erlebnisreich
olaysız ereignislos
oldu okay, fertig ***oldu bitti*** vollendete Tatsache
oldubitti vollendete Tatsache; es ist erledigt ***oldubittiye getirmek*** *jdn* vor vollendete Tatsachen stellen
oldukça ziemlich, eigenermaßen
olgu Vorfall *m*, Ereignis *n*
olgucu Positivist(in *f*) *m*; positivistisch
olguculuk Positivismus *m*
olgun reif
olgunlaşmak heranreifen, reif werden
olgunlaştırmak zur Reife bringen
olgunluk Reife *f* ***olgunluk sınavı*** Reifeprüfung *f*
oligarşi Oligarchie *f*
olimpik olympisch
olimpiyat Olympiade *f* ***olimpiyat oyunları*** die Olympischen Spiele
olmadık ungewöhnlich
olmak sein; werden; geschehen, stattfinden, sich ereignen, sich befinden, entstehen ***olan oldu*** es ist nun einmal geschehen ***olmakla beraber*** obwohl, obgleich ***olup bitenler*** Gesichehen *n* ***olup bitmek*** sich ereignen ***oluruna bırakmak*** freien Lauf lassen
olmamak ausbleiben
olmamış unreif
olmaz ausgeschlossen, unmöglich, unglaublich; das geht nicht!, ausgeschlossen!
olmuş geschehen; reif; wahr
olsa olsa höchstens

olsun Lass es sein!; Es macht nichts!
olta Angel *f* ***olta iğnesi*** Angelhaken *m* ***olta yemi*** Köder *m*
oluk Rinne *f*, Rille *f*, Nute *f*
oluklu geriffelt, gerillt, ausgekehlt; gewellt; mit Rille, mit Dachrinne
olumlu positiv
olumsuz negativ
olumsuzluk *dilb* Negation *f*
olur möglich ***olur olmaz*** irgendein ***olur şey değil*** Kaum zu glauben!, Nicht zu fassen!
oluş Entstehung *f*
oluşma Entstehung *f*, Werden *n*, Vorgang *m*
oluşmak entstehen sich bilden
oluşturmak bilden, schaffen
oluşum Entstehung *f*
om *fiz* Ohm *n*
omirilik *anat* Rückenmark *n*
omlet Omelett *n*
omnibüs Omnibus *m*
omur *anat* Wirbel *m*
omurga *anat* Wirbelsäule *f*
omurgalılar *hayb* Wirbeltiere *pl*
omurgasızlar *hayb* Wirbellosen *pl*
omurilik *anat* Rückenmark *n*
omuz Schulter *f*, Achsel *f* ***omuz omuza*** Schulter an Schulter ***omuz silkmek*** die Achseln zucken ***omuza vurmak*** an die Schulter klopfen ***omuzuna almak*** überhängen
omuzlamak schultern; über die Schulter werfen
omuzluk Achselstück *n*
on zehn ***on altı*** sechzehn ***on altıncı*** sechzehnte ***on beş*** fünfzehn ***on beşinci*** fünfzehnte ***on bin*** zehn Tausend ***on bir*** elf ***on birinci*** elfte ***on dokuz*** neunzehn ***on dokuzuncu*** neunzehnte ***on dördüncü*** vierzehnte ***on dört*** vierzehn ***on iki*** zwölf ***on para etmez*** wertlos ***on sekiz*** achtzehn ***on sekizinci*** achtzehnte ***on üç*** dreizehn ***on üçüncü*** dreizehnte ***on yedi*** siebzehn ***on yedinci*** siebzehnte
ona ihm, ihr
onamak befürworten, genehmigen; bestätigen, anerkennen
onar je zehn ***onar onar*** je zehn
onarım Reparatur *f*
onarımcı Reparierer *m*
onarmak ausbessern, reparieren; wiedergutmachen
onat ordentlich, sorgfältig
onay Bestätigung *f*; Ratifizierung *f*, Ratifikation *f*
onaylamak bestätigen, ratifizieren
onaylı bestätigt ***onaylı suret*** beglaubigte Kopie
onaysız unbestätigt
onbaşı Gefreite *m*
onca so viel(e); seiner Meinung nach
onda Zehntel *n*
ondalık zehnprozentige Vergütung, Zehntengabe *f*; dezimal
ondalık dezimal; der zehnte Teil; Dezimal- ***ondalık hanesi*** Dezimalbruch *m* ***ondalık kesir*** Dezimalbruch *m* ***ondalık sayı*** Dezimalzahl *f* ***ondalık sistem*** Dezimalsystem *n* ***ondalık virgülü*** Koma vor der ersten Dezimalstelle
ondan von ihm, von ihr; davon; deshalb ***ondan sonra*** dann ***ondan sonraki*** folgend
ondülasyon Dauerwellen pl, Wasserwellen pl, Ondulation *f*
ondüle gewellt
ongun produktiv; gedeihend, blühend; glücklich
onikiparmakbağırsağı Zwölffingerdarm *m*
onlar sie
onlara ihnen
onları sie
onlu Zehner-; *isk* Zehn *f*; *müz* Dezime *f*
onmak genesen
onmaz unheilbar, unverbesserlich
ons Unze *f*
onsuz ohne ihn (sie, es)
onu ihn, es, sie
onulmaz unheilbar
onun sein(e), ihr(e) ***onun için*** seinetwegen, ihretwegen; dafür ***onun yüzünden*** seinetwegen, ihretwegen
onunki der/die/das ihrige, der/die/das seinige
onur Ehre *f* ***onur vermek*** ehren, aus-

zeichnen
onurlandırmak ehren, besuchen
onurlanmak sich geehrt fühlen
onurlu würdig, ehrenvoll
onursal Ehren-
onursuz unwürdig, unehrenhaft
onursuzluk Ehrlosigkeit *f*
onuruna in Ehren von ***onuruna dokunmak*** *jds* Ehrgefühl verletzen ***onuruna yedirememek*** *jdn* innerlich sehr treffen
onüç drei Zehntel
opera Oper *f* ***opera binası*** Opernhaus *n*
operasyon Operation *f*
operatör Chirurg *m*
operet Operette *f*
optik optisch; Optik *f*
optimist Optimist *m*; optimistisch
optimizm Optimismus *m*
optimum Optimum *n*; optimal
opus Opus *n*
ora jener Ort, jene Stelle
oracıkta gleich dort
orada dort, da ***orada burada*** hier und da
oradaki dortig
oradan daher, dorther
orak Sichel *f*
oraları dort überall
oralı von jener Gegend ***oralı olmamak*** kein Interesse zeigen
oramiral Generaladmiral *m*
oran Verhältnis *n*, Proportion *n*
orangutan Orang-Utan *m*
oranla gegen, gegenüber, gemessen an
oranlamak proportionieren
oranlı proportioniert
oransız unproportioniert
orantı Proportion *f*
orantılı proportional
orası dort
oratoryo Oratorium *n*
oraya dorthin
ordino Indossament *n*
ordonat Wehrmaterial *n*, Material *n*, Versorgung *f*
ordövr Horsd'oevre *n*
ordu Armee *f*, Heer *n*
ordubozan Krampfader *f*
orduevi Offizierskasino *n*
ordugâh Zeltlager *n*
org Orgel *f*
organ Organ *n*, Glied *n* ***organ nakli*** Verpflanzung *f*; *hek* Organverpflanzung *f*, *hek* Transplantation *f*
organik organisch
organizasyon Organisation *f*, Veranstaltung *f*
organizatör Organisator *m*
organize organisiert ***organize etmek*** organisieren
organizma Organismus *m*
orgazm Orgasmus *m* ***orgazma ulaşmak*** Orgasmus haben
orgeneral Obergeneral *m*
orijin Ursprung *m*, Anfang *m*
orijinal Original *n*; original, originell
orijinallik Originalität *f*, Ursprünglichkeit *f*
orkestra Orchester *n* ***orkestra şefi*** *müz* Dirigent *m*
orkide Orchidee *n*
orkinos Thunfisch *m*
orlon orlon
orman Wald *m*, Forst *m* ***orman bekçisi*** Förster *m* ***Orman Fakültesi*** Fakultät für Forstwesen; Forstakademie *f*
ormancı Förster *m*
ormancılık Forstwirtschaft *f*, Forstwissenschaft *f*
ormanlık Waldgebiet *n* ***ormanlık arazi*** Waldland *n*
ornitoloji Ornithologie *f*
orospu Dirne *f*, Hure *f*, Nutte *f* ***orospu çocuğu*** Hurenkind *n*
orospuluk Prostitution *f* ***orospuluk etmek*** auf den Strich gehen, prostituieren
orostopolluk Schwindel *m*
orsa Luv *f*
orsalamak luven
orta Mitte *f*, Mittelpunkt *m*, Zentrum *f*; mittelmäßig ***orta boy*** Mittelgröße *f*, Mittelgewicht *n* ***orta dalga*** (radyo) Mittelwelle *f* ***orta derece*** genügend ***orta direk*** Großmast *m* ***orta haf*** Mittelläufer *m* ***orta halli*** dem Mittelstand angehörig ***orta işi*** Hausarbeit *f* ***orta karar*** mittel, passabel ***orta malı*** von gemeinem Nutzen; Dirne *f* ***orta sınıf*** Mittelstand *m* ***orta yaşlı*** mittleren Alters ***ortaya atılmak***

O

zur Diskussion gestellt werden ***ortaya atmak*** aufbringen ***ortaya çıkarmak*** enthüllen, feststellen, freilegen, herausbringen, herausfinden, rauskriegen, zum Vorschein bringen, zutage bringen ***ortaya çıkmak*** auftauchen, entstehen, herauskommen, in Erscheinung treten, in Sicht kommen, sich entpuppen (als olarak), sich eröffnen, sich gestalten, sich profilieren, zum Vorschein kommen, zutage kommen ***ortaya dökmek*** auskramen ***ortaya koymak*** anführen, aufbringen, bloßlegen, fabrizieren, hervorbringen, vorweisen, äußern

ortaç *dilb* Partizip *n*

ortaçağ Mittelalter *n*

ortada in der Mitte ***ortada bırakmak*** im Stich lassen, *jdn* aufsitzen lassen ***ortada kalmak*** offen bleiben ***ortadan kaldırmak*** (güçlük\anlaşmazlık) ausräumen, *jdn* liquidieren, wegräumen, wegtun, vernichten ***ortadan kalkmak*** verschwinden ***ortadan kaybolmak*** außer Sicht kommen

ortaderi *anat* Mesoderm *n*

Ortadoğu naher Osten

ortaelçi gesandter Minister

ortak gemeinsam; Teilhaber *m* ***ortak bölen*** gemeinsamer Teiler ***ortak çarpan*** gemeinsamer Multiplikator ***ortak olmak*** Partner werden; sich beteiligen ***Ortak Pazar*** Gemeinsamer Markt

ortaklaşa gemeinsam

ortaklık Teilhaberschaft *f* ***ortaklık sözleşmesi*** Partnerschaftsvertrag *m*

ortakulak *anat* Mittelohr *n*

ortakyapım Gemeinschaftsproduktion *f*

ortakyaşama Zusammenleben *n*

ortakyönetim Koalition *f*

ortalama Durchschnitt *m* ***ortalama olarak*** im Durchschnitt

ortalamak halbieren; *sp* zur Mitte geben

ortalık Mittel *n*, Medium *n* ***ortalığı birbirine katmak*** alles durcheinander bringen ***ortalığı dağıtmak*** alles in Unordnung bringen ***ortalığı toplamak*** aufräumen ***ortalık ağardı*** der Tag ist angebrochen ***ortalık ağarmak*** hell werden, tagen ***ortalık karardı*** es ist dunkel geworden ***ortalık kararmak*** dunkel werden, Abend werden ***ortalık karışmak*** durcheinander geraten ***ortalık karıştı*** es geht alles drunter und drüber ***ortalıktan kaybolmak*** sich drücken vor

ortalıkta weit und breit, hier und da, vor allen Augen

ortam Mittel *n*, Medium *n*

ortanca Hortensie *f*

ortaokul Realschule *f*, Mittelschule *f*

ortaöğrenim Gymnasialbildung *f*

ortaöğretim höheres Schulwesen; Gymnasialunterricht *m*

ortaparmak Mittelfinger *m*

ortasıklet *sp* Mittelgewicht *n*

ortasında mitten in (auf, unter)

Ortodoks orthodox

Ortodoksluk orthodoxe Religion

ortopedi Orthopädie *f*

ortopedik orthopädisch

oruç Fasten *n* ***oruç bozmak*** das Fasten brechen ***oruç tutmak*** fasten ***oruç yemek*** das Fastengebot brechen

oryantal orientalisch

Osmanlı osmanisch; Osmane *m* ***Osmanlı İmparatorluğu*** osmanischer Reich

Osmanlıca Osmanisch *n*

osurmak furzen

osuruk Furz *m*

ot Kraut *n*

otağ großes Prunkzelt

otak großes Prunkzelt

otel Hotel *n*

otelci Hotelbesitzer *m*, Hotelier *m*

otlak Weide *f*

otlakçı Schmarotzer *m*, Schnorrer *m*

otlakçılık Nassauem *n* ***otlakçılık etmek*** schmarotzen

otlamak grasen, weiden

otluk Wiese *f*; Weide *f*

oto- auto-

oto Auto *n*

otoban Autobahn *m*

otobiyografi Autobiographie *f*

otobur *hayb* Pflanzenfresser *m*

otobüs Autobus *m*, Omnibus *m* ***otobüs durağı*** Bushaltestelle *f*

otogar Busbahnhof *m*

O

otokrasi Autokratie *f*
otokrat Autokrat *m*
otokritik Selbstkritik *f*
otomasyon Automation *f*
otomat Automat *m*
otomatik automatisch ***otomatik olarak*** automatisch
otomatikleştirmek automatisieren
otomatikman automatisch
otomobil Auto *n*, Wagen *m* ***otomobil tamircisi*** Automechaniker *m*, Kraftfahrzeugmechaniker *m*
otomotiv Automobilsektor *m*
otonom autonom, selbstständig
otonomi Autonomie *f*, Selbstverwaltung *f*
otopark Parkplatz *m*
otopsi Autopsie *f*, Leichenöffnung *f*
otorite1 Autorität *f*
otorite2 Autoritär *m*; Gutachter(in *f*) *m*
otoriter autoritär
otostop Autostopp *m* ***otostop yapmak*** per Anhalter fahren
otostopçu Anhalter *m*, Autostopper(in *f*) *m*
otoyol Autobahn *f*
otsu(l) grasartig
oturacak Sitzplatz *m*, Sitzgelegenheit *f*
oturak Nachttopf *m*
oturaklı solide, stabil
oturma Wohnung *f* ***oturma izni*** Aufenthaltserlaubnis *f* ***oturma odası*** Wohnzimmer *n*
oturmak sitzen; sich setzen; wohnen; sich niederschlagen
oturtmak (kişi) setzen; (ziyneti) fassen; hinsetzen
oturum Sitzung *f*
otuz dreißig
otuzar je dreißig
otuzuncu dreißigste
ova Ebene *f*
oval oval
ovalamak reiben, zerreiben
ovalık flach, eben; ebene Gegend
ovmak reiben, abreiben
ovuşturmak (ellerini) ringen; abreiben, frottieren, reiben
oy Stimme *f* ***oy çokluğuyla*** einstimmig, mit Mehrheit der Stimmen ***oy pusulası*** Stimmzettel *m*, Wahlzettel *m* ***oy sandığı*** Wahlurne *f* ***oy vermek*** abstimmen; wählen ***oya koymak*** abstimmen; zur Wahl gehen
oya Zierspitze *f*
oyalamak beschäftigen; aufhalten
oyalanmak sich beschäftigen
oyalı mit Spitzenrand, mit Spitzen verziert
oybirliği Einstimmigkeit *f*
oybirliğiyle einstimmig
oylama Abstimmung *f*, Wahl *f*
oylamak abstimmen
oyluk *anat* Oberschenkel *m*
oylum Volumen *n*
oyma Schnitzarbeit *f*
oymacı Holzschnitzer *m*, Graveur *m*; Kupferstecher *m*
oymacılık Schnitzerei *f*
oymak ausgraben, aushöhlen, ausstechen, ausstanzen
oymalı mit Stichen geschmückt; graviert
oynak beweglich; geschmeidig; launenhaft; kokett ***oynak yeri*** Gelenk *n*
oynamak spielen, sich bewegen
oynaş Geliebte *m*, Liebhaber *m*
oynaşmak miteinander spielen, einen Liebschaft unterhalten
oynatmak bewegen; (dans) tanzen lassen; (aklını) den Verstand verlieren, verrückt werden; (yılan) beschwören
oysa indessen, aber jedoch
oysaki jedoch
oyuk hohl; Loch *n*
oyun Spiel *n*; Vorstellung *f*, Theaterstück *n* ***oyun etmek*** betrügen ***oyun kâğıdı*** Spielkarte *f* ***oyun oynamak*** spielen; einen Tanz aufführen; *jdm* einen Streich spielen ***oyun yazarı*** Dramatiker(in *f*) *m* ***oyuna gelmek*** hereingelegt werden, ausgetrickst werden, betrügt werden
oyunbaz verspielt; geschickte(r) Spieler
oyunbozan Spielverderber *m*
oyunbozanlık Spielverderberei *f* ***oyunbozanlık etmek*** das Spiel verderben
oyuncak Spielzeug *n*
oyuncakçı Spielwarenhändler *m*
oyuncu Spieler *m*; Schauspieler(in *f*) *m*
oyunculuk Spiel *n*, Vorstellung *f*

oyunlaştırmak für die Bühne bearbeiten
ozalit Blaupause *f*
ozan Dichter *m*
ozon Ozon *n*

Ö

öbek Haufen *m* ***öbek öbek*** haufenweise
öbür andere, jene ***öbür dünya*** Jenseits *n* ***öbür gün*** übermorgen ***öbür hafta*** übernächste Woche
öbürkü der (die, das) andere
öbürleri die anderen
öbürü der andere
öcü böser Mann ***öcünü almak*** rächen, sich an *jdm* rächen für, sich revanchieren (für *etw* bş-in)
öç Rache *f* ***öç almak*** sich rächen
öd Galle *f* ***öd kesesi*** Gallenblase *f* ***ödü kopmak/patlamak*** zu Tode erschrecken ***ödünü koparmak/patlatmak*** *jdn* zu Tode erschrecken
ödeme Zahlung *f* ***ödeme emri*** Zahlungsbefehl *m* ***ödeme gücü*** Solvenz ***ödemeli (teslim)*** Zahlung per Nachnahme *f*
ödemek zahlen, bezahlen, auszahlen
ödemeli per Nachnahme
ödenek Budgetkredite pl, Fonds *m*; Schadenersatz *m*, Entschädigung *f* ***ödenek ayırmak*** mit Subventionen beistehen
ödenti Mitgliedsbeitrag *m*
ödeşmek miteinander abrechnen
ödev Pflicht *f*, Aufgabe *f*
ödkesesi *anat* Gallenblase *f*
ödlek ängstlich, feige
ödleklik Feigheit *f*
ödül Preis *m*, Belohnung *f*, Auszeichnung *f* ***ödül kazanmak*** einen Preis bekommen
ödüllendirmek preisen, loben, auszeichnen
ödüllü preisgekrönt, dotiert
ödün Entschädigung *f*, Zugeständnis *n* ***ödün vermek*** borgen, leihen
ödünç geliehen ***ödünç alan*** Entleiher(in *f*) *m*, Kreditnehmer(in *f*) *m* ***ödünç almak*** borgen, ausleihen ***ödünç veren*** Verleiher(in *f*) *m* ***ödünç vermek*** ausleihen, verleihen, *jdm etw* borgen, *jdm etw* leihen
ödünleme Ersatz *m*; Ersatzhandlung *f*; Ausgleich *m*, Kompensation *f*
ödünlemek zugestehen, entschädigen
öfke Ärger *m*, Zorn *m*, Wut *f*
öfkelendirmek ärgern, erzürnen
öfkelenmek sich ärgern
öfkeli ärgerlich, zornig, wütend
öğe Element *n*
öğle Mittag *m* ***öğle üstü*** gegen Mittag; mittags ***öğle üzeri*** gegen Mittag ***öğle yemeği*** Mittagessen *n* ***öğle yemeği yemek*** zu Mittag essen ***öğleden önce*** Vormittag *m*; am Vormittag ***öğleden sonra*** Nachmittag *m*; am Nachmittag ***öğleden sonraları*** nachmittags
öğlen mittags, am Mittag
öğlende am Mittag
öğleyin mittags, am Mittag
öğmek loben
öğrenci Schüler(in *f*) *m*, Student(in *f*) *m* ***öğrenci yurdu*** Studenten(wohn)heim *n*
öğrenim Studium *n*, Bildung *f*, Ausbildung *f* ***öğrenim görmek*** studieren
öğrenmek lernen; erfahren; sich erkundigen
öğreti Doktrin *f*
öğretici lehrhaft, didaktisch
öğretim Unterricht *m* ***öğretim görevlisi*** Lehrbeauftragte *mf* ***öğretim üyesi*** Lehrer *m* ***öğretim yılı*** Schuljahr *n*
öğretmek lehren, beibringen, unterrichten
öğretmen Lehrer(in *f*) *m* ***öğretmen okulu*** Hochschule für Lehreramt
öğretmenlik Lehramt *n*, Lehrerberuf *m*
öğün Gericht *n*, Mahl *n*
öğünmek stolz sein, prahlen
öğür gleichaltrig; eingefuchst, routiniert; vertraut ***öğür olmak*** vertraut werden
öğürmek würgen
öğürtü Erbrechen *n*; Brechreiz *m*; Rülpsen *n*

öğüt Rat *m*, Ratschlag *m* ***öğüt vermek*** raten
öğütlemek raten
öğütmek mahlen, zermahlen ***öğütücü diş*** Backenzahn *m*
ökçe Ferse *f*, Absatz *m*
ökçeli mit Absatz
ökçesiz ohne Absätze, flach
ökse Vogelleim *m*
ökseotu Mistel *f*
öksürmek husten
öksürük Husten *n*
öksüz Waise *f* ***öksüz kalmak*** (zur) Waise werden, verwaisen
öksüzlük Elternlosigkeit *f*, Einsamkeit *f*, Verwaistsein *n*
öküz Ochse *m* ***öküz gibi bakmak*** unverwandt anstarren
ölçek Maßstab *m*
ölçme Messung *f*, Mess-
ölçmek messen, vermessen, abmessen, ausmessen, abwägen, wägen ***ölçüp biçmek*** gut überlegen
ölçü Maß *n* ***ölçü almak*** Maß nehmen ***ölçü birimi*** Maßeinheit *f* ***ölçü vermek*** sich einen Anzug anmessen lassen ***ölçüsünü almak*** bei *jdm* Maß nehmen ***ölçüyü kaçırmak*** nicht Maß halten
ölçülü gemessen, ausgemessen, vermessen; maßvoll
ölçüm Messung *f*, Messergebnis *n*
ölçümlemek messen
ölçüsüz maßlos, unmäßig; zügellos
ölçüsüzlük Maßlosigkeit *f*
ölçüt Kriterium *n*
öldüresiye erbarmungslos, bis aufs Messer, bis aufs Blut
öldürmek töten, umbringen, ermorden, totschlagen, erschießen
öldürücü tödlich
ölesiye äußerst, wahnsinnig
ölgün ermattet, welk
ölmek sterben, umkommen
ölmez unsterblich
ölmüş tot, verstorben, abgestorben
ölü tot; Tote *m/f*
ölüm Tod *m* ***ölüm cezası*** *huk* Todesstrafe *f* ***ölüm döşeği*** Sterbebett *n*, Totenbett *n* ***ölüm döşeğinde olmak*** im Sterbebett liegen ***ölüm kalım meselesi*** um Leben und Tod gehen ***ölüm kalım savaşı*** Kampf auf Leben und Tod ***ölüm tehlikesi*** Lebensgefahr *f* ***ölümü göze almak*** dem Tode ins Auge sehen ***ölümüne susamak*** seinen Kopf aufs Spiel setzen
ölümcül todlich
ölümlü sterblich
ölümsüz unsterblich
ölümsüzleştirmek verewigen
ölümsüzlük Unsterblichkeit *f*
ömür Leben *n* ***ömrü vefa etmemek*** nicht mehr lange leben ***ömür boyu*** auf Lebenszeit, lebenslänglich ***ömür boyu hapis*** lebenslängliche Gefangenschaft ***ömür boyu maaş*** lebenslängliche Rente ***ömür çürütmek*** das Leben verbringen ***ömür sürmek*** ein angenehmes Leben führen
ömürsüz kurzlebig
ön vorder ***ön ayak olmak*** Rädelsführer sein, den Anführer spielen ***ön plana geçmek*** in den Vordergrund treten ***ön yüz*** Vorderseite *f* ***ön yüze bakmak*** zu Boden blicken ***önüne bak*** schau vor dich! ***önüne düşmek*** *jdm* vorangehen ***önüne gelen*** irgendeiner, jeder ***önünü kesmek*** *jdm* den Weg abschneiden
önalım Vorkauf *m* ***önalım hakkı*** Vorkaufsrecht *n*
önce zuvor, vorher; zuerst, zunächst
önceden anfangs, zuerst, zunächst
önceki ehemalige, frühere; vorhergehende, vorige
öncel Vorfahr *m*
önceleri früher, damals
öncelik Vorangehen *n*, Priorität *f*
öncelikle vor allem
öncü Vorkämpfer *m*
öncül Voraussetzung *f*, Prämisse *f*
öncülük Führerschaft *f* ***öncülük etmek*** Pionierarbeit leisten (für)
önde voraus, davor ***önde gelmek*** vorankommen
öndelik Vorschuss *m*
önden voran, von vorne ***önden çekişli*** *oto* mit Frontantrieb
önder Führer *m*, Anführer *m*

önderlik Führerschaft *f*
öndeyiş Prolog *m*
öne nach vorne; vor- ***öne geçmek*** *sp* führen, in Führung gehen ***öne sürmek*** vorbringen, anführen
önek *dilb* Vorsilbe *f*, Präfix *n*
önem Wichtigkeit *f*, Bedeutung *f* ***önem vermek*** (Bedeutung) beimessen; auf etwas Wert legen
önemli wichtig, bedeutend, erheblich ***önemli değil*** nicht so wichtig
önemsemek (Bedeutung) beimessen
önemsiz unwichtig, unbedeutend
önerge Antrag *m*, Motion *f* ***önerge vermek*** einen Antrag einbringen
öneri Vorschlag *m* ***öneride bulunmak*** einen Vorschlag machen
önerme Aussage *f*
önermek vorschlagen
önermek anbieten, vorschlagen, anregen
önerti Vorgeschichte *f*, Vorleben *n*
öngörmek vorsehen
öngörü Vorsicht *f*
öngörülü vorsichtig, weit blickend, scharf blickend, scharfsinnig
önkol Unterarm *m*
önlem Maßnahme *f* ***önlem almak*** Maßnahme(n) treffen
önlemek hüten, verhüten, verhindern, hindern
önleyici hütend, verhütend
önlük Schürze *f*
önseçim Vorwahl *f*
önsel a priori; unbewiesen
önsezi Vorgefühl *n*
önsöz Vorwort *n*
önsözleşme Vorvertrag *m*
önü alınmak verhindert werden
önümde vor mir
önümüzdeki nächst-; künftig
önünde davor, voraus
önyargı Vorurteil *n*
önyargılı voreingenommen
önyüzbaşı Senior-Hauptmann *m*
öpmek küssen
öpücük Kuss *m*, Küsschen *n* ***öpücük göndermek*** *jdm* eine Kusshand zuwerfen
öpüşmek sich küssen
ördek Ente *f*
ördekbaşı dunkelgrün
ören Ruine *f*
örf Brauch *m*, Sitte *f* ***örf ve âdet*** Sitten und Gebräuche
örfi gängig; gesetzlich ***örfi idare*** Ausnahmezustand *m*
örgen Organ *n*
örgü Geflecht *n*, Strick *m* ***örgü örmek*** stricken ***örgü şişi*** Stricknadel *f*
örgülü geflochten; gestrickt
örgüt Organisation *f*
örgütçü Organisator *m*
örgütçülük Organisationsfähigkeit *f*
örgütlemek organisieren
örgütlenmek sich organisieren
örgütlü organisiert
örgütsel organisatorisch
örme Strickerei *f*
örmek stricken, flechten
örneğin zum Beispiel, beispielsweise
örnek Beispiel *n*, Muster *n*, Probe *f* ***örneğini almak*** ein Muster abzeichnen ***örnek almak*** sich ein Muster annehmen ***örnek olmak*** ein Vorbild sein
örneklemek ein Beispiel sein (für)
örneklendirmek ein Beispiel geben, illustrieren
örnekseme Analogie *f*
örs Amboss *m*
örselemek ruinieren
örtbas Stille *f*, Schweigen *n* ***örtbas etmek*** totschweigen, verschleiern, vertuschen
örtmece Euphemismus *m*
örtmek decken, bedecken, zudecken; schließen, zumachen
örtü Decke *f*
örtülü bedeckt; *mec* geheim
örtünmek sich zudecken; sich bedecken; sich hüllen
örümcek Spinne *f* ***örümcek ağı*** Spinnwebe *f* ***örümcek bağlamak*** von Spinnen bedeckt sein ***örümcek kafalı*** rückständig
örümceklenmek völlig verlassen sein
östaki borusu *anat* Ohrtrompete *f*
öte jenseits, jenseitig ***öte yandan*** andererseits, wiederum

öteberi Verschiedenes
ötede drüben ***ötede beride*** hier und da
öteden von drüben ***öteden beri*** schon immer
öteki der (die, das) andere ***öteki beriki*** diese(r) oder jene(r)
ötesinde jenseits
ötesine darüber hinaus
öteye hinweg, hinüber
ötleğen *hayb* Grasmücke *f*
ötmek zwitschern; krähen; ertönen
öttürmek pfeifen
ötücü lieblich singend; Spieler *m* ***ötücü kuş*** Singvogel *m*
ötürü wegen, infolge
övgü Lob *n* ***övgüye değer*** lobenswert
övmek loben, preisen
övülmek gelobt werden ***övülmeye değer*** lobenswert
övünç Ruhm *m*
övüngen Prahler *m*; prahlerisch, anmaßend, arrogant
övünmek prahlen ***Övünmek gibi olmasın*** Ich will mich nicht loben, aber …
öykü Geschichte *f*
öykücü Geschichtenschreiber *m*, Geschichtenerzähler *m*
öykülemek erzählen
öykünme Nachahmung *f*
öykünmek nachahmen
öyle so, derart, solch ***öyle ise*** in diesem Falle, wenn es so ist ***öyle ... ki*** so ... das ***öyle mi*** tatsächlich?, so? ***öyle olsun*** So ist es! ***öyle ya*** natürlich ***öyle yağma yok*** Nicht so einfach!
öylece so
öylesine solch, derart
öyleyse wenn es so ist, in diesem Fall
öz Ich *n*; Kern *m*, Substanz *f*; echt, rein ***öz anne*** biologische Mutter ***öz kardeş*** biologischer Bruder, biologische Schwestter ***öz Türkçe*** (das) reine Türkisch
Özbek Usbeke *m*; usbekisch
Özbekistan Usbekistan *n*
özbeöz waschecht
özdek Materie *f*, Stoff *m*
özdekçi Materialist *m*
özdekçilik Materialismus *m*
özden herzlich, innig
özdenetim Selbstkontrolle *f*
özdeş identisch
özdeşleşme Identifikation *f*
özdeşleşmek sich identifizieren mit
özdeşleştirmek identifizieren
özdeşlik Identität *f*
özdevim Automation *f*; Automatisierung *f*
özdevinim Automatismus *m*
özdeyiş Leitspruch *m*
özdirenç spezifischer Widerstand
özek Zentrum *n*, Mittelpunkt *m*
özel privat ***özel ad*** Eigenname *m* ***özel dedektif*** Privatdetektiv *m* ***özel ders*** Privatunterricht *m* ***özel hastane*** Privatklinik *f* ***özel hayat*** Privatleben *n* ***özel mülkiyet*** Privateigentum *n*, Privatbesitz *m* ***özel okul*** Privatschule *f* ***özel öğretmen*** Privatlehrer *m* ***özel sekreter*** Privatsekretärin *f* ***özel televizyon*** Privatfernsehen *n* ***özel ulak*** Eilzustellung *f*, Kurier *m* ***özel yaşam*** Privatleben *n*
özeleştiri Selbstkritik *f*
özelleştirme Privatisierung *f*
özelleştirmek privatisieren
özellik Eigenschaft *f*, Besonderheit *f*
özellikle besonders
özen Sorgfalt *f*, Acht *f* ***özen göstermek*** sich Mühe geben ***özene bezene*** sehr sorgfältig
özenci Amateur *m*
özendirmek animieren
özenli sorgfältig
özenmek sorgfalt verwenden; nachnahmen wollen ***özenip bezenmek*** sich viel Mühe geben mit
özensiz oberflächlich
özensizlik Lässigkeit *f*, Nachlässigkeit *f*
özenti Neigung *f*, Nachahmung *f*
özentili nacheifernd, eifrig
özentisiz schlicht, natürlich
özerk autonom, selbständig
özerklik Autonomie *f*, Selbständigkeit *f*
özet Zusammenfassung *f*
özetle zusammenfassend
özetlemek zusammenfassen
özezerlik *ruhb* Masochismus *m*
özge anders, verschieden; fremd
özgeci Altruist *m*

özgecilik Altruismus *m*
özgeçmiş Autobiographie *f*
özgü eigen
özgül spezifisch ***özgül ağırlık*** spezifisches Gewicht ***özgül ısı*** spezifische Wärme
özgülemek widmen
özgün original
özgünlük Originalität *f*
özgür frei
özgürce frei
özgürlük Freiheit *f*
özgürlükçü freizügig, liberal
özgüven Selbstbewusstsein *n*, Selbstsicherheit *f*, Selbstvertrauen *n*
özindükleme Selbstinduktion *f*
özlem Sehnsucht *f*
özlemek sich sehnen
özleştirmek reinigen, purifizieren
özleyiş Sehnsucht *f*
özlü markig, voll
özlük Wesen *n*; Persönlichkeit *f*, Substanz *f*; Sache *f*, Angelegenheit *f*; Betreff *m*, Gegenstand *m*, Thema *n* ***özlük işleri*** Personalangelegenheiten *pl*
özne *dilb* Subjekt *n*
öznel subjektiv
öznellik Subjektivität *f*
özöğrenim Selbststudium *n*
özöğrenimli autodidaktisch; Selbstlerner *m*
özsaygı Selbstachtung *f*, Ehre *f*, Stolz *m*
özseverlik Narzismus *m*
özsevi Selbstachtung *f*
özsu Saft *m*
özümleme Assimilation *f*
özümlemek assimilieren
özümsemek verinnerlichen; assimilieren, absorbieren
özür Entschuldigung *f* ***özür dilemek*** sich entschuldigen
özürlü entschuldigt; mangelhaft
özürsüz unentschuldigt
özveren von sich selbst gebend, opferbereit
özveri Opferbereitschaft *f*
özverili opferbereit
özyaşamöyküsü Autobiografie *f*, Lebenslauf *m*

P

P

pabuç Schuh *m* ***pabucu dama atılmak*** die Rolle ausspielen ***pabuç bırakmak*** sich einschüchtern lassen ***pabuç bırakmamak*** nicht zurückschrecken vor
paça Hosenbein *n* ***paçaları sıvamak*** Hosenbein hochkrempeln ***paçaları tutuşmak*** in großer Schwierigkeit sein ***paçasını kurtarmak*** sich retten können
paçavra Lappen *m*, Lumpen *m* ***paçavraya çevirmek*** zerfetzen, übel zurichten
padavra Holzschindel *f*, Latte *f*
padişah Sultan *m*
padişahlık Herrschaft *f*
pafta Faltblatt *n*; Ziernagel *m*; Gewindeschneidkluppe *f*, Gewindeschneidzeuge pl, Kluppe *f*, Schneidkluppe *f*; Teilstück einer größeren Landkarte
pagan Heide *m*; heidnisch
paganizm Heidentum *n*, Polytheismus *m*
paha Wert *m*, Preis *m* ***paha biçilmez*** unschätzbar ***paha biçmek*** schätzen ***pahadan düşmek*** an Wert verlieren
pahalanmak sich verteuern
pahalı teuer, kostspielig
pahalılaşmak sich verteuern
pahalılık Teuerung *f*
pak rein, sauber
paket Paket *n* ***paket etmek*** packen, verpacken ***paket yapmak*** einpacken
paketlemek verpacken, einpacken
Pakistan Pakistan
Pakistanlı Pakistaner *m*, Pakistani *m*; pakistanisch
paklamak säubern, reinigen
pakt Abkommen *n*, Vertrag *m*
pala Krummschwert *n*, Pallasch *m*
palabıyık mit Schnauzbart
palamar *den* Trosse *f*; Makrele *f*
palamut Bonito *m*
palan Sattelkissen *n*
palanga Flaschenzug *m*
palas Schloss *m*, Palast *m*

palas pandıras Hals über Kopf
palaska Koppel *n*
palavra Palaver *n* ***palavra atmak*** angeben, lügen
palavracı Angeber *m*
palavracı leerer Schwätzer; Angeber *m*, Aufschneider *m*; Windbeutel *m*; großkotzig
palaz Junge(s); das Junge
palazlanmak heranwachsen
paldır küldür holterdiepolter
paleontoloji Paläontologie *f*
paleozoik paläozoisch
palet Palette *f*
palmiye Palme *f*
palto Wintermantel *m*
palyaço Clown *m*
pamuk Baumwolle *f*; Watte *f* ***pamuk gibi*** flaumweich
pamukçuk *hek* Soor *m*, Soormykose *f*, Schwämmchen *n*
pamuklu aus Baumwolle hergestellt, baumwollen, Baumwoll-; mit Baumwoll
pamuktaş Travertin *m*
panama Panama
Panama Panama *n*; Panamahut *m*; Panamagewebe *n*
Panamalı Panamaer *m*; panamaisch
panayır Messe *f* ***panayır yeri*** Messeplatz *m*; Schützenfest *n*
pancar Rübe *f* ***pancar gibi olmak, pancar kesilmek*** sich verröten (wie eine Rübe) ***pancar kesilmiş*** einen roten Kopf bekommen ***pancar şekeri*** Rübenzucker *m*
pancur Fensterladen *m*, Rolladen *m*
panda *hayb* Panda *m*
pandantif Anhänger *m*, Zwickel *m*
pandispanya Sandkuchen *m*
pandomima Pantomime *f*
panel Diskussionsveranstaltung *f*, Lieferwagen *m*, Podiumsdiskussion *f*; *oto* Transporter *m*
panik Panik *f*, Verwirrung *f* ***paniğe kapılmak*** in Panik geraten ***panik yaratmak*** Panik verbreiten
Panislamizm Panislamismus *m*
Panislavizm Panslavismus *m*
panjur Rolladen *m*
pankart Plakat *n*, Spruchband *n*, Transparent *n*
pankreas *anat* Bauchspeicheldrüse *f*; *sp* Catchen *n*
pano Spruchband *n*
panorama Panorama *n*
pansiyon Pension *f*, Fremdenheim *n*
pansiyoncu Hauswirt *m*
pansiyoner Pensionsgast *m*, Pensionär *m*
pansuman Verband *m* ***pansuman yapmak*** einen Verband anlegen
panteizm Pantheismus *m*
panter Panther *m*, Leopard *m*
pantolon Hose *f* ***pantolon askısı*** Hosenträger *m*
panzehir Gegengift *n*
panzer Panzer *m*
papa Papst *m*
papağan Papagei *f*
papalık Papsttum *n*
papara Brotsuppe *f*; Tadel *m*
papatya Kamille *f*
papaz Geistliche *m*, Priester *m*, Pfarrer *m*; König *m* ***papaza dönmek*** (mit langem Bart und langen Haaren) wie ein Priester aussehen
papazlık (makam\cemaat) Pfarramt *n*, Pfarrei *f*
papel Geld *n*
papirüs Papyrus *m*; Papyrusrolle *f*; Papyrusschrift *f*
papyon Fliege *f*
para Geld *n* ***para babası*** reicher Mann, Geldsack *m* ***para basmak*** Hartgeld prägen ***para biriktirmek*** *etw* auf die Seite legen, sparen (für\auf için) ***para birimi*** Währungseinheit *f* ***para bozdurmak*** Geld umtauschen, Geld wechseln ***para bozmak*** Geld wechseln ***para canlısı*** geldhabgierig ***para cezası*** Buße *f*, Geldstrafe *f*, *huk* Bußgeld *n* ***para cüzdanı*** wallet, purse ***para çantası*** Brieftasche *f* ***para çekmek*** Geld abheben ***para çıkarmak*** Geld heraustun ***para çıkışmamak*** (sein Geld) nicht reichen ***para darlığı*** Geldknappheit *f* ***para dökmek*** viel Geld aufwenden ***para etmek*** wert sein ***para getirmek*** Geld

P

bringen, Profit bringen ***para harcamak*** Geld ausgeben ***para ile değil*** spottbillig ***para kazanmak*** Geld verdienen, Geld machen ***para kesmek*** gut verdienen ***para kırmak*** Geld scheffeln ***para parayı çeker*** Geld bringt Geld ***para saymak*** bezahlen; Geld zählen ***para sızdırmak*** Geld aus *jdm* herausquetschen ***para tahsil etmek*** Geld kassieren ***para tutmak*** Geld anhäufen; Geld haben ***para yapmak*** Geld machen ***para yatırmak*** Geld einzahlen, Geld anlegen ***para yedirmek*** bestechen ***para yemek*** Geld vergeuden ***paranın üstü*** Wechselgeld *n* ***parasını sokağa atmak*** sein Geld zum Fenster hinauswerfen ***parasını vermek*** bezahlen ***parasını yemek*** von anderen leben ***paraya çevirmek*** *tic* flüssig machen, liquidieren, zu Geld machen ***paraya kıymak*** Geld übrig haben ***parayı bayılmak/sökülmek*** *arg* blechen ***parayı denize atmak*** Geld verschwenden

parabol Parabel *f*

parabolik parabollisch

paradi Parade *f*

paradoks paradox

parafe paraphiert ***parafe etmek*** paraphieren

parafin *kim* Paraffin *n*

paragöz geldgierig

paragraf Paragraph *n*; Absatz *m*

parakete *den* Log *n*; Langangel *f*

paralamak zerreißen

paralanmak zu Geld kommen; kaputtgehen; zerreißen

paralel parallel; Parallele *f*

paralelkenar *mat* Parallelogramm *n*

paralellik Parallele *f*

paralı wohlhabend; kostenpflichtig, entgeltlich

parametre Parameter *m*

paramparça zerfetzt ***paramparça etmek*** zerfetzen ***paramparça olmak*** zerspringen

paranoya *hek* Paranoia *f*

paranoyak *hek* paranoid; Paranoiker *m*

parantez Klammer *f* ***parantez açmak*** Klammer aufmachen ***parantez kapamak*** Klammer zumachen

parasal finanziell

parasız kostenlos, gratis; pleite

parasızlık Mittellosigkeit *f*

paraşüt Fallschirm *m*

paraşütçü Fallschirmjäger *m*

paratoner Blitzableiter *m*

paravan *den* Bugschutz *m*; Wandschirm *m*

paravana Wandschirm *m*

parazit Schmarotzer *m*, Parasit *m*; Krankheitserreger *m*; Nebengeräusch *n*

parça Stück *n*, Teil *m*; Abschnitt *m* ***parça başına*** pro Stück ***parça kumaş*** Stoffrest *m* ***parça mal*** Stückgüter *pl* ***parça parça*** stückweise ***parça parça etmek*** zerfetzen, zerstückeln ***parça parça olmak*** zerstückelt werden, in Stücke brechen

parçalamak zerstückeln, zerkleinern, zerreißen, zerbrechen

parçalanmak (in Stücke) brechen; splittern; zerbröckeln

parçalı geflickt, stellenweise, gegliedert

pardon Verzeihung! Entschuldigung! Pardon!

pardösü Regenmantel *m*

pare Stück *n*

parfüm Parfüm *n*

parfümeri Parfümerie *f*

parıl parıl brillant, glänzend ***parıl parıl parlamak*** strahlen, funkeln

parıldamak glänzen, leuchten

parıltı Glanz *m*

parıltılı strahlend, funkelnd, glänzend

park Park *m*; Parken *n* ***park etmek*** abstellen, einparken, parken ***park yapmak*** parken

parke Parkett *n*; Pflaster *n*

parkur Bahn *f*, Rennstrecke *f*

parlak glänzend, leuchtend

parlaklık Glanz *m*, Leuchtkraft *f*, Licht *n*

parlamak glänzen, leuchten

parlamenter Parlamentarier *m*

parlamento Parlament *n*

parlatmak (cilalayıp) polieren, (metal vb) putzen

parmak Finger *m*; Zehe *f* ***parmağı olmak*** seine Hand im Spiel haben ***parmağın-***

P

da oynatmak *jdn* um den kleinen Finger wickeln ***parmağını bile kıpırdatmamak*** nicht mehr jappen können ***parmak atmak*** die Sache autbauschen ***parmak basmak*** aufmerksam machen ***parmak emmek*** am Finger lutschen ***parmak hesabı*** Rechnen an den Fingern ***parmak ısırmak*** staunen ***parmak ısırtmak*** *jdn* verblüffen ***parmak izi*** Fingerabdruck *m* ***parmak izini almak*** *jdm* Fingerabdrücke abnehmen ***parmak kadar*** spannenlang ***parmak kadar çocuk*** Knirps *m* ***parmak kaldırmak*** den Finger heben ***parmakla gösterilmek*** nicht seinesgleichen haben ***parmakla göstermek*** mit dem Finger zeigen

parmaklık Zaun *m*, Gitter *n*

parodi *tiy* Parodie *f*

parola Losung *f*, Schlagwort *n*

pars Leopard *m*

parsa (kleine) Spende; milde Gabe ***parsa toplamak*** alles nehmen

parsel Parzelle *f*

parsellemek parzellieren

parşömen Pergament *n*

partal (giysi) abgerissen; zerschlissen

parti Partie *f*; Partei *f* ***parti vermek*** eine Party geben ***partiyi kaybetmek*** das Spiel verlieren

partici Funktionär *m*

particilik Parteilichkeit *f*; Parteinahme *f*

partili Parteimitglied *m*

partisyon Partitur *f*

partizan Parteimitglied *m*; Partisan *m*

partizanlık Partisanentum *n*

parttaym Teilzeit *f*; Teilzeit beschäftigt

pas Rost *m*; Zungenbelag *m*; *sp* Zuspielen ***pas tutmak*** einrosten ***pas vermek*** *sp* weitergeben

pasaj Durchgang *m*

pasak Schmutz *m*

pasaklı schmutzig; liederlich

pasaport Pass *m*, Reisepass *m*

pasif passiv

paskalya Ostern

paslanmak verrosten

paslanmaz nicht rostend, rostfrei

paslaşmak sich gegenseitig zuspielen

paslı (dil) belegt; rostig, verrostet

paso Freifahrtschein *m*; Schulausweis *m*

paspal schlampig, unordentlich

paspas Fußmatte *f*

pasta Kuchen *m*; Pasta *f*

pastane Konditorei *f*

pastel (renk) mild; Pastell *n*

pastil Pastille *f*

pastırma Dörrfleisch *n* ***pastırma yazı*** Altweibersommer *m*

pastoral pastoral

pastörize pasteurisiert

paşa Pascha *m*, General *m*

pat Paste *f*, Teig *m* ***pat diye*** freiweg, unangemeldet

patak Prügel *pl*

pataklamak hauen, verprügeln

patates Kartoffel *f* ***patates kızartması*** Pommes frites pl, Röstkartoffeln pl, Bratkartoffel *f* ***patates tava*** Pommes frites *pl*

patavatsız taktlos

paten Schlittschuh *m*; Rollschuh *m* ***paten yapmak*** Rollschuh laufen

patent Patent *n*

patentli patentiert

patik Babyschuh *m*

patika Pfad *m*

patinaj Eislaufen *n*; Schleudern *n* ***patinaj yapmak*** (araba vb) rutschen, durchdrehen ***patinaj zinciri*** Schneekette *f*

patırdamak Krach machen

patırtı Lärm *m*, Krach *m* ***patırtı çıkarmak*** ein Donnerwetter loslassen ***patırtıya vermek*** in ein Chaos versetzen

patırtılı ohrenbetäubend

patiska Linon *m*

patlak geplatzt ***patlak gözlü*** Glotzauge *n* ***patlak vermek*** ausbrechen

patlama Explosion *f*

patlamak explodieren, platzen, aufplatzen, knallen

patlangaç Knallbonbon *mn*, Knallkörper *m*, Schreckschusspistole *f*

patlatmak ballern, platzen lassen, aufspringen lassen; zur Explosion bringen, explodieren lassen

patlayıcı explosiv

patlıcan Aubergine *f*, Eierfrucht *f*

patoloji *hek* Pathologie *f*

P

patolojik *hek* krankhaft; pathologisch
patrik Patriarch *m*
patrikhane *din* Patriarchat *n*
patron Arbeitgeber *m*; Schnittmuster *n*
pattadak ganz plötzlich, von ungefähr
pattadan ganz plötzlich
pavyon Pavillon *m*; Nachtlokal *n*
pay Anteil *m*; *mat* Zähler *m* ***pay biçmek*** einen Anteil festsetzen ***pay bırakmak*** den Rest stehen lassen ***pay etmek*** verteilen ***payını almak*** seinen Teil abbekommen
payanda Pfeiler *m*, Verstrebung *f*; *mim* Stempel *m*, Stützpfeiler *m*
payda *mat* Nenner *m*
paydaş Teilhaber *m*
paydos Arbeitsschluss *m*, Feierabend *m* ***paydos etmek*** Feierabend machen
paye Rang *m*, Würde *f*
paylamak rügen, tadeln
paylaşmak verteilen
paylaştırmak aufteilen, verteilen
payreks Pyrexie *f*
paytak krummbeinig
payton Kutsche *f*
pazar Markt *m*, Basar *m*; (günü) Sonntag *m*
pazar (gün) Sonntag *m* ***pazar kurmak*** auf dem Markt verkaufen ***pazar yeri*** Marktplatz *m* ***pazara çıkarmak*** auf den Markt bringen
pazarcı Markthändler *m*; Marktfrau *f*
pazarlama Vermarktung *f*, Vertrieb *m*; *tic* Marketing *n*
pazarlamacı Marketingmanager *f*
pazarlamak vermarkten
pazarlık Feilschen *n*, Verhandeln *n* ***pazarlık etmek*** feilschen, verhandeln
pazartesi Montag *m*
pazaryeri Marktplatz *m*
pazen Biber *m*
pazı *bitk* Mangold *m*
pazıbent Armbinde *f*
peçe Schleier *m*
peçeli getarnt; verschleiert
peçete Serviette *f*
ped *biliş* Mousepad *n*
pedagog Pädagoge *m*
pedagoji Pädagogik *f*
pedal Pedal *n*
peder Vater *m*
pederşahi patriarchalisch
pediatri *hek* Kinderheilkunde *f*
pedikür Fußpflege *f*
pehlivan Ringkämpfer *m*
pejmürde zerlumpt, erbärmlich
pek hart, streng; sehr, recht, ziemlich, ganz, genau, gründlich ***pek çok*** unheimlich viel(e), zahlreich
pekâlâ gut, schön, in Ordnung
pekdoku *bitk* Kollenchym *n*
peki gut, schön, in Ordnung
pekişmek sich festigen
pekiştirmek bestätigen, bekräftigen
pekitmek bestätigen, bekräftigen
pekiyi sehr gut
peklik Festigkeit *f*; Verstopfung *f* ***peklik çekmek*** *hek* verstopft sein
pekmez Traubensaft *m*
peksimet Zwieback *m*
pelerin Pelerine *f*
pelesenk Balsam *m*
pelesenkağacı Balsambaum *m*
pelikan Pelikan *m*
pelin Wermutpflanze *f*
pelit Knoppereiche *f*
pelte Gallertmasse *f*
peltek lispelnd ***peltek konuşmak*** lispeln
pelteklik Lispeln *n*
pelteleşmek gelieren, zu Gelee werden; schlappmachen
pelür Plüsch *m*
pelüş Plüsch *m*
pembe rosa
pembeleşmek sich rosa färben
pembelik Pink *n*
pembemsi pink, rosenfarben
penaltı *sp* Elfmeter *m* ***penaltı atmak*** Elfmeter schießen
pencere Fenster *n*
pencüdü (tavla) fünf und zwei
pencüse (tavla) fünf und drei
pencüyek (tavla) fünf und eins
pençe Tatze *f*, Klaue *f*, Kralle *f* ***pençe atmak*** krallen ***pençe vurmak, pençelemek*** krallen; betatschen
penguen Pinguin *m*
penis Penis *m*

P

penisilin Penizillin *n*
pens Pinzette *f*
pense Greifzange *f*, Zange *f*
pentatlon *sp* Fünfkampf *m*
pepe stotternd; Stotterer *m*
pepelemek stottern
pepsin *kim* Pepsin *n*
perakende im Einzelverkauf ***perakende fiyatı*** Ladenpreis *m* ***perakende satın almak*** im Einzelhandel einkaufen ***perakende satmak*** im Einzelhandel verkaufen
perakendeci Einzelhändler *m*
perakendecilik Einzelhandel *m*, Kleinhandel *m*
perçem Haarbüschel *n*
perçin Niet *m*
perçinlemek nieten, vernieten
perçinli genietet, vernietet
perdah Politur *f*
perdahlamak polieren
perdahlı glatt
perdahsız unpoliert
perde Vorhang *m*; Aufzug *m*, Akt *m* ***perde inmek*** Vorhang zugehen ***perdeyi kapamak*** Vorhang schließen
perdelemek zudecken
perdeli mit Vorhang
perende Salto *m* ***perende atmak*** einen Purzelbaum schlagen
performans Potenz *f*, Leistung *f*
pergel Zirkel *m* ***pergelleri açmak*** große Schritte machen
perhiz Diät *f* ***perhiz yapmak*** Diät halten
perhizli diätarisch
peri Fee *f*, Elf *m* ***peri gibi*** feenhaft
peribacası fairy chimney, earth pyramid, earth pillar
perihastalığı Epilepsie *f*
perikart Perikard *n*
perili verzaubert
periskop *den* Periskop *m*, Sehrohr *n*
perişan zerstreut, durcheinander ***perişan etmek*** zerstreuen, verstreuen; zerstören, vernichten ***perişan olmak*** verwahrlosen
perişanlık Trostlosigkeit *f*; Verwahrlosung *f*; Niedergeschlagenheit *f*
periyodik periodisch
perma(nant) Dauerwelle *f*
permanganat *kim* Permanganat *n*
permi Erlaubnis *f*, Genehmigung *f*
peroksit *kim* Peroxid *n*
peron Bahnsteig *m*
personel Personal *n*
perspektif Perspektive *f*
perşembe Donnerstag *m*
peru Peru
peruk Perücke *f*
peruka Perücke *f*
peruklu mit Perücke
Perulu Peruaner(in *f*) *f*; peruanisch
pervane Propeller *m*
pervasız respektlos, unbekümmert
pervasızca furchtlos
pervaz Gesims *n*, Karnies *m*
pes ich gebe auf!, ich passe! ***pes dedirtmek*** niederringen besiegen ***pes demek*** sich geschlagen geben ***pes doğrusu*** jetzt reichts aber! ***pes etmek*** aufgeben
pesek Zahnbelag *m*
pespaye gemein, niederträchtig
pespembe rosarot
pestil dünne Fladen aus Frucht ***pestile çevirmek*** zerquetschen ***pestili çıkmak*** erschöpft sein ***pestilini çıkarmak*** zerquetschen
peş Zwickel *m* ***peş peşe*** hintereinander ***peşi sıra*** dicht hinterdrein ***peşine düşmek*** hinter *jdm* herlaufen ***peşine takılmak*** hinterherlaufen ***peşini bırakmak*** *jdm* in Ruhe lassen
peşin im Voraus, bar, vorher ***peşin almak*** bar kaufen ***peşin cevap*** voreilige Antwort ***peşin fiyat*** Barpreis *m* ***peşin hüküm*** Vorurteil *n* ***peşin para*** Bargeld *n* ***peşin satış*** Barverkauf *m* ***peşin söylemek*** voraussagen ***peşin yargı*** Vorurteil *n*
peşinat Anzahlung *f*, Vorzahlung *f*
peşinde hinter; nach ***peşinde dolaşmak*** hinterher sein ***peşinde koşmak*** hinter *etw* (*jdm*) her sein
peşinden hinter, nach ***peşinden gitmek*** hinterhergehen
peşinen vorab
peşkeş çekmek preisgeben

peşkir Handtuch *n*
peşrev Vorspiel *n*
peştamal Badeschurz *m*
petek Wabe *f*
petrol Petroleum *n*, Erdöl *n* ***petrol boru hattı*** Erdölpipeline *f* ***petrol bulmak*** Öl fiden ***petrol kuyusu*** Ölquelle *f* ***petrol rafinerisi*** Ölraffinerie *f* ***petrol tankeri*** Öltanker *m*
pey Anzahlung *f* ***pey akçesi*** Anzahlung *f* ***pey sürmek*** bieten
peyda sichtbar, offenbar ***peyda etmek*** zeigen, offenbaren ***peyda olmak*** auftauchen, sich zeigen
peydahlamak annehmen; sich zulegen
peyderpey allmählich, Stück für Stück
peygamber Prophet *m*
peygamberçiçeği *bitk* Kornblume *f*
peygamberlik Prophezeiung *f*, Prophetentum *n*
peyk Satellit *m*, Trabant *m*
peyke Sitzbank *f*
peylemek eine Anzahlung leisten (auf)
peynir Käse *m*
peynirli mit Käse, Käsen-
peyzaj Landschaft *f*
pezevenk Kuppler *m*, Zuhälter *m*
pezevenklik Kuppelei *f* ***pezevenklik etmek*** verkuppeln
pezo Peso *m*
pıhtı Blutgerinnsel *n*
pıhtılaşmak gerinen
pılı pırtı Trödel *m*
pınar Quelle *f*
pır Surren *n*, whizzling ***pır pır etmek*** surren, vorbeizischen
pırasa Lauch *m*
pırıl pırıl glitzernd, funkelnd, glänzend; ganz sauber
pırıldamak leuchten, glänzen, strahlen
pırıltı Schimmer *m*
pırlamak abschwirren
pırlanta Brillant *m*
pıtırdamak trippeln
pıtırtı Trippeln *n*
pısırık Schlappschwanz *m*
pısırıklık Zaghaftigkeit *f*
pıtrak *bitk* Klette *f*
piç Bastard *m* ***piç kurusu*** du Schlingel!
pide Fladenbrot *n*
pigment Pigment *n*
pijama Schlafanzug *m*
pik Gusseisen *n* ***pik boru*** Rohr aus Gusseisen
pikap Plattenspieler *m*; Lieferwagen *m*
pike1 Pikee *m*
pike2 Sturzflug *m* ***pike yapmak*** im Sturzflug heruntergehen
piknik Picknick *n* ***piknik yapmak*** picknicken
pil Batterie *f*
pilav Reis *m*, Pilaw *m*
piliç Hühnchen *n*
pilot Flugzeugführer *m*
pilotluk Flugzeugführung *f*
pim *tek* Stift *m*
pineklemek schlummern
pingpong Tischtennis *m*
pinti knauserig, geizig
pintileşmek knauserig werden
pintilik Geiz *m*
pipo Pfeife *f* ***pipo içmek*** Pfeife rauchen
piramit Pyramide *f*
pire Floh *m* ***pire gibi*** flink, hurtig ***pireyi deve yapmak*** aus einer Mücke einen Elefanten machen
pirelendirmek *jdn* nervös machen
pirelenmek Flöhe bekommen; gereizt sein
pirinç *bitk* Reis *m*; Messing *n*
pirzola Kotelett *n*
pis schmutzig, unsauber ***pis kokmak*** stinken, widerlich riechen ***pis koku*** Gestank *m* ***pis lakırdı*** Nimmersatt *m* ***pis pis bakmak*** anzüglich grinsen, einen heimtückischen Blick haben ***pis pis gülmek*** schadenfroh lachen
pisboğaz Vielfraß *m*
pisi Scholle *f* ***pisi pisine*** für die Katz
pisibalığı *hayb* Khescha *f*
piskopos Bischof *m*
pislemek beschmutzen
pislenmek schmutzig werden
pisletmek beschmieren, beschmutzen
pislik Schmutz *m*
pissu Schmutzwasser *n*, Abwasser *n*
pist Piste *f*, Rennbahn *f*
piston Kolben *m*

P

pişik Hautentzündung *f*
pişirim Sud *m*, Verkochen *n*; für einen Aufguss
pişirmek kochen, backen
pişkin gekocht; abgebrüht
pişkinlik Reife *f*; Erfahrung *f*
pişman bereuend ***pişman etmek*** *jdn etw* bereuen lassen ***pişman olmak*** bereuen
pişmanlık Reue *f*
pişmek kochen ***pişmiş kelle gibi sırıtmak*** wie ein Honigkuchenpferd grinsen
pişti ein türkisches Kartenspiel
piton *hayb* Python *f*
pitoresk malerisch
piyade Fußgänger *m*; Bauer *m*
piyango Lotterie *f* ***piyango bileti*** Lotterielos *n* ***piyango çekilişi*** Ziehung *f* ***piyango çıkmak*** in Lotterie gewinnen
piyanist Klavierspieler(in *f*) *m*
piyano Klavier *n*
piyasa Bummel *m*; Markt *m* ***piyasa etmek*** promenieren ***piyasa fiyatı*** Marktpreis *m* ***piyasada yok*** nicht zu bekommen ***piyasası yükseldi*** die Preise sind angezogen ***piyasaya çıkarmak*** auf den Markt bringen ***piyasaya çıkmak*** herauskommen ***piyasaya sürmek*** herausbringen
piyaz Bohnen- und Zwiebelbeilage *f*
piyes Theaterstück *n*
piyon Bauer *m*
pizza Pizza *f*
plaj Badestrand *m*
plak Schallplatte *f*
plaka Schild *n*; Nummernschild *n* ***plaka numarası*** Autokennzeichen *n*
plaket Plakette *f*, Schild *n*, Tafel *f*
plan Plan *m*, Entwurf *m* ***plan ekonomisi*** Planwirtschaft *f* ***plan kurmak*** Pläne schmieden ***plan yapmak*** einen Plan machen
planet Planet *m*
plankton Plankton *n*
planlamak planen, entwerfen
planlı geplant, plangemäss, planmässig
planör Segelflugzeug *n*
plantasyon Plantage *f*
planya Langhobel *m*
plasenta *anat* Plazenta *f*
plasman *tic* Anlage *f*
plaster Pflaster *n*
plastik Kunststoff *m* ***plastik ameliyat*** Schönheitsoperation *f* ***plastik sanatlar*** bildende Künste
platform Plattform *f*
platin Platin *n*
plato Hochebene *f*
platonik platonisch
plazma Plasma
plevra Pleura *f*
pleybek Play-back *n*
pli Falte *f*
plise Plissee *n*, plissiert
pliyosen Pliozän *n*
podyum Laufsteg *m*, Podest *n*
pofur pofur in Qualmen
pofurdamak tief seufzen
poğaça Mürbteigpastete *f*
pohpoh Schmeichelei *f*
pohpohçu Schmeichler(in *f*) *m*
pohpohlamak schmeicheln
poker Poker *m* ***poker oynamak*** pokern, Poker spielen
pokerci Pokerspieler(in *f*) *m*
polarma Polarisation *f*
polarmak polarisieren
polemik Polemik *f*
polen *bitk* Pollen *m*
poli- poly-
poliandri Polyandrie *f*
poliçe Wechsel *m*
polietilen Polyethylen *n*
poligami Polygamie *f*
poligon Schießstand *m*
polijini Polygynie *f*
poliklinik *hek* Ambulanz *f*; Poliklinik *f*
polimer Polymer *n*
polip *hayb hek* Polyp *m*
polis Polizei *f*; Polizist *m* ***polis memuru*** Beamte *m*, Polizeibeamte *m*, Polizist *m*
polisçe polizeilich
polisiye polizeilich; Kriminal- ***polisiye film*** Kriminalfilm *m* ***polisiye roman*** Kriminalroman *m*
politeizm Polytheismus *m*
politeknik Polytechnik *f*
politik politisch

P

politika Politik *f* ***politikaya atılmak*** in die Politik gehen
politikacı Politiker *m*
poliüretan Polyurethanfaser *f*
poliyester *kim* Polyester *m*
Polonya Polen
Polonyalı Pole *m*
pomat Salbe *f*
pompa Pumpe *f*
pompalamak pumpen
ponpon Puderquaste *f*
pop poppig ***pop müzik*** Popmusik *f*
poplin Popelin *m*, Popeline *mf*
popo Gesäß *n*, Popo *m*
popüler volkstümlich, populär
porno Porno *m*; pornografisch
pornografi Pornographie *f*
pornografik pornografisch
porselen Porzellan *n*
porsiyon Portion *f*, portionsweise
porsuk Dachs *m*
porsumak runzelig werden, verhutzelt werden
portakal Orange *f*, Apfelsine *f*
portakalrengi orange, orange(n)farben
portatif tragbar
porte Tragweite *f*
Portekiz Portugal
Portekizce portugiesisch
Portekizli Portugiese *m*, Portugiesin *f*
portföy Brieftasche *f*, Portefeuille *n*
portmanto Garderobenständer *m*
portre Porträt *n*
posa Treber *f*, Trester *f* ***posasını çıkarmak*** ausquetschen
posbıyık schnauzbärtig
post Fell *n* ***post elden gitmek*** umgebracht, getötet werden ***post kavgası*** Jägerei *f* ***postu deldirmek*** getötet werden ***postu kurtarmak*** sein Leben retten ***postu sermek*** keinen Abgang finden
posta Post *f*, Postamt *n* ***posta çeki*** Postscheck *m* ***posta etmek*** abführen, wegbringen ***posta havalesi*** Postanweisung *f* ***posta kartı*** Postkarte *f* ***posta kodu*** Postleitzahl *f* ***posta koymak*** bedrohen, einschüchtern ***posta kutusu*** Postfach *n*, Schließfach *n* ***posta paketi*** Postpaket *n* ***posta pulu*** Briefmarken *pl* ***posta ücreti*** Postgebühren *pl* ***postaya atmak*** (per Post) verschicken
postacı Briefträger *m*
postal Soldatenschuh *m*; *mec* Nutte *f*
postalamak abführen, wegbringen, abschicken
postane Post *f*
postayla mit der Post, per Post ***postayla göndermek*** per Post schicken
poster Poster *n*
postrestant Postlagernd
poşet Tragetüte *f*
pot Falte *f* ***pot kırmak*** ins Fettnäpfchen treten
pota Schmelztiegel *m*; Korb *m*
potansiyel Potential *n*; potentiell
potasyum Kalium *n*
potin Stiefel *m*
potpuri *müz* Potpourri *n*
poyra Achsabbüchse *f*, Radbüchse *f*, Radnabe *f*
poyraz Nordostwind *m*
poz Pose *f*, Haltung *f*; Zeitaufnahme *f* ***poz vermek*** belichten, posieren
pozisyon Position *f*, Lage *f*, Stellung *f*; Beruf *m*
pozitif positiv, bejahend, zutreffend
pozometre Belichtungsmesser *m*
pöf igitt!
pörsük welk
pörsümek zusammenschrumpfen
pörtlek hervorquellen
pösteki Schaffell *n* ***pösteki saydırmak*** *jdm* eine sinnlose Arbeit aufhalsen
pranga Fesseln *pl* ***prangaya vurmak*** *jdn* in Ketten legen
pratik praktisch; Praxis *f*
pratisyen Praktischer(in *f*) *m* ***pratisyen hekim*** praktischer Arzt
prehistorik prähistorisch
prehistorya Prähistorie *f*
prelüd Präludium *n*
prens Prinz *m*
prenses Prinzessin *f*
prensip Prinzip *n*, Grundsatz *m*
prenslik Fürstentum *n*
pres Presse *f*, Druck *f*
presbitlik Weitsichtigkeit *f*

prestij Prestige *f*, Ansehen *n*
prevantoryum Heilanstalt *f*
prezantabl präsentabel
prezervatif Präservativ *n*
prim Prämie *f*
primadonna *müz* Primadonna *f*
primatlar *hayb* Primaten *pl*
printer Drucker *m*
priz Steckdose *f*
prizma Prisma *n*
problem Problem *n* ***problem çözmek*** Problem lösen (rechnen)
problemli problematisch
prodüksiyon Produktion *f*
prodüktivite Produktivität *f*
prodüktör Erzeuger *m*, Hersteller *m*
profesör Professor *m*
profesörlük Professur *f*
profesyonel Berufs-; berufsmäßig
profesyonellik Professionalität *f*
profil Profil *n*, Seitenansicht *f*
program Programm *n*
programcı Programmchef *m*; Programmverkäufer *m*, Programmer *m*, Programmierer *m*
programlamak programmieren
programlı programmiert
proje Plan *m*, Entwurf *m*
projeksiyon Projektion *f*
projektör Scheinwerfer *m*
proletarya Proletariat *n*
proleter proletarisch
prolog Prolog(in *f*) *m*
promosyon Werbung *f*, Promation *f*
propaganda Propaganda *f* ***propaganda yapmak*** propagieren
propagandacı Propagandist *m*
prosedür Prozedur *f*
prospektüs Packungsbeilage *f*
prostat *anat* Prostata *f*
protein Eiweiß *n*
proteinli mit Eiweiß
Protestan Protestant *m*, protestantisch
Protestanlık Protestantismus *m*
protesto Protest *m*, Einspruch *m* ***protesto çekmek*** Protest erheben ***protesto etmek*** protestieren
protez *hek* Prothese *f*
protokol Protokoll *n*, Niederschrift *f*
proton Proton *n*
protoplazma Protoplasma *n*
prova Probe *f* ***prova etmek*** (giysi) anprobieren; *tiy* proben
provizyon *tic* Provision *f*
provokasyon Provokation *f*
provokatör Provokateur *m*
pruva Bug *m*
psikanaliz Psychoanalyse *f*
psikanalizci *ruhb* Psychoanalytiker *m*
psikiyatr Psychiater *m*
psikiyatri *hek* Psychiatrie *f*
psikolog Psychologe(in *f*) *m*
psikoloji Psychologie *f*
psikolojik psychologisch, Psycho-
psikopat Psychopath *m*
psikoterapi *ruhb* Psychotherapie *f*
psikoz Psychose *f*
psişik psychisch
puan Punkt *m* ***puan almak*** Punkte bekommen, punkten, Treffer erzielen, schießen
puanlamak *sp* punkten
puding Pudding *m*
pudra Puder *m*
pudralı gepudert
pudralık Puderdose *f*
pudraşekeri Puderzucker *m*
puf Puff *m*
pufla *hayb* Eiderente *f*; Eiderdaune *f*
puflamak schnauben, pusten, blasen
puhu(kuşu) Uhu *m*
pul Briefmarke *f*; Schuppe *f* ***pul koleksiyonu*** Briefmarkensammlung *f*
pulcu Aufkerber *m*, Briefmarkenverkäufer *m*; Briefmarkensammler *m*
pulculuk Philatelie *f*
pullamak frankieren
pullu schuppig, frankiert
pulluk Pflug *m*
Pulman Pullmanwagen *m*
pulsuz unfrankiert
puma *hayb* Puma *m*
punç Punsch *m*
punduna getirmek den richtigen Augenblick abpassen
punt Nährboden *m*
punto Punkt *m*
pupa von hinten; *den* Heck *n* ***pupa yel-***

ken gitmek mit Rückenwind segeln
puro Zigarre *f*, Zigarillo *n*
pus Nebel *m*
pusarmak dunstig werden
puset Buggy *m*
puslanmak neblig werden; anlaufen
puslu (meteroloji) dunstig, neblig
pusmak sich ducken; sich verkriechen; bedrückt sein
pusu Lauer *f* ***pusu kurmak*** lauern ***pusuya düşürmek*** in eine Falle locken ***pusuya yatmak*** auf der Lauer liegen
pusula Kompass *m*; Notiz *f* ***pusulayı şaşırmak*** die Orientierung verlieren
puşt Strichjunge *m*, Lustknabe *m*
put Götze *f* ***put gibi*** stieren Blickes ***put kesilmek*** zur Mumie erstarren
putperest Götzendiener *m*
putperestlik Idiolatrie *f*
putrel Balkenträger *m*
püf pff! fft! ***püf noktası*** Clou *m*, Knackpunkt *m*
püflemek ausblasen
püfür püfür kühl ***püfür püfür esmek*** kühl wehen
pünez Heftzwecke *f*, Reißzwecke *f*
püre Püree *n*, Brei *m*
pürtük Höcker *m*; Pickel *m* ***pürtük pürtük*** höckerig, runzelig
pürtüklü uneben, höckerig
pürüz Hindernis *n*, Unannehmlichkeit *f*
pürüzlü rauh, uneben; fehlerhaft
pürüzsüz glatt, eben; fehlerfrei, tadellos
püskül Franse *f*
püsküllü mit Troddeln ***püsküllü bela*** *mec* große Sorge
püskürme (yanardağ) Ausbruch *m*
püskürmek spritzen
püskürteç Düse *f*, Zerstäuber *m*
püskürtmek spritzen; zurückwerfen
pütür rauh ***pütür pütür*** ganz rauh
pütürlü Krepp *m*; griffig

R

Rab Gott, Herr *m*
Rabbim Mein Gott!
rabıta Beziehung *f*, Verhältnis *n*, Zusammenhang *m*
rabıtalı ordentlich; zusammenhängend; anständig
rabıtasız zusammenhanglos; unordentlich
raca Raja(h) *m*
racon Brauch *m*, Usus *m*, Ordnung *f* ***racon kesmek*** sich aufspielen
radar Radar *n*
radde Grad *m*, Stufe *f*
radikal radikal
radikalizm Radikalismus *m*
radyan Radiant *m*
radyasyon Strahlung *f*
radyatör Kühler *m*; Heizkörper *m*
radyo Radio *n*, Rundfunk *m*; Rundfunkgerät *n* ***radyo yayını*** Rundfunksendung *f*
radyoaktif radioaktiv
radyoaktivite Radioaktivität *f*
radyoevi Funkhaus *n*
radyografi Röntgenaufnahme *f*
radyolog *hek* Röntgenarzt *m*
radyoloji Radiologie *f*
radyoskopi *hek* Radioskopie *f*
radyoskopik radioskopisch
radyoterapi Strahlentherapie *f*
radyum Radium
raf Regal *n* ***rafa koymak/kaldırmak*** in ein Regal einstellen, aufschieben
rafadan weichgekocht
rafine raffiniert
rafineri Raffinerie *f*
rağbet Verlangen *n*, Nachfrage *f* ***rağbet etmek*** wünschen, verlangen ***rağbet görmek*** beliebt sein ***rağbetten düşmek*** unbeliebt werden
rağmen trotz, obwohl, obschon
rahat gemütlich, behaglich, bequem ***rahat bırakmak*** in Ruhe lassen, zufriedenlassen ***rahat durmak*** sich ruhig verhalten ***rahat etmek*** sich ausruhen ***rahat vermemek*** *jdm* keine Ruhe lassen, belästigen ***rahat yüzü görmemek*** nicht zur Ruhe kommen ***rahatına bakmak*** es sich bequem machen
rahatça ohne Zwang, ungehemmt

rahatlamak sich wohler fühlen, Erleichterung verspüren
rahatlatmak (trafik) entlasten; (vicdan) beruhigen
rahatlık Ruhe *f*, Bequemlichkeit *f*
rahatlıkla leicht
rahatsız unbequem ***rahatsız etmek*** stören, belästigen ***rahatsız olmak*** sich stören, sich stoßen, *etw* als lästig empfinden, unpässlich sein ***rahatsız olmayın*** Stört euch nicht!
rahatsızlanmak erkranken, krank werden
rahatsızlık Störung *f*, Unannehmlichkeiten *pl* ***rahatsızlık vermek*** stören, belästigen
rahibe Nonne *f*
rahim Gebärmutter *f*, Uterus *m*
rahip Mönch *m*, Priester *m*
rahle Lesepult *n*
rahmet Gnade *f*; Regen *m*
rahmetli verstorben
rahvan Passgang *m*
rakam Ziffer *f*
raket Schläger *m*
rakı Raki *m*, Anisbranntwein *m*
rakibe Rivalin *f*
rakım Höhe *f*, Höhe über dem Meeresspiegel, Höhenlage *f*
rakip Rivale *m*, Nebenbuhler *m*, Gegner *m*
rakipsiz konkurrenzlos
rakkas Pendel *n*; *esk* Berufstänzer *m*
ralli *sp* Rallye *f*
ramak kalmak beinahe etwas passieren
ramazan Fastenmonat *m*
rampa Steigung *f*
randevu Verabredung *f* ***randevu almak*** sich anmelden ***randevu evi*** geheimes Bordell ***randevu vermek*** sich mit *jdm* verabreden ***randevusu olmak*** eine Verabredung haben
randevuevi geheimes Bordell
randevulaşmak sich verabreden
randıman Leistung *f*, Ertrag *m*
randımanlı ertragreich, effektiv
ranza Koje *f*
rapor Bericht *m* ***rapor etmek*** berichten ***rapor vermek*** Bericht erstatten, (*jdm*) Rechenschaft ablegen (über, hakkında), begutachten ***rapor yazmak*** Referat halten, berichten
raportör Berichterstatter *m*
rapsodi *müz* Rhapsodie *f*
raptetmek anheften
raptiye Klammer *f*; Reißnagel *m*
raptiyelemek anklammern (an)
rasat Beobachtung *f*
rasathane Sternwarte *f*
rasgele beliebig
Rasgele Viel Glück!
raspa Raspel *f*, Reibe *f*, Schaber *m*, Schrapper *m*
raspalamak abschaben, raspeln, reiben, schaben
rast Zufall *m*; Treffen *n* ***rast gelmek*** glücken; treffen; zufallen ***rast gelmek*** glücken; treffen; zufallen ***rast getirmek*** treffen; wählen, abpassen ***rast gitmek*** gut gehen, in Ordnung gehen
rastık Augenbrauenschminke *f*
rastlamak treffen, begegnen
rastlantı Zufall *m*
rastlaşmak aufeinander treffen
rasyonalist Rationalist *m*; rationalistisch
rasyonalizm Rationalismus *m*
rasyonalleştirmek rationalisieren
rasyonel rational, wirtschaftlich
raşitizm *hek* Rachitis *f*
raunt Runde *f*
ray Gleis *n*, Schiene *f* ***raydan çıkmak*** entgleisen ***rayına girmek*** in Ordnung kommen ***rayına oturmak*** in Ordnung kommen
rayiç Kurs *m*
rayiha Duft *m*
razı zufrieden; einverstanden, eingewilligt ***razı etmek*** zufrieden stellen; *jdn* bewegen (zu) ***razı olmak*** einwilligen, billigen
re *müz* Note *f*
re'sen sich selbst
reaksiyon Reaktion *f*
reaktör Reaktor *m*
realist Realist *m*
realizm Realismus *m*
reçel Konfitüre *f*, Marmelade *f*
reçete Rezept *n*
reçine Harz *n*

reçineli harzig
redaksiyon Redaktion *f*, Schriftleitung *f*
redaktör Lektar *m*, Redakteur *m*
reddetmek ablehnen, verweigern
redingot Mantel *m*
redoks Redoxpotential *n*
refah Wohlstand *m*
refakat Geleit *n*, Begleitung *f* ***refakat etmek*** begleiten
refakatçi Begleiter *m*; Begleitperson *f*
referandum Volksstimmung *f*
referans Referenz *f*, Zeugnis *n*
refleks Reflex *m*, Reizreaktion *f*
reflektör Reflektor *m*, Katzenauge *n*, Strahler *m*; *oto* Rückstrahler *m*
reform Reform *f*, Umgestaltung *f*
reformcu Reformer *m*; reformistisch
regülatör Regler *m*
rehabilitasyon *hek* Rehabilitation *f*
rehavet Erschlaffung *f* ***rehavet çökmek*** erschlafft sein
rehber Führer *m*
rehberlik Führung *f* ***rehberlik etmek*** führen
rehin Pfand *m*
rehinci Pfandleiher *m*
rehine Geisel *f* ***rehine koymak*** verpfänden ***rehine olarak almak*** als Geisel gefangen nehmen ***rehine olarak tutmak*** *jdn* als Geisel aufhalten ***rehine vermek*** verpfänden, versetzen
reis Vorsitzende *m*, Chef *m*
reisicumhur Staatspräsident *m*
reislik Präsidium *n*, Vorstand *m*
reji Regie *f*
rejim Staatsform *f*, Regime *n* ***rejim yapmak*** Diät halten
rejisör Regisseur *m*
rekabet Rivalität *f*, Konkurrenz *f* ***rekabet etmek*** konkurrieren
reklam Reklame *f*, Werbung *f* ***reklam ajansı*** Werbeagentur *f* ***reklamını yapmak*** Reklame machen für, Werbung machen für, annoncieren, werben
reklamcı Werbefachmann *m*
reklamcılık Reklamation *f*
rekolte Ernte *f*, Ertrag *m* ***rekolte almak*** ernten
rekor Rekord *m* ***rekor kırmak*** einen Rekord brechen
rekortmen Meister *m*, Rekordhalter *m*
rektör Rektor *m*
rektörlük Rektorat *n*
rektum *anat* Rektum *n*, Mastdarm *m*
rencide gekränkt, verletzt ***rencide etmek*** kränken, verletzen
rençper Landarbeiter *m*, Bauer *m*
rende Hobel *m*; Reibeisen *n*
rendelemek hobeln
rengârenk bunt
rengeyiği *hayb* Rentier *n*
renk Farbe *f* ***rengi atmak*** verblassen, verschießen ***renk atmak*** sich verfärben ***renk körlüğü*** totale Farbenblindheit ***renk renk*** farbig, bunt ***renk vermemek*** sich *etw* nicht anmerken lassen ***renkten renge girmek*** rot und blass werden vor
renklendirmek färben
renklenmek gefärbt werden
renkli farbig ***renkli film*** Farbfilm *m* ***renkli televizyon*** Farbfernsehen *n*
renksemez achromatisch
renkser chromatisch
renksiz farblos; blass, bleich
reorganizasyon Reorganisation *f*
repertuar Repertoire *n*
replik Text *m*
repo *tic* Festgeld *n*
resepsiyon Empfang *m*
reseptör Empfänger *m*
resif Riff *n*
resim Bild *n*, Zeichnung *f*, Lichtbild *n*, Gemälde *n*, Aufnahme *f*, Abbild *n* ***resim çekmek*** aufnehmen, photographieren ***resim kalitesi*** Bildqualität *f* ***resim yapmak*** zeichnen, malen ***resmini çekmek*** eine Aufnahme machen von, fotografieren
resimlemek illustrieren
resimli illustriert ***resimli roman*** Comic *m*
resital *müz* Konzert *n*
resmen offiziell
resmetmek zeichnen; beschreiben
resmi offiziell, amtlich ***resmi elbise*** Uniforme *f* ***resmi gazete*** Amtsblatt *n*
resmiyet Förmlichkeit *f*; Offiziellsein *n* ***resmiyete dökmek*** offiziell bekannt-

R

geben
ressam Maler *m*; Zeichner *m*
ressamlık Malerei *f*
restoran Restaurant *n*
restorasyon Restaurierung *f*, Wiederherstellung *f*
restore restauriert ***restore etmek*** restaurieren, wiederbauen
resul (din) Gottesgesandte(r) *m*
reşit mündig
ret Ablehnung *f*, Verweigerung *f*, Absage *f*
retina *anat* Netzhaut *f*
retorik Rhetorik *f*; rhetorisch
reva angebracht, richtig ***reva görmek*** für angebracht halten
revaç Marktgängigkeit *f*
revaçta beliebt ***revaçta olmak*** gefragt sein
revak Säulengang *m*; *mim* Kolonnade *f*, Kreuzgang *m*
reverans Reverenz *f*, Verbeugung *f*
revir Revier *n*
revizyon Revision *f*, Nachprüfung *f* ***revizyondan geçirmek*** *tek* überholen
revizyonist Revisionist *m*
revolver Revolver *m*, Schusswaffe *f*
revü Revue *f*
rey Stimme *f*
reyon Abteilung *f*
rezalet Skandal *m* ***rezalet çıkarmak*** einen Skandal verursachen
reze Angel *f*
rezene *bitk* Fenchel *m*
rezerv Reserve *f*; reserviert
rezervasyon Buchung *f*, Vorbestellung *f*
rezil gemein, niederträchtig ***rezil etmek*** blamieren, bloßstellen; in Verruf bringen ***rezil olmak*** sich blamieren; bloßgestelft werden
rezillik Gemeinheit *f*
rezistans Widerstand *m*
rezonans Resonanz *f*
riayet Rücksichtnahme *f*, Beachtung *f* ***riayet etmek*** berücksichtigen, beachten
rica Bitte *f* ***rica ederim*** Bitte! ***rica etmek*** bitten
ricat Rückzug *m* ***ricat etmek*** sich zurückziehen
rıhtım Kai *m*
rimel Wimpernschminke *f*
ring Boxring *m*; *sp* Ring *m*; Tour *m*
ringa *hayb* Hering *m*
risk Risiko *n* ***riske girmek*** ein Risiko eingehen
riskli riskant
ritim Rhythmus *m*
ritmik rhythmisch
rivayet Gerücht *n* ***rivayet olunmak*** das Gerücht gehen ***rivayete göre*** laut Gerüchten
riya Heuchelei *f*
riyakâr heuchlerisch
riyakârlık Falschheit *f*
rıza Einwilligung *f* ***rıza göstermek*** einwilligen
riziko Risiko *n*, Wagnis *n*
rizikolu riskant, gewagt
rizikolu riskant, abenteuerlich, gefährlich
rızk tägliches Brot, Lebensunterhalt *m* ***rızkını çıkarmak*** sich seinen Lebensunterhalt verdienen
robdöşambr Morgenmantel *m*, Morgenrock *m*
robot Roboter *m*
rodeo Rodeo *m*
roket Rakete *f* ***roket atmak*** Rakete abschießen
rokoko Rokoko *n*
rol Rolle *f* ***rol almak*** eine Rolle übernehmen (in) ***rol oynamak, rolü olmak*** eine Rolle spielen ***rol yapmak*** sich verstellen ***rolünü oynamak*** figurieren als
rom Rum *m*
Roma Rom
Romalı Römer(in *f*) *m*; römisch
roman Roman *m*
romancı Romanschriftsteller *m*
romans Romanze *f*
romantik romantisch; Romantik *f*
romantizm Romantik *f*
Romanya Rumänien
romatizma Rheuma *m*, Rheumatismus *m*
romatizmalı *hek* rheumatisch
Romen römisch ***Romen rakamları*** römische Zahlen
rosto Hackbraten *m*
rot *oto* Lenkstange *f*

rota Route *f*
rotasyon Rotation *f*, Tausch *m*
rozet Rosette *f*
rölanti *tek* Leerlauf *m* ***rölantide çalışmak*** leer laufen ***rölantiye almak*** leer laufen lassen
rölativite Relativität *f*
röle *elek* Relais *n*
rölyef Relief *m*
römork Anhänger *m*
römorkör Schlepper *m*
Rönesans Renaissance *f*; Wiedergeburt *f*
röntgen Röntgenbild *n* ***röntgenini çekmek*** *hek* durchleuchten, röntgen, eine Röntgenaufnahme machen
röntgenci Röntgenarzt *m*; Voyeur *m*
röportaj Reportage *f* ***röportaj yapmak*** interviewen
röportajcı Reporter *m*, Interviewer *m*
röprodüksiyon Reproduktion *f*
rötar Verspätung *f* ***rötar yapmak*** sich verspäten
rötarlı verspätet
rötuş Retusche *f* ***rötuş etmek*** retuschieren
rövanş Revanche *f* ***rövanş maçı*** Rückspiel *n* ***rövanş yapmak*** sich revanchieren
ruble Rubel *m*
rugan Lack *m*
rugbi *sp* Rugby *n*
ruh Seele *f*, Geist *m* ***ruh çağırma*** Geisterbeschwörung *f* ***ruh haleti*** psychologischer Zustand ***ruh hastası*** Geisteskranke *mf* ***ruh hekimi*** Psychiater *m* ***ruh hekimliği*** Psychiatrie *f* ***ruhu şad olsun*** Soll in Frieden ruhen ***ruhunu teslim etmek*** seinen Geist aufgeben, sterben
ruhani seelisch
ruhban die Geistlichen
ruhbilim Psychologie *f*
ruhbilimci Psychologe *m*, Psychologin *f*
ruhbilimsel psychologisch
ruhi seelisch
ruhsal seelisch
ruhsat Genehmigung *f*, Erlaubnis *f* ***ruhsat vermek*** amtlich zulassen
ruhsatlı erlaubt, genehmigt
ruhsatname Genehmigung *f*, Zulassung *f*
ruhsatsız ungenehmigt
ruhsuz stumpf, träge, energielos
ruj Lippenstift *m*
rulet Roulett *n*
rulman Kugellager *n*, Wälzlager *n*
rulo Rolle *f*
Rum Grieche *m*, Griechin *f*
Ruman Rumäne(in *f*) *m*; rumänisch
Rumca Griechisch *m*
Rumeli Rumelien *n*
Rumen Rumäne *m*; rumänisch
Rumence Rumänisch *n*
rumuz Chiffre *f*
Rus Russe *m*; russisch
Rusça Russisch *n*
Rusya Russland
rutubet Feuchtigkeit *f*
rutubetlenmek feucht werden
rutubetli feucht
rüçhan Übergewicht *n*, Vorrangigkeit *f* ***rüçhan hakkı*** Vorkaufsrecht *n*
rüküş lächerlich
rüsum Gebühren *pl*
rüşt Volljährigkeit *f*, Mündigkeit *f* ***rüştünü ispat etmek*** seine Fähigkeiten beweisen
rüşvet Bestechung *f* ***rüşvet almak*** sich bestechen lassen ***rüşvet vermek*** besstechen
rüşvetçilik Bestechlichkeit *f*, Korruption *f*
rütbe Grad *m*, Rang *m*, Stellung *f* ***rütbe almak*** rangieren
rüya Traum *m* ***rüya gibi*** wie ein Traum ***rüya görmek*** träumen ***rüya tabiri*** Traumdeutung *f*
rüzgâr Wind *m*
rüzgâraltı *den* Lee *f*
rüzgârgülü Windrose *f*
rüzgârlı windig
rüzgârsız windstill
rüzgârüstü Luv *f*

S

saadet Glück *n*

saat Uhr *f*; Stunde *f*; Zähler *m* ***saat gibi işlemek*** gut funktionieren (wie eine Uhr) ***saat kaç*** wie spät ist es? wieviel Uhr ist es? ***saat kaçta*** um wieviel Uhr ***saat kulesi*** Uhrturm *m* ***saat tutmak*** die Zeit abstoppen ***saati kurmak*** die Uhr aufziehen ***saati saatine*** genau zur Stunde

saatçi Uhrmacher *m*

saatlerce stundenlang

saatli bomba Zeitbombe *f*

sabah Morgen *m*, Vormittag *m*; morgens, vormittags ***sabah akşam*** zu jeder Tageszeit ***sabah kahvaltısı*** Frühstück *n* ***sabah olmak*** anbrechen ***sabah sabah*** ganz früh am Morgen ***sabaha karşı*** gegen Morgen ***sabahın köründe*** in aller Herrgottsfrühe

sabahçı Frühaufsteher *m*; Schüler der Morgenschicht

sabahki morgig(e)

sabahlamak übernachten

sabahları morgens

sabahleyin morgens

sabahlık Morgenkleid *n*

saban Pflug *m*, Holzpflug *m* ***saban sürmek*** pflügen

sabankemiği *anat* Nasenscheidewand *f*

sabık ehemalig, Ex-

sabıka Vorstrafe *f*

sabıkalı *huk* vorbestraft

sabır Geduld *f* ***sabrını taşırmak*** *jds* Geduld überbeanspruchen

sabırla mit Geduld, geduldig

sabırlı geduldig

sabırsız ungeduldig

sabırsızlanmak ungeduldig werden

sabırsızlık Ungeduld *f*

sabırsızlıkla erwartungsvoll

sabit fest; beständig; *mat* konstant ***sabit fikir*** fixe Idee ***sabit fikirli*** unnachgiebig ***sabit olmak*** feststehen

sabite Konstante *f*

sabitleştirmek festmachen, feststellen

sabitlik Echtheit *f*

sabotaj Sabotage *f* ***sabotaj yapmak*** Sabotage treiben

sabotajcı Saboteur *m*

sabote sabotiert ***sabote etmek*** sabotieren

sabretmek sich gedulden

sabuklama Delirium *n*

sabun Seife *f* ***sabun köpüğü*** Seifenblase *f*

sabunlamak einseifen, abseifen

sabunlanmak sich einseifen

sabunlu seifig, eingeseift

sabunluk Seifenschale *f*

sabunotu Seifenkraut *n*

sabuntaşı Seifenstein *m*

sac Eisenblech *n*

sacayağı Dreifuß *m*

saç Haar *n* ***saç bağı*** Haarband *n* ***saç boyası*** Haarfärbemittel *n* ***saç dibi*** Haarboden *m* ***saç filesi*** Haarnetz *n* ***saç fırçası*** Haarbürste *f* ***saç kremi*** Haarcreme *f* ***saç kurutma makinesi*** Haartrockner *m* ***saç örgüsü*** Zopf *m* ***saç saça, baş başa*** sich in die Haare geraten ***saç tokası*** Haarspange *f* ***saçı başı ağarmak*** altern, ergrauen ***saçına ak düşmek*** graue Haare bekommen ***saçını başını yolmak*** sich die Haare raufen ***saçını kestirmek*** sich die Haare schneiden lassen ***saçını süpürge etmek*** sich aufopfern für ***saçıp savurmak*** hinauswerfen, vergeuden; verjubeln ***saçları dökülmek*** Haare ausfallen ***saçlarını süpürge etmek*** aufopferungsvoll arbeiten

saçak Franse *f*; Vordach *n*

saçakbulut Zirruswolke *f*

saçaklı mit Fransen, mit einem Vordach

saçkıran Haarausfall *m*

saçma Unsinn *m*; unsinnig; Schrot *m* ***saçma sapan*** unsinnig ***saçma sapan konuşmak*** dummes Zeug reden

saçmak streuen, bestreuen, ausstreuen; verbreiten

saçmalamak dummes Zeug reden, spinnen

saçmalık Blödsinn *m*, Sinnlosigkeit *f*, Quatsch *m*, Unsinn *m*, Absurdität *f*, Geschwätz *n*, Mist *m*, Nonsens *m*

sadaka Almosen *n* ***sadaka istemek*** betteln

sadakat Treue *f*, Ergebenheit *f* ***sadakat göstermek*** Treue zeigen

sadakatli treu
sadakatsiz treulos, untreu
sadakatsizlik Treulosigkeit *f*, Untreue *f*
sade einfach, schlicht; nur, bloß
sadece nur; ausschließlich; bloß; lauter; rein
sadede gelmek zur Sache kommen
sadeleşmek einfacher werden
sadeleştirmek vereinfachen
sadelik Schlichtheit *f*
sadet Thema *n*
sadeyağ Kochbutter *f*
sadık treu, ergeben
sadist Sadist *m*, sadistisch
sadizm Sadismus *m*
sadrazam Großwesir *m*
saf echt, rein; naiv, einfältig; Reihe *f* ***saf saf*** ganz naiv
safa Freude *f*
safari Safari *f*
saffet Reinheit *f*
safha Phase *f*, Stadium *f*
safi rein, Netto-
safir Saphir *m*
safkan reinrassig; Vollblut *n*
saflık Echtheit *f*, Reinheit *f*; Gutgläubigkeit *f*, Leichtgläubigkeit *f*, Naivität *f*
safra Galle *f* ***safra kesesi*** Gallenblase *f*
safran Safran *m*
safsata Sophisma *n*
safsatacı Sophist *m*
sağ1 recht, rechts ***sağ yapmak*** *oto* nach rechts wenden ***sağa*** nach rechts ***sağa dönmek*** nach rechts wenden ***sağı solu olmamak*** unsicher sein ***sağına soluna bakmak*** nach rechts und links gucken
sağ2 lebendig; gesund, heil ***sağ kalanlar*** die Überlebenden ***sağ kalmak*** am Leben bleiben ***sağ kurtulmak*** überleben ***sağ ol*** danke schön ***sağ olmak*** leben, lebendig sein ***sağ salim*** gesund und wohlbehalten
sağaçık *sp* Rechtsaußen *m*
sağalmak genesen, gesunden
sağaltıcı heilend
sağaltım Heilung *f*; Behandlung *f*
sağaltmak heilen, gesund machen
sağanak Wolkenbruch *m* ***sağanak yağmak*** in Strömen gießen ***sağanak yağmur*** Gewitterregen *m*
sağbeğeni der gute Geschmack
sağcı Rechtsorientierte *m*
sağcılık politische Rechte
sağda rechts ***sağda solda*** hin und her, verschiedenerorts
sağdan von rechts ***sağdan gidiniz*** rechts gehen! ***sağdan soldan*** von überallher
sağdıç Brautführer *m*
sağduyu gesunder Menschenverstand
sağgörü Scharfsinn *m*
sağgörülü scharfsinnig
sağı Vogelkot *m*
sağım Milchleistung *f*
sağımlı Milch-
sağır taub ***sağır etmek*** taub machen, betäuben
sağırlaşmak taub werden
sağırlık *hek* Taubheit *f*
sağıryılan *hayb* Natter *f*
sağlam gesund, kräftig; solide
sağlama Probe *f* ***sağlama bağlamak*** verankern; auf Nummer sicher gehen
sağlamak erfüllen
sağlamlaşmak sich konsolidieren
sağlamlaştırmak befestigen, bekräftigen; sichern
sağlamlık Festigkeit *f*, Stabilität *f*; Gesundheit *f*
sağlı sollu rechts und links
sağlığında zu Lebzeiten
Sağlığınıza Auf Ihre Gesundheit! Zum Wohl!
sağlık Gesundheit *f*, Wohlbefinden *n* ***sağlık görevlisi*** Sanitäter *m*, Krankenpfleger *m* ***sağlık işleri*** Gesundheitswesen *n* ***sağlık ocağı*** Sanitätsbehörde *f* ***Sağlık olsun*** Es macht nichts! ***sağlık raporu*** Gesundheitsattest *n* ***sağlık sigortası*** Krankenkasse *f*, Krankenversicherung *f*
sağlıkbilgisi Hygiene *f*
sağlıklı gesund
sağlıksız ungesund
sağmak melken
sağmal Milch gebend ***sağmal inek*** Milchkuh *f*

S

sağrı Kruppe *f*
saha Bereich *m*; *fiz* Feld; *sp* Spielplatz
sahaf Antiquar *m*
sahan Metallschüssel *f*
sahanlık Treppenabsatz *m*
sahi wirklich, echt, wahr ***sahi mi*** wirklich?, ist das wahr?
sahibe Besitzerin *f*, Herrin *f*
sahici wirklich, echt
sahiden echt; tatsächlich, wahrhaftig
sahil Küste *f*, Ufer *n*
sahip Besitzer *m*, Eigentümer *m* ***sahip çıkmak*** in Besitz nehmen, sich annehmen ***sahip olmak*** besitzen
sahiplik Besitz *m*
sahipsiz herrenlos, ohne Besitzer
sahne Bühne *f*; Szene *f*, Auftritt *m* ***sahneye çıkmak*** auftreten ***sahneye koymak*** inszenieren
sahra Wüste *f* ***sahra topu*** *ask* Feldkanone *f*
sahte falsch, gefälscht
sahtekâr Fälscher *m*, Gauner *m*
sahtekârlık Schwindel *m*, Verfälschung *f*
sahur das Essen gegen Morgen im Fastenmonat
sair ander(e)
saka Wasserträger *m* ***saka kuşu*** Stieglitz *m*
sakağı *hek* Rotzkrankheit *f*
sakal Bart *m* ***sakal bırakmak*** sich einen Bart stehen lassen ***sakalı ele vermek*** sich gängeln lassen
sakallı bärtig
sakalsız bartlos, unbärtig
sakar Blesse *f*
sakarin Saccharin *n*, Süßstoff *m*
sakarlık Plumpheit *f*, Unbeholfenheit *f*
sakaroz Saccharose *f*
sakat verkrüppelt; beschädigt; Fehler *m*, Mangel *m*
sakatat Innereien *pl*
sakatlamak beschädigen; verstümmeln
sakatlık Körperbehinderung *f*, Leiden *n*, Gebrechen *n*
sakın Nimm acht! Hüte dich! Tu es nicht!
sakınca Nachteil *m*
sakıncalı nachteilhaft, nachteilig
sakıngan vorsichtig
sakınmak sich hüten; schützen
sakız Harz *n*; Kaugummi *m* ***sakız çiğnemek*** Kaugummi kauen
sakızkabağı *bitk* Zucchini *pl*
sakin ruhig, stil ***sakin olmak*** ruhig bleiben, stil sein
sakinleşmek sich beruhigen
sakinleştirmek beruhigen
sakinlik Gelassenheit *f*, Ruhe *f*
saklamak verbergen, aufbewahren, verstecken
saklambaç Versteckspiel *n*
saklanmak sich verbergen
saklı aufbewahrt, versteckt
saksağan Elster *m*
saksı Blumentopf *m*
saksofon Saxophon *n*
saksofoncu *müz* Saxofonist *m*
sal Floss *n*
salacak Totenbahre *f*
salahiyet Berechtigung *f*, Zuständigkeit *f*
salahiyetli berechtigt
salak dumm, beschränkt
salaklık Dummheit *f* ***salaklık etmek*** sich dumm anstellen
salam Salami *f*
salamandra *hayb* Salamander *m*
salamanje Speisezimmer *n*, Esszimmer *n*
salamura Salzbrühe *f*
salapurya Küstenboot *n*, Schaluppe *f*
salata Salat *m*
salatalık Gurke *f*
salça Tomatensauce *f*
saldırgan aggressiv
saldırganlık Aggression *f*, Aggressivität *f*
saldırı Angriff *m*
saldırmak anfallen, angreifen
saldırmazlık Zurückhaltung *f* ***saldırmazlık antlaşması*** Nichtangriffspakt *m*
salep *bitk* Knabenkraut *n*
salgı Sekretion *f*
salgılamak *hek* absondern, ausscheiden
salgın epidemisch; Epidemie *f*, Seuche *f*
salhane Schlachthaus *n*, Schlachthof *m*
salı Dienstag *m*
salık Empfehlung *f* ***salık vermek*** empfehlen
salim unversehrt, gesund; einwandfrei

salimen heil und gesund, wohlbehalten
salıncak Schaukel *f*
salınım Oszillation *f*, Schwingung *f*
salınmak schwingen, oszillieren
salıvermek loslassen, freilassen
salkım Dolde *f* ***salkım saçak*** wüst durcheinander
salkımsöğüt *bitk* Trauerweide *f*
sallamak schaukeln, schütteln, rütteln, schwenken, schwingen
sallanmak sich schwenken, wackeln
sallantı Wackligsein *n*; Schütteln *n*, Rütteln *n* ***sallantıda bırakmak*** in der Schwebe lassen
sallapati unüberlegt, schludrig
salma Zipfel *m*
salmak loslassen, freilassen
salmastra Zeising *f*
salon Saal *m*, Halle *f*
saloz dämlich, bescheuert
salpa lose, schlaff
salt absolut; nur, bloß; rein ***salt çoğunluk*** absolute Mehrheit
saltanat Regierung *f*, Herrschaft *f*, Sultanat *n*, Monarchie *f* ***saltanat sürmek*** regieren
saltık absolut
salvo Salve *f*
salya Speichel *m*
salyangoz Schnecke *f*
sam Samum *m*, Wüstenwind *m*
saman Stroh *n* ***saman altından su yürütmek*** insgeheim Ränke schmieden ***saman gibi*** wie Stroh, geschmacklos ***saman nezlesi*** *hek* Heuschnupfen *m* ***saman rengi*** strohgelb ***saman sapı*** Strohhalm *m*
samankâğıdı Pauspapier *n*
samankapan Bernstein *m*
samanlık Scheune *f*
samanrengi strohfarben
Samanyolu Milchstraße *f*
samba Samba *f*
Sami Semit *m*; semitisch
samimi herzlich, aufrichtig, vertraut
samimiyet Aufrichtigkeit *f*
samimiyetle vom Herzen
samimiyetsiz herzlos
samimiyetsizlik Unherzlichkeit *f*
samur Zobel *m* ***samur kürk*** Zobelpelz *m*
samyeli Samum *m*
san Rauf *m*
sana dir, zu dir ***sana ne*** Was geht es dich?
sanal virtuell; imaginär ***sanal âlem*** Cyberspace *m* ***sanal seks*** Cybersex *m*
sanat Kunst *f*, Handwerk *n* ***sanat eseri*** Kunstwerk *n* ***sanat okulu*** Gewerbeschule *f* ***sanat sahibi*** Handwerker *m*
sanatçı Künstler(in *f*) *m*
sanatkâr Künstler(in *f*) *m*
sanatoryum Heilanstalt *f*, Sanatorium *n*
sanatsal künstlerisch
sanayi Industrie *f* ***sanayi devrimi*** Industrierevolution *f*
sanayici Industrielle *mf*; Unternehmer *m*
sanayileşme Industrialisierung *f*
sanayileşmek sich industrialisieren
sanayileştirmek industrialisieren
sancak Flagge *f*
sancaktar Flaggenträger *m*
sancı Schmerz *m*
sancılanmak stechende Schmerzen haben
sancımak stechen, schmerzen
sandal (ayakkabı) Sandale *f*; *den* Boot *n*
sandalcı Bootsführer *m*
sandalet Sandalette *f*
sandalye Stuhl *m*; Posten *m*
sandık Kiste *f*, Kasten *m*
sandıklamak einpacken, verpacken
sandviç Sandwich *n*
sanı Verdacht *m*, Vermutung *f*
sanık Angeklagte *m*
saniye Sekunde *f*
sanki als ob, als wenn
sanlı bekannt, berühmt
sanmak glauben, meinen, denken
sanrı Sinnestäuschung *f*
sansar Marder *m*
sansasyon Sensation *f* ***sansasyon yaratmak*** Aufsehen erregen
sansasyonel sensationell
Sanskrit Sanskrit *n*
sansür Zensur *f* ***sansür etmek*** zensieren ***sansürden geçirmek*** zensieren
sansürcü Zensoren-; Zensor *m*
sansürlemek zensieren

S

santigram Zentigramm *n*
santigrat Celsius *n*
santilitre Zentiliter *m/n*
santim Zentimeter *m/n*
santimetre Zentimeter *n* ***santimetre kare*** Quadratzentimeter *n* ***santimetre küp*** Kubikzentimeter *m*
santra Mitte *f*
santral Zentrale *f*; Werk *n*
santrfor Mittelstürmer *m*
santrhaf Mittelläufer *m*
santrifüj zentrifugal; Zentrifuge *f*
santur *müz* Hackbrett *n*
sap Stengel *m*, Stiel *m*, Halm *m* ***sapına kadar*** hervorragend
sapa abgelegen
sapak (yol) Verzweigung *f*
sapan Schleuder *m*
saparta *mec* Rüffel *m*
sapasağlam herngesund; völlig unversehrt
sapık abnorm; verrückt
sapıklık Abart *f*; Verrücktheit *n*
sapınç Abweichung *f*; *gökb* Aberration *f*
sapıtmak verrückt werden
sapkın *coğ* erratisch; verirrt
saplama Verkeilung *f*; Stift *m*
saplamak stechen, hineinstechen, hineinbohren
saplanmak stecken bleiben
saplantı fixe Idee
sapma Abweichung *f*; *biliş* Verzweigung *f*; *fiz* Deklination *f*; *tek* Ablenkung *f*
sapmak abbiegen, einbiegen; abweichen
sapsarı leichenblass ***sapsarı kesilmek*** leichenblass werden
saptamak feststellen, festsetzen; anmachen
saptırmak ablenken
sara Epilepsie *f*, Fallsucht *f* ***sarası tutmak*** an Epilepsie leiden
saraç Sattler *m*
saralı *hek* Epileptiker *m*
sararmak erblassen, erbleichen
saray Schloss *n*
sardalye Sardine *f*
sardunya Pelargonie *f*
sarf Verbrauch *m*, Ausgabe *f* ***sarf etmek*** verbrauchen, ausgeben
sarfınazar außer Betracht ***sarfınazar etmek*** verzichten ***sarfınazar etmek*** absehen von, außer Betracht lassen
sarfiyat Verbrauch *m*; Ausgaben *f*
sargı Binde *f*, Verband *f* ***sargı bezi*** Verbandstoff *m* ***sargı sarmak*** bandagieren, verbinden
sarhoş betrunken, blau ***sarhoş etmek*** betrunken machen; *mec* berauschen ***sarhoş olmak*** betrunken werden
sarhoşluk Rausch *m*; *huk* Trunkenheit *f*
sarı gelb; Gelb *n*
sarıağız *hayb* Adlerfisch *m*
sarıçalı *bitk* Berberitze *f*
sarih klar, deutlich, ausdrücklich
sarıhumma *hek* Gelbfieber *n*
sarık Turban *m*
sarıkanat *hayb* mittelgroßer Blaufisch
sarılgan Schling-
sarılı eingewickelt, verbunden
sarılık Gelbsucht *f*
sarılmak sich winden; sich einhüllen; umarmen
sarımsı gelblich
sarımtırak gelblich
sarınmak einhüllen
sarısabır *bitk* Aloe *f*
sarısalkım *bitk* Goldregen *m*
sarışın blond, hellblond
sarkaç Pendel *m*
sarkık hängend
sarkıntılık Belästigung *f* ***sarkıntılık etmek*** belästigen
sarkıt Stalaktit *n*
sarkıtmak hängen
sarkmak hängen, hinunterhängen, herunterhängen; hinauslehnen
sarmak umhüllen; aufwickeln, umwickeln; einschließen; einpacken
sarmal Spirale *f*; spiralförmig
sarman *hayb* gelbhaarige Katze
sarmaş dolaş Umarmung *f* ***sarmaş dolaş etmek*** sich umarmen, intim befreundet sein ***sarmaş dolaş olmak*** sich umarmen, sich in der Armen liegen
sarmaşan gewunden
sarmaşık Efeu *n*
sarmısak Knoblauch *m*

S

sarnıç Zisterne *f*
sarp steil
sarpa sarmak kompliziert werden
sarplaşmak steil ansteigen; *mec* verzwickt werden
sarraf Geldwechsler *m*
sarsak taperig
sarsılmak erschüttert werden; wanken, schwanken
sarsıntı Rütteln *n*, Schütteln *n*; Erschütterung *f*
sarsıntılı ruckartig
sarsıntısız ruhig
sarsmak schütteln, rütteln; erschüttern
sataşmak angreifen; belästigen, stören
saten Satin *m*
sathi oberflächlich
satı zu verkaufen
satıcı Verkäufer(in *f*) *m*
satıcılık Verkaufswesen *n*, Kleinhandel *m*
satıh Fläche *f*, Oberfläche *f*
satılık verkäuflich ***satılığa çıkarmak*** zum Kauf anbieten
satılmak sich verkaufen, gehen
satılmış verkauft, ausverkauft
satım Verkauf *m*
satın almak kaufen
satır Reihe *f*, Zeile *f*, Linie *f*; Hackmesser *n*
satırbaşı Absatz *m*
satış Verkauf *m* ***satışa çıkarmak*** zum Verkauf bringen ***satıya çıkarmak*** zum Verkauf anbieten
satlıcan *hek* Brustfellentzündung *f*
satmak verkaufen ***satıp savmak*** alles zu Geld machen
satranç Schach *n* ***satranç tahtası*** Schachbrett *n* ***satranç taşı*** Schachfigur *f* ***satranç turnuvası*** Schachturnier *n*
Satürn Saturn *m*
sauna Sauna *f*, Heißluftbad *n*
sav These *f*
savana Savanne *f*
savaş Krieg *m*; Kampf *m*
savaşçı Kämpfer *m*
savaşım *mec* Kampf *m* ***savaşım vermek*** kämpfen
savaşkan kampflustig, kämpferisch
savaşmak kämpfen
savcı Staatsanwalt *m*
savcılık Staatsanwaltschaft *f*
savmak fortjagen
savruk fahrig, zerstreut
savrulmak (rüzgarla) verwehen; *oto* schleudern
savsak nachlässig
savsaklamak vernachlässigen, absehen
savulmak aus dem Weg gehen
Savulun Geht aus dem Weg!
savunma Verteidigung *f*
savunmak verteidigen, sich verteidigen
savunmasız wehrlos, schutzlos
savurgan Verschwendung *m*; verschwenderisch
savurganlık Verschwendung *f*, Vergeudung *f*
savurmak schleudern; ausstoßen
savuşmak fliehen, sich davonmachen
savuşturmak *sp* abwehren
saya Oberleder *n*
sayaç Zähler *m*, Messer *m*
saydam durchsichtig
saydamlık Durchsichtigkeit *f*
saye Schutz *m*; günstiger Umstand
sayesinde dank, durch
sayfa Seite *f* ***sayfayı çevirmek*** umblättern
sayfiye Landhaus *n*, Sommeraufenthalt *m*
saygı Achtung *f*, Hochachtung *f*, Rücksichtnahme *f*, Respekt *m* ***saygı duymak*** Respekt haben (vor) ***saygı göstermek*** achten, respektieren
saygıdeğer achtbar, ehrbar
saygılarımla hochachtungsvoll
saygılı respektvoll; rücksichtsvoll
saygın ehrenwert, angesehen, renommiert
saygınlık Prestige *f*, Ansehen *n*; Ruf *m*
saygısız respektlos; rücksichtslos
saygısızca rücksichtslos; respektlos
saygısızlık Respektlosigkeit *f*; Rücksichtslosigkeit *f*
sayı Zahl *f*, Nummer *f*, Anzahl *f* ***sayı saymak*** zählen
sayıboncuğu Rechenbrett *n*
sayıca zahlenmäßig

sayıklamak beim Schlafen sprechen
sayılı mit der Nummer ...; gezählt, wenig
sayım Zählung *f*
sayın geehrt, verehrt
sayısal numerisch, zahlenmäßig
sayısız zahllos
sayışmak abrechnen mit
Sayıştay Rechnungshof *m*
saymaca Nominal-
saymak zählen, abzählen, aufzählen; anrechnen, berücksichtigen; achten ***sayıp dökmek*** haarklein berichten
sayman Buchhalter *m*
saymanlık Buchhaltung *f*
sayrı krank
sayrılık Krankheit *f*
sayvan *bitk* Dolde *f*
saz1 Rohr *n*, Schilf *n*
saz2 *müz* Saitenstrument *n*; Langhalslaute *f* ***saz şairi*** Volksdichter *m* (der Saiteninstrument spielt und singt)
sazan Karpfen *m*
seans Vorführung *f*, Aufführung *f*
sebat Ausdauer *f*, Beharrlichkeit *f* ***sebat etmek*** beharren
sebatkâr beharrlich
sebatsız wankelmütig, unstet
sebebiyet Ursache *f*, Anlass *m* ***sebebiyet vermek*** verursachen, veranlassen
sebebiyle aus dem Grund
sebep Grund *m*, Ursache *f* ***sebep olmak*** verursachen, hervorrufen, schaffen
sebeplenmek Nutzen ziehen aus
sebepsiz grundlos
sebil kostenloses Trinkwasser; Trinkwasserspeier *m*
sebze Gemüse *n*
sebzeci Gemüseverkäufer *m*
seccade Gebetsteppich *m*
secde Kniefall *m*
seçenek Alternative *f*, Entscheidung *f*
seçici kritisch, wählerisch, selektisch
seçim Wahl *f* ***seçim çevresi*** Wahlkreis *m* ***seçimini yapmak*** seine Wahl treffen
seçimle durch Wahlen
seçkin auserwählt
seçme Auswahl *f*, Wahl *f*; ausgesucht, erlesen, auserlesen, vornehm
seçmece zum Selbstaussuchen (beim Obstkauf usw)
seçmek wählen, auswählen
seçmeli selektiv ***seçmeli ders*** Wahlfach *n*
seçmen Wähler(in *f*) *m* ***seçmen kütüğü*** Wählerliste *f*
seçmenlik Wählerschaft *f*
seda Stimme *f*
sedef Perlmutter *n* ***sedef hastalığı*** *hek* Schuppenflechte *f*
sedefotu rue
sedir Polsterbank *f*; *bitk* Zeder *f*
sedye Tragbahre *f*
sefa Freude *f*, Vergnügen *n* ***sefa bulduk*** Antwort auf den Willkommengruß ***sefa geldine gitmek*** *jdm* einen Antrittsbesuch machen ***sefa geldiniz*** herzlich Willkommen ***sefa sürmek*** das Leben genießen
sefahat Ausschweifung *f*
sefalet Not *f*, Armut *f*, Elend *n* ***sefalet çekmek*** in Armut und Not Leben
sefaret Botschaft *f*
sefer Reise *f*, Fahrt *f*; Mal *n* ***sefere çıkmak*** *den* auf die Seereise fahren
seferber mobilisiert ***seferber etmek*** mobilisieren ***seferber olmak*** sich mobilmachen
seferberlik Mobilisation *f*; *ask* Mobilmachung *f*
seferi die Reise betreffend, die Fahrt betreffend
sefertası Essenträger *f*
sefil bedauernswert; gemein, nieder
sefir Botschafter *m*
sefire Botschafterin *f*
seğirdim Lauf *m*, Jogging *m*
seğirmek zucken
seğirtmek laufen, stürzen
seher Morgendämmerung *f*
sehpa Ständer *m*; Dreifuß *m*, Stativ *n*; Galgen *m*
sek herb; Sekt *m*
seki Podium *n*
sekiz acht; Acht *f*
sekizer je acht
sekizinci achte
sekmek hüpfen
sekreter Sekretär(in *f*) *m*

sekreterlik Sekretariat *n*
seks Geschlecht *n*, Sex *m* ***seks filmi*** Sexfilm *m* ***seks yapmak*** Sex haben, Sex machen
seksapel Sex-Appeal *m*
seksek Himmel und Höhle
seksen achtzig
seksener je achtzig
sekseninci achtzigst
seksi sexy, reizend
seksoloji Sexualität *f*, Geschlechtlichkeit *f*
seksüel sexuell
sekte Schlag *m*; Unterbrechung *f*; Behinderung *f* ***sekte vurmak*** unterbrechen, *jdn* (be)hindern, *etw* (be)hindern ***sekteye uğratmak*** unterbrechen
sektör Sektor *m*
sel Flut *f* ***sel basmak*** überfluten
selam Gruß *m* ***selam etmek*** grüßen lassen ***selam göndermek*** Grüße senden ***selam söylemek*** Grüße bestellen ***selam vermek*** grüden, begrüßen ***selamı kesmek*** *jdn* nicht mehr grüßen ***selamı sabahı kesmek*** sich von *jdm* zurückziehen
selamet Sicherheit *f* ***selamete çıkmak*** davonkommen, in Sicherheit kommen
selamlamak grüßen, begrüßen
selamlaşmak sich begrüßen
Selanik Saloniki
Selçuklu Seldschukenreich *n*; seldschukisch
sele Fahrradsattel *m*
selef Vorgänger *m*
selektör Wähler *m*
selfservis selbst-service
selim gesund, rein
seloteyp Tesafilm *m*
selüloit Zelluloid *n*
selüloz Zellstoff *m*, Zellulose *f*; *hek* Ballaststoffe *pl*
selvi Zypresse *f*
sema Himmel *m*
semafor Semaphor *m*
semaver Samowar *m*
semavi himmlisch
sembol Symbol *n*, Sinnbild *n*
sembolik symbolisch
semender Salamander *m*
semer Sattel *m* ***semer vurmak*** satteln
semere Frucht *f*; Ertrag *m*, Gewinn *m* ***semeresini görmek*** ernten ***semeresini vermek*** Früchte geben
seminer Seminar *n*
semirgin verfettet
semirmek dick werden
semirtmek nähren, kräftigen; mästen
semiyoloji *hek* Semiologie *f*
semiz feist, fett, gemästet
semizotu Portulak *m*
sempati Sympathie *f*, Zuneigung *f* ***sempati duymak*** Sympathie empfinden (für), sympathisieren
sempatik sympathisch, liebenswürdig, angenehm
sempatizan sympathisierend; Sympathisant *m*
sempozyum Symposium *n*
semptom Erscheinung *f*, Symptom *n*
semt Gegend *f* ***semtine uğramamak*** die Gegend meiden
sen du
senarist Filmemacher *m*
senaryo Szenarium *n*; Drehbuch *n*
senato Senat *m*
senatör Senator *m*
sence nach deiner Ansicht
sence deinerseits
sende bei dir
sendelemek stolpern; taumeln
senden von dir
senden von dir
sendika Gewerkschaft *f*
sendikacı Funktionär *m*, Gewerkschaftler *m*
sendikacılık Gewerkschaftsbewegung *f*
sendrom *hek* Krankheitsbild *n*, Syndrom *n*
sene Jahr *n*
Senegal Senegal
Senegalli senegalesisch; Senegalese *m*
senelerce jahrelang
senelik jährlich
senelik alljährlich, jährlich
senet Gutschein *m* ***senet vermek*** Brief und Siegel geben
senetleşmek einen Vertrag schließen

senetli verbrieft
senetsiz nicht nachgewiesen
senfoni Symphonie *f* ***senfoni orkestrası*** Symphonieorchester *n*
senfonik symphonisch
seni dich
senin deiner, deins
seninki (das) deinige
senkronizasyon Synchronisierung *f*
senlibenli zwanglos ***senlibenli olmak*** sich duzen
senlibenti intim, vertraut
sentaks Satzlehre *f*; *dilb biliş* Syntax *f*
sentetik synthetisch
sentez Synthese *f*
sepet Korb *m*
sepetlemek fortjagen, verjagen
sepettopu Basketball *m*
sepi Gerben *n*
sepici Gerber *m*
sepilemek gerben, zurichten
ser Kopf *m*, Haupt *m*, Führer *m*, Leiter *m*
sera Gewächshaus *n*, Treibhaus *n* ***sera etkisi*** Treibhauseffekt *m*
seramik Keramik *f*
serap Fata Morgana
serbest frei, unabhängig ***serbest bırakmak*** freilassen, loslassen ***serbest borsa*** Kulisse *f* ***serbest bölge*** Freizone *f* ***serbest döviz*** freie Devisen ***serbest güreş*** *sp* Freistilringen *n* ***serbest meslek sahibi*** Freiberufler *m*, Selbstständige *mf* ***serbest nazım*** freier Vers ***serbest piyasa*** Freihandel *m* ***serbest stil*** Freistil *m* ***serbest vuruş*** *sp* Freistoß *m*
serbestçe ohne Zwang, ungehindert
serbesti Freiheit *f*
serbestlik Freiheit *f*, Unabhängigkeit *f*
serçe Spatz *m*, Sperling *m*
serçeparmak der kleine Finger
serdümen Steuermann *m*
sere serpe yatmak sich rücksichtslos hinlegen
seren Rahe *f*, Spiere *f*
serenat Serenade *f*
sergi Ausstellung *f*
sergilemek ausstellen
seri Serie *f*, Reihe *f*; schnell, geschwind ***seri halinde*** in Serie ***seri imalat*** Fließbandfertigung *f*, Massenproduktion *f* ***seri numarası*** (imalat) Fabrikationsnummer *f*, Seriennummer *f*
serifgrafi Serigraphie *f*
serilmek sich hinstrecken
serin kühl
serinkanlı kaltblütig
serinkanlılık Kaltblütigkeit *f*
serinlemek sich erfrischen, sich erquicken
serinletmek erfrischen, erquicken
serinlik Kühle *f*
serkeş eigensinnig, rebellisch
serkeşlik Aufsässigkeit *f*
sermaye Kapital *n* ***sermaye koymak*** Kapital investieren
sermayeci Kapitalist *m*
sermayedar Kapitalist *m*
sermayeli mit (Eigen)Kapital
sermayesiz ohne (Eigen)Kapital
sermek ausbreiten; liegenlassen
serpelemek nieseln
serpilmek sich entwickeln
serpinti Sprühregen *m*
serpiştirmek nieseln; in kleinen Flocken fallen
serpmek streuen, ausstreuen
sersem betäubt; beschränkt
sersemlemek betäubt sein
sersemletmek betäuben
sersemlik Benommenheit *f*
serseri Vagabund *m*, Strolch *m*
serserilik Vagabundentum *n*
sert hart; stark, schwer; streng; steif
sertifika Zeugnis *n*
sertleşmek sich versteifen, sich verhärten
sertleştirmek versteifen, verhärten
sertlik Härte *f*
serum Serum *n*
serüven Abenteuer *n*
serüvenci Abenteurer *m*
serüvenli abenteuerlich
servet Vermögen *n*
servetli reich
servi *bitk* Zypresse *f*
servis Dienst *m*; Bedienung *f*, Aufschlag *m*; Gedeck *n* ***servis yapmak*** bedienen

serzeniş Vorwurf *m*, Tadel *m* ***serzenişte bulunmak*** vorwerfen
ses Stimme *f*, Schall *m*, Ton *m*, Laut *m*, Klang *m* ***ses çıkarmak*** tönen, klingen ***ses çıkarmamak*** nichts sagen (gegen) ***ses dalgası*** Schallwelle *f* ***ses düşmesi*** Ausfall *m* ***ses etmek*** laut rufen ***ses hızı*** Schallgeschwindigkeit *f* ***ses işareti*** Schallzeichen *n* ***ses seda yok*** es ist kein Laut zu hören ***ses vermek*** Ton angeben, antworten ***sesini çıkarmamak*** nichts sagen, ruhig bleiben ***sesini kesmek*** nicht weiter reden ***sesini kısmak*** seine Stimme dämpfen
sesbilgisi Phonetik *f*
sesbilim Phonologie *f*
seselim Resonanz *f*
sesgeçirmez schalldicht
seslendirmek spielen, eine Tonaufnahme machen
seslenmek rufen; erklingen
sesli laut ***sesli harf*** Vokal *m* ***sesli okumak*** laut lesen
sessiz stumm; still, leise ***sessiz harf*** Konsonant *m*
sessizce lautlos, ruhig
sessizlik Ruhe *f*
sesteş Homonym *n*
set Damm *m*, Deich *m*, Sperre *f*, Satz *m*; Szenenaufbau *m*; *müz* Anlage ***set çekmek*** eindämmen, eindeichen; (be)hindern; (ver)barrikadieren
sevap Verdienst *m*, Wohltat *f* ***sevaba girmek*** wohltätig sein ***sevap işlemek*** eine Wohltat tun ***sevap kazanmak*** gutes tun, fromme Taten verrichten
sevda Liebe *f*, Leidenschaft *f* ***sevda çekmek*** leidenschaftlich verliebt sein
sevdalanmak sich verlieben
sevdalı verliebt
seve seve mit Freuden, gern(e)
sevecen gutherzig, gutmütig
sevecenlik Gutmütigkeit *f*
sevgi Liebe *f*
sevgili geliebt, lieb; Geliebte *m/f*
sevgilim Liebling!, mein Schatz!
sevi Liebe *f*
sevici lesbisch; Lesbierin *f*
sevicilik Lesbianismus *m*
sevilen beliebt
sevimli liebenswert, sympathisch
sevimsiz unsympathisch
sevinç Freude *f* ***sevincinden uçmak*** frohlocken, jubeln
sevinçli froh, fröhlich
sevindirmek erfreuen
sevinmek sich freuen
sevişmek mit *jdm* schlafen, sich lieben
seviye Niveau *n*, Rang *m*, Stufe *f*, Stand *m*
sevk Absenden *n*; Verleiten *n* ***sevk etmek*** hinführen; absenden
sevkıyat Sendung *f*, Transport *f*
sevmek lieben
seyahat Reise *f* ***seyahat acentası*** Reiseagentur *f* ***seyahat bürosu*** Reisebüro *n* ***seyahat çeki*** Reisescheck *m* ***seyahat etmek*** reisen ***seyahat rehberi*** Reiseführer *f* ***seyahate çıkmak*** abreisen
seyahatname Reisebeschreibung *f*
seyir Verlauf *m*; Zusehen *n* ***seyir defteri*** *den* Bordbuch *n*, *den* Logbuch *n*
seyirci Zuschauer *m* ***seyirci kalmak*** untätig zusehen ***seyirciler*** Zuschauer *f* , Publikum *n*
seyis Stallknecht *m*
Seylan Ceylon
seyrek selten, rar; spärlich
seyrekleşmek sich verringern
seyreltmek verringern
seyretmek ansehen, anschauen, zuschauen, betrachten; fahren
seyyah Reisende *m*, Tourist *m*
seyyar wandernd, umherziehend ***seyyar satıcı*** Hausierer *m*
sezaryen *hek* Kaiserschnitt *m* ***sezaryenle doğmak*** durch Kaiserschnitt geboren
sezeryan Kaiserschnitt *m*
sezgi Ahnung *f*, Vorgefühl *n*
sezgili intuitiv
sezi Intuition *f*
sezinlemek ahnen
sezmek ahnen
sezon Saison *f*
sfenks Sphinx *f*
sıcacık mollig, heiß, warm

S

sıcak warm, heiß; freundlich, liebevoll; Wärme *f*, Hitze *f* ***sıcağa dayanıklı*** wärmebeständig ***sıcağı sıcağına*** unverzüglich ***sıcak dalgası*** Hitzewelle *f* ***sıcak hava*** heiße Luft, Heißluft *f* ***sıcak renkler*** heiße Farben ***sıcak su*** Heißwasser *n*, Heizwasser *n* ***sıcak tutmak*** warm halten
sıcakkanlı warmblütig; warmherzig
sıcaklık Wärme *f*, Hitze *f*; Temperatur *f*
sıcaklıkölçer Thermometer *n*
sıçan Maus *f*, Ratte *f*
sıçankuyruğu Stichfeile *f*
sıçanotu Rattengift *n*
sıçmak scheißen
sıçrama Sprung *f*, Springen *n*; Mutation *f* ***sıçrama tahtası*** Sprungbrett *n*
sıçramak springen, hüpfen
sıçratmak bespritzen
sıfat Eigenschaft *f*; Titel *m*; *dilb* Adjektiv *n*, Eigenschaftswort *n*
sıfatıyla als, in der Kapazität von, im Namen von
sıfır null; Null *f*; Nichts *n* ***sıfırdan başlamak*** von Null anfangen
sığ seicht
sığa Kapazität *f*
sığdırmak hineinbringen, hineinzwängen
sığınak Unterschlupf *m*
sığınık Flüchtling *m*
sığınmak sich flüchten
sığıntı Eindringling *m*
sığır Rind *n* ***sığır eti*** Rindfleisch *n*
sığırcık Star *m*
sığırtmaç Rinderhirt *m*
sığışmak Platz finden
sığmak hineinpassen
sıhhat Gesundheit *f*; Richtigkeit *f*, Genauigkeit *f*, Präzision *f* ***sıhhatler olsun*** wohl bekomm's
sıhhatinize auf ihr Wohl
Sıhhatinize auf die Gesundheit!, Prost!
sıhhatli gesund; richtig; genau, exakt, präzis
sıhhi hygienisch, gesund
sıhhiye Gesundheitsamt *n*
sık eng, dicht ***sık sık*** oft, öfters
sıkacak Presse *f*
sıkboğaz etmek quälen
sıkı eng; fest; scharf; streng; heftig ***sıkı çalışmak*** hart arbeiten ***sıkı durmak*** sich nicht beirren lassen ***sıkı fıkı*** vertraut, intim ***sıkı fıkı olmak*** mit *jdm* vertraut sein ***sıkı tutmak*** fest im Auge behalten
sıkıca fest; streng
sıkıcı langweilig; bedrückend; lästig
sıkıdenetim Zensur *f*
sıkıdüzen Disziplin *f*
sıkılgan schüchtern, befangen
sıkılganlık Verlegenheit *f*
sıkılık Strenge *f*
sıkılmak sich langweilen; sich genieren
sıkılmaz ungeniert
sıkınmak sich anstrengen
sıkıntı Langeweile *f*; Drang *m*, Not *f* ***sıkıntı çekmek*** Not leiden, in Not sein ***sıkıntı vermek*** bedrängen, *jdn* bedrücken; langweilen ***sıkıntıda olmak*** in Bedrängnis sein ***sıkıntıya düşmek*** in Not geraten ***sıkıntıya gelememek*** leicht aufgeben
sıkıntılı bedrückend; langweilig
sıkışık zusammengepresst; bedrängt, knapp; dringend ***sıkışık durumda olmak*** im Bedrängnis sein
sıkışmak zusammenrücken
sıkıştırmak zusammenpressen, abdichten, verdichten; einklemmen
sıkıyönetim Ausnahmezustand *m*
sıkkın niedergeschlagen
sıklaşmak häufiger werden; dicht stehen
sıklet Gewicht *n*
sıklık Frequenz *f*; Dichte *f*
sıkmak zusammendrücken, zusammenpressen; auspressen; langweilen, bedrücken; spritzen
sıla Wiederzusammen *n* kommen ***sıla çekmek*** sich sehnen ***sıla hasreti*** Heimweh *n* ***sılaya gitmek*** nach Hause gehen
sımsıkı sehr dicht, fest
sınırlandırmak begrenzen
sınai gewerblich, handwerklich
sınamak prüfen
sınav Prüfung *f* ***sınav olmak*** sich einer Prüfung unterziehen; (okul) eine Arbeit schreiben ***sınav vermek*** eine Prüfung

ablegen ***sınava girmek*** sich einer Prüfung unterziehen ***sınavda kalmak*** die Prüfung nicht bestehen, in der Prüfung durchfallen

sınıf Klasse *f*; Klassenzimmer *n* ***sınıf arkadaşı*** Klassenkamerad *m* ***sınıfta çakmak*** sitzen bleiben ***sınıfta kalmak*** sitzenbleiben

sınıflamak einsortieren, gliedern, klassifizieren

sınıflandırma Klassifizierung *f*

sınıflandırmak klassifizieren, gliedern

sınır Grenze *f* ***sınır dışı etmek*** ins Ausland abschieben ***sınır koymak*** begrenzen ***sınırı geçmek*** die Grenze passieren, die Grenze überqueren, die Grenze überschreiten

sınırdaş angrenzend

sınırlama Abgrenzung *f*, Begrenzung *f*, Einschränkung *f*

sınırlamak begrenzen, beschränken

sınırlı begrenzt, beschränkt

sınırsız unbegrenzt, unbeschränkt

sıpa Eselsfüllen *n*

sır Geheimnis *n*; Glasur *f*; Spiegelbelag *m* ***sır küpü*** verschwiegen ***sır ortağı*** Mitwisser(in *f*) *m* ***sır saklamak/tutmak*** *etw* geheim halten, verschweigen ***sır vermek*** ein Geheimnis ausplaudern ***sırra kadem basmak*** auf geheimnisvolle Weise verschwinden

sıra Reihe *f*; Warteschlange *f*, Reihenfolge *f*; Bank *f* ***sıra beklemek*** Schlange stehen ***sıra bizim*** wir sind an der Reihe! ***sıra numarası*** laufende Nummer ***sıra olmak*** eine Reihe bilden ***sıra sıra*** in Reihen, reihenweise ***sırası değil*** zeitlich unangebracht ***sırası gelmişken*** übrigens ***sırasına koymak*** ordnen, regeln ***sırasını vermek*** vorlassen ***sıraya girmek*** sich anstellen ***sıraya koymak*** ordnen

sıraca *hek* Skrofulose *f*

sıradağ Gebirge *n*

sıradan banal, allgemein, gewöhnlich, trivial

sıralamak ordnen; aufstellen

sıralı geordnet; passend; mit Reihe

sırasında während

sırasız vorzeitig, ungünstig, ungelegen

sırayla der Reihe nach

Sırbistan Serbien *n*; serbisch

sırça Bergkristall *m*

sırdaş Mitwisser(in *f*) *m*

sırf nur, rein, bloß

sırık Stange *f*, Stab *m* ***sırıkla atlama*** Stabsprung *m*

sırılsıklam klatschnass

sırım Lederriemen *m* ***sırım gibi*** hager und kräftig

sırıtkan grinsend

sırıtmak grinsen, feixen

sırlamak *tek* glasieren

sırlı glasiert, emailliert

sırma Goldfaden *m*, Silberfaden *m* ***sırma saçlı*** goldenes Haar

sırmalı Ramschware *f*

sırnaşık aufdringlich

sırnaşmak belästigen

Sırp Serbe *m*; serbisch

Sırpça Serbisch *n*

sırsıklam klatschnass ***sırsıklam âşık*** beide Ohren verliebt

sırt Rücken *m* ***sırt çantası*** Rucksack *m* ***sırt çevirmek*** *jdm* den Rücken kehren, *jdm* den Rücken zudrehen, sich abkehren, sich lossagen von ***sırt sırta*** Rücken an Rücken ***sırtı yere gelmek*** unterliegen ***sırtından geçinmek*** auf jemandes Kosten leben ***sırtını yere getirmek*** überwältigen

sırtlan Hyäne *f*

sırtüstü auf dem Rücken liegend

sırtüstü auf dem Rücken liegend, Rücken- ***sırtüstü çevirmek*** *jdm* den Rücken kehren ***sırtüstü gelmek*** auf dem Rücken liegen

sıska mager, dürr

sıtma Malaria *f* ***sıtmaya tutulmak*** Malaria haben

sıtmalı malariakrank

sıva Verputz *m*, Mauerbewurf *m*, Mörtelanwurf *m* ***sıva vurmak*** verputzen

sıvacı Maurer *m*

sıvacı Putzer *m*

sıvalamak verputzen

sıvalı verputzt

sıvamak verputzen; aufkrempeln

S

sıvazlamak streichen
sıvı flüssig; Flüssigkeit *f*
sıyırmak abschürfen; entfernen; auswischen; abtrennen
sıyrık Schramme *f*, Riss *m*
sıyrılmak sich retten aus
sıyrıntı *hek* Hautabschürfung *f*
sızdırmak durchlassen
sızı Schmerz *m*
sızıltı Seufzer *m*
sızıntı Rinnsal *n*; Leck *n*; Einsickern *n*
sızlamak schmerzen, weh tun; klagen
sızlanmak klagen, sich beschweren
sızmak sickern, rinnen, hindurchdringen; eindringen
si *müz* H
sicil Register *n* ***sicile kaydetmek*** registrieren
sicilli registriert; *huk* vorbestraft
Sicilya Sizilien
Sicilyalı Sizilianer *m*; sizilianisch
sicim Schnur *f*
sidik Harn *m*, Urin *m* ***sidik torbası*** Harnblase *f* ***sidik yolu*** Harnröhre *f*
sidikborusu *anat* Harnröhre *f*
sidiktorbası *anat* Blase *f*
sidikyolu Urethra *f*
sidikzoru *hek* Dysurie *f*
sif *tic* CiF
sifilis *hek* Syphillis *f*
sifon Rohrleitung *f* ***sifonu çekmek*** (tuvalet) spülen
siftah erstes Verkauf an einem Tag ***siftah etmek*** morgens das erste Geschäft machen
sigara Zigarette *f* ***sigara içilmez*** Rauchen verboten! ***sigara içmek*** rauchen ***sigara sarmak*** eine Zigarette drehen ***sigara tablası*** Aschenbecher *m*
sigorta Versicherung *f* ***sigorta atmak*** *elek* durchbrennen ***sigorta etmek*** versichern ***sigorta olmak*** sich versichern ***sigorta poliçesi*** Versicherungspolice *f*, Versicherungsschein *m* ***sigorta primi*** Versicherungsprämie *f* ***sigorta şirketi*** Versicherungsgesellschaft *f* ***sigortayı attırmak*** die Sicherung durchbrennen
sigortacı Versicherungsagent *m*, Versicherer *m*, Versicherungsagentur *m*
sigortalamak versichern
sigortalı versichert; gesichert
sigortasız unversichert
siğil Warze *f*
sihir Zauber *m*; Magie *f*
sihirbaz Zauberer *m*
sihirbazlık Hexerei *f*, Zauberei *f*
sihirli verzaubert, bezaubert
sik *arg* Schwanz *m*, Pimmel *m*
sikişmek *arg* ficken, bumsen
silah Waffe *f* ***silah altına almak*** *ask* aufbieten; einberufen ***silah arkadaşı*** Waffengefährte *m* ***silah başına*** An die Gewehre! ***silah çatmak*** die Gewehrpyramide bauen ***silah kaçakçısı*** Waffenschmuggler *m* ***silaha sarılmak*** zu den Waffen greifen ***silahları bırakmak*** militärisch abrüsten, die Waffen niederregen
silahhane Waffenarsenal *n*
silahlandırmak bewaffnen
silahlanma Bewaffnung *f*; Rüstung *f* ***silahlanma yarışı*** Wettrüsten *n*
silahlanmak sich bewaffnen
silahlı bewaffnet; mit Waffe ***silahlı kuvvetler*** Militär *n*; *ask* Streitkräfte *pl*
silahsız unbewaffnet
silahsızlandırma Entwaffnung *f*
silahsızlandırmak entwaffnen, abrüsten
silahsızlanma Waffenabrüstung *f*
silahşor Recke *m*, Ritter *m*
silecek Wischer *m*, Wischtuch *n*
silgi Radiergummi *m*; Waschlappen *n*
silik charakterlos; langweilig, rückgratlos
silikon Silikon *n*
silindir Zylinder *m* ***silindir şapka*** Zylinderhut *m*
silindirik zylindrisch
silinmek gelöscht werden
silinmez unauslöschlich
silinti Streichung *f*
silis Kieselerde *f*
silistre Pfeife *f*
silisyum *kim* Silizium *n*
silkelemek schütteln, ausschütteln
silkinmek abschütteln, sich schütteln
silkmek schütteln, ausschütteln, abschütteln
sille Ohrfeige *f*

silme bis zum Rand
silmek wischen, wegwischen, abwischen, putzen, abstreichen; *biliş* löschen
silo Silo *m*
silsile Reihe *f*, Kette *f*
siluet Silhouette *f*, Schattenriss *m*
sim Zeichen *f*; Signal *n*
sima Gesicht *n*, Antiltz *n*
simetri Symmetrie *f*
simetrik symmetrisch
simetrik symmetrisch
simge Symbol *n*
simgelemek symbolisieren
simgesel symbolisch
simit Brezel *m*
simpozyum Symposium *n*
simsar Makler *m*, Vermittler *m*
simsarlık Maklergebühr *f*
simsiyah rabenschwarz
simya Alchimie *f*
simyacı Alchimist *m*
simyager Alchimist *m*
sin (Grab)mal *n*
sinagog Synagoge *f*
sincap Eichhörnchen *f*
sindirim Verdauung *f* ***sindirim bozukluğu*** Verdauungsstörungen *pl*
sindirmek verdauen
sine Busen *m*, Brust *f* ***sineye çekmek*** schweigend ertragen
sinek Fliege *f*; Kreuz *n* ***sinek avlamak*** faulenzen, sich langweilen
sinekkapan *hayb* Fliegenschnäpper *m*
sinekkaydı glatt wie ein Kinderpopo ***sinekkaydı tıraş olmak*** sehr sorgfältig rasieren
sinekkuşu *hayb* Kolibri *m*
sineklik Fliegenklatsche *f*
sineksıklet (Boxen) Fliegengewicht *n*
sinema Kino *n*
sinemaskop Breitwandfilm *m*
sini Kupferplatte *f*
sinik zynisch; Zyniker *m*
sinir Nerv *m* ***sinir argınlığı*** Neurasthenie *f* ***sinir bozucu*** nervig ***sinir harbi*** Nervenkrieg *m* ***sinir hastalığı*** Neuropathie *f* ***sinir hastası*** Neurotiker *m* ***sinir hücresi*** Nervenzelle ***sinir kesilmek*** nervös werden ***sinir krizi*** Nervenzusammenbruch *m* ***sinir küpü*** nervös ***sinir olmak*** gereizt werden ***sinir savaşı*** Nervenkrieg *m* ***sinir sistemi*** Nervensystem *n* ***sinir testeresi*** Nervensäge *f* ***sinirine dokunmak*** *jdm* auf die Nerven gehen ***sinirleri altüst olmak*** Nervenzusammenbruch bekommen ***sinirleri bozmak*** auf die Nerven gehen ***sinirlerini bozmak*** *jdm* auf die Nerven gehen
sinirbilim Neurologie *f*
sinirce neurotisch
sinirdoku *anat* Nervengeflecht *n*, Nervengewebe *n*
sinirkanatlılar Neuroptere *f/m*
sinirlendirmek erregen, nervenen, reizen
sinirlenmek sich ärgern
sinirli nervös
sinirlilik Nervosität *f*
sinirsel nervlich
sinizm Zynismus *m*
sinmek sich ducken, sich niederkauern
sinsi heimtückisch, hinterlistig
sinsice lauernd
sinsilik Heimtücke *f*
sinüs Sinus *m*
sinüzit Stirnhöhlenvereiterung *f*
sinyal Signal *n* ***sinyal lambası*** *oto* Blinker *m*
sipahi Kavallerist *m*
sipariş Bestellung *f*, Auftrag *m* ***sipariş almak*** Auftrag bekommen ***sipariş etmek/vermek*** bestellen, ordnen, beauftragen
siper Deckung *f*, Schutz *m*
sipsivri sehr spitz
sirayet Fortpflanzung *f*, Ausbreitung *f* ***sirayet etmek*** anstacken, infizieren
siren Martinshorn *n*, Sirene *f*
sirk Zirkus *m*
sirke Essig *m*
sirkülasyon Umlauf *m*, Zirkulation *f*
sirküler Rundschreiben *n*
sis Nebel *m*
sisli neblig
sismograf Seismograph *m*
sistem System *n*, Methode *f*
sistematik systematisch
sistemleştirmek systematisieren
sistemli systematisch

S

sistemsiz unsystematisch
sistit Blasenentzündung *f*
site Siedlungsstadt *f*
sitem Vorwurf *m* ***sitem etmek*** *jdm* Vorwürfe machen
sitemli vorwurfsvoll
sitil große Kupferschale
sitoplazma *biy* Zytoplasma *n*
sivil zivil; Bürger *m* ***sivil polis*** Kriminalpolizei *f*
sivilce Pickel *m*
sivilceli pickelig
sıvışmak sich davonmachen, fliehen
sivri spitz; scharf ***sivri akıllı*** scharfsinnig
sivribiber Peporoni *f*
sivrilmek spitz(er) werden; sich verjüngen; herausragen, sich hervortun
sivriltmek spitzen
sivrisinek Stechmücke *f*, Moskito *m*
siyah schwarz
siyahi Schwarze *mf*
siyahımsı schwärzlich
siyahlık Schwärze *f*
siyanür *kim* Zyankali *n*
siyasa Diplomatie *f*, Politik *f*
siyasal politisch
siyaset Politik *f*
siyasetçi Politiker *m*
siyasi politisch
siyatik Ischias *f*
siyek Harnröhre *f*
Siyonizm Zionismus *m*
siz ihr; Sie ***siz bilirsiniz*** wie Sie wollen
size euch, zu euch; Ihnen, zu Ihnen
sizi euch; Sie
sizin euer; Ihr
sizinki die euren; die Ihrigen
skandal Skandal *m*
skeç Sketch *m*
skleroz *hek* Sklerose *f*
skolastik scholastisch; Scholastik *f*
skorbord *sp* Anzeigetafel *f*
Slav Slawe *m*; slawisch
slayt Diapositiv *f*, Dia *n*
slogan Schlagwort *n*
smokin Smoking *f*
soba Ofen *m*
soda Soda *n*
sodyum *kim* Natrium *n*
sofa Diele *f*, Halle *f*
sofizm Sophismus *m*
sofra Tisch *m* ***sofra başında*** am Tisch ***sofra örtüsü*** Tischtuch *n* ***sofra takımı*** Essservice *n* ***sofraya oturmak*** sich an den Tisch setzen ***sofrayı kaldırmak*** den Tisch abräumen ***sofrayı kurmak*** den Tisch decken
sofu fromm
soğan Zwiebel *f*
soğancık *bitk* Schnittlauch *m*
soğuk kalt, kühl ***soğuk algınlığı*** Erkältung *f* ***soğuk almak*** sich erkälten ***soğuk damga*** Präge-Stempel *m* ***soğuk davranmak*** *jdm* die katle Schulter zeigen, *jdn* kühl behandeln ***soğuk espri*** schlecher Witz, dummer Witz ***soğuk savaş*** kalter Krieg ***soğuktan donmak*** vor Kälte frieren ***soğuktan titremek*** vor Kälte zittern
soğukkanlı kaltblütig
soğukkanlılık Kaltblütigkeit *f*, Souveränität *f*
soğukluk Kälte *f*
soğumak kalt werden; abkühlen
soğurmak saugen, aufsaugen, absorbieren
soğutmak erkälten, abkühlen
soğutucu Kühler *m*
sohbet Plauderei *f*, Gespräch *n*, Unterhaltung *f* ***sohbet etmek*** plaudern, sich unterhalten
sokak Gasse *f* ***sokağa düşmek*** zur Dirne werden ***sokak çocuğu*** Straßenjunge *m* ***sokak kadını*** Nutte *f* ***sokak kapısı*** Haustür *f* ***sokak lambası*** Straßenlaterne *f*
soket Sockel *f*
sokmak stecken, hineinstecken, einstecken; eintauchen; hineinlassen, hereinlassen; beißen
sokulgan zutraulich
sokulmak sich einschleichen; sich anschmiegen
sokuşturmak *jdm etw* unterjubeln
sol1 links; linke Seite ***sol yapmak*** *oto* nach links drehen (fahren) ***sola dön*** Bieg nach rechts!
sol2 *müz* G *n* ***sol anahtarı*** Violinschlüs-

sel *m*
solaçık Linksaußen *m*
solak linkshändig
solaryum Solarium *n*
solbek linker Verteidiger
solcu Linksorientierte *m*
solculuk Linke *mf*
solda links ***solda sıfır*** gänzlich unbedeutender Mensch
soldurmak ausbleichen
solfej *müz* Solfeggio *n*
solgun bleich, blass, welk, verwelkt
solgunluk Blässe *f*
solhaf linker Läufer
soliç linker Innenstürmer
solist Solist *m*
sollamak links überholen
solmak erbleichen, verwelken
solmaz (renk) haltbar, waschecht; dauerhaft, farbecht, echt
solo Solo *m* ***solo yapmak*** als Solist auftreten
solucan Regenwurm *m*, Spulwurm *m*
soluk1 bleich, blass, welk
soluk2 Atem *m*, Hauch *m* ***soluğu kesilmek*** außer Atem sein, *jdm* den Atem verschlagen, nach Atem ringen ***soluk aldırmamak*** *jdn* nicht zu Atem kommen lassen ***soluk almak*** atmen ***soluk borusu*** Luftröhre *f* ***soluk kesici*** atemberaubend ***soluk soluğa*** keuchend, außer Atem ***soluk vermek*** ausatmen
soluklanmak verschnaufen
solumak keuchen
solungaç Kieme *f*
solunum Atmung *f* ***solunum aygıtı/sistemi*** Atmungsorgane *pl*
solüsyon Lösung *f*
som1 massiv
som2 (balığı) Lachs *m*, Salm *m*
somun Mutter *f*
somurtkan mürrisch
somurtmak mürrisch dreinschauen
somut konkret
somutlaştırmak konkretisieren, versachlichen
somya Matratze *f*
son Ende *n*, Schluss *m*, Abschluss *m*; letzt, neuest ***son bulmak*** enden (olarak) als ***son defa*** zuletzt, das letzte Mal ***son derece*** äußerst, überaus ***son kozunu oynamak*** den letzten Trumpf ausspielen ***son nefes*** letzter Atemzug ***son olarak*** zum Schluss, schließlich ***son vermek*** beenden ***sona ermek*** zu Ende gehen ***sondan bir önceki*** Vorletzte *m/f/n* ***sonuna kadar*** bis zum Ende ***sonunu düşünmek*** das Ende bedenken ***sonunu getirmek*** zu Ende führen
sonat *müz* Sonate *f*
sonbahar Herbst *m*
sonda Sonde *f*
sondaj Sondierung *f* ***sondaj yapmak*** sondieren
sondalamak sondieren
sone (edebiyat) Sonett *n*
sonek *dilb* Nachsilbe *f*, Suffix *n*
sonra dann, später, nachher; nach; nachdem
sonradan im Nachhinein ***sonradan görme*** Emporkömmling *m*, Parvenü *m*
sonraki später, folgend
sonrasız ewig
sonsuz unendlich; unermesslich; endlos
sonsuzlaştırmak verewigen
sonsuzluk Unendlichkeit *f*; Ewigkeit *f*
sonuç Ergebnis *n*, Folge *f*; Resultat *n* ***sonuç çıkarmak*** entnehmen, schließen, ziehen ***sonuç olarak*** folglich, daher, schließlich
sonuçlandırmak benden
sonuçlanmak enden mit; beendet werden
sonuçsuz ergebnislos
sonuçta alles in allem
sonuncu letzt
sonunda am Ende, am Schluss; endlich, letzlich, schließlich
sopa Knüppel *m*, Knüttel *m*, Stockhiebe *f*, Prügel *pl* ***sopa atmak*** verprügeln, prügeln ***sopa çekmek*** *jdn* verprügeln ***sopa yemek*** verprügelt werden
soprano (şarkıcı) Sopranistin *f*; *müz* (ses) Sopran *m*
sorgu Verhör *n*, Vernehmung *f* ***sorguya çekmek*** verhören, vernehmen
sorguç Federbusch *m*

S

sorgulamak hinterfragen, infrage stellen, verhören
sormak fragen, betragen, anfragen, nachfragen
soru Frage *f*, Anfrage *f* ***soru işareti*** Fragezeichen *n* ***soru sormak*** eine Frage stellen
sorum Verantwortung *f*
sorumak saugen
sorumlu verantwortlich ***sorumlu olmak*** haften
sorumluluk Verantwortlichkeit *f*
sorumsuz unverantwortlich
sorumsuzluk Unverantwortlichkeit *f*
sorun Problem *n*, Angelegenheit *f*, Problematik *f*
soruşturma Untersuchung *f*
soruşturmak herumfragen
sos Sauce *f*
sosis Würstchen *n*
sosyal sozial, gesellschaftlich ***sosyal bilimler*** Sozialwissenschaften *pl* ***sosyal demokrat*** sozialdemokratisch ***sosyal sigorta*** Sozialversicherung *f*
sosyalist Sozialist *m*
sosyalizm Sozialismus *m*
sosyalleşme Vergesellschaftung *f*
sosyalleştirmek sozialisieren
sosyete Gesellschaft *f*
sosyetik Gesellschaftsmensch *m*; Schickimicki *m*; gesellschaftlich
sosyoekonomik sozialökonomisch
sosyokültürel soziokulturell
sosyolog Soziologe *m*
sosyoloji Soziologie *f*
sosyolojik soziologisch
sote gedünstet
Sovyet (eski) Sowjet *m* ***Sovyet Rusya*** (eski) Sowjetrussland ***Sovyet Sosyalist Cumhuriyetleri Birliği*** (eski) Union der Sozialistischen Sowjetrepubliken (UdSSR)
soy Stamm *m*, Generation *f*, Herkunft *f*, Abstammung *f*; Rasse *f* ***soy sop*** Abstammung *f*
soya *bitk* Sojabohne *f* ***soya çekmek*** seiner Familie nacharten
soyaçekim Vererbung *f*; Erbschaft *f*, Erbe *n*
soyadı Familienname *m*
soyağacı Stammbaum *m*
soydaş Volksgenosse *m*
soygun Raub *m*, Ausplünderung *f*
soyguncu Räuber *m*, Plünderer *m*
soygunculuk Raub *m*
soykırımı Völkermord *m*
soylu adlig
soyluluk Adel *m*, Adligkeit *f*
soymak abschälen; entkleiden, ausziehen; ausrauben, ausplündern ***soyup soğana çevirmek*** durchwühlen
soysuz gemein, minderwertig
soysuzlaşmak entarten, ausarten, degenerieren
soytarı Hanswurst *m*, Clown *m*
soyunma Umkleiden *n* ***soyunma odası*** Ankleideraum *m*; *sp* Kabine *f*, Umkleideraum *m*
soyunmak sich ausziehen, sich entkleiden
soyut abstrakt
soyutlama Absonderung *f*, Isolierung *f*
soyutlamak absondern, isolieren
söğüş (kızartma) kalter Braten
söğüt Weide *f*
sökmek herausreißen, wegreißen, auseinandernehmen, abmontieren; lösen, ablösen
sökük Loch *n*, Riss *m*
sökülmek berappen, ausgeben
sömestr Halbjahr *n*
sömürge Kolonie *f*
sömürgeci Kolonist *m*
sömürgecilik Kolonisierung *f*
sömürgeleştirmek kolonisieren
sömürmek ausbeuten
sömürü Ausbeutung *f*
söndürmek löschen, auslöschen, ablöschen; ausmachen, abdrehen
sönmek erlöschen, verlöschen, ausgehen
sönük erloschen; matt, farblos
sörf *sp* Windsurfen *n* ***sörf yapmak*** *biliş* surfen
sövgü Fluch *m*, Verwünschung *f*
sövmek fluchen, verwünschen ***sövüp saymak*** wie ein Rohrspatz schimpfen (über), zetern

söylem Diskurs *m*
söylemek sagen; bestellen
söylence Legende *f*, Sage *f*
söyleniş Aussprache *f*
söylenmek murren
söylenti Gerücht *n*
söyleşi Unterhaftung *f*
söyleşmek sich unterhalten, plaudern
söylev Rede *f* ***söylev vermek*** eine Rede halten
söz Wort *n* ***söz almak*** das Wort ergreifen ***söz altında kalmamak*** nichts schuldig bleiben ***söz anlamak*** mit sich reden lassen ***söz aramızda*** unter uns gesagt ***söz birliği*** Verabredung *f* ***söz dinlemek*** gehorchen, klein beigeben, spuren ***söz etmek*** reden, sprechen ***söz geçirmek*** sich durchsetzen ***söz götürmez*** unbestreitbar ***söz işitmek*** Vorwürfe bekommen ***söz kesmek*** eine Zusage geben ***söz konusu*** vorliegend ***söz olmak*** ins Gerede kommen ***söz vermek*** versprechen ***sözden dönmek*** wortbrüchig werden ***söze karışmak*** einhaken, dazwischenfahren ***sözü çevirmek*** das Thema wechseln ***sözü geçmek*** bestimmen ***sözü uzatmak*** weitschweifig sein ***sözü yabana atmak*** nicht beachten ***sözün gelişi*** gedanklicher Zusammenhang ***sözün kısası*** kurz gesagt ***sözünde durmak*** sein Wort halten ***sözünde durmamak*** sein Wort nicht halten ***sözünden dönmek*** sein Wort brechen ***sözünü dinletmek*** sich durchsetzen ***sözünü esirgememek*** kein Blatt vor den Mund nehmen ***sözünü geri almak*** Worte zurücknehmen ***sözünü kesmek*** sich unterbrechen; unterbrechen ***sözünü tutmak*** sein Wort halten ***sözünün eri*** ein Mann des Wortes
sözbirliği Zustimmung *f*; Einhelligkeit *f* ***sözbirliği etmek*** sich vereinbaren
sözcü Sprecher *m*
sözcük Wort *n*
sözcükbilim Lexikologie *f*
sözde angeblich
sözdizimi Satzlehre *f*
sözdizimsel syntaktisch
sözgelimi zum Beispiel, beispielsweise
sözgelişi zum Beispiel, beispielsweise
sözlendirmek synchronisieren
sözleşme Abkommen *n*
sözleşmek abschließen, abmachen
sözleşmeli vertraglich
sözlü mündlich, verbal ***sözlü sınav*** mündliche Prüfung
sözlük Wörterbuch *n*
sözlükçü Lexikograf *m*
sözlükçülük Lexikographie *f*
sözümona selbst ernannt, angeblich, so genannt
spagetti Spaghetti *pl*
spazm Spasmus *m*
spektroskop Spektroskop *n*
spekülasyon Spekulation *f*
spekülatif spekulativ
spekülatör Spekulant *m*
sperm(a) Sperma *n*
spiker Sprecher *m*
spiral Spirale *f*
spontane spontan
spor Sport *m* ***spor akademisi*** Sporthochschule *f* ***spor araba*** *oto* Sportwagen *m* ***spor ayakkabısı*** Sportschuh *m* ***spor yapmak*** Sport treiben
sporcu Sportler(in *f*) *m*
sporsever Sport begeistert
sportif sportlich
sportmen gut gebaut, sportlich
sportoto Toto *n*
sprey Spray *m*/*n*
stadyum Stadion *n*
staj Praktikum *n* ***staj görmek*** praktizieren ***staj yapmak*** praktizieren
stajyer Praktikant *m*
standart Standard *m*, Maß *n*
stat Stadion *n*
statik statisch
statü Statut *n*
statüko Status *m* quo
steno steno
stenograf Stenotypist *m*
stenografi Kurzschrift *f*, Stenografie *f*
step *coğ* Steppe *f*
stepne Ersatzreifen *m*
stereo stereo
stereofoni Stereofonie *f*

stereofonik stereofonisch
stereoskop Stereoskop *n*
steril steril, keimfrei, hygienisch
sterilizasyon Sterilisation *f*
sterilize steril ***sterilize etmek*** sterilisieren
sterlin Sterling *m*
stetoskop *hek* Stethoskop *n*, Hörrohr *n*
steyşın *oto* Kombi *m* ***steyşın araba*** Hecktür *f*
stil Stil *m*
stilist Stylist *m*
stoacılık Stoizismus *m*
stok Vorrat *m* ***stok etmek*** horten, sich mit *etw* eindecken ***stok yapmak*** aufspeichern
stokçu Spekulant *m*
stop *tek* Anschlag *m*; halt!, stopp! ***stop etmek*** (motor) aussetzen, *oto* absaufen ***stop lambası*** *oto* Bremsleuchte *f*, Bremslicht *n*
stopaj Gehaltsabzug *m*, Steuerabzug *m*
stoplazma *biy* Zytoplasma *f*
strateji Stratege *m*, Strategie *f*
stratejik strategisch
stratosfer *gökb* Stratosphäre *f*
stres *hek* Stress *m*
striptiz Strip *m*
stüdyo Studio *n*, Atelier *n*
su Wasser *n*; Nebenfluss *m*; Saft *m* ***su almak*** Wasser durchlassen; Trinkwasser aufnehmen, lecken ***su baskını*** Überschwemmung *f* ***su basmak*** überfluten, überschwemmen ***su birikintisi*** Lache *f* ***su çekmek*** quellen ***su çiçeği*** Varizellen, Windpocken *pl* ***su değirmeni*** Wassermühle *f* ***su deposu*** Reservoir *n* ***su dökmek*** Wasser ausgießen; pissen ***su geçirmez*** Wasser abweisend; wasserdicht ***su gibi*** fließend, wie aus der Pistole geschossen ***su gibi bilmek*** gut auswendig gelernt haben ***su götürmez*** unwiderleglich ***su götürür*** strittig ***su içinde*** mindestens, unbedingt ***su koyuvermek*** zu weit gehen; sein Wort brechen ***su perisi*** nymph ***su sayacı*** Strömungsmesser *m* ***su tesisatı*** Wasserleitung *f* ***su vermek*** *tek* stählen; tränken; (çelik) härten ***su yüzüne çıkmak*** auffliegen ***suya düşmek*** (plan vb) sich zerschlagen; baden gehen; flachfallen ***suya sabuna dokunmamak*** heikle Dinge vermeiden ***suyuna gitmek*** sich nach jemandes Launen richten ***suyunca gitmek*** *jdm* nicht widersprechen ***suyunu çekmek*** Wasser absorbieren; verbraucht werden, lenzen ***suyunun suyu*** eine Verdünnte Auflage
suyılanı Wasserschlange *f*
sual Frage *f*
sualtı Unterwasser *n*
suare Gesellschaft *f*
suaygırı Nilpferd *n*
suaygırı Nilpferd *n*; *hayb* Walross *n*
subay Offizier *m*
sucu Wassermann *m*
sucuk Wurst *f* ***sucuğunu çıkarmak*** *jdn* schaffen, fertig machen ***sucuk gibi*** patschnass
sucul hydrophil
suç Schuld *f*, Vergehen *n* ***suç işlemek*** eine Schuld begehen, vergehen ***suç ortağı*** Komplize *m*, Helfershelfer *m* ***suçu bağışlamak*** vergeben
suçiçeği *hek* Windpocken *pl*
suçlamak anklagen
suçlu schuldig; Täter *m* ***suçlu bulmak*** *jdn* für schuldig befinden
suçluluk Kriminalität *f*, Schuld *f*
suçortağı Helfershelfer *m*, Komplize *m*
suçsuz unschuldig
suçsuzluk Unschuld *f*
suçüstü auf frischer Tat ***suçüstü yakalamak*** auf frischer Tat ertappen, *jdn* auf frischer Tat ertappen
Sudan Sudan *m*
sudan fadenscheinig, trivial, unbedeutend ***sudan ucuz*** spottbillig
Sudanlı sudanesisch; Sudanese *m*, Sudanesin *f*
suflör Souffleur *m*
sugeçirmez wasserdicht
suiistimal Missbrauch *m* ***suiistimal etmek*** missbrauchen, ausnützen
suikast Attentat *m* ***suikastta bulunmak*** Attentat ausüben, ermorden
suikastçı Attentäter *m*

sukeleri *hayb* Salamander *m*
sukemeri Aquädukt *m*
sukut Fall *m*, Sturz *m*; Zusammenbruch *m*
sukût Schweigen *n*, Stille *f*
sukut Fall *m*, Fallen *n*; Schweigen *n*, Stille *f* ***sukutu hayal*** Enttäuschung *f*
sulak sumpfig, morastig
sulama Bewässerung *f*
sulamak bewässern
sulandırmak verdünnen
sulanmak wässerig werden; anzubändeln versuchen
sularında um, umher, herum
sulh Frieden *m* ***sulh hâkimi*** Amtsrichter *m* ***sulh mahkemesi*** Amtsgericht *n*
sultan Sultan *m*, Herrscher *m*
sultanlık Sultanat *n*
sulu wässerig, dünnflüssig
suluboya Wasserfarbe *f*
sulusepken Schneeregen *m*
sumak Sumach *m*
sumen Schreibunterlage *f*
suna Enterich *m*
sunak Altar *m*
sundurma Unterstand *m*, Vordach *n*
sungur Falke *m*
suni künstlich ***suni ipek*** Kunstseide *f*
sunmak reichen, überreichen, anbieten, bieten
sunturlu wüst, schlimm
sunu Angebot *n* ***sunu ve istem*** Angebot und Nachfrage
sunucu Sprecher(in *f*) *m* Ansager(in *f*) *m*
sunuculuk Moderation *f*
supap Ventil *n*
sur Stadtmauer *f*
surat Gesicht *n*, Antiltz *n* ***surat asmak*** finster dreinschauend ***suratı asık*** brummig, mürrisch ***suratından düşen bin parça*** er ist die Brummigkeit in Person ***suratından düşen bin parça olmak*** eine gekränkte Leberwurst sein ***suratını buruşturmak*** das Gesicht verziehen
suratsız mürrisch, verdrießlich
sure (Koran)sure *f*
suret Kopie *f*, Abzug *m*, Abschrift *f* ***suret çıkarmak*** sich eine Abschrift machen

S

Suriye Syrien
Suriyeli Syrer *m*; syrisch
sus still! Ruhe! ***sus payı*** Schweigegeld *n*
susak durstig; Trinkbecher *m*
susam Sesam *m*
susamak Durst bekommen
susamış durstig
susamuru Fischotter *m*
suskun schweigsam
suskunluk Ruhe *f*, Schweigsamkeit *f*
susmak schweigen
suspus olmak ganz verstummen
susta Stellvorrichtung *f*
sustalı mit Feder; Klapp- ***sustalı çakı*** Klappmesser *n*
susturmak (tartışma) abwürgen; überstimmen, beschwichtigen, überrumpeln
susturucu Auspufftopf *m*, Schalldämpfer *m*
susuz durstig
susuzluk Wassermangel *m*
sutaşı Besatzstickerei *f*
sutopu Wasserball *m*
sutyen Büstenhalter *m*
suvarmak tränken; Wasser dazugeben
suyolu Wasserweg *m*, Kanal *m*
suyosunu Alge *f*
suyuk Körperflüssigkeit *f*
sübjektif subjektiv
sübvansiyon Subvention *f*, Zuschuss *m*
süet Wildleder *n*; wildledern
süklüm püklüm kleinlaut
sükse Erfolg *m*, Glück *n* ***sükse yapmak*** Furore machen
sükûn Ruhe *f*, Stille *f*
sükûnet Ruhe *f*, Stille *f*, Gelassenheit *f*
sükûnetle ruhig, gelassen
sükût Schweigen *n*
sülale Stammbaum *m*, Dynastie *f*
sülfat Sulfat *n*
sülfürik Schwefel- ***sülfürik asit*** *kim* Schwefelsäure *f*
sülük Blutegel *m*
sülün Fasan *m*
sümbül Hyazinthe *f*
Sümer Sumer *n*; sumerisch
sümkürmek sich schneuzen
sümsük trottelhaft
sümük Schleim *m*

sümükdoku Schleimhaut *f*
sümüklü schleimig
sümüklüböcek Schnecke *f*
sümüksü schleimig
sünepe schlampig, nachlässig
sünger Schwamm *m* ***sünger gibi*** schwammig
süngertaşı Bimsstein *m*
süngü Bajoneft *n*
süngülemek mit dem Bajonett stechen
sünnet Beschneidung *f* ***sünnet düğünü*** Bescheidungsfeier *f* ***sünnet etmek*** beschneiden ***sünnet olmak*** beschnitten werden
sünnetçi Beschneider *m*
sünnetli beschnitten
sünnetsiz nicht beschnitten
Sünnilik Sunnitentum *n*
süper sagenhaft, klasse ***süper benzin*** *oto* Superbenzin *n*
süpermarket Supermarkt *m*
süprüntü Kehricht *m*, Abfall *m*
süpürge Besen *m*
süpürgelik Scheuerleiste *f*
süpürmek fegen, auskehren, ausfegen
sürahi Wasserkaraffe *f*
sürat Schnelligkeit *f*, Geschwindigkeit *f*
süratle im Eiltempo
süratlendirmek beschleunigen
süratlenmek sich beschleunigen
süratli schnell, geschwind
sürç Stolpern *n*
sürçmek straucheln, stolpern; sich versprechen ***sürçü lisan*** Versprecher *m*
sürdürmek (ilişki) unterhalten; fortführen, fortsetzen
süre Frist *f*; Zeitdauer *f*, Zeitspanne *f* ***süresi sona ermek*** ablaufen
süreaşımı Zeitüberschreitung *f*
süreç Werden *n*, Vorgang *m*
süredurum Beharrung *f*
süregelen gleich bleibend
süregelmek immer weiter andauern
süreğen *hek* hartnäckig
sürek Dauer *f*; schnell, rasch ***sürek avı*** Treibjagd *f*
sürekli andauernd; dauerhaft; fortwährend, anhaltend
süreklilik Kontinuität *n*
süreksiz unstetig; kurze Zeit dauernd; diskontinuierlich
süreli befristet
süresince durch, entlang
süresiz (ihbar) fristlos, unbefristet ***süresiz olarak*** auf unbestimmte Zeit
süreyazar Chronograf *m*
sürgü Riegel *m*
sürgülemek zuriegeln, verriegeln
sürgülü verriegelt
sürgün Trieb *m*, Schößling *m*; Verbannung *f* ***sürgün etmek*** verbannen ***sürgüne göndermek*** ins Exil schicken
sürme Augenliderschminke *f*; Riegel *m*; Schublade *f* ***sürme kapı*** Schiebetür *f*
sürmek schieben, hinschieben, vorschieben, zuschieben; dauern, andauern
sürmelemek abriegeln, verriegeln, zuriegeln
sürmenaj Überlastung *f*
sürpriz Überraschung *f* ***sürpriz yapmak*** Überraschung bereiten, *jdn* überraschen
sürprizli überraschend
sürrealist Surrealist *m*
sürrealizm Surrealismus *m*
sürtmek reiben
sürtük Herumtreiber(in *f*) *m*
sürtünme Reibung *f*
sürtünmek kriechen; berühren
sürtüşme Reibereien *pl*
sürtüşmek aneinander anstreifen
sürü Herde *f*; Schar *f*, Schwarm *m*; Menge *f*, Masse *f* ***sürüden ayrılmak*** sich von der Herde trennen
sürücü Fahrer *m*
sürüklemek schleppen, mitschleppen
sürüklenmek abtreiben; *den* driften
sürükleyici fesselnd, mitreißend, packend; spannend
sürüm Absatz *m*, Marktgängigkeit *f*
sürümek schleifen, schleppen
sürümlü in großen Mengen
sürünceme Verschleppung *f* ***sürüncemede bırakmak*** auf die lange Bank schieben ***sürüncemede kalmak*** liegen bleiben, sich hinziehen
süründürmek ins Elend stürzen
sürüngen Reptil *n*, Kriechtier *n*

sürünmek kriechen
süs Schmuck *m*, Zier *n*, Verzierung *f*
süsen Schwertlilie *f*; *bitk* Iris *f*
süslemek schmücken, ausschmücken, verzieren ***süsleyip püslemek*** herausputzen
süslenmek sich schmücken ***süslenip püslenmek*** sich auftakeln, sich herausputzen
süslü geschmückt, verziert
süsmek mit den Hörnern stoßen
süspansiyon Federung *f*
süssüz ohne Schnörkel; schlicht
süt Milch *f* ***süt çocuğu*** Säugling *m* ***süt dökmüş kedi gibi*** kleinlaut ***süt gibi*** schneeweiß ***süt kuzusu*** Lämmchen ***süt sağmak*** melken ***süt vermek*** stillen, säugen ***sütten kesilmiş*** entwöhnt ***sütü bozuk*** von schlechtem Charakter
sütana Amme *f*
sütanne Amme *f*
sütbaba Mann der Amme
sütbaşı Rahmschicht *f*
sütbeyaz schneeweiß
sütçü Milchmann *m*
sütdişi Milchzahn *m*
süthane Molkerei *f*
sütkardeş Milchschwester *f*, Milchbruder *m*
sütlaç Milchreis *m*
sütleğen *bitk* Wolfsmilch *f*
sütliman ruhig, still
sütlü Milch enthaltend, mit Milch ***sütlü kahve*** Kaffee mit Milch, Milchkaffee *m*
sütnine Amme *f*
sütsüz ohne Milch
süttozu Milchpulver *n*
sütun Säule *f*; Spalte *f*
süvari Reiter *m*; Kapitän *m*
süveter Sweater *m*
Süveyş Suez ***Süveyş Kanalı*** Suezkanal *m*
süzek Filter *m*
süzgeç Sieb *n*, Seiher *m*, Filter *m*
süzgün schmachtend
süzmek sieben, durchsieben, filtrieren; mustern
süzülmek dahinziehen; schweben

Ş

şablon Schablone *f*
şad olmak froh und glücklich sein
şadırvan Moscheebrunnen *m*
şafak Morgendämmerung *f* ***şafak sökmek*** dämmern
şaft Welle *f*
şah Schah *m*; König *m* ***şaha kalkmak*** sich aufbäumen
şahadet Zeugnis *n* ***şahadet etmek*** bezeugen
şahadetname Zeugnis *n*
şahadetparmağı Zeigefinger *m*
şahane herrlich, großartig, wunderbar
şahdamarı Hauptschlagader *f*
şaheser Meisterwerk *n*
şahin Mäusebussard *m*
şahıs Person *f*
şahit Zeuge *m* ***şahit olmak*** beiwohnen
şahitlik Zeugenschaft *f* ***şahitlik etmek*** bezeugen
şahlanmak sich aufbäumen
şahmerdan Rammbär *m*, Ramme *f*, Schmiedemaschine *f*
şahsen persönlich
şahsi persönlich
şahsiyet Persönlichkeit *f*
şahsiyetli charakterfest
şahsiyetsiz charakterlos
şair Dichter *m*
şairane dichterisch
şaka Scherz *m*, Spaß *m* ***şaka bir yana*** Scherz beiseite ***şaka değil*** es ist kein Spaß ***şaka etmek*** scherzen ***şaka götürmemek*** keinen Scherz verstehen ***şaka götürmez*** eine ernste Angelegenheit ***şaka kaldırmak*** Spaß verstehen ***şaka maka derken*** unmerklich ***şaka söylemek*** zum Spaß sagen ***şaka yapmak*** Spaß machen ***şakadan kaka oldu*** aus Scherz ist Ernst geworden ***şakası yok*** hart, ernst, unerbittlich ***şakaya vurmak*** ins Lächerliche ziehen
şakacı Spaßmacher *m*
şakacıktan nur zum Spaß

şakak Schläfe *f*
şakalaşmak (miteinander) scherzen
şakayık Pfingstrose *f*
şakımak singen
şakırdamak klirren; klappern
şakırdatmak rasseln
şakırtı Rasseln *n*; Klappern *n*; Prasseln *n*
şakkadak plötzlich
şaklaban Hanswurst *m*
şaklamak knallen; klatschen
şaklatmak schmatzen; *jdm* eine schallern
şakrak lustig, fröhlich
şakrakkuşu *hayb* Gimpel *m*
şakşak Narrenpritsche *f*
şakşakçı Claqueur *m*
şal Schal *m*
şalgam Steckrübe *f*
şalter Schalter *m*
şalvar weitgearbeitete Hose
şamandıra Boje *f*
Şamanizm Schamanismus *m*
şamar Ohrfeige *f* ***şamar atmak*** eine Ohrfeige geben ***şamar oğlanı*** Prügelknabe *m*
şamata Lärm *m*, Krach *m*, Getöse *n* ***şamata yapmak*** lärmen
şamatacı ausgelassen, lärmend
şamatalı laut, tosend
şamdan Leuchter *m*
şamfıstığı Pistazie *f*
şampanya Champagner *m*
şampiyon Meister *m*
şampiyona Meisterschaft *f*
şampiyonluk Meisterschaft *f*
şampuan Shampoo *f*
şampuanlamak schamponieren
şan Ruhm *m*, Ruf *m*, Ehre *f*
şangır şungur klirrend, scheppernd
şangırdamak klappern, klirren
şangırtı Klappern *n*, Klirren *n*
şanlı ruhmreich
şans Glück *n*, Chance *f* ***şans dilemek*** beglückwünschen ***şans eseri*** glücklicherweise ***şans tanımak*** eine Chance haben ***şansı olmak*** Glück haben ***şansı yaver gitmek*** Glück haben ***şansını denemek*** sein Glück versuchen
şanslı glücklich Prümak
şanssız unglücklich ***şanssız olmak*** kein Glück haben
şanssızlık Unglück *n*
şantaj Erpressung *f* ***şantaj yapmak*** erpressen
şantajcı Erpresser(in *f*) *m*
şantiye Bauhof *m*
şantör Sänger *m*
şantöz Sängerin *f*
şanzıman Getriebe *n*
şap Alaun *m*
şapır şapır laut schmatzend
şapırdamak schmatzen
şapırdatmak schmatzen
şapırtı Schmatzen *n*
şapka Hut *m*, Mütze *f*
şaplak Ohrfeige *f* ***şaplak atmak*** ohrfeigen
şaplamak klatschen, knallen
şappadak mir nichts, unversehens
şapşal abgerissen
şarampol Schanzpfahl *m*
şarap Wein *m*
şarapnel Schrapnell *n*
şarbon Milzbrand *m*
şarıldamak sprudeln
şarıltı Sprudeln *n*, Plätschern *n*
şarj Ladung *f* ***şarj etmek*** aufladen
şarjör Ladevorrichtung *f*
şark Osten *m*
şarkı Gesang *m*; Lied *n* ***şarkı söylemek*** singen
şarkıcı Sänger(in *f*) *m*
şarküteri Delikateßgeschäft *n*
şarlatan Kurpfuscher *m*, Quacksalber *m*, Scharlatan *m*
şarlatanlık Scharlatanerie *f*
şart Bedingung *f* ***şart koşmak*** eine Bedingung stellen
şartıyla unter der Bedingung, dass ...
şartlandırmak zur Bedingung machen
şartlı bedingt
şartname Pflichtenheft *n*
şartsız bedingungslos
şaryo Schlitten *m*
şasi Gerüst *n*, Gestell *n*, Chassis *n*
şaşakalmak aus allen Wolken fallen, ganz verblüfft sein
şaşalamak stutzen
şaşı schielend ***şaşı bakmak*** schielen

şaşılası erstaunlich, bewunderungswürdig
şaşılık *hek* Schieläugigkeit *f*
şaşırmak sich wundern, staunen ***şaşırıp kalmak*** erstaunt sein
şaşırtıcı überraschend; verblüffend
şaşırtmak wundern, täuschen
şaşkın verwirrt; erstaunt ***şaşkına çevirmek*** irremachen ***şaşkına dönmek*** völlig den Kopf verlieren
şaşkınlık Staunen *n*, Verwirrung
şaşmak sich wundern, staunen
şatafat Pomp *m*, Prunk *m*
şatafatlı bombastisch
şato Schloß *n*
şayan wert, würdig
şayet wenn, falls
şayia Gerücht *n*
şebboy Levkoje *f*
şebek Pavian *m*
şebeke Netz *n*
şebnem Tau *m*
şecere Stammbaum *m*
şef Führer *m*, Chef *m* ***şef garson*** Ober *m*
şefaat Fürbitte *f* ***şefaat etmek*** eintreten für
şeffaf durchsichtig
şefkat Güte *f*, Mitleid *n*
şefkatli gütig
şefkatsiz unmenschlich
şeftali Pfirsich *m*
şehir Stadt *f* ***şehir meclisi*** Stadtrat *m*
şehirlerarası zwischenstädtlich, interurban
şehirli Stadtbauer *m*
şehit Blutzeuge *m* ***şehit düşmek*** als Märtyrer sterben
şehriye Suppennudeln *pl*
şehvani sinnlich, wollüstig
şehvet Sinnlichkeit *f*, Wollust *f*
şehvetli sinnlich, lüstern
şehzade Prinz *m*
şeker Zucker *m* ***Şeker Bayramı*** Ramadanfest *n*, Zuckerfest *n* ***şeker gibi*** wunderschön ***şeker hastalığı*** Zuckerkrankheit *f*, Diabetes *m* ***şeker hastası*** Diabetiker *m*, Zuckerkranke *mf*; zuckerkrank
şekerci Zuckerfabrikant *m*; Süßwarenverkäufer *m*
şekerim mein Liebling
şekerkamışı Zuckerrohr *n*
şekerleme Zuckerwaren pl, Süßigkeiten *pl* ***şekerleme yapmak*** ein Nickerchen machen
şekerlemek verzuckern; süßen
şekerleşmek zuckern
şekerli süß
şekerlik Zuckerdose *f*
şekerpancarı Zuckerrübe *f*
şekersiz süßlos
şekil Form *f*, Gestalt *f*; Figur *f*, Abbildung *f* ***şekil almak*** Form gewinnen ***şekil vermek*** formen, gestalten
şekilci Formalist *m*
şekilcilik Formalismus *m*, Förmlichkeit *f*
şekillendirmek eine Form geben
şekillenmek Gestalt annehmen
şekilsiz formlos
şeklen der Form nach
şelale Wasserfall *m*, Kaskade *f*
şelf *coğ* Festlandssockel *m*
şema Schema *n*
şematik schematisch
şempanze Schimpanse *m*
şemsiye Regenschirm *m*, Sonnenschirm *m*
şen fröhlich, heiter, munter, lustig
şenlendirmek aufmuntern, aufheitern, erfreuen
şenlenmek aufleben
şenlik Feier *f*, Festlichkeit *f*
şer Böse *n*, Übel *n*
şerbet Scherbett *n*
şerbetçiotu Hopfen *m*
şeref Ehre *f*, Würde *f* ***şeref tribünü*** Ehrentribüne *f* ***şeref vermek*** Ehre machen
şerefe Prosit!
şerefe Umgang *m* (am Minarett)
şerefine zu Ehren von
şereflendirmek ehren
şerefli ehrenvoll
şerefsiz unehrenhaft, unehrlich
şerh Kommentar *m*
şeriat Religionsgesetz *n* (islamisches)
şerif Sheriff *m*
şerit Band *n*, Streifen *n*

şeş Würfelspiele sechs ***şeşi beş görmek*** im Dusel sein
şevk List *f*, Liebe *f*, Eifer *f*, Begeisterung *f* ***şevke gelmek*** eifrig sein ***şevki kırılmak*** mutlos werden
şevkle mit Lust und Liebe, schwungvoll
şevklendirmek ermuntern, ermutigen
şevkli eifrig
şevkli eifrig, begeistert
şey Sache *f*, Ding *n*, Angelegenheit *f*, Gegenstand *m*
şeyh Scheich *m*
şeytan Teufel *m*, Satan *m* ***şeytan gibi*** verschlagen, raffiniert ***şeytan kulağına kurşun*** unberufen ***şeytan tüyü*** Fähigkeit *f* ***şeytana uymak*** sich verführen lassen ***şeytanın ayağını kırmak*** einer Versuchung nicht unterliegen
şeytanca teuflisch
şeytani dämonisch, satanisch, teuflisch
şeytanlık Teufefei *f*
şezlong Liegestuhl *m*
şık1 schick, elegant, fein
şık2 Alternative *f*
şıkır şıkır klappernd
şıkırdamak klappern, klirren
şıkırdatmak (parmak) schnellen
şıkırtı Klappern *n*
şıllık Dirne *f*
şımarık verwöhnt
şımarıklık Verwöhntheit *f*
şımarmak verwöhnt werden; anmaßend auftreten; (Kind) frech werden
şımartmak verwöhnen
şıngırdamak klappern, klirren
şıngırtı Klappern *n*, Klirren *n*
şıp diye sofort, sogleich
şıpıdık Pantoffel *n*
şıpırtı Spritzer *m*
şıpsevdi wer sich schnell verliebt
şıra Traubenmost *m*
şırak ratsch!, zuck!
şırakkadak ruck, zuck!, plötzlich
şırfıntı Dirne *f*, Hure *f*
şırıldamak rieseln
şırıltı Rauschen *n*
şırınga Injektionsspritze *f*
şiddet Gewalt *f*, Strenge *f*, Wucht *f* ***şiddet kullanmak*** Gewalt anwenden ***şiddete başvurmak*** tätlich werden ***şiddetini artırmak*** an Heftigkeit zunehmen
şiddetlendirmek intensivieren; verstärken, verschärfen
şiddetlenmek sich verstärken, sich verschärfen
şiddetli heftig, streng, scharf; stark, intensiv
şifa Heilung *f*, Genesung *f* ***şifa bulmak*** genesen; geheilt werden ***şifa vermek*** heilen ***şifayı kapmak*** krank werden
şifahen mündlich
şifahi mündlich
şifalı heilsam, bekömmlich
şifon Chiffon *m*
şifoniyer Kommode *f*
şifre Chiffre *f* ***şifreyi çözmek*** dechiffrieren, entziffern
şifrelemek chiffrieren, verschlüsseln
şifreli chiffriert
Şii Schiit *m*; schiitisch
şiir Gedicht *n*
şikâyet Klage *f*, Beschwerde *f*; Antrag *m* ***şikâyet etmek*** sich beklagen, sich beschweren; anklagen
şikâyetçi Ankläger *m*
şikâyetname Beschwerdeschrift *f*
şike *sp* vorher abgekarteter Scheinkampf
şikeli *sp* manipuliert
şilem Schlemm *m*
şilep Frachtdampfer *m*
Şili Chile
Şilili Chilene *m*; chilenisch
şilin Schilling *m*
şilt Schild *m*
şilte Matratze *f*
şimdi jetzt, sofort, sogleich; gerade, eben ***şimdiye kadar*** bis jetzt
şimdiden im Voraus, schon jetzt ***şimdiden tezi yok*** unverzüglich
şimdiki jetzig, aktuell, gegenwärtig, augenblicklich
şimdilerde in die heutigen Zeit
şimdilik für jetzt
şimendifer Eisenbahn *f*, Zug *m*
şimşek Blitz *m* ***şimşek çakmak*** blitzen ***şimşek gibi*** blitzschnell
şimşir Buchsbaum *m*
şipşak Schnappschuss; sofort, blitz-

Ş

schnell
şiraze Kapitalband *n*
şirin lieb, nett
şirket Gesellschaft *f*, Firma *f*
şirpençe *hek* Karbunkel *n*
şirret unverträglich, launisch
şirürji Chirurgie *f*
şirürjik chirurgisch
şist Schiefer *m*
şiş1 Spieß *m*; Stricknadel *n* ***şiş kebap*** Fleischstücke am Spieß
şiş2 geschwollen
şişe Flasche *f*
şişelemek (sıvı) abziehen; in\auf Flaschen abfüllen
şişinmek protzen
şişirmek aufblasen; übertreiben
şişkin geschwollen
şişkinlik Schwellung *f*, Geschwulst *f*
şişko feist, fett, dick
şişlemek aufspießen; einstechen (auf)
şişlik Beule *f*
şişman dick, fett
şişmanlamak dick werden, zunehmen
şişmanlık Fülle *f*; *hek* Fettsucht *f*
şişmek anschwellen
şive Sprechweise *f*, Stil *m*, Akzent *f*
şizofren schizophren
şizofreni Schizophrenie *f*
şofben Warmwasserbereiter *m*
şoför Fahrer *m*, Chauffeur *m* ***şoför ehliyetnamesi*** Führerschein *m*
şok Schock *m*
şoke schockiert ***şoke etmek*** schockieren ***şoke olmak*** schockiert sein
şom Unheil verkündend, von böser Vorbedeutung ***şom ağızlı*** schwarzseherisch
şort Shorts *pl*
şose Landstraße *f*
şoset Herrensocke *f*
şoson Überschuh *m*
şov Show *f*
şoven Chauvinist *m*, Überpatriot *m*
şovenist Chauvinist *m*; chauvenistisch
şovenizm Chauvinismus *m*
şöhret Ruf *m*, Ruhm *m*
şöhretli berühmt
şölen Bankett *n*
şömine Kamin *m*
şövale Staffelei *f*
şövalye Ritter *m*
şövalyelik Rittertum *n*
şöyle so, solch, derart ***şöyle böyle*** leidlich ***şöyle dursun*** geschweige denn ***şöyle ki*** derart, das heißt
şöylece auf dieser Art
şu jener, jene, jenes ***şu anda*** in diesem Augenblick; momentan ***şu günlerde*** in dieser Zeit ***şu halde*** also ***şu şekilde*** folgendermaßen ***şu var ki*** aber, jedoch, indessen
şua Strahl *m*
şubat Februar *m*
şube Abteilung *f*, Sektion *f*
şuh lustig, munter, schelmisch
şuhluk Koketterie *f*
şule Flamme *f*
şundan bundan über alles mögliche ***şundan bundan konuşmak*** über alles mögliche sprechen
şunlar diese
şura dieser Ort, diese Gegend
şûra Rat *m*
şurada dort, da ***şurada burada*** hier und da
şuralarda dort, an den Plätzen
şuraya dahin, dorthin; hierhin, hierher
şurayı diesen Ort
şurup Fruchtsaft *m*
şut Schuss *m* ***şut çekmek*** schießen
şuur Bewusstsein *n*
şuuraltı Unterbewusstsein *n*
şuurlu bewusst
şuursuz unbewusst, bewuss+tlos
şükran Dankbarkeit *f*
şükretmek danken, lobpreisen
şükür Dank *m*, Lobpreisung *f*
şüphe Zweifel *m*; Verdacht *m* ***şüphe etmek*** zweifeln ***şüphe götürmez*** unbezweifelbar ***şüphe uyandırmak*** Zweifel aufkommen lassen, in Verdacht kommen ***şüphe yok*** zweifellos, sicherlich ***şüpheye düşmek*** zu zweifeln beginnen (an)
şüpheci skeptisch; misstrauisch
şüphelendirmek Zweifel erwecken
şüphelenmek zweifeln

şüpheli zweifelhaft; verdächtig
şüphesiz gewiss, natürlich

T

ta dort (Intensitätspartikel) ***ta eskiden beri*** schon seit alter Zeit ***ta kendisi*** er selbst ***ta ki*** damit
taahhüt Übernahme *f*, Verpflichtung *f* ***taahhüt etmek*** übernehmen sich verpflichten
taahhütlü eingeschrieben
taahhütname Verpflichtungsschreiben *n*
taammüden absichtlich
taammüt Vorsatz *m*
taarruz Angriff *m*; Vergewaltigung *f* ***taarruz etmek*** angreifen
taassup Fanatismus *m*
tab Vergrößerung *f*; *fot* Abzug *m*
taba tabakfarben
tabak1 Teller *m*
tabak2 Gerber *m*
tabaka Schicht *f*; Klasse *f*; Bogen *m*
tabakhane Gerberei *f*
tabaklamak gerben
taban Sohle *f*; Sockel *m*; Grundlinie *f* ***taban fiyat*** gesetzliche(r) Mindestpreis ***taban tabana zıt*** diametral entgegengesetzt ***taban tepmek*** einen weiten Weg zu Fuß gehen ***tabana kuvvet*** zu Fuß ***tabanları yağlamak*** sich aus dem Staub(e) machen
tabanca Pistole *f* ***tabanca çekmek*** Waffe ziehen
tabansız ängstlich, feige
tabanvay zu Fuß
tabanvayla zu Fuß gehend ***tabanvayla gitmek*** zu Fuß gehen
tabela Schild *n*
tabetmek drucken, auflegen
tabı Druck *m*, Auflage *f*
tabi abhängig ***tabi kılmak*** unterwerfen ***tabi olmak*** abhängig sein von; sich unterwerfen
tabiat Natur *f*; Naturanlage *f*, Charakter *m* ***tabiat bilgisi*** Naturwissenschaft *f*, Naturlehre *f* ***tabiat kanunu*** Naturgesetz *n* ***tabiata aykırı*** widernatürlich
tabiatıyla natürlicherweise
tabiatüstü übernatürlich
tabii natürlich; selbstverständlich
tabiilik Natürlichkeit *f*
tabiiyet Staatsangehörigkeit *f*
tabip Arzt(in *f*) *m*
tabir Ausdruck *m*; Deutung *f* ***tabir caizse*** sozusagen, quasi, mit Verlaub gesagt ***tabir etmek*** nennen, bezeichnen ***tabiri caiz ise*** wenn man so sagen darf
tabla Tablett *n*; Aschenbecher *m*
tabldot Menü *n*
tablet Tablette *f*, Pastille *f*
tablo Gemälde *n*
tabu Tabu *n*; tabu, verpönt
tabur Bataillon *n*
taburcu aus dem Krankenhaus (Militarlazerett) Entlassene(r) ***taburcu etmek*** (hasta) entlassen ***taburcu olmak*** wieder truppendienstfähig werden; aus dem Krankenhaus entlassen werden
tabure Schemel *m*
tabut Sarg *m*
tabya Schanze *f*
tacir Kaufmann *m*
taciz Belästigung *f*, Störung *f* ***taciz etmek*** belästigen, stören
taç Krone *f* ***taç giymek*** gekrönt werden
taçlandırmak krönen
taçlı gekrönt
taçsız ungekrönt
taçyaprağı Blütenblatt *n*
tadil Änderung *f*, Abänderung *f* ***tadil etmek*** ändern, abändern
tadilat *mim* Umbau *m*, Änderung *f*, Modifikation *f*
tadım Geschmack *m*
tadımlık Kostprobe *f*
taflan *bitk* Kirschlorbeer(baum) *m*
tafra Gehabe *n*
tafsilat Einzahlungen *pl*
tafsilatlı ausführlich, detailliert
tafta Taft *m*
tahakkuk Verifizierung *f*, Realisierung *f*, Verwirklichung *f* ***tahakkuk etmek*** sich verwirklichen
tahakküm Gewaltherrschaft *f* ***tahakküm***

T

etmek tyrannisieren

tahammül Ausdauer *f*, Geduld *f* ***tahammül etmek*** aushalten, ertragen, erdulden

taharet Reinheit *f*, Sauberkeit *f*

tahavvül Wandlung *f*; Umwandlung *f*

tahayyül Phantasie *f*, Illusion *f* ***tahayyül etmek*** sich einbilden, träumen

tahdit Begrenzung *f*; Einschränkung *f* ***tahdit etmek*** begrenzen; einschränken

tahıl Getreide *n*

tahin Sesamöl *n*

tahinhelvası Honig mit Sesamöl

tahkik Nachforschung *f*, Untersuchung *f* ***tahkik etmek*** nachforschen, untersuchen

tahkikat Untersuchung *f*

tahkim Befestigung *f* ***tahkim etmek*** befestigen

tahkimat Befestigung *f*

tahkir Beschimpfen *n*, Beleidigung *f* ***tahkir etmek*** *jdn* beschimpfen

tahlil Analyse *f* ***tahlil etmek*** analysieren

tahliye Ausleeren *n*; Ausräumen *n*; Freilassung *f* ***tahliye etmek*** leeren, ausleeren; ausräumen; freilassen, entlassen

tahmin Vermutung *f*, Schätzung *f*, etmek vermuten, schätzen, raten ***tahmin etmek*** (masraf vb) einschätzen; abschätzen, berechnen, *tic* veranschlagen, erraten, raten, tippen (auf -i), vermuten, voraussagen, vorhersagen

tahminen schätzungsweise

tahmini ungefähr, annähernd

tahribat Zerstörungen *f* ***tahribat yapmak*** Zerstörungen vornehmen

tahrif Entstellen *n*, Abänderung *f* ***tahrif etmek*** abändern, falschen

tahrifat Entstellung *f*

tahrik Antrieb *m*; Stimulation *f* ***tahrik edici*** provokativ ***tahrik etmek*** provozieren, antreiben; erregen, stimulieren

tahrip Zerstörung *f* ***tahrip etmek*** zerstören, ruinieren

tahrir Schreiben *n*; Aufsatz *m*

tahriş Reizung *f* ***tahriş etmek*** reizen

tahsil Ausbildung *f*; Einkassierung *f* ***tahsil etmek*** einkassieren ***tahsil görmek*** studieren

tahsilat Einzahlungen *pl*

tahsildar Steuereinnehmer *m*

tahsilli ausgebildet

tahsis Zuweisung *f* ***tahsis etmek*** zuteilen, bestimmen, zuweisen

tahsisat Zuteilung *f*; *tic* Ansatz *m*

taht Thron *m* ***tahta çıkmak (oturmak)*** den Thron besteigen ***tahttan feragat*** Thronverzicht *m* ***tahttan indirmek*** entthronen, absetzen

tahta Brett *n*; Holz *n* ***tahta çivi*** Holznagel *m* ***tahta kurdu*** Holzwurm *m* ***tahta perde*** spanische Wand ***tahtası eksik*** nicht ganz bei Trost ***tahtaya kaldırmak*** an die Tafel rufen

tahtadan hölzern

tahtakurdu Holzwurm *m*

tahtakurusu Wanze *f*

tahtalı mit Brett ***tahtalı köy*** *arg* Friedhof *m* ***tahtalı köyü boylamak*** *arg* abkratzen, ins Gras beißen

tahterevalli Brettschaukel *f*, Wippe *f*

tahvil Umwandlung *f* ***tahvil etmek*** umändern, abändern, umwandeln, verwandeln

tak Bogen *m* ***tak tak vurmak*** klopfen

taka kleine(s) Segelboot

takaddüm Vorangehen *n* ***takaddüm etmek*** vorangehen, vorausgehen

takas Verrechnung *f* ***takas etmek*** kompensieren, tauschen, umtauschen

takat Kraft *f*, Leistung *f* ***takatı kalmamak*** keine Kraft mehr haben ***takatı kesilmek*** ganz erschöpft sein

takatsiz kraftlos, erschöpft

takdim Vorstellung *n* ***takdim etmek*** vorstellen

takdir Schätzung *f* ***takdir etmek*** schätzen, abschätzen; würdigen, anerkennen

takdirde unter dem Fall

takdirname Anerkennungsschreiben *n*

takdis Heiligung *f*, Segnen *f* ***takdis etmek*** weihen; segnen

takı Schmuckstück *n*; *dilb* Suffix des Kasus

takibat *huk* Strafverfolgung *f*

takılgan Spaßvogel *m*

takılmak hänseln, necken; sich hängen

takım Mannschaft *f*; Geschirr *n*, Besteck *n*; Gruppe *f*, Truppe *f* ***takım taklavat*** alles Zubehör, alles Werkzeug und Gerät
takımada Archipel *m*
takımyıldız Sternbild *n*
takınmak sich anstecken; annehmen, zeigen
takıntı Beiwerk *n*, überflüssiges Drum und Dran
takip Verfolgung *f* ***takip etmek*** verfolgen ***takıp takıştırmak*** sich fein herausputzen
takipçi Verfolger *m*
takırdamak klappern, knattern
takırtı Geklapper *n*, Geratter *n*
takışmak sich zanken, sich streiten
takke Käpchen *n*
takla Rolle *f* ***takla atmak*** rollen
taklit Nachahmung *f* ***taklit etmek*** nachahmen, nachmachen; nachäffen
taklitçi Nachahmer *m*; Imitator *m*; nachahmend, nachäffend
takma falsch, unecht ***takma ad*** Pseudonym *n* ***takma diş*** Stiftzahn *m* ***takma göz*** Glasauge *n* ***takma saç*** Perücke *f*
takmak hängen, aufhängen, anhängen, befestigen; einsetzen; aufsetzen; anlegen, anstecken; montieren ***takıp takıştırmak*** fein herausputzen
takmamak keine Rücksicht nehmen
takoz Holzklotz *m*; Hemmkeil *m*
takriben ungefähr, etwa
takribi annähernd
takrir Vortrag *m*, Darlegung *f*
taksi Taxi *n* ***taksi tutmak*** Taxi nehmen
taksim Teilung *f* ***taksim etmek*** teilen, einteilen, aufteilen
taksimat Einteilung *f*
taksimetre Taximeter *m/n*
taksirat Verfehlung *f*, Unterlassung *f*
taksit Rate *f*
taksitçilik Abzahlungssystem *n*
taksitle ratenweise, auf Ratenzahlung ***taksitle almak*** auf Ratenzahlung kaufen
taktik Taktik *f*; taktisch
takunya Stelzenschuh *m*
takvim Kalender *m*
takviye Verstärkung *f* ***takviye etmek*** bestärken, verstärken, bekräftigen
talan Plünderung *f*, Raubbau *m* ***talan etmek*** Raubbau treiben an
talaş Sägespäne pl; *tek* Späne *pl*
talebe Schüler *m*, Schülerin *f*, Student *m*, Studentin *f*
talep Verlangen *n*, Forderung *f*, Anspruch *m* ***talep etmek*** verlangen, fordern, beanspruchen
tali folgend; sekundär
talih Glück *n*, Schicksal *n* ***talih kuşu*** Glücksstern *m* ***talihi yaver gitmek*** vom Glück begünstigt sein
talihli glücklich
talihsiz unglücklich
talihsizlik Unglück *n*, Missgeschick *n*
talim Übung *f* ***talim etmek*** *ask* exerzieren ***talim yapmak*** üben
talimat Anordnung *f*, Bestimmung *f*, Anweisung *f* ***talimat vermek*** anordnen
talimatname amtliche Bestimmungen
talimname Vorschrift *f*; Reglement *n*
talip Bewerber *m* ***talip olmak*** umwerben
talk Talk *m*, Talkum *n* ***talk pudrası*** Talk *m*, Talkum *n*, Talkpuder *m*
taltif Auszeichnung *f* ***taltif etmek*** belohnen
tam ganz, voll; genau, gerade ***tam gelmek*** *jdm* passen ***tam kadrolu*** vollzählig ***tam pansiyon*** Vollpension *f* ***tam tersi*** gerade umgekehrt ***tam tertip*** vollständig ***tam üstüne basmak*** ins Schwarze treffen ***tam vaktinde*** rechtzeitig ***tam yetki*** Vollmacht *f* ***tam yol*** mit Volldampf
tamah Gier *f*, Habsucht *f* ***tamah etmek*** habgierig sein
tamahkâr habgierig, gierig
tamam fertig; aus; ganz ***tamam mı*** fertig?, stimmt es? ***tamam olmak*** klargehen, in Ordnung sein
tamamen vollständig, restlos
tamamıyla völlig, ganz und gar, vollkommen
tamamiyle gänzlich, restlos, vollständig
tamamlamak vervollständigen, vervollkommen, vollenden; absolvieren
tamamlayıcı ergänzend; zusätzlich,

komplementär
tambur Tambour *m*, Trommel *f*; *müz* Tambur *m*; *tek* Trommel *f*
tamı tamına haargenau
tamim Verbreitung *f*; Förderung *f*; Anweisung *f* ***tamim etmek*** reparieren, ausbessern
tamir Reparatur *f*, Ausbesserung *f* ***tamir etmek*** reparieren, ausbessern, kitten, machen
tamirat Reparation *f*
tamirat *pl* Reparaturen pl, Reparateur *m*
tamirci Reparateur *m*
tamirhane Reparaturwerkstatt *f*
tamlama Fügung *f*
tamlanan attribuierte(s) Substantiv
tamlayan Genitivattribut *n* ***tamlayan durumu*** Genitiv *m*
tampon Tampon *m*; Puffer *m*; Stoßstange *f*; Pessar *m* ***tampon devlet*** Pufferstaat *m*
tamsayı ganze Zahl
tamtakır vollkommen leer
tamtam *müz* Tamtam *n*
tamu Hölle *f*
tan Morgendämmerung *f* ***tan ağarıyor*** es dämmert ***tan ağarmak*** dämmern
tane Stück *n*; Korn *n* ***tane tane*** Stück für Stück ***tane tane konuşmak*** langsam und deutlich sprechen
tanecik Körperchen *n*
tanelemek auskörnen
tangır tangır (tungur) hallend, schallend
tangırdamak dumpf hallen
tangırtı Geklapper *n*
tango Tango *m*
tanı Diagnose *f*
tanıdık Bekannte *m*
tanık Zeuge *m* ***tanık olmak*** miterleben
tanıklık Zeugenschaft *f* ***tanıklık etmek*** bezeugen
tanım Definition *f*
tanımak kennen; erkennen; kennenlernen; anerkennen
tanımlama Definition *f*
tanımlamak beschreiben, darstellen; definieren
tanınmak bekannt werden
tanınmış bekannt, berühmt
tanış Bekannte *m*
tanışık gute(r) Bekannte(r)
tanışıklık Bekanntschaft *f*
tanışmak sich kennenlernen
tanıştırmak bekanntmachen, vorstellen
tanıt Zeuge *m*, Dokument *n*, Beweis *m*
tanıtıcı Inforznations-; Propagandist *m*
tanıtım Werbung *f*; Bekanntmachung *f*, Einführung *f*, Vorführung *f*
tanıtlamak beweisen
tanıtmak bekanntmachen
tanjant Tangente *f*
tank Panzer *m*
tanker *den* Tanker *m*
tanksavar *ask* Panzerabwehr *f*
Tanrı Gott *m*, Gottheit *f*, Herr *m* ***Tanrı misafiri*** unangemeldete(r) Gast ***Tanrı vergisi*** Begabung *f*, Talent *n* ***tanrıdan rahmet dileriz*** Gott sei ihm gnädig!
Tanrıbilim Theologie *f*
Tanrıbilimci Theologe *m*, Theologin *f*
tanrıcılık Atheismus *m*, Gottlosigkeit *f*
tanrıça Göttin *f*
tanrılaştırmak vergöttlichen
tanrısal göttlich
tanrısız gottlos, atheistisch; Atheist *m*
tanrıtanımaz atheistisch; Atheist(in *f*) *m*
tanrıtanımazlık Atheismus *m*
tansık Wunder *n*
tansiyon Blutdruck *m*; Spannung *f* ***tansiyon düşüklüğü*** Hypotonie *f* ***tansiyon ölçme aleti*** Blutdruckmesser *m* ***tansiyon yüksekliği*** Hypertonie *f*
tantal *kim* Tantal *n*
tantana Prunk *m*, Pracht *f*
tantanalı prunkvoll, prächtig
tanyeli Morgenbrise *f*
tanyeri Horizontstelle *f*
tanzim Ordnung *f*; Ausrichtung *f* ***tanzim etmek*** ordnen, regeln; aufstellen; ausrichten ***tanzim satışı*** staatlich gelenkter Verkauf
tanzimat Reforms *pl*
tapa Stöpsel *m*, Pfropfen *m*; Dübel *m*
tapınak Tempel *m*
tapınmak anbeten, verehren
tapmak anbeten, anhimmeln, verehren, vergöttern
tapon minderwertig

taptaze ganz frisch, ganz neu
tapu Grundbuchsauszug *m*
tapulamak in das Grundbuch eintragen
taraça Terrasse *f*; Erdstufe *f*
taraf Seite *f*, Richtung *f*; Gebiet *n*; Parteі *f* ***taraf tutmak*** parteiisch sein ***taraf çıkmak*** für *jdn* sein, sich einsetzen
tarafgir parteiisch
tarafından seitens, von
taraflı voreingenommen, parteiisch, tendenziös; *huk* befangen
tarafsız neutral, unparteiisch
tarafsızlık Neutralität *f*
taraftar Anhänger *m*, Parteigänger *m* ***taraftar olmak*** für *etw* sein
taraftarlık Anhängerschaft *f*
tarak Kamm *m*; Klemme *f*; Harke *f*, Egge *f*
taraklamak harken; ausbaggern
taralı gekämmt; schraffiert, strichliert
tarama Exzerpt *n*, Auszug *m*
taramak kämmen; exzerpieren; harken; schraffieren, strichlieren
taranmak sich kämmen
taraz Ausfasserung *f*
tarçın Zimt *m*
taret Geschützturm *m*
tarh Blumenbeet *n*
tarif Erklärung *f*; Definition *f* ***tarif etmek*** erklären, beschreiben; definieren
tarife Tarif *m*; Fahrplan *m*
tarih Geschichte *f*; Datum *n* ***tarih atmak*** das Datum hinschreiben ***tarihe geçmek*** in die Geschichte eingehen ***tarihe karışmak*** zur historischen Reminiszenz herabsinken
tarihçe Entwicklungsgeschichte *f*
tarihçi Historiker *m*; Geschichtslehrer(in *f*) *m*
tarihi geschichtlich, historisch
tarihli datiert
tarihöncesi Vorgeschichte *f*, Prähistorie *f*; vorgeschichtlich, prähistorisch
tarihsel geschichtlich, historisch
tarihsiz (mektup vs) undatiert; ohne Datumsangabe
tarikat Orden *m*
tarım Landwirtschaft *f*
tarımcı Landwirtschaftler *m*
tarımsal landwirtschaftlich
tarla Acker *m*, Feld *n* ***tarla faresi*** Feldmaus *f* ***tarla kuşu*** Feldlerche *f*
tarlafaresi Feldmaus *f*
tarlakuşu Feldlerche *f*
tartaklamak stoßen, drangsalieren
tartı Waage *f*; Erwägung *f* ***tartıya vurmak*** wiegen
tartılı abgewogen
tartılmak sich wiegen
tartışılmaz indiskutabel
tartışma Diskussion *f*, Auseinandersetzung *f*
tartışmacı Diskussionsteilnehmer *m*
tartışmak diskutieren, debattieren
tartışmalı polemisch, umstritten
tartmak wiegen, abwiegen, auswiegen; erwägen
tarumar durcheinander ***tarumar etmek*** durcheinander bringen
tarz Art *f*, Form *f*, Modus *m*, Weg *m*
tarziye Entschuldigung *f*
tas Schale *f* ***tası tarağı toplamak*** sein Bündel schnüren
tasa Kummer *m*, Gram *m*, Sorge *f* ***tasa çekmek/etmek*** sich Sorgen machen, sich sorgen, sich grämen
tasalanmak sich sorgen, sich grämen
tasalı besorgt
tasar Grundriss *m*; Plan *m*, Entwurf *m*
tasarçizim Entwurf *m*, Skizze *f*
tasarçizimci Designer(in *f*) *m*
tasarı Plan *m*, Entwurf *m*
tasarım Vorstellung *f*
tasarlamak planen, entwerfen; beabsichtigen
tasarruf Verfügungsgewalt *f*, Einsparung *f*, Sparsamkeit *f* ***tasarruf etmek*** verfügen; sparen, einsparen ***tasarruf hakkı*** Verfügungsrecht *n*
tasarruflu sparsam
tasasız sorglos, unbekümmert
tasavvuf Mystik *f*
tasavvufi mystisch, islamische Mystik betreffend
tasavvur Vorstellung *f* ***tasavvur etmek*** sich vorstellen; planen, beabsichtigen
tasdik Bestätigung *f*; Ratifikation *f* ***tasdik etmek*** bestätigen, beglaubigen; ratifi-

zieren
tasdikli bestätigt, beglaubigt; ratifiziert
tasdikname Bescheinigung *f*
tasdiksiz unbestätigt, unbeglaubigt
tasfiye Reinigung *f*; Entlassung *f*; Beseitigung *f* ***tasfiye etmek*** reinigen, raffinieren; entlassen; beseitigen
tashih Berichtigung *f*, Korrektur *f* ***tashih etmek*** berichtigen, korrigieren, verbessern
taslak Entwurf *m*, Skizze *f* ***taslak yapmak*** skizzieren
taslamak sich aufspielen
tasma Halsband *n*
tasnif Klassifikation *f* ***tasnif etmek*** klassifizieren, gliedern
tastamam ganz und gar, restlos
tasvip Billigung *f*, Genehmigung *f* ***tasvip etmek*** billigen, genehmigen ***tasvip etmemek*** missbilligen
tasvir Beschreibung *f*, Schilderung *f*, Darstellung *f* ***tasvir etmek*** beschreiben, schildern, darstellen
taş Stein *m* ***taş atmak*** auf *jdn* anspielen, eine spitze Bemerkung machen ***taş basması*** Steindruck *m* ***taş bebek*** Puppe *f* ***taş çatlasa*** unbedingt ***taş çıkartmak*** *jdn* weit übertreffen ***taş devri*** Steinzeit *f* ***taş gibi*** steinhart ***taş kesilmek*** steinhart werden ***taş kömürü*** Steinkohle *f* ***taş üstünde taş bırakmamak*** alles dem Erdboden gleichmachen ***taşa tutmak*** mit Steinwürfen verfolgen ***taşı gediğine koymak*** den Nagel auf den Kopf treffen
taşak *arg* Hoden *m*, Sack *m*
taşbaskı Lithografie *f*
taşbasması Steindruck *m*
taşbebek Puppe *f*
taşıl Versteinerung *f*, Fossil *n*
taşıllaşmak fossilisieren
taşım Aufwallen *n*
taşımacı Transportunternehmer *m*, Transporteur *m*
taşımacılık Transport *m*, Transportwesen *n*
taşımak tragen, bringen, befördern, transportieren
taşınır tragbar
taşınmak umziehen, verziehen
taşınmaz unbeweglich
taşırmak zum Überlaufen bringen; (sabır) zu weit gehen; *fiz* verdrängen
taşıt Fahrzeug *n*
taşıyıcı Träger *m*
taşkın übermäßig; begeistert, erregt; frech
taşkınlık Begeisterung *f*; Frechheit *f*
taşkömürü Steinkohle *f*
taşküre Lithosphere *f*
taşlama Satire *f*, Spottschrift *f*
taşlaşmak versteinern
taşlı steinig
taşma Überschwemmung *f*; Überlauf *m*
taşmak überschwemmen, überfließen, überlaufen
taşocağı Bruch *m*
taşpamuğu Asbest *m*
taşra Provinz *f*
taşralı Provinzler *m*
taşyürekli hartherzig
tat Geschmack *m*; Genuss *m*, Reiz *m* ***tadı damağında kalmak*** mit Sehnsucht zurückdenken (an) ***tadı kaçmak*** den Reiz verlieren ***tadı tuzu yok*** geschmacklos ***tadına bakmak*** schmecken ***tadına varmak*** auf den Geschmack kommen ***tadında bırakmak*** das richtige Maß innehalten ***tadını almak*** Geschmack finden (an) ***tadını çıkarmak*** in vollen Zügen genießen ***tadını kaçırmak*** das richtige Maß nicht innehalten ***tat almak*** Geschmack finden (an) ***tat vermek*** würzen
Tatar Tatar *m*
tatarcık Gnitze *f*, Pappataciﬂiege *f*
tatbik Anwendung *f* ***tatbik etmek*** anwenden, durchführen
tatbikat Anwendung *f*, Durchführung *f*; Übung *f*
tatbikatta bei der Anwendung
tatbiki angewandt, praktisch
tatil Ferien pl, Urlaub *m* ***tatil etmek*** schließen ***tatil olmak*** geschlossen sein ***tatil yapmak*** Urlaub machen ***tatile çıkmak*** in Urlaub gehen
tatlandırmak würzen
tatlanmak Geschmack bekommen

tatlı süß; Süßspeise *f* ***tatlı bela*** süße Last ***tatlı dil*** freundliche Worte ***tatlı dilli*** charmant ***tatlı kaşığı*** Dessertlöffel *m* ***tatlı su*** Süßwasser *n* ***tatlı tatlı konuşmak*** sich gemütlich unterhaften ***tatlıya bağlamak*** auf gütlichem Wege regeln

tatlılık Süße *f*; Süßigkeit *f*; Lieblichkeit *f*

tatlılıkla im guten, mit guten Worten

tatmak kosten, probieren

tatmin Befriedigung *f* ***tatmin etmek*** befriedigen, zufriedenstellen ***tatmin olmak*** zufrieden sein

tatminkâr befriedigend

tatsız geschmacklos; unangenehm

tatsızlık Geschmacklosigkeit; Unangenehmlichkeit *f*

tav Wärmegrad *m*; Feistheit *f* ***tav vermek*** dämpfen ***tavına getirmek*** zu einem guten Ende bringen

tava Pfanne *f*

tavan Zimmerdecke *f*; Scheitelpunkt *m* ***tavan arası*** Mansarde *f* ***tavan fiyatı*** gesetzlicher Höchstpreis

taverna Schenke *f*, Weinstube *f*

tavır Verhalten *n*, Benehmen *n* ***tavır takınmak*** Stellung nehmen

taviz Zugeständnis *n* ***taviz vermek*** zugestehen

tavla1 Pferdestall *m*

tavla2 Backgammon *n*, Tricktrack *n*

tavlamak den richtigen Feuchtigkeitsgrad geben; verführen; betrügen

tavsamak einschlafen

tavsiye Empfehlung *f*, Rat *m* ***tavsiye etmek*** empfehlen, raten ***tavsiye mektubu*** Empfehlungsschreiben *n*

tavşan Hase *m* ***tavşan uykusu*** Halbschlaf *m* ***tavşan yürekli*** Hasenfuß *m*

tavşandudağı Hasenscharte *f*

tavşankanı dunkelrot; sehr stark

tavşankulağı *bitk* Alpenveilchen *n*

tavuk Huhn *n*, Henne *f* ***tavuk kümesi*** Hühnerstall *m* ***tavuk suyu*** Hühnerbrühe *f*

tavukkarası Nachtblindheit *f*

tavus Pfau *m*

tay Fohlen *n*

tayf Spektrum *n*

tayfa Matrose *m*

tayfun Wirbelsturm *m*

tayın Ration *f*

tayin Bestimmung *f*, Festsetzung *f*; Determinierung *f*; Ernennung *f* ***tayin etmek*** bestimmen; ernennen

tayyör Kostüm *n*

taze frisch; jung ***taze biber*** Pfefferschote *f* ***taze fasulye*** grüne Bohnen

tazelemek (bilgi) auffrischen

tazelik Frische *f*; Jugendlichkeit *f*

tazı Wildhund *m*

taziye Kondolenz *f*

tazmin Entschädigen *n* ***tazmin etmek*** entschädigen

tazminat Entschädigung *f* ***tazminat davası*** Schadenersatzklage *f* ***tazminat vermek*** entschädigen, ersetzen

tazyik Druck *m*; Zwang *m*, Bedrückung *f* ***tazyik etmek*** bedrängen; bedrücken

teamül Sitte *f*, Brauch *m*

teati Austausch *m*

tebaa Staatsangehörige *m/f*

tebdil Veränderung *f* ***tebdil etmek*** verändern, wechseln ***tebdili kıyafet*** Inkognito *n*

teberru Spende *f*, Schenkung *f* ***teberru etmek*** spenden, schenken

tebessüm Lächeln *n* ***tebessüm etmek*** lächeln

tebeşir Kreide *f*

tebligat Bekanntmachung *f*, Anzeige *f*

tebliğ Bekanntmachung *f*, Anzeige *f* ***tebliğ etmek*** bekanntmachen

tebrik Glückwunsch *m*, Gratulation *f* ***tebrik etmek*** gratulieren, beglückwünschen

tecavüz Überschreiten *n*; Maßlosigkeit *f* Angriff *m*, Einfall *m*; Überfall *m*; Vergewaltigung *f* ***tecavüz etmek*** überschreiten; angreifen, einfallen; überfallen; vergewaltigen

tecelli Phänomen *n* ***tecelli etmek*** sich ereignen, sich offenbaren

tecil Aufschub *m* ***tecil etmek*** aufschieben verschieben

tecim Handel *m*

tecrit Isolierung *f*, Absonderung *f* ***tecrit etmek*** isolieren, absondern

tecrübe Versuch *m*, Probe *f*; Erfahrung *f* ***tecrübe etmek*** versuchen, probieren, prüfen
tecrübeli erfahren
tecrübesiz unerfahren
teçhiz Ausrüstung *f*, Ausstattung *f* ***teçhiz etmek*** ausrüsten ausstatten, versehen
teçhizat Ausrüstung *f*, Ausstattung *f*; Bewaffnung *f*
tedarik Anschaffung *f*, Beschaffung *f* ***tedarik etmek*** beschaffen, sich anschaffen
tedarikli vorgesorgt; beschafft
tedariksiz unvorbereitet
tedavi Behandlung *f*, Kur *f* ***tedavi etmek*** behandeln, kurieren, heilen
tedavül Verkehr *m*, Währung *f* ***tedavülde olmak*** im Umlauf sein, zirkulieren ***tedavülden kalkmak*** ungültig werden ***tedavüle çıkarmak*** in Umlauf setzen, ausgeben
tedbir Maßnahme *f*, Maßregel *f* ***tedbir almak*** Maßnahmen treffen
tedbirli umsichtig, vorsorglich
tedbirsiz unvorsichtig
tedbirsizlik Unvorsichtigkeit *f*
tedhiş Terror *m*
tedhişçi Terrorist *m*
tedhişçilik Terror *m*, Terrorisierung *f*
tedirgin beunruhigt, erschreckt ***tedirgin etmek*** beunruhigen
tedirginlik Beunruhigung *f*; *gökb* Perturbation *f*
tediye Zahlung *f*, Bezahlung *f* ***tediye etmek*** zahlen, auszahlen, bezahlen
tedricen stufenweise, allmählich
tedrisat Unterricht *m*
teessüf Bedauern *n* ***teessüf etmek*** bedauern
teessür Schmerz *m*, Betrübnis *n*
tef Tamburin *n*
tefeci Wucherer *m*
tefecilik Wucher *m*
tefekkür Nachdenken *n* ***tefekkür etmek*** denken, nachdenken, überlegen
teferruat Einzelheiten *f*
teferruatlı ausführlich, detailliert
tefsir Kommentar *m*; Deutung *f* ***tefsir etmek*** deuten; kommentieren
teftiş Inspektion *f* ***teftiş etmek*** besichtigen, inspizieren
teğet Tangente *f*
teğmen Leutnant *m*
teğmenlik Leutnantsrang *m*
tehdit Drohung *f*, Bedrohung *f* ***tehdit etmek*** drohen, bedrohen
tehir Aufschub *m*, Verschiebung *f* ***tehir etmek*** aufschieben, verschieben, zurückstellen
tehlike Gefahr *f* ***tehlike hali*** Notfall *m* ***tehlike işareti*** Notsignal *n* ***tehlikeye atılmak*** sich einer Gefahr aussetzen ***tehlikeye atmak*** riskieren, aufs Spiel setzen ***tehlikeye düşmek*** gefährdet werden ***tehlikeye koymak*** gefährden ***tehlikeye sokmak*** in Gefahr bringen
tehlikede in Gefahr
tehlikeli gefährlich
tehlikesiz ungefährlich, gefahrlos
tehlikesizce sicher, gefahrlos
tek einzeln; einzig; ungerade ***tek başına*** allein(e) ***tek taraflı/yanlı*** einseitig ***tek tek, teker teker*** einzeln ***tek tük*** spärlich; vereinzelt ***tek yataklı oda*** Einbettzimmer *n*
tekaüt Pensionierung *f* ***tekaüt etmek*** pensionieren ***tekaüt olmak*** pensioniert werden
tekdir Verweis *m*, Tadel *m* ***tekdir etmek*** tadeln
tekdüze monoton, eintönig
tekdüzelik Eintönigkeit *f*, Monotonie *f*
teke Ziegenbock *m*
tekel Monopol *n* ***tekeli altına almak*** monopolisieren
tekelci monopolistisch; Monopolist *m*
tekelcilik Monopolismus *m*
teker Rad *n*
tekerkçi Monarchist(in *f*) *m*
tekerkçilik Monarchismus *m*
tekerklik Monarchie *f*
tekerlek Rad *n*
tekerleme witzige Erwiderung, dichterischer Wettbewerb
tekerlemek rollen, herausplatzen
tekerlenmek rollen, abkratzen
tekeşlilik Monogamie *f*
tekhücreli einzellig

T

tekil singulär; Singular *m*
tekin menschenleer
tekir grauschwarz; Irbis *m*
tekke Kloster *n*
teklemek aussetzen, vereinzeln, verziehen; pikieren; stottern
teklif Vorschlag *m*; Angebot *n*; Antrag *m* ***teklif etmek*** vorschlagen; anbieten; beantragen
teklifli förmlich, konventionell
teklifsiz ungezwungen; ungeniert
teklik Einmaligkeit *f*
tekme Fußtritt *m* ***tekme atmak*** treten ***tekme yemek*** einen Tritt bekommen
tekmelemek treten
tekmil Abschluss *m*, Vollendung *f*; all, sämtlich, ganz, vollständig
tekne Trog *m*, Mulde *f*; Schiffsrumpf *f*
teknik Technik *f*; technisch ***teknik okul*** Technikum *n* ***teknik terim*** Fachbezeichnung *f*
teknikçi Techniker *m*
tekniker Techniker *m*
teknikokul Technikum *n*
teknikoğretim technische(s) Studium
teknisyen Techniker *m*
teknokrasi Technokratie *f*
teknoloji Technologie *f*
teknolojik technologisch
tekrar Wiederholung *f* ***tekrar etmek*** wiederholen ***tekrar tekrar*** wiederholt
tekrarlamak wiederholen
tekrarlanmak sich wiederholen
teksesli *müz* einstimmig; gleichlautend
teksif Verdichten *n* ***teksif etmek*** verdichten, konzentrieren
teksir Vervielfältigung *f*, Pause *f* ***teksir etmek*** vervielfältigen, pausen ***teksir kâğıdı*** Durchschlagpapier *n* ***teksir makinesi*** Vervielfältigungsapparat *m*
tekstil Textilien *pl*
tektanrıcı Monotheist *m*
tektanrıcılık Monotheismus *m*
tektonik tektonisch; Tektonik *f*
tekzip Vorwurf *m* ***tekzip etmek*** dementieren
tel Draht *m*; Saite *f*; Kabel *n* ***tel çekmek*** drahtziehen, einen Draht spannen; ein Telegramm schicken ***tel örgü*** Maschendraht *m* ***tel şehriye*** Fadennudeln *pl*
tela Rosshaareinlage *f*
telaffuz Aussprache *f* ***telaffuz etmek*** aussprechen
telafi Ausgleichung *f* ***telafi etmek*** nachholen, ausgleichen, ersetzen
telakki Annahme *f*, Auffassung *f*, Anschauug *f* ***telakki etmek*** annehmen; auffassen, ansehen, betrachten
telaş Späne pl, Abfälle *pl* ***telaş etmek*** in Aufregung geraten ***telaşa düşmek*** sich beunruhigen ***telaşa vermek*** beunruhigen
telaşçı nervös
telaşlandırmak aufregen, beunruhigen
telaşlanmak in Aufregung geraten; sich beunruhigen
telaşlı hektisch, aufgeregt
telaşsız ruhig, regungslos
telef Verlust *m*; Verschwendung *f* ***telef etmek*** vernichten, zerstören ***telef olmak*** zugrunde gehen
teleferik Seilbahn *f*
telefon Fernsprecher *m*, Telefon *n* ***telefon etmek*** telefonieren, anrufen ***telefon kartı*** Telefonkarte *f* ***telefon kulübesi*** Fernsprechzelle *f* ***telefon rehberi*** Telefonbuch *n* ***telefon santralı*** Telefonzentrale *f* ***telefona bakmak*** ans Telefon gehen ***telefonu kapatmak*** den Hörer auflegen; auflegen
telekız Callgirl *n*
telekomünikasyon Fernverbindung *f*
teleks Telex *n*, Fernschreiben *n*
telem Furche *f*, Rille *f*, Falte *f*
telemetre Entfernungsmesser *m*
teleobjektif Teleobjektiv *n*
telepati Telepathie *f*
telesekreter Anrufbeantworter *m*
teleskop Fernrohr *n*, Teleskop *n*
teleteks Teletext *m*
televizör Fernsehapparat *m*
televizyon Fernsehen *n* ***televizyon izlemek*** fernsehen ***televizyonda göstermek*** im Fernsehen zeigen
telgraf Telegraphie *f*; Telegramm *n* ***telgraf çekmek*** telegraphieren
telif Ausgleich *m*; Abfassung *f* ***telif hakkı***

T

Urheberrecht *n* ***telif hakkı ücreti*** Tantiemen *pl*
telkin Suggestion *f*; Einprägen *n* ***telkin etmek*** suggerieren; einprägen
tellak Badediener *m*
tellemek einzäunen; schmücken
tellendirmek schmauchen, gemütlich rauchen
telli faserig; Draht-
telsiz drahtlos ***telsiz telgraf*** Funktelegramm *n*
telsizci Funker *m*
telve Kaffeesatz *m*
telyazı Telegramm *n*
tema Thematik *f*, Thema
temas Berührung *f* ***temas etmek*** sich berühren, berühren ***temas kurmak*** Fühlung aufnehmen mit, in Berührung kommen (mit), mit *jdm* Kontakt aufnehmen ***temasa geçmek*** Fühlung aufnehmen mit, sich in Verbindung setzen (mit ile)
temaşa Betrachtung *f*
temayül Neigung *f*, Tendenz *f*
tembel Nichtstuer *m*; faul, bequem, untätig
tembelleşmek bequem werden
tembellik Faulheit *f*, Trägheit *f* ***tembellik etmek*** faulenzen
tembih Reiz *m*, Antrieb *m* ***tembih etmek*** anregen, stimulieren
temel Fundament *n*; Grundlage *f* ***temel atmak*** den Grundstein legen ***temel direk*** Stützpfeiler *m* ***temel düşünce*** Hauptgedanke *m* ***temel taşı*** Grundstein *m* ***temel tutmak*** sich festsetzen
temelden von Grund auf
temelinden von Grund auf
temelli fundiert; ständig
temelsiz unbegründet
temenni Wunsch *m* ***temenni etmek*** wünschen
temin Versicherung *f*, Beteuerung *f* ***temin etmek*** beteuern, versichern
teminat Garantie *f* ***teminat akçesi*** Garantiefonds *m*
teminatlı garantiert, verbürgt
teminatsız unversichert
temiz sauber, rein ***temiz pak*** sauber und anständig ***temiz raporu*** ohne Befund (o.B.) ***temize çekmek*** ins Reine schreiben ***temize çıkarmak*** sich entlasten
temizlemek säubern, reinigen, putzen, abwischen; beseitigen
temizlik Sauberkeit *f* ***temizlik işçisi*** Strass *m* ***temizlik yapmak*** putzen, sauber machen
temizlikçi Reinemachefrau *f* ***temizlikçi kadın*** Putzfrau *f*
temkin Besonnenheit *f*, Ernst *m*
temkinli besonnen, ernst
temmuz Juli *m*
tempo Tempo *n*; Geschwindigkeit *f* ***tempo tutmak*** das Tempo einhalten
temsil Repräsentation *f*; Aufführung *f*; Theaterstück *n* ***temsil etmek*** repräsentieren, vertreten; aufführen
temsilci Vertreter *m*
temyiz *huk* Berufung, Revision *f* ***temyiz etmek*** Berufung einlegen, in die Berufung gehen ***temyiz mahkemesi*** Kassationsgericht *n*
ten Körper *m*, Leib *m*
tencere Kochtopf *m*, Geschirr *n*
teneffüs Atmung *f* (nefes), Pause *f* (okul) ***teneffüs etmek*** atmen
teneke Leichenwaschung *f*
teneşir Leichenwaschung *f*
tenezzül Fallen *n* ***tenezzül etmek*** fallen sich verringern
tenha einsam, öde, nicht voll
tenis Tennis *n* ***tenis kortu*** Tennisplatz *m*
tenisçi Tennisspieler(in *f*) *m*
tenkit Kritik *f* ***tenkit etmek*** kritisieren
tenkitçi Kritiker *m*
tenor *müz* Tenor *m*
tente Sonnendach *n*
tentene Häkelarbeit *f*
tentür Tinktur *f*
tentürdiyot Jodtinktur *f*
tenya Bandwurm *m*
tenzil Herabsetzung *f*
tenzilat Rabatt *m*, Ermäßigung *f* ***tenzilat yapmak*** (Preis) nachlassen
tenzilatlı ermäßigt, herabgesetzt ***tenzilatlı satış*** Schlussverkauf *m*
teokrasi Theokratie *f*

teoloji Theologie *f*
teorem Satz *m*
teori Theorie *f*
teorik theoretisch
teorisyen Theoretiker *m*
tepe Gipfel *m*; Wipfel *m*; Hügel *m*; Spitze *f*, Scheitelpunkt *m* ***tepe taklak*** kopfüber ***tepe(si) üstü*** kopfüber ***tepeden bakmak*** mit verächtlichem Blick mustern ***tepeden tırnağa*** vom Scheitel bis zur Sohle ***tepesi atmak*** sehr zornig werden ***tepesine çıkmak*** frecht werden
tepecam Dachfenster *n*
tepecik Buckel *m*
tepeleme voll
tepelemek durchprügeln
tepetaklak verkehrt (herum)
tepi Impuls *m*, Antrieb *m*
tepinmek trampeln, strampeln
tepişmek sich raufen
tepke *ruhb* Reflex *m*
tepki Reaktion *f* ***tepki göstermek*** reagieren
tepkime Reaktion *f*
tepkimek reagieren
tepme Fußtritt *m*
tepmek treten; ausschlagen
tepsi Tablett *n*
ter Schweiß *m* ***ter boşanmak*** anfangen zu schwitzen ***ter dökmek*** Schweiß vergießen ***ter içinde kalmak*** ganz in Schweiß gebadet sein ***terini soğutmak*** sich im Kühlen ausruhen
terapi Therapie *f*; therapeutisch
terapist Therapeut *m*
teras Terrasse *f*
Terazi (burcu) Waage *f*
terazi Waage *f*
terazilemek balancieren
terbiye Erziehung *f*, Bildung *f*, Ausbildung *f* ***terbiye etmek*** erziehen, ausbilden; züchtigen ***terbiye görmek*** eine gute Erziehung genießen ***terbiyesini bozmak*** sich ungehörig benehmen ***terbiyesini vermek*** scharf zurechtweisen, häftig tadeln
terbiyeli anständig, artig, wohlerzogen
terbiyesiz ungezogen, frech, unartig
terbiyesizce unhöflich, grob
terbiyesizlik Frechheit *f* ***terbiyesizlik etmek*** sich schlecht benehmen
tercih Vorzug *m* ***tercih etmek*** vorziehen, bevorzugen
tercihan vorzugsweise
tercihen vorzüglich
tercihli vorzüglich
tercüman Dolmetscher *m*
tercümanlık Dolmetschen *n* ***tercümanlık etmek*** dolmetschen
tercüme Übersetzung *f* ***tercüme etmek*** übersetzen
tere Kresse *f*
terebentin *kim* Terpentin *m/n*
tereci Gemüsehändler *m* ***tereciye tere satmak*** Eulen nach Athen tragen
tereddüt Zögern *n*, Zaudern *n*, Unschlüssigkeit *f* ***tereddüt etmek*** zögern, zaudern
terek Regal *n*
terementi Terpentin *n*
tereotu Dill *m*
teres Kuppler *m*
tereyağ Butter *f*
tereyağı Butter *f* ***tereyağından kıl çeker gibi*** mit Leichtigkeit
terfi Beförderung *f*; Versetzung *f* ***terfi etmek*** befördert werden ***terfi ettirmek*** weiterbefördern, befördern; (bilişim) nachrüsten
terhis Entlassung *f* ***terhis etmek*** entlassen ***terhis olmak*** entlassen werden ***terhis tezkeresi*** Entlassungspapiere *pl*
terilen Terylen *n*
terim Ausdruck *m*; *mat* Glied *n*; Begriff *m*
terk Verlassen *n* ***terk etmek*** verlassen; hinterlassen, abgeben; aufgeben
terki Kruppe *f*
terkip Zusammensetzung *f*; Synthese *f* ***terkip etmek*** zusammensetzen, zusammenstellen
terlemek schwitzen
terli Schweiß gebadet
terlik Hausschuh *m*
termal Thermal-; Thermalbad *n*
termik Thermik
terminal Hauptbahnhof *m*
terminoloji Terminologie *f*

termodinamik Thermodynamik *f*
termoelektrik thermoelektrisch
termometre Thermometer *n*
termonükleer thermonuklear
termos Thermosflasche *f*
termosifon Boiler *m*
termostat Thermostat *m*
terör terroristisch; Terror *m*
terörist Terrorist *m*; terroristisch
terörizm Terrorismus *m*
ters umgekehrt; verkehrt, entgegen gesetzt; Rückseite *f*; Gegenteil *n* ***ters anlamak*** verkehrt verstehen ***ters çevirmek*** umdrehen ***ters gitmek*** schiefgehen ***ters tarafından kalkmak*** mit dem linken Bein zuerst aufstehen ***ters tarafından kalkmış*** mit dem linken Bein zuerst aufgestanden ***ters ters bakmak*** *jdn* mit Blicken durchbohren
tersane Werft *f*
tersim Zeichnen *n*, Zeichnung *f*
tersine im Gegenteil, umgekehrt ***tersine çevirmek*** ins Gegenteil verkehren
tersinir reversibel, umkehrbar
tersinirlik Umkehrbarkeit *f*
terslemek grob anfahren
terslik Pech *n*, Missgeschick *n*; Gegensätzlichkeit *f*; Unfreundlichkeit *f*
tersyüz (giysi) links, verkehrt (herum) ***tersyüz etmek*** auf links drehen, umstülpen ***tersyüz geri dönmek*** mit leeren Händen zurückkommen ***tersyüzüne çevirmek*** zurückschicken ***tersyüzüne dönmek*** umkehren
tertemiz blitzsauber, tipptopp sauber
tertibat Anlagen pl, Einrichtungen *pl*
tertip Ordnung *f*; Veranstaltung *f*, Organisation *f*; Gliederung *f* ***tertip etmek*** ordnen, veranstalten, organisieren; einfädeln
tertipçi Organisator *m*; Planer *m*
tertiplemek ordnen; veranstalten, organisieren; gliedern
tertipli ordentlich; organisiert
tertipsiz unordentlich
terzi Schneider(in *f*) *m*
terzihane Schneiderwerkstatt *f*
tesadüf Zufall *m* ***tesadüf etmek*** treffen; fallen
tesadüfen zufällig
tesadüfi zufällig
tescil Registrierung *f*, Eintragung *f* ***tescil etmek*** registrieren, eintragen
tescilli gesetzlich geschützt, eingetragen
tescilsiz unregistriert
teselli Trost *m* ***teselli bulmak*** sich aufrichten an ***teselli etmek*** trösten ***teselli mükâfatı*** Trostpreis *m*
tesir Wirkung *f*; Eindruck *m*; Einfluss *m* ***tesir etmek*** beeindrucken; rühren; beeinflussen
tesirli eindrucksvoll; einflußreich
tesirsiz wirkungslos
tesis Gründung *f*, Begründung *f* ***tesis etmek*** gründen, begründen; einrichten, errichten
tesisat Einrichtung *f*; Anlage *f*
tesisatçı Installateur *m*
teskere Tragbahre *f*
teskin Beruhigung *f* ***teskin etmek*** beruhigen
teslim Auslieferung *f*; Eingeständnis *n*; Kapitulation *f* ***teslim almak*** übernehmen, abnehmen ***teslim bayrağı çekmek*** sich ergeben ***teslim etmek*** übergeben, ausliefern; anvertrauen; zugeben, eingestehen ***teslim olmak*** kapitulieren sich ergeben; sich hingeben
teslimiyet Resignation *f*
tespih Gebetskette *f* ***tespih çekmek*** die Gebetskette durch die Finger gleiten lassen
tespihböceği Kellerassel *f*
tespit Feststellung *f*; Befestigen *n* ***tespit etmek*** feststellen; festlegen; befestigen
test Test *m*
testere Säge *f*
testerebalığı Sägefisch *m*
testi Tonkrug *m*
tesviye Nivellierung *f*; Reinigung *f* ***tesviye etmek*** einebnen, nivellieren
tesviyeci Dreher *m*
tesviyecilik Schlosserhandwerk *n*
teşbih Vergleich *m*
teşebbüs Versuch *m*, Unternehmung *f*; Initiative *f* ***teşebbüs etmek*** versuchen, unternehmen

teşekkül Entstehung *f*; Aufbau *m*; Organisation *f* ***teşekkül etmek*** sich bilden, sich formen, entstehen
teşekkür Dank *m* ***(çok) teşekkür ederim*** danke sehr! ***teşekkür ederim*** danke! ***teşekkür etmek*** danken, sich bedanken ***teşekkürler*** Vielen Dank!
teşerrüf Ehrung *f*
teşhir Ausstellung *f* ***teşhir etmek*** ausstellen ***teşhir salonu*** Ausstellungsraum *m*
teşhirci Aussteller *m*; (yayın) Exhibitionist *m*
teşhircilik Ausstellen *n*; (yayın) Exhibitionismus *m*
teşhis Identifizierung *f*; Diagnose *f* ***teşhis etmek*** identifizieren; diagnostizieren
teşkil Bildung *f*; Formation *f* ***teşkil etmek*** bilden, formen
teşkilat Organisation *f*
teşkilatçı Organisator *m*
teşkilatlandırmak organisieren
teşkilatlanmak sich organisieren
teşkilatlı organisiert
teşkilatsız unorganisiert
teşrif Ehrenerweisung *f* ***teşrif etmek*** ehren, besuchen
teşrifat Zeremoniell *n*
teşrifatçı Platzanweiser *m*
teşriki mesai Zusammenarbeit *f*
teşvik Anregung *f*, Antrieb *m* ***teşvik èdici*** antreibend ***teşvik etmek*** anregen, anfeuern; fördern
tetanos Starrkrampf *m*
tetik Drücker *m* ***tetik davranmak*** rasch handeln ***tetik etmek*** prüfen; studieren, untersuchen ***tetikte beklemek*** auf der Hut sein ***tetikte bulunmak*** in Bereitschaft sein ***tetikte olmak*** auf der Hut sein
tetkik Prüfen *f*; Besichtigung *f*; Studie *f*, Untersuchung *f* ***tetkik etmek*** (genau) untersuchen
tetkikat Untersuchung *f*
tevazu Bescheidenheit *f*
tevcih Richten *n* ***tevcih etmek*** richten, wenden
tevdi Übergabe *f* ***tevdi etmek*** übergeben; anvertrauen
teveccüh Gunst *f* ***teveccüh etmek*** sich wenden, sich richten, sich begeben ***teveccüh göstermek*** *jdm* gewogen sein
tevekkeli für nichts
tevekkül Ergebung *f*
tevkif Verhaftung *f*, Festnahme *f* ***tevkif etmek*** verhaften, festnehmen
Tevrat Altes Testament
tevsik Verifikation *f* ***tevsik etmek*** verifizieren, bestätigen
tevzi Verteilen *n* ***tevzi etmek*** verteilen, austeilen, zuteilen, ausgeben, austragen
tevziat Verteilung *f*, Austeilung *f*
teyakkuz Wachsamkeit *f*
teyel Heftnaht *f*
teyellemek heften, anheften
teyit Bestätigung *f*, Bekräftigung *f* ***teyit etmek*** bestätigen, bekräftigen
teyp Band *n*; Tonbandgerät *n* ***teybe almak*** auf Band aufnehmen
teyze Tante *f*
tez1 schneit, rasch, geschwind ***tez canlı*** temperamentvoll ***tez elden*** rasch
tez2 These *f*
tezahür Erscheinung *f* ***tezahür etmek*** sich zeigen, sich herausstellen
tezahürat Demonstration *f* ***tezahürat yapmak*** anfeuern
tezahüratçı Demonstrant *m*
tezat Widerspruch *m* ***tezata düşmek*** sich widersprechen
tezek Mist *m*
tezgâh Ladentisch *m*, Theke *f*
tezgâhlamak aushecken; zurechtschustern
tezgâhtar Verkäufer(in *f*) *m*
tezkere Bescheinigung *f*, Ausweis *m* ***tezkeresini eline vermek*** *jdm* den Laufpass geben
tezkereci Reservist *m*
tıbben/tıbbi medizinisch, ärztlich
tıbbiye medizinische Fakultät
tıbbiyeli Medizinstudent *m*
tıfıl kleine(s) Kind
tığ Stricknadel *f* ***tığ gibi*** schmächtig
tıka basa gestopft ***tıka basa doldurmak*** voll stopfen
tıkaç Stöpsel *m*; Dübel *m*

tıkaçlamak verstöpseln
tıkalı verstopft
tıkamak zustöpseln, zustopfen, verstopfen
tıkanık verstopft
tıkanıklık Stau *m*; Atembeschwerden pl; Stockung *f*
tıkanmak sich verstopfen
tıkınmak hinunterschlingen
tıkırdamak klappern, klopfen
tıkırında gitmek gut vonstatten gehen
tıkırtı leises Klappern
tıkışmak sich hineindrängen
tıkıştırmak hineinstopfen
tıkız gedrungen; dicht
tıklatmak (bilişim) anklicken
tıklım tıklım vollgestopft
tıkmak stopfen, zwängen
tıknaz klein und dick
tıknefes kurzatmig
tıksırık halbunterdrücktes niesen
tıksırmak unterdrückt niesen
tılsım Talisman *m*
tılsımlı mit einem Talisman; magisch
tımar Ackerbau *m*; Pferdepflege *f* ***tımar etmek*** pflegen; bestellen
tımarhane Irrenanstalt *n* ***tımarhane kaçkını*** aus dem Irrenhaus entsprungen
tınaz Schober *m*; Heuhaufen *m*
tıngır klingend; abgebrannt, pleite; Moneten *pl*
tıngırdamak klirren, klingen
tıngırtı Geklimper *n*
tınlamak klingen, tönen
tınmak reagieren
tınmamak nicht reagieren, nicht ausplaudern
tıp Medizin *f*
tıpa Stöpsel *m*
tıpatıp haargenau
tıpırdamak (yağmur) prasseln
tıpırtı Sprüche *pl*
tıpkı genau so
tıpkıbasım Faksimile *n*
tırabzan Geländer *n*
tıraş Rasieren *n* ***tıraş bıçağı*** Rasierklinge *f* ***tıraş etmek*** rasieren ***tıraş fırçası*** Rasierpinsel *m* ***tıraş macunu*** Rasiercreme *f* ***tıraş makinesi*** Rasierer *m* ***tıraş olmak*** sich rasieren ***tıraş sabunu*** Rasierseife *f* ***tıraş takımı*** Rasierzeug *n*
tıraşlı rasiert, abgehobelt
tıraşsız unrasiert
tırıs Trab *m* ***tırıs gitmek*** traben
tırmalamak kratzen, zerkratzen
tırmanmak hinaufklettern, aufsteigen
tırmık Kratzwunde *f*; Harke *f*, Egge *f*
tırmıklamak kratzen; harken, rechen, eggen
tırnak Fingernagel *m*; Klaue *f*; Kralle *f* ***tırnak boyası*** Nagellack *m* ***tırnak işareti*** Anführungszeichen *n*, Gänsefüßchen *n* ***tırnak kesmek*** sich die Nägel schneiden ***tırnak makası*** Nagelschere *f* ***tırnaklarını yemek*** an den Fingernägeln kauen
tırnaklamak zerkratzen
tırpan Sense *f*
tırtık Scharte *f*; Schramme *f*
tırtıklamak zerrupfen
tırtıl Raupe *f*
tıs Fauchen *n*; Zischen *n*
tıslamak fauchen
ticaret Handel *m* ***ticaret filosu*** Handelsflotte *f* ***ticaret gemisi*** Handelsschiff *n* ***ticaret mahkemesi*** Handelsgericht *n* ***ticaret merkezi*** Handelsstadt *f*, Handelszentrum *n* ***Ticaret Odası*** Handelskammer *f* ***ticaret sicili*** Handelsregister *n* ***ticaret yapmak*** *tic* Handel treiben, handeln ***ticaret yasası*** Handelsgesetz *n*
ticarethane Geschäft *n*
ticari geschäftlich
tifo Typhus *m*
tiftik Angoraziege *f*
tifüs Flecktyphus *m*
tik Tick *m*
tiksindirici abscheulich
tiksindirmek ekeln
tiksinmek verabscheuen
tiksinti Ekel *m*
tilki Fuchs *m*
tim Mannschaft *f*
timsah Krokodil *n*
timsal Symbol *n*, Sinnbild *n*
tin Seele *f*
tiner Verdünner *m*, Verdünnung *f*

T

tinsel seelisch
tip Typ *m*
tipi Schneesturm *m*
tipik typisch
tipografya Typographie *f*
tir tir titremek wie Espenlaub zittern
tiraj Auflage *f*
tirbuşon Korkenzieher *m*
tire1 Faden *m*, Zwirn *m*
tire2 Bindestrich *m*
tirildemek beben, zittern
tiroit Schilddrüse *f*
tirsi *hayb* Alse *f*
tiryaki leidenschaftlicher Raucher oder Kaffeetrinker
tişört T-Shirt *n*
titiz anspruchsvoll; sorgfältig
titizlik Sorgfalt *f*; Pedanterie *f*
titizlikle peinlich genau
titrek zitternd
titremek zittern
titreşim Schwingung *n*
titreşmek schwingen
tiyatro Theater *n*
tiyatrocu Theaterspieler(in *f*) *m*
tiz hoch
tohum Samen *m*; Sperma *n* ***tohum ekmek*** säen
tohumlamak befruchten
tok satt; kräftig, laut ***tok karnına*** nach dem Essen ***tok olmak*** satt sein
toka1 Schnalle *f*
toka2 Händedruck *m* ***toka etmek*** sich die Hand geben
tokalaşmak sich die Hand drücken, sich die Hand geben
tokat Ohrfreige *f* ***tokat atmak*** ohrfeigen ***tokat yemek*** eine Ohrfeige beziehen
tokatlamak ohrfeigen
tokgözlü genügsam
tokgözlülük Genügsamkeit *f*
tokmak Holzhammer *m*, Holzschlegel *m*; Türklopfer *m*
tokmakçı Gigolo *m*
toksin Toxin *n*
toksözlü grob, barsch; unverblümt
tokurdamak glucksen
tokurtu Blase *f*
tokuşmak zusammenprallen
tokuşturmak stoßen gegen
tolerans Toleranz *f*
toleranslı tolerant, duldsam
toleranssız unduldsam
tolga Helm *m*
tomar Rolle *f*, Papierrolle *f*
tombala Tombola *f*
tombalak rundlich
tombul rundlich, dick
tomruk Baumklotz *m*
tomurcuk Knospe *f*
tomurcuklanmak knospen
ton1 Tonne *f*
ton2 *müz* Ton *m*; Tönung *f*
tonaj *den* Tonnage *f*
tonbalığı Thunfisch *m*
toner Toner *m*
tonga List *f*, Schwindel *m* ***tongaya basmak*** in die Falle gehen ***tongaya bastırmak*** *jdm* eine Falle stellen ***tongaya düşmek*** hereinfallen
tonik Tonikum *n*
tonilato Tonnage *f*
tonoz Gewölbe *n*
tonton schnuck(e)lig
top Ball *m*; Kanone *f*; Gesamtheit *f* ***top oynamak*** Ball spielen ***top sürmek*** dribbeln ***topa tutmak*** beschießen ***topu atmak*** Bankrott machen ***topu topu*** insgesamt, alles in allem
topaç Kreisel *m* ***topaç çevirmek*** Kreisel spielen
topak Klumpen *m*, Ballen *m*
topal lahm
topallamak hinken, lahmen
topallık Lahmheit *f*
toparlak rund
toparlamak zusammenraffen, zusammenpacken; aufräumen
toparlanmak sich zusammennehmen; wieder auf die Beine kommen
topçu *ask* Artillerist *m*
topçuluk Artillerie *f*
tophane Geschützgießerei *f*
toplaç Kollektor *m*
toplam Summe *f*
toplama *mat* Addition *f*; Sammlung *f* ***toplama kampı*** Konzentrationslager *n*
toplamak *mat* addieren, zusammenzäh-

len; sammeln; aufräumen; versammeln; einsammeln
toplanma Versammlung *f*
toplanmak sich versammeln; sich ansammeln
toplantı Versammlung *f*, Tagung *f*
toplardamar Vene *f*
toplaşmak sich scharen (um -in etrafına\etrafında)
toplu aufgeräumt; versammelt, kollektiv ***toplu konut*** Siedlungsbau *m*
topluiğne Stecknadel *f*
topluluk Gemeinschaft *f*
toplum Gesellschaft *f*, Gemeinschaft *f*
toplumbilim Soziologie *f*
toplumbilimci Soziologe *m*, Soziologin *f*
toplumsal gesellschaftlich, sozial ***toplumsal baskı*** gesellschaftlicher Druck
toplusözleşme Manteltarifvertrag *m*, Tarifvertrag *m*
toplutaşıma öffentliche Verkehr
topografya Topographie *f*
toprak Erde *f*, Boden *m*, Land *n* ***toprağa vermek*** bestatten ***toprak kayması*** Erdrutsch *m*
toptan en gros, alle zusammen ***toptan satış*** Massenabsatz *m*
toptancı Großhändler *m*
toptancılık Großhandel *m*
topuk Ferse *f*; Schuhabsatz *m*
topuklu mit hohem Absatz
toput Bodensatz *m*
topuz Keule *f*
topyekûn gesamt, total
toraman kräftig gebaut
torba Sack *m*, Beutel *m*; Zyste *f* ***torbada keklik*** *mec* alles in Butter
torik Bonito *m*
torna Drehbank *f* ***torna etmek*** drechseln, drehen
tornacı Drechsler *m*
tornavida Schraubenzieher *m*
tornistan Rückwärtsfahrt *f* ***tornistan etmek*** rückwärtsfahren
Toros Taurus *m*
torpido Torpedo *m* ***torpido gözü*** *oto* Handschuhfach *n*
torpil Mine *f* ***torpil yaptırmak*** Beziehungen spielen lassen
torpillemek torpedieren
torpilli mit Torpedos ausgerüstet; mit Beziehungen
tortop kugelrund
tortu Bodensatz *m*, Senkstoff *m*; Sediment *n*, Ablagerung *f*
torun Enkel(in *f*) *m*
tos Stoß *m* ***tos vurmak*** (mit dem Kopf) stoßen
tosbağa Schildkröte *f*
toslamak anfahren, streifen
tost Toast *m* ***tost ekmeği*** Toastbrot *n* ***tost makinesi*** Toaster *m* ***tost yapmak*** toasten
tostoparlak kugelrund; zusammengeballt
tosun Ochse *m*
totaliter *pol* totalitär
totem Totem *n*
toto Toto *n*
toy unerfahren
toynak Huf *m*
toz Staub *m*; Pulver *n* ***toz almak*** Staub wischen, abstauben ***toz bezi*** Staubtuch *n* ***toz bulutu*** Staubwolke *f* ***toz kondurmamak*** nichts auf *jdn* kommen lassen ***toz koparmak*** Staub aufwirbeln ***toz olmak*** verschwinden, abhauen ***toz toprak*** Argwohn *m*, Verdacht *m* ***tozu dumana katmak*** Staubwolken aufwirbeln ***tozunu silkmek*** durchbleuen
tozlanmak einstauben, verstauben
tozlu staubig
tozluk Gamasche *f*
tozşeker Kristallzucker *m*, Puderzucker *m*
tozutmak Staub aufwirbeln
töhmet Verdacht *m*, Vergehen *n*
tökezlemek stolpern, straucheln
töre Sitte und Brauch
törebilim Ethik *f*
törel moralisch
tören Feier *f*
törensel feierlich
törpü Feile *f*, Raspel *f*
törpülemek feilen
törpülemek abfeilen, feilen
tövbe Bußgelöbnis *n* ***tövbe etmek*** abschwören
tövbekâr reuig

tövbeli bußfertig, reuig
trafik Verkehr *m* ***trafik işareti*** Verkehrszeichen *n* ***trafik ışığı*** Verkehrslampe *f* ***trafik polisi*** Verkehrspolizist *m* ***trafik sıkışıklığı*** Verkehrschaos *n*
trafo Umspannwerk *n*; *elek* Netzteil *n*
trahom Trachom *n*
trajedi Tragödie *f*
trajik tragisch
traktör Traktor *m*
Trakya Thrazien
trampa Tausch *m* ***trampa etmek*** einaustauschen
trampet Trommel *f*
trampetçi Trommler *m*
tramplen Sprungbett *n*
tramvay Straßenbahn *f*, Bergbahn *f*
transatlantik Ozeandampfer *m*
transfer Transfer *m* ***transfer etmek*** transferieren
transformasyon Transformation *f*
transformatör Transformator *m*, Umspannwerk *n*
transfüzyon Transfusion *f*
transistor transistor
transit Transit *m*
transplantasyon *hek* Transplantation *f*
trapez Trapez *n*, Schaukelreck *n*
travers Eisenbahnschwelle *f*
travma *hek* Trauma *n*
tren Zug *m* ***trenden inmek*** aus dem Zug aussteigen ***trene binmek*** in den Zug einsteigen ***treni kaçırmak*** den Anschluss verpassen
trençkot Trenchcoat *m*
treyler Anhänger *m*
tribün Tribüne *f*
trigonometri Trigonometrie *f*
trigonometrik trigonometrisch
triko Strickwaren *pl*
trikotaj Woll- und Strickwaren
trilyon Trillion *n*
triptik Triptyk *n*; triptisch
triyo Trio *n*
trol Schleppnetz *n*
troleybüs Obus *m*
trombon Posaune *f*
tromboncu trombonist
trompet Trompete *f*
trompetçi *müz* Trompeter *m*
tropik tropische Zone; tropisch, tropikal
tropika Tropen *f*
tropikal tropisch
trotuar Bürgersteig *m*
tröst Trust *m*
tufan Sintflut *f*
tugay Brigade *f*
tuğ Heimbusch *m*
tuğamiral Brigadeadmiral *m*
tuğgeneral Brigadegeneral *m*
tuğla Ziegel *m*
tuhaf sonderbar, komisch
tuhafiye Kurzwaren *f*
tuhafiyeci Kurzwarenhändler *m*
tuhafiyeci Textilkaufmann *m*, Textilkauffrau *f*
tuhaflık Merkwürdigkeit *f*
tuluat Improvisierte *n*, Schauspiel *n* ***tuluat yapmak*** improvisieren
tulum Dudelsack *m*, Arbeitertracht *f*; Strampelhose *f*
tulumba Pumpe *f*, Feuerspritze *f*
tulumcuk Beutelchen *n*; *anat* Ohrschnecke *f*
tumturak Schwulst *m*
tumturaklı hochtrabend
Tuna Donau *f*
tunç Bronze *f*
tungsten Tungsten *m*
Tunus Tunesien *n*; tunesisch
tur Rundfahrt *f*, Tour *f* ***tur atmak*** rundfahren
turfanda Frühobst *n*, Frühgemüse *n*
turist Tourist *m* ***turist rehberi*** Fremdenführer(in *f*) *m* ***turist vizesi*** Touristen Visum
turistik touristisch
turizm Fremdenverkehr *m* ***turizm acentesi*** Reisebüro *n*, Fremdenagentur *f*
turkuaz Türkis *m*
turna Kranich *m* ***turnayı gözünden vurmak*** ins Schwarze treffen
turnabalığı *hayb* Hecht *m*
turne Tournee *f* ***turneye çıkmak*** auf Tournee gehen
turnike Drehkreuz *n*, Drehsperre *f*
turnuva Turnier *n*
turp Radieschen *n* ***turp gibi*** gesund wie

der Fisch im Wasser
turşu Essiggemüse *n*, eingelegter Salat ***turşu gibi*** sehr ermattet, todmüde ***turşu kurmak*** Essiggemüse einlegen
turuncu orange
turunç Pomeranze *f*
turunçgiller *bitk* Zitrusfrüchte *pl*
tuş Taste *f*; *sp* Niederwurf auf beide Schultern
tutacak Pinzette *f*
tutam Handvoll *f*, Faustvoll *f*
tutamak Haltegriff *m*
tutanak Protokoll *n*
tutar Menge *f*, Summe *f*, Betrag *m*
tutarlı folgerichtig, konsequent
tutarlık Folgerichtigkeit *f*, Konsequenz *f*
tutarlılık Konsequenz *f*
tutarsız inkonsequent, widersprechend
tutarsızlık Inkonsequenz *f*
tutkal Leim *m*
tutkallamak leimen
tutku Leidenschaft *f*, Sucht *f*
tutkulu glühend, heißblütig, leidenschaftlich
tutkun süchtig; entzückt, begeistert ***tutkun olmak*** süchtig sein
tutkunluk Wahn *m*
tutmak greifen, ergreifen; packen, fassen; halten, ansehen; stimmen, richtig sein
tutsak Gefangene *m*
tutsaklık Gefangenschaft *f*
tutturmak beharren, bestehen
tutucu konservativ
tutuculuk Konservatismus *m*
tutuk behindert; gehemmt, scheu, schüchtern, befangen
tutuklamak verhaften, gefangennehmen
tutuklu festgenommen, verhaftet
tutukluk Hemmung *f*
tutukluluk Festnahme *f*, Haft *f*
tutulmak sich verlieben; geraten, kommen
tutum Verhalten *n*, Benehmen *n*; Sparsamkeit *f*
tutumlu haushälterisch, sparsam, ökonomisch
tutumsuz verschwenderisch
tutunmak sich halten; sich festhaften
tutuşmak sich halten; anfangen, beginnen, unternehmen; sich entzünden
tutuşturmak anstecken, anzünden
tuval Leinwand *f*
tuvalet Toilette *f* ***tuvalet kâğıdı*** Klosettpapier *n*, Toilettenpapier *n* ***tuvalet masası*** Toilettentisch *n* ***tuvalete gitmek*** austreten
tuz Salz *n* ***tuz biber ekmek*** Salz in eine offene Wunde streuen ***tuz buz olmak*** in tausend Stücke zerschlagen werden ***tuz ekmek*** salzen ***tuzla buz etmek*** kurz und klein schlagen ***tuzla buz olmak*** (cam) zersplittern ***tuzu kuru*** behäbig, wohlversorgt ***tuzu kuru olmak*** keine Sorgen haben
tuzak Falle *f*, Schlinge *f* ***tuzağa düşmek*** hereinfallen ***tuzağa düşürmek*** hereinlegen ***tuzak kurmak*** *jdm* eine Falle stellen
tuzla Saline *f*, Salzgarten *m*
tuzlamak salzen, einsalzen
tuzlu salzig, versalzen; teuer
tuzluk Salzstreuer *m*
tuzluluk Salzgehalt *m*
tuzruhu Salzsäure *f*
tuzsuz ungesalzen
tüberküloz Tuberkulose *f*
tüccar Kaufmann *m*
tüfek Gewehr *n* ***tüfek atmak*** schießen
tükenmek sich erschöpfen, aufhören
tükenmez unaufhörlich
tükenmezkalem Kugelschreiber *m*
tüketici Verbraucher *m*
tüketim Verbrauch *m*, Konsum *m*
tüketmek verbrauchen
tükürmek spucken, ausspucken, speien, ausspeien
tükürük Speichel *m* ***tükürük bezi*** Speicheldrüse *f* ***tükürük hokkası*** Spucknapf *m*
tül Tüll *m*
tülbent Musselin *m*
tüm vollständig, ganz; all, alle; Gesamtheit *f*, Ganze *n*
tümamiral Vizeadmiral *m*
tümce Satz *m*
tümdengelim Deduktion *f*
tümel allgemein; ganz, voll

tümen Division *f*
tümevarım Induktion *f*
tümgeneral Generalmajor *m*
tümleç *dilb* Ergänzung *f*, Objekt *n*
tümlemek ergänzen, vervollständigen
tümler ergänzend, komplementär
tümör Schwellung *f*
tümsek Erhebung *f*
tümtanrıcılık Pantheismus *m*
tünaydın Guten Abend!
tünek Hühnerstange *f*
tüneklemek sich setzen, nisten
tünel Tunnel *m*
tünemek sich setzen, nisten
tüp Röhre *f*, Ampulle *f*, Reagenzglas *n* ***tüp bebek*** Retortenbaby *n*
tür Art *f*
türban Turban *m*
türbe Mausoleum *n*
türdeş gleichartig, homogen
türedi Emporkömmling *f*
türemek auftauchen
türetmek herleiten, ableiten
türev Ableitung *f*
Türk Türke *m*, Türkin *f*; türkisch ***Türk lokumu*** türkischer Honig ***Türk(i) dilleri*** Turksprachen *pl* ***Türk Milli Takımı*** türkische Nationalmannschaft
Türkçe Türkisch *n*; auf türkisch
Türkçesi im Klartext
Türkçülük Turkismus *m*
Türkistan Turkistan *n*
Türkiye Türkei *f* ***Türkiye Cumhuriyeti*** die Türkische Republik
Türkmen Turkmene *m*, Turkmenin *f*
Türkmenistan Turkmenistan
Türkolog Turkologe *m*, Turkologin *f*
Türkoloji Turkologie *f*
türkü Volkslied *n* ***türkü çağırmak/söylemek*** ein Volkslied singen ***türkü söylemek*** singen
türlü verschieden, verschiedenartig ***türlü türlü*** vielerlei
tütmek rauchen; dampfen
tütsü Räucherung *f*
tütsülemek räuchern
tütsülenmiş geräuchert
tüttürmek rauchen
tütün Tabak *m* ***tütün içmek*** rauchen
tütüncü Tabakhändler *m*
tüvit Tweed *m*
tüy Feder *f* ***tüy dökmek*** sich mausern ***tüy gibi*** federleicht ***tüy sıklet*** Federgewicht *n* ***tüyler ürpertici*** haarsträubend, grausig ***tüyleri diken diken olmak*** eine Gänsehaut bekommen; *jdm* die Haare zu Berge stehen
tüylenmek Federn bekommen
tüylenmek Federn bekommen
tüylü gefedert
tüymek entkommen, fliehen
tüysıklet Federgewicht *n*
tüysüz ungefedert
tüze Gerechtigkeit *f*
tüzel gerichtlich; juristisch
tüzelkişi Körperschaft *f*; *huk* juristische Person
tüzük Vorschrift *f*
tvist *müz* Twist *m*

U

ucube Merkwürdigkeit *f*
ucuz billig ***ucuz atlatmak/kurtulmak*** davonlaufen ***ucuz kurtulmak*** mit einem blauen Auge davonkommen
ucuza zu billigem Preis ***ucuza almak*** zu billigem Preis kaufen
ucuzlamak heruntergehen, sich senken
ucuzlatmak verbilligen
ucuzluk Billigkeit *f*
ucuzluk Billigkeit *f*
uç Spitze *f*, Ende *n* ***ucu bucağı olmamak*** endlos sein ***ucu bucağı belli olmamak*** nicht recht wissen, wo man beginnen soll ***ucunu kaçırmak*** den Faden verlieren ***uç uca*** mit knapper Not ***uç uca gelmek*** mit knapper Not erreichen
uçak Flugzeug *n* ***uçak bileti*** Flugschein *m* ***uçak gemisi*** Flugzeugträger *m* ***uçak kaçırma*** Flugzeugentführung *f* ***uçak kaçırmak*** entführen ***uçak korsanı*** Flugzeugentführer *m*, Flug(zeug)pirat *m*

uçakla per Luftpost
uçaksavar Luftabwehr *f*
uçan fliegend
uçandaire fliegende Untertasse
uçantop Volleyball *m*
uçarı Schürzenjäger *m*
uçkur Gürtelschnur *f* ***uçkuruna gevşek*** promiskuitiv, ausschweifend
uçlanmak berappen, blechen
uçmak fliegen, anfliegen, zufliegen (auf, doğru)
uçsuz ohne Spitze ***uçsuz bucaksız*** grenzenlos, endlos
uçucu flüchtig
uçuçböceği Marienkäfig *m*
uçuk verblasst; Bläschenausschlag *m*
uçurmak fliegen lassen, aufsteigen lassen
uçurtma Drachen *m* ***uçurtma uçurmak*** einen Drachen steigen lassen
uçurum Abgrund *m*, Absturz *m*, Abhang *m*
uçuş Flug *m*
uçuşmak umherfliegen
ud Laute *f*
udi Lautenspieler *m*
udi Lautenspieler *m*
ufacık winzig ***ufacık tefecik*** klein und schmächtig
ufak klein ***ufak çapta*** in Miniaturausgabe ***ufak para*** Kleingeld *n* ***ufak tefek*** klein und schmächtig ***ufak ufak*** ganz klein; krümelig
ufaklık Kleinheit *f*; Kleingeld *n*
ufalamak zerkleinern, zerbröckeln
ufalanmak zerbröckeln
ufalmak sich verkleinern
ufarak nicht sehr groß
uflamak ächzen, stöhnen ***uflayıp puflamak*** ächzen und stöhnen
ufuk Horizont *m*
uğrak häufig besuchter Ort
uğramak vorbeikommen
uğraş Beschäftigung *f*
uğraşı Beschäftigung *f*
uğraşmak sich beschäftigen
uğraştırmak beschäftigen
uğuldamak sausen, brausen, brummen
uğultu Brausen *n*; Dröhnen *n*
uğur gutes Anzeichen, gute Vorbedeutung ***uğur getirmek*** Glück bringen
uğurböceği Marienkäfer *m*
uğurlamak verabschieden ***uğurlar olsun*** Gute Reise!
uğurlu Glück bringend
uğursuz unselig, (şey) unglücklich; Unheil bringend; fatal, ominös
uğursuzluk Unglück *n* ***uğursuzluk getirmek*** Unglück bringen
ukala Alleswisser *m*
ukalalık Besserwisserei *f*, Übergescheitheit *f*
ulak Bote *m*, Eilbote *m*
ulam Kategorie *f*, Klasse *f*, Gruppe *f*
ulama Verschleifung *f*
ulamak ansetzen, anhängen
ulan he!, Mensch!
ulaşım Verkehr *m* ***ulaşım aracı*** Verkehrsmittel *n*
ulaşmak gelangen, erlangen, ankommen, erreichen
ulaştırma Übermittelung *f* ***Ulaştırma Bakanı*** Verkehrsminister *m* ***Ulaştırma Bakanlığı*** Verkehrsministerium *m*
ulaştırmak befördern, transportieren, kommunizieren
ulema Gelehrte pl; Theologen *pl*
ulu erhaben, hoch, groß, himmlich
ululamak verherrlichen
ululuk Größe *f*, Erhabenheit *f*
ulumak heulen
uluorta ungeniert
ulus Nation *f*
ulusal national ***ulusal marş*** Nationalhymne *f*
ulusallaştırmak nationalisieren
ulusçu nationalistisch
ulusçuluk Nationalismus *m*
uluslararası international
ulvi hoch, erhaben
umacı schwarze(r) Mann
ummadık unerwartet, unvermutet
ummak hoffen, erhoffen
umuduyla mit der Hoffnung
umulmadık unverhofft
umum allgemein; Öffentlichkeit *f*
umumi allgemein; öffentlich ***umumi efkâr*** öffentliche Meinung

U

umumiyet Gesamtheit *f*, Allgemeinheit *f*
umumiyetle im allgemeinen
umur Sachen pl, Angelegenheiten *pl* ***umurumda değil*** das kümmert mich nicht
umurunda olmamak sich nicht kümmern
umursamak sich kümmern
umursamamak sich nicht kümmern
umursamaz sorglos
umursamazlık Sorglosigkeit *f*
umut Hoffnung *f* ***umudunu kesmek*** die Hoffnung aufgeben ***umudunu kırmak*** *jds* Hoffnungen zerstören ***umut etmek*** hoffen ***umut vermek*** *jdm* Hoffnungen machen
umutlandırmak hoffen lassen
umutlanmak zu hoffen beginnen
umutlu hoffnungsvoll
umutsuz hoffnungslos ***umutsuzluğa düşmek/kapılmak*** alle Hoffnungen fahren lassen
umutsuzluk Hoffnungslosigkeit *f*
un Mehl *n* ***un çuvalı*** Mehlsack *m* ***un ufak*** staubfein ***un ufak olmak*** zertrümmert werden ***unumu eleyip eleğini duvara astım*** das habe ich schon getan
unlamak in Mehl wälzen
unlu mehlig; Mehl enthaltend
unsur Element *n*, Faktor *n*
unutkan vergesslich
unutkanlık Vergesslichkeit *f*
unutmabeni Vergissmeinnicht *n*
unutmak vergessen
unutulmak in Vergessenheit geraten
unutulmaz unvergesslich
unvan Titel *m*
upuzun sehr lang, ellenlang
ur Schwellung *f*, Geschwulst *f*
urağan Hurikan *m*
uranyum Uran *n*
urgan Strick *m*
us Verstand *m* ***usa vurmak*** begründen
usanç Überdruss *m* ***usanç getirmek*** einer Sache überdrüssig werden, leid werden ***usanç vermek*** Überdruss hervorrufen
usandırıcı verdrießlich; aufdringlich, lästig
usandırmak Überdruss hervorrufen
usanmak überdrüssig werden
usare Saft *m*
usçu Rationalist *m*
usçuluk Rationalismus *m*
usdışı irrational
uskumru Makrele *f*
uskur Schraube *f*
uslamlamak urteilen
uslanmak artig werden, verständig werden
uslu artig, brav ***uslu durmak*** artig sein ***uslu oturmak*** sich ruhig verhaften
ussal rationalistisch
usta Meister *m*
ustabaşı Werkmeister *m*
ustaca gekonnt, meisterhaft, mit Bravour
ustalık Meisterschaft *f*; Kunst *f*; Kunsfertigkeit *f*
ustura Rasiermesser *n*
usul Methode *f*, System *f*; *müz* Takt *m* ***usul usul*** langsam, gemessen
usulca(cık) unauffällig; vorsichtig; heimlich
usulen ordnungsgemäß
usulsüz vorschriftswidrig
usulsüzlük Regelwidrigkeit *f*
uşak Diener *m*, Knecht *m*
ut *müz* Laute *f*
utanacak schamhaft
utanç Scham *f*, Scheu *f* ***utancından yerin dibine geçmek*** sich in Grund und Boden schämen ***utanç verici*** skandalös
utandırmak *jdm* Schande machen, blamieren, beschämen
utangaç scheu, schüchtern
utangaçlık Scheu *f*, Befangenheit *f*, Schüchternheit *f*, Verlegenheit *f*
utanmak sich schämen
utanmaz unverschämt, frech
utanmazlık Unverschämtheit *f*, Frechheit *f*
utku Sieg *m*
uvertür Vorspiel *n*; *müz* Ouvertüre *f*
uyak Reim *m*
uyandırmak wecken, aufwecken; hervorrufen
uyanık wach; wachsam
uyanıklık Wachsein *n*; Achtsamkeit *f*,

Umsicht *f*
uyanmak erwachen, aufwachen
uyaran stimulierend, anregend
uyarı Mahnung *f*, Warnung *f*
uyarıcı nervenanregend, Reizmittel *n*, Stimulans *n*
uyarınca gemäß, nach, laut
uyarlama Anpassung *f*; *tiy* Bearbeitung *f*
uyarlamak anpassen; bearbeiten
uyarma Anregung *f*, Antrieb *m*, Reiz *m*; Warnung *f*, Ermahnung *f*
uyarmak anregen, antreiben, reizen; warnen, ermahnen
uydu Trabant *m*
uydurma improvisiert; oberfächlich gemacht
uydurmak improvisieren; anpassen
uydurmasyon Schwindel *m*
uyduruk unwahrhaftig, erlogen, handgestrickt
uygar zivilisiert
uygarlaşmak zivilisiert werden
uygarlaştırmak zivilisieren
uygarlık Zivilisation *f*
uygulama Anwendung *f* ***uygulama noktası*** *fiz* Angriffspunkt *m* ***uygulamaya koymak*** praktizieren
uygulamak anwenden
uygulamalı angewandt, parktisch
uygulayım Technik *f*
uygun passend, geeignet; angemessen, angebracht; anständig, ordentlich ***uygun bulmak/görmek*** passend finden ***uygun düşmek*** passen, entsprechen ***uygun gelmek*** *jdm* zusagen, passen ***uygun olmak*** sich schicken, zutreffen
uygunluk Angemessenheit *f*; Anständigkeit *f*
uygunsuz unpassend, ungehörig
uygunsuzluk Unangemessenheit *f*; Unanständigkeit *f*
Uygur Uigure *m*, Uigurin *f*
uyku Schlaf *m* ***uyku basmak*** der Schlaf überkommen ***uyku gözünden akıyor*** die Augen fallen ihm zu ***uyku gözünden akmak*** sehr schläfrig sein ***uyku hapı*** *hek* Schlaftablette *f* ***uyku ilacı*** Schlafmittel *n* ***uyku kestirmek*** ein Nickerchen machen ***uyku sersemliği*** Schlaftrunkenheit *f* ***uyku tulumu*** Schlafsack *m* ***uyku tutmamak*** nicht einschlafen können ***uykusu başına vurmak*** Schlaf bekommen ***uykusu gelmek*** müde sein ***uykusunu almak*** ausschlafen ***uykuya dalmak*** einschlafen
uykucu Schlafmütze *f*
uykulu schläfrig, schlaftrunken
uykusuz schlaflos
uykusuzluk *hek* Schlaflosigkeit *f*
uyluk Oberschenkel *m*
uymak stimmen, passen, entsprechen; sich anpassen, richten, folgen, sich fügen
uyruk Staatsangehörige *m*
uyrukluk Staatsangehörigkeit *f*
uysal ruhig, nachgiebig, fügsam
uysallık Sanftmut *f*, Nachgiebigkeit *f*
uysallık Nachgiebigkeit *f*
uyuklamak dösen; einnicken
uyum Harmonie *f* ***uyum sağlamak*** sich anpassen
uyumak schlafen
uyumlu harmonisch
uyumluluk Anpassungsfähigkeit *f*, Kompatibilität *f*
uyumsuz *biliş* inkompatibel; unharmonisch
uyumsuzluk Disharmonie *f*
uyuntu schlafmützig, dickfellig
uyurgezer Schlafwandler *m*
uyurgezerlik *hek* Mondsüchtigkeit *f*
uyuşmak sich vertragen, sich einigen
uyuşmazlık Unfriede *m*, Diskrepanz *f*, Missklang *m*, Zweispalt *m*, Unstimmigkeit *f*
uyuşturmak betäuben
uyuşturucu betäubend; Beruhigungsmittel *m* ***uyuşturucu madde*** Droge *f*, Rauschgift *n*
uyuşuk steif, klamm; träge
uyuşukluk Steifheit *f*; Trägheit *f*
uyutmak einschläfern; schlafengehen; *mec* lange weilen
uyutucu narkotisch
uyuyakalmak einschlafen; sich verschlafen
uyuz Krätze *f*, Räude *f* ***uyuz etmek*** *arg*

U

irritieren, reizen ***uyuz olmak*** die Krätze (Räude) haben; *mec* nervig werden

uyuzböceği Milbe *f*

uz gut, geeignet; geschickt, gewandt; richtig

uzaduyum Telepathie *f*

uzak weit, fern; Ferne *f* ***uzağı görmek*** weit blickend sein ***uzak durmak*** fernstehen ***uzak düşmek*** weit voneinander entfernt sein ***uzak tutmak*** abhalten

Uzakdoğu ferner Osten

uzaklaşmak sich entfernen; *mec* Abstand nehmen von

uzaklaştırmak entfernen; abwenden

uzaklık Distanz *f*, Abstand *m*, Ferne *f*, Weite *f*, Entfernung *f*, Strecke *f*

uzakta in der Ferne

uzaktan aus der Ferne; von weiten; von weither ; aus der Entfernung ***uzaktan akraba*** entfernter Verwandter ***uzaktan kumanda*** Fernlenkung *f*, Fernsteuerung *f* ***uzaktan kumandalı*** ferngesteuert ***uzaktan uzağa*** nur oberflächlich, von weither

uzamak sich ausdehnen

uzanmak sich strecken, sich lang hinlegen

uzantı Verlängerung *f*

uzatma Dehnung *f* ***uzatma işareti*** Zirkumflex *m*

uzatmak verlängern, dehnen, ausstrecken

uzatmalı verlängert; prolongiert

uzatmıyalım fassen wir es kurz

uzay Weltraum *m* ***uzay elbisesi*** Raumanzug *m* ***uzay gemisi*** Weltraumschiff *n* ***uzay geometri*** Stereometrie *f* ***uzay kapsülü*** Raumkapsel *f* ***uzay mekiği*** Raumfähre *f*

uzayadamı Kosmonaut *m*

uzaygemisi Raumschiff *m*

uzgörür weitblickend

uziletişim Kommunikation, Fernverbindung *f*

uzlaşma Verständigung *f*, Versöhnung *f*

uzlaşmak sich verständigen, versöhnen

uzlaşmaz unversöhnlich

uzlaşmazlık Unstimmigkeit *f* Verschiedenheit *f*

uzlaştırma Beilegung *f*, Schlichtung *f*

uzlaştırmak schlichten, vereinen, versöhnen

uzluk Geschicklichkeit *f*

uzman Fachmann *m*, Sachverständige *m*, Experte *m*

uzmanlaşmak sich spezialisieren

uzmanlık Spezialität *f*, Fachgebiet *n*, Fachwissen *n*, Sachkenntnis *f*, Sachverstand *m*, Spezialisierung *f*

uzun lang, umständlich ***uzun araç*** Langtransporter *m* ***uzun atlama*** Weitsprung *m* ***uzun boylu*** großgewachsen ***uzun çizgi*** Gedankenstrich *m* ***uzun dalga*** *elek* Langwelle *f* ***uzun hikâye*** lange Geschichte ***uzun ömürlü*** langlebig ***uzun sözün kısası*** kurz gefasst ***uzun uzadıya*** lang und breit, ausführlich ***u-zun uzun*** unverwandt, lange

uzunçalar Langspielplatte *f*

uzuneşek Bockspringen *n*

uzunluk Länge *f*

uzuv Glied *n*, Organ *n*

uzyazar Fernschreiber *m*

Ü

ücra abgelegen

ücret Lohn *m*, Gage *f*, Honorar *n*

ücretli gebührenpflichtig; Lohnempfänger *m*

ücretsiz gebührenfrei; kostenlos

üç drei; Drei *f* ***üç aşağı beş yukarı*** ungefähr, etwa ***üç beş*** ein paar, einige ***üç boyutlu film*** öflasticher Film ***üç buçuk atmak*** bange sein ***üç defa*** dreimal

üçboyutlu dreidimensional, räumlich, stereoskopisch

üçer je drei

üçgen Dreieck *n*

üçkâğıt Betruck *m*, Schwindel *m* ***üçkâğıda getirmek*** betrügen, überlisten

üçkâğıtçı Betrüger *m*, Schwindler *m*

üçlü *müz* Terz *f*

üçteker Dreirad *n*

üçüncü dritt ***Üçüncü Dünya Ülkeleri***

Länder der Dritten Welt ***üçüncü olarak*** drittens
üçüncül *kim* dreiwertig; tertiär
üçüz Drilling *m*
üçüzleme Trilogie *f*
üfleç Düse *f*, Gebläse *n*, Ventilator *m*
üflemek blasen, pusten
üfürmek anblasen, anpusten, anhauchen
üfürük Behauchen *n*, Besprechen *n*
üfürükçü Wunderdoktor *m*
üleşmek sich austeilen
üleştirmek austeilen, verteilen
ülke Land *n*
Ülker Siebengestirn *n*
ülkü Ideal *n*
ülkücü Idealist *m*
ülkücülük Idealismus *m*
ülküleştirmek idealisieren
ülser Geschwür *n*, Ulkus *n*
ültimatom Ultimatum *n*
ültrasonik Überschall-
ültraviyole ultraviolett, Ultraviolett-
ümit Hoffnung *f*, Erwartung *f*, Vermutung *f* ***ümide kapılmak*** Hoffnung schöpfen ***ümidini kesmek*** die Hoffnung auf *etw* aufgeben ***ümit beslemek*** Hoffnung hegen ***ümit etmek*** hoffen, erhoffen, erwarten, vermuten ***ümit vermek*** *jdm* Hoffnung machen
ümitlendirmek hoffen lassen
ümitlenmek sich Hoffnungen machen
ümitli hoffnungsvoll
ümitsiz hoffnunglos, verzweifelt ***ümitsizliğe kapılmak*** verzagen
ümitsizlik Hoffnungslosigkeit *f*, Verzweiflung *f*
ümmet Religionsgemeinschaft *f* ***ümmeti Muhammet*** die Muslims
ün Stimme *f*, Klang *m*; Ruf *m*, Ruhm *m*, Ansehen *n* ***ün kazanmak/salmak*** berühmt werden ***ün salmak*** überall berühmt werden
üniforma Uniform *f*
ünite Einheit *f*
üniversite Universität *f* ***üniversite mezunu*** Akademiker *m* ***üniversite öğrencisi*** Student(in *f*) *m*
ünlem Ausrufung *f* ***ünlem işareti*** Ausrufezeichen *n*
ünlemek rufen
ünlü berühmt, angesehen; *dilb* Vokal *n*
ünsüz *dilb* Konsonant *m*
Ürdün Jordanien *n*
Ürdünlü Jordanier *m*; jordanisch
üre Harnstoff *m*
ürem Zins *m*
üreme Fortpflanzung *f* ***üreme organları*** Geschlechtsteile pl, Genitalien *pl*
üremek sich fortpflanzen
üremi *hek* Urämie *f*
üreteç Generator *m*
üretici Erzeuger *m*, Produzent *m*, Hersteller *m*
üretim Erzeugung *f*, Produktion *f* ***üretim araçları*** Produktionsmittel *pl*
üretken zeugungsfähig
üretkenlik Zeugungsfähigkeit *f*
üretmek fortpflanzen; erzeugen, produzieren
ürkek scheu, schüchtern, zurückhaltend ***ürkek ürkek*** ängstlich und gedrückt
ürkeklik Scheu *f*, Schüchternheit *f*, Zurückhaltung *f*
ürkmek scheuen
ürküntü Panik *f*
ürkütmek stutzen, beschneiden
ürolog *hek* Urologe *m*
üroloji *hek* Urologie *f*
ürpermek sich sträuben; schaudern
ürperti Schaudern *n*, Abscheu *f*
ürtiker Nesselfieber *n*
ürümek kläffen
ürün Erzeugnis *n*, Produkt *n*, Ernte *f*, Ausbeute *f*
üryan nackt, bloß
üs Grundlage *f*, Basis *f*; Exponent *m*; Stützpunkt *m*
üslup Stil *m*
üst Oberseite *f*; ober; Rest *m* ***üst baş*** Kleidung *f*, Kleider *pl* ***üst dudak*** Oberlippe *f* ***üst kat*** Obergeschoss *n* ***üst kol*** Oberarm *m* ***üst taraf*** Weitere *n* ***üst üste*** übereinander ***üstü kalsın*** Behalten Sie den Rest! der Rest ist für Sie! ***üstü kapalı*** unausgesprochen ***üstü kapalı söylemek*** eine Andeutung machen ***üstümde para yok*** Ich habe kein Geld bei mir ***üstümden geçmek*** vergewalti-

Ü

gen

üstat Meister *m*

üstbitken Epiphyt *m*

üstçavuş Unterfeldwebel *m*

üstderi *biy* Epidermis *f*

üstdil *dilb* Metasprache *f*

üstdudak obere Lippe

üste dazu ***üste çıkmak*** scheinbar schuldlos sein ***üste vermek*** dazutun, dazugeben ***üstesinden gelmek*** zustandebringen ***üstesinden gelmek*** bewältigen, bezwingen, einer Sache beikommen, schaffen, sich Bahn brechen, sich arbeiten durch, sich zurechtfinden

üsteğmen Oberleutnant *m*

üstelemek hinzukommen; erneut auftreten; bestehen auf

üstelik obendrein, noch dazu

üstenci Bauunternehmer *m*, Subunternehmer *m*

üstgeçit Überführung *f*

üstlenmek übernehmen

üstsubay *ask* Stabsoffizier *m*

üstübeç Bleiweiß *n*

üstün überlegen ***üstün gelmek*** übertreffen; die Oberhand gewinnen; vorherrschen ***üstün olmak*** das Übergewicht haben (über -den) ***üstün tutmak*** überordnen

üstünde über, auf

üstüne über, auf ***üstüne almak*** anziehen; übernehmen ***üstüne atmak*** *jdm* etwas in die Schuhe schieben ***üstüne basmak*** das Richtige treffen (mit) ***üstüne düşmek*** sich sehr interessieren (für) ***üstüne oturmak*** (giysi) anschließen; einheimsen; (bir yerin) einsacken ***üstüne titremek*** zittern (um -in) ***üstüne toz kondurmamak*** nichts auf etwas kommen lassen ***üstüne üstlük*** obendrein ***üstüne varmak*** drängen ***üstüne yatmak*** sich widerrechtlich *etw* aneignen

üstünkörü flüchtig, oberflächlich

üstünlük Überlegenheit *f*, Oberhand *f*, Priorität *f* ***üstünlük derecesi*** *dilb* Superlativ *m* ***üstünlük duygusu/kompleksi*** das Gefühl der Überlegenheit ***üstünü çıkarmak*** sich ausziehen ***üstünü değiştirmek*** sich umziehen, sich umkleiden ***üstünü giymek*** sich anziehen

üstüpü Putzwolle *f*, Werg *n*

üstyapı Aufbau *m*; *tek* Hochbau *m*

üşengeç zu schlaff

üşengeçlik Bequemlichkeit *f*, Bummelei *f*, Faulheit *f*, Trägheit *f*

üşenmeden unverdrossen

üşenmek zu schlaff sein

üşümek frieren

üşüşmek zusammenströmen

üşütmek sich erkälten

üşütük *arg* plemplem, meschugge

üşüyorum mir ist kalt

ütopik utopisch

ütopya Utopie *f*

ütü Bügeleisen *n*

ütülemek bügeln, ausbügeln, aufbügeln

ütülü gebügelt

üvey stief ***üvey (erkek) kardeş*** Stiefbruder *m* ***üvey (kız) kardeş*** Stiefschwester *f* ***üvey anne*** Stiefmutter *f* ***üvey baba*** Stiefvater *m* ***üvey evlat*** Stiefkind *n* ***üvey evlat muamelesi yapmak*** stiefmütterlich behandeln ***üvey kız*** Stieftochter *f* ***üvey oğul*** Stiefsohn *m*

üvez *bitk* Spierling *m*

üye Mitglied *n* Angehörige *m*

üyelik Mitgliedschaff *f*

üzengi Steigbügel *m*

üzengikemiği Steigbügel *m*

üzere damit, um ... zu; wobei, wovon

üzeri Kleidung *f*, Oberseite *f*, Oberfläche *f*, (para) Rest *m* ***üzerime ağırlık bastı*** eslag mir wie ein Alpdruck auf der Seele

üzerinde über, hinsichtlich, zu

üzerine über

üzgün traurig, betrübt

üzmek bekümmern, verdrießen

üzücü bedauerlich, verdrießlich

üzülmek bedauern; traurig sein; beklagen

üzüm Traube *f*, Weintraube *f* ***üzüm asması*** Weinstock *m* ***üzüm salkımı*** Weintraube *f*, Traube *f*

üzüntü Sorge *f*, Kummer *m*

üzüntülü betrübt, traurig
üzüntüsüz ohne Betrübnis, sorgenlos

V

vaat Versprechen *n*, Zusage *f* ***vaat etmek*** versprechen, verheißen ***vaatte bulunmak*** versprechen
vaaz Predigt *f* ***vaaz etmek*** predigen
vacip vorgeschrieben, unerläßlich
vade Frist *f*, Verfalltag *m*
vadeli befristet ***vadeli kredi*** kurzfristiger Kredit ***vadeli satış*** Terminverkauf *m* ***vadesi gelmek/dolmak*** fällig werden
vadesiz unbefristet ***vadesiz hesap/mevduat*** Girokonto *n*
vadi Tal *n*
vaftiz Taufe *f* ***vaftiz babası*** Taufpate *m* ***vaftiz etmek*** taufen
vagon Wagen *m*, (yataklı) Schlafwagen *m* ***vagon restoran*** Speisewagen *m*
vah vah Wie schade!
vaha Oase *f*
vahamet Ernst *m*
vahdet (din bilgisi) Einheit *f*
vahim ernst, kritisch
vahimleşmek sich verschärfen
vahiy Eingebung *f*
vahşet Brutalität *f*, Gräueltat *f*
vahşi wild; brutal, grausam
vahşice animalisch
vahşileşmek verwildern
vahşilik Brutalität *f*
vaiz Prediger *m*
vajina *anat* Scheide *f*, Vagina *f*
vaka Geschehnis *n*, Erlebnis *n*, Ereignis *n*
vakar Ernst *m*, Würde *f*
vakfetmek vermachen, stiften, widmen, weihen
vaki befindlich; geschehen; vollendet ***vaki olmak*** geschehen, sich zutragen
vakıf Stiftung *f*
vâkıf vertraut
vakit Zeit *f* ***vakit daraldı*** die Zeit drängt ***vakit geçirmek*** sich beschäftigen ***vakit harcamak*** verschwerden ***vakit kaybetmek*** sich aufhalten mit ***vakit kazanmak*** Zeit gewinnen, Zeit sparen ***Vakit nakittir*** Zeit ist Geld! ***vakit öldürmek*** die Zeit totschlagen ***vakti gelmek*** heran kommen ***vakti hali yerinde*** recht wohlhabend ***vaktini almak*** *jdm* seine Zeit abnehmen
vakitli pünktlich, rechtzeitig
vakitsiz frühzeitig; ungelegen
vaktinde rechtzeitig, beizeiten
vaktiyle damals, einst
vakum Vakuum *n*
vakur ernst, würdig, gemessen
vakvak Ente *f*
vale Bube *m*
valf Ventil *n*; Röhre *f*
vali Gouverneur *m*
valide Mutter *f*
valilik Amtsgebäude eines Gouverneurs *m*
valiz Reisetasche *f*, Reisekoffer *m*
valla ehrlich
vallahi bei Gott!, fürwahr, wahrhaftig
vals Walzer *m* ***vals yapmak*** Walzer tanzen
vampir Vampir *m*
vana Ventil *n*
vanilya Vanille *f*
vantilatör Ventilator *m*
vantuz Schröpfkopf *m*
vapur Dampfer *m* ***vapur yolculuğu*** Schifffahrt *f*
var anwesend, vorhanden; es gibt ***var etmek*** schaffen, hervorbringen ***var kuvvetiyle*** mit aller Kraft ***var mı bana yan bakan*** Will jetzt noch einer was? ***var ol*** bravo! danke schön ***var olmak*** existieren, bestehen ***varı yoğu*** sein ganzes Besitztum
varagele Schwebebahn *f*
varda Achtung!
vardiya Schicht *f* ***vardiyalı çalışmak*** in Schicht arbeiten
varil Fass *n*
varis Krampfader *f*
vâris Erbe *m*
varış Ankunft *f*
varlık Sein *n*, Existenz *f*, Wesen *n*, Ge-

schöpf *n*, Kreatur *f*; Vermögen *n*, Reichtum *m* ***varlık göstermek*** seine Pflicht tun ***varlık içinde yaşamak*** im Wohlstand leben
varlıklı reich, wohlhabend
varlıksız ohne Besitztum, Habenichts *m*
varmak gelangen, ankommen, erreichen
varolmak existieren
varoluş Existenz *f*
varoluşçuluk Existentialismus *m*
varoş Vorstadt *f*, Vorort *m*
varsayım Annahme *f*, Hypothese *f*
varsayımlı hypothetisch
varsaymak annehmen, voraussetzen
varyant Variante *f*, Umleitungsstrecke *f* (Eisenbahn)
varyasyon Variation *f*
varyete Schau *f*
vasat Mitte *f*; Durchschnitt *m*; Mittel *n*
vasati durchschnittlich
vasıf Eigenschaft *f*, Qualität *f*; Charakter *m*, Merkmal *n*
vasıflandırmak qualifizieren
vasıflı ausgebildet, qualifiziert
vasıfsız (işçi) ungelernt
vasıta Mittei *n*
vasıtalı mittelbar, indirekt
vasıtasıyla mittels, durch, anhand
vasıtasız unmittelbar, direkt
vasi Kurator *m*, Vormund *m*
vasiyet Testament *n* ***vasiyet etmek*** letztwillig verfügen
vasiyetname Testament *n*
vaşak Luchs *m*
vat *elek* Watt *n*
vatan Vaterland *n*, Heimat *f*
vatandaş Landsmann *m*
vatandaşlık Staatsbürgerschaft *f*
vatani vaterländisch
vatanperver patriotisch; Patriot *m*
vatansever patriotisch; Patriot *m*
vatanseverlik Vaterlandsliebe *f*, Patriotismus *m*
vatansız heimatlos
vatka Watte *f*
vatman Straßenbahnführer *f*
vazelin Vaseline *f*
vazetmek predigen
vazgeçirmek (bir alışkanlıktan) entwöhnen; *jdm etw* ausreden
vazgeçmek verzichten
vazife Pflicht *f*, Aufgabe *f*, Dienst *m*; Amt *n*, Posten *m*
vazifelendirmek beauftragen
vazifeli zuständig
vazifeşinas pflichtgetreu
vaziyet Lage *f*, Situation *f*, Zustand *m*
vazo Vase *f*
ve und ***ve benzeri*** et cetera, etc.
veba Pest *f*
vebal Strafe *f*
vecibe Pflicht *f*, Verpflichtung *f*
vecit Ekstase *f*
veciz prügnant
vecize Devise *f*, Leitspruch *m*
veda Abschied *m* ***veda etmek*** sich verabschieden ***veda töreni*** Abschiedsfeier *f*
vedalaşmak sich verabschieden
vefa Treue *f*, Loyalität *f*
vefakâr treu, loyal
vefalı treu, loyal
vefasız treulos, untreu
vefat Tod *m* ***vefat etmek*** verscheiden
vehim Illusion *f*, Täuschung *f*
vehimli hypochondrisch
vejetaryen Veganer *m*, Vegatarier *m*
vekâlet Vertretung *f*, Auftrag *m*, Vollmacht *f*; Ministerium *n* ***vekâlet etmek*** vertreten ***vekâlet vermek*** *jdn* (zu *etw*) bevollmächtigen
vekâleten vertretungsweise
vekâletname Vollmacht *f*
vekil Vertreter *m*; Anwalt *m*; Minister *m*
vekillik Stellvertretung *f*; Mandat *n*; Substitut *m*
vektör *mat* Vektor *m*
velayet Vormundschaft *f*
velet Kind *n* ***veledi zina*** Bastard *m*
velhasıl kurz, mit einem Wort
veli Vormund *m*; Erziehungsberechtigte *m*
veliaht Kronprinz *m*, Thronfolger *m*
velinimet Brötchengeber *m*
velvele Lärm *m*, Getöse *n*
Venüs *gökb* Venus *f*
veranda Veranda *f*
veraset Erbschaft *f*; Vererbung *f*

verecek Schuld *f*
verecekli Schuldner *m*
verem Tuberkulose *f*
veremli tuberkulös
veresiye auf Kredit
verev schräg, diagonal
vergi Steuer *f*, Gabe *f*, Naturanlage *f* ***vergi beyannamesi*** Steuererklärung *f* ***vergi mükellefi*** Steuerzahler *m* ***vergi tahsil etmek*** Steuern einziehen ***vergi tahsildarı*** Steuer *m* beamter ***vergi yükümlülüğü*** Steuerpflicht *f* ***vergi yükümlüsü*** steuerpflichtig ***vergiye tabi*** steuerpflichtig
vergilendirmek besteuern, veranlagen
vergili steuerpflichtig; begabt, talentiert
vergisiz steuerfrei
veri Daten *pl*
verici Sender *m*
verim Ertrag *m*
verimli fruchtbar, produktiv
verimlilik Produktivität *f*
verimsiz unfruchtbar; nicht einträglich; nicht leistungsfähig
verimsizlik Unfruchtbarkeit *f*
veriştirmek wie aufgezogen reden
verkaç *sp* Doppelpass *m*
vermek geben, abgeben; liefern; abliefern; schenken; ergeben
vermut Wermut *m*
vernik Lack *m*, Firnis *m*
verniklemek lackieren
veronika Veronika *f*
vesaire und so weiter (usw)
vesait Mittel *pl*
vesayet Vormundschaft *f*
vesika Urkunde *f*, Dokument *n* ***vesikalık fotoğraf*** Lichtbild *n*, Passbild *n*
vesile Anlass *m*, Gelegenheit *f*
vestiyer Garderobe *f*
vesvese Zweifel *m*, Argwohn *m*
vesveseli argwöhnisch
veteriner Tierarzt *m*, Tierärztin *f*
veto Veto *n* ***veto etmek*** ein Veto einlegen
veya oder
veyahut oder
vezin Versmaß *n*
vezir Wesir *m*
vezne Kasse *f*
veznedar Kassierer *m*, Kassiererin *f*
vıcık klebrig ***vıcık vıcık*** ganz klebrig
vınlamak sausen, summen
vır vır schwirrend, surrend ***vır vır etmek*** schwirren, surren
vırlamak herumnörgeln
vırvır Meckern *n* ***vırvır etmek*** herumnörgeln an, meckern
vız sst! brr! ***vız gelmek*** *jdm* einem völlig gleichgültig sein
vızıldamak summen
vızıltı Summen *n*
vızır vızır sausend, sofort, auf der Stelle
vızlamak sausen
vibratör *tek* Vibrator *m*
vicdan Gewissen *n* ***vicdan azabı*** Gewissensbiss *m*
vicdanlı gewissenhaft
vicdansız gewissenlos
vida Schraube *f*
vidalamak schrauben, festschrauben, anschrauben
video Video ***video kamera*** Videokamera *f* ***video kaset*** Videokassette *f* ***video klip*** Videoclip *m*
videobant Videoband *n*
videoteyp Videorekorder *m*
Vietnam Vietnam *n*
Vietnamlı Vietnamese *m*; vietnamesisch
vilayet Stadt *f*, Provinz *f*
villa Villa *f*
vinç Kran *m*
viraj Kurve *f*
viran verfallen
virane Ruine *f*
virgül Komma *n*
virtüöz Virtuose *m*
virüs Virus *m*, Krankheitserreger *m*
viski Whisky *m*
vişne Sauerkirsche *f*
vitamin Vitamin *n*
vitaminli vitaminreich
vites Gang *m* ***vites değiştirmek*** umschalten ***vites kolu*** Schalthebel *m* ***vites kutusu*** *oto* Getriebe *n* ***vites takmak*** einen Gang einschalten
viteste in Gang
vitray Buntglasfenster *n*

V

vitrin Schaufenster *n*
viyadük Viadukt *m*
viyak Quäken *n*, Plärren *n* ***viyak viyak*** quäkend
viyaklamak (bebek) quäken; quieken
viyola Bratsche *f*, Viola *f*
viyolin Voline *f*
viyolon Geige *f*, Violine *f*
viyolonist Violinist *m*
viyolonsel Cello *n*
vize Visum *n* ***vize almak*** Visum holen ***vize dilekçesi*** Visumantrag *m* ***vize dilekçesi vermek*** Visum beantragen
vizite Besuch *m*, Arztbesuch *m*
vizon Nerz *m*
vizör Sucher *m*
vokal vokal; Vokal *m*
volan Lenkrad *n*
vole Flugball *m*, Volley *m* ***vole vurmak*** Volley schießen, aus der Luft schlagen
voleybol Handball *m*
volkan Vulkan *m*
volkanik vulkanisch
volt *elek* Volt *n*
volta *den* Verhedderung *f* ***volta atmak*** hin- und herschlendern
voltaj Spannung *f*
voltmetre Voltmeter *n*
votka Wodka *m*
vuku Geschehen *n* ***vuku bulmak*** geschehen, passieren, eintreffen, eintreten, sich abspielen, sich ereignen
vukuat Ereignisse *pl*
vurdumduymaz gleichgültig; dumm, beschränkt
vurgu Akzent *m*, Betonung *f*
vurgulamak betonen, akzentuieren
vurgulu betont
vurgun Beute *f*; Warenwucher *m*, Preisspekulation *f* ***vurgun vurmak*** einen Riesengewinn machen
vurguncu Geschäftemacher *m*, Spekulant *m*, Wucherer *m*
vurgunculuk Preisspekulation *f*
vurgusuz unbetont
vurmak schlagen; stoßen; treffen; schießen, erschießen, töten; klopfen, pochen
vurucu schlagkräftig ***vurucu güç*** *ask* Schlagkraft *f*
vurulmak sich verlieben
vuruntu *tek* Stottern *n*
vuruş Schlag *m*; *sp* Schuss *m*
vuruşkan Schläger *m*
vuruşmak einander, schlagen; miteinander kämpfen
vücut Körper *m*, Leib *m* ***vücuda gelmek*** zustandekommen, entstehen ***vücuda getirmek*** schaffen, erzeugen, zustandebringen ***vücut bulmak*** Gestalt annehmen
vücutça körperlich
vücutlu korpulent

Y

ya ja, okay, natürlich ***ya ... ya ...*** entweder ... oder ...
yaban Wildnis *f*, Öde *f*; wild; fremd; Fremde *m* ***yabana atmak*** verwerfen, ablehnen, verachten
yabanarısı Wespe *f*
yabancı fremd; Fremde *m*, Ausländer *m* ***yabancı dil*** Fremdsprache *f* ***yabancı düşmanlığı*** Ausländerfeindlichkeit *f*, Fremdenhass *m* ***yabancı gelmemek*** bekannt vorkommen ***yabancı işçi*** Gastarbeiter *m* ***yabancı sözcük*** Fremdwort *n* ***yabancısı olmak*** fremd sein
yabancıl exotisch, fremd
yabancılaşma Entfremdung *f*, Überfremdung *f*
yabancılaşmak sich verfremden
yabancılaştırmak verfremden
yabandomuzu Wildschwein *n*
yabangülü Heckenrose *f*
yabani wild
yabanıl primitiv; wild
yabankazı *hayb* Wildgans *f*
yabankedisi *hayb* Wildkatze *f*
yabanördeği *hayb* Wildente *f*
yabansı seltsam, merkwürdig, eigenartig
yabansımak sonderbar finden
yabanturpu *bitk* Meerrettich *m*

yâd Erinnerung *f*
yad Erinnerung *f*; fremdartig ***yad elde*** in einem fremden Land ***yâd etmek*** sich erinnern, gedenken
yadigâr Andenken *n*
yadırgamak ungewohnt empfinden
yadsımak leugnen, ableugnen
yafta Etikett *n*
yağ Fett *n*; Öl *n*; Schmiere *f* ***yağ bağlamak*** eine Fettsicht bilden ***yağ bezi*** Talgdrüse *f* ***yağ çekmek*** argo *jdm* um den Bart gehen ***yağ olmak*** feftig werden ***yağ sürmek*** ölen ***yağ tulumu*** Fettwanst *m* ***yağıyla kavrulmak*** bescheiden leben
yağcı Schmeichler *m*
yağcılık Schmeichelei *f* ***yağcılık yapmak*** schmeicheln
yağdanlık Ölkanne *f*
yağdoku Feftgewebe *n*
yağış Niederschlag *m*; Niederschlagsmenge *f*
yağışlı regnerisch
yağışsız niederschlagsfrei; regenlos
yağız schwarzbraun
yağlamak schmieren, ölen; schmeicheln
yağlanmak ansetzen; fettig werden, ölig werden
yağlı fettig, ölig, eingefettet
yağlıboya Ölfarbe *f*
yağma Plünderung *f* ***yağma etmek*** plündern, ausplündern
yağmacı Plünderer *m*
yağmacılık Plünderung *f*
yağmak regnen, schneien, hageln
yağmalamak ausrauben
yağmur Regen *m* ***yağmur yağıyor*** es regnet ***yağmur yağmak*** regnen ***yağmurdan kaçarken doluya tutulmak*** vom Regen in die Traufe kommen
yağmurkuşu *hayb* Regenpfeifer *m*
yağmurlu regnerisch
yağmurluk Regenmantel *m*
yağmursuz regenlos
yağsız fettlos
yağyakıt Heizöl *n*
yahni gedünstetes Ragout
yahu he!, denn!, doch!, nur!
Yahudi Jude *m*; jüdisch
Yahudilik Judentum *n*
yahut oder
yaka Kragen *m* ***yaka paça*** gewaltsam ***yaka silkmek*** *etw* satt haben ***yakası açılmadık*** (espri vb) schweinisch ***yakasına yapışmak*** *jdn* nicht loslassen ***yakasını sıyırmak*** mit heiler Haut davonkommen ***yakayı ele vermek*** gefasst werden ***yakayı kurtarmak*** davonkommen, sich loseisen (von -den)
yakacak Brennstoff *m*
yakalamak packen, ergreifen, fassen; verhaffen, festnehmen; ertappen
yakalanmak befallen werden; überrascht werden
yakamoz Meerleuchten *n*
yakarış Bitte *f*, Flehen *f*
yakarmak bitten, anflehen
yakasız kragenlos
yakı Ätzmittel *n*, Pflaster *n*
yakıcı brennend, beissend
yakın nahe, nah, naheliegend, nahestehend ***yakın akraba*** nahe verwandt
yakında bald, in Kürze, demnächst, nahe gelegen
yakından näher
Yakındoğu Nahost *m*
yakınında unweit
yakınlarda in der Nähe, nahe gelegen
yakınlaşmak herankommen
yakınlık Nähe *f*; Verwandtschaft *f* ***yakınlık göstermek*** *jdn* freundlich behandeln
yakınma Klage *f*
yakınmak klagen, sich beklagen
yakınsak konvergent
yakınsamak konvergieren
yakışık Schicklichkeit *f* ***yakışık almak*** sich ziemen, sich gehören ***yakışık almaz*** ungehorig ***yakışık olarak*** annähernd
yakışıklı gut aussehend
yakışıksız unanständig, unpassend
yakışmak passen
yakıştırmak zutrauen (*jdm etw*)
yakıt Brennstoff *m*
yaklaşık ungefähr, rund ***yaklaşık olarak*** circa, ungefähr
yaklaşım Näherung *f*, Annäherung *f*

yaklaşmak sich nähern, herankommen
yaklaştırmak nähern
yakmak brennen, verbrennen, anstecken, anmachen, andrehen, anschalten
yakut Rubin *m*
yalabık funkelnd; schick, fesch
yalak Trog *m*
yalama *tek* ausgeleiert; überreizt ***yalama olmak*** *tek* sich ausleiern
yalamak lecken, ablecken, auslecken
yalan Lüge *f* ***yalan dolan*** Lug und Trug ***yalan söylemek*** lügen
yalancı Lügner *m* ***yalancı çıkarmak*** lügen ausstreuen ***yalancının mumu yatsıya kadar yanar*** Lügen haben kurze Beine ***yalanını çıkarmak*** lügen strafen
yalancıktan nur zum Schein
yalandan nicht im Ernst; nur zum Schein; oberflächlich ***yalandan yapmak*** heucheln
yalanlamak ableugnen
yalanmak sich lecken
yalapşap nur so obenhin
yalaz Flamme *f*, Feuer *n*
yalaza Flamme *f*
yalçın steil, schroff
yaldız Goldstaub *m*
yaldızlamak vergolden
yaldızlı vergoldet
yalı Strand *m*; Strandvilla *f*
yalım Flamme *f*
yalın einfach, rein, nackt, bloß ***yalın durum/yalın hali*** *dilb* Nominativ *m*
yalınayak barfuß
yalınkat einschichtig; unsolide; seicht
yalınkılıç mit gezogenem Säbel
yalıtım Isolation *f*; *tek* Dämmung *f*
yalıtkan Isolator *m*
yalıtmak isolieren, absondern
yalnız nur, bloß, lediglich; allein, einsam
yalnızca nur, bloß, eigens, lediglich
yalnızlık Einsamkeit *f*
yalpa Schlingern *n* ***yalpa vurmak*** schlingern; schaukeln
yalpak zutraulich; liebedienerisch
yalpalamak schlingern; torkeln
yaltak kriecherisch, schleimig
yaltakçı Speichellecker *m*
yaltakçılık Schmeicheleien *pl*
yaltaklanmak schmeicheln
yalvaç Prophet *m*
yalvarmak flehen, anflehen
yama Flicken *m* ***yama vurmak*** einen Flicken aufsetzen
yamaç Seite *f*, Abhang *m*, Absturz *m*
yamak Gehilfe *m*, Helfer *m*
yamalamak flicken, ausflicken
yamalı geflickt
yamamak flicken, ausflicken
yaman wunderbar, fabelhaft
yamanmak geflickt werden; *jdm* zur Last fallen
yampiri schief, krumm
yamuk *mat* Trapez *n*
yamulmak sich verformen, sich verwerfen
yamyam Menschenfresser *m*
yamyamlık Kannibalismus *m*
yamyassı eben, platt
yan Seite *f*, Flanke *f*; seitlich ***yan bakmak*** mit scheelen Blicken betrachten ***yan basmak*** einen Lapsus begehen ***yan çizmek*** umgehen ***yan etki*** Nebenwirkung *f* ***yan hakem*** Linienrichter *m* ***yan hakemi*** Linienrichter *m* ***yan ödeme*** Zulage *f* ***yan sokak*** Nebenstraße *f* ***yan ürün*** Abfallprodukt *n*, Nebenprodukt *n* ***yan yan bakmak*** missgünstigen Blicken betrachten ***yan yana*** aneinander, nebeneinander ***yandan çarklı*** Raddampfer *m* ***yandan görünüş*** Seitenansicht *f*
yanak Backe *f*, Wange *f*
yanal seitlich ***yanal yüzey*** Seitenfläche *f*
yanardağ Vulkan *m*
yanardöner schillernd
yanaşık nahe aneinander, aufgeschlossen
yanaşma (tarım işçisi) Knecht *m*
yanaşmak sich nähern, herankommen
yanaştırmak annähern, näher bringen
yandaki nebenliegend, nebenstehend
yandaş Anhänger *m*
yandaşlık Anhängerschaft *f*
yangı Entzündung *f*
yangılanmak sich entzünden
yangın Brand *m* ***yangın bombası***

Brandbombe *f* ***yangın çıkarmak*** Feuer anlegen ***yangın merdiveni*** Feurleiter *f* ***yangın sigortası*** Feuerversicherung *m*
yanı başında an, nebenbei
yanı sıra nebenbei
yanık verbrannt, angebrannt; Brandwunde *f* ***yanık kokmak*** angebrannt riechen
yanılgı Irrtum *m*, Fehler *m*
yanılma Irrtum *m*
yanılmak sich irren
yanılmaz unbestechlich, unfehlbar
yanılsama Sinnestäuschung *f*
yanıltıcı illusorisch, irreführend, trügerisch
yanıltmaca Zungenbrecher *m*
yanıltmak täuschen
yanına an, neben ***yanına almak*** mitnehmen ***yanına bırakmamak*** nicht gefallen lassen
yanında an, neben, bei
yanında in Anwesensenheit von, vor
yanıt Antwort *f*, Erwiderung *f*
yanıtlamak beantworten, erwidern
yani das heißt, nämlich
yankesici Taschendieb *m*
yankı Echo *n*, Widerhall *m* ***yankı yapmak*** widerhallen
yankılamak ein Echo erzeugen
yankılanmak widerhallen
yanlamasına quer, seitwärts
yanlış Fehler *m*, Irrtum *m*, falsch, fehlerhaft ***yanlış anlamak*** mißverstehen ***yanlış kapı çalmak*** an die falsche Adresse geraten ***yanlış kapıyı çalmak*** sich an die falsche Adresse wenden ***yanlış yapmak*** einen Fehler begehen ***yanlış yere*** fälschlich
yanlışlık Irrtum *m*, Fehler *m*
yanlışlıkla versehentlich, aus Versehen
yanlışlıkla fälschlicherweise, irrtümlich, unbeabsichtigt, versehentlich
yanmak brennen, abbrennen, verbrennen, angehen, anbrennen ***yanıp tutuşmak*** *mec* sich sehnen
yansı Spiegelung *f*, Reflexion *f*
yansıma Reflexion *f*, Spiegelung *f*
yansımak sich spiegeln, sich niederschlagen, sich widerspiegeln (in -de)
yansıtıcı Reflektor *m*
yansıtmak reflektieren, spiegeln
yansız neutral
yansızlık Neutralität *f*
yantümce Nebensatz *m*
yapağı Frühjahrswolle *f*
yapay unecht
yapayalnız mutterseelenallein, alleine
yapı Bau *m*, Aufbau *m*, Struktur *f*, Konstruktion *f*
yapıbilim Morphologie *f*
yapıcı konstruktiv
yapıcı Macher *m*; bejahend; konstruktiv
yapılabilirlik Ausführbarkeit *f*, Durchführbarkeit *f*, Machbarkeit *f*
yapılış Bauweise *f*, Bauart *f*; Konstruktion *f*, Gefüge *n*
yapım Fertigung *f*; Herstellung *f*; Fabrikation *f*
yapımcı Produzent *m*
yapımcı Konstrukteur *m*, Produzent *m*
yapımevi Workshop *m*
yapısal strukturell
yapışıcı/yapışkan klebrig, klebend
yapışık angeklebt, zusammengeklebt
yapışkanlık Haftfähigkeit *f*, Haftvermögen *n*
yapışmak kleben, haften
yapıştırıcı Klebstoff *m*, Kleber *m*
yapıştırmak kleben, ankleben, aufkleben, festkleben
yapıt Werk *n*
yapıtaşı Baustein *m*
yapma künstlich; gekünstelt
yapmacık gespielt, gekünstelt
yapmacıksız ungekünstelt
yapmak machen, tun; schaffen herstellen; verursachen
yaprak Blatt *n*
yaptırım Gesetzeskraft *f*
yapyalnız ganz allein(e)
yâr Geliebte *f* ***yâr olmak*** beistehen
yar Abgrund *m*
yara Wunde *f* ***yara bere içinde*** ganz zerschunden ***yara izi*** Narbe *f* ***yara kabuğu*** Wundschorf *m* ***yarayı deşmek*** eine kaum vernarbte Wunde wieder aufreißen ***yarayı sarmak*** die Wunde verbinden
Yaradan Schöpfer *m*

yaradılış Naturanlage *f*, Temperament *n*
yaralamak verletzen, verwunden
yaralanmak verletzt werden
yaralı verwundet, verletzt
yaramak sich lohnen
yaramaz unartig, ungezogen
yaramazlık Ungezogenheit *f*; Unbrauchbarkeit *f*, Bosheit *f* ***yaramazlık etmek*** sich ungezogen benehmen
yaranmak *jdn* für sich einnehmen
yarar Nutzen *m*, Vorteil *m*
yararlanmak Nutzen ziehen
yararlı nützlich, vorteilhaft ***yararlı olmak*** helfen, nützlich sein
yararsız nutzlos, unvorteilhaft
yarasa Fledermaus *f*
yaraşmak sich ziemen, sich gehören
yaratıcı schöpferisch, kreativ
yaratıcılık Kreativität *f*, Produktivität *f*, Genialität *f*
yaratık Geschöpf *n*, Kreatur *f*
yaratmak schaffen, erschaffen, hervorbringen, verursachen
yarbay Oberstleutnant *m*
yarda Yard *n*
yardakçı Helfershelfer *m*
yardakçılık Komplizenschaft *f*
yardım Hilfe *f*, Beistand *m*, Unterstützung *f* ***yardım etmek*** helfen, beistehen, unterstützen
yardımcı Helfer *m*, Gehilfe *m* ***yardımcı fiil*** *dilb* Hilfsverb *n*
yardımlaşmak sich helfen, zusammenarbeiten
yardımsever hilfsbereit
yardımseverlik Gefälligkeit *f*, Hilfsbereitschaft *f*
yaren Freund *m*, Kamerad *m*
yarenlik Freundschaft *f*, Kameradschaft *f* ***yarenlik etmek*** chatten, Gesellschaft leisten
yargı Urteil *n* ***yargı vermek*** urteilen, beurteilen
yargıcı Schiedsrichter *m*
yargıç Richter *m*
yargılamak urteilen, verurteilen
Yargıtay Revisiongericht *n*, Berufungsgericht *n*
yarı Hälfte *f* ***yarı yarıya*** ungefähr die Hälfte ***yarı yolda*** auf halbem Wege ***yarı yolda bırakmak*** im Stich lassen ***yarı yolda kalmak*** auf halbem Wege stehenbleiben ***yarıda bırakmak*** abbrechen ***yarıda kalmak*** mittendrin abgebrochen werden
yarıçap Radius *m*, Halbmesser *m*
yarıfinal *sp* Halbfinale *n*
yarık gespalten; Schlitz *m*, Riss *m*
yarıküre Halbkugel *f*
yarılamak zur Hälfte beendigen
yarılmak sich spalten; reißen; zersplittern
yarım halb ***yarım ağızla*** halbherzig ***yarım daire*** Halbkreis ***yarım gün*** halber Tag ***yarım pansiyon*** Halbpension *f* ***yarım porsiyon*** halbe Portion ***yarım saat*** halbe Stunde ***yarım yamalak*** unzureichend
yarımada Halbinsel *f*
yarımay *gökb* Halbmond *m*
yarımgün Teilzeit *f*
yarımküre Hemisphäre *f*, Halbkugel *f*
yarımlamak halbieren
yarın morgen; Zukunft *f* ***yarın akşam*** morgen Aend ***yarın öbür gün*** demnächst ***yarın öğleyin*** morgen Mittag ***yarın sabah*** morgen früh
yarınki morgig
yarısaydam halbdurchsichtig
yarış Wettkampf *m*, Wettspiel *n* ***yarış etmek*** einen Wettkampf ausführen
yarışçı Rennfahrer *m*, Konkurrent *m*
yarışma Konkurrenz *f*, Rivalität; Wettkampf *m*; *sp* Wettbewerb
yarışmacı Teilnehmer *m*
yarışmak wettkämpfen; konkurrieren
yarıyıl Halbjahr *n*
yarma Schrot *mn*, Spaltung *f*
yarmak spalten, aufspalten, zerspaften, aufschlitzen
yas Trauer *f* ***yas tutmak*** Trauer trogen
yasa Gesetz *n*
yasadışı illegal, ungesetzlich
yasak Verbot *n*; verboten, untersagt ***yasak etmek*** verbieten, untersagen
yasaklamak verbieten, untersagen
yasal gesetzlich
yasallaştırmak legalisieren
yasallık Rechtmäßigkeit *f*

yasama Gesetzgebung *f*
yasamak Gesetze machen
yasemin Jasmin *m*
yaslamak anlehnen
yaslanmak sich anlehnen
yaslı in Trauer
yassı platt
yastık Kissen *n* ***yastık kılıfı*** Kissenbezug *m*
yaş1 Alter *n* ***yaş günü*** Geburtstag *m* ***yaş haddi*** Altergränze *f* ***yaşına başına bakmadan*** ohne Rücksicht auf sein Alter ***yaşını başını almak*** veralten ***yaşınız kaç*** Wie alt sind Sie?
yaş2 Träne *f*; feucht, nass ***yaş akıtmak*** Tränen vergießen ***yaş dökmek*** Tränen vergießen ***yaş tahtaya basmak*** betrogen werden
yaşa bravo! hoch! hurra!
yaşam Leben *n*
yaşamak leben
yaşamöyküsü Biographie *f*
yaşantı Leben *n*
yaşarmak feucht werden
yaşatmak leben lassen, erwecken, zumleben bringen
yaşayış Lebensart *f*
yaşdönümü Wechseljahre *pl*
yaşıt gleichaltrig; Altersgenosse *m*
yaşlanmak alt werden, altern
yaşlı alt
yaşlık Nässe *f*
yaşlılık Alter *n*
yaşmak Kopfschleier *m*
yat Jacht *f*
yatak Bett *n*; Lage *n* ***yatağa düşmek*** zu Bett liegen müssen ***yatağa girmek*** sich schlafenlegen ***yatak çarşafı*** Bettuch *n* ***yatak odası*** Schlafzimmer *n* ***yatak örtüsü*** Bettdecke *f* ***yatak takımı*** Bettzeug *f*
yatakhane Schlafsaal *m*
yataklı mit Bett(en) ***yataklı vagon*** Schlafwagen *m*
yatalak bettlägerig
yatay waagerecht, horizontal
yatık horizontal, umlege
yatılı Internat *n*, Internats- ***yatılı okul*** Internat *n* ***yatılı öğrenci*** Zögling *m*
yatır Heilige(r) *fm*
yatırım Anlage *f*, Investierung *f* ***yatırım yapmak*** investieren, anlegen; einzahlen
yatırımcı Kapitalanleger *m*; *tic* Anleger *m*, Investor *m*
yatırmak legen; einzahlen; investieren, anlegen
yatışmak sich legen, sich beruhigen, nachlassen
yatıştırıcı (söz) versöhnlich; *hek* beruhigend
yatıştırmak beruhigen, besänftigen, beschwichtigen
yatkın geschickt, gewandt
yatkınlık Neigung *f*; Geschicklichkeit *f*, Vertrautheit *f*
yatmak sich hinlegen, schlafen
yatsı Zeit nach Sonnenuntergang
yavan fade, geschmacklos
yavaş langsam; leise ***yavaş yavaş*** allmählich, nach und nach, mit der Zeit
yavaşça recht langsam
yavaşlamak sich verlangsamen
yavaşlatmak (motor) drosseln, abbremsen; verzögern, verlangsamen; hemmen
yavaşlık Langsamkeit *f*
yaver Helfer *m*, Gehilfe *m*
yavru Junge *n*
yavşak Laus *f*, Wanze *f*
yavuklu Verlobte *m/f*
yavuz energisch
yay Bogen *m*; Feder *f*
yaya Fußgänger *m* ***yaya geçidi*** Fußgängerüberweg *m* ***yaya kaldırımı*** Gehsteig *m*, Bürgersteig *m*
yayan zu Fuß ***yayan gitmek*** zu Fuß gehen
yaygara Geschrei *n* ***yaygarayı basmak*** laut schreien
yaygaracı Schreihals *m*
yaygı Tuch *n*, Decke *f*
yaygın verbreitet, geläufig; ausgedehnt
yaygınlaşmak allgemein üblich werden
yayık1 Butterfass *n*
yayık2 ausgebreitet
yayılımcı expansionistisch
yayılımcılık Imperialismus *m*

yayılmak sich verbreiten, sich ausbreiten
yayım Verbreitung *f*; *fiz* Emission *f*
yayımcı Herausgeber *m*
yayımlamak (kitap) herausgeben, verlegen; publizieren; herauskommen; bringen, erlassen; veröffentlichen
yayın Publikation *f*; Sendung *f*, Übertragung *f* ***yayın yapmak*** veröffentlichen; senden
yayınbalığı *hayb* Wels *m*
yayınevi Verlag *m*
yayınım Diffusion *f*; Streuung des Lichtes
yayınlamak veröffentlichen, drucken
yayla Hochebene *f*
yaylanmak *arg* sich davonmachen
yaylı gefedert ***yaylı çalgı*** Streichinstrument *n*
yaylım Weide *f*, Salve *f* ***yaylım ateşi*** Salvenfeuer *n*
yaymak ausbreiten; verbreiten
yayvan flach
yaz Sommer *m* ***yaz kış*** im Sommer wie im Winter ***yaz saati*** Sommerzeit *f* ***yaz tarifesi*** Sommerfahrplan *m*
yazar Schriftsteller *m*, Autor *m*
yazarlık Schriftstellerei *f*
yazgı Schicksal *n*
yazı Schrift *f*; Schreiben *n*; Artikel *m*, Aufsatz *m* ***yazı dili*** Schriftsprache *f* ***yazı kâğıdı*** Schreibpapier *n* ***yazı makinesi*** Schreibmaschine *f* ***yazı masası*** Schreibtisch *m* ***yazı mı tura mı*** Kopf oder Zahl? ***yazı tahtası*** Schieferplatte *f*, Schiefertafel *f*, Wandtafel *f* ***yazı tura atmak*** durch Münzwurf losen ***yazı yazmak*** schreiben
yazıcı Schreiber *m*
yazıhane Büro *n*
yazık schade ***yazıklar olsun sana*** Schäm dich!
yazılı geschrieben, aufgeschrieben, eingeschrieben; beschriftet; schriftlich
yazılım (bilişim) Programm *n*, Software *f*
yazım Rechtschreibung *f*
yazın1 im Sommer
yazın2 Literatur *f*
yazınsal literarisch
yazışma Korrespondenz *f*
yazışmak korrespondieren
yazıt Inschrift *f*
yazlık für Sommer bestimmt, Sommerhaus *n*; Sommerwohnung *f*
yazma Druckkattun *m*
yazmak schreiben, aufschreiben niederschreiben; einschreiben
yazman Protokollführer *m*; Schreiber, Sekretär *m*
yedek Reserve *f*, Ersatz *m* ***yedek lastik*** Reserverad *n* ***yedek parça*** Ersatzteil *m*, Reservestück *n*
yedeksubay Reserveoffizier *m*
yedekte *sp* auf der Reservebank
yedi sieben; Sieben *f*
yedinci siebte
yedirmek ätzen
yedişer je sieben, in Gruppen zu sieben
yegâne einzig
yeğ besser ***yeğ tutmak*** vorziehen, bevorzugen
yeğen Neffe *m*, Nichte *f*
yeğlemek vorziehen, bevorzugen
yeğni leicht
yeis Verzweiflung *f*, Hoffnungslosigkeit *f*
yek ein; ein-
yeknesak monoton, eintönig
yekpare aus einem Stück, massiv
yekûn Summe *f*
yel Wind *m*; Darmblähung *f* ***yel değirmeni*** Windmühle *f* ***yel gibi*** schnell, eilig ***yel yeperek*** in großer Eile
yele Mähne *f*
yelek Weste *f*
yelken Segel *m* ***yelken açmak*** segeln ***yelken bezi*** Segeltuch *n* ***yelkenleri suya indirmek*** klein beigeben
yelkenli Segelschiff *n*, Segelboot *n*
yelkovan Stundenzeiger *m*
yellemek anblasen; fächeln
yellenmek furzen
yelpaze Fächer *m*
yeltenmek wagen; sich anmaßen
yem Futter *f*, Köder *m*
yemek1 Essen *n*, Speise *f*, Gericht *n*, Mahl *n*; Gastmahl *n*
yemek2 essen, fressen; zerfressen ***yemek borusu*** *anat* Speiseröhre *f* ***yemek listesi*** Küchenzettel *m*, Speisekarte *f* ***yemek masası*** Eßtisch *m* ***yemek oda-***

sı Speisezimmer *n* ***yemek pişirmek*** kochen ***yemek seçmek*** wählerisch sein ***yemek yemek*** essen ***yiyip içmek*** verzehren, sündigen

yemekhane Speisesaal *m*

yemekli mit Essen

yemeni Kopftuch *n*; Halbschuh *m*

yemin Schwur *m*, Eid *m* ***yemin etmek*** schwören

yeminli *huk* beeidigt; vereidigt ***yeminli mali müşavir*** vereidigter Finanzberater ***yeminli tercüman*** vereidigter Dolmetscher

yemiş Obst *n*, Frucht *f* ***yemiş vermek*** Früchte tragen

yemişçi Obsthändler *m*

yemlemek füttern; *jdn* ködern

yemlik Krippe *f*, Raufe *f*

yemyeşil grasgrün

yen Ärmel *m*

yenge Schwägerin *f*

Yengeç (burcu) Krebs *m* ***Yengeç dönencesi*** Wendekreis des Krebses

yengeç Krebs *m*

yeni neu; frisch ***yeni baştan*** von neuem, noch einmal

yeniay Neumond *m*

yenibahar Piment *n*

Yeniçeri Janitschar *m*

yeniden von neuem, von vorne, noch einmal

Yenidünya Amerika *n*

yenik besiegt, unterlegen ***yenik düşmek*** erliegen

yenilemek erneuern

yenileşmek sich erneuern

yenileştirmek renovieren

yenilgi Niederlage *f* ***yenilgiye uğramak*** eine Niederlage erleiden

yenilik Neuheit *f*; Neuerung *f*, Reform *f*

yenilikçi Neuerer *m*; innovativ

yenilmek unterliegen

yenilmez unbesiegbar, unbezwingbar

yenir genießbar

yenişmek überwinden

yeniyetme Halbwüchsige *mf*, Halbstarke *m*

yenmek besiegen, schlagen

yepyeni ganz neu, nagelneu

yer Ort *m*, Platz *m*, Stelle *f*; Raum *m*; Boden *m*, Erde *f*, Land *n*; Posten *m* ***yer açmak*** Platz machen ***yer almak*** eine Rolle spielen, mitwirken ***yer ayırtmak*** buchen ***yer bulmak*** Platz finden ***yer etmek*** eine Spur hinterlassen; sich niederlassen ***yer sarsıntısı*** Erdbeben *n* ***yer tutmak*** Platz nehmen ***yer vermek*** Anlass geben ***yer yarılıp içine girmiş*** wie aus der Erde verschwunden ***yer yer*** an verschiedenen Orten ***yerden bitme*** klein, Emporkömmling *m* ***yerden göğe kadar*** voll und ganz ***yere bakan yürek yakan*** Heimlichtuer ***yere düşmek*** fallen, hinfallen ***yere inmek*** landen ***yere sermek*** auf dem Boden ausbreiten ***yeri öpmek*** hinfallen ***yerin kulağı var*** die Wände haben Ohren ***yerinden ayrılmak*** sich entfernen, weggehen ***yerini tutmak*** ersetzen ***yerle bir etmek*** dem Erdboden gleich machen ***yerlerde sürünmek*** auf dem Boden schleifen

yeraltı unterirdisch ***yeraltı geçidi*** Unterführung *f* ***yeraltı kaynakları*** Bodenschätze *pl*

yerbilim Geologie *f*

yerbilimci Geologe *m*, Geologin *f*

yerbilimsel geologisch

yerçekimi Erdanziehung *f* ***yerçekimi kuvveti*** Erdanziehungskraft *f*, Schwerkraft *f*

yerel örtlich, lokal ***yerel seçim*** örtliche Wahlen

yerelması Topinambur *f*

yerey terrain

yerfıstığı Erdnuss *f*

yergi Satire *f*

yerinde passend, richtig; angebracht ***yerinde durmak*** stehenbleiben ***yerinde saymak*** auf der Stelle treten

yerine statt, stattdessen ***yerine geçmek*** *jdm* nachfolgen ***yerine getirmek*** erfüllen ***yerine koymak*** haften, betrachten, ansehen

yerinmek bedauern

yerkabuğu Erdrinde *f*

yerküre Erdkugel *f*

yerleşik fest verwurzelt; ansässig, sess-

haft
yerleşim Siedeln *n* ***yerleşim bölgesi*** Siedlung *f*
yerleşme Aufnahme *f*, Siedlung *f*, Unterbringung *f*
yerleşmek sich ansiedeln
yerleştirmek ansiedeln; aufstellen, hinstellen, anbringen
yerli einheimisch ***yerli malı*** einheimische Ware ***yerli yerinde*** jeder an dem ihm zukommenden Platz ***yerli yersiz*** oberflächlich, aufs Geratewohl
yermek herabsetzen
yermeli pejorativ, abschätzig
yermerkezli geozentrisch
yersakızı Erdharz *n*
yersarsıntısı Erdbeben *n*
yersel Erd-
yersiz unangebracht, unpassend
yersolucanı Regenwurm *m*
yeryuvarlağı Erdkugel *f*
yeryüzü Erde *f*; Erdoberfläche *f*
yeşermek grün werden, ergrünen
yeşil grün ***yeşil biber*** grüner Paprika ***yeşil ışık*** grünes Licht
Yeşilay Grüne(r) Halbmond
yeşilbaş Stockente *f*
yeşilimsi grünlich
yeşillenmek grün werden
yeşillik Kraut *n*
yeşim (taş) Jade *mf*
yetenek Fähigkeit *f*, Talent *n*, Begabung *f*
yetenekli fähig, talentiert, begabt
yeteneksiz unfähig, unbegabt
yeter genügend, ausreichend; es reicht! Schluss!
yeterince allzu gut
yeterli genügend, ausreichend, hinlänglich, hinreichend, passabel
yeterlik Befähigung *f*, Eignung *f*, Potenz *f*
yeterlilik Fähigkeit *f*; Qualifikation *f*; Zuständigkeit *f*
yetersiz (kişi) untauglich; (ücret\bilgi) spärlich, dürftig, inkompetent, mangelhaft, notdürftig, unbefriedigend, unfähig, ungenügend, unzulänglich, unzureichend
yetersizlik Unfähigkeit *f*, Unzulänglichkeit *f*; *hek* Insuffizienz *f*
yeti Vermögen *n*
yetim Waise *f*, Waisenkind *n*
yetimhane Waisenhaus *n*
yetinmek sich abfinden, sich begnügen
Yetişin Hilfe!
yetişkin erwachsen, herangewachsen; ausgewachsen
yetişmek einholen; erreichen; hinreichen, hinlangen; genügen; wachsen, heranwachsen
yetişmiş reif; erwachsen, herangewachsen; ausgebildet
yetiştirici Züchter *m*
yetiştirmek züchten; erzeugen; ausbilden; dressieren
yetke Autorität *f*
yetki Berechtigung *f*, Zuständigkeit *f* ***yetki vermek*** autorisieren, ermächtien, bevollmächtigen
yetkili zuständig
yetkin vollkommen, vorzüglich
yetkinlik Vollkommenheit *f*
yetkisiz unzuständig
yetmek genügen, ausreichen; erreichen, gelangen
yetmiş siebzig
yetmişinci siebzigste(r)
yevmiye Tagelohn *m*
yezit perfide; Tyrann *m*
yığılı angehäuft
yığılmak sich drängen, sich stauen
yığın Haufen *m*
yığınak Sammelplatz *m*
yığınla Berge von, sehr viel
yığıntı Anhäufung *f*
yığışmak sich anhäufen
yığmak anhäufen, aufhäufen, aufstapeln
yıkamak waschen; entwickeln
yıkanmak sich waschen
yıkıcı zerstörend; destruktiv
yıkık eingestürzt, gestürzt
yıkılış Zusammenbruch *m*, Zerfall *m*
yıkılmak zusammenbrechen, zusammenstürzen
yıkım Zusammenbruch *m*; Katastrophe *f*
yıkıntı Abbruch *m*; Trümmerhaufen *m*
yıkmak abreißen, niederreißen, umwerfen, stürzen, umstürzen, abbrechen
yıl Jahr *n*

yılan Schlange *f*
yılanbalığı Aal *m*
yılancık Wundrose *f*, Erysipel *n*
yılankavi gewunden
yılbaşı Neujahr *n*
yıldırım Blitz *m* ***yıldırım çarpmış*** vom Blitz getroffen ***yıldırım gibi*** blitzschnell ***yıldırımla vurulmuşa dönmek*** wie vom Blitz getroffen sein
yıldırımlık Blitzableiter *m*
yıldırımsavar Blitzableiter *m*
yıldırmak erschrecken, abschrecken
yıldız Stern *m* ***yıldız falı*** Horoskop *n* ***yıldızı parlak*** vom Glück begünstigt ***yıldızı parlamak*** vom Glück begünstigt sein
yıldızçiçeği *bitk* Dahlie *f*
yıldızkarayel Nord-Nord-Westwind *m*
yıldızlı sternenklar; Sternen-
yıldızpoyraz Nord-Nord-Ostwind *m*
yıldönümü Jahrestag *m*
yılgı Entsetzen *n*
yılgın eingeschüchtert, entsetzt
yılışık aufdringlich, schmeichlerisch
yılışmak aufdringlich werden
yıllanmak veralten
yıllarca lange Jahren
yıllık jährlich; Jahrbuch *n*
yılmak eingeschüchtert werden; entmutigt werden
yılmaz unerschrocken
yıpranmak sich abnutzen, sich abtragen, sich abwetzen
yıpratıcı abnützend
yıpratmak abnutzen, abtragen, abwetzen
yırtıcı reißend ***yırtıcı hayvan*** Raubtier *n*
yırtık zerrissen; Riss *m* ***yırtık pırtık*** abgerissen, zerlumpt
yırtılmak aufreißen, zerreißen
yırtınmak sich zerreißen
yırtmaç Schlitz *m*
yırtmak zerreißen
yiğit mutig, tapfer
yiğitçe männlich
yiğitlik Mut *m*, Tapferkeit *f*
yine wieder, schon wieder ***yine de*** gleichwohl
yineleme Iteration *f*, Wiederholung *f*
yinelemek wiederholen
yirmi zwanzig ***yirmi yaş dişi*** Weisheitsszahn *m*
yirminci zwanzigste
yirmişer je zwanzig, zu zwanzig
yitik verloren
yitirmek verlieren
yitmek verlorengehen, verschwinden
yiv Rille *f*, Nut *f*, Schraubengewinde *n*
yivli gerillt, kanneliert
yiyecek Nahrungsmittel *n*
yiyici bestechlich; käuflich
yobaz fanatisch; Fanatiker *m*
yobazlık Bigotterie *f*
yoga Yoga *mn*
yoğun dicht, konzentriert; intensiv ***yoğun bakım*** Intensivstation *f*
yoğunlaşmak sich konzentrieren, sich verdichten
yoğunlaştırmak intensivieren, forcieren; *tek* verdichten
yoğunluk Dichte *f*, Konzentration *f*, Artgewicht *n*, Wichte *f*, Spezifische *n* Gewicht
yoğurmak kneten
yoğurt Joghurt *m*
yok abwesend; es fehlt, es gibt nicht ***yok canım*** ach woher!, aber nein! ***Yok canım*** Was du nicht sagst! ***yok denecek kadar az*** so gut wie nichts ***yok deve*** das geht ja auf keine Kuhhaut ***Yok devenin başı*** Unmöglich!, Unglaublich! ***yok etmek*** verschwinden lassen ***yok olmak*** sich abbauen, zugrunde gehen ***yok pahasına*** spottbillig ***yok yere*** für nichts und wieder nichts ***yoktan var etmek*** schaffen, hervorbringen
yoklama Prüfung *f*, Musterung *f*
yoklamak mustern, prüfen, tasten, abtasten, betasten; suchen, durchsuchen, untersuchen
yokluk Fehlen *n*, Mangel *m*; Armut *f*
yoksa etwa, wohl; sonst; oder
yoksul arm, ärmlich
yoksullaşmak sich verarmen
yoksulluk Armut *f*
yoksun versagt ***yoksun bırakmak*** *jdm etw* entziehen
yokuş Steigung *f*, Anstieg *m*, Abhang *m* ***yokuş aşağı*** bergab ***yokuş yukarı***

bergauf ***yokuşa sürmek*** Schwierigkeiten machen

yol Weg *m*; Bahn *f*; Mittel *n*, Ausweg *m*; System *n*, Methode *f* ***yol açmak*** einen Weg bahnen ***yol almak*** zurücklegen ***yol arkadaşı*** Reisegefährte *m* ***yol göstermek*** führen, *jdn* ins Schlepptau nehmen ***yol harcırahı*** Reiseentschädigung *f* ***yol kesmek*** *jdm* auflauern, ; *jdn* abfangen ***yol vermek*** durchlassen; entlassen ***yol yordam*** Regeln ***yola çıkmak*** aufbrechen ***yola gelmek*** sich bessern ***yola getirmek*** zur Vernunft bringen

yolcu Reisende *m*, Passagier *m*, Fahrgast *m*

yolculuk Reise *f*, Fahrt *f* ***yolculuk etmek*** verreisen

yoldaş Genosse *m*, Genossin *f*

yollamak senden, versenden, absenden, schicken, abschicken

yollanmak sich auf den Weg machen

yollu mit Wegen; gestreift; ordentlich, korrekt; sich leicht mit Männern einlassend

yolluk Reiseproviant *m*

yolmak rupfen, ausrupfen, ausraufen

yolsuz ohne Straße(n); gesetzwidrig, ungesetzlich

yolsuzluk Veruntreuung *f*

yoluna for the sake of, for ***yoluna girmek*** sich einrenken ***yoluna koymak*** in Ordnung bringen

yolunda all right, well ***yolunda gitmek*** gut gehen ***yolunu bulmak*** sich durchmogeln, sich durchschlagen, sich zurechtfinden ***yolunu kaybetmek*** sich verlaufen ***yolunu şaşırmak*** sich verirren ***yolunuz açık olsun*** gute Reise

yoluyla per

yonca Klee *m*

yonga Späne *n*

yontma Schliff *m*; behauen ***yontma taş*** Schleifstein *m* ***yontma taş çağı*** Altsteinzeit *f*

yontmak behauen, glätten, abglätten; spitzen; zuschnitzen; stutzen

yontulmak zivilisiert werden

yontulmamış flegelhaft, ungehobelt

yordam Flinkheit *f*, Geschicklichkeit *f*, Gewandtheit *f*

yorga (at) Trott *m*

yorgan Steppdecke *f*

yorgun müde, ermattet ***yorgun argın*** erschöpft, todmüde ***yorgun düşmek*** ganz müde werden

yorgunluk Müdigkeit *f*, Ermüdung *f*

yormak1 ermüden

yormak2 deuten

yortu Feiertag *m*, Fest *n*

yorucu anstrengend

yorulmak ermüden

yorum Kommentar *m*, Interpretation *f* ***yorum yapmak*** kommentieren, interpretieren ***yorum yok*** Kein Kommentar!

yorumcu Interpret *m*

yorumlamak kommentieren, interpretieren

yosma hübsch, lieblich, kokett; Frauenzimmer *n*

yosun Moos *n*, Tang *m*

yosunlanmak moosig werden

yosunlu mit Algen bedeckt

yoz unberührt, wild

yozlaşmak ausarten, verfallen

yön Seite *f*, Richtung *f* ***yön vermek*** eine neue Richtung geben

yönelim Orientierung *f*; Tropismus *m*; *ruhb* Veranlagung *f*

yönelmek sich richten, sich wenden

yöneltmek leiten, verwalten

yönerge Bestimmung *f*, Instruktion *f*

yönetici Leiter *m*

yöneticilik Leitung *f*; Führung *f*

yönetim Leitung *f*, Verwaltung *f* ***yönetim kurulu*** *tic* Verwaltungsrat *m*; *tic* Vorstand *m*

yönetmek (şirket vb) verwalten, anführen, betreuen, führen, leiten, lenken, managen, *müz* dirigieren, regieren

yönetmelik Bestimmung *f*

yönetmen Direktor *m*

yönetmenlik Direktorat *n*

yönlendirmek steuern

yönlü gerichtet

yöntem Methode *f*, System *n*

yöntembilim Methodik *f*

yöntemli methodisch, systematisch

yöre Gegend *f*, Kreis *m*
yöresel örtlich, lokal
yörük Nomade *mf*
yörünge Bahn *f*
yudum Schluck *m*
yudumlamak in kleinen Schlucken trinken
yufka Blätterteig *m* ***yufka yürekli*** weichherzig
Yugoslav Jugoslawe *m*; jugoslawisch
Yugoslavya Jugoslawien
Yugoslavyalı Yugoslawe *m*
yuha Pfui! ***yuha çekmek*** Schmährufe ausstoßen, auspfeifen
yuhalamak Schmährufe ausstoßen
yuhalanmak verhöhnen
yukarda oben
yukardaki obige(r), obengenannt
yukardan von oben
yukarı obere(r, s); hoch; nach oben; oberer Teil ***yukarı çekmek*** heraufziehen
yukarıda oben ***yukarıda adı geçen*** obengenannt
yukarıdaki obige(r, s)
yukarıdan von oben ***yukarıdan bakmak*** von oben herab ansehen
yukarısı oberer Teil
yukarısında oberhalb
yukarıya herauf, rauf; hinauf, nach oben
yulaf Hafer *m*
yular Halfter *m*
yumak Knäuel *n*
yummak schließen, zumachen
yumru Beule *f*, Wurzelknolle *f*
yumruk Faust *f*, Faustschlag *m*
yumruklamak hämmern gegen, mit den Fäusten bearbeiten, hinschlagen
yumulmak (yemek) reinhauen
yumurcak Bengel *m*
yumurta Ei *n*; Hode *f* ***yumurta akı*** Eiweiß *n* ***yumurta sarısı*** Eigelb *n*, Eidotter *n*
yumurtalık Eierstock *m*
yumurtlamak Eier legen
yumuşacık butterweich
yumuşak weich; ruhig; angenehm ***yumuşak başlı*** nachgiebig, sanftmütig
yumuşakça *hayb* Weichtier *n*
yumuşaklık Milde *f*; Weichheit *f*; Nachgiebigkeit *f*
yumuşamak sich beruhigen; weich werden
yumuşatıcı Weichspüler *m*; mildernd
yumuşatmak weich machen; lindern, mildern
Yunan griechisch
Yunanca Griechisch *n*
Yunanistan Griechenland
Yunanlı Grieche *m*, Griechin *f*
yunmak sich waschen
yunusbalığı Delphin *m*
yurt Land *n*, Vaterland *n*, Heimat *f*; Heim *n* ***yurdun her bucağında*** überall im ganzen Land
yurtdışı Ausland *n*
yurtdışına ins Ausland ***yurtdışına gitmek*** ins Ausland gehen
yurtdışında im Ausland
yurtlandırmak ansiedeln
yurtlanmak sich niederlassen
yurtsever patriotisch; Patriot *m*
yurtseverlik Patriotismus *m*
yurtsuz heimatlos
yurttaş Landsmann *m*
yurttaşlık Staatsbürgerschaft *f* ***yurttaşlık bilgisi*** Staatsbürgerkunde *f*
yusufçuk Libelle *f*
yusyumru kugelrund
yusyuvarlak kugelrund
yutak Schlund *m*
yutkunmak schlucken
yutmak schlucken, hinunterschlucken verschlingen; hinnehmen
yutturmak *jdm* etwas weismachen
yuva Nest *n*, Horst *m*; Heim *n*, Wohnung *f*; Kindergarten *m* ***yuva bozmak*** Ehe brechen ***yuva kurmak*** nisten ***yuva yapmak*** nisten ***yuvasını yapmak*** es *jdm* tüchtig geben ***yuvasını yıkmak*** *jds* Ehe zerstören
yuvar Blutkörperchen *n*
yuvarlak rund, kreisförmig ***yuvarlak hesap*** abgerundet ***yuvarlak sayı*** runde Summe
yuvarlaklık Rundung *f*
yuvarlamak rollen, aufrollen, zusammenrollen; hinunterschlingen ***yuvarlanıp gitmek*** abrollen

yuvarlanmak sich herumwälzen; hinunterrollen
yüce hoch, erhaben
yücelik Erhabenheit *f*
yücelmek steigen, sich erheben
yüceltmek sublimieren
yük Last *f*; Fracht *f*; Ladung *f* ***yük asansörü*** Lastenaufzug *m* ***yük hayvanı*** Lasttier *n* ***yük katarı*** Güterzug *m* ***yük olmak*** *jdm* zur Last fallen ***yük vagonu*** Güterwagen *m* ***yükünü boşaltmak*** abladen ***yükünü tutmak*** (para) scheffeln
yüklem *dilb* Prädikat *n*
yükleme Verladung *f*, Aufladung *f*
yüklemek verladen, aufladen; belasten, beladen; zuschreiben, beimessen
yüklenmek übernehmen
yüklü beladen, aufgeladen, belastet
yüksek hoch; laut, kräftig ***yüksek atlama*** *sp* Hochsprung *m* ***yüksek basınç*** (meteoroloji) Hoch *n*; *fiz* Hochdruck *m* ***yüksek mühendis*** Diplomingenieur *m* ***yüksek öğrenim*** Studium *n* ***yüksek öğrenim yapmak*** studieren ***yüksek sesle*** laut ***yüksek sesle okumak*** laut lesen ***yüksekten atmak*** großtun angeben ***yüksekten bakmak*** *jdn* von oben herab behandeln
yükseklik Höhe *f*; Anhöhe *f*; Größe *f*
yüksekokul Hochschule *f*
yüksekoğrenim Studium *n*
yükseköğretim Hochschulstudium *n*
yükseliş Aufstieg *m*; Erhöhung *f*
yükselmek sich erheben, aufsteigen; emporkommen; wachsen, ansteigen, steigen
yükselteç Verstärker *m*
yükseltmek erhöhen; steigern; erheben; verstärken
yüksük Fingerhut *m*
yüküm Verpflichtung *f*
yükümlü verpflichtet
yükümlülük Verpflichtung *f*
yün Wolle *f*
yünlü wollen
yürek Herz *n*; Mut *m* ***yüreği ağzına gelmek*** erschrocken ***yüreği geniş*** unbekümmert ***yüreğine dert olmak*** sich sehr bedrückt fühlen ***yüreğine inmek*** einem Herzschlag erliegen ***yüreğine su serpmek*** beruhigen, trösten ***yüreğini dağlamak*** einen zutiefst rühren ***yürek çarpıntısı*** Herzklopfen *n* ***yürek yarası*** großer Kummer ***yürekler acısı*** herzzerreißend
yüreklendirmek ermutigen
yüreklenmek Mut fassen
yürekli beherzt, mutig
yüreksiz mutlos, furchtsam
yürekten herzlich; nach bestem Wissen und Gewissen
yürümek gehen, laufen
yürürlük Gültigkeit *f* ***yürürlüğe girmek*** in Kraft treten, wirksam werden ***yürürlüğe konulmak*** in Kraft setzen, zur Geltung bringen ***yürürlüğe koymak*** in Kraft setzen, zur Geltung bringen ***yürürlükte olmak*** (yasa vb) gelten, in Kraft sein ***yürürlükten kaldırmak*** abschaffen, außer Kraft setzen
yürütme Durchführung *f* ***yürütme gücü*** Exekutive *f* ***yürütme kurulu*** geschäftsführende(r) Vorstand
yürütmek ausführen, durchführen, vollstrecken; klauen
yürüyen merdiven Rolltreppe *f*
yürüyüş Gang *m*; Marsch *m*
yüz1 hundert
yüz2 Gesicht *n*, Antlitz *n*; Oberfläche *f*; Vorderseite *f*; Seite *f* ***yüz bulmak*** verwöhnt werden ***yüz çevirmek*** sich abwenden ***yüz göz olmak*** sich zu familiar benehmen ***yüz kızartıcı*** anstößig ***yüz tutmak*** beginnen, drohen (zu) ***yüz vermek*** verwöhnen ***yüz vermemek*** links liegen lassen ***yüz yüze*** von Angesicht zu Angesicht ***yüz yüze gelmek*** aufeinander treffen ***yüze gülmek*** katzenfreundlich sein ***yüzü ak alnı pek*** mit untadeligem Ruf ***yüzü gülmek*** sich freuen, zufrieden sein ***yüzü kızarmak*** schamrot werden ***yüzü olmamak*** sich genieren, sich nicht unterfangen ***yüzüne bakılmaz*** wie die Nacht ***yüzüne gözüne bulaştırmak*** verkorsken ***yüzüne gülmek*** *jdm* ins Gesicht lachen ***yüzüne karşı*** *jdm* ins Gesicht hinein ***yüzünü buruşturmak*** mürrisch drein-

schauen ***yüzünü güldürmek*** glücklich machen
yüzbaşı *ask* Hauptmann *m*
yüzde Prozent *n* ***yüzde on*** zehn Prozent ***yüzde yüz*** hundertprozentig
yüzdelik Prozentsatz *m*
yüzdürmek schwemmen, schwimmen lassen durch; baden lassen
yüzer *den* flott ***yüzer havuz*** Schwimmdock *n*
yüzergezer amphibisch; Amphibien *pl*
yüzey Fläche *f*, Oberfläche *f*
yüzeysel oberflächlich
yüzgeç Flosse *f*
yüzkarası Schande *f*
yüzlemek *jdm* Vorhaltungen machen
yüzlerce Hunderte von
yüzleşmek konfrontiert werden
yüzleştirmek gegenüberstellen; konfrontieren
yüzme Schwimmen *n* ***yüzme havuzu*** Schwimmbad *n*, Schwimmbecken *n*
yüzmek1 abhäuten
yüzmek2 schwimmen ***yüzmeye gitmek*** schwimmen gehen, baden gehen
yüznumara Toilette *f*, Abort *m*
yüzölçümü Flächeninhalt *m*
yüzsüz ungeniert
yüzsüzlük Unverschämtheit *f*, Frechheit *f*
yüzücü *sp* Schwimmer *m*, Schwimmerin *f*
yüzük Ring *m* ***yüzük takmak*** einen Ring anstecken
yüzükoyun bäuchlings ***yüzükoyun yatmak*** auf den Bauch hinlegen
yüzükparmağı Ringfinger *m*
yüzüncü hundertst
yüzünden wegen ***yüzünden düşen bin parça olmak*** langes Gesicht machen ***yüzünden düşen bin parça olur*** er macht ein Gesicht wie vierzehn Tage Regenwetter
yüzüstü unvollendet, halbfertig ***yüzüstü bırakmak*** sitzen lassen ***yüzüstü kalmak*** liegen bleiben
yüzyıl Jahrhundert *n*
yüzyıllarca jahrhundertelang
yüzyıllık jahrhundertealt

Z

zaaf Schwäche *f*
zabıt Protokoll *n* ***zabıt tutmak*** Protokoll führen
zabıta Polizei *f*
zaç Vitriol *n*
zaçyağı Schwefelsäure *f*
zade Sohn *m*, Tochter *f*
zafer Sieg *m*, Triumph *m* ***zafer kazanmak*** einen Sieg erringen, siegen
zafiyet Schwäche *f*, Kraftlosigkeit *f*
zağanos *hayb* Falke *m*
zağar Spürhund *m*; *hayb* Dackel *m*
zahir klar, deutlich; offenbar, anscheinend
zahire Getreide *n* ***zahire ambarı*** Getreidelager *n*
zahiri scheinbar
zahmet Mühe *f*, Anstrengung *f* ***zahmet çekmek*** sich abplagen ***zahmet etmek*** sich bemühen ***zahmet vermek*** *jdm* Mühe machen ***zahmete değmek*** der Mühe wert sein ***zahmete sokmak*** *jdm* Mühe machen
zahmetli mühsam, mühevoll, anstrengend
zahmetsiz mühelos
zahmetsizce ganz leicht
Zaire Zaire
zakkum Oleander *m*
zalim grausam, tyrannisch
zalimlik Grausamkeit *f*
zam Zuschlaf *m*, Preiserhöhung *f* ***zam yapmak*** erhöhen
zaman Zeit *f* ***zaman kazanmak*** Zeit gewinnen ***zaman öldürmek*** die Zeit verschwenden ***zaman zaman*** ab und zu ***zamana uymak*** mit der Zeit gehen
zamanaşımı Verjährung *f* ***zamanaşımına uğramak*** verjähren
zamane damalige Zeit
zamanında pünktlich
zamanla mit der Zeit, im Lauf der Zeit
zamanlama Timing *n*
zamanlamak einen Zeitplan aufstellen

zamanlı pünktlich
zamansız vorzeitig
zamazingo Dings *n*, Dingsbums *n*, Dingsda *n*
zambak Lilie *f*
Zambiya Sambia
zamir *dilb* Pronomen *n*, Fürwort *n*
zamk Klebstoff *m*
zamklamak *tek* gummieren
zampara Schürzenjäger *m* ***zamparalık etmek*** jedem Mädchen nachlaufen
zan Vermutung *f*, Verdacht *m*
zanaat Handwerk *n*
zanaatçı Gewerbetreibende *mf*, Handwerker *m*
zanaatkâr Handwerker *m* ***zangır zangır*** klappernd ***zangır zangır titremek*** wie Espenlaub zittern
zangırdamak klappern, zittern
zangırtı Geklirr *n*
zangoç Kirchendiener *m*
zanlı verdächtig
zannetmek glauben, denken, meinen, annehmen, vermuten
zaping Zapping *f* ***zaping yapmak*** hin- und herschalten
zapt gewaltsame Wegnahme; Beherrschung *f*; Protokellierung *f* ***zapt etmek*** besetzen; beherrschen; protokollieren
zaptiye Polizei *f*
zar1 Würfel *m* ***zar atmak*** würfeln
zar2 Häutchen *n*, Membran *n* ***zar zor*** sehr schwer
zarafet Eleganz *f*, Vornehmlichkeit *f*
zarar Schaden *m*, Verlust *m* ***zarar etmek*** Minus machen ***zarar görmek*** in Mitleidenschaft gezogen werden (durch -den) ***zarar vermek*** schaden, schädigen ***zararı yok*** das macht nichts
zararlı schädlich ***zararlı çıkmak*** Verlierer sein
zararsız unschädlich, harmlos
zarf Umschlag *m*; Hülle *f*, Bezug *m*; *dilb* Umstandswort *n*, Adverb *n*
zarfında innerhalb, binnen
zarflamak in einen Umschlag stecken
zargana *hayb* Hornhecht *m*
zarif fein, vornehm, elegant
zariflik Eleganz *f*, Schick *m*
zarkanatlılar Hymenoptere *m*
zart zurt protzenhaft ***zart zurt etmek*** sich aufspielen
zaruret Zwang *m*, Notwendigkeit *f* ***zaruret halinde*** in Not
zaruri nötig, notwendig, erforderlich, unentbehrlich, unvermeidlich, zwangsläufig
zat Person *f*, Persönlichkeit *f*
zaten sowieso, schon
zati persönlich
zatürree Lungenentzündung *f*
zavallı arm, armselig, bedauernswert, hilflos
zayıf schwach, mager, kränklich; schlank ***zayıf düşmek*** abmagern
zayıflamak abmagern
zayıflatmak schwächen, abschwächen
zayıflık Schwäche *f*, Magerkeit *f*, Kraftlosigkeit *f*
zayi Verlust *m* ***zayi etmek*** verlieren ***zayi olmak*** verlorengehen
zayiat Verluste *f* ***zayiat vermek*** Verluste haben
zebani Höllenwärter *m*
zebella baumlang, riesengroß
zebra Zebra *n*
zebun schwach
Zebur Psalter *m*
zedelemek beschädigen, schädigen; zerschlagen
zefir Zephir *m*
zehir Gift *n*
zehirlemek vergiften
zehirlenme Vergiftung *f*
zehirlenmek vergiftet werden
zehirli giftig
zehirsiz ungiftig
zekâ Intelligenz *f*
zekât Almosensteuer *f*
zeki intelligent, schlau, scharfsinnig
zelzele Erdbeben *n*
zemberek Unruh *f*
zembil Flechtkorb *m*
zemheri tiefe(r) Winter
zemin Boden *m*, Grund *m*, Basis *f* ***zemin katı*** Erdgeschoss *n*
zencefil Ingwer *m*
zenci Neger *m*

zengin reich; reichlich
zenginlemek reich(er) werden
zenginleşmek reich(er) werden; sich bereichern
zenginleştirmek bereichern
zenginlik Reichtum *m*
zeplin Zeppelin *m*
zerdali wilde *f* Aprikose
Zerdüşt Zarathustra *m*
zerk Injektion *f* ***zerk etmek*** injizieren, einspritzen
zerre Körperchen *n* ***zerre kadar*** keineswegs, durchaus nicht, nicht im geringsten
zerrin Narzisse *f*
zerzevat Gemüse *n*
zerzevatçı Gemüsehändler *m*
zevk Geschmack *m*; Genuss *m*, Vergnügen *n* ***zevk almak*** genießen ***zevk almak*** Spaß haben an ***zevk için*** zum Vergnügen ***zevk sahibi olmak*** Geschmack haben ***zevk vermek*** Spaß machen ***zevkini çıkarmak*** genießen ***zevkten dört köşe olmak*** quietschvergnügt sein
zevklenmek sich lustig machen
zevkli amüsant, vergnüglich
zevksiz geschmacklos
zevzek fader Schwätzer
zevzeklik Schwatzhaftigkeit *f*
zeytin Olive *f* ***zeytin yağı*** Olivenöl *n*
zeytinlik Olivenhain *m*
zeytinyağı Olivenöl *n*
zıbarmak verenden; endlich schlafen
zıbın Kinderjäckchen *n*
zıkkım Gin *n*
zıkkımlanmak *arg* hinunterschlingen
zılgıt Schelte *f*, Tadel *m* ***zılgıt yemek*** Schelte bekommen
zımba Locher *m*, Stanze *f*
zımbalamak lochen, durchlochen, stanzen
zımbırdatmak herumklimpern; kratzen, scharren
zımbırtı *arg* Dings *n*, Dingens *n*, Dingsbums *n*
zımnen indirekt
zımpara Schmirgel *m* ***zımpara kâğıdı*** Schmirgelpapier *n*
zımparalamak schmirgeln
zındık Parse *m*, Ketzer *m*
zıngırdamak scheppern
zıngırtı Klappern *n*
zınk diye plötzlich ***zınk diye durmak*** plötzlich anhalten
zıpçıktı Eindringling *m*
zıpır verrückt, närrisch
zıpkın Harpune *f*
zıpkınlamak harpunieren
zıplamak springen, hüpfen
zıpzıp Murmel *f*
zırdeli vollkommen übergeschnappt
zırh Panzer *m*, Rüstung *f*
zırhlı gepanzert
zırıldamak schnarren, rasseln, schnattern
zırıltı Geschnatter *n*
zırlamak schnarren, rasseln, schnattern
zırnık Auripigment *n*, Operment *n*
zırt pırt andauernd
zırva Quatsch *m*
zırvalamak quatschen
zıt entgegengesetzt; zuwider; Gegenteil *n* ***zıttına gitmek*** reizen
zıtlık Gegenteil *n*
zıvana Hülse *f* ***zıvanadan çıkarmak*** *jdn* aus dem Häuschen bringen ***zıvanadan çıkmak*** außer Rand und Band sein; aus der Haut fahren
zibidi zu eng und kurz gekleidet
zifaf erstes eheliches Zusammensein ***zifaf gecesi*** Hochzeitsnacht *f*
zifir Nikotin *n*
zifiri rabenschwarz ***zifiri karanlık*** ägyptische Finsternis; stackfinster
zifos Dreckspritzer *m* ***zifos atmak*** *mec jdn* anpöbeln
zift Teer *m*
ziftlemek teeren
ziftli teerig
zihin Geist *m*, Gedächtnis *n* ***zihin açmak*** den geistigen Horizont erweitern ***zihin yormak*** den Kopf zerbrechen ***zihni dağılmak*** abgelenkt werden ***zihinde kalmak*** im Gedächtnis haften bleiben ***zihninden geçmek*** in den Sinn kommen ***zihnini karıştırmak*** durcheinander bringen ***zihnini kurcalamak*** Sor-

Z

gen machen
zihinsel intellektuell
zihnen geistig
zihni geistlich
zihniyet Mentalität *f*, Auffassung *f*, Denkart *f*
zikzak Zickzack *m* ***zikzak yapmak*** im Zickzack gehen
zikzaklı zackig
zil Glocke *f*, Klingel *m*, Schelle *f* ***zil çalmak*** klingeln, schellen ***zil gibi sarhoş*** sternhagelvoll ***zil takıp oynamak*** vor Freude ganz aus dem Häuschen geraten ***zil zurna*** stockbesoffen
zilzurna sinnlos betrunken
zimmet Soll *n*, Debet *n* ***zimmetine geçirmek*** (Geld) unterschlagen
zina Ehebruch *m* ***zina işlemek/yapmak*** die Ehe brechen
zincir Kette *f* ***zincire vurmak*** fesseln
zincirleme kettenförmig, kettenartig ***zincirleme kaza*** *oto* Massenkarambolage *f*
zincirli Ketten-; gekettet
zindan Gefängnis *n*, Kerker *m* ***zindan gibi*** stockfinster
zinde rüstig
zira denn, weil, da
ziraat Landwirtschaft *f*
ziraatçı Landwirt(in *f*) *m*
zirai landwirtschaftlich
zirkon Zirkon *m*
zirve Gipfel *m*, Spitze *f*; Wipfel *m* ***zirve toplantısı*** Gipfelkonferenz *f*
zirzop verrückt
ziya Licht *n*
ziyade mehr ***ziyade olsun*** Danke schön!
ziyadeleşmek sich vermehren, zunehmen
ziyadesiyle äußert, ausnehmend, überaus
ziyafet Gastmahl *n* ***ziyafet vermek*** ein Essen geben
ziyan Nachteil *m*, Schaden *m*, Verlust *m* ***ziyan etmek*** wegwerfen ***ziyan olmak*** umkommen, verderben ***ziyanı yok*** das spielt keine Rolle
ziyankâr schädlich
ziyaret Besuch *m* ***ziyaret etmek*** besuchen
ziyaretçi Gast *m*, Besucher *m*
ziynet Schmuck *m*, Zier *f*
zom betrunken
zonklamak schmerzen
zoolog Zoologe *m*
zooloji Zoologie *f*, Tierkunde *f*
zor schwer, schwierig, anstrengend ***zor bela*** mit Mühe und Not ***zor gelmek*** schwer fallen ***zor kullanmak*** Gewalt anwenden ***zora gelememek*** keinen Druck ertragen können ***zora koşmak*** Schwierigkeiten machen ***zorun ne*** Wo drückt dich der Schuh?, Was ist denn Los mit dir?
zoraki gezwungen
zoralım Beschlagnahme *f*
zorba brutal; despotisch
zorbalık Brutalität *f*, Gewalttat *f* ***zorbalık etmek*** tyrannisieren
zorbela knapp, kaum
zorla mit Gewalt, zwangsweise, gewaltsam, gezwungenermaßen ***zorla almak*** sich des Throns bemächtigen ***zorla girmek*** eindringen ***zorla güzellik olmaz*** Schönheit lässt sich nicht erzwingen
zorlamak nötigen, zwingen, erzwingen; anstrengen, beanspruchen
zorlaşmak sich erschweren
zorlaştırmak erschweren
zorlayıcı zwingend
zorlu stark, heftig
zorluk Schwierigkeit *f*, Mühe *f*, Anstrengung *f* ***zorluk çıkarmak*** Schwierigkeiten bereiten
zorlukla mit knapper Not
zoru zoruna mit Mühe und Not
zorunda genötigt, gezwungen ***zorunda kalmak*** gemusst sein, gezwungen sein ***zorunda olmak*** genötigt sein
zorunlu notwendig, dringend, zwangsläufig ***zorunlu olmak*** müssen
zorunlu(lu)k Notwendigkeit *f*, Unentbehrlichkeit *f*, Zwangsläufigkeit *f*
zuhur Erscheinen *n*, Auftreten *n*
zula Versteck *n*
zulmet Finsternis *f*
zulmetmek Gewalt antun, grausam be-

handeln
zulüm Gewalttat *f*, Grausamkeit *f*, Unterdrückung *f*
zurna Oboe *f*
zücaciye Glaswaren *f*
züğürt pleite ***züğürt tesellisi*** schwache(r) Trost
züğürtleşmek pleite gehen
züğürtlük Geldmangel *m*
zührevi venerisch
zülüf Locke *f*
zümre Klasse *f*, Gruppe *f*
Zümrüdüanka der Vogel Phönix
zümrüt Smaragd *m*
züppe Geck *m*; geckenhaft
züppelik Snobismus *m*
zürafa Giraffe *f*
zürriyet Nachkommenschaft *f*, Nachwuchs *m*

Unregelmäßige deutsche Verben

1 **Infinitiv** (2. u. 3. Person Singular Präsens)
2 Präterium (1. od. 3. Person Singular Imperfekt)
3 Partizip Perfekt

1 **backen** (bäckst od. backst, bäckt od. backt)
2 backte
3 gebacken

1 **befehlen** (befiehlst, befiehlt)
2 befahl
3 befohlen

1 **befleißen** (befleiß(es)t, befleißt)
2 befliss
3 beflissen

1 **beginnen**
2 begann
3 begonnen

1 **beißen**
2 biss
3 gebissen

1 **bergen** (birgst, birgt)
2 barg
3 geborgen

1 **bersten** (birst, berstet)
2 barst
3 geborsten

1 **bewegen**
2 bewog
3 bewogen

1 **biegen**
2 bog
3 gebogen

1 **bieten**
2 bot
3 geboten

1 **binden**
2 band
3 gebunden

1 **bitten**
2 bat (bäte)
3 gebeten

1 **blasen** (du bläst, er bläst)
2 blies
3 geblasen

1 **bleiben**
2 blieb
3 geblieben

1 **braten** (brätst, brät)
2 briet
3 gebraten

1 **brechen** (brichst, bricht)
2 brach
3 gebrochen

1 **brennen**
2 brannte
3 gebrannt

1 **bringen**
2 brachte
3 gebracht

1 **denken**
2 dachte
3 gedacht

1 **dingen**
2 dingte
3 gedungen

1 **dreschen** (drischst, drischt)
2 drosch
3 gedroschen

1 **dringen**
2 drang
3 gedrungen

1 **dürfen** (darfst, darf)
2 durfte
3 gedurft
1 **empfangen** (empfängst, empfängt)
2 empfing
3 empfangen

1 **empfehlen** (empfiehlst, empfiehlt)
2 empfahl
3 empfohlen

1 **erlöschen** (erlischst, erlischt)
2 erlosch
3 erloschen

1 **erkennen**
2 erkannte
3 erkannt

1 **erschrecken** (erschrickst, erschrickt)
2 erschrak
3 erschrocken

1 **essen** (isst, isst)
2 aß
3 gegessen

1 **fahren** (fährst, fährt)
2 fuhr
3 gefahren

1 **fallen** (fällst, fällt)
2 fiel
3 gefallen

1 **fangen** (fängst, fängt)
2 fing
3 gefangen

1 **fechten** (fechtest, ficht)
2 focht
3 gefochten

1 **finden**
2 fand
3 gefunden

1 **flechten** (flich[t]st, flicht)
2 flocht
3 geflochten

1 **fliegen**
2 flog
3 geflogen

1 **fliehen**
2 floh
3 geflohen

1 **fließen**
2 floss
3 geflossen

1 **fressen** (frisst, frisst)
2 fraß
3 gefressen

1 **frieren**
2 fror
3 gefroren

1 **gären**
2 gor (gärte)
3 gegoren (gegärt)

1 **gebären** (gebierst, gebiert)
2 gebar
3 geboren

1 **geben** (gibst, gibt)
2 gab
3 gegeben

1 **gedeihen**
2 gedieh
3 gediehen

1 **gehen**
2 ging
3 gegangen

1 **gelingen**
2 gelang
3 gelungen

1 **gelten** (giltst, gilt)
2 galt
3 gegolten

1 **genesen**
2 genas
3 genesen

1 **genießen**
2 genoss
3 genossen

1 **geschehen** (es geschieht)
2 geschah
3 geschehen

1 **gewinnen**
2 gewann
3 gewonnen

1 **gießen**
2 goss
3 gegossen

1 **gleichen**
2 glich
3 geglichen

1 **gleiten**
2 glitt
3 geglitten

1 **glimmen**
2 glomm (glimmte)
3 geglommen (geglimmt)

1 **graben** (gräbst, gräbt)
2 grub
3 gegraben

1 **greifen**
2 griff
3 gegriffen

1 **haben** (hast, hat)
2 hatte
3 gehabt

1 **halten** (hältst, hält)
2 hielt
3 gehalten

1 **hängen**
2 hing
3 gehangen
1 **hauen**
2 haute
3 gehauen

1 **heben**
2 hob
3 gehoben

1 **heißen**
2 hieß
3 geheißen

1 **helfen** (hilfst, hilft)
2 half
3 geholfen

1 **kennen**
2 kannte
3 gekannt

1 **klimmen**
2 klomm
3 geklommen

1 **klingen**
2 klang
3 geklungen

1 **kneifen**
2 kniff
3 gekniffen

1 **kommen**
2 kam
3 gekommen

1 **können** (kannst, kann)
2 konnte
3 gekonnt

1 **kriechen**
2 kroch
3 gekrochen

1 **küren**
2 kürte
3 gekürt (gekoren)

1 **laden** (lädst, lädt)
2 lud
3 geladen

1 **lassen** (lässt, lässt)
2 ließ
3 gelassen
1 **laufen** (läufst, läuft)
2 lief

3 gelaufen

1 **leiden**
2 litt
3 gelitten

1 **leihen**
2 lieh
3 geliehen

1 **lesen** (liest, liest)
2 las
3 gelesen

1 **liegen**
2 lag
3 gelegen

1 **lügen**
2 log
3 gelogen

1 **mahlen**
2 mahlte
3 gemahlen

1 **meiden**
2 mied
3 gemieden

1 **melken**
2 melkte
3 gemolken

1 **messen** (misst, misst)
2 maß
3 gemessen

1 **misslingen**
2 misslang
3 misslungen

1 **mögen** (magst, mag)
2 mochte
3 gemocht

1 **müssen** (musst, muss)
2 musste
3 gemusst

1 **nehmen** (nimmst, nimmt)
2 nahm
3 genommen

1 **nennen**
2 nannte
3 genannt

1 **pfeifen**
2 pfiff
3 gepfiffen

1 **preisen**
2 pries
3 gepriesen

1 **quellen** (quillst, quillt)
2 quoll
3 gequollen

1 **raten** (rätst, rät)
2 riet
3 geraten

1 **reiben**
2 rieb

3 gerieben

1 **reißen**
2 riss
3 gerissen

1 **reiten**
2 ritt
3 geritten

1 **rennen**
2 rannte
3 gerannt

1 **riechen**
2 roch
3 gerochen

1 **ringen**
2 rang
3 gerungen

1 **rinnen**
2 rann
3 geronnen

1 **rufen**
2 rief
3 gerufen

1 **salzen**
2 salzte
3 gesalzen

1 **saufen** (säufst, säuft)
2 soff
3 gesoffen

1 **saugen**
2 saugte, sog
3 gesaugt, gesogen

1 **schaffen**
2 schuf
3 geschaffen

1 **scheiden**
2 schied
3 geschieden

1 **scheinen**
2 schien
3 geschienen

1 **scheißen**
2 schiss
3 geschissen

1 **schelten** (schiltst, schilt)
2 schalt
3 gescholten

1 **scheren**
2 schor
3 geschoren

1 **schieben**
2 schob
3 geschoben

1 **schießen**
2 schoss
3 geschossen

1 **schinden**
2 schund
3 geschunden

1 **schlafen** (schläfst, schläft)
2 schlief
3 geschlafen

1 **schlagen** (schlägst, schlägt)
2 schlug
3 geschlagen

1 **schleichen**
2 schlich
3 geschlichen

1 **schleifen**
2 schliff
3 geschliffen

1 **schleißen**
2 schliss, schleißte
3 geschlissen, geschleißt

1 **schließen**
2 schloss
3 geschlossen

1 **schlingen**
2 schlang
3 geschlungen

1 **schmeißen**
2 schmiss
3 geschmissen

1 **schmelzen** (schmilzt, schmilzt)
2 schmolz
3 geschmolzen

1 **schneiden**
2 schnitt
3 geschnitten

1 **schreiben**
2 schrieb
3 geschrieben

1 **schreien**
2 schrie
3 geschrie[e]n

1 **schreiten**
2 schritt
3 geschritten

1 **schweigen**
2 schwieg
3 geschwiegen

1 **schwellen** (schwillst, schwillt)
2 schwoll
3 geschwollen

1 **schwimmen**
2 schwamm
3 geschwommen

1 **schwinden**
2 schwand
3 geschwunden

1 **schwingen**
2 schwang
3 geschwungen

1 **schwören**
2 schwor
3 geschworen

1 **sehen** (siehst, sieht)
2 sah

3 gesehen

1 **sein** (bist, ist)
2 war
3 gewesen

1 **senden**
2 sandte, sendete
3 gesandt, gesendet

1 **sieden**
2 siedete, sott
3 gesotten, gesiedet

1 **singen**
2 sang
3 gesungen

1 **sinken**
2 sank
3 gesunken

1 **sinnen**
2 sann
3 gesonnen

1 **sitzen**
2 saß
3 gesessen

1 **sollen** (sollst, soll)
2 sollte
3 gesollt

1 **speien**
2 spie
3 gespie[e]n

1 **spinnen**
2 spann
3 gesponnen

1 **spleißen**
2 spliss
3 gesplissen

1 **sprechen** (sprichst, spricht)
2 sprach
3 gesprochen

1 **sprießen**
2 spross
3 gesprossen

1 **springen**
2 sprang
3 gesprungen

1 **stechen** (stichst, sticht)
2 stach
3 gestochen

1 **stehen**
2 stand
3 gestanden

1 **stehlen** (stiehlst, stiehlt)
2 stahl
3 gestohlen

1 **steigen**
2 stieg
3 gestiegen

1 **sterben** (stirbst, stirbt)
2 starb
3 gestorben

1 **stieben**
2 stob
3 gestoben

1 **stinken**
2 stank
3 gestunken

1 **stoßen** (stößt, stößt)
2 stieß
3 gestoßen

1 **streichen**
2 strich
3 gestrichen

1 **streiten**
2 stritt
3 gestritten

1 **tragen** (trägst, trägt)
2 trug
3 getragen

1 **treffen** (triffst, trifft)
2 traf
3 getroffen

1 **treiben**
2 trieb
3 getrieben

1 **treten** (trittst, tritt)
2 trat
3 getreten

1 **trinken**
2 trank
3 getrunken

1 **trügen**
2 trog
3 getrogen

1 **tun**
2 tat
3 getan

1 **verderben** (verdirbst, verdirbt)
2 verdarb
3 verdorben

1 **verdrießen**
2 verdross
3 verdrossen

1 **vergessen** (vergisst, vergisst)
2 vergaß
3 vergessen

1 **verlieren**
2 verlor
3 verloren

1 **verzeihen**
2 verzieh
3 verziehen

1 **wachsen** (wächst, wächst)
2 wuchs
3 gewachsen

1 **wägen**
2 wog
3 gewogen

1 **waschen** (wäschst, wäscht)
2 wusch
3 gewaschen

1 **weben**
2 wob, webte
3 gewoben, gewebt

1 **weichen**
2 wich
3 gewichen

1 **weisen**
2 wies
3 gewiesen

1 **wenden**
2 wandte, wendete
3 gewandt, gewendet

1 **werben** (wirbst, wirbt)
2 warb
3 geworben

1 **werden** (wirst, wird)
2 wurde
3 [ge]worden

1 **werfen** (wirfst, wirft)
2 warf
3 geworfen

1 **wiegen**
2 wog
3 gewogen
1 **winden**
2 wand
3 gewunden

1 **winken**
2 winkte
3 gewinkt od. gewunken

1 **wissen** (weißt, weiß)
2 wusste
3 gewusst

1 **wollen** (willst, will)
2 wollte
3 gewollt

1 **wringen**
2 wrang
3 gewrungen

1 **zeihen**
2 zieh
3 geziehen

1 **ziehen**
2 zog
3 gezogen

1 **zwingen**
2 zwang
3 gezwungen

Länder, Nationalitäten, Sprache

1 Staat/Ülke
2 Nationalität/Uyruk
3 Sprache, Adjektiv/Dil, Sıfat

1 **Afghanistan** = Afganistan
2 der Afghane, die Afghanin = Afgan

3 Afghanisch = Afganca, afghanisch = Afgan +

1 **Ägypten** = Mısır
2 der Ägypter, die Ägypterin = Mısırlı
3 Ägyptisch = Arapça, ägyptisch = Mısır +

1 **Albanien** = Arnavutluk
2 der Albaner, die Albanerin = Arnavut
3 Albanisch = Arnavutça, albanisch = Arnavut +

1 **Argentinien** = Arjantin
2 der Argentinier, die Argentinierin = Arjantinli
3 Spanisch = İspanyolca, argentinisch = Arjantin +

1 **Aserbaidschan** = Azerbaycan
2 der Aserbaidschaner, die Aserbaidschanerin = Azerbaycanlı, Azerî
3 Aserbaidschanisch = Azerîce, aserbaidschanisch = Azerî +

1 **Australien** = Avustralya
2 der Australier, die Australierin = Avustralyalı
3 Englisch = İngilizce, australisch = Avustralya +

1 **Belgien** = Belçika
2 der Belgier, die Belgierin = Belçikalı
3 Französisch, Flämisch = Fransızca/Flamanca, belgisch = Belçika +

1 **Bosnien-Herzogowina** = Bosna-Hersek
2 der Bosnier, die Bosnierin = Boşnak
3 Bosnisch = Boşnakça, bosnisch = Boşnak +

1 **Brasilien** = Brezilya
2 der Brasilianer, die Brasilianerin = Brezilyalı
3 Portugiesisch = Portekizce, brasilianisch = Brezilya +

1 **Bulgarien** = Bulgaristan
2 der Bulgare, die Bulgarin = Bulgar
3 Bulgarisch = Bulgarca, bulgarisch = Bulgar +

1 **China** = Çin
2 der Chinese, die Chinesin = Çinli
3 Chinesisch = Çince, chinesisch = Çin +

1 **Dänemark** = Danimarka
2 der Däne, die Dänin = Danimarkalı
3 Dänisch = Danimarkaca, dänisch = Danimarka +

1 **Deutschland** = Almanya
2 der Deutsche, die Deutsche = Alman

3 Deutsch = Almanca, deutsch = Alman +

1 **England** = İngiltere
2 der Engländer, die Engländerin = İngiliz
3 Englisch = İngilizce, englisch = İngiliz +

1 **Estland** = Estonya
2 der Estländer/Este, die Estländerin/Estin = Estonyalı
3 Estisch = Estonyaca, estisch = Estonya +

1 **Finnland** = Finlandiya
2 der Finne, die Finnin = Fin
3 Finnisch = Fince, finnisch = Fin +

1 **Frankreich** = Fransa
2 der Franzose, die Französin = Fransız
3 Französisch = Fransızca, französisch = Fransız +

1 **Georgien** = Gürcistan
2 der Georgier, die Georgierin = Gürcü
3 Georgisch = Gürcüce, georgisch = Gürcü +

1 **Ghana** = Gana
2 der Ghanaese/Ghanaer, die Ghanaesin/Ghanaerin = Ganalı
3 Französisch = Fransızca, ghanaesisch = Gana +

1 **Griechenland** = Yunanistan
2 der Grieche, die Griechin = Yunan
3 Griechisch = Yunanca, griechisch = Yunan +

1 **Großbritannien** = Büyük Britanya
2 der Brite, die Britin = Britanyalı
3 Englisch = İngilizce, britisch = Britanya +

1 **Indien** = Hindistan
2 der Inder, die Inderin = Hintli
3 Englisch = İngilizce, indisch = Hint +

1 **Irak** = Irak
2 der Iraker, die Irakerin = Iraklı
3 Arabisch = Arapça, irakisch = Irak +

1 **(der) Iran** = İran
2 der Iraner, die Iranerin = İranlı
3 Persisch = Farsça, iranisch = İran +

1 **Irland** = İrlanda
2 der Ire, die Irin = İrlandalı
3 Englisch = İngilizce, irisch = İrlanda +

1 **Island** = İzlanda
2 der Isländer, die Isländerin = İzlandalı
3 Isländisch = İzlandaca, isländisch = İzlanda +

1 **Israel** = İsrail
2 der Israeli, die Israeli = İsrailli
3 Hebräisch(e) = İbranice,
israelisch = İsrail +

1 **Italien** = İtalya(l)
2 der Italiener, die Italienerin =
İtalyan
3 Italienisch = İtalyanca,
italienisch = İtalyan +

1 **Japan** = Japonya
2 der Japaner, die Japanerin =
Japon
3 Japanisch = Japonca,
japanisch = Japon +

1 **Jugoslawien** = Yugoslavya
2 der Jugoslawe, die Jugoslawin
= Yugoslav
3 Jugoslawisch = Yugoslavca,
Jugoslawisch = Yugoslav +

1 **Kamerun** = Kamerun
2 der Kameruner, die
Kamerunerin = Kamerunlu
3 Französisch = Fransızca,
kamerunisch = Kamerun +

1 **Kanada** = Kanada
2 der Kanadier, die Kanadierin =
Kanadalı
3 Englisch, Französisch =
İngilizce/Fransızca, kanadisch =
Kanada +
1 **Kasachstan** = Kazakistan
2 der Kasache, die Kasachin =
Kazak
3 Kasachisch = Kazakça,
Kasachisch = Kazak +

1 **Kirgisistan** = Kırgızistan
2 der Kirgise, die Kirgisin = Kırgız
3 Kirgisisch = Kırgızca, kirgisisch
= Kırgız +

1 **Kolumbien** = Kolombiya
2 der Kolumbianer/Kolumbier, die
Kolumbianerin/Kolumbierin =
Kolombiyalı
3 Portugiesisch = Portekizce,
kolumbianisch = Kolombiya +

1 **Kroatien** = Hırvatistan
2 der Kroate, die Kroatin = Hırvat
3 Kroatisch = Hırvatça, kroatisch
= Hırvat +

1 **Lettland** = Letonya
2 der Lette, die Lettin = Let(on)
3 Russisch = Rusça, lettisch =
Let(on) +

1 **Libanon** = Lübnan
2 der Libanese, die Libanesin =
Lübnanlı
3 Arabisch = Arapça, libanesisch
= Lübnan +

1 **Libyen** = Libya
2 der Libyer, die Libyerin =
Libyalı
3 Arabisch = Arapça, libyisch =
Libya +
1 **Litauen** = Litvanya
2 der Litauer, die Litauerin =
Litvanyalı

3 Litauisch = Litvanyaca, litauisch = Litvanya +

1 **Luxemburg** = Lüksemburg
2 der Luxemburger, die Luxemburgerin = Lüksemburlu
3 Französisch, Deutsch = Fransızca/Almanca, luxemburgisch = Lüksemburg +

1 **Marokko** = Fas
2 der Marokkaner, die Marokkanerin = Faslı
3 Arabisch = Arapça, marokkanisch = Fas +

1 **Mazedonien** = Makedonya
2 der Mazedonier, die Mazedonierin = Makedonyalı
3 Mazedonisch = Makedonca, mazedonisch = Makedonya +

1 **Mexiko** = Meksika
2 der Mexikaner, die Mexikanerin = Meksikalı
3 Spanisch = İspanyolca, mexikanisch = Meksika +

1 **Moldawien** = Moldavya
2 der Moldawe, die Moldawin = Moldavyalı
3 Russisch = Rusça, moldawisch = Moldavya +

1 **Neuseeland** = Yeni Zelenda
2 der Neuseeländer, die Neuseeländerin = Yeni Zelendalı
3 Englisch = İngilizce, neuseeländisch = Yeni Zelenda +

1 **Niederlande** = Hollanda
2 der Niederländer, die Niederländerin = Hollandalı
3 Niederländisch = Hollandaca, Holländisch = Hollanda +

1 **Norwegen** = Norveç
2 der Norweger, die Norwegerin = Norveçli
3 Norwegisch = Norveççe, norwegisch = Norveç +
1 **Österreich** = Avusturya
2 der Österreicher, die Österreicherin = Avusturyalı
3 Deutsch = Almanca, österreichisch = Avusturya +

1 **Pakistan** = Pakistan
2 der Pakistani, die Pakistani = Pakistanlı
3 Pakistanisch/Englisch = Urduca/İngilizce, pakistanisch = Pakistan +

1 **Palästina** = Filistin
2 der Palästinenser, die Palästinenserin = Filistinli
3 Arabisch = Arapça, palästinenserisch = Filistin +

1 **Polen** = Polonya
2 der Pole, die Polin = Polonyalı
3 Polnisch = Lehçe, polnisch = Polonya +
1 **Portugal** = Portekiz
2 der Portugiese, die Portugiesin = Portekizli
3 Portugiesisch = Portekizce, portugiesisch = Portekiz +

1 **Rhodesien** = Rodezya
2 der Rhodesier, die Rhodesierin = Rodezyalı
3 Rhodesisch = Rodezyaca, rhodesisch = Rodezya +

1 **Rumänien** = Romanya
2 der Rumäne, die Rumänin = Romanyalı
3 Rumänisch = Romence, rumänisch = Romen +

1 **Russland** = Rusya
2 der Russe, die Russin = Rus
3 Russisch = Rusça, russisch = Rus +

1 **Schottland** = İskoçya
2 der Schotte, die Schottin = İskoç
3 Englisch = İngilizce, schottisch = İskoç +

1 **Schweden** = İsveç
2 der Schwede, die Schwedin = İsveçli
3 Schwedisch = İsveççe, schwedisch = İsveç +

1 **die Schweiz** = İsviçre
2 der Schweizer, die Schweizerin = İsviçreli
3 Deutsch, Französisch, Italienisch = Almanca/Fransızca/İtalyanca, schweizerisch = İsviçre +
1 **Senegal** = Senegal
2 der Senegalese, die Senegalesin = Senegalli
3 Französisch = Fransızca, senegalesisch = Senegal +

1 **Serbien** = Sırbistan
2 der Serbe, die Serbin = Sırp
3 Serbisch = Sırpça, serbisch = Sırp +

1 **Slowakei** = Slovakya
2 der Slowake, die Slowakin = Slovak
3 Slowakisch, Tschechisch = Slovakça/Çekçe, slowakisch = Slovak +

1 **Slowenien** = Slovenya
2 der Slowenier, die Slowenierin = Sloven(yalı)
3 Slovenisch = Slovence, slowenisch = Sloven +

1 **Spanien** = İspanya
2 der Spanier, die Spanierin = İspanyol
3 Spanisch = İspanyolca, spanisch = İspanyol +

1 **Syrien** = Suriye
2 der Syrer, die Syrerin = Suriyeli
3 Arabisch = Arapça, syrisch = Suriye +

1 **die Tschechische Republik** = Çek Cumhuriyeti
2 der Tscheche, die Tschechin = Çek
3 Tschechisch = Çekçe, tschechisch = Çek +

1 **Tunesien** = Tunus
2 der Tunesier, die Tunesierin = Tunuslu
3 Arabisch = Arapça, tunesisch = Tunus +

1 **die Türkei** = Türkiye
2 der Türke, die Türkin = Türk
3 Türkisch = Türkçe, türkisch = Türk +

1 **Turkmenistan** = Türkmenistan
2 Turmene, die Turmenin = Türkmen
3 Turkmenisch = Türkmence, turkmenisch = Türkmen +

1 **Ungarn** = Macaristan
2 der Ungar, die Ungarin = Macar
3 Ungarisch = Macarca, ungarisch = Macar +

1 **die Vereinigten Staaten von Amerika** = Amerika Birleşik Devletleri
2 der (US-)Amerikaner, die Amerikanerin = Amerikalı
3 Englisch, Amerikanisch = İngilizce/Amerikanca, amerikanisch = Amerikan +
1 **Zypern** = Kıbrıs
2 der Zyprer, die Zyprerin = Kıbrıslı
3 Türkisch, Griechisch = Türkçe/Rumca, zyprisch = Kıbrıs +